LA

SANTA BIBLIA,

QUE CONTIENE

LOS SAGRADOS LIBROS

DEL

ANTIGUO Y NUEVO TESTAMENTO.

ANTIGUA VERSION DE CIPRIANO DE VALERA,
COTEJADA CON DIVERSAS TRADUCCIONES,
Y REVISADA
CON ARREGLO Á LOS ORIGINALES HEBRÉO Y GRIEGO.

[por el Rev. Lorenzo Lucena.]

OXFORD:

IMPRENTA DE LA UNIVERSIDAD.

1862.

The Editor of [illegible] [illegible] [illegible] [illegible];

the Rev. Lorenzo [illegible];

[illegible] departed this life on

[illegible]) August 1881.

LA

ANTA BIBLIA

DEL

	Cap.
	12
	8
	66
	52
	5
	48
	12
	14
	3
	9
	1
	4
	7
	3
	3
	3
	2
	14
	4

	Cap.
	6
	4
	3
	1
	13
	5
	5
	3
	5
	1
	1
	1
Judas	22

TABLA

DE LOS

LIBROS DEL ANTIGUO Y DEL NUEVO TESTAMENTO,

CON EL NÚMERO DE LOS CAPÍTULOS DE CADA UNO.

LIBROS DEL ANTIGUO TESTAMENTO.

	Cap.
GENESIS	50
Éxodo	40
Levítico	27
Números	36
Deuteronomio	34
Josué	24
Jueces	21
Rut	4
1º de Samuel	31
2º de Samuel	24
1º de los Reyes	22
2º de los Reyes	25
1º de las Crónicas	29
2º de las Crónicas	36
Esdras	10
Nehemías	13
Esther	10
Job	42
Salmos	150
Proverbios	31
Ecclesiastés	12
El Cantar de los Cantares de Salomon	8
Isaías	66
Jeremías	52
Lamentaciones	5
Ezequiel	48
Daniel	12
Oséas	14
Joél	3
Amós	9
Abdías	1
Jonás	4
Michêas	7
Nahum	3
Habacuc	3
Sophonías	3
Haggéo	2
Zacarías	14
Malaquías	4

LIBROS DEL NUEVO TESTAMENTO.

	Cap.
S. MATEO	28
S. Marcos	16
S. Lucas	24
S. Juan	21
Hechos de los Apóstoles	28
Epístola á los Romanos	16
1ª á los Corintios	16
2ª á los Corintios	13
A los Gálatas	6
A los Efesios	6
A los Filipenses	4
A los Colosenses	4
1ª á los Tesalonicenses	5
2ª á los Tesalonicenses	3
1ª á Timotéo	6
2ª á Timotéo	4
A Tito	3
A Filémon	1
A los Hebréos	13
Epístola de Santiago	5
1ª de S. Pedro	5
2ª de S. Pedro	3
1ª de S. Juan	5
2ª de S. Juan	1
3ª de S. Juan	1
Epístola de S. Judas	1
El Apocalípsi	22

LIBRO PRIMERO DE MOISES,

COMUNMENTE LLAMADO

EL GENESIS.

A. C. 4004.

CAPITULO I.

Creacion del mundo. Forma Dios el cielo, la tierra, los astros, las plantas y animales, y especialmente al hombre, al cual sujeta todo lo criado.

EN [a]el principio crió [b]Dios los cielos,
y la tierra.
2 ¶ Y la tierra estaba [c]desordenada y
vacía, y las tinieblas *estaban* sobre la haz
del abismo, [d]y el Espíritu de Dios se
movia sobre la haz de las aguas.
3 ¶ Y dijo Dios: [e]Sea la luz: [f]y fué la
luz.
4 Y vió Dios que la luz *era* buena: y
apartó Dios la luz de las tinieblas.
5 Y llamó Dios á la luz Dia, [g]y á las
tinieblas llamó Noche: y fué la tarde y
la mañana un dia.
6 ¶ Y dijo Dios: Haya expansion en
medio de las aguas, y separe las aguas
de las aguas.
7 E hizo Dios *una* expansion [h], y apartó
las aguas que *estan* debajo de la expan-
sion, de las aguas que [i]*estan* sobre la
expansion: y fué así.
8 Y llamó Dios á la expansion, Cielos:
y fué la tarde y la mañana el dia se-
gundo.
9 ¶ Y dijo Dios, [k]Júntense las aguas
que *estan* debajo de los cielos en un lu-
gar, y descúbrase la seca: y fué así.
10 Y llamó Dios á la seca, Tierra, y á
la reunion de las aguas llamó Mares: y
vió Dios que *esto era* bueno.
11 Y dijo Dios: Produzca la tierra yer-
ba verde, yerba que dé simiente; árbol
de fruto que dé fruto segun su género,
que su simiente *esté* en él, sobre la tierra:
y fué así.
12 Y produjo la tierra yerba verde, yer-
ba que dá simiente segun su naturaleza,
y árbol que dá fruto, cuya simiente *está*
en él, segun su género: y vió Dios que
esto era bueno.
13 Y fué la tarde y la mañana el dia
tercero.
14 ¶ Y dijo Dios, Sean [l]lumbreras en
la expansion de los cielos para apartar
el dia y la noche: y sean por señales, y
para las estaciones [m], y para dias y años.
15 Y sean por lumbreras en la expan-
sion de los cielos para alumbrar sobre la
tierra: y fué así.
16 E hizo Dios dos grandes lumbreras:
la lumbrera mayor para que señorease
en el dia, y la lumbrera menor para que
señorease en la noche: [n]*hizo* tambien
las estrellas.
17 Y púsolas Dios en la expansion de
los cielos, para alumbrar sobre la tierra,
18 Y para señorear en el dia y en la
noche, y para apartar la luz y las tinie-
blas: y vió Dios que *esto era* bueno.
19 Y fué la tarde y la mañana el dia
cuarto.
20 Y dijo Dios, Produzcan las aguas
réptil de anima viviente, y aves que vu-
elen sobre la tierra, en la abierta expan-
sion de los cielos.
21 Y crió Dios las grandes ballenas, y
toda cosa viva que anda arrastrando, que
las aguas produjeron segun su género,
y toda ave alada segun su especie: y vió
Dios que *esto era* bueno.

[a] Pro. 8. 22. Heb. 1. 10. y 11. 3.
[b] Sal. 8. 3. y 33. 6. Isa. 40. 26. Jer. 51. 15. Zac. 12. 1. Hech. 14. 15. Rom. 1. 20. Col. 1. 16.
[c] Jer. 4. 23.
[d] Job 26. 13. Sal. 104. 30.
[e] Sal. 33. 9.
[f] 2 Cor. 4. 6.
[g] Is. 45. 7.
[h] Job 37. 18. Jer. 10. 12.
[i] Prov. 8. 28. Sal. 148. 3.
[k] Job 38. 8. Sal. 104. 9. Jer. 5. 22. 2 Ped. 3. 5.
[l] Sal. 136. 7.
[m] Sal. 104. 19.
[n] Sal. 136. 8. Jer. 31. 35.

22 Y Dios les bendijo diciendo, Fruc-
tificad y multiplicad, y henchid las a-
guas en las mares, y las aves se multipli-
quen en la tierra.
23 Y fué la tarde y la mañana el dia
quinto.
24 ¶ Y dijo Dios, Produzca la tierra
seres vivientes segun su género, bestias,
y serpientes, y animales de la tierra se-
gun su especie: y fué así.
25 E hizo Dios animales de la tierra
segun su género, y ganado segun su gé-
nero, y todo animal que anda arrastran-
do sobre la tierra segun su especie: y
vió Dios que *esto era* bueno.
26 ¶ Y dijo Dios, [o]Hagamos al hombre
á nuestra imágen, conforme á nuestra
semejanza: y señoree en los peces de la
mar, y en las aves de los cielos, y en las
bestias, y en toda la tierra, y en todo
animal que anda arrastrando sobre la
tierra.
27 Y crió Dios al hombre á su imágen,
á imágen de Dios lo crió: macho y hem-
bra los crió.
28 Y los bendijo Dios, y díjoles Dios,
Fructificad y multiplicad, y henchid la
tierra, y sojuzgadla, y señoread en los
peces de la mar, y en las aves de los
cielos, y en todas las bestias que se mu-
even sobre la tierra.
29 Y dijo Dios, He aquí que os he
dado toda yerba que dá simiente, que
está sobre la haz de toda la tierra, y todo
árbol en que *hay* fruto de árbol que dá
simiente; [p]ser os ha para comer.
30 Y á toda bestia de la tierra, y á
todas las aves de los cielos, y á todo lo
que se mueve sobre la tierra, en que hay
vida, toda yerba verde *les será* para co-
mer: y fué así.
31 Y vió Dios todo lo que habia hecho,
y he aquí que *era* bueno en gran mane-
ra. Y fué la tarde y la mañana el dia
sexto.

CAPITULO II.

Acabadas las obras de la creacion en los seis dias, descansa Dios en el séptimo, y santifica este dia. Coloca al hombre en el Paraiso; forma á Eva, é instituye el matrimonio.

Y FUERON acabados los cielos y la
tierra, y todo su ornamento.
2 Y acabó Dios en el dia séptimo su
obra que hizo, y [a]reposó el dia séptimo
de toda su obra que habia hecho.
3 Y bendijo Dios al dia séptimo, y san-
tificólo, porque en él reposó de toda su
obra que habia Dios criado y hecho.
4 ¶ Estos *son* los orígenes de los cielos
y de la tierra cuando fueron criados, el
dia que Jehová Dios hizo la tierra y los
cielos,
5 Y toda planta del campo antes que
fuese en la tierra, y toda yerba del campo
antes que naciese: porque aun no habia
Jehová Dios hecho llover sobre la tierra,
ni *habia* hombre para que labrase la ti-
erra.
6 Mas subia de la tierra un vapor, que
regaba toda la faz de la tierra.
7 ¶ Formó pues Jehová Dios al hom-
bre del [b]polvo de la tierra, y alentó [c]en
su nariz [d]soplo de vida; y fué el hombre
en alma viviente [e].

A. C. 4004.

[o] Ecl. 7. 29. Ef. 4. 24. Col. 3. 10. 1 Cor. 11. 7.
[p] Cap. 9. 3.
[a] Ex. 20. 1. Is. 58. 13. Mat. 12. 8. Col. 2. 16, 17. Heb. 4. 4, 9.
[b] Cap. 3. 19. Sal. 103. 14. Is. 64. 8. 1 Cor. 15. 47.
[c] Job 33. 4.
[d] Is. 2. 22.
[e] 1 Cor. 15. 45.

8 Y habia Jehová Dios plantado un huerto en Eden al oriente, y puso allí al hombre que habia formado.

9 [f]Y habia Jehová Dios hecho nacer de la tierra todo árbol delicioso á la vista, y bueno para comer; tambien el árbol de vida[g] en medio del huerto, y el árbol de ciencia del bien y del mal.

[f] Ex. 31. 3, 9.
[g] Cap. 3. 22. Pro. 3. 18. Apoc. 2. 7.

10 Y salia de Eden un rio para regar el huerto, y de allí se repartia en cuatro ramales.

11 El nombre del uno *era* Pison: este *es* el que cerca toda la tierra de Havilah[h], donde hay oro:

[h] Cap. 25. 18.

12 Y el oro de aquella tierra *es* bueno: hay allí *tambien* bdelio y piedra cornerina.

13 El nombre del segundo rio *es* Gihon: este *es* el que rodea toda la tierra de Etiopía†.

† Heb. *Cush.*

14 Y el nombre del tercer rio *es* Hiddekel[i]: este *es* el que vá delante de Asiria. Y el cuarto rio *es* el Eufrates.

[i] Dan. 10. 4.

15 Tomó pues Jehová Dios al hombre, y le puso en el huerto de Eden, para que lo labrara y lo guardase.

16 ¶ Y mandó Jehová Dios al hombre diciendo, De todo árbol del huerto comerás:

17 Mas del árbol de ciencia del bien y del mal no comerás de él[k]; porque el dia que de él comieres, morirás.

[k] Cap. 3. 3, 11.

18 ¶ Y dijo Jehová Dios, No *es* bueno que el hombre esté solo; haréle ayuda [l]idonea para él.

[l] 1 Cor. 11. 9. 1 Tim. 2. 13.

19 Formó pues Jehová Dios de la tierra toda béstia del campo, y toda ave de los cielos, y trájolas á Adam[m], para que viese como les habia de llamar: y todo lo que Adam llamó á los animales vivientes, ese *es* su nombre.

[m] Sal. 8. 6.

20 Y puso Adam nombres á toda bestia, y ave de los cielos, y á todo animal del campo: mas para Adam no halló ayuda que *estuviese* delante de él.

21 Y Jehová Dios hizo caer sueño[n] sobre Adam, y se quedó dormido: entonces tomó una de sus costillas, y cerró la carne en su lugar.

[n] Cap. 15. 12.

22 Y de la costilla que Jehová Dios tomó del hombre, hizo una mujer, y trájola al hombre.

23 Y dijo Adam, Esto *es* ahora hueso [o]de mis huesos, y carne de mi carne: Esta será llamada Varona, porque del Varon fué tomada.

[o] Ef. 5. 30.

24 Por tanto dejará [p]el hombre á su padre y á su madre, y allegarse ha á su mujer, y serán una sola carne[q].

[p] Mar. 10. 7.
[q] 1 Cor. 6. 16.

25 Y estaban ambos desnudos, Adam y su mujer, y no se avergonzaban.

CAPITULO III.

Seduce la serpiente á Eva: pecan nuestros primeros padres, y acarrean sobre sí y sus descendientes la maldicion divina. Promesa del Mesias.

EMPERO [a]la serpiente era astuta [b]mas que todos los animales del campo que Jehová Dios habia hecho; la cual dijo á la mujer, ¿Con que Dios os ha dicho, No comais de todo árbol del huerto?

[a] Apoc. 12. 9.
[b] 2 Cor. 11. 3.

2 Y la mujer respondió á la serpiente, Del fruto de los árboles del huerto comemos,

3 Mas del fruto del árbol que *está* en medio del huerto dijo Dios[c], No comeréis de él, ni le tocaréis, porque no murais.

[c] Cap. 2. 17.

4 Entonces la serpiente[d] dijo á la mujer[e], No moriréis.

[d] Juan 8. 44.
[e] 1 Tim. 2. 14.

5 Mas sabe Dios que el dia que comiereis de él, serán abiertos vuestros ojos, y seréis como dioses sabiendo el bien y el mal.

6 Y vió la mujer que el árbol *era* bueno para comer, y que *era* agradable á los ojos, y árbol codiciable para alcanzar la sabiduría; y tomó de su fruto, y comió, y dió tambien á su marido, el cual comió así como ella.

7 Y fueron abiertos los ojos de entrambos, y conocieron que *estaban* desnudos[f]: entonces cosiéron hojas de higuera, y se hicieron delantales.

[f] Cap. 2. 25.

8 Y oyeron la voz de Jehová Dios que se paseaba en el huerto al aire del dia: y escondióse el hombre y su mujer de la presencia de Jehová Dios entre los árboles del huerto.

9 Y llamó Jehová Dios al hombre, y le dijo, ¿Dónde estás tú?

10 Y él respondió, Oí tu voz en el huerto, y tuve miedo[g], porque estaba desnudo; y escondíme.

[g] 1 Juan 3. 20.

11 Y díjole, Quién te enseñó que estabas desnudo? ¿Has comido del árbol de que yo te mandé no comieses?

12 Y el hombre respondió, [h]La mujer que me diste por compañera me dió del árbol, y yo comí.

[h] Pro. 28. 13.

13 Entonces Jehová Dios dijo á la mujer, ¿Qué *es* lo que has hecho? Y dijo la mujer, La serpiente me engañó, y comí.

14 Y Jehová Dios dijo á la serpiente, Por cuanto esto hiciste, maldita serás entre todas las bestias, y entre todos los animales del campo; sobre tu pecho andarás, y [i]polvo comerás todos los dias de tu vida.

[i] Is. 65. 25. Mic. 7. 17.

15 Y enemistad pondré entre tí y la mujer, y entre tu [k]simiente y la simiente suya[l]; esta te herirá *en* la cabeza[m], y tú le herirás *en* el calcañal.

[k] Mat. 13. 38. Juan 8. 44. 1 Juan 3. 8.
[l] Is. 7. 14. Mic. 5. 3. Mat. 1. 23. Luc. 1. 35.
[m] Rom. 16. 20.

16 A la mujer dijo, Multiplicaré en gran manera tus dolores y tus preñeces; con dolor parirás los hijos[n], y á tu marido *será* tu deseo, y él se enseñoreará de tí.

[n] 1 Tim. 2. 14.

17 Y al hombre dijo, Por cuanto obedeciste á la voz de tu mujer, y comiste del árbol de que te mandé diciendo, No comerás de él, maldita *será* la tierra por amor de tí; con dolor[o] comerás de ella todos los dias de tu vida;

[o] Rom. 8. 20.

18 Espinos[p] y cardos te producirá, y comerás yerba del campo;

[p] Is. 55. 13.

19 En el sudor de tu rostro comerás el pan hasta que vuelvas á la tierra, porque de ella fuiste tomado: pues polvo eres, y al polvo serás tornado.

20 ¶ Y llamó el hombre el nombre de su mujer Eva†, por cuanto ella era madre de todos los vivientes.

† Heb. *viviente.*

21 Y Jehová Dios hizo al hombre y á su mujer tunicas de pieles, y vistiólos[q].

[q] Is. 61. 10. Fil. 3. 9.

22 ¶ Y dijo Jehová Dios, He aquí[r] el hombre es como uno de nos sabiendo el bien y el mal: ahora pues, porque no alargue su mano, y tome tambien del árbol de la vida[s], y coma, y viva para siempre;

[r] ver. 5.
[s] Apoc. 2. 7.

23 Y sacólo Jehová del huerto de Eden, para que labrase la tierra de que fué tomado.

24 Echó pues fuera al hombre, y puso al oriente del huerto de Eden Querubines[t], y una[u] espada encendida que se revolvia á todos lados, para guardar el camino del árbol de la vida.

[t] Ex. 25. 18, 20. Sal. 80. 1. y 99. 1.
[u] 1 Cro. 21. 16.

CAPITULO IV.

Nace Cain y Abel. Cain lleno de envidia, mata á su hermano: su obstinacion, castigo, y descendencia.

Y CONOCIO Adam á su mujer Eva, la cual concibió, y parió á Cain†, y dijo, Adquirido he varon por Jehová.

† Heb. *adquirido.*

2 Y despues parió á su hermano Abel†: y fué Abel pastor de ovejas, y Cain fué labrador de la tierra.

† Heb. *vanidad.*

3 ¶ Y aconteció andando el tiempo,

que Cain trajo del fruto de la tierra una ofrenda á Jehová.

4 Y Abel trajo tambien de los primogénitos de sus ovejas, y de su grosura. Y miró Jehová con agrado á Abel[a] y á su ofrenda:

5 Mas no miró propicio á Cain y á la ofrenda suya. Y ensañóse Cain en gran manera, y decayó su semblante.

6 Entonces Jehová dijo á Cain, Porqué te has ensañado? y porqué se ha inmutado tu rostro?

7 Si bien hicieres, ¿no serás ensalzado? y si no hicieres bien, el pecado está á la puerta. Con todo esto, á tí será su deseo, y tú te enseñorearás de él.

8 ¶ Y habló Cain á su hermano Abel: y aconteció que estando ellos en el campo, Cain se levantó contra su hermano Abel, y le[b] mató.

9 Y Jehová dijo á Cain, Dónde está Abel tu hermano? Y él respondió, No sé: ¿Soy yo guarda de mi hermano?

10 Y él le dijo, Qué has hecho? La voz de la sangre de tu hermano clama á mí desde la tierra.

11 Ahora pues maldito *seas* tú de la tierra que abrió su boca para recibir la sangre de tu hermano de tu mano.

12 Cuando labrares la tierra, no te volverá á dar su fuerza: errante y extranjero serás en la tierra.

13 Y dijo Cain á Jehová, Grande *es* mi iniquidad para ser perdonada.

14 He aquí me echas hoy de la faz de la tierra, y de tu presencia me esconderé: y seré errante y extranjero en la tierra: y sucederá que cualquiera que me hallare, me matará.

15 Y respondióle Jehová, Cierto que cualquiera que matare á Cain, siete veces será castigado. Entonces Jehová puso señal en Cain, para que no le hiriese cualquiera que le hallara.

16 ¶ Y salió Cain de delante de Jehová, y habitó en tierra de Nod al oriente de Eden.

17 Y conoció Cain á su mujer, la cual concibió y parió á Henoch: y edificó una ciudad, y llamó el nombre de la ciudad del nombre de su hijo, Henoch.

18 Y á Henoch nació Irad, é Irad engendró á Mehujael, y Mehujael engendró á Methusael, y Methusael engendró á Lamech.

19 ¶ Y tomó para sí Lamech dos mujeres; el nombre de la una *fué* Ada, y el nombre de la otra Zilla.

20 Y Ada parió á Jabal, el cual fué padre de los que habitan en tiendas, y *crian ganados*.

21 Y el nombre de su hermano fué Jubal, el cual fué padre de todos los que manejan harpa y organo.

22 Y Zilla tambien parió á Tubal-Cain, acicalador de toda obra de metal y de hierro: y su hermana de Tubal-Cain *fué* Naama.

23 Y dijo Lamech á sus mujeres Ada y Zilla: oid mi voz, mujeres de Lamech, escuchad mi dicho: que varon mataré por mi herida, *y* mancebo por mi golpe.

24 Si siete veces será vengado Cain, Lamech en verdad setenta veces siete *lo seria*.

25 ¶ Y conoció de nuevo Adam á su mujer, la cual parió un hijo, y llamó su nombre Seth: Porque Dios (*dijo ella*) me ha sustituido otra simiente en lugar de Abel, á quien mató Cain.

26 Y á Seth tambien le nació un hijo, y llamó su nombre Enos. Entonces *los hombres* comenzáron á llamarse del nombre de Jehová.

[a] Heb. 11. 4.
[b] 1 Juan 3. 12.

CAPITULO V.

Genealogía de Adam, y de sus descendientes hasta Noé por la linea de Seth, estirpe de los Patriarcas y progenitores del Mesias, que es el objeto de todas las Escrituras.

ESTE *es* el libro de las generaciones de Adam. El dia en que crió Dios al hombre, á la semejanza[a] de Dios lo hizo.

2 Macho[b] y hembra los crió; y los bendijo, y llamó el nombre de ellos Adam el dia en que fueron criados.

3 ¶ Y vivió Adam ciento y treinta años, y engendró *un hijo* á su semejanza[c], conforme á su imágen, y llamó su nombre Seth.

4 Y fueron los dias de Adam, despues que engendró á Seth, ochocientos años: y engendró hijos é hijas.

5 Y fueron todos los dias que vivió Adam novecientos y treinta años, [d]y murió.

6 Y vivió Seth ciento y cinco años, y engendró á Enos.

7 Y vivió Seth, despues que engendró á Enos, ochocientos y siete años, y engendró hijos é hijas.

8 Y fueron todos los dias de Seth novecientos y doce años, y murió.

9 ¶ Y vivió Enos noventa años, y engendró á Cainan.

10 Y vivió Enos, despues que engendró á Cainan, ochocientos y quince años, y engendró hijos é hijas.

11 Y fueron todos los dias de Enos novecientos y cinco años, y murió.

12 ¶ Y vivió Cainan setenta años, y engendró á Mahalaleel.

13 Y vivió Cainan, despues que engendró á Mahalaleel, ochocientos y cuarenta años, y engendró hijos é hijas.

14 Y fueron todos los dias de Cainan novecientos y diez años, y murió.

15 ¶ Y vivió Mahalaleel sesenta y cinco años, y engendró á Jared.

16 Y vivió Mahalaleel, despues que engendró á Jared, ochocientos y treinta años, y engendró hijos é hijas.

17 Y fueron todos los dias de Mahalaleel ochocientos y noventa y cinco años, y murió.

18 ¶ Y vivió Jared ciento y sesenta y dos años, y engendró á Henoch.

19 Y vivió Jared, despues que engendró á Henoch, ochocientos años, y engendró hijos é hijas.

20 Y fueron todos los dias de Jared novecientos y sesenta y dos años, y murió.

21 ¶ Y vivió Henoch sesenta y cinco años, y engendró á Mathusalam.

22 Y camino [e]Henoch con Dios, despues que engendró á Mathusalam, trescientos años, y engendró hijos é hijas.

23 Y fueron todos los dias de Henoch trescientos y sesenta y cinco años.

24 Caminó pues Henoch con Dios, y desapareció, porque[f] le llevó Dios.

25 ¶ Y vivió Mathusalam ciento y ochenta y siete años, y engendró á Lamech.

26 Y vivió Mathusalam, despues que engendró á Lamech, setecientos y ochenta y dos años, y engendró hijos é hijas.

27 Fueron pues todos los dias de Mathusalam novecientos y sesenta y nueve años, y murió.

28 ¶ Y vivió Lamech ciento y ochenta y dos años, y engendró un hijo:

29 Y llamó su nombre Noé, † diciendo, Este nos aliviará de nuestras obras, y del trabajo de nuestras manos, á causa de la tierra[g] que Jehová maldijo.

30 Y vivió Lamech, despues que engendró á Noé, quinientos y noventa y cinco años, y engendró hijos é hijas.

[a] Cap. 1. 27. 1 Cor. 11. 7. Col. 3. 10.
[b] Mal. 2. 15.
[c] Job 25. 4. Juan 3. 6. 1 Cor. 15. 48.
[d] Heb. 9. 27.
[e] Cap. 6. 9. y 17. 1. Deut. 13. 4. 2 Rey. 20. 3. Sal. 16. 8. Am. 3. 3. Mal. 2. 6.
[f] Heb. 11. 5.
† Heb. reposo.
[g] Cap. 3. 17. y 4. 11.

31 Y fueron todos los dias de Lamech setecientos y setenta y siete años, y murió.

h 1 Cr. 1. 4.
32 ¶ Y siendo Noé de quinientos años engendró á h Sem, Châm, y á Japhet.

CAPITULO VI.

Las costumbres perdidas de los hombres ocasionan el diluvio. Construccion del Arca.

Y ACAECIO *que* cuando comenzaron los hombres á multiplicarse sobre la faz de la tierra, y les nacieron hijas,

a Job 31. 1.
2 Viendo los hijos de Dios las hijas de los hombres que eran hermosas a, tomáronse mujeres escogiendo entre todas.

b Neh. 9. 30. Is. 5. 4. y 63. 10. Jer. 11. 7, 11. 1 Ped. 3. 20. c Sal. 78. 39.
3 Y dijo Jehová, No contenderá mi espíritu b con el hombre para siempre, porque ciertamente él *es* carne: c mas serán sus dias ciento y veinte años.

4 Habia gigantes en la tierra en aquellos dias; y tambien despues que entraron los hijos de Dios á las hijas de los hombres, y les engendraron *hijos*, estos *fueron* los valientes que desde la antigüedad *fueron* varones de nombre.

d Sal. 14. 2. y 53. 2. Rom. 3. 9.
5 ¶ Y vió d Jehová que la malicia de los hombres *era* mucha en la tierra, y *que* todo designio de los pensamientos del corazon de ellos *era* de continuo solamente el mal.

6 Y arrepintióse Jehová de haber hecho hombre en la tierra, y pesóle en su corazon.

7 Y dijo Jehová, Raeré los hombres que he criado de sobre la faz de la tierra, desde el hombre hasta la bestia, y hasta el réptil, y las aves del cielo; porque me arrepiento de haberlos hecho.

e Ez. 14. 14.
8 ¶ Empero Noé halló gracia e en los ojos de Jehová.

9 Estas *son* las generaciones de Noé: Noé varon justo, perfecto fué en sus generaciones; con Dios caminó Noé.

10 Y engendró Noé tres hijos, á Sem, á Châm, y á Japhet.

11 Y corrompióse la tierra delante de Dios, y estaba la tierra llena de violencia.

12 Y miró Dios la tierra, y he aquí que estaba corrompida, porque toda carne habia corrompido su camino sobre la tierra.

13 ¶ Y dijo Dios á Noé, El fin de toda carne ha venido delante de mí; porque la tierra está llena de violencia á causa de ellos: y he aquí que yo les destruiré con la tierra.

14 Hazte un arca de madera de Gopher: harás aposentos en el arca, y la embetunarás con brea por dentro y por fuera.

15 Y de esta manera la harás: De trescientos codos la longitud del arca, de cincuenta codos su anchura, y de treinta codos su altura.

16 Una ventana harás al arca, y la acabarás á un codo *de elevacion* por la parte de arriba: y pondrás la puerta del arca á su lado; y la harás *piso* bajo, segundo, y tercero.

f Sal. 29. 10.
17 Y yo, he aquí que yo traigo f un diluvio de aguas sobre la tierra, para destruir toda carne en que haya espíritu de vida debajo del cielo: todo lo que *hubiere* en la tierra morirá.

18 Mas estableceré mi pacto contigo, y entrarás en el arca tú, y tus hijos, y tu mujer, y las mujeres de tus hijos contigo.

g Cap. 7. 8, 9.
19 Y de todo lo que vive, de toda carne, dos de cada especie g meterás en el arca, para que tengan vida contigo; macho y hembra serán.

20 De las aves segun su especie, y de las bestias segun su especie, de todo réptil de la tierra segun su especie, dos de cada especie entrarán contigo, para que hayan vida.

21 Y toma contigo de toda vianda que se come, y allégala á tí; y servirá de alimento para tí y para ellos.

h Heb. 11. 7.
22 E hízolo así Noé; h hizo conforme á todo lo que Dios le mandó.

CAPITULO VII.

Luego de entrado Noé con su familia en el arca, envió Dios el diluvio universal.

a 1 Ped. 3. 20. 2 Ped. 2. 5.
Y JEHOVA dijo á Noé, Entra tú y toda tu casa en el arca; porque á tí he visto justo a delante de mí en esta generacion.

b Lev. 11.
2 De todo animal limpio b te tomarás *de* siete *en* siete, macho y su hembra: mas de los animales que no son limpios, dos, macho y su hembra.

3 Tambien de las aves de los cielos *de* siete *en* siete, macho y hembra; para guardar en vida la casta sobre la faz de toda la tierra.

4 Porque *pasados* aun siete dias, yo haré llover sobre la tierra cuarenta dias y cuarenta noches; y raeré toda sustancia que hice de sobre la faz de la tierra.

5 E hizo Noé conforme á todo lo que le mandó Jehová.

6 Y *siendo* Noé de seiscientos años, el diluvio de las aguas fué sobre la tierra.

7 Y vino Noé, y sus hijos, y su mujer, y las mujeres de sus hijos con él al arca, por las aguas del diluvio.

8 De los animales limpios, y de los animales que no *eran* limpios, y de las aves, y de todo lo que anda arrastrando sobre la tierra,

9 De dos en dos entraron á Noé en el arca, macho y hembra, como mandó Dios á Noé.

10 ¶ Y sucedió que al septimo dia las aguas del diluvio fueron sobre la tierra.

c Cap. 8. 2. Pro. 8. 28. Mat. 24. 38. 1 Tes. 5. 3.
11 El año seiscientos de la vida de Noé, en el mes segundo, á diez y siete dias del mes, aquel dia fueron rotas todas las fuentes c del grande abismo, y las cataratas de los cielos fueron abiertas.

12 Y hubo lluvia sobre la tierra cuarenta dias y cuarenta noches.

13 En este mismo dia entró Noé, y Sem, y Châm, y Japhet, hijos de Noé, la mujer de Noé, y las tres mujeres de sus hijos con él, en el arca.

14 Ellos, y todos los animales *silvestres* segun sus especies, y todos los animales mansos segun sus especies, y todo réptil que anda arrastrando sobre la tierra segun su especie, y toda ave segun su especie, todo pájaro, toda especie de volatil.

15 Y vinieron á Noé al arca de dos en dos de toda carne, en que *habia* espíritu de vida.

d Deu. 33. 27. Sal. 46. 2.
16 Y los que vinieron, macho y hembra de toda carne vinieron, como le habia mandado Dios: y Jehová le cerró d *la puerta*.

17 Y fué el diluvio cuarenta dias sobre la tierra; y las aguas crecieron, y alzaron el arca, y se elevó sobre la tierra.

18 Y prevalecieron las aguas, y crecieron en gran manera sobre la tierra, y andaba el arca sobre la faz de las aguas.

e 2 Ped. 3. 6.
19 Y las aguas prevalecieron mucho en extremo sobre la tierra; e y todos los montes altos, que *habia* debajo de todos los cielos, fueron cubiertos.

20 Quince codos en alto prevalecieron las aguas, y fueron cubiertos los montes.

21 Y murió toda carne que se mueve sobre la tierra, así de aves como de ganados, y de bestias, y de todo réptil que

anda arrastrando sobre la tierra, y todo hombre [f].

[f] Job 22. 16, 17.

22 Todo lo que tenia aliento de espíritu de vida en sus narices, de todo lo que *habia* en la tierra, murió.

23 Así fué destruida toda sustancia que vivia sobre la faz de la tierra, desde el hombre hasta la bestia, y los réptiles, y las aves del cielo: y fueron raidos de la tierra, y quedó solamente Noé, y lo que con él *estaba* en el arca.

24 Y prevalecieron las aguas sobre la tierra ciento y cincuenta dias [g].

[g] Cap. 8. 3.

CAPITULO VIII.

Disminuidas las aguas del diluvio, despues de haber Noé enviado el cuervo y la paloma, sale del arca, y ofrece á Dios sacrificio agradable.

[a] Cap. 19. 29. Ex. 2. 24. Sal. 106. 6. Jonas 4. 11. [c] Ex. 14. 21. [d] Pro. 8. 28.

Y ACORDOSE [a] Dios de Noé, y [b] de todos los animales, y de todas las bestias que *estaban* con él en el arca: é hizo pasar Dios un viento [c] sobre la tierra, y disminuyeron las aguas.

2 Y se cerraron las fuentes [d] del abismo, y las cataratas de los cielos, y la lluvia de los cielos fué detenida.

3 Y tornáronse las aguas de sobre la tierra, yendo y volviendo: y descrecieron las aguas al cabo de ciento y cincuenta dias.

4 ¶ Y reposó el arca en el mes séptimo, á diez y siete dias del mes, sobre los montes de Armenia.

5 Y las aguas fueron descreciendo hasta el mes décimo: en el décimo, al primero del mes se descubrieron las cimas de los montes.

[e] Cap. 6. 16.

6 ¶ Y sucedió que al cabo de cuarenta dias abrió Noé la ventana [e] del arca que habiá hecho:

7 Y envió al cuervo, el cual salió, *y estuvo* yendo y tornando hasta que las aguas se secaron de sobre la tierra.

8 Envió tambien de sí á la paloma, para ver si las aguas se habian retirado de sobre la faz de la tierra.

9 Y no halló la paloma donde sentar la planta de su pie, y volvióse á él al arca, porque las aguas *estaban aun* sobre la faz de toda la tierra: entonces él extendió su mano, y cogiendola hízola entrar consigo en el arca.

10 Y esperó aun otros siete dias, y volvió á enviar la paloma fuera del arca.

11 Y la paloma volvió á él á la hora de la tarde, y he aquí *que traia* una hoja de oliva tomada en su pico; y entendió Noé que las aguas se habian retirado de sobre la tierra.

12 Y esperó aun otros siete dias, y envió la paloma, la cual no volvió ya mas á él.

13 ¶ Y sucedió que en el año seiscientos y uno *de Noé*, en el *mes* primero, al primero del mes, las aguas se enjugaron de sobre la tierra; y quitó Noé la cubierta del arca, y miró, y he aquí que la faz de la tierra estaba enjuta.

14 Y en el mes segundo, á los veinte y siete dias del mes se secó la tierra.

15 ¶ Y habló Dios á Noé diciendo,

16 Sal del arca tú, y tu mujer, y tus hijos, y las mujeres de tus hijos contigo.

17 Todos los animales que *estan* contigo de toda carne, de aves, y de bestias, y de todo réptil que anda arrastrando sobre la tierra, sacarás contigo: y vayan por la tierra, y fructifiquen [f], y multipliquense sobre la tierra.

[f] Cap. 1. 22.

18 Entonces salió Noé, y sus hijos, y su mujer, y las mujeres de sus hijos con él.

19 Todos los animales, y todo reptil, y toda ave, todo lo que se mueve sobre la tierra segun sus especies, salieron del arca.

20 ¶ Y edificó Noé un altar á Jehová, y tomó de todo animal limpio [g], y de toda ave limpia, y ofreció holocausto en el altar.

[g] Lev. 1—11.

21 Y percibió Jehová olor de suavidad [h]: y dijo Jehová en su corazon, No tornaré mas á maldecir [i] la tierra por causa del hombre; porque el intento del corazon [k] del hombre es malo desde su juventud: ni volveré mas á destruir [l] todo viviente, como he hecho.

[h] Lev. 1. 9. Ef. 5. 2. [i] Cap. 3. 17. y 6. 17. [k] Cap. 6. 5. Job 15. 14. Jer. 17. 9. Rom. 1. 21. [l] Cap. 9. 11, 15.

22 Todavía *serán* todos los tiempos de la tierra; la sementera y la siega, y el frio y calor, verano é invierno, y dia y noche, no cesarán [m].

[m] Is. 54. 9. Jer. 33. 20.

CAPITULO IX.

Bendice Dios á Noé y á sus hijos, y les renueva la bendicion que les habia hecho de todas las cosas; pero les prohibe el comer la sangre. Pacto del Señor con Noé. Embriaguez de éste.

Y BENDIJO Dios á Noé y á sus hijos, y díjoles, Fructificad [a], y multiplicad, y henchid la tierra.

[a] ver. 7, 19. Cap. 10. 32.

2 Y vuestro temor [b] y vuestro pavor será sobre todo animal de la tierra, y sobre toda ave de los cielos, en todo lo que se moverá en la tierra, y en todos los peces del mar: en vuestra mano son entregados.

[b] Sal. 8. 6. Sant°. 3. 7.

3 Todo lo [c] que se mueve y vive os será para mantenimiento: así como las legumbres y yerbas os lo he dado todo [d].

[c] Deu. 12. 15. y 14. 4. Hech. 10. 12, 14. 1 Tim. 4. 3, 4. [d] Cap. 1. 29.

4 Empero carne [e] con su vida, *que es* su sangre, no comeréis.

[e] Lev. 17. 10, 14. y 19. 26. Deu. 12. 23. 1 Sam. 14. 34.

5 Porque ciertamente demandaré la sangre de vuestras vidas; de mano de todo animal la demandaré, y de mano del hombre [f]; de mano del varon su hermano demandaré la vida del hombre.

6 El que derramare sangre de hombre, por el hombre su sangre será derramada [g]: porque á imágen de Dios [h] es hecho el hombre.

[f] Ex. 21. 12, 28. [g] Lev. 24. 17. Rom. 13. 4. [h] Cap. 1. 27.

7 Mas vosotros fructificad, y multiplicaos; procread abundamente en la tierra, y multiplicaos en ella.

8 ¶ Y habló Dios á Noé, y á sus hijos con él, diciendo:

9 Yo, he aquí que yo establezco mi pacto [i] con vosotros, y con vuestra simiente despues de vosotros,

[i] ver. 11, 17. Cap. 6. 18.

10 Y con toda alma viviente [k] que *está* con vosotros, de aves, de animales, y de toda bestia de la tierra *que está* con vosotros; desde todos los que salieron del arca hasta todo animal de la tierra.

[k] Cap. 8. 1. Sal. 145. 9.

11 Estableceré mi pacto con vosotros, y no fenecerá ya mas toda carne con aguas de diluvio; ni habrá mas diluvio [l] para destruir la tierra.

[l] 2 Ped. 3. 7.

12 Y dijo Dios, Esta *será* la señal [m] del pacto que yo establezco entre mí y vosotros, y toda alma viviente *que está* con vosotros, por siglos perpetuos:

[m] Cap. 17. 11.

13 Mi arco [n] pondré en las nubes, el cual será por señal de convenio entre mí y la tierra.

[n] Ez. 1. 28. Ap. 4. 3. y 10. 1.

14 Y será que cuando haré venir nubes sobre la tierra, se dejará ver entonces mi arco en las nubes,

15 Y acordarme hé [o] del pacto mio, que *hay* entre mí y vosotros, y toda alma viviente de toda carne; y no serán mas las aguas por diluvio para destruir toda carne.

[o] Deu. 7. 9. Neh. 9. 32.

16 Y estará el arco en las nubes, y verlo hé para acordarme del pacto perpetuo entre Dios y toda alma viviente, con toda carne que *hay* sobre la tierra.

17 Dijo pues Dios á Noé, Esta *será* la señal del pacto que he establecido entre mí y toda carne que *está* sobre la tierra.

18 ¶ Y los hijos de Noé, que salieron del arca, fueron Sem, Châm, y Japhet: [p] y Châm *es* el padre de Chânaan.

[p] Cap. 10. 1, 6.

19 Estos tres [q] *son* los hijos de Noé; y de ellos fué llena toda la tierra.

[q] Cap. 10. 32. 1 Cr. 1. 4.

20 Y comenzó Noé á labrar la tierra, y plantó *una* viña.

21 Y bebió del vino [r], y se embriagó, y estaba descubierto en medio de su tienda.

[r] Pro. 20. 1. Luc. 21. 34. 1 Cor. 10. 12.

22 Y Châm, padre de Chânaan, vió la desnudez de su padre, y díjolo á sus dos hermanos á la parte de afuera.

23 Entonces Sem y Japhet tomaron la ropa; y la pusieron sobre sus propios hombros, [s] y andando hácia atras, cubriéron la desnudez de su padre, teniendo vueltos sus rostros, y así no vieron la desnudez de su padre.

[s] Gal. 6. 1. 1 Ped. 4. 8.

24 Y despertó Noé de su vino, y supo lo que habia hecho con él su hijo el mas jóven,

25 Y dijo, Maldito *sea* Chânaan [t]; siervo de siervos será á sus hermanos.

[t] Deu. 27. 16. 2 Cr. 8. 7, 8.

26 Dijo mas, Bendito Jehová el Dios de Sem, y séale Chânaan siervo.

27 Engrandezca Dios á Japhet, y habite en las tiendas de Sem, y séale Chânaan siervo.

28 Y vivió Noé despues del diluvio trescientos y cincuenta años.

29 Y fueron todos los dias de Noé novecientos y cincuenta años, y murió.

CAPITULO X.

Genealogías de los tres hijos de Noé, ó propagacion del linage humano.

ESTAS son las generaciones de los hijos de Noé, Sem, Châm, y Japhet, á los cuales nacieron hijos despues del diluvio.

2 Los hijos de Japhet [a] *fueron* Gomer, y Magog, y Madai, y Javan, y Tubal, y Meshech, y Tiras.

[a] 1 Cr. 1. 5.

3 Y los hijos de Gomer, Ashkenaz, y Riphat, y Togorma.

4 Y los hijos de Javan, Elisa, y Tarsis, Kittim, y Dodanim.

5 Por estos fueron repartidas las Islas [b] de las Gentes en sus tierras, cada cual segun su lengua, conforme á sus familias en sus naciones.

[b] Soph. 2. 11.

6 ¶ Los hijos de Châm *fueron* [c] Cush, y Mizraim, y Phut, y Chânaan.

[c] 1 Cr. 1. 8.

7 Y los hijos de Cush, Seba [d], Hávila, y Sabta, y Raama, y Sabtechâ. Y los hijos de Raama, Sheba, y Dedan.

[d] Sal. 72. 10.

8 ¶ Y Cush engendró á Nimrod [e]: este comenzó á ser poderoso en la tierra.

[e] Mic. 5. 6.

9 Este fué vigoroso cazador delante de Jehová: por lo cual se dice, Asi como Nimrod, vigoroso cazador delante de Jehová.

10 Y fué la cabecera de su reino Babel, y Erech, y Acoad, y [f] Calneh, en la tierra de Shinar.

[f] Amos 6. 2.

11 De aquesta tierra salió á Assur, y edificó á Nínive, y á Rehoboth, y á Calah.

12 Y á Resen entre Nínive y Calah, la cual *es* ciudad grande.

13 ¶ Y Mizraim engendró á Ludim, y Anamim, y á Lehabim, y á Naphtuhim,

14 Y á Pathrusim [g], y á Casluim, de donde salieron los Filistéos, y á Caphtorim.

[g] 1 Cr. 1. 12.

15 ¶ Y Chânaan engendró á Sidon su primogénito, y á Heth,

16 Y al Jebuséo, y al Amorrhéo, y al Gergeséo,

17 Y al Hevéo, y al Aracéo, y al Sinéo,

18 Y al Aradio, al Samaréo, y al Amathéo: y despues se derramaron las familias de los Chânanéos [h].

[h] Cap. 15. 18, 21. Jos. 12. 7, 8.

19 Y fué el término de los Cananéos desde Sidon, viniendo á Gerar, hasta Gaza, hasta entrar en Sodoma y Gomorra, Adma, y Zeboim hasta Lasa.

20 Estos *son* los hijos de Châm por sus familias, por sus lenguas, en sus tierras, en sus naciones.

21 ¶ Tambien le naciéron *hijos* á Sem, padre de todos los hijos de Heber, y hermano mayor de Japhet.

22 Y los hijos de Sem [i] *fueron* Elam, y Assur, y Arphaxad, y Lud, y Aram.

[i] 1 Cr. 1. 17.

23 Y los hijos de Aram, Uz, y Hul, y Gether, y Mas.

24 Y Arphaxad engendró á Sala, y Sala engendró á Heber.

25 Y á Heber nacieron dos hijos: el nombre del uno *fué* Peleg †, porque en sus dias fué repartida la tierra; y el nombre de su hermano, Joctan.

† Heb. *particion.*

26 Y Joctan engendró á Almodad, y á Sheleph, y á Hazarmaveth, y á Jera,

27 Y á Hadoram, y á Uzal, y á Dicla,

28 Y á Obal, y á Abimaél, y á Seba,

29 Y á Ophir, y á Havila, y á Jobad: todos estos *fueron* hijos de Joctan.

30 Y fué su habitacion desde Mesa, viniendo de Sephar, monte *á la parte* de oriente.

31 Estos *fueron* los hijos de Sem por sus familias, por sus lenguas, en sus tierras, en sus naciones.

32 Estas *son* las familias de Noé por sus descendencias, en sus naciones; y de estos fueron divididas las gentes en la tierra despues del diluvio.

CAPITULO XI.

Torre de Babel; descendientes de Sem por la línea de Arphaxad hasta Abram.

ERA entonces toda la tierra de una lengua, y unas mismas palabras.

2 Y aconteció que, como se partieron de oriente, hallaron una vega en la tierra de Shinar, y asentaron allí.

3 Y dijeron los unos á los otros, Vaya, hagamos ladrillo, y cozamoslo con fuego. Y fuéles el ladrillo en lugar de piedra, y el betun en lugar de mezcla.

4 Y dijeron, Vamos, edifiquémonos una ciudad y una torre, cuya cúspide [a] *llegue* al cielo; y hagámonos un nombre [b], por si fueremos esparcidos [c] sobre la faz de toda la tierra.

[a] Deu. 1. 28.

[b] Sal. 49. 11. Pro. 10. 7. Dan. 4. 30.

5 Y descendió Jehová para ver [d] la ciudad y la torre que edificaban los hijos de los hombres.

[c] ver. 9. Luc. 1. 51.

6 Y dijo Jehová, Hé aquí el pueblo *es* uno, y todos estos tienen un lenguage; y han comenzado á obrar, y nada les retraerá ahora de lo que han pensado hacer.

[d] Cap. 18. 21.

7 Ahora pues, descendamos, y [e] confundamos allí sus lenguas, para que ninguno entienda el habla de su compañero.

[e] Sal. 55. 9. Hech. 2. 6.

8 Así los esparció Jehová desde allí sobre la faz de toda la tierra, y dejaron de edificar la ciudad.

9 Por esto fué llamado el nombre de ella Babel †, porque allí confundió Jehová el lenguage de toda la tierra, y desde allí los esparció sobre la faz de toda la tierra.

† Heb. *confusion.*

10 ¶ Estas *son* las generaciones de Sem [f]: Sem de edad de cien años engendró á Arphaxad, dos años despues del diluvio.

[f] Cap. 10. 24. 1 Cr. 1. 17.

11 Y vivió Sem, despues que engendró á Arphaxad, quinientos años, y engendró hijos é hijas.

12 Y Arphaxad vivió treinta y cinco años, y engendró á Sala.

13 Y vivió Arphaxad, despues que engendró á Sala, cuatrocientos y tres años, y engendró hijos é hijas.

14 Y vivió Sala treinta años, y engendró á Heber.

15 Y vivió Sala, despues que engendró á Heber, cuatrocientos y tres años, y engendró hijos é hijas.

16 Y vivió Heber treinta y cuatro años, y engendró á Peleg.

17 Y vivió Heber, despues que engendró á Peleg, cuatrocientos y trienta años, y engendró hijos é hijas.

18 Y vivió Peleg treinta años, y engendró á Reu.

19 Y vivió Peleg, despues que engendró á Reu, doscientos y nueve años, y engendró hijos é hijas.

20 Y Reu vivió treinta y dos años, y engendró á Serug.

21 Y vivió Reu, despues que engendró á Serug, doscientos y siete años, y engendró hijos e hijas.

22 Y vivió Serug treinta años, y engendró á Nachôr.

23 Y vivió Serug, despues que engendró á Nachôr, doscientos años, y engendró hijos é hijas.

24 Y vivió Nachôr veinte y nueve años, y engendró á Thare.

25 Y vivió Nachôr, despues que engendró á Thare, ciento diez y nueve años, y engendró hijos é hijas.

26 Y vivió Thare setenta años, y engendró á Abram, y á Nachôr [g], y á Haran.

[g] Jos. 24. 2. 1 Cr. 1. 26.

27 ¶ Y estas *son* las generaciones de Thare: Thare engendró á Abram, y á Nachôr, y á Haran; y Haran engendró á Lot.

28 Y murió Haran antes de su padre Thare en la tierra de su naturaleza, en Ur de los Caldéos.

29 Y tomaron Abram y Nachôr para sí mugeres: el nombre de la muger de Abram *fué* Sarai, [h] y el nombre de la muger de Nachôr, Milca [i], hija de Haran, padre de Milca, y de Isca.

[h] Cap. 17. 15.
[i] Cap. 22. 20. y 24. 15.

30 Mas Sarai fué estéril [k], y no *tenia* hijo.

[k] Cap. 16. 1. y 18. 11. y 21. 1, 2.

31 Y tomó Thare á Abram su hijo, y á Lot hijo de Haran, hijo de su hijo, y á Sarai su nuera, muger de Abram su hijo: y salió con ellos de Ur de los Caldéos [l], para ir á la tierra de Chânaan: y vinieron hasta Haran, y asentaron allí.

[l] Cap. 12. 1. Neh. 9. 7. Hech. 7. 4.

32 Y fueron los dias de Thare doscientos y cinco años; y murió Thare en Haran.

CAPITULO XII.

De la vocacion de Abram, de sus peregrinaciones, y de lo que aconteció á Sarai en Egipto.

EMPERO Jehová habia dicho [a] á Abram, Vete de tu tierra, y de tu parentela, y de la casa de tu padre, á la tierra que te mostraré:

[a] Cap. 11. 31. Is. 51. 2. Hech. 7. 2. Heb. 11. 8.

2 Y haré de tí una nacion grande [b], y bendecirte he, y engrandeceré tu nombre, y [c] serás bendicion.

[b] Cap. 17. 6.
[c] Cap. 18. 18. y 28. 4.

3 Y bendeciré á los [d] que te bendijeren, y á los que te maldijeren maldeciré: y serán benditas en tí todas las familias de la tierra.

[d] Cap. 27. 29. Ex. 23. 27. Num. 24. 9.

4 Y fuése Abram, como Jehová le dijo, y fué con él Lot: y *era* Abram de edad de setenta y cinco años cuando salió de Haran.

5 Y tomó Abram á Sarai su mujer, y á Lot hijo de su hermano, y toda su hacienda que habian ganado, y las almas que habian adquirido en Haran, y salieron para ir á tierra de Chânaan; y á tierra de Chânaan llegaron.

6 ¶ Y pasó Abram por aquella tierra hasta el lugar de Sichém, hasta el valle [e] de Moreh: y el Cananéo *estaba* entonces en la tierra.

[e] Deu. 11. 30.

7 Y apareció Jehová [f] á Abram, y le dijo, A tu simiente daré esta [g] tierra. Y edificó allí un altar [h] á Jehová, que le habia aparecido.

[f] Cap. 17. 1. y 18. 1.
[g] Cap. 13. 15. y 15. 18. y 17. 8. y 26. 3. y 28. 13. Rom. 9. 8. Gal. 3. 16. y 4. 28.

8 ¶ Y pasóse de allí á un monte al oriente de Bethel, y tendió su tienda, *teniendo* á Bethel [i] al occidente, y Hai al oriente: y edificó allí altar á Jehová, é invocó el nombre de Jehová.

[h] Cap. 13. 4, 18. y 26. 25. y 33. 20.
[i] Cap. 28. 19.

9 Y movió Abram *de allí* caminando y yendo hácia el mediodia.

10 ¶ Y hubo hambre en la tierra, y descendió Abram á Egipto para peregrinar allá; porque *era* grande el hambre en la tierra.

11 Y aconteció que, cuando estaba para entrar en Egipto, dijo á Sarai su mujer: Hé aquí ahora, conozco que eres mujer hermosa de vista;

12 Y será que cuando te habrán visto los Egipcios, dirán, Su mujer es: y me matarán á mí, y á tí te reservarán la vida.

13 Ahora pues dí que eres mi hermana [k], para que yo haya bien por causa tuya, y viva mi alma por amor de tí.

[k] Cap. 20. 2. y 26. 7.

14 Y aconteció que, como entró Abram en Egipto, los Egipcios vieron la mujer que era hermosa en gran manera.

15 Viéronla tambien los príncipes de Faraon, y se la alabaron; y fué llevada la mujer á casa de Faraon.

16 E hizo bien á Abram por causa de ella, y tuvo ovejas, y vacas, y asnos, y siervos, y criadas, y asnas, y camellos.

17 Mas Jehová hirió [l] á Faraon y á su casa con grandes plagas, por causa de Sarai mujer de Abram.

[l] 1 Cr. 16. 21. Sal. 105. 14.

18 Entonces Faraon llamó á Abram, y le dijo, ¿Qué *es* esto que has hecho conmigo? [m] ¿Por qué no me declaraste que era tu mujer?

[m] Cap. 20. 10. y 26. 10.

19 ¿Por qué dijiste, Es mi hermana, poniendome en ocasion de tomarla para mí por mujer? Ahora pues, he aquí tu mujer, toma*la* y vete.

20 Entonces Faraon dió orden [n] á *sus* gentes acerca de Abram; y le acompañaron, y á su mujer, con todo lo que tenia.

[n] Prov. 21. 1.

CAPITULO XIII.

Sepárase Abram y Lot á causa de su grande opulencia, por el bien de la paz. Lot escoge su territorio cerca del Jordan, y Abram habita en la tierra de Canaan, donde Dios le renueva la promesa.

SUBIO pues Abram del Egipto hácia el mediodia, él, y su mujer, con todo lo que tenia, y con él Lot.

2 Y Abram *era* riquisimo en ganado, en plata y oro.

3 Y volvió por sus jornadas *de la parte* del mediodia hácia Bethel, hasta el lugar donde habia estado antes su tienda entre Bethel y Hai,

4 Al lugar del altar [a] que habia hecho allí antes: é invocó allí Abram el nombre de Jehová.

[a] Cap. 12. 7, 8.

5 ¶ Y asimismo Lot, que andaba con Abram, tenia ovejas, y vacas, y tiendas.

6 Y la tierra no podia darles [b] para que habitasen juntos: porque su hacienda era mucha, y no podian morar en un mismo lugar.

[b] Cap. 36. 7.

7 Y hubo contienda entre los pastores del ganado de Abram y los pastores del ganado de Lot: y el Cananéo y el Pherezéo habitaban entonces en la tierra.

8 Entonces Abram dijo á Lot: No haya ahora altercado [c] entre mí y tí, entre mis pastores y los tuyos, porque somos hermanos.

[c] Fil. 2. 14. Heb. 12. 14.

9 ¿No *está* toda la tierra delante de tí? Yo te ruego que te apartes de mí.

Si *fueres* á la mano izquierda, yo iré á la derecha; y si tú á la derecha, yo iré á la izquierda.

10 Y alzó Lot sus ojos, y vió toda la llanura del Jordan, que toda ella *era* de riego, antes que destruyese[e] Jehová á Sodoma y á Gomorra, como *un* huerto[f] de Jehová, como la tierra de Egipto entrando en Zoar[g].

[e] Cap. 19. 25. Ex. 16. 49. [f] Is. 51. 3. [g] Cap. 14. 2.

11 Entonces Lot escogió para sí toda la llanura del Jordan: y partióse Lot de oriente, y apartáronse el uno del otro.

12 Abram asentó en la tierra de Canaam, y Lot asentó en las ciudades de la llanura, y fué poniendo sus tiendas hasta Sodoma.

13 Mas los hombres de Sodoma *eran* malos y pecadores[h] para con Jehová en gran manera.

[h] Cap. 18. 20. 2 Ped. 2. 7, 8.

14 ¶ Y Jehová dijo á Abram, despues que Lot se apartó de él, Alza ahora tus ojos, y mira desde el lugar donde estás hácia el aquilon, y al mediodia, y al oriente, y al occidente:

15 Porque toda la tierra que ves, la daré á tí y á tu simiente[i] para siempre.

16 Y haré tu simiente como el polvo[k] de la tierra; que si alguno podrá contar el polvo de la tierra, tambien tu simiente será contada.

17 Levantate, vé por la tierra á lo largo de ella, y á su ancho, porque á tí la tengo de dar.

[i] Cap. 12. 7. [k] Cap. 15. 5. y 22. 17. y 28. 14. Nu. 23. 10. Deu. 1. 10. 1 Rey. 4. 20. Jer. 33. 22.

18 Abram, pues, removiendo su tienda, vino y moró en el alcornocal de Mamre[l], que *es* en Hebron, y edificó allí altar á Jehová.

[l] Cap. 13. 1. y 35. 27. y 37. 14.

CAPITULO XIV.

Abram, habiendo derrotado á Chedorlaomer y demas reyes aliados, libra del cantiverio á Lot; y recibe la bendicion del rey y sacerdote Melchisedech, al cual ofrece el diezmo de todo el botín.

Y ACONTECIO en los dias de Amraphel rey de Shinar, Arioch rey de Elasar, Chedorlaomer rey de Elá, y Tidal rey de naciones,

2 *Que estos* hicieron guerra contra Bera rey de Sodoma, y contra Birsha rey de Gomorra, y contra Shinab rey de Adma, y contra Shemeber rey de Zeboim, y contra el rey de Bela, la cual es Zoar.

3 Todos estos se juntaron en el valle de Siddim, que es el mar salado.

4 Doce años habian servido á Chedorlaomer, y al decimotercio año se rebelaron.

5 Y en el año decimocuarto vino Chedorlaomer, y los reyes que *estaban* de su parte, y derrotaron á los Raphaitas en Ashteroth-carnaim, á los Zuzitas en Ham, y á los Emitas en Shave-Kiriathaim,

6 Y á los Horéos en el monte de Seir, hasta la llanura de Pharan, que *está* junto al desierto.

7 Y volvieron, y vinieron á Enmisphat, que *es* Cades, y devastaron todas las haciendas de los Amalecitas, y tambien al Amorrhéo, que habitaba en Hazezontamar.

8 Y salió el rey de Sodoma, y el rey de Gomorra, y el rey de Adma, y el rey de Zeboim, y el rey de Bela, que *es* Zoar, y ordenaron contra ellos batalla en el valle de Siddim;

9 *Es á saber* contra Chedorlaomer rey de Elam, y Tidal rey de naciones, y Amraphel rey de Shinar, y Arioch rey de Elasar, cuatro reyes contra cinco.

10 Y el valle de Siddim *estaba* lleno de pozos de betun: y huyeron el rey de Sodoma y el de Gomorra, y cayeron allí; y los demas huyeron al monte.

11 Y tomaron toda la riqueza de Sodoma y de Gomorra: y todas sus vituallas, y se fueron.

12 Tomaron tambien á Lot, hijo del hermano de Abram, que moraba[a] en Sodoma, y su hacienda, y se fueron.

[a] Cap. 13. 12. 1 Tim. 6. 9.

13 ¶ Y vino uno de los que escapó, y denunciólo á Abram el Hebréo, que habitaba en[b] el valle de Mamre Amorrhéo, hermano de Eschôl y hermano de Aner, los cuales estaban confederados con Abram.

[b] Cap. 13. 18.

14 Y oyó Abram que su hermano estaba prisionero, y armó sus criados, los criados de su casa, trescientos diez y ocho, y siguiólos hasta Dan.

15 Y derramóse sobre ellos de noche él y sus siervos, é hiriólos, y fuéles siguiendo hasta Hobah, que *está* á la izquierda de Damasco.

16 Y recobró todos los bienes, y tambien á Lot su hermano, y su hacienda, y tambien las mujeres y gente.

17 ¶ Y salió el rey de Sodoma á recibirlo, cuando volvia de la derrota de Chedorlaomer y de los reyes que con él *estaban*, al valle de Shave, *que es* el valle del Rey[c].

[c] 2 Sam. 18. 18.

18 Entonces Melchisedech[d], rey de Salem, sacó pan y vino, el cual *era* sacerdote[e] del Dios alto.

[d] Heb. 7. 1. [e] Sal. 110. 4. Heb. 5. 6. y 7. 3, 11.

19 Y bendíjolo, y dijo, Bendito *sea* Abram del Dios alto, poseedor[f] de los cielos y de la tierra:

[f] ver. 22.

20 Y bendito *sea* el Dios alto, que entregó tus enemigos en tu mano. Y dióle *Abram* los diezmos[g] de todo.

[g] Heb. 7. 1, 10.

21 ¶ Entonces el rey de Sodoma dijo á Abram; Dame las personas, y toma para tí la hacienda.

22 Y respondió Abram al rey de Sodoma: He alzado[h] mi mano á Jehová Dios alto, poseedor[i] de los cielos y de la tierra,

[h] Ex. 6. 8. [i] ver. 19.

23 Que desde un hilo hasta la correa de un calzado nada tomaré de todo lo que es tuyo, porque no digas, Yo enriquecí á Abram:

24 Sacando solamente lo que comieron los mancebos, y la porcion de los varones que fueron conmigo, Aner, Escol, y Mamre; los cuales tomarán su parte.

CAPITULO XV.

El Señor promete á Abram un hijo heredero de sus divinas promesas. Es justificado por su fé; y Dios hace con él un solemne pacto.

DESPUES de estas cosas fué la Palabra de Jehová á Abram en vision, diciendo[a]: No temas Abram, yo *soy* tu escudo[b], *y* tu galardon sobremanera grande.

[a] Cap. 46. 2. Num. 12. 6. Dan. 10. 1. [b] Deu. 33. 29. Sal. 84. 11. y 91. 4. y 119. 114. Pro. 30. 5.

2 Y respondió Abram, Señor Jehová, ¿qué me has de dar, siendo así que ando sin hijo[c], y el mayordomo de mi casa *es* ese Damasceno, Eliezer?

[c] Hech. 7. 5.

3 Dijo mas Abram: Mira que no me has dado prole; y he aquí que es mi heredero uno nacido en mi casa.

4 Y luego la Palabra de Jehová *fué* á él, diciendo, No te heredará este, sino el que saldrá de tus entrañas será el que te herede.

5 Y sacólo fuera, y dijo: Mira ahora á los cielos, y cuenta las estrellas[d], si las puedes contar. Y le dijo[e], Así será tu simiente.

[d] Deu. 1. 10. Heb. 11. 12. [e] Rom. 4. 18.

6 Y creyó á Jehová, y contóselo[f] por justicia.

[f] Rom. 4. 3, 6. Gal. 3. 6. Sant°. 2. 23.

7 ¶ Y díjole, Yo *soy* Jehová, que te saqué[g] de Ur de los Caldéos, para darte á heredar esta tierra.

[g] Cap. 12. 1.

8 Y él respondió, Señor Jehová, ¿en qué[h] conoceré que la tengo de heredar?

[h] Juec. 6. 17. 2 Rey. 20. 8. Luc. 1. 18.

9 Y le dijo, Apártame una becerra de

tres años, y una cabra de tres años, y un carnero de tres años, una tórtola tambien, y un palomino.

[i] Jer. 34. 18, 19.

10 Y tomó él todas estas cosas, y[i] partiólas por la mitad, y puso cada mitad una en frente de otra: mas no partió las aves.

11 Y descendian aves sobre los cuerpos muertos, y ojeábalas Abram.

[j] Cap. 2. 21. 1 Sam. 26. 12.

12 Mas á la caida del sol sobrecogió[j] el sueño á Abram, y hé aquí que el pavor *de* una grande oscuridad cayó sobre él.

[k] Ex. 12. 40. Hech. 7. 6.

13 Entonces dijo á Abram, Ten por cierto que tu simiente será peregrina en tierra no suya, y servirá á los[k] *de allí*, y serán *por ellos* afligidos cuatrocientos años.

[l] Ex. 12. 36. Sal. 105. 37.

14 Mas tambien á la gente á quien servirán, juzgaré yo; y despues de esto saldrán con grande[l] riqueza.

[m] Cap. 25. 8.

15 Y tú vendrás á tus padres en paz, y serás sepultado en buena vejez[m].

[n] Mat. 23. 32.

16 Y en la cuarta generacion volverán acá: porque aun no *está* cumplida la maldad del Amorrhéo hasta aquí[n].

17 Y sucedió que puesto el sol, y ya oscurecido, dejóse ver un horno humeando, y una antorcha de fuego que pasó por entre los animales divididos.

18 En aquel dia hizo Jehová un pacto con Abram diciendo, A tu simiente daré esta tierra desde el rio de Egipto hasta el rio grande, el rio Eufrates:

19 Los Cinéos, y los Cenezéos, y los Cedmonéos,

20 Y los Hethéos, y los Pherezéos, y los Raphaitas,

21 Y los Amorrhéos, y los Cananéos, y los Gergeséos, y los Jebuséos.

CAPITULO XVI.

Deseosa Sarai del cumplimiento de las promesas de Dios, ruega á Abram que tome por mujer á su esclava Agar. Concibe esta, se porta mal con su ama, y finalmente pare á Ismael.

[a] Gal. 4. 24.

Y SARAI mujer de Abram no le paria: y ella tenia una sierva Egipcia, que se llamaba Agar[a].

[b] Cap. 30. 3, 9.

2 Dijo pues Sarai á Abram, Ya ves que Jehová me ha hecho estéril: ruégote que entres[b] á mi sierva; quizá tendré hijos de ella. Y atendió Abram al dicho de Sarai.

3 Y Sarai, mujer de Abram, tomó á Agar su sierva Egipcia, al cabo de diez años que habia habitado Abram en la tierra de Canaan, y dióla á Abram su marido por mujer.

4 Y él cohabitó con Agar, la cual concibió: y cuando vió que habia concebido, miraba con desprecio á su señora.

5 Entonces Sarai dijo á Abram: Mi afrenta *sea* sobre tí: yo puse mi sierva en tu seno, y viendose embarazada, me mira con desprecio: juzgue Jehová entre mí y tí.

6 Y respondió Abram á Sarai, Hé ahí tu sierva en tu mano; haz con ella lo que bien te pareciere. Y como Sarai la afligiese, huyóse de su presencia.

7 Y hallóla el ángel de Jehová junto á una fuente de agua en el desierto, junto á la fuente *que está* en el camino del Sur.

8 Y *le* dijo: Agar, sierva de Sarai, ¿de donde vienes tú, y á donde vas? Y ella respondió, Huyo de delante de Sarai mi señora.

[c] 1 Ped. 2. 18.

9 Y díjola el ángel de Jehová, Vuelvete á tu señora, y ponte sumisa[c] bajo de su mano.

10 Díjola tambien el ángel de Jehová, Multiplicaré tanto tu linaje, que no será contado á causa de la muchedumbre.

† Heb. *oido de Dios.*

11 Díjola aun el ángel de Jehová, Hé aquí que has concebido, y parirás un hijo, y llamarás su nombre Ismael†, porque oido ha Jehová tu afliccion.

[d] Cap. 21. 20

[e] Cap. 25. 18

12 Y él será hombre fiero[d]; su mano contra todos, y las manos de todos contra él, y delante[e] de todos sus hermanos habitará.

[f] Cap. 32. 30. Juec. 6. 22, 23. y 13. 22.

13 Entonces llamó el nombre de Jehová que con ella hablaba, Tú *eres* el Dios de la vista; porque dijo, ¿no he visto tambien aquí[f] al que me vé?

14 Por lo cual llamó al pozo, Pozo del Viviente, *y* que me vé. Hé aquí *está* entre Cades y Bered.

15 Y parió Agar á Abram un hijo, y llamó Abram el nombre de su hijo, que le parió Agar, Ismael.

16 Y *era* Abram de edad de ochenta y seis años, cuando parió Agar á Ismael.

CAPITULO XVII.

Renueva el Señor mas particularmente sus promesas al patriarca Abram, dandole la ley de la circuncision, y mudandole el nombre á él y á Sarai.

[a] Ex. 6. 3. Dan. 4. 35.

[b] Cap. 48. 15. 2 Rey. 20. 3.

Y SIENDO Abram de edad de noventa y nueve años, aparecióle Jehová, y le dijo, Yo *soy* el Dios[a] Todopoderoso; anda[b] delante de mí, y sé perfecto.

2 Y pondré mi pacto entre mí y tí, y multiplicarte he mucho en gran manera.

3 Entonces Abram cayó sobre su rostro, y Dios habló con él diciendo,

[c] Cap. 13. 16. y 22. 17.

4 Yo, he aquí mi pacto contigo, Serás padre de muchedumbre[c] de gentes.

† Heb. *padre alto.*

[d] Neh. 9. 7.

† Heb. *padre de multitud.*

[e] Rom. 4. 17.

5 Y no se llamará mas tu nombre Abram†, sino que será tu nombre[d] Abraham†, porque te he puesto por padre[e] de muchedumbre de gentes.

[f] ver. 16. 20. Cap. 35. 11.

6 Y multiplicarte he mucho en gran manera, y te pondré en gentes[f], y reyes saldrán de tí.

[g] Lev. 26. 12. Heb. 11. 16.

7 Y estableceré mi pacto entre mí y tí, y tu simiente despues de tí en sus generaciones, por alianza[g] perpetua, para serte á tí por Dios, y á tu simiente despues de tí.

[h] Cap. 48. 4.

8 Y te daré á tí, y á tu simiente despues de tí, la tierra de tus peregrinaciones, toda la tierra de Canaan en heredad perpetua[h]: y seré el Dios de ellos.

9 Dijo de nuevo Dios á Abraham, Tú empero guardarás mi pacto, tú y tu simiente despues de tí por sus generaciones.

10 Este *será* mi pacto, que guardaréis entre mí y vosotros, y tu simiente despues de tí; Será circuncidado todo varon de entre vosotros.

[i] Hech. 7. 8. Rom. 4. 11. Col. 2. 11, 13.

11 Circuncidaréis pues la carne de vuestro prepucio, y será por[i] señal del pacto entre mí y vosotros.

12 Y de edad de ocho dias será circuncidado todo varon entre vosotros por vuestras generaciones, el nacido en casa, y el comprado á dinero de cualquier extranjero, que no fuere de tu simiente.

13 Debe ser circuncidado el nacido en tu casa y el comprado por tu dinero: y estará mi pacto en vuestra carne para alianza perpetua.

14 Y el varon incircunciso que no hubiere circuncidado la carne de su prepucio, aquella persona será borrada de su pueblo; ha violado mi pacto.

† Heb. *Princesa.*

15 ¶ Dijo tambien Dios á Abraham, A Sarai tu mujer no la llamarás Sarai, mas Sara† será su nombre.

16 Y bendecirla he, y tambien te daré de ella hijo; sí, la bendeciré, y vendrá á ser *madre* de naciones: reyes de pueblos serán de ella.

17 Entonces Abraham cayó sobre su rostro, y rióse, y dijo en su corazon,

¿A hombre de cien años ha de nacer
hijo? ¿Y Sara ya de noventa años ha
de parir?
18 Y dijo Abraham á Dios, Ojalá Is-
mael viva delante de tí.
19 Y respondió Dios: Ciertamente Sara
tu mujer te parirá un hijo, y llamarás
su nombre Isaac; y confirmaré mi pac-
to con él por alianza perpetua para su
simiente despues de él.
20 Y en cuanto á Ismael *tambien* te he
oido: Hé aquí que le bendeciré, y le
haré fructificar y multiplicar mucho en
gran manera: doce príncipes engendra-
rá, y ponerlo he por gran gente.
21 Mas yo estableceré mi pacto con
Isaac, al cual te parirá Sara por este
[k] Cap. 21. 2. tiempo el año siguiente[k].
22 Y acabó de hablar con él, y subió
Dios de con Abraham.
23 ¶ Entonces tomó Abraham á Is-
mael su hijo, y á todos los *siervos* naci-
dos en su casa, y á todos los comprados
por su dinero, á todo varon entre los
domesticos de la casa de Abraham, y
circuncidó la carne del prepucio de ellos
en aquel mismo dia, como Dios le habia
dicho.
24 Era Abraham de edad de noventa
y nueve años, cuando circuncidó la car-
ne de su prepucio.
25 E Ismael su hijo *era* de trece años,
cuando fué circuncidada la carne de su
prepucio.
26 En el mismo dia fué circuncidado
Abraham é Ismael su hijo:
27 Y todos los varones de su casa, el
siervo nacido en casa y el comprado por
dinero del extranjero fueron circunci-
dados con él.

CAPITULO XVIII.

Tres ángeles en trage de peregrinos, hospedados y agasajados de Abraham, le prometen un hijo de Sara. Oyéndolo esta, se ríe, y es reprendida por los ángeles. Predicen á Abraham la ruina de Sodoma, por la cual intercede repetidas veces.

Y APARECIOLE Jehová en el valle
[a] Cap. 13. 18. y 14. 13. de Mamre[a], estando sentado á la
puerta de su tienda en el calor del dia:
[b] Cap. 19. 1. 2 Y alzó sus ojos, y miró, y he aquí[b]
tres varones que estaban junto á él: y
cuando los vió, salió corriendo de la
puerta de su tienda á recibirles, é incli-
nóse hácia la tierra.
3 Y dijo, Señor, si ahora he hallado
[c] Heb. 13. 2. gracia en tus ojos, ruégote que no pases[c]
de tu siervo.
4 Que se traiga ahora un poco de a-
[d] Cap. 43. 24. gua[d], y lavad vuestros pies, y recostaos
debajo de un árbol,
5 Y traeré un bocado de pan, y susten-
tad vuestro corazon; despues pasaréis:
porque por eso habeis pasado cerca de
vuestro siervo. Y ellos dijeron, Haz así
como has dicho.
6 Entonces Abraham fué de priesa á
la tienda á Sara, y le dijo: Toma presto
tres medidas de flor de harina, amasa y
haz panes cocidos debajo del rescoldo.
7 Y corrió Abraham á las vacas, y tomó
un becerro tierno y bueno, y diólo al
mozo, y dióse este priesa á aderezarlo.
[e] Juec. 5. 25. 8 Tomó tambien manteca[e] y leche, y
el becerro que habia aderezado, y púsolo
delante de ellos; y él estaba junto á ellos
debajo del árbol, y comieron.
9 Y le dijeron, Donde está Sara tu mu-
jer? Y él respondió: aquí en la tienda.
[f] ver. 14. Cap. 17. 19. y 21. 2. 2 Rey. 4. 16. Rom. 9. 9. Gal. 4. 23. 10 Entonces dijo, De cierto volveré[f]
á tí segun el tiempo de la vida, y hé
aquí tendrá un hijo Sara tu mujer. Y
Sara escuchaba á la puerta de la tienda,
que *estaba* detras de él.
11 Y Abraham y Sara *eran* viejos[g], en- [g] Rom. 4. 19. Heb. 11. 11, 12.
trados en dias: á Sara habia cesado ya
la costumbre de las mujeres[h]. [h] Cap. 31. 35.
12 Rióse pues Sara entre sí[i] diciendo, [i] Cap. 21. 6.
¿Despues que he envejecido tendré de-
leite[k], siendo tambien mi señor ya vi- [k] Luc. 1. 18.
ejo[l]? [l] 1 Ped. 3. 6.
13 Entonces Jehová dijo á Abraham,
¿Porqué se ha reido Sara diciendo,
Será cierto que he de parir siendo ya
vieja?
14 ¿Hay para Dios alguna cosa difí-
cil[m]? Al tiempo señalado volveré á tí [m] Jer. 32. 17. Luc. 1. 37.
segun el tiempo de la vida, y Sara tendrá
un hijo.
15 Entonces Sara negó diciendo, No
me reí: porque tuvo miedo. Y él dijo,
No *es así*, sino que te has reido[n]. [n] Sal. 44. 21.
16 ¶ Y los varones se levantaron de
allí, y miráron hácia Sodoma: y Abra-
ham iba con ellos acompañandolos.
17 Y Jehová dijo, ¿Encubriré[o] yo á [o] Sal. 25. 14. Amos 3. 7. Juan 15. 15.
Abraham lo que voy á hacer,
18 Habiendo de ser Abraham en una
nacion grande y fuerte, y habiendo de
ser benditas[p] en él todas las gentes de la [p] Cap. 12. 3.
tierra?
19 Porque yo lo he conocido, *sé* que
mandará á sus hijos[q], y á su casa des- [q] Deu. 4. 9, 10. Sal. 78. 5, 6. Ef. 6. 4.
pues de sí, que guarden el camino de
Jehová, haciendo justicia y juicio, para
que haga venir Jehová sobre Abraham
lo que ha hablado acerca de él.
20 Entonces Jehová le dijo, Por cuan-
to el clamor de Sodoma y Gomorra se
aumenta mas y mas, y el pecado de ellos
se ha agravado en extremo,
21 Descenderé[r] ahora, y veré si han [r] Cap. 11. 5. Ex. 3. 8.
consumado su obra segun el clamor que
ha venido hasta mí; y si no, saberlo he.
22 Y apartáronse de allí los varones, y
fueron hácia Sodoma: mas Abraham
estaba aun delante de Jehová.
23 ¶ Y acercóse Abraham y dijo,
¿Destruirás tambien al justo con el
impío?
24 Quizá hay cincuenta justos dentro
de la ciudad: ¿destruirás tambien, y no
perdonarás al lugar por cincuenta justos
que esten dentro de él?
25 Lejos de tí el hacer tal, que hagas
morir al justo con el impío, y que sea el
justo *tratado* como el impío; nunca tal
hagas. El juez de toda la tierra[s], ¿no [s] Job 8. 3. y 34. 17. Sal. 58. 11. Rom. 3. 6.
ha de hacer lo que es justo?
26 Entonces respondió Jehová, Si ha-
lláre en Sodoma cincuenta justos[t] den- [t] Jer. 5. 1.
tro de la ciudad, perdonaré á todo este
lugar por amor de ellos.
27 Y Abraham replicó y dijo: Hé aquí
ahora que he comenzado á hablar á mi
Señor, aunque soy polvo y ceniza[u]: [u] Job 4. 19.
28 Quizá faltarán de cincuenta justos
cinco: ¿destruirás por aquellos cinco
toda la ciudad? Y dijo, No *la* destru-
iré, si halláre allí cuarenta y cinco.
29 Y volvió á hablarle, y dijo, Quizá
se hallarán allí cuarenta. Y respondió,
No *lo* haré por amor de los cuarenta.
30 Y dijo, No se enoje ahora mi Señor,
si habláre: Quizá se hallarán allí tre-
inta. Y respondió, No *lo* haré si ha-
lláre allí treinta.
31 Y dijo, Hé aquí ahora que he em-
prendido el hablar á mi Señor: Quizá
se hallarán allí veinte. No *la* destruiré,
respondió, por amor de los veinte.
32 Y volvió á decir, No se enoje ahora
mi Señor, si habláre solamente una
vez[v]: Quizá se hallarán allí diez. No *la* [v] Juec. 6. 39.
destruiré, respondió, por amor de los
diez.
33 Y fuése Jehová luego que acabó de
hablar á Abraham: y Abraham se vol-
vió á su lugar.

CAPITULO XIX.

Nefanda disolucion de los Sodomitas, los cuales son todos abrasados con fuego del cielo: de él libertan á Lot los dos ángeles sus huéspedes. Castigo de la mujer de Lot; é incesto de este con sus dos hijas.

Cap. 18. 22.

LLEGARON pues los dos ángeles[a] á Sodoma á la caida de la tarde: y Lot estaba sentado á la puerta de Sodoma. Y viendoles Lot, levantóse á recibirlos, é inclinóse hácia el suelo.

2 Y dijo, Ahora pues, mis señores, os ruego que vengais á casa de vuestro siervo, y os hospedeis, y lavaréis vuestros piés: y por la mañana os levantaréis, y seguiréis vuestro camino. Y ellos respondiéron, No, que en la plaza nos quedarémos esta noche.

3 Mas él porfió con ellos mucho, y se viniéron con él, y entraron en su casa, é hízoles banquete, y coció panes sin levadura, y comiéron.

4 ¶ Y antes que se acostasen, cercaron la casa los hombres de la ciudad, los varones de Sodoma, todo el pueblo junto, desde el mas jóven hasta el mas viejo:

5 Y llamaron á Lot, y le dijeron, ¿Donde estan los varones que vinieron á tí esta[b] noche? sacanoslos, para que los conozcamos.

[b] Juec. 19. 22.

6 Entonces Lot salió á ellos á la puerta, y cerró las puertas tras sí,

7 Y dijo: Os ruego, hermanos mios, que no hagais tal maldad[c].

[c] Lev. 18. 22. Deu. 23. 17. Rom. 1. 24. 1 Cor. 6. 9, 11. Judas 7.

8 Hé aquí ahora yo tengo dos hijas que no han conocido varon[d]; os las sacaré afuera, y haced de ellas como bien os pareciére: solamente á estos varones no hagais nada, pues que vinieron á la sombra de mi tejado.

[d] Juec. 19. 24.

9 Y ellos respondieron, Quita allá: y añadieron, Vino este aquí para habitar como un extraño, y habrá de erigirse en juez? Ahora te harémos mas mal que á ellos. Y hacian gran violencia al varon, á Lot, y se acercaron para romper las puertas.

10 Entonces los varones alargaron la mano, y metieron á Lot en casa con ellos, y cerraron las puertas.

11 Y á los hombres que *estaban* á la puerta de la casa, desde el menor hasta el mayor, hirieron[e] con ceguera; mas ellos se fatigaban por hallar la puerta.

[e] 2 Rey. 6. 18. Hech. 13. 11.

12 Y dijeron los varones á Lot, ¿Tienes aquí alguno mas? Yernos, y tus hijos, y tus hijas, y todo lo que tienes en la ciudad, *sacalo* de este lugar:

13 Porque vamos á destruir este lugar, por cuanto el clamor ellos ha subido de punto[f] delante de Jehová; por tanto Jehová nos ha enviado para destruirlo.

[f] Cap. 18. 20.

14 Entonces salio Lot, y habló á sus yernos, los que habian de tomar sus hijas, y les dijo, Levantaos, salid de este lugar; porque Jehová vá á destruir esta ciudad: mas pareció á sus yernos como que se burlaba.

15 ¶ Y al rayar el alba, los ángeles daban prisa á Lot diciendo, Levantate, toma tu mujer, y tus dos hijas que se hallan *aquí*, porque no perezcas en el castigo de la ciudad.

16 Y deteniendose él, los varones asieron de su mano, y de la mano de su mujer, y de las manos de sus dos hijas, segun la misericordia de Jehová para con él; y le sacaron, y le pusieron fuera de la ciudad.

17 Y fué que cuando los hubo sacado fuera, dijo: Escapa; por tu vida no mires[g] tras tí, ni pares en toda esta llanura; escapa al monte, no sea que perezcas.

[g] ver. 26.

18 Y Lot les dijo, No, yo os ruego señores mios:

19 Hé aquí ahora ha hallado tu siervo gracia en tus ojos, y has engrandecido tu misericordia que has hecho conmigo dandome la vida: mas yo no podré escapar al monte, no sea caso que me alcance el mal, y muera.

20 Hé aquí ahora esta ciudad *está* cerca para huir allá, la cual *es* pequeña; escaparé ahora allá, (¿no *es* ella pequeña?) y vivirá mi alma.

21 Y le respondió, Hé aquí he recibido tambien tu súplica sobre esto, y no destruiré la ciudad de que has hablado.

22 Date priesa, escápate allá; porque nada podré hacer hasta que allí hayas llegado. Por esto fué llamado el nombre de la ciudad Zoar †.

† Heb. pequeña.

23 El sol salia sobre la tierra, cuando Lot llegó á Zoar.

24 Entonces llovió[h] Jehová sobre Sodoma y sobre Gomorra azufre y fuego de parte de Jehová desde los cielos;

[h] Deu. 29. 23. Is. 13. 19. Jer. 49. 18. y 50. 40. Lam. 4. 6. Ezec. 16. 49. Mat. 11. 23. Luc. 17. 28, 29. 2 Ped. 2. 6. Judas 7. Apoc. 20. 9.

25 Y destruyó las ciudades, y toda aquella llanura, con todos los moradores de aquellas ciudades, y el fruto de la tierra.

26 Entonces la mujer de Lot miró atras *á espaldas* de él, y se volvió estatua[i] de sal.

[i] Luc. 17. 32.

27 Y subió Abraham por la mañana al lugar donde habia estado[k] delante de Jehová,

[k] Cap. 18. 22.

28 Y miró hácia Sodoma y Gomorra, y hácia toda la tierra de aquella llanura miró; y hé aquí que el humo subia de la tierra como el humo de un horno.

29 Así fué que, cuando destruyó Dios las ciudades de la llanura, acordóse Dios de Abraham, y envió fuera á Lot de en medio de la destruccion, al asolar las ciudades donde Lot estaba.

30 ¶ Empero Lot subió de Zoar, y asentó en el monte[l], y sus dos hijas con él; porque tuvo miedo de quedar en Zoar, y se alojó en una cueva él y sus dos hijas.

[l] ver. 17, 19.

31 Entonces la mayor dijo á la menor, Nuestro padre *es* viejo, y no *queda* varon en la tierra que entre á nosotras conforme á la costumbre de toda la tierra.

32 Ven, demos á beber vino á nuestro padre, y durmamos con él, y conservarémos de nuestro padre generacion.

33 Y dieron á beber vino á su padre[m] aquella noche: y entró la mayor, y durmió con su padre; mas él no sintió cuando se acostó ella, ni cuando se levantó.

[m] Pro. 23. 31, 33.

34 El dia siguiente dijo la mayor á la menor, Hé aquí yo dormí la noche pasada con mi padre; démosle á beber vino tambien esta noche, y entra y duerme con él, para que conservemos de nuestro padre generacion.

35 Y dieron á beber vino á su padre tambien aquella noche; y levantóse la menor, y durmió con él; pero no echó de ver cuando se acostó ella, ni cuando se levantó.

[n] Lev. 18. 6, 7.

36 Y concibieron las dos hijas de Lot de su padre[n].

† Heb. Linage de padre.

37 Y parió la mayor un hijo, y llamó su nombre Moab †, el cual *es* padre de los Moabitas[o] hasta hoy.

[o] Deu. 2. 9, 19.

38 La menor tambien parió un hijo, y llamó su nombre Ben-ammí †, el cual *es* padre de los Ammonitas hasta hoy[p].

† Heb. el hijo de mi pueblo.

[p] Soph. 2. 9.

CAPITULO XX.

Abraham pasa á Gerar: castigo y amenazas del Señor al rey Abimelech por lo que intentó hacer con Sara.

DE allí partió Abraham á la tierra del Mediodia, y asentó entre Cades y Sur, y habitó como forastero en Gerar.

2 Y dijo Abraham de Sara su mujer, Mi[a] hermana es. Y Abimelech, rey de Gerar, envió, y tomó á Sara.

[a] Cap. 12. 13. y 26. 7.

3 Empero Dios vino á Abimelech en sueños de noche[b], y le dijo, Hé aquí muerto eres á causa de la mujer que has tomado, la cual es casada con marido.

[b] Job 33. 15. Sal. 105. 14.

4 Mas Abimelech no habia llegado á ella, y dijo, Señor, ¿ matarás tambien la gente justa?

5 ¿ No me dijo él, Mi hermana es, y ella tambien dijo, Es mi hermano? Con sencillez de mi corazon, y con limpieza de mis manos he hecho esto.

6 Y díjole Dios en sueños, Yo tambien sé que con integridad de tu corazon has hecho esto: y yo tambien te detuve de pecar contra mí[c], y así no te permití que la tocases.

[c] Sal. 51. 4.

7 Ahora pues vuelve la mujer á su marido; porque es profeta, y orará por tí[d], y vivirás. Y si tú no la volvieres, sabe que de cierto morirás, con todo lo que fuere tuyo.

[d] 1 Sam. 7. 5. Job 42. 8. Santo. 5. 16.

8 Entonces Abimelech se levantó de mañana, y llamó á todos sus siervos, y dijo todas estas palabras en los oidos de ellos; y temieron los hombres en gran manera.

9 Despues llamó Abimelech á Abraham, y le dijo: Qué nos has hecho? y *en* qué pequé yo contra tí, que has atraido sobre mí, y sobre mi reino tan gran pecado? Lo que no debiste hacer has hecho conmigo.

10 Y dijo mas Abimelech á Abraham: Qué viste, para que hicieses esto?

11 Y Abraham respondió, Porque dije para mí[e]: Cierto no hay temor de Dios en este lugar, y me matarán por causa de mi mujer.

[e] Pr. 3. 5.

12 Y á la verdad tambien es mi hermana, hija de mi padre, mas no hija de mi madre, y toméla por mujer.

13 Y fué que, cuando Dios me hizo salir errante de la casa de mi padre, yo la dije: Esta es la merced que tú me harás, que en todos los lugares donde llegáremos, digas de mí, Mi hermano es.

14 Entonces Abimelech tomó ovejas[f] y vacas, y siervos y siervas, y *les* dió á Abraham, y devolvióle á Sara su mujer.

[f] Cap. 12. 16.

15 Y dijo Abimelech, Hé aquí mi tierra *está* delante de tí, habita donde bien te pareciere.

16 Y á Sara dijo, Hé aquí he dado mil monedas de plata á tu hermano: mira que él te es por velo † de ojos para todos los que *estan* contigo, y para con todos: así fué reprendida.

† Heb. *por dádiva de paz.*

17 Entonces Abraham oró á Dios; y Dios sanó á Abimelech y á su mujer, y á sus siervas, y parieron.

18 Porque habia del todo cerrado Jehová toda matriz de la casa de Abimelech, á causa de Sara mujer de Abraham.

CAPITULO XXI.

Nacimiento de Isaac, y su circuncision. Abraham echa de casa á Agar é Ismael. Abimelech hace alianza con Abraham.

Y VISITO[a] Jehová á Sara, como habia dicho, é hizo Jehová con Sara como habia hablado.

[a] 1 Sam. 2. 21. Luc. 1. 68.

2 Y concibió[b] y parió Sara á Abraham un hijo en su vejez, en el tiempo que Dios le habia dicho.

[b] Heb. 11. 11.

3 Y llamó Abraham el nombre de su hijo que le nació, que le parió Sara, Isaac[c] †.

[c] Cap. 17. 19.
† Heb. *risa.*

4 Y circuncidó Abraham á su hijo Isaac de ocho dias, como Dios le habia mandado[d].

[d] Lev. 12. 3. Hech. 7. 8.

5 Y era Abraham de cien años cuando le nació Isaac su hijo.

6 Entonces dijo Sara, Dios me ha hecho reir, y cualquiera que lo oyere, se reirá conmigo.

7 Y añadió, ¿ Quien dijera á Abraham, que Sara habia de dar de mamar á hijos? pues que le he parido un hijo á su vejez.

8 Y creció el niño, y fué destetado; é hizo Abraham gran banquete el dia que fué destetado Isaac.

9 ¶ Y vió Sara al hijo de Agar la Egipcia, el cual habia *esta* parido á Abraham, que se burlaba[e].

[e] Gal. 4. 29.

10 Por tanto dijo á Abraham: Echa á esta sierva[f] y á su hijo, que el hijo de esta sierva no ha de heredar con mi hijo, con Isaac.

[f] Gal. 4. 30.

11 Este dicho pareció grave en gran manera á Abraham á causa de su hijo.

12 Entonces dijo Dios á Abraham, No te parezca grave á causa del muchacho y de tu sierva; en todo lo que te dijo Sara, oye su voz, porque en[g] Isaac te será llamada descendencia.

[g] Rom. 9. 7, 8. Heb. 11. 18.

13 Y tambien al hijo[h] de la sierva pondré en gente, porque *es* tu simiente.

[h] ver. 18. Cap. 16. 10.

14 Entonces Abraham se levantó muy de mañana, y tomó pan, y un odre de agua, y dióló á Agar poniendolo sobre su hombro, y *entrególe* el muchacho, y despidióla: y ella partió, y andaba errante por el desierto de Beerseba.

15 ¶ Y faltóle el agua del odre, y echó el muchacho debajo de un árbol,

16 Y fuése y sentóse enfrente, alejandose como un tiro de arco; porque decia, No veré cuando el muchacho morirá: y sentóse enfrente, y alzó su voz y lloró.

17 Y oyó Dios la voz del muchacho; y el ángel de Dios llamó á Agar desde el cielo, y le dijo, Qué tienes Agar? no temas, porque Dios ha oido la voz del muchacho en donde está.

18 Levántate, alza el muchacho, y ásele de tu mano, porque en gran[i] gente lo tengo de poner.

[i] ver. 13.

19 Entonces[k] abrió Dios sus ojos, y vió una fuente de agua; y fué, y llenó el odre de agua, y dió de beber al muchacho.

[k] Num. 22. 31. 2 Rey. 6. 17, 20. Luc. 24. 16, 31.

20 Y fué Dios con el muchacho; y creció, y habitó en el desierto, y fué tirador de arco.

21 Y habitó en el desierto de Paran[l], y su madre le tomó mujer de la tierra de Egipto.

[l] Num. 10. 12.

22 ¶ Y aconteció en aquel mismo tiempo, que habló Abimelech y Phicol príncipe de su ejército á Abraham diciendo: Dios es contigo[m] en todo cuanto haces.

[m] Cap. 26. 28. y 39. 2.

23 Ahora pues júrame aquí por Dios, que no faltarás á mí, ni á mi hijo, ni á mi nieto; *sino que* conforme á la bondad que yo hice contigo, harás tú conmigo, y con la tierra donde has peregrinado.

24 Y respondió Abraham, Yo juraré.

25 Y Abraham reconvino á Abimelech á causa de un pozo de agua, que los siervos de Abimelech le habian quitado[n].

[n] Cap. 26. 15, 21.

26 Y respondió Abimelech, No sé quien haya hecho esto, ni tampoco tú me lo hiciste saber, ni yo lo he oido hasta hoy.

27 Y tomó Abraham ovejas y vacas, y dió á Abimelech, é hicieron ambos alianza.

28 Y puso Abraham siete corderas del rebaño aparte.

29 Y dijo Abimelech á Abraham, ¿ Qué *significan* estas siete corderas, que has puesto aparte ?

30 Y él respondió, Que estas siete corderas tomáras de mi mano, para que me sean en [a] testimonio de que yo cavé este pozo.

[a] Cap. 31. 48. Jos. 22. 27.

31 Por esto llamó á aquel lugar Beer-seba † ; porque allí juraron ambos.

† Heb. *Pozo del juramento.*

32 Así hicieron alianza en Beer-seba : y levantóse Abimelech y Phicol, príncipe de su ejército, y se volvieron á tierra de los Filistéos.

33 ¶ Y plantó *Abraham* un bosque en Beer-seba, é invocó allí el nombre de Jehová Dios eterno [p].

[p] Sal. 90. 2.

34 Y moró Abraham en tierra de los Filistéos muchos dias.

CAPITULO XXII.

Prueba extraordinaria que hace Dios de la fé y obediencia de Abraham mandandole inmolar á Isaac ; con cuyo motivo le renueva las promesas. Série de los hijos de Nachôr.

Y ACONTENCIO despues de estas cosas, que tentó [a] Dios á Abraham, y le dijo, Abraham ! y él respondió : Héme aquí.

[a] Deu. 8. 2.

2 Y dijo, Toma ahora tu hijo, tu *hijo* único Isaac, á quien amas, y vete á tierra de Moriah, y ofrecelo allí en holocausto sobre uno de los montes que yo te diré.

3 ¶ Y Abraham se levantó muy de mañana, y enalbardó su asno, y tomó consigo dos mozos suyos, y á Isaac su hijo : y cortó leña para el holocausto, y levantóse, y fué al lugar que Dios le dijo.

4 Al tercero dia alzó Abraham sus ojos, y vió el lugar de lejos.

5 Entonces dijo Abraham á sus mozos, Esperaos aquí con el asno, y yo y el muchacho irémos hasta allí, y adoraremos, y volverémos á vosotros.

6 Y tomó Abraham la leña del holocausto, y [b] púsola sobre Isaac su hijo : y él tomó en su mano el fuego, y el cuchillo ; y fueron ambos juntos.

[b] Juan 19.17.

7 Entonces habló Isaac á Abraham su padre, y dijo : Padre mio. Y él respondió, Héme aquí, mi hijo. Y él dijo, Hé aquí el fuego y la leña ; mas ¿ donde *está* el cordero para el holocausto ?

8 Y respondió Abraham, Dios se proveerá de cordero [c] para el holocausto, hijo mio. E iban ambos juntos.

[c] Juan 1. 29. Apoc. 5. 6.

9 Y como llegaron al lugar que Dios le habia dicho, edificó allí Abraham un altar, y compuso la leña, y ató á Isaac su hijo, y púsolo [d] en el altar sobre la leña.

[d] Heb. 11. 17. Sant°. 2. 21.

10 Y extendió Abraham su mano, y tomó el cuchillo, para degollar á su hijo.

11 Entonces el ángel de Jehová le dió voces del cielo, y dijo, Abraham, Abraham : y el respondió, Héme aquí.

12 Y dijo, No extiendas tu mano sobre el muchacho, ni le hagas nada ; que ya conozco que temes á Dios, pues que no me rehusaste tu hijo, tu *hijo* único.

13 Entonces alzó Abraham sus ojos, y miró, y hé aquí un carnero á sus espaldas trabado en un zarzal [e] por sus cuernos : y fué Abraham, y tomó el carnero, y ofreciólo en holocausto en lugar de su hijo.

[e] 1 Cor. 10. 13. 2 Cor. 1. 9, 10.

14 Y llamó Abraham el nombre de aquel lugar, Jehová proveerá. Por tanto se dice hoy : En el monte de Jehová será provisto [f].

[f] ver. 8.

15 Y llamó el ángel de Jehová á Abraham segunda vez desde el cielo,

16 Y dijo : Por mí mismo he jurado [g], dice Jehová, que por cuanto has hecho esto, y no *me* has rehusado tu hijo, tu *hijo* único,

[g] Luc. 1. 73. Heb. 6. 13, 14.

17 Bendiciendo te bendeciré, y multiplicando multiplicaré tu simiente como las estrellas [h] del cielo, y como la arena que *está* á la orilla del mar ; y tu simiente poseerá las puertas de sus enemigos.

[h] Deu. 1. 10. Jer. 33. 22.

18 EN TU SIMIENTE serán benditas todas las Gentes de la tierra, por cuanto [i] obedeciste á mi voz.

[i] 1 Sam. 2. 30.

19 Y tornóse Abraham á sus mozos, y levantáronse y se fueron juntos á Beer-seba ; y habitó Abraham en Beer-seba.

20 ¶ Y aconteció despues de estas cosas, que fué dada nueva [k] á Abraham diciendo, Hé aquí que tambien Milca ha parido hijos á Nachôr tu hermano ;

[k] Cap. 11. 29.

21 A Hux su primogénito, y á Buz su hermano, y á Kemuel padre de Aram,

22 Y á Chesed, y á Hazo, y á Pildas, y á Jidlaph, y á Bethuel.

23 Y Bethuel engendró á Rebeca [l]. Estos ocho parió Milca á Nachôr hermano de Abraham.

[l] Cap. 24. 15.

24 Y su concubina, que se llamaba Reuma, parió tambien á Teba, y á Gaham, y á Thaas, y á Maachâ.

CAPITULO XXIII.

Muere Sara, y compra Abraham una posesion en la tierra de Canaan para darle sepultura.

Y FUE la vida de Sara ciento veinte y siete años : *tantos fueron* los años de la vida de Sara.

2 Y murió Sara en Kiriath-arba [a], que es Hebron [b], en la tierra de Canaan : y vino Abraham á hacer el duelo á Sara, y á llorarla.

[a] Jos. 14. 15. [b] Cap. 13. 18.

3 Y levantóse Abraham de delante de su muerto, y habló á los hijos de Heth diciendo,

4 Peregrino y advenedizo soy entre vosotros ; dadme heredad de sepultura con vosotros, y sepultaré [c] mi muerto de delante de mí.

[c] Hech. 7. 5.

5 Y respondieron los hijos de Heth á Abraham, y dijéronle,

6 Oyenos, señor mio, *eres* un príncipe de Dios entre nosotros ; en lo mejor de nuestras sepulturas sepulta tu muerto ; ninguno de nosotros te impedirá su sepultura, para que entierres tu muerto.

7 Y Abraham se levantó, é inclinóse al pueblo de aquella tierra, á los hijos de Heth.

8 Y habló con ellos diciendo : Si teneis voluntad que yo sepulte mi muerto de delante de mí, oidme, é interceded por mí con Ephron, hijo de Zohar,

9 Para que me dé la cueva de Macpela, que tiene al cabo de su heredad : que por su justo precio me la dé, para posesion de sepultura en medio de vosotros.

10 Este Ephron hallábase entre los hijos de Heth : y respondió Ephron Hethéo á Abraham en oidos de los hijos de Heth, de todos los que entraban por la puerta [d] de su ciudad, diciendo,

11 No, señor mio, óyeme : te doy la heredad, y te doy tambien la cueva que *está* en ella : delante de los hijos de mi pueblo te la doy ; sepulta tu muerto.

12 Y Abraham se inclinó delante del pueblo de la tierra.

13 Y respondió á Ephron en oidos del pueblo de la tierra, diciendo, Antes, si te *place*, ruégote que me oigas : yo daré el precio de la heredad, tómalo de mí, y sepultaré en ella mi muerto.

14 Y respondió Ephron á Abraham diciendole :

15 Señor mio, escúchame, La tierra *vale* cuatrocientos siclos de plata : ¿ qué *es* esto entre mí y tí ? entierra pues tu muerto.

16 Entonces Abraham se convino con Ephron, y pesó Abraham á Ephron el dinero que dijo oyendolo los hijos de Heth, cuatrocientos siclos de plata, de buena ley entre mercaderes.

17 Y quedó la heredad de Ephron, que *estaba* en Macpela enfrente de Mamre, la heredad y la cueva que *estaba* en ella, y todos los árboles que *habia* en la heredad, y en todo su término al derredor,

18 Por de Abraham en posesion, á vista de los hijos de Heth, y de todos los que entraban por la puerta de la ciudad.

19 Y despues de esto sepultó Abraham á Sara su mujer en la cueva de la heredad de Macpela enfrente de Mamre, que *es* Ephron en la tierra de Canaan.

20 Y quedó la heredad, y la cueva que en ella habia, por de Abraham, en posesion de sepultura *adquirida* de los hijos de Heth.

CAPITULO XXIV.

Envia Abraham á su mayordomo á la Mesopotamia, para que busque allí en la familia de su hermano Nachôr una esposa para su hijo Isaac: y trae á Rebeca, hija de Bethuel, nieta de Nachôr.

Y ABRAHAM era viejo, y *ya* bien entrado en dias; y Jehová habia bendecido [a] á Abraham en todo.

[a] Cap. 13. 2.

2 Y dijo Abraham á un criado [b] suyo el *mas* viejo de su casa, que era el que gobernaba en todo lo que tenia: Pon [c] ahora tu mano debajo de mi muslo,

[b] Cap. 15. 2.
[c] Cap. 47. 29.

3 Y te juramentaré por Jehová Dios de los cielos, y Dios de la tierra, que no has de tomar mujer [d] para mi hijo de las hijas de los Cananéos, entre los cuales yo habito:

[d] Deu. 7. 3.

4 Sino que irás [e] á mi tierra y á mi parentela, y tomarás *de allí* mujer para mi hijo Isaac.

[e] Cap. 11. 25. y 28. 2.

5 Y el criado le respondió, Quizá la mujer no querrá venir en pos de mí á esta tierra: ¿volveré pues tu hijo á la tierra de donde saliste?

6 Y Abraham le dijo, Guárdate que no vuelvas mi hijo allá.

7 Jehová Dios de los cielos [f], que me tomó [g] de la casa de mi padre, y de la tierra de mi parentela, y me habló, y me juró diciendo, A tu simiente daré esta tierra; él enviará su ángel [h] delante de tí, y tú tomarás de allá mujer para mi hijo.

[f] Esd. 1. 2.
[g] Cap. 12. 1, 7.
[h] Heb. 1. 14.

8 Y si la mujer no quisiere venir en pos de tí, serás libre de este mi juramento; solamente que no vuelvas allá á mi hijo.

9 Entonces el criado puso su mano debajo del muslo de Abraham su señor, y juróle sobre este negocio.

10 ¶ Y el criado tomó diez camellos de los camellos de su señor, y fuése, pues tenia á su disposicion todos los bienes de su señor; y puesto en camino, llegó á Mesopotamia, á la ciudad de Nachôr [i].

[i] Cap. 11. 31.

11 E hizo arrodillar los camellos fuera de la ciudad junto á un pozo de agua, á la hora de la tarde, á la hora que salen las mozas por agua [j].

[j] Ex. 2. 16. 1 Sam. 9. 11.

12 Y dijo, Jehová Dios de mi señor Abraham [k], dáme, te ruego, el tener hoy buen encuentro [l], y haz misericordia con mi señor Abraham.

[k] ver. 27. Cap. 26. 24. Ex. 3. 6.
[l] Neh. 1. 11. Pro. 3. 6.

13 Hé aquí yo estoy junto á lo fuente de agua, y las hijas de los varones de esta ciudad salen por agua.

14 Sea pues que la moza á quien yo dijere, Baja tu cántaro, te ruego, para que yo beba; y ella respondiere, Bebe, y tambien daré de beber á tus camellos, *que sea* esta la que tú has destinado para tu siervo Isaac; y en esto conoceré [m] que habrás hecho misericordia con mi señor.

[m] Juec. 6. 17, 37.

15 Y aconteció que [n] antes que él acabase de hablar, hé aquí Rebeca, que habia nacido á Bethuel, hijo de Milca, mujer de Nachôr hermano de Abraham, la cual salia con su cántaro sobre su hombro.

[n] Is. 65. 24. Dan. 9. 21.

16 Y la moza *era* de muy hermoso aspecto, vírgen, á la que varon no habia conocido; la cual descendió á la fuente, y llenó su cántaro, y se volvia.

17 Entonces el criado corrió hácia ella, y dijo, Ruégote que me des á beber un poco de agua de tu cántaro.

18 Y ella respondió, Bebe, señor mio: y dióse prisa á bajar su cántaro sobre su mano, y le dió á beber.

19 Y cuando acabó de darle á beber, dijo: Tambien para tus camellos sacaré agua, hasta que acaben de beber.

20 Y dióse prisa, y vació su cántaro en la pila, y corrió otra vez al pozo para sacar agua, y sacó para todos sus camellos.

21 Y el hombre estaba maravillado de ella callando, para saber si Jehová habia prosperado ó no su viaje.

22 Y fué que como los camellos acabaron de beber, presentóla el hombre un pendiente de oro, que pesaba medio siclo, y dos brazaletes que pesaban diez;

23 Y dijo, ¿De quién eres hija? Ruégote me digas, ¿hay lugar en casa de tu padre donde posemos?

24 Y ella respondió, Soy hija de Bethuel [o], hijo de Milca, el cual parió ella á Nachôr.

[o] Cap. 22. 23.

25 Y añadió, Tambien hay en nuestra casa paja y mucho forrage, y lugar para posar.

26 El hombre entonces se inclinó [p], y adoró á Jehová:

[p] ver. 52. Ex. 4. 31.

27 Y dijo, Bendito *sea* Jehová, Dios de mi amo Abraham, que no apartó su misericordia y su verdad de mi amo, guiandome Jehová en el camino á casa de los hermanos de mi amo.

28 Y la moza corrió, é hizo saber en casa de su madre estas cosas.

29 Y Rebeca tenia un hermano que se llamaba Laban [q], el cual corrió afuera al hombre, á la fuente.

[q] Cap. 29. 5.

30 Y fué que como vió el pendiente y los brazaletes en las manos de su hermana, que decia, Así me habló aquel hombre, vino á él, y hé aquí que estaba junto á los camellos á la fuente.

31 Y díjole, Ven, bendito de Jehová, ¿por qué estás fuera? Yo he limpiado la casa, y el lugar para los camellos.

32 Entonces el hombre vino á casa, y *Laban* desató los camellos, y dióles paja y forrage, y agua para lavar los pies de él, y los pies de los hombres que con él *venian*.

33 Y pusiéronle delante que comer: mas el dijo, No comeré [r] hasta que haya dicho mi mensage. Y él le dijo, Habla.

[r] Juan 4. 34. Ef. 6. 5, 7.

34 Entonces dijo, Yo soy criado de Abraham:

35 Y Jehová ha bendecido [s] mucho á mi amo, y se ha engrandecido [t]; y le ha dado ovejas, y vacas, plata y oro, siervos, y siervas, camellos y asnos.

[s] Pro. 10. 22. y 22. 4.
[t] Sal. 18. 35.

36 Y Sara, mujer de mi amo, parió en su vejez un hijo á mi señor, quien le ha dado todo cuanto tiene.

37 Y mi amo me hizo jurar [u], diciendo, No tomarás mujer para mi hijo de las hijas de los Cananéos, en cuya tierra habito:

[u] ver. 3.

38 Sino que irás á la casa de mi padre, y á mi parentela, y tomarás *de allá* mujer para mi hijo.

39 Y yo dije, Quizá la mujer no querrá seguirme.

40 Entonces él me respondió: Jehová, en cuya presencia he andado, enviará su ángel contigo, y prosperará tu camino;

y tomarás mujer para mi hijo de mi
linage y de la casa de mi padre.
41 Entonces serás libre de mi juramen-
to, cuando hubieres llegado á mi linage;
y si no te *la* dieren, serás libre de mi
juramento.
42 Llegué pues hoy á la fuente, y dije,
Jehová Dios de mi señor Abraham, si
tú prosperas ahora mi camino, por el
cual ando,
43 Hé aquí yo estoy junto á *esta* fuente
de agua; sea pues que la doncella que
saliere por agua, á la cual dijere, Dáme
á beber, te ruego, un poco de agua de
tu cantaro;
44 Y ella me respondiere, Bebe tú, y
tambien para tus camellos sacaré agua,
Pro. 19. 14. esta [x] sea la mujer que destinó Jehová
para el hijo de mi señor.
45 Y antes que acabase de hablar en mi
1 Sam. 1. 13. corazon [y], hé aquí Rebeca que salia con
Neh. 2. 4. su cántaro sobre su hombro, y descendió
á la fuente, y sacó agua: y *yo* le dije,
Ruégote que me des á beber.
46 Y *ella* prestamente bajó su cántaro
de encima de sí, y dijo, Bebe, y tambien
á tus camellos daré á beber. Y bebí, y
dió tambien de beber á mis camellos.
47 Entonces preguntéle, y dije, ¿De
quien eres hija? Y ella respondió, Hija
de Bethuel, hijo de Nachôr, que le parió
Milca. Entonces púsele un pendiente
sobre su nariz y brazaletes sobre sus ma-
nos.
48 E incliméme, y adoré á Jehová, y
bendije á Jehová Dios de mi señor Abra-
Sal. 32. 8. ham, que me habia guiado [z] por camino
y 48. 14. de verdad para tomar la hija del her-
y 107. 7. mano de mi señor para su hijo.
49 Ahora pues, si vosotros haceis mise-
ricordia y verdad con mi señor, decla-
radmelo: y si no, declaradmelo y echaré
á la diestra, ó á la siniestra.
50 Entonces Laban y Bethuel respon-
dieron, y dijeron, De Jehová ha salido
esto: no podemos hablarte malo ni bu-
Cap. 31. 24. eno [a].
2 Sam. 13. 51 Hé ahí Rebeca delante de tí, tómala
22. y vete, y sea muger del hijo de tu señor,
Hech. 11. como lo ha dicho Jehová.
17. 52 Y fué, *que* como el criado de Abra-
ham oyó sus palabras, inclinóse á tierra
á Jehová.
53 Y sacó el criado vasos de plata, y
vasos de oro, y vestidos, y dió á Rebeca:
tambien dió cosas preciosas á su herma-
no y á su madre.
54 Y comieron y bebieron él y los va-
rones que *venian* con él, y durmieron:
y levantandose de mañana dijo, Enviad-
me á mi señor.
55 Entonces respondió su hermano y
su madre, Espere la moza con nosotros
á lo menos diez dias, *y* despues irá.
56 Y él les dijo, No me detengais, pues
que Jehová ha prosperado mi camino:
despachadme para que me vaya á mi
señor.
57 Ellos respondieron entonces, Lla-
memos la moza y preguntémosle.
[b] Sal. 45. 10. 58 Y llamaron á Rebeca, y dijeronle [b],
¿Irás tú con este varon? Y ella respon-
dió, Sí iré.
59 Entonces dejaron ir á Rebeca su
[c] Cap. 35. 8. hermana, y á su nodriza [c], y al criado de
Abraham, y á sus hombres.
[d] Ruth 4. 60 Y bendijeron [d] á Rebeca, y dijeron-
11, 12. le, Nuestra hermana eres, seas en milla-
res de millares, y tu generacion posea la
[e] Cap. 22. 17. puerta de sus enemigos [e].
61 Levantóse entonces Rebeca, y sus
mozas, y subieron sobre los camellos, y
siguieron al hombre; y el criado tomó á
Rebeca, y fuese.
† Heb. 62 ¶ Y venia Isaac del pozo del † Vivi-
Lahai-roi.
ente que me vé, porque él habitaba en
la tierra del Medio dia:
63 Y habia salido Isaac á orar † al cam- † Heb. *meditar.*
po á la hora de la tarde, y alzando sus
ojos, miró, y hé aquí los camellos que
venian.
64 Rebeca tambien alzo sus ojos, y vió
á Isaac, y descendió del camello [f]. [f] Jos. 15. 18.
65 Porque habia preguntado al criado, Jue. 1. 14.
Quién *es* este varon que viene por el
campo hacia nosotros? y el siervo habia
respondido, Este *es* mi señor: ella enton-
ces tomó el velo, y cubrióse.
66 Entonces el criado contó á Isaac
todo lo que habia hecho.
67 E introdújola Isaac á la tienda de
su madre Sara, y tomó á Rebeca por
mujer: y amóla, y consolóse Isaac des-
pues *de la muerte* de su madre.

CAPITULO XXV.

Abraham tuvo seis hijos mas de otra mujer que tomó. Muere, y es enterrado junto á Sara. Muere Ismael dejando doce hijos. Nácenle á Isaac Jacob y Esaú. Vende este el derecho de primogénito.

Y ABRAHAM tomó otra mujer, cuyo
nombre *fué* Cetura [a], [a] 1 Cro. 1. 32.
2 La cual le parió á Zimram, y á Jok-
san, y á Medan, y á Midian [b], y á Ish- [b] Num. 22. 4.
bak, y á Sua.
3 Y Joksan engendró á Seba [c], y á [c] 1 Rey. 10. 1.
Dedan [d]: é hijos de Dedan fueron As- Sal. 72. 10.
surim, y Letusim, y Leummim. [d] Jer. 25. 23.
4 E hijos de Midian, Epha [e], y Epher, [e] Is. 60. 6.
y Henech, y Abida, y Eldaa. Todos es-
tos *fueron* hijos de Cetura.
5 ¶ Y Abraham dió todo cuanto tenia
á Isaac.
6 Y á los hijos de sus concubinas dió
Abraham dones, y envióles de junto á
Isaac su hijo, mientras él vivia, hácia el
oriente, á la tierra oriental [f]. [f] Jue. 6. 3.
7 Y estos *fueron* los dias de vida que
vivió Abraham, ciento setenta y cinco
años.
8 Y exaló el espíritu, y murió [g] Abra- [g] Cap. 15. 15.
ham en buena vejez, anciano, y lleno *de* Job 5. 26.
dias, y fué unido [h] á su pueblo. [h] Cap. 35. 29.
9 Y sepultáronlo Isaac é Ismael sus y 49. 33.
hijos en la cueva de Macpela, en la
heredad de Ephron, hijo de Zohar He-
théo, que *estaba* en frente de Mamre;
10 Heredad que compró Abraham de
los hijos de Heth: allí está él sepultado,
y Sara su mujer.
11 Y sucedió, despues de muerto Abra-
ham, que Dios bendijo á Isaac su hijo:
y habitó Isaac junto al pozo del viviente
que me vé.
12 ¶ Y estas *son* las generaciones de
Ismael, hijo de Abraham, que le parió
Agar Egipcia, sierva de Sara.
13 Estos pues *son* los nombres de los
hijos de Ismael, por sus nombres, por
sus linages. El primogénito de Ismael [i], [i] 1 Cro. 1. 29.
Nabaioth; luego Cedar, y Adbeel, y
Mibsam,
14 Y Misma, y Duma, y Massa,
15 Hadar, y Tema, y Jetur, y Naphis,
y Cedma.
16 Estos *son* los hijos de Ismael, y
estos sus nombres por sus villas y por
sus palacios; doce [k] príncipes por sus [k] Cap. 17. 20.
familias.
17 Y estos *fueron* los años de la vida
de Ismael, ciento treinta y siete años:
y exaló el espíritu Ismael, y murió; y
fué unido á su pueblo [l]. [l] 1 Sam. 15. 7.
18 Y habitaron *sus hijos* desde Havila
hasta el Sur, que *está* en frente de E-
gipto viniendo á Asiria: y murió en
presencia de todos sus hermanos [m]. [m] Cap. 16. 12.
19 ¶ Y estas *fueron* las generaciones de
Isaac, hijo de Abraham. Abraham en-
gendró á Isaac.

20 Y era Isaac de cuarenta años cuando tomó por mujer á Rebeca, hija de Bethuel Araméo ‖ de Padan-Aram, hermana de Laban Araméo.

‖ *Sirio.*

21 Y oró Isaac á Jehová por su mujer, que[n] era estéril; y aceptólo Jehová[o], y concibió Rebeca su mujer.

[n] 1 Sam. 1. 11. Luc. 1. 13.
[o] 1 Cro. 5. 20. 2 Cro. 33. 13. Esd. 8. 20. Pro. 10. 24.

22 Y los hijos se combatian dentro de ella; y dijo, Si así *habia de ser*, ¿ para qué *vivo* yo? Y fué á consultar á Jehová.

23 Y respondióle Jehová, Dos gentes *hay* en tu seno, y dos pueblos serán divididos desde tus entrañas: y el *un* pueblo *será* mas fuerte que *el otro* pueblo, y el mayor servirá al menor[p].

[p] Mal. 1. 2, 4. Rom. 9. 10, 12.

24 Y como se cumplieron sus dias para parir, hé aquí mellizos en su vientre.

25 Y salió el primero rubio, y todo él velludo como una pelliza; y llamaron su nombre Esaú ‖.

‖ *Peloso.*

26 Y despues salió su hermano, trabada su mano al calcañar[q] de Esaú: y fué llamado su nombre Jacob ‖. Y era Isaac de edad de sesenta años cuando *Rebeca* los parió.

[q] Os. 12. 3.
‖ *Suplantador.*

27 Y crecieron los niños; y Esaú fué diestro en la caza, hombre del campo: Jacob empero era varon quieto que habitaba en tiendas[r].

[r] Heb. 11. 9.

28 Y amó Isaac á Esaú, porque comia de su caza; mas Rebeca amaba á Jacob.

29 ¶ Y guisó Jacob un potage: y volviendo Esaú del campo cansado,

30 Dijo á Jacob, Ruégote que me des á comer de eso bermejo, pues estoy muy cansado. Por tanto fué llamado su nombre Edom ‖.

‖ *bermejo.*

31 Y Jacob respondió, Véndeme en este dia tu primogenitura.

32 Entonces dijo Esaú, Hé aquí yo me voy á morir, ¿ para qué pues me servirá la primogenitura?

33 Y dijo Jacob, Júramelo en este dia. Y él le juró, y vendió[s] á Jacob su primogenitura.

[s] Cap. 27. 36. Heb. 12. 16.

34 Entonces Jacob dió á Esaú pan y del guisado de las lentejas: y él comió, y bebió, y levantóse, y fuése. Así menospreció Esaú la primogenitura.

CAPITULO XXVI.

Se traslada Isaac á Gerar con motivo de carestía. Bendiciones del Señor á Isaac, y envidias de los Filistéos. Casamiento de Esaú.

Y HUBO hambre en la tierra, ademas de la[a] primera hambre que fué en los dias de Abraham: y fuése Isaac á Abimelech[b] rey de los Filistéos en Gerar.

[a] Cap. 12. 10.
[b] Cap. 20. 2.

2 Y apareciósele Jehová, y díjole, No desciendas á Egipto: habita en la tierra que yo te diré;

3 Habita en esta tierra, y seré contigo, y te bendeciré; porque á tí y á tu simiente daré todas estas tierras[c], y confirmaré el juramento que juré á Abraham tu padre.

[c] Cap. 13. 15. y 15. 18. y 22. 16.

4 Y multiplicaré tu simiente como las estrellas del cielo, y daré á tu simiente todas estas tierras; y todas las gentes de la tierra serán benditas en tu simiente[d]:

[d] Cap. 22. 18. Sal. 72. 17.

5 Por cuanto oyó Abraham mi voz, y guardó mi precepto, mis mandamientos, mis estatutos, y mis leyes.

6 Habitó pues Isaac en Gerar.

7 Y los hombres de aquel lugar *le* preguntaron acerca de su mujer; y él respondió, Es mi hermana[e]: porque tuvo miedo[f] de decir, Es mi mujer; que tal vez, *dijo*, los hombres del lugar me matarian por causa de Rebeca, porque era de hermoso aspecto.

[e] Cap. 12. 13. y 20. 2, 13.
[f] Pro. 29. 25.

8 Y sucedió que, despues que él estuvo allí muchos dias, Abimelech, rey de los Filistéos, mirando por una ventana, vió á Isaac que jugaba con Rebeca su mujer.

9 Y llamó Abimelech á Isaac, y dijo, Hé aquí ella es de cierto tu mujer: ¿ cómo pues dijiste, Es mi hermana? E Isaac le respondió, porque dije, Quizá moriré por causa de ella.

10 Y Abimelech dijo, Por qué[g] nos has hecho esto? Por poco hubiera dormido alguno del pueblo con tu mujer, y hubieras traido sobre nosotros el pecado.

[g] Cap. 20. 9.

11 Entonces Abimelech mandó á todo el pueblo diciendo, El que tocare á este hombre, ó á su mujer, de cierto morirá.

12 Y sembró Isaac en aquella tierra, y halló aquel año ciento por uno: y bendíjolo Jehová.

13 Y el varon se engrandeció, y fué adelantando y engrandeciendose, hasta hacerse muy poderoso.

14 Y tuvo hato de ovejas, y hato de vacas, y grande apero; y los Filistéos le tuvieron envidia[h].

[h] Eccles. 4. 4.

15 Y todos los pozos que habian abierto los criados de Abraham su padre en sus dias, los Filistéos los habian cegado, y llenado de tierra.

16 Y dijo Abimelech á Isaac, Apártate de nosotros, porque mucho mas poderoso que nosotros te has hecho.

17 ¶ E Isaac se fué de allí, y asentó sus tiendas en el valle de Gerar, y habitó allí.

18 Y volvió á abrir Isaac los pozos de agua, que habian abierto en los dias de Abraham su padre, y que los Filistéos habian cegado muerto Abraham: y llamólos por los nombres que su padre los habia llamado.

19 Y los siervos de Isaac cavaron en el valle, y hallaron allí un pozo de aguas vivas.

20 Y los pastores de Gerar riñeron con los pastores de Isaac, diciendo, El agua es nuestra: por eso llamó el nombre del pozo Esek ‖, porque habian altercado con él.

‖ *contienda.*

21 Y abrieron otro pozo, y tambien riñeron sobre él: y llamó su nombre Sitnah ‖.

‖ *odio.*

22 Y apartóse de allí, y abrió otro pozo, y no riñeron sobre él: y llamó su nombre Rehoboth ‖, y dijo, Porque ahora nos ha hecho ensanchar Jehová, y fructificarémos en la tierra.

‖ *ensanchamiento.*

23 Y de allí subió á Beersheba.

24 Y apareciósele Jehová aquella noche, y dijo: Yo el Dios de Abraham tu padre; no temas[i], que yo *soy* contigo, y yo te bendeciré, y multiplicaré tu simiente por amor de Abraham mi siervo.

[i] Sal. 27. 1, 5. Is. 51. 12.

25 Y edificó allí un altar, é invocó el nombre de Jehová, y tendió allí su tienda: y abrieron allí los siervos de Isaac un pozo.

26 ¶ Y Abimelech vino á él desde Gerar, y Ahuzzath amigo suyo, y Phicol, capitan de su ejército.

27 Y díjoles Isaac, ¿ Porqué venís á mí, pues que me habeis aborrecido, y me echasteis[k] de entre vosotros?

[k] ver. 16.

28 Y ellos respondiéron, Hemos visto que Jehová es contigo; y dijimos, Haya ahora juramento[l] entre nosotros, entre nosotros y tí, y harémos alianza contigo:

[l] Cap. 21. 23. Zac. 8. 23.

29 Que no nos hagas mal, como nosotros no te hemos tocado, y como solamente te hemos hecho bien, y te enviamos en paz; tú ahora bendito de Jehová.

30 Entonces él les hizo banquete[m], y comieron, y bebieron.

[m] Cap. 31. 54.

31 Y se levantaron de madrugada, y juraron el uno al otro; é Isaac les despidió, y ellos se partieron de él en paz.

32 Y en aquel dia sucedió que vinieron

los criados de Isaac, y diéronle nuevas acerca del pozo que habian abierto, y le dijeron, Agua hemos hallado.

Juramento. 33 Y llamólo Sheba ‖: por cuya causa el nombre de aquella ciudad *es* Beer-sheba ‖ hasta este dia.

pozo del juramento, cap. 21. 31.

34 ¶ Y cuando Esaú fué de cuarenta años, tomó por mujer á Judith, hija de

Cap. 36. 2. Beeri Hethéo, y á *a* Basemat, hija de Elon Hethéo.

Cap. 27. 45. 35 Y fueron amargura *c* de espíritu á Isaac y á Rebeca.

CAPITULO XXVII.

Isaac sin entenderlo, bendice á Jacob por Esaú. Irritado este, amenaza de muerte á su hermano, el cual se retira á Haran.

Y ACONTECIO que cuando hubo Isaac envejecido, y sus ojos se ofuscaron quedando sin vista, llamó á Esaú su hijo el mayor, y díjole, Mi hijo: y él respondió, Héme aquí.

2 Y él dijo, Hé aquí ya soy viejo, no sé el dia de mi muerte:

3 Toma pues ahora tus armas, tu aljaba y tu arco, y sal al campo, y cógeme *alguna* caza;

4 Y hazme un guisado, como yo gusto, y tráemelo, y comeré, para que te ben-

ver. 25. diga *a* mi alma antes que muera.

5 Y Rebeca estaba oyendo, cuando hablaba Isaac á Esaú su hijo: y fuése Esaú al campo para coger la caza que había de traer.

6 Entonces Rebeca habló á Jacob su hijo diciendo, Hé aquí yo he oido á tu padre que hablaba con Esaú tu hermano, diciendo,

7 Traeme caza, y hazme un guisado, para que coma, y te bendiga delante de Jehová antes que yo muera.

8 Ahora pues, hijo mio, obedece á mi voz en lo que te mando.

9 Vé ahora al ganado, y traeme de allí dos buenos cabritos de las cabras, y haré de ellos viandas para tu padre, como él gusta.

10 Y tú las llevarás á tu padre, y comerá, para que te bendiga antes de su muerte.

11 Y Jacob dijo á Rebeca su madre, Hé aquí, Esaú mi hermano es hombre

Cap. 25. 25. velloso *b*, y yo lampiño.

12 Quizá me tentará mi padre, y me tendrá por burlador, y traeré sobre mí maldicion, y no bendicion.

1 Sam. 25. 24. 13 Y su madre respondió, Hijo mio *c*, sobre mí *sea* tu maldicion: solamente

2 Sam. 14. 9. obedece á mi voz, y vé, y tráemelos.

14 Entonces él fué, y tomó, y trájolos á su madre: y su madre hizo guisados como *los que* su padre gustaba.

15 Y tomó Rebeca los vestidos de Esaú su hijo mayor, los preciosos, que ella tenia en casa, y vistió á Jacob su hijo menor:

16 E hízole vestir sobre sus manos, y sobre la cerviz donde no tenia vello, las pieles de los cabritos de las cabras;

17 Y entregó los guisados y el pan, que había aderezado ella, en mano de Jacob su hijo.

18 Y él fué á su padre, y dijo, Padre mio: y él respondió, Héme aquí, ¿quién eres, hijo mio?

19 Y Jacob dijo á su padre, Yo soy Esaú tu primogénito; he hecho como me dijiste: levántate ahora, y siéntate, y come de mi caza, para que me bendiga tu alma.

20 Entonces Isaac dijo á su hijo, ¿Cómo *es* que *la* hallaste tan presto, hijo

d Ex. 20. 7. mio? Y él respondió, Porque Jehová *d* tu Dios hizo que se encontrase delante de mí.

21 E Isaac dijo á Jacob, Acercate ahora, y te palparé, hijo mio, *para saber* si eres mi hijo Esaú, ó no.

22 Y llegóse Jacob á su padre Isaac; y él le palpó, y dijo, La voz *es* la voz de Jacob, mas las manos, las manos de Esaú.

23 Y no le conoció, porque sus manos eran *e* vellosas como las manos de Esaú, *e* ver. 16.
y le bendijo.

24 Y dijo, ¿Eres tú mi hijo Esaú? Y él respondió, yo *soy* *f*. *f* Ef. 4. 25.

25 Y dijo, Acércamelo, y comeré de la caza de mi hijo, para que te bendiga mi alma; y él se *la* acercó, y comió: trájole tambien vino, y bebió.

26 Y díjole Isaac su padre, Acércate ahora, y bésame, hijo mio.

27 Y él se llegó, y le besó: y olió Isaac el olor de sus vestidos, y le bendijo, y *g* *g* Heb. 11. 20.
dijo, Mira, el olor de mi hijo *es* como el olor del campo que Jehová ha bendecido:

28 Dios pues te dé del rocío *h* del cielo, *h* Deu. 33. 13, 28.
y de las grosuras de la tierra, y abundancia de trigo y de mosto:

29 Sírvante pueblos, y naciones se inclinen á tí: sé señor de tus hermanos,
é *i* inclínense á tí los hijos de tu madre: *i* Cap. 26. 29.
malditos los que te maldijéren, y benditos los que te bendijeren.

30 Y aconteció, luego que hubo Isaac acabado de bendecir á Jacob, y apenas había salido Jacob de delante de Isaac su padre, que Esaú su hermano vino de su caza,

31 E hizo él tambien guisados, y trajo á su padre, y díjole: Levántese mi padre, y coma de la caza de su hijo, para que me bendiga tu alma.

32 Entonces Isaac su padre le dijo, Quién *eres* tú? y él dijo, Yo *soy* tu hijo, tu primogénito Esaú.

33 Y estremecióse Isaac con grande estremecimiento, y dijo, ¿Quién *es* el que *vino* aquí, que cogió caza, y me trajo, y comí de todo antes que vinieses? yo le bendije, y será bendito.

34 Como Esaú oyó las palabras de su padre, clamó con una muy grande y muy amarga exclamacion, y le dijo: Bendíceme *k* tambien á mí, padre mio. *k* Heb. 12. 17.

35 Y él dijo, Vino tu hermano con engaño, y tomó tu bendicion.

36 Y él respondió: Bien llamaron su
nombre Jacob *l*, que ya me ha engañado *l* Cap. 25. 26, 34.
dos veces; alzóse con mi primogenitura, y hé aquí ahora ha tomado mi bendicion. Y dijo, ¿No has guardado bendicion para mí?

37 Isaac respondió, y dijo á Esaú, Hé
aquí yo le he puesto por señor tuyo *m*, y *m* ver. 29. 2 Sam. 8. 14.
le he dado por siervos á todos sus hermanos: de trigo y de vino le he provisto, ¿qué pues te haré á tí ahora hijo mio?

38 Y Esaú respondió á su padre, ¿No tienes mas que una sola bendicion, padre mio? Bendíceme tambien á mí, padre mio. Y alzó Esaú su voz, y lloró.

39 Entonces Isaac su padre habló, y díjole, Hé aquí será tu habitacion en grosuras de la tierra, y del rocío de los cielos de arriba;

40 Y por tu espada vivirás, y á tu hermano servirás: y sucederá cuando te enseñorees, que descargarás su yugo de tu
cerviz *n*. *n* 2 Rey. 8. 20. 2 Cr. 21. 8.

41 ¶ Y aborreció Esaú á Jacob por la bendicion con que le había bendecido, y dijo en su corazon: llegarán los dias del luto de mi padre, y yo mataré á Jacob mi hermano.

42 Y fueron dichas á Rebeca las palabras de Esaú su hijo mayor; y ella envió, y llamó á Jacob su hijo menor, y

díjole, Hé aquí, Esaú tu hermano se
consuela acerca de tí *con la idéa* de ma-
tarte.
43 Ahora pues, hijo mio, obedece á mi
voz, levántate, y húyete á Laban mi her-
[o] Cap. 11. 31. mano á Haran[o];
44 Y mora con él algunos dias, hasta
que el enojo de tu hermano se mitigue;
hasta que se aplaque la ira de tu herma-
no contra tí, y se olvide de lo que le has
hecho: yo enviaré entonces, y te traeré
de allá: ¿por qué seré privada de voso-
tros ambos en un dia?
45 Y dijo Rebeca á Isaac: Fastidio
[p] Cap. 26. 35. tengo[p] de mi vida á causa de las hijas
de Heth. Si Jacob toma mujer de las
hijas de Heth, como estas de las hijas de
esta tierra, ¿para qué quiero la vida?

CAPITULO XXVIII.

Confirma Isaac su bendicion á Jacob al enviarle á Mesopotamia. Vé este en sueños una escala mística, y Dios le renueva las promesas hechas á sus padres. Despertandose, hace un voto al Señor.

ENTONCES Isaac llamó á Jacob, y
bendíjolo, y mandóle diciendo, No
[a] Cap. 24. 3. tomes mujer de las hijas de Canaan[a].
[b] Os. 12. 12. 2 Levántate, vé á Padan-aram[b] á casa
[c] Cap. 25. 20. de[c] Bethuel, padre de tu madre, y toma
[d] Cap. 24. 29. allí mujer de las hijas de Laban[d], her-
mano de tu madre.
3 Y el Dios Omnipotente te bendiga,
y te haga fructificar, y te multiplique,
hasta venir á ser congregacion de pue-
blos;
[e] Cap. 12. 2. 4 Y te dé la bendicion[e] de Abraham, y
á tu simiente contigo, para que heredes
[f] Cap. 17. 8. la tierra de tus peregrinaciones[f], que
Dios dió á Abraham.
5 Así envió Isaac á Jacob, el cual fué á
Padan-aram, á Laban hijo de Bethuel
‖ *Sírio.* Araméo ‖, hermano de Rebeca, madre
de Jacob y de Esaú.
6 ¶ Y vió Esaú como Isaac habia ben-
[g] Cap. 27. 33. decido[g] á Jacob, y le habia enviado á
Padan-aram, para tomar para sí mujer de
allí; y que cuando le bendijo, le habia
mandado diciendo, No tomarás mujer
de las hijas de Canaan;
7 Y que Jacob habia obedecido á su
padre y á su madre, y se habia ido á
Padan-aram.
8 Vió asimismo Esaú que las hijas de
Canaan parecian mal á Isaac su padre;
9 Y fuése Esaú á Ismael, y tomó para
sí por mujer á Mahaleth hija de Ismael,
hijo de Abraham, hermana de Nabaioth,
ademas de sus *otras* mujeres.
10 ¶ Y salió Jacob de Beerseba, y fué
á Haran:
11 Y encontró con un lugar, y durmió
allí, porque ya el sol se habia puesto: y
tomó de las piedras de aquel paraje, y
puso á su cabecera, y acostóse en aquel
lugar.
12 Y soñó, y hé aquí una escala que
estaba *apoyada* en tierra, y su cabeza
[h] Juan 1. 51. tocaba en el cielo: y hé aquí ángeles[h] de
Heb. 1. 14. Dios que subian y descendian por ella.
13 Y, hé aquí, Jehová estaba en lo
alto de ella, el cual dijo, Yo *soy* Jehová,
[i] Cap. 26. 24. el Dios de Abraham tu padre[i], y el
Dios de Isaac: la tierra en que estás
acostado te la daré á tí y á tu simiente.
[k] Cap. 13. 16. 14 Y será tu simiente como el polvo[k]
de la tierra, y te extenderás al occi-
dente, y al oriente, y al aquilon, y al
mediodia; y todas las familias de la
tierra serán benditas en tí, y en tu si-
[l] Cap. 22. 18. miente[l].
15 Y hé aquí, Yo soy contigo, y te
[m] Sal. 121. guardaré[m] por donde quiera que fueres,
5, 8. y te volveré[n] á esta tierra; porque no
[n] Cap. 35. 6. te dejaré hasta tanto que haya hecho lo
que te he dicho.

16 Y despertó Jacob de su sueño, y
dijo, Ciertamente Jehová está en este
lugar, y yo no lo sabia.
17 Y tuvo miedo, y dijo, Cuan estu-
pendo es este lugar! No es otra cosa que
casa de Dios, y puerta del cielo.
18 Y levantóse Jacob de mañana, y
tomó la piedra *con* que habia puesto su
cabecera, y alzóla por título, y derramó
aceite encima de ella.
19 Y llamó el nombre de aquel lugar
Bethel ‖, bien que Luz *era* el nombre de ‖ *casa de*
la ciudad primero. *Dios.*
20 E hizo Jacob voto diciendo, Si fu-
ere Dios conmigo[o], y me guardare en [o] 2 Sam. 15.
este viage que voy, y me diere pan para 8.
comer, y vestido para vestir,
21 Y si tornare en paz á casa de mi
padre, Jehová será mi Dios.
22 Y esta piedra que he puesto por
título, será casa[p] de Dios: y de todo lo [p] Cap. 35. 7.
que me dieres, el diezmo lo he de apar-
tar para tí.

CAPITULO XXIX.

Jacob recibido de Laban su tio, le sirve siete años por Rachél, pero Laban le engaña dandole primero á Lea. Sirve otros siete años por Rachél, la cual es estéril, al paso que Lea pare cuatro hijos.

Y SIGUIO Jacob su camino, y fué
á la tierra de los orientales.
2 Y miró, y vió un pozo en el campo:
y hé aquí tres rebaños de ovejas que
yacian cerca de él; porque de aquel
pozo abrevaban los ganados: y *habia*
una gran piedra sobre la boca del pozo.
3 Y juntábanse allí todos los rebaños,
y revolvian la piedra de sobre la boca
del pozo, y abrevaban las ovejas, y vol-
vian la piedra sobre la boca del pozo
á su lugar.
4 Y díjoles Jacob, Hermanos mios ¿de
donde sois? y ellos respondiéron, de Ha-
ran somos.
5 Y él les dijo, ¿Conoceis á Laban,
hijo de Nachór? y ellos dijeron, Sí, *le*
conocemos.
6 Y él les dijo, ¿Tiene paz? y ellos
dijeron, Paz: y hé aquí Rachél su hija
viene con el ganado.
7 Y el dijo, Hé aquí el dia es aun
grande; no es tiempo todavía de recoger
el ganado; abrevad las ovejas, é id á
apacentar*las*.
8 Y ellos respondiéron, No podemos,
hasta que se junten todos los ganados,
y remuevan la piedra de sobre la boca
del pozo, para que abrevemos las ove-
jas.
9 Estando aun él hablando con ellos,
Rachél vino con el ganado de su padre,
porque ella *era* la pastora.
10 Y sucedió que, como Jacob vió á
Rachél hija de Laban, hermano de su
madre, y á las ovejas de Laban el her-
mano de su madre, llegóse Jacob, y
removió la piedra de sobre la boca del
pozo[a], y abrevó el ganado de Laban [a] Ex. 2. 17.
hermano de su madre.
11 Y Jacob besó á Rachél, y alzó su
voz, y lloró.
12 Y Jacob dijo á Rachél como él era
hermano[b] de su padre, y como era hijo[c] [b] Cap. 13. 8.
de Rebeca: y ella corrió, y dió las nu- y 14. 14, 16.
evas á su padre. [c] Cap. 25. 6.
13 Y así que oyó Laban las nuevas de
Jacob, hijo de su hermana, corrió á re-
cibirlo; y abrazólo, y besólo, y trajóle á
su casa: y él contó á Laban todas estas
cosas.
14 Y Laban le dijo, Ciertamente hu-
eso[d] mio, y carne mia eres. Y estuvó [d] Juec. 9. 2.
con él el tiempo de un mes. 2 Sam. 5. 1.
15 ¶ Entonces dijo Laban á Jacob, y 19. 12.
¿Por ser tú mi hermano, me has de

servir de balde? Declárame qué *será* tu salario.

16 Y Laban tenia dos hijas: el nombre de la mayor *era* Lea, y el nombre de la menor, Rachêl.

17 Y los ojos de Lea eran tiernos, pero Rachêl *era* de lindo semblante, y de hermoso parecer.

18 Y Jacob amó á Rachêl, y dijo: Yo te serviré siete años por Rachêl tu hija menor.

19 Y Laban respondió, Mejor es que te la dé á tí, que no que la dé á otro hombre: estáte conmigo.

Os. 12. 12.
20 Así sirvió[e] Jacob por Rachêl siete años, y pareciéronle como pocos dias, porque la amaba.

21 Y dijo Jacob á Laban, Dáme mi mujer, porque mi tiempo es cumplido, para que cohabite con ella.

22 Entonces Laban juntó á todos los varones de aquel lugar, é hizo banquete.

23 Y sucedió que á la noche tomó á Lea su hija, y se la trajo; y él entró á ella.

24 Y dió Laban su sierva Zilpa á su hija Lea por criada.

25 Y venida la mañana hé aquí que era Lea; y él dijo á Laban, ¿Qué *es* esto que me has hecho? ¿No te he servido por Rachêl? ¿por qué pues me has engañado?

26 Y Laban respondió, No se hace así en nuestro lugar, que se dé la menor antes de la mayor.

27 Cumple la semana de esta, y se te dará tambien la otra por el servicio que hicieres conmigo otros siete años.

28 E hizo Jacob así, y cumplió la semana de aquella: y él le dió á Rachêl su hija por mujer.

Cap. 35. 22. / 37. 2.
29 Y dió Laban á Rachêl su hija por criada á su sierva Bilha[f].

Deu. 21. 15.
30 Y entró tambien á Rachêl, y[g] amóla tambien mas que á Lea: y sirvió con él aun otros siete años.

Sal. 127. 3. Cap. 30. 1.
31 ¶ Y vió Jehová que Lea era aborrecida, y abrió su matriz[h]; pero Rachêl era estéril[i].

‖ ved un hijo.
32 Y concibió Lea, y parió un hijo, y llamó su nombre Ruben ‖; porque dijo, Ya que ha mirado Jehová mi afliccion: ahora por tanto me amará mi marido.

‖ oída.
33 Y concibió otra vez, y parió un hijo, y dijo, Por cuanto oyó Jehová que yo era aborrecida, me ha dado tambien este. Y llamó su nombre Simeon ‖.

‖ unído.
34 Y concibió otra vez, y parió un hijo, y dijo, Ahora esta vez se unirá mi marido conmigo, porque le he parido tres hijos: por tanto llamó su nombre Leví ‖.

‖ alabanza.
35 Y concibió otra vez, y parió un hijo, y dijo, Esta vez alabaré á Jehová. Por esto llamó su nombre Judá ‖: y dejó de parir.

CAPITULO XXX.

Nácenle á Jacob otros hijos de sus segundas mujeres Bilha y Zilpa; y asimismo de Lea y Rachêl; y se aumenta tambien su caudal.

Samᵉ. 4. 5.
Y VIENDO Rachêl que no daba hijos á Jacob, tuvo[a] envidia de su hermana, y decia á Jacob, Dáme hijos, ó si nó me muero.

1 Sam. 1. 5.
2 Y Jacob se enojaba contra Rachêl, y decia, ¿*soy* yo en lugar de Dios, que te impidió el fruto[b] de tu vientre?

3 Y ella dijo, Hé aquí mi sierva Bilha, entra á ella, y parirá sobre mis rodillas, y yo tambien tendré hijos de ella.

Cap. 16. 3.
4 Así le dió á Bilha su sierva por mujer[c], y Jacob entró á ella.

5 Y concibió Bilha, y parió á Jacob un hijo.

6 Y dijo Rachêl, Juzgóme Dios, y tambien oyó mi voz, y dióme un hijo. Por tanto llamó su nombre Dan ‖. ‖ *Juzgo.*

7 Y concibió otra vez Bilha la sierva de Rachêl, y parió el hijo segundo á Jacob.

8 Y dijo Rachêl, con luchas de Dios he contendido con mi hermana, y he vencido. Y llamó su nombre Nephtali ‖. ‖ *mi lucha.*

9 ¶ Y viendo Lea que habia dejado de parir, tomó á Zilpa su sierva, y dióla á Jacob por mujer.

10 Y Zilpa, sierva de Lea, parió á Jacob un hijo.

11 Y dijo Lea, Vino la *buena* ventura: y llamó su nombre Gad ‖. ‖ *buenaventura.*

12 Y Zilpa la sierva de Lea parió otro hijo á Jacob.

13 Y dijo Lea, Para dicha mia; porque las mujeres me dirán dichosa: y llamó su nombre Aser ‖. ‖ *feliz.*

14 ¶ Y fué Ruben en tiempo de la siega de los trigos, y halló mandragoras[d] en el campo, y trájolas á Lea su madre: y dijo Rachêl á Lea, Ruégote que me des de las mandragoras de tu hijo. [d] Can. 7. 13.

15 Y ella respondió, ¿Es poco que hayas tomado mi marido, sinó que tambien te has de llevar las mandragoras de mi hijo? Y dijo Rachêl, Pues dormirá contigo esta noche por las mandragoras de tu hijo.

16 Y cuando Jacob volvia del campo á la tarde, salió Lea á él, y le dijo, Á mí has de entrar, porque á la verdad te he alquilado por las mandragoras de mi hijo. Y durmió con ella aquella noche.

17 Y oyó[e] Dios á Lea, y concibió, y parió á Jacob el quinto hijo. [e] Luc. 1. 13.

18 Y dijo Lea, Dios me ha dado mi recompensa, por cuanto dí mi sierva á mi marido: por eso llamó su nombre Issachâr ‖. ‖ *esto es, galardon.*

19 Y concibió Lea otra vez, y parió el sexto hijo á Jacob.

20 Y dijo Lea, Dios me ha dado una buena dote; ahora morará conmigo mi marido, porque le he parido seis hijos: y llamó su nombre Zabulon ‖. ‖ *morada.*

21 Y despues parió una hija, y llamó su nombre Dina ‖. ‖ *juzgada.*

22 ¶ Y acordóse[f] Dios de Rachêl, y oyóla Dios, y abrió su matriz. [f] 1 Sam. 1. 19.

23 Y concibió, y parió un hijo: y dijo, Quitado ha Dios mi afrenta[g]. [g] 1 Sam. 1. 6. Is. 4. 1.

24 Y llamó su nombre Joseph ‖, diciendo, Añádame Jehová otro hijo. ‖ *aumentará.*

25 ¶ Y aconteció, cuando Rachêl hubo parido á Joseph, que Jacob dijo á Laban, Envíame, é iré á mi lugar, y á mi tierra.

26 Dame mis mujeres y mis hijos, por las cuales he servido contigo, y déjame ir; pues tú sabes los servicios que te he hecho.

27 Y Laban le respondió, Halle yo ahora gracia en tus ojos, *y quédate*: experimentado he que Jehová me ha bendecido por tu causa[h]. [h] Cap. 39. 3, 5.

28 Y dijo, Señálame tu salario, que yo *lo* daré.

29 Y él respondió: Tú sabes cómo te he servido, y cómo ha estado tu ganado conmigo.

30 Porque poco tenias antes de mi *venida*, y ha crecido en gran número; y Jehová te ha bendecido con mi llegada: y ahora ¿cuando tengo de hacer yo tambien por mi propia casa?

31 Y él dijo, Qué te daré? Y respondió Jacob, No me des nada: si hicieres por mí esto, volveré á apacentar tus ovejas.

32 Yo pasaré hoy por todas tus ovejas, poniendo aparte todas las reses manchadas y de color vario, y todas las reses

de color oscuro entre las ovejas, y las manchadas y de color vario entre las cabras; y esto será mi salario [i].

[i] Cap. 31. 8.

33 Así responderá por mí mi justicia mañana, cuando me viniere mi salario delante de tí: toda la que no fuere pintada ni manchada en las cabras, y de color oscuro en las ovejas *mias*, se me ha de tener por de hurto.

34 Y dijo Laban, Mira, ojalá fuese como tú dices.

35 Y apartó aquel dia los machos de cabrío rayados y manchados, y todas las cabras manchadas y de color vario, y toda res que tenia en sí algo de blanco, y todas las de color oscuro entre las ovejas, y púsoles en mano de sus hijos.

36 Y puso tres dias de camino entre sí y Jacob; y Jacob apacentaba las otras ovejas de Laban.

37 ¶ Y tomóse Jacob varas de álamo verdes, y de avellano, y de castaño, y descortezó en ellas *unas* mondaduras blancas, descubriendo así lo blanco de las varas:

38 Y puso las varas que habia mondado en las pilas, delante del ganado, en los abrevaderos del agua donde venian á beber las ovejas, las cuales se recalentaban viniendo á beber.

39 Y concebian las ovejas delante de las varas, y parian borregos listados, pintados, y salpicados de diversos colores [k].

[k] Cap. 31. 9, 12.

40 Y apartaba Jacob los corderos, y ponialos con su rebaño, los listados, y todo lo que *era* oscuro en el hato de Laban. Y ponia su hato aparte, y no lo ponia con las ovejas de Laban.

41 Y sucedia que cuantas veces se recalentaban las tempranas, Jacob ponia las varas delante de las ovejas en las pilas, para que concibiesen á vista de las varas.

42 Y cuando venian las ovejas tardías, no *las* ponia: así eran las tardías para Laban, y las tempranas para Jacob.

43 Y acreció el varon muy mucho, y tuvo muchas ovejas, y siervas, y siervos, y camellos, y asnos.

CAPITULO XXXI.

Huye Jacob de casa de Laban, y este le persigue y alcanza; mas despues de haber altercado entre sí, hecha alianza, vase cada uno á su casa.

Y OIA él las palabras de los hijos de Laban, que decian, Jacob ha tomado todo lo que *era* de nuestro padre; y de lo que *era* de nuestro padre ha adquirido toda esta grandeza [a].

[a] Ec. 4. 4.

2 Miraba tambien Jacob el semblante de Laban, y veia que no era para con él como ayer y antes de ayer.

3 Tambien Jehová dijo á Jacob, Vuélvete á la tierra de tus padres, y á tu parentela, que yo seré contigo [b].

[b] Cap. 28. 15.

4 Y envió Jacob, y llamó á Rachêl y á Lea al campo á sus ovejas,

5 Y díjoles, Veo que el semblante de vuestro padre no es para conmigo como ayer y antes de ayer: mas el Dios de mi padre ha sido conmigo.

6 Y vosotras sabeis que con todas mis fuerzas he servido á vuestro padre:

7 Y vuestro padre me ha engañado, y me ha mudado el salario diez veces [c]: pero Dios no le ha permitido que me hiciese mal [d].

[c] Num. 14. 22. Neh. 4. 12. Job 19. 3. Zac. 8. 23.
[d] Job 1. 10. Sal. 37. 28. y 105. 14.

8 Si él decia así, Los pintados serán tu salario, entonces todas las ovejas parian pintados: y si decia así, Los listados serán tu salario, entonces todas las ovejas parian listados.

9 Así quitó Dios el ganado de vuestro padre, y diómelo á mí.

10 Y sucedió que al tiempo que las ovejas se recalentaban, alzé yo mis ojos, y ví en sueños, y hé aquí los machos que cubrian á las hembras *eran* listados, pintados, y abigarrados [e].

[e] Cap. 30. 39.

11 Y díjome el ángel de Dios [f] en sueños, Jacob? y yo dije, Hemé aquí.

[f] Cap. 48. 16.

12 Y él dijo, Alza ahora tus ojos, y verás todos los machos que cubren á las ovejas listados, pintados, y abigarrados, porque yo he [g] visto todo lo que Laban te ha hecho.

[g] Eccles. 5. 8.

13 Yo *soy* el Dios de Bethel [h], donde tú ungiste el título, y donde me hiciste un voto: levántate ahora, y sal de esta tierra, y vuelvete [i] á la tierra de tu naturaleza.

[h] Cap. 28. 18.
[i] Cap. 32. 9.

14 Y respondió Rachêl, y Lea, y dijéronle, ¿Tenemos ya parte ni heredad en la casa de nuestro padre?

15 ¿No nos tiene ya como por estrañas, pues que nos vendió [k], y aun se ha comido del todo nuestro precio?

[k] Cap. 29. 15, 27.

16 Porque toda la riqueza que Dios ha quitado á nuestro padre, nuestra es, y de nuestros hijos: ahora pues haz todo lo que Dios te ha dicho.

17 Entonces se levantó Jacob, y subió sus hijos y sus mujeres sobre los camellos;

18 Y puso en camino todo su ganado, y toda su hacienda que habia adquirido, el ganado de su ganancia que habia obtenido en Padan-Aram, para volverse á [l] Isaac su padre en la tierra de Canaan.

[l] Cap. 28. 21.

19 Y Laban habia ido á trasquilar sus ovejas: y Rachêl hurtó los ídolos † de su padre.

† Heb. *Teraphím.* Juec. 17. 5. 1 Sam. 19. 13. Os. 3. 4.

20 Y recató Jacob *su* corazon de Laban Araméo ‖ en no hacerle saber que se huia.

‖ *Sirio.*

21 Huyó pues con todo lo que tenia; y levantóse y pasó el rio [m], y puso su rostro al monte de Galaad.

[m] Cap. 15. 18.

22 ¶ Y fué dicho á Laban al tercero dia como Jacob se habia huido.

23 Entonces tomó á sus hermanos consigo, y fué tras él camino de siete dias, y alcanzóle en el monte de Galaad.

24 Y vino Dios á Laban Araméo en sueños aquella noche [n], y le dijo, Guárdate que no hables á Jacob descomedidamente.

[n] Cap. 20. 3. Job 33. 15.

25 Alcanzó pues Laban á Jacob, y este habia fijado su tienda en el monte: y Laban plantó*la* con sus hermanos en el monte de Galaad.

26 Y dijo Laban á Jacob, Qué has hecho, que *así* me hurtaste el corazon, y has traido á mis hijas como prisioneras de guerra?

27 ¿Porqué te escondiste para huir, y me hurtaste, y no me diste noticia, para que yo te enviara con alegría, y con cantares, con tamborin y vihuela?

28 Que aun no me dejaste besar mis hijos y mis hijas. Ahora locamente has hecho.

29 Poder hay en mi mano para haceros mal; mas el Dios de vuestro padre me habló anoche diciendo, Guárdate que no hables á Jacob descomedidamente.

30 Y ya que te ibas, porque tenias deseo de la casa de tu padre, ¿por qué me hurtaste mis dioses [o]?

[o] Juec. 18. 24.

31 Y Jacob respondió, y dijo á Laban; *Recatéme* porque tuve miedo; pues dije *para mí*, que quizá me quitarias por fuerza tus hijas.

32 En quien halláres tus dioses, no viva: delante de nuestros hermanos reconoce lo que yo tuviere *tuyo*, y llévatelo. Jacob no sabia que Rachêl los habia hurtado.

33 Y entró Laban en la tienda de

Jacob, y en la tienda de Lea, y en la tienda de las dos siervas, y no *los* halló: y salió de la tienda de Lea, y vino á la tienda de Rachêl.

ⁿ ver. 19. 34 Y tomó ⁿ Rachêl los ídolos, y púsolos en una albarda de un camello, y sentóse sobre ellos: y tentó Laban toda la tienda, y no *los* halló.

ᵒ Jos. 24. 2. 35 Y ella dijo á su padre, No se enoje mi señor porque no me puedo levantar delante ᵒ de tí, pues estoy con la costumbre de las mujeres. Y él buscó, pero no halló los ídolos.

ᵖ Efes. 4. 26. 36 Entonces Jacob se enojó ᵖ, y regañó con Laban: y respondió Jacob, y dijo á Laban, ¿Qué prevaricacion es la mia? ¿cual *es* mi pecado, que con tanto ardor has venido en seguimiento mio?

37 Pues que has tentado todos mis muebles, ¿que has hallado de todas las alhajas de tu casa? Ponlo aquí delante de mis hermanos y tuyos, y juzguen entre nosotros ambos.

38 Estos veinte años he estado contigo: tus ovejas y tus cabras nunca abortaron, ni yo comí carnero de tus ovejas.

ᵠ Ex. 22. 10, 13. 39 Nunca te traje lo arrebatado *por las fieras*; yo pagaba ᵠ el daño: lo hurtado así de dia como de noche, de mi mano lo requerias.

40 De dia me consumia el calor, y de noche la helada, y el sueño se huia de mis ojos.

ʳ Cap. 29. 18, 30. ˢ ver. 7. 41 Así he estado veinte años en tu casa: ʳ catorce años te serví por tus dos hijas, y seis años por tu ganado, y has mudado mi salario ˢ diez veces.

ᵗ ver. 53. 42 Si el Dios de mi padre, el Dios de Abraham, y el temor de Isaac ᵗ no fuera conmigo, de cierto me enviarias ahora vacío: *mas* vió Dios mi afliccion y el trabajo de mis manos, y reprehendióte anoche.

43 Y respondió Laban y dijo á Jacob, Las hijas *son* hijas mias, y los hijos, hijos mios *son*, y las ovejas *son* mis ovejas, y todo lo que tú ves es mio: ¿y qué puedo yo hacer hoy á estas mis hijas, ó á sus hijos que ellas han parido?

ᵘ Cap. 26. 28. 44 Ven pues ahora, y hagamos alianza ᵘ yo y tú, y sea en testimonio entre mí y entre tí.

ˣ Cap. 28. 18. 45 Entonces Jacob tomó una piedra ˣ, y levantóla *por* título.

46 Y dijo Jacob á sus hermanos, Coged piedras. Y tomaron piedras, é hicieron un majano, y comieron allí sobre aquel majano.

‖ Siriaco, *majano del testigo.* † Heb. *majano del testimonio.* 47 Y llamólo Laban Jegar-Sahadutha ‖: y Jacob lo llamó Galaad †.

ʸ Jos. 22. 27. y 24. 27. 48 Porque Laban dijo, Este majano *será* testigo ʸ hoy entre mí y entre tí: por eso fué llamado su nombre Galaad;

‖ *atalaya.* 49 Y Mizpa ‖, por cuanto dijo, Atalaye Jehová entre mí y entre tí, cuando nos apartáremos el uno del otro.

ᶻ 1 Sam. 12. 5. Jer. 42. 5. 50 Si afligieres mis hijas, ó si tomares otras mujeres ademas de mis hijas, nadie *está* con nosotros; *pero mira*, Dios ᶻ *es* testigo entre mí y entre tí.

51 Dijo mas Laban á Jacob. Hé aquí este majano, y hé aquí este título que he erigido entre mí y tí.

52 Testigo *sea* este majano, y testigo *sea* este título, que ni yo pasaré contra tí este majano, ni tú pasarás contra mí este majano ni este título para mal.

ᵃ Cs. 10. 14. 53 El Dios de Abraham, y el Dios de Nachôr juzgue entre nosotros, el Dios de sus padres. Y Jacob juró por el temor de Isaac su padre ᵃ.

54 Entonces Jacob inmoló víctimas en el monte, y llamó á sus hermanos á comer pan: y comieron pan, y durmieron aquella noche en el monte.

55 Y levantóse Laban de mañana, y besó sus hijos y sus hijas, y les bendijo; y retrocedió y volvióse á su lugar.

CAPITULO XXXII.

Jacob avisa su llegada á Esaú, y le aplaca. Lucha misteriosa con un ángel, el cual le muda el nombre de Jacob en el de Israél.

Y JACOB se fué su camino, y saliéronle al encuentro ángeles de Dios ᵃ. ᵃ Sal. 91. 11. Heb. 1. 14.

2 Y dijo Jacob cuando los vió, El campo de Dios *es* este: y llamó el nombre de aquel lugar Mahanaim ‖. ‖ *los dos campos.*

3 ¶ Y envió Jacob mensageros delante de sí á Esaú su hermano á la tierra de Seir, campo de Edom.

4 Y mandóles diciendo, Así diréis á mi señor Esaú ᵇ; Así dice tu siervo Jacob: Con Laban he morado, y detenídome hasta ahora. ᵇ Pro. 15. 1.

5 Y tengo vacas, y asnos, y ovejas, y siervos, y siervas; y envio á decirlo á mi señor, por hallar gracia en tus ojos.

6 Y los mensageros volviéron á Jacob, diciendo: Vinimos á tu hermano Esaú, y él tambien viene á recibirte, y cuatrocientos hombres con él.

7 Entonces Jacob tuvo gran temor, y angustióse; y partió el pueblo que tenia consigo, y las ovejas, y las vacas, y los camellos, en dos cuadrillas;

8 Y dijo, Si viniere Esaú á la una cuadrilla, y la hiriere, la otra cuadrilla escapará.

9 Y dijo ᶜ Jacob, Dios de mi padre Abraham, y Dios de mi padre Isaac, Jehová, que me dijiste ᵈ, Vuelvete á tu tierra, y á tu parentela, y yo te haré bien: ᶜ Sal. 50. 15. ᵈ Cap. 31. 3, 13.

10 Menor soy que todas las misericordias, y que toda la verdad que has usado para con tu siervo; que *solo* con mi bordon pasé este Jordan, y ahora estoy sobre dos cuadrillas ᵉ. ᵉ Sal. 18. 35.

11 Líbrame ahora de la mano de mi hermano, de la mano de Esaú, porque le temo; no venga quizá, y me hiera la madre con los hijos ᶠ. ᶠ Os. 10. 14.

12 Y tú has dicho, Yo te haré bien ᵍ, y pondré tú simiente como la arena del mar, que no se puede contar por la multitud. ᵍ Cap. 28. 13, 15.

13 Y durmió allí aquella noche, y tomó de lo que le vino á la mano un presente ʰ para su hermano Esaú: ʰ Pro. 18. 16.

14 Doscientas cabras, y veinte machos de cabrío, doscientas ovejas, y veinte carneros,

15 Treinta camellas paridas con sus hijos, cuarenta vacas, y diez novillos, veinte asnas, y diez borricos.

16 Y entrególo en mano de sus siervos, cada manada de por sí; y dijo á sus siervos, Pasad delante de mí, y poned espacio entre manada y manada.

17 Y mandó al primero diciendo, Si Esaú mi hermano te encontrare, y te preguntare diciendo, ¿De quien eres? ó adónde vas? Y para quién es esto *que llevas* delante de tí?

18 Entonces dirás, Presente es de tu siervo Jacob, que envia á mi señor Esaú: y hé aquí tambien él *viene* tras nosotros.

19 Y mandó tambien al segundo, y al tercero, y á todos los que iban tras aquellas manadas, diciendo, Conforme á esto hablaréis á Esaú, cuando le halláreis.

20 Y diréis tambien, Hé aquí tu siervo Jacob *viene* tras nosotros. Porque dijo, Apaciguaré ⁱ su ira con el presente que vá delante de mí, y despues veré su rostro: quizá le será acepto. ⁱ Pro. 21. 14.

21 Y pasó el presente delante de él, y él durmió aquella noche en el campamento.

22 Y levantóse aquella noche, y tomó sus dos mujeres, y sus dos siervas, y sus once hijos, y pasó el vado de Jaboc [k].

k Deu. 3. 16.

23 Tomólos pues, y pasólos el arroyo, é hizo pasar lo que tenia.

24 ¶ Y quedóse Jacob solo, y luchó con él un varon hasta que rayaba el alba.

25 Y como vió que no podia con él, tocó en el sitio del encaje de su muslo, y descoyuntóse el muslo de Jacob mientras con él luchaba.

26 Y dijo, Déjame, que raya el alba. Y él dijo, No te dejaré [l], si no me bendices.

l Luc. 18. 1.

27 Y él le dijo, ¿Cual es tu nombre? Y él respondió, Jacob.

28 Y él dijo, No se dirá mas tu nombre Jacob sinó Israel ‖: porque has peleado con Dios y con los hombres [m], y has vencido.

‖ *Príncipe ó batallador con Dios.* m Cap. 33. 4.

29 Entonces Jacob le preguntó, y dijo, Declárame ahora tu nombre. Y él respondió, ¿Porqué preguntas por mi nombre [n]? y bendíjolo allí.

n Juec. 13. 18.

30 Y llamó Jacob el nombre de aquel lugar Peniel; porque ví á Dios cara á cara, y fué librada mi alma [o].

o Juec. 6. 22. y 13. 22, 23. Is. 6. 5.

31 Y salióle el sol pasado que hubo á Peniel, y cojeaba de su anca.

32 Por esto no comen los hijos de Israel, hasta hoy dia, del tendon que se contrajo, el cual *está* en el encaje *del hueso* del muslo; porque tocó á Jacob este sitio de su muslo en el tendon que se contrajo.

CAPITULO XXXIII.

Jacob con su sumision y regalos ganó el corazon de Esaú. Encuentro afectuoso de los dos hermanos. Jacob vá á habitar en Succoth y en Salem, donde ofrece sacrificios á Dios.

Y ALZANDO Jacob sus ojos miró, y hé aquí [a] venia Esaú, y los cuatrocientos hombres con él: entonces repartió él los niños entre Lea y Rachêl, y las dos siervas.

a Cap. 32. 6.

2 Y puso las siervas y sus niños delante; luego á Lea y á sus niños; y á Rachêl y á Joseph los postreros.

3 Y él pasó delante de ellos, é inclinóse á tierra siete veces, hasta que llegó á su hermano.

4 Y Esaú corrió á su encuentro, y abrazóle [b], y echóse sobre su cuello, y le besó; y lloraron.

b Cap. 32. 28.

5 Y alzó sus ojos, y vió las mujeres y los niños, y dijo, ¿Qué te tocan estos? Y el respondió, Son los niños que Dios ha dado á tu siervo.

6 Y se llegaron las siervas, ellas y sus niños, é inclináronse.

7 Y llegóse Lea con sus niños, é inclináronse: y despues llegó Joseph y Rachêl, y tambien se inclinaron.

8 Y él dijo, ¿Qué te *propones* con todas estas cuadrillas que he encontrado? Y él respondió, El hallar gracia en los ojos de mi señor [c].

c Cap. 32. 5.

9 Y dijo Esaú, Harto tengo yo, hermano mio; sea para tí lo que *es* tuyo [d].

d Pro. 16. 7.

10 Y dijo Jacob, No, yo te ruego; si he hallado ahora gracia en tus ojos, toma mi presente de mi mano, pues que así he visto tu rostro, como si hubiera visto el rostro de Dios, y hazme placer.

11 Toma, te ruego, mi dádiva que te es traida, porque Dios me ha hecho merced, y todo lo que hay *aquí es* mio. Y porfió con él, y tomó*la*.

12 Y dijo, Anda, y vamos; y yo iré delante de tí.

13 Y él le dijo, Mi señor sabe que los niños son tiernos, y que tengo ovejas y vacas paridas: y si las fatigan, en un dia morirán todas las ovejas.

14 Pase ahora mi señor delante de su siervo, y yo me iré poco á poco al paso de la hacienda, que vá delante de mí, y al paso de los niños, hasta que llegue á mi señor á Seir [e].

e Cap. 32. 3.

15 Y Esaú dijo, Dejaré ahora contigo de la gente que *viene* conmigo. Y él dijo, ¿Para qué esto? Halle yo gracia en los ojos de mi señor.

16 Así se volvió Esaú aquel dia por su camino á Seir.

17 ¶ Y Jacob se partió á Succoth † [f], y edificó allí casa para sí, é hizo cabañas para su ganado: por tanto llamó el nombre de aquel lugar Succoth.

† Heb. *cabanas.* f Jos. 13. 27. Juec. 8. 5.

18 ¶ Y vino Jacob sano á la ciudad de Sichêm [g], que *está* en la tierra de Canaan, cuando venia de Padan-aram, y acampó delante de la ciudad.

g Juan. 4. 5.

19 Y compró [h] una parte del campo, donde tendió su tienda, de mano de los hijos de Hamor, padre de Sichêm, por cien piezas de moneda.

h Jos. 24. 32. Hech. 7. 16.

20 Y erigió allí un altar [i], y llamóle, El Dios de Israel.

i Cap. 35. 7.

CAPITULO XXXIV.

Rapto de Dina, y la terrible venganza que sus hermanos tomaron.

Y SALIO Dina la hija [a] de Lea, la cual habia esta parido á Jacob, á ver las hijas [b] del pais.

a Cap. 30. 21. b Tito 2. 5.

2 Y vióla Sichêm, hijo de Hamor Hevéo, príncipe de aquella tierra, y tomóla, y echóse con ella, y la deshonró.

3 Mas su alma se apegó á Dina la hija de Lea, y enamoróse de la moza, y habló al corazon de la jóven.

4 Y habló Sichêm á Hamor su padre, diciendo, Tómame por mujer [c] esta moza.

c Juec. 14. 2.

5 Y oyó Jacob que habia *Sichêm* amancillado á Dina su hija: y estando sus hijos con su ganado en el campo, calló Jacob hasta que ellos viniesen.

6 Y dirigióse Hamor padre de Sichêm á Jacob, para hablar con él.

7 Y los hijos de Jacob vinieron del campo cuando *lo* supieron; y se entristecieron los varones, y se ensañaron mucho, porque hizo vileza en Israel echandose con la hija de Jacob, lo que no se debia haber hecho.

8 Y Hamor habló con ellos, diciendo, El alma de mi hijo Sichêm se ha apegado á vuestra hija: ruégoos que se la deis por mujer.

9 Y emparentad con nosotros: dadnos vuestras hijas, y tomad vosotros las nuestras.

10 Y habitad con nosotros: porque la tierra estará delante de vosotros; morad y negociad en ella, y tomad en ella posesion.

11 Sichêm tambien dijo á su padre y á sus hermanos: Halle yo gracia en vuestros ojos, y daré lo que me dijéreis.

12 Aumentad á cargo mio mucho dote y dones, que yo daré cuanto me dijéreis, y dadme la moza por mujer.

13 Y respondieron los hijos de Jacob á Sichêm, y á Hamor su padre con engaño; y parlaron, por cuanto habia amancillado á Dina su hermana:

14 Y dijéronles, No podemos hacer esto de dar nuestra hermana á hombre que tiene prepucio; porque entre nosotros *es* abominacion [d].

d Jos. 5. 9.

15 Mas con esta condicion os harémos placer: Si habeis de ser como nosotros, que se circuncide entre vosotros todo varon.

16 Entonces os darémos nuestras hijas,

y tomarémos nosotros las vuestras; y
habitarémos con vosotros, y serémos un
pueblo.
17 Mas si no nos prestáreis oido, para
circuncidaros, tomarémos nuestra hija,
y nos irémos.
18 Y parecieron bien sus palabras á
Hamor, y á Sichêm hijo de Hamor.
19 Y no dilató el mozo hacer aquello,
porque la hija de Jacob le habia agra-
dado: y él era el mas honrado de toda la
casa de su padre.
20 Entonces Hamor y Sichêm su hijo
vinieron á la puerta de su ciudad, y ha-
blaron á los varones de su ciudad dici-
endo:
21 Estos varones son pacíficos con no-
sotros, y habitarán en el pais, y trafi-
carán en él; pues hé aquí la tierra es
bastante ancha para ellos: nosotros to-
marémos sus hijas por mujeres, y les
darémos las nuestras.
22 Mas con esta condicion nos harán
estos hombres el placer de habitar con
nosotros, para que seamos un pueblo, si
se circuncidáre en nosotros todo varon,
así como ellos *son* circuncidados.
23 Sus ganados y su hacienda, y todas
sus bestias serán nuestras: solamente
convengamos con ellos, y habitarán con
nosotros.
24 Y obedecieron á Hamor y á Sichêm
[e] Cap. 23. 18. su hijo todos los que salian por la puerta [e]
de la ciudad; y circuncidaron á todo va-
ron, á cuantos salian por la puerta de su
ciudad.
25 ¶ Y sucedió que al tercero dia cu-
ando sentian ellos el mayor dolor, los
dos hijos de Jacob, Simeon y Leví, her-
manos de Dina, tomaron cada uno su
espada, y vinieron contra la ciudad ani-
[f] Cap. 49. 5, 7. mosamente, y mataron á todo varon [f].
26 Y á Hamor y á Sichêm su hijo los
mataron á filo de espada: y tomaron á
Dina de casa de Sichêm, y saliéronse.
27 Y los hijos de Jacob vinieron á los
muertos, y saquearon la ciudad; por cu-
anto habian amancillado á su hermana.
28 Tomaron sus ovejas, y vacas, y sus
asnos, y lo que *habia* en la ciudad y en
el campo,
29 Y toda su hacienda; se llevaron
cautivos á todos sus niños, y á sus mu-
jeres, y robaron todo lo que *habia* en
casa.
30 Entonces dijo Jacob á Simeon y á
Leví, Habéisme turbado con hacerme
[g] Ex. 5. 21. abominable [g] á los moradores de aquesta
1 Sam. 13. 4. tierra, el Cananéo y el Pherezéo; y te-
y 27. 12. niendo yo pocos hombres, juntarse han
contra mí, y me herirán, y seré destru-
ido yo y mi casa.
31 Y ellos respondieron, ¿Habia él de
tratar á nuestra hermana como á una
ramera?

CAPITULO XXXV.

Esmérase Jacob en el culto público del Dios verdadero. Nace Benjamin, y muere Rachêl. Incesto de Ruben. Enumeracion de los hijos de Jacob; y muerte de Isaac.

Y DIJO Dios á Jacob, Levántate,
[a] Cap. 28. 19. sube á Beth-el [a], y estáte allí: y haz
allí un altar al Dios que te apareció,
cuando huias de tu hermano Esaú.
[b] Cap. 18. 19. 2 Entonces Jacob dijo á su familia [b], y
á todos los que con él *estaban*, Quitad los
[c] Cap. 31. 19. dioses agenos [c] que *hay* entre vosotros, y
Sal. 101. 2, 7. limpiaos [d], y mudad vuestros vestidos.
[d] 1 Sam. 7. 3. 3 Y levantémonos, y subamos á Beth-
el; y haré allí altar al Dios que me res-
[e] Cap. 32. 7, 24. pondió en el dia de mi angustia [e], y ha
sido conmigo en el camino que he an-
[f] Cap. 28. 20. y 31. 3, 42. dado [f].
4 Así dieron á Jacob todos los dioses
agenos que *habia* en su poder, y los zar-
cillos que *estaban* en sus [g] orejas, y Ja- [g] Os. 2. 13.
cob los escondió debajo de una encina,
que *estaba* junto á Sichêm [h]. [h] Jos. 24. 26. Juec. 9. 6.
5 Y partiéronse, y el terror de Dios [i]
fué sobre las ciudades que *habia* en sus [i] Ex. 23. 27. Deu. 11. 25. Jos. 2. 9. 2 Cr. 14. 14.
al rededores, y no siguieron tras los hijos
de Jacob.
6 Y llegó Jacob á Luz, que *está* en
tierra de Canaan, esta *es* Beth-el, él y
todo el pueblo que con él *estaba*.
7 Y edificó allí un altar, y llamó al
lugar El Beth-el ‖; porque allí le habia ‖ *Dios de Beth-el.*
aparecido Dios cuando huia de su her-
mano.
8 ¶ Entonces murió Débora, ama de
Rebeca, y fué sepultada á las raices de
Beth-el debajo de una encina: y llamó-
se su nombre Allon-bachuth ‖. ‖ *encina del llanto.*
9 ¶ Y aparecióse otra vez Dios á Jacob
cuando se habia vuelto de Padan-aram,
y bendíjolo.
10 Y díjole Dios, Tu nombre *es* Jacob:
no se llamará mas tu nombre Jacob,
sino Israel será tu nombre: y llamó su
nombre Israel [k]. [k] Cap. 32. 28.
11 Y díjole Dios, Yo *soy* el Dios Om-
nipotente: [l] crece y multiplícate; *una* [l] Cap. 17. 1. Ex. 6. 3.
nacion, y conjunto de naciones, proce-
derá de tí, y reyes saldrán de tus lomos.
12 Y la tierra que yo he dado á Abra-
ham [m] y á Isaac, la daré á tí; y á tu [m] Cap. 12. 7. y 26. 3.
simiente despues de tí daré la tierra.
13 Y fuése [n] de él Dios, del lugar donde [n] Cap. 17. 22.
con él habia hablado.
14 Y Jacob erigió un título [o] en el lugar [o] Cap. 28. 18.
donde habia hablado con él, un título
de piedra: y derramó sobre él libacion,
y echó sobre él aceite.
15 Y llamó Jacob el nombre de aquel
lugar donde Dios habia hablado con él,
Beth-el.
16 ¶ Y partieron de Beth-el, y habia
aun como media legua de tierra para
llegar á Ephrata, cuando parió Rachêl,
y *hubo* trabajo en su parto.
17 Y aconteció, que como habia tra-
bajo en su parir, díjole la partera, No
temas [p], que tambien tendrás este hijo. [p] 1 Sam. 4. 20.
18 Y acaeció que al salírsele el alma,
(pues murió,) llamó su nombre Ben-
oni ‖; mas su padre lo llamó Benja- ‖ *hijo de mi dolor.*
min ‖. ‖ *hijo de la diestra.*
19 Así [q] murió Rachêl, y fué sepultada
en el camino de Ephrata [r], la cual es [q] Cap. 48. 7.
Beth-lehem. [r] Ruth 1. 2. Mic. 5. 2. Mat. 2. 6.
20 Y puso Jacob un título sobre su
sepultura: este *es* el título [s] de la sepul-
tura de Rachêl hasta hoy. [s] 1 Sam. 10. 2.
21 ¶ Y partió Israel, y tendió su tien-
da de la otra parte de Migdal-eder ‖. ‖ *la torre de Eder.*
22 Y acaeció [t], morando Israel en a- [t] Cap. 49. 4. 1 Cr. 5. 1. 1 Cor. 5. 1.
quella tierra, que fué Ruben y durmió
con Bilha la concubina de su padre; lo
cual llegó á entender Israel. Ahora
bien los hijos de Israel fueron doce:
23 Los hijos de Lea, Ruben, el primo-
génito de Jacob, y Simeon, y Leví, y
Judá, é Issachâr, y Zabulon.
24 Los hijos de Rachêl, Joseph, y
Benjamin.
25 Y los hijos de Bilha, sierva de Ra-
chêl, Dan, y Néphtali.
26 Y los hijos de Zilpa, sierva de Lea,
Gad, y Aser. Estos *fueron* los hijos de
Jacob, que le nacieron en Padan-aram.
27 ¶ Y vino Jacob á Isaac su padre á
á Mamre [u], á la ciudad de Arba [x], que [u] Cap. 13. 18.
es Hebron, donde habitaron Abraham é [x] Jos. 14. 15. y 15. 13.
Isaac.
28 Y fueron los dias de Isaac ciento y
ochenta años.
29 Y exhaló Isaac el espíritu, y murió,
y fué recogido á sus pueblos [y] viego, y [y] Cap. 25. 8.
harto de dias; y sepultáronlo Esaú [z] y [z] Cap. 25. 9.
Jacob sus hijos.

CAPITULO XXXVI.

De Esaú y sus descendientes, y de los Horréos: con lo cual se ven cumplidas las promesas del Señor, y la bendicion dada á Isaac.

[a] Cap. 26. 30.
Y ESTAS son las generaciones de Esaú, el cual *es* Edom[a].

[b] Cap. 26. 34.
2 Esaú tomó sus mujeres de las hijas de Canaan; á[b] Ada hija de Elon, Hethéo, y Aholibama, hija de Ana, hija de Zibeon el Hevéo;

3 Y Basemath, hija de Ismael, hermana de Nabaioth.

[c] 1 Cr. 1. 35.
4 Y Ada parió á Esaú á Eliphaz[c]; y Basemath parió á Reuel.

5 Y Aholibama parió á Jeús, y á Jaalam, y á Cora: estos *son* los hijos de Esaú, que le nacieron en la tierra de Canaan.

6 Y Esaú tomó sus mujeres, y sus hijos, y sus hijas, y todas las personas de su casa, y sus ganados, y todas sus bestias, y toda su hacienda, que habia adquirido en la tierra de Canaan, y fuése á *otra* tierra de delante de Jacob su hermano.

7 Porque la hacienda de ellos era grande, y no podian habitar juntos, ni la tierra de su peregrinacion los podia sostener á causa de sus ganados.

[d] Deu. 2. 5. Jos. 24. 4.
8 Y Esaú habitó en el monte de Seir[d]: Esaú es Edom.

9 ¶ Estos son los linages de Esaú, padre de Edom en el monte de Seir.

10 Estos son los nombres de los hijos de Esaú: Eliphaz, hijo de Ada, mujer de Esaú; Reuel, hijo de Basemath, mujer de Esaú.

11 Y los hijos de Eliphaz fueron Teman, Omar, Zepho, Gatam, y Cenaz.

12 Y Timna fué concubina de Eliphaz, hijo de Esaú, la cual le parió á Amalech: estos son los hijos de Ada, mujer de Esaú.

13 Y los hijos de Reuel fueron Nahath, Zera, Samma, y Mizza: estos *son* los hijos de Basemath, mujer de Esaú.

14 Estos fueron los hijos de Aholibama, mujer de Esaú, hija de Ana, que fué hija de Zibeon: ella parió á Esaú á Jeús, Jaalam, y Cora.

15 Estos *son* los duques de los hijos de Esaú: hijos de Eliphaz, primogenito de Esaú, el duque Teman, el duque Omar, el duque Zepho, el duque Cenaz,

16 El duque Cora, el duque Gatam, y el duque Amalech: estos *son* los duques de Eliphaz en la tierra de Edom; estos *fueron* los hijos de Ada.

17 Y estos *son* los hijos de Reuel, hijo de Esaú; el duque Nahath, el duque Zera, el duque Samma, y el duque Mizza: estos *son* los duques de *la linea de* Reuel en la tierra de Edom; estos hijos *vienen* de Basemath, mujer de Esaú.

18 Y estos *son* los hijos de Aholibama, mujer de Esaú; el duque Jeús, el duque Jaalam, y el duque Cora: estos *fueron* los duques *que salieron* de Aholibama, mujer de Esaú, hija de Ana.

19 Estos pues *son* los hijos de Esaú, y sus duques: él *es* Edom.

[e] Cap. 14. 6. Deu. 2. 12, 22.
20 Y estos *son* los hijos de Seir[e] Horéo, moradores de *aquel*la tierra: Lotan, Sobal, Zibeon, Ana,

21 Dison, Ezer, y Disan: estos *son* los duques de los Horéos, hijos de Seir, en la tierra de Edom.

22 Los hijos de Lotan fueron Hori y Heman; y Timna fué hermana de Lotan.

23 Y los hijos de Sobal fueron Alvan, Manahath, Ebal, Sepho, y Onan.

24 Y los hijos de Zibeon fueron Aja y Ana. Este Ana es el que descubrió los mulos en el desierto ‖, cuando apacentaba los asnos de Zibeon su padre.

‖ ó las aguas calientes.

25 Los hijos de Ana fueron Dison, y Aholibama, hija de Ana.

26 Y estos fueron los hijos de Dison: Hemdan, Eshban, Ithran, y Cheran.

27 Y estos *fueron* los hijos de Ezer: Bilhan, Zaavan, y Acan.

28 Estos *fueron* los hijos de Disan: Huz, y Aran.

29 Y estos *fueron* los duques de los Horéos: el duque Lotan, el duque Sobal, el duque Zibeon, el duque Ana,

30 El duque Dison, el duque Ezer, el duque Disan: estos *fueron* los duques de los Horéos por sus ducados en la tierra de Seir.

31 ¶ Y los reyes que reinaron en la tierra de Edom, antes que reinase rey sobre los hijos de Israel, *fueron* estos:

32 Bela, hijo de Beor, reinó en Edom: y el nombre de su ciudad *fué* Dinaba.

33 Y murió Bela, y reinó en su lugar Jobab, hijo de Zera, de Bosra.

34 Y murió Jobab, y en lugar suyo reinó Husam, de tierra de Teman.

35 Y murió Husam, y reinó en su lugar Adad, hijo de Badad, el que hirió á Midian en el campo de Moab: y el nombre de su ciudad *fué* Avith.

36 Y murió Adad, y en su lugar reinó Samla, de Masreca.

37 Y murió Samla, y reinó en su lugar Saul, de Rehoboth del Rio.

38 Y murió Saul, y en lugar suyo reinó Baalanan, hijo de Achbor.

39 Y murió Baalanan, hijo de Achbor, y reinó Adar en lugar suyo: y el nombre de su ciudad *fué* Pau; y el nombre de su mujer Meetabel, hija de Matred, hija de Mezaab.

40 ¶ Estos pues *son* los nombres de los duques de Esaú por sus linages, por sus lugares, y sus nombres: el duque Timna, el duque Alva, el duque Ietheth,

41 El duque Aholibama, el duque Ela, el duque Pinon,

42 El duque Cenaz, el duque Teman, el duque Mibzar,

43 El duque Magdiel, y el duque Hiram. Estos *fueron* los duques de Edom por sus habitaciones en la tierra de su posesion. Edom *es* el mismo Esaú padre de los Iduméos.

CAPITULO XXXVII.

Joseph envidiado y vendido por sus hermanos, es conducido esclavo á Egipto, y vendido á Putifar.

[a] Cap. 17. 8. y 23. 4. y 28. 4. Heb. 11. 9, 16.
Y HABITO Jacob en la tierra donde peregrinó[a] su padre, en la tierra de Canaan.

2 Estas *fueron* las generaciones de Jacob: Joseph, siendo de edad de diez y siete años, apacentaba las ovejas con sus hermanos; y el jóven *estaba* con los hijos de Bilha, y con los hijos de Zilpa, mujeres de su padre: y noticiaba Joseph á su padre la mala fama de ellos.

3 Y amaba Israel á Joseph mas que á todos sus hijos, porque le habia tenido en su vejez: y le hizo una ropa de diversos colores.

[b] Cap. 49. 23. Sal. 38. 19. y 69. 4. Tit. 3. 3.
4 Y viendo sus hermanos que su padre lo amaba mas que á todos sus hermanos, aborreciánle[b], y no le podian hablar pacificamente.

5 ¶ Y soñó Joseph un sueño, y contólo á sus hermanos; y ellos vinieron á aborrecerle mas todavía.

6 Y él les dijo, Oid ahora este sueño que he soñado:

7 Hé aquí que atabamos manojos en medio del campo, y hé aquí que mi ma-

nojo se levantaba, y estaba derecho, y
que vuestros manojos estaban al rededor,
y se inclinaban al mio.
8 Y respondiéronle sus hermanos, ¿ Has
de reinar tú sobre nosotros, ó te has de
Cap. 42.6,9. enseñorear[c] sobre nosotros ? Y le abor-
y 43. 26. recieron[d] aun mas á causa de sus su-
y 44. 14. eños, y de sus palabras.
Sal. 118.22. 9 Y soñó aun otro sueño, y contólo á
sus hermanos diciendo, Hé aquí que he
soñado otro sueño ; y hé aquí que el sol
y la luna, y once estrellas se inclinaban
á mí.
10 Y contólo á su padre y á sus her-
manos ; y su padre le reprendió, y dí-
jole, ¿ Qué sueño *es* este que soñaste ?
¿ Hemos de venir yo y tu madre, y tus
hermanos á inclinarnos á tí á tierra ?
11 Y sus hermanos le tenian envidia ;
mas su padre paraba la consideracion
en ello.
12 ¶ Y fueron sus hermanos á apa-
centar las ovejas de su padre en Si-
chêm.
13 Y dijo Israel á Joseph, Tus her-
manos apacientan las ovejas en Sichêm ;
ven, y te enviaré á ellos. Y él respondió,
Héme aquí.
14 Y él le dijo, Vé ahora, mira como
estan tus hermanos, y como estan las
ovejas, y tráeme la respuesta. Y en-
ap. 35. 27. vióle del valle de Hebron,[e] y llegó á
Sichêm.
15 Y hallólo un hombre, andando él
perdido por el campo, y preguntóle a-
quel hombre diciendo, Qué buscas ?
16 Y él respondió, Busco á mis her-
manos : ruégote que me muestres donde
pastan.
17 Y aquel hombre respondió, Ya se
han ido de aquí ; y yo les oí decir,
Vamos á Dothan. Entonces Joseph fué
tras sus hermanos, y hallólos en Do-
Rey. 6. 13. than[f] ?
18 Y como ellos lo vieron de lejos,
antes que cerca de ellos llegára, pro-
Sal. 31. 13. yectaron contra él para[g] matarle.
37. 12, 32. 19 Y dijeron el uno al otro, He aquí
Mat. 21. 38. viene el soñador.
27. 1. 20 Ahora pues venid, y matémoslo[h],
Juan 11. 53. y echémosle en una cisterna, y dirémos,
Pro. 27. 4. *Alguna* mala bestia le devoró ; y veré-
mos qué serán sus sueños.
21 Y como Ruben oyó *esto*, librólo de
sus manos, y dijo, No lo matemos.
22 Y díjoles Ruben, No derrameis
sangre ; echadlo en esta cisterna que
está en el desierto, y no pongais mano
en él : por librarlo *así* de sus manos,
para hacerlo volver á su padre.
23 Y sucedió que, cuando llegó Jo-
seph á sus hermanos, ellos hicieron
Mat. 27. 28. desnudar á Joseph su ropa[i], la ropa de
colores que *tenia* sobre sí ;
24 Y tomáronlo, y echáronle en la
cisterna ; mas la cisterna *estaba* vacía,
no *habia* en ella agua.
25 Y sentáronse á comer pan : y al-
zando los ojos miraron, y he aquí una
ver. 28, 36. compañía de Ismaelitas[k] que venia de
Cap. 31. 47. Galaad[l], y sus camellos traian aromas,
Jer. 8. 22. y bálsamo, y mirra, é iban á llevar*lo* á
Egipto.
26 Entonces Judá dijo á sus herma-
nos, ¿ Que provecho el que matemos á
nuestro hermano, y encubramos su mu-
erte ?
27 Venid, y vendámosle á los Ismae-
litas, y no sea nuestra mano sobre él,
que nuestro hermano es nuestra carne.
Y sus hermanos acordaron con él.
Sal. 105. 17. 28 Y como pasaban los Midianitas
Hec. 11. 12. mercaderes, sacaron ellos á Joseph de
Mat. 27. 9. la cisterna, y trajeronle arriba, y[m] le
Zach. 7. 9. vendieron á los Ismaelitas por veinte
pesos de plata : y llevaron á Joseph á
Egipto.
29 Y Ruben volvió á la cisterna, y
no halló á Joseph dentro, y rasgó sus
vestidos[n] ? [n] Num. 14. 6.
30 Y tornó á sus hermanos y dijo, El Juec. 11. 35.
mozo no parece ; y yo, ¿ adonde iré yo ? Job 1. 20.
31 Entonces tomaron ellos la ropa de
Joseph, y degollaron un cabrito de las
cabras, y tiñeron la ropa con la sangre.
32 Y enviaron la ropa de colores, y
trajéronla á su padre, y dijeron, Esta
hemos hallado, reconoce ahora si es ó
no la ropa de tu hijo.
33 Y él la conoció y dijo, La ropa de
mi hijo es ; *alguna* mala bestia lo de-
voró ; Joseph ha sido despedazado[o]. [o] Cap. 44. 28.
34 Entonces Jacob rasgó sus vestidos,
y puso saco sobre sus lomos[p], y enlutóse [p] 2 Rey. 19.1.
por su hijo muchos dias. Is. 32. 11.
35 Y levantáronse todos sus hijos y Jonás 3. 6.
todas sus hijas para consolarlo ; mas
él no quiso tomar consolacion, y dijo,
Porque yo tengo de descender á mi hijo
enlutado hasta la sepultura. Y llorólo
su padre.
36 Y los Midianitas lo vendieron en
Egipto á Potiphar, eunuco de Pharaon,
capitan de los de la guardia.

CAPITULO XXXVIII.

Hijos que tuvo Judá de su mujer ; y lo suce-
dido despues con su nuera Thamar.

Y ACONTECIO en aquel tiempo, que
Judá descendió de con sus herma-
nos, y fuése á un varon Adullamita que
se llamaba Hira.
2 Y vió allí Judá la hija de un hombre
Cananéo, el cual se llamaba Sua ; y to-
móla, y entró á ella :
3 La cual concibió, y parió un hijo, y
llamó su nombre Er[a]. [a] Num. 26. 19.
4 Y concibió otra vez, y parió un hijo, 1 Cr. 2. 3.
y llamó su nombre Onan.
5 Y volvió á concebir, y parió un hijo,
y llamó su nombre Sela. Y estaba en
Chezib cuando lo parió.
6 Y Judá tomó mujer para su primo-
génito Er, la cual se llamaba Thamar.
7 Y Er, el primogénito de Judá, fué
malo á los ojos de Jehová, y quitóle Je-
hová la vida.
8 Entonces Judá dijo á Onan, Entra
á la mujer de tu hermano[b], y despósate [b] Deu. 25. 5.
con ella, y suscita simiente á tu hermano. Mat. 22. 24.
9 Y sabiendo Onan que la simiente no
habia de ser suya, sucedia que cuando
entraba á la mujer de su hermano vertia
en tierra, por no dar simiente á su her-
mano.
10 Y desagradó en ojos de Jehová lo
que hacia, y tambien quitó á él la vida.
11 Y Judá dijo á Thamar su nuera,
Estate viuda en casa de tu padre hasta
que crezca Sela mi hijo : porque dijo,
Que quizá no muera él tambien como
sus hermanos. Y fuése Thamar, y estú-
vose en casa de su padre.
12 Y pasaron muchos dias, y murió la
hija de Sua, mujer de Judá : y Judá se
consoló, y subia á los trasquiladores de
sus ovejas á Timnath, él y su amigo
Hira el Adullamita.
13 Y fué dado aviso á Thamar, di-
ciendo, Hé aquí tu suegro sube á Tim-
nath[c] á trasquilar sus ovejas. [c] Jos. 15. 57.
14 Entonces quitó ella de sobre sí los
vestidos de su viudez, y cubrióse con un
velo, y arrebozóse, y se puso á la puerta
de las aguas que *estan* junto al camino
de Timnath ; porque veia que habia
crecido Sela, y ella no era dada á él por
mujer.
15 Y vióla Judá, y túvola por ramera,
porque habia ella cubierto su rostro[d]. [d] Can. 1. 7.

16 Y apartóse del camino hácia ella, y
díjole, Ea pues, ahora *yo* entraré á tí:
porque no sabia que era su nuera; y
ella dijo, ¿ Qué me has de dar, si entra-
res á mí?
17 El respondió, Yo te enviaré del ga-
nado un cabrito de las cabras. Y ella
dijo, Hasme de dar prenda hasta que lo
envíes.
18 Entonces él dijo, Qué prenda te
daré? Ella respondió, Tu anillo, y tu
manto, y tu bordon que *tienes* en tu
mano. Y él se lo dió, y entró á ella, la
cual concibió de él.
19 Y levantóse y fuese: y quitóse el
velo de sobre sí, y vistióse las ropas de
[e] 2 Sam. 14. 2, 5. — su viudez [e].
20 Y Judá envió el cabrito de las ca-
bras por mano de su amigo el Adullami-
ta, para que tomase la prenda de mano
de la mujer; mas no la halló.
21 Y preguntó á los hombres de aquel
lugar, diciendo, ¿ Donde está la ramera
de las aguas junto al camino? Y ellos
le dijeron, No ha estado aquí ramera
alguna.
22 Entonces él se volvió á Judá, y dijo,
No la he hallado; y tambien los hom-
bres del lugar dijeron, Aquí no ha estado
ramera *alguna*.
23 Y Judá dijo, Tómeselo para sí, por-
que no seamos menospreciados: hé aquí
yo he enviado este cabrito, y tú no la
hallaste.
24 Y acaeció que al cabo de unos tres
meses fué dado aviso á Judá diciendo,
Thamar tu nuera ha fornicado, y aun
cierto está preñada de las fornicaciones.
Y Judá dijo, Sacadla, y sea quema-
[f] Lev. 21. 9. Deu. 22. 21. — da [f].
25 Y ella, cuando la sacaban, envió á
decir á su suegro: Del varon cuyas *son*
estas cosas estoy preñada: y dijo mas,
Mira ahora cuyas *son* estas cosas, el ani-
[g] ver. 18. — llo [g], y el manto, y el bordon.
26 Entonces Judá lo reconoció, y dijo,
Mas justa es que yo, por cuanto no la he
[h] ver. 14. — dado á Sela [h] mi hijo. Y nunca mas la
[i] Job 34. 31, 32. — conoció [i].
27 Y aconteció que al tiempo del parir,
hé aquí *habia* dos en su vientre.
28 Y sucedió, cuando paria, que sacó
la mano *el uno*, y la partera tomó y ató
á su mano un hilo de grana, diciendo,
Este salió primero.
29 Empero fué que tornando él á meter
la mano, he aquí su hermano salió: y
ella dijo, ¿ Porqué has hecho sobre tí
‖ *rotura*. — rotura? Y llamó su nombre ‖ Phares.
30 Y despues salió su hermano, el que
tenia en su mano el hilo de grana, y
llamó su nombre Zara.

CAPITULO XXXIX.

Joseph, por defender su castidad, es calumniado y oprimido. Puesto en la cárcel, se grangea la confianza del alcaide.

Y LLEVADO Joseph á Egipto, com-
[a] Cap. 37. 36. Sal. 105. 17. — prólo [a] Potiphar, eunuco de Pha-
raon, capitan de los de la guardia, varon
Egipciano, de mano de los Ismaelitas
que lo habian llevado allá.
[b] 1 Sam. 16. 18. y 18. 14, 28. Hech. 7. 9. — 2 Mas Jehová fué con Joseph [b], y fué
varon prosperado: y estaba en la casa
de su señor el Egipciano.
3 Y vió su señor que Jehová *era* con
él, y que todo lo que él hacia, Jehová lo
[c] Jos. 1. 7, 8. 1 Cr. 22. 13. Sal. 1. 3. — hacia prosperar [c] en su mano.
4 Así halló Joseph [d] gracia en sus ojos,
[d] ver. 21. 1 Sam. 16. 22. — y serviale; y él le hizo mayordomo de
su casa, y entregó en su poder todo lo
que tenia.
5 Y aconteció que, desde cuando le
dió el cargo de su casa, y de todo lo que
tenia, Jehová bendijo la casa del Egip-
cio á causa de Joseph [e]; y la bendicion — [e] Cap. 30. 27.
de Jehová fué sobre todo lo que tenia
así en casa como en el campo.
6 Y dejó todo lo que tenia en mano de
Joseph; ni con él sabia de nada mas
que del pan que comia. Y era Joseph de
hermoso semblante, y bella presencia [f]. — [f] 1 Sam. 16. 12.
7 ¶ Y aconteció despues de esto, que
la mujer de su señor puso sus ojos [g] en — [g] Job 31. 1. Sal. 119. 37.
Joseph, y dijo, Duerme conmigo.
8 Y él no quiso [h], y dijo á la mujer de — [h] Pro. 1. 10.
su señor: Hé aquí que mi señor no sabe
conmigo lo que hay en casa, y ha puesto
en mi mano todo lo que tiene:
9 No hay otro mayor que yo en esta
casa, y ninguna cosa me ha reservado
sino á tí, por cuanto tú *eres* su mujer;
¿ cómo pues haria yo este grande [i] mal, — [i] Lev. 20. 10. Pro. 6. 29, 32.
y pecaria contra Dios [k]?
10 Y fué que hablando ella á Joseph
cada dia, y no escuchandola él para a- — [k] 2 Sam. 12. 13. Sal. 51. 4.
costarse al lado de ella, para estár con
ella,
11 Aconteció que entró él un dia en
casa para hacer su oficio, y no habia
nadie de los de casa allí en casa:
12 Y asiólo [l] ella por su ropa diciendo, — [l] Pro. 7. 13.
Duerme conmigo. Entonces dejóla él
su ropa en las manos, y huyó, y salióse
fuera [m]. — [m] Ecl. 7. 26.
13 Y acaeció que cuando vió ella que
le habia dejado su ropa en sus manos,
y habia huido fuera,
14 Llamó á los de casa, y hablóles dici-
endo, Mirad, nos ha traido un Hebréo
para que hiciese burla de nosotros: vino
él á mí para dormir conmigo, y yo dí
grandes voces;
15 Y viendo que yo alzaba la voz y gri-
taba, dejó junto á mí su ropa, y huyó, y
salióse fuera.
16 Y ella puso junto á sí la ropa de él,
hasta que vino su señor á su casa:
17 Entonces le habló [n] ella semejantes — [n] Ex. 23. 1. Sal. 120. 3. Pro. 12. 19.
palabras diciendo, El siervo Hebréo,
que nos trajiste, vino á mí para deshon-
rarme;
18 Y como yo alzé mi voz y grité, él
dejó su ropa junto á mí, y huyó fuera.
19 Y sucedió que como oyó su señor
las palabras que su mujer le hablára
diciendo, Así me ha tratado tu siervo,
encendióse su furor [o]. — [o] Pro. 6. 34, 35. Can. 8. 6.
20 Y tomó su señor á Joseph, y púsole
en la casa [p] de la cárcel, donde estaban
los presos del rey, y estuvo allí en la — [p] Sal. 105. 18.
casa de la cárcel.
21 Mas Jehová fué con Joseph, y ex-
tendió á él *su* misericordia, y dióle gra-
cia [q] en ojos del principal de la casa de — [q] Ex. 12. 36. Sal. 106. 46. Pro. 16. 7. Dan. 1. 9. Hech. 7. 10.
la cárcel.
22 Y el principal de la casa de la cár-
cel entregó en mano de Joseph todos los
presos que *habia* en aquella prision; y
todo lo que hacian allí, él lo hacia.
23 No veía el principal de la cárcel cosa
alguna *que* en su mano *estaba*; porque
Jehová era con él, y lo que él hacia, Je-
hová lo prosperaba [r]. — [r] ver. 2, 3.

CAPITULO XL.

Joseph interpreta con acierto los sueños de dos ministros de Pharaon que estaban en la cárcel.

Y ACONTECIO despues de estas
cosas, que el copero del rey de E-
gipto y el panadero delinquieron contra
su señor el rey de Egipto.
2 Y enojóse [a] Pharaon contra sus dos — [a] Pro. 16. 14.
eunucos, contra el principal de los co-
peros, y contra el principal de los pana-
deros:
3 Y púsoles en prision en la casa [b] del — [b] Cap. 39. 20, 23.
capitan de los de la guardia, en la casa
de la cárcel donde Joseph estaba preso.

4 Y el capitan de los de la guardia dió cargo de ellos á Joseph, y él les servia; y estuvieron dias en la prision.

5 ¶ Y ambos á dos, el copero y el panadero del rey de Egipto que *estaban* arrestados en la prision, vieron un sueño, cada uno[c] su sueño en una misma noche, cada uno conforme á la declaracion de su sueño.

c Job 33. 15, 17.

6 Y vino á ellos Joseph por la mañana, y miróles, y hé aquí que *estaban* tristes[d].

d Dan. 4. 5.

7 Y él preguntó á aquellos eunucos de Pharaon, que *estaban* con él en la prision de la casa de su señor, diciendo, ¿Por qué *parecen* hoy mal vuestros semblantes?

8 Y ellos le dijeron, Hemos tenido un sueño, y no *hay* quien lo declare[e]. Entonces les dijo Joseph, ¿No *son* de Dios[f] las declaraciones? Contadmelo ahora.

e Cap. 41. 15. f Dan. 2. 11, 28.

9 Entonces el principal de los coperos contó su sueño á Joseph, y díjole, Yo soñaba que veia una vid delante de mí,

10 Y en la vid tres sarmientos; y ella como *que* brotaba, y arrojaba su flor, viniendo á madurar sus racimos de uvas:

11 Y *que* la copa de Pharaon estaba en mi mano, y tomaba yo las uvas, y las esprimia en la copa de Pharaon, y daba yo la copa en mano de Pharaon.

12 Y díjole Joseph, Esta *es* su declaracion: Los tres sarmientos son tres dias:

13 Al cabo de tres dias Pharaon te hará levantar[g] cabeza, y te restituirá á tu puesto: y darás la copa á Pharaon en su mano, como solias cuando eras su copero.

g 2 Rey. 25. 27. Jer. 52. 31.

14 Acuérdate pues de mí para contigo cuando tuvieres *ese* bien, y ruégote que uses conmigo de misericordia, y hagas mencion de mí á Pharaon, y me saques de esta casa:

15 Porque hurtado he sido de la tierra de los Hebréos; y tampoco[i] he hecho aquí porque me hubiesen de poner en cárcel.

i Sal. 59, 3, 4. Dan. 6. 22.

16 Y viendo el principal de los panaderos que habia declarado *para* bien, dijo á Joseph, Tambien yo soñaba que veia tres canastillos blancos ‖ sobre mi cabeza;

‖ de pan blanco.

17 Y en el canastillo mas alto *habia* de todas las viandas de Pharaon, obra de panadero; y que las aves las comian del canastillo de sobre mi cabeza.

18 Entonces respondió Joseph, y dijo, Esta *es* su declaracion. Los tres canastillos tres dias son:

19 Al cabo de tres dias[k] quitará Pharaon tu cabeza de sobre tí, y te hará colgar en la horca, y las aves[l] comerán tu carne de sobre tí.

k ver. 13. l Sam. 21. 10.

20 Y fué al tercero dia el dia del nacimiento de Pharaon, é hizo banquete á todos sus sirvientes: y alzó la cabeza del principal de los coperos, y la cabeza del principal de los panaderos entre sus servidores.

21 E hizo volver á su oficio al principal de los coperos; y dió él la copa en mano de Pharaon.

22 Mas hizo ahorcar al principal de los panaderos, como le habia declarado Joseph.

23 Y el principal de los coperos no se acordó de Joseph, sino que le olvidó[m].

m Job 19. 14.

CAPITULO XLI.

Joseph interpreta unos sueños de Pharaon; el cual le hace gobernador supremo de todo el Egipto, y le casa con Asenath, de la cual tiene sus dos hijos Manassés y Ephraim.

Y ACONTECIO que pasados dos años tuvo Pharaon[a] un sueño. Parecíale que estaba junto al rio;

a Dan. 2. 1.

2 Y que del rio subian siete vacas hermosas á la vista, y muy gordas, y pacian en el prado:

3 Y que otras siete vacas subian tras ellas del rio, de fea vista, y enjutas de carne, y se pararon cerca de las vacas *hermosas* á la orilla del rio:

4 Y que las vacas de fea vista y enjutas de carne devoraban á las siete vacas hermosas y muy gordas. Y despertó Pharaon.

5 Durmióse de nuevo, y soñó la segunda vez, Que siete espigas llenas y hermosas subian de una sola caña:

6 Y que otras siete espigas menudas, y abatidas del Solano, salian despues de ellas;

7 Y las siete espigas menudas devoraban á las siete espigas gruesas y llenas. Y despertóse Pharaon, y hé aquí *que era* sueño.

8 Y aconteció que á la mañana estaba agitado[b] su espíritu; y envió é hizo llamar á todos los magos[c] de Egipto, y á todos sus sabios; y contóles Pharaon sus sueños, mas no *habia* quien á Pharaon los declarase.

b Dan. 4. 5, 19. y 7. 28. y 8. 27. c Ex. 7. 11. Is. 29. 14. Dan. 2. 2.

9 ¶ Entonces el principal de los coperos habló á Pharaon diciendo, Acuérdome hoy de mis faltas:

10 Pharaon se enojó[d] contra sus siervos, y á mí me echó á la prision de la casa del capitan de los de la guardia, á mí y al principal de los panaderos:

d Cap. 40. 2.

11 Y yo y él vimos un sueño una misma noche; cada uno soñó conforme[e] á la declaracion de su sueño.

e Cap. 40. 5.

12 Y *estaba* allí con nosotros un mozo Hebréo, sirviente del capitan de los de la guardia; y se lo contamos, y él nos declaró nuestros sueños, y declaró á cada uno conforme á su sueño.

13 Y aconteció que como él nos declaró, así fué: á mí me hizo volver á mi puesto, é hizo colgar al otro.

14 ¶ Entonces Pharaon envió, y llamó á Joseph; é hiciéronle salir corriendo de la[f] cárcel, y le cortaron el pelo, y mudaron sus vestidos, y vino á Pharaon.

f 1 Sam. 2. 8. Sal. 105. 20.

15 Y dijo Pharaon á Joseph[g]: Yo he tenido un sueño, y no hay quien lo declare; mas he oido decir de tí, que oyes sueños para declararlos.

g Sal. 25. 14. Dan. 5. 16.

16 Y respondió Joseph á Pharaon, diciendo, No *está* en mí; Dios *será el que* responda paz á Pharaon.

17 Entonces Pharaon dijo á Joseph, En mi sueño parecíame que estaba á la orilla del rio[h],

h ver. 1.

18 Y que del rio subian siete vacas de gruesas carnes y hermosa apariencia, que pacian en el prado:

19 Y que otras siete vacas subian despues de ellas, flacas y de muy fea traza; tan extenuadas, *que* no he visto otras semejantes en toda la tierra de Egipto en fealdad:

20 Y las vacas flacas y feas devoraban á las siete primeras vacas gruesas;

21 Y entraban en sus entrañas, mas no se conocia que hubiesen entrado en ellas, porque su parecer *era* aun malo, como de primero. Y yo desperté.

22 Ví tambien soñando, que siete espigas subian en una misma caña llenas y hermosas;

23 Y que otras siete espigas menudas, marchitas, abatidas del solano, subian despues de ellas:

24 Y las espigas menudas devoraban á las siete espigas hermosas: y helo dicho á los magos[i], mas no *hay* quien me lo declare.

i ver. 8. Dan. 4. 7.

25 Entonces respondió Joseph á Pharaon, El sueño de Pharaon es uno mis-

mo: Dios ha mostrado á Pharaon lo que vá á hacer[k].

[k] Dan. 2. 29, 45.

26 Las siete vacas hermosas siete años son; y las espigas hermosas son siete años: el sueño es uno mismo.

27 Tambien las siete vacas flacas y feas, que subian tras ellas, son siete años; y las siete espigas menudas, y marchitas del solano, siete años serán de hambre[l].

[l] 2 Rey. 8. 1.

28 Esto *es* lo que respondo á Pharaon: Lo que Dios vá á hacer, ha*lo* mostrado á Pharaon.

29 Hé aquí vienen siete años de grande[m] hartura en toda la tierra de Egipto:

[m] ver. 47.

30 Y levantarse han tras ellos siete años de hambre[n]; y toda la hartura será olvidada en la tierra de Egipto; y el hambre consumirá la tierra[o].

[n] ver. 54.
[o] Cap. 47. 13.

31 Y aquella abundancia no se echará de ver á causa del hambre siguiente, la cual será gravísima.

32 Y el suceder el sueño á Pharaon[p] dos veces, *significa* que la cosa es firme de parte de Dios,[q] y que Dios se apresura á hacerla.

[p] Cap. 37. 7, 9.
[q] Num. 23. 19. Is. 46. 10.

33 Por tanto provea*se* ahora Pharaon de un varon prudente y sabio, y póngalo sobre la tierra de Egipto.

34 Haga *esto* Pharaon, y ponga gobernadores sobre el pais, y quinte la tierra de Egipto en los siete años de la hartura[r].

[r] Pro. 6. 6, 8. y 22. 3.

35 Y junten toda la provision de estos buenos años que vienen, y alleguen el trigo bajo la mano de Pharaon para mantenimiento de las ciudades; y guárden*lo*.

36 Y esté aquella provision en deposito para el pais, para los siete años del hambre que serán en la tierra de Egipto; y el pais no perecerá de hambre.

37 ¶ Y el negocio pareció bien á Pharaon[s], y á sus siervos.

[s] Hech. 7. 10.

38 Y dijo Pharaon á sus siervos, ¿Hemos de hallar otro hombre como este, en quien haya Espíritu de Dios?

39 Y dijo Pharaon á Joseph, Pues que Dios te ha hecho saber todo esto, no hay entendido ni sabio como tú:

40 Tú serás sobre mi casa[t], y por tu dicho se gobernará todo mi pueblo: solamente en la silla seré yo mayor que tú.

[t] Sal. 105. 21.

41 Dijo mas Pharaon á Joseph; Hé aquí yo te he puesto sobre toda la tierra de Egipto.

42 Entonces Pharaon quitó su anillo de su mano, y púsolo en la mano de Joseph, é hízole vestir de ropas de lino finísimo, y puso un collar de oro en su cuello[u].

[u] Dan. 5. 7, 29.

43 E hízolo subir en su segundo carro, y pregonaron delante de él, Abrech ‖: y púsolo sobre toda la tierra de Egipto[x].

‖ *haced profunda reverencia; ó benigno padre.*
[x] Cap. 45. 8, 26. Hech. 7. 10.

44 Y dijo Pharaon á Joseph, Yo Pharaon; y sin tí ninguno alzará su mano ni su pie en toda la tierra de Egipto.

45 Y llamó Pharaon el nombre de Joseph ‖ Zaphnath-paaneah; y dióle por mujer á Asenath, hija de Potipherah[y], sacerdote de On: y salió Joseph por la tierra de Egipto.

‖ *revelador del futuro.*
[y] Ex. 2. 16.

46 ¶ Y era Joseph de edad de treinta años cuando fué presentado delante de Pharaon, rey de Egipto: y salió Joseph de delante de Pharaon, y transitó por toda la tierra de Egipto.

47 E hizo la tierra en aquellos siete años de hartura á montones.

48 Y él juntó todo el mantenimiento de los siete años, que fueron en la tierra de Egipto, y guardó mantenimiento en las ciudades, poniendo en cada ciudad el mantenimiento del campo de sus al rededores.

49 Y acopió Joseph trigo como arena de la mar, mucho en extremo, hasta no poderse contar, porque no *tenia* número.

50 ¶ Y nacieron á Joseph dos hijos antes que viniese el *primer* año del hambre[z], los cuales le parió Asenath, hija de Potipherah, sacerdote de On.

[z] Cap. 46. 20. y 48. 5.

51 Y llamó Joseph el nombre del primogénito ‖ Manassé; porque Dios (*dijo*) me hizo olvidar todo mi trabajo, y toda la casa de mi padre.

‖ *olvido.*

52 Y el nombre del segundo llamó*lo* Ephraim ‖; porque Dios (*dijo*) me hizo[a] fértil en la tierra de mi afliccion.

‖ *fertilidad.*
[a] Cap. 49. 22.

53 ¶ Y cumpliéronse los siete años de la hartura, que hubo en la tierra de Egipto,

54 Y comenzaron á venir los siete años del hambre, como Joseph habia dicho: y hubo hambre en todos los paises, mas en toda la tierra de Egipto habia pan.

55 Y cuando se sintió el hambre en toda la tierra de Egipto, el pueblo clamó á Pharaon por pan. Y dijo Pharaon á todos los Egipcios, Id á Joseph, y haced lo que él os dijere.

56 Y el hambre estaba *ya* por toda la extension del pais. Entonces abrió Joseph todo *granero* donde habia, y vendia[b] á los Egipcios; porque habia crecido el hambre en la tierra de Egipto.

[b] Cap. 42. 6.

57 Y *de* toda tierra *se* venia á Egipto para comprar de Joseph, porque por toda la tierra habia crecido el hambre.

CAPITULO XLII.

Los hermanos de Joseph acuden á Egipto á comprar trigo. Cómo los trató Joseph, á cuyos pies se arrodillaron. Queda Simeon en la cárcel, y logran los demas volver á su pais, con la condicion de traer á Benjamin.

Y VIENDO Jacob que en Egipto[a] habia alimentos, dijo á sus hijos, ¿Por qué os estais mirando?

[a] Hech. 7. 12.

2 Y dijo, Hé aquí yo he oido que hay víveres en Egipto; descended allá, y comprad de allí para nosotros, para que podamos vivir, y no nos muramos.

3 Y descendieron los diez hermanos de Joseph á comprar trigo á Egipto.

4 Mas Jacob no envió á Benjamin, hermano de Joseph, con sus hermanos; porque dijo, No sea caso que le acontezca *algun* desastre[b].

[b] ver. 38.

5 Y vinieron los hijos de Israel á comprar entre los que venian: porque habia hambre en la tierra de Canaan.

6 ¶ Y Joseph era el[c] señor de la tierra, que vendia *el trigo* á todo el pueblo de la tierra: y llegaron los hermanos de Joseph, é inclináronse á él rostro por tierra.

[c] Cap. 41. 41.

7 Y Joseph como vió á sus hermanos, conociólos, mas hizo que no los conocia, y hablóles asperamente, y les dijo, ¿De donde habeis venido? Ellos respondieron, De la tierra de Canaan á comprar alimentos.

8 Joseph pues conoció á sus hermanos; pero ellos no le conocieron.

9 Entonces se acordó Joseph de los[d] sueños que habia tenido de ellos, y díjoles, Espias sois; por ver lo descubierto del pais habeis venido.

[d] Cap. 37. 5, 9.

10 Y ellos le respondieron, No, señor mio; mas tus siervos han venido á comprar alimentos.

11 Todos nosotros somos hijos de un varon; somos hombres de verdad: tus siervos nunca fueron espias.

12 Y él les dijo, No: á ver lo descubierto del pais habeis venido.

13 Y ellos respondieron, Tus siervos somos doce hermanos, hijos de un varon en la tierra de Canaan: y hé aquí el menor *está* hoy con nuestro padre, y otro no parece[e].

[e] Cap. 37. 30.

14 Y Joseph les dijo, Eso es lo que os he dicho afirmando que sois espias.

Sam. 1. 5. 17. 55. ent°. 5. 12.

15 En esto seréis probados: Vive Pharaon[f] que no saldréis de aquí, sinó cuando vuestro hermano menor aquí viniere.

16 Enviad uno de vosotros, y traiga á vuestro hermano; y vosotros quedad presos, y vuestras palabras serán probadas, si *hay* verdad con vosotros: y sinó, vive Pharaon que sois espias.

17 Y juntólos en la cárcel por tres dias.

18 Y al tercero dia díjoles Joseph, Haced esto, y vivid: Yo temo[g] á Dios:

Lev. 25. 43. Neh. 5. 15. Ecc. 12. 2, 13.

19 Si sois hombres de verdad, quede preso en la casa de vuestra cárcel uno de vuestros hermanos; y vosotros id, llevad el alimento para el hambre de vuestra casa:

Cap. 42. 5.

20 Pero habeis[h] de traerme á vuestro hermano menor, y serán verificadas vuestras palabras, y no moriréis. Y ellos lo hicieron así.

Num. 32. 23. 1 Rey. 17. 18. Job 36. 8, 9. Os. 5. 15.

21 Y decian el uno al otro, Verdaderamente hemos pecado[i] contra nuestro hermano; que vimos el agustia de su alma cuando nos rogaba, y no *le* oimos: por eso ha venido sobre nosotros esta angustia.

k Cap. 37. 21.

22 Entonces Ruben les respondió diciendo, ¿No os hablé yo[k] y dije, No pequeis contra el mozo; y no escuchásteis? Hé aquí tambien su sangre[l] es requerida.

Cap. 9. 5. 1 Rey. 2. 32. 2 Cr. 24. 22. Sal. 9. 12.

23 Y ellos no sabian que *les* entendia Joseph, porque *habia* intérprete entre ellos.

24 Y apartóse él de ellos, y lloró: despues volvió á ellos, y les habló, y tomó de entre ellos á Simeon, y aprisionóle á vista de ellos.

25 Y mandó Joseph que llenaran sus sacos de trigo, y devolviesen el dinero de cada uno de ellos *poniéndolo* en su saco, y les diesen comida para el camino[m]: é hízose así con ellos.

m Mat. 5. 44. Rom. 12. 17, 20. Ef. 4. 2.

26 ¶ Y ellos pusieron su trigo sobre sus asnos, y fuéronse de allí.

n Cap. 43. 21.

27 Y abriendo uno de ellos su saco[n] para dar de comer á su asno en el meson, vió su dinero que estaba en la boca de su costal.

28 Y dijo á sus hermanos, Mi dinero se *me* ha devuelto, y aun hélo aquí en mi saco. Sobresaltóseles entonces el corazon, y espantados dijeron el uno al otro, ¿Qué *es* esto *que* nos ha hecho Dios?

29 Y venidos á Jacob su padre en tierra de Canaan, contáronle todo lo que les habia acaecido, diciendo,

o ver. 7, 12.

30 Aquel varon, señor de la tierra, nos habló asperamente[o], y nos trató como á espias de la tierra:

31 Y nosotros le dijimos, Somos hombres de verdad, nunca fuimos espias.

32 Somos doce hermanos, hijos de nuestro padre; uno no parece, y el menor *está* hoy con nuestro padre en la tierra de Canaan.

33 Y aquel varon, señor de la tierra, nos dijo, En esto conoceré que sois hombres de verdad; dejad conmigo uno de vuestros hermanos, y tomad para el hambre de vuestras casas, y andad,

34 Y traedme á vuestro hermano el menor, para que yo sepa que no sois espias, sino hombres de verdad: *así* os daré á vuestro hermano, y negociaréis en la tierra.

p Cap. 43. 21.

35 Y aconteció que vaciando ellos sus sacos, hé aquí que en el saco de cada uno *estaba* el atado de su dinero:[p] y viendo ellos y su padre los atados de su dinero, tuvieron temor.

36 Entonces su padre Jacob les dijo:[q] Habéisme privado de mis hijos; Joseph no parece, ni Simeon tampoco, y á Benjamin le llevaréis: contra mí son todas estas cosas.

q Cap. 43. 14.

37 Y Ruben habló á su padre diciendo, Harás morir á mis dos hijos, si no te lo volviere: entrégalo en mi mano, que yo lo volveré á tí.

38 Y él dijo, No descenderá mi hijo con vosotros; que su hermano es muerto, y él solo ha quedado: y si le aconteciere *algun* desastre en el camino por donde vais, haréis descender mis canas con dolor á la sepultura[r].

r Cap. 44. 29.

CAPITULO XLIII.

Vuelven los hermanos de Joseph á Egipto con Benjamin. Recíbelos Joseph con mucha afabilidad, y les dá un banquete.

Y EL hambre era grande en la tierra[a].

a Cap. 41. 54.

2 Y aconteció que como acabaron de comer el trigo que trajeron de Egipto, díjoles su padre, Volved, *y* comprad para nosotros un poco de alimento.

3 Y respondióle Judá diciendo, Aquel varon nos protestó con ánimo resuelto, diciendo, No veréis mi rostro sin vuestro hermano con vosotros.

4 Si enviares á nuestro hermano con nosotros, descenderémos, y te comprarémos alimento:

5 Pero si no lo enviares, no descenderémos; porque aquel varon nos dijo, No veréis mi rostro sin vuestro hermano con vosotros.

6 Y dijo Israel, ¿Por qué me hicisteis *tanto* mal, declarando al varon que teniais mas hermano?

7 Y ellos respondieron, Aquel varon nos preguntó espresamente por nosotros, y por nuestra parentela, diciendo, ¿Vive aun vuestro padre? ¿Teneis mas hermano? y declarámosle conforme á estas palabras: ¿podiamos nosotros saber que habia de decir, Haced venir á vuestro hermano?

8 Entonces Judá dijo á Israel su padre: Envia al mozo conmigo, y nos levantarémos é irémos, á fin que vivamos y no muramos nosotros, y tú, y nuestros niños.

9 Yo lo fio;[b] á mí me pedirás cuenta de él: si yo no te lo volviere, y lo pusiere delante de tí, seré para tí el culpante todos los dias:

b Cap. 44. 32.

10 Que si no nos hubieramos detenido, cierto ahora hubieramos ya vuelto dos veces.

11 Entonces Israel su padre les respondió, Pues que así es, hacedlo: tomad de lo mejor de la tierra en vuestros vasos, y llevad á aquel varon un presente[c], un poco de balsamo[d], y un poco de miel, aromas, y mirra, nueces, y almendras.

c Pro. 18. 16. d Cap. 37. 25.

12 Y tomad en vuestras manos doblado dinero, y llevad en vuestra mano el dinero vuelto en las bocas de vuestros costales[e]; quizá fué yerro.

e Cap. 42. 35.

13 Tomad tambien á vuestro hermano, y levantaos, y volved á aquel varon.

14 Y el Dios Omnipotente os dé misericordias[f] delante de aquel varon, y os suelte al otro vuestro hermano, y á este Benjamin. Y si he de ser privado de mis hijos, séalo.

f Neh. 1. 11. Sal. 37. 5.

15 ¶ Entonces tomaron aquellos varones el presente, y tomaron en su mano doblado dinero, y á Benjamin; y se levantaron, y descendieron á Egipto, y presentáronse delante de Joseph.

16 Y vió Joseph á Benjamin con ellos, y dijo al mayordomo[g] de su casa, Mete

g Cap. 44. 1.

en casa á esos hombres, y degüella víc-
tima, y aderézala; porque estos hom-
bres comerán conmigo al medio dia.
17 E hizo el hombre como Joseph
dijo; y metió aquel hombre á los hom-
bres en casa de Joseph.
18 Y aquellos hombres tuvieron te-
mor, cuando fueron metidos en casa de
Joseph, y decian: Por el dinero que
fué vuelto en nuestros costales la pri-
mera vez nos han metido *aquí*, para re-
volver contra nosotros, y dar sobre noso-
tros, y tomarnos por siervos á nosotros,
y á nuestros asnos.
19 Y llegáronse al mayordomo de la
casa de Joseph, y le hablaron á la en-
trada de la casa,
20 Y dijeron, Ay señor mio, nosotros
en realidad de verdad descendimos al
principio á comprar alimentos:
21 Y aconteció que como vinimos al
meson, y abrimos nuestros costales, hé
aquí el dinero de cada uno *estaba* en la
[h] Cap. 42. 27. boca de su costal [h], nuestro dinero en su
justo peso; y hémosle vuelto en nuestras
manos.
22 Hemos tambien traido en nuestras
manos otro dinero para comprar alimen-
tos: nosotros no sabemos quien haya
puesto nuestro dinero en nuestros cos-
tales.
23 Y él respondió, Paz á vosotros, no
temais: vuestro Dios y el Dios de vuestro
padre os dió el tesoro en vuestros cos-
tales: vuestro dinero vino á mí. Y sacó
á Simeon á ellos.
24 Y metió aquel varon á aquellos hom-
[i] Cap. 18. 4. y 24. 32. bres en casa de Joseph: y dióles agua [i],
y lavaron sus pies; y dió de comer á sus
asnos.
[k] ver. 11. 25 Y ellos prepararon [k] el presente en-
tre tanto que venia Joseph al medio dia,
porque habian oido que allí habian de
comer pan.
26 Y vino Joseph á casa, y ellos le tra-
jeron el presente que *tenian* en su mano
[l] Cap. 37. 7, 10. dentro de casa, é inclináronse á él hasta [l]
tierra
27 Entónces les preguntó él como es-
taban, y dijo: ¿ Vuestro padre, el anciano
[m] Cap. 42. 11, 13. que dijisteis [m], lo pasa bien? ¿ vive to-
davía?
28 Y ellos respondieron, Bien vá á tu
siervo nuestro padre; aun vive. Y se
inclinaron, é hicieron reverencia.
29 Y alzando él sus ojos vió á Benja-
[n] Cap. 35. 17, 18. min, hijo de su madre [n], y dijo, ¿ Es
este vuestro hermano menor, de quien
me hablasteis? Y dijo, Dios tenga mi-
sericordia de tí, hijo mio.
30 Entónces Joseph se apresuró, porque
[o] 1 Rey. 3. 23. Jer. 31. 20. Fil. 1. 8. y 2. 1. Col. 3. 12. se conmovieron sus entrañas [o] á causa
de su hermano, y procuró *donde* llorar:
y entróse en *su* camara, y lloró allí.
31 Y lavó su rostro, y salió fuera, y re-
primióse, y dijo, Poned pan.
32 Y pusieron para él aparte, y separa-
damente para ellos, y aparte para los
Egipcios que con él comian: porque los
Egipcios no pueden comer pan con los
Hebréos, lo cual es abominacion á los
Egipcios.
33 Y sentáronse delante de él, el mayor
conforme á su mayoría, y el menor con-
forme á su menoría: y estaban aquellos
hombres atónitos *mirandose* el uno al
otro.
34 Y él tomó viandas de delante de sí
para ellos; mas la porcion de Benjamin
era cinco veces como cualquiera de las de
ellos. Y bebieron, y alegráronse con él.

CAPITULO XLIV.

Joseph manda que escondan su copa en el saco de Benjamin; lo sucedido con este motivo.

Y MANDO Joseph al mayordomo de
su casa diciendo, Hinche los costa-
les de aquestos varones de alimentos,
cuanto pudieren llevar, y pon el dinero
de cada uno en la boca de su costal:
2 Y pondrás mi copa, la copa de plata,
en la boca del costal del menor, con el
dinero de su trigo. Y él hizo como dijo
Joseph.
3 ¶ Venida la mañana, los hombres
fueron despedidos con sus asnos.
4 Habiendo ellos salido de la ciudad,
de la que aun no se habian alejado, dijo
Joseph á su mayordomo, Levántate, y
sigue á esos hombres; y cuando los al-
canzares, díles, ¿ Por qué habeis vuelto
mal por bien?
5 ¿ No *es* esta en la que bebe mi señor,
y por la que suele adivinar? habeis hecho
mal en lo que hicisteis.
6 Y como él los alcanzó, díjoles estas
palabras.
7 Y ellos le respondieron, ¿ Por qué
dice mi señor tales cosas? Nunca tal
hagan tus siervos.
8 Hé aquí, el dinero que hallamos en
la boca de nuestros costales, te lo volvi-
mos [a] á traer desde la tierra de Canaan; [a] Cap. 43. 22.
¿ cómo pues habiamos de hurtar de casa
de tu señor plata ni oro?
9 Aquel de tus siervos en quien fuere
hallada *la copa*, que muera [b], y aun nos- [b] Cap. 31. 32.
otros serémos siervos de mi señor.
10 Y él dijo, Tambien ahora sea con-
forme á vuestras palabras; aquel en
quien se hallare, será mi [c] siervo, y vos- [c] Ex. 22. 3.
otros seréis sin culpa.
11 Ellos entonces se dieron priesa, y
derribando cada uno su costal en tierra,
abrió cada cual el costal suyo.
12 Y buscó; desde el mayor comenzó,
y acabó en el menor: y la copa fué ha-
llada en el costal de Benjamin.
13 Entonces ellos rasgaron [d] sus vesti- [d] Cap. 37. 29, 34. Num. 14. 6. 2 Sam. 1. 11.
dos, y cargó cada uno su asno, y volvi-
eron á la ciudad.
14 Y llegó Judá con sus hermanos á
casa de Joseph, que aun estaba allí, y
postráronse delante de él en tierra [e]. [e] Cap. 37. 7.
15 Y díjoles Joseph, ¿ Que obra *es* esta
que habeis hecho? ¿ no sabeis que un
hombre como yo sabe adivinar?
16 Entonces dijo Judá, Qué dirémos á
mi señor? Qué hablarémos [f]? ó con [f] Esd. 9. 10. Job 40. 4.
qué nos justificarémos? Dios ha halla
do [g] la maldad de tus siervos: hé aquí, [g] Num. 32. 23. Jos. 7. 18. Luc. 12. 2.
nosotros somos siervos de mi señor, no-
sotros, y tambien aquel en cuyo poder
fué hallada la copa.
17 Y él respondió, Nunca yo tal haga:
el varon [h] en cuyo poder fué hallada la [h] Pro. 17. 15.
copa, él será mi siervo; vosotros id en
paz á vuestro padre.
18 Entonces Judá se llegó á él, y dijo,
Ay, señor mio, ruégote que hable tu
siervo una palabra en oidos de mi se-
ñor, y no se encienda tu enojo contra
tu siervo, pues que tú *eres* como Pha-
raon.
19 Mi señor preguntó á sus siervos,
diciendo, ¿ Teneis padre, ó hermano?
20 Y nosotros respondimos á mi señor,
Tenemos un padre anciano, y un mozo
que *le* nació en su vejez, pequeño *aun*;
y un hermano suyo murió, y él quedó
solo de su madre, y su padre lo ama [i]. [i] Cap. 37. 3.
21 Y tú dijiste á tus siervos, Traed-
melo, y pondré mis ojos sobre él.
22 Y nosotros dijimos á mi señor: El
mozo no puede dejar á su padre, porque
si le dejare, su padre morirá.
23 Y dijiste á tus siervos, Si vuestro
hermano menor no descendiere con vos-
otros, no veais mas mi rostro [k]. [k] Cap. 43. 3, 5.
24 Aconteció pues, que como llegamos

á mi padre tu siervo, contámosle las palabras de mi señor.

Cap. 43. 2. 25 Y dijo nuestro padre, Volved á comprarnos un poco de alimento *l*.

26 Y nosotros respondimos, No podemos ir: si nuestro hermano fuere con nosotros, irémos; porque no podemos ver el rostro del varon, no estando con nosotros nuestro hermano el menor.

27 Entonces tu siervo mi padre nos dijo, Vosotros sabeis que dos me parió mi mujer *m*; Cap. 30. 5. y 35. 18. y 46. 19.

28 Y el uno salió de conmigo, y pienso de cierto que fué despedazado *n*, y hasta ahora no le he visto: Cap. 37. 33.

29 Y si tomareis tambien este de delante de mí, y le aconteciere *algun* desastre, haréis descender mis canas con dolor á la sepultura.

30 Ahora pues, cuando llegare yo á tu siervo mi padre, y el mozo no fuere conmigo, como su alma está ligada al alma de él,

31 Sucederá que cuando no vea al mozo, morirá: y tus siervos harán descender las canas de tu siervo nuestro padre con dolor á la sepultura.

Cap. 43. 9. 32 Como tu siervo salió por fiador *o* del mozo con mi padre, diciendo, Si no te lo volviere, entonces yo seré culpable para con mi padre todos los dias;

33 Ruegote por tanto que quede ahora tu siervo por el mozo por siervo de mi señor, y que el mozo vaya con sus hermanos.

34 Porque ¿cómo iré yo á mi padre sin el mozo? *No podré*, por no ver el mal que sobrevendrá á mi padre.

CAPITULO XLV.

Joseph se dá á conocer á sus hermanos, á quienes abrasa con la mayor ternura. Enterado Pharaon, dispone que se haga venir á Jacob con toda su familia á Egipto. Parten los hermanos de Joseph llenos de regalos.

NO podia ya Joseph contenerse delante de todos los que estaban al lado suyo, y clamó, Haced salir de conmigo á todos. Y no quedó nadie con él, al darse á conocer Joseph á sus hermanos.

2 Entonces se dió á llorar á voz en grito; y oyeron los Egipcios, y oyó tambien la casa de Pharaon.

3 Y dijo Joseph á sus hermanos, Yo *soy* Joseph: ¿vive aun mi padre? Y sus hermanos no pudieron responderle, porque estaban turbados delante de él.

4 Entonces dijo Joseph á sus hermanos, Llegaos ahora á mí. Y ellos se llegaron. Y él dijo, Yo *soy* Joseph vuestro hermano, el que vendisteis para Egipto *a*. Cap. 37. 28.

5 Ahora pues, no os entristezcais *b*, ni os pese de haberme vendido acá; que para preservacion de vida me envió Dios delante de vosotros: 2 Cor. 2. 7.

6 Que ya ha habido dos años de hambre en medio de la tierra, y aun quedan cinco años en que ni habrá arada ni siega.

7 Y Dios me envió delante de vosotros, para que vosotros quedaseis en la tierra, y para daros vida por medio de grande salvamento.

8 Así pues no me enviasteis vosotros acá, sino Dios *c*, que me ha puesto por padre de Pharaon, y por señor de toda su casa, y por gobernador en toda la tierra de Egipto *d*. ...tan 19. 11. Cap. 41. 43.

9 Daos priesa, id á mi padre y decidle: Así dice tu hijo Joseph, Dios me ha puesto por señor de todo Egipto; ven á mí, no te detengas: Cap. 46. 29. 47. 1, 6. ...8. 22. ...25.

10 Y habitarás en la tierra de Gosen *e*, y estarás cerca de mí, tú y tus hijos, y los hijos de tus hijos, tus ganados, y tus vacas, y todo lo que tienes:

11 Y allí te alimentaré, pues aun *quedan* cinco años de hambre, porque no perezcas de pobreza tú y tu casa, y todo lo que tienes.

12 Y hé aquí, vuestros ojos ven, y los ojos de mi hermano Benjamin, que mi boca os habla.

13 Haréis pues saber á mi padre toda mi gloria en Egipto, y todo lo que habeis visto: y daos priesa, y traed á mi padre acá *f*. *f* Hech. 7. 14.

14 Y echóse sobre el cuello de Benjamin su hermano, y lloró; y tambien Benjamin lloró sobre su cuello.

15 Y besó á todos sus hermanos, y lloró sobre ellos: y despues sus hermanos hablaron con él.

16 Y oyóse la noticia en la casa de Pharaon, diciendo, Los hermanos de Joseph han venido. Y plugo en los ojos de Pharaon y de sus siervos.

17 Y dijo Pharaon á Joseph, Di á tus hermanos, Haced esto: cargad vuestras bestias, é id, volved á la tierra de Canaan;

18 Y tomad á vuestro padre, y vuestras familias, y venid á mí, que yo os daré lo bueno de la tierra de Egipto, y comeréis la grosura de la tierra *g*. *g* Cap. 47. 6.

19 Y tú manda, Haced esto: tomaos de la tierra de Egipto carros para vuestros niños y vuestras mujeres; y tomad á vuestro padre, y venid.

20 Y no se os dé nada de vuestras alhajas, porque el bien de la tierra de Egipto será vuestro.

21 E hiciéronlo así los hijos de Israel: y dióles Joseph carros conforme á la órden de Pharaon, y suministróles víveres para el camino.

22 A cada uno de todos ellos dió mudas de vestidos, y á Benjamin dió trescientos *pesos* de plata, y cinco mudas de vestidos *h*. *h* Cap. 43. 34.

23 Y á su padre envió esto; diez asnos cargados de lo mejor de Egipto, y diez asnas cargadas de trigo, y pan, y comida para su padre en el camino.

24 Y despidió á sus hermanos, y fuéronse. Y él les dijo, No riñais por el camino.

25 ¶ Y subieron de Egipto, y llegaron á la tierra de Canaan á Jacob su padre.

26 Y diéronle las nuevas diciendo, Joseph vive aun; y él *es* señor en toda la tierra de Egipto. Y su corazon se desmayó, pues no los creia *i*. *i* Job 9. 16. y 29. 24. Sal. 126. 1. Luc. 24. 11, 41.

27 Y ellos le contaron todas las palabras de Joseph, que él les habia hablado; y viendo él los carros que Joseph enviaba para llevarlo, el espíritu de Jacob su padre revivió.

28 Entonces dijo Israel, Basta; Joseph mi hijo vive todavía: iré, y le veré antes que yo muera.

CAPITULO XLVI.

Parte Jacob á Egipto, despues de haberle Dios renovado las promesas. Joseph sale hasta Gosen, donde le recibe con tiernas lágrimas. Encarga á sus hermanos que digan á Pharaon que son pastores de ovejas.

Y PARTIOSE Israel con todo lo que tenia, y vino á Beerseba *a*, y ofreció sacrificios al Dios de su padre Isaac *b*. *a* Cap. 21. 31. *b* Cap. 31. 42, 53.

2 Y habló Dios á Israel en visiones de noche *c*, y dijo, Jacob, Jacob? Y él respondió, Héme aquí. *c* Cap. 15. 1. Job 33. 15.

3 Y dijo, Yo soy Dios, el Dios de tu padre; no temas de descender á Egipto, porque yo te pondré allí en gran gente *d*. *d* Cap. 12. 2. Deu. 26. 5.

4 Yo descenderé contigo á Egipto, y

yo tambien te haré volver;[e] y Joseph pondrá su mano sobre tus ojos[f].

5 Y levantóse Jacob de Beerseba; y tomaron los hijos de Israel á su padre Jacob, y á sus niños, y á sus mujeres, en los carros que Pharaon habia enviado para llevarlo[g].

6 Y tomaron sus ganados, y su hacienda que habia adquirido en la tierra de Canaan, y viniéronse á Egipto[h], Jacob, y toda su simiente consigo;

7 Sus hijos, y los hijos de sus hijos consigo; sus hijas, y las hijas de sus hijos, y á toda su simiente trajo consigo á Egipto.

8 ¶ Y estos son los nombres de los hijos de Israel[i], que entraron en Egipto, Jacob y sus hijos. Ruben, el primogénito de Jacob.

9 Y los hijos de Ruben[k]; Hanoch, y Phallu, y Hezron, y Carmi.

10 Y los hijos de Simeon[l]; Jemuel, y Jamin, y Ohad, y Jachin, y Zohar, y Saul, hijo de la Cananéa.

11 Y los hijos de Leví[m]; Gerson, y Coath, y Merari.

12 Y los hijos de Judá[n]; Her, y Onan, y Sela, y Phares, y Zara: mas Her y Onan murieron[o] en la tierra de Canaan. Y los hijos de Phares fueron Hezron y Hamul.

13 Y los hijos de Issachar[p]; Thola, y Phua, y Job, y Simron.

14 Y los hijos de Zabulon; Sered, y Elon, y Jahleel.

15 Estos *fueron* los hijos de Lea, los que parió á Jacob en Padan-aram, y ademas su hija Dina: treinta y tres las almas todas de sus hijos é hijas.

16 Y los hijos de Gad[q]; Ziphion, y Aggi, y Ezbon, y Suni, y Heri, y Arodi, y Areli.

17 Y los hijos de Aser[r]; Jimna, é Ishua, Isui, y Beria, y Sera, hermana de ellos. Los hijos de Beria; Heber, y Malchiel.

18 Estos *fueron* los hijos de Zilpa[s], la que Laban dió á su hijo Lea, y parió estos á Jacob, *en todos* diez y seis almas.

19 Y los hijos de Rachêl, mujer de Jacob; Joseph y Benjamin.

20 Y nacieron á Joseph en la tierra de Egipto Manasse y Ephraim[t], los que le parió Asenath, hija de Poti-pherah, sacerdote de On.

21 Y los hijos de Benjamin[u] *fueron* Bela, y Becher, y Asbel, y Gera, y Naaman, y Ehi, y Ros, y Muppim, y Huppim, y Ard.

22 Estos *fueron* los hijos de Rachêl, que nacieron á Jacob: *en* todas catorce almas.

23 Y los hijos de Dan; Husim.

24 Y los hijos de Nephthalí[x]; Jahzeel, y Guni, y Jezer, y Shillem.

25 Estos *fueron* los hijos de Bilha, la que dió Laban á Rachel su hija, y parió estos á Jacob: *en* todas, siete almas.

26 Todas las personas que vinieron con Jacob á Egipto, procedentes de sus lomos, sin las mujeres de los hijos de Jacob, todas las personas *fueron* sesenta y seis.

27 Y los hijos de Joseph, que le nacieron en Egipto, dos personas. Todas las almas de la casa de Jacob, que entraron en Egipto, *fueron* setenta[y].

28 ¶ Y envió á Judá delante de sí á Joseph, para que le viniese á ver á Gossen; y llegaron á la tierra de Gossen[z].

29 Y Joseph unció su carro, y vino á recibir á Israel su padre á Gossen; y se manifestó á él, y echóse sobre su cuello, y lloró sobre su cuello bastante.

30 Entonces Israel dijo á Joseph, Muera[a] yo ahora, ya que he visto tu rostro, pues aun vives.

31 Y Joseph dijo á sus hermanos, y á la casa de su padre: subiré y haré saber á Pharaon, y diréle, Mis hermanos y la casa de mi padre, que estaban en la tierra de Canaan, han venido á mí;

32 Y los hombres *son* pastores de ovejas, porque son hombres ganaderos: y han traido sus ovejas, y sus vacas, y todo lo que tenían.

33 Y cuando Pharaon os llamare, y dijere, ¿Cual *es* vuestro oficio[b]?

34 Entónces diréis, Hombres de ganadería[c] han sido tus siervos desde nuestra mocedad hasta ahora, nosotros y nuestros padres: á fin que moreis en la tierra de Gossen, porque los Egipcios abominan[d] todo pastor de ovejas.

[e] Cap. 15. 16. y 50. 13, 25. Ex. 3. 8.
[f] Cap. 50. 1. Hech. 7. 15.
[g] Cap. 45. 19, 27.
[h] Nu. 20. 15. Deu. 26. 5. Jos. 24. 4. Sal. 105. 23. Is. 52. 4.
[i] Ex. 1. 1. y 6. 14. Num. 26. 5.
[k] 1 Cr. 5. 3.
[l] 1 Cr. 4. 24.
[m] 1 Cr. 6. 1, 16.
[n] 1 Cr. 2. 3.
[o] Cap. 38. 3, 7, 10.
[p] 1 Cr. 7. 1.
[q] 1 Cr. 5. 11.
[r] 1 Cr. 7. 30.
[s] Cap. 29. 24. y 30. 10.
[t] Cap. 41. 50.
[u] 1 Cr. 7. 6.
[x] 1 Cr. 7. 13.
[y] Deu. 10. 22. Hech. 7. 14.
[z] Cap. 47. 1.
[a] Luc. 2. 29, 30.
[b] Cap. 47. 3.
[c] Cap. 30. 35. y 37. 12.
[d] Ex. 8. 26.

CAPITULO XLVII.

Joseph presenta á su padre y cinco de sus hermanos á Pharaon, quien les dá la tierra de Gossen. Se acredita de sabio gobernador del pueblo, y fiel ministro del rey. Enferma de muerte Jacob, y hace prometer á Joseph que le dará sepultura en la tierra de Canaan.

Y JOSEPH vino, é hizo saber á Pharaon, y dijo, Mi padre y mis hermanos, y sus ovejas, y sus vacas, con todo lo que tienen, han venido de la tierra de Canaan; y hé aquí, estan en la tierra de Gossen[a].

2 Y de los postreros de sus hermanos tomó cinco varones, y presentólos delante de Pharaon[b].

3 Y Pharaon dijo á sus hermanos, ¿Cual *es* vuestro oficio? Y ellos respondieron á Pharaon, Pastores de ovejas *son* tus siervos, así nosotros como nuestros padres.

4 Dijeron ademas á Pharaon: Por morar[c] en esta tierra hemos venido; porque no *hay* pasto para las ovejas de tus siervos, pues el hambre *es* grave en la tierra de Canaan: por tanto te rogamos ahora que habiten tus siervos en la tierra de Gossen.

5 Entonces Pharaon habló á Joseph diciendo, Tu padre y tus hermanos han venido á tí:

6 La tierra de Egipto delante de tí está; en lo mejor de la tierra haz habitar á tu padre y á tus hermanos; habiten en la tierra de Gossen: y si entiendes que hay entre ellos hombres eficaces, pónlos por mayorales del ganado[d] mio.

7 Y Joseph introdujo á su padre, y presentólo delante de Pharaon; y Jacob bendijo á Pharaon.

8 Y dijo Pharaon á Jacob, ¿Cuantos *son* los dias de los años de tu vida?

9 Y Jacob respondió á Pharaon, Los dias de los años de mi peregrinacion *son* ciento y treinta años: pocos[e] y malos han sido los dias de los años de mi vida, y no han llegado á los dias de los años de la vida de mis padres en los dias de su peregrinacion.

10 Y Jacob bendijo á Pharaon, y salióse de delante de Pharaon.

11 Así Joseph hizo habitar á su padre y á sus hermanos, y dióles posesion en la tierra de Egipto, en lo mejor de la tierra, en la tierra de Ramessés, como mandó[f] Pharaon.

12 Y alimentaba Joseph á su padre y á sus hermanos, y á toda la casa de su padre de pan, hasta la boca del niño.

13 Y no *habia* pan en toda la tierra[g], y el hambre *era* muy grave; por lo que desfalleció de hambre la tierra de Egipto, y la tierra de Canaan.

14 Y recogió Joseph todo el dinero que se halló en la tierra de Egipto, y en la

[a] Cap. 46. 28.
[b] Hech. 7. 13.
[c] Cap. 15. 13. Deu. 26. 5. Sal. 105. 23. Is. 52. 4.
[d] 1 Cr. 27. 29.
[e] Cap. 25. 7, 8. y 35. 28.
[f] ver. 6.
[g] Cap. 41. 30, 31.

tierra de Canaan, por los alimentos que de él compraban: y metió Joseph el dinero en casa de Pharaon.

15 Y acabado el dinero de la tierra de Egipto, y de la tierra de Canaan, vino todo Egipto á Joseph diciendo, Danos pan: ¿por qué morirémos delante de tí, por haberse acabado el dinero?

16 Y Joseph dijo: dad vuestros ganados, y yo os daré por vuestros ganados, si se ha acabado el dinero.

17 Y ellos trajeron sus ganados á Joseph; y Joseph les dió alimentos por caballos, y por el ganado de las ovejas, y por el ganado de las vacas, y por asnos: y sustentólos de pan por todos sus ganados aquel año.

18 Y acabado aquel año, vinieron á él el segundo año, y le dijeron: No encubrirémos á nuestro señor que el dinero ciertamente se ha acabado; tambien el ganado es *ya* de nuestro señor; nada ha quedado delante de nuestro señor sino nuestros cuerpos, y nuestra tierra.

19 ¿Por qué morirémos delante de tus ojos, así nosotros como nuestra tierra? Cómpranos[h] á nosotros y á nuestra tierra por pan, y serémos nosotros y nuestra tierra siervos de Pharaon: y dános simiente para que vivamos, y no muramos, y no sea asolada la tierra.

[h] Job 2. 4. Lam. 1. 11.

20 Entónces compró Joseph toda la tierra de Egipto para Pharaon; pues los Egipcios vendieron cada uno sus tierras, porque se agravó el hambre sobre ellos: y la tierra vino á ser de Pharaon.

21 Y al pueblo hízolo pasar á las ciudades desde el un cabo del término de Egipto hasta el otro cabo.

22 Solamente la tierra de los sacerdotes no compró, por cuanto los sacerdotes tenian racion de Pharaon, y ellos comian su racion que Pharaon les daba: por eso no vendieron su tierra.

23 ¶ Y Joseph dijo al pueblo, Hé aquí os he hoy comprado y á vuestra tierra para Pharaon: ved aquí simiente, y sembraréis la tierra.

24 Y será que de los frutos daréis el quinto á Pharaon, y las cuatro partes serán vuestras para sembrar las tierras, y para vuestro mantenimiento, y de los que estan en vuestras casas, y para que coman vuestros niños.

25 Y ellos respondieron, La vida nos has dado: hallemos gracia en ojos de mi señor, y seamos siervos de Pharaon.

26 Entónces Joseph lo puso por fuero hasta hoy sobre la tierra de Egipto, *señalando* para Pharaon el quinto; escepto solo la tierra de los sacerdotes, que no fué de Pharaon.

27 ¶ Así habitó Israel en la tierra de Egipto, en la tierra de Gossen; y aposesionáronse en ella, y se aumentaron, y multiplicaron en gran manera[i].

[i] Ex. 1. 7, 12. Deu. 10. 22. Heb. 9. 22.

28 Y vivió Jacob en la tierra de Egipto diez y siete años: y fueron los dias de Jacob, los años de su vida, ciento cuarenta y siete años.

29 Y llegáronse los dias de Israel para morir, y llamó á Joseph su hijo, y le dijo: Si he hallado ahora gracia en tus ojos, ruégote que pongas tu mano debajo de mi muslo[k], y harás conmigo misericordia y verdad; ruégote que no me entierres en Egipto:

[k] Cap. 24. 2.

30 Mas cuando durmiere[l] con mis padres, llevarme has de Egipto, y me sepultarás en el sepulcro de ellos. Y él respondió, Yo haré como tú dices.

[l] Cap. 50. 5, 13.

31 Y él dijo, Júramelo. Y él le juró. Entonces Israel se inclinó sobre la cabecera de la cama.

CAPITULO XLVIII.

Bendicion que dá Jacob á los dos hijos de Joseph, á quienes adopta, anteponiendo el menor al mayor.

Y SUCEDIO despues de estas cosas el haberse dicho á Joseph, Hé aquí tu padre está enfermo. Y él tomó consigo sus dos hijos Manasse y Ephraim.

2 Y se hizo saber á Jacob diciendo, Hé aquí tu hijo Joseph viene á tí. Entónces se esforzó Israel, y sentóse sobre la cama:

3 Y dijo á Joseph, El Dios Omnipotente me apareció en Luz[a] en la tierra de Canaan, y me bendijo,

[a] Cap. 28. 13, 19. y 35. 6.

4 Y díjome, Hé aquí, yo te haré crecer, y te multiplicaré, y te pondré por estirpe de pueblos: y daré esta tierra á tu simiente despues de tí por heredad[b] perpetua.

[b] Cap. 17. 8. Am. 9. 14, 15.

5 Y ahora tus dos hijos Ephraim y Manasse, que te nacieron en la tierra de Egipto[c], antes que viniese á tí á la tierra de Egipto, mios son; como Ruben y Simeon[d] serán mios.

[c] Cap. 41. 50, 52.
[d] 1 Cr. 5. 1.

6 Y los que despues de ellos has engendrado, serán tuyos; por el nombre de sus hermanos[e] serán llamados en sus heredades.

[e] Jos. 14. 4.

7 Porque cuando yo venia de Padanaram, se me murió Rachel[f] en la tierra de Canaan, en el camino, como media legua de tierra viniendo á Ephrata; y sepultéla allí en el camino de Ephrata, que es Beth-lehem.

[f] Cap. 35. 16, 19.

8 Y vió Israel los hijos de Joseph, y dijo, ¿Quienes *son* estos?

9 Y respondió Joseph á su padre, Son mis hijos, que Dios me ha dado aquí. Y él dijo, Allégalos ahora á mí, y les bendeciré[g].

[g] Cap. 27. 4. Heb. 11. 21.

10 Y los ojos de Israel estaban tan agravados de la vejez, que no podia ver. Hízolos pues llegar á él, y él los besó y abrazó.

11 Y dijo Israel á Joseph: no pensaba yo ver tu rostro[h], y he aquí Dios me ha hecho ver tambien tu simiente[i].

[h] Cap. 37. 33, 35. y 45. 26.
[i] Ef. 3. 20.

12 Entónces Joseph los sacó de entre sus rodillas, é inclinóse á tierra[k].

[k] Ex. 20. 12.

13 Y tomólos Joseph á ambos, Ephraim á su diestra, á la siniestra de Israel, y á Manasse á su izquierda, á la derecha de Israel; é hízoles llegar á él.

14 Entónces Israel estendió su diestra, y púsola sobre la cabeza de Ephraim, que era el menor, y su siniestra sobre la cabeza de Manasse, colocando *así* sus manos adrede, aunque Manasse era el primogénito.

15 Y bendijo á Joseph, y dijo, El Dios en cuya presencia anduvieron[l] mis padres Abraham é Isaac, el Dios que me[m] mantiene desde que yo soy hasta este dia,

[l] Cap. 17. 1. y 24. 40.
[m] Sal. 103. 4, 5.

16 El Angel[n] que me liberta[o] de todo mal, bendiga á estos mozos; y mi nombre sea llamado en ellos, y el nombre de mis padres Abraham é Isaac; y multipliquen en gran manera en medio de la tierra[p].

[n] Cap. 31. 11. Is. 63. 9.
[o] Sal. 34. 22.
[p] Num. 26. 34, 37.

17 Entónces viendo Joseph que su padre ponia la mano derecha sobre la cabeza de Ephraim, causóle esto disgusto; y asió la mano de su padre, para mudarla de sobre la cabeza de Ephraim á la cabeza de Manasse.

18 Y dijo Joseph á su padre, No así, padre mio, porque este *es* el primogénito; pon tu diestra sobre su cabeza.

19 Mas su padre no quiso, y dijo, Lo sé, hijo mio, lo sé: tambien él vendrá á ser un pueblo, y será tambien acrecentado: pero su hermano menor será mas

q Deu. 33. 17.

grande[q] que él, y su simiente será plenitud de gentes.

r Rut. 4. 11, 12.

20 Y bendíjolos aquel dia diciendo, En tí bendecirá Israel[r] diciendo, Póngate Dios como á Ephraim y como á Manasse. Y puso á Ephraim delante de Manasse.

s Cap. 50. 24. Jos. 23. 14.

21 Y dijo Israel á Joseph: Hé aquí, yo muero, mas Dios será con vosotros[s], y os hará volver á la tierra de vuestros padres.

t Jos. 24. 32. Juan 4. 5.

22 Y yo te he dado á tí una parte sobre tus[t] hermanos, la cual tomé yo de mano del Amorréo con mi espada y con mi arco.

CAPITULO XLIX.

Estando Jacob para morir, bendice á sus hijos uno por uno, aunque respecto de algunos la bendicion es una reprension severa: y vaticina lo que habia de suceder á sus descendientes. Declara el lugar donde quiere ser sepultado; y acaba la carrera de su vida.

a Deu. 33. 1.

b Num. 24. 14. Is. 2. 2.

Y LLAMO[a] Jacob á sus hijos, y dijo, Juntaos y os declararé lo que os ha de acontecer en los postreros dias[b].

2 Juntaos y oid, hijos de Jacob; y escuchad á vuestro padre Israel.

c Deu. 21. 17.

3 ¶ Ruben, tú *eres* mi primogénito, mi fortaleza, y el principio de mi vigor[c]; principal en dignidad, principal en poder:

d Cap. 35. 22. 1 Cr. 5. 1.

4 Corriente como las aguas; no seas el principal, por cuanto subiste al lecho de tu padre[d]: entonces *te* envileciste subiendo á mi estrado.

e Cap. 29. 33, 34.

f Cap. 34. 25, 29.

5 ¶ Simeon y Leví hermanos; [e] armas de iniquidad sus armas[f].

6 En su secreto no entre mi alma, ni mi honra se junte en su compañía; que en su furor mataron varon, y en su voluntad arrancaron muro.

g Jos. 21. 5, 7.

7 Maldito su furor, que *fué* fiero; y su ira, que *fué* dura: yo los apartaré en Jacob, y los esparciré en Israel[g].

h 1 Cr. 5. 2.

8 ¶ Judá, alabarte han tus hermanos: tu mano en la cerviz de tus enemigos: los hijos de tu padre se inclinarán á tí[h].

i Num. 23. 24. Apoc. 5. 5.

9 Cachorro de leon Judá: de la presa subiste, hijo mio: encorvóse, echóse como leon[i], asi como leon viejo; ¿quien lo despertará?

k Num. 24. 17.

l Sal. 60. 7. y 108. 8. Is. 33. 22.

‖ *el pacificador ó el enviado.*

m Is. 9. 5, 6. Luc. 1. 32, 33.

10 No será quitado el cetro[k] de Judá, y el legislador[l] de entre sus pies, hasta que venga Shiloh ‖; y á él se congregarán los pueblos[m].

11 Atando á la vid su pollino, y á la cepa el hijo de su asna, lavó en el vino su vestido, y en la sangre de uvas su manto:

12 Sus ojos bermejos del vino, y los dientes blancos de la leche.

n Deu. 33. 18. Jos. 19. 10.

13 ¶ Zabulon[n] en puertos de mar habitará, y *será* para puerto de navíos; y su término hasta Sidon.

14 ¶ Issachár, asno huesudo echado entre dos tercios:

15 Y vió que el descanso *era* bueno, y que la tierra *era* deleitosa; y bajó su hombro para llevar, y sirvió en tributo.

16 ¶ Dan juzgará á su pueblo, como una de las tribus de Israel.

17 Será Dan serpiente junto al camino, cerasta junto á la senda, que muerde los talones de los caballos, y hace caer por detras al cabalgador de ellos.

o Is. 25. 9.

18 Tu salud esperé, ó Jehová[o].

p 1 Cr. 5. 18.

19 ¶ Gad, ejército lo acometerá: mas él acometerá[p] al fin.

20 ¶ El pan de Aser *será* grueso, y él dará deleites de rey.

21 ¶ Nephthalí, cierva dejada, que dará dichos hermosos.

22 ¶ Ramo fructífero Joseph, ramo fructífero junto á fuente, cuyos vástagos se estienden sobre el muro;

q Cap. 37. 4, etc. y 39. 20.

23 Y causáronle amargura[q], y asaeteáronlo, y aborreciéronle los archeros:

r Job 29. 20.

s Sal. 18. 32, 34.

t Cap. 45. 10, 11. y 50. 21.

u Is. 28. 16.

24 Mas su arco quedó en fortaleza, y los[r] brazos de sus manos se corroboraron por[s] las manos del Fuerte de Jacob; (de allí el pastor[t] y la piedra[u] de Israel:)

25 Del Dios de tu padre, el cual te ayudará, y del Omnipotente, el cual te bendecirá con bendiciones de los cielos de arriba, con bendiciones del abismo que está abajo, con bendiciones del seno y de la matriz.

26 Las bendiciones de tu padre fueron mayores que las bendiciones de mis progenitores: *y* hasta el término de los collados eternos serán sobre la cabeza de Joseph, y sobre la mollera del Nazaréo de sus hermanos.

v Juec. 20. 21, 25.

27 ¶ Benjamin, lobo arrebatador: á la[v] mañana comerá la presa, y á la tarde repartirá los despojos.

28 ¶ *De* todos estos *fueron* las doce tribus de Israel: y esto *fué* lo que su padre les dijo; y bendíjolos: á cada uno por su bendicion los bendijo.

x Cap. 47. 30.

29 Mandóles luego, y díjoles, Yo voy á ser reunido con mi pueblo: sepultadme con mis padres en la cueva que *está* en el campo de Ephron el Hethéo[x];

y Cap. 23. 3, etc.

30 En la cueva que *está* en el campo de Macpela, que *está* delante de Mamre en la tierra de Canaan, la cual compró Abraham con el mismo campo de Ephron el Hethéo para heredad de sepultura[y].

31 Allí sepultaron á Abraham y á Sara su mujer; allí sepultaron á Isaac, y á Rebecca su mujer; allí tambien sepulté yo á Lea.

32 La compra del campo y de la cueva que *está* en él, *fué* de los hijos de Heth.

33 Y como acabó Jacob de dar órdenes á sus hijos, encogió sus pies en la cama, y espiró: y fué reunido con sus padres.

CAPITULO L.

Exequias de Jacob, despues de las cuales Joseph abraza y consuela á sus hermanos. Ultimamente muere; habiendo dispuesto que sean llevados sus huesos á la tierra de Canaan.

ENTONCES se echó Joseph sobre el rostro de su padre, y lloró sobre él, y besólo.

2 Y mandó Joseph á sus medicos familiares que embalsamasen á su padre: y los medicos embalsamaron á Israel.

3 Y cumpliéronle cuarenta dias, porque así cumplian los dias de los embalsamados, y lloráronlo los Egipcios setenta dias.

4 Y pasados los dias de su luto, habló Joseph á los de la casa de Pharaon diciendo, Si he hallado ahora gracia en vuestros ojos, os ruego que hableis en oidos de Pharaon diciendo,

a Cap. 47. 29.

5 Mi padre me conjuró[a] diciendo, Hé aquí yo muero; en mi sepulcro que yo cavé para mí en la tierra de Canaan, allí me sepultarás: ruego pues que vaya yo ahora, y sepultaré á mi padre, y volveré.

6 Y Pharaon dijo, Ve, y sepulta á tu padre, como él te conjuró.

7 ¶ Entonces Joseph subió á sepultar á su padre; y subieron con él todos los siervos de Pharaon, los ancianos de su casa, y todos los ancianos de la tierra de Egipto,

8 Y toda la casa de Joseph, y sus hermanos, y la casa de su padre: solamente dejaron en la tierra de Gossen sus niños, y sus ovejas, y sus vacas.

9 Y subieron tambien con él carros y gente de á caballo, é hízose un escuadron muy grande.

10 Y llegaron hasta la era de Atad, que

está á la otra parte del Jordan, y endecharon allí con grande y muy grave lamentacion: y Joseph hizo á su padre duelo por siete dias.

11 Y viendo los moradores de la tierra, los Cananéos, el llanto en la era de Atad, dijeron, Llanto grande *es* este de los Egipcios: por eso fué llamado su nombre Abel-mizraim ‖, que está á la otra parte del Jordan.

12 Hicieron pues sus hijos con él segun les habia mandado [b];

13 Pues lleváronlo sus hijos á la tierra de Canaan, y le sepultaron en la cueva del campo de Macpela, la que habia comprado Abraham con el mismo campo, para heredad de sepultura, de Ephron el Hethéo, delante de Mamre [c].

14 Y tornóse Joseph á Egipto, él y sus hermanos, y todos los que subieron con él á sepultar á su padre, despues que le hubo sepultado.

15 ¶ Y viendo los hermanos de Joseph que su padre era muerto, dijeron, Quizá nos aborrecerá Joseph, y nos dará el pago de todo el mal que le hicimos.

16 Y enviaron á decir á Joseph, Tu padre mandó antes de su muerte, diciendo,

17 Así diréis á Joseph, Ruégote que perdones [d] ahora la maldad de tus hermanos, y su pecado, porque mal te trataron: por tanto ahora te rogamos que perdones la maldad de los siervos del Dios de tu padre. Y Joseph lloró mientras hablaban.

18 Y vinieron tambien sus hermanos, y postráronse delante de él, y dijeron, Hénos aquí por tus siervos.

19 Y respondióles Joseph, No temais: ¿*estoy* yo en lugar de Dios [e]?

20 Vosotros pensasteis mal sobre mí, *mas* Dios lo encaminó á bien, para hacer lo que vemos hoy, para mantener en vida á mucho pueblo [f].

21 Ahora pues no tengais miedo; yo os sustentaré á vosotros y á vuestros hijos [g]. Así los consoló, y les habló al corazon.

22 ¶ Y estuvo Joseph en Egipto, él y la casa de su padre: y vivió Joseph ciento y diez años.

23 Y vió Joseph los hijos de Ephraim hasta la tercera generacion: [h] tambien los hijos de Machir [i], hijo de Manasse, fueron criados sobre las rodillas de Joseph.

24 Y Joseph dijo á sus hermanos, Yo me muero; mas Dios ciertamente os visitará [k], y os hará subir de aquesta tierra á la tierra que juró á Abraham, á Isaac, y á Jacob [l].

25 [m] Y conjuró Joseph á los hijos de Israel diciendo, Dios ciertamente os visitará, y haréis llevar de aquí mis huesos.

26 Y murió Joseph de edad de ciento y diez años; y embalsamáronlo, y fué puesto en un ataud en Egipto.

‖ *lanto de* *s Egip-* *ios.*
b *ap. 49. 29.*
c *ap. 23. 16.* *ech. 7. 16.*
d *Mat. 6. 12,* *14. y 18. 35.* *Luc. 17.* *, 4.* *f. 4. 32.* *ol. 3. 13.* *ant°. 5. 16.*
e Cap. 45. 8. Job 34. 29.
f Hech. 2. 23. y 3. 18.
g Mat. 5. 44.
h Job 42. 16.
i Num. 32. 39.
k Ex. 3. 16.
l Cap. 15. 18. y 26. 3. y 35. 12.
m Ex. 13. 19. Jos. 24. 32. Heb. 11. 22.

EL SEGUNDO LIBRO DE MOISES,

LLAMADO

EXODO.

. C. 1706.

CAPITULO I.

Repítese el número de los hijos de Israel que entraron en Egipto. Tiranías de un rey nuevo, á fin de acabar con ellos. Piedad de las parteras con los recien nacidos.

ESTOS *son* los nombres de los hijos de Israel, que entraron en Egipto [a] con Jacob; cada uno entró con su familia.

2 Ruben, Simeon, Leví, y Judá,

3 Issachár, Zabulon, y Benjamin,

4 Dan, y Nephthali, Gad, y Aser.

5 Y todas las almas *de los* que salieron del muslo de Jacob *fueron* setenta [b]. Y Joseph estaba en Egipto.

6 Y murió Joseph [c], y todos sus hermanos, y toda aquella generacion.

7 Y los hijos de Israel crecieron, y multiplicaron, y fueron aumentados y corroborados en extremo; y llenóse la tierra de ellos [d].

8 ¶ Levantóse entretanto un nuevo rey sobre Egipto, que no conocia á Joseph, el cual dijo á su pueblo,

9 Hé aquí, el pueblo de los hijos de Israel es mayor y mas fuerte que nosotros:

10 Ahora pues, seamos sabios [e] para con él, porque no se multiplique; y acontezca que, viniendo guerra, él tambien se junte con nuestros enemigos, y pelee contra nosotros, y se vaya de la tierra.

11 Entonces pusieron sobre él comisarios de tributos que los molestasen [f] con sus cargas: y edificaron á Pharaon las ciudades de los bastimentos, Phithom y Rameses [g].

12 Empero cuanto mas los oprimian, tanto mas se multiplicaban y crecian: así que estaban ellos fastidiados de los hijos de Israel.

13 Y los Egipcios hicieron servir á los hijos de Israel con dureza:

14 Y amargaron su vida con dura servidumbre [h], en *hacer* barro y ladrillo, y en toda labor del campo, y en todo su servicio, al cual les obligaban con rigorismo.

15 ¶ Y habló el rey de Egipto á las parteras de las Hebréas, una de las cuales se llamaba Siphra, y otra Phua, y díjoles:

16 Cuando parteareis á las Hebréas, y mirareis los asientos, si fuere hijo matadlo; y si fuere hija, entonces viva.

17 Mas las parteras temieron á Dios [i], y no hicieron como les mandó el rey de Egipto, sino que reservaban la vida á los niños.

18 Y el rey de Egipto hizo llamar á las parteras, y díjoles: ¿por qué habeis hecho esto, que habeis reservado la vida á los niños?

19 Y las parteras respondieron á Pharaon: Porque las mujeres Hebréas no son como las Egipcias; porque son robustas, y paren antes que la partera venga á ellas.

20 Y Dios hizo bien [k] á las parteras: y el pueblo se multiplicó, y se corroboraron en gran manera.

21 Y por haber las parteras temido á Dios, él les hizo casas [l].

22 ¶ Entonces Pharaon mandó á todo su pueblo diciendo: Echad en el rio todo hijo que naciere, y á toda hija reservad la vida.

A. C. 1635.

a *en. 46. 8.*
b *en. 46. 27.* *eu. 10. 22.*
c *en. 50. 26.*
d *Gen. 46. 3.* *eu. 26. 5.* *al. 105. 24.* *ech. 7. 17.*
e *Pr. 21. 30.* *ech. 7. 19.*
f *Gen. 15. 13.* *Cap. 3. 7.* *en. 26. 6.*
g *al. 81. 6.* *Gen. 47. 11.*
h Cap. 2. 23. y 6. 9.
i Dan. 3. 18. y 6. 13. Hech. 5. 29.
k Pro. 11. 18. Ec. 8. 12. Is. 3. 10. Heb. 6. 10.
l 1 Sam. 2. 35. 2 Sam. 7. 11. 1 Rey. 2. 24. Sal. 127. 1.

CAPITULO II.

Nacimiento de Moises, el cual es educado en el palacio de Pharaon. Su huida; y su casamiento con Séphora.

UN varon de la familia de[a] Leví fué, y tomó *por mujer* una hija de Leví,

2 La cual concibió, y parió un hijo; y viendolo que era hermoso[b], túvole escondido tres meses.

3 Pero no pudiendo ocultarle mas tiempo, tomó una arquilla de juncos, y calafateóla con pez y betun, y colocó en ella al niño, y púsolo en un carrizal á la orilla del rio.

4 Y paróse una hermana suya á lo lejos, para ver lo que le aconteceria.

5 Y la hija de Pharaon descendió á lavarse al rio, y paseandose sus doncellas por la ribera del rio, vió ella el arquilla en el carrizal, y envió una criada suya á que la tomase.

6 Y como *la* abrió, vió el niño; y hé aquí que el niño lloraba: y teniendo compasion de él[c], dijo: De los niños de los Hebréos *es* este.

7 Entónces su hermana dijo á la hija de Pharaon: ¿Iré á llamarte un ama de las Hebréas, para que te crie este niño?

8 Y la hija de Pharaon respondió: Vé. Entónces fué la doncella, y llamó á la madre del niño;

9 A la cual dijo la hija de Pharaon: Lleva este niño, y críamelo[d], y yo te lo pagaré. Y la mujer tomó el niño, y crióle.

10 Y como creció el niño, ella lo trajo á la hija de Pharaon, la cual lo prohijó, y púsole por nombre Moises ‖, diciendo, Porque de las aguas lo saqué.

11 ¶ Y en aquellos dias acaeció que, crecido ya Moises, salió á sus hermanos, y vió sus cargas[e]: y observó á un Egipcio que heria á uno de los Hebréos, sus hermanos.

12 Y miró á todas partes, y viendo que no parecia nadie, mató al Egipcio, y escondiólo en la arena.

13 Y salió el siguiente dia, y viendo á dos Hebréos que reñian[f], dijo al que hacia la injuria: ¿Por qué hieres á tu prójimo?

14 Y él respondió: ¿quien te ha puesto á tí por príncipe y juez sobre nosotros? ¿piensas matarme, como mataste al Egipcio? Entónces Moises tuvo miedo, y dijo: Ciertamente esta cosa es descubierta.

15 Y oyendo Pharaon este negocio, procuró matar á Moises: mas Moises huyó de delante de Pharaon, y habitó en la tierra de Madian; y sentóse junto á un pozo[g].

16 ¶ Tenia el sacerdote de Madian siete hijas, *las* cuales vinieron á sacar agua, para llenar las pilas, y dar de beber á las ovejas de su padre.

17 Mas los pastores vinieron, y echáronlas: entónces Moises se levantó, y defendiólas, y abrevó sus ovejas.

18 Y volviendo ellas á Raguel su padre, díjoles él: ¿Por qué habeis hoy venido tan presto?

19 Y ellas respondieron: un varon Egipcio nos defendió de mano de los pastores, y tambien nos sacó el agua, y abrevó las ovejas.

20 Y dijo á sus hijas: ¿Y donde está? por qué habeis dejado ese hombre? llamadle para que coma pan.

21 Y Moises acordó en morar con aquel varon; y él dió á Moises á su hija Séphora[h].

22 La cual le parió un hijo, y él le puso por nombre Gersom ‖; porque dijo, Peregrino soy en tierra agena.

[a] Cap. 6. 20. [b] Hech. 7. 20. Heb. 11. 23. [c] Sal. 106. 46. [d] Sal. 27. 10. ‖ *sacado de las aguas.* [e] Hech. 7. 23, 24. Heb. 11. 24, 26. [f] Hech. 7. 26. [g] Hech. 7. 29. [h] Cap. 18. 2. ‖ *Peregrino.*

23 ¶ Y aconteció que despues de muchos dias murió el rey de Egipto, y los hijos de Israel suspiraron á causa de la servidumbre[i], y clamaron: y subió á Dios[k] el clamor de ellos con motivo de *su* servidumbre.

24 Y oyó Dios el gemido de ellos, y acordóse de su pacto[l] con Abraham, Isaac, y Jacob.

25 Y miró Dios á los hijos de Israel, y reconociólos Dios.

CAPITULO III.

Aparécese Dios á Moises en una zarza que ardía sin quemarse; y le envía á libertar á su pueblo del poder de Pharaon.

Y APACENTANDO Moises las ovejas de Jethro su suegro, sacerdote de Madian, llevó las ovejas detras del desierto, y vino á Horeb, monte de Dios[a],

2 Y aparecióse le el Angel de Jehová en una llama de fuego en medio de una zarza: y él miró, y vió que la zarza[b] ardia en fuego, y la zarza no se consumia.

3 Entónces Moises dijo: Iré yo ahora, y veré esta grande vision, porque causa la zarza no se queme.

4 Y viendo Jehová que iba á ver, llamólo Dios de en medio de la zarza, y dijo, Moises, Moises: y él respondió: Héme aquí.

5 Y dijo: No te llegues acá: quita tus zapatos[c] de tus pies, porque el lugar en que tú estás tierra santa es.

6 Y dijo: Yo *soy* el Dios de tu padre[d], Dios de Abraham, Dios de Isaac, Dios de Jacob. Entónces Moises cubrió su rostro, porque tuvo miedo de mirar á Dios.

7 Y dijo Jehová: Bien he visto la afliccion de mi pueblo[e], que *está* en Egipto, y he oido su clamor á causa de sus exactores; pues tengo conocidas sus angustias[f]:

8 Y he descendido para librarlos de mano de los Egipcios, y sacarlos de aquella tierra á *una* tierra buena[g] y ancha, á tierra que fluye leche y miel, á los lugares del Cananéo, del Hethéo, del Amorrhéo, del Pherezéo, del Hevéo, y del Jebuséo.

9 El clamor, pues, de los hijos de Israel ha venido delante de mí, y tambien he visto la opresion con que los Egipcios los oprimen.

10 Ven por tanto ahora, y enviarte he á Pharaon[h], para que saques mi pueblo, los hijos de Israel, de Egipto.

11 Entonces Moises respondió á Dios: ¿Quien *soy* yo[i], para que vaya á Pharaon, y saque de Egipto á los hijos de Israel?

12 Y él *le* respondió: *Vé*, porque yo seré contigo; y esto te *será* por señal de que yo te he enviado: Luego que hubieres sacado este pueblo de Egipto, serviréis á Dios sobre este monte.

13 Y dijo Moises á Dios: Hé aquí que llego yo á los hijos de Israel, y les digo: El Dios de vuestros padres me ha enviado á vosotros: si ellos me preguntaren, Cual *es* su nombre, ¿qué les responderé?

14 Y respondió Dios á Moises: Yo soy EL QUE SOY[k]: y dijo: Así dirás á los hijos de Israel: Yo soy me ha enviado á vosotros.

15 Y dijo mas Dios á Moises: Así dirás á los hijos de Israel: Jehová, el Dios de vuestros padres, el Dios de Abraham, Dios de Isaac, y Dios de Jacob,

[i] Num. 20. 16. Deu. 26. 7. Sal. 12. 5. [k] Cap. 2. 9. [l] Gen. 15. 14. y 26. 3. y 46. 4. Luc. 1. 72, 76. [a] Cap. 18. 5. 1 Rey. 19. 8. [b] Deu. 33. 16. Is. 63. 9. Hech. 7. 30. [c] Jos. 5. 15. [d] Gen. 28. 13. Mat. 22. 32. [e] Neh. 9. 9. [f] Sal. 142. 3. [g] Deu. 1. 25. [h] Mic. 6. 4. [i] Jer. 1. 6. [k] Cap. 6. 3. Juan 8. 58.

me ha enviado á vosotros. Este es mi nombre para siempre, y este es mi memorial por todos los siglos.

16 Ve, y junta los ancianos de Israel, y diles: Jehová, el Dios de vuestros padres, el Dios de Abraham, de Isaac, y de Jacob, me apareció diciendo: De cierto os he visitado [l], y visto lo que se os hace en Egipto;

17 Y he dicho [m]: Yo os sacaré de la afliccion de Egipto á la tierra de Canaan, y del Hethéo, y del Amorrhéo, y del Pherezéo, y del Hevéo, y del Jebuséo, á una tierra que fluye leche y miel.

18 Y oirán tu voz; é irás tú, y los ancianos de Israel, al rey de Egipto, y le diréis: Jehová, el Dios de los Hebréos, nos ha encontrado: por tanto nosotros [n] irémos ahora camino de tres dias por el desierto, para que sacrifiquemos á Jehová nuestro Dios.

19 Mas yo sé que el rey de Egipto no [o] os dejará ir sino por mano fuerte.

20 Empero yo extenderé mi mano, y heriré á Egipto con todas mis maravillas [p], que haré en él, y entónces os dejará ir [q].

21 Y yo daré á este pueblo gracia [r] en los ojos de los Egipcios, para que cuando os partiereis, no salgais vacíos:

22 Sino que [s] demandará cada mujer á su vecina y á su huéspeda vasos de plata, vasos de oro, y vestidos; los cuales pondréis sobre vuestros hijos, y vuestras hijas, y despojaréis á Egipto [t].

...n. 50. 24. — ...en. 15. ..., 20. — ...ap. 5. 3. — ...ap. 5. 2. — Cap. 7. 3. ... 11. 9. ...al. 105. 27. ...er. 32. 20. ...ech. 7. 36. ...ap. 12. 31. Cap. 11. 3. ...ap. 12. 36. ...ob 27. 17. ...ra. 12. 22.

CAPITULO IV.

Ríndese Moises á la voluntad de Dios, y vuelve á Egipto junto con Aaron.

ENTONCES Moises respondió, y dijo: hé aquí que ellos no me creerán, ni oirán mi voz, porque dirán: No te ha aparecido Jehová.

2 Y Jehová dijo: ¿Que *es* eso *que tienes* en tu mano? Y él respondió: una vara.

3 Y él le dijo: Echala en tierra. Y él la echó en tierra, y tornóse una culebra: y Moises huia de ella.

4 Entónces dijo Jehová á Moises: Extiende tu mano, y tómala por la cola. Y él extendió su mano, y tomóla, y tornóse en vara en su mano.

5 Por esto creerán que se te ha aparecido Jehová el Dios de tus padres, el Dios de Abraham, Dios de Isaac, y Dios de Jacob.

6 Y díjole mas Jehová: Mete ahora tu mano en tu seno. Y él metió la mano en su seno; y como la sacó, hé aquí que su mano estaba leprosa, como la nieve [a].

7 Y dijo: Vuelve á meter tu mano en tu seno: y él volvió á meter su mano en su seno; y volviendola á sacar del seno, hé aquí que se habia vuelto como la otra carne.

...um. 12. ... ...Rey. 5. 27.

8 Si aconteciere, *dijo el Señor*, que no te creyeren, ni obedecieren á la voz de la primera señal, creerán á la voz de la postrera.

9 Y si aun no creyeren á estas dos señales, ni oyeren tu voz, tomarás de las aguas del rio, y derrama*le* en tierra; y volverse han aquellas aguas que tomarás del rio, se volverán en sangre en la tierra [b].

...ap. 7. 20. ...al. 78. 44.

10 ¶ Entónces dijo Moises á Jehová: Ay Señor, yo no soy hombre de palabras de ayer ni de anteayer, ni aun desde que tú hablas á tu siervo; porque soy tardo en el habla, y torpe de lengua.

11 Y Jehová le respondió: ¿Quien dió la boca al hombre [c]? ó, quien hizo al mudo y al sordo, al que ve y al ciego? ¿No *soy* yo Jehová?

...al. 94. 9. ...r. 1. 6, 9.

12 Ahora pues vé, que yo seré en tu boca, y te enseñaré lo que hayas de hablar [d].

[d] Mat. 10. 19.

13 Y él dijo: Ay Señor, envia por mano *del que* has de enviar.

14 Entónces Jehová se enojó contra Moises, y dijo: ¿No conozco yo á tu hermano Aaron, Levita, y que él hablará? Y aun hé aquí que él te saldrá á recibir [e], y en viendote, se alegrará en su corazon.

[e] ver. 27.

15 Tú hablarás á él, y pondrás en su boca las palabras, y yo seré en tu boca, y en la suya, y os enseñaré lo que hayais de hacer.

16 Y él hablará por tí al pueblo; y él te será á tí en lugar de boca, y tú serás para él en lugar de Dios [f].

17 Y tomarás esta vara [g] en tu mano, con la cual harás las señales.

[f] Cap. 7. 1. y 18. 19. — [g] ver. 2.

18 ¶ Así se fué Moises, y volviendo á su suegro Jethro, díjole: Iré ahora, y volveré á mis hermanos, que *estan* en Egipto, para ver si aun viven. Y Jethro dijo á Moises: Ve en paz.

19 Dijo tambien Jehová á Moises en Madian: Ve, y vuelvete á Egipto, porque han muerto [h] todos los que procuraban tu muerte.

[h] Cap. 2. 15, 23. Mat. 2. 20.

20 Entónces Moises tomó su mujer y sus hijos, y púsoles sobre un asno, y volvióse á tierra de Egipto: tomó tambien Moises la vara de Dios [i] en su mano.

[i] Cap. 7. 3. Num. 20. 8, 9.

21 Y dijo Jehová á Moises: Cuando hubieres vuelto á Egipto, mira que hagas delante de Pharaon todas las maravillas que he puesto en tu mano: yo empero endureceré [k] su corazon, de modo que no dejará ir el pueblo.

22 Y dirás á Pharaon: Jehová ha dicho así: Israel *es* mi hijo [l], mi primogénito:

23 Ya te he dicho que dejes ir á mi hijo, para que me sirva; mas no has querido dejarlo ir: hé aquí yo voy *por tanto* á matar tu hijo, tu primogénito [m].

[k] Cap. 17. 9. Deu. 2. 30. Jos. 11. 20. Is. 6. 10. y 63. 17. Juan 12. 40. Rom. 9. 18. — [l] Deu. 14. 1. Jer. 31. 9. Hos. 11. 1. Rom. 9. 4. — [m] Cap. 11. 5. y 12. 29.

24 ¶ Y aconteció en el camino, que en una posada le salió al encuentro Jehová, y quiso matarlo [n].

25 Entónces Séphora cogió un afilado pedernal, y cortó el prepucio de su hijo [o], y echólo á sus pies diciendo: A la verdad tú me eres un esposo de sangre.

[n] Gen. 17. 14. — [o] Jos. 5. 2, 3.

26 *El Señor* le dejó luego ir. Y ella dijo, Esposo de sangre, á causa de la circuncision.

27 ¶ Y Jehová dijo á Aaron: Ve á recibir á Moises al desierto. Y él fué, y encontróle en el monte de Dios [p], y besóle.

[p] Cap. 3. 1.

28 Entónces contó Moises á Aaron todas las palabras de Jehová, que le enviaba, y todas las señales que le habia dado.

29 ¶ Y fueron Moises y Aaron, y juntaron todos los ancianos de los hijos de Israel:

30 Y habló [q] Aaron todas las palabras que Jehová habia dicho á Moises, é hizo las señales delante de los ojos del pueblo.

[q] ver. 16.

31 Y el pueblo creyó [r]: y oyendo que Jehová habia visitado los hijos de Israel, y que habia visto su afliccion, inclináronse [s] y adoraron.

[r] Cap. 3. 18. ver. 8, 9. — [s] Cap. 12. 27.

CAPITULO V.

Moises y Aaron intiman las órdenes de Dios á Pharaon, y este, lejos de observarlas, oprime mas á los Hebréos.

DESPUES *de esto* entraron Moises y Aaron á Pharaon, y le dijeron: Jehová el Dios de Israel dice así: Deja ir mi pueblo á celebrarme fiesta en el desierto.

2 Y Pharaon respondió: ¿Quien *es* Je-

hová[a], para que yo oiga su voz, y deje
ir á Israel? Yo no conozco á Jehová,
ni tampoco dejaré ir á Israel.
3 Y ellos dijeron: El Dios de los He-
bréos[b] nos ha encontrado: irémos pues
ahora camino de tres dias por el desi-
erto, y sacrificarémos á Jehová nuestro
Dios; porque no venga sobre nosotros
con pestilencia, ó con espada.
4 Entónces el rey de Egipto les dijo:
Moises y Aaron, ¿por qué haceis cesar al
pueblo de su obra? Ios á vuestros cargos.
5 Dijo tambien Pharaon: Hé aquí el
pueblo de la tierra *es* ahora mucho, y
vosotros les haceis cesar de sus cargos.
6 Y mandó Pharaon aquel mismo dia
á los cuadrilleros del pueblo que le te-
nian á su cargo, y á sus gobernadores,
diciendo:
7 De aquí adelante no daréis paja al
pueblo para hacer ladrillo, como ayer y
antes de ayer; vayan ellos, y recojan por
sí mismos la paja:
8 Y habeis de ponerles la taréa del
ladrillo que hacian antes, y no les dis-
minuiréis nada; porque estan ociosos, y
por eso levantan la voz diciendo: Va-
mos, y sacrificarémos á nuestro Dios.
9 Agrávese la servidumbre sobre ellos,
para que se ocupen en ella, y no atien-
dan á palabras de mentira.
10 Y saliendo los cuadrilleros del pue-
blo, y sus gobenadores, hablaron al pue-
blo diciendo: Así ha dicho Pharaon:
Yo no os doy paja.
11 Id vosotros, y recoged paja donde
la hallareis: que nada se disminuirá de
vuestra taréa.
12 Entónces el pueblo se derramó por
toda la tierra de Egipto á coger rastrojo
en lugar de paja.
13 Y los cuadrilleros *los* apremiaban
diciendo: Acabad vuestra obra, la taréa
del dia en su dia, como cuando se os
daba paja.
14 Y azotaban á los capataces de los
hijos de Israel, que los cuadrilleros de
Pharaon habian puesto sobre ellos, di-
ciendo, ¿Por qué no habeis cumplido
vuestra taréa de ladrillo ni ayer ni hoy,
como antes?
15 Y los capataces de los hijos de Is-
rael vinieron á Pharaon, y se quejaron
á él diciendo: ¿Por qué lo haces así con
tus siervos?
16 No se dá paja á tus siervos, y *con
todo* nos dicen, Haced el ladrillo. Y hé
aquí tus siervos son azotados, y tu pue-
blo cae en falta.
17 Y él respondió: Estais ociosos, *sí*,
ociosos, y por eso decís: Vamos, y sacri-
fiquemos á Jehová.
18 Id pues ahora, *y* trabajad. No se
os dará paja, y habeis de dar la taréa del
ladrillo.
19 ¶ Entónces los capataces de los
hijos de Israel se vieron en afliccion[c],
habiendoseles dicho: No se disminuirá
nada de vuestro ladrillo, de la taréa de
cada dia.
20 Y encontrando á Moises y á Aaron,
que estaban á la vista de ellos cuando
salian de Pharaon,
21 Dijéronles: Mire Jehová sobre vos-
otros, y juzgue, pues habeis hecho he-
der[d] nuestro olor delante de Pharaon,
y de sus siervos, dandoles el cuchillo en
las manos para que nos maten.
22 ¶ Entónces Moises se volvió á Je-
hová, y dijo: ¿Señor, por qué afliges[e]
este pueblo? ¿para qué me enviaste?
23 Porque desde que yo vine á Pharaon
para hablarle en tu nombre, ha afligido
á este pueblo; y tú tampoco has librado
tu pueblo.

[a] Job 21. 15.
[b] Cap. 3. 18.
[c] Ec. 4. 1. y 5. 8.
[d] Gen. 34. 30. 1 Sam. 27. 12. 2 Sam. 10. 6. 1 Cr. 19. 6.
[e] Jer. 20. 7. Hab. 2. 3.

CAPITULO VI.

Alienta Dios á Moises; le revela su nombre Jehová; y consuela á los Israelitas prometiendoles de nuevo la tierra de Canaan. Genealogía de Ruben, Simeon, y Leví, hasta Moises y Aaron.

Y JEHOVA respondió á Moises: A-
hora verás lo que yo haré á Pha-
raon; porque con mano fuerte los ha de
dejar ir, y con mano fuerte los ha de
echar[a] de su tierra.
2 Habló todavía Dios á Moises, y dí-
jole: Yo *soy* Jehová,
3 Y aparecí á Abraham, á Isaac, y á
Jacob, bajo *el nombre de* Dios Omnipo-
tente[b], mas *en* mi nombre JEHOVA ‖ no
me notifiqué á ellos.
4 Y tambien establecí mi pacto[c] con
ellos de darles la tierra de Canaan, la
tierra en que fueron extrangeros, y en
la cual peregrinaron.
5 Y asimismo yo he oido[d] el gemido
de los hijos de Israel, á quienes hacen
servir los Egipcios, y heme acordado de
mi pacto[e].
6 Por tanto dirás á los hijos de Israel:
Yo *soy* Jehová, y Yo os sacaré de de-
bajo[f] de las cargas de Egipto, y os li-
braré de su servidumbre, y os redimiré
con brazo extendido, y con juicios gran-
des[g]:
7 Y os tomaré por mi pueblo[h], y seré
vuestro Dios: y vosotros sabréis que yo
soy Jehová vuestro Dios, que os saco de
debajo de las cargas de Egipto.
8 Y os meteré en la tierra, por la cual
alzé mi mano que la daria á Abraham,
á Isaac, y á Jacob: y[i] yo os la daré por
heredad. Yo Jehová.
9 De esta manera habló Moises á los
hijos de Israel: mas ellos no escucha-
ban á Moises á causa de la congoja de
espíritu, y de la dura servidumbre.
10 ¶ Y habló Jehová á Moises dici-
endo:
11 Entra, y habla á Pharaon rey de
Egipto, que deje ir de su tierra á los
hijos de Israel.
12 Y respondió Moises delante de Je-
hová diciendo: Hé aquí, los hijos de
Israel no me escuchan; ¿como pues
me escuchará Pharaon, mayormente *si-
endo* yo incircunciso de labios[k]?
13 Entónces Jehová habló á Moises y
á Aaron, y dióles mandamiento para los
hijos de Israel, y para Pharaon rey de
Egipto, para que sacasen á los hijos de
Israel de la tierra de Fgipto.
14 ¶ Estas son las cabezas de las fa-
milias de sus padres. Los hijos de Ru-
ben[l], el primogénito de Israel, Hanoch
y Phallú, Hezron y Carmi: estas *son*
las familias de Ruben.
15 Los hijos de Simeon[m], Jemuel, y
Jamin, y Ohad, y Jachin, y Zoar, y
Saul, hijo de una Cananéa: estas *son*
las familias de Simeon.
16 ¶ Y estos *son* los nombres de los
hijos de Leví[n] por sus linages; Gerson,
y Coath, y Merari. Y los años de la
vida de Leví *fueron* ciento treinta y siete
años.
17 Y los hijos de Gerson *fueron* Líbni,
y Shimi, por sus familias.
18 Y los hijos de Coath *fueron* Am-
ram, é Izhar, y Hebron, y Uzziel. Y
los años de la vida de Coath *fueron* ci-
ento treinta y tres años.
19 Y los hijos de Merari *fueron* Ma-
hali, y Musi: estas *son* las familias de
Leví por sus linages.
20 Y Amram[o] tomó por mujer á Jo-
chebed su tia, la cual le parió á Aaron,
y á Moises. Y los años de la vida de
Amram *fueron* ciento treinta y siete años.

[a] Cap. 11. 1.
[b] Gen. 17. 1. y 35. 11. y 48. 3.
‖ *el que es.*
[c] Gen. 17. 7, 8.
[d] Cap. 2. 24.
[e] Sal. 105. 8.
[f] Deu. 26. 8. Sal. 81. 6.
[g] Cap. 15. 13. Deu. 7. 8. 1 Cr. 17. 21. Neh. 1. 10.
[h] Deu. 4. 20. y 7. 6.
[i] Gen. 15. 14. y 26. 3. y 35. 12.
[k] Cap. 4. 10. ver. 30.
[l] Gen. 46. 9, etc.
[m] 1 Cr. 4. 24.
[n] Num. 3. 17. 1 Cr. 6. 1.
[o] Cap. 2. 1. Num. 26. 59.

21 Y los hijos de Izhar[p] *fueron* Cora, y Nepheg, y Zithri.

22 Y los hijos de Uzziel[q]; Misael, y Elzaphan, y Zithri.

23 Y tomóse Aaron por mujer á Elisabeth, hija de Aminadab, hermana de Naason, la cual le parió á Nadab, y á Abiu, y á Eleazar, y á Ithamar[r].

24 Y los hijos de Cora *fueron* Assir, y Elcana, y Abiasaph: estas *son* las familias de los Coritas.

25 Y Eleazar, hijo de Aaron, tomó para sí mujer de las hijas de Phutiel, la cual le parió á Phinees: y estas *son* las cabezas de los padres de los Levitas por sus familias.

26 Este *es* aquel Aaron, y aquel Moises, á los cuales Jehová dijo: Sacad á los hijos de Israel de la tierra de Egipto por sus escuadrones.

27 Estos *son* los que hablaron á Pharaon rey de Egipto, para sacar de Egipto á los hijos de Israel[s]. Moises y Aaron *fueron* estos.

28 Cuando Jehová habló á Moises en la tierra de Egipto,

29 Entónces Jehová habló á Moises diciendo: Yo *soy* Jehová: di á Pharaon rey de Egipto todas las cosas que yo te digo á tí[t].

30 Y Moises respondió delante de Jehová: Hé aquí, yo *soy* incircunciso de labios[u], ¿como pues me ha de oir Pharaon?

[p] Num. 16. 1.
[q] Lev. 10, 4.
[r] Lev. 10. 1, 6.
[s] Mic. 6. 4.
[t] Jer. 1. 7, 8, 17. y 26. 2. Ezec. 2. 6, 7.
[u] ver. 12.

CAPITULO VII.

Moises y Aaron se presentan á Pharaon. La vara de Moises es convertida en serpiente, y el agua en sangre. Hacen una cosa semejante los magos de Pharaon; y este permanece en su obstinacion.

Y JEHOVA dijo á Moises: Mira, yo te he constituido dios para Pharaon, y[a] tu hermano Aaron será tu profeta.

2 Tú dirás todas las cosas que yo te mandaré, y Aaron tu hermano hablará[b] á Pharaon, para que deje ir de su tierra á los hijos de Israel.

3 Y yo endureceré el corazon de Pharaon[c], y multiplicaré en la tierra de Egipto mis señales y mis maravillas.

4 Y Pharaon no os oirá; mas yo pondré mi mano sobre Egipto, y sacaré mis ejércitos, mi pueblo, los hijos de Israel, de la tierra de Egipto, con grandes juicios.

5 Y sabrán los Egipcios que yo *soy* Jehová[d], cuando extenderé mi mano sobre Egipto, y sacaré los hijos de Israel de en medio de ellos.

6 E hizo Moises y Aaron como Jehová les mandó: hiciéronlo así.

7 Y *era* Moises de edad de ochenta años, y Aaron de edad de ochenta y tres, cuando hablaron á Pharaon.

8 ¶ Y habló Jehová á Moises y á Aaron diciendo:

9 Si Pharaon os respondiere diciendo: Mostrad *algun* milagro;[e] dirás á Aaron: Toma tu vara, y echala delante de Pharaon, para que se torne culebra[f].

10 Vinieron pues Moises y Aaron á Pharaon, é hicieron como Jehová lo habia mandado: y echó Aaron su vara delante de Pharaon y de sus siervos, y tornóse culebra.

11 Entónces llamó tambien Pharaon sabios y encantadores, é hicieron tambien lo mismo los encantadores de Egipto con sus encantamentos:

12 Pues echó cada uno su vara, las cuales se volvieron culebras: mas la vara de Aaron devoró las varas de ellos.

13 Y el corazon de Pharaon se endureció, y no los escuchó, como Jehová lo habia dicho[g].

[a] Cap. 4. 16.
[b] Cap. 6. 29.
[c] Cap. 4. 21. y 11. 9.
[d] Cap. 14. 4, 18.
[e] Juan 2. 18.
[f] Cap. 4. 2, 17.
[g] ver. 4. Cap. 4. 21.

14 ¶ Entónces Jehová dijo á Moises: El corazon de Pharaon *está*[h] agravado, que no quiere dejar ir el pueblo.

15 Vé *pues* por la mañana á Pharaon: hé aquí que él sale á las aguas; y tú ponte á la orilla del rio delante de él, y toma en tu mano la vara que se volvió culebra[i].

16 Y dile: Jehová el Dios de los Hebréos me ha enviado á tí, diciendo[k]: Deja ir mi pueblo, para que me sirvan en el desierto; y hé aquí que hasta ahora no has querido oir.

17 Así *pues* ha dicho Jehová: En esto conocéras que yo *soy* Jehová[l]: hé aquí, yo heriré con la vara que *tengo* en mi mano el agua que *está* en el rio, y se convertirá en sangre[m].

18 Y los peces que *hay* en el rio morirán, y hederá el rio, y tendrán asco los Egipcios de beber el agua del rio.

19 Y Jehová dijo á Moises: Dí á Aaron: Toma tu vara, y extiende tu mano sobre las aguas de Egipto, sobre sus rios, sobre sus arroyos, y sobre sus estanques, y sobre todos sus depositos de aguas, para que se conviertan en sangre, y haya sangre por toda la region de Egipto, así en los *vasos* de madera como en los de piedra.

20 Y Moises y Aaron hicieron como Jehová lo mandó; y alzando la vara hirió las aguas que *habia* en el rio, en presencia de Pharaon y de sus siervos, y todas las aguas que *habia* en el rio se convirtieron en sangre.

21 Asimismo los peces que *habia* en el rio murieron; y el rio se corrompió, que los Egipcios no podian beber de él: y hubo sangre por toda la tierra de Egipto.

22 Y los encantadores de Egipto hicieron lo mismo con sus encantamientos[n]: y el corazon de Pharaon se endureció[o], y no los escuchó, como Jehová lo habia dicho.

23 Y tornando Pharaon volvióse á su casa, y no puso su corazon aun en esto[p].

24 Y en todo Egipto hicieron pozos alrededor del rio para beber, porque no podian beber de las aguas del rio.

25 Y cumpliéronse siete dias despues que Jehová hirió el rio.

[h] Cap. 8. 15. y 10. 1, 27.
[i] ver. 10.
[k] Cap. 3. 18. y 5. 1, 3.
[l] ver. 5. 1 Rey. 20. 28. 2 Rey. 19. 19. Ezec. 29. 9. y 38. 23.
[m] Sal. 78, 44. y 105. 29. Apoc. 8. 8. y 16. 4, 6.
[n] 2 Tim. 3. 8.
[o] ver. 14.
[p] Is. 26. 11. Jer. 5. 3. y 36. 24. Hag. 1. 5.

CAPITULO VIII.

Plagas de ranas, de piojos, y de moscas. Vanas promesas de Pharaon, quien cada dia se endurece mas.

ENTONCES Jehová dijo á Moises: Entra á Pharaon, y dile: Jehová ha dicho así: Deja ir á mi pueblo para que me sirvan.

2 Y si no lo quisieres dejar ir, hé aquí yo heriré con ranas todos tus terminos:

3 Y el rio criará ranas, las cuales subirán, y entrarán en tu casa, y en la camara de tu cama, y sobre tu cama, y en las casas de tus siervos, y en tu pueblo, y en tus hornos, y en tus artesas.

4 Y las ranas subirán sobre tí, y sobre tu pueblo, y sobre todos tus siervos.

5 Y Jehová dijo á Moises: Dí á Aaron: Extiende tu mano con tu vara sobre los rios, arroyos, y estanques, para que haga venir ranas sobre la tierra de Egipto.

6 Entónces Aaron extendió su mano sobre las aguas de Egipto[a], y subieron ranas que cubrieron la tierra de Egipto.

7 Y los encantadores hicieron lo mismo con sus encantamientos, é hicieron venir ranas sobre la tierra de Egipto.

8 Entónces Pharaon llamó á Moises y á Aaron, y díjoles: Orad[b] á Jehová, que quite las ranas de mí y de mi pu-

[a] Sal. 78. 45. y 105. 30.
[b] Cap. 9. 28. y 10. 17. Num. 21. 7. 1 Rey. 13. 6. Hech. 8. 24.

eblo; y *yo* dejaré ir el pueblo, para que sacrifique á Jehová.

9 Y dijo Moises á Pharaon: Gloríate sobre mí: ¿cuando oraré por tí, y por tus siervos, y por tu pueblo, para que las ranas sean quitadas de tí, y de tus casas, y *que* solamente se queden en el rio?

10 Y él dijo: Mañana. Y *Moises* respondió: *Se hará* conforme á tu palabra, para que conozcas que no *hay otro* como Jehová nuestro Dios[c]:

[c] Sal. 86. 8. Jer. 10. 6, 7.

11 Y las ranas se irán de tí, y de tus casas, y de tus siervos, y de tu pueblo, *y* solamente se quedarán en el rio.

12 Entónces salieron Moises y Aaron de con Pharaon; y clamó Moises á Jehová sobre el negocio de las ranas que habia puesto á Pharaon.

13 E hizo Jehová conforme á la palabra de Moises, y[d] murieron las ranas de las casas, de los cortijos, y de los campos.

[d] Deu. 34. 10, 12.

14 Y las juntaron en montones, y apestaba la tierra.

15 Y viendo Pharaon que le habian dado reposo, agravó su corazon[e], y no los escuchó, como Jehová *lo* habia dicho[f].

[e] Cap. 7. 14. Ec. 8. 11.
[f] Cap. 7. 4.

16 ¶ Entónces Jehová dijo á Moises: Dí á Aaron: Extiende tu vara, y hiere el polvo de la tierra, para que se vuelva piojos por todo el pais de Egipto.

17 Y ellos lo hicieron así; y Aaron extendió su mano con su vara, é hirió el polvo de la tierra, el cual se volvió piojos así en los hombres como en las bestias: todo el polvo de la tierra se volvió piojos en todo el pais de Egipto.

18 Y los encantadores hicieron así tambien para sacar piojos con sus encantamentos, mas no pudieron. Y habia piojos así en los hombres como en las bestias.

19 Entónces los magos dijeron á Pharaon: Dedo de Dios *es* este[g]. Mas el corazon de Pharaon se endureció, y no los escuchó, como Jehová lo habia dicho.

[g] 1 Sam. 6. 3, 9.

20 ¶ Y Jehová dijo á Moises: Levántate de mañana, y ponte delante de Pharaon, hé aquí él sale á las aguas, y dile, Jehová ha dicho así: Deja ir á mi pueblo para que me sirva:

21 Porque si no dejares ir mi pueblo, hé aquí yo enviaré sobre tí, y sobre tus siervos, y sobre tu pueblo, y sobre tus casas toda suerte de moscas; y las casas de los Egipcios se henchirán de toda suerte de moscas, y asimismo la tierra donde ellos estuvieren.

22 Y aquel dia yo apartaré la tierra de Gossen[h], en la cual mi pueblo habita, para que ninguna suerte de moscas haya en ella; á fin de que sepas que yo *soy* Jehová en medio de la tierra.

[h] Cap. 9. 4, etc. y 10. 23. y 11. 6, 7. y 12. 13.

23 Y yo pondré redencion entre mi pueblo y el tuyo. Mañana será esta señal.

24 Y Jehová lo hizo así: que vino toda suerte de moscas molestísimas sobre la casa de Pharaon, y sobre las casas de sus siervos, y sobre todo el pais de Egipto; y la tierra fué corrompida á causa de ellas.

25 Entónces Pharaon llamó á Moises y á Aaron, y díjoles: Andad, sacrificad á vuestro Dios en la tierra.

26 Y Moises respondió: No conviene que hagamos así, porque sacrificaríamos á Jehová nuestro Dios la abominacion[i] de los Egipcios. Hé aquí, si sacrificáramos la abominacion de los Egipcios delante de ellos, ¿no nos apedrearian?

[i] Gen. 43. 32. y 46. 34.

27 Camino de tres dias irémos[k] por el desierto, y sacrificarémos á Jehová nuestro Dios, como él nos dirá.

[k] Cap. 3. 18.

28 Y dijo Pharaon: Yo os dejaré ir para que sacrifiqueis á Jehová vuestro Dios en el desierto, con tal que no vayais mas lejos: orad por mí[l].

[l] ver. 8.

29 Y respondió Moises: Hé aquí en saliendo yo de contigo rogaré á Jehová que las diversas suertes de moscas se vayan de Pharaon, y de sus siervos, y de su pueblo mañana, con tal que Pharaon no falte mas[m] no dejando ir al pueblo á sacrificar á Jehová.

[m] Sal. 78. 34, 37. Jer. 42. 20, 21.

30 Entónces Moises salió de con Pharaon, y oró á Jehová.

31 Y Jehová hizo conforme á la palabra de Moises; y quitó todas aquellas moscas de Pharaon, y de sus siervos, y de su pueblo, sin que quedara una.

32 Mas Pharaon agravó aun esta vez su corazon[n], y no dejó ir el pueblo.

[n] ver. 15. Cap. 4. 21. Rom. 2. 5.

CAPITULO IX.

Plagas de peste, de úlceras, y de granizo: ninguna de ellas toca á los Hebréos. Pharaon promete dejar salir el pueblo; pero falta tambien á su palabra.

ENTONCES Jehová dijo á Moises: Entra á Pharaon, y dile: Jehová el Dios de los Hebréos dice así: Deja ir mi pueblo, para que me sirvan.

2 Porque si no lo quieres dejar ir, y los detuvieres aun,

3 Hé aquí la mano de Jehová será sobre tus ganados que *estan* en el campo, caballos, asnos, camellos, vacas, y ovejas, *con* pestilencia gravísima.

4 Y Jehová hará separacion entre los ganados de Israel y los de Egipto, de modo que nada muera de todo lo de los hijos de Israel.

5 Y Jehová señaló tiempo diciendo: Mañana hará Jehová esta cosa en la tierra.

6 Y el dia siguiente Jehová hizo aquello, y murió[a] todo el ganado de Egipto; mas del ganado de los hijos de Israel no murió uno.

[a] Sal. 78. 50.

7 Entónces Pharaon envió á *ver*, y hé aquí que del ganado de los hijos de Israel no habia muerto uno. Mas el corazon de Pharaon se agravó, y no dejó ir al pueblo.

8 ¶ Y Jehová dijo á Moises y á Aaron: Tomad puñados de ceniza de un horno, y espárzala Moises hácia el cielo delante de Pharaon:

9 Y vendrá á ser polvo sobre toda la tierra de Egipto, el cual originará sarpullido[b] que cause tumores apostemados en los hombres, y en las bestias, por todo el pais de Egipto.

[b] Deu. 28. 27. Job 2. 7. Ap. 16. 2.

10 Y tomaron la ceniza del horno, y pusiéronse delante de Pharaon, y esparcióla Moises hácia el cielo; y vino un sarpullido que causaba tumores apostemados *así* en los hombres como en las bestias.

11 Y los magos no podian estar delante de Moises á causa de los tumores; porque hubo sarpullido en los magos, y en todos los Egipcios.

12 Y Jehová endureció el corazon de Pharaon, y no los oyó, como Jehová lo habia dicho á Moises[c].

[c] Cap. 4. 21.

13 ¶ Entónces Jehová dijo á Moises: Levántate de mañana, y ponte delante de Pharaon, y díle: Jehová el Dios de los Hebréos dice así: Deja ir mi pueblo, para que me sirva.

14 Porque *de otra manera* yo enviaré esta vez todas mis plagas[d] á tu corazon, y sobre tus siervos, y sobre tu pueblo, para que entiendas que no *hay otro* como yo en toda la tierra.

[d] 1 Sam. 4. 8.

15 Porque ahora yo extenderé mi mano para herirte á tí y á tu pueblo de pestilencia, y serás quitado de la tierra.

16 Y á la verdad yo te he puesto[e] para declarar en tí mi potencia, y que mi Nombre sea contado en toda la tierra.

[e] Pro. 16. 4. Rom. 9. 17. 1 Ped. 2. 8.

17 ¿ Todavía te ensalzas tú contra mi pueblo, para no dejarlos ir ?

18 *Pues* hé aquí que mañana á estas horas yo haré llover granizo muy grave, cual nunca fué en Egipto desde el dia que se fundó hasta ahora.

19 Envia pues á recoger tu ganado, y todo lo que tienes en el campo; porque todo hombre ó animal que se hallare en el campo, y no fuere recogido á casa, el granizo descenderá sobre él, y morirá.

20 De los siervos de Pharaon el que temió la palabra de Jehová, hizo huir sus criados y su ganado á casa :

21 Mas el que no puso en su corazon la palabra de Jehová, dejó sus criados y sus ganados en el campo.

22 Y Jehová dijo á Moises : Extiende tu mano hácia el cielo, para que venga granizo en toda la tierra de Egipto sobre los hombres, y sobre las bestias, y sobre toda la yerba del campo en el pais de Egipto.

23 Y Moises extendió su vara hácia el cielo, y Jehová hizo tronar y granizar[f], y el fuego discurria por la tierra : y llovió Jehová granizo sobre la tierra de Egipto.

[f] Jos. 10. 11. Job 38. 22, 23. Sal. 18. 13. y 78. 47. y 105. 32. Is. 30. 30. Ez. 38. 22. Apoc. 8. 7.

24 Hubo pues granizo, y fuego mezclado con el granizo, tan grande, cual nunca hubo en toda la tierra de Egipto desde que fué habitada.

25 Y aquel granizo hirió en toda la tierra de Egipto todo lo que *estaba* en el campo, así hombres como bestias : asímismo hirió el granizo toda la yerba del campo, y desgajó todos los árboles del pais.

26 Solamente en la tierra de Gossen[g], donde los hijos de Israel estaban, no hubo granizo.

[g] Cap. 8. 22.

27 Entónces Pharaon envió á llamar á Moises y á Aaron, y les dijo : He pecado esta vez. Jehová es justo, y yo y mi pueblo impíos[h].

[h] 2 Cr. 12. 6.

28 Orad á Jehová, y cesen los truenos de Dios y el granizo; y yo os dejaré ir, y no os detendréis mas.

29 Y respondióle Moises : en saliendo yo de la ciudad, extenderé mis manos á Jehová, *y* los truenos cesarán, y no habrá mas granizo ; para que sepas que de Jehová *es* la tierra[i].

[i] Sal. 24. 1. 1 Cr. 10. 26.

30 Mas yo sé que ni tú ni tus siervos temeréis todavía la presencia del Dios Jehová[k].

[k] Is. 26. 10.

31 El lino pues y la cebada fueron heridos, porque la cebada *estaba ya* espigada, y el lino en caña.

32 Mas el trigo y el centeno no fueron heridos, porque eran tardíos.

33 Y salido Moises de con Pharaon de la ciudad, extendió sus manos á Jehová, y cesaron los truenos y el granizo ; y la lluvia no cayó mas sobre la tierra.

34 Y viendo Pharaon que la lluvia habia cesado, y el granizo, y los truenos, perseveró en pecar[l], y agravó su corazon él y sus siervos.

[l] 2 Cr. 36. 13. Rom. 2. 4, 5.

35 Y el corazon de Pharaon se endureció, y no dejó ir los hijos de Israel, como Jehová lo habia dicho por medio de Moises.

CAPITULO X.

Plagas de langostas, y de tinieblas espantosas. En vista de esta última plaga permite Pharaon la salida del pueblo de Israel. Pero no acepta Moises la oferta por no estar comprendidos los ganados.

Y JEHOVA dijo á Moises : Entra á Pharaon, porque yo he agravado[a] su corazon, y el corazon de sus siervos, para dar entre ellos estas mis señales :

[a] Cap. 7. 13, 14.

2 Y para que cuentes á tus hijos[b] y á tus nietos las cosas que yo hice en Egipto, y mis señales que dí entre ellos, y para que sepais que yo *soy* Jehová.

[b] Deu. 4. 9. Sal. 44. 1. y 78. 5.

3 Entónces vinieron Moises y Aaron á Pharaon, y le dijeron : Jehová el Dios de los Hebréos ha dicho así : ¿ Hasta cuando no querrás humillarte[c] delante de mí ? Deja ir mi pueblo, para que me sirvan.

[c] 1 Rey. 21. 29. 2 Cr. 7. 14. y 33. 12, 19. Job 42. 6. Sant°. 4. 10.

4 Y si aun rehusas dejarlo ir, hé aquí que yo traeré mañana langosta[d] en tus términos,

[d] Pro. 30. 27.

5 *La cual* cubrirá la faz de la tierra, de modo que no pueda verse la tierra ; y ella comerá lo que quedó salvo, lo que os ha quedado del granizo :[e] comerá asímismo todo árbol que os produce *fruto* en el campo.

[e] Cap. 9. 32.

6 Y llenarse han tus casas, y las casas de todos tus siervos, y las casas de todos los Egipcios, cual nunca vieron tus padres, ni tus abuelos desde que ellos fueron sobre la tierra hasta hoy. Y volvióse, y salió de con Pharaon.

7 Entónces los siervos de Pharaon le dijeron : ¿ Hasta cuando nos ha de ser este por lazo[f] ? deja ir estos hombres, para que sirvan á Jehová su Dios : ¿ aun no sabes que Egipto está destruido ?

[f] Jos. 23. 13.

8 Y Moises y Aaron volvieron á ser llamados á Pharaon, el cual les dijo : Andad, servid á Jehová vuestro Dios. Quien y quien son los que han de ir ?

9 Y Moises respondió : Hemos de ir con nuestros niños, y con nuestros viejos, con nuestros hijos y con nuestras hijas : con nuestras ovejas y con nuestras vacas hemos de ir ; porque tenemos solemnidad de Jehová.

10 Y él les dijo : Así sea Jehová con vosotros como yo os dejaré ir á vosotros y á vuestros niños : mirad como el mal está delante de vuestro rostro.

11 No *será así* : id ahora vosotros los varones, y servid á Jehová ; pues esto es lo que vosotros demandasteis. Y echáronlos de delante de Pharaon.

12 Entónces Jehová dijo á Moises : Extiende tu mano sobre la tierra de Egipto para langosta, á fin de que suba sobre el pais de Egipto, y consuma todo lo que el granizo dejó.

13 Y extendió Moises su vara sobre la tierra de Egipto, y Jehová trajo un viento oriental sobre el pais todo aquel dia, y toda aquella noche : y á la mañana el viento oriental trajo la langosta.

14 Y subió la[g] langosta sobre toda la tierra de Egipto, y asentóse en todos los términos de Egipto, *siendo* en gran manera grave : antes de ella no hubo langosta semejante, ni despues de ella vendrá otra tal.

[g] Sal. 78. 46. y 105. 34.

15 Y cubrió la faz de todo el pais, y oscurecióse la tierra ; y consumió toda la yerba de la tierra, y todo el fruto de los árboles que habia dejado el granizo, que no quedó cosa verde en árboles ni en la yerba del campo por toda la tierra de Egipto.

16 Entónces Pharaon hizo llamar á priesa á Moises y á Aaron, y dijo : He pecado contra Jehová vuestro Dios, y contra vosotros[h].

[h] Cap. 9. 27.

17 Mas ruego ahora que perdones mi pecado solamente esta vez, y que oreis á Jehová vuestro Dios que quite de mí solamente esta muerte[i].

[i] 1 Rey. 13. 6.

18 Y salió de con Pharaon, y oró á Jehová.

19 Y Jehová volvió un viento occidental fortísimo, y quitó la langosta, y arro-

jóla en el mar Bermejo: ni una langosta quedó en todo el término de Egipto.

k Cap. 4. 21.

20 Mas Jehová endureció el corazon de Pharaon,[k] y no envió los hijos de Israel.

21 ¶ Y Jehová dijo á Moises: Extiende tu mano hácia el cielo, para que haya tinieblas sobre la tierra de Egipto, tales que cua'quiera las palpe.

22 Y extendió Moises su mano hácia el cielo, y hubo densas tinieblas tres dias por toda la tierra de Egipto.

l Cap. 8. 22. y 9. 4, 26. y 12. 13.

23 Ninguno vió á su prójimo, ni nadie se levantó de su lugar en tres dias; mas todos los hijos de Israel tenian luz en sus habitaciones[l].

24 ¶ Entónces Pharaon hizo llamar á Moises, y dijo: Id, servid á Jehová; solamente queden vuestras ovejas y vuestras vacas: vayan tambien vuestros niños con vosotros.

25 Y Moises respondió: Tú tambien nos entregarás sacrificios y holocaustos que sacrifiquemos á Jehová nuestro Dios.

26 Nuestros ganados irán tambien con nosotros: no quedará *ni* una uña; porque de ellos hemos de tomar para servir á Jehová nuestro Dios; y no sabemos con que hemos de servir á Jehová, hasta que lleguemos allá.

m ver. 1. 20. Cap. 14. 4, 8.

27 Mas Jehová endureció[m] el corazon de Pharaon, y no quiso dejarlos ir.

28 Y díjole Pharaon: Retírate de mí, guárdate que no veas mas mi rostro, porque en cualquier dia que vieres mi rostro, morirás.

n Heb. 11. 27.

29 Y Moises respondió: Bien has dicho; no veré mas tu rostro[n].

CAPITULO XI.

Manda el Señor á Moises que los Israelitas se apoderen de varias alhajas de los Egipcios. Descríbese la décima y última plaga, que fué la muerte de los primogénitos.

a Cap. 12. 31, 39.

Y JEHOVA dijo á Moises: una plaga traeré aun sobre Pharaon, y sobre Egipto, despues de la cual él os dejará ir de aquí; y seguramente os echará[a] de aquí del todo.

2 Habla ahora al pueblo, y que cada uno demande á su vecino, y cada una á su vecina, vasos de plata y de oro.

b Cap. 12. 36.

3 Y Jehová dió gracia al pueblo en los ojos de los Egipcios.[b] Tambien Moises *era* muy gran varon en la tierra de Egipto, á los ojos de los siervos de Pharaon, y á los ojos del pueblo.

c Cap. 12. 29. Job 34. 20.

4 Y dijo Moises: Jehová ha dicho así: A la media noche[c] yo saldré por medio de Egipto,

d Cap. 4. 23.

5 Y morirá[d] todo primogénito en tierra de Egipto, desde el primogénito de Pharaon, que se sienta en su trono, hasta el primogénito de la sierva, que *está* tras la muela, y todo primogénito de las bestias.

e Cap. 12. 30.

6 Y habrá gran clamor[e] por toda la tierra de Egipto, cual nunca fué, ni jamas será.

f Jos. 10. 21.

7 Mas entre todos los hijos de Israel, desde el hombre hasta la bestia, ni un perro moverá su lengua; [f]para que sepais que hará diferencia Jehová entre los Egipcios y los Israelitas[g].

g Cap. 8. 22. h Cap. 12. 31, 33.

8 Y descenderán[h] á mí todos estos tus siervos, é inclinados delante de mí dirán: Sal tú, y todo el pueblo que *está* bajo de tí. Y despues de esto yo saldré. Y salióse muy enojado de con Pharaon.

i Cap. 7. 3.

9 Y Jehová dijo á Moises: Pharaon no os oirá, para que mis maravillas se multipliquen en la tierra de Egipto[i].

10 Y Moises y Aaron hicieron todos estos prodigios delante de Pharaon: mas Jehová habia endurecido el corazon de Pharaon[k], y no envió á los hijos de Israel fuera de su pais.

k Cap. 10. 20, 27.

CAPITULO XII.

El cordero Pascual, y ceremonias con que ha de comerse. Muerte de todos los primogénitos de los Egipcios. Salida de los Israelitas de Egipto.

Y HABLO Jehová á Moises y á Aaron en la tierra de Egipto, diciendo:

2 Este mes[a] os *será* principio de los meses, *será* este para vosotros el primero en los meses del año.

a Cap. 13. 4. y 34. 18.

3 Hablad á toda la congregacion de Israel diciendo: En el diez de aqueste mes tómese cada uno un cordero por las familias de los padres, un cordero por *cada* familia.

4 Mas si la familia fuere pequeña que no *baste* á comer el cordero, entónces tomará á su vecino inmediato á su casa, *y* segun el número de las personas, cada uno conforme á su comer echaréis la cuenta sobre el cordero.

5 El cordero *que elijais* será sin defecto, macho[b], de un año: tomaréis*le* de las ovejas, ó de las cabras:

b Lev. 22. 19, 21. Deu. 17. 1. Mal. 1. 8, 14. 1 Ped. 1. 19.

6 Y habeis de guardarlo hasta el dia catorce[c] de este mes; y lo inmolará toda la congregacion del pueblo de Israel entre las dos tardes.

c Lev. 23. 5. Num. 9. 3. y 28. 16. Deu. 16. 1, 6.

7 Y tomarán de la sangre, y pondrán en los dos postes, y en el dintel de las casas en que lo han de comer.

8 Y aquella noche comerán la carne asada al fuego, y panes sin levadura[d]: con *yerbas* amargas lo comerán.

d Cap. 34. 25. Deu. 16. 3. 1 Cor. 5. 8.

9 Ninguna cosa comeréis de él cruda, ni cocida en agua, sino asada al fuego; su cabeza con sus pies y sus intestinos.

10 Ninguna cosa dejaréis de él hasta la mañana; y[e] lo que habrá quedado hasta la mañana, habeis de quemarlo en el fuego.

e Cap. 23. 18.

11 Y así habeis de comerlo: Ceñidos[f] vuestros lomos, vuestros zapatos en vuestros pies, y[g] vuestro bordon en vuestra mano; y le comeréis apresuradamente. Esta *es* la Pascua de Jehová.

f Luc. 12. 35. Ef. 6. 14. g Ef. 6. 15.

12 Pues yo pasaré aquella noche por la tierra de Egipto, y heriré á todo primogénito en la tierra de Egipto, así en los hombres como en las bestias: y haré juicios en todos los dioses de Egipto[h]. Yo Jehová.

h Num. 33. 4.

13 Y la sangre os será por señal en las casas donde vosotros *estuviereis*; y veré la sangre, y pasaré de vosotros, y no habrá en vosotros plaga de mortandad, cuando heriré la tierra de Egipto.

14 Y este dia os ha de ser en memoria, y habeis de celebrarlo[i] como solemne á Jehová durante vuestras generaciones: por estatuto perpetuo lo celebraréis.

i Lev. 23. 4, 5.

15 Siete dias[k] comeréis panes sin levadura; y así el primer dia haréis que no haya levadura en vuestras casas: porque cualquiera que comiere leudado desde el primer dia hasta el séptimo, aquella alma será cortada de Israel.

k Cap. 13. 6.

16 El primer dia *habrá* santa convocacion, y asimismo en el séptimo dia tendréis[l] una santa convocacion: ninguna obra se hará en ellos, excepto solamente que aderezeis lo que cada cual hubiere de comer.

l Num. 29. 12.

17 Y guardaréis la *fiesta de* los ázimos, porque en aqueste mismo dia saqué vuestros ejércitos de la tierra de Egipto: por tanto guardaréis este dia en vuestras generaciones por costumbre perpetua.

18 En el *mes* primero, el dia catorce del mes por la tarde comeréis los panes sin levadura, hasta el veinte y uno del mes por la tarde.

19 Por siete dias no se hallará levadura[m] en vuestras casas, porque cualquiera que comiere leudado, así estrangero como natural del pais, aquella alma será cortada de la congregacion de Israel.

20 Ninguna cosa leudada comeréis; en todas vuestras habitaciones comeréis panes sin levadura.

21 ¶ Y Moises convocó á todos los ancianos de Israel, y díjoles: Sacad, y tomaos corderos por vuestras familias, y sacrificad la Pascua[n].

22 Y tomad un manojo de hisopo, y mojadle en la sangre que *estará* en una jofaina, y untad el dintel y los dos postes con la sangre que *estará* en la jofaina;[o] y ninguno de vosotros salga de las puertas de su casa hasta la mañana.

23 Porque Jehová pasará hiriendo á los Egipcios; y como verá la sangre en el dintel y en los dos postes, pasará Jehová aquella puerta, y no dejará entrar al heridor[p] en vuestras casas para herir.

24 Y guardareis esto por estatuto para vosotros y para vuestros hijos para siempre.

25 Y será, cuando habréis entrado en la tierra que Jehová os dará, como tiene hablado, que guardaréis este rito.

26 Y cuando os dijeren vuestros hijos: ¿Que rito *es* este vuestro[q]?

27 Vosotros responderéis: Esta *es* la víctima de la Pascua de Jehová, el cual pasó las casas de los hijos de Israel en Egipto, cuando hirió á los Egipcios, y libró nuestras casas. Entónces el pueblo se inclinó y adoró[r].

28 Y los hijos de Israel se fueron, é hicieron puntualmente así como Jehová habia mandado á Moises y á Aaron.

29 ¶ Y aconteció que á la media noche Jehová hirió á todo primogénito en la tierra de Egipto[s], desde el primogénito de Pharaon, que se sentaba sobre su trono, hasta el primogénito del cautivo que *estaba* en la cárcel, y todo primogénito de los animales.

30 ¶ Y levantóse aquella noche Pharaon, él y todos sus siervos, y todos los Egipcios; y habia un gran clamor en Egipto,[t] porque no habia casa donde no *hubiese* muerto:

31 E hizo llamar á Moises y á Aaron de noche, y díjoles: Salid de en medio de mi pueblo vosotros y los hijos de Israel; é id, servid á Jehová, como habeis dicho.

32 Tomad tambien vuestras ovejas y vuestras vacas, como habeis dicho, é idos; y bendecidme tambien *á mí*.

33 Y los Egipcios apremiaban[u] al pueblo dandose priesa á echarlos de la tierra; porque decian, Todos somos muertos.

34 Y llevó el pueblo su masa antes que se leudase, sus masas envueltas en sus sabanas sobre sus hombros.

35 E hicieron los hijos de Israel conforme al mandamiento de Moises, demandando á los Egipcios vasos de plata, y vasos de oro, y vestidos[x].

36 Y Jehová dió gracia al pueblo delante de los Egipcios, y prestáronles; y ellos despojaron á los Egipcios[y].

37 ¶ Y partieron los hijos de Israel de Rameses[z] á Succoth, como seiscientos mil hombres[a] de á pie, sin *contar* los niños.

38 Y tambien subió con ellos grande multitud de[b] diversa suerte de gentes, y ovejas, y ganados muy muchos.

39 Y cocieron tortas sin levadura de la masa que habian sacado de Egipto, porque no habia leudado, por cuanto echandolos los Egipcios no habian podido detenerse, ni aun prepararse comida.

40 ¶ El tiempo que los hijos de Israel habitaron en Egipto, fué cuatrocientos y treinta años[c].

41 Y pasados cuatrocientos y treinta años, en el mismo dia salieron todos los ejércitos de Jehová de la tierra de Egipto.

42 Esta *es* noche de guardar á Jehová, por haberlos sacado *en ella* de la tierra de Egipto. Esta noche *deben* guardar á Jehová todos los hijos de Israel en sus generaciones[d].

43 ¶ Y Jehová dijo á Moises y á Aaron: Esta *será* la ordenanza de la Pascua. Ningun estraño comerá de ella[e]:

44 Mas todo siervo humano, comprado por dinero, comerá de ella despues que lo hubieres circuncidado[f].

45 El estrangero y el asalariado no comerán de ella[g].

46 En una casa se comerá, y no llevarás de aquella carne fuera de casa, ni quebraréis hueso suyo[h].

47 Toda la congregacion de Israel le sacrificará.

48 Mas si algun estrangero peregrinare contigo, y quisiere hacer la Pascua á Jehová, seale circuncidado todo varon, y entónces se llegará á hacerla, y será como el natural de la tierra; pero ningun incircunciso comerá de ella.

49 La misma ley será para el natural y para el estrangero que peregrinare entre vosotros[i].

50 Así lo hicieron todos los hijos de Israel; como mandó Jehová á Moises y á Aaron, así lo hicieron.

51 ¶ Y en aquel mismo[k] dia sacó Jehová á los hijos de Israel de la tierra de Egipto por sus escuadrones[l].

CAPITULO XIII.

Ordena el Señor la oblacion de los primogénitos en memoria de lo sucedido en la salida de Egipto. Columna de nube y fuego, que les sirve de guia por el camino.

Y JEHOVA habló á Moises, diciendo:

2 Santifícame todo primogénito[a], cualquiera que abre matriz entre los hijos de Israel, así de los hombres como de los animales: *porque* mio es.

3 Y Moises dijo al pueblo: Tened memoria de aqueste dia[b], en el cual habeis salido de Egipto, de la casa de servidumbre; pues Jehová os ha sacado de aquí con mano fuerte: por tanto no comeréis leudado.

4 Vosotros salís hoy en el mes de Abib[c].

5 Y cuando Jehová te hubiere metido en la tierra del Cananéo, y del Hethéo, y del Amorrhéo, y del Hevéo, y del Jebuséo, la cual juró á tus padres que te daría, tierra[d] que destila leche y miel, harás este servicio en aqueste mes:

6 Siete dias[e] comerás por leudar, y el séptimo dia será fiesta á Jehová.

7 Por los siete dias se comerán los panes sin levadura; y no se verá contigo leudado, ni levadura en todo tu término.

8 Y contarás en aquel dia á tu hijo diciendo[f]: *Hácese esto* con motivo de lo que Jehová hizo conmigo cuando me sacó de Egipto.

9 Y serte ha como una señal[g] sobre tu mano, y como una memoria delante de tus ojos, para que la ley de Jehová esté en tu boca; por cuanto con mano fuerte te sacó Jehová de Egipto.

[m] Cap. 23. 15. y 34. 18.
[n] Jos. 5. 10. 2 Rey. 23. 21. Esd. 6. 20. Mat. 26. 18.
[o] Heb. 11. 28.
[p] 2 Sam. 24. 16. Ez. 9. 4, 6. Apoc. 7. 3. y 9. 4.
[q] Cap. 13. 8, 14. Jos. 4. 6. Sal. 78. 6.
[r] Cap. 4. 31.
[s] Num. 3. 13. y 33. 4. Sal. 78. 51. y 105. 36. y 135. 8. y 136. 10. Heb. 11. 28.
[t] Cap. 11. 6.
[u] Sal. 105. 38.
[x] Cap. 11. 2.
[y] Cap. 3. 21.
[z] Num. 33. 3, 5.
[a] Num. 1. 46. y 11. 21.
[b] Num. 11. 4.
[c] Gen. 15. 13. Hech. 7. 6. Gal. 3. 17.
[d] Deu. 16. 1, 6.
[e] Ef. 2. 19.
[f] Fil. 3. 3.
[g] Lev. 22. 10. Ef. 2. 12.
[h] Num. 9. 12. Juan 19. 36.
[i] Num. 9. 14. Gal. 3. 28. Col. 3. 11.
[k] ver. 41.
[l] Cap. 6. 26.
[a] Cap. 22. 29. y 34. 19. Num. 3. 13. Deu. 15. 19. Luc. 2. 23.
[b] Cap. 12. 42.
[c] Cap. 23. 15.
[d] Gen. 17. 8. y 22. 16.
[e] Cap. 12. 15.
[f] Cap. 12. 26. ver. 4.
[g] ver. 16. Deu. 6. 8. y 11. 18. Pro. 6. 21. Cant. 8. 6.

10 Por tanto tú guardarás este rito en su tiempo de año en año.

11 Y cuando Jehová te hubiere metido en la tierra del Cananéo, como te ha jurado á tí y á tus padres, y cuando te la hubiere dado,

12 Harás pasar á Jehová todo lo que abriere la matriz; asimismo todo primerizo que abriere la matriz de tus animales: los machos *serán* de Jehová.

13 Mas todo primogénito de asno redimirás con un cordero; y si no lo redimieres, le degollarás: asimismo redimirás todo humano primogénito de tus hijos.

14 Y cuando mañana te preguntare tu hijo diciendo[h]: ¿Qué *es* esto? decirle has: Jehová nos sacó con mano fuerte de Egipto, de casa de servidumbre:

[h] Deu. 6. 20. Jos. 4. 6, 21.

15 Y endureciendose Pharaon en no dejarnos ir, Jehová mató en la tierra de Egipto á todo primogénito, desde el primogénito humano hasta el primogénito de la bestia: y por esta causa yo sacrifico á Jehová todo primogénito macho, y redimo todo primogénito de mis hijos.

16 Serte ha pues como una señal sobre tu mano, y por una memoria delante de tus ojos, ya que Jehová nos sacó de Egipto con mano fuerte[i].

[i] Deu. 26. 8.

17 ¶ Y luego que Pharaon dejó ir al pueblo, Dios no los llevó por el camino de la tierra de los Philisthéos, que *estaba* cerca; porque dijo Dios: Que quizá no se arrepienta el pueblo cuando vieren la guerra, y se vuelvan á Egipto[k].

[k] Cap. 14. 11, 12. Num. 14. 1, 4.

18 Mas hizo Dios al pueblo que[l] rodease por el camino del desierto del mar Bermejo: y subieron los hijos de Israel de Egipto armados.

[l] Deu. 32. 10.

19 Tomó tambien consigo Moises los huesos de Joseph, el cual habia juramentado á los hijos de Israel diciendo: Dios ciertamente os visitará, y haréis subir mis huesos de aquí con vosotros[m].

[m] Gen. 50. 25. Jos. 24. 32. Hech. 7. 16.

20 ¶ Y partidos de Succoth, asentaron campo en Ethan á la entrada del desierto[n].

[n] Num. 33. 6.

21 Y Jehová iba delante de ellos[o], de dia en una columna de nube para guiarles por el camino, y de noche en una columna de fuego para alumbrarles; á fin que anduviesen de dia y de noche.

[o] Num. 9. 15, 23. y 10. 34. y 14. 14. Deu. 1. 33. Neh. 9. 12, 19. Sal. 78. 14. y 99. 7. y 105. 39. Is. 4. 5. 1 Cor. 10. 2.

22 Nunca se partió de delante del pueblo la columna de nube de dia, ni de noche la columna de fuego.

CAPITULO XIV.

Persigue Pharaon á los Israelitas. Divide Moises con la vara las aguas del mar Rojo; los Israelitas le pasan á pié enjuto, y quedan en él anegados los Egipcios.

Y HABLO Jehová á Moises diciendo:

2 Habla á los hijos de Israel que den la vuelta, y asienten su campo delante de Pihahiroth[a], entre Migdol y la mar hácia Baalzephon: delante de él asentaréis el campo junto á la mar.

[a] Num. 33. 7.

3 Porque Pharaon dirá de los hijos de Israel: Encerrados *estan* en la tierra, el desierto los ha encerrado.

4 Y yo endureceré[b] el corazon de Pharaon para que los siga; y seré glorificado en Pharaon y en todo su ejército, y sabrán los Egipcios que yo *soy* Jehová. Y ellos lo hicieron así.

[b] Cap. 4. 21.

5 ¶ Y fué dado aviso al rey de Egipto como el pueblo se huia: y el corazon de Pharaon y de sus siervos se volvió contra el pueblo, y dijeron: ¿Como hemos hecho esto de haber dejado ir á Israel, para que no nos sirva?

6 Y unció su carro, y tomó consigo su pueblo:

7 Y tomó seiscientos carros escogidos[c], y todos los carros de Egipto, y los capitanes sobre ellos.

[c] Cap. 15. 4.

8 Y endureció Jehová el corazon de Pharaon, rey de Egipto, y siguió á los hijos de Israel; pero los hijos de Israel habian salido con mano poderosa[d].

[d] Num. 33. 3. Deu. 26. 8.

9 Siguiendolos pues los Egipcios, con toda la caballería y carros de Pharaon, su gente de á caballo, y todo su ejército, alcanzáronlos asentando el campo junto á la mar, al lado de Pihahiroth, delante de Baalzephon.

10 ¶ Y cuando Pharaon se hubo acercado, los hijos de Israel alzaron sus ojos, y hé aquí los Egipcios que venian tras ellos; por lo que temieron en gran manera, y clamaron los hijos de Israel á Jehová[e].

[e] Jos. 24. 7. Neh. 9. 9.

11 Y dijeron á Moises: ¿No *habia* sepulcros en Egipto, que nos has sacado para que muramos en el desierto? ¿Porqué lo has hecho así con nosotros, que nos has sacado de Egipto?

12 ¿No *es* esto lo que te hablabamos en Egipto[f], diciendo: Déjanos servir á los Egipcios? Que mejor nos *fuera* servir á los Egipcios, que morir nosotros en el desierto.

[f] Cap. 5. 21. y 6. 9.

13 Y Moises dijo al pueblo: No temais;[g] estaos quedos, y ved la salud de Jehová, que él hará hoy con vosotros: porque los Egipcios que hoy habeis visto, nunca mas para siempre los veréis.

[g] Deu. 20. 3. 2 Rey. 6. 16. 2 Cr. 20. 15, 17. Sal. 27. 1, 2. y 46. 1, 3. Is. 41. 10, 14.

14 Jehová peleará[h] por vosotros, y vosotros estaréis quedos.

[h] Deu. 1. 30. y 20. 4. Jos. 23. 3, 10. Is. 30. 15.

15 Entónces Jehová dijo á Moises: ¿Por qué clamas á mí? dí á los hijos de Israel que marchen.

16 Y tú alza tu vara, y extiende tu mano sobre el mar, y divídele, y entren los hijos de Israel por medio de la mar en seco.

17 Y yo, hé aquí yo endureceré el corazon de los Egipcios para que los sigan: y yo me glorificaré en Pharaon, y en todo su ejército, y en sus carros, y en su caballería.

18 Y sabrán los Egipcios que yo *soy* Jehová, cuando me glorificaré en Pharaon, en sus carros, y en su gente de á caballo.

19 Y el ángel[i] de Dios, que iba delante del campo de Israel, se apartó, é iba en pos de ellos; y asimismo la columna de nube, que iba delante de ellos, se apartó, y púsose á sus espaldas:

[i] Num. 20. 16. Is. 63. 9.

20 E iba entre el campo de los Egipcios y el campo de Israel; y era nube y tinieblas *para aquellos*, y alumbraba á *Israel* de noche: y en toda aquella noche nunca llegaron los unos á los otros.

21 ¶ Y extendió Moises su mano sobre la mar, é hizo Jehová que la mar se retirase por un recio viento oriental toda aquella noche, y tornó la mar en seco, y las aguas quedaron divididas[k].

[k] Jos. 4. 23. Sal. 66. 6.

22 Entónces los hijos de Israel entraron por medio de la mar en seco[l], teniendo las aguas *como un* muro á su diestra y á su siniestra.

[l] 1 Cor. 10. 1. Heb. 11. 29.

23 Y siguiendolos los Egipcios entraron tras ellos hasta el medio de la mar, toda la caballería de Pharaon, sus carros, y su gente de á caballo.

24 Y aconteció á la vela de la mañana, que Jehová miró al campo de los Egipcios desde la columna de fuego y nube, y perturbó el campo de los Egipcios,

25 Y quitóles las ruedas de sus carros, y trastornólos gravemente. Entónces los Egipcios dijeron: Huyamos de delante

de Israel, porque Jehová pelea por ellos
contra los Egipcios.
26 Y Jehová dijo á Moises: Extiende
tu mano sobre la mar, para que las
aguas se vuelvan sobre los Egipcios,
sobre sus carros, y sobre su caballería.
27 Y Moises extendió su mano sobre
la mar, y la mar se volvió en su fuerza
cuando amanecia, y los Egipcios iban
hácia ella: y Jehová derribó á los Egip-
cios en medio de la mar.
28 Y volvieron las aguas, y cubrieron
los carros y la caballería, y todo el
ejército de Pharaon que había entrado
tras ellos en la mar; no quedó de ellos
ni uno.
29 Y los hijos de Israel fueron por
medio de la mar en seco, teniendo las
aguas por muro á su diestra y á su si-
niestra.
30 Así salvó Jehová aquel dia á Israel
de mano de los Egipcios; é Israel vió
á los Egipcios muertos á la orilla de la
mar.
31 Y vió Israel aquel grande hecho
que Jehová ejecutó contra los Egipcios:
[m] Cap. 19. 9. y el pueblo temió á Jehová, y creyeron[m]
Juan 2. 11. á Jehová, y á Moises su siervo.

CAPITULO XV.

Cántico de Moises en alabanza y hacimiento de gracias al Señor, despues de pasado el mar. Llegan los Israelitas á Mara, donde convierte Moises las aguas amargas en dulces.

ENTONCES cantó Moises, y los hijos
de Israel, este cántico á Jehová, y
dijeron: Cantaré yo á Jehová, porque
se ha magnificado grandemente, echan-
do en la mar al caballo y al que en él
subia.
2 Jehová *es* mi fortaleza, y *mi* can-
[a] Sal. 118. 14. cion[a], y hame sido por salud: este *es*
Is. 12. 2. mi Dios, y á este engrandeceré: Dios de
mi padre, y á este ensalzaré.
[b] Sal. 24. 8. 3 Jehová, Varon de guerra;[b] Jehová
y 45. 3. *es* su Nombre.
Ap. 19. 11. 4 Los carros de Pharaon y á su ejér-
cito echó en la mar, y sus escogidos
príncipes fueron hundidos en el mar
† Heb. *el mar algoso ó de juncos.* Bermejo †.
5 Los abismos los cubrieron; como
una piedra descendieron á los pro-
[c] Neh. 9. 11. fundos[c].
[d] Sal. 118. 6 Tu diestra[d], ó Jehová, ha sido ma-
15, 16. gnificada en fortaleza; tu diestra, ó Je-
hová, ha quebrantado al enemigo.
7 Y con la grandeza de tu poder has
trastornado á los que se levantaron con-
tra tí: enviaste tu furor, *el cual* los tragó
[e] Is. 5. 24. como á hojarasca[e].
y 47. 14. 8 Con el soplo de tus narices[f] se amon-
[f] 2 Sam. 22. tonaron las aguas, paráronse las corri-
16. entes como en un monton; los abismos
Job 4. 9. se cuajaron en medio de la mar.
9 El enemigo dijo: Perseguiré, pren-
deré, repartiré despojos, mi alma se
henchirá de ellos; sacaré mi espada,
destruirlos ha mi mano.
10 Soplaste con tu viento, cubriólos
la mar: hundiéronse como plomo en las
impetuosas aguas.
11 ¿Quien como tú, Jehová, entre los
‖ *poderosos.* dioses‖? quién como tú magnífico en
santidad, terrible en loores, hacedor de
maravillas?
12 Extendiste tu diestra, la tierra los
tragó.
[g] Is. 63. 13. 13 Condujiste en tu misericordia[g] á
este pueblo *al cual* salvaste; llevástelo
con tu fortaleza á la habitacion de tu
santuario.
[h] Num. 14. 14. 14 Oiránlo[h] los pueblos, y temblarán;
Jos. 2. 10. apoderarse ha dolor de los moradores de
Palestina.
15 Entónces los príncipes de Edom se
turbarán; á los robustos de Moab los
ocupará temblor; abatirse han todos los
moradores de Canaan[i]. [i] Jos. 5. 1.
16 Caiga sobre ellos[k] temblor y espan- [k] Deu. 2. 25.
to; á la grandeza de tu brazo enmu- y 11. 25.
dezcan como una piedra, hasta que haya
pasado tu pueblo, ó Jehová, hasta que
haya pasado este pueblo *que* tú resca-
taste[l]. [l] Sal. 74. 2.
17 Tú los introducirás y los plantarás[m] [m] Sal. 44. 2, 3.
en el monte de tu heredad, en el lugar
de tu morada, que tú has aparejado, ó
Jehová[n]; en el Santuario del Señor, que [n] Sal. 78. 54.
han afirmado tus manos.
18 Jehová reinará[o] por los siglos de los [o] Sal. 146. 10.
siglos. Dan. 4. 3.
19 ¶ Porque Pharaon entró cabalgando y 7. 27.
con sus carros y su gente de á caballo en
la mar, y Jehová volvió á traer las aguas
de la mar sobre ellos; mas los hijos de
Israel fueron en seco por medio del mar.
20 ¶ Y María la profetisa, hermana
de Aaron, tomó un pandero en su mano,
y todas las mujeres salieron en pos de
ella con panderos y danzas.
21 Y María les respondia: Cantad á
Jehová, porque en extremo se ha en-
grandecido, echando en la mar al ca-
ballo, y al que en él subia.
22 ¶ E hizo Moises que partiese Israel
del mar Bermejo, y salieron al desierto
del Sur;[p] y anduvieron tres dias por el [p] Gen. 16. 7.
desierto sin hallar agua.
23 Y llegaron á Mará,[q] y no pudieron [q] Num. 33. 8.
beber las aguas de Mará porque eran
amargas: por eso le pusieron el nombre
de Mará‖. ‖ *amargura.*
24 Entónces el pueblo murmuró contra
Moises, y dijo: Qué hemos de beber?
25 Y *Moises* clamó á Jehová; y Jehová
le mostró un árbol, el cual metídolo que
hubo dentro de las aguas, las aguas se
endulzaron[r]. Allí les dió estatutos y or- [r] 2 Rey. 2. 21.
denanzas, y allí les probó, y 4. 41.
26 Y dijo: Si oyeres atentamente la
voz de Jehová tu Dios, é hicieres lo recto
delante de sus ojos, y dieres oido á sus
mandamientos, y guardares todos sus
estatutos, ninguna enfermedad de las
que envié á los Egipcios te enviaré á tí:
[s] porque yo soy Jehová tu Sanador[t]. [s] Cap. 23. 25.
27 ¶ Y llegaron á Elim[u], donde habia [t] Sal. 103. 3.
doce fuentes de aguas, y setenta palmas: [u] Num. 33. 9.
y asentaron allí junto á las aguas.

CAPITULO XVI.

Envía el Señor codornices y pan del cielo á su pueblo ingrato. Le recomienda la observancia del Sábado, y que conserve en el tabernáculo una porcion del maná, para memoria de la posteridad.

Y PARTIENDO de Elim[a] toda la [a] Num. 33.
congregacion de los hijos de Israel, 10.
vino al desierto de Sin, que *está* entre
Elim y Sinai, á los quince dias del se-
gundo mes despues que salieron de la
tierra de Egipto.
2 Y toda la congregacion de los hijos
de Israel[b] murmuró contra Moises y [b] Cap. 15. 24.
Aaron en el desierto.
3 Y decianles los hijos de Israel:
Ojalá hubieramos muerto por mano de
Jehová en la tierra de Egipto, cuando
nos sentabamos á las ollas de las carnes,
cuando comiamos pan en hartura[c]; pues [c] Num. 11.
nos habeis sacado á este desierto, para 4, 5.
matar de hambre toda esta multitud.
4 Y Jehová dijo á Moises: Hé aquí
yo os haré llover pan del cielo;[d] y el [d] Sal. 78. 24.
pueblo saldrá, y cogerá para cada un dia, Juan 6. 31,
para que yo le pruebe[e] si anda en mi 32.
Ley, ó no. 1 Cor. 10. 3.
5 Mas al sexto dia aparejarán lo que [e] Deu. 8. 16.
han de encerrar, que será el doble de lo
que solian coger cada dia[f]. [f] ver. 22.

6 Entónces dijo Moises y Aaron á todos los hijos de Israel: A la tarde sabréis que Jehová os ha sacado de la tierra de Egipto,
7 Y á la mañana veréis la gloria de Jehová; porque él ha oido vuestras murmuraciones contra Jehová: que nosotros ¿qué *somos*, para que vosotros murmureis contra nosotros?
8 Y dijo Moises: Jehová os dará á la tarde carne para comer, y á la mañana pan en hartura; por cuanto Jehová ha oido vuestras murmuraciones con que habeis murmurado contra él: que nosotros qué *somos*? vuestras murmuraciones no *son* contra nosotros, sino contra Jehová [g].
9 Y dijo Moises á Aaron: Dí á toda la congregacion de los hijos de Israel: Acercaos en la presencia de Jehová, que él ha oido vuestras murmuraciones.
10 Y hablando Aaron á toda la congregacion de los hijos de Israel, miraron hácia el desierto, y hé aquí la gloria de Jehová que apareció en la nube [h].
11 Y Jehová habló á Moises diciendo:
12 Yo he oido las murmuraciones [i] de los hijos de Israel: hablales diciendo: Entre las *dos* tardes comeréis carne, y por la mañana os hartaréis de pan, y sabréis que yo *soy* Jehová vuestro Dios.
13 Y venida la tarde, subieron [k] codornices que cubrieron el real; y á la mañana descendió rocío en derredor del real.
14 Y como el rocío cesó de descender, hé aquí sobre la haz del desierto una cosa menuda, redonda, menuda como una helada sobre la tierra.
15 Y viendolo los hijos de Israel, se dijeron unos á otros: ¿Qué es esto †? porque no sabian que era. Entónces Moises les dijo: Este *es* el pan que Jehová os dá para comer.
16 Esto *es* lo que Jehová ha mandado: Cogeréis de él cada uno segun pudiere comer, un gomer por cabeza *conforme* al numero de vuestras personas: tomaréis cada uno para los que estan en su tienda.
17 Y los hijos de Israel lo hicieron así; y recogieron unos mas, otros menos.
18 Y *despues* medianlo por gomer, y no sobraba al que habia recogido mucho, ni [l] faltaba al que habia recogido poco: cada uno recogió conforme á lo que habia de comer.
19 Y díjoles Moises: Ninguno deje nada de ello para mañana [m].
20 Mas ellos no obedecieron á Moises, sino que algunos dejaron de ello para otro dia, y crió gusanos, y pudrióse: y enojóse contra ellos Moises.
21 Y recogianlo cada mañana, cada uno segun lo que habia de comer: y luego que el sol calentaba, derretíase.
22 En el sexto dia recogieron doblada comida, dos gomeres para cada uno: y todos los príncipes de la congregacion vinieron á Moises, y se lo hicieron saber.
23 Y él les dijo: Esto *es* lo que ha dicho Jehová: [n] mañana es el santo sábado del reposo de Jehová: lo que hubiereis de cocer, cocedlo *hoy*, y lo que hubiereis de cocinar, cocinadlo; y todo lo que os sobrare, guardadlo para mañana.
24 Y ellos lo guardaron hasta la mañana, segun que Moises habia mandado, y no se pudrió, ni hubo en él gusano [o].
25 Y dijo Moises: Comedlo hoy, porque hoy *es* sábado de Jehová: hoy no lo hallaréis en el campo.
26 En los seis dias lo recogeréis; mas el séptimo dia es sábado, en el cual no se hallará.

[g] 1 Sam. 8. 7.
[h] Num. 14. 10.
[i] ver. 7.
[k] Num. 11. 31. Sal. 105. 40.
† Heb. *man-hu?*
[l] 2 Cor. 8. 15.
[m] Mat. 6. 34.
[n] Gen. 2. 3. Cap. 20. 8. y 31. 15. Lev. 23. 3.
[o] ver. 20.

27 Y aconteció que *algunos* del pueblo salieron en el séptimo dia á recoger, y no hallaron.
28 Y Jehová dijo á Moises: ¿Hasta cuando no querréis guardar mis mandamientos y mis leyes [p]?
29 Mirad que Jehová os dió el sábado, y por eso os dá en el sexto dia pan para dos dias. Estése pues cada uno en su estancia, y nadie salga de su lugar en el séptimo dia.
30 Así el pueblo reposó el séptimo dia.
31 Y la casa de Israel le llamó Maná [q]; y era como simiente de culantro [r], blanco, y su sabor como de hojuelas con miel.
32 Y dijo Moises: Esto *es* lo que Jehová ha mandado: Henchirás un omer de él para que se guarde para vuestros descendientes, á fin de que vean el pan que yo os dí á comer en el desierto, cuando yo os saqué de la tierra de Egipto.
33 Y dijo Moises á Aaron: Toma un vaso [s], y pon en él un omer lleno de maná, y ponlo delante de Jehová, para que sea guardado para vuestros descendientes.
34 Y Aaron lo puso delante del Testimonio [t] para guardarlo, como Jehová lo mandó á Moises.
35 Así comieron los hijos de Israel maná cuarenta años [u], hasta que entraron en la tierra habitada: maná comieron hasta que llegaron al término de la tierra de Canaan [x].
36 Y un omer [y] *es* la decima *parte* del epha.

CAPITULO XVII.

Murmurando los Israelitas por falta de agua, el Señor la hace brotar milagrosamente de la peña de Horeb. Victoria contra los Amalecitas, combatiendo Josué y orando Moises.

Y TODA la congregacion de los hijos de Israel partió del desierto de Sin [a] por sus jornadas al mandamiento de Jehová, y asentaron el campo en Rephidim: y no *habia* agua para que el pueblo bebiese.
2 Y altercó el pueblo con Moises [b], y dijeron: Dános agua que bebamos. Y Moises les dijo: ¿por qué altercais conmigo? ¿por qué tentais á Jehová [c]?
3 Así que el pueblo tuvo allí sed de agua, y murmuró contra Moises, y dijo: ¿Por qué nos hiciste subir de Egipto, para matarnos de sed á nosotros y á nuestros hijos, y á nuestros ganados?
4 Entónces clamó Moises á Jehová diciendo: Qué haré con este pueblo? De aquí á un poco me apedrearán [d].
5 Y Jehová dijo á Moises: Pasa delante del pueblo, y toma contigo de los ancianos de Israel, y toma tambien en tu mano tu vara, con que heriste el rio [e], y vé:
6 Hé aquí que yo estoy delante de tí allí sobre la peña en Horeb; y herirás la peña, y saldrán de ella aguas [f], y beberá el pueblo. Y Moises lo hizo así en presencia de los ancianos de Israel.
7 Y llamó el nombre de aquel lugar Massah ‖, y Meribah ‖, por la rencilla de los hijos de Israel, y porque tentaron á Jehová diciendo, ¿Está pues Jehová entre nosotros, ó no?
8 ¶ Y vino Amalec [g], y peleó con Israel en Rephidim.
9 Y dijo Moises á Josué: Escógenos varones, y sal, pelea con Amalec: mañana yo estaré sobre la cumbre del collado, y la vara de Dios [h] en mi mano.
10 É hizo Josué como le dijo Moises peleando con Amalec; y Moises, y Aa-

[p] Num. 14. 11.
[q] ver. 15.
[r] Num. 11. 7, 8.
[s] Heb. 9. 4. Apoc. 2. 17.
[t] Cap. 25. 16. Num. 17. 10. 1 Rey. 8. 9.
[u] Deu. 8. 2, 3. Neh. 9. 21. Juan 6. 31, 49.
[x] Jos. 5. 12.
[y] ver. 16, 32, 33.
[a] Cap. 16. 1. Num. 33. 12, 14.
[b] Num. 20. 3, 4.
[c] Deu. 6. 16. Sal. 78. 18, 41. y 95. 8, 9. Is. 7. 12. Mat. 4. 7. 1 Cor. 10. 9.
[d] 1 Sam. 30. 6. Juan 8. 59.
[e] Cap. 7. 20. Num. 20. 8, 11.
[f] Sal. 78. 15. y 105. 41. 1 Cor. 10. 4.
‖ *tentacion.*
‖ *rencilla.*
[g] Num. 24. 20.
[h] Cap. 4. 20.

ron, y Hur subieron á la cumbre del collado.

11 Y sucedia que cuando alzaba Moises su mano, Israel prevalecia; mas cuando él bajaba su mano, prevalecia Amalec.

12 Y las manos de Moises *estaban* pesadas; por lo que tomaron una piedra, y pusiéronla debajo de él, y se sentó sobre ella; y Aaron y[i] Hur sustentaban sus manos el uno de una parte y el otro de otra: así hubo en sus manos firmeza hasta que se puso el sol.

[i] Cap. 24. 14.

13 Y Josué deshizo á Amalec y á su pueblo á filo de espada.

14 Y Jehová dijo á Moises: Escribe esto *para* memoria en un libro, y dí á Josué que del todo tengo de raer la memoria de Amalec de debajo del cielo[k].

[k] Deu. 25. 19. 1 Sam. 15. 3.

15 Y Moises edificó un altar, y llamó su nombre Jehová-nissi ‖:

‖ El Señor mi bandera.

16 Y dijo, Por cuanto la mano sobre el trono de Jehová *que* Jehová tendrá guerra con Amalec de generacion en generacion.

CAPITULO XVIII.

Jethro, suegro de Moises, le trae á este á Séphora su mujer y los dos hijos. Por consejo de Jethro reparte con otros el gobierno del pueblo.

Y OYO Jethro, sacerdote de Madian[a], suegro de Moises, todas las cosas que Dios habia hecho con Moises, y con Israel su pueblo, y como Jehová habia sacado á Israel de Egipto:

[a] Cap. 2. 16.

2 Y tomó Jethro, suegro de Moises, á Séphora la mujer de Moises, despues que él la envió,

3 Y á sus dos hijos: el uno se llamaba Gersom ‖; porque dijo, Peregrino he sido en tierra agena:

‖ Peregrino.

4 Y el otro se llamaba Eliezer ‖; porque *dijo*, El Dios de mi padre me ayudó, y me libró del cuchillo de Pharaon:

‖ Dios me ayudó.

5 Y Jethro el suegro de Moises, con sus hijos y su mujer llegó á Moises en el desierto, donde tenia el campo junto al monte de Dios[b].

[b] Cap. 3. 1, 2.

6 Y dijo á Moises: Yo tu suegro Jethro vengo á tí, con tu mujer, y sus dos hijos con ella.

7 Y Moises salió á recibir á su suegro, é inclinóse, y besólo: y preguntaronse el uno al otro como estaban, y vinieron á la tienda.

8 Y Moises contó á su suegro todas las cosas que Jehová habia hecho á Pharaon y á los Egipcios por amor de Israel, y todo el trabajo que habian pasado en el camino, y *como* los habia librado Jehová.

9 Y alegróse Jethro de todo el bien que Jehová habia hecho á Israel, que lo habia librado de mano de los Egipcios.

10 Y Jethro dijo: Bendito sea Jehová, que os libró de mano de los Egipcios, y de la mano de Pharaon, y que libró al pueblo de la mano de los Egipcios.

11 Ahora conozco que Jehová *es* grande mas que todos los dioses;[c] porque en lo que se ensoberbecieron contra ellos *los castigó*[d].

[c] Sal. 95. 3. y 97. 9.
[d] Neh. 9. 10. Job 40. 7. Dan. 4. 37.

12 Y tomó Jethro, suegro de Moises, holocausto y sacrificios para Dios: y vino Aaron, y todos los ancianos de Israel, á comer pan con el suegro de Moises delante de Dios.

13 ¶ Y aconteció que otro dia se sentó Moises á juzgar el pueblo; y el pueblo estuvo delante de Moises desde la mañana hasta la tarde.

14 Y viendo el suegro de Moises todo lo que él hacia con el pueblo, dijo: ¿ Qué es esto que haces tú con el pueblo? ¿ Por qué te sientas tú solo, y todo el pueblo está delante de tí desde la mañana hasta la tarde?

15 Y Moises respondió á su suegro; Porque el pueblo viene á mí para consultar á Dios[e].

[e] Num. 27. 5. Deu. 17. 8, 9.

16 Cuando tienen negocios, vienen á mí, y yo juzgo entre el uno y el otro, y declaro las ordenanzas de Dios, y sus leyes.

17 Entonces el suegro de Moises le dijo, No haces bien:

18 Desfallecerás del todo tú y tambien este pueblo que *está* contigo, porque el negocio es demasiado pesado para tí[f]; no podrás hacerlo tú solo.

[f] Num. 11. 14. Deu. 1. 9, 12.

19 Oye ahora mi voz, yo te aconsejaré, y Dios será contigo. Está tú por el pueblo delante de Dios, y somete tú los negocios á Dios:

20 Y enseña á ellos[g] las ordenanzas y las leyes, y muéstrales el camino por donde anden, y lo que han de hacer.

[g] Deu. 5. 1, 2. Neh. 9. 14.

21 Ademas inquiere tú de entre todo el pueblo varones de virtud, temerosos de Dios[h], varones de verdad, que aborrezcan la avaricia; y constituirás *á estos* sobre ellos caporales sobre mil, sobre ciento, sobre cincuenta, y sobre diez:

[h] Deu. 1. 15, 17. y 16. 18. 2 Cr. 19. 7, 9.

22 Los cuales juzgarán al pueblo en todo tiempo; y será que todo negocio grave lo traerán á tí, y ellos juzgarán todo negocio pequeño. Alivia así *la carga* de sobre tí, y llevarla han ellos contigo[i].

[i] Num. 11. 17.

23 Si esto hicieres, y Dios te *lo* mandare, tú podrás persistir, y todo este pueblo se irá tambien en paz á su lugar.

24 Y oyó Moises la voz de su suegro, é hizo todo lo que dijo.

25 Y escogió Moises varones de virtud de todo Israel, y púsulos por cabezas sobre el pueblo, caporales sobre mil, sobre ciento, sobre cincuenta, y sobre diez,

26 *Los cuales* juzgaban al pueblo en todo tiempo: el negocio arduo traianlo á Moises, y ellos juzgaban todo negocio pequeño.

27 Y despidió Moises á su suegro, y fuése á su tierra[k].

[k] Num. 10. 29, 30.

CAPITULO XIX.

Llegan los Israelitas á Sinai; sube Moises á la montaña, y ordena al pueblo que se santifique para recibir la ley de Dios, cuya gloria y magestad aparece sobre aquel monte.

AL tercero mes de la salida de los hijos de Israel de la tierra de Egipto, en aquel dia vinieron al desierto de Sinai[a].

[a] Num. 33. 15.

2 Porque partieron de Rephidim[b], y llegaron al desierto de Sinai, y asentaron en el desierto; y acampó allí Israel delante del monte.

[b] Cap. 17. 1, 8.

3 Y Moises subió á Dios; y Jehová lo llamó desde el monte, diciendo, Así dirás á la casa de Jacob, y denunciarás á los hijos de Israel:

4 Vosotros visteis lo que hice á los Egipcios, y *como* os tomé sobre alas de águilas[c], y os he traido á mí.

[c] Deu. 32. 11. Is. 40. 31. y 63. 9.

5 Ahora pues si diereis oido á mi voz, y guardareis mi pacto, vosotros seréis mi especial tesoro sobre todos los pueblos, porque[d] mia *es* toda la tierra.

[d] Deu. 7. 6. y 20. 18. y 32. 9. 1 Rey. 8. 53. Sal. 135. 4.

6 Y vosotros seréis mi reino de sacerdotes[e], y gente santa. Estas *son* las palabras que dirás á los hijos de Israel.

[e] 1 Ped. 2. 5, 9. Apoc. 1. 6. y 5. 10.

7 ¶ Entónces vino Moises, y llamó á los ancianos del pueblo, y propuso en presencia de ellos todas estas palabras que Jehová le habia mandado.

8 Y todo el pueblo respondió á una, y dijeron: Todo lo que Jehová ha dicho harémos[f]. Y Moises refirió las palabras del pueblo á Jehová.

[f] Cap. 24. 3. Jos. 24. 24.

9 ¶ Y Jehová dijo á Moises: Hé aquí, yo vengo á tí en una nube espesa[g], para

[g] Cap. 20. 21. y 24. 15, 16.

que el pueblo oiga mientras yo hablo
contigo, y tambien para que te crean
para siempre. Y Moises denunció las
palabras del pueblo á Jehová.
10 ¶ Y Jehová dijo á Moises: Vé al
pueblo, y santificalos hoý y mañana, y
laben sus vestidos[h];
11 Y esten apercibidos para el tercero
dia, porque al tercero dia Jehová descen-
derá á ojos de todo[i] el pueblo sobre el
monte de Sinai.
12 Y señalarás término al pueblo en
derredor, diciendo, Guardaos no subais
al monte, ni toqueis á su término: cual-
quiera que tocare el monte, de seguro
morirá.
13 No le tocará mano, mas será ape-
dreado, ó asaeteado;[k] sea animal ó sea
hombre, no vivirá. En habiendo so-
nado *largamente* el cuerno, subirán al
monte.
14 Y descendió Moises del monte al
pueblo, y santificó al pueblo, y lavaron
sus vestidos.
15 Y dijo al pueblo: Estad apercibidos
para el tercero dia; no llegueis á mujer[l].
16 ¶ Y aconteció al tercero dia cuando
vino la mañana, que vinieron truenos y
relámpagos, y espesa nube sobre el mon-
te, y *un* sonido de bocina muy fuerte;
y[m] estremecióse todo el pueblo que *es-
taba* en el real.
17 Y Moises sacó del real al pueblo á
recibir á Dios, y pusieronse á lo bajo del
monte[n].
18 Y todo el monte de Sinai humeaba,
porque Jehová habia descendido sobre
él en fuego:[o] y el humo de él subia
como el humo de un horno, y todo el
monte se estremeció en gran manera[p].
19 Y el sonido de la bocina iba esfor-
zandose en extremo: Moises hablaba, y
Dios le respondia en voz.
20 Y descendió Jehová sobre el monte
de Sinai[q], sobre la cumbre del monte:
y llamó Jehová á Moises á la cumbre
del monte, y Moises subió.
21 Y Jehová dijo á Moises: Desciende,
requiere al pueblo que no traspasen *el
término* por ver á Jehová, porque caerá
multitud de ellos.
22 Y tambien los sacerdotes, que se
llegan á Jehová, se santifiquen, porque
Jehová no haga en ellos estrago.
23 Y Moises dijo á Jehová: El pueblo
no podrá subir al monte de Sinai, por-
que tú nos has requerido diciendo, Se-
ñala términos al monte, y santifícalo.
24 Y Jehová le dijo: Vé, desciende, y
subirás tú y Aaron contigo: mas los sa-
cerdotes y el pueblo no traspasen *el tér-
mino* por subir á Jehová, porque no
haga en ellos estrago.
25 Entónces Moises descendió al pue-
blo, y habló con ellos.

CAPITULO XX.

Promulgacion de la ley ó Decálogo. Atemorizados los Israelitas, piden que se les intimen las órdenes por medio de Moises. Ordena Dios á este que le haga construir un altar.

Y HABLO Dios todas estas palabras[a]
diciendo:
2 Yo *soy* Jehová tu Dios, que te saqué
de la tierra de Egipto[b], de casa de sier-
vos.
3 No tendrás dioses agenos delante de
mí[c].
4 No te harás imágen[d], ni ninguna se-
mejanza *de cosa* que *esté* arriba en el
cielo, ni abajo en la tierra, ni en las a-
guas debajo de la tierra:
5 No te inclinarás á ellas, ni las hon-
rarás;[e] porque yo *soy* Jehová tu Dios,
fuerte, zeloso[f], que visito la maldad de
los padres sobre los hijos, sobre los ter-
ceros y sobre los cuartos, á los que me
aborrecen[g],
6 Y que hago misericordia en millares[h]
á los que me aman, y guardan mis man-
damientos.
7 No tomarás el nombre de Jehová tu
Dios en vano; porque[i] no dará por in-
ocente Jehová al que tomare su nombre
en vano.
8 Acordarte has del dia del sábado, pa-
ra santificarlo.
9 Seis dias trabajarás, y harás toda tu
obra;
10 Mas el séptimo dia[k] *será* sábado pa-
ra Jehová tu Dios: no hagas *en él* obra
alguna, tú, ni tu hijo, ni tu hija, ni tu
siervo, ni tu criada, ni tu bestia, ni tu
extrangero que *está* dentro de tus puer-
tas[l]:
11 Porque en seis dias hizo Jehová los
cielos y la tierra, la mar y todas las cosas
que en ellos *hay*, y reposó en el sépti-
mo dia:[m] por tanto Jehová bendijo el
dia del sábado, y lo santificó[n].
12 Honra á tu padre y á tu madre,[o]
porque tus dias se alarguen en la tierra
que Jehová tu Dios te dá.
13 No matarás[p].
14 No cometerás adulterio[q].
15 No hurtarás[r].
16 No hablarás contra tu prójimo falso
testimonio.
17 No codiciarás[s] la casa de tu pró-
jimo, no codiciarás la mujer de tu pró-
jimo, ni su siervo, ni su criada, ni su
buey, ni su asno, ni cosa alguna de tu
prójimo.
18 ¶ Todo el pueblo consideraba las
voces, y las llamas, y el sonido de la
bocina, y el monte que humeaba: y vi-
endolo el pueblo, temblaron, y pusiéron-
se de léjos,
19 Y dijeron á Moises: Habla tú con
nosotros, que nosotros oirémos; mas no
hable Dios con nosotros, porque no mu-
ramos[t].
20 Y Moises respondió al pueblo: No
temais, que por probaros vino Dios, y
porque su temor esté en vuestra presen-
cia, para que no pequeis.
21 ¶ Entónces el pueblo se puso de
léjos, y Moises se llegó á la obscuridad,
en la cual *estaba* Dios.
22 ¶ Y Jehová dijo á Moises: Así di-
rás á los hijos de Israel: Vosotros ha-
beis visto que he hablado desde el cielo
con vosotros.
23 No hagais conmigo dioses de plata,
ni dioses de oro os haréis.
24 Altar de tierra harás para mí, y sa-
crificarás sobre él tus holocaustos, y tus
pacificos, tus ovejas, y tus vacas: en
cualquier lugar donde yo hiciere que esté
la memoria de mi nombre, vendré á tí,
y te bendeciré.
25 Y si me hicieres altar de piedras, no
las labres de cantería;[u] porque si alza-
res tu pico sobre él, tú lo profanarás.
26 Y no subirás por gradas á mi altar,
porque tu desnudez no sea junto á él
descubierta.

CAPITULO XXI.

Dá el Señor á su pueblo algunas leyes judiciales sobre los esclavos, hurto, homicidio, y otras materias.

Y ESTOS *son* los derechos que les
propondrás.
2 ¶ Si comprares siervo Hebréo, seis
años servirá;[a] mas al séptimo saldrá
horro de balde.
3 Si entró solo, solo saldrá: si tenia
mujer, saldrá él y su mujer con él.
4 Si su amo le hubiere dado mujer, y
ella le hubiere parido hijos ó hijas, la

[h] Gen. 35. 2.
[i] ver. 16, 18.
[k] Heb. 12. 20.
[l] 1 Sam. 21. 4, 5.
[m] Heb. 12. 18, 21.
[n] Deu. 4. 10.
[o] Deu. 33. 2. Juec. 5. 5. Sal. 68. 8. Hab. 3. 3.
[p] Heb. 12. 26.
[q] Neh. 9. 13.
[a] Deu. 5. 4, etc.
[b] Sal. 81. 10.
[c] 2 Rey. 17. 35. Jer. 25. 6.
[d] Lev. 26. 1. Deu. 4. 16.
[e] Cap. 34. 14.
[f] Deu. 6. 15. Jos. 24. 19.
[g] Num. 14. 18. Job 21. 19. Jer. 32. 18.
[h] Deu. 7. 9.
[i] Lev. 19. 12.
[k] Cap. 31. 13, 14. Is. 58. 13.
[l] Lev. 23. 3. Ex. 20. 12.
[m] Gen. 2. 2, 3.
[n] Neh. 13. 15, 19. Mat. 12. 1, 12.
[o] Jer. 35. 18, 19. Mat. 15. 4, 6. Ef. 6. 2.
[p] Mat. 5. 21.
[q] Mat. 5. 27, 28.
[r] Ef. 4. 28.
[s] Rom. 7. 7. 1 Cor. 6. 10. Col. 3. 5.
[t] Deu. 18. 16.
[u] Deu. 27. 5. Jos. 8. 31.
[a] Deu. 15. 12. Jer. 34. 8, 17.

mujer y sus hijos serán de su amo, y él saldrá solo.

5 Y si el siervo dijere, Yo amo á mi señor, á mi mujer, y á mis hijos; no saldré libre:

6 Entónces su amo lo hará llegar á los jueces †, y harále llegar á la puerta, ó al poste; y su amo le horadará la oreja con *una* lesna, y será su siervo para siempre.

7 ¶ Y cuando alguno vendiere su hija por sierva [b], no saldrá como suelen salir los siervos.

8 Si no agradare á su señor, por lo cual no la tomó por esposa, permitirle ha que se rescate, y no la podrá [c] vender á pueblo extraño cuando la desechare.

9 Mas si la hubiere desposado con su hijo, hará con ella segun la costumbre de las hijas.

10 Si le tomare otra, no disminuirá su alimento, ni su vestido, ni su tiempo *de cohabitacion*.

11 Y si ninguna de estas tres cosas hiciere, ella saldrá de gracia sin dinero.

12 ¶ El que hiriere á alguno, haciéndole así morir, él morirá [d].

13 Mas el que no armó asechanzas [e], sino que Dios *lo* puso en sus manos, entonces yo te señalaré lugar al cual ha de huir [f].

14 Además, si alguno se ensoberbeciere contra su prójimo, y lo matare con alevosía, de mi altar lo quitarás para que muera [g].

15 Y el que hiriere á su padre, ó á su madre, morirá [h].

16 Asimismo el que robare una persona, y la vendiere, ó se hallare en sus manos, morirá [i].

17 Igualmente el que maldijere á su padre, ó á su madre, morirá [k].

18 Además, si algunos riñeren, y alguno hiriere á su prójimo con piedra ó con el puño, y no muriere, pero cayere en cama;

19 Si se levantare, y anduviere fuera sobre su báculo, entónces será el que le hirió absuelto: solamente le satisfará lo que estuvo parado, y hará que le curen.

20 Y si alguno hiriere á su siervo, ó á su sierva, con palo, y muriere bajo de su mano, será castigado:

21 Mas si durare por un dia ó dos, no será castigado, porque su dinero *es*.

22 Si algunos riñeren, é hiriesen á *alguna* mujer preñada, y esta abortare, pero sin haber muerte, será penado conforme á lo que le impusiere el marido de la mujer, y juzgaren los árbitros.

23 Mas si hubiere muerte, entónces pagarás vida por vida,

24 Ojo por ojo [l], diente por diente, mano por mano, pié por pié,

25 Quemadura por quemadura, herida por herida, golpe por golpe.

26 Y cuando alguno hiriere el ojo de su siervo, ó el ojo de su sierva, y lo entortare, daràle libertad por razon de su ojo.

27 Y si sacare el diente de su siervo, ó el diente de su sierva, por su diente le dejará ir libre.

28 ¶ Si un buey acorneare hombre ó mujer, y de resultas muriere, el buey será apedreado [m], y no se comerá su carne; mas el dueño del buey *será* absuelto.

29 Pero si el buey *era* acorneador desde ayer y antes de ayer, y á su dueño le fué hecho requerimiento, y no lo hubiere guardado, y matare hombre ó mujer, el buey será apedreado, y tambien morirá su dueño.

30 Si le fuere impuesto rescate, entónces dará por el rescate de su persona cuanto le fuere impuesto:

31 Haya acorneado hijo, ó haya acorneado hija, conforme á este juicio se hará con él.

32 Si el buey acorneare siervo ó sierva, pagará treinta siclos de plata [n] su señor, y el buey será apedreado.

33 Y si alguno abriere hoyo, ó cavare cisterna, y no la cubriere, y cayere allí buey ó asno,

34 El dueño de la cisterna pagará el dinero [o] resarciendo á su dueño, y lo que fué muerto será suyo.

35 ¶ Y si el buey de alguno hiriere al buey de su prójimo, y *este* muriere, entónces venderán el buey vivo, y partirán el dinero de él, y tambien partirán el muerto.

36 Mas si era notorio que el buey *era* [p] acorneador de ayer y antes de ayer, y su dueño no lo hubiere guardado, pagará buey por buey, y el muerto será suyo.

CAPITULO XXII.

Otras varias leyes judiciales sobre hurto, depósitos, usura y otros delitos; y tambien sobre primicias.

CUANDO alguno hurtare buey ú oveja, y le degollare, ó vendiere, por aquel buey pagará cinco bueyes, y por aquella oveja cuatro ovejas [a].

2 Si el ladron fuere hallado forzando *una casa*, y fuere herido, y muriere, *el que le hirió* no será culpado de su muerte.

3 Si el sol hubiere sobre él salido, el *matador* será reo de homicidio. *El ladron* ha de restituir cumplidamente; si no tuviere, será vendido por su hurto.

4 Si fuere hallado con el hurto en la mano, sea buey, ó asno, ú oveja, vivos, pagará el duplo.

5 ¶ Si alguno hiciere pacer campo ó viña, y metiere su bestia, y comiere la tierra de otro, de lo mejor de su tierra y de lo mejor de su viña pagará.

6 Cuando rompiere un fuego, y hallare espinas, y fuere quemado monton, ó haza, ó campo, el que encendió el fuego pagará lo quemado.

7 ¶ Cuando alguno diere á su prójimo plata, ó alhajas á guardar, y fuere hurtado de la casa de aquel hombre, si el ladron se hallare, pagará el doble.

8 Si el ladron no se hallare, entónces el dueño de la casa será presentado á los jueces †, *para jurar* si ha metido su mano en la hacienda de su prójimo.

9 Sobre todo negocio de fraude, sobre buey, sobre asno, sobre oveja, sobre vestido, sobre toda cosa perdida, cuando *uno* dijere, Esto es *mio*, la causa de ambos [b] vendrá delante de los jueces †; y el que los jueces condenaren, pagará el doble á su prójimo.

10 Si alguno hubiere dado á su prójimo asno, ó buey, ú oveja, ó cualquier *otro* animal á guardar, y se muriere, ó se perniquebrare, ó fuere llevado sin verlo nadie,

11 Juramento de Jehová [c] tendrá lugar entre ambos, de que no echó su mano á la hacienda de su prójimo: y su dueño *lo* aceptará, y el *otro* no pagará.

12 Mas si le hubiere sido hurtado, resarcirá á su dueño [d].

13 Y si le hubiere sido arrebatado *por fiera*, traerle ha testimonio, *y* no pagará lo arrebatado.

14 Pero si alguno hubiere tomado prestada *bestia alguna* de su prójimo, y fuere estropeada ó muerta, ausente su dueño, deberá pagarla.

Heb. *los dioses.* — Neh. 5. 5. — Deu. 21. 14. — Gen. 9. 6. Lev. 24. 17. Num. 35. ..., 31. — Num. 12. 4. — Deu. 19. 4, — Num. 35. — Deu. 19. 11, — 1 Rey. 2. 29, — 1 Tim. 1. 9. — Deu. 24. 7. — Lev. 20. 9. — Pro. 20. 20. — Mat. 15. 4. — Lev. 24. 20. Deu. 19. 21. Mat. 5. 38. — Gen. 9. 5.

[n] Zac. 11. 12, 13. Mat. 26. 15. — [o] Cap. 22. 6, 14. — [p] ver. 29. — [a] 2 Sam. 12. 6. Luc. 19. 8. — † Heb. *los dioses.* — [b] Deu. 25. 1. 2 Cor. 13. 10. — † Heb. *los dioses.* — [c] Heb. 6. 16. — [d] Gen. 31. 39.

15 Si el dueño estaba presente, no *la* pagará. Si era alquilada, él vendrá por su alquiler.

16 ¶ Y si alguno engañare á alguna doncella que no fuere desposada, y durmiere con ella, deberá dotarla y *tomarla* por mujer [e].

17 Si su padre no quisiere darsela, él le pesará plata conforme al dote de las vírgenes.

18 ¶ A la hechicera [f] no dejarás que viva.

19 Cualquiera que tuviere ayuntamiento con bestia [g], morirá.

20 El que sacrificare [h] á dioses, escepto á solo Jehová, será muerto.

21 ¶ Y al extrangero [i] no engañarás, ni angustiarás; porque extrangeros fuisteis vosotros en la tierra de Egipto.

22 A ninguna viuda [k] ni huérfano afligiréis.

23 Que si tú llegas á afligirle, y él á mí clamare, ciertamente oiré yo su clamor;

24 Y mi furor se encenderá, y os mataré á cuchillo, y vuestras mujeres serán viudas, y huérfanos vuestros hijos.

25 ¶ Si dieres á mi pueblo dinero emprestado, al pobre *que está* contigo, no te portarás con él como logrero, ni le impondrás usura [l].

26 Si tomares en prenda el vestido de tu prójimo, á puestas del sol se lo volverás [m]:

27 Porque solo aquello es su cubierta, es aquel el vestido para *cubrir* sus carnes, en el que ha de dormir: y será que cuando él á mí clamare, yo entónces le oiré, porque *soy* misericordioso.

28 ¶ No denostarás á los jueces †, ni maldecirás al príncipe de tu pueblo.

29 No dilatarás *la primicia de* tu cosecha ni de tu licor: me darás el primogénito [n] de tus hijos.

30 Así harás *con el* de tu buey, y tu oveja: siete dias estará con su madre, y al octavo dia me lo darás [o].

31 Y habeis de serme varones santos [p]: y no comeréis carne arrebatada *de las fieras* en el campo; á los perros la echaréis.

CAPITULO XXIII.

Leyes sobre la recta administracion de justicia; y sobre las fiestas principales. Promete Dios á los Israelitas un ángel custodio para que los guíe. Otras promesas, y prohibiciones.

NO admitirás falso rumor [a]. No te concertarás con el impío para ser testigo falso [b].

2 No seguirás á los muchos para mal hacer, ni responderás en litigio inclinandote á los mas para hacer agravio.

3 Ni al pobre distinguirás en su causa.

4 ¶ Si encontrares el buey de tu enemigo, ó su asno extraviado [c], vuelve á llevarselo.

5 Si vieres el asno del que te aborrece caido debajo de su carga, ¿le dejarás entónces desamparado? Sin falta ayudarás con él *á levantarlo*.

6 No pervertirás el derecho de tu mendigo en su pleito.

7 De palabra de mentira te alejarás, y no matarás al inocente y justo; porque yo no justificaré al impío.

8 No recibirás presente; [d] porque el presente ciega á los que ven, y pervierte las palabras justas.

9 Y no angustiarás al extranjero; pues vosotros sabeis *como se halla* el alma del extranjero, ya que extranjeros fuisteis en la tierra de Egipto [e].

10 ¶ Seis años sembrarás tu tierra, y allegarás su cosecha [f]:

[e] Deu. 22. 28, 29.
[f] Lev. 20. 27. Deu. 18. 10, 11. 1 Sam. 28. 3, 9. Apoc. 22. 15.
[g] Lev. 18. 23, 25.
[h] Deu. 13. 1, 11. y 17. 2, 7.
[i] Cap. 23. 9. Lev. 19. 33. Deu. 10. 18. Zac. 7. 10.
[k] Deu. 24. 17. Is. 1. 17. Zac. 7. 10. Sant°. 1. 27.
[l] Neh. 5. 7. Sal. 15. 5. Ez. 18. 8, 17.
[m] Deu. 24. 6, etc. Job 22. 6.
† Heb. *dioses*, Hech. 23. 5. Jud. ver. 8.
[n] Cap. 13. 2.
[o] Lev. 22. 27.
[p] Lev. 19. 2. 1 Ped. 1. 15, 16.
[a] Sal. 15. 3.
[b] Pro. 19. 5.
[c] Deu. 22. 1. Mat. 5. 44.
[d] Deu. 16. 19.
[e] Cap. 22. 21.
[f] Lev. 25. 3, 4.

11 Mas al séptimo la dejarás vacante y soltarás, para que coman los pobres de tu pueblo; y *de* lo que quedare comerán las bestias del campo: así harás de tu viña y de tu olivar.

12 Seis dias harás tus negocios, y al séptimo dia holgarás [g], á fin que descanse tu buey, y tu asno, y tome refrigerio el hijo de tu sierva, y el extranjero.

13 Y en todo lo que os he dicho seréis avisados [h]. Y nombre de otros dioses [i] no mentaréis, ni se oirá de vuestra boca.

14 ¶ Tres veces en el año me celebraréis fiesta [k].

15 La fiesta de los ázimos guardarás [l]: siete dias comerás los panes sin levadura, como yo te mandé, en el tiempo del mes de Abib, porque en él saliste de Egipto: y ninguno comparecerá vacío delante de mí.

16 Tambien la fiesta de la siega de los primeros frutos [m] de tus labores, *de aquello* que hubieres sembrado en el campo: y la fiesta de la cosecha á la salida del año, cuando habrás recogido *el fruto de* tus labores del campo.

17 Tres veces en el año parecerá todo varon tuyo delante del Señor Jehová [n].

18 No ofrecerás con *pan* leudo la sangre de mi sacrificio, ni el sebo de mi víctima quedará de la noche hasta la mañana [o].

19 Las primicias de los primeros frutos de tu tierra traerás á la casa de Jehová tu Dios. No guisarás el cabrito con la leche de su madre [p].

20 ¶ Hé aquí yo envio el Angel [q] delante de tí, para que te guarde en el camino, y te introduzca en el lugar que yo he preparado.

21 Guárdate delante de él, y oye su voz; no le seas rebelde; porque él no perdonará vuestra rebelion: porque mi nombre *está* en medio de él.

22 Pero si en verdad oyeres su voz, é hicieres todo lo que yo te dijere, seré enemigo á tus enemigos, y afligiré á los que te afligieren [r].

23 Porque mi Angel [s] irá delante de tí, y te introducirá al Amorrhéo, y al Hethéo, y al Pherezéo, y al Cananéo, y al Hevéo, y al Jebuséo, á los cuales yo haré destruir.

24 No te inclinarás á sus dioses [t], ni los servirás, ni harás [u] como ellos hacen; ántes los destruirás del todo, y quebrantarás enteramente sus estatuas [x].

25 Mas á Jehová vuestro Dios serviréis, y él bendecirá tu pan [y], y tus aguas; y yo quitaré *toda* enfermedad de en medio de tí.

26 No habrá mujer que aborte ni esteril en tu tierra; [z] y yo cumpliré el número de tus dias.

27 Yo enviaré mi terror [a] delante de tí, y consternaré á todo pueblo donde tú entrares, y te daré la cerviz de todos tus enemigos.

28 Yo enviaré la avispa delante de tí [b], que eche fuera al Hevéo, y al Cananéo, y al Hethéo, de delante de tí.

29 No los echaré de delante de tí en un año, porque no quede la tierra desierta, y se aumenten contra tí las bestias del campo [c].

30 Poco á poco les echaré de delante de tí, hasta que te multipliques, y tomes la tierra por heredad.

31 Y yo pondré tu término [d] desde el mar Bermejo hasta la mar de Palestina, y desde el desierto hasta el rio: porque pondré en vuestras manos los moradores de la tierra, y tú los echarás de delante de tí.

[g] Cap. 20. 8.
[h] Deu. 4. 9.
[i] Jos. 23. 7.
[k] Lev. 23. 4.
[l] Cap. 13. 6.
[m] Lev. 23. 10.
[n] Deu. 16. 16.
[o] Cap. 34. 25.
[p] Cap. 34. 26.
[q] Is. 63. 9.
[r] Gen. 12. 3
[s] Cap. 33. 2. Jos. 5. 13.
[t] Cap. 20. 5.
[u] Lev. 18. 3
[x] Num. 33. 52. 2 Cr. 34. 7.
[y] Deu. 7. 13
[z] Deu. 7. 14
[a] Jos. 2. 9, 11.
[b] Deu. 7. 20 Jos. 24. 12.
[c] Deu. 7. 22
[d] Gen. 15. 18 Num. 34. 3 Deu. 11. 24 Jos. 1. 4. Sal. 72. 8.

32 No harás alianza con ellos, ni con sus dioses[e].

Cap. 34. 12, 15. 2 Cor. 6. 15.

33 En tu tierra no habitarán, no sea que te hagan pecar contra mí sirviendo á sus dioses: porque te será de tropiezo[f].

Juec. 2. 3.

CAPITULO XXIV.

Moises intima al pueblo las leyes que Dios le habia dado; el cual se obliga á su observancia. Establécese una alianza entre Dios y el pueblo. Sube Moises á la cima del monte para recibir las tablas de la ley; y permanece allí cuarenta dias.

Y DIJO á Moises: Sube á Jehová, tú, y Aaron, Nadab, y Abiu, y setenta de los ancianos[a] de Israel; y os inclinaréis desde lejos.

Num. 11. 16.

2 Mas Moises solo se llegará á Jehová, y ellos no se lleguen cerca, ni suba con él el pueblo.

3 Y Moises vino y contó al pueblo todas las palabras de Jehová, y todos los derechos: y todo el pueblo respondió á una voz, y dijeron, Ejecutarémos[b] todas las palabras que Jehová ha dicho.

Deu. 5. 27.

4 Y Moises escribió todas las palabras de Jehová, y levantandose de mañana edificó un altar al pié del monte, y doce columnas, segun las doce tribus de Israel.

5 Y envió á los mancebos de los hijos de Israel, los cuales ofrecieron holocaustos, y sacrificaron pacíficos á Jehová, becerros.

6 Y Moises tomó la mitad de la sangre, y púsola en tazones, y esparció la *otra* mitad de la sangre sobre el altar.

7 Y tomó el libro de la alianza, y leyó á oidos del pueblo, el cual dijo: Harémos todas las cosas que Jehová ha dicho, y obedecerémos.

8 Entónces Moises tomó la sangre, y roció sobre el pueblo, y dijo: Hé aquí la sangre de la alianza, que Jehová ha hecho con vosotros sobre todas estas cosas[c].

eb. 9. 19.

9 Y subieron Moises y Aaron, Nadad, y Abiu, y setenta de los ancianos de Israel.

10 Y vieron al Dios de Israel: y *habia* debajo de sus pies como un embaldosado de zafiro[d], semejante al cielo cuando está sereno.

. 1. 26. 0. 1.

11 Mas no extendió su mano sobre los príncipes de los hijos de Israel: y vieron á Dios, y comieron y bebieron.

12 ¶ Entónces Jehová dijo á Moises: Sube á mí al monte, y espera allá, y te daré *unas* tablas de piedra[e], y la ley, y mandamientos que he escrito para enseñarlos.

u. 5. 22.

13 Y levantóse Moises, y Josué su ministro, y Moises subió al monte de Dios.

14 Y dijo á los ancianos: Esperadnos aquí hasta que volvamos á vosotros: y hé aquí Aaron y Hur[f] *estan* con vosotros: el que tuviere negocios, lléguese á ellos.

p. 17. 10.

15 ¶ Entónces Moises subió al monte, y *una* nube cubrió el monte.

16 Y la gloria de Jehová reposó sobre el monte Sinaí, y la nube lo cubrió por seis dias: y al séptimo dia llamó á Moises de en medio de la nube.

17 Y el parecer de la gloria de Jehová *era* como un fuego abrasador[g] en la cumbre del monte, á ojos de los hijos de Israel.

. 4. 36. 1. 27. . 3. 4, 5. . 12. 18.

18 Y entró Moises en medio de la nube, y subió al monte: y estuvo Moises en el monte cuarenta dias y cuarenta noches[h].

. 34. 28. . 9. 9.

CAPITULO XXV.

Descripcion del tabernáculo ó santuario del Señor; para cuya construccion manda Dios que se le ofrezcan dones.

Y JEHOVA habló á Moises diciendo:

2 Dí á los hijos de Israel que tomen para mí ofrenda: de todo varon que la diere de su voluntad, de corazon, tomaréis mi ofrenda[a].

[a] Cap. 35. 5. 2 Cor. 8. 12. y 9. 7.

3 Y esta *será* la ofrenda que tomaréis de ellos: Oro, y plata, y cobre,

4 Y jacinto, y púrpura, y carmesí, y lino fino, y *pelo* de cabras,

5 Y cueros de carneros teñidos de rojo, y cueros de tejones, y madera de Sittim;

6 Aceite para la luminaria, especias para el aceite de la uncion, y para el sahumerio aromático;

7 Piedras de onix, y piedras de engastes para el Ephod, y para el Racional.

8 ¶ Y hacerme han *un* santuario, y yo habitaré entre ellos[b].

[b] Cap. 29. 45. 1 Rey. 6. 13. 2 Cor. 6. 16. Ap. 21. 3.

9 Conforme á todo lo que yo te mostraré, *es á saber*, el diseño del tabernáculo, y el diseño de todos sus vasos, así *lo* haréis[c].

[c] Heb. 8. 5.

10 ¶ Harán tambien un arca[d] de madera de Sittim, cuya longitud *será* de dos codos y medio, y su anchura de codo y medio, y su altura de codo y medio.

[d] Heb. 9. 4.

11 Y la cubrirás de oro puro; por dentro y por fuera la cubrirás; y harás sobre ella una cornisa de oro al redador.

12 Y para ella harás de fundicion cuatro anillos de oro, que pondrás á sus cuatro esquinas; dos anillos al un lado de ella, y los *otros* dos anillos al otro lado.

13 Y harás *unas* varas de madera de Sittim, las cuales cubrirás de oro:

14 Y meterás las varas por los anillos á los lados del arca, para llevar el arca con ellas.

15 Las varas se estarán en los anillos del arca; no se quitarán de ella[e].

[e] 2 Cr. 5. 9.

16 Y pondrás en el arca el Testimonio[f] que yo te daré.

[f] Cap. 31. 18. Deu. 10. 2, 5. 1 Rey. 8. 9.

17 ¶ Y harás *una* cubierta[g] de oro fino, cuya longitud *será* de dos codos y medio, y su anchura de codo y medio.

[g] Cap. 37. 6. Rom. 3. 25. Heb. 9. 5.

18 Harás tambien dos querubines[h] de oro, labrados á martillo les harás, en los dos cabos de la cubierta.

[h] Gen. 3. 24.

19 Harás pues el un querubin al extremo de un lado, y el otro querubin al otro extremo del lado opuesto: *de la calidad* de la cubierta harás los querubines en sus dos extremidades.

20 Y los querubines extenderán[i] por encima las alas, cubriendo con sus alas la cubierta: sus caras la una en frente de la otra, *pero* mirando á la cubierta las caras de los querubines.

[i] 2 Cr. 3. 10.

21 Y pondrás la cubierta encima del arca, y en el arca pondrás el Testimonio que yo te daré.

22 Y de allí me declararé á tí, y hablaré contigo de sobre la cubierta, [k] de entre los dos querubines que *estarán* sobre el arca del Testimonio, todo lo que yo te mandaré para los hijos de Israel.

[k] Lev. 16. 2. Num. 7. 89. 1 Sam. 4. 4. 2 Rey. 19. 15. Sal. 80. 1. y 99. 1.

23 ¶ Harás asimismo una mesa[l] de madera de Sittim: su longitud será de dos codos, y de un codo su anchura, y su altura de codo y medio.

[l] 1 Rey. 7. 48. Heb. 9. 2.

24 Y la cubrirás de oro puro, y le has de hacer una cornisa de oro al rededor.

25 Hacerle has tambien una moldura al rededor, del ancho de una mano, á la cual moldura harás una cornija de oro en circunferencia.

26 Y le harás cuatro anillos de oro, los cuales pondrás á las cuatro esquinas que *corresponden* á sus cuatro pies.

27 Los anillos estarán antes de la moldura por lugares de las varas para llevar la mesa.

28 Y harás las varas de madera de

Sittim, y las cubrirás de oro, y con ellas será llevada la mesa.

[m] Num. 4. 7.

29 Harás tambien sus platos [m], y sus cucharas, y sus cubiertas, y sus tazones, con que se libará: de oro fino les harás.

[n] Lev. 24. 5, 6. 1 Sam. 21. 6. Mat. 12. 4.

30 Y pondrás sobre la mesa el pan de la proposicion [n] delante de mí continuamente.

[o] 1 Rey. 7. 49. Zac. 4. 2. Heb. 9. 2.

31 ¶ Harás ademas un candelero [o] de oro puro; labrado á martillo se hará el candelero: su pié, y su caña, sus copas, sus manzanas y sus flores, serán de lo mismo.

32 Y saldrán seis brazos de sus lados; tres brazos del candelero del un lado suyo, y los *otros* tres brazos del candelero del otro su lado.

33 Tres copas en forma de almendras en el un brazo, una manzana y una flor; y tres copas, figura de almendras, en el otro brazo, *con* una manzana y una flor: así pues en los seis brazos que salen del candelero.

34 Y en el *tronco del* candelero cuatro copas en forma de almendras, sus manzanas, y sus flores.

35 Habrá una manzana debajo de los dos brazos de lo mismo, *otra* manzana debajo de los *otros* dos brazos de lo mismo, y *otra* manzana debajo de los *otros* dos brazos de lo mismo, en conformidad á los seis brazos que salen del candelero.

36 Sus manzanas y sus brazos serán de lo mismo, *formando* todo ello una pieza labrada á martillo, de puro oro.

[p] Cap. 27. 20, 21. y 30. 7, 8.

37 Y hacerle has siete candilejas, las cuales [p] encenderás para que alumbren á la parte de su delantera.

38 Tambien sus despabiladeras y sus platillos de oro puro.

[q] Cap. 26. 30. Num. 8. 4. 1 Cr. 28. 11, 19. Hech. 7. 44. Heb. 8. 5.

39 De un talento de oro fino lo harás, con todos estos vasos.

40 Y mira, y hazlo conforme á su modelo, que te ha sido mostrado en el monte [q].

CAPITULO XXVI.

Descripcion del tabernáculo, y de las cosas de que se componia.

[a] Cap. 36. 8.

Y HARAS el tabernáculo de diez [a] cortinas de lino torcido, cárdeno, y púrpura y carmesí: y harás querubines de obra delicada.

2 La longitud de la una cortina de veinte y ocho codos, y la anchura de la misma cortina de cuatro codos: todas las cortinas tendrán una medida.

3 Las cinco cortinas estarán juntas la una con la otra, y las *otras* cinco cortinas unidas la una con la otra.

4 Y harás lazadas de *color* cárdeno en la orilla de la una cortina, en el borde, en la juntura: y así harás en la orilla de la postrera cortina en la juntura segunda.

5 Cincuenta lazadas harás en la una cortina, y *otras* cincuenta lazadas harás en el borde de la cortina que *está* en la segunda juntura: las lazadas *estarán* contrapuestas la una á la otra.

6 Harás tambien cincuenta corchetes de oro, con los cuales juntarás las cortinas la una con la otra, y se formará un tabernáculo.

[b] Cap. 36. 14, etc.

7 ¶ Harás asimismo cortinas de *pelo* de cabras para una cubierta sobre el tabernáculo: once cortinas harás [b].

8 La longitud de la una cortina *será* de treinta codos, y la anchura de la misma cortina de cuatro codos: una medida *tendrán* las once cortinas.

9 Y juntarás las cinco cortinas aparte, y las *otras* seis cortinas separadamente; y doblarás la sexta cortina delante de la faz del tabernáculo.

10 Y harás cincuenta lazadas en la orilla de la una cortina, al borde en la juntura, y *otras* cincuenta lazadas en la orilla de la segunda cortina en la *otra* juntura.

11 Harás asimismo cincuenta corchetes de alambre, los cuales meterás por las lazadas; y juntarás la tienda, para que se haga una sola *cubierta*.

12 Y el sobrante que resulta en las cortinas de la tienda, *es á saber*, la mitad de la una cortina que sobra, quedará á las espaldas del tabernáculo.

13 Y un codo de la una parte, y otro codo de la otra que sobra en la longitud de las cortinas de la tienda, cargará sobre los lados del tabernáculo de la una parte y de la otra, para cubrirlo.

14 ¶ Harás tambien á la tienda una cubierta de cueros de carneros teñidos de rojo, y *otra* cubierta de cueros de tejones encima.

15 ¶ Y harás para el tabernáculo tablas de madera de Sittim que esten derechas.

16 La longitud de cada tabla *será* de diez codos, y de codo y medio la anchura de la *misma* tabla.

17 Dos quicios *tendrá* cada tabla, trabadas la una con la otra: así harás todas las tablas del tabernáculo.

[c] Num. 3. 36.

18 Harás pues las tablas [c] del tabernáculo: veinte tablas al lado del mediodia, al Austro.

[d] Cap. 27. 10.

19 Y harás cuarenta basas [d] de plata *para* debajo de las veinte tablas; dos basas debajo de la una tabla para sus dos quicios, y dos basas debajo de *cada* otra tabla para sus dos quicios.

20 Y al otro lado del tabernáculo, á la parte del Aquilon, veinte tablas;

21 Y sus cuarenta basas de plata: dos basas debajo de la una tabla, y dos basas debajo de *cada* otra tabla.

22 Y para el lado del tabernáculo al Occidente harás seis tablas.

23 Harás ademas dos tablas para las esquinas del tabernáculo en los dos ángulos *posteriores*;

24 Las cuales se unirán por abajo, y asimismo se juntarán por su alto á un gozne: así será de las otras dos *que* estarán á las dos esquinas.

25 De suerte que serán ocho tablas, con sus basas de plata, *hasta* diez y seis basas; dos basas debajo de la una tabla, y dos basas debajo de *cada* otra tabla.

26 Harás tambien cinco barras de madera de Sittim, para las tablas del un lado del tabernáculo,

27 Y *otras* cinco barras para las tablas del otro lado del tabernáculo, y *otras* cinco barras para el otro lado del tabernáculo que *está* al Occidente.

28 Y la barra del medio pasará por medio de las tablas del un cabo al otro.

29 Y cubrirás las tablas de oro, y harás sus anillos de oro para meter por ellos las barras: tambien cubrirás las barras de oro.

30 Y alzarás el tabernáculo conforme á su traza que te fué mostrada en el monte [e].

[e] Cap. 25. 9, 40.

[f] Cap. 36. 3 Lev. 16. 1 2 Cr. 3. 1 Mat. 27. Heb. 9. 3, y 10. 20.

31 ¶ Harás tambien *un* velo [f] de *color* cárdeno, y púrpura, y carmesí, y de lino torcido: será hecho de primorosa labor, con querubines.

32 Y has de ponerlo sobre cuatro columnas de madera de Sittim, cubiertas de oro; sus capiteles de oro, *y asentadas* sobre cuatro basas de plata.

33 Y pondrás el velo *colgado* debajo de los corchetes, y meterás allí del velo adentro el arca del Testimonio: y aquel velo os hará separacion entre el santo *lugar* y el *lugar* santísimo [g].

[g] Heb. 9. 2

34 Y pondrás la cubierta sobre el arca del Testimonio en el *lugar* santísimo.

35 Y pondrás la mesa[h] fuera del velo; y el candelero en frente de la mesa al lado del tabernáculo al Mediodia; y pondrás la mesa al lado del Aquilon.

[h] Cap. 40. 22. Heb. 9. 2.

36 ¶ Y harás á la puerta del tabernáculo una cortina de *color* cárdeno, y púrpura, y carmesí, y lino torcido, obra de bordador[i].

[i] Cap. 36. 37.

37 Y harás para la cortina cinco columnas de madera de Sittim, las cuales cubrirás de oro, con sus capiteles de oro: y hacerles has de fundicion cinco basas de metal.

CAPITULO XXVII.

Del altar y de los holocaustos; del atrio al rededor del tabernáculo; y de las lámparas.

HARAS tambien un altar[a] de madera de Sittim de cinco codos de longitud, y de *otros* cinco codos de anchura: será cuadrado el altar, y su altura de tres codos.

[a] Cap. 38. 1. 2 Cr. 4. 1. Ez. 43. 13. Heb. 13. 10.

2 Y harás sus cuernos[b] á sus cuatro esquinas: sus cuernos serán de lo mismo: y le cubrirás de metal.

[b] Cap. 29. 12. Lev. 4. 7, 18. 16. 18. 1 Rey. 1. 50. 2. 28. Sal. 118. 27. Heb. 6. 18.

3 Harás tambien sus calderas para echar su ceniza; y sus paletas, y sus tazones, y sus garfios, y sus braseros: harás todos sus vasos de metal[c].

[c] 1 Rey. 7. 45.

4 Y le harás un enrejado de metal de obra de malla; y sobre el enrejado harás cuatro anillos de metal á sus cuatro esquinas.

5 Y le has de poner dentro del cerco del altar abajo; y llegará el enrejado hasta el medio del altar.

6 Harás tambien varas[d] para el altar, varas de madera de Sittim, las cuales cubrirás de metal.

[d] Num. 4. 14.

7 Y sus varas se meterán por los anillos; y estarán aquellas varas á ambos lados del altar cuando hubiere de ser llevado.

8 De tablas lo harás, hueco: de la manera que te fué mostrado en el monte, así lo harán[e].

[e] Cap. 25. 30.

9 ¶ Asimismo harás el atrio[f] del tabernáculo: al lado del mediodia, al Austro, tendrá el atrio cortinas de lino torcido, de cien codos de longitud cada un lado.

[f] Cap. 38. 9.

10 Sus veinte columnas, y sus veinte basas *serán* de metal; los capiteles de las columnas y sus molduras, de plata.

11 Y de la misma manera al lado del Aquilon *habrá* á lo largo cortinas de cien *codos* de longitud, y sus veinte columnas, con sus veinte basas de metal: los capiteles de sus columnas y sus molduras de plata.

12 Y el ancho del atrio del lado occidental *tendrá* cortinas de cincuenta codos; y sus columnas *serán* diez, con sus diez basas.

13 Y en el ancho del atrio por la parte de Levante, al oriente, *habrá* cincuenta codos.

14 Y las cortinas del un lado *serán* de quince codos, sus columnas tres, con sus tres basas.

15 Al otro lado quince *codos de* cortinas, sus columnas tres, con sus tres basas.

16 Y á la puerta del atrio *habrá* un pabellon[g] de veinte codos, de cárdeno, y púrpura, y carmesí, y lino torcido, de obra de bordador: sus columnas *serán* cuatro con sus cuatro basas.

[g] Cap. 36. 37.

17 Todas las columnas del atrio en derredor *serán* ceñidas de plata: mas sus capiteles *serán* de plata, y sus basas de metal.

18 La longitud del atrio *será* de cien codos, y la anchura cincuenta *el un extremo* y cincuenta *el otro*, y la altura de cinco codos: *sus cortinas* de lino torcido, y sus basas de metal.

19 Todos los vasos del tabernáculo en todo su servicio, y todos sus clavos, y todos los clavos del atrio *serán* de metal.

20 ¶ Y tú mandarás á los hijos de Israel que te traigan aceite de olivas[h] puro, molido, para la luminaria, para hacer arder continuamente las lámparas.

[h] Lev. 24. 2.

21 En el tabernáculo del testimonio, afuera del velo que *estará* delante del testimonio: las cuales pondrá en orden Aaron[i] y sus hijos delante de Jehová desde la tarde hasta la mañana, como estatuto perpetuo de los hijos de Israel por sus generaciones.

[i] Cap. 30. 8. 1 Sam. 3. 3. 2 Cr. 13. 11.

CAPITULO XXVIII.

Descríbense las vestiduras sacerdotales.

Y TU allega á tí[a] á Aaron tu hermano, y á sus hijos consigo, de entre los hijos de Israel, para que sean mis sacerdotes; á Aaron, Nadab y Abiú, Eleazar é Ithamár, hijos de Aaron.

[a] Lev. 8. 2. Num. 18. 7. 2 Cr. 26. 18, 21. Heb. 5. 1, 4.

2 Y harás vestidos sagrados[b] á Aaron tu hermano, para honra y hermosura.

[b] Cap. 29. 5, 29. Lev. 8. 7, 30. Nu. 20. 26, 28.

3 Y tú hablarás á todos los *que fueren* sabios de corazon[c], á quienes yo he henchido de espíritu de sabiduría, á fin que hagan los vestidos de Aaron, para consagrarle á que me sirva de sacerdote.

[c] Ec. 9. 1. Pr. 16. 9.

4 Los vestidos que harán *serán* estos: el racional[d], y el ephód, y el manto, y la túnica labrada, la mitra, y el cinturon. Hagan pues los sagrados vestidos á Aaron tu hermano, y á sus hijos, para que sean mis sacerdotes.

[d] ver. 15. Cap. 39. 8, 21.

5 *Para ello* tomarán oro, y cárdeno, y púrpura, y carmesí, y lino torcido.

6 ¶ Y harán el ephód de oro y cárdeno, y púrpura, y carmesí, y lino torcido de obra de bordador.

7 Tendrá dos hombreras que se junten á sus dos lados, y *así* se juntará.

8 Y el artificio de su cinto que *estará* sobre él, será de su misma obra; de lo mismo, *esto es*, de oro, cárdeno, y púrpura, y carmesí, y lino torcido.

9 Y tomarás dos piedras oniquinas, y grabarás en ellas los nombres de los hijos de Israel.

10 Los seis de sus nombres en la una piedra, y los otros seis nombres en la otra piedra, conforme al nacimiento de ellos.

11 De obra de escultor en piedra, á *modo* de grabaduras de sello, harás grabar aquellas dos piedras con los nombres de los hijos de Israel: harásles al rededor engastes de oro.

12 Y pondrás aquellas dos piedras sobre los hombros del ephód, *como* piedras de memoria á los hijos de Israel; y Aaron llevará[e] los nombres de ellos delante de Jehová en sus dos hombros por memoria.

[e] ver. 29. Cap. 39. 6, 7.

13 Harás pues *los* engastes de oro,

14 Y dos cadenillas de oro fino, las cuales harás de hechura de trenza, y fijarás las cadenas de hechura de trenza en los engastes.

15 ¶ Harás asimismo el racional[f] del juicio de primorosa obra; le has de hacer conforme á la obra del ephód, de oro, y cárdeno, y púrpura, y carmesí, y lino torcido.

[f] Cap. 39. 8. Lev. 8. 8.

16 Será cuadrado y doble, de un palmo de largo, y un palmo de ancho.

17 Y lo llenarás de pedrería con cuatro órdenes de piedra. *En* el *primer* órden una piedra sárdica, un topacio, y un carbunclo: *tal será* el primer órden.

18 *En* el segundo órden una esmeralda, un záfiro, y un diamante.

19 *En* el tercer órden un rubí, un ágata, y un ametisto.

20 Y *en* el cuarto órden un berilo, un onix, y un jaspe: estarán engastadas en oro en sus encajes.

21 Y serán aquellas piedras segun los nombres de los hijos de Israel, doce segun sus nombres; *y* como grabaduras de sello[g] cada una con su nombre, vendrán á ser segun las doce tribus.

[g] Ap. 21. 12.

22 Harás tambien en el racional cadenitas de hechura de trenzas de oro fino.

23 Y harás en el racional dos anillos de oro, los cuales dos anillos pondrás á las dos puntas del *mismo* racional.

24 Y pondrás las dos trenzas de oro en los dos anillos á las puntas del racional.

25 Y los dos cabos de las dos trenzas sobre los dos engastes, y las pondrás á los lados del ephód en la parte delantera.

26 Harás tambien *otros* dos anillos de oro, los cuales pondrás á las dos puntas del racional en su orilla, que *está* al lado del ephód de la parte de dentro.

27 Harás asimismo *otros* dos anillos de oro, los cuales pondrás á los dos lados del ephód abajo en la parte delantera, delante de su juntura sobre el cinto del ephód.

28 Y juntarán el racional con sus anillos á los anillos del ephód con un cordon de jacinto, para que esté sobre el cinto del ephód, y no se aparte el racional del ephód.

29 Y llevará Aaron los nombres de los hijos de Israel en el racional del juicio sobre su corazon, cuando entrare en el santuario, para memoria[h] delante de Jehová continuamente.

[h] ver. 12.

30 Y pondrás en el racional del juicio Urim y Thummim[i], para que esten sobre el corazon de Aaron, cuando entrare delante de Jehová: y llevará siempre Aaron el juicio de los hijos de Israel sobre su corazon[k] delante de Jehová.

[i] Lev. 8. 8. Num. 27. 21. Deu. 33. 8. 1 Sam. 28. 6. Esd. 2. 63. Neh. 7. 65.
[k] Heb. 9. 24.

31 ¶ Harás el manto del ephód todo de jacinto.

32 Y en medio de él por arriba habrá una abertura, la cual tendrá un borde al rededor de obra de tejedor, como el cuello de un coselete, *para* que no se rompa.

33 Y *abajo* en sus orillas harás granadas de jacinto, y púrpura, y carmesí; por sus bordes al rededor; y entre ellas campanillas de oro al rededor.

34 Una campanilla de oro y una granada, *otra* campanilla de oro y *otra* granada por las orillas del manto al rededor.

35 Y estará sobre Aaron *el manto* cuando ministrare; y oiráse su sonido cuando él entrare en el santuario delante de Jehová, y cuando saliere, porque no muera.

36 ¶ Harás ademas una plancha[l] de oro fino, y grabarás en ella, *como* grabadura de sello, SANTIDAD Á JEHOVA.

[l] Cap. 39. 30. Zac. 14. 20. Heb. 7. 26.

37 Y la pondrás con un cordon de jacinto, y estará sobre la mitra; por el frente anterior de la mitra estará.

38 Y estará sobre la frente de Aaron: y llevará Aaron[m] el pecado de las cosas santas que los hijos de Israel hubieren consagrado en todas sus santas ofrendas; y sobre su frente estará continuamente *esta plancha*, para que hayan gracia[n] delante de Jehová.

[m] Lev. 10. 17. Num. 18. 1. Heb. 7. 25, 26.
[n] 1 Ped. 2. 5.

39 ¶ Y bordarás una túnica de lino, y harás una mitra de lino; harás tambien un cinto de obra de recamador.

40 ¶ Y para los hijos de Aaron harás túnicas; tambien les harás cintos, y les formarás chapéos, para honra y hermosura[o].

[o] ver. 2.

41 Y con esos *ornamentos* vestirás á Aaron tu hermano, y á sus hijos con él: y los ungirás[p], y los consagrarás[q], y santificarás, para que sean mis sacerdotes.

[p] Cap. 29. 7. y 30. 30.
[q] Lev. 8. Heb. 5. 4

42 ¶ Y les harás pañetes de lino[r] para cubrir la carne vergonzosa; serán desde los lomos hasta los muslos:

[r] Lev. 16. 4. Ez. 44. 18.

43 Y estarán sobre Aaron y sobre sus hijos cuando entraren en el tabernáculo del testimonio, ó cuando se llegaren al altar para servir en el santuario, porque no lleven pecado[s], y mueran. Estatuto perpetuo para él, y para su simiente despues de él.

[s] Lev. 5. 1, 17. y 22. 9. Num. 18. 22

CAPITULO XXIX.

Ceremonias en la consagracion del sumo sacerdote Aaron, y de sus hijos. De los dos corderos primales que debian sacrificarse todos los dias.

Y ESTO es lo que les harás para consagrarlos, para que sean mis sacerdotes[a]. Toma un becerro de la vacada, y dos carneros sin tacha,

[a] Lev. 8. 2, etc.

2 Y panes sin levadura[b], y tortas sin levadura amasadas con aceite, y hojaldres sin levadura untadas con aceite; las cuales cosas harás de flor de harina de trigo:

[b] Lev. 6. 20.

3 Y las pondrás en un canastillo, y en el canastillo las ofrecerás, con el becerro y los dos carneros.

4 Y harás llegar á Aaron y á sus hijos á la puerta del tabernáculo del testimonio, y les lavarás con agua[c].

[c] Cap. 40. 1[illegible] Heb. 10. [illegible] 1 Ped. 3. [illegible]

5 Y tomarás las vestiduras, y vestirás á Aaron la túnica y el manto del ephód, y el ephód, y el racional, y lo ceñirás con el cinto del ephód.

6 Y pondrás la mitra sobre su cabeza, y sobre la mitra pondrás la diadema santa.

7 Y tomarás el aceite de la uncion, y derramarás sobre su cabeza, y le ungirás[d].

[d] Lev. 10. [illegible] Sal. 133. [illegible]

8 Y harás llegar sus hijos, y les vestirás las túnicas.

9 Y les ceñirás el cinto, á Aaron y á sus hijos, y les atarás los chapéos, y tendrán el sacerdocio por fuero perpetuo[e]: y henchirás las manos † de Aaron y de sus hijos.

[e] Num. 18.
† ver. 24.

10 ¶ Y harás llegar el becerro delante del tabernáculo del testimonio, y Aaron y sus hijos pondrán sus manos sobre la cabeza del becerro[f].

[f] Lev. 8. 1[illegible] Is. 53. 6. 2 Cor. 5. [illegible]

11 Y matarás el becerro delante de Jehová á la puerta del tabernáculo del testimonio.

12 Y tomarás de la sangre del becerro[g], y pondrás sobre los cuernos del altar con tu dedo, y derramarás toda la *otra* sangre al pié del altar.

[g] Lev. 8. 1[illegible]

13 Tomarás tambien todo el sebo que cubre los intestinos, y el redaño de sobre el hígado, y los dos riñones, y el sebo que *está* sobre ellos, y los quemarás sobre el altar.

14 Empero[h] consumirás á fuego fuera del campo la carne del becerro, y su pellejo, y su estiercol: *Es* expiacion.

[h] Lev. 4. [illegible] 12. Heb. 13.

15 Asimismo tomarás el un carnero, y Aaron y sus hijos pondrán sus manos sobre la cabeza del carnero[i].

[i] ver. 10.

16 Y matarás el carnero, y tomarás su sangre, y rociarás sobre el altar al rededor.

17 Y cortarás el carnero en pedazos, y lavarás sus intestinos, y sus piernas, y las pondrás sobre sus trozos y sobre su cabeza.

18 Y quemarás todo el carnero sobre

el altar: *Es* holocausto á Jehová, olor grato[k], es ofrenda quemada á Jehová.
19 Tomarás luego el otro carnero, y Aaron y sus hijos pondrán sus manos sobre la cabeza del carnero:
20 Y matarás el carnero, y tomarás de su sangre, y pondrás sobre la ternilla de la oreja derecha de Aaron, y sobre la ternilla de las orejas de sus hijos, y sobre el dedo pulgar de las manos derechas de ellos, y sobre el dedo pulgar de los pies derechos de ellos, y esparcirás la sangre sobre el altar al rededor.
21 Y tomarás de la sangre que *habrá* sobre el altar, y del aceite de la uncion[l], y esparcirás sobre Aaron, y sobre sus vestiduras, y sobre sus hijos, y sobre sus vestimentas con *las de* él; y él será santificado, y sus vestiduras, y sus hijos, y las vestimentas de sus hijos con *las de* él.
22 Luego tomarás del carnero el sebo, y la cola, y el sebo que cubre los intestinos, y el redaño del hígado, y los dos riñones, y el sebo que *está* sobre ellos, y la espaldilla derecha; porque es carnero de consagraciones:
23 Tambien una torta de pan, y un hojaldre amasado con aceite, y una lasaña del canastillo de los ázimos presentado á Jehová.
24 Y lo has de poner todo en las manos de Aaron, y en las manos de sus hijos, y lo mecerás agitándo*lo*[m] delante de Jehová.
25 Despues lo tomarás de sus manos, y lo harás arder sobre el altar en holocausto, por olor agradable[n] delante de Jehová. Es ofrenda encendida á Jehová.
26 Y tomarás el pecho[o] del carnero de las consagraciones, que fué *inmolado para la* de Aaron, y lo mecerás por *ofrenda* agitada delante de Jehová; y será porcion tuya.
27 Y apartarás[p] el pecho de la *ofrenda* mecida, y la espaldilla de la santificacion, lo que fué mecido y lo que fué santificado del carnero de las consagraciones de Aaron y de sus hijos:
28 Y será para Aaron y para sus hijos por estatuto perpetuo de los hijos de Israel, porque es porcion elevada: y será tomada de los hijos de Israel de sus sacrificios pacíficos, *como* porcion de ellos *que ha de ser* elevada en ofrenda á Jehová.
29 Y las vestimentas santas, que *son* de Aaron, serán de sus hijos despues de él, para ser ungidos con ellas, y para ser con ellas consagrados.
30 Por siete dias[q] las vestirá el sacerdote de sus hijos, que en su lugar viniere al tabernáculo del testimonio á servir en el santuario.
31 Y tomarás el carnero de las consagraciones, y cocerás su carne en el lugar del santuario.
32 Y Aaron y sus hijos comerán la carne del carnero, y el pan que *está* en el canastillo[r], á la puerta del tabernáculo del testimonio.
33 Y comerán[s] aquellas cosas con las cuales se hizo expiacion, para henchir sus manos para ser santificados: mas el extrangero no comerá, [t]porque es cosa santa.
34 Y si sobrare algo de la carne de las consagraciones, y del pan, hasta la mañana, quemarás[u] al fuego lo que hubiere sobrado: no se comerá, porque es cosa santa.
35 Así pues harás á Aaron y á sus hijos conforme á todas las cosas que yo te he mandado: por siete dias los consagrarás.

ien. 8. 21. f. 5. 2. il. 4. 18. — ap. 30. 25. — Lev. 7. 30. — ver. 13. — Lev. 8. 29. — Num. 18. l. 18. — Deu. 18. 3. — Lev. 8. 35. — ver. 2, 3. — Lev. 10. 13, 14. — Lev. 22. 10. — Lev. 8. 32.

36 ¶ Y sacrificarás el becerro[x] de la expiacion en cada dia para las expiaciones; y purificarás el altar en habiendo hecho expiacion por él, y lo ungirás[y] para santificarlo.
37 Por siete dias expiarás el altar, y lo santificarás, y será un altar santísimo: cualquiera cosa que tocare al altar, será santificada.
38 ¶ Y esto *es* lo que ofrecerás sobre el altar: [z]dos corderos de un año cada dia, sin intermision.
39 Ofrecerás el un cordero á la mañana, y el otro cordero ofrecerás á la caida de la tarde.
40 Ademas una decima parte de *un ephá de* flor de harina amasada con la cuarta parte de un hin de aceite molido: y la libacion *será* la cuarta parte de un hin de vino con cada cordero.
41 Y ofrecerás el otro cordero á la caida de la tarde, haciendo conforme á la ofrenda de la mañana, y conforme á su libacion, en olor de suavidad: será ofrenda *encendida* á Jehová.
42 *Esto será* holocausto continuo por vuestras generaciones á la puerta del tabernáculo del testimonio delante de Jehová, en el cual me concertaré con vosotros, para hablaros allí[a].
43 Y allí testificaré de mí á los hijos de Israel, y será santificado con mi gloria.
44 ¶ Y santificaré el tabernáculo del testimonio y el altar: santificaré asimismo á Aaron y á sus hijos para que sean mis sacerdotes.
45 Y habitaré[b] entre los hijos de Israel, y seré su Dios.
46 Y conocerán que yo *soy* Jehová su Dios, que los saqué de la tierra de Egipto, para habitar en medio de ellos: Yo Jehová su Dios.

CAPITULO XXX.

Del altar de los perfumes: del medio siclo: pila de bronce: bálsamo sagrado é incienso, y otras cosas pertenecientes al tabernáculo.

HARAS asimismo un altar[a] de sahumerio de perfume: de madera de Sittim lo harás.
2 Su longitud *será* de un codo, y su anchura de un codo; será cuadrado: y su altura de dos codos; y sus cuernos serán de lo mismo.
3 Y cubrirlo has de oro puro[b], su techado, y sus paredes en derredor, y sus cuernos: y le harás en derredor una corona de oro.
4 Le harás tambien dos anillos de oro debajo de su corona á sus dos esquinas en ambos lados suyos, para meter los varales con que será llevado.
5 Y harás los varales[c] de madera de Sittim, y los cubrirás de oro.
6 Y le pondrás delante del velo[d] que *está* junto al arca del testimonio, delante de la cubierta[e] que está sobre el testimonio, donde yo te testificaré de mí.
7 Y quemará sobre él Aaron sahumerio[f] de aromas cada mañana: cuando aderezare las lámparas lo quemará.
8 Y cuando Aaron encenderá las lámparas al anochecer, quemará *tambien* el sahumerio; *rito* perpetuo delante de Jehová por vuestras edades.
9 No ofreceréis sobre él sahumerio extraño, ni holocausto, ni presente, ni tampoco derramaréis sobre él libacion.
10 Y sobre sus cuernos hará Aaron expiacion una vez en el año con la sangre de la expiacion para las reconciliaciones: [g]una vez en el año hará expiacion sobre él en vuestras edades. Será *esto* muy santo á Jehová.

x Ex. 43. 27. Heb. 10. 11. — y Cap. 30. 26, 29. y 40. 10. — z Num. 28. 3, 4. 1 Cr. 16. 40. 2 Cr. 2. 4. y 31. 3. Esd. 3. 3. Juan 1. 29. Ap. 5. 9, 12. — a Cap. 25. 22. y 30. 6, 36. — b Cap. 25. 8. Sal. 68. 18. Zac. 2. 10. 2 Cor. 6. 16. Ap. 21. 3. — a Cap. 37. 25. — b Cap. 25. 11. — c Cap. 25. 13. — d Cap. 26. 31. y 40. 3. Mat. 27. 51. Heb. 9. 3. — e Cap. 25. 21. — f ver. 34. 1 Sam. 2. 28. Lu. 1. 9. — g Lev. 16. 18. Heb. 9. 25.

11 ¶ Y habló Jehová á Moises diciendo:

12 Cuando tomares el número[h] de los hijos de Israel conforme á la cuenta de ellos, cada uno dará á Jehová el rescate de su persona, cuando los contares, y no habrá en ellos mortandad[i] por haberlos contado.

[h] Num. 1. 2. y 26. 2.
[i] 2 Sam. 24. 2, 15. Cap. 25. 22. y 30. 6, 26. Num. 17. 4.

13 Esto dará cualquiera que pasare por la cuenta, medio siclo conforme al siclo del santuario. El siclo *es* de veinte óbolos: la mitad de un siclo *será* la ofrenda á Jehová.

14 Cualquiera que pasare por la cuenta, de veinte años arriba, dará la ofrenda á Jehová.

15 Ni el rico aumentará, ni el pobre disminuirá de medio siclo, cuando dieren la ofrenda á Jehová para hacer expiacion por vuestras personas.

16 Y tomarás de los hijos de Israel el dinero de las expiaciones, y lo darás[k] para la obra del tabernáculo del testimonio: y será por memoria á los hijos de Israel, delante de Jehová, para expiar vuestras personas.

[k] Cap. 38. 25.

17 ¶ Habló mas Jehová á Moises diciendo:

18 Harás tambien una fuente[l] de metal, con su basa de metal, para lavar; y la has de poner entre el tabernáculo del testimonio y el altar, y pondrás en ella agua.

[l] Cap. 38. 8. 1 Rey. 7. 38. Tit. 3. 5.

19 Y de ella se lavarán Aaron y sus hijos sus manos y sus pies.

20 Cuando entrarán en el tabernáculo del testimonio, se han de lavar con agua, y no morirán: y cuando se llegaren al altar para ministrar, para encender á Jehová la ofrenda que se ha de consumir al fuego,

21 Tambien se lavarán las manos y los pies, y no morirán. Y tendrán *esto* por estatuto perpetuo él y su simiente por sus generaciones.

22 ¶ Habló mas Jehová á Moises diciendo:

23 Y tú has de tomar de las principales drogas; de mirra excelente[m] quinientos *siclos*, y de canela aromática la mitad de esto, *es á saber*, doscientos y cincuenta, y de cálamo aromático doscientos y cincuenta,

[m] Sal. 45. 8. Cant. 4. 14.

24 Y de casia quinientos al peso del santuario, y de aceite de olivas un hin:

25 Y harás de ello el aceite de la santa uncion, superior ungüento, obra de perfumador, el cual será el aceite de la uncion[n] sagrada.

[n] Sal. 89. 20.

26 Con él ungirás el tabernáculo del testimonio, y el arca del testimonio[o],

[o] Cap. 40. 9. Lev. 8. 10.

27 Y la mesa, y todos sus vasos, y el candelero, y todos sus vasos, y el altar del perfume,

28 Y el altar del holocausto y todos sus vasos, y la fuente y su basa.

29 Así los consagrarás, y serán cosas santísimas: todo lo que tocare en ellos, será santificado.

30 Ungirás tambien á Aaron y á sus hijos, y les consagrarás para que sean mis sacerdotes.

31 Y hablarás á los hijos de Israel diciendo: Este será mi aceite de la santa uncion por vuestras edades.

32 Sobre carne de hombre no será untado, ni haréis *otro* semejante, conforme á su composicion: santo es; por santo habeis de tenerlo vosotros.

33 Cualquiera que compusiere ungüento semejante, y que pusiere de él sobre *algun* extraño, será cortado de sus pueblos.

34 ¶ Dijo aun Jehová á Moises: Tomate aromas[p], *es á saber*, estacte, y uña olorosa, y gálbano aromático, é incienso limpio; *de todo* en igual peso:

[p] ver. 23. 1 Cr. 9. 29, 30.

35 Y harás de ello una confeccion aromática de obra de perfumador, *bien* mezclada, pura, y santa.

36 Y molerás *alguna* de ella pulverizandol*e*, y la pondrás delante del testimonio en el tabernáculo del testimonio, donde yo te testificaré de mí[q]. Os será cosa santísima.

[q] Cap. 29. 42. Lev. 16. 2.

37 Como la confeccion que harás, no os haréis *otra* segun su composicion: te será cosa sagrada para Jehová.

38 Cualquiera que hiciere *otra* como ella para olerla, será cortado de sus pueblos[r].

[r] ver. 33.

CAPITULO XXXI.

De los artífices Bezaleél y Aholiab, escogidos por Dios para la construccion del tabernáculo. De la fiesta del Sábado; y de las tablas de la ley.

Y HABLO Jehová á Moises diciendo:

2 Mira, yo he llamado por *su* nombre á Bezaleél[a], hijo de Uri, hijo de Hur, de la tribu de Judá,

[a] 1 Cr. 2. 20.

3 Y lo he henchido[b] de espíritu de Dios, en sabiduría, y en inteligencia, y en ciencia, y en todo artificio,

[b] Cap. 35. 31. 1 Rey. 7. 14.

4 Para inventar diseños, para trabajar en oro, y en plata, y en metal;

5 Y en artificio de piedras para engastarl*as*, y en artificio de madera; para obrar en toda suerte de labor.

6 Y hé aquí que yo he puesto con él á Aholiab[c], hijo de Ahisamec, de la tribu de Dan: y he puesto sabiduría[d] en el ánimo de todo sabio de corazon, para que hagan todo lo que te he mandado;

[c] Cap. 35. 34.
[d] Pro. 2. 6.

7 El tabernáculo del testimonio, y el arca del testimonio, y la cubierta que *estará* sobre ella, y todos los vasos del tabernáculo:

8 Y la mesa, y sus vasos, y el candelero limpio, y todos sus vasos, y el altar del perfume,

9 Y el altar del holocausto, y todos sus vasos, y la fuente, y su basa;

10 Y los vestidos del servicio[e], y las santas vestiduras para Aaron el sacerdote, y las vestiduras de sus hijos, para que ejerzan el sacerdocio;

[e] Cap. 35. 19. y 39. 1, 41.

11 Y el aceite de la uncion, y el perfume aromático para el santuario: *lo cual* harán conforme á todo lo que te he mandado.

12 ¶ Habló ademas Jehová á Moises diciendo:

13 Y tú hablarás á los hijos de Israel diciendo: Con todo eso vosotros guardaréis mis sábados; [f] porque es señal entre mí y vosotros por vuestras edades, para que sepais que yo soy Jehová que os santifico.

[f] Lev. 19. 3, 30. y 26. 2. Ez. 20. 12, 20.

14 Así que guardaréis el sábado,[g] porque santo *es* á vosotros: el que lo profanare, de cierto morirá; porque cualquiera que hiciere obra *alguna* en él, aquella alma será cortada de en medio de sus pueblos[h].

[g] Cap. 20. 8. Deu. 5. 12. Is. 58. 13. Ez. 44. 24.
[h] Cap. 35. 2. Num. 15. 32, 36.

15 Seis dias se hará obra, mas el dia séptimo *será* sábado de reposo consagrado á Jehová: cualquiera que hiciere obra el dia del sábado, morirá ciertamente.

16 Guardarán pues el sábado los hijos de Israel, celebrandolo por sus edades *como* pacto perpetuo:

17 Señal[i] *es* para siempre entre mí y los hijos de Israel: porque en seis dias hizo Jehová los cielos y la tierra, y en el séptimo dia cesó, y reposó[k].

[i] ver. 13.
[k] Gen. 2. 2. Heb. 4. 3, 4, 10.

18 ¶ Y dió á Moises, como acabó de hablar con él en el monte de Sinai, dos tablas del testimonio[l], tablas de piedra escritas con el dedo de Dios.

[l] Cap. 24. 12. y 32. 15, 16. y 34. 28, 29. Deu. 4. 13. y 5. 22. y 9. 9, 11. 2 Cor. 3. 3.

CAPITULO XXXII.

Forma el pueblo de Israel un becerro, y le adora como á Dios. Con todo Moises le alcanza el perdon; y bajando del monte, quiebra las tablas de la ley, abrasa el becerro, castiga de muerte á los idólatras, y vuelve á subir al monte.

MAS viendo el pueblo que Moises
tardaba en descender del monte,
allegóse entónces á Aaron, y dijeronle:
Levántate, haznos dioses que vayan de-
lante de nosotros; porque á este Moises,
aquel varon que nos sacó de la tierra de
Egipto, no sabemos qué le haya aconte-
cido.
2 Y Aaron les dijo: Apartad los zar-
cillos de oro [a] que *estan* en las orejas de
vuestras mujeres, y de vuestros hijos, y
de vuestras hijas, y traedmelos.
3 Entónces todo el pueblo apartó los
zarcillos de oro que *tenian* en sus orejas,
y trajéronlos á Aaron:
4 El cual los tomó de las manos de
ellos, y formólo con buril, é hizo de ello
un becerro de fundicion [b]. Entónces
dijeron: Israel, estos *son* tus dioses que
te sacaron de la tierra de Egipto.
5 Y viendo *esto* Aaron, edificó un altar
delante del *becerro*; y pregonó Aaron, y
dijo: Mañana *será* fiesta á Jehová [c].
6 Y el dia siguiente madrugaron, y
ofrecieron holacaustos, y presentaron
pacíficos: y sentóse el pueblo á comer y
á beber, y levantáronse á regocijarse [d].
7 ¶ Entónces Jehová dijo á Moises:
Anda, desciende, porque tu pueblo que
sacaste de tierra de Egipto, se ha cor-
rompido [e].
8 Presto se han apartado del camino
que yo les mandé, y se han hecho un
becerro de fundicion, y lo han adorado,
y han sacrificado á él, y han dicho: Is-
rael, estos *son* tus dioses, que te sacaron
de tierra de Egipto.
9 Dijo mas Jehová á Moises: Yo he
visto á este pueblo, que por cierto es
pueblo de dura cerviz [f]:
10 Ahora pues déjame que se encien-
da mi furor en ellos, y los consuma; y
á tí yo te pondré sobre gran gente [g].
11 Entónces Moises oró á la faz de Je-
hová su Dios [h], y dijo: Oh Jehová, ¿por
qué se encenderá tu furor en tu pueblo,
que tú sacaste de la tierra de Egipto con
gran fortaleza, y con mano fuerte?
12 ¿Por qué han de hablar los Egip-
cios [i], diciendo: Para mal los sacó, para
matarlos en los montes, y para raerlos
de sobre la haz de la tierra? Vuélvete
del furor de tu ira, y arrepiéntete [k] del
mal de tu pueblo.
13 Acuerdate de Abraham, de Isaac,
y de Israel tus siervos, á los cuales has
jurado [l] por tí mismo, y dícholes, Yo
multiplicaré vuestra simiente como las
estrellas del cielo; y daré á vuestra si-
miente toda esta tierra que he dicho, y
la tomarán por heredad para siempre.
14 Entónces Jehová se arrepintió [m] del
mal que dijo que habia de hacer á su
pueblo.
15 ¶ Y volvióse Moises, y descendió
del monte trayendo en su mano las dos
tablas del testimonio, las tablas escritas
por ambos lados; de una parte y de otra
estaban escritas.
16 Y las tablas eran obra de Dios, y la
escritura era escritura de Dios [n] grabada
sobre las tablas.
17 Y oyendo Josué el clamor del pue-
blo que gritaba, dijo á Moises: Alarido
de peléa *hay* en el campo.
18 Y él respondió: No *es* eco de alga-
zara de fuertes, ni eco de alaridos de
flacos; algazara de cantar oigo yo.

[a] Juec. 8. 24, 27.
[b] 1 Rey. 12. 28. Neh. 9. 18. Sal. 106. 19. Is. 46. 13, 19. Rom. 1. 23.
[c] Cap. 20. 4.
[d] 1 Cor. 10. 7.
[e] Deu. 4. 16. Juec. 2. 19.
[f] Cap. 33. 3. Deu. 9. 13. 2 Cr. 30. 8. Is. 48. 4.
[g] Num. 14. 12.
Sal. 106. 23.
[h] Deu. 9. 18, 29.
[i] Deu. 32. 26, 27.
[k] Sal. 90. 13.
Gen. 22. 16. Heb. 6. 13.
[m] 2 Sam. 24. 16. 1 Cr. 21. 15. Sal. 106. 45. Jer. 18. 8. Joel 2. 13.
[n] Cap. 31. 18. Deu. 9. 10. Heb. 8. 10.

19 Y aconteció, que como llegó él al
campo, y vió el becerro, y las danzas,
enardecióssele la ira á Moises, y arrojó
las tablas de sus manos, y quebrólas al
pie del monte.
20 Y tomó el becerro que habian he-
cho, y quemólo en el fuego [o], y moliólo
hasta reducirle á polvo, que esparció
sobre las aguas, y *diólo* á beber á los
hijos de Israel.
21 Y dijo Moises á Aaron: ¿Qué te ha
hecho este pueblo, que has traido sobre
él *tan* gran pecado?
22 Y respondió Aaron: No se enoje mi
señor; tú conoces el pueblo, que es *in-
clinado* á mal:
23 Porque me dijeron, Haznos dioses
que vayan delante de nosotros, que á
este Moises, el varon que nos sacó de
tierra de Egipto, no sabemos qué le ha
acontecido.
24 Y yo les respondí: ¿Quien tiene
oro? apartadlo. Y diéronmelo, y echélo
en el fuego, y salió este becerro.
25 Y viendo Moises que el pueblo es-
taba despojado, porque Aaron lo habia
despojado para vergüenza entre sus ene-
migos,
26 Púsose Moises á la puerta del real,
y dijo: ¿Quien *es* de Jehová? *Júntese*
conmigo. Y juntáronse con él todos los
hijos de Leví.
27 Y él les dijo: Así ha dicho Jehová
el Dios de Israel: Poned cada uno su
espada sobre su muslo; pasad y volved
de puerta á puerta por el campo, y ma-
tad [p] cada uno á su hermano, y á su
amigo, y á su pariente.
28 Y los hijos de Leví [q] lo hicieron
conforme al dicho de Moises; y cayeron
del pueblo en aquel dia como tres mil
hombres.
29 Entónces Moises dijo: Hoy os ha-
beis consagrado á Jehová, porque cada
uno *se ha consagrado* en su hijo, y en su
hermano, para que dé él hoy bendicion
sobre vosotros.
30 ¶ Y aconteció que el dia siguiente
dijo Moises al pueblo: Vosotros habeis
cometido un gran pecado: mas yo subiré
ahora á Jehová [r]; quizá le aplacaré a-
cerca de vuestro pecado [s].
31 Entónces volvió Moises á Jehová,
y dijo: Ruégote, *pues* este pueblo ha
cometido un gran pecado, porque se hi-
cieron dioses de oro [t],
32 Que perdones ahora su pecado; y
si no, raeme ahora de tu libro que has
escrito [u].
33 Y Jehová respondió á Moises: Al
que pecare contra mí, á este raeré yo de
mi libro [x].
34 Vé pues ahora, lleva á este pueblo
donde te he dicho: hé aquí mi Angel [y]
irá delante de tí; que en el dia de mi [z]
visitacion yo visitaré en ellos su pe-
cado.
35 Y Jehová hirió al pueblo, porque ha-
bian hecho el becerro que formó Aaron.

CAPITULO XXXIII.

Llanto del pueblo, á quien perdona el Señor por amor de Moises. Desea este ver el rostro, la gloria de Dios.

Y JEHOVA dijo á Moises: Vé, sube
de aquí, tú y el pueblo que sacaste
de la tierra de Egipto, á la tierra de la
cual juré á Abraham, Isaac, y Jacob,
diciendo, A tu simiente la daré:
2 Y yo enviaré delante de tí el Angel [a];
y echaré fuera al Cananéo, y al Amor-
rhéo, y al Hethéo, y al Pherezéo, y al
Hevéo, y al Jebuséo;
3 A la tierra que fluye leche y miel:
porque yo no subiré en medio de tí, por-

[o] Deu. 9. 21.
[p] Num. 25. 5.
[q] Deu. 33. 9. Mal. 2. 4, 6.
[r] 1 Sam. 12. 20, 23.
[s] Num. 25. 13. Job 42. 7, 8. Sant°. 5. 16.
[t] Cap. 20. 23.
[u] Sal. 69. 28. y 139. 16. Is. 4. 3. Ez. 13. 9.
[x] Ez. 18. 4.
[y] Cap. 23. 20. y 33. 2. Num. 20. 16.
[z] Deu. 32. 35. Am. 3. 14.
[a] Cap. 32. 34.

que eres pueblo de dura cerviz, no sea que te consuma en el camino[b].

4 Y oyendo el pueblo esta sensible palabra, vistieron luto, y ninguno se puso sus atavíos.

5 Pues Jehová dijo á Moises: Dí á los hijos de Israel: Vosotros sois pueblo de dura cerviz; en un momento subiré en medio de tí, y te consumiré; quítate pues ahora tus atavíos[c], que yo sabré lo que te tengo de hacer.

6 Entónces los hijos de Israel se despojaron de sus atavíos desde el monte Oreb.

7 ¶ Y Moises tomó el tabernáculo, y estendiólo fuera del campo, lejos del campo, y llamóle el Tabernáculo del Testimonio: y fué, que cualquiera que requeria á Jehová, salia al tabernáculo del testimonio, que *estaba* fuera del campo.

8 Y sucedia que, cuando salia Moises al tabernáculo, todo el pueblo se levantaba, y estaba cada cual en pié á la puerta de su tienda, y miraban en pos de Moises, hasta que él entraba en el tabernáculo.

9 Y cuando Moises entraba en el tabernáculo, la columna de nube descendia, y poniase á la puerta del tabernáculo, y *el* SEÑOR hablaba con Moises[d].

10 Y viendo todo el pueblo la columna de la nube, que estaba á la puerta del tabernáculo, levantabase todo el pueblo, cada uno á la puerta de su tienda, y adoraba.

11 Y hablaba Jehová á Moises cara á cara, como habla cualquiera á su compañero, y volviase al campo: mas el jóven Josué su criado, hijo de Nun, nunca se apartaba de en medio del tabernáculo.

12 ¶ Y dijo Moises á Jehová: Mira, tú me dices á mí, Saca este pueblo[e]; y tú no me has declarado á quien has de enviar conmigo: sin embargo tú dices, Yo te he conocido por *tu* nombre[f], y has hallado tambien gracia en mis ojos.

13 Ahora pues, si he hallado gracia en tus ojos, ruégote que me muestres ahora tu camino, para que te conozca, porque halle gracia en tus ojos: y mira que tu pueblo *es* aquesta gente[g].

14 Y él dijo: Mi rostro[h] irá *contigo*, y te haré descansar.

15 Y él respondió: Si tu rostro no ha de ir *con nosotros*, no nos saques de aquí.

16 ¿Y en qué se conocerá aquí que he hallado gracia en tus ojos, yo y tu pueblo, sino en andar tú con nosotros, y que yo y tu pueblo seamos apartados de todos los pueblos que *estan* sobre la faz de la tierra[i]?

17 Y Jehová dijo á Moises: Tambien haré esto que has dicho, por cuanto has hallado gracia en mis ojos, y te he conocido por *tu* nombre.

18 El entónces dijo: Ruégote que me muestres tu gloria.

19 Y respondióle: Yo haré pasar todo mi bien[k] delante de tu rostro, y llamaré por el nombre de Jehová delante de tí; y tendré misericordia del que tendré misericordia, y seré clemente para con el que seré clemente[l].

20 Dijo mas: No podrás ver mi rostro[m]; porque no me verá hombre, y vivirá.

21 Y dijo aun Jehová: Hé aquí lugar junto á mí, y tú estarás sobre la peña.

22 Y será que, cuando pasare mi gloria, yo te pondré en una hendidura de la peña, y te cubriré con mi mano hasta que haya pasado.

23 Despues apartaré mi mano, y verás mis espaldas; mas no se verá mi rostro.

[b] Cap. 23. 21.
[c] Is. 32. 11. Ez. 26. 16.
[d] Sal. 99. 7.
[e] Cap. 32. 34.
[f] Jer. 1. 5.
[g] Deu. 9. 26, 29. Joel 2. 17.
[h] Cap. 40. 34, 38. Is. 63. 9.
[i] Num. 14. 14. Deu. 4. 7, 34. 2 Sam. 7. 23. 1 Rey. 8. 53. Sal. 147. 20.
[k] Cap. 34. 5, 7.
[l] Rom. 9. 15, 18.
[m] Juan 1. 18. 1 Tim. 6. 16. Heb. 1. 1, 3.

CAPITULO XXXIV.

Vuelve Moises al monte, donde Dios le manifiesta su gloria; y renueva por su medio la alianza con los Israelitas, escribiendo de nuevo el Decálogo.

Y JEHOVA dijo á Moises: Alísate dos tablas de piedra como las primeras, y escribiré[a] sobre esas tablas las palabras que *estaban* en las tablas primeras que quebraste.

2 Apercíbete pues para mañana, y sube por la mañana al monte de Sinai, y estáme allí sobre la cumbre del monte.

3 Y no suba hombre[b] contigo, ni parezca alguno en todo el monte; ni ovejas ni bueyes pazcan delante del monte.

4 ¶ Y Moises alisó dos tablas de piedra como las primeras; y levantóse por la mañana, y subió al monte de Sinai, como le mandó Jehová, y llevó en su mano las dos tablas de piedra.

5 Y Jehová descendió en *una* nube, y estuvó allí con él, proclamando el nombre de Jehová.

6 Y pasando Jehová por delante de él, clamó: Jehová, Jehová, Fuerte, misericordioso[c], y piadoso, tardo para la ira, y grande en benignidad y verdad[d],

7 Que guarda la misericordia en millares[e], que perdona la iniquidad, la rebelion, y el pecado, y que de ningun modo justificará al malvado; que visita la iniquidad de los padres sobre los hijos, y sobre los hijos de los hijos, sobre los terceros, y sobre los cuartos[f].

8 Entónces Moises apresurandose bajó la cabeza hácia el suelo, y encorvóse;

9 Y dijo: Si ahora, Señor, he hallado gracia en tus ojos, vaya ahora el Señor en medio de nosotros; porque este es pueblo de dura cerviz[g]: y perdona nuestra iniquidad, y nuestro pecado, y poseenos[h].

10 ¶ Y él dijo: Hé aquí Yo hago concierto delante de todo tu pueblo: haré maravillas que no han sido hechas en toda la tierra, ni en nacion alguna, y verá todo el pueblo, en medio del cual *estás* tú, la obra de Jehová; porque ha de ser cosa terrible la que yo haré contigo.

11 Guarda lo que yo te mando hoy: hé aquí que yo echo de delante de tu presencia al Amorrhéo, y al Cananéo, y al Hethéo, y al Pherezéo, y al Hevéo, y al Jebuséo[i].

12 Guardate que no hagas alianza con los moradores de la tierra donde has de entrar, porque no sean por tropezadero en medio de tí[k]:

13 Mas derribaréis sus altares, y quebraréis sus estatuas, y talaréis sus bosques[l].

14 Porque no te has de inclinar á dios ageno; que Jehová[m], cuyo nombre es Zeloso, Dios zeloso es.

15 Por tanto no harás alianza con los moradores de aquella tierra; porque fornicarán en pos de sus dioses, y sacrificarán á sus dioses, y te llamáran, y comerás de sus sacrificios:

16 O tomando de sus hijas para tus hijos, y fornicando sus hijas en pos de sus dioses[n], harán tambien fornicar tus hijos en pos de los dioses de ellas.

17 No harás dioses de fundicion para tí.

18 La fiesta de los azimos guardarás[o]: siete dias comerás por leudar, segun te he mandado, en el tiempo del mes de Abib; porque en el mes de Abib saliste de Egipto.

19 Todo lo que abre matriz mio es[p];

[a] Deu. 10. 1, 4.
[b] Cap. 19. 12, 13.
[c] Num. 14. 18. Neh. 9. 17. Sal. 86. 15. y 103. 8. Joel 2. 13. Jonas 4. 2.
[d] Sal. 57. 10.
[e] Cap. 20. 6. Mic. 7. 18.
[f] Cap. 20. 5, 6.
[g] Cap. 33. 3.
[h] Deu. 32. 9. Sal. 94. 14. Jer. 10. 16. Zac. 2. 12.
[i] Deu. 7. 1, 19.
[k] Jos. 23. 12, 13.
[l] Deu. 12. 3.
[m] Cap. 20. 5. Mat. 4. 10.
[n] Num. 25. 1, 2. Esd. 9. 2. 2 Cor. 6. 14.
[o] Cap. 12. 15. y 23. 15.
[p] Cap. 13. 2. Ez. 44. 30. Luc. 2. 23.

y de tu ganado todo primerizo de vaca ó de oveja que fuere macho.

20 Empero redimirás con cordero el primerizo del asno; y si no lo redimieres, le has de cortar la cabeza. Redimirás todo primogénito de tus hijos [q], y no serán vistos vacíos delante de mí.

21 Seis dias trabajarás, mas en el séptimo dia cesarás [r]: cesarás *aun* en la arada y en la siega.

22 Y te harás la fiesta de las semanas á los principios de la siega del trigo; y la fiesta de la cosecha á la vuelta del año [s].

23 Tres veces en el año será visto todo varon tuyo delante del Señoreador Jehová, Dios de Israel [t].

24 Porque yo arrojaré las gentes de tu presencia, y ensancharé tu término: y ninguno codiciará tu tierra, cuando tú subieres para ser visto delante de Jehová tu Dios tres veces en el año [u].

25 No ofrecerás con leudo la sangre de mi sacrificio; ni quedará de la noche para la mañana el sacrificio de la fiesta de la Pascua [v].

26 La primicia de los primeros frutos de tu tierra meterás en la casa de Jehová tu Dios. No cocerás el cabrito en la leche de su madre [x].

27 Y Jehová dijo á Moises: Escribe tú estas palabras; porque conforme á estas palabras he hecho la alianza contigo, y con Israel.

28 Y él estuvo allí con Jehová cuarenta dias y cuarenta noches: no comió pan, ni bebió agua [y]: y escribió [z] en tablas las palabras de la alianza, las diez palabras.

29 ¶ Y aconteció, que descendiendo Moises del monte de Sinai con las dos tablas del testimonio en su mano, mientras descendia del monte, no sabia él que la tez de su rostro resplandecia [a], despues que hubo con él hablado.

30 Y miró Aaron, y todos los hijos de Israel, á Moises, y hé aquí que la tez de su rostro era resplandeciente; y tuvieron miedo de llegarse á él.

31 Y llamólos Moises; y Aaron y todos los príncipes de la congregacion volvieron á él: y Moises les habló.

32 Y despues se llegaron todos los hijos de Israel, á los cuales mandó todas las cosas que Jehová le habia dicho en el monte de Sinai.

33 Y cuando hubo acabado Moises de hablar con ellos, puso un velo sobre su rostro [b].

34 Y cuando venia Moises delante de Jehová para hablar con él, quitabase el velo hasta que salia; y saliendo, hablaba con los hijos de Israel lo que le era mandado.

35 Y veian los hijos de Israel el rostro de Moises, que la tez de su rostro era resplandeciente; y volvia Moises á poner el velo sobre su rostro, hasta que entraba á hablar con él.

[q] Num. 18. 15.
[r] Cap. 20. 9. y 35. 2.
[s] Cap. 23. 16.
[t] Cap. 23. 14, 17.
[u] Job 1. 10.
[v] Cap. 23. 18.
[x] Deu. 14. 21.
[y] Deu. 9. 9, 18.
[z] ver. 1. Deu. 4. 13. y 10. 2, 4. 2 Cor. 3. 7.
[a] Hech. 6. 15. 2 Cor. 3. 7, 13.
[b] 2 Cor. 3. 13, 16.

CAPITULO XXXV.

Observancia del Sábado. Ofrendas generosas de los Israelitas para la construccion del tabernáculo.

Y MOISES hizo juntar toda la congregacion de los hijos de Israel, y díjoles: Estas *son* las cosas que Jehová ha mandado que hagais.

2 Seis dias se hará obra [a], mas el dia séptimo os será santo, sábado de reposo á Jehová: cualquiera que en él hiciere obra, morirá.

3 No encenderéis fuego en todas vuestras moradas en el dia del sábado [b].

4 ¶ Y habló Moises á toda la congregacion de los hijos de Israel, diciendo: Esto *es* lo que Jehová ha mandado diciendo:

5 Tomad de entre vosotros ofrenda para Jehová: todo liberal de corazon [c] la traerá á Jehová: oro, plata, metal,

6 Y cárdeno, y púrpura, y carmesí, y lino fino, y *pelo* de cabras,

7 Y cueros rojos de carneros, y cueros de tejones, y madera de Sittim;

8 Y aceite para la luminaria, y especias aromáticas para el aceite de la uncion, y para el perfume aromático;

9 Y piedras de onix, y demas pedrería para el Ephod, y para el Racional.

10 Y todo sabio de corazon [d], que *habrá* entre vosotros, vendrá y hará todas las cosas que Jehová ha mandado:

11 El tabernáculo, su tienda, y su cubierta, y sus anillos, y sus tablas, sus barras, sus columnas, y sus basas;

12 El arca [e], y sus varas, la cubierta, y el velo de la tienda;

13 La mesa, y sus varas, y todos sus vasos, y el pan de la proposicion [f];

14 El candelero de la luminaria, y sus vasos, y sus candilejas, y el aceite para la luminaria;

15 Y el altar del perfume [g], y sus varas, y el aceite de la uncion, y el perfume aromático, y el pabellon de la puerta, para la entrada del tabernáculo;

16 El altar del holocausto, y su enrejado de metal, y sus varas, y todos sus vasos, y la fuente con su basa;

17 Las cortinas [h] del atrio, sus columnas, y sus basas, y el pabellon de la puerta del atrio;

18 Las estacas del tabernáculo, y las estacas del atrio, y sus cuerdas;

19 Las vestiduras del servicio [i] para ministrar en el santuario, *es á saber*, las sagradas vestiduras de Aaron el sacerdote, y las vestiduras de sus hijos para servir en el sacerdocio.

20 ¶ Y salió toda la congregacion de los hijos de Israel de delante de Moises.

21 Y vino todo varon á quien su corazon estimuló [k], y todo aquel á quien su espíritu le dió voluntad, y trajeron ofrenda á Jehová para la obra del tabernáculo del testimonio, y para toda su fábrica, y para las sagradas vestiduras.

22 Y vinieron así hombres como mujeres, todo voluntario de corazon, y trajeron cadenas, y zarcillos, sortijas, y brazaletes, y toda joya de oro; y cualquiera ofrecia ofrenda de oro á Jehová.

23 Todo hombre que se hallaba con jacinto, ó púrpura, ó carmesí, ó lino fino, ó *pelo* de cabras, ó cueros rojos de carneros, ó cueros de tejones, lo traia.

24 Cualquiera que ofrecia ofrenda de plata ó de metal, traia á Jehová la ofrenda: y todo el que se hallaba con madera de Sittim, traíala para toda la obra del servicio.

25 Ademas todas las mujeres sabias de corazon [l] hilaban de sus manos, y traian lo *que habian* hilado, cárdeno, ó púrpura, ó carmesí, ó lino fino.

26 Y todas las mujeres, cuyo corazon las levantó en sabiduría, hilaron *pelos* de cabras.

27 Y los príncipes [m] trajeron piedras de onix [n], y las piedras de los engastes para el Ephód y el Racional;

28 Y la especia *aromática* [o], y aceite para la luminaria, y para el aceite de la uncion, y para el perfume aromático.

29 De los hijos de Israel, así hombres como mujeres, todos los que tuvieron corazon voluntario para traer para toda la obra que Jehová habia mandado por medio de Moises que hiciesen, trajeron ofrenda voluntaria á Jehová [p].

[a] Lev. 23. 3.
[b] Num. 15. 32, etc.
[c] Cap. 25. 2. Mar. 12. 41, 44. 2 Cor. 8. 11, 12. y 9. 7.
[d] Cap. 31. 6.
[e] Cap. 25. 10, etc.
[f] Lev. 24. 5, 6.
[g] Cap. 30. 1, etc.
[h] Cap. 27. 9. 2 Sam. 7. 2.
[i] Cap. 31. 10. y 39. 1, 41.
[k] Cap. 36. 2. 1 Cr. 29. 9.
[l] 2 Rey. 23. 7. Pro. 31. 19.
[m] Esd. 2. 68.
[n] 1 Cr. 29. 6, 8.
[o] Cap. 30. 23.
[p] ver. 21.

30 ¶ Y dijo Moises á los hijos de Israel: Mirad, Jehová ha nombrado á Bezaleel [q], hijo de Uri, hijo de Hur, de la tribu de Judá;

[q] Cap. 31. 2, etc.

31 Y lo ha henchido de Espíritu de Dios, en sabiduría, en inteligencia, y en ciencia, y en todo artificio,

32 Para proyectar inventos para trabajar en oro, y en plata, y en metal,

33 Y en obra de pedrería para engastar, y en obra de madera, para trabajar en toda invencion ingeniosa.

34 Y ha puesto en su corazon el que pueda enseñar, *así* él como Aholiab, hijo de Ahisamach, de la tribu de Dan.

35 Y los ha henchido de sabiduría [r] de corazon, para que hagan toda obra de artificio, y de invencion, y de recamado en jacinto, y en púrpura, y en carmesí, y en lino fino, y en telar; para que hagan toda labor, é inventen todo diseño.

[r] 1 Rey. 3. 12. y 7. 14. 2 Cr. 2. 14.

CAPITULO XXXVI.

Pónese en ejecucion la fábrica del tabernáculo ó templo del Dios verdadero.

HIZO pues Bezaleel, y Aholiab, y todo hombre sabio de corazon, á quien Jehová dió sabiduría é inteligencia para que supiesen hacer toda la obra del servicio del santuario, todas las cosas que habia mandado Jehová.

2 Y Moises llamó á Bezaleel y á Aholiab, y á todo varon sabio de corazon [a], en cuyo corazon habia dado Jehová sabiduría, y á todo *hombre* á quien su corazon le movió [b] á llegarse á la obra, para trabajar en ella:

[a] Cap. 28. 3. y 31. 6. y 35. 10, 35.
[b] Cap. 35. 25, 26. 1 Cr. 29. 5.

3 Y tomaron de delante de Moises toda la ofrenda que los hijos de Israel habian traido para la obra del servicio del santuario, á fin de hacerla. Y ellos le traian aun ofrenda voluntaria cada mañana:

4 Vinieron por tanto todos los maestros que hacian toda la obra del santuario, cada uno de la obra que hacia,

5 Y hablaron á Moises diciendo: El pueblo trae mucho mas de lo que es menester [c] para la atencion de hacer la obra, que Jehová ha mandado que se haga.

[c] 2 Cor. 8. 2, 3.

6 Entónces Moises mandó pregonar por el campo diciendo: Ningun hombre ni mujer haga mas obra para ofrecer para el santuario. Y así fué el pueblo impedido de ofrecer;

7 Pues tenian material abundante para hacer toda la obra, y sobraba [d].

[d] 2 Cr. 31. 10.

8 ¶ Y todos los sabios de corazon entre los que hacian la obra, hicieron el tabernáculo de diez cortinas de lino torcido, y de jacinto, y de púrpura, y carmesí, las cuales hicieron de obra prima [e] *con* querubines.

[e] Cap. 26. 1, etc.

9 La longitud de la una cortina *era* de veinte y ocho codos, y la anchura de cuatro codos: todas las cortinas tenian una misma medida.

10 Y juntó las cinco cortinas la una con la otra: asimismo unió las otras cinco cortinas la una con la otra.

11 E hizo las lazadas de *color de* jacinto en la orilla de la una cortina, en el borde, á la juntura; y así hizo en la orilla al borde de la segunda cortina, en la juntura.

12 Cincuenta lazadas [f] hizo en la una cortina, y otras cincuenta en la segunda cortina, en el borde, en la juntura; las unas lazadas en frente de las otras.

[f] Cap. 26. 5.

13 Hizo tambien cincuenta corchetes de oro, con los cuales juntó las cortinas la una con la otra, é hízose un tabernáculo.

14 Hizo asimismo cortinas de *pelo* de cabras [g] para la tienda sobre el tabernáculo, é hízolas *en número de* once.

[g] Cap. 26. 7.

15 La longitud de la una cortina *era* de treinta codos, y la anchura de cuatro codos: las once cortinas tenian una misma medida.

16 Y juntó las cinco cortinas de por sí, y las seis cortinas aparte.

17 Hizo ademas cincuenta lazadas en la orilla de la postrera cortina en la juntura, y otras cincuenta lazadas en la orilla de la otra cortina en la juntura.

18 Hizo tambien cincuenta corchetes de metal para juntar la tienda, de modo que fuese una.

19 E hizo una cubierta para la tienda de cueros rojos de carnero, y [h] *otra* cubierta encima de cueros de tejones.

[h] Cap. 26. 14.

20 Ademas hizo las tablas para el tabernáculo de madera de Sittim, para estar derechas.

21 La longitud de cada tabla de diez codos, y de codo y medio la anchura.

22 Cada tabla tenia dos quicios enclavijados el uno delante del otro: así hizo todas las tablas del tabernáculo.

23 Hizo pues las tablas para el tabernáculo: veinte tablas al lado del Austro, al mediodía.

24 Hizo tambien las cuarenta basas de plata *para* debajo de las veinte tablas; dos basas debajo de la una tabla para sus dos quicios, y *otras* dos basas debajo de la otra tabla para sus dos quicios.

25 Y para el otro lado del tabernáculo, á la parte del Aquilon, hizo *otras* veinte tablas,

26 Con sus cuarenta basas de plata; dos basas debajo de la una tabla, y *otras* dos basas debajo de la otra tabla.

27 Y para el lado occidental del tabernáculo hizo seis tablas.

28 Para las esquinas del tabernáculo en los dos lados hizo dos tablas,

29 Las cuales se juntaban por abajo, y asimismo por arriba á un gozne: y así hizo á la una y á la otra en los dos lados.

30 Eran pues ocho tablas, y sus basas de plata diez y seis; dos basas debajo de cada tabla.

31 Hizo tambien las barras de madera de Sittim; cinco para las tablas del un lado del tabernáculo,

32 Y *otras* cinco barras [i] para las tablas del otro lado del tabernáculo, y *otras* cinco barras para las tablas del lado del tabernáculo á la parte occidental.

[i] Cap. 26. 26.

33 E hizo que la barra del medio pasase por medio de las tablas del un cabo al otro.

34 Y cubrió las tablas de oro, é hizo de oro los anillos de ellas por donde pasasen las barras: cubrió tambien de oro las barras.

35 Hizo asimismo el velo [k] de *color* cárdeno, y púrpura, y carmesí, y lino torcido, el cual hizo *con* querubines de delicada obra.

[k] Cap. 26. 31. y 30. 6. Mat. 27. 51. Heb. 10. 20.

36 Y para él hizo cuatro columnas de madera de Sittim, y cubriólas de oro, los capiteles de las cuales eran de oro; é hizo para ellas cuatro basas de plata de fundicion.

37 Hizo tambien el velo [l] para la puerta del tabernáculo de jacinto, y púrpura, y carmesí, y lino torcido, obra de recamador,

[l] Cap. 26. 36.

38 Y sus cinco columnas con sus capiteles: y cubrió las cabezas de ellas y sus molduras de oro; pero sus cinco basas *las hizo* de metal.

CAPITULO XXXVII.

Descríbense el arca, el propiciatorio, la mesa, el candelero, y el altar del incienso.

HIZO tambien Bezaleel el arca[a] de madera de Sittim: su longitud *era* de dos codos y medio, y de codo y medio su anchura, y su altura de *otro* codo y medio.

[a] Cap. 25. 10. Num. 10. 33, 35.

2 Y cubrióla de oro puro por de dentro y por de fuera, é hízole una cornisa de oro en derredor.

3 Hízole ademas de fundicion cuatro anillos de oro á sus cuatro esquinas; en el un lado dos anillos, y en el *otro* lado *otros* dos anillos.

4 Hizo tambien las varas de madera de Sittim, y cubriólas de oro.

5 Y metió las varas por los anillos á los lados del arca, para llevar el arca.

6 ¶ Hizo asimismo la cubierta[b] de oro puro: su longitud de dos codos y medio, y su anchura de codo y medio.

[b] Cap. 25. 17.

7 Hizo tambien los dos querubines[c] de oro, hízolos labrados á martillo, á los dos cabos de la cubierta:

[c] 1 Rey. 6. 23. Sal. 80. 1.

8 El un querubin de esta parte al un cabo, y el otro querubin de la otra parte al otro cabo de la cubierta: hizo los querubines á sus dos cabos.

9 Y los querubines extendian sus alas por encima cubriendo con sus alas la cubierta: y sus rostros el uno en frente del otro, *pero* hácia la cubierta los rostros de los querubines.

10 ¶ Hizo tambien la mesa[d] de madera de Sittim: su longitud de dos codos, y su anchura de un codo, y de codo y medio su altura:

[d] Cap. 25. 23. y 40. 4, 22.

11 Y cubrióla de oro puro, é hízole una cornisa de oro en derredor.

12 Hízole tambien una moldura al rededor del ancho de una mano, á la cual moldura hizo la cornija de oro en circunferencia.

13 Hízole asimismo de fundicion cuatro anillos de oro, y púsoles á las cuatro esquinas que *correspondian* á los cuatro pies de ella.

14 Delante de la moldura estaban los anillos, por los cuales se metiesen las varas para llevar la mesa.

15 E hizo las varas de madera de Sittim para llevar la mesa, y cubriólas de oro.

16 Tambien hizo los vasos que *habian de estar* sobre la mesa, sus platos, y sus cucharas, y sus cubiertas, y sus tazones con que se habia de libar, de oro fino.

17 ¶ Hizo asimismo el candelero de oro puro, é hízolo labrado á martillo: su pie, y su caña, sus copas, sus manzanas, y sus flores eran de lo mismo.

18 De sus lados salian seis brazos; tres brazos del un lado del candelero, y los otros tres brazos del otro lado del candelero.

19 En el un brazo *habia* tres copas figura de almendras, una manzana, y una flor; y en el otro brazo *otras* tres copas figura de almendras, *otra* manzana y otra flor: y así en los seis brazos que salian del candelero.

20 Y en el *tronco del* candelero *habia* cuatro copas figura de almendras, sus manzanas, y sus flores:

21 Y una manzana debajo de los dos brazos de lo mismo, y otra manzana debajo de los *otros* dos brazos de lo mismo, y otra manzana debajo de los *otros* dos brazos de lo mismo, conforme á los seis brazos que salian de él.

22 Sus manzanas y sus brazos eran de lo mismo; todo era una pieza labrada á martillo, de oro puro.

23 Hizo asimismo sus siete candilejas, y sus despabiladeras, y sus platillos, de oro puro.

24 De un talento de oro puro lo hizo, con todos sus vasos.

25 ¶ Hizo tambien el altar del perfume de madera de Sittim: un codo su longitud, y otro codo su anchura; *era* cuadrado; y su altura de dos codos, y sus cuernos de la misma pieza.

26 Y cubriólo de oro puro, su mesa y sus paredes al rededor, y sus cuernos: é hízole una corona de oro al rededor.

27 Hízole tambien dos anillos de oro debajo de la corona en las dos esquinas á los dos lados, para pasar por ellos las varas con que habia de ser conducido.

28 E hizo las varas de madera de Sittim, y cubriólas de oro.

29 Hizo asimismo el aceite santo de la uncion[e], y el fino[f] perfume aromático de obra de perfumador.

[e] Cap. 30. 23. [f] Cap. 30. 34.

CAPITULO XXXVIII.

Del altar de los sacrificios, del baño de bronce, y del atrio. Suma del valor de las ofertas que se hicieron.

IGUALMENTE hizo el altar del holocausto[a] de madera de Sittim: su longitud de cinco codos, y su anchura de otros cinco codos, cuadrado, y de tres codos su altura.

[a] Cap. 27. 1.

2 E hízole sus cuernos á sus cuatro esquinas, los cuales eran de la misma pieza, y cubriólo de metal.

3 Hizo asimismo todos los vasos del altar, calderas, y tenazas, y tazones, y garfios, y palas: todos sus vasos hizo de metal.

4 E hizo para el altar el enrejado de metal de hechura de red, *que puso* en su cerco por debajo hasta el medio del altar *mismo*.

5 Hizo tambien cuatro anillos de fundicion á los cuatro cabos del enrejado de metal, para meter las varas.

6 E hizo las varas de madera de Sittim, y cubriólas de metal.

7 Y metió las varas por los anillos á los lados del altar, para llevarlo con ellas; hueco lo hizo, de tablas.

8 Tambien hizo la fuente[b] de metal, con su basa de metal, de los espejos de las que velaban á la puerta del tabernáculo del testimonio.

[b] Cap. 30. 18. Tit. 3. 5.

9 ¶ Hizo asimismo el atrio: á la parte[c] austral del Mediodía las cortinas del atrio *eran* de cien codos, de lino torcido:

[c] Cap. 27. 9. y 40. 8, 33. 1 Rey. 6. 36. Sal. 84. 2, 10.

10 Sus columnas veinte, con sus veinte basas de metal: los capiteles de las columnas, y sus molduras, de plata.

11 Y á la parte del Aquilon *cortinas* de cien codos: sus columnas veinte, con sus veinte basas de metal. Los capiteles de las columnas, y sus molduras, de plata.

12 A la parte del occidente cortinas de cincuenta codos: sus columnas diez, y sus diez basas; los capiteles de las columnas, y sus molduras, de plata.

13 Y á la parte oriental, al Levante, cortinas de cincuenta codos.

14 Al un lado cortinas de quince codos, sus tres columnas, y sus tres basas.

15 Al otro lado, de la una parte y de la otra de la puerta del atrio, cortinas de á quince codos, sus tres columnas, y sus tres basas.

16 Todas las cortinas del atrio al rededor, *eran* de lino torcido.

17 Y las basas de las columnas *eran* de metal; los capiteles de las columnas, y sus molduras, de plata; asimismo las cubiertas de las cabezas de ellas, de plata: y todas las columnas del atrio tenian molduras de plata.

18 Y el pabellon de la puerta del atrio *fué* de obra de recamado, de jacinto, y púrpura, y carmesí, y lino torcido: la longitud de veinte codos, y la altura en

el ancho de cinco codos, conforme á las cortinas del atrio.

19 Y sus columnas *fueron* cuatro, con sus cuatro basas de metal: y sus capiteles de plata; y las cubiertas de los capiteles de ellas, y sus molduras, de plata.

[d] Cap. 27. 19.

20 Y todas las estacas [d] del tabernáculo y del atrio al rededor *fueron* de metal.

[e] Num. 9. 15. y 10. 11. y 16. 2. 2 Cr. 24. 6. Hech. 7. 44. Ap. 11. 19.
[f] Num. 4. 28, 33.

21 ¶ Estas *son* las cuentas del tabernáculo [e], del tabernáculo del testimonio, lo que fué contado de órden de Moises por mano de Ithamar [f], hijo de Aaron sacerdote, para el ministerio de los Levitas.

[g] Cap. 31. 1, 6. y 35. 30.

22 Y Bezaleel [g], hijo de Uri, hijo de Hur, de la tribu de Judá, hizo todas las cosas que Jehová mandó á Moises.

[h] Cap. 35. 34.

23 Y con él *estaba* Aholiab [h], hijo de Ahisamach, de la tribu de Dan, artífice, y diseñador, y recamador en jacinto, y púrpura, y carmesí, y lino fino.

[i] 1 Cr. 22. 14. y 29. 2, 7. Hag. 2. 8.
[k] Cap. 30. 13, 24. Lev. 27. 3, 25. Num. 18. 16.

24 Todo el oro [i] empleado en la obra, en toda la obra del santuario, el cual fué oro de ofrenda, *fué* veinte y nueve talentos, y setecientos y treinta siclos, segun el siclo del santuario [k].

25 Y la plata de los contados de la congregacion *fué* cien talentos, y mil setecientos setenta y cinco siclos, segun el siclo del santuario.

[l] Cap. 30. 13, 15.
[m] Num. 1. 46. y 26. 21.

26 Medio por cabeza [l], medio siclo, segun el siclo del santuario, á todos los que pasaron por cuenta de edad de veinte años y arriba, *que fueron* seiscientos tres mil, quinientos y cincuenta [m].

27 Hubo ademas cien talentos de plata para hacer de fundicion las basas del santuario, y las basas del velo: en cien basas cien talentos, á talento por basa.

[n] Cap. 27. 17.

28 Y de los mil setecientos setenta y cinco *siclos* hizo los capiteles de las columnas, y cubrió los capiteles de ellas, y las ciñió [n].

29 Y el metal de la ofrenda *fué* setenta talentos, y dos mil y cuatrocientos siclos:

30 Del cual hizo las basas de la puerta del tabernáculo del testimonio, y el altar de metal, y su enrejado de metal, y todos los vasos del altar;

31 Y las basas del atrio, al rededor, y las basas de la puerta del atrio, y todas las estacas del tabernáculo, y todas las estacas del atrio al rededor.

CAPITULO XXXIX.

Descripcion de las vestiduras sacerdotales. Concluido todo, Moises bendice al pueblo.

[a] Cap. 31. 10.
[b] Cap. 28. 4.
[c] Cap. 28. 6.

Y DEL jacinto, y púrpura, y carmesí, hicieron las vestimentas del ministerio [a], para ministrar en el santuario; y asimismo hicieron las vestiduras sagradas para Aaron, como Jehová lo habia mandado á Moises [b].

2 Hizo tambien el ephod [c] de oro, cárdeno, y púrpura, y carmesí, y lino torcido.

3 Y extendieron las planchas de oro, y cortaron hilos para tejerlos entre el jacinto, y entre la púrpura, y entre el carmesí, y entre el lino, con delicada obra.

4 Hicieronle las hombreras que se juntasen, y uniánse en sus dos lados.

5 Y el cinto del ephod, que *estaba* sobre él, era de lo mismo, conforme á su obra de oro, jacinto, y púrpura, y carmesí, y lino torcido, como Jehová lo habia mandado á Moises.

[d] Cap. 28. 9, 12.

6 Y labraron las piedras oniquinas cercadas de engastes de oro, grabadas como grabadura de sello con los nombres de los hijos de Israel [d]:

7 Y púsolas sobre las hombreras del ephod, por piedras de memoria á los hijos de Israel, como Jehová lo habia á Moises mandado.

[e] Cap. 28. 15, etc.

8 ¶ Hizo tambien el racional [e] de primorosa obra, como la obra del ephod, de oro, jacinto, y púrpura, y carmesí, y lino torcido.

9 Era cuadrado; doblado hicieron el racional: su longitud era de un palmo, y de *otro* palmo su anchura, *estando* doblado.

[f] Ap. 21. 19, 20.

10 Y engastaron en él cuatro órdenes de piedras [f]. El *primer* órden *era* un sardio, un topacio, y un carbunclo: *este* el primer órden.

11 El segundo órden, una esmeralda, un záfiro, y un diamante.

12 El tercer órden, un ligurio, una ágata, y un ametisto.

13 Y el cuarto órden un berilo, un onix, y un jaspe, cercadas *todas* y encajadas en sus engastes de oro.

[g] Ap. 21. 12.

14 Las cuales piedras *eran* conforme á los nombres de los hijos de Israel, doce segun los nombres de ellos; *y como* grabaduras de sello cada una [g] con su nombre segun las doce tribus.

15 Hicieron tambien sobre el racional las cadenas pequeñas de hechura de trenza, de oro puro.

16 Hicieron asimismo los dos engastes, y los dos anillos de oro, los cuales dos anillos de oro pusieron en los dos cabos del racional.

[h] Cap. 28. 24.

17 Y pusieron las dos [h] trenzas de oro en aquellos dos anillos á los cabos del racional.

18 Y fijaron los dos cabos de las dos trenzas en los dos engastes que pusieron sobre las hombreras del ephod, en la parte delantera de él.

19 E hicieron *otros* dos anillos de oro, que pusieron en los dos cabos del racional, en su orilla, á la parte baja del ephod.

20 Hicieron ademas *otros* dos anillos de oro, los cuales pusieron en las dos hombreras del ephod, abajo en la parte delantera, delante de su juntura sobre el cinto del ephod.

21 Y ataron el racional de sus anillos á los anillos del ephod con un cordon de *color* jacinto, para que estuviese sobre el cinto del mismo ephod, y no se apartase el racional del ephod, como Jehová lo habia mandado á Moises.

[i] Cap. 28. 31.

22 ¶ Hizo tambien el manto [i] del ephod de obra de tejedor, todo de jacinto,

23 Con su abertura en medio de él, como el cuello de un coselete, con un borde en derredor de la abertura, porque no se rompiese.

24 E hicieron en las orillas del manto las granadas de jacinto, y púrpura, y carmesí, y lino torcido.

[k] Cap. 28. 33.

25 Hicieron tambien las campanillas [k] de oro puro, las cuales campanillas pusieron entre las granadas por las orillas del manto al rededor, entre las granadas.

26 Una campanilla y una granada, una campanilla y una granada al rededor en las orillas del manto para ministrar, como Jehová lo mandó á Moises.

[l] Cap. 28. 39, 40.

27 ¶ Igualmente hicieron las túnicas [l] de lino fino de obra de tejedor para Aaron, y para sus hijos.

[m] Cap. 28. 4, 39.
[n] Ez. 44. 18.

28 Asimismo la mitra [m] de lino fino, y los adornos de los chapéos de lino fino, y los pañetes [n] de lino, de lino torcido.

29 Tambien el cinto de lino torcido, y de jacinto, y púrpura, y carmesí, de obra de recamador, como Jehová lo mandó á Moises.

30 Hicieron asimismo la plancha de la

diadema santa de oro puro, y escribie-
ron en ella *como* grabadura de sello el
[o] Cap. 28. 36. Zac. 14. 20. rótulo, SANTIDAD A JEHOVA [o].
31 Y pusieron en ella un cordon de
jacinto, para colocarla en alto sobre la
mitra, como Jehová lo habia mandado
á Moises.
32 ¶ Y fué acabada toda la obra del
tabernáculo, del tabernáculo del testi-
monio: é hicieron los hijos de Israel
como Jehová lo habia mandado á Moi-
[p] ver. 42, 43. Deu. 12. 32. 1 Cr. 28. 19. ses; así lo hicieron [p].
33 Y trajeron el tabernáculo á Moises,
el tabernáculo y todos sus vasos; sus
corchetes, sus tablas, sus barras, y sus
columnas, y sus basas;
34 Y la cubierta de pieles rojas de car-
neros, y la cubierta de pieles de tejones,
y el velo del pabellon;
35 El arca del testimonio, y sus varas,
y la cubierta;
36 La mesa, todos sus vasos, y el pan
de la proposicion;
37 El candelero limpio, sus candilejas,
las lámparas que debian mantenerse en
órden, y todos sus vasos; y el aceite para
la luminaria:
38 Y el altar de oro, y el aceite de la
uncion, y el perfume aromático, y el
pabellon para la puerta del tabernáculo;
39 El altar de metal, con su enrejado
de metal, sus varas, y todos sus vasos;
y la fuente, y su basa:
40 Las cortinas del atrio, y sus colum-
nas y sus basas, y el pabellon para la
puerta del atrio, y sus cuerdas, y sus
estacas, y todos los vasos del servicio del
tabernáculo, del tabernáculo del testi-
monio:
[q] Cap. 31. 10. 41 Las vestimentas del servicio [q] para
ministrar en el santuario, las sagradas
vestiduras para Aaron el sacerdote, y las
vestiduras de sus hijos para ministrar en
el sacerdocio.
42 En conformidad á todas las cosas que
Jehová habia mandado á Moises, así
hicieron los hijos de Israel toda la obra.
43 Y vió Moises toda la obra, y hé aquí
que la habian hecho como Jehová habia
[r] Jos. 22. 6. 2 Sam. 6. 18. mandado; y bendíjolos [r].

CAPITULO XL.

Ereccion y consagracion del tabernáculo; manifiéstase en él la gloria del Señor, y queda cubierto con una nube.

Y JEHOVA hablo á Moises diciendo:
[a] ver. 17. Cap. 12. 2. y 13. 4. 2 En el primer dia [a] del mes pri-
mero harás levantar el tabernáculo, el
tabernáculo del testimonio.
3 Y pondrás en él el arca del testimo-
nio, y la cubrirás con el velo.
4 Y meterás la mesa, y la pondrás en
[b] Lev. 24. 8. órden: meterás [b] tambien el candelero,
y encenderás sus lámparas.
5 Y pondrás el altar de oro para el per-
fume delante del arca del testimonio, y
pondrás el pabellon de la puerta del ta-
bernáculo.
6 Despues pondrás el altar del holo-
causto delante de la puerta del taberná-
culo, del tabernáculo del testimonio.
[c] ver. 30. Cap. 30. 18. 7 Luego pondrás la fuente [c] entre el
tabernáculo del testimonio y el altar; y
pondrás agua en ella.
8 Finalmente pondrás el atrio en der-
redor, y el pabellon de la puerta del atrio.
9 Y tomarás el aceite de la uncion, y
[d] Cap. 30. 26. ungirás el [d] tabernáculo, y todo lo que
estará en él; y le santificarás con todos
sus vasos, y será santo.
10 Ungirás tambien el altar del holo-
causto, y todos sus vasos: y santificarás
[e] Cap. 29. 36, 37. el altar, y será un altar santísimo [e].
11 Asimismo ungirás la fuente y su
[f] Lev. 8. 1, 13. basa, y la santificarás.
12 Y harás llegar á Aaron [f] y á sus hijos
á la puerta del tabernáculo del testimo-
nio, y los lavarás con agua.
13 Y harás vestir á Aaron las vestidu-
ras sagradas, y lo ungirás [g], y lo consa- [g] 1 Juan 2. 20.
grarás, para que sea mi sacerdote.
14 Despues harás llegar sus hijos, y les
vestirás las túnicas:
15 Y los ungirás como ungiste á su pa-
dre, y serán mis sacerdotes: y será que
su uncion les servirá por sacerdocio per-
petuo por sus generaciones.
16 ¶ Y Moises hizo conforme á todo lo
que Jehová le mandó; así lo hizo.
17 Y así en el *dia* primero del primer
mes [h], en el segundo año, el tabernáculo [h] ver. 2. Num. 7. 1.
fué erigido.
18 Y Moises hizo levantar el taberná-
culo, y asentó sus basas, y colocó sus
tablas, y puso sus barras, é hizo alzar
sus columnas.
19 Y extendió la tienda sobre el taber-
náculo, y puso la sobrecubierta encima
del mismo, como Jehová habia manda-
do á Moises.
20 Y tomó y puso el Testimonio [i] den- [i] Cap. 25. 16.
tro del arca, y colocó las varas en el
arca, y encima la cubierta sobre el arca
misma [k]. [k] Cap. 37. 6, 9.
21 Y metió el arca en el tabernáculo,
y puso [l] el velo de la tienda, y cubrió el [l] Cap. 26. 33.
arca del testimonio, como Jehová habia
mandado á Moises.
22 Y puso la mesa en el tabernáculo
del testimonio, al lado septentrional [m] [m] Cap. 26. 35.
del pabellon, fuera del velo:
23 Y sobre ella puso por orden los panes
delante de Jehová, como Jehová habia
mandado á Moises.
24 Y puso el candelero en el taberná-
culo del testimonio en frente de la mesa,
al lado meridional del pabellon.
25 Y encendió las lámparas [n] delante [n] Cap. 25. 37.
de Jehová, como Jehová habia manda-
do á Moises.
26 Puso tambien el altar de oro en el ta-
bernáculo del testimonio, delante del velo:
27 Y encendió sobre él el perfume aro-
mático [o], como Jehová habia mandado [o] Cap. 30. 7.
á Moises.
28 Puso asimismo la cortina de la pu-
erta del tabernáculo.
29 Y colocó el altar del holocausto [p] á [p] Cap. 27. 1, 2.
la puerta del tabernáculo, del taberná-
culo del testimonio; y ofreció sobre él
holocausto y presente, como Jehová ha-
bia mandado á Moises.
30 Y puso la fuente [q] entre el taberná- [q] Cap. 30. 18.
culo del testimonio y el altar; y puso en
ella agua para lavar.
31 Y Moises, y Aaron, y sus hijos la-
vaban en ella sus manos y sus pies.
32 Cuando entraban en el tabernáculo
del testimonio, y cuando se llegaban al
altar, se lavaban [r], como Jehová habia [r] Sal. 73. 13.
mandado á Moises.
33 Finalmente erigió el atrio [s] en der- [s] Cap. 27. 9, 16.
redor del tabernáculo y del altar, y puso
la cortina de la puerta del atrio. Y así
acabó Moises la obra.
34 ¶ Entónces una nube cubrió el ta-
bernáculo del testimonio, y la gloria de
Jehová hinchió el tabernáculo.
35 Y no podia Moises entrar en el ta-
bernáculo del testimonio, porque la nube
estaba sobre él, y la gloria de Jehová lo
tenia lleno.
36 Y cuando la nube se alzaba del ta-
bernáculo, los hijos de Israel se movian
en todas sus jornadas [t]: [t] Neh. 9. 19.
37 Pero si la nube no se alzaba, no se
partian hasta el dia que ella se alzaba.
38 Porque la nube de Jehová *estaba* de
dia sobre el tabernáculo, y el fuego es- [u] Sal. 78. 14. y 105. 39. Is. 4. 5.
taba de noche en él, á vista de toda la
casa de Israel, en todas sus jornadas [u].

EL TERCER LIBRO DE MOISES,

COMUNMENTE LLAMADO

LEVITICO.

A. C. 1490.

CAPITULO I.

De los holocaustos; y de los ritos con que deben ofrecerse al Señor.

Y LLAMÓ Jehová á Moises, y habló con él desde[a] el tabernáculo del testimonio, diciendo:

2 Habla á los hijos de Israel, y díles: Cuando alguno de entre vosotros ofreciere ofrenda á Jehová, de ganado[b] vacuno ú ovejuno haréis vuestra ofrenda.

3 ¶ Si su ofrenda *fuere* holocausto de vacas, macho sin tacha[c] lo ofrecerá: de su voluntad lo ofrecerá á la puerta del tabernáculo del testimonio delante de Jehová.

4 Y pondrá su mano[d] sobre la cabeza del holocausto; y él lo aceptará para expiarle[e].

5 Entónces degollará el becerro en la presencia de Jehová; y los sacerdotes, hijos de Aaron, ofrecerán la sangre, y la rociarán[f] al rededor sobre el altar, el cual *está* á la puerta del tabernáculo del testimonio.

6 Y desollará el holocausto, y lo dividirá en sus piezas.

7 Y los hijos de Aaron sacerdote pondrán fuego sobre el altar, y compondrán la leña sobre el fuego.

8 Luego los sacerdotes, hijos de Aaron, acomodarán las piezas, la cabeza y el redaño, sobre la leña que *está* sobre el fuego, que *se puso* encima del altar.

9 Y lavará con agua sus intestinos y sus piernas: y el sacerdote hará arder todo sobre el altar *en* holocausto, *como* ofrenda encendida de olor[g] suave á Jehová.

10 ¶ Y si su ofrenda para holocausto *fuere* de ovejas, de los corderos, ó de las cabras, macho sin defecto lo ofrecerá.

11 Y ha de degollarlo al lado septentrional del altar delante de Jehová: y los sacerdotes, hijos de Aaron, rociarán su sangre sobre el altar al rededor.

12 Y lo dividirá en sus piezas, con su cabeza y su redaño; y el sacerdote les acomodará sobre la leña que *está* sobre el fuego, que *habrá* encima del altar.

13 Y lavará sus entrañas y sus piernas con agua; y el sacerdote lo ofrecerá todo, y harálo arder sobre el altar: *será esto* holocausto, ofrenda encendida de olor suave á Jehová.

14 ¶ Y si el holocausto se hubiere de ofrecer á Jehová de aves, presentará su ofrenda de tórtolas, ó de[h] palominos.

15 Y el sacerdote la ofrecerá sobre el altar, y ha de quitarle la cabeza, y hará que arda en el altar; y su sangre será exprimida sobre la pared del altar.

16 Y le ha de quitar el buche y las plumas, lo cual echará junto al altar, hácia el oriente, en el lugar de las cenizas.

17 Y la henderá por sus alas, mas no la dividirá en dos:[i] y el sacerdote la hará arder sobre el altar, sobre la leña que *estará* en el fuego. *Será esto* holocausto, ofrenda encendida de olor suave á Jehová.

[a] Ex. 40. 34.
[b] Cap. 22. 18.
[c] Ex. 12. 5. Deu. 15. 21. Mal. 1. 14. Luc. 1. 35. Juan 1. 26. Heb. 9. 14. 1 Ped. 1. 19.
[d] Cap. 8. 2, 8, 13. y 4. 15. Is. 53. 4, 6. 2 Cor. 5. 21.
[e] Cap. 4. 20, 26.
[f] Cap. 3. 8. 2 Cr. 35. 11. Heb. 12. 24.
[g] Gen. 8. 21. Ef. 5. 2.
[h] Cap. 5. 7. y 12. 8.
[i] Gen. 15. 10.

CAPITULO II.

Ceremonias para las ofrendas, y de las primicias.

Y CUANDO alguna persona ofreciere oblacion de Presente[a] á Jehová, su ofrenda será flor de harina, sobre la cual echará aceite, y pondrá sobre ella incienso:

2 Y la traerá á los sacerdotes, hijos de Aaron; y de ello tomará el sacerdote su puño lleno de su flor de harina, y de su aceite con todo su incienso, y lo hará arder sobre el altar: *será esto* encendida ofrenda[b] para recuerdo, de olor suave á Jehová.

3 Y la sobra del Presente *será* de Aaron y de sus hijos[c]: *es* cosa santísima de las ofrendas que se queman á Jehová.

4 Y cuando ofrecieres ofrenda de Presente cocida en horno, *será* de tortas de flor de harina sin levadura, amasada con aceite, y hojaldres sin levadura untadas con aceite.

5 Mas si tu Presente *fuere* ofrenda de sarten, *será* de flor de harina sin levadura, amasada con aceite,

6 La cual partirás en piezas, y echarás sobre ella aceite: esto *será* Presente.

7 Y si tu Presente *fuere* ofrenda *cocida* en cazuela, haráse de flor de harina con aceite.

8 Y traerás á Jehová la ofrenda que se hará de estas cosas, y la presentarás al sacerdote, el cual la llegará al altar.

9 Y tomará el sacerdote *parte* de aquel presente, en memoria[d] del mismo, y hará*le* arder sobre el altar: *será esto* encendida ofrenda de suave olor á Jehová.

10 Y lo restante del Presente será de Aaron y de sus hijos: cosa santísima dé las ofrendas que se queman á Jehová.

11 ¶ Ningun presente que ofreciereis á Jehová, será con levadura[e]: porque de ninguna cosa leuda, ni de ninguna miel, se ha de quemar ofrenda á Jehová.

12 En la ofrenda de las primicias las ofreceréis á Jehová[f]; mas no subirán sobre el altar en olor de suavidad.

13 ¶ Y sazonarás toda ofrenda de tu presente con sal; y no harás[g] que falte jamas de tu presente la sal de la alianza de tu Dios: en toda ofrenda tuya ofrecerás sal.

14 ¶ Y si ofrecieres á Jehová presente[h] de primicias, tostarás al fuego las espigas verdes, y el grano desmenuzado ofrecerás por ofrenda de tus primicias.

15 Y pondrás sobre ella aceite, y *tambien* pondrás sobre ella incienso: *será esto* un presente.

16 Y el sacerdote hará arder, en memoria del don, *parte* de su grano desmenuzado, y de su aceite con todo su incienso; *y esto será* ofrenda encendida á Jehová.

A. C. 1490.

[a] Cap. 6. 14. Num. 15. 4.
[b] ver. 9. Cap. 5. 12.
[c] Num. 18. 9.
[d] Cap. 6. 15.
[e] Cap. 6. 17. Ex. 12. 19, 20. Mat. 16. 11. 1 Cor. 5. 6, 8. Gal. 5. 9.
[f] Cap. 23. 17.
[g] Num. 18. 9. Ez. 43. 24. Mar. 9. 49.
[h] 2 Rey. 4. 42.

CAPITULO III.

De las hostias pacíficas ó sacrificios por los beneficios que se han recibido del Señor, ó que se le piden. Toda grosura y sangre debe ofrecerse al Señor.

Y SI su ofrenda *fuere*[a] sacrificio de paces, si hubiere de ofrecerla de ganado vacuno, *sea* macho ó hembra, sin defecto[b] lo ofrecerá delante de Jehová.

2 Y pondrá su mano[c] sobre la cabeza de su ofrenda, y la degollará á la puerta del tabernáculo del testimonio; y los sacerdotes, hijos de Aaron, rociarán su sangre sobre el altar en derredor.

3 Luego ofrecerá del sacrificio de las paces, por ofrenda encendida á Jehová, el sebo que cubre los intestinos[d], y todo el sebo que *está* sobre las entrañas,

4 Y los dos riñones, y el sebo que *está* sobre ellos, y sobre los ijares, y con los riñones quitará el redaño que *está* sobre el hígado.

5 Y los hijos de Aaron harán arder esto en el altar, sobre el holocausto[e] que *estará* sobre la leña que *habrá* encima del fuego: *será* ofrenda de olor suave á Jehová.

6 ¶ Mas si de ovejas *fuere* su ofrenda para sacrificio de paces á Jehová, *sea* macho ó hembra, ofrecerálo sin tacha[f].

7 Si ofreciere cordero por su ofrenda, ha de ofrecerlo delante de Jehová.

8 Y pondrá su mano[g] sobre la cabeza de su ofrenda, y despues la degollará delante del tabernáculo del testimonio; y los hijos de Aaron rociarán su sangre sobre el altar en derredor.

9 Y del sacrificio de las paces ofrecerá por ofrenda encendida á Jehová su sebo[h], y la cola entera, la cual quitará á raiz del espinazo, y el sebo que cubre los intestinos, y todo el sebo que *está* sobre las entrañas:

10 Asimismo los dos riñones, y el sebo que *está* sobre ellos, y el que *está* sobre los ijares, y con los riñones quitará el redaño de sobre el hígado.

11 Y el sacerdote hará arder esto sobre el altar; *y será*[i] vianda de ofrenda encendida á Jehová.

12 ¶ Y si *fuere* cabra su ofrenda, ofrecerála delante de Jehová.

13 Y pondrá su mano sobre la cabeza de ella, y la degollará delante del tabernáculo del testimonio; y los hijos de Aaron rociarán su sangre sobre el altar en derredor.

14 Despues ofrecerá de ella su ofrenda encendida á Jehová; el sebo que cubre los intestinos, y todo el sebo que *está* sobre las entrañas,

15 Y los dos riñones, y el sebo que *está* sobre ellos, y el que *está* sobre los ijares, y con los riñones quitará el redaño de sobre el hígado.

16 Y el sacerdote hará arder esto sobre el altar, *y será* vianda de ofrenda que se quema en olor de suavidad á Jehová. El sebo todo *es* de Jehová[k].

17 *Como* estatuto perpetuo por vuestras edades, *y* en todas vuestras moradas, ningun sebo ni ninguna sangre[l] comeréis.

ap. 7. 11, . 2. 21. al. 1. 8, 14. Ped. 1. 19. p. 1. 4. 16. 21. r. 29. 10. ap. 4. 8, 9. r. 29. 13, ap. 6. 12. ver. 1. Cap. 4. 4, 5, 24. Ex. 29. 22. Lv. 28. 2. Ez. 44. 7. Mal. 1. 7, 12. Cap. 7. 23, 25. 1 Sam. 2. 15. 2 Cr. 7. 7. Gen. 9. 4. Deu. 12. 16. 1 Sam. 14. 32, 33. Ez. 44. 7, 15. Hech. 15. 20, 29.

CAPITULO IV.

Rito para los sacrificios por los pecados del sacerdote, por los del pueblo, por los de un particular, cometidos por ignorancia culpable.

Y HABLÓ Jehová á Moises, diciendo:

2 Habla á los hijos de Israel diciendo: Cuando *alguna* persona pecare por yerro[a] en alguno de los mandamientos de Jehová *sobre cosas* que no se han de hacer, y obrare *contra* alguno de ellos;

3 Si sacerdote ungido pecare segun el pecado del pueblo, ofrecerá á Jehová, por su pecado que habrá cometido, un[b] becerro sin tacha para expiacion.

4 Y traerá el becerro á la puerta del tabernáculo del testimonio[c] delante de Jehová, y pondrá su mano sobre la cabeza del becerro, y lo degollará delante de Jehová.

5 Y el sacerdote ungido tomará de la sangre del becerro, y la traerá al tabernáculo del testimonio.

6 Y mojará el sacerdote su dedo en la sangre, y rociará de aquella sangre siete veces delante de Jehová, hácia el velo del Santuario.

7 Y pondrá el sacerdote de la *misma* sangre sobre los cuernos[d] del altar del perfume aromático, que *está* en el tabernáculo del testimonio, delante de Jehová: y echará[e] toda la *otra* sangre del becerro al pié del altar del holocausto, que *está* á la puerta del tabernáculo del testimonio.

8 Y tomará del becerro para la expiacion todo su sebo, el sebo que cubre los intestinos, y todo el sebo que *está* sobre las entrañas;

9 Y los dos riñones, y el sebo que *está* sobre ellos, y el que *está* sobre los ijares, y con los riñones quitará el redaño de sobre el hígado,

10 De la manera que se quita del buey del sacrificio de las paces: y el sacerdote lo hará arder[f] *todo* sobre el altar del holocausto.

11 Y el cuero del becerro, y toda su carne, con su cabeza y sus piernas, y sus intestinos, y su estiercol,

12 En fin todo el becerro sacará fuera del campo[g] á un lugar limpio, donde se echan las cenizas, y lo quemará al fuego sobre la leña: en donde se echan[h] las cenizas será quemado.

13 ¶ Y si toda la[i] congregacion de Israel hubiere errado, y el negocio estuviere oculto á los ojos del pueblo, y hubieren hecho *algo contra* alguno de los mandamientos de Jehová *en cosas* que no se han de hacer, y fueren culpables,

14 Luego que fuere entendido el pecado sobre que delinquieron, la congregacion ofrecerá un becerro por expiacion, y lo traerán delante del tabernáculo del testimonio.

15 Y los ancianos de la congregacion pondrán[k] sus manos sobre la cabeza del becerro delante de Jehová; y en presencia de Jehová degollarán aquel becerro.

16 Y el sacerdote ungido[l] meterá de la sangre del becerro en el tabernáculo del testimonio.

17 Y mojará el sacerdote su dedo en la misma sangre, y rociará siete veces delante de Jehová hácia el velo.

18 Y de aquella sangre pondrá sobre[m] los cuernos del altar que *está* delante de Jehová en el tabernáculo del testimonio, y derramará toda la otra sangre al pié del altar del holocausto, que *está* á la puerta del tabernáculo del testimonio.

19 Y le quitará todo el sebo, y harálo arder sobre el altar.

20 Y hará de aquel becerro como hizo con el[n] becerro de la expiacion; lo mismo hará de él: así hará el sacerdote expiacion[o] por ellos, y obtendrán perdon.

21 Y sacará el becerro fuera del campo, y lo quemará como quemó el primer[p] becerro: *y esto será* expiacion de la congregacion.

22 ¶ Y cuando pecare el príncipe, ó hiciere por yerro *algo contra* alguno de todos los mandamientos de Jehová su Dios, *sobre cosas* que no se han de hacer, y pecare;

a Cap. 5. 15, 17. Sa. 15. 22. Sal. 19. 12.
b Cap. 26. 6.
c Ex. 29. 10, 11.
d Cap. 8. 15. y 16. 18. Ex. 30. 1, 10.
e Cap. 5. 9.
f Cap. 3. 8.
g Ex. 29. 14. Num. 19. 5. Heb. 13. 11.
h Cap. 6. 11.
i Num. 15. 24. Jos. 7. 11. 1 Tim. 1. 13.
k Cap. 1. 4.
l ver. 3, 5.
m ver. 7.
n ver. 3.
o Dan. 9. 24. Rom. 5. 11. Heb. 2. 17. y 10. 10, 12. 1 Juan 1. 7. y 2. 2. Apoc. 1. 5.
p ver. 11, 12.

q Cap. 5. 4.

23 Luego que le fuere conocido [q] su pecado en que ha delinquido, presentará por su ofrenda un macho cabrío sin defecto:

r Is. 53. 6.

24 Y pondrá su mano [r] sobre la cabeza del macho cabrío, y lo degollará en el lugar donde se degüella el holocausto delante de Jehová; *y esto será* expiacion.

25 Y tomará el sacerdote con su dedo de la sangre de la *víctima para* expiacion, y pondrá sobre los cuernos del altar del holocausto, y derramará la *demas* sangre al pié del altar del holocausto.

s Num. 15. 28.

26 Y quemará todo su sebo sobre el altar, como el sebo del sacrificio de las paces: así hará el sacerdote por él la [s] expiacion de su pecado, y tendrá perdon.

27 ¶ Y si alguna persona del comun del pueblo pecare por yerro, haciendo *algo contra* alguno de los mandamientos de Jehová *en cosas* que no se han de hacer, y delinquiere;

28 Luego que le fuere conocido su pecado que cometió, traerá por su ofrenda una hembra de las cabras, una cabra sin defecto, por su pecado que habrá cometido:

29 Y pondrá su mano sobre la cabeza de la *víctima para* expiacion, y la degollará en el lugar del holocausto.

30 Luego tomará el sacerdote en su dedo de su sangre, y pondrá sobre los cuernos del altar del holocausto, y derramará toda la *otra* sangre al pié del altar.

t Cap. 3. 3, 14. u Cap. 1. 9. x ver. 28.

31 Y le quitará todo su sebo, de la manera que fué quitado el sebo del sacrificio de las paces; y el sacerdote *lo* hará [t] arder sobre el altar [u] en olor de suavidad á Jehová: así hará el sacerdote expiacion por él, y será perdonado.

32 Y si trajere cordero para su ofrenda por el pecado, hembra [x] sin defecto traerá.

33 Y pondrá su mano sobre la cabeza de la *víctima para* expiacion, y la degollará por expiacion en el lugar donde se degüella el holocausto.

34 Despues tomará el sacerdote con su dedo de la sangre de la *víctima para* expiacion, y pondrá sobre los cuernos del altar del holocausto; y derramará toda la *demas* sangre al pié del altar.

y Cap. 3. 5. z ver. 26, 31.

35 Y le quitará todo su sebo, como fué quitado el sebo del sacrificio de las paces, y harálo el sacerdote arder en el altar sobre la [y] ofrenda encendida á Jehová: y *así* le hará el sacerdote expiacion [z] de su pecado que habrá cometido, y será perdonado.

CAPITULO V.

De algunos otros sacrificios por varias culpas.

a 1 Rey. 8, 31. Pro. 29. 24. Mat. 26. 63. b Cap. 11. 24, 28, etc.

Y CUANDO alguna persona pecare, que hubiere oido la voz del que juró [a], y él fuere testigo que vió, ó supo, si no lo denunciare, él llevará su pecado.

2 Asimismo la persona que hubiere tocado en cualquiera cosa inmunda [b], sea cuerpo muerto de bestia inmunda, ó cuerpo muerto de animal inmundo, ó cuerpo muerto de réptil inmundo, bien que no lo supiere, será inmunda y habrá delinquido.

c Cap. XII, XIII, XV.

3 O si tocare á hombre [c] inmundo en cualquiera inmundicia suya de que es inmundo, y no lo echare de ver, mas *despues* llega á saberlo, será culpable.

d Sal. 106.33. e Juec. 11.31. 1 Sam. 25. 22. Mar. 6. 23.

4 Tambien la persona que jurare pronunciando [d] con *sus* labios hacer mal, ó bien, en cualesquiera cosas que el hombre profiere con juramento, y él no lo conociere [e], bien que *despues* lo entienda, será culpado en una de estas *cosas*.

5 Y será que, cuando *alguno* pecare en alguna de estas cosas, confesará [f] aquello en que pecó:

f Cap. 26. 40. Num. 5. 7. Esd. 10. 11. Sal. 32. 5. Dan. 9. 4.

6 Y para su expiacion traerá á Jehová por su pecado que ha cometido, una hembra de los rebaños, una cordera ó una cabra como *ofrenda de* expiacion; y el sacerdote hará expiacion por él de su pecado.

7 Y si no le alcanzare para un cordero, traerá en expiacion por su pecado que cometió, dos tórtolas, ó dos [g] palominos á Jehová; el uno para expiacion, y el otro para holocausto.

g Cap. 12. 8 y 14. 22.

8 Y ha de traerlos al sacerdote, el cual ofrecerá primero el que es para expiacion, y desunirá su cabeza de su cuello, mas no *la* apartará del todo [h].

h Cap. 1. 1

9 Y rociará de la sangre de la *víctima para* expiacion sobre la pared del altar; y lo que sobrare de la sangre lo exprimirá al pié del altar: *y esto* será expiacion.

10 Y del otro hará holocausto conforme al rito; y *así* hará por él el sacerdote expiacion de su pecado que cometió, y *le* será perdonado.

11 Mas si su posibilidad no alcanzare para dos tórtolas, ó dos palominos, el que pecó traerá por su ofrenda la décima parte de un epha de flor de harina por expiacion. No pondrá sobre ella aceite, ni sobre ella pondrá incienso [i], porque es expiacion.

i Num. 5. 1

12 Traerála pues al sacerdote, y el sacerdote tomará de ella su puño lleno, en memoria suya, y *le* hará arder en el altar sobre las *otras* ofrendas encendidas á Jehová: *y esto* será expiacion.

13 Y *así* hará el sacerdote expiacion por él de su pecado que cometió en alguna de estas cosas, y *le* será perdonado: *y el sobrante* será del sacerdote, como el presente de vianda.

14 ¶ Habló mas Jehová á Moises, diciendo:

15 Cuando alguna persona cometiere falta, y pecare por yerro en las cosas santificadas á Jehová, traerá *por* su expiacion [k] á Jehová [l] un carnero sin tacha de los rebaños, *valor*, conforme á tu estimacion, de *dos* siclos de plata del siclo del santuario [m], *en ofrenda* por el pecado:

k Cap. 22. 1 l Esd. 10. 1 m Ex. 30. 1

16 Y pagará aquello de las cosas santas en que hubiere pecado, y añadirá á ello el quinto [n], y lo dará al sacerdote: y el sacerdote hará expiacion por él con el carnero del sacrificio por el pecado, y será perdonado.

n Cap. 22. 1 Num. 5. 7.

17 Finalmente, si una persona pecare, é hiciere alguna de todas aquellas cosas que por mandamiento de Jehová no se han de hacer, aun sin hacerlo á sabiendas es culpable [o], y llevará su pecado.

o Sal. 19. 1 Luc. 12. 4

18 Traerá pues al sacerdote por expiacion, segun tú lo estimes, un carnero sin tacha de los rebaños: y el sacerdote hará expiacion por él de su yerro que cometió por ignorancia, y será perdonado.

19 Es infraccion, y ciertamente delinquió contra Jehová.

CAPITULO VI.

De los sacrificios por pecados de malicia. Ceremonias en el holocausto diario del cordero. El fuego perpetuo; ofrendas en la consagracion de los sumos sacerdotes, y en general por los pecados.

Y HABLÓ Jehová á Moises, diciendo:

2 Cuando una persona pecare, é hiciere prevaricacion contra Jehová, y [a] negare á su prójimo lo encomendado [b], ó dejado en su mano, ó bien robare, ó calumniare á su prójimo;

a Cap. 19. 1 Col. 3. 9. b Ex. 22. 7 10.

c Deu. 22. 1, 3.
d Cap. 19. 12. Zac. 5. 4.

3 O sea que hallando lo perdido[c], despues lo negare, y jurare en falso,[d] *faltando así* en alguna de todas aquellas cosas en que suele pecar el hombre:

4 Entónces será que, puesto habrá pecado y ofendido, restituirá aquello que robó, ó por el daño de la calumnia, ó el depósito que se le encomendó, ó lo perdido que halló,

e Cap. 5. 16. Num. 5. 7. 1 Sam. 12. 3. 2 Sam. 12. 6. Luc. 19. 8.

5 O todo aquello sobre que hubiere jurado falsamente. Lo restituirá pues por entero[e], y añadirá á ello la quinta parte, que ha de pagar á aquel á quien pertenece en el dia de su expiacion.

6 Y por su expiacion traerá á Jehová un carnero sin tacha de los rebaños, conforme á tu estimacion, *el que dará* al sacerdote para la expiacion:

7 Y el sacerdote hará expiacion por él delante de Jehová, y obtendrá perdon de cualquiera de todas las cosas en que suele ofender *el hombre*.

8 ¶ Habló aun Jehová á Moises diciendo:

9 Manda á Aaron y á sus hijos diciendo: Esta *es* la ley del holocausto. Es holocausto, porque se quema sobre el altar toda la noche hasta la mañana, y el fuego del altar arderá en él.

f Cap. 16. 4. Ex. 28. 39, 43. Ez. 44. 17, 18.

10 El sacerdote se pondrá su vestimenta de lino[f], y se vestirá pañetes de lino sobre su carne; y cuando el fuego hubiere consumido el holocausto, apartará él las cenizas de sobre el altar, y pondrálas junto al altar *mismo*.

g Cap. 4. 12.

11 Despues se desnudará de sus vestimentas, y se pondrá otras vestiduras, y sacará las cenizas fuera del real al lugar limpio[g].

12 Y el fuego encendido sobre el altar no ha de apagarse, sino que el sacerdote pondrá en él leña cada mañana, y acomodará sobre él el holocausto, y quemará sobre él los sebos de las paces.

13 El fuego ha de arder continuamente en el altar; no se apagará.

h Cap. 2. 1.

14 ¶ Y esta *es* la ley del presente[h]: Han de ofrecerle los hijos de Aaron delante de Jehová, delante del altar.

15 Y tomará de él un puñado, de la flor de harina del presente, y de su aceite, y todo el incienso que *estará* sobre el presente, y hará*lo* arder sobre el altar por memoria, en olor suavisimo á Jehová.

i Num. 18. 10. Ez. 44. 29. 1 Cor. 9. 13.

16 Y el sobrante de ella le comerán Aaron y sus hijos[i]: sin levadura se comerá en el lugar santo; en el atrio del tabernáculo del testimonio le comerán.

17 No se cocerá con levadura: helo dado *á ellos* por su porcion de mis ofrendas encendidas; *es* cosa santísima, como la expiacion por el pecado, y como la expiacion por la culpa.

k Ex. 29. 37. Ez. 44. 19.

18 Todos los varones de los hijos de Aaron comerán de ella. Estatuto perpetuo será para vuestras generaciones tocante á las ofrendas encendidas de Jehová: toda cosa que tocare en ellas será santificada[k].

19 ¶ Y habló Jehová á Moises diciendo:

l Ex. 29. 1, 2.

20 Esta *será* la ofrenda[l] de Aaron y de sus hijos, que ofrecerán á Jehová el dia que serán ungidos; la decima parte de un epha de flor de harina, (presente perpetuo), la mitad á la mañana, y la mitad á la tarde.

21 En sarten se aderezará con aceite; frita la traerás, y los pedazos cocidos del presente ofrecerás á Jehová en olor de suavidad.

m Ex. 29. 23, 25.

22 Y el sacerdote que en lugar de Aaron fuere ungido de entre sus hijos, hará la ofrenda, *por ser* estatuto perpetuo de Jehová[m]: toda ella será quemada.

23 Y todo presente de sacerdote será enteramente quemado; no se comerá.

24 ¶ Y habló Jehová á Moises diciendo:

n Cap. 4. 2, etc.

25 Habla á Aaron, y á sus hijos, diciendo: Esta *será* la ley[n] de la expiacion *del pecado*: En el lugar donde será degollado el holocausto, será degollada la *victima en* expiacion por el pecado delante de Jehová, *porque* es cosa santísima.

o Cap. 10. 17, 18. Num. 18. 10. Ez. 44. 29.

26 El sacerdote que la ofreciere por expiacion, la comerá: en el lugar santo será comida[o], en el atrio del tabernáculo del testimonio.

p ver. 18.

27 Todo lo que en su carne tocare, será santificado[p]; y si cayere de su sangre sobre el vestido, lavarás aquello sobre que cayere en el lugar santo.

28 Y la vasija de barro en que fuere cocida, será quebrada: y si fuere cocida en vasija de metal, será fregada y lavada con agua.

29 Todo varon de entre los sacerdotes la comerá: es cosa santísima.

q Cap. 10. 18. y 16. 27. Heb. 9. 12.

30 Mas no se comerá *victima* de expiacion alguna, de cuya sangre se metiere en el tabernáculo del testimonio para reconciliar en el santuario: al fuego será quemada[q].

CAPITULO VII.

Prosiguen los diversos ritos que se han de observar en los sacrificios.

a Cap. V, y VI.

ASIMISMO esta *será* la ley de la *expiacion* de la culpa[a]: es cosa muy santa.

b Cap. 6. 25.

2 En el lugar donde degollaren el holocausto, degollarán la *victima* por la culpa; y[b] rociará su sangre en derredor sobre el altar.

c Cap. 4. 8, 9. Ex. 29. 13.

3 Y de ella ofrecerá todo su sebo[c], la cola, y el sebo que cubre los intestinos,

4 Y los dos riñones, y el sebo que *está* sobre ellos, y el que *está* sobre los hijares; y con los riñones quitará el redaño de sobre el hígado.

5 Y el sacerdote lo hará arder sobre el altar *en* ofrenda encendida á Jehová: *y está* será *expiacion* de la culpa.

d Cap. 6. 16, 18. Num. 18. 9, 10.

6 Todo varon de entre los sacerdotes la comerá[d]: será comida en el lugar santo, *porque* es cosa muy santa.

e Cap. 6. 25, 26.

7 ¶ Como *la expiacion por* el pecado así *será la expiacion* de la culpa[e]: una misma ley tendrán: será del sacerdote que habrá hecho la reconciliacion con ella.

8 Y el sacerdote que ofreciere holocausto de alguno, el cuero del holocausto que ofreciere, será para él.

9 Asimismo todo presente que se cociere en horno, y todo el que fuere aderezado en sarten, ó en cazuela, será del sacerdote que lo ofreciere.

10 Y todo presente amasado con aceite, y seco, será de todos los hijos de Aaron; tanto al uno como al otro.

f Cap. 3. 1. Ez. 45. 15.

11 ¶ Y esta *será* la ley del sacrificio de las paces[f] que se ofrecerá á Jehová.

g Cap. 2. 4.

12 Si se ofreciere en hacimiento de gracias, ofrecerá por sacrificio de hacimiento de gracias tortas sin levadura amasadas con aceite[g], y hojaldres sin levadura untados con aceite, y flor de harina frita *en* tortas amasadas con aceite.

13 Con tortas de pan leudo ofrecerá su ofrenda en el sacrificio de hacimiento de gracias de sus paces.

h Num. 18. 8, 11, 19.

14 Y de toda la ofrenda presentará una *parte* por[h] ofrenda elevada á Jehová, *y* será del sacerdote que rociare la sangre de los pacificos.

15 Y la carne del sacrificio de sus pacíficos, en hacimiento de gracias, se comerá en el dia que fuere ofrecida: [i] no dejarán de ella nada para otro dia.

[i] Cap. 22. 30.

16 ¶ Mas si el sacrificio de su ofrenda fuere voto, ó voluntario, el dia que ofreciere su sacrificio será comido, y lo que de él quedare, comerse há el dia siguiente [k]:

[k] Cap. 19. 6, 7.

17 Y lo que quedare para el tercer dia de la carne del sacrificio, será quemado en el fuego.

18 Y si se comiere *algo* de la carne del sacrificio de sus paces el tercero dia, el que lo ofreciere no será acepto, ni le será imputado: abominacion será, y la persona que de él comiere, llevará su pecado.

19 Y la carne que tocare á alguna cosa inmunda, no se comerá; al fuego será quemada: mas cualquiera limpio comerá de aquesta carne.

20 Y la persona que comiere la carne del sacrificio de paces, el cual *es* de Jehová, estando inmundo, aquella persona será cortada de sus pueblos [l].

[l] Gen. 17. 14.

21 Ademas, la persona que tocare alguna cosa inmunda [m], en inmundicia de hombre, ó en [n] animal inmundo, ó en cualquiera abominacion inmunda, y comiere la carne del sacrificio de las paces, el cual *es* de Jehová, aquella persona será cortada de sus pueblos.

[m] Cap. XII, y XIII, y XV.
[n] Cap. 11. 24, 28. Ez. 4. 14. Hech. 10. 14.

22 ¶ Habló aun Jehová á Moises, diciendo:

23 Habla á los hijos de Israel diciendo: Ningun [o] sebo de buey, ni de cordero, ni de cabra, comeréis.

[o] Cap. 3. 17.

24 El sebo de *animal* mortecino, y el sebo del que fué arrebatado *de fieras*, se aparejará para cualquier *otro* uso, mas no lo comeréis [p].

[p] Cap. 17. 15. Deu. 14. 21. Ez. 44. 31.

25 Porque cualquiera que comiere sebo de animal, del cual se ofrece á Jehová ofrenda encendida, la persona que lo comiere, será cortada de sus pueblos.

26 Ademas, ninguna sangre comeréis en todas vuestras habitaciones, así de aves como de bestias [q].

[q] Gen. 9. 4. y 17. 10, 14. 1 Sam. 14. 34. Juan 6. 53. Hech. 15. 20, 29.

27 Cualquiera persona que comiere alguna sangre, la tal persona será cortada de sus pueblos.

28 ¶ Habló mas Jehová á Moises, diciendo:

29 Habla á los hijos de Israel, diciendo: El que ofreciere sacrificio de sus paces [r] á Jehová, traerá su ofrenda del sacrificio de sus paces á Jehová.

[r] Cap. III.

30 Sus manos traerán las ofrendas que se han de quemar á Jehová: traerá el sebo con el pecho; el pecho para que este sea agitado, como sacrificio agitado [s], delante de Jehová:

[s] Ex. 29. 27.

31 Y el sebo *lo* hará arder el sacerdote en el altar; mas el pecho será de Aaron y de sus hijos.

32 Y daréis al sacerdote, para ser elevada en ofrenda, la espaldilla derecha de los sacrificios de vuestras paces.

33 El que de los hijos de Aaron ofreciere la sangre de las paces, y el sebo, de él será en porcion la espaldilla derecha.

34 Porque he tomado de los hijos de Israel, de los sacrificios de sus paces, el pecho que se agita, y la espaldilla elevada en ofrenda, y lo he dado á Aaron el sacerdote, y á sus hijos, por estatuto perpetuo de los hijos de Israel [t].

[t] Cap. 10. 14. Num. 18. 18. Deu. 18. 3.

35 Esta *es*, *atendida* la uncion de Aaron, y la uncion de sus hijos, *la parte* de *ellos* en las ofrendas encendidas á Jehová, desde el dia qué él los allegó para ser sacerdotes de Jehová:

36 Lo cual mandó Jehová que les diesen, desde el dia que él los ungió [u] de entre los hijos de Israel, por estatuto perpetuo en sus generaciones.

[u] Cap. 8. 12, 30. Ex. 40. 13, 15.

37 Esta *es* la ley del holocausto, del presente, de la expiacion por el pecado, y *de la expiacion* de la culpa, y de las consagraciones, y del sacrificio de las paces:

38 La cual intimó Jehová á Moises, en el monte de Sinai, el dia que mandó á los hijos de Israel que ofreciesen sus ofrendas á Jehová en el desierto de Sinai.

CAPITULO VIII.

Moises consagra pontífice á Aaron, y sacerdotes á sus hijos. Del tabernáculo y de sus utensilios.

Y HABLÓ Jehová á Moises, diciendo:

2 Toma á Aaron y á sus hijos con él, y [a] las vestimentas, y [b] el aceite de la uncion, y [c] el becerro de la expiacion, y los dos carneros, y el canastillo de los ázimos;

[a] Ex. 29. 1, 3.
[b] Ex. 28. 2, 4.
[c] Ex. 30. 24, 25.

3 Y reune toda la congregacion á la puerta del tabernáculo del testimonio.

4 Hizo pues Moises como Jehová le mandó, y juntóse la congregacion á la puerta del tabernáculo del testimonio.

5 Y dijo Moises á la congregacion: Esto *es* lo que Jehová ha mandado hacer.

6 Entónces Moises hizo llegar á Aaron, y á sus hijos, y lavólos con agua [d].

[d] Ex. 29. 4.

7 Y puso sobre él la túnica, y ciñiólo con el cinto; vistióle despues el manto, y puso sobre él el ephod, y ciñiólo con el cinto del ephod, y ajustólo con él.

8 Púsole luego encima el racional, y en él puso el Urim y Thumim [e].

[e] Ex. 28. 15, 30.

9 Despues puso la mitra sobre su cabeza, y [f] sobre la mitra en su frente delantero puso la plancha de oro, la diadema santa, como Jehová habia mandado á Moises [g].

[f] Ex. 29. 6. Zac. 3. 5.
[g] Ex. 28. 37 etc.

10 Y tomó Moises el aceite de la uncion [h], y ungió el tabernáculo, y todas las cosas que *estaban* en él, y santificólas.

[h] Ex. 30. 26, 29.

11 Y roció de él sobre el altar siete veces, y ungió el altar y todos sus vasos, y la fuente y su basa, para santificarles.

12 Y derramó del aceite de la uncion sobre la cabeza de Aaron, y [i] ungiólo para santificarlo.

[i] Cap. 21. 10, 12. Ex. 29. 7. y 30. 30. Sal. 133. 2.

13 Despues Moises hizo llegar los hijos de Aaron, y vistióles las túnicas [k], y ciñiólos con cintos, y ajustóles los chapeos, como Jehová lo habia mandado á Moises.

[k] Ex. 29. 8, 9.

14 Hizo luego llegar el becerro de la expiacion, y Aaron y sus hijos pusieron sus manos sobre la cabeza del becerro de la expiacion:

15 Y degollólo; y Moises tomó la sangre, y puso con su dedo sobre los cuernos del altar al rededor, y purificó el altar, y [l] echó la *otra* sangre al pié del altar, y santificólo para reconciliar sobre él [m].

[l] Ex. 29. 36. Ez. 43. 20. Heb. 9. 18, 23.
[m] Cap. 16. 20. 2 Cr. 29. 24. Dan. 9. 24. 2 Cor. 5. 19, 21. Col. 1. 21, 22. Heb. 2. 17.

16 Despues tomó todo el sebo que *estaba* sobre los intestinos, y el redaño del hígado, y los dos riñones, y el sebo de ellos, é hizo*lo* Moises arder sobre el altar.

17 Mas el becerro, y su cuero, y su carne, y su estiercol, quemólo al fuego fuera del real, como Jehová lo habia mandado á Moises [n].

[n] Cap. 4. 11, 12. Ex. 29. 14. Heb. 13. 11, 13.

18 Despues hizo llegar el carnero del holocausto [o], y Aaron y sus hijos pusieron sus manos sobre la cabeza del carnero.

[o] Ex. 29. 15.

19 Y degolló*lo*; y roció Moises la sangre sobre el altar en derredor.

20 Y cortó el carnero en trozos; y Moises hizo arder la cabeza, y los trozos, y el sebo.

21 Lavó luego en agua los intestinos y piernas, y quemó Moises todo el carnero sobre el altar: holocausto *fué* en olor de suavidad [p], ofrenda encendida á Jehová, como lo habia Jehová mandado á Moises.

22 Despues hizo llegar el otro carnero, el carnero de las consagraciones, y [q] Aaron y sus hijos pusieron sus manos sobre la cabeza del carnero:

23 Y degollólo; y tomó Moises de su sangre, y puso sobre la ternilla de la oreja derecha de Aaron, y sobre el dedo pulgar de su mano derecha, y sobre el dedo pulgar de su pié derecho [r].

24 Hizo luego llegar los hijos de Aaron, y puso Moises de la sangre sobre la ternilla de sus orejas derechas, y sobre los pulgares de sus manos derechas, y sobre los pulgares de sus pies derechos: y roció Moises la *otra* sangre sobre el altar en derredor [s].

25 Despues tomó el sebo, y la cola, y todo el sebo que *estaba* sobre los intestinos, y el redaño del hígado, y los dos riñones, y el sebo de ellos, y la espaldilla derecha [t]:

26 Y del canastillo de los ázimos, que *estaban* delante de Jehová, tomó una torta sin levadura, y una torta de pan de aceite, y una lasaña, y púsolo con el sebo, y con la espaldilla derecha:

27 Y púsolo todo en las manos de Aaron, y en las manos de sus hijos, é hízolo mecer *por* ofrenda agitada delante de Jehová.

28 Despues tomó aquellas cosas Moises de las manos de ellos, é hízo*las* arder en el altar sobre el holocausto: *eran* las consagraciones en olor de suavidad, ofrenda encendida á Jehová.

29 Y tomó Moises el pecho [u], y meciólo *como* ofrenda agitada delante de Jehová: del carnero de las consagraciones aquella fué la parte de Moises, como Jehová lo habia mandado al *mismo* Moises.

30 Luego tomó Moises del aceite de la uncion, y de la sangre que *estaba* sobre el altar, y roció sobre Aaron, y sobre sus vestiduras, y sobre sus hijos, y sobre las vestiduras de sus hijos con él; y santificó á Aaron y sus vestiduras, y á sus hijos, y las vestiduras de sus hijos [x] con él.

31 Y dijo Moises á Aaron y á sus hijos: Comed la carne á la puerta del tabernáculo del testimonio; y comedla allí [y] con el pan que *está* en el canastillo de las consagraciones, segun yo he mandado diciendo: Aaron y sus hijos la comerán.

32 Y lo que sobrare de la carne y del pan, habeis de quemarlo al fuego.

33 De la puerta del tabernáculo del testimonio no saldréis en siete dias, hasta el dia que se cumplieren los dias de vuestras consagraciones: porque por siete dias seréis consagrados [z].

34 De la manera que hoy se ha hecho, mandó hacer Jehová para expiaros.

35 A la puerta, pues, del tabernáculo del testimonio estaréis dia y noche por siete dias, y guardaréis la ordenanza delante de Jehová, para que no murais; porque así me ha sido mandado.

36 Y Aaron y sus hijos hicieron todas las cosas que mandó Jehová por medio de Moises.

[p] Gen. 8. 20, 21. Ef. 5. 2.
[q] Ex. 29. 19, 31.
[r] Cap. 14. 14. y 17. 28.
[s] Heb. 9. 22.
[t] Ex. 29. 22, etc.
[u] Ex. 29. 26.
[x] Ex. 28. 20.
[y] Ex. 29. 31, 32. 1 Sam. 2. 13, 17.
[z] Ex. 29. 30, 35. Ez. 43. 25, 26.

CAPITULO IX.

Aaron ya consagrado, ofrece á Dios las primicias de los pacíficos por sí y por el pueblo; y bendice á este. El Señor manifiesta su gloria; y un fuego del cielo consume el holocausto.

Y FUE en el dia octavo [a] que Moises llamó á Aaron y á sus hijos, y á los ancianos de Israel;

2 Y dijo á Aaron: Toma de la vacada un becerro para expiacion [b], y un carnero para holocausto, *entrambos* sin defecto, y ofréce*los* delante de Jehová.

3 Y á los hijos de Israel hablarás diciendo: Tomad un macho cabrío [c] para expiacion, y un becerro y un cordero, *ambos* de un año, y sin tacha, para holocausto;

4 Asimismo un buey y un carnero para sacrificio de paces, que inmoleis delante de Jehová; y un presente amasado con [d] aceite: porque Jehová se aparecerá hoy á vosotros.

5 Y llevaron lo que mandó Moises delante del tabernáculo del testimonio, y llegóse toda la congregacion, y pusiéronse delante de Jehová.

6 Entónces Moises dijo: Esto *es* lo que mandó Jehová; haced*lo*, y la gloria de Jehová se os aparecerá [e].

7 Y dijo Moises á Aaron: Llégate al altar, y haz tu expiacion [f], y tu holocausto, y haz la reconciliacion por tí y por el pueblo: haz tambien la ofrenda del pueblo, y haz la reconciliacion por ellos [g], como ha mandado Jehová.

8 ¶ Entónces llegóse Aaron al altar, y degolló su becerro de la expiacion que *era* por él.

9 Y los hijos de Aaron le trajeron la sangre; y él mojó su dedo en la sangre, y puso sobre los cuernos del altar [h], y derramó la *otra* sangre al pié del altar.

10 Y el sebo, y riñones, y redaño del hígado de la expiacion, hízolos arder sobre el altar, como Jehová lo habia mandado á Moises [i].

11 Mas la carne y cuero *los* quemó al fuego fuera del real [k].

12 Degolló asimismo el holocausto, y los hijos de Aaron le presentaron la sangre, la cual roció él al rededor [l] sobre el altar.

13 Presentáronle despues el holocausto *partido* á trozos, y la cabeza, é hízo*los* quemar sobre el altar.

14 Luego lavó los intestinos, y las piernas, y quemólo sobre el holocausto en el altar.

15 ¶ Ofreció tambien la ofrenda del pueblo, y tomó el macho cabrío, que *era* para la expiacion del pueblo, y degollólo, y le ofreció por el pecado como el primero.

16 Y ofreció el holocausto, é hizo segun el rito.

17 Ofreció asimismo el presente, é hinchió de él su mano, y lo hizo quemar sobre el altar ademas del holocausto de la mañana [m].

18 Degolló tambien el buey y el carnero en sacrificio de paces, que *era* del pueblo [n]: y los hijos de Aaron le presentaron la sangre, la cual roció él sobre el altar al rededor,

19 Y los sebos del buey, y del carnero la cola, con lo que cubre *las entrañas*, y los riñones, y el redaño del hígado.

20 Y pusieron los sebos sobre los pechos, y él quemó los sebos sobre el altar:

21 Empero los pechos, con la espaldilla derecha [o], meciólos Aaron por ofrenda agitada delante de Jehová, como Jehová lo habia mandado á Moises.

22 ¶ Despues alzó Aaron sus manos hácia el pueblo, y bendíjolos [p]: y descendió de hacer la expiacion, y el holocausto, y el sacrificio de las paces.

23 Y entraron Moises y Aaron en el tabernáculo del testimonio; y salieron,

[a] Ez. 43. 27.
[b] Cap. 4. 3.
[c] Is. 53. 10. Heb. 9. 28.
[d] Num. 15. 4.
[e] ver. 23. 2 Cr. 5. 13, 14.
[f] Heb. 5. 3. y 7. 27. y 9. 7.
[g] Heb. 5. 1.
[h] Cap. 8. 15.
[i] Cap. 4. 10. y 8. 16.
[k] Cap. 4. 11.
[l] Cap. 1. 5. y 8. 19.
[m] Ex. 29. 38.
[n] Cap. 3. 1, etc.
[o] Cap. 7. 30, 34. Ex. 29. 24.
[p] Num. 6. 23, 27. Deu. 21. 5.

y bendijeron al pueblo: y la gloria de Jehová se apareció á todo el pueblo [q].

24 Y salió [r] fuego de delante de Jehová, y consumió el holocausto y los sebos *que* sobre el altar *habia*: y viendolo todo el pueblo alabaron, y cayeron sobre sus rostros.

CAPITULO X.

Nadab y Abiú, por haber ofrecido el incienso con fuego comun, son abrasados con fuego del cielo. El Señor prohibe el vino á los sacerdotes cuando han de entrar en el templo; y ordena que coman ellos las carnes de las ofrendas.

Y LOS hijos de Aaron [a] Nadab y Abiú tomaron cada uno su incensario, y pusieron fuego en ellos, sobre el cual pusieron perfume, y ofrecieron delante de Jehová fuego estraño [b], que él nunca les mandó.

2 Y salió fuego [c] de delante de Jehová, que los quemó, y murieron delante de Jehová [d].

3 Entónces dijo Moises á Aaron: Esto *es* lo que habló Jehová, diciendo: En mis allegados me santificaré [e], y en presencia de todo el pueblo seré glorificado. Y Aaron calló [f].

4 Y llamó Moises á Misael, y á Elzaphan, hijos de Uzziel [g], tio de Aaron, y díjoles: Llegaos y sacad á vuestros hermanos de delante del santuario fuera del campo.

5 Y ellos llegaron, y sacáronlos [h] con sus túnicas fuera del campo, como dijo Moises.

6 ¶ Entónces Moises dijo á Aaron, y á Eleazar, y á Ithamar, sus hijos: No descubrais vuestras cabezas, ni rasgueis vuestros vestidos [i], porque no murais, *ni* se levante la ira sobre toda la congregacion: empero vuestros hermanos, toda la casa de Israel [k], lamentarán el incendio que Jehová ha hecho.

7 Ni [l] saldréis de la puerta del tabernáculo del testimonio, porque moriréis: por cuanto el aceite de la uncion de Jehová *está* sobre vosotros [m]. Y ellos hicieron conforme al dicho de Moises.

8 ¶ Y Jehová habló á Aaron, diciendo:

9 Tú, y tus hijos contigo, no beberéis vino [n] ni sidra, cuando hubiereis de entrar en el tabernáculo del testimonio, porque no murais: estatuto perpetuo *será* por vuestras generaciones.

10 Y *esto* para poder discernir entre lo santo y lo profano [o], y entre lo inmundo y lo limpio,

11 Y para enseñar [p] á los hijos de Israel todos los estatutos que Jehová les ha dicho por medio de Moises.

12 ¶ Y Moises dijo á Aaron, y á Eleazar y á Ithamar, sus hijos que habian quedado: Tomad el presente que queda de las ofrendas encendidas á Jehová, y comedlo sin levadura junto al altar, porque es cosa muy santa.

13 Habeis pues de comerle en el lugar santo [q]; porque esto *será* fuero para tí, y fuero para tus hijos, de las ofrendas encendidas á Jehová, pues que así me ha sido mandado.

14 Comeréis asimismo en lugar limpio tú y tus hijos, y tus hijas contigo, el pecho [r] de la *ofrenda* mecida, y la espaldilla *en ofrenda* elevada; porque *por* fuero para tí, y fuero para tus hijos, son dados de los sacrificios de las paces de los hijos de Israel.

15 Con las ofrendas de los sebos que se han de encender, traerán la espaldilla que se ha de elevar, y el pecho que será mecido, para que lo mezas por ofrenda agitada delante de Jehová: y será por

[q] ver. 6. Num. 14. 10. y 16. 19, 42.
[r] Juec. 6. 21. y 13. 19, 20. 1 Rey. 18. 38. 2 Cr. 7. 1, 3.
[a] Ex. 6. 23.
[b] Cap. 16. 12.
[c] Num. 16. 35. 2 Rey. 1. 10, 12.
[d] Num. 3. 3, 4.
[e] Cap. 8. 35. 1 Cr. 15. 12, 13. Heb. 12. 28, 29.
[f] Sal. 39. 9.
[g] Ex. 6. 18.
[h] Hech. 5. 6, 10.
[i] Cap. 13. 45. y 21. 10. Ez. 24. 17.
[k] Jos. 7. 1. y 22. 18, 20. 2 Sam. 24. 1, 15.
[l] Cap. 21. 12.
[m] Ex. 28. 41. y 40. 15. 1 Juan 2. 27.
[n] Is. 28. 7. Ez. 44. 21.
[o] Cap. 11. 47. y 20. 25, 26. Ez. 44. 23.
[p] Neh. 8. 2, 8. Mal. 2. 7.
[q] Num. 18. 10.
[r] Cap. 7. 31, 34.

fuero perpetuo tuyo, y de tus hijos contigo, como Jehová lo ha mandado.

16 ¶ Y Moises demandó el macho cabrío de la expiacion [s], y hallóse que era quemado: y enojóse contra Eleazar é Ithamar, los hijos de Aaron que habian quedado, diciendo:

17 ¿Por qué no comisteis la expiacion en el lugar santo? porque es *cosa* muy santa, y dióla el *Señor* á vosotros para llevar la iniquidad de la congregacion, para que sean reconciliados delante de Jehová.

18 Veis que su sangre no fué metida dentro del santuario: habiais de comer la *víctima* en el lugar santo, como yo mandé [t].

19 Y respondió Aaron á Moises: Hé aquí hoy han ofrecido su expiacion y su holocausto delante de Jehová; pero me han acontecido estas cosas: pues *si* comiera yo hoy *del sacrificio de* la expiacion, hubiera sido acepto á Jehová [u]?

20 Y cuando Moises oyó *esto*, dióse por satisfecho.

CAPITULO XI.

Que animales son puros y se pueden comer, y cuales no. Los hijos de Israel deben ser santos, á imitacion del Señor.

Y HABLÓ Jehová á Moises, y Aaron, diciendoles:

2 Hablad á los hijos de Israel diciendo: Estos *son* los animales [a] que comeréis de todos los animales que *estan* sobre la tierra.

3 De entre los animales, todo el de pesuña y que tiene las pesuñas hendidas, y que rumia, este comeréis.

4 Estos empero no comeréis de los que rumian, y de los que tienen pesuña: El camello, porque rumia, mas no tiene pesuña hendida, habeis de tenerlo por inmundo.

5 Tambien el conejo, porque rumia, mas no tiene pesuña, tendréislo por inmundo.

6 Asimismo la liebre, porque rumia, mas no tiene pesuña, tendréisla por inmunda.

7 Tambien el puerco [b], porque tiene pesuña, y es de pesuñas hendidas, mas no rumia, tendréislo por inmundo.

8 De la carne de ellos no comeréis, ni tocaréis [c] su cuerpo muerto: tendréislos por inmundos.

9 ¶ Esto comeréis de todas las cosas que *estan* en las aguas [d]: Todas las cosas que tienen aletas y escamas en las aguas de la mar, y en los rios, aquellas comeréis.

10 Mas todas las cosas que no tienen aletas, ni escamas, en la mar y en los rios, así de todo réptil de agua como de toda cosa viviente que *está* en las aguas, las tendréis en abominacion.

11 Os serán pues en abominacion: de su carne no comeréis, y abominaréis sus cuerpos muertos.

12 Todo lo que no tuviere aletas y escamas en las aguas, tendréislo en abominacion.

13 ¶ Y de las aves, estas tendréis en abominacion [e]; no se comerán, serán abominacion: El águila, el quebrantahuesos, el esmerejon,

14 El milano, y el buitre segun su especie [f];

15 Todo cuervo segun su especie;

16 El avestruz [g], y la lechuza, y el laro, y el gavilan segun su especie,

17 Y el buho [h], y el somormujo, y el ibis,

18 Y el calamon, y el cisne, y el onocrótalo,

19 Y el herodion, y el caradrion segun

[s] Cap. 9. 3, 15.
[t] Cap. 6. 2[6], 30.
[u] Hos. 9. 4.
[a] Deu. 14. [3,] etc. Ez. 4. 14. Dan. 1. 8. Mat. 15. 11. Hech. 10. 12, 15. Ro. 14. 14. Heb. 9. 10. y 13. 9.
[b] Is. 65. 4. y 66. 3, 17.
[c] Is. 52. 11. 2 Cor. 6. 17. Col. 2. 21.
[d] Deu. 14. 9.
[e] Deu. 14. 12.
[f] Job 28. 7.
[g] Job 30. 29. Is. 13. 21. y 34. 13. y 43. 20. Jer. 50. 39. Mic. 1. 8.
[h] Sal. 102.

su especie, y la abubilla, y el murciélago.

20 ¶ Todo réptil de ave que anduviere sobre cuatro *pies* tendréis en abominacion.

21 Empero esto comeréis de todo réptil de aves que anda sobre cuatro *pies*, que tuviere piernas ademas de sus pies, para saltar con ellas sobre la tierra;

22 Estos comeréis de ellos: La langosta segun su especie, y el langostin segun su especie, y el haragol segun su especie, y el hahgab segun su especie.

23 Todo *otro* réptil de aves, que tenga cuatro pies, tendréis en abominacion.

24 Y por estas cosas seréis inmundos: Cualquiera que tocare á sus cuerpos muertos[i], será inmundo hasta la tarde.

25 Y cualquiera que llevare *algo de* sus cuerpos muertos[k], lavará sus vestidos, y será inmundo hasta la tarde.

26 Todo animal de pesuña, pero que no tiene pesuña hendida, ni rumía, tendréis por inmundo: cualquiera que los tocare, será inmundo.

27 Y de todos los animales que andan á cuatro *pies*, tendréis por inmundo cualquiera que anda sobre sus garras: cualquiera que tocare sus cuerpos muertos, será inmundo hasta la tarde.

28 Y el que llevare sus cuerpos muertos, lavará sus vestidos, y será inmundo hasta la tarde: habeis de tenerlos por inmundos.

29 ¶ Y estos tendréis por inmundos de los réptiles que van arrastrando sobre la tierra: La comadreja, y el raton, y la rana segun su especie,

30 Y el erizo, y el lagarto, y el caracol, y la babosa, y el topo.

31 Estos tendréis por inmundos de todos los réptiles: cualquiera que los tocare, cuando estuvieren muertos[l], será inmundo hasta la tarde.

32 Y todo aquello sobre que cayere alguna cosa de ellos despues de muertos, será inmundo, así vaso de madera, como vestido, ó piel, ó saco: cualquier instrumento con que se hace obra, será metido en agua, y será inmundo hasta la tarde, y *así* será limpio.

33 Y todo vasija de barro dentro de la cual cayere algo de ellos, todo lo que estuviere en ella será inmundo, y quebraréis[m] la vasija.

34 Toda vianda que se come, sobre la cual viniere el agua *de tales vasijas*, será inmunda: y toda bebida que se bebiere, será en todas *esas* vasijas inmunda.

35 Y todo aquello, sobre que cayere algo del cuerpo muerto de ellos, será inmundo: el horno ú hornillos se derribarán; son inmundos, y por inmundos les tendréis.

36 Con todo, la fuente y la cisterna donde se recogen aguas, serán limpias: mas lo que hubiere tocado en sus cuerpos muertos será inmundo.

37 Y si cayere *algo* de sus cuerpos muertos sobre alguna simiente que se haya de sembrar, será limpia.

38 Mas si se hubiere puesto agua en la simiente, y cayere *algo* de sus cuerpos muertos sobre ella, tendréisla por inmunda.

39 ¶ Y si algun animal que tuviereis para comer, se muriere, el que tocare su cuerpo muerto será inmundo hasta la tarde.

40 Y el que comiere[n] de su cuerpo muerto, lavará sus vestidos, y será inmundo hasta la tarde: asimismo el que sacare su cuerpo muerto, lavará sus vestidos, y será inmundo hasta la tarde.

41 ¶ Y todo réptil que vá arrastrando sobre la tierra, es abominacion; no se comerá.

42 Todo lo que anda sobre el pecho, y todo lo que anda sobre cuatro, ó mas pies, de todo réptil que anda arrastrando sobre la tierra, no lo comeréis, porque es abominacion.

43 No ensucieis[o] vuestras personas en ningun réptil que anda arrastrando, ni os contamineis en ellos, ni seais inmundos por ellos.

44 ¶ Pues que yo *soy* Jehová vuestro Dios, vosotros por tanto os santificaréis, y seréis santos[p], porque yo *soy* santo: así que no ensucieis vuestras personas en ningun réptil que anduviere arrastrando sobre la tierra.

45 Porque yo *soy* Jehová, que os hago subir de la tierra de Egipto[q] para seros por Dios: seréis pues santos, porque yo *soy* santo.

46 Esta es la ley de los animales, y de las aves, y de todo ser viviente que se mueve en las aguas, y de todo animal que anda arrastrando sobre la tierra:

47 Para hacer diferencia entre inmundo y limpio, y[r] entre los animales que se pueden comer, y los animales que no se pueden comer.

CAPITULO XII.

Ceremonías con que ha de purificarse la mujer recien parida.

Y HABLÓ Jehová á Moises, diciendo:

2 Habla á los hijos de Israel, diciendo: La mujer cuando concibiere, y pariere varon[a], será inmunda siete dias; conforme á los dias que está separada por su menstruo[b] será inmunda:

3 Y al octavo dia[c] circuncidará la carne de su prepucio.

4 Mas ella permanecerá treinta y tres dias en la sangre de su purgacion: ninguna cosa santa tocará, ni vendrá al santuario, hasta que sean cumplidos los dias de su purgacion.

5 Y si pariere hembra, será inmunda dos semanas, conforme á su separacion, y sesenta y seis dias estará purificandose de su sangre.

6 Y cuando los dias de su purgacion fueren cumplidos, por hijo, ó por hija, traerá un cordero de un año para holocausto, y un palomino, ó una tórtola para expiacion, á la puerta del tabernáculo del testimonio, al sacerdote.

7 Y *él* lo ofrecerá delante de Jehová, y hará expiacion por ella, y será limpia del flujo de su sangre. Esta *es* la ley de la que pariere varon ó hembra.

8 Y si no alcanzare su mano lo suficiente para un cordero, tomará entónces dos tórtolas, ó dos palominos, uno para holocausto, y otro para expiacion: y el sacerdote hará expiacion por ella, y será limpia.

CAPITULO XIII.

Leyes de policía sobre el discernimiento de la lepra; el cual pertenece á los sacerdotes.

Y HABLÓ Jehová á Moises, y Aaron, diciendo:

2 Cuando el hombre tuviere en la piel de su carne hinchazon, ó postilla, ó mancha blanca, y hubiere en la piel de su carne como llaga de lepra, será traido á Aaron el sacerdote, ó á uno de los sacerdotes sus hijos[a]:

3 Y el sacerdote mirará la llaga en la piel de la carne: si el pelo en la llaga se ha vuelto blanco, y pareciere la llaga mas hundida que la tez de la carne, llaga de lepra es; y el sacerdote le reconocerá, y le dará por inmundo.

4 Y si en la piel de su carne hubiere mancha blanca, pero no pareciere mas

---

Margin references (left): ...r. 3. — ...l. 51. 2, 7. ...c. 13. 1. ...an 13. 8. ...ch. 22. — ...b. 9. 10. ...0. 22. ...Ped. 3. 21. ...p. 7. 14. — ...r. 3. ...g. 2. 13. — ...ap. 6. 28. — ...ap. 17. 15. ...22. 8. ...a. 14. 21. ...z. 4. 14. ...44. 31. ...Cor. 10. 21.

Margin references (right): [o] Cap. 20. 25. — [p] Cap. 19. 2. y 20. 7, 26. 1 Ped. 1. 15, 16. — [q] Ex. 20. 2. Hos. 11. 1. — [r] Cap. 10. 10. Ez. 44. 23. Mal. 3. 18. — [a] Job 14. 4. Sal. 51. 5. Lu. 2. 22. — [b] Cap. 15. 19. — [c] Gen. 17. 12. Lu. 2. 21. Juan 7. 22, 23. Rom. 3. 19. Gal. 5. 3. Fil. 3. 3. — [a] Deu. 17. 8, 9. y 24. 8. Mal. 2. 7. Luc. 17. 14.

hundida que la tez, ni su pelo se hubiere vuelto blanco, entónces el sacerdote encerrará al llagado por siete dias;

5 Y al séptimo dia el sacerdote lo mirará: y si la llaga á su parecer se hubiere estancado, no habiendose extendido en la piel, entónces el sacerdote le volverá á encerrar por otros siete dias.

6 Y al séptimo dia el sacerdote le reconocerá de nuevo: y si parece haberse oscurecido la llaga, y que no ha cundido en la piel, entónces el sacerdote lo dará por limpio: era postilla; y lavará sus vestidos, y será limpio.

7 Mas si hubiere ido creciendo la postilla en la piel, despues que fué mostrado al sacerdote para ser limpio, será visto otra vez del sacerdote.

8 Y si reconociendolo el sacerdote, vé que la postilla ha crecido en la piel, el sacerdote lo dará por inmundo, *pues* es lepra.

9 ¶ Cuando hubiere llaga de lepra[b] en el hombre, será traido al sacerdote;

[b] Num. 12. 10. 2 Rey. 5. 27. 2 Cr. 26. 20.

10 Y el sacerdote mirará, y si pareciere tumor blanco en la piel, el cual haya mudado el color del pelo, y se descubre asimismo la carne viva,

11 Lepra es envejecida en la piel de su carne: y le dará por inmundo el sacerdote, y no lo encerrará, porque es inmundo.

12 ¶ Mas si brotare la lepra cundiendo por el cutis, y ella cubriere toda la piel del llagado desde su cabeza hasta sus pies, á toda vista de ojos del sacerdote,

13 Entónces el sacerdote *le* reconocerá; y si la lepra hubiere cubierto toda su carne, dará por limpio al llagado[c]: hase vuelto toda ella blanca, *y* él es limpio.

[c] Is. 64. 6. Mat. 9. 13.

14 Mas el dia que apareciere en él la carne viva, será inmundo.

15 Y el sacerdote mirará la carne viva, y lo dará por inmundo. Es inmunda la carne viva, es lepra.

16 Mas cuando la carne viva se mudare y volviere blanca, entónces vendrá al sacerdote;

17 Y el sacerdote mirará, y si la llaga se hubiere vuelto blanca, el sacerdote dará por limpio *al que tenia* la llaga, *y* será limpio.

18 ¶ Y cuando en la carne *de alguno*, en su piel, hubiere apostema, y se sanare,

19 Y sucediere en el lugar de la apostema tumor blanco, ó mancha blanca embermejecida, será mostrado al sacerdote:

20 Y el sacerdote mirará; y si pareciere estar *aquella* mas baja que su piel *inmediata*, y su pelo se hubiere vuelto blanco, darálo el sacerdote por inmundo: es llaga de lepra que se originó en la apostema.

21 Y si el sacerdote la considerare, y no pareciere en ella pelo blanco, ni estuviere mas baja que la *otra* piel, sino que *está* oscura, entónces el sacerdote le encerrará por siete dias[d].

[d] ver. 4, 5.

22 Y si se fuere extendiendo por la piel, entónces el sacerdote lo dará por inmundo: es llaga.

23 Empero si la mancha blanca se estuviere en su lugar, que no haya cundido, es la costra de la apostema; y el sacerdote lo dará por limpio.

24 ¶ Asimismo cuando la carne tuviere en su piel quemadura de fuego, y hubiere en lo *ya* sanado del fuego mancha blanquecina, bermejiza, ó *solo* blanca,

25 El sacerdote la mirará, y si el pelo se hubiere vuelto blanco en la mancha, y pareciere estar mas hundida que la *otra* piel, es lepra que salió en la quemadura; y el sacerdote declarará al sujeto inmundo, por ser llaga de lepra.

26 Mas si el sacerdote la mirare, y no pareciere en la mancha pelo blanco, ni estuviere mas baja que la *otra* tez, sino que está oscura, le encerrará el sacerdote por siete dias[e];

[e] ver. 4, 5, 26.

27 Y al séptimo dia el sacerdote la reconocerá: si se hubiere ido extendiendo por la piel, el sacerdote lo dará por inmundo; es llaga de lepra.

28 Empero si la mancha se estuviere en su lugar, y no se hubiere extendido en la piel, sino que está oscura, hinchazon es de la quemadura: darálo pues el sacerdote por limpio, que señal de la quemadura es.

29 ¶ Y el hombre ó mujer que le saliere llaga en la cabeza, ó en la barba,

30 El sacerdote mirará la llaga; y si pareciere estar mas profunda que la tez, y el pelo en ella fuere rubio *y* adelgazado, entónces el sacerdote lo dará por inmundo: es tiña, es lepra de la cabeza ó de la barba.

31 Mas cuando el sacerdote hubiere mirado la llaga de la tiña, y no pareciere estar mas profunda que la tez, ni fuere en ella el pelo negro, el sacerdote encerrará al llagado de la tiña por siete dias[f]:

[f] ver. 26.

32 Y al séptimo dia el sacerdote mirará la llaga; y si la tiña no pareciere haberse extendido, ni hubiere en ella pelo rubio, ni pareciere la tiña mas profunda que la tez,

33 Entónces lo trasquilarán, mas no trasquilarán *el lugar de* la tiña: y encerrará el sacerdote *al que tiene* la tiña por otros siete dias[g].

[g] ver. 31.

34 Y al séptimo dia mirará el sacerdote la tiña: y si la tiña no hubiere cundido en la piel, ni pareciere estar mas profunda que la tez, el sacerdote lo dará por limpio; y lavará sus vestidos, y será limpio.

35 Empero si la tiña se hubiere ido extendiendo en la piel[h] despues de su purificacion,

[h] ver. 7, 27, 2 Tim. 2. 1[illegible] y 3. 13.

36 Entónces el sacerdote la mirará; y si la tiña hubiere cundido en la piel, no busque el sacerdote el pelo rubio, es inmundo.

37 Mas si le pareciere que la tiña está detenida, y que ha salido en ella el pelo negro, la tiña está sanada; él *está* limpio, y por limpio lo dará el sacerdote.

38 ¶ Asimismo el hombre ó mujer, cuando en la piel de su carne tuviere manchas, manchas blancas,

39 El sacerdote mirará; y si en la piel de su carne parecieren manchas blancas algo oscurecidas, es empeine que brotó en la piel, está limpia la *tal* persona.

40 ¶ Y el hombre, cuando se le pelare la cabeza, es calvo, *mas* limpio.

41 Y si á la parte de su rostro se le pelare la cabeza, es calvo por delante, *pero* limpio.

42 Mas cuando en la calva ó en la antecalva hubiere llaga blanca rojiza, lepra es que brota en su calva ó en su antecalva.

43 Entónces el sacerdote lo mirará, y si pareciere la hinchazon de la llaga blanca rojiza, en su calva ó en su antecalva, como el parecer de la lepra de la tez de la carne,

44 Leproso es, es inmundo; el sacerdote lo dará luego por inmundo: en su cabeza *tiene* su llaga.

45 ¶ Y el leproso en quien hubiere *tal* llaga, sus vestidos serán deshechos, y su cabeza descubierta[i], y embozado pregonará, Inmundo, inmundo[k].

[i] Ex. 24. 1[illegible] 22. Mic. 3. 7.
[k] Sal. 51. [illegible] 5. Is. 6. 5. y 64. 6. Rom. 3. [illegible] 1 Cor. 6. [illegible]

46 Todo el tiempo que la llaga estuviere en él, será inmundo, estará impuro: habitará solo, fuera del real [l] será su morada.

47 ¶ Y cuando en el vestido hubiere plaga de lepra, en vestido de lana, ó en vestido de lino,

48 O en estambre, ó en trama de lino ó de lana, ó en piel, ó en cualquiera obra de piel;

49 Y que la plaga sea verde, ó bermeja, en vestido ó en piel, ó en estambre, ó en trama, ó en cualquiera obra de piel, plaga es de lepra, y se ha de mostrar al sacerdote.

50 Y el sacerdote mirará la plaga, y encerrará la cosa plagada por siete dias [m].

51 Y al séptimo dia mirará la plaga: y si hubiere cundido la plaga en el vestido, ó estambre, ó en la trama, ó en piel, ó en cualquiera obra que se hace de pieles, lepra roedora es la *tal* plaga [n]; inmunda será.

52 Será quemado [o] el vestido, ó estambre, ó trama de lana ó de lino, ó cualquiera obra de pieles en que hubiere tal plaga; porque lepra roedora es: al fuego será quemada.

53 Y si el sacerdote mirare, y no pareciere que la plaga se haya extendido en el vestido, ó estambre, ó en la trama, ó en cualquiera obra de pieles,

54 Entónces el sacerdote mandará que laven donde está la plaga, y lo encerrará otra vez [p] por siete dias.

55 Y el sacerdote mirará despues que la plaga fuere lavada; y si pareciere que la plaga no ha mudado su aspecto [q], bien que no haya cundido la plaga, inmunda es; la quemarás al fuego: corrosion es penetrante, *esté lo raido* en la haz ó en el reves de aquella cosa.

56 Mas si el sacerdote *la* viere, y pareciere que la plaga se ha oscurecido despues que fué lavada, la cortará del vestido, ó de la piel, ó del estambre, ó de la trama.

57 Y si apareciere mas en el vestido, ó estambre, ó trama, ó en cualquiera cosa de pieles, reverdeciendo en ella, quemarás [r] al fuego aquello donde estuviere la plaga.

58 Empero el vestido, ó estambre, ó trama, ó cualquira cosa de piel que lavares, y que se le quitare la plaga, lavarse ha segunda vez, y entónces será limpia.

59 Esta *es* la ley de la plaga de la lepra del vestido de lana ó de lino, ó del estambre, ó de la trama, ó de cualquiera cosa de piel, para que sea dada por limpia ó por inmunda.

[l] Num. 5. 2. y 12. 14. 2 Rey. 7. 3. y 15. 5. 2 Cr. 26. 21. Luc. 17. 12. Apoc. 21. 27. y 22. 15.
[m] ver. 26, 31.
[n] Cap. 14. 44.
[o] Deu. 7. 25, 26. Is. 30. 22. Hech. 19. 19, 20.
[p] ver. 5, 26.
[q] Ez. 24. 13. 2 Ped. 2. 20, 22.
[r] ver. 52.

CAPITULO XIV.

De las ceremonías y sacrificios para la purificacion de la lepra.

Y HABLÓ Jehová á Moises diciendo:

2 Esta será la ley del leproso cuando se limpiare: Será traido al sacerdote [a]:

3 Y el sacerdote saldrá fuera del real; y mirará el sacerdote, y viendo que está sana la plaga de la lepra del leproso,

4 El sacerdote mandará luego que se tomen para el que se purifica dos avecillas vivas, limpias, y palo de cedro [b], y grana, é hisopo [c]:

5 Y mandará el sacerdote matar la una avecilla en un vaso de barro sobre aguas vivas [d].

6 Despues tomará el avecilla viva, y el palo de cedro, y la grana, y el hisopo, y lo mojará, con el avecilla viva, en la sangre de la avecilla muerta sobre las aguas vivas.

[a] Mat. 8. 2, 4. Mar. 1. 44. Luc. 5. 12, 14. y 17. 14.
[b] Num. 19. 6.
[c] Sal. 51. 7. Heb. 9. 19.
[d] ver. 50.

7 Y rociará [e] siete veces sobre el que se purifica de la lepra, y le dará por limpio: y soltará al avecilla viva sobre la haz del campo.

8 Y el que se purifica, lavará sus vestidos, y [f] raerá todos sus pelos, y se ha de lavar con agua, y [g] será limpio: y despues entrará en el real, y morará fuera de su tienda [h] siete dias.

9 Y será, que al séptimo dia [i] raerá todos sus pelos, su cabeza, y su barba, y las cejas de sus ojos; finalmente, raerá todo su pelo, y lavará sus vestidos, y lavará su carne en aguas, y será limpio.

10 Y el dia octavo tomará dos corderos sin defecto, y una cordera de un año sin tacha, y tres décimas de flor de harina para Presente, amasada con aceite, y un [k] log de aceite.

11 Y el sacerdote que *le* purifica, presentará con aquellas cosas al que se ha de limpiar delante de Jehová, á la puerta del tabernáculo del testimonio.

12 Y tomará el sacerdote el un cordero, y ofreceráło por *expiacion de* la culpa [l], con el log de aceite, y lo mecerá *todo* como ofrenda agitada delante de Jehová.

13 Y degollará el cordero en el lugar donde degüellan *la víctima por* el pecado y el holocausto, en el lugar del santuario: porque como *la víctima por* el pecado, *así tambien la víctima por* la culpa es del sacerdote: es cosa muy sagrada.

14 Y tomará el sacerdote de la sangre de la *víctima por la* culpa, y pondrá el sacerdote sobre la ternilla de la oreja derecha del que se purifica, y sobre el pulgar de su mano derecha, y sobre el pulgar de su pié derecho [m].

15 Asimismo tomará el sacerdote del log de aceite, y echará sobre la palma de su mano izquierda;

16 Y mojará su dedo derecho en el aceite que tiene en su mano izquierda, y esparcirá del aceite con su dedo siete veces delante de Jehová.

17 Y de lo que quedare del aceite que tiene en su mano, pondrá el sacerdote sobre la ternilla de la oreja derecha del que se purifica, y sobre el pulgar de su mano derecha, y sobre el pulgar de su pié derecho [n], sobre la sangre de la expiacion por la culpa.

18 Y lo que quedare del aceite que tiene en su mano, pondrá sobre la cabeza del que se purifica; y *así* hará el sacerdote expiacion [o] por él delante de Jehová.

19 Ofrecerá luego el sacerdote el *sacrificio por el* pecado, y hará expiacion por el que se ha de purificar de su inmundicia, y despues degollará el holocausto:

20 Y hará subir el sacerdote el holocausto y el Presente sobre el altar. Así hará el sacerdote expiacion por él, y será limpio.

21 ¶ Mas si fuere pobre, que no alcanzare su mano *á tanto*, entónces tomará un cordero para *ser ofrecido* como ofrenda agitada *por* la culpa, para reconciliarse, y una décima de flor de harina amasada con aceite para Presente, y un log de aceite;

22 Y dos tórtolas, ó dos palominos, lo que alcanzare su mano: y el uno será para expiacion por el pecado, y el otro para holocausto.

23 Las cuales cosas traerá al octavo dia de su purificacion al sacerdote, á la puerta del tabernáculo del testimonio delante de Jehová.

24 Y el sacerdote tomará el cordero de la expiacion por la culpa, y el log de

[e] Num. 19. 18, 19. Ez. 36. 25. Heb. 12. 24.
[f] Cap. 13. 6.
[g] Ef. 5. 26. Heb. 10. 22. 1 Ped. 3. 21.
[h] Num. 12. 15.
[i] Num. 8. 7.
[k] Cap. 2. 1.
[l] Cap. 5. 6.
[m] Ex. 29. 20. Cap. 8. 23.
[n] ver. 14.
[o] Cap. 4. 26. y 5. 6.

aceite, y mecerálo el sacerdote como ofrenda agitada delante de Jehová[p].

p ver. 12.

25 Luego degollará el cordero de *la expiacion por* la culpa, y tomará el sacerdote de la sangre de *la expiacion por* la culpa, y pondrá sobre la ternilla de la oreja derecha del que se purifica, y sobre el pulgar de su mano derecha, y sobre el pulgar de su pié derecho[q].

q ver. 14, 17.

26 Y el sacerdote echará del aceite sobre la palma de su mano izquierda;

27 Y con su dedo derecho rociará el sacerdote del aceite que tiene en su mano izquierda siete veces delante de Jehová.

28 Tambien pondrá el sacerdote del aceite que tiene en su mano sobre la ternilla de la oreja derecha del que se purifica, y sobre el pulgar de su mano derecha, y sobre el pulgar de *su* pié derecho, en el lugar de la sangre de la *expiacion por la* culpa.

29 Y lo que sobrare del aceite que el sacerdote tiene en su mano, pondrálo sobre la cabeza del que se purifica, para reconciliarlo delante de Jehová.

30 Asimismo ofrecerá la una de las tórtolas, ó de los palominos, lo que alcanzare su mano:

31 El uno de lo que alcanzare su mano *en* expiacion por el pecado, y el otro en holocausto, ademas del Presente: y hará el sacerdote expiacion por el que se ha de purificar delante de Jehová.

32 Esta *es* la ley del que hubiere tenido plaga de lepra, cuya mano no alcanzare *á todo lo prescripto* para purificarse.

33 ¶ Y habló Jehová á Moises y á Aaron, diciendo:

34 Cuando hubiereis entrado en la tierra de Canaan, la cual yo os doy en posesion, y pusiere[r] yo plaga de lepra en *alguna* casa de la tierra de vuestra posesion,

r Gen. 12. 7. y 13. 17. y 17. 8.

35 Vendrá aquel cuya fuere la casa, y dará aviso al sacerdote diciendo: Como plaga ha aparecido en mi casa.

36 Entónces mandará el sacerdote, y despejarán la casa antes que el sacerdote entre á mirar la plaga, porque no sea contaminado todo lo que estuviere en la casa: y despues el sacerdote entrará á reconocer la casa.

37 Y mirará la plaga: y si se vieren manchas en las paredes de la casa, cavernillas verdosas ó rojas, las cuales parecieren mas hundidas que la *superficie de la* pared,

38 El sacerdote saldrá de la casa á la puerta de ella, y cerrará la casa por siete dias[s].

s Cap. 13. 50.

39 Y al séptimo dia volverá el sacerdote, y mirará: y si la plaga hubiere crecido en las paredes de la casa,

40 Entónces mandará el sacerdote, y arrancarán las piedras en que estuviere la plaga, y las echarán fuera de la ciudad en lugar inmundo:

41 Y hará descostrar la casa por de dentro al rededor, y derramarán el polvo que descostraren fuera de la ciudad, en lugar inmundo.

42 Y tomarán otras piedras, y las pondrán en el lugar de las piedras *quitadas*; y tomarán otro barro, y encostrarán la casa.

43 Y si la plaga volviere á reverdecer en aquella casa, despues que hizo arrancar las piedras, y descostrar la casa, y despues que fué encostrada,

44 Entónces el sacerdote entrará, y mirará; y si pareciere haberse extendido la plaga en la casa, lepra roedora[t] está en la *tal* casa, inmunda es.

t Cap. 13. 51.

45 Derribarála por tanto la tal casa, sus piedras, y sus maderos, y toda la mezcla de la casa; y sacaráse *todo* fuera de la ciudad á lugar inmundo.

46 Y cualquiera que entrare en aquella casa en todos los dias que la mandó cerrar, será inmundo hasta la tarde.

47 Y el que durmiere en aquella casa, lavará sus vestidos: tambien el que comiere en la *tal* casa lavará sus vestidos.

48 Mas si entrare el sacerdote, y mirare, y viere que la plaga no se ha extendido en la casa despues que fué encostrada, el sacerdote dará la casa por limpia, porque la plaga ha sanado.

49 Entónces tomará para limpiar la casa dos avecillas, y palo de cedro, é hisopo[u].

u ver. 4.

50 Y degollará la una avecilla en una vasija de barro sobre aguas vivas:

51 Y tomará el palo de cedro, y el hisopo, y la grana, y el avecilla viva, y mojarálo *todo* en la sangre de la avecilla muerta, y en las aguas vivas, y rociará la casa siete veces.

52 Y purificará la casa con la sangre de la avecilla, y con las aguas vivas, y con el avecilla viva, y el palo de cedro, y el hisopo, y la grana.

53 Luego soltará la avecilla viva fuera de la ciudad sobre la haz del campo: así hará expiacion por la casa, y será limpia.

54 ¶ Esta *es* la ley[x] acerca de toda plaga de lepra, y de tiña,

x Deu. 24. 8.

55 Y de la lepra del vestido[y], y de la casa[z],

y Cap. 13. 47. z ver. 34.

56 Y acerca de la hinchazon[a], y de la postilla, y de la mancha blanca:

a Cap. 13. 2.

57 Para enseñar cuando *algo* es inmundo, y cuando limpio[b]. Aquesta *es* la ley tocante á la lepra.

b Ez. 44. 23.

CAPITULO XV.

Como debe hacerse la expiacion y purificacion de varias impurezas legales involuntarias.

Y HABLÓ Jehová á Moises y á Aaron, diciendo:

2 Hablad á los hijos de Israel, y decidles: Cualquier varon, cuando su simiente manare de su carne[a], será inmundo.

a Cap. 22. 4. Num. 5. 2. 2 Sam. 3. 29. Mat. 9. 20. Mar. 7. 20, 23.

3 Y esta será su inmundicia en su flujo: sea que su carne destiló por causa de su flujo, ó que su carne se obstruyó á causa de su flujo, él será inmundo.

4 Toda cama en que se acostare el que tuviere flujo, será inmunda; y toda cosa sobre que se sentare, inmunda será.

5 Y cualquiera que tocare á su cama, lavará sus vestidos[b]; lavaráse tambien á sí mismo con agua, y será inmundo hasta la tarde.

b Cap. 11. 25. y 17. 15.

6 Y el que se sentare sobre aquello en que se hubiere sentado el que tiene flujo, lavará sus vestidos, se lavará[c] tambien á sí mismo con agua, y será inmundo hasta la tarde.

c Is. 1. 16. Sant°. 4. 8.

7 Asimismo el que tocare la carne del que tiene flujo, lavará sus vestidos, y á sí mismo se lavará con agua, y será inmundo hasta la tarde.

8 Y si el que tiene flujo escupiere sobre el limpio, este lavará sus vestidos, y despues de haberse lavado con agua, será inmundo hasta la tarde.

9 Y todo aparejo sobre que cabalgare el que tuviere flujo, será inmundo.

10 Y cualquiera que tocare cualquiera cosa que haya estado debajo de él, será inmundo hasta la tarde; y el que la llevare, lavará sus vestidos, y despues de lavarse con agua, será inmundo hasta la tarde.

11 Y todo aquel á quien tocare el que tiene flujo, y no lavare con agua sus manos, lavará sus vestidos, y á sí mismo

se lavará con agua, y será inmundo hasta la tarde.

12 Y la vasija de barro en que tocare el que tiene flujo, será quebrada[d], y toda vasija de madera será lavada con agua.

Cap. 11. 33.

13 ¶ Y cuando se hubiere limpiado de su flujo el que tiene flujo, se ha de contar siete dias[e] desde su purificacion, y lavará sus vestidos, y lavará su carne en aguas vivas, y será limpio.

ver. 28. Cap. 14. 8. Num. 19. 11, 12.

14 Y el octavo dia tomará dos tórtolas, ó dos palominos[f], y vendrá delante de Jehová á la puerta del tabernáculo del testimonio, y los dará al sacerdote.

Cap. 14. 22, 31.

15 Y harálos el sacerdote, el uno ofrenda por el pecado, y el otro holocausto: y *así* le purificará el sacerdote de su flujo delante de Jehová.

16 Y el hombre, cuando de él saliere derramamiento de sémen[g], lavará en aguas toda su carne, y será inmundo hasta la tarde.

Deu. 23. 10.

17 Y toda vestimenta, ó toda piel sobre la cual hubiere del derramamiento del sémen, lavaráse con agua, y será inmunda hasta la tarde.

18 Y la mujer con quien el varon tuviere ayuntamiento de sémen, *ambos* se lavarán con agua, y serán inmundos hasta la tarde[h].

[h] Ex. 19. 15. 1 Sam. 21. 4.

19 ¶ Y cuando la mujer tuviere flujo[i] de sangre, *y* su flujo fuere en su carne, siete dias estará apartada; y cualquiera que tocare en ella, será inmundo hasta la tarde.

[i] Cap. 12. 2.

20 Y todo aquello sobre que ella se acostare mientras su separacion, será inmundo: tambien todo aquello sobre que se sentare, será inmundo.

21 Y cualquiera que tocare á su cama, lavará sus vestidos, y despues de lavarse con agua, será inmundo hasta la tarde.

22 Tambien cualquiera que tocare cualquier mueble sobre que ella se hubiere sentado, lavará sus vestidos; lavaráse luego á sí mismo con agua, y será inmundo hasta la tarde.

23 Y si *alguna cosa estuviere* sobre la cama, ó sobre la silla en que ella se hubiere sentado, el que tocare en ella, será inmundo hasta la tarde.

24 Y si alguno durmiere con ella, y su menstruo fuere sobre él[k], será inmundo por siete dias; y toda cama sobre que durmiere será inmunda.

Cap. 20. 18. Ez. 18. 6. y 22. 10.

25 Y la mujer, cuando siguiere el flujo de su sangre por muchos dias, fuera del tiempo de su costumbre[l], ó cuando tuviere flujo de sangre mas de su costumbre, todo el tiempo del flujo de su inmundicia será inmunda, como en los dias de su costumbre.

Mar. 5. 25. Luc. 8. 43.

26 Toda cama en que durmiere todo el tiempo de su flujo, le será como la cama *en los dias* de su costumbre: y todo mueble sobre que se sentare será inmundo, como *cuando en* la inmundicia de su costumbre.

27 Cualquiera que tocare en esas cosas será inmundo; y lavará sus vestidos, y á sí mismo se lavará con agua, y será inmundo hasta la tarde.

28 Y cuando fuere libre de su flujo[m], se ha de contar siete dias, y despues será limpia.

ver. 13, 15.

29 Y el octavo dia tomará consigo dos tórtolas, ó dos palominos, y les traerá al sacerdote á la puerta del tabernáculo del testimonio:

30 Y el sacerdote hará el uno ofrenda por el pecado, y el otro holocausto: y *así* la purificará el sacerdote delante de Jehová del flujo de su inmundicia.

31 ¶ Así apartaréis los hijos de Israel de sus inmundicias[n], á fin que no mueran por sus inmundicias, ensuciando mi tabernáculo que está entre ellos[o].

Ez. 44. 23.

[o] Cap. 21. 23. Num. 19. 20. Ez. 5. 11. y 23. 38. y 44. 5, 7. 1 Cor. 3. 17.

32 Esta es la ley del que tiene flujo *de sémen*, y del que sale derramamiento de sémen, viniendo á ser inmundo á causa de ella;

33 Y de la que padece su costumbre, y acerca del que tuviere flujo, sea varon ó hembra, y del hombre que durmiere con *mujer* inmunda.

CAPITULO XVI.

Sacrificios que debe ofrecer el sumo sacerdote en el dia solemnísimo de la expiacion ó perdon general de los pecados.

Y HABLÓ Jehová á Moises despues[a] que murieron los dos hijos de Aaron, cuando se llegaron delante de Jehová, y murieron.

[a] Cap. 10. 1, 2.

2 Y Jehová dijo á Moises: Dí á Aaron tu hermano, que no en todo tiempo entre en el santuario[b] del velo adentro delante de la cubierta, que *está* sobre el arca, para que no muera; porque yo apareceré en la nube sobre la cubierta[c].

[b] Ex. 30. 10. Heb. 9. 7, 8. y 10. 19.
[c] Ex. 25. 22. 1 Rey. 8. 10.

3 Con esto entrará Aaron en el santuario: con un becerro por expiacion[d], y un carnero en holocausto.

[d] Cap. 4. 3.

4 La túnica santa de lino se vestirá[e], y sobre su carne tendrá pañetes de lino, y ceñiráse el cinto de lino, y con la mitra de lino se cubrirá, *que* son las santas vestiduras: con ellas, despues de lavar su carne con agua[f], se ha de vestir.

[e] Ex. 28. 39, 42. Ez. 44. 17.
[f] Cap. 8. 6. Ex. 30. 20.

5 Y de la congregacion de los hijos de Israel tomará dos machos de cabrío para expiacion, y un carnero para holocausto.

6 Y hará allegar Aaron el becerro de la expiacion, que *era* suyo, y hará la reconciliacion por sí[g] y por su casa.

[g] Cap. 9. 7. Heb. 5. 2, 3. y 7. 27, 28. y 9. 7.

7 ¶ Despues tomará los dos machos de cabrío, y los presentará delante de Jehová á la puerta del tabernáculo del testimonio.

8 Y echará suertes Aaron sobre los dos machos de cabrío; la una suerte por Jehová, y la otra suerte por Azazel ‖.

‖ *macho cabrío enviado.*

9 Y hará allegar Aaron el macho cabrío sobre el cual cayere la suerte por Jehová, y ofreceralé *por* expiacion.

10 Mas el macho cabrío, sobre el cual cayere la suerte por Azazel, lo presentará vivo delante de Jehová, para hacer la reconciliacion sobre él[h], *y* enviarlo á Azazel al desierto.

[h] Is. 53. 5, 6. 2 Cor. 5. 21. Heb. 7. 27. y 9. 26.

11 ¶ Y hará llegar Aaron el becerro que *era* suyo *para* expiacion, y hará la reconciliacion por sí y por su casa, y degollará *por* expiacion el becerro que *era* suyo.

12 Despues tomará el incensario lleno de brasas de fuego del altar de delante de Jehová, y sus puños llenos del perfume aromático molido, y[i] meterálo del velo adentro:

[i] Ex. 30. 34, 38. Ap. 8. 3, 4.

13 Y pondrá el perfume sobre el fuego delante de Jehová, y la nube del perfume cubrirá la cubierta que está sobre el testimonio, y no morirá.

14 Tomará luego de la sangre del becerro, y rociará con su dedo hácia la cubierta al lado oriental[k]: hácia la cubierta esparcirá siete veces de aquella sangre con su dedo.

[k] Heb. 9. 13, 25.

15 Despues degollará *para* expiacion el macho cabrío, que era del pueblo, y meterá la sangre de él del velo adentro[l]: y hará de su sangre como hizo de la sangre del becerro, y esparcirá sobre la cubierta, y delante de la cubierta.

[l] ver. 2. Heb. 9. 3, 7, 12.

16 Y limpiará el santuario[m] de las inmundicias de los hijos de Israel, y de sus rebeliones, y de todos sus pecados: de la misma manera hará tambien al tabernáculo del testimonio, el cual reside entre ellos en medio de sus inmundicias.

[m] Ex. 45. 18. Heb. 9. 22, 23.

[n] Heb. 9. 7.

17 Y [n] ningun hombre estará en el tabernáculo del testimonió cuando él entrare á hacer la reconciliacion en el santuario, hasta que él salga, y haya hecho la reconciliacion por sí y por su casa, y por toda la congregacion de Israel.

[o] Ex. 30. 10.

18 Y saldrá al altar, que *está* delante de Jehová, y lo expiará [o]; y tomará de la sangre del becerro, y de la sangre del macho cabrío, y pondrá sobre los cuernos del altar al rededor.

19 Y esparcirá sobre él de la sangre con su dedo siete veces, y lo limpiará, y lo santificará de las inmundicias de los hijos de Israel.

20 ¶ Y cuando hubiere acabado de expiar el santuario, y el tabernáculo del testimonio, y el altar, hará llegar el macho cabrío vivo:

[p] Sal. 32. 5. Pro. 28. 13.
[q] Is. 53. 6.

21 Y pondrá Aaron ambas manos suyas sobre la cabeza del macho cabrío vivo, y [p] confesará sobre él todas las iniquidades de los hijos de Israel, y todas sus rebeliones, y todos sus pecados, poniendolos así sobre [q] la cabeza del macho cabrío, y lo enviará al desierto por mano de un hombre destinado *para esto*.

[r] Is. 53. 11, 12. Juan 1. 29. Heb. 9. 28. 1 Ped. 2.24.
[s] Sal. 103. 12.

22 Y aquel macho cabrío llevará sobre sí [r] todas las iniquidades de ellos á tierra inhabitada: y *allí* dejará ir al macho cabrío por el desierto [s].

23 ¶ Despues vendrá Aaron al tabernaculo del testimonio, y se desnudará las vestimentas de lino, que habia vestido para entrar en el santuario, y pondrálas allí.

24 Lavará luego su carne con agua en el lugar del santuario, y despues de ponerse sus vestidos, saldrá y hará su holocausto, y el holocausto del pueblo, y hará la reconciliacion por sí y por el pueblo.

[t] Cap. 4. 8, 10.

25 Y quemará el sebo [t] de la expiacion sobre el altar.

[u] ver. 28. Cap. 15. 5.

26 ¶ Y el que hubiere llevado el macho cabrío á Azazel, lavará sus vestidos, lavará tambien con agua su carne, y despues entrará en el real [u].

[x] Cap. 4. 12, 21. y 6. 30. Heb. 13. 11.

27 ¶ Y sacará fuera del real [x] el becerro de *la expiacion por* el pecado, y el macho cabrío de *la expiacion por* la culpa, la sangre de los cuales fué metida para hacer la expiacion en el santuario; y quemarán en el fuego sus pellejos, y sus carnes, y su estiercol.

[y] ver. 26.

28 Y el que los quemare, lavará sus vestidos, lavará tambien su carne con agua [y], y despues entrará en el real.

[z] Cap. 23. 27. Exd. 30. 10. Num. 29. 7.
[a] Is. 58. 3, 5. Dan. 10. 3, 12.

29 ¶ *Esto* tendréis por estatuto perpetuo: En el mes séptimo [z], á los diez del mes, afligiréis vuestras almas, y ninguna obra haréis [a], *ni* el natural, ni el estranjero que peregrina entre vosotros:

30 Porque en este dia *se* os reconciliará para limpiaros; y seréis limpios de todos vuestros pecados delante de Jehová.

[b] Cap. 23. 32.

31 Sábado de reposo *será* para vosotros, y [b] afligiréis vuestras almas, por estatuto perpetuo.

[c] cap. 4. 3, 5, 16.

32 Y hará la reconciliacion [c] el sacerdote que fuere ungido, y cuya mano hubiere sido llena para ser sacerdote en lugar de su padre; y se vestirá las vestimentas de lino, las vestiduras sagradas.

33 Y expiará el santuario santo, y el tabernáculo del testimonio: expiará tambien el altar, y los sacerdotes, y á todo el pueblo de la congregacion.

[d] Ex. 30. 10. Heb. 9. 7, 25.

34 Y esto tendréis por estatuto perpetuo, para expiar á los hijos de Israel de todos sus pecados una vez en el año [d]. Y Moises lo hizo como Jehová le mandó.

CAPITULO XVII.

Manda el Señor á los Hebréos que no ofrezcan sacrificios sino á él solo; y que no se ofrezcan estos fuera del tabernáculo. Les prohibe el comer jamas sangre de animales.

Y HABLÓ Jehová á Moises, diciendo:

2 Habla á Aaron, y á sus hijos, y á todos los hijos de Israel, y díles, Esto *es* lo que ha mandado Jehová diciendo:

[a] Deu. 12. 5, 6, 21.

3 Cualquier varon de la casa de Israel que degollare buey, ó cordero, ó cabra, en el real [a], ó fuera del real,

4 Y no le trajere á la puerta del tabernáculo del testimonio, para ofrecer ofrenda á Jehová delante del tabernáculo de Jehová, sangre será imputada al tal varon: sangre derramó; cortado será el tal varon de entre su pueblo:

[b] 2 Cr. 28. 4. Ez. 20. 28.

5 A fin de que traigan los hijos de Israel sus sacrificios, los que sacrifican sobre la haz del campo [b], para que los traigan á Jehová á la puerta del tabernáculo del testimonio al sacerdote, y sacrifiquen ellos sacrificios de paces á Jehová.

[c] Cap. 3. 2.
[d] Cap. 3. 5.

6 Y el sacerdote esparcirá [c] la sangre sobre el altar de Jehová á la puerta del tabernáculo del testimonio, y quemará el sebo en olor de suavidad á Jehová [d].

[e] 2 Cr. 11. 15. 1 Cor. 10. 20. Apoc. 9. 20.
[f] Cap. 20. 5.

7 Y nunca mas sacrificarán sus sacrificios á los demonios [e], tras los cuales han fornicado [f]: tendrán esto por estatuto perpetuo por sus edades.

8 Les dirás tambien: Cualquier varon de la casa de Israel, ó de los estranjeros que peregrinan entre vosotros, que ofreciere holocausto, ó sacrificio,

9 Y no lo trajere á la puerta del tabernáculo del testimonio, para hacerlo á Jehová, el tal varon será igualmente cortado de sus pueblos.

[g] Cap. 7. 26, 27. Gen. 9. 4. Deu. 12. 16, 23. Ez. 44. 7. Hech. 15. 20, 29.

10 ¶ Y cualquier varon de la casa de Israel, ó de los estranjeros que peregrinan entre ellos, que comiere alguna sangre [g], yo pondré mi rostro contra la persona que comiere sangre, y le cortaré de entre su pueblo.

[h] Mat. 26. 28. Rom. 5. 9. Ef. 1. 7. Heb. 13. 12. Apoc. 1. 5.
[i] Heb. 9. 22.

11 Porque la vida de la carne en la sangre *está*: y yo os la he dado para expiar [h] vuestras personas sobre el altar: por lo cual la misma sangre expiará la persona [i].

12 Por tanto he dicho á los hijos de Israel: Ninguna persona de vosotros comerá sangre, ni el estranjero que peregrina entre vosotros comerá sangre.

[k] Deu. 15. 23.

13 Y cualquier varon de los hijos de Israel, ó de los estranjeros que peregrinan entre ellos, que cogiere caza de animal ó ave que sea de comer, derramará su sangre [k], y cubrirála con tierra:

[l] ver. 11.

14 Porque el alma de toda carne, su vida [l], *está* en su sangre: por tanto he dicho á los hijos de Israel, No comeréis la sangre de ninguna carne; porque la vida de toda carne *es* su sangre: cualquiera que la comiere, será cortado.

[m] Cap. 22. 8. Ex. 20. 14. Pro. 6. 29. Mat. 5. 27.

15 ¶ Y cualquiera persona que comiere *cosa* mortecina, ó despedazada [m] *por fiera*, así de los naturales como de los estranjeros, lavará sus vestidos, y á sí mismo se lavará con agua, y será inmundo hasta la tarde; y *así* se limpiará.

16 Y si no *los* lavare, ni lavare su carne, llevará su iniquidad.

CAPITULO XVIII.

Grados de parentesco dentro de los cuales se prohibe el matrimonio. Sobre huir el adulterio, y otros vicios comunes entre los Gentiles.

Y HABLÓ Jehová á Moises, diciendo:

[a] Ex. 6. 7.

2 Habla á los hijos de Israel, y díles: Yo *soy* Jehová vuestro Dios [a].

3 No haréis como hacen en la tierra de Egipto[b], en la cual morasteis; ni haréis como hacen en la tierra de Canaan, á la cual yo os conduzco, ni andaréis en sus estatutos.

4 Mis derechos pondréis por obra, y mis estatutos guardaréis andando en ellos[c]: Yo *soy* Jehová vuestro Dios.

5 Por tanto mis estatutos y mis derechos guardaréis, los cuales haciendo el hombre, vivirá en ellos[d]: Yo Jehová.

6 ¶ Ningun varon se allegue á ninguna cercana de su carne, para descubrir *su* desnudez: Yo Jehová.

7 La desnudez de tu padre[e], ó la desnudez de tu madre, no descubrirás: tu madre es, no descubrirás su desnudez.

8 La desnudez de la mujer de tu padre no descubrirás[f]; es la desnudez de tu padre.

9 La desnudez de tu hermana[g], hija de tu padre, ó hija de tu madre, nacida en casa ó nacida fuera, su desnudez no descubrirás.

10 La desnudez de la hija de tu hijo, ó de la hija de tu hija, su desnudez no descubrirás, porque es la desnudez tuya.

11 La desnudez de la hija de la mujer de tu padre, engendrada de tu padre, tu hermana es, su desnudez no descubrirás.

12 La desnudez de la hermana de tu padre no descubrirás: es parienta de tu padre.

13 La desnudez de la hermana de tu madre no descubrirás, porque parienta de tu madre es.

14 La desnudez del hermano de tu padre no descubrirás[h]: no llegarás á su mujer: es mujer del hermano de tu padre.

15 La desnudez de tu nuera no descubrirás[i]: mujer es de tu hijo, no descubrirás su desnudez.

16 La desnudez de la mujer de tu hermano no descubrirás[k]; es la desnudez de tu hermano.

17 La desnudez de la mujer y de su hija no descubrirás[l]: no tomarás la hija de su hijo, ni la hija de su hija, para descubrir su desnudez: son parientas, es maldad.

18 No tomarás mujer juntamente con su hermana, para hacerla su rival descubriendo su desnudez delante de ella en su vida.

19 ¶ Y no llegarás[m] á la mujer en el apartamiento de su inmundicia, para descubrir su desnudez.

20 Ademas, no tendrás acto carnal con la mujer de tu prójimo[n], contaminandote *así* en ella.

21 Y no des de tu simiente para hacerla pasar *por el fuego* á Moloch[o]; ni contamines el nombre de tu Dios. Yo Jehová.

22 No te echarás con macho como con mujer[p]: es abominacion.

23 Ni con ningun animal tendrás ayuntamiento amancillándote con él[q]: ni mujer alguna se pondrá delante de animal para ayuntarse con él: es confusion.

24 ¶ En ninguna de estas cosas os amancillaréis: porque en todas estas cosas se han ensuciado las gentes que yo echo de delante de vosotros.

25 Y la tierra fué contaminada; y yo visité su maldad sobre ella[r], y la tierra vomitó sus moradores.

26 Guardad pues vosotros mis estatutos, y mis derechos, y no hagais *ninguna* de todas estas abominaciones, *ni* el natural ni el estranjero que peregrina entre vosotros:

b Sal. 106. 35. Ez. 20. 7, 8. Ef. 5. 11.
c Deu. 4. 1, 2. Ez. 36. 27.
d Ez. 20. 11, 13. Luc. 10. 28. Rom. 10. 5. Gal. 3. 12.
e Cap. 10. 11, etc. Ez. 22. 10.
f Cap. 20. 11. Deu. 22. 30. y 27. 20. 1 Cor. 5. 1.
g Cap. 20. 17. 2 Sam. 13. 11, 12. Ez. 22. 11.
h Cap. 20. 20.
i Cap. 20. 12. Gen. 38. 18.
k Cap. 20. 21. Deu. 25. 5. Mat. 14. 4. y 22. 24.
l Cap. 20. 14.
m Cap. 20. 18. Ez. 18. 6. y 22. 10.
n Cap. 20. 10. Ex. 20. 14. Pro. 6. 29. Mat. 5. 27.
o Cap. 20. 2. Deu. 18. 10. 2 Rey. 16. 3. Jer. 7. 31. y 32. 35.
p Cap. 20. 13. Rom. 1. 27. 1 Cor. 6. 9. 1 Tim. 1. 10.
q Cap. 20. 15.
r Deu. 18. 12.

27 (Porque todas estas abominaciones hicieron los hombres de la tierra, que *fueron* antes de vosotros, y la tierra fué contaminada:)

28 Y la tierra no os vomitará[s], por haberla contaminado, como vomitó á la gente que fué antes de vosotros.

29 Porque cualquiera que hiciere alguna de todas estas abominaciones, las personas que *tal* hicieren, serán cortadas de entre su pueblo.

30 Guardad pues mi ordenanza, no haciendo *algo* de las prácticas abominables que tuvieron lugar antes de vosotros[t], y no os ensucieis en ellas: Yo Jehová vuestro Dios.

CAPITULO XIX.

Se inculcan varias leyes y preceptos morales y ceremoniales, y se añaden otros nuevos.

Y HABLÓ Jehová á Moises, diciendo:

2 Habla á toda la congregacion de los hijos de Israel, y díles: Santos seréis, porque Santo *soy* yo Jehová vuestro Dios[a].

3 [b] Cada uno temerá á su madre, y á su padre, y mis sábados guardaréis[c]: Yo Jehová vuestro Dios.

4 No os volveréis á los ídolos[d], ni haréis para vosotros dioses de fundicion: Yo Jehová vuestro Dios.

5 ¶ Y cuando sacrificareis sacrificio de paces á Jehová, de vuestra voluntad lo sacrificaréis[e].

6 Será comido el dia que lo sacrificareis, y el siguiente dia: y lo que quedare para el tercer dia, será quemado en el fuego.

7 Y si se comiere el dia tercero, será abominacion; no será acepto.

8 Y el que lo comiere, llevará su delito, por cuanto profanó lo santo de Jehová; y la tal persona será cortada de sus pueblos.

9 ¶ Cuando segareis la mies de vuestra tierra[f], no acabarás de segar el rincon de tu haza, ni espigarás tu *tierra* segada.

10 Y no rebuscarás tu viña, ni recogerás los granos *caidos* de tu viña; para el pobre y para el estranjero los dejarás: Yo Jehová vuestro Dios.

11 ¶ No hurtaréis[g], y no engañaréis[h], ni mentiréis ninguno á su prójimo.

12 Y no juraréis en mi nombre con mentira[i], ni profanarás el nombre de tu Dios: Yo Jehová.

13 No oprimirás á tu prójimo, ni *le* robarás. No se detendrá el trabajo del jornalero en tu casa hasta la mañana[k].

14 No maldigas al sordo, y delante del ciego no pongas tropiezo[l], mas tendrás temor de tu Dios: Yo Jehová.

15 No harás agravio en el juicio[m]: no tendrás respecto al pobre, ni honrarás la cara del grande: con justicia juzgarás á tu prójimo.

16 No andarás chismeando en tus pueblos[n]. No te pondrás contra la sangre de tu prójimo[o]: Yo Jehová.

17 No aborrecerás[p] á tu hermano en tu corazon: ingenuamente reprenderás á tu prójimo[q], y no consentirás sobre él pecado[r].

18 No te vengarás[s], ni guardarás *rencor* á los hijos de tu pueblo; mas amarás á tu prójimo como á tí mismo[t]: Yo Jehová.

19 ¶ Mis estatutos guardaréis. A tu animal no harás ayuntar para misturas[u]; tu haza no sembrarás con mistura *de semillas*, y no te pondrás vestido con mezcla de diversas cosas.

20 Y cuando un hombre tuviere cópula con mujer, y ella fuere sierva desposada

s Cap. 20. 22. ver. 25.
t Deu. 18. 9.
a Cap. 11. 44. y 20. 7. 1 Ped. 1. 16.
b Ex. 20. 12.
c Ex. 20. 8. y 31. 13. Is. 58. 13.
d Ex. 20. 4.
e Cap. 7. 16, 17.
f Cap. 23. 22. Deu. 24. 19, 21. Rut. 2. 15, 17.
g Ex. 20. 15.
h Ef. 4. 25. Col. 3. 9.
i Ex. 20. 7. Deu. 5. 11.
k Deu. 24. 15. Mal. 3. 5. Sant. 5. 4.
l Deu. 27. 18.
m Deu. 1. 17. y 16. 19. Pro. 24. 23.
n Sal. 15. 3. y 50. 20. Pro. 11. 13. y 20. 19.
o Ex. 23. 7.
p 1 Juan. 2. 9, 11. y 3. 15.
q Mat. 18. 15. Luc. 17. 3. Ef. 5. 11.
r 1 Cor. 5. 2.
s Rom. 12. 17, 19.
t Mat. 22. 39, 40.
u Deu. 22. 9, 11.

con alguno, y no estuviere rescatada, ni le hubiere sido dada libertad, *ambos* serán azotados: no morirán, por cuanto ella no es libre.

21 Y *él* traerá á Jehová, á la puerta del tabernáculo del testimonio, un carnero en expiacion [x] por su culpa.

22 Y con el carnero de la expiacion lo reconciliará el sacerdote delante de Jehová, por su pecado que cometió: y se le perdonará su pecado que ha cometido.

23 ¶ Y cuando hubiereis éntrado en la tierra, y plantareis todo árbol de comer, quitaréis su prepucio, *lo primero* de su fruto: tres años os será incircunciso: su fruto no se comerá.

24 Y al cuarto año todo su fruto será santidad de loores á Jehová.

25 Mas al quinto año comeréis el fruto de él, para que os haga crecer su *mismo* fruto: Yo Jehová vuestro Dios.

26 ¶ No comeréis *cosa alguna* con sangre [y]. No seréis agoreros, ni adivinaréis [z].

27 No cortaréis en redondo las extremidades *del pelo* de vuestras cabezas [a], ni dañarás la punta de tu barba.

28 Y no haréis rasguños en vuestra carne por un muerto, ni imprimiréis en vosotros señal alguna. Yo Jehová.

29 No contaminarás tu hija haciendola fornicar; porque no se prostituya la tierra, y se hincha de maldad.

30 Mis sábados guardaréis, y mi santuario [b] tendréis en reverencia: Yo Jehová.

31 No os volvais á los encantadores y á los adivinos; no los consulteis [c] ensuciandoos en ellos: Yo Jehová vuestro Dios.

32 ¶ Delante de las canas te levantarás, y honrarás el rostro del anciano, y de tu Dios tendrás temor [d]: Yo Jehová.

33 Y cuando el estranjero morare contigo en vuestra tierra, no lo oprimiréis [e].

34 Como á un natural de vosotros tendreis al estranjero que peregrinare entre vosotros, y ámalo como á tí mismo; porque peregrinos fuisteis en la tierra de Egipto: Yo Jehová vuestro Dios.

35 ¶ No hagais agravio en juicio, en medida *de tierra*, ni en peso, ni en *otra* medida.

36 Balanzas justas, pesas justas, epha justo, é hin justo tendréis: Yo Jehová vuestro Dios, que os saqué de la tierra de Egipto.

37 Guardad pues todos mis estatutos, y todos mis derechos, y ponedlos por obra: Yo Jehová.

CAPITULO XX.

Penas de muerte contra los que ofrecen sus hijos al ídolo Molóch. Contra los magos, contra los que maltratan á sus padres, y contra los reos de otras maldades comunes entre los Cananéos.

Y HABLÓ Jehová á Moises, diciendo:

2 Dirás asimismo á los hijos de Israel: Cualquier varon de los hijos de Israel, ó de los estranjeros que peregrinan en Israel, que diere de su simiente á Molóch, de seguro morirá: el pueblo de la tierra lo apedreará con piedras [a]:

3 Y yo pondré mi rostro contra el tal varon, y lo cortaré de entre su pueblo [b]; por cuanto dió de su simiente á Molóch contaminando mi santuario, y amancillando mi santo nombre.

4 Que si escondiere el pueblo de la tierra sus ojos de aquel varon, que hubiere dado de su simiente á Molóch, para no matarle,

5 Entónces yo pondré mi rostro contra

[x] Cap. 6. 6.
[y] Deu. 12. 23.
[z] Deu. 18. 10, 14.
[a] Cap. 21. 5.
[b] Cap. 26. 2.
[c] Is. 8. 19.
[d] Job 32. 4, 6.
[e] Ex. 22. 21.
[a] Cap. 18. 21.
[b] Cap. 17. 10. Ez. 14. 8.

aquel varon, y contra su familia [c], y le cortaré de entre su pueblo, con todos los que fornicaren en pos de él [d] prostituyendose con Molóch.

6 Y la persona que atendiere á encantadores [e], ó adivinos, para prostituirse tras ellos, yo pondré mi rostro contra la tal persona, y cortaréla de entre su pueblo.

7 Santificaos pues, y sed santos, porque Yo Jehová *soy* vuestro Dios [f].

8 Y guardad mis estatutos, y ponedlos por obra: Yo Jehová que os santifico [g].

9 ¶ Porque cualquier varon que maldijere á su padre [h] ó á su madre, de cierto morirá: ¿á su padre ó á su madre maldijo? su sangre *será* sobre él.

10 Y el hombre que adulterare con la mujer de otro, el que cometiere adulterio con la mujer de su prójimo, indefectiblemente se hará morir al adúltero y á la adúltera [i].

11 Y cualquiera que se echare con la mujer de su padre [k], la desnudez de su padre descubrió: ambos han de ser muertos; *sea* su sangre sobre ellos.

12 Y cualquiera que durmiere con su nuera [l], ambos han de morir: hicieron confusion; su sangre *sea* sobre ellos.

13 Y cualquiera que tuviere ayuntamiento con varon como con mujer [m], abominacion hicieron: entrambos han de ser muertos, sobre ellos *sea* su sangre.

14 Y el que tomare *alguna por* mujer y á la madre de ella, comete vileza [n]: quemarán en fuego á él y á ellas, porque no haya vileza entre vosotros.

15 Y cualquiera que tuviere cópula con bestia [o], ha de ser muerto, y mataréis á la bestia.

16 Y la mujer que se allegare á algun animal, para tener ayuntamiento con él, á la mujer y al animal matarás: morirán infaliblemente, *será* su sangre sobre ellos.

17 Y cualquiera que tomare á su hermana [p], hija de su padre, ó hija de su madre, y viere su desnudez, y ella viere la suya, cosa es execrable; por tanto serán muertos á ojos de los hijos de su pueblo; ¿descubrió la desnudez de su hermana? su pecado llevará.

18 Y cualquiera que durmiere con mujer menstruosa [q], y descubriere su desnudez, su fuente descubrió, y ella descubrió la fuente de su sangre: ambos serán cortados de entre su pueblo.

19 La desnudez de la hermana de tu madre, ó de la hermana de tu padre, no descubrirás [r]: por cuanto descubrió su parienta, su iniquidad llevarán.

20 Y cualquiera que durmiere con la mujer del hermano de su padre, la desnudez del hermano de su padre descubrió: su pecado llevarán [s]; morirán sin hijos.

21 Y el que tomare la mujer de su hermano, *eso* es suciedad [t]; la desnudez de su hermano descubrió, sin hijos serán.

22 ¶ Guardad pues todos mis estatutos, y todos mis derechos, y ponedlos por obra; y [u] no os vomitará la tierra, en la cual yo os introduzco para que habiteis en ella [x].

23 Y no andeis en las prácticas de la gente que yo echaré de delante de vosotros: porque ellos hicieron todas estas cosas, y los tuve en abominacion [y].

24 Empero á vosotros os he dicho [z]: Vosotros poseeréis la tierra de ellos, y yo os la daré para que la poseais por heredad, tierra que fluye leche y miel: Yo Jehová vuestro Dios, que os he apartado de los pueblos [a].

25 Por tanto vosotros haréis diferencia

[c] Ex. 20. 5.
[d] Cap. 17. 7.
[e] Cap. 19. 31.
[f] Cap. 19. 2.
[g] Cap. 21. 8. Ex. 31. 13. Ez. 37. 28.
[h] Exd. 21. 17. Pr. 20. 20. Mat. 15. 4.
[i] Deu. 22. 22. Juan 8. 5.
[k] Deu. 27. 20.
[l] Cap. 18. 15.
[m] Cap. 18. 22.
[n] Cap. 18. 17.
[o] Cap. 18. 23. Deu. 27. 21.
[p] Deu. 27. 22.
[q] Cap. 18. 19. Ez. 18. 16.
[r] Cap. 18. 12, 13.
[s] Jer. 22. 30.
[t] Cap. 18. 16.
[u] Cap. 19. 37.
[x] Cap. 18. 25, 28.
[y] Deu. 9. 5.
[z] Ex. 3. 17. y 6. 8.
[a] Ex. 19. 5. y 33. 16. 1 Rey. 8. 53.

entre animal limpio é inmundo [b], y en-
tre ave inmunda y limpia: y no ensu-
cieis vuestras personas en los animales,
ni en las aves, ni en ninguna cosa que
vá arrastrando por la tierra, las cuales
os he apartado por inmundas.
26 Habeis pues de serme santos, porque
yo Jehová *soy* Santo [c], y os he apartado
de los pueblos, para que seais mios.
27 ¶ Y el hombre ó la mujer, en quie-
nes hubiere espíritu pithónico, ó [d] de
adivinacion, han de ser muertos: les
apedrearán con piedras; su sangre *será*
sobre ellos.

[b] Cap. 11. 47. Deu. XIV.
[c] ver. 7. Cap. 19. 2. 1 Ped. 1. 16.
[d] ver. 6. 1 Sam. 28. 9.

CAPITULO XXI.

Varias leyes sobre los sacerdotes.

Y JEHOVA dijo á Moises: Habla á
los sacerdotes hijos de Aaron, y
díles *que* no se contaminen por un mu-
erto en sus pueblos [a].
2 Mas por su pariente cercano á sí
mismo, como por su madre, ó por su
padre, ó por su hijo, ó por su hija, ó
por su hermano,
3 O por su hermana vírgen, á él cer-
cana, la cual no haya tenido marido,
por ella se contaminará.
4 No se contaminará *por* el ‖ príncipe
en sus pueblos, haciendose inmundo.
5 No harán calva en su cabeza, ni rae-
rán la punta de su barba, ni en su carne
harán rasguños [b].
6 Santos serán á su Dios, y no profa-
narán el nombre de su Dios [c]; porque
los fuegos de Jehová *y* el pan de su Dios
ofrecen: por tanto serán santos [d].
7 Mujer ramera ó infame no tomarán;
ni tomarán mujer repudiada de su ma-
rido [e]: porque *es* santo á su Dios.
8 Lo santificarás por tanto, pues el pan
de tu Dios ofrece: santo será para tí,
porque santo *soy* yo Jehová vuestro san-
tificador [f].
9 Y la hija del varon sacerdote, si co-
menzare á fornicar, á su padre aman-
cilla: quemada será al fuego [g].
10 ¶ Y el sumo sacerdote entre sus
hermanos, sobre cuya cabeza fué derra-
mado el aceite de la uncion, y *que* hin-
chió su mano para vestir las vestimen-
tas, no descubrirá su cabeza, ni rom-
perá sus vestidos [h];
11 Ni entrará *donde haya* alguna per-
sona muerta, ni por su padre ó por su
madre se contaminará:
12 Ni saldrá del santuario, ni conta-
minará el santuario de su Dios; porque
la corona del aceite de la uncion de su
Dios está sobre él [i]. Yo Jehová.
13 Y tomará él mujer con su virgini-
dad [k].
14 Viuda, ó repudiada, ó infame, ó
ramera, estas no tomará: mas tomará
vírgen de sus pueblos por mujer.
15 Y no amancillará su simiente en
sus pueblos [l]: porque yo Jehová *soy* el
que lo santifico.
16 ¶ Y Jehová habló á Moises dici-
endo:
17 Habla á Aaron, y díle: El varon
de tu simiente en sus generaciones, en
el cual hubiere falta [m], no se allegará
para ofrecer el pan de su Dios.
18 Porque ningun varon, en el cual
hubiere falta, se allegará: varon ciego,
ó cojo, ó falto, ó sobrado;
19 O varon en el cual hubiere quebra-
dura de pie, ó rotura de mano,
20 O corcovado, ó lagañoso, ó que tu-
viere nube en el ojo, ó *que tenga* sarna,
ó empeine, ó compañon relajado.
21 Ningun varon de la simiente de
Aaron sacerdote, en el cual hubiere
falta, se allegará para ofrecer las ofren-
das encendidas de Jehová. ¿ *Hay* falta
en él? no se allegará á ofrecer el pan
de su Dios.
22 El pan de su Dios [n], de lo muy santo,
y *de* las cosas santificadas comerá.
23 Empero no entrará del velo adentro,
ni se allegará al altar, por cuanto hay
falta en él: y no profanará mi santuario,
porque yo Jehová *soy* el que los santifico.
24 Y Moises habló *esto* á Aaron, y á
sus hijos, y á todos los hijos de Israel.

[a] Ez. 44. 25.
‖ ó siendo marido.
[b] Cap. 19. 27, 28. Deu. 14. 1. Ez. 44. 20.
[c] Cap. 19. 12.
[d] Is. 52. 11.
[e] Ez. 44. 22.
[f] Cap. 20. 7, 8.
[g] Gen. 38. 24.
[h] Cap. 10. 6, 7.
[i] Cap. 8. 9, 12. Ex. 28. 6, 7.
[k] Ez. 44. 22.
[l] Esd. 2. 62. Neh. 13. 28, 29.
[m] Heb. 7. 26.
[n] Cap. 2. 3, 10. y 6. 17, 29.

CAPITULO XXII.

Diferentes leyes sobre las ofrendas y sacrificios, y defectos de que debian carecer las víctimas.

Y HABLÓ Jehová á Moises, di-
ciendo:
2 Dí á Aaron, y á sus hijos, que se
abstengan de las santificaciones de los
hijos de Israel, y que no profanen mi
santo nombre en lo que [a] ellos me san-
tifican: Yo Jehová.
3 Díles, Todo varon de toda vuestra
simiente en vuestras generaciones, que
llegare á las cosas sagradas, que los hijos
de Israel consagran á Jehová, teniendo
inmundicia sobre sí [b], de delante de mí
será cortada su alma: Yo Jehová.
4 Cualquier varon de la simiente de
Aaron que fuere leproso, ó padeciere
gonorréa, no comerá de las cosas sagra-
das hasta que esté limpio [c]: y el que to-
care cualquiera cosa inmunda de mor-
tecino [d], ó el varon del cual hubiere
salido derramamiento de sémen [e];
5 O el varon que hubiere tocado cual-
quier réptil, por el cual será inmundo [f],
ú hombre, por el cual venga á ser in-
mundo, conforme á cualquiera inmun-
dicia suya;
6 La persona que lo tocare, será in-
munda hasta la tarde, y no comerá de
las cosas sagradas antes que haya lavado
su carne con agua [g].
7 Y cuando el sol se pusiere, será
limpio, y despues comerá de las cosas
sagradas, porque su pan es [h].
8 Mortecino, ni despedazado *por fiera*,
no comerá, para contaminarse [i] en ello:
Yo Jehová.
9 Guarden pues mi ordenanza, y no
lleven pecado por ello, no sea que así
mueran cuando la profanaren: Yo Je-
hová, que los santifico.
10 ¶ Ningun estraño comerá cosa sa-
grada: el huesped del sacerdote, ni el
jornalero, no comerá cosa sagrada.
11 Mas el sacerdote, cuando comprare
persona de su dinero, esta comerá de
ella, y el nacido en su casa: estos co-
merán de su pan.
12 Empero la hija del sacerdote, cu-
ando se casare con varon estraño, ella
no comerá de la ofrenda de las cosas sa-
gradas.
13 Pero si la hija del sacerdote fuere
viuda, ó repudiada, y no tuviere prole,
y se hubiere vuelto á la casa de su pa-
dre, como en su mocedad, comerá del
pan de su padre; mas ningun estraño
coma de él.
14 ¶ Y el que por yerro comiere cosa
sagrada [k], añadirá á ella su quinto, y
darálo al sacerdote con la cosa sagrada.
15 No profanarán [l] pues las cosas santas
de los hijos de Israel, las cuales apartan
para Jehová.
16 Y *no* les harán llevar la iniquidad
del [m] pecado comiendo las cosas santas
de ellos: porque yo Jehová *soy* el que
los santifico.
17 ¶ Y habló Jehová á Moises, di-
ciendo:
18 Habla á Aaron, y á sus hijos, y á
todos los hijos de Israel, y díles. Cual-

[a] Ex. 28. 38. Num. 18. 32.
[b] Cap. 7. 20.
[c] Cap. 15. 13.
[d] Num. 19. 11, 12.
[e] Cap. 15. 16.
[f] Cap. 11. 24, 43.
[g] Cap. 15. 5. Heb. 10. 22.
[h] Cap. 21. 22. Num. 18. 11, 13.
[i] Cap. 17. 15. Ex. 22. 31. Ez. 44. 31.
[k] Cap. 5. 15, 16.
[l] Num. 18. 32.
[m] ver. 9.

quier varon de la casa de Israel, ó [n] de los estranjeros en Israel, que ofreciere su ofrenda por todos sus votos, y por todas sus voluntarias oblaciones, que ofrecieren á Jehová en holocausto,

19 De vuestra voluntad *ofreceréis* macho sin defecto de entre las vacas, de entre los corderos, ó de entre las cabras.

20 Ninguna cosa en que haya falta [o] ofreceréis, porque no será *esto* acepto por vosotros.

21 Asimismo, cuando alguno ofreciere [p] sacrificio de paces á Jehová, para presentar *su* voto, ú ofreciendo voluntariamente, *sea* de vacas ó de ovejas, sin tacha será acepto; no ha de haber en él falta.

22 Ciego, ó perniquebrado, ó mutilado, ó verrugoso, ó sarnoso, ó roñoso, no ofreceréis estos á Jehová, ni de ellos [q] pondréis ofrenda encendida sobre el altar de Jehová.

23 Buey ó carnero que tenga de mas ó de menos, podrás ofrecer por ofrenda voluntaria; mas por voto no será acepto.

24 Herido, ó magullado, rompido ó cortado, no ofreceréis á Jehová, ni en vuestra tierra lo haréis.

25 Y de mano de hijo de estranjero no ofreceréis el pan de vuestro Dios de todas estas cosas; porque su corrupcion *está* en ellas: hay en ellas falta, no se os aceptarán.

26 ¶ Y habló Jehová á Moises diciendo:

27 El buey, ó el cordero, ó la cabra, cuando naciere, siete dias estará mamando de su madre; mas [r] desde el octavo dia en adelante será acepto para ofrenda de sacrificio encendido á Jehová.

28 Y *sea* buey ó carnero, no degollaréis en un dia á él y á su hijo [s].

29 Y cuando sacrificareis sacrificio [t] de hacimiento de gracias á Jehová, de vuestra voluntad lo sacrificaréis.

30 En el mismo dia se comerá; no dejaréis de él para otro dia: Yo Jehová.

31 ¶ Guardad pues mis mandamientos, y ejecutadlos [u]: Yo Jehová.

32 Y no amancilleis mi santo nombre, y yo me santificaré en medio de los hijos de Israel: Yo Jehová que os santifico [x],

33 Que os saqué de la tierra de Egipto, para ser vuestro Dios [y]: Yo Jehová.

CAPITULO XXIII.

Ceremonias para la solemnidad del Sábado, y demas fiestas principales.

Y HABLÓ Jehová á Moises, diciendo:

2 Habla á los hijos de Israel, y díles: Las solemnidades de Jehová, las cuales proclamaréis *como* santas convocaciones, aquestas serán mis solemnidades.

3 Seis dias se trabajará, y el séptimo dia sábado de reposo *será* [a], convocacion santa: ninguna obra haréis; sábado es de Jehová en todas vuestras habitaciones.

4 ¶ Estas *son* las solemnidades de Jehová, las convocaciones santas, á las cuales convocaréis en sus tiempos:

5 En el mes primero, á los catorce del mes, entre las dos tardes, Pascua *es* de Jehová [b].

6 Y á los quince dias de este mes *es* la solemnidad de los ázimos á Jehová: siete dias comeréis ázimos.

7 El primer dia tendréis santa convocacion: ninguna obra servil haréis.

8 Y ofreceréis á Jehová siete dias ofrenda encendida: el séptimo dia *será* santa convocacion: ninguna obra servil haréis.

[n] Num. 15. 14.
[o] Deu. 15. 21. Mal. 1. 8, 14. Ef. 5. 27. 1 Ped. 1. 19.
[p] Cap. 3. 1, 6.
[q] Deu. 17. 1.
[r] Ex. 22. 30. y 23. 19.
[s] Deu. 22. 6.
[t] Cap. 7. 12, 15. Sal. 107. 22.
[u] Cap. 19. 37. Deu. 4. 40.
[x] Cap. 20. 8.
[y] Cap. 11. 45.
[a] Cap. 19. 3. Ex. 20. 8, 9. y 23. 12. y 31. 12. Deu. 5. 12, 14.
[b] Ex. 12. 6, etc. y 13. 3, 10. y 34. 18. Num. 9. 2, 3. Deu. 16. 1, 8. Jos. 5. 10. 2 Rey. 23. 21. 2 Cr. 35. 17, 18. 1 Cor. 5. 7, 8.

9 ¶ Y habló Jehová á Moises, diciendo:

10 Habla á los hijos de Israel, y díles: Cuando hubiereis entrado en la tierra que yo os doy, y segareis su mies, traeréis al sacerdote un omer por primicia de los primeros frutos de vuestra siega [c]:

11 El cual mecerá el omer delante de Jehová, para que seais aceptos: el siguiente dia del sábado [d] lo mecerá el sacerdote.

12 Y el dia que ofreciereis el omer, ofreceréis un cordero de un año, sin defecto, en holocausto á Jehová.

13 Y su presente *será* dos décimas de flor de harina, amasada con aceite, por ofrenda encendida á Jehová en olor suavísimo; y su libacion de vino, la cuarta *parte* de un hin.

14 Y no comeréis pan, ni *grano* tostado, ni espiga fresca, hasta este mismo dia, hasta que hayais ofrecido la ofrenda de vuestro Dios: estatuto perpetuo *será* por vuestras edades en todas vuestras habitaciones.

15 ¶ Y os habeis de contar desde el siguiente *dia* del sábado, desde el dia en que ofrecisteis el omer de la *ofrenda* mecida; siete semanas cumplidas serán [e].

16 Hasta el siguiente *dia* del sábado séptimo contaréis cincuenta dias [f]: entónces ofreceréis nuevo Presente á Jehová.

17 De vuestras habitaciones traeréis dos panes para ofrenda mecida, que serán de dos décimas de flor de harina, cocidos con levadura, por primicias á Jehová.

18 Y ofreceréis con el pan siete corderos de un año sin defecto, y un becerro de la vacada, y dos carneros: serán holocausto á Jehová, con su Presente y sus libaciones; *serán* ofrenda encendida de suave olor á Jehová.

19 Ofreceréis ademas un macho de cabrío por expiacion, y [g] dos corderos de un año en sacrificio de paces [h].

20 Y el sacerdote los mecerá en ofrenda agitada delante de Jehová, con el pan de las primicias, y los dos corderos: serán cosa sagrada de Jehová para el sacerdote [i].

21 Y convocaréis en este mismo dia, *que* os será *de* santa convocacion: ninguna obra servil haréis: estatuto perpetuo *será* en todas vuestras habitaciones por vuestras edades.

22 ¶ Y cuando segareis la mies de vuestra tierra, no acabarás de segar el rincon de tu haza, ni espigarás tu siega [k]: para el pobre [l], y para el estranjero la dejarás: Yo Jehová vuestro Dios.

23 ¶ Y habló Jehová á Moises, diciendo:

24 Habla á los hijos de Israel, y díles: En el mes séptimo [m], al primero del mes tendréis sábado, una conmemoracion *celebrada* al son de trompetas [n], y una santa convocacion.

25 Ninguna obra servil haréis; y ofreceréis ofrenda encendida á Jehová.

26 ¶ Y habló Jehová á Moises, diciendo:

27 Empero á los diez de este mes séptimo será el dia de las expiaciones [o]: tendréis santa convocacion, y afligiréis vuestras almas [p], y ofreceréis ofrenda encendida á Jehová.

28 Ninguna obra haréis en este mismo dia; porque es dia de expiaciones [q], para reconciliaros delante de Jehová vuestro Dios.

29 Porque toda persona que no se afligiere en este mismo dia, será cortada de sus pueblos [r].

[c] Exd. 23. 16, 19. y 34. 22, 26. 1 Cor. 15. 20, 23.
[d] Mat. 28. 1
[e] Deu. 16. 9
[f] Hech. 2. 1
[g] Cap. 4. 23
[h] Cap. 3. 1.
[i] Num. 18. 1[illegible] Deu. 18. 4 1 Cor. 9. 1[illegible] 14.
[k] Cap. 19. [illegible] Deu. 24. 1[illegible]
[l] Rut. 2. 1[illegible] etc. Sal. 41. 1, [illegible] y 112. 9. Pro. 11. [illegible] 25. Is. 58. 7, [illegible] 10. Luc. 11. [illegible] 2 Cor. 9. [illegible] 12.
[m] Num. [illegible]
[n] Sal. 81. [illegible] y 98. 6.
[o] Cap. 16. [illegible] 30. Num. [illegible]
[p] Esd. 8. [illegible] Dan. 1[illegible]
[q] Joel 2. 1[illegible] 14. Zac. 12. [illegible] 14.
[r] Gen. 17. 1[illegible]

30 Y cualquiera persona que hiciere obra alguna en este mismo dia, yo destruiré la tal persona de entre su pueblo.

31 Ninguna obra haréis: estatuto perpetuo *será* por vuestras edades en todas vuestras habitaciones.

32 Sábado de reposo será á vosotros, y afligiréis vuestras almas, *comenzando* á los nueve del mes en la tarde: de tarde á tarde holgaréis vuestro sábado.

33 ¶ Y habló Jehová á Moises, diciendo:

34 Habla á los hijos de Israel, y diles: A los quince de este mes séptimo será la solemnidad de las Cabañas[s] á Jehová por siete dias.

35 El primer dia *habrá* santa convocacion: ninguna obra servil haréis.

36 Siete dias ofreceréis ofrenda encendida á Jehová[t]: el octavo dia tendréis santa convocacion, y ofreceréis ofrenda encendida á Jehová: es fiesta; ninguna obra servil haréis.

x. 23. 16. / 4. 22. / a. 16. 13. / d. 3. 4. / h. 8. 14. / e. 14. 16, / an. 7. 2. / m. 29. 35. / Cr. 7. 9. / h. 8. 18. / n 7. 37.

37 Estas son las solemnidades de Jehová, á las que convocaréis santas reuniones, para ofrecer ofrenda encendida á Jehová, holocausto y presente, sacrificio y libaciones, cada cosa en su tiempo:

38 Ademas de los sábados de Jehová, y ademas de vuestros dones, y á mas de todos vuestros votos, y ademas de todas vuestras ofrendas voluntarias, que daréis á Jehová[u].

Num. 29. 39.

39 Empero á los quince del mes séptimo, cuando hubiereis allegado el fruto de la tierra[x], haréis fiesta á Jehová por siete dias: el primer dia *será* sábado; sábado *será* tambien el octavo dia.

x. 23. 16.

40 Y tomaréis el primer dia gajos con fruto de *algun* árbol hermoso, ramos de palmas, y ramas de árboles espesos, y sauces de los arroyos, y[y] os regocijaréis delante de Jehová vuestro Dios por siete dias[z].

Neh. 8. 15. / p. 7. 9, 16. / e. 16. 14, 1.

41 Y le haréis *esta* fiesta á Jehová por siete dias[a] cada un año; y *será* estatuto perpetuo por vuestras edades: en el mes séptimo la haréis.

Num. 29. 12.

42 En cabañas habitaréis siete dias: todo natural de Israel habitará en cabañas;

43 Para que sepan vuestros descendientes[b] que en cabañas hice yo habitar á los hijos de Israel, cuando los saqué de la tierra de Egipto: Yo Jehová vuestro Dios.

Sal. 78. 5, 6.

44 Así habló Moises á los hijos de Israel sobre las solemnidades de Jehová.

CAPITULO XXIV.

Del aceite para las lámparas, y de la calidad de los panes de la proposicion; de la pena del blasfemo, y de la del talion.

Y HABLÓ Jehová á Moises, diciendo:

2 Manda á los hijos de Israel[a] que te traigan aceite de olivas claro, *de molido*, para la luminaria, para hacer arder las lámparas de continuo.

Ex. 27. 20, 21.

3 Fuera del velo del Testimonio, en el tabernáculo del testimonio, las aderezará Aaron desde la tarde hasta la mañana delante de Jehová, de continuo: estatuto perpetuo *será* por vuestras edades.

4 Sobre el candelero limpio pondrá siempre en orden las lámparas[b] delante de Jehová.

Ex. 31. 8. / 37. 17, 24.

5 ¶ Y tomarás flor de harina, y cocerás de ella doce tortas[c]: cada torta será de dos décimas.

Ex. 4. 2, 11. / Ap. 1. 20. / Ex. 25. 30.

6 Y has de ponerlas en dos órdenes, seis en *cada* órden, sobre la mesa limpia[d] delante de Jehová.

1 Rey. 7. 48. / Heb. 9. 2.

7 Pondrás tambien sobre *cada* órden incienso limpio, y será para el pan por perfume, ofrenda encendida á Jehová.

8 Cada dia de sábado[e] lo pondrá de continuo en órden delante de Jehová, *tomado* de los hijos de Israel por pacto sempiterno.

[e] 1 Cr. 9. 32.

9 Y será de Aaron y de sus hijos, los cuales[f] lo comerán en el lugar santo; porque es cosa muy santa para él de las ofrendas encendidas á Jehová por fuero perpetuo.

[f] 1 Sam. 21. 6. Mat. 12. 4.

10 ¶ En aquella sazon el hijo de una mujer Israelita, el cual era hijo de un Egipcio, salió entre los hijos de Israel; y el hijo de la Israelita y un hombre de Israel riñeron en el real:

11 Y el hijo de la mujer Israelita pronunció el nombre *de Jehová*, y maldijo. Entónces le llevaron á Moises[g]: (y su madre se llamaba Selomith, hija de Dibri, de la tribu de Dan:)

[g] Ex. 18. 26.

12 Y pusiéronlo en la cárcel[h], hasta que les fuese declarado *el juicio* por palabra de Jehová[i].

[h] Num. 15. 34.
[i] Num. 27. 5.

13 Y Jehová habló á Moises, diciendo:

14 Saca al blasfemo fuera del real, y todos los que le oyeron pongan sus manos sobre[k] la cabeza de él, y apedréelo toda la congregacion.

[k] Deu. 13. 9. y 17. 7.

15 Y á los hijos de Israel hablarás, diciendo: Cualquiera que maldijere á su Dios, llevará su iniquidad.

16 Y el que blasfemare el nombre de Jehová, ha de *ser* muerto[l]; toda la congregacion lo apedreará: así el extranjero como el natural, si blasfemare el Nombre, que muera.

[l] 1 Rey. 21. 10, 13. Mat. 12. 31.

17 Asimismo el hombre que hiriere *de muerte* á cualquiera persona, que sufra la muerte[m].

[m] Ex. 21. 12. Num. 35. 31. Deu. 19. 11, 12.

18 Y el que hiriere á algun animal, ha de restituirlo; animal por animal.

19 Y el que causare lesion en su prójimo, segun hizo, así le sea hecho;

20 Rotura por rotura, ojo por ojo, diente por diente[n]: segun la lesion que habrá hecho á otro, tal se hará á él.

[n] Ex. 21. 24. Mat. 5. 38.

21 El que hiriere *algun* animal, ha de restituirlo: mas el que hiriere de muerte á un hombre, que muera.

22 Un mismo derecho tendréis: como el extranjero, así será el natural: porque Yo Jehová vuestro Dios.

23 Y habló Moises á los hijos de Israel, y ellos sacaron al blasfemo fuera del real, y apedreáronlo con piedras. Y los hijos de Israel hicieron segun que Jehová habia mandado á Moises.

CAPITULO XXV.

Leyes sobre el año sabático ó séptimo: y del año quincuagésimo, ó del jubileo.

Y JEHOVA habló á Moises en el monte de Sinai, diciendo:

2 Habla á los hijos de Israel, y diles: Cuando hubiereis entrado en la tierra que yo os doy, la tierra hará sábado á Jehová.

3 Seis[a] años sembrarás tu tierra, y seis años podarás tu viña, y cogerás sus frutos;

[a] Ex. 23. 10. 2 Cr. 36. 21.

4 Y el séptimo año la tierra tendrá sábado de holganza, sábado á Jehová: no sembrarás tu tierra, ni podarás tu viña.

5 Lo que de suyo se naciere en tu *tierra* segada, no lo segarás[b], y las uvas de tu viñedo no vendimiarás: año de holganza será á la tierra.

[b] 2 Rey. 19. 29.

6 Mas el sábado de la tierra os será para comer, á tí, y á tu siervo, y á tu sierva, y á tu criado, y á tu extranjero que morare contigo:

7 Y á tu animal, y á la bestia que hubiere en tu tierra, será todo el fruto de ella para comer.

8 ¶ Y te has de contar siete semanas de años, siete veces siete años; de modo que los dias de las siete semanas de años vendrán á serte cuarenta y nueve años.

9 Entónces harás pasar la trompeta de jubilacion en el mes séptimo, á los diez del mes, el dia de la expiacion [c] haréis pasar la trompeta por toda vuestra tierra.

10 Y santificaréis el año cincuenta, y [d] pregonaréis libertad en la tierra á todos sus moradores: este os será jubiléo; y volveréis cada uno á su posesion, y cada cual volverá á su familia [e].

11 El año de los cincuenta años os será jubiléo: no sembraréis, ni segaréis lo que naciere de suyo en la tierra, ni vendimiaréis sus viñedos.

12 Porque es jubiléo; santo será á vosotros: el producto de la tierra comeréis.

13 En este año de jubiléo volveréis cada uno á su posesion [f].

14 Y cuando vendiereis algo á vuestro prójimo, ó comprareis de mano de vuestro prójimo, no engañe ninguno á su hermano [g].

15 Conforme al número de los años despues del jubiléo comprarás de tu prójimo; conforme al número de los años de los frutos te venderá él á tí.

16 Conforme á la multitud de los años aumentarás el precio, y conforme á la diminucion de los años disminuirás el precio; porque *segun* el número de los rendimientos te ha de vender él.

17 Y no engañe ninguno á su prójimo; mas tendrás temor de tu Dios, porque yo *soy* Jehová vuestro Dios.

18 ¶ Ejecutad pues mis estatutos, y guardad mis derechos, y ponedlos por obra, y habitaréis en la tierra seguros;

19 Y la tierra dará su fruto, y comeréis hasta hartura, y habitaréis en ella con seguridad.

20 Y si dijereis, Qué comerémos el séptimo año? hé aquí no hemos de sembrar, ni hemos de coger nuestros frutos:

21 Entónces yo os enviaré mi bendicion [h] el año sexto, y hará fruto por tres años.

22 Y sembraréis el año octavo, y comeréis del fruto añejo hasta el año noveno [i]; hasta que venga su fruto comeréis del añejo.

23 ¶ Y la tierra no se venderá rematadamente, porque la tierra mia es; que vosotros peregrinos y extranjeros *sois* para conmigo [k].

24 Por tanto en toda la tierra de vuestra posesion, otorgaréis redencion á la tierra.

25 Cuando tu hermano empobreciere, y vendiere *algo* de su posesion, vendrá el rescatador [l], su *pariente mas* cercano, y rescatará lo que su hermano hubiere vendido.

26 Y cuando el hombre no tuviere rescatador, si alcanzare *despues* su mano, y hallare lo que basta para su rescate,

27 Entónces contará los años [m] de su venta, y pagará lo que quedare al varon á quien vendió, y volverá á su posesion.

28 Mas si no alcanzare su mano lo que basta para que vuelva á él, lo que vendió estará en poder del que lo compró hasta el año del jubiléo; y al jubiléo saldrá, y él volverá á su posesion [n].

29 ¶ Y el varon que vendiere casa de morada en ciudad cercada, tendrá facultad de redimirla hasta acabarse el año de su venta: un año será el *término de* poderse redimir.

30 Y si no fuere redimida dentro de un año entero, la casa que estuviere en ciudad murada quedará para siempre por de aquel que la compró, *y* para sus descendientes: no saldrá *de su poder* en el jubiléo.

31 Mas las casas de las aldéas, que no tienen muro al rededor, serán estimadas como una haza de tierra: tendrán redencion, y saldrán en el jubiléo.

32 Pero en cuanto á las ciudades de los Levitas [o], siempre podrán redimir los Levitas las casas de las ciudades que poseyeren.

33 Y el que comprare de los Levitas, saldrá de la casa vendida, ó de la ciudad de su posesion, en el jubiléo; por cuanto la casa de las ciudades de los Levitas es la posesion de ellos entre los hijos de Israel.

34 Mas la tierra del ejido de sus ciudades no se venderá, porque es perpetua posesion de ellos.

35 ¶ Y cuando tu hermano empobreciere, y se acogiere á tí, tú lo ampararás [p]: como peregrino y extranjero vivirá contigo.

36 No tomarás usura [q] de él, ni aumento; mas tendrás temor de tu Dios, y tu hermano vivirá contigo [r].

37 No le darás tu dinero á usura, ni tu vitualla á ganancia:

38 Yo Jehová vuestro Dios, que os saqué de la tierra de Egipto para daros la tierra de Canaan, para ser vuestro Dios [s].

39 ¶ Y cuando tu hermano empobreciere, *estando* contigo, y se vendiere á tí, no le harás servir como siervo.

40 Como criado, como extranjero estará contigo: hasta el año del jubiléo te servirá [t].

41 Entónces saldrá de contigo, él y sus hijos consigo, y volverá á su familia, y á la posesion de sus padres se restituirá:

42 Porque son mis siervos [u], los cuales saqué yo de la tierra de Egipto: no serán vendidos á manera de siervos.

43 No te enseñorearás de él con dureza [x], mas tendrás temor de tu Dios [y].

44 Así tu siervo como tu sierva, que tuvieres, *serán* de las gentes que estan en vuestro al rededor: de ellos compraréis siervos y siervas.

45 Tambien compraréis de los hijos de los forasteros que viven entre vosotros, y de los que del linage de ellos son nacidos en vuestra tierra, que *estan* con vosotros; los cuales tendréis por posesion.

46 Y los poseeréis por juro de heredad para vuestros hijos despues de vosotros, *como* posesion [z] hereditaria; para siempre os serviréis de ellos: empero en vuestros hermanos, los hijos de Israel, no os enseñorearéis cada uno sobre su hermano con dureza [a].

47 ¶ Y si el peregrino ó extranjero, que está contigo, adquiriese medios, y tu hermano que está con él empobreciese, y se vendiere al peregrino ó extranjero que está contigo, ó á la raza de la familia del extranjero,

48 Despues que se hubiere vendido, podrá ser rescatado: uno de sus hermanos lo rescatará;

49 O su tio, ó el hijo de su tio lo rescatará, ó el cercano de su carne, de su linage, lo rescatará; ó si sus medios alcanzaren, él mismo se redimirá.

50 Y contará con el que le compró desde el año que se vendió á él hasta el año del jubiléo: y ha de apreciarse el dinero de su venta conforme al número de los años, y se hará con él conforme al tiempo de un criado [b] *salariado*.

51 Si aun fueren muchos años, conforme á ellos volverá para su rescate del dinero por el cual se vendió.

[c] Cap. 23. 24, 27.
[d] Is. 61. 1, 2 y 63. 4. Jer. 34. 15, 17. Luc. 4. 16, 21.
[e] Num. 36. 4.
[f] Cap. 27. 17, 24.
[g] Cap. 19. 13. 1 Cor. 6. 8.
[h] Deu. 28. 8.
[i] 2 Rey. 19. 29.
[k] Sal. 39. 12.
[l] Ru. 2. 20. Jer. 32. 7, 8.
[m] ver. 50, 52.
[n] ver. 13.
[o] Num. 35. 2. Jos. 21. 1, etc.
[p] Deu. 15. 7, 8. 1 Juan 3. 17.
[q] Ex. 22. 25. Deu. 23. 19. Sal. 15. 5.
[r] Neh. 5. 9, 15.
[s] Cap. 22. 32, 33.
[t] Ex. 21. 2, 3. Deu. 15. 12.
[u] ver. 55.
[x] ver. 46.
[y] Mal. 3. 5.
[z] Is. 14. 2.
[a] ver. 43.
[b] Job 7. 1. Is. 16. 14.

52 Y si quedare poco tiempo hasta el año del jubiléo, entónces contará con él, y devolverá *por* su rescate conforme á sus años *servidos*.

53 Como *con* tomado á salario anualmente hará con él: no se enseñoreará en él con aspereza delante de tus ojos.

54 Mas si no se redimiere en esos *años*, en el año del jubiléo saldrá él, y sus hijos con él *mismo*.

55 Porque mis siervos son los hijos de Israel; son siervos mios[a], á los cuales saqué de la tierra de Egipto: Yo Jehová vuestro Dios.

CAPITULO XXVI.

Promesas hechas á los que observaren los mandamientos: amenazas á los transgresores.

NO haréis para vosotros ídolos[a], ni escultura, ni os levantaréis estatua, ni pondréis en vuestra tierra piedra pintada para inclinaros á ella: porque yo Jehová *soy* vuestro Dios.

2 Guardad mis sábados[b], y tened en reverencia mi santuario: Yo Jehová.

3 ¶ Si anduviereis en mis decretos, y guardareis mis mandamientos, y los pusiereis por obra[c],

4 Yo daré vuestra lluvia en su tiempo, y[d] la tierra rendirá sus producciones, y[e] el árbol del campo dará su fruto.

5 Y la trilla os alcanzará á la vendimia, y la vendimia[f] alcanzará á la sementera, y comeréis vuestro pan en hartura, y habitaréis seguros en vuestra tierra.

6 Y yo daré paz[g] en la tierra; y dormiréis, y no habrá quien os espante: y haré quitar[h] las malas bestias de vuestra tierra, y no pasará por vuestro pais la espada.

7 Y perseguiréis á vuestros enemigos, y caerán á cuchillo delante de vosotros.

8 Y cinco de vosotros perseguirán á ciento, y[i] ciento de vosotros perseguirán á diez mil, y vuestros enemigos caerán á cuchillo delante de vosotros.

9 Porque yo me volveré á vosotros, y os haré crecer, y os multiplicaré[k], y afirmaré mi pacto con vosotros.

10 Y comeréis lo añejo de mucho tiempo, y sacaréis fuera lo añejo á causa de lo nuevo.

11 Y pondré[l] mi morada en medio de vosotros, y mi alma no os abominará[m].

12 Y andaré entre vosotros[n], y yo seré vuestro Dios, y vosotros seréis mi pueblo.

13 Yo Jehová vuestro Dios[o], que os saqué de la tierra de Egipto, para que no fueseis sus siervos; y rompí las coyundas de vuestro yugo[p], y os he hecho andar el rostro alto.

14 ¶ Empero si no me oyereis[q], ni hiciereis todos estos mis mandamientos,

15 Y si abominareis mis decretos, y vuestra alma menospreciare mis derechos, no ejecutando todos mis mandamientos, é invalidando mi pacto,

16 Yo tambien haré con vosotros esto: Enviaré sobre vosotros terror, extenuacion y calentura, que consuman los ojos, y atormenten el alma: y sembraréis en balde vuestra simiente[r], porque vuestros enemigos la comerán.

17 Y pondré mi ira sobre vosotros, y seréis heridos delante de vuestros enemigos; y los que os aborrecen se enseñorearán de vosotros, y huiréis sin que haya quien os persiga[s].

18 Y si aun con estas cosas no me oyereis, yo tornaré á castigaros siete veces mas por vuestros pecados.

19 Y quebrantaré la soberbia de vuestra fortaleza, y tornaré vuestro cielo como hierro, y vuestra tierra como metal:

20 Y vuestra fuerza se consumirá en vano[t]; que vuestra tierra no dará su esquilmo, y los árboles de la tierra no darán su fruto.

21 Y si anduviereis conmigo en oposicion, y no me quisiereis oir, yo añadiré sobre vosotros siete veces mas plagas segun vuestros pecados.

22 Enviaré tambien contra vosotros bestias fieras[u] que os arrebaten los hijos, y destruyan vuestros animales, y os apoquen, y vuestros caminos sean desiertos[x].

23 Y si con estas cosas no me fuereis corregidos, sino que anduviereis conmigo en oposicion,

24 Yo tambien procederé con vosotros en oposicion, y[y] os heriré aun siete veces por vuestros pecados.

25 Y traeré sobre vosotros espada vengadora, en vindicacion del pacto *mio*: y os recogeréis á vuestras ciudades; mas yo enviaré pestilencia[z] entre vosotros, y seréis entregados en mano del enemigo.

26 Cuando yo os quebrantaré el arrimo del pan[a], cocerán diez mujeres vuestro pan en un horno, y *os* devolverán vuestro pan por peso; y comeréis, y no os hartaréis[b].

27 Y si con esto no me oyereis, mas *todavía* procediereis conmigo en oposicion,

28 Yo procederé con vosotros en contra y con ira, y os castigaré aun siete veces por vuestros pecados.

29 Y comeréis las carnes de vuestros hijos, y comeréis las carnes de vuestras hijas[c].

30 Y destruiré vuestros altos[d], y talaré vuestras imágines, y pondré vuestros cuerpos muertos sobre los cuerpos muertos de vuestros ídolos, y mi alma os abominará.

31 Y pondré vuestras ciudades en desierto, y asolaré vuestros santuarios[e], y no oleré la fragancia de vuestro suave perfume.

32 Yo asolaré tambien la tierra, y se pasmarán de ella vuestros enemigos que en ella moran.

33 Y á vosotros os esparciré por las gentes[f], y desenvainaré espada en pos de vosotros: y vuestra tierra estará asolada, y yermas vuestras ciudades.

34 Entónces la tierra holgará sus sábados todos los dias que estuviere asolada, y vosotros en la tierra de vuestros enemigos: la tierra descansará entónces, y gozará sus sábados[g].

35 Todo el tiempo que estará asolada, holgará lo que no holgó en vuestros sábados mientras habitabais en ella.

36 Y á los que quedaren de vosotros infundiré en sus corazones *tal* cobardía, en la tierra de sus enemigos, que el sonido de una hoja movida los perseguirá, y huirán como de cuchillo[h], y caerán sin que nadie los persiga.

37 Y tropezarán los unos en los otros, como *si huyeran* delante de cuchillo, aunque nadie los persiga; y no podréis resistir delante de vuestros enemigos[i].

38 Y pereceréis entre las gentes, y la tierra de vuestros enemigos os consumirá.

39 ¶ Y los que quedaren de vosotros[k] decaerán en las tierras de vuestros enemigos por su iniquidad; y por la iniquidad de sus padres decaerán con ellos:

40 Y confesarán[l] su iniquidad, y la iniquidad de sus padres, por su prevaricacion con que prevaricaron contra mí: y tambien porque anduvieron conmigo en oposicion,

ver. 42.
Ex. 20. 4.
Deu. 5. 8.
16. 22.
27. 15.
Cap. 19. 30.
Deu. 11. 13,
28. 1, 14.
Is. 30. 23.
Ez. 34. 26.
Sal. 67. 6.
Amos 9. 13.
Sal. 147. 14.
1 Rey. 17.
Ez. 35. 9.
Ex. 5. 17.
34. 25.
Deu. 32. 30.
Neh. 9. 23.
Sal. 107. 38.
Sal. 78. 2.
Ez. 37. 26,
Cap. 21. 3.
Deu. 32. 19.
Sal. 78. 59.
2 Cor. 6. 16.
Cap. 25. 38,
Jer. 2. 20.
Deu. 28. 15,
Jer. 5. 17.
Mic. 6. 15.
Pro. 28. 1.

[t] Sal. 127. 1.
[u] Deu. 32. 24. Ez. 5. 17.
[x] Juec. 5. 6. Lam. 1. 4.
[y] Sal. 18. 26. Is. 63. 10.
[z] Jer. 24. 10.
[a] Sal. 105. 16. Is. 3. 1. Ez. 4. 16. y 14. 13.
[b] Hag. 1. 6.
[c] 2 Rey. 6 29. Jer. 19. 9. Lam. 2. 20. y 4. 10. Ez. 5. 10.
[d] Ez. 6. 3, 13.
[e] 2 Cr. 36. 19. Sal. 74. 7.
[f] Deu. 4. 27. y 28. 64. Sal. 44. 11.
[g] 2 Cr. 36. 21.
[h] Job 15. 21.
[i] Juec. 2. 14.
[k] Lam. 4. 9. Ez. 4. 17.
[l] Neh. 9. 2, etc. Pro. 28. 13. Jer. 3. 25. Luc. 15. 18. 1 Juan 1. 9.

41 Yo tambien habré andado con ellos en contra, y los habré metido en la tierra de sus enemigos: y entónces se humillará su corazon incircunciso [m], y reconocerán su pecado [n].

42 Y yo me acordaré [o] de mi pacto *con* Jacob, y asimismo de mi pacto *con* Isaac, y tambien de mi pacto *con* Abraham me acordaré; y haré memoria de la tierra.

43 ¶ Que la tierra estará desamparada de ellos, y holgará sus sábados [p] estando yerma á causa de ellos. Mas entretanto se someterán al castigo de sus iniquidades, por cuanto menospreciaron mis derechos, y tuvo el alma de ellos fastidio de mis estatutos [q].

44 Y aun con todo esto, estando ellos en tierra de sus enemigos, yo no los deseché, ni los [r] abominé para consumirlos, invalidando mi pacto con ellos: porque yo Jehová *soy* su Dios:

45 Antes me acordaré de ellos *por el* pacto antiguo [s], cuando los saqué de la tierra de Egipto á ojos de las gentes, para ser su Dios: Yo Jehová.

46 Estos *son* los decretos, derechos, y leyes que estableció Jehová entre sí y los hijos de Israel en el monte de Sinai por mano de Moises.

CAPITULO XXVII.

Leyes sobre los votos y diezmos.

Y HABLÓ Jehová á Moises, diciendo:

2 Habla á los hijos de Israel, y díles [a]: Cuando alguno hiciere especial voto á Jehová, segun la estimacion de las personas *que se hayan de eximir*,

3 Así será tu estimacion [b]: en cuanto al varon de veinte años hasta sesenta, tu estimacion será cincuenta siclos de plata, segun el siclo del santuario [c].

4 Y si fuere hembra, la estimacion será treinta siclos.

5 Y si fuere de cinco años hasta veinte, tu estimacion será, respecto al varon veinte siclos, y la hembra diez siclos.

6 Y si fuere de un mes hasta cinco años, tu estimacion será, en órden al varon, cinco siclos de plata; y por la hembra será tu estimacion tres siclos de plata.

7 Mas si fuere de sesenta años arriba, por el varon tu estimacion será quince siclos, y por la hembra diez siclos.

8 Pero si fuere mas pobre que tu estimacion, entónces comparecerá ante el sacerdote, y el sacerdote le pondrá tasa: conforme á la facultad [d] del votante le impondrá tasa el sacerdote.

9 ¶ Y si *fuere* animal de que se ofrece ofrenda á Jehová, todo lo que se diere de él á Jehová será santo.

10 No será mudado ni trocado bueno por malo, ni malo por bueno: y si se permutare un animal por otro, él y el dado por él en cambio serán sagrados.

11 Y si *fuere* algun animal inmundo, de que no se ofrece ofrenda á Jehová, entónces el animal será puesto delante del sacerdote:

12 Y el sacerdote lo apreciará, sea bueno ó sea malo; conforme á la estimacion del sacerdote así será.

13 Y si lo hubieren de redimir [e], añadirán su quinto sobre tu valuacion.

14 ¶ Y cuando alguno santificare su casa consagrandola á Jehová, la apreciará el sacerdote, sea buena ó sea mala: segun la apreciare el sacerdote, así quedará.

[m] Jer. 9. 26. Hech. 7. 51. Rom. 2. 29.
[n] Sal. 39. 9. y 51. 3, 4. Dan. 9. 7.
[o] Sal. 106. 45. Ez. 16. 60.
[p] ver. 34, 35.
[q] 2 Cr. 36. 16.
[r] Sal. 94. 14. Luc. 3. 21. Rom. 11. 2.
[s] Luc. 1. 72, 73. Rom. 11. 28.
[a] 1 Sam. 1. 11, 28. Eccles. 5. 4, 5.
[b] Num. 18. 16.
[c] Ex. 30. 13.
[d] Cap. 5. 7.
[e] ver. 15, 19.

15 Mas si el santificante redimiere su casa, añadirá á tu valuacion el quinto del dinero de ella, y será suya.

16 ¶ Y si alguno santificare de la tierra de su posesion á Jehová, tu estimacion será conforme á *lo preciso para* su sembradura: un homer de sembradura de cebada se apreciará en cincuenta siclos de plata.

17 Y si santificare su tierra desde el año del jubiléo, conforme á tu estimacion quedará.

18 Mas si despues del jubiléo [f] santificare su tierra, entónces el sacerdote hará la cuenta del dinero conforme á los años que quedaren hasta el año del jubiléo, y se rebajará de tu estimacion.

19 Y si el que santificó la tierra quisiere redimirla [g], añadirá á tu estimacion el quinto del dinero de ella, y quedaráse para él.

20 Mas si él no redimiere la tierra, y la tierra se vendiere á otro, no la redimirá mas:

21 Sino que cuando saliere el jubiléo, la tierra [h] será santa á Jehová, como tierra consagrada; *y* la posesion [i] de ella será del sacerdote [k].

22 ¶ Y si santificare *alguno* á Jehová la tierra que él compró, que no era de la tierra de su herencia,

23 Entónces el sacerdote calculará con él la suma de tu estimacion hasta el año del jubiléo [l], y aquel dia dará tu señalado precio, *como* cosa consagrada á Jehová.

24 En el año del jubiléo volverá la tierra á aquel de quien él la compró, cuya *era* la herencia de la tierra [m].

25 Y todo lo que apreciares será conforme al siclo del santuario: el siclo tiene veinte óbolos [n].

26 Empero el primogénito de los animales, que por la primogenitura es de Jehová, nadie lo santificará [o]: sea buey, ú oveja, de Jehová es.

27 Mas si *fuere* de los animales inmundos, lo redimirán conforme á tu estimacion, y añadirán sobre ella su quinto [p]: y si no lo redimieren, se venderá conforme á tu estimacion.

28 ¶ Pero ninguna cosa consagrada, que alguno hubiere santificado á Jehová de todo lo que tuviere, de hombres, y animales, y de las tierras de su posesion, no se venderá, ni se redimirá. Todo lo consagrado será cosa santísima á Jehová.

29 Cualquier anatema de hombres que se consagrare, no será redimido: indefectiblemente ha de ser muerto [q].

30 ¶ Y todas las décimas [r] de la tierra, *así* de la simiente de la tierra *como* del fruto de los árboles, de Jehová son: *es* cosa consagrada á Jehová.

31 Y si alguno quisiere redimir *algo* de sus décimas, añadirá su quinto á ello [s].

32 Y toda décima de vacas, ó de ovejas, de todo lo que pasa *en cuenta* bajo la vara [t], la décima será consagrada á Jehová.

33 No mirará si es bueno ó malo, ni lo trocará: y si lo trocare [u], ello y su trueque serán cosa sagrada; no se redimirá.

34 Estos *son* los mandamientos que ordenó Jehová á Moises [x], para los hijos de Israel [y], en el monte de Sinai.

[f] Cap. 25. 1[illegible] 16.
[g] ver. 13.
[h] Cap. 25. 1[illegible] 28.
[i] ver. 28.
[k] Num. 18. 1[illegible] Ez. 44. 2[illegible]
[l] ver. 18.
[m] Cap. 25. 2[illegible]
[n] Ex. 30. 1[illegible] Num. 3. 4[illegible] Ez. 45. 12.
[o] Ex. 13. 2, 12. y 22. 30. y 34. 19. Num. 3. 1[illegible] y 8. 17. Deu. 15. 1[illegible]
[p] ver. 11, 1[illegible]
[q] Num. 21. 2, 3. 1 Sam. 15. 18, 23.
[r] Gen. 28. 2[illegible] Num. 18. 2[illegible] 24. 2 Cr. 31. 5, 6, 12. Neh. 13. 1[illegible] Mal. 3. 8, 1[illegible]
[s] ver. 13.
[t] Jer. 33. 1[illegible] Ez. 20. 37. Mic. 7. 14.
[u] ver. 10.
[x] Mal. 4. 4.
[y] Ex. 19. 2[illegible]

EL CUARTO LIBRO DE MOISES,

COMUNMENTE LLAMADO

LOS NUMEROS.

A. C. 1490.

CAPITULO I.

Número de la gente de armas tomar que habia en las tribus de Israel.

Y HABLÓ Jehová á Moises en el desierto de Sinai[a], en el tabernáculo del testimonio, en el primero del mes segundo, en el segundo año de su salida de la tierra de Egipto, diciendo:

2 Tomad[b] el encabezamiento de toda la congregacion de los hijos de Israel por sus familias, por las casas de sus padres, con la cuenta de los nombres, todos los varones por sus cabezas:

3 De veinte años y arriba[c] todos los que pueden salir á la guerra en Israel: los contaréis tú y Aaron por sus cuadrillas.

4 Y estará con vosotros un varon de cada tribu, cada uno *que sea* cabeza de la casa de sus padres[d].

5 ¶ Y estos *son* los nombres de los varones que estarán con vosotros. De *la tribu de* Ruben, Elisur[e], hijo de Sedner.

6 De Simeon, Selumiel, hijo de Zurisaddai.

7 De Judá, Nahsón[f], hijo de Aminadab.

8 De Isachâr, Nathanael, hijo de Suar.

9 De Zabulon, Eliab, hijo de Helon.

10 De los hijos de Joseph; de Ephraim, Elisama, hijo de Ammiud: de Manasse, Gamaliel, hijo de Phadassur.

11 De Benjamin, Abidan, hijo de Gedeon.

12 De Dan, Ahiezer, hijo de Ammisaddai.

13 De Aser, Phegiel, hijo de Ocran.

14 De Gad, Eliasaph, hijo de Dehuel.

15 De Nephthali, Ahira, hijo de Enan.

16 Estos *eran* los nombrados de la[g] congregacion, príncipes de las tribus de sus padres, capitanes de los millares de Israel[h].

17 ¶ Tomó pues Moises y Aaron á estos varones que fueron declarados por *sus* nombres:

18 Y juntaron toda la congregacion en el primero del mes segundo, y fueron reunidos por sus linages, por las casas de sus padres segun la cuenta de los nombres, de veinte años y arriba, por sus cabezas,

19 Como Jehová lo habia mandado á Moises: y contólos en el desierto de Sinai.

20 ¶ Y los hijos de Ruben, primogénito de Israel, por sus generaciones, por sus familias, por las casas de sus padres, conforme á la cuenta de los nombres por sus cabezas, todos los varones de veinte años y arriba, todos los que podian salir á la guerra,

21 Los contados de ellos de la tribu de Ruben, fueron cuarenta y seis mil y quinientos.

22 ¶ De los hijos de Simeon, por sus generaciones, por sus familias, por las casas de sus padres, los contados de ellos conforme á la cuenta de los nombres por sus cabezas, todos los varones de veinte años arriba, todos los que podian salir á la guerra,

23 Los contados de ellos, de la tribu de Simeon, *fueron* cincuenta y nueve mil y trescientos.

24 ¶ De los hijos de Gad, por sus generaciones, por sus familias, por las casas de sus padres, conforme á la cuenta de los nombres, de veinte años arriba todos los que podian salir á la guerra,

25 Los contados de ellos, de la tribu de Gad, *fueron* cuarenta y cinco mil y seiscientos y cincuenta.

26 ¶ De los hijos de Judá, por sus generaciones, por sus familias, por las casas de sus padres, conforme á la cuenta de los nombres, de veinte años arriba todos los que podian salir á la guerra,

27 Los contados de ellos, de la tribu de Judá, *fueron* setenta y cuatro mil y seiscientos[i].

28 ¶ De los hijos de Isachâr, por sus generaciones, por sus familias, por las casas de sus padres, conforme á la cuenta de los nombres, de veinte años arriba todos los que podian salir á la guerra,

29 Los contados de ellos, de la tribu de Isachâr, *fueron* cincuenta y cuatro mil y cuatrocientos.

30 ¶ De los hijos de Zabulon, por sus generaciones, por sus familias, por las casas de sus padres, conforme á la cuenta de sus nombres, de veinte años arriba todos los que podian salir á la guerra,

31 Los contados de ellos, de la tribu de Zabulon, fueron cincuenta y siete mil y cuatrocientos.

32 ¶ De los hijos de Joseph[k], de los hijos de *su hijo* Ephraim, por sus generaciones, por sus familias, por las casas de sus padres, conforme á la cuenta de los nombres, de veinte años arriba todos los que podian salir á la guerra,

33 Los contados de ellos, de la tribu de Ephraim, *fueron* cuarenta mil y quinientos.

34 ¶ De los hijos de Manasse, por sus generaciones, por sus familias, por las casas de sus padres, conforme á la cuenta de los nombres, de veinte años arriba todos los que podian salir á la guerra,

35 Los contados de ellos, de la tribu de Manasse, *fueron* treinta y dos mil y doscientos.

36 ¶ De los hijos de Benjamin, por sus generaciones, por sus familias, por las casas de sus padres, conforme á la cuenta de los nombres, de veinte años arriba todos los que podian salir á la guerra,

37 Los contados de ellos, de la tribu de Benjamin, *fueron* treinta y cinco mil y cuatrocientos.

38 ¶ De los hijos de Dan, por sus generaciones, por sus familias, por las casas de sus padres, conforme á la cuenta de los nombres, de veinte años arriba todos los que podian salir á la guerra,

39 Los contados de ellos, de la tribu de Dan, *fueron* sesenta y dos mil y setecientos.

40 ¶ De los hijos de Aser, por sus generaciones, por sus familias, por las casas

A. C. 1490.

[a] ...p. 10. 12. / ...19. 1.
[b] ...p. 26. 2. / ...30. 12. / ...m. 24. 2. / ...Cr. 21. 2.
[c] ...x. 38. 26.
[d] Ex. 18. 25. / ...os. 22. 14.
[e] Cap. 2. 10, &c. / 7. 30, &c. / 10. 18, &c.
[f] ...a. 4. 20. / ...at. 1. 4. / ...c. 3. 33.
[g] Cap. 7. 2. / ...Cr. 27. 16, &c.
[h] Ex. 18. 21, 25.
[i] 2 Cr. 17. 14.
[k] Deu. 33. 17.

de sus padres, conforme á la cuenta de los nombres, de veinte años arriba todos los que podian salir á la guerra,

41 Los contados de ellos, de la tribu de Aser, *fueron* cuarenta y un mil y quinientos.

42 ¶ De los hijos de Nephthali, por sus generaciones, por sus familias, por las casas de sus padres, conforme á la cuenta de los nombres, de veinte años arriba todos los que podian salir á la guerra,

43 Los contados de ellos, de la tribu de Nephthali, *fueron* cincuenta y tres mil y cuatrocientos.

44 ¶ Estos *fueron* los contados [l], los cuales contaron Moises y Aaron, con los príncipes de Israel, *que* eran doce, uno por *cada* casa de sus padres.

l Cap. 26. 64.

45 Y fueron todos los contados de los hijos de Israel por las casas de sus padres, de veinte años arriba, todos los que podian salir á la guerra en Israel,

46 Fueron todos los contados seiscientos y tres mil quinientos y cincuenta [m].

m Cap. 2. 32. y 26. 51. Ex. 12. 37. y 38. 26. Deu. 10. 22.

47 ¶ Pero los Levitas no fueron contados entre ellos segun la tribu de sus padres [n].

n Cap. 2. 33. y III. y IV. 1 Cr. VI. y 21. 6.

48 Porque habló Jehová á Moises, diciendo,

49 Solamente no contarás la tribu de Leví, ni tomarás la cuenta de ellos entre los hijos de Israel:

50 Mas tú pondrás á los Levitas en el tabernáculo del testimonio, y sobre todos sus vasos, y sobre todas las cosas que le pertenecen [o]: ellos llevarán el tabernáculo y todos sus vasos, y ellos servirán en él, y asentarán sus tiendas al rededor del tabernáculo.

o Cap. 3. 6, etc. Ex. 38. 21.

51 Y cuando el tabernáculo partiere, los Levitas [p] lo desarmarán; y cuando el tabernáculo parare, los Levitas lo armarán: y el estraño que se llegare, morirá [q].

p Cap. 10. 17, 21.

q Cap. 18. 22.

52 ¶ Y los hijos de Israel asentarán sus tiendas cada uno en su escuadron, y cada uno junto á su bandera por sus cuadrillas [r].

r Cap. 2. 2. y 24. 2.

53 Mas los Levitas asentarán las suyas al rededor del tabernáculo del testimonio, y no habrá [s] ira sobre la congregacion de los hijos de Israel: y los Levitas tendrán la guarda del tabernáculo del testimonio [t].

s Cap. 8. 19. y 16. 46. y 18. 5. 1 Sam. 6. 19.

t Cap. 3. 7, 8. y 31. 30, 47. 1 Cr. 23. 32. 2 Cr. 13. 10.

54 E hicieron los hijos de Israel conforme á todas las cosas que mandó Jehová á Moises: así lo hicieron.

CAPITULO II.

Disposicion de los cuatro campamentos para las tribus, al rededor del tabernáculo, hácia los cuatro puntos cardinales del mundo.

Y HABLÓ Jehová á Moises y á Aaron, diciendo:

2 Los hijos de Israel acamparán cada uno junto [a] á su bandera, segun las enseñas de las casas de sus padres: desviados al rededor del tabernáculo del testimonio acamparán.

a Cap. 1. 52.

3 ¶ Estos acamparán al Levante, al oriente: La bandera del ejército de Judá, *distribuido* por sus escuadrones. Y el jefe de los hijos de Judá *será* Nahson [b], hijo de Aminadab.

b Cap. 1. 7, etc. y 10. 14. 1 Cr. 2. 10. Mat. 1. 4. Luc. 3. 32, 33.

4 Su hueste, con los contados de ellos, *son* setenta y cuatro mil y seiscientos.

5 Junto á él acamparán los de la tribu de Isachâr: y el jefe de los hijos de Isachâr *será* Nathanael, hijo de Suar.

6 Y su hueste, con sus contados, *son* cincuenta y cuatro mil y cuatrocientos.

7 *Luego* la tribu de Zabulon: y el jefe de los hijos de Zabulon *será* Eliab, hijo de Helon.

8 Y su hueste, con sus contados, *son* cincuenta y siete mil y cuatrocientos.

9 Todos los contados en el ejército de Judá *son* ciento ochenta y seis mil y cuatrocientos, *repartidos* por sus escuadrones: *estos* irán delante [c].

c Cap. 10. 14

10 La bandera del ejército de Ruben *estará* al Mediodia por sus escuadrones: y el jefe de los hijos de Ruben *será* Elisur, hijo de Sedeur.

11 Y su hueste, sus contados, *son* cuarenta y seis mil y quinientos.

12 Y acamparán junto á él los de la tribu de Simeon: y el jefe de los hijos de Simeon *será* Selumiel, hijo de Zurisaddai.

13 Y su hueste, con los contados de ellos, *son* cincuenta y nueve mil y trescientos.

14 Despues la tribu de Gad. Y el jefe de los hijos de Gad *será* Eliasaph, hijo de Rehuel.

15 Y su hueste, con los contados de ellos, *son* cuarenta y cinco mil seiscientos y cincuenta.

16 Todos los contados en el ejército de Ruben *son* ciento cincuenta y un mil cuatrocientos y cincuenta, *repartidos* por sus escuadrones: *estos* irán los segundos [d].

d Cap. 10. 1

17 ¶ Luego irá el tabernáculo del testimonio [e], el campo de los Levitas en medio de los ejércitos: de la manera que asientan el campo, así caminarán, cada uno en su lugar, junto á sus banderas.

e Cap. 10. 1 21.

18 La bandera del ejército de Ephraim por sus escuadrones, *estará* al Occidente: y el jefe de los hijos de Ephraim *será* Elisama, hijo de Ammiud.

19 Y su hueste, con los contados de ellos, *son* cuarenta mil y quinientos.

20 Junto á él estará la tribu de Manasse: y el jefe de los hijos de Manasse *será* Gamaliel, hijo de Pedasur.

21 Y su hueste, con los contados de ellos, *son* treinta y dos mil y doscientos.

22 Luego la tribu de Benjamin. Y el jefe de los hijos de Benjamin *será* Abidan, hijo de Gedeon.

23 Y su hueste, con los contados de ellos, *son* treinta y cinco mil y cuatrocientos.

24 Todos los contados en el ejército de Ephraim *son* ciento ocho mil y ciento, *repartidos* por sus escuadrones: *estos* irán los terceros [f].

f Cap. 10.

25 ¶ La bandera del ejército de Dan estará al Aquilon por sus escuadrones: y el jefe de los hijos de Dan *será* Ahiezer, hijo de Ammisaddai.

26 Y su hueste, con los contados de ellos, *son* sesenta y dos mil y setecientos.

27 Junto á él acamparán los de la tribu de Aser: y el jefe de los hijos de Aser *será* Phegiel, hijo de Ocran.

28 Y su hueste, con los contados de ellos, *son* cuarenta y un mil y quinientos.

29 Luego la tribu de Nephthali. Y el jefe de los hijos de Nephthali *será* Ahira, hijo de Enan.

30 Y su hueste, con los contados de ellos, *son* cincuenta y tres mil y cuatrocientos.

31 Todos los contados en el ejército de Dan *son* ciento cincuenta y siete mil y seiscientos: *estos* [g] irán los postreros tras sus banderas.

g Cap. 10

32 ¶ Estos son los contados de los hijos de Israel por las casas de sus padres: todos los contados por ejércitos, por sus escuadrones, *son* seiscientos y tres mil quinientos y cincuenta [h].

h Cap. 1. 47. y 11. 21 Ex. 38.

33 Mas lo Levitas no fueron contados entre los hijos de Israel, como Jehová lo mandó á Moises.

34 E hicieron los hijos de Israel conforme á todas las cosas que Jehová mandó á Moises: así asentaron el campo por sus banderas, y así marcharon cada uno por sus familias, segun las casas de sus padres [i].

CAPITULO III.

Destina Dios para su servicio á los Levitas en lugar de los primogénitos. Manda que se cuenten; y que se rescaten con una suma de dinero los primogénitos que sobrepujen al número de los Levitas.

Y ESTAS *son* las generaciones de Aaron y de Moises, desde que Jehová habló á Moises en el monte de Sinai.

2 Y estos *son* los nombres de los hijos de Aaron: Nadab [a] el primogénito; y Abiú, Eleazar, é Ithamar.

3 Estos *son* los nombres de los hijos de Aaron sacerdotes ungidos, cuyas manos él hinchió para administrar el sacerdocio [b].

4 Mas Nadab y Abiú murieron [c] delante de Jehová, cuando ofrecieron fuego estraño delante de Jehová, en el desierto de Sinai: y no tuvieron hijos: y Eleazar é Ithamar ejercieron el sacerdocio delante de Aaron su padre.

5 ¶ Y Jehová habló á Moises, diciendo:

6 Haz llegar á la tribu de Leví [d], y hazla estar delante del sacerdote Aaron, para que le administren.

7 Y desempeñen su cargo [e] y el cargo de toda la congregacion delante del tabernáculo del testimonio, para servir en el ministerio del tabernáculo [f]:

8 Y guarden todas las alhajas del tabernáculo del testimonio, y lo encargado *á ellos* de los hijos de Israel, y administren en el servicio del tabernáculo.

9 Y darás los Levitas á Aaron, y á sus hijos [g]: le *son* enteramente dados de entre los hijos de Israel.

10 Y constituirás á Aaron y á sus hijos, para que ejerzan su sacerdocio: y el estraño que se llegaré, morirá [h].

11 ¶ Y habló Jehová á Moises, diciendo:

12 Y hé aquí yo he tomado los Levitas [i] de entre los hijos de Israel en lugar de todos los primogénitos que abren la matriz entre los hijos de Israel: serán pues mios los Levitas,

13 Porque mio es todo primogénito [k]: desde el dia que yo maté todos los primogénitos en la tierra de Egipto, yo santifiqué á mí todos los primogénitos en Israel, así de hombres como de animales; mios serán: Yo Jehová.

14 ¶ Y Jehová habló á Moises en el desierto de Sinai, diciendo:

15 Cuenta los hijos de Leví por las casas de sus padres, por sus familias: contarás todos los varones de un mes arriba [l].

16 Y Moises los contó conforme á la palabra de Jehová, como le fué mandado.

17 Y los hijos de Leví [m] fueron estos por sus nombres: Gerson, y Coath, y Merari.

18 Y los nombres de los hijos de Gerson, por sus familias, *son* estos: Libni, y Simei.

19 Y los hijos de Coath por sus familias, Amram, é Izhar, y Hebron, y Uzziel.

20 Y los hijos de Merari por sus familias, Mahali, y Musi. Estas *son* las familias de Leví por las casas de sus padres.

21 ¶ De Gerson *fué* la familia de Libni, y la de Simei. Estas *son* las familias de Gerson.

[i] Cap. 24. 2, 5, 6.
[a] Ex. 6. 23.
[b] Ex. 28. 41. Lev. 8. 2, etc.
[c] Cap. 26. 61. Lev. 10. 1, 2. 1 Cr. 24. 2.
[d] Cap. 8. 6. y 18. 2, etc. Deu. 33. 10. Mal. 2. 4.
[e] 1 Cr. 23. 30, 32.
[f] Cap. 1. 50.
[g] Cap. 8. 19. y 18. 6, 7.
[h] ver. 38. Ex. 2. 19. Heb. 10. 19, 22.
[i] ver. 41. Cap. 8. 16.
[k] Ex. 13. 2, 12. Lev. 27. 26. Luc. 2. 23.
[l] Cap. 26. 62.
[m] Gen. 46. 11. Ex. 6. 16. 1 Cr. 6. 1.

22 Los contados de ellos conforme á la cuenta de todos los varones de un mes arriba, los contados de ellos *fueron* siete mil y quinientos.

23 Las familias de Gerson asentarán sus tiendas á espaldas del tabernáculo, al Occidente.

24 Y el jefe de la casa del padre de los Gersonitas *será* Eliasaph, hijo de Lael.

25 A cargo de los hijos de Gerson [n], en el tabernáculo del testimonio, *estará* el tabernáculo [o], y la [p] tienda, y su cubierta, y el pabellon de la puerta del tabernaculo del testimonio,

26 Y las cortinas del atrio [q], y el pabellon de la puerta del atrio que *está* junto al tabernaculo, y junto al altar al rededor; asimismo sus cuerdas para todo su servicio.

27 ¶ Y de Coath [r] *fué* la familia Amramitica, y la familia Izeharitica, y la familia Hebronitica, y la familia Ozielitica. Estas *son* las familias Coathitas.

28 Por la cuenta de todos los varones de un mes arriba, *eran* ocho mil y seiscientos, que tenian la guarda del santuario.

29 Las familias de los hijos de Coath acamparán al lado del tabernáculo [s], al Mediodia.

30 Y el jefe de la casa del padre de las familias de Coath, *será* Elisaphan, hijo de Uzziel.

31 Y á cargo de ellos *estará* el arca [t], y la mesa [u], y el candelero, y los altares [x], y los vasos del santuario con que ministran, y el velo [y], con todo su servicio.

32 Y el principal de los jefes de los Levitas *será* Eleazar, hijo de Aaron el sacerdote, preposito de los que tienen la guarda del santuario.

33 ¶ De Merari [z] *fué* la familia Mahalitica, y la familia Musitica. Estas *fueron* las familias de Merari.

34 Y los contados de ellos, conforme á la cuenta de todos los varones de un mes arriba, *fueron* seis mil y doscientos.

35 Y el jefe de la casa del padre de las familias de Merari *será* Suriel, hijo de Abihail: *estos* acamparán al lado del tabernáculo [a], al Aquilon.

36 Y á cargo de los hijos de [b] Merari *estará* la custodia de las tablas del tabernáculo, y sus barras, y sus columnas, y sus basas, y todos sus *tales* enseres, con todo su servicio:

37 Y las columnas en derredor del atrio, y sus basas, y sus estacas, y sus cuerdas.

38 ¶ Y los que acamparán delante del tabernáculo al Oriente, delante del tabernáculo del testimonio al Levante, *serán* Moises, y Aaron, y sus hijos, teniendo la guarda del santuario [c] en lugar de los hijos de Israel: y el estraño que se acercare, morirá [d].

39 Todos los contados de los Levitas, que Moises y Aaron, conforme á la palabra de Jehová, contaron por sus familias, todos los varones de un mes arriba *fueron* veinte y dos mil [e].

40 ¶ Y Jehová dijo á Moises: Cuenta todos los primogénitos varones de los hijos de Israel de un mes arriba, y toma la cuenta de los nombres de ellos [f].

41 Y tomarás los Levitas para mí, Yo Jehová, en lugar de todos los primogénitos de los hijos de Israel: y [g] los animales de los Levitas en lugar de todos los primogenitos de los animales de los hijos de Israel.

42 Y contó Moises, como Jehová le mandó, todos los primogénitos de los hijos de Israel.

43 Y todos los primogénitos varones,

[n] Cap. 4. 24, 26.
[o] Ex. 25. 9.
[p] Ex. 26. 1, etc.
[q] Ex. 27. 9, etc.
[r] 1 Cr. 26. 23.
[s] Cap. 1. 53.
[t] Ex. 25. 10.
[u] Ex. 25. 23, 31.
[x] Ex. 27. 1. y 30. 1.
[y] Ex. 26. 32.
[z] 1 Cr. 6. 19.
[a] Cap. 1. 53.
[b] Cap. 4. 31, 32.
[c] ver. 7, 8.
[d] ver. 10.
[e] Cap. 26. 62.
[f] ver. 15.
[g] ver. 12, 45.

conforme á la cuenta de los nombres, de un mes arriba, los contados de ellos fueron veinte y dos mil doscientos y setenta y tres.

44 Y habló Jehová á Moises, diciendo:

45 Toma los Levitas en lugar de todos los primogénitos de los hijos de Israel [h], y los animales de los Levitas en lugar de sus animales; y los Levitas serán mios: Yo Jehová.

46 Y por los rescates [i] de los doscientos y setenta y tres, que sobrepujan á los Levitas los primogénitos de los hijos de Israel,

47 Tomarás cinco siclos por cabeza [k]; conforme al siclo del santuario tomarás: el siclo *tiene* veinte óbolos [l].

48 Y darás á Aaron y á sus hijos el dinero por los rescates de los que de ellos sobran.

49 Tomó pues Moises el dinero del rescate de los que resultaron de mas de los redimidos por los Levitas.

50 Y recibió de los primogénitos de los hijos de Israel en dinero, mil trescientos y sesenta y cinco *siclos*, conforme al siclo del santuario.

51 Y Moises dió el dinero de los rescates á Aaron y á sus hijos, conforme al dicho de Jehová, segun que Jehová habia mandado á Moises.

CAPITULO IV.

Distribucion de los cargos ú oficios del tabernáculo entre las tres familias de los Levitas.

Y HABLÓ Jehová á Moises y á Aaron, diciendo:

2 Toma la cuenta de los hijos de Coath de entre los hijos de Leví, por sus familias, por las casas de sus padres:

3 De edad de treinta años [a] y arriba hasta cincuenta años, todos los que entran en compañía para hacer servicio en el tabernáculo del testimonio.

4 ¶ Este *será* el oficio de los hijos de Coath en el tabernáculo del testimonio, en el lugar santísimo:

5 Cuando se hubiere de mudar el campo, vendrá Aaron, y sus hijos, y desarmarán el velo [b] de la tienda, y cubrirán con él el arca del testimonio [c]:

6 Y pondrán sobre ella la cubierta de pelos de tejones, y extenderán encima el paño todo de cárdeno, y la pondrán sus varas [d].

7 Y sobre la mesa [e] de la proposicion extenderán el paño cárdeno, y pondrán sobre ella las escudillas, y las cucharas, y las copas, y los tazones para libar: y el pan continuo estará sobre ella.

8 Y extenderán sobre ello el paño de carmesí colorado, y lo cubrirán con la cubierta de pieles de tejones; y la pondrán sus varas.

9 Y tomarán un paño cárdeno, y cubrirán el candelero [f] de la luminaria, y sus candilejas, y sus despabiladeras, y sus platillos, y todos sus vasos del aceite con que se sirve:

10 Y lo pondrán con todos sus vasos en una cubierta de pieles de tejones, y lo colocarán sobre unas parihuelas.

11 Y sobre el altar de oro extenderán el paño cárdeno [g], y le cubrirán con la cubierta de pieles de tejones, y le pondrán sus varales.

12 Y tomarán todos los vasos del servicio [h], de que hacen uso en el santuario, y los pondrán en un paño cárdeno, y los cubrirán con una cubierta de pieles de tejones, y los colocarán sobre unas parihuelas.

13 Y quitarán la ceniza del altar, y extenderán sobre él un paño de púrpura:

14 Y pondrán sobre él todos sus instrumentos [i] de que se sirve; las paletas, los garfios, los braseros, y los tazones, todos los vasos del altar: y extenderán sobre él la cubierta de pieles de tejones, y le pondrán ademas las varas.

15 Y en acabando Aaron y sus hijos de cubrir el santuario, y todos los vasos del santuario, cuando el campo se hubiere de mudar, vendrán despues de ello los hijos de Coath [k] para conducir: mas no [l] tocarán *alguna* cosa santa, que morirán. [m] Estas *serán* las cargas de los hijos de Coath en el tabernáculo del testimonio.

16 Empero al cargo de Eleazar, hijo de Aaron el sacerdote, *estará* el aceite [n] de la luminaria, y el perfume aromático [o], y el Presente continuo [p], y el aceite de la uncion; el cargo de todo [q] el tabernáculo, y de todo lo que *está* en él, en el santuario, y en sus vasos.

17 Y habló Jehová á Moises y á Aaron, diciendo:

18 No cortaréis la tribu de las familias de Coath de entre los Levitas:

19 Mas esto haréis con ellos, para que vivan, y no mueran cuando llegaren al lugar santísimo: Aaron y sus hijos vendrán, y les pondrán á cada uno en su oficio, y en su cargo.

20 No entrarán para ver, cuando cubrieren las cosas santas, que morirán [r].

21 ¶ Y habló Jehová á Moises, diciendo:

22 Toma tambien la cuenta de los hijos de Gerson por las casas de sus padres, por sus familias.

23 De edad de treinta años arriba hasta cincuenta años los contarás; todos los que entran en compañía para hacer servicio en el tabernáculo del testimonio.

24 Este *será* el oficio de las familias de Gerson, para ministrar, y para llevar [s].

25 Llevarán las cortinas del tabernáculo [t], y el tabernáculo del testimonio, su cubierta, y la cubierta de pieles de tejones, que *está* sobre él encima, y el pabellon de la puerta del tabernáculo del testimonio [u],

26 Y las cortinas del atrio [x], y el pabellon de la puerta del atrio [y], que *está* cerca del tabernáculo y cerca del altar al rededor, y sus cuerdas, y todos los instrumentos de su servicio, y todo lo que será hecho para ellos: así servirán.

27 Segun la órden de Aaron y de sus hijos será todo el ministerio de los hijos de Gerson en todas sus cargas, y en todo su servicio: y les encomendaréis en guarda todas sus cargas.

28 Este *es* el servicio de las familias de los hijos de Gerson en el tabernáculo del testimonio: y el cargo de ellos *estará* bajo la mano de Ithamar [z], hijo de Aaron el sacerdote.

29 ¶ Contarás *ademas* los hijos de Merari por sus familias, por las casas de sus padres.

30 Desde el de edad de treinta años y arriba, hasta el de cincuenta años, los contarás [a]; todos los que entran en compañía para hacer servicio en el tabernáculo del testimonio.

31 Y este *será* el deber de su cargo [b] para todo su servicio en el tabernáculo del testimonio: *llevarán* las tablas del tabernáculo [c], y sus barras, y sus columnas, y sus basas,

32 Y las columnas del atrio al rededor, y sus basas, y sus estacas, y sus cuerdas, con todos sus instrumentos, y todo su servicio: y contaréis por sus nombres todos los vasos de la guarda de su cargo.

33 Este *será* el servicio de las familias de los hijos de Merari para todo su ministerio en el tabernáculo del testimo-

[h] ver. 41.
[i] Cap. 18. 15. Ex. 13. 13.
[k] Cap. 18. 16. Lev. 27. 6.
[l] Ex. 30. 13. Lev. 27. 25. Ez. 45. 12.
[a] Cap. 8. 24. 1 Cr. 23. 3, 24, 27.
[b] Ex. 26. 31. Heb. 9. 3. y 10. 20.
[c] Ex. 25. 10, 16.
[d] 1 Rey. 8. 7, 8.
[e] Ex. 25. 23, 30. Lev. 24. 5, 8.
[f] Ex. 25. 31, 38.
[g] Ex. 30. 1, 5.
[h] Ex. 28. 9. 1 Cr. 9. 29.
[i] Ex. 38. 3.
[k] Cap. 7. 9. y 10. 21. 1 Cr. 15. 2, 15.
[l] 2 Sam. 6. 6, 7.
[m] Cap. 3. 31.
[n] Ex. 25. 6. Lev. 24. 2.
[o] Ex. 30. 34.
[p] Ex. 29. 40.
[q] Ex. 30. 23.
[r] 1 Sam. 6. 19.
[s] Cap. 3. 25, 26.
[t] Ex. 26. 1, 7, 14.
[u] Ex. 26. 36.
[x] Ex. 27. 9.
[y] Ex. 27. 16.
[z] ver. 33.
[a] ver. 3.
[b] Cap. 3. 36, 37.
[c] Ex. 26. 15.

nio, bajo la mano de Ithamar, hijo de Aaron el sacerdote.

34 ¶ Moises pues, y Aaron, y los jefes de la congregacion, contaron los hijos de Coath por sus familias, y por las casas de sus padres,

35 Desde el de edad de treinta años arriba hasta el de edad de cincuenta años *d*; todos los que entran en compañía para ministrar en el tabernáculo del testimonio.

ver. 47.

36 Y fueron los contados de ellos por sus familias dos mil setecientos y cincuenta.

37 Estos *fueron* los contados de las familias de Coath, todos los que ministran en el tabernáculo del testimonio, los cuales contaron Moises y Aaron, como lo mandó Jehová por mano de Moises.

38 Y los contados de los hijos de Gerson por sus familias, y por las casas de sus padres,

39 Desde el de edad de treinta años arriba hasta el de edad de cincuenta años, todos los que entran en compañía para ministrar en el tabernáculo del testimonio;

40 Los contados de ellos por sus familias, por las casas de sus padres, fueron dos mil y seiscientos y treinta.

41 Estos *son* los contados de las familias de los hijos de Gerson, todos los que ministran en el tabernáculo del testimonio, los cuales contaron Moises y Aaron por mandado de Jehová.

42 Y los contados de las familias de los hijos de Merari, por sus familias, por las casas de sus padres,

43 Desde el de edad de treinta años arriba hasta el de edad de cincuenta años, todos los que entran en compañía para ministrar en el tabernáculo del testimonio;

44 Los contados de ellos por sus familias fueron tres mil y doscientos.

45 Estos *fueron* los contados de las familias de los hijos de Merari, los cuales contaron Moises y Aaron segun lo mandó Jehová por mano de Moises.

46 Todos los contados de los Levitas, que Moises y Aaron, y los jefes de Israel contaron por sus familias, y por las casas de sus padres,

47 Desde el de edad de treinta años arriba hasta el de edad de cincuenta años *e*, todos los que entraban para ministrar en el servicio, y *tener* cargo de obra en el tabernáculo del testimonio,

er. 3, 28.). Cr. 23. 3, 7.

48 Los contados de ellos fueron ocho mil quinientos y ochenta.

49 Como lo mandó Jehová por mano de Moises fueron contados; cada uno segun su oficio, y segun su cargo, los cuales contó él como le fué mandado.

CAPITULO V.

Los impuros han de estar fuera del campamento: leyes sobre la restitucion y sobre los celos.

Y JEHOVA habló á Moises, diciendo:

2 Manda á los hijos de Israel que echen del campo á todo leproso *a*, y á todos los que padecen flujo de sémen *b*, y á todo contaminado sobre muerto *c*.

3 Así hombres como mujeres echaréis: fuera del campo los echaréis *d*, porque no contaminen el campo de aquellos entre los cuales yo habito *e*.

4 E hiciéronlo así los hijos de Israel, que los echaron fuera del campo: como Jehová dijo Moises, así lo hicieron los hijos de Israel.

5 ¶ Ademas habló Jehová á Moises, diciendo:

6 Habla á los hijos de Israel, *y diles*: El hombre ó la mujer que cometieren alguno de todos los pecados de los hombres, haciendo prevaricacion contra Jehová, y delinquiere aquella persona *f*,

ap. 12. 14. ev. 13. 3, ... ev. 24. 8, 9, ev. 15. 2. ap. 9. 6, 10. 19. 11, 13. 31. 19. ev. 21. 1. Rey. 7. 3. Cr. 26. 21. ev. 26. 11, ... Cor. 6. 16.

7 Confesarán *g* su pecado que cometieron, y *h* compensarán su ofensa enteramente, y añadirán su quinto sobre ello, y lo darán á aquel contra quien pecaron.

8 Y si aquel hombre no tuviere pariente, al cual sea resarcida la ofensa, daráse la indemnizacion del agravio á Jehová, al sacerdote, á mas del carnero de las expiaciones, con el cual hará expiacion por el *delincuente*.

f Lev. 6. 2. *g* Lev. 5. 5. y 26. 40. Jos. 7. 19. Job 33. 27. Sal. 32. 5. Pro. 28. 13. 1 Juan 1. 9. *h* Lev. 6. 5, 7. y 7. 7.

9 ¶ Y toda ofrenda de todas las cosas santas que los hijos de Israel presentaren al sacerdote *i*, suya será.

10 Y lo santificado de cualquiera será suyo: asimismo lo que cualquiera diere al sacerdote, suyo será.

11 ¶ Y Jehová habló á Moises, diciendo:

12 Habla á los hijos de Israel, y diles: Cuando la mujer de alguno se desmandare, é hiciere traicion contra él,

13 Que alguno se hubiere echado *k* con ella en carnal ayuntamiento, y su marido no lo hubiere visto, por haberse ella contaminado ocultamente, ni hubiere testigo contra ella, ni ella hubiere sido cogida *en el acto*:

i Cap. 18. 8. y 9. 19. Ex. 29. 28. Lev. 7. 6, 14. Deu. 18. 3, 4. Ez. 44. 29, 30. 1 Cor. 9. 13. *k* Lev. 18. 20.

14 Si viniere sobre él espíritu de celo *l*, y tuviere celos de su mujer, habiéndose ella contaminado; ó viniere sobre él espíritu de celo, y tuviere celos de su mujer, no habiéndose ella contaminado;

l Pro. 6. 34, 35. Cant. 8. 6.

15 Entónces el marido traerá su mujer al sacerdote, y traerá su ofrenda con ella, la décima *parte* de un epha de harina de cebada: no *m* echará sobre ella aceite, ni pondrá sobre ella incienso; porque es presente de celos, presente de recordacion, que trae en memoria pecado *n*.

m Lev. 5. 11. *n* 1 Rey. 17. 18. Ez. 29. 16. Heb. 10. 3.

16 Y el sacerdote la hará acercarse, y la hará poner delante de Jehová.

17 Luego tomará el sacerdote del agua santa en un vaso de barro; tomará tambien el sacerdote del polvo que hubiere en el suelo del tabernáculo, y echarálo en el agua.

18 Y hará el sacerdote estar en pié á la mujer delante de Jehová, y *o* descubrirá la cabeza de la mujer, y pondrá sobre sus manos el presente de la recordacion, que *es* el presente de celos; y el sacerdote tendrá en la mano las aguas amargas que acarrean maldicion.

o Heb. 13. 4.

19 Y el sacerdote la conjurará, y le dirá: Si ninguno hubiere dormido contigo, y si no te has apartado de tu marido á inmundicia, libre seas de estas aguas amargas que traen maldicion:

20 Mas si te has descarriado de tu marido, y te has amancillado, y alguno hubiere tenido coito contigo fuera de tu marido,

21 (El sacerdote conjurará á la mujer con *p* juramento de maldicion, y dirá á la mujer *misma*,) Jehová te dé en maldicion, y en conjuracion en medio de tu pueblo, haciendo Jehová á tu muslo que caiga, y á tu vientre que se te hinche;

p Jos. 6. 26. Neh. 10. 29. 1 Sam. 14. 24.

22 Y estas aguas que dan maldicion entren *q* en tus entrañas, y hagan hinchar tu vientre, y caer tu muslo. Y la mujer dirá, Amen, Amen *r*.

q Sal. 109. 18. *r* Deu. 27. 15.

23 Y el sacerdote escribirá estas maldiciones en un libro, y las borrará con las aguas amargas:

24 Y dará á beber á la mujer las aguas amargas que traen maldicion, y las aguas que obran maldicion entrarán en ella por amargas.

25 Despues tomará el sacerdote de la mano de la mujer el presente de los

celos, y[s] mecerálo delante de Jehová, y lo ofrecerá delante del altar.

26 Y tomará el sacerdote un puñado del presente en memoria de ella[t], y lo quemará sobre el altar, y despues dará á beber las aguas á la mujer.

27 Daràle pues á beber las guas; y será, que si fuere inmunda, y hubiere hecho traicion contra su marido, las aguas que obran maldicion entrarán en ella en amargura, y su vientre se hinchará, y caerá su muslo: y la *tal* mujer será por maldicion en medio de su pueblo[u].

28 Mas si la mujer no fuere inmunda, sino que estuviere limpia, ella será libre, y será fecunda[x].

29 Esta es la ley de los celos, cuando la mujer hiciere traicion á su marido, y se amancillare;

30 O del marido, sobre el cual pasare espíritu de celo, y tuviere celos de su mujer: presentarála entonces delante de Jehová, y el sacerdote ejecutará en ella toda esta ley.

31 Y aquel varon será libre de iniquidad, y la mujer llevará su pecado.

CAPITULO VI.

Institucion y consagracion de los Nazaréos. Fórmula que debia usar el sacerdote al bendecir al pueblo.

Y HABLÓ Jehová á Moises, diciendo:

2 Habla á los hijos de Israel, y díles: El hombre, ó la mujer, cuando se apartare haciendo voto de Nazaréo[a], para dedicarse á Jehová,

3 Se abstendrá de vino, y[b] de sidra: vinagre de vino, ni vinagre de sidra no beberá; ni beberá algun licor de uvas; ni tampoco comerá uvas frescas ni secas.

4 Todo el tiempo de su Nazareato, de todo lo que se hace de vid de vino, desde los granillos hasta el hollejo, no comerá.

5 Todo el tiempo del voto de su Nazareato no pasará navaja sobre su cabeza, hasta que sean cumplidos los dias de su apartamiento á Jehová[c]: santo será, *y* dejará crecer las guedejas del cabello de su cabeza.

6 Todo el tiempo que se apartare á Jehová, no entrará á persona muerta[d].

7 Por su padre, ni por su madre, por su hermano, ni por su hermana, no se contaminará con ellos cuando murieren: porque consagracion de su Dios tiene sobre su cabeza.

8 Todo[e] el tiempo de su Nazareato será santo á Jehová.

9 Y si alguno muriere muy de repente junto á él, contaminará la cabeza de su Nazareato: por tanto el dia de su purificacion[f] raerá su cabeza; al séptimo dia la raerá.

10 Y el dia octavo traerá dos tórtolas, ó dos palominos[g] al sacerdote, á la puerta del tabernáculo del testimonio:

11 Y el sacerdote hará el uno en expiacion, y el otro en holocausto: y expiarálo de lo que pecó sobre el muerto, y santificará su cabeza en aquel dia.

12 Y consagrará á Jehová los dias de su Nazareato, y traerá un cordero de un año *en* expiacion por la culpa; y los dias primeros[h] serán anulados, por cuanto fué contaminado su Nazareato.

13 Esta es pues la ley del Nazaréo: El dia que se cumpliere el tiempo de su Nazareato[i], vendrá á la puerta del tabernáculo del testimonio,

14 Y ofrecerá *por* su ofrenda á Jehová un cordero de un año[k] sin tacha en holocausto, y una cordera de un año sin defecto en expiacion, y un carnero sin

[s] Lev. 8. 27.
[t] Lev. 2. 2, 9.
[u] Deu. 28. 37. Is. 65. 15. Jer. 24. 9. y 29. 18, 22. y 42. 18. Zac. 8. 13.
[x] Sal. 113. 9.
[a] Juec. 13. 5. Hech. 21. 23, 24.
[b] Am. 2. 12. Luc. 1. 15.
[c] Juec. 16. 17, 19. 1 Sam. 1. 11.
[d] Cap. 9. 6. y 19. 11, 16. Lev. 21. 1, 2, 11.
[e] 2 Cor. 6. 17, 18.
[f] Hech. 18. 18.
[g] Lev. 5. 7. y 14. 22. y 15. 14, 29.
[h] Lev. 5. 6.
[i] Hech. 21. 26.
[k] Lev. 4. 3, 28, 32. Mal. 1. 13, 14. 1 Ped. 1. 19.

15 Ademas un canastillo de cenceñas[m], tortas de flor de harina amasadas con aceite, y hojaldres cenceñas untadas con aceite[n], y su presente, y sus libaciones[o].

16 Y el sacerdote lo ofrecerá delante de Jehová, y hará su expiacion y su holocausto.

17 Y ofrecerá el carnero en sacrificio de paces á Jehová, con el canastillo de las cenceñas: ofrecerá asimismo el sacerdote su presente, y sus libaciones.

18 Entónces el Nazaréo[p] raerá á la puerta del tabernáculo del testimonio la cabeza de su Nazareato, y tomará los cabellos de la cabeza de su Nazareato, y los pondrá sobre el fuego que *está* debajo del sacrificio de las paces.

19 Despues tomará el sacerdote la espaldilla cocida del carnero[q], y una torta sin levadura del canastillo, y una hojaldre sin levadura[r], y pondrálo *todo* sobre las manos del Nazaréo, despues que fuere raido su Nazareato.

20 Y el sacerdote mecerá aquello *por* ofrenda agitada delante de Jehová; lo cual será cosa santa *perteneciente* al sacerdote, á mas del pecho mecido, y de la espaldilla separada: y despues podrá beber vino el Nazaréo.

21 Esta *es* la ley del Nazaréo que hiciere voto de su ofrenda á Jehová por su Nazareato, á mas de lo que su mano alcanzare: segun el voto que hiciere, así hará conforme á la ley de su Nazareato.

22 ¶ Y Jehová habló á Moises, diciendo:

23 Habla á Aaron, y á sus hijos, y díles: Así[s] bendeciréis á los hijos de Israel, diciendoles,

24 Jehová te bendiga[t], y te guarde[u]:

25 Haga resplandecer Jehová su rostro[x] sobre tí, y haya de tí misericordia[y]:

26 Jehová alze á tí su rostro, y ponga en tí paz.

27 Y pondrán mi Nombre sobre los hijos de Israel, y yo los bendeciré[z].

CAPITULO VII.

Ofrendas de los príncipes de las doce tribus de Israel en la dedicacion del tabernáculo y del altar. Dios habla á Moises desde el propiciatorio.

Y ACONTECIÓ, que cuando Moises hubo acabado de levantar el tabernáculo, y[a] ungídolo, [b]y santificádolo, con todos sus vasos; y asimismo ungido y santificado el altar, con todos sus vasos,

2 Entónces los príncipes de Israel[c], las cabezas de las casas de sus padres, los cuales eran los príncipes de las tribus, que estaban sobre los contados, ofrecieron,

3 Y trajeron sus ofrendas delante de Jehová; seis carros cubiertos, y doce bueyes; por cada dos príncipes un carro, y cada uno un buey, lo cual ofrecieron delante del tabernáculo.

4 Y Jehová habló á Moises, diciendo:

5 Tómalo de ellos, y será para el servicio del tabernáculo del testimonio; y lo darás á los Levitas, á cada uno conforme á su ministerio.

6 Entónces Moises recibió los carros y los bueyes, y diólo á los Levitas.

7 Dos carros y cuatro bueyes dió á los hijos de Gerson conforme á su ministerio[d]:

8 Y á los hijos de Merari dió los cuatro carros y ocho bueyes conforme á su ministerio[e], bajo la mano de Ithamar, hijo de Aaron el sacerdote.

9 Y á los hijos de Coath no dió *nada*[f], porque llevaban sobre sí en los hombros el servicio del santuario.

[m] Lev. 2. 4.
[n] Ex. 29. 2.
[o] Cap. 15. 5. y 7. 10.
[p] Hech. 21. 24.
[q] 1 Sam. 2. 15.
[r] Ex. 29. 23, 28.
[s] Lev. 9. 22. Deu. 10. 8. y 21. 5. Jos. 8. 33. 1 Cr. 23. 13.
[t] Sal. 134. 3.
[u] Sal. 121. 7. Juan 17. 11.
[x] Sal. 31. 16. y 67. 1. y 80. 3, 7. 19. y 119. 135. Dan. 9. 17.
[y] Sal. 29. 11. Is. 26. 3, 12. Juan 14. 27. Fil. 4. 7. 2 Tes. 3. 16.
[z] Cap. 23. 20. Sal. 67. 7. y 115. 12, 13. Hech. 3. 26. Ef. 1. 3.
[a] Ex. 40. 17.
[b] Lev. 8. 10, 11.
[c] Cap. 1. 4, etc.
[d] Cap. 4. 24, 28.
[e] Cap. 4. 29, 33.
[f] Cap. 4. 4, 15.

dedicacion[g] del altar el dia que fué ungido, ofrecieron los príncipes su ofrenda delante del altar *mismo*.

[g] 2 Cr. 7. 9.

11 Y Jehová dijo á Moises: Ofrecerán su ofrenda, el un príncipe un dia, y el otro príncipe otro dia, á la dedicacion del altar.

12 ¶ Y el que ofreció su ofrenda el primer dia fué Naason[h], hijo de Aminadab, de la tribu de Judá:

[h] Cap. 1. 7. y 2. 3.

13 Y *fué* su ofrenda un plato de plata de peso de ciento y treinta *siclos*, y un jarro de plata de setenta siclos, al siclo del santuario; ambos llenos de flor de harina amasada con aceite para presente[i]:

[i] Lev. 2. 1.

14 Una cuchara de oro de diez siclos, llena de perfume[k]:

[k] Ex. 30. 34.

15 Un becerro, un carnero, un cordero de un año para holocausto[l]:

[l] Lev. 1. 2, 3.

16 Un macho de cabrío para expiacion[m]:

[m] Lev. 4. 23.

17 Y para sacrificio de paces[n], dos bueyes, cinco carneros, cinco machos de cabrío, cinco corderos de un año. Esta *fué* la ofrenda de Naason, hijo de Aminadab.

[n] Lev. 3. 1.

18 ¶ El segundo dia ofreció Nathanael[o], hijo de Suar, príncipe de Issachâr.

[o] Cap. 1. 8. y 2. 5.

19 Ofreció por su ofrenda[p] un plato de plata de ciento y treinta *siclos* de peso, un jarro de plata de setenta siclos, al siclo del santuario; ambos llenos de flor de harina amasada con aceite para presente:

[p] ver. 13, etc.

20 Una cuchara de oro de diez *siclos*, llena de perfume:

21 Un becerro, un carnero, un cordero de un año para holocausto:

22 Un macho de cabrío para expiacion:

23 Y para sacrificio de paces, dos bueyes, cinco carneros, cinco machos de cabrío, cinco corderos de un año. Esta fué la ofrenda de Nathanael, hijo de Suar.

24 ¶ El tercer dia *ofreció* Eliab[q], hijo de Helon, príncipe de los hijos de Zabulon:

[q] Cap. 1. 9. y 2. 7.

25 Y *fué* su ofrenda un plato de plata de ciento y treinta *siclos* de peso, un jarro de plata de setenta siclos, al siclo del santuario; ambos llenos de flor de harina amasada con aceite para presente:

26 Una cuchara de oro de diez *siclos*, llena de perfume:

27 Un becerro, un carnero, un cordero de un año para holocausto:

28 Un macho de cabrío para expiacion:

29 Y para sacrificio de paces, dos bueyes, cinco carneros, cinco machos de cabrío, cinco corderos de un año. Esta *fué* la ofrenda de Eliab, hijo de Helon.

30 ¶ El cuarto dia *ofreció* Elisur[r], hijo de Sedeur, príncipe de los hijos de Ruben:

[r] Cap. 1. 5. y 2. 10.

31 Y *fué* su ofrenda[s] un plato de plata de ciento y treinta *siclos* de peso, un jarro de plata de setenta siclos, al siclo del santuario; ambos llenos de flor de harina amasada con aceite para presente:

[s] ver. 13, etc.

32 Una cuchara de oro de diez siclos, llena de perfume:

33 Un becerro, un carnero, un cordero de un año para holocausto:

34 Un macho de cabrío para expiacion:

35 Y para sacrificio de paces, dos bueyes, cinco carneros, cinco machos de cabrío, cinco corderos de un año. Esta *fué* la ofrenda de Elisur, hijo de Sedeur.

36 ¶ El quinto dia *ofreció* Selumiel[t], hijo de Zurisaddai, príncipe de los hijos de Simeon:

[t] Cap. 1. 6. y 2. 12.

37 Y *fué* su ofrenda[u] un plato de plata de ciento y treinta *siclos* de peso, un jarro de plata de setenta siclos, al siclo del santuario; ambos llenos de flor de harina amasada con aceite para presente:

[u] ver. 13, etc.

38 Una cuchara de oro de diez *siclos*, llena de perfume:

39 Un becerro, un carnero, un cordero de un año para holocausto:

40 Un macho de cabrío para expiacion:

41 Y para sacrificio de paces, dos bueyes, cinco carneros, cinco machos de cabrío, cinco corderos de un año. Esta *fué* la ofrenda de Selumiel, hijo de Zurisaddai.

42 ¶ El sexto dia ofreció[x] Eliasaph, hijo de Dehuel, príncipe de los hijos de Gad:

[x] Cap. 1. 14. y 2. 14.

43 Y *fué* su ofrenda[y] un plato de plata de ciento y treinta *siclos* de peso, un jarro de plata de setenta siclos, al peso del santuario; ambos llenos de flor de harina amasada con aceite para presente:

[y] ver. 13, etc.

44 Una cuchara de oro de diez *siclos*, llena de perfume:

45 Un becerro, un carnero, un cordero de un año para holocausto:

46 Un macho de cabrío para expiacion:

47 Y para sacrificio de paces, dos bueyes, cinco carneros, cinco machos de cabrío, cinco corderos de un año. Esta *fué* la ofrenda de Eliasaph, hijo de Dehuel.

48 ¶ El séptimo dia *ofreció* el príncipe de los hijos de Ephraim[z], Elisama, hijo de Ammiud:

[z] Cap. 1. 10. y 2. 18.

49 Y *fué* su ofrenda[a] un plato de plata de ciento y treinta *siclos* de peso, un jarro de plata de setenta siclos, al siclo del santuario; ambos llenos de flor de harina amasada con aceite para presente:

[a] ver. 13, etc.

50 Una cuchara de oro de diez *siclos*, llena de perfume:

51 Un becerro, un carnero, un cordero de un año para holocausto:

52 Un macho de cabrío para expiacion:

53 Y para sacrificio de paces, dos bueyes, cinco carneros, cinco machos de cabrío, cinco corderos de un año. Esta *fué* la ofrenda de Elisama, hijo de Ammiud.

54 ¶ El octavo dia *ofreció* el príncipe de los hijos de Manasse, Gamaliel[b], hijo de Phadassur:

[b] Cap. 1. 10. y 2. 20.

55 Y *fué* su ofrenda un plato de plata de ciento y treinta *siclos* de peso, un jarro de plata de setenta siclos, al siclo del santuario; ambos llenos de flor de harina amasada con aceite para presente:

56 Una cuchara de oro de diez *siclos*, llena de perfume:

57 Un becerro, un carnero, un cordero de un año para holocausto:

58 Un macho de cabrío para expiacion:

59 Y para sacrificio de paces, dos bueyes, cinco carneros, cinco machos de cabrío, cinco corderos de un año. Esta *fué* la ofrenda de Gamaliel, hijo de Phadassur.

60 ¶ El noveno dia *ofreció* el príncipe de los hijos de Benjamin, Abidan[c], hijo de Gedeon:

[c] Cap. 1. 11. y 2. 22.

61 Y *fué* su ofrenda[d] un plato de plata de ciento y treinta *siclos* de peso, un jarro de plata de setenta siclos, al siclo del santuario; ambos llenos de flor de harina amasada con aceite para presente:

[d] ver. 13, etc.

62 Una cuchara de oro de diez *siclos*, llena de perfume:

63 Un becerro, un carnero, un cordero de un año para holocausto:

64 Un macho de cabrío para expiacion:

65 Y para sacrificio de paces, dos bueyes, cinco carneros, cinco machos de cabrío, cinco corderos de un año. Esta *fué* la ofrenda de Abidan, hijo de Gedeon.

66 ¶ El décimo dia *ofreció* el príncipe de los hijos de Dan, Ahiezer [e], hijo de Ammisaddai:

67 Y *fué* su ofrenda [f] un plato de plata de ciento y treinta *siclos* de peso, un jarro de plata de setenta siclos, al siclo del santuario; ambos llenos de flor de harina amasada con aceite para presente:

[e] Cap. 1. 12. y 2. 25. [f] ver. 13, etc.

68 Una cuchara de oro de diez *siclos*, llena de perfume:

69 Un becerro, un carnero, un cordero de un año para holocausto:

70 Un macho de cabrío para expiacion:

71 Y para sacrificio de paces, dos bueyes, cinco carneros, cinco machos de cabrío, cinco corderos de un año. Esta *fué* la ofrenda de Ahiezer, hijo de Ammisaddai.

72 ¶ El undécimo dia *ofreció* el príncipe de los hijos de Aser, Pagiel [g], hijo de Ochran:

73 Y *fué* su ofrenda [h] un plato de plata de ciento y treinta *siclos* de peso, un jarro de plata de setenta siclos, al siclo del santuario; ambos llenos de flor de harina amasada con aceite para presente:

[g] Cap. 1. 13. y 2. 27. [h] ver. 13, etc.

74 Una cuchara de oro de diez *siclos*, llena de perfume:

75 Un becerro, un carnero, un cordero de un año para holocausto:

76 Un macho de cabrío para expiacion:

77 Y para sacrificio de paces, dos bueyes, cinco carneros, cinco machos de cabrío, cinco corderos de un año. Esta *fué* la ofrenda de Pagiel, hijo de Ochran.

78 ¶ El duodecimo dia *ofreció* el príncipe de los hijos de Nephthali, Ahira [i], hijo de Enan:

79 Y *fué* su ofrenda [k] un plato de plata de ciento y treinta *siclos* de peso, un jarro de plata de setenta siclos, al siclo del santuario; ambos llenos de flor de harina amasada con aceite para presente:

[i] Cap. 1. 15. y 2. 29. [k] ver. 13, etc.

80 Una cuchara de oro de diez *siclos*, llena de perfume:

81 Un becerro, un carnero, un cordero de un año para holocausto:

82 Un macho de cabrío para expiacion:

83 Y para sacrificio de paces, dos bueyes, cinco carneros, cinco machos de cabrío, cinco corderos de un año. Esta *fué* la ofrenda de Ahira, hijo de Enan.

84 ¶ Esta *fué* la dedicacion del altar, el dia que fué ungido, por los príncipes de Israel: doce platos de plata, doce jarros de plata, doce cucharas de oro.

85 Cada plato de ciento y treinta *siclos*, cada jarro de setenta: toda la plata de los vasos *fué* dos mil y cuatrocientos siclos, al siclo del santuario.

86 Las doce cucharas de oro llenas de perfume, de diez *siclos* cada cuchara, al siclo del santuario: todo el oro de las cucharas *fué* ciento y veinte *siclos*.

87 Todos los bueyes para holocausto *fueron* doce becerros, doce los carneros, doce los corderos de un año, con su presente; y doce machos de cabrío para expiacion.

88 Y todos los bueyes del sacrificio de las paces *fueron* veinte y cuatro novillos, sesenta los carneros, sesenta los machos de cabrío, sesenta los corderos de un año. Esta fué la dedicacion del altar despues que fué ungido.

89 ¶ Y cuando entraba Moises en el tabernáculo del testimonio para [l] hablar con él, oia la voz del que le hablaba de encima de la cubierta que estaba sobre [m] el arca del testimonio, de entre los dos querubines; y hablaba con él.

[l] Cap. 12. 8. Ex. 33. 9, 11. [m] Ex. 25. 22.

CAPITULO VIII.

De la colocacion del candelero, y de su materia y hechura. Ceremonias en la consagracion de los Levitas.

Y HABLÓ Jehová á Moises, diciendo:

2 Habla á Aaron, y díle: Cuando encendieres las lámparas, las siete lámparas alumbrarán [a] frente á frente del candelero.

[a] Ex. 25. 37. y 40. 25.

3 Y Aaron lo hizo así; que encendió enfrente del candelero sus lámparas, como Jehová lo mandó á Moises.

4 Y esta *era* la hechura del candelero [b]: de oro labrado á martillo; desde su pié hasta sus flores era labrado á martillo: conforme al modelo que Jehová mostró [c] á Moises, así hizo el candelero.

[b] Ex. 25. 31. [c] Ex. 25. 40.

5 ¶ Y Jehová habló á Moises, diciendo:

6 Toma á los Levitas de entre los hijos de Israel, y expíalos.

7 Y así les harás para expiarlos: Rocía sobre ellos el agua de la expiacion [d], y haz pasar navaja sobre toda su carne [e], y lavarán sus vestidos, y serán expiados.

[d] Cap. 19. 9, 17, etc. [e] Lev. 14. 8, 9.

8 Luego tomarán un novillo, con su presente [f] de flor de harina amasada con aceite; y tomarás otro novillo para expiacion.

[f] Lev. 2. 1.

9 Y harás llegar los Levitas delante del tabernáculo del testimonio [g], y juntarás toda la congregacion de los hijos de Israel.

[g] Ex. 29. 4, etc. y 40. 12.

10 Y cuando habrás hecho llegar los Levitas delante de Jehová, pondrán los hijos de Israel sus manos sobre los Levitas;

11 Y ofrecerá Aaron los Levitas delante de Jehová en ofrenda de los hijos de Israel [h], y servirán en el ministerio de Jehová.

[h] ver. 15.

12 Y los Levitas pondrán sus manos sobre las cabezas de los novillos: y ofrecerás el uno por expiacion, y el otro en holocausto á Jehová, para expiar los Levitas.

13 Y harás presentar los Levitas delante de Aaron, y delante de sus hijos, y los ofrecerás en ofrenda á Jehová.

14 Así apartarás [i] los Levitas de entre los hijos de Israel, y serán mios los Levitas [k].

[i] Cap. 16. 9. [k] Cap. 3. 45.

15 Y despues de eso vendrán los Levitas á ministrar en el tabernáculo del testimonio. Los expiarás pues, y los ofrecerás en ofrenda [l]:

[l] ver. 11. 13.

16 Porque enteramente me son á mí dados los Levitas de entre los hijos de Israel, en lugar de todo aquel que abre matriz; helos tomado para mí en lugar de los primogénitos [m] de todos los hijos de Israel.

[m] Cap. 3. 12, 45.

17 Porque mio es todo primogénito [n] en los hijos de Israel, así de hombres como de animales: desde el dia que yo herí todo primogénito en la tierra de Egipto, los santifiqué para mí:

[n] Cap. 3. 13. Ex. 13. 2, 12, 15. Luc. 2. 23.

18 Y he tomado los Levitas en lugar de todos los primogénitos en los hijos de Israel.

19 Y yo he dado en don [o] los Levitas á Aaron y á sus hijos de entre los hijos de Israel, para que sirvan el ministerio de los hijos de Israel en el tabernáculo del testimonio, y reconcilien á los hijos

[o] Cap. 3. 9.

de Israel; porque no haya plaga[p] en los hijos de Israel, llegando los hijos de Israel al santuario.

20 Y Moises, y Aaron, y toda la congregacion de los hijos de Israel, hicieron de los Levitas conforme á todas las cosas que mandó Jehová á Moises acerca de los Levitas; así hicieron de ellos los hijos de Israel.

21 Y los Levitas se purificaron, y lavaron sus vestidos: y Aaron los ofreció[q] en ofrenda delante de Jehová, é hizo Aaron expiacion por ellos para purificarlos.

22 Y así vinieron despues los Levitas para servir en su ministerio, en el tabernáculo del testimonio, delante de Aaron y delante de sus hijos: de la manera que mandó Jehová á Moises acerca de los Levitas, así hicieron con ellos[r].

23 ¶ Y habló Jehová á Moises, diciendo:

24 Esto cuanto á los Levitas: de veinte y cinco años arriba[s] entrarán á hacer su oficio en el servicio del tabernáculo del testimonio.

25 Mas desde los cincuenta años volverán del oficio de su ministerio, y nunca mas servirán:

26 Pero servirán con sus hermanos en el tabernáculo del testimonio, para hacer la guarda, bien que[t] no servirán en el ministerio. Así harás de los Levitas cuanto á sus oficios.

[p] Cap. 1. 53. y 18. 5. 2 Cr. 26. 16.
[q] ver. 11. 12, 15.
[r] ver. 5, etc.
[s] Cap. 4. 3. 1 Cr. 23. 3, 27.
[t] Cap. 1. 53. y 18. 4. 1 Cr. 23. 32. Ez. 44. 8, 11.

CAPITULO IX.

Sobre la celebracion de la pascua al pié de Sinaí: descripcion de la columna de nube y de fuego que guió á los Israelitas por espacio de cuarenta años.

Y HABLÓ Jehová á Moises en el desierto de Sinai, en el segundo año de su salida de la tierra de Egipto, en el mes primero, diciendo:

2 Los hijos de Israel harán la Pascua á su tiempo[a].

3 El décimocuarto dia de este mes, entre[b] las dos tardes, la haréis á su tiempo: conforme á todos sus ritos, y conforme á todas sus leyes la haréis.

4 Y habló Moises á los hijos de Israel, para que hiciesen la Pascua.

5 E hicieron la Pascua[c] en el mes primero, á los catorce dias del mes entre las dos tardes, en el desierto de Sinai: conforme á todas las cosas que mandó Jehová á Moises, así hicieron los hijos de Israel.

6 ¶ Y hubo algunos que estaban inmundos á causa de muerto[d], y no pudieron hacer la Pascua aquel dia: y llegaron delante de Moises[e], y delante de Aaron aquel dia,

7 Y dijéronle aquellos hombres: Nosotros *estámos* inmundos por causa de muerto; ¿porqué serémos impedidos de ofrecer ofrenda á Jehová á su tiempo entre los hijos de Israel?

8 Y Moises les respondió: Esperad, y oiré qué mandará Jehová acerca de vosotros.

9 Y Jehová habló á Moises, diciendo:

10 Habla á los hijos de Israel, diciendo: Cualquiera de vosotros, ó de vuestras generaciones, que fuere inmundo por causa de muerto, ó estuviere lejos de viaje, hará Pascua á Jehová.

11 En el mes segundo, á los catorce dias del mes[f] entre las dos tardes la harán: con cenceñas y *yerbas* amargas[g] lo comerán.

12 No dejarán de él *algo* para la mañana, ni quebrarán hueso en él[h]: conforme á todos los ritos de la Pascua la harán.

13 Mas el que estuviere limpio, y no estuviere de viaje, si dejare de hacer la Pascua, la tal persona será cortada de sus pueblos: por cuanto no ofreció á su tiempo la ofrenda de Jehová[i], el tal hombre llevará su pecado.

14 Y si morare con vosotros *algun* peregrino, é hiciere la pascua á Jehová, conforme al rito de la pascua y conforme á sus leyes así la hará: un mismo rito tendréis, así el peregrino como el natural de la tierra[k].

15 ¶ Y el dia que el tabernáculo fué levantado, la nube cubrió el tabernáculo sobre la tienda del testimonio: y[l] á la tarde habia sobre el tabernáculo como una apariencia de fuego, hasta la mañana.

16 Así era continuamente[m]: la nube lo cubria, y de noche la apariencia de fuego.

17 Y segun que se alzaba la nube del tabernáculo[n], los hijos de Israel se partian; y en el lugar donde la nube paraba, allí alojaban los hijos de Israel.

18 Al mandato de Jehová los hijos de Israel se partian, y al mandato de Jehová asentaban el campo: todos los dias que la nube estaba[o] sobre el tabernáculo, ellos estaban quedos.

19 Y cuando la nube se detenia sobre el tabernáculo muchos dias, entónces los hijos de Israel guardaban la ordenanza de Jehová, y no partian.

20 Y cuando sucedia que la nube estaba sobre el tabernáculo pocos dias, al dicho de Jehová alojaban, y al dicho de Jehová partian.

21 Y cuando era que la nube se detenia desde la tarde hasta la mañana, cuando á la mañana la nube se levantaba, ellos partian: ó *si habia estado* el dia, y á la noche la nube se levantaba, entónces partian.

22 O si dos dias, ó un mes, ó un año, mientras la nube se detenia sobre el tabernáculo quedandose sobre él, los hijos de Israel se estaban acampados, y no movian: mas cuando ella se alzaba, ellos movian.

23 Al dicho de Jehová asentaban[p], y al dicho de Jehová partian, guardando la ordenanza de Jehová, como lo habia Jehová dicho por medio de Moises.

[a] Ex. 12. 3.
[b] Deu. 16. 1.
[c] Jos. 5. 10.
[d] Cap. 5. 2. y 19. 11, 16. Juan 18. 28.
[e] Cap. 27. 2, 5. Ex. 18. 15, 19.
[f] 2 Cr. 30. 2, 15.
[g] Ex. 12. 8.
[h] Ex. 12. 46. Juan 19. 36.
[i] Ex. 12. 15.
[k] Ex. 12. 49.
[l] Ex. 40. 34.
[m] Deu. 1. 33.
[n] Cap. 10. 11, 33.
[o] 1 Cor. 10. 1.
[p] Sal. 77. 20.

CAPITULO X.

Manda el Señor que se hagan dos trompetas de plata, y que al oirse su sonido y levantandose la columna de nube, levante el campamento y marche el pueblo de Israel.

Y JEHOVA habló á Moises, diciendo:

2 Hazte dos trompetas de plata; de obra de martillo las harás, las cuales te servirán para convocar la congregacion, y para hacer mover el campo.

3 Y cuando las tocaren[a], toda la congregacion se juntará á tí á la puerta del tabernáculo del testimonio.

4 Mas cuando tocaren *solo* la una, entónces se congregarán á tí los príncipes, las cabezas de los millares de Israel[b].

5 Y cuando tocareis alarma, entónces[c] moverá el campo de los que estan alojados al[d] oriente.

6 Y cuando tocaréis alarma la segunda vez, entónces moverán el campo de los que estan alojados al[e] Mediodia: alarma tocarán á sus partidas.

7 Empero cuando hubiereis de juntar la congregacion, tocaréis, mas no con sonido de alarma.

8 Y los hijos de Aaron, los sacerdotes, tocarán[f] las trompetas; y las tendréis por estatuto perpetuo por vuestras generaciones.

[a] Joel 2. 15.
[b] Cap. 1. 16.
[c] Joel 2. 1.
[d] Cap. 2. 3.
[e] Cap. 2. 10.
[f] Cap. 31. 6. Jos. 6. 4. 1 Cr. 15. 24. 2 Cr. 13. 12.

g 2 Cr. 13. 14.
9 Y cuando viniereis á la guerra [g] en vuestra tierra contra el enemigo que os molestare, tocaréis alarma con las trompetas; y seréis en memoria delante de Jehová vuestro Dios, y seréis salvos de vuestros enemigos.

h Cap. 29. 1. Lev. 23. 24. 1 Cr. 15. 24. 2 Cr. 5. 12. y 7. 6. y 29. 26. Esd. 3. 10. Neh. 12. 35. Sal. 81. 3.
10 Y en el dia de vuestra alegría, y en vuestras solemnidades, y en los principios de vuestros meses, tocaréis las trompetas sobre vuestros [h] holocaustos, y sobre los sacrificios de vuestras paces, y os serán por memoria delante de vuestro Dios: Yo Jehová vuestro Dios.

i Cap. 9. 17, 20. Ex. 40. 36, 37.
11 ¶ Y fué en el año segundo, en el mes segundo, á los veinte del mes, que la nube se alzó del tabernáculo del testimonio [i].

k Ex. 19. 1.
l Cap. 12. 16.
12 Y movieron los hijos de Israel por sus partidas del desierto de Sinai [k]; y paró la nube en el desierto de Pharan [l].

m Cap. 2. 9, 34.
13 Y movieron la primera vez al dicho de Jehová por mano de Moises [m].

n Cap. 2. 3, 9.
14 ¶ Y la bandera del campo de los hijos de Judá comenzó á marchar primero [n] por sus escuadrones: Naasson, hijo de Aminadab, era sobre su ejército.

15 Y sobre el ejército de la tribu de los hijos de Issachâr era Nathanael, hijo de Suar.

16 Y sobre el ejército de la tribu de los hijos de Zabulon, *era* Eliab, hijo de Helon.

o Cap. 1. 51.
p Cap. 4. 24. y 7. 6, 8.
17 Y despues que estaba ya desarmado el tabernáculo, movieron [o] los hijos de Gerson y los hijos de Merari, que lo llevaban [p].

q Cap. 2. 10, 16.
18 Luego comenzó á marchar la bandera del campo de Ruben [q] por sus escuadrones: y Elisur, hijo de Sedeur, era sobre su ejército.

19 Y sobre el ejército de la tribu de los hijos de Simeon *era* Selumiel, hijo de Zurisaddai.

20 Y sobre el ejército de la tribu de los hijos de Gad *era* Eliasaph, hijo de Dehuel.

r Cap. 4. 4, 15.
21 Luego comenzaron á marchar los Coathitas llevando el santuario [r]: y entretanto que ellos llegaban, *los otros* acondicionaron el tabernáculo.

s Cap. 2. 18, 24.
22 Despues comenzó á marchar la bandera del campo de los hijos de Ephraim [s] por sus escuadrones: y Elisama, hijo de Ammiud, *era* sobre su ejército.

23 Y sobre el ejército de la tribu de los hijos de Manasse *era* Gamaliel, hijo de Phadassur.

24 Y sobre el ejército de la tribu de los hijos de Benjamin *era* Abidam, hijo de Gedeon.

t Cap. 2. 25, 31.
25 Luego comenzó á marchar la bandera del campo de los hijos de Dan [t] por sus escuadrones, recogiendo todos los campos: y Ahiezer, hijo de Ammisaddai, *era* sobre su ejército.

26 Y sobre el ejército de la tribu de los hijos de Aser *era* Pagiel, hijo de Ochran.

27 Y sobre el ejército de la tribu de los hijos de Nephtali *era* Ahira, hijo de Enan.

28 Estas *son* las partidas de los hijos de Israel por su ejércitos, cuando se movian.

u Ex. 2. 18. Juec. 1. 16.
x Ex. 6. 7, 8.
29 ¶ Entónces dijo Moises á Hobab, hijo de Ragüel [u], Madianita, su suegro: Nosotros nos partimos para el lugar del cual Jehová ha dicho, Yo os lo daré: ven con nosotros, y te harémos bien: porque Jehová ha hablado bien respecto á Israel [x].

30 Y él le respondió: yo no iré, sino que me marcharé á mi tierra, y á mi parentela.

31 Y él le dijo: ruégote que no nos dejes, porque tú sabes nuestros alojamientos en el desierto, y nos serás en lugar de ojos.

32 Y será, que si vinieres con nosotros, cuando tuvieremos el bien que Jehová nos ha de hacer, nosotros te harémos bien.

y Ex. 3. 1.
z Jos. 3. 3, 6.
33 ¶ Así partieron del monte de Jehová [y] camino de tres dias; y el arca de la alianza de Jehová fué delante [z] de ellos camino de tres dias buscandoles lugar de descanso.

a Ex. 13. 21. Neh. 9. 12, 19.
34 Y la nube de Jehová iba sobre ellos [a] de dia desde que partieron del campo.

b Sal. 68. 1, 2.
35 ¶ Y fué, que en moviendo el arca, Moises decia: Levántate, Jehová, y sean disipados tus enemigos, y huyan de tu presencia [b] los que te aborrecen.

36 Y cuando ella asentaba, decia: Vuelve, Jehová, á los millares de millares de Israel.

CAPITULO XI.

Murmuracion de los Israelitas y su castigo: establecimiento de los setenta ancianos. Envia Dios codornices al campamento.

a Sal. 78. 21.
b Lev. 10. 2. 2 Rey. 1. 12.
Y ACONTECIÓ que el pueblo se quejó á oidos de Jehová; y oyólo Jehová, y enardecióse su furor, y encendióse en ellos [a] fuego de Jehová [b], y consumió el un cabo del campo.

2 Entónces el pueblo dió voces á Moises, y Moises oró á Jehová, y soterróse el fuego.

‖ *incendio*, Deu. 9. 22.
3 Y llamó á aquel lugar Taberah ‖; porque el fuego de Jehová se encendió en ellos.

c Ex. 12. 38.
d Sal. 78. 18. y 106. 14. 1 Cor. 10. 6.
4 Y el *mezclado* vulgo [c] que habia en medio *del pueblo*, tuvo un vivo deseo, y volvieron, y aun lloraron los hijos de Israel, y dijeron: ¡Quien nos diera á comer carne [d]!

5 Nos acordamos del pescado que comiamos en Egipto de balde, de los cohombros, y de los melones, y de los puerros, y de las cebollas, y de los ajos:

e Cap. 21. 5.
6 Y ahora nuestra alma se seca [e]; que nada sino maná ven nuestros ojos.

7 Y era el maná como semilla de culantro, y su color como color de bdelio.

f Ex. 16. 31.
8 Derramábase el pueblo, y recogian, y molian en molinos, ó majaban en morteros, y *le* cocian en caldera, ó hacian de él tortas: y su sabor era como sabor de aceite nuevo [f].

g Ex. 16. 13.
9 Y cuando descendia el rocío sobre el real de noche, el maná descendia de sobre él [g].

10 ¶ Y oyó Moises al pueblo que lloraba por sus familias, cada uno á la puerta de su tienda: y el furor de Jehová se encendió en gran manera; tambien pareció mal á Moises.

11 Y dijo Moises á Jehová: ¿Por qué has hecho mal á tu siervo? ¿Y por qué no he hallado gracia en tus ojos, que has puesto la carga de todo este pueblo sobre mí?

h Isa. 40. 11.
i Gen. 13. 15. y 26. 3.
12 ¿Concebí yo á todo este pueblo? ¿Engendrélo yo, para que me digas, llévalo en tu seno [h], como lleva la que cria al que mama, á la tierra de la cual juraste á sus padres [i]?

k Mat. 15. 33.
13 ¿De donde tengo yo carne para dar á todo este pueblo [k]? Porque lloran á mí, diciendo: Dános carne que comamos.

l Ex. 18. 18.
14 No puedo yo solo soportar á todo este pueblo [l], que me es pesado en demasía.

m 1 Rey. 19. 4. Jona. 4. 3.
15 Y si así lo haces tú conmigo, yo te ruego que me des muerte [m], si he hallado gracia en tus ojos, y que yo no vea mi mal.

16 ¶ Entónces Jehová dijo á Moises: Júntame setenta varones de los ancianos

de Israel, que tú sabes[n] que son ancianos del pueblo, y sus principales; y traelos á la puerta del tabernáculo del testimonio, y esperen allí contigo.

17 Y yo descenderé[o] y hablaré allí contigo; y tomaré del espíritu que *está* en tí, y pondré en ellos; y [p] llevarán contigo la carga del pueblo, y no la llevarás tú solo.

18 Empero dirás al pueblo: Santificaos[q] para mañana, y comeréis carne: pues que habeis llorado en oidos de Jehová, diciendo: ¡Quien nos diera á comer carne! [r] Cierto mejor nos iba en Egipto. Jehová pues os dará carne, y comeréis.

19 No comeréis un dia, ni dos dias, ni cinco dias, ni diez dias, ni veinte dias,

20 *Sino* hasta un mes de tiempo, hasta que os salga por las narices, y os sea en aborrecimiento: [s] por cuanto menospreciasteis á Jehová, que *está* en medio de vosotros, y llorasteis delante de él diciendo, ¿Para qué salimos acá de Egipto?

21 ¶ Entónces dijo Moises: Seiscientos mil de á pié *es* el pueblo en medio del cual yo *estoy*[t]; y tú dices, Yo les daré carne, y comerán el tiempo de un mes.

22 ¿Se han de degollar para ellos ovejas y bueyes que les basten[u]? ó se juntarán para ellos todos los peces de la mar, para que tengan abasto?

23 Entónces Jehová respondió á Moises: ¿Hase acortado la mano de Jehová[x]? Ahora verás si te sucede mi dicho ó no.

24 ¶ Y salió Moises, y dijo al pueblo las palabras de Jehová: y juntó los setenta varones de los ancianos del pueblo, é hízolos estar al rededor del tabernáculo.

25 Entónces Jehová descendió[y] en la nube, y hablóle; y tomó del espíritu que estaba en él, y puso en los setenta varones ancianos: y fué que, cuando posó en ellos el espíritu, profetizaron, y no[z] cesaron.

26 Y habian quedado en el campo dos varones, llamado el uno Eldad, y el otro Medad, sobre los cuales tambien reposó el espíritu: estaban estos entre los escritos, mas no habian salido al tabernáculo; y profetizaron en el campo.

27 Y corrió un mozo, y dió aviso á Moises, y dijo: Eldad y Medad profetizan en el campo.

28 Entónces respondió Josué, hijo de Nun, ministro de Moises, *uno* de sus mancebos, y dijo: Señor mio Moises, impídelos[a].

29 Y Moises le respondió: ¿Tienes tú celos por mí? Mas ojalá que todo el pueblo de Jehová fuesen profetas[b], que Jehová pusiera su Espíritu sobre ellos.

30 Y recogióse Moises al campo, él y los ancianos de Israel.

31 ¶ Y salió un viento de Jehová, y trajo[c] codornices de la mar, y dejólas sobre el real un dia de camino de la una parte, y otro dia de camino de la otra, en derredor del campo, y casi dos codos sobre la haz de la tierra.

32 Entónces el pueblo estuvo levantado todo aquel dia, y toda la noche, y todo el dia siguiente, y recogiéronse codornices: el que menos, recogió diez montones; y las tendieron para sí á lo largo en derredor del campo.

33 Aun estaba la carne entre los dientes de ellos[d], antes que fuese mascada, cuando el furor de Jehová se encendió en el pueblo, é hirió Jehová el pueblo con una muy grande plaga.

34 Y llamó el nombre de aquel lugar Kibroth-hattaavah ‖, por cuanto allí sepultaron al pueblo codicioso.

[n] Ex. 24. 1, 9. [o] ...er. 25. ...en. 11. 5. 18. 21. ...x. 19. 20. ...Rey. 2. 9, [q] ...x. 19. 10. [r] ...x. 4, 5. [s] ...l. 78. 29, ...06. 15. [t] ...p. 1. 46. ...12. 37. [u] ...Rey. 7. 2. ...r. 8. 4. ...an 6. 7, 9. [x] ...50. 2. ...9. 1. [y] ...r. 17. [z] ...Sam. 10. 6. [a] ...c. 9. 49. ...a 3. 26. [b] ...Cor. 14. 5. [c] ...16. 13. ...l. 78. 26, ...05. 40. [d] ...l. 78. 30, ‖ ...valeros ...concupiscencia.

35 ¶ De Kibroth-hattaavah movió el pueblo á Haseroth, y pararon en Haseroth[e].

CAPITULO XII.

Murmuran. Maria y Aaron contra su hermano Moises. Maria es herida de lepra; pero recobra la salud por la oracion de Moises.

Y HABLARON Maria y Aaron contra Moises á causa de la mujer Ethiopisa que habia tomado: porque él habia tomado mujer Ethiopisa[a]:

2 Y dijeron, ¿Solamente por Moises ha hablado Jehová? ¿no ha hablado tambien por nosotros[b]? Y oyólo Jehová[c].

3 Y aquel varon Moises era muy manso, mas que todos los hombres que *habia* sobre la tierra.

4 ¶ Y luego dijo Jehová á Moises, y á Aaron, y á Maria: Salid vosotros tres al tabernáculo del testimonio. Y salieron ellos tres.

5 Entónces Jehová descendió[d] en la columna de la nube, y púsose á la puerta del tabernáculo, y llamó á Aaron y á Maria: y salieron ellos ambos.

6 Y él les dijo: Oid ahora mis palabras: Si tuviereis profeta de Jehová, *yo* le apareceré en vision[e], en sueños[f] hablaré con él.

7 No así *á* mi siervo Moises, que es fiel en toda mi casa[g].

8 Boca á boca hablaré con él[h], y á las claras, y no por figuras; y verá la apariencia de Jehová: ¿porqué pues no tuvisteis temor de hablar contra mi siervo Moises?

9 Entónces el furor de Jehová se encendió en ellos, y fuese.

10 Y la nube se apartó del tabernáculo: y hé aquí que Maria *era* leprosa[i] como la nieve: y miró Aaron á Maria, y he aquí que *estaba* leprosa.

11 ¶ Y dijo Aaron á Moises: Ah! señor mio, no pongas ahora sobre nosotros pecado, porque locamente lo hemos hecho[k], y hemos pecado.

12 No sea ella ahora como el que sale muerto del vientre de su madre, consumida *ya* la mitad de su carne.

13 Entónces Moises clamó á Jehová, diciendo: Ruégote, oh Dios, que la sanes ahora[l].

14 Respondió Jehová á Moises: Pues si su padre hubiera escupido en su cara, ¿no se avergonzaria por siete dias? Sea echada fuera del real por siete dias, y despues[m] se reunirá.

15 Así Maria fué echada del real siete dias; y el pueblo no pasó adelante hasta que se *le* reunió Maria.

CAPITULO XIII.

De los exploradores enviados por Moises á la tierra de Canaan. Todos ellos, á excepcion de Josué y Caleb, amedrentan al pueblo.

Y DESPUES movió el pueblo de Haseroth, y asentaron el campo en el desierto de Paran.

2 ¶ Y Jehová habló á Moises, diciendo:

3 Envia tú hombres[a] que reconozcan la tierra de Canaan, la cual yo doy á los hijos de Israel: de cada tribu de sus padres enviaréis un varon, cada uno príncipe entre ellos.

4 Y Moises los envió desde el desierto de Paran conforme á la palabra de Jehová: y todos aquellos varones eran príncipes de los hijos de Israel,

5 Los nombres de los cuales *son* estos. De la tribu de Ruben, Sammua, hijo de Zaccur.

6 De la tribu de Simeon, Saphat, hijo de Huri.

[e] Cap. 33. 17.
[a] Ex. 2. 21.
[b] Ex. 15. 20. Mic. 6. 4.
[c] Cap. 11. 1. Sal. 94. 7, 9. Is. 37. 4. Ex. 35. 12, 13.
[d] Cap. 11. 25.
[e] Gen. 15. 1. y 46. 2. Ex. 1. 1. Hech. 10. 11, 17.
[f] Gen. 28. 12. y 31. 11. 1 Rey. 3. 5. Job 33. 15.
[g] Heb. 3. 2, 5.
[h] Ex. 33. 11. Deu. 34. 10.
[i] Deu. 24. 9. 2 Rey. 5. 27. 2 Cr. 26. 19, 21.
[k] Pro. 30. 32.
[l] Santo. 5. 15.
[m] Lev. 13. 46.
[a] Cap. 32. 8. Deu. 1. 22.

7 De la tribu de Judá, Caleb, hijo de Jephone.

8 De la tribu de Isachár, Igal, hijo de Joseph.

9 De la tribu de Ephraim, Oseas, hijo de Nun[b].

10 De la tribu de Benjamin, Palti, hijo de Raphu.

11 De la tribu de Zabulon, Gaddiel, hijo de Sodi.

12 De la tribu de Joseph, *esto es*, de la tribu de Manasse, Gaddi, hijo de Susi.

13 De la tribu de Dan, Ammiel, hijo de Gemalli.

14 De la tribu de Aser, Sethur, hijo de Michael.

15 De la tribu de Nephthali, Nahabi, hijo de Vapsi.

16 De la tribu de Gad, Geuel, hijo de Machi.

17 Estos *son* los nombres de los varones que Moises envió á reconocer la tierra: y á Oseas[c], hijo de Nun, le puso Moises el nombre de Josué.

18 Enviólos pues Moises á reconocer la tierra de Canaan, diciendoles: Subid por aquí, por el Mediodia, y subid al monte[d].

19 Y observad la tierra que tal es; y el pueblo que la habita, si es fuerte, ó débil, si poco ó numeroso:

20 Que tal *es* la tierra habitada, si es[e] buena ó mala: y que tales son las ciudades habitadas; si *son* de tiendas, ó de fortalezas.

21 Y cual sea el terreno, si es pingüe ó flaco, si en él hay ó no árboles[f]. Y esforzaos, y coged del fruto del pais. Y el tiempo *era* el tiempo de las primeras uvas.

22 Y ellos subieron, y reconocieron la tierra desde el desierto de Sin[g] hasta Rehob[h], entrando en Emath.

23 Y subieron por el Mediodia, y vinieron hasta Hebron: y allí *estaban* Ahiman, y Sesai, y Talmai, hijos de Anac[i]. Hebron[k] fué edificada siete años antes de Zoan[l] la de Egipto.

24 Y llegaron hasta el arroyo de Escol[m], y de allí cortaron un sarmiento con un racimo de uvas, el cual trajeron dos en un palo, y *tambien* de las granadas y de los higos.

25 Y llamóse aquel lugar Nahal-Escol ‖, por el racimo que cortaron de allí los hijos de Israel.

26 Y volvieron de reconocer la tierra al cabo de cuarenta dias.

27 ¶ Y anduvieron, y vinieron á Moises y á Aaron, y á toda la congregacion de los hijos de Israel, en el desierto de Paran, en Cades[n]; y dieronles la respuesta, y á toda la congregacion, y les mostraron el fruto de la tierra.

28 Y le contaron, y dijeron: Nosotros llegamos á la tierra, á la cual nos enviaste, la que ciertamente fluye leche y miel[o], y este es el fruto de ella[p].

29 Mas el pueblo que habita aquella tierra es fuerte, y las ciudades muy grandes y fuertes[q]; y tambien vimos allí los hijos de Anac.

30 Amalec habita la tierra del Mediodia; y el Hethéo, y el Jebuséo, y el Amorrhéo, habitan en el monte; y el Cananéo habita junto á la mar, y á la ribera del Jordan.

31 Entónces Caleb hizo callar el pueblo delante de Moises, y dijo: Subamos luego, y poseamosla; que mas podrémos que ella[r].

32 Mas los varones que subieron con él, dijeron: No podrémos subir contra aquel pueblo; porque es mas fuerte que nosotros.

b ver. 17.
c ver. 9. Ex. 17. 9.
d Deu. 1. 24.
e Neh. 9. 25, 35. Ez. 34. 14.
f Deu. 31. 6, 7, 23.
g Jos. 15. 1.
h Jos. 19. 28.
i Jos. 11. 21. y 15. 13, 14. Juec 1. 10.
k Jos. 21. 11.
l Sal. 78. 12. Is. 19. 11.
m Deu. 1. 24.
‖ el arroyo ó valle del racimo.
n Cap. 20. 1, 16.
o Ex. 33. 3.
p Deu. 1. 25, etc.
q Deu. 1. 28.
r Jos. 14. 7, 8.

33 Y vituperaron entre los hijos de Israel la tierra que habian reconocido, diciendo: La tierra por donde pasamos, para reconocerla, *es* tierra que traga á sus moradores[s]; y todo el pueblo que vimos en medio de ella, son hombres de grande estatura[t].

34 Tambien vimos allí gigantes, hijos de Anac[u], *de estirpe* de los gigantes: y eramos nosotros, á nuestro parecer, como langostas[x]; y así les pareciamos *tambien* á ellos.

CAPITULO XIV.

Josué y Caleb procuran en vano apaciguar al pueblo. Aplaca Moises la indignacion del Señor; el cual no obstante los condena á todos á morir en el desierto, á escepcion de Josué y de Caleb.

ENTONCES toda la congregacion alzaron *grita*, y dieron voces: y el pueblo lloró aquella noche.

2 Y quejáronse[a] contra Moises y contra Aaron todos los hijos de Israel, y dijoles toda la multitud: Ojalá muriéramos en la tierra de Egipto, ó en este desierto; ojalá muriéramos.

3 ¿Y porqué nos trae Jehová á esta tierra para caer á cuchillo, y que nuestras mujeres y nuestros chiquitos sean por presa? ¿No nos seria mejor volvernos á Egipto?

4 Y decian el uno al otro: Hagamos un capitan, y volvámonos á Egipto[b].

5 Entónces Moises y Aaron cayeron sobre sus rostros[c] delante de toda la multitud de la congregacion de los hijos de Israel.

6 Y Josué, hijo de Nun, y Caleb, hijo de Jephone[d], *que eran* de los que habian reconocido la tierra, rompieron sus vestidos:

7 Y hablaron á toda la congregacion de los hijos de Israel, diciendo: La tierra por donde pasamos, para reconocerla, *es* tierra en gran manera buena.

8 Si Jehová se agradare de nosotros, él nos meterá en esta tierra, y nos la entregará; tierra que fluye leche y miel[e].

9 Por tanto no seais rebeldes contra Jehová, ni temais al pueblo de aquesta tierra[f], porque nuestro pan son[g]: su amparo se ha apartado de ellos, y con nosotros *es* Jehová[h]; no los temais.

10 Entónces toda la multitud habló de apedrearlos con piedras[i]; mas la gloria de Jehová se mostró en el tabernáculo del testimonio[k] á todos los hijos de Israel.

11 ¶ Y Jehová dijo á Moises: ¿Hasta cuando me ha de irritar este pueblo[l]? ¿Hasta cuando no me ha de creer con todas las señales que he hecho en medio de ellos[m]?

12 Yo lo heriré de mortandad, y lo destruiré; y á tí te pondré sobre gente grande y mas fuerte que ellos[n].

13 Y Moises respondió á Jehová: Oiránlo luego los Egipcios[o], porque de en medio de ellos sacaste á este pueblo con tu fortaleza;

14 Y *lo* dirán á los habitadores de esta tierra; *los cuales* han oido que tú, oh Jehová, *estabas* en medio de este pueblo[p], que ojo á ojo aparecias tú, oh Jehová, y que tu nube estaba sobre ellos, y que de dia ibas delante de ellos en columna de nube, y de noche en columna de fuego[q]:

15 Y que has hecho morir á este pueblo como á un hombre: y las gentes que hubieren oido tu fama, hablarán diciendo,

16 Porque no pudo Jehová meter[r] este pueblo en la tierra de la cual les habia jurado, los mató en el desierto.

s Lev. 26. 38. Ez. 36. 13.
t Deu. 9. 2.
u ver. 22.
x Is. 40. 22.
a Sal. 106. 25
b Deu. 17. 16 Neh. 9. 17. Hech. 7. 39.
c Cap. 16. 4, 22.
d ver. 30, 38
e Cap. 13. 27
f Deu. 20. 1
g Cap. 24. 8
h Deu. 20. 1, 4 2 Cr. 15. 2 y 32. 8. Sal. 46. 7, 11. Is. 8. 9, 10 Rom. 8. 31
i Ex. 17. 4
k Cap. 16. 19, 42. y 20. 6.
l Heb. 3. 16
m Juan 12. 37
n Ex. 32. 10
o Ex. 32. 12 Deu. 32. 27 Ex. 20. 9, 14
p Ex. 15. 14 Jos. 2. 9. y 5. 1.
q Ex. 13. 21, 22. Sal. 78. 14
r Deu. 9. 28 Jos. 7. 9.

17 Ahora pues, yo te ruego que sea magnificada la fortaleza del Señor, como lo hablaste, diciendo:

18 Jehová, tardo de ira, y grande en misericordia, que perdona[e] la iniquidad y la rebelion, y absolviendo no absolverá *al impenitente*; que visita la maldad de los padres sobre los hijos hasta los terceros y hasta los cuartos[f].

Ii. 7. 18. x. 20. 5. r. 32. 18.

19 Perdona ahora la iniquidad de este pueblo segun la grandeza de tu misericordia, y como has perdonado á este pueblo desde Egipto hasta aquí[u].

al. 78. 38.

20 Entónces Jehová dijo: yo lo he perdonado conforme á tu dicho[x].

l. 106. 23. nt°. 5. 16.

21 Mas *tan* ciertamente *como* vivo yo, y mi gloria hinche toda la tierra[y],

al. 72. 19. 66. 18, 19

22 Que todos los que vieron mi gloria, y mis señales, que he hecho en Egipto y en el desierto, y me han tentado ya diez veces, y no han oido mi voz,

23 No verán la tierra[z] de la cual juré á sus padres: no, ninguno de los que me han irritado la verá.

au. 1. 35, 1. 95. 11. .06. 26. . 20. 15. h. 3. 17,

24 Empero mi siervo Caleb, por cuanto hubo en él otro espíritu, y cumplió el ir en pos de mí, yo lo meteré en la tierra donde entró, y su simiente la recibirá en heredad[a].

p. 32. 11,

25 Ahora bien, el Amalecita y el Cananéo habitan en el valle. Volveos mañana, y partíos al desierto camino del mar Bermejo.

a. 14. 8, 9.

26 ¶ Y Jehová habló á Moises y á Aaron, diciendo:

27 ¿Hasta cuando oiré esta depravada multitud que murmura contra mí, las querellas de los hijos de Israel, que de mí se quejan?

28 Diles: Vivo yo, dice Jehová, que segun habeis hablado á mis oidos, así haré yo con vosotros.

29 En este desierto caerán vuestros cuerpos: y todos vuestros contados[b] segun toda vuestra cuenta, de veinte años arriba, los cuales habeis murmurado contra mí,

p. 1. 45. 8. 64, 65. 2. 11.

30 Vosotros á la verdad no entraréis en la tierra, por la cual alzé mi mano de haceros habitar en ella; exceptuando á Caleb, hijo de Jephone, y á Josué, hijo de Nun.

31 Mas vuestros chiquitos, de los cuales dijisteis que serian por presa, yo los introduciré, y ellos conocerán la tierra que vosotros despreciasteis[c].

l. 106. 24.

32 Y *en órden* á vosotros, vuestros cuerpos caerán[d] en este desierto.

Cor. 10. 5.

33 Y vuestros hijos andarán pasturando en el desierto[e] cuarenta años, y ellos llevarán vuestras fornicaciones,[f] hasta que vuestros cuerpos sean consumidos en el desierto.

p. 32. 13. r. 3. 1, 2. 28. 36. a. 9. 1.

34 Conforme al número de los dias, *de los* cuarenta dias[g] en que reconocisteis la tierra, llevaréis vuestras iniquidades cuarenta años, un año por cada dia; y conoceréis mi castigo[h].

p. 13. 25. . 18. 9,

35 Yo Jehová he hablado: si esto no hiciere á toda esta multitud perversa, que se ha juntado contra mí: en este desierto serán consumidos, y ahí morirán.

36 Y los varones[i] que Moises envió á reconocer la tierra, y vueltos habian hecho murmurar contra él á toda la congregacion, desacreditando aquel pais,

a. 13. 31,

37 Aquellos varones que habian hablado mal de la tierra, murieron de plaga delante de Jehová.

38 Mas Josué, hijo de Nun, y Caleb, hijo de Jephone, quedaron con vida de entre aquellos hombres que habian ido á reconocer la tierra[k].

p. 26. 65. . 14. 6,

39 Y Moises dijo estas cosas á todos los hijos de Israel, y el pueblo se enlutó mucho[l].

l Ex. 33. 4. Is. 26. 16.

40 ¶ Y levantáronse por la mañana, y subieron á la cumbre del monte, diciendo: Hénos aquí *aparejados* para subir al lugar del cual ha hablado Jehová, porque hemos pecado[m].

m Deu. 1. 41.

41 Y dijo Moises: Porqué quebrantais el[n] dicho de Jehová? Esto tampoco os sucederá bien.

n ver. 25.

42 No subais, porque Jehová no *está* en medio de vosotros, no seais heridos delante de vuestros enemigos.

43 Porque el Amalecita y el Cananéo *estan* allí delante de vosotros, y caeréis á cuchillo: pues por cuanto os habeis retraido de seguir á Jehová, por eso no será Jehová con vosotros[o].

o 2 Cr. 15. 2.

44 Sin embargo se obstinaron en subir á la cima del monte: mas el arca de la alianza de Jehová, y Moises, no se apartaron de en medio del campo.

45 Y descendieron el Amalecita y el Cananéo, que habitaban en aquel monte, é hiriéronlos y derrotáronlos, *siguiéndolos* hasta Horma[p].

p Cap. 21. 3. Juec. 1. 17.

CAPITULO XV.

Leyes ceremoniales sobre primicias y libaciones. Suplicio de un hombre que recogia leña en sábado. Orden para que los Israelitas traigan en el vestido un recuerdo de la ley de Dios.

Y JEHOVA habló á Moises, diciendo:

2 Habla á los hijos de Israel, y díles: Cuando hubiereis entrado en la tierra de vuestras habitaciones, que yo os doy,

3 E hiciereis ofrenda encendida á Jehová, holocausto[a], ó sacrificio, por especial voto[b], ó de vuestra voluntad, ó para hacer en vuestras solemnidades[c] olor suave á Jehová de vacas, ó de ovejas,

a Lev. 1. 2, 3. b Lev. 7. 16. y 22. 18, 21. c Lev. 23. 8, 12, 36.

4 Entónces el que ofreciere su ofrenda á Jehová, traerá por[d] presente una décima *de un ephi* de flor de harina, amasada con la cuarta *parte* de un hin de aceite;

d Ex. 29. 40. Lev. 23. 13.

5 Y de vino para la libacion ofrecerás[e] la cuarta *parte* de un hin, ademas del holocausto ó del sacrificio, por cada un cordero.

e Cap. 28. 5, etc. Lev. 14. 10.

6 Y por *cada* carnero harás presente de dos decimas de flor de harina, amasada con el tercio de un hin de aceite.

7 Y de vino para la libacion ofrecerás el tercio de un hin, en olor suave á Jehová.

8 Y cuando ofrecieres novillo en holocausto, ó sacrificio, por especial voto, ó *sacrificio* de paces á Jehová,

9 Ofrecerás con el novillo un presente de tres décimas de flor de harina, amasada con la mitad de un hin de aceite[f]:

f Cap. 28. 12, etc.

10 Y de vino para la libacion ofrecerás la mitad de un hin, en ofrenda encendida de olor suave á Jehová.

11 Así se hará con *cada* un buey, ó carnero, ó cordero, lo mismo *con animalejo* de ovejas que de cabras[g].

g Cap. xxviii.

12 Conforme al número así haréis con cada uno, segun el número de ellos.

13 ¶ Todo natural hará estas cosas así, para ofrecer ofrenda encendida de olor suave á Jehová.

14 Y cuando habitare con vosotros extranjero, ó cualquiera que estuviere entre vosotros por vuestras edades, si hiciere ofrenda encendida de olor suave á Jehová, como vosotros hiciereis, así hará él.

15 Oh congregacion, un mismo estatuto tendréis vosotros, y el extranjero que *con vosotros* mora; estatuto que será perpetuo por vuestras edades: como vos-

otros[h], así será el peregrino delante de Jehová.

16 Una misma ley y un mismo derecho tendréis vosotros y el peregrino que con vosotros mora.

[h] ver. 29. Cap. 9. 14. Ex. 12. 49.

17 ¶ Y habló Jehová á Moises, diciendo:

18 Habla á los hijos de Israel, y diles: cuando hubiereis entrado en la tierra á la cual yo os llevo[i],

19 Será que cuando comenzareis á comer del pan de la tierra, ofreceréis ofrenda á Jehová.

20 De lo primero[k] que amasareis, ofreceréis una torta en ofrenda: como la ofrenda de la era[l], así la ofreceréis.

21 De las primicias de vuestras masas daréis á Jehová ofrenda por vuestras generaciones.

[i] Deu. 26. 1, etc.
[k] Pro. 3. 9, 10.
[l] Lev. 23. 10, 16.

22 ¶ Y cuando errareis[m], y no hiciereis todos estos mandamientos, que Jehová ha dicho á Moises,

23 Todas las cosas que Jehová os ha mandado por la mano de Moises, desde el dia que Jehová *le* mandó, y en adelante por vuestras edades,

24 Será que, si *el pecado* fué hecho por yerro con ignorancia de la congregacion[n], toda la congregacion ofrecerá un novillo por holocausto, en olor suave á Jehová, con su presente y su libacion[o] conforme á la ley; y un macho cabrío en expiacion.

25 Y el sacerdote hará expiacion por toda la congregacion de los hijos de Israel, y les será perdonado, porque[p] yerro es: y ellos traerán sus ofrendas, ofrenda encendida á Jehová, y sus expiaciones delante de Jehová por sus yerros.

26 Y será perdonado á toda la congregacion de los hijos de Israel, y al extranjero que peregrina entre ellos, por cuanto *es* yerro de todo el pueblo.

[m] Lev. 4. 2, etc.
[n] Lev. 4. 13.
[o] ver. 8, 10.
[p] Hech. 3. 17, 19. 1 Tim. 1. 13. Heb. 5. 2.

27 ¶ Y si una persona pecare por yerro[q], ofrecerá una cabra de un año por expiacion.

28 Y el sacerdote hará expiacion por la persona que habrá pecado por yerro, cuando pecare por yerro delante de Jehová; *y* la reconciliará, y le será perdonado.

29 El natural, entre los hijos de Israel, y el peregrino que habitare entre ellos, una misma ley tendréis para el que hiciere *algo* por yerro.

30 ¶ Mas la persona que hiciere algo con altiva mano, así el natural como el extranjero, á Jehová injurió[r]; y la tal persona será cortada de en medio de su pueblo.

31 Por cuanto tuvo en poco la palabra de Jehová[s], y dió por nulo su mandamiento, enteramente será cortada la tal persona: su iniquidad *será* sobre ella.

[q] Lev. 4. 27, 28.
[r] Deu. 17. 12. Sal. 19. 13.
[s] Pro. 13. 13.

32 ¶ Y estando los hijos de Israel en el desierto, hallaron un hombre que recogía leña en dia de sábado[t].

33 Y los que le hallaron recogiendo leña, trajéronlo á Moises y á Aaron, y á toda la congregacion.

34 Y pusiéronlo en la cárcel[u], porque no estaba declarado que le habian de hacer.

35 Y Jehová dijo á Moises: Irremisiblemente muera aquel hombre[x]; apedréelo con piedras toda la congregacion fuera del campo[y].

36 Entónces lo sacó la congregacion[z] fuera del campo, y apedreáronlo con piedras, y murió, como Jehová mandó á Moises.

37 ¶ Y Jehová habló á Moises, diciendo:

[t] Ex. 35. 2, 3.
[u] Lev. 24. 12.
[x] Ex. 31. 14, 15.
[y] Lev. 24. 14.
[z] Jos. 7. 25.

que se hagan pezuelos en los remates de sus vestidos[a], por sus generaciones; y pongan en *cada* pezuelo de los remates un cordon de cárdeno.

39 Y serviros ha de pezuelo, para que cuando lo viereis, os acordeis de todos los mandamientos de Jehová, para ponerlos por obra, y no mireis en pos de vuestro corazon[b] y de vuestros ojos, *yendo* en pos de los cuales fornicais:

40 Para que os acordeis, y hagais todos mis mandamientos, y seais santos á vuestro Dios[c].

41 Yo Jehová vuestro Dios, que os saqué de la tierra de Egipto, para ser vuestro Dios: Yo Jehová vuestro Dios.

[a] Deu. 22. 12. Mat. 23. 5.
[b] Deu. 29. 19. Job 31. 7. Jer. 9. 14. Ez. 6. 9.
[c] Lev. 11. 44, 45.

CAPITULO XVI.

Sedicion de Core, Dathan y Abiram, y de sus secuaces, reprimida y castigada. Aaron aplaca la cólera de Dios.

Y CORE[a], hijo de Ishar, hijo de Coath, hijo de Leví; y Dathan y Abiram, hijos de Eliab; y Hon, hijo de Peleth, de los hijos de Ruben, tomaron *gente*,

2 Y levantáronse contra Moises con doscientos y cincuenta varones de los hijos de Israel, príncipes de la congregacion, de los del consejo, varones de nombre.

3 Y se juntaron contra Moises y Aaron[b], y les dijeron: Básteos, porque toda la congregacion, todos ellos *son* santos[c], y en medio de ellos *está* Jehová[d]: porqué pues os levantais vosotros sobre la congregacion de Jehová?

4 Y como lo oyó Moises, echóse sobre su rostro[e];

5 Y habló á Core y á todo su séquito, diciendo: Mañana mostrará Jehová quien *es* suyo[f], y al santo harálo llegar á sí; y al que él escogiere[g], él lo allegará á sí[h].

6 Haced esto, tomaos incensarios, Core y todo su séquito;

7 Y poned fuego en ellos, y poned en ellos zahumerio delante de Jehová mañana: y será que el varon á quien Jehová escogiere, aquel *será* el santo[i]: básteos *esto*, hijos de Leví.

8 Dijo mas Moises á Core: Oid ahora, hijos de Leví,

[a] Cap. 26. 9. Ex. 6. 21. Jud. 11.
[b] Sal. 106. 16.
[c] Ex. 19. 6.
[d] Ex. 29. 45.
[e] Cap. 14. 5. y 20. 6.
[f] 2 Tim. 2. 19.
[g] Cap. 17. 5.
[h] Cap. 3. 12. Ex. 44. 15, 16.
[i] Heb. 5. 4.

9 ¿ Os es poco que el Dios de Israel os haya apartado de la congregacion de Israel, haciendoos allegar á sí para que ministraseis en el servicio del tabernáculo de Jehová, y estuvieseis delante de la congregacion para ministrarles[k]?

10 ¿ Y qué, te hizo acercar á tí, y á todos tus hermanos los hijos de Leví contigo, para que *ahora* procureis tambien el sacerdocio?

11 Por tanto tú y todo tu séquito sois los que os juntais contra Jehová: pues Aaron, qué es, para que contra él murmureis[l]?

12 Y envió Moises á llamar á Dathan y á Abiram, hijos de Eliab; mas ellos respondieron, No irémos allá:

13 ¿ *Es* poco que nos hayas hecho venir de una tierra que destila leche y miel, para hacernos morir en el desierto, sino que tambien te enseñorees de nosotros imperiosamente[m]?

14 Ni tampoco nos has metido tú en tierra que fluya leche y miel[n], ni nos has dado heredades de tierras y viñas: ¿ has de arrancar los ojos de estos hombres? No subirémos.

15 Entónces Moises se enojó en gran manera, y dijo á Jehová: No mires á su presente: ni aun un asno he tomado de ellos[o], ni á ninguno de ellos he hecho

[k] Cap. 3. [illegible] 45. y 8. 14. Deu. 10. [illegible]
[l] Ex. 16. [illegible] 1 Sam. [illegible] Hech. [illegible] 1 Cor. [illegible]
[m] Ex. 2. [illegible]
[n] Ex. 3. [illegible] Lev. 20. [illegible]
[o] 1 Sam. [illegible] 3. Hech. [illegible] 33. [illegible]

16 Despues dijo Moises á Core: Tú y todo tu séquito poneos mañana delante de Jehová; tú y ellos, y Aaron:

17 Y tomad cada uno su incensario, y poned zahumerio en ellos, y llegad delante de Jehová cada uno *con* su incensario; doscientos y cincuenta incensarios: tú tambien, y Aaron, cada uno con su incensario.

18 ¶ Y tomaron cada uno su incensario, y pusieron en ellos fuego, y echaron en ellos zahumerio, y pusiéronse á la puerta del tabernáculo del testimonio con Moises y Aaron.

19 Ya Core habia hecho juntar contra ellos toda la congregacion á la puerta del tabernáculo del testimonio: entónces la gloria de Jehová apareció á toda la congregacion[p].

Cap. 14. 10.

20 ¶ Y Jehová habló á Moises y á Aaron, diciendo:

21 Apartaos de entre[q] esta congregacion, y consumirlos he en un momento.

ver. 45. Apoc. 18. 4.

22 Y ellos se echaron sobre sus rostros[r], y dijeron: Dios, Dios de los espíritus de toda carne[s], ¿no *es* un hombre el que pecó? ¿y airarte has tú contra toda la congregacion[t]?

Cap. 14. 5. Cap. 27. 16. Job 12. 10. Ec. 12. 7. Is. 57. 16. Zac. 12. 1. Heb. 12. 9. Gen. 18. 23. Jos. 7. 1, &c. Rom. 5. 12.

23 Entónces Jehová habló á Moises, diciendo:

24 Habla á la congregacion, diciendo: Apartaos de en derredor de la tienda de Core, Dathan, y Abiram.

25 Y Moises se levantó, y fué á Dathan, y á Abiram; y los ancianos de Israel fueron en pos de él.

26 Y él habló á la congregacion, diciendo: Apartaos ahora de las tiendas de estos impíos hombres, y no toqueis ninguna cosa suya, porque no perezcais en todos sus pecados[u].

Gen. 19. 12, 14. Is. 52. 11. 2 Cor. 6. 17. Ap. 18. 4.

27 Y apartáronse de las tiendas de Core, de Dathan, y de Abiram, en derredor, y pusiéronse á las puertas de sus tiendas con sus mujeres, y sus hijos, y sus chiquitos.

28 Y dijo Moises: En esto conoceréis que Jehová me ha enviado para que hiciese todas estas cosas; que no de mi corazon *las hice*[x].

Jer. 23. 16.

29 Si como mueren todos los hombres murieren estos, ó si fueron ellos visitados á la manera de todos los hombres, Jehová no me envió.

30 Mas si Jehová hiciere una nueva cosa, y la tierra abriere su boca, y los tragare con todas sus cosas, y descendieren vivos[y] al abismo, entónces conoceréis que estos hombres irritaron á Jehová.

Sal. 55. 15.

31 Y aconteció, que en acabando él de hablar todas estas palabras, rompióse la tierra que estaba debajo de ellos,

32 Y abrió la tierra su boca[z], y tragólos á ellos, y á sus casas, y á todos los hombres de Core, y á toda su hacienda.

Cap. 26. 10. y 27. 3. Deu. 11. 6. Sal. 106. 17, 18.

33 Y ellos, con todo lo que tenian, descendieron vivos al abismo, y cubriólos la tierra, y perecieron de en medio de la congregacion.

34 Y todo Israel, los que estaban en derredor de ellos, huyeron al grito de ellos: porque decian, No nos trague tambien la tierra.

35 Y salió fuego de Jehová[a], y consumió los doscientos y cincuenta hombres que ofrecian el zahumerio[b].

Cap. 11. 1. Lev. 10. 2. ver. 17.

36 ¶ Entónces Jehová habló á Moises, diciendo:

37 Dí á Eleazar, hijo de Aaron sacerdote, que tome los incensarios de en medio del incendio, y derrame mas allá el fuego; porque son santificados.

38 Los incensarios de estos pecadores contra sus almas: y harán de ellos planchas extendidas para cubrir el altar: por cuanto ofrecieron con ellos delante de Jehová, son santificados, y serán por[c] señal á los hijos de Israel.

[c] Cap. 17. 10.

39 Y el sacerdote Eleazar tomó los incensarios de metal, con que los quemados habian ofrecido: y extendiéronlos para cubrir el altar,

40 En recuerdo á los hijos de Israel que ningun estraño, que no sea de la simiente de Aaron, llegue á ofrecer zahumerio delante de Jehová, porque[d] no sea como Core, y como *los de* su séquito, segun se lo dijo Jehová por mano de Moises.

[d] Cap. 3. 10. 2 Cr. 26. 18.

41 ¶ El dia siguiente toda la congregacion de los hijos de Israel murmuró contra Moises y Aaron, diciendo: Vosotros habeis muerto al pueblo de Jehová.

42 Y aconteció que, como se juntó la congregacion contra Moises y Aaron, miraron hácia el tabernáculo del testimonio, y hé aquí la nube lo habia cubierto, y apareció[e] la gloria de Jehová.

[e] ver. 19.

43 Y vinieron Moises y Aaron delante del tabernáculo del testimonio.

44 Y Jehová habló á Moises diciendo:

45 Apartaos de en medio[f] de esta congregacion, y consumirélos en un momento. Y ellos se echaron sobre sus rostros[g].

[f] ver. 21, 24.
[g] ver. 22.

46 Y dijo Moises á Aaron: Toma el incensario, y pon en él fuego del altar, y sobre él pon perfume, y vé presto á la congregacion, y haz expiacion por ellos; porque el furor ha salido de delante la faz de Jehová[h]: la mortandad ha comenzado.

[h] Cap. 11. 33. y 18. 5. Lev. 10. 6. 1 Cr. 27. 24.

47 Entónces tomó Aaron *el incensario*, como Moises dijo, y corrió en medio de la congregacion: y hé aquí que la mortandad habia comenzado en el pueblo: y él puso perfume, é hizo expiacion por el pueblo.

48 Y púsose[i] entre los muertos y los vivos, y cesó la mortandad[k].

[i] Heb. 7. 24, 25.
[k] 1 Cr. 21. 26, 27. Sal. 106. 30.

49 Y los que murieron en aquella mortandad fueron catorce mil y setecientos, sin los muertos por el negocio de Core.

50 Despues se volvió Aaron á Moises á la puerta del tabernáculo del testimonio, cuando la mortandad habia cesado.

CAPITULO XVII.

El sacerdocio confirmado en Aaron con el prodigio de la vara que florece y fructifica.

Y HABLÓ Jehová á Moises, diciendo:

2 Habla á los hijos de Israel, y toma de ellos una vara por cada casa de los padres de todos los príncipes de ellos, doce varas conforme á las casas de sus padres; y escribirás el nombre de cada uno sobre su vara.

3 Y escribirás el nombre de Aaron sobre la vara de Leví, porque *cada* cabeza de familia de sus padres tendrá una vara.

4 Y las pondrás en el tabernáculo del testimonio, delante del testimonio, donde yo me declararé á vosotros[a].

[a] Ex. 25. 22. y 29. 42, 43. y 30. 36.

5 Y será, *que* el varon que yo escogiere[b], su vara florecerá; y haré cesar de sobre mí las quejas de los hijos de Israel, con que murmuran contra vosotros[c].

[b] Cap. 16. 5.
[c] Cap. 16. 11.

6 Y Moises habló á los hijos de Israel, y todos los príncipes de ellos le dieron varas; cada príncipe por las casas de sus padres una vara, *en todas* doce varas: y la vara de Aaron *estaba* entre las varas de ellos.

7 Y Moises puso las varas delante de Jehová en el tabernáculo del testimonio[d].

[d] Ex. 38. 21. Hech. 7. 44.

8 Y aconteció que el dia siguiente vino
Moises al tabernáculo del testimonio; y
hé aquí que la vara de Aaron de la casa
de Leví habia brotado, y echado flores,
y arrojado renuevos, y producido al-
mendras.
9 Entonces sacó Moises todas las varas
de delante de Jehová á todos los hijos de
Israel, y ellos lo vieron, y tomaron cada
uno su vara.
10 Y Jehová dijo á Moises: Vuelve la
Heb. 9. 4. vara de Aaron delante del Testimonio[e],
para que se guarde por señal á los hijos
rebeldes; y harás *así* cesar sus quejas de
sobre mí, porque no mueran.
11 E hízolo Moises: como le mandó
Jehová, así hizo.
12 ¶ Entónces los hijos de Israel ha-
blaron á Moises, diciendo: Hé aquí nos-
otros somos muertos, perdidos somos,
Sal. 90. 7. todos nosotros somos perdidos[f]:
Is. 57. 16. 13 Cualquiera que se llegare[g], el que
[g] Cap. 1. 51, 53. se acercare al tabernáculo de Jehová,
y 18. 4, 7. morirá: ¿acabarémos de perecer todos?
Heb. 10.19, 22.

CAPITULO XVIII.

En vez de posesiones hereditarias señala Dios á los ministros primicias, ofrendas y diezmos. Obligaciones de sacerdotes y levitas.

Y JEHOVA dijo á Aaron: Tú y tus
hijos, y la casa de tu padre contigo,
[a] Ex. 28. 38. llevaréis el pecado del santuario[a]: y tú,
y tus hijos contigo llevaréis el pecado de
vuestro sacerdocio.
2 Y á tus hermanos tambien, la tribu
de Leví, la tribu de tu padre, hazlos
[b] Gen. 29. 34. llegar á tí, y júntense contigo[b], y ser-
[c] Cap. 3. 10, etc. virte han[c]: mas tú, y tus hijos contigo,
serviréis delante del tabernáculo del tes-
timonio.
3 Y guardarán lo que tú ordenares, y
el cargo de todo el tabernáculo: mas no
[d] Cap. 4. 15, 20. llegarán á los vasos santos[d] ni al altar,
porque no mueran ellos y vosotros.
4 Se juntarán pues contigo, y tendrán
el cargo del tabernáculo del testimonio
en todo el servicio del tabernáculo: y
ningun estraño se ha de llegar á vosotros.
5 Y tendréis la guarda del santuario, y
[e] Ex. 30. 7, etc. la guarda del altar[e], para que no sea
Lev. 24. 3. mas la ira[f] sobre los hijos de Israel.
[f] Cap. 16. 46. 6 Porque hé aquí yo he tomado á vu-
estros hermanos los Levitas de entre los
hijos de Israel, dados á vosotros en don
de Jehová, para que sirvan en el minis-
terio del tabernáculo del testimonio.
7 Mas tú, y tus hijos contigo, guarda-
réis vuestro sacerdocio en todo negocio
[g] Heb. 9. 3, 6. del altar[g], y del velo adentro, y minis-
traréis. Yo *os* he dado en don el ser-
vicio de vuestro sacerdocio; y el estraño
que se llegare, morirá.
8 ¶ Dijo mas Jehová á Aaron: Hé
aquí yo te he dado tambien la guarda de
[h] Cap. 5. 9. mis ofrendas[h]: todas las cosas consa-
Lev. 7. 32. gradas de los hijos de Israel te he dado
[i] Ex. 40. 13, 15. por razon de la uncion[i], y á tus hijos,
por estatuto perpetuo.
9 Esto será tuyo de la ofrenda de las
cosas santas *preservadas* del fuego: toda
[k] Lev. 2. 2, 3. ofrenda de ellos de todo presente[k] suyo,
y 10. 12, 13. y *la* de toda expiacion *por el pecado* de
[l] Lev. 6. 25, 26. ellos[l], y la expiacion *por la culpa* de
[m] Lev. 7. 7. ellos[m], que me han de presentar, *y que*
y 14. 13. *es* cosa muy santa, será para tí y para
tus hijos.
[n] Lev. 6. 16, etc. 10 En el santuario le comerás[n]; todo
varon comerá de ella: cosa santa será
para tí.
[o] Deu. 18. 3. 11 Esto tambien será tuyo[o]: la ofrenda
elevada de sus dones, y todas las ofren-
das agitadas de los hijos de Israel he
dado á tí y á tus hijos, y á tus hijas con-
tigo, por estatuto perpetuo: todo lim-
[p] Lev. 22. 3. pio[p] en tu casa comerá de ellas.
12 De aceite, y de mosto, y de trigo,
todo lo mas escogido, las primicias de
ello que presentarán á Jehová[q], á tí las [q] Deu. 18. 4.
he dado. Neh. 10. 35, 36.
13 Las primicias de todas las cosas de
la tierra de ellos, las cuales traerán á Je-
hová, serán tuyas: todo limpio en tu
casa comerá[r] de ellas. [r] Ex. 22. 29.
14 Todo lo consagrado por voto[s] en [s] Lev. 27. 28.
Israel, será tuyo.
15 Todo lo que abriere matriz en toda
carne que ofrecerán á Jehová, así de
hombres como de animales, será tuyo:
mas has de hacer redimir el primogé-
nito del hombre[t]; tambien harás redi- [t] Ex. 13. 13.
mir el primogénito de animal inmundo. y 34. 20.
16 Y de un mes harás efectuar el res-
cate de ellos, conforme á tu estimacion,
por precio de cinco siclos[u] al siclo del [u] Cap. 3. 47.
santuario, *que* es de veinte óbolos[x]. Lev. 27. 2, 6.
17 Mas el primogénito de vaca, y el [x] Ex. 30. 13.
primogénito de oveja, y el primogénito
de cabra no redimirás; santificados
son[y]: la sangre de ellos rociarás sobre [y] Deu. 15. 19.
el altar, y quemarás la grosura de ellos
por ofrenda encendida, en olor suave á
Jehová.
18 Y la carne de ellos será tuya, como
el pecho de la mecedura y como la es-
paldilla derecha[z] son tuyos *tambien*. [z] Ex. 29. 26, 28.
19 Todas las ofrendas elevadas de las Lev. 7. 34.
cosas santas, que los hijos de Israel ofre- Deu. 18. 3.
cieren á Jehová, hélas dado para tí y
para tus hijos, y para tus hijas contigo,
por estatuto perpetuo[a]: pacto de sal [a] 2 Cr. 13. 5.
perpetuo es delante de Jehová para tí
y para tu simiente contigo.
20 Y Jehová dijo á Aaron: De la ti-
erra de ellos no tendrás heredad, ni
entre[b] ellos tendrás parte: yo *soy* tu [b] Cap. 26. 62.
parte y tu heredad en medio de los hi- Deu. 10. 9.
jos de Israel. y 12. 12.
21 ¶ Y hé aquí yo he dado á los hijos y 18. 2.
de Leví todos los diezmos[c] en Israel por Jos. 13. 14, 33.
heredad, por su ministerio, por cuanto Ez. 44. 28.
ellos sirven el ministerio del tabernáculo [c] Lev. 27. 30, 32.
del testimonio.
22 Y no llegarán mas los hijos de
Israel al tabernáculo del testimonio,
porque no lleven pecado, por el cual
mueran[d]. [d] Cap. 1. 51.
23 Mas los Levitas[e] harán el servicio [e] Cap. 3. 7.
del tabernáculo del testimonio, y ellos
llevarán su iniquidad: *es* estatuto per-
petuo por vuestras edades; y no pose-
erán heredad entre los hijos de Israel.
24 Porque á los Levitas he dado por
heredad los diezmos[f] de los hijos de [f] Neh. 10. 37.
Israel, que ofrecerán á Jehová en o- y 12. 44.
frenda: por lo cual les he dicho, Entre Mal. 3. 8, 10.
los hijos de Israel no poseerán heredad. Heb. 7. 5, 9.
25 ¶ Y habló Jehová á Moises, dici-
endo:
26 Así hablarás á los Levitas, y les
dirás: Cuando tomareis de los hijos de
Israel los diezmos que os he dado de
ellos por vuestra heredad, vosotros pre-
sentaréis de ellos en *elevada* ofrenda á
Jehová[g] el diezmo de los diezmos. [g] Neh. 10. 38.
27 Y se os contará vuestra ofrenda
como grano de la era, y como acopio
del lagar.
28 Así ofreceréis tambien vosotros o-
frenda á Jehová de todos vuestros diez-
mos, que hubiereis recibido de los hijos
de Israel; y daréis de ellos la ofrenda de
Jehová á Aaron el sacerdote.
29 De todos vuestros dones ofreceréis
toda ofrenda á Jehová; de todo lo me-
jor de ellos *ofreceréis* la porcion que ha
de ser consagrada.
30 Y les dirás: Cuando ofreciereis lo
mejor de ellos, será contado á los Le-
vitas por fruto de la era, y como fruto
del lagar.

31 Y lo comeréis en cualquier lugar, vosotros y vuestra familia [h]; pues es vuestra remuneracion por vuestro ministerio en el tabernáculo del testimonio.

32 Y cuando vosotros hubiereis ofrecido de ello lo mejor suyo, no llevaréis por ello pecado [i]: y no habeis de contaminar [k] las cosas santas de los hijos de Israel, y no moriréis.

[h] Mat. 10. 10. Luc. 10. 7. 1 Cor. 9. 13. 1 Tim. 5. 18.
[i] Lev. 19. 8. y 22. 16.
[k] Lev. 22. 2, 15. Mal. 1. 7.

CAPITULO XIX.

Sacrificio de la vaca roja; rito para hacer el agua lustral ó purificatoria; y uso de esta agua.

Y JEHOVA habló á Moises y á Aaron, diciendo:

2 Esta *es* la ordenanza de la ley que Jehová ha prescrito, diciendo: Dí á los hijos de Israel que te traigan una vaca [a] bermeja, perfecta [b], en la cual no *haya* falta, sobre la cual no se haya puesto yugo [c].

3 Y la daréis á Eleazar el sacerdote, y él la sacará fuera del campo [d], y harála degollar en su presencia.

4 Y tomará Eleazar el sacerdote de su sangre con su dedo, y rociará hácia la delantera [e] del tabernáculo del testimonio con la sangre de ella siete veces.

5 Y hará quemar la vaca ante sus ojos; su cuero [f], y su carne, y su sangre, con su estiercol, hará quemar.

6 Luego tomará el sacerdote palo de cedro, é hisopo, y escarlata, y [g] echará *esto* en medio del fuego en que arde la vaca.

7 El sacerdote lavará luego sus vestidos, lavará tambien su carne con agua, y despues entrará en el real; y será inmundo el sacerdote hasta la tarde.

8 Asimismo el que la quemó, lavará sus vestidos en agua, tambien lavará en agua su carne, y será inmundo hasta la tarde.

9 Y un hombre limpio recogerá las [h] cenizas de la vaca, y las pondrá fuera del campo en lugar limpio, y las guardará la congregacion de los hijos de Israel para el agua ‖ de separacion: es una expiacion.

10 Y el que recogió las cenizas de la vaca, lavará sus vestidos, y será inmundo hasta la tarde: y será *esto* á los hijos de Israel, y al extranjero que peregrina entre ellos, por estatuto perpetuo.

11 ¶ El que tocare muerto [i] de cualquiera persona humana, siete dias será inmundo.

12 Este se purificará al tercer dia con aquesta agua, y al séptimo dia será limpio: y si al tercer dia no se purificare, no será limpio al séptimo dia.

13 Cualquiera que tocare en muerto, en persona de hombre que estuviere muerto, y no se purificare, el tabernáculo de Jehová contaminó; y aquella persona será cortada de Israel: por cuanto el agua de la separacion no fué rociada sobre él, inmundo será, y su inmundicia será sobre él.

14 Esta *es* la ley para cuando alguno muriere en la tienda: cualquiera que entrare en la tienda, y todo lo que estuviere en ella, será inmundo siete dias.

15 Y todo vaso abierto, sobre el cual no hubiere tapadera bien ajustada, será inmundo.

16 Y cualquiera que tocare en muerto á cuchillo sobre la haz del campo, ó en muerto *de suyo*, ó en hueso humano, ó en sepulcro, siete dias será inmundo.

17 Y para el inmundo tomarán de la ceniza de la quemada vaca de la expiacion, y echarán sobre ella agua viva [k] en un vaso:

[a] Is. 1. 18.
[b] Ex. 12. 5. Mal. 1. 13, 14. 1 Ped. 1. 19.
[c] Deu. 21. 3. 1 Sam. 6. 7.
[d] Lev. 4. 12, 21. y 16. 27. Heb. 13. 11.
[e] Heb. 10. 19, 20.
[f] Ex. 29. 14.
[g] Lev. 14. 4, 6, 49.
[h] Heb. 9. 13.
‖ *ó de purificaciones,* ver. 13, 20, 21. Cap. 31. 23.
[i] Cap. 5. 2. y 9. 6, 10. Lev. 21. 1. Hag. 2. 13.
[k] Gen. 26. 19. Juan 4. 10.

18 Y un hombre limpio [l] tomará hisopo, y mojarálo en el agua, y rociará sobre la tienda, y sobre todos los muebles, y sobre las personas que allí estuvieren, y sobre aquel que hubiere tocado el hueso, ó el matado, ó el muerto, ó el sepulcro.

19 Y el limpio rociará sobre el inmundo al tercero y al séptimo dia: y cuando lo habrá purificado al dia septimo, el *inmundo* lavará luego [m] sus vestidos, y á sí mismo se lavará con agua, y será limpio á la tarde.

20 Y el que fuere inmundo, y no se purificare, la tal persona será cortada de entre la congregacion, por cuanto contaminó el tabernáculo de Jehová: ¿no fué rociada sobre él el agua de separacion? *es* inmundo.

21 Y les será *esto* por estatuto perpetuo: tambien el que rociare el agua de la separacion lavará sus vestidos; y el que tocare al agua de la separacion, será inmundo hasta la tarde.

22 Y todo lo que el inmundo [n] tocare, será inmundo; y la persona que lo tocare, será inmunda hasta la tarde.

[l] Sal. 51. 7.
[m] Lev. 14. 9.
[n] Hag. 2. 13.

CAPITULO XX.

Muerte de María. Aguas de contradiccion. Niegan los Idumeos el paso á los Israelitas. Muerte de Aaron.

Y LLEGARON los hijos de Israel, toda la congregacion, al desierto de Zin en el mes primero, y asentó el pueblo en Cades; y [a] allí murió María [b], y fué allí sepultada.

2 ¶ Y como no hubiese agua para la congregacion [c], juntáronse contra Moises y Aaron.

3 Y regañó el pueblo con Moises, y hablaron diciendo: ¡Ojalá que nosotros hubieramos muerto cuando perecieron nuestros hermanos delante de Jehová [d]!

4 ¿Y por qué hiciste venir la congregacion de Jehová á este desierto, para que [e] muramos aquí nosotros y nuestras bestias?

5 ¿Y por qué nos has hecho subir de Egipto, para traernos á este mal lugar? No *es* lugar de sementera, de higueras, de viñas, ni granados; ni [f] aun agua *hay* para beber.

6 Y fuéronse Moises y Aaron de delante de la congregacion á la puerta del tabernáculo del testimonio, y echáronse sobre sus rostros [g]; y la gloria de Jehová apareció sobre ellos [h].

7 Y habló Jehová á Moises, diciendo:

8 Toma la vara, y reune la congregacion [i] tú y Aaron tu hermano, y hablad á la peña en ojos de ellos; y ella dará su agua, y les sacarás aguas de la peña, y darás de beber á la congregacion, y á sus bestias [k].

9 Entónces Moises tomó la vara de delante de Jehová, como él le mandó.

10 Y juntaron Moises y Aaron la congregacion delante de la peña, y díjoles: Oid ahora, rebeldes [l]: ¿os hemos de hacer salir aguas de esta peña?

11 Entónces alzó Moises su mano, é hirió la peña con su vara dos veces; y salieron muchas aguas, y bebió [m] la congregacion, y sus bestias.

12 Y Jehová dijo á Moises y á Aaron: Por cuanto no creisteis en mí [n], para santificarme en ojos de los hijos de Israel, por tanto no meteréis esta congregacion en la tierra que les he dado.

13 Estas *son* las aguas de la rencilla, por las cuales contendieron los hijos de Israel con Jehová, y él se santificó en ellos.

14 ¶ Y envió Moises embajadores al

[a] Cap. 33. 36.
[b] Ex. 15. 20.
[c] Ex. 17. 1, etc.
[d] Cap. 16. 32. y 35. 46.
[e] Ex. 17. 3.
[f] Cap. 16. 14.
[g] Cap. 14. 5. y 16. 4.
[h] Cap. 14. 10.
[i] Ex. 17. 5.
[k] Neh. 9. 15. Sal. 78. 15, 16. y 105. 41. y 114. 8. Is. 41. 17, 18. y 48. 21.
[l] Sal. 106. 33.
[m] Deu. 8. 15. 1 Cor. 10. 4.
[n] Cap. 27. 14. Deu. 1. 37. y 3. 26. y 32. 51.

rey de Edom desde [o] Cades: Así dice Israel tu hermano [p]: Tú has sabido todo el trabajo que nos ha venido;

15 Como nuestros padres descendieron á Egipto [q], y estuvimos en Egipto largo tiempo [r]; y los Egipcios nos maltrataron, y á nuestros padres.

16 Y clamamos á Jehová, el cual oyó nuestra voz [s], y envió *el* Angel [t], y sacónos de Egipto: y aquí estamos en Cades, ciudad al extremo de tus confines.

17 Rogámoste que pasemos por tu tierra: no pasarémos por labranza, ni por viña, ni beberémos agua de pozos: por el camino real irémos, sin apartarnos á la diestra ni á la siniestra, hasta que hayamos pasado tu término.

18 Y Edom le respondió: No pasarás por mi *pais*, de otra manera saldré contra tí armado.

19 Y los hijos de Israel dijeron: Por el camino seguido irémos; y si bebieremos tus aguas yo y mis ganados, daré el precio de ellas: ciertamente sin *hacer* otra cosa, pasaré de seguida.

20 Y él respondió: No pasarás. Y salió Edom [u] contra él con mucho pueblo, y mano fuerte [x].

21 No quiso pues Edom dejar pasar á Israel por su término; y apartóse Israel de él.

22 ¶ Y partidos de Cades los hijos de Israel, toda aquella congregacion, vinieron al monte de Hor [y].

23 ¶ Y Jehová habló á Moises y á Aaron en el monte de Hor, en los confines de la tierra de Edom, diciendo:

24 Aaron será reunido á sus pueblos [z], pues no entrará en la tierra que yo dí á los hijos de Israel, por cuanto fuisteis rebeldes á mi mandamiento en las [a] aguas de la rencilla †.

25 Toma á Aaron, y á Eleazar su hijo, y hazlos subir al monte de Hor [b].

26 Y haz desnudar á Aaron sus vestidos, y viste de ellos á Eleazar su hijo; porque Aaron será reunido *á su pueblo*, y allí morirá.

27 Y Moises hizo como Jehová le mandó: y subieron al monte de Hor á ojos de toda la congregacion.

28 Y Moises hizo desnudar á Aaron de sus vestidos, y vistiólos á Eleazar su hijo: y Aaron murió allí en la cumbre del monte [c]: y Moises y Eleazar descendieron del monte.

29 Y viendo toda la congregacion que Aaron era muerto, hiciéronle duelo por treinta dias todas las familias de Israel.

CAPITULO XXI.

Victoria de los Israelitas sobre los Cananéos. Serpiente de metal. Sehon y Og vencidos.

Y OYENDO el Cananéo, el rey de Arad [a], el cual habitaba al Mediodia, que venia Israel por el camino de los centinelas, peleó con Israel, y tomó de él presa.

2 Entónces Israel hizo voto á Jehová, y dijo: Si en efecto entregares á este pueblo en mi mano, yo destruiré sus ciudades.

3 Y Jehová escuchó la voz de Israel, y entregó al Cananéo, y destruyólos á ellos y á sus ciudades; y llamó el nombre de aquel lugar Horma ‖.

4 ¶ Y partieron del monte de Hor [b], camino del mar Bermejo, para rodear la tierra de Edom; y abatióse el [c] ánimo del pueblo por el camino.

5 Y habló el pueblo contra Dios y Moises: ¿ Por qué nos hicisteis subir de Egipto [d] para que muramos en este desierto? que ni *hay* pan, ni agua, y nuestra alma tiene fastidio de este pan tan liviano.

6 Y Jehová envió entre el pueblo serpientes ardientes [e], que mordian al pueblo; y murió mucho pueblo de Israel.

7 Entónces el pueblo vino á Moises [f], y dijeron: Pecado hemos por haber hablado contra Jehová y contra tí [g]: ruega á Jehová que quite de nosotros estas serpientes. Y Moises oró por el pueblo.

8 Y Jehová dijo á Moises: Hazte una *serpiente* ardiente, y ponla sobre la bandera: y será, que cualquiera que fuere mordido y mirare á ella, vivirá.

9 Y Moises hizo una serpiente de metal [h], y púsola sobre la bandera; y fué, que cuando alguna serpiente mordia á alguno, miraba á la serpiente de metal, y vivia.

10 ¶ Y partieron los hijos de Israel, y asentaron campo en Oboth [i].

11 Y partidos de Oboth, asentaron en ‖ Ije-Abarim, en el desierto que *está* delante de Moab al nacimiento del sol.

12 ¶ Partidos de allí, asentaron en la arroyada de Zared [k].

13 De allí movieron, y asentaron de la otra parte de Arnon, que *está* en el desierto [l], y que sale del término del Amorrhéo: porque Arnon *es* término de Moab, entre Moab y el Amorrhéo.

14 Por tanto se dice en el libro de las batallas de Jehová: Lo que hizo en el mar Bermejo, y en los arroyos de Arnon:

15 Y á la corriente de los arroyos que vá á parar en Ar [m], y descansa en el término de Moab.

16 ¶ Y de allí *vinieron* á Beer ‖: este es el pozo del cual Jehová dijo á Moises, Junta el pueblo, y les daré agua.

17 Entónces cantó Israel esta cancion: Sube, oh pozo; á él cantad.

18 Pozo, el cual cavaron los señores; caváronlo los príncipes del pueblo, y el legislador [n], con sus bordones. Y del desierto *vinieron* á Mathana:

19 Y de Mathana á Nahaliel, y de Nahaliel á Bamoth;

20 Y de Bamoth al valle que *está* en los campos de Moab, y á la cumbre de Pisga, que mira á Jesimon.

21 ¶ Y envió Israel embajadores á Sehon, rey de los Amorrhéos [o], diciendo,

22 Pasaré por tu tierra: no nos apartarémos por los labrados, ni por las viñas; no beberémos las aguas de los pozos: por el camino real irémos, hasta que pasemos tu término.

23 Mas Sehon no dejó pasar á Israel por su término: antes juntó Sehon todo su pueblo, y salió contra Israel en el desierto: y vino á Jahaz, y peleó contra Israel.

24 E hiriólo [p] Israel á filo de espada, y tomó su tierra desde Arnon hasta Jabboc, hasta los hijos de Ammon: porque el término de los hijos de Ammon *era* fuerte.

25 Y tomó Israel todas estas ciudades; y habitó Israel en todas las ciudades del Amorrhéo, en Hesbon y en todas sus aldéas.

26 Porque Hesbon [q] era la ciudad de Sehon, rey de los Amorrhéos; el cual habia tenido guerra antes con el rey de Moab [r], y tomado de su poder toda su tierra hasta Arnon.

27 Por tanto dicen los proverbistas, Venid á Hesbon, edifíquese, y repárese la ciudad de Sehon:

28 Que fuego salió de Hesbon, y llama de la ciudad de Sehon [s], y consumió á Ar de Moab, á los señores de los altos de Arnon.

[o] Juec. 11. 16, 17.
[p] Deu. 2. 4, &c.
[q] Gen. 46. 6.
[r] Ex. 12. 40.
[s] Ex. 2. 23. y 3. 7.
[t] Ex. 14. 19. y 23. 20. y 33. 2.
[u] Juec. 11. 17.
[x] Ab. X.
[y] Cap. 33. 37.
[z] Gen. 25. 8. Deu. 32. 50.
[a] ver. 12.
† Heb. *de Meriba*, Ex. 17. 7. Deu. 33. 8. Sal. 95. 8. y 106. 32.
[b] Cap. 33. 38.
[c] Deu. 10. 6.
[a] Cap. 33. 40. Juec. 1. 16.
‖ *destruccion.*
[b] Cap. 20. 22. y 33. 41.
[c] Juec. 11. 18.
[d] Ex. 17. 3.
[e] Deu. 8. 15. 1 Cor. 10. 9.
[f] Sal. 78. 34.
[g] Ex. 8. 8, 28. Deu. 9. 20, 26. 1 Sam. 12. 19. 1 Rey. 13. 6. Job 42. 8, 10. Jer. 15. 1. Hech. 8. 24. Sant°. 5. 16.
[h] 2 Rey. 18. 4. Juan 3. 14, 15.
[i] Cap. 33. 43, 44.
‖ *Montones de Abarim.*
[k] Deu. 2. 13.
[l] Juec. 11. 18.
[m] Deu. 2. 18, 19.
‖ pozo.
[n] Deu. 33. 4.
[o] Deu. 2. 26, 27. Juec. 11. 19, 20.
[p] Deu. 2. 3[illegible] Jos. 12. 1, y 24. 8. Neh. 9. 2[illegible] Sal. 135. 1[illegible] y 136. 1[illegible] Amos 2. [illegible]
[q] Cant. 7. [illegible] Is. 15. 4.
[r] Deu. 2. [illegible]
[s] Sal. 78. [illegible]

29 ¡Ay de tí Moab[e]! Perecido has, pueblo de Chemos: puso sus hijos en huida, y sus hijas en cautividad por Sehon, rey de los Amorrhéos.

30 Mas devastamos el reino de ellos; pereció Hesbon hasta Dibon, y destruimos hasta Nopha y Medeba.

31 Así habitó Israel en la tierra del Amorrhéo.

32 ¶ Y envió Moises á reconocer á Jazer, y[u] tomaron sus aldéas, y echaron al Amorrhéo que *estaba* allí.

33 Y volvieron, y subieron camino de Basan, y salió contra ellos[x] Og, rey de Basan, él y todo su pueblo, para pelear en Edrei.

34 Entónces Jehová dijo á Moises: No le tengas miedo, que en tu mano lo he dado, á él y á todo su pueblo, y á su tierra; y harás de él como hiciste de Sehon, rey de los Amorrhéos, que habitaba en Hesbon.

35 E hirieron á él, y á sus hijos, y á toda su gente, sin que le quedara uno, y poseyeron su tierra.

Jue. 11. 24. 2 Rey. 23.
Cap. 32. 1.
Deu. 3. 1, 29. 7.

CAPITULO XXII.

Balaam es llamado de Balac, rey de los Moabitas, para que maldiga al pueblo de Israel; y reprendido por una burra, que habló milagrosamente.

Y MOVIERON los hijos de Israel, y asentaron en los campos de Moab, de esta parte del Jordan de Jericó[a].

2 ¶ Y vió Balac[b], hijo de Sephor, todo lo que Israel habia hecho al Amorrhéo.

3 Y Moab temió mucho á causa del pueblo[c] que era mucho; y angustióse Moab á causa de los hijos de Israel.

4 Y dijo Moab á[d] los ancianos de Madian: Ahora lamerá esta gente todos nuestros contornos, como lame el buey la grama del campo. Y Balac, hijo de Sephor, *era* entónces rey de Moab.

5 Por tanto envió mensageros á[e] Balaam, hijo de Beor, á Pethor, que *está* junto al rio en la tierra de los hijos de su pueblo, para que lo llamasen diciendo: Un pueblo ha salido de Egipto, y hé aquí cubre la haz de la tierra, y habita delante de mí.

6 Ven pues ahora, te ruego, maldíceme este pueblo, porque es mas fuerte que yo: quizá podré yo herirlo, y echarlo de la tierra: que yo sé que el que tú bendijeres, será bendito, y el que tú maldijeres será maldito.

7 Y fueron los ancianos de Moab, y los ancianos de Madian, con las dádivas de adivinacion en su mano; y llegaron á Balaam, y le dijeron las palabras de Balac.

8 Y él les dijo: Reposad aquí esta noche, y yo os referiré las palabras como Jehová me hablare. Así los príncipes de Moab se quedaron con Balaam.

9 Y vino Dios á Balaam, y díjole: ¿Qué varones *son* estos *que estan* contigo?

10 Y Balaam respondió á Dios: Balac, hijo de Zippor, rey de Moab, ha enviado á mí *diciendo*,

11 Hé aquí este pueblo, que ha salido de Egipto, cubre la haz de la tierra: ven pues ahora, y maldícemelo; quizá podré pelear con él, y echarlo.

12 Entónces dijo Dios á Balaam: No vayas con ellos, ni maldigas al pueblo, porque es bendito[f].

13 Así Balaam se levantó por la mañana, y dijo á los príncipes de Balac: Volveos á vuestra tierra, porque Jehová no me quiere dejar ir con vosotros.

14 Y los príncipes de Moab se levantaron, y vinieron á Balac, y dijeron: Balaam no quiso venir con nosotros.

Cap. 33. 48. Jue. 11. 26.
Ex. 15. 15. Jos. 2. 25.
Cap. 31. 8. Jos. 13. 21, 22.
Deu. 23. 4. Jos. 13. 22. 24. 9. Neh. 13. 1, 2. Mi. 6. 5. 2 Ped. 2. 15. Judas 11. Apoc. 2. 14.
Gen. 22. 16, 18.

15 ¶ Y tornó Balac á enviar otra vez mas príncipes, y mas honorables que los *otros*,

16 Los cuales vinieron á Balac, y dijéronle: Así dice Balac, hijo de Zippor, Ruégote que no dejes de venir á mí:

17 Porque sin duda te honraré mucho, y haré todo lo que me dijeres: ven pues ahora, maldíceme á este pueblo.

18 Y Balaam respondió y dijo á los siervos de Balac: Aunque Balac me diese su casa llena de plata y oro, no puedo traspasar la palabra de Jehová mi Dios, para hacer cosa chica ni grande[g].

19 Ruégoos por tanto ahora que reposeis aquí esta noche, para que yo sepa qué me vuelve á decir Jehová.

20 Y vino Dios á Balaam de noche, y díjole: Si vinieren á llamarte *estos* hombres, levántate y vé con ellos: empero harás lo que yo te dijere.

21 ¶ Así Balaam se levantó por la mañana, y cinchó su asna, y fué con los príncipes de Moab.

22 Y el furor de Dios se encendió porque él iba: y el ángel de Jehová se puso en el camino por[h] adversario suyo. Iba pues él montado sobre su asna, y *llevaba* consigo dos mozos suyos.

23 Y el asna[i] vió al ángel de Jehová que estaba en el camino con su espada desnuda en su mano; y apartóse el asna del camino, é iba por el campo. Entónces hirió Balaam al asna para hacerla volver al camino.

24 Mas el ángel de Jehová se puso en una senda de viñas, *que tenia* pared de una parte y pared de otra.

25 Y viendo el asna al ángel de Jehová, pegóse á la pared, y apretó contra la pared el pié de Balaam: y él volvió á herirla.

26 Y el ángel de Jehová pasó mas allá, y púsose en una angostura, donde no habia camino para apartarse ni á diestra ni á siniestra.

27 Y viendo el asna al ángel de Jehová, echóse debajo de Balaam: y enojóse Balaam, é hirió al asna con el palo.

28 Entónces Jehová abrió la boca al asna[k], la cual dijo á Balaam: Qué te he hecho, que me has herido estas tres veces?

29 Y Balaam respondió al asna: Porque te has burlado de mí: ojalá tuviera espada en mi mano, que ahora te mataria.

30 Y el asna dijo á Balaam: ¿No soy yo tu asna? sobre mí has cabalgado desde que tú *me tienes* hasta este dia: ¿he acostumbrado á hacerlo así contigo? Y él respondió, No.

31 Entónces Jehová abrió[l] los ojos á Balaam, y vió al ángel de Jehová que estaba en el camino, y *tenia* su espada desnuda en su mano. Y *Balaam* hizo reverencia, é inclinóse sobre su rostro.

32 Y el ángel de Jehová le dijo: ¿Por qué has herido tu asna estas tres veces[m]? Hé aquí yo he salido para contrarestarte, porque tu camino es perverso delante de mí.

33 El asna me ha visto, y hase apartado luego de delante de mí estas tres veces: y si de mí no se hubiera apartado, yo tambien ahora te mataria á tí, y á ella dejara viva.

34 Entónces Balaam dijo al ángel de Jehová: He pecado[n], que no sabia que tú te ponias delante de mí en el camino: mas ahora, si te parece mal, yo me volveré.

35 Y el ángel de Jehova dijo á Balaam: Vé con esos hombres; empero la palabra que yo te dijere, esa hablarás.

[g] Cap. 22. 38.
[h] Ex. 4. 24.
[i] 2 Rey. 6. 17. Dan. 10. 7. Hech. 22. 9. 1 Cor. 1. 27, 29.
[k] 2 Ped. 2. 16.
[l] Gen. 21. 19. 2 Rey. 6. 17. Luc. 24. 16, 31.
[m] Sal. 145. 9. Pro. 12. 10.
[n] 1 Sam. 15. 24, 30, y 26. 21.

Así Balaam fué con los príncipes de Balac.

36 ¶ Y oyendo Balac que Balaam venia, salió á recibirlo á la ciudad de Moab, que *estaba* junto al término de Arnon, que *es* al cabo de los confines.

37 Y Balac dijo á Balaam: ¿No envié yo á tí á llamarte? por qué no has venido á mí? ¿no puedo yo honrarte?

38 Y Balaam respondió á Balac: Hé aquí yo he venido á tí; ¿mas podré ahora hablar alguna cosa? La palabra que Dios pusiere en mi boca, esa hablaré.

39 Y fué Balaam con Balac, y vinieron á la ciudad de Husoth.

40 Y Balac hizo matar bueyes y ovejas, y envió á Balaam, y á los príncipes que *estaban* con él.

41 ¶ Y el dia siguiente Balac tomó á Balaam, é hízolo subir á los altos de Baal, y desde allí vió la extremidad del pueblo.

CAPITULO XXIII.

Balaam, despues de haber erigido siete altares, disponiéndose para maldecir á los Israelitas, repite sobre ellos, sin quererlo, muchas bendiciones, y anuncia sus victorias.

Y BALAAM dijo á Balac: Edifícame aquí siete altares, y prepárame aquí siete becerros y siete [a] carneros.

[a] ver. 29.

2 Y Balac hizo como le dijo Balaam; y ofrecieron Balac y Balaam un becerro y un carnero en *cada* altar [b].

[b] ver. 14, 30.

3 Y Balaam dijo á Balac: Ponte junto á tu holocausto, y yo iré: quizá Jehová me vendrá al encuentro, y cualquiera cosa que me mostrare, te la noticiaré. Y así se fué solo.

4 Y vino Dios al encuentro de Balaam, y *este* le dijo: Siete altares he ordenado, y en *cada* altar he ofrecido un becerro y un carnero.

5 Y Jehová puso palabra en la boca de Balaam, y díjole: Vuelve á Balac, y has de hablar así.

6 Y volvió á él, y hé aquí él estaba junto á su holocausto, él y todos los príncipes de Moab.

7 ¶ Y él tomo su parábola [c], y dijo: De Aram me trajo Balac, rey de Moab, de los montes del oriente: Ven, *dijo*, maldíceme á Jacob; y, ven, execra á Israel.

[c] ver. 18. Cap. 24. 3. y 15. 23.

8 ¿Por qué maldeciré yo al que Dios no maldijo? Y por qué he de execrar al que Jehová no ha execrado?

9 Porque de la cumbre de las peñas lo veré, y desde los collados lo miraré: hé aquí un pueblo que habitará confiado [d], y no será contado entre las gentes.

[d] Deu. 33. 28.

10 ¿Quien contará el polvo de Jacob [e], ó el número de la cuarta *parte* de Israel? Muera mi persona de la muerte de los rectos, y mi postrimería sea como la suya [f].

[e] Gen. 13. 16.

[f] Sal. 37. 37. Pro. 14. 32.

11 ¶ Entónces Balac dijo á Balaam: ¿Qué me has hecho? Hete tomado para que maldigas á mis enemigos, y hé aquí has proferido bendiciones.

12 Y el respondió, y dijo: ¿No observaré yo lo que Jehová pusiere en mi boca para decirlo?

13 ¶ Y díjole Balac: Ruégote que vengas conmigo á otro lugar desde el cual lo veas: su extremidad solamente verás, que no lo verás todo, y desde allí me lo maldecirás.

14 Y llevólo al campo de Sophim, á la cumbre de Pisga, y edificó siete altares, y ofreció un becerro y un carnero en *cada* altar.

15 Entónces él dijo á Balac: Ponte aquí junto á tu holocausto, y yo iré á encontrar *á Dios* allí.

16 Y Jehová salió al encuentro de Balaam, y puso palabra en su boca, y díjole: Vuelve á Balac, y así has de decir.

17 Y vino á él, y hé aquí que él estaba junto á su holocausto, y con él los príncipes de Moab [g]: y díjole Balac, ¿Qué ha dicho Jehová?

[g] ver. 5.

18 Entónces él tomó su parábola, y dijo: Balac, levántate, y oye; escucha mis palabras, hijo de Sephor.

19 Dios no *es* hombre, para que mienta [h]; ni hijo de hombre, para que se arrepienta: él dijo, ¿y no hará? Habló, ¿y no lo ejecutará?

[h] 1 Sam. 15. 29. Mal. 3. 6. Rom. 11. 29. Sant°. 1. 17.

20 Hé aquí, yo he tomado bendicion; y él bendijo, y no podré revocarla.

21 No ha notado iniquidad en Jacob, ni ha visto perversion en Israel: Jehová su Dios *es* con él [i], y júbilo de rey en él.

[i] Sal. 46. 11.

22 Dios los ha sacado de Egipto; *Israel* tiene fuerzas como de unicornio.

23 Porque en Jacob no hay agüero, ni adivinacion en Israel: como ahora, será dicho de Jacob y de Israel lo que ha hecho Dios.

24 Hé aquí el pueblo, que como leon se levantará, y como leon se erguirá: no se echará hasta que coma la presa, y beba la sangre de los muertos.

25 ¶ Entónces Balac dijo á Balaam: Ya que no lo maldices, ni tampoco lo bendigas.

26 Y Balaam respondió, y dijo á Balac: ¿No te he dicho que todo lo que Jehová me dijere, aquello tengo de hacer [k]?

[k] ver. 12.

27 ¶ Y dijo Balac á Balaam: Ruégote que vengas, te llevaré á otro lugar; por ventura parecerá bien á Dios que desde allí me lo maldigas.

28 Y Balac llevó á Balaam á la cumbre de Peor, que mira hácia Jesimon.

29 Entónces Balaam dijo á Balac: Edifícame aquí siete altares, y prepárame aquí siete becerros y siete carneros.

30 Y Balac hizo como Balaam *le* dijo; y ofreció un becerro y un carnero en *cada* altar.

CAPITULO XXIV.

Balaam vuelve á bendecir á Israel; y vaticina el reino venidero de Jesu Cristo, y otros sucesos.

Y COMO vió Balaam que parecia bien á Jehová que él bendijese á Israel, no fué, como la primera y segunda vez, á encuentro de agüeros, sino que puso su rostro hácia el desierto;

2 Y alzando sus ojos, vió á Israel alojado por sus tribus: y el espíritu de Dios vino sobre él [a].

[a] Gen. 13. 16.

3 Entónces tomó su parábola, y dijo: Dijo Balaam, hijo de Beor, y dijo el varon de ojos abiertos:

4 Dijo el que oyó los dichos de Dios, el que vió la vision del Omnipotente; caido, mas abiertos *sus* los ojos:

5 ¡Cuan hermosas son tus tiendas, oh Jacob, y tus habitaciones, oh Israel!

6 Como arroyos estan extendidas, como huertos junto al rio, como lináloes plantados por Jehová, como [b] cedros junto á las aguas.

[b] Sal. 104. 16.

7 De sus ramos destilarán aguas [c], y su simiente será en muchas aguas: y ensalzarse ha su rey mas que [d] Agag, y su reino será ensalzado.

[c] Sal. 68. 26. Is. 48. 1.

[d] 1 Sam. 15. 8.

8 Dios lo sacó de Egipto; tiene fuerzas como de unicornio [e]: comerá á las gentes sus enemigas, y desmenuzará sus huesos, y asaeteará con sus saetas.

[e] Cap. 24. 8. Deu. 33. 17. Sal. 92. 10.

9 Se encorvará para echarse como leon, y como *gran* leon: quién lo despertará [f]?

[f] Cap. 23. 24. Gen. 49. 9.

Benditos los que te bendijeren, y malditos los que te maldijeren *g*.

10 ¶ Entónces se encendió la ira de Balac contra Balaam, y batiendo sus palmas le dijo: Para maldecir á mis enemigos te he llamado, y hé aquí lo has resueltamente bendecido ya tres veces *h*.

11 Húyete por tanto ahora á tu lugar: yo dije que te honraria, mas hé aquí que Jehová te ha privado de honra.

12 ¶ Y Balaam le respondió: ¿ No lo declaré yo tambien á tus mensageros, que me enviaste, diciendo,

13 Si Balac me diese su casa llena de plata y oro, yo no podré traspasar el dicho de Jehová, para hacer cosa buena ni mala de mi arbitrio, *mas* lo que Jehová hablare eso diré yo *i*?

14 ¶ Hé aquí yo me voy ahora á mi pueblo: por tanto ven, *y* te indicaré lo que este pueblo ha de hacer á tu pueblo en los postrimeros dias.

15 Y tomó su parábola, y dijo: Dijo Balaam, hijo de Beor; dijo el varon de ojos abiertos;

16 Dijo el que oyó los dichos de Jehová, y el que sabe ciencia del Altísimo; el que vió la vision del Omnipotente; caido, mas abiertos *aun* los ojos.

17 Verélo, mas no ahora: lo miraré, mas no de cerca: saldrá ESTRELLA *k* de Jacob, y levantaráse *l* cetro de Israel, y herirá los cantones de Moab, y destruirá todos los hijos de Seth.

18 Y será tomada Edom *m*, será tambien tomada Seir por sus enemigos, é Israel se portará varonilmente.

19 Y *el de* Jacob se enseñoreará, y destruirá de la ciudad lo que quedare.

20 Y viendo á *n* Amalec, tomó su parábola, y dijo: Amalec, cabeza de gentes; mas su postrimería perecerá para siempre.

21 Y viendo al Cinéo *o*, tomó su parábola, y dijo: Fuerte *es* tu habitacion, pon en la peña tu nido:

22 Que el Cinéo será echado, cuando *p* Assur te llevará cautivo.

23 Todavía tomó su parábola, y dijo: ¡ Ay ! ¿ quién vivirá cuando hiciere Dios estas cosas?

24 Y *vendrán* navíos de la costa de Cittim *q*, y afligirán á Assur, afligirán tambien á Eber: mas él tambien *r* perecerá para siempre.

25 Entónces se levantó Balaam, y se fué, y volvióse á su lugar: y tambien Balac se fué por su camino.

CAPITULO XXV.

Las hijas de Moab y de Madian pervierten á los Israelitas, á quienes castiga Dios, premiando al mismo tiempo el zelo de Phinées.

Y REPOSO Israel en Sittim *a*, y el pueblo comenzó á fornicar con las hijas de Moab *b*.

2 Las cuales llamaron al pueblo á los sacrificios de sus dioses *c*: y el pueblo comió, é inclinóse á sus dioses.

3 Y allegóse el pueblo á Baal-Peor *d*; y el furor de Jehová se encendió contra Israel.

4 Y Jehová dijo á Moises: Toma todos los príncipes del pueblo, y ahórcalos á Jehová delante del sol *e*; y la ira del furor de Jehová se apartará de Israel.

5 Entónces Moises dijo á los jueces de Israel: Matad *f* cada uno á aquellos de los suyos que se han allegado á Baal-Peor.

6 ¶ Y hé aquí un varon de los hijos de Israel vino, y trajo una Madianita á sus hermanos á ojos de Moises, y de toda la congregacion de los hijos de Israel, llorando ellos á la puerta del tabernáculo del testimonio.

7 Y viólo Phinées *g*, hijo de Eleazar, hijo de Aaron el sacerdote, y levantóse de en medio de la congregacion, y tomó una lanza en su mano:

8 Y fué tras el varon de Israel á la tienda, y alanceólos á ambos, al varon de Israel y á la mujer por su vientre: y cesó la mortandad de los hijos de Israel.

9 Y murieron de aquella mortandad veinte y cuatro mil *h*.

10 Entónces Jehová habló á Moises, diciendo:

11 Phinées, hijo de Eleazar, hijo de Aaron el sacerdote, ha hecho tornar mi furor de los hijos de Israel, llevado de mi zelo entre ellos: por lo cual yo no he consumido en mi zelo á los hijos de Israel *i*.

12 Por tanto *diles*: Hé aquí yo establezco mi pacto *k* de paz con él;

13 Y tendrá él, y su simiente despues de él, el pacto del sacerdocio perpetuo *l*; por cuanto tuvo zelo por su Dios *m*, é hizo expiacion por los hijos de Israel.

14 Y el nombre del varon muerto, *del que* fué muerto con la Madianita, *era* Zimri, hijo de Salu, jefe de una familia de la tribu de Simeon.

15 Y el nombre de la mujer Madianita muerta *era* Cozbi, hija de Zur *n*, príncipe de pueblos, padre de familia en Madian.

16 ¶ Y Jehová habló á Moises, diciendo:

17 Hostilizaréis á los Madianitas, y los *o* heriréis:

18 Por cuanto ellos os afligieron á vosotros con sus ardides *p* con que os han engañado en el negocio de Peor, y en el negocio de Cozbi, hija del príncipe de Madian, su hermana, la cual fué muerta el dia de la mortandad *ocurrida* por causa de Peor.

CAPITULO XXVI.

Nueva enumeracion de los hijos de Israel para la reparticion de la tierra prometida.

Y ACONTECIO despues de la mortandad, que Jehová habló á Moises y á Eleazar, hijo del sacerdote Aaron, diciendo:

2 Tomad la suma *a* de toda la congregacion de los hijos de Israel, de veinte años arriba, por las casas de sus padres, todos los que pueden salir á la guerra en Israel.

3 Y Moises y Eleazar el sacerdote hablaron con ellos en los campos de Moab junto al Jordan de Jericó *b*, diciendo:

4 Contaréis el pueblo de veinte años arriba, como mandó Jehová á Moises, y á los hijos de Israel, que habian salido de tierra de Egipto.

5 ¶ Ruben, primogénito de Israel. Los hijos de Ruben *fueron* Hanoc, del cual era la familia de los Hanochitas: de Phallú, la familia de los Phalluitas:

6 De Hesron, la familia de los Hesronitas: de Charmi, la familia de los Charmitas.

7 Estas *fueron* las familias de los Rubenitas: y sus contados fueron cuarenta y tres mil setecientos y treinta.

8 Y los hijos de Phallú, Eliab.

9 Y los hijos de Eliab, Nemuel, y Dathan, y Abiram. Estos Dathan y Abiram *fueron* los *c* del consejo de la congregacion, que hicieron el motin contra Moises y Aaron con la compañía de Core, cuando se amotinaron contra Jehová:

Margin references (left, partly cut off): ...n. 12. 3. / ...7. 29. / ...h. 13. 2. / ...p. 22. 18. / ...Est. 2. 2. / ...al. 110. 2. / Sal. 60. 8. / ...34. 5. etc. / ...63. 1, 6. / ...Gen. 14. 7. / ...Cr. 4. 42. / ...al. 83. 7. / ...en. 15. 19. / ...Sam. 15. 6. / ...a. 10. 5, ...c. / Dan. 11. 30. / Gen. 10. 21, 25. / ...ap. 33. 49. / ...ie. 3. 1. / ...ap. 31. 16. / ...Cor. 10. 8. / ...x. 34. 15. / ...os. 22. 17. / ...al. 106. 28. / ...t. 9. 10. / Deu. 21. 22. / Ex. 32. 27.

Margin references (right): *g* Sal. 106. 30. / *h* Deu. 4. 3. 1 Cor. 10. 8. / *i* Ex. 20. 5. Deu. 32. 16, 21. 1 Rey. 14. 22. Sal. 78. 58. Ez. 8. 3, 5. y 16. 38. Soph. 1. 18. y 3. 8. / *k* Mal. 2. 4, 5. / *l* Ex. 40. 15. / *m* Sal. 69. 9. / *n* Cap. 31. 8. Jos. 13. 21. / *o* Cap. 31. 2. / *p* Cap. 31. 16. Ap. 2. 14. / *a* Cap. 1. 2, 3. / *b* ver. 63. Cap. 35. 1. / *c* Cap. 16. 1, etc.

10 Que la tierra abrió su boca, y tragó á ellos y á Core, cuando aquella compañía murió, cuando consumió el fuego doscientos y cincuenta varones, los cuales fueron por señal [d].

[d] 1 Cor. 10. 6. 2 Ped. 2. 6.

11 Mas los hijos de Core [e] no murieron.

[e] Ex. 6. 24.

12 ¶ Los hijos de Simeon por sus familias *fueron*: de Nemuel, la familia de los Nemuelitas: de Jamin, la familia de los Jaminitas: de Jachin, la familia de los Jachinitas:

13 De Zera, la familia de los Zeraitas: de Saul, la familia de los Saulitas.

14 Estas *fueron* las familias de los Simeonitas; veinte y dos mil y doscientos.

15 ¶ Los hijos de Gad por sus familias: de Zephon, la familia de los Zephonitas: de Aggi, la familia de los Aggitas: de Suni, la familia de los Sunitas:

16 De Ozni, la familia de los Oznitas: de Eri, la familia de los Eritas:

17 De Arod, la familia de los Aroditas: de Areli, la familia de los Arelitas.

18 Estas *fueron* las familias de Gad; por sus contados, cuarenta mil y quinientos.

19 ¶ Los hijos de Judá, Er y Onan [f]: y Er y Onan murieron en la tierra de Canaan.

[f] Gen. 38. 2, 10. 1 Cr. 2. 3, etc.

20 Y fueron los hijos de Judá por sus familias: de Sela, la familia de los Selaitas: de Phares, la familia de los Pharesitas: de Zera, la familia de los Zeraitas.

21 Y fueron los hijos de Phares; de Hesron, la familia de los Hesronitas: de Hamul, la familia de los Hamulitas.

22 Estas *fueron* las familias de Judá; por sus contados, setenta y seis mil y quinientos.

23 ¶ Los hijos de Issachár por sus familias: de Thola, la familia de los Tholaitas: de Puá, la familia de los Puanitas:

24 De Jasub, la familia de los Jasubitas: de Simron, la familia de los Simronitas.

25 Estas *fueron* las familias de Issachár; por sus contados, sesenta y cuatro mil y trescientos.

26 ¶ Los hijos de Zabulon por sus familias: de Sered, la familia de los Sereditas: de Elon, la familia de los Elonitas: de Jalel, la familia de los Jalelitas.

27 Estas *fueron* las familias de los Zabulonitas; por sus contados, sesenta mil y quinientos.

28 ¶ Los hijos de Joseph por sus familias, Manasse y Ephraim.

29 Los hijos de Manasse: de Machir, la familia de los Machiritas: y Machir engendró á Galaad: de Galaad, la familia de los Galaaditas.

30 Estos *fueron* los hijos de Galaad: de Jezer, la familia de los Jezeritas: de Helec, la familia de los Helecitas:

31 De Asriel, la familia de los Asrielitas: de Sechém, la familia de los Sechémitas:

32 De Semida, la familia de los Semidaitas: de Hepher, la familia de los Hepheritas.

33 Y Salphaad [g], hijo de Hepher, no tuvo hijos sino hijas: y los nombres de las hijas de Salphaad *fueron* Maala, y Noa, y Hogla, y Milca, y Tirsa.

[g] Cap. 27. 1. y 36. 11.

34 Estas *fueron* las familias de Manasse; y sus contados, cincuenta y dos mil y setecientos.

35 ¶ Estos *fueron* los hijos de Ephraim por sus familias: de Suthala, la familia de los Suthalaitas: de Bechér, la familia de los Bechéritas: de Tahan, la familia de los Tahanitas.

36 Y estos *fueron* los hijos de Suthala; de Heran, la familia de los Heranitas.

37 Estas *fueron* las familias de los hijos de Ephraim; por sus contados, treinta y dos mil y quinientos. Estos *fueron* los hijos de Joseph por sus familias.

38 ¶ Los hijos de Benjamin [h] por sus familias: de Bela, la familia de los Belaitas: de Asbel, la familia de los Asbelitas: de Achiram, la familia de los Achiramitas:

[h] Gen. 46. 21. 1 Cr. 7. 6. y 8. 1.

39 De Supham, la familia de los Suphamitas: de Hupham, la familia de los Huphamitas.

40 Y los hijos de Bela fueron Ard y Naaman: *de Ard*, la familia de los Arditas: de Naaman, la familia de los Naamanitas.

41 Estos *fueron* los hijos de Benjamin por sus familias; y sus contados, cuarenta y cinco mil y seiscientos.

42 ¶ Estos *fueron* los hijos de Dan por sus familias: de Suham, la familia de los Suhamitas: estas *fueron* las familias de Dan por sus familias.

43 Todas las familias de los Suhamitas, por sus contados, sesenta y cuatro mil y cuatrocientos.

44 ¶ Los hijos de Aser por sus familias: de Imna, la familia de los Imnaitas: de Issui, la familia de los Issuitas: de Beria, la familia de los Beriaitas.

45 Los hijos de Beria: de Heber, la familia de los Heberitas: de Malchiel, la familia de los Malchielitas.

46 Y el nombre de la hija de Aser fué Sera.

47 Estas *fueron* las familias de los hijos de Aser; por sus contados, cincuenta y tres mil y cuatrocientos.

48 ¶ Los hijos de Nepthali por sus familias: de Jahzeel, la familia de los Jahzeelitas: de Guni, la familia de los Gunitas:

49 De Jeser, la familia de los Jeseritas: de Sillem, la familia de los Sillemitas.

50 Estas *fueron* las familias de Nepthali por sus familias; y sus contados, cuarenta y cinco mil y cuatrocientos.

51 ¶ Estos fueron los contados de los hijos de Israel, seiscientos y un mil setecientos y treinta [i].

[i] Cap. 1. 4

52 ¶ Y habló Jehová á Moises, diciendo:

53 A estos se repartirá la tierra en heredad por la cuenta de los nombres [k].

[k] Jos. 11. 2 y 14. 1.

54 A los mas darás mayor heredad, y á los menos menor [l]; á cada uno se le dará su heredad conforme á sus contados.

[l] Cap. 33.

55 Empero la tierra será repartida por suerte; y por los nombres de las tribus de sus padres heredarán.

56 Conforme á la suerte será repartida su heredad entre el grande y el pequeño.

57 ¶ Y los contados de los Levitas por sus familias *fueron* estos: de Gerson, la familia de los Gersonitas: de Coath, la familia de los Coathitas: de Merari, la familia de los Meraritas [m].

[m] Gen. 46. 11. Ex. 6. 16, 19. 1 Cr. 6. 1, 16.

58 Estas *fueron* las familias de los Levitas: la familia de los Libnitas, la familia de los Hebronitas, la familia de los Mahalitas, la familia de los Musitas, la familia de los Coritas. Y Coath engendró á Amram.

59 Y la mujer de Amram se llamó Jochábed [n], hija de Leví, la cual nació á Leví en Egipto: esta parió de Amram á Aaron y á Moises, y á María su hermana.

[n] Ex. 2. 1, y 6. 20.

60 Y á Aaron nacieron Nadab, y Abiú, Eleazar, é Ithamar [o].

[o] Cap. 3. 2

61 Mas Nadab y Abiú murieron, cu-
ando ofrecieron fuego estraño delante de
Jehová[p].
62 Y los contados de los Levitas[q] fu-
eron veinte y tres mil, todos varones de
un mes arriba: porque no fueron con-
tados entre los hijos de Israel[r], por cu-
anto no les habia de ser dada heredad
entre los hijos de Israel[s].
63 ¶ Estos *fueron* los contados por
Moises y Eleazar el sacerdote, los cuales
contaron los hijos de Israel en los cam-
pos de Moab junto al Jordan de Jericó[t].
64 Y entre estos ninguno hubo de los
contados por Moises y Aaron el sacer-
dote, los cuales contaron á los hijos de
Israel en el desierto de Sinai[u].
65 Porque Jehová les dijo: Han de
morir en el desierto[x]: y no quedó varon
de ellos, sino Caleb, hijo de Jephone, y
Josué, hijo de Nun.

CAPITULO XXVII.

Ley sobre las herencias en defecto de sucesion varonil. Dios hace ver á Moises la tierra prometida, y elige por sucesor á Josué.

Y LAS hijas de Salphaad[a], hijo de
Hepher, hijo de Galaad, hijo de
Machir, hijo de Manasse, de las familias
de Manasse, hijo de Joseph, los nom-
bres de las cuales eran Maala, y Noa, y
Hogla, y Milca, y Tirsa, llegaron,
2 Y presentáronse delante de Moises, y
delante del sacerdote Eleazar, y delante
de los príncipes, y de toda la congrega-
cion, á la puerta del tabernáculo del
testimonio, y dijeron:
3 Nuestro padre murió en el desierto,
el cual no estuvo en la junta que se re-
unió contra Jehová en la compañía de
Core[b]; sino que en su pecado murió[c], y
no tuvo hijos.
4 ¿Por qué será quitado el nombre de
nuestro padre de entre su familia, por
no haber tenido hijo? Dános heredad
entre los hermanos de nuestro padre.
5 Y Moises llevó su causa delante de
Jehová[d].
6 Y Jehová respondió á Moises, dici-
endo:
7 Bien dicen las hijas de Salphaad:
has de darles posesion de heredad entre
los hermanos de su padre, y traspasarás
la heredad de su padre[e] á ellas.
8 Y á los hijos de Israel hablarás, di-
ciendo: Cuando alguno muriere sin hi-
jo, traspasaréis su herencia á su hija.
9 Y si no tuviere hija, daréis su heren-
cia á sus hermanos.
10 Y si no tuviere hermanos, daréis su
herencia á los hermanos de su padre.
11 Y si su padre no tuviere hermanos,
daréis su herencia á su pariente mas
cercano de su linage, el cual la poseerá:
y será *esto* á los hijos de Israel por esta-
tuto[f] de derecho, como Jehová mandó
á Moises.
12 ¶ Y Jehová dijo á Moises: Sube á
este monte Abarim[g], y verás la tierra
que he dado á los hijos de Israel.
13 Y despues que la habrás visto, tú
tambien serás reunido á[h] tus pueblos,
como fué reunido tu hermano[i] Aaron.
14 Pues fuisteis rebeldes[k] á mi dicho
en el desierto de Zin, en la rencilla de
la congregacion, para santificarme en
las aguas á ojos de ellos. Estas *son* las
aguas de la recinilla de Cades en el de-
sierto de Zin.
15 Entónces respondió Moises á Je-
hová, diciendo:
16 Ponga Jehová, Dios de los espíritus
de toda carne, varon[l] sobre la congre-
gacion,
17 Que salga delante de ellos[m], y que
entre delante de ellos, que los saque y
los introduzca; porque la congregacion
de Jehová no sea como ovejas sin pas-
tor[n].
18 Y Jehová dijo á Moises: Toma *con-
tigo* á Josué, hijo de Nun, varon en el
cual hay espíritu, y pondrás tu mano
sobre él[o].
19 Y ponerlo has delante de Eleazar
el sacerdote, y delante de toda la con-
gregacion, y le darás órdenes en presen-
cia de ellos.
20 Y pondrás de tu dignidad sobre él,
para que toda la congregacion de los
hijos de Israel *le* obedezca[p].
21 Y él estará delante de Eleazar el
sacerdote, y á él preguntará[q] por el
juicio del Urim delante de Jehová: por
el dicho de él saldrán, y por el dicho de
él entrarán, él, y todos los hijos de Is-
rael con él, y toda la congregacion.
22 Y Moises hizo como Jehová le ha-
bia mandado; que tomó á Josué, y le
puso delante de Eleazar el sacerdote, y
de toda la congregacion:
23 Y puso sobre él sus manos, y dióle
órdenes, como Jehová habia mandado
por mano de Moises.

CAPITULO XXVIII.

Sacrificios de cada dia, de cada sábado, de cada mes, y de cada año.

Y HABLÓ Jehová á Moises, dici-
endo:
2 Manda á los hijos de Israel, y díles:
Mi ofrenda, mi pan con mis ofrendas
encendidas, en olor á mí agradable, gu-
ardaréis, ofreciendomelo á su tiempo.
3 Y les dirás: Esta *es* la ofrenda en-
cendida que ofreceréis á Jehová: dos
corderos[a] sin tacha de un año, cada un
dia, *será* el holocausto continuo.
4 El un cordero ofrecerás á la mañana,
y el otro cordero ofrecerás entre las dos
tardes:
5 Y la décima *parte* de un epha de flor
de harina, amasada con una cuarta *parte*
de un hin de aceite *de* molido, en pre-
sente[b].
6 *Es* holocausto continuo, que fué he-
cho en el monte de Sinai en olor de su-
avidad, ofrenda encendida á Jehová.
7 Y su libacion *será* la cuarta *parte* de
un hin con cada cordero: derramarás
libacion de superior vino á Jehová en el
santuario.
8 Y ofrecerás el segundo cordero entre
las dos tardes: conforme á la ofrenda
de la mañana, y conforme á su libacion
ofrecerás, *por* ofrenda encendida en olor
de suavidad á Jehová.
9 ¶ Mas el dia del sábado dos corderos
de un año sin defecto, y dos décimas de
flor de harina amasada con aceite por
presente, con su libacion.
10 *Este será* el holocausto del sábado
en cada sabado[c], ademas del holocausto
continuo, y su libacion.
11 ¶ Y en los principios de vuestros
meses[d] ofreceréis en holocausto á Je-
hová dos becerros de la vacada, y un
carnero, y siete corderos de un año sin
defecto;
12 Y tres décimas de flor de harina,
amasada con aceite, por presente con
cada becerro, y dos décimas de flor de
harina, amasada con aceite, por presente
con cada carnero;
13 Y una décima de flor de harina,
amasada con aceite, en ofrenda por pre-
sente con cada cordero: holocausto de
olor suave, ofrenda encendida á Jehová.
14 Y sus libaciones de vino *serán* me-
dio hin con cada becerro, y la tercera
parte de un hin con cada carnero, y la

[p] Cap. 3. 4. Lev. 10. 1, 2. 1 Cr. 24. 2.
[q] Cap. 3. 39.
[r] Cap. 1. 49.
[s] Cap. 18. 20, 24. Deu. 10. 9. Jos. 13. 14, 33. y 14. 3.
[t] ver. 3.
[u] Cap. 1. 1, 2.
[x] Cap. 14. 28, 29. 1 Cor. 10. 5, 6. Heb. 3. 16, 17. Judas 5.
[a] Cap. 26. 33. y 36. 1, 11. Jos. 17. 3.
[b] Cap. 16. 1, 2.
[c] Rom. 6. 23.
[d] Ex. 18. 15, 19.
[e] Cap. 36. 2.
[f] Cap. 35. 29.
[g] Deu. 3. 27. y 32. 49. y 34. 1.
[h] Cap. 31. 2.
[i] Cap. 20. 28. Deu. 10. 6.
[k] Cap. 20. 10, 12. Deu. 1. 37. Sal. 106. 32.
[l] Cap. 16. 22. Heb. 12. 9.
[m] Deu. 31. 2. 1 Sam. 18. 13. 2 Cr. 1. 10.
[n] 1 Rey. 22. 17. Zac. 10. 2. Mat. 9. 36.
[o] Deu. 34. 9. Hech. 6. 6.
[p] Jos. 1. 16, 17.
[q] Juec. 20. 18, etc. 1 Sam. 22. 10. y 23. 9. y 30. 7.
[a] Ex. 29. 38.
[b] Cap. 15. 14. Lev. 2. 1.
[c] Ez. 46. 4.
[d] Cap. 10. 10. Is. 1. 13, 14. Ez. 45. 17. Col. 2. 16.

cuarta *parte* de un hin con cada cordero. Esto *será* el holocausto de cada mes por todos los meses del año.

15 Y un macho de cabrío en expiacion se ofrecerá á Jehová[e], ademas del holocausto continuo, con su libacion.

[e] Cap. 15. 24.

16 ¶ Mas en el mes primero, á los catorce del mes será la Pascua de Jehová[f].

[f] Cap. 9. 3. Ex. 12. 6, 18. Lev. 23. 5, 6. Deu. 16. 1. Ez. 45. 21.

17 Y á los quince dias de aqueste mes *es* la solemnidad: por siete dias se comerán *panes* ázimos.

18 El primer dia *habrá* santa convocacion; ninguna obra servil haréis.

19 Y ofreceréis por ofrenda encendida en holocausto á Jehová dos becerros de la vacada, y un carnero, y siete corderos de un año[g]: sin defecto los tomaréis:

[g] ver. 31. Cap. 29. 8. Lev. 22. 20. Deu. 15. 21. Mal. 1. 13, 14. 1 Ped. 1. 19.

20 Y su presente de harina amasada con aceite: tres décimas con cada becerro, y dos décimas con cada carnero ofreceréis.

21 Con cada uno de los siete corderos ofreceréis una décima.

22 Y un macho cabrío por expiacion[h] para reconciliaros.

[h] ver. 15.

23 Esto ofreceréis ademas del holocausto de la mañana, que *es* el holocausto continuo.

24 Conforme á esto ofreceréis cada uno de los siete dias *por* vianda, *y por* ofrenda encendida en olor de suavidad á Jehová; ofrecerse ha, ademas del holocausto continuo, con su libacion.

25 Y el séptimo dia tendréis santa convocacion: ninguna obra servil haréis.

26 ¶ Ademas, el dia de las primicias[i], cuando ofreciereis Presente nuevo á Jehová en vuestras semanas, tendréis santa convocacion: ninguna obra servil haréis.

[i] Ex. 23. 16. y 34. 22. Lev. 23. 10, etc. Deu. 16. 10. Hech. 2. 1.

27 Y ofreceréis en holocausto, en olor de suavidad á Jehová, dos becerros de la vacada, un carnero, siete corderos de un año:

28 Y el Presente de ellos, de flor de harina amasada con aceite, tres décimas con cada becerro, dos décimas con cada carnero.

29 Con cada uno de los siete corderos una décima.

30 *Finalmente*, un macho de cabrío para hacer expiacion por vosotros.

31 *Les* ofreceréis, ademas del holocausto continuo, con sus Presentes, y sus libaciones[k]: sin defecto los tomaréis.

[k] ver. 19.

CAPITULO XXIX.

Fiestas y sacrificios del mes séptimo. Fiesta de las trompetas, de la expiacion, y de los tabernáculos.

Y EL séptimo mes, al primero del mes tendréis santa convocacion; ninguna obra servil haréis: os será dia de sonar las trompetas[a].

[a] Lev. 23. 24. Sal. 81. 3, 4.

2 Y ofreceréis *en* holocausto, por olor de suavidad á Jehová, un becerro de la vacada, un carnero, siete corderos de un año sin defecto.

3 Y el Presente de ellos, de flor de harina amasada con aceite, *será* tres décimas con cada becerro, dos décimas con cada carnero:

4 Y con cada uno de los siete corderos una décima.

5 Y un macho de cabrío por expiacion para reconciliaros:

6 Ademas del holocausto[b] del mes, y su Presente, y el holocausto continuo, y su Presente[c], y sus libaciones, conforme á su ley, por ofrenda encendida á Jehová en olor de suavidad.

[b] Cap. 28. 11.
[c] Cap. 28. 3.

7 ¶ Y en el diez de este mes séptimo tendréis santa convocacion[d], y afligiréis vuestras almas: ninguna obra haréis[e] en él.

[d] Lev. 16. 29. y 23. 27.
[e] Sal. 35. 13. Is. 58. 5.

8 Y ofreceréis en holocausto á Jehová, por olor de suavidad, un becerro de la vacada, un carnero, siete corderos de un año: sin defecto[f] los tomaréis.

[f] Cap. 28. 19.

9 Y sus Presentes, *de* flor de harina amasada con aceite, *serán* tres décimas con cada becerro, dos décimas con cada carnero,

10 Y con cada uno de los siete corderos una décima:

11 Un macho de cabrío por expiacion, ademas de la ofrenda de las expiaciones por el pecado, y[g] del holocausto continuo, y de sus Presentes, y de sus libaciones.

[g] Lev. 16. 3, etc.

12 ¶ Tambien á los quince dias del mes séptimo tendréis santa convocacion[h]: ninguna obra servil haréis, y celebraréis solemnidad á Jehová por siete dias.

[h] Lev. 23. 34. Deu. 16. 13. Ez. 45. 25.

13 Y ofreceréis en holocausto[i], en ofrenda encendida á Jehová en olor de suavidad, trece becerros de la vacada, dos carneros, catorce corderos de un año: han de ser sin defecto.

[i] Esd. 3. 4.

14 Y los Presentes de ellos, *de* flor de harina amasada con aceite, *serán* tres décimas con cada uno de los trece becerros, dos décimas con cada uno de los dos carneros,

15 Y con cada uno de los catorce corderos una décima:

16 Y un macho de cabrío por expiacion, ademas del holocausto continuo, su Presente, y su libacion.

17 Y el segundo dia *ofreceréis* doce becerros de la vacada, dos carneros, catorce corderos de un año sin defecto;

18 Y sus Presentes y sus libaciones con los becerros, con los carneros, y con los corderos, segun el número de ellos, conforme á la ley.

19 Y un macho de cabrío por expiacion, ademas del holocausto continuo, y su Presente y su libacion.

20 Y el dia tercero once becerros, dos carneros, catorce corderos de un año sin defecto;

21 Y sus Presentes y sus libaciones con los becerros, con los carneros, y con los corderos, segun el número de ellos, conforme á la ley.

22 Y un macho de cabrío por expiacion, ademas del holocausto continuo, y su Presente, y su libacion[k].

[k] Sal. 16. 4. Joel 1. 9, 13. y 2. 14.

23 Y el cuarto dia diez becerros, dos carneros, catorce corderos de un año sin defecto;

24 Sus Presentes y sus libaciones con los becerros, con los carneros, y con los corderos, segun el número de ellos, conforme á la ley.

25 Y un macho de cabrío por expiacion, ademas del holocausto continuo, su Presente y su libacion.

26 Y el quinto dia nueve becerros, dos carneros, catorce corderos de un año sin defecto;

27 Y sus Presentes, y sus libaciones con los becerros, con los carneros, y con los corderos, segun el número de ellos, conforme á la ley.

28 Y un macho cabrío por expiacion, ademas del holocausto continuo, su Presente y su libacion.

29 Y el sexto dia ocho becerros, dos carneros, catorce corderos de un año sin defecto;

30 Y sus Presentes y sus libaciones con los becerros, con los carneros, y con los corderos, segun el número de ellos, conforme á la ley.

31 Y un macho cabrío por expiacion, ademas del holocausto continuo, sus Presentes y sus libaciones.

32 Y el séptimo dia siete becerros, dos carneros, catorce corderos de un año sin defecto;

33 Y sus Presentes y sus libaciones con los becerros, con los carneros, y con los corderos, segun el número de ellos, conforme á la ley.

34 Y un macho cabrío por expiacion, ademas del holocausto continuo, con su presente y su libacion.

35 El octavo dia [l] tendréis solemnidad: ninguna obra servil haréis.

[l] Lev. 23. 36. Juan 7. 37.

36 Y ofreceréis en holocausto, en ofrenda encendida de olor suave á Jehová, un novillo, un carnero, siete corderos de un año sin defecto;

37 Sus presentes y sus libaciones con el novillo, con el carnero, y con los corderos, segun el número de ellos, conforme á la ley.

38 Y un macho cabrío por expiacion, ademas del holocausto continuo, con su presente y su libacion.

39 ¶ Estas cosas ofreceréis á Jehová en vuestras solemnidades [m], ademas de vuestros votos [n], y de vuestras ofrendas libres, para vuestros holocaustos, y para vuestros presentes, y para vuestras libaciones, y para vuestras paces.

[m] Lev. 23. 2, &c. 1 Cr. 23. 31. 2 Cr. 31. 3. Esd. 3. 5. Neh. 10. 33. Is. 1. 14.
[n] Lev. 7. 11, 16. 22. 21, 23. Deu. 12. 6.

CAPITULO XXX.

Sobre la obligacion de cumplir los votos y juramentos. Por quienes y con que condiciones podian anularse.

Y MOISES dijo á los hijos de Israel conforme á todo lo que Jehová le habia mandado.

2 Y habló Moises á los príncipes de las [a] tribus de los hijos de Israel, diciendo: Esto *es* lo que Jehová ha mandado.

[a] Cap. 1. 4, 16.

3 Cuando alguno hiciere voto á Jehová [b], ó hiciere juramento [c] ligando su alma con obligacion, no violará su palabra: hará [d] conforme á todo lo que salió de su boca.

[b] Lev. 27. 2. Deu. 23. 21. Juec. 11. 35, 36.
[c] Sal. 15. 4. Ecles. 5. 4.
[c] Lev. 5. 4. Mat. 5. 33.
[d] Job 22. 27. 1 Sal. 50. 14. 66. 13, 14.

4 ¶ Mas la mujer, cuando hiciere voto á Jehová, y se ligare con obligacion en casa de su padre en su mocedad,

5 Si su padre oyere su voto, y la obligacion con que ligó su alma, y su padre callare á ello, todos los votos de ella serán firmes, y toda obligacion con que hubiere ligado su alma, firme será.

6 Mas si su padre le vedare el dia que oyere todos sus votos, y sus obligaciones, con que ella hubiere ligado su alma, no serán firmes; y Jehová la perdonará, por cuanto su padre le vedó.

7 ¶ Empero si fuere casada, é hiciere votos, ó pronunciare de sus labios cosa con que obligue su alma,

8 Si su marido lo oyere, y cuando lo oyere, callare á ello, los votos de ella serán firmes, y la obligacion con que ligó su alma, firme será.

9 Pero si cuando su marido lo oyó [e], le vedó, entónces el voto que ella hizo, y lo que pronunció de sus labios con que ligó su alma, será nulo; y Jehová la perdonará.

[e] Gen. 3. 16. 1 Cor. 14. 34. Ef. 5. 22, 24.

10 ¶ Mas todo voto de viuda, ó repudiada, con que ligare su alma, será firme.

11 Y si hubiere hecho voto en casa de su marido, y hubiere ligado su alma con obligacion de juramento,

12 Si su marido oyó, y calló á ello, y no le vedó, entónces todos sus votos serán firmes, y toda obligacion con que hubiere ligado su alma, firme será.

13 Mas si su marido los anuló el dia que *los* oyó, todo lo que salió de sus labios cuanto á sus votos, y cuanto á la obligacion de su alma, será nulo; su marido [f] los anuló, y Jehová la perdonará [g].

[f] 1 Cor. 11. 3.
[g] ver. 6, 9.

14 Todo voto, ó todo juramento obligándose á afligir el alma, su marido lo confirmará, ó su marido lo anulará.

15 Empero si su marido callare á ello de dia en dia, entónces confirmó todos sus votos, y todas las obligaciones que estan sobre ella: confirmólas, por cuanto calló á ello el dia que *lo* oyó.

16 Mas si las anulare despues de haber*las* oido, entónces él llevará el pecado de ella.

17 Estas *son* las ordenanzas que Jehová mandó á Moises *para* entre el varon y su mujer, y entre el padre y su hija durante su mocedad en casa de su padre.

CAPITULO XXXI.

Son exterminados los Madianitas. Ley sobre el botín.

Y JEHOVA habló á Moises, diciendo:

2 Haz la venganza de los hijos de Israel sobre los Madianitas [a]; despues serás recogido á tus pueblos [b].

[a] Cap. 25. 17.
[b] Cap. 27. 13.

3 Entónces Moises habló al pueblo diciendo: Armaos algunos de vosotros para la guerra, y serán contra Madian, y harán la venganza de Jehová en Madian.

4 Mil de cada tribu de todas las tribus de los hijos de Israel enviaréis á la guerra.

5 Así fueron dados de los millares de Israel mil por cada tribu, doce mil á punto de guerra.

6 Y Moises los envió á la guerra; mil de cada tribu envió: y Phinees, hijo de Eleazar sacerdote, *fué* á la guerra con los santos instrumentos, con las trompetas en su mano [c] para tocar.

[c] Cap. 10. 9.

7 Y pelearon contra Madian, como Jehová lo mandó á Moises, y mataron á todo varon [d].

[d] Deu. 20. 13. Juec. 21. 11. 1 Rey. 11. 15, 16.

8 Mataron tambien entre los muertos de ellos á los reyes de Madian Evi, y Recem, y Zur, y Hur, y Reba, cinco reyes de Madian [e]: á Balaam tambien, hijo de Beor [f], mataron á cuchillo.

[e] Jos. 13. 21.
[f] Jos. 13. 22.

9 Y llevaron cautivas los hijos de Israel las mujeres de los Madianitas, y sus chiquitos, y todas sus bestias, y todos sus ganados, y arrebataron toda su hacienda.

10 Y abrasaron con fuego todas sus ciudades [g], aldéas y castillos.

[g] Jos. 6. 24.

11 Y tomaron todo el despojo [h], y toda la presa, así de hombres como de bestias.

[h] Deu. 20. 14. Jos. 8. 2.

12 Y trajeron á Moises, y á Eleazar el sacerdote, y á la congregacion de los hijos de Israel, los cautivos, y la presa, y los despojos, al campo en los llanos de Moab, que *estan* junto al Jordan de Jericó [i].

[i] Cap. 22. 1.

13 ¶ Y salieron Moises y Eleazar el sacerdote, y todos los príncipes de la congregacion, á recibirlos fuera del campo.

14 Y enojóse Moises contra los capitanes del ejército, *contra* los tribunos y centuriones que volvian de la guerra;

15 Y díjoles Moises: ¿Todas las mujeres habeis reservado?

16 Hé aquí ellas fueron [k] á los hijos de Israel, por consejo de Balaam, para causar prevaricacion contra Jehová en el negocio de Peor; por lo que hubo mortandad en la congregacion de Jehová [l].

[k] 2 Ped. 2. 15. Ap. 2. 14.
[l] Cap. 25. 9.

17 Matad pues ahora todos los varones entre los niños: matad [m] tambien toda mujer que haya conocido varon carnalmente.

[m] Juec. 21. 11.

18 Y todas las niñas entre las mujeres, que no hayan conocido ayuntamiento de varon, os reservaréis vivas.

[n] Cap. 5. 2. y 19. 11, etc.
[o] Cap. 19. 12, 19.
19 ¶ Y vosotros quedaos fuera del campo [n] siete dias: y todos los que hubieren matado persona, y cualquiera que hubiere tocado muerto, os purificaréis al tercero y al séptimo dia [o], vosotros y vuestros cautivos.

20 Asimismo purificaréis todo vestido, y toda prenda de pieles, y toda obra de pelos de cabras, y todo vaso de madera.

21 Y Eleazar el sacerdote dijo á los hombres de guerra, que venian de la guerra: Esta *es* la ordenanza de la ley que Jehová ha mandado á Moises:

22 Ciertamente el oro, y la plata, metal, hierro, estaño, y plomo;

[p] Cap. 19. 9, 17.
23 Todo lo que resiste el fuego, por fuego *lo* haréis pasar, y será limpio, bien que en las aguas de purificacion habrá de purificarse [p]; mas haréis pasar por agua todo lo que no aguanta el fuego.

[q] Lev. 11. 25.
24 Ademas lavaréis vuestros vestidos [q] el séptimo dia, y así seréis limpios; y despues entraréis en el campo.

25 ¶ Y Jehová habló á Moises, diciendo:

26 Toma la cuenta de la presa que se ha hecho, así de las personas como de las bestias, tú y el sacerdote Eleazar, y las cabezas de los padres de la congregacion:

[r] Jos. 22. 8. 1 Sam. 30. 24. Sal. 68. 12.
27 Y partirás por mitad [r] la presa entre los que pelearon, *entre* los que salieron á la guerra, y toda la congregacion.

[s] Gen. 14. 20. Jos. 6. 19. 2 Sam. 8. 11, 12. Pro. 3. 9, 10.
[t] Cap. 18. 26.
28 Y apartarás para Jehová [s] el tributo de los hombres de guerra, que salieron á la guerra: de quinientos uno [t], así de las personas como de los bueyes, de los asnos, y de las ovejas.

29 De la mitad de ellos *lo* tomaréis, y daréis á Eleazar el sacerdote la ofrenda de Jehová.

[u] 1 Cor. 9. 13, 14.
[x] Cap. 3. 7, etc.
30 Y de la mitad perteneciente á los hijos de Israel tomarás uno de cincuenta, de las personas, de los bueyes, de los asnos, y de las ovejas, de todo animal, y [u] le darás á los Levitas, que tienen la guarda del tabernáculo de Jehová [x].

31 E hicieron Moises y Eleazar el sacerdote como Jehová mandó á Moises.

32 ¶ Y fué la presa, el resto de la presa que tomaron los hombres de guerra, seiscientas y setenta y cinco mil ovejas,

33 Y setenta y dos mil bueyes,

34 Y sesenta y un mil asnos:

35 Y en cuanto á las personas, de mujeres que no habian conocido ayuntamiento de varon *fueron* en todas treinta y dos mil.

36 ¶ Y la mitad, la parte de los que habian salido á la guerra, fué el número de trescientas treinta y siete mil y quinientas ovejas.

37 Y el tributo para Jehová de las ovejas fué seiscientas y setenta y cinco.

38 Y *el número* de los bueyes, treinta y seis mil: y de ellos el tributo para Jehová, setenta y dos.

39 Y *el* de los asnos, treinta mil y quinientos: y de ellos el tributo para Jehová, setenta y uno.

40 Y *el* de las personas, diez y seis mil: y de ellas el tributo para Jehová, treinta y dos personas.

[y] Cap. 18. 8, 19.
41 Y dió Moises el tributo, por elevada ofrenda á Jehová, á Eleazar el sacerdote, como Jehová lo mandó á Moises [y].

42 ¶ Y de la mitad para los hijos de Israel, que apartó Moises de los hombres que habian ido á la guerra,

43 (La mitad para la congregacion fué, de las ovejas, trescientas treinta y siete mil y quinientas:

44 Y de los bueyes, treinta y seis mil:

45 Y de los asnos, treinta mil y quinientos:

46 Y de las personas, diez y seis mil:)

[z] ver. 30.
47 De la mitad pues para los hijos de Israel [z] tomó Moises uno de *cada* cincuenta, así de las personas como de los animales, y diólos á los Levitas, que tenian la guarda del tabernáculo de Jehová, como Jehová lo habia mandado á Moises.

48 ¶ Y llegaron á Moises los jefes de los millares de aquel ejército, los tribunos y centuriones,

49 Y dijeron á Moises: Tus siervos han tomado razon de los hombres de guerra que *estan* en nuestro poder, y ninguno ha faltado de nosotros.

[a] Ex. 30. 12, 16.
50 Por lo cual hemos ofrecido á Jehová ofrenda, cada uno de lo que ha hallado, vasos de oro, brazaletes, manillas, anillos, zarcillos, y cadenas, para hacer expiacion por nuestras almas delante de Jehová [a].

51 Y Moises y el sacerdote Eleazar recibieron el oro de ellos, alhajas todas elaboradas.

52 Y todo el oro de la ofrenda que ofrecieron á Jehová de los tribunos y centuriones, fué diez y seis mil setecientos y cincuenta siclos.

53 Los hombres del ejército habian pillado cada uno para sí.

[b] Ex. 30. 16.
54 Recibieron pues Moises y el sacerdote Eleazar el oro de los tribunos y centuriones, y trajéronlo al tabernáculo del testimonio, por memoria [b] de los hijos de Israel delante de Jehová.

CAPITULO XXXII.

Concesion hecha á las tribus de Ruben y de Gad, y á la media tribu de Manassé, con motivo de sus muchos ganados.

[a] Cap. 21. 32. Jos. 13. 25. 2 Sam. 24. 25. Is. 16. 8.
[b] Jer. 50. 19. Mic. 7. 14.
Y LOS hijos de Ruben y los hijos de Gad tenian una muy gran muchedumbre de ganado; los cuales viendo la tierra de Jazer [a] y de Galaad [b], parecióles el pais lugar de ganado.

2 Y vinieron los hijos de Gad y los hijos de Ruben, y hablaron á Moises, y á Eleazar el sacerdote, y á los príncipes de la congregacion, diciendo:

[c] Is. 15. 2.
[d] ver. 36.
[e] Juec. 11. 26.
[f] ver. 38.
[g] ver. 38.
3 Ataroth, y Dibon [c], y Jazer, y Nimra [d], y Hesbon [e], y Eleale, y Saban, y Nebo [f], y Beon [g],

[h] Cap. 21. 24. 34.
4 La tierra que Jehová hirió delante de la [h] congregacion de Israel, es tierra de ganado, y tus siervos tienen ganado:

5 Por tanto, dijeron, si hallamos gracia en tus ojos, dése esta tierra á tus siervos en heredad, y no nos hagas pasar el Jordan.

6 ¶ Y respondió Moises á los hijos de Gad y á los hijos de Ruben: ¿Vendrán vuestros hermanos á la guerra, y vosotros os quedaréis aquí?

7 ¿Y por qué prevenís el ánimo de los hijos de Israel, para que no pasen á la tierra que les ha dado Jehová?

[i] Cap. 13. 26. Deu. 1. 2
8 Así hicieron vuestros padres, cuando los envié desde Cades-Barnea para que viesen *esta* tierra [i]:

9 Que subieron hasta la arroyada de Escol, y despues que vieron la tierra, preocuparon el ánimo de los hijos de Israel, para que no viniesen á la tierra que Jehová les habia dado.

[k] Cap. 14. 29. Deu. 1.
10 Y el furor de Jehová se encendió entónces [k], y juró diciendo:

[l] Jos. 14.
11 Que no verán los varones que subieron de Egipto, de veinte años arriba, la tierra por la cual juré á Abraham, Isaac, y Jacob; por cuanto no fueron perfectos en pos de mí [l]:

12 Escepto Caleb, hijo de Jephone

Cenezéo, y Josué, hijo de Nun, que fueron perfectos en pos de Jehová[m].

13 Y el furor de Jehová se encendió en Israel, é hízolos andar errantes cuarenta años[n] por el desierto, hasta que fué acabada toda aquella generacion, que habia hecho mal delante de Jehová[o].

14 Y hé aquí vosotros habeis sucedido en lugar de vuestros padres[p], prole de hombres pecadores, para añadir aun á la ira de Jehová contra Israel[q].

15 Si os volviereis de en pos de él, él volverá otra vez á dejarlos en el desierto, y destruiréis á todo este pueblo.

16 ¶ Entónces ellos se llegaron á él, y dijeron. Edificarémos aquí majadas para nuestro ganado, y ciudades para nuestros niños;

17 Y nosotros nos armarémos, é irémos con diligencia delante de los hijos de Israel[r], hasta que los metamos en su lugar: y nuestros niños quedarán en ciudades fuertes á causa de los moradores del pais.

18 No volverémos á nuestras casas hasta que los hijos de Israel posean cada uno su heredad[s].

19 Porque no tomarémos heredad con ellos al otro lado del Jordan ni adelante, por cuanto tendrémos ya nuestra heredad de estotra parte del Jordan al Oriente[t].

20 ¶ Entónces les respondió Moises: Si lo hiciereis así, si os apercibiereis *para ir* delante de Jehová á la guerra[u],

21 Y pasareis todos vosotros armados el Jordan delante de Jehová, hasta que haya echado á sus enemigos de delante de sí,

22 Y sea el pais sojuzgado delante de Jehová; luego volveréis, y seréis libres de culpa para con Jehová, y para con Israel, y esta tierra será vuestra en heredad delante de Jehová[x].

23 Mas si así no lo hiciereis, hé aquí habréis pecado á Jehová, y sabed que os alcanzará[y] vuestro pecado.

24 Edificaos ciudades[z] para vuestros niños, y majadas para vuestras ovejas, y haced lo que há salido de vuestra boca.

25 ¶ Y hablaron los hijos de Gad y los hijos de Ruben á Moises, diciendo: Tus siervos harán como mi señor ha mandado.

26 Nuestros niños, nuestras mujeres, nuestros ganados, y todas nuestras bestias, estarán ahí en las ciudades de Galaad,

27 Y tus siervos, armados todos de guerra, pasarán delante de Jehová á la guerra, de la manera que mi señor dice.

28 Entónces los encomendó Moises á Eleazar el sacerdote, y á Josué, hijo de Nun, y á los príncipes de los padres de las tribus de los hijos de Israel[a];

29 Y díjoles Moises: Si los hijos de Gad y los hijos de Ruben pasaren con vosotros el Jordan, armados todos de guerra delante de Jehová, luego que el pais fuere sojuzgado delante de vosotros, les daréis la tierra de Galaad en posesion.

30 Mas si no pasaren armados con vosotros, entónces tendrán posesion entre vosotros en la tierra de Canaan.

31 Y los hijos de Gad y los hijos de Ruben respondieron diciendo: Harémos lo que Jehová ha dicho á tus siervos.

32 Nosotros pasarémos armados delante de Jehová á la tierra de Canaan, y la posesion de nuestra heredad será de esta parte del Jordan.

33 Así les dió[b] Moises á los hijos de Gad, y á los hijos de Ruben, y á la media tribu de Manassé, hijo de Joseph, el reino de Sehon, rey Amorrhéo, y el reino de Og, rey de Basan[c], la tierra con sus ciudades y términos, las ciudades del pais al rededor.

34 ¶ Y los hijos de Gad edificaron á Dibon[d], y á Ataroth, y á Aroer[e],

35 Y á Atroth, y á Sophan, y á Jazer[f], y á Jogbaa,

36 Y á Beth-nimra[g], y á Beth-aran, ciudades fuertes: *hicieron* tambien majadas para ovejas.

37 Y los hijos de Ruben edificaron á Hesbon[h] y á Eleale, y á Kiriathaim,

38 Y á Nebo, y á Baal-meon, mudados los nombres, y á Sibma: y pusieron nombres á las ciudades que edificaron.

39 ¶ Y los hijos de Machir, hijo de Manassé, fueron á Galaad, y tomáronla, y echaron al Amorrhéo que *estaba* en ella.

40 Y Moises dió Galaad á Machir, hijo de Manassé, el cual habitó en ella[i].

41 Tambien Jair, hijo de Manassé, fué y tomó sus aldéas, y púsoles por nombre ‖ Havoth-Jair.

42 Asimismo Noba fué y tomó á Kenath y sus aldéas, y llamóle Noba, conforme á su nombre.

CAPITULO XXXIII.

Enumeracion de las cuarenta y dos mansiones de los Israelitas en el desierto.

ESTAS son las estancias de los hijos de Israel, los cuales salieron de la tierra de Egipto por sus escuadrones, bajo la conducta de Moises y Aaron.

2 Y Moises escribió sus salidas conforme á sus jornadas por mandato de Jehová. Estas pues son sus estancias con arreglo á sus partidas.

3 ¶ De Rameses partieron[a] el mes primero, á los quince dias del mes primero; el segundo dia de la Pascua salieron los hijos de Israel con mano alta[b] á ojos de todos los Egipcios.

4 *Estaban* enterrando los Egipcios los que Jehová habia muerto de ellos[c], á todo primogénito; habiendo Jehová hecho tambien juicios en sus dioses[d].

5 Partieron pues los hijos de Israel de Rameses[e], y asentaron campo en Succoth.

6 Y partiendo de Succoth, asentaron en[f] Etham, que está al cabo del desierto.

7 Y partiendo de Etham, volvieron sobre Pi-habiroth, que *está* delante de Baalsephon, y asentaron delante de Migdol[g].

8 Y partiendo de Pi-habiroth, pasaron por medio de la mar al desierto, y anduvieron camino de tres dias por el desierto de Etham, y asentaron en Mara[h].

9 Y partiendo de Mara, vinieron á Elim, donde *habia* doce fuentes de aguas[i], y setenta palmas; y asentaron allí.

10 Y partidos de Elim, asentaron junto al mar Bermejo.

11 Y partidos del mar Bermejo, asentaron en el desierto de Sin[k].

12 Y partidos del desierto de Sin, asentaron en Dophca.

13 Y partidos de Dophca, asentaron en Alus.

14 Y partidos de Alus, asentaron en[l] Rephidim, donde el pueblo no tuvo aguas para beber.

15 Y partidos de Rephidim, asentaron en el desierto de Sinaí[m].

16 Y partidos del desierto de Sinaí, asentaron en Kibroth-hataava[n].

17 Y partidos de Kibroth-hataava, asentaron en Haseroth[o].

18 Y partidos de Haseroth, asentaron en Ritma ‖.

[m] Cap. 14. 24.
[n] Cap. 14. 33, 35.
[o] Cap. 26. 64, 65.
[p] 1 Cor. 10. 5.
Heb. 3. 16, 19.
[q] Sal. 78. 57.
Neh. 13. 18.
[r] Jos. 4. 12, 13.
[s] Jos. 22. 4.
[t] ver. 33.
Jos. 12. 3.
[u] Deu. 3. 18, etc.
Jos. 1. 14, etc.
y 4. 12, 13.
[x] Jos. 13. 8.
y 22. 4, 9.
[y] Gen. 44.16.
Isa. 59. 2.
Pro. 13. 21.
[z] ver. 16. 34, etc.
[a] Jos. 1. 13.
[b] Deu. 3. 12, 17.
Jos. 12. 6.

[c] Cap. 21. 24, 33.
[d] Cap. 33. 45, 46.
[e] Deu. 2. 36.
[f] ver. 1, 3.
[g] ver. 3.
[h] Cap. 21. 27.
[i] Jos. 13. 29, 31.
‖ *aldéas de Jair,* Juec. 10. 4.
[a] Ex. 12. 37.
[b] Ex. 14. 8.
[c] Ex. 12. 29.
[d] Ex. 12. 12.
y 18. 11.
Is. 19. 1.
[e] Ex. 12. 37.
[f] Ex. 13. 20.
[g] Ex. 14. 2, 9.
[h] Ex. 15. 22, 23.
[i] Ex. 15. 27.
[k] Ex. 16. 1.
[l] Ex. 17. 1.
[m] Ex. 19. 1, 2.
[n] Cap. 11. 34.
[o] Cap. 11. 35.
‖ *Entre Haseroth* (ver. 17) *y Ritma* (ver. 18) *pasaron 38 años.*

19 Y partidos de Ritma, asentaron en Rimmon-peres.

20 Y partidos de Rimmon-peres, asentaron en Libna.

21 Y partidos de Libna, asentaron en Rissa.

22 Y partidos de Rissa, asentaron en Ceelatha.

23 Y partidos de Ceelatha, asentaron en el monte de Sepher.

24 Y partidos del monte de Sepher, asentaron en Harada.

25 Y partidos de Harada, asentaron en Maceloth.

26 Y partidos de Maceloth, asentaron en Tahath.

27 Y partidos de Tahath, asentaron en Tara.

28 Y partidos de Tara, asentaron en Mithca.

29 Y partidos de Mithca, asentaron en Hasmona.

30 Y partidos de Hasmona, asentaron en Moseroth [p].

[p] Deu. 10. 6.

31 Y partidos de Moseroth, asentaron en Bene-jaacan.

32 Y partidos de Bene-jaacan, asentaron en el monte de Gidgad [q].

[q] Deu. 10. 7.

33 Y partidos del monte de Gidgad, asentaron en Jotbatha.

34 Y partidos de Jotbatha, asentaron en Abrona.

35 Y partidos de Abrona, asentaron en Esion-gaber.

36 Y partidos de Esion-gaber, asentaron en el desierto de Sin, que es Cades ‖.

‖ *La segunda vez*, Cap. 13. 26. Deu. 2. 14.

37 Y partidos de Cades, asentaron en el monte de Hor, en la extremidad del pais de Edom.

38 Y subió Aaron el sacerdote al monte de Hor [r], conforme al dicho del Jehová, y allí murió á los cuarenta años de la salida de los hijos de Israel de la tierra de Egipto, en el mes quinto, en el primero del mes.

[r] Cap. 20. 25, 28. Deu. 10. 6. y 32. 50.

39 Y era Aaron de edad de ciento y veinte y tres años cuando murió en el monte de Hor.

40 Y el Cananéo rey de Arad [s], que habitaba al Mediodia en la tierra de Canaan, oyó como habian venido los hijos de Israel.

[s] Cap. 21. 1, etc.

41 Y partidos del monte de Hor [t], asentaron en Salmona.

[t] Deu. 10. 7. Cap. 21. 4. Deu. 2. 8.

42 Y partidos de Salmona, asentaron en Phunon.

43 Y partidos de Phunon, asentaron en Oboth.

44 Y partidos de Oboth, asentaron en Ije-abarim ‖, en el término de Moab.

‖ *los montones de Abarim*, Cap. 21. 11.

45 Y partidos de Ije-abarim, asentaron en Dibon-gad.

46 Y partidos de Dibon-gad, asentaron en Almon-diblathaim.

47 Y partidos de Almon-diblathaim, asentaron en los montes de Abarim, delante de Nebo [u].

[u] Cap. 21. 20. Deu. 32. 49. y 34. 1.

48 Y partidos de los montes de Abarim, asentaron en los campos de Moab junto al Jordan de Jericó.

49 Finalmente asentaron junto al Jordan, desde Beth-jesimoth hasta Abel-sittim en los campos de Moab.

50 ¶ Y habló Jehová á Moises en los campos de Moab junto al Jordan de Jericó, diciendo:

51 Habla á los hijos de Israel, y diles: Cuando hubiereis pasado el Jordan á la tierra de Canaan,

52 Echaréis á todos los moradores del pais de delante de vosotros, y destruiréis todas sus pinturas, y todas sus imágenes de fundicion, y arruinaréis todos sus altos [x].

[x] Ex. 23. 24, 33. Deu. 7. 2, 5. y 12. 3. Juec. 2. 2.

53 Y echaréis *los moradores de* la tierra, y habitaréis en ella: porque yo os la he dado para que la poseais.

54 Y heredaréis la tierra por suertes [y] por vuestras familias: á los muchos daréis mucho por su heredad, y á los pocos daréis menos por heredad suya: donde le saliere la suerte, allí la tendrá *cada uno:* por las tribus de vuestros padres heredaréis.

[y] Cap. 26. 53, 55.

55 Y si no echareis los moradores del pais de delante de vosotros, sucederá que los que dejareis de ellos *serán* por aguijones en vuestros ojos, y por espinas en vuestros costados, y afligiros han sobre la tierra en que vosotros habitaréis [z].

[z] Jos. 23. 13.

56 Será ademas, que haré á vosotros como yo pensé hacerles á ellos.

CAPITULO XXXIV.

Situacion y confines de la tierra de Canaan. Sobre su reparticion, y los sujetos que deben hacerla.

Y JEHOVA habló á Moises diciendo:

2 Manda á los hijos de Israel, y diles: Cuando hubiereis entrado en la tierra de Canaan, es á saber, la tierra que os ha de caer en heredad, la tierra de Canaan segun sus términos,

3 Tendréis el lado del Mediodia [a] desde el desierto de Sin hasta los términos de Edom; y os será [b] el término del Mediodia el extremo del mar salado hácia el Oriente.

[a] Jos. 15. 1, etc. [b] Gen. 14.

4 Y este término os irá rodeando desde el Mediodia hasta la subida de Acrabbim, y pasará hasta Sin: y sus salidas serán del Mediodia [c] á Cades-barnea; y saldrá á Hasar-addar, y pasará hasta Asmon.

[c] Cap. 32.

5 Y rodeará este término desde Asmon hasta el torrente de Egipto [d], y sus remates serán al Occidente.

[d] Jos. 15. 47. 1 Rey. 8. 2 Rey. 24. Is. 27. 12.

6 ¶ Y el término occidental os será la gran mar: este término os será el término occidental.

7 ¶ Y el término del Norte os será este; desde la gran mar os señalaréis el monte de Hor [e].

[e] Jos. 13. Deu. 3.

8 Del monte de Hor señalaréis á la entrada de Hamath, y [f] serán las salidas de aquel término á Sedad.

[f] 1 Rey. 25.

9 Y saldrá este término á Ziphron, y serán sus remates en Hasar-enan: este os será el término del Norte.

10 ¶ Y por término al Oriente os señalaréis desde Hasar-enan hasta Sepham.

11 Y bajará este término desde Sepham á Ribla [g], al Oriente de Ain: y descenderá el *mismo* término, y llegará á la costa de la mar de Cinnereth [h] al Oriente.

[g] 2 Rey. 33. Jer. 39. 5, [h] Deu. 3. Jos. 11. Luc. 5. 1 Juan 21.

12 Despues descenderá *este* término al Jordan, y serán sus salidas al mar salado: esta será vuestra tierra, *demarcada* por sus términos al rededor.

13 ¶ Y mandó Moises á los hijos de Israel, diciendo: Esta *es* la tierra que heredaréis por suerte [i], la cual mandó Jehová que diese á las nueve tribus, y á la media tribu:

[i] Jos. 14.

14 Porque la tribu de los hijos de Ruben [k], segun las casas de sus padres, y la tribu de los hijos de Gad, conforme á las casas de sus padres, y la media tribu de Manasse, han tomado su herencia.

[k] Cap. 32.

15 Dos tribus y media tomaron su heredad de esta parte del Jordan de Jericó al Oriente, al nacimiento *del sol.*

16 ¶ Y habló Jehová á Moises diciendo:

17 Estos *son* los nombres de los varones que os aposesionarán la tierra: Eleazar el sacerdote, y Josué hijo de Nun [l].

[l] Jos. 14. y 19. 51.

18 Tomaréis tambien de cada tribu

un príncipe, para dar la posesion de la tierra.

19 Y estos son los nombres de los varones: De la tribu de Judá, Caleb, hijo de Jephone.

20 Y de la tribu de los hijos de Simeon, Samuel, hijo de Ammiud.

21 De la tribu de Benjamin, Elidad, hijo de Chislon.

22 Y de la tribu de los hijos de Dan, el príncipe Bucci, hijo de Jogli.

23 De los hijos de Joseph, de la tribu de los hijos de Manassé, el príncipe Haniel, hijo de Ephod.

24 Y de la tribu de los hijos de Ephraim, el príncipe Chémuel, hijo de Siphtan.

25 Y de la tribu de los hijos de Zabulon, el príncipe Elisaphan, hijo de Parnach.

26 Y de la tribu de los hijos de Issachár, el príncipe Paltiel, hijo de Azan.

27 Y de la tribu de los hijos de Aser, el príncipe Ahiud, hijo de Selomi.

28 Y de la tribu de los hijos de Nephthali, el príncipe Pedael, hijo de Ammiud.

29 Estos *son* á los que mandó Jehová que hiciesen la particion de la herencia á los hijos de Israel en la tierra de Canaan.

CAPITULO XXXV.

Se destinan cuarenta y ocho ciudades para los Levitas; y de estas se señalan seis que lo sean de asilo ó refugio para los que cometieren homicidio involuntario.

Y HABLÓ Jehová á Moises en los campos de Moab junto al Jordan de Jericó, diciendo:

2 Manda á los hijos de Israel, que den á los Levitas de la posesion de su heredad ciudades en que habiten: tambien daréis á los Levitas los ejidos de esas ciudades al rededor de ellas [a].

[a] Jos. 14. 3, 4. y 21. 2, etc.

3 Y tendrán ellos las ciudades para habitar, y los ejidos de ellas serán para sus animales, y para sus ganados, y para todas sus bestias.

4 Y los ejidos de las ciudades [b] que daréis á los Levitas, serán mil codos al rededor desde el muro de la ciudad para fuera:

[b] 1 Cr. 11. 14.

5 Luego mediréis fuera de la ciudad á la parte del Oriente dos mil codos, y á la parte del Mediodia dos mil codos, y á la parte del Occidente dos mil codos, y á la parte del Norte dos mil codos, y la ciudad en medio: esto tendrán por los ejidos de las ciudades.

6 Y de las ciudades que daréis á los Levitas, seis ciudades serán de acogimiento, las cuales daréis [c] para que el homicida se acoja allá: y ademas de estas daréis cuarenta y dos ciudades.

[c] Deu. 4. 41, 42. Jos. 20. 2, 9. y 21. 3, 13, etc. Heb. 6. 18.

7 Todas las ciudades que daréis á los Levitas *serán* cuarenta y ocho ciudades [d]; ellas *mismas* con sus ejidos.

[d] Jos. 21. 41.

8 Y *serán* las ciudades que diereis de la heredad de los hijos de Israel: del *que* mucho tomaréis mucho, y del *que* poco tomareis poco [e]: cada uno dará de sus ciudades á los Levitas segun la posesion que heredará.

[e] Cap. 26. 54.

9 ¶ Y habló Jehová á Moises, diciendo:

10 Habla á los hijos de Israel, y díles: Cuando hubiereis pasado el Jordan á la tierra de Canaan [f],

[f] Deu. 19. 2. Jos. 20. 2.

11 Os señalaréis ciudades; ciudades de acogimiento tendréis [g], adonde huya el homicida que hiriere á alguno de muerte por yerro.

[g] Ex. 21. 13.

12 Y os serán aquellas ciudades por acogimiento del pariente, y no morirá el homicida hasta que esté á juicio delante de la congregacion [h].

[h] Deu. 19. 6. Jos. 20. 3, 6.

13 De las ciudades pues que daréis, tendréis seis ciudades de acogimiento.

14 Las tres ciudades daréis de esta parte del Jordan [i], y *las otras* tres ciudades daréis en la tierra de Canaan, las cuales serán ciudades de acogimiento.

[i] Deu. 4. 41. Jos. 20. 8.

15 Estas seis ciudades serán para acogimiento á los hijos de Israel, y al peregrino, y al que morare entre ellos [k], para que huya allá cualquiera que hiciere de muerte á otro por yerro.

[k] Cap. 15. 16. Lev. 24. 22.

16 ¶ Y si con instrumento de hierro lo hiriere, y muriere, homicida *es*; el homicida morirá.

17 Y si con piedra de mano, de que pueda morir, lo hiriere, y muriere, homicida es [l]; el homicida morirá.

[l] Ex. 21. 12, 14. Lev. 24. 17. Deu. 19. 11, 12.

18 Y si con instrumento de palo de mano, de que pueda morir, lo hiriere, y muriere, homicida *es*; el homicida morirá.

19 El pariente del muerto [m] él matará al homicida: cuando lo encontrare, él lo matará.

[m] ver. 21, 24, 27. Deu. 19. 6, 12. Jos. 20. 3, 5.

20 Y si por odio [n] lo empujó, ó echó sobre él *alguna cosa* por asechanzas, y muere [o],

[n] Gen. 4. 5, 8. 2 Sam. 3. 27. y 20. 10. 1 Rey. 2. 31, 32.

[o] Deu. 19. 11.

21 O por enemistad lo hirió con su mano, y murió, el heridor morirá; es homicida; el pariente del muerto matará al homicida cuando le encontrare.

22 ¶ Mas si casualmente lo empujó sin enemistades, ó echó sobre él cualquier instrumento sin asechanzas,

23 O bien, sin verlo, hizo caer sobre él alguna piedra, de que pudo morir, y muriere, y él no era su enemigo ni procuraba su mal,

24 Entónces la congregacion juzgará [p] entre el heridor y el pariente del muerto conforme á estas leyes.

[p] ver. 12. Jos. 20. 6.

25 Y la congregacion librará al homicida de mano del pariente del muerto, y la congregacion lo hará volver á su ciudad de acogimiento, á la cual se habia acogido; y morará en ella hasta que muera el gran sacerdote, el cual fué ungido con el aceite [q] santo.

[q] Ex. 29. 7. Lev. 21. 10.

26 Y si el homicida saliere fuera del término de su ciudad de refugio, á la cual se acogió,

27 Y el pariente del muerto le hallare fuera del término de la ciudad de su acogida, y el pariente del muerto al homicida matare, no se le inculpará *por ello*:

28 Pues en su ciudad de refugio deberá *aquel* habitar hasta que muera el gran sacerdote: y despues que muriere el gran sacerdote, el homicida volverá á la tierra de su posesion.

29 Y estas *cosas* os serán por ordenanza de derecho por vuestras edades en todas vuestras habitaciones.

30 ¶ Cualquiera que hiriere á alguno, por dicho de testigos morirá el homicida [r]; mas un solo testigo no hará fé contra alguna persona para que muera.

[r] Deu. 17. 6. y 19. 15. Heb. 10. 28.

31 Y no tomaréis precio por la vida del homicida, porque está condenado á muerte; mas indefectiblemente morirá.

32 Ni tampoco tomaréis precio del que huyó á su ciudad de refugio, para que vuelva á vivir en *su* tierra, hasta que muera el sacerdote.

33 Y no contaminaréis la tierra donde estuviereis; porque esta sangre amancillará la tierra [s]: y la tierra no será expiada de la sangre que fué derramada en ella, sino por la sangre del que la derramó [t].

[s] 2 Rey. 24. 4. Sal. 106. 38. Mat. 23. 31, 35.

[t] Gen. 9. 6.

34 No contamineis pues la tierra donde

habitais, en medio de la cual yo habito; porque yo Jehová habito en medio de los hijos de Israel *u*.

u Ex. 29. 45, 46. 1 Rey. 6. 13. 2 Cor. 6. 16.

CAPITULO XXXVI.

Ley sobre el matrimonio de las hijas herederas.

Y LLEGARON los príncipes de los padres de la familia de Galaad, hijo de Machir, hijo de Manassé, de las familias de los hijos de Joseph, y hablaron delante de Moises, y de los príncipes cabezas de padres de los hijos de Israel,

2 Y dijeron: Jehová mandó á mi señor que por suerte diese la tierra á los hijos de Israel en posesion *a*: tambien ha mandado Jehová á mi señor, que dé la posesion de Salphaad nuestro hermano á su hijas *b*:

a Cap. 26. 55. y 33. 54. Jos. 17. 3. *b* Cap. 27. 17.

3 Las cuales si se casaren con algunos de los hijos de las *otras* tribus de los hijos de Israel, la herencia de ellas será así desfalcada de la herencia de nuestros padres, y será añadida á la herencia de la tribu á que serán *unidas*: será pues quitada de la suerte de nuestra heredad.

4 Y cuando viniere el Jubiléo de los hijos de Israel *c*, la heredad de ellas será añadida á la heredad de la tribu de sus maridos; y así la heredad de ellas será quitada de la heredad de la tribu de nuestros padres.

c Lev. 25. 10.

5 ¶ Entónces Moises mandó á los hijos de Israel por dicho de Jehová, diciendo: La tribu de los hijos de Joseph habla rectamente.

6 Esto *es* lo que ha mandado Jehová acerca de las hijas de Salphaad, diciendo: Cásense como á ellas les pluguiere; empero en la familia de la tribu de su padre se casarán,

7 Para que la heredad de los hijos de Israel no sea traspasada de tribu en tribu: porque cada uno de los hijos de Israel se allegará á la heredad de la tribu de sus padres *d*.

8 Y cualquiera hija *e* que poseyere heredad de las tribus de los hijos de Israel, con alguno de la familia de la tribu de su padre se casará, para que los hijos de Israel posean cada uno la heredad de sus padres,

d 1 Rey. 21. 3. *e* 1 Cr. 23. 22.

9 Y no ande la heredad rodeando de una tribu á otra: mas cada una de las tribus de los hijos de Israel se llegue á su heredad.

10 Como Jehová mandó á Moises, así hicieron las hijas de Salphaad.

11 Y *así* Maala, y Tirsa, y Hogla, y Milchâ, y Noa, hijas de Salphaad *f*, se casaron con hijos de sus tios:

f Cap. 27. 1.

12 De la familia de los hijos de Manassé, hijo de Joseph, fueron mujeres, y la heredad de ellas quedó en la tribu de la familia de su padre.

13 ¶ Estos son los mandamientos y los estatutos que mandó Jehová por mano de Moises en los campos de Moab, junto al Jordan de Jericó *g*.

g Cap. 26. 3. y 33. 50.

EL QUINTO LIBRO DE MOISES,

COMUNMENTE LLAMADO

DEUTERONOMIO.

A. C. 1451.

CAPITULO I.

Recapitulacion de los principales sucesos que acontecieron á Israel en el desierto por espacio de cuarenta años.

ESTAS *son* las palabras que habló Moises á todo Israel de esta parte del Jordan en el desierto, en el llano, delante del *mar* Bermejo *a*, entre Parán, y Tophel, y Laban, y Haseroth, y Dizahab.

a Num. 21. 14.

2 Once jornadas *hay* desde Horeb, camino del monte Seir, hasta Cadesbarnea.

3 Y fué, *que* á los cuarenta años, en el mes undecimo, al primero del mes, Moises habló á los hijos de Israel conforme á todas las cosas que Jehová le habia mandado acerca de ellos;

4 Despues que hirió á Sehon *b*, rey de los Amorrhéos, que habitaba en Hesbon, y á Og, rey de Basan, que habitaba en Astaroth *c* en Edrai.

b Num. 21. 24, 35. *c* Ex. 3. 1.

5 ¶ De esta parte del Jordan, en tierra de Moab, resolvió Moises declarar esta ley, diciendo:

6 Jehová nuestro Dios nos habló en Horeb diciendo: Harto habeis estado en este monte;

7 Volveos, partios, é *d* id al monte del Amorrhéo, y á todas sus comarcas en el llano, en el monte, y en los valles, y al Mediodia, y á la costa de la mar; á la tierra del Cananéo, y el Libano, hasta el gran rio, el rio Eufrates.

d Num. 10. 11.

8 Mirad, yo he dado la tierra en vuestra presencia; entrad, y poseed la tierra que Jehová juró á vuestros padres, Abraham, Isaac, y Jacob, que *les* daria á ellos, y á su simiente despues de ellos *e*.

A. C. 1451. *e* Gen. 12. 7. y 22. 16, 17. y 26. 3, 4. y 28. 13, 14.

9 ¶ Y yo os hablé entónces diciendo: Yo no puedo llevaros solo *f*.

f Ex. 18. 18. Num. 11. 14.

10 Jehová vuestro Dios os ha multiplicado, y hé aquí *sois* hoy vosotros como las estrellas del cielo en multitud *g*.

g Cap. 10. 22. Gen. 15. 5.

11 Jehová Dios de vuestros padres añada sobre vosotros como sois mil veces, y os bendiga, como os ha prometido.

12 ¿Como llevaré yo solo vuestras molestias, vuestras cargas, y vuestros pleitos *h*?

h 1 Rey. 3. 7, 9.

13 Dad*me* de entre vosotros, de vuestras tribus, varones sabios y entendidos, y expertos, para que yo los ponga por vuestros jefes.

14 Y me respondisteis, y dijisteis: Bueno *es* hacer lo que has dicho.

15 Y tomé los principales de vuestras tribus *i*, varones sabios y expertos, y púselos por jefes sobre vosotros, jefes de millares, y jefes de cientos, y jefes de cincuenta, y cabos de diez, y gobernadores á vuestras tribus.

i Ex. 18. 25.

16 Y entonces mandé á vuestros jueces diciendo: Oid *las causas* entre vuestros hermanos *k*, y juzgad justamente entre el hombre y su hermano, ó el que le es extranjero *l*.

k Cap. 16. 18. *l* Lev. 24. 22.

17 No tengais respecto de personas en el juicio: así al pequeño como al grande oiréis *m*: no tendréis temor de ninguno, porque el juicio es de Dios: y la causa que os fuere dificil *n*, la traeréis á mí, y yo la oiré.

m Lev. 19. 15. Pr. 24. 23. Sant*o*. 2. 1. *n* 2 Cr. 19.

18 Os mandé pues en aquel tiempo todo lo que habiais de hacer.

19 ¶ Y partidos de Horeb, anduvimos todo aquel grande y terrible desierto, que habeis visto[o], por el camino del monte del Amorrhéo, como Jehová nuestro Dios nos lo mandó; y llegamos hasta Cades-barnea[p].

20 Entónces os dije: Llegado habeis al monte del Amorrhéo, el cual Jehová nuestro Dios nos dá.

21 Mira, Jehová tu Dios ha dado delante de tí la tierra: sube y poséela, como Jehová el Dios de tus padres te ha dicho: no temas, ni desmayes.

22 Y llegasteis á mí todos vosotros, y dijisteis: Enviemos varones delante de nosotros, que nos reconozcan la tierra, y nos traigan de vuelta razon del camino por donde hemos de subir, y de las ciudades adonde hemos de llegar.

23 Y el dicho me pareció bien: y tomé doce varones de vosotros, un varon por tribu[q].

24 Y se encaminaron, y subieron al monte, y llegaron hasta la arroyada de Escol, y reconocieron *la tierra*[r].

25 Y tomaron en sus manos del fruto del pais, y nos le trajeron, y diéronnos cuenta, y dijeron: *Es* buena la tierra que Jehová nuestro Dios nos dá.

26 Empero no quisisteis subir[s]; antes fuisteis rebeldes al dicho de Jehová vuestro Dios,

27 Y murmurasteis en vuestras tiendas diciendo: Porque Jehová nos aborrecia, nos ha sacado de tierra de Egipto, para entregarnos en mano del Amorrhéo para destruirnos.

28 ¿A donde subimos? Nuestros hermanos han hecho desfallecer nuestro corazon, diciendo: Este pueblo es mayor y mas alto que nosotros[t]; las ciudades grandes y muradas hasta el cielo, y tambien vimos allí hijos de gigantes[u].

29 Entónces os dije: No temais, ni tengais miedo de ellos.

30 Jehová vuestro Dios, el cual vá delante de vosotros, él peleará por vosotros[x], conforme á todas las cosas que hizo por vosotros en Egipto delante de vuestros ojos.

31 Y en el desierto has visto que Jehová tu Dios te ha traido[y], como trae el hombre á su hijo, por todo el camino que habeis andado, hasta que habeis venido á este lugar.

32 Y aun con esto no creisteis en Jehová vuestro Dios[z],

33 El cual iba delante de vosotros por el camino[a], para reconoceros el lugar donde habiais de asentar el campo[b], con fuego de noche, para mostraros el camino por donde anduvieseis, y con nube de dia.

34 ¶ Y oyó Jehová la voz de vuestras palabras, y enojóse, y juró[c] diciendo:

35 No verá hombre alguno de estos, *de* esta mala generacion, la buena tierra que juré habia de dar á vuestros padres[d],

36 Escepto Caleb, hijo de Jephone: él la verá, y á él le daré la tierra que pisó, y á sus hijos, porque cumplió *lealmente* en pos de Jehová[e].

37 Y tambien contra mí se airó Jehová por vosotros[f], diciendo: Tampoco tú entrarás allá.

38 Josué, hijo de Nun, que está delante de tí, él entrará allá: ánimale[g], porque él la hará heredar á Israel[h].

39 Y vuestros chiquitos, de los cuales dijisteis, serán por presa[i]; y vuestros hijos, que no saben hoy bueno ni malo, ellos entrarán allá, y á ellos la daré, y ellos la heredarán.

40 Y vosotros volveos[k], y partios al desierto camino del mar Bermejo.

. 8. 15. 10. 0. 12. 2. 6. 13. 27. 13. 3, 13. 24. 14. 1, . 9. 1, 2. . 13. 29, . 14. 14. . 4. 30. . 8. 37. p. 32. 11, 19. 4. 46. 3. . 9. 11. 3. ch. 13. . 106. 24. . 3. 18. ias 5. . 13. 21, . 10. 33. p. 2. 14, . 14. 22, . 96. 11. . 14. 24. . 14. 9. p. 3. 28, . 21. . 4. . 30. 12. . 13, 14. . 106. 38. . 27. 18, p. 31. 7, . 14. 31. . 14. 25.

41 Entónces respondisteis y me dijisteis: Pecado hemos contra Jehová; nosotros subirémos y pelearémos, conforme á todo lo que Jehová nuestro Dios nos ha mandado[l]. Y os armasteis cada uno de sus armas de guerra, y os apercibisteis para subir al monte.

42 Y Jehová me dijo: Díles, No subais, ni peleeis, pues no *estoy* entre vosotros, porque no seais heridos delante de vuestros enemigos[m].

43 Y os hablé, y no disteis oido; antes fuisteis rebeldes al dicho de Jehová, y persistiendo con altivez, subisteis al monte.

44 Y salió el Amorrhéo, que habitaba en aquel monte, á vuestro encuentro, y os persiguieron, como hacen las abispas, y[n] os derrotaron en Seir, *siguiéndoos* hasta Horma.

45 Y volvisteis, y llorasteis delante de Jehová; pero Jehová no escuchó vuestra voz, ni os prestó oido.

46 Y estuvisteis en Cádes por muchos dias, como *parece* en los dias que habeis estado.

CAPITULO II.

Continúa Moises su plática refiriendo los beneficios hechos por Dios al pueblo de Israel, hasta la conquista del reino de Sehon.

Y VOLVIMOS, y partimonos al desierto camino del mar Bermejo, como Jehová me habia dicho, y[a] rodeamos el monte de Seir por muchos dias[b].

2 Y Jehová me habló diciendo:

3 Harto habeis rodeado este monte[c], volveos al Aquilon:

4 Y manda al pueblo diciendo: Pasando vosotros por el término de vuestros hermanos los hijos de Esaú, que habitan en Seir[d], ellos tendrán miedo de vosotros; mas vosotros guardaos mucho.

5 No os metais con ellos, que no os daré de su tierra ni aun la holladura de la planta de un pié; porque yo he dado por heredad á Esaú el monte de Seir[e].

6 Compraréis de ellos por dinero las viandas que comiereis; y tambien compraréis de ellos el agua que beberéis.

7 Pues Jehová tu Dios te ha bendecido en toda obra de tus manos: él sabe que andas por este gran desierto: estos cuarenta años Jehová tu Dios *fué* contigo, y ninguna cosa te ha faltado[f].

8 ¶ Y pasamos de nuestros[g] hermanos los hijos de Esaú, que habitaban en Seir, por el camino de la llanura de Elath, y de Esion-gaber: y volvimos, y pasamos camino del desierto de Moab.

9 Y Jehová me dijo: No molestes á Moab, ni te empeñes con ellos en guerra, que no te daré posesion de su tierra; porque yo he dado á Ar por heredad á los hijos de Lot[h].

10 Los Emiméos[i] habitaron en ella antes, pueblo grande, y numeroso, y alto como gigantes[k].

11 Por gigantes eran ellos tambien contados como los Anacéos; y los Moabitas los llamaban Emiméos.

12 Y en Seir habitaron antes los Horéos, á los cuales[l] echaron los hijos de Esaú, y los destruyeron de delante de sí, y moraron en lugar de ellos, como hizo Israel en la tierra de su posesion que les dió Jehová.

13 ¶ Levantaos ahora, *dije*, y pasad el arroyo de Zered[m]. Y pasamos el arroyo de Zered.

14 Y los dias que anduvimos de Cades-barnea[n] hasta que pasamos el arroyo de Zered, fueron treinta y ocho años; hasta que se acabó toda la generacion de los hombres de guerra de en medio del campo, como Jehová les habia jurado[o].

[l] Nu. 14. 40, etc.
[m] Jos. 7. 12, 13.
[n] Sal. 118. 12.
[a] Cap. 1. 40. Nu. 21. 4.
[b] Nu. 14. 25.
[c] ver. 7, 14.
[d] Nu. 20. 14.
[e] Gen. 36. 8. Jos. 24. 4.
[f] Cap. 8. 2, 4. y 29. 5. Neh. 9. 21.
[g] Juec. 11. 18.
[h] Gen. 19. 36, 37.
[i] Gen. 14. 5.
[k] Cap. 9. 2. Nu. 13. 28, 24.
[l] Gen. 14. 6. y 36. 20.
[m] Nu. 21. 12.
[n] Nu. 13. 26.
[o] Cap. 1. 34, 35. Nu. 14. 32, 33. y 26. 64.

15 Y tambien la mano de Jehová fué sobre ellos[p] para destruirlos de en medio del campo, hasta acabarlos[q].

16 ¶ Y aconteció, que cuando se hubieron acabado de morir todos los hombres de guerra de entre el pueblo,

17 Jehová me habló diciendo!

18 Tú pasarás hoy el término de Moab, á Ar[r];

19 Y te acercarás delante de los hijos de Ammon: no los molestes, ni te metas con ellos; porque no te tengo de dar posesion de la tierra de los hijos de Ammon; que á los hijos de Lot la he dado por heredad[s].

20 (Por tierra de gigantes fué tambien ella tenida: habitaron en ella gigantes en otro tiempo, á los cuales los Ammonitas llamaban Zomzomméos[t];

21 Pueblo grande, y numeroso, y alto como los Anacéos; y á los cuales[u] Jehová destruyó de delante de los Ammonitas, quienes les sucedieron, y habitaron en su lugar:

22 Como hizo con los hijos de Esaú, que habitaban en Seir, de delante de los cuales[x] destruyó á los Horéos; y ellos les sucedieron, y habitaron en su lugar hasta hoy.

23 Y á los Hevéos, que habitaban en Haserim hasta Gaza, los Caftoréos[y] que salieron de Caftor los destruyeron, y habitaron en su lugar.)

24 ¶ Levantaos, partid, y pasad el arroyo de Arnon[z]: hé aquí he dado en tu mano á Sehon, rey de Hesbon, Amorrhéo, y á su tierra. Comienza á tomar posesion, y empéñate con él en guerra.

25 Hoy comenzaré á poner tu miedo y tu espanto sobre los pueblos *que estan* debajo de todo el cielo; los cuales oirán tu fama, y temblarán, y angustiarse han delante de tí[a].

26 Y envié mensajeros desde el desierto de Cademoth á Sehon, rey de Hesbon, con palabras[b] de paz, diciendo:

27 Pasaré por tu tierra; por el camino, por el camino iré, sin apartarme á diestra ni á siniestra.

28 La comida me venderás por dinero, y comeré; el agua tambien me darás por dinero, y beberé: solamente pasaré á pié;

29 (Como lo hicieron conmigo los hijos de Esaú, que habitaban en Seir[c]; y los Moabitas, que habitaban en Ar:) hasta que pase el Jordan, á la tierra que nos dá Jehová nuestro Dios.

30 Mas Sehon, rey de Hesbon, no quiso que pasasemos por el *territorio suyo*, porque Jehová tu Dios habia endurecido su espíritu[d], y obstinado su corazon, para entregarlo en tu mano, como *parece* hoy.

31 Y díjome Jehová: Hé aquí yo he comenzado á dar delante de tí á Sehon y á su tierra; comienza á tomar posesion, para que heredes su tierra.

32 Y saliónos Sehon al encuentro, él y todo su pueblo, para pelear en Jaas.

33 Mas Jehová nuestro Dios lo entregó delante de nosotros, y herimos á él y á sus hijos, y á todo su pueblo[e]:

34 Y tomamos entónces todas sus ciudades, y destruimos todas las ciudades, hombres, y mujeres, y niños; no dejamos ninguno[f].

35 Solamente tomamos para nosotros las bestias, y los despojos de las ciudades que habiamos tomado.

36 Desde[g] Aroer, que *está* junto á la ribera del arroyo de Arnon, y la ciudad que *está* en el arroyo, hasta Galaad, no hubo ciudad que escapase de nosotros: todas las entregó Jehová nuestro Dios en nuestro poder[h].

[p] Sal. 78. 23. y 106. 26. [q] 1 Cor. 10. 5. [r] Nu. 21. 28. [s] ver. 9. [t] Gen. 14. 5. [u] ver. 10. [x] Gen. 36. 20, etc. [y] Gen. 10. 14. Amos 9. 7. [z] Nu. 21. 13, 14. Juec. 11. 18, 21. [a] Ex. 15. 14, 16. Jos. 2. 9, 10. [b] Nu. 21. 21. Juec. 11. 19. [c] Nu. 20. 18. [d] Ex. 4. 21. y 11. 10. Jos. 11. 20. Rom. 9. 18, 22. [e] Cap. 29. 7. [f] Cap. 20. 16. [g] Cap. 3. 12. y 4. 48. Jos. 13. 9. [h] Sal. 44. 3.

37 Solamente á la tierra de los hijos de Ammon no llegaste, ni á todo lo que está á la orilla del arroyo de Jaboc[i], ni á las ciudades del monte, ni á *lugar* alguno que Jehová nuestro Dios habia prohibido[k].

CAPITULO III.

Sigue la relacion anterior: derrota del rey Og: reparticion de tierra á las tribus de Ruben y Gad, y media de Manassé; y de como negó el Señor á Moises el entrar en la tierra de promision.

Y VOLVIMOS, y subimos camino de Basan, y saliónos al encuentro Og, rey de Basan, para pelear[a], él y todo su pueblo, en Edrai[b].

2 Y díjome Jehová: No tengas temor de él, porque en tu mano he entregado á él y á todo su pueblo, y su tierra; y harás con él como hiciste con Sehon, rey Amorrhéo, que habitaba en Hesbon[c].

3 Y Jehová nuestro Dios entregó tambien en nuestra mano á Og, rey de Basan, y á todo su pueblo, al cual herimos hasta no quedar de él ninguno.

4 Y tomamos entónces todas sus ciudades; no quedó ciudad que no les tomasemos, sesenta ciudades, toda la tierra de Argob del reino de Og en Basan[d].

5 Todas estas *eran* ciudades fortalecidas con alto muro, con puertas, y barras; sin otras muy muchas ciudades sin muro.

6 Y destruímoslas[e], como hicimos á Sehon, rey de Hesbon, destruyendo en toda ciudad hombres, mujeres, y niños.

7 Y tomamos para nosotros[f] todas las bestias, y los despojos de las ciudades.

8 Tambien tomamos en aquel tiempo de mano de dos reyes Amorrhéos, que *estaban* de esta parte del Jordan, la tierra desde el arroyo de Arnon hasta el monte de Hermon:

9 (Los Sidonios llaman á Hermon[g] Sirion; y[h] los Amorrhéos Senir[i]:)

10 Todas las ciudades de la llanura, y todo Galaad, y á todo Basan hasta Salchá y Edrei[k], ciudades del reino de Og en Basan.

11 Porque solo Og, rey de Basan, habia quedado de los gigantes que quedaron. Hé aquí su cama, *que era* una cama de hierro, ¿no está en Rabbath de los hijos de Ammon[l]? La longitud de ella *es* de nueve codos, y su anchura de cuatro codos, al codo de un hombre.

12 ¶ Y esta tierra *que* heredamos entonces desde Aroer, que *está* al arroyo de Arnon, y la mitad del monte de Galaad con sus[m] ciudades, dí á los Rubenitas y á los Gaditas:

13 Y el resto de Galaad, y todo Basan, del reino de Og[n], *dílo* á la media tribu de Manassé; toda la tierra de Argob, todo Basan, que se llamaba la tierra de los gigantes.

14 Jair[o], hijo de Manassé, tomó toda la tierra de Argob hasta el término de Gessuri y Machâti, y[p] llamóla de su nombre Basan-Havoth-Jair, *como se llama* hasta hoy.

15 Y á Machir dí á Galaad[q].

16 Y á los Rubenitas y Gaditas dí de Galaad hasta el arroyo de Arnon, el medio del arroyo por término hasta el arroyo de Jaboc, término de los hijos de Ammon[r]:

17 Asimismo la campaña, y el Jordan, y el término, desde Chinereth hasta la mar del llano, el mar salado, las vertientes abajo del Pisga al Oriente.

18 Y os mandé entónces diciendo: Jehová vuestro Dios os ha dado esta tierra

[i] Gen. 32. 22. [k] ver. 5, 9, 19. [a] Cap. 29. 7. Nu. 21. 33, 35. [b] Cap. 1. 4. [c] Nu. 21. 24. [d] 1 Rey. 4. 13. [e] Cap. 2. 34. Sal. 135. 10, 12. y 136. 19, 20. [f] Jos. 11. 14. [g] Cap. 4. 48, 49. [h] Sal. 29. 6. [i] 1 Cr. 5. 23. Ez. 27. 5. [k] Jos. 12. 5. y 13. 11. [l] 2 Sam. 12. 26. [m] Jos. 12. 6. y 13. 9. [n] Jos. 13. 29. [o] Nu. 32. 41. 1 Cr. 2. 22. [p] Jos. 13. 30. [q] Nu. 32. 40. [r] Nu. 21. 24. Jos. 12. 2.

para que la poseais: pasaréis armados
delante de vuestros hermanos los hijos
de Israel todos los valientes[e].
19 Solamente vuestras mujeres, y vu-
estros niños, y vuestros ganados, (*porque*
yo sé que teneis mucho ganado,) queda-
rán en vuestras ciudades que os he dado,
20 Hasta que Jehová dé reposo á vu-
estros hermanos, así como á vosotros, y
hereden tambien ellos la tierra que Je-
hová vuestro Dios les dá á la otra parte
del Jordan: entónces os volveréis cada
uno á su heredad que yo os he dado[f].
21 ¶ Mandé tambien á Josué entónces,
diciendo[u]: Tus ojos vieron todo lo que
Jehová vuestro Dios ha hecho á aquellos
dos reyes: así hará Jehová á todos los
reinos á los cuales pasarás tú.
22 No los temais, que Jehová vuestro
Dios, él es el que pelea por vosotros[x].
23 ¶ Y oré á Jehová en aquel tiempo,
diciendo:
24 Señor Jehová, tú has comenzado á
mostrar á tu siervo tu grandeza, y tu
mano fuerte: porque ¿qué Dios *hay* en
el cielo ni en la tierra que haga segun
tus obras, y segun tus valentías[y]?
25 Pase yo, ruégote, y vea aquella ti-
erra buena, que *está* á la parte allá del
Jordan, aquel buen monte, y el Líbano.
26 Mas Jehová se habia enojado con-
tra mí por causa[z] de vosotros, por lo
cual no me oyó: y díjome Jehová, Bás-
tete; no me hables mas de este negocio.
27 Sube á la cumbre del Pisga[a], y
alza tus ojos al Occidente, y al Aquilon,
y al Mediodia, y al Oriente, y vé por tus
ojos: porque no pasarás este Jordan.
28 Y manda á Josué, y anímalo, y con-
fórtalo; porque[b] él ha de pasar delante
de este pueblo, y él les hará heredar la
tierra que verás.
29 Y paramos en el valle delante de
Beth-peor.

e Nu. 32. 20, etc.
f Jos. 22. 4.
u Nu. 27. 22, 23.
x Cap. 1. 30. y 20. 4.
y Ex. 15. 11. 2 Sam. 7. 22. Sal. 86. 8. y 89. 6, 8. Dan. 3. 29.
z Nu. 20. 12. y 27. 13, 14.
a Cap. 32. 49. y 34. 1. Nu. 27. 12.
b Cap. 1. 38. y 31. 3, 7. Nu. 27. 18, 23.

CAPITULO IV.

Concluye Moises la plática con amonestaciones saludables y muy afectuosas. Predice su muerte, y señala tres ciudades de refugio.

AHORA pues, oh Israel, oye los es-
tatutos y derechos, que yo os en-
seño, para que *les* ejecuteis[a], y vivais, y
entreis, y poseais la tierra que Jehová el
Dios de vuestros padres te dá.
2 No añadiréis á la palabra que yo os
mando, ni disminuiréis de ella[b], para
que guardeis los mandamientos de Je-
hová vuestro Dios que yo os ordeno.
3 Vuestros ojos vieron lo que hizo Je-
hová con motivo de Baal-peor[c]; que á
todo hombre que fué en pos de Baal-
peor destruyó Jehová tu Dios de en
medio de tí:
4 Mas vosotros que os allegasteis á Je-
hová vuestro Dios, todos *estais* vivos hoy.
5 Mirad, yo os he enseñado estatutos
y derechos, como Jehová mi Dios me
mandó, para que hagais así en medio
de la tierra en la cual entrais para
poseerla.
6 Guardad*los* pues, y poned*los* por obra;
porque esta *es* vuestra sabiduría y[d] vu-
estra inteligencia en ojos de los pueblos,
los cuales oirán todos estos estatutos, y
dirán: Ciertamente pueblo sabio y en-
tendido, gente grande *es* esta.
7 Porque ¿qué gente grande *hay* que
tenga los dioses cercanos á sí, como *lo*
está Jehová nuestro Dios en todo cuanto
le pedimos[e]?
8 Y ¿qué gente grande *hay* que tenga
estatutos y derechos justos, como *es* toda
esta ley que yo pongo hoy delante de
vosotros[f]?
9 Por tanto guardate, y guarda tu
alma con diligencia[g], que no te olvides
de las cosas que tus ojos han visto, ni
se aparten de tu corazon[h] todos los dias
de tu vida: y enseñarlas has á tus hijos,
y á los hijos de tus hijos[i].
10 *Ten presente* el dia que estuviste
delante de Jehová tu Dios en Horeb[k],
cuando Jehová me dijo: Júntame el
pueblo, para que yo les haga oir mis
palabras, las cuales aprenderán, para
temerme todos los dias que vivieren
sobre la tierra, y *las* enseñarán á sus
hijos.
11 Y os llegasteis, y os pusisteis al pié
del monte; y el monte ardia en fuego
hasta en medio de los cielos, *con* ti-
nieblas, nube, y obscuridad.
12 Y habló Jehová con vosotros de en
medio del fuego: oisteis la voz de sus
palabras, mas á escepcion de *oir* la voz,
ninguna figura visteis.
13 Y él os enunció su pacto, el cual os
mandó poner por obra[l], las diez pa-
labras; y escribiólas en dos tablas de
piedra[m].
14 A mí tambien me mandó Jehová[n]
entónces enseñaros los estatutos y de-
rechos, para que los pusieseis por obra
en la tierra, á la cual pasais para pose-
erla.
15 ¶ Guardad pues mucho vuestras al-
mas; pues ninguna figura[o] visteis el dia
que Jehová habló con vosotros de en
medio del fuego,
16 Porque no *os* corrompais, y hagais
para vosotros escultura, imágen de figu-
ra alguna, efigie de varon ó de hem-
bra[p],
17 Figura de algun animal que *sea* en
la tierra, *ni* figura de ave alguna alada
que vuele por el aire[q],
18 Figura de ningun *animal* que vaya
arrastrando por la tierra, *ni* figura de
pez alguno que *haya* en el agua debajo
de la tierra:
19 Y porque alzando tus ojos al cielo, y
viendo el sol, y la luna, y las estrellas, y
todo el ejército del cielo, no seas incita-
do, y te inclines á ellos, y les sirvas[r]:
que Jehová tu Dios los ha concedido á
todos los pueblos debajo de todos los
cielos.
20 Empero á vosotros Jehová os tomó,
y os ha sacado del horno de hierro[s], de
Egipto, para que le seais por pueblo de
heredad como *aparece* en este dia[t].
21 Y Jehová se enojó contra mí sobre
vuestros negocios, y[u] juró que yo no
pasaria el Jordan, ni entraria en la bue-
na tierra, que Jehová tu Dios te dá por
heredad.
22 Así que yo voy á morir en esta ti-
erra, y no paso el Jordan: mas vos-
otros pasaréis, y poseeréis aquella buena
tierra.
23 Guardaos no os olvideis del pacto de
Jehová vuestro Dios, que él estableció
con vosotros, y os hagais escultura, ó
imágen de cualquier cosa, que Jehová
tu Dios te ha vedado[x].
24 Porque Jehová tu Dios es fuego que
consume[y], Dios zeloso[z].
25 ¶ Cuando hubieres engendrado hi-
jos y nietos, y hubiereis envejecido en
aquella tierra, y *os* corrompiereis, é hi-
ciereis escultura, ó imágen de cualquier
cosa, é hiciereis mal en ojos de Jehová
vuestro Dios, para enojarlo[a],
26 Yo pongo hoy por testigos al cielo y
á la tierra[b], que presto pereceréis total-
mente de la tierra, hácia la cual pasais
el Jordan para poseerla: no estaréis en
ella largos dias sin que seais destruidos.
27 Y Jehová os esparcirá entre[c] los
pueblos, y quedaréis pocos en número

a Ez. 20. 11. Rom. 10. 5.
b Cap. 12. 32. Pro. 30. 6. Ap. 22. 18, 19.
c Nu. 25. 19. Jos. 22. 17. Sal. 106. 28, 29.
d Job 28. 28. Sal. 19. 7. y 111. 10. Pro. 1. 7.
e 2 Sam. 7. 23.
f Sal. 147. 19, 20.
g Pro. 4. 23.
h Pro. 3. 1. y 4. 21.
i Cap. 6. 7. y 11. 19. Gen. 18. 19. Sal. 78. 5, 6.
k Ex. XIX. y XX.
l Ex. 34. 28.
m Ex. 31. 18.
n Ex. XXI, etc.
o Is. 40. 18.
p Ex. 20. 4, 5.
q Rom. 1. 23.
r Cap. 17. 3. Job 31. 26, 27.
s 1 Rey. 8. 51. Jer. 11. 4.
t Cap. 9. 29. y 32. 9.
u Nu. 20. 12.
x ver. 15, 16.
y Heb. 12. 29.
z Ex. 20. 5. Nu. 1. 2. Soph. 3. 8.
a 1 Cor. 10. 22.
b Cap. 30. 19. Is. 1. 2.
c Cap. 28. 62, 64. Lev. 26. 33. Neh. 1. 8, 9.

entre las gentes á las cuales os llevará Jehová.

28 Y serviréis allí á dioses hechos de manos de hombres, á madera y á piedra[d], que no ven ni oyen, ni comen, ni huelen[e].

29 ¶ Mas si desde allí buscares á Jehová tu Dios, lo hallarás, si le buscares de todo tu corazon, y de toda tu alma[f].

30 Cuando *estuvieres* en angustia, y te alcanzaren todas estas cosas, *si* en los postreros dias te volvieres á Jehová tu Dios, y oyeres su voz,

31 Porque Dios misericordioso *es* Jehová tu Dios[g], no te dejará, ni te destruirá, ni se olvidará del pacto de tus padres que les juró.

32 Porque pregunta ahora de los tiempos pasados[h], que han sido antes de tí, desde el dia que crió Dios al hombre sobre la tierra, y desde el un cabo del cielo al otro, si se ha hecho cosa semejante á esta gran cosa, ó se haya oido otra como ella.

33 ¿Ha oido pueblo la voz de Dios, que hablase de en medio del fuego[i], como tú la has oido, y vivido?

34 ¿O ha Dios probado á venir á tomar para sí gente de en medio de *otra* gente, con pruebas, con señales, con[k] milagros, y con guerra, y mano fuerte, y brazo extendido, y grandes[l] espantos, segun todas las cosas que hizo con vosotros Jehová vuestro Dios en Egipto ante tus ojos?

35 A tí te fué mostrado, para que supieses que Jehová él es Dios; no *hay* mas fuera de él.

36 De los cielos te hizo oir su voz, para[m] enseñarte; y sobre la tierra te mostró su gran fuego, y has oido sus palabras de en medio del fuego.

37 Y por cuanto él amó á tus padres[n], escogió su simiente despues de ellos: y sacóte delante de sí de Egipto con su gran poder,

38 Para echar de delante de tí gentes grandes, y mas fuertes que tú[o]; y para introducirte, y darte su tierra por heredad, como *aparece* hoy.

39 Aprende pues hoy, y reduce á tu corazon que Jehová él es el Dios arriba en el cielo, y abajo sobre la tierra[p]; no *hay* otro.

40 Y guarda sus estatutos y sus mandamientos, que yo te mando hoy, para que te vaya bien á tí y á tus hijos despues de tí, y prolongues *tus* dias sobre la tierra que Jehová tu Dios te dá para siempre.

41 ¶ Entónces apartó Moises[q] tres ciudades de esta parte del Jordan al nacimiento del sol,

42 Para que huyese allí el homicida, que matase á su prójimo por yerro, sin haber tenido enemistad con él desde ayer ni de antes de ayer[r], y que huyendo á una de estas ciudades, salvara la vida:

43 *A saber*, á Beser en el desierto[s], en tierra de la llanura, de los Rubenitas; y á Ramoth en Galaad, de los Gaditas; y á Golan en Basa, de los de Manassé.

44 ¶ Esta pues *es* la ley que Moises propuso delante de los hijos de Israel.

45 Estos *son* los testimonios, y los estatutos, y los derechos que Moises notificó á los hijos de Israel, cuando hubieron salido de Egipto,

46 De esta parte del Jordan, en el valle delante de Beth-peor, en la tierra de Sehon, rey de los Amorrhéos, que habitaba en Heshon, al cual hirió Moises con los hijos de Israel cuando hubieron salido de Egipto[t].

47 Y poseyeron su tierra, y la tierra de Og, rey de Basan; dos reyes de los Amorrhéos que *estaban* de esta parte del Jordan, al nacimiento del sol;

48 Desde Aroer[u], que *está* junto á la ribera del arroyo Arnon, hasta el monte de Sion, que es Hermon[x]:

49 Y toda la llanura de esta parte del Jordan, al Oriente, hasta la mar del llano, las vertientes de las aguas abajo del Pisga[y].

[d] Jer. 16. 13. [e] Sal. 115. 4, 7. y 135. 15, 17. Is. 44. 9. y 46. 7. [f] Cap. 30. 1, etc. Lev. 26. 39, 40. [g] Sal. 116. 5. Jonas 4. 1. [h] Job 8. 8. [i] Ex. 19. 18, 19. [k] Cap. 7. 19. y 29. 3. [l] Cap. 34. 12. [m] Ex. 20. 22. [n] Cap. 10. 15. [o] Cap. 7. 1. y 9. 1, 2. [p] Jos. 2. 11. [q] Nu. 35. 6, 14. [r] Cap. 19. 4. Nu. 35. 11. [s] Jos. 20. 8. [t] Cap. 15. 15. y 16. 12. y 24. 18, 22. [u] Cap. 2. 36. [x] Cap. 3. 9. [y] Cap. 3. 17.

CAPITULO V.

Repite Moises los preceptos del decálogo, haciendo memoria de lo sucedido en el monte Sinaí.

Y LLAMÓ Moises á todo Israel, y díjoles: Oye, Israel, los estatutos y derechos que yo pronuncio hoy en vuestros oidos; y aprendedlos, y guardadlos, para ponerlos por obra.

2 Jehová nuestro Dios hizo pacto con nosotros en Horeb[a].

3 No con nuestros padres hizo Jehová este pacto, sino con nosotros todos los que estamos aquí hoy vivos[b].

4 Cara á cara habló Jehová con vosotros en el monte de en medio del fuego[c],

5 (Y yo estaba entónces entre Jehová y vosotros[d], para denunciaros la palabra de Jehová; porque vosotros tuvisteis temor del fuego, y no subisteis al monte:) diciendo,

6 Yo *soy* Jehová tu Dios, que te saqué de tierra de Egipto, de casa de siervos[e]:

7 No tendrás dioses estraños delante de mí[f].

8 No harás para tí escultura, *ni* imágen alguna *de cosa* que *esté* arriba en los cielos, ó abajo en la tierra, ó en las aguas debajo de la tierra[g]:

9 No te inclinarás á ellas, ni les servirás: porque yo *soy* Jehová tu Dios, Fuerte, Zeloso, que[h] visito la iniquidad de los padres sobre los hijos, y sobre los terceros, y sobre los cuartos, á los que me aborrecen[i],

10 Y que hago misericordia á millares á los que me aman, y guardan mis mandamientos.

11 No tomarás en vano el nombre de tu Dios Jehová[k]; porque Jehová no dará por inocente al que tomare en vano su nombre.

12 Guardarás el dia del sábado para santificarlo[l], como Jehová tu Dios te ha mandado.

13 Seis dias trabajarás, y harás toda tu obra:

14 Mas el séptimo *es* sábado á Jehová tu Dios[m]: ninguna obra harás tú, ni tu hijo, ni tu hija, ni tu siervo, ni tu sierva, ni tu buey, ni tu asno, ni ningun animal tuyo, ni tu peregrino que está dentro de tus puertas; porque descanse tu siervo y tu sierva como tú[n].

15 Y acuérdate que fuiste siervo en tierra de Egipto[o], y que Jehová tu Dios te sacó de allá con mano fuerte, y brazo extendido: por lo cual Jehová tu Dios te ha mandado que guardes el dia del sábado.

16 Honra á tu padre y á tu madre[p], como Jehová tu Dios te ha mandado, para que sean prolongados tus dias, y para que te vaya bien sobre la tierra que Jehová tu Dios te dá.

17 No matarás[q].

18 No adulterarás[r].

19 Nu hurtarás[s].

20 No dirás falso testimonio contra tu prójimo[t].

21 No codiciarás la mujer de tu prójimo, ni desearás la casa de tu prójimo, ni su tierra, ni su siervo, ni su sierva,

[a] Ex. 19. 5, 8. Heb. 8. 9. [b] Cap. 29. 14, 15. [c] Ex. 19. 9, 18, 19. y 20. 18, 22. [d] Ex. 24. 2, 3. Gal. 3. 19. [e] Ex. 20. 2, 17. [f] Mat. 4. 10. [g] Cap. 4. 15, 19. [h] Ex. 34. 14. [i] Ex. 34. 7. Jer. 32. 18. Mat. 23. 35, 36. [k] Lev. 19. 12. [l] Is. 58. 13. Ex. 20. 12. [m] Gen. 2. 2. Heb. 4. 4. [n] Ex. 23. 12. [o] Cap. 15. 15. y 16. 12. y 24. 18, 22. [p] Lev. 19. 3. Mat. 15. 4. Ef. 6. 1, 2. [q] Mat. 5. 21, 22. [r] Pro. 6. 32, 33. Mat. 5. 27, 28. [s] Rom. 13. 9. Ef. 4. 28. [t] Mal. 3. 5.

ni su buey, ni su asno, ni ninguna cosa
que sea de tu prójimo [w].
22 ¶ Estas palabras habló Jehová á
toda vuestra congregacion en el monte,
de en medio del fuego, de la nube y de
la obscuridad, á gran voz; y no añadió
mas. Y escribiólas en dos tablas de pi-
edra, las [x] cuales me dió á mí.
23 Y aconteció, que como vosotros
oisteis la voz de en medio de las tinie-
blas, y *visteis* al monte que ardia en
fuego, llegasteis á mí todos los príncipes
de vuestras tribus, y vuestros ancianos [y],
24 Y dijisteis: Hé aquí, Jehová nues-
tro Dios nos ha mostrado su gloria, y su
grandeza, y hemos oido su voz de en
medio del fuego: hoy hemos visto que
Jehová habla al hombre, y este vive [z].
25 Ahora pues, ¿por qué morirémos?
que este gran [a] fuego nos consumirá: si
tornaremos á oir la voz de Jehová nu-
estro Dios, morirémos.
26 Porque ¿qué es toda carne, para
que oiga la voz del Dios viviente que
habla de en medio del fuego, como nos-
otros *la oimos*, y viva?
27 Llega tú, y oye todas las cosas que
dijere Jehová nuestro Dios [b]; y tú nos
dirás todo lo que Jehová nuestro Dios
te dijere, y nosotros *lo* oirémos y haré-
mos.
28 Y oyó Jehová la voz de vuestras
palabras, cuando me hablabais, y dí-
jome Jehová: He oido la voz de las
palabras de este pueblo, que ellos te
han hablado: bien está todo lo que han
dicho [c].
29 Quién diera que tuviesen tal cora-
zon, que me temiesen [d] y guardasen to-
dos los dias todos mis mandamientos,
para que á ellos y á sus hijos les fuese
bien para siempre [e]!
30 Vé *y* díles; Volveos á vuestras ti-
endas.
31 Y tú estáte aquí conmigo, y te diré
todos los mandamientos, y [f] estatutos, y
derechos, que les has de enseñar, á fin
que *los* pongan por obra en la tierra que
yo les doy para poseerla.
32 Mirad pues que hagais como Je-
hová vuestro Dios os ha mandado: no
os aparteis á diestra ni á siniestra [g].
33 Andad [h] en todo camino que Je-
hová vuestro Dios os ha mandado, para
que vivais, y os vaya bien, y tengais
largos dias en la tierra que habeis de
poseer.

[w] Hab. 2. 9. Luc. 12. 15. Rom. 7. 7. Heb. 13. 5.
[x] Ex. 24. 12. y 31. 18.
[y] Ex. 20. 18, 19.
[z] Cap. 4. 33. Juec. 13. 22.
[a] Cap. 18. 16.
[b] Heb. 12. 19.
[c] Cap. 18. 17.
[d] Cap. 32. 29. Sal. 81. 13. Is. 48. 18.
[e] Cap. 4. 40.
[f] Gal. 3. 19.
[g] Cap. 17. 20. y 28. 14.
[h] Luc. 1. 6.

CAPITULO VI.

Exhorta Moises á la observancia del primero y máximo mandamiento, que es amar á Dios de todo corazon.

ESTOS pues son los mandamientos,
estatutos, y derechos, que Jehová
vuestro Dios mandó que os enseñase,
para que *les* pongais por obra en la
tierra á la cual pasais vosotros para
poseerla:
2 Para que temas á Jehová tu Dios [a]
guardando todos sus estatutos y sus
mandamientos, que yo te mando, tú, y
tu hijo, y el hijo de tu hijo, todos los
dias de tu vida, y que tus dias sean pro-
longados [b].
3 Oye pues, oh Israel, y cuida de po-
ner*les* por obra, para que te vaya bien [c],
y seais multiplicados [d], como te ha dicho
Jehová el Dios de tus padres, *en* la tierra
que destila leche y miel.
4 ¶ Oye, Israel: Jehová nuestro Dios,
Jehová uno *es* [e].
5 Y amarás á Jehová tu Dios de todo
tu corazon, y de toda tu alma, y con
todo tu poder [f].
6 Y estas palabras que yo te mando
hoy, estarán sobre tu corazon [g]:
7 Y las repetirás á tus hijos [h], y ha-
blarás de ellas estando en tu casa, y
andando por el camino, y al acostarte, y
cuando te levantes:
8 Y has de atarlas por señal en tu
mano, y [i] estarán por frontales entre tus
ojos.
9 Y las escribirás en los postes de tu
casa, y en tus portadas [k].
10 Y será, cuando Jehová tu Dios te
hubiere introducido en la tierra que juró
á tus padres Abraham, Isaac, y Jacob,
que te daria; *en* ciudades grandes y bu-
enas, que tú no edificaste [l],
11 Y casas llenas de todo bien, que tú
no henchiste, y cisternas cavadas, que
tú no cavaste, viñas y olivares que no
plantaste: luego que comieres, y te har-
tares,
12 Guárdate que no te olvides de Je-
hová, que te sacó de tierra de Egipto, de
casa de siervos.
13 A Jehová tu Dios temerás [m], y á él
servirás, y por su nombre jurarás [n].
14 ¶ No andaréis en pos de dioses
agenos, de los dioses de los pueblos que
estan en vuestros contornos [o]:
15 Porque el Dios zeloso [p] Jehová tu
Dios en medio de tí *está*; porque no se
inflame el furor de Jehová tu Dios con-
tra tí, y te destruya de sobre la haz de la
tierra [q].
16 ¶ No tentaréis [r] á Jehová vuestro
Dios, como lo tentasteis en Massa [s].
17 Guardad cuidadosamente los man-
damientos de Jehová vuestro Dios, y
sus testimonios, y sus estatutos, que te
ha mandado.
18 Y harás lo recto y bueno en ojos de
Jehová [t], para que te vaya bien, y en-
tres, y poseas la buena tierra que Je-
hová juró á tus padres:
19 Para que él eche todos tus ene-
migos de delante de tí, como Jehová
ha dicho [u].
20 ¶ Cuando mañana te preguntare tu
hijo diciendo: Qué *vienen á ser* los tes-
timonios, y estatutos, y derechos, que
Jehová nuestro Dios os mandó [x]?
21 Entónces dirás á tu hijo: Nosotros
eramos siervos de Faraon en Egipto, y
Jehová nos sacó de Egipto con mano
fuerte:
22 Y dió Jehová señales y milagros
grandes y nocivos en Egipto sobre Fa-
raon, y sobre toda su casa, delante de
nuestros ojos [y].
23 Y sacónos de allá, para traernos y
darnos la tierra que juró á nuestros
padres.
24 Y mandónos Jehová que ejecutase-
mos todos estos estatutos, y que tema-
mos á Jehová nuestro Dios, porque nos
vaya bien todos los dias [z], y para que
nos dé vida, como *se vé* hoy.
25 Y tendrémos justicia [a], cuando cui-
daremos de poner por obra todos estos
mandamientos delante de Jehová nu-
estro Dios, como él nos ha mandado.

[a] Ec. 12. 13.
[b] Pro. 3. 1, 2.
[c] Ec. 8. 12. Is. 3. 10.
[d] Gen. 22. 17.
[e] Mar. 12. 29, 32. Juan 17. 3. 1 Cor. 8. 4, 6.
[f] Cap. 10. 12. 2 Rey. 23. 25. Mat. 22. 37. Luc. 10. 27.
[g] Cap. 11. 18. Is. 51. 7.
[h] Cap. 4. 9. y 11. 19.
[i] Pro. 6. 21. y 7. 3.
[k] Cap. 11. 20.
[l] Jos. 24. 13. Sal. 105. 44.
[m] Cap. 10. 20.
[n] Is. 65. 16. Jer. 12. 16.
[o] Jer. 25. 6.
[p] Ex. 20. 5.
[q] Cap. 7. 4. 2 Cr. 36. 16.
[r] Mat. 4. 7.
[s] Ex. 17. 2, 7. 1 Cor. 10. 9.
[t] Cap. 12. 28.
[u] Nu. 33. 52, 53.
[x] Ex. 13. 14.
[y] Ex. VII. y XII. Sal. 135. 9.
[z] Cap. 10. 13. Jer. 32. 39.
[a] Cap. 24. 13. Rom. 10. 3, 5.

CAPITULO VII.

Prohibe Dios á los Israelitas todo trato con los idólatras: les manda exterminar á los Cananéos; y promete toda suerte de felicidades á los que guardasen sus mandamientos.

CUANDO Jehová tu Dios te hubiere
introducido en la tierra en la cual
tú has de entrar para poseerla, y hu-
biere echado de delante de tí muchas
gentes [a], al Hettéo, y al Gergeséo, y al
Amorrhéo, y al Cananéo, y al Pherezéo,
y al Hevéo, y al Jebuséo [b], siete naciones
mayores y mas fuertes que tú,
2 Y Jehová tu Dios las hubiere entre-
gado delante de tí, y las hirieres, del

[a] Sal. 44. 2, 3.
[b] Gen. 15. 19, 21.

todo las destruirás [c]: no harás con ellos alianza [d], ni las tomorás á merced.

3 Y no emparentarás con ellos: no darás tu hija á su hijo, ni tomarás á su hija para tu hijo [e].

4 Porque desviará á tu hijo de en pos de mí, y servirán á dioses agenos; y el furor de Jehová se encenderá sobre vosotros, y te destruirá presto.

5 Mas así habeis de hacer con ellos: Sus altares destruiréis, y quebraréis sus estatuas, y cortaréis sus bosques, y quemaréis [f] sus esculturas en el fuego.

6 ¶ Porque tú eres pueblo santo á Jehová tu Dios: Jehová tu Dios te ha escogido para serle un pueblo [g] especial, mas que todos los pueblos que estan sobre la haz de la tierra.

7 No por ser vosotros mas que todos los pueblos os ha querido Jehová, y os ha escogido; porque vosotros *erais* los mas pocos de todos los pueblos [h]:

8 Sino porque Jehová os amó, y quiso guardar el juramento que juró á vuestros padres [i], os ha sacado Jehová con mano fuerte, y os ha rescatado de casa de [k] siervos, de la mano de Pharaon, rey de Egipto.

9 Conoce pues que Jehová tu Dios es Dios, Dios fiel, que guarda el pacto y [l] la misericordia á los que le aman, y guardan sus mandamientos, hasta las mil generaciones [m],

10 Y que dá el pago en su cara al que le aborrece, destruyendolo [n]: ni *lo* dilatará al que le odia, en su cara le dará el pago.

11 Guarda por tanto los mandamientos, y estatutos, y derechos que yo te mando hoy que cumplas.

12 Y será, que por haber oido estos derechos, y guardado y puéstolos por obra, Jehová tu Dios guardará contigo el pacto y la misericordia que juró á tus padres [o];

13 Y te amará, y te bendecirá, y te multiplicará, y bendecirá el fruto de tu vientre, y el fruto de tu tierra, y tu grano, y tu mosto, y tu aceite, la cría de tus vacas, y los rebaños de tus ovejas, en la tierra que juró á tus padres que te daría.

14 Bendito serás mas que todos los pueblos: no habrá en tí varon ni hembra estéril, ni en tus bestias.

15 Y quitará Jehová de tí toda enfermedad; y todas las malas plagas de Egipto, que tú sabes, no las pondrá sobre tí [p], antes las pondrá sobre todos los que te aborrecieren.

16 ¶ Y consumirás á todos los pueblos que te dá Jehová tu Dios: no los perdonará tu ojo; ni servirás á sus dioses, que te será tropiezo [q].

17 Cuando dijeres en tu corazon: Estas gentes son muchas mas que yo, ¿cómo las podré desarraigar?

18 No tengas temor de ellos [r]: acuérdate bien de lo que hizo Jehová tu Dios con Pharaon, y con todo Egipto;

19 De las grandes pruebas [s] que vieron tus ojos, y de las señales y milagros, y de la mano fuerte y brazo extendido con que Jehová tu Dios te sacó: así hará Jehová tu Dios con todos los pueblos de cuya presencia tú temieres.

20 Y tambien enviará Jehová tu Dios sobre ellos [t] abispas, hasta que perezcan los que quedaren, y los que se hubieren escondido de delante de tí.

21 No desmayes delante de ellos, que Jehová tu Dios *está* en medio [u] de tí, Dios grande y terrible.

22 Y Jehová tu Dios echará á estas gentes de delante de tí poco á poco: no

[c] Jos. 6. 17. y 8. 24. y 10. 28, 40. y 11. 11, 12.
[d] Ex. 23. 32. y 34. 12. y 15. 16.
[e] Esd. 9. 1, 2.
[f] Ex. 23. 24. y 34. 13.
[g] 1 Ped. 2. 9.
[h] Cap. 10. 22.
[i] Gen. 22. 16, 17. Luc. 1. 72, 73.
[k] Ex. 13. 3, 14. y 20. 2.
[l] Neh. 1. 5. Dan. 9. 4.
[m] Ex. 20. 6.
[n] Cap. 32. 35. Is. 59. 18. Rom. 12. 19.
[o] Cap. 28. 1, etc. Lev. 26. 3, etc.
[p] Ex. 15. 26. y 23. 25.
[q] Cap. 12. 30. Ex. 23. 33. Juec. 8. 27. Sal. 106. 36.
[r] Cap. 31. 6.
[s] Cap. 4. 34. y 29. 3.
[t] Ex. 23. 28. Jos. 24. 12.
[u] Cap. 10. 17.

las podrás acabar luego, porque las bestias del campo no se aumenten contra tí [x].

23 Mas Jehová tu Dios las entregará delante de tí, y él las quebrantará con grande destrozo, hasta que sean destruidos.

24 Y él entregará sus reyes en tu mano [y], y tú destruirás el nombre de ellos de debajo del cielo: nadie te hará frente [z] hasta que los destruyas.

25 Las esculturas de sus dioses quemarás en el fuego [a]: no codiciarás [b] plata ni oro de sobre ellas para tomarlo para tí, porque no tropiezes en ello, pues es abominacion á Jehová tu Dios.

26 Y no meterás abominacion en tu casa, porque no seas anatema como ello: del todo lo aborrecerás y lo abominarás, porque es anatema [c].

CAPITULO VIII.

Exhorta Moises al pueblo á que se acuerde de los beneficios recibidos en el desierto, y de los castigos contra los malos.

CUIDAREIS de poner por obra todo mandamiento que yo os ordeno hoy, porque vivais, y seais multiplicados, y entreis y poseais la tierra, de la cual juró Jehová á vuestros padres [a].

2 Y acordarte has de todo el camino por donde te ha traido Jehová tu Dios estos [b] cuarenta años en el desierto, para afligirte, por probarte, para saber lo que *estaba* en tu corazon [c], si habias de guardar ó no sus mandamientos.

3 Y te afligió, é hizote tener hambre, y te sustentó con maná, *comida* [d] que no conocias tú, ni tus padres la habian conocido, para hacerte saber que el hombre no vivirá de solo [e] pan, mas de toda *palabra* que sale de la boca de Jehová vivirá el hombre [f].

4 Tu vestido nunca se envejeció sobre tí, ni el pié se te ha hinchado por estos cuarenta años [g].

5 Reconoce asimismo en tu corazon, que como castiga el hombre á su hijo [h], *así* Jehová tu Dios te castiga.

6 Guardarás pues los mandamientos de Jehová tu Dios andando en sus caminos, y temiendolo.

7 Porque Jehová tu Dios te introduce en la buena tierra, tierra de arroyos, de aguas, de fuentes, de abismos que brotan por vegas y montes:

8 Tierra de trigo, y cebada, y de vides, é higueras, y granados; tierra de olivas, de aceite, y de miel:

9 Tierra en la cual no comerás el pan con escasez; no te faltará nada en ella: tierra que sus piedras *son* hierro, y de sus montes cortarás metal.

10 Y comerás, y te hartarás, y [i] bendecirás á Jehová tu Dios por la buena tierra que te habrá dado.

11 Guárdate, que no te olvides de Jehová tu Dios, para no observar sus mandamientos, y sus derechos, y sus estatutos, que yo te ordeno hoy:

12 Que quizá no comas y te hartes, y [k] edificado que hayas buenas casas en que mores,

13 Y tus vacas y tus ovejas se aumenten, y la plata y el oro se te multiplique, y todo lo que tuvieres se te aumente,

14 Se eleve luego tu corazon, y [l] te olvides de Jehová tu Dios, que te sacó de tierra de Egipto, de casa de siervos;

15 Que te hizo caminar por un desierto grande y espantoso, de serpientes ardientes [m], y de escorpiones, y [n] de sed, donde ningun agua *habia*, y él te sacó agua de la roca del pedernal [o];

16 Que te sustentó con maná en el de-

[x] Ex. 23. 29, 30.
[y] Jos. 10. 24, 42. y 12. 1.
[z] Cap. 11. 25.
[a] 1 Cr. 14. 12.
[b] Jos. 7. 1, 21.
[c] Jos. 6. 17, 18.
[a] Cap. 5. 32, 33.
[b] Cap. 2. 7. y 29. 5. Am. 2. 10.
[c] 2 Cr. 32. 31.
[d] Ex. 16. 15.
[e] Mat. 4. 4. Luc. 4. 4.
[f] Sal. 104. 27, 29.
[g] Cap. 29. 5. Neh. 9. 21.
[h] Pro. 3. 12. Heb. 12. 5, 6. Ap. 3. 19.
[i] Sal. 103. 2.
[k] Cap. 32. 15. Pro. 30. 9. Os. 13. 6.
[l] Jer. 2. 6.
[m] Nu. 21. 6.
[n] Os. 13. 5.
[o] Ex. 17. 6. Nu. 20. 11. Sal. 78. 15, 16. y 114. 8. 1 Cor. 10. 4.

sierto, comida[p] que tus padres no habian conocido, afligiendote y probandote, para á la postre hacerte bien[q];

17 Y digas en tu corason: Mi poder, y la fortaleza de mi mano me han traido esta riqueza[r].

18 Antes acuérdate de Jehová tu Dios; porque él te dá el poder para hacer las riquezas[s], á fin de confirmar su pacto que juró á tus padres, como *parece* en este dia.

19 Mas será, si llegares á olvidarte de Jehová tu Dios, y anduvieres en pos de dioses agenos, y les sirvieres, y á ellos te encorvares, protestolo hoy contra vosotros, que de cierto perecerćis[t].

20 Como las gentes que Jehová destruirá delante de vosotros, así perecerćis; por cuanto no habréis atendido á la voz de Jehová vuestro Dios.

CAPITULO IX.

Acuérdales Moises que son obra del Señor todas sus victorias; y para que se humillen, les pone delante sus continuas prevaricaciones.

OYE, Israel: Tú *estás* hoy para pasar el Jordan, para entrar á poseer gentes mas *numerosas* y mas fuertes que tú, ciudades grandes y encastilladas hasta el cielo[a];

2 Un pueblo grande y alto, hijos de gigantes[b], de los cuales tienes tú conocimiento, y has oido *decir* ¿Quién se sostendrá delante de los hijos del gigante?

3 Sabe pues hoy que Jehová tu Dios es el que pasa delante de tí[c]: fuego consumidor que los destruirá, y humillará delante de tí: y tú los echarás, y los destruirás luego, como Jehová te ha dicho[d].

4 No discurras en tu corazon, cuando Jehová tu Dios los habrá echado de delante de tí, diciendo: Por mi justicia me ha metido Jehová á poseer esta tierra[e]; pues por la impiedad de estas gentes Jehová las echa de delante de tí[f].

5 No por tu justicia, ni por la rectitud de tu corason entras á poseer la tierra de ellos; mas por la impiedad de estas gentes Jehová tu Dios las echa de delante de tí, y por confirmar la palabra que Jehová juró á tus padres Abraham, Isaac, y Jacob[g],

6 Por tanto sabe que no por tu justicia Jehová tu Dios te dá esta buena tierra, para poseerla; que pueblo duro de cerviz *eres* tú[h].

7 ¶ Acuérdate, no te olvides que has provocado á ira á Jehová tu Dios en el desierto: desde el dia que saliste de la tierra de Egipto, hasta que entrasteis en este lugar[i], habeis sido rebeldes á Jehová.

8 Y en Horeb[k] provocasteis á ira á Jehová, y enojóse Jehová contra vosotros para destruiros.

9 Cuando yo subí al monte[l], para recibir las tablas de piedra, las tablas del pacto que Jehová hizo con vosotros, estuve entónces en el monte cuarenta dias y cuarenta noches, sin comer pan ni beber agua:

10 Y dióme Jehová las dos tablas de piedra escritas con el dedo de Dios; y en ellas[m] *estaba escrito* conforme á todas las palabras que os habló Jehová en el monte, de en medio del fuego, el dia de la asamblea[n].

11 Y fué al cabo de los cuarenta dias, y cuarenta noches, *que* Jehová me dió las dos tablas de piedra, las tablas del pacto.

12 Y díjome Jehová: Levántate, desciende presto de aquí, que tu pueblo que sacaste de Egipto se ha corrompido[o];

r. 3.
sb. 12. 10,
p. 9. 4.
l. 44. 3.
p. 4. 26.
30. 18.
en. 11. 4.
p. 1. 28.
u. 13. 28.
ap. 31. 3,
x. 23. 21.
p. 8. 17.
p. 18. 12.
a. 15. 16.
v. 18. 24.
Gen. 12. 7.
17. 8.
26. 4.
28. 13.
Ex. 32. 9.
33. 3.
Cz. 30. 8.
Ex. 14. 11.
16. 2.
17. 2.
Nu. 11. 4.
20. 2.
25. 2.
Ex. 32. 1, 6.
Ex. 24. 12.
15. 18.
Ex. 31. 18.
Ex. 19. 17,
18.
Ex. 32. 7.

pronto se han apartado del camino que yo les mandé; hanse hecho una efigie de fundicion.

13 Y hablóme Jehová diciendo: He visto ese pueblo, y hé aquí, él *es* pueblo duro de cerviz[p]:

14 Déjame que los destruya, y raiga su nombre de debajo del cielo; que yo te[q] pondré sobre gente fuerte y mucha mas que ellos[r].

15 Y volví, y descendí del monte, el cual ardia en fuego[s], con las tablas del pacto en mis dos manos.

16 Y miré, y hé aquí habiais pecado contra Jehová vuestro Dios: os habiais hecho[t] un becerro de fundicion, apartandoos presto del camino que Jehová os habia mandado.

17 Entónces tomé las dos tablas, y arrojélas de mis dos manos, y quebrélas delante de vuestros ojos.

18 Y postréme delante de Jehová, como antes, cuarenta dias y cuarenta noches: no comí pan ni bebí agua, á causa de todo vuestro pecado que habiais cometido, haciendo mal en ojos de Jehová para enojarlo[u].

19 Porque temí á causa del furor y de la ira, con que Jehová estaba enojado contra vosotros para destruiros. Pero Jehová me oyó aun esta vez[x].

20 Contra Aaron tambien se enojó Jehová en gran manera para destruirlo; y tambien oré por Aaron entónces.

21 Y tomé vuestro pecado[y], el becerro que habiais hecho, y quemélo en el fuego, y lo desmenuzé moliendolo muy bien, hasta que fué reducido á polvo: y eché el polvo de él en el arroyo que descendia del monte.

22 Tambien en Tabera, y[z] en Massa[a], y en Kibroth-hataavah, enojasteis á Jehová[b].

23 Y cuando Jehová os envió desde Cades-barnea[c], diciendo: Subid, y poseed la tierra que yo os he dado, tambien fuisteis rebeldes al dicho de Jehová vuestro Dios, y no lo creisteis, ni obedecisteis á su voz[d].

24 [e] Rebeldes habeis sido á Jehová desde el dia que yo os conozco.

25 Postréme pues delante de Jehová cuarenta dias y cuarenta noches[f], que estuve postrado, porque Jehová dijo que os habia de destruir.

26 Y oré á Jehová[g], diciendo: Oh Señor Jehová, no destruyas tu pueblo y tu heredad[h] que has redimido con tu grandeza, al cual sacaste de Egipto con mano fuerte.

27 Acuérdate de tus siervos Abraham, Isaac, y Jacob; no mires á la dureza de este pueblo, ni á su impiedad, ni á su pecado:

28 Porque no digan *los de* la tierra de donde nos sacaste, Por cuanto no pudo Jehová introducirlos en la tierra que les habia dicho, ó porque los[i] aborrecia, los sacó para matarlos en el desierto.

29 Y ellos son tu pueblo, y tu heredad[k], que sacaste con tu gran fortaleza, y con tu brazo extendido.

CAPITULO X.

Refiere Moises como dispuso unas nuevas tablas de la ley, y estímula de nuevo á los Israelitas á servir y amar á Dios.

EN aquel tiempo Jehová me dijo[a]: Lábrate dos tablas de piedra como las primeras, y sube á mí al monte, y hazte un arca de madera[b].

2 Y escribiré en aquellas tablas las palabras que estaban en las tablas primeras, que quebraste; y las pondrás en el arca.

3 E hice un arca de madera de Sittim,

[p] Hech. 7. 51.
[q] Cap. 29. 20.
[r] Nu. 14. 12.
[s] Cap. 4. 11.
[t] Ex. 32. 19.
[u] Sal. 106. 23.
[x] Ex. 33. 17.
[y] Ex. 32. 20.
[z] Nu. 11. 1, 4.
[a] Ex. 17. 7.
[b] Nu. 11. 34.
[c] Nu. XIII. y XIV.
[d] Sal. 78. 22. y 106. 24, 25.
[e] Cap. 31. 27.
[f] ver. 18.
[g] Ex. 32. 11, etc.
[h] 1 Rey. 8. 51.
[i] Nu. 14. 15, 16.
[k] ver. 26. Neh. 1. 10.
[a] Ex. 34. 1, etc.
[b] Ex. 25. 10. Heb. 9. 4.

y labré dos tablas de piedra como las
primeras, y subí al monte con las dos
tablas en mi mano.
4 Y escribió en las tablas, conforme á
la primera escritura[c], las diez palabras
que Jehová os habia hablado en el monte
de en medio del fuego, el dia de la asam-
bléa[d], y diómelas Jehová.
5 Y volví, y descendí del monte, y puse
las tablas en el arca que habia hecho; y
allí estan[e], como Jehová me mandó.
6 ¶ Despues partieron los hijos de Is-
rael de Beeroth-bene-jacaan á Moserá[f]:
allí murió Aaron, y allí fué sepultado; y
en lugar suyo tuvo el sacerdocio su hijo
Eleazar.
7 De allí partieron á Gudgod; y de
Gudgod á Jotbath, tierra de arroyos de
aguas.
8 ¶ En aquel tiempo apartó Jehová la
tribu de Leví, para que[g] llevase el arca
del pacto de Jehová, para que estuviese[h]
delante de Jehová para servirle, y[i] para
bendecir en su nombre hasta hoy.
9 Por lo cual Leví no tuvo parte ni
heredad con sus hermanos[k]: Jehová es
su heredad, como Jehová tu Dios le dijo.
10 Y yo estuve en el monte, como los
primeros dias, cuarenta dias y cuarenta
noches[l]; y Jehová me oyó tambien esta
vez, y no quiso Jehová destruirte[m].
11 Y díjome Jehová: Levántate, anda
para que partas delante del pueblo, para
que entren y posean la tierra, que juré á
sus padres les habia de dar.
12 ¶ Ahora pues, Israel, ¿qué pide
Jehová tu Dios de tí[n], sino que temas
á Jehová tu Dios[o], que andes en todos
sus caminos, y que lo ames[p], y sirvas
á Jehová tu Dios con todo tu corazon,
y con toda tu alma;
13 Que guardes los mandamientos de
Jehová, y sus estatutos, que yo te pres-
cribo hoy, para que hayas bien[q]?
14 Hé aquí de Jehová tu Dios *son*[r]
los cielos y los cielos de los cielos[s], la
tierra[t], y todas las cosas que *hay* en ella.
15 Solamente de tus padres se agradó
Jehová para amarlos; y escogió su si-
miente despues de ellos, á vosotros de
entre todos los pueblos, como *parece* en
este dia.
16 Circuncidad[u] pues el prepucio de
vuestro corazon, y no endurezcais mas
vuestra cerviz.
17 Porque Jehová vuestro Dios *es* Di-
os de dioses, y Señor de señores, Dios
grande[x], poderoso y terrible, que no
acepta personas, ni toma cohecho[y]:
18 Que hace justicia al huérfano y á la
viuda; que[z] ama tambien al extranjero
dandole pan y vestido.
19 Amaréis pues al extranjero[a]: por-
que extranjeros fuisteis vosotros en
tierra de Egipto.
20 A Jehová tu Dios temerás, á él
servirás, á él te allegarás, y por su nom-
bre jurarás[b].
21 El *será* tu alabanza[c], y él *será* tu
Dios, que ha hecho contigo estas grandes
y terribles cosas, que tus ojos han visto.
22 Con setenta almas descendieron tus
padres á Egipto; y[d] ahora Jehová te ha
hecho como las estrellas del cielo en
multitud.

[c] Ex. 34. 28. [d] Ex. 20. 1, 7. [e] 1 Rey. 8. 9. [f] Nu. 33. 31, 33. [g] Nu. 3. 6, 9. [h] Nu. 4. 15. [i] Cap. 18. 5. 2 Cr. 29. 11. [k] Nu. 18. 20, 24. Ez. 44. 28. [l] Ex. 34. 28. [m] Ex. 33. 17. [n] Mic. 6. 8. [o] Sal. 34. 9. [p] Cap. 6. 5. Mat. 22. 37. [q] Cap. 6. 24. [r] Sal. 115. 16. [s] Sal. 148. 4. [t] Gen. 14. 19. Sal. 24. 1. y 50. 12. [u] Cap. 30. 6. Jer. 4. 4. Rom. 2. 28, 29. [x] Dan. 2. 47. Apoc. 17. 14. [y] 2 Cr. 19. 7. Job 34. 19. Rom. 2. 11. Ef. 6. 9. 1 Ped. 1. 17. [z] Sal. 68. 5. [a] Lev. 19. 33, 34. [b] Cap. 6. 13. Is. 45. 23. [c] Jer. 17. 14. [d] Gen. 46. 27. Hech. 7. 14.

CAPITULO XI.

Bienes prometidos á los que guarden los mandamientos, y calamidades que sobrevendrán á los transgresores.

AMARAS pues á Jehová tu Dios, y
guardarás su ordenanza, y sus esta-
tutos, y sus derechos, y sus mandamien-
tos todos los dias.
2 ¶ Y comprended hoy: porque no
habló con vuestros hijos, que no han
sabido ni visto el castigo de Jehová
vuestro Dios, su grandeza, su mano
fuerte, y su brazo extendido,
3 Y sus señales, y sus obras que hizo
en medio de Egipto á Pharaon, rey de
Egipto, y á toda su tierra;
4 Y lo que hizo al ejército de Egipto, á
sus caballos, y á sus carros; como hizo
ondear las aguas del mar Bermejo sobre
ellos[a], cuando venian tras de vosotros, y
Jehová los destruyó hasta hoy:
5 Y lo que ha hecho con vosotros en el
desierto, hasta que habeis llegado á este
lugar:
6 Y lo que hizo con Dathan y Abiram,
hijos de Eliab, hijo de Ruben; como[b]
abrió la tierra su boca, y tragóse á ellos
y á sus casas, y sus tiendas, y toda la
hacienda que tenian en pié en medio de
todo Israel.
7 Mas vuestros ojos han visto todos los
grandes hechos que Jehová ha ejecutado.
8 Guardad pues todos los mandamien-
tos que yo os prescribo hoy, para que
seais esforzados, y entreis y poseais la
tierra, á la cual pasais para poseerla;
9 Y para que os sean prolongados los
dias sobre la tierra, que juró Jehová á
vuestros padres habia de dar á ellos y á
su simiente, tierra que fluye leche y
miel.
10 ¶ Que la tierra á la cual entras para
poseerla, no es como la tierra de Egipto,
de donde habeis salido; donde sembrabas
tu simiente, y regabas con tu pie, como
huerto de hortaliza[c].
11 La tierra á la cual pasais para po-
seerla, es tierra de montes y de vegas:
de la lluvia del cielo has de beber *allí*
las aguas.
12 Tierra de la cual Jehová tu Dios
cuida: siempre estan sobre ella los ojos
de Jehová tu Dios[d], desde el principio
del año hasta el fin de él.
13 Y será que si obedeciereis cuidadosa-
mente mis mandamientos, que[e] yo os
prescribo hoy, amando á Jehová vuestro
Dios, y sirviendolo[f] con todo vuestro
corazon, y con toda vuestra alma,
14 Yo daré la lluvia de vuestra tierra
en su[g] tiempo, la temprana y la tardía,
y[h] cogerás tu grano, y tu vino, y tu
aceite.
15 Daré tambien yerba en tu campo[i]
para tus bestias; y comerás, y te har-
tarás.
16 Guardaos pues, que[k] vuestro cora-
zon no se infatue, y os aparteis, y sirvais
á dioses agenos, y os inclineis á ellos;
17 Y así se encienda el furor de Jehová
sobre vosotros, y[l] cierre los cielos, y no
haya lluvia, ni la tierra dé su fruto, y
perezcais presto de la buena tierra que
os dá Jehová.
18 ¶ Por tanto pondréis estas mis pala-
bras en vuestro corazon y en vuestra
alma[m], y las ataréis por señal en vuestra
mano, y serán por frontales entre vuestros
ojos[n].
19 Y las enseñaréis á vuestros hijos[o],
hablando de ellas ora sentado en tu casa,
ó andando por el camino, cuando te
acuestes, y cuando te levantes.
20 Y las escribirás en los postes de tu
casa, y en tus portadas:
21 Para que sean aumentados vuestros
dias, y los dias de vuestros hijos[p], sobre
la tierra que juró Jehová á vuestros
padres que les habia de dar como los
dias de los cielos sobre la tierra[q].
22 ¶ Porque si guardareis cuidadosa-
mente todos estos mandamientos que yo
os prescribo, para que los cumplais, como
ameis á Jehová vuestro Dios andando en
todos sus caminos, y á él os allegareis,

[a] Ex. 14. 29, 31. [b] Nu. 16. 31. [c] Zac. 14. 18. [d] 1 Rey. 9. 3. [e] ver. 22. [f] Cap. 10. 12. [g] Lev. 26. 4. [h] Joel 2. 23. Santº. 5. 7. [i] Sal. 104. 14. [k] Jos. 23. 11, 16. [l] Cap. 6. 15. [m] Cap. 6. 6, 9. Pro. 3. 1. [n] Pro. 3. 3. [o] Cap. 4. 9. [p] Pro. 4. 10. y 9. 11. [q] Sal. 89. 29.

23 Jehová tambien echará todas estas gentes de delante de vosotros; y *así* poseeréis *el país de* gentes grandes y mas fuertes que vosotros.

24 Todo lugar que pisare la planta de vuestro pié, será vuestro[r]: desde el desierto y el Líbano, desde el rio, el rio Eufrates, hasta la mar postrera[s] será vuestro término.

[r] Jos. 1. 3.
[s] Gen. 15. 18. Ex. 23. 31. Nu. 34. 3.

25 Nadie se sostendrá delante de vosotros[t]: miedo y temor de vosotros pondrá Jehová vuestro Dios[u] sobre la haz de toda la tierra que hollareis, como él os ha dicho[x].

[t] Cap. 7. 24.
[u] Jos. 2. 9, 24.
[x] Ex. 23. 27.

26 ¶ Hé aquí yo pongo hoy delante de vosotros la bendicion, y la maldicion[y]:

[y] Cap. 30. 1, 15, 19.

27 La[z] bendicion, si oyereis los mandamientos de Jehová vuestro Dios, que yo os prescribo hoy:

[z] Cap. 28. 2, 13.

28 Y la maldicion[a], si no oyereis los mandamientos de Jehová vuestro Dios, y os apartareis del camino que yo os ordeno hoy, para ir en pos de dioses agenos que no habeis conocido.

[a] Cap. 28. 15, 68.

29 Y será, que cuando Jehová tu Dios te introdujere en la tierra, á la cual vas para poseerla, pondrás la bendicion sobre el monte Gerizim, y la maldicion sobre el monte Ebal[b]:

[b] Cap. 27. 12, 13. Jos. 8. 33.

30 Los cuales *estan* de la otra parte del Jordan, tras el camino del Occidente, en la tierra del Cananéo que habita en la campaña delante de Gilgal, junto á los llanos de Moreh[c].

[c] Gen. 12. 6.

31 Porque vosotros pasais el Jordan, para ir á poseer la tierra que os dá Jehová vuestro Dios; y la poseeréis, y habitaréis en ella.

32 Cuidaréis pues de poner por obra todos los estatutos, y derechos, que yo presento hoy[d] delante de vosotros.

[d] Cap. 12. 32.

CAPITULO XII.

Prohibe Dios á los Israelitas el ofrecer sacrificios fuera de aquel lugar que él señalare; y manda que se abstengan de comer sangre, y otros manjares inmundos.

ESTOS *son* los estatutos[a] y derechos que cuidaréis de poner por obra, en la tierra que Jehová el Dios de tus padres te ha dado para que la poseas, todos los dias que vosotros viviereis sobre la tierra[b].

[a] Cap. 6. 1.
[b] Cap. 4. 10.

2 ¶ Destruiréis[c] enteramente todos los lugares donde las gentes, que vosotros heredaréis, sirvieron á sus dioses sobre los montes altos, y sobre los collados, y debajo de todo árbol espeso[d]:

[c] Ex. 23. 24. y 34. 13.
[d] 2 Rey. 17. 10, 11. Jer. 2. 6.

3 Y derribaréis sus altares, y quebraréis sus imágenes, y sus bosques[e] consumiréis con fuego: y destruiréis las esculturas de sus dioses, y[f] extirparéis el nombre de ellas de aquel lugar.

[e] Nu. 33. 52. Juec. 2. 2. 2 Cr. 31. 1.
[f] 1 Rey. 15. 13.

4 ¶ No haréis así á Jehová vuestro Dios.

5 Mas el lugar que Jehová vuestro Dios escogiere de todas vuestras tribus, para[g] poner allí su nombre, para su habitacion, *ese* buscaréis, y allá iréis:

[g] ver. 11. 2 Cr. 7. 12. Sal. 78. 68.

6 Y allí llevaréis vuestros holocaustos, y vuestros sacrificios, y[h] vuestros diezmos[i], y la ofrenda elevada de vuestras manos, y vuestros votos, y vuestras ofrendas voluntarias, y los primerizos de vuestras vacas y de vuestras ovejas.

[h] Lev. 17. 3, 4.
[i] Cap. 14. 22, 26.

7 Y comeréis allí delante de Jehová vuestro Dios, y os alegraréis[k], vosotros y vuestras familias, en toda obra de vuestras manos en que Jehová tu Dios te hubiere bendecido.

[k] ver. 12, 18. Cap. 16. 11, 15. y 26. 11. Lev. 23. 40.

8 No haréis como todo lo que nosotros hacemos aquí ahora, cada uno lo que le parece[l].

[l] Juec. 17. 6. y 21. 25.

9 Porque aun hasta ahora no habeis entrado al reposo y á la heredad, que os dá Jehová vuestro Dios.

10 Mas pasaréis el Jordan, y habitaréis en la tierra que Jehová vuestro Dios os hace heredar, y él os dará reposo de todos vuestros enemigos al rededor, y habitaréis seguros.

11 Y *entónces*, al lugar que Jehová vuestro Dios escogiere para hacer habitar en él su nombre, allí llevaréis[m] todas las cosas que yo os mando; vuestros holocaustos, y vuestros sacrificios, vuestros diezmos, y las ofrendas elevadas de vuestras manos, y todo lo escogido de vuestros votos que hubiereis prometido á Jehová.

[m] Jos. 18. 1. 1 Rey. 8. 21.

12 [n] Y os alegraréis delante de Jehová vuestro Dios, vosotros y vuestros hijos, y vuestras hijas, y vuestros siervos, y vuestras siervas, y el Levita que *estuviere* en vuestras poblaciones; por cuanto no tiene parte ni heredad con vosotros[o].

[n] ver. 12.
[o] Cap. 10. 9. y 18. 1.

13 Guárdate, que no ofrezcas tus holocaustos en cualquier lugar que vieres:

14 Mas en el lugar que Jehová escogiere en una de tus tribus, allí ofrecerás tus holocaustos[p], y allí harás todo lo que yo te mando.

[p] ver. 11.

15 Con todo podrás matar y comer carne en todas tus poblaciones conforme al deseo de tu alma, segun la bendicion de Jehová tu Dios que él te habrá dado: el inmundo y el limpio la comerá, como[q] *la* de corzo ó de ciervo:

[q] ver. 22. Cap. 15. 22.

16 Salvo que sangre no comeréis; sobre la tierra la[r] derramaréis como agua.

[r] Gen. 9. 4. Lev. 7. 26. y 17. 10.

17 Ni podrás comer en tus poblaciones el diezmo de tu grano, ó de tu vino, ó de tu aceite, ni los primerizos de tus vacas, ni de tus ovejas, ni tus votos que prometieres, ni tus ofrendas voluntarias, ni las elevadas ofrendas de tus manos:

18 Mas delante de Jehová tu Dios[s] las comerás, en el lugar que Jehová tu Dios hubiere escogido, tú, y tu hijo, y tu hija, y tu siervo, y tu sierva, y el Levita que *está* en tus poblaciones: y alegrarte has delante de Jehová tu Dios en toda obra de tus manos[t].

[s] ver. 11, 12. Cap. 14. 22, 28.
[t] 1 Cor. 10. 31.

19 Ten cuidado de no desamparar al Levita en[u] todos tus dias sobre tu tierra.

[u] Cap. 14. 27.

20 Cuando Jehová tu Dios ensanchare tu término, como él te ha dicho[x], y tú dijeres, Comeré carne, porque deseó tu alma comerla, conforme á todo el deseo de tu alma comerás carne.

[x] Gen. 28. 14. Ex. 34. 24.

21 Cuando estuviere léjos de tí el lugar que Jehová tu Dios habrá escogido, para poner allí su nombre, matarás de tus vacas y de tus ovejas, que Jehová te hubiere dado, como te he mandado yo, y comerás en tus puertas segun todo lo que deseare tu alma.

22 Lo mismo que se come el corzo y el ciervo, así las comerás: el inmundo y el limpio[y] comerán tambien de ellas.

[y] ver. 15, 16.

23 Solamente que te esfuerzes á no comer sangre: porque la sangre es el alma[z]; y no has de comer el alma juntamente con su carne.

[z] ver. 16. Lev. 17. 11, 14.

24 No la comerás; en tierra la derramarás como agua.

25 No comerás de ella, para que te vaya bien á tí, y á tus hijos despues de ti[a], cuando hicieres lo recto en ojos de Jehová.

[a] Cap. 4. 40.

26 Empero las cosas que tuvieres tú consagradas, y tus votos, *les*[b] tomarás, y vendrás al lugar que Jehová hubiere escogido:

[b] Lev. 22. 18, etc. 1 Sam. 1. 21, 24.

27 Y ofrecerás tus holocaustos, la carne y la sangre, sobre el altar de Jehová tu Dios: y la sangre de tus sacrificios será derramada sobre el altar de Jehová tu Dios, y comerás la carne.

28 Guarda y escucha todas estas palabras que yo te mando, porque te vaya bien á tí, y á tus hijos despues de tí para

siempre, cuando hicieres lo bueno y lo recto en los ojos de Jehová tu Dios.

29 ¶ Cuando hubiere devastado de delante de tí Jehová tu Dios las naciones[a] adonde tú vas, para poseerlas, y las heredares, y habitares en su tierra,

30 Guárdate que no tropieces en pos de ellas, despues que fueren destruidas delante de tí: no preguntes acerca[d] de sus dioses, diciendo, De la manera que servian aquellas gentes á sus dioses, así haré yo tambien.

31 No harás así á Jehová tu Dios: porque todo lo que Jehová aborrece, hicieron ellos á sus dioses; pues aun á sus hijos é hijas quemaban en el fuego á sus dioses[e].

32 Cuidaréis de hacer todo lo que yo os mando: no añadirás á ello, ni quitarás de ello[f].

[a] Cap. 19. 1. Ex. 23. 23. Jos. 23. 4.
[d] 2 Rey. 17. 15. Sal. 106. 34, 38.
[e] Cap. 18. 10. Lev. 18. 21. Jer. 32. 35. Ex. 20. 31. y 23. 37.
[f] Cap. 4. 2. Pro. 30. 6. Ap. 22. 18.

CAPITULO XIII.

Sea apedreado el que induzca á la idolatría, y desolados las ciudades donde se adoren dioses extranjeros.

CUANDO se levantare en medio de tí profeta, ó soñador de sueños, y[a] te diere señal ó prodigio[b],

2 Y acaeciere la señal ó prodigio que él te dijo[c], diciendo *luego:* Vamos en pos de dioses agenos, que no conociste, y sirvámosles:

3 No darás oido á las palabras del tal profeta, ni al tal soñador de sueños; porque Jehová vuestro Dios os prueba, para saber si amais á Jehová vuestro Dios con todo vuestro corazon, y con toda vuestra alma.

4 En pos de Jehová vuestro Dios andaréis, y á el temeréis, y guardaréis sus mandamientos, y escucharéis su voz, y á él serviréis, y á él os allegaréis.

5 Y el tal profeta, ó soñador de sueños, ha de ser muerto[d]; por cuanto trató de rebelion contra Jehová vuestro Dios, que te sacó de tierra de Egipto, y te rescató de casa de siervos, y de echarte del camino por el que Jehová tu Dios te mandó que anduvieses: y así quitarás el mal de en medio de tí[e].

6 ¶ Cuando te incitare tu hermano, hijo de tu madre, ó tu hijo, ó tu hija, ó la mujer de tu seno, ó tu amigo que sea como tu alma, diciendo en secreto: Vamos, y sirvamos á dioses agenos[f], que ni tú, ni tus padres conocisteis,

7 De los dioses de los pueblos que *estan* en vuestros alrededores, cercanos á tí, ó léjos de tí desde el un cabo de la tierra hasta el otro cabo de ella;

8 No consentirás con él, ni le darás oido[g]; ni tu ojo le perdonará, ni tendrás compasion, ni lo encubrirás:

9 Antes has de matarlo; tu mano será primero sobre él para[h] matarle, y despues la mano de todo el pueblo.

10 Y has de apedrearlo con piedras, y morirá; por cuanto procuró apartarte de Jehová tu Dios, que te sacó de tierra de Egipto, de casa de siervos.

11 Para que todo Israel oiga, y tema, y no tornen á hacer cosa semejante á esta mala cosa en medio de tí[i].

12 ¶ Cuando oyeres[k] de alguna de tus ciudades, que Jehová tu Dios te dá para que mores en ellas, que se dice,

13 Hombres†, hijos de impiedad, han salido de en medio de tí, que han instigado á los moradores de su ciudad, diciendo: Vamos y sirvamos á dioses agenos, que vosotros no conocisteis,

14 Tu inquirirás y buscarás, y preguntarás con diligencia[l]; y si pareciere verdad, cosa cierta, que tal abominacion se hizo en medio de tí,

15 Irremisiblemente herirás á filo de espada los moradores de aquella ciudad, destruyendola[m] con todo lo que en ella *hubiere,* y *tambien* sus bestias á filo de espada.

16 Y juntarás todo el despojo de ella en medio de su plaza, y consumirás con fuego la ciudad y todo su despojo, todo ello, á Jehová tu Dios: y será un[n] monton para siempre; nunca mas se edificará.

17 Y no se pegará algo á tu mano del anatema[o]; porque Jehová se aparte del furor de su ira, y te dé mercedes, y[p] tenga misericordia de tí, y te multiplique, como lo juró á tus padres[q],

18 Cuando obedecieres á la voz de Jehová tu Dios guardando todos sus mandamientos que yo te prescribo hoy, para hacer lo *que es* recto en ojos de Jehová tu Dios.

[a] Zac. 10. 2.
[b] Mat. 24. 24. 2 Tes. 2. 9. Ap. 13. 14.
[c] Cap. 18. 22. Jer. 28. 9. Mat. 7. 22.
[d] Cap. 18. 20. Zac. 13. 3.
[e] Cap. 17. 7. y 22. 21, 24. 1 Cor. 5. 13.
[f] Cap. 17. 2.
[g] Pro. 1. 10.
[h] Cap. 17. 7.
[i] Cap. 19. 20.
[k] Jos. 22. 11.
† Heb. *Hijos de Belial.*
[l] Cap. 17. 4. Gen. 18. 21.
[m] Jos. 6. 17, 24.
[n] Jos. 8. 28.
[o] Cap. 7. 26. Jos. 6. 18. y 7. 1.
[p] Lam. 3. 32.
[q] Gen. 22. 17.

CAPITULO XIV.

Prohíbense los ritos gentílicos en los funerales: se renuevan las leyes sobre los animales limpios é inmundos, y sobre diezmos.

HIJOS[a] sois de Jehová vuestro Dios: no os sajaréis, ni pondréis calva sobre vuestros ojos por muerto[b].

2 Porque eres pueblo santo á Jehová tu Dios[c], y Jehová te ha escogido para que le seas un pueblo singular de entre todos los pueblos, que estan sobre la haz de la tierra.

3 ¶ Nada abominable comerás[d].

4 Estos *son* los animales que comeréis[e]: el buey, la oveja, y la cabra,

5 El ciervo, y el corzo, y el búfalo, y el cabron salvaje, y el unicornio, y buey salvaje, y cabra montés.

6 Todo animal de pesuños, que tiene[f] hendedura de dos uñas, y que rumiare entre los animales, ese comeréis.

7 Empero esto no comeréis de los que rumian, ó tienen uña hendida; camello, y liebre, y conejo: porque rumian, mas no tienen uña hendida, os serán inmundos.

8 Ni puerco: porque tiene uña hendida, mas no rumia, os será inmundo. De la carne de estos no comeréis, ni tocaréis sus cuerpos muertos[g].

9 Esto comeréis de todo lo que *está* en el agua[h]: todo lo que tiene aleta y escama comeréis.

10 Mas todo lo que no tuviere aleta y escama no comeréis; inmundo os será.

11 Toda ave limpia comeréis.

12 Y estas *son* de las que no comeréis[i]: el águila, y el azor, y el esmerejon,

13 Y el ixio, y el bueitre, y el milano segun su especie,

14 Y todo cuervo segun su especie,

15 Y el buho, y la lechuza, y el cuclillo, y el halcon segun su especie,

16 Y el herodion, y el cisne, y el ibis,

17 Y el somormujo, y el calamon, y el corvejon,

18 Y la cigüeña, y la garza segun su especie, y la abubilla, y el murciélago.

19 Y todo réptil de alas os será inmundo; no se comerá.

20 Toda ave limpia comeréis.

21 Ninguna cosa mortecina comeréis[k]: al extranjero que está en tus poblaciones la daréis, y él la comerá: ó véndela al extranjero; porque tú eres pueblo santo á Jehová tu Dios. No cocerás el cabrito en la leche de su madre[l].

22 ¶ Indispensablemente diezmarás[m] todo el producto de tu simiente, que rindiere el campo *tuyo* cada un año.

23 Y comerás delante de Jehová tu Dios, en el lugar que él escogiere para hacer habitar allí su nombre[n], el diezmo de tu grano, de tu vino, y de tu aceite, y los primerizos de tus manadas,

[a] Ex. 4. 22. Jer. 3. 19. Os. 11. 1.
[b] Lev. 19. 27, 28. Jer. 16. 6.
[c] Lev. 20. 26.
[d] Ex. 4. 14. Hech. 10. 12, 14.
[e] Lev. XI.
[f] Lev. 11. 3, 4.
[g] Lev. 11. 26, 27.
[h] Lev. 11. 9.
[i] Lev. 11. 13.
[k] Lev. 17. 15. y 22. 8. Ex. 4. 14.
[l] Ex. 23. 19. y 34. 26.
[m] Cap. 12. 17. Lev. 27. 30. Nu. 18. 21. Neh. 10. 37.
[n] Cap. 12. 5. etc.

y de tus ganados[o], para que aprendas á temer á Jehová tu Dios todos los dias.

24 Y si el camino fuere tan largo que tú no puedas llevarlo por él, por estar léjos de tí el lugar que Jehová tu Dios hubiere escogido para poner en él su nombre[p], cuando Jehová tu Dios te bendijere,

25 Entónces venderlo has, y atarás el dinero en tu mano, y vendrás al lugar que Jehová tu Dios escogiere;

26 Y darás el dinero por todo lo que deseare tu alma, por vacas, ó por ovejas, ó por vino, ó por sidra, ó por cualquier cosa que tu alma te demandare: y comerás allí delante de Jehová tu Dios[q], y te alegrarás tú y tu familia[r].

27 Y no desampararás al Levita que *habitare* en tus poblaciones; porque no tiene parte ni heredad contigo[s].

28 ¶ Al cabo de *cada* tres años[t] sacarás todo el diezmo de tus productos de aquel año, y lo guardarás en tus ciudades:

29 Y vendrá el Levita, que no tiene parte ni heredad contigo, y el extranjero, y[u] el huérfano, y la viuda, que *hubiere* en tus poblaciones, y comerán y serán saciados, para que Jehová tu Dios te bendiga en toda obra de tus manos que hicieres[v].

ap. 15. 19, 0. / ap. 12. 21. / ap. 12. 7, 8. / Ec. 9. 7. / ap. 18. 1, 2. / u. 18. 20. / ap. 26. 12. / Ex. 22. 21, 1. / b 31. 16, 1. / c. 14. 12, / eh. 13. 2. / ap. 15. 10. / ro. 19. 17. / al. 3. 10.

CAPITULO XV.

Repite la ley de remision para el año séptimo, y otras de misericordia para con el prójimo.

AL cabo de *cada* siete años harás remision[a].

2 Y esta *es* la manera de la remision: Perdonará á su deudor todo aquel que hizo empréstito de su mano, con que obligó á su prójimo: no lo demandará mas á su prójimo, ó á su hermano; porque la remision de Jehová es pregonada.

3 Del extranjero demandarás *el reintegro:* mas lo que tu hermano tuviere tuyo, lo perdonará tu mano[b],

4 Para que así no haya en tí mendigo: porque Jehová[c] te bendecirá con abundancia en la tierra que Jehová tu Dios te dá por heredad, para que la poseas;

5 Si empero escuchares fielmente la voz de Jehová tu Dios, para guardar y cumplir todos estos mandamientos que yo te intimo hoy.

6 Ya que Jehová tu Dios te habrá bendecido, como te ha dicho, prestarás entónces á muchas gentes, mas tú no tomarás prestado; y[d] enseñorearte has de muchas gentes, pero de tí no se enseñorearán.

7 ¶ Cuando hubiere en tí menesteroso de alguno de tus hermanos en alguna de tus ciudades, en tu tierra que Jehová tu Dios te dá, no endurecerás tu corazon, ni cerrarás tu mano á tu hermano pobre[e]:

8 Mas abrirás á él tu mano liberalmente, y en efecto le prestarás lo que basta, lo que hubiere menester[f].

9 Guárdate que no haya en tu corazon perverso pensamiento, diciendo: Cerca está el año séptimo, el de la remision; y tu ojo sea maligno sobre tu hermano menesteroso para no darle: que él podrá clamar contra tí á Jehová, y se te imputará á pecado[g].

10 Sin falta le darás, y no sea tu corazon maligno cuando le dieres[h]; que por ello te bendecirá Jehová tu Dios en todos tus hechos, y en todo lo que pusieres mano[i].

11 Porque no faltarán menesterosos de en medio de la tierra[k], por eso yo te mando diciendo: Abrirás tu mano á tu hermano, á tu pobre, y á tu menesteroso en tu tierra.

x. 23. 10, / ev. 25. 2, 4. / r. 34. 14, 7. / ap. 23. 20. / ap. 28. 1, etc. / ap. 28. 12, 4. / Juan 3. 17. / ev. 25, 35, 7. / al. 2. 10. / ap. 24. 15. / x. 22. 23. / 2 Cor. 9. 5, 7. / ap. 24. 19. / al. 41. 1, 2. / Pro. 11. 25. / 22. 9. / Heb. 13. 16. / Mat. 26. 11.

12 ¶ Cuando se vendiere á tí tu hermano Hebréo ó Hebréa, y te hubiere servido seis años, al séptimo año lo despedirás libre de tí[l].

13 Y cuando le despidieres libre de tí, no lo enviarás vacío.

14 Le abastecerás liberalmente *dandole* de tus ovejas, de tu era, y de tu lagar; le darás de aquello en que Jehová te hubiere bendecido.

15 Y te acordarás que fuiste siervo en tierra de Egipto, y que Jehová tu Dios te rescató: por tanto yo te mando esto hoy[m].

16 Y será, que si él te dijere; No saldré de contigo; porque te ama á tí y á tu casa, que le vá bien contigo,

17 Entónces tomarás una lesna[n], y horadarás su oreja junto á la puerta, y será tu siervo para siempre: así tambien harás á tu criada.

18 No te parezca duro cuando le enviares libre de tí; que doblado del salario de mozo jornalero te sirvió seis años: y Jehová tu Dios te bendecirá en todo cuanto hicieres.

19 ¶ Santificarás á Jehová tu Dios todo primerizo macho que nacerá de tus vacas y de tus ovejas: no te sirvas del primerizo de tus vacas, ni trasquiles el primerizo de tus ovejas.

20 Delante de Jehová tu Dios los comerás cada un año, tú y tu familia, en el lugar que Jehová escogiere[o].

21 Y si hubiere en él tacha, *como* ciego, ó cojo, ó cualquiera *otra* mala falta; no lo sacrificarás á Jehová tu Dios[p].

22 En tus poblaciones lo comerás: el inmundo lo mismo que el limpio *comerán de él* como de un corzo, ó de un ciervo[q].

23 Solamente que no comas su sangre[r]: sobre la tierra la derramarás como agua.

CAPITULO XVI.

De las tres fiestas solemnísimas de pascua, de pentecostés, y de los tabernáculos. Sobre poner jueces rectos, y huir las ocasiones de idolatría.

GUARDARAS el[a] mes de Abib, y harás pascua á Jehová tu Dios; porque en el mes de Abib te sacó Jehová tu Dios de Egipto de noche[b].

2 Y sacrificarás la pascua á Jehová tu Dios de las ovejas y de[c] las vacas, en el lugar que Jehová escogiere para hacer habitar allí[d] su nombre.

3 No comerás con ella leudo[e]; siete dias comerás con ella *panes* por leudar, pan de afliccion, porque apriesa saliste de tierra de Egipto: para que te acuerdes del dia en que saliste de la tierra de Egipto todos los dias de tu vida.

4 Y no se dejará ver levadura contigo en todo tu término por siete dias: y de la carne que matares á la tarde del primer dia, no quedará hasta la mañana[f].

5 No podrás sacrificar la pascua en ninguna de tus ciudades, que Jehová tu Dios te dá;

6 Sino en el lugar que Jehová tu Dios escogiere, para hacer habitar allí su nombre, sacrificarás la pascua por la tarde á puesta del sol, al tiempo que saliste de Egipto.

7 Y *la* asarás[g] y comerás en el lugar que Jehová tu Dios hubiere escogido; y[h] por la mañana te volverás y restituirás á tu morada.

8 Seis dias comerás *panes* ázimos, y el séptimo dia *será* solemnidad á Jehová tu Dios[i]: no harás obra en él.

9 ¶ Siete semanas te contarás: desde que comenzare la hoz en las mieses comenzarás á contarte las siete semanas[k].

10 Y harás la solemnidad de las sema-

[l] Ex. 21. 2. Lev. 25. 39, 41. Jer. 34. 14.
[m] Cap. 5. 15. y 16. 12.
[n] Ex. 21. 5, 6.
[o] Cap. 12. 5, 6, 17.
[p] Cap. 17. 1. Lev. 22. 20. Mal. 1. 7, 8.
[q] Cap. 12. 15, etc.
[r] Cap. 1. 15, 16. y 12. 18. Ex. 18. 25, 26. 1 Cr. 23. 4. 2 Cr. 19. 5, 11.
[a] Ex. 34. 18.
[b] Ex. 12. 31, 42.
[c] Nu. 28. 16, 19.
[d] Cap. 12. 20.
[e] Ex. 13. 6, 7.
[f] Ex. 12. 10. y 34. 25.
[g] 2 Cr. 35. 13.
[h] 2 Rey. 23. 23. Juan 2. 13, 23. y 11. 55.
[i] Lev. 23. 8.
[k] Ex. 23. 16. y 34. 22. Lev. 23. 15. Hech. 2. 1.

nas á Jehová tu Dios: de la suficiencia
voluntaria de tu mano *será* lo que dieres,
segun Jehová tu Dios te hubiere ben-
decido [l].
11 Y te alegrarás [m] delante de Jehová
tu Dios, tú, y tu hijo, y tu hija, y tu
siervo, y tu sierva, y el Levita que *estu-
viere* en tus ciudades, y el extranjero, y
el huérfano, y la viuda, que *estuvieren*
en medio de tí, en el lugar que Jehová
tu Dios hubiere escogido para hacer
habitar allí su nombre.
12 Y acuérdate que fuiste siervo en
Egipto: por tanto guardarás y cumplirás
estos estatutos [n].
13 ¶ La solemnidad de las [o] cabañas
harás por siete dias, cuando hubieres
hecho la cosecha de tu era y de tu lagar.
14 Y te alegrarás [p] en tus solemnidades,
tú, y tu hijo, y tu hija, y tu siervo, y tu
sierva, y el Levita, y el extranjero, y el
huérfano, y la viuda, que *estan* en tus
poblaciones.
15 Siete dias celebrarás solemnidad á
Jehová tu Dios [q] en el lugar que Jehová
escogiere: porque te habrá bendecido
Jehová tu Dios en todos tus frutos, y
en toda obra de tus manos, y estarás
ciertamente alegre.
16 Tres veces cada un año [r] parecerá
todo varon tuyo delante de Jehová tu
Dios en el lugar que él escogiere; en la
solemnidad de los *panes* ázimos, y en la
solemnidad de las semanas, y en la
solemnidad de las cabañas. Y no pare-
cerá vacío [s] delante de Jehová:
17 Cada uno con el don de su mano [t],
conforme á la bendicion de Jehová tu
Dios que te hubiere dado [u].
18 ¶ Jueces [x] y alcaldes te pondrás en
todas tus ciudades que Jehová tu Dios
te dará, en *todas* tus tribus, los cuales
juzgarán al pueblo con justo juicio.
19 No tuerzas el derecho; no hagas
acepcion de personas [y], ni tomes so-
borno [z]; porque el soborno ciega los
ojos de los sabios, y pervierte las pa-
labras de los justos.
20 La justicia, la justicia seguirás [a],
porque vivas [b] y heredes la tierra que
Jehová tu Dios te dá.
21 ¶ No te plantarás bosque [c] de nin-
gun árbol cerca del altar de Jehová tu
Dios, que tú te habrás hecho.
22 Ni te levantarás estatua [d]; lo cual
aborrece Jehová tu Dios.

[l] ver. 17. 1 Cor. 16. 2. [m] Cap. 12. 7, 12, 18. [n] Cap. 15. 15. [o] Ex. 23. 16. Lev. 23. 34. Nu. 29. 12. [p] Neh. 8. 9, 12. [q] Lev. 23. 39, 40. [r] Ex. 23. 17. y 34. 23. [s] Ex. 23. 15. y 34. 20. [t] Mar. 12. 41, 44. 2 Cor. 8. 12. [u] ver. 10. [x] Cap. 1. 15, 16. y 12. 18. Ex. 18. 25, 26. 1 Cr. 23. 4. 2 Cr. 19. 5, 11. [y] Cap. 1. 17. Lev. 19. 15. [z] Ex. 23. 8. Pro. 17. 23. [a] Mic. 6. 8. Fi. 4. 8. [b] Ex. 18. 5, 9. [c] 1 Rey. 14. 15. [d] Lev. 26. 1.

CAPITULO XVII.

Sobre el castigo de la idolatría: consultar á los sacerdotes: y eleccion y condiciones de su rey.

NO sacrificarás á Jehová tu Dios buey,
ó cordero, en el cual haya falta [a], ó
alguna cosa mala; porque es abomina-
cion á Jehová tu Dios.
2 ¶ Cuando se hallare [b] entre tí, en
alguna de tus ciudades que Jehová tu
Dios te dá, hombre, ó mujer, que haya
hecho mal en ojos de Jehová tu Dios
traspasando su pacto [c],
3 Que hubiere ido y servido á dioses
agenos, y se hubiere inclinado á ellos,
ora al sol, ó á la luna, ó á todo el ejér-
cito del cielo, lo cual yo [d] no he man-
dado;
4 Y te fuere dado aviso, y despues que
oyeres y hubieres indagado bien, la cosa
parece [e] de verdad cierta, que tal abomi-
nacion ha sido hecha en Israel:
5 Entónces sacarás al hombre ó mujer,
que hubiere hecho esta mala cosa, á tus
puertas, hombre ó mujer, y les apedre-
arás con piedras, y así morirán.
6 Por dicho de dos testigos, ó de tres
testigos, morirá el que hubiere de mo-
rir [f]: no morirá por el dicho de un solo
testigo.
7 La mano de los testigos será primero
sobre él [g] para matarlo, y despues la
mano de todo el pueblo: así quitarás el
mal de en medio de tí.
8 ¶ Cuando alguna cosa te fuere oculta
en juicio entre sangre y sangre, entre
causa y causa, y entre llaga y llaga, *en*
negocios de litigio en tus ciudades, en-
tónces te levantarás y recurrirás al lugar
que Jehová tu Dios escogiere:
9 Y vendrás á los sacerdotes Levitas [h],
y al juez [i] que fuere en aquellos dias, y
preguntarás; y te enseñarán la senten-
cia del juicio.
10 Y harás segun la sentencia que te
indicaren los del lugar que Jehová es-
cogiere, y cuidarás de hacer segun todo
lo que te manifestaren.
11 Segun la ley que ellos te enseñaren,
y segun el juicio que te dijeren, harás:
no te apartarás ni á diestra ni á sinies-
tra de la sentencia que te mostraren.
12 Y el hombre que procediere con
soberbia [k], no obedeciendo al sacerdote
que está para ministrar allí delante de
Jehová tu Dios, ó al juez, el tal varon
morirá: y [l] quitarás el mal de Israel.
13 Y todo el pueblo oirá, y temerá, y
no se ensoberbecerán mas [m].
14 ¶ Cuando hubieres entrado en la
tierra que Jehová tu Dios te dá, y la
poseyeres, y habitares en ella, y dijeres:
Pondré rey sobre mí, como todas las
gentes que *estan* en mis alrededores [n],
15 Sin duda pondrás por rey sobre tí
al que Jehová tu Dios escogiere: de
entre tus hermanos pondrás rey [o] sobre
tí [p]: no podrás poner sobre tí hombre
extranjero, que no sea tu hermano.
16 ¶ Empero que no se aumente ca-
ballos [q], ni haga volver el pueblo á E-
gipto para acrecentar caballos [r]: porque
Jehová os ha dicho, No procuraréis vol-
ver mas por este camino [s].
17 Ni aumentará para sí mujeres, por-
que su corazon [t] no se desvie: ni plata
ni oro acrecentará para sí en gran copia.
18 ¶ Y será, cuando se asentare sobre
el solio de su reino, que ha de escribir
para sí en un libro un traslado de esta
ley, *del original* de delante de los sacer-
dotes Levitas:
19 Y lo tendrá [u] consigo, y leerá en
él todos los dias de su vida, para que
aprenda á temer á Jehová su Dios, para
guardar todas las palabras de aquesta
ley, y estos estatutos, para ponerlos por
obra:
20 Para que no se eleve su corazon
sobre sus hermanos, ni se aparte del
mandamiento á diestra ni á siniestra [x];
á fin que prolongue *sus* dias [y] en su
reino, él, y sus hijos, en medio de Is-
rael.

[a] Cap. 15. 21. Mal. 1. 8, 13, 14. [b] Cap. 13. 6, etc. [c] Juec. 2. 20. 2 Rey. 18. 12. Os. 8. 1. [d] Cap. 4. 19. [e] Cap. 13. 14. [f] Cap. 19. 15. Nu. 35. 30. Mat. 18. 16. Juan 8. 17. 2 Cor. 13. 1. 1 Tim. 5. 19. Heb. 10. 28. [g] Hech. 7. 58, 59. [h] Mal. 2. 7. [i] Cap. 19. 17. [k] Nu. 15. 30. Os. 4. 4. [l] Heb. 10. 28. Cap. 13. 5. [m] Cap. 13. 11. [n] 1 Sam. 8. 5, 19, 20. [o] 1 Sam. 9. 15, 17. y 16. 12. [p] Jer. 30. 21. [q] 1 Rey. 10. 26, 28. [r] Is. 31. 1. Ex. 17. 15. [s] Cap. 28. 68. [t] 1 Rey. 11. 3, 4. [u] Jos. 1. 8. [x] 1 Rey. 15. 5. [y] Pro. 10. 27.

CAPITULO XVIII.

Derechos de los sacerdotes y Levitas. Prohibicion de toda suerte de supersticiones. Promesa del Mesías; y como se ha de discernir el profeta verdadero del falso.

LOS sacerdotes Levitas, toda la tribu
de Leví, no tendrán parte ni here-
dad con Israel: de las ofrendas encen-
didas á Jehová [a], y de la heredad de él
comerán [b].
2 No tendrán pues heredad entre sus
hermanos: Jehová *es* su heredad, como
él les ha dicho.
3 ¶ Y este será el derecho de los sa-
cerdotes *que recibirán* del pueblo, de los
que ofrecieren *en* sacrificio buey, ó cor-
dero; darán al sacerdote la espalda, y
las quijadas, y el cuajar [c].
4 Las primicias de tu grano, de tu

[a] Cap. 10. 9. Nu. 18. 20. [b] 1 Cor. 9. 13, 14. [c] Lev. 7. 30, 34.

vino, y de tu aceite, y las primicias de la lana de tus ovejas le darás[d].

5 Porque le ha escogido Jehová tu Dios de todas tus tribus, para que esté para ministrar al nombre de Jehová, él y sus hijos para siempre[e].

6 ¶ Y cuando el Levita saliere de alguna de tus ciudades de todo Israel, donde hubiere peregrinado, y[f] viniere con todo deseo de su alma al lugar que Jehová escogiere,

7 Ministrará al nombre de Jehová su Dios, como todos sus hermanos los Levitas que estuvieren allí delante de Jehová.

8 Porcion como la porcion *de los otros* comerán[g], ademas de sus patrimonios.

9 ¶ Cuando hubieres entrado en la tierra que Jehová tu Dios te dá, no aprenderás á hacer segun las abominaciones de aquellas gentes.

10 No sea hallado en tí quien haga pasar su hijo ó su hija por el fuego[h], ni practicante de adivinaciones, ni agorero, ni sortílego, ni hechicero[i],

11 Ni fraguador de encantamentos, ni quien pregunte á Piton[k], ni mágico, ni quien pregunte á los muertos.

12 Porque es abominacion á Jehová cualquiera que hace estas cosas[l]: y por estas abominaciones Jehová tu Dios les hechó de delante de tí.

13 Perfecto serás con Jehová tu Dios.

14 Porque estas gentes que has de heredar, á agoreros y á hechiceros oian: mas tú, no así te ha dado Jehová tu Dios.

15 Profeta[m] de en medio de tí, de tus hermanos, como yo, te levantará Jehová tu Dios: á él oiréis[n].

16 Conforme á todo lo que pediste á Jehová tu Dios en Horeb el dia de la asambléa[o], diciendo: No vuelva yo á oir la voz de Jehová mi Dios, ni vea yo mas este gran fuego, porque no muera[p].

17 Y Jehová me dijo: Bien han dicho[q].

18 Profeta les[r] suscitaré de[s] en medio de sus hermanos[t], como tú; y pondré mis palabras[u] en su boca, y él les hablará todo lo que yo le mandare[x].

19 Mas será, *que* cualquiera que no oyere mis palabras, que él hablará en mi nombre, yo le residenciaré[y].

20 ¶ Empero el profeta que presumiere hablar palabra en mi nombre[z], que yo no le haya mandado hablar, ó que hablare en nombre de dioses agenos, el tal profeta morirá[a].

21 Y si dijeres en tu corazon, ¿Cómo conocerémos la palabra que Jehová no hubiere hablado?

22 Cuando el profeta hablare en nombre de Jehová, y no fuere la tal cosa, ni viniere, es palabra que Jehová no ha hablado: con soberbia la habló aquel profeta[b]; no tengas temor de él.

CAPITULO XIX.

Ciudades de refugio. Leyes sobre el homicidio involuntario y voluntario, y de la pena del Talion.

CUANDO Jehová tu Dios talare las gentes, cuya tierra Jehová tu Dios te dá á tí, y tú las heredares, y habitares en sus ciudades, y en sus casas,

2 Te apartarás[a] tres ciudades en medio de tu tierra que Jehová tu Dios te dá para que la poseas.

3 Arreglarte has el camino, y dividirás en tres partes el término de tu tierra, que Jehová tu Dios te dará en heredad, y será para que todo homicida se huya allí.

4 ¶ Y este es el caso del homicida que ha de huir allí, y vivirá: El que hiriere á su prójimo por yerro, que no le tenia enemistad desde ayer ni antes de ayer:

5 Como el que fué con su prójimo al monte á cortar leña, y poniendo fuerza con su mano en el hacha para cortar algun leño, saltó el hierro del cabo, y encontró á su prójimo, y murió; aquel huirá á una de aquestas ciudades, y vivirá:

6 No sea que el pariente del muerto[b] vaya tras el homicida, cuando se enardeciere su corazon, y le alcance por ser largo el camino, y lo hiera de muerte, no debiendo ser condenado á muerte; por cuanto no tenia enemistad desde ayer ni antes de ayer con el *muerto*.

7 Por tanto yo te mando diciendo: Tres ciudades te apartarás.

8 Y si Jehová tu Dios ensanchare tu término[c], como lo juró á tus padres, y te diere toda la tierra que dijo á tus padres[d] que habia de dar,

9 Cuando guardases todos estos mandamientos, que yo te prescribo hoy, para ponerlos por obra, que ames á Jehová tu Dios y andes en sus caminos todos los dias, entónces añadirás *otras* tres ciudades á mas de estas tres[e]:

10 Porque no sea derramada sangre inocente en medio de tu tierra, que Jehová tu Dios te dá por heredad, y sea sobre tí sangre.

11 Mas cuando hubiere alguno que aborreciere á su prójimo, y lo acechare, y se levantare sobre él, y lo hiriere de muerte, y muriere[f], y huyere á alguna de estas ciudades,

12 Entónces los ancianos de su ciudad enviarán y lo sacarán de allí, y entregarlo han en mano del pariente del muerto, y morirá.

13 No le perdonará tu ojo: y quitarás de Israel *el delito de* la sangre inocente, y te irá bien.

14 ¶ No reducirás el término[g] de tu prójimo, el cual señalaron los antiguos en tu heredad, la que poseyeres en la tierra que Jehová tu Dios te dá para que la poseas.

15 ¶ No valdrá un testigo contra ninguno[h] en cualquier delito, ó en cualquier pecado, en cualquier pecado que se cometiere. En el dicho[i] de dos testigos, ó en el dicho de tres testigos consistirá el negocio.

16 Cuando se levantare testigo falso contra alguno, para testificar contra él rebelion,

17 Entónces los dos hombres litigantes se presentarán delante de Jehová, delante de los sacerdotes y jueces que fueren en aquellos dias[k]:

18 Y los jueces inquirirán bien; y si pareciere ser aquel testigo falso, que testificó falsamente contra su hermano,

19 Haréis á él como él pensó hacer á su hermano, y quitarás[l] el mal de en medio de tí.

20 Y los que quedaren oirán, y temerán, y no volverán mas á hacer una mala cosa como esta en medio de tí.

21 Y no perdonará tu ojo: vida por vida, ojo por ojo, diente por diente, mano por mano, pié por pié[m].

CAPITULO XX.

Leyes de la guerra. Orden de esterminar á los Cananéos.

CUANDO salieres á la guerra contra tus enemigos, y vieres caballos y carros, un pueblo[a] mas grande que tú, no tengas temor de ellos, que Jehová tu Dios *es* contigo, el cual te sacó de tierra de Egipto[b].

2 Y será que cuando os acercareis para

[b] Nu. 35. 12.
[c] Ex. 34. 24.
[d] Gen. 15. 18, 21.
[e] Jos. 20. 7, 8.
[f] Gen. 9. 6. Ex. 21. 12, etc. Pro. 28. 17.
[g] Cap. 27. 17. Pro. 22. 28. Os. 5. 10.
[h] Nu. 35. 30.
[i] Juan 8. 17. 2 Cor. 13. 1. Heb. 10. 28.
[k] Cap. 17. 9.
[l] Pro. 19. 5, 9. Dan. 6. 24.
[m] Ex. 21. 23, 24. Lev. 24. 19, 20. Mat. 5. 38.
[a] Sal. 20. 7.
[b] Cap. 1. 30. y 3. 22. Jos. 23. 10. 2 Cr. 13. 12. y 32. 7, 8.

combatir, llegaráse el sacerdote, y hablará al pueblo,

3 Y les dirá: Oye, Israel, vosotros os juntais hoy en batalla contra vuestros enemigos: no se ablande vuestro corazon, no temais, no os azoreis, ni tampoco os desalenteis delante de ellos;

4 Que Jehová vuestro Dios anda con vosotros para pelear por vosotros contra vuestros enemigos, para salvaros.

5 ¶ Y los oficiales hablarán al pueblo, diciendo: ¿Quién ha edificado casa nueva, y no la ha estrenado[c]? Vaya, y vuelvase á su casa, porque quizá no muera en la batalla, y otro alguno la estrene.

6 ¿Y quien ha plantado viña, y no ha hecho comun uso de ella[d]? Vaya, y vuelvase á su casa, porque quizá no muera en la batalla, y otro alguno la goce.

7 ¿Y quien se ha desposado con mujer, y no la ha tomado? Vaya, y vuelvase á su casa[e], porque quizá no muera en la batalla, y algun otro la tome[f].

8 Y tornarán los oficiales á hablar al pueblo, y dirán: ¿Quien es hombre medroso, y tierno de corazon? Vaya y vuelvase á su casa[g], y no apoque el corazon de sus hermanos como su corazon[h].

9 Y será, que cuando los oficiales acabaren de hablar al pueblo, entónces los capitanes de los ejércitos mandarán delante del pueblo.

10 ¶ Cuando te acercares á una ciudad para combatirla, le intimarás la paz[i].

11 Y será *que* si te respondiere, Paz, y te abriere, todo el pueblo que en ella fuere hallado te serán tributarios, y te servirán[k].

12 Mas si no hiciere paz contigo, y emprendiere contigo guerra, y la cercares,

13 Luego que Jehová tu Dios la entregare en tu mano, herirás á todo varon suyo á filo de espada[l].

14 Solamente las mujeres y los niños, y los animales, y todo lo que hubiere en la ciudad, todos sus despojos, tomarás para tí: y comerás del despojo de tus enemigos, los cuales Jehová tu Dios te entregó[m].

15 Así harás á todas las ciudades que estuvieren muy léjos de tí, que no fueren de las ciudades de estas gentes.

16 Empero de las ciudades de estos pueblos que Jehová tu Dios te dá por heredad, ninguna persona dejarás á vida[n];

17 Antes del todo los destruirás: al Hetthéo, y al Amorrhéo, y al Cananéo, y al Pherezéo, y al Hevéo, y al Jebuséo; como Jehová tu Dios te ha mandado:

18 Porque no os enseñen[o] á hacer segun todas sus abominaciones, que ellos hacen á sus dioses, y pequeis contra Jehová vuestro Dios.

19 ¶ Cuando pusieres cerco á alguna ciudad, peleando contra ella muchos dias para tomarla, no destruyas su arboleda metiendo en ella hacha, porque de ella comerás; y no la talarás, que no es hombre el árbol del campo para venir contra tí en el cerco.

20 Mas el árbol que supieres que no es árbol para comer, lo destruirás y lo talarás; y construye baluarte contra la[p] ciudad que pelea contigo, hasta sojuzgarla.

c Neh. 12. 27. Sal. 30. tit.
d Lev. 19. 23, 24.
e Cap. 24. 5.
f Cap. 28. 30.
g Juec. 7. 3.
h Nu. 32. 9.
i 2 Sam. 20. 19, 22.
k Lev. 26. 44, 46.
l Nu. 31. 7, 9.
m Jos. 22. 8.
n Cap. 7. 1, 4. Nu. 21. 2, 3, 35. Jos. 11. 14.
o Cap. 12. 30, 31. Ex. 23. 33. Sal. 106. 34, 40. 1 Cor. 15. 33.
p Jer. 6. 6.

CAPITULO XXI.

Leyes sobre el homicidio oculto; sobre la mujer cautiva: sobre el primogénito, y el hijo incorregible; y sobre los cadáveres de los ajusticiados.

CUANDO fuere hallado en la tierra, que Jehová tu Dios te dá para que la poseas, *algun* muerto echado en el campo, y no se supiere quien lo hirió,

2 Entónces tus ancianos y tus jueces saldrán, y medirán hasta las ciudades que *estan* al rededor del muerto:

3 Y será *que* los ancianos de aquella ciudad, de la ciudad mas cercana al muerto, tomarán de la vacada una becerra que no haya servido, que no haya traido yugo;

4 Y los ancianos de aquella ciudad traerán la becerra á un valle áspero, que nunca haya sido arado ni sembrado, y cortarán el pescuezo á la becerra allí en el valle.

5 Entónces vendrán los sacerdotes hijos de Leví; porque á ellos escogió Jehová tu Dios para que[a] le sirvan, y para bendecir en nombre de Jehová, y[b] por el dicho de ellos se determinará todo pleito, y toda llaga[c].

6 Y todos los ancianos de aquella ciudad mas cercana al muerto lavarán[d] sus manos sobre la becerra degollada en el valle:

7 Y protestarán, y dirán: Nuestras manos no han derramado esta sangre, ni nuestros ojos lo vieron.

8 Expia á tu pueblo Israel, al cual redimiste, oh Jehová, y no imputes la sangre inocente[e] *derramada* en medio de tu pueblo Israel. Y la sangre les será perdonada.

9 Y tu quitarás la *culpa de* sangre inocente[f] de en medio de tí, cuando hicieres lo que *es* recto en los ojos de Jehová.

10 ¶ Cuando salieres á la guerra contra tus enemigos, y Jehová tu Dios los entregare en tu mano, y tomares de ellos cautivos,

11 Y vieres entre los cautivos *alguna* mujer hermosa, y la codiciares, y la tomares para tí por mujer,

12 La meterás en tu casa; y ella raerá su cabeza, y cortará sus uñas,

13 Y se quitará el vestido de su cautiverio, y quedaráse en tu casa: y llorará á su padre y á su madre el tiempo de un mes; y despues entrarás á ella, y tú serás su marido, y ella tu mujer.

14 Y será, si no te agradare, que la has de dejar en su libertad; y no la venderás por dinero[g], ni mercadearás con ella, por cuanto la afligiste.

15 ¶ Cuando un hombre tuviere dos mujeres, la una amada[h], y la otra aborrecida, y la amada[i] y la aborrecida le parieren hijos, y el hijo primogénito fuere de la aborrecida,

16 Será *que* el dia que hiciere heredar á sus hijos lo que tuviere, no podrá dar el derecho de primogenitura á los hijos de la amada en preferencia al hijo de la aborrecida, *que es* el primogénito:

17 Mas al hijo de la aborrecida reconocerá[k] por primogénito, para darle dos tantos de todo lo que se hallare que tiene: porque aquel es el principio de su fuerza, el derecho de la primogenitura es suyo[l].

18 ¶ Cuando alguno tuviere hijo contumaz y rebelde, que no obedeciere á la voz de su padre ni á la voz de su madre[m], y habiendolo castigado[n], no les obedeciere,

19 Entónces tomarlo han su padre y su madre, y lo sacarán á los ancianos de su ciudad, y á la puerta del lugar suyo,

20 Y dirán á los ancianos[o] de la ciudad: Este nuestro hijo es contumaz y rebelde, no obedece á nuestra voz; *es* gloton[p] y borracho.

21 Entónces todos los hombres de su ciudad lo apedrearán con piedras, y morirá: así quitarás el mal de en medio de tí, y[q] todo Israel oirá, y temerá.

a Cap. 10. 8. 1 Cr. 23. 13.
b Nu. 6. 23, 27.
c Cap. 17. 8, 10.
d Sal. 26. 6. Mat. 27. 24.
e 2 Rey. 24. 4. Jonas 1. 14.
f Cap. 19. 13.
g Ex. 21. 8.
h Gen. 29. 18, 20.
i Gen. 29. 31, 33.
k 1 Cr. 5. 1, 2.
l Gen. 49. 3.
m Ex. 20. 12. Pro. 30. 17.
n Pro. 13. 24 y 19. 18.
o Cap. 25. 7.
p Pro. 19. 26 y 23. 19, 21.
q Cap. 13. 11. y 22. 21. 1 Cor. 5. 13.

22 Cuando en alguno hubiere pecado de sentencia de muerte, *por el* que haya de morir, y le habrás colgado en un madero,

23 No estará su cuerpo por la noche en el madero, mas sin falta lo enterrarás[r] el mismo dia, porque maldicion de Dios *es* el colgado: y no[s] contaminarás tu tierra[t] que Jehová tu Dios te dá por heredad.

CAPITULO XXII.

Varias leyes sobre la caridad con el prójimo, y buen gobierno en las familias.

NO verás el buey de tu hermano, ó su cordero, perdidos, y te retirarás de ellos: precisamente les volverás á tu hermano[a].

2 Y si tu hermano no fuere tu vecino, ó no le conocieres, los recogerás en tu casa, y estarán contigo hasta que tu hermano los busque, y se los devolverás.

3 Y así harás de su asno, así harás tambien de su vestido, y lo mismo harás con toda cosa perdida de tu hermano que se le perdiere, y tú la hallares: no podrás retraerte *de ello*.

4 No verás el asno de tu hermano, ó su buey, caidos en el camino, y te escondérás de ellos[b]: con él has de procurar levantar*los*.

5 ¶ No vestirá la mujer hábito de hombre, ni el hombre vestirá ropa de mujer; porque abominacion *es* á Jehová tu Dios cualquiera que esto hace.

6 ¶ Cuando topares en el camino *algun* nido de ave en cualquier árbol, ó sobre la tierra[c], *con* pollos ó huevos, y estuviere la madre echada sobre los pollos, ó sobre los huevos, no tomes la madre con los hijos[d]:

7 Dejarás ir á la madre, y tomarás los pollos para tí; para que te vaya bien[e], y prolongues *tus* dias[f].

8 ¶ Cuando edificares casa nueva, harás pretil á tu terrado, porque no pongas[g] sangre en tu casa, si de él cayere alguno.

9 ¶ No sembrarás tu viña de varias semillas[h], porque no se deprave la plenitud de la semilla que sembraste, y el fruto de la viña.

10 No ararás con buey y con asno juntamente[i].

11 No te vestirás de mistura de lana y lino juntamente[k].

12 ¶ Hacerte has flecos en[l] los cuatro cabos de tu manto con que te cubrieres.

13 ¶ Cuando alguno tomare mujer, y despues de haber entrado á ella la aborreciere,

14 Y le pusiere algunas faltas, y esparciere sobre ella mala fama, y dijere: Esta tomé por mujer, y llegué á ella, y no la hallé virgen:

15 Entónces el padre de la moza y su madre tomarán, y sacarán *las señales de* la virginidad de la doncella á los ancianos de la ciudad, en la puerta,

16 Y dirá el padre de la moza á los ancianos: Yo dí mi hija á este hombre por mujer, y él la aborrece;

17 Y hé aquí él le pone tachas de *algunas* cosas diciendo: No he hallado tu hija virgen. Empero hé aquí *las señales de* la virginidad de mi hija: y extenderán la sábana delante de los ancianos de la ciudad.

18 Entónces los ancianos de la ciudad tomarán al hombre, y lo castigarán;

19 Y le han de penar en cien *pesos* de plata, los cuales darán al padre de la moza, por cuanto esparció mala fama sobre virgen de Israel: y la ha de tener por mujer, y no podrá despedirla en todos sus dias[m].

. 25. 4.
. 8. 29.
. 26, 27.
. 19.21.
. 3. 13.
. 35. 23,
. 23. 4.
. 23. 5.
. 12. 6.
v. 22. 28.
p. 4. 40.
. 22. 4.
m. 9. 26.
. 10. 27.
v. 19. 19.
or. 6. 14,
v. 19. 19.
. 15. 38.
. 23. 5.
Est. 19.
.

20 Mas si este negocio fué verdad, que no se hubiere hallado virginidad en la moza,

21 Entónces la sacarán á la puerta de la casa de su padre, y la apedrearán con piedras los hombres de su ciudad, y morirá; por cuanto hizo vileza en Israel[n] fornicando[o] en casa de su padre: así quitarás el mal de en medio de tí[p].

22 ¶ Cuando se sorprendiere á alguno echado con mujer casada con marido, entrambos morirán[q], el hombre que se acostó con la mujer, y la mujer *misma*: así quitarás el mal de Israel.

23 Cuando fuere moza vírgen[r] desposada con alguno, y alguno *otro* la hallare en la ciudad, y se echare con ella,

24 Entónces los sacaréis á ambos á la puerta de aquella ciudad, y les apedrearéis con piedras, y morirán; la moza porque no dió voces en la ciudad, y el hombre porque humilló á la mujer de su prójimo: así quitarás el mal de en medio de tí[s].

25 ¶ Mas si el hombre halló una moza desposada en el campo, y él la agarrare, y se echare con ella, morirá solo el hombre que con ella se habrá echado:

26 Y á la moza no harás nada; no tiene la moza culpa de muerte: porque como cuando alguno se levanta contra su prójimo, y le quita la vida, así *es* esto:

27 Porque él la halló en el campo, dió voces la moza desposada, y no hubo quien la valiese.

28 ¶ Cuando alguno hallare moza vírgen, que no fuere desposada, y la tomare y se echare con ella, y fueren hallados[t],

29 Entónces el hombre que se echó con ella dará al padre de la moza cincuenta *pesos* de plata, y ella será su mujer, por cuanto la humilló: no la podrá despedir en todos sus dias.

30 ¶ No tomará alguno la mujer de su padre[u], ni descubrirá el regazo[x] de su padre.

CAPITULO XXIII.

Varias leyes de policía sobre exclusion de la congregacion: prohibicion de la usura, y sobre cumplimiento de votos.

NO entrará en la congregacion de Jehová el que fuere quebrado, ni el castrado[a].

2 No entrará bastardo[b] en la congregacion de Jehová; ni aun en la décima generacion entrará en la congregacion de Jehová.

3 No entrará Ammonita ni Moabita en la congregacion de Jehová[c]; ni aun en la décima generacion entrará en la congregacion de Jehová para siempre:

4 Por cuanto no os salieron á recibir con pan y agua[d] al camino, cuando salisteis de Egipto, y porque alquiló contra tí á Balaam, hijo de Beor de Pethor de Mesopotamia de Siria, para que te maldijese[e].

5 Mas no quiso Jehová tu Dios oir á Balaam; y Jehová tu Dios te volvió la maldicion en bendicion[f], porque Jehová tu Dios te amaba.

6 No procurarás la paz de ellos ni su bien[g] en todos los dias para siempre.

7 No abominarás al Iduméo, que tu hermano es[h]. No abominarás al Egipcio, que extranjero fuiste en su tierra[i].

8 Los hijos que nacieren de ellos, á la tercera generacion entrarán en la congregacion de Jehová[k].

9 ¶ Cuando salieres á campaña contra tus enemigos, guardate de toda cosa mala[l].

10 Cuando hubiere en tí alguno que no

n Gen. 34. 7. Juec. 20. 6, 10. 2 Sa. 13. 12, 13.
o Lev. 21. 9.
p Cap. 13. 5.
q Lev. 20. 10. Nu. 5. 22, 27. Ez. 23. 45, 48. Juan 8. 5. Heb. 13. 4.
r Mat. 1. 18, 19.
s ver. 21, 22. 1 Cor. 5. 2, 13.
t Ex. 22. 16, 17.
u Cap. 27. 20. Lev. 18. 8. y 20. 11. 1 Cor. 5. 1, 13.
x Rut. 3. 9. Ez. 16. 8.
a Lev. 21. 17, 21.
b Zac. 9. 6.
c Neh. 13. 1, 2. Luc. 1. 10.
d Cap. 2. 29.
e Nu. 22. 5, etc.
f Mic. 6. 5.
g Esd. 9. 12.
h Gen. 25. 24, 26. Ab. 10. 12. Mal. 1. 2.
i Cap. 10. 19. Ex. 22. 21. y 23. 9. Lev. 19. 34.
k Rom. 8. 29, 30. Ef. 2. 12.
l Jos. 6. 18.

fuere limpio por accidente de noche, saldráse del campo, y no entrará en él [m].

11 Y será *que* al declinar de la tarde se lavará con agua, y [n] cuando fuere puesto el sol, entrará en el campo.

12 Y tendrás un lugar fuera del real, y saldrás allá fuera.

13 Tendrás tambien una estaca entre tus armas; y será, que cuando estuvieres *allí* fuera, cavarás con ella, y luego al volverte cubrirás tu excremento:

14 Porque Jehová tu Dios anda por medio de tu campo [o] para librarte, y entregar tus enemigos delante de tí: por tanto será tu real santo; porque él no vea en tí cosa inmunda, y se vuelva de en pos de tí.

15 ¶ No entregarás á su señor el siervo que se huyere á tí de su amo [p].

16 More contigo, en medio de tí, en el lugar que escogiere en alguna de tus ciudades, donde bien le estuviere: no le harás fuerza [q].

17 ¶ No habrá ramera de las hijas de Israel [r], ni habrá sodomítico de los hijos de Israel [s].

18 No traerás precio de ramera, ni precio de perro á la casa de Jehová tu Dios por ningun voto; porque abominacion es á Jehová tu Dios así lo uno como lo otro.

19 ¶ No tomarás de tu hermano [t] logro de dinero, ni logro de comida, ni logro de cosa alguna de que se suele tomar.

20 Del estraño tomarás logro [u]; mas de tu hermano no lo tomarás, porque te bendiga Jehová tu Dios en toda obra de tus manos [x] sobre la tierra á la cual entras para poseerla.

21 ¶ Cuando prometieres voto á Jehová tu Dios, no tardarás en pagarlo [y]; porque ciertamente lo demandará Jehová tu Dios de tí, y habria en tí pecado.

22 Mas cuando te abstuvieres de prometer, no habrá en tí pecado.

23 Guardarás lo que tus labios pronunciaren, y harás, como prometiste á Jehová tu Dios, lo que de tu voluntad hablaste por tu boca [z].

24 ¶ Cuando entrares en la viña de tu prójimo, comerás uvas hasta saciar tu deseo; mas no pondrás en tu vaso.

25 Cuando entrares en la mies de tu prójimo, podrás cortar espigas con tu mano [a]; mas no aplicarás hoz á la mies de tu prójimo.

[m] Lev. 15. 16.
[n] Lev. 15. 5.
[o] Lev. 26. 12. 2 Cor. 6. 16.
[p] 1 Sa. 30. 15.
[q] Ex. 22. 21.
[r] Lev. 19. 29.
[s] Gen. 19. 4, 5. 2 Rey. 23. 7. Rom. 1. 27, 28.
[t] Ex. 22. 25. Lev. 25. 35, 37. Neh. 5. 2, 7. Sal. 15. 5. Ez. 18. 8, 17. y 22. 12. Luc. 6. 34, 35.
[u] Cap. 15. 3.
[x] Cap. 15. 10.
[y] Nu. 30. 2. Ec. 5. 4, 5.
[z] Sal. 66. 13, 14. y 116. 18.
[a] Mat. 12. 1.

CAPITULO XXIV.

Leyes acerca del repudio, y otras de humanidad con los deudores pobres, los extranjeros, los huérfanos, y las viudas.

CUANDO alguno tomare mujer y se casare con ella, si *despues* no le agradare por haber hallado en ella alguna cosa torpe, le escribirá carta de repudio, y se la entregará en su mano [a], y despedirála de su casa.

2 Y salida de su casa, podrá ir y casarse con otro hombre.

3 Y *si* la aborreciere aqueste último, y le escribiere carta de repudio, y se la entregare en su mano, y la despidiere de su casa; ó si muriere el postrer hombre que la tomó para sí por mujer,

4 No podrá su primer marido, que la despidió, volverla á tomar para que sea su mujer, despues que fué amancillada [b]; porque *es* abominacion delante de Jehová, y no has de pervertir la tierra que Jehová tu Dios te dá por heredad.

5 ¶ Cuando tomare alguno mujer nueva, no saldrá á la guerra, ni en ninguna *otra* cosa se le ocupará [c]: libre estará en su casa por un año, para alegrar *así* á su mujer que tomó.

6 ¶ No tomarás en prenda la muela de molino, ni la de abajo ni la de arriba; porque *sería* prendar la vida.

7 ¶ Cuando fuere hallado alguno que haya hurtado persona de sus hermanos los hijos de Israel, y [d] hubiere mercadeado con ella, ó la hubiere vendido, el tal ladron morirá, y quitarás el mal de en medio de tí [e].

8 ¶ Guardate de llaga de lepra, observando diligentemente, y haciendo segun todo lo que os enseñaren los sacerdotes Levitas: cuidaréis de hacer [f] como les he mandado.

9 Acuerdate de lo que hizo Jehová tu Dios á María [g] en el camino, despues que salisteis de Egipto.

10 ¶ Cuando dieres á tu prójimo alguna cosa emprestada, no entrarás en su casa para tomarle prenda:

11 Fuera estarás, y el hombre á quien prestaste te sacará afuera la prenda.

12 Y si fuere hombre pobre, no duermas con su prenda:

13 Precisamente le devolverás la prenda cuando el sol se ponga [h], para que duerma en su ropa, y te bendiga: y [i] te será justicia [k] delante de Jehová tu Dios.

14 ¶ No hagas agravio al jornalero pobre y menesteroso, así de tus hermanos como de tus extranjeros que estan en tu tierra en tus ciudades [l].

15 En su dia le darás su jornal, y no se pondrá el sol sin darselo; pues es pobre, y con él sustenta su vida: porque no clame contra tí á Jehová, y sea en tí pecado.

16 ¶ Los padres no morirán por los hijos, ni los hijos por los padres; cada [m] uno morirá por su pecado.

17 ¶ No torcerás el derecho del peregrino y del huerfano; ni tomarás por prenda la ropa de la viuda [n]:

18 Mas acuerdate que fuiste siervo en Egipto [o], y de allí te rescató Jehová tu Dios: por tanto yo te mando que hagas esto.

19 ¶ Cuando segares tu mies en tu campo, y olvidares alguna gavilla en el campo, no volverás á tomarla: para el extranjero, para el huérfano, y para la viuda será [p]; porque te bendiga Jehová tu Dios en toda obra de tus manos.

20 Cuando sacudieres tus olivas, no recorrerás las ramas *que dejas* tras tí: para el extranjero, para el huérfano, y para la viuda será.

21 Cuando vendimiares tu viña, no rebuscarás tras tí: para el extranjero, para el huérfano, y para el la viuda será.

22 Y acuerdate que fuiste siervo en tierra de Egipto [q]: por tanto yo te mando que hagas esto.

[a] Mat. 5. 31, 32. y 19. 7.
[b] Jer. 3. 1.
[c] Cap. 20. 7.
[d] Ex. 21. 16.
[e] Cap. 19. 19.
[f] Lev. XIII y XIV.
[g] Nu. 12. 10
[h] Ex. 22. 26, 27.
[i] Job 29. 11, 13. y 31. 19, 20
[k] Sal. 106. 31 y 112. 9.
[l] Lev. 19. 13. Jer. 22. 13. Sant. 5. 4
[m] 2 Rey. 14. 5, 6. 2 Cr. 25. 4 Jer. 31. 30 Ez. 18. 20
[n] Ex. 22. 21, 27. Jer. 22. 3. Zac. 7. 10. Mal. 3. 5.
[o] Cap. 16. 12
[p] Lev. 19. 9, 10. y 23. 22. Sal. 41. 1.
[q] ver. 18.

CAPITULO XXV.

Leyes para la recta administracion de justicia: para que el hermano se case con la viuda de su hermano: para que las medidas sean justas, y para que sean exterminados los Amalecitas.

CUANDO hubiere pleito entre algunos, y vinieren á juicio, y los juzgaren, y absolvieren al justo, y condenaren el inicuo [a],

2 Será *que* si el delincuente mereciere ser azotado, entónces el juez lo hará echar en tierra, y harále azotar delante de sí, segun su delito, por cuenta [b].

3 Harále dar cuarenta azotes, y no mas [c]: no sea que, si lo hiriere con muchos azotes á mas de estos, se envilezca tu hermano delante de tus ojos.

[a] 2 Cr. 19. etc.
[b] Luc. 12.
[c] 2 Cor. 11.

4 ¶ No pondrás bozal al buey cuando trillare[d].

5 ¶ Cuando *algunos* hermanos estuvieren juntos, y muriere alguno de ellos, y no tuviere hijo, la mujer del muerto no se casará fuera con hombre estraño: su cuñado entrará á ella, y la tomará por su mujer, y hará con ella *tal* parentesco[e].

6 Y será, *que* el primogénito que pariere ella, se levantará en nombre de su hermano el muerto[f], porque el nombre de este no sea raido de Israel[g].

7 Y si el hombre no quisiere tomar á su cuñada, irá entónces la cuñada suya á la puerta á los ancianos, y dirá: Mi cuñado no quiere suscitar nombre en Israel á su hermano; no quiere emparentar conmigo.

8 Entónces los ancianos de aquella ciudad lo harán venir, y hablarán con él: y *si* él se levantare, y dijere, No quiero tomarla,

9 Llegaráse entónces *su* cuñada á él delante de los ancianos, y le descalzará el zapato de su pie, y escupiràle en el rostro, y hablará, y dirá: Así será hecho al varon que no edificare la casa de su hermano.

10 Y su nombre será llamado en Israel, La casa del descalzado.

11 ¶ Cuando algunos riñeren juntos el uno con el otro, y llegare la mujer del uno para librar á su marido de mano del que le hiere, y metiere su mano y le trabare de sus vergüenzas,

12 La cortarás entónces la mano: no *la* perdonará tu ojo.

13 ¶ No tendrás en tu bolsa pesa grande y pesa chica[h].

14 No tendrás en tu casa epha grande y epha pequeño.

15 Pesas cumplidas y justas tendrás; epha cabal y justo tendrás[i]: para que tus dias sean prolongados sobre la tierra que Jehová tu Dios te dá.

16 Porque abominacion es á Jehová tu Dios cualquiera que hace esto, cualquiera que hace agravio.

17 ¶ Acuérdate de lo que te hizo Amalec en el camino, cuando salisteis de Egipto[k]:

18 Que te salió al camino, y te desbarató la retaguardia de todos los flacos que *iban* detras de tí, cuando tú *estabas* cansado y trabajado; y no temió á Dios.

19 Será pues, cuando Jehová tu Dios te hubiere dado reposo de todos tus enemigos al rededor, en la tierra que Jehová tu Dios te dá por heredad para que la posees, *que* raerás la memoria de Amalec de debajo del cielo[l]: no te olvides.

CAPITULO XXVI.

A quiénes y cómo debe hacerse la ofrenda de los diezmos y primicias de los frutos: y que diezmos se han de reservar para los pobres.

Y SERA *que* cuando hubieres entrado en la tierra que Jehová tu Dios te dá por heredad, y la poseyeres, y habitares en ella,

2 Entónces tomarás de las primicias[a] de todos los frutos de la tierra, que sacares de tu tierra que Jehová tu Dios te dá, y *lo* pondrás en un canastillo, é irás al lugar que Jehová tu Dios escogiere para hacer habitar allí su nombre.

3 Y llegarás al sacerdote que fuere en aquellos dias, y le dirás: Reconozco hoy á Jehová tu Dios que he entrado en la tierra que juró Jehová á nuestros padres que nos habia de dar.

4 Y el sacerdote tomará el canastillo de tu mano, y pondrálo delante del altar de Jehová tu Dios.

[d] 1 Cor. 9. 9. 1 Tim. 5.18.
[e] Mat. 22. 24. Mar. 12. 19. Luc. 20. 28.
[f] Gen. 38. 8.
[g] Rut. 4. 10, etc.
[h] Lev. 19. 35, 36.
[i] Pro. 11. 1. Ez. 45. 10. Am. 8. 5. Mic. 6. 11.
[k] Ex. 17. 8, etc.
[l] Ex. 17. 14. 1 Sa. 15. 3.
[a] Ex. 23. 19. Nu. 18. 13.

5 Entónces hablarás y dirás: Un Siro[b] á punto de perecer fué mi padre, el cual descendió á Egipto[c], y peregrinó allá con pocos hombres[d], y allí creció en gente grande, fuerte y numerosa:

6 Y los Egipcios nos maltrataron, y nos afligieron, y pusieron sobre nosotros dura servidumbre[e].

7 Y clamamos á Jehová Dios de nuestros padres; y oyó Jehová nuestra voz[f], y vió nuestra afliccion, y nuestro trabajo, y nuestra opresion:

8 Y sacónos Jehová de Egipto[g] con mano fuerte, y con brazo extendido, y con grande espanto, y con señales, y con milagros[h];

9 Y trájonos á este lugar, y diónos esta tierra, tierra que fluye leche y miel[i].

10 Y ahora hé aquí he traido las primicias del fruto de la tierra que me diste, oh Jehová. Y lo dejarás delante de Jehová tu Dios, é inclinarte has delante de Jehová tu Dios[k].

11 Y te alegrarás[l] con todo el bien que Jehová tu Dios te hubiere dado *á tí* y á tu casa; tú, y el Levita[m], y el extranjero que *está* en medio de tí.

12 ¶ Cuando hubieres acabado de diezmar todo el[n] diezmo de tus frutos en el año tercero, el año del diezmo[o], darás tambien al Levita, al extranjero, al huérfano, y á la viuda, y comerán en tus villas, y se saciarán.

13 Y dirás delante de Jehová tu Dios: Yo he sacado lo consagrado de *mi* casa, y tambien lo he dado al Levita, y al extranjero, y al huérfano, y á la viuda, conforme á todos tus mandamientos que me ordenaste: no he traspasado tus mandamientos, ni me he olvidado *de ellos*:

14 No he comido de ello en mi luto[p], ni he sacado de ello en inmundicia, ni de ello he dado para mortuorio: he obedecido á la voz de Jehová mi Dios, he hecho conforme á todo lo que me has mandado.

15 Mira desde la morada de tu santidad, desde el cielo, y bendice á tu pueblo Israel, y á la tierra que nos has dado, como juraste[q] á nuestros padres, tierra que fluye leche y miel.

16 ¶ Jehová tu Dios te manda hoy que cumplas estos estatutos y derechos: cuida pues de ponerlos por obra con todo tu corazon, y con toda tu alma.

17 A Jehová has ensalzado hoy para que te sea por Dios, y para andar en sus caminos, y para guardar sus estatutos y sus mandamientos, y sus derechos, y para oir su voz:

18 Y Jehová te ha ensalzado hoy para que le seas *su* peculiar pueblo[r], como él te lo ha dicho, y para que guardes todos sus mandamientos:

19 Y para ponerte alto sobre todas las gentes que hizo, para loor, y fama, y gloria; y para que seas pueblo santo[s] á Jehová tu Dios, como él ha dicho.

CAPITULO XXVII.

Ordena Moises al pueblo que pasado el Jordan erija un altar de piedra; y que en las piedras se escriban los mandamientos de la ley. Rito para bendecir á los que los observen, y para maldecir á los transgresores.

Y MANDO Moises, con los ancianos de Israel, al pueblo, diciendo: Guardaréis todos los mandamientos que yo os prescribo hoy.

2 Y será *que* el dia que pasareis el Jordan[a] á la tierra que Jehová tu Dios te dá, te has de levantar piedras grandes, las cuales revocarás con cal:

3 Y escribirás en ellas todas las palabras de esta ley[b], cuando hubieres pasado para entrar en la tierra que Jehová

[b] Gen. 28. 5. Os. 12. 12.
[c] Gen. 46. 1, 6.
[d] Cap. 7. 7.
[e] Ex. 1. 11, 14.
[f] Ex. II, III, IV.
[g] Ex. 12. 37, 51. y 13. 3, 16.
[h] Cap. 4. 34.
[i] Ex. 3. 8.
[k] Pro. 3. 9.
[l] Cap. 12. 7, 12. y 16. 11.
[m] 1 Cor. 9. 11.
[n] Lev. 27. 30. Nu. 18. 24.
[o] Cap. 14. 28, 29.
[p] Lev. 7. 20. y 21. 1, 11. Os. 9. 4.
[q] Heb. 6. 13, 18.
[r] Cap. 7. 6. y 14. 2. y 28. 9. Ex. 19. 5, 6. Tit. 2. 14.
[s] 1 Ped. 2. 9.
[a] Jos. 4. 1, etc.
[b] Jos. 8. 32.

tu Dios te dá, tierra que fluye leche y miel, como Jehová el Dios de tus padres te ha dicho.

4 Será pues, cuando hubiereis pasado el Jordan, *que* levantaréis estas piedras que yo os mando hoy, en el monte de Hebal, y las revocarás con cal [c].

5 Y edificarás allí altar á Jehová tu Dios, altar de piedras: no alzarás sobre ellas hierro [d].

6 De piedras enteras edificarás el altar de Jehová tu Dios; y ofrecerás sobre él holocausto á Jehová tu Dios.

7 Y sacrificarás pacíficos, y comerás allí, y alegrarte has delante de Jehová tu Dios.

8 Y escribirás en las piedras todas las palabras de esta ley muy claramente.

9 Y Moises, con los sacerdotes Levitas, habló á todo Israel diciendo: Atiende y escucha, Israel; hoy eres hecho pueblo de Jehová tu Dios [e].

10 Oirás pues la voz de Jehová tu Dios, y cumplirás sus mandamientos y sus estatutos, que yo te ordeno hoy.

11 ¶ Y mandó Moises al pueblo en aquel dia, diciendo:

12 Estos estarán sobre el monte de Gerizim [f] para bendecir el pueblo, cuando hubiereis pasado el Jordan; Simeon, y Leví, y Judá, é Isachâr, y Joseph, y Benjamin.

13 Y estos estarán para *pronunciar* la maldicion en el monte de Hebal: Ruben, Gad, y Aser, y Zabulon, Dan, y Nephthali:

14 Y hablarán los Levitas, y dirán á todo varon de Israel en alta voz:

15 Maldito el hombre que hiciere escultura ó imágen de fundicion, abominacion á Jehová [g], obra de mano de artífice, y la pusiere en oculto. Y todo el pueblo [h] responderá y dirá, Amen.

16 Maldito el que deshonrare á su padre ó á su madre [i]. Y dirá todo el pueblo, Amen.

17 Maldito el que redujere el término de su prójimo [k]. Y dirá todo el pueblo, Amen.

18 Maldito el que hiciere errar al ciego [l] en el camino. Y dirá todo el pueblo, Amen.

19 Maldito el que torciere el derecho del extranjero, del huérfano, y de la viuda [m]. Y dirá todo el pueblo, Amen.

20 Maldito el que se echare con la mujer de su padre; por cuanto [n] descubrió el regazo de su padre. Y dirá todo el pueblo, Amen.

21 Maldito el que tuviere parte con cualquiera bestia [o]. Y dirá todo el pueblo, Amen.

22 Maldito el que se echare con su hermana, hija de su padre, ó hija de su madre [p]. Y dirá todo el pueblo, Amen.

23 Maldito el que se echare con su suegra [q]. Y todo el pueblo dirá, Amen.

24 Maldito el que hiriere á su prójimo [r] ocultamente. Y dirá todo el pueblo, Amen.

25 Maldito el que recibiere don para herir de muerte al inocente [s]. Y dirá todo el pueblo, Amen.

26 Maldito el que no confirmare las palabras de esta ley [t] para cumplirlas. Y dirá todo el pueblo, Amen [u].

[c] Cap. 11. 29. Jos. 8. 8, 30, 33.
[d] Ex. 20. 25.
[e] Cap. 26. 18.
[f] Cap. 11. 29. Jos. 8. 33.
[g] Ex. 20. 4, 23. Lev. 26. 1. Is. 44. 9. Os. 13. 2, 8.
[h] 2 Rey. 9. 10.
[i] Ex. 20. 12. Lev. 19. 3. Pro. 30. 17.
[k] Cap. 19. 14. Pro. 22. 28.
[l] Lev. 19. 14.
[m] Ex. 22. 21, 24. Mal. 3. 5.
[n] Cap. 22. 30. Lev. 18. 8. y 20. 11. 1 Cor. 5. 1.
[o] Lev. 18. 23. y 20. 15.
[p] Lev. 18. 9. y 20. 17. Ez. 22. 11.
[q] Lev. 18. 17. y 20. 14.
[r] Cap. 19. 11, 12. Ex. 21. 12, 14.
[s] Ex. 23. 7, 8. Pro. 1. 11, 19. Ez. 22. 12.
[t] Cap. 28. 15, etc. Gal. 3. 10.
[u] Jer. 11. 3, 5.

CAPITULO XXVIII.

Bendiciones prometidas á los que observen fielmente la ley; y maldiciones fulminadas contra sus transgresores.

Y SERA, que si oyeres diligente la voz de Jehová tu Dios, para guardar, para poner por obra todos sus mandamientos que yo te prescribo hoy, también Jehová tu Dios [a] te pondrá alto sobre todas las gentes de la tierra [b]:

2 Y vendrán sobre tí todas estas bendiciones, y te alcanzarán, cuando oyeres la voz de Jehová tu Dios [c].

3 Bendito *serás* tú en la ciudad, y bendito tú en el campo.

4 Bendito el fruto [d] de tu vientre, y el fruto de tu bestia, la cria de tus vacas, y los rebaños de tus ovejas.

5 Bendito tu canastillo, y tus sobras.

6 Bendito serás en tu entrar, y bendito en tu salir [e].

7 Pondrá Jehová á tus enemigos, que se levantaren contra tí, de rota batida delante de tí: por un camino saldrán á tí, y por siete caminos huirán delante de tí.

8 Enviará Jehová contigo á la bendicion en tus graneros, y en todo aquello en que pusieres tu mano; y te bendecirá en la tierra que Jehová tu Dios te dá.

9 Confirmarte ha Jehová por pueblo suyo santo, como te ha jurado [f], cuando guardares los mandamientos de Jehová tu Dios, y anduvieres en sus caminos.

10 Y verán todos los pueblos de la tierra que el nombre de Jehová es llamado sobre tí, y te temerán [g].

11 Y te hará Jehová sobreabundar en bienes, en el fruto de tu vientre [h], y en el fruto de tu bestia, y en el fruto de tu tierra, en el pais que juró Jehová á tus padres que te había de dar.

12 Abrirte ha Jehová su buen depósito, el cielo, para dar lluvia á tu tierra en su tiempo [i], y para bendecir toda obra de tus manos: y prestarás á muchas gentes, y tú no tomarás emprestado [k].

13 Y te pondrá Jehová por cabeza, y no por cola [l]; y estarás encima solamente, y no estarás debajo, cuando obedecieres á los mandamientos de Jehová tu Dios, que yo te ordeno hoy, para que *los* guardes y cumplas.

14 Y no te apartes [m] de todas las palabras que yo os mando hoy, ni á diestra ni á siniestra, para ir tras dioses agenos para servirles.

15 ¶ Y será, si no oyeres la voz de Jehová tu Dios, para cuidar de poner por obra todos sus mandamientos, y sus estatutos que yo te intimo hoy, que vendrán sobre tí todas estas maldiciones, y te alcanzarán [n].

16 Maldito *serás* tú en la ciudad, y maldito en el campo.

17 Maldito tu canastillo, y tus sobras.

18 Maldito el fruto de tu vientre, y el fruto de tu tierra, y la cria de tus vacas, y los rebaños de tus ovejas.

19 Maldito *serás* en tu entrar, y maldito en tu salir.

20 Y Jehová enviará contra tí la maldicion, quebranto y asombro en todo cuanto pusieres mano é hicieres, hasta que seas destruido, y perezcas presto á causa de la maldad de tus obras, por las cuales me habrás dejado.

21 Jehová hará que se te pegue mortandad [o], hasta que te consuma de la tierra á la cual entras para poseerla.

22 Jehová te herirá de tisis, y de fiebre, y de ardor, y de calor, y de cuchillo, y de calamidad repentina, y con añublo; y perseguirte han hasta que perezcas.

23 Y tus cielos, que estan sobre tu cabeza, serán de metal, y la tierra que está debajo de tí, de hierro [p].

24 Dará Jehová *por* lluvia á tu tierra polvo y ceniza: de los cielos descenderán sobre tí hasta que perezcas.

25 Jehová te entregará herido delante

[a] Lev. 26. 3, etc.
[b] Cap. 26. 19.
[c] 1 Tim. 4. 8.
[d] Cap. 7. 13. Sal. 127. 3.
[e] Sal. 121. 8.
[f] Ex. 19. 5, 6.
[g] Cap. 11. 25. 1 Cr. 14. 17.
[h] Pro. 10. 22.
[i] Joel 2. 23.
[k] Cap. 15. 6.
[l] Is. 9. 14, 15.
[m] Cap. 5. 32. Is. 30. 21.
[n] Lev. 26. 14. Lam. 2. 17. Dan. 9. 11. Mal. 2. 2.
[o] Jer. 24. 1…
[p] Lev. 26. 1… Jer. 14. 1, …

de tus enemigos q: por un camino saldrás á ellos, y por siete caminos huirás delante de ellos: y serás sacudido á todos los reinos de la tierra r.

26 Y será tu cuerpo muerto por comida á toda ave del cielo, y bestia de la tierra, y no *habrá* quien *les* s espante.

27 Jehová te herirá de la plaga de Egipto t, y con almorranas u, y con sarna, y con comezon de que no puedas ser curado.

28 Jehová te herirá con locura, y con ceguedad, y con pasmo x de corazon.

29 Y palparás al medio dia y, como palpa el ciego en la obscuridad, y no serás prosperado en tus caminos: y nunca serás sino oprimido y robado todos los dias, y no *habrá* quien *te* salve.

30 Te desposarás con mujer, y otro varon dormirá con ella: edificarás casa z, y no habitarás en ella: plantarás viña, y no la vendimiarás a.

31 Tu buey será matado delante de tus ojos, y tú no comerás de él: tu asno *será* arrebatado de delante de tí, y no se te devolverá: tus ovejas serán dadas á tus enemigos, y no *tendrás* quien te *las* rescate.

32 Tus hijos y tus hijas serán entregados á otro pueblo b, y tus ojos lo verán, y desfallecerán por ellos todo el dia: y no habra fuerza en tu mano.

33 El fruto de tu tierra y todo tu trabajo comerá pueblo que no conociste: y c nunca serás sino oprimido y quebrantado todos los dias.

34 Y enloquecerás á causa de lo que verás con tus ojos.

35 Herirte ha Jehová con maligna pústula en las rodillas y en las piernas, sin que puedas ser curado: *aun* desde la planta de tu pié hasta tu mollera.

36 Jehová llevará á tí y á tu rey, que d hubieres puesto sobre tí, á gente que no conociste tú ni tus padres, y allá servirás á dioses agenos, al palo y á la piedra e.

37 Y serás por pasmo, por ejemplo, y por fábula, á todos los pueblos á los cuales te llevará Jehová.

38 Sacarás mucha simiente al campo, y cogerás poco f; porque la langosta le consumirá g.

39 Plantarás viñas, y labrarás; mas no beberás vino ni cogerás *uvas*, porque el gusano les comerá.

40 Tendrás olivas en todo tu término; mas no te ungirás con el aceite, porque tu aceituna se caerá.

41 Hijos é hijas engendrarás, y no serán para tí, porque irán en cautiverio h.

42 Toda tu arboleda y el fruto de tu tierra consumirá la langosta.

43 El extranjero que *estará* en medio de tí subirá sobre tí muy alto, y tú serás puesto muy bajo i.

44 El te prestará á tí, y tú no prestarás á él k: él será por cabeza, y tú serás por cola.

45 Y vendrán sobre tí todas estas l maldiciones, y te perseguirán, y te alcanzarán hasta que perezcas m; por cuanto no habrás atendido á la voz de Jehová tu Dios, para guardar sus mandamientos y sus estatutos, que él te mandó:

46 Y serán en tí por señal y por maravilla, y en tu simiente para siempre.

47 Por cuanto no serviste á Jehová tu Dios con alegría, y con gozo de corazon, por la abundancia de todas las cosas n;

48 Servirás por tanto á tus enemigos o, que enviare Jehová contra tí, con hambre p y con sed, y con desnudez, y con falta de todas las cosas: y él pondrá yugo de hierro sobre tu cuello q, hasta destruirte.

49 ¶ Jehová traerá sobre tí gente de léjos r, del cabo de la tierra, que vuele como águila, gente s cuya lengua no entiendas;

50 Gente fiera de rostro, que no tendrá respeto al anciano, ni perdonará al niño t:

51 Y comerá el fruto de tu bestia y el fruto de tu tierra, hasta que perezcas: y no te dejará grano, ni mosto, ni aceite, ni la cria de tus vacas, ni los rebaños de tus ovejas, hasta destruirte.

52 Y te pondrá cerco en todas tus ciudades u, hasta que caigan tus muros altos y encastillados, en que tú confias, en toda tu tierra: te cercará pues en todas tus ciudades y en toda tu tierra, que Jehová tu Dios te habrá dado.

53 Y comerás el fruto de tu vientre, la carne x de tus hijos y de tus hijas que Jehová tu Dios te dió, en el cerco y en el apuro con que te angustiará tu enemigo.

54 El hombre tierno en tí, y el muy delicado, su ojo será maligno para con su hermano, y para con la mujer de su seno, y para con el resto de sus hijos que le quedaren;

55 Para no dar á alguno de ellos de la carne de sus hijos, que él comerá, porque nada le habrá quedado en el cerco, y en el apuro con que tu enemigo te oprimirá en todas tus ciudades.

56 La tierna y la delicada entre vosotros, que nunca la planta de su pié probó á sentar sobre la tierra, de ternura y delicadeza, su ojo será maligno para con el marido de su seno, y para con su hijo, y para con su hija,

57 Y para con su chiquita que sale de entre sus pies, y para con sus hijos que pariere y; pues les comerá escondidamente z, á falta de todo, en el cerco y en el apuro con que tu enemigo te oprimirá en tus ciudades.

58 Si no cuidares de poner por obra todas las palabras de aquesta ley, que estan escritas en este libro, temiendo este nombre glorioso y terrible a, JEHOVA b TU DIOS c,

59 Jehová aumentará maravillosamente tus plagas, y las plagas de tu simiente; plagas grandes y estables, y enfermedades malignas y duraderas d,

60 Y hará volver sobre tí todos los males de Egipto, delante e de los cuales temiste, y se te pegarán.

61 Asimismo toda enfermedad, y toda plaga, que no está escrita en el libro de esta ley, Jehová la enviará sobre tí, hasta que tú seas destruido.

62 Y quedaréis en poca gente f, en lugar de haber sido como las estrellas del cielo en multitud g, por cuanto no obedeciste á la voz de Jehová tu Dios.

63 Y será, *que* como Jehová se gozó sobre vosotros para haceros bien, y h para multiplicaros, así se gozará Jehová sobre vosotros para arruinaros, y i para destruiros; y seréis arrancados de sobre la tierra, á la cual entrais para poseerla.

64 Y Jehová te esparcirá por todos los pueblos k, desde el un cabo de la tierra hasta el otro cabo de ella; y allí servirás á dioses agenos que no conociste tú ni tus padres, al leño y á la piedra.

65 Y ni aun entre las mismas gentes descansarás, ni la planta de tu pié tendrá reposo; que allí te dará Jehová corazon temeroso, y caimiento de ojos, y tristeza de alma:

66 Y tendrás tu vida *como* colgada de-

ap. 32. 30. / . 30. 17. / er. 15. 4. / 24. 9. / al. 79. 2. / er. 7. 33. / 16. 4. / 34. 20. / x. 9. 9, 11. / Sa. 5. 6, / er. 4. 9. / ob 5. 14. / . 59. 10. / er. 8. 10. / am. 5. 11. / ic. 6. 15. / oph. 1. 13. / Cr. 29. 9. / eh. 9. 36, / er. 5. 17. / Rey. 17. 5. / 24. 12. / 26. 7. / Cr. 33. 11. / 26. 6, 17. / er. 16. 13. / ie. 6. 15. / ag. 1. 6. / oel 1. 4. / Rey. 24. 4. / am. 1. 5. / ec. 2. 11, 5. / ver. 12, 13. / ver. 15. / Rey. 17. 6. / eh. 9. 35, 37. / Cr. 12. 8. / er. 5. 19. / Lam. 5. 2, 6.

q Jer. 28. 14.
r Jer. 5. 15. y 6. 22, 23.
s Lam. 4. 19. Os. 8. 1.
t 2 Cr. 36. 17. Is. 47. 6.
u 2 Rey. 25. 1, 4. Is. 1. 7.
x Lev. 26. 29. 2 Rey. 6. 28, 29. Jer. 19. 9. Lam. 2. 20. y 4. 10.
y Is. 49. 15.
z ver. 53.
a Sal. 111. 9.
b Ex. 6. 2, 3. Sal. 83. 18.
c Ex. 20. 2. Sal. 50. 7.
d Dan. 9. 12.
e Cap. 7. 15.
f Neh. 7. 4. Is. 1. 9.
g Neh. 9. 23.
h Cap. 30. 9. Jer. 32. 41.
i Pro. 1. 26. Is. 1. 24.
k Lev. 26. 33. Neh. 1. 8. Jer. 16. 13. y 50. 17. Ez. 11. 16, 17.

lante de tí, y estarás temeroso de noche y de dia, y no confiarás de tu vida.

67 Por la mañana dirás: Quien diera fuese la tarde! Y á la tarde dirás: Quien diera fuese la mañana[i]! por el miedo de tu corazon con que estarás amedrentado, y por lo que verán tus ojos.

68 Y Jehová te hará tornar á Egipto[m] en navíos, por el camino del cual te ha dicho[n], Nunca mas volveréis: y allí seréis vendidos á vuestros enemigos por esclavos y por esclavas, y no habrá quien os compre.

[i] Job 7. 4.
[m] Os. 8. 13. y 9. 3.
[n] Cap. 17. 16.

CAPITULO XXIX.

Renuevan los Israelitas el juramento de su alianza con Dios. Terribles amenazas contra los que la quebrantan.

ESTAN *son* las palabras del pacto, que Jehová mandó á Moises concertara con los hijos de Israel en la tierra de Moab, ademas del pacto que concertó con ellos en Horeb[a].

2 ¶ Moises pues llamó á todo Israel, y díjoles: Vosotros habeis visto todo lo que Jehová ha hecho delante de vuestros ojos en la tierra de Egipto á Pharaon, y á todos sus siervos, y á toda su tierra;

3 Las pruebas grandes que vieron tus ojos, las señales, y las grandes maravillas[b].

4 Y Jehová no os dió corazon para entender, ni ojos para ver, ni oidos para oir, hasta el dia de hoy[c].

5 Y yo os he traido cuarenta años por el desierto: vuestros vestidos no se han envejecido sobre vosotros, ni tu zapato se ha envejecido sobre tu pié[d].

6 No habeis comido pan[e], ni bebisteis vino ni sidra, para que supieseis que yo *soy* Jehová vuestro Dios.

7 Y llegasteis á este lugar, y salió Sehon, rey de Hesbon, y Og, rey de Basan, delante de nosotros para pelear, y herímoslos[f]:

8 Y tomamos su tierra, y dímosla por heredad á Ruben y á Gad, y á la media tribu de Manassé[g].

9 Guardaréis pues las palabras de este pacto, y las pondréis por obra, para que prospereis en todo lo que hiciereis.

10 ¶ Vosotros todos estais hoy delante de Jehová vuestro Dios; vuestros príncipes de vuestras tribus, vuestros ancianos, y vuestros oficiales, todos los varones de Israel[h];

11 Vuestros niños, vuestras mujeres, y tus extranjeros que habitan en medio de tu campo, desde el que corta tu leña hasta el que saca tus aguas[i]:

12 Para que entres en el pacto de Jehová tu Dios, y en su juramento[k], que Jehová tu Dios acuerda hoy contigo:

13 Para confirmarte hoy por su pueblo[l], y que él te sea á tí por Dios, de la manera que él te ha dicho, y[m] como él juró á tus padres Abraham, Isaac, y Jacob[n].

14 Y no con vosotros solos acuerdo yo este pacto, y este juramento,

15 Sino con los que estan aquí presentes hoy con nosotros delante de Jehová nuestro Dios, y con los que no estan aquí hoy con nosotros.

16 Porque vosotros sabeis cómo habitamos en la tierra de Egipto, y cómo hemos pasado por medio de las gentes que habeis pasado;

17 Y habeis visto sus abominaciones, y sus ídolos, madera y piedra, plata y oro que *tienen* consigo.

18 Quizá habrá entre vosotros varon ó mujer, ó familia ó tribu, cuyo corazon se vuelva hoy de con Jehová nuestro Dios, por andar á servir á los dioses de aquellas gentes: quizá habrá en vosotros raiz que eche veneno y ajenjo[o]:

19 Y sea, que cuando el tal oyere las palabras de esta maldicion, él se bendiga en su corazon diciendo: Tendré paz, aunque ande segun el pensamiento de mi corazon, para añadir la embriaguez á la sed[p].

20 Jehová no querrá perdonarle; antes[q] humeará luego el furor de Jehová y su zelo[r] sobre el tal hombre, y asentaráse sobre él toda maldicion escrita en este libro, y Jehová raerá su nombre de debajo del cielo[s].

21 Y apartarálo Jehová de todas las tribus de Israel para mal, conforme á todas las maldiciones del pacto escrito en este libro de la ley.

22 Y dirá la generacion venidera, vuestros hijos que vendrán despues de vosotros, y el extranjero que vendrá de lejanas tierras, cuando vieren las plagas de aquesta tierra, y sus enfermedades de que Jehová la hizo enfermar,

23 (Azufre y sal[t] *será*, abrasada *será* toda su tierra; no será sembrada, ni producirá, ni crecerá en ella yerba ninguna[u], como en la suversion de Sodoma y de Gomorra, de Adma, y de Seboim[x], que Jehová subvirtió en su furor y en su ira:)

24 Dirán pues todas las gentes: Por qué hizo Jehová esto á esta tierra? Qué ira es esta de tan gran furor[y]?

25 Y responderán: Por cuanto dejaron el pacto de Jehová el Dios de sus padres, que él concertó con ellos cuando los sacó de tierra de Egipto,

26 Y fueron y sirvieron á dioses agenos, é inclináronse á ellos; dioses que no conocian, y que ninguna cosa les habian dado.

27 Encendióse por tanto el furor de Jehová contra esta tierra, para traer sobre ella todas las maldiciones escritas en este libro[z];

28 Y Jehová los desarraigó de su tierra con enojo, y con saña, y con furor grande[a], y los echó á otra tierra, como *aparece* hoy.

29 Las cosas secretas *pertenecen* á Jehová nuestro Dios[b]: mas las reveladas *son* para nosotros y para nuestros hijos por siempre[c], para que cumplamos todas las palabras de esta ley.

[a] Cap. 5. 2, 3.
[b] Cap. 4. 34. y 7. 19.
[c] Is. 63. 17. Juan 8. 43.
[d] Cap. 8. 4.
[e] Ex. 16. 35. Sal. 78. 24, 25.
[f] Cap. 2. 32. y 3. 1. Nu. 21. 23, 33.
[g] Cap. 3. 12. Nu. 32. 33.
[h] 2 Cr. 33. 16. y 34. 29, 32. Neh. 8. 2.
[i] Jos. 9. 21, 27.
[k] Neh. 10. 29.
[l] Cap. 28. 9.
[m] Ex. 9. 7.
[n] Gen. 17. 7. y 26. 3, 4. y 28. 13, 15.
[o] Heb. 12.1
[p] Is. 56. 12 Rom. 2. 5
[q] Sal. 79. 5
[r] Sal. 74. 1
[s] Cap. 9. 14 Ex. 14. 7,
[t] Jer. 17. 6. Soph. 2. 9
[u] Sal. 107. 3
[x] Gen. 19. 2 Jer. 20. 16
[y] 1 Rey. 9. 8, 9. Jer. 22. 8,
[z] Dan. 9. 1 14.
[a] 1 Rey. 14 15.
[b] Sal. 131. 1 Dan. 2. 22 28. 1 Cor. 2. 1
[c] 2 Tim. 3. 1

CAPITULO XXX.

El Señor se reconciliará algun dia con su pueblo. Protesta final de Moises.

Y SERA que, cuando te sobrevinieren todas estas cosas, la bendicion y la madicion que he puesto delante de tí, y volvieres á tu corazon en medio de todas las gentes á las cuales Jehová tu Dios te hubiere echado[a],

2 Y te convirtieres á Jehová tu Dios[b], y obedecieres á su voz conforme á todo lo que yo te mando hoy, tú y tus hijos, con todo tu corazon y con toda tu alma,

3 Jehová tambien volverá tus cautivos, y tendrá misericordia de tí, y tornará á recogerte de todos los pueblos, á los cuales te hubiere esparcido Jehová tu Dios[c].

4 Si hubieres sido arrojado hasta el cabo de los cielos, de allí te recogerá Jehová tu Dios, y de allá te tomará[d].

5 Y volverte ha Jehová tu Dios á la tierra que heredaron tus padres, y la poseerás; y te hará bien, y te multiplicará mas que á tus padres.

6 Y circuncidará Jehová tu Dios tu corazon[e], y el corazon de tu simiente, para que ames á Jehová tu Dios con

[a] Lev. 26. 4 1 Rey. 8. 4 48. Neh. 1. 9 Jer. 29. 1 13. Ez. 6. 9. y 36. 31.
[b] Is. 55. 7. 1 Juan 1.
[c] Jer. 32. 3 etc. Ez. 36. 24
[d] Neh. 1. 9
[e] Cap. 10. 1 Jer. 32. 3 Ez. 11. 1 y 36. 26.

todo tu corazon, y con toda tu alma, á fin que tú vivas.

7 Y pondrá Jehová tu Dios todas estas maldiciones sobre tus enemigos, y sobre tus aborrecedores que te persiguieron[f].

f Is. 14. 1, 27. Ab. 10.

8 Y tú volverás, y oirás la voz de Jehová, y pondrás por obra todos sus mandamientos, que yo te intimo hoy.

9 Y hacerte ha Jehová tu Dios abundar en toda obra de tus manos, en el fruto de tu vientre, en el fruto de tu bestia, y en el fruto de tu tierra, para bien[g]: porque Jehová volverá á gozarse sobre tí para bien, de la manera que se gozó sobre tus padres[h],

g Cap. 28. 11.
h Soph. 3. 17.

10 Cuando oyeres la voz de Jehová tu Dios, para guardar sus mandamientos[i] y sus estatutos escritos en este libro de la ley, cuando te convirtieres á Jehová tu Dios con todo tu corazon, y con toda tu alma[k].

i 1 Cor. 7. 19.
k Lam. 3. 40, 41.

11 ¶ Porque este mandamiento que yo te intimo hoy, no te es encubierto, ni está léjos.

Ez. 33. 11, etc.

12 No está en el cielo, para que digas: Quién subirá[l] por nosotros al cielo, y nos le traerá, y nos lo representará, para que lo cumplamos?

l Rom. 10. 6, etc.

13 Ni está de la otra parte de la mar, para que digas: Quién pasará por nosotros la mar, para que nos lo traiga, y nos lo represente, á fin que lo cumplamos?

14 Porque muy cerca de tí está la palabra, en tu boca y en tu corazon, para que la cumplas.

15 ¶ Mira, yo he puesto delante de tí hoy la vida y el bien, la muerte y el mal[m]:

m ver. 1, 19. Cap. 11. 26.

16 Porque yo te mando hoy que ames á Jehová tu Dios, que andes en sus caminos, y guardes sus mandamientos, y[n] sus estatutos, y sus derechos, para que vivas y seas multiplicado, y Jehová tu Dios te bendiga en la tierra á la cual entras para poseerla.

n Juan 14. 21.

17 Mas si tu corazon se apartare, y no oyeres, y fueres incitado, y te inclinares á dioses agenos, y los sirvieres,

18 Protestoos hoy[o] que de cierto pereceréis: no tendréis largos dias sobre la tierra, para ir á la cual pasas el Jordan, para poseerla.

o Cap. 8. 19.

19 Á los cielos y á la tierra llamo por[p] testigos hoy contra vosotros[q], que os he puesto delante la vida y la muerte, la bendicion y la maldicion: escoge pues la vida, porque vivas tú y tu simiente:

p Cap. 4. 26. y 31. 28.
q Cap. 32. 1. Is. 1. 2. Jer. 2. 12. y 22. 29. Mic. 6. 1, 2.

20 Que ames á Jehová tu Dios, que oigas su voz, y te allegues á él; porque él *es* tu vida[r], y la longitud de tus dias; á fin que habites sobre la tierra que juró Jehová á tus padres Abraham, Isaac, y Jacob, que les habia de dar.

r Sal. 27. 1. y 30. 5. Hech. 17. 28.

CAPITULO XXXI.

Moises viendo cercana su muerte, se descarga de su oficio, y entrega el mando á Josué: manda que se escriba el Deuteronomio; y compone un maravilloso cántico.

Y FUE Moises, y habló estas palabras á todo Israel,

2 Y díjoles: De edad de ciento y veinte años soy hoy dia; no[a] puedo mas salir ni entrar: á mas de esto Jehová me ha dicho, No pasarás este Jordan[b].

a Cap. 34. 7. Ex. 7. 7.
b Cap. 3. 27. Nu. 20. 12.

3 Jehová tu Dios, él pasa delante de tí[c]; él destruirá estas gentes de delante de tí, y las heredarás: Josué *será* el *que* pasará delante de tí, como Jehová ha dicho[d].

c Cap. 9. 3. Sal. 44. 2, 3.
d Cap. 3. 28. Nu. 27. 18, 21.

4 Y hará Jehová con ellos como hizo con Sehon y con Og, reyes de los Amorrhéos[e], y con su tierra, que los destruyó.

e Nu. 21. 24, 33.

5 Y los entregará Jehová delante de vosotros, y haréis con ellos conforme á todo lo que os he mandado[f].

f Cap. 7. 2, 18.

6 Esforzáos y cobrad ánimo[g]; no temais, ni tengais miedo de ellos, que Jehová tu Dios es el que vá contigo: no te dejará, ni te desamparará[h].

g Jos. 10. 25.
h Jos. 1. 5. Heb. 13. 5.

7 ¶ Y llamó Moises á Josué, y díjole á vista de todo Israel: Esfuérzate y anímate[i]; porque tú entrarás con este pueblo á la tierra que juró Jehová á sus padres que les habia de dar, y tú se la harás heredar.

i Ef. 6. 10.

8 Y Jehová es el que vá delante de tí; él será contigo, no te dejará, ni te desamparará: no temas, ni te intimides[k].

k Jos. 1. 9.

9 ¶ Y escribió Moises esta ley, y dióla á los sacerdotes, hijos de Leví, que llevaban el arca del pacto de Jehová, y á todos los ancianos de Israel.

10 Y mandóles Moises, diciendo: Al cabo del séptimo año, en el año de la remision[l], en la fiesta de las Cabañas[m],

l Cap. 15. 1.
m Lev. 23. 34.

11 Cuando viniere todo Israel á presentarse delante de Jehová tu Dios[n] en el lugar que él escogiere, leerás esta ley delante de todo Israel á oidos de ellos[o].

n Cap. 16. 16.
o Neh. 8. 1, 3.

12 Harás congregar el pueblo, varones y mujeres, y niños, y tus extranjeros que estuvieren en tus ciudades, para que oigan y aprendan, y teman á Jehová vuestro Dios, y cuiden de poner por obra todas las palabras de esta ley.

13 Y los hijos de ellos que *aun* no sabian[p], oigan, y aprendan á temer á Jehová vuestro Dios todos los dias que viviereis sobre la tierra, para ir á la cual pasais el Jordan, para poseerla.

p Sal. 78. 4, 8.

14 Y Jehová dijo á Moises: Hé aquí se han acercado tus dias para que mueras[q]: llama á Josué, y esperad en el tabernáculo del testimonio, y le mandaré. Fueron pues Moises y Josué, y esperaron en el tabernáculo del testimonio.

q Cap. 34. 5.

15 Y aparecióse Jehová en el tabernáculo en la columna de nube[r]; y la columna de nube se puso sobre la puerta del tabernáculo.

r Ex. 33. 9.

16 Y Jehová dijo á Moises: Hé aquí tú vas á dormir con tus padres, y este pueblo se levantará, y fornicará[s] tras los dioses agenos de la tierra adonde vá, *en estando* en medio de ella, y me dejará, é invalidará mi pacto que he concertado con él.

s Ex. 34. 15. Juec. 2. 17, 20. Jer. 3. 1. Ez. 16. 15.

17 Y mi furor se encenderá contra él en aquel dia, y los abandonaré, y esconderé de ellos mi rostro, y[t] serán consumidos, y les hallarán muchos males y angustias, y dirán en aquel dia: ¿No me han hallado estos males, porque no está mi Dios en medio de mí[u]?

t Is. 64. 7. Ez. 39. 23, 24.
u Juec. 6. 13.

18 Empero yo esconderé ciertamente mi rostro en aquel dia, por todo el mal que ellos habrán hecho, por haberse vuelto á dioses agenos.

19 Ahora pues, escribíos este cántico, y enséñalo á los hijos de Israel: ponlo en boca de ellos, para que este cántico me sea por testigo contra los hijos de Israel.

20 Porque yo le introduciré en la tierra que juré á sus padres, la cual fluye leche y miel, y comerá, y se hartará, y se engordará: y[x] volveránse á dioses agenos, y les servirán, y me enojarán, é invalidarán mi pacto.

x Cap. 32. 15. Neh. 9. 25, 26. Os. 13. 6.

21 Y será *que*, cuando le vinieren muchos males y angustias, entónces responderá en su cara este cántico como testigo, pues no caerá en olvido de la boca de su linaje: porque yo conozco su ingenio, y lo que hace hoy antes que le introduzca en la tierra que juré[y].

y Sal. 139. 2. Os. 5. 3.

22 Y Moises escribió este cántico aquel dia, y enseñólo á los hijos de Israel.

23 Y dió órden á Josué, hijo de Nun,
[a] Jos. 1. 6. y dijo: Esfuérzate, y animate[a], que tú
meterás los hijos de Israel en la tierra
que les juré, y yo seré contigo.
24 ¶ Y como acabó Moises de escribir
las palabras de esta ley en un libro, hasta
concluirse,
25 Mandó *el mismo* Moises á los Levitas
que llevaban el arca del pacto de Jehová,
diciendo:
26 Tomad este libro de la ley, y ponedlo
al lado del arca del pacto de Jehová
vuestro Dios, y esté allí por testigo con-
[a] 2 Rey. 22. 8, etc. tra tí[a].
27 Porque yo conozco tu rebelion, y tu
cerviz dura: hé aquí que aun viviendo
yo hoy con vosotros, sois rebeldes á Je-
hová, ¿y cuanto mas despues que yo
fuere muerto?
28 Congregad á mí todos los ancianos
de vuestras tribus, y á vuestros oficiales,
y hablaré en sus oidos estas palabras, y
llamaré por testigos contra ellos los cielos
[b] Cap. 32. 1. y la tierra[b].
29 Porque yo sé que despues de mi
[c] Juec. 2. 19. muerte ciertamente os corromperéis, y[c]
os apartaréis del camino que os he man-
dado; y que os ha de venir mal en los
[d] 2 Cr. 34. 24. postreros dias[d], por haber hecho mal en
ojos de Jehová, enojandole con la obra
de vuestras manos.
30 ¶ Entónces habló Moises en oidos
de toda la congregacion de Israel las
palabras de este cántico, hasta acabarle.

CAPITULO XXXII.

Cántico profético de Moises antes de morir, que es como un compendio de la ley, y de los motivos de su observancia.

ESCUCHAD, cielos, y hablaré; y oiga
[a] Cap. 30. 19. Is. 1. 2. la tierra los dichos de mi boca[a].
2 Goteará como la lluvia mi doctrina,
destilará como el rocío mi razonamiento,
como la llovizna sobre la grama, y como
[b] Sal. 72. 6. Is. 55. 10, 11. Mic. 5. 7. las gotas sobre la yerba[b].
3 Porque el nombre de Jehová invo-
caré, engrandeced á nuestro Dios.
[c] Sal. 18. 2, 46. 4 *El es* la Roca[c], cuya obra es per-
[d] Hc. 3. 14. fecta[d]; porque todos sus caminos *son*
rectitud: Dios de verdad, y ninguna ini-
[e] Sal. 92. 15. quidad en él; es justo y recto[e].
5 La corrupcion no *es* suya: á sus hijos
la mancha de ellos, generacion torcida y
perversa.
6 ¿Así pagais á Jehová, pueblo loco é
[f] Ex. 4. 22. ignorante? ¿No es él[f] tu padre que te
poseyó? El te hizo, y te ha organizado.
7 Acuerdate de los tiempos antiguos,
considerad los años de generacion y
generacion: pregunta á tu padre, que
él te declarará; á tus viejos, y ellos te
dirán.
8 Cuando el Altísimo hizo heredar á
[g] Hech. 17. 26. las[g] gentes, cuando hizo dividir los hijos
de los hombres[h], estableció los términos
[h] Gen. 11. 8. de los pueblos segun el número de los
hijos de Israel.
9 Porque la parte de Jehová *es* su pue-
[i] Ex. 19. 5. Sal. 135. 4. blo; Jacob[i] la cuerda de su heredad[k].
10 Hallólo en tierra de desierto, y en
[k] Sal. 78. 71. desierto horrible y yermo: trájolo al
[l] Cap. 8. 15. Jer. 2. 6. Os. 13. 5. rededor[l], instruyólo, guardólo como la
niña de su ojo[m].
11 Como el águila[n] despierta su nidada,
[m] Sal. 17. 8. Zac. 2. 8. revolotea[o] sobre sus pollos, extiende sus
alas, los toma, los lleva sobre sus plu-
[n] Ex. 19. 4. mas:
[o] Gen. 1. 2. 12 Jehová solo le guió, que no hubo
con él dios ageno.
13 Hízole subir sobre las alturas de la
[p] Is. 58. 14. tierra[p], y comió los frutos del campo, é
[q] Sal. 81. 16. hizo que chupase miel de la peña[q], y
aceite del duro pedernal:
14 Manteca de vacas, y leche de ovejas,
con grosura de corderos, y carneros de
Basan; tambien machos de cabrío, con
grosura de riñones de trigo: y sangre de
uva bebiste, vino puro.
15 Y engrosó Jeshurun ‖, y tiró coces: ‖ *El recto.*
engordástete, engrosásteте[r], cubrístete: [r] Cap. 31. 20.
y dejó al Dios que le hizo, y menospreció
la Roca de su salud.
16 Despertáronle á zelos[s] con los *dioses* [s] 1 Cor. 10. 22.
agenos, ensañáronle con abominaciones.
17 Sacrificaron á los diablos[t], no á [t] Lev. 17. 7. Sal. 106. 37. 1 Cor. 10. 20. Ap. 9. 20.
Dios; á dioses que no habian conocido,
á nuevos *dioses* venidos de cerca, que no
habian temido vuestros padres.
18 De la Roca que te crió te olvidaste;
te has olvidado del Dios tu criador[u]. [u] Is. 17. 10.
19 Y vió*lo* Jehová, y encendióse en ira
por el menosprecio de sus hijos y de sus
hijas.
20 Y dijo: Esconderé de ellos mi ros-
tro, veré cual *será* su postrimería: que
son generacion de perversidades, hijos
sin fé.
21 Ellos me movieron á zelos con *lo que*
no *es* Dios; hiciéronme ensañar con sus
vanidades: yo tambien los moveré á zelos
con *un pueblo que* no *es* pueblo, con gente
insensata los haré ensañar[x]. [x] Rom. 10. 19.
22 Porque fuego se encenderá en mi
furor, y[y] arderá hasta el profundo; y [y] Lam. 4. 11.
devorará la tierra y sus frutos, y abra-
sará los fundamentos de los montes.
23 Yo allegaré males sobre ellos; em-
plearé[z] en ellos mis saetas. [z] Ez. 5. 16.
24 Consumidos *serán* de hambre, y
comidos de fiebre ardiente, y de amarga
pestilencia: diente de[a] bestias enviaré [a] Ez. 14. 21.
tambien sobre ellos, con veneno de ser-
pientes de la tierra.
25 De fuera desolará la espada, y den-
tro de las camaras el espanto, así[b] al [b] Lam. 1. 20. Ez. 7. 15.
mancebo como á la doncella, al que
mama como al hombre cano.
26 Dije: echaríalos yo del mundo, haria
cesar de entre los hombres la memoria
de ellos,
27 Si no temiese la ira del enemigo:
no sea que se envanezcan sus adversa-
rios, no sea que digan: Nuestra mano
alta ha hecho todo esto, no Jehová.
28 Porque *son* gente de perdidos conse-
jos, y no *hay* en ellos entendimiento.
29 Ojalá fueran sabios, *que* compren-
dieran esto[c], *y* entendieran su postri- [c] Sal. 81. 13.
mería[d]! [d] Lam. 1. 9.
30 ¿Como podria perseguir uno á mil,
y dos harian huir á diez mil[e], si su [e] Lev. 26. 8. 2 Cr. 24. 24. Is. 30. 17.
Roca no los hubiese[f] vendido, y Jehová
no los hubiera entregado?
31 Que la roca de ellos no *es* como [f] Is. 50. 1.
nuestra[g] Roca, y nuestros enemigos *sean* [g] 1 Sa. 2. 2.
de ello jueces.
32 Porque de la vid de Sodoma *es* la
vid de ellos[h], y de los sarmientos de [h] Is. 1. 10. Jer. 2. 21.
Gomorra: las uvas de ellos *son* uvas
ponzoñosas, racimos muy amargos tie-
nen.
33 Veneno de dragones *es* su vino, y
ponzoña cruel de áspides[i]. [i] Sal. 58. 4. Rom. 3. 13.
34 ¿No tengo yo esto guardado[k], sella-
do en mis tesoros? [k] Os. 13. 12. Rom. 2. 5.
35 Mia es la venganza[l] y el pago al
tiempo que su pié vacilará[m]: porque el [l] Rom. 12. 19. Heb. 10. 30.
dia de su afliccion *está* cercano, y lo que
les está preparado se apresura[n]. [m] Jer. 13. 16.
36 Porque Jehová juzgará á su pueblo, [n] 2 Ped. 2. 3.
y por amor de sus siervos se arrepentirá[o],
cuando viere que la fuerza pereció, y *que* [o] Juec. 10. 16. Jer. 31. 20.
no *hay* guardado, mas desamparado.
37 Y dirá: ¿Donde *estan* sus dioses[p], [p] Juec. 10. 14. Jer. 2. 28.
la roca en que se guarecian,
38 Que comian el sebo de sus sacrificios,
bebian el vino de sus libaciones? leván-
tense, que os ayuden, y os defiendan.
39 Ved ahora que yo, yo soy, y no *hay*
dioses conmigo[q]: yo hago morir, y yo [q] Is. 45. 5, 18, 22.

hago vivir; yo hiero, y yo curo: y[r] no hay quien pueda librar de mi mano.

40 Cuando yo alzaré á los cielos mi mano, y diré, vivo yo para siempre,

41 Si afilare mi reluciente espada, y[s] mi mano arrebatare el juicio, yo volveré la venganza á mis enemigos, y daré el pago á los que me aborrecen.

42 Embriagaré de sangre mis saetas, y mi espada devorará carne: *embriagarélas* en la sangre de los muertos, y de los cautivos de las cabezas, con venganzas de enemigo[t].

43 Alabad, gentes, á su pueblo[u]; porque él vengará la sangre de sus siervos, y volverá la venganza á sus enemigos, y expiará su tierra á su pueblo †.

44 ¶ Y vino Moises, y recitó todas las palabras de este cántico á oidos del pueblo, él, y Josué hijo de Nun.

45 Y acabó Moises de recitar todas estas palabras á todo Israel,

46 Y díjoles[x]: Poned vuestro corazon á todas las palabras que yo os protesto hoy, para que las mandeis á vuestros hijos, y cuiden de poner por obra todas las palabras de esta ley.

47 Porque no os es cosa vana, mas es vuestra vida: y[y] por ellas haréis prolongar los dias sobre la tierra, para poseer la cual pasais el Jordan.

48 ¶ Y habló Jehová á Moises aquel mismo dia, diciendo:

49 Sube á este monte de Abarim[z], al monte de Nebo, que *está* en la tierra de Moab, que *está* en derecho de Jericó, y mira la tierra de Canaan, que yo doy por heredad á los hijos de Israel:

50 Y muere en el monte al cual subes, y sé reunido á tus pueblos; al modo que murió Aaron tu hermano en el monte de Hor, y fué reunido á sus pueblos[a]:

51 Por cuanto prevaricasteis contra mí en[b] medio de los hijos de Israel en las aguas de la rencilla de Cades, en el desierto de Zin; porque no me santificasteis en medio de los hijos de Israel.

52 Verás por tanto delante *de tí* la tierra[c]; mas no entrarás allá á la tierra que doy á los hijos de Israel.

CAPITULO XXXIII.

Bendice Moises antes de subir al monte á las tribus de Israel, y les profetiza lo que les ha de suceder.

ESTA es la bendicion, con la cual bendijo Moises, varon de Dios, á los hijos de Israel antes que muriese.

2 ¶ Y dijo: Jehová vino de Sinai[a], y de Seir les esclareció; resplandeció del monte de Paran, y vino con diez mil santos[b]: á su diestra la ley de fuego para ellos.

3 Aun amó los pueblos[c]; todos sus santos *estan* en tu mano: ellos tambien se llegaron á tus pies; recibieron de tus dichos.

4 Ley nos mandó Moises *por* heredad á la congregacion de Jacob.

5 Y fué rey en[d] Jeshurun ‖, cuando se congregaron las cabezas del pueblo con las tribus de Israel.

6 ¶ Viva Ruben[e], y no muera: y sean sus varones en número.

7 ¶ Y esta *bendicion* para Judá. Dijo así: oye, oh Jehová, la voz de Judá, y llévalo á su pueblo: sus manos le basten, y tú seas ayuda contra sus enemigos.

8 ¶ Y á Leví dijo: Tu Thummim y tu Urim *diste* á tu buen varon[f], al cual tentaste en Massa, y le hiciste reñir en las Aguas de la Rencilla[g]:

9 El que dijo á su padre y á su madre, Nunca los ví: ni conoció á sus hermanos, ni conoció á sus hijos[h]: por lo cual ellos guardarán tus palabras, y observarán tu pacto[i].

10 Ellos enseñarán tus juicios á Jacob, y tu ley á Israel: pondrán el perfume[k] delante de tí, y el holocausto[l] sobre tu altar.

11 Bendice, oh Jehová, lo que hicieren, y recibe con agrado la obra de sus manos: hiere los lomos de sus enemigos, y de los que le aborrecieren, para que nunca se levanten.

12 ¶ Y á Benjamin dijo: El amado de Jehová habitará confiado cerca de él; cubrirálo siempre, y entre sus hombros morará[m].

13 ¶ Y á Josef dijó: Bendita sea de Jehová su tierra por los regalos de los cielos, por el rocío, y por el abismo que abajo yace[n];

14 Y por los regalados frutos del sol, y por los regalos de las influencias de las lunas,

15 Y por la cumbre de los montes antiguos, y por los regalos de los collados eternos,

16 Y por los regalos de la tierra y su plenitud: y la gracia del que habitó en la zarza[o] venga sobre la cabeza de Josef, y sobre la mollera del apartado de sus hermanos[p].

17 El es aventajado como el primogénito de su toro, y sus cuernos *como* cuernos de unicornio: con ellos acorneará los pueblos juntos *hasta* los fines de la tierra[q]: y estos *son* los diez millares de Efraim, y estos los millares de Manassé.

18 ¶ Y á Zabulon dijo: Alégrate, Zabulon, cuando salieres; y *tú*, Issachar, en tus tiendas.

19 Llamarán los pueblos[r] al monte; allí sacrificarán sacrificios de justicia: por lo cual chuparán la abundancia de las mares, y los tesoros escondidos de la arena.

20 ¶ Y á Gad dijo: Bendito el que hizo ensanchar á Gad: como leon habitará, y[s] arrebatará brazo y testa.

21 Y él se ha provisto de la parte primera[t], porque allí una porcion del legislador *fuéle* reservada, y vino en la delantera del pueblo: la justicia de Jehová ejecutará, y sus juicios con Israel[u].

22 ¶ Y á Dan dijo: Dan, cachorro de leon: saltará desde Basan[x].

23 ¶ Y á Nephtali dijo: Nephtali, saciado de benevolencia, y lleno de la bendicion de Jehová; posee el Occidente y el Mediodia[y].

24 ¶ Y á Aser dijo: Bendito Aser en hijos: agradable será á sus hermanos, y mojará en aceite su pié[z].

25 Hierro y metal *tendrá* tu calzado, y como tus dias *será* tu fortaleza.

26 ¶ No *hay otro* como el Dios de Jeshurun ‖, montado sobre los cielos para tu ayuda, y sobre las nubes con su grandeza[a].

27 El eterno Dios *es tu* refugio[b], y acá abajo los brazos eternos: él echará de delante de tí al enemigo, y dirá, Destruye*los*.

28 E Israel, fuente de Jacob[c], habitará confiado *y* solo en tierra de grano y de vino: tambien sus cielos destilarán rocío.

29 Bienaventurado tú, oh Israel[d]. ¿Quien como tú, pueblo salvo por Jehová[e], escudo de tu socorro, y espada de tu excelencia? Así que tus enemigos *serán* humillados[f], y tú hollarás sobre sus alturas.

CAPITULO XXXIV.

Muerte, sepultura y elogio de Moises.

Y SUBIO Moises de los campos de Moab al monte de Nebo, á la cum-

---

Marginal references (left margin, partly cut off): ..a. 2. 6. / ..6. 18. / ..c. 1. 17, / ..27. 1. / ..11. 9, 15. / ..45. 5. / .. 21. / ..a. 15. / ‖ propici.. ..s su ti.. / .. 9. 24. / .. 31, 4. / .. 18. 5. / .. 4. 22. / ..27. 12, / .. 20. 24, / .. 25. / .. 20. 11, / .. 34. 1, 4. / .. 19. 18, / ..c. 5. 4, 5. / .. 3. 8. / .. 68. 17. / .. 3. 19. / .. 11. 1. / ..p. 32. 15. ..recto. / ..a. 49. 8. / .. 28. 30. / .. 2. 62, / .. 20. 13. / .. 33. 25,

Marginal references (right margin): [i] Mal. 2. 5, 7. / [k] Ex. 30. 7, 8. / [l] Lev. 1. 9, 17. / [m] Jos. 18. 28. / [n] Gen. 49. 25. / [o] Ex. 3. 2, 4. / [p] Gen. 37. 8, 10. / [q] Jos. 23. 3. / [r] Is. 2. 3. / [s] 1 Cr. 12. 8. / [t] Nu. 32. 1, etc. / [u] Jos. 4. 12, 13. / [x] Jos. 19. 47. Juec. 18. 1, etc. / [y] Jos. 19. 32, etc. / [z] Gen. 49. 20. Job 29. 6. / ‖ El recto. / [a] Sal. 68. 33. / [b] Sal. 90. 1. / [c] Sal. 68. 26. / [d] Sal. 144. 15. / [e] Sal. 115. 9, 11. / [f] Sal. 18. 44. y 81. 15.

Nu. 27. 12. bre de Piaga, que *está* enfrente de Je-
ricó[a]: y mostróle Jehová toda la tierra
de Galaad hasta Dan,
2 Y á todo Nephtali, y la tierra de
Ephraim, y de Manassé, toda la tierra
de Judá hasta la mar postrera;
3 Y la parte meridional, y la campaña,
Juec. 1. 16. 2 Cr. 28. 15. la vega de Jericó, ciudad de las palmas[b],
hasta Soar.
4 Y díjole Jehová: Esta *es* la tierra de
Gen. 12. 7. que[c] juré á Abraham, á Isaac, y Jacob,
diciendo: A tu simiente la daré. Hételа
hecho ver con tus ojos, mas no pasarás
[d] Cap. 3. 26, 27. allá[d].
5 ¶ Y murió allí Moises, siervo de
Jehová, en la tierra de Moab, conforme
al dicho de Jehová.
6 Y enterrólo en el valle, en tierra de
Moab, enfrente de Beth-peor; y ninguno
[e] Mat. 17. 3. Judas 9. supo su sepulcro hasta hoy[e].
7 Y era Moises de edad de ciento y
veinte años cuando murió: sus ojos
nunca se oscurecieron, ni perdió su
vigor[f]. [f] Jos. 14. 11.
8 Y lloraron los hijos de Israel á Moises
en los campos de Moab treinta dias[g]: y [g] Nu. 20. 29.
así se cumplieron los dias del lloro del
luto de Moises.
9 ¶ Y Josué, hijo de Nun, *fué* lleno
de espíritu de sabiduría, porque Moises
habia puesto sus manos sobre él: y
los hijos de Israel le obedecieron[h], [h] Nu. 27. 18, 23.
é hicieron como Jehová mandó á
Moises.
10 ¶ Y nunca mas se levantó profeta
en Israel como Moises, á quien haya
conocido Jehová cara á cara[i], [i] Nu. 12. 6. Heb. 3. 5.
11 En todas las señales y prodigios[k]
que le envió Jehová á hacer en tierra de [k] Cap. 4. 34.
Egipto á Pharaon, y á todos sus siervos,
y á toda su tierra,
12 Y en toda aquella mano esforzada,
y en todo el espanto grande que causó
Moises á ojos de todo Israel[l]. [l] Cap. 7. 2

EL LIBRO DE JOSUE.

A. C. 1451.

CAPITULO I.

Alienta el Señor á Josué á la conquista de la tierra de promision: y Josué avisa al pueblo que se prevenga para pasar el Jordan, precedido de las tribus de Ruben y de Gad, y la media tribu de Manassé.

Y ACONTECIO despues de la muerte
[a] Deu. 34. 5. de[a] Moises, siervo de Jehová, que
Jehová habló á Josué, hijo de Nun,
[b] Ex. 24. 13. ministro[b] de Moises, diciendo:
2 Mi siervo Moises es muerto; levántate
pues ahora, y pasa este Jordan tú,
y todo este pueblo, á la tierra que yo les
doy á los hijos de Israel.
[c] Deu. 11. 24. 3 Yo os he entregado, como lo habia[c]
dicho á Moises, todo lugar que pisare la
planta de vuestro pié:
4 Desde el desierto, y este Líbano hasta
el gran rio de Eufrates, toda la tierra de
los Hethéos hasta la gran mar del poni-
[d] Gen. 15. 18. Ex. 23. 31. Nu. 34. 2, 12. ente del sol, será vuestro término[d].
5 Nadie te podrá hacer frente en todos
los dias de tu vida[e]: como yo fuí con
Moises, seré contigo[f]: no te dejaré, ni
[e] Deu. 7. 24. te desampararé[g].
[f] Cap. 3. 7. y 6. 27. 6 Esfuérzate *pues* y sé valiente: porque
tú repartirás á este pueblo por heredad
[g] Deu. 31. 6, 8. Heb. 13. 5. la tierra, de la cual juré á sus padres que
la daria á ellos.
7 Solamente *que* te esfuerzes, y seas
[h] Deu. 31. 7, 23. Ef. 6. 10. 2 Tim. 2. 1. muy valiente[h], para cuidar de hacer
conforme á toda la ley, que mi siervo
Moises te mandó: no te apartes de ella
ni á diestra ni á siniestra, para que seas
prosperado en todas las cosas que emprendieres.
8 El libro de aquesta ley nunca se
apartará de tu boca; antes de dia y de
[i] Sal. 1. 2. noche meditarás en él[i], para que guardes
y hagas conforme á todo lo que en él está
escrito: porque entónces harás prosperar
tu camino, y todo te saldrá bien.
9 Mira que te mando que te esfuerzes,
y seas valiente: no temas ni desmayes,
porque Jehová tu Dios *será* contigo en
donde quiera que fueres.
10 ¶ Y Josué mandó á los oficiales del
pueblo, diciendo:
11 Pasad por medio del campo, y mandad
al pueblo diciendo: Prevenios de
comida, porque dentro de tres dias pa-
[k] Cap. 3. 2. saréis el Jordan[k], para que entreis á
poseer la tierra que Jehová vuestro Dios
os dá, para que la poseais.
12 Tambien habló Josué á los Rubenitas,
y Gaditas, y á la media tribu de
Manassé, diciendo:
13 Acordaos de la palabra que Moises,
siervo de Jehová, os mandó[l] diciendo: A. C. 145
Jehová vuestro Dios os ha dado reposo, [l] Cap. 22. 1. Nu. 32. 20, 28.
y os ha dado esta tierra.
14 Vuestras mujeres, y vuestros niños,
y vuestras bestias, quedarán en la tierra
que Moises os ha dado de esta parte del
Jordan; mas vosotros todos los valientes
y fuertes pasaréis armados delante de
vuestros hermanos, y les ayudaréis,
15 Hasta tanto que Jehová haya dado
reposo á vuestros hermanos como á vosotros,
y que ellos tambien posean la
tierra que Jehová vuestro Dios les dá:
y *despues* volveréis vosotros á la tierra de
vuestra herencia, la cual Moises, siervo
de Jehová, os ha dado de esta parte del
Jordan hácia donde nace el sol, y la
poseeréis.
16 Entónces respondieron á Josué diciendo:
Nosotros harémos todas las cosas
que nos has mandado, é irémos á donde
quiera que nos mandares.
17 [m] De la manera que obedecimos á
Moises en todas las cosas, así te obedecerémos
á tí: solamente Jehová tu Dios
sea contigo, como fué con Moises[m]. [m] ver. 5. 1 Rey. 1.
18 Cualquiera que fuere rebelde á tu
mandamiento, y no obedeciere á sus
palabras en todas las cosas que le mandares,
que muera: solamente te esfuerzes,
y seas valiente[n]. [n] ver. 6, 7. 1 Cor. 16.

CAPITULO II.

Envia Josué dos exploradores á Jericó y su territorio; los cuales escondidos por Rahab, vuelven salvos al campamento.

Y JOSUE, hijo de Nun, envió desde
Sittim dos espias secretamente[a], [a] Nu. 13.
diciendoles: Andad, reconoced la tierra,
y á Jericó. Los cuales fueron, y entráronse
en casa de una mujer ramera, que
se llamaba Rahab[b], y posaron allí. [b] Mat. 1. Heb. 11. Sant. 2.
2 Y fué dado aviso al rey de Jericó,
diciendo: Hé aquí que hombres de los
hijos de Israel han venido aquí esta
noche á espiar la tierra.
3 Entónces el rey de Jericó envió á
decir á Rahab: Saca fuera los hombres
que han venido á tí, y han entrado en tu
casa; porque han venido á espiar toda
la tierra.
4 Mas la mujer habia tomado los dos
hombres, y los habia[c] escondido; y di- [c] 2 Sa. 17. 20.
jo: Verdad *que* hombres vinieron á mí,
mas no supe de donde eran:
5 Y al cerrarse la puerta, siendo ya

oscuro, esos hombres se salieron, y no sé adonde se han ido: seguidlos apriesa, que los alcanzaréis.

6 Mas ella los habia hecho subir al terrado, y habíalos escondido entre tascos de lino que en aquel terrado tenia puestos [d].

7 Y los hombres fueron tras ellos por el camino del Jordan hasta los vados: y la puerta fué cerrada despues que salieron los que tras ellos iban.

8 Mas antes que ellos durmiesen, ella subió á ellos al terrado, y díjoles:

9 Sé que Jehová os ha dado esta tierra; porque el temor de vosotros ha caido sobre nosotros, y todos los moradores del pais estan desmayados por causa de vosotros [e].

10 Porque hemos oído que Jehová hizo secar las aguas del mar Bermejo delante de vosotros, cuando salisteis de Egipto [f], y lo que habeis hecho á los dos reyes de los Amorrhéos, que *estaban* de la parte allá del Jordan, Sehon y Og, á los cuales habeis destruido [g].

11 Oyendo esto, ha desmayado nuestro corazon [h]; ni ha quedado mas espíritu en alguno por causa de vosotros: porque Jehová vuestro Dios es Dios arriba en los cielos, y abajo en la tierra [i].

12 Ruegoos pues ahora me jureis por Jehová, que como he hecho misericordia con vosotros, así la haréis vosotros con la casa de mi padre, de lo cual me daréis una señal cierta [k]:

13 Y que salvaréis la vida á mi padre y á mi madre, y á mis hermanos y hermanas, y á todo lo que es suyo; y que libraréis nuestras vidas de la muerte.

14 Y ellos le respondieron: Nuestra alma *será* por vosotros hasta la muerte, si no denunciareis este nuestro negocio: y cuando Jehová nos hubiere dado la tierra, nosotros harémos contigo misericordia y verdad.

15 Entónces ella los hizo descender con una cuerda por la ventana: porque su casa *estaba* á la pared del muro, y ella vivia en el muro:

16 Y díjoles: Marchaos al monte, porque los que fueron tras vosotros no os encuentren, y estad escondidos allí tres dias, hasta que los que os siguen hayan vuelto; y despues os iréis vuestro camino.

17 Y ellos le dijeron: Nosotros serémos desobligados de este juramento [l], con que nos has conjurado, *en esta manera*:

18 Hé aquí, cuando nosotros entrarémos la tierra, tú atarás este cordon de grana á la ventana por la cual nos descolgaste: y tú juntarás en tu casa á tu padre y tu madre, tus hermanos, y toda la familia de tu padre [m].

19 Cualquiera que saliere fuera de las puertas de tu casa, su sangre *será* sobre su cabeza, y nosotros *serémos* sin culpa. Mas cualquiera que se estuviere en casa contigo, su sangre *será* sobre nuestra cabeza, si mano le tocare.

20 Y si tú denunciares [n] este nuestro negocio, nosotros serémos desobligados de este tu juramento con que nos has juramentado.

21 Y ella respondió: Sea así como habeis dicho. Luego los despidió, y se fueron: y ella ató el cordon de grana á la ventana.

22 ¶ Y caminando ellos llegaron al monte, y estuvieron allí tres dias, hasta que los que les seguian se hubiesen vuelto: y los que los siguieron, buscaron por todo el camino, mas no *los* hallaron.

23 Y tornandose los dos varones descendieron del monte, y pasaron, y vinieron á Josué, hijo de Nun, y contáronle todas las cosas que les habian acontecido;

24 Y dijeron á Josué: Jehová ha entregado toda la tierra [o] en nuestras manos; y tambien todos los moradores del pais estan desmayados delante de nosotros.

... 1. 15,
... 35. 5.
... 14. 15,
... 13. 27.
... 2. 26.
... 11. 25.
... 14. 21.
... 21. 21,
... p. 5. 1.
... 5.
... 4. 39.
... 13.
... 13. 11,
... 30. 2.
... Sa. 21. 1.
... 1. 7.
... p. 6. 23.
... 11. 18.

[o] Cap. 21. 44. Ex. 23. 31.

CAPITULO III.

El pueblo de Israel, precedido del arca, pasa el Jordan.

Y LEVANTOSE Josué de mañana, y partieron de [a] Sittim, y vinieron hasta el Jordan, él y todos los hijos de Israel, y reposaron allí antes que pasasen.

2 Y pasados tres dias, los oficiales atravesaron por medio del campo [b],

3 Y mandaron al pueblo diciendo: Cuando viereis el arca del pacto de Jehová vuestro Dios [c], y los sacerdotes y Levitas que la llevan [d], vosotros partiréis de vuestro lugar, y marcharéis en pos de ella.

4 Empero entre vosotros y ella haya distancia como de la medida de dos mil codos: y no os acercaréis á ella, á fin que sepais el camino por donde habeis de ir: por cuanto vosotros no habeis pasado antes de ahora por este camino.

5 Y Josué dijo al pueblo [e]: Santificaos, porque Jehová hará mañana entre vosotros maravillas.

6 ¶ Y habló Josué á los sacerdotes diciendo: Tomad el arca del pacto [f], y pasad delante del pueblo. Y ellos tomaron el arca del pacto, y fueron delante del pueblo.

7 Entónces Jehová dijo á Josué: Desde aqueste dia comenzaré á hacerte grande delante de los ojos de todo Israel [g], para que entiendan que como fuí con Moises, así seré contigo [h].

8 Tú pues mandarás á los sacerdotes que llevan el arca del pacto, diciendo: Cuando hubiereis entrado hasta el borde del agua del Jordan, pararéis en el Jordan [i].

9 Y Josué dijo á los hijos de Israel: Llegaos acá, y escuchad las palabras de Jehová vuestro Dios.

10 Y anadió Josué: En esto conoceréis que el Dios viviente [k] *está* en medio de vosotros, y que él echará de delante de vosotros al Cananéo, y al Hethéo, y al Hevéo, y al Pherezéo, y al Gergeséo, y al Amorrhéo, y al Jebuséo [l]:

11 Hé aquí el arca del pacto del Señoreador de toda la tierra [m] pasa el Jordan delante de vosotros.

12 Tomad pues ahora doce hombres de las tribus de Israel, de cada tribu uno [n],

13 Y cuando las plantas de los pies de los sacerdotes que llevan el arca de Jehová, Señoreador de toda la tierra, fueren asentadas sobre las aguas del Jordan, las aguas del Jordan se partirán: porque las aguas que vienen de arriba se detendrán en un monton [o].

14 ¶ Y aconteció que partiendo el pueblo de sus tiendas, para pasar el Jordan, y los sacerdotes delante del pueblo llevando el arca del pacto [p],

15 Cuando los que llevaban el arca entraron en el Jordan, así como los pies de los sacerdotes que llevaban el arca fueron mojados á la orilla del agua, (porque el Jordan suele reverter sobre todos sus bordes todo el tiempo de la siega [q],)

16 Las aguas que venian de arriba se pararon como en un monton bien léjos de la ciudad de Adam, que *está* al lado de Sarthan [r], y las que descendian á la mar de los llanos, al mar salado [s], se

[a] Cap. 2. 1.
[b] Cap. 1. 10, 11.
[c] Nu. 10. 33.
[d] Deu. 31. 9, 25.
[e] Cap. 7. 13. Ex. 19. 10, 14. Nu. 11. 18. 1 Sa. 16. 5. Job 1. 5. Joel 2. 16. Juan 17. 19.
[f] Nu. 4. 15.
[g] Cap. 4. 14. 1 Cr. 29. 25. 2 Cr. 1. 1.
[h] Cap. 1. 5.
[i] ver. 17.
[k] Dan. 6. 26. Mat. 16. 16. 1 Tes. 1. 9.
[l] Ex. 33. 2. Deu. 7. 1. Sal. 44. 2.
[m] Is. 54. 5. Mic. 4. 13. Zac. 4. 14. y 6. 5.
[n] Cap. 4. 2.
[o] Sal. 114. 3.
[p] Jer. 3. 16. Heb. 9. 4.
[q] 1 Cr. 12. 15. Jer. 12. 5. y 49. 19.
[r] 1 Rey. 4. 12. y 7. 46.
[s] Deu. 3. 17.

acabaron y fueron partidas; y el pueblo pasó en derecho de Jericó.

17 Mas los sacerdotes que llevaban el arca del pacto de Jehová, estuvieron en[t] seco, firmes en medio del Jordan, hasta que todo el pueblo hubo acabado de pasar el Jordan; y todo Israel pasó en seco.

t Ex. 14. 29.

CAPITULO IV.

Monumento erigido por Josué despues del paso del Jordan.

Y CUANDO toda la gente hubo acabado de pasar el Jordan, Jehová habló á Josué diciendo:

2 Tomad del pueblo doce hombres, de cada tribu uno,

3 Y mandadles diciendo: Tomaos de aquí del medio del Jordan, del lugar donde estan firmes los pies de los sacerdotes, doce piedras, las cuales pasaréis con vosotros, y las asentaréis en el alojamiento donde habeis de tener la noche.

4 Entónces Josué llamó los doce hombres, los cuales habia él ordenado de entre los hijos de Israel, de cada tribu uno,

5 Y díjoles Josué: Pasad delante del arca de Jehová vuestro Dios al medio del Jordan, y cada uno de vosotros tome una piedra sobre su hombro, conforme al número de las tribus de los hijos de Israel;

6 Para que esto sea señal entre vosotros. Y cuando vuestros hijos preguntaren á sus padres mañana[a] diciendo: Qué os *significan* estas piedras?

a ver. 21. Ex. 13. 14. Deu. 6. 20. Sal. 44. 1. y 78. 3, 8.

7 Les responderéis: Que las aguas del Jordan fueron partidas delante del arca del pacto de Jehová; cuando ella pasó el Jordan, las aguas del Jordan se partieron[b]: y estas piedras serán por memoria á los hijos de Israel para siempre.

b Cap. 3. 13, 16.

8 Y los hijos de Israel lo hicieron así como Josué *les* mandó; que levantaron doce piedras del medio del Jordan, como Jehová lo habia dicho á Josué, conforme al número de las tribus de los hijos de Israel, y pasáronlas consigo al alojamiento, y las asentaron allí.

9 Josué tambien levantó doce piedras[c] en medio del Jordan, en el lugar donde estuvieron los pies de los sacerdotes que llevaban el arca del pacto, y han estado allí hasta hoy.

c Ex. 24. 4. 1 Rey. 18. 31.

10 ¶ Y los sacerdotes que llevaban el arca se pararon en medio del Jordan[d], hasta tanto que se acabó todo lo que Jehová habia mandado á Josué que hablase al pueblo, conforme á todas las cosas que Moises habia á Josué mandado: y el pueblo se dió priesa y pasó.

d Cap. 3. 13.

11 Y cuando todo el pueblo acabó de pasar, pasó tambien el arca de Jehová, y los sacerdotes, en presencia del pueblo.

12 Tambien los hijos de Ruben, y los hijos de Gad, y la media tribu de Manassé, pasaron armados delante de los hijos de Israel, segun Moises les habia dicho[e].

e Nu. 32. 20, 29.

13 Como cuarenta mil hombres armados á punto pasaron hácia la campaña de Jericó delante de Jehová, á la guerra.

14 En aquel dia Jehová engrandeció á Josué en ojos de todo Israel[f]; y temiéronle, como habian temido á Moises[g], todos los dias de su vida.

f Cap. 3. 7.
g Ex. 14. 31. 1 Sa. 12. 18. 1 Rey. 3. 28.

15 Y Jehová habló á Josué diciendo:

16 Manda á los sacerdotes que llevan el arca del[h] testimonio, que suban del Jordan.

h Ex. 25. 16, 21.

17 Y Josué mandó á los sacerdotes diciendo: Subid del Jordan.

18 Y aconteció que como los sacerdotes que llevaban el arca del pacto de Jehová, subieron del medio del Jordan, y las plantas de los pies de los sacerdotes estuvieron en seco, las aguas del Jordan se volvieron á su lugar, corriendo como antes sobre todos sus bordes[i].

i Cap. 3. 15.

19 ¶ Y el pueblo subió del Jordan el *dia* diez del mes primero, y asentaron el campo en Gilgal[k], al lado oriental de Jericó.

k Cap. 5. 9.

20 Y Josué erigió en Gilgal las doce piedras que habian traido del Jordan[l],

l ver. 3.

21 Y habló á los hijos de Israel diciendo: Cuando mañana preguntaren vuestros hijos á sus padres, y dijeren, ¿Qué os *significan* estas piedras[m]?

m ver. 6.

22 Declararéis á vuestros hijos, diciendo: Israel pasó[n] en seco por este Jordan.

n Cap. 3. 17.

23 Porque Jehová vuestro Dios secó las aguas del Jordan delante de vosotros, hasta que habiais pasado, á la manera que Jehová vuestro Dios lo habia hecho en el mar Bermejo, al cual secó delante de nosotros hasta que pasamos[o]:

o Ex. 14. 21.

24 Para que todos los pueblos de la tierra conozcan la mano de Jehová, que es fuerte; para que temais á Jehová vuestro Dios todos los dias.

CAPITULO V.

Circuncision del pueblo. Celebracion de la pascua. Cesa el maná. Aparecese á Josué el Angel del Señor.

Y CUANDO todos los reyes de los Amorrhéos, que *estaban* de la otra parte del Jordan al occidente, y todos los reyes de los Cananéos, que *estaban*[a] cerca de la mar, oyeron[b] como Jehová habia secado las aguas del Jordan delante de los hijos de Israel, hasta que hubieron pasado, desfalleció su corazon, y no hubo[c] mas espíritu en ellos delante de los hijos de Israel.

a Nu. 13. 29.
b Ex. 15. 14, 15.
c Cap. 2. 9, 11.

2 En aquel tiempo Jehová dijo á Josué: Hazte cuchillos afilados, y vuelve á circuncidar la segunda vez á los hijos de Israel.

3 Y Josué se hizo cuchillos afilados[d], y circuncidó los hijos de Israel en el monte de los prepucios.

d Ex. 4. 25.

4 Esta es la causa por la cual Josué *les* circuncidó: Todo el pueblo que habia salido de Egipto, *esto es*, los varones, todos los hombres de guerra, habian muerto en el desierto por el camino, despues que salieron de Egipto[e].

e Nu. 26. 64, 65.

5 Y todos los del pueblo que habian salido, estaban circuncidados; mas todo el pueblo que habia nacido en el desierto por el camino, despues que salieron de Egipto, no estaban circuncidados.

6 Porque los hijos de Israel anduvieron por el desierto cuarenta años, hasta que toda la gente de los hombres de guerra, que habian salido de Egipto, fué consumida, por cuanto no obedecieron á la voz de Jehová: por lo cual Jehová les juró que no les[f] dejaria ver la tierra, de la cual Jehová habia jurado á sus padres que nos la daria, tierra que fluye leche y miel.

f Nu. 14. 23. Sal. 95. 10, 11. Heb. 3. 11.

7 Mas los hijos[g] de ellos, que él habia hecho suceder en su lugar, Josué los circuncidó; pues eran incircuncisos, porque no habian sido circuncidados por el camino.

g Nu. 14. 31. Deu. 1. 39.

8 Y cuando hubieron acabado de circuncidar toda la gente, quedáronse en el mismo lugar en el campo, hasta que sanaron.

9 Y Jehová dijo á Josué: hoy he quitado de vosotros[h] el oprobio de Egipto[i]: por lo cual el nombre de aquel lugar fué llamado Gilgal hasta hoy.

h Gen. 34. 14.
i Cap. 24. 14. Ez. 20. 7, y 23. 3, 8.

10 ¶ Y los hijos de Israel asentaron el campo en[k] Gilgal, y celebraron la pascua á los catorce dias[l] del mes, por la tarde, en los llanos de Jericó.

11 Y al otro dia de la pascua comieron del fruto de la tierra los panes sin levadura, y en el mismo dia espigas nuevas tostadas.

12 Y el maná[m] cesó el dia siguiente, desde que comenzaron á comer del fruto de la tierra: y los hijos de Israel nunca mas tuvieron maná[n], sino que comieron de los frutos de la tierra de Canaan aquel año.

13 ¶ Y estando Josué cerca de Jericó, alzó sus ojos, y vió un varon[o] que estaba delante de él, el cual tenia una espada desnuda en su mano. Y Josué yendose hácia él, le dijo: ¿Eres de los nuestros, ó de nuestros enemigos? Y él respondió:

14 No, mas yo *soy* el Príncipe del ejército de Jehová, *que* ahora he venido. Entónces Josué postrandose sobre su rostro en tierra lo adoró, y díjole: Qué dice mi Señor á su siervo?

15 Y el Príncipe del ejército de Jehová respondió á Josué: Quita tus zapatos de tus pies[p]; porque el lugar donde estás es santo. Y Josué lo hizo así.

CAPITULO VI.

A la presencia del arca caen por sí mismas los muros de Jericó, y la ciudad es tomada á sangre y fuego; salvandose solamente Rahab y los suyos. Imprecaciones contra los que vuelvan á edificar la ciudad.

EMPERO Jericó estaba cerrada, bien cerrada, á causa de los hijos de Israel: nadie entraba, ni salia.

2 Mas Jehová dijo á Josué: Mira, yo he entregado en tu mano á Jericó[a], y á su rey *con* sus varones de guerra[b].

3 Cercaréis pues la ciudad todos los hombres de guerra, yendo al rededor de la ciudad una vez *al dia:* y esto haréis seis dias.

4 Y siete sacerdotes llevarán siete bocinas de cuernos de carneros delante del arca: y al séptimo dia daréis siete vueltas á la ciudad, y los sacerdotes tocarán las bocinas[c].

5 Y cuando tocaren prolongadamente el cuerno de carnero, así que oyereis el sonido de la bocina, todo el pueblo gritará á gran voz, y el muro de la ciudad caerá debajo de sí: entónces el pueblo subirá cada uno en derecho de sí.

6 ¶ Y llamando Josué, hijo de Nun, á los sacerdotes, les dijo: Llevad el arca del pacto, y siete sacerdotes lleven bocinas de cuernos de carneros delante del arca de Jehová.

7 Y dijo al pueblo: Pasad, y rodead la ciudad: y los que estan armados pasarán delante del arca de Jehová.

8 Y así que Josué hubo hablado al pueblo, los siete sacerdotes llevando las siete bocinas de cuernos de carneros, pasaron delante del arca de Jehová, y tocaron las bocinas: y el arca del pacto de Jehová los seguia.

9 Y los armados iban delante de los sacerdotes que tocaban las bocinas, y la *demas* gente reunida iba detras del arca andando y tocando bocinas.

10 Y Josué mandó al pueblo diciendo: Vosotros no daréis grita, ni se oirá vuestra voz, ni saldrá palabra de vuestra boca, hasta el dia que yo os diga, Gritad: entónces daréis grita.

11 El arca pues de Jehová dió una vuelta al rededor de la ciudad, y viniéronse al real, en el cual tuvieron la noche.

12 ¶ Y Josué se levantó de mañana, y los sacerdotes tomaron el arca de Jehová.

13 Y siete sacerdotes, llevando las siete bocinas de cuernos de carneros, fueron delante del arca de Jehová, andando siempre y tocando las bocinas: y los armados iban delante de ellos, y la *demas* gente reunida iba detras del arca de Jehová, andando y tocando las bocinas.

14 Así dieron otra vuelta á la ciudad el segundo dia, y volvieronse al real: de esta manera hicieron por seis dias.

15 ¶ Y al séptimo dia[d] levantáronse cuando subia el alba, y dieron vuelta á la ciudad de la misma manera siete veces: solamente este dia dieron vuelta al rededor de ella siete veces.

16 Y como los sacerdotes hubieron tocado las bocinas la séptima vez, Josué dijo al pueblo: Dad grita[e], porque Jehová os ha entregado la ciudad.

17 Mas la ciudad será anatema[f] á Jehová, ella con todas las cosas que estan en ella: solamente Rahab la ramera vivirá, con todos los que estuvieren en casa con ella, por cuanto escondió los mensageros que enviamos[g].

18 Empero guardaos vosotros del anatema[h], que ni toqueis, ni tomeis alguna cosa del anatema, porque no hagais anatema el campo de Israel, y lo turbeis[i].

19 Mas toda la plata, y el oro, y vasos de metal y de hierro, sea consagrado á Jehová, *y* venga al tesoro de Jehová[k].

20 Entónces el pueblo dió grita, y *los sacerdotes* tocaron las bocinas: y aconteció que como el pueblo hubo oido el sonido de la bocina, dió el pueblo grita con gran vocería, y el muro cayó á plomo[l]. El pueblo subió luego á la ciudad, cada uno en derecho de sí, y tomaronla.

21 Y destruyeron todo lo que en la ciudad habia; hombres y mujeres, mozos y viejos, hasta los bueyes, y ovejas, y asnos, á filo de espada[m].

22 Mas Josué dijo á los dos hombres que habian reconocido la tierra: Entrad en casa de la mujer ramera, y haced salir de allá á la mujer, y todo lo que fuere suyo, como le jurasteis[n].

23 Y los mancebos espias entraron, y sacaron á Rahab, y á su padre, y á su madre, y á sus hermanos, y todo lo que era suyo; y tambien sacaron á toda su parentela, y pusieronlos fuera del campo de Israel.

24 Y consumieron con fuego la ciudad[o], y todo lo que en ella *habia:* solamente pusieron en el tesoro de la[p] casa de Jehová la plata, y el oro, y los vasos de metal y de hierro.

25 Mas Josué salvó la vida á Rahab la ramera[q], y á la casa de su padre, y todo lo que ella tenia: y habitó ella entre los Israelitas hasta hoy[r]; por cuanto escondió los mensageros, que Josué envió á reconocer á Jericó[s].

26 ¶ Y en aquel tiempo Josué *les* juramentó diciendo: Maldito delante de Jehová el hombre que se levantare y reedificare esta ciudad de Jericó. En su primogénito eche sus cimientos[t], y en su menor *hijo* asiente sus puertas.

27 Fué pues Jehová con Josué[u], y su nombre se divulgó por toda la tierra.

CAPITULO VII.

Castiga Dios á los Israelitas por el hurto sacrílego de Achân; el cual muere apedreado por órden del Señor.

EMPERO los hijos de Israel cometieron prevaricacion en el anatema: porque Achân, hijo de Charmi, hijo de Zabdi, hijo de Sera, de la tribu de Judá,

Marginal references (left, partly cut off): [k] ...p. 4. 19. — [l] ...12. 6. ...9. 5. — [m] ...16. 35. ...9. 20. — [n] ...7. 12. — [o] ...22. 24. ...22. 23. — [p] ...3. 5. ...ch. 7. 33. — [a] ...p. 2. 9. — [b] ...1. 1. ...ra. 7. 24. — [c] ...a. 10. 8.

Marginal references (right): [d] ver. 4. — [e] ver. 5. — [f] Lev. 27. 28. Mic. 4. 13. — [g] Cap. 2. 4. — [h] Cap. 7. 1. Deu. 7. 26. y 13. 17. 2 Cor. 6. 17. — [i] Cap. 7. 25. — [k] Nu. 31. 54. — [l] ver. 5. Heb. 11. 30. — [m] Deu. 7. 2, 16. y 20. 16, 17. 1 Sa. 15. 3, 18. 1 Rey. 20. 42. Sal. 137. 8, 9. Jer. 48. 10. — [n] Cap. 2. 14. — [o] Deu. 13. 16. — [p] ver. 19. — [q] Heb. 11. 31. — [r] Mat. 1. 5. — [s] Sant°. 2. 25. — [t] 1 Rey. 16. 34. — [u] Deu. 31. 6.

a Cap. 6. 18. y 22. 20. 1 Cr. 2. 7.

tomó del anatema a; y la ira de Jehová se encendió contra los hijos de Israel.

2 ¶ Y Josué envió hombres desde Jericó á Hai, que *estaba* junto á Beth-aven hácia el oriente de Beth-el, y hablóles diciendo: Subid, y reconoced la tierra. Y ellos subieron, y reconocieron á Hai.

3 Y volviendo á Josué dijéronle: No suba todo el pueblo, mas suban como dos mil ó como tres mil hombres, y tomarán á Hai: no fatigues á todo el pueblo allí, porque son pocos.

4 Y subieron allá del pueblo como tres mil hombres, los cuales huyeron delante de los de Hai.

5 Y los de Hai hirieron de ellos como treinta y seis hombres, y siguiéronlos desde la puerta hasta Sebarim, y los rompieron en la bajada: por lo que se disolvió el corazon del pueblo, y vino á ser *como* agua.

6 Entónces Josué rompió sus vestidos, y postróse en tierra sobre su rostro delante del arca hasta la tarde, él y los ancianos de Israel; y echaron polvo sobre sus cabezas b.

b 1 Sa. 4. 12. 2 Sa. 1. 2. y 13. 19. Neh. 9. 1. Job 2. 12.
c Ex. 5. 22. 2 Rey. 3. 10.

7 Y Josué dijo: ¡Ah, Señor Jehová! ¿Por qué hiciste pasar á este pueblo el Jordan, para entregarnos en las manos de los Amorrhéos, que nos destruyan c? Ojalá nos hubieramos quedado de la otra parte del Jordan!

8 Ay Señor! ¿qué diré, ya que Israel ha vuelto las espaldas delante de sus enemigos?

d Ex. 32. 12. Nu. 14. 13.
e Ex. 36. 22, 23.

9 Porque los Cananéos, y todos los moradores de la tierra, oirán *esto* d, y nos cercarán, y raerán nuestro nombre de sobre la tierra: entónces ¿qué harás tú á tu grande Nombre e?

10 ¶ Y Jehová dijo á Josué: Levántate; ¿por qué te postras así sobre tu rostro?

f Cap. 6. 17, 18.
g ver. 21.

11 Israel ha pecado, y aun han quebrantado mi pacto que yo les habia mandado f; pues aun han tomado del anatema g, y hasta han hurtado, y tambien han mentido, y aun lo han guardado entre sus enseres.

h Nu. 14. 45. Juec. 2. 14.
i Cap. 6. 18. Deu. 7. 26.

12 Por esto los hijos de Israel no podrán estar delante de sus enemigos h, sino que delante de sus enemigos volverán las espaldas, por cuanto han venido á ser anatema i: ni seré mas con vosotros, si no destruyereis el anatema de en medio de vosotros.

k Cap. 3. 5.

13 Levántate, santifica al pueblo k, y dí: Santificaos para mañana, porque Jehová el Dios de Israel dice así: Anatema *hay* en medio de tí, Israel; no podrás estar delante de tus enemigos, hasta tanto que hayais quitado el anatema de en medio de vosotros.

l 1 Sa. 10. 19. y 14. 38, 42.
m Pro. 16. 33. Jon. 1. 7.

14 Os allegaréis pues mañana por vuestras tribus l; y la tribu que Jehová tomare m, se allegará por sus familias; y la familia que Jehová tomare, se allegará por sus casas; y la casa que Jehová tomare, allegaráse hombre á hombre.

n Gen. 34. 7. Juec. 20. 6.

15 Y el que fuere cogido en el anatema, será quemado á fuego, él y todo lo que tiene, por cuanto ha quebrantado el pacto de Jehová, y ha cometido maldad en Israel n.

16 ¶ Josué pues levantandose de mañana, hizo allegar á Israel por sus tribus; y fué tomada la tribu de Judá.

17 Y haciendo allegar la tribu de Judá, fué tomada la familia de los de Zarhi: haciendo luego allegar la familia de los de Zarhi por los varones, fué tomado Zabdi:

18 E hizo allegar su casa por los varones, y fué tomado Achân, hijo de Charmi, hijo de Zabdi, hijo de Zera, de la tribu de Judá.

o 1 Sa. 6. [illegible] Juan 9. [illegible]
p Nu. 5. 6, [illegible] 2 Cr. 30. [illegible] 12. Esd. 10. [illegible] 11. Sal. 32. 5 y 51. 3. Jer. 3. 1[illegible] 13. Dan. 9. 4 1 Juan 1. 10.
q 1 Tim. 6. [illegible]

19 Entónces Josué dijo á Achân: Hijo mio, dá ahora gloria á Jehová el Dios de Israel, y o dále alabanza, y p declárame ahora lo que has hecho; no me lo encubras.

20 Y Achân respondió á Josué diciendo: Verdaderamente yo he pecado contra Jehová el Dios de Israel, y he hecho así y así:

21 Que ví entre los despojos un manto Babilónico muy bueno, y doscientos siclos de plata, y un changote de oro de peso de cincuenta siclos; lo cual codicié q, y tomé: y hé aquí que está escondido debajo de tierra en el medio de mi tienda, y el dinero *está* debajo de ello.

22 Josué entónces envió mensageros, los cuales fueron corriendo á la tienda; y hé aquí *estaba todo* escondido en su tienda, y el dinero debajo de ello.

23 Y tomandolo de en medio de la tienda, trajéronlo á Josué, y á todos los hijos de Israel, y pusiéronlo delante de Jehová.

24 Entónces Josué, y todo Israel con él, tomó á Achân, hijo de Zera, y el dinero, y el manto, y el changote de oro, y sus hijos, y sus hijas, y sus bueyes, y sus asnos, y sus ovejas, y su tienda, y todo cuanto tenia, y lleváronlo todo al valle de Achôr.

r 1 Cr. 2. [illegible] Heb. 12. [illegible]
s Deu. 17. [illegible]

25 Y dijo Josué: ¿Por qué nos has turbado r? Túrbete Jehová en este dia. Y todos los Israelitas lo apedrearon, y los quemaron al fuego s, despues de apedrearlos con piedras.

t Cap. 8. [illegible] 2 Sa. 18. [illegible]
‖ *de turbacion.*

26 Y levantaron sobre él un gran monton de piedras hasta hoy t. Y Jehová se tornó de la ira de su furor. Y por esto fué llamado aquel lugar el Valle de ‖ Achôr, hasta hoy.

CAPITULO VIII.

Conquista de la ciudad de Hai. Bendiciones y maldiciones pronunciadas en los montes Ebal y Gerisim.

Y JEHOVA dijo á Josué: No temas, ni desmayes: toma contigo toda la gente de guerra, y levántate y sube á Hai. Mira, yo he entregado en tu mano al rey de Hay, y á su pueblo, á su ciudad, y á su tierra.

a Cap. 6. [illegible]
b Deu. 20. [illegible]

2 Y harás á Hai, y á su rey, como hiciste á Jericó a y á su rey: solo que sus despojos y sus bestias tomaréis para vosotros b. Pondrás pues emboscadas á la ciudad detras de ella.

3 Y levantóse Josué, y toda la gente de guerra, para subir contra Hai: y escogió Josué treinta mil hombres fuertes, los cuales envió de noche,

4 Y mandóles diciendo: Mirad, pondréis emboscada á la ciudad detras de ella: no os alejaréis mucho de la ciudad, y estaréis apercibidos.

c Cap. 7. [illegible]

5 Y yo, y todo el pueblo que *está* conmigo, nos acercarémos á la ciudad: y cuando saldrán ellos contra nosotros, como hicieron antes c, huirémos delante de ellos:

6 Y ellos saldrán tras nosotros, hasta que los arranquemos de la ciudad. Porque ellos dirán: Huyen de nosotros como la primera vez. Huirémos pues delante de ellos.

7 Entónces vosotros os levantaréis de la emboscada, y os echaréis sobre la ciudad; pues Jehová vuestro Dios la entregará en vuestras manos.

8 Y cuando la hubiereis tomado, le prenderéis fuego. Haréis conforme á la

palabra de Jehová. Mirad que os lo hè mandado.

9 Entónces Josué los envió; y ellos se fueron á la emboscada, y pusiéronse entre Beth-el y Hai, al occidente de Hai: y Josué se quedó aquella noche en medio del pueblo.

10 Y levantandose Josué de mañana revistó el pueblo, y subió él, con los ancianos de Israel, delante del pueblo contra Hai.

11 Y toda la gente de guerra que con él estaba, subió, y acercóse, y llegaron delante de la ciudad; y asentaron el campo á la parte del Norte de Hai: y el valle *estaba* entre él y Hai.

12 Y tomó como cinco mil hombres, y púsolos en emboscada entre Beth-el y Hai, á la parte occidental de la ciudad.

13 Y el pueblo, *es á saber*, todo el campo que *estaba* á la parte del Norte de la ciudad, colocado ya cerca, y su emboscada al occidente de la ciudad, vínose Josué aquella noche al medio del valle.

14 Lo cual como viese el rey de Hai, levantóse prestamente de mañana, y salió con la gente de la ciudad contra Israel, él y todo su pueblo, para combatir por el llano al tiempo señalado, no sabiendo que le estaba puesta emboscada á las espaldas de la ciudad [d].

15 Entónces Josué y todo Israel, haciendose vencidos, huyeron delante de ellos por el camino del desierto.

16 Y todo el pueblo que *estaba* en Hai se juntó para seguirlos: y siguieron á Josué, siendo así arrancados de la ciudad.

17 Y no quedó hombre en Hai, y Beth-el, que no saliera tras Israel: y por seguir á Israel, dejaron la ciudad abierta.

18 Entónces Jehová dijo á Josué: Levanta la lanza que tienes en tu mano hácia Hai, porque yo la entregaré en tu mano. Y Josué levantó hácia la ciudad la lanza que en su mano tenia.

19 Y levantandose prestamente de su lugar los que estaban en la emboscada, corrieron luego que él alzó su mano, y vinieron á la ciudad, y la tomaron, y apresuráronse á prenderle fuego.

20 Y como los de la ciudad miraron atras, observaron, y hé aquí el humo de la ciudad que subia al cielo, y no tuvieron arbitrio para huir á una parte ni á otra: y el pueblo que iba huyendo hácia el desierto, se volvió contra los que le seguian.

21 Josué pues y todo Israel, viendo que los de la emboscada habian tomado la ciudad, y que el humo de la ciudad subia, tornaron, é hirieron á los de Hai.

22 Y los otros salieron de la ciudad á su encuentro; y así fueron encerrados en medio de Israel, *teniendo* los unos de la una parte, y los otros de la otra. Y así los hirieron hasta que no quedó ninguno de ellos que escapase [e].

23 Y tomaron vivo al rey de Hai, y trajéronlo á Josué.

24 Y cuando los Israelitas acabaron de matar todos los moradores de Hai en el campo, en el desierto donde ellos los habian perseguido, y que todos habian caido á filo de espada hasta ser consumidos, todos los Israelitas se tornaron á Hai, y tambien la pusieron á cuchillo.

25 Y el número de los que cayeron aquel dia, hombres y mujeres, fué doce mil, todos los de Hai.

26 Y Josué no retrajo su mano [f], que habia extendido con la lanza, hasta que hubo destruido todos los moradores de Hai.

[d] Juec. 20. 36, etc. Ex. 9. 12.
[e] Deu. 7. 2.
[f] Ex. 17. 11, 12.

27 Empero los Israelitas tomaron para sí las bestias y los despojos de la ciudad [g], conforme á la palabra de Jehová que él habia mandado á Josué [h].

28 Y Josué quemó á Hai [i], y redújola á un monton perpetuo, asolada hasta hoy.

29 Mas al rey de Hai colgó de un madero [k] hasta la tarde: y como el sol se puso, mandó Josué que quitasen del madero su cuerpo, y [l] lo echasen á la puerta de la ciudad: y levantaron sobre él un gran monton de piedras hasta hoy [m].

30 ¶ Entónces Josué edificó un altar á Jehová Dios de Israel en el monte de Hebal [n],

31 Como Moises, siervo de Jehová, lo habia mandado á los hijos de Israel, como está escrito en el libro de la ley de Moises [o]; un altar de piedras enteras, sobre las cuales nadie alzó hierro: y ofrecieron sobre él holocaustos á Jehová, y sacrificaron víctimas pacíficas.

32 Tambien escribió allí en piedras la repeticion de la ley de Moises [p], la cual él habia escrito delante de los hijos de Israel.

33 Y todo Israel, y sus ancianos, oficiales, y jueces, estaban de la una y de la otra parte junto al arca, delante de los sacerdotes Levitas que llevan el arca del pacto de Jehová [q]; *todos* así extranjeros como naturales: la mitad de ellos estaba hácia el monte de Gerizim, y la otra mitad hácia el monte de Hebal, de la manera que Moises, siervo de Jehová, lo habia mandado antes [r], para que bendijesen primeramente al pueblo de Israel.

34 Despues de esto leyó todas las palabras de la ley [s], las bendiciones y las maldiciones [t], conforme á todo lo que está escrito en el libro de la ley.

35 No hubo palabra alguna de todas las cosas que mandó Moises, que Josué no hiciese leer delante de toda la congregacion de Israel, mujeres y niños, y extranjeros que andaban entre ellos.

CAPITULO IX.

Los Gabaonitas engañan á los Hebréos, y salvan sus vidas; mas quedan despues obligados á perpetua servidumbre.

Y ACONTECIO *que* como oyeron *estas cosas* todos los reyes que *estaban* de esta parte del Jordan, así en las montañas como en los llanos, y en toda la [a] costa de la gran mar delante del Líbano, los Hethéos, Amorrhéos, Cananéos, Pherezéos, Hevéos, y Jebuséos [b],

2 Juntáronse á una de un acuerdo, para pelear contra Josué é Israel.

3 ¶ Mas los moradores de Gabaon [c], como oyeron lo que Josué habia hecho á Jericó y á Hai [d],

4 Ellos usaron tambien de astucia; pues fueron y fingiéronse embajadores, y tomaron sacos viejos sobre sus asnos, y cueros viejos de vino, rotos y remendados,

5 Y zapatos viejos y recosidos en sus piés, con vestidos viejos sobre sí: y todo el pan que traian para el camino, seco y mohoso.

6 Así vinieron á Josué [e] al campo en Gilgal, y dijéronle *á él* y á los de Israel: Nosotros venimos de tierra muy lejana; haced pues ahora con nosotros alianza.

7 Y los de Israel respondieron á los Hevéos [f]: Quizas vosotros habitais en medio de nosotros: ¿cómo pues podrémos nosotros hacer alianza con vosotros [g]?

[g] Nu. 31. 22, 26.
[h] ver. 2.
[i] Deu. 13. 16.
[k] Cap. 10. 26, 27.
[l] Deu. 21. 22, 23.
[m] Cap. 7. 26.
[n] Deu. 27. 4, 5.
[o] Ex. 20. 25.
[p] Deu. 27. 2, 3, 8.
[q] Deu. 31. 9, 25.
[r] Deu. 11. 29. y 27. 12, 13.
[s] Deu. 31. 11. Neh. 8. 2, 3. y 13. 1.
[t] Lev. 26. 3, etc. Deu. 29. 15, 26. y XXVIII. y XXIX. y 30. 15, 20.
[a] Nu. 34. 6.
[b] Ex. 3. 17. y 23. 23.
[c] Cap. 10. 2.
[d] Deu. 29. 11. 2 Cr. 2. 17, 18.
[e] Cap. 5. 10.
[f] Cap. 11. 19.
[g] Ex. 23. 32. Deu. 7. 2. Juec. 2. 2.

8 Y ellos respondieron á Josué: Nosotros *somos* tus siervos. Y Josué les dijo: Quién *sois* vosotros, y de donde venís?

9 Y ellos respondieron: Tus siervos han venido [h] de muy lejanas tierras por la fama de Jehová tu Dios: porque hemos oido su fama, y todas las cosas que hizo en Egipto [i],

10 Y todo lo que hizo á los dos reyes de los Amorrhéos, que *estaban* de la otra parte del Jordan; á Sehon, rey de Hesbon, y á Og, rey de Basan, que *estaba* en Astaroth [k].

11 Por lo cual nuestros ancianos y todos los moradores de nuestra tierra nos dijeron: Tomad en vuestras manos provision para el camino, é id al encuentro de ellos, y decidles: Nosotros *somos* vuestros siervos, y haced ahora con nosotros alianza.

12 Este nuestro pan tomamos caliente de nuestras casas para el camino el dia que salimos para venir á vosotros; y hélo aquí ahora que está seco y mohoso.

13 Estos cueros de vino tambien los henchimos nuevos; hélos aquí ya rotos: tambien estos nuestros vestidos y nuestros zapatos estan ya viejos á causa de lo muy largo del camino.

14 Y los hombres *de Israel* tomaron de su provision del camino, y no preguntaron la boca de Jehová [l].

15 Y Josué hizo paz con ellos [m], y concertó con ellos que les dejaria la vida: tambien los príncipes de la congregacion les juraron [n].

16 Pasados tres dias despues que hicieron con ellos el concierto, oyeron como eran sus vecinos, y que habitaban en medio de ellos.

17 Y partiéronse los hijos de Israel, y al tercer dia llegaron á sus ciudades: y sus ciudades *eran* Gabaon, Caphira, Beeroth, y Ciriathiearim [o].

18 Y no los hirieron los hijos de Israel, por cuanto los príncipes de la congregacion les habian jurado por Jehová el Dios de Israel [p]: y toda la congregacion murmuraba contra los príncipes.

19 Mas todos los príncipes respondieron á toda la congregacion: Nosotros les hemos jurado por Jehová Dios de Israel; por tanto ahora no les podemos tocar.

20 Esto harémos con ellos; les dejarémos vivir, porque no venga ira sobre nosotros á causa del juramento que les hemos hecho [q].

21 Y los príncipes les dijeron: Vivan; mas sean leñadores y [r] aguadores para toda la congregacion, como los príncipes les han dicho.

22 Y llamandolos Josué, les habló diciendo: ¿Por qué nos habeis engañado diciendo, Habitamos muy léjos de vosotros, una vez que morais en medio de nosotros?

23 Vosotros pues ahora *seréis* malditos, y no faltará de vosotros siervo, y quien corte la leña, y saque el agua para la casa de mi Dios.

24 Y ellos respondieron á Josué, y dijeron: Como fué dado á entender á tus siervos que Jehová tu Dios habia mandado á Moises, su siervo, que os habia de dar toda la tierra, y que habia de destruir todos los moradores de la tierra delante de vosotros [s], por esto temimos en gran manera de vosotros por nuestras vidas, é hicimos esto.

25 Ahora pues hénos aquí en tu mano: lo que te pareciere bueno y recto hacer de nosotros, hazlo.

26 Y él lo hizo así; que los libró de la mano de los hijos de Israel, para que no los matasen.

[h] Deu. 20. 15.
[i] Cap. 2. 10. Ex. 15. 14.
[k] Nu. 21. 24, 33.
[l] Nu. 27. 21. Juec. 1. 1. y 20. 18, 28. 1 Sa. 23. 10, 11. y 30. 8. 2 Sa. 2. 1. y 5. 19.
[m] Cap. 11. 19.
[n] 2 Sa. 21. 2.
[o] Cap. 18. 25, 28.
[p] Sal. 15. 4.
[q] 2 Sa. 21. 1, 6. Ez. 17. 12, 21. Zac. 5. 3, 4. Mal. 3. 5.
[r] Deu. 29. 11. 2 Cr. 2. 17, 18.
[s] Ex. 23. 32. Deu. 7. 1, 2.

27 Y constituyóles Josué aquel dia por leñadores y aguadores para la congregacion, y para el altar de Jehová, en el lugar que él escogiese; *lo que son* hasta hoy.

CAPÍTULO X.

Victorias prodigiosas de Josué, el cual hace parar el Sol: manda quitar la vida á cinco reyes; y toma varias ciudades.

Y COMO Adonisedec, rey de Jerusalem, oyó que Josué habia tomado á Hai, y que la habia asolado; (*porque* como habia hecho á Jericó y á su rey [a], así hizo á Hai y á su rey,) y que los moradores de Gabaon habian hecho paz con los Israelitas, y que estaban entre ellos,

2 Tuvieron muy gran temor: porque Gabaon *era* una gran ciudad, como una de las ciudades reales, y mayor que Hai, y todos sus hombres fuertes.

3 Envió pues á decir Adonisedec, rey de Jerusalem, á Oham rey de Hebron, y á Piream, rey de Jerimoth, y á Japhia, rey de Lachis, y á Debir, rey de Eglon,

4 Subid á mí, y ayudadme, y combatamos á Gabaon: porque ha hecho paz con Josué y con los hijos de Israel.

5 Y cinco reyes de los Amorrhéos, el rey de Jerusalem, el rey de Hebron, el rey de Jerimoth, el rey de Lachis, el rey de Eglon, se juntaron y subieron, ellos con todos sus ejércitos, y asentaron campo sobre Gabaon, y pelearon contra ella.

6 ¶ Y los moradores de Gabaon enviaron á decir á Josué al campo en Gilgal [b]: No encojas tus manos de tus siervos; sube prestamente á nosotros, para guardarnos y ayudarnos: porque todos los reyes de los Amorrhéos, que habitan en las montañas, se han juntado contra nosotros.

7 Y subió Josué de Gilgal, él y todo el pueblo de guerra con él, y todos los valientes hombres.

8 Y Jehová dijo á Josué: No tengas temor de ellos [c]; porque yo los he entregado en tu mano, y ninguno de ellos parará delante de tí.

9 Y Josué vino á ellos de repente, *porque* toda la noche subió desde Gilgal.

10 Y Jehová los turbó delante de Israel, é hiriólos con gran mortandad en Gabaon [d]; y siguiólos por el camino que sube á Beth-oron, é hiriólos hasta Azeca, y Maceda.

11 Y como iban huyendo de los Israelitas, á la bajada de Beth-oron Jehová echó sobre ellos del cielo grandes piedras [e] hasta Azeca, y murieron: muchos mas murieron de las piedras del granizo, que los que los hijos de Israel habian muerto á cuchillo.

12 Entónces Josué habló á Jehová el dia que Jehová entregó al Amorrhéo delante de los hijos de Israel, y dijo en presencia de los Israelitas: Sol [f], detente en Gabaon; y *tú*, Luna, en el valle de Ajalon.

13 Y el sol se detuvo, y la luna se paró, hasta tanto que la gente se hubo vengado de sus enemigos. ¿No está aquesto escrito en el libro de Jasher [‖]? Y el sol se paró en medio del cielo, y no se apresuró á ponerse casi un dia entero [g].

14 Y nunca fué tal dia antes ni despues de aquel, habiendo atendido Jehová á la voz de un hombre: porque Jehová peleaba por Israel [h].

15 Y Josué, y todo Israel con él, volviase al campo en Gilgal.

16 Pero los cinco reyes huyeron, y se escondieron en una cueva en Maceda.

[a] Cap. 8. 2, 28.
[b] Cap. 9. 6.
[c] Cap. 11. 6.
[d] Is. 28. 21.
[e] Ex. 9. 22, 26. Sal. 18. 13, 14. Is. 30. 30. Ap. 16. 21.
[f] Hab. 3. 11.
‖ *la rectitud*
[g] Is. 38. 8.
[h] Deu. 1. 30.

17 Y fué dicho á Josué que los cinco reyes habian sido hallados en una cueva en Maceda.

18 Entónces Josué dijo: Rodad grandes piedras á la boca de la cueva, y poned hombres junto á ella que los guarden:

19 Y vosotros no os pareis, sino seguid á vuestros enemigos, y heridles la retaguardia, sin dejarlos entrar en sus ciudades; porque Jehová vuestro Dios los ha entregado en vuestra mano.

20 Y aconteció *que* como Josué y los hijos de Israel hubieron acabado de herirlos con mortandad muy grande, hasta destruirles, los que quedaron de ellos se metieron en las ciudades fuertes.

21 Y todo el pueblo se volvió salvo al campo á Josué en Maceda; que no hubo quien moviese su lengua [i] contra los hijos de Israel.

22 Entónces dijo Josué: Abrid la boca de la cueva, y sacadme de ella á estos cinco reyes.

23 E hiciéronlo así, y sacáronle de la cueva aquellos cinco reyes, al rey de Jerusalem, al rey de Hebron, al rey de Jerimoth, al rey de Lachis, al rey de Eglon.

24 Y cuando hubieron sacado estos reyes á Josué, llamó Josué á todos los varones de Israel, y dijo á los principales de la gente de guerra que habian venido con él: Llegad, y poned vuestros piés sobre los pescuezos de aquestos reyes. Y ellos se llegaron, y pusieron sus piés sobre los pescuezos de ellos.

25 Y Josué les dijo: No temais [k], ni os atemorizeis; sed fuertes y valientes: porque así hará Jehová á todos vuestros enemigos contra los cuales peleais [l].

26 Y despues de esto Josué los hirió, y los mató, é hizolos colgar [m] en cinco maderos: y quedaron colgados en los maderos hasta la tarde [n].

27 Y cuando el sol se iba á poner, mandó Josué que los quitasen de los maderos, y los echasen en la cueva donde se habian escondido; y pusieron grandes piedras á la boca de la cueva, *que estan* hasta hoy.

28 ¶ En aquel mismo dia tomó Josué á Maceda, y la puso á cuchillo, y mató á su rey; á ellos y á todo lo que en ella tenia vida, sin quedar nada: mas al rey de Maceda hizo como habia hecho al rey de Jericó [o].

29 ¶ Y de Maceda pasó Josué, y todo Israel con él, á Libna [p]; y peleó contra Libna:

30 Y Jehová la entregó tambien á ella, y á su rey, en mano de Israel; y metióla á filo de espada con todo lo que en ella habia vivo, sin quedar nada: mas á su rey hizo de la manera que habia hecho al rey de Jericó [q].

31 ¶ Y Josué, y todo Israel con él, paso de Libna á Lachis, y [r] puso campo contra ella, y combatióla.

32 Y Jehová entregó á Lachis en mano de Israel, y tomóla el dia siguiente, y metióla á cuchillo con todo lo que en ella habia vivo, como habia hecho en Libna.

33 ¶ Entonces Horam, rey de Gezer, subió en ayuda de Lachis; mas á él y á su pueblo hirió Josué, hasta no quedar ninguno de ellos.

34 ¶ De Lachis pasó Josué, y todo Israel con él, á Eglon [s]; y pusieron campo contra ella, y combatieronla:

35 Y la tomaron el mismo dia, y metiéronla á cuchillo; y aquel dia mató todo lo que en ella habia vivo, como habia hecho en Lachis [t].

36 ¶ Subió luego Josué, y todo Israel con él, de Eglon á Hebron [u], y combatiéronla:

37 Y tomandola la metieron á cuchillo, á su rey, y á todas sus ciudades, con todo lo que en ella habia vivo, sin quedar nada: como habian hecho á Eglon, así la destruyeron con todo lo que en ella habia vivo.

38 ¶ Y volviendose Josué, y todo Israel con él, sobre Debir, combatióla [x],

39 Y tomóla, y á su rey, y á todas sus villas; y metiéronlos á cuchillo, y destruyeron todo lo que allí dentro habia vivo, sin quedar nada: como habia hecho á Hebron, así hizo á Debir y á su rey; y como habia hecho á Libna y á su rey.

40 ¶ Hirió pues Josué toda la region de las montañas, y del Mediodia, y de los llanos, y de las cuestas, y á todos sus reyes sin quedar nada: todo lo que tenia vida mató, al modo que Jehová Dios de Israel lo habia mandado [y].

41 E hiriólos Josué desde [z] Cades-barnea hasta Gaza [a], y toda la tierra de [b] Gosen hasta Gabaon [c].

42 Todos estos reyes y sus tierras tomó Josué de una vez; porque Jehová el Dios de Israel peleaba por Israel [d].

43 Y tornóse Josué, y todo Israel con él, al campo en Gilgal.

CAPITULO XI.

Alcanza Josué nuevas victorias, y sujeta casi toda la tierra de Canaan.

OYENDO esto Jabin, rey de Hasor [a], envió *mensaje* á Jobab, rey de Madon, y al rey de Simron, y al rey de Achsaph,

2 Y á los reyes que *estaban* á la parte del Norte en las montañas, y en el llano al Mediodia de Chinneroth [b], y en los llanos, y en las regiones de [c] Dor al Occidente;

3 Y al Cananéo *que estaba* al Oriente y al Occidente, y al Amorrhéo, y al Hethéo, y al Pherezéo, y al Jebuséo en las montañas, y al Hevéo [d] *que estaba* debajo de Hermon [e] en tierra de Mispa.

4 Estos salieron, y con ellos todos sus ejércitos, pueblo mucho en gran manera, como la arena que *está* á la orilla del mar [f], con gran muchedumbre de caballos y carros.

5 Todos estos reyes se juntaron, y viniendo reunieron los campos junto á las aguas de Merom, para pelear contra Israel.

6 ¶ Mas Jehová dijo á Josué: No tengas temor de ellos [g], que mañana á esta hora yo entregaré á todos estos muertos delante de Israel: á sus caballos [h] desjarretarás, y sus carros quemarás al fuego [i].

7 Y vino Josué, y con él todo el pueblo de guerra, contra ellos, y dió de repente sobre ellos juntos á las aguas de Merom.

8 Y entrególos Jehová en mano de Israel, los cuales les hirieron, y siguieron hasta Sidon la grande, y hasta las Aguas calientes, y hasta el llano de Mispa al Oriente, hiriendolos hasta que no les dejaron ninguno.

9 Y Josué hizo con ellos como Jehová le habia mandado [k]: desjarretó sus caballos, y sus carros quemó al fuego [l].

10 Y tornandose Josué tomó en el mismo tiempo á Asor, é hirió á cuchillo á su rey: la cual Asor habia sido antes cabeza de todos estos reinos.

11 E hirieron á cuchillo todo cuanto en ella habia vivo, destruyendo y no dejando cosa á vida: y á Asor pusieron á fuego.

12 Asimismo tomó Josué todas las ciu-

[i] Ex. 11. 7.
[k] Cap. 1. 9. Deu. 31. 6, 8.
[l] Deu. 3. 21. y 7. 19.
[m] Deu. 8. 37. Cap. 8. 29.
[n] Deu. 21. 23.
[o] Cap. 6. 21.
[p] Cap. 21. 13. 2 Rey. 8. 22. y 19. 8.
[q] ver. 28.
[r] ver. 3, 5.
[s] ver. 3.
[t] ver. 32.

[u] Cap. 14. 13. y 15. 13. Juec. 1. 10. 2 Sa. 5. 1, 5. y 15. 9, 10. 1 Cr. 12. 23, 38.
[x] Cap. 15. 15. Juec. 1. 11.
[y] Deu. 7. 2. y 20. 16, 17.
[z] Deu. 9. 23.
[a] Gen. 10. 19. 1 Sa. 6. 17.
[b] Deu. 9. 28.
[c] ver. 2, 12. 1 Rey. 3. 5.
[d] ver. 14.

[a] Cap. 10. 3.
[b] Nu. 34. 11.
[c] Cap. 17. 11. Juec. 1. 27. 1 Rey. 4. 11.
[d] Juec. 3. 3.
[e] Cap. 13. 11.
[f] Juec. 7. 12. 1 Sa. 13. 5.
[g] Cap. 10. 8.
[h] 2 Sa. 8. 4.
[i] Sal. 20. 7. y 46. 9. Is. 31. 1. Os. 14. 3.
[k] ver. 6.
[l] Ex. 39. 9, 10.

dades de aquestos reyes, y á todos los reyes de ellas, y los metió á cuchillo, y los destruyó, como Moises, siervo de Jehová, lo habia mandado [m].

[m Nu. 33. 52. Deu. 7. 2. y 20. 16, 17.]

13 Empero todas las ciudades que estaban en sus cabezos, no las quemó Israel, sacando á sola Asor, la cual quemó Josué.

14 Y los hijos de Israel tomaron para sí todos los despojos y bestias de aquestas ciudades: empero á todos los hombres metieron á cuchillo hasta destruirlos, sin dejar alguno á vida.

15 De la manera que Jehová lo habia mandado á Moises su siervo, así Moises lo mandó á Josué; y así Josué lo hizo, sin quitar palabra de todo lo que Jehová habia mandado á Moises.

16 ¶ Tomó pues Josué toda aquella tierra, las montañas, y toda la *region* del Mediodia, y toda la tierra de Gosen [n], y los bajos y los llanos, y la montaña de Israel, y sus valles:

[n Cap. 10. 41.]

17 Desde el monte de Halak [o], que sube hasta Seir, hasta Baal-gad en la llanura del Líbano á las raices del monte Hermon: tomó asimismo todos [p] sus reyes, los cuales hirió, y mató.

[o Cap. 12. 7.] [p Cap. 12. 9, 24. Deu. 7. 24.]

18 Por muchos dias tuvo guerra Josué con estos reyes.

19 No hubo ciudad que hiciese paz con los hijos de Israel, sacados los Hevéos, que moraban en Gabaon [q]: todo lo tomaron por guerra.

[q Cap. 9. 3, 7.]

20 Porque esto vino de Jehová, que endurecia el corazon de ellos [r], para que resistiesen con guerra á Israel, para destruirlos y que no les fuese hecha misericordia, antes fuesen desarraigados, como Jehová lo habia mandado á Moises [s].

[r Deu. 2. 30. 1 Rey. 12. 15. Is. 6. 10. Rom. 9. 18.] [s Deu. 20. 16, 17.]

21 Tambien en el mismo tiempo vino Josué, y destruyó los Anacéos de los montes, de Hebron, de Debir, y de Anab, y de todos los montes de Judá, y de todos los montes de Israel: Josué los destruyó á ellos y á sus ciudades.

22 Ninguno de los Anacéos quedó en la tierra de los hijos de Israel: solamente quedaron en Gaza, en Gath [t], y en Ashdod.

[t 1 Sa. 17. 4. 2 Sa. 21. 22. 1 Cr. 18. 1.]

23 Tomó pues Josué toda la tierra, conforme á todo lo que Jehová habia dicho á Moises [u]; y entrególa Josué á los Israelitas por herencia conforme á sus repartimientos de sus tribus [x]. Y la tierra reposó de guerra.

[u Nu. 34. 2, etc.] [x Cap. 21. 44, 45.]

CAPITULO XII.

Recapitulacion de las conquistas que hizo el pueblo de Israel. Cuentanse treinta y un reyes destruidos por Moises y Josué.

ESTOS *son* los reyes de la tierra que los hijos de Israel hirieron, y cuya tierra poseyeron de la otra parte del Jordan al nacimiento del sol, desde el arroyo de Arnon [a] hasta el monte Hermon, y toda la llanura oriental:

[a Nu. 21. 24. Deu. 3. 8, 9.]

2 Sehon, rey de los Amorrhéos, que habitaba en Hesbon, y señoreaba desde Aroer, que *está* á la ribera del arroyo de Arnon, y desde el medio del arroyo, y la mitad de Galaad, hasta el arroyo Jaboc, *que es* el término de los hijos de Ammon:

3 Y desde la campaña hasta la mar de Chinneroth [b], al oriente; y hasta la mar de la llanura, *que es* el mar salado, *tambien* al oriente, por el camino de Beth-jesimoth; y desde el Mediodia debajo de las vertientes del Pisga [c].

[b Deu. 3. 17.] [c Deu. 4. 49.]

4 Y los términos de Og, rey de Basan [d], que habia quedado de los Raphéos [e], el cual habitaba en Astaroth y en Edrei [f],

[d Nu. 21. 33, 35.] [e Gen. 14. 5. Deu. 3. 11.] [f Deu. 1. 4.]

5 Y señoreaba [g] en el monte de Hermon, y en Salca, y en todo Basan, hasta los términos de Gessuri y de Maachâti, y la mitad de Galaad, *que era* término de Sehon, rey de Hesbon.

[g Deu. 3. 8, 14.]

6 A estos hirieron Moises, siervo de Jehová, y los hijos de Israel: y Moises, siervo de Jehová, dió aquella tierra en posesion á los Rubenitas, Gaditas, y á la media tribu de Manassé [h].

[h Nu. 32. 3… 33.]

7 ¶ Y estos *son* los reyes de la tierra que hirió Josué con los hijos de Israel de esta parte del Jordan, al Occidente; desde Baalgad, *que está* en el llano del Líbano, hasta el monte de Halac, que sube á Seir; la cual tierra dió Josué en posesion á las tribus de Israel, conforme á sus repartimientos,

8 En montes, y en valles, en llanos, y en vertientes, al desierto, y al Mediodia: el Hethéo, y el Amorrhéo, y el Cananéo, y el Pherezéo, y el Hevéo, y el Jebuséo [i].

[i Ex. 23. 2…]

9 El rey de Jericó, uno [k]; el rey de Hai [l], que *está* al lado de Beth-el, otro:

[k Cap. 6. 2.] [l Cap. 8. 1… 29.]

10 El rey de Jerusalem [m], otro; el rey de Hebron, otro:

[m Cap. 10. 2… 43.]

11 El rey de Jarmuth, otro; el rey de Lachis, otro:

12 El rey de Eglon, otro; el rey de Gezer, otro:

13 El rey de Debir, otro; el rey de Geder, otro:

14 El rey de Horma, otro; el rey de Arad, otro:

15 El rey de Libna, otro; el rey de Adullam, otro:

16 El rey de Maceda, otro; el rey de Beth-el, otro:

17 El rey de Tappua, otro; el rey de Hepher, otro:

18 El rey de Apheo, otro; el rey de Lasaron, otro:

19 El rey de Madon, otro; el rey de Hasor, otro:

20 El rey de Simron-meron, otro; el rey de Acsaph, otro:

21 El rey de Taanach, otro; el rey de Meggiddo, otro:

22 El rey de Chédes, otro; el rey de Jocneam de Carmel, otro:

23 El rey de Dor, de la provincia de Dor, otro; el rey de las gentes en Gilgal, otro:

24 El rey de Tirsa, otro: treinta y un rey en todos.

CAPITULO XIII.

Manda el Señor á Josué que reparta la tierra de Canaan entre las otras nueve tribus y media; y describese la que antes cupo á las de Ruben y de Gad, y media de Manassé.

Y SIENDO Josué ya viejo, entrado en dias, Jehová le dijo: Tú eres ya viejo, de edad avanzada, y queda aun muy mucha tierra por poseer.

2 Esta es la tierra que queda [a]: todos los términos de los Philistéos, y toda Gessuri [b],

[a Juec. 3. 1…] [b 2 Sa. 3. 3… y 13. 37…]

3 Desde Sihor [c], que *está* delante de Egipto, hasta el término de Accaron al Norte, repútase *tierra* de los Cananéos: cinco provincias *son* de los Philistéos [d]: *la de* los Gazéos, Asdodios, Ascalonitas, Gethéos, y Accaronitas; y los Hevéos.

[c Jer. 2. 1…] [d Juec. 3. … 1 Sa. 6. … 16. Soph. 2. …]

4 Al Mediodia, toda la tierra de los Cananéos, y Mehara, que *es* de los Sidonios, hasta Aphecca [e], hasta el término del Amorrhéo:

[e 1 Sa. 4. …]

5 Y la tierra de los Gibléos [f], y todo el Líbano, hácia donde sale el sol, desde Baalgad [g] á las raices del monte Hermon hasta entrar en Hamath.

[f 1 Rey. 5. … Sal. 83. …] [g Cap. 12. …]

6 Todos los que habitan en las montañas desde el Líbano hasta las aguas calientes, *y* todos los Sidonios, yo los desarraigaré delante de los hijos de Israel: solamente repartirás tú por suerte [h] el *pais* á los Israelitas por heredad, como te he mandado.

[h Cap. 14. …]

7 Parte pues tú ahora esta tierra en heredad á las nueve tribus, y á la media tribu de Manassé;

8 Porque la otra media recibió su heredad con los Rubenitas y Gaditas, la cual les dió Moises de la otra parte del Jordan al Oriente, segun que se la dió Moises, siervo de Jehova [i]:

9 Desde Aroer, que *está* á la orilla del arroyo de Arnon, y la ciudad que *está* en medio del arroyo, y todo la campaña de Medeba [k] hasta Dibon;

10 Y todas las ciudades de Sehon, rey de los Amorrhéos, el cual reinó en Hesbon, hasta los términos de los hijos de Ammon:

11 Y Galaad [l], y los términos de Gessuri y de Maacháti, y todo el monte de Hermon, y toda la tierra de Basan hasta Salchá:

12 Todo el reino de Og en Basan, el cual reinó en Astaroth y Edrei, y el cual habia quedado del residuo de los Raphéos; pues Moises los hirió, y echó *de la tierra* [m].

13 Mas á los de Géssuri [n] y de Maacháti no echaron los hijos de Israel; antes Gessur y Maachát habitaron entre los Israelitas hasta hoy.

14 Empero á la tribu de Leví no dió heredad [o]: lo sacrificios de Jehová Dios de Israel son su heredad, como él les habia dicho [p].

15 ¶ Dió pues Moises á la tribu de los hijos de Ruben conforme á sus familias:

16 Y fué el término de ellos desde Aroer [q], que está á la orilla del arroyo de Arnon, y la ciudad, que *está* en medio del arroyo, y toda la campaña, hasta Medeba:

17 Hesbon [r], con todas sus villas que *estan* en la llanura; Dibon, y Bamoth-baal, y Bethbaal-meon:

18 Y Jasa [s], y Kedemoth, y Mephaath,

19 Y Chiriataim, y Sibma, y Zareth-shahar en el monte del valle,

20 Y Beth-peor, y Asdoth-pisga, y Beth-jesimoth;

21 Y todas las ciudades de la campaña [t], y todo el reino de Sehon, rey de los Amorrhéos, que reinó en Hesbon, al cual hirió Moises, y á los príncipes de Madian, Hevi, Recem, y Sur, y Hur, y Rebe, príncipes de Sehon que habitaban en aquella tierra.

22 Tambien mataron á cuchillo los hijos de Israel á Balaam adivino [u], hijo de Beor, con los demas que mataron.

23 Y fueron los términos de los hijos de Ruben el Jordan con su término. Esta *fué* la herencia de los hijos de Ruben conforme á sus familias, ciudades con sus villas.

24 Dió asimismo Moises á la tribu de Gad, á los hijos de Gad, conforme á sus familias.

25 Y el término de ellos fué Jazer [x], y todas las ciudades de Galaad, y la mitad de la tierra de los hijos de Ammon hasta Aroer, que *está* delante de Rabba [y];

26 Y desde Hesbon hasta Ramoth-mispe, y Bethonim; y desde Mahanaim hasta el término de Debir:

27 Y la campaña de Beth-aram [z], y Bethnimra, y Succoth, y Saphon, resto del reino de Sehon, rey en Hesbon; el Jordan y su término hasta el cabo de la mar de Chinnereth, de la otra parte del Jordan, al oriente.

28 Esta *es* la herencia de los hijos de Gad, por sus familias, ciudades con sus villas.

29 Tambien dió Moises *herencia* á la media tribu de Manassé: y fué de la media tribu de los hijos de Manassé, conforme á sus familias.

30 El término de ellos [a] fué desde Mahanaim, todo Basan, todo el reino de Og, rey de Basan: y todas las aldéas de Jair [b], que *estan* en Basan, sesenta poblaciones.

31 *Dióse* ademas la mitad de Galaad, y Astaroth, y Edrei, ciudades del reino de Og en Basan [c], á los hijos de Machir, hijo de Manassé, á la mitad de los hijos de Machir conforme á sus familias.

32 Esto *es* lo que Moises repartió en heredad en los llanos de Moab, de la otra parte del Jordan de Jericó, al Oriente [d].

33 Mas á la tribu de Leví no dió Moises heredad [e]: Jehová Dios de Israel es la heredad de ellos, como él les habia dicho [f].

i Nu. 32. 33. k ver. 16. Nu. 21. 30. l Cap. 12. 5. m Nu. 21. 24, 35. n Cap. 23. 12, 13. Nu. 33. 55. Jue. 2. 1, 3. o Cap. 14. 3, 4. p Nu. 18. 20, 24. q Cap. 12. 2. r Nu. 21. 28, 30. s Nu. 21. 23. t Deu. 3. 10. u Nu. 22. 5. y 31. 8. x Nu. 32. 35. y 2 Sa. 11. 1. z Nu. 32. 36.

a Nu. 32. 39, 41. b 1 Cr. 2. 23. c Cap. 12. 4. d Nu. 22. 1. e ver. 14. f Deu. 18. 1.

CAPITULO XIV.

Ephraim y Manassé, hijos de Joseph, forman dos tribus separadas. Justa peticion de Caleb otorgada por Josué.

ESTO pues *es* lo que los hijos de Israel tomaron por heredad en la tierra de Canaan, lo cual les repartieron [a] Eleazar sacerdote, y Josué, hijo de Nun, y los principales de los padres de las tribus de los hijos de Israel.

2 Por suerte [b] *diósela* su heredad, como Jehová lo habia mandado por Moises, que diese á las nueve tribus, y á la media tribu.

3 Porque á las dos tribus, y á la media tribu, les habia Moises dado heredad de la otra parte del Jordan: mas á los Levitas no dió heredad entre ellos.

4 Porque los hijos de Joseph fueron dos tribus [c], Manassé y Ephraim: y no dieron parte á los Levitas en la tierra [d], sino ciudades en que morasen, con sus ejidos para sus ganados [e] y rebaños.

5 De la manera que Jehová lo habia mandado á Moises [f], así lo hicieron los hijos de Israel en el repartimiento de la tierra.

6 ¶ Y los hijos de Judá vinieron á Josué en Gilgal; y Caleb [g], hijo de Jephone Cenezéo, le dijo: Tú sabes lo que Jehová [h] dijo á Moises, varon de Dios, en Cades-barnea, tocante á mí y á tí.

7 Yo *era* de edad de cuarenta años, cuando Moises, siervo de Jehová, me envió de Cades-barnea á reconocer la tierra [i]; y yo le referí el negocio como *lo tenia* en mi corazon [k].

8 Mas mis hermanos, los que habian subido conmigo [l], menguaron el corazon del pueblo; empero yo cumplí siguiendo á Jehová mi Dios [m].

9 Entónces Moises juró diciendo: Si la tierra que holló tu pié no fuere para tí, y para tus hijos en herencia perpetua: por cuanto cumpliste siguiendo á Jehová mi Dios.

10 Ahora bien Jehová me ha hecho vivir [n], como él dijo, estos cuarenta y cinco años, desde el tiempo que Jehová habló estas palabras á Moises, cuando Israel andaba por el desierto: y ahora hé aquí soy hoy dia de ochenta y cinco años.

11 Pero aun hoy estoy tan fuerte como el dia que Moises me envió: cual era entónces mi fuerza [o], tal es ahora, para la guerra, y para salir, y para entrar.

12 Dáme pues ahora este monte, del cual habló Jehová aquel dia; porque tú oiste en aquel dia que los Anacéos estan allí, y grandes y fuertes ciudades. Quizá Jehová *será* conmigo, y los echaré [p], como Jehová ha dicho.

13 Josué entónces lo alabó, y dió á

a Nu. 34. 17, 18. b Nu. 26. 55. y 33. 54. y 34. 13. c Gen. 48. 5. 1 Cr. 5. 1, 2. d 1 Cr. 6. 64, 81. e Nu. 35. 8. f Nu. 35. 2. g Nu. 32. 12. h Nu. 14. 24. Deu. 1. 36, 38. i Nu. 13. 6, 26. k Nu. 13. 30. y 14. 6, 8. l Nu. 13. 31, 32. Deu. 1. 28. m Nu. 14. 24. n Nu. 14. 30. o Deu. 34. 7. Sal. 103. 5. p 1 Sa. 14. 6. 2 Cr. 14. 11. Sal. 18. 32, 34. y 27. 1, 3. y 44. 3. y 60. 12. Rom. 8. 31. Fil. 4. 13. Heb. 11. 33.

Caleb, hijo de Jephone, á Hebron por
q Cap. 15. 13. heredad [q].
14 Por tanto Hebron fué de Caleb, hijo
de Jephone Genezéo, en heredad hasta
hoy; porque cumplió siguiendo á Jehová
Dios de Israel.
15 Mas Hebron fué antes llamada Chi-
r Gen. 23. 2. y 35. 27. riath-arba [r]: fué *Arba* un hombre grande
entre los Anacéos. Y la tierra tuvo re-
s Cap. 11. 23. poso de las guerras [s].

CAPITULO XV.

Territorios que tocaron por suerte á la tribu de Judá, y sus ciudades.

Y FUE la suerte de la tribu de los
hijos de Judá, por sus familias,
a Nu. 34. 3, 5. junto al término de [a] Edom del desierto
de Zin al Mediodia, al lado del Sur.
2 Y su término de la parte del Medi-
odia fué desde la costa del mar salado,
desde la lengua que mira hácia el Medi-
odia:
3 Y *de allí* salia hácia el Mediodia á la
subida de Acrabim, pasando hasta Zin;
y subiendo por el Mediodia hasta Cades-
barnea, pasaba á Hebron, y subiendo por
Addar daba vuelta á Carcaá.
4 De allí pasaba á Asemona, y salia al
arroyo de Egipto: y sale este término al
Occidente. Este pues os será el término
del Mediodia.
5 ¶ El término del Oriente *es* el mar
salado hasta el fin del Jordan. Y el
término de la parte del Norte, desde
la lengua de la mar, desde el fin del
Jordan:
6 Y sube este término por Beth-ho-
b Cap. 18. 19. gla [b], y pasa del Norte á Beth-araba; y
de aquí sube este término á la piedra de
c Cap. 18. 17. Bohan, hijo de Ruben [c].
7 Y torna á subir este término á Debir
d Cap. 7. 26. desde el valle de Achôr [d]: y al Norte [e]
e Cap. 5. 9. mira sobre Gilgal, que está delante de la
subida de Adumin, la cual está al Me-
diodia del arroyo: y pasa este término á
las aguas de En-semes, y sale á la fuente
f 2 Sa. 17. 17. 1 Rey. 1. 9. de Rogel [f].
8 Y sube este término por el valle del
hijo de Hinnom al lado del Jebuséo al
g Cap. 18. 28. Juec. 19. 10. Mediodia. Esta es Jerusalem. Luego [g]
sube este término por la cumbre del
monte que está delante del valle de Hin-
nom, hácia el Occidente, el cual está al
h 2 Rey. 14. 7. cabo del valle de los gigantes al Norte [h].
9 Y rodea este término desde la cum-
bre del monte hasta la fuente de las
i Cap. 18. 15. aguas de Nephtoa [i], y sale á las ciudades
k 2 Sa. 6. 2. 1 Cr. 13. 6. del monte de Ephron, rodeando luego
el mismo término á Baala [k], la cual es
Chiriath-jearim.
10 Despues torna este término desde
Baala hácia el Occidente al monte de
Seir, y pasa al lado del monte de Jearim
hácia el Norte, esta es Chesion, y des-
l Gen. 38. 12. Juec. 14. 1. ciende á Beth-semes, y pasa á Timna [l].
m 1 Sa. 5. 10. y 7. 14. 2 Rey. 1. 2, 3. y 6. 16. 11 Sale luego este término al lado de
Ecron [m] hácia el Norte, y rodea el mis-
mo término á Sichron, y pasa por el
monte de Baala, y sale á Jebneel: y
sale este término á la mar.
12 El término del Occidente *es* la mar
grande. Este pues *es* el término de los
hijos de Judá en derredor, por sus fa-
milias.
13 ¶ Mas á Caleb, hijo de Jephone,
dió parte entre los hijos de Judá con-
forme al mandamiento de Jehová á
Josué; *esto es*, á Chiriath-arba, del pa-
n Cap. 14. 13. dre de Anac, que es Hebron [n].
14 Y Caleb echó de allí tres hijos de
o Nu. 13. 22. Juec. 1. 10, 20. Anac, á Sesai, Ahiman, y Talmai, *que*
fueron hijos de Anac [o].
15 De aquí subió á los que moraban en
p Cap. 10. 38. Debir [p]: y el nombre de Debir era antes
Chiriath-sepher.
16 Y dijo Caleb: Al que hiriere á
Chiriath-sepher, y la tomare, yo le daré
á mi hija Axa por mujer [q].
17 Y tomóla Othniel, hijo de Cenez [r],
hermano de Caleb: y él le dió por mujer
á su hija Axa.
18 Y aconteció *que* cuando la llevaba,
él la persuadió que pidiese á su padre
tierras para labrar. Ella entónces se
apeó del asno [s]: y Caleb le dijo: ¿Qué
tienes?
19 Y ella respondió: Dáme alguna ben-
dicion: pues que me has dado tierra de
secadal, dáme tambien fuentes de aguas.
El entónces le dió las fuentes de arriba,
y las de abajo.
20 ¶ Esta pues *es* la herencia de la tri-
bu de los hijos de Judá por sus familias.
21 Y fueron las ciudades del término
de la tribu de los hijos de Judá hácia el
término de Edom, al Mediodia, Cabseel,
y Eder, y Jagur,
22 Y Cina, y Dimona, y Adada,
23 Y Cedes, y Asor, é Itnan,
24 Ziph [t], y Telen, y Bealoth,
25 Y Asor-hadatta, y Chériot[h], y Hes-
ron, que es Asor,
26 Amam, y Sema, y Molada,
27 Y Asar-gadda, y Hesmon, y Beth-
pelet [u],
28 Y Hasar-sual, Beersebah, y Biziothia,
29 [x] Baala, é Iim, y Esem [y],
30 Y Eltolad, y Cesil, y Horma,
31 Y [z] Siclag, y Madmanna, Sansana,
32 Y Lebaoth, Silim, y Ain [a], y Rim-
mon: en todas veinte y nueve ciudades
con sus aldéas.
33 En las llanuras *estaban* Estaol [b], y
Soréa, y Asena,
34 Y Zanoa, y En-gannim, Tappua, y
Enam,
35 Jerimoth, y Adullam [c], Socó, y
Azeca,
36 Y Saraim, y Adithaim, y Gedera,
y Gederothaim; catorce ciudades con
sus aldéas:
37 Senan, y Hadasa, y Migdal-gad,
38 Y Dilan, y [d] Mispa, y Jocteel [e],
39 [f] Lachis, y Boscath, y Eglon,
40 Y Cabbon, y Lamas, y Chithlis,
41 Y Gederoth, Beth-dagon, y Naama,
y Maceda; diez y seis ciudades con sus
aldéas:
42 Libna [g], y Ether, y Asan,
43 Y Jiphta, y Asna, y Nesib,
44 Y Ceila [h], y Achzib [i], y Maresa;
nueve ciudades con sus aldéas:
45 [k] Ecron con sus villas y sus aldéas.
46 Desde Ecron hasta la mar, todas las
que estan á la costa de Asdod con sus
aldéas:
47 [l] Asdod con sus villas y sus aldéas:
Gaza con sus villas y sus aldéas hasta el
rio de Egipto, y la gran mar con sus
términos.
48 Y en las montañas, Samir, y [illegible]
y Succoth,
49 Y Danna, y Chiriath-sanna, [illegible]
Debir [m],
50 Y Anab, y Estemo, y Anim, [illegible]
51 Y Gosen [n], y Olon, y Gilo; [illegible]
ciudades con sus aldéas:
52 Arab, y Dumah [o], y Esan,
53 Y Janum, y Beth-tappua, y [illegible]
54 Y Humta, y Chiriath-arba, [illegible]
Hebron [p], y Sior; nueve ciudades [illegible]
sus aldéas:
55 Maon [q], Carmel [r], y Ziph, y [illegible]
56 E Izreel, Jocdeam, y Zanoa, [illegible]
57 Y Cain, y Gibea, y Timna; [illegible]
ciudades con sus aldéas:
58 Halhul, y Bethfur, y Gedor, [illegible]
59 Y Maarath, y Beth-anoth, y [illegible]
con; seis ciudades con sus aldéas: [illegible]
60 Chiriath-baal, que es [illegible]

p. 18. 14. arim *s*, y Rabba; dos ciudades con sus aldéas.

61 En el desierto, Beth-araba, Middin, y Sechâchâ,

62 Y Nibsan, y la ciudad de la sal, y
a. 23. 29. Engedi: seis *t* ciudades con sus aldéas.

63 Mas los Jebuséos que habitaban en Jerusalem, los hijos de Judá no los pudieron desarraigar; antes quedó el Jebuséo en Jerusalem con los hijos de
uec. 1. 8, Judá hasta hoy *u*.

a. 5. 6.

CAPITULO XVI.

Territorio que cayó por suerte á la tribu de Ephraim.

Y LA suerte de los hijos de Joseph salió desde el Jordan de Jericó hasta las aguas de Jericó hácia el Oriente, al desierto que sube de Jericó al monte de Beth-el:

p. 18. 13. 2 Y de Beth-el sale á Luz *a*, y pasa al
n. 28. 19. término de Archi en Ataroth.
e. 1. 26. 3 Y torna á descender hácia la mar al término de Japhlet, hasta el término de
Cr. 8. 5. Beth-oron la de abajo *b*, y hasta Gezer *c*:
Cr. 7. 28. y sale á la mar.

4 ¶ Recibieron pues heredad los hijos
p. 17. 14. de Joseph, Manassé y Ephraim *d*.

5 Y fué el término de los hijos de Ephraim por sus familias, fué el término de su herencia á la parte oriental *desde* Ataroth-addar hasta Beth-oron la de arriba.

6 Y sale este término á la mar, y á Michmethah al Norte, y dá vuelta este término hácia el Oriente á Taanath-silo, y de aquí pasa del Oriente á Janoa:

7 Y de Janoa desciende á Ataroth y á Naaratha, y toca en Jericó, y sale al Jordan.

8 Y de Tappua torna este término
p. 17. 9. hácia la mar al arroyo de Cana *e*, y sale á la mar. Esta *es* la heredad de la tribu de los hijos de Ephraim por sus familias.

9 Hubo tambien ciudades que se apartaron para los hijos de Ephraim en medio de la herencia de los hijos de Manassé, todas ciudades con sus aldéas.

10 Y no echaron al Cananéo que habitaba en Gezer; antes quedó el Cananéo en medio de Ephraim hasta hoy, y fué tributario.

CAPITULO XVII.

Territorio que tocó á la otra media tribu de Manassé. Confírmase la herencia dada á las hijas de Salphaad. Se aumenta la porcion de los hijos de Joseph.

TUVO tambien suerte la tribu de
n. 41. 51. Manassé, porque fué primogénito *a*
n. 50. 23. de Joseph. Machir *b*, primogénito de Manassé, y padre de Galaad, el cual
u. 3. 15. fué hombre de guerra, tuvo á Galaad *c* y á Basan.

2 Tuvieron tambien *suerte* los otros hijos de Manassé conforme á sus fami-
. 26. 29, lias, *es á saber d*, los hijos de Abiezer, y los hijos de Helec, y los hijos de Esriel, y los hijos de Sichêm, y los hijos de Hepher, y los hijos de Sémida: estos *fueron* los hijos varones de Manassé, hijo de Joseph, por sus familias.

3 Pero Salphaad, hijo de Hepher, hijo de Galaad, hijo de Machir, hijo de Manassé, no tuvo hijos sino hijas, los nombres de las cuales son estos: Maala, Noa, Hogla, Milchâ, y Tirsa.

p. 14. 1. 4 Estas vinieron delante de Eleazar *e* sacerdote, y de Josué hijo de Nun, y de los príncipes, y dijeron: Jehová mandó
. 27. 6, 7. á Moises que nos diese herencia entre *f* nuestros hermanos. Y él les dió herencia entre los hermanos de ellas, conforme al dicho de Jehová.

5 Y cayeron á Manassé diez suertes á mas de la tierra de Galaad y de Basan, que *está* de la otra parte del Jordan;

6 Porque las hijas de Manassé poseyeron herencia entre sus hijos: y la tierra de Galaad fué de los otros hijos de Manassé.

7 Y fué el término de Manassé desde
Aser *g* Michmetat, la cual *está* delante *g* Cap. 16. 6, 8.
de Sichêm: y vá este término á la mano derecha á los que habitan En-tappua.

8 Y la tierra de Tappua fué de Manassé; pero Tappua, que *está* junto al término de Manassé, es de los hijos de Ephraim.

9 Y desciende ese término al arroyo de Cana, hácia el Mediodia del arroyo. Estas ciudades de Ephraim *estan* entre
las ciudades de Manassé: y *h* el término *h* Cap. 16. 9.
de Manassé *es* desde el Norte del mismo arroyo, y sus salidas son á la mar.

10 Ephraim al Mediodia, y Manassé al Norte; y la mar es su término: y encuéntranse con Aser á la parte del Norte, y con Issacar al Oriente.

11 Tuvo tambien Manassé en Issachâr
y en Aser á *i* Beth-san y sus aldéas, é *i* 1 Cr. 7. 29.
Ibleam y sus aldéas, y los moradores de Dor y sus aldéas, y los moradores de En-
dor *k*, y sus aldéas, y los moradores de *k* 1 Sa. 28. 7.
Taanach, y sus aldéas, y los moradores Sal. 83. 10.
de Megiddo y sus aldéas; tres provincias.

12 Mas los hijos de Manassé no pudieron echar *á los de* aquellas ciudades;
antes el Cananéo *l* quiso habitar en la *l* Cap. 16. 10.
tierra.

13 Empero cuando los hijos de Israel tomaron fuerzas, hicieron tributario al Cananéo, mas no lo echaron.

14 ¶ Y los hijos de Joseph hablaron á Josué diciendo: ¿Por qué me has dado por heredad una sola suerte y una sola parte, siendo yo un pueblo tan grande, y que Jehová me ha así bendecido hasta
ahora *m*? *m* Gen. 49. 22, 26.

15 Y Josué les respondió: Si eres tan Nu. 26. 34, 37.
grande pueblo, sube tú al monte, y corta Deu. 33. 13, 17.
para tí allí en la tierra del Pherezéo y de los gigantes, pues que el monte de Ephraim es angosto para tí.

16 Y los hijos de Joseph dijeron: No nos bastará á nosotros *este* monte: y todos los Cananéos que habitan la ti-
erra de la campaña, tienen *n* carros her- *n* Juec. 1. 19. y 4. 3.
rados; los que *estan* en Beth-san y en sus aldéas, y los que *estan* en el valle de Jezreel.

17 Entónces Josué respondió á la casa de Joseph, á Ephraim y Manassé, diciendo: Tú eres gran pueblo, y tienes gran fuerza; no tendrás una sola suerte:

18 Mas aquel monte será tuyo; que bosque es, y tú lo cortarás, y serán tuyos sus términos: porque tú echarás al Cananéo, aunque tenga carros herrados, y aunque sea fuerte.

CAPITULO XVIII.

Se fija el tabernáculo en Silo, territorio de Benjamin, y demárcase el territorio que se ha de dar á las otras siete tribus.

Y TODA la congregacion de los hijos
de Israel se juntó en *a* Silo, y asen- *a* Cap. 19. 51. Jer. 7. 12.
taron allí el tabernáculo del *b* testimonio, *b* Juec. 18. 31. 1 Sa. 1. 3, 24. y 4. 3, 4.
despues que la tierra les fué sujeta.

2 ¶ Mas habian quedado en los hijos de Israel siete tribus, á las cuales aun no habian repartido su posesion.

3 Y Josué dijo á los hijos de Israel: ¿Hasta cuando seréis negligentes para venir á poseer la tierra que os ha dado Jehová el Dios de vuestros padres?

4 Señalad tres varones de cada tribu *c*, *c* ver. 8.
para que yo los envie, y *que* ellos se le-

vanten, y recorran la tierra, y la describan conforme á sus heredades, y se tornen á mí.

5 Y la dividirán en siete partes; y Judá estará en su término al Mediodia [d], y los de la casa de Joseph estarán en el suyo al Norte [e].

[d] Cap. 15. 1, etc.
[e] Cap. 16. 1, 4.

6 Vosotros pues delinearéis la tierra en siete partes, y me traeréis la *descripcion* aquí; y yo os echaré las [f] suertes aquí delante de Jehová nuestro Dios.

[f] ver. 10. Cap. 14. 2.

7 Empero los Levitas ninguna parte tienen entre vosotros; porque el sacerdocio de Jehová *es* la heredad de ellos: Gad tambien, y Ruben, y la media tribu de Manassé, ya han recibido su heredad de la otra parte del Jordan al Oriente, la cual les dió Moises, siervo de Jehová [g].

[g] Cap. 13. 8.

8 Levantandose pues aquellos varones, fueron: y mandó Josué á los que iban para delinear la tierra, diciendoles: Id, y recorred la tierra, y delineadla, y tornad á mí, para que yo os eche las suertes aquí delante de Jehová en Silo.

9 Fueron pues aquellos varones, y pasearon la tierra, delineandola por ciudades en siete partes en un libro, y tornaron á Josué al Campo en Silo.

10 Y Josué les echó las suertes [h] delante de Jehová en Silo: y allí repartió Josué la tierra á los hijos de Israel por sus porciones.

[h] Ez. 47. 22. y 4. 8, 29. Hech. 13. 19.

11 ¶ Y sacóse la suerte de la tribu de los hijos de Benjamin por sus familias: y salió el término de su suerte entre los hijos de Judá y los hijos de Joseph.

12 Y fué el término de ellos al lado del Norte desde el Jordan: y sube aquel término al lado de Jericó al Norte; sube despues al monte hácia el Occidente, y viene á salir al desierto de Beth-aven.

13 Y de allí pasa aquel término á Luz, por el lado de Luz, (esta es Beth-el [i]) hácia el Mediodia. Y desciende ese término de Ataroth-addar al monte que *está* al mediodia de Beth-oron la de abajo.

[i] Gen. 28. 19. Juec. 1. 23.

14 Y torna este término, y dá vuelta al lado de la mar, al mediodia, hasta el monte que *está* delante de Beth-oron al mediodia; y viene á salir á Chiriath-baal, que es Chiriath-jearim, ciudad de los hijos de Judá. Este *es* el lado del Occidente.

15 Y el lado del Mediodia *es* desde el cabo de Chiriath-jearim: y sale el término al Occidente, y sale á la fuente de las aguas de Nephtoa:

16 Y desciende aqueste término al cabo del monte que *está* delante del valle del hijo de Hinnom, que *está* en la campaña de los gigantes hácia el Norte: desciende luego al valle de Hinnom, al lado del Jebuséo al Mediodia, y *de allí* desciende á la fuente de Rogel [k].

[k] Cap. 15. 7.

17 Y del Norte torna y sale á En-semes, y *de allí* sale á Gelloth, que *está* delante de la subida de Adummim, y descendia á la piedra de Bohan, hijo de Ruben:

18 Y pasa al lado que *está* delante de la campaña al Norte, y desciende á los llanos.

19 Y torna á pasar este término por el lado de Beth-hogla hácia el Norte, y viene á salir el término á la lengua del mar salado al Norte, al cabo del Jordan al Mediodia: este *es* el término de hácia el Mediodia.

20 Y el Jordan acaba aqueste término al lado del Oriente. Esta *es* la heredad de los hijos de Benjamin por sus términos al rededor, conforme á sus familias.

21 ¶ Las ciudades de la tribu de los hijos de Benjamin, por sus familias, fueron Jericó, Beth-hogla, y el valle de Casis,

22 Beth-araba, Semaraim [l], y Beth-el;

[l] Gen. 10. 2 Cr. 13.

23 Y Avim, y Para, y Ophra,

24 Y Cephar-haammonai, Ophni, y Gaba; doce ciudades con sus aldéas:

25 Gabaon, Rama, Beeroth,

26 Y Mispa, Chephira, y Moza,

27 Recem, Irpeél, y Tarala,

28 Y Sela, Eleph, Jebus, que es Jerusalem, Gibeath, y Chiriath; catorce ciudades con sus aldéas. Esta *es* la heredad de los hijos de Benjamin conforme á sus familias.

CAPITULO XIX.

Territorio de las otras seis tribus, y porcion dada á Josué.

LA segunda suerte salió por Simeon, por la tribu de los hijos de Simeon conforme á sus familias: y su heredad fué entre la heredad de los hijos de Judá [a].

[a] ver. 9.

2 Y tuvieron en su heredad á Beer-seba [b], Seba, y Molada,

[b] Gen. 21. 1 Cr. 4. 2

3 Hasar-sual [c], Bala, y Esem,

[c] Cap. 15. 28.

4 Eltolad, Betul, y Horma,

5 Siclag, Beth-marcháboth, y Hasar-susa,

6 Beth-lebaoth, y Saruhem; trece ciudades con sus aldéas:

7 Ain, Rimmon, Eter, y Asan; cuatro ciudades con sus aldéas:

8 Y todas las aldéas que *estaban* al rededor de estas ciudades hasta Baalath-beer, *que es* Ramat del Mediodia. Esta *es* la heredad de la tribu de los hijos de Simeon segun sus familias.

9 De la suerte de los hijos de Judá *fué sacada* la heredad de los hijos de Simeon: por cuanto la parte de los hijos de Judá era excesiva para ellos: así que los hijos de Simeon tuvieron su heredad en medio de la de ellos [d].

[d] ver. 1.

10 ¶ La tercera suerte salió por los hijos de Zabulon conforme á sus familias: y el término de su heredad fué hasta Sarid.

11 Y su término sube hasta la mar [e] y hasta Merala, y llega hasta Dabbeseth, y *de allí* llega al arroyo que *está* delante de Jocneam [f].

[e] Gen. 49. 1
[f] Cap. 12. 2

12 Y tornando de Sarid hácia Oriente, donde nace el sol, al término de Chisloth-tabor, sale á Dabrath [g], y sube á Japhia:

[g] 1 Cr. 6. 7

13 Y pasando de allí hácia el lado oriental á Gith-hepher y á Itta-kazin, sale á Rimmon rodeando á Nea.

14 Y *de aquí* torna este término al Norte á Hanaton, viniendo á salir al valle de Iphtael;

15 Y *abraza* Cattath, y Naalal [h], y Simron [i], y Ideala, y Beth-lehem [k]; doce ciudades con sus aldéas.

[h] Juec. 1. 3
[i] Cap. 11. 1.
[k] Ruth 1. 1 2 Sa. 23. 1 2 Cr. 11. 6

16 Esta *es* la heredad de los hijos de Zabulon por sus familias; estas ciudades con sus aldéas.

17 ¶ La cuarta suerte salió por Issachár, por los hijos de Issachár, conforme á sus familias.

18 Y fué su término Izreel [l], y Chesulloth, y Sunem [m],

[l] 1 Rey. 21. 1
[m] 1 Sa. 28. 4. 2 Rey. 4. 8 12.

19 Y Hapharaim, y Sion, y Anaarath,

20 Y Rabbith, y Chision, y Ebes,

21 Y Rameth, y En-gannim, y En-hadda, y Beth-passes:

22 Y llega este término hasta Tabor, y Sahasim, y Beth-semes; y sale su término al Jordan: diez y seis ciudades con sus aldéas.

23 Esta *es* la heredad de la tribu de los hijos de Issachár conforme á sus familias; estas ciudades con sus aldéas.

24 ¶ Y salió la quinta suerte por la

tribu de los hijos de Aser por sus familias.

25 Y su término fué Helchât, y Hali, y Beten, y Axaph,

26 Y Alammelec, y Amead, y Misael; y llega hasta Carmel al Occidente, y á Sihor-libnath:

27 Y tornando de donde nace el sol á Beth-dagon[n], llega á Zabulon, y al valle de Iphtael al Norte, á Beth-emec, y Nehiel, y sale á Cabul á la *mano* izquierda;

28 Y *abraza* á Ebron, y Rehob, y Hammon, y Cana, hasta la gran Sidon[o].

29 Y torna *de allí* este término á Horma, y hasta la fuerte ciudad de Tiro[p]; y torna este término á Hosa: y sale á la mar desde el territorio de Achzib[q].

30 *Abraza* tambien Umma, y Aphec[r], y Rehob: veinte y dos ciudades con sus aldéas.

31 Esta *es* la heredad de la tribu de los hijos de[s] Aser por sus familias; estas ciudades con sus aldéas.

32 ¶ La sexta suerte salió por los hijos de Nephtali, por los hijos de Nephtali conforme á sus familias.

33 Y fué su término desde Heleph, y Allon, á Saananim, y Adami, Neceb, y Jabneel, hasta Lacum; y sale al Jordan.

34 Y tornando *de allí* este término hácia el Occidente á Aznoth-tabor, pasa de allí á Hucuca, y llega hasta Zabulon al Mediodia, y al Occidente confina con Aser, y con Judá al Jordan hácia donde nace el sol.

35 Y las ciudades fuertes *son* Siddim, Ser, y Hamath, Raccath, y Chinnereth,

36 Y Adama, y Rama, y Hasor,

37 Y Cedes, y Edrei, y En-hasor,

38 E Iron, y Migdalel, y Horem, y Beth-anath, y Beth-semes: diez y nueve ciudades con sus aldéas.

39 Esta *es* la heredad de la tribu de los hijos de Nephtali por sus familias; estas ciudades con sus aldéas.

40 ¶ La séptima suerte salió por la tribu de los hijos de Dan, por sus familias.

41 Y fué el término de su heredad Sora, y Estaol, é Ir-semes,

42 Y Saalabin, y Aialon, y Jeth-la,

43 Y Elon, y Timnatha, y Ecron,

44 Y Eltechê, Gibbethon, y Baalath,

45 Y Jehud, y Bene-berac, y Gath-rimmon,

46 Y Me-jarcon, y Raccon, con el término *que está* delante de Joppa.

47 Y faltóles término á los hijos de Dan: y[t] subieron los hijos de Dan y combatieron á Lesem, y tomandola, metiéronla á filo de espada, y la poseyeron, y habitaron en ella; y llamaron á Lesem, Dan, del nombre de Dan su padre.

48 Esta *es* la heredad de la tribu de los hijos de Dan conforme á sus familias; estas ciudades con sus aldéas.

49 ¶ Y despues que acabaron de repartir la tierra en heredad por sus términos, dieron los hijos de Israel heredad á Josué, hijo de Nun, en medio de ellos.

50 Segun la palabra de Jehová le dieron la ciudad que él pidió, *que fué* Timnathsera[u] en el monte de Ephraim: y él reedificó la ciudad, y habitó en ella.

51 Estas *son pues* las heredades que Eleazar sacerdote, y Josué, hijo de Nun, y los principales de los padres, entregaron por suerte en posesion á las tribus de los hijos de Israel en Silo[x], delante de Jehová, á la entrada del tabernáculo del testimonio: y *así* acabaron de repartir la tierra.

Sa. 5. 2.
p. 11. 8.
ec. 1. 31.
Sa. 5. 11.
. 27. 2,
.
nec. 1. 31.
le. 1. 14.
Sa. 4. 1.
Rey. 20. 30.
n. 49. 20.
u. 33. 24.
Juec. 18. 1.
27. 29.
Cap. 24. 30.
Cap. 18. 10.
Juec. 21. 19, 21.
1 Sa. 1. 3.
Sal. 78. 60.
Jer. 7. 12, 14.

CAPITULO XX.

Señálanse las ciudades de asilo, y se declaran los privilegios de los refugiados.

Y HABLÓ Jehová á Josué diciendo:

2 Habla á los hijos de Israel, diciendo: Señalaos las ciudades de refugio, de las cuales yo os hablé por Moises[a]:

3 Para que se acoja allí el homicida que matare á alguno por yerro, y no á sabiendas; que os sean por acogimiento del cercano del muerto.

4 Y el que se acogiere á alguna de aquellas ciudades, presentaráse á la puerta de la ciudad, y dirá sus causas oyendolo los ancianos de aquella ciudad: y ellos le recibirán consigo dentro de la ciudad, y le darán lugar que habite con ellos.

5 Y cuando el cercano del muerto le siguiere, no entregarán en su mano al homicida, por cuanto hirió á su prójimo por yerro, ni tuvo con él antes enemistad.

6 Y quedará en aquella ciudad hasta que paresca en juicio delante del ayuntamiento, hasta la muerte del gran sacerdote que fuere en aquel tiempo[b]: entónces el homicida tornará y vendrá á su ciudad, y á su casa, á la ciudad de donde huyó.

7 ¶ Entónces señalaron á Cedes[c] en Galilea en el monte de Nephtali, y á Sichêm en el monte de Ephraim, y á Chiriath-arba, que es Hebron, en el monte de Judá.

8 Y de la otra parte del Jordan de Jericó, al Oriente, señalaron á Beser en el desierto, en la llanura de la tribu de Ruben, y á Ramoth en Galaad de la tribu de Gad, y á Gaulon en Basan de la tribu de Manassé.

9 Estas fueron las ciudades señaladas para todos los hijos de Israel, y para el extranjero que morase entre ellos, para que se acogiese á ellas cualquiera que hiriese hombre por yerro, y no muriese por mano del cercano del muerto, hasta que compareciese delante del ayuntamiento.

CAPITULO XXI.

Ciudades separadas para los Levitas. Los Israelitas viven en reposo.

Y LOS principales de los padres de los Levitas vinieron á Eleazar sacerdote[a], y á Josué, hijo de Nun, y á los principales de los padres de las tribus de los hijos de Israel,

2 Y habláronles en Silo[b] en la tierra de Canaan, diciendo: Jehová mandó por Moises que nos fuesen dadas villas para habitar, con sus ejidos para nuestras bestias[c].

3 Entónces los hijos de Israel dieron á los Levitas de sus posesiones, conforme á la palabra de Jehová, estas villas con sus ejidos.

4 ¶ Y salió la suerte por las familias de los Coathitas: y fueron dadas por suerte á los hijos de Aaron[d] sacerdote, *que eran* de los Levitas, por la tribu de Judá, por la de Simeon, y por la de Benjamin, trece villas.

5 Y á los otros hijos de Coath[e] *se dieron* por suerte diez villas de las familias de la tribu de Ephraim, y de la tribu de Dan, y de la media tribu de Manassé.

6 Y á los hijos de Gerson[f], por las familias de la tribu de Issachâr, y de la tribu de Aser, y de la tribu de Nephtali, y de la media tribu de Manassé en Basan, *fueron dadas* por suerte trece villas.

[a] Ex. 21. 13. Nu. 35. 6, 11, 14. Deu. 19. 2, 9.
[b] Nu. 35. 12, 25.
[c] Cap. 21. 32. 1 Cr. 6. 76.
[a] Cap. 14. 1. y 17. 4.
[b] Cap. 18. 1.
[c] Nu. 35. 2.
[d] ver. 8, 19. Cap. 24. 33.
[e] ver. 20, etc.
[f] ver. 27, etc.

7 A los hijos de Merari g por sus familias *se dieron* doce villas por la tribu de Ruben, y por la tribu de Gad, y por la tribu de Zabulon. [g ver. 34, etc.]

8 Y *así* dieron por suerte los hijos de Israel á los Levitas estas villas con sus ejidos h, como Jehová lo habia mandado por Moises. [h ver. 3.]

9 ¶ Y de la tribu de los hijos de Judá, y de la tribu de los hijos de Simeon dieron estas villas que fueron nombradas:

10 Y la primera suerte fué de los hijos de Aaron, de la familia de Coath, de los hijos de Leví;

11 i A los cuales dieron á Chiriath-arba, del padre de Anac, la cual *es* Hebron, en el monte de Judá, con sus ejidos en sus contornos. [i 1 Cr. 6. 55.]

12 Mas el campo de aquesta ciudad y sus aldéas dieron á Caleb, hijo de Jephone, por su posesion k. [k Cap. 14. 14.]

13 Y á los hijos de Aaron sacerdote dieron la ciudad de refugio para los homicidas, *es á saber*, á Hebron con sus ejidos; y á Libna con sus ejidos,

14 Y á Jattir con sus ejidos, y á Estemoa con sus ejidos,

15 A Helon l con sus ejidos, y á Debir con sus ejidos, [l Cap. 15. 51. 1 Cr. 6. 58.]

16 A m Ain con sus ejidos, á Jutta con sus ejidos, y á Beth-semes con sus ejidos: nueve villas de estas dos tribus. [m Cap. 15. 42. 1 Cr. 6. 59.]

17 Y de la tribu de Benjamin, á Gibeon con sus ejidos, á Geba n con sus ejidos, [n Cap. 18. 24.]

18 A Anathoth con sus ejidos, á Almon o con sus ejidos: cuatro villas. [o 1 Cr. 6. 60.]

19 Todas las villas de los sacerdotes, hijos de Aaron, *son* trece con sus ejidos.

20 ¶ Mas las familias de los hijos de Coath p Levitas, los que quedaban de los hijos de Coath, recibieron por suertes villas de la tribu de Ephraim. [p ver. 5. 1 Cr. 6. 66.]

21 Y diéronles á Sichêm, villa de refugio para los homicidas, con sus ejidos, en el monte de Ephraim: y á Geser con sus ejidos,

22 Y á Kibsaim, con sus ejidos; y á Beth-oron con sus ejidos: cuatro villas.

23 Y de la tribu de Dan, á Eltheco con sus ejidos, á Gibethon con sus ejidos,

24 A Ayalon con sus ejidos, á Gath-rimmon con sus ejidos: cuatro villas.

25 Y de la media tribu de Manassé, á Taanach con sus ejidos, y á Gath-rimmon con sus ejidos: dos villas.

26 Todas las villas para el resto de las familias de los hijos de Coath *fueron* diez con sus ejidos.

27 ¶ A los hijos de Gerson q, de las familias de los Levitas, *dieron* la villa de refugio para los homicidas de la media tribu de Manassé, *que era* Gaulon en Basan r, con sus ejidos; y á Bosra con sus ejidos: dos villas. [q ver. 6. 1 Cr. 6. 71.] [r Cap. 20. 8.]

28 Y de la tribu de Issachâr, á Cesion con sus ejidos; á Dabereth con sus ejidos,

29 A Jarmuth con sus ejidos, y á Engannim con sus ejidos: cuatro villas.

30 Y de la tribu de Aser, á Miseal con sus ejidos, á Abdon con sus ejidos,

31 A Helchâth con sus ejidos, y á Rehob con sus ejidos: cuatro villas.

32 Y de la tribu de Nephtali, la villa de refugio para los homicidas, á Cedes en Galiléa s con sus ejidos; á Hammoth-dor con sus ejidos, y á Cartan con sus ejidos: tres villas. [s Cap. 20. 7.]

33 Todas las villas de los Gersonitas por sus familias *fueron* trece villas con sus ejidos.

34 Y á las familias de los hijos de Merari, Levitas que quedaban, *dióseles* de la tribu de Zabulon á Jocneam con sus ejidos, Cartha con sus ejidos,

35 Dimna con sus ejidos, Naalal con sus ejidos: cuatro villas.

36 Y de la tribu de Ruben, á Beser t con sus ejidos, á Jasa y sus ejidos, [t Cap. 20. 8.]

37 A Cedemoth con sus ejidos, y Mephaat con sus ejidos: cuatro villas.

38 De la tribu de Gad, la villa de refugio para los homicidas Ramoth en Galaad, con sus ejidos; y Maanaim con sus ejidos,

39 Hesbon con sus ejidos, y Jazer con sus ejidos: cuatro villas.

40 Todas las villas de los hijos de Merari por sus familias, que restaban de las familias de los Levitas, fueron por sus suertes doce villas.

41 ¶ Y todas las villas de los Levitas en medio de la posesion de los hijos de Israel, *fueron* cuarenta y ocho villas con sus ejidos u. [u Nu. 35. 7.]

42 Y estas ciudades estaban apartadas la una de la otra cada cual con sus ejidos al rededor de ellas: lo cual fué en todas estas ciudades.

43 ¶ Así dió Jehová á Israel toda la tierra que habia jurado dar x á sus padres; y poseyéronla, y habitaron en ella. [x Gen. 12. 7. y 13. 15. y 15. 18, 21. y 26. 3, 4. y 28. 4, 13, 14.]

44 Y Jehová les dió reposo al rededor y, conforme á todo lo que habia jurado á sus padres: y ninguno de todos sus enemigos les paró delante z, sino que Jehová entregó en sus manos todos sus enemigos. [y Cap. 11. 23. y 22. 4.] [z Deu. 7. 23, 24.]

45 No faltó palabra de todas las buenas que habló Jehová á la casa de Israel: todo se cumplió a. [a Cap. 23. 14. 1 Rey. 8. 56.]

CAPITULO XXII.

Retíranse á sus casas y posesiones las tribus auxiliares de Ruben y de Gad, y la media de Manassé; y levantan un altar cerca del Jordan.

ENTONCES Josué llamó á los Rubenitas, y á los Gaditas, y á la media tribu de Manassé,

2 Y díjoles: Vosotros habeis guardado todo lo que Moises, siervo de Jehová, os mandó a, y habeis obedecido á mi voz en todo lo que os he mandado b. [a Nu. 32. 20, 29. Deu. 3. 18, 20.] [b Cap. 1. 12, 18.]

3 No habeis dejado á vuestros hermanos en estos muchos dias hasta hoy, antes habeis guardado la observancia de los mandamientos de Jehová vuestro Dios.

4 Ahora pues que Jehová vuestro Dios ha dado reposo á vuestros hermanos, como se lo habia prometido, volved, y tornad á vuestras tiendas, á la tierra de vuestras posesiones, que Moises siervo de Jehová os dió de la otra parte del Jordan c. [c Nu. 32. 33. Deu. 29. 8.]

5 Solamente que con diligencia cuideis d de poner por obra el mandamiento y la ley, que Moises, siervo de Jehová, os intimó: Que ameis á Jehová e vuestro Dios, y andeis en todos sus caminos; que guardeis sus mandamientos, y os allegueis á él y le sirvais de todo vuestro corazon, y de toda vuestra alma f. [d Deu. 6. 6, 17. y 11. 22.] [e Deu. 10. 12.] [f Cap. 24. 14. 1 Sa. 12. 20, 24.]

6 Y bendiciendolos Josué los envió: y fuéronse á sus tiendas.

7 Tambien á la media tribu de Manassé habia dado Moises *posesion* en Basan; mas á la otra media habia Josué dado *heredad* entre sus hermanos g de estotra parte del Jordan al Occidente: y tambien á estos envió Josué á sus tiendas despues de haberlos bendecido, [g Cap. 17. 5.]

8 Y hablóles diciendo: Volveos á vuestras tiendas con grandes riquezas h, y con grande copia de ganado; con plata, [h Deu. 8. 10, 18.]

y con oro, y metal, y muchos vestidos: partid con vuestros hermanos [i] el despojo de vuestros enemigos.

9 Y los hijos de Ruben, y los hijos de Gad, y la media tribu de Manassé, se tornaron y partiéronse de los hijos de Israel de Silo, que *está* en la tierra de Canaan, para ir á la tierra de Galaad [k], á la tierra de sus posesiones, de la cual eran poseedores, segun la palabra de Jehová por mano de Moises.

10 ¶ Y llegando á los términos del Jordan, que *está* en la tierra de Canaan, los hijos de Ruben, y los hijos de Gad, y la media tribu de Manassé, edificaron allí un altar junto al Jordan, un altar de grande apariencia.

11 ¶ Y los hijos de Israel oyeron decir [l] como los hijos de Ruben, y los hijos de Gad, y la media tribu de Manassé, habian edificado un altar delante de la tierra de Canaan, en los términos del Jordan, al paso de los hijos de Israel:

12 Lo cual como los hijos de Israel oyeron, juntóse toda la congregacion de los hijos de Israel en Silo, para subir á pelear contra ellos.

13 Y enviaron los hijos de Israel á los hijos de Ruben, y á los hijos de Gad, y á la media tribu de Manassé, en la tierra de Galaad, á Phinees, hijo de Eleazar sacerdote [m],

14 Y diez príncipes con él; un príncipe de cada casa paterna de todas las tribus de Israel, cada uno de los cuales *era* cabeza de familia de sus padres en la multitud de Israel [n]:

15 Los cuales vinieron á los hijos de Ruben, y á los hijos de Gad, y á la media tribu de Manassé, en la tierra de Galaad, y habláronles diciendo:

16 Toda la congregacion de Jehová dice así: ¿Qué transgresion *es* esta con que prevaricais contra el Dios de Israel, volviendoos hoy de seguir á Jehová, edificandoos altar para ser hoy rebeldes contra Jehová [o]?

17 ¿Nos *ha sido* poco la maldad de Peor, de la que no estamos aun limpios hasta este dia, por la cual fué la mortandad en la congregacion de Jehová?

18 Y vosotros os volveis hoy de seguir á Jehová: mas será *que* vosotros os rebelaréis hoy contra Jehová [p], y mañana se airará él contra toda la congregacion de Israel [q].

19 Que si os parece que la tierra de vuestra posesion *es* inmunda, pasaos á la tierra de la posesion de Jehová, en la cual está el tabernáculo de Jehová [r], y tomad posesion entre nosotros; pero no os rebeleis contra Jehová, ni rebeleis contra nosotros edificandoos altar, á mas del altar de Jehová nuestro Dios.

20 ¿No cometió Achân [s], hijo de Zera, prevaricacion en el anatema, y vino ira sobre toda la congregacion de Israel? y aquel hombre no pereció solo en su iniquidad.

21 ¶ Entónces los hijos de Ruben, y los hijos de Gad, y la media tribu de Manassé respondieron, y dijeron á los principales de la multitud de Israel:

22 El Dios de los dioses Jehová [t], el Dios de los dioses Jehová, él sabe [u], y sabrá Israel: si por rebelion [x], ó por prevaricacion contra Jehová, no nos salves hoy, *Señor*.

23 *Si* nos hemos edificado altar para tornarnos de en pos de Jehová, ó para sacrificar holocausto, ó Presente, ó para hacer sobre él sacrificios pacíficos, el mismo Jehová *nos* lo demande [y]:

24 Asimismo si no lo hicimos por temor de esto, diciendo: mañana vuestros hijos dirán á nuestros hijos, ¿Qué teneis vosotros con Jehová el Dios de Israel?

25 Jehová ha puesto por término el Jordan entre nosotros y vosotros, hijos de Ruben, é hijos de Gad; no teneis vosotros parte en Jehová [z]: y *así* vuestros hijos harán que nuestros hijos no teman á Jehová [a].

26 Por esto dijimos: Hagamos ahora por edificarnos un altar, no para holocausto ni para sacrificio,

27 Sino *para* que sea un testimonio [b] entre nosotros y vosotros, y entre los que vendrán despues de nosotros, de que podemos hacer el servicio de Jehová delante de él con nuestros holocaustos, con nuestros sacrificios, y con nuestros pacíficos [c]; y no digan mañana vuestros hijos á los nuestros: Vosotros no teneis parte en Jehová.

28 Nosotros pues dijimos: Si aconteciere que *tal* digan á nosotros, ó á nuestras generaciones en lo por venir, entónces responderémos: Mirad el símil del altar de Jehová, el cual hicieron nuestros padres, no para holocaustos ó sacrificios, sino *para* que fuese testimonio entre nosotros y vosotros.

29 Nunca tal acontezca que nos rebelemos contra Jehová, ó que nos apartemos hoy de seguir á Jehová edificando altar para holocaustos, para presente, ó para sacrificio, á mas del altar de Jehová nuestro Dios, que *está* delante de su tabernáculo.

30 ¶ Y oyendo Phinees el sacerdote, y los príncipes de la congregacion, y las cabezas de la multitud de Israel, que con él *estaban*, las palabras que hablaron los hijos de Ruben, y los hijos de Gad, y los hijos de Manassé, fueron contentos de ello.

31 Y dijo Phinees, hijo del sacerdote Eleazar, á los hijos de Ruben, á los hijos de Gad, y á los hijos de Manassé: Hoy hemos entendido que Jehová *está* entre nosotros [d], pues que no habeis intentado esta traicion contra Jehová. Ahora habeis librado los hijos de Israel de la mano de Jehová.

32 Y Phinees, hijo del sacerdote Eleazar, y los príncipes, volviéronse de con los hijos de Ruben, y de con los hijos de Gad, de la tierra de Galaad á la tierra de Canaan á los hijos de Israel, á los cuales dieron la respuesta [e].

33 Y el negocio plugo á los hijos de Israel, y [f] bendijeron á Dios los hijos de Israel: y no hablaron mas de subir contra ellos en guerra, para destruir la tierra en que habitaban los hijos de Ruben, y los hijos de Gad.

34 ¶ Y los hijos de Ruben y los hijos de Gad pusieron por nombre al altar, Ed ‖: porque *es* testimonio entre nosotros que Jehová *es* Dios.

CAPITULO XXIII.

Plática en que Josué, siendo ya de edad avanzada, exhorta al pueblo al culto del verdadero Dios, y á la observancia de su ley.

Y ACONTECIO, pasados muchos dias despues que Jehová dió reposo [a] á Israel de todos sus enemigos al contorno, que Josué, siendo viejo, y entrado en dias [b],

2 Llamó á todo Israel [c], á sus ancianos, á sus principes, á sus jueces, y á sus oficiales, y díjoles: Yo soy ya viejo, he entrado en dias:

3 Y vosotros habeis visto todo lo que Jehová vuestro Dios ha hecho con todas estas gentes en vuestra presencia; porque Jehová vuestro Dios ha peleado por vosotros [d].

Nu. 31. 27. 1 Sa. 30. 24. Sal. 68. 12.
Nu. 32. 1, 6, 29.
Deu. 13. 12, &c.
Ex. 6. 25. Nu. 25. 7. 11. 13.
Nu. 1. 4.
Lev. 17. 8, 9.
Ezd. 9. 13, 4.
Nu. 16. 22.
Cap. 18. 1.
Cap. 7. 1, &c.
Deu. 10. 17. Sal. 136. 2. Dan. 2. 47. 11. 36.
Job 23. 10. Sal. 44. 21. 139. 1, 12. ... 2. 26. Zech. 1. 24. Cor. 11. 11, 1. Heb. 4. 13. Ap. 2. 23.
1 Sa. 16. 23. Deu. 18. 19. Cr. 24. 22.

[z] Neh. 2. 20.
[a] 1 Rey. 12. 27, 28.
[b] ver. 34.
[c] Deu. 12. 5, etc.
[d] Lev. 26. 11, 12. 1 Cor. 14. 25.
[e] Pro. 25. 13.
[f] 1 Sa. 25. 32, 33.
‖ *testimonio.*
[a] Cap. 22. 4.
[b] Cap. 13. 1.
[c] Cap. 24. 1. Deu. 31. 28. 1 Cr. 28. 1.
[d] Sal. 44. 3.

4 Hé aquí os he repartido por suerte, en herencia[e] para vuestras tribus, estas gentes, así las destruidas como las que quedan, desde el Jordan hasta la gran mar hácia donde el sol se pone.

5 Y Jehová vuestro Dios las echará de delante de vosotros, y las lanzará de vuestra presencia[f]; y vosotros poseeréis sus tierras, como Jehová vuestro Dios os ha dicho[g].

6 Esforzaos pues mucho á guardar y hacer todo lo que está escrito en el libro de la ley de Moises, sin apartaros de ello ni á la diestra ni á la siniestra[h].

7 Que cuando entrareis á estas gentes que han quedado con vosotros[i], no hagais mencion ni jureis por el nombre de sus dioses[k], ni los sirvais, ni os inclineis á ellos.

8 Mas á Jehová vuestro Dios os allegaréis, como habeis hecho hasta hoy;

9 Pues ha echado Jehová delante de vosotros grandes y fuertes naciones: y hasta hoy nadie ha podido parar delante de vuestro rostro.

10 Un varon de vosotros perseguirá á mil[l]: porque Jehová vuestro Dios pelea por vosotros, como él os dijo[m].

11 Por tanto cuidad mucho, por vuestras almas, que ameis á Jehová vuestro Dios:

12 Porque si os apartareis[n], y os allegareis á lo que resta de aquestas gentes que han quedado con vosotros, y si concertareis con ellos matrimonios, y entrareis á ellas, y ellas á vosotros[o];

13 Sabed que Jehová vuestro Dios no echará mas estas gentes delante de vosotros[p]; antes os serán por lazo, y[q] por tropiezo, y por azote para vuestros costados, y por espinas para vuestros ojos, hasta tanto que perezcais de aquesta buena tierra, que Jehová vuestro Dios os ha dado[r].

14 Y hé aquí que yo estoy para entrar hoy por el camino de toda la tierra: reconoced pues con todo vuestro corazon, y con toda vuestra alma, que no se ha perdido una palabra de todas las buenas palabras que Jehová vuestro Dios habia dicho de vosotros; todas os han venido, no se ha perdido de ellas ni una[s].

15 Mas será, que como ha venido sobre vosotros toda palabra buena que Jehová vuestro Dios os habia dicho, así *tambien* traerá Jehová sobre vosotros toda palabra mala[t], hasta destruiros de sobre la buena tierra que Jehová vuestro Dios os ha dado,

16 Cuando traspasareis el pacto de Jehová vuestro Dios, que él os ha mandado, yendo y honrando dioses agenos, é inclinandoos á ellos. Y el furor de Jehová se inflamará contra vosotros, y luego pereceréis de aquesta buena tierra que él os ha dado.

CAPITULO XXIV.

Ultima exhortacion, y protesta de Josué; su muerte y la de Eleazar.

Y JUNTANDO Josué todas las tribus de Israel en Sichêm, llamó á los ancianos de Israel, y á sus príncipes, á sus jueces, y á sus oficiales[a], y presentáronse delante de Dios[b].

2 Y dijo Josué á todo el pueblo: Así dice Jehová, Dios de Israel. Vuestros padres habitaron antiguamente de esotra parte del rio, *es á saber*, Tharé, padre de Abraham y de Nachôr[c], y servian á dioses estraños.

3 Y yo tomé á vuestro padre Abraham de la otra parte del rio[d], y trájelo por toda la tierra de Canaan, y aumenté su generacion, y díle á Isaac[e].

[e] Cap. 13. 6, 7. y 18. 10.
[f] Deu. 11. 23. Sal. 44. 2.
[g] Nu. 33. 53.
[h] Deu. 5. 32.
[i] Deu. 7. 2, 3.
[k] Soph. 1. 4, 5.
[l] Lev. 26. 8. Juec. 7. 19, 22. y 15. 15.
[m] Ex. 23. 27, etc.
[n] Is. 1. 4. Soph. 1. 6.
[o] 2 Cor. 6. 14.
[p] Juec. 2. 2, 3.
[q] 1 Rey. 11. 4.
[r] 2 Rey. 17. 22, 23.
[s] Cap. 21. 45.
[t] Lev. 26. 14, etc. Deu. 28. 15, 63.
[a] Cap. 23. 2.
[b] 1 Sa. 10. 19.
[c] Gen. 11. 26, etc.
[d] Gen. 12. 1.
[e] Gen. 21. 2, 3.

4 Y á Isaac dí á Jacob y á Esaú[f]: y á Esaú dí el monte de Seir[g], que lo poseyese; mas Jacob y sus hijos descendieron á Egipto[h].

5 Y yo envié á Moises y á Aaron, y herí á Egipto, al modo que lo hice en medio de él, y despues os saqué[i].

6 Y saqué á vuestros padres de Egipto: y como llegaron á la mar[k], los Egipcios siguieron á vuestros padres hasta el mar Bermejo con carros y caballería.

7 Y como ellos clamasen á Jehová, él puso obscuridad entre vosotros y los Egipcios, é hizo venir sobre ellos la mar, la cual los cubrió: y vuestros ojos vieron lo que hice en Egipto. Despues estuvisteis muchos dias en el desierto[l].

8 Y os introduje en la tierra de los Amorrhéos, que habitaban de la otra parte del Jordan, los cuales pelearon contra vosotros: mas yo los entregué en vuestras manos, y poseisteis su tierra, y los destruí de delante de vosotros.

9 Levantóse despues Balac, hijo de Sephor, rey de los Moabitas, y peleó contra Israel: y envió á llamar á Balaam, hijo de Beor, para que os maldijese[m].

10 Mas yo no quise escuchar á Balaam; antes os bendijo repetidamente, y os libré de sus manos[n].

11 Y pasado el Jordan[o], vinisteis á Jericó: y los moradores de Jericó pelearon contra vosotros; *y* los Amorrhéos, Pherezéos, Cananéos, Hethéos, Gergeséos, Hevéos, y Jebuséos: *y* yo los entregué en vuestras manos[p].

12 Y envié tábanos[q] delante de vosotros, los cuales los echaron de delante de vosotros, *á saber*, á los dos reyes de los Amorrhéos; *mas* no con tu espada, ni con tu arco[r]. ¶

13 Y os dí la tierra por la cual nada trabajasteis, y las ciudades que no edificasteis, en las cuales morais; y de las viñas y olivares que no plantasteis[s], comeis.

14 Ahora pues temed á Jehová[t], y servidle con integridad, y en verdad: y quitad de en medio los dioses á los cuales sirvieron vuestros padres de esotra parte del rio, y en Egipto[u]; y servid á Jehová.

15 Y si mal os parece servir á Jehová, escogeos hoy á quien sirvais[x]; si á los dioses á quienes sirvieron vuestros padres, cuando *estuvieron* de esotra parte del rio, ó á los dioses de los Amorrhéos, en cuya tierra habitais: que yo y mi casa servirémos á Jehová.

16 ¶ Entónces el pueblo respondió, y dijo: Nunca tal acontezca, que dejemos á Jehová por servir á otros dioses.

17 Porque Jehová nuestro Dios es el que nos sacó á nosotros y á nuestros padres de la tierra de Egipto, de la casa de servidumbre; el cual delante de nuestros ojos ha hecho estas grandes señales, y nos ha guardado por todo camino por donde hemos andado, y en todos los pueblos por entre los cuales pasamos.

18 Y Jehová echó de delante de nosotros á todos los pueblos, y al Amorrhéo que habitaba en la tierra. *Por tanto* nosotros tambien servirémos á Jehová, porque él es nuestro Dios.

19 Entónces Josué dijo al pueblo: No podréis servir á Jehová[y]: porque él es Dios santo[z], y Dios[a] zeloso: no sufrirá vuestras rebeliones, y vuestros pecados[b].

20 Si dejareis á Jehová, y sirviereis á dioses agenos, se volverá y os maltratará, y os consumirá[c] despues que os ha hecho bien.

21 El pueblo entónces dijo á Josué: No, antes á Jehová servirémos.

[f] Gen. 25. 24.
[g] Gen. 36. 8. Deu. 2. 5.
[h] Gen. 46. 1, 7.
[i] Ex. VII, XII.
[k] Ex. XIV.
[l] Cap. 5. 6.
[m] Nu. 22. 5, etc.
[n] Deu. 23. 4. Mic. 6. 5.
[o] Cap. 3. 14, 17.
[p] Cap. VI. y 10. 1. y 11. 1.
[q] Ex. 23. 28. Deu. 7. 20.
[r] Sal. 44. 3, 6.
[s] Cap. 11. 13. Deu. 6. 10, 12.
[t] 1 Sa. 12. 24.
[u] Lev. 17. 7. Ezec. 20. 18. y 23. 3.
[x] Ruth. 1. 15, 16. 1 Rey. 18. 21.
[y] Mat. 6. 24.
[z] Lev. 19. 2. 1 Sa. 6. 20. Is. 6. 3.
[a] Ex. 20. 5.
[b] Ex. 23. 21. y 34. 7.
[c] 1 Cr. 28. 9. Esd. 8. 22. Is. 65. 11, 12.

22 Y Josué respondió al pueblo: Vosotros *seréis* testigos contra vosotros mismos [d], de que os habeis elegido á Jehová para servirle. Y ellos respondieron: Testigos *somos*.

23 Quitad pues ahora los dioses agenos que *estan* entre vosotros [e], é inclinad [f] vuestro corazon á Jehová Dios de Israel.

24 Y el pueblo respondió á Josué: A Jehová nuestro Dios serviremos, y á su voz [g] obedecerémos.

25 Entónces Josué hizo alianza con el pueblo el mismo dia, y púsole ordenanzas y leyes en Sichêm.

26 Y escribió Josué estas palabras en el libro de la ley de Dios; y tomando una grande piedra, levantóla allí debajo de un alcornoque [h] que *estaba* junto al santuario de Jehová.

27 Y dijo Josué á todo el pueblo: Hé aquí esta piedra será entre nosotros por testigo [i], la cual ha [k] oido todas las palabras de Jehová que él ha hablado con nosotros: será pues testigo contra vosotros, porque no mintais contra vuestro Dios.

[d] Deu. 26.17.
[e] Juec. 10.15, 16. 1 Sa. 7. 3.
[f] Pro. 2. 2.
[g] Deu. 5. 28, 29.
[h] Gen. 35. 4. Juec. 9. 6.
[i] Cap. 22. 34.
[k] Deu. 32. 1.

28 Y envió Josué el pueblo, cada uno á su heredad [l].

29 Y despues de estas cosas, murió Josué, hijo de Nun, siervo de Jehová, siendo de ciento y diez años.

30 Y enterráronlo en el término de su posesion en Timnath-sera [m], que *está* en el monte de Ephraim, al Norte del monte de Gaas.

31 ¶ Y sirvió Israel á Jehová todo el tiempo de Josué, y todo el tiempo de los ancianos que vivieron [n] despues de Josué, y que sabian todas las obras de Jehová que habia hecho por Israel [o].

32 ¶ Y enterraron en Sichêm los huesos de Joseph, que los hijos de Israel habian traido de Egipto [p], en la parte del campo que Jacob compró de los hijos de Hemor, padre de Sichêm, por cien corderas [q], y fué en posesion á los hijos de Joseph.

33 ¶ Tambien murió Eleazar, hijo de Aaron; al cual enterraron en el collado de Phinees su hijo, que le fué dado en el monte de Ephraim.

[l] Juec. 2. 6.
[m] Cap. 19.50.
[n] Juec. 2. 7.
[o] Deu. 11. 2, 7.
[p] Gen. 50. 25. Ex. 13. 19. Heb. 11. 22.
[q] Gen. 33. 19.

EL LIBRO DE LOS JUECES.

A. C. cir. 1425.

CAPITULO I.

Victorias de los Israelitas, los cuales se contentan con hacer tributarios á los Cananéos, en lugar de exterminarlos.

Y ACONTECIO despues de la muerte de Josué [a], que los hijos de Israel consultaron á Jehová [b], diciendo: ¿ Quien subirá por nosotros el primero á pelear contra los Cananéos?

2 Y Jehová respondió: Judá subirá [c]: hé aquí que yo he entregado la tierra en sus manos.

3 Y Judá dijo á Simeon su hermano: Sube conmigo á mi suerte, y peleemos contra el Cananéo; y yo tambien iré contigo á tu suerte [d]. Y Simeon fué con él.

4 Y subió Judá, y Jehová entregó en sus manos al Cananéo, y al Pherezéo; y de ellos hirieron en [e] Bezec diez mil hombres.

5 Y hallaron á Adoni-bezec en Bezec, y pelearon contra él: é hirieron al Cananéo, y al Pherezéo.

6 Mas Adoni-bezec huyó; y siguiéronlo, y prendiéronlo, y cortáronle los pulgares de las manos y de los piés.

7 Entónces dijo Adoni-bezec: Setenta reyes, cortados los pulgares de sus manos y de sus piés, cogian *las migajas* debajo de mi mesa: como yo hice, así me ha pagado Dios [f]. Y metiéronlo en Jerusalem, donde murió.

8 ¶ *Ya* habian combatido los hijos de Judá á Jerusalem, y [g] la habian tomado, y metido á cuchillo, y puesto á fuego la ciudad.

9 Despues los hijos de Judá descendieron para pelear contra el Cananéo, que habitaba en las montañas, y al Mediodia, y en los llanos [h].

10 Y partió Judá contra el Cananéo, que habitaba en Hebron, la cual se llamaba antes Chiriat-arba, é hirieron á Sesai, á Ahiman, y á Talmai.

11 Y de allí fué á los que habitaban en Debir, que antes se llamaba Chiriath-sepher.

12 Y dijo Caleb [i]: El que hiriere á Chiriath-sepher, y la tomare, yo le daré á Axa mi hija por mujer.

[a] Jos. 24. 29.
[b] Cap. 20. 18. Nu. 27. 21.
[c] Gen. 49. 8, 9.
[d] ver. 17.
[e] 1 Sa. 11. 8.
[f] Lev. 24. 19. 1 Sa. 15. 33. Is. 33. 1. Mat. 7. 1, 2. Sant°. 2. 13.
[g] Jos. 15. 63.
[h] Jos. 11. 21.
[i] Jos. 15. 15, etc.

A. C. 1444.

13 Y tomóla Othoniel, hijo de Cenez, hermano menor [k] de Caleb: y él le dió á Axa su hija por mujer.

14 Y cuando la llevaban, persuadióle que pidiese á su padre un campo. Y ella se apeó del asno; y Caleb la dijo: Qué tienes?

15 Ella entónces le respondió: Dáme una bendicion: que pues me has dado tierra de secadal, me des tambien fuentes de aguas. Entónces Caleb le dió las fuentes de arriba, y las fuentes de abajo.

16 Y los hijos del Cinéo [l], suegro de Moises, subieron de la ciudad de las palmas [m] con los hijos de Judá al desierto de Judá, que *está* al Mediodia de [n] Arad: y fueron y habitaron con el pueblo [o].

17 Y fué Judá á su hermano [p] Simeon, é hirieron al Cananéo que habitaba en Sephath, y asoláronla: y pusieron por nombre á la ciudad, Horma [q].

18 Tomó tambien Judá á Gaza [r] con su término, y á Ascalon con su término, y á Eccron con su término.

19 Y fué Jehová con Judá, y echó [s] á los de las montañas; mas no pudo echar á los que habitaban en los llanos, los cuales tenian carros herrados [t].

20 Y dieron Hebron á Caleb, como Moises habia dicho [u]: y él echó de allí tres hijos de Anac.

21 ¶ Mas al Jebuséo que habitaba en Jerusalem, no echaron los hijos de Benjamin; y así el Jebuséo habitó con los hijos de Benjamin en Jerusalem hasta hoy.

22 ¶ Tambien los de la casa de Joseph subieron á Beth-el: y *fué* Jehová con ellos [x].

23 Y los de la casa de Joseph pusieron espias en Beth-el, la cual ciudad ántes se llamaba Luz [y].

24 Y los que espiaban, vieron un hombre que salia de la ciudad, y dijéronle: Muéstranos ahora la entrada de la ciudad, y harémos contigo misericordia.

25 Y él les mostró la entrada á la ciudad, é hiriéronla á filo de espada; mas dejaron á aquel hombre con toda su familia.

[k] Cap. 3. 9.
[l] Cap. 4. 11, 17. 1 Cr. 2. 55.
[m] Deu. 34. 3.
[n] Nu. 21. 1.
[o] Nu. 10. 29, 32. 1 Sa. 15. 6.
[p] ver. 3.
[q] Nu. 21. 3.
[r] Jos. 11. 22.
[s] ver. 2. 2 Rey. 18. 7. Sal. 60. 12. Ec. 9. 11.
[t] Jos. 17. 16. Sal. 46. 9.
[u] Nu. 14. 24. Deu. 1. 36. Jos. 14. 9, 14.
[x] ver. 19.
[y] Gen. 28. 19.

26 Y fuése el hombre á la tierra de los Hethéos, y edificó una ciudad, á la cual llamó Luz: y este es su nombre hasta hoy.

27 ¶ Tampoco Manassé echó á *los de* Beth-sean, ni á *los de* sus aldéas, ni á *los de* Taanach y sus aldéas, ni á los de Dor y sus aldéas, ni á los habitantes de Ibleam y sus aldéas, ni á los que habitaban en Megiddo y en sus aldéas: mas el Cananéo quiso habitar en esta tierra.

28 Empero cuando Israel tomó fuerzas, hizo al Cananéo tributario; mas no lo echó.

29 Tampoco Ephraim echó al Cananéo que habitaba en Gezer; antes habitó el Cananéo en medio de ellos en Gezer.

30 Tampoco Zabulon echó los que habitaban en Chitron, y á los que habitaban en Naalol; mas el Cananéo habitó en medio de él, y le fueron tributarios.

31 Tampoco Aser echó los que habitaban en Achô, y á los que habitaban en Sidon, y en Ahlab, y en Achzib, y en Helba, y en Aphec, y en Rehob[z]:

[z] Jos. 19. 24, 30.

32 Antes moró Aser entre los Cananéos que habitaban en la tierra; pues no los echó.

33 Tampoco Nephtali echó los que habitaban Beth-semes, y á los que habitaban en Beth-anath, sino que moró entre los Cananéos que habitaban en la tierra; mas fuéronle tributarios los moradores de Beth-semes, y los moradores de Beth-anath.

34 Los Amorrhéos apretaron á los hijos de Dan hasta el monte; que no los dejaron descender á la campaña.

35 Y quiso el Amorrhéo habitar en el monte de Heres, en Ajalon, y en Saalbim; mas como la mano de la casa de Joseph tomó fuerzas, hiciéronlos tributarios.

36 Y el término del Amorrhéo *fué* desde la subida de Acrabim, desde la Piedra, y arriba.

CAPITULO II.

Un ángel reprende á los Israelitas su infidelidad é ingratitud: se arrepienten; pero luego caen otra vez en la idolatría.

Y EL Angel de Jehová subió de Gilgal á Bochim[a], y dijo: Yo os saqué de Egipto, y os introduje en la tierra de la cual habia jurado á vuestros padres, y dije: No invalidaré jamas[b] mi pacto con vosotros;

[a] ver. 5.
[b] Gen. 17. 7. Sal. 89. 34.

2 Con tal que vosotros no hagais alianza[c] con los moradores de aquesta tierra, cuyos altares habiais de derribar[d]: mas vosotros no habeis atendido á mi voz[e]. ¿Por qué habeis hecho esto?

[c] Deu. 7. 2.
[d] Deu. 12. 3.
[e] ver. 20. Sal. 106. 34, 36.

3 Por tanto yo tambien dije: No los echaré de delante de vosotros, sino que os serán por[f] *azote para* vuestros costados, y sus dioses por tropiezo[g].

[f] Jos. 23. 13.
[g] Ex. 23. 33. Deu. 7. 16.

4 Y como el Angel de Jehová habló estas palabras á todos los hijos de Israel, el pueblo lloró en voz alta.

5 Y llamaron por nombre á aquel lugar ‖ Bochim: y sacrificaron allí á Jehová.

‖ *Lugar de los llorosos.*

6 ¶ Porque ya Josué habia despedido al pueblo[h], y los hijos de Israel se habian ido cada uno á su heredad para poseerla.

[h] Jos. 24. 28, etc.

7 Y el pueblo habia servido á Jehová todo el tiempo de Josué, y todo el tiempo de los ancianos que vivieron largos dias despues de Josué; los cuales habian visto todas las grandes obras de Jehová, que él habia hecho por Israel.

8 Y murió Josué, hijo de Nun, siervo de Jehová, siendo de ciento y diez años:

9 Y enterráronlo en el término de su heredad en Timnath-sera[i], en el monte de Ephraim, al Norte del monte de Gaas.

[i] Jos. 19. 50. y 24. 30.

10 Y toda aquella generacion fué tambien recogida con sus padres: y levantóse despues de ellos otra generacion, que no conocian á Jehová, ni la obra que él habia hecho por Israel.

11 Y los hijos de Israel hicieron lo malo en ojos de Jehová, y sirvieron á los Baales:

12 Y dejaron á Jehová el Dios de sus padres[k], que los habia sacado de la tierra de Egipto, y fuéronse tras otros dioses, *tras* los dioses de los pueblos que *estaban* en sus alrededores, á los cuales adoraron[l], y provocaron á ira á Jehová.

[k] Deu. 31. 16.
[l] Deu. 6. 4.

13 Y dejaron á Jehová, y adoraron á Baal y á Astaroth.

14 Y el furor de Jehová se encendió contra Israel[m], el cual los entregó en manos de robadores que los despojaron, y los vendió[n] en manos de sus enemigos de alrededor; y no pudieron parar mas delante de sus enemigos.

[m] Cap. 3. 7, 8. y 10. 7. Sal. 106. 40, 42.
[n] Cap. 4. 2. Sal. 44. 12. Is. 50. 1.

15 Por donde quiera que salian, la mano de Jehová era contra ellos para mal, como Jehová habia dicho[o]; y como Jehová se lo habia jurado, así los afligió en gran manera.

[o] Lev. 26. 17. Deu. 28. 15.

16 Mas Jehová suscitó Jueces[p], que los librasen de mano de los que los despojaban[q].

[p] Hech. 13. 20.
[q] Sal. 106. 43, 46.

17 Y tampoco oyeron á sus Jueces, sino que[r] fornicaron tras dioses agenos, á los cuales adoraron: apartáronse bien presto del camino en que anduvieron sus padres obedeciendo á los mandamientos de Jehová; *mas* ellos no hicieron así.

[r] Ex. 34. 15, 16.

18 Y cuando Jehová les suscitaba Jueces, Jehová era con el Juez, y librábalos de mano de los enemigos todo el tiempo de aquel juez: porque Jehová[s] se arrepentia por sus gemidos á causa de los que los oprimian y afligian.

[s] Gen. 6. 6. Deu. 32. 36. Os. 11. 8.

19 Mas en muriendo el juez, ellos se tornaban y se corrompian[t] mas que sus padres, siguiendo dioses agenos para servirles, é inclinandose delante de ellos: y nada disminuan de sus obras, ni de su duro camino.

[t] Cap. 4. 1. y 8. 33.

20 Y la ira de Jehová se encendió contra Israel; y dijo: Pues que esta gente traspasa mi pacto que ordené á sus padres, y no obedecen mi voz[u],

[u] Jos. 23. 16.

21 Tampoco yo echaré mas de delante de ellos á ninguna de aquestas gentes, que dejó Josué cuando murió,

22 Para que por ellas probara yo á Israel, si guardarian ellos el camino de Jehová andando por él, como sus padres lo guardaron, ó no.

23 Por esto dejó Jehová aquellas gentes, y no las desarraigó luego, ni las entregó en mano de Josué.

CAPITULO III.

De los tres jueces Othoniel, Aod, y Samgar, los cuales libran á los Israelitas de la opresion.

ESTAS pues *son* las gentes que dejó Jehová para probar con ellas á Israel, á todos aquellos que no habian conocido todas las guerras de Canaan;

2 Para que al menos el linaje de los hijos de Israel conociése, para enseñarlos en la guerra, siquiera *fuese* á los que antes no la habian conocido:

3 *A saber*, cinco príncipes de los Philistéos, y todos los Cananéos, y los Sidonios, y los Hevéos que habitaban en el monte Líbano, desde el monte de Baal-hermon hasta llegar á Hamath.

4 Estos pues fueron *dejados* para probar por ellos á Israel, para saber si obedece-

rian á los mandamientos de Jehová, que él habia prescripto á sus padres por mano de Moises.

5 ¶ Así los hijos de Israel habitaban entre los Cananéos, Hethéos, y Amorrhéos, Pherezéos, Hevéos, y Jebuséos:

6 Y tomaron de sus hijas por mujeres, y dieron sus hijas á los hijos de ellos, y sirvieron á sus dioses.

7 Hicieron pues los hijos de Israel lo malo en ojos de Jehová; y olvidados de Jehová su Dios, sirvieron á los Baales, y á los *ídolos de los* bosques.

8 Y la saña de Jehová se encendió contra Israel, y vendiólos en manos de Chusan-rasathaim, rey de Mesopotamia; y sirvieron los hijos de Israel á Chusan-rasathaim ocho años.

9 ¶ Y clamaron los hijos de Israel á Jehová[a]; y Jehová suscitó salvador á los hijos de Israel, y libróles, *es á saber*, á Othoniel, hijo de Cenez, hermano menor de Caleb[b].

[a] 1 Sa. 12. 10. Neh. 9. 27. Sal. 107. 13, 19.
[b] Cap. 1. 13.

10 Y el espíritu de Jehová fué sobre él[c], y juzgó á Israel: y salió á batalla, y Jehová entregó en su mano á Chusan-rasathaim, rey de Siria, y prevaleció su mano contra Chusan-rasathaim.

[c] Cap. 6. 34. y 11. 29.

11 Y reposó la tierra cuarenta años; y murió Othoniel, hijo de Cenez.

12 ¶ Y tornaron los hijos de Israel á hacer lo malo ante los ojos de Jehová: y Jehová esforzó á Eglon, rey de Moab[d], contra Israel, por cuanto habian hecho lo malo ante los ojos de Jehová.

[d] 1 Sa. 12. 9.

13 Y juntó consigo á los hijos de Ammon y de Amalec, y fué, é hirió á Israel, y tomó la ciudad de las palmas[e].

[e] Cap. 1. 16.

14 Y sirvieron[f] los hijos de Israel á Eglon, rey de los Moabitas, diez y ocho años.

[f] Deu. 28. 48.

15 ¶ Y clamaron los hijos de Israel á Jehová; y Jehová les suscitó salvador, á Aod, hijo de Gera, Benjamita, el cual tenia cerrada la mano derecha. Y los hijos de Israel enviaron con él un presente á Eglon, rey de Moab.

16 Y Aod se habia hecho un puñal de dos filos, de un codo de largo; y ciñóselo debajo de sus vestidos á su lado derecho.

17 Y presentó el presente á Eglon, rey de Moab: y *era* Eglon hombre muy grueso.

18 Y luego que hubo presentado el don, despidió á la gente que lo habia traido.

19 Mas él se volvió desde los ídolos que *estan* en Gilgal[g], y dijo: Rey, una palabra secreta tengo que decirte. El entónces dijo: Calla. Y saliéronse de con él todos los que delante de él estaban.

[g] Jos. 4. 20.

20 Y llegóse Aod á él, el cual estaba sentado solo en una sala de verano. Y Aod dijo: Tengo palabra de Dios para tí. El entónces se levantó de la silla.

21 Mas Aod metió su mano izquierda, y tomó el puñal de su lado derecho, y metióselo por el vientre:

22 De tal manera que la empuñadura entró tambien tras la hoja; y la grosura encerró la hoja, que él no sacó el puñal de su vientre: y salió el estiercol.

23 Y saliendo Aod al patio, cerró tras sí las puertas de la sala.

24 Y salido él, vinieron sus siervos, los cuales viendo las puertas de la sala cerradas, dijeron: sin duda él cubre sus pies en la sala de verano.

25 Y habiendo esperado hasta estar confusos, pues que él no habria las puertas de la sala, tomaron la llave, y abrieron: y hé aquí su señor caido en tierra muerto.

26 Mas entre tanto que ellos se detuvieron, Aod se escapó, y pasando los ídolos[h], salvóse en Seirath.

[h] ver. 19.

27 Y como hubo entrado, tocó el cuerno en el monte de Ephraim[i], y los hijos de Israel descendieron con él del monte, y él *iba* delante de ellos.

[i] Jos. 17. 15.

28 Entónces él les dijo: Seguidme, porque Jehová ha entregado vuestros enemigos los[k] Moabitas en vuestras manos. Y descendieron en pos de él, y tomaron los vados del Jordan á Moab, y no dejaron pasar á ninguno.

[k] Cap. 7. 9, 15.

29 Y en aquel tiempo hirieron de los Moabitas como diez mil hombres, todos valientes, y todos hombres de guerra; no escapó hombre.

30 Así quedó Moab sojuzgado aquel dia bajo la mano de Israel: y reposó la tierra ochenta años.

31 Despues de este *Aod* fué Samgar[l], hijo de Anath, el cual hirió seiscientos hombres de los Philistéos con una aguijada de bueyes[m]; y él tambien salvó á Israel.

[l] Cap. 5. 6.
[m] Cap. 5. 8. y 15. 15. 1 Sa. 17. 47.

CAPITULO IV.

Barac, alentado por Débora, la profetisa, derrota á Sísara, general del ejército del rey Jabin. Sísara es muerto por Jael, mujer de Heber.

MAS los hijos de Israel tornaron á hacer lo malo en ojos de Jehová[a], despues de la muerte de Aod.

[a] Cap. 2. 10.

2 Y Jehová los vendió en mano de Jabin, rey de Canaan, el cual reinó en Asor[b]; y el capitan de su ejército *se llamaba* Sísara, y él habitaba en Haroseth de las Gentes[c].

[b] Jos. 11. 1, 10.
[c] ver. 13, 16.

3 Y los hijos de Israel clamaron á Jehová, porque aquel tenia nuevecientos carros herrados[d]; y habia afligido en gran manera á los hijos de Israel por veinte años.

[d] Cap. 1. 19.

4 ¶ Y gobernaba en aquel tiempo á Israel *una* mujer, Débora profetisa, mujer de Lapidoth:

5 La cual Débora habitaba debajo de *una* palma entre Rama y Beth-el, en el monte de Ephraim: y los hijos de Israel subian á ella á juicio.

6 Y ella envió á llamar á Barac, hijo de Abinoam de Cedes de Nephtali, y díjole: ¿No te ha mandado Jehová Dios de Israel *diciendo*, Vé, y haz gente en el monte de Tabor, y toma contigo diez mil hombres de los hijos de Nephtali, y de los hijos de Zabulon:

7 Y yo atraeré á tí al arroyo de Cison á Sísara, capitan del ejército de Jabin, con sus carros y su ejército, y entregarélo en tus manos?

8 Y Barac le respondió: Si tú fueres conmigo, yo iré; pero si no fueres conmigo, no iré.

9 Y ella dijo: Iré contigo; mas no será tu honra en el camino que vas, porque en mano de mujer[e] venderá Jehová á Sísara. Y levantandose Débora fué con Barac á Cedes.

[e] ver. 18, 20.

10 Y juntó Barac á Zabulon y á Nephtali en Cedes, y subió con diez mil hombres á su mando: y Débora subió con él.

11 ¶ Y Heber Cinéo[f], de los hijos de Hobab, suegro de Moises, se habia apartado de los Cinéos, y puesto su tienda hasta el valle de Saanaim, que *está* junto á Cedes.

[f] Cap. 1. 16.

12 Vinieron pues las nuevas á Sísara como Barac, hijo de Abinoam, habia subido al monte de Tabor.

13 Y reunió Sísara todos sus carros, nuevecientos carros herrados, con todo el pueblo que con él estaba, desde Haroseth de las Gentes hasta el arroyo de Cison.

14 ¶ Entónces Débora dijo á Barac:
Levántate; porque este *es* el dia en que
Jehová ha entregado á Sísara en tus
manos. ¿No ha salido Jehová delante
[g] Deu. 9. 3. 2 Sa. 5. 24. de tí[g]? Y Barac descendió del monte
de Tabor, y diez mil hombres en pos
de él.
[h] Sal. 83. 9, 10. 15 Y Jehová desbarató á Sísara[h], y á
todos sus carros, y á todo su ejército á
[i] Heb. 11. 32. filo de espada delante de[i] Barac: y
Sísara descendió del carro, y huyó á
pié.
16 Mas Barac siguió los carros y el
ejército hasta Haroseth de las Gentes,
y todo el ejército de Sísara cayó á filo
de espada, hasta no quedar ni uno.
17 Y Sísara se acogió á pié á la tienda
de Jael, mujer de Heber Cineo, porque
habia paz entre Jabin, rey de Asor, y la
casa de Heber Cinéo.
18 Y saliendo Jael á recibir á Sísara,
díjole: Ven, señor mio, ven á mí; no
[k] 2 Rey. 6. 19. tengas temor[k]. Y él vino á ella á la
tienda, y ella le cubrió con una manta.
19 Y él la dijo: Ruégote me des á
beber una poca de agua, que tengo sed.
Y ella abrió un odre de leche, y dióle de
[l] Cap. 5. 25, 26. beber[l], y tornólo á cubrir.
20 Y él la dijo: Estáte á la puerta de
la tienda, y si alguien viniere, y te pre-
guntare diciendo, ¿Hay aquí alguno?
tú responderás que no.
21 Y Jael, mujer de Heber, tomó una
estaca de la tienda, y poniendo un mazo
en su mano, vino á él calladamente, y
metióle la estaca por las sienes, y en-
clavólo en la tierra, pues él estaba car-
gado de sueño y cansado; y *así* murió.
22 Y siguiendo Barac á Sísara, Jael
salió á recibirlo, y díjole: Ven, y te
mostraré al varon que tú buscas. Y él
entró donde ella estaba, y hé aquí Sí-
sara yacia muerto con la estaca por la
sien.
23 ¶ Así abatió Dios aquel dia á Ja-
bin, rey de Canaan, delante de los hijos
de Israel.
24 Y la mano de los hijos de Israel
comenzó á crecer y á fortificarse contra
Jabin, rey de Canaan, hasta que lo des-
truyeron.

CAPITULO V.

Cántico en accion de gracias de Débora y Barac, por la victoria contra Jabín.

Y AQUEL dia cantó Débora, con
[a] Ex. 15. 1. Sal. 18, tit. Barac, hijo de Abinoam[a], dici-
endo:
2 Porque ha vengado las injurias de
Israel, porque el pueblo se ha ofrecido
de su voluntad, load á Jehová.
3 Oid, reyes; estad, oh príncipes, a-
tentos: yo cantaré á Jehová; cantaré
salmos á Jehová Dios de Israel.
4 Cuando saliste de Seir, oh Jehová,
cuando te apartaste del campo de Edom,
la tierra tembló, y los cielos destilaron, y
[b] 2 Sa. 22. 8. Is. 64. 3. Hab. 3. 3, 10. las nubes gotearon aguas[b].
5 Los montes se derritieron[c] delante
de Jehová, aqueste Sinai, delante de Je-
[c] Sal. 97. 5. hová Dios de Israel[d].
[d] Ex. 19. 18. 6 En los dias de Samgar[e], hijo de
[e] Cap. 3. 31. Anath, en los dias de Jael cesaron los
[f] Cap. 4. 17. caminos[f], y los que andaban por las
sendas, apartábanse por torcidos sen-
deros.
7 Las aldéas habian cesado en Israel,
habian decaido; hasta que yo Débora
me levanté, me levanté *como* madre en
Israel.
[g] Deu. 32. 17. 8 En escogiendo nuevos dioses[g], la
guerra *estaba* á las puertas: ¿se veia
escudo ó lanza entre cuarenta mil en
[h] 1 Sa. 13. 19, 22. Israel[h]?
9 Mi corazon *está* por los príncipes de
Israel, *por* los que con buena voluntad
se ofrecieron entre el pueblo. Load á
Jehová,
10 Vosotros los que cabalgais en asnas
blancas, los que presidís en juicio: y
vosotros los que viajais *ya seguros*, ha-
blad.
11 *Los libertados* del ruido de los arche-
ros en los abrevaderos, allí repetirán las
justicias de Jehová, las justicias *para
con los moradores* de sus villas en Is-
rael; entónces bajará el pueblo de Je-
hová á las puertas.
12 Despierta, despierta[i], Débora; des- [i] Sal. 57. 8.
pierta, despierta, profiere un cántico.
Levántate, Barac, y lleva tus cautivos,
hijo de Abinoam[k]. [k] Sal. 68. 18.
13 Entónces ha hecho *Jehová* que el
que quedó del pueblo señoree á los mag-
níficos: Jehová me hizo enseñorear so-
bre los fuertes.
14 De Ephraim *salió* su raiz contra
Amalec; tras tí *vino* Benjamin contra
tus pueblos. De Machir descendieron
príncipes, y de Zabulon los que solian
manejar punzon de escribiente.
15 Príncipes tambien de Issachâr *fue-
ron* con Débora; y *tambien* Issachâr,
como Barac, se puso á pié en el valle.
De las divisiones de Ruben *hubo* grandes
impresiones del corazon[l]. [l] Ex. 32. 21.
16 ¿Por qué te quedaste entre las ma-
jadas, para oir los balidos de los reba-
ños? De las divisiones de Ruben grandes
son las disquisiciones del corazon.
17 Galaad se quedó de la otra parte
del Jordan: y Dan, ¿por qué se estuvo
junto á los navíos? Mantúvose Aser á
la ribera de la mar, y quedóse en sus
puertos.
18 El pueblo de Zabulon expuso su
vida á la muerte, y Nephtali en las al-
turas del campo[m]. [m] Cap. 4. 10.
19 Vinieron reyes y pelearon: entónces
pelearon los reyes de Canaan en Taanac
junto á las aguas de Megiddo, mas no
llevaron ganancia alguna de dinero.
20 De los cielos pelearon[n]: las es- [n] Cap. 4. 15.
trellas desde sus órbitas pelearon con-
tra Sísara.
21 Barriólos el torrente de Cison[o], el [o] Cap. 4. 7. 1 Rey. 18. 40. Sal. 83. 9, 10.
antiguo torrente, el torrente de Cison.
Hollaste, oh alma mia, con fortaleza[p].
22 Despalmáronse entónces las uñas de [p] Sal. 44. 5.
los caballos por las arremetidas, por los
brincos de sus valientes.
23 Maldecid á Meroz, dijo el ángel
de Jehová; maldecid severamente á sus
moradores, porque no vinieron en so-
corro á Jehová, en socorro á Jehová
contra los fuertes.
24 Bendita sea sobre las mujeres Jael,
mujer de Heber Cinéo[q]; sobre las mu- [q] Cap. 4. 17.
jeres bendita sea en la tienda.
25 El pidió agua, y dió*le* ella leche[r]; [r] Cap. 4. 19, etc.
en tazon de nobles le presentó manteca.
26 Su mano tendió á la estaca, y su
diestra al mazo de trabajadores, y majó
á Sísara: hirió su cabeza, llagó, y atra-
vesó sus sienes.
27 Cayó encorvado entre sus piés, que-
dó tendido: entre sus piés cayó encor-
vado: donde se encorvó, allí cayó mu-
erto.
28 La madre de Sísara se asoma á la
ventana, y *mirando* por entre las celosías,
á voces dice: ¿Por qué se detiene su
carro, que no viene? ¿por qué las rue-
das de sus carros se tardan?
29 Las mas avisadas de sus damas le
respondian; y aun ella se respondia á sí
misma:
30 ¿No han hallado despojos, *y los*
estan repartiendo? á cada uno una mo-
za, ó dos: los despojos de colores para

Sisara, los despojos bordados de colores:
la ropa de color bordada de ambos lados,
para los cuellos de *los que han tomado* los
despojos.
31 Así perezcan todos tus enemigos,
oh Jehová: mas los que le aman, *sean*
Sal. 19. 5. como el sol cuando nace en su fuerza [e].
Y la tierra reposó cuarenta años.

CAPITULO VI.

Vuelve Israel á idolatrar, y en castigo cae en poder de los Madianitas. Dios elige á Gedeon para librarle.

Cap. 2. 19. MAS los hijos de Israel hicieron lo
malo en los ojos de Jehová [a]; y
Jehová los entregó en las manos de Ma-
Hab. 3. 7. dian [b] por siete años.
2 Y la mano de Madian prevaleció
contra Israel. Y los hijos de Israel,
por causa de los Madianitas, se hicieron
1 Sa. 13. 6. cuevas en los montes [c], y cavernas, y
lugares fuertes.
3 Pues como los de Israel habian sem-
brado, subian los Madianitas y Amale-
citas, y los *demas* orientales subian con-
tra ellos;
4 Y asentando campo contra ellos,
destruian los frutos de la tierra, hasta
llegar á Gaza, y no dejaban que comer
Lev. 26. 16. en Israel, ni ovejas, ni bueyes, ni asnos [d].
Deu. 28. 30. 5 Porque subian ellos y sus ganados, y
venian con sus tiendas en grande mul-
Cap. 7. 12. titud como langosta [e], que no *habia* nú-
Jer. 46. 23. mero en ellos ni en sus camellos: así
venian á la tierra para devastarla.
6 Era pues Israel en gran manera em-
pobrecido por los Madianitas; y los hi-
Os. 5. 15. jos de Israel clamaron á Jehová [f].
7 ¶ Y cuando los hijos de Israel hu-
bieron clamado á Jehová, á causa de los
Madianitas,
8 Jehová envió un varon profeta á los
hijos de Israel, el cual les dijo: Así ha
dicho Jehová Dios de Israel: Yo os
hice salir de Egipto, y os saqué de la
casa de servidumbre:
9 Yo os libré de mano de los Egipcios,
y de mano de todos los que os afligieron,
á los cuales eché de delante de vosotros,
Sal. 44. 2, 3. y os dí su tierra [g]:
10 Y díjeos: Yo *soy* Jehová vuestro
Dios; no temais los dioses de los Amor-
2 Rey. 17. 35, 38. rhéos, en cuya tierra habitais [h]: mas no
habeis obedecido á mi voz.
11 ¶ Y vino el Angel de Jehová, y
sentóse debajo del alcornoque que *está*
en Ophra, el cual *era* de Joas, Abieze-
Heb. 11. 32. rita; y su hijo Gedeon [i] estaba sacudi-
endo el trigo en el lagar, para hacerlo
esconder de los Madianitas.
12 Y el Angel de Jehová se le apare-
Cap. 13. 3. ció [k], y díjole: Jehová *es* contigo, varon
esforzado.
13 Y Gedeon le respondió: Ah, Señor
mio, si Jehová es con nosotros, ¿por
qué nos ha sobrevenido todo esto? ¿Y
Sal. 77. 7, 8. donde *estan* todas sus maravillas, que
Sal. 44. nuestros padres nos han contado [l] dici-
endo, No nos sacó Jehová de Egipto?
Y ahora Jehová nos ha desamparado, y
nos ha entregado en mano de los Ma-
dianitas.
14 Y mirandole Jehová, díjole: Vé
con esta tu fortaleza, y salvarás á Is-
rael de la mano de los Madianitas. ¿No
te envio yo?
15 Entónces le respondió: Ah, Señor
mio, ¿con qué tengo de salvar á Israel?
1 Sa. 9. 21. Hé aquí que mi familia *es* pobre en Ma-
nassé [m], y yo el menor en la casa de mi
padre.
Ex. 3. 12. 16 Y Jehová le dijo: Porque yo seré
contigo [n], y herirás á los Madianitas
como á un *solo* hombre.
17 Y él respondió: Yo te ruego que, si
he hallado gracia delante de tí [o], me des [o] ver. 36, 40. 2 Rey. 20. 8.
señal de que tú has hablado conmigo. Is. 7. 11.
18 Ruégote que no te vayas de aquí [p], [p] Gen. 18. 3, 5.
hasta que á tí vuelva, y saque mi Pre-
sente, y lo ponga delante de tí. Y él res-
pondió: Yo esperaré hasta que vuelvas.
19 Y entrandose Gedeon aderezó un
cabrito, y panes sin levadura de un
epha de harina; y puso la carne en un
canastillo, y el caldo en una olla, y sa-
candolo presentóselo debajo de aquel
alcornoque.
20 Y el Angel de Dios le dijo: Toma
la carne, y los panes sin levadura, y
ponlo sobre esta peña, y vierte el caldo.
Y él lo hizo así.
21 Y extendiendo el Angel de Jehová
el bordon que *tenia* en su mano, tocó
con la punta en la carne y en los panes
sin levadura; y subió fuego [q] de la peña, [q] Lev. 9. 24.
el cual consumió la carne y los panes 1 Rey. 18. 38.
sin levadura. Y el Angel de Jehová des- 2 Cr. 7. 1.
apareció de delante de él.
22 Y viendo Gedeon que era el Angel
de Jehová, dijo: Ah, Señor Jehová, que
he visto el Angel de Jehová cara á cara [r]. [r] Cap. 13. 22, 23.
23 Y Jehová le dijo: Paz á tí; no
tengas temor, no morirás [s]. Is. 6. 5, 8.
24 ¶ Y edificó allí Gedeon altar á [s] Gen. 32. 30.
Jehová, al que llamó Jehová-salom ‖, ‖ *Jehova es paz.*
el cual dura hasta hoy en Ophra de los
Abiezeritas.
25 ¶ Y aconteció que la misma noche
le dijo Jehová: Toma un toro del hato
de tu padre, y otro toro de siete años, y
derriba el altar de Baal que tu padre
tiene, y corta tambien el bosque [t] que [t] Ex. 34. 13.
está junto á él: Deu. 7. 5.
26 Y edifica altar á Jehová tu Dios en
la cumbre de este peñasco en lugar con-
veniente; y tomando el segundo toro,
sacrifícalo en holocausto sobre la leña
del bosque que habrás cortado.
27 Entónces Gedeon tomó diez hom-
bres de sus siervos, é hizo como Jehová
le dijo. Mas temiendo hacerlo de dia,
por la familia de su padre, y por los
hombres de la ciudad, hízolo de noche.
28 Y á la mañana, cuando los de la
ciudad se levantaron, hé aquí que el
altar de Baal estaba derribado, y cor-
tado el bosque que junto á él *estaba*, y
sacrificado aquel segundo toro en holo-
causto sobre el altar *reedificado*.
29 Y decíanse unos á otros: Quién ha
hecho esto? Y buscando é inquiriendo,
dijéronles; Gedeon, hijo de Joas, lo ha
hecho. Entónces los hombres de la ci-
udad dijeron á Joas:
30 Saca fuera tu hijo para que mu-
era, por cuanto ha derribado el altar de
Baal, y ha cortado el bosque que junto
á él *estaba*.
31 Y Joas respondió á todos los que
estaban junto á él: ¿Tomaréis vosotros
la demanda por Baal? ¿le salvaréis
vosotros? Cualquiera que tomare la de-
manda por él, que muera mañana. Si
es dios, contienda por sí mismo con el
que derribó su altar.
32 Y aquel dia llamó *él* á Gedeon
Jerobaal ‖, porque dijo: Pleitee Baal ‖ *Pleitee Baal.*
contra el que derribó su altar.
33 ¶ Y todos los Madianitas [u], y Ama- [u] ver. 3.
lecitas, y orientales, se juntaron á una,
y pasando asentaron campo en el valle
de Jezrael.
34 Y el Espíritu de Jehová se envistió
en [x] Gedeon, y como este hubo tocado el [x] Cap. 3. 10.
cuerno, Abiezer se juntó con él.
35 Y envió mensajeros por todo Ma-
nassé, el cual tambien se juntó con él:
asimismo envió mensajeros á Aser, y á
Zabulon, y á Nephtali, los cuales sali-
eron á encontrarles.

36 ¶ Y Gedeon dijo á Dios: Si has de salvar á Israel por mi mano, como has dicho,

37 Hé aquí que yo pondré un vellon de lana en la era; y si el rocío estuviere en el vellon solamente, quedando seca toda la otra tierra, entónces entenderé que has de salvar á Israel por mi mano, como lo has dicho [y].

[y] Ex. 4. 1, etc.

38 Y aconteció así; porque como se levantó de mañana, esprimiendo el vellon sacó de él el rocío, un vaso lleno de agua.

39 Mas Gedeon dijo á Dios: No se encienda tu ira contra mí [z], si aun hablare esta vez: solamente probaré ahora otra vez con el vellon. Ruégote que la sequedad sea solo en el vellon, y el rocío sobre la tierra.

[z] Gen. 18. 32.

40 Y aquella noche lo hizo Dios así: porque la sequedad fué solo en el vellon, y en toda la tierra estuvo el rocío.

CAPITULO VII.

Victoria prodigiosa de Gedeon, el cual con trescientos hombres asalta de un modo extraordinario y derrota al ejército enemigo.

LEVANTANDOSE pues de mañana Jerobaal, el cual *es* Gedeon, y todo el pueblo que *estaba* con él, asentaron el campo junto á la fuente de Harod: y tenia el campo de los Madianitas al Norte, de la otra parte del collado de More, en el valle.

2 Y Jehová dijo á Gedeon: El pueblo que está contigo es mucho para que yo dé á los Madianitas en su mano; porque no se alabe Israel contra mí, diciendo: Mi mano me ha salvado [a].

3 Haz pues ahora pregonar que lo oiga el pueblo, diciendo: El que teme y se estremece, madrugue y [b] vuélvase desde el monte de Galaad. Y volviéronse de los del pueblo veinte y dos mil; y quedaron diez mil.

[a] Deu. 8. 17. Is. 10. 13. 1 Cor. 1. 29. 2 Cor. 4. 7.
[b] Deu. 20. 8.

4 Y Jehová dijo á Gedeon: Aun *es* mucho el pueblo: llévalos á las aguas, y allí yo te los probaré; y del que yo te dijere, Vaya este contigo, vaya contigo: mas de cualquiera que yo te dijere, Este no vaya contigo, el tal no vaya.

5 Entónces llevó el pueblo á las aguas: y Jehová dijo á Gedeon: Cualquiera que lamiere las aguas con su lengua como lame el perro, aquel pondrás aparte; asimismo cualquiera que se doblare sobre sus rodillas para beber.

6 Y fué el número de los que lamieron las aguas, llegandola con la mano á la boca, trescientos hombres: y todo el resto del pueblo se dobló sobre sus rodillas para beber las aguas.

7 Entónces Jehová dijo á Gedeon: Con estos trescientos hombres que lamieron *el agua* os salvaré, y [c] entregaré á los Madianitas en tus manos: y váyase toda la *demas* gente cada uno á su lugar.

[c] 1 Sa. 14. 6.

8 Y tomada provision para el pueblo en sus manos, y sus bocinas, envió á todos los *otros* Israelitas cada uno á su tienda, y retuvo á aquellos trescientos hombres: y tenia el campo de Madian abajo en el valle.

9 ¶ Y aconteció que aquella noche Jehová le dijo: Levántate, y desciende al campo; porque yo lo he entregado en tus manos [d].

[d] Jos. 1. 5, 9.

10 Y si tienes temor de descender, baja tú con Phara tu criado al campo:

11 Y oirás lo que hablan [e], y entónces tus manos se esforzarán, y descenderás al campo. Y él descendió con Phara su criado al principio de la gente de armas que *estaba* en el campo.

[e] 1 Sa. 14. 9, 10.

12 Y Madian, y Amalec, y todos los Orientales, *estaban* tendidos en el valle como langostas [f] en muchedumbre, y sus camellos eran innumerables, como la arena que *está* á la ribera de la mar en multitud.

[f] Cap. 6. 5. y 8. 10.

13 Y luego que llegó Gedeon, hé aquí que un hombre estaba contando á su compañero un sueño, diciendo: Hé aquí yo soñé un sueño: que veia un pan de cebada [g] que rodaba hasta el campo de Madian, y llegaba á las tiendas, y las heria *de tal manera* que caian, y las trastornaba de arriba *abajo*, y las tiendas caian.

[g] 1 Cor. 1.

14 Y su compañero respondió, y dijo: Esto no es otra cosa sino la espada de Gedeon, hijo de Joas, varon de Israel; *que* Dios ha entregado en sus manos á los Madianitas con todo el campo.

15 Y como Gedeon oyó la historia del sueño, y su interpretacion, adoró; y vuelto al campo de Israel, dijo: Levantaos, que Jehová ha entregado el campo de Madian en vuestras manos.

16 Y repartiendo los trescientos hombres en tres escuadrones, dió á cada uno de ellos *sendas* bocinas en sus manos, y cántaros vacíos con teas ardiendo dentro de los cántaros.

17 Y díjoles: Miradme á mí, y haced como yo hiciere; hé aquí que cuando yo llegare al principio del campo, como yo hiciere, así haréis vosotros.

18 Yo tocaré la bocina, y todos los que *estarán* conmigo; y vosotros tocaréis entonces las bocinas alrededor de todo el campo, y diréis: *La espada* de Jehová y de Gedeon.

19 Llegó pues Gedeon, y los cien hombres que *llevaba* consigo, al principio del campo á la entrada de la vela del medio, cuando acababan de renovar las centinelas [h]: y tocaron las bocinas, y quebraron los cántaros que *llevaban* en sus manos.

[h] 1 Tes. 5.

20 Y los tres escuadrones tocaron las bocinas, y quebrando los cántaros tomaron en las manos izquierdas las teas, y en las derechas los cuernos con que tañian, y dieron grita: La espada de Jehová y de Gedeon [i].

[i] ver. 18.

21 Y estuviéronse en sus lugares [k] en derredor del campo: y todo el campo fué alborotado, y huyeron gritando [l].

[k] Ex. 14. 14. 2 Cr. 20.
[l] 2 Rey. 7. 6, 7.

22 Mas los trescientos tocaban las bocinas; y [m] Jehová puso la espada de cada uno contra su compañero [n] en todo el campo *enemigo*. Y el ejército huyó hasta Beth-sitta hácia Cerera, y hasta el término de Abel-mehola en Tabbath.

[m] Jos. 6. 20.
[n] 1 Sa. 14. 2 Cr. 20.

23 ¶ Y juntandose los de Israel de Nephtali, y de Aser, y de todo Manassé, siguieron á los Madianitas.

24 Gedeon tambien envió mensajeros á todo el monte de Ephraim [o], diciendo: Descended al encuentro de los Madianitas, y tomadles las aguas hasta Beth-bara y el Jordan. Y juntos todos los hombres de Ephraim tomaron las aguas de Beth-bara y el Jordan.

[o] Cap. 3. 28.

25 Y tomaron dos príncipes de los Madianitas, Oreb, y Zeeb [p]: y mataron á Oreb en la peña de Oreb; y á Zeeb *lo* mataron en el lagar de Zeeb: y despues que siguieron á los Madianitas, trajeron las cabezas de Oreb y de Zeeb á Gedeon de la otra parte del Jordan.

[p] Sal. 83. 12. Is. 10. 26.

CAPITULO VIII.

Sosiega Gedeon la tribu de Ephraim: vence á Zeba, y á Zalmunna: manda hacer un Ephod; y despues de haber gobernado cuarenta años muere; y el pueblo vuelve á idolatrar.

Y LOS de Ephraim le dijeron: ¿Qué *es* esto que has hecho con nosotros, no llamandonos cuando ibas á la guerra

contra Madian? Y reconviniéronle fu-
Cap. 12. 1. 2 Sa. 19. 41. ertemente a.
2 A los cuales él respondió: ¿Qué he
hecho yo ahora como vosotros? ¿No
es el rebusco de Ephraim mejor que la
vendimia de Abiezer?
3 Dios ha entregado en vuestras manos
á Oreb y á Zeeb, príncipes de Madian:
¿Y qué pude yo hacer como vosotros?
Entónces el enojo de ellos contra él se
Pro. 15. 1. y 25. 15. aplacó b, luego que él hablo esta palabra.
4 Y vino Gedeon al Jordan para pasar,
él y los trescientos hombres que *traia*
consigo, cansados del alcance.
Gen. 33. 17. Sal. 60. 6. 5 Y dijo á los de Succoth c: Yo os
ruego que deis á la gente que me sigue
algunos bocados de pan; porque estan
cansados, y yo persigo á Zeba y á Zal-
munna, reyes de Madian.
6 Y los principales de Succoth res-
pondieron: ¿Está ya la mano de Zeba
y Zalmunna en tu mano, para que ha-
yamos nosotros de dar pan á tu ejército?
7 Y Gedeon dijo: Pues cuando Je-
hová hubiere entregado en mi mano á
Zeba y á Zalmunna, yo trillaré vuestra
carne con espinas y abrojos del desi-
ver. 16. erto d.
Gen. 32. 30. 1 Rey. 12. 25. 8 Y de allí subió á Penuel e, y habló-
les las mismas palabras. Y los de Penuel
le respondieron como habian respondido
los de Succoth.
9 Y él habló tambien á los de Penuel
diciendo: Cuando yo tornare en paz,
ver. 17. derribaré esta torre f.
10 ¶ Y Zeba y Zalmunna *estaban* en
Carcor, y con ellos su ejército de como
quince mil *hombres*, todos los que ha-
bian quedado de todo el campo de los
Orientales: y los muertos *habian sido*
ciento y veinte mil hombres que saca-
ban espada.
11 Y subiendo Gedeon hácia los que
habitaban en tiendas, á la parte oriental
de Noba y de Jogbea, hirió el campo
enemigo, porque estaba el ejército sin
recelo.
12 Y huyendo Zeba y Zalmunna, él
les siguió; y tomados los dos reyes de
Madian, Zeba y Zalmunna, espantó á
todo el ejército.
13 ¶ Y Gedeon, hijo de Joas, volvió
de la batalla antes que el sol subiese;
14 Y tomó un mozo de los de Succoth,
y preguntandole, él le dió por escrito
los principales de Succoth y sus anci-
anos, setenta y siete varones.
15 Y entrando á los de Succoth, dijo:
Hé aquí á Zeba y á Zalmunna, sobre
los cuales me zaheristeis diciendo: ¿Es-
tá ya la mano de Zeba y de Zalmunna
en tu mano, para que demos nosotros
ver. 6. 7. pan á tus hombres cansados g?
16 Y tomó á los ancianos de la ciudad,
y espinas y abrojos del desierto, y cas-
tigó con ellas á los de Succoth.
17 Asimismo derribó la torre de Penu-
ver. 9. el, y mató á los de la ciudad h.
18 Luego dijo á Zeba y á Zalmunna:
Cap. 4. 6. Sal. 89. 12. ¿Qué manera de hombres tenian aque-
llos que matasteis en Thabor i? Y ellos
respondieron: Como tú, tales eran a-
quellos ni mas ni menos, que parecian
hijos de rey.
19 Y él dijo: Mis hermanos *eran*, hi-
jos de mi madre: vive Jehová, que si
los hubierais guardado en vida, yo no
os mataria.
20 Y dijo á Jether su primogénito:
Levántate, y mátalos. Mas el jóven no
desenvainó su espada, porque tenia te-
mor, que aun era muchacho.
21 Entónces dijo Zeba, y Zalmunna:
Levántate tú, y matanos; porque como
es el varon, *tal es* su valentía. Y Ge-
deon se levantó, y mató á Zeba y á
Zalmunna, y tomó los adornos *en figura*
de lunetas que sus camellos traian al
cuello.
22 ¶ Y los Israelitas dijeron á Ge-
deon: Sé nuestro señor, tú, y tu hijo,
y tu nieto: pues que nos has librado de
mano de Madian.
23 Mas Gedeon respondió: No seré
señor sobre vosotros, ni mi hijo os se-
ñoreará: Jehová será vuestro Señor k. k 1 Sa. 8. 7. y 10. 19. y 12. 12. Is. 33. 22.
24 ¶ Y díjoles Gedeon: Deseo hace-
ros una peticion, que cada uno me dé
los zarcillos de su despojo: (porque
traian zarcillos de oro, que eran Is-
maelitas l.) l Gen. 25. 13 y 37. 25, 28
25 Y ellos respondieron: De buena
gana los darémos. Y tendiendo una
ropa de vestir, echó allí cada uno los
zarcillos de su despojo.
26 Y fué el peso de los zarcillos de
oro, que él pidió, mil y setecientos *siclos*
de oro; sin las planchas, y joyeles, y
vestidos de púrpura que traian los reyes
de Madian, y sin los collares que traian
sus camellos al cuello.
27 Y Gedeon hizo de ellos un Ephod m, m Cap. 17. 5.
el cual hizo guardar en su ciudad de
Ophra: y todo Israel fornicó tras de ese
Ephod en aquel lugar n, y fué por tro- n Sal. 106. 39.
piezo á Gedeon, y á su casa.
28 ¶ Así fué humillado Madian de-
lante de los hijos de Israel, y nunca
mas levantaron su cabeza. Y reposó la
tierra cuarenta años en los dias de Ge-
deon.
29 Y Jerobaal, hijo de Joas, fué y ha-
bitó en su casa.
30 Y tuvo Gedeon setenta hijos que
salieron de su muslo: porque tuvo mu-
chas mujeres.
31 Y su concubina, que *estaba* en Si-
chêm, tambien le parió un hijo, y pú-
sole por nombre Abimelech o. o Cap. 9. 18.
32 ¶ Y murió Gedeon, hijo de Joas,
en buena vejez p, y fué sepultado en el p Gen. 25. 8. Job 5. 26.
sepulcro de su padre Joas, en Ophra de
los Abiezeritas.
33 ¶ Y aconteció que como murió Ge-
deon q, los hijos de Israel tornaron, y q Cap. 2. 17, 19.
fornicaron en pos de los Baales, y se
pusieron por dios á Baal-berith r. r Cap. 9. 4.
34 Y no se acordaron los hijos de Is-
rael de Jehová su Dios s, que los habia s Sal. 78. 4, 42. y 106. 13, 21.
librado de todos sus enemigos alrededor:
35 Ni hicieron misericordia con la casa
de Jerobaal, *de* Gedeon t, conforme á t Cap. 9. 16, 19.
todo el bien que él habia hecho á Israel.

CAPITULO IX.

Mata Abimelech á todos sus hermanos, y usurpa tiránicamente el mando por medio de los Shechêmitas. Su fin desastrado.

Y FUESE Abimelech, hijo de Je-
robaal, á Sichêm a á los hermanos a Cap. 8. 31.
de su madre, y habló con ellos, y con
toda la familia de la casa del padre de
su madre, diciendo:
2 Yo os ruego que hableis á oidos de
todos los de Sichêm: ¿Qué teneis por
mejor, que os señoreen setenta hombres,
todos los hijos de Jerobaal b, ó que os b Cap. 8. 30.
señoree un varon? Acordaos que yo *soy*
hueso vuestro, y carne vuestra c. c Gen. 29. 14.
3 Y hablaron por él los hermanos de
su madre á oidos de todos los de Sichêm
todas estas palabras: y el corazon de
ellos se inclinó en favor de Abimelech,
porque decian: Nuestro hermano es.
4 Y diéronle setenta *siclos* de plata del
templo de Baal-berith d, con los cuales d Cap. 8. 33.
Abimelech alquiló hombres ociosos y e Cap. 11. 3. 2 Cr. 13. 7.
vagabundos e que le siguieron.
5 Y viniendo á la casa de su padre en f 2 Rey. 11. 1, 2.
Ophra f, mató á sus hermanos los hijos

de Jerobaal, setenta varones, sobre una piedra: mas quedó Joatham, el mas pequeño hijo de Jerobaal, que se escondió.

6 Y reunidos todos los de Sichêm con toda la casa de Millo, fueron y eligieron á Abimelech por rey cerca de la llanura del pilar que *estaba* en Sichêm.

7 ¶ Y como se lo dijesen á Joatham, fué y púsose en la cumbre del monte de Gerizim[g], y alzando su voz clamó, y díjoles: Oidme, varones de Sichêm, que Dios os oiga.

8 Fueron[h] los árboles á elegir rey sobre sí, y dijeron á la oliva: Reina sobre nosotros.

9 Mas la oliva respondió: ¿ Tengo de dejar mi pingüe jugo, con el que por mi causa Dios y los hombres son honrados, por ir á ser grande sobre los árboles?

10 Y dijeron los árboles á la higuera: Anda tú, reina sobre nosotros.

11 Y respondió la higuera: ¿ Tengo de dejar mi dulzura y mi buen fruto, por ir á ser grande sobre los árboles?

12 Dijeron luego los árboles á la vid: Pues ven tú, reina sobre nosotros.

13 Y la vid les respondió: ¿ Tengo de dejar mi mosto, que alegra á Dios y á los hombres[i], por ir á ser grande sobre los árboles?

14 Dijeron entónces todos los árboles al escaramujo: Anda tú, reina sobre nosotros.

15 Y el escaramujo respondió á los árboles: Si en verdad me elegís por rey sobre vosotros, venid, y aseguraos debajo de mi sombra[k]; y si no[l], fuego salga del escaramujo que devore los cedros del Líbano.

16 Ahora pues, si con verdad y con integridad habeis procedido en hacer rey á Abimelech, y si lo habeis hecho bien con Jerobaal y con su casa, y si le habeis pagado conforme á la obra de sus manos[m];

17 (Pues que mi padre peleó por vosotros, y echó léjos *el temor de* su vida por libraros de mano de Madian:

18 Y vosotros os levantasteis hoy contra la casa de mi padre[n], y matasteis sus hijos, setenta varones, sobre una piedra; y habeis puesto por rey sobre los de Sichêm á Abimelech, hijo de su criada[o], por cuanto es vuestro hermano,)

19 Si con verdad y con integridad habeis obrado hoy con Jerobaal y con su casa, que goceis de Abimelech[p], y él goce de vosotros:

20 Y si no, fuego salga de Abimelech que consuma á los de Sichêm, y la casa de Millo; y fuego salga de los de Sichêm y de la casa de Millo que consuma á Abimelech[q].

21 Y huyó Joatham, se fugó, y fuése á Beer, y allí se estuvo por causa de Abimelech su hermano.

22 ¶ Y despues que Abimelech hubo dominado sobre Israel tres años,

23 Envió Dios un espíritu malo[r] entre Abimelech y los hombres de Sichêm; que los de Sichêm se levantaron contra Abimelech[s]:

24 Para que el agravio de los setenta hijos de Jerobaal, y la sangre de ellos, viniera á ponerse sobre Abimelech su hermano[t], que los mató, y sobre los hombres de Sichêm que corroboraron las manos de él para matar sus hermanos.

25 Y pusiéronle los de Sichêm asechadores en las cumbres de los montes, los cuales salteaban á todos los que pasaban

[g] Jos. 8. 33. Juan 4. 20.
[h] 2 Rey. 14. 9.
[i] Nu. 15. 5, etc. y 28. 7, etc. Sal. 104. 15. Ec. 10. 19.
[k] Dan. 4. 12. Os. 14. 7.
[l] ver. 20. Nu. 21. 28. Ez. 19. 14.
[m] Cap. VII.
[n] ver. 5, 6. Cap. 8. 35.
[o] Cap. 8. 31.
[p] Is. 8. 6.
[q] ver. 15, 56, 57.
[r] 1 Sa. 16. 14. 1 Rey. 22. 22, 23.
[s] Is. 33. 1.
[t] 1 Rey. 2. 32. Est. 9. 25. Sal. 7. 16.

junto á ellos por el camino; de lo que fué dado aviso á Abimelech.

26 Y Gaal, hijo de Ebed, vino con sus hermanos, y pasáronse á Sichêm; y los de Sichêm se confiaron en él:

27 Y saliendo al campo vendimiaron sus viñas, y pisaron *la uva,* é hicieron alegrías; y entrando en el templo de sus dioses[u], comieron y bebieron, y maldijeron á Abimelech.

28 Y Gaal, hijo de Ebed, dijo: ¿ Quien *es* Abimelech, y que es Sichêm, para que nosotros á él sirvamos? ¿ No *es* hijo de Jerobaal? ¿ Y *no es* Zebul su asistente? Servid á los varones de Hemor, padre de Sichêm[x]: ¿ y por qué habíamos de servir á él?

29 Fuérame dado este pueblo bajo de mi mano[y], yo echaria luego á Abimelech. Y decia á Abimelech: Aumenta tus escuadrones, y sal.

30 Y Zebul, asistente de la ciudad, oyendo las palabras de Gaal, hijo de Ebed, encendióse su ira.

31 Y envió sagazmente mensajeros á Abimelech diciendo: Hé aquí que Gaal, hijo de Ebed, y sus hermanos han venido á Sichêm, y hé aquí que han cercado la ciudad contra ti.

32 Levántate pues ahora de noche, tú y el pueblo que *está* contigo, y pon emboscada en el campo:

33 Y por la mañana al salir del sol te levantarás, y acometerás la ciudad: y él y el pueblo que *está* con él saldrán contra ti; y tú harás con él segun que se te ofrecerá.

34 Levantandose pues de noche Abimelech, y todo el pueblo que con él *estaba,* pusieron emboscada contra Sichêm con cuatro compañías.

35 Y Gaal, hijo de Ebed, salió y púsose á la entrada de la puerta de la ciudad: y Abimelech y todo el pueblo que con él *estaba,* se levantaron de la emboscada.

36 Y viendo Gaal el pueblo, dijo á Zebul: Hé allí pueblo que desciende de las cumbres de los montes. Y Zebul le respondió: La sombra de los montes te parece hombres.

37 Mas Gaal tornó á hablar, y dijo: Hé allí pueblo que desciende por medio de la tierra, y un escuadron viene camino de la campaña de Meonenim.

38 Y Zebul le respondió: ¿ Dónde *está* ahora aquel tu hablar diciendo: Quién *es* Abimelech, para que le sirvamos[z]? ¿ No es este el pueblo que tenias en poco? Sal pues ahora, y pelea con él.

39 Y Gaal salió delante de los de Sichêm, y peleó contra Abimelech.

40 Mas persiguiólo Abimelech, delante del cual él huyó, y cayeron heridos muchos hasta la entrada de la puerta.

41 Y Abimelech se quedó en Aruma; y Zebul echó fuera á Gaal y á sus hermanos, para que no morasen en Sichêm.

42 Y aconteció al siguiente dia, que el pueblo salió al campo: y fué dado aviso á Abimelech,

43 El cual tomando gente repartióla en tres compañías, y puso emboscadas en el campo: y como miró, hé aquí el pueblo que salia de la ciudad; y levantóse contra ellos, é hiriólos.

44 Pues Abimelech y el escuadron que *estaba* con él, acometieron con ímpetu, y pararon á la entrada de la puerta de la ciudad; y las *otras* dos compañías acometieron á todos los que estaban en el campo, y los hirieron.

45 Y despues de combatir Abimelech la ciudad todo aquel dia, tomóla, y mató

[u] ver. 4.
[x] Gen. 34. 2, 6.
[y] 2 Sa. 15. 4. Sal. 10. 3.
[z] Cap. 8. 2[illegible]

el pueblo que en ella *estaba*, y[a] asoló la
ciudad, y sembróla de sal[b].
46 ¶ Como oyeron *esto* todos los que es-
taban en la torre de Sichêm, entráronse
en la fortaleza del templo del dios Berith.
47 Y fué dicho á Abimelech como todos
los de la torre de Sichêm estaban reunidos.
48 Entónces subió Abimelech al monte
de Salmon[c], él y toda la gente que con
él *estaba*; y tomó Abimelech un hacha
en su mano, y cortó *una* rama de los
árboles, y levantandola púsosela sobre
sus hombros, diciendo al pueblo que *es-
taba* con él: Lo que me veis á mí que
hago, haced vosotros prestamente co-
mo yo.
49 Y *así* todo el pueblo cortó tambien
cada uno su rama, y siguieron á Abime-
lech, y pusiéron*las* junto á la fortaleza,
y prendieron fuego con ellas á la forta-
leza: por manera que todos los de la
torre de Sichêm murieron, como unos
mil hombres y mujeres.
50 ¶ Despues Abimelech se fué á
Thebes; y puso cerco á Thebes, y to-
móla.
51 En medio de aquella ciudad habia
una torre fuerte, á la cual se retiraron
todos los hombres y mujeres, y todos los
señores de la ciudad; y cerrando tras sí
las puertas, subiéronse al piso alto de
la torre.
52 Y vino Abimelech á la torre, y
combatiendola llegóse á la puerta de la
torre para pegarle fuego.
53 Mas una mujer dejo caer un pedazo
de una rueda de molino sobre la cabeza
de Abimelech, y quebróle los cascos[d].
54 Y luego llamó él á su escudero, y
díjole: Saca tu espada y mátame[e], por-
que no se diga de mí, Una mujer lo
mató. Y su escudero le atravesó, y
murió.
55 Y como los Israelitas vieron muerto á
Abimelech, fuéronse cada uno á su casa.
56 ¶ Así pues pagó Dios á Abimelech
el mal[f] que hizo contra su padre ma-
tando sus setenta hermanos.
57 Y aun todo el mal de los hombres
de Sichêm tornó Dios sobre sus cabe-
zas: y la maldicion de Joatham, hijo
de Jerobaal, vino sobre ellos[g].

[a] ver. 20. [b] Deu. 29. 23. Ez. 47. 11. Seph. 2. 9. [c] Sal. 68. 14. [d] 2 Sa. 11. 21. [e] 1 Sa. 31. 4. [f] ver. 24. Job 31. 3. Sal. 94. 23. Pro. 5. 22. Mat. 7. 2. Gal. 6. 7. [g] ver. 20, 45.

CAPITULO X.

*Tola y Jair jueces de Israel: vuelve este pue-
blo á idolatrar, y queda esclavo de los Phi-
listéos y Ammonitas; pero arrepintiéndose
le socorre el Señor.*

Y DESPUES de Abimelech levan-
tóse, para librar á Israel, Tola, hi-
jo de Pua, hijo de Dodo, varon de Is-
sachár, el cual habitaba en Samir en el
monte de Ephraim.
2 Y juzgó á Israel veinte años, y mu-
rió, y fué sepultado en Samir.
3 ¶ Tras él se levantó Jair, Galaadita,
el cual juzgó á Israel veinte y dos años.
4 Este tuvo treinta hijos que cabal-
gaban sobre treinta asnos[a], y tenian
treinta villas, que se llamaron las villas
de Jair[b] hasta hoy, las cuales *estan* en
la tierra de Galaad.
5 Y murió Jair, y fué sepultado en
Camon.
6 ¶ Mas los hijos de Israel tornaron á
hacer lo malo en los ojos de Jehová[c], y
sirvieron á los Baales, y á Astaroth, y
á los dioses de Siria, y á los dioses de
Sidon[d], y á los dioses de Moab, y á los
dioses de los hijos de Ammon, y á los
dioses de los Philistéos: y dejaron á Je-
hová, y no le sirvieron.
7 Y Jehová se airó contra Israel, y
vendiólos[e] en mano de los Philistéos, y
en mano de los hijos de Ammon:
8 Los cuales molieron y quebrantaron
á los hijos de Israel en aquel tiempo
diez y ocho años, á todos los hijos de
Israel que *estaban* de la otra parte del
Jordan en la tierra del Amorrhéo, que
es en Galaad.
9 Y los hijos de Ammon pasaron el
Jordan para hacer tambien guerra con-
tra Judá, y contra Benjamin, y la casa
de Ephraim: y fué Israel en gran ma-
nera afligido.
10 ¶ Y los hijos de Israel clamaron
á Jehová diciendo: Nosotros hemos pe-
cado contra tí; porque hemos dejado á
nuestro Dios, y servido á los Baales.
11 Y Jehová respondió á los hijos de
Israel: ¿ No habeis sido oprimidos de
Egipto, de los Amorrhéos, de los Am-
monitas, de los Philistéos,
12 De los de Sidon, de Amalech, y de
Maon, y clamando á mí os he librado de
sus manos?
13 Mas vosotros me habeis dejado[f], y
habeis servido á dioses agenos: por tan-
to yo no os libraré mas.
14 Andad, y clamad á los dioses que
os habeis elegido, que os libren en el
tiempo de vuestra afliccion[g].
15 Y los hijos de Israel respondieron
á Jehová: Hemos pecado; haz tú con
nosotros como bien te pareciere[h]: sola-
mente que ahora nos libres en este dia.
16 Y quitaron de entre sí los dioses
agenos, y sirvieron á Jehová[i]: y su
alma[k] fué angustiada á causa del tra-
bajo de Israel.
17 Y juntandose los hijos de Ammon
asentaron campo en Galaad: juntáronse
asimismo los hijos de Israel, y asentaron
su campo en Mispa.
18 Y los príncipes y el pueblo de Ga-
laad dijeron el uno al otro: ¿ Quién
será el que comenzará la batalla contra
los hijos de Ammon? El será cabeza
sobre todos los que habitan en Galaad.

[a] Cap. 5. 10. y 12. 14. [b] Nu. 32. 41. Deu. 3. 14. [c] Cap. 2. 11, 14. y 3. 7. y 4. 1. y 6. 1. y 13. 1. [d] 1 Rey. 11. 33. [e] 1 Sa. 12. 9, 10. [f] Jer. 2. 13. [g] Deu. 32. 37, 38. Jer. 2. 28. [h] 1 Sa. 3. 18. 2 Sa. 15. 26. [i] 2 Cr. 7. 14. y 15. 8. [k] Sal. 106. 44, 45. Is. 63. 9.

CAPITULO XI.

*Victoria de Jephté, elegido jues ó caudillo de
Israel. Voto que hace al Señor ántes de la
batalla.*

EXISTIA entónces Jephté[a], Gala-
adita, hombre valiente, hijo de una
ramera, al cual habia engendrado Ga-
laad.
2 Y la mujer de Galaad *tambien* le
habia parido hijos; los cuales cuando
fueron grandes echaron fuera á Jephté,
diciendole: No heredarás en la casa de
nuestro padre[b], porque eres bastardo.
3 Huyendo pues Jephté á causa de sus
hermanos, habitó en tierra de Tob: y
juntáronse con él hombres ociosos[c], los
cuales con él salian.
4 Y aconteció que despues de *algunos*
dias los hijos de Ammon hicieron guerra
contra Israel.
5 Y como los hijos de Ammon tenian
guerra contra Israel, los ancianos de
Galaad fueron para volver á Jephté de
tierra de Tob;
6 Y dijeron á Jephté: Ven, y serás
nuestro capitan, para que peleemos con
los hijos de Ammon.
7 Y Jephté respondió á los ancianos
de Galaad: ¿ No me habeis vosotros a-
borrecido[d], y me echasteis de la casa de
mi padre? Por qué pues venís ahora á
mí, cuando estais en afliccion?
8 Y los ancianos de Galaad respondie-
ron á Jephté: Por esta misma causa
tornamos ahora á tí, para que vengas
con nosotros, y pelees contra los hijos
de Ammon, y nos seas cabeza á todos
los que moramos en Galaad[e].
9 Jephté entónces dijo á los ancianos
de Galaad: Si me volveis para que pelee
contra los hijos de Ammon, y Jehová

[a] Heb. 11. 32. [b] Gen. 21. 10. [c] Cap. 9. 4. 1 Sa. 22. 2. [d] Gen. 26. 27. [e] Cap. 10. 18.

los entregare delante de mí, ¿ seré yo
vuestra cabeza ?
10 Y los ancianos de Galaad respondie-
ron á Jephté: Jehová oiga entre nos-
otros[f], si no hicieremos como tú dices.
11 Entónces Jephté vino con los an-
cianos de Galaad, y el pueblo lo eligió
por su cabeza y príncipe: y Jephté ha-
bló todas sus palabras delante de Jehová
en Mispa[g].
12 ¶ Y envió Jephté embajadores al
rey de los Ammonitas, diciendo: ¿ Qué
tienes tú conmigo, que has venido á mí
para hacer guerra en mi tierra ?
13 Y el rey de los Ammonitas respon-
dió á los embajadores de Jephté: Por
cuanto Israel[h] tomó mi tierra, cuando
subió de Egipto, desde Arnon hasta
Jabboc[i] y el Jordan: por tanto devu-
elvelas ahora en paz.
14 Y Jephté tornó á enviar otros em-
bajadores al rey de los Ammonitas,
15 Para decirle, Jephté ha dicho así:
Israel no tomó tierra de Moab, ni tierra
de los hijos de Ammon[k]:
16 Mas subiendo Israel de Egipto, an-
duvo por el desierto hasta el mar Ber-
mejo[l], y llegó á Cades[m].
17 Entónces Israel envió embajadores
al rey de Edom diciendo: Yo te ruego
que me dejes pasar por tu tierra: mas
el rey de Edom no los escuchó. Envió
tambien al rey de Moab; el cual tam-
poco quiso: quedóse por tanto Israel en
Cades.
18 Despues yendo por el desierto, rodeó
la tierra de Edom[n], y la tierra de Moab,
y viniendo por el lado oriental de la ti-
erra de Moab, asentó su campo de esto-
tra parte de Arnon, y no entraron por el
término de Moab: porque Arnon tér-
mino es de Moab[o].
19 Y envió Israel embajadores á Se-
hon, rey de los Amorrhéos, rey de Hes-
bon, diciendole: Ruégote que me dejes
pasar por tu tierra hasta mi lugar[p].
20 Mas Sehon no se fió de Israel para
darle paso por su término; antes jun-
tando Sehon toda su gente puso campo
en Jaas, y peleó contra Israel.
21 Empero Jehová el Dios de Israel
entregó á Sehon y á todo su pueblo en
mano de Israel, y venciólos: y poseyó
Israel toda la tierra del Amorrhéo que
habitaba en aquel país.
22 Poseyeron tambien todo el término
del Amorrhéo desde Arnon hasta Jab-
boc, y desde el desierto hasta el Jordan.
23 Así que Jehová el Dios de Israel
echó los Amorrhéos delante de su pue-
blo Israel: ¿ y lo has de poseer tú ?
24 Si Chêmos[q] tu dios te echase al-
guno, ¿ no lo poseerias tú ? Así pose-
erémos nosotros á todo aquel que echó
Jehová nuestro Dios[r] de delante de
nosotros[s].
25 ¿ Eres tú ahora en algo mejor que
Balac[t], hijo de Sephor, rey de Moab ?
¿ Tuvo él cuestion contra Israel, ó hizo
guerra contra ellos ?
26 Cuando Israel ha estado habitando
por tres cientos años á Hesbon[u] y sus
aldéas, á Aroer y sus aldéas[x], y todas
las ciudades que estan á los términos de
Arnon, ¿ por qué no las habeis recla-
mado en ese tiempo ?
27 Así que yo nada he pecado contra
tí, mas tú haces mal conmigo hacien-
dome guerra: Jehová, que es el juez[y],
juzgue hoy entre los hijos de Israel y
los hijos de Ammon[z].
28 ¶ Mas el rey de los hijos de Am-
mon no atendió las razones de Jephté
que le envió *á decir*.
29 ¶ Y el Espíritu de Jehová fué so-

[f] Jer. 42. 5.
[g] Cap. 20. 1. 1 Sa. 10. 17.
[h] Nu. 21. 24.
[i] Gen. 32. 22.
[k] Deu. 2. 9, 10.
[l] Nu. 14. 25. Deu. 1. 40. Jos. 5. 6.
[m] Nu. 20. 1, 14, etc.
[n] Nu. 21. 4, etc.
[o] Nu. 21. 13.
[p] Nu. 21. 21, etc. Deu. 2. 26, etc.
[q] Nu. 21. 29. 1 Rey. 11. 7. Jer. 48. 7.
[r] Mic. 4. 5.
[s] Deu. 18. 12. Sal. 78. 55.
[t] Nu. 22. 2, etc.
[u] Nu. 21. 25.
[x] Deu. 2. 36.
[y] Gen. 18. 25. Sal. 75. 7. Ec. 12. 14.
[z] Gen. 16. 5. y 31. 53. 1 Sa. 24. 12, 15.

bre Jephté[a]; y pasó por Galaad, y Ma-
nassé, y de allí pasó á Mispa de Galaad,
y de Mispa de Galaad pasó á los hijos
de Ammon.
30 Y Jephté hizo voto[b] á Jehová di-
ciendo: Si entregares á los Ammonitas
en mis manos,
31 Cualquiera que me saliere á recibir
de las puertas de mi casa, cuando vol-
viere de los Ammonitas en paz, será de
Jehová[c], y le ofreceré en holocausto.
32 Pasó pues Jephté á los hijos de
Ammon para pelear contra ellos; y Je-
hová los entregó en su mano.
33 Y los hirió de grandísimo estrago
desde Aroer hasta llegar á Minnith,
veinte ciudades, y hasta la vega de las
viñas. Así fueron domeñados los Am-
monitas delante de los hijos de Israel.
34 ¶ Y volviendo Jephté á Mispa[d] á
su casa, he aquí que su hija le salió á
recibir con adufes[e] y danzas, *siendo* la
sola, la única *hija* suya; no tenia fuera
de ella otro hijo ni hija.
35 Y como él la vió, rompió sus ves-
tidos[f] diciendo: ¡ Ay, hija mia! de ver-
dad me has abatido, y tú eres de los que
me afligen: porque yo he abierto mi
boca á Jehová, y no podré retractarme[g].
36 Ella entónces le respondió: Padre
mio, si has abierto tu boca á Jehová,
haz de mí como salió de tu boca, pues
que Jehová ha hecho venganza de tus
enemigos los hijos de Ammon.
37 Y tornó á decir á su padre: Há-
gasme esto: déjame por dos meses que
vaya y descienda por los montes, y llore
mi virginidad, yo y mis compañeras.
38 El entónces dijo: Vé. Y dejóla por
dos meses: y ella fué con sus compa-
ñeras, y lloró su virginidad por los
montes.
39 Pasados los dos meses, volvió á su
padre, é hizo de ella *conforme* á su voto
que habia hecho[h]: y ella nunca conoció
varon.
40 De aquí fué la costumbre en Israel
que de año en año iban las doncellas de
Israel á endechar á la hija de Jephté
Galaadita, cuatro dias en el año.

CAPITULO XII.

Sedicion de los de Ephraim castigada por Jephté. Muere este, y le suceden Ibzan, Elon, y Abdon.

Y JUNTANDOSE los varones de
Ephraim, pasaron hácia el Aqui-
lon, y dijeron á Jephté: ¿ Por qué fu-
iste á hacer guerra contra los hijos de
Ammon, y no nos llamaste para que
fueramos contigo[a]? Nosotros quema-
rémos al fuego tu casa contigo.
2 Y Jephté les respondió: Yo tuve, y
mi pueblo, una gran contienda con los
hijos de Ammon; y os llamé, y no me
defendisteis de sus manos.
3 Viendo pues que tú no *me* defendias,
puse mi alma en mi palma[b], y pasé con-
tra los hijos de Ammon, y Jehová los
entregó en mi mano: ¿ por qué pues
habeis subido hoy contra mí para pelear
conmigo ?
4 Y juntando Jephté á todos los va-
rones de Galaad, peleó contra Ephraim:
y los de Galaad hirieron á Ephraim,
porque habian dicho: Vosotros *sois* fu-
gitivos de Ephraim; vosotros sois Ga-
laaditas entre Ephraim y Manassé.
5 Y los Galaaditas tomaron los vados
del[c] Jordan á Ephraim; y era que cu-
ando alguno de los de Ephraim, que
habia huido, decia, Pasaré? los de Ga-
laad le preguntaban, ¿ Eres tú Ephra-
téo ? Si él respondia, No,
6 Entónces le decian: Ahora pues dí

[a] Cap. 3. 10.
[b] Gen. 28. 20. 1 Sa. 1. 11. Ec. 5. 2, 4, 5.
[c] Lev. 27. 2, 3. 1 Sa. 1. 11, 28. Sal. 66. 13, 14.
[d] ver. 11.
[e] Ex. 15. 20. 1 Sa. 18. 6.
[f] Gen. 37. 29, 34.
[g] Nu. 30. 2. Sal. 15. 4.
[h] ver. 31.
[a] Cap. 8. 1.
[b] 1 Sa. 19. 5. y 28. 21. Job 13. 14. Sal. 119. 109.
[c] Cap. 3. 28. y 7. 24.

Shiboleth. Y él decia, Siboleth, porque no podia pronunciar de aquella suerte. Entónces le echaban mano, y lo degollaban junto á los vados del Jordan. Y murieron entónces de los de Ephraim cuarenta y dos mil.

7 ¶ Y Jephté juzgó á Israel seis años: luego murió Jephté Galaadita, y fué sepultado en las ciudades de Galaad.

8 ¶ Despues de él juzgó á Israel Ibzan de Beth-lehem;

9 El cual tuvo treinta hijos y treinta hijas, las cuales casó fuera, y tomó de fuera treinta hijas para sus hijos: y juzgó á Israel siete años.

10 Y murió Ibzan, y fué sepultado en Beth-lehem.

11 ¶ Despues de él juzgó á Israel Elon, Zabulonita, el cual juzgó á Israel diez años.

12 Y murió Elon, Zabulonita, y fué sepultado en Ajalon[d], en la tierra de Zabulon.

[d] 1 Cr. 8. 13.

13 ¶ Despues de él juzgó á Israel Abdon, hijo de Hillel, Piratonita.

14 Este tuvo cuarenta hijos, y treinta nietos, que cabalgaban sobre setenta asnos[e]: y juzgó á Israel ocho años.

[e] Cap. 5. 10. 10. 4.

15 Y murió Abdon, hijo de Hillel, Piratonita, y fué sepultado en Piraton, en la tierra de Ephraim, en el monte de Amalech[f].

[f] Cap. 5. 14.

CAPITULO XIII.

Los Israelitas recaen en la idolatría, y son dominados por los Philistéos. Nacimiento de Samson, anunciado por un ángel: circunstancias muy notables.

Y LOS hijos de Israel tornaron á hacer lo malo en los ojos de Jehová[a]; y Jehová los entregó en mano de los Philistéos[b] por cuarenta años.

[a] Cap. 10. 6. [b] ...r. 12. 23. 1 Sa. 12. 9.

2 ¶ Y habia un hombre de Sora, de la tribu de Dan, el cual se llamaba Manoa; y su mujer *era* estéril que nunca habia parido.

3 A *esta* mujer[c] apareció el Angel de Jehová, y díjole: Hé aquí que tú eres estéril, y no has parido; mas concebirás, y parirás un hijo.

[c] ...a. 1. 11, 20.

4 Ahora pues, mira que *por* ahora no bebas vino, ni sidra, ni comas cosa inmunda:

5 Porque tú te harás embarazada, y parirás un hijo; y no subirá navaja[d] sobre su cabeza, porque aquel niño será[e] Nazaréo á Dios desde el vientre, y él comenzará á salvar á Israel de mano de los Philistéos.

[d] 1 Sa. 1. 11. [e] ...m. 6. 2, &c.

6 Y la mujer vino, y contólo á su marido diciendo: Un varon de Dios vino á mí, cuyo aspecto *era* como el aspecto de un ángel de Dios, terrible en gran manera[f]; y no le pregunté de donde ni quien *era*, ni tampoco él me dijo su nombre:

[f] Mat. 28. 3. Hech. 6. 15.

7 Y díjome: Hé aquí que tú concebirás, y parirás un hijo: por tanto ahora no bebas vino ni sidra, ni comas cosa inmunda; porque este niño desde el vientre será Nazaréo á Dios hasta el dia de su muerte.

8 ¶ Entónces oró Manoa á Jehová, y dijo: Ah, Señor mio, yo te ruego que aquel varon de Dios que enviaste, torne ahora á venir á nosotros, y nos enseñe lo que hayamos de hacer con el niño que ha de nacer.

9 Y Dios oyó la voz de Manoa: y el ángel de Dios volvió otra vez á la mujer estando ella en el campo; mas su marido Manoa no *estaba* con ella.

10 Y la mujer corrió prontamente, y noticiólo á su marido diciendole: Mira que se me ha aparecido aquel varon que vino á mí el *otro* dia.

11 Y levantóse Manoa, y siguió á su mujer; y así que llegó al varon, díjole: ¿Eres tú aquel varon que hablaste á *esta* mujer? Y él dijo: Yo *soy*.

12 Entónces Manoa dijo: Cúmplase pues tu palabra. ¿Que órden se tendrá con el niño, y qué ha de hacer?

13 Y el Angel de Jehová respondió á Manoa: La mujer se guardará de todas las cosas que yo le dije.

14 Ella no comerá cosa que proceda de vid *que dá* vino; no beberá vino ni sidra, y no comerá cosa inmunda: ha de guardar todo lo que le mandé[g].

[g] ver. 4.

15 Entónces Manoa dijo al Angel de Jehová: Ruégote *permitas* que te detengamos[h], y aderezarémos un cabrito *que poner* delante de tí.

[h] Cap. 6. 18, etc.

16 Y el Angel de Jehová respondió á Manoa: Aunque me detengas, no comeré de tu pan; mas si quisieres hacer holocausto, sacrifícalo á Jehová. Y no sabia Manoa que aquel *fuese* Angel de Jehová.

17 Entónces dijo Manoa al Angel de Jehová: ¿Cómo es tu nombre[i], para que cuando se cumpliere tu palabra te honremos?

[i] Gen. 32. 29.

18 Y el Angel de Jehová respondió: ¿Por qué preguntas por mi nombre, que es oculto?

19 Y Manoa tomó un cabrito de *entre* las cabras, y un presente, y sacrificó*lo* sobre una peña[k] á Jehová: y *el ángel* hizo milagro á vista de Manoa y de su mujer;

[k] Cap. 6. 19, 23.

20 Porque aconteció que como la llama subia del altar hácia el cielo, el Angel de Jehová subió en llama del altar á vista de Manoa y de su mujer, los cuales se postraron en tierra sobre sus rostros[l].

[l] Lev. 9. 24. 1 Cr. 21. 16, 26. 2 Cr. 7. 3. Ez. 1. 28. Mat. 17. 6.

21 Y el Angel de Jehová no tornó á aparecer á Manoa ni á su mujer. Entónces conoció Manoa que era el Angel de Jehová.

22 Y dijo Manoa á su mujer: Ciertamente morirémos, porque á Dios hemos visto[m].

[m] Ex. 33. 20. Deu. 5. 26.

23 Y su mujer le respondió: Si Jehová nos quisiera matar, no tomara de nuestras manos el holocausto y el presente, ni nos hubiera mostrado todas estas cosas, ni en tal tiempo nos habria anunciado esto.

24 ¶ Y la mujer parió un hijo, y llamóle por nombre Samson[n]. Y el niño creció, y Jehová lo bendijo[o].

[n] Heb 11. 32. [o] 1 Sa. 3. 19.

25 Y el Espíritu de Jehová comenzó á manifestarse en él[p] en los campamentos de Dan, entre Sora y Esthaol.

[p] Cap. 3. 10.

CAPITULO XIV.

Cásase Samson con una Philistéa; enigma que propuso á sus compañeros, á quienes lo descifró su esposa.

Y DESCENDIENDO Samson á Timnat[a], vió en Timnat una mujer de las hijas de los Philistéos.

[a] Gen. 38. 13. Jos. 15. 10.

2 Y subió, y declarólo á su padre y á su madre, diciendo: Yo he visto en Timnat una mujer de las hijas de los Philistéos: ruegoos que me la tomeis por mujer.

3 Y su padre y su madre le dijeron: ¿No hay mujer entre las hijas de tus hermanos[b], ni en todo mi pueblo, para que vayas tú á tomar mujer de los Philistéos incircuncisos[c]? Y Samson respondió á su padre: Tómamela por mujer, porque esta agradó á mis ojos.

[b] Gen. 24. 3, 4. [c] Gen. 34. 3, 4.

4 Mas su padre y su madre no sabian que esto venia de Jehová[d], y que él buscaba ocasion contra los Philistéos: porque en aquel tiempo los Philistéos dominaban sobre Israel[e].

[d] Jos. 11. 20. 1 Rey. 12. 15. 2 Cr. 10. 15. y 22. 7. y 25. 20. [e] Cap. 13. 1.

5 Y Samson descendió con su padre y con su madre á Timnat; y como llegaron á las viñas de Timnat, hé aquí un cachorro de leon que venia bramando hácia él.

6 Y el Espíritu de Jehová cayó sobre él[f], y despedazólo como quien despedaza un cabrito, sin tener nada en su mano[g]: y no dió á entender á su padre ni á su madre lo que habia hecho.

7 Vino pues, y habló á la mujer que habia agradado á Samson.

8 ¶ Y volviendo despues de algunos dias para tomarla, apartóse *del camino* para ver el cuerpo muerto del leon: y hé aquí *que habia* en el cuerpo del leon un ejambre de abejas, y *un panal* de miel.

9 Y tomandolo en sus manos, fuese comiendolo por el camino: y llegado que hubo á su padre y á su madre, dióles tambien á ellos que comiesen; mas no les descubrió que habia tomado aquella miel del cuerpo del leon.

10 Vino pues su padre á la mujer, y Samson hizo allí banquete; porque así solian hacer los mancebos.

11 Y como ellos lo vieron, tomaron treinta compañeros que estuviesen con él;

12 A los cuales Samson dijo: Yo os propondré ahora un enigma, el cual si en los siete dias del banquete vosotros me[h] declarareis y descubriereis, yo os daré treinta sábanas, y treinta mudas de vestidos[i].

13 Mas si no me le supiereis declarar, vosotros me daréis las treinta sábanas y las treinta mudas de vestidos. Y ellos respondieron: Proponnos tu enigma, y le oirémos.

14 Entónces les dijo: Del comedor salió comida, y del fuerte salió dulzura. Y ellos no pudieron declararle el enigma en tres dias.

15 Y al séptimo dia dijeron á la mujer de Samson: Induce á tu marido á que nos declare este enigma[k], porque no te quememos á tí y á la casa de tu padre. ¿Habeisnos llamado aquí para poseernos?

16 Y lloró la mujer de Samson delante de él, y dijo: Solamente me aborreces, y no me amas, pues que no me declaras el enigma que propusiste á los hijos de mi pueblo. Y él le respondió: Hé aquí que ni á mi padre ni á mi madre lo he declarado; ¿y habialo de declarar á tí?

17 Y ella lloró delante de él los siete dias que ellos tuvieron banquete: mas al séptimo dia él se *lo* declaró, porque le constriñó *á ello*[l]; y ella lo declaró á los hijos de su pueblo.

18 Y al séptimo dia, antes que el sol se pusiese, los de la ciudad le dijeron: ¿Qué cosa *hay* mas dulce que la miel? ¿y qué cosa mas fuerte que el leon?

19 Y él les respondió: Si no araseis con mi novilla, nunca hubierais descubierto mi enigma.

20 Y el Espíritu de Jehová cayó sobre él[m], y descendió á Ascalon, é hirió treinta hombres de ellos; y tomando sus despojos, dió las mudas de vestidos á los que habian explicado el enigma: y encendido en enojo fuése á casa de su padre.

21 ¶ Y la mujer de Samson fué *dada* á su compañero, con el cual antes se acompañaba[n].

[f] Cap. 13. 25. 1 Sa. 11. 6. [g] 1 Sa. 17. 34, 36. [h] Ez. 17. 2. [i] Gen. 45. 22. [k] Cap. 15. 6. [l] Luc. 11. 8. y 18. 4, 5. [m] ver. 6. [n] Juan 3. 29.

CAPITULO XV.

Quema Samson los trigos de los Philistéos; mata mil de ellos con la quijada de un jumento.

Y ACONTECIO despues de *algunos* dias, que en el tiempo de la siega del trigo Samson visitó á su mujer con un cabrito, diciendo: Entraré á mi mujer á la camara. Mas el padre de ella no lo dejó entrar.

2 Y dijo el padre de ella: Persuadíme que la aborrecias, y díla á tu compañero[a]. Mas su hermana menor, ¿no es mas hermosa que ella? Tómala pues en su lugar.

3 ¶ Y Samson les respondió: yo seré sin culpa esta vez para con los Philistéos, si mal les hiciere.

4 Y fué Samson y cogió trescientas zorras, y tomando teas, y trabando aquellas por las colas, puso entre cada dos colas una tea.

5 Despues encendiendo las teas[b], echó las *zorras* en los sembrados de los Philistéos, y quemó hacinas y mieses, y viñas y olivares.

6 Y dijeron los Philistéos: Quién hizo esto? Y fuéles dicho: Samson el yerno del Timnatéo, porque le quitó su mujer, y la dió á su compañero. Y vinieron los Philistéos, y quemaron al fuego á ella y á su padre[c].

7 ¶ Entónces Samson les dijo: ¿Así lo habiais de hacer? mas yo me vengaré de vosotros, y despues cesaré.

8 E hiriólos pierna y muslo con gran mortandad: y descendió, y fijóse en la cueva de la peña de Etam.

9 ¶ Y los Philistéos subieron y pusieron campo en Judá, y tendiéronse por Lehi[d].

10 Y los varones de Judá les dijeron: Por qué habeis subido contra nosotros? Y ellos respondieron: A prender á Samson hemos subido, para hacerle como él nos ha hecho.

11 Y vinieron tres mil hombres de Judá á la cueva de la peña de Etam, y dijeron á Samson: ¿No sabes tú que los Philistéos dominan sobre nosotros? Por qué nos has hecho esto[e]? Y él les respondió: Yo les he hecho como ellos me hicieron.

12 Ellos entónces le dijeron: Nosotros hemos venido para prenderte, y entregarte en mano de los Philistéos. Y Samson les respondió: juradme que vosotros no me mataréis.

13 Y ellos le respondieron diciendo: No, solamente te prenderémos, y te entregarémos en sus manos; mas no te matarémos. Entónces le ataron con dos cuerdas nuevas, é hiciéronlo venir de la peña.

14 ¶ Y así que vino hasta Lehi, los Philistéos le salieron á recibir con algazara: y el espíritu de Jehová cayó sobre él, y[f] las cuerdas que *estaban* en sus brazos se tornaron como lino quemado con fuego, y las ataduras se cayeron de sus manos.

15 Y hallando *á mano* una quijada de asno fresca *aun*, extendió la mano y tomóla, é hirió con ella mil hombres.

16 Entónces Samson dijo: Con la quijada de un asno, un monton, dos montones; con la quijada de un asno herí mil hombres.

17 Y acabando de hablar, echó de su mano la quijada, y llamó á aquel lugar Ramath-lehi ‖.

18 ¶ Y teniendo gran sed, clamó luego á Jehová, y dijo: Tú has dado esta gran salud por mano de tu siervo[g]: ¿y moriré yo ahora de sed, y caeré en mano de los incircuncisos?

19 Entónces quebró Dios una muela que *estaba* en la quijada, y salieron de allí aguas, y bebió, y recobró su espíritu,

[a] Cap. 14. 2[0] [b] 2 Sa. 14. 3[0] [c] Cap. 14. 1[5] [d] ver. 19. [e] Cap. 14. 4. Sal. 106. 4[0] [f] Cap. 14. 6. ‖ *Echamiento de la quijada.* [g] Sal. 3. 7.

y reanimóse[h]. Por tanto llamó su nombre *de aquel lugar* En-haccore ‖, el cual *es* en Lehi hasta hoy.

h Is. 40. 29. ‖ *Fuente del que llama.*

20 Y juzgó á Israel en dias de los Philistéos veinte años.

CAPITULO XVI.

Sale Samson de Gaza, arrancando y llevandose las puertas de la ciudad. Descubre Dalila el secreto de las fuerzas de Samson: los Philistéos le sacan los ojos, destituido ya de sus fuerzas, pero las recobra, y muere matando millares de enemigos.

Y FUE Samson á Gaza, y vió allí una mujer ramera, y entró á ella.

2 Y fué dicho á los de Gaza: Samson es venido acá. Y cercáronlo, y pusiéronle espias toda aquella noche á la puerta de la ciudad; y estuvieron callados toda aquella noche, diciendo: Hasta la luz de la mañana; entónces lo matarémos.

3 Mas Samson durmió hasta la media noche; y á la media noche se levantó, y tomando las puertas de la ciudad con sus dos pilares, y su cerrojo, echóselas al hombro, y fuése, y subióse con ellas á la cumbre del monte que *está* delante de Hebron.

4 ¶ Despues de esto aconteció que se enamoró de una mujer[a] en el valle de Soreo, la cual se llamaba Delila.

a 1 Rey. 11. 1.

5 Y vinieron á ella los príncipes de los Philistéos, y dijeronle: Engáñalo[b], y sabe en qué *consiste* su grande fuerza, y como lo podriamos vencer, para que lo atemos y lo atormentemos: y cada uno de nosotros te dará mil y cien siclos de plata.

b Cap. 14. 15. Pro. 2. 16, 19. y 5. 3, 11. y 6. 24, 26. y 7. 21, 27. 1 Cor. 6. 15, 18.

6 Y Delila dijo á Samson: Yo te ruego que me declares en que *consiste* tu grande fuerza, y cómo podrás ser atado para ser atormentado.

7 Y respondióle Samson: Si me ataren con siete mimbres verdes, que aun no esten enjutos, entónces me debilitaré, y seré como cualquiera de los *otros* hombres.

8 Y los príncipes de los Philistéos la trajeron siete mimbres verdes, que aun no se habian enjugado, y atóle con ellos.

9 Y estaban espias *escondidos* en casa de ella en una cámara. Entónces ella le dijo: Samson, los Philistéos sobre tí. Y el rompió los mimbres, como se rompe una cuerda de estopa cuando siente el fuego: y no se supo *en qué consistia* su fuerza.

10 Entónces Delila dijo á Samson: Hé aquí, tú me has engañado, y me has dicho mentiras: descúbreme pues ahora, yo te ruego, cómo podrás ser atado.

11 Y él la dijo: Si me ataren fuertemente con cuerdas nuevas, con las cuales ninguna cosa se haya hecho, yo me debilitaré, y seré como cualquiera de los *otros* hombres.

12 Y Delila tomó cuerdas nuevas, y atólo con ellas, y díjole: Samson, los Philistéos sobre tí. Y los espias estaban en una cámara. Mas él las rompió de sus brazos como un hilo.

13 Y Delila dijo á Samson: Hasta ahora me engañas, y tratas conmigo con mentiras. Descúbreme pues ahora cómo podrás ser atado. El entónces le dijo: Si tejieres siete guedejas de mi cabeza con la tela.

14 Y ella hincó la estaca, y díjole: Samson, los Philistéos sobre tí. Mas despertando él de su sueño, arrancó la estaca del telar con la tela.

15 Y ella le dijo: ¿Cómo dices, yo te amo[c], pues que tu corazon no *está* conmigo? Ya me has engañado tres veces, y no me has aun descubierto en qué *está* tu gran fuerza.

c Cap. 14. 16.

16 Y aconteció, que apretandole ella cada dia con sus palabras, é importunandolo, su alma fué reducida á mortal angustia.

17 Descubrióla pues todo su corazon[d], y díjole: Nunca á mi cabeza llegó navaja; porque *soy* Nazaréo de Dios desde el vientre de mi madre[e]. Si fuere rapado, mi fuerza se apartará de mí, y seré debilitado, y como todos los *otros* hombres.

d Pro. 12. 23. Mic. 7. 5.
e Cap. 13. 5. Nu. 6. 5.

18 Y viendo Delila que él le habia descubierto todo su corazon, envió á llamar los príncipes de los Philistéos diciendo: Venid esta vez, porque él me ha descubierto todo su corazon. Y los príncipes de los Philistéos vinieron á ella, trayendo en su mano el dinero.

19 Y ella hizo que él se durmiese sobre sus rodillas; y llamado un hombre, rapóle siete guedejas de su cabeza: y comenzó á afligirlo, pues su fuerza se apartó de él[f].

f Pro. 7. 26. Ec. 7. 26.

20 Y díjole: Samson, los Philistéos sobre tí. Y luego que despertó él de su sueño, dijo *entre sí:* Esta vez saldré como las otras, y me escaparé[g]; no sabiendo que Jehová ya[h] se habia de él apartado.

g Os. 7. 9.
h Nu. 14. 42, 43. 1 Sa. 28. 15.

21 Mas los Philistéos echaron mano de él, y sacáronle los ojos, y lo llevaron á Gaza: y le ataron con cadenas[i], para que moliese en la cárcel.

i Jer. 2. 19.

22 ¶ Y el cabello de su cabeza comenzó á crecer despues que fué rapado.

23 Entónces los príncipes de los Philistéos se juntaron para *ofrecer* sacrificio á Dagon[k] su dios, y para alegrarse[l], y dijeron: Nuestro dios entregó en nuestras manos á Samson nuestro enemigo.

k 1 Sa. 5. 2, etc.
l Job 30. 9, 10. Sal. 35. 15, 16. Pro. 24. 17, 18.

24 Y viendolo el pueblo, loaron á su dios[m] diciendo: Nuestro dios entregó en nuestras manos á nuestro enemigo, y al destruidor de nuestra tierra, el cual habia muerto muchos de nosotros.

m Dan. 5. 4.

25 Y aconteció, que yendose alegrando el corazon de ellos, dijeron: Llamad á Samson, para que divierta delante de nosotros. Y llamaron á Samson de la cárcel, y hacia de juguete delante de ellos: y pusiéronlo entre las columnas.

26 Y Samson dijo al mozo que le guiaba de la mano: Acércame, y hazme tentar las columnas sobre que se sustenta la casa, para que me apoye sobre ellas.

27 Y la casa *estaba* llena de hombres y mujeres; y todos los príncipes de los Philistéos *estaban* allí: y en el alto piso habia como tres mil hombres y mujeres, que estaban mirando el escarnio de Samson.

28 Entónces clamó Samson á Jehová[n], y dijo: Señor Jehová, acuérdate ahora de mí, y esfuérzame, te ruego, solamente esta vez, oh Dios, para que de una vez tome venganza de los Philistéos, *aunque privado* de mis dos ojos.

n Lam. 3. 31, 32. Jona 2. 1, 2, 7.

29 Asió luego Samson las dos columnas del medio sobre las cuales se sustentaba la casa, y estribó en ellas, la una con la mano derecha, y la otra con la izquierda;

30 Y *en seguida* dijo Samson: Muera yo con los Philistéos. Y estribando con esfuerzo cayó la casa sobre los príncipes, y sobre todo el pueblo que *estaba* en ella[o]. Y fueron muchos mas los que de ellos mató muriendo, que los que habia muerto en su vida.

o Job 20. 5. Sal. 62. 3. Ec. 9. 12.

31 Y descendieron sus hermanos, y toda la casa de su padre, y tomáronlo, y lleváronlo, y le sepultaron entre Sora

y Estaol en el sepulcro de su padre Manoa. Y él juzgó á Israel veinte años.

CAPITULO XVII.

Idolo de Michâs, que poco despues de muerto Josué, fué ocasion de la idolatría de Israel en la tierra de Canaan.

a Jos. 17. 14, 18. HUBO un hombre del monte de Ephraim a, que se llamaba Michâs:

2 El cual dijo á su madre: Los mil y cien *siclos* de plata que te fueron hurtados, por lo que tú maldecias, oyendolo yo, hé aquí que yo tengo este dinero; yo lo habia tomado. Entónces la madre
b Rut. 3. 10. dijo: Bendito *seas* de Jehová, hijo mio b.

3 Y luego que él hubo vuelto á su madre los mil y cien *siclos* de plata, su madre dijo: yo he dedicado este dinero á Jehová, de mi mano para tí, hijo mio, para que hagas una imágen de talla y
c Ex. 20. 4, 23. Lev. 19. 4. de fundicion c: ahora pues yo te lo devuelvo.

4 Mas volviendo él á su madre los dineros, tomó su madre doscientos *siclos* de plata, y diólos al fundidor d; y
d Is. 46. 6. él le hizo de ellos una imágen de talla y de fundicion, la cual fué *puesta* en casa de Michâs.

5 Y tuvo este hombre Michâs casa
e Cap. 8. 27. de dioses, é hizose hacer Ephod e, y
‖ imágines ó ídolos. Theraphim ‖, y consagró uno de sus hijos, y fuéle por sacerdote.

6 En estos dias no habia rey en Is-
f Deu. 12. 8. Pro. 16. 2. rael f: cada uno hacia como mejor le
g Job 30. 9, 10. Sal. 35. 15, 16. Pro. 24. 17, 18. parecia g.

7 ¶ Y habia un jóven de Beth-lehem de Judá, de la tribu de Judá, el cual era Levita, y peregrinaba allí.

8 Este hombre se habia partido de la ciudad de Beth-lehem de Judá, para ir y vivir donde hallase; y llegado al monte de Ephraim, *vino* á casa de Michâs, para *de allí* hacer su camino.

9 Y Michâs le dijo: ¿De donde vienes? Y el Levita le respondió: Soy de Beth-lehem de Judá, y voy á vivir donde hallare.

10 Entónces Michâs le dijo: Quedate en mi casa, y me serás en lugar de
h Cap. 18. 19. padre y sacerdote h; y yo te daré diez *siclos* de plata por año, y el ordinario de vestidos, y tu comida. Y el Levita se quedó.

11 Acordó pues el Levita en morar con aquel hombre, y él lo tenia como á uno de sus hijos.

12 Y Michâs consagró al Levita, y aquel jóven le servia de sacerdote, y estaba en casa de Michâs.

13 Y Michâs dijo: Ahora sé que Jehová me hará bien, pues que el Levita
i Pro. 14. 12. es hecho mi sacerdote i.

CAPITULO XVIII.

Seiscientos hombres de la tribu de Dan, que iban á buscar terreno para establecerse, roban á Michâs el ídolo y el sacerdote. Se apoderan de la ciudad de Lais, y colocan allí el ídolo.

a Cap. 17. 6. EN aquellos dias no habia rey en Israel a: y en aquellos dias la tribu de Dan buscaba posesion para sí donde
b Jos. 19. 47. morase b; porque hasta entónces no le habia caido *toda su suerte* entre las tribus de Israel por heredad.

2 Y los hijos de Dan enviaron de su tribu cinco hombres de sus términos, hombres valientes, de Sora y de Estaol, para que reconociesen y explorasen bien la tierra, y dijéronles: Id, y reconoced la tierra. Estos vinieron al monte de Ephraim, hasta la casa de Michâs, y allí posaron.

3 Y como estaban cerca de la casa de Michâs, reconocieron la voz del jóven Levita; y llegandose allá, dijéronle: ¿Quién te ha traido por acá? y qué haces aquí? y qué tienes tú por aquí?

4 Y él les respondió: De esta y de esta manera ha hecho conmigo Michâs, y me ha tomado para que sea su sacerdote.

5 Y ellos le dijeron: Pregunta pues ahora á Dios, para que sepamos si ha de prosperar nuestro viaje que hacemos.

6 Y el sacerdote les respondió: Id en paz, que vuestro viaje que haceis es delante de Jehová.

7 ¶ Entónces aquellos cinco hombres se partieron, y vinieron á Lais c; y vieron que el pueblo que *habitaba* en ella, estaba seguro, ocioso y confiado, conforme á la costumbre de los de Sidon; no habia nadie en aquella region que los perturbase en cosa alguna para poseer aquel estado; demas de esto *estaban* léjos de los Sidonios, y no tenian negocios con nadie. c Jos. 19. 47.

8 Volviendo pues ellos á sus hermanos en Sora y Estaol, sus hermanos les dijeron: Qué hay? y ellos respondieron:

9 Levantaos, subamos contra ellos; porque nosotros hemos explorado la region, y hemos visto *que es* muy buena: ¿y vosotros os estais quedos? No seais perezosos en poneros en marcha, para ir á poseer la tierra.

10 Cuando allá llegareis, vendréis á una gente segura d, y á una tierra de ancho asiento; pues que Dios la ha entregado en vuestras manos; lugar donde no *hay* falta de cosa que *sea* en la tierra. d [illegible]

11 ¶ Y partiendo los de Dan de allí de Sora y de Estaol, seiscientos hombres armados de armas de guerra,

12 Fueron y asentaron campo en Chiriath-jearim, *que es* en Judá; de donde aquel lugar fué llamado, El campo de Dan f, hasta hoy: está detras de Chiriath-jearim. f Cap. [illegible]

13 Y pasando de allí al monte de Ephraim, vinieron hasta la casa de Michâs.

14 Entónces aquellos cinco hombres que habian ido á reconocer la tierra de Lais, dijeron á sus hermanos: ¿No sabeis como en estas casas hay Ephod, y Theraphim ‖, é imágen de talla y de fundicion? Mirad pues lo que habeis de hacer. ‖ [illegible]

15 Y llegandose allá, vinieron á la casa del jóven Levita en casa de Michâs, y preguntáronle como estaba.

16 Y los seiscientos hombres, que eran de los hijos de Dan, *estaban* armados de sus armas de guerra á la entrada de la puerta.

17 Y subiendo los cinco hombres que habian ido á reconocer la tierra, entraron allá, y tomaron la imágen de talla, y el Ephod, y el Theraphim, y la imágen de fundicion, mientras estaba el sacerdote á la entrada de la puerta con los seiscientos hombres armados de armas de guerra g. g [illegible] 11.

18 Entrando pues aquellos en la casa de Michâs, tomaron la imágen de [illegible], el Ephod, y el Theraphim, y la [illegible] de fundicion. Y el sacerdote les [illegible] Qué haceis vosotros?

19 Y ellos le respondieron: Calla, [illegible] la mano sobre tu boca h, y [illegible] nosotros, para que seas nuestro [illegible] sacerdote i. ¿Es mejor que seas [illegible] cerdote en casa de un hombre [illegible] de una tribu y familia de Israel?

20 Y alegróse el corazon del [illegible] dote; el cual tomando el Ephod, [illegible] Theraphim, y la imágen, vinose [illegible] la gente.

21 Y ellos tornaron, y fuéronse, y pu-
sieron los niños, y el ganado, y el bagage
delante de sí.
22 ¶ Y *cuando* ya se habian alejado de
la casa de Michâs, los hombres que *ha-
bitaban* en las casas cercanas á la casa
de Michâs, se juntaron, y siguieron á
los hijos de Dan.
23 Y dando voces á los de Dan, estos
volvieron sus rostros, y dijeron á Mi-
châs: ¿Qué tienes que has juntado
gente?
24 Y él respondió: Mis dioses que yo
hice, que llevais juntamente con el sa-
cerdote, y os vais: qué mas me queda?
¿y á que proposito me decís, Qué ti-
enes?
25 Y los hijos de Dan le dijeron: No
des voces tras nosotros, no sea que los
de ánimo colérico os acometan, y pi-
erdas tambien tu vida, y la vida de los
tuyos.
26 Y yendose los hijos de Dan su ca-
mino, y viendo Michâs que *eran* mas
fuertes que él, volvióse y regresó á su
casa.
27 ¶ Y ellos llevando las cosas que
habia hecho Michâs, juntamente con el
sacerdote que tenia, llegaron á Lais, al
ver. 7, 10. pueblo reposado y seguro [k], y metiéron-
los á cuchillo, y abrasaron la ciudad con
Jos. 26. 23. fuego [l].
ver. 1, 7. 28 Y no hubo quien los defendiese [m],
porque *estaban* léjos de Sidon, y no te-
nian comercio con nadie. Y *la ciudad*
estaba en el valle que *hay* en Beth-re-
hob. Luego reedificaron la ciudad, y
habitaron en ella.
29 Y llamaron el nombre de aquella
Jos. 14.14. ciudad Dan [n], conforme al nombre de
Jos. 19. 47. Dan su padre, hijo de Israel, bien que
Rey. 12. antes se llamaba la ciudad Lais.
30 Y los hijos de Dan se levantaron
imágen de talla; y Jonathan, hijo de
Gerson, hijo de Manassé ‖, él y sus hijos
fueron sacerdotes en la tribu de Dan,
hasta el dia de la transmigracion de la
tierra [o].
31 Y levantáronse la imágen de Mi-
châs, la cual él habia hecho, todo el
tiempo que la casa de Dios estuvo en
Silo [p].

CAPITULO XIX.

*Horrendo insulto de los vecinos de Gabaa con-
tra un Levita y su mujer; y cómo excitó es-
te las demas tribus á la venganza.*

EN aquellos dias, como no habia rey
en Israel, hubo un Levita que mo-
raba como peregrino en los lados del
monte de Ephraim, el cual se habia
tomado mujer concubina de Beth-lehem
Jue. 17. 7. de Judá [a].
2 Y su concubina adulteró contra él,
y fuése de él á casa de su padre á Beth-
lehem de Judá, y estuvo allá por tiempo
de cuatro meses.
3 Y levantóse su marido, y siguióla
para hablarle amorosamente, y volverla,
llevando consigo un criado suyo, y un
par de asnos: y ella lo metió en la casa
de su padre.
4 Y viendolo el padre de la moza, sa-
lióle á recibir gozoso: y detuvolo su
suegro, padre de la moza, y quedó en
su casa tres dias, comiendo y bebiendo,
y reposando allí.
5 Y al cuarto dia, como se levantaron
de mañana, levantóse tambien el *Levita*
para irse; y el padre de la moza dijo á
su yerno: Conforta tu corazon con un
Gen. 18. 5. bocado de pan [b], y despues os iréis.
6 Y sentáronse ellos dos juntos, y co-
mieron y bebieron. Y el padre de la
moza dijo al varon: Yo te ruego que te
quieras quedar aquí esta noche, y ale-
graráse tu corazon.
7 Y levantandose el varon para irse, el
suegro le constriñó á que tornase y tu-
viese allí la noche.
8 Y al quinto dia levantandose de ma-
ñana para irse, díjole el padre de la
moza: Conforta ahora tu corazon. Y
habiendo comido ambos á dos, detuvi-
éronse hasta que ya declinaba el dia.
9 Levantóse luego el varon para irse,
él y su concubina, y su criado. Entónces
su suegro el padre de la moza le dijo:
Hé aquí que el dia declina para ponerse
el sol; ruégote que os esteis aquí la
noche: hé aquí que el dia se acaba;
ten aquí la noche, para que se alegre
tu corazon, y mañana os levantaréis tem-
prano á vuestro camino, y llegarás á tus
tiendas.
10 Mas el hombre no quiso quedar allí
la noche, sino que se levantó y partió,
y llegó hasta en frente de Jebus [c], que *es* [c] Jos. 18. 28.
Jerusalem, con su par de asnos apareja- 1 Sa. 7. 17.
dos, y con su concubina.
11 Y estando ya junto á Jebus, el dia
habia declinado mucho; y dijo el criado
á su señor: Ven ahora, y vámonos á
esta ciudad de los Jebuséos, para que
tengamos en ella la noche.
12 Y su señor le respondió: No irémos
á ninguna ciudad de extranjeros, que no
sea de los hijos de Israel; ántes pasaré-
mos hasta Gabaa. Y dijo á su criado;
13 Ven, lleguemos á uno de esos *dos*
lugares, para tener la noche en Gabaa,
ó en Rama [d]. [d] Sal. 104. 23.
14 Pasando pues caminaron, y púsose-
les el sol junto á Gabaa, que *era* de
Benjamin.
15 Y apartáronse del camino para en-
trar á tener allí la noche en Gabaa:
y entrando sentáronse en la plaza de la
ciudad, que no hubo quien los acogiese
en casa para pasar la noche.
16 Y hé aquí un hombre viejo que á
la tarde venia del campo de trabajar [d],
el cual *era tambien* del monte de Ephra-
im, y moraba como peregrino en Ga-
baa: pero los moradores de aquel lugar
eran hijos de Benjamin.
17 Y alzando el viejo los ojos, vió á
aquel viajante en la plaza de la ciudad,
y díjole: ¿Donde vas, y de donde vi-
enes?
18 Y él respondió: Pasamos de Beth-
lehem de Judá á los lados del monte de
Ephraim, de donde yo soy y partí hasta
Beth-lehem de Judá: y *ahora* voy á la
Casa de Jehová [e], y no *hay* quien me re- [e] Jos. 18. 1.
ciba en casa, 1 Sa. 1. 3, 7.
19 Aunque nosotros tenemos paja y de
comer para nuestros asnos; y tambien
tenemos pan y vino para mí y para tu
sierva, y para el criado que *está* con tu
siervo: de nada tenemos falta.
20 Y el hombre viejo dijo: Paz sea
contigo [f]; tu necesidad toda *sea* sola- [f] Gen. 43. 23,
mente á mi cargo, con tal que no ten- 24.
gas la noche en la plaza [g]. [g] Gen. 19. 2.
21 Y metiendolo en su casa, dió de
comer á sus asnos [h]: y ellos se lavaron [h] Gen. 24. 32.
los pies, y [i] comieron y bebieron. [i] Gen. 18. 4.
22 Y cuando estaban gozosos, hé aquí 1 Tim. 5. 10.
que los hombres de aquella ciudad,
hombres hijos de Belial, cercan la casa,
y batian las puertas diciendo al hom-
bre viejo, dueño de la casa: Saca fuera
el hombre que ha entrado en tu casa,
para que lo conozcamos [k]. [k] Rom. 1. 26,
23 Y saliendo á ellos aquel varon, amo 27.
de la casa, díjoles: No, hermanos mios;
ruégoos que no cometais este mal: pues
que este hombre ha entrado en mi casa,
no hagais esta maldad.

24 Hé aquí mi hija vírgen, y la concubina de él: yo os la sacaré ahora; humilladlas, y haced con ellas como os pareciere, y no hagais á este hombre cosa tan infame.

25 Mas aquellos hombres no lo quisieron oir; por lo que tomando aquel hombre su concubina, sacósela fuera: y ellos la conocieron, y abusaron de ella toda la noche hasta la mañana, y dejáronla cuando apuntaba el alba.

26 Y ya que amanecía, la mujer vino, y cayó delante de la puerta de la casa de aquel hombre donde su señor estaba, hasta que fué de dia.

27 Y levantandose de mañana su señor, abrió las puertas de la casa, y salió para ir su camino: y hé aquí la mujer su concubina estaba tendida delante de la puerta de la casa, con las manos sobre el umbral.

28 Y él le dijo: Levántate, y vámonos. Mas ella no respondió. Entónces la levantó el varon, y echandola sobre su asno, levantóse y fuése á su lugar.

29 ¶ Y en llegando á su casa, tomó un cuchillo, y echa mano de su concubina, y despedázala con sus huesos en doce partes, y enviólas por todos los términos de Israel[l].

[l] Cap. 20. 6, 7. 1 Sa. 11. 7.

30 Y todo el que veia *aquello* decia: Jamás se ha hecho ni visto tal cosa desde el tiempo que los hijos de Israel subieron de la tierra de Egipto hasta hoy. Considerad esto, dad consejo[m], y hablad.

[m] Pro. 11. 14. y 24. 6.

CAPITULO XX.

Las once tribus toman venganza de la de Benjamin por el insulto hecho al Levita.

ENTONCES salieron todos los hijos de Israel, y reunióse la congregacion como[a] un solo hombre, desde Dan hasta Beerseba[b], y la tierra de Galad, á Jehová en Mispa[c].

[a] ver. 11. Cap. 21. 5. Jos. 22. 12. 1 Sa. 11. 7.
[b] 1 Sa. 3. 20. 2 Sa. 3. 10. y 24. 2.
[c] Cap. 11. 11. 1 Sa. 7. 5. y 10. 17.

2 Y los principales de todo el pueblo, de todas las tribus de Israel, se hallaron presentes en la reunion del pueblo de Dios, cuatrocientos mil hombres de á pié que sacaban espada[d].

[d] Cap. 8. 10.

3 Y los hijos de Benjamin oyeron que los hijos de Israel habian subido á Mispa. Y dijeron los hijos de Israel: Decid como fué esta maldad.

4 Entónces el varon Levita, marido de la mujer muerta, respondió y dijo: Yo llegué á Gabaa de Benjamin con mi concubina, para tener allí la noche[e];

[e] Cap. 19. 15, etc.

5 Y levantandose contra mí los de Gabaa, cercaron sobre mí la casa de noche con idea de matarme, y oprimieron mi concubina de tal manera, que ella fué muerta.

6 Entónces tomando yo mi concubina, cortéla en piezas, y enviélas por todo el término de la posesion de Israel[f]: por cuanto han hecho maldad y crímen en Israel[g].

[f] Cap. 19. 29.
[g] Jos. 7. 15.

7 Hé aquí que todos vosotros los hijos de Israel *estais presentes*; daos aquí parecer y consejo[h].

[h] Cap. 19. 30.

8 ¶ Entónces todo el pueblo, como un solo hombre, se levantó, y dijeron: Ninguno de nosotros irá á su tienda, ni nos apartarémos cada uno á su casa,

9 Hasta que hagamos esto sobre Gabaa; que echemos suertes contra ella:

10 Y tomarémos diez hombres de cada ciento por todas las tribus de Israel, y de cada mil ciento, y mil de cada diez mil, que lleven bastimento para el pueblo que ha de hacer, yendo contra Gabaa de Benjamin, conforme á toda la abominacion que ha cometido en Israel.

11 Y juntáronse todos los hombres de Israel contra la ciudad, ligados como un solo hombre.

12 Y las tribus de Israel enviaron varones por toda la tribu de Benjamin, diciendo: ¿Qué maldad *es* esta que ha sido hecha entre vosotros[i]?

[i] Deu. 13. Jos. 22. etc.

13 Entregad pues ahora aquellos hombres hijos de Belial, que *estan* en Gabaa, para que los matemos, y barramos el mal de Israel[k]. Mas los de Benjamin no quisieron oir la voz de sus hermanos los hijos de Israel:

[k] Deu. 17.

14 Antes los de Benjamin se juntaron de las ciudades en Gabaa, para salir á pelear contra los hijos de Israel.

15 Y fueron contados en aquel tiempo los hijos de Benjamin de las ciudades, veinte y seis mil hombres que sacaban espada, sin los que moraban en Gabaa, que fueron por cuenta setecientos hombres escogidos.

16 De toda aquella gente *habia* setecientos hombres escogidos, que eran ambidestros[l], todos los cuales tiraban una piedra con la honda á un cabello, y no erraban.

[l] Cap. 3. 1 1 Cr. 12.

17 Y fueron contados los varones de Israel, fuera de Benjamin, cuatrocientos mil hombres que sacaban espada; todos estos hombres de guerra.

18 ¶ Levantáronse luego los hijos de Israel, y subieron á la Casa de Dios[m], y consultaron á Dios diciendo: ¿Quien subirá de nosotros el primero en la guerra contra los hijos de Benjamin? Y Jehová respondió: Judá *será* el primero.

[m] ver. 23. 31.

19 Levantandose pues de mañana los hijos de Israel, pusieron campo contra Gabaa.

20 Y salieron los hijos de Israel á combatir contra Benjamin; y los varones de Israel ordenaron la batalla contra ellos junto á Gabaa.

21 Saliendo entónces de Gabaa los hijos de Benjamin, derribaron en tierra aquel dia veinte y dos mil hombres de los hijos de Israel[n].

[n] Gen. 49. Os. 10. 9

22 Mas reanimandose el pueblo, los varones de Israel tornaron á ordenar la batalla en el mismo lugar donde la habian ordenado el primer dia.

23 Porque los hijos de Israel subieron, y lloraron delante de Jehová hasta la tarde[o], y consultaron con Jehová diciendo: ¿Tornaré á pelear con los hijos de Benjamin mi hermano? Y Jehová les respondió: Subid contra él.

[o] ver. 26.

24 Los hijos pues de Israel se acercaron el siguiente dia á los hijos de Benjamin.

25 Y aquel segundo dia saliendo Benjamin de Gabaa contra ellos, derribaron por tierra otros diez y ocho mil hombres de los hijos de Israel[p], todos los cuales sacaban espada.

[p] ver. 21.

26 Entónces subieron todos los hijos de Israel, y todo el pueblo, y vinieron á la Casa de Dios, y lloraron, y sentáronse allí delante de Jehová; y ayunaron aquel dia hasta la tarde, y sacrificaron holocaustos y pacíficos delante de Jehová.

27 Y los hijos de Israel preguntaron á Jehová, (porque el arca del pacto de Dios *estaba* allí en aquellos dias[q],

[q] Jos. 18. 1 Sa. 4.

28 Y Phinees, hijo de Eleazar[r], hijo de Aaron, se presentaba delante de ella en aquellos dias,) y dijeron: ¿Tornaré á salir en batalla contra los hijos de Benjamin mi hermano, ó estaréme quedo? Y Jehová dijo: Subid; que mañana yo lo entregaré en tu mano.

[r] Nu. 25. 13. Jos. 24.

29 ¶ Y puso Israel emboscadas al rededor de Gabaa.

[illegible] los hijos de Is-
[illegible] de Benjamin el
[illegible] *la batalla* delante
[illegible] veces.
[illegible] los hijos de Benjamin
[illegible] que fueron
[illegible] comenzaron á herir *al-*
[illegible] como las
[illegible] los caminos; uno de
[illegible] á Beth-el, y el otro á
[illegible] y mataron unos
[illegible] de Israel.
[illegible] de Benjamin decian *es-*
[illegible] delante de nosotros
[illegible] los hijos de Israel de-
[illegible] y los alejaré-
[illegible] ciudad hasta los caminos.
[illegible] todos los de
[illegible] pusiéronse en órden
[illegible] y tambien las embos-
[illegible] Israel salieron de su lugar,
[illegible] de Gabaa.
[illegible] contra Gabaa diez mil
[illegible] de todo Israel, y la
[illegible] á agravarse: mas ellos
[illegible] que el mal se acercaba sobre
[illegible]
[illegible] á Benjamin delante
[illegible] los hijos de Israel
[illegible] y cinco mil y cien hom-
[illegible] los cuales sa-
[illegible]
[illegible] los hijos de Benjamin que
[illegible] pues los hijos de Israel
[illegible] lugar á Benjamin [e], porque
[illegible] en las emboscadas que
[illegible] de Gabaa.
[illegible] las emboscadas acometi-
[illegible] á Gabaa, y se exten-
[illegible] pusieron á cuchillo toda la
[illegible]
[illegible] *Israelitas* estaban concerta-
[illegible] emboscadas, que hiciesen
[illegible] para que subiese gran
[illegible]
[illegible] que los de Israel vol-
[illegible] en la batalla, los de
[illegible] comenzaron á derribar he-
[illegible] hasta unos treinta hom-
[illegible] decian: Ciertamente ellos
[illegible] de nosotros, como en
[illegible]
[illegible] la llama comenzó á
[illegible] ciudad, como una columna
[illegible] Benjamin tornó á mirar a-
[illegible] que el fuego de la ciudad
[illegible]
[illegible] revolvieron los hombres
[illegible] de Benjamin se llenaron
[illegible] vieron que el mal ha-
[illegible] ellos.
[illegible] tanto *espaldas* delante
[illegible] el camino del desierto;
[illegible] los alcanzó, y los *sali-*
[illegible] los mataban, *habiendo-*
[illegible] en medio de ellos.
[illegible] á los de Benjamin,
[illegible] y hollaron desde Menu-
[illegible] de Gabaa hácia donde
[illegible]
[illegible] de Benjamin diez y ocho
[illegible] ellos hombres de
[illegible]
[illegible] luego, huyeron hácia
[illegible] peña de Rimmon [f]; y
[illegible] *los Israelitas* cinco
[illegible] caminos: fueron
[illegible] hasta Gidom, y mata-
[illegible] dos mil hombres.
[illegible] que de Benjamin mu-
[illegible] fueron veinte y cinco
[illegible] espada; todos
[illegible] guerra.
[illegible] y huyeron al des-
[illegible] Rimmon, seiscientos
hombres; los cuales estuvieron en la pe- [a] Cap. 21. 13.
ña de Rimmon cuatro meses [a].
48 Y los hombres de Israel tornaron
á los hijos de Benjamin, y pusiéronlos á
cuchillo, á hombres y bestias en la ciu-
dad, y todo lo que fué hallado: asimis-
mo pusieron fuego á todas las ciudades
que *al paso* hallaban.

CAPITULO XXI.

Es arruinada Jabes-Galaad. Restauracion de la tribu de Benjamin.

Y LOS varones de Israel habian ju-
rado en Mispa diciendo: Ninguno
de nosotros dará su hija á los de Ben-
jamin por mujer.
2 Y vino el pueblo á la Casa de Dios [a], [a] Cap. 20. 18, 26.
y estuviéronse allí hasta la tarde de-
lante de Dios; y alzando su voz hici-
eron gran llanto, y dijeron:
3 Oh Jehová Dios de Israel, ¿por qué
ha sucedido esto en Israel, que falte hoy
de Israel una tribu?
4 Y el dia siguiente el pueblo se le-
vantó de mañana, y edificaron allí al-
tar [b], y ofrecieron holocausto y pacíficos. [b] 1 Rey. 8. 64.
5 Y dijeron los hijos de Israel: ¿Quién
de todas las tribus de Israel no subió á
la reunion cerca de Jehová? Porque
se habia hecho gran juramento contra
el que no subiese á Jehová en Mispa,
diciendo: Sufrirá muerte.
6 Y los hijos de Israel se arrepinti-
eron á causa de Benjamin su hermano,
y dijeron: Una tribu es hoy cortada de
Israel.
7 ¿Qué harémos en cuanto á mujeres
para los que han quedado? Nosotros
hemos jurado por Jehová que no les
hemos de dar nuestras hijas por mu-
jeres.
8 Y dijeron: ¿Hay alguno de las tri-
bus de Israel que no haya subido á Je-
hová en Mispa? Y hallaron que nin-
guno de Jabes-Galaad [c] habia venido al [c] 1 Sa. 11. 1. y 31. 11.
campo á la reunion:
9 Porque el pueblo fué contado, y no
hubo allí varon de los moradores de
Jabes-Galaad.
10 ¶ Entónces la congregacion envió
allá doce mil hombres de los mas va-
lientes, y mandáronles diciendo: Id y
poned á cuchillo á los moradores de Ja-
bes-Galaad [d], y las mujeres y niños. [d] ver. 5. Cap. 5. 23. 1 Sa. 11. 7.
11 Mas haréis de esta manera: Ma-
taréis á todo varon, y á toda mujer que
hubiere conocido ayuntamiento de va- [e] Nu. 31. 17.
ron [e].
12 Y hallaron de los moradores de Ja-
bes-Galaad cuatrocientas doncellas que
no habian conocido hombre en ayun-
tamiento de varon, y trajéronlas al cam-
po en Silo [f], que *es* en la tierra de Ca- [f] Jos. 18. 1.
naan.
13 ¶ Toda la congregacion envió luego
á hablar á los hijos de Benjamin que *es-*
taban en la peña de Rimmon [g], y llamá- [g] Cap. 20. 47.
ronlos en paz.
14 Y volvieron entónces los de Ben-
jamin, y diéronles por mujeres las que
habian guardado vivas de las mujeres de
Jabes-Galaad: mas no les bastaron estas.
15 Y el pueblo tuvo dolor á causa de
Benjamin, de que Jehová hubiese he-
cho mella [h] en las tribus de Israel. [h] 1 Cr. 13. 11. y 15. 13.
16 ¶ Entónces los ancianos de la con-
gregacion dijeron: ¿Qué harémos acerca
de mujeres para los que han quedado?
porque el sexo de las mujeres habia sido
raido de Benjamin.
17 Y dijeron: La heredad de los que
han escapado *ha de ser* lo que era de
Benjamin, porque no sea una tribu ra-
ida de Israel.
18 Nosotros empero no les podrémos

dar mujeres de nuestras hijas; porque
los hijos de Israel han jurado diciendo:
Maldito el que diere mujer á *alguno de* — [i] ver. 1.
Benjamin [i].
19 Ahora bien, dijeron, hé aquí cada
un año hay solemnidad de Jehová en
Silo, *en el lugar* que *está* al Aquilon de
Beth-el, y al lado oriental del camino
que sube de Beth-el á Sichêm, y al me-
diodia de Lebona.
20 Y mandaron á los hijos de Ben-
jamin diciendo: Id, y poned emboscada
en las viñas.
21 Y estad atentos: y cuando viereis
salir las hijas de Silo á bailar en cor-
ros [k], vosotros saldréis de las viñas, y — [k] Ex. 15. 20. 1 Sa. 18. 6. Sal. 150. 4. Jer. 31. 4, 13.
arrebataréis cada uno mujer para sí de
las hijas de Silo, y os iréis á tierra de
Benjamin.
22 Y cuando vinieren los padres de
ellas ó sus hermanos á demandarnoslo,
nosotros les dirémos: Tened piedad de
nosotros en lugar de ellos; pues que
nosotros en la guerra no tomamos mu-
jeres para todos: que vosotros no se
las habeis dado, para que ahora seais
culpables.
23 Y los hijos de Benjamin lo hicieron
así; pues tomaron mujeres conforme á
su número, pillando de las que danza-
ban: yendose luego, tornáronse á su he-
redad, y reedificaron las ciudades [l], y — [l] Cap. 20. 4[8].
habitaron en ellas.
24 Entónces los hijos de Israel se fue-
ron tambien de allí cada uno á su tribu,
y á su familia, saliendo de allí cada cual
á su heredad.
25 En estos dias no *habia* rey en Is-
rael [m]: cada uno hacia lo *que le parecia* — [m] Cap. 17. 6 y 18. 1. y 19. 1.
recto delante de sus ojos [n]. — [n] Deu. 12. [8].

EL LIBRO DE RUTH.

A. C. cir. 1322.

CAPITULO I.

Elimelech Bethlehemita huye al país de Moab con Noemi su mujer, y sus dos hijos. Muerto aquel y éstos, se vuelve Noemi á Bethlehem con Ruth, Moabita, nuera suya, que por seguirla abandona su patria.

Y ACONTECIO en los dias que go-
bernaban los jueces [a], que hubo — [a] Juec. 2. 16.
hambre en la tierra. Y un varon de
Beth-lehem de Judá [b] fué á peregrinar — [b] Juec. 17. 8.
en los campos de Moab, él y su mujer,
y dos hijos suyos.
2 El nombre de aquel varon *era* Eli-
melech, y el de su mujer Noemi; y los
nombres de sus dos hijos *eran* Mahalon,
y Chelion, Ephratéos [c] de Beth-lehem de — [c] Gen. 35. 19.
Judá. Llegaron pues á los campos de
Moab, y asentaron allí.
3 ¶ Y murió Elimelech, marido de
Noemi, y quedó ella con sus dos hijos;
4 Los cuales tomaron para sí mujeres
de Moab: el nombre de la una *fué* Or-
pha, y el nombre de la otra Ruth: y
habitaron allí unos diez años.
5 Y murieron tambien los dos, Maha-
lon y Chelion, quedando así la mujer
desamparada de sus dos hijos y de su
marido.
6 ¶ Entónces se levantó con sus nue-
ras, y volvióse de los campos de Moab;
porque oyó en el campo de Moab que
Jehová habia visitado [d] su pueblo para — [d] Gen. 50. 25. Ex. 4. 31. Luc. 1. 68.
darles pan [e]. — [e] Sal. 132. 15.
7 Salió pues del lugar donde habia es-
tado, y con ella sus dos nueras, y co-
menzaron á caminar para volverse á la
tierra de Judá.
8 Y Noemi dijo á sus dos nueras: An-
dad, volveos cada una á la casa de su
madre; Jehová haga con vosotras mi-
sericordia, como la habeis hecho con los
muertos, y conmigo [f]. — [f] 2 Tim. 1. 16, 18.
9 Déos Jehová que halleis descanso,
cada una en casa de su marido: besólas
luego, y ellas lloraron á voz en grito.
10 Y dijéronla: Ciertamente nosotras
volverémos contigo á tu pueblo.
11 Y Noemi respondió: Volveos, hijas
mias; ¿para qué habeis de ir conmigo?
¿Tengo yo mas hijos en el vientre que
puedan ser vuestros maridos [g]? — [g] Gen. 38. 11. Deu. 25. 5.
12 Volveos, hijas mias, é idos; que yo
ya soy vieja para ser para varon. Y
aunque dijese, Esperanza tengo, y *aun-
que* esta noche fuese con varon, y aun
pariese hijos:
13 ¿Habiais vosotras de esperarlos has-
ta que fuesen grandes? habiais vosotras
de quedaros sin casar por amor de ellos?
No, hijas mias; si bien mayor amargura
tengo yo que vosotras, pues la mano de
Jehová ha salido contra mí [h]. — [h] Juec. 2. 15. Job 19. 21. Sal. 32. 4. y 38. 2. y 39. 9, 10.
14 Mas ellas alzando otra vez su voz,
lloraron: y Orpha besó á su suegra, mas
Ruth se quedó con ella.
15 Y *Noemi* dijo: Hé aquí tu cuñada
se ha vuelto á su pueblo, y á sus dioses;
vuélvete tú tras ella [i]. — [i] Jos. 24. 15.
16 Y Ruth respondió: No me ruegues
que te deje, y me aparte de tí [k]; porque — [k] 2 Rey. 2. 2, 6.
donde quiera que tú fueres, iré yo; y
donde quieras que vivieres, viviré. Tu
pueblo *es* mi pueblo, y tu Dios, mi
Dios [l]: — [l] Cap. 2. 11, 12.
17 Donde tú murieres, moriré yo, y
allí seré sepultada: así me haga Je-
hová, y así me dé [m], que *solo* la muerte — [m] 1 Sa. 3. 17.
hará separacion entre mí y tí.
18 Y viendo *Noemi* que estaba tan resu-
elta á ir con ella, dejó de hablarle.
19 ¶ Anduvieron pues ellas dos, hasta
que llegaron á Beth-lehem: y aconteció
que entrando en Beth-lehem, toda la ci-
udad se conmovió por razon de ellas, y
decian: ¿No *es* esta Noemi?
20 Y ella les respondia: No me llameis
Noemi †, sino llamadme Mara ‖; por- — † *agradable*. ‖ *amarga*.
que en grande amargura me ha puesto
el Todo-poderoso.
21 Yo me fuí *de aquí* llena, mas vacía [n] — [n] Job 1. 21.
me ha vuelto Jehová. ¿Por qué *pues*
me llamaréis Noemi, ya que Jehová ha
dado testimonio contra mí, y el Todo-
poderoso me ha afligido?
22 Así volvió Noemi, y Ruth Moabita,
su nuera, con ella; volvió de los cam-
pos de Moab. Y llegaron á Beth-lehem
en el principio de la siega de las ce-
badas.

CAPITULO II.

Ruth vá á respigar en la heredad de Booz, y es recibida con agrado. Sabe por la suegra que Booz es pariente suyo.

Y TENIA Noemi un pariente de su
marido, varon poderoso y de hecho,
de la familia de Elimelech, el cual se
llamaba Booz [a]. — [a] Cap. 3. 2, 12. Mat. 1. 5.
2 Y Ruth la Moabita dijo á Noemi:
Ruégote que me dejes ir al campo, y
cogeré espigas [b] en pos de aquel á cuyos — [b] Lev. 19. 9. Deu. 24. 19.
ojos hallare gracia. Y ella le respondió:
Vé, hija mia.
3 Fué pues, y llegando, espigó en el
campo en pos de los segadores: y acon-
teció por ventura, que la suerte del cam-
po *era* de Booz, el cual *era* de la paren-
tela de Elimelech.
4 ¶ Y hé aquí que Booz vino de Beth-

lehem, y dijo á los segadores: Jehová *sea* con vosotros [c]. Y ellos respondieron: Jehová te bendiga.

5 Y Booz dijo á su criado el sobrestante de los segadores: ¿ Cuya es esta moza ?

6 Y el criado, sobrestante de los segadores, respondió, y dijo: Es la moza de Moab, que volvió con Noemi de los campos de Moab;

7 Y ha dicho, Ruégote que me dejes coger y juntar espigas tras los segadores entre las gavillas: entró pues, y *aquí* está desde por la mañana hasta ahora, *menos* un poco que se detuvo en casa.

8 Entónces Booz dijo á Ruth: Oye, hija mia, no vayas á espigar á otro campo, ni pases de aquí; y aquí estarás con mis mozas.

9 Mira bien al campo que segaren, y síguelas: porque yo he mandado á los mozos que no te toquen. Y si tuvieres sed, vé á los vasos, y bebe del *agua* que sacaren los mozos.

10 Ella entónces bajando su rostro inclinóse á tierra [d], y díjole: ¿ Por qué he hallado gracia en tus ojos, para que tú me reconozcas, siendo yo extranjera ?

11 Y respondiendo Booz díjole: Por cierto se me ha declarado todo lo que has hecho con tu suegra despues de la muerte de tu marido [e], y que dejando á tu padre y á tu madre, y la tierra donde naciste, has venido á pueblo que no conociste antes.

12 Jehová galardone tu obra [f], y tu remuneracion sea llena por Jehová Dios de Israel, que has venido para cubrirte debajo de sus alas [g].

13 Y ella dijo: Señor mio, halle yo gracia delante de tus ojos [h]; porque me has consolado, y porque has hablado al corazon de tu sierva, no siendo yo *ni aun* como una de tus criadas.

14 Y Booz le dijo: A la hora de comer, allegate aquí, y come del pan, y moja tu bocado en el vinagre. Y sentóse ella junto á los segadores, y él le dió del potaje, y comió hasta que se hartó, y le sobró [i].

15 Levantóse luego para espigar. Y Booz mandó á sus criados diciendo: Coja tambien espigas entre las gavillas, y no la avergonceis:

16 Antes echaréis á sabiendas de los manojos, y la dejaréis que coja, y no la reprendais.

17 Y espigó en el campo hasta la tarde, y desgranó lo que habia cogido; y fué como un epha de cebada.

18 ¶ Y tomólo, y vínose á la ciudad: y su suegra vió lo que habia cogido. Sacó tambien luego lo que le habia sobrado despues de harta, y dióselo.

19 Y díjole su suegra: Dónde has espigado hoy? y dónde has trabajado? Bendito sea el que te ha reconocido. Y ella declaró á su suegra lo que le habia acontecido con aquel *hombre*, y dijo: El nombre del varon con quien hoy he trabajado, *es* Booz.

20 Y dijo Noemi á su nuera: Sea él bendito de Jehová [k], pues que no ha rehusado á los vivos la benevolencia que tuvo para con los finados [l]. Díjola despues Noemi: Nuestro pariente es aquel varon, y de nuestros redentores es.

21 Y Ruth Moabita dijo: A mas de esto me ha dicho, Júntate con mis criados, hasta que hayan acabado toda mi siega.

22 Y Noemi respondió á Ruth su nuera: Mejor es, hija mia, que salgas con sus criadas, que no que te encuentren en otro campo.

23 Estuvo pues junta con las mozas de Booz espigando, hasta que la siega de las cebadas y la de los trigos fué acabada; mas con su suegra habitó.

CAPITULO III.

Ruth instruida de Noemi su suegra, trata de casamiento con Booz, y él lo admite.

Y DIJOLE su suegra Noemi: Hija mia, ¿ no te tengo de buscar descanso, que te sea bueno ?

2 ¿ No es Booz nuestro pariente, con cuyas mozas tú has estado [a]? Hé aquí que él avienta esta noche la parva de las cebadas.

[a] Cap. 2. 8, 23.

3 Te lavarás pues, y te ungirás, y vistiendote tus vestidos, pasarás á la era: mas no te darás á conocer al varon hasta que él haya acabado de comer y de beber.

4 Y cuando él se acostare, repara tú el lugar donde él se acostará, é irás, y descubrirás los piés, y te acostarás allí: y él te dirá lo que hayas de hacer.

5 Y *ella* le respondió: Haré todo lo que tú me mandares.

6 ¶ Descendió pues á la era, é hizo todo lo que su suegra le habia mandado.

7 Y como Booz hubo comido y bebido, y su corazon estuvo contento, retiróse á dormir á un lado del monton. Entónces ella vino calladamente, y descubrió los piés, y acostóse.

8 Y aconteció, que á la media noche se estremeció aquel hombre, y palpó; y hé aquí la mujer que estaba acostada á sus pies.

9 Entónces él dijo: Quién eres? Y ella respondió: Yo *soy* Ruth tu sierva: extiende el borde *de tu capa* sobre tu sierva [b], por cuanto eres pariente cercano.

[b] Ez. 16. 8.

10 Y él dijo: Bendita seas tú de Jehová, hija mia; que has hecho mejor tu postrera gracia que la primera [c], no yendo tras los mancebos, sean pobres ó ricos.

[c] Cap. 1. 8.

11 Ahora pues no temas, hija mia: yo haré contigo lo que tú dijeres, pues que toda la puerta de mi pueblo sabe que eres mujer virtuosa [d].

[d] Pro. 12. 4. y 31. 10.

12 Y ahora, aunque es cierto que yo soy pariente cercano, con todo eso hay *otro* pariente mas cercano que yo [e].

[e] Cap. 4. 1.

13 Reposa esta noche, y cuando sea de dia, si *aquel* te redimiere [f], bien, redímate; mas si él no te quisiere redimir, yo te redimiré, vive Jehová [g]. Descansa pues hasta la mañana.

[f] Cap. 4. 5. Deu. 25. 5. Mat. 22. 24, 25.

[g] Jer. 4. 2.

14 ¶ Y despues que reposó á sus pies hasta la mañana, levantóse antes que nadie pudiese conocer á otro. Y él dijo: No se sepa que haya venido mujer á la era [h].

[h] Rom. 14. 16.

15 Despues dijo *á ella*: Llega el lienzo que *traes* sobre tí, y ten de él. Y teniendolo ella, él midió seis *medidas* de cebada, y púsosela á cuestas: y vínose ella á la ciudad.

16 Así que vino á su suegra, *ésta* le dijo: Qué pues, hija mia? Y declaróle ella todo lo que con aquel varon le habia acontecido:

17 Y dijo: Estas seis *medidas* de cebada me dió, diciendome, Porque no vayas vacía á tu suegra.

18 Entónces *Noemi* dijo: Reposa, hija mia, hasta que sepas como cae la cosa: porque aquel hombre no parará hasta que hoy concluya el negocio.

CAPITULO IV.

Booz, escusandose el pariente mas cercano, toma por mujer á Ruth conforme al derecho de la ley, y de ella le nace Obed, abuelo de David, con el cual se continua la genealogía del Mesías desde Phares, hijo de Judá.

Y BOOZ subió á la puerta, y sentóse allí: y hé aquí pasaba[a] aquel pariente, del cual habia Booz hablado, y díjole: He, fulano, ven acá y siéntate. Y él vino, y sentóse.

2 Entónces él tomó diez varones de los ancianos de la ciudad[b], y dijo: Sentaos aquí. Y ellos se sentaron.

3 Luego dijo al pariente: Noemi, que ha vuelto del campo de Moab, vendió una parte de las tierras que tuvo nuestro hermano Elimelech:

4 Y yo decidí hacertelo saber, y decirte *que las* tomes delante de los que estan *aquí* sentados, y delante de los ancianos de mi pueblo[c]. Si hubieres de redimir, redime: y si no quisieres redimir, decláramelo para que yo lo sepa; porque no *hay* otro que redima sino tú, y yo despues de tí. Y él respondió: Yo redimiré.

5 Entónces replicó Booz: El mismo dia que tomares las tierras de mano de Noemi, tomaste tambien á Ruth Moabita, mujer del difunto, para que suscites el nombre del muerto sobre su posesion[d].

6 Y respondió el pariente: No puedo yo redimir por mi parte, porque echaria á perder mi heredad: redime tú *usando de* mi derecho; porque yo no podré redimir.

7 Habia ya de largo tiempo esta costumbre en Israel, en la redencion ó contrato, que para la confirmacion de cualquier negocio, el uno[e] se quitaba el zapato, y lo daba á su compañero: y este era el testimonio en Israel.

8 Entónces el pariente dijo á Booz: Tómalo tú. Y *diciendo esto* descalzó su zapato.

9 Y Booz dijo á los ancianos y á todo el pueblo: Vosotros *seréis* hoy testigos de que tomo todas las cosas que fueron de Elimelech, y todo lo que fué de Chelion, y de Mahalon, de mano de Noemi:

10 Y que tambien tomo por mi mujer á Ruth, Moabita, mujer de Mahalon, para suscitar el nombre del difunto sobre su heredad, para que el nombre del muerto no se borre de entre sus hermanos, y de la puerta de su lugar. Vosotros *seréis* testigos.

11 Y dijeron todos los del pueblo que estaban á la puerta con los ancianos: Testigos *somos*. Jehová haga á la mujer que entra en tu casa como á Rachêl y á Lea[f], las cuales dos edificaron la casa de Israel[g]: y tú seas ilustre en Ephrata[h], y tengas nombradía en Beth-lehem:

12 Y de la simiente que Jehová te diere de aquesta moza, sea tu casa como la casa de Phares, al que parió Thamar á Juda[i].

13 ¶ Booz pues tomó á Ruth, y ella fué su mujer: y luego que entró á ella, Jehová le dió que concibiese[k], y pariese un hijo.

14 Y las mujeres decian á Noemi: Loado sea Jehová, que hizo que no te faltase hoy pariente, cuyo nombre será nombrado en Israel;

15 El cual será restaurador de tu alma, y el que sustentará tu vejez: pues que tu nuera, la cual te ama[l], y te vale mas que siete hijos, le ha parido.

16 Y tomando Noemi el hijo, púsolo en su regazo, y fuéle su ama.

17 Y las vecinas diciendo, A Noemi ha nacido un hijo, le pusiéron nombre; y llamáronle Obed. Este *es* padre de Isaí, padre de David.

18 ¶ Y estas *son* las generaciones de Phares: Phares engendró á Hesron[m];

19 Y Hesron engendró á Ram, y Ram engendró á Aminadab,

20 Y Aminadab engendró á Nahason, y Nahason engendró á Salmon[n],

21 Y Salmon engendró á Booz, y Booz engendró á Obed,

22 Y Obed engendró á Isaí, é Isaí engendró á David[o].

[a] Cap. 3. 12. [b] 1 Rey. 21. 8. [c] Gen. 23. 18. [d] Cap. 3. 13. [e] Deu. 25. 7, 9. [f] Sal. 127. 3 y 128. 3. [g] Gen. xxix. y xxx. [h] Mic. 5. 2. [i] Gen. 38. 29. [k] Gen. 29. 31. 18. y 33. 5. [l] 1 Sa. 1. 8. [m] 1 Cr. 2. 4 10. Mat. 1. 3, etc. [n] Nu. 1. 7. [o] 1 Cr. 2. 12.

LIBRO PRIMERO DE SAMUEL.

A. C. cir. 1171.

CAPITULO I.

Nace Samuel de Anna, que era estéril; y despues de destetado, es consagrado al Señor por medio del sacerdote Eli.

HUBO un varon de Ramathaim de Sophim, del monte de Ephraim, que se llamaba Elcana[a], hijo de Jeroham, hijo de Eliu, hijo de Thohu, hijo de Suph Ephratéo:

2 Y tenia él dos mujeres; el nombre de la una *era* Anna, y el nombre de la otra Peninna. Y Peninna tenia hijos, mas Anna no los tenia.

3 ¶ Y subia aquel varon todos los años de su ciudad á adorar y sacrificar á Jehová de los ejércitos en Silo; donde estaban dos hijos de Eli, Ophni, y Phinees, sacerdotes de Jehová.

4 Y *como* venia el dia, Elcana sacrificaba[b], y daba á Peninna su mujer, y á todos sus hijos, y á todas sus hijas, á cada uno su parte:

5 Mas á Anna daba una parte escogida; porque amaba á Anna, aunque Jehová habia cerrado su matriz[c].

6 Y su competidora la irritaba enojandola y entristeciendola, porque Jehová habia cerrado su matriz.

7 Y así hacia cada año: cuando subia á la Casa de Jehová, enojaba así á la otra; por lo cual ella lloraba, y no comia.

8 Y Elcana su marido le dijo: Anna, por qué lloras? y por qué no comes? y por qué está afligido tu corazon? ¿ No te soy yo mejor que diez hijos?

9 ¶ Y levantóse Anna despues que hubo comido y bebido en Silo; y mientras el sacerdote Eli estaba sentado en una silla junto á un pilar del templo de Jehová,

10 Ella con amargura de alma oró á Jehová, y lloró abundantemente,

11 E hizo voto diciendo: Jehová de los ejércitos, si te dignares[d] mirar la afliccion de tu sierva, y te acordares de mí[e], y no te olvidares de tu sierva, mas dieres á tu sierva un hijo varon, yo lo dedicaré á Jehová todos los dias de su vida, y no subirá navaja sobre su cabeza[f].

12 Y fué que como ella orase largamente delante de Jehová, Eli estaba observando la boca de ella.

13 Mas Anna hablaba en su corazon, y solamente se movian sus labios, y su voz no se oia; y túvola Eli por borracha.

14 Entónces la dijo Eli: ¿ Hasta cuando estarás borracha? digiere tu vino.

15 Y Anna le respondió diciendo: No, señor mio; mas yo *soy* una mujer trabajada de espíritu: no he bebido vino ni sidra, sino que he derramado mi alma delante de Jehová[g].

16 No tengas á tu sierva por una mujer

[a] 1 Cr. 6. 27, 34. [b] Deu. 12. 5, 7. [c] Gen. 30. 2. [d] 2 Sa. 16. 12. [e] Gen. 30. 22. [f] Nu. 6. 5. [g] Sal. 62. 8.

impía [j]; porque por la magnitud de mis congojas y de mi afliccion he hablado hasta ahora.

17 Y Eli le respondió, y dijo: Vé en paz, y el Dios de Israel te otorgue la peticion que le has hecho.

18 Y ella dijo: Halle tu sierva gracia delante de tus ojos. Y fuése la mujer su camino, y comió [h], y no estuvo mas triste.

19 ¶ Y levantandose de mañana, adoraron delante de Jehová, y volviéronse, y vinieron á su casa en Ramatha. Y Elcana conoció á Anna su mujer, y Jehová se acordó de ella [i].

20 Y fué que corrido el tiempo, despues de haber concebido Anna, parió un hijo, y púsole por nombre Samuel †, diciendo: Por cuanto lo demandé á Jehová.

21 Despues subió el varon Elcana con toda su familia, á sacrificar á Jehová el sacrificio acostumbrado, y su voto.

22 Mas Anna no subió, sino dijo á su marido: *Yo no subiré* hasta que el niño sea destetado, para que lo lleve y sea presentado [k] delante de Jehová, y se quede allá para siempre.

23 Y Elcana su marido le respondió: Haz [l] lo que bien te pareciere; quedate hasta que lo destetes: solamente Jehová cumpla su palabra. Y quedóse la mujer, y crió su hijo hasta que lo destetó.

24 ¶ Y despues que lo hubo destetado, llevólo consigo, con tres becerros, y un epha de harina, y una vasija de vino, y trájolo á la Casa de Jehová en Silo: y el niño *era aun* pequeño.

25 Y matando el *un* becerro, trajeron el niño á Eli:

26 Y ella dijo: Oh, señor mio, *como* vive tu alma, yo *soy*, señor mio, aquella mujer que estuvo aquí junto á tí orando á Jehová.

27 Por este niño oraba [m], y Jehová me dió lo que le pedí [n].

28 Yo pues lo vuelvo tambien á Jehová: todos los dias que viviere será de Jehová. Y adoró allí á Jehová.

CAPITULO II.

Cántico de Anna. Impiedad de los hijos de Eli, á quien se vaticina la ruina de su casa.

Y ANNA oró, y dijo [a]: Mi corazon se regocija en Jehová, mi cuerno es ensalzado [b] en Jehová; mi boca se ensanchó sobre mis enemigos, por cuanto me alegré en tu salud [c].

2 No *hay* santo como Jehová [d]: porque no *hay ninguno* fuera de tí, y no *hay* refugio [e] como el Dios nuestro.

3 No multipliqueis hablando grandezas, altanerías; cesen las palabras arrogantes de vuestra boca: porque el Dios de todo saber *es* Jehová, y á él toca el pesar las acciones [f].

4 Los arcos de los fuertes *fueron* quebrados [g], y los flacos se ciñeron de fortaleza.

5 Los hartos se alquilaron por pan [h]; y cesaron los hambrientos: hasta parir siete [i] la estéril, y la que tenia muchos hijos enfermó [k].

6 Jehová mata, y él dá vida: él hace descender al sepulcro, y hace subir [l].

7 Jehová empobrece, y él enriquece [m]; abate, y ensalza [n].

8 El levanta del polvo al pobre, y al menesteroso ensalza del estiercol, para asentarlo con los príncipes; y hace que tengan por heredad asiento de honra [o]: porque de Jehová son las columnas de la tierra, y él asentó sobre ellas el mundo [p].

[Margin: † *por una hija de Belial.* [h] Eccles. 9. 7. [i] Gen. 30. 22(?). † *Demandado de Dios.* [k] Luc. 2. 22. [l] Nu. 30. 7. [m] Fil. 4. 6. [n] Sal. 145. 18, 19. [a] Luc. 1. 46, &c. [b] Sal. 112. 9. [c] Sal. 13. 5. [d] Ex. 15. 11. [e] Deu. 32. 4. Deu. 32. 31. [f] Pr. 17. 3. [g] Sal. 37. 15. [h] Sal. 34. 10. [i] Sal. 113. 9. [k] Jer. 15. 9. [l] Deu. 32. 39. Job 5. 18. Os. 6. 1. [m] Job 1. 21. [n] Sal. 75. 7. [o] Sal. 113. 7. Job 36. 7. [p] Heb. 4. 17(?). Sal. 102. 25.]

9 El guarda los pies de sus santos [q]; mas los impíos perecen en tinieblas, porque nadie será fuerte por *su* fuerza [r].

10 Delante de Jehová serán quebrantados [s] sus adversarios, y sobre ellos tronará desde los cielos [t]: Jehová juzgará los términos de la tierra, y [u] dará fortaleza á su Rey, y ensalzará el cuerno de su Mesias [x].

11 ¶ Y Elcana se volvió á su casa en Ramatha: y el niño ministraba á Jehová delante del sacerdote Eli.

12 Mas los hijos de Eli eran hombres impíos, y no tenian conocimiento de Jehová.

13 *Era* la costumbre de los sacerdotes con el pueblo *que*, cuando alguno ofrecia sacrificio, venia el criado del sacerdote, mientras la carne estaba á cocer, *trayendo* en su mano un garfio de tres ganchos,

14 Y heria con él en la caldera, ó en la olla, ó en el caldero, ó en el pote; y todo lo que sacaba el garfio, el sacerdote lo tomaba para sí. De esta manera hacian á todo Israelita que venia á Silo.

15 Asimismo antes de quemar el sebo [y], venia el criado del sacerdote, y decia al que sacrificaba: Dá carne que ase para el sacerdote; porque no tomará de tí carne cocida, sino cruda.

16 Y si le respondia el varon: Quemen luego el sebo hoy, y *despues* toma *tanto* como quisieres, él respondia: No, sino ahora la has de dar; de otra manera yo la tomaré por fuerza.

17 Era pues el pecado de los mozos muy grande delante de Jehová [z]; porque los hombres menospreciaban los sacrificios de Jehová [a].

18 ¶ Y el jóven Samuel ministraba delante de Jehová vestido de un Ephod de lino [b].

19 Y haciale su madre una túnica pequeña, y traíasela cada año, cuando subia con su marido á ofrecer el sacrificio acostumbrado [c].

20 Y Eli bendijo á Elcana y á su mujer diciendo: Jehová te dé simiente de esta mujer en lugar de esta peticion que hizo á Jehová. Y ¶ volviéronse á su casa.

21 Y visitó Jehová á Anna, y concibió [d], y parió tres hijos, y dos hijas. Y el jóven Samuel crecia delante de Jehová.

22 ¶ Eli empero era muy viejo, y oyó todo lo que sus hijos hacian á todo Israel, y como dormian con las mujeres que velaban á la puerta del tabernáculo del testimonio [e].

23 Y díjoles: ¿Por qué haceis cosas semejantes? Porque yo oigo de todo este pueblo vuestros malos procederes.

24 No *mas*, hijos mios; porque no es buena fama la que yo oigo; que haceis pecar al pueblo de Jehová.

25 Si pecare el hombre contra el hombre, los jueces le juzgarán; mas si alguno pecare contra Jehová [f], ¿quién rogará por él? Mas ellos no oyeron la voz de su padre, porque Jehová los queria matar [g].

26 Y el jóven Samuel iba creciendo, y adelantando delante de Dios y delante de los hombres [h].

27 ¶ Y vino un varon de Dios á Eli, y díjole: Así ha dicho Jehová: ¿No me manifesté yo claramente á la casa de tu padre, cuando estaban en Egipto [i], en la casa de Pharaon?

28 Y yo le escogí por mi sacerdote [k] entre todas las tribus de Israel, para que ofreciese sobre mi altar, y quemase perfume, y trajese ephod delante de mí;

[Margin: [q] Sal. 91. 11, 12. y 121. 3. [r] Eccles. 9. 11. [s] Ex. 15. 6. Sal. 2. 9. [t] Sal. 18. 13, 14. [u] Sal. 96. 13. [x] Sal. 89. 24. [y] Lev. 3. 3, 5, 16. [z] Gen. 13. 13. [a] Mal. 2. 8. [b] Ex. 28. 4. [c] Cap. 1. 3. [d] Gen. 21. 1. [e] Ex. 38. 8. [f] Nu. 15. 30. Sal. 51. 4, 16. [g] Jos. 11. 20. [h] Pro. 3. 4. Luc. 2. 52. Rom. 14.18. [i] Ex. 4. 14, 27. [k] Ex. 28. 1, 4.]

y dí á la casa de tu padre todas las
[l] Lev. 7. 7, 8, 34. Nu. 5. 9, 10. y 18. 8, 19. ofrendas de los hijos de Israel[l].
29 ¿Por qué habeis hollado mis sacri-
ficios[m], y mis presentes, que yo mandé
ofrecer en el tabernáculo; y has hon- [m] Deu. 32. 15.
rado á tus hijos mas que á mí, engor-
dandoos de lo principal de todas las
ofrendas de mi pueblo Israel?
30 Por tanto Jehová el Dios de Israel
[n] Ex. 29. 9. dice: Yo habia dicho[n] que tu casa,
y la casa de tu padre andarian delante
de mí perpetuamente, mas ahora ha
[o] Jer. 18. 9, 10. dicho Jehová: Nunca yo tal haga[o];
porque yo honraré á los que me hon-
ran, y los que me tuvieren en poco,
[p] Mal. 2. 8, 9. serán viles[p].
31 Hé aquí vienen dias, en que cortaré
tu brazo, y el brazo de la casa de tu
[q] 1 Rey. 2. 27, 35. padre[q], que no haya viejo en tu casa.
32 Y verás competidor[r] en el taber-
[r] Cap. 1. 6. náculo en todas las cosas en que hiciere
bien á Israel, y en ningun tiempo habrá
viejo en tu casa.
33 Y no te cortaré *del todo* varon de mi
altar, para hacerte marchitar tus ojos, y
henchir tu ánimo de dolor; mas toda la
cria de tu casa morirá en la edad varonil.
[s] Cap. 4. 11. 34 Y te *será* por señal[s] esto que acon-
tecerá á tus dos hijos Ophni y Phinees;
ambos morirán en un dia.
35 Y yo me suscitaré un sacerdote fiel,
que haga conforme á mi corazon y á
mi alma: y yo le edificaré casa firme,
y andará delante de mi ungido todos los
dias.
36 Y será que el que hubiere quedado
en tu casa, vendrá á postrarsele por *ob-
tener* un dinero de plata, y un bocado de
pan, diciendole: Ruégote que me cons-
tituyas en algun ministerio, para que
coma un bocado de pan.

CAPITULO III.

Llamando Dios á Samuel cuatro veces, le declara el castigo de Eli; y él se lo notifica. Samuel es conocido del pueblo por profeta.

Y EL jóven Samuel ministraba á Je-
hová delante de Eli: y la palabra
de Jehová era de estima en aquellos
dias; no *habia* vision manifiesta.
2 Y aconteció un dia, que estando Eli
acostado en su aposento, cuando sus
ojos comenzaban *ya* á oscurecerse que
no podia ver,
3 Samuel estaba durmiendo en el tem-
plo de Jehová, donde el arca de Dios
[a] Ex. 27. 20, 21. estaba; y antes que la lámpara de Dios[a]
fuese apagada,
4 Jehová llamó á Samuel, y él respon-
dió: Héme aquí.
5 Y corriendo luego á Eli, dijo: Héme
aquí; ¿para qué me llamaste? Y Eli
le dijo: yo no he llamado; vuélvete á
acostar. Y él se volvió, y acostóse.
6 Y Jehová volvió á llamar otra vez á
Samuel. Y levantandose Samuel vino á
Eli, y dijo: Héme aquí; ¿para qué me
has llamado? Y él dijo: Hijo mio, yo
no he llamado; vuelve, y acuéstate.
7 Y *es que* Samuel no habia conocido
aun á Jehová, ni la palabra de Jehová
le habia sido revelada.
8 Jehová pues llamó la tercera vez á
Samuel. Y él levantandose vino á Eli,
y dijo: Héme aquí; ¿para qué me has
llamado? Entónces entendió Eli que
Jehová llamaba al jóven.
9 Y dijo Eli á Samuel: Vé, y acués-
tate; y si te llamare, dirás: Habla, Je-
hová, que tu siervo oye. Así se fué
Samuel, y acostóse en su lugar.
10 Y vino Jehová, y paróse, y llamó
como las otras veces, Samuel, Samuel.
Entónces Samuel dijo: Habla, que tu
siervo oye.
11 Y Jehová dijo á Samuel: Hé aquí
haré yo una cosa en Israel, que á quien
la oyere, le retiñirán ambos oidos[b]. [b] 2 Rey. 21. 12. Jer. 19. 3.
12 Aquel dia yo despertaré contra Eli
todas las cosas que he dicho sobre su
casa[c]. En comenzando, acabarélo tam- [c] Cap. 2. 29, etc.
bien:
13 Y mostraréle que yo juzgaré su casa
para siempre, por la iniquidad que él
sabe; porque sus hijos se han envile-
cido[d], y él no los ha estorbado. [d] Cap. 2. 12, 22, etc.
14 Y por tanto yo he jurado á la casa
de Eli, que la iniquidad de la casa de
Eli no será expiada jamas ni con sacri- [e] Nu. 15. 30. Is. 22. 14.
ficios, ni con presentes[e].
15 ¶ Y Samuel estuvo acostado hasta
la mañana, y abrió las puertas de la
casa de Jehová. Y Samuel temia des-
cubrir la vision á Eli.
16 Llamando pues Eli á Samuel, di-
jole: Hijo mio Samuel. Y él respon-
dió: Héme aquí.
17 Y *él le* dijo: ¿Qué es la palabra que
te habló JEHOVÁ? Ruégote que no me
la encubras: así te haga Dios, y así te
añada[f], si me encubrieres palabra de [f] Ruth 1. 17.
todo lo que habló contigo.
18 Y Samuel se lo manifestó todo, sin
encubrirle nada. Entónces él dijo: Je-
hová es, haga lo que bien le pareciere[g]. [g] Job 1. 21. Sal. 39. 9. Is. 39. 8.
19 Y Samuel creció, y Jehová fué con
él, y no dejó caer á tierra *ninguna* de
todas sus palabras[h]. [h] Cap. 9. 6.
20 Y[i] conoció todo Israel, desde Dan [i] Juec. 20. 1.
hasta Beer-sebah, que Samuel *era* fiel
profeta de Jehová.
21 Así tornó Jehová á aparecer en
Silo; porque Jehová se manifestó á Sa-
muel en Silo con palabra de Jehová.

CAPITULO IV.

Vencidos los Israelitas de los Philistéos, acuerdan traer al campo el Arca del Pacto, la cual fué tomada por los Philistéos, y aquellos deshechos, y muertos los dos hijos de Eli. Llegada la nueva á Silo, Eli cayó de su silla, y murió. La mujer de Phinees malpare á Ichábod, y muere en el parto.

Y SAMUEL habló á todo Israel. Por
aquel tiempo salió Israel á encon-
trar en batalla á los Philistéos, y asentó
campo junto á Eben-ezer, y los Philis-
téos asentaron el suyo en Aphec.
2 Y los Philistéos presentaron la ba-
talla á Israel: y trabandose el combate,
Israel fué vencido delante de los Phi-
listéos; los cuales hirieron en la batalla
por el campo como cuatro mil hombres.
3 Y vuelto que hubo el pueblo al cam-
pamento, los ancianos de Israel dijeron:
¿Por qué nos ha herido hoy Jehová de-
lante de los Philistéos? Traigamos á
nosotros de Silo el arca del pacto de
Jehová, para que viniendo entre nos-
otros, nos salve de la mano de nuestros
enemigos.
4 Y envió el pueblo á Silo, y trajeron
de allá el arca del pacto de Jehová de
los ejercitos, que estaba asentado entre
los querubines: y los dos hijos de Eli,
Ophni y Phinees *estaban*[a] allí con el arca [a] 2 Sa. 6. 2. Sal. 80. 1. Ex. 25. 18, 22.
del pacto de Dios.
5 Y aconteció, que como el arca del
pacto de Jehová vino al campo, todo
Israel dió grita con *tan* gran júbilo, que
la tierra tembló.
6 ¶ Y cuando los Philistéos oyeron la
voz del júbilo, dijeron: ¿Qué voz de
gran júbilo *es* esta en el campo de los
Hebréos? Y supieron que el arca de
Jehová habia venido al campo.
7 Y los Philistéos tuvieron miedo, por-
que decian: Ha venido el Dios al campo.
Y dijeron: ¡Ay de nosotros! pues antes
de ahora no fué así.
8 ¡Ay de nosotros! ¿Quien nos li-

brará de la mano de estos dioses fuertes? Estos son los dioses que hirieron á Egipto con toda plaga en el desierto.

9 Esforzaos, oh Philistéos, y sed hombres, porque no sirvais á los Hebréos, como ellos os han servido á vosotros *b*: sed hombres, y pelead.

10 Peleeron pues los Philistéos, é Israel fué *c* vencido, y huyeron cada cual á sus tiendas; y fué hecha muy grande mortandad, pues cayeron de Israel treinta mil hombres de á pié.

11 Y el arca de Dios fué tomada, y muertos los dos hijos de Eli, Ophni y Phinees *d*.

12 ¶ Y corriendo de la batalla un hombre de Benjamin, vino aquel dia á Silo, rotos sus vestidos y *echada* tierra sobre su cabeza *e*.

13 Y cuando llegó, hé aquí Eli que estaba sentado en una silla atalayando junto al camino; porque su corazon estaba temblando por causa del arca de Dios *f*. Llegado pues aquel hombre á la ciudad, y dadas las nuevas, toda la ciudad gritó.

14 Y como Eli oyó el estruendo de la gritería, dijo: ¿Qué estruendo de alboroto *es* este? Y aquel hombre vino aprisa, y dió las nuevas á Eli.

15 Era ya Eli de edad de noventa y ocho años, y sus ojos se habian entenebrecido, de modo que no podia ver.

16 Dijo pues aquel hombre á Eli: Yo vengo de la batalla, yo he escapado hoy del combate. Y él *le* dijo: ¿Qué ha acontecido, hijo mio?

17 Y el mensajero respondió, y dijo: Israel huyó delante de los Philistéos, y tambien fué hecha gran mortandad en el pueblo; y tambien tus dos hijos, Ophni y Phinees, son muertos, y el arca de Dios fué tomada.

18 Y aconteció que como él hizo mencion del arca de Dios, *Eli* cayó hácia atras de la silla al lado de la puerta, y quebróscle la cervix, y murió; porque era hombre viejo y pesado. Y habia juzgado á Israel cuarenta años.

19 ¶ Y su nuera la mujer de Phinees, *que estaba* preñada, cercana al parto, oyendo el rumor que el arca de Dios era tomada, y muerto su suegro, y su marido, encorvóse y parió; porque sus dolores se habian ya derramado por ella.

20 Y al tiempo que se moria, decíanle las que estaban junto á ella: No tengas temor *g*, porque has parido un hijo. Mas ella no respondió, ni paró mientes.

21 Y llamó al niño I-chábod ‖, diciendo: Traspasada es la gloria de Israel: (por el arca de Dios que fué tomada, y porque era muerto su suegro, y su marido.)

22 Dijo pues: Traspasada es la gloria de Israel; porque el arca de Dios fué tomada *h*.

b Juec. 13. 1. *c* Sal. 78. 60, 61. *d* Cap. 2. 34. *e* Jos. 7. 6. 2 Sa. 15. 32. Job 2. 12. *f* Sal. 26. 8. *g* Gen. 35. 17. ‖ sin gloria. *h* Sal. 78. 61.

CAPITULO V.

Puesta el arca por los Philistéos en el templo de su dios Dagon, en Asdod, Dagon fué deshecho en su presencia. Los de Asdod fueron azotados de Dios, y asimismo los de Gath, adonde la pasaron. Traida á Ecron, los Ecronitas y los príncipes de los Philistéos acordaron restituirla á su lugar.

Y LOS Philistéos, tomada el arca de Dios, trajéronla desde Eben-ezer *a* á Asdod.

2 Y tomaron los Philistéos el arca de Dios, y metiéronla en la casa de Dagon *b*, y pusiéronla junto á Dagon.

a Cap. 7. 12. *b* Juec. 16. 23. 1 Cr. 10. 10.

3 Y el siguiente dia los de Asdod se levantaron de mañana, y hé aquí Dagon postrado en tierra delante del arca de Jehová: y tomaron á Dagon, y volviéronle á su lugar.

4 Y tornándose á levantar de mañana el dia siguiente, hé aquí que Dagon habia caido postrado en tierra delante del arca de Jehová; y la cabeza de Dagon y las dos palmas de sus manos *estaban* cortadas sobre el umbral *de la puerta*, habiéndole quedado á Dagon *el tronco* solamente.

5 Por esta causa los sacerdotes de Dagon, y todos los que en el templo de Dagon entran, no pisan el umbral de Dagon en Asdod hasta hoy.

6 Empero agravóse la mano de Jehová *c* sobre los de Asdod, y destruyólos, é hirióles con hemorroidas en Asdod y en todos sus términos *d*.

7 ¶ Y viendo esto los de Asdod, dijeron: No quede con nosotros el arca del Dios de Israel; porque su mano es dura sobre nosotros, y sobre nuestro dios Dagon.

8 Enviaron pues á juntar á sí todos los príncipes de los Philistéos, y dijeron: ¿Qué harémos del arca del Dios de Israel? Y ellos respondieron: Pásese el arca del Dios de Israel á Gath. Y pasaron *allá* el arca del Dios de Israel.

9 Y aconteció que como la hubieron pasado, la mano de Jehová fué contra la ciudad con grande quebrantamiento; é hirió los hombres de aquella ciudad desde el chico hasta el grande, que se llenaron de hemorroidas.

10 ¶ Entónces enviaron el arca de Dios á Ecron. Y como el arca de Dios vino á Ecron, los Ecronitas dieron voces diciendo: Han pasado á mí el arca del Dios de Israel por matarme á mí y á mi pueblo.

11 Y enviaron á juntar todos los príncipes de los Philistéos, diciendo: Despachad el arca del Dios de Israel, y tórnese á su lugar, y no mate á mí y á mi pueblo: porque habia quebrantamiento de muerte en toda la ciudad, y la mano de Dios *e* se habia allí agravado.

12 Y los que no morian, eran heridos de hemorroidas; y el clamor de la ciudad subia al cielo *f*.

c ver. 7, 11. Ex. 9. 3. Sal. 32. 4. Hech. 13. 11. *d* Deu. 28. 27. Sal. 78. 66. *e* ver. 6, 9. *f* Cap. 9. 16. Jer. 14. 2.

CAPITULO VI.

Es restituida el arca del Señor.

Y ESTUVO el arca de Jehová en la tierra de los Philistéos siete meses.

2 Entónces los Philistéos llamando los sacerdotes y adivinos, preguntaron *a*: ¿Qué harémos del arca de Jehová? Declaradnos cómo la hemos de tornar á enviar á su lugar.

3 Y ellos dijeron: Si enviais el arca del Dios de Israel, no la envieis vacía; mas le pagaréis la expiacion: y *b* entónces seréis sanos, y conoceréis porque no se apartó de vosotros su mano *c*.

4 Y ellos dijeron: ¿Y qué será la expiacion que le pagarémos? Y ellos respondieron: *Conforme* al número de los príncipes de los Philistéos, cinco hemorroidas de oro, y cinco ratones de oro; porque la misma plaga que todos tienen, tienen tambien vuestros príncipes.

5 Haréis pues las formas de vuestras hemorroidas, y las formas de vuestros ratones, que destruyen la tierra, y daréis gloria al Dios de Israel *d*: quizá aliviará su mano de sobre vosotros, y de sobre

a Gen. 41. 8. Ex. 7. 11. Is. 47. 13. Dan. 2. 2. y 5. 7. Mat. 2. 4. *b* Lev. 5. 15, 16. *c* Job 34. 31, 32. *d* Jos. 7. 19. Mal. 2. 2.

vuestros dioses, y de sobre vuestra tierra.

6 Mas ¿por qué endurecéis vuestro corazon, como los Egipcios y Pharaon endurecieron su corazon[e]? Despues que los hubo *así* tratado, ¿no los dejaron que se fuesen, y se fueron?

[e] Ex. 7. 14. y 8. 15. y 14. 17, 23.

7 Haced pues ahora un carro nuevo, y tomad luego dos vacas que crien, á las cuales no haya sido puesto yugo, y uncid las vacas al carro, y haced tornar de detras de ellas sus becerros á casa.

8 Tomaréis luego el arca de Jehová, y la pondréis sobre el carro; y poned en una caja al lado de ella las alhajas de oro que le pagais en expiacion, y la dejaréis que se vaya.

9 Y mirad, si sube por el camino de su término á Beth-semes[f], él nos ha hecho este mal *tan* grande; y si no, serémos ciertos que su mano no nos hirió, *sino que* nos ha sido accidente.

[f] Jos. 15. 10.

10 ¶ Y aquellos hombres lo hicieron así; pues tomando dos vacas que criaban, unciéronlas al carro, y encerraron en casa sus becerros.

11 Luego pusieron el arca de Jehová sobre el carro, y la caja con los ratones de oro, y con las formas de sus hemorroidas.

12 Y las vacas se encaminaron por el camino de Beth-semes, é iban por un mismo camino andando y bramando, sin apartarse ni á diestra ni á siniestra: y los príncipes de los Philistéos fueron tras ellas hasta el término de Beth-semes.

13 Y los de Beth-semes segaban el trigo en el valle; y alzando sus ojos vieron el arca, y holgáronse cuando *la* vieron.

14 Y el carro vino al campo de Josué, Bethsemita, y paró allí; porque allí *había* una gran piedra: y ellos cortaron la madera del carro, y ofrecieron las vacas en holocausto á Jehová.

15 Y los Levitas bajaron el arca de Jehová, y la caja que *estaba* junto á ella, en la cual *estaban* las alhajas de oro, y pusiéron*la* sobre aquella gran piedra: y los hombres de Beth-semes sacrificaron holocaustos, y mataron víctimas á Jehová en aquel dia;

16 Lo cual viendo los cinco príncipes de los Philistéos[g], volviéronse á Ecron[h] el mismo dia.

[g] ver. 4.
[h] Cap. 5. 10.

17 Estas pues son las hemorroidas de oro que pagaron los Philistéos á Jehová en expiacion. Por Asdod una, por Gaza una, por Ascalon una, por Gath una, por Ecron una:

18 Y ratones de oro *conforme* al número de todas las ciudades de los Philistéos *pertenecientes* á los cinco príncipes, desde las ciudades fuertes hasta las aldéas sin muro, y hasta la gran piedra sobre la cual pusieron el arca de Jehová; *piedra* que *está* en el campo de Josué Beth-semita hasta hoy.

19 ¶ Entónces hirió *Dios algunos* de los de Beth-semes, porque habian mirado el arca de Jehová[i]; hirió en el pueblo cincuenta mil y setenta hombres. Y el pueblo puso luto, porque Jehová le habia herido de tan gran plaga.

[i] Ex. 19. 21. Nu. 4. 15, 20. 1 Cr. 13. 9, 10.

20 Y dijeron los de Beth-semes: ¿Quien podrá estar delante de Jehová el Dios Santo[k]? ¿Y á quien subirá desde nosotros[l]?

[k] 2 Sa. 6. 7, 9. Sal. 76. 7. Mal. 3. 2.
[l] Luc. 5. 8. y 8. 37.

21 Y enviaron mensajeros á los de[m] Chiriath-jearim diciendo: Los Philistéos han devuelto el arca de Jehová: descended pues, y llevadla á vosotros.

[m] Jos. 18. 14. Juec. 18. 12. 1 Cr. 13. 5, 6.

CAPITULO VII.

Los de Chiriath-jearim se llevan el arca de Beth-semes. Israel se convierte á la predicacion de Samuel, el cual ora por ellos. Obtienen singular victoria de los Philistéos.

Y VINIERON los de Chiriath-jearim, y llevaron el arca de Jehová[a], y metiéronla en casa de Abinadab[b], *situada* en el collado; y santificaron á[c] Eleazar su hijo, para que guardase el arca de Jehová.

[a] Cap. 6. 21. Sal. 132. 6.
[b] 2 Sa. 6. 3, 4.
[c] Is. 52. 11.

2 ¶ Y aconteció que desde el dia que llegó el arca á Chiriath-jearim pasaron muchos dias, veinte años; y toda la casa de Israel lamentaba en pos de Jehová.

3 Y habló Samuel á toda la casa de Israel diciendo: Si de todo vuestro corazon os volveis á Jehová[d], quitad los dioses agenos y[e] á Astaroth de entre vosotros, y preparad vuestro corazon á Jehová, y á solo él servid, y os librará de mano de los Philistéos.

[d] Deu. 30. 2, 10. 1 Rey. 8. 48. Joel 2. 12.
[e] Gen. 35. 2. Jos. 24. 14, 23.

4 Entónces los hijos de Israel quitaron á los Baales y á Astaroth[f], y sirvieron á solo Jehová.

[f] Juec. 2. 11.

5 Y Samuel dijo: Juntad á todo Israel en Mispa, y yo oraré por vosotros á Jehová.

6 Y juntandose en Mispa, sacaron agua, y derramáron*la* delante de Jehová[g]; y ayunaron aquel dia, y dijeron allí: Contra Jehová hemos pecado[h]. Y juzgó Samuel á los hijos de Israel en Mispa.

[g] 2 Sa. 14. 14. Job 16. 20. Jer. 9. 1.
[h] Juec. 10. 10. Sal. 106. 6. Jer. 3. 13, 14.

7 ¶ Y oyendo los Philistéos que los hijos de Israel estaban reunidos en Mispa, subieron los príncipes de los Philistéos contra Israel: lo cual como hubieron oido los hijos de Israel, tuvieron temor de los Philistéos.

8 Y dijeron los hijos de Israel á Samuel: No ceses de clamar por nosotros á Jehová nuestro Dios, que nos guarde de mano de los Philistéos[i].

[i] Is. 37. 4.

9 Y Samuel tomó un cordero de leche, y sacrificóle entero á Jehová en holocausto: y clamó Samuel á Jehová por Israel, y Jehová le oyó[k].

[k] Sal. 99. 6. Sant. 5. 16.

10 Y aconteció que estando Samuel sacrificando el holocausto, los Philistéos llegaron para pelear con los hijos de Israel. Mas Jehová tronó aquel dia con grande estruendo sobre los Philistéos, y desbaratólos[l], y fueron vencidos delante de Israel.

[l] Sal. 18. 13, 14.

11 Y saliendo los hijos de Israel de Mispa, siguieron á los Philistéos hiriendolos hasta abajo de Beth-car.

12 Tomó luego Samuel una piedra[m], y púsola entre Mispa y Sen, y púsole por nombre Eben-ezer‖, diciendo: Hasta aquí nos ayudó Jehová.

[m] Gen. 28. 18, 19.
‖ *Piedra de ayuda.*

13 Fueron pues los Philistéos humillados, que no vinieron mas al término de Israel: y la mano de Jehová fué contra los Philistéos todo el tiempo de Samuel.

14 Y fueron restituidas á los hijos de Israel las ciudades que los Philistéos habian tomado á los Israelitas, desde Ecron hasta Gath, con sus términos; é Israel las libró de mano de los Philistéos. Y hubo paz entre Israel y el Amorrhéo.

15 ¶ Y juzgó Samuel á Israel todo el tiempo que vivió.

16 Y todos los años iba y daba vuelta á Beth-el, y á Gilgal, y Mispa, y juzgaba á Israel en todos estos lugares.

17 Volviase despues á Rama, porque allí *estaba* su casa[n]: y allí *tambien* juzgaba á Israel, y edificó allí altar á Jehová.

[n] Cap. 8. 4.

CAPITULO VIII.

casion de la avaricia de los hijos de
muel, á quienes habia él constituido por
bernadores en su lugar, el pueblo es movido
demandar rey. Declara Dios á Samuel su
luntad acerca de la peticion del pueblo, y
ándale que se la conceda, mas notificán-
les primero el derecho de los reyes, y el
go que imponen. Házelo así Samuel; y
rsistiendo ellos todavía en su demanda,
muel se la concede, y los envia á sus
sas.

ACONTECIO que habiendo Sa-
muel envejecido, puso sus hijos por
ces sobre Israel.
Y el nombre de su hijo primogénito
Joel; y el nombre del segundo, Abia:
cuales eran jueces en Beer-seba.
Mas no anduvieron los hijos por los
ninos de su padre, antes se ladearon
la avaricia[a] recibiendo cohecho, y
virtiendo el derecho.
¶ Entónces todos los ancianos de
ael se juntaron, y vinieron á Samuel
Rama,
Y dijéronle: Hé aquí tú has enve-
ido, y tus hijos no van por tus cami-
; por tanto constituyenos ahora un
que nos juzgue, como *tienen* todas
gentes[b].
¶ Y descontentó á Samuel esta pala-
que dijeron, Dános rey que nos juz-
. Y Samuel oró á Jehová.
Y dijo Jehová á Samuel: Oye la voz
pueblo en todo lo que te dijeren;
que no te han desechado á tí, sino
mí me han desechado[c], para que no
e sobre ellos[d].
Conforme á todas las obras que han
cho desde el dia que los saqué de
ipto hasta hoy, que me han dejado,
an servido á dioses agenos, así hacen
bien contigo.
Ahora pues oye su voz: mas protesta
mente contra ellos declarandoles el de-
ho del rey que ha de reinar sobre ellos.
¶ Y dijo Samuel todas las palabras
Jehová al pueblo que le habia pedido
.
Dijo pues: Este será el derecho del
que hubiere de reinar sobre vosotros.
mará vuestros hijos, y pondrálos en
carros, y en su gente de á caballo,
a que corran delante de su carro.
Y se elegirá capitanes de mil, y
itanes de cincuenta: *pondrálos* asi-
smo á que aren sus campos, y sieguen
mieses, y á que hagan sus armas de
erra, y los pertrechos de sus carros.
3 Tomará tambien vuestras hijas para
seán perfumadoras, cocineras, y
asadoras.
4 Asimismo tomará vuestras tierras[e],
estras viñas, y vuestros buenos oli-
res, y *les* dará á sus siervos.
5 El diezmará vuestras simientes, y
estras viñas, para dar á sus eunucos,
sus siervos.
6 El tomará vuestros siervos, y vues-
s siervas, y vuestros buenos mance-
, y vuestros asnos, y con ellos hará
obras.
7 Diezmará tambien vuestro rebaño,
finalmente seréis sus siervos.
8 Y clamaréis aquel dia á causa de
estro rey que os habréis elegido; mas
hová no os oirá en aquel dia[f].
9 Empero el pueblo no quiso oir la
a de Samuel; antes dijeron: No, sino
e habrá rey sobre nosotros:
0 Y nosotros serémos tambien como
las las gentes[g], y nuestro rey nos
bernará, y saldrá delante de nosotros,
ará nuestras guerras.
1 Y oyó Samuel todas las palabras del
eblo, y refiriólas en oidos de Jehová.
22 Y Jehová dijo á Samuel: Oye su
voz, y pon rey sobre ellos[h]. Entónces [h] ver. 7.
dijo Samuel á los varones de Israel: Os. 13. 11.
Idos cada uno á su ciudad.

CAPITULO IX.

Buscando Saul las asnas de su padre, viene á
Samuel, el cual le declara ser la voluntad de
Dios que él sea rey sobre su pueblo; de lo
que él se excusa alegando lo humilde de sus
circunstancias.

Y HABIA un varon de Benjamin,
hombre valeroso, el cual se llamaba
Cis, hijo de Abiel, hijo de Seor, hijo
de Bechôrath, hijo de Aphia, hijo de
un hombre de Benjamin.
2 Y tenia él un hijo que se llamaba
Saul, mancebo y hermoso, que entre
los hijos de Israel no habia otro mas
hermoso que él: del hombro arriba so-
brepujaba á cualquiera del pueblo[a]. [a] Cap. 10. 23.
3 ¶ Y habianse perdido las asnas de
Cis, padre de Saul; por lo que dijo Cis
á Saul su hijo: Toma ahora contigo
alguno de los criados, y levántate, y vé
á buscar las asnas.
4 Y él pasó el monte de Ephraim, y
de *allí* á la tierra de Salisa[b], y no *las* [b] 2 Rey. 4. 42.
hallaron. Pasaron luego por la tierra
de Saalim, y tampoco. Despues pasa-
ron por la tierra de Benjamin, y no *las*
encontraron.
5 Y cuando vinieron á la tierra de
Suph, Saul dijo á su criado que tenia
consigo: Ven, volvámonos; porque qui-
zá mi padre, dejado *el cuidado de* las
asnas, estará congojado por nosotros.
6 Y él le respondió: Hé aquí ahora
hay en esta ciudad un hombre de Dios[c], [c] 1 Rey. 13. 1.
que es varon insigne: todas las cosas que
él dijere, sin duda vendrán[d]. Vamos [d] Cap. 3. 19.
pues allá; quizá nos enseñará nuestro
camino por donde hayamos de ir.
7 Y Saul respondió á su criado: Va-
mos ahora; mas ¿qué llevarémos al
varon[e]? Porque el pan de nuestras al- [e] 1 Rey. 14. 3.
forjas se ha acabado, y no tenemos que 2 Rey. 8. 8.
presentar al varon de Dios: *porque* ¿qué
tenemos?
8 Entónces tornó el criado á responder
á Saul diciendo: Hé aquí se halla en
mi mano la cuarta parte de un siclo de
plata: esto daré al varon de Dios, por-
que nos declare nuestro camino.
9 (Antiguamente en Israel cualquiera
que iba á consultar á Dios, decia así:
Venid y vamos hasta el Veyente: por-
que el que ahora *se llama* profeta, anti-
guamente era llamado Veyente[f].) [f] 2 Sa. 24. 11.
10 Dijo entónces Saul á su criado: 2 Rey. 17. 13.
Bien dices; ea pues, vamos. Y fueron á 2 Cr. 16. 7, 10.
la ciudad donde *estaba* el varon de Dios.
11 Y cuando subian por la cuesta de Is. 30. 10.
la ciudad, hallaron unas mozas que Am. 7. 12.
salian por agua, á las cuales dijeron[g]: [g] Gen. 24. 11.
¿Está en este lugar el Veyente?
12 Y ellas respondiendoles, dijeron:
Sí; hélo aquí delante de tí: dáte pues
priesa, porque hoy ha venido á la ciu-
dad, en atencion á que el pueblo tiene
hoy sacrificio[h] en el alto[i]. [h] Cap. 16. 2.
13 Y cuando entrareis en la ciudad, Gen. 31. 54.
le encontraréis luego, antes que suba al [i] 1 Rey. 3. 2.
alto á comer; pues el pueblo no comerá
hasta que él haya venido, por cuanto él
ha de bendecir el sacrificio[k], y despues [k] Mar. 6. 41.
comerán los convidados. Subid pues Luc. 24. 30.
ahora, porque ahora le hallaréis.
14 ¶ Ellos entónces subieron á la
ciudad; y cuando en medio de la ciu-
dad estuvieron, hé aquí Samuel que
delante de ellos salia para subir al alto.
15 Y un dia antes que Saul viniese,
Jehová habia revelado al oido de Sa-
muel, diciendo[l]: [l] Am. 3. 7.

16 Mañana á esta misma hora yo enviaré á tí un varon de la tierra de Benjamin, al cual ᵐ ungirás por príncipe sobre mi pueblo Israel, y salvará mi pueblo de mano de los Philistéos: pues yo he mirado á mi pueblo, porque su clamor ha llegado hasta mí ⁿ.

17 Y luego que Samuel vió á Saul, Jehová le dijo: Hé aquí ese *es* el varon del cual te hablé: este señoreará á mi pueblo ᵒ.

18 Y llegando Saul á Samuel en medio de la puerta, díjole: Ruégote que me enseñes donde *está* la casa del Veyente.

19 Y Samuel respondió á Saul, y dijo: Yo *soy* el Veyente: sube delante de mí al alto, y comed hoy conmigo, y por la mañana te despacharé, y te descubriré todo lo que *está* en tu corazon.

20 Y de las asnas ᵖ que se te perdieron hoy *ha* tres dias, pierde cuidado de ellas, porque se han hallado. Mas ¿por quien es todo el deseo de Israel, sino por tí y por toda la casa de tu padre?

21 Y Saul respondió, y dijo: ¿No *soy* yo hijo de Benjamin, de las mas pequeñas tribus de Israel? Y mi familia, ¿*no es* la mas pequeña de todas las familias de la tribu de Benjamin? ¿Por qué, pues ᵍ, me has dicho cosa semejante?

22 Y trabando Samuel de Saul y de su criado, metiólos en la sala, y dióles lugar á la cabecera de los convidados, que eran como unos treinta hombres.

23 Y dijo Samuel al cocinero: Trae acá la porcion que te dí, la cual te dije que guardases aparte.

24 Entónces alzó el cocinero una espaldilla, con lo que *estaba* sobre ella, y púsola delante de Saul. Y *Samuel* dijo: Hé aquí lo que estaba reservado: pon*lo* delante de tí, y come; porque de industria se guardó para tí cuando dije: Yo he convidado al pueblo. Y Saul comió aquel dia con Samuel.

25 ¶ Y cuando hubieron descendido del alto ʳ á la ciudad, él habló con Saul en el terrado ˢ.

26 Y *al otro dia* madrugaron; y como al apuntar del alba Samuel llamó á Saul, *que estaba* en el terrado, y dijo: Levántate, para que te despache. Levantóse luego Saul, y salieron fuera ambos, él y Samuel.

27 Y, descendiendo ellos al cabo de la ciudad, dijo Samuel á Saul: Dí al mozo que vaya delante, (y adelantóse el *mozo*,) mas espera tú un poco para que te declare palabra de Dios.

ᵐ Cap. 10. 1.
ⁿ Ex. 2. 23, 25. Sal. 106. 44.
ᵒ Hech. 13. 21.
ᵖ ver. 3.
ᵍ Juec. 6. 15.
ʳ ver. 12.
ˢ Hech. 10. 9.

CAPITULO X.

Saul, ungido rey por Samuel, es elegido y proclamado en Mispa.

TOMANDO entónces Samuel una ampolla de aceite, derramóla sobre su cabeza ᵃ, y besóle ᵇ, y díjole: ¿No te ha ungido Jehová por capitan sobre su heredad?

2 Hoy despues que te hayas apartado de mí, hallarás dos hombres ᶜ junto al sepulcro de Rachél, en el término de Benjamin, en Selsah ᵈ, los cuales te dirán: Las asnas que habias ido á buscar, se han hallado: tu padre pues ha dejado ya el negocio de las asnas, si bien está angustioso por vosotros diciendo: ¿Qué haré acerca de mi hijo?

3 Y como de allí te fueres mas adelante, y llegares á la campaña de Tabor, te saldrán al encuentro tres hombres, que suben á Dios en Beth-el, llevando el uno tres cabritos, y el otro tres tortas de pan, y el tercero una vasija de vino:

4 Los cuales, luego que te hayan saludado, te darán dos panes, los que tomarás de mano de ellos.

ᵃ Cap. 9. 16. y 16. 13. 2 Rey. 9. 3, 6.
ᵇ 2 Sa. 19. 39. 1 Tes. 5. 26.
ᶜ Gen. 35. 19, 20.
ᵈ Jos. 18. 28.

5 De allí vendrás al collado de Dios ᵉ, donde está la guarnicion de los Philistéos ᶠ; y cuando entrares allá en la ciudad, encontrarás una compañía de profetas, que descienden del alto ᵍ, y delante de ellos salterio, y adufre, y flauta, y arpa, y ellos profetizando ʰ.

6 Y el espíritu de Jehová te arrebatará ⁱ, y profetizarás con ellos, y serás mudado en otro hombre.

7 Y cuando te hubieren sobrevenido estas señales, haz lo que te viniere á la mano: porque Dios *es* contigo.

8 Y bajarás delante de mí á Gilgal ʲ; y luego descenderé yo á tí, para sacrificar holocaustos, é inmolar víctimas pacíficas. Espera siete dias, hasta que yo venga á tí, y te enseñe lo que has de hacer.

9 ¶ Y fué que *así* como tornó él su hombro para partirse de Samuel, mudóle Dios su corazon: y todas estas señales acaecieron en aquel dia.

10 Y cuando llegaron allá al collado, he aquí la compañía de los profetas *que venia* á encontrarse con él ˡ; y el espíritu de Dios lo arrebató, y profetizó entre ellos.

11 Y aconteció que, cuando todos los que le conocian de ayer y de antes vieron como profetizaba con los profetas, el pueblo decia el uno al otro: ¿Qué ha sucedido al hijo de Cis? ¿Saul tambien entre los profetas ᵐ?

12 Y alguno de allí respondió, y dijo: ¿y quien *es* el padre de ellos ⁿ? Por esta causa se tornó en proverbio, ¿Tambien Saul entre los profetas?

13 Y cesó de profetizar, y llegó al alto.

14 Y un tio de Saul dijo á él y á su criado: Dónde fuisteis? Y él respondió: A buscar las asnas; y *como* vimos que no *parecian*, fuimos á Samuel.

15 Y dijo el tio de Saul: yo te ruego me declares qué os dijo Samuel.

16 Y Saul respondió á su tio: Declarónos expresamente que las asnas habian parecido. Mas del negocio del reino, de que Samuel le habia hablado, no le descubrió nada.

17 ¶ Y Samuel convocó el pueblo á Jehová en Mispa,

18 Y dijo á los hijos de Israel: Así ha dicho Jehová el Dios de Israel: Yo saqué á Israel de Egipto, y os libré de mano de los Egipcios, y de mano de todos los reinos que os afligiéron ᵒ:

19 Mas vosotros habeis desechado hoy á vuestro Dios ᵖ, que os guarda de todas vuestras aflicciones y angustias, y dijisteis ᵍ: No, sino pon rey sobre nosotros. Ahora pues poneos delante de Jehová por vuestras tribus, y por vuestros millares ʳ.

20 Y haciendo allegar Samuel todas las tribus de Israel, fué tomada la tribu de Benjamin.

21 E hizo llegar la tribu de Benjamin por sus linajes, y fué tomada la familia de Matri, y *de ella* fué tomado Saul, hijo de Cis. Y le buscaron, mas no fué hallado.

22 Preguntaron pues otra vez á Jehová, si habia aun de venir allí aquel varon. Y respondió Jehová: Hé aquí que él *está* escondido entre el bagaje.

23 Entónces corrieron *allá*, y tomáronlo de allí, y puesto en medio del pueblo, desde el hombro arriba era mas alto que todo el pueblo ˢ.

24 Y Samuel dijo á todo el pueblo: ¿Habeis visto al que ha elegido Jehová,

ᵉ ver. 10.
ᶠ Cap. 13.
ᵍ Cap. 9. 1
ʰ Nu. 11. 2
ⁱ Cap. 16. 1
ʲ Cap. 11. 15. y 13. 4, 8
ˡ ver. 6. Cap. 11.
ᵐ Cap. 19. 23, 24. Juan 7. 1 16.
ⁿ 2 Rey. 2.
ᵒ Juec. 2. y 6. 8, Neh. 9. etc.
ᵖ Cap. 8. 19. y 12. 12
ᵍ Sal. 10 10. Is. 63. Jer. 2.
ʳ Jos. 7. etc.
ˢ Cap.

as no hay semejante á él en todo el
ueblo? Entónces el pueblo clamó con
legría, diciendo: Viva el rey[t].
25 Samuel recitó luego al pueblo el
erecho del reino, y escribiólo en un
bro, el cual guardó delante de Jehová.
26 Y envió Samuel á todo el pueblo
ada uno á su casa: y Saul tambien se
ué á su casa en Gabaa[u], y fueron con
algunos del ejército, el corazon de los
uales Dios habia tocado.
27 Pero los impíos† dijeron: ¿Cómo
os ha de salvar este? Y tuviéronle
n poco, y no le trajeron presente[x]:
as él disimuló.

CAPITULO XI.

Sitiados los de Jabes de Galaad por el rey de los Ammonitas, piden socorro á Saul, el cual viene y los libra, y con esta victoria gana autoridad en el pueblo. Samuel y todo el pueblo confirman su eleccion con solemnidad.

Y SUBIO Naas Ammonita[a], y asentó
campo contra Jabes de Galaad[b].
todos los de Jabes dijeron á Naas:
laz alianza con nosotros, y te servi-
émos.
2 Y Naas Ammonita les respondió:
on esta condicion haré alianza con
osotros, que á cada uno de todos vos-
tros saque el ojo derecho, y ponga esta
frenta sobre todo Israel[c].
3 Entónces los ancianos de Jabes le
ijeron: Dános siete dias, para que en-
iemos mensajeros á todos los términos
e Israel; y si nadie hubiere que nos
efienda, saldrémos á tí.
4 Y llegando los mensajeros á Gabaa
e Saul[d], dijeron estas palabras en oidos
el pueblo: y todo el pueblo lloró á voz
n grito.
5 Y hé aquí Saul que venia del campo
ras los bueyes; y dijo Saul: ¿Qué tiene
l pueblo, que lloran? Y contáronle las
alabras de los hombres de Jabes.
6 Y el espíritu de Dios arrebató á
aul[e] en oyendo estas palabras, y en-
endióse en ira en gran manera.
7 Y tomando un par de bueyes, cor-
ólos en piezas, y enviólas por todos los
érminos de Israel por mano de men-
ajeros[f], diciendo: Cualquiera que no
aliere en pos de Saul y en pos de Sa-
uel, así será hecho á sus bueyes[g].
Y cayó temor de Jehová sobre el pueblo,
salieron *todos* como un solo hombre.
8 Y contólos en Bezec, y fueron los
ijos de Israel trescientos mil, y treinta
il los hombres de Judá.
9 Y respondieron á los mensajeros que
abian venido: Así diréis á los de Ja-
es de Galaad: Mañana en calentando
l sol, tendréis salvamento. Y vinieron
os mensajeros, y declaráronlo á los de
abes, los cuales se holgaron.
10 Y los de Jabes dijeron: Mañana
aldrémos á vosotros, para que hagais
on nosotros todo lo que bien os pa-
eciere.
11 Y el dia siguiente dispuso Saul el
ueblo en tres escuadrones[h], y entraron
n medio del real á la vela de la ma-
ana, é hirieron á los Ammonitas hasta
ue el dia calentaba: y los que quedaron
ueron dispersos, tal que no quedaron
os de ellos juntos.
12 ¶ El pueblo entónces dijo á Sa-
muel: ¿Quienes *son* los que decian, Re-
nará Saul sobre nosotros[i]? Dadnos esos
hombres, y los matarémos[k].
13 Y Saul dijo: No morirá hoy al-
guno[l]: porque hoy ha obrado Jehová
salud en Israel[m].
14 ¶ Mas Samuel dijo al pueblo: Ve-
nid, vamos á Gilgal, para que renove-
mos allí el reino.
15 Y fué todo el pueblo á Gilgal, é in-
vistieron allí á Saul por rey delante de
Jehová en Gilgal. Y sacrificaron allí
víctimas pacíficas delante de Jehová; y
alegráronse mucho allí Saul y todos los
de Israel.

CAPITULO XII.

Justificacion de la buena conducta de Samuel testificada por el pueblo, al que convence de ingrato para con Dios. Exhórtales á ser fieles al Señor; y les promete que continuará rogando por ellos.

Y DIJO Samuel á todo Israel: Hé
aquí, yo he oido vuestra voz en
todas las cosas que me habeis dicho[a], [a] Cap. 8. 5, 19, 20.
y os he puesto rey[b].
2 Ahora pues, hé aquí vuestro rey vá [b] Cap. 10. 24. y 11. 14, 15.
delante de vosotros. Yo soy ya viejo y
cano; mas mis hijos estan con vosotros,
y yo he andado delante de vosotros desde
mi mocedad hasta este dia.
3 Aquí estoy: atestiguad contra mí
delante de Jehová, y delante de su un-
gido[c], si he tomado el buey de alguno, [c] Nu. 16. 15. Hech. 20. 33. 1 Cor. 12. 14.
ó si he tomado el asno de alguno, ó si
he calumniado á alguien, ó si he agravi-
ado á alguno, ó si de alguien he tomado
cohecho, por el cual haya cubierto mis
ojos[d]; y os satisfaré. [d] Deu. 16. 19.
4 Entónces dijeron: Nunca nos has
calumniado, ni agraviado, ni has tomado
algo de mano de ningun hombre.
5 Y él les dijo: Jehová *es* testigo con-
tra vosotros, y su ungido tambien *es* tes-
tigo en este dia, que no habeis hallado
en mi mano cosa ninguna. Y ellos res-
pondieron: Así es.
6 ¶ Entónces Samuel dijo al pueblo:
Jehová, que hizo á Moises y á Aaron,
y que sacó á vuestros padres de la tierra
de Egipto.
7 Ahora pues aguardad, y yo os haré
cargo delante de Jehová de todas las
justicias[e] de Jehová, que ha hecho con [e] Juec. 5. 11.
vosotros y con vuestros padres.
8 Despues que Jacob hubo entrado en
Egipto[f], y vuestros padres clamaron á [f] Gen. 46. 5.
Jehová[g], Jehová envió á Moises y á [g] Ex. 2. 23.
Aaron[h], los cuales sacaron á vuestros [h] Ex. 3. 10.
padres de Egipto, y los hicieron habitar
en este lugar.
9 Y olvidaron á Jehová su Dios, y él
los vendió en la mano de Sísara[i], ca- [i] Juec. 4. 2.
pitan del ejército de Asor, y en la mano
de los Philistéos[k], y en la mano del rey [k] Juec. 10. 7. y 13. 1.
de Moab[l], los cuales les hicieron guerra.
10 Y ellos clamaron á Jehová, y di- [l] Juec. 3. 12.
jeron: Pecamos, que hemos dejado á
Jehová, y hemos servido á los Baales
y á Astaroth: líbranos pues ahora de
la mano de nuestros enemigos, y te ser-
virémos.
11 Entónces Jehová envió á Jero-baal[m], [m] Juec. 6. 14, 32.
y á Bedan, y á Jephte, y á Samuel, y os
libró de mano de vuestros enemigos al-
rededor, y habitasteis seguros.
12 Y habiendo visto que Naas, rey de
los hijos de Ammon, venia contra vos-
otros[n], me dijisteis: No, sino rey re- [n] Cap. 11. 2.
inará sobre nosotros; siendo vuestro rey
Jehová vuestro Dios.
13 Ahora pues, ved aquí vuestro rey
que habeis elegido, el cual pedisteis: ya
veis que Jehová ha puesto sobre vos- [o] Os. 13. 11.
otros rey[o].
14 Si temiereis á Jehová, y le sirvi-
ereis, y oyereis su voz, y no fuereis re-
beldes[p] á la palabra de Jehová, así vos- [p] Jos. 24. 14, 20. Sal. 81. 12, 15.
otros como el rey que reina sobre vosotros
seréis en pos de Jehová vuestro Dios.
15 Mas si no oyereis la voz de Je-
hová, y si fuereis rebeldes á las pala-
bras de Jehová, la mano de Jehová

será contra vosotros como contra vuestros padres [q].

[q] ver. 9.

16 Esperad aun ahora, y mirad esta gran cosa que Jehová hará delante de vuestros ojos.

17 ¿ No *es* ahora la siega de los trigos ? Yo clamaré á Jehová, y él dará truenos [r] y aguas, para que conozcais y veais que *es* grande vuestra maldad, que habeis hecho en los ojos de Jehová pidiendoos rey.

[r] Sant°. 5.16, 18.

18 Y Samuel clamó á Jehová ; y Jehová dió truenos y aguas en aquel dia : y todo el pueblo temió en gran manera á Jehová y á Samuel [s].

[s] Ex. 14. 31.

19 ¶ Entónces dijo todo el pueblo á Samuel : Ruega por tus siervos á Jehová tu Dios [t], que no muramos : porque á todos nuestros pecados hemos añadido *este* mal de pedir rey para nosotros.

[t] Ex. 9. 28. 1 Juan 5.16.

20 Y Samuel respondió al pueblo : No temais : vosotros habeis cometido todo este mal ; mas con todo eso no os aparteis de en pos de Jehová [u], sino servid á Jehová con todo vuestro corazon.

[u] Jer. 3. 1.

21 No os aparteis en pos de las vanidades, que no aprovechan, ni libran [x], porque son vanidades.

[x] Jer. 16.19. Jona 2. 8.

22 Pues Jehová no desamparará á su pueblo [y] por su grande nombre [z] : porque Jehová ha querido haceros pueblo suyo.

[y] Ps. 20.9,14. [z] La. 3. 31, 32.

23 Así que lejos sea de mí que peque yo contra Jehová cesando de rogar por vosotros [a] : antes yo os enseñaré por el camino bueno y derecho :

[a] 2 Cor. 12. 15. Col. 1. 9.

24 Solamente temed á Jehová [b], y servidle de verdad con todo vuestro corazon : porque considerad cuan grandes cosas ha hecho con vosotros.

[b] Eccles. 12. 13.

25 Mas si perseverareis en hacer mal, vosotros y vuestro rey pereceréis [c].

[c] Deu. 28. 36.

CAPITULO XIII.

Jonathan, hijo de Saul, deshace la guarnicion de los Philistéos que habia en Gabaa. Juntandose los Philistéos contra Saul, y pareciendole á él que Samuel se tardaba, ofrece el holocausto ; por lo cual Samuel le denuncia que Dios le ha depuesto del reino, y elegido otro mejor que él.

HABIA ya Saul reinado un año ; y reinado que hubo dos años sobre Israel,

2 Escogióse luego tres mil de Israel : los dos mil estuvieron con Saul en Michmas y en el monte de Beth-el, y los mil estuvieron con Jonathan en Gabaa de Benjamin [a] : y envió á todo el otro pueblo cada uno á sus tiendas.

[a] Cap. 10. 26.

3 ¶ Y Jonathan hirió la guarnicion de los Philistéos que *habia* en el collado [b], y oyéron*lo* los Philistéos. E hizo Saul tocar trompeta por toda la tierra, diciendo : Oigan los Hebréos.

[b] Cap. 10. 5.

4 Y todo Israel oyó que se decia : Saul ha herido la guarnicion de los Philistéos, y tambien que Israel olia mal á los Philistéos. Y juntóse el pueblo en pos de Saul en Gilgal.

5 Entónces los Philistéos se juntaron para pelear con Israel, *con* treinta mil carros, y seis mil caballos, y pueblo como la arena que *está* á la orilla de la mar en multitud ; y subieron, y asentaron campo en Michmas, al oriente de Beth-aven [c].

[c] Jos. 7. 2.

6 Mas los hombres de Israel viendose puestos en estrecho, (porque el pueblo estaba en aprieto,) escondióse el pueblo en cuevas, en fosos, en peñascos, en rocas, y en cisternas [d].

[d] Cap. 14.11. Jues. 6. 2.

7 Y *algunos de* los Hebréos pasaron el Jordan á la tierra de Gad y de Galaad : y Saul se estaba aun en Gilgal, y todo el pueblo iba tras de él temblando.

8 Y él esperó siete dias, conforme al plazo que Samuel *habia dicho* ; pero Samuel no venia á Gilgal, y el pueblo se le desertaba.

9 Entónces dijo Saul : Traedme holocausto, y sacrificios pacíficos. Y ofreció el holocausto.

10 Y como él acababa de hacer el holocausto, hé aquí Samuel que venia ; y Saul lo salió á recibir para saludarle.

11 Entónces Samuel dijo : ¿ Qué has hecho ? Y Saul respondió : Porque ví que el pueblo se me iba, y que tú no venias al plazo de los dias, y que los Philistéos estaban juntos en Michmas,

12 Dije *en mí* : Los Philistéos descenderán ahora contra mí á Gilgal, y yo no he implorado el favor de Jehová. Esforcéme pues, y ofrecí holocausto.

13 Entónces Samuel dijo á Saul : Locamente has hecho, *que* no guardaste el mandamiento de Jehová tu Dios, que él te habia intimado [e]. Porque ahora Jehová hubiera confirmado tu reino sobre Israel para siempre.

[e] Cap. 15. 28.

14 Mas ahora tu reino no será durable. Jehová se ha buscado varon segun su corazon [f], al cual Jehová ha mandado que sea capitan sobre su pueblo, por cuanto tú no has guardado lo que Jehová te mandó.

[f] Sal. 89. Hech. 13. 22.

15 Y levantandose Samuel, subió de Gilgal á Gabaa de Benjamin. Y Saul contó la gente que se hallaba con él, *que eran* como seiscientos hombres [g].

[g] Cap. 14.

16 Saul pues y Jonathan su hijo, y el pueblo que con ellos se hallaba, quedáronse en Gabaa de Benjamin : mas los Philistéos habian puesto su campo en Michmas.

17 ¶ Y salieron del campo de los Philistéos en correría tres escuadrones. El un escuadron tiró por el camino de Ophra hácia la tierra de Sual ;

18 El otro escuadron marchó hácia Beth-oron [h], y el tercer escuadron marchó hácia la region que mira al valle de Seboim [i] hácia el desierto.

[h] Jos. 16. [i] Gen. 14.

19 ¶ Y en toda la tierra de Israel no se hallaba herrero [k] ; porque los Philistéos habian dicho : para que los Hebréos no hagan espada ó lanza.

[k] 2 Rey. 24. 14.

20 Y *así* todos los de Israel descendian á los Philistéos cada cual á amolar su reja, su asadon, su hacha, ó su sacho,

21 Y *cuando* se hacian bocas en las rejas, ó en los azadones, ó en las orquillas, ó en las hachas ; hasta para una aijada que se hubiera de componer.

22 Así aconteció que el dia de la batalla no se halló espada ni lanza en la mano *de alguno* de todo el pueblo, que *estaba* con Saul y con Jonathan, escepto Saul y Jonathan [l] su hijo que las tenian.

[l] Jues. 5.

23 Y la guarnicion de los Philistéos salió al paso de Michmas [m].

[m] Is. 10.

CAPITULO XIV.

Jonathan, lleno de confianza en Dios, desbarató, acompañado de su escudero, el ejército de los Philistéos ; y por causa de un juramento de su padre estuvo á pique de perder la vida.

Y UN dia aconteció que Jonathan, hijo de Saul, dijo á su criado que le traia las armas : Ven, y pasemos á la guarnicion de los Philistéos, que *está* á aquel lado. Y no *lo* hizo saber á su padre.

2 Y Saul estaba en el término de Gabaa, debajo de un granado que *habia* en Migron, y el pueblo que *estaba* con él era como seiscientos hombres [a].

[a] Cap. 13.

3 Y Achias[b], hijo de Achitob, hermano de Ichâbod, hijo de Phinees, hijo de Eli, sacerdote de Jehová en Silo, llevaba el Ephod[c]: y no sabia el pueblo que Jonathan se hubiese ido.

4 Y entre los pasos por donde Jonathan procuraba pasar á la guarnicion de los Philistéos, *habia*[d] un peñasco agudo de la una parte, y otro de la otra parte: el uno se llamaba Boses, y el otro Sene.

5 El un peñasco situado al Norte hácia Michmas, y el otro al Mediodia hácia Gabaa.

6 Dijo pues Jonathan á su criado que le traia las armas: Ven, pasemos á la guarnicion de estos incircuncisos: quizá hará Jehová por nosotros; que no es difícil á Jehová salvar con multitud, ó con poco número[e].

7 Y su paje de armas le respondió: Haz todo lo que tienes en tu corazon; vé que aquí estoy contigo á tu voluntad.

8 Y Jonathan dijo: Hé aquí, nosotros pasarémos á *estos* hombres, y nos mostrarémos á ellos.

9 Si nos dijeren así: Esperad hasta que lleguemos á vosotros; entónces nos estarémos en nuestro lugar, y no subirémos á ellos.

10 Mas si nos dijeren así: Subid á nosotros; entónces subirémos, porque Jehová los ha entregado en nuestras manos, y esto nos *será* por señal[f].

11 Mostráronse pues ambos á la guarnicion de los Philistéos, y los Philistéos dijeron: Hé los Hebréos que salen de las cavernas en que se habian escondido[g].

12 Y los hombres de la guarnicion respondieron á Jonathan y á su paje de armas, y dijeron: Subid á nosotros, y os harémos saber una cosa. Entónces Jonathan dijo á su paje de armas: Sube tras mí, que Jehová los ha entregado en la mano de Israel[h].

13 Y subió Jonathan *trepando* con sus manos y sus pies, y tras él su paje de armas; y los que caian delante de Jonathan, su paje de armas *que iba* tras él los mataba[i].

14 Esta fué la primera rota, en la cual Jonathan con su paje de armas mataron como unos veinte hombres en el espacio de una media yugada.

15 ¶ Y hubo temblor en el real, y por el campo, y entre toda la gente[k] de la guarnicion: y los que habian ido á hacer correrías, tambien ellos temblaron, y alborotóse la tierra: hubo pues gran consternacion.

16 Y las centinelas de Saul vieron desde Gabaa de Benjamin como la multitud estaba turbada, é iba *de una* parte á *otra*, y era deshecha.

17 ¶ Entónces Saul dijo al pueblo que tenia consigo: Reconoced luego, y mirad quien haya ido de los nuestros. Y reconocido que hubieron, hallaron que faltaba Jonathan y su paje de armas.

18 Y Saul dijo á Achias: Trae el arca de Dios[l]. Porque el arca de Dios estaba entónces con los hijos de Israel.

19 Y aconteció que estando aun hablando Saul con el sacerdote[m], el alboroto que *habia* en el campo de los Philistéos se aumentaba, é iba creciendo en gran manera. Entónces dijo Saul al sacerdote: Deten tu mano.

20 Y juntando Saul todo el pueblo que con él estaba, vinieron hasta *el lugar de* la batalla: y hé aquí que la espada de cada uno era *vuelta* contra su compañero, y la mortandad *era* grande[n].

21 Y los Hebréos que habian estado con los Philistéos de tiempo antes, y habian venido con ellos de los alrededores al campo, tambien estos *se volvieron* para ser con los Israelitas que *estaban* con Saul y con Jonathan.

22 Asimismo todos los Israelitas que se habian escondido en el monte de Ephraim[o], oyendo que los Philistéos huian, ellos tambien los persiguieron en aquella batalla. [o] Cap. 13. 6.

23 Así salvó Jehová á Israel[p] aquel dia: y llegó el alcance hasta Bethaven[q]. [p] Ex. 14. 30. Sal. 44. 6, 7. Os. 1. 7. [q] Cap. 13. 5.

24 ¶ Pero los hombres de Israel fueron puestos en apuro aquel dia; porque Saul habia conjurado al pueblo diciendo[r]: Cualquiera que comiere pan hasta la tarde, hasta que haya tomado venganza de mis enemigos, sea maldito. Y todo el pueblo no habia gustado pan. [r] Jos. 6. 26.

25 Y todo el *pueblo del* pais llegó á un bosque, donde habia miel en la superficie del campo[s]. [s] Ex. 3. 8. Nu. 13. 27. Mat. 3. 4.

26 Entró pues el pueblo en el bosque, y hé aquí que la miel corria, mas ninguno hubo que llegase la mano á su boca: porque el pueblo temia el juramento.

27 Empero Jonathan no habia oido cuando su padre conjuró al pueblo, y alargó la punta de una vara que *traia* en su mano, y mojóla en un panal de miel, y llegó su mano á su boca; y sus ojos fueron aclarados[t]. [t] Cap. 30. 12. Pro. 25. 16.

28 Entónces habló uno del pueblo diciendo: Tu padre ha conjurado espresamente al pueblo diciendo: Maldito *sea* el hombre que comiere hoy manjar *alguno*: y el pueblo desfallecia *de hambre*.

29 Y respondió Jonathan: Mi padre ha turbado el pais. Ved ahora como han sido aclarados mis ojos por haber gustado un poco de esta miel:

30 ¿Cuanto mas si el pueblo hubiera hoy comido del despojo de sus enemigos que halló? ¿No se habria hecho ahora mayor estrago en los Philistéos?

31 E hirieron aquel dia á los Philistéos desde Michmas hasta Ajalon: mas el pueblo se cansó mucho.

32 Tornóse por tanto el pueblo al despojo, y tomaron ovejas y vacas, y becerros, y matáronlos en tierra; y el pueblo comió con sangre.

33 Y dandole de ello aviso á Saul, dijéronle: El pueblo peca contra Jehová comiendo con sangre[u]. Y él dijo: Vosotros habeis prevaricado. Rodadme ahora acá una grande piedra. [u] Lev. 3. 17. y 17. 10. Deu. 12. 23, 24. Ez. 33. 25.

34 Y Saul tornó á decir: Esparcíos por el pueblo, y decidles que me traiga cada uno su vaca, y cada cual su oveja, y degolladl*es* aquí, y comed, y no pecaréis contra Jehová comiendo con sangre. Y trajo todo el pueblo cada cual por su mano su vaca aquella noche, y degollaron allí.

35 Y edificó Saul altar á Jehová[x], el cual altar fué el primero que edificó á Jehová. [x] Jos. 22. 10. Juec. 6. 24. Ex. 20. 24.

36 ¶ Y dijo Saul: Descendamos de noche contra los Philistéos, y los saquearémos hasta la mañana, y no dejarémos de ellos ninguno. Y ellos dijeron: Haz lo que bien te pareciere. Dijo luego el sacerdote: Lleguemonos aquí á Dios.

37 Y Saul consultó á Dios: ¿Descenderé tras los Philistéos? ¿Los entregarás en mano de Israel? Mas Jehová no le dió respuesta aquel dia[y]. [y] Cap. 28. 6.

38 Entónces dijo Saul: Llegaos acá todos los principales del pueblo; y sa-

bed[a], y mirad por quien ha sido hoy este pecado.

39 Porque vive Jehová, que salva á Israel[a], que si fuere en mi hijo Jonathan, él morirá de cierto. Y no hubo en todo el pueblo quien le respondiese.

40 Dijo luego á todo Israel: Vosotros estaréis á un lado, y yo y Jonathan mi hijo estarémos á otro lado. Y el pueblo respondió á Saul: Haz lo que bien te pareciere.

41 Entónces dijo Saul á Jehová Dios de Israel: Dá perfeccion ‖. Y fueron tomados Jonathan y Saul, y el pueblo salió *libre*.

42 Y Saul dijo: Echad *suerte* entre mí y Jonathan mi hijo. Y fué tomado Jonathan.

43 Entónces Saul dijo á Jonathan: Declárame qué has hecho[b]. Y Jonathan se lo declaró, y dijo: Cierto que gusté con la punta de la vara que *traia* en mi mano[c] un poco de miel: ¿y moriré ahora *por eso*?

44 Y Saul respondió: Así me haga Dios, y así me añada[d], que sin duda morirás, Jonathan.

45 Mas el pueblo dijo á Saul: ¿Ha pues de morir Jonathan, el que ha hecho esta salud grande en Israel? No será así. Vive Jehová que no ha caer un cabello de su cabeza en tierra[e], pues que ha obrado hoy con Dios. Así libró el pueblo á Jonathan, para que no muriese.

46 Y Saul dejó de seguir á los Philistéos; y los Philistéos se fueron á su lugar.

47 ¶ Y ocupando Saul el reino sobre Israel, hizo guerra á todos sus enemigos alrededor: contra Moab, contra los hijos de Ammon[f], contra Edom, contra los reyes de Soba[g], y contra los Philistéos; y á donde quiera que se tornaba, era vencedor.

48 Y reunió un ejército, é hirió á Amalec[h], y libró á Israel de mano de los que le robaban.

49 Y los hijos de Saul fueron Jonathan, Isui, y Melchi-sua[i]. Y los nombres de sus dos hijas eran, el nombre de la mayor, Merab, y el de la menor, Michâl.

50 Y el nombre de la mujer de Saul *era* Ahinoam, hija de Ahimaas. Y el nombre del general de su ejército *era* Abner, hijo de Ner, tio de Saul.

51 Porque Cis, padre de Saul, y Ner, padre de Abner, *fueron* hijos de Abiel.

52 Y la guerra fué fuerte contra los Philistéos todo el tiempo de Saul: y á cualquiera que Saul veia *que era* valiente hombre, y hombre de esfuerzo, juntábalo consigo[k].

CAPITULO XV.

Nueva desobediencia de Saul en dejar con vida al rey Agag: es reprobado de Dios segunda vez.

Y SAMUEL dijo á Saul: Jehová me envió á que te ungiese por rey sobre su pueblo Israel[a]: oye pues la voz de las palabras de Jehová.

2 Así ha dicho Jehová de los ejércitos: Acuérdome de lo que hizo Amalec á Israel; que se le opuso en el camino, cuando subia de Egipto[b]. Vé pues, y hiere á Amalec;

3 Y destruiréis[c] en él todo lo que tuviere; y no te apiades de él[d]. Mata hombres y mujeres, niños y mamantes, vacas y ovejas, camellos y asnos.

4 Saul pues juntó el pueblo, y reconociólos en Telaim, doscientos mil de á pié, y diez mil hombres de Judá.

[a] Cap. 10. 19. Jos. 7. 14, etc.
[a] 2 Sa. 12. 5.
‖ *Haz que la suerte declare la verdad.*
[b] Jona 1. 7, 10.
[c] ver. 27.
[d] Ruth 1. 17.
[e] 2 Sa. 14. 11. 1 Rey. 1. 52. Luc. 21. 18.
[f] Cap. 11. 11.
[g] 2 Sa. 10. 6.
[h] Cap. 15. 3, 7.
[i] Cap. 31. 2. 1 Cr. 8. 33.
[k] Cap. 8. 11.
[a] Cap. 9. 16.
[b] Ex. 17. 8, 14. Deu. 25. 17, 19.
[c] Ex. 17. 8, 14. Deu. 25. 17, 19.
[d] Nu. 24. 20.

5 Y viniendo á la ciudad de Amalec, puso emboscada en el valle.

6 Y dijo Saul al Cinéo[e]: Idos, apartaos, y salid de entre los de Amalec, para que no te destruya juntamente con él; pues que tú hiciste misericordia con todos los hijos de Israel cuando subian de Egipto[f]. Apartóse pues el Cinéo de entre los de Amalec.

7 Y Saul hirió á Amalec desde Havila[g] hasta llegar á Sur[h], que *está* á la frontera de Egipto.

8 Y tomó vivo[i] á Agag, rey de Amalec; mas á todo el pueblo mató á filo de espada.

9 Y Saul y el pueblo perdonaron á Agag[k], y á lo mejor de las ovejas, y al ganado mayor, á los gruesos, y á los carneros, y *finalmente* á todo lo bueno, que no lo quisieron destruir: mas todo lo que era vil y flaco destruyeron.

10 ¶ Y fué palabra de Jehová á Samuel diciendo:

11 Pésame[l] de haber puesto por rey á Saul, porque se ha[m] vuelto de en pos de mí, y no ha cumplido mis palabras[n]. Y apesadumbróse Samuel, y clamó á Jehová toda aquella noche.

12 Madrugó luego Samuel para ir á encontrar á Saul por la mañana; y fué dado aviso á Samuel diciendo: Saul ha venido al Carmel[o], y hé aquí él se ha levantado un trofeo; y despues volviendo, ha pasado y descendido á Gilgal.

13 Vino pues Samuel á Saul, y Saul le dijo: Bendito *seas* tú de Jehová[p]: Yo he cumplido la palabra de Jehová[q].

14 Samuel entónces dijo: ¿Pues que balido de ganados y bramido de bueyes es este que yo oigo con mis oidos?

15 Y Saul respondió: De Amalec los han traido; porque el pueblo perdonó á lo mejor de las ovejas[r], y de las vacas, para sacrificarlas á Jehová tu Dios: pero lo demas lo destruimos.

16 Entónces dijo Samuel á Saul: Déjame declararte lo que Jehová me ha dicho esta noche. Y él le respondió: Dí.

17 Y dijo Samuel: Siendo tú pequeño[s] en tus ojos, ¿no has sido hecho cabeza á las tribus de Israel, y Jehová te ha ungido por rey sobre Israel?

18 Y envióte Jehová en jornada, y dijo: Vé, y destruye los pecadores de Amalec, y hazles guerra hasta que los acabes.

19 ¿Por qué pues no has oido la voz de Jehová, sino que vuelto al despojo has hecho lo malo en los ojos de Jehová?

20 Y Saul respondió á Samuel: Antes he oido la voz de Jehová, y fuí á la jornada á que Jehová me envió, y he traido á Agag, rey de Amalec, y he destruido á los Amalecitas.

21 Mas el pueblo tomó del despojo ovejas y vacas[t], las primicias del anatema, para sacrificarlas á Jehová tu Dios en Gilgal.

22 Y Samuel dijo: ¿Tiene Jehová *tanto* contentamiento con los holocaustos y víctimas como con obedecer á la palabra[u] de Jehová? Ciertamente el obedecer *es* mejor que los sacrificios[x]; *y* el prestar atencion, que el sebo de los carneros.

23 Porque como pecado de adivinacion[y] *es* la rebelion, y *como pecar con* ídolo é idolatría el infringir. Por cuanto tú desechaste la palabra de Jehová, él tambien te ha desechado para que no seas rey[z].

24 Entónces Saul dijo á Samuel: Yo he pecado, que he quebrantado el dicho de Jehová y tus palabras: porque temí

[e] Juec. 1. 16. y 4. 11.
[f] Nu. 10. 29, 32.
[g] Gen. 2. 11. y 25. 18.
[h] Gen. 16. 7.
[i] 1 Rey. 20. 30, etc.
[k] ver. 3, 15.
[l] ver. 35. Gen. 6. 6, 7. 2 Sa. 24. 16. Jer. 18. 8, 10.
[m] 1 Rey. 9. 6.
[n] ver. 3, 9. Cap. 13. 13.
[o] 1 Rey. 18. 42.
[p] Juec. 17. 2.
[q] Pro. 28. 13.
[r] ver. 9, 21.
[s] Cap. 9. 21.
[t] ver. 15.
[u] Sal. 50. 8. y 51. 16. Pro. 21. 3. Is. 1. 11. Jer. 7. 22. Mic. 6. 6, 8.
[x] Ec. 5. 1. Os. 6. 6. Mar. 12. 33.
[y] Deu. 18. 10.
[z] Cap. 13. 14.

x. 22. 2. / o. 20. 25. / . 51. 12. / l. 1. 10.

al pueblo, y[a] consentí á la voz de ellos. Perdona pues ahora mi pecado,

25 Y vuelve conmigo para que adore á Jehová.

26 Y Samuel respondió á Saul: No volveré contigo; porque desechaste la palabra de Jehová, y Jehová te ha desechado para que no seas rey sobre Israel.

27 Y volviendose Samuel para irse, él echó mano de la orla de su capa, y desgarróse[b].

Rey. 11. / 31.

28 Entónces Samuel le dijo: Jehová ha desgarrado hoy de tí el reino de Israel[c], y lo ha dado á tu prójimo mejor que tú.

p. 28. 17.

29 Y tambien el Vencedor de Israel no mentirá[d], ni se arrepentirá: porque no es hombre para que se arrepienta.

a. 23. 19. / . 24. 14. / Tim. 2. 13. / 1. 1. 2.

30 Y él dijo: Yo he pecado: mas ruégote que me honres delante de los ancianos de mi pueblo, y delante de Israel[e], y vuelve conmigo, para que adore á Jehová tu Dios.

sam. 5. 44. / 12. 48.

31 Y volvió Samuel tras Saul, y adoró Saul á Jehová.

32 ¶ Despues dijo Samuel: Traedme á Agag, rey de Amalec. Y Agag vino á él delicadamente. Y dijo Agag: Ciertamente se pasó la amargura de la muerte.

33 Y Samuel dijo: Como tu espada dejó las mujeres sin hijos, así tu madre será sin hijo entre las mujeres[f]. Entónces Samuel cortó en pedazos á Agag delante de Jehová en Gilgal.

uec. 1. 7.

34 ¶ Fuése luego Samuel á Rama, y Saul subió á su casa en Gabaa de Saul.

35 Y nunca despues vió Samuel á Saul en toda su vida: y Samuel lloraba á Saul[g]; mas Jehová se habia arrepentido de haber puesto á Saul por rey sobre Israel.

al. 119. / 8. / x. 12. 17.

CAPITULO XVI.

Llorando Samuel á Saul, Dios le manda que no lo llore mas, pues él lo ha desechado, y que vaya á ungir á David por rey; lo cual él hace. Saul, dejado del espíritu de Dios, es agitado del demonio; y por consejo de sus siervos le es traido David, para que con la suavidad de su música le alivie la enfermedad.

Cap. 15. 35. / r. 7. 16. / 11. 14. / 14. 11. / Cap. 15. 23. / al. 78. 70. / 28. 13, 20.

Y DIJO Jehová á Samuel: ¿Hasta cuando has tú de llorar á Saul[a], habiéndolo yo desechado para que no reine sobre[b] Israel? Hinche tu cuerno de aceite, y ven, te enviaré á Isaí de Beth-lehem: porque de sus hijos me he provisto de rey[c].

2 Y dijo Samuel: ¿Cómo iré? Si Saul lo entendiere, me matará. Jehová respondió: Toma contigo una becerra de la vacada, y dí: A sacrificar á Jehová he venido[d].

Cap. 9. 22. / 20. 29.

3 Y llama á Isaí al sacrificio, y yo te enseñaré lo que has de hacer; y ungirme has al que yo te dijere[e].

Sam. 17. 15.

4 Hizo pues Samuel como le dijo Jehová: y luego que él llegó á Beth-lehem, los ancianos de la ciudad le salieron á recibir con miedo, y dijeron: ¿Es pacífica tu venida?

5 Y él respondió: Sí; vengo á sacrificar á Jehová: santificaos[f], y venid conmigo al sacrificio. Y santificando él á Isaí y á sus hijos, llamóles al sacrificio.

x. 19. 10. / Is. 11. 18. / s. 2. 5. / ob 1. 5. / 1 Cor. 11. 28.

6 Y aconteció, como ellos vinieron, que él vió á Eliab[g], y dijo: De cierto delante de Jehová está su ungido.

Cap. 17. 13.

7 Y Jehová respondió á Samuel: No mires á su parecer, ni á lo grande de su estatura[h], porque yo lo desecho: porque no lo que el hombre mira[i], pues que el hombre mira lo que está delante

Sal. 147. 10. / Is. 55. 8, 9.

de sus[h] ojos, mas Jehová mira el corazon[i].

8 Entónces llamó Isaí á Abinadab[m], é hízole pasar delante de Samuel, el cual dijo: Ni á este ha elegido Jehová.

9 Hizo luego pasar Isaí á Samma. Y él dijo: tampoco á este ha elegido Jehová.

[h] 2 Cor. 10. 7. / [i] 1 Rey. 8. 39. 1 Cr. 28. 9. Jer. 17. 10. Apoc. 2. 23. / [m] Cap. 17. 13.

10 E hizo pasar Isaí sus siete hijos delante de Samuel; mas Samuel dijo á Isaí: Jehová no ha elegido á estos.

11 Entónces dijo Samuel á Isaí: ¿Hanse acabado los mozos? Y él respondió: Aun queda el menor que apacienta las ovejas[n]. Y dijo Samuel á Isaí: Envia por él, porque no nos sentarémos á la mesa hasta que él venga aquí.

[n] 2 Sa. 7. 8. Sal. 78. 70, 72.

12 Envió pues *por él*, é introdújolo; el cual *era* rubio, de hermoso parecer[o], y de bello aspecto. Entónces Jehová dijo: Levántate y úngelo, que este es.

[o] Cap. 17. 42.

13 Y Samuel tomó el cuerno del aceite, y ungiólo de entre sus hermanos: y desde aquel dia en adelante el espíritu de Jehová tomó á David[p]. Levantóse luego Samuel, y volvióse á Rama.

[p] Cap. 10. 6. y 9. 10. Juec. 11. 29. y 14. 6.

14 ¶ Y el espíritu de Jehová se apartó de Saul[q], y atormentábalo el espíritu[r] malo de *parte de* Jehová.

[q] Juec. 16. 20. / [r] Cap. 18. 10. y 19. 9.

15 Y los criados de Saul le dijeron: Hé aquí ahora que el espíritu malo de *parte de* Dios te atormenta.

16 Diga pues nuestro señor á tus siervos *que están* delante de tí, *que* busquen alguno que sepa tocar el arpa; para que cuando fuere sobre tí el espíritu malo *por permision* de Dios, él taña con su mano, y tengas alivio[s].

[s] ver. 23. 2 Rey. 3. 15.

17 Y Saul respondió á sus criados: Buscadme pues ahora alguno que taña bien, y traédmelo.

18 Entónces uno de los criados respondió diciendo: Hé aquí yo he visto á un hijo de Isaí, de Beth-lehem, que sabe tocar; y *es* valiente y vigoroso, y hombre de guerra[t], prudente en sus palabras, y hermoso, y Jehová *es* con él[u].

[t] 2 Sa. 17. 8, 10. / [u] Cap. 18. 12, 14.

19 Y Saul envió mensajeros á Isaí diciendo: Enviame á David tu hijo, el que *está* con las ovejas.

20 Y tomó Isaí un asno *cargado* de pan, y una vasija de vino, y un cabrito, y envióló á Saul por mano de David su hijo.

21 Y viniendo David á Saul, estuvo delante de él[x]: amólo él mucho, y fué hecho su escudero.

[x] Pro. 22. 29.

22 Y Saul envió á decir á Isaí: Yo te ruego que esté David conmigo, porque ha hallado gracia en mis ojos.

23 Y cuando el espíritu *malo, mandado* de Dios, era sobre Saul[y], David tomaba el arpa, y tañia con su mano; y Saul tenia refrigerio, y estaba mejor, y el espíritu malo se apartaba de él.

[y] ver. 14, 16.

CAPITULO XVII.

Guerra de los Philistéos contra Israel. Sale David á pelear contra el gigante Goliath, lo derriba, y le corta la cabeza.

Y LOS Philistéos juntaron sus ejércitos para la guerra, y congregáronse en[a] Sochô, que *es* de Judá, y asentaron campo entre Sochô y Azeca en Ephes-dammim.

[a] Jos. 15. 35. 2 Cr. 28. 18.

2 Y tambien Saul y los hombres de Israel se juntaron, y asentaron el campo en el valle del Alcornoque‖, y ordenaron la batalla contra los Philistéos.

‖ *ó de Elah.*

3 Y los Philistéos estaban sobre el un monte de la una parte, é Israel estaba sobre el otro monte de la otra parte, y el valle entre ellos.

4 Salió entónces un varon del campo

de los Philistéos, *que se puso* entre los
dos *campos*, el cual se llamaba Goliath,
de Gath, y tenia de altura seis codos y
un palmo.

5 Y traia un almete de acero en su
cabeza, y vestido con coraza de plan-
chas: y era el peso de la coraza cinco
mil siclos de metal.

6 Y sobre sus piernas traia grebas de
hierro, y escudo de acero á sus hombros.

7 El hasta de su lanza era como un
b 2 Sa. 21. 9. enjullo de[b] telar; y tenia el hierro de
su lanza seiscientos siclos de hierro: é
iba su escudero delante de él.

8 Y paróse, y dió voces á los escua-
drones de Israel diciendoles: ¿Para qué
salís á dar batalla? ¿No *soy* yo el Phi-
listéo, y vosotros los siervos de Saul?
Escoged de entre vosotros un hombre
que venga contra mí.

9 Si él pudiere pelear conmigo, y me
venciere, nosotros serémos vuestros sier-
vos: y si yo pudiere mas que él, y lo
venciere, vosotros seréis nuestros siervos,
y nos serviréis.

10 Y añadió el Philistéo: Yo he hoy
desafiado el campo de Israel; dadme
un hombre que pelee conmigo.

11 Y oyendo Saul y todo Israel estas
palabras del Philistéo, conturbáronse,
y tuvieron gran miedo.

12 ¶ Y David *era* hijo de *aquel* hom-
bre Ephratéo de Beth-lehem de Judá,
c Rut. 4. 22. cuyo nombre era Isaí[c], el cual tenia
ocho hijos: y era este hombre en el
tiempo de Saul viejo, y de grande edad
entre los hombres.

13 Y los tres hijos mayores de Isaí
habian ido á seguir á Saul en la guerra.
Y los nombres de sus tres hijos, que
habian ido á la guerra, *eran* Eliab el
primogénito, el segundo Abinadab, y
el tercero Samma.

14 Y David era el menor. Siguieron
pues los tres mayores á Saul.

15 Empero David habia ido y vuelto
de con Saul, para apacentar las ovejas
d Cap. 16. 11, 19. de su padre en Beth-lehem[d].

16 ¶ Venia pues aquel Philistéo por
la mañana y á la tarde, y presentóse *así*
por cuarenta dias.

17 Y dijo Isaí á David su hijo: Toma
ahora para tus hermanos un epha de
este *grano* tostado, y estos diez panes,
y llévalo presto al campo á tus herma-
nos:

18 Llevarás asimismo estos diez quesos
de leche al capitan, y cuida de ver si
e Gen. 37. 14. tus hermanos estan buenos[e], y toma
prendas de ellos.

19 Y Saul, y ellos, y todos los de Israel
estaban en el valle del Alcornoque pele-
ando con los Philistéos.

20 Levantóse pues David de mañana,
y dejando las ovejas al cuidado de un
guarda, fuése con su carga, como Isaí
le habia mandado, y llegó al atrinchera-
miento del ejército, el cual habia salido
en ordenanza, y *ya* tocaba alarma para
la pelea.

21 Porque así los Israelitas como los
Philistéos estaban en ordenanza, escua-
dron contra escuadron.

22 Y David dejó de sobre sí la carga
en mano del que guardaba el bagaje,
y corrió al escuadron; y llegado que
hubo, preguntaba por sus hermanos si
estaban buenos.

23 Y estando él hablando con ellos, hé
aquí aquel varon que se ponia en medio
de los dos *campos*, que se llamaba Go-
liath el Philistéo, de Gath, salió de los
escuadrones de los Philistéos, y habló
f ver. 8. las mismas palabras[f]; las cuales oyó
David.

24 Y todos los varones de Israel que
veian aquel hombre, huian de su pre-
sencia, y temian gran temor.

25 Y cada uno de los de Israel decia:
¿No habeis visto aquel hombre que ha
salido? él se adelanta para provocar á
Israel. Al que le venciere, el rey lo
enriquecerá con grandes riquezas, y le
dará su hija[g], y hará franca la casa g Jos. 15. 16.
de su padre en Israel.

26 Entónces habló David á los que
junto á él estaban, diciendo: ¿Qué ha-
rán al hombre que venciere á este Phi-
listéo, y quitare el oprobio de Israel?
Porque ¿quién *es* este Philistéo incir-
cunciso[h], para que provoque á los es- h Cap. 14. 6.
cuadrones del Dios Viviente[i]? i Deu. 5. 26.

27 Y el pueblo le respondió las mis-
mas palabras diciendo: Así se hará al
hombre que lo venciere.

28 Y oyendolo hablar Eliab su her-
mano mayor con aquellos hombres, Eli-
ab se encendió en ira contra David, y
dijo: ¿Para qué has descendido acá?
¿Y á quien has dejado aquellas pocas
ovejas en el desierto? Yo conozco tu
soberbia y la malicia de tu corazon, que
para ver la batalla has venido.

29 Y David respondió: Qué he hecho
yo ahora? ¿Estas no son palabras †? † ¿No hay causa?

30 Y apartandose de él hácia otros,
habló lo mismo, y respondiéronle los
del pueblo como primero.

31 Y fueron oidas las palabras que
David habia dicho, las cuales como
refiereseen delante de Saul, él lo hizo
venir.

32 Y dijo David á Saul: No desmaye
ninguno á causa de él[k]: tu siervo irá, k Deu. 20. 3.
y peleará con este Philistéo.

33 Y dijo Saul á David: No podrás
tú ir contra aquel Philistéo, para pelear
con él; porque tú *eres* mozo, y él *es*
hombre de guerra desde su juventud.

34 Y David respondió á Saul: Tu
siervo era pastor en las ovejas de su
padre, y venia un leon, ó un oso, y
tomaba *algun* cordero de la manada:

35 Y salia yo tras él, y herialo, y
librábale*le* de su boca: y si se levantaba
contra mí, yo le echaba mano de la
quijada, y lo heria y mataba.

36 Fuese leon, fuese oso, tu siervo lo
mataba: pues este Philistéo incircun-
ciso será como uno de ellos, porque ha
provocado al ejército del Dios Viviente.

37 Y añadió David: Jehová que me
ha librado de las garras del leon, y de
las garras del oso, él tambien me librará
de la mano de este Philistéo[l]. Y dijo l Sal. 11. 1 y 18. 17. y 144. 1. 2 Cor. 1. 10. 2 Tim. 4. 18.
Saul á David: Vé, y Jehová sea con-
tigo.

38 ¶ Y Saul vistió á David de sus
ropas, y puso sobre su cabeza un almete
de acero, y armóle de coraza.

39 Y ciñó David su espada sobre sus
vestidos, y probó á andar *así*, porque
nunca habia probado. Y dijo David á
Saul: Yo no puedo andar con esto,
porque nunca lo practiqué. Y echando
de sí David aquellas cosas,

40 Tomó su cayado en su mano, y
escogióse cinco piedras lisas del arroyo,
y púsolas en el saco pastoril, y en el
zurron que traia, y con su honda en su
mano váse hácia el Philistéo.

41 Y el Philistéo venia andando y
acercandose á David, y su escudero
delante de él.

42 Y como el Philistéo miró y vió
á David, túvole en poco[m], porque era m 1 Cor. 1. 28.
mancebo, y rubio, y de hermoso pa-
recer[n]. n Cap. 16.

43 Y dijo el Philistéo á David: ¿Soy
yo perro[o] para que á mí vengas con o 2 Sa. 3.

ıaios? Y maldijo á David por sus di-
ses.
44 Dijo luego el Philistéo á David:
Ven á mí, y daré tu carne á las aves
lel cielo, y á las bestias del campo.
45 Entónces dijo David al Philistéo:
Tú vienes á mí con espada, y lanza, y
scudo; mas yo vengo á tí en el nombre
le Jehová de los ejércitos p, el Dios de
os escuadrones de Israel, que tú has
rovocado.
46 Jehová te entregará hoy en mi
nano, y yo te venceré, y quitaré tu
abeza de tí: y q daré hoy los cuerpos
le los Philistéos á las aves del cielo, y
las bestias de la tierra; y sabrá la
ierra toda que hay Dios en Israel r.
47 Y sabrá toda esta congregacion que
Jehová no salva con espada y lanza s:
orque de Jehová es la guerra t, y él os
ntregará en nuestras manos.
48 Y aconteció, que como el Philistéo
e levantó para ir y llegarse contra Da-
rid, David se dió priesa y corrió al com-
ate contra el Philistéo.
49 Y metiendo David su mano en el
aco, tomó de allí una piedra, y tirósela
on la honda, é hirió al Philistéo en la
rente: y la piedra quedó hincada en
u frente, y cayó en tierra sobre su rosto.
50 Así venció David al Philistéo con
onda y piedra u: é hirió al Philistéo y
natólo, sin tener David espada en su
nano.
51 Mas corrió David, y púsose sobre
l Philistéo, y tomando la espada de él x,
sacandola de su vaina, matólo, y cor-
óle con ella la cabeza y. Y como los
Philistéos vieron su gigante muerto,
uyeron z.
52 Y levantandose los de Israel y de
Judá, dieron grita, y siguieron á los
Philistéos hasta llegar al a valle, y hasta
as puertas de Ecron. Y cayeron heri-
los de los Philistéos por el camino de
Saaraim hasta Gath, y Ecron.
53 Tornando luego los hijos de Israel
le seguir los Philistéos, despojaron su
campamento.
54 Y David tomó la cabeza del Phi-
istéo, y trájola á Jerusalem, mas puso
us armas en su tienda.
55 ¶ Y cuando Saul vió á David que
alia á encontrarse con el Philistéo, dijo
á Abner, general del ejército: Abner,
¿de quien es hijo aquel mancebo b? Y
Abner respondió:
56 Vive tu alma, oh rey, que no lo sé.
Y el rey dijo: Pregunta pues de quien
es hijo aquel mancebo.
57 Y cuando David volvia de matar
al Philistéo, Abner lo tomó, y llevóle
delante de Saul teniendo la cabeza del
Philistéo en su mano c.
58 Y díjole Saul: Mancebo, ¿de quien
eres hijo? Y David respondió: Yo *soy*
hijo de tu siervo Isaí de Beth-lehem d.

CAPITULO XVIII.

Amistad íntima de Jonathan con David, y envidia de Saul; quien finalmente le dá por esposa á su hija menor Michal.

Y ASI que él hubo acabado de hablar
con Saul, el alma de Jonathan fué
ligada con la de David a, y amólo Jona-
than como á su alma b.
2 Y Saul lo tomó aquel dia, y no lo
dejó volver á casa de su padre.
3 E hicieron alianza Jonathan y Da-
vid, porque él lo amaba como á su
alma.
4 Y Jonathan se desnudó la ropa que
tenia sobre sí, y dióla á David, y *otras*
ropas suyas, hasta su espada y su arco,
y su talabarte.
5 Y salia David á donde quiera que
Saul le enviaba, y portábase prudente-
mente. Hízolo por tanto Saul capitan
de gente de guerra, y era acepto en los
ojos de todo el pueblo, y en los ojos de
los criados de Saul.
6 Y aconteció que como volvian ellos,
cuando David tornó de matar al Phi-
listéo, salieron las mujeres de todas las
ciudades de Israel cantando, y con dan-
zas, con tamboriles, y con alegrías y
sonajas, á recibir al rey Saul c. — c Ex. 15. 20. Juec. 11. 34.
7 Y cantaban las mujeres que danza-
ban, y decian: Saul hirió sus miles, y
David sus diez miles d. — d Cap. 21. 11. y 29. 5.
8 Y enojóse Saul en gran manera, y
desagradó esta palabra en sus ojos, y
dijo e: A David dieron diez miles, y á — e Pro. 27. 4. Eccles. 4. 4.
mí miles: no le *falta* mas que el reino.
9 Y desde aquel dia Saul miró de
través á David.
10 Otro dia aconteció que el espíritu
malo *por permision* de Dios tomó á Saul,
y mostrábase en su casa con transportes
de profeta: y David tañia con su mano
como los otros dias, y estaba una lanza
á mano de Saul f. — f Cap. 19. 9, 10. y 20. 23.
11 Y arrojó Saul la lanza diciendo:
Enclavaré á David en la pared. Y dos
veces se apartó de él David.
12 Mas Saul se temia de David, por
cuanto Jehová era con él, y se habia
apartado de Saul.
13 Apartólo pues Saul de sí, é hízole
capitan de mil; y salia y entraba de-
lante del pueblo.
14 Y David se conducia prudente-
mente en todos sus negocios, y Jehová
era con él.
15 Y viendo Saul que se portaba tan
prudentemente, temíase de él.
16 Mas todo Israel y Judá amaba á
David, porque él salia y entraba delante
de ellos g. — g Nu. 27. 17. 2 Sa. 5. 2. 1 Rey. 3. 7.
17 ¶ Y dijo Saul á David: Hé aquí,
yo te daré á Merab mi hija mayor por
mujer: solamente que me seas valiente
hombre, y hagas las guerras de Jeho-
vá h. Mas Saul decia *en sí*: No será mi — h Cap. 25. 28.
mano contra él, mas la mano de los Phi-
listéos será contra él i. — i ver. 21, 25. 2 Sa. 12. 9.
18 Y David respondió á Saul: ¿Quien
soy yo, ó qué es mi vida, ó la familia
de mi padre en Israel, para ser yerno
del rey k? — k ver. 23. Cap. 9. 21. 2 Sa. 7. 18.
19 Y venido el tiempo en que Merab,
hija de Saul, se habia de dar á David,
fué dada por mujer á Adriel Meho-
latita l. — l 2 Sa. 21. 8. Juec. 7. 22.
20 ¶ Mas Michal, la *otra* hija de Saul,
amaba á David, y fué dicho á Saul, lo
cual plugo en sus ojos.
21 Y Saul dijo *en sí*: Yo se la daré,
para que le sea por lazo, y para que la
mano de los Philistéos sea contra él.
Dijo pues Saul á David: Con la otra
serás mi yerno hoy.
22 Y mandó Saul á sus criados: Ha-
blad en secreto á David, diciendole:
Hé aquí, el rey te ama, y todos sus
criados te quieren bien; sé pues yerno
del rey.
23 Y los criados de Saul hablaron estas
palabras á los oidos de David. Y David
dijo: ¿Paréceos á vosotros que es poco
ser yerno del rey, siendo yo un hombre
pobre y de ninguna estima?
24 Y los criados de Saul le dieron la
respuesta diciendo: Tales palabras ha
dicho David.
25 Y Saul dijo: Decid así á David:
No está el contentamiento del rey en — m Gen. 29. 18. y 34. 12. Ex. 22. 17.
el dote m, sino en cien prepucios de Phi-
listéos, para que sea tomada venganza
de los enemigos del rey n. Mas Saul — n Cap. 14. 24.

pensaba echar á David en manos de los Philistéos.

26 Y como sus criados declararon á David estas palabras, plugo la cosa en los ojos de David, para ser yerno del rey. Y como el plazo no era aun cumplido,

27 Levantóse David, y partióse con su gente, é hirió doscientos hombres de los Philistéos: y trajo David los prepucios de ellos, y entregáronlos todos al rey, para que él fuese hecho yerno del rey. Y Saul le dió á su hija Michal por

n 2 Sa. 3. 14. mujer [n].

28 Pero Saul, viendo y considerando que Jehová era con David, y que su hija Michal lo amaba,

29 Temióse mas de David; y fué Saul

p Sal. 37. 12, 14. enemigo de David todos los dias [p].

30 Y salian los príncipes de los Philistéos; y como ellos salian, portábase David mas prudentemente que todos los siervos de Saul: y era su nombre muy ilustre.

CAPITULO XIX.

Saul resuelve quitar la vida á David: peligros en que éste se vió; y como le libran de ellos Jonathan y Michal.

Y HABLÓ Saul á Jonathan su hijo, y á todos sus criados, para que matasen á David: mas Jonathan, hijo de

a Cap. 18. 1. Saul, amaba á David en gran manera [a].

2 Y dió aviso á David diciendo: Saul mi padre procura matarte: por tanto mira ahora por tí hasta la mañana, y estáte en paraje oculto, y escóndete.

3 Y yo saldré y estaré junto á mi padre en el campo donde estuvieres; y hablaré de tí á mi padre, y te haré saber lo que notare.

4 Y Jonathan habló bien de David á Saul su padre, y díjole: No peque el rey contra su siervo David, pues que ninguna cosa ha cometido contra tí; an-

b Sal. 35. 12. y 109. 5. Pro. 17. 13. tes sus obras te *han sido* muy buenas [b]:

5 Porque él puso su alma en su palma, é hirió al Philistéo, y Jehová hizo una gran salud á todo Israel. Tú lo viste, y te holgaste: ¿por qué pues pecarás contra la sangre inocente matando á David sin causa?

6 Y oyendo Saul la voz de Jonathan, juró así: Vive Jehová, que no morirá.

7 Llamando entónces Jonathan á David, declaróle todas estas palabras: y él mismo presentó David á Saul, y estuvo

c Cap. 16. 21. y 18. 2, 13. delante de él como antes [c].

8 ¶ Y tornó á hacerse guerra: y salió David, y peleó contra los Philistéos, é hiriólos con grande estrago, y huyeron delante de él.

9 Y el espíritu malo *por permision* de

d Cap. 16. 14. y 18. 10, 11. Jehová fué sobre Saul [d]: y estando sentado en su casa tenia una lanza á mano, mientras David estaba tañendo con su mano.

10 Y Saul procuró enclavar á David con la lanza en la pared: mas él se apartó de delante de Saul, el cual hirió con la lanza en la pared, y David huyó y escapóse aquella noche.

11 Saul envió luego mensajeros á casa de David, para que lo guardasen, y lo

e Sal. 59, tit. matasen á la mañana [e]. Mas Michal su mujer lo descubrió á David diciendo: Si no salvares tu vida esta noche, mañana serás muerto.

12 Y descolgó Michal á David por

f 2 Cor. 11. 32, 33. una ventana [f], y él se fué, y huyó, y escapóse.

13 Tomó luego Michal una estatua, y púsola sobre la cama, y acomodóle por cabecera una almohada de pelos de cabra, y cubrióla con una ropa.

14 Y cuando Saul envió mensajeros que tomasen á David, ella respondió: Está enfermo.

15 Y tornó Saul á enviar mensajeros para que viesen á David, diciendo: Traédmelo en la cama para que lo mate.

16 Y como los mensajeros entraron, hé aquí la estatua *que estaba* en la cama, y una almohada de pelos de cabra por cabecera.

17 Entónces Saul dijo á Michal: ¿Por qué me has así engañado, y has dejado escapar á mi enemigo? Y Michal respondió á Saul: Porque él me dijo: Déjame ir; si no, yo te mataré.

18 ¶ Huyó pues David, y escapóse, y vino á Samuel en Rama, y díjole todo lo que Saul habia hecho con él. Y fuéronse él y Samuel, y moraron en Najoth.

19 ¶ Y fué dado aviso á Saul diciendo: Hé aquí que David *está* en Najoth en Rama.

20 Y envió Saul mensajeros que trajesen á David, los cuales vieron una

g Cap. 10. 5. compañía de profetas que profetizában [g], y á Samuel que estaba *allí*, y les presidia. Y fué el espíritu de Dios sobre los mensajeros de Saul, y ellos tambien

h Nu. 11. 25. Joel 2. 28. profetizaron [h].

21 Y hecho que fué saber á Saul, él envió otros mensajeros, los cuales tambien profetizaron. Y Saul volvió á enviar por tercera vez mensajeros, y ellos tambien profetizaron.

22 Entónces él mismo vino á Rama; y llegando al pozo grande que *está* en Sochô, preguntó diciendo: ¿Dónde *estan* Samuel y David? Y fuéle respondido: Hé aquí *estan* en Najoth en Rama.

23 Y fué allá á Najoth en Rama; y tambien vino sobre él el espíritu de Dios, é iba profetizando hasta que llegó á Najoth en Rama.

24 Y él tambien se desnudó sus vestidos, y profetizó igualmente delante de Samuel, y cayó desnudo todo aquel dia y toda aquella noche. De aquí se dijo: ¿Tambien Saul entre los profetas?

CAPITULO XX.

Admirable lealtad de Jonathan para con David desgraciado.

Y DAVID huyó de Najoth, *que es* en Rama, y vínose delante de Jonathan, y dijo: ¿Qué he hecho yo? ¿Cual *es* mi maldad, ó cual mi pecado contra tu padre, que él procura *quitarme* mi vida?

2 Y él le dijo: En ninguna manera; no morirás. Hé aquí que mi padre ninguna cosa hará, grande ni pequeña, que no me la descubra. ¿Por qué pues me encubrirá mi padre este negocio? No *será* así.

3 Y David volvió á jurar diciendo: Tu padre sabe claramente que yo he hallado gracia delante de tus ojos, y dirá *en sí*: No sepa esto Jonathan, porque no tenga pesar: y ciertamente, vive Jehová, y vive tu alma, que apénas *hay* un paso entre mí y la muerte [a]. a 2 Cor. 1. 10.

4 Y Jonathan dijo á David: ¿Qué discurre tu alma, y haré*lo* por tí?

5 Y David respondió á Jonathan: Hé aquí que mañana será nueva luna [b], y b Nu. 10. 10. y 28. 11.
yo acostumbro sentarme con el rey á comer: mas tú me dejarás que me esconda en el campo [c] hasta la tarde del c Cap. 19. 2.
tercero *dia*.

6 Si tu padre hiciere mencion de mí, dirás: Rogóme mucho que lo dejase ir presto á Beth-lehem su ciudad, porque todos los de *su* linaje tienen allá sacrificio aniversario [d]. d Cap. 9. 12.

7 Si él dijere: Bien *está*; paz tendrá tu siervo; mas si se enojare, sabe que la malicia es en él consumada.

8 Harás pues misericordia con tu siervo, ya que has traido tu siervo á alianza de Jehová contigo: y[e] si maldad hay en mí, mátame tú, que no hay necesidad de llevarme hasta tu padre.

[e] ver. 16. Cap. 18. 3. y 23. 18.

9 Y Jonathan le dijo: Nunca tal te suceda; antes bien si yo entendiere ser consumada la malicia de mi padre, para venir sobre tí, ¿no habia yo de descubrírtelo?

10 Dijo entónces David á Jonathan: ¿Quien me dará aviso? ó ¿qué, si tu padre te respondiere ásperamente?

11 Y Jonathan dijo á David: Ven, salgamos al campo. Y saliéronse ambos al campo.

12 Entónces dijo Jonathan á David: Oh Jehová Dios de Israel, cuando habré yo preguntado á mi padre mañana á esta hora, ó despues de mañana, y él apareciere bien para con David, si entónces no enviare á tí, y te lo descubriere,

13 Jehová haga así á Jonathan, y esto añada[f]. Mas si á mi padre pareciere bien hacerte mal, tambien te lo descubriré, y te enviaré, y te irás en paz: y sea Jehová contigo, como fué con mi padre[g].

[f] Rut. 1. 17.
[g] Cap. 10. 7. y 11. 6, etc.

14 Y si yo viviere, harás conmigo misericordia de Jehová; mas si fuere muerto,

15 No quitarás perpetuamente tu misericordia de mi casa. Cuando desarraigáre Jehová uno por uno los enemigos de David de la tierra, aun á Jonathan quite de su casa, *si te faltare*.

16 Así hizo Jonathan alianza con la casa de David, *diciendo*: requiéra*lo* Jehová de la mano de los enemigos[h] de David.

[h] Cap. 31. 2. 2 Sa. 4. 7. y 21. 8, 9.

17 Y tornó Jonathan á jurar á David, porque lo amaba, porque le amaba como á su alma[i].

[i] Cap. 18. 1.

18 Díjole luego Jonathan: Mañana es nueva luna[k], y tú serás echado menos, porque tu asiento estará vacío.

[k] ver. 5.

19 Estarás pues tres dias, y luego descenderás y vendrás al lugar donde estabas escondido[l] el dia de trabajo, y esperarás junto á la piedra de Ezel.

[l] Cap. 19. 2.

20 Y yo tiraré tres saetas hácia aquel lado como ejercitándome al blanco.

21 Y luego enviaré el criado *diciéndole*: Vé, busca las saetas. Y si dijere al mozo: Hé allí las saetas mas acá de tí, tómalas; tú vendrás, porque paz tienes, y nada hay *de mal*, vive Jehová[m].

[m] Jer. 4. 2.

22 Mas si yo dijere al mozo así: Hé allí las saetas mas allá de tí; vete, porque Jehová te ha enviado.

23 Y cuanto á las palabras que[n] yo y tú hemos hablado, sea Jehová entre mí y tí para siempre.

[n] ver. 14, 15, 42.

24 David pues se escondió en el campo, y venida que fué la nueva luna, sentóse el rey á comer pan.

25 Y el rey se sentó en su silla, como solia, en el asiento junto á la pared: y Jonathan se levantó, y sentóse Abner al lado de Saul, y el lugar de David estaba vacío.

26 Mas aquel dia Saul no dijo nada, porque decia *entre sí*: Habrále acontecido algo, y no está limpio[o]; no estará purificado.

[o] Lev. 7. 21. y 15. 5, etc.

27 El dia siguiente, el segundo dia de la nueva luna, aconteció *tambien* que el asiento de David estaba vacío. Y Saul dijo á Jonathan su hijo: ¿Por qué no ha venido á comer el hijo de Isaí hoy ni ayer?

28 Y Jonathan respondió á Saul: David me pidió encarecidamente le dejase *ir* hasta Beth-lehem[p],

[p] ver. 6.

29 Y dijo: Ruégote que me dejes ir, porque tenemos sacrificio *los de nuestro* linaje en la ciudad, y mi hermano mismo me lo ha mandado: por tanto si he hallado gracia en tus ojos, haré una escapada ahora, y visitaré á mis hermanos. Por esto pues no ha venido á la mesa del rey.

30 Entónces Saul se enardeció contra Jonathan, y[q] díjole: Hijo de la perversa y rebelde, ¿No sé yo que tú has elegido al hijo de Isaí para confusion tuya, y para confusion de la vergüenza de tu madre?

[q] Pro. 19. 12.

31 Porque todo el tiempo que el hijo de Isaí viviere sobre la tierra, ni tú serás firme ni tu reino. Envia pues ahora, y tráemelo, porque ha de morir.

32 Y Jonathan respondió á su padre Saul, y díjole: ¿Por qué morirá? Qué ha hecho?

33 Entónces Saul le arrojó una lanza por[r] herirle: de donde entendió Jonathan que su padre estaba determinado á matar á David[s].

[r] Cap. 18. 11.
[s] ver. 7.

34 Y levantóse Jonathan de la mesa con exaltada ira, y no comió pan el segundo dia de la nueva luna: porque tenia dolor á causa de David, y porque su padre lo habia afrentado.

35 Al otro dia de mañana salió Jonathan al campo, al tiempo aplazado con David, y un mozo pequeño con él.

36 Y dijo á su mozo: Corre y busca las saetas que yo tirare. Y como el muchacho iba corriendo, él tiraba la saeta que pasára mas allá de él.

37 Y llegando el muchacho adonde estaba la saeta que Jonathan habia tirado, Jonathan dió voces tras el muchacho diciendo: ¿No está la saeta mas allá de tí[t]?

[t] ver. 21, 22.

38 Y tornó á gritar Jonathan tras el muchacho: Date priesa, aligera, no te pares. Y el muchacho de Jonathan cogió las saetas, y vínose á su señor.

39 Empero ninguna cosa entendió el muchacho: solamente Jonathan y David entendian el negocio.

40 Luego dió Jonathan sus armas á su muchacho, y díjole: Véte, y llévalas á la ciudad.

41 Y luego que el muchacho se hubo ido, se levantó David de la parte del mediodia, é inclinóse tres veces postrándose hasta la tierra: y besándose el uno al otro, lloraron el uno con el otro, aunque David lloró mas.

42 Y Jonathan dijo á David: Véte en paz; que ambos hemos jurado por el nombre de Jehová diciendo: Jehová sea entre mí y tí, entre mi simiente y la simiente tuya para siempre[u].

[u] ver. 23.

43 Y él se levantó y fuése: y Jonathan se entró en la ciudad.

CAPITULO XXI.

David viene á Nob á Ahimelech sacerdote, el cual le dá los panes santos, no teniendo otros, y la espada de Goliath. De allí se viene á Achis, rey de Gath, y entendiendo que era conocido, fingióse loco, y así escapó el peligro.

Y VINO David á Nob á Ahimelech[a] sacerdote; y sorprendióse Ahimelech de su encuentro, y díjole[b]: ¿Como *vienes* tú solo, y nadie contigo?

[a] 2 Sa. 8. 17. 1 Cr. 18. 16. y 24. 3, 6, 31.
[b] Cap. 16. 4.

2 Y respondió David al sacerdote Ahimelech: El rey me encomendó un negocio, y me dijo: Nadie sepa cosa alguna de este negocio á que yo te envio, y que yo te he mandado: y yo señalé á los criados un cierto lugar.

3 Ahora pues, ¿qué tienes á mano? Dáme cinco panes, ó lo que se hallare.

4 Y el sacerdote respondió á David, y dijo: No tengo pan comun á la mano; solamente tengo pan sagrado[c]: mas *lo daré* si los criados se han guardado, mayormente de mujeres[d].

[c] Ex. 25. 30. Lev. 24. 5, 9.
[d] Ex. 19. 15.

5 Y David respondió al sacerdote, y díjole: Cierto las mujeres nos han sido reservadas desde anteayer cuando salí, y los vasos de los mozos fueron santos, aunque el camino es profano: cuanto mas que hoy habrá *otro pan* santificado en los vasos.

6 Así el sacerdote le dió el pan sagrado[e], porque allí no habia otro pan que los panes de la proposion, los cuales habian sido quitados de delante de Jehová, para que se pusiesen panes calientes el dia que *los otros* fueron quitados.

[e] Mat. 12. 3, 4. Mar. 2. 25. Luc. 6. 3.

7 Aquel dia estaba allí uno de los siervos de Saul detenido delante de Jehová, el nombre del cual era Doeg[f], Iduméo, principal de los pastores de Saul.

[f] Cap. 22. 9. Sal. 52, tít.

8 Y David dijo á Ahimelech: ¿No tienes aquí á mano lanza ó espada? Porque no tomé en mi mano mi espada ni mis armas, por cuanto el mandamiento del rey era apremiante.

9 Y el sacerdote respondió: La espada de Goliath el Philistéo, que tú venciste en el valle del Alcornoque ‖, está aquí envuelta en un velo detras del ephod[g]: si tú quieres tomarla, tomala; porque aquí no hay *otra* sino esa. Y dijo David: Ninguna como ella: dámela.

‖ *ó valle de Elah.* Cap. 17. 2, 50, 51.
[g] Cap. 31. 10.

10 ¶ Y levantandose David aquel dia, huyó de la presencia de Saul, y vínose á Achis[h], rey de Gath.

[h] Sal. 34, tít.

11 Y los siervos de Achis le dijeron: ¿No *es* este David el rey de la tierra? ¿No *es* este á quien cantaban en corros, diciendo: Hirió Saul sus miles, y David sus diez miles[i]?

[i] Cap. 18. 7. y 29. 5.

12 Y David puso en su corazon estas palabras, y tuvo gran temor de Achis, rey de Gath.

13 Y mudó su habla delante de ellos, y[k] fingióse loco entre sus manos, y escribia en las portadas de las puertas, dejando correr su saliva por su barba.

[k] Sal. 34, tít.

14 Y dijo Achis á sus siervos: Hé aquí estais viendo un hombre demente. ¿Por qué lo habeis traido á mí?

15 ¿Fáltanme á mí locos, para que hayais traido este que hiciese del loco delante de mí? ¿Habia de venir este á mi casa?

CAPITULO XXII.

Alléganse muchos á David refugiado en la cueva de Adullam, desde donde vá á encontrar al rey de Moab; y por consejo del profeta Gad vuélvese al pais de Judá. Saul manda matar á los sacerdotes del Señor; pero Abiathar se acoge á David.

Y YENDOSE David de allí, escapóse á la cueva de Adullam[a]; lo cual como oyeron sus hermanos, y toda la casa de su padre, vinieron allí á él.

[a] Sal. 57, tít. y 142, tít. 2 Sa. 23. 13.

2 Y juntáronse con él todos los afligidos, y todo el que estaba adeudado, y todos los que se hallaban en amargura de espíritu; y fué hecho[b] capitan de ellos: y *así* tuvo consigo como cuatrocientos hombres.

[b] Juec. 11. 3.

3 ¶ Y fuése David de allí á Mispa[c] de Moab, y dijo al rey de Moab: Yo te ruego que mi padre y mi madre esten con vosotros, hasta que sepa lo que Dios hará de mí.

[c] Juec. 11. 29.

4 Trájolos pues á la presencia de Moab, y habitaron con él todo el tiempo que David estuvo en la fortaleza[d].

[d] 1 Cr. 12. 16.

5 Y Gad profeta[e] dijo á David: No te estes en esta fortaleza; pártete, y véte á tierra de[f] Judá. Y David se partió, y vino al bosque de Hareth.

[e] 2 Sa. 24. 11. 1 Cr. 21. 9. 2 Cr. 29. 25.
[f] Sal. 63, tít.

6 ¶ Y oyó Saul como habia parecido David y los que *estaban* con él. Estaba entónces Saul en Gabaa debajo de un árbol en Rama, y tenia su lanza en su mano, y todos sus criados estaban en derredor de él.

7 Y dijo Saul á sus criados que estaban en derredor de él: Oid ahora, hijos de Benjamin: ¿Os dará tambien á todos vosotros el hijo de Isaí tierras y viñas, y os hará á todos tribunos y centuriones?

8 Que todos vosotros habeis conspirado contra mí, y no hay quien me descubra al oido como mi hijo ha hecho alianza con el hijo de Isaí; ó[g] alguno de vosotros que se duela de mí, y me descubra como mi hijo ha levantado á mi siervo contra mí para que me aseche, segun *hace* hoy dia.

[g] Cap. 18. 3. y 20. 30.

9 Entónces Doeg Iduméo[h], que era superior entre los siervos de Saul, respondió y dijo: Yo ví al hijo de Isaí que vino á Nob, á Ahimelech, hijo de Ahitob:

[h] Cap. 21. 7. Sal. 52, tít.

10 El cual consultó por él á Jehová, y dióle provision, y tambien le dió la espada de Goliath el Philistéo[i].

[i] Cap. 21. 9.

11 Y el rey envió por el sacerdote Ahimelech, hijo de Ahitob, y por toda la casa de su padre, *por* los sacerdotes que *estaban* en Nob: y todos vinieron al rey.

12 Y Saul le dijo: Oye ahora, hijo de Ahitob. Y él dijo: Héme aquí, señor mio.

13 Y díjole Saul: ¿Por qué habeis conspirado contra mí, tú y el hijo de Isaí, cuando tú le diste pan, y espada, y consultaste por él á Dios, para que se levantase contra mí, y me asechase, como *lo hace* hoy dia?

14 Entónces Ahimelech respondió al rey, y dijo: ¿Y quien entre todos tus siervos *es tan* fiel como David[k], yerno ademas del rey, y que vá por tu mandado, y es ilustre en tu casa?

[k] Cap. 18. 27.

15 ¿He comenzado yo desde hoy á consultar por él á Dios? Léjos sea de mí: no impute el rey cosa alguna á su siervo, ni á toda la casa de mi padre; porque tu siervo ninguna cosa sabe de este negocio, grande ni chica.

16 Y el rey dijo: Sin duda morirás, Ahimelech, tú y toda la casa de tu padre.

17 Entónces dijo el rey á la gente de su guardia, que estaba alrededor de él: Cercad y matad á los sacerdotes de Jehová; porque tambien la mano de ellos es con David, pues sabiendo ellos que huia, no me lo descubrieron. Mas los siervos del rey no quisieron estender sus manos para matar los sacerdotes de Jehová[l].

[l] Ex. 1. 17.

18 Entónces dijo el rey á Doeg: Vuelve tú, y arremete contra los sacerdotes. Y revolviendose Doeg Iduméo, arremetió contra los sacerdotes, y mató en aquel dia ochenta y cinco varones que vestian Ephod de lino[m].

[m] Cap. 2. 31, 33.

19 Y á Nob, ciudad de los sacerdotes, puso á cuchillo, así á hombres como mujeres, niños y mamantes, bueyes y asnos, y ovejas, *todo* á cuchillo.

20 ¶ Mas uno de los hijos de Ahimelech, hijo de Ahitob, el cual se llamaba Abiathar, escapó[n] y huyóse á David.

[n] Cap. 23. 6. 1 Rey. 2. 26, 27.

21 Y Abiathar notició á David como Saul habia muerto los sacerdotes de Jehová.

22 Y dijo David á Abiathar: Yo sabia

ue estando allí aquel dia Doeg el Idu-
néo, él lo habia de hacer saber á Saul e.
Yo he dado ocasion contra todas las per-
onas de la casa de tu padre.
23 Quédate conmigo, no temas: quien
uscare mi vida, buscará tambien la
uya; bien que tú estarás conmigo gu-
rdado.

CAPITULO XXIII.

avid defiende de los Philistéos á Keila: huye al desierto de Ziph: renuevase la alianza entre David y Jonathan; y perseguido de Saul, en ninguna parte halla seguridad sino en el pecho de Jonathan.

Y DIERON aviso á David diciendo:
Hé aquí que los Philistéos comba-
n á Keila, y roban las eras.
2 Y David consultó á Jehová a dici-
ndo: ¿Iré á herir á estos Philistéos?
Jehová respondió á David: Vé, hiere
s Philistéos, y libra á Keila.
3 Mas los que estaban con David le
jeron: Hé aquí que nosotros aquí en
udá estamos con miedo; ¿cuanto mas
fueremos á Keila contra el ejército de
s Philistéos?
4 Entónces David volvió á consultar
Jehová b. Y Jehová le respondió, y
jo: Levántate, desciende á Keila, que
entregaré en tus manos los Philistéos.
5 Partióse pues David con sus hombres
Keila, y peleó contra los Philistéos, y
ajo antecogidos sus ganados, é hiriólos
n grande estrago: y libró David á los
Keila.
6 Y aconteció, que huyendo Ablathar c,
jo de Ahimelech, á David á Keila,
so tambien con él el ephod.
7 ¶ Y fué dicho á Saul que David ha-
venido á Keila. Entónces dijo Saul:
ios lo ha traido á mis d manos; porque
está encerrado habiendose metido en
udad con puertas y cerraduras.
8 Y convocó Saul todo el pueblo á la
talla, para descender á Keila, y poner
rco á David y á los suyos.
9 Mas entendiendo David que Saul
aba el mal e contra él, dijo á Abi-
har sacerdote: Trae el ephod f.
10 Y dijo David: Jehová Dios de Is-
el, tu siervo tiene entendido que Saul
ta de venir contra Keila, á destruir
ciudad por causa mia g.
11 ¿Me entregarán los vecinos de Kei-
en sus manos? ¿Descenderá Saul,
mo tu siervo tiene oido? Jehová
os de Israel, ruégote que lo declares
tu siervo. Y Jehová dijo: Sí, des-
nderá.
12 Dijo luego David: ¿Me entregarán
vecinos de Keila á mí y á mis hom-
es en manos de Saul? Y Jehová res-
ondió: *Os* entregarán.
13 David entónces se levantó con sus
mbres, *que eran* como h seiscientos, y
iéronse de Keila, y fuéronse de una
rte á otra. Y vino la nueva á Saul de
mo David se habia escapado de Ke-
; y dejó de salir *allá*.
14 ¶ Y David se estaba en el desierto
peñas, y habitaba en un monte en el
ierto de Ziph i: y buscábalo Saul to-
s los dias, mas Dios no lo entregó en
s manos k.
15 Viendo pues David que Saul habia
lido en busca de su alma, *estábase* él
el bosque en el desierto de Ziph.
16 Entónces se levantó Jonathan, hijo
Saul, y vino á David en el bosque, y
nfortó su mano en Dios l:
17 Y díjole: No temas, que no te
llará la mano de Saul mi padre m,
tú reinarás sobre Israel, y yo seré
gundo despues de tí: y aun Saul mi
dre así lo sabe n.

18 Y entrambos hicieron alianza delante de Jehová: y o David se quedó en el bosque, y Jonathan se volvió á su casa.

o Cap. 20. 16, 42. 2 Sa. 21. 7.

19 ¶ Y subieron los de Ziph á decir á Saul en Gabaa: ¿No está David escondido en nuestra tierra en las peñas del bosque, en el collado de Hachila, que *está* á la mano derecha del desierto?

20 Por tanto, rey, desciende ahora presto segun todo el deseo de tu alma, y nosotros lo entregarémos en la mano del rey p.

p Sal. 54. 3.

21 Y Saul dijo: Benditos seais vosotros de Jehová q, que habeis tenido compasion de mí.

q Juec. 17. 2. Mic. 2. 11.

22 Id pues ahora, apercibid aun, considerad y ved su lugar donde tiene el pié, y quien lo haya visto allí; porque se me ha dicho que él es en gran manera astuto.

23 Considerad pues, y ved todos los escondrijos donde se oculta, y volved á mí con la certidumbre, y yo iré con vosotros: que si él estuviere en la tierra, yo le buscaré con todos los millares de Judá r.

r 1 Rey. 18. 10. Mic. 5. 2.

24 Y ellos se levantaron, y se fueron á Ziph delante de Saul: mas David y su gente *estaban* en el desierto de Maon, en la llanura que está á la diestra del desierto.

25 Y partióse Saul con su gente á buscarlo: pero fué dado aviso á David, y descendió *de allí* á la peña, y quedóse en el desierto de Maon. Lo cual como Saul oyó, siguió á David al desierto de Maon.

26 Y Saul iba por el un lado del monte, y David con los suyos por el otro lado del monte: y dábase priesa David para ir delante de Saul; mas Saul y los suyos habian encerrado á David y á su gente para tomarlos s.

s Sal. 17. 9, 11. y 140. 1, 9.

27 Entónces vino un mensajero á Saul diciendo: Ven luego, porque los Philistéos han hecho una irrupcion en el país.

28 Volvióse por tanto Saul de perseguir á David, y partió contra los Philistéos. Por esta causa pusieron á aquel lugar por nombre Sela-hammahlecoth ‖.

‖ *peña de las divisiones.*

CAPITULO XXIV.

David puesto en ocasion de matar á Saul no lo hace, y prohibe á los suyos el hacerlo; por cuyo motivo reconoce Saul la inocencia de David.

ENTONCES David subió de allí, y habitó en los parajes fuertes de Engaddi a.

a 2 Cr. 20. 2.

2 Y como Saul volvió de los Philistéos b, diéronle aviso diciendo: Hé aquí que David *está* en el desierto de Engaddi.

b Cap. 23. 28, 29.

3 Y tomando Saul tres mil hombres escogidos de todo Israel, fué en busca de David y de los suyos por las cumbres de los peñascos de las cabras monteses.

4 Y como llegó á una majada de ovejas en el camino, donde *habia* una cueva, entró Saul en ella á cubrir sus pies: y David y los suyos estaban á los lados de la cueva c.

c Sal. 57, tit. y 142, tit.

5 Entónces los de David le dijeron: Hé aquí el dia de que te ha dicho Jehová, Hé aquí que entrego á tu enemigo en tus manos, y harás con él como te pareciere d. Y levantóse David, y calladamente cortó la orilla del manto de Saul.

d Cap. 26. 8, 11.

6 Despues de lo cual el corazon de David e le golpeaba, porque habia cortado la orilla *del manto* de Saul,

e 2 Sa. 24. 10. 1 Juan 3. 20. 21.

7 Y dijo á los suyos: Jehová me guarde

de hacer tal cosa contra mi señor, el ungido de Jehová, que yo extienda mi mano contra él; porque es el ungido de Jehová *f*.

f 2 Sa. 1. 14.

8 Así quebrantó David á los suyos con palabras, y no les permitió que se levantasen contra Saul *g*. Y Saul saliendo de la cueva, fuése su camino.

g Sal. 7. 4. Mat. 5. 44. Rom. 12. 17, 21.

9 ¶ Tambien David se levantó despues, y saliendo de la cueva dió voces á las espaldas de Saul, diciendo: Mi señor el rey. Y como Saul miró atras, David inclinó su rostro á tierra, é hizo reverencia.

10 Y dijo David á Saul: ¿Por qué oyes las palabras de los que dicen, Mira que David procura tu mal *h*?

h Lev. 19. 16. Pro. 16. 8. y 26. 20, 22. y 29. 12. Eccles. 7. 21.

11 Hé aquí han visto hoy tus ojos como Jehová te ha hoy puesto en mis manos en *esta* cueva: y dijeron que te matase; mas te perdoné, porque dije: No extenderé mi mano contra mi señor, porque ungido *es* de Jehová.

12 Y mira, padre mio, mira aun la orilla de tu manto en mi mano: porque yo corté la orilla de tu manto, y no te maté. Conoce pues, y vé que no *hay* mal ni traicion en mi mano, ni he pecado contra tí *i*: con todo tú andas á caza de mi vida para quitarmela *k*.

i Sal. 35. 7.
k Cap. 26. 20.

13 Juzgue Jehová entre mí y tí, y véngueme de tí Jehová: empero mi mano no será contra tí.

14 Como dice el proverbio de los antiguos, De los impíos saldrá la impiedad: así que mi mano no será contra tí.

15 ¿Tras quien ha salido el rey de Israel? ¿A quién persigues? ¿A un perro muerto? ¿á una pulga *l*?

l Cap. 26. 20.

16 Jehová pues será juez, y él juzgará entre mí y tí. El vea *m*, y sustente mi causa, y me defienda de tu mano *n*.

m Sal. 35. 1. y 43. 1. y 119. 154. Mic. 7. 9.
n Cap. 26. 24.

17 Y aconteció, que como David acabó de decir estas palabras á Saul, Saul dijo: ¿No es esta la voz tuya, hijo mio David? Y alzando Saul su voz lloró.

18 Y dijo á David: Mas justo *eres* tú que yo, que me has pagado con bien, habiéndote yo pagado con mal *o*.

o Mat. 5. 44.

19 Tú has mostrado hoy que has hecho conmigo bien; pues no me has muerto, habiéndome Jehová puesto en tus manos.

20 Porque ¿quien hallará á su enemigo, y lo dejará ir sano y salvo? Jehová te pague con bien por lo que en este dia has hecho conmigo *p*.

p Sal. 18. 20. Pro. 25. 21, 22.

21 Y ahora, como yo entiendo que tú has de reinar, y que el reino de Israel ha de ser en tu mano firme y estable *q*,

q Cap. 23. 17.

22 Júrame luego ahora por Jehová, que no cortarás mi simiente despues de mí, ni raerás mi nombre de la casa de mi padre *r*.

r 2 Sa. 21. 6, 8.

23 Entónces David juró á Saul. Y fuése Saul á su casa, y David y los suyos se subieron al sitio fuerte *s*.

s Cap. 23. 29.

CAPITULO XXV.

Muere Samuel. Nabal del Carmelo niega provision á David, el cual viniendo contra él es prevenido con la prudencia de Abigail, mujer de Nabal. Tiene Nabal mala muerte; y David toma por mujer á Abigail.

Y MURIO Samuel, y juntóse todo Israel, y lo lloraron *a*, y lo sepultaron en su casa en Rama. Y levantóse David, y se fué al desierto de Paran *b*.

a Cap. 28. 3. Nu. 20. 29. Deu. 34. 8.
b Gen. 21. 21. Nu. 10. 12. y 13. 3, 26.

2 ¶ Y en Maon *c* *habia* un hombre que tenia su hacienda en el Carmelo, el cual era muy rico, que tenia tres mil ovejas, y mil cabras. Y aconteció hallarse esquilando sus ovejas en el Carmelo.

c Cap. 23. 24.

3 El nombre de aquel varon *era* Nabal, y el nombre de su mujer, Abigail. Y era aquella mujer de buen entendimiento *d*, y de buena gracia; mas el hombre era duro, y de malos hechos, y del linaje de Caleb.

d Pro. 3[...] 30.

4 Y oyó David en el desierto que Nabal esquilaba sus ovejas *e*.

e Gen. 3[...] 2 Sa. 1[...]

5 Entónces envió David diez criados, y díjoles: Subid al Carmelo, é id á Nabal, y saludadle en mi nombre,

6 Y decidle así: Que vivas, y sea paz á tí, y paz á tu familia, y paz á todo cuanto tienes.

7 Ha poco supe que tienes esquiladores. Ahora, á los pastores tuyos que han estado con nosotros, nunca les hicimos fuerza, ni les faltó algo en todo el tiempo que han estado en el Carmelo.

8 Pregunta á tus criados, que ellos te lo dirán. Hallen por tanto estos criados gracia en tus ojos, pues que venimos en buen dia: ruégote que des lo que tuvieres á mano á tus siervos, y á tu hijo *f* David.

f Eccles. 2.

9 Y como llegaron los criados de David, dijeron á Nabal todas estas palabras [illegible]ombre de David, y callaron.

[illegible] Nabal respondió á los criados de [illegible], y dijo: ¿Quien *es* David? ¿Y quien *es* el hijo de Isaí *g*? Muchos siervos hay hoy que se huyen de sus señores.

g Juec. [...] Sal. 7[...] y 12[...] Is. 3[...]

11 ¿He de tomar yo ahora mi pan, mi agua, y mi víctima que he preparado para mis esquiladores, y la daré á hombres que no sé de donde son?

12 Y tornandose los criados de David, volviéronse por su camino: y vinieron y dijeron á David todas estas palabras.

13 Entónces David dijo á sus hombres: Cíñase cada uno su espada. Y ciñóse cada uno su espada: tambien David ciñó su espada; y subieron tras David como cuatrocientos hombres, y dejaron doscientos con el bagaje *h*.

h Cap. 30[...]

14 Y uno de los criados dió aviso á Abigail, mujer de Nabal, diciendo: Hé aquí David envió mensajeros del desierto que saludasen á nuestro amo, y él los ha zaherido.

15 Mas aquellos hombres nos han *sido* muy buenos, y nunca nos han hecho fuerza, ni ninguna cosa nos ha faltado en todo el tiempo que hemos conversado con ellos, mientras hemos estado en el campo *i*.

i ver. 7.

16 Hannos sido por muro *k* de dia y de noche todos los dias que hemos estado con ellos apacentando las ovejas.

k Job 1. Jer. 1[...]

17 Ahora pues entiende y mira lo que has de hacer, porque el mal está del todo resuelto contra nuestro amo, y contra toda su casa: pues él *es* un hombre tan malo ‖, que no hay quien pueda hablarle.

‖ *de Be*[...]

18 Entónces Abigail tomó luego doscientos panes, y dos cueros de vino, y cinco ovejas guisadas, y cinco medidas de *grano* tostado, y cien hilos de uvas pasas, y doscientos panes de higos secos, y cargólo en asnos *l*.

l Gen. [...] Pro. [...] y 21.

19 Y dijo á sus criados: Id delante de mí *m*, que yo os seguiré luego. Y nada declaró á su marido Nabal.

m Gen. [...] 20.

20 Y sentandose sobre un asno descendió por una parte secreta del monte, y hé aquí David y los suyos que venian frente á ella; y ella les fué al encuentro.

21 Y David habia dicho: Ciertamente en vano he guardado todo lo que este tiene en el desierto, sin que nada le haya faltado de todo cuanto *es* suyo; y él me ha vuelto mal por bien *n*.

n Sal. [...] Pro. [...]

22 Así haga Dios, y así añada á los enemigos de David, que de aquí á mañana no tengo de dejar de todo lo que fuere suyo *ni aun* meante á la pared *o*.

o 1 R[...] 10. y 21. 2 R[...]

[illegible]

David á hablar con Abigail, para tomarla por su mujer.
40 Y los criados de David vinieron á Abigail en el Carmelo, y hablaron con ella diciendo: David nos ha enviado á ti, para tomarte por su mujer.
41 Y ella se levantó, é inclinó su rostro á tierra diciendo: Hé aquí tu sierva, para que sea sierva que[i] lave los piés de los siervos de mi señor.
42 Y levantándose luego Abigail, con cinco mozas que la seguian, montóse en un asno, y siguió los mensajeros de David, y fué su mujer.
43 Tambien tomó David á Ahinoam de Jezrael, y ambas á dos fueron sus mujeres[k]:
44 Porque Saul habia dado su hija Michal, mujer de David, á Palti, hijo de Lais, que era de Gallim[l].

[i] Rut. 2. 10, 13. Pro. 15. 33.
[k] Cap. 27. 3.
[l] Is. 10. 30.

CAPITULO XXVI.

Sabiendo Saul por aviso de los Ziphéos donde estaba David, vuelve á perseguirle. David, entendida su venida, se viene á su campo, y éntrase en él con un compañero miéntras todos duermen; y llegando á Saul tomó de su cabecera una botija de agua y su lanza. Sálese luego, y desde lo alto de un cerro censura á Abner su negligencia en guardar al rey. Confiésase Saul de su iniquidad en vista del hecho y razones de David.

Y VINIERON los Ziphéos á Saul en Gabaa[a], diciendo[b]: ¿No está David escondido en el collado de Hachila, delante del desierto?
2 Saul entónces se levantó, y descendió al desierto de Ziph llevando consigo tres mil hombres escogidos de Israel, para buscar á David en el desierto de Ziph.
3 Y asentó Saul el campo en el collado de Hachila, que está delante del desierto junto al camino. Y estaba David en el desierto, y entendió que Saul le seguia en el desierto *mismo*.
4 David por tanto envió espias, y entendió por cierto que Saul habia venido.
5 Y levantóse David, y vino al sitio donde Saul habia asentado el campo; y miró David el lugar donde dormia Saul, y Abner, hijo de Ner, general de su ejército[c]. Y estaba Saul durmiendo en la trinchera, y el pueblo por el campo en derredor de él.
6 Entónces habló David, y requirió á Ahimelech Hethéo, y á Abisai[d], hijo de Sarvia, hermano de Joab, diciendo: ¿Quien descenderá conmigo á Saul al campo? Y dijo Abisai: Yo descenderé contigo.
7 David pues y Abisai vinieron al pueblo de noche: y hé aquí Saul que estaba tendido durmiendo en la trinchera, y su lanza hincada en tierra á su cabecera, y Abner y el pueblo estaban alrededor de él tendidos.
8 Entónces dijo Abisai á David: Hoy ha Dios entregado á tu enemigo en tus manos: ahora pues, herirélo luego con la lanza *cosiendole* con la tierra de un golpe, y no segundaré.
9 Y David respondió á Abisai: No le mates: porque ¿quien extenderá su mano contra el ungido de Jehová, y será inocente[e]?
10 Dijo ademas David: Vive Jehová, que si Jehová no le hiriere[f], ó que su dia llegue para que muera, ó que descendiendo en batalla perezca,
11 Guárdeme Jehová de extender mi mano contra el ungido de Jehová: empero toma ahora la lanza que está á su cabecera, y la botija del agua, y vámonos.

[a] Sal. 54, tit.
[b] Cap. 23. 19.
[c] Cap. 14. 50.
[d] 1 Cr. 2. 16.
[e] Cap. 24. 6, etc. 2 Sa. 1. 6.
[f] Sal. 94. 23. Luc. 18. 7.

12 Llevóse pues David la lanza, y la
botija de agua de la cabecera de Saul, y
fuéronse; que no hubo nadie que viese,
ni entendiese, ni velase, pues todos dor-
mian: porque un profundo sueño *envi-*
[g] Gen. 2. 21. *ado* de Jehová [g] habia caido sobre ellos.
y 15. 12. 13 Y pasando David de la otra parte,
púsose desviado en la cumbre del monte,
habiendo grande distancia entre ellos:
14 Y dió voces David al pueblo, y á
Abner, hijo de Ner, diciendo: ¿No
respondes, Abner? Entónces Abner
respondió, y dijo: ¿Quien eres tú *que*
das voces al rey?
15 Y dijo David á Abner: ¿No eres
varon tú? ¿Y quien *hay* como tú en
Israel? ¿Porqué pues no has guardado
al rey tu señor? Que ha entrado uno
del pueblo á matar á tu señor el rey.
16 Esto que has hecho no está bien.
Vive Jehová que sois dignos de muerte,
que no habeis guardado á vuestro señor,
al ungido de Jehová. Mira pues ahora
donde *está* la lanza del rey, y la botija
del agua que *estaba* á su cabecera.
17 Y conociendo Saul la voz de David,
dijo: ¿No *es* esta tu voz, hijo mio Da-
[h] Cap. 24.16. vid [h]? Y David respondió: Mi voz *es*,
rey señor mio.
18 Y dijo: ¿Por qué persigue así mi
señor á su siervo? Qué he hecho? ¿Que
mal *hay* en mi mano?
19 Ruego pues que el rey mi señor
oiga ahora las palabras de su siervo? Si
[i] 2 Sa. 16. 11. Jehová te incita contra mí [i], acepte un
y 24. 1. sacrificio: mas si *fueren* hijos de hom-
bres, malditos ellos en la presencia de
Jehová, que me han echado hoy, para
que no me junte en la heredad de Je-
[k] 2 Sa. 14. 16. hová, diciendo [k]: Vé y sirve á dioses
agenos.
20 No caiga pues ahora mi sangre en
tierra delante de Jehová: porque ha
[l] Cap. 24. 15. salido el rey de Israel á [l] buscar una
pulga, así como quien persigue una per-
diz por los montes.
[m] Cap. 15. 24. 21 Entónces dijo Saul: He pecado [m]:
vuélvete, hijo mio David, que ningun
mal te haré mas, pues que mi vida ha
sido estimada hoy en tus ojos. Hé aquí
yo he hecho neciamente, y he errado
en gran manera.
22 Y David respondió, y dijo: Hé aquí
la lanza del rey; pase acá uno de los
criados, y tómela.
23 Y Jehová pague á cada uno su
[n] Sal. 7. 8. justicia, y su lealtad [n]: que Jehová te
y 18. 20. habia entregado hoy en *mi* mano, mas
yo no quise extender mi mano sobre el
ungido de Jehová.
24 Y hé aquí, como tu vida ha sido
estimada hoy en mis ojos, así sea mi
vida estimada en los ojos de Jehová, y
[o] Sal. 18, tit. me libre de toda afliccion [o].
y 34. 17, 18. 25 Y Saul dijo á David: Bendito *eres*
y 144. 2. tú, hijo mio David: sin duda ejecutarás
2 Cor. 1. 9, tú grandes empresas, y prevalecerás [p].
10. Entónces David se fué su camino, y
[p] Gen. 32. 28. Saul se volvió á su lugar.
Is. 54. 17.
Rom. 8. 35,
37.

CAPITULO XXVII.

David, por huir de las manos de Saul, vase á Achis, rey de los Philistéos en Gath, el cual lo recibe humanamente, y le dá á Siclag donde habite. Desde allí hacia incursiones en la tierra de los enemigos.

Y DIJO David en su corazon: Al
fin seré muerto algun dia por la
[a] Is. 40. 27, mano de Saul [a]; nada por tanto me
28. será mejor que fugarme á la tierra de
y 51. 12. los Philistéos, para que Saul se deje de
mí, y no me ande buscando mas por
todos los términos de Israel, y *así* me
escaparé de sus manos.
2 Levantóse pues David, y con los
seiscientos hombres que *tenia* consigo,
pasóse á Achis [b], hijo de Maoch, rey de [b] Cap. 21. 10.
Gath.
3 Y moró David con Achis en Gath,
él y los suyos, cada uno con su familia:
David con sus dos mujeres [c], Ahinoam [c] Cap. 25. 43.
Jezreelita, y Abigail, la *que fué* mujer
de Nabal el del Carmelo.
4 Y vino la nueva á Saul que David
se habia huido á Gath, y no lo buscó
mas.
5 Y David dijo á Achis: Si he hallado
ahora gracia en tus ojos, séame dado
lugar en alguna de las ciudades de la
tierra, donde habite; porque ¿ha de
morar tu siervo contigo en la ciudad
real?
6 Y Achis le dió aquel dia á Siclag [d]. [d] Jos. 19. 5.
De aquí fué Siclag de los reyes de Judá
hasta hoy.
7 Y fué el número de los dias que
David habitó en la tierra de los Philis-
téos, cuatro meses y algunos dias.
8 Y subia David con los suyos, y hacian
entradas en los Gesuréos, y en los Ger-
zéos, y en los Amalecitas: porque estos
habitaban de largo tiempo la tierra,
desde como se vá á Sur [e] hasta la tierra [e] Gen. 25. 18.
de Egipto.
9 Y heria David el pais, y no dejaba
á vida hombre ni mujer; y llevábase
las ovejas, y las vacas, y los asnos, y
los camellos, y las ropas, y volvia, y
veníase á Achis.
10 Y decia Achis: ¿Donde habeis cor-
rido hoy? Y David decia: Al Mediodia
de Judá, y al Mediodia de Jerameel [f], [f] 1 Cr. 2. 9.
ó contra el Mediodia de Ceni [g]. [g] Juec. 1. 16.
11 Ni hombre ni mujer dejaba á vida
David, que viniese á Gath, diciendo
para sí: Porque no den aviso de noso-
tros diciendo, Esto hizo David. Y esta
era su costumbre todo el tiempo que
moró en tierra de los Philistéos.
12 Y Achis creia á David, diciendo:
El se hace abominable en su pueblo de
Israel, y así será siempre mi siervo.

CAPITULO XXVIII.

Guerra de los Philistéos contra los Israelitas: consulta Saul á una Pythonisa: y le aparece Samuel, el cual le anuncia su próxima ruina.

Y ACONTECIO que en aquellos dias
los Philistéos juntaron sus campos
para pelear contra Israel. Y dijo Achis
á David: Sabe de cierto que has de salir
conmigo á campaña, tú y los tuyos.
2 Y David respondió á Achis: Sabrás
pues lo que hará tu siervo. Y Achis
dijo á David: Por tanto te haré guarda
de mi cabeza todos los dias.
3 Ya Samuel era muerto [a], y todo Is- [a] Cap. 25. 1.
rael lo habia lamentado, y habianle
sepultado en Rama, en su ciudad. Y
Saul habia echado de la tierra [b] los [b] Lev. 19. 31.
encantadores y adivinos. y 20. 27.
4 Pues como los Philistéos se juntaron, Deu. 18.
vinieron y asentaron campo en Sunam: 11.
y Saul juntó á todo Israel, y asentaron
campo en Gilboa [c]. [c] Cap. 31. 1.
5 Y cuando vió Saul el campo de los
Philistéos, temió, y turbóse su corazon
en gran manera [d]. [d] Job 18. 11.
6 Y consultó Saul á Jehová; pero Je-
hová no le respondió [e], ni por sueños, [e] Pro. 1. 28.
ni por [f] Urim, ni por [g] profetas. [f] Nu. 12. 6.
7 Entónces Saul dijo á sus criados: [g] Nu. 27. 21.
Buscadme una mujer que tenga *espíritu*
de Python, para que yo vaya á ella, y
por medio de ella [h] pregunte. Y sus [h] 1 Cr. 10. 13.
criados le respondieron: Hé aquí *hay* Is. 8. 19.
una mujer en Endor que tiene espíritu
de Python.
8 Y disfrazóse Saul, y púsose otros

vestidos, y fuése con dos hombres, y vinieron á aquella mujer de noche, y él la dijo: Yo te ruego que me adivines por el espíritu de Python, y me hagas subir á quien yo te dijere.

9 Y la mujer le dijo: Hé aquí tú sabes lo que Saul ha hecho, como ha separado de la tierra los pythones, y los adivinos[i]: ¿por qué pues pones tropiezo á mi vida, para hacerme matar? ...r. 2.

10 Entónces Saul le juró por Jehová, diciendo: Vive Jehová, que ningun mal te vendrá por esto.

11 La mujer entónces dijo: ¿A quien te haré venir? Y él respondió: Hazme venir á Samuel.

12 Y viendo la mujer á Samuel, clamó en alta voz, y habló aquella mujer á Saul diciendo:

13 ¿Por qué me has engañado? que tú eres Saul. Y el rey le dijo: No temas: ¿qué has visto? Y la mujer respondió á Saul: He visto dioses que suben de la tierra.

14 Y él la dijo: ¿Cual *es* su forma? Y ella respondió: Un hombre anciano viene, y cubierto de un manto[k]. Saul entónces entendió que era Samuel, y humillando el rostro á tierra hizo gran reverencia. ...p. 15. 27. ...ey. 2. 8, ...

15 Y Samuel dijo á Saul: ¿Por qué me has inquietado haciendome venir? Y Saul respondió: estoy muy congojado, pues los Philistéos pelean contra mí, y Dios se ha apartado de mí[l], y no me responde mas, ni por mano de profetas, ni por sueños: por esto te he llamado, para que me declares que tengo de hacer. [l] Cap. 18. 12.

16 Entónces Samuel dijo: ¿Y para qué me preguntas á mí, habiendose apartado de tí Jehová, y es tu enemigo?

17 Jehová pues se ha hecho como habló por medio de mí[m]: pues ha cortado Jehová el reino de tu mano, y lo ha dado á tu compañero David. [m] Cap. 15. 28.

18 Como tú no obedeciste á la voz de Jehová, ni cumpliste el furor de su ira sobre Amalec[n], por eso Jehová te ha hecho esto hoy. [n] Cap. 15. 9, 11. 1 Rey. 20. 42. 1 Cr. 10. 13. Jer. 48. 10.

19 Y Jehová entregará á Israel tambien contigo en mano de los Philistéos[o]: y mañana seréis conmigo tú y tus hijos: y aun el campo de Israel entregará Jehová en manos de los Philistéos. [o] Cap. 31. 1, 6. Dan. 5. 26, 28.

20 En aquel punto cayó Saul en tierra cuan grande era, y tuvo gran temor por las palabras de Samuel; que no quedó en él esfuerzo ninguno, porque en todo aquel dia y aquella noche no habia comido pan.

21 Entónces la mujer vino á Saul, y viendolo en grande manera turbado, díjole: Hé aquí que tu criada ha obedecido á tu voz, y he puesto mi vida en mi mano, y he oido las palabras que tú me has dicho.

22 Ruégote pues que tú tambien oigas la voz de tu sierva: pondré yo delante de tí un bocado de pan que comas, para que te corrobores, y vayas tu camino.

23 Y él lo rehusó diciendo: No comeré. Mas sus criados juntamente con la mujer le constriñeron, y él los obedeció. Levantóse pues del suelo, y sentóse sobre una cama.

24 Y aquella mujer tenia en su casa un ternero grueso, el cual mató luego: y tomó harina, y amasóla, y coció de ella panes sin levadura.

25 Y trajo *aquello* delante de Saul, y de sus criados: y luego que hubieron comido, se levantaron, y partieron aquella noche.

CAPITULO XXIX.

Los príncipes de los Philistéos no consienten á Achis que David entre en la batalla, porque no se eche al bando de los Israelitas al mejor tiempo.

Y LOS Philistéos juntaron todos sus campos en Aphec[a]; é Israel puso su campo junto á la fuente que *está* en Jezreel. [a] Cap. 4. 1.

2 Y reconociendo los príncipes de los Philistéos sus compañías de á ciento, y de á mil hombres, David y los suyos iban en los postreros con Achis.

3 Y dijeron los príncipes de los Philistéos: ¿Qué hacen aquí estos Hebréos? Y Achis respondió á los príncipes de los Philistéos: ¿No *es* este David el siervo de Saul, rey de Israel, que ha estado conmigo algunos dias, ó algunos años[b], y no he hallado cosa en él, desde el dia que se pasó á mí hasta hoy? [b] Cap. 27. 7.

4 Entónces los príncipes de los Philistéos se enojaron contra él, y dijéronle: Envia á este hombre, que se vuelva al lugar que le señalaste, y no venga con nosotros á la batalla[c], no sea que en la batalla se nos vuelva enemigo[d]: porque ¿con qué cosa volveria *mejor* á la gracia de su señor que con las cabezas de estos hombres? [c] 1 Cr. 12. 19. [d] Cap. 14. 21.

5 ¿No *es* este David de quien cantaban en los corros diciendo: Saul hirió sus miles, y David sus diez miles[e]? [e] Cap. 18. 7.

6 Y Achis llamó á David, y díjole: Vive Jehová que tú has sido recto, y que me ha parecido bien tu salida y entrada en el campo conmigo; y que ninguna cosa mala he hallado en tí desde el dia que viniste á mí hasta hoy: mas en los ojos de los príncipes no agradas.

7 Vuélvete pues, y véte en paz, y no hagas lo malo en los ojos de los príncipes de los Philistéos.

8 Y David respondió á Achis: Qué he hecho? ¿Qué has hallado en tu siervo desde el dia que estoy contigo hasta hoy, para que yo no vaya y pelee contra los enemigos de mi señor el rey?

9 Y Achis respondió á David, y dijo: Yo sé que tú *eres* bueno en mis ojos, como un ángel de Dios[f]; mas los príncipes de los Philistéos han dicho: No venga *este* con nosotros á la batalla. [f] 2 Sa. 14. 17. y 19. 27.

10 Levántate pues de mañana, tú y los siervos de tu señor que han venido contigo; y levantándoos de mañana, luego al amanecer partíos.

11 Y levantóse David de mañana, él y los suyos, para irse y volverse á la tierra de los Philistéos: y los Philistéos fueron á Jezreel[g]. [g] 2 Sa. 4. 4.

CAPITULO XXX.

Entendiendo David que Siclag su ciudad era saqueada y puesta á fuego por los Amalecitas, los persigue, alcanza, vence y despoja.

Y CUANDO David y los suyos vinieron á Siclag al tercero dia, *ya* los de Amalec habian invadido por el Mediodia, y á Siclag; y habian desolado á Siclag, y puéstola á fuego:

2 Y habianse llevado cautivas á las mujeres que *estaban* en ella, desde el menor hasta el mayor; mas á nadie habian muerto[a], sino llevádo, é ídose su camino. [a] Sal. 76. 10.

3 Vino pues David con los suyos á la ciudad, y hé aquí que estaba quemada á fuego; y sus mujeres, y sus hijos, é hijas, llevadas cautivas.

4 Entónces David, y la gente que con él *estaba*, alzaron su voz y lloraron, hasta que les faltaron las fuerzas para llorar.

[b] Cap. 25. 42, 43.

5 Las dos mujeres[b] de David, Ahinoam Jezreelita, y Abigail la *que fué* mujer de Nabal del Carmelo, tambien eran cautivas.

[c] Ex. 17. 4. [d] Cap. 1. 10. Juec. 18. 25. 2 Sa. 17. 8. 2 Rey. 4. 27. [e] Sal. 18. 6. y 34. 1, 8. y 40. 1, 2. y 42. 5, 11. y 56. 1, 4. Is. 25. 4. Ro. 8. 31. 2 Cor. 1. 6, 10. Heb. 13. 6.

6 Y David fué muy angustiado, porque el pueblo hablaba de apedrearlo[c]; porque todo el pueblo estaba con ánimo amargo[d], cada uno por sus hijos y por sus hijas: mas David se esforzó en Jehová su Dios[e].

[f] Cap. 23. 2, 9.

7 Y dijo David al sacerdote Abiathar, hijo de Ahimelech: Yo te ruego que me acerques el Ephod[f]. Y Abiathar acercó el Ephod á David.

8 Y David consultó á Jehová diciendo: ¿Seguiré esta tropa? ¿Podréla alcanzar? Y él le dijo: Síguela, que de cierto la alcanzarás, y sin falta librarás *la presa*.

9 Partióse pues David, él y los seiscientos hombres que con él *estaban*, y vinieron hasta el torrente de Besor, donde se quedaron algunos.

[g] ver. 21.

10 Y David siguió *el alcance* con cuatrocientos hombres, porque se quedaron *atras* doscientos, que cansados no pudieron pasar el torrente de Besor[g].

11 Y hallaron en el campo un hombre Egipcio, el cual trajeron á David, y diéronle pan que comiese, y á beber agua:

[h] Cap. 14. 27. Juec. 15. 19.

12 Diéronle tambien un pedazo de masa de higos secos, y dos hilos de pasas. Y luego que comió, volvió en él su espíritu[h]; porque no habia comido pan, ni bebido agua, en tres dias y tres noches.

13 Y díjole David: ¿De quien *eres* tú? ¿Y de donde eres? Y respondió el mozo Egipcio: Yo soy siervo de un Amalecita, y dejóme mi amo hoy ha tres *dias*, porque estaba enfermo.

[i] 2 Sa. 8. 18. 1 Rey. 1. 38, 44. Ez. 25. 16. Soph. 2. 5.

14 Pues hicimos una incursion á la parte del Mediodia de Cerethi[i], y á Judá, y al Mediodia de Caleb, y pusimos fuego á Siclag.

15 Y díjole David: ¿Me llevarás tú á esa tropa? Y él dijo: Hazme juramento por Dios, que no me matarás, ni me entregarás en las manos de mi amo, y yo te llevaré á esa gente.

16 Llevólo pues: y hé aquí que estaban derramados sobre la haz de toda aquella tierra comiendo y bebiendo, y haciendo fiesta, por toda aquella gran presa que habian tomado de la tierra de los Philistéos, y de la tierra de Judá.

17 E hiriólos David desde aquella mañana hasta la tarde del dia siguiente: y no escapó de ellos ninguno, sino cuatrocientos mancebos que habian subido en camellos, y huyeron.

18 Y libró David todo lo que los Amalecitas habian tomado: y asimismo libertó David á sus dos mujeres.

[k] ver. 8. Gen. 14. 14, 16.

19 Y no les faltó cosa chica ni grande, así de hijos como de hijas, del robo, y de todas las cosas que les habian tomado: todo lo recobró David[k].

20 Tomó tambien David todas las ovejas, y ganados mayores, y trayendolo todo delante, decian: Esta es la presa de David.

21 Y vino David á los doscientos hombres que habian quedado cansados, y no habian podido seguir á David, á los cuales habian hecho quedar en el torrente de Besor: y ellos salieron á recibir á David, y al pueblo que con él *estaba*. Y como David llegó á la gente, saludólos con paz.

22 Entónces todos los malos y perversos de entre los que habian ido con David, respondieron y dijeron: Pues que no fueron con nosotros, no les darémos de la presa que hemos quitado, sino á cada uno su mujer y sus hijos, los cuales tomen y se vayan.

23 Y David dijo: No hagais eso, hermanos mios, de lo que nos ha dado Jehová, el cual nos ha guardado, y entregado en nuestras manos la caterva que vino sobre nosotros.

[l] Nu. 31. 27. Jos. 22. 8.

24 ¿Y quien os escuchará en este caso? Porque igual parte ha de ser la de los que vienen á la batalla, y la de los que quedan al bagaje: que partan juntamente[l].

25 Y desde aquel dia en adelante fué *esto* puesto por ley y ordenanza en Israel hasta hoy.

26 Y como David llegó á Siclag, envió de la presa á los ancianos de Judá, sus amigos, diciendo: Hé aquí *una* bendicion para vosotros de la presa de los enemigos de Jehová.

[m] Jos. 19. 8.

27 *Asimismo envió* á los que estaban en Beth-el, y en Ramoth al Mediodia[m], y á los que *estaban* en Jattir:

28 Y á los que *estaban* en Aroer, y en Siphmoth, y á los que *estaban* en Esthemoa:

29 Y á los que *estaban* en Rachál, y á los que en las ciudades de Jerameel, y á los que en las ciudades del Cinéo:

30 Y á los que *estaban* en Horma, y á los que en Chórasan, y á los que en Athach:

31 Y á los que *estaban* en Hebron, y en todos los lugares donde David habia estado con los suyos.

CAPITULO XXXI.

Dáse la batalla entre los Israelitas y los Philistéos, en la que el campo de Israel fué desbaratado, muerto Saul, y sus hijos, y muchos de los Israelitas, y sus cuerpos y armas llevados en trofeo por los Philistéos á su tierra. Los de Jabes de Galaad hurtan el cuerpo de Saul, y los de sus hijos, de los Philistéos, y los sepultan en su tierra.

[a] 1 Cr. 10. etc. [b] Cap. 28. 4.

LOS Philistéos pues pelearon con Israel[a]: y los de Israel huyeron delante de los Philistéos, y cayeron muertos en el monte de Gilboa[b].

[c] Cap. 14. 49. 1 Cr. 8. 33.

2 Y siguiendo los Philistéos á Saul y á sus hijos, mataron á Jonathan, y á Abinadab, y á Melchisua, hijos de Saul[c].

[d] 2 Sa. 1. 6. etc.

3 Y agravóse la batalla sobre Saul[d], y le alcanzaron los flecheros; y tuvo gran temor de los flecheros.

[e] Juec. 9. 54. [f] Cap. 14. 6. y 17. 16.

4 Entónces dijo Saul á su escudero: Saca tu espada, y pásame con ella[e], porque no vengan[f] estos incircuncisos, y me pasen, y me escarnezcan. Mas su escudero no queria, porque tenia gran temor. Entónces tomó Saul la espada, y echóse sobre ella.

5 Y viendo su escudero á Saul muerto, él tambien se echó sobre su espada, y murió con él.

[g] Cap. 28. 19.

6 Así murió Saul en aquel dia, juntamente con sus tres hijos[g], y su escudero, y todos sus varones.

7 Y los de Israel que eran de la otra parte del valle, y de la otra parte del Jordan, viendo que Israel habia huido, y que Saul y sus hijos eran muertos, dejaron las ciudades, y huyeron; y los Philistéos vinieron, y habitaron en ellas.

8 Y aconteció el *siguiente* dia, que viniendo los Philistéos á despojar los muertos, hallaron á Saul y á sus tres hijos tendidos en el monte de Gilboa.

9 Y cortáronle la cabeza, y desnudáronle las armas: y enviaron á tierra de los Philistéos al contorno, para que *lo* noticiaran en el templo de sus ídolos, y por el pueblo.

[h] Cap. 21. 9.

10 Y pusieron sus armas[h] en el templo

de Astaroth [i], y colgaron su cuerpo en
el muro de Beth-san [k].
11 Mas oyendo [l] los de Jabes de Ga-
laad esto que los Philistéos hicieron á
Saul,
12 Todos los hombres valientes se le-
vantaron, y anduvieron toda aquella
noche, y quitaron el cuerpo de Saul,
y los cuerpos de sus hijos, del muro de
Beth-san; y viniendo á Jabes, quemá-
ronlos allí [m]. [m] Am. 6. 10.
13 Y tomando sus huesos [n], sepultá- [n] 2 Sa. 2. 4, 5. y 21. 12, 14.
ronlos debajo de un árbol en Jabes, y
ayunaron siete dias [o]. [o] Gen. 50. 10.

SEGUNDO LIBRO DE SAMUEL.

A. C. 1056.

CAPITULO I.

Viene la nueva á David de la muerte de Saul y de sus hijos, y de la derrota del pueblo, por lo que muestra singular sentimiento. Hace matar al mensajero que dijo habia muerto á Saul, y le traia su corona. Endecha á Saul y á Jonathan cantando sus alabanzas.

Y ACONTECIO despues de la muer-
te de Saul, que vuelto David de la
derrota de los Amalecitas [a], estuvo dos [a] 1 Sa. 30. 17, 26.
dias en Siclag:
2 Y al tercer dia aconteció, que vino uno
del campo de Saul, rotos sus vestidos,
y *esparcida* tierra sobre su cabeza [b]; y [b] 1 Sa. 4. 12, 16.
llegando á David, postróse en tierra, é
hizo reverencia.
3 Y preguntóle David: De donde vie-
nes? Y él respondió: Heme escapado
del campo de Israel.
4 Y David le dijo: Qué ha acontecido?
Ruégote que me lo digas. Y él respon-
dió: El pueblo huyó de la batalla, y
tambien muchos del pueblo cayeron y
son muertos: tambien Saul y Jonathan
su hijo murieron.
5 Y dijo David á aquel mancebo que
le daba las nuevas: ¿Como sabes que
Saul es muerto, y Jonathan su hijo?
6 Y el mancebo que le daba las nue-
vas respondió: Casualmente vine al
monte de Gilboa, y hallé á Saul que
estaba recostado sobre su lanza, y ve-
nian tras él carros y gente de á caballo [c]. [c] 1 Sa. 31. 1, 2, etc.
7 Y como él miró atras, vióme y lla-
móme. Y yo dije: Héme aquí.
8 Y él me dijo: Quien *eres* tú? Y yo
le respondí: Soy Amalecita.
9 Y él me volvió á decir: Yo te ruego
que te pongas sobre mí, y me mates,
porque me toman angustias, y toda mi
alma *está* aun en mí.
10 Yo entónces púseme sobre él, y ma-
téle, porque sabia que no podia vivir
despues de su caida: y tomé la corona
que *tenia* en su cabeza, y la ajorca que
traia en su brazo, y helas traido acá á
mi señor.
11 Entónces David trabando de sus
vestidos [d] rompiólos, y lo mismo hicie- [d] Cap. 3. 31. y 13. 31.
ron los hombres que estaban con él.
12 Y lloraron, y lamentaron, y ayu-
naron hasta la tarde, por Saul y por
Jonathan su hijo, y por el pueblo de
Jehová, y por la casa de Israel, porque
habian caido á cuchillo.
13 Y David dijo á aquel mancebo que
le habia traido las nuevas: ¿De donde
eres tú? Y él respondió: Yo soy hijo
de un extranjero, Amalecita.
14 Y díjole David: ¿Como no tuviste
temor de estender tu mano para matar
al ungido de Jehová [e]? [e] 1 Sa. 24. 6. y 26. 9.
15 Entónces llamó David uno de los
mancebos, y díjole: Llega, y mátalo.
Y él lo hirió, y murió.
16 Y David le dijo: Tu sangre *sea*
sobre tu cabeza [f], pues que tu boca [f] 1 Rey. 2. 32. y 2. 37.
atestiguó contra tí diciendo: Yo maté
al ungido de Jehová.
17 ¶ Y endechó David á Saul y á
Jonathan su hijo con esta endecha.
18 (Dijo tambien que enseñasen al
arco [g] á los hijos de Judá. Hé aquí que [g] ver. 22.
así está escrito en el libro del derecho ‖.) ‖ *Libro de Jasher.*
19 Perecido ha la gloria de Israel
sobre tus montañas: ¿como han caido
los valientes?
20 No lo denunciéis en Gath [h], no [h] Mic. 1. 10.
deis las nuevas en las plazas de As-
calon; porque no se alegren las hijas
de los Philistéos, porque no salten de
gozo las hijas de los incircuncisos.
21 Montes de Gilboa, ni rocío ni lluvia
caiga sobre vosotros, ni *seais* tierras de
ofrendas: porque allí fué desechado el
escudo de los valientes, el escudo de
Saul, como si no hubiera sido ungido
con aceite [i]. [i] 1 Sa. 10. 1.
22 Sin sangre de muertos, sin grosura
de valientes, el arco de Jonathan nunca
volvió atras, ni la espada de Saul se
tornó vacía.
23 Saul y Jonathan, amados y queri-
dos en su vida, en su muerte tampoco
fueron apartados [k]: mas ligeros que á- [k] 1 Sa. 31. 1, 4.
guilas, mas fuertes que leones.
24 Hijas de Israel, llorad sobre Saul,
que os vestia de escarlata en regocijos,
que adornaba vuestras ropas con orna-
mentos de oro.
25 ¿Cómo han caido los valientes en
medio de la batalla? Jonathan, muerto
en tus alturas!
26 Angustia tengo por tí, hermano
mio Jonathan, que me fuiste muy dul-
ce: mas maravilloso me fué tu amor
que el amor de las mujeres [l]. [l] 1 Sa. 18. 1, 3. y 20. 17, 41. y 23. 16.
27 ¿Cómo han caido los valientes, y
perecieron las armas de guerra [m]? [m] Cap. 19. 28.

CAPITULO II.

David viene á Hebron, donde es ungido por rey por los principales de Judá. Da las gracias á los de Jabes por haber enterrado á Saul. Abner, general del ejército de Saul, habiendo hecho proclamar rey á Isboseth, hijo de Saul, tiene una escaramuza con la gente de David, en que fué vencido.

DESPUES de esto aconteció que
David consultó á Jehová [a], dicien- [a] Juec. 1. 1. 1 Sa. 23. 2, 4, 10.
do: ¿Subiré á alguna de las ciudades
de Judá? Y Jehová le respondió: Sube.
Y David tornó á decir: Adonde su-
biré? Y él le dijo: A Hebron [b]. [b] Cap. 5. 1, 3.
2 Y David subió allá, y con él sus dos
mujeres, Ahinoam Jezreelita, y Abi-
gail, la *que fué* mujer de Nabal del
Carmelo [c]. [c] 1 Sa. 30. 5.
3 Y llevó tambien David consigo los
hombres que con él habian estado [d], [d] 1 Sa. 27. 23. 1 Cr. 12. 1, etc.
cada uno con su familia; los cuales
moraron en las ciudades de Hebron.
4 Y vinieron los varones de Judá, y
ungieron allí á David por rey sobre la
casa de Judá. Y dieron aviso á David
diciendo: Los de Jabes de Galaad *son*
los que sepultaron á Saul [e]. [e] 1 Sa. 31. 11, 13.
5 Y envió David mensajeros á los de
Jabes de Galaad diciendoles: Benditos
seais vosotros de Jehová, que habeis
hecho esta misericordia con vuestro
señor Saul en haberle dado sepultura.
6 Ahora pues Jehová haga con vos-

otros misericordia y verdad: y[f] yo tambien os haré bien por esto que habeis hecho.

7 Esfuércense pues ahora vuestras manos, y sed valientes; pues que muerto Saul vuestro señor, los de la casa de Judá me han ungido por rey sobre ellos.

8 ¶ Mas Abner, hijo de Ner[g], general del ejército de Saul, tomó á Is-boseth[h], hijo de Saul, é hízolo pasar al real:

9 Y alzólo por rey sobre Galaad, y sobre Gessuri, y sobre Jezreel, y sobre Ephraim, y sobre Benjamin, y sobre todo Israel.

10 De cuarenta años era Is-boseth, hijo de Saul, cuando comenzó á reinar sobre Israel, y reinó dos años. Sola la casa de Judá seguia á David.

11 Y fué el número de los dias que David reinó en Hebron[i], sobre la casa de Judá, *el de* siete años y seis meses.

12 ¶ Y Abner, hijo de Ner, salió de Mahanaim á Gabaon[k] con los siervos de Is-boseth, hijo de Saul.

13 Y Joab, hijo de Sarvia, y los siervos de David, salieron y encontráronlos junto al estanque de Gabaon[l]: y como se juntaron, paráronse los unos de la una parte del estanque, y los otros de la otra.

14 Y dijo Abner á Joab: *Levántense* ahora los mancebos, y maniobren delante de nosotros. Y Joab respondió: *Levántense.*

15 Entónces se levantaron, y en número de doce pasaron de Benjamin, por la parte de Is-boseth, hijo de Saul; y *otros* doce de los siervos de David.

16 Y cada uno echó mano de la cabeza de su compañero, y *metióle* su espada por el costado, cayendo así á una; por lo que fué llamado aquel lugar, Helcath-assurim †, el cual *está* en Gabaon.

17 Y hubo aquel dia una batalla muy recia; y Abner y los hombres de Israel fueron vencidos de los siervos de David[m].

18 Y estaban allí los tres hijos de Sarvia, Joab, y Abisai, y Asael[n]. Este Asael era suelto de pies como un[o] corzo del campo.

19 El cual Asael siguió á Abner, yendo tras de él sin apartarse á diestra ni á siniestra.

20 Y Abner miró atras, y dijo: ¿No eres tú Asael? Y él respondió: Sí.

21 Entónces Abner le dijo: Apártate á la derecha ó á la izquierda, y agárrate alguno de los mancebos, y toma para tí sus despojos. Pero Asael no quiso apartarse de en pos de él.

22 Y Abner tornó á decir á Asael: Apártate de en pos de mí, porque te heriré *derribándote* en tierra; y *despues* ¿cómo levantaré mi rostro á tu hermano Joab?

23 Y no queriendo él irse, hirióle Abner con el regaton de la lanza[p] por la quinta *costilla*, y salióle la lanza por las espaldas, y cayó allí, y murió en aquel mismo sitio. Y todos los que venian por aquel lugar donde Asael habia caido, y estaba muerto, se paraban.

24 Mas Joab y Abisai siguieron á Abner; y púsoseles el sol cuando llegaron al collado de Amma, que *está* delante de Gia, junto al camino del desierto de Gabaon.

25 Y juntáronse los hijos de Benjamin en un escuadron con Abner, y paráronse en la cumbre del collado.

26 Y Abner dió voces á Joab diciendo: ¿Consumirá la espada perpetuamente? ¿No sabes tú que al cabo se sigue amargura[q]? ¿Hasta cuando no has de decir al pueblo que se vuelvan de seguir á sus hermanos?

27 Y Joab respondió: Vive Dios que si no hubieras hablado, ya desde esta mañana el pueblo hubiera dejado de seguir á sus hermanos.

28 Entónces Joab tocó el cuerno, y todo el pueblo se detuvo, y no siguió mas á los de Israel, ni peleó mas.

29 Y Abner y los suyos caminaron por la campaña toda aquella noche, y pasando el Jordan cruzaron por todo Bitron, y llegaron á Mahanaim.

30 Joab tambien volvió de seguir á Abner, y juntando todo el pueblo, faltaron de los siervos de David diez y nueve hombres, y Asael.

31 Mas los siervos de David hirieron de los de Benjamin, y de los de Abner, trescientos y sesenta hombres, que murieron. Tomaron luego á Asael, y sepultáronlo en el sepulcro de su padre, en Beth-lehem.

32 Y caminaron toda aquella noche Joab y los suyos, y amanecióles en Hebron.

CAPITULO III.

Abner se pasa á David persuadiendo á los príncipes de Israel que le reciban por rey. Joab, general del campo de David, mata á Abner por engaño, de lo que David tuvo gran pesar, y le enterró con grande pompa endechándolo, y ayunando, y enlutándose por él.

Y HUBO larga guerra entre la casa de Saul y la casa de David: mas David se iba fortificando[a], y la casa de Saul iba en diminucion.

2 Y nacieron hijos á David en Hebron[b]. Su primogénito fué Amnon, de Ahinoam Jezreelita:

3 Su segundo *fué* Chileab, de Abigail, la mujer de Nabal el del Carmelo: el tercero, Absalom, hijo de Maachá, hija de Talmai, rey de Gessur[c]:

4 El cuarto, Adonías, hijo de Haggith[d]: el quinto, Saphatías, hijo de Abital:

5 El sexto, Jetream, de Egla mujer de David. Estos nacieron á David en Hebron.

6 ¶ Y como habia guerra entre la casa de Saul y la de David, aconteció que Abner se esforzaba por la casa de Saul.

7 Y habia Saul tenido una concubina que se llamaba Rispa[e], hija de Aja. Y dijo *Is-boseth* á Abner: ¿Por qué has entrado á la concubina de mi padre?

8 Y enojóse Abner en gran manera por las palabras de Is-boseth, y dijo: ¿Soy yo cabeza de perros respecto de Judá[f]? Yo he hecho hoy misericordia con la casa de Saul tu padre, con sus hermanos, y con sus amigos, y no te he entregado en las manos de David: ¿y tú me haces hoy cargo del pecado de *una* mujer?

9 Así haga Dios á Abner, y así le añada[g], si como ha jurado Jehová á David, no hiciere yo así con él[h],

10 Trasladando el reino de la casa de Saul[i], y confirmando el trono de David sobre Israel y sobre Judá, desde Dan hasta Beersebah[k].

11 Y él no pudo responder palabra á Abner, porque le temia.

12 ¶ Y envió Abner mensajeros á David de su parte, diciendo: Cuya es la tierra? Y que le dijesen: Haz alianza conmigo, y hé aquí que mi mano será contigo para volver á tí á todo Israel.

13 Y *David* dijo: Bien; yo haré contigo alianza: mas una cosa te pido, y es, que no me vengas á ver, sin que pri-

f 2 Tim. 1. 16, 18.
g 1 Sa. 14. 50.
h 1 Cr. 8. 33. y 9. 39.
i Cap. 5. 5. 1 Rey. 2. 11.
k Jos. 10. 2, 4, 12.
l Jer. 41. 12.
† *El campo de los fuertes.*
m Cap. 3. 1.
n 1 Cr. 2. 16.
o 1 Cr. 12. 8.
p Cap. 4. 6. y 20. 10.

q Pro. 11. [illegible]
a Cap. 2. [illegible] Job 17. 9. Pro. 4. 18.
b 1 Cr. 3. 1.
c Cap. 13. [illegible] 1 Sa. 27. [illegible]
d 1 Rey. 1. etc.
e Cap. 21. [illegible]
f Cap. 9. [illegible] 1 Sa. 24. [illegible]
g Rut. 1. [illegible] 1 Rey. [illegible]
h 1 Sa. 15. [illegible] y 16. 1. [illegible] Sal. 89. [illegible]
i 1 Cr. 12. [illegible]
k Cap. 17. [illegible] Juec. 20. [illegible] 1 Rey. 4. [illegible]

mero traigas á Michal, la hija de Saul[l], cuando vinieres á verme.

14 Despues de esto envió David mensajeros á Is-boseth, hijo de Saul[m], diciendo: Restitúyeme á mi mujer Michal, la cual yo desposé conmigo por cien prepucios de Philistéos[n].

15 Entónces Is-boseth envió, y quitóla á su marido Paltiel[o], hijo de Lais.

16 Y su marido fué con ella, siguiéndola y llorando hasta Bahurim[p]. Y díjole Abner: Anda, vuélvete. Entónces él se volvió.

17 Y habló Abner con los ancianos de Israel diciendo: Ayer y antes procurabais que David fuese rey sobre vosotros.

18 Ahora pues, hacedlo; porque Jehová ha hablado á David diciendo: Por la mano de mi siervo David libraré á mi pueblo Israel de mano de los Philistéos, y de mano de todos sus enemigos.

19 Y habló tambien Abner á los de Benjamin[q]: y fué tambien Abner á Hebron á decir á David todo el parecer de los de Israel, y de toda la casa de Benjamin.

20 Vino pues Abner á David en Hebron, y con él veinte hombres: y David hizo banquete á Abner, y á los que con él habian venido.

21 Y dijo Abner á David: Yo me levantaré, é iré y juntaré á mi señor el rey[r] todo Israel, para que hagan contigo alianza, y tú reines como deseas[s]. David despidió luego á Abner, y él se fué en paz.

22 ¶ Y hé aquí los siervos de David y Joab que venian del campo, y traian consigo gran presa. Mas Abner no estaba con David en Hebron, que ya lo habia él despedido, y él se habia ido en paz.

23 Y luego que llegó Joab, y todo el ejército que con él *estaba*, fué dado aviso á Joab diciendo: Abner, hijo de Ner, ha venido al rey, y él le ha despedido, y se fué en paz.

24 Entónces Joab vino al rey, y díjole: Qué has hecho? He aquí habíase venido Abner á tí; ¿por qué pues lo dejaste que se fuese?

25 ¿Sabes tú *que* Abner, hijo de Ner, ha venido para engañarte, y á saber tu salida y tu entrada, y por entender todo lo que tú haces?

26 Y saliendose Joab de con David, envió mensajeros tras Abner, los cuales le volvieron desde el pozo de Sira, sin saberlo David.

27 Y como Abner volvió á Hebron, apartólo Joab al medio de la puerta hablando con él blandamente, y allí le hirió por la quinta *costilla*[t], á causa de la muerte de Asael su hermano, y murió[u].

28 ¶ Cuando David supo despues esto, dijo: Limpio estoy yo y mi reino, por Jehová, para siempre, de la sangre de Abner hijo de Ner:

29 Caiga sobre la cabeza de Joab, y sobre toda la casa de su padre[x]; que nunca falte de la casa de Joab quien padezca flujo[y], ni leproso[z], ni quien ande con báculo, ni quien muera á cuchillo, ni quien tenga falta de pan.

30 Joab, pues, y Abisai su hermano mataron á Abner, porque él habia muerto á Asael, hermano de ellos, en la batalla de Gabaon.

31 Entónces dijo David á Joab, y á todo el pueblo que con él *estaba*: Rompad vuestros vestidos[a], y ceñíos de sacos[b], y haced duelo delante de Abner. Y el rey iba detras del féretro.

32 Y sepultaron á Abner en Hebron: y alzando el rey su voz lloró junto al sepulcro de Abner; y lloró tambien todo el pueblo.

33 Y endechando el rey al mismo Abner, decia: ¿Murió Abner como muere un villano?

34 Tus manos no *estaban* atadas, ni tus piés ligados con grillos: caiste como los que caen delante de malos hombres. Y todo el pueblo volvió á llorar sobre él.

35 Y como todo el pueblo viniese á dar de comer pan á David[c], siendo aun de dia, David juró diciendo: Así me haga Dios, y así me añada, si antes que se ponga el sol gustare yo pan, ú otra cualquier cosa[d].

36 Súpolo así todo el pueblo, y plugo en sus ojos; porque todo lo que el rey hacia parecia bien en ojos de todo el pueblo.

37 Y todo el pueblo y todo Israel entendieron aquel dia que no habia venido del rey que Abner, hijo de Ner, muriese.

38 Y el rey dijo á sus siervos: ¿No sabeis que ha caido hoy en Israel un príncipe, y grande?

39 Que yo ahora aun soy tierno rey ungido; y estos hombres, los hijos de Sarvia, muy duros me son: Jehová dé el pago al que mal hace conforme á su malicia[e].

CAPITULO IV.

Baana y Rechâb, capitanes de Is-boseth, lo matan en su casa, y traen su cabeza á David pensando ganar gracia con él: mas él les hizo quitar la vida por su traicion, é hizo enterrar la cabeza de Is-boseth.

LUEGO que oyó el hijo de Saul que Abner habia sido muerto en Hebron, las manos se le descoyuntaron, y fué atemorizado todo Israel.

2 Y tenia el hijo de Saul dos varones, los cuales eran capitanes de compañías: el nombre del uno *era* Baana, y el del otro Rechâb, hijos de Rimmon Beerothita, de los hijos de Benjamin: porque Beeroth era contada con Benjamin[a].

3 Estos Beerothitas se habian huido á Gittaim, y habian sido peregrinos allí hasta entónces.

4 Y Jonathan, hijo de Saul, tenia un hijo lisiado de los piés[b] de edad de cinco años: que cuando la noticia *de la muerte* de Saul y de Jonathan[c] vino de Jezreel, tomóle su ama y huyó; y como iba huyendo con celeridad, cayó el *niño* y quedó cojo. Su nombre era Miphiboseth[d].

5 Los hijos pues de Rimmon Beerothita, Rechâb y Baana, fueron y entraron en el mayor calor del dia en casa de Is-boseth, el cual estaba durmiendo en su cámara la siesta.

6 Entónces entraron ellos en medio de la casa *en habito de* mercaderes de grano, y le hirieron en la quinta *costilla*[e]. Escapáronse luego Rechâb, y Baana su hermano;

7 Pues como entraron en la casa, estando él en su cama en su camara de dormir, lo hirieron y mataron, y cortáronle la cabeza: y habiendola tomado, caminaron toda la noche por el camino de la campaña.

8 Y trajeron la cabeza de Is-boseth á David en Hebron, y dijeron al rey: Hé aquí la cabeza de Is-boseth, hijo de Saul tu enemigo, que procuraba matarte[f]; y Jehová ha vengado hoy á mi señor el rey de Saul y de su simiente.

9 Y David respondió á Rechâb, y á su hermano Baana, hijos de Rimmon

[l] 1 Sa. 18. 20, 27.
[m] Cap. 2. 10.
[n] 1 Sa. 18.25, 27.
[o] 1 Sa. 25. 44.
[p] Cap. 19. 16.
[q] 1 Cr. 12. 29.
[r] ver. 10, 12.
[s] 1 Rey. 11. 37.
[t] Cap. 20. 9, 10. 1 Rey. 2. 5.
[u] Cap. 2. 23.
[x] 1 Rey. 2.32, 33.
[y] Lev. 15. 2.
[z] Lev. 13. 2, etc.
[a] Cap. 1. 2, 11. Jos. 7. 6.
[b] Gen. 37. 34.
[c] Cap. 12. 17.
[d] Juec. 20. 26.
[e] 1 Rey. 2. 5, 6, 33. Sal. 7. 16. y 28. 4. y 62. 12. 2 Tim. 4.14.
[a] Jos. 18. 25.
[b] Cap. 9. 3.
[c] 1 Sa. 29. 1, 11.
[d] 1 Cr. 8. 34. y 9. 40.
[e] Cap. 2. 23.
[f] 1 Sa. 19. 2, 10, 11. y 23. 15. y 25. 19. Sal. 63.9,10.

Beerothita, y díjoles: Vive Jehová, que
g Gen. 48. 16. 1 Sa. 26. 24. 1 Rey. 1. 29. Sal. 31. 7. y 34. 6, 7, 17. ha redimido mi alma de toda angustia g,
10 Que cuando uno me dió nuevas di-
ciendo, Hé aquí Saul es muerto, ima-
ginandose que traia buenas nuevas, yo lo
prendí, y le h maté en Siclag en pago de
h Cap. 1. 2, 16. la *supuesta* buena nueva:
11 ¿ Cuanto mas á los malos hombres,
que mataron á un hombre justo en su
casa, y sobre su cama? Ahora pues,
i Gen. 9. 5, 6. ¿ no tengo yo de demandar su sangre i
de vuestras manos, y quitaros de la ti-
erra?
12 Entónces David mandó á los man-
cebos, y ellos los mataron, y cortáronles
las manos y los piés, y colgáronlos sobre
el estanque en Hebron. Luego tomaron
la cabeza de Is-boseth, y enterráronla en
k Cap. 3. 32. el sepulcro de Abner, en Hebron k.

CAPITULO V.

David es ungido en Hebron por rey sobre todo Israel, y pasa á Jerusalem con grande gloria. Toma por fuerza la fortaleza de Sion de los Jebuséos, y hácela su morada. El rey de Tyro le envia madera de cedro y artífices que le labren su casa. Los Philistéos vienen contra él dos veces, y ambas los vence y despoja.

Y VINIERON todas las tribus de
a 1 Cr. 11. 1. Israel á David en Hebron a, y ha-
blaron diciendo: Hé aquí, nosotros *so-*
b Juec. 9. 1. *mos* tus huesos y tu carne b.
2 Y aun ayer y ántes, cuando Saul re-
inaba sobre nosotros, tú sacabas y vol-
c 1 Sa. 18. 13. vias á Israel c. Ademas Jehová te ha
d Sal. 78. 70, 72. dicho: Tú apacentarás d á mi pueblo Is-
rael, y tú serás sobre Israel príncipe.
3 Vinieron pues todos los ancianos de
Israel al rey en Hebron, y el rey David
hizo con ellos alianza en Hebron de-
e 2 Rey. 11. 17. lante de Jehová e; y ungieron á David
por rey sobre Israel.
4 Era David de treinta años cuando
comenzó á reinar, y reinó cuarenta
f 1 Cr. 29. 27. años f.
5 En Hebron reinó sobre Judá siete
años y seis meses; y en Jerusalem reinó
treinta y tres años sobre todo Israel y
Judá.
6 ¶ Entónces el rey y los suyos fueron
á Jerusalem al Jebuséo que habitaba en
la tierra, el cual habló á David dici-
endo: Tú no entrarás acá, si no echares
los ciegos y los cojos, que dicen: No en-
trará acá David.
7 Empero David tomó la fortaleza de
g 1 Rey. 8. 1. Sion, la cual es la ciudad de David g.
8 Y dijo David aquel dia: ¿ Quien lle-
gará hasta las canales, y herirá al Je-
buséo, y á los cojos y ciegos, á los cuales
el alma de David aborrece? Por esto se
dijo: Ciego ni cojo no entrará en casa.
9 Y David moró en la fortaleza, y pú-
sole por nombre, la Ciudad de David:
y edificó alrededor desde Millo para
h 1 Rey. 9. 15, 24. y 11. 27. 2 Cr. 32. 5. adentro h.
10 Y David iba creciendo y aumen-
tandose, y Jehová Dios de los ejércitos
era con él.
i 1 Rey. 5. 1. 1 Cr. 14. 1. 11 Hiram, rey de Tyro i, envió tam-
bien embajadores á David, y madera de
cedro, y carpinteros, y canteros para los
muros, los cuales edificaron la casa de
David.
12 Y entendió David que Jehová lo ha-
bia confirmado por rey sobre Israel, y
que habia ensalzado su reino por amor
de su pueblo Israel.
13 ¶ Y tomó David mas concubinas
k Deu. 17. 17. 1 Cr. 14. 3. y mujeres de Jerusalem k, despues que
vino de Hebron, y naciéronle mas hijos
é hijas.
14 *Estos son* los nombres de los que le
nacieron en Jerusalem: Sammua, y So-
bab, y Nathan, y Salomon,
15 E Ibhar, y Elisua, y Nepheg,
16 Y Japhia, y Elisama, y Eliada, y
Eliphelet.
17 ¶ Y oyendo los Philistéos que ha-
bian ungido á David por rey sobre Is-
rael, todos los Philistéos subieron á bus-
car á David: lo cual como David oyó,
vino á la fortaleza l. l Cap. 23. 14.
18 Y vinieron los Philistéos, y extendi-
éronse por el valle de Raphaim m. m Jos. 15. 8. 1 Cr. 11. 15.
19 Entónces consultó David á Jehová,
diciendo n: ¿ Iré contra los Philistéos? n Sam. 4. 15.
¿ Los entregarás en mis manos? Y Je-
hová respondió á David: Vé, porque
ciertamente entregaré los Philistéos en
tus manos.
20 Y vino David á Baal-perasim, y allí
los venció David, y dijo: Rompió Je-
hová mis enemigos delante de mí, como
quien rompe aguas. Y por esto llamó el
nombre de aquel lugar Baal-perasim ‖. ‖ *el llano de las roturas.*
21 Y dejaron allí sus ídolos, los cuales
quemó David y los suyos.
22 Y los Philistéos tornaron á venir, y
extendiéronse en el valle de Raphaim.
23 Y consultando David á Jehová, él
le respondió: No subas; mas rodéalos,
y vendrás á ellos por delante de los mo-
rales:
24 Y cuando oyeres un estruendo que
irá por las copas de los morales, en-
tónces te moverás; porque Jehová sal-
drá delante de tí á herir el campo de
los Philistéos.
25 Y David lo hizo así, como Jehová
se lo habia mandado; é hirió á los Phi-
listéos desde Gabaa hasta llegar á Gaza.

CAPITULO VI.

David traslada el arca á Jerusalem, dejandola primero en la casa de Obededom por el terrible suceso de Uzza. Castiga Dios á Michal por haberse mofado de la santa alegría de David.

Y DAVID tornó á juntar todos los
escogidos de Israel, *hasta* treinta
mil a. a 1 Cr. 13. 5.
2 Y levantóse David, y fué con todo
el pueblo que *tenia* consigo de Baal de
Judá, para hacer pasar de allí el arca de
Dios sobre la cual era invocado el nom-
bre de Jehová de los ejércitos, que mora
en ella entre los querubines.
3 Y pusieron el arca de Dios sobre un
carro nuevo, y lleváronla de la casa de
Abinadab que *estaba* en Gabaa: y Uzza
y Ahio, hijos de Abinadab, guiaban el
carro nuevo.
4 Y cuando lo llevaban de la casa de
Abinadab, que estaba en Gabaa con el
arca de Dios b, Ahio iba delante del b 1 Sa. 13. 14. y 15. 28.
arca:
5 Y David y toda la casa de Israel dan-
zaban delante de Jehová con toda suerte
de *instrumentos de* madera de haya, con
harpas, salterios, adufres, flautas, y cím-
balos.
6 Y cuando llegaron á la era de Na-
chón c, Uzza extendió *la mano* al arca c 1 Cr. 13. 9.
de Dios, y túvola d, porque los bueyes d Nu. 4. 15.
daban sacudidas.
7 Y el furor de Jehová se encendió con-
tra Uzza, é hiriólo allí Dios por aquella
temeridad, y cayó allí muerto junto al
arca de Dios.
8 Y entristecióse David por haber he-
rido Jehová á Uzza: y fué llamado aquel
lugar Perez-Uzza ‖ hasta hoy. ‖ *rotura de Uzza.*
9 Y temiendo David á Jehová aquel
dia, dijo: ¿ Como ha de venir á mí el
arca de Jehová?
10 No quiso pues David traer á sí el
arca de Jehová á la ciudad de David;
mas llevóla David á casa de Obed-edom
Gethéo.
11 ¶ Y estuvo el arca de Jehová en

sa de Obed-edom Gethéo tres meses:
bendijo Jehová á Obed-edom y á toda
casa.
12 Y fué dado aviso al rey David dici-
ado: Jehová ha bendecido la casa de
bed-edom, y todo lo que tiene, á causa
el arca de Dios. Entónces David fué,
trajo el arca de Dios de casa de Obed-
lom á la ciudad de David con alegría.
13 Y como los que llevaban [e] el arca de
ios habian andado seis pasos, sacrifica-
in un buey y *un carnero* grueso.
14 Y David saltaba con toda su fuerza
elante de Jehová; y tenia vestido Da-
d un ephod de lino [f].
15 Así David y toda la casa de Israel
evaban el arca de Jehová con júbilo y
nido de trompeta [g].
16 Y como el arca de Jehová llegó á
ciudad de David, aconteció que Mi-
al, hija de Saul, miró desde una ven-
na, y vió al rey David que saltaba con
da su fuerza delante de Jehová: y
enospreciólo en su corazon.
17 Metieron pues el arca de Jehová, y
usiéronla en su lugar en medio de una
enda que David le habia tendido [h]: y
crificó David holocaustos y pacíficos
elante de Jehová [i].
18 Y como David hubo acabado de
frecer los holocaustos y pacíficos, ben-
jo al pueblo en el nombre de Jehová
e los ejércitos [k].
19 Y repartió á todo el pueblo, y á toda
multitud de Israel, *así* á hombres co-
o á mujeres, á cada uno una torta de
an, y un pedazo de carne, y un frasco
e *vino*. Y fuese todo el pueblo cada uno
su casa.
20 ¶ Volvió luego David para bendecir
u casa; y saliendo Michal á recibir á
avid, dijo: Cuan honrado ha sido hoy
l rey de Israel [l] desnudandose hoy de-
nte de las criadas de sus siervos, como
e desnudára un juglar!
21 Entónces David respondió á Mi-
hal: Delante de Jehová, que me eli-
ió [m] mas bien que á tu padre, y á toda
u casa, mandandome que fuese prín-
ipe sobre el pueblo de Jehová, sobre
srael. Danzaré *pues* delante de Je-
ová,
22 Y aun me haré mas vil que esta
ez, y seré bajo á mis propios ojos: y
elante de las criadas que dijiste, de-
ante de ellas seré honrado.
23 Y Michal, hija de Saul, nunca tuvo
ijos hasta el dia de su muerte.

CAPITULO VII.

David intenta edificar un templo al Señor: apruébale Nathan este pensamiento; pero le declara por órden de Dios que estaba reservada la ejecucion á un hijo suyo. David dá gracias á Dios por los beneficios recibidos.

Y ACONTECIO, que estando ya el
rey asentado en su casa [a], despues
que Jehová le habia dado reposo de to-
dos sus enemigos en derredor [b],
2 Dijo el rey al profeta Nathan: Mira
ahora, yo moro en edificios de cedro [c], y
el arca de Dios está entre cortinas [d].
3 Y Nathan dijo al rey: Anda, y has
todo lo que está en tu corazon, que Je-
hová *es* contigo.
4 Y aconteció aquella noche, que fué
palabra de Jehová á Nathan diciendo:
5 Vé, y dí á mi siervo David: Así ha
dicho Jehová: ¿Tú me has de edificar
casa en que yo more [e]?
6 Ciertamente no he habitado en casas
desde el dia que saqué á los hijos de Is-
rael de Egipto hasta hoy, sino que an-
duve en tienda y en tabernáculo.
7 Y en todo cuanto he andado [f] con
todos los hijos de Israel, ¿he hablado
palabra en alguna de las tribus de Is-
rael, á quien haya mandado que apaci-
ente mi pueblo de Israel, para decir,
Por qué no me habeis edificado casa de
cedros?
8 Ahora pues, dirás así á mi siervo
David: Así ha dicho Jehová de los ejér-
citos: Yo te tomé de la majada, de de-
tras de las ovejas [g], para que fueses prín-
cipe sobre mi pueblo, sobre Israel:
9 Y he sido contigo en todo cuanto has
andado [h]; y delante de tí he talado to-
dos tus enemigos [i], y te he hecho nom-
bre grande, como el nombre de los gran-
des que *son* en la tierra.
10 Ademas yo fijaré lugar á mi pueblo
Israel, y lo plantaré [k], para que habite
en su lugar y nunca mas sea removido,
ni los iniquos le aflijan mas, como antes,
11 Desde el dia que puse jueces sobre
mi pueblo Israel. Y yo te daré des-
canso de todos tus enemigos. Asimismo
Jehová te hace saber, que él te quiere
hacer casa [l].
12 Y cuando tus dias fueren cumplidos,
y durmieres con tus padres, yo estable-
ceré tu simiente despues de tí [m], la cual
procederá de tus entrañas, y aseguraré
su reino.
13 El edificará casa á mi nombre, y
yo afirmaré para siempre el trono de su
reino [n].
14 Yo LE SERE A EL PADRE, y él me
será á mí hijo [o]. Y si él hiciere mal, yo
lo castigaré con vara de hombres, y con
azotes de hijos de hombres:
15 Empero mi misericordia no se apar-
tará de él [p], como la aparté de Saul, al
cual quité de delante de tí.
16 Y será afirmada tu casa y tu reino
para siempre delante de tu rostro; y tu
trono será estable eternalmente [q].
17 Conforme á todas estas palabras, y
conforme á toda esta vision, así habló
Nathan á David.
18 ¶ Y entró el rey David, y púsose
delante de Jehová, y dijo: Señor Je-
hová, ¿quien *soy* yo, y qué es mi casa,
para que tú me traigas hasta aquí [r]?
19 Y aun te ha parecido poco esto,
Señor Jehová, pues que tambien has
hablado de la casa de tu siervo en lo
por venir. ¿Es ese el modo de obrar del
hombre, Señor Jehová?
20 ¿Y qué mas puede añadir David
hablando contigo? Tú pues conoces tu
siervo, Señor Jehová.
21 Todas estas grandezas has obrado
por tu palabra [s], y conforme á tu cora-
zon, haciendolas saber á tu siervo.
22 Por tanto tú te has engrandecido,
Jehová Dios, por cuanto no *hay otro* co-
mo tú, ni *hay* Dios fuera de tí [t], con-
forme á todo lo que hemos oido con
nuestros oidos.
23 ¿Y quien como tu pueblo, como Is-
rael, en la tierra [u]? una gente por amor
de la cual Dios fuese á redimírsela por
pueblo, y le pusiese nombre, é hiciese
por vosotros, *oh Israel*, grandes y espan-
tosas obras en tu tierra, por amor de tu
pueblo, *oh Dios*, que tú redimiste de E-
gipto, de las gentes, y de sus dioses?
24 Porque tú te has confirmado á tu
pueblo Israel [x] por pueblo tuyo para si-
empre: y tú, oh Jehová, fuiste á ellos
por Dios.
25 Ahora pues, Jehová Dios, la pala-
bra que has hablado sobre tu siervo, y
sobre su casa, despiértala para siempre,
y haz conforme á lo que has dicho.
26 Que sea engrandecido tu nombre
para siempre, y dígase: Jehová de los
ejércitos *es* Dios sobre Israel: y que la

[g] 1 Sa. 16. 11, 12. Sal. 78. 70, 72.
[h] Cap. 5. 10. 1 Sa. 18. 14.
[i] Sal. 18. 37, 42.
[k] Sal. 44. 2. Jer. 24. 6.
[l] 1 Rey. 11. 38.
[m] 1 Rey. 8. 20. Sal. 132. 11, 12.
[n] 1 Rey. 5. 5. 1 Cr. 22. 10.
[o] Sal. 89. 20, 27. Heb. 1. 5.
[p] 1 Rey. 11. 13, 34.
[q] Sal. 45. 6. Juan 12. 34. Heb. 1. 8.
[r] Gen. 32. 10.
[s] Sal. 138. 2. Ez. 36. 22, 32.
[t] Deu. 3. 24. 1 Sa. 2. 2. Sal. 86. 8. Is. 45. 5, 18, 22.
[u] Deu. 4. 7, 32. y 33. 29.
[x] Deu. 26. 18.

casa de tu siervo David sea firme delante de tí.
27 Porque tú, Jehová de los ejércitos, Dios de Israel, revelaste al oido de tu siervo diciendo, Yo te edificaré casa: por esto tu siervo ha hallado su corazon para hacer delante de tí esta súplica.
28 Ahora pues, Jehová Dios, tú eres Dios, y tus palabras serán firmes, ya que has dicho á tu siervo este bien.
29 Tenlo pues ahora á bien, y bendice la casa de tu siervo, para que perpetuamente permanezca delante de tí: pues que tú, Jehová Dios, *lo* has dicho, y con tu bendicion será bendita la casa de tu
g Cap. 23. 5. siervo para siempre[g].

CAPITULO VIII.

David triunfa de los Philistéos, de los Moabitas, de Hadad-ezer, rey de Soba, y de los Siros. Toi, rey de Hamath, oidas estas victorias, hace amistad con David.

DESPUES de esto aconteció, que
a 1 Cr. 18. 1. David hirió á los Philistéos[a], y los humilló: y tomó David á Metheg-amma de mano de los Philistéos.
b Nu. 24. 17. 2 ¶ Hirió tambien á los de Moab[b], y midiólos con cordel haciendolos echar por tierra: y midió con dos cordeles, *el uno* para muerte, y *otro* cordel entero para vida. Y fueron los Moabitas sier-
c ver. 6, 14. vos de David[c] bajo de tributo.
3 ¶ Asimismo hirió á Hadad-ezer, hijo de Rehob, rey de Soba, yendo él á extender su término hasta el rio Euphrates.
4 Y tomó David de ellos mil y setecientos de á caballo, y veinte mil hombres de á pié: y desjarretó David *los caballos de* todos los carros, excepto cien carros de ellos que dejó.
5 Y vinieron los Siros de Damasco á dar ayuda á Hadad-ezer, rey de Soba, y David hirió de los Siros veinte y dos mil hombres.
6 Puso luego David guarnicion en Siria la de Damasco, y fueron los Siros siervos de David sujetos á tributo. Y
d ver. 14. Jehová guardó á David donde quiera que fué[d].
7 Y tomó David los escudos de oro que traian los siervos de Hadad-ezer, y llevólos á Jerusalem.
8 Asimismo de Beta, y de Beroth, ciudades de Hadad-ezer, tomó el rey David gran copia de metal.
9 ¶ Entónces oyendo Toi, rey de Hamath, que David habia herido todo el ejército de Hadad-ezer,
10 Envió Toi á Joram su hijo al rey David, á saludarlo pacíficamente y á bendecirlo, porque habia peleado con Hadad-ezer, y lo habia vencido: porque Toi *era* enemigo de Hadad-ezer. Y *Joram* llevaba en su mano vasos de plata, y vasos de oro, y de metal:
e 1 Rey. 7. 51. 1 Cr. 18. 11. y 26. 26. 11 Los cuales el rey David dedicó á Jehová[e], con la plata y el oro que tenia dedicado de todas las naciones que habia sometido:
12 De los Siros, de los Moabitas, de los Ammonitas, de los Philistéos, de los Amalecitas, y del despojo de Hadad-ezer, hijo de Rehob, rey de Soba.
13 ¶ Y ganó David fama cuando volviendo de la rota de los Siros, *hirió* diez y ocho mil *hombres* en el valle de
f 2 Rey. 14. 7. Sal. LX. la sal[f].
14 Y puso guarnicion en Edom, por toda Edom puso guarnicion; y todos
g Gen. 27. 29. Nu. 24. 18. los Iduméos fueron siervos de David[g].
h Sal. 121. 8. Y Jehová guardó á David por donde quiera que fué[h].
15 ¶ Y reinó David sobre todo Israel; y hacia David derecho y justicia á todo su pueblo.
16 Y Joab, hijo de Sarvia, *era general* de su ejército; y Josaphat[i], hijo de Ahilud, Canciller: i 1 Rey. 4
17 Y Sadoc[k], hijo de Ahitob, y Ahimelech, hijo de Abiathar, eran sacerdotes; y Seraía era Escriba: k 1 Cr. 24
18 Y Banaía, hijo de Joiada, era sobre los Ceretheos y Pheletheos: y los hijos de David eran los príncipes.

CAPITULO IX.

David restituye á Mephi-boseth, hijo de Jonathan, todas las heredades que habian sido de su padre: y manda á Siba, siervo de la casa de Saul, que le sirva con toda su familia.

Y DIJO David: ¿Ha quedado alguno de la casa de Saul á quien haga yo misericordia por amor de Jonathan[a]? a 1 Sa. 2 Pro. 2
2 Y habia un siervo de la casa de Saul, que se llamaba Siba[b], al cual como llamaron que viniese á David, el rey le dijo: Eres tú Siba? Y él respondió: Tu siervo. b Cap. 16 y 19. 2
3 Y el rey dijo: ¿No ha quedado nadie de la casa de Saul, á quien haga yo misericordia de Dios? Y Siba respondió al rey: Aun ha quedado un hijo de Jonathan, lisiado de los piés[c]. c Cap. 4
4 Entónces el rey le dijo: ¿Y ese donde está? Y Siba respondió al rey: Hé aquí está en casa de Machir, hijo de Amiel, en Lo-debar[d]. d Cap. 17
5 Y envió el rey David, y tomólo de casa de Machir, hijo de Amiel, de Lo-debar.
6 Y venido Mephi-boseth, hijo de Jonathan, hijo de Saul, á David, postróse sobre su rostro é hizo reverencia. Y dijo David: Mephi-boseth. Y él respondió: Hé aquí tu siervo.
7 Y díjole David: No tengas temor, porque yo á la verdad haré contigo misericordia por amor de Jonathan tu padre, y te haré volver todas las tierras de Saul tu padre; y tú comerás siempre pan á mi mesa.
8 Y él inclinandose dijo: ¿Quien *es* tu siervo, para que mires á un perro muerto[e] como yo *soy*? e Cap. 16
9 Entónces el rey llamó á Siba, siervo de Saul, y díjole: Todo lo que fué de Saul, y de toda su casa, yo lo he dado al hijo de tu señor[f]. f Cap. 16
10 Tú pues le labrarás las tierras, tú con tus hijos, y tus siervos, y encerrarás *los frutos*, para que el hijo de tu señor tenga con que mantenerse. Y Mephi-boseth, el hijo de tu señor, comerá siempre pan á mi mesa. Y tenia Siba quince hijos, y veinte siervos[g]. g Cap. 19
11 Y respondió Siba al rey: Conforme á todo lo que ha mandado mi señor el rey á su siervo, así lo hará tu siervo. Mephi-boseth, *dijo el rey*, comerá á mi mesa como uno de los hijos del rey.
12 Y tenia Mephi-boseth un hijo pequeño, que se llamaba Michá[h]. Y toda la familia de la casa de Siba eran siervos de Mephi-boseth. h 1 Cr. 8
13 Y moraba Mephi-boseth en Jerusalem, porque comia siempre á la mesa del rey[i]: y era cojo de ambos piés. i 2 Rey. 25. 29.

CAPITULO X.

Enviando David embajadores á Hanun, rey de los Ammonitas, para consolarle de la muerte de su padre, él piensa que son espias, y despáchalos vergonzosamente. David les hace guerra, y los vence y desbarata á ellos y á los Siros, quienes habian venido en su ayuda.

DESPUES de esto aconteció, que murió el rey de los hijos de Ammon, y reinó en lugar suyo Hanun su hijo.
2 Y dijo David: Yo haré misericordia con Hanun, hijo de Naas, como su pa-

re la hizo conmigo. Y envió David sus iervos á consolarlo por su padre. Mas egados los siervos de David á la tierra e los hijos de Ammon,

3 Los príncipes de los hijos de Ammon dijeron á Hanun su señor: ¿Te arece que por honrar David á tu padre e ha enviado consoladores? ¿No ha nviado David sus siervos á tí por reconocer é inspeccionar la ciudad para estruirla?

4 Entónces Hanun tomó los siervos de David, y rapóles la mitad de la barba, y ortóles los vestidos por la mitad hasta s nalgas, y [a] despachólos.

5 Lo cual como fué hecho saber á David, envió á encontrarles, porque ellos staban en extremo avergonzados; y el ey hizo decirles: Estaos en Jericó hasta ue os vuelva á nacer la barba, y entónces regresaréis.

6 Y viendo los hijos de Ammon que e habian hecho odiosos [b] á David, eniaron los hijos de Ammon, y tomaron sueldo á los Siros de la casa de Rehob, á los Siros de Soba, *hasta* veinte mil ombres de á pié; y del rey de Maaca nil hombres, y de Is-tob doce mil hombres.

7 Lo cual como oyó David, envió á oab con todo el ejército de los valiens.

8 Y saliendo los hijos de Ammon, rdenaron sus escuadrones á la entrada e la puerta; mas los Siros de Soba, y e Rehob, y de Is-tob, y de Maaca, *rdenaron* de por sí en el campo.

9 Viendo pues Joab que habia escuarones delante y detras de él, entresacó e todos los escogidos de Israel, y púsose n órden contra los Siros.

10 Entregó luego lo que quedó del ueblo en mano de Abisai su hermano, púsolo en órden para encontrar á los Ammonitas.

11 Y dijo: Si los Siros me fueren uperiores, tú me ayudarás: y si los ijos de Ammon pudieren mas que tú, o te daré ayuda.

12 Esfuérzate, y esforcémonos por uestro pueblo, y por las ciudades de uestro Dios: y haga Jehová lo que ien le pareciere [c].

13 Y acercóse Joab, y el pueblo que on él *estaba*, para pelear con los Siros; mas ellos huyeron delante de él.

14 Entónces los hijos de Ammon, viendo que los Siros habian huido, huyeron tambien ellos delante de Abisai, y ntráronse en la ciudad. Y volvió Joab e los hijos de Ammon, y vínose á Jerusalem.

15 ¶ Mas viendo los Siros que habian caido delante de Israel, tornáronse á juntar:

16 Y envió Hadad-ezer, y sacó los Siros que *estaban* de la otra parte del rio, los cuales vinieron á Helam llevando por jefe á Sobach, general del ejército de Hadad-ezer.

17 Y como fué dado aviso á David, juntó á todo Israel, y pasando el Jordan vino á Helam: y los Siros se pusieron en órden contra David, y pelearon con él.

18 Mas los Siros huyeron delante de Israel: é hirió David de los Siros *la gente de* setecientos carros, y cuarenta mil hombres de á caballo: hirió tambien á Sobach, general del ejército, y murió allí [d].

19 Viendo pues todos los reyes que asistian á Hadad-ezer como habian ellos sido derrotados delante de Israel, hicieron paz con Israel, y sirviéronles: y de allí adelante temieron los Siros de socorrer á los hijos de Ammon [a].

[a] Sal. 18. 37, 38.

CAPITULO XI.

Adulterio de David con Bath-sheba, á cuyo marido Urías hace David morir alevosamente. Pasados los dias del duelo, se casa David con Bath-sheba.

Y ACONTECIO á la vuelta de un año, en el tiempo que salen los reyes *á la guerra*, que David envió á Joab y á sus siervos con él, y á todo Israel [a], y destruyeron á los Ammonitas, y pusieron cerco á Rabba: mas David se quedó en Jerusalem.

[a] 1 Cr. 20. 1. Juec. 9. 53.

2 ¶ Y acaeció que levantandose David de su cama á la hora de la tarde, paseábase por el terrado de la casa real, cuando vió desde el terrado una mujer que se estaba lavando [b], la cual era muy hermosa.

[b] Job 31. 1. Pro. 6. 25. Mat. 5. 28.

3 Y envió David á preguntar por aquella mujer; y dijéronle: Aquella es Bath-sheba, hija de Eliam, mujer de Uría Hethéo [c].

[c] Cap. 3. 3, 5.

4 Y envió David mensajeros, y tomóla: y así que hubo entrado á él, él durmió con ella [d]. Purificóse luego ella de su inmundicia, y se volvió á su casa.

[d] Sal. LI. Sant°. 1. 14, 15.

5 Y concibió la mujer, y envióló á hacer saber á David diciendo: Yo *estoy* embarazada.

6 Entónces David envió á decir á Joab: Envíame á Uría Hethéo. Y envióló Joab á David.

7 Y como Uría vino á él, preguntóle David por la salud de Joab, y por la salud del pueblo, y asimismo de la guerra.

8 Despues dijo David á Uría: Desciende á tu casa, y lava tus piés [e]. Y saliendo Uría de casa del rey, vino tras de él comida real.

[e] Gen. 18. 4.

9 Mas Uría durmió á la puerta de la casa del rey con todos los siervos de su señor, y no descendió á su casa.

10 E hicieron saber esto á David diciendo: Uría no ha descendido á su casa. Y dijo David á Uría: ¿No has venido de camino? ¿Por qué pues no descendiste á tu casa?

11 Y Uría respondió á David: El arca [f], é Israel y Judá estan debajo de tiendas; y mi señor Joab, y los siervos de mi señor sobre la haz del campo: ¿y habia yo de entrar en mi casa para comer y beber, y á dormir con mi mujer? Por vida tuya, y por vida de tu alma, que yo no haré tal cosa.

[f] Cap. 7. 2, 6.

12 Y David dijo á Uría: Estáte aquí aun hoy, y mañana te despacharé. Y quedóse Uría en Jerusalem aquel dia, y el siguiente.

13 Y David lo convidó, é hízole comer y beber delante de sí, hasta embriagarlo. Y él salió á la tarde á dormir en su cama con los siervos de su señor; mas no descendió á su casa.

14 Venida la mañana, escribió David á Joab una carta, la cual envió por mano de Uría.

15 Y escribió en la carta diciendo: Poned á Uría delante de la fuerza de la batalla, y desamparadle para que sea herido, y muera [g].

[g] Cap. 12. 9.

16 Así fué que cuando Joab cercó la ciudad, puso á Uría en el lugar donde sabia que estaban los mas valientes hombres.

17 Y saliendo luego los de la ciudad, pelearon con Joab, y cayeron *algunos* del pueblo de los siervos de David; y murió tambien Uría Hethéo.

18 Entónces envió Joab, é hizo saber á David todos los negocios de la guerra,

19 Y mandó al mensajero diciendo: Cuando acabares de contar al rey todos los negocios de la guerra,

20 Si el rey comenzáre á enojarse, y te dijere: ¿ Por qué os acercasteis á la ciudad peleando? ¿ No sabiais lo que suelen arrojar del muro?

21 ¿ Quien hirió á Abi-melech [h], hijo de Jerubaal? ¿ No echó una mujer del muro un pedazo de una rueda de molino, y murió en Thebes? ¿ Por qué os llegasteis al muro? Entónces tú le dirás: Tambien tu siervo Uría Hethéo es muerto.

22 Y fué el mensajero, y llegando contó á David todas las cosas á que Joab le habia enviado.

23 Y dijo el mensajero á David: Prevalecieron contra nosotros los hombres que salieron á nosotros al campo; bien que nosotros les hicimos retroceder hasta la entrada de la puerta.

24 Pero los flecheros tiraron contra tus siervos desde el muro, y murieron *algunos* de los siervos del rey; y murió tambien tu siervo Uría Hethéo.

25 Y David dijo al mensajero: Dirás así á Joab: No tengas pesar de esto, que de igual y semejante manera suele consumir la espada [i]. Esfuerza la batalla contra la ciudad hasta que la rindas. Y tú aliéntale.

26 ¶ Y oyendo la mujer de Uría que su marido Uría era muerto, hizo duelo por su marido.

27 Y pasado el luto, envió David y recogióla á su casa: y fué ella su mujer [k], y parióle un hijo. Mas esto que David habia hecho, fué desagradable á los ojos de Jehová.

[h] Juec. 9. 53.
[i] Eccl. 9. 2, 3, 12.
[k] Cap. 12. 9.

CAPITULO XII.

David arrepentido, y perdonado. Muere el hijo nacido de Bath-sheba. Nace despues Salomon. Victoria contra los Ammonitas.

Y ENVIO Jehová á Nathan á David [a]; el cual viniendo á él, díjole [b]: Habia dos hombres en una ciudad; el uno rico, y el otro pobre.

2 El rico tenia numerosas ovejas y vacas:

3 Mas el pobre no tenia mas que una sola cordera, que él habia comprado y criado, y que habia crecido con él y con sus hijos juntamente, comiendo de su bocado *de pan*, y bebiendo de su vaso, y durmiendo en su seno; y teníala como á una hija.

4 Y vino uno de camino [c] al hombre rico; y él no quiso tomar de sus ovejas y de sus vacas, para guisar al caminante que le habia venido, sino que tomó la oveja de aquel hombre pobre, y aderezóla para aquel que le habia venido.

5 Entónces se encendió el furor de David en gran manera contra aquel hombre, y dijo á Nathan: Vive Jehová, que el que tal hizo es digno de muerte,

6 Y que él debe pagar la cordera con cuatro [d] tantos, porque hizo esta tal cosa, y no tuvo misericordia.

7 Entónces dijo Nathan á David: Tú *eres* aquel hombre. Así ha dicho Jehová, Dios de Israel: Yo te ungí por rey sobre Israel [e], y te libré de la mano de Saul [f].

8 Yo te dí la casa de tu señor, y las mujeres de tu señor en tu seno: demas de esto te dí la casa de Israel y de Judá; y si *esto es* poco, yo te añadiré tales y tales cosas.

9 ¿ Por qué pues tuviste en poco la palabra de Jehová, haciendo lo malo delante de sus ojos? A Uría Hethéo heriste á cuchillo, y tomaste por tu mujer á su mujer, y á él mataste con el cuchillo de los hijos de Ammon [g].

10 Por lo cual ahora no se apartará jamas de tu casa la espada; por cuanto me menospreciaste, y tomaste la mujer de Uría Hethéo para que fuese tu mujer.

11 Así ha dicho Jehová: Hé aquí yo levantaré sobre tí el mal de tu *misma* casa, y tomaré tus mujeres delante de tus ojos, y las daré á tu prójimo, el cual yacerá con tus mujeres á la vista de este sol [h].

12 Porque tú lo hiciste en secreto, mas yo haré esto delante de todo Israel, y delante del sol.

13 Entónces dijo David á Nathan: Pequé contra Jehová [i]. Y Nathan dijo á David: Tambien Jehová ha remitido tu pecado [k]; no morirás.

14 Mas por cuanto con este negocio hiciste [l] blasfemar á los enemigos de Jehová, el hijo que te ha nacido morirá ciertamente.

15 ¶ Y Nathan se volvió á su casa. Y Jehová hirió al niño que la mujer de Uría habia parido á David, y enfermó gravemente.

16 Entónces rogó David á Dios por el niño: y ayunó David, y recogióse, y pasó la noche acostado en tierra [m].

17 Y levantandose los ancianos de su casa *fueron* á él, para hacerlo levantar de tierra; mas él no quiso, ni comió con ellos pan.

18 Y al séptimo dia murió el niño; pero sus siervos no osaban hacerle saber que el niño era muerto, diciendo *entre sí*: Cuando el niño aun vivia, le hablabamos y no queria oir nuestra voz; ¿ pues cuanto mas mal lo hará, si le dijeremos que el niño es muerto?

19 Mas David viendo á sus siervos hablar entre sí, entendió que el niño era muerto; por lo que dijo David á sus siervos: ¿ Es muerto el niño? Y ellos respondieron: Muerto es.

20 Entónces David se levantó de tierra, y lavóse, y mudó sus ropas, y entró á la casa de Jehová, y adoró [n]. Y despues vino á su casa, y demandó, y pusiéronle pan, y comió.

21 Y dijéronle sus siervos: ¿ Qué *es* esto que has hecho? Por el niño, viviendo aun, ayunabas y llorabas; y él muerto, levantástete, y comiste pan.

22 Y él respondió: Viviendo aun el niño, yo ayunaba y lloraba diciendo, ¿ Quien sabe si Dios tendrá compasion de mí, por manera que viva el niño [o]?

23 Mas ahora que ya es muerto, ¿ para qué tengo de ayunar? ¿ Podré yo hacerle volver? Yo voy á él [p], mas él no volverá á mí [q].

24 ¶ Y consoló David á Bathsheba su mujer; y entrando á ella durmió con ella, y pari*óle* un hijo, y llamó su nombre Salomon [r], al cual amó Jehová:

25 Que envió por mano de Nathan profeta, y llamó su nombre Jedidiah ‖, á causa de Jehová.

26 ¶ Y Joab peleaba contra Rabba de los hijos de Ammon, y tomó la ciudad real.

27 Entónces envió Joab mensajeros á David, diciendo: Yo he peleado contra Rabba, y he tomado la ciudad de las aguas.

28 Junta pues ahora el pueblo que queda, y asienta campo contra la ciudad, y tómala; porque tomando yo la ciudad, no se llame de mi nombre.

29 Y juntando David todo el pueblo, fué contra Rabba, y combatióla, y tomóla.

30 Y tomó la corona de su rey de su

[a] Sal. 51, tit.
[b] Cap. 14. 5, etc. 1 Rey. 20. 35, 41. Is. 5. 1, 7. Mat. 21. 33, etc. Luc. 15. 11, etc. y 16. 19, etc.
[c] Gen. 18. 2, 7.
[d] Ex. 22. 1. Luc. 19. 8.
[e] 1 Sa. 16. 13.
[f] Sal. 18, tit.
[g] Cap. 11. 15, 27.
[h] Eccl. 9. 2, 12.
[i] Cap. 24. 1 Job 33. 27, 28. Sal. 32. 5. y 51. 4. Pro. 28. 1
[k] Sal. 130. 4. Is. 6. 5, 7. Mic. 7. 18. Zac. 3. 4. 1 Juan 1. 9. y 2. 1. Apoc. 1. 5
[l] Is. 52. 5. Ez. 36. 20, 23. Rom. 2. 2
[m] Cap. 13. 31
[n] Job 1. 20
[o] Is. 38. 2. Joel 2. 14 Jona 3. 9.
[p] Luc. 15. 1 16.
[q] Job 7. 8, 1
[r] 1 Cr. 22.
‖ *Amable de Jehová.*

cabeza, la cual pesaba un talento de oro, y *tenia* piedras preciosas, y fué *puesta* sobre la cabeza de David: y trajo muy grande despojo de la ciudad.

31 Sacó ademas el pueblo que *estaba* en ella, y púsolo debajo de sierras, de trillos de hierro, y de hachas de hierro; é hízolos pasar por hornos de ladrillos: y lo mismo hizo á todas las ciudades de los hijos de Ammon[a]. Volvióse luego David con todo el pueblo á Jerusalem.

[a] 1 Cr. 20. 3.

CAPITULO XIII.

Amnon, primogénito de David, comete incesto con su hermana Thamar, y despues la echa fuera de su casa. Absalom, en venganza de su hermana, mata á su hermano Amnon, y se huye del reino.

Y ACONTECIO despues de esto, que teniendo Absalom, hijo de David, una hermana hermosa que se llamaba Thamar[a], enamoróse de ella Amnon, hijo de David.

[a] 1 Cr. 3. 9.

2 Y estaba Amnon angustiado, hasta enfermar por Thamar su hermana: porque por ser ella vírgen, parecia á Amnon que seria cosa dificultosa hacerle algo.

3 Y Amnon tenia un amigo, que se llamaba Jonadab, hijo de Simea, hermano de David: y era Jonadab hombre muy astuto.

4 Y este le dijo: Hijo del rey, ¿por qué de dia en dia vas así enflaqueciendo? ¿No me lo descubrirás á mí? Y Amnon le respondió: Yo amo á Thamar la hermana de Absalom mi hermano.

5 Y Jonadab le dijo: Acuéstate en tu cama, y finge que estas enfermo; y cuando tu padre viniere á visitarte, dile: Ruégote que venga mi hermana Thamar, para que me conforte con *alguna* comida, y aderece delante de mí alguna vianda, para que viendo yo *la* coma de su mano.

6 Acostóse pues Amnon, y fingió que estaba enfermo, y vino el rey á visitarlo. Y dijo Amnon al rey: Yo te ruego que venga mi hermana Thamar, y haga delante de mí dos hojuelas que coma yo de su mano.

7 Y David envió á Thamar á su casa diciendo: Vé ahora á casa de Amnon tu hermano, y hazle de comer.

8 Y fué Thamar á casa de su hermano Amnon, el cual estaba acostado; y tomó harina, y amasó é hizo hojuelas delante de él, y aderezólas.

9 Tomó luego la sarten, y sacólas delante de él; mas él no quiso comer. Y dijo Amnon: Echad fuera de aquí á todos. Y todos se salieron de allí.

10 Entónces Amnon dijo á Thamar: Trae la comida á la alcoba, para que yo coma de tu mano. Y tomando Thamar las hojuelas que habia aderezado, llevólas á su hermano Amnon á la alcoba.

11 Y como ella se las puso delante para que comiese, él trabó de ella diciendole: Ven, hermana mia, acuéstate conmigo[b].

12 Ella entónces le respondió: No, hermano mio, no me hagas fuerza; porque no se ha de hacer así en Israel[c]: No hagas tal desacierto.

[b] Gen. 39. 12.
[c] Lev. 18. 9, 11. y 20. 17.

13 Porque ¿donde iria yo con mi deshonra? Y aun tú serias *estimado* como uno de los perversos en Israel. Ruégote pues ahora que hables al rey, que no me negará á tí.

14 Mas él no la quiso oir; antes pudiendo mas que ella la forzó, y echóse con ella.

15 Aborrecióla luego Amnon de tan grande aborrecimiento, que el odio con que la aborreció fué mayor que el amor con que la habia amado. Y díjole Amnon: Levántate, y vete.

16 Y ella le respondió: No es razon. Mayor mal es este de echarme que el que me has hecho. Mas él no la quiso oir:

17 Antes llamando su criado que le servia, díjole: Echame esta allá fuera, y tras ella cierra la puerta.

18 Y tenia ella sobre sí una ropa de colores[d], trage que las hijas vírgines de los reyes vestian[e]. Echóla pues fuera su criado, y cerró la puerta tras ella.

19 Entónces Thamar tomó ceniza, y *esparcióla* sobre su cabeza[f], y rasgó la ropa de colores de que estaba vestida, y puestas sus manos sobre su cabeza[g] fuése gritando.

[d] Gen. 37. 3. Jueo. 5. 30.
[e] Sal. 45. 13, 14.
[f] Cap. 1. 2. Jos. 7. 6. Job 2. 12.
[g] Jer. 2. 37.

20 Y díjole su hermano Absalom: ¿Ha estado contigo tu hermano Amnon? Pues calla ahora, hermana mia; tu hermano es, no pongas tu corazon en este negocio. Y quedóse Thamar desconsolada en casa de Absalom su hermano.

21 Y luego que el rey David oyó todo esto, fué muy enojado.

22 Mas Absalom no habló con Amnon ni malo ni bueno[h], bien que Absalom aborrecia á[i] Amnon, porque habia forzado á Thamar su hermana.

23 ¶ Y aconteció pasados dos años, que Absalom tenia esquiladores[k] en Baal-hasor, que *está* junto á Ephraim: y convidó Absalom á todos los hijos del rey.

[h] Gen. 24. 50. y 31. 24.
[i] Lev. 19. 17, 18.
[k] Gen. 38. 12, 13.

24 Y vino Absalom al rey, y díjole: Hé aquí, tu siervo tiene ahora esquiladores: yo ruego que venga el rey y sus siervos con tu siervo.

25 Y respondió el rey á Absalom: No, hijo mio, no vamos todos, porque no te hagamos costa. Y aunque porfió con él, no quiso ir, mas bendíjolo.

26 Entónces dijo Absalom: Si no, ruégote que venga con nosotros Amnon mi hermano. Y el rey le respondió: ¿Para qué ha de ir contigo?

27 Y como Absalom lo importunase, dejó ir con él á Amnon y á todos los hijos del rey.

28 Y habia Absalom dado órden á sus criados diciendo: Ahora bien, mirad cuando el corazon de Amnon estará alegre del vino[l]; y en diciendoos yo, Herid á Amnon, entónces matadle, y no temais, que yo os lo he mandado. Esforzaos pues, y sed valientes.

[l] 1 Sa. 25. 36. Est. 1. 10.

29 Y los criados de Absalom hicieron con Amnon como Absalom lo habia mandado. Levantáronse luego todos los hijos del rey, y subieron todos en sus mulos, y huyeron.

30 Y estando aun ellos en el camino, llegó á David el rumor que decia: Absalom ha muerto á todos los hijos del rey, que ninguno de ellos ha quedado.

31 Entónces levantandose David, rasgó sus vestidos[m], y echóse en tierra: y todos sus criados, rasgados sus vestidos, estaban *delante*.

[m] Cap. 1. 11.

32 Y Jonadab[n], hijo de Simea, hermano de David, habló y dijo: No diga mi señor que han muerto á todos los jóvenes hijos del rey, que solo Amnon es muerto; porque en boca de Absalom estaba puesto desde el dia que Amnon forzó á Thamar su hermana.

[n] ver. 3.

33 Por tanto ahora no ponga mi señor el rey en su corazon *esa* voz que dice, Todos los hijos del rey son muertos: porque solo Amnon es muerto:

34 Absalom huyó[o] luego. Entre tanto alzando sus ojos el mozo que estaba en atalaya, miró, y hé aquí mucho pueblo

[o] ver. 38.

que venia á sus espaldas por el camino
de hácia el monte.
35 Y dijo Jonadab al rey: Hé allí los
hijos del rey que vienen; es *pues* así
como tu siervo ha dicho.
36 Y como él acabó de hablar, hé aquí
los hijos del rey que vinieron, y alzando
su voz lloraron. Y tambien el mismo
rey y todos sus siervos lloraron con muy
grandes lamentos.
37 ¶ Mas Absalom huyó, y fuése á
p Cap. 3. 3. Talmai, hijo de Amiud, rey de Gessur[p].
Y *David* lloraba por su hijo todos los
dias.
38 Y despues que Absalom huyó, y se
fué á Gessur, estuvo allá tres años.
39 Y el rey David deseó ver á Absalom:
porque ya estaba consolado acerca
de Ammon, que era muerto.

CAPITULO XIV.

Joab con la astucia de una mujer de Tecoa persuade al rey que Absalom sea perdonado. Por la intercesion del mismo Joab entra al rey, despues de haber estado dos años en Jerusalem sin verle.

Y CONOCIENDO Joab, hijo de Sarvia,
que el corazon del rey estaba
a Cap. 13. 39. por Absalom[a],
b 2 Cr. 11. 6. 2 Envió Joab á Tecoa[b], y tomó de
allá una mujer astuta, y díjole: Yo te
ruego que te enlutes, y te vistas de
ropas de luto, y no te unjas con óleo,
ántes sé como una mujer que ha mucho
tiempo que trae luto por *algun* muerto;
3 Y entrando al rey, habla con él de
esta manera. Y puso Joab las palabras
en su boca.
4 Entró pues aquella mujer de Tecoa
al rey, y postrandose en tierra sobre su
rostro hizo reverencia, y dijo: Oh rey,
salva.
5 Y el rey le dijo: Qué tienes? Y ella
respondió: Yo á la verdad *soy* una mu-
c Cap. 12. 1, etc. jer viuda, y mi marido es muerto[c].
6 Y tu sierva tenia dos hijos, y los
dos riñeron en el campo; y no habiendo
quien los despartiese, hirió el uno al
otro, y matólo.
7 Y hé aquí toda la parentela se ha
levantado contra tu sierva, diciendo:
Entrega al que mató á su hermano,
para que le hagamos morir por la vida
de su hermano á quien él mató; y quitemos
tambien el heredero. Así apagarán
el ascua que me ha quedado, no
dejando á mi marido nombre ni reliquia
sobre la tierra.
8 Entónces el rey dijo á la mujer:
Véte á tu casa, que yo mandaré acerca
de tí.
9 Y la mujer de Tecoa dijo al rey:
Rey señor mio, la maldad sea sobre
d Gen. 27. 13. 1 Sa. 25. 24. mí[d], y sobre la casa de mi padre; mas
el rey y su trono sin culpa[e].
e Cap. 3. 28. 1 Rey. 2. 33. 10 Y el rey dijo: Al que habláre contra
tí, traélo á mí, que no te tocará
mas.
11 Dijo ella entónces: Ruégote, oh
rey, que te acuerdes de Jehová tu Dios,
que no dejes á los cercanos de la san-
f Nu. 35. 19. gre[f] aumentar el daño con destruir á
mi hijo. Y él respondió: Vive Jehová,
que no caerá ni un cabello de la cabeza
g 1 Sa. 14. 45. Jer. 4. 2. de tu hijo en tierra[g].
12 Y la mujer dijo: Ruégote que
hable tu criada *una* palabra á mi señor
el rey. Y él dijo: Habla.
13 Entónces la mujer dijo: ¿Por qué
pues piensas tú otro tanto contra el
pueblo de Dios? que hablando el rey
h Cap. 13. 37, 38. esta palabra *es* como culpado; por cuanto
el rey no hace volver á su fugitivo[h].
i Job 34. 15. Sal. 90. 3, 10. Heb. 9. 27. 14 Porque de cierto morimos[i], y *somos*
como aguas derramadas por tierra, que
no pueden volver á recogerse: ni Dios
quita *luego* la vida, sino que arbitra
medio para que su desviado no sea de
él excluido.
15 Y que yo he venido ahora para
decir esto al rey mi señor, *es* porque
el pueblo me ha puesto miedo. Mas tu
sierva dijo *para sí*: Hablaré ahora al
rey; quiza él hará lo que su sierva
diga.
16 Pues el rey oirá para librar á su
sierva de mano del hombre que me *quiere*
raer á mí, y á mi hijo juntamente,
de la heredad de Dios.
17 Tu sierva pues dice: Que sea ahora
la respuesta de mi señor el rey para
descanso; pues que mi señor el rey es
como un ángel de Dios[k] para escuchar k Cap. 19. 27.
lo bueno y lo malo. Así Jehová tu
Dios sea contigo.
18 Entónces el rey respondió, y dijo
á la mujer: Yo te ruego que no me
encubras nada de lo que yo te pregun-
táre. Y la mujer dijo: Hable mi señor
el rey.
19 Y el rey dijo: ¿No ha sido la
mano de Joab contigo en todas estas
cosas? Y la mujer respondió y dijo:
Vive tu alma, rey señor mio, que no
hay que apartarse á derecha ni á izquierda
de todo lo que mi señor el rey
ha hablado: porque tu siervo Joab, él
me mandó, y él puso en boca de tu
sierva todas estas palabras.
20 Y que *yo* trocára la forma de las
palabras, Joab tu siervo lo ha hecho.
Mas mi señor es sabio conforme á la
sabiduría de un ángel de Dios, para
conocer lo que *se hace* en la tierra.
21 Entónces el rey dijo á Joab: Hé
aquí yo hago esto. Vé, y haz volver al
mozo Absalom.
22 Y Joab se postró en tierra sobre su
rostro, é hizo reverencia, y despues que
bendijo al rey, dijo: Hoy ha entendido
tu siervo que he hallado gracia en tus
ojos, rey señor mio; pues que ha hecho
el rey lo que su siervo ha dicho.
23 Levantóse luego Joab, y fué á Ges-
sur, y volvió á Absalom á Jerusalem.
24 Mas el rey dijo: Váyase á su casa,
y no vea mi rostro. Y volvióse Absalom
á su casa, y no vió el rostro del
rey.
25 ¶ Y no habia en todo Israel hombre
tan hermoso como Absalom, de
alabar en gran manera: desde la planta
de su pié hásta la mollera no habia en
él defecto[l]. l Is. 1. 6.
26 Y cuando se cortaba el cabello, (lo
cual hacia al fin de cada año, pues le
causaba molestia, y por eso se lo cortaba,)
pesaba el cabello de su cabeza
doscientos siclos de peso real.
27 Y naciéronle á Absalom tres hijos[m], m Cap. 18. 18.
y una hija que se llamó Thamar, la cual
era hermosa de ver.
28 ¶ Y estuvo Absalom por espacio
de dos años en Jerusalem, y no vió la
cara del rey[n]. n ver. 24.
29 Y mandó Absalom por Joab para
enviarlo al rey; mas no quiso venir á
él: ni aunque envió por segunda vez,
quiso él venir.
30 Entónces dijo á sus siervos: Bien
sabeis las tierras de Joab junto á mi
lugar, donde tiene sus cebadas. Id, y
pegadles fuego[o]. Y los siervos de Abasalom o Juec. 15. 5.
pegaron fuego á las tierras.
31 Levantóse por tanto Joab, y vino á
Absalom á *su* casa, y díjole: ¿Por qué
han puesto fuego tus siervos á mis
tierras?
32 Y Absalom respondió á Joab: Hé
aquí, yo he enviado por tí diciendo que
vinieses acá, á fin de enviarte yo al rey

á que le dijeses: ¿Para qué vine de Gessur? Mejor me fuera estar aun allá. Vea yo ahora la cara del rey; y si hay en mí pecado, máteme.

33 Vino pues Joab al rey, é hízoselo saber. Entónces llamó á Absalom, el cual vino al rey, é inclinó su rostro á tierra delante del rey: y el rey besó á Absalom.

CAPITULO XV.

Absalom, ganados primero los ánimos del pueblo con singular astucia, se levanta contra su padre con el reino. Oyéndolo David, huye de Jerusalem acompañado del ejército y de sus amigos.

ACONTECIO despues de esto, que Absalom se hizo de carros y caballos, y cincuenta hombres que corriesen delante de él [a].

[a] 1 Rey. 1. 5.

2 Y levantábase Absalom de mañana, y poníase á un lado del camino de la puerta, y á cualquiera que tenia pleito y venia al rey á juicio, Absalom lo llamaba á sí, y decíale: ¿De qué ciudad eres? Y él respondia: Tu siervo *es* de una de las tribus de Israel.

3 Entónces Absalom le decia: Mira, tus palabras *son* buenas y justas; mas no tienes quien te oiga por el rey.

4 Y decia Absalom: ¡Quien me pusiera por juez en la tierra [b], para que viniesen á mí todos los que tienen pleito ó negocio, que yo les haria justicia!

[b] Jue. 9. 29.

5 Y acontecia que, cuando alguno se llegaba para inclinarse á él, él extendia la mano, y lo tomaba, y lo besaba.

6 Y de esta manera hacia con todo Israel que venia al rey á juicio: y *así* robaba Absalom el corazon de los de Israel.

7 Y al cabo de cuarenta años aconteció que Absalom dijo al rey: Yo te ruego *me permitas* que vaya á Hebron, á pagar mi voto que he prometido á Jehová.

8 Porque tu siervo hizo voto cuando estaba en Gessur [c], en Siria, diciendo: Si Jehová me volviere á Jerusalem, yo serviré á Jehová.

[c] Cap. 13. 38.

9 Y el rey le dijo: Vé en paz. Y él se levantó, y se fué á Hebron.

10 Empero envió Absalom espias por todas las tribus de Israel, diciendo: Cuando oyereis el sonido de la trompeta, diréis: Absalom reina en Hebron [d].

[d] Job 20. 5, etc.

11 Y fueron con Absalom doscientos hombres de Jerusalem *por él* convidados, los cuales iban en su sencillez, sin saber nada.

12 Tambien envió Absalom por Achitophel Gilonita, del consejo de David [e], á Gilo su ciudad, mientras hacia sus sacrificios. Y la conjuracion vino á ser grande, pues se iba aumentando el pueblo con Absalom [f].

[e] Sal. 41. 9. y 55. 12, 14.
[f] Sal. 3. 1, 2.

13 ¶ Y vino el aviso á David diciendo: El corazon de todo Israel *se* vá tras Absalom [g].

[g] ver. 6.

14 Entónces David dijo á todos sus siervos que *estaban* con él en Jerusalem: Levantáos, y huyamos [h], porque no podrémos escapar delante de Absalom. Dáos priesa á partir, no sea que apresurándose él nos alcance, y arroje el mal sobre nosotros, y hiera la ciudad á filo de espada.

[h] Cap. 19. 9.

15 Y los siervos del rey dijeron al rey: Hé aquí, tus siervos *estan prestos* á todo lo que nuestro señor el rey eligiere.

16 El rey entónces salió con toda su familia en pos de él: y dejó el rey diez mujeres concubinas para que guardasen la casa [i].

[i] Cap. 12. 11. y 16. 21, 22.

17 Salió pues el rey, con todo el pueblo que le seguia, y paráronse en un lugar distante.

18 Y todos sus siervos pasaban á su lado, con todos los Cerethéos y Phelethéos; y todos los Gethéos, seiscientos hombres que habian venido á pié desde Geth, iban delante del rey.

19 Y dijo el rey á Ittai Gethéo: ¿Para qué vienes tú tambien con nosotros? Vuélvete y quédate con el rey: porque tú *eres* extranjero, y desterrado tambien de tu lugar.

20 Ayer viniste, ¿y tengote de hacer hoy que mudes lugar para ir con nosotros? Yo voy como voy; tú vuélvete, y haz volver á tus hermanos: en tí *hay* misericordia y verdad.

21 Y respondió Ittai al rey diciendo: Vive Dios, y vive mi señor el rey, que, ó para muerte ó para vida, donde mi señor el rey estuviere, allí estará tambien tu siervo [k].

[k] Rut. 1. 16, 17. Pro. 17. 17. y 18. 24.

22 Entónces David dijo á Ittai: Ven *pues*, y pasa. Y pasó Ittai Gethéo, y todos sus hombres, y toda su familia.

23 Y todo el *pueblo del* país lloró en alta voz: pasó luego toda la gente el torrente de Cedron [l]; asimismo pasó el rey, y todo el pueblo pasó al camino que vá al desierto [m].

[l] Juan 18. 1.
[m] Cap. 16. 2.

24 Y hé aquí, tambien *iba* Sadoc, y con él todos los Levitas que llevaban el arca del pacto de Dios [n]; y asentaron el arca del pacto de Dios. Y subió Abiathar despues que hubo acabado de salir de la ciudad todo el pueblo.

[n] Nu. 4. 15.

25 Pero dijo el rey á Sadoc: Vuelve el arca de Dios á la ciudad; que si yo hallare gracia en los ojos de Jehová, él me volverá, y me hará ver á ella y á su tabernáculo [o].

[o] Sal. 43. 3, 4. y 63. 1, 2. Is. 38. 22.

26 Y si dijere, No me agradas: aquí estoy, haga de mí lo que bien le pareciere [p].

[p] 1 Sa. 3. 18.

27 Dijo aun el rey á Sadoc sacerdote: ¿No eres tú el Vidente [q]? Vuélvete en paz á la ciudad; y *esten* con vosotros vuestros dos hijos, tu hijo Ahimaas, y Jonathan, hijo de Abiathar.

[q] 1 Sa. 9. 9.

28 Mirad, yo me detendré en los campos del desierto [r], hasta que venga respuesta de vosotros que me dé aviso.

[r] Cap. 17. 16.

29 Entónces Sadoc y Abiathar volvieron el arca de Dios á Jerusalem, y estuviéronse allá.

30 ¶ Y David subió la cuesta de las olivas; y subióla llorando, llevando la cabeza cubierta, y los piés descalzos. Tambien todo el pueblo que tenia consigo cubrió cada uno su cabeza [s], y subieron llorando [t] así como subian.

[s] Cap. 19. 4. Est. 6. 12. Jer. 14. 3, 4.
[t] Sal. 126. 6.

31 Y dieron aviso á David diciendo: Achitophel [u] *está* entre los que conspiraron con Absalom. Entónces dijo David: Entontece [x] ahora, oh Jehová, el consejo de Achitophel [y].

[u] ver. 12.
[x] Job 5. 13.
[y] Cap. 16. 23. y 17. 14, 23.

32 Y como David llegó á la cumbre *del monte*, para adorar allí á Dios, hé aquí Husai Arachita que le salió al encuentro trayendo rota su ropa, y tierra sobre su cabeza [z].

[z] Cap. 1. 2.

33 Y díjole David: Si pasares conmigo, serme has de carga;

34 Mas si volvieres á la ciudad, y dijeres á Absalom: Rey, yo seré tu siervo [a]; como hasta aquí he sido siervo de tu padre, así seré ahora siervo tuyo: entónces tú me disiparás el consejo de Achitophel [b].

[a] Cap. 16. 19.
[b] Cap. 17. 5, 14.

35 ¿No *estarán* allí contigo Sadoc y Abiathar sacerdotes? Por tanto todo lo que oyeres en casa del rey, darás aviso de ello á Sadoc y á Abiathar sacerdotes [c].

[c] Cap. 17. 15, 16.

36 Y hé aquí que *estan* con ellos sus

dos hijos, Ahimaas el de Sadoc, y Jonathan el de Abiathar: por mano de ellos me enviaréis *aviso de* todo lo que oyereis.

37 Así se vino Husai, amigo de David[d], á la ciudad; y Absalom entró en Jerusalem.

d Cap. 16. 15, 16. 1 Cr. 27. 33.

CAPITULO XVI.

Siba, siervo de Mephi-boseth, infamando á su amo calumniosamente, gana de David todos los bienes de su amo. Semei maldice á David, el cual tolera sus maldiciones con paciencia entendiendo ser mano de Dios. Venido Absalom á Jerusalem, entra á las concubinas de su padre, delante de todo el pueblo, por consejo de Achitophel.

Y COMO David pasó un poco de la cumbre *del monte*, hé aquí Siba[a], criado de Mephi-boseth que lo salia á recibir con un par de asnos enalbardados, y sobre ellos doscientos panes, y cien hilos de pasas, y cien *panes de higos* secos, y un cuero de vino[b].

2 Y dijo el rey á Siba: Qué *es* esto? Y Siba respondió: Los asnos *son* para la familia del rey, en que suban; los panes y la pasa para los criados que coman; y el vino para que beban los que se cansaren en el desierto[c].

3 Y dijo el rey: ¿Donde *está* el hijo de tu señor? Y Siba respondió al rey: Hé aquí él se ha quedado en Jerusalem, porque ha dicho: Hoy me devolverá la casa de Israel el reino de mi padre[d].

4 Entónces el rey dijo á Siba: Hé aquí, sea tuyo todo lo que tiene Mephi-boseth. Y respondió Siba inclinandose: Rey señor mio, halle yo gracia delante de tí.

5 ¶ Y vino el rey David hasta Bahurim: y hé aquí salia uno de la familia de la casa de Saul, el cual se llamaba Semei[e], hijo de Gera; y salia maldiciendo[f],

6 Y echando piedras contra David, y contra todos los siervos del rey David: y todo el pueblo, y todos los valientes hombres estaban á su diestra y á su siniestra.

7 Y decia Semei maldiciendole: Sal, sal, varon de sangres, y hombre de Belial.

8 Jehová te ha dado el pago de toda la sangre de la casa de Saul, en lugar del cual tú has reinado: mas Jehová ha entregado el reino en mano de tu hijo Absalom; y héte aquí sorprendido en tu maldad, porque eres varon de sangres.

9 Entónces Abisai, hijo de Sarvia, dijo al rey: ¿Por qué maldice este perro muerto á mi señor el rey[g]? Yo te ruego que me dejes pasar, y quitaréle la cabeza.

10 Y el rey respondió: ¿Qué tengo yo con vosotros, hijos de Sarvia? El maldice así, porque Jehová le ha dicho que maldiga á David: ¿quien pues le dirá: Por qué lo haces así?

11 Y dijo David á Abisai, y á todos sus siervos: Hé aquí, mi hijo que ha salido de mis entrañas, asecha á mi vida; ¿cuanto mas ahora un hijo de Benjamin? Dejadle que maldiga, que Jehová se lo ha dicho.

12 Quizá mirará Jehová á mi afliccion[h], y me dará Jehová bien[i] por sus maldiciones de hoy.

13 Y como David y los suyos iban por el camino, Semei iba por el lado del monte delante de él, andando y maldiciendo, y arrojando piedras delante de él, y esparciendo polvo.

14 Y el rey y todo el pueblo que con él *estaba*, llegaron fatigados, y descansaron allí.

a Cap. 9. 2.
b 1 Sa. 25. 18.
c Cap. 17. 29.
d Cap. 19. 27. Pro. 18. 17.
e Cap. 19. 16, etc. 1 Rey. 2. 44, etc.
f Sal. 109. 17, 28. Pro. 26. 2. Eccles. 10. 20. Mat. 5. 11, 12.
g Ex. 22. 28.
h Gen. 29. 32. 1 Sa. 1. 11. Sal. 35. 18. 1 Ped. 4. 19.
i Rom. 8. 28.

15 ¶ Y Absalom y todo el pueblo, los varones de Israel, entraron en Jerusalem, y con él Achitophel.

16 Acaeció luego, que como Husai Arachita, amigo de David, hubo llegado á Absalom, díjole Husai: Viva el rey, viva el rey.

17 Y Absalom dijo á Husai: ¿Este *es* tu agradecimiento para con tu amigo? ¿Por qué no fuiste con tu amigo?

18 Y Husai respondió á Absalom: No: ántes al que eligiere Jehová, y este pueblo, y todos los varones de Israel, de aquel seré yo, y con aquel quedaré.

19 ¿Y á quien habia yo de servir? ¿No es á su hijo? Como he servido delante de tu padre, así seré delante de tí.

20 ¶ Entónces dijo Absalom á Achitophel[k]: Consultad qué harémos.

21 Y Achitophel dijo á Absalom: Entra á las concubinas de tu padre, que él dejó para guardar la casa; y todo el pueblo de Israel oirá que te has hecho aborrecible á tu padre, y así se esforzarán las manos de todos los que *estan* contigo[l].

22 Entónces pusieron una tienda á Absalom sobre el terrado, y entró Absalom á las concubinas de su padre en ojos de todo Israel[m].

23 Y el consejo que daba Achitophel en aquellos dias, era como si consultáran la palabra de Dios. Tal era el consejo de Achitophel así con David como con Absalom.

k Cap. 15. 1
l 1 Sa. 27. 1
m Cap. 12. 12. y 15. 16. y 20. 3.

CAPITULO XVII.

Por providencia de Dios, Absalom en el negocio de la guerra con su padre prefiere el consejo de Husai al de Achitophel. Dáse aviso á David, por lo que pasa el Jordan con tiempo; y Achitophel se ahorca. Absalom pasa tambien el Jordan. Traen provision á David sus amigos.

ENTONCES Achitophel dijo á Absalom: Yo escogeré ahora doce mil hombres, y me levantaré, y seguiré á David esta noche.

2 Y daré sobre él cuando él estará cansado y flaco de manos[a]: lo atemorizaré, y todo el pueblo que *está* con él huirá, y heriré al rey solo.

3 Así tornaré á todo el pueblo á tí: y cuando ellos hubieren vuelto, (*pues* aquel hombre es el que tú quieres,) todo el pueblo estará en paz.

4 Esta razon pareció bien á Absalom y á todos los ancianos de Israel.

5 Y dijo Absalom: Llama tambien ahora á Husai Arachita, para que asimismo oigamos lo que él dirá.

6 Y como Husai vino á Absalom, hablóle Absalom diciendo: Así ha dicho Achitophel: ¿seguirémos su consejo, ó no? Di tú.

7 Entónces Husai dijo á Absalom: El consejo que ha dado esta vez Achitophel no es bueno.

8 Y añadió Husai: Tú sabes que tu padre y los suyos son hombres valientes, y *que estan ahora* con amargura de ánimo[b], como la osa en el campo cuando le han quitado los hijos. Ademas, tu padre *es* hombre de guerra, y no tendrá la noche con el pueblo.

9 Hé aquí él estará escondido en alguna cueva, ó en otro lugar: y si al principio cayeren algunos *de los tuyos*, oirálo quien lo oyere, y dirá: El pueblo que sigue á Absalom ha sido derrotado.

10 Así aun el hombre valiente, cuyo corazon *sea* como corazon de leon, sin duda desmayará: porque todo Israel

a Cap. 16. 1
b Jueo. 18. 25.

sabe que tu padre es valiente hombre,
y que los que *estan* con él son esfor-
zados.
11 Aconsejo pues, que todo Israel se
junte á tí desde Dan hasta Beersebah,
que será en multitud como la arena que
está á la orilla de la mar [c], y que tú en
persona vayas á la batalla.
12 Entónces le acometerémos en cual-
quier lugar que pudiere hallarse, y daré-
mos sobre él como cuando el rocío cae
sobre la tierra, y ni uno dejarémos *es-
capar* de él, y de todos los que con él
estan.
13 Y si se recogiere en *alguna* ciudad,
todos los de Israel traerán sogas á a-
quella ciudad, y la arrastrarémos hasta
el arroyo, que nunca mas paresca piedra
de ella.
14 Entónces Absalom y todos los de
Israel dijeron: El consejo de Husai
Arachita es mejor que el consejo de
Achitophel. Porque habia Jehová or-
denado [d] que el acertado consejo [e] de
Achitophel se frustrára, para que Je-
hová hiciese venir el mal sobre Absa-
lom.
15 ¶ Dijo luego Husai á Sadoc y á
Abiathar sacerdotes: Así y así aconsejó
Achitophel á Absalom, y á los ancia-
nos de Israel; y de esta y esta manera
aconsejé yo.
16 Por tanto enviad inmediatamente,
y dad aviso á David diciendo: No que-
des esta noche en los campos del de-
sierto [f], sino pasa *el Jordan*, porque el
rey no sea consumido, y todo el pueblo
que con él está.
17 Y Jonathan y Ahimaas estaban
junto á la fuente de Rogel, porque no
podian ellos mostrarse viniendo á la
ciudad: fué por tanto una criada, y
dióles el aviso; y ellos fueron, y noti-
ciáronlo al rey David.
18 Empero fueron vistos por un mozo,
el cuál dió cuenta á Absalom: sin em-
bargo los dos se dieron priesa á cami-
nar, y llegaron á casa de un hombre
en Bahurim [h], que tenia un pozo en su
patio, dentro del cual se metieron.
19 Y tomando la mujer [i] *de la casa*
una manta, extendióla sobre la boca
del pozo, y tendió sobre ella del grano
trillado, y no se penetró el negocio [k].
20 Llegando luego los criados de Ab-
salom á la casa á la mujer, dijéronle:
¿Donde *estan* Ahimaas y Jonathan?
Y la mujer les respondió: Ya han pa-
sado el vado de las aguas. Y como
ellos los buscaron, y no los hallaron,
volviéronse á Jerusalem.
21 Y despues que ellos se hubieron
ido, *estotros* salieron del pozo, y fué-
ronse, y dieron aviso al rey David, y
dijéronle: Levantáos, y dáos priesa á
pasar las aguas [l], porque Achitophel ha
dado tal consejo contra vosotros.
22 Entónces David se levantó, y todo
el pueblo que con él *estaba*, y pasaron
el Jordan antes que amaneciese: ni
siquiera faltó uno que no pasase el Jor-
dan.
23 ¶ Y Achitophel viendo que no se
habia puesto por obra su consejo, en-
albardó *su* asno, y levantóse, y fuése
á su casa en su ciudad; y despues de
disponer acerca de su casa, ahorcóse y
murió, y fué sepultado en el sepulcro
de su padre.
24 ¶ Y David llegó á Mahanaim [m],
y Absalom pasó el Jordan con toda la
gente de Israel.
25 Y Absalom constituyó á Amasa
sobre el ejército en lugar de Joab; el
cual Amasa fué hijo de un varon de

[c] Jos. 11. 4. 1 Rey. 20. 10.
[d] Cap. 15. 31, 34.
[e] Job 5. 12, 13.
[f] Cap. 15. 28.
[g] Cap. 15. 27, 36.
[h] Cap. 16. 5.
[i] Jos. 2. 6, etc.
[k] Ex. 1. 19.
[l] ver. 15, 16.
[m] Cap. 2. 8.

Israel llamado Itra, el cual habia en-
trado á Abigal [n], hija de Naas [o], y her-
mana de Sarvia, madre de Joab.
26 Y asentó campo Israel con Absa-
lom en tierra de Galaad.
27 Y luego que David llegó á Maha-
naim, Sobi, hijo de Naas [p], de Rabba [q]
de los hijos de Ammon, y Machir hijo
de Ammiel, de Lodebar, y Barzillai [r]
Galaadita, de Rogelim,
28 Trajeron á David, y al pueblo que
estaba con él, camas, y tazas, y vasijas
de barro, trigo, y cebada, y harina, y
grano tostado, habas, lentejas, y *gar-
banzos* tostados,
29 Miel, manteca, ovejas, y quesos de
vacas, para que comiesen; porque di-
jeron *entre sí* [s]: Aquel pueblo está ham-
briento, y cansado, y tendrá sed en el
desierto [t].

CAPITULO XVIII.

Dáse la batalla entre el ejército de David y el de Absalom, en que los de David obtuvieron la victoria, y Absalom es muerto por Joab. Viene la nueva de la victoria á David, el cual entendiendo la muerte de Absalom, le llora y lamenta.

DAVID pues revistó el pueblo que
tenia consigo, y puso sobre ellos tri-
bunos y centuriones.
2 Y consignó la tercera parte del pue-
blo al mando de Joab, y *otra* tercera
al mando de Abisai, hijo de Sarvia,
hermano de Joab, y la otra tercera
parte al mando de Ittai Gethéo [a]. Y
dijo el rey al pueblo: Yo tambien sal-
dré con vosotros.
3 Mas el pueblo dijo: No saldrás [b];
porque si nosotros huyeremos, no harán
caso de nosotros; y aunque la mitad
de nosotros muera, no harán caso de
nosotros: mas tú ahora *vales tanto* como
diez mil de nosotros. Será pues mejor
que tú nos des ayuda desde la ciudad.
4 Entónces el rey les dijo: Yo haré
lo que bien os pareciere. Y púsose el
rey á la entrada de la puerta, mien-
tras salia todo el pueblo de ciento en
ciento y de mil en mil.
5 Y el rey mandó á Joab, y á Abisai,
y á Ittai, diciendo: *Tratad* benigna-
mente por amor de mí al mozo Absa-
lom. Y todo el pueblo oyó cuando dió
el rey órden acerca de Absalom á todos
los capitanes [c].
6 Salió pues el pueblo al campo contra
Israel, y dióse la batalla en el bosque
de Ephraim [d]:
7 Y allí cayó el pueblo de Israel de-
lante de los siervos de David; é hízose
allí en aquel dia una gran matanza de
veinte mil *hombres*.
8 Y derramandose allí el ejército por
la haz de toda la tierra, fueron mas
los que consumió el bosque de los del
pueblo, que los que consumió el cuchi-
llo aquel dia.
9 Y encontróse Absalom con los sier-
vos de David: é iba Absalom sobre un
mulo, y el mulo se entró debajo de un
espeso y grande alcornoque, y asiósele
la cabeza al alcornoque, y quedó entre
el cielo y la tierra [e]; pues el mulo en
que iba, pasó adelante.
10 Y viendolo uno, avisó á Joab dici-
endo: He aquí que he visto á Absalom
colgado de un alcornoque.
11 Y Joab respondió al hombre que
le daba la nueva: Y viendolo tú, ¿por
qué no le heriste luego allí *echandole* á
tierra? y sobre mí que te hubiera dado
diez *siclos* de plata, y un talabarte.
12 Y el hombre dijo á Joab: Aunque
me importára en mis manos mil *siclos*
de plata, no extendiera yo mi mano

[n] 1 Cr. 2. 16, 17.
[o] 1 Cr. 2. 13, 16.
[p] Cap. 10. 1.
[q] Cap. 12. 29, 30.
[r] Cap. 19. 31, 32. 1 Rey. 2. 7.
[s] Cap. 16. 2, 14. y 17, 2.
[a] Cap. 15. 19.
[b] Cap. 21. 17.
[c] ver. 12.
[d] Jos. 17. 15, 18.
[e] Job 18. 8, 10. y 31. 3. Sal. 63. 9, 10.

contra el hijo del rey; porque nosotros
lo oimos cuando el rey te mandó á tí,
f ver. 5. y á Abisai, y á Ittai, diciendo*f*: Mirad
que ninguno *toque* en el jóven Absalom.
13 Por otra parte, habria yo hecho
traicion contra mi vida: pues que al
g Cap. 14. 19, 20. rey nada se le esconde*g*; y *aun* tú estarias en contra.
14 Y respondió Joab: No *es* razon
que yo te ruegue. Y tomando tres dardos en su mano, hincólos en el corazon
de Absalom, que aun estaba vivo en
medio del alcornoque.
15 Cercandolo luego diez mancebos,
escuderos de Joab, hirieron á Absalom,
y acabáronle.
16 Entónces Joab tocó la corneta, y
el pueblo se volvió de seguir á Israel,
porque Joab detuvo al pueblo.
17 Tomando despues á Absalom, echáronle en un gran hoyo en el bosque, y
levantaron sobre él un muy grande mon-
h Jos. 7. 26. ton de piedras*h*: y todo Israel huyó
cada uno á sus estancias.
18 Y habia Absalom en su vida tomado y levantádose una columna, la
cual *está* en el valle del rey; porque
i Cap. 14. 27. habia dicho *entre sí*: Yo no tengo hijo*i*
que conserve la memoria de mi nombre. Y llamó á aquella columna de su
nombre: y así se llamó hasta hoy, Lugar de Absalom.
19 ¶ Entonces Ahimaas, hijo de Sadoc, dijo: Correré ahora, y daré las
nuevas al rey *de* como Jehová ha defendido su causa de la mano de sus
enemigos.
20 Y respondióle Joab: Hoy no llevarás las nuevas; las llevarás otro dia:
no darás hoy la nueva, porque el hijo
del rey es muerto.
21 Y Joab dijo á Cusi: Vé tú, y dí al
rey lo que has visto. Y Cusi hizo reverencia á Joab, y corrió.
22 Entónces Ahimaas, hijo de Sadoc,
tornó á decir á Joab: Sea lo que fuere,
yo correré ahora tras Cusi. Y Joab
dijo: Hijo mio, ¿para qué has tú de
correr, pues que no hallarás premio por
las nuevas?
23 Mas *él respondió*: Sea lo que fuere,
yo correré. Entónces le dijo: Corre.
Corrió pues Ahimaas por el camino de
la llanura, y pasó delante de Cusi.
24 Estaba David á la sazon sentado en-
k 2 Rey. 9. 17. Is. 21. 11, 12. Ez. 33. 2, 7. tre las dos puertas, y el atalaya*k* habia
ido al terrado de sobre la puerta en el
muro; y alzando sus ojos, miró y vió á
uno que corria solo.
25 El atalaya dió luego voces, é hízolo
saber al rey. Y el rey dijo: Si es solo,
buenas nuevas trae. En tanto que él venia acercandose,
26 Vió el atalaya otro que corria; y
dió voces el atalaya al portero diciendo:
Hé, *otro* hombre que corre solo. Y el
rey dijo: Este tambien *es* mensajero.
27 Y el atalaya volvió á decir: Paréceme el correr del primero como el correr de Ahimaas, hijo de Sadoc. Y respondió el rey: Ese es hombre de bien, y
l 1 Rey. 1. 42. viene con buena nueva*l*.
28 Entónces Ahimaas dijo en alta voz
al rey: Paz; é inclinóse á tierra delante
del rey, y dijo: Bendito *sea* Jehová Dios tuyo, que ha entregado los hombres
que habian levantado sus manos contra
mi señor el rey.
29 Y el rey dijo: El mozo Absalom tiene paz? Y Ahimaas respondió: Ví yo
un grande alboroto cuando envió Joab
al siervo del rey, y á *mí* tu siervo, mas
no sé que *era*.
30 Y el rey dijo: Pasa, y ponte allí.
Y él pasó y paróse.
31 Y luego vino Cusi, y dijo: Reciba
nueva mi señor el rey, que hoy Jehová
ha defendido*m* tu causa de la mano de *m* Sal. 144. 7, 10.
todos los que se habian levantado contra tí.
32 El rey entónces dijo á Cusi: El
mozo Absalom tiene paz? Y Cusi respondió: Como *aquel* mozo sean los enemigos de mi señor el rey, y todos los que
se levantan contra tí para mal*n*. *n* Juec. 5. 31. Dan. 4. 19.
33 Entónces el rey se turbó, y subióse
á la sala de la puerta, y lloró; y yendo
decia así: ¡Hijo mio Absalom, hijo mio,
hijo mio Absalom*o*! ¡Quien me diera *o* Cap. 19. 4.
que muriera yo en lugar de tí, Absalom
hijo mio, hijo mio!

CAPITULO XIX.

Joab reprende á David con motivo de su llanto por Absalom. Israel se convierte al rey, el cual benignamente perdona á los de Judá, y exhórtalos á venir á sí. Pone en lugar de Joab á Amasa, general del ejército de Absalom. Semeí pide perdon á David, y él le perdona. Mephiboseth se escusa con verdad de la calumnia de su siervo Siba, mas el rey no recibe su escusa. Barzillai acompaña al rey. Las diez tribus altercan con la tribu de Judá sobre la restitucion del rey.

Y DIERON aviso á Joab: Hé aquí
el rey llora, y hace duelo por Absalom.
2 Y volvióse aquel dia la victoria en
luto para todo el pueblo; porque oyó
decir el pueblo aquel dia que el rey tenia
dolor por su hijo.
3 Entróse por tanto el pueblo aquel dia
en la ciudad escondidamente, como suele entrar á escondidas el pueblo avergonzado que ha huido de la batalla.
4 Mas el rey, cubierto el rostro*a*, cla- *a* Cap. 15. 30.
maba en alta voz: Hijo mio Absalom,
Absalom hijo mio, hijo mio*b*! *b* Cap. 18. 33.
5 Y entrando Joab en casa al rey, díjole: Hoy has avergonzado el rostro de
todos tus siervos, que han hoy librado tu
vida, y la vida de tus hijos y de tus hijas, y la vida de tus mujeres, y la vida
de tus concubinas,
6 Amando á los que te aborrecen, y
aborreciendo á los que te aman: porque
hoy has declarado que nada te *importan tus* príncipes y siervos; pues hoy echo
de ver que si Absalom viviera, bien que
nosotros todos estuvieramos hoy muertos, entónces te contentáras.
7 Levántate pues ahora y sal fuera, y
halaga á tus siervos: porque juro por
Jehová, que si no sales, ni aun uno
quede contigo esta noche; y de esto te
pesará mas que de todos los males que
te han sobrevenido desde tu mocedad
hasta ahora.
8 Entónces se levantó el rey, y sentóse
á la puerta; y fué declarado á todo el
pueblo diciendo: Hé aquí el rey está
sentado á la puerta. Y vino todo el pueblo delante del rey; mas Israel habia
huido cada uno á sus estancias.
9 Y todo el pueblo porfiaba en todas
las tribus de Israel diciendo: El rey nos
ha librado de mano de nuestros enemigos, y él nos ha salvado de mano de los
Philistéos, y ahora habia huido de la tierra por miedo de Absalom*c*; *c* Cap. 15. 14.
10 Y Absalom, á quien habiamos ungido sobre nosotros, es muerto en la
batalla. ¿Por qué pues os estais ahora
quedos en órden á hacer volver al rey?
11 ¶ Y el rey David envió á Sadoc y á
Abiathar sacerdotes, diciendo: Hablad
á los ancianos de Judá, y decidles: ¿Por
qué seréis vosotros los postreros á volver
el rey á su casa, ya que la palabra de
todo Israel ha venido al rey *de volverle* á
su casa?

12 Vosotros sois mis hermanos; mis[d]
huesos y mi carne sois: ¿por qué pues
seréis vosotros los postreros en volver
el rey?
13 Asimismo diréis[e] á Amasa: ¿No
eres tú tambien hueso mio y carne mia?
Así me haga Dios, y así me añada, si
no fueres general del ejército delante de
mí para siempre, en lugar de Joab.
14 Así inclinó el corazon de todos los
varones de Judá, como *el* de un solo
hombre[f], para que enviasen *á decir* al
rey: Vuelve tú, y todos tus siervos.
15 Volvió pues el rey, y vino hasta el
Jordan: y Judá vino á Gilgal[g] á recibir
al rey y pasarlo el Jordan.
16 Y Semei, hijo de Gera[h], hijo de
Benjamin, que *era* de Bahurim, dióse
priesa á venir con los hombres de Judá
á recibir al rey David;
17 Y con él *venian* mil hombres de
Benjamin: asimismo Siba[i], criado de
la casa de Saul, con sus quince hijos,
y sus veinte siervos, los cuales pasaron
el Jordan delante del rey.
18 Atravesó despues la barca para pa-
sar la familia del rey, y para hacer lo
que le pluguiera. Entónces Semei, hijo
de Gera, se postró delante del rey cu-
ando él habia pasado el Jordan,
19 Y dijo al rey: No me impute mi
señor *la* iniquidad[k], ni tengas memo-
ria[l] de los males que tu siervo hizo el
dia que mi señor el rey salió[m] de Je-
rusalem, para guardarlos el rey en su
corazon.
20 Porque yo tu siervo conozco haber
pecado, y he venido hoy el primero de
toda la casa de Joseph para descender á
recibir á mi señor el rey.
21 Y Abisai, hijo de Sarvia, respondió
y dijo: ¿No ha de morir por esto Se-
mei, que maldijo al ungido de Jehová[n]?
22 David entónces dijo: ¿Qué teneis
vosotros conmigo, hijos de Sarvia, que
me habeis de ser hoy adversarios? ¿Ha
de morir hoy alguno en Israel[o]? ¿No
conozco yo que hoy soy rey sobre Is-
rael?
23 Y dijo el rey á Semei: No morirás[p].
Y el rey se lo juró.
24 ¶ Tambien Mephiboseth[q], hijo de
Saul, descendió á recibir al rey. No ha-
bia lavado sus pies, ni habia cortado su
barba, ni tampoco habia lavado sus ves-
tidos, desde el dia que el rey salió hasta
el dia que vino en paz.
25 Y luego que vino él á Jerusalem á
recibir al rey, el rey le dijo: Mephibo-
seth, ¿por qué no fuiste conmigo?
26 Y él dijo: Rey señor mio, mi siervo
me ha engañado; pues habia tu siervo
dicho: Enalbardaré un asno, y subiré
en él, é iré al rey: porque tu siervo es
cojo.
27 Empero él revolvió[r] á tu siervo de-
lante de mi señor el rey. Mas mi señor
el rey es como un ángel de Dios[s]: haz
pues lo que bien te pareciere.
28 Porque toda la casa de mi padre era
digna de muerte delante de mi señor el
rey, y tú pusiste á tu siervo entre los
convidados de tu mesa[t]. ¿Qué derecho
pues tengo aun para quejarme mas con-
tra el rey?
29 Y el rey le dijo: ¿Para qué hablas
mas palabras? Yo he determinado que
tú y Siba partais las tierras.
30 Y Mephiboseth dijo al rey: Y aun
tómelas él todas, pues que mi señor el
rey ha vuelto en paz á su casa.
31 ¶ Tambien Barzillai Galaadita[u]
descendió de Rogelim, y pasó el Jordan
con el rey, para acompañarlo de la otra
parte del Jordan.
32 Y *era* Barzillai muy viejo, de ochen-
ta años, el cual habia dado provision al
rey cuando estaba en Mahanaim[x], por- [x] Cap. 17. 27.
que era hombre muy rico[y]. [y] 1 Tim. 6. 17, 19.
33 Y el rey dijo á Barzillai: Pasa con-
migo, y yo te daré de comer conmigo en
Jerusalem.
34 Mas Barzillai dijo al rey: ¿Cuán-
tos son los dias del tiempo de mi vida,
para que yo suba con el rey á Jeru-
salem?
35 Yo soy hoy dia de edad de ochenta
años[z], que ya no haré diferencia entre [z] Sal. 90. 10. Pro. 16. 31.
lo bueno y lo malo. ¿Tomará gusto
ahora tu siervo en lo que comiere ó
bebiere? ¿Oiré mas la voz de los can-
tores y de las cantoras[a]? ¿Para qué [a] Ec. 12. 3, 5.
pues seria aun tu siervo molesto á mi
señor el rey?
36 Pasará tu siervo un poco el Jordan
con el rey: ¿por qué me ha de dar el
rey tan grande recompensa[b]? [b] Luc. 6. 38.
37 Yo te ruego que dejes volver á tu
siervo, y que muera en mi ciudad junto
al sepulcro de mi padre y de mi madre.
Hé aquí tu siervo Chimham[c]; que pase [c] 1 Rey. 2. 7. Jer. 41. 17.
él con mi señor el rey, y hazle lo que
bien te pareciere.
38 Y el rey dijo: Pues pase conmigo
Chimham, y yo haré con él como bien
te parezca: y todo lo que tú pidieres de
mí, yo lo haré.
39 Y todo el pueblo pasó el Jordan: y
luego que el rey hubo tambien pasado,
el rey besó á Barzillai, y bendíjolo, y él
se volvió á su casa.
40 El rey entónces pasó á Gilgal, y
con él pasó Chimham: y todo el pue-
blo de Judá, con la mitad del pueblo
de Israel, pasaron al rey.
41 ¶ Y hé aquí que todos los varones
de Israel vinieron al rey, y le dijeron[d]: [d] ver. 11, 15.
¿Por qué los hombres de Judá nuestros
hermanos te han llevado, y han hecho
pasar el Jordan al rey, y á su familia,
y á todos los varones de David con él?
42 Y todos los varones de Judá res-
pondieron á todos los de Israel: Porque
el rey es nuestro pariente[e]. Mas ¿por [e] ver. 12.
qué os enojais vosotros de eso? ¿He-
mos nosotros comido *algo* del rey? ¿He-
mos recibido de él algun don?
43 Entónces respondieron los varones
de Israel, y dijeron á los de Judá: Nos-
otros tenemos en el rey diez partes, y
en el mismo David mas que vosotros:
¿por qué pues nos habeis tenido en
poco? ¿No hablamos nosotros primero
en volver á nuestro rey? Y el razona-
miento de los varones de Judá fué mas
fuerte que el de los varones de Israel[f]. [f] Juec. 8. 1. Santº. 3. 2, 10.

CAPITULO XX.

Sedicion de Seba contra el rey David, apaciguada con la muerte del rebelde; en cuyo intermedio Joab asesina alevosamente á Amasa.

Y ACAECIO estar allí un hombre
perverso que se llamaba Seba, hijo
de Bichri, hombre de Benjamin, el
cual tocó la corneta y dijo: No tene-
mos nosotros parte en David, ni here-
dad en el hijo de Isaí[a]: Israel, *vuélvase* [a] Cap. 19. 43. 1 Rey. 12. 16.
cada uno á sus estancias.
2 Así se fueron de en pos de David
todos los hombres de Israel, y seguian
á Seba, hijo de Bichri; mas los de Judá
fueron adheridos á su rey desde el Jor-
dan hasta Jerusalem.
3 ¶ Y luego que llegó David á su
casa en Jerusalem, tomó el rey las diez
mujeres concubinas[b] que habia dejado [b] Cap. 15. 16. y 16. 21, 22.
para guardar la casa, y púsolas en una
casa en guarda, y dióles de comer; pero
nunca mas entró á ellas, sino que que-

daron encerradas hasta que murieron en viudez de por vida.

4 Despues dijo el rey á Amasa: Júntame los varones de Judá para dentro de tres dias, y hállate tú aquí presente.

5 Fué pues Amasa á juntar á Judá; pero detúvose mas del tiempo que le habia sido señalado.

6 Y dijo David á Abisai: Seba, hijo de Bichri, nos hará ahora mas mal que Absalom [c]: toma pues tú los siervos de tu señor, y vé tras él, no sea que halle las ciudades fortificadas, y se nos vaya de delante.

[c] 1 Rey. 1.33.

7 Entónces salieron en pos de él los hombres de Joab, y los Cerethéos, y Phelethéos; y todos los valientes salieron de Jerusalem para ir tras Seba, hijo de Bichri.

8 Y *estando* ellos cerca de la grande peña que *está* en Gabaon, salióles Amasa al encuentro. Ahora bien la vestidura que Joab tenia sobrepuesta, estábale ceñida, y sobre ella el cinto de una daga pegada á sus lomos en su vaina, *de la que*, así como él avanzó, cayóse aquella.

9 Entónces Joab dijo á Amasa: ¿Tienes paz, hermano mio? En seguida tomó Joab con la diestra la barba de Amasa para besarlo [d]:

[d] Luc. 22. 47.

10 Y como Amasa no se cuidó de la daga que Joab en la mano tenia, hirióle [e] este con ella en la quinta costilla [f], y derramó sus entrañas por tierra, y cayó muerto sin darle segundo golpe. Despues Joab y su hermano Abisai fueron en seguimiento de Seba, hijo de Bichri.

[e] 1 Rey. 2. 5.
[f] Cap. 2. 23.

11 Y uno de los criados de Joab se paró junto á él, diciendo: Cualquiera que amare á Joab y á David, *vaya* en pos de Joab.

12 Y Amasa se habia revolcado en la sangre en mitad del camino: y viendo aquel hombre que todo el pueblo se paraba, apartó á Amasa del camino al campo, y echó sobre él una vestidura, porque veia que todos los que venian, se paraban junto á él.

13 Luego pues que fué apartado del camino, pasaron todos los que seguian á Joab, para ir tras Seba, hijo de Bichri.

14 ¶ Y él pasó por todas las tribus de Israel hasta Abel [g] y Beth-maachá, y todo Barim: y juntáronse, y siguiéronlo tambien.

[g] 2 Rey. 15. 29. 2 Cr. 16. 4.

15 Y vinieron y cercáronlo en Abel y Beth-maachá, y pusieron baluarte contra la ciudad [h]; y puesto que fué al muro, todo el pueblo que estaba con Joab trabajaba por derribar la muralla.

[h] 2 Rey. 19. 32.

16 Entónces una mujer sabia dió voces de la ciudad, *diciendo:* Oid, oid; ruégoos que digais á Joab se llegue acá, para que yo hable con él.

17 Y como él se acercó á ella, dijo la mujer: ¿Eres tú Joab? Y él respondió: Yo *soy*. Y ella le dijo: Oye las palabras de tu sierva. Y él respondió: Oigo.

18 Entónces tornó ella á hablar diciendo: Antiguamente solian hablar diciendo, Quien preguntáre, pregunte en Abel: y así concluian.

19 Yo soy de las pacíficas y fieles de Israel, y tú procuras destruir una ciudad que *es* madre en Israel. ¿Por qué destruyes la heredad de Jehová?

20 Y Joab respondió diciendo: Nunca tal, nunca tal me acontezca, que yo destruya ni deshaga.

21 La cosa no es así: mas un hombre del monte de Ephraim, que se llama Seba, hijo de Bichri, ha levantado su mano contra el rey David: entrégame ese solamente, y me iré de la ciudad. Y la mujer dijo á Joab: Hé aquí su cabeza te será echada desde el muro.

22 La mujer fué luego á todo el pueblo con su sabiduría [i]; y ellos cortaron la cabeza á Seba, hijo de Bichri, y echáronla á Joab. Y él tocó la corneta, y esparciéronse *todos* de la ciudad, cada uno á su estancia. Y Joab se volvió al rey á Jerusalem.

[i] Eccles. 9. 14, 15.

23 ¶ Así *quedó* Joab sobre todo el ejército de Israel: y Banaja, hijo de Joiada sobre los Cerethéos y Phelethéos:

24 Y Adoram sobre los tributos [k]: y Josaphat [l], hijo de Ahilud, el canciller:

[k] 1 Rey. 4. 6.
[l] 1 Rey. 4. 3.

25 Y Seva, escriba; y Sadoc y Abiathar, sacerdotes: é Ira Jairéo fué un jefe principal cerca de David.

CAPITULO XXI.

Causa y remedio de una grande hambre que sufrió Israel en tiempo de David. Guerras de este contra los Philistéos.

Y EN los dias de David hubo hambre por tres años consecutivos. Y David consultó á Jehová [a], y Jehová le dijo: *Es* por Saul, y por aquella casa de sangre; porque mató á los Gabaonitas.

[a] Nu. 27. 21.

2 Entónces el rey llamó á los Gabaonitas, y hablóles. Los Gabaonitas no *eran* de los hijos de Israel [b], sino del residuo de los Amorrhéos, á los cuales los hijos de Israel habian hecho juramento: mas Saul habia procurado matarlos con motivo de zelo por los hijos de Israel y de Judá.

[b] Jos. 9. 3. 15.

3 Dijo pues David á los Gabaonitas: ¿Qué os haré, y con qué expiaré, para que bendigais á la heredad de Jehová?

4 Y los Gabaonitas le respondieron: No tenemos nosotros *querella* sobre plata, ni sobre oro, con Saul y con su casa: ni queremos que muera hombre de Israel. Y él les dijo: Lo que vosotros dijereis os haré.

5 Y ellos respondieron al rey: Aquel hombre que nos destruyó, y que maquinó contra nosotros, *le* extirparíamos sin dejar *nada de él* en todo el término de Israel.

6 Dénsenos siete varones de sus hijos, para que los ahorquemos á Jehová en Gabaa de Saul [c], el escogido de Jehová. Y el rey dijo: Yo *los* daré.

[c] 1 Sa. 10. 26.

7 Y perdonó el rey á Mephiboseth, hijo de Jonathan, hijo de Saul, por el juramento de Jehová que hubo entre ellos, entre David y Jonathan, hijo de Saul [d]:

[d] 1 Sa. 20. 42.

8 Mas tomó el rey dos hijos de Rispa [e], hija de Aja, los cuales ella habia parido á Saul, *es á saber*, á Armoni y á Mephiboseth; y cinco hijos de Michal, hija de Saul, los cuales ella habia parido á Adriel, hijo de Barzillai Molathita:

[e] Cap. 3. 7.

9 Y entrególos en mano de los Gabaonitas, y ellos los ahorcaron en el monte delante de Jehová [f]: y murieron juntos aquellos siete, los cuales fueron muertos en el tiempo de la siega, en los primeros dias, en el principio de la siega de las cebadas.

[f] 1 Sa. 15. 33.

10 Tomando luego Rispa, hija de Aja, un saco, tendióselo sobre un peñasco, desde el principio de la siega hasta que llovió sobre ellos agua del cielo; y no dejó á ninguna ave del cielo asentarse sobre ellos de dia, ni bestias del campo de noche.

11 Y *fué* dicho á David lo que hacia
Rispa, hija de Aja, concubina de Saul.
12 Entónces David fué y tomó los
huesos de Saul, y los huesos de Jona-
than su hijo, de los hombres de Jabes
[g] 1 Sa. 31. 11. de Galaad [g], que los habian hurtado de
la plaza de Bethsan, donde los habian
colgado los Philistéos, cuando deshicie-
eron los Philistéos á Saul en Gilboa:
13 E hizo llevar de allí los huesos de
Saul, y los huesos de Jonathan su hijo;
y juntando tambien los huesos de los
ahorcados,
14 Fueron sepultados con los hue-
sos de Saul y los de su hijo Jonathan
[h] Jos. 18. 28. en tierra de Benjamin, en Sela [h], en
el sepulcro de Cis su padre: y *así* hicie-
eron todo lo que el rey habia mandado.
[i] Cap. 24. 25. Despues se aplacó Dios con la tierra [i].
15 ¶ Y como los Philistéos tornaron
á hacer guerra á Israel, descendió Da-
vid, y sus siervos con él, y pelearon con
los Philistéos; y David se cansó.
16 En esto Isbi-benob, el cual era
de los hijos del Gigante, y el peso de
cuya lanza *era de* trescientos siclos de
metal, y *tenia* él ceñida una nueva *es-
pada*, trató de herir á David.
17 Mas Abisai, hijo de Sarvia, le
socorrió, é hirió al Philistéo, y ma-
tólo. Entónces los hombres de David
le juraron diciendo: Nunca mas de
aquí adelante saldrás con nosotros á
[k] Cap. 18. 3. batalla [k], porque no apagues la lám-
[l] 1 Rey. 11. 36. para de Israel [l].
18 Otra segunda guerra hubo despues
en Gob contra los Philistéos: entónces
Sibechâi Husathita hirió á Saph, que
era de los hijos del Gigante.
19 Otra guerra hubo en Gob contra
los Philistéos, en la cual Elhanan, hijo
de Jaare-Oregim, de Beth-lehem, hirió
á Goliath Gethéo, el asta de cuya lanza
era como un enjullo de telar.
20 Despues hubo otra guerra en Gath,
donde hubo un hombre de grande al-
tura, el cual tenia doce dedos en las
manos, y otros doce en los pies, veinte
y cuatro en todos: y tambien era de
los hijos del Gigante.
[m] 1 Sa. 17.10. 21 Este desafió á Israel [m], y matólo
[n] 25. 26. 1 Sa. 16. 9. Jonathan, hijo de Sima [n], hermano de
David.
22 Estos cuatro le habian nacido al
Gigante en Gath, los cuales cayeron
por la mano de David, y por la mano
de sus siervos.

CAPITULO XXII.

Cántico de David en que dá gracias al Señor por haberle librado tantas veces de mano de sus enemigos; y por espíritu de Dios profetiza la venida de los gentiles á la suerte del pueblo de Dios.

Y HABLO David á Jehová las pa-
[a] Sal. 18, tit. labras de este [a] cántico, el dia que
Jehová le habia librado de la mano
[b] Sal. 116. 2, de todos sus enemigos [b], y de la mano
de Saul:
[c] Deu. 32. 4. 2 Y dijo: Jehová *es* mi roca [c], y mi
[d] Sal. 91. 2. fortaleza [d], y mi libertador.
3 Dios *es* mi roca; en él confiaré:
[e] Gen. 15. 1. mi escudo [e], y el cuerno de mi salud,
Sal. 84. 11. mi fortaleza, y mi refugio [f]; mi salva-
[f] Sal. 46. 1, dor, que me librarás de violencia.
Jer. 16. 19. 4 Invocaré á Jehová, digno de ser
loado, y seré salvo de mis enemigos.
5 Cuando me cercaron ondas de mu-
erte, y arroyos de iniquidad me asom-
braron;
6 *Cuando* me rodearon los dolores del
infierno, y me tomaron descuidado lazos
de muerte;
7 *Así que* tuve angustia, invoqué á
[g] Jonás. 2. 2. Jehová [g], y clamé á mi Dios: y él oyó
mi voz desde su templo, *llegó* mi clamor
á sus oidos [h]. [h] Sal. 34. 6, 15.
8 La tierra se removió, y tembló [i];
los fundamentos de los cielos fueron [i] Jueo. 5. 4. Heb. 3. 6, 10.
movidos, y se estremecieron [k], porque
él se airó.
9 Subió humo de sus narices, y de su [k] Job 26. 11.
boca fuego consumidor, por el cual se
encendieron carbones [l]. [l] Sal. 97. 3, 4.
10 Y abajó los cielos, y [m] descendió:
una obscuridad debajo de sus pies [n]. [m] Is. 64. 1.
11 Subió sobre el querubin, y voló: [n] Sal. 104. 3.
aparecióse sobre las alas del viento [o]. [o] Sal. 104. 3.
12 Puso tinieblas al rededor de sí *á
modo de* pavellones; aguas negras, y es-
pesas nubes.
13 Del resplandor de su presencia se
encendieron ascuas ardientes.
14 Jehová tronó desde los cielos, y
el Altísimo dió su voz [p]. [p] Sal. 29. 3. Is. 30. 30.
15 Arrejó saetas [q], y desbaratólos; re-
lampagueó, y consumiólos. [q] Deu. 32. 23.
16 Entónces aparecieron los manan-
tiales de la mar, y los fundamentos del
mundo fueron descubiertos [r], á la re- [r] Nu. 1. 4.
prension de Jehová, al resoplido del
aliento de su nariz.
17 Extendió *su mano* de lo alto, y ar-
rebatóme, y sacóme de copiosas aguas [s]. [s] Is. 43. 2.
18 Libróme de fuertes enemigos, de
aquellos que me aborrecian, los cuales
eran mas fuertes que yo.
19 Asaltáronme en el dia de mi cala-
midad: mas Jehová fué mi sosten.
20 Sacóme á anchura; libróme porque
puso su voluntad en mí.
21 Remuneróme Jehová conforme á
mi justicia [t]; y conforme á la limpieza [t] 1 Sa. 26. 23.
de mis manos me dió la paga [u]. [u] Job 17. 9.
22 Porque yo guardé los caminos de
Jehová [x], y no me aparté impíamente [x] Pro. 8. 32.
de mi Dios.
23 Porque delante de mí tengo todas
sus [y] ordenanzas [z]; y *atento á* sus fue- [y] Sal. 119.30.
ros, no me retiraré de ellos. [z] Sal. 119.30.
24 Y fuí íntegro para con él, y guar-
déme de mi iniquidad.
25 Remuneróme por tanto Jehová con-
forme á mi justica, y conforme á mi
limpieza delante de sus ojos.
26 Con el bueno eres benigno [a], y con [a] Mat. 5. 7.
el íntegro te muestras íntegro.
27 Fino eres para con el limpio; mas
con el perverso eres rígido [b]. [b] Lev. 26. 23, 24.
28 Y tú salvas al pueblo humilde: mas
tus ojos sobre los altivos para abatir-
los [c]. [c] Sal. 116. 2, 3.
29 Porque tú *eres* mi lámpara, oh Je-
hová: Jehová dá luz á mis tiniebias.
30 Porque en tí romperé ejércitos, y
con mi Dios saltaré las murallas.
31 Dios, perfecto su camino: la pala-
bra de Jehová purificada, escudo es de
todos los que en él esperan.
32 Porque ¿qué Dios *hay* sino Je-
hová? O quién *es* fuerte sino nuestro
Dios?
33 Dios *es* el que con virtud me cor-
robora, y el que despeja mi camino;
34 El que hace mis pies como de
ciervas, y el que me asienta en mis
alturas [d]; [d] Hab. 3. 19.
35 El que enseña mis manos para la
peléa, y *dá que* con mis brazos quiebre
el arco de acero.
36 Tú me diste asimismo el escudo
de tu salud, y tu benignidad me ha
acrecentado.
37 Tú ensanchaste mis pasos debajo
de mí, para que no titubeasen mis
rodillas.
38 Perseguiré mis enemigos, y que-
brantarélos; y no me volveré hasta que
los acabe.
39 Los consumiré, y los heriré, y no

se levantarán: y caerán debajo de mis pies[e].

e Mal. 4. 3.

40 Ceñísteme de fortaleza para la batalla, y postraste debajo de mí los que contra mí se levantaron[f].

f Sal. 44. 5.

41 Tú me diste la cerviz de mis enemigos[g], de mis aborrecedores, y *que yo* los destruyese.

g Gen. 49. 8.

42 Miraron, y no hubo quien los librase; á Jehová, mas no les respondió[h].

h Pro. 1. 28. Mic. 3. 4.

43 Yo los desmenuzaré como polvo de la tierra[i]; hollarélos como á lodo de las plazas, y los disiparé[k].

i 2 Rey. 13. 7. k Mic. 7. 10.

44 Tú me libraste de contiendas de pueblos[l]: tú me guardaste para que fuese cabeza de Gentes: pueblos que no conocía me sirvieron.

l Cap. 3. 1. y 19. 9, 14. y 20. 1, 2, 22.

45 Los estraños titubeaban á mí: en oyendome obedecian.

46 Los estraños desfallecian, y temblaban en sus escondrijos[m].

m Mic. 7. 17.

47 Viva Jehová, y sea bendita mi roca; sea ensalzado el Dios *que es* la roca de mi salvamento:

48 El Dios que me ha vengado[n], y sujeta los pueblos debajo de mí,

n Cap. 18. 19, 31. 1 Sa. 25. 39.

49 Y que me saca de entre mis enemigos: tú me sacaste en alto de entre los que se levantaron contra mí: librásteme del varon de iniquidades.

50 Por tanto yo te confesaré entre las Gentes, oh Jehová, y cantaré á tu nombre.

51 El que engrandece las saludes de su rey, y hace misericordia á su ungido David, y á su simiente para siempre[o].

o Sal. 89. 29, 36.

CAPITULO XXIII.

Cántico último de David. Catálogo de sus mas ilustres campeones.

ESTAS *son* las postreras palabras de David. Dijo David, hijo de Isaí: dijo aquel varon que fué levantado alto[a], el ungido del Dios de Jacob, el suave en cánticos de Israel.

a Sal. 78. 70, 71.

2 El espíritu de Jehová ha hablado por mí[b], y su palabra *ha sido* en mi lengua.

b 2 Ped. 1. 21.

3 El Dios de Israel ha dicho, hablóme el fuerte de Israel: El señoreador de los hombres será[c] justo señoreador en temor de Dios[d]:

c Pro. 31. 9. d Ex. 18. 21. 2 Cr. 19. 7, 9.

4 Y como la luz de la mañana cuando sale el sol, de la mañana sin nubes; *como* la yerba de la tierra por medio del resplandor *despues* de la lluvia[e].

e Sal. 72. 6.

5 No así mi casa para con Dios: sin embargo él ha hecho conmigo pacto perpetuo, ordenado en todas las cosas, *y será* guardado[f]; bien que toda *esta* mi salud, y todo *mi* deseo no *lo* haga él florecer todavía.

f Cap. 7. 14, 16. Is. 55. 3.

6 Mas *los* de Belial *serán* todos ellos como espinas arrancadas, las cuales nadie toma con la mano;

7 Sino que el que quiere tocar en ellas, ármase de hierro y de asta de lanza, y son quemadas en su lugar[g].

g Sal. 11. 6.

8 ¶ Estos *son* los nombres de los valientes que tuvo David. El Tachmonita que se sentaba en cátedra, principal de los capitanes: *era* este Adino el Eznita, que mató en una ocasion sobre ochocientos hombres.

9 Despues de este, Eleazar hijo de Dodo, de Ahohi[h], fué de los tres valientes que *estaban* con David, cuando desafiaron á los Philistéos que se habian juntado allí á la batalla, y subieron los de Israel.

h 1 Cr. 27. 4.

10 Este levantandose hirió á los Philistéos hasta que su mano se cansó, y quedósele contraida á la espada. Aquel dia Jehová hizo gran salud: y volvióse el pueblo en pos de él solamente á tomar el despojo.

11 Despues de este *fué* Samma, hijo de Age, Araita. Que habiendose juntado los Philistéos en una aldéa, habia allí una suerte de tierra llena de lentejas, y el pueblo habia huido delante de los Philistéos:

12 El entónces se paró en medio de la suerte de tierra, y defendióla, é hirió á los Philistéos: y Jehová hizo una gran salud.

13 *Estos* tres *que eran* de los treinta principales, descendieron y vinieron en tiempo de la siega á David á la cueva de Adullam[i]: y el campo de los Philistéos *estaba* en el valle de Raphaim.

i 1 Sa. 22. 1.

14 David entónces estaba en la fortaleza, y la guarnicion de los Philistéos estaba en Beth-lehem.

15 Y David tuvo deseo, y dijo: Quien me diera á beber del agua de la cisterna de Beth-lehem, que está á la puerta!

16 Entónces *estos* tres valientes rompieron por el campo de los Philistéos, y sacaron agua de la cisterna de Beth-lehem, que *estaba* á la puerta, y tomaron, y trajéronla á David: mas él no la quiso beber, sino derramóla á Jehová diciendo:

17 Léjos sea de mí, oh Jehová, que yo haga esto. ¿*Habia de beber yo* la sangre de los varones que fueron con peligro de su vida? Y no quiso beberla. *Estos* tres valientes hicieron esto.

18 Y Abisai, hermano de Joab, hijo de Sarvia, fué el principal de *otros* tres; el cual alzó su lanza contra trescientos, que mató: y tuvo nombre entre los tres.

19 El era el mas aventajado de los tres, y el primero de ellos; mas no llegó á los tres *primeros*.

20 Despues Banaía, hijo de Joiada, hijo de un varon esforzado, grande en hechos, de Cabseel. Este hirió dos leones de Moab: y él mismo descendió, é hirió un leon en medio de un foso en el tiempo de la nieve.

21 Tambien hirió él á un Egipcio[k], hombre de *grande* estatura: y tenia el Egipcio una lanza en su mano; mas descendió á él con un palo, y arrebató al Egipcio la lanza de la mano, y matólo con su *propia* lanza.

k 1 Cr. 11.

22 Esto hizo Banaía, hijo de Joiada, y tuvo nombre entre los tres valientes.

23 De los treinta fué el mas aventajado; mas no llegó á los tres *primeros*. Y púsolo David en su consejo.

24 Asael, hermano de Joab, *fué* de los treinta: Elhanan, hijo de Dodo, de Beth-lehem:

25 Samma, de Harodi: Elica, de Harodi:

26 Heles, de Palti: Hira, hijo de Jecoes, de Thecoa:

27 Abiezer, de Anathoth: Mebunnai, de Husa:

28 Selmo, de Hahoh: Maharai, de Netophath:

29 Heleb, hijo de Baana, de Netophath: Ittai, hijo de Ribai, de Gabaa de los hijos de Benjamin:

30 Banaía Pirathonita: Hiddai, del arroyo de Gaas:

31 Abi-albon, de Arbath: Asmaveth, de Barhum:

32 Elihaba, de Saalbon: Jonathan, de los hijos de Jassen:

33 Samma, de Arar: Ahiam, hijo de Sarar, de Arar:

34 Eliphelet, hijo de Aasbai, hijo de Maachati: Eliam, hijo de Ahithophel, de Gelon:

35 Hesrai, del Carmelo: Pharai, de Arbi:

36 Igheal, hijo de Nathan, de Soba: Bani, de Gadi:

37 Selec, de Ammon: Naharai, de Beeroth, escudero de Joab hijo de Sarvia:

38 Ira, de Ithri: Gareb, de Ithri:

[i] Cap. 11. 3, etc. 39 Urías Hethéo[i]. En todos treinta y siete.

CAPITULO XXIV.

David, incitado por Satanas, hace contar el pueblo; por lo cual haciendole Dios conocer su pecado por medio de su profeta, déle á escoger uno de tres castigos; de los cuales él escoge pestilencia, confiado de la misericordia de Dios. David ora, y hace sacrificio á Dios, y la pestilencia cesa.

Y VOLVIO el furor de Jehová á encenderse contra Israel; é incitó á David contra ellos á que dijese: Vé,
[a] 1 Cr. 21. 1, etc. y 27. 23, 24. cuenta á Israel y á Judá[a].

2 Y dijo el rey á Joab, general del ejército que tenia consigo: Rodea todas las tribus de Israel, desde Dan
[b] Juec. 20. 1. hasta Beersebah[b], y contad el pueblo, para que yo sepa el número de la gente.

3 Y Joab respondió al rey: Añada Jehová tu Dios al pueblo cien veces tanto como son, y que lo vea mi señor el rey; mas ¿para que quiere esto mi señor el rey?

4 Empero la palabra del rey pudo mas que Joab, y que los capitanes del ejército. Salió pues Joab, con los capitanes del ejército, de delante del rey, para *ir á* contar el pueblo de Israel.

5 Y pasando el Jordan asentaron en
[c] Jos. 13. 9, 16. Aroer[c], á la mano derecha de la ciudad que *está* en medio de la arroyada de
[d] Nu. 32. 1, 3. Gad, y junto á Jazer[d].

6 Despues vinieron á Galaad, y á la tierra baja de Hadsi: y de allí vinieron
[e] Juec. 18. 29. á Danjaan[e], y al rededor de Sidon[f].

[f] Jos. 19. 28. 7 Vinieron luego á la fortaleza de Tyro, y á todas las ciudades de los Hevéos, y de los Cananéos, y salieron al Mediodia de Judá, á Beer-sebah.

8 Y despues que hubieron andado toda la tierra, volvieron á Jerusalem al cabo de nueve meses y veinte dias.

9 Y Joab dió la cuenta del número del pueblo al rey: y fueron los de Israel ochocientos mil hombres fuertes que sacaban espada; y de los de Judá quinientos mil hombres.

10 Y despues que David hubo contado
[g] 1 Sa. 24. 5. el pueblo, punzóle su corazon[g]; y dijo David á Jehová: Yo he pecado grave-
[h] Cap. 12. 13. mente por haber hecho *esto*[h]: mas ahora, oh Jehová, ruégote que quites
[i] Os. 14. 2. el pecado de tu siervo[i]; porque yo he obrado muy neciamente.

11 Y por la mañana cuando David se hubo levantado, fué palabra de Jehová á Gad profeta, Vidente de David[k], diciendo, [k] 1 Sa. 9. 9. y 22. 5. 1 Cr. 29. 29.

12 Vé y di á David: Así ha dicho Jehová: Tres cosas te ofrezco; tú te escogerás una de ellas, la cual yo haga.

13 Vino pues Gad á David, é intimóle, y díjole: ¿Quieres que te vengan siete años de hambre en tu tierra? ó que huyas tres meses delante de tus enemigos, y que ellos te persigan? ó que tres dias haya pestilencia en tu tierra? Piensa ahora, y mira qué responderé al que me ha enviado.

14 Entónces David dijo á Gad[l]: En [l] 1 Cr. 21. 12.
grande angustia estoy: Ruego que caiga en la mano de Jehová, porque sus miseraciones son muchas, y que no caiga
yo en manos de hombres[m]. [m] Is. 47. 6.

15 Y envió Jehová pestilencia á Israel desde la mañana hasta el tiempo señalado: y murieron del pueblo desde Dan hasta Beersebah setenta mil hombres.

16 Y como el ángel extendió su mano sobre Jerusalem para destruirla, Jehová se arrepintió de aquel mal, y dijo al ángel que destruia el pueblo: Basta ahora; deten tu mano. Entónces el ángel de Jehová estaba junto á la era de Arauna Jebuséo.

17 ¶ Y David dijo á Jehová, cuando vió al ángel que heria al pueblo: Yo pequé, yo hice la maldad; ¿qué hicieron estas ovejas? Ruégote que tu mano se torne contra mí, y contra la casa de mi padre.

18 Y Gad vino á David aquel dia, y díjole: Sube, y haz un altar á Jehová en la era de Arauna Jebuséo.

19 Y subió David conforme al dicho de Gad, que Jehová le habia mandado.

20 Y mirando Arauna, vió al rey y á sus siervos que pasaban á él. Saliendo entónces Arauna, inclinóse delante del rey hácia tierra,

21 Y dijo: ¿Por qué viene mi señor el rey á su siervo? Y David respondió:
Para comprar[n] de tí *esta* era, para edi- [n] Gen. 23. 8, 16.
ficar *en ella* altar á Jehová, á fin que la mortandad cese del pueblo.

22 Y Arauna dijo á David: Tome y sacrifique mi señor el rey lo que bien le pareciere. Hé aquí bueyes para el holocausto, y trillos, y otros pertrechos
de bueyes para leña[o]. [o] 1 Rey. 19. 21.

23 Todo lo dá como un rey Arauna al rey. Luego dijo Arauna al rey: Jehová tu Dios te sea propicio.

24 Y el rey dijo á Arauna: No, sino por precio te lo compraré; porque no ofreceré á Jehová mi Dios holocaustos por nada. Entónces David compró la era y los bueyes por cincuenta siclos de plata.

25 Y edificó allí David un altar á Jehová, y sacrificó holocaustos, y pací-
ficos: y Jehová se aplacó con la tierra[p], [p] Cap. 21. 14.
y cesó la plaga de Israel.

PRIMER LIBRO DE LOS REYES.

A. C. 1015.

CAPITULO I.

Resfriado ya David por la vejez, sus criados le proveen de una doncella virgen, llamada Abisag, para que duerma con él, y lo caliente y régale con toda limpieza. Estando Adonía disponiendo el levantarse con el reino, es dado aviso á David, el cual hace luego proclamar rey á Salomon con toda solemnidad, á peticion de Bath-sheba su madre y del profeta Nathan. Oyendolo Adonías se retrae al altar de miedo de Salomon; mas él le perdona, y le hace venir delante de sí.

COMO el rey David era ya viejo, y entrado en dias, cubríanle de vestidos, mas no se calentaba.

2 Dijéronle por tanto sus siervos: Busquen á mi señor el rey una moza vírgen, para que esté delante del rey, y lo abrigue, y duerma á su lado, y calentará á mi señor el rey.

3 Y buscaron una moza hermosa por todo el término de Israel, y hallaron á Abisag Sunamita, y trajéronla al rey.

4 Y la moza *era* muy hermosa, la cual

calentaba al rey, y le servia: mas el rey nunca la conoció.

5 ¶ Entónces Adonía[a], hijo de Hagith, se levantó diciendo: Yo reinaré. É hízose de carros y gente de á caballo, y cincuenta hombres que corriesen delante de él[b].

[a] 2 Sa. 3. 4.
[b] 2 Sa. 15. 1.

6 Y su padre nunca lo entristeció en todos sus dias con decirle, ¿Por qué haces así? Y tambien este era de hermoso parecer; y habíalo engendrado despues de Absalom.

7 Y tenia tratos con Joab[c], hijo de Sarvia, y con Abiathar[d] sacerdote, los cuales ayudaban á Adonía.

[c] Cap. 2. 28.
[d] 2 Sa. 20.25.

8 Mas Sadoc sacerdote, y Banaía, hijo de Joiada, y Nathan profeta, y Semei, y Reihi, y todos los grandes de David[e], no seguian á Adonía.

[e] 2 Sa. 23. 8.

9 Y matando Adonía ovejas y vacas, y *animales* engordados junto á la peña de Zoheleth, que *está* cerca de la fuente de Rogel[f], convidó á todos sus hermanos los hijos del rey, y á todos los varones de Judá siervos del rey.

[f] 2 Sa. 17. 17.

10 Mas no convidó á Nathan profeta[g], ni á Banaía, ni á los grandes, ni á Salomon su hermano.

[g] 2 Sa. 12. 1, etc.

11 ¶ Y habló Nathan á Bath-sheba, madre de Salomon, diciendo: ¿No has oido que reina Adonía, hijo de Hagith, sin saberlo David nuestro señor?

12 Ven pues ahora, y toma mi consejo, para que guardes tu vida, y la vida de tu hijo Salomon.

13 Vé, y entra al rey David, y dile: Rey señor mio, ¿No has tú jurado á tu sierva[h] diciendo, Salomon tu hijo reinará despues de mí, y él se sentará en mi trono[i]? ¿Por qué pues reina Adonía?

[h] ver. 30.
[i] 1 Cr. 22. 6, 13.

14 Y estando tú aun hablando con el rey, yo entraré tras tí, y acabaré tus razones.

15 Entónces Bath-sheba entró al rey á la cámara: y el rey era muy viejo, y Abisag Sunamita servia al rey:

16 Y Bath-sheba se inclinó, é hizo reverencia al rey. Y el rey dijo: Qué tienes?

17 Y ella le respondió: Señor mio, tú juraste á tu sierva por Jehová tu Dios, *diciendo:* Salomon tu hijo reinará despues de mí, y él se sentará en mi trono.

18 Y hé aquí ahora Adonía reina; y tú, mi señor rey, *hasta* ahora no lo supiste.

19 Ha matado bueyes, y *animales* engordados, y muchas ovejas, y ha convidado á todos los hijos del rey, y á Abiathar sacerdote, y á Joab, general del ejército[k]; mas á Salomon tu siervo no ha convidado.

[k] ver. 7, 9.

20 Entre tanto, rey señor mio, los ojos de todo Israel *estan* sobre tí, para que les declares quien se ha de sentar en el trono de mi señor el rey despues de él.

21 De otra suerte acontecerá cuando mi señor el rey durmiere con sus padres, que yo y mi hijo Salomon serémos *tenidos* por culpables.

22 Y estando aun hablando ella con el rey, hé aquí Nathan profeta que vino.

23 Y dieron aviso al rey diciendo: Hé aquí *está* Nathan profeta: el cual como entró al rey, postróse delante del rey inclinando su rostro á tierra.

24 Y dijo Nathan: Rey señor mio, ¿has tú dicho, Adonía reinará despues de mí, y él se sentará en mi trono?

25 Porque hoy ha descendido, y ha matado bueyes, y *animales* engordados, y muchas ovejas, y ha convidado á todos los hijos del rey, y á los capitanes del ejército, y tambien á Abiathar sacerdote; y hé aquí estan comiendo y bebiendo delante de él, y han dicho: Viva el rey Adonía.

26 Mas ni á mí tu siervo, ni á Sadoc sacerdote, ni á Banaía, hijo de Joiada, ni á Salomon tu siervo ha convidado.

27 ¿Es este negocio *ordenado* por mi señor el rey, sin haber declarado á tu siervo quien se habia de sentar en el trono de mi señor el rey despues de él?

28 Entónces el rey David respondió, y dijo: Llamadme á Bath-sheba. Y ella entró á la presencia del rey, y púsose delante del rey.

29 Y el rey juró diciendo: Vive Jehová, que ha redimido mi alma de toda angustia[l],

[l] 2 Sa. 4. 9.

30 Que como yo te he jurado por Jehová Dios de Israel, diciendo[m]: Tu hijo Salomon reinará despues de mí, y él se sentará en mi trono en lugar mio, que así lo haré hoy.

[m] ver. 13, 17.

31 Entónces Bath-sheba se inclinó al rey su rostro á tierra, y haciendo reverencia al rey dijo: Viva mi señor el rey David para siempre[n].

[n] Neh. 2. 3. Dan. 2. 4. y 5. 10. y 6. 21.

32 Y el rey David dijo: Llamadme á Sadoc sacerdote, y á Nathan profeta, y á Banaía, hijo de Joiada. Y ellos entraron á la presencia del rey.

33 Y el rey les dijo: Tomad con vosotros los siervos de vuestro señor, y haced subir á Solomon mi hijo en mi mula[o], y llevadlo á Gihon[p]:

[o] Est. 6. 8.
[p] 2 Cr. 32.30.

34 Y allí lo[q] ungirán Sadoc sacerdote y Nathan profeta por rey sobre Israel: y tocaréis trompeta[r] diciendo, Viva el rey Salomon.

[q] Cap. 19. 16. 1 Sa. 10. 1. y 16. 3, 12. 2 Sa. 2. 4. y 5. 3. 2 Rey. 9. 3. y 11. 12. Sal. 89. 20, 36. Is. 45. 1.
[r] 2 Rey. 9. 13.

35 Despues iréis vosotros detras de él, y vendrá, y se sentará en mi trono; y él reinará por mí: porque á él he ordenado para que sea príncipe sobre Israel y sobre Judá.

36 Entónces Banaía, hijo de Joiada, respondió al rey, y dijo: Amen. Así *lo* diga Jehová Dios de mi señor el rey.

37 De la manera que Jehová ha sido con mi señor el rey, así sea con Salomon[s]; y él haga mayor su trono que el trono de mi señor el rey David[t].

[s] Jos. 1. 5, 17.
[t] ver. 47.

38 Y descendió Sadoc sacerdote, y Nathan profeta, y Benaía, hijo de Joiada, y los Cerethéos, y los Phelethéos, é hicieron subir á Salomon en la mula del rey David, y lleváronlo á Gihon.

39 Y tomando Sadoc sacerdote el cuerno del aceite del tabernáculo[u], ungió á Salomon: y tocaron trompeta, y dijo todo el pueblo: Viva el rey Salomon.

[u] Ex. 30. 23, 25. Sal. 89. 20.

40 Despues subió todo el pueblo en pos de él, y cantaba la gente con flautas, y hacian grandes alegrías, que *parecia que* la tierra se hundia con el clamor de ellos.

41 ¶ Y oyólo Adonía, y todos los convidados que con él *estaban*, cuando ya habian acabado de comer. Y oyendo Joab el sonido de la trompeta, dijo: ¿Por qué se alborota la ciudad con estruendo?

42 Estando aun él hablando, hé aquí Jonathan, hijo de Abiathar sacerdote, vino; al cual dijo Adonía: Entra, porque tú *eres* hombre de esfuerzo, y traerás buenas nuevas[v].

[v] 2 Sa. 18.27.

43 Y Jonathan respondió y dijo á Adonía: Ciertamente nuestro señor el rey David ha hecho rey á Salomon.

44 Y el rey ha enviado con él á Sadoc sacerdote, y á Nathan profeta, y á Banaía, hijo de Joiada, y tambien á los

Cerethéos y á los Phelethéos, los cuales
lo hicieron subir en la mula del rey;
45 Y Sadoc sacerdote y Nathan pro-
feta lo han ungido en Gihon por rey:
y de allá han subido con alegrías, y la
ciudad está llena de estruendo. Este
es el alboroto que habeis oido.
46 Y tambien Salomon se ha sentado
Cr. 29.23. en el trono del reino [y].
47 Y aun los siervos del rey han venido
á bendecir á nuestro señor el rey David,
diciendo: Dios haga bueno el nombre
de Salomon mas que tu nombre, y haga
ver. 37. mayor su trono que el tuyo [z]. Y el rey
Gen. 47.31. adoró en la cama [a].
48 Y tambien el rey habló así: Ben-
dito sea Jehová Dios de Israel, que ha
dado hoy quien se siente en mi trono
viéndolo mis ojos.
49 Ellos entónces se estremecieron,
y levantáronse todos los convidados que
estaban con Adonía, y fuése cada uno
por su camino.
50 Mas Adonía, temiendo de la pre-
sencia de Salomon, levantóse y fuése,
Cap. 2. 28. y cogió los cornijales del altar [b].
51 Y fué hecho saber á Salomon dici-
endo: Hé aquí que Adonía tiene miedo
del rey Salomon; pues ha cogido los
cornijales del altar diciendo: Júreme
hoy el rey Salomon que no matará á
cuchillo á su siervo.
52 Y Salomon dijo: Si él fuere vir-
tuoso, ni uno de sus cabellos caerá en
Sa. 14. 45. tierra [c]: mas si se hallare mal en él,
Hch. 27. morirá [d].
53 Y *así* envió el rey Salomon, y tra-
Cap. 2. 21, jéronlo del altar: y él vino é inclinóse
al rey Salomon. Y Salomon le dijo:
Véte á tu casa.

CAPITULO II.

David, habiendo dado á Salomon mandamiento de lo que habia de hacer, muere. Salomon hace matar á Adonía, porque pidiendo por mujer á Abisag, fué visto que aspiraba al reino. Priva á Abiathar del sacerdocio, y lo envia á su casa, y hace matar á Joab junto al altar, donde se habia acogido. A Semei manda so pena de muerte que no salga de Jerusalem; pero saliendo al cabo de algun tiempo en busca de sus siervos, que se le habian huido, la sentencia es en él ejecutada.

Gen. 47.29. Y LLEGARONSE los dias [a] de Da-
Deu. 31. 14. vid para morir, y mandó á Salo-
Sal. 7. 1. mon su hijo diciendo:
Jos. 23. 14. 2 Yo voy el camino [b] de toda la ti-
Sal. 89. 48. erra [c]: esfuérzate, y sé varon *digno*.
Heb. 9. 27. 3 Guarda la ordenanza de Jehová tu
Dios andando en sus caminos, y obser-
vando sus estatutos y mandamientos, y
sus derechos, y sus testimonios, de la
manera que está escrito en la ley de
Moises, para que seas dichoso en todo
lo que hicieres, y en todo aquello á que
Deu. 29. 9. te tornares [d],
4 Para que confirme Jehová la pala-
bra que me habló diciendo: Si tus hijos
guardaren su camino andando delante
de mí con verdad, de todo su corazon,
Sal. 132.12. y de toda su alma [e], jamas (dice) faltará
Sa. 7. 16. á tí varon del trono de Israel [f].
5 Y ya sabes tú lo que me ha hecho
Joab, hijo de Sarvia, lo que hizo á dos
generales del ejército de Israel, *es á*
Sa. 3. 27. *saber*, á Abner, hijo de Ner [g], y á
Sa. 20. 10. Amasa [h], hijo de Jether, los cuales él
mató, derramando en paz la sangre de
guerra, y poniendo la sangre de guerra
en su talabarte que tenia sobre sus lo-
mos, y en sus zapatos que tenia en sus
ver. 9. pies.
ver. 21, 34. 6 Tú pues harás conforme á tu sabi-
Gen. 42. 38. duría [i]: no dejarás descender sus canas
Gen. 44. 31. á la huesa en paz [k].

7 Mas á los hijos de Barzillai Galaadi-
ta harás misericordia [l]: que sean de los
convidados á tu mesa, porque ellos vi-
nieron así á mí cuando iba huyendo de
Absalom tu hermano [m]. [l] 2 Sa. 19. 31, 40. [m] 2 Sa. 17. 27.
8 Tambien tienes contigo á Semei,
hijo de Gera, hijo de Benjamin, de
Bahurim, el cual me maldijo con una
maldicion fuerte el dia que yo iba á
Mahanaim [n]. Mas él mismo descendió [n] 2 Sa. 16. 5, etc.
á recibirme al Jordan, y yo le juré por
Jehová diciendo: Yo no te mataré á
cuchillo [o]. [o] 2 Sa. 19. 18, 23.
9 Empero ahora no lo absolverás: que
hombre sabio eres, y sabes como te has
de haber con él; y harás descender sus
canas con sangre á la sepultura.
10 Y David durmió con sus padres [p], [p] Cap. 1. 21. Hech. 13. 36.
y fué sepultado en la ciudad de David [q].
11 Los dias que reinó David sobre Is-
rael *fueron* cuarenta años: siete años [r] [q] 2 Sa. 5. 7. Hech. 2. 29.
reinó en Hebron, y treinta y tres años
reinó en Jerusalem. [r] 2 Sa. 5. 4. 1 Cr. 29. 27.
12 Y se sentó Salomon en el trono de
David su padre [s], y fué su reino firme en [s] 1 Cr. 29. 23. 2 Cr. 1. 1.
gran manera [t].
13 Entónces Adonía, hijo de Hagith, [t] Sal. 72. 8, etc.
vino á Bath-sheba, madre de Salomon;
y ella dijo: ¿ *Es* tu [u] venida de paz? Y [u] 1 Sa. 16. 4, 5.
él respondió: *Sí*, de paz.
14 En seguida dijo: una palabra tengo
que decirte. Y ella dijo: Dí.
15 Y él dijo: Tú sabes que el reino era
mio [x], y que todo Israel habia puesto en [x] Cap. 1. 5.
mí su rostro, para que yo reinara: mas
el reino fué traspasado, y vino á mi her-
mano; porque por Jehová era suyo [y]. [y] 1 Cr. 22. 9, 10. y 28. 5.
16 Y ahora yo te hago una peticion,
no me hagas volver mi rostro. Y ella le
dijo: Habla.
17 El entónces dijo: Yo te ruego que
hables al rey Salomon, (porque él no te
hará volver tu rostro,) para que me dé á
Abisag Sunamita [z] por mujer. [z] Cap. 1. 3, 4.
18 Y Bath-sheba dijo: Bien; yo ha-
blaré por tí al rey.
19 Y vino Bath-sheba al rey Salomon
para hablarle por Adonía: y el rey se
levantó á recibirla, é inclinóse [a] á ella, [a] Ex. 20. 12.
y volvió á sentarse en su trono; é hizo
poner una silla á la madre del rey, la
cual se sentó á su diestra [b]. [b] Sal. 45. 9.
20 Y ella dijo: Una pequeña peticion
pretendo de tí, no me hagas volver mi
rostro. Y el rey le dijo: Pide, madre
mia, que yo no te haré volver el rostro.
21 Y ella dijo: Dése Abisag Sunamita
por mujer á tu hermano Adonía.
22 Y el rey Salomon respondió y dijo
á su madre: ¿ Por qué pides á Abisag
Sunamita para Adonía? Demanda tam-
bien para él el reino, porque él es mi
hermano mayor; y tiene tambien á A-
biathar [c] sacerdote, y á Joab hijo de [c] Cap. 1. 7.
Sarvia.
23 Y el rey Salomon juró por Jehová
diciendo: Así me haga Dios, y así me
añada [d], que contra su vida ha hablado [d] 2 Sa. 3. 35.
Adonía esta palabra.
24 Ahora pues, vive Jehová, que me
ha confirmado, y me ha puesto sobre el
trono de David mi padre, y que me ha
hecho casa, como habia dicho [e], que [e] 2 Sa. 7. 11, 13.
Adonía morirá hoy.
25 Entónces el rey Salomon envió por
mano de Benaía, hijo de Joiada, el cual
dió sobre él, y murió.
26 ¶ Y á Abiathar sacerdote dijo el
rey: Véte á Anathoth á tus heredades,
que tú *eres* digno de muerte. Mas no te
mataré hoy, por cuanto has llevado el [f] 1 Sa. 23. 6. 2 Sa. 15. 24, 29.
arca del Señor Jehová delante de David
mi padre [f], y ademas has sido traba-
jado [g] en todas las cosas en que fué tra- [g] 1 Sa. 22. 20, 23.
bajado mi padre.

27 Así echó Salomon á Abiathar del sacerdocio de Jehová, para que se cumpliese la palabra de Jehová, que habia dicho sobre la casa de Heli en Silo[h].

28 ¶ Y vino la noticia hasta Joab: porque tambien Joab se habia adherido á Adonía[i], si bien no se habia adherido á Absalom. Y huyó Joab al tabernáculo de Jehová, y asióse á los cornijales del altar[k].

29 Y fué hecho saber á Salomon que Joab habia huido al tabernáculo de Jehová, y que estaba junto al altar[l]. Entónces envió Salomon á Banaía, hijo de Joiada, diciendo: Vé, y dá sobre él.

30 Y entró Banaía al tabernáculo de Jehová, y díjole: El rey ha dicho que salgas. Y él dijo: No, sino aquí moriré. Y Banaía volvió con esta respuesta al rey diciendo: Así habló Joab, y así me respondió.

31 Y el rey le dijo: Haz como él ha dicho; mátale, y entiérralo, y quita de mí y de la casa de mi padre la sangre que Joab ha derramado injustamente[m].

32 Y Jehová hará tornar su sangre[n] sobre su cabeza; que él ha muerto dos varones mas justos y mejores que él, á los cuales mató á cuchillo sin que mi padre David supiese nada[o], *es á saber*, á Abner, hijo de Ner, general del ejército de Israel, y á Amasa, hijo de Jether[p], general del ejército de Judá.

33 La sangre pues de ellos recaerá sobre la cabeza de Joab, y sobre la cabeza de su simiente para siempre[q]: mas sobre David y sobre su simiente, y sobre su casa, y sobre su trono[r], habrá perpetuamente[s] paz de parte de Jehová.

34 Entónces Banaía, hijo de Joiada, subió y dió sobre él, y matólo; y fué sepultado en su casa en el desierto.

35 ¶ Y el rey puso en su lugar á Banaía, hijo de Joiada, sobre el ejército; y á Sadoc puso el rey[t] por sacerdote en lugar de Abiathar[u].

36 ¶ Despues envió el rey, é hizo venir á Semei[x], y díjole: Edifícate una casa en Jerusalem, y mora ahí, y no salgas de allá á una parte ni á otra.

37 Porque sabe de cierto que el dia que salieres, y pasares el torrente de Cedron[y], sin duda morirás; y tu sangre será sobre tu cabeza[z].

38 Y Semei dijo al rey: La palabra *es* buena; como el rey mi señor ha dicho, así lo hará tu siervo. Y habitó Semei en Jerusalem muchos dias.

39 Pero pasados tres años, aconteció que se le huyeron á Semei dos siervos á Achis, hijo de Maachá, rey de Gath[a]. Y dieron aviso á Semei diciendo: Hé aquí que tus siervos *estan* en Gath.

40 Levantóse entonces Semei, y enalbardó su asno, y fué á Gath, á Achis, á procurar sus siervos. Fué pues Semei, y volvió sus siervos de Gath.

41 Díjose luego á Salomon como Semei habia ido de Jerusalem hasta Gath, y que habia vuelto.

42 Entónces el rey envió, é hizo venir á Semei, y díjole: ¿No te conjuré yo por Jehová, y te protesté diciendo, El dia que salieres, y fueres acá ó acullá, sabe de cierto que has de morir? Y tú me dijiste: La palabra *es* buena, yo la obedezco.

43 ¿Por qué pues no guardaste el juramento de Jehová, y el mandamiento que yo te impuse[b]?

44 Dijo ademas el rey á Semei: Tú sabes todo el mal, el cual tu corazon bien sabe, que cometiste contra mi padre David[c]. Jehová pues ha tornado el mal sobre tu cabeza[d];

h 1 Sa. 2. 30, 36.
i Cap. 1. 7.
k Cap. 1. 50.
l Ex. 21. 14.
m ver. 5. Nu. 35. 33. Deu. 19. 13. y 21. 8, 9.
n Jueo. 9. 24, 57. Sal. 7. 16.
o 2 Sa. 3. 27.
p 2 Sa. 20. 10.
q 2 Sa. 3. 29.
r Pro. 25. 5.
s Sal. 89. 36, 37. Is. 9. 5, 6.
t Job 34. 24.
u ver. 27. 1 Sa. 2. 35.
x ver. 8.
y 2 Sa. 15. 23.
z Jos. 2. 19.
a 1 Sa. 27. 2.
b Ec. 8. 2.
c 2 Sa. 16. 5, 8.
d Ex. 17. 19.

45 Y el rey Salomon *será* bendito[e], y el trono de David será firme perpetuamente[f] delante de Jehová.

46 Entónces el rey mandó á Banaía hijo de Joiada, el cual salió, é hirióle, y murió. Y el reino fué confirmado en la mano de Salomon[g].

CAPITULO III.

Salomon toma por mujer á la hija de Pharaon rey de Egipto. Dios le aparece, y le promete sabiduría y riquezas sobre todos los mortales. Pleiteando dos malas mujeres sobre un niño, que cada una decia ser su hijo, con la sentencia que dá declara al pueblo la sabiduría de Dios que en él residia.

Y SALOMON hizo parentesco con Pharaon rey de Egipto, porque tomó *por mujer*[a] la hija de Pharaon, y trájola á la ciudad de David[b], entre tanto que acababa de edificar su casa[c], y la casa de Jehová[d], y los muros de Jerusalem al rededor[e].

2 Hasta entónces el pueblo sacrificaba en los altos[f]; porque *aun* no habia casa edificada al nombre de Jehová hasta aquellos tiempos.

3 Mas Salomon amó á Jehová[g], andando en los estatutos de su padre David: solamente sacrificaba y quemaba perfumes en los altos.

4 E iba el rey á Gabaon[h], porque aquel era el alto principal[i], y sacrificaba allí: mil holocaustos sacrificaba Salomon sobre aquel altar.

5 Y aparecióse Jehová á Salomon[k] en Gabaon una noche en sueños[l], y díjole Dios: Pide lo que *quisieres que* yo te dé.

6 Y Salomon dijo: Tú hiciste gran misericordia á tu siervo David mi padre, segun que él anduvo delante de tí en verdad, en justicia[m], y con rectitud de corazon[n] para contigo: y tú le has guardado esta tu grande misericordia, que le diste hijo que se sentase en su trono, como *parece* en este dia[o].

7 Ahora pues, Jehová Dios mio, tú has puesto á mí tu siervo por rey en lugar de David mi padre: y yo *soy* mozo pequeño[p], que no sé *como* entrar ni salir.

8 Y tu siervo está en medio de tu pueblo, al cual tú escogiste[q]; un pueblo grande, que no se puede contar ni numerar por su multitud[r].

9 Dá pues á tu siervo corazon dócil[s] para juzgar á tu pueblo[t], para discernir entre lo bueno y lo malo: porque ¿quién podrá gobernar este tu pueblo tan grande?

10 Y agradó delante de Adonai que Salomon pidiese esto.

11 Y díjole Dios: Porque has demandado esto, y no pediste para tí muchos dias, ni pediste para tí riquezas, ni pediste la vida de tus enemigos, mas demandaste para tí inteligencia para oir juicio;

12 Hé aquí lo he hecho conforme á tus palabras[u]: hé aquí que te he dado corazon sabio y entendido, *tanto* que no haya habido ántes de tí *otro* como tú, ni despues de tí se levantará *otro* como tú[x].

13 Y aun tambien te he dado[y] las cosas que no pediste; riquezas y gloria[z]: tal que entre los reyes ninguno haya como tú en todos tus dias[a].

14 Y si anduvieres en mis caminos guardando mis estatutos y mis mandamientos, como anduvo David tu padre, yo alargaré tus dias[b].

15 Y como Salomon despertó, vió que era sueño: y vino á Jerusalem, y presentóse delante del arca del pacto de Jehová, y sacrificó holocaustos, é hizo pacíficos; hizo tambien banquete á todos sus siervos[c].

e Sal. 72. [illegible]
f ver. 33. [illegible]
g 2 Cr. 1. [illegible]
a Cap. 7. [illegible] y 9. 24.
b 2 Sa. 5. [illegible]
c Cap. 7. [illegible]
d Cap. [illegible]
e Cap. 9. [illegible] 19.
f Cap. 22. [illegible]
g Deu. 30. 20.
h 2 Cr. 1. [illegible] etc.
i 1 Cr. 16. [illegible]
k Cap. 9. [illegible]
l Nu. 12. [illegible] Mat. 1. [illegible]
m Cap. 2. [illegible] y 9. 4. y 15. 5.
n 2 Rey. [illegible] Sal. 15. [illegible]
o Cap. 1. [illegible]
p 1 Cr. [illegible]
q Deu. 7. [illegible]
r Gen. 13. [illegible]
s Pro. 2. [illegible] Sant. 1. [illegible]
t Sal. 72. [illegible]
u 1 Juan [illegible] 14.
x Cap. 4. 31. y 5. 12. y 10. 23. Ec. 1. [illegible]
y Mat. 6. [illegible]
z Cap. 4. 24. Pro. 3. [illegible]
a Cap. 10. 23.
b Deu. 22. [illegible] 1 Tim. [illegible]
c Cap. 8. [illegible]

16 ¶ En aquella sazon vinieron dos mujeres rameras al rey, y presentáronse delante de él.

17 Y dijo la una mujer: Ah! señor mio, yo y esta mujer morabamos en una misma casa; y yo parí *estando* con ella en la casa.

18 Y aconteció al tercer dia despues que yo parí, que esta parió tambien: y morabamos nosotras juntas; ninguno de fuera estaba en casa, sino nosotras dos en *aquella* casa.

19 Y una noche el hijo de esta mujer murió, porque ella se acostó sobre él.

20 Y levantóse á media noche, y tomó á mi hijo de junto á mí, estando yo tu sierva durmiendo, y púsolo á su lado, y púsome á mi lado su hijo muerto.

21 Y como yo me levanté por la mañana para dar el pecho á mi hijo, hé aquí que estaba muerto. Mas observéle por la mañana, y ví que no era mi hijo que yo habia parido.

22 Entónces la otra mujer dijo: No; mi hijo *es* el que vive, y tu hijo *es* el muerto. Y la otra volvió á decir: No; tu hijo *es* el muerto, y mi hijo *es* el que vive. Así hablaban delante del rey.

23 El rey entónces dijo: Esta dice, Mi hijo es el que vive, y tu hijo *es* el muerto. Y la otra dice, No, mas el tuyo *es* el muerto, y mi hijo *es* el que vive.

24 Y dijo el rey: Traedme un cuchillo. Y trajeron al rey un cuchillo.

25 En seguida el rey dijo: Partid por medio el niño vivo, y dad la mitad á la una, y la otra mitad á la otra.

26 Entónces la mujer cuyo era el hijo vivo, habló al rey, (porque sus entrañas se le conmovieron por su hijo,) y dijo: Ah! señor mio, dad á esta el niño vivo, y no lo mateis. Mas la otra dijo: Ni á mí ni á tí, *sino* partidlo.

27 Entónces el rey respondió, y dijo: Dad á aquella el hijo vivo, y no lo mateis: ella *es* su madre.

28 Y todo Israel oyó aquel juicio que habia dado el rey: y temieron al rey, porque vieron que habia en él sabiduría de Dios para juzgar[d].

[d] Sal. 72. 2, 4.

CAPITULO IV.

Descríbese la disposicion de las provincias de Salomon, y sus gobernadores, y el cargo que cada uno tenia de hacer provision para el sustento y gastos de la casa del rey. Suma de las expensas del rey, su sabiduría, y su gloria.

FUE pues el rey Salomon rey sobre todo Israel.

2 Y estos fueron los príncipes que tuvo: Azarías, hijo de Sadoc sacerdote.

3 Elihoreph y Ahia, hijos de Sisa, Escribas. Josaphad, hijo de Ahilud, Canciller.

4 Banaía, hijo de Joiada, *era* sobre el ejército: y Sadoc y Abiathar *eran* los sacerdotes.

5 Azaría, hijo de Nathan, *era* sobre los gobernadores. Zabud, hijo de Nathan, principal *oficial*, amigo del rey.

6 Y Ahisar *era* mayordomo: y Adoniram, hijo de Abda, *era* sobre el tributo.

7 ¶ Y tenia Salomon doce gobernadores sobre todo Israel, los cuales mantenian al rey y á su casa. Cada uno de ellos estaba obligado á abastecer *por* un mes en el año.

8 Y estos son los nombres de ellos: El hijo de Hur, en el monte de Ephraim.

9 El hijo de Decar, en Maccas, y en Saalbim, y en Beth-semes, y en Elon, y en Beth-hanan.

10 El hijo de Hesed, en Aruboth. Este tenia tambien á Socho, y toda la tierra de Ephet.

11 El hijo de Abinadab *tenia* todos los términos de Dor. Este tenia por mujer á Taphat, hija de Salomon.

12 Baana, hijo de Ahilud, *tenia* á Thaanach y á Megiddo, y á toda Beth-san, que *es* cerca de Zarttan, por bajo de Jezreel; desde Beth-san hasta Abel-mehola, y hasta de la otra parte de Jocmean.

13 El hijo de Geber, en Ramoth de Galaad. Este tenia tambien las ciudades de Jair[a], hijo de Manasse, las cuales *estaban* en Galaad. Tenia *tambien* la provincia de Argob, que *era* Basan[b], sesenta grandes ciudades con muro, y cerraduras de bronce.

14 Ahinadab, hijo de Iddo, *estaba* en Mahanaim:

15 Ahimaas en Nephthali. Este tomó tambien por mujer á Basmath, hija de Salomon.

16 Baana, hijo de Husai, en Aser y en Aloth.

17 Josaphat, hijo de Pharua, en Issachár.

18 Semei, hijo de Ela, en Benjamin.

19 Geber, hijo de Uri, en la tierra de Galaad, *en* la tierra *que fué* de Sehon, rey de los Amorrhéos, y de Og rey de Basan: un gobernador en la tierra.

20 ¶ *Los de* Judá é Israel eran muchos, como la arena que *está* junto á la mar en multitud, comiendo y bebiendo, y alegrandose[c].

21 Y Salomon señoreaba sobre todos los reinos, desde el rio de la tierra de los Philistéos hasta el término de Egipto[d]: y traian presentes[e], y sirvieron á Salomon todos los dias que vivió.

22 Y la despensa de Salomon era cada dia treinta coros de flor de harina, y sesenta coros de harina,

23 Diez bueyes engordados, y veinte bueyes de pasto, y cien ovejas; sin los ciervos, cabras, búfalos, y aves engordadas.

24 Porque él señoreaba en toda la region que estaba de la otra parte del rio, desde Tiphsa hasta Gaza, sobre todos los reyes de la otra parte del rio: y tuvo paz por todos lados en derredor suyo[f].

25 Y Judá é Israel vivian seguros, cada uno debajo de su parra ó debajo de su higuera[g], desde Dan hasta Beerseba[h], todos los dias de Salomon.

26 Tenia ademas de esto Salomon cuarenta mil caballos en sus caballerizas para sus carros[i], y doce mil *para* ginetes.

27 Y estos gobernadores mantenian al rey Salomon, y á todos los que á la mesa del rey Salomon venian, cada uno su mes, y hacian que nada faltase.

28 Hacian tambien traer cebada y paja para los caballos, y para las bestias de carga, al lugar donde él estaba, cada uno conforme al cargo que tenia.

29 ¶ Y dió Dios á Salomon sabiduría, y prudencia muy grande, y anchura de corazon, como la arena que *está* á la orilla del mar:

30 Que fué mayor la sabiduría de Salomon que la de todos los Orientales[k], y que toda la sabiduría de los Egipcios[l].

31 Y aun fué mas sabio que todos los hombres; mas que Ethan[m] Ezrahita, y que Heman[n], y Calchól, y Darda, hijos de Mahol: y fué nombrado entre todas las naciones de alrededor.

32 Y propuso tres mil parábolas: y sus versos fueron mil y cinco.

33 Tambien disertó de los árboles, desde el cedro del Líbano hasta el hisopo que nace en la pared. Asimismo disertó de los animales, de las aves, de los réptiles, y de los peces.

[a] Nu. 32. 41.
[b] Deu. 3. 4, 8.
[c] Ec. 2. 24.
[d] 2 Cr. 9. 26, etc. Sal. 72. 8, 11.
[e] Sal. 68. 29.
[f] 1 Cr. 22. 9.
[g] Jer. 23. 6.
[h] Jues. 20. 1.
[i] Cap. 10. 26. 2 Cr. 1. 14. y 9. 25.
[k] Job 1. 3. Mat. 2. 1, 6.
[l] Hech. 7. 22.
[m] 1 Cr. 15. 19. Sal. 89, tit.
[n] 1 Cr. 2. 6. y 6. 33. Sal. 88, tit.

34 Y venian de todos los pueblos á oir la sabiduría de Salomon, y de todos los reyes de la tierra donde habia llegado la fama de su sabiduría [e].

[e] 2 Cr. 9. 1, 23. Is. 2. 23.

CAPITULO V.

Salomon determinando edificar el templo, concierta con Hiram, rey de Tyro, que le dé madera y artífices para la obra, lo cual él hace alegremente.

HIRAM, rey de Tyro [a], envió tambien sus siervos á Salomon, luego que oyó que lo habian ungido por rey en lugar de su padre: porque Hiram habia siempre amado á David [b].

[a] 2 Cr. 2. 3.
[b] 2 Sa. 5. 11. 1 Cr. 14. 1. Am. 1. 9.

2 Entónces Salomon envió á decir á Hiram:

3 Tú sabes como mi padre David no pudo edificar casa al nombre de Jehová su Dios [c] por las guerras que le cercaron, hasta que Jehová puso *sus enemigos* bajo las plantas de sus pies.

[c] 1 Cr. 22. 8. y 28. 3.

4 Ahora Jehová mi Dios me ha dado reposo por todas partes; que ni hay adversario, ni mal encuentro.

5 Yo por tanto he ahora determinado edificar casa al nombre de Jehová mi Dios, como Jehová lo habló á David mi padre diciendo [d]: Tú hijo, que yo pondré en lugar tuyo en tu trono, él edificará casa á mi nombre.

[d] 2 Cr. 2. 4, etc.

6 Manda pues ahora que me corten cedros del Líbano: y mis siervos estarán con los tuyos, y yo te daré por tus siervos el salario que tú dijeres: porque tú sabes bien que ninguno hay entre nosotros que sepa labrar la madera como los Sidonios.

7 Y como Hiram oyó las palabras de Salomon, holgóse en gran manera, y dijo: Bendito *sea* hoy Jehová, que dió hijo sabio á David sobre este pueblo tan grande.

8 Y envió Hiram á decir á Salomon: He oido lo que me mandaste *á decir*: yo haré todo lo que te pluguiere acerca de la madera de cedro, y la madera de haya.

9 Mis siervos la llevarán desde el Líbano á la mar, y yo la pondré en balsas por la mar hasta el lugar que tú me señalares, y allí se desatará, y tú la tomarás: y tú harás mi voluntad en dar de comer á mi familia [e].

[e] Esd. 3. 7. Ez. 27. 17. Hech. 12. 20.

10 Dió pues Hiram á Salomon madera de cedro, y madera de haya todo lo que quiso.

11 Y Salomon daba á Hiram veinte mil coros de trigo para el sustento de su familia, y veinte coros de aceite limpio. Esto daba Salomon á Hiram cada un año.

12 ¶ Dió tambien Jehová á Salomon sabiduría, como le habia dicho [f]: y hubo paz entre Hiram y Salomon, é hicieron alianza entre ambos.

[f] Cap. 3. 12.

13 Y el rey Salomon impuso tributo á todo Israel; y el tributo fué treinta mil hombres:

14 Los cuales enviaba al Líbano de diez mil en diez mil cada mes por su turno, viniendo así á estar un mes en el Líbano, y dos meses en sus casas. Y Adoniram [g] *estaba* sobre aquel tributo.

[g] Cap. 4. 6.

15 Tenia tambien Salomon setenta mil que llevaban las cargas [h], y ochenta mil cortadores en el monte,

[h] Cap. 9. 21.

16 Sin los principales oficiales de Salomon que *estaban puestos* sobre la obra, *que eran* tres mil y trescientos, los cuales tenian cargo del pueblo que hacia la obra.

17 Y mandó el rey que trajesen grandes piedras, piedras de precio para los cimientos de la casa, y piedras labradas.

18 Y los albañiles de Salomon y los de Hiram, y los aparejadores [i], cortaron y aparejaron la madera y la cantería para labrar la casa.

[i] Ez. 27.

CAPITULO VI.

Descríbese la traza y forma del Templo, del Oráculo ó Oratorio, de los querubines, y de las molduras y ornamentos de todo el edificio.

Y FUE en el año cuatrocientos y ochenta, despues que los hijos de Israel salieron de Egipto, en el cuarto año del principio del reino de Salomon sobre Israel, en el mes de Ziph, que es el mes segundo, que él comenzó á edificar la casa de Jehová [a].

[a] 2 Cr. 3.

2 La casa que el rey Salomon edificó á Jehová, tuvo sesenta codos de largo, y viente de ancho, y treinta codos en alto.

3 Y el pórtico delante del templo de la casa, de veinte codos de largo segun la anchura de la casa; y su ancho *era* de diez codos delante de la casa.

4 E hizo á la casa ventanas anchas *por de dentro, y* estrechas *por de fuera*.

5 Edificó tambien junto al muro de la casa aposentos al rededor, *contra* las paredes de la casa en derredor del templo y del Oráculo: é hizo cámaras al rededor.

6 El aposento de abajo *era* de cinco codos de ancho, y el de en medio de seis codos de ancho, y el tercero de siete codos de ancho: porque por de fuera habia hecho diminuciones á la casa en derredor, para no trabar *las vigas* de las paredes de la casa.

7 Y la casa, cuando se edificó, fabricáronla de piedras que traian ya acabadas [b]; de tal manera que cuando la edificaban, ni martillos ni hachas se oyeron en la casa, ni ningun otro instrumento de hierro.

[b] Cap. 5. 17, 18.

8 La puerta del aposento de en medio estaba al lado derecho de la casa: y subíase por un caracol al de en medio, y del *aposento* de en medio al tercero.

9 Labró pues la casa y acabóla; y cubrió la casa con artesonados de cedro.

10 Y edificó asimismo el aposento en derredor de toda la casa de altura de cinco codos, el cual se apoyaba en la casa con maderas de cedro.

11 ¶ Y fué palabra de Jehová á Salomon diciendo:

12 Esta casa que tú edificas, si anduvieres en mis estatutos, é hicieres mis derechos, y guardares todos mis mandamientos andando en ellos [c], yo tendré firme contigo mi palabra que hablé á David tu padre [d]:

[c] Cap. 2. 4. y 9. 4.
[d] 2 Sa. 7.

13 Y habitaré en medio de los hijos de Israel [e], y no dejaré á mi pueblo Israel.

[e] Ex. 25. 2 Cor. 6. Ap. 21.

14 Así que Salomon labró la casa, y acabóla.

15 ¶ Y aparejó las paredes de la casa por de dentro con tablas de cedro, vistiendola de madera por dentro desde el solado de la casa hasta las paredes de la techumbre: cubrió tambien el pavimento con madera de haya.

16 Asimismo hizo al cabo de la casa un edificio de veinte codos de tablas de cedro, desde el solado hasta lo mas alto, y fabricóse en la casa un Oráculo, *que es* el lugar santísimo [f].

[f] Cap. 8. Ex. 26. Ez. 45.

17 Y la casa, á saber, el templo de dentro, tenia cuarenta codos.

18 Y la casa *estaba cubierta de* cedro *por* de dentro, y tenia entalladuras de calabazas silvestres, y de botones de flores. Todo *era* cedro; ninguna piedra se veia.

r. 5, 16. 2. 2.

19 Y adornó el Oráculo *g* por de dentro en medio de la casa, para poner allí el arca del pacto de Jehová.

20 Y el Oráculo *estaba* en la parte de adentro, el cual tenia veinte codos de largo, y otros veinte de ancho, y otros veinte de altura: y vistiólo de oro purísimo; asimismo cubrió el altar de cedro.

21 De suerte que vistió Salomon de puro oro la casa por de dentro: y cerró la entrada del Oráculo con cadenas de oro, y vistiólo de oro.

22 Cubrió pues toda la casa de oro hasta el cabo; y asimismo vistió de oro todo el altar que *estaba* delante del Oráculo [h].

20 1, 3,

23 Hizo tambien en el Oráculo dos querubines de madera de oliva, cada uno de altura de diez codos.

24 La una ala del *un* querubin tenia cinco codos, y la otra ala del *mismo* querubin otros cinco codos: así que habia diez codos desde la punta de la una ala hasta la punta de la otra.

25 Asimismo el otro querubin tenia diez codos; porque ambos querubines eran de un tamaño y de una hechura.

26 La altura del uno era de diez codos, y asimismo el otro.

27 Y puso estos querubines dentro de la casa de adentro: los cuales querubines estendian sus alas, de modo que el ala del uno tocaba la pared, y el ala del otro querubin tocaba la otra pared; y las otras dos alas se tocaban la una á la otra en la mitad de la casa.

28 Y vistió de oro los querubines.

29 ¶ Y esculpió todas las paredes de la casa al rededor de diversas figuras, de querubines, de palmas, y de botones de flores, por de dentro y por de fuera.

30 Y cubrió de oro el piso de la casa, de dentro y de fuera.

31 Y á la entrada del Oráculo hizo puertas de madera de oliva; y el umbral y los postes eran de cinco esquinas.

32 Las dos puertas *eran* de madera de oliva: y entalló en ellas figuras de querubines, y de palmas, y de botones de flores, y cubriólas de oro; cubrió tambien los querubines y las palmas de oro.

33 Igualmente hizo á la puerta del templo postes de madera de oliva cuadrados.

41. 23.

34 Pero las dos puertas [i] eran de madera de haya; y los dos lados de la una puerta *eran* redondos, y los otros dos lados de la otra puerta *tambien* redondos.

35 Y entalló en ellas querubines y palmas, y botones de flores, y cubriólos de oro ajustado á las entalladuras.

36 Y edificó el atrio interior de tres órdenes de piedras labradas, y de un órden de vigas de cedro.

37 ¶ En el cuarto año, en el mes de Ziph se echaron los cimientos de la casa de Jehová:

38 Y en el undecimo año, en el mes de Bul, que es el mes octavo, fué acabada la casa con todas sus pertenencias, y con todo lo necesario. Edificóla pues en siete años.

CAPITULO VII.

Trata de la casa real, del bosque, del pórtico donde se juzgaba, y de la casa de la reina. Fábrica y forma de las dos columnas de fundicion, y sus asientos. Del mar, de las fuentes, y de sus basas; y de otros vasos é instrumentos pertenecientes al servicio del templo.

DESPUES edificó [a] Salomon su propia casa en trece años, y acabóla toda. [a] Cap. 9. 10. 2 Cr. 8. 1.

2 Asimismo edificó la casa del bosque del Líbano, la cual tenia cien codos de longitud, y cincuenta codos de anchura, y treinta codos de altura, sobre cuatro órdenes de columnas de cedro, con vigas de cedro sobre las columnas.

3 Y estaba cubierta de tablas de cedro arriba sobre las vigas que se apoyaban en cuarenta y cinco columnas: cada hilera tenia quince *columnas*.

4 Y *habia* tres órdenes de ventanas, una ventana contra la otra *en* tres órdenes.

5 Y todas las puertas y postes *eran* cuadrados: y las unas ventanas estaban frente á las otras *en* tres órdenes.

6 Tambien hizo un pórtico de columnas, que tenia de largo cincuenta codos, y treinta codos de ancho; y aqueste pórtico *estaba* delante de aquellas *otras*, con sus columnas y maderos correspondientes.

7 Hizo asimismo el pórtico del trono en que habia de juzgar, el pórtico del juicio, y vistiólo de cedro de suelo á suelo.

8 Y en la casa en que él moraba, habia otro atrio dentro del pórtico, de obra semejante á esta. Edificó tambien Salomon una casa para la hija de Pharaon, que habia tomado por mujer [b], [b] Cap. 3. 1. 2 Cr. 8. 11.
de la misma obra de aquel pórtico.

9 Todas aquellas *obras fueron* de piedras de precio, cortadas y aserradas con sierras segun las medidas, así por de dentro como por de fuera, desde el cimiento hasta los remates, y *asimismo* por de fuera hasta el gran atrio.

10 El cimiento *era* de piedras de precio, de piedras grandes, de piedras de diez codos, y de piedras de ocho codos.

11 De allí arriba *eran* tambien piedras de precio, labradas conforme á sus medidas, y *obra* de cedro.

12 Y en el gran atrio al rededor habia tres órdenes de piedras labradas, y un órden de vigas de cedro: y *así* el atrio interior de la casa de Jehová, y el *otro* atrio de la casa [c]. [c] Juan 10. 23. Hech. 3. 11.

13 ¶ Y envió el rey Salomon, é hizo venir de Tyro á Hiram [d], [d] ver. 40. 2 Cr. 4. 11.

14 Hijo de una viuda de la tribu de Nephthali, y [e] su padre habia sido de Tyro: trabajaba él en bronce [f], lleno de sabiduría, y de inteligencia y saber [g] en toda obra de metal. Este pues vino al rey Salomon, é hizo toda su obra. [e] 2 Cr. 2. 14. [f] 2 Cr. 4. 16. [g] Ex. 31. 3. y 36. 1.

15 Y vació dos columnas [h] de bronce, la altura de cada cual era de diez y ocho codos; y rodeaba á una y otra columna un hilo de doce codos. [h] 2 Rey. 25. 17. 2 Cr. 3. 15, etc. y 4. 12, etc. Jer. 52. 21, etc.

16 Hizo tambien dos chapiteles de fundicion de bronce, para que fuesen puestos sobre las cabezas de las columnas: la altura del un chapitel era de cinco codos, y la del otro chapitel de *otros* cinco codos:

17 *Ademas* trenzas á manera de red, y unas cintas á manera de cadenas para los chapiteles que *se habian de poner* sobre las cabezas de las columnas: siete para cada chapitel.

18 Y cuando hubo hecho las columnas, hizo tambien dos órdenes *de granadas* al rededor en el un enredado, para cubrir los chapiteles que estaban en las cabezas *de las columnas* con las granadas: y de la misma forma hizo en el otro chapitel.

19 Los chapiteles que *estaban* sobre las dos columnas en el pórtico, *tenian* labor de flores por cuatro codos.

20 Tenian tambien los chapiteles *de*

sobre las dos columnas doscientas gra-
nadas en dos órdenes al rededor en cada
chapitel, encima del vientre del chapi-
tel, el cual vientre estaba delante del
enredado.
[i] ver. 12. Cap. 6. 3. 21 Estas columnas erigió en el pórtico [i]
del templo: y cuando hubo alzado la
columna de la mano derecha, púsole
† él estable-cerá. por nombre Jachin †: y alzando la co-
lumna de la mano izquierda, llamó su
‖ en esta fuerza. nombre Boaz ‖.
22 Y *puso* en las cabezas de las co-
lumnas labor en forma de azucenas: y
así se acabó la obra de las columnas.
23 ¶ Hizo asimismo un mar de fun-
dicion, de diez codos del un labio al
otro, perfectamente redondo: su altura
era de cinco codos, y ceñíalo *todo* al re-
dedor un cordon de treinta codos.
24 Y cercaban aquel mar por debajo de
su labio en derredor unas bolas como
calabazas, diez en cada codo, que ceñian
[k] 2 Cr. 4. 3, 5. el mar *todo* al rededor [k] en dos órdenes,
las cuales habian sido fundidas cuando
él fué fundido.
25 Y estaba asentado sobre doce bu-
eyes, tres *de los cuales* miraban al Norte,
y tres miraban al Poniente, y tres mira-
ban al Mediodia, y tres miraban al Ori-
ente. Sobre estos se apoyaba el mar, y
las traseras de ellos estaban hácia la
parte de adentro.
26 El grueso del *mar* era de un palmo,
y su labio era labrado como el labio de
un caliz, ó de flor de lis: y cabian en él
dos mil batos.
27 ¶ Hizo tambien diez basas de bronce,
siendo la longitud de cada basa cuatro
codos, y la anchura de cuatro codos, y
de tres codos la altura.
28 La obra de las basas era esta: te-
nian unas cintas, las cuales *estaban* entre
molduras;
29 Y sobre aquellas cintas que *estaban*
entre las molduras, *figuras* de leones, y
[l] Gen. 3. 24. Ex. 25. 18. y 37. 7. Heb. 9. 5. de bueyes, y de querubines [l]: y sobre las
molduras de la basa, así encima como
debajo de los leones y de los bueyes, *ha-
bia* unas añadiduras de bajo relieve.
[m] Ex. 1. 15, etc. 30 Cada basa tenia cuatro ruedas [m] de
bronce con mesas de bronce: y en sus
cuatro esquinas *habia* unos hombrillos,
los cuales *nacian* de fundicion á cada un
lado de aquellas añadiduras, *para estar*
debajo de la fuente.
31 Y la boca *del pié* de la fuente en-
traba un codo en el remate *que salia*
para arriba de la basa: y era su boca
redonda, de la hechura del *mismo* re-
mate, *y este* de codo y medio. Habia
tambien sobre la boca entalladuras con
sus cintas, *las cuales eran* cuadradas, no
redondas.
32 Las cuatro ruedas *estaban* debajo de
las *otras* cintas, y los ejes de las ruedas
nacian en la misma basa. La altura de
cada rueda era de un codo y medio.
33 Y la hechura de las ruedas era como
la hechura de las ruedas de un carro:
sus ejes, sus rayos, y sus cubos, y sus
cinchos, todo era de fundicion;
34 Asimismo los cuatro hombrillos á
las cuatro esquinas de cada basa: y los
hombrillos eran de la misma basa.
35 Y en lo alto de la basa habia medio
codo de altura redondo por todas partes:
y encima de la basa sus molduras y cin-
tas, *las cuales eran* de ella misma.
36 E hizo en las tablas de las moldu-
ras, y en las cintas, entalladuras de que-
rubines, y de leones, y de palmas, con
proporcion en el espacio de cada una, y
al rededor otros adornos.
37 De esta forma hizo diez basas fun-
didas de una misma manera, de una
misma medida, y de una misma enta-
lladura.
38 Hizo tambien diez fuentes [n] de [n] 2 Cr. 4. 6 etc.
bronce: cada fuente contenia cuarenta
batos, y cada una era de cuatro codos:
y *asentó* una fuente sobre cada una de
las diez basas.
39 Y puso las cinco basas á la mano
derecha de la casa, y las otras cinco á
la mano izquierda: y asentó el Mar al
lado derecho de la casa, al Oriente, ha-
cia el Mediodia.
40 ¶ Asimismo hizo Hiram [o] fuentes, [o] ver. 13.
y tenazas, y cuencos; y acabó toda la
obra que hizo á Salomon para la casa de
Jehová:
41 *Es á saber*, dos columnas, y los vasos
redondos de los capiteles que *estaban* en
lo alto de las dos columnas; y dos re-
des [p] que cubrian los dos vasos redondos [p] ver. 17, 1
de los capiteles, que *estaban* sobre las ca-
bezas de las columnas;
42 Y cuatrocientas granadas para las
dos redes, *es á saber* dos órdenes de
granadas en cada red, para cubrir los
dos vasos redondos que *estaban* sobre las
cabezas de las columnas:
43 Y las diez basas, y las diez fuentes
sobre las basas:
44 Y un Mar, y doce bueyes debajo del
Mar:
45 Y calderos, y paletas, y cuencos [q], y [q] Ex. 27. 3
todos los *otros* vasos que Hiram hizo al
rey Salomon, para la casa de Jehová, de
metal acicalado.
46 Todo lo hizo fundir el rey en la
llanura del Jordan, en tierra arcillosa
entre Succoth [r] y Sarthan [s]. [r] Gen. 33. 1 [s] Jos. 3. 16
47 Y dejó Salomon sin inquirir el peso
del metal de todos los vasos por la grande
multitud [t] *de ellos*. [t] 1 Cr. 22. 1
48 ¶ Entónces hizo Salomon todos los
vasos que *eran pertenecientes* á la casa de
Jehová: un altar de oro [u], y una mesa [u] Ex. 37. 1
sobre la cual *estaban* los panes de la pro-
posicion [x], tambien de oro: [x] Lev. 24. 5
49 Y cinco candeleros de oro purísimo
á la mano derecha, y otros cinco á la
izquierda, delante del Oráculo, con las
flores, y las lámparas, y despabiladeras
de oro:
50 Asimismo los cántaros, vasos, ta-
zas, cucharillas é incensarios de oro pu-
rísimo. Tambien de oro los quiciales de
las puertas de la casa de adentro, *es á
saber*, del lugar santísimo, y los de las
puertas del templo.
51 Así se acabó toda la obra que dis-
puso hacer el rey Salomon para la casa
de Jehová. Y metió Salomon lo que
David su padre habia dedicado, *es á
saber* [y], plata y oro, y vasos, y púsolo [y] 2 Sa. 8. 2 Cr. 5. 1
todo en guarda en las tesorerías de la
casa de Jehová.

CAPITULO VIII.

Salomon hace juntar á todo su pueblo, y con grande solemnidad mete el arca del pacto en el templo, el cual Dios hinche de una nube en testimonio de su presencia. Habiendo Salomon rendido á Dios gracias por haberle concedido el poder edificarle templo, en una larga oracion le pide muestre su favor sobre los que en aquel lugar le invocaren en sus necesidades, y despues bendice al pueblo. Dedícase el templo con grande fiesta y grande multitud de sacrificios.

ENTONCES juntó Salomon los an-
cianos de Israel, y á todas las ca-
bezas de las tribus, y á los príncipes de
las familias de los hijos de Israel, al rey
Salomon en Jerusalem [a], para traer el [a] 2 Cr. 5. etc.
arca [b] del pacto de Jehová de la ciudad [b] 2 Sa. 6.
de David, que es Sion [c]. [c] 2 Sa. 5. 7
2 Y se juntaron al rey Salomon todos
los varones de Israel en el mes de Etha-

Lev. 23. 24. min, que es el mes séptimo [d], en el dia
solemne.
3 Y vinieron todos los ancianos de Is-
Nu. 4. 15. rael, y los sacerdotes tomaron el arca [e]:
Cr. 15. 14. 4 Y llevaron el arca de Jehová, y el
Cr. 1. 3. tabernáculo del testimonio [f], y todos los
vasos sagrados que *estaban* en el taber-
náculo, los cuales llevaban los sacerdotes
y Levitas.
5 Y el rey Salomon, y toda la con-
gregacion de Israel que á él se habia
juntado, estaban con él delante del arca,
Sa. 6. 13. sacrificando ovejas y bueyes [g], que por
multitud no se podian contar ni nu-
merar.
6 Y los sacerdotes metieron el arca
ar. 17, 18. del pacto de Jehová en su lugar [h], en
el Oráculo de la casa, en el lugar san-
tísimo, debajo de las alas de los que-
Cap. 6. 27. rubines [i].
7 Porque los querubines tenian esten-
didas las alas sobre el lugar del arca,
y así cubrian los querubines el arca y
sus varas por encima.
8 E hicieron salir las varas; que las
cabezas de las varas se dejaban ver desde
el santuario delante del óraculo, mas
no se veian desde afuera: y así se que-
daron hasta hoy.
9 En el arca ninguna cosa habia mas
Ex. 25. 21. de las dos tablas de piedra [k], que habia
Dt. 10. 5. allí puesto Moises en Horeb, donde Je-
Nu. 18. 2. hová hizo la alianza [l] con los hijos de
Israel, cuando salieron de la tierra de
Heb. 9. 4. Egipto.
Ex. 34. 27. 10 Y como los sacerdotes salieron del
santuario, *una* nube hinchió la casa de
Ex. 40. 34. Jehová [m].
Cr. 15. 2. 11 Y los sacerdotes no pudieron estar
para ministrar por causa de la nube:
porque la gloria de Jehová habia hen-
chido la casa de Jehová.
2 Cr. VI. 12 Entónces dijo Salomon [n]: Jehová
ha dicho que él habitaria en la oscuri-
Ex. 20. 21. dad [o].
Lev. 16. 2. 13 Yo he edificado casa por morada
Dt. 4. 11. para tí [p], asiento en que tú habites para
Sal. 97. 2. siempre [q].
2 Sa. 7. 13. 14 Y volviendo el rey su rostro, ben-
Sal. 132. 14. dijo á toda la congregacion de Israel [r],
2 Sa. 6. 18. (y toda la congregacion de Israel estaba
en pié,)
15 Y dijo: Bendito *sea* Jehová Dios
de Israel, que habló de su boca á David
2 Sa. 7. 5, mi padre [s], y con su mano lo ha cum-
plido, diciendo:
16 Desde el dia que saqué mi pueblo
Israel de Egipto, no he escogido ciudad
de todas las tribus de Israel para edi-
ficar casa en la cual estuviese mi nom-
1 Sa. 16. 1. bre, aunque escogí á David [t] para que
presidiese en mi pueblo Israel.
17 Y David mi padre tuvo en el cora-
zon edificar casa al nombre de Jehová
2 Sa. 7. 2. Dios de Israel [u].
1 Cr. 17. 1, 18 Mas Jehová dijo á David mi padre:
Cuanto á haber tú tenido en el corazon
edificar casa á mi nombre, bien has
hecho en tener tal voluntad.
19 Empero tú no edificarás la casa,
sino tu hijo que saldrá de tus lomos;
él edificará casa á mi nombre.
20 Y Jehová ha verificado su palabra
que habia dicho; que me he levantado
yo en lugar de David mi padre, y heme
sentado en el trono de Israel, como
1 Cr. 28. 5, Jehová habia dicho [x], y he edificado
la casa al nombre de Jehová Dios de
Israel.
21 Y he puesto en ella lugar para el
arca, en la cual está el pacto de Je-
hová [y], que él hizo con nuestros padres
Dt. 31. 26. cuando los sacó de la tierra de Egipto.
22 ¶ Púsose luego Salomon delante
del altar de Jehová, en presencia de
toda la congregacion de Israel, y exten-
diendo sus manos al cielo [z], [z] Is. 1. 15.
23 Dijo: Jehová, Dios de Israel, no
hay Dios como tú, ni arriba en los ci-
elos, ni abajo en la tierra; que guar-
das el pacto y la misericordia á tus
siervos [a], los que andan delante de tí [a] Neh. 1. 5. Dan. 9. 4.
de todo su corazon [b]:
24 Que has guardado á tu siervo David [b] Cap. 3. 6.
mi padre lo que le dijiste: dijístelo con
tu boca, y con tu mano lo has cumplido,
como *aparece* este dia.
25 Ahora pues, Jehová Dios de Isra-
el, cumple á tu siervo David mi padre
lo que le prometiste diciendo, No fal-
tará varon de tí delante de mí, que se
siente en el trono de Israel, con tal
que tus hijos guarden su camino, que
anden delante de mí como tú has de-
lante de mí andado [c]. [c] Cap. 2. 4. Sal. 132. 12.
26 Ahora pues, oh Dios de Israel,
verifíquese tu palabra que dijiste á tu
siervo David mi padre.
27 ¿ Empero es verdad que Dios haya
de morar sobre la tierra? Hé aquí que
los cielos, los cielos de los cielos [d] no te [d] Deu. 10. 14. 2 Cor. 12. 2.
pueden contener [e], ¿ cuanto menos esta
casa que yo he edificado? [e] 2 Cr. 2. 6.
28 Con todo tú atenderás á la oracion Is. 66. 1.
de tu siervo, y á su plegaria, oh Jehová Jer. 23. 24.
Dios mio, oyendo *propicio* el clamor y Hech. 7. 49.
oracion que tu siervo hace hoy delante y 17. 24.
de tí:
29 Que esten tus ojos abiertos de noche
y de dia sobre esta casa, sobre este lugar,
del cual has dicho: Mi nombre estará
allí: y [f] que oigas la oracion que tu siervo [f] Deu. 12. 11.
hará en este lugar [g]. [g] Dan. 6. 10.
30 Oye pues la oracion de tu siervo,
y de tu pueblo Israel [h]: cuando oraren [h] 2 Cr. 20. 9.
en este lugar, tambien tú lo oirás en
el lugar de tu habitacion, desde los
cielos: que oigas y perdones.
31 Cuando alguno hubiere pecado con-
tra su prójimo, y le tomaren juramento
haciéndolo jurar [i], y viniere el juramento [i] Ex. 22. 11.
delante de tu altar en esta casa,
32 Tú oirás desde el cielo, y obrarás,
y juzgarás á tus siervos condenando al
impío, tornando su proceder sobre su
cabeza, y justificando al justo para darle
conforme á su justicia.
33 Cuando tu pueblo Israel hubiere
caido delante de sus enemigos [k], por [k] Lev. 26. 17. Deu. 28. 25.
haber pecado contra tí, y á tí se vol-
vieren [l], y confesaren tu nombre, y ora- [l] Lev. 26. 40, 42.
ren, y te rogaren y suplicaren en esta Neh. 1. 8, 9.
casa,
34 Oyelos tú en los cielos, y perdona
el pecado de tu pueblo Israel, y vuélve-
los á la tierra que diste á sus padres.
35 Cuando el cielo se cerrare, y no
lloviere [m], por haber ellos pecado con- [m] Lev. 16. 19. Deu. 28. 23.
tra tí, y te rogaren en este lugar, y
confesaren tu nombre, y se volvieren
del pecado, cuando los hubieres afligido,
36 Tú oirás en los cielos, y perdona-
rás el pecado de tus siervos, y de tu
pueblo Israel, enseñándoles el buen ca-
mino en que anden; y darás [n] lluvias [n] 1 Sa. 12. 23.
sobre tu tierra, la cual diste á tu pueblo Sal. 25. 8.
por heredad. y 94. 12.
37 Cuando en la tierra hubiere ham-
bre ó pestilencia, ó tizoncillo, ó niebla,
ó langosta, ó pulgon; si sus enemigos
los tuvieren cercados en la tierra de su
domicilio; cualquiera plaga ó enferme-
dad *que sea* [o]; [o] Lev. 26. 16, etc.
38 Toda oracion y toda súplica que
hiciere cualquier hombre, ó todo tu Deu. 28. 21, etc.
pueblo Israel: cuando cualquiera sin- 2 Cr. 20. 9.
tiere la plaga de su corazon, y extendiere
sus manos á esta casa,
39 Tú oirás en los cielos, en la habi-
tacion de tu morada, y perdonarás, y

obrarás, y darás á cada uno conforme á sus caminos, cuyo corazon tú conoces; (porque solo tú conoces el corazon de todos los hijos de los hombres[p];)

40 Para que te teman todos los dias que vivieren sobre la haz de la tierra, que tú diste á nuestros padres[q].

41 Asimismo al extranjero, que no *es* de tu pueblo Israel, que hubiere venido de lejas tierras á causa de tu nombre,

42 (Porque oirán de tu grande nombre, y de tu mano fuerte, y de tu brazo extendido[r],) y viniere á orar á esta casa,

43 Tú oirás en los cielos, en la habitacion de tu morada, y harás conforme á todo aquello por lo cual el extranjero hubiere á tí clamado: para que todos los pueblos de la tierra conozcan tu nombre, y te teman, como tu pueblo Israel[s], y entiendan que tu nombre es invocado sobre esta casa que yo edifiqué.

44 Si tu pueblo saliere en batalla contra sus enemigos por el camino que tú los enviares, y oraren hácia la ciudad que tú elegiste, y hacia la casa que yo edifiqué á tu nombre,

45 Tú oirás en los cielos su oracion, y su súplica, y les harás derecho.

46 Si hubieren pecado contra tí, (porque no *hay* hombre que no peque[t],) y tú estuvieres airado contra ellos, y los entregares delante del enemigo, para que los cautiven y lleven á tierra enemiga, sea léjos ó cerca[u],

47 Y ellos volvieren en sí en la tierra donde fueren cautivos; si se convirtieren, y oraren á tí en la tierra de los que los cautivaron, y dijeren: Pecamos, hemos hecho lo malo, hemos cometido impiedad[x];

48 Y *así* se convirtieren á tí[y] de todo su corazon, y de toda su alma, en la tierra de sus enemigos que los hubieren llevado cautivos, y oraren á tí hácia su tierra, que tú diste á sus padres, *hácia* la ciudad que tú elegiste, y la casa que yo he edificado á tu nombre[z],

49 Tú oirás en los cielos, en la habitacion de tu morada, su oracion y su súplica, y les harás derecho:

50 Y perdonarás á tu pueblo que habia pecado contra tí, y todas sus infracciones con que se habrán contra tí rebelado; y harás que hayan de ellos[a] misericordia los que les hubieren llevado cautivos:

51 Porque ellos *son* tu pueblo[b] y tu heredad, que tú sacaste de Egipto, de en medio del horno de hierro[c]:

52 Que tus ojos esten abiertos á la oracion de tu siervo, y á la plegaria de tu pueblo Israel, para oirlos *propicio* en todo aquello por lo que te invocaren:

53 Pues que tú los apartaste para tí por tu heredad de todos los pueblos de la tierra, como lo dijiste por mano de Moises[d] tu siervo, cuando sacaste á nuestros padres de Egipto, oh Señor Jehová.

54 ¶ Y fué, como acabó Salomon de hacer á Jehová toda esta oracion y súplica, levantóse de estar de rodillas delante del altar de Jehová con sus manos extendidas al cielo.

55 Y puesto en pié, bendijo[e] á toda la congregacion de Israel diciendo en voz alta.

56 Bendito *sea* Jehová, que ha dado reposo á su pueblo Israel conforme á todo lo que él habia dicho: ninguna palabra de todas sus promesas, que espresó por Moises su siervo, ha faltado[f].

57 Sea con nosotros Jehová nuestro Dios, como fué con nuestros padres, y no nos desampare, ni nos deje[g]:

58 *Antes* incline nuestro corazon hácia sí, para que andemos en todos sus caminos, y guardemos sus mandamientos, y sus estatutos, y sus derechos, los cuales mandó á nuestros padres.

59 Y que estas mis palabras con que he orado delante de Jehová, esten cerca de Jehová nuestro Dios de dia y de noche, para que él proteja la causa de su siervo, y de su pueblo Israel, cada cosa en su tiempo:

60 A fin que todos los pueblos de la tierra sepan[h] que Jehová es Dios, y *que* no *hay* otro[i].

61 Sea pues perfecto[k] vuestro corazon para con Jehová nuestro Dios, andando en sus estatutos, y guardando sus mandamientos como el dia de hoy.

62 ¶ Entónces el rey, y todo Israel con él, sacrificaron víctimas delante de Jehová[l].

63 Y sacrificó Salomon por sacrificios pacíficos, los cuales ofreció á Jehová, veinte y dos mil bueyes, y ciento veinte mil ovejas. Así dedicaron el rey y todos los hijos de Israel la casa de Jehová.

64 Aquel mismo dia santificó el rey el medio del atrio que *estaba* delante de la casa de Jehová: porque ofreció allí los holocaustos, y los presentes, y los sebos de los pacíficos; por cuanto el altar de bronce[m], que *estaba* delante de Jehová, era pequeño, y no cupieran en él los holocaustos, y los presentes, y los sebos de los pacíficos.

65 En aquel tiempo Salomon hizo fiesta, y con él todo Israel[n], una grande congregacion, desde como entran en Hamath hasta el rio de Egipto[o], delante de Jehová nuestro Dios, por siete dias y *luego* otros siete dias, *esto es*, por catorce dias.

66 Y el octavo dia despidió al pueblo: y ellos bendiciendo al rey se fueron á sus estancias alegres y gozosos de corazon, por todos los beneficios que Jehová habia hecho á David su siervo, y á su pueblo Israel[p].

CAPITULO IX.

Apareciéndose Dios otra vez á Salomon, le testifica haber oido su oracion, y le confirma sus promesas, añadiendo empero amenazas, si de su obediencia se apartasen. Paga Salomon al rey de Tyro. Amplia el reino, y hace tributarios á los Cananeos; y á los de su pueblo dá toda libertad. Es traido á Salomon oro de Ophir.

Y COMO Salomon hubo acabado[a] la obra de la casa de Jehová, y la casa real[b], y todo lo que Salomon quiso hacer[c],

2 Jehová apareció á Salomon la segunda vez, como le habia aparecido en Gabaon[d],

3 Y díjole Jehová: Yo he oido tu oracion, y tu ruego[e] que has hecho en mi presencia. Yo he santificado esta casa que tú has edificado[f], para poner mi nombre en ella para siempre, y en ella estarán mis ojos y mi corazon todos los dias[g].

4 Y si tú anduvieres delante de mí, como anduvo David tu padre, en[h] integridad de corazon, y en equidad[i], haciendo todas las cosas que yo te he mandado, y guardando mis estatutos y mis derechos,

5 Yo afirmaré el trono de tu reino sobre Israel para siempre, como hablé á David tu padre diciendo[k]: No faltará de tí varon en el trono de Israel.

6 Mas si obstinadamente os apartareis de mí vosotros y vuestros hijos[l], y no

[p] 1 Cr. 28. 9. Sal. 11. 4. Jer. 17. 10. Heb. 4. 12.
[q] Sal. 130. 4.
[r] Deu. 4. 34.
[s] 2 Rey. 19. 19. Sal. 67. 2. y 102. 15.
[t] 2 Cr. 6. 36. Pro. 20. 9. Ec. 7. 20. Santº. 3. 2. 1 Juan 1. 8, 10.
[u] Lev. 26. 34, 44. Deu. 28. 36, 64.
[x] Neh. 1, 6, etc. Sal. 106. 6. Dan. 9. 5, etc.
[y] Jer. 29. 12, 13. Os. 14. 1, 2.
[z] ver. 29.
[a] Esd. 7. 6. Sal. 106. 46.
[b] Deu. 9. 29.
[c] Deu. 4. 20. Jer. 11. 4.
[d] Ex. 19. 5, 6. Deu. 7. 6. y 9. 26, 29. y 14. 2.
[e] 2 Sa. 6. 18.
[f] Jos. 21. 45. y 23. 14.
[g] Deu. 31. 6.
[h] ver. 43. Jos. 4. 24.
[i] Deu. 4. 35, 39.
[k] Deu. 18.13
[l] 2 Cr. 7. 4.
[m] 2 Cr. 4. 1. y 7. 7.
[n] ver. 2.
[o] Nu. 34. 5.
[p] Sal. 105. 5. y 122. 6,
[a] 2 Cr. 7. 11, etc.
[b] Cap. 7. 1
[c] 2 Cr. 8.
[d] Cap. 3.
[e] 2 Rey. 20. 1 Juan 5. 14.
[f] Cap. 8.
[g] Deu. 11.
[h] Cap. 3. y 6. 12. y 15. 5.
[i] Pro. 10. y 28. 18.
[k] 1 Cr. 22. 10. Sal. 132.
[l] 2 Sa. 7. Sal. 89. etc.

guardareis mis mandamientos, y mis
estatutos que yo he puesto delante de
vosotros, sino que fuereis y sirviereis á
dioses agenos, y los adorareis,
7 Yo cortaré á Israel de sobre la haz
de la tierra [m] que les he entregado; y
esta casa [n] que he santificado á mi nom-
bre, yo la echaré de delante de mí, é
Israel será por proverbio y fábula á to-
dos los pueblos [o].
8 Y esta casa que estaba en estima,
cualquiera que pasare por ella se pas-
mará, y silvará, y dirá: ¿Por qué ha
hecho así Jehová á esta tierra, y á esta
casa [p]?
9 Y dirán: Por cuanto dejaron á Je-
hová su Dios [q], que habia sacado á sus
padres de tierra de Egipto, y echaron
mano á dioses agenos, y los adoraron, y
les sirvieron: por eso ha traido Jehová
sobre ellos todo aqueste mal [r].
10 ¶ Y aconteció al cabo de veinte
años [s] que Salomon habia edificado las
dos casas, la casa de Jehová y la casa
real [t],
11 Para las cuales Hiram rey de Tyro
habia traido á Salomon madera de cedro
y de haya, y cuanto oro él quiso, que el
rey Salomon dió á Hiram veinte ciuda-
des en tierra de Galiléa.
12 Y salió Hiram de Tyro para ver las
ciudades que Salomon le habia dado, y
no le contentaron.
13 Y dijo: ¿Qué ciudades *son* estas
que me has dado, hermano? Y púsoles
por nombre, La tierra de ‖ Cabul, hasta
hoy.
14 Y habia Hiram enviado al rey ci-
ento y veinte talentos de oro.
15 ¶ Y esta *es* la razon del tributo que
el rey Salomon impuso para edificar la
casa de Jehová, y su casa, y á Millo [u], y
el muro de Jerusalem, y á Hasor [x], y
Megiddo [y], y Gezer [z]:
16 Pharaon el rey de Egipto habia su-
bido, y tomado á Gezer, y quemádola, y
habia muerto los Cananéos que habita-
ban la ciudad, y dádola en don á su hija
la mujer de Salomon.
17 Restauró pues Salomon á Gezer, y
á la baja Beth-oron [a],
18 Y á Baalath [b], y Thadmor [c], en ti-
erra del desierto:
19 Asimismo todas las ciudades donde
Salomon tenia municiones, y las ciu-
dades de los carros [d], y las ciudades de
la gente de á caballo, y todo lo que Sa-
lomon deseó edificar en Jerusalem, en
el Líbano, y en toda la tierra de su se-
ñorío.
20 A todos los pueblos que quedaron
de los Amorrhéos, Hethéos, Pherezéos,
Hevéos, Jebuséos, que no fueron de los
hijos de Israel,
21 A sus hijos, que quedaron [e] en la
tierra despues de ellos, que los hijos de
Israel no pudieron acabar [f], hizo Sa-
lomon que sirviesen con tributo hasta
hoy.
22 Mas á ninguno de los hijos de Is-
rael impuso Salomon servicio [g]; sino
que eran hombres de guerra, ó sus cri-
ados, ó sus príncipes, ó sus capitanes, ó
comandantes de sus carros, ó su gente
de á caballo.
23 Y los que Salomon habia hecho
jefes y prepósitos sobre las obras, eran
quinientos y cincuenta, los cuales esta-
ban sobre el pueblo que trabajaba en
aquella obra.
24 Y subió la hija de Pharaon [h] de la
ciudad de David á su casa que *Salomon*
le habia edificado [i]: entónces edificó *él*
á Millo [k].
25 Y ofrecia Salomon tres veces cada
un año holocaustos y pacíficos sobre el
altar que él edificó á Jehová, y quemaba
perfumes sobre el que *estaba* delante de
Jehová, despues que la casa fué acabada.
26 ¶ Hizo tambien el rey Salomon na-
víos [l] en Ezion-geber [m], que *es* junto á
Elath en la ribera del mar Bermejo, en
la tierra de Edom.
27 Y envió Hiram en ellos á sus si-
ervos, marineros y diestros en la mar,
con los siervos de Salomon:
28 Los cuales fueron á Ophir [n], y to-
maron de allí oro, cuatrocientos y veinte
talentos, y trajéron*lo* al rey Salomon.

CAPITULO X.

La reina de Seba, oida la fama de Salomon, le viene á ver, y le dá presentes. Suma de las rentas de Salomon; su trono, riquezas, y gloria.

Y OYENDO la reina de Seba [a] la fa-
ma de Salomon en el nombre de
Jehová, vino á probarle con preguntas [b].
2 Y vino á Jerusalem con muy grande
comitiva, con camellos cargados de es-
pecias, y oro en grande abundancia, y
piedras preciosas: y como vino á Sa-
lomon, propúsole todo lo que en su co-
razon tenia.
3 Y Salomon le declaró todas sus pa-
labras: ninguna cosa se le escondió al
rey que no le declarase.
4 Y cuando la reina de Seba vió toda
la sabiduría de Salomon, y la casa que
habia edificado,
5 Asimismo la comida de su mesa, el
asiento de sus siervos, el estado y ves-
tidos de los que le servian, sus maes-
tresalas, y sus holocaustos que sacrifi-
caba en la casa de Jehová, quedóse ena-
jenada;
6 Y dijo al rey: Verdad es lo que oí
en mi tierra de tus cosas y de tu sa-
biduría;
7 Mas yo no lo creia, hasta que he
venido, y mis ojos han visto que ni aun
la mitad *fué* lo que se me dijo: es mayor
tu sabiduría y bien que la fama que yo
habia oido.
8 Bienaventurados tus varones, dicho-
sos estos tus siervos que estan continua-
mente delante de tí, y oyen tu sabiduría.
9 Jehová tu Dios sea bendito, que se
agradó de tí para ponerte en el trono de
Israel [c]; porque Jehová ha amado si-
empre á Israel; y te ha puesto por rey,
para que hagas derecho y justicia [d].
10 Y dió ella al rey ciento y veinte ta-
lentos de oro, y muy mucha especiería,
y piedras preciosas [e]: nunca vino *des-
pues* tan grande copia de especias, como
la reina de Seba dió al rey Salomon.
11 La flota de Hiram [f] que habia traido
el oro de Ophir, traia tambien de Ophir
muy mucha madera de brasil †, y pie-
dras preciosas.
12 Y de la madera de brasil hizo el
rey balaustres para la casa de Jehová,
y para las casas reales, harpas tambien
y salterios para los cantores: nunca vi-
no tanta madera de brasil, ni se ha visto
hasta hoy.
13 Y el rey Salomon dió á la reina de
Seba todo lo que quiso, y todo lo que
pidió, demas de lo que Salomon le dió
como de mano del rey Salomon. Y ella
se volvió, y se fué á su tierra con sus
criados.
14 ¶ El peso de oro que Salomon te-
nia de renta cada un año, era seiscientos
sesenta y seis talentos de oro;
15 Sin *lo de* los mercaderes y de la
contratacion de especias, y de todos los
reyes de Arabia, y de los principales de
la tierra.
16 Hizo tambien el rey Salomon dosci-

Deu. 4. 26. / Rey. 17. 23. / Jer. 7. 14. / Deu. 28. 37. / Sal. 44. 14. / Deu. 29. 24, 25. / Jer. 22. 8, 9. / Soph. 1. 4, 5. / Jer. 12. 7, 8. / Cr. 8. 1, etc. / Cap. 6. 37, 38. / Cap. 7. 1. / ‖ Desagradable. / Jos. 19. 27. / Pa. 5. 9. / Jos. 19. 36. / Jos. 17. 11. / Jos. 16. 10. / Jos. 16. 3. / Jos. 19. 44. / 2 Cr. 8. 4, etc. / Cap. 4. 26. / Jue. 3. 1. / Jos. 15. 63. / Jue. 1. 21. / Lev. 25. 39. / Cap. 3. 1. / Cap. 7. 8. / 2 Cr. 8. 11. / Cap. 11. 27. / 2 Cr. 32. 5.

[l] 2 Cr. 8. 17, etc. [m] Deu. 2. 8. [n] Cap. 10. 11. Job 22. 24. [a] 2 Cr. 9. 1, etc. Mat. 12. 42. [b] Pro. 1. 5, 6. [c] Cap. 5. 7. [d] Sal. 72. 2. Pro. 8. 15. [e] 2 Rey. 7. 6. [f] Cap. 9. 27. † Heb. *Almuggim.* 2 Cr. 2. 8. y 9. 10, 11.

entos paveses de oro extendido: seisci-
entos *ducados* de oro gastó en cada paves:
17 Asimismo trescientos escudos de
g Cap. 14. 26. oro extendido [g], en cada uno de los cua-
les gastó tres libras de oro; y púsolos el
h Cap. 7. 2. rey en la casa del bosque del Líbano [h].
18 Hizo tambien el rey un gran trono
de marfil, el cual cubrió de oro pu-
rísimo.
19 Seis gradas tenia el trono, y lo alto
de él era redondo por el respaldo: y de
la una parte y de la otra tenia apoyos
cerca del asiento, junto á los cuales es-
taban colocados dos leones.
20 Estaban tambien doce leones pu-
estos allí sobre las seis gradas, de la una
parte y de la otra: en ningun otro reino
se habia hecho *trono* semejante.
21 Y todos los vasos de beber del rey
Salomon eran de oro, y asimismo toda
la vajilla de la casa del bosque del Lí-
bano era de fino de oro; no *habia* plata:
en tiempo de Salomon no era de es-
tima.
22 Porque el rey tenia la flota *que salia*
i Gen. 10. 4. á la mar, á Tharsis [i], con la flota de
2 Cr. 20. 36. Hiram: una vez en cada tres años ve-
nia la flota de Tharsis, y traia oro, plata,
marfil, simios, y pavos.
23 Así excedia el rey Salomon á todos
los reyes de la tierra en riquezas, y en
k Cap. 3. 12, 13. y 4. 29, 34. sabiduría [k].
24 Toda la tierra procuraba *ver* la cara
de Salomon, para oir su sabiduría, la
l Pro. 2. 6. cual Dios habia puesto en su corazon [l].
Sant°. 1. 5. 25 Y todos le llevaban cada año sus
presentes; vasos de oro, vasos de plata,
vestidos, armas, aromas, caballos, y acé-
milas.
m 2 Cr. 1. 14, etc. 26 Y juntó Salomon carros [m] y gente
de á caballo; y tenia mil y cuatrocientos
carros, y doce mil ginetes, los cuales
puso en las ciudades de los carros, y con
el rey en Jerusalem.
27 Y puso el rey en Jerusalem plata
como piedras, y cedros como los ca-
brahigos que estan por los campos en
abundancia.
28 Y sacaban caballos y lienzos á Sa-
lomon de Egipto: porque la compañía
de los mercaderes del rey compraban
caballos y lienzos.
29 Y venia y salia de Egipto el carro
por seiscientas *piezas* de plata, y el ca-
ballo por ciento y cincuenta: y así los
sacaban por mano de ellos todos los
n 2 Rey. 7. 6. reyes de los Hethéos [n], y de Siria.

CAPITULO XI.

Salomon dado al amor de las mujeres extranjeras, edifica templo en Jerusalem á los dioses de sus mujeres; por lo cual Dios le denuncia la division de su reino, y le suscitó tres enemigos potentísimos. Promete Dios el reino de las diez tribus á Jeroboam, siervo de Salomon; por lo cual procurando Salomon matarle, él huye á Egipto. Muere Salomon, y sucede en el reino Roboam su hijo.

EMPERO el rey Salomon amó, á mas
de la hija de Pharaon, muchas mu-
jeres extranjeras; á las de Moab, á las
de Ammon, á las de Iduméa, á las de
Sidon, *y* á las Hethéas:
2 Gentes de las cuales Jehová habia
a Ex. 34. 16. dicho [a] á los hijos de Israel: No entra-
Deu. 7. 3, 4. réis á ellas, ni ellas entrarán á vosotros;
porque ciertamente harán inclinar vues-
tros corazones tras sus dioses. A estas
pues se juntó Salomon con amor.
3 Y tuvo setecientas mujeres reinas,
y trescientas concubinas; y sus mujeres
b Deu. 17. 17. torcieron su corazon [b].
Neh. 13. 26. 4 Y ya que Salomon era viejo, sus
mujeres inclinaron su corazon tras di-
oses agenos; y su corazon no era per-
fecto con Jehová su Dios [c], como el c Cap. 9. 4.
corazon de su padre David.
5 Porque Salomon siguió á Astharoth,
dios de los Sidonios, y [d] á Milchóm, d 2 Rey. 23. 13.
abominacion de los Ammonitas.
6 E hizo Salomon lo malo en los ojos
de Jehová, y no fué cumplidamente tras
Jehová [e] como David su padre. e Nu. 14.
7 Entónces edificó Salomon un alto á
Chemos [f], abominacion de Moab, en el f Nu. 21. Jue. 11.
monte que *está* enfrente de Jerusalem;
y á Moloch, abominacion de los hijos de
Ammon.
8 Y así hizo para todas sus mujeres
extranjeras, las cuales quemaban per-
fumes, y sacrificaban á sus dioses.
9 Y enojóse [g] Jehová contra Salomon, g Sal. 78.
por cuanto estaba su corazon desviado
de Jehová Dios de Israel, que le habia
aparecido dos veces [h], h Cap. 3. y 9. 2.
10 Y le habia mandado acerca de esto,
que no siguiese dioses agenos: mas él no
guardó lo que le mandó Jehová.
11 Y dijo Jehová á Salomon: Por cu-
anto ha habido esto en tí, y no has
guardado mi pacto y mis estatutos que
yo te mandé, romperé [i] el reino de tí, y i ver. 31.
lo entregaré á tu siervo [k]. k Cap. 12. 20.
12 Empero no lo haré en tus dias por
amor de David tu padre [l]: romperélo de l Cap. 2. 2 Rey. 17, 18. y 22. 19.
la mano de tu hijo.
13 Sin embargo no romperé todo el
reino [m], sino que daré una tribu á tu m ver. 3 2 Sa. 7.
hijo por amor de David mi siervo, y
por amor de Jerusalem que yo he ele-
gido [n]. n Deu. 12.
14 ¶ Y Jehová suscitó un adversario á
Salomon [o]; á Adad Iduméo, de la san- o 1 Cr. 5.
gre real, el cual *estaba* en Edom.
15 Porque cuando David estaba en
Edom [p], y subió Joab el general del p 2 Sa. 8. 1 Cr. 18. 12.
ejército á enterrar los muertos, y mató
á todos los varones de Edom [q], q Nu. 24. Deu. 2.
16 (Porque seis meses habitó allí Joab,
y todo Israel, hasta que hubo acabado á
todo el sexo masculino en Edom,)
17 Entónces huyó Adad, y con él al-
gunos varones Iduméos de los siervos de
su padre, y fuése á Egipto: era entón-
ces Adad muchacho pequeño.
18 Y levantáronse de Madian [r], y vi- r Gen. 25. 2, 4. Ex. 2.
nieron á Paran [s]; y tomando consigo
hombres de Paran, viniéronse á Egipto,
á Pharaon rey de Egipto, el cual le dió s Gen. 21.
casa, y le señaló alimentos, y aun le dió
tierra.
19 Y halló Adad grande gracia delante
de Pharaon, el cual le dió por mujer [t] á t Gen. 4
la hermana de su esposa, á la hermana
de la reina Thaphnes.
20 Y la hermana de Thaphnes le pa-
rió á su hijo Genubath, al cual destetó
Thaphnes dentro de la casa de Pharaon;
y *así* estaba Genubath en casa de Pha-
raon entre los hijos de Pharaon.
21 Y oyendo Adad en Egipto que Da-
vid habia dormido con sus padres, y que
era muerto [u] Joab, general del ejército, u Cap. 2. 34.
Adad dijo á Pharaon: Déjame ir á mi
tierra.
22 Y respondióle Pharaon: Porqué?
¿Qué te falta conmigo, que procuras
irte á tu tierra? Y él respondió: Nada:
con todo ruégote que me dejes ir.
23 Despertóle tambien Dios por ad-
versario á Rezon, hijo de Eliada, el
cual habia huido de su amo Adadezer,
rey de Soba [x], x 2 Sa.
24 Y habia juntado gente contra él, y
habiase hecho capitan de una compañía,
cuando David deshizo [y] á los *de Soba*. y 2 Sa. 10. 18.
Despues *él y los suyos* se fueron á Da-
masco, y habitaron allí, é hiciéronlo rey
en Damasco.
25 Y fué adversario á Israel todos los

dias de Salomon; y fué otro mal con el
de Adad, porque aborreció á Israel, y
reinó sobre la Siria.
12. 2. 26 Asimismo Jeroboam [z], hijo de Na-
13. 6. bat, Ephrathéo de Sereda, siervo de
Salomon, (su madre se llamaba Serva,
mujer viuda,) alzó su mano contra el
rey.
27 Y la causa porque este alzó mano
contra el rey *fué* esta: Salomon edifi-
9. 24. cando á Millo [a] cerró el portillo de la
ciudad de David su padre.
28 Y el varon Jeroboam *era* valiente y
esforzado: y viendo Salomon al man-
cebo que era hombre activo, encomen-
dóle todo el cargo de la casa de Joseph.
29 Aconteció pues en aquel tiempo,
que saliendo Jeroboam de Jerusalem,
topólo en el camino el profeta Ahias,
14. 2. Silonita [b]; y él *estaba* cubierto con una
capa nueva: y estaban ellos dos solos en
el campo.
30 Y trabando Ahias de la capa nueva
15. 27. que *tenia* sobre sí [c], rompióla en doce
pedazos,
31 Y dijo á Jeroboam: Toma para tí
los diez pedazos; porque así dice Je-
11, 13. hová Dios de Israel [d]: Hé aquí que yo
rompo el reino de la mano de Salomon,
y á tí daré diez tribus:
32 Y él tendrá una tribu por amor de
David mi siervo, y por amor de Jeru-
salem, ciudad que yo he elegido de todas
las tribus de Israel:
5, 7. 33 Por cuanto me han dejado [e], y han
2. 13. adorado á Astharoth, dios de los Sido-
nios, y á Chemos, dios de Moab, y á
Moloch, dios de los hijos de Ammon;
y no han andado en mis caminos, para
hacer lo *que es* recto delante de mis ojos,
y mis estatutos, y mis derechos, como
hizo David su padre.
34 Empero no quitaré nada de su reino
103.10. de sus manos [f], sino que le retendré por
caudillo todos los dias de su vida por
amor de David mi siervo, al cual yo
elegí, y él guardó mis mandamientos y
mis estatutos.
35 Mas yo quitaré el reino de la mano
10. 5, 6. de su hijo [g], y darélo á tí, las diez
tribus:
.12. 17. 36 Y á su hijo daré una tribu [h], para
. 15. 4. que mi siervo David [i] tenga lámpara
r. 8. 19. todos los dias delante de mí en Jeru-
132. 17. salem, ciudad que yo me elegí para po-
ner en ella mi nombre.
37 Yo pues te tomaré á tí, y tú reinarás
en todas las cosas que deseáre tu alma,
y serás rey sobre Israel.
38 Y será que si prestares oido á todas
. 9. 4, 5. las cosas que te mandáre [k], y anduvieres
en mis caminos, é hicieres lo *que es* rec-
to delante de mis ojos, guardando mis
estatutos, y mis mandamientos, como
hizo David mi siervo, yo seré contigo, y
te edificare casa firme, como la edifiqué
. 7. 11, á David [l], y yo te entregaré á Israel.
39 Y yo afligiré la simiente de David á
. 89. 30, causa de esto, mas no para siempre [m].
40 Procuró por tanto Salomon de ma-
. 31, tar á Jeroboam [n]: pero levantandose
Jeroboam huyó á Egipto, á Sisac, rey
89. 21. de Egipto, y estuvo en Egipto hasta la
muerte de Salomon.
41 Lo demas de los hechos de Salo-
mon, y todas las cosas que hizo, y su
sabiduría, ¿no estan escritas en el libro
9. 29. de los hechos de Salomon [o]?
42 Y los dias que Salomon reinó en
Jerusalem sobre todo Israel, *fueron* cua-
renta años.
43 Y durmió Salomon con sus padres,
y fué sepultado en la ciudad de su
padre David: y reinó en su lugar Ro-
2. 7. boam [p] su hijo.

CAPITULO XII.

Las diez tribus se levantan contra Roboam, y constituyen á Jeroboam rey sobre sí, porque siguiendo aquel el consejo de los mancebos no les quiso descargar algo de los tributos. Preparandose Roboam para venir contra Israel, es amonestado de Dios por un profeta, y deja la empresa. Jeroboam por apartar al pueblo de acudir á Jerusalem, temiendo perder el reino, hace dos becerros de fundicion, y que así todo su pueblo idolatre.

Y FUE Roboam á Sichêm [a], porque [a] 2 Cr. 10. 1,
todo Israel habia venido á Sichêm etc.
para hacerlo rey.
2 Y aconteció, que como lo oyó Jero-
boam, hijo de Nabat [b], que estaba en [b] Cap. 11. 26,
Egipto, (porque habia huido de delante 40.
del rey Salomon, y habitaba en Egipto,)
3 Enviaron y llamáronlo. Vino pues
Jeroboam, y toda la congregacion de
Israel, y hablaron á Roboam diciendo:
4 Tu padre agravó nuestro yugo [c]; [c] 1 Sa. 8. 11,
mas ahora tú disminuye *algo* de la dura 8.
servidumbre de tu padre, y del yugo
pesado que puso sobre nosotros, y te
servirémos.
5 Y él les dijo: Idos, y de aquí á tres
dias volved á mí. Y el pueblo se fué.
6 Entónces el rey Roboam tomó con-
sejo con [d] los ancianos que habian estado [d] Job 12. 12.
delante de Salomon su padre cuando
vivia, y dijo: ¿Como aconsejais vosotros
que responda á este pueblo?
7 Y ellos le hablaron diciendo: Si tú
fueres hoy siervo de este pueblo, y lo
sirvieres, y respondiendole buenas pala-
bras [e] les hablares, ellos te servirán para [e] Pro. 15. 1.
siempre.
8 Mas él, dejado el consejo de los
viejos, que ellos le habian dado, tomó
consejo con los mancebos que se habian
criado con él, y estaban delante de él,
9 Y díjoles: ¿Como aconsejais voso-
tros que respondamos á este pueblo,
que me han hablado diciendo: Dis-
minuye *algo* del yugo que tu padre puso
sobre nosotros?
10 Entónces los mancebos que se ha-
bian criado con él, le respondieron di-
ciendo: Así hablarás á este pueblo que
te ha dicho estas palabras: Tu padre
agravó nuestro yugo; mas tú disminú-
yenos *algo*: así les hablarás: El menor
dedo de los mios es mas grueso que los
lomos de mi padre.
11 Ahora pues, mi padre os cargó de
pesado yugo, mas yo añadiré á vuestro
yugo. Mi padre os hirió con azotes,
mas yo os heriré con escorpiones.
12 Y al tercero dia vino Jeroboam con
todo el pueblo á Roboam, segun el rey
lo habia mandado diciendo: Volved á
mí al tercero dia.
13 Y el rey respondió al pueblo dura-
mente [f], dejado el consejo de los an- [f] Pro. 10. 11,
cianos, que ellos le habian dado; 32.
14 Y hablóles conforme al consejo de Ec. 10. 12.
los mancebos diciendo: Mi padre agravó Sant°. 3. 17.
vuestro yugo, pero yo añadiré á vuestro
yugo: mi padre os hirió con azotes,
mas yo os heriré con escorpiones.
15 Y no oyó el rey al pueblo, porque
era ordenacion de Jehová para confir-
mar su palabra, que Jehová habia ha-
blado por medio de Ahias, Silonita, á
Jeroboam hijo de Nabat [g]. [g] Cap. 11. 11,
16 Y cuando todo el pueblo vió que 31.
el rey no les habia oido, respondiòle
estas palabras diciendo: ¿Que parte
tenemos nosotros con David? No *hay*
heredad en el hijo de Isaí [h]. Israel, á [h] 2 Sa. 20. 1.
tus estancias. Provee ahora en tu casa,
David. Entónces Israel se fué á sus
estancias.

17 Mas reinó Roboam sobre los hijos de Israel que moraban en las ciudades de Judá i.

i Cap. 11. 13, 36.

18 Y el rey Roboam envió á Adoram k, que *estaba* sobre los tributos; pero apedreóle todo Israel, y murió. Entónces el rey Roboam se esforzó á subir en un carro, y huir á Jerusalem.

k Cap. 4. 6. y 5. 14.

19 Así se apartó Israel de la casa de David hasta hoy l.

l 2 Rey. 17. 21.

20 Y aconteció que oyendo todo Israel que Jeroboam habia vuelto, enviaron y llamáronle á la congregacion, é hiciéronle rey sobre todo Israel, sin quedar tribu alguna que siguiese la casa de David, sino solo la tribu de Judá m.

m Os. 12. 1.

21 ¶ Y como Roboam vino á Jerusalem n, juntó toda la casa de Judá, y la tribu de Benjamin, ciento y ochenta mil hombres escogidos de guerra, para hacer guerra á la casa de Israel, y reducir el reino á Roboam hijo de Salomon.

n 2 Cr. 11. 1, etc.

22 Mas fué palabra de Jehová á Semeías, varon de Dios, diciendo:

23 Habla á Roboam, hijo de Salomon, rey de Judá, y á toda la casa de Judá y de Benjamin, y á los demas del pueblo, diciendo:

24 Así ha dicho Jehová: No vayais, ni peleeis contra vuestros hermanos los hijos de Israel: volveos cada uno á su casa; porque este negocio yo lo he hecho o. Y ellos oyeron la palabra de Dios, y volviéronse, y fuéronse, conforme á la palabra de Jehová.

o ver. 15.

25 ¶ Y reedificó Jeroboam á Sichêm p en el monte de Ephraim, y habitó en ella; y saliendo de allí, reedificó á Penuel q.

p Juec. 9. 45.
q Juec. 8. 17.

26 Y dijo Jeroboam en su corazon: Ahora se volverá el reino á la casa de David,

27 Si este pueblo subiere á sacrificar á la casa de Jehová en Jerusalem r: porque el corazon de este pueblo se convertirá á su señor Roboam, rey de Judá, y me matarán á mí, y se tornarán á Roboam rey de Judá.

r Deu. 12. 5, 14.

28 Y habido consejo, hizo s el rey dos becerros de oro, y dijo al pueblo: Harto habeis subido á Jerusalem; hé aquí tus dioses, oh Israel, que te hicieron subir de la tierra de Egipto t.

s 2 Rey. 10. 29. y 17. 16.
t Ex. 32. 4, 8.

29 Y puso el uno en Beth-el u, y el otro puso en Dan x.

u Gen. 28. 19.
x Juec. 18. 29. Am. 8. 14.

30 Y esto fué *ocasion de* pecado y: porque el pueblo iba *á adorar* delante del uno hasta Dan.

y Cap. 13. 34. Deu. 24. 15.

31 Hizo tambien casa de altos, é hizo sacerdotes de la clase del pueblo, que no eran de los hijos de Leví z.

z Nu. 3. 10. 2 Rey. 17. 32. Ez. 44. 6, 8.

32 Entónces instituyó Jeroboam solemnidad en el mes octavo, á los quince del mes, conforme á la solemnidad que *se celebraba* en Judá a, y sacrificó sobre altar. Así hizo en Beth-el, sacrificando á los becerros que habia hecho. Ordenó tambien en Beth-el b sacerdotes de los altos que él habia fabricado.

a Lev. 23. 33, 34.
b Am. 7. 13.

33 Sacrificó pues sobre el altar que él habia hecho en Beth-el á los quince del mes octavo, el mes que él habia inventado de su corazon c, é hizo fiesta á los hijos de Israel, y subió al altar para quemar perfumes.

c Nu. 15. 39.

CAPITULO XIII.

Estando Jeroboam sacrificando á sus becerros, un profeta le denuncia la destruccion de su idolatría, y la de los profetas de sus ídolos; por lo que extendiendo Jeroboam la mano para que le prendiesen, se le seca, y por la oracion del profeta le es restituida. Este profeta, engañado por otro de Bethel, viene á su casa, y come con él contra el mandamiento de Dios; por lo cual, yendo su camino de regreso, Dios envía un leon que lo mata. El profeta que lo engañó, tráelo á Beth-el, y lo entierra, y manda á sus hijos que cuando él muriese, le dieran junto á él sepultura.

Y HE aquí que un varon de Dios por palabra de Jehová vino de Judá á Beth-el; y estando Jeroboam al altar para quemar perfumes,

2 El clamó contra el altar por palabra de Jehová, y dijo: Altar, altar, así ha dicho Jehová: Hé aquí que á la casa de David nacerá un hijo, llamado Josías, el cual sacrificará sobre tí á los sacerdotes de los altos que queman sobre tí perfumes; y sobre tí quemarán huesos de hombres a.

a 2 Rey. 23. 15, 17.

3 Y aquel mismo dia dió una señal b diciendo: Esta *es* la señal que Jehová ha hablado: hé aquí que el altar se quebrará, y la ceniza que sobre él *está* se derramará.

b Is. 7. 14. y 38. 7. Juan 2. ...

4 Y como el rey Jeroboam oyó la palabra del varon de Dios, que habia clamado contra el altar en Beth-el, estendiendo su mano desde el altar, dijo: Prendedle c: mas la mano que habia estendido contra él, se le secó, que no la pudo tornar á sí.

c 2 Cr. 16. ... y 18. ... y 25. ... Jer. 20. ... Am. 7. ... 17. Hech. ...

5 Y el altar se rompió, y derramóse la ceniza del altar, conforme á la señal que el varon de Dios habia dado por palabra de Jehová d.

d ver. 1.

6 Entónces respondiendo el rey dijo al varon de Dios: Te pido que ruegues á la faz de Jehová tu Dios, y e ora por mí, que mi mano me sea restituida. Y el varon de Dios oró á la faz de Jehová, y la mano del rey se le recuperó, y tornóse como ántes.

e Ex. 8. ... Nu. 21. ... Hech. 8. ... Sant. 5. ...

7 Y el rey dijo al varon de Dios: Ven conmigo á casa, y comerás, y yo te daré un presente f.

f 2 Rey. ...

8 Mas el varon de Dios dijo al rey: Si me dieses la mitad de tu casa g, no iría contigo, ni comeria pan ni beberia agua en este lugar:

g Nu. 22. ... y 24. ...

9 Porque así me está mandado por palabra de Jehová diciendo: No comas pan, ni bebas agua, ni vuelvas por el camino que fueres.

10 Fuése pues por otro camino, y no volvió por el camino por donde habia venido á Beth-el.

11 ¶ Moraba á la sazon en Beth-el un viejo profeta, al cual vino su hijo, y contóle todo lo que el varon de Dios habia hecho aquel dia en Beth-el: contáronle tambien á su padre las palabras que habia hablado al rey.

12 Y su padre les dijo: ¿Por que camino fué? Y sus hijos le mostraron el camino por donde se habia tornado el varon de Dios, que habia venido de Judá.

13 Y él dijo á sus hijos: Enalbardadme el asno. Y ellos le enalbardaron el asno, y subió en él.

14 Y yendo tras el varon de Dios, hallólo que estaba sentado debajo de un alcornoque, y díjole: ¿Eres tú el varon de Dios que viniste de Judá? Y él dijo: Yo *soy*.

15 Díjole entónces: Ven conmigo á casa, y come del pan.

16 Mas él respondió: No podré volver contigo, ni iré contigo; ni tampoco comeré pan ni beberé agua contigo en este lugar h;

h ver. ...

17 Porque por palabra de Dios i me ha sido dicho: No comas pan ni bebas agua allí, ni vuelvas por el camino que fueres.

i Cap. ... 1 Tes. ...

18 Y el *otro* le dijo: Yo tambien soy profeta como tú, y un ángel me ha

hablado por palabra de Jehová diciendo: Vuélvelo contigo á tu casa, para que coma pan y beba agua. *Empero* mintióle.

19 Entónces volvió con él, y comió del pan en su casa, y bebió del agua[k].

20 Y aconteció, que estando ellos á la mesa fué palabra de Jehová al profeta que le habia hecho volver;

21 Y clamó al varon de Dios, que habia venido de Judá, diciendo: Así dijo Jehová: Por cuanto has sido rebelde al dicho de Jehová, y no guardaste el mandamiento que Jehová tu Dios te habia prescrito[l],

22 Sino que volviste, y comiste del pan, y bebiste del agua en el lugar donde *Jehová* te habia dicho no comieses pan, ni bebieses agua, no entrará tu cuerpo en el sepulcro de tus padres[m].

23 Y como hubo comido del pan, y bebido, el *profeta* que lo habia hecho volver le enalbardó un asno:

24 Y yendose, topólo un leon en el camino, y matólo[n]: y su cuerpo estaba echado en el camino, y el asno estaba junto á él, y el leon tambien estaba junto al cuerpo.

25 Y hé aquí unos que pasaban, y vieron el cuerpo que estaba echado en el camino, y el leon que estaba junto al cuerpo: y vinieron, y dijéronlo en la ciudad donde el viejo profeta habitaba.

26 Y oyendolo el profeta que lo habia vuelto del camino, dijo: El varon de Dios es, que fué rebelde al dicho de Jehová: por tanto Jehová le ha entregado al leon, que lo ha quebrantado y muerto, conforme á la palabra de Jehová, que él le dijo[o].

27 Y habló á sus hijos, y díjoles: Enalbardadme un asno. Y ellos se lo enalbardaron.

28 Y él fué, y halló su cuerpo tendido en el camino, y el asno y el leon estaban junto al cuerpo: el leon no habia comido el cuerpo, ni dañado al asno.

29 Y tomando el profeta el cuerpo del varon de Dios, púsolo sobre el asno, y llevóselo. Y el profeta viejo vino á la ciudad, para endecharlo y enterrarlo.

30 Y puso su cuerpo en su sepulcro; y endecháronlo *diciendo:* Ay, hermano mio[p]!

31 Y despues que le hubieron enterrado, habló á sus hijos diciendo: Cuando yo muriere, enterradme en el sepulcro en que está sepultado el varon de Dios; poned mis huesos junto á los suyos[q]:

32 Porque sin duda vendrá lo que él dijo á voces, por palabra de Jehová, contra el altar que *está* en Beth-el, y contra todas las casas de los altos que *están* en las ciudades de Samaria[r].

33 ¶ Despues de esto no se tornó Jeroboam de su mal camino; ántes volvió á hacer sacerdotes de los altos de la clase del pueblo, y[s] quien queria se consagraba, y era de los sacerdotes de los altos.

34 Y esto fué causa de pecado á la casa de Jeroboam; por lo cual fué cortada y raida de sobre la haz de la tierra[t].

CAPITULO XIV.

La mujer de Jeroboam consulta al profeta Ahías; quien le intima la muerte del hijo, y el exterminio de toda la familia. Irrupcion de Sisac en Jerusalem, y muerte de Roboam.

EN aquel tiempo Abías, hijo de Jeroboam, cayó enfermo,

2 Y dijo Jeroboam á su mujer: Levántate ahora, y disfrázate, porque no te conozcan que eres la mujer de Jeroboam, y vé á Silo, que allá *está* Ahías profeta, el que me dijo que yo habia de ser rey sobre este pueblo[a]. [a] Cap. 11. 31

3 Y toma en tu mano diez panes, y turrones, y una botija de miel[b], y vé á él: que te declare lo que ha de ser de este mozo. [b] 1 Sa. 9. 7, 8

4 Y la mujer de Jeroboam hízolo así; y levantóse, y fué á Silo[c], y vino á casa de Ahías: y no podia ya ver Ahías, que sus ojos se habian oscurecido á causa de su vejez[d]. [c] Cap. 11. 29 [d] Gen. 27. 1 Ec. 12. 4, 5

5 Mas Jehová habia dicho á Ahías[e]: Hé aquí que la mujer de Jeroboam vendrá á consultarte por su hijo que está enfermo: así y así le has de responder: [e] Sal. 139. 1. 4.

6 Pues será que cuando ella viniere, vendrá simulada. Y como Ahías oyó el sonido de sus pies, cuando entraba por la puerta, dijo: Entra, mujer de Jeroboam; ¿por qué te finges otra? empero yo soy enviado á tí *con revelacion* dura.

7 Vé, y dí á Jeroboam: Así dijo Jehová Dios de Israel: Por cuanto yo te levanté de en medio del pueblo, y te hice príncipe sobre mi pueblo Israel[f], [f] Cap. 16. 2.

8 Y rompí el reino de la casa de David, y te lo entregué á tí[g], y tú no has sido como David mi siervo, que guardó mis mandamientos, y anduvo en pos de mí con todo su corazon, haciendo solamente lo *que era* derecho delante de mis ojos[h], [g] Cap. 11. 31, 38. [h] Cap. 15. 5.

9 Antes hiciste lo malo sobre todos los que han sido ántes de tí; que fuiste y te hiciste dioses ajenos y de fundicion para enojarme[i], y á mí me echaste tras tus espaldas[k]: [i] Cap. 12. 28. 2 Cr. 11. 15. Sal. 106. 29. [k] Neh. 9. 26. Sal. 50. 17. Ez. 23. 35.

10 Por tanto hé aquí que yo traigo mal sobre la casa de Jeroboam; y yo talaré de Jeroboam *todo* meante á la pared[l], así el guardado como el desamparado en Israel[m]; y barreré la posteridad de la casa de Jeroboam, como es barrido el estiercol, hasta que sea acabada. [l] Cap. 15. 29. 1 Sa. 25. 22. [m] Deu. 32. 36. 2 Rey. 14. 26.

11 El que muriere *de los* de Jeroboam en la ciudad, le comerán los perros; y el que muriere en el campo, comerlo han las aves del cielo[n], porque Jehová *lo* ha dicho. [n] Cap. 16. 4. y 21. 24.

12 Y tú levántate, y vete á tu casa, que en entrando tu pié en la ciudad, morirá el mozo.

13 Y todo Israel lo endechará, y le enterrarán: porque solo él de los de Jeroboam entrará en sepultura, por cuanto se ha hallado en él *alguna* cosa buena[o] de Jehová Dios de Israel en la casa de Jeroboam. [o] 2 Cr. 19. 3. Ez. 18. 14, etc.

14 Y Jehová se levantará un rey sobre Israel, el cual talará la casa de Jeroboam[p] en este dia: ¿y qué, si ahora? [p] Cap. 15. 27, 29.

15 Y Jehová sacudirá á Israel, al modo que la caña se agita en las aguas: y él arrancará á Israel de esta buena tierra que habia dado á sus padres[q], y esparcirálos de la otra parte del rio[r], por cuanto han hecho sus bosques, enojando á Jehová[s]. [q] Deu. 28. 63. Jos. 23. 15, 16. [r] 2 Rey. 15. 29. y 17. 6. [s] Deu. 12. 3, 4.

16 Y él entregará á Israel por los pecados de Jeroboam, él cual pecó, y ha hecho pecar á Israel[t]. Is. 1. 28, 29.

17 Entónces la mujer de Jeroboam se levantó, y se fué, y vino á Thirsa[u]: y entrando ella por el umbral de la casa, el mozo murió. [t] Cap. 15. 30, 34. y 16. 2.

18 Y enterráronlo, y endechólo todo Israel, conforme á la palabra de Jehová, que él habia hablado por mano de su siervo Ahías profeta[x]. [u] Cap. 15. 6, 8. [x] ver. 12, 13.

19 ¶ Los otros hechos de Jeroboam,

[y] 2 Cr. 13. 2, etc. que guerras hizo[y], y como reinó, todo
está escrito en el libro de las historias
de los reyes de Israel.
20 El tiempo que reinó Jeroboam,
fueron veinte y dos años: y habiendo
dormido con sus padres, reinó en su
lugar Nadab su hijo.
21 ¶ Y Roboam, hijo de Salomon,
[z] 2 Cr. 12. 13. reinaba en Judá[z]. De cuarenta y un
años era Roboam cuando comenzó á
reinar, y diez y siete años reinó en Je-
rusalem, ciudad que Jehová eligió de
todas las tribus de Israel, para poner
[a] Cap. 11. 36. allí su nombre[a]. El nombre de su
madre fué Naama Ammonita.
22 Y Judá hizo lo malo en los ojos
[b] Deu. 32. 21. Sal. 78. 58. 1 Cor. 10. 22. de Jehová, y enojáronlo[b] mas que todo
lo que sus padres habian hecho en sus
pecados que cometieron.
23 Porque ellos tambien se edificaron
[c] Ez. 16. 24, 25. altos[c], estatuas, y bosques[d], en todo
[d] 2 Rey. 17. 9, 10. collado alto, y debajo de todo árbol
frondoso[e].
[e] Is. 57. 5. Jer. 3. 13. 24 Y hubo tambien sodomíticos en la
tierra[f], é hicieron conforme á todas las
[f] Deu. 23. 17. 2 Rey. 23. 7. abominaciones de las gentes que Je-
hová habia echado delante de los hijos
de Israel.
25 ¶ Al quinto año del rey Roboam
subió Sisac, rey de Egipto, contra Je-
[g] 2 Cr. 12. 2, etc. rusalem[g]:
26 Y tomó los tesoros de la casa de
Jehová, y los tesoros de la casa real,
y saqueólo todo. Llevóse tambien todos
los escudos de oro que Salomon habia
[h] Cap. 10. 17. hecho[h].
27 Y en lugar de ellos hizo el rey Ro-
boam escudos de metal, y diólos en ma-
no de los capitanes de los de la guardia,
quienes custodiaban la puerta de la casa
real.
28 Y cuando el rey entraba en la casa
de Jehová, los de la guardia los lleva-
ban; y poníanlos *despues* en la cámara
de los de la guardia.
29 ¶ Lo demas de los hechos de Ro-
boam, y todas las cosas que hizo, ¿no
estan escritas en las crónicas de los reyes
de Judá?
30 Y hubo guerra entre Roboam y
[i] Cap. 12. 24. y 15. 6. Jeroboam todos los dias[i].
31 Y durmió Roboam con sus padres,
y fué sepultado con sus padres en la
ciudad de David. El nombre de su
madre fué Naama Ammonita. Y reinó
[k] 2 Cr. 12. 16. Mat. 1. 7. en su lugar Abiam[k] su hijo.

CAPITULO XV.

Al impío Abiam, rey de Judá, sucede Asa su hijo, que hace guerra á Baasa, rey de Israel. Á Asa sucede su hijo Josaphat. Nadab y Baasa reyes de Israel.

EN el año diez y ocho del rey Jero-
boam, hijo de Nabat, Abiam co-
[a] 2 Cr. 13. 1. menzó á reinar sobre Judá[a]:
2 Reinó tres años en Jerusalem. El
[b] 2 Cr. 11. 20, 22. nombre de su madre[b] fué Maachá[c],
hija de Abisalom.
[c] 2 Cr. 13. 2. 3 Y anduvo en todos los pecados de su
padre, que habia este hecho antes de él,
y no fué su corazon perfecto con Jehová
[d] Cap. 11. 4. su Dios[d], como el corazon de David su
padre.
[e] 2 Cr. 21. 7. 4 Mas por amor de David[e] dióle Je-
[f] Cap. 11. 36. hová su Dios lámpara[f] en Jerusalem,
levantandole á su hijo despues de él, y
sosteniendo á Jerusalem:
5 Por cuanto David habia hecho lo *que
era* recto ante los ojos de Jehová, y de
ninguna cosa que le mandase se habia
apartado en todos los dias de su vida,
[g] 2 Sa. 11. 4, 15. escepto el negocio de Uría Hehéo[g].
6 Y hubo guerra entre Roboam y Je-
roboam todos los dias de su vida.
7 Lo demas de los hechos de Abiam,
y todas las cosas que hizo, ¿no estan
escritas en el libro de las crónicas de los
reyes de Judá? Y hubo guerra entre
Abiam y Jeroboam.
8 Y durmió Abiam con sus padres, y
sepultáronlo en la ciudad de David: y
reinó Asa su hijo en su lugar[h]. [h] 2 Cr. 14. etc.
9 ¶ En el año veinte de Jeroboam,
rey de Israel, Asa comenzó á reinar
sobre Judá,
10 Y reinó cuarenta y un años en Je-
rusalem: el nombre de su madre *fué*
Maachá, hija de Abisalom.
11 Y Asa hizo lo *que era* recto ante los
ojos de Jehová, como David su padre:
12 Porque quitó los sodomíticos de la
tierra, y quitó todas las suciedades que
sus padres habian hecho.
13 Y tambien privó á su madre Ma-
achá de ser princesa, porque habia he-
cho un ídolo en un bosque. Ademas
deshizo Asa el ídolo de su madre, y
quemólo[i] junto al torrente de Cedron. [i] Ex. 32. [illegible]
14 Empero los altos no se quitaron[k]: [k] Cap. 22. [illegible]
con todo el corazon de Asa fué perfecto
para con Jehová toda su vida.
15 Tambien metió en la casa de Je-
hová lo que su padre habia dedicado, y
lo que él dedicó; oro, y plata, y vasos.
16 ¶ Y hubo guerra entre Asa y Ba-
asa, rey de Israel, todo el tiempo de
ambos.
17 Y subió Baasa, rey de Israel, contra
Judá, y edificó á Rama, para no dejar
salir ni entrar á ninguno de Asa, rey de
Judá.
18 Entónces tomando Asa toda la plata
y oro que habia quedado en los tesoros
de la casa de Jehová, y los tesoros de la
casa real, entrególos en las manos de
sus siervos, y envíólos el rey Asa á Ben-
adad, hijo de Tabrimon, hijo de He-
zion, rey de Siria, el cual residia en
Damasco[l], diciendo: [l] Cap. 11. 24.
19 Alianza *hay* entre mí y tí, y entre
mi padre y el tuyo: hé aquí yo te envio
un presente de plata y oro; vé, y rompe
tu alianza con Baasa, rey de Israel, pa-
ra que me deje.
20 Y Ben-adad consintió con el rey
Asa, y envió los príncipes de los ejér-
citos que tenia contra las ciudades de
Israel; é hirió á Ahion, y á Dan, y á
Abel-Beth-maachá, y á toda Cinneroth,
con toda la tierra de Nephtali.
21 Y oyendo esto Baasa, dejó de edifi-
car á Rama, y estúvose en Thirsa.
22 Entónces el rey Asa convocó á todo
Judá, sin esceptuar ninguno, y quitaron
la piedra y la madera de Rama, con
que Baasa edificaba, y edificó el rey
Asa con ello á Gabaa de Benjamin[m], [m] Jos. [illegible]
y á Mispa[n]. [n] Jos. [illegible]
23 ¶ Lo demas de todos los hechos de
Asa, y toda su fortaleza, y todas las co-
sas que hizo, y las ciudades que edificó,
¿no *está* todo escrito en el libro de las
crónicas de los reyes de Judá? Mas en
el tiempo de su vejez enfermó de sus
pies[o]. [o] 2 Cr. [illegible]
24 Y durmió Asa con sus padres, y fué
sepultado con sus padres en la ciudad de
David su padre: y reinó en su lugar Jo-
saphat[p] su hijo. [p] 2 Cr. [illegible] etc. Mat. 1. [illegible]
25 ¶ Y Nadab, hijo de Jeroboam, co-
menzó á reinar sobre Israel en el se-
gundo año de Asa, rey de Judá, y reinó
sobre Israel dos años.
26 E hizo lo malo ante los ojos de Je-
hová andando en el camino de su padre,
y en sus pecados con que hizo pecar á
Israel.
27 Y Baasa, hijo de Ahía, el cual era
de la casa de Isachár, hizo conspiracion
contra él; é hiriólo Baasa en Gibbeth-

on[q], que *era* de los Philistéos: porque Nadab y todo Israel tenian cercado á Gibbethon.

28 Matólo pues Baasa en el tercer año de Asa, rey de Judá, y reinó en lugar suyo.

29 Y como él vino al reino, hirió toda la casa de Jeroboam, sin dejar alma viviente de *los de* Jeroboam hasta raerlo, conforme á la palabra de Jehová, que él habló por su siervo Ahías Silonita[r]:

30 Por los pecados de Jeroboam que él habia cometido, y con los cuales hizo pecar á Israel; y por su provocacion con que provocó á enojo á Jehová Dios de Israel[s].

31 Lo demas de los hechos de Nadab, y todas las cosas que hizo, ¿no está todo escrito en el libro de las crónicas de los reyes de Israel?

32 ¶ Y hubo guerra entre Asa y Baasa, rey de Israel, todo el tiempo de ambos[t].

33 En el tercer año de Asa, rey de Judá, comenzó á reinar Baasa, hijo de Ahía, sobre todo Israel en Thirsa, *y reinó* veinte y cuatro años.

34 E hizo lo malo á los ojos de Jehová, y anduvo en el camino de Jeroboam[u], y en su pecado con que hizo pecar á Israel[x].

p. 16. 15. / s. 21. 23. — p. 14. 9, 10. — p. 14. 22. — r. 16. — p. 12. 28, 30. / 13. 33, 34. — p. 14. 16.

CAPITULO XVI.

El profeta Jehu predice á Baasa el extermínio de su linage. Reinados de Ela, de Zimri, de Omri, y de Achâb, el mas impío de todos los reyes de Israel.

Y FUE palabra de Jehová á Jehú[a], hijo de Hanani, contra Baasa, diciendo:

2 Pues que yo te levanté del polvo[b], y te puse por príncipe sobre mi pueblo Israel, y tú has andado en el camino de Jeroboam, y has hecho pecar á mi pueblo Israel, provocandome á ira en sus pecados;

3 Hé aquí yo barreré[c] la posteridad de Baasa, y la posteridad de su casa: y pondré tu casa como la casa de Jeroboam, hijo de Nabat.

4 El que de Baasa fuere muerto en la ciudad, le comerán los perros; y el que de él fuere muerto en el campo, comerlo han las aves del cielo[d].

5 Lo demas de los hechos de Baasa, y las cosas que hizo, y su fortaleza, ¿no está todo escrito en el libro de las crónicas de los reyes de Israel[e]?

6 Y durmió Baasa con sus padres, y fué sepultado en Thirsa; y reinó en su lugar Ela su hijo.

7 Empero la palabra de Jehová por mano de Jehú profeta, hijo de Hanani, habia sido contra Baasa y tambien contra su casa[f], con motivo de todo lo malo que hizo á los ojos de Jehová, provocandole á ira con las obras de sus manos, para que fuese hecha como la casa de Jeroboam; y porque lo habia herido[g].

8 ¶ En el año veinte y seis de Asa, rey de Judá, comenzó á reinar Ela, hijo de Baasa, sobre Israel en Thirsa, *y reinó* dos años.

9 E hizo conjuracion contra él su siervo[h] Zimri, comandante de la mitad de los carros: y estando él en Thirsa bebiendo y embriagado en casa de Arsa, su mayordomo en Thirsa,

10 Vino Zimri, y lo hirió y mató en el año veinte y siete de Asa, rey de Judá, y reinó en lugar suyo.

11 Y luego que llegó á reinar, y estuvo sentado en su trono, hirió toda la casa de Baasa sin dejar en ella meante á la pared[i], ni sus parientes ni amigos.

a 2 Cr. 19. 2. y 20. 34. — b Cap. 14. 7. — c ver. 11. / Cap. 21. 21, 22. — d Cap. 14. 11. — e 2 Cr. 16. 1, 6. — f Os. 1. 4. — g Cap. 15. 27, 29. / 1. 4. — h 2 Rey. 9. 31. — i 1 Sa. 25. 22.

12 Así rayó Zimri toda la casa de Baasa, conforme á la palabra de Jehová que habia proferido contra Baasa, por medio del profeta Jehú[k],

13 Por todos los pecados de Baasa, y los pecados de Ela su hijo, con que ellos pecaron é hicieron pecar á Israel, provocando á enojo á Jehová Dios de Israel con sus vanidades[l].

14 Los demas hechos de Ela, y todas las cosas que hizo, ¿no está todo escrito en el libro de las crónicas de los reyes de Israel?

15 ¶ En el año veinte y siete de Asa, rey de Judá, comenzó á reinar Zimri, *y reinó* siete dias en Thirsa[m]: y el pueblo habia asentado campo sobre Gibbethon[n], ciudad de los Philistéos.

16 Y el pueblo que estaba en el campo oyó decir, Zimri ha hecho conjuracion, y ha muerto al rey: entónces todo Israel levantó el mismo dia por rey sobre Israel á Omri, general del ejército, en el campo.

17 Y subió Omri de Gibbethon, y con él todo Israel, y cercaron á Thirsa.

18 Mas viendo Zimri tomada la ciudad, metióse en el palacio de la casa real, y pegó fuego á la casa consigo: así murió

19 Por sus pecados que él habia cometido haciendo lo malo á los ojos de Jehová, y andando en los caminos de Jeroboam[o], y en su pecado que cometió haciendo pecar á Israel.

20 Los demas hechos de Zimri, y su conspiracion que formó, ¿no está todo escrito en el libro de las crónicas de los reyes de Israel?

21 ¶ Entónces el pueblo de Israel fué dividido en dos partes[p]: la mitad del pueblo seguia á Thibni, hijo de Gineth, para hacerlo rey; y la otra mitad seguia á Omri.

22 Mas el pueblo que seguia á Omri, pudo mas que el que seguia á Thibni, hijo de Gineth: y Thibni murió, y Omri fué rey.

23 En el año treinta y uno de Asa, rey de Judá, comenzó á reinar Omri[q] sobre Israel, *y reinó* doce años: en Thirsa reinó seis años.

24 Y compró de Semer el monte de Samaria por dos talentos de plata, y edificó *en* el monte: y llamó el nombre de la ciudad que edificó, Samaria[r], del nombre de Semer, señor *que fué* de aquel monte.

25 Y Omri hizo lo malo[s] á los ojos de Jehová, é hizo peor que todos los que habian sido antes de él:

26 Pues anduvo en todos los caminos[t] de Jeroboam, hijo de Nabat, y en su pecado con que hizo pecar á Israel, provocando á ira á Jehová Dios de Israel con sus ídolos[u].

27 Lo demas de los hechos de Omri, y todas las cosas que hizo, y sus valentías que ejecutó, ¿no está todo escrito en el libro de las crónicas de los reyes de Israel?

28 Y Omri durmió con sus padres, y fué sepultado en Samaria; y reinó en lugar suyo Achâb su hijo.

29 ¶ Y comenzó á reinar Achâb, hijo de Omri, sobre Israel el año treinta y ocho de Asa, rey de Judá.

30 Y reinó Achâb, hijo de Omri, sobre Israel en Samaria veinte y dos años. Y Achâb, hijo de Omri, hizo lo malo á los ojos de Jehová sobre todos los que fueron antes de él.

31 Porque *le* fué ligera cosa[x] andar en los pecados de Jeroboam, hijo de Nabat, y tomó por mujer á Jezabel[y], hija de

k ver. 2. — l Deu. 32. 21. Is. 41. 29. Jona 2. 8. Rom. 1. 21, 23. 1 Cor. 8. 4. y 10. 19. — m ver. 8. — n Cap. 15. 27. — o Cap. 12. 28. y 15. 26, 34. — p Pro. 28. 2. Is. 9. 18, 20. y 19. 2. Mat. 12. 25. — q 2 Cr. 22. 2. — r Cap. 13. 32. 2 Rey. 17. 24. Juan 4. 4. Hech. 8. 5, 8. — s Mic. 6. 16. — t ver. 19. — u ver. 13. Hech. 14. 15. — x Ez. 8. 17. y 16. 47. — y Deu. 7. 3. Jos. 23. 12, 13.

Eth-baal, rey de los Sidonios, y fué y sirvió á Baal [a], y lo adoró.

[a] Cap. 21. 25, 26. 2 Rey. 10. 18, etc. y 17. 16.

32 E hizo altar á Baal, en el templo de Baal que él edificó en Samaria.

33 Hizo tambien Achâb un bosque [a]: y añadió Achâb, haciendo provocar á ira á Jehová Dios de Israel, mas que todos los reyes de Israel que antes de él habian sido [b].

[a] 2 Rey. 13. 6. y 17. 10. y 21. 3. Jer. 17. 1, 2.
[b] ver. 30. Cap. 21. 26.

34 ¶ En su tiempo Hiel, de Beth-el, reedificó á Jerichô. En Abiram su primogénito echó el cimiento, y en Segub, su *hijo* postrero, puso sus puertas, conforme á la palabra de Jehová que habia hablado por Josué, hijo de Nun [c].

[c] Jos. 6. 26.

CAPITULO XVII.

A la palabra de Elias profeta se detiene la lluvia en el cielo, por la impiedad de Achâb. Váse del pais, y es provisto de sustento por los cuervos en el desierto. Viene á Sarepta, donde es hospedado de una mujer, cuyo hijo Dios resucita por su oracion.

ENTONCES Elias Thisbita, *que era* de los moradores de Galaad, dijo á Achâb: Vive [a] Jehová Dios de Israel, delante del cual estoy, que no habrá lluvia ni rocío en estos años, sino por mi palabra [b].

[a] Luc. 1. 17. y 4. 25.
[b] Sant. 5. 17.

2 Y fué á él palabra de Jehová, diciendo:

3 Apártate de aquí, y vuélvete al Oriente, y escóndete en el arroyo de Cherith, que *está* ántes del Jordan.

4 Y beberás del arroyo; y yo he mandado á los cuervos que te den allí de comer.

5 Y él fué, é hizo conforme á la palabra de Jehová; pues se fué y asentó junto al arroyo de Cherith, que *está* ántes del Jordan.

6 Y los cuervos le traian pan y carne por la mañana, y pan y carne á la tarde; y bebia del arroyo [c].

[c] Sal. 37. 19. Is. 33. 16. Hab. 3. 17, 18. Mat. 6. 31, 33. Heb. 13. 5, 6.

7 Pasados algunos dias, secóse el arroyo, porque no habia llovido sobre la tierra.

8 ¶ Y fué á él palabra de Jehová, diciendo:

9 Levántate, véte á Sarepta [d] de Sidon, y allí morarás: hé aquí yo he mandado allí á una mujer viuda que te sustente.

[d] Ab. 20. Luc. 4. 26.

10 Entónces él se levantó, y se fué á Sarepta. Y como llegó á la puerta de la ciudad, hé aquí una mujer viuda que estaba allí cogiendo serojas; y él la llamó, y díjole: Ruégote que me traigas una poca de agua en un vaso, para que beba.

11 Y yendo ella para traersela, él la volvió á llamar, y díjole: Ruégote que me traigas tambien un bocado de pan en tu mano.

12 Y ella respondió: Vive Jehová Dios tuyo, que no tengo pan cocido; que solamente un puñado de harina tengo en la tinaja, y un poco de aceite en una botija: y ahora cogia dos serojas, para entrarme y aderezarlo para mí y para mi hijo, y que lo comamos, y nos muramos *luego*.

13 Y Elias le dijo: No hayas temor; vé, haz como has dicho: empero hazme á mí primero [e] de ello una pequeña torta *cocida* debajo de la ceniza, y tráemela; y despues harás para tí y para tu hijo.

[e] Pro. 3. 9, 10.

14 Porque Jehová Dios de Israel ha dicho así: La tinaja de la harina no escaseará, ni se disminuirá la botija del aceite, hasta aquel dia que Jehová dará lluvia sobre la haz de la tierra.

15 Entónces ella fué, é hizo como le dijo Elias; y comió él, y ella, y su casa *algunos* dias.

16 Y la tinaja de la harina no escaseó, ni menguó la botija del aceite, conforme á la palabra de Jehová, que habia dicho por Elias.

17 ¶ Despues de estas cosas aconteció que cayó enfermo el hijo del ama de la casa, y la enfermedad fué *tan* grave, que no quedó en él resuello.

18 Y ella dijo á Elias: ¿Qué tengo yo contigo [f], varon de Dios? ¿Has venido á mí para traer en memoria mis iniquidades [g], y para hacerme morir mi hijo?

[f] Luc. 5. 8.
[g] Job 13. 26.

19 Y él le dijo: Dáme acá tu hijo. Entónces él lo tomó de su regazo, y llevólo á la cámara donde él estaba, y púsole sobre su cama;

20 Y clamando á Jehová, dijo: Jehová Dios mio, ¿aun á la viuda, en cuya casa yo estoy hospedado, has afligido, matandole su hijo?

21 Y midióse sobre el niño [h] tres veces, y clamó á Jehová, y dijo: Jehová Dios mio, ruégote que vuelva el alma de este niño á sus entrañas.

[h] 2 Rey. 4. 34, 35.

22 Y Jehová oyó la voz de Elias, y el alma del niño volvió á sus entrañas, y revivió.

23 Tomando luego Elias al niño, trájolo de la cámara á la casa, y diólo á su madre [i], y díjole Elias: Mira, tu hijo vive.

[i] Heb. 11. 35.

24 Entónces la mujer dijo á Elias: Ahora conozco que tú *eres* varon de Dios, y que la palabra de Jehová *es* de verdad en tu boca [k].

[k] Juan 3. 2. y 16. 30.

CAPITULO XVIII.

Elias se muestra á Achâb, el cual juntando, á su peticion, á todo el pueblo y á todos los profetas y ministros de los idolos en el monte de Carmelo, prueba Elias con evidente testimonio del cielo ser Jehová el verdadero Dios, y Baal falso, y mata todos los profetas de los idolos en el arroyo de Cison. Hace venir lluvia del cielo en grande abundancia.

PASADOS muchos dias, fué palabra de Jehová á Elias en el tercer año, diciendo: Vé, muéstrate á Achâb, y yo daré lluvia sobre la haz de la tierra [a].

[a] Jer. 3. 3. y 14. 22.

2 Fué pues Elias á mostrarse á Achâb. Habia á la sazon grande hambre en Samaria.

3 Y Achâb llamó á Abdías su mayordomo, el cual Abdías era en grande manera temeroso de Jehová [b]:

[b] Neh. 7. 2.

4 Porque cuando Jezabel destruia los profetas de Jehová, Abdías tomó cien profetas, los cuales escondió de cincuenta en cincuenta por cuevas, y sustentólos á pan y agua [c].

[c] Sal. 34. 10. Is. 33. 16.

5 Y dijo Achâb á Abdías: Vé por el pais á todas las fuentes de aguas, y á todos los arroyos; que acaso hallarémos grama, con que conservemos la vida á los caballos y á las acémilas, para que no nos quedemos sin bestias.

6 Y partieron entre sí el pais para recorrerlo: Achâb fué de por sí por un camino, y Abdías fué separadamente por otro.

7 Y yendo Abdías por el camino, topóse con Elias; y como le conoció, postróse sobre su rostro, y dijo: ¿No *eres* tú mi señor Elias?

8 Y él respondió: Yo *soy*. Vé, dí á tu amo: Hé aquí Elias.

9 Pero él dijo: ¿En qué he pecado, para que tú entregues tu siervo en mano de Achâb, para que me mate?

10 Vive Jehová tu Dios, que no ha habido nacion ni reino donde mi señor no haya enviado á buscarte; y respondiendo *todos*, No *está aquí*, él ha conjurado á reinos y naciones si no te han hallado.

11 Y ahora tú dices: Vé, dí á tu amo: Aquí está Elias.

12 Y acontecerá que luego que yo me haya partido de tí, el Espíritu de Jehová te llevará[d] donde yo no sepa; y viniendo yo, y dando las nuevas á Achâb, y no hallandote él, me matará: y tu siervo teme á Jehová desde su mocedad.

13 ¿No ha sido dicho á mi señor lo que hice cuando Jezabel mataba los profetas de Jehová, que escondí cien varones de los profetas de Jehová, de cincuenta en cincuenta en cuevas, y los mantuve á pan y agua[e]?

14 ¿Y ahora dices tú: Vé, dí á tu amo, Aquí está Elias; para que él me mate?

15 Y díjole Elias: Vive Jehová de los ejércitos, delante del cual estoy, que hoy me mostraré á él.

16 Entónces Abdias fué á encontrarse con Achâb, y dióle el aviso: y Achâb vino á encontrarse con Elias.

17 Y como Achâb vió á Elias, díjole Achâb: ¿Eres tú el que alborotas á Israel[f]?

18 Y él respondió: Yo no he alborotado á Israel, sino tú[g], y la casa de tu padre, dejando los mandamientos de Jehová[h], y siguiendo á los Baales.

19 Envia pues ahora, y júntame á todo Israel en el monte de Carmelo[i], y los cuatrocientos y cincuenta profetas de Baal, y los cuatrocientos profetas de los bosques[k], que comen de la mesa de Jezabel.

20 Entónces Achâb envió á todos los hijos de Israel, y juntó los profetas[l] en el monte de Carmelo.

21 Y acercandose Elias á todo el pueblo, dijo: ¿Hasta cuando claudicaréis vosotros entre dos pensamientos[m]? Si Jehová *es* Dios, seguidlo; y si Baal, id en pos de él[n]. Y el pueblo no respondió palabra.

22 Y Elias tornó á decir al pueblo: Solo yo he quedado profeta[o] de Jehová; mas de los profetas de Baal hay cuatrocientos y cincuenta hombres.

23 Dénsenos pues dos bueyes, y escójanse ellos el uno, y córtenlo en pedazos, y pónganlo sobre leña, mas no pongan fuego debajo; y yo aprestaré el otro buey, y pondrélo sobre leña, y ningun fuego pondré debajo.

24 Invocad luego vosotros en el nombre de vuestros dioses, y yo invocaré en el nombre de Jehová: y el Dios que respondiere por fuego[p], ese sea Dios. Y todo el pueblo respondió diciendo: Bien dicho.

25 Entónces Elias dijo á los profetas de Baal: Escogéos el un buey, y haced primero, pues que vosotros sois los mas; é invocad en el nombre de vuestros dioses, mas no pongais fuego debajo.

26 Y ellos tomaron el buey que les fué dado, y aprestáronlo, é invocaron en el nombre de Baal, desde la mañana hasta el mediodia, diciendo: Baal respóndenos. Mas no habia voz, ni quien respondiese[q]: entre tanto ellos andaban saltando cerca del altar que habian hecho.

27 Y aconteció al mediodia, que Elias se burlaba de ellos diciendo: Gritad en alta voz, que dios es[r]: quizá está conversando, ó tiene algun empeño, ó vá de camino; acaso duerme, y despertará.

28 Y ellos clamaban á grandes voces, y sajábanse con cuchillos y con lancetas conforme á su costumbre, hasta chorrear la sangre sobre ellos.

[d] 2 Rey. 2. 16. Ez. 3. 12, 14. Hech. 8. 39.
[e] Est. 10. 41, 42.
[f] Hech. 16. 20.
17. 6.
Ap. 21. 20.
2 Cr. 15. 2.
Ps. 15. 12.
Rey. 2. 25.
Ap. 16. 33.
Ap. 22. 6.
2 Rey. 17. 41.
Jos. 8. 24.
Jos. 24. 15.
Ap. 19. 10, 14.
Cr. 21. 26.
Cr. 7. 1, 3.
Sal. 115. 5.
Jer. 10. 5.
Jer. 12. 2.
Is. 41. 23.

29 Y como pasó el mediodia, y ellos profetizáran *aun* hasta el tiempo del sacrificio del Presente, y no *habia* voz, ni quien respondiese, ni escuchase,

30 Elias dijo entónces á todo el pueblo: Acercáos á mí. Y todo el pueblo se llegó á él: y él reparó el altar de Jehová que estaba arruinado.

31 Y tomando Elias doce piedras, conforme al número de las tribus de los hijos de Jacob, al cual habia sido palabra de Jehová diciendo, Israel será tu nombre[s],

32 Edificó con las piedras un altar en el nombre de Jehová: despues hizo una reguera al rededor del altar, cuanto cupieran dos satos de simiente.

33 Compuso luego la leña, y cortó el buey en pedazos, y púsolo sobre la leña[t],

34 Y dijo: Henchid cuatro cántaros de agua, y derramadla sobre el holocausto, y sobre la leña. Y dijo: Hacedlo otra vez. Y otra vez lo hicieron. Dijo aun: Hacedlo la tercera vez. E hiciéronlo la tercera vez.

35 De manera que las aguas corrian al rededor del altar; y habia tambien henchido de agua la reguera.

36 Y como llegó la hora de ofrecerse el holocausto, llegóse el profeta Elias, y dijo: Jehová Dios de Abraham, de Isaac, y de Israel, sea hoy manifiesto que tú *eres* Dios en Israel, y que yo soy tu siervo, y que por mandato tuyo he hecho todas estas cosas[u].

37 Respóndeme, Jehová, respóndeme, para que conozca este pueblo que tú, oh Jehová, eres el Dios, y que tú volviste atras el corazon de ellos.

38 Entónces cayó fuego de Jehová, el cual consumió el holocausto, y la leña, y las piedras, y el polvo, y aun lamió las aguas que *estaban* en la reguera.

39 Y viendolo todo el pueblo, cayeron sobre sus rostros, y dijeron: Jehová es el Dios, Jehová es el Dios.

40 Y díjoles Elias: Prended á los profetas de Baal, que no escape ninguno. Y ellos los prendieron: y llevólos Elias al arroyo de Cison, y allí los degolló[x].

41 ¶ Entónces Elias dijo á Achâb: Sube, come, y bebe, porque una grande lluvia suena.

42 Y Achâb subió á comer y á beber; y Elias subió á la cumbre del Carmelo, y postrandose en tierra puso su rostro entre las rodillas[y],

43 Y dijo á su criado: Sube ahora, y mira hácia la mar. Y él subió, y miró, y dijo: No hay nada. Y él le volvió á decir: Vuelve siete veces.

44 Y á la séptima vez dijo: Yo veo una pequeña nube, como la palma *de la mano* de un hombre, que sube de la mar. Y él dijo: Vé, y dí á Achâb; Unce *el carro*, y desciende, porque la lluvia no te ataje.

45 Y aconteció estando en esto, que los cielos se oscurecieron con nubes y viento, y hubo una gran lluvia. Y subiendo Achâb vino á Jezreel.

46 Y la mano de Jehová fué sobre Elias, el cual ciñó sus lomos[z], y vino corriendo delante de Achâb hasta llegar á Jezreel.

CAPITULO XIX.

Elias amenazado de Jezabel, mujer de Achâb, se vá de la tierra, y en el camino es confortado de Dios por medio de un ángel, que le dá de comer y beber. Llegado al monte de Horeb, Dios se le muestra y le consuela: le manda lo que ha de hacer. Partido de allí, llama á Eliséo de su arada, el cual lo sigue dejadas todas las cosas.

[s] Gen. 32. 28.
[t] Lev. 1. 6, 8.
[u] Nu. 16. 28.
[x] Deu. 13. 5. y 18. 20. 2 Rey. 10. 25.
[y] Sant. 5. 17, 18.
[z] 2 Rey. 4. 29. y 9. 1. Job 38. 3. Jer. 1. 17. Ef. 6. 14. 1 Ped. 1. 13.

Y ACHAB dió la nueva á Jezabel de todo lo que Elías habia hecho, y como habia muerto á cuchillo todos los profetas [a].

[a] Cap. 18. 40.

2 Entónces envió Jezabel á Elías un mensajero diciendo: Así me hagan los dioses, y así me añadan, si mañana á estas horas yo no haya puesto tu persona como la de uno de ellos.

3 Viendo pues *el peligro*, levantóse y fuése por salvar su vida, y vino á Beer-sebah, que *es* en Judá, y dejó allí su criado.

4 ¶ Y él se fué por el desierto un dia de camino, y vino y sentóse debajo de un enebro; y deseando morirse, dijo: Baste ya, oh Jehová; quita mi alma [b], que no soy yo mejor que mis padres.

[b] Nu. 11. 15. Jo. 4. 3, 8.

5 Y echandose debajo del enebro, quedóse dormido: y hé aquí luego un ángel [c] que le tocó, y le dijo: Levántate, come.

[c] Heb. 1. 14.

6 Entónces él miró, y hé aquí á su cabecera una torta cocida sobre las ascuas, y un vaso de agua: y comió y bebió, y volvióse á dormir.

7 Y volviendo el ángel de Jehová la segunda vez, tocóle diciendo: Levántate, come; porque gran camino te resta.

8 Levantóse pues, y comió y bebió, y caminó con la fortaleza de aquella comida cuarenta dias y cuarenta noches [d], hasta el monte de Dios, Horeb [e].

[d] Ex. 34. 28. Deu. 9. 9, 18. Mat. 4. 2.
[e] Ex. 3. 1. Mal. 4. 4, 5.

9 ¶ Y allí se metió en una cueva, donde tuvo la noche. Y fué á él palabra de Jehová, el cual le dijo: ¿Qué haces aquí, Elías?

10 Y él respondió [f]: Sentido he un vivo zelo [g] por Jehová Dios de los ejércitos; porque los hijos de Israel han dejado tu alianza, han derribado tus altares, y han muerto á cuchillo tus profetas, y [h] yo solo he quedado; y me buscan para quitarme la vida.

[f] Rom. 11. 2, 4.
[g] Nu. 25. 11, 13. Sal. 69. 9.
[h] Cap. 18. 4, 20.

11 Y él le dijo: Sal fuera, y ponte en el monte delante de Jehová. Y hé aquí Jehová que pasaba, y un grande y poderoso viento [i] que rompia los montes, y quebraba las peñas delante de Jehová: mas Jehová no *estaba* en el viento [k]. Y tras el viento un terremoto: mas Jehová no *estaba* en el terremoto.

[i] Ez. 1. 4.
[k] Zac. 4. 6.

12 Y tras el terremoto un fuego: mas Jehová no *estaba* en el fuego. Y tras el fuego un silbo apacible y delicado.

13 El cual como oyó Elías, cubrió su rostro con su manto [l], y salió, y paróse á la puerta de la cueva. Y hé aquí *llegó* una voz á él diciendo: ¿Qué haces aquí, Elías?

[l] Ex. 3. 6. Is. 6. 2.

14 Y él respondió [m]: Sentido he un vivo zelo por Jehová Dios de los ejércitos; porque los hijos de Israel han dejado tu alianza [n], han derribado tus altares, y han muerto á cuchillo tus profetas, y yo solo he quedado; y me buscan para quitarme la vida.

[m] ver. 9, 10.
[n] Jer. 22. 9.

15 Y díjole Jehová: Vé, vuélvete por tu camino, por el desierto de Damasco: y llegarás, y ungirás á Hazael [o] por rey de Siria:

[o] 2 Rey. 8. 12, 13.

16 Y á Jehú [p], hijo de Nimsi, ungirás por rey sobre Israel: y á Eliséo, hijo de Saphat, de Abeth-mehula, ungirás para que *sea* profeta en lugar de tí.

[p] 2 Rey. 9. 1, 3.

17 Y será, que el que escapare del cuchillo de Hazael [q], Jehú lo matará; y el que escapare del cuchillo de Jehú, Eliséo lo matará [r].

[q] 2 Rey. 9:14, etc. y 10. 6, etc. y 13. 3.
[r] Os. 6. 5.

18 Y yo haré que queden en Israel siete mil; todas rodillas que no se encorvaron á Baal [s], y bocas todas que no lo besaron [t].

[s] Rom. 11. 4.
[t] Os. 13. 2.

19 ¶ Y partiendose él de allí, halló á Eliséo, hijo de Saphat, que araba con doce yuntas delante de sí; y él era uno de los doce *gañanes*. Y pasando Elías por delante de él, echó sobre él su manto.

20 Entónces dejando él los bueyes, vino corriendo en pos de Elías, y dijo: Ruégote que me dejes besar mi padre y mi madre, y luego te seguiré [u]. Y él le dijo: Vé, vuelve: ¿qué te he hecho yo?

[u] Mat. 8. 21, 22. Luc. 9. 61, 62.

21 Y volvióse de en pos de él, y tomó un par de bueyes, y matólos, y con el arado de los bueyes coció la carne de ellos [x], y dióla al pueblo que comiesen. Despues se levantó, y fué tras Elías, y servíale.

[x] 2 Sa. 24. 22.

CAPITULO XX.

Achâb con el favor de Dios vence al rey de Siria; el cual volviendo contra Achâb dos años despues, es tambien deshecho, y preso. Por haber Achâb perdonado y soltado al rey de Siria, es gravemente amenazado de Dios por un profeta.

ENTONCES Ben-adad, rey de Siria, juntó todo su ejército, y con él treinta y dos reyes con caballos, y carros; y subió, y puso cerco á Samaria, y combatiala.

2 Y envió mensajeros á la ciudad á Achâb, rey de Israel, diciendo,

3 Así ha dicho Ben-adad: Tu plata y tu oro es mio, y tus mujeres y tus hijos hermosos son mios.

4 Y el rey de Israel respondió, y dijo: Como tú dices, rey señor mio, yo *soy* tuyo, y todo lo que tengo.

5 Y volviendo los mensajeros otra vez, dijeron: Así dijo Ben-adad: Yo te envié á decir: Tu plata y tu oro, y tus mujeres y tus hijos me darás.

6 Ademas mañana á estas horas enviaré yo á tí mis siervos, los cuales escudriñarán tu casa, y las casas de tus siervos, y tomarán con sus manos y llevarán todo lo precioso que tuvieres.

7 Entónces el rey de Israel llamó á todos los ancianos de la tierra, y díjoles: Entended, y ved ahora, como este no busca sino mal; pues que ha enviado á mí por mis mujeres y mis hijos, y por mi plata y por mi oro, y yo no se lo he negado.

8 Y todos los ancianos y todo el pueblo le respondieron: No le obedezcas, ni hagas lo que pide.

9 Entónces él respondió á los embajadores de Ben-adad: Decid al rey mi señor: Haré todo lo que mandaste á tu siervo al principio; mas esto no lo puedo hacer. Y los embajadores fueron, y diéronle la respuesta.

10 Y Ben-adad tornó á enviarle á decir: Así me hagan los dioses [a], y así me añadan, que el polvo de Samaria no bastará á los puños de todo el pueblo que me sigue.

[a] Cap. 19. 2.

11 Y el rey de Israel respondió, y dijo: Decidle que no se alabe el que se ciñe como el que ya se desciñe [b].

[b] Pro. 27. 1.

12 Y como él oyó esta palabra estando bebiendo con los reyes en las tiendas, dijo á sus siervos: Poned. Y ellos pusieron contra la ciudad.

13 Y hé aquí un profeta se llegó á Achâb, rey de Israel, y le dijo: Así ha dicho Jehová: ¿Has visto esta tan grande multitud? hé aquí yo te la entregaré hoy en tu mano, para que conozcas que yo *soy* Jehová.

14 Y respondió Achâb: ¿Por *mano de* quien? Y él dijo: Así ha dicho Jehová: Por *mano de* los criados de los príncipes de las provincias. Y dijo

Achâb: ¿Quien comenzará la batalla?
Y él respondió: Tú.
15 Entónces él reconoció los criados
de los príncipes de las provincias, los
cuales fueron doscientos treinta y dos.
Luego reconoció todo el pueblo, todos
los hijos de Israel, *que fueron* siete mil.
16 Y salieron á mediodia. Y *estaba*
(…r. 12. / …p. 16. 9. / …e. 22. 29. / …4. 11.) Ben-adad[c] bebiendo, borracho en las
tiendas, él y los reyes, los treinta y dos
reyes que habian venido en su ayuda.
17 Y los criados de los príncipes de
las provincias salieron los primeros. Y
habia Ben-adad enviado quien le dió
aviso diciendo. Han salido hombres de
Samaria.
18 El entónces dijo: Si han salido por
paz, tomadlos vivos; y si han salido
para pelear, tomadlos vivos.
19 Salieron pues de la ciudad los cria-
dos de los príncipes de las provincias,
y en pos de ellos el ejército,
20 E hirió cada uno al que venia con-
(…ec. 7. 22, / … / …e. 9. 11.) tra sí[d]: y huyeron los Siros siguiendoles
los de Israel. Y el rey de Siria Ben-adad
se escapó en un caballo con *alguna* gente
de caballería.
21 Y salió el rey de Israel, é hirió
la gente de á caballo, y los carros; y
deshizo los Siros con grande estrago.
22 ¶ Llegandose luego el profeta al
(…Rey. 6. 12.) rey de Israel, le dijo[e]: Vé, fortalécete,
y considera y mira lo que has de hacer;
porque pasado el año el rey de Siria ha
de venir contra tí.
23 ¶ Y los siervos del rey de Siria
le dijeron: Sus dioses son dioses de los
(…al. 115. 2, / … / …. 42. 8.) montes; por eso nos han vencido[f]:
mas si pelearémos con ellos en la lla-
nura, *se verá* si no los vencemos.
24 Haz pues así: Saca los reyes á cada
uno de su puesto, y pon capitanes en
lugar de ellos.
25 Y tú fórmate otro ejército como
el ejército que perdiste; caballos por
caballos, y carros por carros: luego
pelearémos con ellos en campo raso,
y *verémos* si no los vencemos. Y él les
dió oido, é hízolo así.
26 Pasado el año, Ben-adad reconoció
(…os. 19. 30.) los Siros, y vino á Aphec[g] á pelear con-
tra Israel.
27 Y los hijos de Israel fueron tambien
inspeccionados, y tomando provisiones
fuéronles al encuentro: y asentaron cam-
po los hijos de Israel delante de ellos
como dos rebañuelos de cabras, y los
Siros henchian la tierra.
28 Llegandose entónces el varon de
Dios al rey de Israel, hablóle diciendo:
Así dijo Jehová: Por cuanto los Siros
han dicho, Jehová es Dios de los mon-
(…a. 27. 29, / …) tes, no Dios de los valles[h], yo entre-
garé toda esta grande multitud en tu
(…er. 13. / …ob 12. 16, / …) mano[i], para que conozcais que *yo soy*
Jehová.
29 Siete dias tuvieron asentado campo
los unos delante de los otros, y al sép-
timo dia se dió la batalla: y mataron
los hijos de Israel de los Siros en un
dia cien mil hombres de á pié.
30 Los demas huyeron á Aphec, á la
ciudad; y el muro cayó sobre veinte
y siete mil hombres que habian que-
dado. Tambien Ben-adad vino huyendo
á la ciudad, *y escondíase* de cámara en
(…ap. 22. 25.) cámara[k].
31 Entónces sus siervos le dijeron: Hé
aquí hemos oido de los reyes de la casa
de Israel que son reyes clementes: pon-
(…en. 37. 34.) gamos pues ahora sacos[l] en nuestros
lomos, y sogas en nuestras cabezas, y
salgamos al rey de Israel: por ventura
te salvará la vida.
32 Ciñeron pues sus lomos de sacos,
y sogas á sus cabezas, y vinieron al rey
de Israel, y dijéronle: Tu siervo Ben-
adad dice: Ruégote que viva mi alma.
Y él respondió: Si él vive aun, mi her-
mano es.
33 Esto tomaron aquellos hombres por
buen agüero, y presto tomaron esta pa-
labra de su boca, y dijeron: Tu her-
mano Ben-adad. Y él dijo: Id, y tra-
edle. Ben-adad entónces se presentó
á Achâb, y él lo hizo subir en un
carro[m]. [m] 2 Rey. 10. 15. Hech. 8. 31.
34 Y díjole *Ben-adad*: Las ciudades
que mi padre tomó al tuyo[n], yo las [n] Cap. 15. 20.
restituiré; y haz plazas en Damasco
para tí, como mi padre las hizo. Y yo,
dijo Achâb, te dejaré partir con esta
alianza. Hizo pues con él alianza, y
dejólo ir.
35 ¶ Entónces un varon de los hijos
de los profetas[o] dijo á su compañero [o] 2 Rey. 2. 3, 5, etc.
por palabra de Dios[p]: Hiéreme ahora[q].
Mas el *otro* varon no quiso herirle. [p] Cap. 13. 17, 18.
36 Y él le dijo: Por cuanto no has
obedecido á la palabra de Jehová, hé [q] Jer. 27. 2. Ez. 4. 3.
aquí en apartandote de mí te herirá un
leon. Y como se apartó de él, topólo
un leon, é hirióle[r]. [r] Cap. 13. 24.
37 Encontróse luego con otro hombre,
y díjole: Hiéreme ahora. Y el hombre
le dió un golpe, é hízole una herida.
38 Y el profeta se fué, y púsose de-
lante del rey en el camino, y disfrazóse[s] [s] 2 Sa. 14. 2.
con un velo sobre los ojos.
39 Y como el rey pasaba, él dió voces
al rey, y dijo[t]: Tu siervo salió entre [t] 2 Sa. 12. 1, etc.
la tropa, y hé aquí apartandose uno,
trájome un hombre diciendo: Guarda
á este hombre, y si llegare á faltar, tu
vida será por la suya, ó pagarás un
talento de plata.
40 Y como tu siervo estaba ocupado
á una parte y á otra, él desapareció.
Entónces el rey de Israel le dijo[u]: Esa [u] 2 Sa. 12. 5, 7.
será tu sentencia; tú la has pronun-
ciado[x]. [x] Job 15. 6. Mat. 21. 41, 42. Luc. 19. 22.
41 Pero él se quitó de presto el velo
de sobre sus ojos, y el rey de Israel
conoció que era de los profetas.
42 Y él le dijo: Así ha dicho Jehová:
Por cuanto soltaste de la mano el hom-
bre de mi anatema, tu vida será por la
suya[y], y tu pueblo por el suyo. [y] Cap. 22. 31, 37.
43 Y el rey de Israel se fué á su casa
triste y enojado, y llegó á Samaria.

CAPITULO XXI.

Naboth por haber negado su viña á Achâb, es acusado falsamente, y apedreado por industria de Jezabel, que por esta vía ganó la viña de Naboth para su marido. Elías por mandado de Dios denuncia á Achâb grande venganza sobre él y sobre su mujer, y toda su casa, por la muerte del inocente Naboth: pero humillandose Achâb á esta manifestacion, Dios le relaja la pena reservandola para su sucesor.

PASADOS estos negocios, aconteció
que Naboth de Jezreel tenia en Jez-
reel una viña junto al palacio de Achâb,
rey de Samaria.
2 Y Achâb habló á Naboth diciendo:
Dáme tu viña para un huerto de legum-
bres, porque está cercana, junto á mi
casa, y yo te daré por ella otra viña
mejor que esta; ó si mejor te pareciere,
te pagaré su valor en dinero.
3 Y Naboth respondió á Achâb: Guár-
deme Jehová de que yo te dé á tí la
heredad de mis padres[a]. [a] Lev. 25. 23. Nu. 36. 7. Ez. 46. 18.
4 Y vínose Achâb á su casa triste y
enojado[b] por la palabra que Naboth de [b] Job 5. 2. Hab. 2. 9, 12.
Jezreel le habia respondido, diciendo:
No te daré la heredad de mis padres.
Y acostóse en su cama, y volvió su
rostro, y no comió pan.

5 Y vino á él su mujer Jezabel, y
díjole: ¿ Porqué está tan triste tu espí-
ritu, y no comes pan?
6 Y él respondió: Porque hablé con
Naboth de Jezreel, y díjele que me
diese su viña por dinero; ó que, si
mas queria, le daria *otra* viña por ella:
y él respondió, Yo no te daré mi viña.
7 Y su mujer Jezabel le dijo: ¿ Eres
tú ahora rey sobre Israel? Levántate,
y come pan, y alégrate: yo te daré la
viña de Naboth de Jezreel.
8 Entónces ella escribió cartas [c] en
nombre de Achâb, y sellólas con su
anillo, y enviólas á los ancianos y á
los principales, que moraban en su ciu-
dad con Naboth [d].
9 Y las cartas que escribió decian así:
Proclamad ayuno, y poned á Naboth á
la cabecera del pueblo:
10 Y poned dos hombres perversos de-
lante de él, que atestigüen contra él y
digan: Tú has blasfemado á Dios y al
rey [e]. Y entónces sacadlo, y apedre-
adlo [f], y muera.
11 Y los de su ciudad, los ancianos y
los principales que moraban en su ciu-
dad, lo hicieron como Jezabel les man-
dó, conforme á lo escrito en las cartas
que ella les habia enviado.
12 Y promulgaron ayuno [g], y asenta-
ron á Naboth á la cabecera del pueblo.
13 Vinieron entónces dos hombres per-
versos, y sentáronse delante de él; y
aquellos hombres de Belial atestigua-
ron contra Naboth [h] delante del pueblo,
diciendo: Naboth ha blasfemado á Dios
y al rey. Y sacáronlo fuera de la ciudad,
y apedreáronlo con piedras, y murió [i].
14 Despues enviaron á decir á Jezabel:
Naboth ha sido apedreado y muerto.
15 Y como Jezabel oyó que Naboth
habia sido apedreado y muerto, dijo á
Achâb: Levántate y posee la viña de
Naboth de Jezreel, que no te la quiso
dar por dinero; porque Naboth no vive,
sino que es muerto.
16 Y oyendo Achâb que Naboth era
muerto, levantóse para descender á la
viña de Naboth de Jezreel, para tomar
la posesion de ella.
17 ¶ Entónces fué palabra de Jehová á
Elias Thisbita diciendo [k]:
18 Levántate, desciende á encontrarte
con Achâb rey de Israel, que *está* en
Samaria [l]: hé aquí él *está* en la viña de
Naboth, á la cual ha descendido para
tomar posesion de ella.
19 Y hablarle has diciendo: Así ha
dicho Jehová: ¿ No mataste, y tambien
has poseido? Y tornarás á hablarle di-
ciendo: Así ha dicho Jehová: En el
mismo lugar donde lamieron los perros
la sangre de Naboth, los perros lamerán
tambien tu sangre, la tuya misma [m].
20 Y Achâb dijo á Elias: ¿ Me has
hallado [n], enemigo mio? Y él respon-
dió: *Hete* encontrado, porque te has
vendido á mal hacer delante de Je-
hová [o].
21 Hé aquí yo traigo mal sobre tí, y
barreré tu posteridad, y talaré de Achâb
todo meante á la pared [p], al guardado, y
al desamparado en Israel [q]:
22 Y yo pondré tu casa como la casa
de Jeroboam, hijo de Nabat [r], y como
la casa de Baasa, hijo de Ahía [s], por la
provocacion con que me provocaste á
ira, y con que has hecho pecar á Is-
rael.
23 De Jezabel tambien ha hablado Je-
hová, diciendo: Los perros comerán á
Jezabel en la barbacana de Jezreel [t].
24 El que de Achâb fuere muerto en
la ciudad, perros lo comerán; y el que

[c] Mic. 2. 1, 2.
[d] 2 Sa. 11. 14, 15. Est. 3. 12, 13.
[e] Ex. 22. 28. Lev. 24. 15, 16. Mat. 26. 59, 66. Hech. 6. 11.
[f] Lev. 24. 14.
[g] Is. 58. 4.
[h] Ex. 20. 16. Sal. 27. 12. Pro. 25. 18. Mal. 3. 5.
[i] 2 Rey. 9. 26. Ec. 4. 1. Hech. 7. 57, 59.
[k] Sal. 9. 12.
[l] Cap. 18. 32. 2 Cr. 22. 9.
[m] Cap. 22. 38. Sal. 7. 16. Mat. 7. 2.
[n] Cap. 18. 17.
[o] ver. 25. 2 Rey. 17. 17. Rom. 7. 14.
[p] Ex. 20. 5, 6. 1 Sa. 25. 22. 2 Rey. 9. 8.
[q] Deu. 32. 36.
[r] Cap. 15. 29.
[s] Cap. 16. 3, 11.
[t] 2 Rey. 9. 36, 37.

fuere muerto en el campo, comerlo han
las aves del cielo [u].
25 A la verdad ninguno fué como A-
châb [x], que *así* se vendiese á hacer lo
malo á los ojos de Jehová, porque Jeza-
bel su mujer lo incitaba [y].
26 El fué en grande manera abomina-
ble, caminando en pos de los ídolos,
conforme á todo lo que hicieron [z] los
Amorrhéos, á los cuales lanzó Jehová
delante de los hijos de Israel.
27 Y aconteció, cuando Achâb oyó estas
palabras, que rasgó sus vestidos [a], y
puso saco sobre su carne, y ayunó, y
durmió en saco, y anduvo humillado.
28 Entónces fué palabra de Jehová á
Elias Thisbita diciendo:
29 ¿ No has visto como Achâb se ha
humillado delante de mí? Pues por cu-
anto se ha humillado delante de mí, no
traeré el mal en sus dias; en los dias de
su hijo traeré el mal sobre su casa [b].

CAPITULO XXII.

Concertando Achâb y Josaphat, rey de Judá, al ir contra Ramoth de Galaad, Michêas profeta les denuncia mal suceso contra el testimonio de cuatrocientos falsos profetas, que le prometian la victoria. Venidos á la batalla, Achâb es herido de muerte, y los perros lamieron su sangre del carro en Samaria, conforme á la amenaza del profeta Elías; y sucede Ochôzias su hijo en su lugar. Josaphat, pio hijo de Asa, reina en Judá; muere, y sucede en su lugar Joram su hijo.

TRES años pasaron sin guerra entre
los Siros é Israel.
2 Y aconteció al tercer año, que Jo-
saphat rey de Judá descendió al rey de
Israel [a]:
3 Y el rey de Israel dijo á sus siervos:
¿ No sabeis que es nuestra Ramoth de
Galaad [b]? ¿ Y nosotros callamos en ór-
den á tomarla de mano del rey de
Siria?
4 Y dijo á Josaphat: ¿ Quieres venir
conmigo á pelear contra Ramoth de
Galaad? Y Josaphat respondió al rey
de Israel: Como yo, así tú; y como mi
pueblo, así tu pueblo, y como mis ca-
ballos tus caballos [c].
5 Dijo luego Josaphat al rey de Israel:
Yo te ruego que consultes hoy la pala-
bra de Jehová.
6 Entónces el rey de Israel juntó los
profetas [d], como cuatrocientos hombres,
á los cuales dijo: ¿ Iré á la guerra con-
tra Ramoth de Galaad, ó la dejaré? Y
ellos dijeron: Sube, porque el Señor *la*
entregará en manos del rey [e].
7 Y dijo Josaphat: ¿ Hay aun aquí
algun profeta de Jehová por el cual
consultemos [f]?
8 Y el rey de Israel respondió á Jo-
saphat: Aun *hay* un varon, por el cual
podriamos consultar á Jehová, Michêas,
hijo de Imla: mas yo lo aborrezco, por-
que nunca me profetiza bien, sino so-
lamente mal. Y Josaphat dijo: No ha-
ble el rey así.
9 Entónces el rey de Israel llamó á
un eunuco, y díjole: Trae presto á Mi-
chéas, hijo de Imla.
10 Y el rey de Israel, y Josaphat, rey
de Judá, estaban sentados cada uno en
su silla *regia*, vestidos de sus ropas *rea-
les*, en la plaza junto á la entrada de la
puerta de Samaria; y todos los profetas
profetizaban delante de ellos.
11 Y Sedechías, hijo de Chânaana, se
habia hecho unos cuernos de hierro, y
dijo: Así ha dicho Jehová: Con estos
acornearás á los Siros hasta acabarlos.
12 Y todos los profetas profetizaban de
la misma manera [g], diciendo: Sube á

[u] Cap. 14. 11. y 16. 4.
[x] ver. 20. Cap. 16. 30, 31.
[y] Jos. 23. 12, 13. Ec. 7. 26.
[z] Gen. 15. 16. 2 Rey. 21. 11.
[a] Joel 2. 12, 13.
[b] 2 Rey. 9. 25.
[a] 2 Cr. 18. 2, etc.
[b] Deu. 4. 43. Jos. 20. 8.
[c] 2 Rey. 3. 7.
[d] Cap. 18. 19.
[e] Jer. 5. 31.
[f] 2 Rey. 3. 11.
[g] Ex. 13. 6, 9. Mic. 3. 11.

Ramoth de Galaad, y serás prosperado, que Jehová la dará en mano del rey.

13 Y el mensajero que habia ido á llamar á Michêas, hablóle diciendo: Hé aquí las palabras de los profetas á una boca anuncian al rey bien: sea ahora tu palabra conforme á la palabra de alguno de ellos, y anuncia bien[h].

h Is. 30. 10.

14 Y Michêas respondió: Vive Jehová, que lo que Jehová me habláre, eso diré[i].

i Nu. 22. 38. y 24. 13. Gal. 1. 10.

15 Vino pues al rey, y el rey le dijo: Michêas, ¿irémos á pelear contra Ramoth de Galaad, ó la dejarémos? Y él respondió: Sube, que serás prosperado, y Jehová la entregará en mano del rey.

16 Y el rey le dijo: ¿Hasta cuantas veces he de conjurarte que no me digas sino la verdad en el nombre de Jehová?

17 Entónces él dijo: Yo ví á todo Israel esparcido por los montes, como ovejas que no tienen pastor: y Jehová dijo: Estos no tienen señor; vuélvase cada uno á su casa en paz.

18 Y el rey de Israel dijo á Josaphat: ¿No te lo habia yo dicho? Ninguna cosa buena profetizará él acerca de mí, sino solamente mal.

19 Entónces él dijo: Oye pues palabra de Jehová: Yo ví á Jehová sentado en su trono[k], y todo el ejército de los cielos[l] estaba junto á él, á su diestra y á su siniestra.

k Is. 6. 1, 2. Dan. 7. 9, 10.
l Job 1. 6. Mat. 25. 31. Ap. 5. 11.

20 Y Jehová dijo: ¿Quien inducirá á Achâb, para que suba, y caiga en Ramoth de Galaad? Y uno decia de una manera, y otro decia de otra.

21 Y salió un espíritu, y púsose delante de Jehová, y dijo: Yo lo induciré. Y Jehová le dijo: ¿De qué manera?

22 Y él dijo: Yo saldré, y seré espíritu de mentira en boca de todos sus profetas. Y él dijo: Inducirlo has, y aun saldrás con ello. Sal pues, y hazlo así.

23 Y ahora hé aquí Jehová ha puesto espíritu de mentira[m] en la boca de todos estos tus profetas, y Jehová ha decretado el mal acerca de tí.

m Jue. 9. 23. Job 12. 16. Ez. 14. 9. 2 Tes. 2. 10, 12.

24 Llegandose entónces Sedechîas, hijo de Chânaana, hirió á Michêas en la mejilla diciendo: ¿Por donde se fué de mí el espíritu de Jehová para hablarte á tí?

25 Y Michêas respondió: Hé aquí tú lo verás en aquel dia, cuando te irás metiendo de cámara en cámara[n] por esconderte.

n Cap. 20. 30.

26 Entónces el rey de Israel dijo: Toma á Michêas, y vuélvelo á Amon, gobernador de la ciudad, y á Joas, hijo del rey,

27 Y dirás: Así ha dicho el rey: Echad á este en la cárcel, y mantenedle con pan de angustia[o] y con agua de afliccion, hasta que yo vuelva en paz.

o Deu. 16. 3. Is. 30. 20.

28 Y dijo Michêas: Si llegares á volver en paz, Jehová no ha hablado por mí[p]. En seguida dijo: Oid, pueblos todos.

p Nu. 16. 29. Deu. 18. 20, 22.

29 Subió pues el rey de Israel, con Josaphat rey de Judá, á Ramoth de Galaad.

30 Y el rey de Israel dijo á Josaphat: Yo me disfrazaré, y *así* entraré en la batalla; y tú vístete tus vestidos. Y el rey de Israel se disfrazó, y entró en la batalla[q].

q 2 Cr. 35. 22.

31 Mas el rey de Siria habia mandado á sus treinta y dos capitanes de los carros diciendo: No peleeis vosotros con grande ni con chico, sino solo contra el rey de Israel.

32 Y como los capitanes de los carros vieron á Josaphat, dijeron: Ciertamente este es el rey de Israel: viniéronse á él para pelear *con él*: mas el rey Josaphat dió voces.

33 Viendo entónces los capitanes de los carros que no era el rey de Israel, apartáronse de él.

34 Y un hombre disparando su arco á la ventura, hirió al rey de Israel por entre las junturas de la armadura; por lo que dijo él á su carretero: Toma la vuelta, y sácame del campo, que estoy herido.

35 Mas la batalla habia arreciado aquel dia, y el rey estuvo en su carro delante de los Siros, y á la tarde murió: y la sangre de la herida corria por el seno del carro.

36 Y á puestas del sol pasó un pregon por el campo diciendo: Cada uno *se vaya* á su ciudad, y cada cual á su tierra[r].

r ver. 17, 26.

37 Murió pues el rey, y fué traido á Samaria; y sepultaron al rey en Samaria.

38 Y lavaron el carro en el estanque de Samaria; lavaron tambien sus armas, y los perros lamieron su sangre, conforme á la palabra de Jehová que habia hablado[s].

s Cap. 21. 19.

39 Lo demas de los hechos de Achâb, y todas las cosas que ejecutó, y la casa de marfil que hizo[t], y todas las ciudades que edificó, ¿no está escrito en el libro de las crónicas de los reyes de Israel?

t Amos 3. 15.

40 Y durmió Achâb con sus padres, y reinó en su lugar Ochôzias su hijo.

41 ¶ Y Josaphat[u], hijo de Asa, comenzó á reinar sobre Judá en el cuarto año de Achâb, rey de Israel.

u 2 Cr. 20. 31, etc.

42 Y era Josaphat de treinta y cinco años cuando comenzó á reinar, y reinó veinte y cinco años en Jerusalem. El nombre de su madre *fué* Azuba, hija de Silai.

43 Y anduvo en todo el camino de Asa su padre, sin declinar de él, haciendo lo *que era* recto en los ojos de Jehová[x].

x 2 Cr. 17. 3.

44 Con todo eso los altos no fueron quitados; que el pueblo sacrificaba aun, y quemaba perfumes en los altos.

45 Y Josaphat hizo paz con el rey de Israel[y].

y 2 Cr. 19. 2. 2 Cor. 6. 14.

46 Lo demas de los hechos de Josaphat, y sus hazañas, y las guerras que hizo, ¿no está escrito en el libro de las crónicas de los reyes de Judá?

47 Barrió tambien de la tierra el resto de los sodomíticos[z] que habian quedado en el tiempo de su padre Asa.

z Cap. 14. 24. y 15. 12.

48 No *habia* entónces rey en Edom[a]; presidente *habia en lugar de* rey.

a Gen. 25. 23. 2 Sa. 8. 14. 2 Rey. 3. 9. y 8. 20.

49 Habia Josaphat hecho navíos en Tharsis[b], los cuales habian de ir á Ophir por oro: mas no fueron, porque se rompieron en Esion-geber.

b Cap. 10. 22. 2 Cr. 20. 35, etc.

50 Entónces Ochôzias, hijo de Achâb, dijo á Josaphat: Vayan mis siervos con los tuyos en los navíos. Mas Josaphat no quiso.

51 Y durmió Josaphat con sus padres, y fué sepultado con sus padres en la ciudad de David su padre[c]: y en su lugar reinó Joram su hijo.

c 2 Cr. 21. 1.

52 Y Ochôzias[d], hijo de Achâb, comenzó á reinar sobre Israel, en Samaria, el año diez y siete de Josaphat rey de Judá, y reinó dos años sobre Israel.

d ver. 40.

53 E hizo lo malo en los ojos de Jehová, y anduvo en el camino de su padre, y en el camino de su madre, y en el camino de Jeroboam, hijo de Nabat, que hizo pecar á Israel:

54 Porque sirvió á Baal, y lo adoró, y provocó á ira á Jehová Dios de Israel, conforme á todas las cosas que su padre habia hecho.

LIBRO SEGUNDO DE LOS REYES.

A. C. cir. 896.

CAPITULO I.

Enfermando Ochôsias de una caida, envia á consultar á Baal-zebub: mas Elias se presenta á los mensajeros, y denuncia al rey la muerte por su impiedad. Enojado el rey, envia á prenderle por dos veces, y ambas consumió fuego del cielo á los enviados. Al fin enviando el rey la tercera vez, por mandado de Dios viene al rey con los que por él habian ido, y denunciale la muerte que ya le habia anunciado por sus mensajeros; y así muere, y le sucede Joram.

[a] Cap. 3. 5. 2 Sa. 8. 2.

DESPUES de la muerte de Achâb rebelóse Moab contra Israel[a].

2 Y Ochôzias cayó por las celosías de una sala *de la casa* que *tenia* en Samaria; y estando enfermo, envió mensajeros, y díjoles: Id y consultad á Baal-zebub, dios de Eccron[b], si tengo de sanar de esta mi enfermedad[c].

[b] 1 Sa. 5. 10. [c] Cap. 8. 9, 10. 1 Rey. 14. 3.

3 Entónces el Angel de Jehová habló á Elias Thisbita *diciendo:* Levántate, y sube á encontrarte con los mensajeros del rey de Samaria, y les dirás: ¿No hay Dios en Israel, que vosotros vais á consultar á Baal-zebub[d], dios de Eccron?

[d] Mar. 3. 22.

4 Por tanto así ha dicho Jehová: Del lecho en que subiste no descenderás, ántes morirás ciertamente. Y Elias se fué.

5 ¶ Y como los mensajeros se volvieron al rey, él les dijo: ¿Por qué pues os habeis vuelto?

6 Y ellos le respondieron: Encontramos un varon que nos dijo; Id, y volveos al rey que os envió, y decidle: Así ha dicho Jehová: ¿No hay Dios en Israel, que tú envias á consultar á Baal-zebub, dios de Eccron? Por tanto del lecho en que subiste, no descenderás, ántes morirás de cierto[e].

[e] 1 Cr. 10. 13. Sal. 16. 4.

7 Entónces él les dijo: ¿Que hábito era el de aquel varon que encontrasteis, y que os dijo tales palabras?

8 Y ellos le respondieron: Un varon velloso[f], y ceñia sus lomos con un cinto de cuero. Entónces el dijo: Elias Thisbita es.

[f] Zac. 13. 4. Mat. 3. 4.

9 Y envió luego á él un capitan de cincuenta *hombres* con sus cincuenta, el cual subió á él; y hé aquí que él estaba sentado en la cumbre del monte. Y él le dijo: Varon de Dios, el rey ha dicho que desciendas.

10 Y Elias respondió, y dijo al capitan de cincuenta: Si yo *soy* varon de Dios, descienda fuego del cielo, y consúmate con tus cincuenta[g]. Y descendió fuego del cielo, que lo consumió á él y á sus cincuenta.

[g] Cap. 8. 9, 10. 1 Rey. 14. 3.

11 Volvió el rey á enviar á él otro capitan de cincuenta con sus cincuenta *hombres*, y hablóle, y dijo: Varon de Dios, el rey ha dicho así: Desciende presto.

12 Y respondióle Elias, y dijo: Si yo *soy* varon de Dios, descienda fuego del cielo, y consúmate con tus cincuenta. Y descendió fuego del cielo, que lo consumió á él y á sus cincuenta.

13 Y volvió á enviar el tercer capitan de cincuenta con sus cincuenta *hombres:* y subiendo aquel tercer capitan de cincuenta hincóse de rodillas delante de Elias, y rogóle diciendo: Varon de Dios, ruégote que sea de valor delante de tus ojos mi vida, y la vida de estos tus cincuenta siervos[h].

[h] 1 Sa. 26. 21.

14 Hé aquí ha descendido fuego del cielo, y ha consumido los dos primeros capitanes de cincuenta *hombres*, con sus cincuenta: sea ahora mi vida de valor delante de tus ojos.

15 Entónces el ángel de Jehová dijo á Elias: Desciende con él; no hayas de él miedo. Y él se levantó, y descendió con él al rey:

16 Y díjole: Así ha dicho Jehová: Pues que enviaste mensajeros á consultar á Baal-zebub, dios de Eccron, ¿no hay Dios en Israel para consultar en su palabra? No descenderás por tanto del lecho en que subiste, ántes morirás de cierto.

17 Y murió conforme á la palabra de Jehová que habia hablado Elias: y reinó en su lugar Joram[i], *en* el segundo año de Joram, hijo de Josaphat, rey de Judá; porqué *Ochôzias* no tenia hijo.

[i] Cap. 3. 1.

18 Y lo demas de los hechos de Ochôzias, ¿no está escrito en el libro de las crónicas de los reyes de Israel?

CAPITULO II.

Elias hiriendo las aguas del Jordan con su manto, las abre y pasa de la otra parte, y es arrebatado de la tierra al cielo en un carro de fuego, dejando á Eliséo en su lugar. Eliséo volvió á pasar el Jordan hiriendo las aguas con el manto de Elias: por lo cual los hijos de los profetas que lo vieron, recibiéronle en lugar de Elias; y él sana las aguas de aquel lugar. Unos muchachos que le injuriaron, yendo él á Beth-el, son muertos por dos osos.

A. C. cir. 896.

Y ACONTECIO que cuando quiso Jehová alzar á Elias en un torbellino al cielo[a], Elias venia con Eliséo de Gilgal[b].

[a] Gen. 5. 24. [b] 1 Rey. 19. 21.

2 Y dijo Elias á Eliséo: Quédate ahora aquí, porque Jehová me ha enviado á Beth-el. Y Eliséo dijo: Vive Jehová, y vive tu alma[c], que no te dejaré. Descendieron pues á Beth-el.

[c] Cap. 4. 30. 1 Sa. 1. 26.

3 Y saliendo á Eliséo los hijos de los profetas[d] que *estaban* en Beth-el, dijéronle: ¿Sabes como Jehová quitará hoy á tu señor de tu cabeza? Y él dijo: Sí, yo lo sé; callad.

[d] ver. 5, 7, 15. Cap. 4. 1, 38. y 9. 1. 1 Rey. 20. 35.

4 Y Elias le volvió á decir: Eliséo, quédate aquí ahora, porque Jehová me ha enviado á Jericó. Y él dijo: Vive Jehová, y vive tu alma, que no te dejaré. Vinieron pues á Jericó.

5 Y llegáronse á Eliséo los hijos de los profetas que *estaban* en Jericó, y dijéronle: ¿Sabes como Jehová quitará hoy á tu señor de tu cabeza? Y él respondió: Sí, yo lo sé; callad.

6 Y Elias le dijo: Ruégote que te quedes aquí, porque Jehová me ha enviado al Jordan. Y él dijo: Vive Jehová, y vive tu alma, que no te dejaré. Fueron pues ambos á dos.

7 Y vinieron cincuenta varones de los hijos de los profetas, y paráronse en frente á lo léjos: y ellos dos se pararon junto al Jordan.

8 Tomando entónces Elias su manto[e], doblólo, é hirió las aguas, las cuales se apartaron á uno y á otro lado, y pasaron ambos en seco[f].

[e] 1 Rey. 19. 13, 19. [f] ver. 14. Ex. 14. 21. Jos. 3. 16, 17.

9 Y como hubieron pasado, Elias dijo á Eliséo: Pide lo que quieres que haga por tí, ántes que sea quitado de contigo. Y dijo Eliséo: Ruégote que las dos partes de tu espíritu sean sobre mí[g].

[g] Nu. 11. 17, 25.

10 Y él le dijo: Cosa difícil has pedido.

Si me vieres cuando fuere quitado de
tí, te será así hecho; mas si no, no.
11 Y aconteció que yendo ellos ha-
ap. 6. 17. blando, hé aquí que un carro de fuego [h],
al. 104. 4. con caballos de fuego, apartó á los dos;
y Elias subió al cielo en un torbellino.
12 ¶ Y viendolo Eliséo clamaba: Pa-
dre mio, padre mio, carro de Israel, y
ap. 13. 14. su gente de á caballo [i]. Y nunca mas
lo vió: y trabando de sus vestidos, rom-
piólos en dos partes.
13 Alzó luego el manto de Elias, que
se le habia caido, y volvió, y paróse á
la orilla del Jordan.
14 Y tomando el manto de Elias, que
se le habia caido, hirió las aguas, y
dijo: ¿Donde está Jehová el Dios de
Elias? Y asi que hubo del mismo modo
er. 8. herido las aguas [k], apartáronse á uno y
á otro lado, y pasó Eliséo.
15 Y viendole los hijos de los pro-
fetas, que *estaban* en Jericó, de la otra
parte, dijeron: El espíritu de Elias
reposó sobre Eliséo. Y viniéronlo á re-
cibir, é inclináronse á él hasta la tierra:
16 Y dijéronle: Hé aquí hay con tus
siervos cincuenta varones fuertes; va-
yan ahora, y busquen á tu señor; quizá
Rey. 18. lo ha levantado [l] el espíritu de Jehová,
y le ha echado en algun monte, ó en
ech. 8. 39. algun valle. Y él les dijo: No envieis.
17 Mas ellos le importunaron, hasta
que avergonzandose dijo: Enviad. En-
tónces ellos enviaron cincuenta hom-
bres, los cuales lo buscaron tres dias,
mas no lo hallaron.
18 Y cuando volvieron á él, que se
habia quedado en Jericó, él les dijo:
¿No os dije yo que no fueseis?
19 ¶ Y los hombres de la ciudad di-
jeron á Eliséo: Hé aquí el asiento de
esta ciudad *es* bueno, como mi señor
vé, mas las aguas *son* malas, y la tierra
enferma.
20 Entónces él dijo: Traedme una
botija nueva, y poned en ella sal: y
trajéronsela.
21 Y saliendo él á los manaderos de
las aguas, echó dentro la sal, y dijo:
Así ha dicho Jehová: Yo sané estas
ap. 4. 41. aguas [m], y no habrá mas en ellas mu-
x. 15. 25. erte, ni enfermedad.
z. 47. 8, 9. 22 Y fueron sanas las aguas hasta hoy,
conforme á la palabra que habló Eliséo.
23 ¶ Despues subió de allí á Beth-el:
y subiendo por el camino, salieron los
Job 19. 18. muchachos [n] de la ciudad, y se burla-
30. 1, 8, ban de él diciendole: Calvo, sube; cal-
vo, sube.
24 Y mirando él atras, viólos, y mal-
en. 9. 25. díjolos [o] en el nombre de Jehová. Y
ec. 9. 20, salieron dos osas del monte, y despeda-
zaron de ellos cuarenta y dos mucha-
m. 3. 65. chos.
25 De allí fué al monte de Carmelo,
y de allí volvió á Samaria.

CAPITULO III.

Rebelandose el rey de Moab contra el de Israel, despues de la muerte de Achâb, Joram, rey de Israel, se concierta con el rey de Judá y con el de Iduméa, para ir contra él; y faltandoles el agua en el desierto, consultan á Eliséo, el cual de parte de Dios les promete aguas y la victoria, y así se cumple.

ap. 1. 17. Y JORAM [a], hijo de Achâb, comen-
zó á reinar en Samaria sobre Israel
el año diez y ocho de Josaphat, rey de
Judá, y reinó doce años.
2 E hizo lo malo en los ojos de Je-
hová, aunque no como su padre, y su
madre; porque quitó las estatuas de
Rey. 16, Baal, que su padre habia hecho [b].
3 Mas allegóse á los pecados de Jero-
Rey. 12. boam, hijo de Nabat [c], que hizo pecar á
Israel, y no se apartó de ellos.
4 ¶ Entónces Mesa, rey de Moab, era
propietario de ganados, y pagaba al rey
de Israel [d] cien mil corderos y cien mil [d] 2 Sa. 8. 2.
carneros con sus vellones. Sal. 108. 9.
5 Mas muerto Achâb, el rey de Moab
se rebeló contra el rey de Israel [e]. [e] Cap. 1. 1.
6 Y salió entónces de Samaria el rey
Joram, é inspeccionó á todo Israel.
7 Y fué y envió á decir á Josaphat, rey
de Judá: El rey de Moab se ha rebelado
contra mí: ¿irás tú conmigo á la guerra
contra Moab? Y él respondió: Iré, por-
que como yo, así tú; como mi pueblo,
así tu pueblo; como mis caballos, así
tambien tus caballos [f]. [f] 1 Rey. 22. 4.
8 Y dijo: ¿Por que camino irémos?
Y el respondió: Por el camino del desi-
erto de Iduméa.
9 Partieron pues el rey de Israel y el
rey de Judá, y el rey de Iduméa: y co-
mo anduvieron rodeando por el desierto
siete dias de camino, faltóles el agua
para el ejército, y para las bestias que
los seguian.
10 Entónces el rey de Israel dijo: Ah!
que ha llamado Jehová estos tres reyes
para entregarlos en manos de los Mo-
abitas.
11 Mas Josaphat dijo: ¿No hay aquí
profeta de Jehová, para que consulte-
mos á Jehová por él [g]? Y uno de los [g] 1 Rey. 22. 7.
siervos del rey de Israel respondió, y
dijo: Aquí *está* Eliséo, hijo de Saphat,
que daba agua á manos á Elias [h]. [h] Juan 13. 5.
12 Y Josaphat dijo: Este tendrá pala-
bra de Jehová. Y descendieron á él el
rey de Israel y Josaphat, y el rey de
Iduméa.
13 Entónces Eliséo dijo al rey de Is-
rael: ¿Qué tengo yo contigo [i]? Vé á [i] Ez. 14. 3.
los profetas de tu padre, y á los profetas
de tu madre. Y el rey de Israel le res-
pondió: No: porque ha juntado Jehová
estos tres reyes para entregarlos en ma-
nos de los Moabitas.
14 Y Eliséo dijo: Vive [k] Jehová de los [k] Cap. 5. 16.
ejércitos, en cuya presencia estoy, que 1 Rey. 17. 1.
si no tuviese respeto al rostro de Josa-
phat, rey de Judá, no mirára á tí, ni te
viera.
15 Mas ahora traedme un tañedor [l]. Y [l] 1 Sa. 10. 5.
mientras el tañedor tocaba, la mano de
Jehová fué sobre Eliséo [m], [m] Ez. 1. 3.
16 Y dijo: Así ha dicho Jehová: Ha- y 3. 14.
ced en este valle muchas acequías [n]. y 8. 1.
17 Porque Jehová ha dicho así: No [n] Cap. 4. 3.
veréis viento, ni veréis lluvia, y este
valle será lleno de agua, y beberéis vos-
otros, y vuestras bestias, y vuestros ga-
nados.
18 Y esto *es* cosa ligera en los ojos de
Jehová; dará tambien á los Moabitas
en vuestras manos.
19 Y vosotros heriréis toda ciudad for-
talecida, y á toda villa hermosa, y tala-
réis [o] todo buen árbol, y cegaréis todas [o] Deu. 20. 19,
las fuentes de aguas, y destruiréis con 20.
piedras toda tierra fértil.
20 Y aconteció, que por la mañana
cuando se ofrece el sacrificio [p], hé aquí [p] Ex. 29. 39,
vinieron aguas por el camino de Idu- 40.
méa, y la tierra fué llena de aguas.
21 Y todos los de Moab, como oye-
ron que los reyes subian á pelear contra
ellos, juntáronse desde todos los que
ceñian talabarte arriba, y pusiéronse en
la frontera.
22 Y como se levantaron por la ma-
ñana, y lució el sol sobre las aguas, vi-
eron los de Moab desde léjos las aguas
rojas como sangre,
23 Y dijeron: Sangre *es* esta de es-
pada. Los reyes se han revuelto, y cada
uno ha muerto á su compañero. Ahora
pues, Moab, á la presa.

24 Mas cuando llegaron al campo de
Israel, levantáronse los Israelitas, é hi-
rieron á los de Moab, los cuales huyeron
delante de ellos. Siguieron empero hi-
riendo todavía á los de Moab;
25 Y asolaron las ciudades, y en todas
las heredades fértiles echó cada uno su
piedra, y *así* las llenaron: cegaron tam-
[q] Gen. 26. 15. bien todas las fuentes de las aguas[q], y
derribaron todos los buenos árboles, has-
ta que en Kir-hareseth solamente deja-
ron sus piedras, porque los honderos la
cercaron, y la hirieron.
26 Y cuando el rey de Moab vió que
la batalla lo vencia, tomó consigo sete-
cientos hombres que sacaban espada,
para romper contra el rey de Iduméa;
mas no pudieron.
[r] Mic. 6. 7. 27 Entónces arrebató á su primogénito[r]
que habia de reinar en su lugar, y sacri-
ficólo en holocausto sobre el muro: y hu-
bo grande enojo en Israel; y retiráronse
de él, y volviéronse á su tierra.

CAPITULO IV.

Eliséo por obra de Dios provee á una pobre viuda de tanta copia de aceite, que con él paga sus deudas, y vive del resto. Alcanza de Dios que su estéril huéspeda tenga un hijo, el cual muere, y se lo resucita. Habiendo uno de los discípulos de los profetas echado por yerro yerbas venenosas en el potaje, Eliséo torna la comida saludable. Con poco pan dá de comer en abundancia á una grande compañía, y les sobra.

[a] 1 Rey. 20. 35. UNA mujer, de las mujeres de los
hijos de los profetas[a], clamó á E-
liséo diciendo: Tu siervo mi marido es
muerto: y tú sabes que tu siervo era
temeroso de Jehová: y ha venido el
acreedor para tomarse dos hijos mios
[b] Lev. 25. 39. Mat. 18. 25. por siervos[b].
2 Y Eliséo le dijo: ¿Qué te haré yo?
Declárame qué tienes en casa. Y ella
dijo: Tu sierva ninguna cosa tiene en
[c] 1 Rey. 17. 12. casa, sino una botija de aceite[c].
3 Y él le dijo: Vé, y pide para tí vasos
prestados de todos tus vecinos; vasos va-
[d] Cap. 3. 16. cíos[d], *y* no pocos.
4 Entra luego, y cierra la puerta tras
tí, y tras tus hijos; y echa en todos los
vasos, y en estando uno lleno, ponlo
[e] Mar. 6. 37, 44. y 8. 5, 9. Juan 2. 7, 9. Ef. 3. 20. aparte[e].
5 Y partióse la mujer de él, y cerró la
puerta tras sí y tras sus hijos; y ellos le
llegaban *los vasos*, y ella echaba *del
aceite*.
6 Y como los vasos fueron llenos, dijo
á un hijo suyo: Tráeme aun *otro* vaso.
Y él dijo: No *hay* mas vasos. Entónces
cesó el aceite.
7 Vino luego ella, y contólo al varon
de Dios, *el cual* dijo: Vé, y vende el
aceite, y paga á tus acreedores; y tú y
tus hijos vivid de lo que quedáre.
8 ¶ Aconteció tambien que un dia
pasaba Eliséo por Sunem; y habia allí
una mujer principal, la cual le cons-
triñó á que comiese del pan: y así cu-
ando por allí pasaba, veníase á su casa
á comer del pan.
9 Y ella dijo á su marido: Hé aquí
ahora, yo entiendo que este que siempre
pasa por nuestra casa, es varon de Dios
[f] Mat. 5. 16. santo[f].
10 Yo te ruego que hagamos una pe-
queña cámara de paredes, y pongamos
en ella cama, y mesa, y silla, y cande-
lero, para que cuando viniere á nos-
[g] Mat. 10. 41, 42. Mat. 9. 41. Heb. 13. 2. 1 Ped. 4. 9. otros, se recoja en ella[g].
11 Y aconteció que un dia vino él por
allí, y recogióse en aquella cámara, y
durmió en ella.
12 Entónces dijo á Giezi su criado:
Llama á esta Sunamita. Y como él la
llamó, pareció ella delante de él.
13 Y dijo él á Giezi: Díle, Hé aquí tú
has estado solícita por nosotros con todo
este esmero: ¿qué quieres que haga por
tí? ¿Has menester que hable por tí al
rey, ó al general del ejército? Y ella
respondió: Yo habito en medio de mi
pueblo.
14 Y él dijo: ¿Qué pues harémos por
ella? Y Giezi respondió: Hé aquí ella
no tiene hijo, y su marido es viejo.
15 Dijo entónces: Llámala. Y él la
llamó, y ella se paró á la puerta.
16 Y él le dijo: A este tiempo segun
el tiempo de la vida, abrazarás un hijo[h]. [h] Gen. 18. 10, 14.
Y ella dijo: No, señor mio, varon de
Dios, no hagas burla de tu sierva[i]. [i] ver. 28.
17 Mas la mujer concibió, y parió un
hijo á aquel tiempo que Eliséo le habia
dicho[k], segun el tiempo de la vida. [k] Sal. 113. 9. Luc. 1. 36.
18 Y como el niño fué grande, acon-
teció que un dia salió á su padre á los
segadores.
19 Y dijo á su padre: Mi cabeza, mi
cabeza. Y él dijo á un criado: Llévalo
á su madre.
20 Y habiendole él tomado, y traídolo
á su madre, estuvo sentado sobre sus
rodillas hasta medio dia, y murióse.
21 Ella entónces subió, y púsolo sobre
la cama del varon de Dios, y cerrandole
la puerta salióse.
22 Llamando luego á su marido, dí-
jole: Ruégote que envies conmigo á al-
guno de los criados, y una de las asnas,
para que yo vaya corriendo al varon de
Dios y vuelva.
23 Y él dijo: ¿Para qué has de ir á él
hoy? No es nueva luna[l] ni sábado. Y [l] Nu. 28. 11.
ella respondió: Paz.
24 Despues hizo enalbardar una bor-
rica, y dijo al mozo: Guia y anda, y no
me hagas detener para que suba, sino
cuando yo te lo dijere.
25 Partióse pues, y vino al varon de
Dios al monte del Carmelo[m]. Y cu- [m] Cap. 2. 25. Is. 35. 2.
ando el varon de Dios la vió de léjos,
dijo á su criado Giezi: Hé allí la Su-
namita.
26 Ruégote que vayas ahora corriendo
á recibirla, y díle: ¿Tienes paz? y tu
marido, y tu hijo? Y ella dijo: Paz[n]. [n] Lev. 10. Job 1. 21, 22. Sal. 39. 9.
27 Y luego que llegó al varon de Dios
en el monte, asió de sus piés, y llegóse
Giezi para quitarla[o]; mas el varon de [o] Mat. 20.
Dios le dijo: Déjala, porque su alma
está en amargura[p], y Jehová me ha [p] 1 Sa. 1.
encubierto *el motivo*, y no me lo ha re-
velado[q]. [q] Gen. 18.
28 Y ella dijo: ¿Pedí yo hijo á mi
señor? ¿No dije yo que no me bur-
lases[r]? [r] ver. 16.
29 Entónces dijo él á Giezi: Ciñe tus
lomos[s], y toma mi bordon en tu mano, [s] Cap. 9. 1.
y vé; y si alguno te encontrare, no lo
saludes[t], y si alguno te saludare, no le [t] Luc. 10.
respondas: y pondrás mi bordon[u] sobre [u] Ex. 7. Hech. 19.
el rostro del niño.
30 Y dijo la madre del niño: Vive Je-
hová, y vive tu alma, que no te de-
jaré.
31 El entónces se levantó, y siguióla.
Y Giezi habia ido delante de ellos, y
habia puesto el bordon sobre el rostro
del niño; mas ni tenia voz ni sentido,
y así se habia vuelto para encontrar á
Eliséo, y declaróselo diciendo: El mozo
no despierta[x]. [x] Mar. 5. Juan 11.
32 Y venido Eliséo á la casa, hé aquí
el niño que estaba tendido muerto sobre
su cama.
33 Entrando él entónces, cerró la pu-
erta sobre ambos, y oró á Jehová[y]. [y] 1 Rey. 17. 20, 21.
34 Despues subió, y echóse sobre el
niño poniendo su boca sobre la boca de
él, y sus ojos sobre sus ojos, y sus manos

sobre las manos suyas: así se tendió sobre él[z], y calentóse la carne del jóven.

35 Volviendose luego, paseóse por la casa á una parte y á otra, y despues subió y tendióse sobre él: y el jóven estornudó siete veces, y abrió sus ojos.

36 Entónces llamó él á Giezi, y díjole: Llama á esta Sunamita. Y él la llamó; y entrando ella, él le dijo: Toma tu hijo.

37 Y así que ella entró, echóse á sus piés, é inclinóse á tierra; despues tomó su hijo[a], y salióse.

38 ¶ Y Eliséo se volvió á Gilgal[b]. Habia entónces grande hambre en la tierra[c], y los hijos de los profetas[d] estaban con él[e]; por lo que dijo á su criado: Pon una grande olla, y haz potaje para los hijos de los profetas.

39 Y salió uno al campo á coger yerbas, y halló una *como* parra montes[f], y cogió de ella una faldada de calabazas silvestres; y volvió, y cortólas en la olla del potaje: porque no sabian *lo que era*.

40 Echóse despues para que comieran los hombres; pero sucedió que comiendo ellos de aquel guisado, dieron voces diciendo: Varon de Dios, la muerte en la olla. Y no lo pudieron comer.

41 El entónces dijo: Traed harina[g]. Y esparcióla en la olla, y dijo: Echa de comer á la gente. Y no hubo mas mal en la olla.

42 Vino entónces un hombre de Baalsalisa[h], el cual trajo al varon de Dios panes de primicias, veinte panes de cebada, y trigo nuevo en su espiga. Y él dijo: Dá á la gente para que coman.

43 Y respondió su sirviente: ¿Cómo he de poner esto delante de cien hombres[i]? Mas él tornó á decir: Dá á la gente para que coman: porque así ha Jehová dicho: Comerán, y sobrará[k].

44 Entónces él lo puso delante de ellos; y comieron, y sobróles, conforme á la palabra de Jehová.

CAPITULO V.

Eliséo cura de su lepra á Naaman, general del ejército del rey de Siria, el cual visto el milagro, reconoce al Dios de Israel, y propone adorar á él solo. Giezi, criado de Eliséo, es por su avaricia herido con la lepra de Naaman.

NAAMAN, general del ejército del rey de Siria, era gran varon delante de su señor, y en alta estima, porque por medio de él habia dado Jehová salvamento á la Siria. Era este hombre valeroso en estremo, *pero* leproso.

2 Y de Siria habian salido cuadrillas, y habian llevado cautiva de la tierra de Israel una muchacha; la cual sirviendo á la mujer de Naaman,

3 Dijo á su señora: Si rogase mi señor al profeta que *está* en Samaria, él lo sanaria de su lepra.

4 Y entrando Naaman á su señor, declaróselo diciendo: Así y así ha dicho una muchacha, que es de la tierra de Israel.

5 Y díjole el rey de Siria: Anda vé, y yo enviaré letras al rey de Israel. Partió pues él llevando consigo diez talentos de plata, y seis mil *ducados* de oro, y diez mudas de vestidos[a].

6 Tomó tambien letras para el rey de Israel, que decian así: Luego en llegando á tí estas letras, sabe *por ellas* que yo envio á tí mi siervo Naaman, para que lo sanes de su lepra.

7 Y luego que el rey de Israel leyó las cartas, rasgó sus vestidos, y dijo: ¿Soy yo Dios[b], que mate y dé vida[c], para que este envie á mí á que sane un hombre de su lepra? Considerad ahora, y ved como busca ocasion contra mí[d].

[d] 1 Rey. 20. 7.

8 Y como Eliséo, varon de Dios, oyó que el rey de Israel habia rasgado sus vestidos, envió á decir al rey: ¿Por qué has rasgado tus vestidos? Venga ahora á mí, y sabrá que hay profeta en Israel[e].

[e] 1 Rey. 18. 36, 37. Ez. 2. 5. y 33. 33.

9 Y vino Naaman con sus caballos, y con su carro, y paróse á las puertas de la casa de Eliséo.

10 Entónces Eliséo le envió un mensajero diciendo: Vé, y lávate siete veces en el Jordan[f], y tu carne se te restaurará, y serás limpio.

[f] Juan 9. 7.

11 Y Naaman se fué enojado diciendo: Hé aquí yo decia para mí: Saldrá él luego, y estando en pié invocará el nombre de Jehová su Dios, y alzará su mano, *y tocará* el lugar, y sanará la lepra.

12 Abana y Pharphar, rios de Damasco, ¿no son mejores que todas las aguas de Israel? Si me lavare en ellos, ¿no seré *tambien* limpio? Y volvióse, y fuése enojado.

13 Mas sus criados se llegaron á él, y habláronle diciendo: Padre mio, si el profeta te mandara alguna gran cosa, ¿no la hicieras? ¿Cuanto mas diciendote: Lávate, y serás limpio[g]?

[g] 1 Cor. 1. 21, 27.

14 El entónces descendió, y zabullóse siete veces en el Jordan, conforme á la palabra del varon de Dios: y su carne se volvió como la carne de un niño, y fué limpio.

15 Y volvió al varon de Dios, él y toda su compañía, y púsose delante de él, y dijo: Hé aquí ahora conozco que no hay Dios en toda la tierra, sino en Israel[h]. Ruégote que recibas *algun* presente de tu siervo.

[h] Dan. 2. 47. y 3. 29. y 6. 26, 27.

16 Mas él dijo: Vive[i] Jehová, delante del cual estoy, que no *lo* tomaré. E importunandole que tomase, él nunca quiso.

[i] Cap. 3. 14.

17 Entónces Naaman dijo: Ruégote pues, ¿no se dará á tu siervo una carga de un par de acémilas de aquesta tierra? ¿Porque de aquí adelante tu siervo no sacrificará holocausto ni sacrificio á otros dioses, sino á Jehová[k].

[k] 1 Tes. 1. 9.

18 En esto perdone Jehová á tu siervo: que cuando mi señor entrare en el templo de Rimmon, y para adorar en él se apoyare sobre mi mano[l], si yo tambien me inclinare en el templo de Rimmon, si en el templo de Rimmon me inclino, Jehová perdone en esto[m] á tu siervo.

[l] Cap. 7. 2.
[m] 2 Cr. 30. 18, 19.

19 Y él le dijo: Véte en paz[n]. Partióse pues de él, *y caminó* como el espacio de una milla.

[n] Mar. 5. 34. Luc. 7. 50.

20 ¶ Entónces Giezi, criado de Eliséo el varon de Dios, dijo *entre sí*: Hé aquí mi señor estorbó á este Siro Naaman, no tomando de su mano las cosas que habia traido. Vive Jehová, que correré yo tras él, y tomaré de él alguna cosa[o].

[o] 1 Tim. 6. 9, 10.

21 Y siguió Giezi á Naaman: y como le vió Naaman que venia corriendo tras él, apeóse del carro para ir á recibirle, y dijo, ¿Vá bien?

22 Y él dijo: Bien. Mi señor me envia á decir: Hé aquí vinieron á mí en esta hora del monte de Ephraim dos mancebos de los hijos de los profetas: ruégote que les des un talento de plata, y sendas mudas de vestidos.

23 Y Naaman dijo: Ruégote que tomes dos talentos. Y él le constriñó, y ató dos talentos de plata en dos sacos, y dos mudas de vestidos, y púsolo á

cuestas á dos de sus criados que lo llevasen delante de él.

24 Y llegado que hubo á un lugar secreto p, él lo tomó de mano de ellos, y guardólo en casa: luego mandó á los hombres que se fuesen.

25 Y él entró, y púsose delante de su señor. Y Eliséo le dijo: ¿ De donde *vienes*, Giezi? Y él dijo: Tu siervo no ha ido á ninguna parte.

26 El entónces le dijo: ¿ No fué tambien mi corazon, cuando el hombre volvió de su carro q á recibirte? ¿ Es tiempo de tomar plata, y de tomar vestidos, olivares, viñas, ovejas y bueyes, siervos y siervas?

27 La de Naaman se te pegará á tí, y á tu simiente para siempre r. Y salió de delante de él leproso, *blanco* como la nieve s.

CAPITULO VI.

Nuevos prodigios del profeta Eliséo: Ben-adad, rey de Siria, sitia á Samaria, y la reduce á una hambre horrible. Joram, rey de Israel, manda matar á Eliséo; pero no se efectua su órden.

LOS hijos de los profetas a dijeron á Eliséo: Hé aquí el lugar en que moramos contigo, nos es estrecho:

2 Vamos ahora al Jordan, y tomemos de allí cada uno una viga, y hagámonos allí lugar en que habitemos. Y él dijo: Andad.

3 Y dijo uno: Rogámoste que quieras venir con tus siervos. Y él respondió: Yo iré.

4 Fuése pues con ellos; y como llegaron al Jordan, cortaron la madera.

5 Y aconteció que derribando uno un árbol, cayósele el hacha en el agua; y dió voces diciendo: Ah señor mio, que era emprestada!

6 Y el varon de Dios dijo: Donde cayó? Y él le mostró el lugar. Entónces cortó él un palo, y echólo allí b, é hizo nadar el hierro.

7 Y dijo: Tómalo. Y él tendió la mano, y tomólo.

8 ¶ Tenia el rey de Siria guerra contra Israel, y consultando con sus siervos dijo: En tal y tal lugar estará mi campamento.

9 Y el varon de Dios envió á decir al rey de Israel: Mira que no pases por tal lugar; porque los Siros van allí.

10 Entónces el rey de Israel envió á aquel lugar que el varon de Dios habia dicho, y amonestádole, y guardóse de allí, no una vez ni dos.

11 Y el corazon del rey de Siria fué turbado de esto; y llamando á sus siervos díjoles: ¿ No me declararéis vosotros quien de los nuestros *es* del rey de Israel?

12 Entónces uno de sus siervos dijo: No, rey señor mio; sino que el profeta Eliséo c está en Israel, el cual declara al rey de Israel las palabras que tú hablas en tu mas secreta cámara d.

13 Y él dijo: Id, y mirad donde está, para que yo envie á tomarlo e. Y fuele dicho: Hé aquí él *está* en Dothaim f.

14 Entónces envió el rey allá gente de á caballo y carros, y un grande ejército, los cuales vinieron de noche, y cercaron la ciudad.

15 Y levantandose de mañana el que servia al varon de Dios, para salir, hé aquí el ejército que tenia cercada la ciudad con gente de á caballo y carros. Entónces su criado le dijo: Ah señor mio! qué harémos?

16 Y él le dijo: No hayas miedo; porque mas son los que estan con nosotros que los que estan con ellos g.

17 Y oró Eliséo, y dijo: Ruégote, oh Jehová, que abras sus ojos para que vea. Entónces Jehová abrió los ojos del mozo, y miró: y hé aquí que el monte *estaba* lleno de gente de á caballo, y de carros de fuego h al rededor de Eliséo.

18 Y luego que los *Siros* descendieron á él, oró Eliséo á Jehová, y dijo: Ruégote que hieras á esta gente con ceguedad. E hiriólos con ceguedad i conforme al dicho de Eliséo.

19 Despues les dijo Eliséo: No es este el camino, ni es esta la ciudad k; seguidme, que yo os guiaré al hombre que buscais. Y guiólos á Samaria.

20 Y así que llegaron á Samaria, dijo Eliséo: Jehová, abre los ojos de estos, para que vean. Y Jehová abrió sus ojos, y miraron, y halláronse en medio de Samaria.

21 Y cuando el rey de Israel los hubo visto, dijo á Eliséo: ¿ Herirélos, padre mio?

22 Y él le respondió: No los hieras. ¿ Herirías tú á los que tomaste cautivos con tu espada y con tu arco? Pon delante de ellos pan y agua, para que coman y beban l, y se vuelvan á sus señores.

23 Entónces les fué aparejada grande comida: y como hubieron comido y bebido, enviólos, y ellos se volvieron á su señor. Y nunca mas vinieron cuadrillas de Siria á la tierra de Israel m.

24 ¶ Despues de esto aconteció, que Ben-adad, rey de Siria, juntó todo su ejército, y subió y puso cerco á Samaria.

25 Y hubo grande hambre en Samaria n teniendo ellos cerco sobre ella; tanto que la cabeza de un asno era *vendida* por ochenta *piezas* de plata, y la cuarta de un cabo de estiercol de palomas por cinco *piezas* de plata.

26 Y pasando el rey de Israel por el muro, una mujer le dió voces, y dijo: Salvame, rey señor mio.

27 Y el dijo: Si no te salva Jehová, ¿ de donde te tengo de salvar yo? del alfolí, ó del lagar?

28 Y díjole el rey: Qué tienes? Y ella respondió: Esta mujer me dijo: Dá acá tu hijo, y comámoslo hoy, y mañana comerémos el mio o.

29 Cocimos pues mi hijo, y le comimos. El dia siguiente yo la dije: Dá acá tu hijo, y comámoslo. Mas ella ha escondido su hijo p.

30 Y como el rey oyó las palabras de aquella mujer, rasgó sus vestidos, y pasó *así* por el muro: y llegó á ver el pueblo el saco que traia interiormente sobre su carne.

31 Y él dijo: Así me haga Dios, y así me añada q, si la cabeza de Eliséo, hijo de Saphat, quedáre sobre él hoy.

32 Estaba á la sazon Eliséo sentado en su casa, y con r él estaban sentados los ancianos: y el rey envió á él un hombre. Mas ántes que el mensajero viniese á él, dijo él á los ancianos: ¿ No habeis visto como este hijo del homicida me envia á quitar la cabeza? Mirad pues, y cuando viniere el mensajero, cerrad la puerta, é impedidle la entrada: ¿ no *viene* tras él ruido de los pies de su amo s?

33 Aun estaba él hablando con ellos, y hé aquí el mensajero que descendia á él; y dijo: Ciertamente este mal de Jehová viene. ¿ Para qué tengo de esperar mas á Jehová?

p Jos. 7. 21. Is. 29. 15.
q Pro. 12. 19, 22.
r Os. 10. 13.
s Cap. 15. 5. Nu. 12. 10.
a Cap. 4. 38.
b Cap. 2. 21.
c Amos 3. 7.
d Sal. 139. 1, 4. Jer. 23. 24.
e Sal. 37. 32, 33. Jer. 36. 26.
f Gen. 37. 17.
g 2 Cr. 32. 7, 8. Rom. 8. 31.
h Cap. 2. 11. Sal. 34. 7 y 68. 17. Zac. 1. 8 y 6. 1. 7. Apoc. 19. 11, 14.
i Gen. 19. 11.
k 2 Sa. 15.
l Pro. 25. 21, 22. Rom. 12.
m Cap. 5. 2 y 24. 2.
n Lev. 26. Jer. Ez. 4.
o Lev. Deu. 28. 57. La. 4.
p 1 Rey.
q Rut. 1 Rey.
r Ez. y 20.
s Cap.

CAPITULO VII.

Eliséo denuncia en tan grande hambre una repentina hartura; la cual viene metiendo Dios de repente tanto miedo en los ánimos de los Siros, que dejadas todas sus tiendas con todo lo que tenían, se huyen. De ello dieron aviso cuatro leprosos: y un capitan que no creyó la denunciacion de la hartura, es hollado y muerto de la gente á la puerta de la ciudad, sin gozar de la hartura, como el profeta asimismo se lo había dicho.

DIJO entónces Eliséo: Oid palabra de Jehová: Así dijo Jehová: Mañana á estas horas *valdrá* el seah de flor de harina un siclo, y dos seah de cebada
r. 18, 19. un siclo, á la puerta de Samaria [a].

2 Y un príncipe, sobre cuya mano el
g. 5. 18. rey se apoyaba [b], respondió al varon de Dios, y dijo: Si Jehová hiciese ahora
a. 7. 11. ventanas [c] en el cielo, ¿sería esto así?
l. 3. 18. Y él dijo: Hé aquí tú lo verás con tus
r. 17, 20. ojos, mas no comerás de ello [d].

3 Y habia cuatro hombres leprosos á
v. 13. 46. la entrada de la puerta [e], los cuales dijeron el uno al otro: ¿Para qué nos estamos aquí hasta que muramos?

4 Si tratáremos de entrar en la ciudad, por el hambre que hay en la ciudad moriremos en ella; y si nos quedamos aquí, tambien moriremos. Vamos pues ahora, y pasémonos al ejército de los Siros: si ellos nos dieren la vida, viviremos; y si nos dieren la muerte, moriremos.

5 Levantáronse pues en el principio de la noche, para irse al campo de los Siros; y llegando á las primeras estancias de los Siros, no habia allí hombre.

6 Porque el Señor habia hecho que en el campo de los Siros se oyese estruendo de carros, ruido de caballos, y estrépito de grande ejército: y dijéronse los unos á los otros: Hé aquí el rey de Israel ha pagado contra nosotros á los reyes de los Hethéos, y á los reyes de los Egipcios, para que vengan contra nosotros.

7 Y así se habian levantado y huido al principio de la noche, dejando sus tiendas, sus caballos, sus asnos, y el campo como se estaba, y habian huido por *salvar* las vidas.

8 Y como los leprosos llegaron á las primeras estancias, entráronse en una tienda, y comieron y bebieron, y tomaron de allí plata y oro, y vestidos, y fuéron y escondiéronlo: y vueltos, entraron en otra tienda, y de allí tambien tomaron, y fuéron, y escondieron.

9 Y dijéronse el uno al otro: No hacemos bien: hoy es dia de *dar* buena nueva, y nosotros callamos: y si esperamos hasta la luz de la mañana, nos alcanzará la maldad. Vamos pues ahora, entremos, y demos la nueva en casa del rey.

10 Y vinieron, y dieron voces á los guardas de la puertas de la ciudad, y declaráronles diciendo: Nosotros fuimos al campo de los Siros, y hé aquí que no habia allí hombre *alguno*, ni voz de hombre, sino caballos atados, asnos tambien atados, y el campo como se estaba.

11 Y los porteros dieron voces, y declaráronlo dentro en el palacio del rey.

12 Y levantóse el rey de noche, y dijo á sus siervos: Yo os declararé lo que nos han hecho los Siros. Ellos saben que tenemos hambre, y hanse salido de las tiendas, y escondídose en el campo diciendo: Cuando hubieren salido de la ciudad, los tomarémos vivos, y entrarémos en la ciudad.

13 Entónces respondió uno de sus siervos, y dijo: Tomen ahora cinco de los caballos que han quedado en la ciudad, (porque ellos tambien *han sido* como toda la multitud de Israel que ha quedado en ella; tambien ellos *han sido* como toda la multitud de Israel que ha perecido,) y enviemos y veamos *qué hay*.

14 Tomaron pues dos caballos de un carro, y envió el rey tras el campo de los Siros diciendo: Id, y ved.

15 Y ellos fueron, y siguiéronlos hasta el Jordan: y hé aquí todo el camino estaba lleno de vestidos y enseres que los Siros habian arrojado con la premura. Y volvieron los mensajeros, é hiciéronlo saber al rey.

16 Entónces el pueblo salió, y saquearon el campo de los Siros: y fué *vendido* un seah de flor de harina por un siclo, y dos seah de cebada por un siclo,
conforme á la palabra de Jehová [f]. [f] ver. 1.

17 Y el rey puso á la puerta á aquel príncipe sobre cuya mano él se apoyaba; y atropellólo el pueblo á la entrada, y murió, conforme á lo que habia dicho el
varon de Dios, lo que habló [g] cuando el [g] ver. 2.
rey descendió á él.

18 Aconteció pues de la manera que el varon de Dios habia hablado al rey, diciendo: Dos seah de cebada por un siclo, y el seah de flor de harina será *vendido* por un siclo mañana á estas horas á la puerta de Samaria.

19 A lo cual aquel príncipe habia respondido al varon de Dios diciendo: Aunque Jehová hiciese ventanas en el cielo, ¿pudiera ser eso? Y él dijo: He aquí tú lo verás con tus ojos, mas no comerás
de ello [h]. [h] Nu. 20. 12. Jer. 17. 5, 6. Heb. 3. 19.

20 Y vínole así: porque el pueblo lo atropelló á la entrada, y murió.

CAPITULO VIII.

Por aviso de Eliséo su huéspeda se vá de la tierra, huyendo del hambre que habia de venir sobre ella. Declara Eliséo á Hazael, criado del rey de Siria, que llegaría á ser rey, y lo que en su reino haría: y vuelto Hazael, ahoga al rey, y usurpa el reino. Joram, hijo de Josaphat, rey de Judá, sigue las impiedades de los reyes de Israel; y por muerte suya sucede en el reino Ochózias su hijo, tambien impío.

Y HABLÓ Eliséo á aquella mujer, á cuyo hijo habia hecho vivir, diciendo [a]: Levántate, vete tú y toda tu [a] Cap. 4. 18, etc.
casa á vivir donde pudieres; porque Jehová ha llamado el hambre [b], la cual [b] Sal. 105. 16. Hag. 1. 11.
vendrá tambien sobre la tierra siete años [c]. [c] Gen. 41. 27. 2 Sa. 24. 13.

2 Entónces la mujer se levantó, é hizo como el varon de Dios le dijo: y partióse ella con su familia, y vivió en tierra de los Philistéos siete años.

3 ¶ Y como fueron pasados los siete años, la mujer volvió de la tierra de los Philistéos: despues salió para clamar al rey por su casa, y por sus tierras.

4 Y habia el rey hablado con Giezi [d], [d] Cap. 5. 20, 27.
criado del varon de Dios, diciendole: Ruégote que me cuentes todas las maravillas que ha hecho Eliséo [e]. [e] Luc. 23. 8.

5 Y contando él al rey como habia
hecho vivir á un muerto [f], hé aquí la [f] Cap. 4. 35.
mujer, á cuyo hijo habia hecho vivir, que clamaba al rey por su casa y por sus tierras. Entónces dijo Giezi: Rey señor mio, esta *es* la mujer, y este *es* su hijo, al cual Eliséo hizo vivir.

6 Y preguntando el rey á la mujer, ella se lo contó. Entónces el rey le dió un eunuco, diciendole: Hazle volver todas las cosas que eran suyas, y todos los frutos de las tierras, desde el dia que dejó el pais hasta ahora.

7 ¶ Eliséo se fué luego á Damasco, y Ben-adad, rey de Siria, estaba enfermo; al cual dieron aviso diciendo: El varon de Dios ha venido aquí.

8 Y el rey dijo á Hazael[g]: Toma en tu mano un presente[h], y vé á recibir al varon de Dios, y consulta por él á Jehová diciendo: ¿Tengo de sanar de esta enfermedad[i]?

9 Tomó pues Hazael en su mano un presente de todos los bienes de Damasco, cuarenta camellos cargados, y salióle á recibir: y llegó, y púsose delante de él, y dijo: Tu hijo Ben-adad, rey de Siria, me ha enviado á tí diciendo, ¿Tengo de sanar de esta enfermedad?

10 Y Eliséo le dijo: Seguramente vivirás; empero Jehová me ha mostrado que él ha de morir ciertamente[k].

11 Y el varon de Dios le volvió el rostro afirmadamente, y estúvose así una gran pieza; y lloró el varon de Dios[l].

12 Entónces díjole Hazael: ¿Por qué llora mi señor? Y él respondió: Porque sé el mal que has de hacer á los hijos de Israel[m]: á sus fortalezas pegarás fuego, y sus mancebos matarás á cuchillo, y estrellarás sus niños, y abrirás sus preñadas[n].

13 Y Hazael dijo: ¿Por qué? ¿Es tu siervo *el* perro, que hará esta gran cosa? Y respondió Eliséo: Jehová me ha mostrado que tú has de ser rey de Siria[o].

14 Y él se partió de Eliséo, y vino á su señor, el cual le dijo: ¿Qué te ha dicho Eliséo? Y él respondió: Díjome que seguramente vivirás.

15 El dia siguiente tomó un paño basto, y metiólo en agua, y tendiólo sobre el rostro de Ben-adad, y así murió: y reinó Hazael en su lugar.

16 ¶ En el quinto año de Joram, hijo de Achâb, rey de Israel, y de Josaphat, rey de Judá, comenzó á reinar Joram, hijo de Josaphat, rey de Judá:

17 De treinta y dos años era cuando comenzó á reinar, y ocho años reinó en Jerusalem.

18 Y anduvo en el camino de los reyes de Israel, como hizo la casa de Achâb: porque una hija de Achâb fué su mujer[p], é hizo lo malo en ojos de Jehová.

19 Con todo eso Jehová no quiso cortar á Judá por amor de David su siervo, como le habia prometido darle lámpara de sus hijos perpetuamente[q].

20 En su tiempo se rebeló Edom de debajo de la mano de Judá[r], y pusieron rey[s] sobre sí.

21 Joram por tanto pasó á Seir, y todos sus carros con él; y levantándose de noche hirió á los Iduméos, los cuales le habian cercado, y á los capitanes de los carros: y el pueblo huyó á sus estancias.

22 Sustrajóse no obstante Edom de bajo la mano de Judá hasta hoy. Rebelóse ademas Libna[t] en el mismo tiempo.

23 Lo demas de los hechos de Joram, y todas las cosas que hizo, ¿no está escrito en el libro de las crónicas de los reyes de Judá?

24 Y durmió Joram con sus padres, y fué sepultado con sus padres en la ciudad de David: y reinó en lugar suyo Ochôzías[u] su hijo.

25 ¶ En el año doce de Joram, hijo de Achâb, rey de Israel, comenzó á reinar Ochôzías, hijo de Joram, rey de Judá.

26 De veinte y dos años era Ochôzías cuando comenzó á reinar, y reinó un año en Jerusalem. El nombre de su madre fué Athalía, hija de Omri, rey de Israel.

27 Y anduvo en el camino de la casa de Achâb, é hizo lo malo en ojos de Jehová, como la casa de Achâb: porque era yerno de la casa de Achâb.

28 Y fué á la guerra con Joram, hijo de Achâb, á Ramoth de Galaad, contra Hazael rey de Siria; y los Siros hirieron á Joram[x].

29 Y el rey Joram se volvió á Jezreel, para curarse de las heridas que los Siros le hicieron delante de Ramoth, cuando peleó contra Hazael, rey de Siria. Y descendió Ochôzías, hijo de Joram, rey de Judá, á visitar á Joram, hijo de Achâb, en Jezreel, porque estaba enfermo[y].

[g] 1 Rey. 19. 15. [h] 1 Rey. 14. 3. [i] Cap. 1. 2, 6. [k] ver. 15. [l] Luc. 19. 41. [m] Cap. 10. 32. y 12. 17. y 13. 3, 7. [n] Cap. 15. 16. Os. 13. 16. Am. 1. 13. [o] 1 Rey. 19. 15. [p] ver. 26. [q] 2 Sa. 11. 13. 1 Rey. 11. 36. y 15. 4. Sal. 132. 17. [r] Gen. 27. 40. [s] 1 Rey. 22. 47. [t] Jos. 21. 13. [u] 2 Cr. 21. 17. y 22. 1, 6. y 25. 23. [x] Cap. [y] Cap.

CAPITULO IX.

Jehú, ungido por rey de Israel por uno de los profetas que Eliséo envió para ello, mata á Joram, rey de Israel, en la heredad de Naboth, conforme á lo que Dios habia denunciado á Achâb su padre por Elías, á causa de la muerte de Naboth. Mata ademas entónces á Ochôzías, rey de Judá, el cual habia venido á ver á Joram; y á Jezabel, madre de Joram, házola echar de una ventana, y comiéronla perros, conforme á la misma profecía.

ENTONCES el profeta Eliséo llamó á uno de los hijos de los profetas, y díjole: Ciñe tus lomos[a], y toma esta alcuza de aceite en tu mano, y vé á Ramoth de Galaad[b].

2 Y cuando llegares allá, verás allí á Jehú, hijo de Josaphat, hijo de Namsi; y entrando, haz que se levante de entre sus hermanos, y mételo en la recámara.

3 Toma luego la alcuza de aceite[c], y derrámala sobre su cabeza, y dí: Así dijo Jehová: Yo te he ungido por rey sobre Israel. Y abriendo la puerta echa á huir, y no esperes.

4 Fué pues el mozo, el mozo del profeta, á Ramoth de Galaad:

5 Y como él entró, hé aquí los príncipes del ejército que estaban sentados. Y él dijo: Príncipe, *una* palabra tengo que decirte. Y Jehú dijo: ¿A cual de todos nosotros? Y él dijo: A tí, príncipe.

6 Y él se levantó, y entróse en casa; y el *otro* derramó el aceite sobre su cabeza, y díjole: Así dijo Jehová Dios de Israel: Yo te he ungido por rey[d] sobre el pueblo de Jehová, sobre Israel[e].

7 Y herirás la casa de Achâb tu señor, para que yo vengue[f] la sangre de mis siervos los profetas[g], y la sangre de todos los siervos de Jehová, de la mano de Jezabel.

8 Y perecerá toda la casa de Achâb, y talaré de Achâb todo meante á la pared, así al guardado como al desamparado en Israel[h].

9 Y yo pondré la casa de Achâb como la casa de Jeroboam, hijo de Nabat, y como la casa de Baasa, hijo de Ahía.

10 Y á Jezabel comerán perros en el campo de Jezreel, y no habrá quien la sepulte[i]. En seguida abrió la puerta, y echó á huir.

11 Despues salió Jehú á los siervos de su señor, y dijéronle: ¿Hay paz? ¿Para qué entró á tí aquel loco[k]? Y él les dijo: Vosotros conoceis al hombre, y sus palabras.

12 Y ellos dijeron: Mentira; decláranoslo ahora. Y él dijo: Así y así me habló diciendo: Así ha dicho Jehová: Yo te he ungido por rey sobre Israel.

13 Entónces tomaron prestamente su ropa[l], y púsola cada uno debajo de él en un trono alto, y tocaron corneta[m], y dijeron: Jehú es rey.

14 Conjuró luego Jehú, hijo de Josaphat, hijo de Namsi, contra Joram: (estaba Joram guardando á Ramoth de Galaad con todo Israel, por causa de Hazael, rey de Siria;

[a] Cap. Jer. 1. [b] Cap. [c] 1 Rey. 16. [d] Sal. Dan. y 4. 1 y 5. 2 [e] 2 Cr. [f] Luc. 18. Apoc. 10. [g] 1 Re. y 21. [h] Deu. [i] ver. 1 Re. 23. [k] Jer. [l] Ma. [m] 2 S. 10.

15 Habíase empero vuelto el rey Joram á Jezreel, para curarse de las heridas que los Siros le habian hecho peleando contra Hazael, rey de Siria:) Y Jehú dijo: Si es vuestra voluntad, ninguno escape de la ciudad, para ir á dar las nuevas en Jezreel.

16 Entónces Jehú cabalgó, y fuese á Jezreel, porque Joram estaba allí enfermo. Tambien Ochôzías, rey de Judá, habia descendido allá á visitar á Joram.

17 Y el atalaya que estaba en la torre de Jezreel[n], vió la cuadrilla de Jehú que venia, y dijo: Yo veo una cuadrilla. Y Joram dijo: Toma uno de á caballo, y envia á reconocerlos, y que les diga, ¿Hay paz[o]?

18 Fué pues el de á caballo á reconocerlos, y dijo: El rey dice así: ¿Hay paz? Y Jehú le dijo: ¿Qué tienes tú que ver con la paz? Vuélvete tras mí. El atalaya dió luego aviso diciendo: El mensajero llegó hasta ellos, y no vuelve.

19 Entónces envió otro de á caballo, el cual llegando á ellos dijo: ¿Hay paz? Y Jehú respondió: ¿Qué tienes tú que ver con la paz? Vuélvete tras mí.

20 El atalaya volvió á decir: Tambien este llegó á ellos, y no vuelve: mas el marchar *del que viene* es como el marchar de Jehú, hijo de Namsi, porque viene impetuosamente.

21 Entónces Joram dijo: Unce. Y uncido que fué su carro, salió Joram rey de Israel, y Ochôzías rey de Judá, cada uno en su carro, y salieron á encontrar á Jehú, al cual hallaron en la heredad de Naboth de Jezreel.

22 Y en viendo Joram á Jehú, dijo: ¿Hay paz, Jehú? Y él respondió: ¿Qué paz, con las fornicaciones de Jezabel tu madre, y sus muchas hechicerías?

23 Entónces Joram volviendo la mano huyó, y dijo á Ochôzías: Traicion, Ochôzías.

24 Mas Jehú flechó su arco, é hirió á Joram entre las espaldas, y la saeta salió por su corazon, y cayó en su carro.

25 Dijo luego *Jehú* á Bidkar su capitan: Tómalo, y échalo á un cabo de la heredad de Naboth de Jezreel. Acuérdate que cuando tú y yo íbamos juntos con la gente de Achâb su padre, Jehová pronunció esta sentencia sobre él, diciendo:

26 Que yo he visto ayer las sangres de Naboth, y las sangres de sus hijos, dijo Jehová, y tengo de darte la paga en esta heredad, dijo Jehová[p]. Tómalo pues ahora, y échalo en la heredad, conforme á la palabra de Jehová.

27 ¶ Y viendo *esto* Ochôzías, rey de Judá, huyó por el camino de la casa del huerto. Y siguiólo Jehú, diciendo: Herid tambien á este en el carro. *Y le hirieron* á la subida de Gur, junto á Ibleam. Y él huyó á Megiddo, y murió allí.

28 Y sus siervos lo llevaron en un carro á Jerusalem, y allá lo sepultaron con sus padres en su sepulcro en la ciudad de David.

29 En el undécimo año de Joram, hijo de Achâb, comenzó á reinar Ochôzías sobre Judá[q].

30 ¶ Vino despues Jehú á Jezreel; y como Jezabel lo oyó, adornó sus ojos[r] con alcohol, y atavió su cabeza, y asomóse á una ventana.

31 Y como entraba Jehú por la puerta, ella dijo: ¿Sucedió bien á Zimri, que mató á su señor?

32 Alzando él entónces su rostro hácia la ventana, dijo: ¿Quien es conmigo? Quien? Y miraron hácia él dos ó tres eunucos.

33 Y él *les* dijo: Echadla abajo. Y ellos la echaron: y *parte* de su sangre fué salpicada en la pared, y en los caballos; y él la atropelló.

34 Entró luego, y despues que comió y bebió, dijo: Id ahora á ver aquella maldita, y sepultadla, que es hija de rey[s].

35 Empero cuando fueron para sepultarla, no hallaron de ella mas que la calavera y los pies, y las palmas de las manos[t].

36 Y volvieron, y dijéronselo. Y él dijo: La palabra de Dios *es* esta, la cual él habló por mano de su siervo Elías Thisbita diciendo: En la heredad de Jezreel comerán los perros las carnes de Jezabel.

37 Y el cuerpo de Jezabel fué cual estiercol sobre la faz de la tierra[u] en la heredad de Jezreel: *de manera* que nadie pueda decir, Esta es Jezabel.

CAPITULO X.

Jehú recibido por rey de los príncipes de Israel, hace matar setenta hijos de Achâb, con todos los demas que pertenecian á la casa de Achâb, y viniendo á Samaría, encuéntrase con los hermanos de Ochôzías, rey de Judá, y tambien los hace matar á todos. En Samaría hace juntar todos los sacerdotes de Baal, con pretesto de querer hacerle una gran fiesta, y mátalos á todos en el templo. Retiene con todo eso la idolatría de Jeroboam; y muerto él, sucédele Joachâs su hijo.

Y TENIA Achâb en Samaria setenta hijos: y escribió letras Jehú, y enviólas á Samaria á los principales de Jezreel, á los ancianos, y á los ayos de Achâb, diciendo:

2 Luego en llegando estas letras á vosotros los que teneis los hijos de vuestro señor, y los que teneis carros y gente de á caballo, la ciudad pertrechada, y las armas,

3 Mirad *cual es* el mejor, y el mas recto de los hijos de vuestro señor, y ponedlo en el trono de su padre: y pelead por la casa de vuestro señor.

4 Mas ellos tuvieron gran temor, y dijeron: Hé aquí dos reyes[a] no pudieron resistirle; ¿como le resistirémos nosotros?

5 Y el mayordomo, y el presidente de la ciudad, y los ancianos, y los ayos, enviaron á decir á Jehú: Siervos tuyos somos, y harémos todo lo que nos mandáres: no elegirémos por rey á ninguno; tú harás lo que bien te pareciere.

6 El entónces les escribió la segunda vez, diciendo: Si sois mios, y quereis obedecerme, tomad las cabezas de los varones, hijos de vuestro señor, y venid mañana á estas horas á mí á Jezreel. Y los hijos del rey, setenta varones, *estaban* con los príncipes de la ciudad que los criaban.

7 Y como las letras llegaron á ellos, tomaron á los hijos del rey, y degollaron setenta varones[b], y pusieron sus cabezas en canastillos[c], y enviáronselas á Jezreel.

8 Y vino un mensajero que le dió las nuevas diciendo: Traido han las cabezas de los hijos del rey. Y él dijo: Ponedlas en dos montones á la entrada de la puerta hasta la mañana.

9 Venida la mañana, salió él, y estando en pié dijo á todo el pueblo: Vosotros sois justos, y hé aquí yo he conspirado contra mi señor, y lo he muerto[d]: ¿mas quien ha muerto á todos estos?

[s] 1 Rey. 16. 31.
[t] Ec. 6. 3. Is. 14. 18, 20. Jer. 22. 19. y 36. 30.
[u] Sal. 83. 10. Jer. 8. 2. y 16. 4.
[a] Cap. 9. 24, 27.
[b] 1 Rey. 21. 21.
[c] Mat. 14. 8, 11.
[d] Cap. 9. 14, 24.

10 Sabed ahora que de la palabra de Jehová, que habló sobre la casa de Achâb[e], nada caerá en tierra[f]; y que Jehová ha hecho lo que dijo por su siervo Elías.

11 Mató entónces Jehú á todos los que habian quedado de la casa de Achâb en Jezreel, y á todos sus príncipes, y á todos sus familiares, y á sus sacerdotes, que no le quedó ninguno.

12 ¶ Y levantóse de allí, y vino á Samaria: y llegando él en el camino á una casa de esquiléo de pastores,

13 Halló *allí* á los hermanos de Ochôzías, rey de Judá, y díjoles: ¿ Quien sois vosotros? Y ellos dijeron: Somos hermanos[g] de Ochôzías, y hemos venido á saludar á los hijos del rey, y á los hijos de la reina.

14 Entónces él dijo: Prendedlos vivos. Y despues que los tomaron vivos, degolláronlos junto al pozo de la casa de esquiléo, cuarenta y dos varones, sin dejar ninguno de ellos.

15 ¶ Partiendose luego de allí, encontróse con Jonadab[h], hijo de Rechâb[i]; y despues que lo hubo saludado, díjole: ¿ Es recto tu corazon, como el mio es recto con el tuyo? Y Jonadab dijo: Lo es. Pues que lo es, dáme la mano. Y él le dió su mano. Hízolo luego subir consigo en el carro,

16 Y díjole: Ven conmigo, y verás mi zelo por Jehová. Pusiéronlo pues en su carro.

17 Y luego que hubo *Jehú* llegado á Samaria, mató á todos los que habian quedado de Achâb en Samaria, hasta extirparlo[k], conforme á la palabra de Jehová, que habia hablado por Elías[l].

18 Y juntó Jehú todo el pueblo, y díjoles: Achâb sirvió poco á Baal[m]: mas Jehú lo servirá mucho.

19 Llamadme pues luego á todos los profetas de Baal[n], á todos sus siervos, y á todos sus sacerdotes, que no falte uno; porque tengo un grande sacrificio para Baal: cualquiera que faltare, no vivirá. Esto hacía Jehú con astucia, para destruir los que honraban á Baal.

20 Y dijo Jehú: Santificad un dia solemne á Baal. Y ellos convocaron.

21 Y envió Jehú por todo Israel, y vinieron todos los siervos de Baal, que no faltó ninguno que no viniese. Y entraron en el templo de Baal; y el templo de Baal se llenó de cabo á cabo.

22 Entónces dijo al que tenia el cargo de las vestiduras: Saca vestiduras para todos los siervos de Baal. Y él les sacó vestimentas.

23 Y entró Jehú con Jonadab[o], hijo de Rechâb, en el templo de Baal, y dijo á los siervos de Baal: Mirad y ved que por dicha no haya aquí entre vosotros alguno de los siervos de Jehová, sino solos los siervos de Baal.

24 Y como ellos entraron para hacer sacrificios y holocaustos, Jehú puso fuera ochenta hombres, y díjoles: Cualquiera que dejare vivo alguno de aquellos hombres, que yo he puesto en vuestras manos, su vida será por la del otro[p].

25 Y despues que acabaron ellos de hacer el holocausto, Jehú dijo á los de su guardia, y á los capitanes: Entrad, y matadlos[q]; que no escape ninguno. Y los hiriéron á cuchillo; y dejáronlos tendidos los de la guardia y los capitanes, y fueron hasta la ciudad del templo de Baal,

26 Y sacaron las estatuas de la casa de Baal, y quemáronlas[r].

27 Y quebraron la estatua de Baal, y derribaron la casa de Baal, é hiciéronla necesarias hasta hoy.

28 Así extinguió Jehú á Baal de Israel.

29 Con todo eso Jehú no se apartó de los pecados de Jeroboam, hijo de Nabat, que hizo pecar á Israel; *á saber*, de en pos de los becerros de oro que *estaban* en Beth-el, y en Dan[s].

30 Y Jehová dijo á Jehú: Por cuanto has hecho bien ejecutando lo *que es* recto delante de mis ojos, é hiciste á la casa de Achâb conforme á todo lo que *estaba* en mi corazon, tus hijos se sentarán sobre el trono de Israel hasta la cuarta generacion[t].

31 Mas Jehú no cuidó de andar en la ley de Jehová Dios de Israel con todo su corazon, ni se apartó de los pecados de Jeroboam, el que habia hecho pecar á Israel[u].

32 En aquellos dias comenzó Jehová á talar en Israel: é hiriólos Hazael en todos los términos de Israel[x],

33 Desde el Jordan, al nacimiento del sol, toda la tierra de Galaad de Gad, de Ruben, y de Manassé; desde Aroer, que *está* junto al arroyo de Arnon, á Galaad[y] y á Basan.

34 Lo demas de los hechos de Jehú, y todas las cosas que hizo, y toda su valentía, ¿ no está escrito en el libro de las crónicas de los reyes de Israel?

35 Y durmió Jehú con sus padres, y sepultáronlo en Samaria: y reinó en su lugar Joachâz su hijo.

36 El tiempo que reinó Jehú sobre Israel en Samaria, *fué* veinte y ocho años.

CAPITULO XI.

Athalía, madre de Ochôzías, rey de Judá, por reinar sola, mata toda la sucesion real, excepto el niño Joas, hijo de Ochôzías, que fué librado por medio de su tia; y habiendo estado guardado en el templo seis años, el sumo sacerdote Joiada lo muestra al pueblo, y lo hace proclamar rey, matando á Athalía. Joiada hace que el nuevo rey y el pueblo hagan pública y solemne protestacion de seguir la ley de Dios, y destruyen toda la idolatría.

Y ATHALIA, madre de Ochôzías[a], viendo que su hijo era muerto, levantóse, y destruyó toda la simiente real[b].

2 Pero tomando Josaba, hija del rey Joram, hermana de Ochôzías, á Joas hijo de Ochôzías, sacólo furtivamente de entre los hijos del rey, que se mataban, y ocultólo de delante de Athalía, á él y á su ama, en la cámara de las camas, y *así* no lo mataron.

3 Y estuvo con ella escondido en la casa de Jehová seis años: y Athalía fué reina sobre el pais.

4 ¶ Mas al séptimo año envió Joiada, y tomó centuriones, capitanes, y gente de la guardia, y metiólos consigo en la casa de Jehová, é hizo con ellos liga juramentandolos en la *misma* casa de Jehová, y mostróles al hijo del rey[c].

5 Y mandóles diciendo: Esto *es* lo que habeis de hacer: la tercera parte de vosotros los que entrarán el sábado, tendrán la guarda de la casa del rey;

6 Y la *otra* tercera parte estará á la puerta del Sur; y la *otra* tercera parte á la puerta del postigo de los de la guardia: así guardaréis la casa para que no sea allanada.

7 Y las dos partes de vosotros, *es á saber*, todos los que salen el sábado, tendréis la guarda de la casa de Jehová junto al rey.

8 Y estaréis al rededor del rey de todas partes, teniendo cada uno sus armas en las manos: y cualquiera que entrare dentro de estos órdenes, sea muerto. Y

e 1 Rey. 21. 19, etc.
f 1 Sa. 3. 19.
g 2 Cr. 22. 8.
h Jer. 35. 6, etc.
i 1 Cr. 2. 55.
k Cap. 9. 8.
l 1 Rey. 21. 21.
m 1 Rey. 16. 31, 32.
n 1 Rey. 22. 6.
o ver. 15.
p 1 Rey. 20. 39.
q Deu. 13. 6, 11. Es. 9. 5, 7.
r 2 Sa. 5. 21. 1 Rey. 15. 13.
s 1 Rey. 12. 28, 29.
t ver. 35. Cap. 13. 10. y 14. 23. y 15. 8, 12.
u 1 Rey. 14. 16.
x Cap. 8. 12.
y Amos 1. 3.
a Cap. 8. 26.
b 2 Cr. 22. 10.
c 2 Cr. 23. 1, etc.

habeis de estar con el rey cuando saliere, y cuando entrare.

9 Los centuriones pues hicieron todo como el sacerdote Joiada les mandó; y tomando cada uno los suyos, *es á saber*, los que habian de entrar el sábado, y los que habian salido el sábado, viniéronse á Joiada el sacerdote.

10 Y el sacerdote dió á los centuriones las picas y los escudos [d] *que habian sido* del rey David, que *estában* en la casa de Jehová.

11 Y los de la guardia se pusieron *en órden*, teniendo cada uno sus armas en sus manos, desde el lado derecho de la casa hasta el lado izquierdo, junto al altar y el templo, en derredor del rey.

12 Sacando luego *Joiada* al hijo del rey, púsole la corona y el Testimonio, é hiciéronle rey ungiéndolo [e]; y batiendo las manos dijeron: Viva el rey [f].

13 Y oyendo Athalia el estruendo del pueblo que corria, entró al pueblo en el templo de Jehová;

14 Y como miró, hé aquí el rey que estaba junto á la columna [g], conforme á la costumbre, y los príncipes, y las trompetas junto al rey, y que todo el pueblo del pais hacia alegrías [h], y que tocaban las trompetas. Entónces Athalia, rasgando sus vestidos, clamó á voz en grito: Traicion, traicion.

15 Mas el sacerdote Joiada mandó á los centuriones, que gobernaban el ejército, y díjoles: Sacadla fuera del recinto del templo, y al que la siguiere, matadlo á cuchillo: (porque el sacerdote dijo que no la matasen en el templo de Jehová.)

16 Diéronle pues lugar; y como iba el camino por donde entran los de á caballo á la casa del rey, allí la mataron.

17 ¶ Entónces Joiada hizo alianza [i] entre Jehová y el rey y el pueblo, que serian pueblo de Jehová; y asimismo entre el rey y el pueblo.

18 Y todo el pueblo de la tierra entró en el templo de Baal [k], y derribáronle: asimismo despedazaron enteramente sus altares y sus imágenes [l], y mataron á Mathan, sacerdote de Baal, delante de los altares. Y el sacerdote puso guarnicion sobre la casa de Jehová [m].

19 Despues tomó los centuriones, y capitanes, y los de la guardia, y á todo el pueblo de la tierra, y llevaron al rey desde la casa de Jehová, y vinieron por el camino de la puerta de los de la guardia á la casa del rey: y sentóse el *rey* sobre el trono de los reyes.

20 Y todo el pueblo de la tierra hizo alegrías [n], y la ciudad estuvo en reposo, habiendo sido Athalia muerta á cuchillo *junto* á la casa del rey.

21 Era Joas de siete años cuando comenzó á reinar.

[d] 2 Sa. 8. 7.
[e] ...Sa. 2. 4, 7.
[f] ...Sa. 10. 24. ...Rey. 1. 34.
[g] ...p. 23. 3. ...Cr. 34. 31.
[h] ...a. 10. 1, ...
[i] ...a. 5. 3. ...h. 9. 38. ...a. 23, 29.
[k] ...p. 10. 26, ...
[l] ...t. 12. 3.
[m] 2 Cr. 23. 18.
[n] ...m. 11. 10. ...a. 2.

CAPITULO XII.

Joas hace restaurar el Templo. Viniendo Hazael, rey de Siria, contra Jerusalem, aplácale Joas con grande tesoro, y se retira. Conspíran contra Joas sus siervos, y le matan. Sucédele Amasias su hijo.

EN el séptimo año de Jehú comenzó á reinar Joas, y reinó cuarenta años en Jerusalem. El nombre de su madre fué Sibia, de Beerseba.

2 Y Joas hizo lo *que era* recto en ojos de Jehová todo el tiempo que le dirigió el sacerdote Joiada.

3 Con todo eso los altos no se quitaron; que aun sacrificaba y quemaba el pueblo perfumes en los altos.

4 Y Joas dijo á los sacerdotes: Todo el dinero de las santificaciones que se suele traer á la casa de Jehová [a], el dinero de los que pasan *en cuenta*, el dinero por las personas, cada cual *segun* su tasa [b], y todo el dinero que cada uno de su propia voluntad [c] mete en la casa de Jehová,

5 Recíbanlo los sacerdotes, cada uno de sus familiares, y reparen los portillos del templo donde quiera que se hallare abertura.

6 Pero el año veinte y tres del rey Joas no habian aun reparado los sacerdotes las aberturas del templo.

7 Llamando entónces el rey Joas al pontífice Joiada, y á los sacerdotes, díjoles: ¿Por qué no reparais las aberturas del templo [d]? Ahora pues no tomeis mas el dinero de vuestros familiares, sino dadlo para *reparar* las roturas del templo.

8 Y los sacerdotes consintieron en no tomar *mas* dinero del pueblo, ni tener cargo de reparar las aberturas del templo.

9 Mas el pontífice Joiada tomó un arca, é hízole en la tapa un agujero, y púsola junto al altar, á la mano derecha como se entra en el templo de Jehová: y los sacerdotes que guardaban la puerta, ponian allí todo el dinero que se metia en la casa de Jehová.

10 Y cuando veian que habia mucho dinero en el arca, venia el notario del rey, y el gran sacerdote, y contaban el dinero que hallaban en el templo de Jehová, y guardábanlo.

11 Y daban el dinero suficiente en mano de los que hacian la obra, y de los que tenian el cargo de la casa de Jehová, y ellos lo espendian en *pagar* los carpinteros y maestros que reparaban la casa de Jehová,

12 Y los albañiles, y canteros, y en comprar la madera y piedra de cantería para reparar las aberturas de la casa de Jehová; y en todo lo que se gastaba en la casa para repararla.

13 Mas de aquel dinero que se traia á la casa de Jehová, no se hacian tazas de plata, ni salterios, ni jofainas, ni trompetas; ni ningun otro vaso de oro ni de plata se hacia para el templo de Jehová:

14 Porque lo daban á los que hacian la obra, y con él reparaban la casa de Jehová.

15 Y no se tomaba cuenta á los hombres en cuyas manos el dinero era entregado, para que ellos lo diesen á los que hacian la obra: porque *lo* hacian ellos fielmente [e].

16 El dinero por el delito [f], y el dinero por los pecados, no se metia en la casa de Jehová; porque era de los sacerdotes [g].

17 ¶ Entónces subió Hazael, rey de Siria, y peleó contra Gath, y tomóla [h]: y puso Hazael su rostro para subir contra Jerusalem.

18 Por lo que tomó Joas, rey de Judá, todas las ofrendas que habia dedicado Josaphat, y Joram, y Ochôzías, sus padres reyes de Judá, y las que él habia dedicado, y todo el oro que se halló en los tesoros de la casa de Jehová, y en la casa del rey, y envióla á [i] Hazael, rey de Siria: y él se partió de Jerusalem.

19 Lo demas de los hechos de Joas, y todas las cosas que hizo, ¿no está escrito en el libro de las crónicas de los reyes de Judá?

20 ¶ Y levantáronse sus siervos, y conspiraron en conjuracion, y mataron á Joas [k] en la casa de Millo descendiendo él á Silla:

[a] ...x. 22. 4. ...x. 30. 13.
[b] Lev. 27. 2.
[c] Ex. 35. 5.
[d] 2 Cr. 24. 5, etc.
[e] Cap. 22. 7.
[f] Lev. 5. 15, 18.
[g] Lev. 7. 7. Nu. 18. 9.
[h] Cap. 8. 12.
[i] Cap. 18. 15, 16. 1 Rey. 15. 18.
[k] Cap. 14. 5.

21 Pues Josachâr, hijo de Simaath, y Jozabad, hijo de Somer, sus siervos, hiriéronle y murió. Y sepultáronlo con sus padres en la ciudad de David, y reinó en su lugar Amasias su hijo.

CAPITULO XIII.

Reinados de Joachâz, rey de Israel, y de su hijo Joas. Muere Eliséo, cuyo cadáver resucita á un muerto.

EN el año veinte y tres de Joas, hijo de Ochôzías, rey de Judá, comenzó á reinar Joachâz hijo de Jehú sobre Israel en Samaria, *y reinó* diez y siete años.

2 E hizo lo malo en ojos de Jehová, y siguió los pecados de Jeroboam, hijo de Nabat, el que hizo pecar á Israel, y no se apartó de ellos.

3 Y encendióse el furor de Jehová contra Israel [a], y entrególos en mano de Hazael [b], rey de Siria, y en mano de Ben-adad, hijo de Hazael, por largo tiempo.

[a] Juec. 2. 14. [b] Cap. 8. 12. y 12. 17.

4 Mas Joachâz oró á la faz de Jehová, y Jehová lo oyó; porque miró la afliccion de Israel, pues el rey de Siria los afligia.

5 Y dió Jehová salvador á Israel, y salieron de bajo la mano de los Siros [c]; y habitaron los hijos de Israel en sus estancias, como antes.

[c] ver. 25.

6 Con todo eso no se apartaron de los pecados de la casa de Jeroboam, el que hizo pecar á Israel: en ellos anduvieron, y tambien el bosque permaneció en Samaria [d].

[d] 1 Rey. 16. 33.

7 Y no le habia quedado gente á Joachâz, sino cincuenta hombres de á caballo, y diez carros, y diez mil hombres de á pié; pues el rey de Siria los habia destruido, y los habia puesto como polvo para hollar [e].

[e] Am. 1. 3.

8 Lo demas de los hechos de Joachâz, y todo lo que hizo, y sus valentías, ¿no está escrito en el libro de las crónicas de los reyes de Israel?

9 Y durmió Joachâz con sus padres, y sepultáronlo en Samaria: y reinó en su lugar Joas su hijo.

10 ¶ El año treinta y siete de Joas, rey de Judá, comenzó á reinar Joas, hijo de Joachâz, sobre Israel en Samaria [f], *y reinó* diez y seis años.

[f] Cap. 14. 1.

11 E hizo lo malo en ojos de Jehová: no se apartó de todos los pecados de Jeroboam, hijo de Nabat, el que hizo pecar á Israel; en ellos anduvo.

12 Lo demas de los hechos de Joas [g], y todas las cosas que hizo, y su esfuerzo con que guerreó contra Amasias, rey de Judá [h], ¿no está escrito en el libro de las crónicas de los reyes de Israel?

[g] Cap. 14. 15. [h] Cap. 14. 9, etc. 2 Cr. 25. 17, etc.

13 Y durmió Joas con sus padres, y sentóse Jeroboam sobre su trono: y Joas fué sepultado en Samaria con los reyes de Israel.

14 Estaba Eliséo enfermo de aquella su enfermedad de que murio. Y descendió á él Joas, rey de Israel, y llorando delante de él, dijo: Padre mio, padre mio, carro de Israel, y su gente de á caballo.

15 Y díjole Eliséo: Toma un arco y unas saetas. Tomóse él entónces un arco y unas saetas.

16 Y dijo *Eliséo* al rey de Israel: Pon tu mano sobre el arco. Y puso él su mano sobre el arco. Entónces puso Eliséo sus manos sobre las manos del rey,

17 Y dijo: Abre la ventana de hácia el Oriente. Y como él la abrió, dijo Eliséo: Tira. Y tirando él, dijo *Eliséo:* Saeta de salud de Jehová [i], y saeta de salud contra Siria: porque herirás á los Siros en Aphec [k] hasta consumirlos.

[i] Juec. 7. 20. [k] 1 Rey. 20. 26.

18 Y tornóle á decir: Toma las saetas. Y luego que el rey de Israel las hubo tomado, díjole: Hiere la tierra. Y él hirió tres veces, y cesó.

19 Entónces el varon de Dios enojado con él, le dijo: A herir cinco ó seis veces, heririas á Siria hasta no quedar ninguno; empero ahora tres [l] veces herirás á Siria.

[l] ver. 25.

20 Y murió Eliséo, y sepultáronlo. Entrado el año vinieron partidas de Moabitas á la tierra.

21 Y aconteció que al sepultar unos un hombre, súbitamente vieron una partida, y arrojaron al hombre en el sepulcro de Eliséo: y cuando llegó á tocar el muerto los huesos de Eliséo, revivió, y levantóse sobre sus pies.

22 Hazael pues, rey de Siria, afligió á Israel todo el tiempo de Joachâz.

23 Mas Jehová tuvo misericordia de ellos, y compadecióse de ellos, y mirólos por amor de su pacto con Abraham, Isaac, y Jacob [m]; y no quiso destruirlos, ni echarlos de delante de sí hasta ahora.

[m] Gen. 17. [illegible] 5. Ex. 32. 1[illegible] Neh. 9. [illegible] Sal. 106. [illegible]

24 Y murió Hazael, rey de Siria, y reinó en su lugar Ben-adad su hijo.

25 Y volvió Joas, hijo de Joachâz, y tomó de mano de Ben-adad, hijo de Hazael, las ciudades que él habia tomado de mano de Joachâz su padre en guerra. Tres veces [n] lo batió Joas, y restituyó las ciudades á Israel.

[n] ver. 18, [illegible]

CAPITULO XIV.

Reinado de Amasias, rey de Judá: es abatido por Joas, rey de Israel, cuyo hijo Jeroboam II. acaba de libertar á Israel.

EN el año segundo de Joas [a], hijo de Joachâz, rey de Israel, comenzó á reinar Amasias, hijo de Joas, rey de Judá [b].

[a] Cap. 13. [illegible] [b] 2 Cr. 25. [illegible] etc.

2 Cuando comenzó á reinar era de veinte y cinco años, y veinte y nueve años reinó en Jerusalem: el nombre de su madre fué Joaddan, de Jerusalem.

3 Y él hizo lo *que era* recto en ojos de Jehová, aunque no como David su padre: hizo conforme á todas las cosas que habia hecho Joas su padre.

4 Con todo eso los altos no fueron quitados [c]; que el pueblo aun sacrificaba y quemaba perfumes en los altos.

[c] Cap. 12. [illegible]

5 Y luego que el reino fué confirmado en su mano, hirió á sus siervos los que habian muerto al rey su padre [d].

[d] Cap. 12. [illegible]

6 Mas no mató á los hijos de los que lo mataron, conforme á lo que está escrito en el libro de la ley de Moises, donde Jehová mandó diciendo: No matarán á los padres por los hijos, ni á los hijos por los padres; mas cada uno morirá por su pecado [e].

[e] Ez. 18. 20.

7 ¶ Este hirió asimismo diez mil Iduméos en el valle de las salinas, y tomó á Sela por guerra, y llamóla Jocteel [f] hasta hoy.

[f] Jos. 15. [illegible]

8 ¶ Entónces Amasias envió embajadores á Joas, hijo de Joachâz, hijo de Jehú, rey de Israel, diciendo: Ven, y veámonos de rostro [g].

[g] 2 Cr. 25. [illegible] etc.

9 Y Joas, rey de Israel, envió á Amasias rey de Judá esta respuesta: El cardillo [h] que *está* en el Líbano, envió á decir al cedro que *está* en el Líbano: Dá tu hija por mujer á mi hijo. Y pasaron las bestias fieras, que *están* en el Líbano, y hollaron al cardillo.

[h] Juec. 9. [illegible] etc.

10 Ciertamente has herido á Edom, y tu corazon te ha envanecido [i]: gloríate

[i] Deu. 8. [illegible] 2 Cr. 32. [illegible] Ez. 28. [illegible] 17. Hab. 2. [illegible]

pues, mas estáte en tu casa. ¿Y por qué te entrometerás en un mal, para que caigas tú, y Judá contigo [k]?

11 Mas Amasias no dió oidos; por lo que subió Joas, rey de Israel, y viéronse de rostro él y Amasias, rey de Judá, en Beth-semes [l], que *es* de Judá.

12 Y Judá cayó delante de Israel, y huyeron cada uno á sus estancias.

13 Ademas Joas, rey de Israel, tomó á Amasias rey de Judá, hijo de Joas, hijo de Ochôzias, en Beth-semes; y vino á Jerusalem, y rompió el muro de Jerusalem desde la puerta de Ephraim [m] hasta la puerta de la esquina [n], cuatrocientos codos.

14 Y tomó todo el oro, y la plata, y todos los vasos que fueron hallados en la casa de Jehová [o], y en los tesoros de la casa del rey, y los hijos en rehenes, y volvióse á Samaria.

15 Lo demas de los hechos de Joas que ejecutó, y sus hazañas, y como peleó contra Amasias, rey de Judá, ¿no está escrito en el libro de las crónicas de los reyes de Israel?

16 Y durmió Joas con sus padres, y fué sepultado en Samaria con los reyes de Israel; y reinó en su lugar Jeroboam su hijo.

17 Y Amasias, hijo de Joas rey de Judá, vivió despues de la muerte de Joas, hijo de Joachâz rey de Israel, quince años [p].

18 Lo demas de los hechos de Amasías, ¿no está escrito en el libro de las crónicas de los reyes de Judá?

19 E hicieron conspiracion contra él en Jerusalem, y él huyó á Lachis [q]; mas enviaron tras él á Lachis, y allá lo mataron.

20 Trajéronlo luego sobre caballos, y sepultáronlo en Jerusalem con sus padres en la ciudad de David.

21 ¶ Entónces todo el pueblo de Judá tomó á Azarías [r], que era de diez y seis años, é hiciéronlo rey en lugar de Amasías su padre.

22 Edificó él á Elath [s], y la restituyó á Judá despues que el rey durmió con sus padres.

23 ¶ El año quince de Amasías, hijo de Joas rey de Judá, comenzó á reinar Jeroboam, hijo de Joas, sobre Israel en Samaria, *y reinó* cuarenta y un año.

24 E hizo lo malo en ojos de Jehová, y no se apartó de todos los pecados de Jeroboam, hijo de Nabat, el que hizo pecar á Israel [t].

25 El restituyó los términos de Israel desde la entrada de Hamath [u] hasta la mar de la llanura [v], conforme á la palabra de Jehová Dios de Israel, la cual habia él hablado por su siervo Jona, hijo de Amittai [x], profeta que fué de Gath-Hepher.

26 Por cuanto Jehová miró la muy amarga afliccion de Israel; que no *habia* guardado, ni desamparado [z], ni quien diese ayuda á Israel.

27 Y Jehová no habia *aun* determinado raer el nombre de Israel de debajo del cielo [a]; por tanto los salvó por mano de Jeroboam, hijo de Joas.

28 Y lo demas de los hechos de Jeroboam, y todas las cosas que hizo, y su valentía, y todas las guerras que hizo, y como restituyó á Judá en Israel á Damasco y á Hamath [b], ¿no está escrito en el libro de las crónicas de los reyes de Israel?

29 Y durmió Jeroboam con sus padres los reyes de Israel, y reinó en su lugar Zachârias su hijo [c].

Pro. 2. 30. / 25. 8. / Jos. 19. 38. / Sa. 6. 9, &c. / Neh. 8. 16. / Jer. 31. 38. / Zac. 14. 10. / 1 Rey. 7. 51. / 2 Cr. 25. 25, &c. / Jos. 10. 31. / Cap. 15. 13. / 2 Cr. 26. 1. / Cap. 16. 6. / 1 Rey. 12. , etc. / Nu. 34. 8. / Deu. 3. 17. / Jona 1. 1. / Mat. 12. 39, / Deu. 32. 36. / Deu. 9. 14. / 2. 11. 2. / 2 Sa. 8. 6. / 1 Rey. 11. / 2 Cr. 8. 3. / Cap. 15. 8.

CAPITULO XV.

A Azarias rey de Judá sucede su hijo Jotham. En el reino de Israel á Zachârias sucede Sallum: á este Manahem: á este Pekahia; y despues Peka, en cuyo tiempo son llevados á Asiria muchos Israelitas.

EN el año veinte y siete de Jeroboam, rey de Israel [a], comenzó á reinar Azarias [b], hijo de Amasías rey de Judá.

2 Cuando comenzó á reinar era de diez y seis años, y cincuenta y dos años reinó en Jerusalem: el nombre de su madre *fué* Jecolia, de Jerusalem.

3 E hizo *lo que era* recto en ojos de Jehová, conforme á todas las cosas que su padre Amasías habia hecho.

4 Con todo eso los altos no se quitaron [c]; que el pueblo sacrificaba aun y quemaba perfumes en los altos.

5 Mas Jehová hirió al rey [d] con lepra, y fué leproso hasta el dia de su muerte, y habitó en casa separada [e]: y Jotham, hijo del rey, tenia el cargo del palacio, gobernando al pueblo de la tierra.

6 Lo demas de los hechos de Azarias, y todas las cosas que hizo, ¿no está escrito en el libro de las crónicas de los reyes de Judá?

7 Y durmió Azarias con sus padres, y sepultáronlo con sus padres en la ciudad de David: y reinó en su lugar Jotham su hijo.

8 ¶ En el año treinta y ocho de Azarias, rey de Judá, reinó Zachârias hijo de Jeroboam sobre Israel seis meses.

9 E hizo lo malo en ojos de Jehová, como habian hecho sus padres: no se apartó de los pecados de Jeroboam hijo de Nabat, el que hizo pecar á Israel.

10 Contra él se conjuró Sallum, hijo de Jabes, y lo hirió en presencia de su pueblo, y matólo [f], y reinó en su lugar.

11 Lo demas de los hechos de Zachârias, hé aquí está escrito en el libro de las crónicas de los reyes de Israel.

12 Y esta *fué* la palabra de Jehová que habia hablado á Jehú, diciendo: Tus hijos hasta la cuarta generacion se sentarán en el trono de Israel [g]. Y fué así.

13 Sallum, hijo de Jabes, comenzó á reinar en el año treinta y nueve de Uzzia rey de Judá, y reinó el tiempo de un mes en Samaria:

14 Pues subió Manahem, hijo de Gadi, de Thirsa, y vino á Samaria, é hirió á Sallum hijo de Jabes en Samaria, y matólo, y reinó en su lugar.

15 Lo demas de los hechos de Sallum, y su conjuracion con que conspiró, hé aquí está escrito en el libro de las crónicas de los reyes de Israel.

16 Entónces hirió Manahem á Thipsa [h], y á todos los que estaban en ella, y tambien sus términos desde Thirsa: é hirióla, porque no le habian abierto; y abrió á todas sus preñadas.

17 En el año treinta y nueve de Azarias, rey de Judá, reinó Manahem hijo de Gadi sobre Israel diez años, en Samaria.

18 E hizo lo malo en ojos de Jehová: no se apartó en todo su tiempo de los pecados de Jeroboam, hijo de Nabat, el que hizo pecar á Israel.

19 Y vino Phul rey de Asiria á la tierra [i]; y dió Manahem á Phul mil talentos de plata porque le ayudára á confirmarse [k] en el reino.

20 E impuso Manahem este dinero sobre Israel, sobre todos los poderosos y opulentos; de cada uno cincuenta siclos de plata, para dar al rey de Asiria. Y el rey de Asiria se volvió, y no se detuvo allí en la tierra.

[a] Cap. 14. 21. 2 Cr. 26. 1. [b] ver. 13, 30, etc. [c] ver. 35. [d] 2 Cr. 26. 19. [e] Lev. 13. 46. [f] Amos 7. 9. [g] Cap. 10. 30. [h] 1 Rey. 4. 24. [i] 1 Cr. 5. 26. [k] Os. 8. 9.

21 Lo demas de los hechos de Manahem, y todas las cosas que hizo, ¿no está escrito en el libro de las crónicas de los reyes de Israel?

22 Y durmió Manahem con sus padres, y reinó en su lugar Pekahia su hijo.

23 ¶ En el año cincuenta de Azarias, rey de Judá, reinó Pekahia hijo de Manahem sobre Israel en Samaria dos años.

24 E hizo lo malo en ojos de Jehová: no se apartó de los pecados de Jeroboam, hijo de Nabat, el que hizo pecar á Israel.

25 Y conspiró contra él Peka, hijo de Remalias capitan suyo, é hirióle en Samaria, en el palacio de la casa real, en compañía de Argob y de Ariph, y con *otros* cincuenta hombres de los hijos de los Galaaditas, y matólo, y reinó en su lugar.

26 Lo demas de los hechos de Pekahia, y todas las cosas que hizo, hé aquí *todo* está escrito en el libro de las crónicas de los reyes de Israel.

27 ¶ En el año cincuenta y dos de Azarias, rey de Judá, reinó Peka hijo de Remalias sobre Israel en Samaria veinte años.

28 E hizo lo malo en ojos de Jehová: no se apartó de los pecados de Jeroboam hijo de Nabat, el que hizo pecar á Israel.

[l] 1 Cr. 5. 26.
29 En los dias de Peka, rey de Israel, vino[l] Tiglath-pileser rey de los Asirios, y tomó á Ajon, á Abel-Beth-maachá, y Janoa, y Cedes, y Asor, y Galaad, y Galilea, y toda la tierra de Neph-tali[m], y trasportólos á Asiria.

[m] Is. 8. 23.

30 Y Osee, hijo de Ela, hizo conjuracion contra Peka, hijo de Remalias, é hirióle, y matólo, y reinó en su lugar á los veinte años de Jotham, hijo de Uzzia.

31 Lo demas de los hechos de Peka, y todo lo que hizo, hé aquí está escrito en el libro de las crónicas de los reyes de Israel.

32 ¶ En el segundo año de Peka, hijo de Remalias, rey de Israel, comenzó á reinar Jotham hijo de Uzzia, rey de Judá[n].

[n] 2 Cr. 27. 1, etc.

33 Cuando comenzó á reinar, era de veinte y cinco años, y reinó diez y seis años en Jerusalem. El nombre de su madre *fué* Jerusa, hija de Sadoc.

34 Y él hizo *lo que era* recto en ojos de Jehová: hizo conforme á todas las cosas que habia hecho su padre Uzzia.

35 Con todo eso los altos no fueron quitados; que el pueblo sacrificaba aun, y quemaba perfumes en los altos[o]. Edificó él la puerta mas alta de la casa de Jehová.

[o] ver. 4. Cap. 14. 4.

36 Lo demas de los hechos de Jotham, y todas las cosas que hizo, ¿no está escrito en el libro de las crónicas de los reyes de Judá?

37 En aquel tiempo comenzó Jehová á enviar contra Judá á Resin rey de Siria, y á Peka, hijo de Remalias.

38 Y durmió Jotham con sus padres, y fué sepultado con sus padres en la ciudad de David su padre: y reinó en su lugar Achâz su hijo.

CAPITULO XVI.

Achâs, idólatra rematado, profana el templo del Señor. Conspiracion de los reyes de Israel y de Siria contra este príncipe.

EN el año diez y siete de Peka, hijo de Remalias, comenzó á reinar Achâz, hijo de Jotham rey de Judá[a].

[a] 2 Cr. 28. 1, etc.

2 Cuando comenzó á reinar Achâz, era de veinte años, y reinó en Jerusalem diez y seis años: y no hizo *lo que era* recto en ojos de Jehová su Dios, como David su padre;

3 Antes anduvo en el camino de los reyes de Israel, y aun hizo pasar por el fuego[b] á su hijo, segun las abominaciones de las gentes que Jehová echó de delante de los hijos de Israel[c].

[b] Lev. 18. 21. Sal. 106. 37, 38.

[c] Deu. 12. 31. Sal. 106. 38.

4 Asimismo sacrificó, y quemó perfumes en los altos, y sobre los collados, y debajo de todo árbol umbroso[d].

[d] Deu. 12. 2. 1 Rey. 14. 23.

5 Entónces Resin, rey de Siria, y Peka, hijo de Remalias, rey de Israel, subieron á Jerusalem para hacer guerra, y cercar á Achâz; mas no pudieron tomarla[e].

[e] Is. 7. 1, etc.

6 En aquel tiempo Resin, rey de Siria, restituyó Elath[f] á Siria, y echó á los Judíos de Elath; y los Siros vinieron á Elath, y habitaron allí hasta hoy.

[f] Cap. 14. 22.

7 Entónces Achâz envió embajadores á Tiglath-pileser rey de Asiria, diciendo: Yo *soy* tu siervo y tu hijo; sube, y defiéndeme de mano del rey de Siria, y de mano del rey de Israel, que se han levantado contra mí.

8 Y tomando Achâz la plata y el oro que se halló en la casa de Jehová, y en los tesoros de la casa real, envió al rey de Asiria un presente[g].

[g] Cap. 12. 18.

9 Y atendióle el rey de Asiria; pues subió el rey de Asiria contra Damasco, y tomóla, y trasportó los moradores á Kir[h], y mató á Resin.

[h] Amos 1. 5.

10 ¶ Y fué el rey Achâz á encontrar á Tiglath-pileser rey de Asiria en Damasco: y visto que hubo el rey Achâz el altar que *estaba* en Damasco, envió á Urias sacerdote el diseño y la descripcion del altar conforme á toda su hechura.

11 Y Urias el sacerdote edificó el altar: conforme á todo lo que el rey Achâz habia enviado de Damasco, así lo hizo el sacerdote Urias[i], entre tanto que el rey Achâz venia de Damasco.

[i] Sal. 106. 39.

12 Y luego que vino el rey de Damasco, y hubo visto el altar, acercóse el rey á él, y sacrificó en el *mismo*.

13 Y encendió su holocausto, y su presente, y derramó sus libaciones, y esparció la sangre de sus pacíficos junto al altar.

14 Y el altar de bronce, que *estaba* delante de Jehová[k], hízolo acercar delante de la frontera de la casa, entre el altar y el templo de Jehová, y púsolo al lado del altar hácia el Aquilon.

[k] 2 Cr. 4. 1.

15 Y mandó el rey Achâz al sacerdote Urias diciendo: En el grande altar encenderás el holocausto de la mañana, y el presente de la tarde[l], y el holocausto del rey, y su presente, y asimismo el holocausto de todo el pueblo de la tierra, y su presente, y sus libaciones; y esparcirás sobre él toda la sangre de holocausto, y toda la sangre de sacrificio: y el altar de bronce será mio para preguntar *en él*.

[l] Ex. 29. 39, 41.

16 E hizo el sacerdote Urias conforme á todas las cosas que el rey Achâz le mandó.

17 Y cortó el rey Achâz las cintas de las basas, y quitóles las fuentes[m]; quitó tambien el mar de sobre los bueyes de bronce, que *estaban* debajo de él, y púsolo sobre el solado de piedra.

[m] 1 Rey. 7. 23, 28.

18 Asimismo la tienda del sábado, que habian edificado en la casa, y el pasadizo de afuera del rey, mudólo del templo de Jehová por causa del rey de Asiria.

19 Lo demas de los hechos de Achâz, que puso por obra, ¿no está todo escrito en el libro de las crónicas de los reyes de Judá?

20 Y durmió el rey Acház con sus padres, y fué sepultado con sus padres en la ciudad de David [a]: y reinó en su lugar Ezechías su hijo.

CAPITULO XVII.

Salmanasar se apodera de todo el país de Israel, y llévase cautivas á Asiria las diez tribus, enviando á Samaria colonias, cuyas falsas religiones mezclan con el conocimiento de Jehová Dios de Israel.

EN el año duodecimo de Acház, rey de Judá, comenzó á reinar Oseas [a] hijo de Ela en Samaria sobre Israel, *y reinó* nueve años.

2 E hizo lo malo en ojos de Jehová, aunque no como los reyes de Israel, que antes de él habian sido.

3 Contra este subió Salmanasar [b], rey de los Asirios, y Oseas fué hecho su siervo, y pagábale tributo.

4 Mas el rey de Asiria halló que Oseas hacia conjuracion; porque habia enviado embajadores á So, rey de Egipto, y no pagaba tributo al rey de Asiria como cada año: por lo que el rey de Asiria lo detuvo, y le aprisionó en la casa de la cárcel.

5 Pues el rey de Asiria partió contra todo el pais, y subió contra Samaria, y estuvo sobre ella tres años.

6 En el año nueve de Oseas tomó el rey de Asiria á Samaria [c], y trasportó [d] á Israel á Asiria; y púsolos en Hala, y en [e] Habor, junto al rio de Gozan, y en las ciudades de los Medos.

7 Porque como los hijos de Israel pecasen contra Jehová su Dios, que los sacó de tierra de Egipto, de bajo la mano de Pharaon rey de Egipto, y temiesen á dioses agenos,

8 Y anduviesen en los estatutos de las gentes que Jehová habia lanzado delante de los hijos de Israel [f], y *en los* de los reyes de Israel, que hicieron;

9 Y como los hijos de Israel paliasen [g] cosas no rectas contra Jehová su Dios, edificandose altos en todas sus ciudades, desde las torres de las atalayas hasta las ciudades fuertes [h],

10 Y se levantasen estatuas y bosques [i] en todo collado alto [k], y debajo de todo árbol umbroso [l],

11 Y quemasen allí perfumes en todos los altos, á la manera de las gentes que habia Jehová traspuesto delante de ellos, é hiciesen *otras* cosas muy malas para provocar á ira á Jehová,

12 Pues servian á los ídolos, de los cuales Jehová les habia dicho, Vosotros no habeis de hacer esto [m];

13 Jehová protestaba entónces contra Israel, y contra Judá, por mano de todos los profetas [n], y de todos los veyentes, diciendo: Volvéos de vuestros malos caminos, y guardad mis mandamientos y mis ordenanzas, conforme á todas las leyes que yo prescribí á vuestros padres, y que os he enviado por mano de mis siervos los profetas.

14 Mas ellos no obedecieron, ántes endurecieron su cerviz [o], como la cerviz de sus padres, los cuales no creyeron en Jehová su Dios.

15 Y desecharon sus estatutos, y su pacto que él habia concertado con sus padres [p], y sus testimonios que él habia protestado contra ellos: y siguieron la vanidad, y se hicieron vanos, y fueron en pos de las gentes que *estaban* al rededor de ellos, de las cuales les habia Jehová mandado que no hiciesen á la manera de ellas.

16 Y dejaron todos los mandamientos de Jehová su Dios, é hiciéronse vaciadizos [q], dos becerros, y tambien bosques,

[a] 2 Cr. 28. 27. [a] Cap. 15. 30. [b] Cap. 18. 9. [c] Cap. 18. 10, 11. Os. 13. 16. [d] Lev. 26. 32, 33. Deu. 28. 36, 64. y 29. 27, 28. [e] 1 Cr. 5. 26. [f] Cap. 16. 3. Lev. 18. 3. Deu. 18. 9. Sal. 106. 35. Ez. 8. 12. [h] Cap. 18. 8. [i] Deu. 16. 21. Mic. 5. 14. [k] Cap. 16. 4. Deu. 12. 2. [l] 1 Rey. 14. 23. Is. 57. 5. [m] Ex. 20. 3, 4. Lev. 26. 1. Deu. 4. 19. [n] 5. 7, 8. Is. 1. 16, 17. 55. 7. Jer. 18. 11. y 25. 5. y 35. 15. Ez. 18. 31. Ped. 3. 9. [o] Deu. 31. 27. Pro. 29. 1. Is. 48. 4. Jer. 7. 26. [p] Deu. 29. 25, 26. [q] 1 Rey. 12. 28.

y adoraron á todo el ejército del cielo [r], y sirvieron á Baal [s]:

17 E hicieron pasar á sus hijos y á sus hijas por fuego [t]; y diéronse á adivinaciones y agüeros [u], y entregáronse á hacer lo malo en ojos de Jehová provocandolo á ira [x].

18 Jehová por tanto se airó en gran manera contra Israel, y quitólos de delante de su rostro; que no quedó sino solo la tribu de Judá [y].

19 Mas ni aun Judá guardó los mandamientos de Jehová su Dios [z]; ántes anduvieron en los estatutos de Israel, los cuales habian ellos hecho.

20 Y desechó Jehová toda la simiente de Israel, y afligiólos, y entrególos en manos de saqueadores, hasta echarlos de su presencia [a].

21 Porque cortó á Israel de la casa de David [b], y ellos se hicieron rey á Jeroboam, hijo de Nabat: y Jeroboam rempujó á Israel de en pos de Jehová, é hízolos cometer gran pecado [c].

22 Y los hijos de Israel anduvieron en todos los pecados de Jeroboam que él hizo, sin apartarse de ellos;

23 Hasta tanto que Jehová quitó á Israel de delante de su rostro, como lo habia él dicho por mano de todos los profetas sus siervos: é Israel fué trasportado de su tierra á Asiria [d] hasta hoy.

24 ¶ Y trajo el rey de Asiria *gente* de Babilonia, y de Cutha, y de Ava, y de Hamath, y de Sepharvaim, y púsolos en las ciudades de Samaria en lugar de los hijos de Israel; y poseyeron á Samaria, y habitaron en sus ciudades [e].

25 Y aconteció al principio, cuando comenzaron á habitar allí, que no temiendo ellos á Jehová, envió Jehová contra ellos leones [f] que los mataban.

26 Entónces dijeron ellos al rey de Asiria: Las gentes que tú traspasaste, y pusiste en las ciudades de Samaria, no saben la costumbre del Dios de aquella tierra, y él ha echado leones en ellos, y hé aquí los matan, porque no saben la costumbre del Dios de la tierra.

27 Y el rey de Asiria mandó diciendo: Llevad allí á alguno de los sacerdotes que trajisteis de allá, y vayan y habiten allí, y enséñenles la costumbre del Dios del pais.

28 Y vino uno de los sacerdotes que habian trasportado de Samaria, y habitó en Beth-el, y enseñóles como habian de temer á Jehová.

29 Mas cada nacion se hizo sus dioses, y pusiéronlos en los templos de los altos que habian hecho los de Samaria; cada nacion en su ciudad donde habitaba.

30 Los de Babilonia [g] hicieron á Succoth-benoth, y los de Cutha hicieron á Nergel, y los de Hamath hicieron á Asima;

31 Los Hevéos hicieron á Nibhaz, y á Tharthac, y los de Sepharvaim quemaban sus hijos al fuego [h] á Adramelech y á Anamelech, dioses de Sepharvaim.

32 Y temian á Jehová; é hicieron del bajo pueblo sacerdotes de los altos, quienes sacrificaban para ellos en los templos de los altos.

33 Temian á Jehová, y honraban *tambien* á sus dioses, segun la costumbre de las gentes de donde habian sido trasladados.

34 Hasta hoy hacen como primero; que ni temen á Jehová, ni guardan sus estatutos, ni sus ordenanzas, ni hacen segun la ley y los mandamientos que prescribió Jehová á los hijos de Jacob, al cual puso el nombre de Israel [i],

35 Con los cuales habia Jehová hecho

[r] Jer. 8. 2. [s] 1 Rey. 16. 31. y 22. 53. [t] Cap. 16. 3. Lev. 18. 21. Ez. 23. 37. [u] Deu. 18. 10. [x] 1 Rey. 21. 20. [y] 1 Rey. 11. 13, 32. [z] Jer. 3. 8. [a] Cap. 13. 3. y 15. 29. Neh. 9. 27, 28. [b] 1 Rey. 11. 11, 31. [c] 1 Rey. 12. 20, 28. [d] ver. 6. [e] Esd. 4. 2, 10. [f] 1 Rey. 13. 26. Jer. 5. 6. Ez. 14. 21. [g] ver. 24. [h] Deu. 12. 31. [i] Gen. 32. 28.

k Ex. 20. 5. pacto, y les mandó diciendo: No temeréis á otros dioses, ni los adoraréis *k*, ni les serviréis, ni les sacrificaréis.

36 Mas á Jehová, que os sacó de tierra de Egipto con grande poder y brazo
l Ex. 6. 6. extendido, á este temeréis *l*, y á este
m Deu. 10. 20. adoraréis *m*, y á este haréis sacrificio.

37 Los estatutos, y derechos, y ley, y mandamientos que os dió por escrito, cuidaréis siempre de ponerlos por obra, y no temeréis dioses agenos.

38 Y no olvidaréis el pacto que hice
n Deu. 4. 23. con vosotros; ni temeréis dioses agenos *n*.

39 Mas temed á Jehová vuestro Dios, y él os librará de mano de todos vuestros enemigos.

40 Empero ellos no escucharon; ántes
o Jer. 13. 23. hicieron segun su costumbre antigua *o*.

41 Así temieron á Jehová aquellas gentes, y juntamente sirvieron á sus
p ver. 32, 33. ídolos *p*: y tambien sus hijos y sus nietos, segun que hicieron sus padres, así hacen hasta hoy.

CAPITULO XVIII.

Ezechías restablece el culto puro del Señor. Vése muy estrechado por Sennachérib rey de Asiria, cuyo general Rabsaces profiere mil amenazas contra Ezechías, y blasfemias contra Dios.

EN el tercer año de Oseas, hijo de Ela, rey de Israel, comenzó á rei-
a 2 Cr. 28. 27. y 29. 1. Mat. 1. 9. nar Ezechías *a*, hijo de Acház rey de Judá.

2 Cuando comenzó á reinar era de veinte y cinco años, y reinó en Jerusalem veinte y nueve años. El nombre de su madre *fué* Abi, hija de Zachârías.

3 Hizo él *lo que era* recto en ojos de Jehová, conforme á todas las cosas que habia hecho David su padre.

b 2 Cr. 31. 1. 4 El quitó los altos, y quebró las imágenes, y taló los bosques *b*, é hizo pedazos la serpiente de bronce que habia hecho Moises, porque hasta entónces le quemaban perfumes los hijos de Israel;
‖ cosa de metal. y llamóle por nombre Nehustan ‖.

5 En Jehová Dios de Israel puso su esperanza: despues ni ántes de él no
c Cap. 23. 25. hubo otro como él *c* en todos los reyes de Judá.

6 Porque se llegó á Jehová, y no se apartó de él, sino que guardó los mandamientos que Jehová prescribió á Moises.

d 2 Cr. 15. 2. 7 Y Jehová fué con él *d*; y en todas
e Gen. 39. 3. las cosas á que salia prosperaba *e*. El se rebeló contra el rey de Asiria, y no le
f Cap. 16. 7. sirvió *f*.

8 Hirió tambien á los Philistéos hasta Gaza y sus términos, desde las torres de
g Cap. 17. 9. las atalayas hasta la ciudad fortalecida *g*.

9 ¶ En el cuarto año del rey Ezechías, que era el año séptimo de Oseas hijo de Ela, rey de Israel, subió Salmanasar rey de los Asirios contra Sa-
h Cap. 17. 3, etc. maria, y cercóla *h*.

10 Y tomáronla al cabo de tres años; *esto es*, en el sexto año de Ezechías, el cual era el nono año de Oseas rey de Israel, fue Samaria tomada.

11 Y el rey de Asiria traspuso á Israel á Asiria, y púsolos en Hala, y en Habor, junto al rio de Gozan, y en las ciudades
i 1 Cr. 5. 26. de los Medos *i*:

12 Por cuanto no habian atendido la voz de Jehová su Dios, ántes habian quebrantado su pacto; y todas las cosas
k Neh. 9. 26, 27. Dan. 9. 6, 10. que Moises siervo de Jehová habia mandado, ni las habian escuchado, ni puesto por obra *k*.

l 2 Cr. 32. 1, etc. Is. 36. 1, etc. 13 Y á los catorce años del rey Ezechías subió Sennachêrib, rey de Asiria, contra todas las ciudades fuertes de Judá, y tomólas *l*.

14 Entónces Ezechías, rey de Judá, envió á decir al rey de Asiria en Lachis: Yo he pecado; vuélvete de mí, y llevaré todo lo que me impusieres. Y el rey de Asiria impuso á Ezechías, rey de Judá, trescientos talentos de plata, y treinta talentos de oro.

15 Dió por tanto Ezechías toda la plata que fué hallada en la casa de Jehová, y
en los tesoros de la casa real *m*. m Cap. 16. 8.

16 Entónces descompuso Ezechías las puertas del templo de Jehová, y los quiciales que el *mismo* rey Ezechías habia cubierto *de oro*, y diólo al rey de Asiria.

17 Despues el rey de Asiria envió al rey Ezechías, desde Lachis contra Jerusalem, á Thartan, y á Rabsaris, y á Rabsaces, con un grande ejército: y subieron, y vinieron á Jerusalem; y habiendo subido, vinieron y pararon junto al conducto del estanque de arriba, que *es* en el camino de la heredad del batanero.

18 Llamaron luego al rey, y salió á ellos Eliacim, hijo de Helcías, que era mayordomo, y Sebna escriba, y Joah, hijo de Asaph, canciller.

19 Y díjoles Rabsaces: Decid ahora á Ezechías: Así dice el gran rey de Asiria:

20 ¿Qué confianza *es* esta en que tú estás? Dices, (por cierto palabras de labios,) consejo *tengo* y esfuerzo para la guerra. Mas ¿en qué confías, que te has rebelado contra mí?

21 Hé aquí tú confías ahora en este
bordon de caña cascada, en Egipto *n*, en n Ez. 29. 6.
el que si alguno se apoyáre, entrarále por la mano, y se la pasará. Tal es Pharaon rey de Egipto para todos los que en él confian.

22 Y si me decís: Nosotros confiamos en Jehová nuestro Dios: ¿no *es* aquel cuyos altos y altares ha quitado Eze-
chías *o*, y ha dicho á Judá y á Jerusa- o ver. 4. 2 Cr. 31. 1.
lem: Delante de este altar adoraréis en Jerusalem?

23 Por tanto ahora yo te ruego que dés rehenes á mi señor el rey de Asiria, y yo te daré dos mil caballos, si tú pudieres dar ginetes para ellos.

24 ¿Como pues harás volver el rostro de un capitan el menor de los siervos de mi señor, aunque estes confiado en Egipto por sus carros y su gente de á caballo?

25 Ademas, ¿he venido yo ahora sin Jehová á este lugar para destruirlo? Jehová me ha dicho: Sube á esta tierra, y destrúyela.

26 Entónces dijo Eliacim, hijo de Helcías, y Sebna, y Joah, á Rabsaces: Ruégote que hables á tus siervos Siriaco, porque nosotros lo entendemos, y no hables con nosotros Judaico á oidos del pueblo que *está* sobre el muro.

27 Y Rabsaces les dijo: ¿Hame enviado mi señor á tí y á tu señor para decir estas palabras, y no ántes á los hombres que estan sobre el muro, para comer su estiercol, y beber el agua de
sus pies con vosotros *p*? p Ez. 4. 15.

28 Paróse luego Rabsaces, y clamó á gran voz en Judaico, y habló diciendo: Oid la palabra del gran rey, el rey de Asiria.

29 Así ha dicho el rey: No os engañe Ezechías, porque no os podrá librar de mi mano.

30 Y no os haga Ezechías confiar en Jehová, diciendo: De cierto nos librará Jehová, y esta ciudad no será entregada en mano del rey de Asiria.

31 No oigais á Ezechías, porque así dice el rey de Asiria: Haced conmigo paz, y salid á mí, y cada uno comerá de

su vid, y de su higuera, y cada uno be-
berá las aguas de su pozo,
32 Hasta que yo venga, y os lleve á
una tierra como la vuestra; tierra de
grano y de vino, tierra de pan y de vi-
ñas; tierra de olivas, de aceite, y de
[r] Deu. 8. 7, 8. miel [r]; y viviréis, y no moriréis. No
oigais á Ezechias, porque os engaña cu-
ando dice: Jehová nos librará.
33 ¿Acaso alguno de los dioses de las
gentes ha librado su tierra de la mano
del rey de Asiria?
[s] Jer. 49. 23. 34 ¿Donde *está* el dios de Hamath [s], y
de Arphad? ¿Donde el dios de Sephar-
[t] Cap. 17. 24. vaim, *el* de Ana, y de Hiva [t]? ¿Pu-
dieron estos librar á Samaria de mi
mano?
35 ¿Que dios de todos los dioses de
las provincias ha librado á su provincia
de mi mano, para que libre Jehová de
[u] Cap. 19. 17, 18. Dan. 3. 15. mi mano á Jerusalem [u]?
36 Y el pueblo calló, que no le res-
pondieron palabra; porque habia man-
damiento del rey, el cual habia dicho:
No le respondais.
37 ¶ Entónces Eliacim, hijo de Hel-
cias, que era mayordomo, y Sebna el
escriba, y Joah, hijo de Asaph, can-
ciller, vinieron á Ezechias rotos sus
vestidos, y recitáronle las palabras de
[x] Is. 33. 7. Rabsaces [x].

CAPITULO XIX.

Ezechias envia á llamar al profeta Isaías, y acuden ambos al Señor, el cual envia un ángel que mata á ciento ochenta mil Asirios. Profecía de Isaías; y muerte de Sennachêrib.

Y COMO el rey Ezechias lo oyó,
rasgó sus vestidos, y cubrióse de
[a] Is. 37. 1, etc. saco, y entróse en la casa de Jehová [a].
2 Y envió á Eliacim el mayordomo,
y á Sebna escriba, y á los ancianos de
los sacerdotes vestidos de sacos á Isaías
profeta, hijo de Amos,
3 Que le dijesen: Así ha dicho Eze-
chias: Este dia es dia de angustia, y
de reprension, y de blasfemia; porque
los hijos han venido hasta la rotura, y
la que pare no tiene fuerzas.
4 Quizá oirá Jehová tu Dios todas
las palabras de Rabsaces, al cual el
[b] Cap. 18. 17. rey de los Asirios su señor ha enviado [b]
para injuriar al Dios Vivo, y á vitu-
[c] Sal. 74. 18. perar [c] con palabras, las cuales Jehová
tu Dios ha oido: por tanto eleva oracion
por las reliquias que aun se hallan.
5 Vinieron pues los siervos del rey
Ezechias á Isaías.
6 E Isaías les respondió: Así diréis
á vuestro señor: Así ha dicho Jehová:
No temas por las palabras que has oido,
con las cuales me han blasfemado los
siervos del rey de Asiria.
7 Hé aquí pondré yo en él un espíritu,
y oirá rumor, y volveráse á su tierra:
y yo haré que en su tierra caiga á
cuchillo.
8 ¶ Y regresando Rabsaces, halló al
rey de Asiria combatiendo á Libna:
porque *ya* habia oido que se habia par-
[d] Cap. 18. 14. tido de Lachis [d].
[e] 1 Sa. 23. 27. 9 Y oyó decir [e] de Thiraca, rey de
Ethiopía: Hé aquí es salido para ha-
certe guerra. Entónces volvió él, y envió
embajadores á Ezechias diciendo:
10 Así diréis á Ezechias rey de Judá:
No te engañe tu Dios, en quien tú
confias, para decir: Jerusalem no será
entregada en mano del rey de Asiria.
11 Hé aquí tú has oido lo que han
hecho los reyes de Asiria á todas las
tierras, destruyendolas; ¿y has tú de
escapar?
12 ¿Libráronlas los dioses de las gen-
tes, que mis padres destruyeron, *es á*
saber, Gozan, y Haran, y Reseph, y los
hijos de Eden que *estaban* en Thalasar?
13 ¿Dónde está el rey de Hamath,
el rey de Arphad, el rey de la ciudad
de Sepharvaim, de Hana, y de Ava?
14 ¶ Y tomó Ezechias las letras de
mano de los embajadores; y despues
que las hubo leido, subió á la casa de
Jehová, y estendiólas Ezechias delante
de Jehová.
15 Y oró [f] Ezechias delante de Je- [f] 2 Cr. 32. 20.
hová diciendo: Jehová Dios de Israel,
que habitas *sobre* los querubines, tú
solo eres Dios de todos los reinos de la
tierra [g]; tú hiciste el cielo y la tierra [h]. [g] Is. 44. 6.
16 Inclina, oh Jehová, tu oido, y [h] Sal. 102. 25.
oye [i]: abre, oh Jehová, tus ojos, y [i] Sal. 31. 2.
mira [k]: y oye las palabras de Senna- [k] 2 Cr. 6. 40.
chêrib, que ha enviado á blasfemar al
Dios viviente.
17 Es verdad, oh Jehová, que los reyes
de Asiria han destruido las gentes y
sus tierras;
18 Y que pusieron en el fuego á sus
dioses, por cuanto ellos no *eran* dioses,
sino obra de manos de hombres, madera
ó piedra [l]: y así los destruyeron. [l] Sal. 115. 4, etc. Is. 44. 10, etc.
19 Ahora pues, oh Jehová Dios nues-
tro, sálvanos, te suplico, de su mano,
para que sepan todos los reinos de la
tierra que tú solo, Jehová, *eres* Dios [m]. [m] 1 Rey. 20. 28.
20 ¶ Entónces Isaías, hijo de Amos,
envió á decir á Ezechias: Así ha dicho
Jehová Dios de Israel: Lo que me
rogaste acerca de Sennachêrib, rey de
Asiria, he oido [n]. [n] Sal. 65. 2.
21 Esta *es* la palabra que Jehová ha
hablado contra él: ¿Hate menosprecia-
do? ¿Hate escarnecido, oh vírgen hija
de Sion [o]? ¿Ha movido su cabeza de- [o] Lam. 2. 13.
tras de tí, hija de Jerusalem?
22 ¿A quien has injuriado, y á quien
has blasfemado? ¿Y contra quien has
hablado alto, y has alzado en alto tus
ojos? contra el Santo de Israel [p]. [p] Is. 5. 24. Jer. 51. 5.
23 Por mano de tus mensajeros has
proferido injurias contra el Señor, y has
dicho: Con la multitud de mis carros
he subido á las cumbres de los montes,
á las cuestas del Líbano, y cortaré sus
altos cedros, sus hayas escogidas: y en-
traré á la morada de su término, al
monte de su Carmel.
24 Yo he cavado y bebido las aguas
agenas, y he secado con las plantas de
mis pies todos los rios de lugares blo-
queados.
25 ¿Nunca has oido que mucho tiem-
po ha yo lo hice, y de dias antiguos lo
he formado [q]? Y ahora lo he hecho [q] Is. 22. 11. Jer. 33. 2.
venir, y fué para desolacion de ciudades
fuertes en montones de ruinas.
26 Y sus moradores cortos de manos,
quebrantados, y confusos, fueron *cual*
yerba del campo, *como* legumbre verde,
y [r] heno de los tejados que antes que [r] Sal. 129. 6.
venga á madurez es seco.
27 Yo he sabido tu asentarte, tu salir
y tu entrar, y tu furor contra mí.
28 Por cuanto te has airado contra
mí, y tu estruendo ha subido á mis
oidos, yo por tanto pondré mi anzuelo
en tus narices [s], y mi bocado en tus [s] Ez. 29. 4. y 38. 4.
labios, y te haré volver por el camino
por donde viniste.
29 Y esto te *será* por señal, *Ezechias:*
Este año comerás lo que nacerá de suyo,
y *tambien* el segundo año lo que nacerá
de suyo; y el tercer año haréis semen-
tera, y segaréis; y plantaréis viñas, y
comeréis el fruto de ellas.
30 Y lo que hubiere escapado, lo que
habrá quedado de la casa de Judá tor-
nará á echar raiz abajo, y hará fruto
arriba.

31 Porque saldrán de Jerusalem reliquias[t], y los que escaparán del monte de Sion: el zelo de Jehová de los ejércitos hará esto[u].

32 Por tanto Jehová dice así del rey de Asiria: No entrará en esta ciudad, ni echará saeta en ella; ni vendrá delante de ella escudo, ni será echado contra ella baluarte.

33 Por el camino que vino se volverá, y no entrará en esta ciudad, dice Jehová.

34 Porque yo ampararé á esta ciudad para salvarla, por amor de mí, y por amor de David mi siervo[x].

35 ¶ Y aconteció que la misma noche salió el ángel de Jehová, é hirió en el campo de los[y] Asirios ciento ochenta y cinco mil *hombres*: y como se levantaron por la mañana, hé aquí los cuerpos de los muertos.

36 Entónces Sennachêrib, rey de Asiria, se partió, y se fué y tornó á Ninive, donde se estuvo[z].

37 Y aconteció que estando él adorando en el templo de Nisroch su dios, Adramelech y Saresar sus hijos lo hirieron á cuchillo[a]: y huyéronse á tierra de Ararat[b]: y reinó en su lugar Esarhadon[c] su hijo.

t ver. 4.
u Is. 9. 6.
x Cap. 20. 6.
y 2 Cr. 32.21. Is. 37. 36.
z Gen. 10. 11. Jona 1. 2. y 3. 2, etc. Na. 1.1, etc.
a ver. 7.
b Gen. 8. 4.
c Esd. 4. 2.

CAPITULO XX.

A Ezechias, enfermo de muerte, le prolonga el Señor la vida. La sombra del sol retrocede milagrosamente. Reprende Isaías la vanidad del rey; al cual sucede en el trono su hijo Manassé.

EN aquellos dias cayó Ezechias enfermo de muerte[a], y vino á él Isaías profeta, hijo de Amos, y díjole: Jehová dice así: Dispon de tu casa, porque has de morir, y no vivirás.

2 Entónces volvió él su rostro á la pared, y oró á Jehová, y dijo:

3 Ruégote, oh Jehová, ruégote hagas memoria de que he andado delante de tí en verdad, é íntegro corazon[b], y que he hecho las cosas que te agradan. Y lloró Ezechias con gran lloro.

4 Y antes que Isaías saliese hasta la mitad del patio, fué palabra de Jehová á Isaías diciendo:

5 Vuelve, y dí á Ezechias, príncipe de mi pueblo: Así dice Jehová el Dios de David tu padre: Yo he oido tu oracion[c], y he visto tus lagrimas[d]: hé aquí yo te sano[e]; al tercer dia subirás á la casa de Jehová.

6 Y añadiré á tus dias quince años, y te libraré á tí y á esta ciudad de mano del rey de Asiria; y ampararé esta ciudad por amor de mí, y por amor de David mi siervo[f].

7 Y dijo Isaías: Tomad masa de higos. Y tomandola, pusieron sobre la llaga, y sanó.

8 Y Ezechias habia dicho á Isaías: ¿Que señal[g] tendré de que Jehová me sanará, y que subiré á la casa de Jehová al tercer dia?

9 Y respondió Isaías: Esta señal tendrás de Jehová, de que hará Jehová esto que ha dicho: ¿Avanzará la sombra diez grados, ó retrocederá diez grados?

10 Y Ezechias respondió: Fácil cosa es que la sombra decline diez grados: pero que la sombra vuelva atras diez grados.

11 Entónces el profeta Isaías clamó á Jehová; é hizo volver la sombra por los grados que habia descendido en el relој de Achâz, diez grados atras[h].

12 ¶ En aquel tiempo Berodach-Baladan, hijo de Baladan, rey de Babilonia, envió letras y presentes á Ezechias, porque habia oido que Ezechias habia caido enfermo.

a 2 Cr. 32.24, etc. Is. 38. 1, etc.
b Gen. 17. 1. 1 Rey. 3. 6.
c Cap. 19. 20. Sal. 65. 19, 20.
d Sal. 56. 8. y 126. 5.
e Deu. 32. 39.
f Cap. 19. 34.
g Juec. 6. 17, 37. Is. 7. 11, 14.
h Jos. 10. 12.

13 Y Ezechias los oyó, y mostróles toda la casa de las cosas preciosas, plata, oro, y especiería, y preciosos ungüentos; y la casa de sus armas, y todo lo que habia en sus tesoros[i]: ninguna cosa quedó que Ezechias no les mostrase, así en su casa como en todo su señorío.

14 Entónces el profeta Isaías vino al rey Ezechias, y díjole: ¿Qué dijeron aquellos varones, y de donde vinieron á tí? Y Ezechias le respondió: De lejanas tierras han venido, de Babilonia.

15 Y el le volvió á decir: ¿Qué vieron en tu casa? Y Ezechias respondió: Vieron todo lo que habia en mi casa; nada quedó en mis tesoros que no les mostrase.

16 Entónces Isaías dijo á Ezechias: Oye palabra de Jehová;

17 Hé aquí vienen dias, en que todo lo que está en tu casa, y todo lo que tus padres han atesorado hasta hoy, sea llevado á Babilonia[k], sin quedar nada, dijo Jehová.

18 Y de tus hijos, que saldrán de tí, que habrás engendrado[l], tomarán, y serán eunucos en el palacio del rey de Babilonia.

19 Entónces Ezechias dijo á Isaías: La palabra de Jehová, que has hablado, es buena[m]. Despues dijo: ¿Mas no habrá paz y verdad en mis dias?

20 ¶ Lo demas de los hechos de Ezechias, y todo su vigor, y como hizo el estanque[n], y el conducto, y metió las aguas en la ciudad, ¿no está escrito en el libro de las crónicas de los reyes de Judá?

21 Y durmió Ezechias con sus padres, y reinó en su lugar Manassé su hijo.

i 2 Cr. 32. 27. Pro. 23. 5.
k Cap. 24. 13. y 25. 13. Jer. 27. 21. y 52. 17.
l Dan. 1. 3.
m Job 1. 21.
n Neh. 3. 16.

CAPITULO XXI.

Reinado abominable de Manassé, á quien sucede é imita su hijo Amon. Muerto este por sus criados, reina en Judá el piadoso Josías su hijo.

DE doce años era Manassé cuando comenzó á reinar[a], y reinó en Jerusalem cincuenta y cinco años: el nombre de su madre *fué* Hepsiba.

2 E hizo lo malo en ojos de Jehová, segun las abominaciones de las gentes que Jehová habia echado delante de los hijos de Israel[b].

3 Porque él volvió á edificar los altos que Ezechias su padre habia derribado[c], y levantó altares á Baal, é hizo bosque, como habia hecho Achâb rey de Israel[d]: y adoró todo el ejército del cielo[e], y sirvió á aquellas cosas.

4 Asimismo edificó altares en la casa de Jehová[f], de la cual Jehová habia dicho: Yo pondré mi nombre en Jerusalem[g].

5 Y edificó altares para todo el ejército del cielo en los dos atrios de la casa de Jehová:

6 Y pasó á su hijo por fuego[h], y miró en tiempos, y fué agorero, é instituyó pythones y adivinos[i], multiplicando así el hacer lo malo en ojos de Jehová, para provocarlo á ira.

7 Y puso una entalladura del bosque que él habia hecho, en la casa de la cual habia Jehová dicho á David, y á Salomon su hijo: Yo pondré mi nombre para siempre en esta casa, y en Jerusalem, á la cual escogí de todas las tribus de Israel[k]:

8 Y no volveré á hacer que el pié de Israel sea movido de la tierra que dí á sus padres[l], con tal que guarden y

a 2 Cr. 33. 1, etc.
b Cap. 16. 3.
c Cap. 18. 4.
d 1 Rey. 16. 32.
e Cap. 17. 16. Deu. 4. 19. Job 31. 26.
f Jer. 32. 34.
g 1 Rey. 8.29.
h Cap. 16. 3. y 17. 17. Lev. 18. 21.
i Deu. 18. 10, 11.
k 2 Sa. 7. [illegible] 1 Rey. [illegible] Sal. 132. 14.
l 2 Sa. 7. [illegible]

hagan conforme á todas las cosas que yo les he mandado, y conforme á toda la ley que mi siervo Moises les mandó.

9 Mas ellos no escucharon; y Manasse los indujo[m] á que hiciesen mas mal que las gentes que Jehová destruyó delante de los hijos de Israel.

Pro. 29.12.

10 Y habló Jehová por mano de sus siervos los profetas, diciendo:

11 Por cuanto Manassé, rey de Judá, ha hecho estas abominaciones[n], y ha hecho mas mal que todo lo que hicieron los Amorrhéos[o], que *fueron* antes de él, y tambien ha hecho pecar á Judá en sus ídolos;

ap. 23. 26, . 24. 3, 4. r. 15. 4. Rey. 21.

12 Por tanto así ha dicho Jehová el Dios de Israel: Hé aquí yo traigo *tal* mal sobre Jerusalem y sobre Judá, que el que lo oyere, le retiñirán ambos oidos[p].

Sa. 3. 11. r. 19. 3.

13 Y extenderé sobre Jerusalem el cordel de Samaria, y el plomo de la casa de Achâb[q]: y yo limpiaré á Jerusalem como se limpia una escudilla, que despues que la han limpiado, la vuelven sobre su haz.

. 34. 11. m. 2. 8.

14 Y desampararé las reliquias de mi heredad[r], y entregarlas hé en manos de sus enemigos, y serán para saco y para robo á todos sus adversarios:

r. 12. 7.

15 Por cuanto han hecho lo malo en mis ojos, y me han provocado á ira, desde el dia que sus padres salieron de Egipto hasta hoy.

16 Fuera de esto derramó Manassé mucha sangre inocente en gran manera, hasta henchir á Jerusalem de cabo á cabo; ademas de su pecado con que hizo pecar á Judá[s], para que hiciese lo malo en ojos de Jehová.

Rey. 14.

17 Lo demas de los hechos de Manassé, y todas los cosas que hizo, y su pecado que cometió, ¿no está todo escrito en el libro de las crónicas de los reyes de Judá[t]?

Cr. 33. 1,

18 Y durmió Manassé con sus padres, y fué sepultado en el huerto de su casa, en el huerto de Uzza, y reinó en su lugar Amon su hijo.

19 ¶ De veinte y dos años era Amon cuando comenzó á reinar, y reinó dos años en Jerusalem. El nombre de su madre *fué* Mesalemeth, hija de Harus de Jotba.

20 E hizo lo malo en ojos de Jehová, como habia hecho Manassé su padre.

21 Y anduvo en todos los caminos en que su padre anduvo; y sirvió á las inmundicias á las cuales habia servido su padre, y á ellas adoró.

22 Y dejó á Jehová el Dios de sus padres, y no anduvo en el camino de Jehová[u].

Rey. 11. [u]

23 Y los siervos de Amon conspiraron contra él, y mataron al rey en su casa.

24 Entónces el pueblo de la tierra hirió á todos los que habian conspirado contra el rey Amon, y puso el pueblo de la tierra por rey en su lugar á Josias su hijo.

25 Lo demas de los hechos de Amon que efectuára, ¿no está todo escrito en el libro de las crónicas de los reyes de Judá?

26 Y fué sepultado en su sepulcro en el huerto de Uzza, y reinó en su lugar Josias su hijo.

CAPITULO XXII.

Comienza Josias á restaurar el templo y culto divino; y aplaca con su piedad la cólera de Dios.

CUANDO Josías[a] comenzó á reinar era de ocho años, y reinó en Jerusalem treinta y un año. El nombre de su madre *fué* Idida, hija de Adaía de Boscath.

ey. 13. 2. r. 34. 1,

2 E hizo *lo que era* recto en ojos de Jehová, y anduvo en todo el camino de David su padre, sin apartarse á diestra ni á siniestra[b].

[b] Deu. 5. 32.

3 Y á los diez y ocho años del rey Josias fué que envió el rey á Saphan, hijo de Azalia, hijo de Mesullam, escriba, á la casa de Jehová, diciendo:

4 Vé á Helcias sumo sacerdote; *díle* que recoja el dinero que se ha metido en la casa de Jehová[c], que han juntado del pueblo los guardianes de la puerta,

[c] Cap. 12. 4, etc.

5 Y que lo pongan en manos de los que hacen la obra, que tienen cargo de la casa de Jehová; y que lo entreguen á los que hacen la obra en la casa de Jehová, para reparar las aberturas de la casa:

6 A los carpinteros, á los maestros y albañiles, para comprar madera y piedra de cantería para reparar la casa.

7 Y que no se les cuente el dinero cuyo manejo se les confiare, porque ellos proceden con fidelidad.

8 ¶ Entónces dijo el sumo sacerdote Helcias á Saphan escriba: El libro de la ley[d] he hallado en la casa de Jehová. Y Helcias dió el libro á Saphan, y leyólo.

[d] Deu. 31. 24. 2 Cr. 34. 14, etc.

9 Viniendo luego Saphan escriba al rey, dió al rey la respuesta, y dijo: Tus siervos han juntado el dinero que se halló en el templo, y lo han entregado en poder de los que hacen la obra, que tienen cargo de la casa de Jehová.

10 Asimismo declaró al rey Saphan escriba diciendo: Helcias el sacerdote me ha dado un libro. Y leyólo Saphan delante del rey[e].

[e] Neh. 8. 3, 18. Jer. 36. 6, 15.

11 Y cuando el rey hubo oido las palabras del libro de la ley, rasgó sus vestidos[f].

[f] ver. 19.

12 Luego mandó el rey á Helcias el sacerdote, y á Ahicam, hijo de Saphan, y á Achbor, hijo de Michâia, y á Saphan escriba, y á Asaía, siervo del rey, diciendo:

13 Id, y preguntad á Jehová por mí, y por el pueblo, por todo Judá, acerca de las palabras de este libro que se ha hallado; porque grande ira de Jehová[g] es la que ha sido encendida contra nosotros, por cuanto nuestros padres no escucharon las palabras de este libro[h], para hacer conforme á todo lo que nos fué escrito.

[g] Sal. 76. 7. Nah. 1. 6.
[h] Deu. 29. 27.

14 Entónces fué Helcias el sacerdote, y Ahicam, y Achbor, y Saphan, y Asaia, á Hulda profetisa, mujer de Sallum, hijo de Ticva, hijo de Araas, guarda de las vestiduras, la cual moraba en Jerusalem en la segunda parte *de la ciudad*, y hablaron con ella.

15 Y ella les dijo: Así ha dicho Jehová el Dios de Israel: Decid al varon que os envió á mí:

16 Así dijo Jehová: Hé aquí yo traigo mal sobre este lugar, y sobre los que en él moran, *es á saber*, todas las palabras del libro que ha leido el rey de Judá:

17 Por cuanto me dejaron á mí, y quemaron perfumes á dioses agenos, provocandome á ira en toda obra de sus manos[i], y mi furor se ha encendido contra este lugar, y no se apagará.

[i] Deu. 29. 25, etc. Neh. 9. 26, 27. Dan. 9. 11, 14.

18 Mas al rey de Judá que os ha enviado para que preguntaseis á Jehová, diréis así: Así ha dicho Jehová el Dios de Israel: *Por cuanto* oiste las palabras *del libro*,

[k] Sal. 51. 17. Is. 57. 15.

19 Y tu corazon se enterneció[k], y te humillaste[l] delante de Jehová, cuando

[l] 1 Rey. 21. 29.

oiste lo que yo he pronunciado contra
este lugar y contra sus moradores, que
vendrian á ser asolados[m] y malditos[n],
y rasgaste tus vestidos, y lloraste en mi
presencia, tambien yo *te* he oido, dice
Jehová.
20 Por tanto hé aquí yo te recogeré
con tus padres, y tú serás recogido á tu
sepulcro en paz; y no verán tus ojos
todo el mal que yo traigo sobre este lu-
gar. Y ellos dieron al rey la respuesta.

CAPITULO XXIII.

Lee Josias el Deuteronomio delante del pueblo: renueva la alianza con el Señor, y esmérase en todo lo restante de su vida en la observancia de la Ley, y destruccion de la idolatría.

ENTONCES el rey envió, y juntaron
á él todos los ancianos de Judá y
de Jerusalem[a].
2 Y subió el rey á la casa de Jehová
con todos los varones de Judá, y con
todos los moradores de Jerusalem, con
los sacerdotes, y profetas, y con todo el
pueblo desde el mas chico hasta el mas
grande, y leyó oyendolo ellos, todas las
palabras del libro del pacto que habia
sido hallado en la casa de Jehová[b].
3 Y poniendose el rey en pié[c] junto á
la columna, hizo alianza delante de Je-
hová de que irian en pos de Jehová, y
guardarian sus mandamientos, y sus tes-
timonios, y sus estatutos, con todo el co-
razon y con toda el alma, y que cumpli-
rian las palabras de la alianza que esta-
ban escritas en aquel libro. Y todo el
pueblo confirmó el pacto.
4 Entónces mandó el rey al sumo sa-
cerdote Helcias, y á los sacerdotes de
segundo órden, y á los guardianes de
la puerta, que sacasen del templo de
Jehová todos los vasos que habian sido
hechos para Baal, y para el bosque, y
para toda la milicia del cielo[d], y que-
mólos fuera de Jerusalem en el campo
de Cidron, é hizo llevar las cenizas de
ellos á Beth-el.
5 Y quitó los Camoréos[e] que habian
puesto los reyes de Judá, para que que-
masen perfumes en los altos en las ciu-
dades de Judá, y en los alrededores de
Jerusalem: y asimismo á los que que-
maban perfumes á Baal, al sol, y á la
luna, y á los signos, y á todo el ejército
del cielo.
6 Hizo tambien sacar el bosque fuera
de la casa de Jehová, fuera de Jerusa-
lem, al torrente de Cidron, y quemólo
en el torrente de Cidron, y tornólo en
polvo, y echó el polvo de él sobre los se-
pulcros de los hijos del pueblo[f].
7 Ademas derribó las casas de los so-
domiticos que estaban en la casa de Je-
hová, en las cuales tejian las mujeres
pabellones para el bosque.
8 E hizo venir todos los sacerdotes de
las ciudades de Judá, y profanó los al-
tos donde los sacerdotes quemaban per-
fumes, desde Gabaa[g] hasta Beer-sebah;
y derribó los altares de las puertas, *y los*
que *estaban* á la entrada de la puerta de
Josué, gobernador de la ciudad, *y los*
que *estaban* á la mano izquierda á la
puerta de la ciudad.
9 Empero los sacerdotes de los altos[h]
no subian al altar de Jehová en Jeru-
salem, mas comian panes sin levadura
entre sus hermanos[i].
10 Asimismo profanó á Thopheth[k],
que *está* en el valle del hijo de Hinnom[l],
porque ninguno pasase su hijo ó su hija
por fuego á Molech[m].
11 Quitó tambien los caballos que los
reyes de Judá habian dedicado al sol, á
la entrada del templo de Jehová, junto

[m] Lev. 26. 31, 32.
[n] Jer. 26. 6. y 44. 22.
[a] 2 Cr. 34. 29, etc.
[b] Cap. 22. 8.
[c] Cap. 11. 14, 17.
[d] Cap. 21. 3, 7.
[e] Os. 10. 5. Soph. 1. 4.
[f] 2 Cr. 34. 4.
[g] 1 Rey. 15. 22.
[h] Ez. 44. 10, 14.
[i] 1 Sa. 2. 36.
[k] Jer. 7. 31.
[l] Jer. 7. 31.
[m] Lev. 18. 21. Deu. 18. 10. Ez. 23. 37, 39.

á la cámara de Nathan-melech eunuco,
el cual tenia cargo de los ejidos, y quemó
al fuego los carros del sol.
12 Derribó ademas el rey los altares
que *estaban* sobre la techumbre de la
sala de Achâz[n], que los reyes de Judá
habian hecho, y los altares que habia
hecho Manassé en los dos atrios de la
casa de Jehová[o]; y de allí corrió, y
arrojó el polvo en el torrente de Cidron.
13 Asimismo profanó el rey los altos
que *estaban* delante de Jerusalem, á la
mano derecha del monte de la destruc-
cion, los cuales Salomon, rey de Israel,
habia edificado[p] á Asthoreth, abomina-
cion de los Sidonios, y á Chêmos, abo-
minacion de Moab, y á Milchôm, abo-
minacion de los hijos de Ammon.
14 Y quebró las estatuas, y taló los
bosques[q], é hinchió el lugar de ellos de
huesos de hombres.
15 Igualmente el altar que *estaba* en
Beth-el, *y* el alto que habia hecho Jero-
boam, hijo de Nabat[r], el que hizo pecar
á Israel, aquel altar y el alto destruyó;
y quemó el alto, y tornó *el altar* en pol-
vo, y puso fuego al bosque.
16 Y volvióse Josias, y viendo los se-
pulcros que *estaban* allí en el monte, en-
vió y sacó los huesos de los sepulcros, y
quemólos sobre el altar para contami-
narlo, conforme á la palabra de Jehová
que habia profetizado el varon de Dios,
el cual habia anunciado estos negocios[s].
17 Despues dijo: ¿Que título es este
que veo? Y los de la ciudad le respon-
dieron: Este *es* el sepulcro del varon de
Dios que vino de Judá[t], y profetizó es-
tas cosas que tú has hecho sobre el altar
de Beth-el.
18 Y él dijo: Dejadlo; ninguno mueva
sus huesos: y así fueron preservados sus
huesos, y los huesos del profeta que ha-
bia venido de Samaria.
19 Y todas las casas de los altos que
estaban en las ciudades de Samaria[u],
las cuales habian hecho los reyes de Is-
rael para provocar á ira, quitólas tam-
bien Josias, é hizo de ellas como habia
hecho en Beth-el.
20 Mató ademas sobre los altares á to-
dos los sacerdotes de los altos que allí
estaban[x], y quemó sobre ellos[y] huesos
de hombres, y volvióse á Jerusalem.
21 ¶ Entónces mandó el rey á todo el
pueblo diciendo: Haced la Pascua á Je-
hová vuestro Dios, conforme á lo que
está escrito en el libro de esta alianza[z].
22 No fué hecha tal Pascua desde los
tiempos de los jueces que gobernaron á
Israel, ni en todos los tiempos de los
reyes de Israel, y de los reyes de Judá[a].
23 A los diez y ocho años del rey Jo-
sias fué hecha aquella Pascua á Jehová
en Jerusalem.
24 Asimismo barrió Josias los Pytho-
nes, adivinos, y Theraphéos, y todas las
abominaciones que se veian en la tierra
de Judá y en Jerusalem, para cumplir
las palabras de la ley[b], que estaban es-
critas en el libro que el sacerdote Helcias
habia hallado en la casa de Jehová.
25 No hubo tal rey ántes de él, que
así[c] se convirtiese á Jehová de todo su
corazon, y de toda su alma[d], y de todas
sus fuerzas, conforme á toda la Ley de
Moises, ni despues de él nació otro tal.
26 Con todo eso no se volvió Jehová
del ardor de su grande ira, con que se
habia encendido su enojo contra Judá,
por todas las provocaciones con que Ma-
nassé le habia irritado[e].
27 Y dijo Jehová: Tambien he de qui-
tar de mi presencia á Judá[f], como quité
á Israel[g], y abominaré á esta ciudad que

[n] Jer. 19. 13. Soph. 1. 5.
[o] Cap. 21. 5.
[p] 1 Rey. 11. 7.
[q] Ex. 23. 24. Nu. 33. 52. Deu. 7. 5, 25. Mic. 1. 7.
[r] 1 Rey. 12. 28, 33.
[s] 1 Rey. 13. 2.
[t] 1 Rey. 13. 30, 31.
[u] 2 Cr. 34. 6, 7.
[x] Cap. 11. 18. Ex. 22. 20. 1 Rey. 18. 40.
[y] 2 Cr. 34.
[z] Ex. 12. 3, etc. Nu. 9. 2. Deu. 16. etc.
[a] 2 Cr. 35. 18, 19.
[b] Lev. 19. 31, y 20. 27.
[c] Cap. 18.
[d] 1 Rey. 8. Jer. 29.
[e] Cap. 21. 12. y 24. 3, 4. Jer. 15.
[f] Cap. 21.
[g] Cap. 17. 20. y 18. 11.

habia escogido, á Jerusalem, y la casa de la cual habia yo dicho: Mi nombre será allí [h].

28 Lo demas de los hechos de Josias, y todas las cosas que hizo, ¿no está todo escrito en el libro de las crónicas de los reyes de Judá?

29 En aquellos dias Pharaon Nechão, rey de Egipto, subió contra el rey de Asiria al rio Eufrates, y salió contra él el rey Josias [i]; pero aquel, así que le vió, matólo en Megiddo.

30 Y sus siervos lo pusieron en un carro, y trajéronlo muerto de Megiddo á Jerusalem, y sepultáronlo en su sepulcro. Entónces el pueblo de la tierra tomó á Joachâz, hijo de Josias, y ungiéronle, y pusiéronlo por rey en lugar de su padre [k].

31 ¶ De veinte y tres años *era* Joachâz [l] cuando comenzó á reinar, y reinó tres meses en Jerusalem: el nombre de su madre *fué* Amutal, hija de Jeremias de Libna.

32 Y él hizo lo malo en ojos de Jehová, conforme á todas las cosas que sus padres habian hecho.

33 Y echólo preso Pharaon Nechão á Ribla [m], en la provincia de Hamath, reinando él en Jerusalem; é impuso sobre la tierra una multa de cien talentos de plata, y uno de oro [n].

34 Entónces Pharaon Nechão puso por rey á Eliacim, hijo de Josias, en lugar de Josias su padre, y mudóle el nombre *en el de* Joacim [o]: y tomó á Joachâz, y llevólo á Egipto [p], y murió allí.

35 Y Joacim pagó á Pharaon la plata y el oro; mas hizo apreciar la tierra para dar *este* dinero conforme al mandamiento de Pharaon, sacando la plata y oro del pueblo de la tierra, de cada uno segun la estimacion *de su hacienda*, para dar á Pharaon Nechão.

36 De veinte y cinco años *era* Joacim cuando comenzó á reinar, y once años reinó en Jerusalem. El nombre de su madre *fué* Zebuda, hija de Pedaia, de Ruma.

37 E hizo lo malo en ojos de Jehová, conforme á todas las cosas que sus padres habian hecho.

Rey. 9. 3.
Cr. 35. 20,
Cr. 36. 1,
Cr. 3. 15.
r. 22. 11.
ap. 25. 6.
r. 52. 27.
Cr. 36. 3.
p. 24. 17.
n. 41. 45.
n. 1. 7.
r. 22. 11,
13. 3, 4.

CAPITULO XXIV.

Rebélase Joacim contra el rey de Babilonia; y le sucede su hijo Joachin. Nabuchôdonosor se apodera de Jerusalem, y llévase presos á Babilonia á Joachin, y á sus principales vasallos; y pone por rey á Mathanías, llamado tambien Sedecias.

EN su tiempo subió Nabuchôdonosor, rey de Babilonia, al cual sirvió tres años [a]: volvióse luego, y se rebeló contra él.

2 Jehová empero envió contra él tropas de Caldéos, y tropas de Siros, y tropas de Moabitas, y tropas de Ammonitas; los cuales envió contra Judá para que le destruyesen, conforme á la palabra de Jehová que habia hablado por sus siervos los profetas.

3 Ciertamente vino *esto* contra Judá por dicho de Jehová, para quitarla de su presencia, por los pecados de Manassé [b], conforme á todo lo que hizo:

4 Asimismo por la sangre inocente que derramó [c], pues hinchió á Jerusalem de sangre inocente [d]: Jehová por tanto no quiso perdonar.

5 Lo demas de los hechos de Joacim, y todas las cosas que hizo, ¿no está escrito en el libro de las crónicas de los reyes de Judá?

6 Y durmió Joacim con sus padres [e], y reinó en su lugar Joachin su hijo.

7 Y nunca mas el rey de Egipto salió de su tierra [f]; porque el rey de Babilonia le tomó todo lo que era suyo desde el rio de Egipto hasta el rio Eufrates [g].

8 ¶ De diez y ocho años *era* Joachin cuando comenzó á reinar, y reinó en Jerusalem tres meses. El nombre de su madre *fué* Nehusta, hija de Elnathan, de Jerusalem.

9 E hizo lo malo en ojos de Jehová, conforme á todas las cosas que habia hecho su padre.

10 En aquel tiempo subieron los siervos de Nabuchôdonosor rey de Babilonia contra Jerusalem, y la ciudad fué cercada [h].

11 Vino tambien Nabuchôdonosor rey de Babilonia contra la ciudad, cuando sus siervos la tenian cercada.

12 Entónces salió Joachin, rey de Judá, al rey de Babilonia, él y su madre, y sus siervos, y sus príncipes, y sus eunucos [i]. Y prendiólo el rey de Babilonia en el octavo año de su reinado.

13 Y sacó de allí todos los tesoros de la casa de Jehová, y los tesoros de la casa real, y quebró en piezas todos los vasos de oro que habia hecho Salomon rey de Israel en la casa de Jehová, como Jehová habia dicho [k].

14 Y llevó en cautiverio á toda Jerusalem, á todos los príncipes, y á todos los hombres valientes, *hasta* diez mil cautivos; y á todos los oficiales y herreros [l], que no quedó nadie, excepto los pobres del pueblo de la tierra [m].

15 Asimismo trasportó á Joachin á Babilonia, y á la madre del rey, y á las mujeres del rey, y á sus eunucos, y á los poderosos de la tierra; cautivos los llevó de Jerusalem á Babilonia.

16 A todos los hombres de guerra, *que fueron* siete mil, y á los oficiales y herreros, *que fueron* mil, y á todos los valientes para hacer la guerra llevó cautivos el rey de Babilonia.

17 Y el rey de Babilonia puso por rey en lugar de Joachin á Mathanias su tio, y mudóle el nombre en *el de* Sedecias [n].

18 De veinte y un año *era* Sedecias cuando comenzó á reinar, y reinó en Jerusalem once años [o]. El nombre de su madre *fué* Amutal, hija de Jeremias, de Libna [p].

19 E hizo lo malo en ojos de Jehová, conforme á todo lo que habia hecho Joacim.

20 Fué pues la ira de Jehová contra Jerusalem y Judá, hasta que los echó de su presencia. Y Sedecias se rebeló contra el rey de Babilonia [q].

r. 36. 5,
p. 23. 26.
23. 5.
p. 21. 16.
r. 15. 10.
19. 4.
l. 106. 38.
r. 22. 18,

f Jer. 37. 5, 7.
g Jer. 46. 2.
h Dan. 1. 1, 2.
i Jer. 29. 1, 2.
k Cap. 20. 17.
l Jer. 24. 1.
m Cap. 25. 12.
n Jer. 37. 1.
o Jer. 52. 1, etc.
p Cap. 23. 31.
q 2 Cr. 36. 13. Ez. 17. 15.

CAPITULO XXV.

Ruina de Jerusalem y de su templo: trasportacion universal de los Judíos á Babilonia, excepto unos pocos á quienes dejaron para cultivar la tierra.

Y ACONTECIO á los nueve años de su reinado, en el mes décimo, á los diez del mes, que Nabuchôdonosor rey de Babilonia vino con todo su ejército contra Jerusalem, y cercóla; y levantaron contra ella ingenios alrededor [a].

2 Y estuvo la ciudad cercada hasta el undécimo año del rey Sedecias.

3 A los nueve del mes prevaleció el hambre en la ciudad, que no hubo pan para el pueblo de la tierra.

4 Abierta ya la ciudad, *huyeron* de noche todos los hombres de guerra por el camino de la puerta *que estaba* entre los dos muros junto á los huertos del rey, estando los Caldéos al rededor de la ciudad; y *el rey* se fué camino de la campaña [b].

a 2 Cr. 36. 17, etc. Jer. 34. 2, etc. y 39. 1, etc. y 52. 4, etc. Ez. 24. 2, etc.
b Ez. 12. 12.

5 Y el ejército de los Caldéos siguió al rey, y tomólo en las llanuras de Jericó, habiendose esparcido de él todo su ejército.

c Cap. 23. 33.

6 Tomado pues el rey, trajéronlo al rey de Babilonia á Ribla[c], y profiriéron contra él sentencia.

d Ez. 12. 13, etc.

7 Y degollaron á los hijos de Sedecías en presencia suya, y á Sedecías sacaron los ojos[d], y atado con cadenas lleváronlo á Babilonia.

8 ¶ En el mes quinto, á los siete del mes, siendo el año diez y nueve de Nabuchôdonosor rey de Babilonia, vino á Jerusalem Nabuzardan, capitan de los de la guardia, siervo del rey de Babilonia.

e 1 Rey. 9. 8. Sal. 79. 1. Is. 64. 10, 11.
f Amos 2. 5.

9 Y quemó la casa de Jehová[e], y la casa del rey, y todas las casas de Jerusalem[f]; y todas las casas de los principales quemó á fuego.

g Neh. 1. 3. Jer. 52. 14, etc.

10 Y todo el ejército de los Caldéos que *estaba con* el capitan de la guardia, derribó los muros de Jerusalem alrededor[g].

11 Y á los del pueblo que habian quedado en la ciudad, y á los que se habian juntado al rey de Babilonia, y á los que habian quedado del vulgo, trasportólos Nabuzardan, capitan de los de la guardia.

h Cap. 24. 14. Jer. 40. 7.

12 Mas de los pobres de la tierra dejó Nabuzardan, capitan de los de la guardia, para que labrasen las viñas y las tierras[h].

i Jer. 27. 19, etc. 1 Rey. 7. 15, 27.

13 Y quebraron los Caldéos las columnas de bronce[i] que *estaban* en la casa de Jehová, y las basas, y el mar de bronce que estaba en la casa de Jehová, y llevaron el metal de ello á Babilonia.

k Ex. 27. 3. 1 Rey. 7. 47, 50.

14 Lleváronse tambien los calderos, y las paletas, y las tenazas, y los cucharones, y todos los vasos de metal con que ministraban[k].

15 Incensarios, cuencos, los que de oro, *en* oro, y los que de plata, *en* plata, *todo lo* llevó el capitan de los de la guardia;

16 Las dos columnas, un mar, y las basas, que Salomon habia hecho para la casa de Jehová: no habia peso de todos estos vasos.

l 1 Rey. 7. 15.

17 La altura de la una columna era de diez y ocho codos, y tenia encima un capitel de bronce; y la altura del capitel era de tres codos[l]: y sobre el capitel habia un enredado y granadas al rededor, todo de bronce; y semejante *obra* habia en la otra columna con el enredado.

m 1 Cr. 6. 14. Esd. 7. 1.
n Jer. 21. 1. y 29. 25, 29.

18 ¶ Tomó entónces el capitan de los de la guardia á Saraías[m] primer sacerdote, y á Sophonías[n] segundo sacerdote, y tres guardas de la vajilla.

o Est. 1. 14.

19 Y de la ciudad tomó un eunuco, el cual era maestre de campo, y cinco varones de los continuos del rey[o] que se hallaron en la ciudad, y al principal escriba del ejército que hacia la reseña de la gente del pais, y sesenta varones del pueblo de la tierra que se hallaron en la ciudad.

20 Estos tomó Nabuzardan, capitan de los de la guardia, y llevólos á Ribla al rey de Babilonia.

p Cap. 23. 27. Lev. 26. Deu. 28. 64.

21 Y el rey de Babilonia los hirió y mató en Ribla, en tierra de Hamath. Así fué trasportado Judá de sobre su tierra[p].

q Jer. 40. 5, etc.

22 ¶ Y al pueblo que Nabuchôdonosor rey de Babilonia dejó en tierra de Judá, puso por gobernador á Gedalías, hijo de Ahicam, hijo de Saphan[q].

23 Y oyendo todos los príncipes del ejército, ellos y su gente, que el rey de Babilonia habia puesto por gobernador á Gedalías, viniéronse á él en Mispa; *es á saber,* Ismael, hijo de Nathanías, y Johanan, hijo de Carea, y Saraías, hijo de Tanhumet Netofatita, y Jazanías, hijo de Maachâti, ellos con los suyos.

24 Entónces Gedalías les hizo juramento, á ellos y á los suyos, y díjoles: No temais de *ser* siervos de los Caldéos: habitad en la tierra, y servid al rey de Babilonia, y os irá bien.

25 Mas en el mes séptimo vino Ismael, hijo de Nathanías, hijo de Elisama, de la estirpe real, y con él diez varones, é hirieron á Gedalías, y murió; y tambien á los Judíos y Caldéos que *estaban* con él en Mispa.

r Jer. 43.

26 Y levantandose todo el pueblo, desde el menor hasta el mayor, con los capitanes del ejército, fuéronse á Egipto[r] por temor de los Caldéos.

27 ¶ Y aconteció á los treinta y siete años de la trasportacion de Joachin, rey de Judá, en el mes duodécimo, á los veinte y siete del mes, que Evil-merodach rey de Babilonia en el *primer* año de su reinado levantó la cabeza de Joachin, rey de Judá, *sacandole* de la casa de la cárcel;

28 Y hablóle bien, y puso su asiento sobre el asiento de los reyes que con él *estaban* en Babilonia:

s 2 Sa. 9.

29 Y mudóle los vestidos de su prision, y comió siempre delante de él[s] todos los dias de su vida.

t Da. 5.

30 Y fuéle diaramente dada su comida de parte del rey[t] de continuo, todos los dias de su vida.

LIBRO PRIMERO DE LAS CRONICAS.

A. C. 4004, etc.

CAPITULO I.

Genealogía desde Adam hasta Abraham: hijos de este, y descendencia de Ismael y de Esaú.

a Gen. 5. 3, 4.

ADAM, Seth, Enos[a]:

2 Cainan, Mahalaleel, Jared,

3 Henoch, Mathusalem, Lamech,

4 Noé, Sem, Châm, y Japhet.

b Gen. 10. 2, etc.

5 ¶ Los hijos de Japhet[b] *fueron* Gomer, Magog, Madai, Javan, Tubal, Mesec, y Thiras.

6 Los hijos de Gomer *fueron* Askenez, Riphath, y Thogorma.

7 Los hijos de Javan: Elisa, Tharsis, Chithim, y Dodanim.

c Gen. 10. 6.

8 ¶ Los hijos de Châm[c]: Chûs, Misraim, Phut, y Canaan.

9 Los hijos de Chûs: Seba, Havila, Sabtha, Raema, y Sabtechá. Y los hijos de Raema; Seba, y Dedan.

10 Chûs engendró á Nimrod: este comenzó á ser poderoso en la tierra.

11 Misraim engendró á Ludim, Anamim, Laabim, Nephtuim,

d Deu. 2. 23.

12 Phetrusim, y Casluim: de estos salieron los Philistéos, y los Caphtoréos[d].

13 Canaan engendró á Sidon, su primogénito,

14 Y al Hethéo, y al Jebuséo, y al Amorrhéo, y al Gergeséo,

15 Y al Hevéo, y al Aracéo, y al Sinéo,

16 Al Aradéo, y al Samaréo, y al Hamathéo.

17 ¶ Los hijos de Sem [e] *fueron* Elam, Assur, Arphaxad, Lud, Aram, Hus, Hul, Gether, y Mesec. (…n. 10. 22, …e.)

18 Arphaxad engendró á Sela, y Sela engendró á Heber.

19 Y á Heber nacieron dos hijos: el nombre del uno *fué* Peleg ‖, por cuanto en sus dias fué dividida la tierra; y el nombre de su hermano *fué* Joctan. (‖ …vision.)

20 Y Joctan engendró á Elmodad [f], Seleph, Asarmaveth, y Jera,

21 A Adoram tambien, á Uzal, Dicla,

22 Hebal, Abimael, Seba,

23 Ophir, Havila, y Jobab; todos hijos de Joctan.

24 ¶ Sem, Arphaxad, Sela,

25 Heber, Peleg, Reu,

26 Serug, Nachór, Thare,

27 Y Abram, el cual es Abraham.

28 ¶ Los hijos de Abraham *fueron* Isaac, é Ismael.

29 Y estas *son* sus descendencias: el primogénito de Ismael *fué* Nabajot [f]; despues Cedar, Adbeel, Mibsam, (…n. 25. 13, …)

30 Misma, Duma, Massa, Hadad, Thema, Jetur, Naphis, y Cedma. Estos son los hijos de Ismael.

31 Y Cethura, concubina de Abraham, parió á Zimram, Jocsan, Medan, Madian, Isbac, y á Sua.

32 Los hijos de Jocsan *fueron* Seba, y Dedan.

33 Los hijos de Madian: Epha, Epher, Henoch, Ahida, y Eldaa; todos estos *fueron* hijos de Cethura.

34 Y Abraham engendró á Isaac: y los hijos de Isaac *fueron* Esaú, é Israel [g]. (…n. 25. 25, …)

35 ¶ Los hijos de Esaú *fueron* Eliphas, Rehuel, Jehus, Jalam, y Cora.

36 Los hijos de Eliphas: Theman, Omar, Sephi, Gatham, Chênas, Timna, y Amalech.

37 Los hijos de Rehuel *fueron* Nahath, Zera, Samma, y Mizza.

38 Los hijos de Seir *fueron* Lotan, Sobal, Sibeon, Ana, Dison, Eser, y Disan.

39 Los hijos de Lotan: Hori, y Homam: y Thimna fué hermana de Lotan.

40 Los hijos de Sobal *fueron* Alian, Manahath, Ebal, Sephi, y Onam. Los hijos de Sibeon: Aia, y Ana.

41 Dison fué hijo de Ana: y los hijos de Dison *fueron* Hamran, Esban, Ithran, y Chêran.

42 Los hijos de Eser: Bilham, Zaavan, y Jaacan. Los hijos de Disan *fueron* Hus, y Aran.

43 Y estós *son* los reyes que reinaron en la tierra de Edom, ántes que reinase rey sobre los hijos de Israel [h]: Belah, hijo de Beor. Y el nombre de su ciudad *fué* Dinaba. (…n. 36. 31.)

44 Y muerto Belah, reinó en su lugar Jobab, hijo de Zera, de Bosra.

45 Y muerto Jobab, reinó en su lugar Husam, de la tierra de los Themanos.

46 Muerto Husam, reinó en su lugar Adad, hijo de Bedad, el cual hirió á Madian en la campaña de Moab: y el nombre de su ciudad *fué* Avith.

47 Muerto Adad, reinó en su lugar Samla, de Masreca.

48 Muerto tambien Samla, reinó en su lugar Saul, de Rehoboth, que *está* junto al rio.

49 Y muerto Saul, reinó en su lugar Baal-hanan, hijo de Achbor.

50 Y muerto Baal-hanan, reinó en su lugar Adad, el nombre de cuya ciudad *fué* Pai; y el nombre de su mujer Meetabel, hija de Matred, y esta de Mezaab.

51 Muerto Adad, sucedieron los duques en Edom: el duque de Thimna, el duque de Alia, el duque de Jetheth,

52 El duque Oholibama, el duque de Ela, el duque Phinon,

53 El duque Chênaz, el duque Theman, el duque Mibzar,

54 El duque Magdiel, el duque Iram. Estos *fueron* los duques de Edom.

CAPITULO II.

Genealogía y descendencias de Jacob, hijo de Isaac, y de Judá, hijo de Jacob.

ESTOS *son* los hijos de Israel: Ruben, Simeon, Leví, Judá, Issachâr, Zabulon,

2 Dan, Joseph, Ben-jamin, Nephtali, Gad, y Aser [a]. ([a] Gen. 29. 32, etc. y 30. 5, etc. y 35. 18, etc. y 46. 8, etc.)

3 ¶ Los hijos de Judá *fueron* Er, Onan, y Sela [b]. Estos tres le nacieron de la hija de Sua, Cananéa. Y Er, primogénito de Judá, fué malo delante de Jehová, y matólo. ([b] Gen. 38. 3, etc. y 46. 12. Nu. 26. 19.)

4 Y Thamar su nuera le parió á Phares, y á Zara [c]: y *así* todos los hijos de Judá *fueron* cinco. ([c] Gen. 38. 29, 30. Mat. 1. 3.)

5 Los hijos de Phares *fueron* Hesron, y Hamul [d]. ([d] Gen. 46.12. Rut. 4. 18.)

6 Y los hijos de Zara *fueron* Zimri, Ethan, Heman, y Calcol, y Darda [e]; en todos cinco. ([e] 1 Rey. 4. 31.)

7 Hijo de Chârmi *fué* Achâr, el que alborotó á Israel, porque prevaricó en el anathema [f]. ([f] Jos. 6. 18. y 7. 1, 26.)

8 Azaria *fué* hijo de Ethan.

9 Los hijos que nacieron á Hesron *fueron* Jerameel, Ram, y Chêlubai.

10 Y Ram engendró á Aminadab [g]; y Aminadab engendró á Nahason, príncipe de los hijos de Judá [h]: ([g] Rut. 4. 19, 20. Mat. 1. 4.)

11 Y Nahason engendró á Salma; y Salma engendró á Boaz: ([h] Nu. 1. 7.)

12 Y Boaz engendró á Obed; y Obed engendró á Isaí:

13 E Isaí engendró á Eliab, su primogénito, y el segundo Abinadab, y Sima el tercero;

14 El cuarto Nathanael, el quinto Radai,

15 El sexto Osem, el séptimo David:

16 De los cuales Sarvia y Abigail fueron hermanas. Los hijos de Sarvia *fueron* tres [i]; Abisai, Joab, y Asael. ([i] 2 Sa. 2. 18.)

17 Abigail engendró á Amasa, cuyo padre *fué* Jether Ismaelita [k]. ([k] 2 Sa. 17. 25.)

18 ¶ Caleb, hijo de Hesron, engendró á Jerioth de su mujer Azuba. Y los hijos de ella *fueron* Jeser, Sobab, y Ardon.

19 Y muerta Azuba, tomó Caleb por mujer á Ephrata, la cual le parió á Hur.

20 Y Hur engendró á Uri; y Uri engendró á Besaleel [l]. ([l] Ex. 31. 2.)

21 Despues entró Hesron á la hija de Machir, padre de Galaad [m], la cual tomó siendo él de sesenta años, y ella le parió á Segub. ([m] Nu. 27. 1.)

22 Y Segub engendró á Jair, el cual tuvo veinte y tres ciudades en la tierra de Galaad [n]. ([n] Nu. 32. 41.)

23 Y Gesur y Aram tomaron las ciudades de Jair, de ellos, y á Cenath con sus aldéas, *que fueron* sesenta lugares. Todos estos *fueron de* los hijos de Machir, padre de Galaad.

24 Y muerto Hesron en Caleb de Ephrata, Abia mujer de Hesron le parió á Ashur, padre de Thecoa.

25 Y los hijos de Jerameel, primo-

génito de Hesron, fueron Ram su primogénito, Buna, Oren, Osem, y Achia.

26 Y tuvo Jerameel otra mujer llamada Atara, que fué madre de Onam.

27 Y los hijos de Ram, primogénito de Jerameel, fueron Maas, Jamin, y Acar.

28 Y los hijos de Onam fueron Sammai, y Jada. Los hijos de Sammai, Nadab, y Abisur.

29 Y el nombre de la mujer de Abisur *fué* Abihail, la cual le parió á Aban, y á Molid.

30 Y los hijos de Nadab *fueron* Seled, y Aphaim: y Seled murió sin hijos.

31 E Isi *fué* hijo de Aphaim; y Sesan hijo de Isi; é hijo de Sesan, Alai.

32 Los hijos de Jada, hermano de Simmai, *fueron* Jether, y Jonathan: y murió Jether sin hijos.

33 Y los hijos de Jonathan *fueron* Peleth, y Zaza. Estos fueron los hijos de Jerameel.

34 Y Sesan no tuvo hijos, sino hijas.

35 Y tuvo Sesan un siervo Egipcio, llamado Jarha, al cual dió Sesan por mujer á su hija; y ella le parió á Athai.

36 Y Athai engendró á Nathan, y
ª Cap. 11. 41. Nathan engendró á Zabad ª:

37 Y Zabad engendró á Ephlal, y Ephlal engendró á Obed:

38 Y Obed engendró á Jehú, y Jehú engendró á Azarias:

39 Y Azarias engendró á Heles, y Heles engendró á Elasa:

40 Elasa engendró á Sismai, y Sismai engendró á Sallum:

41 Y Sallum engendró á Jecamia, y Jecamia engendró á Elisama.

42 Los hijos de Caleb, hermano de
ᵖ ver. 9. Jerameel ᵖ, *fueron* Mesa su primogénito, que *fué* el padre de Ziph; y los hijos de Maresa, padre de Hebron.

43 Y los hijos de Hebron *fueron* Core, y Thaphua, y Recem, y Sema.

44 Y Sema engendró á Raham, padre de Jorcaam; y Recem engendró á Sammai.

45 Maon fué hijo de Sammai, y Maon padre de Beth-zur.

46 Y Epha, concubina de Caleb, le parió á Haran, y á Mosa, y á Gazez. Y Haran engendró á Gazez.

47 Y los hijos de Joddai *fueron* Regem, Jotham, Gesan, Pelet, Epho, y Saaph.

48 Maachá, concubina de Caleb, le parió á Sebet, y á Thirana.

49 Y tambien le parió á Saaph, padre de Madman, y á Seva, padre de Machbena, y padre de Ghiba. Y Achsa *fué*
ᑫ Jos. 15. 17. hija de Caleb ᑫ.

50 ¶ Estos fueron los hijos de Caleb,
ʳ ver. 19. hijo de Hur, primogénito de Ephrata ʳ: Sobal, padre de Chiriath-jearim;

51 Salma, padre de Beth-lehem; Hareph, padre de Beth-gader.

52 Y los hijos de Sobal, padre de Chiriath-jearim, fueron Haroeh, *y* la mitad de los Manahethitas.

53 Y las familias de Chiriath-jearim *fueron* los Ithréos, y los Phuthéos, y los Samathéos, y los Misraitéos, de los cuales salieron los Soratitas, y los Estaolitas.

54 Los hijos de Salma, Beth-lehem y los Nethophathitas, *los cuales son* las coronas de la casa de Joab, y de la mitad de los Manahethitas, los Soraitas.

55 Y las familias de los Escribas, que moraban en Jabes, *fueron* los Thirathéos, Simathéos, Sucathéos, los cuales *son* los Cinéos que vinieron de Hamath, padre de la casa de Rechâb.

CAPITULO III.

Descendencia de David.

ESTOS son los hijos de David, que
le nacieron en Hebron ª: Amnon el ª 2 Sa. 3
primogénito, de Achinoam Jezreelita: etc.
el segundo Daniel, de Abigail de Carmelo:

2 El tercero Absalom, hijo de Maachá, hija de Talmai, rey de Gesur: el cuarto Adonias, hijo de Aggith:

3 El quinto Sephatias, de Abithal: el sexto Itream, de Egla su mujer.

4 Estos seis le nacieron en Hebron, donde reinó siete años y seis meses: y en Jerusalem reinó treinta y tres años.

5 Estos cuatro le nacieron en Jerusalem: Simma, Sobab, Nathan, y Salomon, de Beth-sua, hija de Ammiel.

6 Y *otros* nueve: Ibaar, Elisama, y Elipheleth,

7 Noga, Nepheg, y Japhia,

8 Elisama, Eliada, y Elipheiet.

9 Todos estos *fueron* los hijos de David, sin los hijos de las concubinas: y Thamar *fué* hermana de ellos.

10 Hijo de Salomon fué Roboam, cuyo hijo *fué* Abia, del cual *fué* hijo Asa, cuyo hijo *fué* Josaphat;

11 De quien *fué* hijo Joram, cuyo hijo *fué* Ochôzias, hijo del cual *fué* Joas;

12 Del cual *fué* hijo Amasias, cuyo hijo *fué* Azarias, é hijo de éste Jotham;

13 Hijo del cual *fué* Achâz, del que *fué* hijo Ezechias, cuyo hijo *fué* Manassé;

14 Del cual *fué* hijo Amon, cuyo hijo *fué* Josias.

15 Y los hijos de Josias *fueron* Johanan su primogénito, el segundo Joacim, el tercero Sedecias, el cuarto Sallum.

16 Los hijos de Joacim *fueron* Jechônias su hijo, hijo del cual *fué* Sedecias.

17 Y los hijos de Jechônias *fueron* Asir, Salathiel,

18 Melchiram, Pedaia, Seneaser, y Jecamia, Hosama, y Nedabia.

19 Y los hijos de Pedaia *fueron* Zorobabel, y Simi. Y los hijos de Zorobabel *fueron* Mesullam, Hananias, y Selomith su hermana.

20 Y *de Mesullam*, Hasuba, Ohel, y Berechias, Hasadia, y Jusabhesed; cinco *en todos*.

21 Los hijos de Hananias *fueron* Pelatias, y Jesaias, hijo de Rephaias, hijo de Arnan, hijo de Obdias, hijo de Sechanias.

22 Hijo de Sechanias *fué* Semaias: y los hijos de Semaias *fueron* Hattus, Igheal, Barias, Nearias, y Saphat: seis.

23 Los hijos de Nearias *fueron* estos tres: Elioenai, Ezechias, y Azricam.

24 Los hijos de Elioenai *fueron* estos siete: Odaivas, Eliasib, Pelaias, Accub, Johanan, Delaias, y Anani.

CAPITULO IV.

Otros descendientes de Judá, y de Simeon, y lugares donde habitaron.

LOS hijos de Judá *fueron* Phares, Hesron, Carmi, Hur, y Sobal.

2 Y Reaias, hijo de Sobal, engendró á Jahath; y Jahath engendró á Ahumai, y á Laad. Estas *son* las familias de los Sorathitas.

3 Y estas *son* las del padre de Etham: Jezreel, Isma, é Idbas. Y el nombre de su hermana *fué* Aslelponi.

4 Y Penuel *fué* padre de Gedor, y
Ezer padre de Husa. Estos *fueron* los
hijos de Hur, primogénito de Ephrata ª, ª Cap. 2
padre de Beth-lehem.

5 Y Asur, padre de Thecoa, tuvo dos mujeres, *á saber*, Helea, y Naara.

6 Y Naara le parió á Ahuzam, y á

Hepher, á Themeni, y Ahastari. Estos *fueron* los hijos de Naara.

7 Y los hijos de Helea *fueron* Sereth, Jesohar, y Ethnan.

8 Y Cos engendró á Anob y á Sobeba, y la familia de Aharhel, hijo de Arum.

9 Y Jabes fué mas ilustre que sus hermanos, al cual su madre llamó Jabes ‖ diciendo: Por cuanto le parí en dolor. ‖ ler.

10 E invocó Jabes al Dios de Israel diciendo: ¡Oh si me dieras bendicion, y ensancharas mi término, y si tu mano fuera conmigo, y me libráras de mal, que no me dañe! E hizo Dios que le viniese lo que pidió.

11 Y Caleb, hermano de Sua, engendró á Machir, el cual *fué* padre de Esthon.

12 Y Esthon engendró á Beth-rapha, á Phasea, y á Tehinna, padre de la ciudad de Naas: estos *son* los varones de Rechá.

13 Los hijos de Cenes *fueron* Othniel, y Seraias. Los hijos de Othniel[b], Hathath, — ᵇ a. 15. 17.

14 Y Maonathi, el cual engendró á Ophra: y Seraia engendró á Joab, padre de *los habitantes* en el valle *llamado* de Carisim, porque fueron artífices.

15 Los hijos de Caleb, hijo de Jephone, *fueron* Iru, Ela, y Naham: é hijo de Ela *fué* Cenez.

16 Los hijos de Jaleleel *fueron* Ziph, Ziphas, Thirias, y Asareel.

17 Y los hijos de Ezra *fueron* Jether, Mered, Epher, y Jalon: tambien engendró á Mariam, y á Sammai, y á Isba, padre de Esthemoa.

18 Y su mujer Odía le parió á Jered, padre de Gedor, y á Heber, padre de Sochô, y á Iouthiel, padre de Zanoa. Estos *fueron* los hijos de Bethia, hija de Pharaon, con la cual casó Mered;

19 Y los hijos de *su* mujer Odía, hermana de Naham, padre de Keila, de Garmi, y de Estemoa *que fué* de Maachâti.

20 Y los hijos de Simon *fueron* Amnon, y Rinna hijo de Hanan, y Thilon. Y los hijos de Isi *fueron* Zoheth, y Benzoheth.

21 ¶ Los hijos de Sela[c], hijo de Judá, *fueron* Er, padre de Lechâ, y Laada, padre de Maresa, y de la familia de la casa del oficio del lino en la casa de Asbea. — ᶜ a. 38. 5.

22 Y Joacim, y los varones de Chôzeba, y Joas, y Saraph, los cuales moraron en Moab, y Jasubi-lehem, que son palabras antiguas.

23 Estos fueron alfareros, y se hallaban en medio de plantíos y cercados; los cuales moraron allá con el rey en su obra.

24 ¶ Los hijos de Simeon[d] *fueron* Nemuel, Jamin, Jarib, Zera, Saul: — ᵈ a. 46. 10. x. 6. 15. a. 26. 12.

25 Tambien Sallum *fué* su hijo, Mibsam su hijo, y Misma su hijo.

26 Los hijos de Misma *fueron* Hamuel su hijo, Zachûr su hijo, y Simi su hijo.

27 Los hijos de Simi fueron diez y seis, y seis hijas: mas sus hermanos no tuvieron muchos hijos, ni multiplicaron toda su familia como los hijos de Judá.

28 Y habitaron en Beer-sebah, y en Molada, y en Hasar-sual[e], — ᵉ a. 19. 2, &.

29 Y en Bala, y en Esem, y en Tholad,

30 Y en Bethuel, y en Horma, y en Siclag,

31 Y en Beth-marchâboth, y en Hasasusim, y en Beth-birai, y en Saaraim. Estas *fueron* sus ciudades hasta el reino de David.

32 Y sus aldéas *fueron* Etam, Ain, Rimmon, y Thochên, y Asan; cinco pueblos:

33 Y todos sus villajes que estaban en contorno de estas ciudades hasta Baal[f]. Esta *fué* su habitacion, y esta su descendencia. — f Jos. 19. 8.

34 Y Mesobab, y Jamlech, y Josias, hijo de Amasias,

35 Joel, y Jehú, hijo de Josibias, hijo de Seraia, hijo de Aziel,

36 Y Elioenai, Jaacoba, Jesohaia, Asaias, Adiel, Jesimiel, Benaias,

37 Y Ziza, hijo de Siphi, hijo de Allon, hijo de Jedaía, hijo de Simri, hijo de Semaias;

38 Estos por sus nombres *son* los principales que vinieron en sus familias, y que fueron multiplicados muy mucho en las casas de sus padres.

39 Y llegaron hasta la entrada de Gador, hasta el Oriente del valle, buscando pastos para sus ganados.

40 Y hallaron gruesos y buenos pastos, y tierra ancha y espaciosa, y quieta y reposada, porque *los hijos* de Châm la habitaban de ántes.

41 Y estos que han sido escritos por *sus* nombres, vinieron en dias de Ezechias, rey de Judá, y desbarataron sus tiendas y estancias que allí hallaron, y destruyéronles hasta hoy, y habitaron allí en lugar de ellos; por cuanto habia allí pastos para sus ganados.

42 Y asimismo quinientos hombres de ellos, de los hijos de Simeon, se fueron al monte de Seir, llevando por capitanes á Pelatia, y á Nearias, y á Rephaias, y á Uzziel, hijos de Isi:

43 E hirieron á las reliquias que habian quedado de Amalec[g], y habitaron allí hasta hoy. — g Ex. 17. 16. Deu. 25. 17, 19. 1 Sa. 15. 8. y 30. 17. 2 Sa. 8. 12.

CAPITULO V.

Descendencia, asiento, y fin de Ruben y de Gad, y de la media tribu de Manassé.

Y LOS hijos de Ruben, primogénito de Israel, (porque él era el primogénito, mas como violó el lecho de su padre[a], sus derechos de primogenitura fueron dados á los hijos de Joseph[b], hijo de Israel; y no fué contado por primogénito. — a Gen. 35. 22. b Gen. 48. 5, 16.

2 Porque Judá fué el mayorazgo sobre sus hermanos[c], y el príncipe de ellos; mas el derecho de primogenitura *fué* de Joseph.) — c Gen. 49. 8, 10. Sal. 60. 7. Mic. 5. 2. Heb. 7. 14.

3 *Fueron pues* los hijos de Ruben, primogénito de Israel, Enoch, Phallu, Esron, y Charmi.

4 Los hijos de Joel *fueron* Semaias su hijo, Gog su hijo, Simi su hijo,

5 Michâ su hijo, Reaia su hijo, Baal su hijo,

6 Beera su hijo, el cual fué trasportado por Thiglath-pilneser, rey de los Asirios. Este era principal de los Rubenitas.

7 Y sus hermanos por sus familias, cuando eran contados en sus descendencias, tenian por príncipes á Jeiel, y á Zachârias.

8 Y Bela, hijo de Azaz, hijo de Sema, hijo de Joel, habitó en Aroer[d] hasta Nebo y Beel-meon. — d Jos. 13. 16.

9 Habitó tambien desde el Oriente hasta la entrada del desierto desde el *rio* Eufrates: porque tenian muchos ganados en la tierra de Galaad.

10 Y en los dias de Saul trajeron guerra contra los Agarenos[e], los cuales cayeron en su mano, y ellos habitaron en sus tiendas sobre toda la haz oriental de Galaad. — e Gen. 25. 12. Sal. 83. 6.

11 ¶ Y los hijos de Gad habitaron enfrente de ellos en la tierra de Basan hasta Salca[f]. — f Jos. 13. 11.

12 Y Joel *fué* el principal en Basan, el segundo Saphan, luego Janai, despues Saphat.

13 Y sus hermanos segun las familias de sus padres *fueron* Michâel, Mesullam, Seba, Jorai, Jachân, Zia, y Heber; *en todos* siete.

14 Estos *fueron* los hijos de Abihail, hijo de Huri, hijo de Jaroa, hijo de Galaad, hijo de Michâel, hijo de Jesiai, hijo de Jaddo, hijo de Buz.

15 Tambien Ahi, hijo de Abdiel, hijo de Guni, *fué* principal en la casa de sus padres:

16 Los cuales habitaron en Galaad, en Basan, y en sus aldéas, y en todos los ejidos de Saron g hasta salir de ellos.

g Cap. 27. 29. Cant. 2. 1.

17 Todos estos fueron contados por sus generaciones en dias de Jotham, rey de Judá, y en dias de Jeroboam h, rey de Israel.

h 2 Rey. 14. 16.

18 Los hijos de Ruben, y de Gad, y la media tribu de Manassé, valientes hombres, hombres que traian escudo y espada, que entesaban arco, y diestros en guerra, *eran* cuarenta y cuatro mil setecientos y sesenta que salian á batalla.

19 Y tuvieron guerra con los Agarenos i, y Jethur, y Naphis k, y Nodab.

i ver. 10.
k Gen. 25. 15.

20 Y fueron ayudados contra ellos, y los Agarenos se dieron en sus manos, y todos los que con ellos estaban; porque clamaron á Dios en la guerra l, y fuéles favorable, porque esperaron en él m.

l 2 Cr. 18. 31.
m 2 Cr. 14. 11. Sal. 22. 4, 5. y 84. 11, 12.

21 Y tomaron sus ganados; cincuenta mil camellos, y doscientas cincuenta mil ovejas, dos mil asnos, y cien mil personas.

22 Y cayeron muchos heridos, porque la guerra era de Dios n: y habitaron en sus lugares hasta la transmigracion o.

n Jos. 23. 10. 2 Cr. 32. 8.
o 2 Rey. 15. 29. y 17. 6.

23 ¶ Y los hijos de la media tribu de Manassé habitaron en la tierra desde Basan hasta Baal-hermon y Senir, y el monte de Hermon, multiplicados en gran manera.

24 Y estas *fueron* las cabezas de las casas de sus padres: Epher, Isi, y Eliel, Azriel, y Jeremias, y Odavia, y Jadiel, hombres valientes y de esfuerzo, varones de nombres, y cabeceras de las casas de sus padres.

25 ¶ Mas se rebelaron contra el Dios de sus padres, y fornicaron siguiendo los dioses de los pueblos de la tierra, á los cuales habia Jehová quitado de delante de ellos p.

p 2 Rey. 17. 7, 18.

26 Por lo cual el Dios de Israel excitó el espíritu de Pul rey de los Asirios, y el espíritu de Tiglath-pilneser, rey de los Asirios, el cual trasportó á los Rubenitas y Gaditas, y á la media tribu de Manassé, y llevólos á Halab, y á Habor, y á Ara, y al rio de Gozan hasta hoy.

CAPITULO VI.

Genealogías de Leví: sus familias, y el oficio de cada familia en el servicio divino.

LOS hijos de Leví *fueron* Gerson, Coath, y Merari.

2 Los hijos de Coath: Amram, Ishar, Hebron, y Uzziel.

3 Los hijos de Amram: Aaron, Moisés, y Mariam. Los hijos de Aaron *fueron* Nadab, Abiú a, Eleazar, é Ithamar.

a Lev. 10. 1, 16.

4 Eleazar engendró á Phinees b, y Phinees engendró á Abisua:

b Nu. 25. 11, 13.

5 Y Abisua engendró á Bucci, y Bucci engendró á Uzzi:

6 Y Uzzi engendró á Zeraias, y Zeraias engendró á Meraioth:

7 Y Meraioth engendró á Amarias, y Amarias engendró á Achitob:

8 Y Achitob c engendró á Sadoc, y Sadoc engendró á Achimaas:

c 2 Sa. 8. 1[7]

9 Y Achimaas engendró á Azarias, y Azarias engendró á Johanan:

10 Y Johanan engendró á Azarias d, el que tuvo el sacerdocio en la casa que Salomon edificó en Jerusalem.

d 2 Cr. 26. 1[7]

11 Y Azarias engendró á Amarias e, y Amarias engendró á Achitob:

e Esd. 7. 3.

12 Y Achitob engendró á Sadoc, y Sadoc engendró á Sallum f:

f Cap. 9. 1[1]

13 Y Sallum engendró á Hilcias, é Hilcias engendró á Azarias:

14 Y Azarias engendró á Seraias g, y Seraias engendró á Josadac.

g Neh. 11. 1[1]

15 Y Josadac fué *cautivo* cuando Jehová trasportó á Judá y á Jerusalem por mano de Nabuchôdonosor h.

h 2 Rey. 2[5]. 18.

16 ¶ Los hijos *pues* de Leví *fueron* Gerson, Coath, y Merari.

17 Y estos *son* los nombres de los hijos de Gerson: Libni, y Simi.

18 Los hijos de Coath *fueron* Amram, Ishar, Hebron, y Uzziel.

19 Los hijos de Merari *fueron* Mahali, y Musi. Estas *son* las familias de Leví segun sus descendencias.

20 Gerson: Libni su hijo, Johath su hijo, Zimma su hijo,

21 Joah su hijo, Iddo su hijo, Zera su hijo, Jeothrai su hijo.

22 Los hijos de Coath *fueron* Aminadab i su hijo, Core su hijo, Asir su hijo,

i ver. 2, 1[8]

23 Elcana su hijo, Abiasaph su hijo, Asir su hijo,

24 Thahath su hijo, Uriel su hijo, Uzzia su hijo, y Saul su hijo.

25 Los hijos de Elcana *fueron* Amasai, Achimoth, y Elcana.

26 Los hijos de Elcana *fueron* Sophai su hijo, Nahath su hijo,

27 Eliab su hijo, Jeroham su hijo, Elcana su hijo.

28 Los hijos de Samuel: el primogenito Vasni, y Abias.

29 Los hijos de Merari *fueron* Mahali, Libni su hijo, Simi su hijo, Uzza su hijo,

30 Sima su hijo, Haggia su hijo, Asaia su hijo.

31 ¶ Y estos *son* á los que David dió cargo de las cosas de la música de la casa de Jehová, despues que el arca tuvo reposo;

32 Los cuales servian delante de la tienda del tabernáculo del Testimonio en cantares, hasta que Salomon edificó la casa de Jehová en Jerusalem: despues estuvieron en su ministerio segun su costumbre.

33 Estos pues con sus hijos asistian: De los hijos de Coath, Heman cantor, hijo de Joel, hijo de Samuel,

34 Hijo de Elcana, hijo de Jeroham, hijo de Eliel, hijo de Thoa,

35 Hijo de Suph, hijo de Elcana, hijo de Mahath, hijo de Amasai,

36 Hijo de Elcana, hijo de Joel, hijo de Azarias, hijo de Sophonias,

37 Hijo de Tahath, hijo de Asir, hijo de Abiasaph k, hijo de Core,

k Ex. 6. 2[4]

38 Hijo de Ishar, hijo de Coath, hijo de Leví, hijo de Israel.

39 Y su hermano Asaph l, el cual estaba á su mano derecha: Asaph, hijo de Berachias, hijo de Sima,

l Neh. 7. [..] Sal. 73. [..] tit.

40 Hijo de Michâel, hijo de Baasias, hijo de Malchias,

41 Hijo de Athnai, hijo de Zera, hijo de Adaia,

42 Hijo de Ethan, hijo de Zimma, hijo de Simi,

43 Hijo de Jahat, hijo de Gerson, hijo de Leví.

44 Mas los hijos de Merari sus her-

manos estaban á la mano siniestra; *es á saber*, Ethan [m], hijo de Chisi, hijo de Abdi, hijo de Maluch,

Cap. 9. 16. 25. 1, 3, 6.

45 Hijo de Hasabias, hijo de Amasias, hijo de Hilcias,

46 Hijo de Amsai, hijo de Bani, hijo de Semer,

47 Hijo de Mahali, hijo de Musi, hijo de Merari, hijo de Levi.

48 Y sus hermanos los Levitas *fueron* puestos sobre todo el ministerio del tabernáculo de la casa de Dios [n].

Ex. 8. 5, 6.

49 ¶ Mas Aaron y sus hijos ofrecian perfume sobre el altar del holocausto, y sobre el altar del perfume en toda la obra del lugar santísimo, y para hacer las expiaciones sobre Israel, conforme á todo lo que Moises siervo de Dios habia mandado.

50 Y los hijos de Aaron *son* estos: Eleazar [o] su hijo, Phinees su hijo, Abisua su hijo,

ver. 4, 8.

51 Bucci su hijo, Uzzi su hijo, Zeraias su hijo,

52 Meraioth su hijo, Amarias su hijo, Achitob su hijo,

53 Sadoc su hijo, Achimaas su hijo.

54 ¶ Y estas *son* sus habitaciones, conforme á sus domicilios y sus términos, *las* de los hijos de Aaron por las familias de los Coathitas, porque de ellos fué la suerte:

55 Les dieron pues á Hebron en tierra de Judá, y sus ejidos alrededor de ella.

56 Mas el territorio de la ciudad y sus aldéas se dieron á Caleb, hijo de Jephone [p].

Jos. 14. 13. y 15. 13.

57 Y á los hijos de Aaron dieron las ciudades de Judá de acogimiento, *es á saber*, á Hebron, y á Libna con sus ejidos,

58 A Jathir, y Esthemoa con sus ejidos, y á Hilen [q] con sus ejidos, y á Debir con sus ejidos,

Jos. 21. 15.

59 A Asan [r] con sus ejidos, y á Beth-semes con sus ejidos.

Jos. 21. 16.

60 Y de la tribu de Ben-jamin, á Geba con sus ejidos, y á Alemeth con sus ejidos, y á Anathoth con sus ejidos. Todas sus ciudades *fueron* trece ciudades, *repartidas* por sus linajes.

61 A los hijos de Coath, que quedaron [s] de su parentela, *dieron* diez ciudades de la media tribu de Manassé por suerte.

ver. 66.

62 Y á los hijos de Gerson, por sus linajes, *dieron* de la tribu de Isachâr, y de la tribu de Aser, y de la tribu de Nephtali, y de la tribu de Manassé en Basan, trece ciudades.

63 Y á los hijos de Merari [t], por sus linajes, de la tribu de Ruben, y de la tribu de Gad, y de la tribu de Zabulon *se dieron* por suerte doce ciudades.

Jos. 3. 20.

64 Y dieron los hijos de Israel á los Levitas ciudades con sus ejidos.

65 Y dieron por suerte de la tribu de los hijos de Judá, y de la tribu de los hijos de Simeon, y de la tribu de los hijos de Ben-jamin, las ciudades que nombraron por sus nombres.

66 Y á los linajes de los hijos de Coath [u] *dieron* ciudades con sus términos de la tribu de Ephraim.

ver. 61.

67 Y diéronles las ciudades de acogimiento, á Sichâm con sus ejidos en el monte de Ephraim, y á Gezer con sus ejidos,

68 Y á Jocmeam [x] con sus ejidos, y á Beth-oron con sus ejidos,

Jos. 21. 21, 22.

69 Y á Ajalon con sus ejidos, y á Gath-rimmon con sus ejidos.

70 De la media tribu de Manassé, á Aser con sus ejidos, y á Bilam con sus ejidos, para los del linaje de los hijos de Coath que habian quedado.

71 Y á los hijos de Gerson *dieron* de la familia de la media tribu de Manassé, á Golan en Basan con sus ejidos, y á Astharoth con sus ejidos:

72 Y de la tribu de Isachâr, á Cedes con sus ejidos, á Dobrath con sus ejidos,

73 Y á Ramoth con sus ejidos, y á Anem con sus ejidos:

74 Y de la tribu de Aser, á Masal con sus ejidos, y á Abdon con sus ejidos,

75 Y á Huccoc con sus ejidos, y á Rehob con sus ejidos:

76 Y de la tribu de Nephtali, á Cedes en Galiléa con sus ejidos, á Hammon con sus ejidos, á Chiriath-jearim con sus ejidos.

77 Y á los hijos de Merari que habian quedado, *dieron* de la tribu de Zabulon á Rimmono con sus ejidos, y á Thabor con sus ejidos.

78 Y de la otra parte del Jordan de Jericó, al Oriente del Jordan [y], *dieron* de la tribu de Ruben á Beser en el desierto con sus ejidos, y á Jasa con sus ejidos.

[y] Deu. 4. 41, 43.

79 Y á Chêdemoth con sus ejidos, y á Mephaath con sus ejidos:

80 Y de la tribu de Gad, á Ramoth en Galaad [z] con sus ejidos, y á Mahanaim [a] con sus ejidos,

[z] 1 Rey. 22. 3, etc.

81 Y á Hesbon con sus ejidos, y á Jazer con sus ejidos.

[a] Gen. 32. 2. 2 Sa. 17. 24, 27.

CAPITULO VII.

Descendencia de Isachâr, de Benjamin, Nephtali, Ephraim, y Aser.

LOS hijos de Isachâr [a] *fueron* cuatro: Thola, Phua, Jasub, y Simron.

[a] Gen. 46. 13. Nu. 26. 23.

2 Los hijos de Thola *fueron* Uzzi, Rephaias, Jeriel, Jamai, Jibsam, y Samuel, cabezas en las familias de sus padres. De Thola fueron contados por sus linajes en el tiempo de David, veinte y dos mil seiscientos hombres muy valerosos.

3 Hijo de Uzzi *fué* Izrahias: y los hijos de Izrahias *fueron* Michâel, Obadias, Joel, é Isias; todos cinco príncipes.

4 Y *habia* con ellos en sus linajes, por las familias de sus padres, treinta y seis mil *hombres* de guerra: porque tuvieron muchas mujeres é hijos.

5 Y sus hermanos por todas las familias de Isachâr [b], contados todos por sus genealogías, *eran* ochenta y siete mil *hombres* valientes en extremo.

[b] Cap. 12. 32.

6 *Los hijos* de Ben-jamin [c] *fueron* tres: Bela, Bechêr, y Jediael.

[c] Cap. 8. 1. Gen. 46. 21.

7 Los hijos de Bela *fueron* Esbon, Uzzi, Uzziel, Jerimoth, é Iri; cinco cabezas de casas de linajes, hombres de gran valor, y de cuya descendencia fueron contados, veinte y dos mil treinta y cuatro.

8 Los hijos de Bechêr *fueron* Zemira, Joas, Eliezer, Elioenai, Omri, Jerimoth, Abias, Anathoth, y Alemeth: todos estos *fueron* hijos de Bechêr.

9 Y contados por sus descendencias, por sus linajes, los que eran cabezas de sus familias, *resultaron* veinte mil y doscientos hombres de grande esfuerzo.

10 Hijo de Jediael *fué* Bilhan: y los hijos de Bilhan *fueron* Jehus, Ben-jamin, Aod, Chênaana, Zethan, Tharsis, y Ahi-sahar.

11 Todos estos *fueron* hijos de Jediael, cabezas de familias, cuyos muy valerosos hombres *eran* diez y siete mil y doscientos que salian á combatir en la guerra.

12 Y Suppim y Huppim *fueron* hijos de Hir; y Husim hijo de Aher.

13 Los hijos de Nephtali *fueron* Jaoel, Guni, Jezer, y Sallum, hijos de Bilha.

14 ¶ Los hijos de Manassé *fueron* Asriel, el cual le parió su concubina la Sira: (la cual tambien le parió á Machir, padre de Galaad:

15 Y Machir tomó por mujer *la hermana* de Huppim y Suppim, cuya hermana tuvo por nombre Maachá:) y el nombre del segundo fué Salphaad. Y Salphaad tuvo hijas.

16 Y Maachá, mujer de Machir, le parió un hijo, y llamóle Peres; y el nombre de su hermano *fué* Seres, cuyos hijos *fueron* Ulam y Recem.

17 Hijo de Ulam *fué* Bedan. Estos *fueron* los hijos de Galaad, hijo de Machir, hijo de Manassé.

18 Y su hermana Molechêt parió á
d Nu. 26. 30. Ischód, y á Abiezer [d], y á Mahala.

19 Y los hijos de Semida fueron Ahian, Sechêm, Licci, y Aniam.

e Nu. 26. 35. 20 ¶ Los hijos de Ephraim [e] *fueron* Suthela, Bered su hijo, su hijo Thahath, Elada su hijo, Thahath su hijo,

21 Zabad su hijo, y Suthela su hijo, Ezer, y Elad. Mas los hijos de Gath, naturales de aquella tierra, los mataron, porque vinieron á tomarles sus ganados.

22 Y Ephraim su padre hizo duelo
f Gen. 37. 34. por muchos dias [f], y vinieron sus her-
g Job 2. 11. manos á consolarlo [g].

23 Entrando él despues á su mujer, ella concibió, y parió un hijo, al cual
‖ en luto. puso por nombre Beria ‖; por cuanto
h Gen. 35. 18. 1 Sa. 4. 21. habia estado en afliccion en su casa [h].

24 Y su hija fué Seera, la cual edificó á Beth-oron la baja y la alta, y á Uzzen-seera.

25 Hijo de este *Beria* fué Repha, y Reseph, y Thela su hijo, y Thaan su hijo,

26 Laadan su hijo, Ammiud su hijo, Elisama su hijo,

i Nu. 13. 8, 16. 27 Nun su hijo [i], Josué su hijo.

28 Y la heredad y habitacion de ellos fué Beth-el con sus aldéas; y hácia el oriente Naaran, y á la parte del occidente Gezer y sus aldéas: asimismo Sichêm con sus aldéas, hasta Asa y sus aldéas.

29 Y á la parte de los hijos de Ma-
k Jos. 17. 11. nassé [k], Beth-sean con sus aldéas, Thanach con sus aldéas, Megiddo con sus aldéas, Dor con sus aldéas. En estos *lugares* habitaron los hijos de Joseph, hijo de Israel.

l Gen. 46. 17. Nu. 26. 44. 30 ¶ Los hijos [l] de Aser *fueron* Imna, Isua, Isui, Beria, y su hermana Sera.

31 Los hijos de Beria *fueron* Heber, y Malchiel, el cual fué padre de Birzavith.

32 Y Heber engendró á Japhlet, Semer, Hotham, y Sua hermana de ellos.

33 Los hijos de Japhlet: Pasac, Bimhal, y Asvath. Aquestos los hijos de Japhlet.

34 Y los hijos de Semer *fueron* Ahi, Roega, Jehubba, y Aram.

35 Los hijos de Helem su hermano, Sopha, Imna, Selles, y Amal.

36 Los hijos de Sopha; Sua, Harnapher, Sual, Beri, Imra,

37 Beser, Hod, Samma, Silsa, Ithran, y Beera.

38 Los hijos de Jether *fueron* Jephone, Pispa, y Ara.

39 Y los hijos de Ulla, Ara, y Haniel, y Resia.

40 Todos estos *fueron* hijos de Aser, cabezas de familias paternas, escogidos, esforzados, cabezas de príncipes: y contados que fueron por sus linajes entre los de armas tomar, el número de ellos fué veinte y seis mil hombres.

CAPITULO VIII.

De otros descendientes de Benjamin hasta Saul, y de los hijos de éste.

BENJAMIN [a] engendró á Bela su primogénito, Asbel el segundo, Ara — a Gen. 46. 21. Num. 26. 38.
el tercero,

2 Noha el cuarto, y Rapha el quinto.

3 Y los hijos de Bela fueron Addar, Gera, Abiud,

4 Abisua, Naaman, Ahoa,

5 Y Gera [b], Sephuphim, y Huram. b Juec. 3. 15.

6 Y estos *son* los hijos de Ehud, estos las cabezas de padres que habitaron en Gabaa, y fueron trasportados á Manahath [c]; c Cap. 2. [illegible]

7 *Es á saber*, Naaman, Achias, y Gera: éste los trasportó, y engendró á Uzza, y á Ahihud.

8 Y Saharaim engendró *hijos* en la provincia de Moab [d], despues que dejó d Rut. 1. 1.
á Husim y á Baara *que eran* sus mujeres.

9 Engendró pues de Chôdes su mujer á Jobab, Sibias, Mesa, Malchâm,

10 Jehus, Sochias, y Mirma. Estos *son* sus hijos cabezas de familias.

11 Mas de Husim engendró á Abitob, y á Elphaal.

12 Y los hijos de Elphaal *fueron* Heber, Misam, y Semed, (el cual edificó á Ono [e], y á Loth con sus aldéas,) e Esd. 2. 33. Neh. 6. 2. y 11. 35.

13 Berias tambien, y Sema, que fueron las cabezas de las familias de los moradores de Ajalon, los cuales echaron á los moradores de Gath:

14 Y Ahio, Sasao, Jeremoth,

15 Zebadias, Arad, Heder,

16 Michâel, Ispha, y Joa, hijos de Berias:

17 Y Zebadias, Mesullam, Hizchi, Heber,

18 Ismari, Izlia, y Jobab, hijos de Elphaal:

19 Y Jacim, Zichri, Zabdi,

20 Elioenai, Silithai, Eliel,

21 Adaias, Baraias, y Simrath, hijos de Simi:

22 E Isphan, Heber, Eliel,

23 Abdon, Zichri, Hanan,

24 Hanania, Helam, Anathothias,

25 Iphdaias, y Peniel, hijos de Sasac:

26 Y Samseri, Seharias, Atalia,

27 Jaaresias, Elias, y Zichri, hijos de Jeroham.

28 Estos *fueron* jefes principales de familias por sus linajes, y habitaron en Jerusalem [f]. f Jos. 18. 28. Neh. 11. 1.

29 Y en Gabaon habitaron Abi-gabaon [g], la mujer del cual se llamó Maachâ. g Cap. 9. 35.

30 Y su hijo primogénito *fué* Abdon, luego Sur, Chis, Baal, Nadab,

31 Gedor, Ahio, y Zechér.

32 Y Micloth engendró á Simea. Estos tambien habitaron con sus hermanos en Jerusalem, enfrente de ellos.

33 Y Ner engendró á Chis [h], y Chis h 1 Sa. 14. 51.
engendró á Saul, y Saul engendró á Jonathan, á Malchi-sua, Abinadab, y Esbaal [i]. i 2 Sa. 2. 8.

34 Hijo de Jonathan *fué* Merib-baal: y Merib-baal engendró á Michâ.

35 Los hijos de Michâ *fueron* Phithon, Melech, Thaarea, y Ahaz.

36 Y Ahaz engendró á Joadda, y Joadda engendró á Alemeth, y á Azmaveth, y á Zimri; y Zimri engendró á Mosa,

37 Y Mosa engendró á Bina, hijo del cual fué Rapha, hijo del cual *fué* Elasa, cuyo hijo *fué* Asel.

38 Y los hijos de Asel fueron seis, cuyos nombres son Azricam, Bochru, Ismael, Searias, Obadias, y Hanan: todos estos *fueron* hijos de Asel.

9 Y los hijos de Esec su hermano
rron Ulam su primogénito, Jehus el
gundo, Elipheleth el tercero.
0 Y fueron los hijos de Ulam hom-
es valientes y vigorosos, flecheros dies-
s, los cuales tuvieron muchos hijos y
etos, ciento y cincuenta. Todos estos
eron de los hijos de Ben-jamin.

CAPITULO IX.

imeros moradores de Jerusalem despues del cautiverio; en especial los sacerdotes y Levitas. Repítese la descendencia de Saul.

Y CONTADO todo Israel por el ór-
. den de los linajes, fueron escritos en
libro de los reyes de Israel y de Judá,
e fueron trasportados á Babilonia por
rebelion.
2 Los primeros moradores que *entraron*
sus posesiones en sus ciudades, fue-
n a así de Israel como de los sacer-
tes, Levitas, y Nethinéos b.
3 Y habitaron en Jerusalem de los hi-
s de Judá, de los hijos de Ben-jamin,
los hijos de Ephraim y Manassé,
4 Urai, hijo de Amiud, hijo de Omri,
jo de Imrai, hijo de Bani, de los hijos
Phares, hijo de Judá.
5 Y de Siloni, Asaías el primogénito,
sus hijos.
6 Y de los hijos de Zara, Jehuel y sus
rmanos, seiscientos y noventa.
7 Y de los hijos de Ben-jamin, Sallu,
jo de Mesullam, hijo de Odavia, hijo
Asenua;
8 E Ibnias, hijo de Jeroham, y Ela,
jo de Uzzi, hijo de Michri, y Mesu-
am, hijo de Sephatias, hijo de Rehuel,
jo de Ibnias.
9 Y sus hermanos por sus linajes
eron novecientos y cincuenta y seis.
odos estos hombres *fueron* cabezas de
milias en las casas de sus padres.
10 ¶ Y de los sacerdotes c, Jedaia, Jo-
rib, Jachin,
11 Y Azarias, hijo de Hilcias, hijo
Mesullam, hijo de Sadoc, hijo de
eraioth, hijo de Achitub, príncipe de
casa de Dios;
12 Y Adaias, hijo de Jeroham, hijo
Phasur, hijo de Malchias; y Masai,
ijo de Adiel, hijo de Jazera, hijo de
esullam, hijo de Mesillemith, hijo
Immer;
13 Y sus hermanos, cabezas de las
asas de sus padres, *en número de* mil
etecientos y sesenta hombres de grande
ficacia en la obra del ministerio de la
sa de Dios.
14 Y de los Levitas, Semeias, hijo de
assub, hijo de Azricam, hijo de Hasa-
ias, de los hijos de Merari:
15 Y Bacbaccar, Heres, Galal, hijo de
ichás, hijo de Zichri, hijo de Asaph;
16 Y Obadias, hijo de Semeias, hijo de
alal, hijo de Iduthun; y Berachias,
ijo de Asa, hijo de Elcana, el cual
abitó en las aldéas de Nethophati.
17 Y *de* los porteros, Sallum, Accub,
almon, Ahiman, y sus hermanos. Sa-
lum *era* el jefe.
18 Y hasta ahora entre las cuadrillas
e los hijos de Leví han sido estos los
orteros en la puerta del rey que está
l oriente.
19 Y Sallum, hijo de Core, hijo de
Abiasaph, hijo de Corah, y sus herma-
nos los Coritas, por la casa de su padre,
uvieron cargo de la obra del ministerio
guardando las puertas del tabernáculo d:
sus padres fueron sobre la cuadrilla de
Jehová guardas de la entrada.
20 Y Phinees e, hijo de Eleazar, *fué*
ántes capitan sobre ellos, *siendo* Jehová
con él.
21 Y Zachárias, hijo de Meselemia,
era portero de la puerta del tabernáculo
del testimonio.
22 Todos estos, escogidos para guardas
en las puertas, *eran* doscientos y doce
cuando fueron contados por el órden
de sus linajes en sus villas; á los cuales
constituyó en su oficio David f y Samuel f Cap. 26. 1, etc.
el vidente g.
23 Así ellos y sus hijos eran porteros g 1 Sa. 9. 9.
por *sus* turnos á las puertas de la casa de
Jehová, y de la casa del tabernáculo.
24 Y estaban los porteros á los cuatro
vientos; al oriente, al occidente, al sep-
tentrion, y al mediodía.
25 Y sus hermanos *que estaban* en sus
aldéas, venian cada siete dias por sus
tiempos con ellos h. h 2 Rey. 11. 5.
26 Porque cuatro principales de los
porteros Levitas estaban en el oficio, y
tenian cargo de las camaras, y de los
tesoros de la casa de Dios.
27 Estos moraban alrededor de la casa
de Dios, porque tenian cargo de la guar-
dia, y el de abrir aquella todas las ma-
ñanas.
28 *Algunos* de estos tenian cargo de
los vasos del ministerio, los cuales se
metian por cuenta, y por cuenta se sa-
caban.
29 Y *otros* de ellos tenian cargo de
la vajilla, y de todos los vasos del san-
tuario, y de la harina, y del vino, y del
aceite, y del incienso, y de los aromas.
30 Y *algunos* de los hijos de los sacer-
dotes hacian los ungüentos aromáticos.
31 Y Mathathias, uno de los Levitas, pri-
mogénito de Sallum Corita, tenia cargo
de las cosas que se hacian en sarten.
32 Y *algunos* de los hijos de Coath, y
de sus hermanos, tenian el cargo de los
panes de la proposicion, los cuales po-
nian por órden cada sábado.
33 Y de estos habia cantores, princi-
pales de familias de los Levitas, *los
cuales estaban en sus* cámaras exentos;
porque de dia y de noche estaban en
aquella obra.
34 Estos *eran* jefes de familias de los
Levitas por sus linajes, jefes que habi-
taban en Jerusalem.
35 ¶ Y en Gabaon habitaban Jehiel,
padre de Gabaon, el nombre de cuya
mujer *era* Maachá,
36 Y su hijo primogénito Abdon, Sur,
Cis, Baal, Ner, Nadab,
37 Gedor, Ahio, Zachárias, y Micloth.
38 Y Micloth engendró á Samaan. Y
estos habitaban tambien en Jerusalem
con sus hermanos, enfrente de ellos.
39 Y Ner engendró á Cis, y Cis engen-
dró á Saul, y Saul engendró á Jonathan,
á Malchisua, Abinadab, y Esbaal.
40 E hijo de Jonathan *fué* Meribbaal;
y Meribbaal engendró á Michá.
41 Y los hijos de Michá *fueron* Phi-
thon, Melech, Tharea, y Ahaz.
42 Ahaz engendró á Jara, y Jara en-
gendró á Alemeth, á Azmaveth, y Zim-
ri: y Zimri engendró á Mosa,
43 Y Mosa engendró á Bina, cuyo
hijo fué Rephaia, del que fué hijo E-
lasa, cuyo hijo fué Asel.
44 Y Asel tuvo seis hijos, los nom-
bres de los cuales son Azricam, Bochru,
Ismael, Searia, Obadias, y Hanan: estos
fueron los hijos de Asel.

CAPITULO X.

Cuéntase la derrota y muerte de Saul, y la causa de ella.

LOS Philistéos pelearon con Israel,
y huyeron delante de ellos los Is-
raelitas, y cayeron heridos en el monte a 1 Sa. 31. 1, etc.
de Gilboa a.

2 Y los Philistéos siguieron á Saul y á sus hijos; y mataron los Philistéos á Jonathan, y á Abinadab [b], y á Malchisua, hijos de Saul.

[b] 1 Sa. 14. 49.

3 Y agravóse la batalla sobre Saul, y le alcanzaron los flecheros, y fué de los flecheros herido.

4 Entónces dijo Saul á su escudero: Saca tu espada, y pásame con ella, porque no vengan estos incircuncisos, y hagan escarnio de mí; mas su escudero no quiso, porque tenia gran miedo. Entónces Saul tomó la espada, y echóse sobre ella.

5 Y como su escudero vió á Saul muerto, él tambien se echó sobre su espada, y matóse.

6 Así murió Saul, y sus tres hijos, y toda su casa murió juntamente con él.

7 Y viendo todos los de Israel que *habitaban* en el valle, que habian huido, y que Saul y sus hijos eran muertos, dejaron sus ciudades y huyeron: y vinieron los Philistéos, y habitaron en ellas.

8 Y fué que viniendo el dia siguiente los Philistéos á despojar los muertos, hallaron á Saul y á sus hijos tendidos en el monte de Gilboa.

9 Y luego que le hubieron desnudado, tomaron su cabeza y sus armas, y enviaron*lo todo* á la tierra de los Philistéos por todas partes, para que fuese denunciado á sus ídolos, y al pueblo.

10 Y pusieron sus armas en el templo de su dios [c], y colgaron la cabeza en el templo de Dagon.

[c] 1 Sa. 31. 10.

11 Y oyendo todos los de Jabes de Galaad lo que los Philistéos habian hecho de Saul,

12 Levantáronse todos los valientes hombres, y tomaron el cuerpo de Saul, y los cuerpos de sus hijos, y trajéronlos á Jabes, y enterraron sus huesos debajo del alcornoque en Jabes, y ayunaron siete dias.

13 Así murió Saul por su rebelion con que prevaricó contra Jehová, contra la palabra de Jehová, la cual no guardó; y porque consultó al Python preguntando*le* [d],

[d] 1 Sa. 28. 7, etc.

14 Y no consultó á Jehová: por esta causa lo mató, y traspasó el reino á David, hijo de Isai [e].

[e] 1 Sa. 16. 1, 13. y 28. 17. 2 Sa. 3. 9, 10. y 5. 3.

CAPITULO XI.

David ungido en Hebron, fué con todo Israel á Jerusalem, donde toma por fuerza la fortaleza de Sion. Catálogo de los varones ilustres al servicio de David.

ENTONCES todo Israel se juntó á David en Hebron, diciendo: Hé aquí nosotros *somos* tu hueso y tu carne [a].

[a] 2 Sa. 5. 1, etc.

2 Y ademas ántes de ahora, aun mientras Saul reinaba, tú sacabas y metias á Israel. Tambien Jehová tu Dios te ha dicho: Tú apacentarás mi pueblo Israel, y tú serás príncipe sobre Israel mi pueblo [b].

[b] Sal. 78. 71.

3 Y vinieron todos los ancianos de Israel al rey en Hebron, y David hizo con ellos alianza delante de Jehová; y ungieron á David por rey sobre Israel, conforme á la palabra de Jehová por mano de Samuel [c].

[c] 1 Sa. 16. 1, 12.

4 ¶ Entónces se fué David con todo Israel á Jerusalem, la cual es Jebus [d]; y allí *era* el Jebuséo habitador de aquella tierra.

[d] Jueo. 1. 21. y 19. 10. 2 Sa. 5. 6.

5 Y los moradores de Jebus dijeron á David: No entrarás acá. Mas David tomó la fortaleza de Sion, que es la ciudad de David.

6 Y David habia dicho: El que primero hiriere al Jebuséo, será cabeza y jefe. Entónces Joab, hijo de Sarvia, subió el primero, y fué *hecho* jefe.

7 Y David habitó en la fortaleza, y por esto la llamaron la ciudad de David.

8 Y edificó la ciudad al rededor, desde Millo hasta la cerca: y Joab reparó el resto de la ciudad.

9 Y David iba adelantando y creciendo, y Jehová de los ejércitos era con él.

10 ¶ Estos son los principales de los valientes que David [e] tuvo, y los que le ayudaron en su reino, con todo Israel, para hacerlo rey sobre Israel, conforme á la palabra de Jehová [f].

[e] 2 Sa. 23. 8, etc.
[f] 1 Sa. 16. 1, 12.

11 Y este *es* el número de los valientes que David tuvo: Jasobam, hijo de Hachmoni, caudillo de los treinta, el cual blandió su lanza una vez contra trescientos, á los cuales mató.

12 Tras este *fué* Eleazar, hijo de Dodo Ahohita, el cual era de los tres valientes.

13 Este estuvo con David en Pas-dammim [g], estando allí juntos en batalla los Philistéos: y habia *allí* una suerte de tierra llena de cebada, y huyendo el pueblo delante de los Philistéos,

[g] 1 Sa. 17. 1.

14 Pusiéronse ellos en medio de la haza, y la defendieron, y vencieron á los Philistéos; y favoreció*les* Jehová con grande salvamento.

15 Y tres de los treinta principales descendieron á la peña á David, á la cueva de Adullam, estando el campo de los Philistéos en el valle de Raphaim [h].

[h] Cap. 14. 9.

16 Y David estaba entónces en la fortaleza, y habia á la sazon guarnicion de Philistéos en Beth-lehem.

17 David deseó entónces, y dijo: ¡Quién me diera á beber de las aguas del pozo de Beth-lehem, que está á la puerta!

18 Y aquellos tres rompieron por el campo de los Philistéos, y sacaron agua del pozo de Beth-lehem, que está á la puerta, y tomaron y trajéronla á David: mas él no la quiso beber, sino que la derramó á Jehová, y dijo [i]:

[i] 1 Sa. 7. 6.

19 Guárdeme mi Dios de hacer esto; ¿habia yo de beber la sangre [k] de estos varones con sus vidas, que con *peligro de* sus vidas la han traido? Y no la quiso beber. Esto hicieron aquellos tres valientes.

[k] Sal. 73. 14.

20 Y Abisai [l], hermano de Joab, era cabeza de los tres, el cual blandió su lanza sobre trescientos, á los cuales hirió, y fué entre los tres nombrado.

[l] 2 Sa. 23. 18, etc.

21 De los tres fué mas ilustre que los *otros* dos, y fué el principal de ellos: mas no llegó á los tres *primeros*.

22 Banaías, hijo de Joiada, hijo de varon de esfuerzo, de grandes hechos, *era* de Cabseel: él venció los dos leones de Moab. Tambien descendió, é hirió un leon en mitad de un foso en tiempo de nieve.

23 El mismo venció á un Egipcio, hombre de cinco codos de estatura: y el Egipcio traia una lanza como un enjullo de tejedor; mas él descendió á él con un baston, y arrebató al Egipcio la lanza de la mano, y matólo con su lanza misma.

24 Esto hizo Banaías, hijo de Joiada, y fué nombrado entre los tres valientes.

25 Y fué el mas honrado de los treinta, mas no llegó á los tres *primeros*. A este puso David en su consejo [m].

[m] 2 Sa. 23. 23.

26 Y los valientes de los ejércitos *fueron* Asael, hermano de Joab, y Elchánan, hijo de Dodo, de Beth-lehem,

27 Samoth de Arori, Helles Pelonita,

28 Ira, hijo de Acces Thecoita, Abiezer Anathothita,

29 Sibbecai Husathita, Ilai Ahohita,

30 Maharai Nethophathita, Heled, hijo de Baana Nethophathita,

31 Ithai, hijo de Ribai, de Gabaath, de los hijos de Ben-jamin, Banaias Pirathonita,
32 Hurai del rio de Gaas, Abiel Arbathita,
33 Azmaveth Baharumita, Eliaba Saalbonita;
34 Los hijos de Asem Gizonita, Jonathan, hijo de Sagé, Ararita,
35 Ahiam, hijo de Sachár Ararita, Eliphal, hijo de Ur,
36 Hepher Mechérathita, Ahia Phelonita,
37 Hesro Carmelita, Naharari, hijo de Ezbai,
38 Joel, hermano de Nathan, Mibhar, hijo de Hagrai,
39 Selec Ammonita, Naarai Berothita, escudero de Joab, hijo de Sarvia,
40 Ira Ithréo, Gareb Ithréo,
41 Urias Hethéo, Zabad, hijo de Ahli,
42 Adina, hijo de Siza Rubenita, príncipe de los Rubenitas, y con él treinta;
43 Hanan, hijo de Maachá, y Josaphat Mithnita,
44 Uzzias Astharathita, Samma, y Jehiel, hijo de Hotham Arorita,
45 Jediael, hijo de Simri, y Joha su hermano, Thisaita,
46 Eliel de Mahavi, Jeribai, y Josavia, hijo de Elnaam, é Ithma Moabita,
47 Eliel, y Obed, y Jaasiel de Mesobia.

CAPITULO XII.

Catálogo de los que se juntaron con David de las tribus de Israel, cuando andaba huyendo de Saul.

ESTOS *son* los que vinieron á David á Siclag [a], estando él aun encerrado por causa de Saul, hijo de Cis: y eran de los valientes ayudadores de la guerra.
2 *Estaban* armados de arcos, y usaban de ambas manos en tirar piedras *con honda*, y saetas con arco. De los hermanos de Saul, de Benjamin,
3 El principal Ahiezer, despues Joas, hijo de Semaa Gabaathita; y Jeziel, y Pelleth, hijo de Azmaveth, y Beracah, y Jehú Anathothita,
4 E Ismaias Gabaonita, valiente entre los treinta, y mas que los treinta; y Jeremias, Jahaziel, Joanan, Jozabad Gederathita,
5 Eluzai, y Jerimoth, Bealias, Semarias, y Sephatias Haruphita,
6 Elcana, é Isias, y Azareel, Joezer, y Jasoham de Coré;
7 Y Joela, y Zebadias, hijos de Jeroham, de Gedor.
8 Tambien de los de Gad se huyeron *algunos* á David, *estando* en la fortaleza en el desierto, muy valientes hombres de guerra para pelear, dispuestos *á hacerlo* con escudo y pavés: sus rostros como rostros de leones, y ligeros como las cabras monteses [b].
9 Ezer *era* el primero, Obadias el segundo, Eliab el tercero,
10 Mismana el cuarto, Jeremias el quinto,
11 Attai el sexto, Eliel el séptimo,
12 Johanan el octavo, Elzabad el nono,
13 Jeremias el décimo, Machbanni el undécimo.
14 Estos *fueron* capitanes del ejército de los hijos de Gad. El menor *de ellos* tenia cargo de cien hombres, y el mayor de mil.
15 Estos pasaron el Jordan en el mes primero, cuando habia salido sobre todas sus riberas [c], é hicieron huir á todos los de los valles al oriente y al poniente.
16 Asimismo *algunos* de los hijos de Ben-jamin y de Judá vinieron á David á la fortaleza.
17 Y David salió á ellos, y hablóles diciendo: Si habeis venido á mí para paz y para ayudarme, mi corazon será unido con vosotros; mas si para engañarme en pro de mis enemigos, siendo mis manos sin iniquidad, véalo el Dios de nuestros padres, y demándelo.
18 Entónces se envistió el espíritu [d] en Amasai [e], príncipe de treinta, y *dijo*: Por tí, oh David, y contigo, oh hijo de Isaí. Paz, paz contigo, y paz con tus ayudadores, pues que tambien tu Dios te ayuda. Y David los recibió, y púsolos entre los capitanes de la cuadrilla.

[d] Juec. 6. 34.
[e] 2 Sa. 17. 25.

19 Tambien se pasaron á David *algunos* de Manassé, cuando vino con los Philistéos á la batalla contra Saul [f], aunque no les ayudaron: porque los sátrapas de los Philistéos, habido consejo, lo despidieron diciendo: Con nuestras cabezas se pasará á su señor Saul.

[f] 1 Sa. 29. 2, 3.

20 Así que viniendo él á Siclag, se pasaron á él de los de Manassé, Adnas, Jozabad, Jediaiel, Michâel, Jozabad, Eliú, y Silletbai, príncipes de millares de los de Manassé.
21 Estos ayudaron á David contra aquella compañía [g], porque todos ellos eran valientes hombres, y fueron capitanes en el ejército.

[g] 1 Sa. 30. 1, 10.

22 Porque entónces todos los dias venia ayuda á David, hasta *hacerse* un grande ejércitó, como ejército de Dios.
23 ¶ Y este es el número de los principales que estaban á punto de guerra, y vinieron á David en Hebron, para traspasarle el reino de Saul, conforme á la palabra de Jehová.
24 De los hijos de Judá que traian escudo y lanza, seis mil y ochocientos á punto de guerra.
25 De los hijos de Simeon, valientes y esforzados hombres para la guerra, siete mil y ciento.
26 De los hijos de Leví cuatro mil y seiscientos.
27 Asimismo Joiada, príncipe de *los del linaje de* Aaron, y con él tres mil y setecientos.
28 Y Sadoc, mancebo valiente y esforzado, con veinte y dos de los principales de la casa de su padre.
29 De los hijos de Ben-jamin, hermanos de Saul, tres mil: porque aun en aquel tiempo muchos de ellos tenian la parte de la casa de Saul.
30 Y de los hijos de Ephraim veinte mil y ochocientos muy valientes, varones ilustres en las casas de sus padres.
31 De la media tribu de Manassé diez y ocho mil, los cuales fueron tomados por lista para venir á poner á David por rey.
32 Y de los hijos de Issachár doscientos principales, entendidos en los tiempos, y que sabian lo que Israel debia hacer, cuyo dicho seguian todos sus hermanos.
33 Y de Zabulon cincuenta mil que salian á campaña, á punto de guerra, con todas armas de guerra, y dispuestos á pelear sin doblez de corazon.
34 Y de Nephtali mil capitanes, y con ellos treinta y siete mil con escudo y lanza.
35 De los de Dan, dispuestos á pelear, veinte y ocho mil y seiscientos.
36 Y de Aser, á punto de guerra, y aparejados á pelear, cuarenta mil.
37 Y de la otra parte del Jordan, de los Rubenitas y de los de Gad, y de la media tribu de Manassé, ciento y veinte mil con toda suerte de armas de guerra.
38 Todos estos hombres de guerra, dispuestos para guerrear, vinieron con

corazon perfecto á Hebron, para poner á David por rey sobre todo Israel; asimismo todos los demas de Israel *estaban* de un mismo ánimo para poner á David por rey.

39 Y estuvieron allí con David tres dias comiendo y bebiendo, porque sus hermanos habian prevenido para ellos.

40 Y tambien los que les eran vecinos hasta Issachár, y Zabulon, y Nephtali, trajeron pan en asnos, y camellos, y mulos, y bueyes; provision de harina, masas de higos, y pasas, vino, y aceite, bueyes y ovejas en abundancia, porque en Israel habia alegría.

CAPITULO XIII.

David, con acuerdo de todos los principales de Israel, hace traer el arca de la alianza á Jerusalem con grande solemnidad, donde Uzza es muerto por castigo de Dios.

ENTONCES David tomó consejo con los capitanes de millares y de cientos, y con todos los jefes.

2 Y dijo David á todo el congreso de Israel: Si *os parece* bien, y de Jehová nuestro Dios, enviarémos á todas partes á *llamar* nuestros hermanos que han quedado en todas las tierras de Israel, y á los sacerdotes y Levitas *que estan* con ellos en sus ciudades y ejidos, que se junten con nosotros:

3 Y traigamos el arca de nuestro Dios á nosotros, porque desde el tiempo de Saul no hemos hecho caso de ella [a].

[a] 1 Sa. 7. 1, 2.

4 Y dijo todo el congreso que se hiciese así, porque la cosa parecia bien á todo el pueblo.

5 Entónces juntó David á todo Israel [b], desde Sihor [c] de Egipto hasta entrar en Hamath, para que trajesen el arca de Dios de Chiriath-jearim.

[b] 2 Sa. 6. 1, etc.
[c] Jos. 13. 3. Jer. 2. 18.

6 Y subió David con todo Israel á Baala de Chiriath-jearim [d], que es en Judá, para pasar de allí el arca de Jehová Dios que habita *entre* los querubines [e], *sobre* la cual su nombre es invocado.

[d] Jos. 15. 9, 60.
[e] 1 Sa. 4. 4.

7 Y lleváronse el arca de Dios de la casa de Abinadab [f] en un carro nuevo; y Uzza y su hermano guiaban el carro.

[f] 1 Sa. 7. 1.

8 Y David y todo Israel hacian alegrías delante de Dios [g] con todas sus fuerzas, con canciones, harpas, salterios, tamboriles, címbalos, y trompetas.

[g] 2 Sa. 6. 5, etc.

9 Y como llegaron á la era de Chidon, Uzza extendió su mano al arca para tenerla, porque los bueyes se desmandaban.

10 Y el furor de Jehová se encendió contra Uzza, é hirióle, porque habia extendido su mano al arca [h]: y murió allí delante de Dios [i].

[h] Cap. 15. 13, 15. Nu. 4. 15.
[i] Lev. 10. 2.

11 Y David tuvo pesar, porque Jehová habia hecho rotura en Uzza; por lo que llamó á aquel lugar Peres-Uzza hasta hoy.

12 Y David temió á Dios aquel dia, y dijo: ¿Cómo he de traer á mi *casa* el arca de Dios?

13 Y no trajo David el arca á su casa en la ciudad de David, sino llevóla á casa de Obed-edom Gethéo [k].

[k] Jos. 21. 24.

14 Y el arca de Dios estuvo en casa de Obed-edom, en su casa, tres meses: y bendijo [l] Jehová la casa de Obed-edom, y todas las cosas que tenia.

[l] Cap. 26. 5. Pro. 10. 22.

CAPITULO XIV.

A David le nacen hijos en Jerusalem. Vence por dos veces á los Philistéos.

E HIRAM, rey de Tyro, envió embajadores á David, y madera de cedro, y albañiles y carpinteros, que le edificasen una casa [a].

[a] 2 Sa. 5. 11, etc.

2 Y entendió David que Jehová lo habia confirmado por rey sobre Israel, y que habia ensalzado su reino sobre su pueblo Israel.

3 ¶ Entónces David tomó tambien mujeres en Jerusalem, y aun engendró David hijos é hijas.

4 Y estos *son* los nombres de los que le nacieron en Jerusalem [b]: Samua, Sobab, Nathan, Salomon,

[b] Cap. 3. 5, etc.

5 Ibhar, Elisua, Elipheiet,

6 Noga, Nepheg, Japhias,

7 Elisama, Beel-iada, y Elipheiet.

8 ¶ Y oyendo los Philistéos que David habia sido ungido por rey sobre todo Israel, subieron todos los Philistéos en busca de David. Y como David lo oyó, salió contra ellos.

9 Y vinieron los Philistéos, y extendiéronse por el valle de Raphaim [c].

[c] Cap. 11. 15.

10 Entónces David consultó á Dios diciendo: ¿Subiré contra los Philistéos? ¿Los entregarás en mi mano? Y Jehová le dijo: Sube, que yo los entregaré en tus manos.

11 Subieron pues á Baal-perasim, y allí los hirió David. Dijo luego David: Dios rompió mis enemigos por mi mano como se rompen las aguas. Por esto llamaron el nombre de aquel lugar Baal-perasim ‖.

‖ *Llanura de las irrupciones.*

12 Y dejaron allí sus dioses, y David dijo que los quemasen al fuego.

13 Y volviendo los Philistéos á extenderse por el valle,

14 David volvió á consultar á Dios, y le dijo: No subas tras ellos, sino rodéalos, para venir á ellos por delante de los morales.

15 Y así que oyeres venir un estruendo por las copas de los morales, sal luego á la batalla; porque Dios saldrá delante de tí, y herirá el campo de los Philistéos.

16 Hizo pues David como Dios le mandó, é hirieron el campo de los Philistéos desde Gabaon hasta Gezer.

17 Y la fama de David fué divulgada por todas aquellas tierras [d]; y puso Jehová temor de David sobre todas las gentes [e].

[d] Jos. 6. 27. 2 Cr. 26. 8. Sal. 18. 44.
[e] Deu. 2. 25 y 11. 25.

CAPITULO XV.

David hace pasar el arca con grande solemnidad á la casa que le habia preparado; y porque vino bailando delante de ella, es menospreciado de Michál su mujer.

HIZO tambien casas para sí en la ciudad de David, y labró un lugar para el arca de Dios, y tendióle una tienda [a].

[a] Cap. 16. 1.

2 Entónces dijo David: El arca de Dios no debe ser traida sino por los Levitas [b], porque á ellos ha elegido Jehová para que lleven el arca de Jehová, y le sirvan perpetuamente.

[b] Nu. 4. 2, 15. Deu. 10. 8. y 31. 9.

3 Y juntó David á todo Israel en Jerusalem, para que pasasen el arca de Jehová á su lugar [c], el cual le habia él preparado:

[c] Cap. 13. 5. 1 Rey. 8. 1.

4 Juntó tambien David á los hijos de Aaron y á os Levitas.

5 De los hijos de Coath, Uriel el principal, y sus hermanos, ciento y veinte.

6 De los hijos de Merari, Asaias el principal, y sus hermanos, doscientos y veinte.

7 De los hijos de Gerson, Joel el principal, y sus hermanos, ciento y treinta.

8 De los hijos de Elisaphan [d], Semeias el principal, y sus hermanos, doscientos.

[d] Ex. 6. 22.

9 De los hijos de Hebron, Eliel el principal, y sus hermanos, ochenta.

10 De los hijos de Uzziel, Aminadab el principal, y sus hermanos, ciento y doce.

11 Y llamó David á Sadoc y á Abiathar, sacerdotes, y á los Levitas Uriel, Asaias, Joel, Semeias, Eliel, y Aminadab,

12 Y díjoles: Vosotros que sois los principales de padres entre los Levitas, santificáos[e], vosotros y vuestros hermanos, y pasad el arca de Jehová Dios de Israel al *lugar* que le he preparado.

[e] 2 Cr. 5. 11. y 29. 5. Ez. 48. 11.

13 Pues por no *haberlo hecho así* vosotros la primera vez, Jehová nuestro Dios hizo en nosotros rotura[f], por cuanto no le buscamos segun la ordenanza.

[f] Cap. 13. 9, 10. 2 Sa. 6. 7, 8.

14 Así los sacerdotes y los Levitas se santificaron para traer el arca de Jehová Dios de Israel.

15 Y los hijos de los Levitas trajeron el arca de Dios puesta sobre sus hombros en las barras[g], como lo habia mandado Moises conforme á la palabra de Jehová.

[g] Ex. 25. 14. Nu. 4. 15. y 7. 9.

16 Asimismo dijo David á los principales de los Levitas, que constituyesen de sus hermanos cantores con instrumentos de música, con salterios, y harpas, y címbalos, que resonasen, y alzasen la voz con alegría[h].

[h] 2 Cr. 5. 13.

17 Y los Levitas constituyeron á Heman, hijo de Joel; y de sus hermanos, á Asaph hijo de Berechias: y de los hijos de Merari y de sus hermanos, á Ethan, hijo de Cusaías:

18 Y con ellos á sus hermanos del segundo órden, á Zachárias, Ben, y Jaaziel: Semiramoth, Jehiel, Unni, Eliab, Benaías, Maasías, y Mathithias, Eliphelehu, Micnias, Obed-edom, y Jehiel, los porteros[i].

[i] ver. 24.

19 Así Heman, Asaph, y Ethan, *que* eran cantores, sonaban con címbalos de metal:

20 Y Zachárias, Jaaziel, Semiramoth, Jehiel, Unni, Eliab, Maasias, y Benaias, con salterios sobre Alamoth[k]:

[k] Sal. 46, tít.

21 Y Mathithias, Eliphelehu, Micnias, Obed-edom, Jehiel, y Azazias, *cantaban* con harpas en la octava sobresaliendo.

22 Y Chênanias, principal de los Levitas, *estaba* para la entonacion; pues él presidia en el canto, porque era entendido.

23 Y Berechias y Elcana *eran* porteros del arca.

24 Y Sebanias, Josaphat, Nathanael, Amasai, Zachárias, Benaias, y Eliezer sacerdotes, tocaban las trompetas[l] delante del arca de Dios: Obed-edom y Jehias *eran* tambien porteros del arca.

[l] Nu. 10. 8. Sal. 81. 3. Joel 2. 1, 15.

25 David pues, y los ancianos de Israel, y los capitanes de millares, fueron á traer el arca del pacto de Jehová[m] de casa de Obed-edom con alegría.

[m] 2 Sa. 6. 12, etc. 1 Rey. 8. 1.

26 Y ayudando Dios á los Levitas que llevaban el arca del pacto de Jehová, sacrificaban siete novillos y siete carneros.

27 Y David iba vestido de lino fino, y tambien todos los Levitas que llevaban el arca, y asimismo los cantores: y Chênanias *era* maestro de canto entre los cantores. Llevaba tambien David sobre sí un Ephod de lino.

28 De esta manera llevaba todo Israel el arca del pacto de Jehová con júbilo y sonido de bocinas y trompetas, y címbalos, y al son[n] de salterios y harpas.

[n] Cap. 13. 8. 2 Cr. 5. 12. Esd. 3. 10, 11. Sal. 68. 25. y 78. 4, 6. y 150. 3, 5.

29 Y como el arca del pacto de Jehová llegó á la ciudad de David, Michâl, hija de Saul, mirando por una ventana vió al rey David que saltaba y bailaba, y menospreciólo en su corazon[o].

[o] 2 Sa. 6. 16.

CAPITULO XVI.

Asentada el arca, y ofrecidas víctimas, señala David oficiales para el servicio del arca. Cántico en alabanza del Señor.

ASI trajeron el arca de Dios, y asentáronla en medio de la tienda que David habia tendido para ella: y ofrecieron holocaustos y pacíficos delante de Dios[a].

[a] 2 Sa. 6. 17, 19.

2 Y como David hubo acabado de ofrecer el holocausto y los pacíficos, bendijo al pueblo en el nombre de Jehová.

3 Y repartió á todo Israel, así á hombres como á mujeres, á cada uno una torta de pan, y una pieza de carne, y un frasco *de vino*.

4 ¶ Y puso delante del arca de Jehová ministros de los Levitas, para que recordasen, y confesasen, y loasen á Jehová Dios de Israel.

5 Asaph *era* el primero; el segundo despues de él Zachárias, *luego* Jeiel, Semiramoth, Jehiel, Mathithias, Eliab, Benaias, Obed-edom, y Jehiel, con sus instrumentos de salterios y harpas; mas Asaph hacia sonido con címbalos:

6 Benaias tambien y Jahaziel, sacerdotes, continuamente con trompetas delante del arca del pacto de Dios.

7 Entónces, en aquel dia, dió David principio á celebrar á Jehová *con este cántico* por mano de Asaph y de sus hermanos[b].

[b] 2 Sa. 22. 1.

8 Confesad á Jehová, invocad su nombre, haced notorias en los pueblos sus obras[c].

[c] Sal. 105. 1, 15.

9 Cantad á él, cantadle salmos; hablad de todas sus maravillas.

10 Gloriáos en su santo nombre: alégrese el corazon de los que buscan á Jehová.

11 Buscad á Jehová y su fortaleza: buscad su rostro continuamente.

12 Haced memoria de sus maravillas que ha obrado, de sus prodigios, y de los juicios de su boca,

13 Oh vosotros simiente de Israel su siervo, hijos de Jacob, sus escogidos.

14 Jehová, él es nuestro Dios: sus juicios en toda la tierra.

15 Haced memoria de su alianza perpetuamente, y de la palabra que él mandó en mil generaciones:

16 *Del pacto* que concertó con Abraham[d], y de su juramento á Isaac[e];

[d] Gen. 17. 2. [e] Gen. 26. 3.

17 El cual confirmó á Jacob[f] por estatuto, y á Israel[g] por pacto sempiterno[h],

[f] Gen. 28. 13. y 35. 11. [g] Ex. 3. 17. Jos. 24. 11, 13. [h] Jer. 11. 2, 7. Sal. 84. 10. y 150. 5.

18 Diciendo: A tí daré la tierra de Canaan, suerte de vuestra herencia;

19 Cuando erais aun pocos en número[i], pocos y peregrinos en ella.

[i] Gen. 34. 30.

20 Y *cuando* andaban de nacion en nacion, y de un reino á otro pueblo,

21 No permitió que nadie los oprimiese: ántes por amor de ellos castigó á los reyes[k].

[k] Gen. 12. 17. y 20. 3. Ex. 7. 15, etc.

22 No toqueis, *dijo*, á mis ungidos, ni hagais mal á mis profetas.

23 Cantad á Jehová[l], *habitantes de* toda la tierra; anunciad de dia en dia su salud.

[l] Sal. XCVI.

24 Contad entre las gentes su gloria, y en todos los pueblos sus maravillas.

25 Porque grande *es* Jehová, y digno de ser grandemente loado, y de ser temido sobre todos los dioses.

26 Porque todos los dioses de los pueblos *son* nada: mas Jehová hizo los cielos[m].

[m] Sal. 102. 25. Is. 40. 26. y 44. 24. Ap. 14. 7.

27 Poderío y hermosura delante de él; fortaleza y alegría en su morada.

28 Atribuid á Jehová, oh familias de los pueblos, atribuid á Jehová gloria y potencia.

29 Tributad á Jehová la gloria *debida* á su nombre: traed ofrenda, y venid delante de él: postráos delante de Jehová en la hermosura de su santidad.

30 Temed en su presencia, *moradores de* toda la tierra: el mundo será aun establecido, para que no se conmueva.
31 Alégrense los cielos, y gócese la tierra, y digan en las naciones: Reina Jehová.
32 Resuene la mar, y la plenitud de ella; alégrese el campo, y todo lo que contiene.
33 Entónces cantarán los árboles de los bosques delante de Jehová, porque viene á juzgar la tierra.
34 Celebrad á Jehová, porque *es* bueno; porque su misericordia es eterna.
35 Y decid: Sálvanos, oh Dios, Salud nuestra; júntanos, y líbranos de las Gentes, para que confesemos tu santo nombre, y nos gloriemos en tu alabanza [n].
36 Bendito sea Jehová Dios de Israel de eternidad á eternidad [o]. Y digan todos los pueblos, Amen [p]: y alabanza á Jehová.
37 ¶ Y dejó allí delante del arca del pacto de Jehová á Asaph y á sus hermanos, para que ministrasen de continuo delante del arca, cada cosa en su dia:
38 Y á Obed-edom y á sus hermanos, *en número de* sesenta y ocho; y á Obed-edom, hijo de Jeduthun, y á Hasa, por porteros.
39 Asimismo *dejó* á Sadoc el sacerdote y á sus hermanos los sacerdotes delante del tabernáculo de Jehová, en el alto que estaba en Gabaon [q],
40 Para que sacrificasen continuamente, á mañana y tarde, holocaustos á Jehová en el altar del holocausto [r], conforme á todo lo que está escrito en la ley de Jehová, que él prescribió á Israel.
41 Y con ellos *dejó* á Heman y á Jeduthun, y los otros escogidos declarados por sus nombres, para glorificar á Jehová, porque es eterna su misericordia [s].
42 Con ellos pues *dejó* á Heman y á Jeduthun con trompetas y címbalos [t] para tañer, y con *otros* instrumentos de música de Dios; y á los hijos de Jeduthun por porteros [u].
43 Y todo el pueblo se fué cada uno á su casa; y David se volvió para bendecir su casa [x].

[n] Sal. 106. 47, 48.
[o] 1 Rey. 8. 15.
[p] Deu. 27. 15. Ne. 8. 6. 1 Cor. 14. 16.
[q] 2 Cr. 1. 3, 13.
[r] Ex. 29. 38. Nu. 28. 3, 4.
[s] ver. 34. Esd. 3. 11. Sal. 103. 17. Jer. 33. 11.
[t] Sal. 150. 5.
[u] Sal. 84. 10.
[x] 2 Sa. 6. 19, 20.

CAPITULO XVII.

Promete Dios á David un hijo que edificaría el templo que meditaba él fabricar; por lo que tributa al Señor acciones de gracias, celebrando la misericordia que con él usa.

Y ACONTECIO que morando David en su casa, dijo al profeta Nathan: Hé aquí yo habito en casa de cedro, y el arca del pacto de Jehová debajo de cortinas [a].
2 Y Nathan dijo á David: Haz todo lo que *está* en tu corazon, porque Dios *es* contigo [b].
3 En aquella misma noche fué palabra de Dios á Nathan diciendo:
4 Vé y dí a David mi siervo: Así ha dicho Jehová: Tú no me edificarás casa en que habite:
5 Porque no he habitado en casa *alguna* desde el dia que saqué á los hijos de Israel hasta hoy; ántes estuve de tienda en tienda y de tabernáculo *en tabernáculo*.
6 En todo cuanto anduve con todo Israel, ¿hablé una palabra á alguno de los jueces de Israel, á los cuales mandé que apacentasen mi pueblo, para decirles: ¿Por qué no me edificais una casa de cedro?
7 Por tanto ahora dirás á mi siervo David: Así dijo Jehová de los ejércitos: Yo te tomé de la majada, de detras el ganado [c], para que fueses príncipe sobre mi pueblo Israel;
8 Y he sido contigo en todo cuanto has andado [d], y he talado á todos tus enemigos de delante de tí [e], y hete hecho grande nombre, como el nombre de los grandes que son en la tierra.
9 Asimismo he dispuesto lugar á mi pueblo Israel, y lo he plantado [f] para que habite por sí, y que no sea mas conmovido: ni los hijos de iniquidad lo consumirán [g] mas como ántes,
10 Y desde el tiempo que puse los jueces sobre mi pueblo Israel [h]; mas humillaré á todos tus enemigos [i]. Hágote ademas saber que Jehová te ha de edificar casa.
11 Y será, que cuando tus dias fueren cumplidos para irte con tus padres, levantaré tu simiente despues de tí, la cual será de tus hijos, y afirmaré su reino.
12 El me edificará casa, y yo confirmaré su trono eternalmente.
13 Yo le seré por padre, y él me será por hijo [k]; y no quitaré de él mi misericordia [l], como la quite de aquel que fué ántes de tí.
14 Mas yo lo confirmaré en mi casa y en mi reino eternalmente; y su trono será firme para siempre [m].
15 Conforme á todas estas palabras, y conforme á toda esta vision, así habló Nathan á David.
16 Y entró el rey David, y estuvo delante de Jehová, y dijo: Jehová Dios, ¿quien soy yo [n], y cual *es* mi casa [o], que me has traido hasta este lugar?
17 Y aun esto, oh Dios, te ha parecido poco, pues que has hablado de la casa de tu siervo para mas léjos, y me has mirado como á un hombre excelente, oh Jehová Dios.
18 ¿Qué mas puede añadir David *pidiendo* de tí para glorificar á tu siervo? Mas tú conoces á tu siervo.
19 Oh Jehová, por amor de tu siervo [p], y segun tu corazon [q] has hecho toda esta grandeza, para hacer notorias todas *tus* grandezas.
20 Jehová, no *hay* semejante á tí [r], ni hay Dios sino tú, segun todas las cosas que hemos oido con nuestros oidos.
21 ¿Y qué gente hay en la tierra como tu pueblo Israel [s], cuyo Dios fuese y se redimiera un pueblo, para hacerte nombre *con* grandezas y maravillas, echando las gentes de delante de tu pueblo que tú rescataste de Egipto?
22 Tú has constituido á tu pueblo Israel por pueblo tuyo para siempre [t]; y tú, Jehová has venido á ser su Dios.
23 Ahora pues, Jehová, la palabra que has hablado acerca de tu siervo y de su casa, sea firme para siempre [u], y haz como has dicho.
24 Permanezca pues, y sea engrandecido tu nombre para siempre, á fin que se diga: Jehová de los ejércitos, Dios de Israel, es Dios para Israel [x]: y *sea* la casa de tu siervo David firme delante de tí.
25 Porque tú, Dios mio, revelaste al oido á tu siervo que le has de edificar casa, por eso ha hallado tu siervo *motivo* de orar delante de tí.
26 Ahora pues, Jehová, tú eres el Dios que has hablado de tu siervo este bien;
27 Y ahora has querido bendecir la casa de tu siervo, para que permanezca perpetuamente delante de tí: porque tú, Jehová, la has bendecido, y será bendita para siempre [y].

[a] 2 Sa. 7. 1. 2 Cr. 6. 7, 9.
[b] 1 Cor. 12. 9.
[c] 1 Sa. 16. 11, 12. Sal. 78. 70, 71.
[d] Gen. 26. 15. 1 Sa. 18. 14. 2 Sa. 8. 6, 14.
[e] Sal. 18. 48.
[f] Sal. 92. 13. Is. 61. 3. Jer. 24. 6.
[g] Ez. 28. 26.
[h] Juec. 2. 16, 18.
[i] Sal. 18. 40, etc.
[k] 2 Sa. 7. 14, 15.
[l] Sal. 89. 2 etc. Is. 55. 3.
[m] Sal. 72. 1… Luc. 1. 3…
[n] Gen. 32. 1…
[o] Juec. 6. 1…
[p] Is. 3…
[q] Mat. 11. …
[r] Deu. 3… Sal. 8… Ef. 3. 2…
[s] Deu. 4… 32. y 33. 2…
[t] Ex. 19… 1 Sa. 1… Ro. 9… y 11. … etc.
[u] Jer. …
[x] Heb …
[y] Ro. …

CAPITULO XVIII.

Nuevas victorias de David: tributos impuestos á las naciones. Ministros y generales suyos.

a 2 Sa. 18. 1, &c. DESPUES de estas cosas[a] aconteció
que David hirió á los Philistéos, y
los humilló; y tomó á Gath y sus villas
de mano de los Philistéos.
2 Tambien hirió á Moab; y los Moab-
itas fueron siervos de David trayendole
presentes.
3 Asimismo hirió David á Adarezer,
rey de Soba, en Hamath, yendo él á
asegurar su dominio al rio de Eufrates.
4 Y tomóles David mil carros, y siete
mil de á caballo, y veinte mil hombres
de á pié: y desgarretó David *los caballos*
de todos los carros, escepto *los de* cien
carros que dejó.
5 Y viniendo los Siros de Damasco
en ayuda de Adarezer, rey de Soba,
David hirió de los Siros veinte y dos
mil hombres.
6 Y puso David *guarnicion* en Siria la
de Damasco, y los Siros fueron hechos
siervos de David, trayendole presentes:
porque Jehová salvaba á David donde
quiera que iba.
7 Tomó tambien David los escudos de
oro que llevaban los siervos de Adare-
zer, y trájolos á Jerusalem.
b 2 Sa. 8. 8. 8 Asimismo de Thibath[b], y de Chûn,
ciudades de Adarezer, tomó David muy
mucho metal, de que Salomon hizo el
mar de bronce, las columnas y vasos
c 1 Rey. 7. 15, &c. de bronce[c].
9 ¶ Y oyendo Tou, rey de Hamath,
que David habia deshecho todo el ejér-
cito de Adarezer rey de Soba,
10 Envió á Adoram su hijo al rey
David, á saludarlo y á bendecirlo, por
haber peleado con Adarezer, y haberlo
vencido; porque Tou tenia guerra con
Adarezer. *Envióle* tambien toda suerte
de vasos de oro, de plata, y de metal,
11 Los cuales el rey David dedicó á
d Jos. 6. 19. Jehová, con la plata y oro[d] que habia
tomado de todas las naciones; de Edom,
de Moab, de los hijos de Ammon, de
los Philistéos, y de Amalec.
12 ¶ A mas de esto, Abisai, hijo de
Sarvia, hirió en el valle de la sal diez
e 2 Sa. 8. 13, 14. Sal. LX. y ocho mil Iduméos[e].
13 Y puso guarnicion en Edom, y
todos los Iduméos fueron siervos de Da-
vid: porque Jehová guardaba á David
donde quiera que iba.
14 Y reinó David sobre todo Israel, y
f 1 Rey. 10. 9. Sal. 78. 72. hacia juicio y justicia á todo su pueblo[f].
g 2 Sa. 14. Sa. 8. 6. y 22. 1. 15 Y Joab, hijo de Sarvia, era general
del ejército, y Josaphat, hijo de Ahilud,
Canciller:
16 Y Sadoc, hijo de Achitub, y Abi-
melec, hijo de Abiathar, *eran* sacer-
dotes; y Sausa, secretario,
17 Y Benaías, hijo de Joiada, era sobre
los Cerethéos y Phelethéos: y los hijos
de David *eran* los príncipes cerca del
rey.

CAPITULO XIX.

Afrentando el rey de los Ammonitas á los embajadores que le envió David á consolarle de la muerte de su padre, hácele David guerra, y lo vence á él y á sus aliados.

a 2 Sa. 10. 1, &c. DESPUES de estas cosas[a] aconteció
que murió Naas, rey de los hijos de
Ammon, y reinó en su lugar *Hanan* su
hijo.
2 Y dijo David: Haré misericordia con
Hanan, hijo de Naas, porque tambien
su padre hizo conmigo misericordia.
Así David envió embajadores que lo
consolasen de la muerte de su padre.
Mas venidos los siervos de David en la
tierra de los hijos de Ammon á Hanan,
para consolarlo,
3 Los príncipes de los hijos de Am-
mon dijeron á Hanan: ¿A tu parecer
honra David á tu padre *ahora* que te
ha enviado consoladores? ¿No vienen
ántes sus siervos á tí para escudriñar, é
inquirir, y reconocer la tierra[b]? b Gen. 42. 9.
4 Entónces Hanan tomó los siervos
de David, y rapólos, y cortóles los ves-
tidos por medio hasta las nalgas, y des-
pachólos.
5 Fuéronse pues; y dada que fué la
nueva á David de aquellos varones, él
envió á recibirlos, porque estaban muy
afrentados, é hízoles decir el rey: Es-
táos en Jericó hasta que os crezca la
barba, y entónces volveréis.
6 Y viendo los hijos de Ammon que
se habian hecho odiosos á David, Ha-
nan y los hijos de Ammon enviaron
mil talentos de plata para tomar á suel-
do carros y gente de á caballo[c] de Siria c Cap. 18. 5, 9.
de los rios, y de la Siria de Maachá, y
de Soba.
7 Y tomaron á sueldo treinta y dos
mil carros, y al rey de Maachá, y á su
pueblo, los cuales vinieron y asentaron
su campo delante de Medaba. Y jun-
táronse tambien los hijos de Ammon
de sus ciudades, y vinieron á la guerra.
8 Oyendolo David, envió á Joab, con
todo el ejército de los valientes hom-
bres.
9 Y los hijos de Ammon salieron, y
ordenaron su tropa á la entrada de la
ciudad; y los reyes que habian venido,
estaban por sí en el campo.
10 Y viendo Joab que la haz de la
batalla estaba contra él delante y á las
espaldas, escogió de todos los mas aven-
tajados que habia en Israel, y ordenó su
escuadron contra los Siros.
11 Puso luego el resto de la gente en
mano de Abisai su hermano, ordenan-
dolos en batalla contra los Ammonitas.
12 Y dijo: Si los Siros fueren mas
fuertes que yo, tú me salvarás; y si los
Ammonitas fueren mas fuertes que tú,
yo te salvaré.
13 Esfuérzate[d], y esforcémonos por d Neh. 4. 14.
nuestro pueblo, y por las ciudades de
nuestro Dios, y haga Jehová lo que
bien le pareciere.
14 Acercóse luego Joab, y el pueblo
que tenia consigo, para pelear contra
los Siros; mas ellos huyeron delante
de él.
15 Y los hijos de Ammon viendo que
los Siros habian huido, huyeron tam-
bien ellos delante de Abisai su hermano,
y entráronse en la ciudad. Entónces
Joab se volvió á Jerusalem.
16 Y viendo los Siros que habian caido
delante de Israel, enviaron embaja-
dores, y trajeron á los Siros que *estaban*
de la otra parte del rio, cuyo capitan
era Sophach[e], general del ejército de e 2 Sa. 10. 16.
Adarezer.
17 Luego que fué dado aviso á David,
juntó á todo Israel; y pasando el Jor-
dan vino á ellos, y ordenó contra ellos
su ejército. Y como David hubo or-
denado su tropa contra ellos, pelearon
con él los Siros.
18 Mas el Siro huyó delante de Israel;
y mató David de los Siros siete mil
hombres de los carros, y cuarenta mil
hombres de á pié: asimismo mató á
Sophach, general del ejército.
19 Y viendo los Siros de Adarezer que
habian caido delante de Israel, con-
certaron paz con David, y fueron sus
siervos[f]: y nunca mas quiso el Siro f Sal. 18. 39, 44.
ayudar á los hijos de Ammon.

CAPITULO XX.

David, vencidos del todo los Ammonitas, los castiga rigurosamente por su injuria. Obtiene tres victorias de los Philistéos.

Y ACONTECIO á la vuelta del año,
en el tiempo que suelen los reyes
salir *á la guerra*, que Joab sacó las fuer-
zas del ejército, y destruyó la tierra de
los hijos de Ammon, y vino y cercó á
Rabba. Mas David estaba en Jerusa-
[a] 2 Sa. 11. 1. lem [a]: y Joab batió á Rabba, y des-
[b] 2 Sa. 12. 26, etc. truyóla [b].
2 Y tomó David la corona de su rey
de encima de su cabeza, y hallóla de
peso de un talento de oro, y *habia* en
ella piedras preciosas; y fué *puesta* sobre
la cabeza de David: y ademas de esto
sacó de la ciudad un muy gran despojo.
3 Sacó tambien al pueblo que *estaba*
en ella, y cortólos con sierras, y con
trillos de hierro, y segures. Lo mismo
hizo David á todas las ciudades de los
hijos de Ammon. Y volvióse David con
todo el pueblo á Jerusalem.
[c] 2 Sa. 21. 18. 4 ¶ Despues de esto [c] aconteció que
se levantó guerra en Gezer con los Phi-
[d] Cap. 11. 29. listéos, é hirió Sibbecai [d] Husathita á
Sippai del linage de los gigantes, y fue-
ron humillados.
5 Y volvióse á levantar guerra con los
Philistéos; é hirió Elhanan, hijo de
Jair, á Lahmi hermano de Goliath He-
théo, cuya asta de lanza era como un
enjullo de tejedores.
6 Y volvió á haber guerra en Gath,
donde hubo un hombre de *grande* es-
tatura, el cual tenia seis dedos *en piés
y manos, en todos* veinte y cuatro: y
tambien era hijo de Rapha.
7 Denostó él á Israel, mas hirióle Jo-
nathan, hijo de Sima, hermano de David.
8 Estos fueron hijos de Rapha en Gath,
los cuales cayeron por mano de David y
de sus siervos.

CAPITULO XXI.

Castiga Dios la vanidad de David en hacer el censo de su pueblo, enviando la peste; y cesa esta ofreciendo David sacrificio por direccion del ángel.

MAS Satanás se levantó contra Is-
[a] 2 Sa. 24. 1, etc. Job 1. 6, etc. y 2. 1, etc. rael [a], é incitó á David á que con-
tase á Israel.
2 Y dijo David á Joab y á los prín-
cipes del pueblo: Id, contad á Israel
desde Beer-sebah hasta Dan, y traedme
[b] Cap. 27. 23. el número [b] de ellos, para que yo lo
sepa.
3 Y dijo Joab: Añada Jehová á su
pueblo cien veces otros tantos. Rey se-
ñor mio, ¿no son todos estos siervos
de mi señor? ¿Para qué procura mi
señor esto, que será pernicioso á Is-
rael?
4 Mas el mandamiento del rey pudo
[c] Ec. 8. 4. mas que Joab [c]. Salió por tanto Joab,
y fué por todo Israel; y volvió á Jeru-
salem, y dió la cuenta del número del
pueblo á David.
5 Y hallóse *en* todo Israel que sacaban
espada once veces cien mil; y de Judá
cuatrocientos y setenta mil hombres que
sacaban espada.
6 Entre estos no fueron contados los
[d] Cap. 27. 24. Levitas, ni los hijos de Benjamin [d], por-
que Joab abominaba el mandamiento
del rey.
7 Asimismo desagradó este negocio á
los ojos de Dios, é hirió á Israel.
8 Y dijo David á Dios: He pecado
[e] 2 Sa. 12. 13. gravemente en hacer esto: ruégote que
Deu. 16. 17. hagas pasar la iniquidad de tu siervo [e],
[f] 1 Sa. 26. 21. porque yo he hecho muy locamente [f].
[g] 1 Sa. 9. 9. 9 Y habló Jehová á Gad, veyente de
2 Sa. 24. 11. David [g], diciendo:
10 Vé, y habla á David, y díle: Así ha
dicho Jehová: Tres cosas te propongo;
escoge de ellas una que yo haga contigo.
11 Y viniendo Gad á David díjole: Así
ha dicho Jehová:
12 Escógete ó tres años de hambre, ó
ser por tres meses deshecho delante de
tus enemigos, y que la espada de tus ad-
versarios te alcance, ó por tres dias la
espada de Jehová y pestilencia en la ti-
erra, y que el ángel de Jehová destruya
en todo el término de Israel: mira pues
qué hé de responder al que me ha en-
viado.
13 Entónces David dijo á Gad: Estoy
en grande angustia: ruego que yo caiga
en la mano de Jehová, porque sus mi-
sericordias [h] *son* muchas en extremo, y [h] Sal. 86. 5, 15.
que no caiga yo en mano de hombres [i].
14 Así Jehová dió pestilencia [k] en Is- [i] 2 Cr. 28. 9. Pro. 12. 10.
rael, y cayeron de Israel setenta mil
hombres. [k] Nu. 16. 46, 49.
15 ¶ Y envió Jehová el ángel á Jeru-
salem para destruirla: pero estando él
destruyendo, miró Jehová, y arrepintió-
se de aquel mal [l], [l] Juec. 2. 18. Jona 4. 2.
16 Y dijo al ángel que destruia: Bas-
ta [m] ya; deten tu mano. Y el ángel de [m] Sal. 78. 38.
Jehová estaba junto á la era de Ornan
Jebuséo [n]. [n] 2 Sa. 24. 16. 2 Cr. 3. 1.
17 Y alzando David sus ojos vió al
ángel de Jehová, que estaba entre el
cielo y la tierra, teniendo una espada
desnuda en su mano [o] extendida contra [o] Gen. 3. 24. Nu. 22. 31. Jos. 5. 13, 14.
Jerusalem. Entónces David y los an-
cianos se postraron sobre sus rostros,
cubiertos de sacos,
18 Y dijo David á Dios: ¿No *soy* yo
el que hice contar el pueblo? Yo mis-
mo soy el que pequé, y ciertamente he
hecho mal. Estas ovejas, ¿qué han
hecho? Jehová Dios mio, sea ahora tu
mano contra mí [p], y contra la casa de [p] Jona 1. 12.
mi padre, y no haya plaga en tu pueblo.
19 Y el ángel de Jehová ordenó á Gad
que dijese á David, que subiese y cons-
truyese un altar á Jehová en la era de
Ornan Jebuséo.
20 Entónces David subió conforme á
la palabra de Gad que le habia dicho en
nombre de Jehová.
21 Y volviendose Ornan vió al ángel;
por lo que se escondieron cuatro hijos
suyos que con él estaban. Y Ornan tri-
llaba el trigo.
22 Y viniendo David á Ornan, miró
éste, y vió á David; y saliendo de la era
postróse en tierra á David.
23 Entónces dijo David á Ornan: Dáme
este lugar de la era, en que edifique un
altar á Jehová, y dámelo por *su* cabal
precio, para que cese la plaga del pue-
blo.
24 Y Ornan respondió á David: Tó-
malo para tí, y haga mi señor el rey lo
que bien le pareciere; y aun los bueyes
daré para el holocausto, y los trillos pa-
ra leña, y trigo para el Presente: yo lo
doy todo.
25 Entónces el rey David dijo á Or-
nan: No, sino que efectivamente lo
compraré por *su* justo precio [q]; porque [q] Gen. 23. 13.
no tomaré para Jehová lo que es tuyo,
ni sacrificaré holocausto que nada me
cueste.
26 Y dió David á Ornan por el lugar
seiscientos siclos de oro por peso.
27 Y edificó allí David un altar á Je-
hová, en el que ofreció holocaustos y
sacrificios pacíficos, é invocó á Jehová;
el cual le respondió por fuego de los [r] Lev. 9. 24.
cielos en el altar del holocausto [r]. Juec. 6. 21.
28 ¶ Y como Jehová habló al ángel, 1 Rey. 18. 24, 38.
él volvió su espada á la vaina.
29 Entónces viendo David que Jehová 2 Cr. 7. 1.

le habia oido en la era de Ornan Jebuséo, sacrificó allí.

30 Y el tabernáculo de Jehová, que Moises habia hecho en el desierto [s], y el altar del holocausto, estaban entónces en el alto de Gabaon [t]:

31 Mas David no pudo ir allá á consultar á Dios, porque estaba espantado [u] á causa de la espada del ángel de Jehová.

CAPITULO XXII.

Preparado por David todo lo necesario para edificar el templo, declara á Salomon su hijo el consejo de Dios en esta parte, y le encarga el edificio, mandando á todos los príncipes que le ayudan.

Y DIJO David: Esta *será* la casa de Jehová Dios, y este *será* el altar del holocausto para Israel [a].

2 Despues mandó David que se juntasen los extranjeros que *estaban* en la tierra de Israel [b], y señaló de ellos canteros que labrasen piedra para edificar la casa de Dios.

3 Asimismo aparejó David mucho hierro [c] para la clavazon de las puertas, y para las junturas, y mucho metal sin peso, y madera de cedro sin cuenta [d]:

4 Porque los Sidonios y Tirios habian traido á David madera de cedro innumerable [e].

5 Y dijo David: Salomon mi hijo es aun muchacho y tierno [f], y la casa que se ha de edificar á Jehová *ha de ser* magnífica por excelencia, para nombre y honra [g] en todas las tierras: ahora pues yo le aparejaré *lo necesario*. Y preparó David ántes de su muerte en grande abundancia.

6 ¶ Llamó entónces David á Salomon su hijo, y mandóle que edificase casa á Jehová Dios de Israel.

7 Y dijo David á Salomon: Hijo mio, en mi corazon [h] tuve el edificar templo al nombre de Jehová mi Dios [i];

8 Mas vino á mí palabra de Jehová diciendo: Tú has derramado mucha sangre [k], y has traido grandes guerras: no edificarás casa á mi nombre, porque has derramado mucha sangre en la tierra delante de mí.

9 Hé aquí, un hijo te nacerá, el cual será varon de reposo, porque yo le daré quietud de todos sus enemigos en derredor: por tanto su nombre será Salomon [§]; y yo daré paz y reposo sobre Israel en sus dias.

10 El edificará casa á mi nombre [l]; y él me será á mí por hijo, y yo le seré por [m] padre: y afirmaré el trono de su reino sobre Israel para siempre.

11 Ahora pues, hijo mio, sea contigo [n] Jehová, y seas prosperado, y edifiques casa á Jehová tu Dios, como él ha dicho de tí.

12 Y Jehová te dé entendimiento y prudencia [o], y él te dé mandamientos para Israel; y que tú guardes la ley de Jehová tu Dios.

13 Entónces serás prosperado, si cuidares de poner por obra los estatutos y derechos que Jehová mandó á Moises para Israel [p]. Esfuérzate pues, y cobra ánimo [q]; no temas, ni desmayes.

14 Hé aquí yo en mi estrechez he prevenido para la casa de Jehová cien mil talentos de oro, y un millar de millares de talentos de plata: no tiene peso el metal ni el hierro, porque es mucho. Asimismo he aprestado madera y piedra, á lo cual tú añadirás.

15 Tú tienes contigo muchos oficiales, canteros, albañiles, y carpinteros, y todo hombre experto en toda obra.

16 Del oro, de la plata, del metal, y del hierro, no hay número. Levántate *pues*, y á la obra, que Jehová será contigo [r].

Ex. XL. | Cap. 16. 39. 2 Cr. 1. 3. | Sal. 90. 11. Heb. 12. 29. | Deu. 12. 5. 2 Cr. 3. 1. | 1 Rey. 9. 21. | ver. 14. | 1 Rey. 7. 47. | 1 Rey. 5. 6. | 1 Rey. 3. 7. | Sal. 3. 12. Is. 64. 11. Ez. 7. 20. Hag. 2. 2. | Cap. 17. 1, etc. 2 Sa. 7. 2, etc. Deu. 12. 5, 11. | 1 Rey. 5. 3. | pacífico. | 2 Sa. 7. 13. | Sal. 89. 26. Heb. 1. 5. | ver. 16. | 1 Rey. 3. 9, etc. Sal. 72. 1. Deu. 2. 6, 7. Jos. 1. 5. | 2 Cr. 20. 20. Sal. 119. 6. Deu. 31. 7, 8. Jos. 1. 6, 9. | ver. 11.

17 Asimismo mandó David á todos los principales de Israel que diesen ayuda á Salomon su hijo, diciendo:

18 ¿No es con vosotros Jehová vuestro Dios, el cual os ha dado quietud de todas partes [s]? porque él ha entregado en mi mano los moradores de la tierra, y la tierra ha sido sujetada delante de Jehová, y delante de su pueblo.

19 Poned *pues* ahora vuestros corazones y vuestros ánimos [t] en buscar á Jehová vuestro Dios; y levantáos y edificad el santuario del Dios Jehová, para traer el arca del pacto de Jehová, y los santos vasos de Dios, á la casa edificada al nombre de Jehová [u].

CAPITULO XXIII.

Habiendo David constituido rey sobre Israel á Salomon su hijo, convoca y cuenta todos los Levitas, y les distribuye por sus familias los oficios del culto divino.

SIENDO pues David ya viejo, y harto de dias, hizo á Salomon su hijo rey sobre Israel [a].

2 ¶ Y juntando á todos los principales de Israel, y á los sacerdotes y Levitas,

3 Fueron contados los Levitas de treinta años arriba [b]; y fué el número de ellos, por sus cabezas contados uno á uno, treinta y ocho mil.

4 De estos los veinte y cuatro mil para dar priesa á la obra de la casa de Jehová; y gobernadores y jueces seis mil [c].

5 Ademas cuatro mil porteros: y cuatro mil para alabar á Jehová, *dijo David*, con los instrumentos que he hecho para rendir alabanzas [d].

6 Y repartiólos David en órdenes conforme á los hijos de Leví Gerson, y Coath, y Merari [e].

7 ¶ Los hijos de Gerson *fueron* Ladan, y Simi.

8 Los hijos de Ladan, tres: Jehiel el primero, despues Zetham, y Joel.

9 Los hijos de Simi, tres: Selomith, Haziel, y Aran. Estos *fueron* los príncipes de las familias de Ladan.

10 Y los hijos de Simi *fueron* Jahath, Zinah, Jeus, y Berias. Estos cuatro *fueron* los hijos de Simi.

11 Jahath era el primero, Zinah el segundo: mas Jeus y Berias no multiplicaron *en* hijos, por lo cual fueron contados por una familia.

12 ¶ Los hijos de Coath *fueron* Amram, Ishar, Hebron, y Uzziel; ellos cuatro.

13 Los hijos de Amram *fueron* Aaron y Moises. Y Aaron fué apartado [f] para ser dedicado á las mas santas cosas, él y sus hijos para siempre, para que quemasen perfumes [g] delante de Jehová, y le ministrasen, y bendijesen en su nombre para siempre.

14 Y los hijos de Moises, varon de Dios, fueron contados en la tribu de Leví.

15 Los hijos de Moises *fueron* Gerson, y Eliezer.

16 Hijo de Gerson *fué* Sebuel el primero:

17 E hijo de Eliezer *fué* Rehabia el primero. Y Eliezer no tuvo otros hijos; mas los hijos de Rehabia fueron muchos.

18 Hijo de Ishar *fué* Selomith el primero.

19 Los hijos de Hebron *fueron* Jeria el primero, Amarias el segundo, Jahaziel el tercero, y Jecaman el cuarto.

20 Los hijos de Uzziel *fueron* Michá el primero, é Isia el segundo.

21 Los hijos de Merari *fueron* Mahali, y Musi. Los hijos de Mahali, Eleazar, y Cis.

[s] Cap. 23. 25. Deu. 12. 10. Jos. 22. 4. 2 Sa. 7. 1.
[t] 2 Cr. 20. 3.
[u] 1 Rey. 8. 6, 21.
[a] Cap. 28. 5. 1 Rey. 1. 33.
[b] Nu. 4. 3, 47.
[c] Deu. 16. 18.
[d] 2 Cr. 29. 25, 26. Amos 6. 5.
[e] Gen. 46. 11. Ex. 6. 16. Nu. 26. 57.
[f] Ex. 28. 1, etc. Heb. 5. 4.
[g] Nu. 16. 40.

22 Y murió Eleazar sin hijos, mas tuvo hijas; y los hijos de Cis sus hermanos las tomaron *por mujeres*.

23 Los hijos de Musi *fueron* Mahali, Eder, y Jerimoth; ellos tres.

24 ¶ Estos *son* los hijos de Leví en las familias de sus padres, cabeceras de familias en sus delineaciones, contados por sus nombres, por sus cabezas, los cuales hacian obra en el ministerio de la casa de Jehová de veinte años arriba [h].

[h] Nu. 4. 3. y 8. 24. Esd. 3. 8.

25 Porque David dijo: Jehová, Dios de Israel, ha dado reposo á su pueblo Israel [i], y el habitar en Jerusalem para siempre.

[i] Cap. 22. 18.

26 Y tambien los Levitas no llevarán *mas* el tabernáculo, y todos sus vasos para su ministerio.

27 Así que, conforme á las postreras palabras de David, fué la cuenta de los hijos de Leví de veinte años arriba:

28 Y estaban bajo la mano de los hijos de Aaron para ministrar en la casa de Jehová, en los atrios, y en las cámaras, y en la purificacion de toda cosa santificada, y en la *demas* obra del ministerio de la casa de Dios:

29 Asimismo para los panes [k] de la proposicion, y para la flor de la harina para el sacrificio, para las hojuelas sin levadura, y para la *fruta* de sarten, y para lo tostado, y para toda medida y cuenta;

[k] Ex. 25. 30.

30 Y para que asistiesen cada mañana todos los dias á confesar y alabar á Jehová, y asimismo á la tarde [l]:

[l] 2 Cr. 29. 25, 26. Esd. 3. 10, 11. Sal. 135. 1, 2.

31 Y para ofrecer todos los holocaustos á Jehová los sábados [m], nuevas lunas, y solemnidades, por la cuenta [n] y forma que tenian, continuamente delante de Jehová:

[m] Nu. 10. 10. Sal. 81. 3.
[n] Lev. 23. 4, etc.

32 Y para que tuviesen la guarda del tabernáculo del testimonio [o], y la guarda del santuario, y las órdenes de los hijos de Aaron [p] sus hermanos, en el ministerio de la casa de Jehová.

[o] Nu. 1. 53.
[p] Nu. 3. 6, 9.

CAPITULO XXIV.

David distribuye en veinte y cuatro clases las familias de Eleazar é Ithamar para el ministerio del Señor. Son tambien distribuidas por suerte las familias de los otros Levitas.

TAMBIEN los hijos de Aaron tuvieron sus repartimientos [a]. Los hijos de Aaron *fueron* Nadab, Abiú, Eleazar, é Ithamar.

[a] Lev. 10. 1, 6. Nu. 26. 60.

2 Mas Nadab y Abiú murieron ántes que su padre [b], y no tuvieron hijos: Eleazar é Ithamar tuvieron el sacerdocio.

[b] Nu. 3. 4.

3 Y David los repartió, *siendo* Sadoc de los hijos de Eleazar, y Ahimelech [c] de los hijos de Ithamar, por sus turnos en su ministerio.

[c] 1 Sa. 21. 1. y 22. 9, etc.

4 Y los hijos de Eleazar fueron hallados, cuanto á sus principales varones, muchos mas que los hijos de Ithamar; y repartiéronlos *así*. De los hijos de Eleazar *habia* diez y seis cabezas de familias paternas; y de los hijos de Ithamar por las familias de sus padres, ocho.

5 Repartiéronlos pues por suerte [d] los unos con los otros: porque de los hijos de Eleazar y de los hijos de Ithamar hubo príncipes del santuario, y príncipes de *la casa de* Dios.

[d] Jos. 18. 10. Pro. 16. 33. Jona 1. 7. Hech. 1. 26.

6 Y Semeias Escriba, hijo de Nathanael de los Levitas, escribiólos delante del rey y de los príncipes, y delante de Sadoc el sacerdote, y de Ahimelech, hijo de Abiathar, y de los príncipes de las familias de los sacerdotes y Levitas: y adscribian una familia á Eleazar, y á Ithamar otra.

7 Y la primera suerte salió por Joiarib, la segunda por Jedaia,

8 La tercera por Harim, la cuarta por Seorim,

9 La quinta por Malchias, la sexta por Miamin,

10 La séptima por Cos, la octava por Abias [e],

[e] Neh. 12. 17. Luc. 1. 5.

11 La nona por Jesua, la décima por Sechánía,

12 La undécima por Eliasib, la duodécima por Jacim,

13 La décimatercia por Huppa, la décimacuarta por Isebeab,

14 La décimaquinta por Bilga, la décimasexta por Immer,

15 La décimaséptima por Hezir, la décimaoctava por Aphses,

16 La décimanona por Pethaía, la vigésima por Hezeciel,

17 La vigésimaprima por Jachin, la vigésimasegunda por Gamul,

18 La vigésimatercia por Delaía, la vigésimacuarta por Maazía.

19 Estos fueron contados en su ministerio, para que entrasen en la casa de Jehová, conforme á su ordenanza, bajo el mando de Aaron su padre, de la manera que le habia mandado Jehová el Dios de Israel.

20 ¶ Y de los hijos de *Leví* que quedaron, Subael *era* de los hijos de Amram; y de los hijos de Subael, Jehedeías.

21 Y de los hijos de Rehabías, Isias *fué* el principal.

22 De los Isharéos, Selemoth [f]; é hijo de Selemoth *fué* Jahat.

[f] Cap. 23. 18.

23 Y de los hijos *de Hebron fué* Jeria *el primero*, el segundo Amarias, el tercero Jahaziel, el cuarto Jechámaam.

24 Hijo de Uzziel *fué* Michá; é hijo de Michá, Samir.

25 Hermano de Michá *fué* Isia; é hijo de Isia, Zachárías.

26 Los hijos de Merari *fueron* Mahali, y Musi: hijo de Jaazia *fué* Benno.

27 Los hijos de Merari por Jaazia *fueron* Benno, y Soam, Zachûr, é Ibri;

28 Y de Mahali Eleazar, el cual no tuvo hijos [g].

[g] Cap. 23. 22.

29 Hijo de Cis *fué* Jerameel.

30 Los hijos de Musi *fueron* Mahali, Eder, y Jerimoth. Estos *fueron* los hijos de los Levitas conforme á las casas de sus familias.

31 Estos tambien echaron suertes [h], como sus hermanos los hijos de Aaron, delante del rey David, y de Sadoc, y de Ahimelech, y de los príncipes de las familias de los sacerdotes y Levitas, *estando á la suerte* el principal de los padres igualmente que el menor de sus hermanos.

[h] Cap. 24. 5.

CAPITULO XXV.

Reparte á los cantores por suerte las veces de su ministerio.

ASIMISMO David y los príncipes del ejército apartaron para el ministerio á los hijos de Asaph [a], y de Heman, y de Jeduthun, los cuales profetizasen con harpas, salterios y címbalos: y el número de ellos fué de hombres idóneos para la obra de su ministerio respectivo.

[a] Cap. 6. 33, etc.

2 De los hijos de Asaph *fueron* Zachûr, Joseph, Nethanias, y Asarela, hijos de Asaph, y bajo la direccion de Asaph, el cual profetizaba á la órden del rey.

3 De Jeduthun: los hijos de Jeduthun, Gedalías, Zeri, Jesaías, Hasabías, y Mathithías, *y Simei*: seis *en todos* bajo la mano de su padre Jeduthun, el cual profetizaba con harpa, para celebrar y alabar á Jehová.

4 De Heman: los hijos de Heman,

ia, Mathanía, Uzziel, Sebuel, Je-
th, Hananias, Hanani, Eliatha, Gi-
i, Romamthi-ezer, Josbe-casa, Ma-
i, Othir, y Mahazioth.
odos estos *fueron* hijos de Heman,
te del rey en palabras de Dios, para
lzar el poder *suyo*: y dió Dios á He-
catorce hijos y tres hijas.
todos estos *estaban* bajo la direc-
de su padre en la música, en la
de Jehová, con címbalos, salterios,
rpas para el ministerio del templo
Dios, por disposicion del rey *acerca*
saph, de Jeduthun, y de Heman.
el número de ellos, con sus her-
os instruidos en música de Jehová,
todos los aptos, fué doscientos
nta y ocho.
echaron suertes para los turnos *del*
cio, *entrando* el chico con el grande,
ismo el maestro que el discípulo.
la primera suerte salió por Asaph,
seph: la segunda á Gedalias, quien
sus hermanos é hijos *hacia* doce.
La tercera á Zachûr, con sus hijos
rmanos, doce.
La cuarta á Isri, con sus hijos y sus
anos, doce.
La quinta á Nethanias, con sus hi-
sus hermanos, doce.
La sexta á Buccia, con sus hijos y
ermanos, doce.
La séptima á Jesareia, con sus hijos
hermanos, doce.
La octava á Jesaias, con sus hijos y
ermanos, doce.
La nona á Mathanias, con sus hijos
hermanos, doce.
La décima á Simi, con sus hijos y
ermanos, doce.
La undécima á Azareel, con sus hi-
sus hermanos, doce.
La duodécima á Hasabias, con sus
y sus hermanos, doce.
La décimatercia á Subael, con sus
y sus hermanos, doce.
La décimacuarta á Mathithias, con
hijos y sus hermanos, doce.
La décimaquinta á Jerimoth, con
hijos y sus hermanos, doce.
La décimasexta á Hananias, con sus
y sus hermanos, doce.
La décimaséptima á Josbe-casa, con
hijos y sus hermanos, doce.
La décimaoctava á Hanani, con sus
y sus hermanos, doce.
La décimanona á Mallothi, con sus
y sus hermanos, doce.
La vigésima á Eliatha, con sus hijos
hermanos, doce.
La vigésimaprima á Othir, con sus
y sus hermanos, doce.
La vigésimasegunda á Giddalthi,
sus hijos y sus hermanos, doce.
La vigésimatercia á Mahazioth, con
hijos y sus hermanos, doce.
La vigésimacuarta á Romamthi-
, con sus hijos y sus hermanos,
e.

CAPITULO XXVI.

*rtense por suerte los turnos de los porteros
l templo. Se señalan los tesoreros así del
mplo como del rey.*

UANTO á los repartimientos de los
porteros, de los Coritas *fueron* Me-
mia, hijo de Core, de los hijos de
ph a.
Los hijos de Meselemia *fueron* Za-
rias el primogénito, Jediael el se-
do, Zebadias el tercero, Jathnael el
rto,
Elam el quinto, Johanan el sexto,
oenai el séptimo.
Los hijos de Obed-edom b *fueron*
Semeias el primogénito, Jozabad el se-
gundo, Joah el tercero, el cuarto Sa-
châr, el quinto Nathanael,
5 El sexto Ammiel, el séptimo Isa-
châr, el octavo Peullthi; porque Dios
había bendecido á Obed-edom c. c Cap. 13. 14. Sal. 128. 1, 2.
6 Tambien de Semeias su hijo na-
cieron hijos, que fueron señores sobre
la casa de sus padres; porque eran va-
rones muy valerosos d. d Neh. 11. 14.
7 Los hijos de Semeias *fueron* Othni,
Raphael, Obed, Elzabad, y sus her-
manos, hombres esforzados: asimismo
Eliú, y Semachias.
8 Todos estos de los hijos de Obed-
edom: ellos con sus hijos y sus her-
manos, hombres robustos y fuertes para
el ministerio, *fueron* sesenta y dos, de
Obed-edom.
9 Y los hijos de Meselemia y sus her-
manos *fueron* diez y ocho valientes hom-
bres.
10 De Hosa e, de los hijos de Merari, e Cap. 16. 38.
Simri el principal, (aunque no *era* el
primogénito, mas su padre lo puso para
que fuese cabeza:)
11 El segundo Hilcias, el tercero Te-
belias, el cuarto Zachârias: todos los
hijos de Hosa y sus hermanos *fueron*
trece.
12 Entre estos se hizo la distribucion
de los porteros, *alternando* los principa-
les de los varones en la guardia con sus
hermanos, para servir en la casa de Je-
hová.
13 Y echaron suertes, el pequeño con
el grande por las casas de sus padres,
para cada puerta.
14 Y cayó la suerte de *la puerta de*
Oriente á Selemia. Y á Zechârias su
hijo, consejero entendido, metieron en
las suertes, y salió la suerte suya al
Norte:
15 Y por Obed-edom, al Mediodia; y
por sus hijos la casa de la consulta f. f 2 Rey. 22. 4.
16 Por Suppim y Hosa al Occidente,
con la puerta de Sallechêth al camino de
la subida g: guardia contra guardia. g 1 Rey. 10. 5. 2 Cr. 9. 4.
17 Al Oriente seis Levitas; al Norte
cuatro de dia; al Mediodia cuatro de
dia; y á la casa de la consulta, de dos
en dos.
18 En la cámara de los vasos al Oc-
cidente, cuatro al camino, y dos en la
cámara.
19 Estos *son* los repartimientos de los
porteros, hijos de los Corithas, y de los
hijos de Merari.
20 ¶ Y de los Levitas, Achias tenia
cargo de los tesoros de la casa de Dios,
y de los tesoros de las cosas santifi-
cadas h. h Cap. 28. 12.
21 *Cuanto* á los hijos de Ladan, hijos
de Gerson: de Ladan, los príncipes de
familias de Ladan *fueron* Gerson, y
Jehieli.
22 Los hijos de Jehieli, Zetham y Joel
su hermano, tuvieron cargo de los teso-
ros de la casa de Jehová.
23 Acerca de los Amramitas, de los
Isharitas, de los Hebronitas, y de los
Uzzielitas,
24 Sebuel i, hijo de Gerson, hijo de i Cap. 23. 16.
Moises, era principal sobre los tesoros.
25 En orden á su hermano Eliezer,
hijo de este *era* Rehabia, hijo de este
Isaias, hijo de este Joram, hijo de este
Zichri, del que fué hijo Selomith.
26 Este Selomith k y sus hermanos te- k Cap. 23. 18.
nian cargo de todos los tesoros de todas
las cosas santificadas, que habia con-
sagrado el rey David, y los príncipes de
las familias, y los capitanes de millares,
y de cientos, y los gefes del ejército;
27 De *lo que* habian consagrado de las

guerras y de los despojos [l] para reparar la casa de Jehová.

l Jos. 6. 19.

28 Asimismo todas las cosas que habia consagrado Samuel veyente [m], y Saul hijo de Cis, y Abner hijo de Ner, y Joab hijo de Sarvia; y todo lo que cualquiera consagraba, estaba bajo la mano de Selomith y de sus hermanos.

m 1 Sa. 9. 9.

29 ¶ De los Isharitas Chênania y sus hijos eran gobernadores y jueces sobre Israel en las obras de fuera [n].

n Cap. 23. 4.

30 De los Hebronitas, Hasabias y sus hermanos, hombres de vigor, *que eran* mil y setecientos, gobernaban á Israel de la otra parte del Jordan, al Occidente, en toda la obra de Jehová, y en el servicio del rey.

31 De los Hebronitas Jerias [o] *era* el principal, entre los Hebronitas *repartidos* en sus linages por sus familias. En el año cuarenta del reinado de David se registraron, y halláronse entre ellos fuertes y vigorosos en Jazer [p] de Galaad.

o Cap. 23. 19.
p Jos. 21. 39.

32 Y sus hermanos, valientes hombres, *eran* dos mil y setecientos, cabezas de familias, los cuales el rey David constituyó sobre los Rubenitas, Gaditas, y sobre la media tribu de Manassé, para todas las cosas de Dios, y los negocios del rey [q].

q 2 Cr. 19. 11.

CAPITULO XXVII.

Catálogo de los capitanes que con sus escuadrones entraban por turno al servicio del rey. Prefectos de las tribus, y otros oficiales del rey.

Y LOS hijos de Israel segun su número, *bajo* príncipes de familias, tribunos, centuriones, y oficiales de los que servian al rey en todos los negocios de las divisiones que entraban y salian cada mes en todos los meses del año, *eran en* cada division veinte y cuatro mil.

2 Sobre la primera division del primer mes *estaba* Jasobam, hijo de Zabdiel: y *habia* en su division veinte y cuatro mil.

3 De los hijos de Phares *fué* el gefe de todos los capitanes de las compañías del primer mes.

4 Sobre la division del segundo mes *estaba* Dodai [a] Ahohita; y Micloth *era* mayor general en su division, en la que tambien *habia* veinte y cuatro mil.

a 2 Sa. 23. 9.

5 El gefe de la tercera division para el tercer mes *era* Benaias, hijo de Joiada sumo sacerdote: y en su division *habia* veinte y cuatro mil.

6 Este Benaias era valiente entre los treinta y sobre los treinta: y en su division *estaba* Amisabad su hijo.

7 El cuarto *gefe* para el cuarto mes *era* Asael [b], hermano de Joab, y despues de él Zebadias su hijo: y en su division *habia* veinte y cuatro mil.

b Cap. 11. 26. 2 Sa. 2. 18, 23. y 23. 24.

8 El quinto gefe para el quinto mes *era* Samhuth Izrita; y en su division *habia* veinte y cuatro mil.

9 El sexto para el sexto mes *era* Hira, hijo de Icces, de Thecoa; y en su division veinte y cuatro mil.

10 El séptimo para el séptimo mes *era* Helles Pelonita, de los hijos de Ephraim; y en su division veinte y cuatro mil.

11 El octavo para el octavo mes *era* Sibbecai Husatita, de Zahari, y en su division veinte y cuatro mil.

12 El noveno para el noveno mes *era* Abiezer Anathothita, de los Benjamitas, y en su division veinte y cuatro mil.

13 El décimo *gefe* para el décimo mes *era* Maharai Nethophathita, de Zarahi, y en su division veinte y cuatro mil.

14 El undécimo para el undécimo mes *era* Benaias Piratonita, de los hijos de Ephraim, y en su division veinte y cuatro mil.

15 El duodécimo para el duodécimo mes *era* Heldai Nethophatita, de Othniel, y en su division veinte y cuatro mil.

16 ¶ Asimismo *habia prefectos* sobre las tribus de Israel: el gefe de los Rubenitas *era* Eliezer, hijo de Zichri: de los Simeonitas, Sephatias, hijo de Maachá:

17 De los Levitas, Hasabias [c], hijo de Camuel: de los Aaronitas, Sadoc:

c Cap. 26. 30.

18 De Judá, Eliú, *uno* de los hermanos de David: de los de Isachâr, Omri, hijo de Michâel:

19 De los de Zabulon, Ismaias, hijo de Abdias: de los de Nephtali, Jerimoth, hijo de Azriel:

20 De los hijos de Ephraim, Oseas, hijo de Azazia: de la media tribu de Manassé, Joel, hijo de Pedaia:

21 De la otra media tribu de Manassé en Galaad, Iddo, hijo de Zachârias: de los de Benjamin, Jaaziel, hijo de Abner:

22 Y de Dan, Azareel, hijo de Jeroham. Estos *fueron* los gefes de las tribus de Israel.

23 ¶ Y no tomó David el número de los que eran de veinte años abajo, por cuanto Jehová habia dicho que él habia de multiplicar á Israel como las estrellas del cielo [d].

d Gen. [illegible]

24 Joab, hijo de Sarvia, habia comenzado á contar, mas no acabó; pues por esto vino la ira sobre Israel [e]: y así el número no fué puesto en el registro de las crónicas del rey David.

e Cap. 21. [illegible] 2 Sa. 24. [illegible]

25 ¶ Y Azmaveth, hijo de Adiel, tenia cargo de los tesoros del rey; y de los tesoros de los campos, y de las ciudades, y de las aldéas y castillos, Jonathan hijo de Uzzias:

26 Y de los que trabajaban en la labranza de las tierras, Ezri hijo de Chêlub:

27 Y de las viñas Simi Ramathita: y del fruto de las viñas para las bodegas, Zabdias Siphmita:

28 Y de los olivares é higuerales que *habia* en las campiñas, Baal-hanan Gederita: y de los almacenes del aceite, Joas:

29 De las vacas que pastaban en Saron, Sitrai Saronita: y de las vacas que *estaban* en los valles, Saphat hijo de Adli:

30 Y de los camellos Obil Ismaelita: y de las asnas, Jedias Meronothita:

31 Y de las ovejas, Jaziz Agareno. Todos estos *eran* superintendentes de la hacienda del rey David.

32 ¶ Y Jonathan, tio de David, era consejero, varon prudente y Escriba. Y Jehiel, hijo de Hachmoni, *estaba* con los hijos del rey.

33 Tambien Achitophel [f] *era* consejero del rey; y Chûsai Archita [g] amigo del rey.

f 2 Sa. 15. [illegible]
g 2 Sa. 15. [illegible] y 16. 16.

34 Despues de Achitophel *era* Joiada, hijo de Benaias, y Abiathar [h]. Y Joab [i] era el general del ejército del rey.

h 1 Rey. [illegible]
i Cap. 11. [illegible]

CAPITULO XXVIII.

David, convocados los principales de Israel, manifiéstales el consejo de Dios acerca del templo, y exhórtalos á que sean fieles al Señor, como tambien á Salomon su hijo, á quien dá la traza del templo, y oro y plata para los materiales.

Y JUNTO David en Jerusalem á todos los principales de Israel, los príncipes de las tribus, y los gefes de las divisiones [a] que servian al rey, y los tri-

a Cap. [illegible] 1, 2.

s y centuriones, con los superinten-
es de toda la hacienda y posesion
rey [h], y sus hijos, con los eunucos,
oderosos, y todos los valientes [a] hom-
.
Y levantándose el rey David, puesto
ié dijo: Oidme, hermanos mios, y
lo mio: Yo tenia en proposito [d] edi-
una casa, para que en ella reposara
ca del pacto de Jehová, y para el
ado de los piés [e] de nuestro Dios; y
a ya aprestado todo para edificar.
fas Dios me dijo: Tú no edificarás
á mi Nombre; porque eres hom-
de guerra, y has derramado mucha
re [f].
Empero Jehová el Dios de Israel me
ó de toda la casa de mi padre [g], para
perpetuamente fuese rey sobre Is-
: porque á Judá escogió por caudi-
y de la casa de Judá la familia de
padre; y de entre los hijos de mi
re agradóse de mí para ponerme por
sobre todo Israel:
Y de todos mis hijos, (porque Je-
á me ha dado muchos hijos [h],) eligió
i hijo Salomon [i], para que se siente
el trono del reino de Jehová sobre
el.
Y me ha dicho: Salomon tu hijo, él
cará mi casa y mis atrios [k]; porque
te me he escogido por hijo, y yo le
á él por padre.
Asimismo yo confirmaré su reino
siempre, si él se esforzare á poner
obra mis mandamientos y mis jui-
, como aqueste dia [l].
Ahora pues delante de los ojos de
Israel, congregacion de Jehová, y
oidos de nuestro Dios [m], guardad é
uirid todos los preceptos de Jehová
stro Dios, para que poseais la buena
ra [n], y la dejeis por heredad á vu-
os hijos [o] despues de vosotros per-
uamente.
Y tú, Salomon hijo mio, conoce al
s de tu padre, y sírvele con corazon
ecto, y con ánimo voluntario: por-
Jehová escudriña los corazones de
s, y entiende toda imaginacion de
pensamientos [p]. Si tú le buscares, lo
arás; mas si lo dejares, él te des-
ará para siempre.
Mira pues ahora que Jehová te ha
ido [q] para que edifiques casa para
uario: esfuérzate y hazla.
¶ Y David dió á Salomon su hijo
raza del pórtico, y de sus casas, y
sus oficinas, y de sus salas, y de
recámaras, y de la casa del pro-
atorio:
Asimismo la traza [r] de todas las co-
que tenia en su voluntad, para los
os de la casa de Jehová [s], y para
a las cámaras en derredor; para los
ros de la casa de Dios, y para los
ros de las cosas santificadas [t];
Tambien para los órdenes de los
rdotes y de los Levitas, y para toda
bra del ministerio de la casa de Je-
á; y para todos los vasos del minis-
o [u] de la casa de Jehová.
Y dió oro por peso para lo de oro,
todos los vasos de cada servicio; y
a por peso para todos los vasos, para
s los vasos de cada servicio:
Oro por peso para los candeleros de
r, y para sus candilejas; por peso el
para cada candelero y sus candile-
y para los candeleros de plata, plata
peso para el candelero y sus candile-
conforme al servicio de cada can-
ro.
Asimismo dió oro por peso para las
as de la proposicion, para cada mesa;
del mismo modo plata para las mesas de
plata:
17 Tambien oro puro para los garfios [y], [y] 1 Sa. 2. 13.
para las palanganas, y para los incensa- 14.
rios, y para los tazones de oro, dando
para cada tazon por peso; y para los
tazones de plata, por peso para cada
tazon.
18 Ademas, oro puro por peso para el
altar del perfume, y para el á manera de
carro de los querubines [z] de oro, que con [z] Ex. 25. 18,
las alas extendidas cubrian el arca del 22.
pacto de Jehová. 1 Sa. 4. 4.
19 ¶ Todas estas cosas, dijo David, se 1 Rey. 6. 23.
me han representado por la mano de Heb. 9. 5.
Jehová, que me hizo entender todas las
obras del diseño.
20 Dijo mas David á Salomon su hi-
jo: Anímate y esfuérzate [a], y ponlo por [a] Cap. 22. 13.
obra; no temas, ni desmayes; porque Deu. 31. 7, 8.
el Dios Jehová mi Dios será contigo: Jos. 1. 6, 9.
él no te dejará [b], ni te desamparará, [b] Heb. 13. 5.
hasta que acabes toda la obra para el
servicio de la casa de Jehová.
21 Hé aquí los órdenes [c] de los sacer- [c] Cap. XXIV.
dotes y de los Levitas, para todo el mi- y XXVI.
nisterio de la casa de Dios, serán contigo
en toda la obra; asimismo todos los vo-
luntarios é inteligentes [d] para cualquiera [d] Ex. 35. 25,
especie de industria; y los príncipes, y 26.
todo el pueblo, para ejecutar todas tus y 36. 1, 2.
órdenes.

CAPITULO XXIX.

Sumas expendidas por David en la fábrica del templo; á que se añadieron muchas ofrendas de los magnates y del pueblo. Despues de dar á Dios gracias por todo, y de haber sido Salomon confirmado en el reino, muere David en paz.

DESPUES dijo el rey David á toda
la asambléa: A solo Salomon mi
hijo ha elegido Dios: él es jóven y ti-
erno [a], y la obra grande; porque la casa [a] Cap. 22. 5.
no es para hombre, sino para Jehová 1 Rey. 3. 7.
Dios. Pro. 4. 3.
2 Yo empero con todas mis fuerzas he
preparado para la casa de mi Dios oro
para las cosas de oro, y plata para las
cosas de plata, y metal para las de
metal, y fierro para las de hierro, y
madera para las de madera, y piedras
oniquinas, y piedras preciosas, y piedras
negras, y piedras de diversos colores, y
toda suerte de piedras preciosas, y pie-
dras de mármol en abundancia.
3 A mas de esto, por cuanto tengo mi
gusto en la casa de mi Dios, yo guardo
en mi tesoro particular oro y plata, que
ademas de todas las cosas que he aprés-
tado para la casa del santuario, he dado
para la casa de mi Dios;
4 A saber, tres mil talentos de oro, de
oro de Ophir [b], y siete mil talentos de [b] 1 Rey. 9. 28.
plata afinada para cubrir las paredes de Job 28. 16.
las casas.
5 Oro pues para las cosas de oro, y
plata para las cosas de plata, y para toda
la obra de manos de los oficiales. ¿Y
quien quiere hacer hoy ofrenda á Je-
hová?
6 ¶ Entónces los príncipes de las fa-
milias, y los príncipes de las tribus [c] de [c] Cap. 27. 1.
Israel, tribunos, y centuriones, con los etc.
superintendentes de la hacienda del rey,
ofrecieron de su voluntad [d], [d] 2 Cor. 9. 7.
7 Y dieron para el servicio de la casa
de Dios cinco mil talentos de oro, y
diez mil sueldos: y diez mil talentos de
plata, y diez y ocho mil talentos de me-
tal, y cinco mil talentos de hierro.
8 Y todo el que se halló con piedras
preciosas, diólas para el tesoro de la
casa de Jehová, en mano de Jehiel [e] Cap. 26. 21.
Gersonita [e].
9 Y holgóse el pueblo de haber con-

tribuido de su voluntad; porque con entero corazon ofrecieron á Jehová voluntariamente.

10 ¶ Asimismo holgóse mucho el rey David, y bendijo á Jehová[f] delante de toda la congregacion; y dijo David: Bendito *seas* tú, oh Jehová Dios de Israel, nuestro padre[g], de uno á otro siglo.

11 Tuya es, oh Jehová, la magnificencia, y el poder, y la gloria, la victoria, y el honor[h]; porque todas las cosas que estan en los cielos y en la tierra *son tuyas*. Tuyo, oh Jehová, es el reino, y la altura sobre todos *los que estan* por cabezas.

12 Las riquezas y la gloria *estan* delante de tí, y tú señoreas á todos[i]: y en tu mano *está* la potencia y la fortaleza; y en tu mano la grandeza[k] y fuerza de todas las cosas[l].

13 Ahora pues, Dios nuestro, nosotros te confesamos, y loamos tu glorioso Nombre.

14 Porque ¿quien soy yo, y quien es mi pueblo, para que pudiesemos ofrecer de nuestra voluntad cosas semejantes? Porque todo es tuyo, y *lo recibido* de tu mano te damos[m].

15 Porque nosotros extranjeros y advenedizos somos delante de tí, como todos nuestros padres; y nuestros dias cual sombra[n] sobre la tierra, y no *dan* espera.

16 Oh Jehová Dios nuestro, toda esta abundancia que hemos aprestado para edificarte casa á tu santo Nombre, de tu mano es, y todo es tuyo[o].

17 Yo sé, Dios mio, que tú escudriñas los corazones[p], y que la rectitud te agrada[q]: por eso yo con rectitud de mi corazon voluntariamente te he ofrecido todo esto, y he ahora visto con alegría que tu pueblo, que aquí se ha hallado ahora, ha dado para tí espontáneamente.

18 Jehová Dios de Abraham, de Isaac, y de Israel, nuestros padres, conserva perpetuamente esta voluntad del corazon de tu pueblo, y encamina su corazon á tí.

19 Asimismo dá á mi hijo Salomon corazon perfecto, para que guarde tus mandamientos, tus testimonios, y tus estatutos, y para que haga todas las cosas, y te edifique la casa para la cual yo he hecho el apresto[r].

20 Despues dijo David á toda la congregacion: Bendecid ahora á Jehová vuestro Dios[s]. Entónces toda la congregacion bendijo á Jehová Dios de sus padres; é inclinandose adoraron delante de Jehová y del rey.

21 Y sacrificaron víctimas á Jehová, y ofrecieron á Jehová holocaustos el dia siguiente, mil becerros, mil carneros, mil corderos con sus libaciones, y muchos sacrificios por todo Israel.

22 Y comieron y bebieron delante de Jehová aquel dia con gran gozo: y dieron la segunda vez la investidura del reino á Salomon, hijo de David, y ungiéronlo[t] á Jehová por príncipe, y á Sadoc por sacerdote.

23 ¶ Y sentóse Salomon por rey en el trono de Jehová, en lugar de David su padre, y fué prosperado; y obedecióle todo Israel.

24 Y todos los príncipes y poderosos, y todos los hijos del rey David, prestaron homenaje † al rey Salomon.

25 Y Jehová engrandeció en extremo á Salomon á los ojos de todo Israel, y dióle gloria del reino cual ningun rey la tuvo ántes de él en Israel[u].

26 ¶ Así reinó David, hijo de Isaí, sobre todo Israel.

27 Y el tiempo que reinó sobre Israel *fué* cuarenta años[x]. Siete años reinó en Hebron, y treinta y tres reinó en Jerusalem.

28 Y murió en buena vejez, lleno de dias[y], de riquezas, y de gloria: y reinó en su lugar Salomon su hijo.

29 Y los hechos del rey David primeros y postreros estan escritos en el libro de *las crónicas de* Samuel vidente, y en las crónicas del profeta Nathan, y en las crónicas de Gad vidente,

30 Con todo *lo relativo* á su reinado, y su poder, y los tiempos que pasaron sobre él, y sobre Israel, y sobre todos los reinos de aquellas tierras.

f 2 Cr. 20. 26, 28.
g Gen. 33. 20.
h Mat. 6. 13. 1 Tim. 1. 17.
i Deu. 8. 18. Pro. 8. 18. Ec. 5. 19. Rom. 11. 36.
k Sal. 75. 6, 7.
l Is. 40. 29.
m Rom. 11. 36. Santº. 1. 17.
n Job 14. 2. Sal. 90. 9. y 102. 11. y 144. 4. Is. 40. 6, 8. Santº. 4. 14.
o Sal. 24. 1.
p Cap. 28. 9.
q Pro. 11. 20.
r Cap. 22. 14.
s Sal. 145. 1.
t 1 Rey. 1. 39, etc.
† Heb. *dieron la mano debajo del, &c.* Gen. 24. 2. y 47. 29.
u Ec. 2. 9.
x 1 Rey. 2. 11.
y Job 5. 26.

EL SEGUNDO LIBRO DE LAS
CRONICAS.

A. C. 1015.

CAPITULO I.

Pidiendo Salomon á Dios sabiduría para poder bien gobernar su pueblo, otórgale su peticion, y ademas riquezas sobre todos los reyes de la tierra.

Y SALOMON, hijo de David, fué afirmado en su reino[a]; y Jehová su Dios *fué* con él, y le engrandeció sobremanera[b].

2 Y llamó Salomon á todo Israel, tribunos, centuriones[c], y jueces, y á todos los príncipes de todo Israel, cabezas de familias.

3 Y fué Salomon, y con él toda esta junta, al alto que *habia* en Gabaon[d]; porque allí estaba el tabernáculo del testimonio[e] de Dios, que Moises siervo de Jehová habia hecho en el desierto.

4 Mas David habia traido el arca de Dios de Chiriath-jearim[f] al lugar que él le habia preparado; porque él le habia tendido una tienda en Jerusalem.

5 Asimismo el altar de bronce[g] que habia hecho Beseleel, hijo de Uri, hijo de Hur, *estaba* allí delante del tabernáculo de Jehová, al cual fué á consultar *Salomon* con aquella junta.

6 Subió pues Salomon allá delante de Jehová al altar de bronce, que *estaba* en el tabernáculo del testimonio, y ofreció sobre él mil holocaustos.

7 Y aquella noche apareció Dios á Salomon, y díjole: Demanda lo *que quisieres* que yo te dé.

8 Y Salomon dijo á Dios: Tú has hecho con David mi padre grande misericordia, y á mí *me* has puesto por rey en lugar suyo.

9 Confírmese pues ahora, oh Jehová Dios, tu palabra *dada* á David mi padre: porque tú me has puesto por rey sobre un pueblo en muchedumbre como el polvo de la tierra.

10 Dáme ahora sabiduría[h] y ciencia, para salir y entrar delante de este pueblo: porque ¿quién podrá juzgar este tu pueblo tan grande?

11 Y dijo Dios á Salomon[i]: Por cuanto esto fué en tu corazon, que no pediste riquezas, hacienda, ó gloria, ni el

a 1 Rey. 2. 46.
b 1 Cr. 29. 25.
c 1 Cr. 27. 1.
d 1 Rey. 3. 4, etc.
e 1 Cr. 16. 39.
f 1 Cr. 16. 1, etc.
g Ex. 38. 1, 2.
h Pro. 4. 7. Santº. 1. 5.
i 1 Rey. 3.

de los que te quieren mal; ni pe-
muchos dias, sino que has pedido
tí sabiduría y ciencia para juzar
pueblo, sobre el cual te he puesto
rey;
Sabiduría y ciencia te es dada h, y
bien te daré riquezas, hacienda, y
a l, cual nunca hubo en los reyes
han sido ántes de tí, ni despues de
brá tal m.
Y volvió Salomon á Jerusalem del
que estaba en Gabaon, de ante el
táculo del testimonio; y reinó so-
Israel.
¶ Y juntó Salomon carros y gente
caballo n; y tuvo mil y cuatroci-
carros, y doce mil ginetes, los cu-
puso en las ciudades de los carros,
el rey en Jerusalem.
Y puso el rey plata y oro en Je-
lem como piedras o, y cedros como
higos que nacen en los campos en
dancia.
Y sacaban caballos y lienzos finos
gipto para Salomon: pues por con-
tomaban allí los mercaderes del
aballos y lienzos.
Y subian, y sacaban de Egipto un
por seiscientas piezas de plata, y
aballo por ciento y cincuenta: y así
caban por medio de ellos para todos
eyes de los Hethéos, y para los reyes
ria.

CAPITULO II.

*minando Salomon comenzar el edificio
templo y de su casa, se concierta con
ram, rey de Tyro, el cual le dá madera
rtífices.*

TERMINO pues Salomon edifi-
car casa al nombre de Jehová, y
casa para su reino.
contó Salomon setenta mil hom-
que llevasen cargas, y ochenta mil
res que cortasen en el monte a, y
mil y seiscientos que los gobernasen.
envió á decir Salomon á Hiram
e Tyro b: *Haz conmigo* como hiciste
David mi padre c, enviandole cedros
que edificára para sí casa en que
se.
Hé aquí yo tengo de edificar casa
mbre de Jehová mi Dios, para con-
rsela, para quemar perfumes aro-
cos d delante de él, y para la co-
ion continua e *de los panes de la
icion*, y para holocaustos á ma-
y tarde f, y los sábados, y nuevas
, y festividades de Jehová nuestro
lo cual ha de ser perpetuo en
l.
la casa que tengo de edificar, ha
r grande: porque el Dios nuestro
ande sobre todos los dioses g.
Mas ¿quién será tan poderoso, que
fique casa h? Los cielos, y los cie-
e los cielos no lo pueden compren-
¿quién pues soy yo, que le edi-
casa mas de para quemar perfumes
te de él?
nvíame pues ahora un hombre há-
ue sepa trabajar en oro, y en plata,
metal, y en hierro, en púrpura, y
ana, y en cárdeno; y que sepa es-
r con los maestros que *estan* con-
en Judá y en Jerusalem, los cuales
so mi padre.
nvíame tambien madera de cedro,
aya, y de pino ‖, del Líbano; por-
yo sé que tus siervos entienden de
r madera en el Líbano: y hé aquí,
siervos *irán* con los tuyos,
Para que me aplesten mucha ma-
, porque la casa que tengo de edifi-
a de ser grande y portentosa.

10 Y hé aquí para los operarios tus
siervos, cortadores de la madera, he
dado veinte mil coros de trigo en grano,
y veinte mil coros de cebada, y veinte
mil batos de vino, y veinte mil batos de
aceite.
11 Entónces Hiram, rey de Tyro, res-
pondió por letras, *en las que* envió á
decir á Salomon: Porque Jehová amó
á su pueblo, te ha puesto por rey sobre
ellos.
12 Y ademas decia Hiram: Bendito *sea*
Jehová el Dios de Israel, que hizo los
cielos y la tierra, y k que dió al rey Da- k Sal. 33. 6. Jer. 10. 10, 11.
vid hijo sabio, entendido, cuerdo, y pru- Hech. 14. 15. Ap. 10. 6.
dente, que edifique casa á Jehová, y
casa para su reino.
13 Yo pues te he enviado un hombre
hábil y entendido, *que fué* de Hiram mi
padre,
14 Hijo de una mujer de las hijas de
Dan, mas su padre fué de Tyro l, el cual l 1 Rey. 7. 13, 14.
sabe trabajar en oro, y plata, y metal,
en hierro, en piedra, y en madera, en
púrpura, y en cárdeno, en lino y en
carmesí; asimismo para esculpir todas
figuras, y sacar toda suerte de diseño
que se le propusiere, *y estar* con tus
hombres peritos, y con los de mi señor
David tu padre.
15 Ahora pues, enviará mi señor á sus
siervos el trigo, y cebada, y aceite, y
vino que ha dicho,
16 Y nosotros cortarémos en el Líbano
la madera que hubieres menester, y te
la traerémos en balsas por la mar hasta
Joppa, y tú la harás llevar á Jeru-
salem.
17 Y contó Salomon todos los hombres
extranjeros que *estaban* en la tierra de
Israel m, despues de haberlos ya contado m Cap. 8. 7, 8. 1 Rey. 9. 20, 21.
David su padre n, y fueron hallados ci-
ento cincuenta y tres mil y seiscientos: n 1 Cr. 22. 2.
18 Y señaló de ellos setenta mil para
llevar cargas, y ochenta mil que corta-
sen *piedra* en el monte, y tres mil y
seiscientos por sobrestantes para hacer
trabajar al pueblo.

CAPITULO III.

*Edifícase el templo con todo lo que le per-
tenece.*

Y COMENZO Salomon á edificar la
casa a en Jerusalem en el monte a 1 Rey. 6. 1, etc.
Moria b, que habia sido mostrado á Da- b Gen. 22. 2, 14.
vid su padre, en el lugar que David
habia preparado en la era de Ornan
Jebuséo c. c 2 Sa. 24. 18.
2 Y comenzó á edificar en el mes se-
gundo, á dos *del mes*, en el cuarto año
de su reinado.
3 Estas *son las medidas de que* Salo-
mon d fundó el edificio de la casa de d 1 Cr. 28. 11.
Dios. La primera medida fué la longi-
tud de sesenta codos, y la anchura de
veinte codos.
4 El pórtico e que *estaba* en la delan- e Juan 10. 23.
tera de la longitud, *era* de veinte codos Hech. 3. 11.
al frente del ancho de la casa, y su al- y 5. 12.
tura de ciento y veinte: y cubrióle por
dentro de oro puro.
5 Y techó la casa mayor con madera
de haya, la cual cubrió de buen oro,
é hizo resaltar sobre ella palmas y ca-
denas.
6 Cubrió tambien la casa de piedras
preciosas por excelencia f: y el oro *era* f 1 Cr. 29. 2, 8. Is. 54. 11, 12.
oro de Parvaim. Ap. 21. 18, 21.
7 Así cubrió la casa, vigas, umbrales,
sus paredes, y sus puertas, con oro; y
esculpió querubines por las paredes.
8 Hizo asimismo la casa del lugar san-
tísimo g, cuya longitud *era* de veinte g Heb. 9. 3, 8.
codos segun el ancho del frente de la
casa, y su anchura de veinte codos: y

cubrióla de buen oro, *que ascendia* á seiscientos talentos.

9 Y el peso de los clavos *tuvo* cincuenta siclos de oro. Cubrió tambien de oro las salas.

10 Y dentro del lugar santísimo hizo dos querubines de forma de niños, los cuales cubrieron de oro.

11 El largo de las alas de los querubines era de veinte codos: porque la una ala era de cinco codos, la cual llegaba hasta la pared de la casa; y la otra ala de cinco codos, la cual llegaba al ala del otro querubin.

12 De la misma manera la una ala del otro querubin era de cinco codos, la cual llegaba hasta la pared de la casa; y la otra ala era de cinco codos, que tocaba al ala del otro querubin.

13 *Así* las alas de estos querubines estaban extendidas por veinte codos: y ellos estaban en pié con los rostros hácia la casa.

14 Hizo tambien *un* velo de cárdeno, púrpura, carmesí, y lino, é hizo resaltar en él querubines.

15 Delante de la casa hizo dos columnas [h] de treinta y cinco codos de longitud, con sus capiteles encima de cinco codos.

[h] 1 Rey. 7. 15, 21. Jer. 52. 20, 21.

16 Hizo asimismo *unas* cadenas *como* en el oratorio, y púsolas sobre los capiteles de las columnas; é hizo cien granadas, las cuales puso en las cadenas.

17 Y asentó las columnas delante del templo; la una á la mano derecha, y la otra á la izquierda: y á la de la mano derecha llamó Jachin ‖, y á la de la izquierda Boaz †.

‖ *él establecerá.*
† *en este fuerza.*

CAPITULO IV.

Prosíguese la narracion de la fábrica de los vasos é instrumentos pertenecientes al servicio del templo.

HIZO ademas un altar de bronce de veinte codos de longitud, y veinte codos de anchura, y diez codos de altura.

2 Tambien hizo un mar de fundicion [a], el cual tenia diez codos del un borde al otro, enteramente redondo: su altura *era* de cinco codos, y una linea de treinta codos lo ceñia al rededor.

[a] Ex. 27. 1, 2. 2 Rey. 16. 14. Ez. 43. 13, 17.

3 Y debajo de él habia figuras de bueyes que lo circundaban, diez en cada codo todo al rededor: *eran* dos órdenes de bueyes fundidos juntamente con el mar,

4 Que estaba asentado sobre doce bueyes, tres de los cuales miraban al Septentrion, y tres al Occidente, y tres al Mediodia, y tres al Oriente: y el mar *asentaba* sobre ellos, y todas sus traseras *estaban* á la parte de adentro.

5 Y tenia de grueso un palmo, y el borde era de la hechura del borde de un caliz, ó flor de lis. Y hacia tres mil batos.

6 ¶ Hizo tambien diez fuentes [b], y puso cinco á la *mano* derecha, y cinco á la izquierda, para lavar [c] y limpiar en ellas la obra del holocausto; mas el mar era para lavarse los sacerdotes en él.

[b] 1 Rey. 7. 38.
[c] Heb. 9. 10.

7 Hizo asimismo diez candeleros de oro [d] segun su forma, los cuales puso en el templo, cinco á la derecha, y cinco á la izquierda.

[d] Ex. 25. 31, 40. 1 Cr. 28. 15.

8 Ademas hizo diez mesas, y púsolas en el templo, cinco á la *mano* derecha, y cinco á la izquierda: igualmente hizo cien tazones de oro.

9 ¶ A mas de esto hizo el atrio de los sacerdotes [e], y el gran atrio, y las portadas del atrio, y cubrió las puertas de ellas de bronce.

[e] 1 Rey. 6. 36.

10 Y asentó el mar al lado derecho hácia el Oriente, enfrente del Mediodia [f].

[f] 1 Rey. 7. 39.

11 Hizo tambien Hiram calderos, y palas, y tazones; y acabó Hiram la obra que hacia al rey Salomon para la casa de Dios.

12 Dos columnas, y los cordones, los capiteles sobre las cabezas de las dos columnas, y dos redes para cubrir las dos bolas de los capiteles que *estaban* encima de las columnas;

13 Cuatrocientas granadas en las dos redecillas, dos órdenes de granadas en cada redecilla, para que cubriesen las dos bolas de los capiteles que *estaban* encima de las columnas.

14 Hizo tambien las basas, sobre las cuales asentó las fuentes [g];

[g] 1 Rey. 7. 27, 43.

15 Un mar, y doce bueyes debajo de él:

16 Y calderos, y palas, y garfios; y todos sus enseres hizo Hiram su padre al rey Salomon, para la casa de Jehová, de metal purísimo.

17 Y fundiólos el *rey* en los llanos del Jordan en tierra arcillosa, entre Suchôth y Seredat.

18 Y Salomon hizo todos estos vasos en grande abundancia, porque no pudo ser hallado el peso del metal.

19 ¶ Así hizo Salomon todos los vasos para la casa de Dios, y el altar de oro, y las mesas, sobre las cuales *se ponian* los panes de la proposicion [h]:

[h] Ex. 25. 30.

20 Asimismo los [i] candeleros y sus candilejas de oro puro, para que las encendiesen delante del oratorio conforme á la costumbre.

[i] Ex. 27. 20, 21.

21 Y las flores [k], y las lamparillas, y las despabiladeras, *se hicieron* de oro, de oro perfecto:

[k] Ex. 25. 31, etc.

22 Tambien los platillos, y las jofainas, y las cucharas, y los incensarios, de oro puro. Cuanto á la entrada de la casa, sus puertas interiores para el lugar santísimo, y las puertas de la casa del templo, de oro.

CAPITULO V.

Salomon coloca el arca con gran solemnidad, y Dios da testimonio de su presencia hinchiendo el templo de una nube.

Y ACABADA [a] que fué toda la obra que hizo Salomon para la casa de Jehová, metió Salomon *en ella* las cosas que David su padre [b] habia dedicado, y puso la plata y el oro, y todos los vasos, en los tesoros de la casa de Dios.

[a] 1 Rey. 7. 51.
[b] 1 Cr. 22. 14.

2 ¶ Entónces Salomon juntó en Jerusalem los ancianos de Israel, y todos los príncipes de las tribus, las cabezas de las familias de los hijos de Israel [c], para que trajesen el arca del pacto de Jehová [d] de la ciudad de David, que es Sion [e].

[c] 1 Rey. 8. 1, etc.
[d] Nu. 10. 33.
[e] 2 Sa. 6. 12. Sal. 2. 6. y 87. 2. y 132. 13.

3 Y juntáronse al rey todos los varones de Israel á la solemnidad del mes séptimo.

4 Y luego que vinieron los ancianos de Israel, tomaron los Levitas el arca.

5 Y llevaron el arca, y el tabernáculo del testimonio, y todos los vasos del santuario que *estaban* en el tabernáculo: los sacerdotes y los Levitas los llevaron.

6 Y el rey Salomon, y toda la congregacion de Israel que se habia á él reunido delante del arca, sacrificaron ovejas y bueyes, que por la multitud no se pudieron contar ni numerar.

7 Y los sacerdotes metieron el arca del pacto de Jehová en su lugar [f], en el oratorio de la casa, en el lugar santísimo bajo las alas de los querubines:

[f] Sal. 132. 8.

8 Pues los querubines extendian las alas sobre el asiento del arca, y cubrian

los querubines por encima así el arca
como sus barras.
9 E hicieron salir fuera las barras, de
modo que se viesen las cabezas de las
barras del arca delante del oratorio, mas
no se veian desde fuera: y allí estuvi-
eron hasta hoy.
10 En el arca no habia sino las dos
tablas que Moises habia puesto en Ho-
Deu. 10. 2, 5. reb, con las cuales Jehová habia hécho
alianza con los hijos de Israel, despues
que salieron de Egipto.
11 Y como los sacerdotes salieron del
santuario, (porque todos los sacerdotes
que se hallaron habian sido santifica-
dos), no *podian* guardar sus veces.
12 Y los Levitas cantores, todos los de
Asaph, los de Heman, y los de Je-
dathun, juntamente con sus hijos y sus
hermanos, vestidos de lino fino, *estaban*
con címbalos, y salterios, y harpas al Ori-
1 Cr. 15. 24. ente del altar; y con ellos ciento y veinte
Sal. 68. 25. sacerdotes que tocaban trompetas [h].
13 Sonaban pues las trompetas, y can-
taban con la voz todos á una, para ala-
bar y confesar á Jehová: y cuando al-
zaban la voz con trompetas y címbalos,
y *otros* instrumentos de música, cuando
alababan á Jehová *diciendo*: Porque *es*
bueno, porque su misericordia es para
1 Cr. 16. 34, 41. Sal. CXXXVI. siempre [i]; la casa se llenó entónces de
una nube, la casa de Jehová.
14 Y no podian los sacerdotes estar
Cap. 7. 2. Ex. 40. 35. Ez. 10. 4. Ap. 15. 8. para ministrar por causa de la nube;
porque la gloria de Jehová habia hen-
chido la casa de Dios [k].

CAPITULO VI.

Oracion de Salomon en la dedicacion del templo.

1 Rey. 8. 12, etc. Lev. 16. 2. ENTONCES dijo Salomon [a]: Jehová
ha dicho que él habitaria en la obs-
curidad.
2 Yo pues he edificado una casa de
morada para tí, y una habitacion en que
Sal. 132. 14, mores para siempre [b].
3 Y volviendo el rey su rostro bendijo
á toda la congregacion de Israel: y toda
Neh. 8. 5. la congregacion de Israel estaba en pié [c],
4 Y él dijo: Bendito *sea* Jehová Dios
Luc. 1. 68, de Israel [d], el cual con su mano ha
cumplido lo que habló por su boca á
David mi padre, diciendo:
5 Desde el dia que saqué mi pueblo de
la tierra de Egipto, ninguna ciudad he
elegido de todas las tribus de Israel para
edificar casa donde estuviese mi nom-
Deu. 12. 5, bre [e], ni he escogido varon que fuese
príncipe sobre mi pueblo Israel.
Cap. 12. 13. 6 Mas á Jerusalem [f] he elegido para
que en ella esté mi nombre, y á David
1 Cr. 28. 4. he elegido [g] para que fuese sobre mi
pueblo Israel.
7 Y David mi padre tuvo en el corazon
edificar casa al nombre de Jehová Dios
2 Sa. 7. 2, etc. de Israel [h].
1 Cr. 28. 2, etc. 8 Mas Jehová dijo á David mi padre:
Respecto á haber tenido en tu corazon
edificar casa á mi nombre, bien has he-
cho en haber tenido esto en tu corazon.
9 Empero tú no edificarás la casa, sino
tu hijo que saldrá de tus lomos; él edi-
ficará casa á mi nombre.
10 Y Jehová ha cumplido su palabra
que habia dicho; pues levantéme yo en
lugar de David mi padre, y heme sen-
1 Cr. 29. 23. tado en el trono de Israel [i], como Je-
1 Cr. 17. 11. hová habia dicho [k], y he edificado casa
al nombre de Jehová Dios de Israel.
Cap. 5. 7, 10. 11 Y en ella he puesto el arca [l], en la
cual está el pacto de Jehová que con-
certó con los hijos de Israel.
12 ¶ Púsose luego *Salomon* delante del
altar de Jehová, en presencia de toda
1 Rey. 8. 22, etc. la congregacion de Israel, y extendió
sus manos [m]:
13 Porque Salomon habia hecho un
púlpito de metal, de cinco codos de
largo, y de otros cinco codos de ancho,
y de altura de tres codos, y lo habia
puesto en medio del atrio [n]; y púsose Neh. 8. 4.
sobre él, é hincóse de rodillas delante
de toda la congregacion de Israel, y ex-
tendiendo sus manos al cielo dijo:
14 Jehová Dios de Israel, no hay dios
semejante á tí en el cielo ni en la ti-
erra [o]; que guardas el pacto y la mise- Ex. 15. 11.
ricordia á tus siervos [p], que caminan de- Deu. 4. 39. y 7. 9.
lante de tí de todo su corazon:
15 Que has guardado á tu siervo David Neh. 1. 5. Dan. 9. 4.
mi padre lo que le dijiste [q]: tú lo dijiste 1 Cr. 22. 9.
de tu boca, mas con tu mano lo has
cumplido, como *parece* este dia [r]. ver. 4.
16 Ahora pues, Jehová Dios de Israel,
guarda á tu siervo David mi padre lo
que le has prometido [s] diciendo: No fal- 2 Sa. 7. 12, 16.
tará de tí varon delante de mí que se
siente en el trono de Israel, á condicion 1 Rey. 2. 4. y 6. 12.
que tus hijos guarden su camino an-
dando en mi ley [t], como tú delante de Sal. 132. 12.
mí has andado.
17 Ahora pues, oh Jehová Dios de Is-
rael, verifíquese tu palabra que dijiste á
tu siervo David.
18 Mas ¿es verdad que Dios ha de
habitar con el hombre en la tierra [u]? Ex. 29. 45, 46.
Hé aquí los cielos, y los cielos de los Sal. 68. 18.
cielos no pueden contenerte [x]; ¿cuanto Cap. 2. 6.
menos esta casa que he edificado? Is. 66. 1.
19 Mas tú mirarás á la oracion de tu Hech. 7. 49.
siervo, y á su ruego, oh Jehová Dios
mio, para oir *propicio* el clamor y la
oracion con que tu siervo ora delante
de tí:
20 Que tus ojos esten abiertos sobre
esta casa [y] de dia y de noche, sobre el Sal. 121. 4.
lugar del cual dijiste: Mi nombre estará
allí: que oigas la oracion con que tu si-
ervo ora en este lugar.
21 Asimismo que oigas el ruego de tu
siervo, y de tu pueblo Israel, cuando en
este lugar hicieren oracion, que tú oirás
desde los cielos [z], desde el lugar de tu Cap. 30. 27.
morada: que oigas, y perdones.
22 Si alguno pecare contra su prójimo,
y él le pidiere juramento haciendolo ju-
rar, y el juramento viniere delante de tu
altar en esta casa,
23 Tú oirás desde los cielos, y obrarás,
y juzgarás á tus siervos, dando la paga
al impío, tornandole su proceder sobre
su cabeza [a], y justificando al justo en 2 Rey. 9. 26.
darle conforme á su justicia. Sal. 10. 14.
24 Si tu pueblo Israel cayere delante Jer. 23. 18, 17.
de los enemigos, por haber prevaricado y 51. 56.
contra tí, y se convirtieren, y confesaren
tu nombre, y rogaren delante de tí en
esta casa,
25 Tú oirás desde los cielos, y perdo-
narás el pecado de tu pueblo Israel, y [b] Sal. 106. 40, 47.
los volverás á la tierra que diste á ellos
y á sus padres.
26 Si los cielos se cerraren, que no
haya lluvias [c] por haber pecado contra 1 Rey. XVII.
tí, si oraren á tí en este lugar, y con- y XVIII.
fesaren tu nombre, y se convirtieren de Is. 5. 6.
sus pecados, cuando los afligieres,
27 Tú *los* oirás en los cielos, y per-
donarás el pecado de tus siervos, y de
tu pueblo Israel, y les enseñarás el buen
camino para que anden en él, y darás
lluvia [d] sobre tu tierra, la cual diste por Jer. 5. 24.
heredad á tu pueblo. Ez. 34. 26.
28 Y si hubiere hambre en la tierra, Os. 2. 21, 22.
ó si hubiere pestilencia; si hubiere ti-
zoncillo, ó añublo, langosta [e], ó pulgon; Joel 1. 4, 11.
ó si los cercaren sus enemigos en la ti- y 2. 25.
erra de su domicilio [f]; cualquiera plaga Cap. 20. 5, 13.
ó enfermedad *que sea*;
29 Toda oracion y todo ruego que hi-
ciere cualquier hombre, ó todo tu pue-

bio Israel, cualquiera que conociere su
g Sal. 142. 1, 2. llaga y su dolor en su corazon g, si ex-
tendiere sus manos á esta casa,
30 Tú oirás desde los cielos, desde el
lugar de tu habitacion, y perdonarás, y
darás á cada uno conforme á sus ca-
h Sal. 62. 12. minos h, habiendo conocido su corazon;
(porque solo tú conoces el corazon de
los hijos de los hombres;)
31 Para que te teman, y anden en tus
caminos todos los dias que vivieren so-
bre la haz de la tierra, que tú diste á
nuestros padres.
i Is. 56. 3, 6, 7. Hech. 8. 27, 39. Ef. 2. 12, 13. 32 Y tambien al extranjero i, que no
fuere de tu pueblo Israel, que hubiere
venido de léjas tierras á causa de tu
grande nombre, y de tu mano fuerte, y
de tu brazo extendido, si vinieren y
oraren en esta casa,
33 Tú oirás desde los cielos, desde el
lugar de tu morada, y harás conforme á
todas las cosas por las cuales hubiere
clamado á tí el extranjero; para que
todos los pueblos de la tierra conozcan
k Sal. 46. 10. tu nombre k, y te teman l como tu pue-
l Jer. 10. 7. bio Israel, y sepan que tu nombre es
invocado sobre esta casa que he edi-
ficado yo.
34 Si tu pueblo saliere á la guerra con-
m Cap. 14. 11, 12. y 20. 4, etc. tra sus enemigos m por el camino que tú
los enviares, y oraren á tí hácia esta
ciudad que tú elegiste, hácia la casa que
he edificado á tu nombre,
35 Tú oirás desde los cielos su oracion
n Sal. 9, 3. 4. y su ruego, y ampararás su derecho n.
36 Si pecaren contra tí, (pues no hay
o Ec. 7. 20. Sant°. 3. 2. 1 Juan 1. 8. hombre que no peque o,) y te airares
contra ellos, y los entregares delante de
sus enemigos, para que los que los to-
maren, los lleven cautivos á tierra de
enemigos, léjos ó cerca,
37 Y ellos volvieren en sí en la tierra
donde fueren llevados cautivos; si se
convirtieren, y oraren á tí en la tierra
de su cautividad, y dijeren: Pecamos,
hemos hecho inícuamente, impíamente
hemos obrado:
38 Si se convirtieren á tí de todo su
corazon, y de toda su alma, en la tierra
de su cautividad, donde los hubieren
llevado cautivos, y oraren hácia su ti-
erra que tú diste á sus padres, hácia la
p Dan. 6. 10. ciudad que tú elegiste p, y hácia la casa
que he edificado á tu nombre,
39 Tú oirás desde los cielos, desde el
lugar de tu morada, su oracion y su
ruego, y ampararás su causa, y perdo-
q Dan. 9. 16, 19. narás á tu pueblo que pecó contra tí q.
40 Ahora pues, oh Dios mio, ruégote
esten abiertos tus ojos, y atentos tus
oidos á la oracion en este lugar.
r Sal. 132. 8, etc. 41 Oh Jehová Dios, levántate r ahora
s 1 Cr. 28. 2. Is. 66. 1. para *habitar* en tu reposo s, tú y el arca
de tu fortaleza: sean, oh Jehová Dios,
t Neh. 9. 25. Sal. 65. 4, 11. Zac. 9. 17. vestidos de salud tus sacerdotes, y gocen
de bien t tus santos.
42 Jehová Dios, no hagas volver el
rostro de tu ungido: acuérdate de las
u Is. 55. 3. misericordias de David tu siervo u.

CAPITULO VII.

Acabada la dedicacion del templo y altar con grande solemnidad y alabanzas de Dios, despide Salomon el pueblo, y se vuelven á su casa con alegría. Aparece Dios á Salomon, y declárale haber oido su oracion, prometiendole firmeza al templo edificado y al pueblo, si permanecieren en su obediencia, y amenazando con espantoso asolamiento, si de ella se apartaren.

a 1 Rey. 8. 54, etc. b Lev. 9. 24. Juec. 6. 21. 1 Rey. 18. 38. 1 Cr. 21. 26. c Cap. 5. 13, 14. Ez. 10. 3, 4.
Y COMO Salomon acabó de orar a, el
fuego descendió de los cielos, y con-
sumió el holocausto, y las víctimas b;
y la gloria de Jehová hinchió la casa c.
2 Y no podian entrar los sacerdotes
en la casa de Jehová, porque la gloria
de Jehová habia henchido la [illegible]
Jehová.
3 Y como vieron todos los [illegible]
rael descender el fuego, y [illegible]
Jehová sobre la casa, [illegible]
sobre sus rostros en el [illegible]
adoraron confesando á J[illegible]
cada, Que es bueno, que su [illegible]
es para siempre d.
4 ¶ Entónces el rey y todo [illegible]
sacrificaron víctimas delante de [illegible]
5 Y ofreció el rey Salomon [illegible]
veinte y dos mil bueyes, y [illegible]
mil ovejas; y así dedicaron [illegible]
Dios el rey y todo el pueblo. [illegible]
6 Y los sacerdotes asistian [illegible]
terio, y los Levitas con los [illegible]
de música de Jehová e, los cuales [illegible]
hecho el rey David para [illegible]
hová, Que su misericordia [illegible]
empre, cuando David [illegible]
mano de ellos. Asimismo los [illegible]
tañian trompetas delante de [illegible]
Israel estaba en pié.
7 Tambien santificó Salomon [illegible]
del atrio que estaba delante [illegible]
de Jehová f, por cuanto habia [illegible]
allí los holocaustos, y los [illegible]
pacíficos; porque en el altar [illegible]
que Salomon habia hecho, [illegible]
caber los holocaustos, y el [illegible]
los sebos.
8 Entónces hizo Salomon [illegible]
dias, y con él todo Israel, [illegible]
congregacion, desde la [illegible]
math g hasta el arroyo de [illegible]
9 Al octavo dia hicieron [illegible]
porque habian hecho la [illegible]
altar en siete dias, y habian [illegible]
solemnidad por siete dias. [illegible]
10 Y á los veinte y tres [illegible]
timo envió al pueblo á sus [illegible]
alegres y gozosos de [illegible]
beneficios que Jehová habia [illegible]
David, y á Salomon, y á su [illegible]
rael.
11 ¶ Acabó pues Salomon la [illegible]
Jehová h, y la casa del rey [illegible]
que Salomon tuvo en voluntad [illegible]
en la casa de Jehová, y en su [illegible]
prosperado.
12 Y apareció Jehová á Salomon [illegible]
noche, y díjole: Yo he oido tu [illegible]
y he elegido para mí este lugar [illegible]
casa de sacrificio i.
13 Si yo cerrare los cielos, [illegible]
lluvia k, y si mandare á la [illegible]
consuma la tierra, ó si [illegible]
cia á mi pueblo;
14 Si se humillare l mi [illegible]
los cuales mi nombre es [illegible]
oraren, y buscaren mi [illegible]
convirtieren de sus malos [illegible]
tónces yo oiré desde los cielos [illegible]
naré sus pecados, y sanaré su [illegible]
15 Ahora estarán abiertos [illegible]
atentos mis oidos á la [illegible]
lugar:
16 Pues que he ahora elegido [illegible]
ficado esta casa, para que [illegible]
mi nombre para siempre [illegible]
mi corazon estarán ahí [illegible]
17 Y tú, si anduvieres [illegible]
como anduvo David tu padre [illegible]
todas las cosas que yo te [illegible]
guardares mis estatutos [illegible]
18 Yo confirmaré el trono [illegible]
como concerté con David [illegible]
ciendo: No faltará varon [illegible]
mine en Israel. [illegible]
19 Mas si vosotros os [illegible]
jareis mis estatutos y mis [illegible]
os he propuesto, y fuereis [illegible]
dioses agenos, y los adorareis [illegible]
20 Yo los arrancaré de mi [illegible]

d 1 Cr. 16. 41. ... y 136. 1. e 1 Cr. 15. ... Sal. 87. f 1 Rey. [illegible]

he dado, y esta casa que he santifi-
o á mi nombre, yo la echaré de de-
te de mí, y pondréla por proverbio y
ula en todos los pueblos.
Y esta casa que habrá sido *tan* ilus-
será espanto á todo el que pasare, y
: ¿Por qué ha hecho así Jehová á
tierra, y á esta casa[e]?
Y se *le* responderá: Por cuanto de-
n á Jehová Dios de sus padres, el
l los sacó de la tierra de Egipto, y
abrazado dioses agenos, y los ado-
n y sirvieron: por eso él ha traido
este mal sobre ellos.

CAPITULO VIII.

*mon restaura varias ciudades, y hace tri-
tarios á los que habian quedado de los Ca-
néos. Ordena los ministerios de sacerdo-
y Levitas, conforme á lo dispuesto por
avid. Tráesele oro de Ophír.*

ACONTECIO *que* al cabo de ve-
inte años que Salomon habia edifi-
o la casa de Jehová, y su casa[a],
Reedificó Salomon las ciudades que
am le habia dado, y estableció en
s á los hijos de Israel.
Despues vino Salomon á Hamath de
a[b], y la tomó.
Y edificó á Thadmor en el desierto,
das las ciudades de municiones que
icó en Hamath.
Asimismo reedificó á Beth-oron la
arriba, y á Beth-oron la de abajo,
dades fortificadas de muros, puertas
rras,
Y á Baalath, y á todas las villas de
nicion que Salomon tenia: tambien
s las ciudades de los carros, y las de
gente de á caballo; y todo lo que Sa-
on quiso edificar[c] en Jerusalem, y
l Líbano[d], y en toda la tierra de su
orio.
¶ Y á todo el pueblo que habia que-
o de los Hethéos, Amorrhéos, y Phe-
los, Hevéos, y Jebuséos, que no eran
Israel,
Los hijos de los que habian quedado
la tierra despues de ellos, á los cua-
los hijos de Israel no destruyeron
todo[e], hizo Salomon tributarios has-
hoy.
Y de los hijos de Israel no puso Sa-
on siervos en su obra; porque eran
abres de guerra, y sus príncipes, y
capitanes, y comandantes de sus car-
, y su gente de á caballo.
Y tenia Salomon doscientos y cin-
nta principales de los gobernadores,
cuales mandaban en aquella gente[f].
¶ Y pasó Salomon á la hija de
araon[g] de la ciudad de David á la
a que él le habia edificado; porque
: Mi mujer no morará en la casa
David, rey de Israel, porque aquellas
itaciones donde ha entrado el arca de
ová, son sagradas.
¶ Entónces ofreció Salomon holo-
stos á Jehová sobre el altar de Je-
vá, que habia él edificado delante del
tico[h],
Para que ofreciesen cada cosa en
dia[i] conforme al mandamiento de
ises, en los sábados, en las nuevas
as, y en las solemnidades tres veces
el año[k]; *á saber*, en la fiesta de los
es ázimos, en la fiesta de las sema-
, y en la fiesta de las cabañas.
Y constituyó los repartimientos de
sacerdotes en sus oficios conforme á
ordenacion de David su padre[l], y los
vitas por sus órdenes, para que ala-
en y ministrasen delante de los sa-
dotes cada cosa en su dia: asimismo
porteros[m] por su órden á cada pu-
erta: porque así lo habia mandado Da-
vid, varon de Dios.
15 Y no salieron del mandamiento del
rey cuanto á los sacerdotes, y Levitas, y
los tesoros, y todo negocio:
16 Porque toda la obra de Salomon es-
taba preparada desde el dia que la casa
de Jehová fué fundada hasta que se
acabó, *hasta que* la casa de Jehová fué
acabada del todo.
17 ¶ Entónces Salomon fué á Esion-
geber[n], y á Eloth[o], á la costa de la mar — [n] 1 Rey. 9. 26, 27.
en la tierra de Edom: — [o] Deu. 2. 8. 2 Rey. 14. 22.
18 Porque Hiram le habia enviado na-
víos por mano de sus siervos, y mari-
neros diestros en la mar; los[p] cuales — [p] Cap. 9. 10, 13.
fueron con los siervos de Salomon á
Ophír, y tomaron de allá cuatrocientos
y cincuenta talentos de oro[q], y los tra- — [q] Ec. 2. 8.
jeron al rey Salomon.

CAPITULO IX.

*La reina de Seba, oida la fama de Salomon,
viene á visitarlo, y hácele presentes, y él á
ella. Gloria y riquezas de Salomon, por
muerte del cual Roboam su hijo sucede en
el reino.*

Y OYENDO la reina de Seba[a] la — [a] 1 Rey. 10, 1, etc.
fama de Salomon, vino á Jerusa-
lem con un muy grande séquito, con — Mat. 12. 42.
camellos cargados de aromas, y oro en — Luc. 11. 31.
abundancia, y piedras preciosas, para
tentar á Salomon con preguntas difí-
ciles. Y luego que vino á Salomon, ha-
bló con él todo lo que en su corazon
tenia.
2 Pero Salomon le declaró todas sus
palabras[b]: ninguna cosa quedó que Sa- — [b] Sant°. 1. 5.
lomon no le declarase.
3 Y viendo la reina de Seba la sabi-
duría de Salomon, y la casa que habia
edificado,
4 Y las viandas de su mesa, y el asiento
de sus siervos, y el estado de sus criados,
y los vestidos de ellos, sus maestresalas
y sus vestidos, y su subida por donde
subia á la casa de Jehová, no quedó mas
espíritu en ella;
5 Y dijo al rey: Verdad es lo que ha-
bia oido en mi tierra de tus cosas y de
tu sabiduría;
6 Mas yo no creia las palabras de ellos,
hasta que he venido, y mis ojos han vis-
to: y hé aquí que ni aun la mitad de la
grandeza de tu sabiduría me habia sido
dicha, porque tú sobrepujas la fama que
yo habia oido.
7 Bienaventurados tus hombres, y di-
chosos estos tus siervos, que estan si-
empre delante de tí, y oyen tu sabiduría.
8 Jehová tu Dios sea bendito, el cual
se ha agradado en tí, para ponerte so-
bre su trono por rey de Jehová tu Dios:
por cuanto tu Dios amó á Israel, para
afirmarlo perpetuamente, por eso te ha
puesto por rey sobre ellos, para que ha- — [c] 1 Rey. 2. 28.
gas juicio y justicia[c]. — Pro. 21. 3.
9 Y dió al rey ciento y veinte talentos
de oro, y gran copia de aromas y pie-
dras preciosas[d]: nunca hubo tales aro- — [d] Sal. 72. 10, 15.
mas como los que dió la reina de Seba — Ec. 2. 8.
al rey Salomon.
10 Tambien los siervos de Hiram y los
siervos de Salomon, que habian traido
el oro de Ophir[e], trajeron madera de — [e] Cap. 8. 18.
Algummim, y piedras preciosas.
11 E hizo el rey de la madera de Al-
gummim gradas en la casa de Jehová,
y en las casas reales, y harpas y salterios
para los cantores: nunca en tierra de
Judá se habia visto *madera* semejante.
12 Y el rey Salomon dió á la reina de
Seba todo lo que ella quiso y le pidió,
mas de lo que habia traido al rey. Des-
pues se volvió y fuése á su tierra con
sus siervos.

13 ¶ Y el peso de oro que venia á Salomon cada un año, era seiscientos sesenta y seis talentos de oro,

14 Sin lo que traian los mercaderes y negociantes: y tambien todos los reyes de Arabia y los príncipes de la tierra traian oro y plata á Salomon[f].

15 Hizo tambien el rey Salomon doscientos paveses de oro de martillo[g], cada uno de los cuales tenia seiscientos *siclos* de oro labrado:

16 Asimismo trescientos escudos de oro batido, teniendo cada escudo trescientos *siclos* de oro. Y púsolos el rey en la casa del bosque del Líbano[h].

17 Hizo ademas el rey un gran trono de marfil, y cubrióle de oro puro.

18 Y *habia* seis gradas al trono, con un estrado de oro al mismo, y brazos de la una parte y de la otra al lugar del asiento, y dos leones que estaban junto á los brazos.

19 Habia tambien allí doce leones sobre las seis gradas de la una parte y de la otra. Jamas fué hecho otro semejante en reino alguno.

20 Toda la vajilla del rey Salomon era de oro, y toda la vajilla de la casa del bosque del Líbano, de oro puro. En los dias de Salomon la plata no era de estima.

21 Porque la flota del rey iba á Tharsis con los siervos de Hiram, y cada tres años solian venir las naves de Tharsis, y traian oro, plata, marfil, simios, y pavos.

22 Y excedió el rey Salomon á todos los reyes de la tierra en riqueza y en sabiduría[i].

23 Y todos los reyes de la tierra procuraban *ver* el rostro de Salomon, por oir su sabiduría, que Dios habia puesto en su corazon.

24 Y de estos cada uno traia su presente, vasos de plata, vasos de oro, vestidos, armas, aromas, caballos y acémilas todos los años[k].

25 Tuvo tambien Salomon cuatro mil caballerizas para los caballos y carros[l], y doce mil ginetes, los cuales puso en las ciudades de los carros, y con el rey en Jerusalem.

26 Y tuvo señorío sobre todos los reyes desde el rio hasta la tierra de los Philistéos, y hasta el término de Egipto[m].

27 Y puso el rey plata en Jerusalem como piedras, y cedros como los cabrahigos que nacen por las campañas en abundancia[n].

28 Sacaban tambien caballos para Salomon de Egipto, y de todas las provincias.

29 ¶ Lo demas de los hechos de Salomon, primeros y postreros, ¿no está todo escrito en los libros de Nathan profeta, y en la profecía de Ahias[o] Silonita, y en las profecías del vidente Iddo contra Jeroboam, hijo de Nabat?

30 Y reinó Salomon en Jerusalem sobre todo Israel cuarenta años.

31 Y durmió Salomon con sus padres, y sepultáronlo en la ciudad de David su padre: y reinó en su lugar Roboam su hijo.

f Sal. 68. 29.
g Cap. 12. 9, 10.
h 1 Rey. 7. 2.
i 1 Rey. 3. 12, 13. y 4. 30, etc.
k ver. 14.
l 1 Rey. 4. 26. y 10. 26.
m Gen. 15. 18. 1 Rey. 4. 21. Sal. 72. 8.
n Cap. 1. 15, 17. 1 Rey. 10. 27, etc.
o 1 Rey. 11. 29.

CAPITULO X.

Las diez tribus de Israel se rebelan contra Roboam por haberse éste aconsejado mal; y eligen por rey á Jeroboam.

Y ROBOAM[a] fué á Sichêm[b], porque en Sichêm se habia juntado todo Israel para hacerlo rey.

2 Y como lo oyó Jeroboam, hijo de Nabat[c], el cual estaba en Egipto, donde habia huido á causa del rey Salomon, volvió de Egipto.

a 1 Rey. 12. 1, etc.
b Gen. 37. 12, 13. Juec. 9. 1.
c 1 Rey. 11. 26, 40.

3 Y enviaron y llamáronle. Vino pues Jeroboam, y todo Israel, y hablaron á Roboam diciendo:

4 Tu padre agravó nuestro yugo: afloja tú pues ahora *algo* de la dura servidumbre, y del grave yugo con que tu padre nos apremió, y te serviremos.

5 Y él les dijo: Volved á mí de aquí á tres dias. Y el pueblo se fué.

6 Entónces el rey Roboam tomó consejo[d] con los viejos[e] que habian estado delante de Salomon su padre[f], cuando vivia, y díjoles: ¿Como aconsejais vosotros que responda á este pueblo?

7 Y ellos le hablaron diciendo: Si te condujeres humanamente con este pueblo, y los agradares, y les hablares buenas palabras[g], ellos te servirán perpetuamente.

8 Mas él dejando el consejo que le dieron los viejos, tomó consejo con los mancebos que se habian criado con él, y que delante de él asistian.

9 Y díjoles: ¿Qué aconsejais vosotros que respondamos á este pueblo, que me ha hablado diciendo: Alivia *algo* del yugo que tu padre puso sobre nosotros?

10 Entónces los mancebos, que se habian criado con él, le hablaron diciendo: Así dirás al pueblo que te ha hablado diciendo: Tu padre agravó nuestro yugo, mas tú descárganos: Así les dirás: Lo mas menudo mio es mas grueso que los lomos de mi padre.

11 Así que mi padre os cargó de grave yugo, y yo añadiré á vuestro yugo: mi padre os castigó con azotes, y yo con escorpiones.

12 Vino pues Jeroboam con todo el pueblo á Roboam al tercero dia, segun el rey les habia mandado diciendo: Volved á mí de aquí á tres dias.

13 Y respondióles el rey ásperamente, pues dejó el rey Roboam el consejo de los viejos[h],

14 Y hablóles conforme al consejo de los mancebos diciendo: Mi padre agravó vuestro yugo, y yo añadiré á vuestro yugo: mi padre os castigó con azotes, y yo con escorpiones.

15 Y no escuchó el rey al pueblo[i]; porque la causa era de Dios, para cumplir Jehová[k] su palabra que habia hablado por Ahias Silonita[l] á Jeroboam, hijo de Nabat.

16 Y viendo todo Israel que el rey no les habia oido, respondió el pueblo al rey diciendo: ¿Qué parte tenemos nosotros con David, ni herencia en el hijo de Isaí? Israel, cada uno á sus estancias[m]. David, mira ahora por tu casa. Así se fué todo Israel á sus estancias.

17 Mas reinó Roboam sobre los hijos de Israel que habitaban en las ciudades de Judá.

18 Envió luego el rey Roboam á Adoram[n], que tenia cargo de los tributos; pero le apedreáron los hijos de Israel, y murió. Entónces se esforzó el rey Roboam, y subiendo en un carro huyó á Jerusalem.

19 Así se apartó Israel de la casa de David[o] hasta hoy.

d Pro. 13. 1[…] y 19. 20.
e Job 12. 1[…] 13.
f Pro. 27. 1[…]
g Pro. 15. 1[…]
h Nu. 33. 2[…] etc.
i Is. 30. 12, 13.
k Deu. 2. […] 1 Sa. 2. 2[…] Is. 19. 14.
l 1 Rey. 11. 31.
m 2 Sa. 20. 1
n 1 Rey. 4. […] y 5. 14.
o Sal. 89. 3[…] etc.

CAPITULO XI.

Manda Dios á Roboam que no haga la guerra á Israel. Edifica muchas fortalezas: y acuden á él muchos sacerdotes y Levitas, desterrados por Jeroboam, y otros del pueblo.

Y COMO vino Roboam á Jerusalem[a], juntó *de* la casa de Judá y de Benjamin ciento y ochenta mil hombres escogidos de guerra, para pelear contra Israel, y volver el reino á Roboam.

2 Mas fué palabra de Jehová á[b] Semeias[c], varon de Dios, diciendo:

a 1 Rey. 12. 21, etc.
b Pro. 21. 3[…]
c Cap. 12. […]

3 Habla á Roboam, hijo de Salomon, rey de Judá, y á todos los Israelitas que *están* en Judá y en Benjamin, diciendoles:

4 Así ha dicho Jehová: No subais, ni peleeis contra vuestros hermanos[d]: vuélvase cada uno á su casa, porque yo he hecho este negocio[e]. Y ellos oyeron la palabra de Jehová, y tornáronse, y no fueron contra Jeroboam.

d Gen. 13. 8.
e Cap. 10. 15. 1 R. 22. 11.

5 ¶ Y habitó Roboam en Jerusalem, y edificó ciudades para fortificar á Judá.

6 Y edificó á Beth-lehem, y á Etham, y á Thecoa,

7 Y á Beth-sur, y á Sochó, y á Adullam,

8 Y á Gath, y á Maresa, y á Ziph,

9 Y á Adoraim, y á Lachis, y á Azechá,

10 Y á Sora, y á Aialon, y á Hebron, que *eran* en Judá y en Benjamin ciudades fuertes.

11 Fortificó tambien las fortalezas, y puso en ellas capitanes[f], y vituallas, y vino, y aceite;

f Deu. 17. 19.

12 Y en todas las ciudades escudos y lanzas. Fortificólas pues en gran manera, y Judá y Benjamin le estaban sujetos.

13 ¶ Y los sacerdotes y Levitas que *estaban* en todo Israel, se juntaron á él de todos sus términos.

14 Porque los Levitas dejaban sus ejidos[g] y sus posesiones, y se venian á Judá y á Jerusalem: pues Jeroboam y sus hijos los echaban del ministerio de Jehová.

g Pro. 19. 27.

15 Y él se hizo sacerdotes para los altos[h], y para los demonios[i], y para los becerros[k] que él habia hecho.

16 Tras aquellos acudieron tambien de todas las tribus de Israel los que habian puesto su corazon en buscar á Jehová Dios de Israel[l]; y viniéronse á Jerusalem para sacrificar á Jehová el Dios de sus padres.

h 1 Rey. 12. 31. y 13. 33.
i Lev. 17. 7. Deu. 32. 17. 1 Cor. 10. 20.
k 1 Rey. 12. 28.
l Cap. 15. 9.

17 Así fortificaron el reino de Judá, y confirmaron á Roboam, hijo de Salomon, por tres años; porque tres años anduvieron en el camino de David, y de Salomon.

Cap. 13. 2. Cap. 15. 9. y 2. 11. 18.

18 ¶ Y tomóse Roboam por mujer á Mahalath, hija de Jerimoth, hijo de David, y á Abihail, hija de Eliab, hijo de Isaí,

19 La cual le parió hijos; á Jeus, y á Semaria, y Zaham.

20 Despues de ella tomó á Maachá, hija de Absalom, la cual le parió á Abias, á Athai, Ziza, y Selomith.

21 Mas Roboam amó á Maachá, hija de Absalom, sobre todas sus mujeres y concubinas: porque tomó diez y ocho mujeres y sesenta concubinas, y engendró veinte y ocho hijos, y sesenta hijas.

22 Y puso Roboam á Abias, hijo de Maachá, por cabeza y príncipe de sus hermanos[m], porque lo *queria* hacer rey.

m Cap. 12. 16. Deu. 21. 15, 17.

23 E hízolo instruir, y esparció todos sus *otros* hijos por todas las tierras de Judá y de Benjamin, y por todas las ciudades fuertes, y dióles vituallas en abundancia, y pidió muchas mujeres.

CAPITULO XII.

Apartándose Roboam y el reino de Judá de la obediencia de Dios, son entregados en mano de Sisac rey de Egipto, el cual saquea á Jerusalem, y se lleva los tesoros del templo. Muere Roboam, y le sucede su hijo Abias.

Y COMO Roboam hubo confirmado el reino[a], dejó la ley de Jehová[b], y con él todo Israel.

a Cap. 11. 17.
b Deu. 32. 15, 18. 1 Rey. 14. 22.

2 Y en el quinto año del rey Roboam subió Sisac rey de Egipto contra Jerusalem, por cuanto se habian rebelado contra Jehová,

3 Con mil y docientos carros, y con sesenta mil hombres de á caballo: mas el pueblo que venia con él de Egipto, no tenia número, *á saber*, de Libios, Sukienos, y Etiopes.

4 Y tomó las ciudades fuertes de Judá, y llegó hasta Jerusalem.

5 ¶ Entónces vino Semeias[c] profeta á Roboam, y á los príncipes de Judá que estaban reunidos en Jerusalem por causa de Sisac, y díjoles: Así ha dicho Jehová: Vosotros me habeis dejado, y yo tambien os he dejado en mano de Sisac[d].

c Cap. 11. 2.
d Cap. 15. 2.

6 Y los príncipes de Israel y el rey se humillaron[e], y dijeron: Justo es Jehová.

e Sant. 4. 6, 10. Ex. 9. 27.

7 Y como vió Jehová que se habian humillado, fué palabra de Jehová á Semeias diciendo: Hanse humillado[f]; no los destruiré[g], ántes los salvaré en breve, y no se derramará mi ira contra Jerusalem por mano de Sisac.

f 1 Rey. 21. 28, 29.
g Lev. 26. 41, 42.

8 Empero serán sus siervos; para que[h] sepan qué es servirme á mí, ó servir á los reinos de las naciones[i].

h Neh. 9. 36, 37. Is. 26. 13.
i Deu. 28. 47, 48.

9 Subió pues Sisac rey de Egipto á Jerusalem[k], y tomó los tesoros de la casa de Jehová, y los tesoros de la casa del rey; todo lo llevó: y tomó los paveses de oro que Salomon habia hecho.

k Cap. 9. 15, 16.

10 Y en lugar de ellos hizo el rey Roboam paveses de metal, y entrególos en manos de los gefes de la guardia, los cuales custodiaban la entrada de la casa del rey.

11 Y cuando el rey iba á la casa de Jehová, venian los de la guardia, y traíanlos, y *despues* los volvian á la cámara de la guardia.

12 Y como él se humilló[l], la ira de Jehová se apartó de él, para no destruirlo del todo: y tambien en Judá las cosas fueron bien[m].

l Cap. 33. 12, 13. Is. 57. 15. 1 Ped. 5. 6.
m Gen. 18. 24.

13 ¶ Fortificado pues Roboam, reinó en Jerusalem: y era Roboam de cuarenta y un años cuando comenzó á reinar, y diez y siete años reinó en Jerusalem, ciudad que escogió Jehová de todas las tribus de Israel, para poner en ella su nombre. Y el nombre de su madre fué Naama, Ammonita[n].

n 1 Rey. 14. 21.

14 E hizo lo malo, porque no apercibió su corazon para buscar á Jehová[o].

o Deu. 5. 29. Is. 33. 31.

15 Y las cosas de Roboam, primeras y postreras, ¿no estan escritas en los libros de Semeias[p] profeta, y de Iddo[q] vayente en la cuenta de los linages? Y entre Roboam y Jeroboam hubo perpetua guerra.

p ver. 5.
q Cap. 9. 29.

16 Y durmió Roboam con sus padres, y fué sepultado en la ciudad de David: y reinó en su lugar Abias[r] su hijo.

r 1 Rey. 14. 31.

CAPITULO XIII.

Abias, puesta en Dios su confianza, vence á Jeroboam, el cual muere herido de Dios.

A LOS diez y ocho años del rey Jeroboam reinó Abias sobre Judá[a],

a Deu. 32. 15, 18. 1 Rey. 14. 22.

2 Y reinó tres años en Jerusalem. El nombre de su madre *fué* Michâia[b], hija de Uriel, de Gabaa. Y hubo guerra entre Abias y Jeroboam.

b Cap. 11. 2.

3 Entónces ordenó Abias batalla con un ejército de cuatrocientos mil hombres de guerra valerosos y escogidos: y Jeroboam ordenó batalla contra él con ochocientos mil hombres escogidos, fuertes y valerosos.

4 Y levantóse Abias sobre el monte de Semaraim[c], que es en los montes de Ephraim, y dijo: Oidme, Jeroboam, y todo Israel.

c Jos. 18. 22.

5 ¿No sabeis vosotros que Jehová Dios de Israel dió el reino á David sobre Is-

rael para siempre, á él y á sus hijos[d] en alianza de sal?

6 Pero Jeroboam, hijo de Nabat, siervo de Salomon, hijo de David, se levantó y rebeló contra su señor[e]:

7 Y se allegaron á él hombres vanos[f], hijos de iniquidad, y pudieron mas que Roboam, hijo de Salomon, porque Roboam era mozo[g] y tierno de corazon, y no se defendió de ellos.

8 Y ahora vosotros tratais de fortificaros contra el reino de Jehová en mano de los hijos de David: porque sois muchos, y teneis con vosotros los becerros de oro que Jeroboam os hizo por dioses[h].

9 ¿No echasteis vosotros á los sacerdotes de Jehová, á los hijos de Aaron, y á los Levitas[i], y os habeis hecho sacerdotes á la manera de los pueblos de *otras* tierras, para que cualquiera venga á consagrarse con un becerro y siete carneros[k], y así sea sacerdote de los que no son dioses?

10 Mas en cuanto á nosotros, Jehová *es* nuestro Dios, y no lo hemos dejado: y los sacerdotes que ministran á Jehová *son* los hijos de Aaron, y los Levitas en la obra.

11 Los cuales queman á Jehová los holocaustos cada mañana y cada tarde, y los perfumes aromáticos[l]; y ponen los panes sobre la mesa limpia, y el candelero de oro con sus candilejas para que ardan cada tarde: porque nosotros guardamos la ordenanza de Jehová nuestro Dios; mas vosotros lo habeis dejado.

12 Y hé aquí Dios *está* con nosotros por cabeza, y sus sacerdotes con las trompetas del júbilo[m] para que suenen contra vosotros. Oh hijos de Israel, no peleeis contra Jehová el Dios de vuestros padres[n], porque no os sucederá bien.

13 Pero Jeroboam hizo girar una emboscada para venir á ellos por la espalda; y *estando* así delante de ellos, la emboscada estaba á espaldas de Judá.

14 Y como miró Judá, hé aquí que tenia batalla delante y á las espaldas; por lo que clamaron á Jehová, y los sacerdotes tocaron las trompetas.

15 Entónces los de Judá alzaron grita: y así que ellos alzaron grita, Dios desbarató á Jeroboam y á todo Israel delante de Abias y de Judá.

16 Y huyeron los hijos de Israel delante de Judá, y Dios los entregó en sus manos.

17 Y Abias y su gente hacian en ellos gran mortandad; y cayeron heridos de Israel quinientos mil hombres escogidos.

18 Así fueron humillados los hijos de Israel en aquel tiempo; mas los hijos de Judá se fortificaron, porque se apoyaban en Jehová el Dios de sus padres[o].

19 Y siguió Abias á Jeroboam, y tomóle *algunas* ciudades, á Beth-el con sus aldéas, á Jesana con sus aldéas, y á Ephraim con sus aldéas.

20 Y nunca mas tuvo Jeroboam poderío en los dias de Abias: é hirióle[p] Jehová, y murió.

21 Empero se fortificó Abias; y tomó catorce mujeres, y engendró veinte y dos hijos, y diez y seis hijas.

22 Lo demas de los hechos de Abias, sus caminos, y sus negocios, está escrito en la historia de Iddo profeta[q].

[d] 2 Sa. 7. 12, 16. [e] 1 Rey. 11. 26. y 12. 20. [f] Juec. 9. 4. [g] Cap. 10. 16. [h] 1 Rey. 12. 28. Os. 8. 5, 6. [i] Cap. 11. 14, 15. [k] Ex. 29. 1. Lev. 8. 2. [l] Cap. 2. 4. [m] Nu. 10. 8. Is. 6. 13, 20. [n] Job 9. 4. Jer. 50. 24. Hech. 5. 39. [o] 1 Cr. 5. 20. Sal. 22. 5. Dan. 3. 28. Na. 1. 7. [p] 1 Sa. 25. 38. [q] Cap. 12. 15.

CAPITULO XIV.

Muerto Abias, sucede en el reino su pio hijo Asa, el cual fortifica el reino. Invoca á Dios, y con el favor suyo vence á Zera, Etiope muy poderoso.

Y DURMIO Abias con sus padres, y fué sepultado en la ciudad de David; y reinó en su lugar[a] su hijo Asa, en cuyos dias tuvo sosiego el país por diez años.

2 E hizo Asa lo bueno y recto en los ojos de Jehová su Dios:

3 Porque quitó los altares del *culto* ageno, y[b] los altos, quebró las imágenes, y taló los bosques[c].

4 Y mandó á Judá que buscasen á Jehová el Dios de sus padres, y pusiesen por obra la ley y los mandamientos.

5 Quitó asimismo de todas las ciudades de Judá los altos y las imágenes, y estuvo el reino quieto delante de él.

6 Y edificó ciudades fuertes en Judá, por cuanto habia paz en la tierra, y no habia guerra contra él en aquellos tiempos; porque Jehová le habia dado reposo[d].

7 Dijo por tanto á Judá: Edifiquemos estas ciudades, y cerquémoslas de muros, con torres, puertas, y barras, ya que la tierra es nuestra: porque hemos buscado á Jehová nuestro Dios[e], hémoslo buscado, y él nos ha dado reposo de todas partes. Edificaron pues, y fueron prosperados.

8 Tuvo tambien Asa ejército que traia escudos y lanzas: de Judá trescientos mil, y de Benjamin doscientos y ochenta mil que traian escudos y flechaban arcos; todos hombres diestros.

9 ¶ Y salió contra ellos Zera Etiope con un ejército de mil millares[f], y trescientos carros, y vino hasta Maresa[g].

10 Entónces salió Asa contra él, y ordenaron la batalla en el valle de Sephata junto á Maresa.

11 Y clamó Asa á Jehová su Dios, y dijo[h]: Jehová, no tienes tú mas con el grande que con el que ninguna fuerza tiene, para dar ayuda[i]. Ayúdanos, oh Jehová Dios nuestro, porque en tí nos apoyamos, y en tu nombre[k] venimos contra este ejército. Oh Jehová, tú eres nuestro Dios; no prevalezca contra tí el hombre.

12 Y Jehová deshizo[l] los Etiopes delante de Asa, y delante de Judá, y huyeron los Etiopes.

13 Y Asa, y el pueblo que con él estaba, los siguió hasta Gerar[m]: y cayeron los Etiopes hasta no quedar en ellos aliento *para rehacerse*; porque fueron deshechos delante de Jehová y de su ejército, y *les* tomaron muy grande despojo.

14 Batieron tambien todas las ciudades al rededor de Gerar, porque el terror de Jehová fué sobre ellos[n]: y saquearon todas las ciudades, porque habia en ellas gran despojo.

15 Asimismo dieron sobre las cabañas de los ganados, y trajeron muchas ovejas y camellos, y volviéronse á Jerusalem.

CAPITULO XV.

Confortado Asa de parte de Dios por su profeta, destruye la idolatría, y restablece el divino culto. Hace que el pueblo se confedere con Dios con nuevo pacto, y Dios le prospera.

Y FUE el Espíritu de Dios[a] sobre Azarias, hijo de Oded,

2 Y salió al encuentro á Asa, y díjole: Oidme, Asa, y todo Judá y Benjamin: Jehová *es* con vosotros, si vosotros fuereis con él[b]: y si lo buscáreis, será hallado de vosotros[c]; mas si lo dejáreis, él tambien os dejará[d].

3 Muchos dias ha estado Israel sin verdadero Dios, y sin sacerdote, y sin enseñador[e], y sin ley.

[a] 1 Rey. 15. 8, etc. [b] Cap. 15. 17. 1 Rey. 11. 7. [c] Ex. 34. 13. Deu. 7. 5. [d] Jos. 23. 1. [e] Sal. 105. 3. 4. Jer. 29. [f] Cap. 16. [g] Jos. 15. [h] Cap. 13. Ex. 14. Sal. 18. y 130. 1. [i] 1 Sa. 14. [k] 1 Sa. 17. Pro. 18. [l] Cap. 13. [m] Gen. 20. [n] Cap. 17. Gen. 35. Jos. 2. [a] Cap. 20. y 24. Neh. 9. Juec. 3. [b] Saut. [c] ver. 15. Cap. 33. 13. 1 Cr. 28. Jer. 29. 13. Mat. 7. [d] Cap. 24. Heb. 10. [e] Lev. 10. Mal. 2.

ap. 15. 2.
a. 2. 26.

a Gen. 14. 7.
b Jos. 15. 62.

c Esd. 8. 21.
Jer. 36. 9.
Dan. 9. 3.
Joel 2. 15,
etc.

dir
las
pedir

ó en
n en
atrio

ios pa-
os d, y
de las
tal fu-
quien te

d Deu. 4. 39.
Jos. 2. 11.
Sal. 115. 3.

los mo-
te de tu
simiente
pre f?
lla, y te
rio á tu

e Sal. 44. 2.
f Is. 41. 8.
Sant°. 2. 23.

e nosotros,
ilencia, ó
os delante
(porque tu
y de nues-
s á tí, y tú

g Cap. 6. 28,
30.
h Cap. 6. 20.

los hijos de
del monte de
s no quisiste
venian de la
se apartasen
sen,
n el pago vi-
heredad l, que

i Deu. 2. 4,
9, 19.
k Nu. 20. 21.
l Sal. 83. 12.

no los juzgarás
. no hay fuerza
titud que viene
emos lo que he-
tí *volvemos* nues-

m Sal. 123.
1, 2.

a en pié delante
os, y sus mujeres,

hazíel, hijo de Za-
nias, hijo de Jeiel,
Levita de los hijos
ual vino el espíritu
de la reunion,
dá todo, y vosotros
alem, y tú, rey Jo-
dice así: No temais
delante de esta tan
porque no *es* vuestra
Dios.
nderéis contra ellos:
subirán por la cuesta
aréis junto al arroyo
de Jerus
ra qué

n Is. 65. 24.
Dan. 9. 20,
21.

o Cap. 32. 7, 8.
Ex. 14. 13,
14.
Deu. 7. 20,
20.
y 31. 6, 8.

moth, y Jenathan, y Adonias, y Thobias, y Thobadonias, Levitas; y con ellos á Elisama y á Joram sacerdotes.

9 Y enseñaron en Judá teniendo consigo el libro de la ley de Jehová, y rodearon por todas las ciudades de Judá enseñando al pueblo.

10 ¶ Y cayó el pavor de Jehová sobre todos los reinos de las tierras que estaban alrededor de Judá; que no osaron hacer guerra contra Josaphat [e].

[e] Pro. 16. 7.

11 Y traian de los Philistéos presentes [f] á Josaphat, y tributo de plata. Los Arabes tambien le trajeron ganados, siete mil y setecientos carneros, y siete mil y setecientos machos de cabrío.

[f] 2 Sa. 8. 1, 2.

12 Iba pues Josaphat creciendo altamente; y edificó en Judá fortalezas y ciudades de depósitos.

13 Tuvo ademas muchas obras en las ciudades de Judá [g], y hombres de guerra muy valientes en Jerusalem.

[g] Cap. 26. 10, 15. 1 Cr. 27. 25, 31.

14 Y este *es* el número de ellos segun las casas de sus padres: en Judá gefes de los millares *eran* el general Adna, y con él *habia* trescientos mil hombres muy esforzados.

15 Despues de él el gefe Johanan, y con él doscientos y ochenta mil.

16 Tras éste, Amasias, hijo de Zichri, el cual se habia ofrecido voluntariamente á Jehová [h], y con él doscientos mil hombres valientes.

[h] Jueo. 5. 2, 9. 2 Cor. 8. 5.

17 De Benjamin, Eliada, hombre muy valeroso, y con él doscientos mil armados de arco y escudo.

18 Tras este, Jozabad, y con él ciento y ochenta mil apercibidos para la guerra.

19 Estos eran siervos del rey, sin los que habia el rey puesto en las ciudades [i] de guarnicion por toda Judéa.

[i] ver. 2.

CAPITULO XVIII.

Josaphat sale contra Ramoth de Galaad en union de su consuegro Achâb, á quien falsos profetas prometian la victoria. Por haber anunciado Michêas mal suceso fué puesto en la cárcel; pero se verificó su anuncio, y Achâb murió en la batalla.

TENIA pues Josaphat riquezas y gloria [a] en abundancia, y trabó parentesco con Achâb [b].

[a] Cap. 17. 5. [b] 2 Rey. 8. 18. 2 Cor. 6. 14.

2 Y despues de *algunos* años [c] descendió á Achâb á Samaria; por lo que mató Achâb muchas ovejas y bueyes para él, y para la gente que con él *venia*: y persuadióle que fuese *con él* á Ramoth de Galaad.

[c] 1 Rey. 22. 2, etc.

3 Y dijo Achâb, rey de Israel, á Josaphat rey de Judá: ¿ Quieres venir conmigo á Ramoth de Galaad ? Y él respondió: Como yo, así tambien tú; y como tu pueblo, así tambien mi pueblo: *irémos* contigo á la guerra.

4 Ademas dijo Josaphat al rey de Israel: Ruégote que consultes hoy la palabra de Jehová [d].

[d] 1 Sa. 23. 2, 4, 9. 2 Sa. 2. 1.

5 Entónces el rey de Israel juntó cuatrocientos profetas, y díjoles: ¿ Irémos á la guerra contra Ramoth de Galaad, ó estaréme yo quieto ? Y ellos dijeron: Sube, que Dios los entregará en mano del rey [e].

[e] Jer. 23. 14. y 28. 1, etc.

6 Mas Josaphat dijo: ¿ Hay aun aquí algun profeta de Jehová, para que por él preguntemos ?

7 Y el rey de Israel respondió á Josaphat: Aun hay aquí un hombre por el cual podemos preguntar á Jehová: mas yo lo aborrezco [f], porqué nunca me profetiza cosa buena, sino siempre mal. Este *es* Michêas, hijo de Imla. Y respondió Josaphat: No hable así el rey.

[f] Pro. 12. 1. Amos 5. 10.

8 Entónces el rey de Israel llamó un eunuco, y díjole: Haz venir luego á Michêas, hijo de Imla.

9 Y el rey de Israel y Josaphat, rey de Judá, estaban sentados cada uno en su trono, vestidos de sus ropas; y estaban sentados en la era á la entrada de la puerta de Samaria, y todos los profetas profetizaban delante de ellos.

10 Y Sedechias, hijo de Chênaana, se habia hecho *unos* cuernos de hierro, y decia: Así ha dicho Jehová: Con estos acornearás á los Siros hasta destruirlos del todo.

11 De esta manera profetizaban tambien todos los profetas, diciendo: Sube á Ramoth de Galaad, y sé prosperado; porque Jehová *la* entregará en mano del rey.

12 Y el mensajero que habia ido á llamar á Michêas, le habló diciendo: Hé aquí las palabras de los profetas á una boca *anuncian* al rey bienes; yo pues te ruego que tu palabra sea como la de uno de ellos, que hables bien [g].

[g] Is. 30. 10.

13 Y dijo Michêas: Vive Jehová, que lo que mi Dios me dijere, eso hablaré [h]. Y vino al rey.

[h] Nu. 22. 18, 20. y 23. 12, 26. y 24. 13.

14 Y el rey le dijo: Michêas, ¿ irémos á pelear contra Ramoth de Galaad, ó estaréme yo quieto ? Y él respondió: Subid, que seréis prosperados, que serán entregados en vuestras manos.

15 Y el rey le dijo: ¿ Hasta cuantas veces te conjuraré por el nombre de Jehová que no me hables sino la verdad ?

16 Entónces él dijo: He visto á todo Israel derramado por los montes como ovejas sin pastor: y dijo Jehová: Estos no tienen señor; vuélvase cada uno en paz á su casa.

17 Y el rey de Israel dijo á Josaphat: ¿ No te habia yo dicho *que* no me profetizaria bien, sino mal ?

18 Entónces él dijo: Oid pues palabra de Jehová: Yo he visto á Jehová sentado en su trono [i], y todo el ejército de los cielos [k] estaba á su mano derecha y á su izquierda.

[i] Is. 16. 1, etc. Dan. 7. 9, 10. Hech. 7. 55. [k] Job 1. 6. y 2. 1. Sal. 103. 2[illegible]

19 Y Jehová dijo: ¿ Quien inducirá á Achâb rey de Israel, para que suba, y caiga en Ramoth de Galaad ? Y uno decia así, y otro decia de otra manera.

20 Mas salió un espíritu, que se puso delante de Jehová, y dijo: Yo lo induciré [l]. Y Jehová le dijo: ¿ De que modo ?

[l] Job 12. 16. 2 Tes. 2. 11, 12.

21 Y él dijo: Saldré, y seré espíritu de mentira en la boca de todos sus profetas. Y *Jehová* dijo: Incita, y tambien prevalece: sal, y hazlo así.

22 Y hé aquí ahora ha puesto Jehová espíritu de mentira en la boca de estos tus profetas [m]; mas Jehová ha decretado el mal acerca de tí.

[m] Is. 19. [illegible] Ez. 14. 9.

23 Entónces Sedechias, hijo de Chênaana, se llegó á él, é hirió á Michêas en la mejilla [n], y dijo: ¿ Por que camino se apartó de mí el espíritu de Jehová, para hablarte á tí ?

[n] Jer. 20. [illegible] Mar. 14. [illegible] Hech. 23. [illegible]

24 Y Michêas respondió: Hé aquí tú lo verás aquel dia, cuando te entrarás de cámara en cámara para esconderte.

25 Entónces el rey de Israel dijo: Tomad á Michêas, y volvedlo á Amon, gobernador de la ciudad, y á Joas hijo del rey,

26 Y diréis: El rey ha dicho así: Poned á este en la cárcel [o], y sustentadle con pan de afliccion, y agua de angustia [p], hasta que yo vuelva en paz.

[o] Cap. 16. 1[illegible] [p] Is. 30. 2[illegible]

27 Y Michêas dijo: Si tú volvieres en paz, Jehová no ha hablado por mí [q]. Dijo ademas: Oid *esto*, pueblos todos.

[q] Nu. 16. [illegible]

28 Subió pues el rey de Israel, y Josaphat rey de Judá, á Ramoth de Galaad.

) Y dijo el rey de Israel á Josaphat:
me disfrazaré para entrar en la ba-
la; mas tú vístete tus vestidos. Y
frazóse[r] el rey de Israel, y entró en
batalla.
) Habia el rey de Siria mandado á los
pitanes de los carros, que tenia con-
o, diciendo: No peleeis con chico ni
grande, sino solo con el rey de Is-
l.
Y como los capitanes de los carros
ron á Josaphat, dijeron: Este es el
de Israel. Y cercáronle para pelear;
Josaphat clamó, y ayudóle[s] Jeho-
y apartólos Dios de él:
Pues viendo los capitanes de los car-
que no era el rey de Israel, desisti-
n de acosarle.
Mas disparando uno el arco á la
tura, hirió al rey de Israel entre las
turas y el coselete. El entónces dijo
carretero: Vuelve tu mano, y sácame
campo, porque estoy mal *herido*.
Y arreció la batalla aquel dia: por
que estuvo el rey de Israel en pié en
carro enfrente de los Siros hasta la
de; mas murió á puestas del sol.

CAPITULO XIX.

*phat es reprendido de Dios por haber dado
uda al impío Achâb. Restablece con gran
ligencia el divino culto y la justicia en su
erra.*

JOSAPHAT, rey de Judá, se vol-
vió en paz á su casa en Jerusalem.
Y salióle al encuentro Jehú el vi-
nte[a], hijo de Hanani, y dijo al rey
aphat: ¿Al impío das ayuda, y amas
s que aborrecen á Jehová[b]? pues la
de la presencia de Jehová será sobre
or ello.
Empero se han hallado en tí buenas
as[c], porque cortaste de la tierra los
ques, y has apercibido tu corazon á
car á Dios[d].
¶ Habitó pues Josaphat en Jerusa-
; mas daba vuelta y salia al pue-
desde Beer-sebah hasta el monte de
hraim, y reducíalos á Jehová el Dios
sus padres.
Y puso en la tierra jueces[e] en todas
ciudades fuertes de Judá, por todos
lugares.
Y dijo á los jueces: Mirad lo que
ceis; porque no juzgais en lugar de
mbre, sino en lugar de Jehová[f], el
l está con vosotros en el negocio del
cio[g].
Sea pues con vosotros el temor de
hová: guardad y haced *lo justo*: por-
en Jehová nuestro Dios no hay ini-
idad[h], ni aceptacion de personas[i], ni
ibir cohecho.
Y puso tambien Josaphat en Jeru-
em *algunos* de los Levitas[k], y sacer-
tes, y de los padres de familias de Is-
el, para el juicio de Jehová y para las
usas: y recurrian á Jerusalem.
Y mandóles diciendo: Procederéis
mismo con temor de Jehová, con ver-
d, y con corazon íntegro.
) En cualquier causa que viniere á
otros de vuestros hermanos que ha-
an en las ciudades, entre sangre y
ngre, entre ley y precepto, estatutos ó
rechos, habeis de amonestarlos que no
quen contra Jehová, porque no venga
sobre vosotros y sobre vuestros her-
anos[l]. Obrando así, no pecaréis.
1 Y hé aquí Amarias sacerdote *será*
que os presida en todo negocio de
hová[m]; y Zebadias, hijo de Ismael,
íncipe de la casa de Judá, en todos
negocios del rey: tambien los Levi-
serán oficiales en presencia de vos-
otros. Esforzáos pues y obrad; que Je-
hová será con el bueno[n].

[a] Cap. 16. 2. Ec. 3. 26.

CAPITULO XX.

Josaphat, acometido de enemigos mas fuertes que él, implora el favor de Dios, y con su auxilio los vence y despoja, y vuélvese á Jerusalem victorioso y triunfante. Es despues reprendido de Dios por haber hecho amistad con el impío Ochôzias, rey de Israel.

PASADAS estas cosas aconteció que los hijos de Moab y de Ammon, y con ellos *otros* fuera de los Ammonitas, vinieron contra Josaphat á la guerra.

2 Y acudieron, y dieron aviso á Josaphat diciendo: Contra tí viene una grande multitud de la otra parte de la mar, y de la Siria; y hé aquí ellos *están* en Hazezonthamar[a], que es Engaddi[b].

3 Entónces él tuvo temor: y puso Josaphat su rostro para consultar á Jehová, é hizo pregonar ayuno[c] á todo Judá.

4 Y juntáronse *los* de Judá para pedir *socorro* á Jehová: y tambien de todas las ciudades de Judá vinieron á pedir á Jehová.

[a] Gen. 14. 7. [b] Jos. 15. 62. [c] Esd. 8. 21. Jer. 36. 9. Dan. 9. 3. Joel 2. 15, etc.

5 Púsose entónces Josaphat en pié en la reunion de Judá y de Jerusalem en la casa de Jehová, delante del atrio nuevo,

6 Y dijo: Jehová Dios de nuestros padres, ¿no eres tú Dios en los cielos[d], y te enseñoreas en todos los reinos de las Gentes? ¿No está en tu mano tal fuerza y potencia, que no hay quien te resista?

[d] Deu. 4. 39. Jos. 2. 11. Sal. 115. 3.

7 Dios nuestro, ¿no echaste tú los moradores de aquesta tierra delante de tu pueblo Israel[e], y la diste á la simiente de Abraham tu amigo para siempre[f]?

[e] Sal. 44. 2. [f] Is. 41. 8. Sant°. 2. 23.

8 Y ellos han habitado en ella, y te han edificado en ella santuario á tu nombre, diciendo:

9 Si mal *alguno* viniere sobre nosotros, ó espada de castigo, ó pestilencia, ó hambre[g], presentarnos hemos delante de esta casa, y delante de tí, (porque tu nombre *está* en esta casa[h],) y de nuestras tribulaciones clamarémos á tí, y tú nos oirás y salvarás.

[g] Cap. 6. 28, 30. [h] Cap. 6. 20.

10 Ahora pues, hé aquí los hijos de Ammon y de Moab, y *los del* monte de Seir, *á la tierra de* los cuales no quisiste que pasase Israel[i], cuando venian de la tierra de Egipto, sino que se apartasen de ellos[k], y no los destruyesen,

[i] Deu. 2. 4, 9, 19. [k] Nu. 20. 21.

11 Hé aquí ellos nos dan el pago viniendo á echarnos de tu heredad[l], que tú nos diste á poseer.

[l] Sal. 83. 12.

12 ¡Oh Dios nuestro! ¿no los juzgarás tú? Porque en nosotros no hay fuerza contra tan grande multitud que viene contra nosotros: no sabemos lo que hemos de hacer, mas á tí *volvemos* nuestros ojos[m].

[m] Sal. 123. 1, 2.

13 Y todo Judá estaba en pié delante de Jehová, con sus niños, y sus mujeres, y sus hijos.

14 Y estaba allí[n] Jahaziel, hijo de Zachârias, hijo de Benaias, hijo de Jeiel, hijo de Mathanias, Levita de los hijos de Asaph, sobre el cual vino el espíritu de Jehová en medio de la reunion,

[n] Is. 65. 24. Dan. 9. 20, 21.

15 Y dijo: Oid, Judá todo, y vosotros moradores de Jerusalem, y tú, rey Josaphat; Jehová os dice así: No temais ni os amedrenteis[o] delante de esta tan grande multitud, porque no *es* vuestra la guerra, sino de Dios.

[o] Cap. 32. 7, 8. Ex. 14. 13, 14. Deu. 1. 29, 30. y 31. 6, 8.

16 Mañana descenderéis contra ellos: hé aquí que ellos subirán por la cuesta de Sis, y los hallaréis junto al arroyo antes del desierto de Jeruel.

17 No habrá para qué vosotros peleeis

p Is. 30. 15. Lam. 3. 26. en este *caso*: paraos[p], estad *quedos*, y
ved la salud de Jehová con vosotros.
Oh Judá y Jerusalem, no temais ni des-
mayeis; salid mañana contra ellos, que
q Nu. 14. 9. Rom. 8. 31. Jehová será con vosotros[q].
18 Entónces Josaphat inclinóse rostro
por tierra, y asimismo todo Judá y los
moradores de Jerusalem se postraron de-
lante de Jehová, y adoraron á Jehová.
19 Y levantáronse los Levitas de los
hijos de Coath, y de los hijos de Core,
para alabar á Jehová el Dios de Israel á
grande y alta voz.
20 Y como se levantaron por la ma-
ñana, salieron por el desierto de The-
coa: y mientras ellos salian, Josaphat
estando en pié dijo: Oidme, Judá, y
moradores de Jerusalem: Creed á Je-
r Is. 7. 9. Heb. 11. 6. hová vuestro Dios, y seréis seguros[r]:
creed á sus profetas, y seréis prospe-
rados.
21 Y habido consejo con el pueblo, pu-
so á algunos que cantasen á Jehová, y
alabasen en la hermosura de la santi-
s 1 Cr. 16. 29. dad[s], mientras que salia la gente ar-
mada, y dijesen: Glorificad á Jehová,
porque su misericordia es para siempre.
22 Y como comenzaron con clamor y
con alabanza, puso Jehová contra los
hijos de Ammon, de Moab, y del monte
de Seir, las emboscadas *de ellos mismos*
que venian contra Judá, y matáronse
los unos á los otros:
23 Pues los hijos de Ammon y Moab
se levantaron contra los del monte de
Seir, para matarlos y destruirlos; y co-
mo hubieron acabado á los del monte
Seir, cada cual ayudó á la destruccion
t Jue. 7. 22. 1 Sa. 14. 20. de su compañero[t].
24 Y luego que vino Judá á la atalaya
del desierto, miraron hácia la multitud;
u Ex. 14. 30. 1 Cr. 5. 22. Is. 37. 36. mas hé aquí yacian ellos en tierra[u] mu-
ertos, que ninguno habia escapado.
25 Viniendo entónces Josaphat y su
pueblo á despojarlos, hallaron en ellos
muchas riquezas entre los cadáveres,
así vestidos como preciosos enseres, los
cuales tomaron para sí; *tantos*, que no
los podian llevar: tres dias duró el des-
pojo, porque era mucho.
26 Y al cuarto dia se juntaron en el
‖ bendicion. valle de Beracah ‖: porque allí bendi-
jeron á Jehová, y por esto llamaron el
nombre de aquel paraje el valle de Be-
racah hasta hoy.
27 Y todo Judá y los de Jerusalem, y
Josaphat á la cabeza de ellos, volvieron
para tornarse á Jerusalem con gozo,
porque Jehová les habia dado gozo de
sus enemigos.
28 Y vinieron á Jerusalem con salte-
rios, harpas, y bocinas, á la casa de
Jehová.
29 Y fué el pavor de Dios sobre todos
los reinos de aquella tierra, cuando oye-
ron que Jehová habia peleado contra los
enemigos de Israel.
30 Y el reino de Josaphat tuvo reposo;
porque su Dios le dió reposo de todas
x Cap. 15. 15. Job 34. 29. partes[x].
y 1 Rey. 22. 41, etc. 31 ¶ Así reinó Josaphat sobre Judá[y]:
de treinta y cinco años era cuando co-
menzó á reinar, y reinó veinte y cinco
años en Jerusalem. El nombre de su
madre fué Azuba, hija de Silhi.
32 Y anduvo en el camino de Asa su
padre, sin apartarse de él, haciendo lo
que era recto en los ojos de Jehová.
z Cap. 17. 6. 33 Con todo eso los altos no eran qui-
a Cap. 12. 14. y 19. 3. Deu. 29. 4. tados[z]; que el pueblo aun no habia
enderezado su corazon[a] al Dios de sus
padres.
34 Lo demas de los hechos de Josa-
phat, primeros y postreros, hé aquí es-
tan escritos en las palabras de Jehú,
hijo de Hanani, del cual es hecha men-
cion en el libro de los reyes de Israel.
35 Pasadas estas cosas, Josaphat, rey
de Judá, trabó amistad con Ochôzias
rey de Israel, el cual fué dado á la im-
piedad:
36 E hizo con él compañía para apare-
jar navíos que fuesen á Tharsis[b]. Y b 1 Rey. 22. 48, 49.
construyeron los navíos en Esion-geber.
37 Entónces Eliezer, hijo de Dodava
de Maresah, profetizó contra Josaphat
diciendo: Por cuanto has hecho com-
pañía con Ochôzias, Jehová destruirá
tus obras[c]. Y los navíos se rompieron, c Jos. 7. 11, 12. Pro. 13. 20.
y no pudieron ir á Tharsis[d]. d Cap. 9. 21.

CAPITULO XXI.

A Josaphat sucede Joram su hijo, el cual mata á sus hermanos, y sigue las impiedades de Achâb. Iduméa y Libna se le rebelan. Saquéanle los Philistéos y los Arabes, y al cabo muere de una enfermedad horrorosa, conforme á las amenazas de Dios por letras del profeta Elías.

Y DURMIO Josaphat con sus pa-
dres[a], y sepultáronlo con sus pa- a 1 Rey. 22. 50.
dres en la ciudad de David: y reinó en
su lugar Joram su hijo.
2 Este tuvo *por* hermanos, hijos de
Josaphat, á Azarías, Jehiel, Zacharías,
Azarías, Michâel, y Sephatías. Todos
estos *fueron* hijos de Josaphat, rey de
Israel.
3 Y su padre les habia dado muchos
dones de oro y de plata, y cosas preci-
osas, y ciudades fuertes en Judá: mas
habia dado el reino á Joram[b], porque él b 2 Rey. 8. 16, etc.
era el primogénito.
4 Fué pues elevado Joram al reino de
su padre; y luego que se hizo fuerte,
mató á cuchillo á todos sus hermanos,
y asimismo *á algunos* de los príncipes
de Israel.
5 Cuando comenzó á reinar era de tre-
inta y dos años, y reinó ocho años en
Jerusalem.
6 Y anduvo en el camino de los reyes
de Israel, como hizo la casa de Achâb;
porque tenia por mujer la hija de A-
châb[c], é hizo lo malo en ojos de Jehová. c Cap. 18. 1.
7 Mas Jehová no quiso destruir la casa
de David, á causa de la alianza que con
David habia hecho, y porque le habia
dicho que le daria lámpara á él y á sus
hijos perpetuamente[d]. d 2 Sa. 7. 13. 1 Rey. 11. 36.
8 En los dias de este se rebeló la Idu-
méa, para no estar bajo el poder de Judá,
y pusieron rey sobre sí[e]. e 2 Rey. 8. 20.
9 Entónces pasó Joram con sus prín- e Gen. 27. 40.
cipes, y *llevó* consigo todos sus carros; y
levantóse de noche, é hirió á los Idu-
méos que le habian cercado, y á todos
los comandantes de sus carros.
10 Con todo eso Edom quedó rebelado,
sin estar bajo la mano de Judá hasta
hoy. Tambien se rebeló en el mismo
tiempo Libna para no estar bajo de su
mano; por cuanto él habia dejado á Je-
hová el Dios de sus padres.
11 Demás de esto hizo altos en los mon-
tes de Judá, é hizo que los moradores de
Jerusalem fornicasen[f], y *á ello* impelió f Lev. 20. 5. Ap. 2. 20.
á Judá.
12 Y viniéronle letras del profeta Elías,
que decian *de esta suerte*: Jehová, el
Dios de David tu padre, ha dicho así:
Por cuanto no has andado en los cami-
nos de Josaphat tu padre, ni en los ca-
minos de Asa, rey de Judá,
13 Antes has andado en el camino de g Ex. 34. 15. Deu. 31. 16. Jer. 3. 8.
los reyes de Israel, y has hecho que for-
nicase Judá[g], y los moradores de Jeru-
salem, como fornicó la casa de Achâb[h], h 1 Rey. 21. 25. 2 Rey. 9. 22.
y ademas has muerto[i] á tus hermanos, i ver. 4.
á la familia de tu padre, los cuales eran
mejores que tú;

14 Hé aquí Jehová herirá tu pueblo de una grande plaga, y á tus hijos, y á tus mujeres, y á toda tu hacienda:

15 Y á ti con muchas enfermedades, con enfermedad de tus entrañas, hasta que las entrañas se te salgan á causa de la enfermedad de cada dia.

16 Entónces despertó[k] Jehová contra Joram el espíritu de los Philistéos, y de los Arabes, que estaban junto á los Etiopes:

17 Y subieron contra Judá, é invadieron la tierra, y tomaron toda la hacienda que hallaron en la casa del rey, y á sus hijos, y á sus mujeres; que no le quedó hijo, sino Joachâz[l] el menor de sus hijos.

18 Despues de todo esto Jehová lo hirió en las entrañas[m] de una enfermedad incurable.

19 Y aconteció que pasando un dia tras otro, al fin al cabo de dos años las entrañas se le salieron con la enfermedad, muriendo así de enfermedad muy penosa. Y no le hicieron quema *los de su pueblo*, como las habian hecho á sus padres[n].

20 Cuando comenzó á reinar era de treinta y dos años, y reinó en Jerusalem ocho años: y fuése sin *dejar de sí* deseo. Y[o] sepultáronlo en la ciudad de David, mas no en los sepulcros de los reyes.

CAPITULO XXII.

Sucede á Joram Ochôzias su hijo, á quien mata Jehú, y tambien á Joram rey de Israel. Athalia destruye toda la sucesion real, excepto á Joas, que fué escondido por la mujer del pontífice Joiada.

Y LOS moradores de Jerusalem hicieron rey, en lugar suyo, á Ochôzias[a] su menor hijo: porque la tropa que habia venido con los Arabes al campo, habia muerto todos los mayores; por lo cual reinó Ochôzias, hijo de Joram, rey de Judá.

2 Cuando Ochôzias comenzó á reinar era de cuarenta y dos años, y reinó un año en Jerusalem. El nombre de su madre *fué* Athalia[b], hija de Omri.

3 Tambien él anduvo en los caminos de la casa de Achâb; porque su madre le aconsejaba á obrar impíamente[c].

4 Hizo pues lo malo en ojos de Jehová, como la casa de Achâb; porque despues de la muerte de su padre ellos le aconsejaron para su perdicion.

5 Y él anduvo en los consejos de ellos[d], y fué á la guerra con Joram hijo de Achâb, rey de Israel, contra Hazael rey de Siria, á Ramoth de Galaad, donde los Siros hirieron á Joram.

6 Y se volvió para curarse en Jezreel de las heridas que[e] le habian hecho en Rama, peleando con Hazael rey de Siria. Y descendió Azarias[f], hijo de Joram rey de Judá, á visitar á Joram, hijo de Achâb, en Jezreel, porque allí estaba enfermo.

7 Esto empero *venia* de Dios[g], para que Ochôzias fuese hollado viniendo á Joram: porque siendo venido, salió con Joram contra Jehú hijo de Namsi, al cual Jehová habia ungido para que talase la casa de Achâb.

8 Y fué, que haciendo juicio Jehú con la casa de Achâb, halló á los príncipes de Judá, y á los hijos de los hermanos de Ochôzias, que servian á Ochôzias, y matólos[h].

9 Y buscando á Ochôzias, el cual se habia escondido en Samaria, tomáronlo y trajéronlo á Jehú, y le mataron[i]; y diéronle sepultura, porque dijeron: Es hijo de Josaphat, el cual buscó á Jehová de todo su corazon[k]. Y la casa de Ochôzias no tenia fuerzas para poder retener el reino.

10 ¶ Entónces Athalia, madre de Ochôzias, viendo que su hijo era muerto, levantóse y destruyó toda la simiente real de la casa de Judá[l].

11 Empero Josabeth[m], hija del rey, tomó á Joas hijo de Ochôzias, y arrebatólo de entre los hijos del rey, que mataban, y guardóle á él y á su ama en la cámara de los lechos. Así pues lo escondió Josabeth, hija del rey Joram, mujer de Joiada el sacerdote, (porque ella era hermana de Ochôzias,) de delante de Athalia, y no lo mataron.

[l] 2 Rey. 11. 1, etc.
[m] 2 Rey. 11. 2, etc.

12 Y estuvo con ellos escondido en la casa de Dios seis años. Entre tanto Athalia reinaba en el pais.

CAPITULO XXIII.

El pontífice Joiada unge á Joas por rey de Judá, y es muerta Athalia. Es destruida la idolatría, y restablecido el divino culto.

MAS al séptimo año[a] se animó Joiada, y tomó consigo en alianza á los centuriones Azarias, hijo de Jeroham, y á Ismael, hijo de Johanan, y á Azarias, hijo de Obed, y á Maasias, hijo de Adaias, y á Elisaphat, hijo de Zichri:

[a] 2 Rey. 11. 4, etc.

2 Los cuales rodeando por Judá juntaron los Levitas de todas las ciudades de Judá, y los príncipes de las familias de Israel, y vinieron á Jerusalem.

3 Y toda la multitud hizo alianza con el rey[b] en la casa de Dios, y él les dijo: Hé aquí el hijo del rey, el cual reinará, como Jehová lo tiene dicho de los hijos de David[c].

[b] 2 Sa. 5. 3.
[c] Cap. 21. 7. 2 Sa. 7. 12, 16. 1 Rey. 9. 5. Sal. 89. 29.

4 Lo que habeis de hacer es, *que* la tercera parte de vosotros, los que entran de semana, *estarán* de porteros con los sacerdotes y los Levitas;

5 Y la *otra* tercera parte, á la casa del rey; y la *otra* tercera parte á la puerta del Fundamento: y todo el pueblo *estará* en los patios de la casa de Jehová.

6 Y ninguno entre en la casa de Jehová, sino los sacerdotes y Levitas que sirven[d]: estos entrarán, porque estan consagrados, y todo el pueblo hará la guardia de Jehová.

[d] 1 Cr. 23. 28, 29.

7 Y los Levitas rodearán al rey por todas partes, y cada uno tendrá sus armas en la mano; y cualquiera que entrare en la casa, muera[e]: y estaréis con el rey cuando entrare y cuando saliere.

[e] Nu. 3. 10, 38.

8 Y los Levitas y todo Judá lo hicieron todo como lo habia mandado el sacerdote Joiada; y tomó cada uno los suyos, los que entraban de semana, y los que salian el sábado: porque el sacerdote no dió licencia á las compañías[f].

[f] 1 Cron. XXIV. y XXV.

9 Dió tambien el sacerdote Joiada á los centuriones las lanzas, paveses y escudos que habian sido del rey David, que *estaban* en la casa de Dios[g].

[g] 2 Sa. 8. 7.

10 Y puso en órden á todo el pueblo, teniendo cada uno su espada en la mano, desde el rincon derecho del templo hasta el izquierdo hácia el altar y la casa, en derredor del rey por todas partes.

11 Entónces sacaron al hijo del rey, y pusiéronle la corona y el testimonio[h], é hiciéronlo rey: y Joiada y sus hijos le ungieron, diciendo luego: Viva el rey.

[h] Deu. 17. 18, 20.

12 Y como Athalia oyó el estruendo de la gente que corria, y de los que bendecian al rey, vino al pueblo á la casa de Jehová:

13 Y mirando vió al rey que estaba junto á su columna á la entrada, y los príncipes y los trompetas junto al rey, y

i Pro. 11. 10. que todo el pueblo de la tierra hacia
alegrías *i*, y sonaban bocinas, y canta-
ban con instrumentos de música los que
sabian alabar. Entónces Athalia rasgó
sus vestidos, y dijo: Conjuracion, Con-
juracion.
14 Y sacando el pontífice Joiada los
centuriones y capitanes del ejército, dí-
joles: Sacadla fuera del recinto; y el
que la siguiere, muera á cuchillo: por-
que el sacerdote habia mandado que no
la matasen en la casa de Jehová.
15 Ellos pues le echaron mano, y luego
que hubo ella pasado la entrada de la
puerta de los caballos de la casa del rey,
k Sal. 55. 23. Sant°. 2. 13. allí la mataron *k*.
16 ¶ Y Joiada hizo pacto entre sí y
todo el pueblo y el rey, que serian pue-
l Deu. 26. 17, 19. blo de Jehová *l*.
17 Despues de esto entró todo el pue-
blo en el templo de Baal, y derribáronlo,
y tambien sus altares, é hicieron pedazos
sus imágenes, y mataron delante de los
m Deu. 13. 9. altares á Mathan *m*, sacerdote de Baal.
18 Luego ordenó Joiada los oficios en
la casa de Jehová bajo la mano de los
sacerdotes y Levitas, segun David los
n 1 Cron. XXIII. y XXIV. habia distribuido *n* en la casa de Jehová,
para ofrecer á Jehová los holocaustos,
o Num. XXVIII. como está escrito en la ley de Moises *o*,
con gozo y cantares, conforme á la or-
denacion de David.
p 1 Cr. 26. 1, etc. 19 Puso tambien porteros *p* á las pu-
ertas de la casa de Jehová, para que por
ninguna via entrase ningun inmundo.
q 2 Rey. 11. 19. 20 Tomó despues los centuriones *q*, y
los principales, y los que gobernaban el
pueblo, y á todo el pueblo de la tierra, y
llevó al rey de la casa de Jehová; y vi-
niendo hasta el medio de la puerta mayor
de la casa del rey, sentaron al rey sobre
el trono del reino.
21 Y todo el pueblo del pais hizo ale-
r Sal. 58. 10, 11. grías *r*: y la ciudad estuvo quieta, mu-
erto que hubieron á Athalia á cuchillo.

CAPITULO XXIV.

Joas, pervertido despues de la muerte de Joiada, hace matar á Zachârias hijo de este. Irrupcion de los Siros, y muerte violenta de Joas por conspiracion de los suyos.

DE siete años *era* Joas cuando co-
a 2 Rey. 11. 21. y 12. 1, etc. menzó á reinar *a*, y cuarenta años
reinó en Jerusalem. El nombre de su
madre *fué* Sibia, de Beersebah.
2 E hizo Joas lo recto en los ojos de
Jehová todos los dias de Joiada el sa-
b Cap. 26. 5. Is. 29. 13. cerdote *b*.
3 Y tomó para él Joiada dos mujeres, y
engendró hijos é hijas.
4 Despues de esto aconteció que Joas
tuvo voluntad de reparar la casa de Je-
c 2 Rey. 12. 4. hová *c*.
5 Y juntó los sacerdotes y los Levitas,
y díjoles: Salid por las ciudades de Ju-
dá, y juntad dinero de todo Israel, para
que cada año sea reparada la casa de
vuestro Dios; y vosotros poned diligen-
cia en el negocio. Mas los Levitas no
pusieron diligencia.
6 Por lo cual el rey llamó á Joiada el
principal, y díjole: ¿Por qué no has
procurado que los Levitas traigan de
Judá y de Jerusalem al tabernáculo del
testimonio la ofrenda que *constituyó* Moi-
d Ex. 30. 12, 16. ses *d*, siervo de Jehová, y *de* la congre-
gacion de Israel?
7 Porque la impía Athalia y sus hijos
habian destruido la casa de Dios, y ade-
e Ex. 16. 17, 19. Os. 2. 8, 13. mas habian gastado en los ídolos *e* todas
las cosas consagradas á la casa de Je-
hová.
8 Mandó pues el rey que hiciesen un
f 2 Rey. 12. 9. arca *f*, la cual pusieron fuera á la puerta
de la casa de Jehová.
9 E hicieron pregonar en Judá y en
Jerusalem, que trajesen á Jehová la
ofrenda que Moises siervo de Dios *habia*
constituido á Israel en el desierto.
10 Y todos los principes y todo el pue-
blo se holgaron *g*, y traian, y echaban en *g* 2 Cor. 9. 7.
el arca hasta henchirla.
11 Y como venia el tiempo para llevar
el arca al magistrado del rey por mano
de los Levitas, cuando veian que habia
mucho dinero, venia el escriba del rey,
y el que estaba puesto por el sumo sa-
cerdote, y llevaban el arca, y vaciábanla,
y volvíanla á su lugar: y así lo hacian
de dia en dia, y recogian mucho dinero;
12 El cual daba el rey, y Joiada, á los
que hacian la obra del servicio de la
casa de Jehová, y tomaban canteros y
oficiales que reparasen la casa de Je-
hová, y herreros, y metalarios para com-
poner la casa de Jehová.
13 Hacian pues los oficiales la obra, y
por sus manos fué la obra restaurada, y
restituyeron la casa á su condicion, y la
consolidaron.
14 Y cuando hubieron acabado, tra-
jeron lo que quedaba del dinero al rey
y á Joiada, é hicieron de él vasos para
la casa de Jehová, vasos para el ser-
vicio, morteros, cucharas, vasos de oro
y de plata. Y sacrificaban holocaustos
continuamente en la casa de Jehová to-
dos los dias de Joiada.
15 ¶ Mas Joiada envejeció, y murió
harto de dias: de ciento y treinta años
era cuando murió.
16 Y sepultáronlo en la ciudad de David
con los reyes, por cuanto habia hecho
bien con Israel, y para con Dios, y con
su casa.
17 ¶ Muerto Joiada, vinieron los prín-
cipes de Judá, é hicieron acatamiento al
rey; y el rey los oyó.
18 Y desampararon la casa de Jehová
el Dios de sus padres, y sirvieron á los
bosques y á las imágenes esculpidas *h*: y *h* 1 Rey. [...] 23.
la ira vino sobre Judá y Jerusalem por
este su pecado *i*. *i* Cap. 28. [...] y 29. 8. y 36. 14. Juec. 5. [...] Os. 5. 10, 14. Soph. 1. [...] Ef. 5. 6.
19 Y envióles profetas *k*, para que los
redujesen á Jehová, los cuales les pro-
testaron; mas ellos no los escucharon *l*.
20 Y el espíritu de Dios invistió *m* á Za-
chârias, hijo de Joiada el sacerdote, el
cual estando sobre el pueblo les dijo:
Así ha dicho Dios: ¿Por qué quebran- *k* Jer. 7. [...] 26. y 25. 4. y 26. 5.
tais los mandamientos de Jehová? No
os vendrá bien de ello *n*; porque por
haber dejado á Jehová, él tambien os *l* Hech. 7. [...]
dejará *o*. *m* Juec. 6. [...] *n* Nu. 14. [...] *o* Cap. 15. [...]
21 Mas ellos hicieron conspiracion *p*
contra él, y cubriéronlo de piedras *q* por *p* Jer. 18. [...]
mandato del rey en el patio de la casa *q* Mat. 21. [...] y 23. 35. Hech. 7. [...] 59.
de Jehová.
22 No tuvo pues memoria el rey Joas
de la misericordia que su padre Joiada
habia hecho con él; ántes matóle su
hijo *r*, el cual dijo al morir: Jehová lo *r* Pro. 17. [...]
vea, y lo requiera *s*. *s* Sal. 10. [...] Jer. 51. [...] Luc. 11. [...] 2 Tim. 4. [...]
23 ¶ A la vuelta del año subió contra
él el ejército de Siria; y vinieron á Judá
y á Jerusalem, y destruyeron en el pue-
blo á todos los principales de él, y en-
viaron todos sus despojos al rey á Da-
masco.
24 Porque *aunque* el ejército de Siria
habia venido con poca gente *t*, les en- *t* Lev. 26. [...] Deu. 32. [...] Is. 30. [...]
tregó en sus manos un ejército muy nu-
meroso *u*, por cuanto habian dejado á *u* Lev. 26. [...] Deu. 28. [...] 48.
Jehová el Dios de sus padres: y con
Joas hicieron juicios.
25 Y yendose de él *los Siros*, dejáronlo
en muchas enfermedades; y conspiraron
contra él sus siervos á causa de las san-
gres de los hijos de Joiada *x* el sacer- *x* ver. 21.
dote, é hiriéronle en su cama, y murió:

[illegible] en la ciudad de David,
[illegible] de
[illegible]
[illegible] contra él fue-
[illegible] hijo de [illegible], Amme-
[illegible], hijo de Simrith, Mo-
[illegible]
[illegible], y de la multiplicacion
[illegible] de la instaura-
[illegible], hé aquí está
[illegible] del libro de los
[illegible] en su lugar Amasias su
[illegible]

CAPITULO XXV.

[illegible] á su padre, [illegible] ahora los dioses [illegible] habia tomado en la [illegible] de Dios por [illegible], no se convierte. Entrégalo Dios [illegible] del rey de Israel, y al fin muere [illegible] de los suyos.

[illegible] y cinco años era Amasias
[illegible] comenzó á reinar [a], y veinte
[illegible] años reinó en Jerusalem: el
[illegible] de su madre fué Joaddan, de
[illegible]
[illegible] lo recto en los ojos de Jeho-
[illegible] de perfecto corazon [b]:
Porque luego que fué confirmado en
[illegible] á sus siervos que habian
[illegible] su padre.
Mas no mató á los hijos de ellos, se-
[illegible] escrito en la ley en el
[illegible] de Moisés, donde Jehová mandó
[illegible]: No morirán los padres por los
[illegible] hijos por los padres; mas
[illegible] por su pecado.
[illegible] luego Amasias á Judá, y
[illegible] á las familias, púsoles tri-
[illegible] por todo Judá y
[illegible] por lista de ve-
[illegible] [c], y fueron hallados en
[illegible] mil escogidos para salir
[illegible] lanza y escudo.
[illegible] tomó á sueldo cien mil
[illegible] valientes por cien talentos de
[illegible]
[illegible] de Dios vino á él dici-
[illegible] no vaya contigo el ejército
[illegible] porque Jehová no es con Is-
[illegible] todos los hijos de Ephraim.
[illegible], si lo haces, y te es-
[illegible] para pelear, Dios te hará caer
[illegible] enemigos; porque en Dios
[illegible] ó para ayudar, ó para
[illegible]
[illegible] dijo al varon de Dios:
[illegible] de cien talentos que
[illegible] de Israel? Y el va-
[illegible] respondió: De Jehová es
[illegible] mas que esto [f].
[illegible] Amasias apartó el ejér-
[illegible] que habia venido á él
[illegible] para que se fuesen á sus
[illegible] enojaron grandemente
[illegible], y volviéronse á sus casas
[illegible]
[illegible] Amasias, sacó
[illegible] y vino al valle de la sal, é hi-
[illegible] de Seir diez mil.
[illegible] de Judá tomaron vivos
[illegible] los cuales llevaron á la
[illegible] peñasco, y de allí los des-
[illegible] hicieron pedazos.
[illegible] que Ama-
[illegible], porque no fuesen
[illegible] derramáronse sobre
[illegible] de Judá, desde Samaria
[illegible] hirieron de ellos tres
[illegible] grande despojo.
[illegible] luego Amasias de la
[illegible], trajo tambien
[illegible] hijos de Seir [g], y
[illegible] por dioses, y encorvóse
[illegible] quemóles perfumes.

15 Encendióse por tanto el furor de
Jehová contra Amasias, y envió á él un
profeta, que le dijo: ¿Por qué has bus-
cado los dioses de gente que no libra-
ron su pueblo de tus manos [i]? [i] Sal. 96. 5.
16 Y hablándole el *profeta* estas cosas,
él le respondió: ¿Hante puesto á tí por
consejero del rey? Déjate *de eso*. ¿Por-
qué quieres que te maten? Y al cesar el
profeta dijo luego: Yo sé que Dios ha
acordado destruirte, porque has hecho
esto, y no obedeciste á mi consejo.
17 Y Amasias rey de Judá, habido su
consejo, envió á decir á Joas, hijo de
Joachâz, hijo de Jehú, rey de Israel:
Ven, y veámonos cara á cara [k]. [k] 2 Rey. 14. 8, etc.
18 Entónces Joas, rey de Israel, envió
á decir á Amasias rey de Judá: El cardo
que *estaba* en el Líbano, envió al cedro
que *estaba* en el Líbano diciendo: Dá tu
hija á mi hijo por mujer. Y hé aquí que
las bestias fieras, que estaban en el Lí-
bano, pasaron, y hollaron el cardo.
19 Tú dices: Hé aquí he herido á
Edom; y *con esto* tu corazon se enaltece
para gloriarte: ahora *estáte* en tu casa:
¿para qué te entremetes en mal, para
caer tú, y Judá contigo?
20 Mas Amasias no *le* quiso oir, porque
estaba de Dios [l], que los queria entregar [l] ver. 16. Cap. 10. 15. y 22. 7. Juec. 14. 4. 1 Rey. 12. 15.
en manos *de sus enemigos*, por cuanto
habian buscado los dioses de Edom.
21 Subió pues Joas, rey de Israel, y
viéronse cara á cara él y Amasias, rey
de Judá, en Bethsemes, la cual es de
Judá.
22 Pero cayó Judá delante de Israel, y
huyó cada uno á su estancia.
23 Y Joas, rey de Israel, prendió en
Bethsemes [m] á Amasias rey de Judá, [m] Cap. 21. 17.
hijo de Joas, hijo de Joachâz, y llevólo
á Jerusalem: y derribó el muro de Je-
rusalem desde la puerta de Ephraim
hasta la puerta del ángulo, cuatroci-
entos codos.
24 Asimismo *tomó* todo el oro y plata,
y todos los vasos que se hallaron en la
casa de Dios en casa de Obed-edom, y
los tesoros de la casa del rey, y los hijos
de los príncipes, y volvióse á Samaria.
25 ¶ Y vivió Amasias, hijo de Joas,
rey de Judá, quince años despues de la
muerte de Joas, hijo de Joachâz, rey de
Israel [n]. [n] 2 Rey. 14. 17, etc.
26 Lo demas de los hechos de Ama-
sias, primeros y postreros, ¿no está *todo*
escrito en el libro de los reyes de Judá y
de Israel?
27 Desde aquel tiempo que Amasias se
apartó de Jehová [o], maquinaron contra [o] Cap. 15. 2.
él conjuracion en Jerusalem: y habi-
endo él huido á Lachis, enviaron tras él
á Lachis, y allá lo mataron.
28 Y trajéronlo en caballos, y sepultá-
ronlo con sus padres en la ciudad de
Judá [p]. [p] 2 Rey. 14. 20.

CAPITULO XXVI.

Uzias, ungido por rey en lugar de su padre, es prosperado de Dios mientras fué fiel. Engríase despues su corazon, y pretende usurpar el sacerdocio, mas Dios lo hiere de lepra. Muere, y le sucede Joatham su hijo.

ENTONCES todo el pueblo de Judá
tomó á Uzzias [a], el cual era de diez [a] 2 Rey. 14. 21, 22. y 15. 1, etc.
y seis años, y pusiéronlo por rey en lugar
de Amasias su padre.
2 Edificó él á Eloth, y la restituyó á
Judá despues que el rey durmió con sus
padres.
3 De diez y seis años era Uzzias cu-
ando comenzó á reinar, y cincuenta y
dos años reinó en Jerusalem. El nom-
bre de su madre *fué* Jechôlia, de Je-
rusalem.

4 E hizo lo recto en los ojos de Jehová, conforme á todas las cosas que habia hecho Amasias su padre.

5 Y persistió en buscar á Dios en los dias de Zachârias[b], entendido en visiones de Dios[c]: y en estos dias que él buscó á Jehová, Dios le prosperó[d].

6 Y salió, y peleó contra los Philistéos[e], y rompió el muro de Gath, y el muro de Jabnia, y el muro de Asdod, y edificó ciudades en Asdod, y en la tierra de los Philistéos.

7 Y dióle Dios ayuda[f] contra los Philistéos, y contra los Arabes que habitaban en Gur-baal, y contra los Ammonitas.

8 Y dieron los Ammonitas presentes á Uzzias, y divulgóse su nombre hasta la entrada de Egipto; porque se habia hecho altamente poderoso.

9 Edificó tambien Uzzias torres en Jerusalem, junto á la puerta del ángulo[g], y junto á la puerta del valle, y junto á las esquinas; y fortificólas.

10 Asimismo edificó torres en el desierto, y abrió muchas cisternas: porque tuvo muchos ganados, así en los valles como en las vegas, y viñas, y labranzas, así en los montes como en los llanos fértiles; porque era amigo de agricultura.

11 Tuvo tambien Uzzias escuadrones de guerreros, los cuales salian á la guerra en ejército segun que estaban por lista, *hecha* por mano de Jeiel escriba, y de Maasias gobernador, y por mano de Hananias, *que eran* de los príncipes del rey.

12 Todo el número de los gefes de familias, valientes y esforzados, *era* dos mil y seiscientos.

13 Y bajo la mano de estos estaba el ejército de guerra de trescientos siete mil y quinientos guerreros, poderosos y fuertes para ayudar al rey contra los enemigos.

14 Y aprestóles Uzzias para todo el ejército escudos, lanzas, almetes, coseletes, arcos, y hondas de *tirar* piedras.

15 E hizo en Jerusalem máquinas por industria de ingenieros, para que estuviesen en las torres y en los baluartes, para arrojar saetas y grandes piedras. Y su fama se extendió léjos, porque se ayudó maravillosamente, hasta hacerse fuerte.

16 Mas cuando fué fortificado, su corazon se enalteció hasta corromperse[h]; porque se rebeló contra Jehová su Dios, entrando en el templo de Jehová para quemar sahumerios en el altar del perfume.

17 Y entró tras él el sacerdote Azarias[i], y con él ochenta sacerdotes de Jehová de los valientes:

18 Y pusiéronse contra el rey Uzzias, y dijéronle: No á tí, oh Uzzias, el quemar perfume á Jehová[k], sino á los sacerdotes[l] hijos de Aaron, que son consagrados para quemarlo: sal del santuario, porque has prevaricado, y no te *redundará* en gloria delante del Dios Jehová[m].

19 Y airóse[n] Uzzias, que tenia el perfume en la mano para quemarlo: y en esta su ira contra los sacerdotes la lepra[o] le salió en la frente delante de los sacerdotes en la casa de Jehová, junto al altar del perfume.

20 Y miróle Azarias el sumo sacerdote, y todos los sacerdotes, y hé aquí la lepra *estaba* en su frente: é hiciéronlo salir apriesa de aquel lugar; y él tambien se dió priesa á salir, porque Jehová lo habia herido.

21 Así el rey Uzzias fué leproso hasta

[b] Cap. 24. 2. [c] Gen. 41. 15, 38. Dan. 1. 17. y 10. 1. [d] 1 Cr. 22. 13. [e] Is. 14. 29. [f] 1 Cr. 5. 20. [g] Cap. 25. 23. Neh. 3. 13, 32. Zac. 14. 10. [h] Cap. 25. 19. Deu. 8. 14. y 32. 15. Pro. 16. 18. [i] 1 Cr. 6. 10. [k] Nu. 16. 40. y 18. 7. [l] Ex. 30. 7, 8. Heb. 5. 4. [m] 1 Sa. 2. 30. [n] Cap. 25. 16. [o] Nu. 12. 10. 2 Rey. 5. 27.

el dia de su muerte[p], y habitó en una casa apartada leproso[q], por lo que habia sido separado de la casa de Jehová: y Jotham su hijo tuvo cargo de la casa real gobernando al pueblo de la tierra.

22 Lo demas de los hechos de Uzzias, primeros y postreros, escribiólo Isaias profeta, hijo de Amos[r].

23 Y durmió Uzzias con sus padres[s], y sepultáronlo con sus padres en el campo de los sepulcros reales; porque dijeron: Leproso es. Y reinó Jotham su hijo en lugar suyo.

CAPITULO XXVII.

Jotham vence á los Ammonitas con el favor de Dios; y muerto, sucede en su lugar Achâz su hijo.

DE veinte y cinco años era Jotham cuando comenzó á reinar, y diez y seis años reinó en Jerusalem[a]. El nombre de su madre *fué* Jerusa, hija de Sadoc.

2 E hizo lo recto en ojos de Jehová, conforme á todas las cosas que habia hecho Uzzias su padre, salvo que no entró en el templo de Jehová. Y el pueblo falseaba aun.

3 Edificó él la puerta mayor de la casa de Jehová, y en el muro de la fortaleza edificó mucho[b].

4 Ademas edificó ciudades en las montañas de Judá, y labró palacios y torres en los bosques.

5 Tambien tuvo él guerra con el rey de los hijos de Ammon, á los cuales venció; y diéronle los hijos de Ammon en aquel año cien talentos de plata, y diez mil coros de trigo, y diez mil de cebada. Esto le dieron los hijos de Ammon, y lo mismo en el segundo año, y en el tercero.

6 Así que Jotham fué fortificado, porque preparó sus caminos delante de Jehová su Dios[c].

7 Lo demas de los hechos de Jotham, y todas sus guerras, y sus caminos, hé aquí está escrito en el libro de los reyes de Israel y de Judá.

8 Cuando comenzó á reinar era de veinte y cinco años, y diez y seis años reinó en Jerusalem.

9 Y durmió Jotham con sus padres, y sepultáronlo en la ciudad de David; y reinó en su lugar Achâz su hijo.

CAPITULO XXVIII.

Maldades de Achâz, y desastres que ocurren á Judá. Obstínase en su impiedad, y por su muerte sucede en el reino Ezechías su hijo.

DE veinte años era Achâz cuando comenzó á reinar[a], y diez y seis años reinó en Jerusalem: mas no hizo lo recto en ojos de Jehová, como David su padre;

2 Antes anduvo en los caminos de los reyes de Israel, y ademas hizo imágenes de fundicion[b] á los Baales:

3 Quemó tambien perfume en el valle de los hijos de Hinnom, y quemó sus hijos por fuego[c], conforme á las abominaciones de las gentes que Jehová habia echado delante de los hijos de Israel.

4 Asimismo sacrificó y quemó perfumes en los altos, y en los collados, y debajo de todo árbol espeso.

5 Por lo cual Jehová su Dios le entregó en manos del rey de los Siros, los cuales le derrotaron, y cogieron de él una grande presa, que llevaron á Damasco. Fué tambien entregado en manos del rey de Israel, el cual lo batió con gran mortandad:

6 Porque Peca, hijo de Remalías,

[p] 2 Rey. 15. 5. [q] Lev. 13. 46. Nu. 5. 2. y 12. 15. 2 Rey. 7. 3. [r] Is. 1. 1. [s] Is. 6. 1. [a] 2 Rey. 15. 32, etc. [b] Cap. 33. 14. Neh. 3. 26, 27. [c] Cap. 26. 5. y 28. 5. [a] 2 Rey. 16. 2, etc. [b] Ex. 34. 17. Lev. 19. 4. [c] Cap. 33. 6. Lev. 18. 21. Sal. 106. 37. Jer. 32. 35. Ez. 16. 20, 21. Mic. 6. 7.

mató en Judá en un dia ciento y veinte mil hombres, todos valientes; por cuanto habian dejado á Jehová el Dios de sus padres[d].

[d] Deu. 31. 16, 17. Jos. 24. 20. Is. 1. 28. Jer. 15. 6.

7 Asimismo Zichri, hombre poderoso de Ephraim, mató á Maasias, hijo del rey, y á Azricam su mayordomo, y á Elcana, segundo despues del rey.

8 Tomaron tambien cautivos los hijos de Israel de sus hermanos doscientos mil, mujeres, muchachos, y muchachas, á mas de haber saqueado de ellos un gran despojo, el cual trajeron á Samaria.

9 Habia entónces allí un profeta de Jehová, que se llamaba Oded, el cual salió delante del ejército cuando entraba en Samaria, y díjoles: Hé aquí Jehová, el Dios de vuestros padres, por el enojo contra Judá los ha entregado en vuestras manos, y vosotros los habeis muerto con ira[e]: hasta el cielo ha llegado esto.

[e] Is. 47. 6. Ab. 10, etc. Zac. 1. 15.

10 Y ahora habeis determinado sujetar á vosotros á Judá y á Jerusalem por siervos[f] y siervas: mas ¿no habeis vosotros pecado contra Jehová vuestro Dios[g]?

[f] Lev. 25. 39, etc. [g] Mat. 7. 2, 4.

11 Oidme pues ahora, y volved á enviar los cautivos que habeis tomado de vuestros hermanos: porque Jehová está airado contra vosotros.

12 Levantáronse entónces algunos varones de los principales de los hijos de Ephraim, Azarias hijo de Johanan, y Berechías, hijo de Mesillemoth, y Ezechías, hijo de Sallum, y Amasa, hijo de Hadlai, contra los que venian de la guerra,

13 Y dijéronles: No metais acá la cautividad; porque el pecado contra Jehová será sobre nosotros. Vosotros tratais de añadir sobre nuestros pecados y sobre nuestras culpas, siendo asaz grande nuestro delito, y la ira del furor sobre Israel.

14 Entónces el ejército dejó los cautivos y la presa delante de los príncipes y de toda la multitud.

15 Y levantáronse los varones nombrados, y tomaron los cautivos, y vistieron del despojo á los que de ellos estaban desnudos: vistiéronlos, y calzáronlos, y diéronles de comer y de beber[h], y ungiéronlos, y condujeron en asnos á todos los flacos, y lleváronles hasta Jericó, ciudad de las palmas[i], cerca de sus hermanos; y ellos se volvieron á Samaria.

[h] 2 Rey. 6. 22. Pro. 25. 21, 22. Luc. 6. 27, 35. [i] Deu. 34. 3. Juec. 1. 16.

16 En aquel tiempo envió á pedir el rey Achâz á los reyes de Asiria que le ayudasen[k].

[k] 2 Rey. 16. 7.

17 Porque á mas de esto los Iduméos habian venido[l] y herido á los de Judá, y habian llevado cautivos.

[l] Ab. 10, 12, 14.

18 Asimismo los Philistéos[m] se habian derramado por las ciudades de la llanura, y al Mediodia de Judá, y habian tomado á Beth-semes, á Ajalon, Gaderoth, y Sochô, con sus aldéas, Thimna tambien con sus aldéas, y Gimzo con sus aldéas; y habitaban en ellas.

[m] Ez. 16. 27, 57.

19 Porque Jehová habia humillado[n] á Judá por causa de Achâz, rey de Israel; por cuanto él habia desnudado á Judá, y rebeládose gravemente contra Jehová.

[n] Sal. 106. 43.

20 Y vino contra él Tilgath-pilneser[o], rey de los Asirios; pues lo redujo á estrechez, y no le fortificó.

[o] 2 Rey. 15. 29. y 16. 7, 9.

21 Aunque despojó Achâz la casa de Jehová, y la casa real, y las de los príncipes, para dar al rey de los Asirios, con todo eso él no le ayudó.

22 Ademas el rey Achâz en el tiempo que aquel le apuraba, añadió prevaricacion contra Jehová:

23 Porque sacrificó á los dioses de Damasco que le habian herido, y dijo: *Pues* que los dioses de los reyes de Siria les ayudan, yo *tambien* sacrificaré á ellos para que me ayuden[p]; bien que fueron estos su ruina, y la de todo Israel.

[p] Jer. 10. 5. y 44. 17, 23.

24 A mas de eso recogió Achâz los vasos de la casa de Dios, y quebrólos, y cerró las puertas de la casa de Jehová[q], é hízose altares en Jerusalem en todos los rincones.

[q] Cap. 29. 3, 7.

25 Hizo tambien altos en todas las ciudades de Judá, para quemar perfumes á los dioses ajenos, provocando así á ira á Jehová el Dios de sus padres.

26 Lo demas de sus hechos, y todos sus caminos primeros y postreros, hé aquí ello está escrito en el libro de los reyes de Judá y de Israel.

27 Y durmió Achâz con sus padres, y sepultáronle en la ciudad de Jerusalem: mas no le metieron en los sepulcros de los reyes de Israel; y reinó en su lugar Ezechías su hijo.

CAPITULO XXIX.

Ezechías restaura el culto divino, y ofrece lleno de gozo gran número de holocaustos y de sacrificios.

Y EZECHIAS comenzó á reinar[a] siendo de veinte y cinco años, y reinó veinte y nueve años en Jerusalem. El nombre de su madre *fué* Abia, hija de Zachârias[b].

[a] 2 Rey. 18. 1, etc. [b] Cap. 26. 5.

2 E hizo lo recto en ojos de Jehová, conforme á todas las cosas que habia hecho David su padre.

3 En el primer año de su reinado, en el mes primero, abrió las puertas[c] de la casa de Jehová, y las reparó.

[c] Cap. 28. 24.

4 E hizo venir los sacerdotes y *Levitas*, y juntólos en la plaza Oriental,

5 Y díjoles: Oidme, Levitas, y santificaos[d] ahora, y santificaréis la casa de Jehová el Dios de vuestros padres, y sacaréis del santuario la inmundicia[e].

[d] Cap. 35. 6. 1 Cr. 15. 12. [e] Ex. 8. 3, 9, etc.

6 Porque nuestros padres se han rebelado[f], y han hecho lo malo en ojos de Jehová nuestro Dios; que lo dejaron, y apartaron sus ojos del tabernáculo de Jehová, y le volvieron las espaldas[g]:

[f] Neh. 9. 16. [g] Jer. 2. 27. Ez. 8. 16.

7 Y aun cerraron las puertas del pórtico, y apagaron las lámparas; no quemaron perfume, ni sacrificaron holocausto en el santuario al Dios de Israel.

8 Por tanto la ira de Jehová ha venido sobre Judá y Jerusalem[h], y los ha entregado á turbacion[i], y á execracion, y escarnio[k], como veis vosotros con vuestros ojos.

[h] Cap. 24. 18. [i] Deu. 28. 25. Jer. 15. 4. y 24. 9. [k] 1 Rey. 9. 8. Jer. 18. 15, 16. y 25. 9, 18.

9 Y hé aquí nuestros padres han caido á cuchillo[l], nuestros hijos y nuestras hijas, y nuestras mujeres *han sido* cautivas por esto.

[l] Cap. 28. 5, 6, etc. Lam. 5. 7.

10 Ahora pues yo he determinado hacer alianza[m] con Jehová el Dios de Israel, para que aparte de nosotros la ira de su furor.

[m] Cap. 15. 12.

11 Hijos mios, no os engañeis ahora, porque Jehová os ha escogido á vosotros para que esteis delante de él, y le sirvais, y seais sus ministros, y le quemeis perfume.

12 Entónces los Levitas se levantaron, Mahath, hijo de Amasai, y Joel, hijo de Azarias, de los hijos de Coath: y de los hijos de Merari, Cis, hijo de Abdi, y Azarias, hijo de Jehaleleel: y de los hijos de Gerson, Joah, hijo de Zimma, y Eden, hijo de Joah:

13 Y de los hijos de Elisaphan, Simri, y Jehiel: y de los hijos de Asaph, Zachârias, y Mathanias:

14 Y de los hijos de Heman, Jehiel,

y Simi: y de los hijos de Jedethun, Semeias, y Uziel.

15 Estos juntaron á sus hermanos, y santificáronse, y entraron, conforme al mandamiento del rey, y las palabras de Jehová, para limpiar la casa de Jehová[a].

16 Y entrando los sacerdotes dentro de la casa de Jehová para limpiarla, sacaron toda la inmundicia que hallaron en el templo de Jehová al atrio de la casa de Jehová, la cual tomaron los Levitas, para sacarla fuera al torrente de Cidron.

17 Y comenzaron á santificar el *dia* primero del mes primero, y á los ocho del mismo mes vinieron al pórtico[o] de Jehová: y santificaron la casa de Jehová en ocho dias, y en el diez y seis del mes primero acabaron.

18 Luego pasaron al rey Ezechias, y dijeronle: Ya hemos limpiado toda la casa de Jehová, el altar del holocausto, y todos sus instrumentos, y la mesa de la proposicion con todos sus utensilios.

19 Asimismo hemos preparado y santificado todos los vasos que en su prevaricacion habia maltratado el rey Achâz, cuando reinaba: y hé aquí estan *todos* delante del altar de Jehová.

20 ¶ Y levantándose de mañana el rey Ezechias, reunió los principales de la ciudad, y subió á la casa de Jehová.

21 Y presentaron siete novillos, siete carneros, siete corderos, y siete machos de cabrió, para expiacion[p] por el reino, por el santuario, y por Judá. Y dijo á los sacerdotes, hijos de Aaron, que *los* ofreciesen sobre el altar.

22 Mataron pues los bueyes, y los sacerdotes tomaron la sangre, y esparciéronla sobre el altar[q]: mataron luego los carneros, y esparcieron la sangre sobre el altar: asimismo mataron los corderos, y esparcieron la sangre sobre el altar.

23 Hicieron despues llegar los machos cabríos de la expiacion delante del rey, y de la multitud, y pusieron sobre ellos sus manos[r]:

24 Y los sacerdotes los mataron, y expiando *esparcieron* la sangre de ellos sobre el altar, para reconciliar á todo Israel: porque por todo Israel mandó el rey *hacer* el holocausto y la expiacion.

25 Puso tambien Levitas en la casa de Jehová con címbalos, y salterios, y harpas, conforme al mandamiento de David[s], y de Gad, vidente del rey[t], y de Nathan profeta: porque aquel mandamiento *fué* por mano de Jehová, por mano de sus profetas.

26 Y los Levitas estaban con los instrumentos de David[u], y los sacerdotes con trompetas[x].

27 Entónces mandó Ezechias sacrificar el holocausto en el altar; y al tiempo que comenzó el holocausto, comenzó tambien el cántico[y] de Jehová con las trompetas y los instrumentos de David, rey de Israel.

28 Y toda la multitud adoraba, y los cantores cantaban, y los trompetas sonaban las trompetas; todo hasta acabarse el holocausto.

29 Y como acabaron de ofrecer, inclinóse el rey, y todos los que con él estaban, y adoraron.

30 Entónces el rey Ezechias y los príncipes dijeron á los Levitas que alabasen á Jehová por las palabras de David, y de Asaph Vidente: y ellos alabaron con grande alegría[z], é inclinandose adoraron[a].

31 Y respondiendo Ezechias dijo: Vosotros os habeis consagrado ahora á Jehová; llegáos pues, y presentad sacrificios y alabanzas[b] en la casa de Jehová. Y la multitud presentó sacrificios y alabanzas; y todo liberal de corazon, holocaustos.

32 Y fué el número de los holocaustos, que trajo la congregacion, setenta bueyes, cien carneros, docientos corderos; todo para el holocausto de Jehová.

33 Y las *otras ofrendas fueron* seiscientos bueyes, y tres mil ovejas.

34 Mas los sacerdotes eran pocos, y no podian bastar á desollar los holocaustos; y así sus hermanos los Levitas les ayudaron hasta que acabaron la obra, y hasta que los sacerdotes se santificaren: porque los Levitas[c] tuvieron mayor prontitud de corazon para santificarse que los sacerdotes.

35 Así pues hubo gran multitud de holocaustos, con sebos de pacíficos, y libaciones de *cada* holocausto: y quedó ordenado el servicio de la casa de Jehová.

36 Y alegróse[d] Ezechias, y todo el pueblo, de que Dios hubiese preparado el pueblo: porque la casa fué prestamente *hecha*.

CAPITULO XXX.

Celebra Ezechias una pascua solemnísima en Jerusalem, habiendo convocado para ello á todo Israel y Judá.

ENVIO tambien Ezechias por todo Israel y Judá, y escribió letras á Ephraim y Manassé, que viniesen á Jerusalem á la casa de Jehová, para celebrar la Pascua á Jehová Dios de Israel.

2 Y habia el rey tomado consejo con sus príncipes, y con toda la congregacion en Jerusalem, para celebrar la Pascua en el mes segundo[a]:

3 Porque entónces no la podian celebrar[b], por cuanto no habia suficientes sacerdotes santificados[c], ni el pueblo estaba junto en Jerusalem.

4 Esto agradó al rey y á toda la multitud.

5 Y determinaron hacer pasar pregon por todo Israel, desde Beer-sebah hasta Dan, para que viniesen á celebrar la Pascua á Jehová Dios de Israel en Jerusalem: porque en mucho tiempo no la habian celebrado al modo que está escrito.

6 Fueron pues correos con letras de mano del rey y de sus príncipes por todo Israel y Judá, como el rey lo habia mandado, y decian: Hijos de Israel, volvéos[d] á Jehová el Dios de Abraham, de Isaac, y de Israel, y él se volverá á las reliquias que os han quedado de la mano de los reyes de Asiria.

7 No seais como vuestros padres, y como vuestros hermanos, que se rebelaron contra Jehová el Dios de sus padres, y él los entregó á desolacion, como vosotros veis[e].

8 No endurezcais pues ahora vuestra cerviz[f] como vuestros padres: dad la mano á Jehová, y venid á su santuario, el cual él ha santificado para siempre; y servid á Jehová vuestro Dios, y la ira de su furor se apartará de vosotros[g].

9 Porque si os volviereis á Jehová, vuestros hermanos y vuestros hijos hallarán misericordia delante de los que los tienen cautivos[h], y volverán á esta tierra: porque Jehová vuestro Dios es clemente y misericordioso[i], y no volverá de vosotros su rostro, si vosotros os volviereis á él[k].

[a] 1 Cr. 23. 28.
[o] 1 Rey. 6. 3.
[p] Lev. 4. 3, 14.
[q] Lev. 8. 14, etc. Heb. 9. 21.
[r] Lev. 4. 15, 24.
[s] Cap. 8. 14. 1 Cr. 16. 4. y 23. 5. y 25. 1, etc.
[t] 2 Sa. 24. 11.
[u] 1 Cr. 23. 5. Sal. 87. 7. y 150. 3, 5. Is. 38. 20. Amos 6. 5.
[x] 1 Cr. 16. 6.
[y] Cap. 23. 18.
[z] Sal. 100. 2.
[a] Sal. 95. 6.
[b] Lev. 7. 12.
[c] Cap. 30. 3.
[d] Ecl. 6. 12.
[a] Nu. 9. 10, etc.
[b] Ex. 12. 6, 18.
[c] Cap. 29. 34.
[d] Jer. 4. 1. Lm. 5. 21. Joel 2. 13, 14.
[e] Cap. 29. 8.
[f] Deu. 10. 16.
[g] Cap. 29. 10.
[h] Sal. 106. 46.
[i] Ex. 34. 6. Neh. 9. 17, 31. Sal. 111. 4. Jona 4. 2.
[k] Pro. 28. 13. Is. 55. 7.

[illegible] los correos de ciudad
[illegible] tierra de Ephraim y
[illegible] Zabulon; mas se reian
[illegible]
[illegible] algunos hombres de
[illegible] Manassé, y de Zabulon se hu-
[illegible] y vinieron á Jerusalem.
[illegible] tambien fué la mano de
para darles un corazon para cum-
[illegible] del rey y de los prín-
[illegible] á la palabra de Jehová.
[illegible] en Jerusalem mucho
[illegible] la solemnidad de
[illegible] en el mes segundo; una vasta
[illegible]
[illegible] quitaron los altares
[illegible] en Jerusalem; quitaron tam-
[illegible] altares de perfumes, y
[illegible] el torrente de Cedron.
[illegible] sacrificaron la Pascua á
[illegible] del mes segundo; y los sa-
[illegible] se santificaron con
[illegible] trajeron los holocaustos á
[illegible]
[illegible] en su órden conforme
[illegible] conforme á la ley de
[illegible] Dios: los sacerdotes
[illegible] sangre que recibian de mano
[illegible] Levitas.
[illegible] muchos en la congre-
[illegible] no estaban santificados, y
[illegible] sacrificaban la pascua
[illegible] que no se habian limpiado
[illegible] á Jehová.
[illegible] multitud del pueblo,
Ephraim y Manassé, y de Issachâr,
[illegible] no se habian purificado [e], y
[illegible] la pascua no conforme á lo
[illegible] Ezechias oró por
[illegible]: Jehová, que es bueno,
[illegible] á todo aquel que ha aper-
[illegible] para buscar á Dios,
[illegible] Dios de sus padres,
[illegible] esté purificado segun la puri-
[illegible]
[illegible] Jehová á Ezechias, y sanó
[illegible]
[illegible] los hijos de Israel,
[illegible] en Jerusalem, la solem-
[illegible] de levadura por siete
[illegible] gozo; y alababan á
[illegible] los dias los Levitas y los
[illegible] con instrumentos
[illegible] Jehová.
[illegible] Ezechias al corazon de
[illegible] que tenian buena in-
[illegible] en el servicio de Jehová: y
[illegible] en la solem-
[illegible] dias, ofreciendo sacrifi-
[illegible], y dando gracias á Jehová
[illegible]
[illegible] aquella multitud deter-
[illegible] otros siete dias: y
[illegible] dias con alegría.
[illegible] Ezechias, rey de Judá, ha-
[illegible] multitud mil novillos, y
[illegible], y tambien los prín-
[illegible] pueblo mil novillos y
[illegible] ovejas: y muchos sacerdotes
[illegible]
[illegible] toda la congregacion
[illegible] tambien los sacerdotes
[illegible] la multitud que habia
[illegible] asimismo los extran-
[illegible] de la tierra de
[illegible] habitaban en Judá.
[illegible] grandes alegrías en
[illegible] porque desde los dias de
[illegible] de David, rey de Israel,
[illegible] tal en Jerusalem.
[illegible] despues los sacerdotes
[illegible] al pueblo [e]: y la
[illegible] cielo, y su oracion llegó
[illegible] de su santuario, al
[illegible]

CAPITULO XXXI.

Despues de celebrar la pascua, sale el pueblo á destruir la idolatría. Ezechias distribuye los sacerdotes y Levitas en sus órdenes, y para la manutencion de ellos dá el pueblo en grande abundancia.

HECHAS todas estas cosas, todos los
de Israel que se habian allí halla-
do, salieron por las ciudades de Judá,
y quebraron las estatuas [a], y destruyeron [a] 2 Rey. 18. 4.
los bosques, y derribaron los altos y los
altares por todo Judá y Benjamin, y
tambien en Ephraim y Manassé, hasta
acabarlo todo. Despues volviéronse to-
dos los hijos de Israel cada uno á su
posesion y á sus ciudades.
2 ¶ Y arregló Ezechias los reparti-
mientos de los sacerdotes y de los Le-
vitas [b] conforme á sus órdenes, cada uno [b] 1 Cr. 23. 6. y 24. 1, etc.
segun su oficio; los sacerdotes y los
Levitas para el holocausto, y pacíficos,
para que ministrasen, para que confesa-
sen y alabasen á las puertas de los reales
de Jehová.
3 La contribucion del rey, de su haci-
enda, era holocaustos á mañana y tarde,
y holocaustos para los sábados, nuevas
lunas, y solemnidades, como está escrito
en la ley de Jehová [c]. [c] Num. XXVIII. y XXIX.
4 Mandó tambien al pueblo, que habi-
taba en Jerusalem, que diesen la porcion
á los sacerdotes y Levitas [d], para que se [d] Nu. 18. 8, etc. Neh. 13. 10, 13.
esforzasen en la ley de Jehová [e].
5 Y como este edicto fué divulgado, los [e] Mal. 2. 7. 1 Cor. 9. 9, 11. Gal. 6. 6.
hijos de Israel dieron muchas primi-
cias [f] de grano, vino, aceite, miel, y de
todos los frutos de la tierra: trajeron
asimismo los diezmos de todas las cosas
en abundancia. [f] Ex. 23. 20.
6 Tambien los hijos de Israel y de
Judá, que habitaban en las ciudades de
Judá, dieron del mismo modo los diez-
mos de las vacas y de las ovejas: y tra-
jeron los diezmos de lo santificado [g], de [g] Lev. 27. 30. Deu. 14. 28.
las cosas que habian prometido á Jehová
su Dios, y pusiéronlo por montones.
7 En el mes tercero [h] comenzaron á [h] Lev. 23. 16, etc.
fundar aquellos montones, y en el mes
séptimo acabaron.
8 Y Ezechias y los príncipes vinieron
á ver los montones, y bendijeron á Je-
hová [i], y á su pueblo Israel. [i] 1 Cr. 29. 14. Esd. 7. 27. 2 Cor. 8. 16.
9 Y preguntó Ezechias á los sacerdotes
y á los Levitas acerca de los montones:
10 Y respondióle Azarias sumo sacer-
dote, de la casa de Sadoc, y dijo: Desde
que comenzaron á traer la ofrenda á la
casa de Jehová, hemos comido y saciá-
donos, y nos ha sobrado mucho [k]: por- [k] Mal. 3. 10.
que Jehová ha bendecido su pueblo, y
ha quedado esta muchedumbre.
11 Entónces mandó Ezechias que pre-
parasen cámaras en la casa de Jehová:
y preparáronlas,
12 Y metieron las primicias y diezmos,
y las cosas consagradas fielmente, y die-
ron cargo de ello á Chônanias Levita el
principal, y Simi su hermano *fué* el se-
gundo.
13 Y Jehiel, Azarias, Nahath, Asael,
Jerimoth, Josabad, Eliel, Ismachias,
Mahath, y Benaias, *fueron* sobrestantes
bajo la mano de Chônanias, y de Simi
su hermano, por mandamiento del rey
Ezechias, y de Azarias, príncipe de la
casa de Dios.
14 Y Core, hijo de Imna Levita, por-
tero al Oriente, tenia cargo de las li-
mosnas de Dios, y de las ofrendas de
Jehová que se daban, y de todo lo que
se santificaba [l]. [l] Neh. 13. 13.
15 Y á su mano *estaban* Eden, Ben-
jamin, Jesué, Semaias, Amarias, y Se-
chânias, en las ciudades de los sacer-
dotes [m], para dar con fidelidad á sus [m] Jos. 21. 9, etc.

hermanos *sus partes* conforme á sus órdenes, así al mayor como al menor:

16 A mas de los varones *contados por sus linajes* de tres años arriba, á todos los que entraban en la casa de Jehová, su porcion diaria por su ministerio, segun sus oficios y clases:

17 Tambien á los que eran contados entre los sacerdotes por las familias de sus padres, y á los Levitas de edad de veinte años arriba, conforme á sus oficios y órdenes:

18 Asimismo á los de su generacion con todos sus niños, y sus mujeres, y sus hijos é hijas, á toda la familia: porque con fidelidad se consagraban á las cosas santas.

19 Del mismo modo en órden á los hijos de Aaron, sacerdotes, que *estaban* en los ejidos de sus ciudades [n], por todas las ciudades, los varones nombrados *tenian cargo* de dar sus porciones á todos los varones de los sacerdotes, y á todo el linaje de los Levitas.

[n] Lev. 25. 34. Nu. 35. 2.

20 De esta manera hizo Ezechias en todo Judá: y ejecutó lo bueno, recto, y verdadero delante de Jehová su Dios [o].

[o] 2 Rey. 20. 3.

21 En todo cuanto comenzó en el servicio de la casa de Dios, y en la ley [p], y mandamientos, buscó á su Dios; é hízo*lo* de todo corazon, y fué prosperado [q].

[p] Sal. 1. 2, 3. [q] Cap. 26. 5. Jos. 1. 7, 8. Mat. 6. 33.

CAPITULO XXXII.

Sennachêrib invade á Judá; pero es derrotado por el ángel del Señor, y muerto despues por sus mismos hijos. Arrepiéntese Ezechias de su engreimiento; y por muerte suya le sucede Manassé su hijo.

DESPUES de estas cosas [a], y de esta fidelidad, vino Sennachêrib rey de los Asirios, entró en Judá, y asentó campo contra las ciudades fuertes, y determinó de entrarlas.

[a] 2 Rey. 18. 13, etc. Is. 36. 1, etc.

2 Viendo pues Ezechias la venida de Sennachêrib, y su aspecto de combatir á Jerusalem,

3 Tuvo su consejo con sus príncipes, y con sus valerosos, sobre cegar las fuentes de las aguas que *estaban* fuera de la ciudad [b]; y ellos le apoyaron.

[b] Is. 22. 9, 11.

4 Juntóse pues mucho pueblo, y cegaron todas las fuentes, y el arroyo que derrama por en medio del territorio, diciendo: Por qué han de hallar los reyes de Asiria muchas aguas cuando vinieren?

5 Alentóse así *Ezechias*, y edificó todos los muros caidos [c], é hizo alzar las torres, y otro muro por de fuera: fortificó ademas á Millo [d] en la ciudad de David, é hizo muchas espadas y paveses.

[c] Cap. 25. 23. [d] 2 Sa. 5. 9. 1 Rey. 9. 24.

6 Y puso capitanes de guerra sobre el pueblo, é hízolos reunir á sí en la plaza de la puerta de la ciudad, y hablóles al corazon de ellos, diciendo:

7 Esforzáos y confortáos [e]; no temais, ni hayais miedo del rey de Asiria, ni de toda su multitud que con él *viene* [f]: porque mas *son* con nosotros que con él [g].

[e] Deu. 31. 6. [f] Cap. 20. 15. [g] 2 Rey. 6. 16.

8 Con él es el brazo de carne [h], mas con nosotros Jehová nuestro Dios para ayudarnos, y pelear nuestras batallas. Y afirmóse el pueblo sobre las palabras de Ezechias, rey de Judá [i].

[h] Jer. 17. 5. [i] Pro. 12. 25.

9 Despues de esto Sennachêrib [k], rey de los Asirios, *estando* él sobre Lachis, y con él toda su potencia, envió sus siervos á Jerusalem, para decir á Ezechias rey de Judá, y á todos los de Judá que *estaban* en Jerusalem:

[k] 2 Rey. 18. 17.

10 Así ha dicho Sennachêrib, rey de los Asirios: ¿En quien confiais vosotros para estar cercados en Jerusalem?

11 ¿No os engaña Ezechias para entregaros á muerte, á hambre, y á sed, diciendo: Jehová nuestro Dios nos librará de la mano del rey de Asiria?

12 ¿No es Ezechias el que ha quitado sus altos y sus altares, y dijo á Judá y á Jerusalem, Delante de este solo altar adoraréis, y sobre él quemaréis perfume?

13 ¿No habeis sabido lo que yo y mis padres hemos hecho á todos los pueblos de la tierra [l]? ¿Pudieron los dioses de las gentes de las tierras librar su tierra de mi mano?

[l] Is. 10. 14.

14 ¿Qué *dios* hubo de todos los dioses de aquellas gentes, que destruyeron mis padres, que pudiese salvar su pueblo de mis manos? Por qué podrá vuestro Dios libraros de mi mano?

15 Ahora pues no os engañe Ezechias, ni os persuada tal cosa, ni le creais: que si ningun dios de todas aquellas naciones y reinos pudo librar su pueblo de mis manos, y de las manos de mis padres, ¿cuanto menos vuestro Dios os podrá librar de mi mano [m]?

[m] Dan. 3. 15.

16 Y otras cosas hablaron sus siervos contra el Dios Jehová, y contra su siervo Ezechias.

17 Ademas de esto escribió letras [n] en que blasfemaba á Jehová el Dios de Israel, y hablaba contra él diciendo: Como los dioses de las gentes de *otros* paises no pudieron librar su pueblo de mis manos, tampoco el Dios de Ezechias librará al suyo de mis manos.

[n] 2 Rey. 19. 9, etc.

18 Y clamaron á gran voz en Judáico al pueblo de Jerusalem que *estaba* en los muros, para espantarlos [o], y ponerles temor, para tomar *así* la ciudad.

[o] Neh. 6. 9.

19 Y hablaron contra el Dios de Jerusalem [p] como contra los dioses de los pueblos de la tierra, obra de manos de hombres.

[p] 1 Sa. 17. [illegible] Job 15. [illegible] 26. Sal. 10. [illegible] 14. y 73. 8, [illegible] y 139. 19[illegible]

20 Mas el rey Ezechias, y el profeta Isaias, hijo de Amos, oraron por esto, y clamaron al cielo [q]:

[q] Is. 37. 1, etc.

21 Y Jehová envió un ángel, el cual hirió á todo valiente y esforzado, y á los gefes y capitanes en el campo del rey de Asiria. Volvióse por tanto con vergüenza de rostro á su tierra; y entrando en el templo de su dios, allí lo mataron á cuchillo los que habian salido de sus entrañas.

22 Así salvó [r] Jehová á Ezechias y á los moradores de Jerusalem de las manos de Sennachêrib, rey de Asiria, y de las manos de todos: y preservólos de todas partes.

[r] Sal. 37. [illegible] 40. Os. 1. 7.

23 Y muchos trajeron ofrenda á Jehová á Jerusalem; y á Ezechias, rey de Judá, ricos dones: y fué muy grande delante de todas las gentes despues de esto.

24 ¶ En aquel tiempo [s] Ezechias enfermó de muerte: y oró á Jehová, el cual le respondió, y dióle una señal *milagrosa*.

[s] 2 Rey. 20. [illegible] etc. Is. 38. 1, etc.

25 Mas Ezechias no pagó conforme al bien que le habia sido hecho [t]; ántes se enalteció su corazon, y fué la ira contra él, y contra Judá y Jerusalem.

[t] Cap. 26. [illegible] Dan. 5. [illegible] 23. Hab. 2. [illegible]

26 Empero Ezechias, despues de haberse engreido su corazon, se humilló, él y los moradores de Jerusalem [u]: y no vino sobre ellos la ira de Jehová en los dias de Ezechias [x].

[u] 2 Rey. [illegible] 10. Jer. 26. [illegible] 19.

27 Y tuvo Ezechias riquezas y gloria mucha [y], en gran manera; é hízose de tesoros de plata y oro, de piedras preciosas, de aromas, de escudos, y de todas alhajas de desear:

[x] 1 Rey. [illegible] 29. [y] Pro. 10.

28 Asimismo depósitos para las rentas del grano, del vino, y aceite; establos

para toda suerte de bestias, y majadas para los ganados.

29 Hízose tambien ciudades, y hatos de ovejas y de vacas en gran copia[g]; porque Dios le habia dado mucha hacienda.

30 Este Ezechías tapó los manaderos de las aguas de Gihon la de arriba[a], y encaminólas abajo al Occidente de la ciudad de David. Y fué prosperado Ezechías en todo lo que hizo.

31 Empero en lo de los embajadores de los príncipes de Babilonia, que enviaron á él para saber del prodigio que habia acaecido en aquella tierra[b], Dios lo dejó, para probarle, para hacer conocer todo lo que estaba en su corazon[c].

32 ¶ Lo demas de los hechos de Ezechías, y de sus misericordias, hé aquí todo está escrito en la profecía de Isaías[d] profeta, hijo de Amos, y en el libro de los reyes de Judá y de Israel[e].

33 Y durmió Ezechías con sus padres, y sepultáronle en los mas insignes sepulcros de los hijos de David, honrándole en su muerte[f] todo Judá y los de Jerusalem: y reinó en su lugar Manassé su hijo.

g Job 1. 3, 9. y 42. 11.
a Is. 22. 9, 11.
b 2 Rey. 20. 12, etc. Is. 39. 1, etc.
c Deu. 8. 2, 16.
d Eccl. 1. 12. Is. XXXVI. y XXXIX.
e 2 Rey. XVIII. XX.
f Pro. 10. 7.

CAPITULO XXXIII.

Manassé, despues de sus impiedades, se convierte á Dios en su cautiverio de Babilonia, y es restituido á su reino, donde destruye la idolatría y restablece el divino culto. Sucédele su hijo Amon; y á este, muerto por conspiracion de los suyos, el piadoso Josías su hijo.

DE doce años era Manassé cuando comenzó á reinar[a], y cincuenta y cinco años reinó en Jerusalem.

2 Mas hizo lo malo en ojos de Jehová, conforme á las abominaciones de las gentes[b] que habia echado Jehová delante de los hijos de Israel:

3 Porque él reedificó los altos que Ezechías su padre habia derribado[c], y levantó altares á los Baales, é hizo bosques[d], y adoró á todo el ejército de los cielos, y á él sirvió[e].

4 Edificó tambien altares en la casa de Jehová, de la cual habia Jehová dicho: En Jerusalem será mi nombre perpetuamente.

5 Edificó asimismo altares á todo el ejército de los cielos en los dos atrios de la casa de Jehová.

6 Y pasó sus hijos por fuego[f] en el valle de los hijos de Hinnom; y miraba en los tiempos, miraba en agüeros, era dado á adivinaciones, y consultaba pythones y encantadores[g]: subió de punto en hacer lo malo en ojos de Jehová, para irritarle.

7 A mas de esto puso una imágen de fundicion, que hizo, en la casa de Dios, de la cual habia dicho Dios á David y á Salomon su hijo: En esta casa y en Jerusalem, la cual yo elegí sobre todas las tribus de Israel, pondré mi nombre para siempre:

8 Y nunca mas quitaré el pié de Israel de la tierra que yo entregué á vuestros padres, á condicion que guarden y hagan todas las cosas que yo les he mandado, toda la ley, estatutos y ordenanzas por mano de Moises.

9 Hizo pues Manassé desviarse á Judá y á los moradores de Jerusalem, para hacer mas mal que las gentes que Jehová destruyó delante de los hijos de Israel.

10 Y habló Jehová á Manassé, y á su pueblo; mas ellos no escucharon: por lo cual Jehová trajo contra ellos los generales del ejército del rey de los Asirios, los cuales aprisionaron con grillos á Manassé, y atado con cadenas, lleváronle á Babilonia.

11 Mas luego que fué puesto en angustias, oró ante Jehová su Dios, humillado grandemente en la presencia del Dios de sus padres.

12 Y habiendo á él orado, fué atendido, pues que oyó propicio su oracion, y volvióle á Jerusalem á su reino. Entónces conoció Manassé que Jehová era Dios[h].

13 Despues de esto edificó el muro de afuera de la ciudad de David, al Occidente de Gihon, en el valle, á la entrada de la puerta del pescado, y cercó á Ophel[i], y alzólo muy alto: y puso capitanes de ejército en todas las ciudades fuertes por todo Judá.

14 Asimismo quitó los dioses agenos, y el ídolo de la casa de Jehová, y todos los altares que habia edificado en el monte de la casa de Jehová, y en Jerusalem, y echólo todo fuera de la ciudad.

15 Reparó luego el altar de Jehová, y sacrificó sobre él sacrificios pacíficos y de alabanza[k]; y mandó á Judá que sirviesen á Jehová Dios de Israel.

16 Empero el pueblo aun sacrificaba en los altos[l], bien que á Jehová su Dios.

17 Lo demas de los hechos de Manassé, y su oracion á Dios, y las palabras de los videntes[m] que le hablaron en nombre de Jehová el Dios de Israel, hé aquí todo está escrito en los hechos de los reyes de Israel.

18 Su oracion tambien, y como fué oido[n], todos sus pecados, y su prevaricacion, los lugares donde edificó altos, y habia puesto bosques é ídolos ántes que se humillase[o], hé aquí estas cosas estan escritas en las palabras de los videntes.

19 Y durmió Manassé con sus padres, y sepultáronle en su casa: y reinó en su lugar Amon su hijo.

20 ¶ De veinte y dos años era Amon[p] cuando comenzó á reinar, y dos años reinó en Jerusalem.

21 E hizo lo malo en ojos de Jehová, como habia hecho Manassé su padre: porque á todos los ídolos[q] que su padre Manassé habia hecho, sacrificó y sirvió Amon.

22 Mas nunca se humilló delante de Jehová, como se humilló Manassé su padre; ántes aumentó el pecado[r].

23 Y conspiraron contra él sus siervos, y matáronle en su casa.

24 Mas el pueblo de la tierra hirió á todos los que habian conspirado contra el rey Amon[s]; y el pueblo mismo de la tierra puso por rey en su lugar á Josías su hijo.

a 2 Rey. 21. 1, etc.
b Deu. 18. 9. 2 Rey. 21. 2.
c 2 Rey. 18. 4.
d Deu. 16. 21.
e Deu. 17. 3.
f Lev. 18. 21. 2 Rey. 23. 10.
g Deu. 18. 10, 11.
h Dan. 4. 34, 35.
i Cap. 27. 3.
k Lev. 7. 12.
l 2 Rey. 15. 4.
m 2 Sa. 9. 9.
n 1 Juan 1. 9.
o Sal. 119. 67. y 71. 75.
p 2 Rey. 21. 19, etc.
q Is. 44. 13, etc.
r Jer. 7. 26.
s Gen. 9. 6. Nu. 35. 31, 33.

CAPITULO XXXIV.

Destruye Josías la idolatría; y ordenada por él la restauracion del templo, hállase el libro de la ley, acerca del cual envía á consultar á Hulda profetisa. Anuncia esta el cumplimiento de las amenazas contenidas en el libro, pero que no sería en los dias de Josías; y él renueva el pacto entre Dios y el pueblo.

DE ocho años era Josías cuando comenzó á reinar[a], y treinta y un año reinó en Jerusalem.

2 Este hizo lo recto en ojos de Jehová, y anduvo en los caminos de David su padre, sin apartarse á la diestra ni á la siniestra[b].

3 A los ocho años de su reinado, siendo aun muchacho[c], comenzó á buscar al Dios de David su padre, y á los doce años comenzó á limpiar á Judá y á

a 2 Rey. 22. 1, etc.
b Deu. 5. 32. y 17. 11, 20. y 28. 14. Jos. 1. 7.
c Pro. 8. 17. Ec. 12. 1.

Jerusalem de los altos, bosques, esculturas, é imágenes de fundicion [d].

4 Y derribaron delante de él los altares de los Baales, é hizo pedazos las imágenes *del sol* que estaban puestas encima: despedazó tambien los bosques, y las esculturas y estatuas de fundicion, y desmenuzó*las*, y esparció *el polvo* [e] sobre los sepulcros de los que les habian sacrificado.

5 Quemó ademas los huesos de los sacerdotes sobre sus altares [f], y limpió á Judá y á Jerusalem.

6 *Lo mismo hizo* en las ciudades de Manassé, Ephraim, y Simeon, hasta en Nephtali, con sus lugares asolados al rededor.

7 Y como hubo derribado los altares y los bosques, y quebrado y desmenuzado las esculturas, y destruido todos los ídolos por toda la tierra de Israel, volvióse á Jerusalem.

8 ¶ A los diez y ocho años de su reinado, despues de haber limpiado la tierra, y la Casa, envió á Saphan, hijo de Asalías, y á Maasías, gobernador de la ciudad, y á Joha, hijo de Joachâs canciller, para que reparasen la casa de Jehová su Dios [g]:

9 Los cuales vinieron á Hilcías, gran sacerdote, y dieron el dinero que habia sido metido en la casa de Jehová, *y* que los Levitas que guardaban la puerta habian recogido de mano de Manassé y de Ephraim, y de todas las reliquias de Israel, y de todo Judá y Benjamin, habiendose despues vuelto á Jerusalem.

10 Y entregáronlo en mano de los que hacian la obra, que eran sobrestantes en la casa de Jehová; los cuales lo daban á los que hacian la obra y trabajaban en la casa de Jehová, para reparar y restaurar el templo.

11 Daban asimismo á los oficiales y albañiles para que comprasen piedra de cantería, y madera para las trabazones, y para entabladura de las casas, las cuales habian destruido los reyes de Judá.

12 Y estos hombres procedian con fidelidad en la obra [h]: y eran sus gobernadores Jahath y Abdías, Levitas, de los hijos de Merari; y Zachârías y Mesullam, de los hijos de Coath, para que activasen *la obra*. Y de los Levitas *eran* todos los entendidos en instrumentos de música.

13 Tambien velaban sobre los ganapanes, y eran sobrestantes de los que se ocupaban en cualquier clase de obra: y de los Levitas *habia* escribas, gobernadores, y porteros.

14 ¶ Y al sacar el dinero que habia sido metido en la casa de Jehová, Hilcías el sacerdote halló el libro de la ley de Jehová *dada* por mano de Moises [i].

15 Y dando cuenta Hilcías, dijo á Saphan escriba: Yo he hallado el libro de la ley en la casa de Jehová. Y dió Hilcías el libro á Saphan,

16 Y Saphan lo llevó al rey [k], y contóle el negocio diciendo: Tus siervos han cumplido todo lo que les fué dado á cargo.

17 Han reunido el dinero que se halló en la casa de Jehová, y le han entregado en mano de los comisionados, y en mano de los que hacen la obra.

18 A mas de esto declaró Saphan escriba al rey diciendo: El sacerdote Hilcías me dió un libro. Y leyó Saphan en él delante del rey.

19 Y luego que el rey oyó las palabras de la ley, rasgó sus vestidos;

20 Y mandó á Hilcías, y á Ahicam, hijo de Saphan, y á Abdon [l], hijo de Michâ, y á Saphan escriba, y á Asaía, siervo del rey, diciendo:

21 Andad, y consultad á Jehová de mí, y de las reliquias de Israel y de Judá, acerca de las palabras del libro que se ha hallado: porque grande es el furor de Jehová que ha caido sobre nosotros [m], por cuanto nuestros padres no guardaron la palabra de Jehová, para hacer conforme á todo lo que está escrito en este libro.

22 Entónces Hilcías y los del rey fueron á Hulda profetisa, mujer de Salum, hijo de Tikvath, hijo de Hasra [n], guarda de las vestimentas, la cual moraba en Jerusalem en la casa de la doctrina, y dijéronle las palabras dichas.

23 Y ella respondió: Jehová el Dios de Israel ha dicho así: Decid al varon que os ha enviado á mí, que así ha dicho Jehová:

24 Hé aquí yo traigo mal sobre este lugar, y sobre los moradores de él; todas las maldiciones que estan escritas en el libro que leyeron delante del rey de Judá:

25 Por cuanto me han dejado, y han sacrificado á dioses agenos, provocandome á ira en todas las obras de sus manos: por tanto mi furor destilará sobre este lugar [o], y no se apagará.

26 Mas al rey de Judá, que os ha enviado á consultar á Jehová, así le diréis: Jehová el Dios de Israel ha dicho así: *Por cuanto* oiste las palabras *del libro*.

27 Y tu corazon se enterneció [p], y te humillaste delante de Dios al oir sus palabras sobre este lugar, y sobre sus moradores; porque te humillaste delante de mí, y rasgaste tus vestidos, y lloraste en mi presencia, yo tambien te he oido, dice Jehová.

28 Hé aquí yo te recogeré con tus padres, y serás recogido en tus sepulcros en paz, y tus ojos no verán todo el mal que yo traigo sobre este lugar, y sobre los moradores de él [q]. Y ellos refirieron al rey la respuesta.

29 ¶ Entónces el rey envió y juntó todos los ancianos de Judá y de Jerusalem [r].

30 Y subió el rey á la casa de Jehová, y con él todos los varones de Judá, y los moradores de Jerusalem, y los sacerdotes, y los Levitas, y todo el pueblo desde el mayor hasta el mas pequeño; y leyó á oidos de ellos todas las palabras del libro del pacto que habia sido hallado en la casa de Jehová.

31 Y estando el rey en pié en su sitio [s], hizo alianza delante de Jehová de caminar en pos de Jehová, y de guardar sus mandamientos, sus testimonios [t], y sus estatutos, de todo su corazon, y de toda su alma, poniendo por obra [u] las palabras del pacto que estaban escritas en aquel libro.

32 E hizo se obligáran á ello todos los que estaban en Jerusalem y en Benjamin: y los moradores de Jerusalem hicieron conforme al pacto de Dios, del Dios de sus padres.

33 Y quitó Josías todas las abominaciones de todas las tierras de los hijos de Israel, é hizo á todos los que se hallaron en Israel que sirviesen á Jehová su Dios: no se apartaron de en pos de Jehová el Dios de sus padres todo el tiempo [x] que él vivió.

CAPITULO XXXV.

Josías celebra la Pascua con grande solemnidad. Saliendo contra Nechâo, rey de Egipto, es herido y muerto. Laméntale todo el pueblo, y singularmente el profeta Jeremías.

[d] Cap. 33. 17, 22.
[e] 2 Rey. 23. 4, 6.
[f] 1 Rey. 13. 2. 2 Rey. 23. 20.
[g] 2 Rey. 22. 3.
[h] Cap. 31. 12. Neh. 7. 2. 1 Cor. 4. 2.
[i] Deu. 17. 18, 19. Jos. 1. 8.
[k] Jer. 36. 20, 21.
[l] 2 Rey. 22. 12.
[m] Lev. 26. 14, etc. Deu. 28. 15, etc. y 29. 18, 2[illegible] y 32. 15, 2[illegible] Rom. 1. 1[illegible]
[n] 2 Rey. 22. 14.
[o] Is. 42. 25. Jer. 7. 20. La. 4. 11.
[p] Sal. 34. 18. y 51. 17. Is. 57. 15. y 66. 2. Ez. 9. 4.
[q] 1 Rey. 2[illegible] 30. 2 Rey. 2[illegible] 19.
[r] 2 Rey. 2[illegible] etc.
[s] Cap. 6. 1[illegible] 2 Rey. 11. 1[illegible]
[t] Sal. 119. 111, 112.
[u] Sal. 119. 106.
[x] Jer. 3. 1[illegible] Os. 6. 4.

' JOSIAS hizo Pascua á Jehová en
Jerusalem [a], y sacrificaron la pas-
á los catorce del mes primero [b].
Y puso á los sacerdotes en sus em-
s [c], y confirmólos en el ministerio de
asa de Jehová.
Y dijo á los Levitas que enseñaban [d]
do Israel, y que estaban dedicados á
ová: Poned el arca del santuario en
asa que edificó Salomon, hijo de Da-
rey de Israel, para que no la car-
is mas sobre los hombros [e]. Ahora
iréis á Jehová vuestro Dios, y á su
blo Israel.
Apercibios segun las familias de vu-
os padres por vuestros órdenes, con-
ne á la prescripcion de David rey de
el, y de Salomon su hijo [f].
Estad en el santuario [g] segun la dis-
ucion de las familias de vuestros her-
nos, hijos del pueblo, y *segun* la di-
on de la familia de los Levitas.
Sacrificad luego la pascua; y des-
s de santificaros [h], apercibid á vu-
os hermanos, para que hagan con-
ne á la palabra de Jehová *dada* por
no de Moises.
Y ofreció el rey Josias á los del pue-
i ovejas, corderos, y cabritos de los
años, en número de treinta mil, y tres
bueyes, todo para la Pascua, para
s los que se hallaron presentes. Esto
a hacienda del rey.
Tambien sus príncipes ofrecieron con
ralidad al pueblo, y á los sacerdotes
evitas: Hilcias, Zachârias, y Jehiel,
cipes de la casa de Dios, dieron á los
rdotes para hacer la pascua dos mil
scientas *ovejas*, y trescientos bueyes.
Asimismo Chônanias, Semeias, y
hanael, sus hermanos, y Hasabias,
iel, y Josabad, príncipes de los Le-
s, dieron á los Levitas para los sa-
cios de la pascua cinco mil *ovejas*,
inientos bueyes.
Aprestado así el servicio, los sacer-
s se colocaron en sus puestos, y asi-
mo los Levitas en sus órdenes [k], con-
ne al mandamiento del rey,
Y sacrificaron la pascua [l]; y espar-
n los sacerdotes *la sangre tomada* de
no de los Levitas, y los Levitas deso-
an.
Tomaron luego del holocausto, para
conforme á los repartimientos por
familias de los del pueblo, á fin que
ciesen á Jehová [m], segun *está* es-
o en el libro de Moises: y asimismo
ros de los bueyes.
Y asaron la pascua al fuego segun
costumbre [n]: mas lo que habia sido
tificado *lo* cocieron en ollas, en cal-
s, y calderas, y repartiéron*lo* presta-
nte á todo el pueblo.
Y despues aderezaron para sí y para
sacerdotes; porque los sacerdotes, hi-
de Aaron, estuvieron ocupados hasta
noche en el sacrificio de los holocaus-
y de los sebos: por tanto los Levitas
rezaron para sí, y para los sacerdotes
s de Aaron.
Asimismo los cantores, hijos de
ph, *estaban* en su puesto conforme
mandamiento de David [o], de Asaph,
Heman, y de Jeduthun, vidente del
tambien los porteros [p] estaban á
a puerta, y no era menester que se
rtasen de su ministerio, porque sus
manos los Levitas aparejaban para
s.
Así fué aprestado todo el servicio de
ová en aquel dia, para hacer la pas-
, y sacrificar los holocaustos sobre el
r de Jehová, conforme al mandami-
o del rey Josias.

17 Y los hijos de Israel que *allí* se ha-
llaron, hicieron la pascua en aquel ti-
empo, y la solemnidad de los panes sin
levadura, por siete dias.
18 Nunca tal pascua fué hecha en Is-
rael desde los dias de Samuel el pro-
feta [q]; ni ningun rey de Israel hizo [q] 2 Rey. 23. 22.
pascua tal como la que hizo el rey Jo-
sias, y los sacerdotes, y Levitas, y todo
Judá é Israel, los que *de estos allí* se
hallaron, juntamente con los moradores
de Jerusalem.
19 Esta pascua fué celebrada en el año
diez y ocho del rey Josias.
20 ¶ Despues de todas estas cosas [r], [r] 2 Rey. 23. 29.
luego de haber Josias preparado la casa,
Nechâo [s], rey de Egipto, subió á hacer [s] Jer. 46. 2, etc.
guerra en Chârchâmis junto á Eufra-
tes; y salió Josias contra él.
21 Y él le envió embajadores diciendo:
¿Qué tenemos yo y tú, rey de Judá?
Yo no vengo contra tí hoy, sinó contra
la casa que me hace guerra; y Dios dijo
que me apresurase. Déjate de *tomarte*
con Dios, que es conmigo, no te des-
truya.
22 Mas Josias no volvió su rostro de
él, ántes disfrazóse para darle batalla,
y no atendió á las palabras de Nechâo,
que eran de boca de Dios; y vino á darle
la batalla en el campo de Megiddo.
23 Y los archeros tiraron al rey Jo-
sias *flechas*, y dijo el rey á sus siervos:
Quitadme de aquí, porque estoy herido
gravemente.
24 Entónces sus siervos lo quitaron de
aquel carro, y pusiéronlo en *otro* se-
gundo carro que tenia: y lleváronlo á
Jerusalem y murió, y sepultáronle en
los sepulcros de sus padres. Y todo Judá
y Jerusalem hizo duelo por Josias.
25 Y endechó Jeremias por Josias: y
todos los cantores y cantoras recitan sus
lamentaciones [t] sobre Josias hasta hoy, y [t] Zac. 12. 11. Mat. 9. 23.
las dieron por norma *para endechar* en
Israel, las cuales estan escritas en las
Lamentaciones.
26 Lo demas de los hechos de Josias, y
sus piadosas obras, conforme á lo que
está escrito en la ley de Jehová,
27 Y sus hechos primeros y postreros,
hé aquí está escrito en el libro de los
reyes de Israel y de Judá.

CAPITULO XXXVI.

Joachâz, Joakim, Joachin, y Sedecias, últimos reyes de Judá, y su cautiverio. Nabucodonosor destruye á Jerusalem. Ciro permite que los Judíos vuelvan á ella.

ENTONCES el pueblo de la tierra
tomó á Joacház, hijo de Josias [a], é [a] 2 Rey. 23, 30, etc.
hiciéronle rey en lugar de su padre en
Jerusalem.
2 De veinte y tres años era Joachâz
cuando comenzó á reinar, y tres meses
reinó en Jerusalem.
3 Y el rey de Egipto lo quitó de Jeru-
salem, y condenó la tierra en cien ta-
lentos de plata, y uno de oro.
4 Y constituyó el rey de Egipto á su
hermano Eliacim por rey sobre Judá y
Jerusalem, y mudóle el nombre en Jo-
akim; y á Joachâz su hermano tomó
Nechâo, y llevólo á Egipto.
5 ¶ Cuando comenzó á reinar Joakim
era de veinte y cinco años, y reinó once
años en Jerusalem: é hizo lo malo en
ojos de Jehová su Dios.
6 Y subió contra él Nabucodonosor,
rey de Babilonia, y atado con cadenas lo
llevó á Babilonia.
7 Tambien llevó Nabucodonosor á Ba-
bilonia *parte* de los vasos de la casa de
Jehová, y púsolos en su templo en Ba-
bilonia.

8 De demas de los hechos de Joakim,
y las abominaciones que hizo, y lo que
en él se halló, hé aquí está escrito en el
libro de los reyes de Israel y de Judá: y
reinó en su lugar Joachin su hijo.
9 ¶ De ocho años era Joachin cuando
comenzó á reinar [b], y reinó tres meses y
diez dias en Jerusalem: é hizo lo malo
en ojos de Jehová.
10 A la vuelta del año el rey Nabuco-
donosor envió, é hízolo llevar á Babilo-
nia *juntamente* con los vasos preciosos de
la casa de Jehová [c], y constituyó á Sede-
cias [d] su hermano por rey sobre Judá y
Jerusalem.
11 ¶ De veinte y un año era Sedecias
cuando comenzó á reinar [e], y once años
reinó en Jerusalem.
12 E hizo lo malo en ojos de Jehová
su Dios, y no se humilló delante de Je-
remías profeta, *que le hablaba* de parte
de Jehová.
13 Rebelóse asimismo contra Nabuco-
donosor [f], al cual habia jurado por Dios,
y endureció su cerviz [g], y obstinó su co-
razon, para no volverse á Jehová el Dios
de Israel.
14 Y tambien todos los príncipes de los
sacerdotes, y el pueblo, aumentaron la
prevaricacion siguiendo todas las abomi-
naciones de las gentes, y contaminando
la casa de Jehová, la cual él habia san-
tificado en Jerusalem.
15 Y Jehová el Dios de sus padres en-
vió á ellos *amonestacion* por mano de sus
mensageros [h], levantandose de mañana y
enviándo*les*: porque él tenia misericor-
dia de su pueblo, y de su habitacion.
16 Mas ellos hacian escarnio [i] de los
mensageros de Dios, y menospreciaban
sus palabras [k], burlandose de sus profe-
tas, hasta que subió el [illegible]
contra su pueblo, y que [illegible]
17 Por lo cual trajo contra [illegible]
de los Caldéos [l], que mató á [illegible]
mancebos en la casa de su [illegible]
perdonar jóven, ni doncella, [illegible]
decrépito; todos los entregó [illegible]
nos.
18 Asimismo todos los vasos [illegible]
de Dios, grandes y chicos, [illegible]
la casa de Jehová, y los tesoros [illegible]
y de sus príncipes, todo lo [illegible]
bilonia.
19 Y quemaron la casa de [illegible]
pieron el muro de Jerusalem, [illegible]
sieron al fuego todos sus [illegible]
destruyeron todos sus vasos [illegible]
20 Los que quedaron del [illegible]
siervos á Babilonia, y fueron [illegible]
él y de sus hijos, hasta que [illegible]
de los Persas:
21 Para que se cumpliese [illegible]
de Jehová por la boca de [illegible]
hasta que la tierra hubo [illegible]
bados [m]: porque todo el [illegible]
asolamiento reposó hasta que [illegible]
años fueron cumplidos.
22 ¶ Mas al primer año de [illegible]
de los Persas [o], para que se [illegible]
la palabra de Jehová, [illegible]
de Jeremías, Jehová excitó el [illegible]
de Ciro [p], rey de los Persas, [illegible]
pasar pregon por todo su [illegible]
bien por escrito, diciendo: [illegible]
23 Así dice Ciro, rey de [illegible]
Jehová, el Dios de los cielos, [illegible]
dado todos los reinos de la [illegible]
me ha encargado que le [illegible]
en Jerusalem, que es en Judá. [illegible]
de vosotros *hay* de todo su [illegible]
hová su Dios sea con él, y [illegible]

[b] 2 Rey. 24. 8, etc.
[c] Dan. 1. 1, 2. y 5. 2.
[d] 2 Rey. 24. 17. Jer. 37. 1.
[e] Jer. 52. 1, etc.
[f] Jer. 52. 3. Ez. 17. 15, 18.
[g] 2 Rey. 17. 14.
[h] Jer. 25. 3, 4. y 35. 15.
[i] Is. 28. 22.
[k] Pro. 1. 24, 30.

LIBRO DE ESDRAS.

A. C. cir. 536.

CAPITULO I.

Ciro, inspirado de Dios, dá libertad al pueblo Judáico, y restituyendo los vasos que habian sido tomados del templo, envia á los Judíos á que lo reedifiquen.

Y EN el primer año de Ciro [a], rey de
Persia, para que se cumpliese la pa-
labra de Jehová, *dicha* por boca de Je-
remías, excitó Jehová el espíritu [b] de
Ciro rey de Persia, el cual hizo pasar
pregon [c] por todo su reino, y tambien
por escrito, diciendo:
2 Así ha dicho Ciro, rey de Persia:
Jehová, Dios de los cielos, me ha dado
todos los reinos de la tierra [d], y me ha
mandado que le edifique casa en Jeru-
salem, que está en Judá [e].
3 ¿Quien *hay* entre vosotros de todo
su pueblo? Sea Dios con él, y suba á
Jerusalem, que está en Judá, y edifique
la casa á Jehová Dios de Israel, (él *es*
el Dios,) la cual *está* en Jerusalem.
4 Y á cualquiera que hubiere quedado
de todos los lugares donde peregrináre,
los hombres de su lugar le ayuden con
plata, y oro, y hacienda, y con bestias;
con *dones* voluntarios para la casa de
Dios, la cual *está* en Jerusalem.
5 Entónces se levantaron las cabezas
de las familias de Judá y de Benjamin,
y los sacerdotes y Levitas de todos aque-
llos cuyo espíritu [f] despertó Dios para
subir á edificar la casa de Jehová, la
cual *está* en Jerusalem:
6 Y todos los que estaban en sus al
rededores confortaron las manos de ellos
con vasos de plata y de oro, [illegible]
cienda y bestias, y con cosas [illegible]
á mas de lo que se ofreció [illegible]
mente.
7 Y el rey Ciro sacó los vasos [illegible]
casa de Jehová [g], que Nabuco[illegible]
habia traspasado de Jerusalem, [illegible]
en la casa de sus dioses. [illegible]
8 Sacólos pues Ciro, rey de [illegible]
mano de Mithridates tesorero, [illegible]
los dió por cuenta á Sesbassar, [illegible]
de Judá.
9 Y esta es la cuenta de [illegible]
tazones de oro, mil tazones [illegible]
veinte y nueve cuchillos, [illegible]
10 Treinta tazas de oro, [illegible]
y diez otras tazas de plata, [illegible]
vasos.
11 Todos los vasos de oro [illegible]
cinco mil y cuatrocientos. [illegible]
hizo llevar Sesbassar con [illegible]
bieron del cautiverio [illegible]
Jerusalem.

CAPITULO II.

Número de los que volvieron [illegible] de Babilonia á Jerusalem, [illegible] vasos sagrados que Ciro [illegible]

Y ESTOS *son* los hijos [illegible]
vincia que subieron [illegible]
dad, de la transmigracion [illegible]
donosor, rey de Babilonia, [illegible]
á Babilonia, y que volvieron [illegible]
lem y á Judá, cada uno [illegible]
2 Los cuales vinieron con [illegible]
Jesua, Nehemías, [illegible]
Mardochéo, Bilsan, [illegible]

[a] Neh. 7. 6, etc.
[b] Pro. 21. 1.
[c] Cap. 5. 13, 14.
[d] Dan. 2. 21.
[e] Is. 44. 28. y 45. 1, 13.
[f] Neh. 2. 12. Fil. 2. 13.

ehum e, y Baana. La cuenta de los
arones del pueblo de Israel *es aquesta*:
3 Los hijos de Paros *fueron* dos mil
ento setenta y dos.
4 Los hijos de Sephatias, trescientos
tenta y dos.
5 Los hijos de Ara f, setecientos se-
nta y cinco.
6 Los hijos de Pahath-Moab, de los
jos de Josué y de Joab, dos mil ocho-
entos y doce.
7 Los hijos de Elam g, mil doscientos
ncuenta y cuatro.
8 Los hijos de Zattu, novecientos cua-
nta y cinco.
9 Los hijos de Zachâi, setecientos y
senta.
10 Los hijos de Bani h, seiscientos cua-
nta y dos.
11 Los hijos de Bebai, seiscientos ve-
te y tres.
12 Los hijos de Azgad, mil doscientos
inte y dos.
13 Los hijos de Adonicam, seiscientos
senta y seis.
14 Los hijos de Bigvai, dos mil cin-
enta y seis.
15 Los hijos de Adin, cuatrocientos
ncuenta y cuatro.
16 Los hijos de Ater, de Ezechias,
venta y ocho.
17 Los hijos de Besai, trescientos veinte
tres.
18 Los hijos de Jora i, ciento y doce.
19 Los hijos de Hasum, doscientos ve-
te y tres.
20 Los hijos de Gibbar, noventa y
nco.
21 Los hijos de Beth-lehem, ciento
inte y tres.
22 Los varones de Nethopha, cincuen-
y seis.
23 Los varones de Anathoth, ciento
inte y ocho.
24 Los hijos de Azmaveth, cuarenta
dos.
25 Los hijos de Chiriath-jearim, Ce-
ira, y Beeroth, setecientos cuarenta
tres.
26 Los hijos de Rama y Gabaa, seis-
entos veinte y uno.
27 Los varones de Michmas, ciento
inte y dos.
28 Los varones de Beth-el y Hai, dos-
entos veinte y tres.
29 Los hijos de Nebo, cincuenta y
s.
30 Los hijos de Magbis, ciento cin-
enta y seis.
31 Los hijos del otro Elam k, mil dos-
entos cincuenta y cuatro.
32 Los hijos de Harim, trescientos y
inte.
33 Los hijos de Lod, Hadid, y Ono,
tecientos veinte y cinco.
34 Los hijos de Jerichô, trescientos
arenta y cinco.
35 Los hijos de Senaa, tres mil seis-
entos y treinta.
36 ¶ Los sacerdotes: los hijos de Je-
ia l, de la casa de Jesua, novecientos
tenta y tres.
37 Los hijos de Immer, mil cincuenta
dos.
38 Los hijos de Phashur, mil doscien-
s cuarenta y siete.
39 Los hijos de Harim, mil diez y
ete.
40 Los Levitas: los hijos de Jesua y
Cadmiel, de los hijos de Odovias,
tenta y cuatro.
41 Los cantores: los hijos de Asaph,
ento veinte y ocho.
42 Los hijos de los porteros: los hijos
Sallum, los hijos de Ater, los hijos
de Talmon, los hijos de Accub, los
hijos de Hatita, los hijos de Sobai; *en*
todos, ciento treinta y nueve.
43 Los Nethinéos: los hijos de Siha,
los hijos de Hasupha, los hijos de Tha-
baoth,
44 Los hijos de Ceros, los hijos de
Siaa, los hijos de Phadon,
45 Los hijos de Lebana, los hijos de
Hagaba, los hijos de Accub,
46 Los hijos de Hagab, los hijos de
Samlai, los hijos de Hanan,
47 Los hijos de Giddel, los hijos de
Gaher, los hijos de Reaia,
48 Los hijos de Resin, los hijos de
Necoda, los hijos de Gazam,
49 Los hijos de Uzza, los hijos de Pha-
sea, los hijos de Besai,
50 Los hijos de Asna, los hijos de
Meunim, los hijos de Nephusim,
51 Los hijos de Bacbuc, los hijos de
Hacusa, los hijos de Harhur,
52 Los hijos de Basluth, los hijos de
Mehida, los hijos de Harsa,
53 Los hijos de Barcos, los hijos de
Sisera, los hijos de Thema,
54 Los hijos de Nesia, los hijos de
Hatipha.
55 Los hijos de los siervos de Salo-
mon m: los hijos de Sotai, los hijos de m 1 Rey. 9. 21.
Sophereth, los hijos de Peruda,
56 Los hijos de Jaala, los hijos de
Darcon, los hijos de Giddel,
57 Los hijos de Sephatias, los hijos de
Hatil, los hijos de Phochéreth-Hasse-
baim, los hijos de Ami.
58 Todos los Nethinéos n, é hijos de n Jos. 9. 21, 27.
los siervos de Salomon, trescientos no- 1 Cr. 9. 2.
venta y dos. Neh. 3. 26.
59 ¶ Y estos *fueron* los que subieron
de Thelmela: Thel-harsa, Chêrub, Ad-
dan, é Immer, los cuales no pudieron
mostrar la casa de sus padres, ni su
linaje, si eran de Israel:
60 Los hijos de Delaia, los hijos de
Thobias, los hijos de Necoda, seiscien-
tos cincuenta y dos.
61 Y de los hijos de los sacerdotes,
los hijos de Abaia, los hijos de Cos,
los hijos de Barzillai, el cual tomó mu-
jer de las hijas de Barzillai Galaadita,
y fué llamado del nombre de ellas:
62 Estos buscaron su registro de ge-
nealogías, y no fué hallado, y fueron
echados del sacerdocio.
63 Y el Thirsatha les dijo que no
comiesen de las cosas mas santas, hasta
que hubiese sacerdote con Urim y Thu-
mim o. o Ex. 28. 30.
64 ¶ Toda la congregacion, unida Lev. 8. 8.
como un *solo hombre, era de* cuarenta Nu. 27. 21.
y dos mil trescientos y sesenta p, Deu. 33. 8.
65 Sin sus siervos y siervas, los cuales p Neh. 7. 66, etc.
eran siete mil trescientos treinta y siete:
y tenian doscientos cantores y cantoras.
66 Sus caballos *eran* setecientos treinta
y seis; sus mulos, doscientos cuarenta
y cinco:
67 Sus camellos, cuatrocientos treinta
y cinco; asnos, seis mil setecientos y
veinte.
68 ¶ Y *algunos* de las cabezas de los
padres, cuando vinieron á la casa de
Jehová, la cual *estaba* en Jerusalem,
ofrecieron voluntariamente para la casa
de Dios, para levantarla en su asiento q: q Neh. 7. 70, etc.
69 Segun sus fuerzas dieron al tesorero
de la obra sesenta y un mil dracmas de
oro, y cinco mil libras de plata, y cien
túnicas sacerdotales.
70 Y habitaron los sacerdotes, y los
Levitas, y *los* del pueblo, y los canto-
res, y los porteros, y los Nethinéos en
sus ciudades, y todo Israel en sus ciu-
dades.

CAPITULO III.

Jesua y Zorobabel edifican altar, ofrecen sacrificio, y hacen celebrar la fiesta de las Cabañas conforme á la ley. Comiénzase el edificio del templo con alabanzas de Dios, y grande alegría de todo el pueblo.

Y LLEGADO el mes séptimo, y *ya* los hijos de Israel en las ciudades, juntóse el pueblo como un solo hombre en Jerusalem.

2 Entónces se levantó Jesua[a], hijo de Josadec, y sus hermanos los sacerdotes, y Zorobabel[b], hijo de Sealthiel, y sus hermanos, y edificaron el altar del Dios de Israel, para ofrecer sobre él holocaustos, como está escrito en la ley de Moises, varon de Dios[c].

3 Y asentaron el altar sobre sus basas, bien que tenian miedo de los pueblos de las tierras, y ofrecieron sobre él holocaustos á Jehová, holocaustos á la mañana y á la tarde.

4 Hicieron asimismo la solemnidad de las Cabañas[d] como está escrito, y holocaustos cada dia por cuenta conforme al rito, cada cosa en su dia[e]:

5 Y á mas de esto el holocausto continuo, y las nuevas lunas, y todas las fiestas[f] santificadas de Jehová, y todo *sacrificio* espontaneo, *toda* ofrenda voluntaria á Jehová.

6 Desde el primer dia del mes séptimo comenzaron á ofrecer holocaustos á Jehová; mas el templo de Jehová no estaba *aun* fundado.

7 Y dieron dinero á los carpinteros y oficiales; asimismo comida y bebida, y aceite, á los Sidonios y Tirios, para que trajesen madera de cedro del Líbano á la mar de Joppe[g], conforme á la voluntad de Ciro, rey de Persia, acerca de esto.

8 ¶ Y en el año segundo de su venida á la casa de Dios en Jerusalem, en el mes segundo, comenzaron Zorobabel, hijo de Sealthiel, y Jesua, hijo de Josadec, y los otros sus hermanos, los sacerdotes y los Levitas, y todos los que habian venido de la cautividad á Jerusalem; y pusieron á los Levitas de veinte años arriba[h] para que tuviesen cargo de la obra de la casa de Jehová.

9 Jesua tambien, sus hijos y sus hermanos, Cadmiel y sus hijos, hijos de Judá[i], como un solo *hombre*, asistian para dar priesa á los que hacian la obra en la casa de Dios: los hijos de Henadad, sus hijos y sus hermanos, Levitas.

10 Y cuando los albañiles del templo de Jehová echaban los cimientos[k], pusieron á los sacerdotes, vestidos *de sus ropas*, con trompetas[l], y á los Levitas hijos de Asaph con címbalos, para que alabasen á Jehová segun ordenanza de David, rey de Israel.

11 Y cantaban alabando y confesando á Jehová, *y decian:* Porque *es* bueno, porque para siempre *es* su misericordia sobre Israel[m]. Y todo el pueblo aclamaba con grande júbilo alabando á Jehová, porque á la casa de Jehová se echaba el cimiento.

12 Y muchos de los sacerdotes y de los Levitas, y de las cabezas de los padres, ancianos que habian visto la casa primera[n], viendo fundar esta casa lloraban en alta voz, mientras muchos *otros* daban grandes gritos de alegría.

13 Y no podia discernir el pueblo el clamor de los gritos de alegría, de la voz del lloro del pueblo; porque clamaba el pueblo con grande júbilo, y oíase el ruido hasta de léjos.

[a] Hag. 1. 1, y 2. 2. Zac. 3. 1.
[b] Mat. 1. 12. Luc. 3. 27.
[c] Nu. 28. 3, etc. Deu. 12. 5, 6.
[d] Neh. 8. 14, 17. Zac. 14. 16.
[e] Ex. 29. 38.
[f] Num. XXVIII. y XXIX.
[g] 1 Rey. 5. 6, 9.
[h] 1 Cr. 23. 24.
[i] Cap. 2. 40.
[k] Zac. 4. 10.
[l] 1 Cr. 6. 31, etc. y 16. 4, etc. y 25. 1, etc. Neh. 12. 24, etc.
[m] 1 Cr. 16. 34, 41. Sal. cxxxvi. y 145. 1, 11. Jer. 33. 11.
[n] Hag. 2. 3.

CAPITULO IV.

Impídese la reedificacion del templo por los hipócritas.

Y OYENDO los enemigos[a] de Judá, y de Benjamin, que los *venidos* de la cautividad edificaban el templo de Jehová Dios de Israel,

2 Llegáronse á Zorobabel, y á las cabezas de los padres, y dijeronles: Edificarémos con vosotros, porque como vosotros buscarémos á vuestro Dios[b]; y á él sacrificamos desde los dias de Esar-haddon[c], rey de Asiria, que nos hizo subir aquí.

3 Y dijoles Zorobabel, y Jesua, y los demas cabezas de los padres de Israel: No nos conviene edificar con vosotros casa á nuestro Dios[d], sino que nosotros solos *la* edificarémos á Jehová Dios de Israel, como nos mandó el rey Ciro, rey de Persia[e].

4 Mas el pueblo de la tierra debilitaba las manos del pueblo de Judá[f], y los arredraba de edificar.

5 Cohecharon ademas contra ellos consejeros[g], para disipar su consejo, todo el tiempo de Ciro rey de Persia, y hasta el reinado de Darió rey de Persia.

6 Y en el reino de Asuero, en el principio de su reinado, escribieron acusacion contra los moradores de Judá y de Jerusalem.

7 Y en dias de Artajerjes, Bislam, Mitridates, Tabeel, y los demas sus compañeros, escribieron á Artajerjes rey de Persia; y la escritura de la carta *estaba* hecha en Siriaco, y declarada en Siriaco.

8 Rehum canciller, y Simsai, secretario, escribieron una carta contra Jerusalem al rey Artajerjes como se sigue.

9 Entónces Rehum canciller, y Simsai secretario, y los demas sus compañeros, los Dinéos, y los Apharsathachéos, Thepharléos, Apharséos, los Erchûeos, los Babilonios, Susanchéos, Dievéos, y Elamitas;

10 Y los demas pueblos que el grande y glorioso Asnappar trasportó, é hizo habitar en las ciudades de Samaria, y los demas de la otra parte del rio &c *escribieron*.

11 Este *es* el traslado de la carta que enviaron: Al rey Artajerjes, Tus siervos de la otra parte del rio &c.

12 Sea notorio al rey que los Judíos que subieron de tí á nosotros, vinieron á Jerusalem, y edifican la ciudad rebelde[h] y mala, y han erigido los muros, y compuesto los fundamentos.

13 Ahora notorio sea al rey, que si aquella ciudad fuere reedificada, y los muros fueren establecidos, el tributo[i], pecho, y rentas no darán, y el catastro de los reyes será menoscabado.

14 Ya pues que estamos mantenidos de palacio, no nos es justo ver el menosprecio del rey: hemos enviado por tanto, y héchol*o* saber al rey,

15 Para que busque en el libro de las historias de nuestros padres; y hallarás en el libro de las historias, y sabrás que esta ciudad es ciudad rebelde, y perjudicial á los reyes y á las provincias[k], y que de tiempo antiguo forman en medio de ella rebeliones, por lo que esta ciudad fué destruida[l].

16 Hacemos saber al rey, que si esta ciudad fuere edificada, y erigidos sus muros, la parte allá del rio no será tuya.

17 El rey envió *esta* respuesta: A Rehum canciller, y á Simsai secretario, y á los demas sus compañeros que habi-

[a] ver. 7, 9.
[b] 2 Rey. 17. 24, etc.
[c] 2 Rey. 19. 37.
[d] Neh. 2. 20. Heb. 8. 2. 2 Cor. 6. 16.
[e] Cap. 1. 1, 2.
[f] Neh. 6. 9.
[g] Neh. 6. 12, etc.
[h] Est. 3. 8.
[i] Cap. 7. 24.
[k] Est. 3. 8.
[l] 2 Rey. 24. 20. y 25. 1.

tan en Samaria, y á los demas de la
parte allá del rio, Paz, &c.
18 La carta que nos enviasteis, clara-
mente fué leida delante de mí:
19 Y por mí fué dado mandamiento,
y buscaron, y hallaron que aquella ciu-
dad de tiempo antiguo se levanta contra
Rey. 18. 7. los reyes[m], y rebela, y se forma en ella
sedicion:
20 Y que reyes fuertes hubo en Jeru-
salem, quienes señorearon en todo *lo*
Gen. 15. 18. *que está* á la parte allá del rio[n], y que
m. 1. 3, 4. tributo, y pecho, y rentas se les daba.
Rey. 4. 21, 21 Ahora *pues* dad órden que cesen
Sal. 72. 8. aquellos hombres, y no sea esa ciudad
edificada, hasta que por mí sea dado
mandamiento.
22 Y mirad bien que no hagais error
en esto: ¿por qué habrá de crecer el
daño para perjuicio de los reyes?
23 Entónces, cuando el traslado de la
carta del rey Artajerjes fué leido delante
de Rehum, y de Simsai secretario, y
sus compañeros, fueron prestamente á
Jerusalem á los Judíos, é hiciéronles
cesar con poder y fuerza.
24 Cesó entónces la obra de la casa de
Dios, la cual *estaba* en Jerusalem: y
cesó hasta el año segundo del reinado
de Darío, rey de Persia.

CAPITULO V.

Por exhortacion de Haggéo y Zacarías, Zorobabel y Jesua vuelven á continuar la fábrica del templo, de lo que dieron cuenta á Darío los que pretendieron estorbarlos.

Hag. 1. 1. Y PROFETIZARON Haggéo[a] pro-
Zac. 1. 1. feta, y Zacarías[b] hijo de Iddo, pro-
fetas, á los Judíos que *estaban* en Judá
y en Jerusalem, *yendo* en nombre del
Dios de Israel á ellos.
2 Entónces se levantaron Zorobabel,
hijo de Sealthiel, y Jesua, hijo de Josa-
dec, y comenzaron á edificar la casa de
Dios, que *estaba* en Jerusalem; y con
ellos los profetas de Dios que les ayuda-
ban.
3 En aquel tiempo vino á ellos Tatnai,
capitan de la parte allá del rio, y Sethar-
boznai, y sus compañeros, y dijeronles
así: ¿Quien os dió mandamiento para
edificar esta casa, y restablecer estos
muros?
4 Entónces les dijimos en órden á esto
cuales eran los nombres de los varones
que edificaban este edificio.
Sal. 32. 8. 5 Mas los ojos de su Dios[c] fueron
y 33. 18. sobre los ancianos de los Judíos, y no
y 34. 15. les hicieron cesar hasta que el negocio
viniese á Darío; y entónces respondi-
Cap. 6. 6. eron por carta sobre esto[d].
6 ¶ Traslado de la carta que Tatnai,
capitan de la parte allá del rio, y Se-
thar-boznai, y sus compañeros los Ar-
phasachéos, que *estaban* á la parte allá
del rio, enviaron al rey Darío:
7 Enviaronle carta, y de esta manera
estaba escrito en ella: Al rey Darío toda
paz.
8 Sea notorio al rey que fuimos á la
provincia de Judéa, á la casa del gran
Dios, la cual se edifica de piedra de
marmol, y los maderos son puestos en
las paredes, y la obra se hace á priesa,
y prospera en sus manos.
9 Entónces preguntamos á los ancia-
nos diciendoles así: ¿Quien os dió man-
damiento para edificar esta casa, y para
restablecer estos muros?
10 Y tambien les preguntamos sus
nombres para hacertelo saber, para es-
cribirte los nombres de los varones que
estaban por cabezas de ellos.
11 Y respondiéronnos diciendo así:
Nosotros somos siervos del Dios del
cielo y de la tierra[e], y reedificamos la e Da. 3. 26.
casa que ya muchos años ántes habia
sido edificada, la cual edificó y fundó[f] f 1 Rey. 6. 1.
el gran rey de Israel.
12 Mas despues que nuestros padres
ensañaron al Dios de los cielos[g], él los g 2 Cr. 36. 16, 17.
entregó en mano de Nabucodonosor, rey
de Babilonia, Caldéo[h], el cual destruyó h 2 Rey. 24. 2. y 25. 8, 11.
esta casa, é hizo trasportar el pueblo á
Babilonia.
13 Empero el primer año de Ciro, rey
de Babilonia, el *mismo* rey Ciro dió
mandamiento para que esta casa de Dios
fuese edificada[i]. i Cap. 1. 1, 3.
14 Y tambien los vasos de oro y de
plata de la casa de Dios que Nabucodo-
nosor habia sacado del templo que *estaba*
en Jerusalem, y los habia metido en el
templo de Babilonia[k], el rey Ciro los k Jer. 52. 19.
sacó del templo de Babilonia, y fueron
entregados á Sesbassar[l], al cual habia l Cap. 1. 8. Hag. 1. 14. y 2. 2, 21.
puesto por gobernador,
15 Y le dijo: Toma estos vasos, vé, y
pónlos en el templo que *está* en Jeru-
salem, y la casa de Dios sea edificada en
su lugar.
16 Entónces este Sesbassar vino, y puso
los fundamentos[m] de la casa de Dios que m Cap. 3. 8, 10.
estaba en Jerusalem, y desde entónces
hasta ahora se edifica, y aun no está
acabada[n]. n Cap. 6. 15.
17 Y ahora, si al rey parece bien, bús-
quese en la casa de los tesoros del rey[o] o Cap. 6. 1, 2.
que *está* allí en Babilonia, si es *así* que
por el rey Ciro habia sido dado manda-
miento para edificar esta casa de Dios
en Jerusalem, y envíenos *á decir* la vo-
luntad del rey sobre esto.

CAPITULO VI.

Darío manda que continue la reedificacion del templo; el cual fué acabado y dedicado, y celebróse la Pascua.

ENTONCES el rey Darío dió man-
damiento, y buscaron en la casa de
los libros[a], donde guardaban los tesoros a Cap. 5. 17.
allí en Babilonia;
2 Y fué hallado en Achmetta, en el
palacio que *está* en la provincia de Me-
dia, un libro, dentro del cual estaba es-
crito así: Memoria:
3 En el año primero del rey Ciro, el
mismo rey Ciro dió mandamiento[b] acer- b 2 Cr. 36. 22, 23.
ca de la casa de Dios que *estaba* en Je-
rusalem, que fuese la casa edificada *para*
lugar en que sacrifiquen sacrificios, y
que sus paredes fuesen cubiertas: su al-
tura de sesenta codos; *y* de sesenta co-
dos su anchura.
4 Los órdenes, tres de piedra de már-
mol[c], y un órden de madera nueva: y c 1 Rey. 6. 36.
que el gasto sea dado de la casa del rey.
5 Y tambien los vasos de oro y de pla-
ta[d] de la casa de Dios, que Nabuco- d Cap. 1. 7, 8. y 5. 14. Dan. 5. 2.
donosor sacó del templo que *estaba* en
Jerusalem, y los pasó á Babilonia, sean
devueltos, y vayan al templo que *está* en
Jerusalem, á su lugar, y sean puestos en
la casa de Dios.
6 Ahora pues, Tatnai, gefe del lado
allá del rio, Sethar-boznai, y sus com-
pañeros los Apharsachéos que estais á la
otra parte del rio, apartáos de ahí.
7 Dejad la obra de la casa de este Dios
al principal de los Judíos y á sus anci-
anos, para que edifiquen la casa de este
Dios en su lugar.
8 Y por mí es dado mandamiento de lo
que habeis de hacer con los ancianos de
estos Judíos para edificar la casa de este
Dios: que de la hacienda del rey, que
tiene del tributo de la parte allá del rio,
los gastos sean dados luego á aquellos
varones, para que no cesen.
9 Y lo que fuere necesario, becerros, y

carneros, y corderos para holocaustos al Dios del cielo; trigo, sal, vino, y aceite, conforme á lo que dijeren los sacerdotes que *estan* en Jerusalem, déseles cada un dia sin obstáculo alguno:

10 Para que ofrezcan *olores* de holganza al Dios del cielo [e], y oren por la vida del rey [f] y por sus hijos.

11 Tambien es dado por mí mandamiento, que cualquiera que mudare este decreto, sea derribado un madero de su casa, y enhiesto, sea colgado en él; y su casa sea hecha muladar por esto [g].

12 Y el Dios que hizo habitar allí su nombre [h], destruya todo rey y pueblo que pusiere su mano para mudar *ó* destruir esta casa de Dios, la cual *está* en Jerusalem. Yo Darío puse el decreto: sea hecho prestamente.

13 Entónces Tatnai, gobernador al otro lado del rio, y Sethar-boznai, y sus compañeros, hicieron prestamente segun el rey Darío habia enviado.

14 Y los ancianos de los Judíos edificaban y prosperaban, conforme á la profecía de Haggéo profeta, y de Zacarías, hijo de Iddo [i]. Edificaron pues, y acabaron, por el mandamiento del Dios de Israel, y por el mandamiento de Ciro [k], y de Darío [l], y de Artajerjes [m], rey de Persia.

15 Y esta casa fué acabada al tercer dia del mes de Adar, que era el sexto año del reinado del rey Darío.

16 ¶ Y los hijos de Israel, los sacerdotes, y los Levitas, y los demas que habian venido de la trasportacion, hicieron la dedicacion [n] de esta casa de Dios con gozo [o]:

17 Y ofrecieron en la dedicacion de esta casa de Dios cien becerros, doscientos carneros, cuatrocientos corderos, y machos de cabrío, en expiacion por todo Israel, doce, conforme al número de las tribus de Israel.

18 Y pusieron á los sacerdotes [p] en sus clases, y á los Levitas en sus divisiones [q], sobre la obra de Dios que *era* en Jerusalem, conforme á lo escrito en el libro de Moisés [r].

19 Y los de la transmigracion hicieron la Pascua á los catorce del mes primero [s].

20 Porque los sacerdotes y los Levitas se habian purificado á una, todos *fueron* limpios: y sacrificaron la pascua [t] por todos los de la transmigracion, y por sus hermanos los sacerdotes, y por sí mismos.

21 Y comieron los hijos de Israel que habian vuelto de la transmigracion, y todos los que se habian apartado á ellos de la inmundicia de las gentes de la tierra, para buscar á Jehová Dios de Israel.

22 Y celebraron la solemnidad de los panes ázimos [u] siete dias con regocijo, por cuanto Jehová los habia alegrado, y convertido el corazon del rey de Asiria á ellos, para esforzar sus manos en la obra de la casa de Dios, del Dios de Israel.

[e] Cap. 7. 23. [f] Jer. 29. 7. 1 Tim. 2. 1, 2. [g] Dan. 2. 5. y 3. 29. [h] 1 Rey. 9. 3. [i] Cap. 5. 1, 2. [k] ver. 3. [l] Cap. 4. 24. [m] Cap. 7. 1. [n] 1 Rey. 8. 63. 2 Cr. 7. 5. [o] Sal. 122. 1. [p] 1 Cr. 24. 1. [q] 1 Cr. 26. 6. [r] Nu. 3. 6. y 8. 9. [s] Ex. 12. 6. [t] 2 Cr. 35. 11. [u] Ex. 12. 15. y 13. 6. 2 Cr. 30. 21. y 35. 17. 1 Cor. 5. 7, 8.

CAPITULO VII.

Esdras, acompañado de otros muchos Israelitas, viene á Jerusalem por comision de Artajerjes.

PASADAS estas cosas, en el reinado de Artajerjes [a] rey de Persia, Esdras, hijo de Seraias, hijo de Azarias, hijo de Hilcias,

2 Hijo de Salum, hijo de Sadoc, hijo de Achitob,

3 Hijo de Amarias, hijo de Azarias, hijo de Meraioth,

4 Hijo de Zerahias, hijo de Uzzi, hijo de Bucci,

5 Hijo de Abisue, hijo de Phinees [b], hijo de Eleazar, hijo de Aaron, primer sacerdote:

6 Este Esdras subió de Babilonia, el cual era escriba [c] diligente en la ley de Moisés, que Jehová Dios de Israel habia dado; y concedióle el rey, segun la mano de Jehová su Dios sobre él, todo lo que pidió [d].

7 Y subieron *con él* á Jerusalem de los hijos de Israel [e], y de los sacerdotes, y Levitas, y cantores, y porteros, y Nethinéos [f], en el séptimo año del rey Artajerjes:

8 Y llegó á Jerusalem en el mes quinto, el año séptimo del rey.

9 Porque el *dia* primero del primer mes fué el principio de la partida de Babilonia, y al primero del mes quinto llegó á Jerusalem, segun *que era* buena la mano de su Dios sobre él [g].

10 Porque Esdras habia preparado su corazon [h] para inquirir la ley de Jehová, y para hacer y enseñar á Israel mandamientos y juicios [i].

11 Y este *es* el traslado de la carta que dió el rey Artajerjes á Esdras, sacerdote escriba, escriba de las palabras mandadas de Jehová, y de sus estatutos á Israel.

12 Artajerjes, rey de los reyes, á Esdras sacerdote, escriba perfecto de la ley del Dios del cielo, salud &c.

13 Por mí es dado mandamiento, que cualquiera que quisiere en mi reino del pueblo de Israel, y de sus sacerdotes y Levitas, ir contigo á Jerusalem, vaya.

14 Porque de parte del rey y de sus siete consultores eres enviado á visitar á Judéa y á Jerusalem, conforme á la ley de tu Dios que *está* en tu mano;

15 Y á llevar la plata y el oro que el rey y sus consultores voluntariamente ofrecen al Dios de Israel, cuya morada *está* en Jerusalem,

16 Y toda la plata y el oro que hallares en toda la provincia de Babilonia, con las ofrendas voluntarias del pueblo, y de los sacerdotes, que de su voluntad ofrecieren para la casa de su Dios que *está* en Jerusalem.

17 Comprarás pues prestamente con esta plata becerros, carneros, corderos, con sus presentes y sus libaciones, y los ofrecerás sobre el altar de la casa de vuestro Dios que *está* en Jerusalem.

18 Y lo que á tí y á tus hermanos pluguiere hacer de la otra plata y oro, hacedlo conforme á la voluntad de vuestro Dios.

19 Y los vasos que te son entregados para el servicio de la casa de tu Dios, los restituirás delante de Dios en Jerusalem.

20 Y lo demas *que fuere* necesario para la casa de tu Dios, que te fuere menester dar, darálo de la casa de los tesoros del rey.

21 Y por mí el rey Artajerjes es dado mandamiento á todos los tesoreros que *estan* al otro lado del rio, que todo lo que os demandáre Esdras sacerdote, escriba de la ley del Dios del cielo, concédasele luego,

22 Hasta cien talentos de plata, y hasta cien coros de trigo, y hasta cien batos de vino, y hasta cien batos de aceite; y sal, sin tasa.

23 Todo lo que es mandado por el Dios del cielo, sea hecho prestamente para la casa del Dios del cielo: pues ¿ por qué habria de ser su ira contra el reino del rey y de sus hijos?

[a] Neh. 2. 1. [b] Nu. 25. 11, 13. [c] ver. 11. 12, 21. [d] ver. 9. Cap. 8. 22, 31. Neh. 2. 8, 18. Pro. 3. 6. [e] Cap. 8. 1, 15, etc. [f] Cap. 2. 43. [g] ver. 6. [h] 2 Cr. 19. 3. [i] Deu. 33. 10. Mal. 2. 7.

24 Y á vosotros os hacemos saber, que
todos los sacerdotes y Levitas, canto-
res, porteros, Nethinéos, y ministros de
la casa de Dios, ninguno pueda impo-
nerles tributo, ó pecho, ó renta.
25 Y tú, Esdras, conforme á la sabi-
duría de tu Dios que tienes, pon por
jueces y gobernadores que gobiernen to-
do el pueblo que está del otro lado del
rio, á todos los que tienen noticia de las
leyes de tu Dios; y al que no la tuviere,
le enseñaréis.
26 Y cualquiera que no hiciere la ley
de tu Dios y la ley del rey, prestamente
sea juzgado, ó á muerte, ó á desarraigo,
ó á pena de la hacienda, ó á prision.
27 Bendito sea Jehová Dios de nuestros
padres, que puso tal cosa en el corazon
del rey, para honrar la casa de Jehová
que está en Jerusalem:
28 E inclinó hácia mí su misericordia
delante del rey y de sus consultores, y
de todos los príncipes poderosos del rey.
Y yo, confortado segun que la mano de
mi Dios era sobre mí, junté los princi-
pales de Israel para que subiesen con-
migo.

CAPITULO VIII.

Catálogo de los que volvieron de Babilonia con Esdras, quien confía el oro, plata, y vasos sagrados, á la custodia de doce sacerdotes; y llegados á Jerusalem, se entrega todo por cuenta.

Y ESTAS son las cabezas de sus fa-
milias, y genealogías de aquellos
que subieron conmigo de Babilonia rei-
nando el rey Artajerjes.
2 De los hijos de Phinees, Gersom [a]:
de los hijos de Ithamar, Daniel: de los
hijos de David, Hattus.
3 De los hijos de Sechânias y de los
hijos de Pharos, Zacarías, y con él, en
la línea de varones, ciento y cincuenta.
4 De los hijos de Pahath-moab, Elio-
enai, hijo de Zarahia, y con él doscien-
tos varones.
5 De los hijos de Sechânias, el hijo de
Jahaziel, y con él trescientos varones.
6 De los hijos de Adin, Ebed, hijo de
Jonathan, y con él cincuenta varones.
7 De los hijos de Elam, Isaia, hijo de
Athalias, y con él setenta varones.
8 Y de los hijos de Sephatias, Zebadi-
as hijo de Michael, y con él ochenta
varones.
9 De los hijos de Joab, Obadias, hijo
de Jehiel, y con él doscientos diez y
ocho varones.
10 Y de los hijos de Selomith, el hijo
de Josiphias, y con él ciento y sesenta
varones.
11 Y de los hijos de Bebai, Zacarías,
hijo de Bebai, y con él veinte y ocho
varones.
12 Y de los hijos de Azgad, Johanan,
hijo de Catan, y con él ciento y diez
varones.
13 Y de los hijos de Adonicam, los
postreros, cuyos nombres son estos: Eli-
phelet, Jehiel, y Semaias, y con ellos se-
senta varones.
14 Y de los hijos de Biguai, Utai y
Zabud, y con ellos setenta varones.
15 Y juntélos junto al rio que viene
á Ahava, y reposamos allí tres dias: y
habiendo buscado entre el pueblo y en-
tre los sacerdotes, no hallé allí de los
hijos de Leví.
16 Entonces despaché á Eliezer, y á
Ariel, y á Semaias, y á Elnathan, y á
Jarib, y á Elnathan y á Nathan, y á
Zacarías, y á Mesullam, principales;
asimismo á Joiarib y á Elnathan, hom-
bres doctos;
17 Y enviélos á Iddo, gefe en el lugar
de Casipia, y puse en boca de ellos las
palabras que habian de hablar á Iddo,
y á sus hermanos los Nethinéos en el
lugar de Casipia, para que nos trajesen
ministros para la casa de nuestro Dios.
18 Y trajéronnos, (segun *que era* bu-
ena sobre [c] nosotros la mano de nuestro
Dios,) un varon entendido de los hijos
de Mahali, hijo de Leví, hijo de Israel;
y á Serebias, con sus hijos y sus herma-
nos, diez y ocho:
19 Y á Hasabias, y con él á Isaia, de
los hijos de Merari, á sus hermanos y á
sus hijos, veinte:
20 Y de los Nethinéos, á quienes David
con los príncipes de los Levitas puso
para el ministerio, doscientos y veinte
Nethinéos; todos los cuales fueron de-
clarados por sus nombres.
21 Y publiqué ayuno allí junto al rio
de Ahava, para afligirnos delante de
nuestro Dios, para solicitar de él ca-
mino derecho [d] para nosotros y para
nuestros niños, y para toda nuestra ha-
cienda.
22 Porque [e] tuve vergüenza de pedir al
rey tropa y gente de á caballo que nos
defendiesen del enemigo en el camino;
porque habiamos hablado al rey dicien-
do: La mano de nuestro Dios *es* para
bien sobre todos los que le buscan; mas
su fortaleza y su furor sobre todos los
que le dejan [f].
23 Ayunamos pues, y pedimos á nu-
estro Dios sobre esto, y él nos fué pro-
picio [g].
24 ¶ Aparté luego doce de los prin-
cipales de los sacerdotes, á Serebias y á
Hasabias, y con ellos diez de sus her-
manos;
25 Y peséles la plata, y el oro [h], y los
vasos, la ofrenda que para la casa de
nuestro Dios habian ofrecido el rey y
sus consultores, y sus príncipes, y todos
los que se hallaron de Israel.
26 Pesé pues en manos de ellos seisci-
entos y cincuenta talentos de plata, y
vasos de plata por cien talentos, y cien
talentos de oro:
27 Ademas veinte tazones de oro, *peso*
de mil dracmas, y dos vasos de metal
limpio muy bueno, preciados como el
oro.
28 Y díjeles: Vosotros sois consagra-
dos á Jehová [i], y santos los vasos; y la
plata y el oro ofrenda voluntaria á Je-
hová Dios de nuestros padres.
29 Velad, y guardad*los*, hasta que *los*
peseis delante de los príncipes de los sa-
cerdotes y Levitas, y de los gefes de los
padres de Israel en Jerusalem, en las
cámaras de la casa de Jehová.
30 Los sacerdotes pues y Levitas reci-
bieron el peso de la plata y del oro, y
de los vasos, para traerlo á Jerusalem á
la casa de nuestro Dios.
31 Y partimos del rio de Ahava el doce
del mes primero, para ir á Jerusalem:
y la mano de nuestro Dios fué sobre nos-
otros, el cual nos libró de mano de ene-
migo y de asechador en el camino [k].
32 Y llegamos á Jerusalem, y reposa-
mos allí tres dias.
33 ¶ Al cuarto dia fué luego pesada [l]
la plata y el oro, y los vasos, en la casa
de nuestro Dios, por mano de Mere-
moth, hijo de Urias sacerdote, y con él
Eleazar, hijo de Phinees; y con ellos
estaban Jozabad, hijo de Jesua, y Noa-
dias, hijo de Binnui, Levitas.
34 Por cuenta y por peso *se entregó*
todo: y se apuntó todo aquel peso en
aquel tiempo.
35 Los que habian venido de la ca-

[c] Cap. 7. 28.
[d] Sal. 5. 8. y 143. 8, 10. Pro. 3. 6. Is. 30. 21. y 42. 16. Jer. 10. 23.
[e] 1 Cor. 9. 15.
[f] 2 Cr. 15. 2. Soph. 1. 4, 6. Heb. 10. 38.
[g] 1 Cr. 5. 20. Sal. 66. 18, 20. Jer. 29. 12, 13.
[h] Cap. 7. 15, 16.
[i] Lev. 21. 6, 8. y 22. 2, 3.
[k] ver. 22.
[l] ver. 26, 30.

utividad, los hijos de la transmigracion, ofrecieron *para* holocaustos al Dios de Israel doce becerros por todo Israel, noventa y seis carneros, setenta y siete corderos, doce machos cabríos por expiacion [m]: todo en holocausto á Jehová.

36 Y dieron los despachos [n] del rey á sus gobernadores y capitanes del otro lado del rio, los cuales favorecieron al pueblo y á la casa de Dios.

[m] Cap. 6. 17. [n] Cap. 7. 21.

CAPITULO IX.

Sentimiento de Esdras por el nuevo desórden y pecados de los Judíos.

Y ACABADAS estas cosas, los príncipes se llegaron á mí diciendo: El pueblo de Israel, y los sacerdotes, y Levitas, no se han apartado de los pueblos de las tierras, de los Cananéos, Hethéos, Pherezéos, Jebuséos, Ammonitas, y Moabitas, Egipcios, y Amorrhéos, *haciendo* conforme á sus abominaciones [a]:

2 Porque han tomado de sus hijas para sí y para sus hijos [b], y la simiente santa [c] es mezclada con los pueblos de las tierras [d]; y la mano de los príncipes y de los gobernadores ha sido la primera en esta prevaricacion.

3 Lo cual oyendo yo, rasgué mi vestido [e] y mi manto, y arranqué de los cabellos de mi cabeza, y de mi barba [f], y sentéme atónito.

4 Y juntáronse á mí todos los temerosos [g] de las palabras del Dios de Israel, á causa de la prevaricacion *de los* de la transmigracion; mas yo estuve sentado atónito hasta el sacrificio de la tarde [h].

5 Y al sacrificio de la tarde levantéme de mi afliccion; y habiendo rasgado mi vestido y mi manto, postréme de rodillas, y extendí mis palmas á Jehová mi Dios [i],

6 Y dije: Dios mio, confuso y avergonzado estoy para levantar, oh Dios mio, mi rostro á tí: porque nuestras iniquidades se han multiplicado sobre *nuestra* cabeza, y nuestros delitos han crecido hasta el cielo.

7 Desde los dias de nuestros padres hasta este dia *estamos* en grande culpa; y por nuestras iniquidades [k] nosotros, nuestros reyes, y nuestros sacerdotes, hemos sido entregados en mano de los reyes de las tierras, á cuchillo, á cautiverio, y á robo, y á confusion de rostro, como *aparece* hoy dia [l].

8 Y ahora como por un breve momento fué la misericordia de Jehová nuestro Dios, para hacer que nos quedase un resto libre, y para darnos estaca en el lugar de su santuario, á fin de alumbrar nuestros ojos [m] nuestro Dios, y darnos una poca de vida en nuestra servidumbre:

9 Porque siervos eramos [n]; mas en nuestra servidumbre no nos desamparó nuestro Dios [o], ántes inclinó sobre nosotros *su* misericordia delante de los reyes de Persia para que *se* nos diese vida, para alzar la casa de nuestro Dios, y para hacer restaurar sus asolamientos, y para darnos vallado en Judá y en Jerusalem.

10 Mas ahora, ¿qué dirémos, oh Dios nuestro, despues de esto? Porque nosotros hemos dejado tus mandamientos,

11 Los cuales prescribiste por mano de tus siervos los profetas, diciendo: La tierra á la cual entrais para poseerla, tierra inmunda es á causa de la inmundicia de los pueblos de aquellas regiones, por las abominaciones de que la han henchido de uno á otro extremo con su inmundicia.

12 Ahora pues, no daréis vuestras hijas á los hijos de ellos, ni sus hijas toméis para vuestros hijos, ni procuraréis su paz ni su bien para siempre [p]: para que seais corroborados, y comais el bien de la tierra, y la dejeis por heredad á vuestros hijos para siempre.

13 Mas despues de todo lo que nos ha sobrevenido á causa de nuestras malas obras, y á causa de nuestro grande delito, ya que tú, Dios nuestro, estorbaste que fuesemos oprimidos bajo de nuestras iniquidades [q], y nos diste este tal efugio,

14 ¿Hemos de volver á infringir tus mandamientos [r], y á emparentar con los pueblos de estas abominaciones? ¿No te ensañarías contra nosotros hasta consumir*nos*, sin que quedára resto ni escapatoria?

15 Jehová Dios de Israel, tú *eres* justo [s]: pues que hemos quedado algunos salvos, como *se vé* este dia, hénos aquí delante de tí en nuestros delitos; porque no es posible subsistir en tu presencia á causa de esto [t].

[a] Deu. 12. 30, 31. Rom. 2. 17, 25. [b] Ex. 34. 16. Neh. 13. 23. [c] Deu. 14. 2. [d] 2 Cor. 6. 14. [e] 2 Rey. 19. 1. [f] Is. 15. 2. [g] Cap. 10. 3. Sal. 119. 136. Is. 66. 2. Es. 9. 4. [h] Ex. 29. 39. [i] 1 Rey. 8. 22. [k] Sal. 106. 6. [l] Deu. 28. 36, 64. [m] Sal. 13. 3. [n] Neh. 9. 36. [o] Sal. 136. 23. Es. 11. 16. [p] Deu. 23. 6. [q] Sal. 103. 10. [r] Juan 5. 14. 2 Ped. 2. 20, 21. [s] Neh. 9. 33. Dan. 9. 14. [t] Sal. 130. 3.

CAPITULO X.

Por exhortacion de Esdras se arrepiente el pueblo, y promete la enmienda. Dáse órden para que los que tenian mujeres extranjeras las dejasen.

Y ORANDO Esdras, y confesando, llorando y postrandose delante de la casa de Dios, juntóse á él una muy grande multitud de Israel, hombres, y mujeres y niños, y lloraba el pueblo con gran llanto.

2 Entónces respondió Sechánias, hijo de Jehiel, de los hijos de Elam, y dijo á Esdras: Nosotros hemos prevaricado contra nuestro Dios [a], pues tomamos mujeres extranjeras de los pueblos de la tierra: mas hay aun esperanza para Israel sobre esto [b].

3 Ahora pues, hagamos pacto con nuestro Dios [c], que echarémos todas las mujeres, y los nacidos de ellas, segun el consejo del Señor y de los que temen [d] el mandamiento de nuestro Dios: y hágase conforme á la ley [e].

4 Levántate, porque á tí toca el negocio, y nosotros *serémos* contigo: esfuérzate, y ponlo por obra.

5 Entónces se levantó Esdras, y juramentó [f] á los príncipes de los sacerdotes y de los Levitas, y á todo Israel, que harian conforme á esto; y ellos juraron.

6 Levantóse luego Esdras de delante la casa de Dios, y fuése á la cámara de Johanan, hijo de Eliasib; é ido allá, no comió pan, ni bebió agua [g], porque se entristeció sobre la prevaricacion de *los de* la transmigracion.

7 E hicieron pasar pregon por Judá y por Jerusalem á todos los hijos de la transmigracion, que se juntasen en Jerusalem;

8 Y que el que no viniera dentro de tres dias, conforme al acuerdo de los príncipes y de los ancianos, perdiese toda su hacienda, y él fuese apartado de la compañía de *los de* la transmigracion.

9 Así todos los hombres de Judá y de Benjamin se reunieron en Jerusalem dentro de tres dias, á veinte del mes, el cual *era* el mes noveno; y sentóse todo el pueblo en la plaza de la casa de Dios, temblando con motivo de aquel negocio, y á causa de las lluvias [h].

10 Y levantóse Esdras el sacerdote, y díjoles: Vosotros habeis prevaricado, por cuanto tomasteis mujeres estrañas, añadiendo *así* sobre el pecado de Israel.

11 Ahora pues, dad gloria [i] á Jehová

[a] Neh. 13. 27. [b] Is. 55. 6, 7. [c] 2 Cr. 34. 31. [d] Cap. 9. 4. [e] Deu. 7. 2, 3. [f] Neh. 5. 12. [g] Deu. 9. 18. [h] 1 Sa. 12. [i] Pro. 28. 13. 1 Juan 1.

Dios de vuestros padres, y haced su vo-
luntad, y apartáos de los pueblos de las
tierras, y de las mujeres extranjeras.
12 Y respondió todo aquel concurso, y
dijeron en alta voz: Así se haga con-
forme á tu palabra.
13 Mas el pueblo *es* mucho, y el ti-
empo lluvioso, y no hay fuerza para es-
tar en la calle: ni la obra es de un dia
ni de dos; porque somos muchos los
que hemos prevaricado en este negocio.
14 Estén ahora nuestros príncipes, *los*
de toda la congregacion; y todos aque-
llos que en nuestras ciudades hubieren
tomado mujeres extranjeras, vengan á
tiempos aplazados, y con ellos los anci-
anos de cada ciudad y los jueces de
ellas, hasta que apartemos de nosotros
el furor de la ira de nuestro Dios sobre
esto.
15 Fueron pues puestos sobre este ne-
gocio Jonathan, hijo de Asael, y Ja-
azias, hijo de Tikvah; y Mesullam y
Sabethai, Levitas, les ayudaron.
16 E hicieron así los hijos de la trans-
migracion: y apartados que fueron luego
Esdras sacerdote y los varones cabezas
de familias en la casa de sus padres, to-
dos ellos por *sus* nombres, sentáronse el
primer dia del mes décimo para inquirir
[k] Neh. 13. 14. Juan 7. 51. el negocio [k].
17 Y concluyeron con todos aquellos
que habian tomado mujeres extranjeras
al primer dia del mes primero.
[l] Jer. 23. 11. Mal. 2. 8, 9. 18 Y de los hijos de los sacerdotes [l]
que habian tomado mujeres extranjeras,
fueron hallados *estos:* De los hijos de
Jesua, hijo de Josadec, y de sus her-
manos, Maasias, y Eliezer, y Jarib, y
Gedalias.
19 Y dieron su mano *con promesa* de
echar sus mujeres, y *ofrecieron* como
culpados un carnero de los rebaños por
su delito.
20 Y de los hijos de Immer, Hanani y
Zebadias.
21 Y de los hijos de Harim, Maasias, y
Elias, y Semeias, y Jehiel, y Uzzias.
22 Y de los hijos de Phasur [m], Elio-
enai, Maasias, Ismael, Nathanael, Jo- [m] Neh. 7. 41.
zabad, y Elasa.
23 Y de los hijos de los Levitas, Joza
bad, y Simi, y Kelaia, (este *es* Kelita,)
Petahia, Judá, y Eliezer.
24 Y de los cantores, Eliasib: y de los
porteros, Sellum, y Telem, y Uri.
25 Asimismo de Israel: De los hijos
de Pharos, Ramia, é Izzias, y Malchi-
as, y Miamin, y Eleazar, y Malchia, y
Benaias.
26 Y de los hijos de Elam, Mathanias,
Zacarias, y Jehiel, y Abdi, y Jeremoth,
y Elia.
27 Y de los hijos de Zattu, Elioenai,
Eliasib, Mathanias, y Jeremoth, y Za-
bad, y Aziza.
28 Y de los hijos de Bebai, Johanan,
Hananias, Zabbai, *y* Atlai.
29 Y de los hijos de Bani, Mesullam,
Malluch, y Adaias, Jasub, y Seal, y
Ramoth.
30 Y de los hijos de Pahath-moab, Ad-
na, y Chélal, Benaias, Maasias, Ma-
thanias, Besaleel, Binnui, y Manassé.
31 Y de los hijos de Harim, Eliezer,
Isaia, Malchias, Semaias, Simeon,
32 Benjamin, Malluch, *y* Semarias.
33 De los hijos de Hasum, Mathenai,
Mathatha, Zabad, Eliphelet, Jeremai,
Manassé, *y* Simi.
34 De los hijos de Bani, Maadi, Am-
ram, y Uel,
35 Benaias, Bedias, Chéluhu,
36 Vanias, Meremoth, Eliasib,
37 Mathanias, Mathenai, y Jaasai,
38 Y Bani, y Binnui, Simi,
39 Y Selemias, y Nathan, y Adaias,
40 Machnadbai, Sasai, Sarai,
41 Azareel, y Selemias, Semarias,
42 Salum, Amarias, Joseph.
43 Y de los hijos de Nebo, Jehiel, Ma-
tithias, Zabad, Zebina, Jadau, y Joel,
Benaias.
44 Todos estos habian tomado mujeres
extranjeras, y habia mujeres de ellos que
habian parido hijos.

LIBRO DE NEHEMIAS.

A. C. cir. 446.

CAPITULO I.

Nehemías, entendiendo la afliccion en que estaban en Judá los que habian vuelto del cautiverio, ayuna y ora á Dios por la restauracion de su pueblo.

[a] Cap. 10. 1. PALABRAS de Nehemias [a], hijo de
Hachálias. Y acaeció en el mes de
Chisleu, en el año veinte, estando yo en
Susan, capital del reino,
2 Que vino Hanani, uno de mis her-
manos, él y *otros* varones de Judá; y
preguntéles por los Judíos que habian
escapado, que habian quedado de la ca-
utividad, y por Jerusalem.
3 Y dijéronme: El residuo, los que
quedaron de la cautividad allí en la
[b] Sal. 137. 1-3. provincia, *estan* en gran mal y afrenta [b],
y el muro de Jerusalem derribado, y sus
[c] Cap. 1. 7. y 2. 61. y 4. 1. 2 Rey. 25. 10. puertas quemadas á fuego [c].
4 Y fué, que como yo oí estas palabras,
sentéme, y lloré, y enlutéme por *algunos*
dias; y ayuné y oré delante del Dios de
los cielos,
[Is.] 64. 10, 11. 5 Y dije: Ruégote, oh Jehová, Dios
de los cielos, fuerte, grande, y terrible,
[d] Ex. 20. 6. 1 Rey. 8. 23, 28. que guarda el pacto y la misericordia
á los que le aman y guardan sus man-
damientos [d]:
[e] 2 Cr. 6. 40. 6 Esté ahora atento [e] tu oido, y tus
[f] Sal. 34. 15. ojos abiertos [f], para oir la oracion de tu
siervo, que yo hago ahora delante de tí
dia y noche por los hijos de Israel, tus
siervos; y confieso [g] los pecados de los [g] Sal. 32. 5. 1 Juan 1. 9.
hijos de Israel que hemos contra tí co-
metido: sí, yo y la casa de mi padre
hemos pecado.
7 En extremo nos hemos corrompido
contra tí, y no hemos guardado los man-
damientos, y estatutos y juicios que man-
daste á Moises tu siervo [h]. [h] Deu. 28. 15.
8 Acuérdate ahora de la palabra que
ordenaste á Moises tu siervo diciendo:
Vosotros prevaricaréis, y yo os esparciré
por los pueblos [i]: [i] Lev. 26. 33, etc.
9 Mas os volveréis á mí, y guardaréis
mis mandamientos, y los pondréis por Deu. 4. 25, etc.
obra: si fuere vuestro lanzamiento hasta y 28. 64.
el cabo de los cielos [k], de allí os juntaré; [k] Deu. 30. 4.
y traerlos he al lugar que escogí para
hacer habitar allí mi nombre [l]. [l] Sal. 147. 2. Is. 11. 12. y 56. 8. Jer. 30. 19, 20.
10 Ellos pues *son* tus siervos, y tu pue-
blo [m], los cuales redimiste con tu gran
fortaleza, y con tu mano fuerte.
11 Ruégote, oh Jehová, esté ahora [m] Deu. 9. 29. Dan. 9. 15.
atento tu oido á la oracion de tu siervo,
y á la oracion de tus siervos, quienes
desean temer tu nombre: y [n] ahora con- [n] Is. 26. 8.
cede hoy próspero suceso á tu siervo, y
dále gracia delante de aquel varon. Por-
que yo servia de copero al rey [o]. [o] Cap. 2. 1.

CAPITULO II.

Nehemías con el favor del rey Artajerjes va á Jerusalem, y comienza la reedificacion de los muros, á pesar de la oposicion de los enemigos.

Y FUE en el mes de Nisan, en el año veinte del rey Artajerjes[a], *que estando* ya el vino delante de él, tomé el vino, y dí*lo* al rey[b]. Y como yo no habia estado *ántes* triste en su presencia,

2 Díjome el rey: ¿ Por qué está triste tu rostro, pues no estás enfermo ? No *es* esto sino quebranto de corazon[c]. Entónces temí en gran manera,

3 Y dije al rey: El rey viva para siempre[d]: ¿ como no estará triste mi rostro, cuando la ciudad, casa de los sepulcros de mis padres, está desierta, y sus puertas consumidas del fuego ?

4 Y díjome el rey: ¿ Qué cosa pides ? Entónces oré al Dios de los cielos[e],

5 Y dije al rey: Si al rey place, y si agrada tu siervo delante de tí, que me envies á Judá, á la ciudad de los sepulcros de mis padres, y la reedificaré.

6 Entónces el rey me dijo, (y la reina estaba sentada junto á él,) ¿ Hasta cuando será tu viaje, y cuando volverás ? Y plugo al rey enviarme despues que yo le señalé tiempo[f].

7 Ademas díje al rey: Si al rey place, dénseme cartas para los gobernadores de la otra parte del rio, que me franqueen el paso hasta que llegue á Judá;

8 Y carta para Asaph, guarda del bosque del rey, á fin que me dé madera para enmaderar los portales del palacio de la Casa, y para el muro de la ciudad, y la casa donde entraré. Y otorgóme*lo* el rey, segun *que era* benéfica la mano de Jehová sobre mí[g].

9 ¶ Vine luego á los gobernadores de la otra parte del rio, y díles las cartas del rey. Y el rey envió conmigo capitanes del ejército y gente de á caballo.

10 Y oyéndo*lo* Sanballat Horonita, y Tobias el siervo Ammonita, disgustóles en extremo[h] que viniese alguno para procurar el bien de los hijos de Israel.

11 ¶ Llegué pues á Jerusalem, y estado que hube allí tres dias,

12 Levantéme de noche yo, y unos pocos varones conmigo, y no declaré á hombre *alguno* lo que Dios habia puesto en mi corazon que hiciese en Jerusalem[i]: ni *habia* bestia conmigo, escepto la cabalgadura en que cabalgaba.

13 Y salí de noche por la puerta del Valle hácia la fuente del Dragon, y á la puerta del muladar, y consideré los muros de Jerusalem que estaban derribados, y sus puertas que estaban consumidas del fuego[k].

14 Pasé luego á la puerta de la fuente[l], y al estanque del rey; mas no habia lugar por donde pasase la cabalgadura en que iba.

15 Y subí por el torrente de noche[m], y consideré el muro; y regresando entré por la puerta del Valle, y volvíme.

16 Y no sabian los magistrados donde yo habia ido, ni qué habia hecho; ni hasta entónces *lo* habia yo declarado á los Judíos y sacerdotes, ni á los nobles y magistrados, ni á los demas que hacian la obra.

17 Díjeles pues: Vosotros veis el mal en que estamos, que Jerusalem *está* desierta, y sus puertas consumidas del fuego: venid, y edifiquemos el muro de Jerusalem, y no seamos mas en oprobio[n].

18 Entónces les declaré como la mano de mi Dios era buena sobre mí[o], y asimismo las palabras del rey que me habia dicho. Y dijeron: Levantémonos, y edifiquemos. Así esforzaron sus manos para bien.

19 Mas habiéndo*lo* oido Sanballat Horonita, y Tobias el siervo Ammonita, y Gesem el Arabe, escarnecieron de nosotros, y nos despreciaron diciendo[p]: ¿ Qué *es* esto que haceis vosotros ? ¿ Os rebelais contra el rey[q] ?

20 Y volvíles respuesta, y dijeles: El Dios de los cielos, él nos prosperará, y nosotros sus siervos nos levantarémos y edificarémos: que vosotros no teneis parte, ni derecho, ni memoria en Jerusalem[r].

CAPITULO III.

Catálogo de los que reedificaron el muro de Jerusalem.

Y LEVANTOSE Eliasib el gran sacerdote, con sus hermanos los sacerdotes, y edificaron la puerta de las ovejas[a]. Ellos aparejaron y levantaron sus puertas hasta la torre de Meah, aparejáronla hasta la torre de Hananeel[b].

2 Y junto á ella edificaron los varones de Jericó[c]: y luego edificó Zachûr, hijo de Imri.

3 Y los hijos de Senaa edificaron la puerta del pescado: ellos[d] la enmaderaron, y levantaron sus puertas, con sus cerraduras y sus cerrojos.

4 Y junto á ellos restauró Meremoth, hijo de Urias, hijo de Cos: y al lado de ellos restauró Mesullam, hijo de Berechias, hijo de Mesezabeel. Junto á ellos restauró Sadoc, hijo de Baana.

5 E immediato á ellos restauraron los Tecoitas[e]; mas sus grandes no prestaron su cerviz á la obra de su Señor[f].

6 Y la puerta vieja instauraron Joiada, hijo de Pásea, y Mesullam, hijo de Besodias: ellos la enmaderaron, y levantaron sus puertas, con sus cerraduras y sus cerrojos.

7 Junto á ellos restauró Melatias Gabaonita, y Jadon Meronothita, varones de Gabaon y de Mispa, por la silla del gobernador[g] de la otra parte del rio.

8 Y junto á ellos restauró Uzziel, hijo de Harhaia, de los plateros; junto al cual instauró tambien Hananias, hijo de *un* perfumero. Así dejaron *reparada* á Jerusalem hasta el muro ancho.

9 Junto á ellos restauró tambien Rephaias, hijo de Hur, príncipe de la mitad de la region de Jerusalem.

10 Asimismo restauró junto á ellos, y frente á su casa, Jedaias, hijo de Harumaph; y junto á él instauró Hattus, hijo de Hasbanias.

11 Malchias, hijo de Harim, y Hasub, hijo de Pahat-moab restauraron la otra medida, y la torre de los hornos.

12 Junto á ellos restauró Sallum, hijo de Lohes, príncipe de la mitad de la region de Jerusalem, él con sus hijas.

13 La puerta del Valle la restauró Hanun con los moradores de Zanoa[h]: ellos la reedificaron, y levantaron sus puertas, con sus cerraduras y sus cerrojos, y mil codos en el muro hasta la puerta del muladar[i].

14 Y reedificó la puerta del muladar Malchias, hijo de Rechâb, príncipe de la provincia de Beth-haccerem: él la reedificó, y levantó sus puertas, sus cerraduras y sus cerrojos.

15 Y Sallum, hijo de Chôl-hoza, príncipe de la region de Mispa, restauró la puerta de la fuente[k]: él la reedificó, y la enmaderó, y levantó sus puertas, sus cerraduras, y sus cerrojos, y el muro del estanque de Selah[l] hácia la huerta del

---

[a] Esd. 7. 1.
[b] Cap. 1. 11.
[c] Pro. 15. 13.
[d] 1 Rey. 1. 31. Dan. 2. 4.
[e] Pro. 3. 6. Fi. 4. 6.
[f] Cap. 5. 14. y 13. 6.
[g] ver. 18. Esd. 5. 5.
[h] Sal. 112. 10. Es. 25. 6, 8.
[i] Sal. 51. 18. y 122. 6.
[k] Cap. 1. 3.
[l] Cap. 3. 15.
[m] 2 Sa. 15. 23. Jer. 31. 38, 40.
[n] Cap. 1. 3. Sal. 44. 13. y 79. 4, 12. Jer. 24. 9. Ez. 5. 14, 15. y 22. 4.
[o] ver. 8.
[p] Sal. 80. 6.
[q] Cap. 6. 6.
[r] Esd. 4. 3.

[a] Juan 5. 2.
[b] Jer. 31. 38. Zac. 14. 10.
[c] Esd. 2. 34.
[d] 2 Cr. 33. 14. Soph. 1. 10.
[e] 2 Sa. 14. 2.
[f] Juec. 5. 23.
[g] Cap. 2. 7.
[h] Cap. 2.
[i] Cap. 2. 13.
[k] Cap. 2.
[l] Juan 9

ry, y hasta las gradas que descienden
e la ciudad de David.
16 Despues de él restauró Nehemias,
ijo de Azbuc, príncipe de la mitad de
la region de Beth-sur, hasta delante de
s sepulcros de David, y hasta el estan-
ue labrado [m], y hasta la casa de los
alientes.
17 Tras él restauraron los Levitas:
ehum, hijo de Bani. Junto á él res-
uró Hasabias, príncipe de la mitad de
region de Ceila en su region.
18 Despues de él restauraron sus her-
anos; Bavvai, hijo de Henadad, prín-
pe de la mitad de la region de Ceila [n].
19 Y junto á él restauró Ezer, hijo de
esua, príncipe de Mispa, la otra me-
da frente á la subida de la armería de
esquina [o].
20 Despues de él se enfervorizó á in-
aurar Baruch, hijo de Zachâi, la otra
edida desde la esquina hasta la pu-
ta de la casa de Eliasib, gran sacer-
te.
21 Tras él restauró Meremoth, hijo de
rias, hijo de Cos, la otra medida desde
entrada de la casa de Eliasib hasta el
bo de la casa de Eliasib.
22 Despues de él restauraron los sacer-
tes, los varones de la campiña [p].
23 Despues de ellos restauraron Ben-
min y Hasub frente á su casa: y des-
es de estos instauró Azarias, hijo de
asias, hijo de Ananias, cerca de su
sa.
24 Despues de él restauró Binnui, hijo
Henadad, la otra medida desde la
sa de Azarias hasta la revuelta, y has-
la esquina [q].
25 Paal, hijo de Uzai, en frente de
esquina y la torre alta que sale de
casa del rey que está en el patio [r] de
cárcel. Despues de él Pedaia, hijo de
aros.
26 Y los Nethinéos [s] estuvieron en O-
el, hasta en frente de la puerta de las
uas [t] al Oriente, y la torre que sobre-
la.
27 Despues de ellos restauraron los
ecoitas la otra medida en frente de la
ande torre que sobresale, hasta el mu-
de Ophel.
28 Desde la puerta de los caballos [u]
staurаron los sacerdotes cada uno en
nte de su casa.
29 Despues de ellos restauró Sadoc,
jo de Immer, en frente de su casa:
despues de él instauró Semaias, hijo
Sechânias, guarda de la puerta ori-
tal [x].
30 Tras él restauró Hananias, hijo de
lemias, y Hanun, hijo sexto de Sa-
ph, la otra medida. Despues de él in-
uró Mesullam, hijo de Berechias, en
nte de su cámara.
31 Despues de él restauró Malchias,
o del platero, hasta la casa de los
ethinéos [y] y de los tratantes, en frente
la puerta del juicio y hasta la sala de
esquina.
32 Y entre la sala de la esquina hasta
puerta de las ovejas restauraron los
ateros y los tratantes.

CAPITULO IV.

nballat y Tobías oyendo que el muro de Jerusalem se reedificaba, búrlanse de los edificadores, y tratan de impedir la obra cuanto les es posible. Por exhortacion de Nehemías el pueblo ora á Dios, y armados prosiguen la obra.

FUE, que como oyó Sanballat [a] que
nosotros edificabamos el muro, en-
cerizóse y enojóse en gran manera [b], é
zo escarnio de los Judíos.
Y habló delante de sus hermanos y
del ejército de Samaria, y dijo: ¿Qué
hacen estos débiles Judíos? ¿Hanles de
permitir? ¿Han de sacrificar? ¿Han
de acabar en un dia? ¿Han de resuci-
tar de los montones del polvo las piedras
que fueron quemadas?
3 Y estaba junto á él Tobias Ammo-
nita, el cual dijo: Aun lo que ellos edi-
fican, si subiere una zorra, derribará su
muro de piedra.
4 Oye, oh Dios nuestro, que somos en
menosprecio [c], y vuelve el baldon de ellos [c] Sal. 123.3,4.
sobre su cabeza [d], y dálos en presa en la [d] Sal. 79.12.
tierra de su cautiverio: Pro. 3. 34.
5 Y no cubras su iniquidad, ni su pe-
cado sea raido delante de tu rostro [e]; [e] Sal. 69. 27.
porque se airaron contra los que edifi- y 109. 14,15.
caban. Jer. 18. 23.
6 Edificamos pues el muro, y toda la
muralla fué junta hasta la mitad: y el
pueblo tuvo ánimo para obrar [f]. [f] 2 Cr. 29. 36.
7 Mas acaeció que, oyendo Sanballat, Sal. 110. 3.
y Tobias, y los Arabes, y los Ammoni-
tas, y los de Asdod, que los muros de
Jerusalem eran reparados, porque ya los
portillos comenzaban á cerrarse, enco-
lerizáronse mucho,
8 Y conspiraron todos á una para venir
á combatir á Jerusalem, y á hacerle
daño.
9 Entónces oramos [g] á nuestro Dios, [g] Sal. 50. 15.
y por causa de ellos pusimos guarda y 55. 16, 22.
contra ellos de dia y de noche.
10 Y dijo Judá: Las fuerzas de los
acarreadores se han enflaquecido, y el
escombro es mucho, y no podemos edi-
ficar el muro.
11 Y nuestros enemigos dijeron: No
sepan, ni vean, hasta que entremos en
medio de ellos, y los matemos, y haga-
mos cesar la obra.
12 Sucedió empero, que como vinieron
los Judíos que habitaban entre ellos, nos
dieron aviso diez veces de todos los lu-
gares de donde volvian á nosotros.
13 Entónces puse por los bajos del lu-
gar, detras del muro, *y* en las alturas de
los peñascos, puse el pueblo por familias
con sus espadas, con sus lanzas, y con
sus arcos.
14 Despues miré, y levantéme, y dije á
los principales y á los magistrados, y al
resto del pueblo: No temais delante de
ellos [h]: acordáos del Señor grande y ter- [h] Deu. 1. 29,
rible, y [i] pelead por vuestros hermanos, 30.
por vuestros hijos y por vuestras hijas, [i] Deu. 10. 17.
por vuestras mujeres, y por vuestras Sal. 66. 3, 5.
casas [k]. Ne. 1. 5, 7.
15 Y sucedió que como oyeron nuestros [k] 2 Sa. 10. 12.
enemigos que lo habiamos entendido,
Dios disipó el consejo [l] de ellos, y vol- [l] Job 5. 12.
vímonos todos al muro cada uno á su Sal. 33. 10.
obra.
16 Mas fué que desde aquel dia la mi-
tad de los mancebos trabajaban en la
obra, y la otra mitad de ellos tenia lan-
zas y escudos, y arcos, y corazas, y los
príncipes estaban tras toda la casa de
Judá.
17 Los que edificaban en el muro, y los
que llevaban cargas, y los que cargaban,
con la una mano trabajaban en la obra,
y en la otra tenian la espada.
18 Porque los que edificaban, cada uno
tenia su espada ceñida á sus lomos, y *así*
edificaban: y el que tocaba la trompeta
estaba junto á mí.
19 Y dije á los principales y á los ma-
gistrados, y al resto del pueblo: La obra
es grande y larga, y nosotros estamos
apartados en el muro léjos los unos de
los otros. [m] Ex. 14. 14,
20 En el lugar donde oyéreis la voz de 25.
la trompeta, reuniros allí á nosotros: Deu. 1. 30.
nuestro Dios peleará por nosotros [m]. Zac. 14. 3.

21 Nosotros pues trabajábamos en la obra, y la mitad de ellos tenia lanzas desde la subida del alba hasta salir las estrellas.

22 Tambien dije entónces al pueblo: Cada uno con su criado se quede dentro de Jerusalem, y hágannos de noche centinela, y de dia á la obra.

23 Y ni yo, ni mis hermanos, ni mis mozos, ni la gente de guardia que me seguia, desnudámos nuestro vestido: cada uno se desnudaba *solamente* para lavarse.

CAPITULO V.

Quéjase el pueblo, agravado con las usuras de los mas poderosos, y por ordenacion de Nehemias queda libre de sus deudas, y aun socorrido en su necesidad.

ENTONCES fué grande el clamor del pueblo y de sus mujeres contra los Judíos sus hermanos.

2 Y habia quien decia: Nosotros, nuestros hijos, y nuestras hijas, *somos* muchos: hemos por tanto tomado grano para comer y vivir.

3 Y habia *otros* que decian: Hemos empeñado[a] nuestras tierras, y nuestras viñas, y nuestras casas, para comprar grano en el hambre.

4 Y habia *otros* que decian: Hemos tomado prestado dinero para el tributo del rey sobre nuestras tierras y viñas.

5 Ahora bien, nuestra carne *es* como la carne de nuestros hermanos, nuestros hijos[b] como sus hijos: y hé aquí que nosotros sujetamos nuestros hijos y nuestras hijas á servidumbre, y hay *algunas* de nuestras hijas sujetas[c]; mas no hay facultad en nuestras manos para rescatarlas, porque nuestras tierras y nuestras viñas *son* de otros.

6 Y enojéme en gran manera cuando oí su clamor y estas palabras.

7 Meditélo entónces para conmigo, y reprendí á los principales y á los magistrados, y díjeles: ¿Tomais cada uno usura de vuestros hermanos[d]? Y convoqué contra ellos una grande junta,

8 Y díjeles: Nosotros rescatamos á nuestros hermanos Judíos[e], que habian sido vendidos á las gentes, conforme á la facultad que *habia* en nosotros; ¿y vosotros aun vendeis á vuestros hermanos, ó serán vendidos á nosotros? Y callaron, que no tuvieron que responder.

9 Y dije: No es bien lo que haceis. ¿No andaréis en temor de nuestro Dios[f], por *no ser* el oprobio de las gentes enemigas nuestras[g]?

10 Tambien yo, y mis hermanos, y mis criados, les hemos prestado dinero y grano: relevémosles ahora de este gravámen.

11 Ruégoos que les devolvais hoy sus tierras, sus viñas, sus olivares, y sus casas, y la centesima *parte* del dinero, y del grano, del vino y del aceite que demandais de ellos.

12 Y dijeron: Devolverémos, y nada les demandarémos; harémos así como tú dices. Entónces convoqué los sacerdotes, y juramentélos[h] que harian conforme á esto.

13 Ademas sacudí[i] mi vestido, y dije: Así sacuda Dios de su casa y de su trabajo á todo hombre que no cumpliere esto, y así sea sacudido y vacío. Y respondió toda la congregacion, Amen[k], y alabaron á Jehová. É hizo el pueblo conforme á esto[l].

14 ¶ Tambien desde el dia que me mandó *el rey* que fuese gobenador de ellos en la tierra de Judá, desde el año veinte del rey Artajerjes hasta el año treinta y dos[m], doce años, ni yo ni mis hermanos comimos el pan del gobernador[n].

[a] Lev. 25. 35, 39. Deu. 15. 7.
[b] Is. 58. 7.
[c] Ex. 21. 7.
[d] Ex. 22. 25. Sal. 15. 1, 5. Ez. 22. 12.
[e] Lev. 25. 48.
[f] ver. 15. Lev. 25. 36.
[g] 2 Sa. 12. 14. Rom. 2. 24. 1 Ped. 2. 12.
[h] 2 Rey. 23. 2, 3. Esd. 10. 5. Jer. 34. 8, 9.
[i] Mat. 10. 14. Hech. 13. 51. y 18. 6.
[k] Deu. 27. 15, etc.
[l] 2 Rey. 23. 3.

15 Mas los primeros gobernadores, que *fueron* ántes de mí, cargaron al pueblo, y tomaron de ellos por el pan y por el vino sobre cuarenta siclos de plata: á mas de esto, sus criados se enseñoreaban sobre el pueblo; pero yo no hice así[o] á causa del temor de Dios[p].

16 Tambien en la obra de este muro instauré *mi parte*, y no compramos heredad: y todos mis criados juntos estaban allí á la obra.

17 Ademas ciento y cincuenta hombres de *entre* los Judíos y magistrados, y los que venian á nos de las gentes que *están* en nuestros contornos, *estaban* á mi mesa.

18 Y lo que se aderezaba para cada dia *era* un buey, seis ovejas escogidas, y aves tambien se aparejaban para mí; y cada diez dias vino en toda abundancia: y con todo esto nunca requerí el pan del gobernador[q], porque la servidumbre de este pueblo era grave[r].

19 Acuérdate de mí para bien[s], Dios mio, y de todo lo que hice á este pueblo[t].

CAPITULO VI.

Porfiando Sanballat y sus compañeros en impedir la fábrica del muro, emplean diversos artificios contra Nehemias; mas él persevera resuelto hasta acabar la obra.

Y FUE, que habiendo oido Sanballat[a], y Tobias, y Gesem el Arabe, y los demas nuestros enemigos, que habia yo edificado el muro, y qué no quedaba en él portillo, (aunque hasta aquel tiempo no habia puesto en las puertas las hojas,)

2 Sanballat y Gesem enviaron á decirme[b]: Ven, y compongámonos juntos en *alguna de* las aldéas en el campo de Ono[c]. Mas ellos habian pensado hacerme mal[d].

3 Y enviéles mensajeros diciendo: Yo hago una grande obra, y no puedo ir; porque cesaría la obra dejandola yo para ir á vosotros.

4 Y enviaron á mí con el mismo asunto por cuatro veces, y yo les respondí de la misma manera[e].

5 Envió entónces Sanballat á mí su criado, á *decir* lo mismo por quinta vez, con una carta abierta en su mano,

6 En la cual *estaba* escrito: Hase oido entre las gentes, y Gasmu *lo* dice, que tú y los Judíos pensais rebelaros; y que por eso edificas tú el muro, con la mira, segun estas palabras, de ser tú su rey:

7 Y que has puesto profetas que prediquen de tí en Jerusalem diciendo: Rey en Judá. Y ahora serán oidas del rey las tales palabras: ven por tanto, y consultemos juntos.

8 Entónces envié yo á decirle: No hay tal cosa como dices, sino que de tu corazon tú le inventas.

9 Porque todos ellos nos ponian miedo diciendo: Debilitaránse las manos de ellos en la obra, y no será hecha. Esfuerza pues mis manos[f], oh Dios.

10 Vine luego en secreto á casa de Semaias, hijo de Delaias, hijo de Mehetabeel, porque él estaba encerrado, el cual *me* dijo: Juntémonos en la casa de Dios, dentro del templo, y cerremos las puertas del templo: porque vienen para matarte; sí, esta noche vendrán á matarte.

11 Entónces dije: Un hombre como yo ha de huir[g]? ¿Y quién que como

[m] Cap. 13. 6.
[n] 1 Cor. 9. 4, 15.
[o] 2 Cor. 11. 9. y 12. 13.
[p] ver. 9.
[q] ver. 14, 15.
[r] Sal. 37. 25, 26.
[s] Cap. 13. 22.
[t] Mat. 25. 40. Mar. 9. 41.
[a] Cap. 2. 10, 19. y 4. 1, 7.
[b] Pro. 26. 24, 25.
[c] Cap. 11. 35. 1 Cr. 8. 12.
[d] Sal. 37. 12, 32.
[e] Pro. 14. 15.
[f] 1 Sa. 30. 6. Sal. 71. 1.
[g] Sal. 11. 1. y 112. 6. Luc. 13. 31, 32. Hech. 20. 24. y 21. 13.

o *fuera* entraria al templo por salvar la
ida? No entraré.
12 Y entendí que Dios no lo habia en-
iado, sino que hablaba aquella profecía
ontra mí, porque Tobias y Sanballat le
abian alquilado por salario.
13 Porque sobornado fué para hacerme
emer así, y que pecase, y les sirviera
de mal nombre con que fuera yo
afamado.
14 Acuérdate, Dios mio, de Tobias y
e Sanballat conforme á estas sus o-
ras[h]; y tambien de Noadias profetisa,
de los otros profetas que hacian por
onerme miedo.
15 ¶ Acabóse pues el muro el veinte y
inco *del mes* de Elul, en cincuenta y
os dias.
16 Y como *lo* oyeron todos nuestros
nemigos, temieron todas las gentes que
staban en nuestros alrededores, y abati-
ronse mucho sus ojos, y conocieron
ue por nuestro Dios[i] habia sido hecha
sta obra.
17 Asimismo en aquellos dias iban
uchas cartas de los principales de Ju-
á á Tobias, y las de Tobias venian á
llos.
18 Porque muchos en Judá se habian
onjurado con él, porque era yerno de
echânias, hijo de Area; y Johanan su
ijo habia tomado la hija de Mesullam,
ijo de Berechias.
19 Tambien contaban delante de mí
us buenas obras, y referianle mis pala-
ras. Y enviaba Tobias cartas para ate-
morizarme.

CAPITULO VII.

Edificado el muro de Jerusalem, pónensele puertas y guardias. Cuéntase el pueblo que volvió de la cautividad.

Y LUEGO que el muro fué edifica-
do, y asenté las puertas[a], y fueron
eñalados porteros, y cantores, y Levitas,
2 Mandé á mi hermano Hanani, y
Hananias, príncipe del palacio en
Jerusalem, (porque *era* este, como va-
on de verdad y temeroso de Dios, sobre
muchos[b],)
3 Y díjeles: No se abran las puertas
le Jerusalem hasta que caliente el sol;
aun ellos presentes, cierren las puer-
as, y atrancad. Y señalé guardas de
os moradores de Jerusalem, cada cual
n su guardia, y cada uno delante de
u casa.
4 Y la ciudad era espaciosa y grande,
pero poco pueblo dentro de ella, y no
habia casas reedificadas.
5 ¶ Y puso Dios en mi corazon que
untase los principales, y los magistra-
los, y el pueblo, para que fuesen em-
padronados por el órden de sus linages:
y hallé el libro de la genealogía[c] de los
que habian subido ántes, y encontré en
él escrito:
6 Estos *son* los hijos de la provincia
que subieron de la cautividad[d], de la
transmigracion que hizo pasar Nabu-
codonosor, rey de Babilonia[e], y que
volvieron á Jerusalem y á Judá, cada
uno á su ciudad:
7 Los cuales vinieron con Zorobabel[f],
Jesua, Nehemias, Azarias, Raamias,
Nahamani, Mardochêo, Bilsan, Mis-
peret, Bigvai, Nehum, Baana. La
cuenta de los varones del pueblo de Is-
rael *es esta*:
8 Los hijos de Paros *eran* dos mil
ciento sesenta y dos.
9 Los hijos de Sephatias, trescientos
setenta y dos.
10 Los hijos de Ara, seiscientos cin-
cuenta y dos.
11 Los hijos de Pahath-moab, de los
hijos de Jesua y de Joab, dos mil ocho-
cientos diez y ocho.
12 Los hijos de Elam, mil doscientos
cincuenta y cuatro.
13 Los hijos de Zattu, ochocientos
cuarenta y cinco.
14 Los hijos de Zachâi, setecientos y
sesenta.
15 Los hijos de Binui, seiscientos cua-
renta y ocho.
16 Los hijos de Bebai, seiscientos veinte
y ocho.
17 Los hijos de Asgad, dos mil seis-
cientos veinte y dos.
18 Los hijos de Adonicam, seiscientos
sesenta y siete.
19 Los hijos de Bigvai, dos mil sesenta
y siete.
20 Los hijos de Addin, seiscientos cin-
cuenta y cinco.
21 Los hijos de Ater, de Ezechia,
noventa y ocho.
22 Los hijos de Hasum, trescientos
veinte y ocho.
23 Los hijos de Besai, trescientos veinte
y cuatro.
24 Los hijos de Hariph, ciento y doce.
25 Los hijos de Gabaon, noventa y
cinco.
26 Los varones de Beth-lehem, y de
Netopha, ciento ochenta y ocho.
27 Los varones de Anathoth, ciento
veinte y ocho.
28 Los varones de Beth-azmaveth, cu-
arenta y dos.
29 Los varones de Chiriath-jearim,
Chephira, y Beeroth, setecientos cua-
renta y tres.
30 Los varones de Rama, y de Gebaa,
seiscientos veinte y uno.
31 Los varones de Michmas, ciento
veinte y dos.
32 Los varones de Bethel y de Ai,
ciento veinte y tres.
33 Los varones de la otra Nebo, cin-
cuenta y dos.
34 Los hijos de la otra Elam[g], mil
doscientos cincuenta y cuatro.
35 Los hijos de Harim, trescientos y
veinte.
36 Los hijos de Jerichô, trescientos
cuarenta y cinco.
37 Los hijos de Lod, de Hadid, y Ono,
setecientos veinte y uno.
38 Los hijos de Senaa, tres mil nove-
cientos y treinta.
39 Sacerdotes. Los hijos de Jedaias[h],
de la casa de Jesua, novecientos setenta
y tres.
40 Los hijos de Immer, mil cincuenta
y dos.
41 Los hijos de Phasur[i], mil doscien-
tos cuarenta y siete.
42 Los hijos de Harim, mil diez y
siete.
43 Levitas. Los hijos de Jesua, de
Cadmiel, de los hijos de Odevia[k], se-
tenta y cuatro.
44 Cantores. Los hijos de Asaph,
ciento cuarenta y ocho.
45 Porteros. Los hijos de Sallum, los
hijos de Ater, los hijos de Talmon, los
hijos de Accub, los hijos de Hatita, los
hijos de Sobai; ciento treinta y ocho.
46 Nethinéos. Los hijos de Siha, los
hijos de Hasupha, los hijos de Thabaoth,
47 Los hijos de Chêros, los hijos de Sia,
los hijos de Padon,
48 Los hijos de Lebana, los hijos de
Hagaba, los hijos de Salmai,
49 Los hijos de Hanan, los hijos de
Giddel, los hijos de Gahar,
50 Los hijos de Reaia, los hijos de
Resin, los hijos de Necoda,

g ver. 12.

h 1 Cr. 24. 7, etc.

i 1 Cr. 9. 12.

k Esd. 2. 40. y 3. 9.

51 Los hijos de Gazzam, los hijos Uzza, los hijos de Phasea,

52 Los hijos de Besai, los hijos de Meunim, los hijos de Nephisesim,

53 Los hijos de Bacbuc, los hijos de Hacupha, los hijos de Harhur,

54 Los hijos de Basiith, los hijos de Mehida, los hijos de Harsa,

55 Los hijos de Barcós, los hijos de Sisera, los hijos de Tema,

56 Los hijos de Nesia, los hijos de Hatipha.

57 Los hijos de los siervos de Salomon: los hijos de Sotai, los hijos de Sophereth, los hijos de Perida,

58 Los hijos de Jaala, los hijos de Darcon, los hijos de Giddel,

59 Los hijos de Sephatias, los hijos de Hattil, los hijos de Pochêreth-hassebaim, los hijos de Amon.

60 Todos los Nethinéos é hijos de los siervos de Salomon, trescientos noventa y dos.

61 ¶ Y estos *son* los que subieron de Thelmelah, Thel-harsa, Chêrub, Addon, é Immer; los cuales no pudieron mostrar la casa de sus padres, ni su linaje, si eran de Israel:

62 Los hijos de Delaia, los hijos de Thobias, los hijos de Necoda, seiscientos cuarenta y dos.

63 Y de los sacerdotes, los hijos de Habaias, los hijos de Cos, los hijos de Barzillai[l], el cual tomó mujer de las hijas de Barzillai Galaadita, y se llamó del nombre de ellas.

[l] 2 Sa. 17. 27. y 19. 31, 39. 1 Rey. 2. 7.

64 Estos buscaron su registro de genealogías, y no se halló; y fueron echados del sacerdocio[m].

[m] Cap. 13. 29. Esd. 2. 63.

65 Y díjoles el Thirsatha que no comiesen de las cosas mas santas, hasta que hubiese sacerdote con Urim y Thummim.

66 La congregacion toda junta *era de* cuarenta y dos mil trescientos y sesenta,

67 Sin sus siervos y siervas, que *eran* siete mil trescientos treinta y siete: y entre ellos *habia* doscientos cuarenta y cinco cantores y cantoras.

68 Sus caballos, setecientos treinta y seis: sus mulos, doscientos cuarenta y cinco.

69 Camellos, cuatrocientos treinta y cinco: asnos, seis mil setecientos y veinte.

70 Y algunos de los príncipes de las familias dieron para la obra. El Thirsatha[n] dió para el tesoro mil dragmas de oro, cincuenta tazones, y quinientas treinta vestiduras sacerdotales.

[n] ver. 65.

71 Y de los príncipes de las familias dieron para el tesoro de la obra veinte mil dragmas de oro, y dos mil y doscientas libras de plata.

72 Y lo que dió el resto del pueblo *fué* veinte mil dragmas de oro, y dos mil libras de plata, y sesenta y siete vestiduras sacerdotales.

73 ¶ Y habitaron los sacerdotes y los Levitas, y los porteros y los cantores, y *los* del pueblo, y los Nethinéos, y todo Israel en sus ciudades; y venido el mes séptimo, los hijos de Israel *estaban* en sus ciudades[o].

[o] Esd. 3. 1.

CAPITULO VIII.

Reunido todo el pueblo en Jerusalem, les es leido y declarado el libro de la ley de Dios. Nehemias, Esdras, y los Levitas, consuelan al pueblo que lloraba. Celebran la fiesta de las Cabañas.

Y JUNTOSE todo el pueblo como un solo hombre en la plaza que *está* delante de la puerta de las aguas[a], y dijeron á Esdras el escriba[b] que trajese el libro de la ley de Moises, la cual mandó Jehová á Israel.

[a] Cap. 3. 26. [b] Esd. 7. 6.

2 Y Esdras el sacerdote trajo la ley delante de la congregacion[c] así de hombres como de mujeres, y de todo entendido para escuchar, el primer dia del mes séptimo.

[c] Hech. 15. 21.

3 Y leyó en el *libro* delante de la plaza que *está* delante la puerta de las aguas, desde el alba hasta el medio dia, en presencia de hombres y mujeres, y entendidos; y los oidos de todo el pueblo estaban *atentos* al libro de la ley.

4 Y Esdras el escriba estaba sobre un púlpito de madera que habian hecho para ello: y junto á él estaban Mathithias y Sema, y Anias, y Urias, é Hilcias, y Maasias, á su mano derecha; y á su mano izquierda Pedaia, Misael, y Malchias, y Hasum, y Hashedana, Zachárías, y Mesullam.

5 Abrió pues Esdras el libro á ojos de todo el pueblo, porque estaba mas alto que todo el pueblo; y como le abrió, todo el pueblo estuvo atento[d].

[d] 1 Rey. 8. 14.

6 Bendijo entónces Esdras á Jehová Dios grande[e]; y todo el pueblo respondió, Amen, Amen[f], alzando sus manos[g]: y humilláronse[h], y adoraron á Jehová inclinados á tierra.

[e] 2 Cr. 6. 4. [f] 1 Cor. 14. 16. [g] Sal. 63. 4. La. 3. 41. 1 Tim. 2. 8. [h] Ex. 12. 27. 2 Cr. 20. 18.

7 Y Jesua, y Bani, y Serebias, Jamin, Accub, Sabethai, Odías, Maasias, Celita, Azarias, Jozabed, Hanan, Pelaía, Levitas, hacian entender al pueblo la ley[i]: y el pueblo *estaba* en su lugar.

8 Y leian en el libro de la ley de Dios claramente, y ponian el sentido, de modo que entendiesen la lectura.

[i] Deu. 33. 10. 2 Cr. 17. 7, 9. y 30. 22. Mal. 2. 7.

9 Y Nehemias, el Thirsatha[k], y el sacerdote Esdras, escriba, y los Levitas que hacian entender al pueblo, dijeron á todo el pueblo: Dia santo es á Jehová nuestro Dios[l]; no os entristezcais ni lloreis[m]; porque todo el pueblo lloraba oyendo las palabras de la ley[n].

[k] Cap. 10. 1. y 12. 26. [l] Lev. 23. 24. Nu. 29. 1. [m] Deu. 16. 14. Ec. 3. 4. Is. 61. 3. [n] 2 Cr. 34. 19. 21. Rom. 7. 9.

10 Díjoles luego: Id, comed grosuras, y bebed *vino* dulce, y enviad porciones[o] á los que no tienen prevenido, porque dia santo es á nuestro Señor: y no os entristezcais; porque el gozo de Jehová es vuestra fortaleza.

[o] Est. 9. 19, 22. Ap. 11. 10.

11 Los Levitas pues hacian callar á todo el pueblo diciendo: Callad, que es dia santo, y no os entristezcais.

12 Y todo el pueblo se fué á comer y á beber, y á enviar porciones, y á gozar de grande alegría[p], porque habian entendido las palabras que les habian enseñado.

[p] Sal. 126. 1, 3.

13 ¶ Y el dia siguiente se juntaron los príncipes de las familias de todo el pueblo, sacerdotes y Levitas, á Esdras escriba, para entender las palabras de la ley.

14 Y hallaron escrito en la ley que Jehová habia mandado por mano de Moises, que habitasen los hijos de Israel en cabañas[q] en la solemnidad del mes séptimo;

[q] Ex. 23. 16. Lev. 23. 34, 42. Deu. 16. 13, etc.

15 Y que hiciesen saber y pasar pregon por todas sus ciudades, y por Jerusalem, diciendo: Salid al monte, y traed ramos de oliva, y ramos de pino, y ramos de arrayan, y ramos de palmas, y ramos de *todo* árbol espeso para hacer cabañas, como *está* escrito.

16 Salió pues el pueblo, y trajeron, é hiciéronse cabañas, cada uno sobre su terrado[r], y en sus patios, y en los patios de la casa de Dios, y en la plaza de la puerta de las aguas, y en la plaza de la puerta de Ephraim[s].

[r] Deu. 22. 8. [s] Cap. 12. 39. 2 Rey. 14. 13.

17 Y toda la congregacion que volvió de la cautividad hicieron cabañas, y en cabañas habitaron: porque desde los

dias de Josué, hijo de Nun, hasta aquel dia no habian hecho así los hijos de Israel. Y hubo alegría muy grande[t].

18 Y leyó *Esdras* en el libro de la ley de Dios cada dia, desde el primer dia hasta el postrero[u]: é hicieron la solemnidad por siete dias, y al octavo dia congregacion, segun el rito[x].

CAPITULO IX.

Humíllase el pueblo reconociendo sus pecados y las iniquidades de sus padres. Confiesan los Levitas los beneficios de Dios, y los pecados del pueblo. Oran por él, y renuévase la alianza con el Señor.

Y EL dia veinte y cuatro del mismo mes se juntaron los hijos de Israel en ayuno, y con sacos, y tierra sobre sí[a].

2 Y habíase ya apartado la simiente de Israel de todos los extranjeros[b]: y estando *en pié* confesaron sus pecados y las iniquidades de sus padres.

3 Y puestos de piés en su lugar, leyeron en el libro de la ley de Jehová su Dios[c] la cuarta parte del dia, y la *otra* cuarta parte confesaron y adoraron á Jehová su Dios.

4 Levantáronse luego sobre la grada de los Levitas Jesua y Bani, Cadmiel, Sebanias, Bunni, Serebias, Bani, y Chênani, y clamaron en voz alta á Jehová su Dios.

5 Y dijeron los Levitas Jesua, y Cadmiel, Bani, Hosabnias, Serebias, Odaias, Sebanias, *y* Petahia: Levantáos, bendecid á Jehová vuestro Dios desde el siglo hasta el siglo: y bendigan el nombre tuyo glorioso[d] y alto sobre toda bendicion y alabanza.

6 Tú, oh Jehová, *eres* solo[e]: tú hiciste los cielos[f], y los cielos de los cielos[g], y toda su milicia; la tierra, y todo lo que *está* en ella; los mares, y todo lo que *hay* en ellos: y tú vivificas todas estas cosas; y los ejércitos de los cielos te adoran[h].

7 Tú *eres*, oh Jehová, el Dios que escogiste á Abram[i], y lo sacaste de Ur de los Caldéos, y pusístele el nombre Abraham[k];

8 Y hallaste fiel su corazon[l] delante de tí, é hiciste con él alianza[m] para darle la tierra del Cananéo, del Hethéo, y del Amorrhéo, y del Perezéo, y del Jebuséo, y del Gergeséo, para dar*la* á su simiente: y cumpliste tu palabra[n], porque eres justo.

9 Y miraste la afliccion de nuestros padres en Egipto[o], y oiste el clamor de ellos en el mar Bermejo[p],

10 Y diste señales y maravillas en Pharaon, y en todos sus siervos, y en todo el pueblo de su tierra[q]; porque sabias que habian hecho soberbiamente contra ellos[r]: é hicístete nombre grande, como *parece* este dia[s].

11 Y dividiste la mar delante de ellos[t], y pasaron por medio de ella en seco; y á sus perseguidores echaste en los profundos, como una piedra en grandes aguas.

12 Y con columna de nube los guiaste de dia, y con columna de fuego[u] de noche, para alumbrarles el camino por donde habian de ir.

13 Y sobre el monte de Sinai[x] descendiste, y hablaste con ellos desde el cielo, y dísteles juicios rectos, y leyes verdaderas, y estatutos y mandamientos buenos.

14 Y notificásteles el sabado tuyo santo, y les prescribiste por mano de Moises tu siervo mandamientos, y estatutos, y ley.

15 Y dísteles pan[y] del cielo en su hambre, y en su sed les sacaste aguas de la piedra[z]: y dijésteles que entrasen á poseer la tierra, por la cual alzaste tu mano[a] que se la habias de dar.

16 Mas ellos y nuestros padres hicieron soberbiamente, y endurecieron su cerviz[b], y no escucharon tus mandamientos.

17 Y no quisieron oir, ni se acordaron de tus maravillas que habias hecho con ellos[c]; ántes endurecieron su cerviz, y en su rebelion pensaron poner caudillo para volverse á su servidumbre. Tú empero, eres Dios de perdones, clemente y piadoso[d], tardo para la ira, y de mucha misericordia, que no los dejaste.

18 Ademas, cuando hicieron para sí becerro de fundicion[e], y dijeron: Este *es* tu Dios que te hizo subir de Egipto, y cometieron grandes abominaciones;

19 Tú, con todo, por tus muchas misericordias no los abandonaste en el desierto: la columna de nube no se apartó de ellos de dia, para guiarlos por el camino, ni la columna de fuego de noche, para alumbrarles el camino por el cual habian de ir.

20 Y diste tu espíritu bueno[f] para enseñarlos, y no retiraste tu maná de su boca, y agua les diste en su sed.

21 Y sustentástelos cuarenta años en el desierto[g]; de ninguna cosa tuvieron necesidad: sus vestidos no se envejecieron, ni se hincharon[h] sus piés.

22 Y dísteles reinos y pueblos, y los distribuiste por cantones: y poseyeron la tierra de Sehon, y la tierra del rey de Hesbon, y la tierra de Og, rey de Basan.

23 Y multiplicaste sus hijos como las estrellas del cielo, y metístelos en la tierra, de la cual habias dicho á sus padres que habian de entrar á poseer*la*.

24 Y los hijos vinieron, y poseyeron la tierra[i]: y humillaste[k] delante de ellos á los moradores del pais, á los Cananéos, los cuales entregaste en su mano, y á sus reyes, y á los pueblos de la tierra, para que hiciesen de ellos á su voluntad.

25 Y tomaron ciudades fortalecidas, y tierra pingüe: y heredaron casas llenas de todo bien, cisternas hechas, viñas y olivares, y muchos árboles de comer: y comieron, y hartáronse, y engrosáronse[l], y deleitáronse en tu grande bondad.

26 Empero *te* irritaron, y rebeláronse contra tí[m], y echaron tu ley tras sus espaldas[n]: y mataron tus profetas[o] que protestaban contra ellos para convertirlos á tí, é hicieron grandes abominaciones.

27 Y entregástelos en mano de sus enemigos, los cuales los afligieron[p]: y en el tiempo de su tribulacion clamaron á tí, y tú desde los cielos los oiste; y segun tus muchas miseraciones les dabas salvadores que los salvasen de mano de sus enemigos.

28 Mas en teniendo reposo, se volvian á hacer lo malo delante de tí; por lo cual los dejaste en mano de sus enemigos, que se enseñorearon de ellos: pero convertidos clamaban otra vez á tí, y tú desde los cielos los oias, y segun tus miseraciones muchas veces los libraste.

29 Y protestásteles que se volviesen á tu ley: mas ellos hicieron soberbiamente, y no oyeron tus mandamientos, sino que pecaron contra tus juicios, los cuales si el hombre hiciere, en ellos vivirá[q]; y dieron hombro[r] renitente, y endurecieron su cerviz, y no escucharon.

[z] Ex. 17. 6. Nu. 20. 7, 11.
[a] Nu. 14. 30.
[b] Deu. 31. 27. Sal. 78. 8, etc.
[c] Sal. 86. 5, 15.
[d] Ex. 34. 6, 7.
[e] Ex. 32. 4.
[f] Nu. 11. 17. Is. 63. 11.
[g] Deu. 2. 7.
[h] Deu. 8. 4.
[i] Nu. 14. 31. Jos. 21. 43, 45.
[k] Sal. 44. 2, 3.
[l] Deu. 32. 15.
[m] Juec. 2. 11, 12. Ez. 20. 21.
[n] Sal. 50. 17.
[o] 1 Rey. 18. 4. Hech. 7. 52.
[p] Sal. 106. 41.
[q] Lev. 18. 5.
[r] Zac. 7. 11.

30 Y alargaste sobre ellos muchos a-
ños, y protestásteles con tu espíritu por
[s] 2 Cr. 36. 15. mano de tus profetas[s]: mas no escucha-
ron; por lo cual los entregaste en mano
de los pueblos de las tierras.
31 Empero por tus muchas misericor-
dias no los consumiste, ni los dejaste:
porque eres Dios clemente y misericor-
dioso.
32 Ahora pues, Dios nuestro, Dios
grande, fuerte, terrible, que guardas el
pacto y la misericordia, no sea tenido
en poco delante de tí todo el trabajo que
nos ha alcanzado, á nuestros reyes, á
nuestros príncipes, á nuestros sacer-
dotes, y á nuestros profetas, y á nues-
tros padres, y á todo tu pueblo, desde
[t] 2 Rey. 17. 3. los dias de los reyes de Asiria[t] hasta
este dia.
33 Tú empero *eres* justo en todo lo
[u] Sal. 119. 137. y 145. 17. Dan. 9. 5, 14. que ha venido sobre nosotros[u]; porque
rectamente has hecho, mas nosotros he-
mos hecho lo malo[x]:
34 Y nuestros reyes, nuestros príncipes,
[x] Sal. 106. 6. nuestros sacerdotes, y nuestros padres,
no pusieron por obra tu ley, ni atendie-
[y] Jer. 29. 19. ron á tus mandamientos[y], y á tus tes-
[z] Deu. 31. 21. 2 Rey. 17. 13. timonios con que les protestabas[z].
35 Y ellos en su reino y en tu mucho
bien que les diste[a], y en la tierra espa-
[a] Deu. 28. 47. ciosa y pingüe que entregaste delante de
ellos, no te sirvieron, ni se convirtieron
de sus malas obras.
[b] Esd. 9. 9. 36 Hé aquí que hoy somos siervos[b]:
hénos aquí siervos en la tierra que diste
á nuestros padres para que comiesen su
fruto y su bien.
37 Y se multiplica su fruto para los
[c] Deu. 28. 33. reyes que has puesto sobre nosotros[c] por
nuestros pecados; quienes se enseñorean
sobre nuestros cuerpos, y sobre nuestras
bestias, conforme á su voluntad, y esta-
mos en grande angustia.
38 A causa pues de todo eso nosotros
[d] Cap. 10. 29. 2 Rey. 23. 3. 2 Cr. 29. 10. hacemos fiel alianza[d], y *la* escribimos,
signada de nuestros príncipes, de nues-
tros Levitas, y de nuestros sacerdotes.

CAPITULO X.

Catálogo de los que signaron la alianza, y puntos principales que en ella prometian.

Y EN los que firmaron *estaban* Ne-
hemias el Thirsatha, hijo de Ha-
[a] Cap. 1. 1. chália[a], y Sedecias,
[b] Cap. 12. 1, etc. 2 Seraias[b], Azarias, Jeremias,
3 Pashur, Amarias, Malchias,
4 Hattus, Sebanias, Malluch,
5 Harim, Meremoth, Obadias,
6 Daniel, Ginethon, Baruch,
7 Mesullam, Abias, Miamin,
8 Maazias, Bilgai, Semeias. Estos sa-
cerdotes.
9 Y Levitas, Jesua, hijo de Azanias,
Binnui, de los hijos de Henadad, y Cad-
miel:
10 Y sus hermanos Sabanias, Odaia,
Celita, Pelaias, Hanan,
11 Michâ, Rehob, Hasabias,
12 Zachûr, Serebias, Sebanias,
13 Odaía, Bani, Beninu.
14 Cabezas del pueblo: Pharos, Pa-
hath-moab, Elam, Zattu, Bani,
15 Bunni, Azgad, Bebai,
16 Adonias, Bigvai, Adin,
17 Ater, Ezekiah, Azur,
18 Odaia, Hasum, Besai,
19 Hariph, Anathoth, Nebai,
20 Magpias, Mesullam, Hezir,
21 Mesezabeel, Sadoc, Jadua,
22 Pelatias, Hanan, Anaias,
23 Hoseas, Hananias, Hasub,
24 Lohes, Pilha, Sobec,
25 Rehum, Hasabna, Maaseias,
26 Y Ahijas, Hanan, Anan,
27 Malluch, Harim, Baana.

28 Y el resto del pueblo[c], los sacerdo- [c] Esd. 2. 36.
tes, Levitas, porteros, y cantores, Ne-
thinéos, y todos los que se habian apar-
tado de los pueblos de las tierras[d] á la [d] Cap. 9. 2. y 13. 3. Lev. 20. 24. Esd. 10. 11, 19.
ley de Dios, sus mujeres, sus hijos, y sus
hijas, y todo el que tenia comprension y
discernimiento[e],
29 Adhiriéronse á sus hermanos, sus [e] Cap. 8. 2.
principales, y vinieron en la protestacion
y en el juramento[f] de que andarian en [f] Cap. 5. 12, 13. Sal. 119. 106.
la ley de Dios[g], que fué dada por mano
de Moises, siervo de Dios, y que guar-
darian y cumplirian todos los mandami- [g] 2 Cr. 34. 31.
entos de Jehová nuestro Señor, y sus
juicios, y sus estatutos:
30 Y que no dariamos nuestras hijas á
los pueblos de la tierra, ni tomariamos
sus hijas para nuestros hijos[h]. [h] Ex. 34. 16. Deu. 7. 3. Esd. 9. 12, 14.
31 Asimismo que *cuando* los pueblos de
la tierra trajesen á vender mercadurías
y comestibles en dia de sábado, nada to-
mariamos de ellos en sábado, ni en dia
santificado: y que dejariamos *holgar la
tierra* el año séptimo, con remision *en él*
de toda deuda.
32 ¶ Impusímonos ademas por ley el
cargo de contribuir cada año con la ter-
cera parte de un siclo, para la obra de la
casa de nuestro Dios[i]; [i] 2 Cr. 24. 6.
33 Para el pan de la proposicion[k], y [k] Lev. 24. 5.
para la ofrenda continua, y para el ho-
locausto continuo, y *para el* de los sába-
dos, y de las nuevas lunas, y de las fes-
tividades, y para las santificaciones, y
sacrificios por el pecado para expiar á
Israel, y para toda la obra de la casa de
nuestro Dios.
34 Echamos tambien las suertes, los
sacerdotes, los Levitas, y el pueblo,
acerca de la ofrenda de la leña[l], para [l] Cap. 13. 31. Is. 40. 16.
traerla á la casa de nuestro Dios, segun
las casas de nuestros padres, en los ti-
empos determinados cada un año, para
quemar sobre el altar de Jehová nuestro
Dios, como está escrito en la ley[m]. [m] Lev. 6. 12.
35 Y *prometimos* que cada año traeria-
mos las primicias de nuestra tierra, y
las primicias de todo fruto[n] de todo ár- [n] Ex. 23. 19. Nu. 18. 12. Deu. 26. 2.
bol, á la casa de Jehová:
36 Asimismo los primogénitos de nu-
estros hijos, y de nuestras bestias, como
está escrito en la ley[o]; y *que* traeriamos [o] Ex. 13. 2, 12, 13. Lev. 27. 26.
los primogénitos de nuestras vacas y de
nuestras ovejas á la casa de nuestro Dios,
á los sacerdotes que ministran en la casa
de nuestro Dios.
37 *Que* traeriamos tambien las primi-
cias de nuestras masas[p], y nuestras [p] Nu. 15. 19. Deu. 18. 4.
ofrendas, y del fruto de todo árbol, del
vino y del aceite, á los sacerdotes, á las
cámaras de la casa de nuestro Dios, y el
diezmo de nuestra tierra á los Levitas[q]; [q] Nu. 18. 21. Mal. 3. 8, 10.
y que los Levitas recibirian las décimas de
nuestras labores en todas las ciudades.
38 Y que estaria un sacerdote hijo de
Aaron con los Levitas, cuando los Le-
vitas recibirian el diezmo: y que los
Levitas llevarian el diezmo del diezmo
á la casa de nuestro Dios, á las cámaras
en la casa del tesoro.
39 Porque á las cámaras han de llevar
los hijos de Israel y los hijos de Leví
la ofrenda[r] del grano, del vino, y del [r] Deu. 12. 6, 11.
aceite; y allí estarán los vasos del san-
tuario, y los sacerdotes que ministran,
y los porteros, y los cantores: y no aban-
donarémos la casa de nuestro Dios[s]. [s] Cap. 13. 11, 12.

CAPITULO XI.

Catálogo de los que tomaron asiento en la ciudad de Jerusalem renovada.

Y HABITARON los príncipes del
pueblo en Jerusalem; mas el resto
del pueblo echó suertes[a] para traer uno [a] Jos. 18. 10.
de diez que morase en Jerusalem, ciu-

d santa[b], y las nueve partes en las
as ciudades.
Y bendijo el pueblo á todos los va-
nes que voluntariamente[c] se ofreci-
n á morar en Jerusalem.
Y estos *son* los principales de la pro-
icia que moraron en Jerusalem: mas
las ciudades de Judá habitaron, cada
o en su posesion en sus ciudades, de
rael, de los sacerdotes, y Levitas, y
nhinéos, y de los hijos de los siervos
Salomon.
Y en Jerusalem[d] habitaron de los
os de Judá, y de los hijos de Ben-
nin. De los hijos de Judá, Athaias,
o de Uzias, hijo de Zacarías, hijo de
narias, hijo de Sephatias, hijo de Ma-
laleel, de los hijos de Phares[e];
Y Maasias, hijo de Baruch, hijo de
l-hoze, hijo de Hazaias, hijo de Adai-
, hijo de Joiarib, hijo de Zacarias,
jo de Siloni.
Todos los hijos de Phares, que mo-
ron en Jerusalem, *fueron* cuatrocien-
s sesenta y ocho hombres fuertes.
Y estos *son* los hijos de Benjamin:
lú, hijo de Mesullam, hijo de Joed,
jo de Pedaias, hijo de Colaias, hijo de
aaseias, hijo de Ithiel, hijo de Jesaias.
Y tras él Gabbai, Sallai, novecientos
inte y ocho *en todos*.
Y Joel, hijo de Zichri, *era* prefecto
ellos; y Jehudas, hijo de Senua, el
gundo en la ciudad.
.0 ¶ De los sacerdotes, Jedaias[f], hijo
Joiarib, Jachin:
11 Seraias, hijo de Hilcias, hijo de Me-
llam, hijo de Sadoc, hijo de Meraioth,
jo de Ahitub, principe de la casa de
ios,
12 Y sus hermanos los que hacian la
ra de la casa, ochocientos veinte y
s: y Adaias, hijo de Jeroham, hijo
Pelalias, hijo de Amsi, hijo de Zaca-
as, hijo de Pashur, hijo de Malchias,
13 Y sus hermanos principes de fa-
ilias, doscientos cuarenta y dos: y
masai, hijo de Azareel, hijo de Azai,
jo de Mesillemoth, hijo de Immer,
14 Y sus hermanos, hombres de grande
gor, ciento veinte y ocho; jefe de los
ales era Zabdiel, hijo de Gedolim.
15 ¶ Y de los Levitas, Semaias, hijo
Hassub, hijo de Azricam, hijo de
asabias, hijo de Buni:
16 Y Sabethai, y Jozabad, de los prin-
ipales de los Levitas, sobrestantes de la
bra exterior[g] de la casa de Dios.
17 Y Mathanias[h], hijo de Michá, hijo
Zabdi, hijo de Asaph, el principal
los cantores, el que empezaba las ala-
nzas y accion de gracias al tiempo de
oracion; y Bacbuchias el segundo de
ntre sus hermanos, y Abda, hijo de
amua, hijo de Galal, hijo de Jeduthun.
18 Todos los Levitas en la santa ciu-
ad[i] *fueron* doscientos ochenta y cuatro.
19 Y los porteros Accub, Talmon, y
us hermanos, guardas en las puertas[k],
iento setenta y dos.
20 Y el resto de Israel, de los sacerdotes,
de los Levitas, en todas las ciudades de
udá, cada uno en su heredad.
21 Y los Nethinéos[l] habitaban en O-
hel[m]: y Siha y Gispa *eran* sobre los
Nethinéos.
22 Y el preposito de los Levitas en Je-
usalem era Uzzi, hijo de Bani, hijo de
lasabias, hijo de Matthanias, hijo de
Michás. *Y* los cantores, de los hijos de
Asaph, *estaban* sobre la obra de la casa
le Dios:
23 Porque *habia* mandamiento del rey[n]
cerca de ellos, y determinacion acerca
le los cantores para cada dia.

24 Y Pethahias, hijo de Mesezabel, de los hijos de Zerah[o], hijo de Judá, *estaba* á la mano del rey en todo negocio del pueblo. [o] Gen. 38. 30.

25 ¶ Y tocante á las aldéas y sus tierras, *algunos* de los hijos de Judá habitaron en Chiriath-arba y sus aldéas, y en Dibon y sus aldéas, y en Jecabseel y sus aldéas,

26 Y en Jesua, y Moladah, y en Beth-pelet,

27 Y en Hasar-sual, y en Beersebah, y en sus aldéas,

28 Y en Siclag, y en Mechôna, y en sus aldéas,

29 Y en En-rimmon, y en Soreah, y en Jarmuth,

30 Zanoah, Adullam, y en sus aldéas; en Lachis y sus tierras, Azeca y sus aldéas. Y habitaron desde Beer-seba[p] hasta el valle de Hinnom. [p] Gen. 26. 33. Am. 8. 14.

31 Y los hijos de Benjamin desde Geba *habitaron en* Michmas, y Aia, y *en* Beth-el y sus aldéas,

32 *En* Anathoth, Nob, Ananiah,

33 Hasor, Rama, Gitthaim,

34 Hadid, Seboim, Neballath,

35 Lod, y Ono, valle de los artífices.

36 Y *algunos* de los Levitas, en los repartimientos de Judá y de Benjamin.

CAPITULO XII.

Catálogo de los sacerdotes y Levitas que habian venido con Zorobabel á Jerusalem. Es dedicado su muro con grande solemnidad. Dase el cargo de cilleros del templo á varones escogidos.

Y ESTOS *son* los sacerdotes y Levitas que subieron con Zorobabel, hijo de Sealthiel, y con Jesua: Seraias[a], Jeremias, Esdras, [a] Cap. 10. 2, 8.

2 Amarias, Malluch, Hartus,

3 Sechânias, Rehum, Meremoth,

4 Iddo, Ginetho, Abias,

5 Miamin, Maadias, Bilga,

6 Semaias, y Joiarib, Jedaias,

7 Sallum, Amoc, Hilcias, Jedaias. Estos *eran* los principes de los sacerdotes y sus hermanos en los dias de Jesua[b]. [b] Esd. 3. 2. Hag. 1. 1. Zac. 3. 1.

8 Y los Levitas *fueron* Jesua, Binnui, Cadmiel, Serebias, Judá, *y* Mathanias, *que* con sus hermanos *oficiaba* en los himnos.

9 Y Bacbucias, y Unni con sus hermanos, cada cual en su ministerio.

10 ¶ Y Jesua engendró á Joiacim, y Joiacim engendró á Eliasib, y Eliasib engendró á Joiada,

11 Y Joiada engendró á Jonathan, y Jonathan engendró á Jaddua.

12 Y en los dias de Joiacim los sacerdotes cabezas de familias fueron *estos*: De la de Seraias, Meraias; de la de Jeremias, Hananias;

13 De la de Esdras, Mesullam; de la de Amarias, Johanan;

14 De la de Melichû, Jonathan; de la de Sebanias, Joseph;

15 De la de Harim, Adna; de la de Meraioth, Helcai;

16 De la de Iddo, Zacarias; de la de Ginnethon, Mesullam;

17 De la de Abiias, Zichri; de la de Miniamin, y de Moadias, Piltai;

18 De la de Bilga, Sammua; de la de Semaias, Jonathan;

19 De la de Joiarib, Mathenai; de la de Jedaias, Uzzi;

20 De la de Sallai, Callai; de la de Amoc, Eber;

21 De la de Hilcias, Hasabias; de la de Jedaias, Nathanael.

22 Los Levitas en dias de Eliasib, de Joiada, y de Johanan, y de Jaddua, *fueron* escritos por cabezas de familias:

tambien los sacerdotes, hasta el reinado de Darío el Persa.

23 Los hijos de Leví, cabezas de familias, fueron escritos en el libro de las crónicas[c] hasta los dias de Johanan, hijo de Eliasib.

24 ¶ Las cabezas de los Levitas *fueron* Hasabias, Serebias, y Jesua, hijo de Cadmiel: y sus hermanos, delante de ellos para alabar y para rendir gracias, conforme al estatuto de David[d], varon de Dios, guardando su turno.

25 Mathanias, y Bacbucias, Obadias, Mesullam, Talmon, Accub, guardas, *eran* porteros para la guardia á las entradas de las puertas.

26 Estos *fueron* en los dias de Joiacim, hijo de Jesua, hijo de Josadac, y en los dias del gobernador Nehemias[e], y del sacerdote Esdras[f], Escriba.

27 ¶ Y á la dedicacion[g] del muro de Jerusalem buscaron á los Levitas de todos sus lugares, para traerlos á Jerusalem, para hacer la dedicacion y la fiesta con alabanzas y con cánticos, con címbalos, salterios, y cítaras[h].

28 Y fueron reunidos los hijos de los cantores, así de la campaña al rededor de Jerusalem como de las aldéas de Nethophati;

29 Y de la casa de Gilgal, y de los campos de Geba, y de Azmaveth: porque los cantores se habian edificado aldéas al rededor de Jerusalem.

30 Y se purificaron los sacerdotes y los Levitas, y purificaron al pueblo, y las puertas, y el muro.

31 Hice luego subir á los príncipes de Judá sobre el muro, y puse dos coros grandes que fueron en procesion[i]; *el uno* á la mano derecha sobre el muro hácia la puerta del muladar[k].

32 E iba tras de ellos Osaias, y la mitad de los príncipes de Judá,

33 Y Azarias, Esdras, y Mesullam,

34 Judá, y Benjamin, y Semaias, y Jeremias.

35 Y de los hijos de los sacerdotes *iban* con trompetas[l], Zacarias, hijo de Jonathan, hijo de Semaias, hijo de Mathanias, hijo de Micháias, hijo de Zachûr, hijo de Asaph:

36 Y sus hermanos Semaias, y Azareel, Milalai, Gilalai, Maai, Nathanael, Judá, y Hanani, con los instrumentos músicos[m] de David, varon de Dios; y Esdras Escriba delante de ellos.

37 Y á la puerta de la fuente[n], en derecho delante de ellos, subieron por las gradas de la ciudad de David, por la subida del muro desde la casa de David, hasta la puerta de las aguas[o] al Oriente.

38 Y el segundo coro[p] iba del lado opuesto, y yo en pos de él, con la mitad del pueblo sobre el muro, desde la torre de los hornos hasta el muro ancho;

39 Y desde la puerta de Ephraim[q] hasta la puerta vieja[r], y á la puerta del pescado y la torre de Hananeel, y la torre de Hamath, hasta la puerta de las ovejas: y pararon en la puerta de la cárcel.

40 Pararon luego los dos coros en la casa de Dios, y yo, y la mitad de los magistrados conmigo:

41 Y los sacerdotes Eliacim, Maaseias, Miniamin, Micháias, Elioenai, Zacarias, y Hananias, con trompetas:

42 Y Maaseias, y Semeias, y Eleazar, y Uzzi, y Johanan, y Malchias, y Elam, y Ezer. Y los cantores cantaban alto, é Izrahia *era* el prefecto.

43 Y sacrificaron aquel dia grandes víctimas, é hicieron alegrías; porque Dios les habia recreado con grande contentamiento: alegráronse tambien las mujeres y muchachos, y el alborozo de Jerusalem fué oido de léjos.

44 ¶ Y en aquel dia fueron puestos varones sobre las cámaras de los tesoros, de las ofrendas[s], de las primicias, y de los diezmos, para juntar en ellas de los campos de las ciudades las porciones legales para los sacerdotes y Levitas: porque era grande el gozo de Judá con respecto á los sacerdotes y Levitas que asistian,

45 Y habian guardado la observancia de su Dios, y la observancia de la expiacion, como tambien los cantores y los porteros, conforme al estatuto de David[t], y de Salomon su hijo.

46 Porque desde el tiempo de David y de Asaph[u], ya de antigüo, *habia* príncipes de cantores, y cántico, y alabanza, y accion de gracias á Dios.

47 Y todo Israel en dias de Zorobabel, y en dias de Nehemias, daba raciones á los cantores y á los porteros, cada cosa en su dia: consagraban asimismo *sus porciones* á los Levitas, y los Levitas consagraban *parte* á los hijos de Aaron.

CAPITULO XIII.

Leida la ley, son apartados del pueblo de Dios los extranjeros. Corrige Nehemias varios desórdenes; reforma la observancia del sábado, y castiga á algunos de los Judíos que habian tomado mujeres extranjeras.

AQUEL dia se leyó en el libro de Moises[a] oyendolo el pueblo; y fué hallado en él escrito, que los Ammonitas y Moabitas no debian entrar jamas en la congregacion de Dios[b]:

2 Por cuanto no salieron á recibir á los hijos de Israel con pan y agua, ántes alquilaron á Balaam contra ellos, para que los maldijera[c]: mas nuestro Dios volvió la maldicion en bendicion[d].

3 Y fué que como oyeron la ley, apartaron de Israel toda mistura *de extraños*.

4 Y ántes de esto, Eliasib sacerdote, siendo superintendente de la cámara de la casa de nuestro Dios, habia emparentado con Tobias[e],

5 Y le habia hecho una grande cámara, en la cual guardaban[f] ántes las ofrendas, el perfume, y los vasos, y el diezmo del grano, y del vino, y del aceite, que estaba mandado *dar* á los Levitas[g], y á los cantores, y á los porteros; y la ofrenda de los sacerdotes.

6 Mas á todo esto yo no estaba en Jerusalem: porque el año treinta y dos de Artajerjes, rey de Babilonia, vine al rey[h]; y al cabo de dias fuí enviado del rey.

7 Y venido á Jerusalem, entendí el mal que habia hecho Eliasib en atencion á Tobias, haciendo para él camara en los patios de la casa de Dios.

8 Y dolióme en gran manera; y eché todas las alhajas de la casa de Tobias fuera de la cámara,

9 Y dije que limpiasen las cámaras, é hice volver allí las alhajas de la casa de Dios, las ofrendas y el perfume.

10 ¶ Entendí asimismo que las partes de los Levitas no se *les* habian dado; y que los Levitas y cantores que hacian el servicio, se habia huido cada uno á su heredad.

11 Y reprendí á los magistrados, y dije: ¿Por qué está la casa de Dios[i] abandonada? Y juntélos, y púselos en su lugar.

12 Y todo Judá trajo el diezmo del grano, del vino y del aceite á los almacenes:

c 1 Cr. 9. 10, etc.
d 1 Cron. XXIII. y XXVI. Esd. 3. 11.
e Cap. 8. 9.
f Esd. 7. 6, 11.
g Sal. 30, tit.
h 1 Cr. 25. 6. 2 Cr. 5. 13.
i ver. 38, 40.
k Cap. 3. 13.
l Nu. 10. 2, 8.
m 1 Cr. 23. 5.
n Cap. 3. 15, etc.
o Cap. 3. 26.
p ver. 31.
q Cap. 8. 16. 2 Rey. 14. 13.
r Cap. 3. 1, 3, 6.
s Cap. 13. 12, 13. 1 Cr. 26. 20.
t 1 Cron. XXV. y XXVI.
u 2 Cr. 29. 30.
a Cap. 8. 3, 8. Deu. 31. 11, 12. 2 Rey. 23. 2.
b Deu. 23. 3, 4.
c Nu. 22. 5.
d Nu. 24. 10. Deu. 23. 5. Jos. 24. 9, 10. Mic. 6. 5.
e Cap. 2. 10.
f Cap. 12. 44. 2 Cr. 31. 11.
g Nu. 18. 21, 24.
h Cap. 5. 14.
i Cap. 10. 39.

3 Y puse por sobrestantes de ellos
Selemias sacerdote, y á Sadoc Es-
ba, y de los Levitas á Pedaias; y
nano de ellos Hanan, hijo de Zaccur,
o de Mathanias: pues que eran teni-
s por fieles[k], y *así* de ellos *era* el
artir á sus hermanos.
4 Acuérdate de mí, oh Dios, en órden
esto[l], y no raigas mis misericordias
e hice en la casa de mi Dios, y en
s observancias.
5 ¶ En aquellos dias vi en Judá *algu-*
s que pisaban en lagares el sábado[m],
que acarreaban haces, y cargaban as-
s con vino, y tambien de uvas, de
gos, y toda *suerte de* carga, y traian
Jerusalem en dia de sábado[n]: y pro-
téles acerca del dia que vendian el
antenimiento.
6 Tambien estaban en ella Tirios que
aian pescado, y toda mercadería, y
ndian en sábado á los hijos de Judá
Jerusalem.
7 Y reprendí[o] á los señores de Judá,
díjeles: ¿Qué mala cosa *es* esta que
sotros haceis, profanando así el dia
l sábado?
8 ¿No hicieron así vuestros padres,
rajo nuestro Dios sobre nosotros todo
e mal, y sobre esta ciudad? ¿Y voso-
s añadís ira sobre Israel profanando
sábado?
9 Sucedió pues que cuando iba os-
reciendo[p] á las puertas de Jerusalem
tes del sábado, dije que se cerrasen
s puertas, y ordené que no las abrie-
n hasta despues del sábado: y puse
las puertas *algunos* de mis criados,
a que en dia de sábado no entrasen
rga.
0 Y quedáronse fuera de Jerusalem
a y dos veces los negociantes, y los
e vendian toda especie de mercan-
a:
1 Y protestéles y díjeles: ¿Por qué
quedais vosotros delante del muro?
Si lo haceis otra vez, os echaré mano.
Desde entónces no vinieron en sábado.
22 Y dije á los Levitas que se purifi-
casen, y[q] viniesen á guardar las puertas, [q] Cap. 12. 30.
para santificar el dia del sábado. Tam-
bien por esto acuérdate de mí, Dios
mio[r], y perdóname segun la multitud [r] ver. 14, 31.
de tu misericordia.
23 ¶ Vi asimismo en aquellos dias
algunos Judíos que habian tomado mu-
jeres de Asdod, Ammonitas, y Moabi-
tas[s]: [s] Esd. 9. 2.
24 Y sus hijos la mitad hablaban As-
dod, y conforme á la lengua de cada
pueblo, que no sabian hablar Judáico.
25 Y reñí con ellos[t], y maldíjelos, y [t] ver. 11. 17.
herí algunos de ellos, y arranquéles los
cabellos, y juramentélos[u] *diciendo:* No [u] Cap. 10. 29.
daréis vuestras hijas á sus hijos, y no Esd. 10. 5.
tomaréis de sus hijas para vuestros hijos
ó para vosotros.
26 ¿No pecó por esto Salomon, rey
de Israel[x]? Bien que en muchas gentes [x] 1 Rey. 11. 1.
no hubo rey como él[y], que era amado[z] [y] 1 Rey. 3. 13. 2 Cr. 9. 22.
de su Dios, y Dios lo habia puesto por
rey sobre todo Israel, aun á él hicieron [z] 2 Sa. 12. 24.
pecar las mujeres extranjeras.
27 ¿Y obedecerémos á vosotros para
cometer todo este mal tan grande de
prevaricar contra nuestro Dios, toman-
do mujeres extranjeras?
28 Y *uno* de los hijos de Joiada[a], hijo [a] Cap. 12. 10.
de Eliasib el gran sacerdote, era yerno
de Sanballat, Horonita[b]: ahuyentélo por [b] Cap. 2. 10.
tanto de mí.
29 Acuérdate de ellos, Dios mio[c], con- [c] Cap. 6. 14.
tra los que contaminan el sacerdocio,
y el pacto del sacerdocio[d], y de los [d] Mal. 2. 4, 10.
Levitas.
30 Limpiélos pues de todo extranjero,
y puse á los sacerdotes y Levitas por
sus clases á cada uno en su obra;
31 Y para la ofrenda de la leña[e] en [e] Cap. 10. 34.
los tiempos señalados, y para las pri-
micias. Acuérdate de mí, Dios mio,
para bien[f]. [f] Sal. 26. 8, 9.

LIBRO DE ESTHER.

A. C. cir. 519.

CAPITULO I.

l rey Asuero da un espléndido banquete. Envia á llamar á la reina Vasthi para mostrar su hermosura; y como ella rehu-sára venir, la repudia, y hace promulgar mandamiento de que todo hombre sea señor en su casa.

Y ACONTECIO en los dias de As-
suero, el Asuero que reinó desde
India hasta la Etiopía sobre ciento
inte y siete provincias[a],
2 *Que* en aquellos dias, asentado que
ó el rey Asuero en la silla de su
ino, la cual *estaba* en Susan, capital
l reino[b],
3 En el tercer año de su reinado hizo
nquete[c] á todos sus príncipes y sier-
s, *teniendo* delante de él la fuerza de
ersia y de Media, gobernadores y prín-
pes de provincias,
4 Para mostrar él las riquezas de la
oria de su reino, y el lustre de la mag-
ificencia de su poder, por muchos
as, *por* ciento y ochenta dias.
5 Y cumplidos estos dias, hizo el rey
nquete por siete dias, en el patio del
uerto del palacio real, á todo el pue-
lo, desde el mayor hasta el menor, que
halló en Susan, capital del reino.
6 *El pabellon era de* blanco, verde, y
rdeno, tendido sobre cuerdas de lino
púrpura en sortijas de plata, y colum-
as de mármol: los reclinatorios de oro
y de plata, sobre losado de pórfido y de
mármol, y de alabastro, y de jacinto.
7 Y daban á beber en vasos de oro, y
vasos diferentes unos de otros, y mucho
vino real, conforme á la facultad del
rey.
8 Y la bebida *fué* segun esta ley: Que
nadie constriñiese; porque así lo habia
mandado el rey á todos los mayordomos
de su casa; que se hiciese segun la vo-
luntad de cada uno.
9 ¶ Asimismo la reina Vasthi hizo
banquete de mujeres en la casa real del
rey Asuero.
10 El séptimo dia, estando el cora-
zon del rey alegre del vino, mandó á
Mehuman, y á Biztha, y Harbona, á
Bigtha, y Abagtha, y á Zethar, y á
Carcas, siete eunucos que servian de-
lante del rey Asuero,
11 Que trajesen á la reina Vasthi de-
lante del rey con la corona regia, para
mostrar á los pueblos y á los príncipes
su hermosura, porque era linda de
aspecto.
12 Mas la reina Vasthi no quiso com-
parecer á la órden del rey, *enviada* por
mano de los eunucos: y enojóse el rey
muy mucho, y encendióse en él su ira.
13 Preguntó entónces el rey á los sa-
bios que sabian los tiempos[d], (porque [d] Cap. 6. 13.
así era la costumbre del rey para con to-
dos los que sabian la ley y el derecho,

14 Y estaban junto á él Carsena, y Sethar, y Admatha, y Tharsis, y Meres, y Marsena, y Memucan, siete príncipes de Persia *e* y de Media que veian la cara del rey *f*, y se sentaban los primeros del reino,)

e Esd. 7. 14. *f* 2 Rey. 25. 19.

15 Qué se habia de hacer segun la ley con la reina Vasthi, por cuanto no habia cumplido la órden del rey Assuero, *enviada* por mano de los eunucos.

16 Y dijo Memucan delante del rey y de los eunucos: No solamente contra el rey ha pecado la reina Vasthi, sinó contra todos los príncipes, y contra todos los pueblos que *hay* en todas las provincias del rey Assuero.

17 Porque *este* hecho de la reina pasará á noticia de todas las mujeres, para hacer*les* tener en poca estima á sus maridos diciendo: El rey Assuero mandó traer delante de sí á la reina Vasthi, y ella no vino.

18 Y entónces dirán *esto* las señoras de Persia y de Media, que oyeren el hecho de la reina, á todos los príncipes del rey: y *habrá* mucho menosprecio y enojo.

19 Si parece bien al rey, salga mandamiento real de delante de él, y escríbase entre las leyes de Persia y de Media, y no sea traspasado *g*, Que no venga *mas* Vasthi delante del rey Assuero: y dé el rey su reino á su compañera que sea mejor que ella.

g Cap. 8. 8. Dan. 6. 8, 15.

20 Y el mandamiento que hará el rey será oido en todo su reino, aunque es grande, y todas las mujeres darán honra á sus maridos *h*, desde el mayor hasta el menor.

h Ef. 5. 33.

21 Y plugo esta palabra en ojos del rey y de los príncipes; é hizo el rey conforme al dicho de Memucan:

22 Pues envió letras *i* á todas las provincias del rey, á cada provincia conforme á su escribir, y á cada pueblo conforme á su lenguage, *diciendo* que todo hombre fuese señor en su casa *k*, y hablase segun la lengua de su pueblo ‖.

i Cap. 8. 9. *k* Ef. 5. 22, 24. 1 Tim. 2.12. ‖ *ó* que *así* se publicase por todos los pueblos segun la lengua de ellos.

CAPITULO II.

Esther, hermosa doncella Hebréa, é hija adoptiva de Mardochéo, es elegida por reina en lugar de Vasthi. Mardochéo descubre al rey una traicion.

PASADAS estas cosas, sosegada ya la ira del rey Assuero, acordóse de Vasthi, y de lo que hizo, y de lo que fué sentenciado contra ella *a*.

a Cap. 1. 19, 20.

2 Y dijeron los criados del rey, sus oficiales: Busquen al rey mozas vírgenes de buen parecer;

3 Y ponga el rey personas en todas las provincias de su reino, que junten todas las mozas vírgenes de buen parecer en Susan, residencia regia, en la casa de las mujeres al cuidado de Hegeo, eunuco del rey, guarda de las mujeres, dandoles sus atavíos.

4 Y la moza que agradáre á los ojos del rey, reine en lugar de Vasthi. Y la cosa plugo en ojos del rey, é hízolo así.

5 Habia un varon Judío en Susan, residencia regia, cuyo nombre era Mardochéo, hijo de Jair, hijo de Simi, hijo de Cis, del linage de Benjamin,

6 El cual habia sido trasportado de Jerusalem con los cautivos que fueron llevados *b* con Jechónias *c*, rey de Judá, á quien hizo trasportar Nabucodonosor rey de Babilonia.

b 2 Rey. 24. 14, 15. Jer. 24. 1. *c* 2 Rey. 24.6.

7 Y habia criado á Hadassa, que es Esther, hija de su tio, porque no tenia padre ni madre, y era moza de hermosa forma y de buen parecer; y como su padre y su madre murieron, Mardochéo la habia tomado por hija suya.

8 Sucedió pues, que como se divulgó el mandamiento del rey y su acuerdo, y siendo reunidas muchas mozas en Susan, residencia regia, á cargo de Hegai, fué tomada tambien Esther para casa del rey, al cuidado de Hegai *mismo*, guarda de las mujeres.

9 Y la moza agradó en sus ojos, y halló gracia delante de él; por lo que hizo darle prestamente sus atavíos, y sus raciones, dandole tambien siete convenientes doncellas de la casa del rey: y pasóla con sus doncellas á lo mejor de la casa de las mujeres.

10 Esther no declaró su pueblo, ni su nacimiento, porque Mardochéo le habia mandado que no lo declarase *d*.

d ver. 20.

11 Y cada dia Mardochéo se paseaba delante del patio de la casa de las mujeres, por saber como iba á Esther, y qué se hacia de ella.

12 Y como llegaba el tiempo de cada una de las mozas para venir al rey Assuero, al cabo de haber estado ya doce meses conforme á la ley acerca de las mujeres, (porque así se cumplia el tiempo de sus atavíos, *esto es*, seis meses con óleo de mirra, y seis meses con cosas aromáticas y afeites de mujeres,)

13 Entónces la moza venia así al rey: todo lo que ella decia se le daba, para venir con ello de la casa de las mujeres hasta la casa del rey.

14 Ella venia á la tarde, y á la mañana se volvia á la casa segunda de las mujeres, al cargo de Saasgaz, eunuco del rey, guarda de las concubinas: no venia mas al rey, salvo si el rey la queria, y era llamada por *su* nombre.

15 Y llegado que fué el tiempo de Esther, hija de Abihail, tio de Mardochéo, que él se habia tomado por hija, para venir al rey, ninguna cosa procuró sinó lo que dijo Hegai, eunuco del rey, guarda de las mujeres: y ganaba Esther la gracia de todos los que la veian.

16 Fué pues Esther llevada al rey Assuero á su casa real en el mes décimo, que es el mes de Tebeth, en el año séptimo de su reinado.

17 Y el rey amó á Esther sobre todas las mujeres, y halló gracia y benevolencia delante de él mas que todas las vírgenes; y puso la corona real en su cabeza, é hízola reina en lugar de Vasthi.

18 Hizo luego el rey banquete *e* á todos sus príncipes y siervos, el banquete de Esther: y alivió á las provincias, é hizo y dió mercedes conforme á la facultad real.

e Cap. 1. 3.

19 ¶ Y cuando se juntaban las vírgenes la segunda vez, Mardochéo estaba puesto á la puerta del rey *f*.

f Cap. 3. 2.

20 Y Esther, segun le tenia mandado Mardochéo, no habia declarado su nacion ni su pueblo: porque Esther hacia lo que decia Mardochéo como cuando con él se educaba *g*.

g Ef. 6. 1.

21 En aquellos dias, estando Mardochéo sentado á la puerta del rey, enojáronse Bigthan y Theres, dos eunucos del rey de la guardia de la puerta, y procuraban poner mano en el rey Assuero.

22 Mas entendido que fué esto por Mardochéo, él lo denunció á la reina Esther *h*, y Esther lo dijo al rey en nombre de Mardochéo.

h Cap. 6. 2.

23 Hízose entónces indagacion de la cosa, y fué hallada *cierta*; por tanto entrambos fueron colgados en una horca. Y escribióse *el caso* en el libro de las cosas de los tiempos delante del rey.

CAPITULO III.

...an, segundo despues del rey, viendose ado-
...rado de todos, menos de Mardochéo, alcanza
...del rey un decreto para matar y destruir en
...un mismo dia á todos los Judíos, y saquear
...sus bienes.

)ESPUES de estas cosas el rey As-
suero engrandeció á Aman, hijo de
...nadath, Agagéo [a], y ensalzólo, y puso
...silla sobre todos los príncipes que es-
...ban con él.
Y todos los siervos del rey que es-
...ban á la puerta del rey, se arrodilla-
...n [b] é inclinaban á Aman, porque así
lo habia mandado el rey: pero Mar-
...chéo ni se arrodillaba ni se humillaba.
Y los siervos del rey, que estaban á
...puerta, dijeron á Mardochéo: ¿ Por
...é traspasas el mandamiento del rey ?
¶ Y aconteció, que hablandole cada
... de esta manera, y no escuchandolos
... denunciáronlo á Aman, por ver si
... palabras de Mardochéo se manten-
...ian; porque ya él les habia declarado
...e era Judío.
Y vió Aman que Mardochéo ni se
...rodillaba [c], ni se humillaba delánte de
...; y llenóse de ira [d].
Mas tuvo en poco meter mano en
...o Mardochéo; que ya le habian de-
...rado el pueblo de Mardochéo, y pro-
...rò Aman destruir á todos los Judíos
...e habia en el reino de Assuero, al
...eblo de Mardochéo.
En el mes primero, que es el mes de
...san, en el año duodécimo del rey As-
...ero, fué echada delante de Aman Pur,
...o es, la suerte [e], de dia en dia y de
...s en mes; y salió el mes duodécimo,
...e es el mes de Adar.
¶ Y dijo Aman al rey Assuero: Hay
... pueblo esparcido y dividido entre los
...eblos en todas las provincias de tu
...no, y sus leyes son diferentes de las
... todo pueblo, y no observan las leyes
...l rey [f]: y al rey no viene provecho de
...jarlos.
Si place al rey, escríbase que sean
...struidos; y yo pesaré diez mil talentos
... plata en manos de los que manejan
... hacienda, para que sean traidos á los
...oros del rey.
...0 Entónces el rey quitó su anillo [g]
... su mano, y diólo á Aman, hijo de
...madath, Agagéo, enemigo de los Ju-
...os,
...1 Y díjole: La plata propuesta sea
...ra tí, y asimismo el pueblo, para que
...gas de él lo que bien te pareciere.
...2 Entónces fueron llamados los escri-
...nos del rey en el mes primero, á trece
...l mismo, y fué escrito, conforme á
...do lo que mandó Aman, á los prin-
...pes del rey, y á los capitanes que es-
...ban sobre cada provincia, y á los prín-
...pes de cada pueblo, á cada provincia
...gun su escritura, y á cada pueblo se-
...n su lengua: en nombre del rey As-
...ero [h] fue escrito, y signado con el ani-
...o del rey.
...3 Y fueron enviadas letras por mano
... los corréos á todas las provincias del
...y, para destruir, y matar, y extermi-
...r á todos los Judíos desde el niño
...sta el viejo, niños y mujeres en un
...a, en el trece del mes duodécimo, que
... el mes de Adar, y para apoderarse de
... despojo.
...4 La copia del escrito que se diese
...r mandamiento en cada provincia,
...r manera que fuese manifiesto á to-
...s los pueblos, á fin de que estuviesen
...ercibidos para aquel dia.
...5 Y salieron los corréos de priesa por
...andado del rey, y el edicto fué dado en
Susan, capital del reino. Y el rey y
Aman estaban sentados á beber [i], y la — [i] Gen. 27. 25.
ciudad de Susan estaba conmovida [k]. — [k] Pro. 29. 2.

CAPITULO IV.

Esther, requerida de Mardochéo para interce-
der por su nacion con el rey, habiendo de
ponerse en peligro yendo al rey sin ser lla-
mada, pide se haga ayuno y oracion general
por ella, y así se hace.

LUEGO que supo Mardochéo todo lo
que se habia hecho, rasgó sus ves-
tidos [a], y vistióse de saco y de ceniza, y — [a] 2 Sa. 1. 11. Job 1. 20.
fuése por medio de la ciudad clamando
con grande y amargo clamor [b]. — [b] Gen. 27. 34.
2 Y vino hasta delante de la puerta del
rey: porque no era licito pasar adentro la
puerta del rey con vestido de saco.
3 Y en cada provincia y lugar donde
el mandamiento del rey y su decreto
llegaba, tenian los Judíos grande luto,
y ayuno, y lloro, y lamentacion: saco [c] y — [c] Is. 58. 5. Dan. 9. 3.
ceniza era la cama de muchos.
4 Y vinieron las doncellas de Esther,
y sus eunucos, y dijéronselo: y la reina
tuvo gran dolor, y envió vestidos para
hacer vestir á Mardochéo, y hacerle qui-
tar el saco de sobre él; mas él no los
recibió.
5 Entónces Esther llamó á Atach, uno
de los eunucos del rey, que él habia
hecho estar delante de ella, y mandólo á
Mardochéo, con órden de saber qué era
aquello, y porqué.
6 Salió pues Atach á Mardochéo á la
plaza de la ciudad, que estaba delante de
la puerta del rey.
7 Y Mardochéo le declaró todo lo que
le habia acontecido, y dióle noticia de
la plata que Aman habia dicho que pe-
saria para los tesoros del rey [d] por razon — [d] Cap. 3. 9.
de los Judíos, para destruirlos.
8 Dióle tambien la copia de la escri-
tura del decreto [e] que habia sido dado en — [e] Cap. 3. 14, 15.
Susan, para que fuesen destruidos, á fin
que le mostrára á Esther y se lo decla-
rase, y le encargára que fuese al rey á
suplicarle, y á pedir delante de él por
su pueblo [f]. — [f] Pro. 21. 1.
9 Y vino Atach, y contó á Esther las
palabras de Mardochéo.
10 Entónces Esther dijo á Atach, y
mandóle decir á Mardochéo:
11 Todos los siervos del rey, y el pue-
blo de las provincias del rey saben, que
cualquier hombre ó mujer que entra al
rey, al patio de adentro [g], sin ser llama- — [g] Cap. 5. 1.
do, por una sola ley [h] para todos ha de — [h] Dan. 2. 9.
morir, salvo aquel á quien el rey exten-
diere la vara de oro [i], el cual vivirá: y — [i] Cap. 5. 2. y 8. 4.
yo no he sido llamada para entrar al rey
estos treinta dias.
12 Y dijeron á Mardochéo las palabras
de Esther.
13 Entónces dijo Mardochéo que res-
pondiesen á Esther: No pienses en tu
alma que escaparás en la casa del rey
mas bien que todos los Judíos.
14 Porque si absolutamente callares en
este tiempo, respiro y libertacion ten-
drán los Judíos de alguna otra parte;
mas tú [k] y la casa de tu padre pereceréis. — [k] Nu. 23. 23. 1 Sa. 12. 22. Is. 54. 17.
¿ Y quién sabe si para esta hora te han
hecho llegar al reino ?
15 Y Esther dijo que respondiesen á
Mardochéo:
16 Ve, y junta á todos los Judíos que
se hallan en Susan, y ayunad [l] por mí, — [l] Jona 3. 4, 9.
y no comais ni bebais en tres dias noche
ni dia: yo tambien con mis doncellas
ayunaré igualmente, y así entraré al rey,
aunque no sea conforme á la ley; y si
perezco, que perezca [m]. — [m] Gen. 43. 14.
17 Entónces se fué Mardochéo, é hizo
conforme á todo lo que le mandó Esther.

CAPITULO V.

Esther entra al rey, y obtenida su gracia, convídale á que venga con Aman á su banquete. Vuélvele á convidar para el siguiente dia. Afligido Aman á causa del menosprecio de Mardochêo, prepara para él una horca, con ánimo de pedir al rey fuese en ella colgado.

a Cap. 4. 16.
b Cap. 4. 11. y 6. 4.

Y ACONTECIÓ que al tercer dia a se vistió Esther *vestido* real, y púsose en el patio de adentro b de la casa del rey, en frente del aposento del rey: y estaba el rey sentado en su sollo en el aposento real, en frente de la puerta del aposento.

c Neh. 1. 11. y 2. 4, etc. Pro. 21. 1.

2 Y fué, que como vió á la reina Esther que estaba en el patio, ella obtuvo gracia c en sus ojos, y el rey extendió á Esther la vara de oro que tenia en la mano. Entónces se llegó Esther, y tocó la punta de la vara.

d ver. 6. Mar. 6. 23.

3 Y díjole el rey: ¿Qué tienes, reina Esther? ¿Y cual es tu peticion? Hasta la mitad del reino se te dará d.

4 Y Esther dijo: Si al rey place, venga hoy el rey con Aman al banquete que le he hecho.

5 Y respondió el rey: Dáos priesa, *llamad* á Aman, para hacer lo que Esther ha dicho. Vino pues el rey con Aman al banquete que Esther dispuso.

e Cap. 7. 2. y 9. 12.
f ver. 3.

6 Y dijo el rey á Esther en el banquete de vino: ¿Cual es tu peticion e, y te será otorgada? ¿Cual es tu demanda? Aunque sea la mitad del reino, te será concedida f.

7 Entónces respondió Esther, y dijo: Mi peticion, y mi demanda es,

8 Si he hallado gracia en los ojos del rey, y si place al rey otorgar mi peticion, y hacer mi demanda, que venga el rey con Aman al *otro* banquete que les dispondré; y mañana haré conforme á lo que el rey ha demandado.

g Cap. 3. 5. Dan. 3. 16. 19.
h 2 Sa. 13. 22.

9 ¶ Y salió Aman aquel dia contento y alegre de corazon; pero como vió á Mardochêo á la puerta del rey, que no se levantaba ni se movia de su lugar g, llenóse contra Mardochêo de ira.

10 Mas refrenóse Aman h, y vino á su casa, y envió é hizo venir sus amigos, y á Zeres su mujer:

i Cap. 9. 12, 13.
k Cap. 3. 1.

11 Y refirióles Aman la gloria de sus riquezas, y la multitud de sus hijos i, y todas las cosas con que el rey le habia engrandecido, y con que le habia ensalzado sobre los príncipes y siervos del rey k.

12 Y añadió Aman: Tambien la reina Esther á ninguno hizo venir con el rey al banquete que ella dispuso sino á mí; y aun para mañana soy convidado de ella con el rey.

l 1 Rey. 21. 4.

13 Mas todo esto nada me sirve l cada vez que veo al Judío Mardochêo sentado á la puerta del rey.

m Cap. 7. 9.
n Cap. 6. 4.

14 Y díjole Zeres su mujer, y todos sus amigos: Hagan una horca alta de cincuenta codos m, y mañana dí al rey que cuelguen á Mardochêo en ella n; y entra con el rey al banquete alegre. Y plugo la cosa en los ojos de Aman, é hizo preparar la horca.

CAPITULO VI.

Leyendo el rey Assuero las crónicas de sus tiempos, halla que Mardochêo le habia librado de gran peligro, y que no habia sido remunerado. Manda que sea honrado en público por el mismo Aman, que así lo aconsejó inopinadamente, y á quien su mujer y amigos pronostican su ruina.

a Cap. 2. 23.

AQUELLA noche se le fué el sueño al rey, y dijo que le trajésen el libro de las memorias de las cosas de los tiempos a: y leyéronlas delante del rey.

b Cap. 2. 21.

2 Y hallóse escrito que Mardochêo habia denunciado de Bigthan y de Teres b, dos eunucos del rey de la guarda de la puerta, que habian procurado meter mano en el rey Assuero.

3 Y dijo el rey: ¿Qué honra ó qué distincion se hizo á Mardochêo por esto? Y respondiéron los servidores del rey, sus oficiales: Nada se ha hecho con él.

4 ¿Entónces dijo el rey: Quién está en el patio? Y Aman habia venido al patio de afuera de la casa del rey, para decir al rey que hiciese colgar á Mardochêo en la horca que él le tenia preparada.

5 Y los servidores del rey le respondiéron: Hé aquí Aman está en el patio. Y el rey dijo: Entre.

c Pro. 16. 18.

6 Entró pues Aman, y el rey le dijo: ¿Qué se hará al hombre cuya honra desea el rey? Y dijo Aman en su corazon: ¿A quien deseará el rey hacer honra mas que á mí c?

7 Y respondió Aman al rey: Al varon cuya honra desea el rey,

8 Traigan el vestido real de que el rey se viste, y el caballo en que el rey cabalga, y la corona real que está puesta en su cabeza:

9 Y den el vestido y el caballo en mano de alguno de los príncipes mas nobles del rey, y vistan á aquel varon cuya honra desea el rey, y llévenlo en el caballo por la plaza de la ciudad, y pregonen delante de él: Así se hará al varon cuya honra desea el rey.

10 Entónces el rey dijo á Aman: Dáte priesa, toma el vestido y el caballo, como tú has dicho, y hazlo así con el Judío Mardochêo, que se sienta á la puerta del rey; no omitas nada de todo lo que has dicho.

11 Y Aman tomó el vestido y el caballo, y vistió á Mardochêo, y llevólo á caballo por la plaza de la ciudad, é hizo pregonar delante de él: Así se hará al varon cuya honra desea el rey.

d 2 Sa. 15. 30. Jer. 14. 3.

12 Despues de esto Mardochêo se volvió á la puerta del rey, y Aman se fué corriendo á su casa apesadumbrado y cubierta su cabeza d.

e Pro. 2[…]

13 ¶ Contó luego Aman á Zeres su mujer y á todos sus amigos todo lo que le habia acontecido: y dijéronle sus sabios, y Zeres su mujer: Si de la simiente de los Judíos es el Mardochêo, delante de quien has comenzado á caer, no lo vencerás; ántes caerás por cierto delante de él e.

f Cap. 5[…]

14 Aun estaban ellos hablando con él, cuando los eunucos del rey llegaron apresurados, para hacer venir á Aman al banquete que Esther habia dispuesto f.

CAPITULO VII.

Esther declara al rey en el banquete el peligro de su nacion, y la maldad de Aman, que estaba presente; y el rey lo manda colgar en la horca que para Mardochêo habia preparado.

VINO pues el rey, con Aman, á beber con la reina Esther.

a Cap. […]

2 Y tambien el segundo dia dijo el rey á Esther en el convite del vino: ¿Cual es tu peticion, reina Esther, y se te concederá? ¿Cual pues es tu demanda? Aunque sea la mitad del reino, pondráse por obra a.

3 Entónces la reina Esther respondió y dijo: Oh rey, si he hallado gracia en tus ojos, y si al rey place, séame dada mi vida por mi peticion, y mi pueblo por mi demanda.

4 Porque vendidos estamos yo y mi pueblo, para ser destruidos, para ser

[illegible] vendidos; y si para si[illegible] vendidos, calla[illegible] enemigo no compen[illegible]

[illegible] Assuero, y dijo á [illegible] ¿Quién es ese, y dónde [illegible] ha henchido su cora[illegible]

[illegible] enemigo y adver[illegible] Aman. Entónces [illegible] del rey y de la [illegible]

[illegible] luego el rey del banquete [illegible] fué al huerto [illegible] Aman para pro[illegible] por su vida; [illegible] resuelto para él el [illegible] rey.

[illegible] el rey del huerto del [illegible] del banquete del vi[illegible] sobre el lecho [illegible] Entónces dijo el [illegible] para forzar la reina es[illegible] casa? Como esta pa[illegible] boca del rey, el rostro [illegible]

[illegible] uno de los eunucos [illegible] rey: Hé aquí tambien la [illegible] codos de altura que [illegible] Mardochêo[f], el cual [illegible] por el rey, está en [illegible] Entónces el rey dijo: [illegible]

[illegible] á Aman en la horca [illegible] hecho aparejar para Mar[illegible] la ira del rey.

CAPITULO VIII.

[illegible] la casa y bienes de Aman, y [illegible] Mardochêo. Esther pide sean re[illegible] para destruccion [illegible] que á estos se les [illegible] del rey, á fin de que se [illegible] contra sus enemigos.

[illegible] dia dió el rey Assuero á la [illegible] la casa de Aman, ene[illegible] y Mardochêo vino [illegible] porque Esther le de[illegible] de ella.

[illegible] rey su anillo[b] que habia [illegible] de Aman, y dióle á Mar[illegible] Esther puso á Mardochêo [illegible] de Aman.

[illegible] luego Esther á hablar de[illegible] rey, y echóse á sus piés llo[illegible] que hiciese nula la [illegible] Agagéo, y su designio [illegible] contra los Judíos.

[illegible] extendió el rey á Esther la [illegible] Esther se levantó, y pú[illegible] del rey.

[illegible] al rey, y si he ha[illegible] delante de él, y si la cosa es [illegible] del rey, y agradable yo en [illegible] escrito para revocar las le[illegible] de Aman, hijo de A[illegible] que escribió para des[illegible] que estan en todas las [illegible]

[illegible] podré yo ver el mal [illegible] mi pueblo? ¿cómo podré [illegible] la destruccion de mi nacion[d]?

[illegible] respondió el rey Assuero á la reina [illegible] á Mardochêo Judío: Hé aquí [illegible] dado á Esther la casa de Aman, [illegible] colgado en la horca, por cu[illegible] extendió su mano contra los Ju[illegible]

[illegible] pues vosotros á los Judíos [illegible] os pareciere, en el nombre [illegible] con el anillo del rey: [illegible] que se escribe en [illegible] se sella con el anillo [illegible] revocarse[e].

[illegible] llamados los escri-
banos del rey en el mes tercero, que es
Sivan, á veinte y tres del mismo, y es-
cribióse, conforme á todo lo que mandó
Mardochêo, á los Judíos, y á los sátra-
pas, y á los capitanes, y á los príncipes
de las provincias, que *habia* desde la
India hasta la Ethiopía, ciento veinte y
siete provincias[f]; á cada provincia se- [f] Cap. 1. 1.
gun su escribir, y á cada pueblo con-
forme á su lengua, á los Judíos tambien
conforme á su escritura y lengua.
10 Y escribió en nombre del rey As-
suero[g], y selló con el anillo del rey, y [g] 1 Rey. 21. 8.
envió letras por correos de á caballo,
montados en dromedarios, y en mulos
hijos de yeguas,
11 *Con intimacion* de que el rey con-
cedia á los Judíos que estaban en todas
las ciudades, que se juntasen y estuvi-
esen á *la defensa* de su vida, *prontos* á
destruir, y matar, y acabar con todo ejér-
cito de pueblo ó provincia que viniese
contra ellos[h], *aun* niños y mujeres, y su [h] Sal. 37. 14, 15. y 137. 8. y 146. 6, 9.
despojo para presa,
12 En un mismo dia en todas las pro-
vincias del rey Assuero, en el trece
del mes duodécimo, que es el mes de
Adar[i]. [i] Cap. 3. 13. etc. y 9. 1.
13 La copia de la escritura que habia
de darse por ordenanza en cada provin-
cia, para que fuese manifiesta á todos
los pueblos, *decia* que los Judíos estu-
viesen apercibidos para aquel dia para
vengarse de sus enemigos.
14 Los correos, *pues*, cabalgando en
dromedarios y en mulos, salieron apre-
surados, y constreñidos por el manda-
miento del rey: y la ley fué dada en
Susan, capital del reino.
15 ¶ Y salió Mardochêo de delante del
rey con vestido real de cárdeno y blanco,
y una gran corona de oro, y un manto
de lino y púrpura: y la ciudad de Susan
se alegró y regocijó.
16 Los Judíos tuvieron luz y alegría, y
gozo, y honra.
17 Y en cada provincia y en cada ciu-
dad donde llegó el mandamiento del rey,
los Judíos tuvieron alegría y gozo, ban-
quete y dia de placer[k]. Y muchos de [k] Cap. 9. 19, 22.
los pueblos de la tierra se hacian Judíos,
porque el temor de los Judíos habia cai-
do sobre ellos.

CAPITULO IX.

Los Judíos toman venganza de sus enemigos, entre los cuales diez hijos de Aman fueron muertos. Institúyese la fiesta de Purim en memoria de lo acontecido.

Y EN el mes duodécimo, que es el
mes de Adar[a], á trece del mismo, [a] Cap. 8. 12.
en el que tocaba se ejecutase el manda-
miento del rey y su ley[b], el mismo dia [b] Cap. 3. 13.
en que esperaban los enemigos de los
Judíos enseñorearse de ellos, fué lo con-
trario; porque los Judíos se enseñore-
aron de los que los aborrecian.
2 Los Judíos se juntaron en sus ciu-
dades[c] en todas las provincias del rey [c] Cap. 8. 11.
Assuero, para meter mano sobre los que
habian procurado su mal[d]; y nadie se [d] Sal. 71. 13, 24.
puso delante de ellos, porque el temor
de ellos habia caido sobre todos los pue-
blos[e]. [e] Cap. 8. 17. Gen. 35. 5.
3 Y todos los príncipes de las provin-
cias, y los vireyes, y capitanes, y oficiales
del rey, ensalzaban á los Judíos; porque
el temor de Mardochêo habia caido so-
bre ellos.
4 Porque Mardochêo era grande en la
casa del rey, y su fama iba por todas las
provincias; pues el varon Mardochêo
iba engrandeciendose[f]. [f] 1 Cr. 11. 9. Pro. 4. 18.
5 E hirieron los Judíos á todos sus
enemigos con plaga de espada y de mor-

tandad, y de perdicion; é hicieron en
sus enemigos á su voluntad.
6 Y en Susan, capital del reino, mata-
ron y destruyeron los Judíos quinientos
hombres.
7 Mataron entónces á Pharsandatha, y
á Dalphon, y á Asphata,
8 Y á Phoratha, y á Adalia, y á Ari-
datha,
9 Y á Pharmastha, y á Arisai, y á Ari-
dai, y á Vaizatha,
10 Diez hijos g de Aman, hijo de Ama-
datha, enemigo de los Judíos: mas en
la presa no metieron mano h.
11 ¶ El mismo dia vino la cuenta de
los muertos á Susan, residencia regia,
delante del rey.
12 Y dijo el rey á la reina Esther: En
Susan, capital del reino, han muerto los
Judíos y destruido quinientos hombres,
y diez hijos de Aman: ¿qué habrán
hecho en las otras provincias del rey?
¿Cuál pues es tu peticion, y te será
concedida? ó qué mas es tu demanda,
y será hecho?
13 Y respondió Esther: Si place al rey,
concédase tambien mañana á los Judíos
en Susan, que hagan conforme á la ley
de hoy; y que cuelguen en la horca á
los diez hijos de Aman i.
14 Y mandó el rey que se hiciese así:
y dióse la órden en Susan, y colgaron á
los diez hijos de Aman.
15 Y los Judíos que estaban en Susan,
se juntaron tambien el catorce del mes
de Adar, y mataron en Susan trescientos
hombres; mas en la presa no metieron
su mano k.
16 ¶ En cuanto á los otros Judíos que
estaban en las provincias del rey, tam-
bien se juntaron, y pusiéronse *en defensa*
de su vida, y tuvieron reposo de sus ene-
migos, y mataron de sus contrarios se-
tenta y cinco mil, mas en la presa no
metieron su mano.
17 En el dia trece del mes de Adar *fué
eso*, y reposaron en el dia catorce del
mismo, é hiciéronlo dia de banquete y
de alegría.
18 Mas los Judíos que *estaban* en Susan
se juntaron en el trece y en el catorce
del mismo *mes*, y al quince del mismo
reposaron, é hicieron aquel *dia* dia de
banquete y de regocijo.
19 Por tanto los Judíos aldeanos que
habitan en las villas sin muro, hacen á
los catorce del mes de Adar el dia de
alegría y de banquete, y buen dia, y de
enviar porciones *de viandas* cada uno á
su vecino l.
20 Y escribió Mardochéo estas cosas,
y envió letras á todos los Judíos que es-
taban en todas las provincias del rey
Assuero, cercanos y distantes,
21 Ordenandoles que celebrasen el dia
décimo cuarto del mes de Adar, y el
décimo quinto del mismo, cada un año,
22 Como dias en que los Judíos tuvi-
eron reposo de sus enemigos, y el mes
que se les tornó de tristeza en alegría, y
de luto en dia bueno m: que los hiciesen
dias de banquete y de gozo, y de enviar
porciones cada uno á su vecino, y dá-
divas á los pobres.
23 Y los Judíos aceptaron hacer, segun
habian comenzado, lo que les escribió
Mardochéo.
24 Porque Aman, hijo de Amadatha
Agagéo, enemigo de todos los Judíos,
había ideado contra los Judíos para des-
truirlos n, y echó Pur, que quiere decir
suerte, para consumirlos y acabar con
ellos.
25 Mas como Esther vino á la pre-
sencia del rey, él intimó por carta: El
perverso designio que aquel trazó con-
tra los Judíos, recaiga sobre su cabeza o,
y cuélguenlo á él y á sus hijos en la
horca.
26 Por esto llamaron á estos dias Pu-
rim, del nombre Pur. Por todas, pues,
las palabras de esta carta p, y por lo que
ellos vieron sobre esto, y lo que llegó á
su noticia,
27 Establecieron y tomaron los Judíos
sobre sí y sobre su simiente, y sobre to-
dos los allegados á ellos q, y no será tras-
pasado, el celebrar estos dos dias segun
está escrito en órden á ellos, y conforme
á su tiempo cada un año:
28 Y que estos dos dias serian en me-
moria, y celebrados en todas las naci-
ones, y familias, y provincias, y ciuda-
des. Estos dias Purim no pasarán de
entre los Judíos, y la memoria de ellos
no cesará de su simiente.
29 Y la reina Esther, hija de Abihail,
y Mardochéo Judío, escribieron con to-
da eficacia, para confirmar esta segunda
carta de Purim.
30 Y envió *Mardochéo* letras á todos los
Judíos, á las ciento veinte y siete pro-
vincias del rey Assuero, con palabras de
paz y de verdad,
31 Para confirmar estos dias del Pu-
rim en sus tiempos *señalados*, segun les
habia constituido Mardochéo Judío, y
la reina Esther, y como habian ellos to-
mado sobre sí y sobre su simiente, *para
conmemorar* el fin de los ayunos y de su
clamor.
32 Y el mandamiento de Esther con-
firmó estas palabras *dadas* acerca del
Purim, y escribióse en el libro.

CAPITULO X.

*Recapitúlase la dignidad y gloria de Mardo-
chéo en la casa del rey Assuero.*

Y EL rey Assuero impuso tributo so-
bre la tierra a y las islas de la mar b.
2 Y toda la obra de su fortaleza, y de
su valor, y la declaracion de la grandeza
de Mardochéo con que el rey le engran-
deció c, ¿no está escrito en el libro de
los anales de los reyes de Media y de
Persia?
3 Porque Mardochéo Judío fué se-
gundo despues del rey Assuero d, y
grande entre los Judíos, y acepto á la
multitud de sus hermanos, procurando
el bien de su pueblo e, y hablando paz
para toda su simiente.

g Cap. 5. 11. Job 18. 19. y 27. 13, 15. Sal. 21. 10.
h Cap. 8. 11.
i Deu. 21. 23. 2 Sa. 21. 6, 9. Gal. 3. 13.
k ver. 10.
l Neh. 8. 10, 12.
m Sal. 30. 11.
n Cap. 3. 6, 7.
o Sal. 7. 16.
p ver. 20.
q Cap. 8. 17. Is. 56. 3, 6. Zac. 2. 11.
a Luc. 2. 1.
b Gen. 10. ... Sal. 72. 10. Is. 24. 15.
c Dan. 2. 4...
d Gen. 41. ... Dan. 5. ... 29.
e Neh. 2. ...

EL LIBRO DE JOB.

A. C. cir. 1800.

CAPITULO I.

*Job, varon pio é ilustre, por permision de
Dios y para prueba de su virtud, es entre-
gado á Satanas, el cual le quita los bienes,
y le mata los hijos. Job adora y dá gracias
á Dios por todo.*

HUBO un varon en tierra de Hus a,
llamado Job b; y era este hombre
perfecto y recto, y temeroso de Dios, y
apartado de mal c.
2 Y naciéronle siete hijos, y tres hijas.
3 Y su hacienda era siete mil ovejas, y
tres mil camellos, y quinientas yuntas de
bueyes, y quinientas asnas, y muchísi-
mos criados: y era aquel varon grande
mas que todos los Orientales.

a 1 Cr. 1. 17, 42. Jer. 25. 20. La. 4. 21.
b Ez. 14. 14, 20.
c Pro. 16. ...

4 E iban sus hijos, y hacian banquetes en sus casas, cada uno en su dia; y enviaban á llamar sus tres hermanas, para que comiesen y bebiesen con ellos.

5 Y acontecia que habiendo pasado en turno los dias del convite, Job enviaba y santificábalos, y levantábase de mañana, y ofrecia holocaustos [d] *conformes* al número de ellos. Porque decia Job: Quizá habrán pecado mis hijos, y habrán blasfemado á Dios en sus corazones. De esta manera hacia Job todos los dias.

6 ¶ Y un dia [e] vinieron los hijos de Dios [f] á presentarse delante de Jehová [g], entre los cuales vino tambien Satan ‖.

7 Y dijo Jehová á Satan: ¿De donde vienes? Y respondiendo Satan á Jehová, dijo: De rodear la tierra, y de andar por ella [h].

8 Y Jehová dijo á Satan: ¿No has considerado á mi siervo Job, que no hay otro como él en la tierra, varon perfecto y recto, temeroso de Dios, y apartado de mal?

9 Y respondiendo Satan á Jehová, dijo: ¿Teme Job á Dios de balde?

10 ¿No lo has tú cercado á él y á su casa, y á todo lo que tiene en rededor [i]? Al trabajo de sus manos has dado bendicion; por tanto su hacienda ha crecido sobre la tierra.

11 Mas extiende ahora tu mano, y toca á todo lo que tiene [k], *y verás* si no te blasfema en tu rostro [l].

12 Y dijo Jehová á Satan: Hé aquí, todo lo que tiene está en tu mano: solamente no pongas tu mano sobre él. Y salióse Satan de delante de Jehová.

13 ¶ Y un dia [m] aconteció que sus hijos é hijas comian, y bebian vino en casa de su hermano el primogénito,

14 Y vino un mensajero á Job, que le dijo: Estando arando los bueyes, y las asnas paciendo cerca de ellos,

15 Acometieron los Sabéos, y tomáronlos, é hirieron á los mozos á filo de espada: solamente escapé yo para traerte las nuevas.

16 Aun estaba este hablando, y vino otro que dijo: Fuego de Dios cayó del cielo, que quemó las ovejas y los mozos, y les consumió: solamente escapé yo solo para traerte las nuevas.

17 Todavía estaba este hablando, y vino otro que dijo: Los Caldéos hicieron tres escuadrones, y dieron sobre los camellos y tomáronlos, é hirieron á los mozos á filo de espada, y solamente escapé yo solo para traerte las nuevas.

18 Entre tanto que este hablaba, vino otro que dijo: Tus hijos y tus hijas estaban comiendo, y bebiendo vino en casa de su hermano el primogénito:

19 Y he aquí un gran viento que vino del lado del desierto, é hirió las cuatro esquinas de la casa, y cayó sobre los mozos, y murieron; y solamente escapé yo solo para traerte las nuevas.

20 Entónces Job se levantó, y rasgó [n] su manto, y trasquiló su cabeza [o], y cayendo en tierra adoró [p],

21 Y dijo: Desnudo salí del vientre de mi madre [q], y desnudo tornaré allá. Jehová dió, y Jehová *lo* quitó [r]: sea el nombre de Jehová bendito [s].

22 En todo esto no pecó [t] Job, ni atribuyó á Dios despropósito alguno.

Lev. 1. 3, o.
ap. 2. 1, c.
ap. 38. 7.
Rey. 22.
).
‖ *adversario.*
Cr. 21. 1.
c. 3. 1.
p. 12. 9,
Mat. 12. 43.
Ped. 5. 8.
l. 34. 7, 9.
p. 19. 21.
. 8. 21.
o. 9. 12.
n. 37. 29.
d. 9. 3.
15. 2.
a. 12. 20.
. 5. 15.
im. 6. 7.
m. 3. 38.
. 39. 38,
4. 11,
p. 2. 10.

CAPITULO II.

Segunda prueba de Job, á quien por permision de Dios hiere Satanas de lepra. Reconviene en tal estado á su mujer, que vitupera su integridad con impío sarcasmo. Vienen tres amigos á visitarle.

Y OTRO dia aconteció que vinieron los hijos de Dios para presentarse delante de Jehová [a], y Satan vino tambien entre ellos pareciendo delante de Jehová.

2 Y dijo Jehová á Satan: ¿De donde vienes? Respondió Satan á Jehová, y dijo: De rodear la tierra, y de andar por ella.

3 Y Jehová dijo á Satan: ¿No has considerado á mi siervo Job, que no hay otro como él en la tierra, varon perfecto y recto, temeroso de Dios, y apartado de mal, y que aun retiene su perfeccion, habiéndome tú incitado contra él para que lo arruinára sin causa?

4 Y respondiendo Satan dijo á Jehová: Piel por piel, todo lo que el hombre tiene dará por su vida [b].

5 Mas extiende ahora tu mano, y toca á su hueso y á su carne, *y verás* si no te blasfema en tu rostro.

6 Y Jehová dijo á Satan: Hé aquí, él *está* en tu mano; mas guarda su vida.

7 ¶ Y salió Satan de delante de Jehová, é hirió á Job de una maligna sarna desde la planta de su pie hasta la mollera de su cabeza.

8 Y tomaba una teja para rascarse con ella, y estaba sentado en medio de ceniza [c].

9 ¶ Díjole entónces su mujer: ¿Aun retienes tú tu simplicidad? Bendice á Dios, y muérete.

10 Y él le dijo: Como suele hablar cualquiera de las mujeres fatuas has hablado. Tambien recibimos el bien de Dios, ¿y el mal no recibirémos [d]? En todo esto no pecó Job con sus labios [e].

11 ¶ Y tres amigos de Job, Eliphaz Themanita [f], y Bildad Suhita [g], y Sophar Nahamathita, luego que oyeron todo este mal que le habia sobrevenido, vinieron cada uno de su lugar; porque habian concertado de venir juntos á condolecerse de él, y á consolarle:

12 Los cuales alzando los ojos desde léjos, no lo conocieron, y lloraron á voz en grito; y cada uno de ellos rasgó su manto, y esparcieron [h] polvo sobre sus cabezas hácia el cielo.

13 Así se sentaron con él en tierra [i] por siete dias y siete noches, y ninguno le hablaba palabra, porque veian que el dolor era muy grande.

CAPITULO III.

Job maldice el dia de su nacimiento; y atendidas las calamidades de la vida, desea no hubiese aquel llegado, y hallarse con los que en la muerte se ven libres de ellas.

DESPUES de esto abrió Job su boca, y maldijo su dia.

2 Y exclamó Job, y dijo:

3 Perezca el dia en que yo nací [a], y la noche que se dijo: Varon es concebido.

4 Sea aquel dia sombrío, y Dios no cuide de él desde arriba, ni claridad sobre él resplandezca.

5 Aféenlo tinieblas y sombra de muerte; repose sobre él nublado, que lo haga horrible como caliginoso dia.

6 Ocupe la obscuridad aquella noche; no sea contada entre los dias del año, ni venga en el número de los meses.

7 ¡Oh si fuera aquella noche solitaria, que no viniera cancion alguna en ella!

8 Maldíganla los que maldicen al dia, los que se aprestan para levantar su llanto.

9 Obscurézcanse las estrellas de su alba; espere la luz, y no *venga*, ni vea los párpados de la mañana:

10 Por cuanto no cerró las puertas del vientre donde yo estaba, ni escondió de mis ojos la miseria.

[a] Cap. 1. 6, etc.
[b] Mat. 6. 25.
[c] Mat. 11. 21.
[d] Sant°. 5. 10, 11.
[e] Sal. 39. 1.
[f] Gen. 36. 11. Jer. 49. 7.
[g] Gen. 25. 2.
[h] Neh. 9. 1. La. 2. 10.
[i] Esd. 9. 3, 5.
[a] Cap. 10. 18, etc. Jer. 20. 14.

11 ¿Por qué no morí yo desde la matriz, ó fui traspasado en saliendo del vientre?

12 ¿Por qué me previnieron las rodillas[b]? y para qué las tetas que mamase?

13 Pues que ahora yaciera yo y reposára; durmiera, y entónces tuviera reposo,

14 Con los reyes y con los consejeros de la tierra, que edifican para sí los desiertos[c];

15 O con los príncipes que poseian el oro, que henchian sus casas de plata.

16 O ¿*por qué* no fui escondido como aborto[d], como los pequeñitos que nunca vieron luz?

17 Allí los impíos dejan el perturbar, y allí descansan los de cansadas fuerzas.

18 *Allí* asimismo reposan los cautivos; no oyen la voz del exactor.

19 Allí *está* el chico, y el grande; y el siervo libre de su señor.

20 ¿Por qué se dá luz al trabajado, y vida á los de ánimo en amargura,

21 Que esperan la muerte, y ella no *llega*[e], aunque la buscan más que tesoros;

22 Que se alegran sobremanera, y se gozan cuando hallan el sepulcro?

23 ¿*Por qué* al hombre que no sabe por donde vaya, y al cual Dios ha encerrado?

24 Pues ántes que mi pan viene mi suspiro; y mis gemidos corren como aguas.

25 Porque el temor que me espantaba, me ha venido, y hame acontecido lo que temia.

26 No he tenido paz, no me aseguré, ni me estuve reposado; vínome no obstante turbacion.

CAPITULO IV.

Eliphaz reconviene á Job de falta de piedad, y pretende mostrarle que es afligido por sus pecados, suponiendo que Dios nunca aflige á los buenos.

Y RESPONDIÓ Eliphaz el Themanita, y dijo:

2 Si probáremos á hablarte, serte ha molesto: mas ¿quien podrá detener las palabras?

3 Hé aquí, tú enseñabas á muchos, y las manos flacas corroborabas[a]:

4 Al que vacilaba, enderezában tus palabras, y esforzabas las rodillas que decaian[b].

5 Mas ahora que *el mal* sobre tí ha venido, te es duro; y cuando ha llegado hasta tí, te turbas.

6 ¿Es este tu temor, tu confianza, tu esperanza, y la perfeccion de tus caminos?

7 Recapacita ahora quien que fuera inocente se perdiera: y ¿en dónde los rectos fueron cortados?

8 Como yo he visto, los que aran iniquidad y siembran injuria, la siegan[c];

9 Perecen por el aliento de Dios, y por el espíritu de su furor son consumidos[d].

10 El bramido del leon, y la voz del leon, y los dientes de los leoncillos son quebrantados[e].

11 El leon viejo perece por falta de presa[f], y los hijos del leon son esparcidos.

12 ¶ El negocio tambien me era á mí oculto; mas mi oido ha percibido algo de ello.

13 En imaginaciones de visiones nocturnas, cuando el sueño cae sobre los hombres,

14 Sobrevínome un espanto y un temblor, que estremeció todos mis huesos.

15 Y un espíritu [illegible]
mí, que hizo se erizase [illegible]
carne.

16 Paróse una fantasma [illegible]
ojos, cuyo rostro yo no [illegible]
oí que decia:

17 ¿Si será el hombre [illegible]
Dios? ¿Si será el varon [illegible]
el que lo hizo?

18 Hé aquí que en sus [illegible]
fió, y notó necedad en [illegible]

19 ¿Cuanto mas en los que [illegible]
casas de lodo[h], cuyo fundamento [illegible]
el polvo, *y que* serán quebrantados [illegible]
polilla[i]?

20 De la mañana á la [illegible]
brantados[k], y se perderán [illegible]
por no haber quien lo [illegible]

21 ¿Su hermosura no [illegible]
ellos mismos[l]? Mueren, [illegible]
ría.

CAPITULO V.

Prosigue Eliphaz su [illegible] exhortando á Job á que [illegible] castigo de Dios por [illegible] su enmienda.

AHORA pues da voces, si [illegible]
te responda: ¿y á cual [illegible]
tos te volverás?

2 Es cierto que al necio [illegible]
y al codicioso consume [illegible]

3 Yo he visto al necio [illegible]
raices[a], y en la misma [illegible]
habitacion.

4 Sus hijos estarán léjos [illegible]
en la puerta serán [illegible]
habrá quien los libre.

5 Su mies comerán [illegible]
sacaránla de entre las [illegible]
dientes beberán su hacienda [illegible]

6 Porque la iniquidad no [illegible]
ni la molestia brota de la [illegible]

7 Empero como las centellas [illegible]
tan para volar por el aire [illegible]
nace para la afliccion[b].

8 ¶ Ciertamente yo [illegible]
depositaría en él mis [illegible]

9 El cual hace cosas [illegible]
crutables, y maravillas [illegible]
cuento[c]:

10 Que da la lluvia [illegible]
la tierra, y envia las [illegible]
pos:

11 Que pone los humildes [illegible]
y los enlutados son [illegible]

12 Que frustra los [illegible]
astutos, para que sus [illegible]
nada:

13 Que prende á los [illegible]
cia[e] de ellos, y el consejo [illegible]
es entontecido.

14 De dia se topan con [illegible]
mitad del dia andan á [illegible]
noche[f].

15 Y libra de la [illegible]
la boca de los impíos [illegible]
olento.

16 Pues es esperanza [illegible]
la iniquidad cerrará su [illegible]

17 Hé aquí, bienaventurado [illegible]
bre á quien Dios castiga [illegible]
menosprecies la corrección [illegible]
poderoso.

18 Porque él es el que [illegible]
el que la vendará [illegible]
curan[k].

19 En seis tribulaciones [illegible]
la séptima no te tocará [illegible]

20 En el hambre te [illegible]
muerte, y en la guerra [illegible]
la espada.

21 Del azote de la [illegible]
cubierto; ni temerás [illegible]
cuando viniere.

22 De la destruccion y [illegible]

[b] Gen. 30. 3. Is. 66. 12.
[c] Is. 58. 12. y 61. 4.
[d] Sal. 58. 8.
[e] Ap. 9. 6.
[a] Is. 35. 3.
[b] Heb. 12. 12.
[c] Pro. 22. 8. Os. 10. 13. Ga. 6. 7, 8.
[d] Cap. 15. 30. Is. 11. 4.
[e] Sal. 58. 6.
[f] Sal. 34. 10.

al. 35. 19. naizás *e*, y no temerás de las bestias del campo:

23 Pues aun con las piedras del campo tendrás tú concierto, y las bestias del campo te serán pacíficas.

24 Y sabrás que *hay* paz en tu tienda; y visitarás tu morada, y no pecarás.

25 Asimismo echarás de ver que tu simiente *es* mucha, y tu prole como la yerba de la tierra.

Pr. 9. 11. 26 Y vendrás en la vejez *g* á la sepultura, como el monton de trigo que se coge á su tiempo.

27 Hé aquí lo que hemos inquirido, lo cual es así: óyelo, y juzga tú para contigo.

CAPITULO VI.

Job excusa la dureza de sus quejas con la grandeza de su afliccion, y desea morir visto que ella excede sus fuerzas. Quéjase de sus amigos, y de que vinieran á reprenderle en vez de consolarle.

Y RESPONDIÓ Job y dijo:

2 ¡Oh si pesasen al justo mi queja y mi tormento, y se alzasen igualmente en balanza!

3 Porque pesaria aquel mas que la arena de la mar: y por tanto mis palabras son cortadas.

al. 38. 2. 4 Porque las saetas *a* del Todo-poderoso *estan* en mí, cuyo veneno bebe mi espí-
al. 88. 15, ritu, y terrores de Dios *b* me combaten.

5 ¿Acaso gime el asno montés junto á la yerba? ¿Muge el buey junto á su pasto?

6 ¿Comeráse lo desabrido sin sal? ó ¿habrá gusto en la clara del huevo?

7 Las cosas que mi alma no queria tocar *ántes*, *ahora* por los dolores *son* mi comida.

8 ¡Quién me diera que viniese mi peticion, y que Dios *me* otorgase lo que espero!

9 Y que pluguiera á Dios quebrantar-
me; que soltára su mano, y me des-
Ley. 19. 4. hiciera *c*!
ma 4. 3, 8. 10 Y seria aun mi consuelo, si me asaltase con dolor sin dar mas tregua, que yo no he escondido las palabras del Santo.

11 ¿Cual *es* mi fortaleza para esperar aun? ¿y cual mi fin para dilatar mi vida?

12 ¿Es mi fortaleza la de las piedras? ¿ó mi carne es de acero?

13 ¿No me ayudo cuanto puedo, y *ya* el poder me falta del todo?

14 El atribulado es consolado de su compañero: mas hase abandonado el temor del Omnipotente.

al. 38. 11. 15 Mis hermanos *me* han mentido *d* cual arroyo; pasáronse como corrientes impetuosas,

16 Que estan escondidas por la helada, y encubiertas con nieve;

17 Que al tiempo del calor son deshechas, y en calentandose, desaparecen de su lugar.

18 Apártanse de las sendas de su rumbo, van menguando, y piérdense.

19 Miraron los caminantes de The-
na. 25. 15. man *e*, los caminantes de Saba esperaron en ellas.

20 *Mas* fueron avergonzados por su esperanza; porque vinieron hasta ellas, y halláronse confusos.

21 Ahora ciertamente *como* ellas sois vosotros; que habeis visto el tormento *mio*, y temeis.

22 ¿Os he dicho yo: Traedme, y pagad por mí de vuestra hacienda;

23 Y libradme de mano del opresor, y redimidme del poder de los violentos?

24 Enseñadme, y yo callaré: y hacedme entender en qué he errado.

25 ¡Cuan fuertes son las palabras de rectitud! Mas ¿qué reprende el que reprende de vosotros?

26 ¿Pensais censurar palabras, y los discursos de un desesperado, *que son* como el viento?

27 Tambien os arrojais sobre el huérfano, y haceis hoyo delante de vuestro amigo.

28 Ahora pues, si quereis, mirad en mí, y *ved* si miento delante de vosotros.

29 Tornad ahora, y no haya iniquidad; volved aun á *considerar* mi justicia en esto.

30 ¿Hay iniquidad en mi lengua? ¿No puede mi paladar discernir las cosas depravadas?

CAPITULO VII.

Refiere Job mas por extenso la grandeza de su afliccion, y pide á Dios que le libre de ella y perdone.

CIERTAMENTE tiempo *limitado tiene* el hombre sobre la tierra, y sus dias *son* como los dias del jornalero.

2 Como el siervo anhela la sombra, y como el jornalero espera el *reposo de* su trabajo:

3 Así poseo yo meses de vanidad, y
noches de trabajo me dieron por cu-
enta *a*. *a* Sal. 6. 6.

4 Cuando estoy acostado, digo: ¿Cu-
ando me levantaré *b*? Y mide *mi* cora- *b* Deu. 28. 67.
zon la noche, y estoy harto de devaneos hasta el alba.

5 Mi carne está vestida de gusanos, y de costras de polvo; mi piel hendida y abominable.

6 Mis dias fueron mas ligeros que la
lanzadera del tejedor *c*, y fenecieron sin *c* Cap. 9. 25.
esperanza. Is. 38. 12.

7 Acuérdate que mi vida *es* un viento *d*, *d* Sal. 78. 39.
y que mis ojos no volverán á ver el bien. Sant°. 4. 14.

8 Los ojos de los que me ven, no me verán *mas*: tus ojos sobre mí, y dejaré de ser.

9 La nube se consume, y se va: así el que desciende al sepulcro no subirá;

10 No tornará mas á su casa, ni su
lugar le conocerá mas *e*. *e* Cap. 20. 9.
Sal. 103. 16.

11 Por tanto yo no reprimiré mi boca; hablaré en la angustia de mi espíritu, y quejaréme con la amargura de mi alma.

12 ¿Soy yo la mar, ó *alguna* ballena, que me pongas guarda?

13 Cuando digo: Mi cama me consolará, mi cama atenuará mis quejas;

14 Entónces me quebrantarás con sueños, y me turbarás con visiones.

15 Y *así* mi alma tuvo por mejor el ahogamiento, y *quiso* la muerte mas que á mis huesos.

16 Aburríme; no he de vivir yo para
siempre *f*: déjame, pues que mis dias *f* Cap. 10. 20.
son vanidad. Sal. 39. 13.

17 ¿Qué *es* el hombre, para que lo engrandezcas, y que pongas sobre él tu corazon,

18 Y lo visites todas las mañanas, y todos los momentos lo pruebes?

19 ¿Hasta cuando no me dejarás, ni me soltarás hasta que trague mi saliva?

20 Pequé, ¿qué te haré, oh Guarda de
los hombres? ¿Por qué me has puesto
contrario á tí *g*, y que á mí mismo sea *g* Cap. 16. 12.
pesado? La. 3. 12.

21 ¿Y por qué no quitas mi rebelion, y perdonas mi iniquidad? porque ahora dormiré en el polvo, y si me buscares de mañana, ya no seré.

CAPITULO VIII.

Bildad procura persuadir á Job que se convierta á Dios reconociendose merecedor del castigo, y que así le bendecirá, y será librado de la cierta destruccion que aguarda á los impíos.

Y RESPONDIO Bildad Suhita, y dijo:

2 ¿ Hasta cuándo hablarás tales cosas, y las palabras de tu boca *serán como* un viento fuerte ?

3 ¿ Acaso pervertirá Dios el derecho[a], ó el Todo-poderoso pervertirá la justicia ?

4 Si tus hijos pecaron contra él, él los echó en el lugar de su pecado.

5 Si tú de mañana buscares á Dios[b], y rogares al Todo-poderoso;

6 Si fueres limpio y derecho, cierto luego se despertará sobre tí, y hará próspera la morada de tu justicia:

7 Y tu principio habrá sido pequeño, y tu postrimería acrecerá en gran manera.

8 Porque pregunta ahora á la edad pasada[c], y disponte para inquirir de sus padres de ellos;

9 Pues nosotros *somos* de ayer[d], y no sabemos, siendo nuestros dias sobre la tierra como sombra[e].

10 ¿ No te enseñarán ellos, te dirán, y de su corazon sacarán *estas* palabras ?

11 ¿ Crece el junco sin lodo ? ¿ crece el prado sin agua ?

12 Aun él en su verdor no será cortado, y ántes de toda yerba se secará[f].

13 Tales *son* los caminos de todos los que olvidan á Dios; y la esperanza del impío perecerá[g]:

14 Porque su esperanza será cortada, y su confianza es casa de araña.

15 Apoyaráse él sobre su casa, mas no permanecerá en pié[h]: atendráse á ella, mas no se afirmará.

16 *A manera de un árbol* está verde delante del sol, y sus renuevos salen sobre su huerto;

17 Vanse entretejiendo sus raices junto á *una* fuente, y enlazandose hasta un lugar pedregoso.

18 Si lo arrancaren de su lugar, *este* negarále entónces *diciendo:* Nunca te ví[i].

19 Ciertamente este será el gozo de su camino, y de la tierra de donde se *traspusiere* nacerán otros.

20 Hé aquí, Dios no aborrece al perfecto[k], ni toma la mano de los malignos.

21 Aun henchirá tu boca de risa, y tus labios de júbilo.

22 Los que te aborrecen, serán vestidos de confusion[l]; y la habitacion de los impíos perecerá.

[a] Cap. 34. 12, 17. Gen. 18. 25. Deu. 32. 4. 2 Cr. 19. 7. Sal. 89. 14. Rom. 3. 5, 6.
[b] Cap. 11. 13. y 22. 23, etc.
[c] Cap. 15. 18.
[d] Sal. 39. 5.
[e] 1 Cr. 29. 15.
[f] Sal. 129. 6. Mat. 13. 20.
[g] Cap. 27. 8. Pro. 10. 28.
[h] Cap. 27. 18.
[i] Sal. 37. 36.
[k] Sal. 37. 25, 28.
[l] Sal. 132. 18.

CAPITULO IX.

Ensalza Job aun mas que sus amigos el poder, la sabiduría y justicia de Dios; y muestra que no se opone á estos atributos el afligir en este mundo á los inocentes.

Y RESPONDIÓ Job, y dijo:

2 Ciertamente yo conozco que *es* así: ¿ y cómo se justificará el hombre con Dios[a] ?

3 Si quisiere contender con él, no le podrá responder á una *cosa* de mil.

4 El es sabio de corazon, y poderoso en fortaleza: ¿ quién se endureció contra él, y quedó en paz ?

5 Que arranca los montes con su furor, y no conocen quien los trastornó.

6 Que remueve la tierra[b] de su lugar, y hace temblar sus columnas.

7 Que manda al sol, y no sale; y sella las estrellas.

8 El que extiende solo los cielos[c], y anda sobre las alturas de la mar.

9 El que hizo el Arcturo, y el Orion[d], y las Pleiadas, y los lugares secretos del Mediodia.

10 El que hace cosas grandes é incomprensibles, y maravillosas, sin número.

11 Hé aquí que él pasará delante de mí, y yo no lo veré; y pasará, y no lo entenderé.

12 Hé aquí, arrebatará, ¿ quién le hará restituir ? ¿ quien le dirá: Qué haces[e] ?

13 Dios no tornará atras su ira, y debajo de él se encorban *luego* los que ayudan á los soberbios.

14 ¿ Cuanto menos le responderé yo, y hablaré con él palabras estudiadas ?

15 Que aunque fuese yo justo, no responderé; *ántes* habré de rogar á mi juez.

16 Que si yo le invocase, y él me respondiese, aun no creeré que haya escuchado mi voz.

17 Porque me ha quebrado con tempestad, y ha aumentado mis heridas sin causa.

18 No me ha concedido que tome mi aliento, mas hame hartado de amarguras.

19 Si *habláremos* de *su* potencia, fuerte por cierto es: si de *su* juicio, ¿ quién me emplazará ?

20 Si yo me justificáre, me condenará mi boca: *si me dijere* perfecto, esto me hará inicuo.

21 *Bien que* yo *fuese* íntegro, no conozco mi alma; reprocharé mi vida.

22 Una cosa resta que yo diga[f]: Al perfecto y al impío él los consume[g].

23 Si *es* azote *que* mata de presto, ríese de la prueba de los inocentes.

24 La tierra es entregada en manos de los impíos, y él cubre el rostro de sus jueces. Si *él* no *lo dispone así*, ¿ quien *es?* dónde está ?

25 Mis dias han sido mas ligeros que un correo[h]; huyeron, y no vieron el bien.

26 Pasaron cual navíos veloces; como el águila que se arroja á la comida.

27 Si digo: Olvidaré mi queja, dejaré mi aburrimiento, y esforzaréme:

28 Conturbanme todos mis trabajos, sé que no me darás por libre.

29 *Si* yo soy impío, ¿ para qué trabajaré en vano ?

30 Aunque me lave con aguas de nieve, y limpie mis manos con la *misma* limpieza,

31 Aun me hundirás en el hoyo, y mis propios vestidos me abominarán.

32 Porque no *es* hombre como yo, para que yo le responda, y vengamos juntamente á juicio[i].

33 No hay entre nosotros árbitro que ponga su mano sobre nosotros ambos.

34 Quite de sobre mí su vara[k], y su terror no me espante.

35 *Entónces* hablaré, y no le temeré: porque así no estoy en mí mismo.

[a] Sal. 143. 2. Rom. 3. 20.
[b] Heb. 12. 26.
[c] Sal. 104. 2, 3. Is. 40. 22.
[d] Cap. 38. 31, 32. Amos 5. 8.
[e] Dan. 4. 35.
[f] Ec. 9. 2.
[g] Ez. 21. 3.
[h] Cap. 7. 6.
[i] Ec. 6. 10.
[k] Cap. 13. 21. y 33. 7. Sal. 39. 10.

CAPITULO X.

Debatiendo Job de nuevo su causa delante de Dios, quéjase de su tan afligida vida, é implora algun respiro ántes de su muerte.

ESTÁ mi alma aburrida de mi vida[a]: daré yo suelta á mi queja sobre mí; hablaré con amargura de mi alma.

2 Diré á Dios: No me condenes; hazme entender por qué pleiteas conmigo.

3 ¿ Parécete bien que oprimas, que deseches la obra de tus manos, y que resplandezcas sobre el consejo de los impíos ?

4 ¿ Tienes tú ojos de carne ? ¿ ves tú como vé el hombre[b] ?

5 ¿ *Son* tus dias como los dias del hombre ? ¿ *son* tus años como los tiempos humanos,

6 Para que inquieras mi iniquidad, y busques mi pecado ?

7 Sobre saber tú que no soy impío, y que no *hay* quien de tu mano libre,

8 Tus manos me formaron y me compusieron todo en contorno: ¿ y así me deshaces ?

[a] Cap. 7. 16.
[b] 1 Sa. 16. 7.

9 Acuérdate ahora que como á lodo
Jer. 18. 6. me diste forma [a]: ¿y en polvo [d] me has
Rom. 9. 21. de tornar?
Gen. 3. 19. 10 ¿No me fundiste como leche, y como un queso me cuajaste?

11 Vestísteme de piel y carne, y cubrísteme de huesos y nervios.

12 Vida y misericordia me concediste, y tu visitacion guardó mi espíritu.

13 Y estas cosas tienes guardadas en tu corazon; yo sé que esto *está* cerca de tí.

14 Si pequé, tú me has observado, y no me limpias de mi iniquidad.

15 Si fuere malo, ay de mí! y si fuere justo, no levantaré mi cabeza, *estando* harto de deshonra, y de verme afligido.

16 Y subirá de punto, *pues* me cazas como á leon, y tornas á hacer en mí maravillas.

17 Renuevas contra mí tus plagas, y aumentas conmigo tu furor, remudándose sobre mí ejércitos.

18 ¿Por qué me sacaste de la matriz? Habria yo espirado, y no me vieran
Cap. 3. 11. ojos [e].

19 Fuera, como si nunca hubiera sido, llevado desde el vientre á la sepultura.

20 ¿No son mis dias poca cosa? Cesa
Cap. 7. 16. pues [f], y déjame, para que me conforte
Sal. 39. 13. un poco,

21 Antes que vaya, para no volver, á
Sal. 88. 12. la tierra de tinieblas [g] y de sombra de
Sal. 23. 4. muerte [h];

22 Tierra de obscuridad, lóbrega como sombra de muerte, *donde* no *hay* órden, y que aparece como *la* obscuridad *misma*.

CAPITULO XI.

Sophar, reasumiendo la conclusion de Job, en que dijo no ser impío, le reprende y dice que Dios le castiga menos de lo que tiene merecido. Exhórtalo con promesas y con amenazas á que se arrepienta.

Y RESPONDIÓ Sophar Naamathita, y dijo:

2 ¿Las muchas palabras no han de
Pro. 10. 19. tener respuesta [a]? Y el hombre parlero será justificado?

3 ¿Harán tus falacias callar á los hombres? ¿y harás escarnio, y no habrá quien te avergüence?

4 Tú dices: Mi conversar *es* puro, y
Cap. 6. 30. y 10. 7. yo soy limpio delante de tus ojos [b].

5 Mas, ¡oh quien diera que Dios hablára, y abriera sus labios contigo,

6 Y que te declarára los arcanos de la sabiduría, que *son de* doble *valor* que la hacienda! Conocerías entónces que Dios te ha castigado menos que tu iniquidad *merece*.

Ecl. 3. 11. 7 ¿Alcanzarás tú el rastro de Dios [c]?
Rom. 11. 33. ¿llegarás tú á la perfeccion del Todopoderoso?

8 Es mas alto que los cielos: ¿qué harás? Es mas profundo que el infierno: ¿como lo conocerás?

9 Su dimension es mas larga que la tierra, y mas ancha que la mar.

10 Si cortare, ó encerráre, ó juntare, ¿quien podrá contrarestarle?

11 Porque él conoce á los hombres vanos: vé asimismo la iniquidad; ¿y no hará caso?

12 ¶ El hombre vano se hará entendido, aunque nazca como el pollino del
Ecl. 3. 18. asno montes [d].
Cap. 22. 21. 13 Si tú apercibieres tu corazon [e], y extendieres á él tus manos;

14 Si alguna iniquidad *hubiere* en tu mano, y la echares de tí, y no consintieres que more maldad en tus habitaciones,

15 Entónces levantarás tu rostro *limpio* de mancha, y serás fuerte, y no temerás:

16 Y olvidarás tu trabajo, ó te acordarás de él como de aguas que pasaron:

17 Y en mitad de la siesta se levantará bonanza; resplandecerás, *y* serás como la mañana [f]. [f] Sal. 112. 4. Is. 58. 8, 10.

18 Y confiarás, que habrá esperanza: y cavarás, y dormirás seguro.

19 Y te acostarás, y no *habrá* quien te espante [g]: y muchos te rogarán. [g] Sal. 3. 5. y 4. 8.

20 Mas los ojos de los malos se consumirán, y no tendrán refugio; y su esperanza *será* agonía del alma [h]. [h] Pro. 11. 7.

CAPITULO XII.

Job redarguye á sus amigos, y confunde su jactancia, haciéndoles ver que no hablan al caso.

Y RESPONDIÓ Job, y dijo:

2 Ciertamente que vosotros *sois* el pueblo, y con vosotros morirá la sabiduría.

3 Tambien tengo yo seso como vosotros; no soy yo menos que vosotros: ¿y quien habrá que no pueda decir otro tanto?

4 Yo soy *como* uno de quien su amigo [a] se mofa, que invoca á Dios, y él le responde. Con todo el justo y perfecto *es* escarnecido. [a] Cap. 17. 2. y 21. 3.

5 Aquel cuyos piés van á resbalar, *es como* una lámpara despreciada de aquel que está á sus anchuras.

6 Prosperan las tiendas de los ladrones, y los que provocan á Dios viven seguros, en cuyas manos él ha puesto *cuanto tienen*.

7 Y en efecto, pregunta ahora á las bestias, que ellas te enseñarán; y á las aves de los cielos, que ellas te *lo* mostrarán:

8 O habla á la tierra, que ella te enseñará; los peces de la mar te *lo* declararán tambien.

9 ¿Qué cosa de todas estas no entiende que la mano de Jehová la hizo?

10 En su mano está el alma de todo viviente, y el espíritu de toda carne humana.

11 Ciertamente el oido distingue las palabras, y el paladar gusta las viandas [b]. [b] Cap. 6. 30. y 34. 3.

12 En los viejos *está* la ciencia, y en la larga edad la inteligencia.

13 Con Dios *está* la sabiduría [c] y la fortaleza: suyo *es* el consejo y la inteligencia [d]. [c] Cap. 32. 7. [d] Pro. 8. 14.

14 Hé aquí, él derribará, y no será edificado: encerrará al hombre, y no habrá quien le abra [e]. [e] Cap. 9. 12. y 11. 10. Ap. 3. 7.

15 Hé aquí, él detendrá las aguas, y se secarán: él las enviará, y destruirán la tierra.

16 Con él *está* la fortaleza y la existencia: suyo es el que yerra, y el que hace errar.

17 El hace andar á los consejeros desnudos *de consejo*, y hace enloquecer á los jueces [f]. [f] 2 Sa. 15. 31. Is. 19. 14. 1 Cor. 1. 19, 20.

18 El suelta la atadura de los tiranos, y ata el cinto á sus lomos.

19 El lleva despojados á los príncipes, y trastorna á los poderosos.

20 El impide el labio á los que dicen verdad, y quita á los ancianos el consejo [g]. [g] Is. 3. 2, 3.

21 El derrama menosprecio sobre los príncipes [h], y enflaquece la fuerza de los esforzados [i]. [h] Sal. 107. 40. Dan. 2. 21. [i] Is. 45. 1.

22 El descubre las profundidades de las tinieblas [k], y saca á luz la sombra de muerte [l]. [k] Da. 2. 22. 1 Cor. 4. 5. [l] Cap. 34. 22.

23 El multiplica las gentes [m], y él las destruye: él esparce las gentes, y las torna á recoger. [m] Sal. 107. 38.

24 El quita el seso de las cabezas del

a Sal. 107. 40. Dan. 4. 16, 33.
pueblo de la tierra, y háceles que se pierdan vagueando a sin camino.

25 Van á tientas como en tinieblas y sin luz, y los hace errar como borrachos.

CAPÍTULO XIII.

Desea Job que sea juzgada su causa en el tribunal divino; pues sus amigos son jueces incompetentes. Anhela saber de Dios por qué pecados le castiga tan severamente.

HÉ aquí que todas estas cosas han visto mis ojos, y oido y entendido de por sí mis oidos.

2 Como vosotros lo sabeis, lo sé yo; no soy ménos que vosotros.

a Cap. 23. 3. y 31. 35.
3 Mas yo hablaria con el Todo-poderoso a, y querria razonar con Dios.

b Cap. 16. 2.
4 Que ciertamente vosotros sois fráguadores de mentira; *sois* todos vosotros médicos nulos b.

c Pro. 17. 28.
5 Ojalá callarais del todo, porque os fuera en *lugar de* sabiduria c.

6 Oid ahora mi razonamiento, y estad atentos á los argumentos de mis labios.

7 ¿Habeis de hablar iniquidad por Dios? ¿Habeis de hablar por él engaño?

8 ¿Habeis de hacer acepcion de su persona? ¿Habeis de pleitear vosotros por Dios?

d Gal. 6. 7.
9 ¿Seria bueno que él os escudriñase? ¿Os burlaréis de él, como quien se burla de algun hombre d?

10 Él os reprochará de seguro, si solapadamente haceis acepcion de personas.

11 De cierto su alteza os habia de espantar, y su pavor habia de caer sobre vosotros.

12 Vuestras memorias serán comparadas á la ceniza, y vuestros cuerpos como cuerpos de lodo.

13 ¶ Escuchadme, y hablaré yo, y véngame despues lo que viniere.

14 ¿Por qué quitaré yo mi carne con mis dientes, y pondré mi alma en mi mano?

15 Hé aquí, aunque me matare, en él esperaré: empero defenderé delante de él mis caminos;

e Sal. 27. 1.
16 Y él mismo me será salud e, porque no entrará en su presencia el hipócrita.

17 Oid con atencion mi razonamiento, y mi denunciacion con vuestros oidos.

18 Hé aquí ahora, si yo me apercibiere á juicio, sé que seré justificado.

f Is. 50. 8.
19 ¿Quién *es* el que pleiteará conmigo f? Porque si ahora yo callara, feneceria.

20 A lo ménos dos cosas no hagas conmigo, y entónces no me esconderé de tu rostro.

g Cap. 9. 34. y 33. 7. Sal. 39. 10.
21 Aparta de mí tu mano, y no me asombre tu terror g.

h Cap. 38. 3.
22 Llama luego, y yo responderé h; ó yo hablaré, y respóndeme tú.

23 ¿Cuántas iniquidades y pecados tengo yo? Hazme entender mi prevaricacion y mi pecado.

i Sal. 102. 2.
k Cap. 16. 9. y 19. 11. y 33. 10. Lam. 2. 5.
24 ¿Por qué escondes tu rostro i, y me cuentas por tu enemigo k?

l Is. 42. 3.
25 ¿A la hoja l arrebatada *del aire* has de quebrantar? y ¿á una arista seca has de perseguir?

m Sal. 25. 7.
26 ¿Por qué escribes contra mí amarguras, y me haces cargo de los pecados de mi mocedad m?

n Cap. 33. 11.
27 Pones ademas mis piés en el cepo n, y guardas todos mis caminos, imprimiéndolo á las raices de mis piés.

o Cap. 4. 19.
28 Y el *cuerpo mio* se va gastando como de carcoma, como vestido que se come de polilla o.

CAPÍTULO XIV.

Pinta Job las miserias [illegible] cular las suyas. Admira la [illegible] ... causas del hombre [illegible] surreccion de los muertos.

EL hombre nacido de mujer [illegible] dias, y harto de [illegible]

2 Que sale como una flor, [illegible] cortado a; y huye como la [illegible] permanece.

3 ¿Y sobre este a abres tus ojos [illegible] traes á juicio contigo?

4 ¿Quién hará limpio de [illegible] Nadie.

5 Ciertamente sus dias [illegible] nados, y el número de sus [illegible] cerca de ti: tú le pusiste [illegible] los cuales no pasará.

6 Si tú lo dejares, él dejará [illegible] entre tanto deseará, como el [illegible] su dia.

7 Porque si el árbol fuere [illegible] queda de él esperanza [illegible] y sus renuevos no faltarán.

8 Si se envejeciere en la tierra [illegible] y su tronco fuere muerto en el [illegible]

9 Al percibir el agua [illegible] hará copa como planta [illegible]

10 Mas cuando el hombre [illegible] será cortado, y perecerá [illegible] ¿dónde estará él?

11 Las aguas de la mar se [illegible] agotóse el rio, secóse [illegible]

12 Así el hombre yace, y no se [illegible] rá á levantar: hasta que no haya [illegible] no despertarán, ni se levantarán [illegible] sueño.

13 ¡Oh quién me diese [illegible] dieses en el sepulcro [illegible] eras hasta apaciguarse tu [illegible] pusieses plazo, y de mí te [illegible]

14 Si el hombre [illegible] vivir? Todos los dias [illegible] raré, hasta que venga mi [illegible]

15 Aficionado á la obra de [illegible] nos, llamarás, y yo te [illegible] deré.

16 Pues ahora me cuentas [illegible] no das tregua á mi pecado [illegible]

17 Tienes sellada en [illegible] cacion, y coacervas mi [illegible]

18 Y ciertamente el [illegible] deshace, y las peñas son [illegible] su lugar:

19 Las piedras son [illegible] agua impetuosa, que se [illegible] la tierra. De tal manera [illegible] cer la esperanza del hombre [illegible]

20 Para siempre serás [illegible] él, y él se vá: demudarás [illegible] enviarásle.

21 Sus hijos serán honrados [illegible] sabrá; ó serán humillados [illegible] derá de ellos.

22 Mas solamente su carne [illegible] *tuviere*, se dolerá, y [illegible] él su alma.

CAPÍTULO XV.

Eliphaz acusa á Job de [illegible] encia, y de blasfemia [illegible] para á los impíos [illegible]

Y RESPONDIÓ Eliphaz [illegible] y dijo:

2 ¿Si proferirá el sabio [illegible] y henchirá su vientre de [illegible]

3 ¿Disputará con palabras [illegible] con razones sin provecho? [illegible]

4 Tú tambien [illegible] noscabas la oracion [illegible]

5 Porque tu boca [illegible] pues has escogido el hablar [illegible] tutos.

6 Tu boca te condenará [illegible] tus labios testificarán contra [illegible]

7 ¿ Naciste tú primero que Adam, ó
iiste formado ántes de los collados[a] ?
8 ¿ Oiste tú el secreto de Dios[b], que
etienes en tí solo la sabiduría ?
9 ¿ Qué sabes tú, que no sepamos ?
¿ué entiendes, que no se halle en nos-
tros ?
10 Entre nosotros tambien hay cano,
mbien hay viejo[c], mucho mayor en
ias que tu padre.
11 ¿ En tan poco tienes las consolaci-
nes de Dios ? ¿ Tienes acaso alguna
osa oculta cerca de tí ?
12 ¿ Por qué te enajena tu corazon, y
or qué guiñan tus ojos,
13 Pues haces frente á Dios con tu
spíritu, y sacas tales palabras de tu
oca ?
14 ¿ Qué cosa *es* el hombre para que
a limpio[d], y que se justifique el na-
do de mujer ?
15 Hé aquí que en sus santos no con-
a[e], y ni los cielos son limpios delante
e sus ojos[f].
16 ¿ Cuanto mas el hombre abomi-
able y vil, que bebe la iniquidad como
gua[g] ?
17 Escúchame, yo te mostraré, y te
ontaré lo que he visto,
18 Lo que los sabios nos contaron de
is padres, y no lo encubrieron :
19 A los cuales solos fué dada la ti-
rra, y no pasó estraño por medio de
los.
20 Todos los dias del impío él es ator-
entado de dolor, y el número de años
escondido al violento.
21 Estruendos espantosos *tiene* en sus
dos[h] ; en la paz le vendrá quien lo
uele.
22 El no creerá que ha de volver de
s tinieblas, y *siempre* está mirando al
achillo.
23 Desasosegado *viene* á comer siempre,
orque sabe que le está aparejado dia de
nieblas.
24 Tribulacion y angustia le asombra-
án, y esforzaránse contra él como un
ey apercibido para la batalla.
25 Por cuanto él extendió su mano
ontra Dios, y se esforzó contra el To-
o-poderoso,
26 El le acometerá en la cerviz, en
grueso de las hombreras de sus es-
udos.
27 Porque cubrió su rostro con su gor-
ura[i], é hizo pliegues sobre los ijares :
28 Y habitó las ciudades asoladas, las
asas inhabitadas, que estaban puestas
n montones.
29 No enriquecerá, ni será firme su
otencia, ni extenderá por la tierra su
ermosura.
30 No se escapará de las tinieblas : la
ama secará sus ramos, y con el aliento
e su boca perecerá.
31 No confie el iluso en la vanidad ;
orque ella será su recompensa.
32 El será cortado ántes de su tiempo[k],
sus renuevos no reverdecerán.
33 El perderá su *fruto en* agraz como
vid, y derramará su flor como la
liva.
34 Porque la sociedad de los hipócritas
erá asolada, y fuego consumirá las ti-
ndas de *los que admiten* soborno.
35 Concibieron dolor, y parieron ini-
uidad[l] ; y las entrañas de ellos meditan
ngaño.

CAPITULO XVI.

*ob reconviene á sus amigos de molestos con-
soladores, que jactándose de sabiduría le
cargan de injurias. Habla de su estado
lastimoso, y apela á Dios en defensa de
su inocencia.*

Y RESPONDIÓ Job, y dijo :
2 Muchas veces he oido cosas como
estas : consoladores molestos *sois* todos
vosotros[a]. [a] Cap. 13. 4.
3 ¿ Tendrán fin las palabras ventosas ?
ó ¿ qué te animará á responder ?
4 Tambien yo hablaria como vosotros.
Ojalá vuestra alma estuviera en lugar de
la mia, que yo os tendria compañía en
las palabras, y sobre vosotros moveria
mi cabeza[b]. [b] Sal. 22. 7.
5 *Mas* yo os alentaria con mis palabras,
y la consolacion de mis labios apacigua-
ria *el dolor vuestro*.
6 Si hablo, mi dolor no cesa ; y si dejo
de hablar, no se aparta de mí.
7 Empero ahora me ha fatigado : has
tú asolado toda mi compañía.
8 Tú me has arrugado ; testigo es mi
flacura, que se levanta contra mí para
testificar en mi rostro.
9 Su furor *me* destrizó, y me ha sido
contrario[c] : crujió sus dientes contra [c] Cap. 10. 16, 17.
mí ; contra mí aguzó sus ojos mi ene-
migo[d]. [d] Cap. 13. 24.
10 Abrieron contra mí su boca, hirie-
ron mis mejillas con afrenta[e] ; contra [e] La. 3. 30.
mí se juntaron todos[f]. [f] Sal. 35. 15.
11 Hame entregado Dios al mentiroso,
y en las manos de los impíos me hizo
estremecer.
12 Próspero estaba, y desmenuzóme :
y arrebatóme por la cerviz, y despeda-
zóme, y púsome por blanco suyo.
13 Cercáronme sus flecheros, partió
mis riñones, y no perdonó : mi hiel der-
ramó por tierra.
14 Quebrantóme de quebranto sobre
quebranto ; corrió contra mí como un
gigante.
15 Yo cosí saco sobre mi piel, y cargué
mi cabeza de polvo[g]. [g] Cap. 30. 19.
16 Mi rostro está enlodado con lloro,
y mis párpados entenebrecidos ;
17 A pesar de no haber iniquidad en
mis manos, y de haber sido mi oracion
pura[h]. [h] Sal. 66. 18, 19.
18 ¡ Oh tierra ! *si así no es*, no cubras
mi sangre, y no haya lugar á mi cla-
mor.
19 Mas hé aquí que en los cielos está
mi testigo, y mi testimonio en las al-
turas.
20 Mis disputadores[i], mis amigos, á [i] Cap. 17. 2.
Dios destilan *lagrimas* mis ojos.
21 *Ojalá*[k] pudiese disputar el hombre [k] Ec. 6. 10. Rom. 9. 20.
con Dios, como puede con su prójimo !
22 Mas los años contados vendrán, y
yo iré el camino por donde no volveré.

CAPITULO XVII.

*Continuando Job la representacion de sus des-
dichas, agravadas por sus amigos, á quie-
nes considera como necios escarnecedores,
dice que tal proceder podrá maravillar, pero
no desalentar al justo ; y que cifra su es-
peranza de futura prosperidad, no en esta
vida, sinó en la muerte.*

MI aliento está corrompido, acór-
tanse mis dias, y me está apare-
jado el sepulcro[a]. [a] Sal. 88. 3, 4.
2 *Ya* no *hay* conmigo sinó escarnece-
dores, en cuya acrimonía se detienen
mis ojos.
3 Pon ahora, dame fianza para *liti-
gar* contigo : ¿ quién tocará ahora mi
mano[b] ? [b] Pro. 6. 1.
4 Porque *á estos* has tú escondido su
corazon de inteligencia *recta* ; por tanto
no *los* ensalzarás.
5 El que denuncia lisonjas á *sus* pró-
jimos, los ojos de sus hijos desfallezcan.
6 El me ha puesto por parábola de
pueblos[c], y delante *de ellos* he sido como [c] Cap. 30. 9.
tamboril.
7 Y mis ojos se obscurecieron de des-

abrimiento, y mis pensamientos todos *han sido* como sombra.

8 Los rectos se maravillarán de esto, y el inocente se levantará contra el hipócrita.

9 No obstante proseguirá el justo su camino, y el limpio de manos aumentará la fuerza.

10 ¶ Mas volved todos vosotros, y venid ahora; que no hallaré entre vosotros sabio.

11 Pasáronse[d] mis dias, fueron arrancados mis pensamientos, los designios de mi corazon.

[d] Cap. 7. 6. y 9. 25.

12 Pusiéronme la noche por dia, y la luz se acorta delante de las tinieblas.

13 Si yo espero, el sepulcro *es* mi casa: haré mi cama en las tinieblas.

14 A la huesa tengo dicho, Mi padre *eres* tú: á los gusanos, Mi madre y mi hermana.

15 ¿Dónde pues *estará* ahora mi esperanza? y mi esperanza ¿quién la verá?

16 A los rincones de la huesa descenderán, y juntamente descansarán en el polvo[e].

[e] Cap. 3. 17, 19.

CAPITULO XVIII.

Bildad, teniendose por injuriado de Job, prosigue en describir el calamitoso fin del impío prosperado en el mundo, como dando á entender que no perecen así sinó los impíos; de cuya indirecta manera parece saherir á Job mismo.

Y RESPONDIÓ Bildad Suhita, y dijo:

2 ¿Cuando pondréis fin á las palabras? Entended, y despues hablemos.

3 ¿Por qué somos tenidos por bestias, y en vuestros ojos somos viles?

4 Oh tú que despedazas tu alma con tu furor[a], ¿será dejada la tierra por tu causa, y serán traspasadas las peñas de su lugar?

[a] Cap. 13. 14.

5 Ciertamente la luz de los impíos será apagada, y no resplandecerá la centella de su fuego.

6 La luz se obscurecerá en su tienda, y apagaráse sobre él[b] su lámpara.

[b] Pro. 24. 20.

7 Los pasos de su pujanza serán acortados, y precipitarálo[c] su mismo consejo.

[c] Pro. 1. 30, 32.

8 Porque red será echada en sus pies, y sobre red andará[d].

[d] Pro. 5. 22. y 29. 6.

9 Lazo prenderá *su* calcañar: afirmaráse la trampa contra él *para destruirle*.

10 Su cuerda está escondida en la tierra, y su torzuelo sobre la senda.

11 De todas partes lo asombrarán temores[e], y haránle huir desconcertado.

[e] Cap. 15. 21. Jer. 20. 3, 4.

12 Su fuerza será hambrienta[f], y á su lado estará aparejado quebrantamiento.

[f] Cap. 15. 23.

13 El primogénito de la muerte comerá los ramos de su piel[g], y devorará sus miembros.

[g] Is. 14. 30.

14 Su confianza será arrancada de su tienda[h], y haràle esto llevar al rey de los espantos.

[h] Cap. 8. 13, 14. y 11. 20. Pro. 10. 28.

15 En su *misma* tienda morará como si no fuese suya: piedra azufre será esparcida sobre su morada.

16 Abajo se secarán sus raices[i], y arriba serán cortadas sus ramas.

[i] Is. 5. 24.

17 Su memoria perecerá de la tierra[k], y no tendrá nombre por las calles.

[k] Sal. 34. 16. y 109. 13. Pro. 10. 7.

18 De la luz será lanzado á las tinieblas, y echado fuera del mundo.

19 No tendrá hijo ni nieto en su pueblo[l], ni quien *le* suceda en sus moradas.

[l] Is. 14. 22. Jer. 22. 30.

20 Sobre su dia se espantarán los por venir, como ocupó el pavor á los que fueron ántes.

21 Ciertamente tales *son* las moradas del impío, y este *será* el lugar del que no conoció á Dios[m].

[m] Rom. 1. 28.

CAPITULO XIX.

Job acusa de crueldad á sus amigos; expone lo acerbo de sus dolores, y se consuela con la esperanza de la resurreccion.

Y RESPONDIÓ Job, y dijo:

2 ¿Hasta cuando angustiaréis mi alma, y me moleréis con palabras?

3 Ya me habeis vituperado diez veces[a]: ¿no os avergonzais de descomediros contra mí?

[a] Gen. 31. 7.

4 Sea así que realmente haya yo errado, conmigo se quedará mi yerro.

5 Mas si vosotros os engrandeceis[b] contra mí, y adujereis contra mí mi oprobio:

[b] Sal. 38. 16.

6 Sabed ahora que Dios me ha trastornado, y traido en derredor su red sobre mí.

7 Hé aquí yo clamaré agravio, y no seré oido: daré voces, y no *habrá* juicio.

8 Cercó de vallado mi camino, y no pasaré[c]; y sobre mis veredas puso tinieblas.

[c] Cap. 3. 23.

9 Hame despojado de mi gloria, y quitado la corona de mi cabeza.

10 Arruinóme por todos lados, y perezco; y ha hecho pasar mi esperanza como *la* de un árbol *arrancado*.

11 E hizo inflamar contra mí su furor, y contóme para sí entre sus enemigos[d].

[d] Cap. 13. 24.

12 Vinieron sus ejércitos á una, y trillaron sobre mí su camino, y asentaron campo en derredor de mi tienda.

13 Hizo alejar de mí mis hermanos, y positivamente se extrañaron de mí[e] mis conocidos.

[e] Sal. 31. 11. y 38. 11. y 69. 8. y 88. 8, 18.

14 Mis parientes se detuvieron, y mis conocidos se olvidaron de mí.

15 Los moradores de mi casa[f] y mis criadas me tuvieron por extraño: forastero fuí yo en sus ojos.

[f] Cap. 29. 4.

16 Llamé á mi siervo, y no respondió; de mi propia boca le suplicaba.

17 Mi aliento vino á ser extraño á mi mujer, aunque por los hijos de mi vientre *le* rogaba[g].

[g] Sal. 132. 11.

18 Aun los muchachos[h] me menospreciaron: en levantandome, *luego* hablaban contra mí.

[h] Cap. 30. 1, 12.

19 Todos[i] mis confidentes me aborrecieron; y los que yo amaba, se tornaron contra mí.

[i] Sal. 41. 9. y 55. 12. 13.

20 Mi cuero y mi carne se pegaron á mis huesos[k]; y he escapado con la *sola* piel de *sobre* mis dientes.

[k] Cap. 30. 30. Sal. 102. 5. Lam. 4. 8.

21 Oh vosotros mis amigos, tened compasion de mí, tened compasion de mí; porque la mano de Dios me ha tocado.

22 ¿Por qué me perseguís como Dios[l], y no os hartais de mis carnes?

[l] Sal. 69. 26.

23 ¿Quién diese ahora que mis palabras fuesen escritas? ¿Quién diese que se escribieran en un libro,

24 Que con cincel de hierro y con plomo fuesen en piedra esculpidas para siempre?

25 Yo sé que mi Redentor vive, y *que* al fin se levantará *mi cuerpo* sobre el polvo:

26 Y despues de deshecha *ya* esta mi piel, aun he de ver en mi carne[m] á Dios;

[m] 1 Cor. 15. 53. 2 Cor. 5. 1.

27 Al cual yo tengo de ver por mí, y mis ojos lo verán, y no otro, *aunque* mis riñones se consuman dentro de mí[n].

[n] Sal. 119. 81.

28 Mas debierais decir: ¿Por qué lo perseguimos, ya que la raiz del negocio en mí se halla?

29 Temed vosotros delante de la espada: porque *sobreviene* el furor de la espada á *causa* de las injusticias, para que sepais que *hay* un juicio.

CAPITULO XX.

Persevera Sophar en describir la calamidad que vendrá al impío prosperado en el mundo, con intento, á lo que parece, de punzar á Job.

Y RESPONDIÓ Sophar Naamathita, y dijo:

2 Por cierto mis pensamientos me hacen responder, y por tanto me apresuro.

3 La reprension de mi censura he oido, y háceme responder el espíritu de mi inteligencia.

4 ¿No sabes esto que fué siempre, desde el tiempo que fué puesto el hombre sobre la tierra?

5 Que la alegría de los impíos *es* breve, y el gozo del hipócrita por un momento?

k. 14. 13, 6 Si subiere su altivez hasta el cielo [a], y su cabeza tocare en las nubes,

b. 3. 4. 7 Como su *mismo* estiercol perecerá
Rey. 14. para siempre [b]: los que le hubieren visto, dirán: ¿Qué es de él?

al. 73. 20. 8 Como sueño volará [c], y no será hallado; y disiparáse como vision nocturna.

9 El ojo que le habrá visto, nunca mas lo verá; ni su lugar le echará mas
p. 7. 8, de ver [d].

al. 103. 16. 10 Sus hijos pobres andarán rogando; y sus manos tornarán lo que él robó.

11 Sus huesos estan llenos de *los vicios de* sus mocedades, y con él serán sepultados en el polvo.

p. 15. 16. 12 Si el mal se endulzó en su boca [e], si lo ocultaba debajo de su lengua;

13 Si le parecia bien, y no lo dejaba, mas ántes lo detenia entre su paladar;

14 Su comida se mudará en sus entrañas, hiel de áspides *se tornará* dentro de él.

15 Devoró riquezas, mas vomitarálas; de su vientre las sacará Dios.

16 Veneno de áspides chupará; matarálo lengua de víbora.

17 No verá los arroyos, los rios, los torrentes de miel y de manteca.

18 Restituirá el trabajo *ageno* conforme á la hacienda que tomó; y no tragará, ni gozará.

19 Por cuanto quebrantó, *y* desam-
r. 22. 13. paró á los pobres, robó casa [f], y no
b. 2. 11, las edificó,

20 Por tanto no sentirá él sosiego en su vientre, ni salvará *nada* de lo que codiciaba.

21 No quedó nada que no comiese: por tanto su bien no será durable.

22 Cuando fuere lleno su bastimento, tendrá angustia: las manos todas de los malvados vendrán sobre él.

23 Cuando se pusiere á henchir su vientre, *Dios* enviará sobre él el furor de su irá, y hará*la* llover sobre él y sobre su comida.

24 Huirá de las armas de hierro, y el
. 24. 18. arco de acero le atravesará [g].
os 5. 19. 25 Desenvainará, y sacará *saeta* de su aljaba, y relumbrante pasará por su
p. 16. 13. hiel [h]: sobre él vendrán terrores [i].
p. 18. 11. 26 Todas tinieblas estan guardadas para sus secretos: fuego no soplado lo
al. 21. 9. devorará [k]: su sucesor será quebrantado en su tienda.

27 Los cielos descubrirán su iniquidad, y la tierra se levantará contra él.

28 Los renuevos de su casa serán trasportados; serán derramados en el dia de su furor.

29 Esta *es* la parte que Dios apareja al hombre impío, y la heredad que Dios

CAPITULO XXI.

Concede Job que hay calamidad para el impío prosperado, la cual pinta bien trágicamente; mas que se engañan sus adversarios en pensar que esta venga siempre en este mundo: porque se vé que á unos viene, y otros mueren quietos en su prosperidad.

Y RESPONDIÓ Job, y dijo:

2 Oid atentamente mi palabra, y sea esto *por* vuestros consuelos.

3 Soportadme, y yo hablaré; y despues que hubiere hablado, escarneced [a]. [a] Cap. 16. 20. y 17. 10.

4 ¿Hablo yo á algun hombre? y *si es así*, ¿por qué no se angustiará mi espíritu?

5 Miradme, y espantaos, y poned la mano sobre la boca.

6 Aun yo mismo, cuando me acuerdo, me asombro, y toma temblor mi carne.

7 ¿Por qué viven los impíos [b], y se envejecen, y aun crecen en riquezas? [b] Cap. 12. 6. Jer. 12. 1, 2.

8 Su simiente con ellos, compuesta delante de ellos; y sus renuevos delante de sus ojos.

9 Sus casas seguras de temor, ni *hay* sobre ellos azote de Dios.

10 Sus vacas conciben, y no abortan; paren sus vacas, y no malogran *su cría*.

11 Salen sus chiquitos como manada *de ovejas*, y sus hijos andan saltando.

12 A son de tamboril y de cítara saltan, y se huelgan al son del órgano.

13 Gastan sus dias en bien, y en un momento descienden á la sepultura.

14 Dicen pues á Dios: Apártate de nosotros [c], que no queremos el conocimiento de tus caminos. [c] Cap. 22. 17.

15 ¿Quién *es* el Todo-poderoso, para que le sirvamos? ¿y de qué nos aprovechará que oremos á él [d]? [d] Mal. 3. 14.

16 Hé aquí que su bien no *está* en mano de ellos: el consejo de los impíos léjos esté de mí.

17 ¡Oh cuantas veces la lámpara de los impíos es apagada [e], y viene sobre ellos su quebranto, *y Dios* en su ira les reparte dolores! [e] Cap. 18. 6.

18 Serán como la paja delante del viento [f], y como el tamo que arrebata el torbellino. [f] Sal. 1. 4.

19 Dios guardará para sus hijos su violencia; y le dará su pago, para que conozca.

20 Verán sus ojos su quebranto, y beberá de la ira del Todo-poderoso [g]. [g] Sal. 75. 8. Ap. 14. 10.

21 Porque ¿qué deleite tendrá él de su casa despues de sí, siendo cortado el número de sus meses?

22 ¿Enseñará *alguien* á Dios sabiduría, juzgando él á los que estan elevados?

23 Este morirá en el vigor de su hermosura, todo quieto y pacífico.

24 Sus colodras estan llenas de leche, y sus huesos serán regados de tuétano.

25 Y estotro morirá en amargura de ánimo, y no habiendo comido *jamas* con gusto.

26 Igualmente yacerán ellos en el polvo, y gusanos los cubrirán.

27 He aquí, yo conozco vuestros pensamientos, y las imaginaciones que contra mí forjais.

28 Porque decís: ¿Qué es de la casa del príncipe, y qué de la tienda de las moradas de los impíos?

29 ¿No habeis preguntado á los que pasan por los caminos, por cuyas señas no negaréis

30 Que el malo es reservado para el dia de la destruccion? Presentados serán en el dia de las iras.

31 ¿Quién, *sinó*, le denunciará en su cara su camino? Y de lo que él hizo,

32 Porque llevado será él á los sepulcros, y en el monton permanecerá.

33 Los terrones del valle le serán dulces: y tras de él será llevado todo hombre [h]; y ántes de él *han ido* innumerables.

34 ¿Cómo pues me consolais en vano [i], viniendo á parar vuestras respuestas en falacia?

[h] Cap. 24. 19, 24.
[i] Cap. 16. 2.

CAPITULO XXII.

Eliphaz abiertamente redarguye á Job de impío tirano en su vida, y que por sus culpas padece justamente. Exhórtale al arrepentimiento, prometiéndole prosperidad.

Y RESPONDIÓ Eliphaz Temanita, y dijo:

2 ¿Traerá el hombre provecho á Dios [a], porque el sabio sea provechoso á sí mismo?

3 ¿Tiene su contentamiento el Omnipotente en que tú seas justificado? ó ¿*tiénelo alguno* provecho de que tú hagas perfectos tus caminos?

4 ¿Castigaráte acaso, ó vendrá contigo á juicio, porque te teme?

5 Por cierto tu malicia es grande, y tus maldades no tienen fin.

6 Porque sacaste prenda á tus hermanos sin causa, é hiciste desnudar las ropas de los desnudos:

7 No diste de beber agua al cansado, y detuviste el pan al hambriento.

8 Empero el hombre pudiente tuvo la tierra; y habitó en ella el distinguido.

9 Las viudas enviaste vacías, y los brazos de los huérfanos fueron quebrados.

10 Por tanto hay lazos al rededor [b] de tí, y te turba espanto repentino;

11 O tinieblas, porque no veas: y abundancia de agua te cubre.

12 ¿No está Dios en la altura de los cielos? Mira lo encumbrado de las estrellas, cuan elevadas estan.

13 ¿Y dirás tú, Qué sabe Dios [c]? ¿Cómo juzgará por medio de la obscuridad?

14 Las nubes son su escondedero, y no vé; y por el circuito del cielo se pasea.

15 ¿Quieres tú guardar la senda antigua, que pisaron los hombres perversos?

16 Los cuales fueron cortados ántes de tiempo, *y* cuyo fundamento fué como un rio derramado:

17 Que decian á Dios: Apártate de nosotros [d]. ¿Y qué les habia hecho el Omnipotente?

18 Habíales él henchido sus casas de bienes [e]. Sea empero el consejo de ellos léjos de mí [f].

19 Verán los justos, y se gozarán: y el inocente los escarnecerá.

20 ¿Fué cortada nuestra sustancia, habiendo consumido el fuego el resto de ellos?

21 Amístate ahora con él, y [g] tendrás paz; y por ello te vendrá bien.

22 Toma ahora la ley de su boca, y pon sus palabras en tu corazon [h].

23 Si te tornares al Omnipotente [i], serás edificado; alejarás de tu tienda la afliccion.

24 Y tendrás mas oro que tierra, y como piedras de arroyos oro de Ophir.

25 Y el Todo-poderoso será tu defensa, y tendrás plata á montones.

26 Porque entónces te deleitarás en el Omnipotente, y alzarás á Dios tu rostro [k].

27 Orarás á él, y él te oirá; y [l] tú pagarás tus votos.

28 Determinarás asimismo alguna cosa, y serte ha firme; y sobre tus caminos resplandecerá luz.

29 Cuando *otros* fueren abatidos, dirás tú: Ensalzamiento *habrá*: y *Dios* salvará al humilde de ojos [m].

30 El libertará la isla del inocente: y por la limpieza de tus manos será librada.

[a] Cap. 35. 8. Luc. 17. 10.
[b] Cap. 18. 8, 10.
[c] Sal. 10. 11. y 73. 11.
[d] Cap. 21. 14, 15.
[e] Hech. 14. 15, 17.
[f] Cap. 21. 16.
[g] Is. 27. 5.
[h] Sal. 119. 11.
[i] Cap. 8. 5, 6. y 11. 13.
[k] Cap. 11. 15.
[l] Sal. 50. 14, 15. y 66. 17, 20.
[m] Sant. 4. 6. 1 Ped. 5.

CAPITULO XXIII.

Al rechazar Job las calumnias de Eliphaz, persiste en la defensa de su inocencia, afirmando que, con el favor de Dios, podria defenderla delante de él mismo.

Y RESPONDIÓ Job, y dijo:

2 Hoy tambien hablaré con amargura; que es mas grave mi llaga que mi gemido [a].

3 ¿Quién me diera el saber donde hallar á Dios? Yo iria hasta su silla.

4 Ordenaría juicio delante de él, y henchiria mi boca de argumentos.

5 Yo sabria lo que él me responderia, y entenderia lo que me dijese.

6 ¿Pleitearía conmigo con grandeza de fuerza [b]? No; ántes él la pondria en mí.

7 Allí el justo razonaria con él; y escaparia para siempre de mi juez *injusto*.

8 Hé aquí, yo iré al Oriente, y no lo *hallaré*: y al Occidente, y no lo percibiré.

9 Si al Norte él obrare, yo no lo veré: al Mediodia se esconderá, y no lo veré.

10 Mas él conoció mi camino: probaráme, y saldré como oro.

11 Mis pies tomaron su rastro; guardé su camino, y no me aparté.

12 Del mandamiento de sus labios nunca me separé; guardé las palabras de su boca mas que mi comida [c].

13 Empero si él *se determina* en una cosa, ¿quien lo apartará [d]? Su alma deseó, é hizo.

14 El pues acabará lo que ha determinado de mí: y muchas cosas como estas *hay* en él.

15 Por lo cual yo me espanto en su presencia: consideraré, y temerélo [e].

16 Dios ha enervado mi corazon, y hame turbado el Omnipotente.

17 ¿Por qué no fuí yo cortado delante de las tinieblas, y cubrió con obscuridad mi rostro [f]?

[a] Sal. 77. 3.
[b] Is. 57. 1...
[c] Sal. 19. 10.
[d] Cap. 9. 1... y 12. 13. y 13. 14.
[e] Sal. 119. 120.
[f] Cap. 3. ... y 10. 18.

CAPITULO XXIV.

Prueba Job por la experiencia que Dios dilata el castigo de muchos pecadores hasta despues de su fatal muerte.

PUESTO no son ocultos los tiempos al Todo-poderoso, ¿por qué los que le conocen no ven sus dias?

2 *Los impíos* traspasan los términos [a], roban los ganados, y apaciéntan*los*.

3 Llévanse el asno de los huérfanos, prendan el buey de la viuda [b]:

4 Hacen apartar del camino á los menesterosos, y todos los pobres de la tierra se esconden.

5 Hé aquí, *como* asnos monteses en el desierto, salen á su obra madrugando para robar: el desierto es su mantenimiento *y de sus* hijos.

6 En el campo siegan su pasto, y los impíos vendimian la viña agena.

7 Al desnudo hacen dormir sin ropa, y que en el frio no *tengan* cobertura.

8 Con las avenidas de los montes se mojan, y abrazan las peñas sin tener abrigo.

9 Quitan el pecho á los huérfanos, y de sobre el pobre toman la prenda.

10 Al desnudo hacen andar sin vestido, y á los hambrientos quitan los hacecillos [c].

11 De dentro de sus paredes exprimen el aceite, pisan los lagares, y mueren de sed.

[a] Deu. 19. ... y 27. 17. Pro. 22. ...
[b] Deu. 24. 17.
[c] Deu. ... Sant. ...

12 De la ciudad gimen los hombres, y claman las almas de los heridos de muerte: mas Dios no puso estorbo.

13 Ellos son de los que, rebeldes á la luz, nunca conocieron sus caminos, ni estuvieron en sus veredas.

14 A la luz se levanta el matador, mata
al. 10. 8, 9. al pobre y al necesitado [d], y de noche es como ladron.

15 El ojo del adúltero está aguardando
a. 7. 8, 9. la noche [e], diciendo: No me verá nadie: y esconde su rostro.

16 En las tinieblas minan las casas, que de dia para sí señalaron: no co-
p. 38. 13. nocen la luz [f].
a 3. 20. 17 Porque la mañana es á todos ellos como sombra de muerte: si son conocidos, terrores de sombra de muerte *los toman*.

18 Son instables mas que la superficie de las aguas: su porcion es maldita en la tierra; no andarán *prosperados* por el camino de las viñas.

19 La sequía y el calor arrebatan las aguas de la nieve: y el sepulcro á los pecadores.

20 Olvidaráse de ellos el seno materno; de ellos sentirán los gusanos dulzura;
o. 10. 7. nunca mas habrá de ellos memoria [g], y como un árbol serán los impíos quebrantados.

21 A la mujer estéril que no paria, afligió; y á la viuda nunca hizo bien.

22 Mas á los fuertes adelantó con su poder: levantóse, y no se dá por segura la vida.

23 Si *algunos* le dieron á crédito, y *en ellos se* afirmó, sus ojos *tuvo puestos* sobre los caminos de ellos.

24 Fueron ensalzados por un poco, mas desparecen y son abatidos como cada cual: serán encerrados, y cortados como cabezas de espigas.

25 Y si no *es así*, ¿quién me desmentirá ahora, ó reducirá á nada mis palabras?

CAPITULO XXV.

Bildad, despues de indicar el absoluto y libre poderío de Dios en el órden de su providencia, declara que el hombre no será hallado justo ni limpio, si con Dios se compara; y así parece reconvenir de nuevo á Job por su pretendida inocencia.

Y RESPONDIÓ Bildad Suhita, y dijo:

n. 4. 3. 2 El señorío [a] y el temor estan con él: él hace paz en sus alturas.

p. 4. 17. 3 ¿Tienen sus ejércitos número? ¿y sobre quién no está su luz?

14. etc. 143. 2. 4 ¿Cómo pues se justificará el hombre con Dios [b]? ¿y cómo será limpio [c] el

n. 5. 1. que nace de mujer [d]?

5 Hé aquí que ni aun la misma luna

e. 11. 1. será resplandeciente, ni las estrellas son
Gor. 6. 11. limpias delante de sus ojos [e].
Juan 1. 9. 6 ¿Cuanto ménos el hombre, *que es*
p. 1. 5. un gusano, y el hijo de hombre, *tambien*
al. 51. 5. gusano?
p. 14. 15.

CAPITULO XXVI.

Job echa en cara á Bildad lo inútil de sus observacion acerca el poder de Dios, puesto que él mismo lo reconoce como infinito é inescrutable.

Y RESPONDIÓ Job, y dijo:

2 ¿En qué ayudaste al que no tiene fuerza? ¿Has amparado al *de* brazo sin fortaleza?

3 ¿En qué aconsejaste al que no tiene ciencia, y mostraste bien *tu* sabiduría?

4 ¿A quien has anunciado palabras, y cuyo es el espíritu que de tí sale?

5 Cosas inanimadas son formadas debajo de las aguas, y los habitantes de ellas.

6 El sepulcro es descubierto [a] delante de él, y el infierno no tiene cobertura. [a] Sal. 139. 8. Pro. 15. 11.

7 Extiende al Aquilon sobre vacío [b], cuelga la tierra sobre nada. [b] Sal. 104. 2.

8 Ata las aguas en sus nubes [c], y las nubes no se rompen debajo de ellas. [c] Gen. 1. 6, 7. Pro. 30. 4.

9 El restriñe la faz de *su* asiento, y sobre él extiende su nube [d]. [d] Sal. 97. 2.

10 El cercó con término la superficie de las aguas, hasta el fin de la luz y las tinieblas [e]. [e] Cap. 38. 8, 11. Sal. 104. 9. Pro. 8. 27, 29. Jer. 5. 22.

11 Las columnas del cielo tiemblan y se espantan de su reprension.

12 El rompe la mar con su poder, y con su entendimiento hiere la hinchazon *suya*.

13 Su Espíritu adornó los cielos [f]; su mano crió la serpiente tortuosa. [f] Sal. 33. 6.

14 Hé aquí, estas son partes de sus caminos: mas cuan poco *es* lo que hemos oido de él! Porque el estruendo de sus fortalezas ¿quién lo entenderá?

CAPITULO XXVII.

Job protesta de nuevo su inocencia, y describe el infeliz paradero de los impíos.

Y REASUMIÓ Job su discurso, y dijo:

2 Vive Dios, *el cual* ha apartado *de la vista* mi causa, y el Omnipotente, que amargó el alma mia,

3 Que todo el tiempo que mi alma estuviere en mí, y *hubiere* hálito de Dios en mis narices [a], [a] Gen. 2. 7.

4 Mis labios no hablarán iniquidad, ni mi lengua pronunciará engaño.

5 Nunca tal acontezca que yo os justifique: hasta morir no quitaré de mí mi integridad.

6 Mi justicia tengo asida, y no la cederé: no me reprochará mi corazon en el tiempo de mi vida [b]. [b] Hech. 24. 16.

7 Sea como el impío mi enemigo, y como el inicuo mi adversario.

8 Porque ¿cual es la esperanza del hipócrita, por *mucho* que hubiere robado, cuando Dios arrebatare su alma [c]? [c] Mat. 16. 26. Luc. 12. 20.

9 ¿Oirá Dios su clamor cuando la tribulacion sobre él viniere [d]? [d] Pro. 1. 28.

10 ¿Deleitaráse en el Omnipotente? ¿Invocará á Dios en todo tiempo?

11 Yo os enseñaré en *órden* á la mano de Dios: no esconderé lo que *él gana* para con el Omnipotente.

12 Hé aquí que todos vosotros lo habeis visto: ¿por qué pues os desvaneceis con fantasía?

13 Esta *es* para con Dios la suerte del hombre impío [e], y la herencia que los violentos han de recibir del Omnipotente. [e] Cap. 20. 29.

14 Si sus hijos fueren multiplicados, *serán* para el cuchillo [f]; y sus pequeños no se hartarán de pan. [f] Deu. 28. 41. Os. 9. 13.

15 Los que le quedaren, en muerte serán sepultados, y no llorarán sus viudas.

16 Si amontonáre plata como polvo, y si preparáre ropa como lodo;

17 Habrála él preparado, mas el justo se vestirá [g], y el inocente repartirá la plata. [g] Ec. 2. 26.

18 Edificó su casa como la polilla, y cual cabaña que *alguna* guarda hizo.

19 El rico dormirá, mas no será recogido: abrirá sus ojos, mas él no *tendrá reposo*.

20 Asirán de él terrores [h] como aguas: torbellino lo arrebatará de noche. [h] Cap. 18. 21. y 15. 11.

21 Lo antecogerá el Solano, y partirá; y tempestad lo arrebatará del lugar suyo.

22 *Dios* pues descargará sobre él, y no perdonará. Hará él por huir de su mano:

23 Batirá *empero otro* sus manos sobre él, y desde su lugar le silvará.

CAPITULO XXVIII.

Volviendo Job á la afirmacion de la divina Providencia por la menuda consideracion de algunas de sus obras en la naturaleza, declara que en solo Dios reside la verdadera sabiduría, y que en el temor del Señor y apartamiento de lo malo consiste aquella á que con preferencia debe aspirar el hombre.

CIERTAMENTE la plata tiene sus veneros, y el oro lugar *donde* se forma.

2 El hierro se saca del polvo, y de la piedra es fundido el metal.

3 A las tinieblas puso término, y examina todo á la perfeccion; las piedras *que hay* en la obscuridad y en la sombra de muerte.

4 Brota el torrente de junto al morador *aguas* que el pié habia olvidado: sécanse luego, vanse *por industria* del hombre.

5 De la tierra nace el pan, y debajo de ella estará como convertida en fuego.

6 Lugar *hay* cuyas piedras *son* zafiro, y sus polvos de oro.

7 Senda que nunca la conoció ave, ni ojo de buitre la vió.

8 Nunca la pisaron animales fieros, ni leon pasó por ella.

9 En el pedernal puso su mano *el hombre*, y trastornó los montes de raiz.

10 De los peñascos cortó rios, y sus ojos vieron todo lo preciado.

11 Detuvo los rios en su nacimiento, é hizo salir á luz lo escondido.

12 Empero ¿dónde se hallará la sabiduría? y ¿dónde está el lugar de la prudencia?

13 No conoce su valor[a] el hombre, ni se halla en la tierra de los vivientes.

[a] Pro. 3. 13, 15.

14 El abismo dice: No *está* en mí: y la mar dijo: Ni conmigo.

15 No se dará por oro[b], ni su precio será á peso de plata.

[b] Pro. 8. 11, 19. y 16. 16.

16 No puede ser apreciada con oro de Ophir, ni con Onique precioso, ni con zafiro.

17 El oro no se le igualará, ni el diamante; ni se trocará por vaso de oro fino.

18 De coral ni de perlas no se hará mencion: la sabiduría es mejor que piedras preciosas.

19 No se igualará con ella esmeralda de Ethiopia: no se podrá apreciar con oro fino.

20 ¿De dónde pues vendrá la sabiduría[c]? y ¿dónde está el lugar de la inteligencia?

[c] ver. 12. Sant°. 1. 5, 17.

21 Porque encubierta está á los ojos de todo viviente, y á toda ave del cielo es oculta.

22 El infierno y la muerte dijeron: Su fama hemos oido con nuestros oidos.

23 Dios entiende el camino de ella, y él *solo* conoce su lugar[d].

[d] Pro. 2. 6.

24 Porque él mira hasta los fines de la tierra, y ve debajo de todo el cielo.

25 Al dar peso al viento, y poner las aguas por medida[e];

[e] Sal. 135. 7. Pro. 8. 22.

26 Cuando él hizo ley á la lluvia, y camino al relámpago de los truenos;

27 Entónces la veia él, y la manifestaba; preparóla, y descubrióla tambien.

28 Y dijo al hombre: Hé aquí que el temor del Señor es la sabiduría[f], y el apartarse del mal la inteligencia.

[f] Sal. 111. 10. Pro. 1. 7.

CAPITULO XXIX.

Job describe su antigua felicidad, durante la cual estuvo muy ageno del mal obrar que le imputaban sus tres amigos.

Y VOLVIÓ Job á tomar su propósito, y dijo:

2 ¡Quién me tornase como en los meses pasados, como en los dias que Dios me guardaba!

3 Cuando hacia resplandecer su candela sobre mi cabeza; á la luz de la cual yo caminaba en la obscuridad:

4 Como fué en los dias de mi mocedad, cuando el secreto de Dios *estaba* en mi tienda:

5 Cuando aun el Omnipotente *estaba* conmigo, y mis hijos al rededor de mí:

6 Cuando lavaba yo mis caminos con manteca, y la piedra me derramaba rios de aceite:

7 Cuando salia á la puerta á juicio, y en la plaza hacia preparar mi asiento.

8 Los mozos me veian, y se escondian; y los viejos se levantaban, y estaban en pié.

9 Los príncipes detenian sus palabras, y ponian la mano sobre su boca.

10 La voz de los principales se ocultaba, y su lengua se pegaba á su paladar.

11 Cuando los oidos que me oian, me llamaban bienaventurado[a]; y los ojos que me veian, me daban testimonio.

[a] Luc. 11. 27.

12 Porque libraba al pobre que gritaba[b], y al huérfano que carecia de ayudador.

[b] Sal. 72. 12.

13 La bendicion del que se iba á perder, venia sobre mí; y al corazon de la viuda daba alegría.

14 Vestíame de justicia[c], y ella me vestia como un manto, y mi toca era juicio.

[c] Is. 61. 10.

15 Yo era ojos al ciego, y piés al cojo.

16 A los menesterosos era padre; y de la causa que no entendia, me informaba con diligencia.

17 Y quebraba los colmillos del inicuo, y de sus dientes hacia soltar la presa.

18 Y decia yo: En mi nido moriré[d], y como arena multiplicaré dias.

[d] Sal. 30. 6.

19 Mi raiz *estaba* abierta junto á las aguas, y en mis ramas permanecia el rocío.

20 Mi honra se renovaba en mí, y mi arco se corroboraba en mi mano[e].

[e] Gen. 49. 24.

21 Oíanme, y esperaban; y callaban á mi consejo.

22 Tras mi palabra no replicaban, y mi razon destilaba sobre ellos.

23 Y esperábanme como á la lluvia, y abrian su boca *como* á la lluvia tardía.

24 *Si* me reia con ellos, no lo creian; y no abatian la luz de mi rostro.

25 Calificaba yo el camino de ellos, y sentábame en cabecera, y moraba como rey en el ejército, como el que consuela llorosos.

CAPITULO XXX.

Prosiguiendo Job en su propósito, refiere el menosprecio con que le traian, trocada su felicidad en la grande miseria que lo aflige.

MAS ahora los mas mozos de dias que yo se rien de *mí*; cuyos padres yo desdeñára ponerlos con los perros de mi ganado.

2 Porque ¿para qué habria yo menester la fuerza de sus manos, en los cuales habia perecido *con* el tiempo?

3 Por causa de la pobreza y del hambre *andaban* solos; huian á la soledad, á lugar tenebroso, asolado y desierto.

4 Que cogian malvas entre los arbustos, y raices de enebro para calentarse.

5 Eran echados de entre *las gentes*, y todos les daban grita como á ladron.

6 Habitaban en las barrancas de los arroyos, en las cavernas de la tierra, y en las rocas.

7 Bramaban entre las matas, y se reunian debajo de las espinas.

8 Hijos de viles, y hombres sin nombre; mas bajos que la misma tierra.

ap. 17. 6. al. 69. 12. am. 3. 14, a. 50. 6. at. 26. 67. 27. 30.

9 Y ahora yo soy su cancion [a], y he sido hecho su refran.

10 Abomínanme, aléjanse de mí, y aun de mi rostro no detuvieron *su* saliva [b].

11 Porque *Dios* desató mi cuerda, y me afligió, por eso se desenfrenaron delante de mi rostro.

12 A la mano derecha se levantaron los jóvenes, empujaron mis piés, y sentaron contra mí las vias de su ruina.

13 Mi senda desbarataron, aprovecháronse de mi quebrantamiento, contra los cuales no hubo ayudador.

14 Vinieron como por portillo ancho, revolviéronse á mi calamidad.

15 Hanse revuelto turbaciones sobre mí, combatieron, como un viento, mi alma, y mi salud pasó como nube.

al. 42. 4.
16 Y ahora mi alma está derramada en mí [c]; dias de afliccion me han aprehendido.

17 De noche taladra sobre mí mis huesos, y mis pulsos no reposan.

18 Con la grande copia *de materia* mi vestidura está demudada; cíñeme como el cuello de mi túnica.

19 Derribóme en el lodo, y soy semejante al polvo y á la ceniza.

20 Clamo á tí, y no me oyes; preséntome, y no me atiendes.

21 Haste tornado cruel para mí: con la fortaleza de tu mano me amenazas.

22 Levantásteme, é hicísteme cabalgar sobre el viento, y disolviste mi sustancia.

23 Porque yo conozco que me reduces á la muerte, y á la casa determinada á todo viviente.

24 Mas él no extenderá la mano contra el sepulcro: ¿clamarán *los sepultados* cuando él los quebrantare?

25 ¿No lloré yo al afligido, y mi alma no se entristeció sobre el menesteroso?

e. 3. 15.
26 Cuando esperaba yo el bien, entónces vino el mal [d]; y *cuando* esperaba luz, la obscuridad vino.

27 Mis entrañas hierven, y no reposan; dias de afliccion me han sobrecogido.

28 Denegrido ando, y no por el sol: levantádome he en la congregacion, y clamado.

29 He venido á ser hermano de los dragones, y compañero de los buhos.

am. 4. 8. 5. 10.
30 Mi piel está denegrida sobre mí [e], y mis huesos se secaron con ardentía.

31 Y hase tornado mi harpa en luto, y mi órgano en voz de lamentadores.

CAPITULO XXXI.

Prosiguiendo Job la narracion de su vida pasada, afirma la integridad de su conducta para con Dios y los hombres, con terribles imprecaciones contra sí mismo, si no fuere verdad cuanto aquí declara.

at. 5. 28.
HICE pacto con mis ojos [a]: ¿cómo pues habia yo de pensar en vírgen [b]?
o. 6. 25.

2 Porque ¿qué galardon *me daria* de arriba Dios, y qué heredad el Omnipotente de las alturas?

3 ¿No hay quebrantamiento para el impío, y extrañamiento para los que obran iniquidad?

34. 21. 5. 21. 2. 22. 19.
4 ¿No ve él mis caminos [c], y cuenta todos mis pasos?

5 Si anduve con mentira, y si mi pié se apresuró á engaño,

6 Péseme Dios en balanzas de justicia, y conocerá mi integridad.

7 Si mis pasos se apartaron del camino, y si mi corazon se fué tras mis ojos [d], y si algo se apegó á mis manos,
14. 3, 7.

8 Siembre yo, y otro coma, y mis verduras sean arrancadas.

9 Si fué mi corazon engañado acerca de mujer, y si estuve acechando á la puerta de mi prójimo [e]; [e] Cap. 24. 15. Pro. 7. 21.

10 Muela para otro mi mujer, y sobre ella otros se encorven:

11 Porque es maldad é iniquidad *que han de castigar* los jueces [f]. [f] Lev. 20. 10.

12 Porque es fuego que devoraria [g] hasta el sepulcro, y desarraigaria toda mi hacienda. [g] Mal. 3. 5. Heb. 13. 4.

13 Si hubiera tenido en poco el derecho de mi siervo y de mi sierva, cuando ellos pleiteáran conmigo,

14 ¿Qué haria yo cuando Dios se levantase? y cuando él visitára, ¿qué le responderia yo?

15 ¿El que en el vientre me hizo á mí, no lo hizo á él [h]? ¿y no nos dispuso uno mismo en la matriz? [h] Cap. 34. 19. Pro. 22. 2.

16 Si estorbé el contento de los pobres, é hice desfallecer los ojos de la viuda;

17 Y si comí mi bocado solo, y no comió de él el huérfano;

18 (Porque desde mi mocedad creció conmigo como con padre; y desde el vientre de mi madre fuí guia de la viuda:)

19 Si he visto que pereciera alguno sin vestido, y al menesteroso sin cobertura;

20 Si no me bendijeron sus lomos, y del vellon de mis ovejas se calentaron;

21 Si alzé contra el huérfano mi mano, aunque viese que me ayudarian en la puerta;

22 Mi espalda se caiga de mi hombro, y mi brazo sea quebrado de mi canilla.

23 Porque temí el castigo de Dios [i], contra cuya alteza yo no tendria poder. [i] Sal. 119. 120.

24 Si puse en oro mi esperanza [k], y dije al oro, Mi confianza *eres* tú; [k] Mar. 10. 24. 1 Tim. 6. 17.

25 Si me alegré de que mi hacienda se multiplicase, y de que mi mano hallase mucho [l]; [l] Sal. 62. 10.

26 Si he mirado al sol cuando resplandecia, y á la luna cuando iba hermosa [m], [m] Deu. 4. 19.

27 Y mi corazon se engañó en secreto, y mi boca besó mi mano:

28 Esto tambien fuera maldad juzgada; porque habria negado al Dios soberano.

29 Si me alegré en el quebrantamiento del que me aborrecia, y me regocijé cuando le halló el mal...

30 Que ni aun entregué al pecado mi paladar, pidiendo maldicion para su alma,

31 Cuando mis domesticos decian: ¿Quien nos diese su carne? nunca nos hartariamos.

32 El extranjero no tenia fuera la noche; mis puertas abria al caminante [n]. [n] Is. 58. 7. Heb. 13. 2.

33 Si encubrí, como los hombres, mis prevaricaciones, escondiendo en mi seno mi iniquidad,

34 Porque quebrantaba á la gran multitud, y el menosprecio de las familias me atemorizó, y callé, y no salí de *mi* puerta:

35 ¡Quién me diera quien me oyese! Hé aquí, mi impresion *es* que el Omnipotente testificaria por mí, aunque mi adversario me hiciera el proceso.

36 Ciertamente yo lo llevaria sobre mi hombro, y me lo ataria en lugar de corona.

37 Yo le contaria el número de mis pasos, y como príncipe me llegaria á él.

38 Si mi tierra clama contra mí, y lloran todos sus surcos;

39 Si comí su sustancia sin dinero, ó afligí el alma de sus dueños:

40 En lugar de trigo me nazcan abrojos, y espinas en lugar de cebada. Acábanse las palabras de Job.

CAPITULO XXXII.

Eliú, visto que los amigos de Job callaban, redargúyelos de poco sabios, é irritado toma contra aquel la disputa.

Y CESARON estos tres varones de responder á Job, por cuanto él era justo en sus ojos.

2 Entónces Eliú, hijo de Barachêl Buzita, de la familia de Ram, se enojó con furor contra Job: enojóse con furor, por cuanto justificaba su vida mas que á Dios.

3 Enojóse asimismo con furor contra sus tres amigos, porque no hallaban que responder, aunque habian condenado á Job.

4 Y Eliú habia esperado á Job en la disputa, porque *todos* eran mas viejos de dias que él [a].

[a] Cap. 12. 12. y 15. 10.

5 Empero viendo Eliú que no habia respuesta en la boca de aquellos tres varones, su furor se encendió.

6 Y respondió Eliú, hijo de Barachêl Buzita, y dijo: Yo soy menor de dias, y vosotros viejos; he tenido por tanto miedo, y temido declararos mi opinion.

7 Yo decia: Los dias hablarán, y la muchedumbre de años declarará sabiduría.

8 Ciertamente espíritu hay en el hombre, é inspiracion del Omnipotente los hace que entiendan [b].

[b] Cap. 35. 11. y 38. 36. Pro. 2. 6. y 20. 27. Dan. 2. 21. Sant°. 1. 5.

9 No los grandes son los sabios; ni los viejos entienden el derecho.

10 Por tanto yo dije: Escuchadme, declararé yo tambien mi sabiduría.

11 Hé aquí, yo he esperado á vuestras razones, he escuchado vuestros argumentos en tanto que buscabais palabras.

12 Os he pues prestado atencion, y hé aquí que no hay de vosotros quien redarguya á Job, y responda á sus razones.

13 Porque no digais: Nosotros hemos hallado sabiduría: lanzólo Dios, no el hombre.

14 Ahora bien, Job no enderezó á mí sus palabras; ni yo le responderé con vuestras razones.

15 Espantáronse, no respondieron mas, fuéronseles los razonamientos.

16 Yo pues he esperado; y porque no hablaban, ántes pararon, y no respondieron mas,

17 Por eso yo tambien responderé mi parte, tambien yo declararé mi juicio:

18 Porque lleno estoy de palabras, y el espíritu de mi vientre me constriñe.

19 De cierto mi vientre *está* como el vino que no tiene respiradero, y se rompe como nuevos odres.

20 Hablaré pues, y respiraré: abriré mis labios, y responderé.

21 No haré ahora acepcion de personas, ni usaré con hombre de lisonjeros títulos.

22 Porque no sé hablar lisonjas: *de otra manera* en breve mi hacedor me consuma.

CAPITULO XXXIII.

Niega Eliú que Job sea justo: dice que Dios habla á los hombres de diferentes maneras, y que es propicio al que se convierte á él.

POR tanto, Job, oye ahora mis razones, y escucha todas mis palabras.

2 Hé aquí yo abriré ahora mi boca, y mi lengua hablará en mi garganta.

3 Mis razones *declararán* la rectitud de mi corazon, y mis labios proferirán pura sabiduría.

4 El Espíritu de Dios me hizo, y la inspiracion del Omnipotente me dió vida.

5 Si pudieres, respóndeme: dispon *tus palabras*, está delante de mí.

6 Héme aquí á mí en lugar de Dios, conforme á tu dicho: de lodo soy yo tambien formado.

7 Hé aquí que mi terror no te espantará [a], ni mi mano se agravará sobre tí.

[a] Cap. 9. 34.

8 De cierto tú dijiste á oidos mios, y yo oí la voz de tus palabras *que decian:*

9 Yo soy limpio y sin defecto [b]; yo soy inocente, y no *hay* maldad en mí.

[b] Cap. 10. 7. y 16. 17. y 23. 1, 12. y 27. 5, 6.

10 Hé aquí que él buscó achaques contra mí, y me tiene por su enemigo [c]:

[c] Cap. 16. 9. y 19. 11.

11 Puso mis pies en el cepo [d], y guardó todas mis sendas.

[d] Cap. 13. 27. y 14. 16.

12 Hé aquí en esto no has hablado justamente: yo te responderé que mayor es Dios que el hombre.

13 ¿ Por qué tomaste pleito contra él? porque él no da cuenta de todas sus razones.

14 Sin embargo en una ó en dos *maneras* habla Dios; *mas el hombre* no entiende.

15 Por sueño de vision nocturna, cuando el sueño cae sobre los hombres, cuando se adormecen sobre el lecho,

16 Entónces revela al oido de los hombres, y les señala su consejo,

17 Para quitar al hombre de la *mala* obra, y apartar del varon la soberbia.

18 *Así* detendrá su alma de corrupcion, y su vida de que pase á cuchillo.

19 Tambien sobre su cama es castigado con dolor fuerte en todos sus huesos [e],

[e] Sal. 107. 17, 18.

20 Que le hace que su vida aborrezca el pan, y su alma la comida suave.

21 Su carne desfallece sin verse, y sus huesos, que ántes no se veian, aparecen *desnudos:*

22 Y su alma se acerca al sepulcro, y su vida á los *dolores* que causan la muerte.

23 Si tuviere cerca de él *algun* elocuente anunciador muy escogido, que anuncie al hombre su deber;

24 Que le diga que *Dios* tuvo de él misericordia, que lo libró de descender al sepulcro, que halló redencion [f]:

[f] Ex. 21. 30.

25 Enterneceráse su carne mas que de niño; volverá á los dias de su mocedad.

26 Orará á Dios, y le amará: y verá su faz con júbilo [g]: y él restituirá al hombre su justicia.

[g] Sal. 51. 12, 14.

27 Él mira sobre los hombres [h], y *el que* dijere: Pequé, y pervertí lo recto, y no me ha aprovechado:

[h] 2 Sam. 12. 13. Pro. 28. 13. Luc. 15. 21. 1 Juan 1. 9.

28 *Dios* redimirá su alma, que no pase al sepulcro, y su vida se verá en luz.

29 Hé aquí, todas estas cosas hace Dios dos y tres veces con el hombre,

30 Para apartar su alma del sepulcro [i], y para iluminarlo con la luz de los vivientes [k].

[i] Is. 38. 17. [k] Sal. 56. 13.

31 Escucha, Job, y óyeme: calla, y yo hablaré.

32 Que si tuvieres razones, respóndeme: habla, porque yo te quiero justificar.

33 Y si no, óyeme tú á mí: calla, y enseñarte he sabiduría.

CAPITULO XXXIV.

Eliú acusa las palabras y el proceder de Job, y cúlpale de blasfemia.

ADEMAS respondió Eliú, y dijo:

2 Oid, sabios, mis palabras; y vosotros, doctos, estadme atentos.

3 Porque el oido prueba las palabras, como el paladar gusta para comer.

4 Escojamos para nosotros el juicio; conozcamos entre nosotros cual *sea* lo bueno.

5 Porque Job ha dicho: Yo soy justo, y Dios me ha quitado mi derecho [a]. — Cap. 27. 2.

6 ¿He de mentir yo contra mi razon? Mi saeta es gravosa sin *haber yo* prevaricado.

7 ¿Que hombre *hay* como Job, que bebe el escarnio como agua?

8 Y va en compañía con los que obran iniquidad, y anda con los hombres maliciosos.

9 Porque ha dicho: De nada servirá al hombre el conformar su voluntad con Dios [b]. — Cap. 9. 22, 23.

10 Por tanto, varones de seso, oidme: Léjos esté de Dios la impiedad, y del Omnipotente la iniquidad.

11 Porque él pagará al hombre *segun* su obra, y él le hará hallar conforme á su camino.

12 Sí por cierto, Dios no hará injusticia, y el Omnipotente no pervertirá el derecho.

13 ¿Quién visitó por él la tierra? Y ¿quién puso en órden todo el mundo?

14 Si él pusiese sobre el *hombre* su corazon, y recogiese á sí su espíritu y su aliento [c], — Sal. 104. 29.

15 Toda carne pereceria juntamente, y el hombre se tornaria en polvo.

16 Si pues *hay en tí* entendimiento, oye esto: escucha la voz de mis palabras.

17 ¿Enseñorearáse el que aborrece juicio [d]? ¿y condenarás tú al que es el justo? — Cap. 8. 3. [illegible] 23. 3.

18 ¿Hase de decir al rey: Perverso *eres*; y á los príncipes, *Sois* impíos?

19 ¿*Cuanto menos á aquel* que no hace acepcion de personas de príncipes, ni el rico es de él mas respetado que el pobre [e]? porque todos son obras de sus manos [f]. — 1 Ped. 1. 17. Cap. 31. 15.

20 En un momento morirán, y á media noche se alborotarán los pueblos, y pasarán, y sin mano será quitado el poderoso.

21 Porque sus ojos *estan* sobre los caminos del hombre, y ve todos sus pasos [g]. — 2 Cr. 16. 9. [illegible] 5. 21. [illegible] 2.

22 No *hay* tinieblas, ni sombra de muerte [h] donde se encubran los que obran maldad. — [illegible] 32. 19. Sal. 139. 12. [illegible] 1. 2. 3. Heb. 4. 13.

23 No carga pues él al hombre mas *de lo justo*, para que vaya con Dios á juicio.

24 El quebrantará á los fuertes sin pesquisa, y hará estar otros en su lugar.

25 Por tanto él hará notorias las obras de ellos, cuando *los* trastornará en la noche, y serán quebrantados.

26 Como á malos los herirá en lugar donde sean vistos:

27 Por cuanto así se apartaron de él, y no consideraron todos sus caminos [i]; — Sal. 28. 5.

28 Haciendo venir delante de él el clamor del pobre, y que oiga el clamor de los necesitados.

29 Y si él diere reposo, ¿quién inquietará? Si escondiere el rostro, ¿quién lo mirará? *Esto* sobre una nacion, y lo mismo sobre un *solo* hombre;

30 Haciendo que no reine el hombre hipócrita para vejaciones del pueblo.

31 De seguro conviene se diga á Dios: Llevado he ya *castigo*, no *mas* ofenderé:

32 Enséñame tú lo que yo no veo: que si hice mal, no lo haré mas.

33 ¿*Ha de ser eso* segun tu mente? El te retribuirá, ora rehuses, ora aceptes, y no yo: di sinó lo que tú sabes.

34 Los hombres de seso dirán conmigo, y el hombre sabio me oirá *acorde*, — Cap. 38. 2.

35 Que Job no habla con sabiduría [k], y que sus palabras no *son* con entendimiento.

36 Deseo yo que Job sea probado ampliamente, á causa de sus respuestas por los hombres inicuos.

37 Porque á su pecado añadió impiedad: bate las manos entre nosotros, y contra Dios multiplica sus palabras.

CAPITULO XXXV.

Declara Eliú que ni el pecado del hombre daña á Dios, ni le aprovecha su justicia; que al mismo hombre es á quien esto sirve ó daña; y que por no esperar en Dios, por no recurrir á él, ni someterse con humildad á las disposiciones de su providencia, no será oido cuando en medio de sus aflicciones clamáre.

Y PROCEDIENDO Eliú en su razonamiento, dijo:

2 ¿Piensas ser conforme á derecho esto *que* dijiste: Mas justo soy yo que Dios?

3 Porque dijiste: ¿Qué ventaja sacarás tú de ello? *ó* [a] ¿qué provecho tendré, *si fuese yo purificado* de mi pecado? — [a] Cap. 34. 9.

4 Yo te responderé *algunas* razones, y á tus compañeros contigo.

5 Mira á los cielos, y ve, y considera que las nubes son mas altas que tú.

6 Si pecares, ¿qué habrás hecho contra él? y si tus rebeliones se multiplicaren, ¿qué le harás tú?

7 Si fueres justo, ¿qué le darás á él? ó qué recibirá de tu mano?

8 Al hombre como tú *dañará* tu impiedad; y al hijo del hombre *aprovechará* tu justicia.

9 A causa de la multitud de las violencias clamarán *los oprimidos*, y se lamentarán por el poderío de los grandes.

10 Y ninguno dice: ¿Donde está Dios mi hacedor, que dá canciones en la noche,

11 Que nos enseña mas que las bestias de la tierra, y nos hace sabios mas que las aves del cielo?

12 Allí clamarán, y él no oirá por la soberbia de los malos.

13 Ciertamente Dios no oirá la vanidad, ni la mirará el Omnipotente.

14 Aunque mas digas: No lo mirará; *con todo* haz juicio delante de él, y en él espera.

15 Mas ahora porque en su ira no visita, ni conoce con rigor *de los delitos*, por eso Job abrió su boca vanamente, y multiplica palabras sin sabiduría.

CAPITULO XXXVI.

Prosiguiendo Eliú, muestra la justicia de Dios en todas sus obras, exhorta á Job á que se reconosca pecador, y á que sienta bien de la Providencia divina.

Y AÑADIÓ Eliú, y dijo:

2 Espérame un poco, y enseñarte he; porque todavía *tengo* razones en órden á Dios.

3 Tomaré mi noticia de léjos, y atribuiré la justicia á mi hacedor.

4 Porque de cierto no son mentira mis palabras; *habla* contigo el que es íntegro en *sus* conceptos.

5 Hé aquí que Dios *es* grande, mas no desestima *á alguno*: *es* poderoso en fuerza *con* sabiduría.

6 No otorgará vida al impío, y á los afligidos dará su derecho.

7 No quitará sus ojos del justo [a]; ántes bien con los reyes los pondrá [b] en solio para siempre, y serán ensalzados. — [a] Sal. 33. 18. y 34. 15. [b] Sal. 113. 8.

8 Y si estuvieren prendidos en grillos, y aprisionados en las cuerdas de afliccion [c], — [c] Sal. 107. 10.

9 El les dará á conocer la obra de ellos, y que prevalecieron sus rebeliones.

10 Despierta ademas el oido de ellos

para *oir la* correccion, y *díceles* que se conviertan de la iniquidad.

11 Si oyeren, y *le* sirvieren, acabarán sus dias en bien, y sus años en deleites.

12 Mas si no oyeren, serán pasados á cuchillo, y perecerán sin sabiduría.

13 Empero los hipócritas de corazon lo irritirán mas, y no clamarán cuando él los atare.

14 Fallecerá el alma de ellos en su mocedad [d], y su vida entre los sodomíticos.

[d] Sal. 55. 23.

15 Al pobre librará de su pobreza, y en la afliccion despertará su oido.

16 Asimismo te apartaria de la boca de la angustia á lugar espacioso [e], *libre* de todo apuro, y te asentára mesa llena de grosura [f].

[e] Sal. 31. 8.
[f] Sal. 23. 5.

17 Mas tú has llenado el juicio del impío, *en vez de* sustentar el juicio y la justicia.

18 Por lo cual *teme* que *en su* ira no te quite con golpe, el cual no puedas apartar de tí con gran rescate [g].

[g] Sal. 49. 8. Pro. 11. 4.

19 ¿ Hará él estima de tus riquezas, ni del oro, ni de todas las fuerzas del poder ?

20 No anheles la noche, *en que* desaparecen los pueblos de su lugar.

21 Guárdate, no tornes á la iniquidad; pues esta escogiste mas bien que la afliccion.

22 Hé aquí que Dios *es* excelso con su potencia : ¿ qué enseñador semejante á él [h] ?

[h] Is. 40. 13. Ro. 11. 34. 1 Cor. 2. 16.

23 ¿ Quién le ha prescrito su camino ? Y ¿ quién *le* dirá : Iniquidad has hecho ?

24 Acuérdate de engrandecer su obra, la cual contemplan los hombres.

25 Los hombres todos la ven; mírala el hombre de léjos.

26 Hé aquí, Dios *es* grande, y nosotros no *le* conocemos : ni se puese rastrear el número de sus años [i].

[i] Sal. 102. 24.

27 El reduce las gotas de las aguas, al derramarse la lluvia segun el vapor *que las contiene*,

28 Las cuales destilan las nubes, goteando en abundancia sobre los hombres.

29 ¿ *Quién* podrá tampoco comprender la extension de las nubes, y el sonido estrepitoso de su pabellon ?

30 Hé aquí que sobre él extiende su luz [k], y cobija *con ella* las raices de la mar.

[k] Sal. 18. 12, 14. y 104. 2.

31 Bien que por esos medios castiga á los pueblos, á la multitud da comida.

32 Con las nubes encubre la luz, y mándale *no brillar* interponiendo *aquellas*.

33 Tocante á ella anunciará *el trueno*, su compañero, *que hay* acumulacion de ira sobre el que se eleva.

CAPITULO XXXVII.

Prosigue Eliú en la consideracion de algunas de las obras de Dios, encareciendo así su maravillosa Providencia, sabiduría y justicia; y exhorta á Job á que piense en ello detenidamente.

A ESTO tambien se espanta mi corazon, y salta de su lugar.

2 Oid atentamente su voz terrible, y el sonido que sale de su boca.

3 Debajo de todos los cielos lo dirige, y su luz *se extiende* hasta los fines de la tierra.

4 Despues de ella bramará el sonido, tronará él con la voz de su magnificencia [a]; y aunque sea oida su voz, no los detiene.

[a] Sal. 29. 3. y 68. 33.

5 Tronará Dios maravillosamente con su voz : él hace grandes cosas, que nosotros no entendemos [b].

[b] Cap. 5. 9.

6 Porque á la nieve dice [c] : Desciende á la tierra : tambien *hace caer* la llovizna, y los aguaceros de su fortaleza.

[c] Sal. 147. 16.

7 Así hace retirarse á todo hombre, para que los hombres todos reconozcan su obra.

8 La bestia se entrará en su escondrijo, y estaráse en sus moradas.

9 Del Mediodia viene el torbellino; y el frio de los vientos del Norte.

10 Por el soplo de Dios se da el hielo [d], y las anchas aguas son constreñidas.

[d] Cap. 38. 29. Sal. 147. 17.

11 Regando tambien llega á disipar la densa nube, y con su luz esparce la niebla.

12 Asimismo por sus designios se revuelven las nubes en derredor, para hacer sobre la haz del mundo [e], en la tierra, lo que él les mandára.

[e] Sal. 148. 8.

13 Unas veces por azote, otras por causa de su tierra, otras por misericordia las hará parecer [f].

[f] Cap. 38. 26.

14 Escucha esto, Job ; repósate, y considera las maravillas de Dios.

15 ¿ Supiste tú cuando Dios las ponia en concierto, y hacia levantar la luz de su nube ?

16 ¿ Has tú conocido las diferencias de las nubes, *y* las maravillas del perfecto en sabiduría ?

17 ¿ Por qué estan calientes tus vestidos cuando se fija el *viento del* mediodia sobre la tierra ?

18 ¿ Extendiste tú con él los cielos [g], firmes como un espejo sólido ?

[g] Is. 40. 22. y 44. 24.

19 Muéstranos qué le hemos de decir; *porque* nosotros no podemos componer *las ideas* á causa de las tinieblas.

20 ¿ Será preciso contarle cuando yo habláre ? Por mas que el hombre razone, quedará como abismado.

21 Hé aquí aun : no se puede mirar la luz esplendente en los cielos, luego que pasa el viento y los limpia,

22 Viniendo de la parte del Norte la dorada claridad. *Pues* en Dios *hay* una majestad terrible.

23 El *es* Todopoderoso, al cual no alcanzamos ; grande en potencia, y en juicio, y en multitud de justicia : no afligirá *demasiado*.

24 Temerlo han por tanto los hombres : él no mira á los sabios de corazon.

CAPITULO XXXVIII.

Dios toma la disputa contra Job, mostrando su eternidad, majestad, potencia y sabiduría, por la consideracion de las cosas naturales.

Y RESPONDIÓ Jehová á Job desde un torbellino, y dijo :

2 ¿ Quién es ese que oscurece el consejo con palabras sin sabiduría [a] ?

[a] Cap. 34. 35. y 35. 16. y 42. 3.

3 Ahora ciñe como varon tus lomos : yo te preguntaré, y hazme saber tú.

4 ¿ Donde estábas cuando yo fundaba la [b] tierra ? házmelo saber, si tienes inteligencia.

[b] Pro. 8. 29, 30.

5 ¿ Quién ordenó sus medidas, si lo sabes ? ó quién extendió sobre ella cordel ?

6 ¿ Sobre qué estan fundadas sus basas ? ó quién puso su piedra angular ?

7 ¿ Cuando las estrellas todas del alba alababan, y se regocijaban todos los hijos de Dios ?

8 ¿ Quién encerró con puertas la mar, cuando se derramaba por fuera *como* saliendo de madre ?

9 ¿ Cuando puse yo nubes por vestidura suya, y por su faja obscuridad,

10 Y establecí sobre ella mi decreto [c], y le puse puertas y cerrojo,

[c] Cap. 26. 10. Sal. 104. 9. Jer. 5. 22.

11 Y dije : Hasta aquí vendrás, y no pasarás adelante, y ahí parará la hinchazon de tus ondas ?

12 ¿Has tú mandado á la mañana en tus dias? ¿has mostrado al alba su lugar,

13 Para que ocupe los fines de la tierra, y que sean sacudidos de ella los impíos?

14 Trasmúdase como lodo *bajo* de sello, y viene á estar como con vestidura.

15 Mas la luz de los impíos es quitada de ellos, y el brazo enaltecido es quebrantado.

16 ¿Has entrado tú hasta los profundos de la mar, y has andado escudriñando el abismo?

17 ¿Hante sido descubiertas las puertas de la muerte, y has visto las puertas de la sombra de muerte?

18 ¿Has tú considerado hasta las anchuras de la tierra? Declara si sabes todo esto.

19 ¿Por donde va el camino á la habitacion de la luz, y donde está el lugar de las tinieblas?

20 ¿Si llevarás tú *ambas cosas* á sus términos, y entenderás las sendas de su casa?

21 ¿Sabíaslo tú porque hubieses ya nacido, ó *porque es* grande el número de tus dias?

22 ¿Has tú entrado en los tesoros de la nieve, ó has visto los tesoros del granizo;

23 Lo cual tengo yo reservado para el tiempo de angustia, para el dia de la guerra y de la batalla e?

...x. 9. 18, ...a. 10. 11. ...30. 30. ...p. 16. 21.

24 ¿Por qué camino se reparte la luz, y se esparce el viento Solano sobre la tierra?

25 ¿Quién repartió conducto al turbion, y camino á los relámpagos y truenos;

...l. 147. 8. ...r. 14. 22.

26 Haciendo llover sobre la tierra ** deshabitada, *sobre* el desierto, donde no *hay* hombre,

...l. 107. 35.

27 Para hartar la *tierra* desierta é incultaf, y para hacer brotar la tierna yerba?

28 ¿Tiene la lluvia padre? ó quién engendró las gotas del rocío?

...p. 37. 10.

29 ¿De qué vientre salió el hielo g? Y la escarcha del cielo, ¿quién la engendró?

30 Las aguas se endurecen á manera de piedra, y congélase la haz del abismo.

31 ¿Podrás tú impedir las delicias de las Pleyades, ó desatarás las ligaduras del Orion h?

...p. 9. 9. ...os 5. 8.

32 ¿Sacarás tú á su tiempo los signos de los cielos, ó guiarás el Arcturo con sus hijos?

33 ¿Supiste tú las ordenanzas de los cielos? ¿Dispondrás tú de su potestad en la tierra?

34 ¿Alzarás tú á las nubes tu voz, para que te cubra muchedumbre de aguas?

35 ¿Enviarás tú los relámpagos, para que ellos vayan? ¿Y diránte ellos: Hénos aquí?

36 ¿Quién puso la sabiduría en el interior? ó quién dió al entendimiento la inteligencia?

37 ¿Quién puso por cuenta los cielos con sabiduría? Y los odres de los cielos ¿quién los hace parar,

38 Cuando el polvo se ha convertido en dureza, y los terrones se han pegado unos con otros?

CAPITULO XXXIX.

Prosigue Dios mostrando lo mismo por la consideracion de algunos animales. Job reprendido así de Dios, reconoce su insipiencia en haber querido disputar con él.

...l. 104. 21.

¿CAZARÁS tú la presa para el leon a? ¿y saciarás el hambre de los leoncillos,

2 Cuando estan echados en las cuevas, ó se estan en sus guaridas para acechar?

3 ¿Quién preparó al cuervo su alimento b, cuando sus pollos claman á Dios, bullendo de un lado á otro por carecer de comida? b Sal. 147. 9. Mat. 6. 26.

4 ¿Sabes tú el tiempo en que paren las cabras monteses? ó ¿miraste tú las ciervas cuando estan pariendo?

5 ¿Contaste tú los meses de su preñez, y sabes el tiempo cuando han de parir?

6 Encórvanse, hacen salir sus hijos, pasan sus dolores.

7 Sus hijos estan sanos, crecen con el pasto; salen, y no vuelven *mas* á ellas.

8 ¿Quién echó libre al asno montes c, y quién soltó sus ataduras? c Jer. 2. 24. Os. 8. 9.

9 Al cual yo puse casa en la soledad d, y sus moradas en lugares estériles. d Cap. 24. 5.

10 Búrlase de la multitud de la ciudad; no oye las voces del arriero.

11 Lo oculto de los montes es su pasto, y anda buscando todo lo que está verde.

12 ¿Querrá el unicornio ‖ servirte á tí, ni quedar á tu pesebre? ‖ *el rinoceronte.*

13 ¿Atarás tú al unicornio con su coyunda para el surco? ¿labrará los valles en pos de tí?

14 ¿Confiarás tú en él, por ser grande su fortaleza, y le fiarás tu labor?

15 Fiarás de él que te tornará tu simiente, y que *la* allegará en tu era?

16 ¿*Diste tú* hermosas alas al pavo real, ó alas y plumas al avestruz?

17 El cual desampara en la tierra sus huevos, y sobre el polvo los calienta:

18 Y olvídase de que los pisará *algun* pié, y que los quebrará alguna bestia del campo.

19 Endurécese para con sus hijos, como si no *fuesen* suyos, no temiendo que su trabajo haya sido en vano:

20 Porque le privó Dios de sabiduría, y no le dió inteligencia.

21 Luego que se levanta en alto, búrlase del caballo, y de su ginete.

22 ¿Diste tú al caballo la fortaleza? ¿vestiste tú su cerviz de relincho?

23 ¿Le intimidarás tú como á alguna langosta? El resoplido de su nariz *es* formidable:

24 Escarba la tierra, alégrase en su fuerza, sale al encuentro de las armas e; e Jer. 8. 6.

25 Hace burla del espanto, y no teme, ni vuelve el rostro delante de la espada.

26 Contra él suena la aljaba, el hierro de la lanza, y de la pica.

27 Y él con ímpetu y furor escarba la tierra, sin importarle el sonido de la bocina:

28 *Antes como que* dice entre los clarines: Ea! y desde léjos huele la batalla, el grito de los capitanes, y la vocería.

29 ¿Vuela el gavilan por tu industria, y extiende hácia el Mediodia sus alas?

30 ¿Se remonta el águila por tu mandamiento, y pone en alto su nido f? f Jer. 49. 16. Ab. 4.

31 Ella habita y está en la piedra, en la cumbre del peñasco y de la roca.

32 Desde allí acecha la comida; sus ojos observan de muy léjos.

33 Sus pollos chupan la sangre; y donde hubiere cadáveres, allí está g *luego*. g Mat. 24. 28. Luc. 17. 37.

34 A mas de eso respondió Jehová á Job, y dijo:

35 ¿Es sabiduría contender con el Omnipotente? El que disputa con Dios, responda á esto.

36 Y respondió Job á Jehová, y dijo: h Cap. 42. 6. Sal. 51. 4.

37 Hé aquí que yo soy vil h; ¿qué te responderé? Mi mano pongo sobre mi boca i. i Cap. 29. 9. Miq. 7. 16.

35 Una vez hablé, y no responderé: aun dos veces, mas no tornaré á hablar.

CAPITULO XL.

Muestra Dios á Job que ha hecho mal en reprobar su juicio justificándose tanto á sí mismo. Declárale su grandeza por la obra de sus juicios, con que abate á los soberbios, y remítele á la consideracion del Hipopótamo y del Cocodrilo.

[a] Cap. 38. 1, etc.

ENTONCES respondió Jehová á Job desde la obscuridad[a], y dijo:

2 Cíñete ahora, como varon, tus lomos; yo te preguntaré, y explícame.

3 ¿Invalidarás tú tambien mi juicio? ¿me condenarás á mí, para justificarte á tí?

[b] Sal. 29. 3, 4.

4 ¿Tienes tú brazo como Dios? ¿y tronarás tú con voz como él[b]?

[c] Sal. 93. 1. y 104. 1.

5 Atavíate ahora de majestad y de alteza[c]; y vístete de honra y de hermosura.

6 Esparce furores de tu ira; y mira á todo soberbio, y abátelo.

[d] Ex. 18. 11. Is. 2. 12. Dan. 4. 37.

7 Mira á todo soberbio, y humíllalo[d]; y quebranta á los impíos en su asiento.

8 Encúbrelos á todos en el polvo, venda sus rostros en la obscuridad;

9 Y yo tambien te confesaré que podrá salvarte tu diestra.

‖ el Hipopótamo.

10 Hé aquí ahora Behemoth ‖, al cual yo hice contigo; yerba come como buey.

11 Hé aquí ahora que su fuerza está en sus lomos, y su fortaleza en el ombligo de su vientre.

12 Su cola mueve como un cedro, y los nervios de sus genitales son entretejidos.

13 Sus huesos *son* fuertes *como* bronce, y sus miembros como barras de hierro.

14 El *es* la cabeza de los caminos de Dios: el que lo hizo puede hacer que su cuchillo á él se acerque.

15 Ciertamente los montes producen yerba para él; y toda bestia del campo retoza allá.

16 Echaráse debajo de las sombras, en lo oculto de las cañas, y de los lugares húmedos.

17 Los árboles sombríos lo cubren con su sombra; los sauces del arroyo lo cercan.

18 Hé aquí que él tomará el rio sin inmutarse; y confíase que el Jordan pasará por su boca.

19 ¿Tomarálo *alguno* por sus ojos en armadijos, y horadará *su* nariz?

CAPITULO XLI.

Prosigue la consideracion del cocodrilo, de sus miembros, fortaleza é ingenio.

‖ el cocodrilo.

¿SACARAS tú al Leviathan ‖ con el anzuelo, ó con la cuerda que le echares en su lengua?

[a] Is. 37. 29. Ez. 29. 4.

2 ¿Pondrás tú garfio en sus[a] narices, y horadarás con espina su quijada?

3 ¿Multiplicará él ruegos para contigo? ¿hablaráte él lisonjas?

4 ¿Hará concierto contigo, para que lo tomes por siervo perpetuo?

5 ¿Jugarás tú con él como con pájaro, ó lo atarás para tus niñas?

6 ¿Harán de él banquete los compañeros? ¿partiránlo entre los mercaderes?

7 ¿Cortarás tú con cuchillo su cuero, ó con asta de pescadores su cabeza?

8 Pon tu mano sobre él: te acordarás de la batalla, y nunca mas tornarás.

9 Hé aquí que la esperanza acerca de él será burlada: porque aun á su sola vista se desmayarán.

[b] Cap. 3. 8.

10 Nadie *hay tan* osado que lo despierte[b]: ¿quién pues podrá estar delante de mí?

11 ¿Quién me ha *dado* anticipado, para que yo *se lo* restituya? Todo lo que *hay* debajo del cielo es mio[c].

[c] Ex. 19. 5. Deu. 10. 14. Sal. 24. 1. y 50. 12. 1 Cor. 10. 26, 28.

12 Yo no callaré sus miembros, ni lo de *sus* fuerzas, y gracia de su disposicion.

13 ¿Quién descubrirá la delantera de su vestidura? ¿quién se llegará á él con freno doble?

14 ¿Quién abrirá las puertas de su rostro? Los órdenes de sus dientes espantan.

15 La gloria *de su vestido son* escudos fuertes cerrados entre sí estrechamente.

16 El uno se junta con el otro, que viento no entra entre ellos.

17 Pegado está el uno con el otro, estan trabados entre sí, que no se pueden apartar.

18 Con sus estornudos enciende lumbre; y sus ojos *son* como los párpados del alba.

19 De su boca salen hachas de fuego; centellas de fuego proceden.

20 De sus narices sale humo como de una olla ó caldero que hierve.

21 Su aliento enciende los carbones, y de su boca sale llama.

22 En su cerviz mora la fortaleza, y espárcese el desaliento delante de él.

23 Las partes momias de su carne estan apretadas; estan en él firmes, y no se mueven.

24 Su corazon es firme como una piedra, y fuerte como la muela de abajo *en un molino*.

25 De su grandeza tienen temor los fuertes, y á causa de su desfallecimiento hacen por purificarse.

26 Cuando alguno lo alcanzare, ni espada, ni lanza, ni dardo, ni coselete durará *contra él*.

27 El hierro estima por pajas, y el acero por leño podrido.

28 Saeta no le hace huir: las piedras de honda se le tornan aristas.

29 Tiene toda arma por hojarascas, y del blandir de la pica se burla.

30 Por debajo *tiene* agudas conchas; imprime *su* agudez en el suelo.

31 Hace hervir como una olla la profunda mar, y tórnala como una olla de ungüento.

32 En pos de sí hace resplandecer la senda, que parece que la mar es cana.

33 No hay sobre la tierra su semejante, hecho para nada temer.

34 Menosprecia toda cosa alta; es rey sobre todos los *animales* soberbios.

CAPITULO XLII.

Job enseñado ya de Dios, confiesa su insipiencia en haber querido disputar con él su causa. Envia Dios á los amigos de Job, para que vayan al mismo, y él ore por ellos. Convierte Dios la miseria de Job en mayor prosperidad que la que tuvo ántes.

Y RESPONDIÓ Job á Jehová, y dijo:

2 Yo conozco que todo lo puedes[a], y que no hay pensamiento que se esconda de tí.

[a] Gen. 18. 14. Is. 43. 13. Mat. 19. 26.

3 ¿Quién es el que oscurece el consejo sin ciencia[b]? por tanto yo denunciaba lo que no entendia; cosas que me eran ocultas, y que no las sabia[c].

[b] Cap. 38. 2.

[c] Sal. 131. 1. y 139. 6.

4 Oye, te ruego, y hablaré: te preguntaré, y tú me enseñarás[d].

[d] Cap. 40. 2.

5 De oidas te habia oido; mas ahora mis ojos te ven.

6 Por tanto aborrezco *lo que dije*[e], y me arrepiento en el polvo y en la ceniza[f].

[e] Cap. 40. 4. Esd. 9. 6.

[f] Dan. 9. 3. Mat. 11. 21.

7 ¶ Y aconteció que despues que habló Jehová estas palabras á Job, Jehová

dijo á Eliphaz Temanitha: Mi ira se
encendió contra tí y tus dos compañe-
ros; porque no habeis hablado por mí
lo recto, como mi siervo Job.
8 Ahora pues tomáos siete becerros y
Nu. 23. 1. siete carneros [g], y andad á mi siervo Job,
y ofreced holocausto por vosotros: y mi
Sant. 5. 16. siervo Job orará por vosotros [h]; porque
1 Juan 5. 16. de cierto á él atenderé para no trataros
afrentosamente, por cuanto no habeis
hablado por mí con rectitud, como mi
siervo Job.
9 Fueron pues Eliphaz Temanitha, y
Bildad Suhita, y Sophar Naamatitha, é
hicieron como Jehová les dijo: y Je-
hová atendió á Job.
10 ¶ Y mudó Jehová la afliccion de
Job orando él por sus amigos: y aumen-
tó al doble todas las cosas que habian
sido de Job.
11 Y vinieron á él todos sus hermanos,
y todas sus hermanas, y todos los que
Cap. 19. 13. ántes le habian conocido [i], y comieron
con él pan en su casa, y condoliéronse
de él, y consoláronle de todo aquel mal
que sobre él habia Jehová traido; y
cada uno de ellos le dió una pieza de
moneda, y un zarcillo de oro.
12 Y bendijo Jehová á la postrimería
de Job mas que á su principio [k]; por- [k] Cap. 8. 7. Deu. 8. 16. Sant. 5. 11.
que tuvo catorce mil ovejas, y seis mil
camellos, y mil yuntas de bueyes, y mil
asnas [l]. [l] Cap. 1. 3.
13 Y tuvo siete hijos y tres hijas:
14 Y llamó el nombre de la una, Je-
mimah ‖; y el nombre de la segunda, ‖ paloma.
Cesiah †; y el nombre de la tercera, † casia aromática.
Keren-Hapuch ‖. ‖ cuerno de abundancia.
15 Y no se hallaron mujeres tan her-
mosas como las hijas de Job en toda la
tierra: y dióles su padre herencia entre
sus hermanos.
16 Y despues de esto vivió Job ciento
y cuarenta años, y vió á sus hijos, y á
los hijos de sus hijos, hasta la cuarta
generacion.
17 Murió pues Job viejo, y lleno de
dias [m]. [m] Cap. 5. 26.

LIBRO DE LOS SALMOS.

SALMO I.

Felicidad del hombre piadoso: infelicidad de los impíos.

BIENAVENTURADO el varon que
Pro. 4. 14, 15. no anduvo en consejo de malos [a], ni
estuvo en camino de pecadores, ni en
Jer. 15. 17. silla de escarnecedores [b] se ha sentado:
2 Antes en la ley de Jehová *está* su
delicia, y en su ley medita de dia y de
Jos. 1. 8. noche [c].
Sal. 119. 97. 3 Y será como el árbol plantado junto
Jer. 17. 8. á arroyos de aguas [d], que da su fruto en
su tiempo: y su oja no cae, y todo lo
que hace, prosperará.
4 No así los malos; sinó como el tamo
Job 21. 18. que arrebata el viento [e].
Sal. 35. 5. 5 Por tanto no se levantarán los malos
Is. 13. 3. en el juicio [f], ni los pecadores en la con-
Mat. 25. 41, 46. gregacion de los justos.
6 Porque Jehová conoce el camino de
Job 23. 10. los justos [g]: mas la senda de los malos
perecerá.

SALMO II.

Frustraránse los designios de los poderosos de la tierra contra Cristo y su glorioso reino.

Hech. 4. 25, 26. ¿POR qué [a] se amotinan [b] las gentes,
y los pueblos piensan vanidad?
Sal. 46. 6. 2 Estarán los reyes de la tierra, y prín-
cipes consultarán unidos contra Jehová,
Sal. 45. 7. y contra su ungido [c],
3 *Diciendo*: Rompamos sus coyundas,
y echemos de nosotros sus cuerdas.
4 El que mora en los cielos se reirá;
Sal. 37. 13. 59. 8. el Señor se burlará de ellos [d].
5 Entónces hablará á ellos en su furor,
y turbarálos con su ira.
6 Yo empero he puesto mi rey sobre
Sal. 110. 2. Sion [e], monte de mi santidad.
Is. 24. 23. 7 Yo publicaré el decreto: Jehová me
Hech. 13. 33. ha dicho: Mi hijo *eres* tú [f]; yo te en-
Heb. 1. 5. 5. 5. gendré hoy.
8 Pídeme, y te daré por heredad las
Sal. 22. 27. 72. 8. gentes, y por possesion tuya los términos
de la tierra [g].
Apo. 2. 27. 19. 15. 9 Quebrantarlos has con vara de hi-
erro [h]; como vaso de alfarero los des-
menuzarás.
10 Y ahora, reyes, entended: admitid
correccion, jueces de la tierra.
Heb. 12. 28. 11 Servid á Jehová con temor [i], y ale-
gráos con temblor.
Juan 5. 23. 12 Besad al Hijo [k], porque no se enoje,
y perezcais en el camino, cuando se en-
cendiere un poco su furor. Bienaventu-
rados todos los que en él confian [l]. [l] Sal. 34. 8. y 84. 12. Pro. 16. 20. Is. 30. 18. Jer. 17. 7.

SALMO III.

David acosado de muchos y fuertes enemigos, en Dios se promete la victoria.

Salmo de David, cuando huia de de-
lante de Absalom su hijo.

¡OH Jehová, cuanto se han multipli-
cado mis enemigos! muchos se
levantan contra mí.
2 Muchos dicen de mi vida: No hay [a] [a] Sal. 71. 11.
para él salud en Dios. Selah.
3 Mas tú, Jehová, *eres* escudo al re-
dedor de mí; mi gloria, y el que en-
salza mi cabeza.
4 Con mi voz clamé á Jehová, y él me
respondió desde el monte de su santidad.
Selah.
5 Yo me acosté, y dormí [b], y desperté; [b] Sal. 4. 8. y 127. 2. Pro. 3. 24.
porque Jehová me sostuvo.
6 No temeré de diez millares de pue-
blo, que pusieren cerco contra mí [c]. [c] Sal. 27. 1, etc.
7 Levántate, Jehová; sálvame, Dios
mio: porque tú heriste á todos mis ene-
migos *en* la quijada; los dientes de los
malos quebrantaste.
8 De Jehová *es* la salud [d]: sobre tu [d] Is. 43. 11. Jer. 3. 23. Os. 13. 4. Jona. 2. 9.
pueblo *será* tu bendicion. Selah.

SALMO IV.

David clama á Dios en su afliccion. Reprende y exhorta á sus perseguidores. Declara que la verdadera felicidad es estar en gracia de Dios.

Al Músico principal sobre Neginoth.
Salmo de David.

RESPÓNDEME cuando clamo, oh
Dios de mi justicia: *estando* en an-
gustia, tú me hiciste ensanchar: ten
misericordia de mí, y oye mi oracion.
2 Hijos de los hombres, ¿hasta cuando
volveréis mi honra en infamia, amaréis
la vanidad, y buscaréis la mentira? Se-
lah.
3 Sabed pues que Jehová hizo apartar
al pio para sí: Jehová oirá cuando yo á
él clamáre.
4 Temblad, y no pequeis: conversad
en vuestro corazon, sobre vuestra cama,
y desistid. Selah.
5 Ofreced sacrificios de justicia [a], y [a] Deu. 33. 19.
confi·d en Jehová.
6 Muchos dicen: ¿Quién nos mostrará

[b] Nu. 6. 26.

el bien? Alza sobre nosotros, oh Jehová, la luz de tu rostro [b].

7 Tú diste alegría en mi corazon, mas que *tienen otros* en el tiempo que se multiplicó su grano y su mosto.

[c] Sal. 3. 5.

8 En paz me acostaré, y asimismo dormiré [c]: porque solo tú, Jehová, me harás estar confiado.

SALMO V.

Oracion de David, en que denuncia la ruina y perdicion de los malos, y la proteccion y defensa que Dios concede á los que le aman, y ponen en él su confianza.

Al Músico principal sobre Nehiloth. Salmo de David.

ESCUCHA, oh Jehová, mis palabras; considera la meditacion mia.

2 Está atento á la voz de mi clamor, Rey mio, y Dios mio, porque á tí oraré.

3 Oh Jehová, de mañana oirás mi voz; de mañana *me* presentaré á tí, y esperaré.

[a] Hab. 1. 13.

4 Porque tú no *eres* un Dios que ame la maldad [a]: el malo no habitará junto á tí.

[b] Sal. 34. 16. y 94. 20.

5 No estarán los insensatos delante de tus ojos [b]: aborreces á todos los que obran iniquidad.

[c] Sal. 55. 23.

6 Destruirás á los que hablan mentira: al hombre de sangres y de engaño abominará Jehová [c].

7 Y yo en la multitud de tu misericordia entraré en tu casa; adoraré hácia el templo de tu santidad en tu temor.

[d] Sal. 27. 11.
[e] Sal. 25. 4. y 86. 11. y 139. 24. y 143. 8. Is. 26. 7.

8 Guíame, Jehová, en tu justicia á causa de mis enemigos [d]; endereza delante de mí tu camino [e].

[f] Rom. 3. 13.

9 Porque no hay en su boca rectitud: sus entrañas *son* pravedades; sepulcro abierto [f] su garganta; con su lengua lisonjearán.

10 Desbarátalos, oh Dios; caigan de sus consejos: por la multitud de sus rebeliones échalos, porque se rebelaron contra tí.

[g] Is. 65. 13, 16.

11 Y alegrarse han todos los que en tí confian [g]; para siempre darán voces de júbilo, porque tú los defiendes; y en tí se regocijarán los que aman tu nombre.

12 Porque tú, oh Jehová, bendecirás al justo; lo cercarás de benevolencia como *con* un escudo.

SALMO VI.

David, enfermo de gravedad, conoce ser afligido por sus pecados, é implora la misericordia de Dios.

Al Músico principal en Neginoth sobre Seminith. Salmo de David.

[a] Sal. 38. 1. Jer. 10. 24.

JEHOVA, no me reprendas en tu furor [a], ni me castigues con tu ira.

[b] Sal. 51. 8.

2 Ten misericordia de mí, oh Jehová, porque yo *estoy* debilitado: sáname, oh Jehová, porque mis huesos [b] estan conmovidos.

3 Mi alma asimismo está muy conturbada: y tú, Jehová, ¿hasta cuando?

4 Vuelve, oh Jehová, libra mi alma; sálvame por tu misericordia.

[c] Sal. 30. 10. y 88. 10, 11. y 115. 17. Is. 38. 18.

5 Porque en la muerte no *hay* memoria de tí: ¿quién te loará [c] en el sepulcro?

[d] Job 7. 3.

6 Heme consumido á fuerza de gemir: todas las noches inundo mi lecho, riego mi estrado con mis lágrimas [d].

[e] Job 17. 7. Sal. 31. 9. y 38. 10. y 88. 9. Lam. 5. 17.

7 Mis ojos estan carcomidos de descontento [e]; hanse envejecido á causa de todos mis angustiadores.

[f] Sal. 119. 115. y 139. 19.

8 Apartáos de mí todos los obradores de iniquidad [f]; porque Jehová ha oido la voz de mi lloro [g].

[g] Sal. 145.18.

9 Jehová ha oido mi ruego; ha recibido Jehová mi oracion.

10 Se avergonzarán, y turbaránse mucho todos mis enemigos: volveránse y serán avergonzados subitáneamente.

SALMO VII.

Invoca David el favor de Dios contra las calumnias de sus enemigos, y protesta su inocencia. Denuncia la ira de Dios, y el castigo que espera á sus perseguidores.

[a] Hab. 3. 1.

Sigaion [a] de David, que cantó á Jehová sobre las palabras de Cus, hijo de Benjamin.

JEHOVA Dios mio, en tí he confiado: sálvame de todos los que me persiguen, y líbrame.

2 No sea que arrebate *el enemigo* mi alma, cual leon que despedaza, sin que *haya* quien libre.

3 Jehová Dios mio, si yo he hecho esto, si hay en mis manos iniquidad;

4 Si dí mal pago al pacífico conmigo, (hasta he libertado al que sin causa era mi enemigo;)

5 Persiga el enemigo mi alma, y alcánzela: y pise en tierra mi vida, y á mi honra ponga en el polvo. Selah.

[b] Sal. 94. 1.
[c] Sal. 44. 23. y 73. 20. Is. 51. 9.

6 Levántate, oh Jehová, con tu furor [b], álzate á causa de las iras de mis angustiadores; y [c] despierta en favor mio el juicio *que* mandaste.

7 Y te rodeará concurso de pueblo; por cuyo amor vuélvete luego á *levantar* en alto.

[d] Sal. 18. 20.

8 Jehová juzgará los pueblos: júzgame, oh Jehová, conforme á mi justicia y conforme á [d] mi integridad.

[e] 1 Cr. 28. 9. Jer. 11. 20. y 17. 10. y 20. 12. Ap. 2. 23.

9 Consúmase ahora la malicia de los inicuos, y establece al justo; pues *eres* el Dios justo que prueba los corazones y los riñones [e].

[f] Sal. 84. 11.

10 Mi escudo *está* en Dios [f], que salva á los rectos de corazon.

11 Dios *es* el que juzga al justo; y Dios está airado todos los dias *contra el impío*.

[g] Deu. 32. 41.

12 Si no se convirtiere, él afilará su espada [g]: armado tiene ya su arco, y lo ha preparado.

13 Asimismo ha aparejado para él armas de muerte; ha labrado sus saetas para los que persiguen.

[h] Sant. 1. 15.

14 Hé aquí *mi enemigo* ha tenido parto de iniquidad: concibió trabajo, y parió mentira [h].

[i] Job 4. 8. Sal. 9. 15. y 35. 8. y 57. 6. y 141. 10. Pro. 5. 22.

15 Pozo ha cavado, y ahondádolo; y en la fosa *que* hizo caerá [i].

16 Su trabajo se tornará sobre su cabeza, y su agravio descenderá sobre su mollera.

17 Alabaré yo á Jehová conforme á su justicia, y cantaré al nombre de Jehová el Altísimo.

SALMO VIII.

Dios se muestra digno de suma alabanza en todo lo que ha criado, singularmente por la grande dignidad en que ha puesto al hombre.

Al Músico principal sobre Gittith. Salmo de David.

[a] Sal. 113. 4. y 148. 13.

¡CUAN grande *es* tu nombre en toda la tierra, oh Jehová Señor nuestro, que has puesto tu gloria sobre los cielos [a]!

[b] Mat. 11. 25. y 21. 16. 1 Cor. 1. 27.

2 De la boca de los chiquitos y de los que maman fundaste la fortaleza [b], á causa de tus enemigos, para hacer cesar al enemigo, y al que se venga [c].

[c] Sal. 44. 16.

3 Cuando veo tus cielos, obra de tus dedos, la luna, y las estrellas que tú formaste,

[d] Job 7. 17. Sal. 144. 3. Heb. 2. 6.

4 *Digo*: ¿Qué *es* el hombre, para que tengas de él memoria [d], y el hijo del hombre, que lo visites?

5 Pues le has hecho poco menor que los ángeles, y coronástelo de gloria y de lustre.

6 Hiciste le enseñorear de las obras de tus manos; todo lo pusiste debajo de sus pies[c]: Cor. 15. 7.

7 Ovejas, y bueyes, todo ello; y asimismo las bestias del campo:

8 Las aves de los cielos, y los peces de la mar; *todo cuanto* pasa por los senderos de la mar.

9 Oh Jehová Señor nuestro, ¡cuan grande *es* tu nombre en toda la tierra!

SALMO IX.

David da á Dios gracias por victoria conseguida sobre los enemigos.

Al Músico principal sobre Muth-labben. Salmo de David.

TE alabaré, oh Jehová, con todo mi corazon: contaré todas tus maravillas[a]. al. 139. 14.

2 Alegraréme y regocijaréme en tí: cantaré á tu nombre, oh Altísimo[b], al. 58. 18.

3 Por haber sido mis enemigos vueltos atras: caerán y perecerán delante de tí.

4 Porque has hecho mi juicio y mi causa: sentástete en silla juzgando justicia.

5 Reprendiste gentes, destruiste al malo, raiste el nombre de ellos para siempre jamas[c]. ro. 10. 7.

6 Oh enemigo, acabados son para siempre los asolamientos; y las ciudades *que* derribaste, su memoria[d] pereció con ellas. Rey. 19. , etc.

7 Mas Jehová permanecerá para siempre[e]: dispuesto ha su trono para juicio. l. 102. 26.

8 Y el juzgará el mundo con justicia; juzgará los pueblos con rectitud.

9 Y será Jehová refugio al pobre, refugio para el tiempo de angustia[f]. al. 37. 39. 46. 1.

10 Y en tí[g] confiarán los que conocen tu nombre; por cuanto tú, oh Jehová, no desamparaste á los que te buscaron. ro. 18. 10.

11 Cantad á Jehová, que habita en Sion: noticiad en los pueblos sus obras.

12 Porque demandando las sangres se acordó de ellos[h]: no se olvidó del clamor de los pobres. en. 9. 5.

13 Ten misericordia de mí, Jehová: mira mi afliccion *que padezco* de los que me aborrecen, tú que me levantas de las puertas de la muerte.

14 Porque cuente yo todas tus alabanzas en las puertas de la hija de Sion, *y* me goce en tu salud.

15 Hundiéronse las gentes en la fosa que hicieran; en la red que escondieron[i] fué tomado su pié. al. 7. 15. 57. 6.

16 Jehová fué conocido *en* el juicio que hizo: en la obra de sus manos fué enlazado el malo. Higgaion ‖. Selah. ndilegon.

17 Los malos serán trasladados al infierno; todas las gentes que se olvidan[k] de Dios. al. 50. 22.

18 Porque no para siempre será olvidado el pobre; *ni* la esperanza de los pobres perecerá perpetuamente.

19 Levántate, oh Jehová; no se fortalezca el hombre: sean juzgadas las gentes delante de tí.

20 Pon, oh Jehová, temor en ellos: conozcan las gentes que son *no mas que* hombres. Selah.

SALMO X.

David implora el auxilio del Señor.

¿POR qué estás léjos, oh Jehová, *y te* escondes en el tiempo de la tribulacion?

2 Con arrogancia el malo persigue al pobre: serán cogidos en los artificios que han ideado[a]. al. 7. 15. 9. 16. 57. 6. ro. 5. 22.

3 Por cuanto se alaba el malo del deseo de su alma, y bendice al codicioso, *á quien* Jehová aborrece.

4 El malo, por la altivez de su rostro, no busca *á Dios*: no *hay* Dios *en* todos sus pensamientos[b]. [b] Sal. 14. 1. y 53. 1.

5 Sus caminos son viciosos en todo tiempo: tus juicios *los tiene* muy léjos de su vista: echa bocanadas en *órden á* todos sus enemigos.

6 Dice en su corazon: No seré movido en ningun tiempo, ni jamas *me alcanzará* el infortunio.

7 Llena está su boca de maldicion[c], y de engaños y fraude: debajo de su lengua vejacion y maldad. [c] Ro. 3. 14.

8 Está en las guaridas de las aldéas: en los escondrijos mata al inocente: sus ojos estan acechando al pobre.

9 Acecha en oculto como el leon desde su cama: acecha para arrebatar al pobre: arrebata al pobre trayendolo á su red.

10 Encógese, agáchase, y caen en sus fuerzas muchos desdichados.

11 Dice en su corazon: Dios está olvidado[d], ha encubierto su rostro; nunca *lo* verá. [d] Job 22. 13. Sal. 94. 7. Ez. 8. 11.

12 Levántate, oh Jehová Dios; alza tu mano, no te olvides de los pobres.

13 ¿Por qué irrita el malo á Dios? En su corazon ha dicho *que* no *lo* inquirirás.

14 Tú *lo* tienes visto; porque tú miras el trabajo, y la vejacion, para vengar*le* por tu mano: á tí se acoge el pobre; tú eres el amparador del huérfano.

15 Quebranta el brazo del malo[e]: del maligno buscarás su maldad, *hasta que* ninguna *mas* halles. [e] Job 38. 15. y 37. 17.

16 Jehová, Rey eterno y perpetuo[f]; de su tierra fueron destruidas las gentes. [f] Sal. 29. 10. y 146. 10. 1 Ti. 1. 17. y 6. 15, 16.

17 El deseo de los humildes oiste, oh Jehová: tú dispones su corazon, y haces atento tu oido;

18 Para juzgar al huérfano y al pobre; á fin que no vuelva mas á hacer violencia el hombre de la tierra.

SALMO XI.

David, contemplando al Señor justo defensor de la inocencia, severo juez de los que la persiguen, pone toda su confianza en Dios, á pesar de todos los enemigos.

Al Músico principal: *Salmo* de David.

EN Jehová he confiado: ¿Cómo decís á mi alma: Escapa al monte *cual* ave?

2 Porque hé aquí los malos flecharon el arco, apercibieron sus saetas sobre la cuerda, para asaetear en oculto á los rectos de corazon.

3 Si fueren destruidos los fundamentos, ¿qué ha de hacer el justo?

4 Jehová en el templo de su santidad: la silla de Jehová *está* en el cielo: sus ojos ven, sus párpados examinan á los hijos de los hombres[a]. [a] Sal. 33. 13. y 66. 7.

5 Jehová prueba al justo; empero al malo y al que ama la violencia su alma aborrece.

6 Sobre los malos lloverá lazos, fuego y azufre, con viento de torbellinos: *tal será* la porcion del caliz de ellos.

7 Porque el justo Jehová ama la justicia; al *hombre* recto mirará su rostro.

SALMO XII.

Corrupcion general de costumbres, de la cual pide á Dios ser preservado.

Al Músico principal sobre Seminith: Salmo de David.

SALVA, oh Jehová, porque se acabaron los misericordiosos; porque se han acabado los fieles de entre los hijos de los hombres[a]. [a] Is. 57. 1.

2 Mentira habla cada uno con su prójimo; *con* labios lisonjeros, con corazon doble hablan.

3 Destruirá Jehová todos los labios lisonjeros, y la lengua que habla grandezas[b]:

[b] 1 Sa. 2. 3.

4 Que dijeron: Por nuestra lengua prevaleceremos; nuestros labios *estan* con nosotros: ¿quién nos *es* señor?

5 Por la opresion de los pobres, por el gemido de los menesterosos, ahora me levantaré, dice Jehová: pondrélos en salvo *del que* contra ellos se engríe.

6 Las palabras de Jehová, palabras limpias[c]; plata refinada en horno de tierra, purificada siete veces.

[c] Sal. 119. 140. Pro. 30. 5.

7 Tú, Jehová, los guardarás; guárdalos para siempre de aquesta generacion.

8 Cercando andan los malos, mientras son exaltados los mas viles de los hijos de los hombres.

SALMO XIII.

Oracion de un ánimo combatido de la tentacion, empero en Dios confiado.

Al sobrestante de los Músicos: Salmo de David.

¿HASTA cuando, Jehová? ¿me olvidarás para siempre? ¿Hasta cuando esconderás tu rostro[a] de mí?

[a] Sal. 88. 14.

2 ¿Hasta cuando pondré consejos en mi alma, *con* ansiedad en mi corazon cada dia? ¿Hasta cuando será ensalzado mi enemigo sobre mí?

3 Mira, óyeme, Jehová Dios mio: alumbra mis ojos, porque no duerma *en* muerte[b];

[b] Jer. 51. 39.

4 Porque no diga mi enemigo: Vencílo: mis enemigos se alegrarán, si yo resbaláre.

5 Mas yo en tu misericordia he confiado: alegraráse mi corazon en tu salud.

6 Cantaré á Jehová; porque me ha hecho bien.

SALMO XIV.

Describe David la comun corrupcion del mundo, y muestra las fuentes de donde ella emana. Dios librará á los suyos.

Al Músico principal, *Salmo* de David.

DIJO el necio en su corazon: No *hay* Dios[a]. Corrompiéronse, hicieron obras abominables; no *hay* quien haga bien.

[a] Sal. 10. 4. y 53. 1.

2 Jehová miró desde los cielos sobre los hijos de los hombres, por ver si habia alguno entendido, que buscara á Dios.

3 Todos declinaron, juntamente se han corrompido[b]: no *hay* quien haga bien, no *hay* ni siquiera uno.

[b] Ro. 3. 10.

4 ¿No tendrán conocimiento todos los que obran iniquidad, que devoran á mi pueblo, *como* si pan comiesen, y á Jehová no invocaron?

5 Allí temblaron de espanto; porque Dios *está* con la nacion de los justos[c].

[c] Sal. 53. 5.

6 El consejo del pobre habeis escarnecido, por cuanto Jehová *es* su esperanza.

7 ¡Quién diese de Sion[d] la salud de Israel! En tornando Jehová la cautividad de su pueblo, se gozará Jacob, y alegraráse Israel.

[d] Ro. 11. 26.

SALMO XV.

Carácter de los que habitarán en la Sion santa.

Salmo de David.

JEHOVA, ¿quién habitará en tu tabernáculo? ¿quién residirá en el monte de tu santidad[a]?

[a] Sal. 24. 3.

2 El que anda en integridad, y obra justicia, y habla verdad en su corazon:

3 *El que* no detrae con su lengua, ni hace mal á su prójimo, ni contra su prójimo[b] acoge oprobio alguno.

[b] Ex. 23. 1.

4 *Aquel* á cuyos ojos es menospreciado el vil; mas honra á los que temen á Jehová: y habiendo jurado *aun* en daño *suyo temporal*, no por eso muda.

5 *Quien* su dinero no dió á usura[c], ni contra el inocente[d] tomó cohecho. El que hace estas cosas, no resbalará para siempre.

[c] Ex. 22. 25. Lev. 25. 36. Deu. 23. 19. Ez. 18. 8, 17. y 22. 12.
[d] Deu. 16. 19.

SALMO XVI.

Acude David á Dios pidiéndole socorro. Salmo profético que conviene á Jesu-Christo.

Michtham: de David.

GUARDAME, oh Dios, porque en tí he confiado.

2 Dijiste, *oh alma mia*, á Jehová: Tú *eres* el Señor: mi bien á tí no aprovecha[a];

[a] Sal. 50. 9, etc. Job 22. 2, etc. y 35. 7.

3 *Sinó* á los santos que *están* en la tierra, y á los íntegros: toda mi aficion en ellos.

4 Multiplicaránse los dolores de aquellos que sirven diligentes á *otro dios*: no ofreceré yo sus libaciones de sangre, ni en mis labios tomaré sus nombres.

5 Jehová, *que eres* la porcion[b] de mi parte, y de mi copa, tú sustentarás mi suerte.

[b] Sal. 73. 26. y 119. 57. y 142. 5. La. 3. 24.

6 Las cuerdas me cayeron en *lugares* deleitosos, y *es* hermosa la heredad que me ha tocado.

7 Bendeciré á Jehová, que me aconseja; aun en las noches me enseñan mis riñones.

8 A Jehová he puesto siempre[c] delante de mí; porque *estando él* á mi diestra[d], no seré conmovido.

[c] Hech. 2. 25, etc.
[d] Sal. 73. 23, 26. y 121. 5.

9 Alegróse por tanto mi corazon, y se gozó mi gloria: tambien mi carne reposará segura.

10 Porque no dejarás mi alma en el sepulcro; ni permitirás que tu Santo vea corrupcion.

11 Me mostrarás la senda de la vida: hartura de alegrías *hay* con tu rostro[e]; deleites en tu diestra para siempre.

[e] Sal. 17. 15. y 21. 6.

SALMO XVII.

Oracion de David, en que afirma su inocencia con el testimonio de Dios contra las calumnias de sus perseguidores, y pide favor contra la violencia de ellos.

Oracion de David.

OYE, oh Jehová, justicia *mia*, está atento á mi clamor; escucha mi oracion *hecha* sin labios de engaño.

2 De delante de tu rostro salga mi juicio; vean tus ojos la rectitud.

3 Tú has probado mi corazon[a], *hasle* visitado de noche, me has apurado, *y* nada inicuo hallaste: heme propuesto *que* mi boca no ha de propasarse.

[a] Sal. 139. 1.

4 Para las obras humanas, por la palabra de tus labios yo me he guardado de las vias del destructor.

5 Sustenta mis pasos en tus caminos, porque mis pies no resbalen.

6 Yo te he invocado, por cuanto tú me oirás, oh Dios: inclina á mí tu oido, escucha mi palabra.

7 Muestra tus estupendas misericordias[b], tú que salvas á los que en tí confian de los que se levantan contra tu diestra.

[b] Sal. 31. 21.

8 Guárdame como lo negro de la niñeta del ojo, escóndeme[c] con la sombra de tus alas

[c] Deu. 32. 10. Zac. 2. 8.

9 De delante de los malos que me oprimen; *de* mis enemigos *que* me cercan por la vida.

10 Cerrados con su grosura[d], con su boca hablan soberbiamente.

[d] Job 15. 27. Sal. 73. 7.

11 Nuestros pasos nos han cercado
ahora: puestos tienen sus ojos para
echarnos por tierra.
12 Parecen al leon que desea hacer
presa, y al leoncillo que está escondido.
13 Levántate, oh Jehová, preven su
encuentro; póstrale: libra mi alma del
malo con tu espada:
14 *Líbrala* de los hombres *con* tu mano,
oh Jehová; de los hombres de mundo,
cuya parte *es* en *esta* vida, y cuyo vientre
hinchen de tu tesoro: hartan sus hijos,
y dejan el resto á sus chiquitos.
15 Yo en justicia veré tu rostro: seré
saciado cuando despertaré á tu seme-
L 16. 11. janza[a].

SALMO XVIII.

David da gracias á Dios por haberle librado de grandes peligros, y constituidole rey á él y á sus descendientes.

Al Músico principal: *Salmo* de David,
siervo de Jehová, el cual profirió á
Jehová las palabras de este cántico el
dia que le libró Jehová de mano de
todos sus enemigos, y de mano de
.XXII. Saul. Entónces dijo[a]:

AMARTE he, oh Jehová, fortaleza
mia.
2 Jehová, roca mia, y castillo mio, y
mi libertador: Dios mio, fuerte mio;
en él confiaré: escudo mio, y el cuerno
de mi salud, y mi refugio.
3 Invocaré á Jehová, digno de ser ala-
L 50. 15. bado, y seré salvo de mis enemigos[b].
L 116. 3. 4 Cercáronme dolores de muerte[c], y
torrentes de perversidad me atemori-
zaron.
1. 18. 10. 5 Dolores del sepulcro[d] me rodearon;
previniéronme lazos de muerte.
6 En mi angustia invoqué á Jehová, y
clamé á mi Dios: él oyó mi voz desde
su templo, y mi clamor llegó delante de
r. 30. 27. él, á sus oidos[e].
7 Y la tierra fué conmovida y tembló;
y moviéronse los fundamentos de los
montes, y se estremecieron, porque se
indignó él.
8 Humo subió de su nariz, y de su
boca consumidor fuego: carbones fue-
ron por él encendidos.
L 144. 5, 9 Y bajó los cielos[f], y descendió; y
obscuridad debajo de sus piés.
10 Y cabalgó sobre un querubin, y vo-
L 104. 3. ló: voló sobre las alas del viento[g].
11 Puso tinieblas *por* escondedero suyo:
era su pabellon en derredor de sí obscu-
d. 97. 2. ridad de aguas, nubes de los cielos[h].
12 Por el resplandor *que habia* delante
de él, *sus* nubes pasaron *echando* granizo
y carbones ardientes.
13 Y tronó en los cielos Jehová, y el
Altísimo dió su voz; granizo y carbones
de fuego.
14 Y envió sus saetas, y desbaratólos; y
echó relámpagos, y los destruyó.
15 Y aparecieron las honduras de las
aguas, y descubriéronse los cimientos
del mundo á tu reprension, oh Jehová,
por el soplo del viento de tu nariz.
16 Envió desde lo alto, tomóme, sa-
cóme de las muchas aguas.
17 Libróme de mi poderoso enemigo, y
de los que me aborrecian, aunque eran
ellos mas fuertes que yo.
18 Asaltáronme en el dia de mi que-
Sa. 30. 6. branto: mas Jehová fué mi apoyo[i].
1. 3. 1, 5. 19 Y sacóme á anchura[k]: libróme,
al. 118. 5. porque se agradó de mí.
20 Hame pagado Jehová conforme á
Sa. 26. 23. mi justicia[l]; conforme á la limpieza de
mis manos me ha vuelto.
21 Porque yo he guardado los caminos
de Jehová, y no me aparté impíamente
de mi Dios.
22 Pues todos sus juicios *estuvieron*
delante de mí, y no eché de mí sus es-
tatutos.
23 Y fuí íntegro para con él, y cautel-
éme de mi maldad.
24 Pagóme pues Jehová conforme á
mi justicia; conforme á la limpieza de
mis manos delante de sus ojos.
25 Con el misericordioso te mostrarás
misericordioso, y recto para con el hom-
bre íntegro.
26 Limpio te mostrarás para con el
limpio, y severo[m] serás para con el per- [m] Lev. 26. 24.
verso. Pro. 3. 33, 34.
27 Y tú salvarás al pueblo humilde, y
humillarás[n] los ojos altivos. [n] Pro. 6. 16, 17.
28 Tú pues alumbrarás mi lámpara[o]:
Jehová mi Dios alumbrará mis tinieblas. [o] Job 29. 3.
29 Porque contigo desharé ejércitos; y
con mi Dios asaltaré muros.
30 Dios, perfecto su camino[p]: *es* acen- [p] Deu. 32. 4.
drada[q] la palabra de Jehová: escudo [q] Sal. 12. 6.
es[r] á todos los que en él esperan. y 119. 140.
31 Porque ¿qué Dios *hay* fuera de Je- Pro. 30. 5.
hová[s]? ¿y qué fuerte fuera de nuestro [r] Sal. 84. 11.
Dios? y 115. 9, 11.
32 Dios *es el* que me ciñe de fuerza, é [s] Deu. 32. 31.
hizo perfecto mi camino: 1 Sa. 2. 2.
33 Quien pone mis piés como *piés* de Sal. 86. 8.
ciervas, é hízome estar sobre mis al-
turas[t]: [t] Hab. 3. 19.
34 Quien enseña mis manos para la
batalla[u], y será quebrado con mis bra- [u] Sal. 144. 1.
zos el arco de acero.
35 Dísteme asimismo el escudo de tu
salud; y tu diestra me sustentó, y tu
benignidad me ha acrecentado.
36 Ensanchaste mis pasos debajo de
mí, y no titubearon mis rodillas[x]. [x] Pro. 4. 12.
37 Perseguido he mis enemigos, y al-
cancélos, y no volví hasta acabarlos.
38 Helos herido, y no podrán levan-
tarse: cayeron debajo de mis piés;
39 Pues me ceñiste de fortaleza para
la pelea: has agobiado mis enemigos
debajo de mí.
40 Y dísteme la cerviz de mis enemigos,
y destruí á los que me aborrecian.
41 Clamaron, y no *hubo* quien salvase:
clamaron á Jehová, mas no los oyó[y]. [y] Job 27. 9.
42 Y molílos como polvo delante del y 35. 12.
viento; esparcílos[z] como lodo de las Jer. 11. 11.
calles. Ez. 8. 18.
43 Librásteme de contiendas de pue- [z] Zac. 10. 5.
blo: pusísteme por cabecera de gentes:
pueblo que yo no conocia me sirvió[a]. [a] Is. 55. 5.
44 Así que hubo oido, me obedeció:
los hijos de estraños me mintieron;
45 Los estraños flaquearon, y tuvieron
miedo desde sus encerramientos.
46 Viva Jehová, y *sea* bendita mi roca;
y ensalzado sea el Dios de mi salud:
47 El Dios que me da las venganzas, y
sujetó pueblos á mí:
48 Mi libertador de mis enemigos: hi-
císteme tambien superior de mis adver-
sarios; librásteme de varon violento.
49 Por tanto yo te confesaré entre las
gentes, oh Jehová, y cantaré á tu nom-
bre[b]: [b] Ro. 15. 9.
50 El cual engrandece las saludes de
su rey, y hace misericordia á su ungido
David, y á su simiente para siempre.

SALMO XIX.

Las obras de la creacion dan testimonio de la gloria de Dios; y su revelada palabra ilumina el alma, y llénala de piadoso regocijo.

Al Músico principal: Salmo de David.

LOS Cielos cuentan la gloria de Dios,
y la expansion denuncia la obra de
sus manos[a]. [a] Ro. 1. 19, 20.
2 El un dia emite palabra al *otro* dia,
y la *una* noche á la *otra* noche declara
sabiduría.

3 No *hay* dicho, ni palabras, ni es oida su voz.

4 Por toda la tierra salió su hilo, y al cabo del mundo sus palabras[b]. En ellos puso tabernáculo para el sol:

[b] Ro. 10. 18.

5 Y él, como un novio que sale de su tálamo, alégrase cual gigante para correr el camino.

6 Del un cabo de los cielos *es* su salida, y su giro hasta la *otra* extremidad de ellos: y no hay quien se esconda de su calor.

7 La ley de Jehová *es* perfecta, que vuelve el alma: el testimonio de Jehová, fiel, que hace sabio al pequeño.

8 Los mandamientos de Jehová *son* rectos, que alegran el corazon: el precepto de Jehová, puro, que alumbra los ojos.

9 El temor de Jehová, limpio, que permanece para siempre: los juicios de Jehová *son* verdad[c], todos justos.

[c] Sal. 111. 7.

10 Deseables *son* mas que el oro, y mas que mucho oro afinado[d]; y dulces mas que miel, y que la que destila del panal.

[d] Sal. 119. 72, 127. Pro. 8. 19.

11 Tu siervo es ademas amonestado con ellos: en guardarlos *hay* grande galardon.

12 Los errores, ¿quién los entenderá? Líbrame de los que *me* son ocultos.

13 Deten asimismo á tu siervo de las soberbias; que no se enseñoreen de mí[e]: entónces seré íntegro, y estaré limpio de gran rebelion.

[e] Sal. 119. 133.

14 Sean gratos los dichos de mi boca[f], y la meditacion de mi corazon delante de tí, oh Jehová, roca mia, y Redentor mio.

[f] Sal. 104. 34.

SALMO XX.

Oracion del pueblo por la salud y victoria de su rey.

Al Músico principal: Salmo de David.

OIGATE Jehová en el dia de conflicto; defiéndate el nombre del Dios de Jacob.

2 Envíete ayuda desde el santuario, y desde Sion te sostenga.

3 Haga memoria de todos tus presentes, y reduzca á ceniza tu holocausto. Selah.

4 Déte conforme á tu corazon, y cumpla todo tu consejo.

5 Nosotros nos alegrarémos por tu salud, y alzarémos pendon[a] en el nombre de nuestro Dios: cumpla Jehová todas tus peticiones.

[a] Ex. 17. 15. Sal. 60. 4.

6 Ahora echo de ver que Jehová guarda á su ungido: oirálo desde los cielos de su santidad con la fuerza de la salvacion de su diestra.

7 Estos *confian* en carros, y aquellos en caballos: mas nosotros del nombre de Jehová nuestro Dios tendrémos memoria[b].

[b] Sal. 33. 16, 17. Pro. 21. 31. Is. 31. 1.

8 Ellos arrodillaron, y cayeron: mas nosotros nos levantamos, y nos enhestamos.

9 Salva, Jehová: *que* el Rey nos oiga el dia que lo invocáremos.

SALMO XXI.

Hacimiento de gracias á Dios por la victoria del rey.

Al Músico principal: Salmo de David.

ALEGRARÁSE el rey en tu fortaleza, oh Jehová, y en tu salud se gozará mucho.

2 El deseo de su corazon le diste, y no le negaste lo que sus labios pronunciaron. Selah.

3 Pues le has salido al encuentro con bendiciones de bien: corona de oro fino has puesto sobre su cabeza.

4 Vida te demandó, y dístele largura de dias por siglos y siglos[a].

[a] Sal. 72. 17.

5 Grande *es* su gloria en tu salud: honra y majestad has puesto sobre él.

6 Porque lo has bendecido para siempre: llenástelo de alegría con tu rostro[b].

[b] Sal. 4. 6, 7. y 16. 11.

7 Por cuanto el rey confía en Jehová, y en la misericordia del Altísimo, no será conmovido.

8 Alcanzará tu mano á todos tus enemigos[c]; tu diestra alcanzará á los que te aborrecen.

[c] Am. 9. 2, 3.

9 Ponerlos has como horno de fuego[d] en el tiempo de tu ira: Jehová los deshará en su furor, y fuego los consumirá[e].

[d] Mal. 4. 1.

[e] Is. 26. 11.

10 Su fruto destruirás de la tierra[f], y su simiente de entre los hijos de los hombres,

[f] Job 18. 16, 19. Sal. 37. 28.

11 Porque trazaron el mal contra tí: fraguaron maquinaciones, *mas* no prevalecerán[g].

[g] Sal. 2. 1, 4.

12 Pues tú los pondrás en fuga, cuando aparejarás en tus cuerdas *las saetas* contra sus rostros.

13 Ensálzate, oh Jehová, con tu fortaleza: cantarémos y alabarémos tu poderío.

SALMO XXII.

David, figura del Mesias clavado en cruz, ruega á su Eterno Padre que le ampare; y dice que despues de resucitado anunciará su gloria á toda la tierra.

Al Músico principal, sobre Ajeleth-sahar: Salmo de David.

DIOS mio, Dios mio, ¿por qué me has dejado[a]? ¿*porque* estás léjos de mi salud, *y* de las palabras de mi clamor[b]?

[a] Mat. 27. 46. Mar. 15. 34. Luc. 24. 46.

[b] Heb. 5. 7.

2 Dios mio, clamo[c] de dia, y no oyes; y de noche, y no *hay* para mí silencio.

[c] Sal. 69. 3.

3 Tú empero *eres* Santo, *tú* que habitas *entre* las alabanzas de Israel[d].

[d] Sal. 65. 1.

4 En tí esperaron nuestros padres: esperaron, y tú los libraste.

5 Clamaron á tí, y fueron librados: esperaron en tí, y no se avergonzaron.

6 Mas yo *soy* gusano, y no hombre; oprobio de los hombres, y desecho del pueblo[e].

[e] Is. 53. 3.

7 Todos los que me ven, escarnecen de mí; estiran los labios, y menean la cabeza[f] *diciendo:*

[f] Sal. 109. 25. Mat. 27. 39. Mar. 15. 29. etc. Luc. 23. 35. etc.

8 Remítese á Jehová, líbrelo; sálvele, puesto que en él se complacía.

9 Empero tú *eres* el que me sacó del vientre, el que me haces esperar *desde que estaba* á los pechos de mi madre.

10 Sobre tí fuí echado desde la matriz: desde el vientre de mi madre tú *eres* mi Dios[g].

[g] Is. 46. 3. y 49. 1.

11 No te alejes de mí; porque la angustia *está* cerca, porque no *hay* quien ayude.

12 Hanme rodeado muchos toros; fuertes *toros* de Basan me han cercado.

13 Abrieron sobre mí su boca, *como* leon rapante y rugiente.

14 Heme escurrido como aguas, y todos mis huesos se descoyuntaron: mi corazon fué como cera desliendose en medio de mis entrañas.

15 Secóse como un tiesto mi vigor, y mi lengua se pegó á mi paladar, y me has puesto en el polvo de la muerte.

16 Porque perros me han rodeado, hame cercado cuadrilla de malignos: horadaron mis manos y mis piés[h].

[h] Juan 19. 37. y 20. 25, 27.

17 Contar puedo todos mis huesos[i]: ellos miran, considerandome.

[i] Is. 52. 14.

18 Partieron entre sí mis vestidos[k], y sobre mi ropa echaron suertes.

[k] Mat. 27. 35. Mar. 15. 24. Luc. 23. 34. Juan 19. 23.

19 Mas tú, Jehová, no te alejes: fortaleza mia, apresúrate para mi ayuda.

20 Libra de la espada mi alma; de poder del perro mi única.

21 Sálvame de la boca del leon, y óyeme *librándome* de los cuernos de los unicornios.

22 Anunciaré tu nombre á mis hermanos: en medio de la congregacion te

Heb. 2. 11, 2. alabaré [l].

Sal. 115. 1, 13. 23 Los que temeis á Jehová, alabadlo [m]; glorificadle, simiente toda de Jacob; y temed de él, *vosotros* simiente toda de Israel.

24 Porque no menospreció ni abominó la afliccion del pobre, ni de él escondió su rostro; sino que cuando clamó á él,

Heb. 5. 7. oyóle [n].

25 De tí *será* mi alabanza en la grande congregacion: mis votos pagaré delante de los que le temen.

26 Comerán los pobres, y serán saciados: alabarán á Jehová los que le buscan: vivirá vuestro corazon para siempre.

27 Acordarse han, y volveránse á Je-

Sal. 2. 8. 72. 11. 86. 9. hová todos los terminos de la tierra [o]; y se humillarán delante de tí todas las familias de las gentes.

28 Porque de Jehová *es* el reino; y él se enseñoreará de las gentes.

29 Comieron y adoraron todos los poderosos de la tierra: postraránse delante de él todos los que descienden al polvo, si bien ninguno puede conservar la vida á su propia alma.

30 La posteridad *mia* le servirá; será ella contada por una generacion de Jehová.

31 Vendrán, y anunciarán al pueblo que naciere su justicia que él hizo.

SALMO XXIII.

David, como experimentado, por la semejanza del oficio del pastor para con sus ovejas, pinta cual sea la providencia de Dios para con los suyos.

Salmo de David.

JEHOVA *es* mi pastor; nada me fal-

... 34. 11. tará [a].

2 En lugares de delicados pastos me hará yacer: junto á aguas de reposo me pastoreará.

3 Confortará mi alma; guiaráme por sendas de justicia por amor de su nombre.

4 Aunque ande en valle de sombra de muerte, no temeré mal *alguno*, porque tú *estarás* conmigo: tu vara y tu cayado me infundirán aliento.

5 Aderezarás mesa delante de mí en presencia de mis angustiadores: ungiste mi cabeza con aceite; mi copa *está* rebosando.

6 Ciertamente el bien y la misericordia me seguirán todos los dias de mi vida: y en la casa de Jehová moraré por largos dias.

SALMO XXIV.

Señorío de Dios en el mundo; condicion de los que subirán á estar en su santo monte; y entrada en él triunfante del Rey de la gloria.

Salmo de David.

DE Jehová *es* la tierra y su pleni-

...19. 14. tud; el [a] mundo, y los que en él

50. 12. habitan.

...z. 10. 2 Porque él la fundó sobre los mares [b], y afirmóla sobre los rios.

... 136. 6. 3 ¿Quién subirá al monte de Jeho-

XV. vá [c]? ¿Y quién estará en el lugar de su santidad?

4 El limpio de manos, y puro de corazon; el que no ha elevado su alma á la vanidad, ni jurado con engaño.

5 El recibirá bendicion de Jehová [d], y justicia del Dios de su salud.

[d] Is. 33. 15, 17.

6 Tal *es* la generacion de los que le buscan, de los que buscan tu rostro, oh *Dios de* Jacob. Selah.

7 Alzad, oh puertas, vuestras cabezas, y alzaos vosotras, puertas eternas, y entrará el Rey de gloria.

8 ¿Quién *es* este Rey de gloria? Jehová el fuerte y valiente, Jehová el poderoso en batalla.

9 Alzad, oh puertas, vuestras cabezas, y alzaos vosotras, puertas eternas, y entrará el Rey de gloria.

10 ¿Quién *es* este Rey de gloria? Jehová de los ejércitos, él *es* el Rey de la gloria. Selah.

SALMO XXV.

David, confiado de la bondad de Dios, de la cual tiene larga experiencia, pide ser perdonado de sus pecados, y enseñado en su ley.

Salmo de David.

A TÍ, oh Jehová, levantaré mi alma.

2 Dios mio, en tí confio; no sea yo avergonzado [a], no se alegren de mí mis enemigos.

[a] Sal. 22. 4, 5. y 31. 1.

3 Ciertamente ninguno de cuantos en tí esperan será confundido: serán avergonzados los que se rebelan sin causa.

4 Muéstrame, oh Jehová, tus caminos; enséñame [b] tus sendas.

[b] Sal. 27. 11. y 86. 11.

5 Encamíname en tu verdad, y enséñame: porque tú *eres* el Dios de mi salud; en tí he esperado todo el dia.

6 Acuérdate, oh Jehová, de tus conmiseraciones, y de tus misericordias, que *son* perpetuas.

7 De los pecados de mi mocedad [c], y de mis rebeliones no te acuerdes: conforme á tu misericordia acuérdate de mí; por tu bondad, oh Jehová.

[c] Job 13. 26.

8 Bueno y recto *es* Jehová: por tanto él enseñará á los pecadores el camino.

9 Encaminará á los humildes por el juicio, y enseñará á los mansos su carrera.

10 Todas las sendas de Jehová *son* misericordia, y verdad, para los que guardan su pacto y sus testimonios.

11 Por amor de tu nombre, oh Jehová, perdonarás tambien mi pecado; porque es grande.

12 ¿Quién *es* el hombre que teme á Jehová? El le enseñará el camino que ha de escoger [d].

[d] Sal. 32. 8. y 37. 23.

13 Su alma reposará en el bien, y su simiente heredará la tierra [e].

[e] Sal. 37. 11, 22.

14 El secreto de Jehová *es* para los que le temen; y á ellos hará conocer su alianza.

15 Mis ojos *estan* siempre hácia Jehová; porque el sacará mis piés de la red [f].

[f] Sal. 124. 7, 8.

16 Mírame, y ten misericordia de mí; porque *estoy* solo y afligido.

17 Las angustias de mi corazon se han aumentado: sácame de mis congojas.

18 Mira mi afliccion y mi trabajo; y perdona todos mis pecados.

19 Mira mis enemigos, que se han multiplicado, y con odio violento me aborrecen.

20 Guarda mi alma, y líbrame: no sea yo avergonzado, porque en tí confié.

21 Integridad y rectitud me guarden; porque en tí he esperado.

22 Redime, oh Dios, á Israel de todas sus angustias [g].

SALMO XXVI.

Es la misma materia del Salmo séptimo; y así servirá aquí el mismo argumento é epígrafe.

Salmo de David.

JUZGAME, oh Jehová[a]; porque yo
en mi integridad he andado: confi-
ado he asimismo en Jehová; no va-
cilaré.
2 Pruébame[b], oh Jehová, y sondeame:
examina[c] mis riñones y mi corazon.
3 Porque tu misericordia *está* delante
de mis ojos, y en tu verdad ando.
4 No me he sentado con hombres de
falsedad[d], ni entré con los *que andan*
encubiertamente.
5 Aborrecí la reunion de los malignos,
y con los impíos nunca me senté.
6 Lavaré en inocencia[e] mis manos,
y andaré al rededor de tu altar, oh Je-
hová,
7 Para exclamar con voz de accion
de gracias, y para contar todas tus ma-
ravillas.
8 Jehová, la habitacion de tu casa he
amado[f], y el lugar del tabernáculo de
tu gloria.
9 No juntes con los pecadores mi al-
ma, ni con los hombres de sangres mi
vida:
10 En cuyas manos *está* el mal, y su
diestra *está* llena de sobornos.
11 Yo empero andaré en mi integri-
dad: redímeme, y ten misericordia de
mí.
12 Mi pié ha estado en rectitud[g]: en
las congregaciones bendeciré á Jehová.

[a] Sal. 7. 8, y 17. 2.
[b] Job 23. 10. y 139. 23. Mal. 3. 2, 3.
[c] Zac. 13. 9.
[d] Sal. 1. 1. Jer. 15. 17.
[e] Ex. 30. 19, 20. Sal. 73. 13.
[f] Sal. 27. 4. y 84. 1, 2.
[g] Sal. 40. 2.

SALMO XXVII.

Declara David la firme confianza que en Dios tiene para soportar toda suerte de tentacion. Pide á Dios que no le deje.

Salmo de David.

JEHOVA *es* mi luz y mi salvacion[a]:
¿de quién temeré? Jehová *es* la
fortaleza de mi vida: ¿de quien he de
atemorizarme[b]?
2 Cuando se allegaron contra mí los
malignos, mis angustiadores y mis ene-
migos, para comer mis carnes, ellos tro-
pezaron y cayeron.
3 Aunque se asiente campo contra mí,
no temerá mi corazon: aunque contra
mí se levante guerra, yo en esto confio.
4 Una cosa he demandado á Jehová;
esta buscaré: Que esté yo en la casa de
Jehová todos los dias de mi vida[c], para
contemplar la hermosura de Jehová, y
para inquirir en su templo.
5 Porque él me esconderá en su taber-
náculo en el dia del mal; ocultaráme en
lo reservado de su pabellon[d]; pondráme
en alto sobre una roca.
6 Y luego ensalzará mi cabeza sobre
mis enemigos en derredor de mí: y yo
sacrificaré en su tabernáculo sacrificios
de júbilo; cantaré y salmearé á Je-
hová.
7 Oye, oh Jehová, mi voz *con que á*
tí clamo: y ten misericordia de mí, y
respóndeme.
8 Mi corazon *me* ha dicho de tí: Bus-
cad mi rostro[e]. Tu rostro buscaré, oh
Jehová.
9 No escondas tu rostro de mí, no
apartes con ira á tu siervo: mi ayuda
has sido; no me dejes, y no me desam-
pares, Dios de mi salud.
10 Aunque mi padre y mi madre me
dejáran, Jehová con todo me recogerá[f].
11 Enséñame, oh Jehová, tu camino[g],
y guíame por senda de rectitud á causa
de mis enemigos.
12 No me entregues á la voluntad de
mis enemigos; porque se han levantado
contra mí testigos falsos, y los que res-
piran crueldad.
13 *Hubiera yo desmayado*, si no creyese
que tengo de ver la bondad de Jehová
en la tierra de los vivientes.
14 Aguarda á Jehová[h]; esfuérzate, y
aliéntese tu corazon: sí, espera á Je-
hová.

[a] Mic. 7. 7, 8.
[b] Sal. 118. 6.
[c] Sal. 26. 8. y 65. 4.
[d] Sal. 31. 20. y 91. 1.
[e] Is. 26. 9.
[f] Is. 49. 15.
[g] Sal. 5. 8. y 25. 4. y 86. 11. y 139. 24. y 143. 8.
[h] Sal. 40. 1.

SALMO XXVIII.

Pide David á Dios que le tenga de su mano, para que no camine con los impíos hipócritas, ni sea castigado con ellos. Ruega por el pueblo.

Salmo de David.

A TI clamaré, oh Jehová, fortaleza
mia: no te desentiendas de mí;
porque no sea yo, dejandome tú, se-
mejante á los que descienden al sepul-
cro[a].
2 Oye la voz de mis ruegos cuando
clamo á tí, cuando alzo mis manos há-
cia el templo de tu santidad[b].
3 No me arrebates á una con los ma-
los[c], y con los que hacen iniquidad; los
cuales hablan paz con sus prójimos, y la
maldad *está* en su corazon[d].
4 Dáles conforme á su obra, y con-
forme á la malicia de sus hechos; dáles
conforme á la obra de sus manos, dáles
su paga.
5 Porque no atendieron las obras de
Jehová, ni el hecho de sus manos[e],
derribarálos, y no los edificará.
6 Bendito Jehová, que oyó la voz de
mis ruegos.
7 Jehová *es* mi fortaleza y mi escudo:
en él esperó mi corazon, y fui ayudado;
por lo que se gozó mi corazon, y con mi
cancion le alabaré.
8 Jehová *es* su fuerza, y la fortaleza de
las saludes de su ungido.
9 Salva á tu pueblo, y bendice á tu
heredad[f]: y pastoréalos[g], y ensálzalos
para siempre.

[a] Sal. 143. 7.
[b] Sal. 138. 2.
[c] Sal. 26. 9.
[d] Sal. 12. 2. y 55. 21. y 62. 4. Jer. 9. 8.
[e] Job 34. 26, 27. Is. 5. 12.
[f] 1 Rey. 8. 51, 53.
[g] Mic. 7. 14.

SALMO XXIX.

Exhorta David á todos los príncipes de la tierra á dar la gloria á Dios, que por medio de tantas maravillas tiene declarado su poder; y que se ha de manifestar todavía en el completo triunfo de su Divina palabra, y en bendiciones de fortaleza y de paz para su pueblo.

Salmo de David.

DAD á Jehová[a], oh hijos de fuer-
tes‖, dad á Jehová la gloria[b] y la
fortaleza.
2 Dad á Jehová la gloria *debida* á su
nombre: humillaos á Jehová en el glo-
rioso santuario.
3 Voz de Jehová sobre las aguas: hizo
tronar[c] el Dios de gloria: Jehová sobre
las muchas aguas[d].
4 Voz de Jehová con potencia; voz de
Jehová con gloria.
5 Voz de Jehová que quebranta los
cedros; y quebrantó Jehová los cedros
del Líbano.
6 E hízolos saltar como becerros; al
Líbano y al Sirion[e] como hijos de uni-
cornios.
7 Voz de Jehová que derrama llamas
de fuego.
8 Voz de Jehová *que* hará temblar al
desierto; hará temblar Jehová el des-
ierto de Cades:
9 Voz de Jehová *que* hará estar de
parto á las ciervas, y desnudará las bre-
ñas: y en su templo todos los suyos *le*
dicen gloria.
10 Jehová preside en el diluvio, y asen-
tóse Jehová por rey para siempre.
11 Jehová dará fortaleza á su pue-
blo[f]; Jehová bendecirá á su pueblo en
paz[g].

[a] Sal. 96. 7, 8. 1 Cr. 16. 28, 29.
‖ ó poderosos.
[b] Ap. 5. 11, 14.
[c] Job 37. 4, 5.
[d] Sal. 104. 3.
[e] Deu. 3. 9.
[f] Is. 40. 29, 31.
[g] Sal. 55. 8, 10.

SALMO XXX.

David da á Dios gracias por haberle librado de grandes peligros, y dado reposo.

Salmo cantado *en* la dedicacion[a] de
la casa de David[b].

[a] Deu. 20. 5.
[b] 2 Sa. 5. 11.

GLORIFICARTE he, oh Jehová; porque me has ensalzado, y no hiciste á mis enemigos alegrarse de mí.

2 Jehová Dios mio, á tí clamé, y me sanaste.

3 Oh Jehová, hiciste subir mi alma del sepulcro [e]; dísteme vida, para que no descendiese á la sepultura.

4 Cantad á Jehová, vosotros sus santos, y celebrad la memoria de su santidad.

5 Porque un momento *estará* en su furor; *mas* en su voluntad *está la* vida: por la tarde durará el lloro, y á la mañana *vendrá* la alegría.

6 Y dije yo en mi prosperidad: No seré jamas conmovido [d];

7 Porque *tú*, Jehová, por tu benevolencia has asentado mi monte con fortaleza. *Empero* escondiste tu rostro, y fuí conturbado [e].

8 A tí, oh Jehová [f], clamaré; y al Señor suplicaré.

9 ¿Qué provecho *hay* en mi muerte, cuando yo descendiere al hoyo? ¿Te alabará el polvo? anunciará tu verdad [g]?

10 Oye, oh Jehová, y ten misericordia de mí: Jehová, sé tú mi ayudador.

11 Has tornado mi endecha en baile: desataste mi saco, y ceñísteme de alegría [h].

12 Por tanto á tí cantaré, gloria *mia*, y no estaré callado. Jehová Dios mio, te alabaré para siempre.

[margin: ...l. 86. 13. / ...s. 38. 17. / ...ob 29. 18. / ...l. 104. 29. / ...l. 34. 6. / ...l. 6. 5. / ...s. 61. 3.]

SALMO XXXI.

En los mayores peligros brilla mas la misericordia de Dios.

Al Músico principal: Salmo de David.

EN tí, oh Jehová, he esperado; no sea yo confundido para siempre [a]: líbrame en tu justicia [b].

2 Inclina á mí tu oido, líbrame presto, séme por roca de fortaleza, por casa fuerte para salvarme.

3 Porque tú *eres* mi roca, y mi castillo; y por tu Nombre [c] me guiarás, y me encaminarás.

4 Me sacarás de la red que han escondido para mí; porque tú eres mi fortaleza.

5 En tu mano encomiendo mi espíritu [d]: tú me has redimido, oh Jehová Dios de verdad.

6 Aborrecí los que esperan en vanidades ilusorias [e]: mas yo en Jehová he esperado.

7 Me gozaré y alegraré en tu misericordia; porque has visto mi afliccion; has conocido mi alma en las angustias [f],

8 Y no me encerraste en mano del enemigo: *ántes* hiciste estar mis piés en anchura [g].

9 Ten misericordia de mí, oh Jehová, que estoy en angustia: hanse consumido de pesar mis ojos, mi alma, y mis entrañas.

10 Porque mi vida se va gastando de dolor, y mis años de suspirar [h]: hase enflaquecido mi fuerza á causa de mi iniquidad, y mis huesos se han consumido.

11 De todos mis enemigos he sido oprobio, y de mis vecinos en gran manera [i], y horror á mis conocidos: los que me veian fuera, huian de mí.

12 He sido olvidado de *su* corazon como un muerto: he venido á ser como un vaso perdido.

13 Porque he oido afrenta de muchos: *asaltábame* miedo por todas partes, cuando consultaban juntos contra mí, é ideaban quitarme la vida.

[margin: ...l. 71. 1, 2. / ...l. 143. 1. / ...l. 23. 3. / ...uc. 23. 46. / ...ech. 7. 59. / ...nas 2. 8. / ...l. 56. 8. / ...142. 3. / ...al. 18. 19. / ...l. 102. 3, 4. / ...b 19. 13. / ...l. 38. 11. / ...88. 8, 18.]

14 Mas yo en tí confié, oh Jehová: yo dije: Dios mio *eres* tú.

15 En tu mano *están* mis tiempos: líbrame de la mano de mis enemigos, y de mis perseguidores.

16 Haz resplandecer tu rostro sobre tu siervo [k]: sálvame por tu misericordia.

17 No sea yo confundido, oh Jehová, ya que te he invocado: sean corridos los impíos, y esten mudos en el profundo [l].

18 Enmudezcan los labios mentirosos [m], que hablan contra el justo cosas duras con soberbia y menosprecio.

19 ¡Cuan grande es tu bien, que has guardado para los que te temen; que has obrado para los que esperan en tí delante de los hijos de los hombres!

20 Los esconderás en el secreto de tu rostro de las arrogancias del hombre [n]: los pondrás en un tabernáculo á cubierto de contencion de lenguas [o].

21 Bendito Jehová, porque ha hecho maravillosa su misericordia para conmigo en ciudad fuerte.

22 Y decia yo en mi premura: Cortado soy de delante de tus ojos [p]: tú empero oiste la voz de mis ruegos cuando á tí clamaba.

23 Amad á Jehová todos vosotros sus santos: á los fieles guarda Jehová, y paga abundantemente al que obra con soberbia.

24 Esforzaos todos vosotros los que esperais en Jehová, y tome vuestro corazon aliento.

[margin: k Nu. 6. 25, 26. Sal. 4. 6. / l 1 Sa. 2. 9. / m Sal. 12. 3. / n Sal. 27. 5. / o Job 5. 21. / p Is. 38. 11, 12. La. 3. 54.]

SALMO XXXII.

Declara David como bienaventurados á los que por la misericordia de Dios alcanzan perdon de sus pecados, y espíritu de regeneracion para bien obrar.

Salmo de David, Masquil.

BIENAVENTURADO aquel cuyas iniquidades son perdonadas, y borrados sus pecados [a].

2 Bienaventurado el hombre á quien no imputará Jehová la iniquidad [b], y en cuyo espíritu no *hubiere* superchería [c].

3 Mientras callé, envejeciéronse mis huesos en mi gemir todo el dia.

4 Porque de dia y de noche se agravó sobre mí tu mano, volvióse mi verdor en sequedades de estío. Selah.

5 Mi pecado te declaré, y no encubrí mi iniquidad. Confesaré [d], dije, contra mí mis rebeliones á Jehová; y tú perdonaste la maldad de mi pecado. Selah.

6 Por esto [e] orará á tí todo santo en el tiempo de poder hallarte [f]: ciertamente en la inundacion de muchas aguas no llegarán éstas á él.

7 Tú *eres* mi refugio; me guardarás de angustia [g]; con cánticos de liberacion me rodearás. Selah.

8 Te haré entender, y te enseñaré el camino en que debes andar: sobre tí fijaré mis ojos.

9 No seais como el caballo, ó como el mulo, sin entendimiento: con cabestro y con freno [h] su boca ha de ser reprimida, para que no lleguen á tí.

10 Muchos dolores para el impío [i]; mas el que espera en Jehová, lo cercará [k] misericordia.

11 Alegráos en Jehová, y gozáos, justos: y cantad todos *vosotros* los rectos de corazon.

[margin: a Ro. 4. 6, 8. / b 2 Cor. 5. 19. / c Juan 1. 47. / d Pro. 28. 13. 1 Juan 1. 9. / e 1 Ti. 1. 16. / f Is. 55. 6. / g Sal. 9. 9. y 143. 9. / h Pro. 26. 3. / i Sal. 16. 4. / k Jer. 17. 7, 8.]

SALMO XXXIII.

Exhorta á los justos á alabar á Dios por la grandeza de su poder, por su bondad, y especial providencia para con los que le temen, y esperan en su misericordia.

ALEGRAOS, justos, en Jehová [a]: Á los rectos *es* hermosa la alabanza.

[margin: a Sal. 97. 12. Fil. 4. 4.]

2 Celebrad á Jehová con harpa: can-
tadle[b] con salterio y decacordio.
3 Cantadle cancion nueva[c]; hacedlo
bien tañendo con júbilo.
4 Porque recta *es* la palabra de Je-
hová, y toda su obra con verdad *hecha*.
5 Él ama justicia y juicio: de la mise-
ricordia de Jehová está llena la tierra[d].
6 Por la palabra de Jehová[e] fueron
hechos los cielos, y todo el ejército[f] de
ellos por el espíritu de su boca.
7 Él junta como en un monton las
aguas de la mar[g]: él pone *como* en de-
pósitos los abismos.
8 Tema á Jehová toda la tierra; teman
de él todos los habitadores del mundo.
9 Porque él dijo, y fué[h] *todo hecho*; él
mandó, y existió *todo*.
10 Jehová hace nulo el consejo de las
gentes, y frustra las maquinaciones de
los pueblos[i].
11 El consejo de Jehová permanecerá
para siempre[k], los pensamientos de su
corazon por todas las generaciones.
12 Bienaventurada la gente de que Je-
hová es su Dios[l]; el pueblo á quien
escogió por heredad para sí.
13 Desde los cielos miró Jehová; vió
todos los hijos de los hombres[m].
14 Desde la morada de su asiento miró
sobre todos los moradores de la tierra.
15 El formó el corazon de todos ellos;
él[n] considera todas sus obras.
16 El rey no es salvo con la multitud
del ejército[o]; no escapa el valiente por
la mucha fuerza.
17 Vanidad es el caballo para salvar-
se[p]; por la grandeza de su fuerza no
librará.
18 Hé aquí, el ojo de Jehová sobre los
que le temen[q], sobre los que esperan en
su misericordia;
19 Para librar sus almas de la muerte,
y para darles vida en el hambre[r].
20 Nuestra alma esperó á Jehová: nu-
estra ayuda y nuestro escudo *es* él[s].
21 Por tanto en él se alegrará nuestro
corazon[t], porque en su santo Nombre
hemos confiado.
22 Sea tu misericordia, oh Jehová, so-
bre nosotros, como esperamos en tí.

SALMO XXXIV.

David da gracias á Dios, que defiende á los suyos de todo mal, y castiga severamente á los impíos.

Salmo de David, cuando mudó su semblante delante de Abimelech, y él lo echó, y fuése‖.

BENDECIRÉ á Jehová en todo ti-
empo; su alabanza *será* siempre en
mi boca.
2 En Jehová se gloriará mi alma[a]:
oiránlo los mansos, y se alegrarán[b].
3 Engrandeced á Jehová conmigo, y
ensalcemos su Nombre á una.
4 Busqué á Jehová, y él me oyó[c], y
libróme de todos mis temores.
5 A él miraron, y fueron alumbrados:
y sus rostros no se avergonzaron.
6 Este pobre clamó, y oyó*le* Jehová, y
librólo[d] de todas sus angustias.
7 El ángel de Jehová acampa en der-
redor de los que le temen, y los defi-
ende[e].
8 Gustad, y ved que *es* bueno Jehová:
dichoso el hombre que confiará en él.
9 Temed á Jehová, vosotros sus san-
tos; porque no *hay* falta para los que le
temen[f].
10 Los leoncillos necesitaron, y tuvi-
eron hambre; pero los que buscan á Je-
hová, no tendrán falta de ningun bien.
11 Venid, hijos, oidme; el temor de
Jehová os enseñaré.

b Sal. 150. 3, 4.
c Sal. 144. 9. Ap. 5. 9.
d Sal. 119. 64.
e Heb. 11. 3. 2 Ped. 3. 5.
f Gen. 2. 1.
g Gen. 1. 9. Job 26. 10. y 38. 8.
h Gen. 1. 3, etc. Sal. 148. 5.
i Is. 44. 25.
k Job 23. 13. Is. 46. 10.
l Sal. 144. 15.
m Pro. 15. 3.
n Pro. 22. 2.
o Sal. 44. 3, 7.
p Pro. 21. 31. Os. 14. 3.
q Job 36. 7. Sal. 34. 15. 1 Ped. 3. 12.
r Job 5. 20. Sal. 37. 19.
s Sal. 115. 9, 11.
t Zac. 10. 7.
‖ 1 Sa. 21. 13.
a 1 Cor. 1. 31.
b Sal. 119. 74.
c Luc. 11. 9.
d 2 Sa. 22. 1.
e Heb. 1. 14.
f Is. 33. 16.

12 ¿Quién *es* el hombre que desea vida,
que codicia dias para ver bien?
13 Guarda tu lengua de mal, y tus la-
bios de hablar engaño;
14 Apártate del mal, y haz el bien[g],
busca la paz, y síguela.
15 Los ojos de Jehová *están* sobre los
justos, y *atentos* sus oidos al clamor de
ellos[h].
16 La ira de Jehová contra los que mal
hacen[i], para cortar de la tierra la me-
moria de ellos.
17 Clamaron *los justos*, y Jehová *los*
oyó, y[k] librólos de todas sus angustias.
18 Cercano *está* Jehová á los quebran-
tados de corazon; y salvará[l] á los con-
tritos de espíritu.
19 Muchos *son* los males del justo;
mas de todos ellos lo librará Jehová.
20 Él guarda todos sus huesos; ni uno
de ellos será quebrantado.
21 Matará al malo la maldad; y los
que aborrecen al justo serán asolados.
22 Jehová redime el alma de sus si-
ervos; y no serán asolados cuantos en
él confian.

SALMO XXXV.

Implora David en sus persecuciones el socorro de Dios.

Salmo de David.

DISPUTA *á favor mio*, oh Jehová,
con los que contra mí contienden[a];
pelea con los que me combaten.
2 Echa mano al escudo y al pavés, y
levántate en mi ayuda.
3 Y saca la lanza, y cierra contra mis
perseguidores: di á mi alma: Yo *soy* tu
salud.
4 Avergüencense y confúndanse los
que buscan mi alma[b]: vuelvan atras,
y sean avergonzados los que mi mal in-
tentan.
5 Sean como el tamo delante del vi-
ento[c]; y el ángel de Jehová *los* acose.
6 Sea su camino obscuridad y resba-
laderos[d]; y el ángel de Jehová los per-
siga.
7 Porque sin causa escondieron para
mí su red *en* un hoyo; sin causa hici-
eron hoyo para mi alma.
8 Véngale el quebrantamiento que no
sepa, y su red que escondió lo prenda;
con quebrantamiento en ella caiga[e].
9 Y gócese mi alma en Jehová; y alé-
grese en su salud.
10 Todos mis huesos dirán: Jehová,
¿quien como tú, que libras al afligido
del mas fuerte que él, y al pobre y me-
nesteroso del que le despoja[f]?
11 Levantáronse testigos[g] falsos; de-
mandáronme lo que no sabia.
12 Volviéronme mal por bien[h], para
abatir á mi alma.
13 Mas yo, cuando ellos enfermaron,
me vestí de saco[i], afligí con ayuno mi
alma, y mi oracion se revolvia en mi
seno[k].
14 Como *por mi* compañero, como *por*
mi hermano andaba; como el que trae
luto por madre, enlutatado me humi-
llaba.
15 Pero ellos se alegraron en mí ad-
versidad, y se juntaron: juntáronse con-
tra mí gentes despreciables, y yo no *lo* en-
tendia: despedazábanme, y no cesaban,
16 Con los lisonjeros escarnecedores
truhanes, crugiendo sobre mí sus di-
entes[l].
17 Señor, ¿hasta cuando verás *esto*?
Recobra mi alma de sus quebrantami-
entos, mi única[m] de los leones.
18 Te confesaré en grande congrega-
cion[n]: te alabaré entre númeroso pu-
eblo.

g Sal. 37. 27.
h Sal. 33. 13.
i Ez. 14. 7, 8.
k Is. 65. 24.
l Is. 57. 15. y 61. 1.
a Sal. 43. 1. Lam. 3. 58.
b Sal. 40. 14. y 70. 2. y 71. 24.
c Job 21. 18. Sal. 1. 4. Is. 17. 13. Os. 13. 3.
d Sal. 73. 18. Jer. 23. 12.
e Sal. 7. 15. y 9. 15. y 10. 2. y 57. 6.
f Pro. 22. 2[illegible]
g Sal. 27. 1[illegible] Mat. 26. [illegible] 61.
h Sal. 38. [illegible] y 109. 5. Juan 10. [illegible]
i Job 30. [illegible]
k 1 Rey. [illegible] 42.
l Lam. 2. [illegible]
m Sal. 22. [illegible]
n Sal. 22. [illegible]

19 No se alegren de mí mis enemigos
injustos; ni los que me aborrecen sin
al. 69. 4. causa hagan del ojo[o].
109. 3. 20 Porque no hablan paz; y contra los
. 2. 32. mansos de la tierra piensan palabras en-
an 15. 25. gañosas.
21 Y ensancharon sobre mí su boca, y
al. 40. 15. dijeron: Ea, ea[p], nuestros ojos *lo* han
visto.
22 Tú *lo* has visto, oh Jehová; no
calles: Señor, de mí no te alejes.
23 Muévete y despierta para mi juicio,
para mi causa, Dios mio y Señor mio.
Ped. 2. 23. 24 Júzgame conforme á mi justicia[q],
Jehová Dios mio, y no se alegren de mí.
25 No digan en su corazon: Ea, alma
nuestra: no digan, Hémoslo devorado.
26 Avergüéncense, y sean confundidos
á una los que de mi mal se alegran: vís-
al. 132. 18. tanse de vergüenza[r] y de confusion los
que se engrandecen contra mí.
27 Canten, y alégrense los que están á
favor de mi justa causa, y digan siem-
al. 70. 4. pre: Sea ensalzado Jehová[s], que ama
la paz de su siervo.
28 Y mi lengua hablará de tu justicia
y de tu loor todo el dia.

SALMO XXXVI.

La suma malicia del impío, y la inmensa bondad de Dios.

Al Músico principal: Salmo de David, siervo del Señor.

LA iniquidad del impío me dice al
corazon: No *hay* temor de Dios de-
Ro. 3. 18. lante de sus ojos[a].
2 Lisonjéase por tanto en sus propios
ojos, hasta que su iniquidad sea hallada
aborrecible.
3 Las palabras de su boca *son* iniqui-
dad y fraude; no quiso entender para
Jer. 4. 22. bien hacer[b].
Pro. 4. 16. 4 Iniquidad piensa sobre su cama[c];
Mi. 2. 1. está en camino no bueno, el mal no
aborrece.
5 Jehová, hasta los cielos *es* tu mi-
Sal. 57. 10. sericordia; tu verdad hasta las nubes[d];
y 108. 4. 6 Tu justicia como los montes de Dios;
tus juicios abismo grande: oh Jehová,
al hombre y al animal conservas.
7 Cuán ilustre, oh Dios, es tu miseri-
cordia! Por eso los hijos de los hom-
bres se amparan bajo la sombra de tus
alas.
Sal. 65. 4. 8 Embriagarse han[e] de la grosura de tu
casa; y tú los abrevarás del torrente de
tus delicias.
9 Porque contigo *está* el manantial de
Jer. 2. 13. la vida[f]; en tu luz verémos la luz[g].
Juan 4. 10, 10 Extiende tu misericordia á los que
14. te conocen; y tu justicia á los rectos de
2 Cor. 4. 6. corazon.
11 No venga contra mí pié de soberbia;
y mano de impíos no me mueva.
12 Allí cayeron los obradores de ini-
quidad; fueron rempujados, y no pudi-
eron levantarse.

SALMO XXXVII.

Amonesta David á los justos que no se aflijan ni acobarden al ver la felicidad de los malos; pues les hace ver que es aparente y de poca dura, y al contrario la de los buenos, sólida y permanente.

Salmo de David.

NO te impacientes á causa de los
Sal. 73. 3. malignos[a], ni tengas envidia de
Pro. 23. 17. los que hacen iniquidad.
y 24. 19. 2 Porque como yerba serán presto cor-
tados, y decaerán como verdor de re-
nuevo.
3 Espera en Jehová, y haz bien: vi-
virás en la tierra, y en verdad serás
alimentado.
4 Pon asimismo tu delicia en Jehová;
y él te dará las peticiones de tu corazon.
5 Encomienda á Jehová tu camino, y
espera en él; y él hará.
6 Y exhibirá tu justicia[b] como la luz, [b] Mic. 7. 8, 9.
y tus derechos como el medio dia.
7 Calla á Jehová, y espera en él[c]: no [c] Pro. 20. 22.
te alteres con motivo del que prospera
en su camino, por el hombre que hace
maldades.
8 Déjate de la ira, y depon el enojo:
no te excites en manera alguna á hacer
lo malo.
9 Porque los malignos serán talados:
mas los que esperan en Jehová, ellos
heredarán la tierra.
10 Pues de aquí á poco no *será* el
malo; y contemplarás sobre su lugar[d], [d] Job 20. 9.
y no parecerá.
11 Pero los mansos heredarán la ti-
erra, y se recrearán con abundancia de
paz.
12 Maquina el impío contra el justo, y
cruje sobre él sus dientes.
13 El Señor se reirá de él[e]; porque ve [e] Sal. 2. 4.
que viene su dia.
14 Los impíos desenvainaron espada, y
entesaron su arco, para derribar al po-
bre y al menesteroso, para matar á los
de recto proceder.
15 La espada de ellos entrará en su
mismo corazon, y su arco será que-
brado.
16 Mejor es lo poco del justo que las
riquezas de muchos pecadores[f]. [f] Pro. 15. 16.
17 Porque los brazos de los impíos se-
rán quebrados[g]: mas el que sostiene á [g] Sal. 10. 15.
los justos *es* Jehová. Ez. 30. 21.
18 Conoce Jehová los dias de los per-
fectos: y la heredad de ellos será para
siempre[h]. [h] 1 Ped. 1.
19 No serán avergonzados en el mal 3, 4.
tiempo; y en los dias de hambre serán
hartos[i]. [i] Sal. 33. 19.
20 Mas los impíos perecerán, y los ene-
migos de Jehová como la grasa de los
carneros serán consumidos; se disipa-
rán como humo.
21 El impío toma prestado, y no paga:
mas el justo tiene misericordia, y da[k]. [k] Sal. 112. 9.
22 Porque los benditos de él heredarán
la tierra; y los malditos de él serán ta-
lados.
23 Por Jehová son ordenados los pa-
sos del hombre *de bien*, y aprueba su
camino.
24 Cuando cayere, no quedará postra-
do[l]; porque Jehová sostiene su mano. [l] Pro. 24. 16.
25 Mozo fuí, y he envejecido, y no he Mic. 7. 8.
visto justo desamparado, ni su simiente 2 Cor. 4. 9.
que mendigue pan[m]. [m] Is. 33. 16.
26 *En* todo tiempo tiene misericordia, Heb. 13. 5, 6.
y presta; y su simiente *es* para bendi-
cion.
27 Apártate del mal, y haz el bien; y[n] [n] Sal. 34. 14.
vivirás para siempre.
28 Porque Jehová ama la rectitud, y
no desampara sus santos; para siempre
serán guardados[o]: mas la simiente de [o] Is. 30. 18.
los impíos será extirpada[p]. [p] Is. 14. 20.
29 Los justos heredarán la tierra[q], y [q] Pro. 2. 21.
vivirán para siempre sobre ella.
30 La boca del justo hablará sabidu-
ría[r], y su lengua proferirá juicio. [r] Mat. 12. 35.
31 La ley de su Dios *está* en su cora-
zon[s]; por tanto sus pasos no vacilarán. [s] Deu. 6. 6.
32 Acecha el impío al justo, y procura Sal. 40. 8.
matarlo. Is. 51. 7.
33 Jehová no lo dejará en sus manos[t], [t] 2 Ped. 2. 9.
ni lo condenará cuando le juzgaren.
34 Espera en Jehová[u], y guarda su [u] ver. 7.
camino, y él te ensalzará para heredar
la tierra: cuando serán talados los pe-
cadores, *lo* verás[x]. [x] Sal. 91. 8.
35 Vi yo al impío sumamente ensal-
zado[y], y que se extendia como un laurel [y] Job 5. 3.
verde.

36 Empero pasóse, y hé aquí no parece: y busquélo, y no fué hallado.

37 Considera al *hombre* íntegro, y mira al justo; que la postrimería de cada uno *de ellos es* paz.

38 Mas los transgresores fueron *todos* á una destruidos: la postrimería de los impíos fué talada.

39 Pero la salvacion de los justos *es* Jehová, y su fortaleza en el tiempo de angustia.

40 Y Jehová los ayudará, y los librará; y libertarálos de los impíos, y los salvará, por cuanto en él esperaron.

SALMO XXXVIII.

David afligido por sus pecados, recurre á la misericordia de Dios.

Salmo de David, para recordar[a].

JEHOVA, no me reprendas en tu furor, ni me castigues en tu ira[b].

2 Porque tus saetas descendieron á mí[c], y sobre mí ha caido tu mano.

3 No hay sanidad en mi carne á causa de tu ira; ni *hay* paz en mis huesos[d] á causa de mi pecado.

4 Porque mis iniquidades han pasado mi cabeza[e]: como carga pesada se han agravado sobre mí.

5 Pudriéronse, corrompiéronse mis llagas á causa de mi locura.

6 Estoy encorvado, estoy humillado en gran manera; ando enlutado todo el dia.

7 Porque mis lomos estan llenos de irritacion, y no *hay* sanidad en mi carne.

8 Estoy debilitado y molido en gran manera: bramo[f] á causa de la conmocion de mi corazon.

9 Señor, delante de tí *están* todos mis deseos; y mi suspiro no te es oculto.

10 Mi corazon *está* acongojado, hame dejado mi vigor; y aun la misma luz de mis ojos no *está* conmigo[g].

11 Mis amigos y mis compañeros se quitaron de delante de mi plaga, y mis cercanos se pusieron léjos[h].

12 Y los que buscaban mi alma armaron lazos; y los que procuraban mi mal hablaban iniquidades, y meditaban fraudes todo el dia.

13 Mas yo, como *si fuera* sordo, no oia[i]; y *estaba* como un mudo *que* no abre su boca.

14 Fuí pues como un hombre que no oye, y que en su boca no *tiene* reprensiones.

15 Porque á tí, oh Jehová, esperé yo: tú responderás, Jehová Dios mio.

16 Porque dije: Que no se alegren de mí: cuando mi pié resbalaba, sobre mí se engrandecian.

17 Empero yo *estoy* á pique de claudicar[k], y mi dolor *está* delante de mí continuamente.

18 Por tanto denunciaré mi maldad; congojaréme por mi pecado.

19 Porque mis enemigos *están* vivos y fuertes; y hanse aumentado los que me aborrecen sin causa:

20 Y pagando mal por bien me son[l] contrarios, por seguir yo lo bueno.

21 No me desampares, oh Jehová; Dios mio, no te alejes de mí,

22 Apresúrate á ayudarme, oh Señor, *que eres* mi salud.

SALMO XXXIX.

Afligido David con una grave tribulacion, confiesa sus culpas, y pide á Dios que le libre de ella. Quéjase de los ultrajes que recibe de sus amigos y enemigos, los cuales sufre con paciencia.

Al Músico principal, á Jeduthun: Salmo de David.

[a] Sal. 70. tít.
[b] Sal. 6. 1.
[c] Job 6. 4.
[d] Sal. 51. 8.
[e] Esd. 9. 6.
[f] Job 3. 24. Is. 59. 11.
[g] Sal. 31. 10.
[h] Job 19. 13, 14. Sal. 31. 11. y 88. 18. Luc. 23. 49.
[i] 2 Sa. 16. 10, etc.
[k] Sal. 35. 15.
[l] Sal. 35. 12. y 109. 5.

YO dije: Atenderé á mis caminos, para no pecar con mi lengua: guardaré mi boca con freno[a], en tanto que el impío *fuere* contra mí.

2 Enmudecí con silencio, calléme *aun* respecto de lo bueno; y excitóse mi dolor.

3 Enardecióse mi corazon dentro de mí; encendióse fuego en mi meditacion, *y así* proferí con mi lengua:

4 Hazme saber, Jehová, mi fin, y cuanta sea la medida de mis dias; sepa yo cuanto *tengo de ser* del mundo.

5 Hé aquí diste á mis dias término corto, y mi edad *es* como nada delante de tí[b]: ciertamente *es* completa vanidad todo hombre que vive[c]. Selah.

6 Ciertamente en tiniebla anda el hombre; ciertamente en vano se inquietan: junta, y no sabe quien lo allegará[d].

7 Y ahora, Señor, ¿qué esperaré? Mi esperanza en tí está.

8 Líbrame de todas mis rebeliones; no me pongas por escarnio del insensato.

9 Enmudecí, no abrí mi boca; porque tú *lo* hiciste.

10 Quita de sobre mí tu plaga; de la guerra de tu mano soy consumido.

11 Con castigos sobre el pecado corriges al hombre, y haces consumirse como de polilla su grandeza[e]: ciertamente vanidad *es* todo hombre. Selah.

12 Oye mi oracion, oh Jehová, y escucha mi clamor: no calles á mis lágrimas; porque peregrino soy para contigo[f], *y* advenedizo, como todos mis padres.

13 Déjame, y tomaré fuerzas[g], ántes que vaya y perezca.

SALMO XL.

David da gracias á Dios por haberle oido. Pide continue su proteccion. Predice el sacrificio de Jesu-Cristo en lugar de las antiguas víctimas.

Al Músico principal: Salmo de David.

RESIGNADAMENTE esperé á Jehová, é inclinóse á mí, y oyó mi clamor.

2 E hízome sacar de un lago de miseria, de *un* lodo cenagoso[a], y puso mis piés sobre peña, y enderezó mis pasos.

3 Puso luego en mi boca cancion nueva, alabanza á Dios. Verán *esto* muchos, y temerán, y esperarán en Jehová.

4 Bienaventurado el hombre que puso á Jehová por su confianza, y no mira á los soberbios, ni á los que declinan á la mentira.

5 Aumentado has tú, oh Jehová Dios mio, tus maravillas[b]; y tus pensamientos para con nosotros no te *los podrémos* contar: *si* yo anunciare y hablare *de ellos*, no pueden ser enarrados.

6 Sacrificio y presente no te agrada[c]: has abierto mis oidos. Holocausto y expiacion no has demandado.

7 Entónces dije: Hé aquí vengo: en el envoltorio del libro *está* escrito de mí[d].

8 El hacer tu voluntad, Dios mio, hame agradado, y tu ley *está* en medio de mis entrañas[e].

9 Anunciado he justicia en grande congregacion: hé aquí no detuve mis labios; Jehová, tú *lo* sabes.

10 No encubrí tu justicia dentro de mi corazon[f]; tu verdad y tu salvacion he dicho: no oculté tu misericordia y tu verdad en grande concurso.

11 Tú, Jehová, no apartes de mí tus misericordias: tu misericordia y tu verdad me guarden siempre.

12 Porque me han cercado males hasta no *haber* cuento[g]: hanme comprendido

[a] Sal. 141. 3. Pro. 21. 23. Sant°. 3. 2, etc.
[b] Sal. 90. 4, etc.
[c] Sal. 62. 9. y 144. 4.
[d] Ec. 2. 18, etc. Luc. 12. 20, 21.
[e] Is. 50. 9. Os. 5. 12.
[f] Heb. 11. 13.
[g] Job 10. 20.
[a] Sal. 69. 2.
[b] Job 9. 10. Sal. 92. 5. y 139. 17.
[c] Sal. 51. 1[illegible] Heb. 10. [illegible] 10.
[d] Luc. 24. [illegible] Juan 5. [illegible]
[e] Jer. 31. [illegible]
[f] Hech. 2[illegible] 20, 27.
[g] Heb. 4.

mis maldades[h], y no puedo levantar la vista; hanse aumentado mas que los cabellos de mi cabeza, y mi corazon me falta.

[h] Sal. 38. 4, &c.

13 Quieras, oh Jehová, librarme; Jehová, apresúrate á socorrerme.

14 Sean avergonzados y confusos á una los que buscan mi vida para cortarla[i]: vuelvan atrás, y avergüéncense los que mi mal desean.

[i] Sal. 35. 4, 26. y 70. 2, 3.

15 Sean asolados en pago de su afrenta los que me dicen: ¡ Ea, ea!

16 Gócense y alégrense en tí todos los que te buscan; y digan siempre los que aman tu salud: Jehová sea ensalzado.

17 Aunque afligido yo y necesitado, Jehová pensará de mí: mi ayuda y mi libertador *eres* tú, Dios mio; no te tardes.

SALMO XLI.

David declara bienaventurados á los que ejercitaren la caridad para con el prójimo afligido, especialmente de enfermedad. Describe la hipocresía con que era visitado de sus enemigos, y pide á Dios socorro.

Al Músico principal: Salmo de David.

BIENAVENTURADO el que piensa en el pobre[a]: en el dia malo lo librará Jehová.

[a] Pro. 14. 21. Mat. 5. 7.

2 Jehová lo guarde, y le dé vida: sea bienaventurado en la tierra, y no lo entregues á la voluntad de sus enemigos[b].

[b] Sal. 37. 32, 33.

3 Jehová lo sustentará sobre el lecho de dolor: mullirás toda su cama en su enfermedad[c].

[c] Is. 38. 5.

4 Yo dije: Jehová, ten misericordia de mí; sana mi alma, porque contra tí he pecado.

5 Mis enemigos dicen mal de mí *preguntando*: ¿Cuando morirá, y perecerá su nombre?

6 Y si venia á *verme*, hablaba mentira[d]: su corazon se amontonaba iniquidad; y salido fuera, hablába*la*.

[d] Pr. 26. 24, 25.

7 Reunidos murmuraban contra mí todos los que me aborrecian: contra mí pensaban mal *diciendo en órden* á mí,

8 Cosa pestilencial de él se ha apoderado; y el que cayó en cama, no volverá á levantarse.

9 Aun el hombre de mi paz, en quien yo confiaba[e], el que de mi pan comia, alzó contra mí el calcañar.

[e] Job 19. 19. Sal. 55. 12, 14. Jer. 20. 10. Juan 13. 18.

10 Mas tú, Jehová, ten misericordia de mí, y hazme levantar, y daréles el pago.

11 En esto habré conocido que te he agradado; que mi enemigo no se holgará de mí.

12 Y yo *diré que* en mi integridad me has sustentado, y me has hecho estar delante de tí para siempre.

13 Bendito *sea* Jehová el Dios de Israel por siglos de siglos. Amen, y Amen.

SALMO XLII.

Privado David del consuelo de reunirse con el pueblo en la casa del Señor, declara cuan ardientemente lo desea, y su esperanza de que Dios le librará de sus aflicciones.

Al Músico principal: Masquil á los hijos de Core.

COMO el ciervo brama por las corrientes de las aguas, así clama por tí, oh Dios, el alma mia.

2 Mi alma tiene sed de Dios, del Dios vivo[a]: ¡cuando vendré, y pareceré delante de Dios!

[a] Sal. 63. 1.

3 Fueron mis lagrimas mi pan de dia y de noche[b], mientras me dicen todos los dias: ¿Dónde *está* tu Dios[c]?

[b] Sal. 80. 5.
[c] Sal. 79. 10. y 115. 2.

4 Acordaréme de estas cosas, y derramaré sobre mí mi alma[d]: cuando pasaré en el número, iré con ellos hasta la casa de Dios con voz de alegría y de alabanza, haciendo fiesta la multitud[e].

[d] Sal. 142. 5.
[e] Sal. 122. 1.

5 ¿Por qué te abates, oh alma mia, y te conturbas en mí[f]? Espera á Dios; porque aun le tengo de alabar por las saludes de su presencia.

[f] ver. 11. Sal. 43. 5.

6 Dios mio, mi alma está en mí abatida: acordaréme por tanto de tí desde tierra del Jordan, y de los Hermonitas, desde el monte de Mizhar.

7 Un abismo llama á otro á la voz de tus canales: todas tus ondas y tus olas han pasado sobre mí[g].

[g] Sal. 88. 7.

8 De dia mandará Jehová su misericordia, y de noche su cancion *será* conmigo[h], y oracion al Dios de mi vida.

[h] Job 35. 10.

9 Diré á Dios: Roca mia; ¿por qué te has olvidado de mí? ¿Porqué andaré yo enlutado[i] por la opresion del enemigo?

[i] Sal. 38. 6.

10 Mientras se están quebrantando mis huesos, mis enemigos me afrentan, diciendome cada dia: ¿Dónde está tu Dios?

11 ¿Por que te abates, oh alma mia, y por qué te conturbas en mí? Espera á Dios; porque aun le tengo de alabar, *por ser él* salvamento delante de mí, y el Dios mio.

SALMO XLIII.

Parece ser este Salmo añadidura del precedente. Es el mismo propósito.

JUZGAME, oh Dios, y aboga mi causa: líbrame de gente impía, del hombre de engaño é iniquidad.

2 Pues que tú *eres* el Dios de mi fortaleza, ¿por qué me has desechado? ¿por qué andaré enlutado por la opresion del enemigo[a]?

[a] Sal. 42. 9.

3 Envia tu luz y tu verdad: éstas me guiarán, me conducirán al monte de tu santidad, y á tus tabernáculos.

4 Y entraré al altar de Dios, al Dios, alegría de mi gozo; y alabaréte con harpa, oh Dios, Dios mio.

5 ¿Por qué te abates, oh alma mia, y por qué te conturbas en mí[b]? Espera á Dios; porque aun lo tengo de alabar, *por ser él* salvamento delante de mí, y el Dios mio.

[b] Sal. 42. 5, 11.

SALMO XLIV.

Despues de recordar los favores que Dios hizo á los padres, quéjase á él su pueblo de que parece haberlos olvidado en manos de sus enemigos.

Al Músico principal de los hijos de Core, Masquil.

OH Dios, con nuestros oidos hemos oido, nuestros padres nos han contado la obra *que* hiciste en sus dias, en los tiempos antiguos.

2 Tú con tu mano echaste las gentes, y los plantaste á ellos[a]; afligiste los pueblos, y les arrojaste.

[a] Ex. 15. 17. Sal. 80. 8.

3 Porque no se apoderaron de la tierra por su espada[b], ni su brazo los libró; sinó tu diestra, y tu brazo, y la luz de tu rostro, porque te complaciste en ellos[c].

[b] Jos. 24. 12.
[c] Deu. 4. 37.

4 Tú, oh Dios, eres mi Rey: manda saludes[d] á Jacob.

[d] Sal. 74. 12.

5 Por medio de tí sacudirémos á nuestros enemigos: en tu Nombre atropellarémos á nuestros adversarios.

6 Porque no confiaré en mi arco, ni mi espada me salvará[e].

[e] Os. 1. 7.

7 Pues tú nos has guardado de nuestros enemigos, y has avergonzado á los que nos aborrecian.

8 En Dios nos gloriarémos todo tiempo[f], y para siempre loarémos tu Nombre. Selah.

[f] Sal. 20. 7.

9 Empero nos has desechado, y nos has

hecho avergonzar[g]; y no sales en nuestros ejércitos.

10 Nos hiciste retroceder del enemigo[h], y saqueáronnos para sí los que nos aborrecian.

11 Pusístenos como á ovejas para comida[i], y esparcístenos entre las gentes.

12 Has vendido tu pueblo de balde[k], y no pujaste en sus precios.

13 Pusístenos por vergüenza á nuestros vecinos, por escarnio y por burla á los que nos rodean[l].

14 Pusístenos por proverbio entre las gentes, por movimiento de cabeza en los pueblos.

15 Cada dia mi vergüenza *está* delante de mí, y cúbreme la confusion de mi rostro,

16 Por la voz del que *me* vitupera y deshonra, por razon del enemigo y del que se venga[m].

17 Todo esto nos ha venido, y no nos hemos olvidado de tí; y no hemos faltado á tu pacto.

18 No se ha vuelto atrás nuestro corazon, ni tampoco se han apartado nuestros pasos de tus caminos.

19 Cuando nos quebrantaste en el lugar de los dragones[n], y nos cubriste con sombra de muerte,

20 Si nos hubiesemos olvidado del Nombre de nuestro Dios, ó alzado nuestras manos á dios ageno[o],

21 ¿No demandaría Dios esto? porque él conoce los secretos del corazon.

22 Empero por tu causa nos matan cada dia; somos tenidos como ovejas para el matadero[p].

23 Despierta; ¿por qué duermes, Señor? Despierta, no te alejes para siempre[q].

24 ¿Por qué escondes tu rostro, y te olvidas de nuestra afliccion, y de la opresion nuestra?

25 Porque nuestra alma está agobiada hasta el polvo[r]: nuestro vientre está pegado con la tierra.

26 Levántate para ayudarnos, y redímenos por tu misericordia.

SALMO XLV.

Epitalamio, generalmente considerado como profético, en el que bajo la figura del reino de Salomon, y de su desposorio con la hija del rey de Egipto, se describen las gracias y gloria del reino de Cristo, y su desposorio con su Iglesia; y los deberes de ésta para con su Esposo.

Al Músico principal sobre Sosannim ||, para los hijos de Core. Masquil: Cancion de amores.

REBOSA mi corazon palabra buena: refiero yo al Rey mis obras: mi lengua *será como* pluma de escribiente muy ligero.

2 Haste hermoseado mas que los hijos de los hombres[a]: la gracia se derramó en tus labios: por tanto Dios te ha bendecido para siempre.

3 Cíñete tu espada sobre el muslo, oh Valiente, con tu gloria y con tu majestad.

4 Y en tu gloria sé prosperado: cabalga[b] sobre palabra de verdad, y de humildad, *y* de justicia; y tu diestra te enseñará terribles cosas[c].

5 Tus saetas agudas, *con que* caerán pueblos debajo de tí, *penetrarán* en el corazon de los enemigos del rey.

6 Tu trono, oh Dios, eterno y para siempre[d]: vara de justicia la vara de tu reino.

7 Amaste la justicia, y aborreciste la maldad: por tanto te ungió Dios, el Dios

[g] Sal. 60. 3, 10. y 74. 1.
[h] Lev. 26. 17. Deu. 28. 25.
[i] ver. 22.
[k] Deu. 32. 30. Is. 52. 3. Jer. 15. 13.
[l] Deu. 28. 37. Sal. 79. 4. Jer. 24. 9.
[m] Sal. 8. 2.
[n] Is. 35. 7.
[o] Job 31. 26, 28.
[p] Rom. 8. 36.
[q] ver. 9.
[r] Sal. 119. 25.
|| lirios.
[a] Can. 5. 9, 15.
[b] Ap. 6. 2.
[c] Sal. 65. 5.
[d] Sal. 93. 2. Heb. 1. 8.

tuyo, con óleo de gozo sobre tus compañeros[e].

8 Mirra, áloe y casia *exhalan* todos tus vestidos *en medio* de estancias de marfil, *donde* te han recreado.

9 Hijas de reyes entre tus ilustres: está la reina á tu diestra con *adornos de* oro de Ophir.

10 Oye, hija, y mira, é inclina tu oido; y olvida tu pueblo, y la casa de tu padre.

11 Y deseará el rey tu hermosura: é inclínate á él; porque él *es* tu Señor.

12 Y las hijas de Tiro[f] *vendrán* con presente; implorarán[g] tu favor los ricos del pueblo.

13 Toda ilustre *es* de dentro la hija del rey: de brocado de oro *es* su vestido.

14 Con *vestidos* bordados será llevada al rey; vírgenes en pos de ella: sus compañeras serán traidas á tí.

15 Serán traidas con alegría y gozo: entrarán en el palacio del rey.

16 En lugar de tus padres[h] serán tus hijos, á quienes harás príncipes en toda la tierra.

17 Haré *perpetua la* memoria de tu nombre en todas las generaciones: por lo cual te alabarán los pueblos eternalmente y para siempre.

SALMO XLVI.

La Iglesia de los verdaderos fieles no tiene que temer en el mundo, porque Dios reside en medio de ella por su tutor y defensor en sus muchas tribulaciones.

Al Músico principal de los hijos de Core: Salmo sobre Alamoth.

DIOS *es* nuestro amparo y fortaleza, nuestro pronto auxilio en las tribulaciones.

2 Por tanto no temerémos, aunque la tierra sea removida, y aunque se traspasen los montes al corazon de la mar.

3 Bramarán, turbaránse sus aguas; temblarán los montes á causa de su braveza. Selah.

4 Del rio sus conductos alegrarán la ciudad de Dios, el santuario de las tiendas del Altísimo.

5 Dios *está* en medio de ella; no será conmovida: Dios la ayudará al clarear la mañana.

6 Bramaron las gentes, titubearon los reinos; dió él su voz, derritióse la tierra.

7 Jehová de los ejércitos *es* con nosotros; nuestro refugio *es* el Dios de Jacob. Selah.

8 Venid, ved las obras de Jehová[a]; que ha puesto asolamientos en la tierra:

9 Que hace cesar las guerras hasta los fines de la tierra; que quiebra el arco, corta la lanza, y quema los carros en el fuego.

10 Estad quietos, y conoced que yo *soy* Dios: ensalzado he de ser entre las gentes, ensalzado seré en la tierra[b].

11 Jehová de los ejércitos *es* con nosotros; nuestro refugio *es* el Dios de Jacob. Selah.

SALMO XLVII.

Exhórtase á todo el mundo á las alabanzas de Dios.

Al Músico principal de los hijos de Core: Salmo.

PUEBLOS todos, batid las manos; aclamad á Dios con voz de júbilo[a].

2 Porque Jehová, el Altísimo *es* terrible; Rey grande sobre toda la tierra.

3 Él sujetará á los pueblos debajo de nosotros, y á las gentes debajo de nuestros piés.

4 Él nos elegirá nuestras heredades; la hermosura de Jacob, al cual amó. Selah.

[e] 2 Cor. 1. 21.
[f] Sal. 87. 4. Is. 23. 18.
[g] Is. 60. 3.
[h] Sal. 22. 30. Is. 53. 10.
[a] Sal. 66. 5.
[b] Sal. 44. 8.
[a] Sal. 97. 1.

al. 68.18. 5 Subió Dios[b] con júbilo, Jehová con sonido de trompeta.

6 Cantad á Dios, cantad: cantad á nuestro Rey, cantad.

se. 14. 9. 7 Porque Dios *es* el Rey[c] de toda la tierra: cantad con inteligencia.

8 Reinó Dios sobre las gentes: asentóse Dios sobre su santo trono.

9 Los príncipes de los pueblos se juntaron al pueblo del Dios de Abraham: porque de Dios *son* los escudos de la tierra; él es muy ensalzado.

SALMO XLVIII.

Bajo la figura de Jerusalem y del monte de Sion se representa la Iglesia con sus glorias y confianza en Dios, su defensor y su refugio.

Sal. 44. tit. Cancion y Salmo de los hijos de Core[a].

Sal. 76. 1. GRANDE *es* Jehová[b], y digno de ser en grande manera alabado en la ciudad de nuestro Dios, *en* el monte de su santuario.

2 Hermosa provincia, el gozo de toda la tierra *es* el monte de Sion, á los
Is. 14. 13. lados del Aquilon[c], la ciudad del gran
Mat. 5. 35. Rey[d].

3 Dios en sus palacios es conocido por refugio.

4 Porque hé aquí los reyes de la tierra
Sal. 46. 6. se reunieron[e], pasaron todos.

5 Y viendo*la* ellos así, maravilláronse sobremanera, se turbaron, diéronse priesa *á huir*.

6 Tomólos allí temblor; dolor, como á mujer que pare.

7 Con viento Solano quiebras tú las naves de Tarsis.

8 Como *lo* oimos, así hemos visto en la ciudad de Jehová de los ejércitos, en la ciudad de nuestro Dios: afirmarála Dios para siempre. Selah.

9 Esperamos tu misericordia, oh Dios, en medio de tu templo.

10 Conforme á tu Nombre, oh Dios, así *es* tu loor hasta los fines de la tierra: de justicia está llena tu diestra.

11 Alegraráse el monte de Sion; se gozarán las hijas de Judá por tus juicios.

12 Andad al rededor de Sion, y rodeadla: contad sus torres.

13 Poned vuestro corazon á su antemuro, mirad sus palacios, para que *lo* conteis á la generacion venidera.

14 Porque este Dios *es* Dios nuestro eternalmente y para siempre: él nos capitaneará hasta la muerte.

SALMO XLIX.

Necedad y miserable por venir de los que solo se cuidan de su prosperidad mundana. Exhortacion á los que tienen en Dios su esperanza.

Al Músico principal. Salmo para los hijos de Core.

OID esto, pueblos todos; escuchad, habitadores todos del mundo:

2 Así los plebeyos como los nobles, el rico y el pobre juntamente.

3 Mi boca hablará sabiduría; y el pensamiento de mi corazon inteligencia.

4 Acomodaré á ejemplos mi oido: declararé con el harpa mi enigma.

Sa. 8. 22, 5 ¿Por qué he de temer[a] en los dias
8. de adversidad, *cuando* la iniquidad de mis insidiadores me cercare?

6 Los que confian en sus haciendas, y en la muchedumbre de sus riquezas se jactan,

7 Ninguno *de ellos* podrá en manera
Job 36. 18, alguna redimir al hermano, ni dar á
8. Dios su rescate[b].

8 Porque la redencion de su vida es de gran precio; y no se hará jamas

9 Que viva adelante para siempre, y nunca vea la sepultura.

10 Pues se ve que mueren los sabios, así como el insensato y el necio perecen, y dejan á otros sus riquezas[c]. [c] Ec. 2. 16, 21.

11 En su interior *tienen* que sus casas *serán* eternas, y sus habitaciones para generacion y generacion: llamaron sus tierras de sus nombres[d]. [d] 2 Sa. 18. 18.

12 Mas el hombre no permanecerá en honra[e]: es semejante á las bestias *que* perecen. [e] Sal. 39. 5.

13 Este su camino *es* su locura: con todo corren sus descendientes por el dicho de ellos. Selah.

14 Como rebaños serán puestos en la sepultura, la muerte se cebará en ellos; y los rectos se enseñorearán de ellos por la mañana[f]: y se consumirá su bien parecer en el sepulcro de su morada. [f] Dan. 7. 22. Mal. 4. 3.

15 Empero Dios redimirá mi vida del poder de la sepultura, cuando me tomará. Selah.

16 No temas cuando se enriquece alguno, cuando aumenta la gloria de su casa:

17 Porque en muriendo no llevará nada[g], ni descenderá tras él su gloria. [g] Luc. 12. 20.

18 Si bien mientras viviese, dirá dichosa á su alma[h]: y tú serás de él loado cuando bien te tratares. [h] Deu. 29. 19.

19 Entrará á *do está* la generacion de sus padres: no verán luz para siempre.

20 El hombre en honra *que* no entiende, semejante es á las bestias[i] *que* perecen. [i] Ec. 3. 18, 19.

SALMO L.

Majestad de Dios en su Iglesia. Se sirve á Dios aceptablemente, no por las ceremonias exteriores sinó por el culto interior y la pureza de vida.

Salmo de Asaph.

EL Dios de dioses, Jehová ha hablado, y convocado la tierra desde el nacimiento del sol hasta donde se pone.

2 De Sion, perfeccion de hermosura, ha Dios resplandecido[a]. [a] Sal. 48. 2.

3 Vendrá nuestro Dios, y no callará: fuego consumirá delante de él[b], y en derredor suyo habrá tempestad grande. [b] Sal. 97. 3.

4 Convocará á los cielos de arriba, y á la tierra, para juzgar á su pueblo.

5 Juntadme mis santos; los que hicieron conmigo pacto con sacrificio.

6 Y denunciarán[c] los cielos su justicia; porque Dios *es* el juez. Selah. [c] Sal. 97. 6.

7 Oye, pueblo mio, y hablaré[d]: *escucha*, Israel, y testificaré contra tí: Yo *soy* Dios, el Dios tuyo. [d] Mic. 6. 1, 8.

8 No te reprenderé sobre tus sacrificios, ni por tus holocaustos, que delante de mí *estan* siempre.

9 No tomaré de tu casa becerros, ni machos cabríos de tus apriscos[e]. [e] Mic. 6. 6. Hech. 17. 25. Heb. 10. 4, 6.

10 Porque mia es toda bestia del bosque, y los millares de animales *que hay* en los collados.

11 Conozco todas las aves de los montes, y en mi poder están las fieras del campo.

12 Si yo tuviese hambre, no te lo diria á tí; porque mio es el mundo, y su plenitud[f]. [f] Sal. 24. 1.

13 ¿Tengo de comer yo carne de gruesos *toros*, ó de beber sangre de machos cabríos?

14 Sacrifica á Dios alabanza[g], y paga tus votos al Altísimo. [g] Os. 14. 2. Heb. 13. 15.

15 E invócame en el dia de la angustia[h]: te libraré, y tú me honrarás. [h] Sal. 107. 6, etc.

16 Pero al malo dijo Dios: ¿Qué tienes tú que enarrar mis leyes, y que tomar mi pacto en tu boca[i]? [i] Is. 1. 11, 15.

k Pro. 5. 12, 13. 17 Pues que tú aborreces el castigo [k], y
echas á tu espalda mis palabras.
18 Si veias al ladron, tú corrias con él;
y con los adúlteros *era* tu parte.
19 Tu boca metias en mal, y tu lengua
componia engaño.
20 Tomabas asiento, *y* hablabas contra
tu hermano: contra el hijo de tu ma-
dre ponias infamia.
21 Estas cosas hiciste, y yo he calla-
l Ec. 8. 11, 12. Rom. 2. 4. 2 Ped. 3. 9. do [l]: ¿pensabas *por eso* que de cierto
seria yo como tú? Yo te argüiré, y pon-
drélas delante de tus ojos.
22 Entended ahora esto, los que os ol-
m Sal. 9. 17. vidais de Dios [m]; no sea que arrebate,
sin que nadie *os* libre.
23 El que sacrifica alabanza me hon-
n 1 Ped. 2. 9. rará [n]: y al que ordenáre *su* camino, le
mostraré la salud de Dios.

SALMO LI.

David, pecador verdaderamente arrepentido, pide humildemente á Dios que le perdone y santifique. Ruega tambien por toda la Iglesia.

Al Músico principal: Salmo de David,
cuando, despues que entró á Bath-
a 2 Sa. 11. 2, 4. sebah [a], vino á él Nathan el profeta.

TEN piedad de mí, oh Dios, conforme
á tu misericordia; conforme á la
multitud de tus piedades borra mis re-
b Is. 43. 25. y 44. 22. Hech. 3. 19. beliones [b].
2 Lávame mas y mas de mi maldad, y
c Is. 43. 25. y 44. 22. Hech. 3. 19. límpiame de mi pecado [c]:
3 Porque yo reconozco mis rebelio-
nes [d]; y mi pecado *está* siempre delante
d Pro. 28. 13. de mí.
e 2 Sa. 12. 13. 4 A tí, á tí solo he pecado [e], y he he-
cho lo malo delante de tus ojos: *confié-
salo*, porque seas reconocido justo en tu
palabra, *y* tenido por puro en tu juicio.
5 Hé aquí, en maldad he sido for-
f Job 14. 4. mado [f], y en pecado me concibió mi
madre.
6 Hé aquí, tú amas la verdad en lo
íntimo: y en lo secreto me has hecho
comprender sabiduría.
7 Purifícame con hisopo, y seré lim-
pio: lávame, y seré emblanquecido mas
g Is. 1. 18. que la nieve [g].
8 Hazme oir gozo y alegría; y se re-
crearán los huesos que has abatido.
9 Esconde tu rostro de mis pecados, y
borra todas mis maldades.
10 Crea en mí, oh Dios, un corazon
limpio; y renueva un espíritu recto den-
tro de mí.
11 No me eches de delante de tí; y no
quites de mí tu santo Espíritu.
12 Vuélveme el gozo de tu salud; y
‖ esto es, franco, opuesto al cautiverio del pecado. haz que el espíritu libre ‖ me sustente.
13 Enseñaré á los prevaricadores tus
caminos; y los pecadores se convertirán
á tí.
14 Líbrame de homicidios, oh Dios,
Dios de mi salud: cantará mi lengua tu
justicia.
15 Señor, abre mis labios; y publicará
mi boca tu alabanza.
16 Porque no quieres tú sacrificio, que
yo daria: no quieres holocausto.
17 Los sacrificios de Dios *son* el espí-
ritu quebrantado: al corazon contrito y
h Is. 57. 15. y 66. 2. humillado [h] no despreciarás tú, oh Dios.
18 Haz bien con tu benevolencia á
Sion: edifica los muros de Jerusalem.
19 Entónces te agradarán los sacrifi-
i Sal. 4. 5. cios de justicia [i], el holocausto ú ofrenda
para ser del todo quemada: entónces
k Sal. 118. 27. Ez. 43. 18, etc. Mal. 3. 3, 4. ofrecerán sobre tu altar becerros [k].

SALMO LII.

Reprueba David la conducta de Doeg, y profetiza su castigo. Declara ademas que teniendo él puesta su esperanza en la misericordia de Dios, seria prosperado.

Al Músico principal: Masquil de David,
cuando vino Doeg Iduméo [a], y dió a Sal. 22, tit.
cuenta á Saul diciendole: David ha
venido á casa de Ahimelech.

¿POR qué te glorías de maldad, oh
poderoso? La misericordia de Di-
os *es* continua.
2 Agravios maquina tu lengua [b]; como b Sal. 57. 4. y 59. 7. y 64. 3.
navaja amolada hace engaño.
3 Amaste el mal mas que el bien; la
mentira [c], mas que hablar justicia. Se- c Jer. 9. 4, 5.
lah.
4 Has amado toda suerte de palabras
perniciosas, engañosa lengua.
5 Por tanto Dios te derribará para si-
empre [d]: te asolará, y te arrancará de *tu* d Pro. 19. 5, 9.
morada, y te desarraigará de la tierra de
los vivientes. Selah.
6 Y verán los justos, y temerán [e]; y e Sal. 64. 9.
reiránse de él, *diciendo:*
7 Hé aquí el hombre *que* no puso á
Dios por su fortaleza, sinó que confió en
la multitud de sus riquezas [f], *y se* man- f Job 31. 24, 25. 1 Ti. 6. 17.
tuvo en su maldad.
8 Mas yo *estaré* como oliva verde [g] en
la casa de Dios: en la misericordia de g Sal. 1. 3. y 92. 12. Os. 14. 6.
Dios confio perpetua y eternalmente.
9 Te alabaré para siempre por *lo* que
has hecho: y esperaré en tu Nombre [h], h La. 3. 25, 26.
porque *es* bueno, delante de tus santos.

SALMO LIII.

Es el mismo argumento del Salmo XIV.

Al Músico principal: sobre Mahalath,
Masquil de David.

DIJO el necio en su corazon [a]: No a Sal. 14. 1, etc.
hay Dios. Corrompiéronse, é hici-
eron abominable maldad [b]: no *hay* qui- b Ef. 5. 12.
en haga bien.
2 Dios desde los cielos miró sobre los
hijos de los hombres, por ver si hay al-
gun entendido que busque á Dios.
3 Cada uno se habia vuelto atrás; to-
dos se habian corrompido: no *hay* quien
haga bien, no *hay* ni aun uno [c]. c Ro. 3. 12.
4 No tienen conocimiento todos esos
que obran iniquidad, que comen á mi
pueblo *como si* comiesen pan: á Dios no
han invocado.
5 Allí se sobresaltaron de pavor *donde*
no habia *motivo de* miedo [d]: porque Dios d Pro. 28. 1.
ha esparcido los huesos del que asentó
campo contra tí: *los* avergonzaste, por-
que Dios los desechó.
6 ¡Oh quien diese de Sion saludes á
Israel! En volviendo Dios la cautividad
de su pueblo, gozarse ha Jacob, y ale-
graráse Israel [e]. e Sal. 126. 1, 2.

SALMO LIV.

Pide David favor contra sus enemigos, expresa su confianza en Dios, y su gratitud por haberlo librado.

Al Músico principal: en Neginoth,
Masquil de David, cuando vinieron
los Ziphéos y dijeron á Saul [a]: ¿No a 1 Sa. 23. 19. y 26. 1.
está David escondido en nuestra ti-
erra?

OH Dios, sálvame por tu Nombre, y
con tu poder defiéndeme.
2 Oh Dios, oye mi oracion; escucha
las razones de mi boca.
3 Porque extraños se han levantado
contra mí, y fuertes buscan mi alma:
no han puesto á Dios [b] delante de sí. b Sal. 86. 14.
Selah.
4 Hé aquí Dios *es* el que me ayuda; el
Señor *es* con los que sostienen mi vida [c]. c Sal. 118. 7.
5 El volverá el mal á mis enemigos:
córtalos por tu verdad.
6 Voluntariamente sacrificaré á tí;
alabaré tu Nombre, oh Jehová, porque
es bueno.
7 Porque me ha librado de toda angus-

tia, y en mis enemigos vieron mis ojos [d] satisfecho mi deseo.

[d] 1 Sa. 26. 24.

SALMO LV.

Parece ser la ocasion de este Salmo la conjuracion de Absalom contra David, quien describe sus terrores en el peligro, quéjase con especialidad de la falsedad de Achitophel, y puesta en Dios su confianza, pide ser librado de sus enemigos, cuya confusion y ruina predice.

Al Músico principal, en Neginoth: Masquil de David.

ESCUCHA, oh Dios, mi oracion, y no te escondas de mi súplica.

2 Estáme atento, y respóndeme: clamo en mi oracion, y levanto el grito,

3 A causa de la voz del enemigo, por la opresion del impío; porque echaron sobre mí iniquidad, y con furor me han amenazado.

4 Mi corazon está doloroso dentro de mí, y terrores de muerte [a] sobre mí han caido.

[a] Sal. 116. 3.

5 Temor y temblor vinieron sobre mí, y terror me ha cubierto.

6 Y dije: ¡Quien me diese alas como de paloma! volaría yo, y descansaría.

7 Ciertamente huiria léjos; moraria en el desierto. Selah.

8 Apresuraríame á escapar del viento tempestuoso, de la tempestad.

9 Deshace, oh Señor, divide la lengua de ellos; porque he visto violencia y rencilla en la ciudad [b].

[b] Jer. 6. 6, 7.

10 Dia y noche la rodean sobre sus muros; é iniquidad y trabajo *hay* en medio de ella.

11 Agravios *hay* en medio de ella, y el fraude y engaño no se apartan de sus plazas.

12 Porque no me afrentó un enemigo, *cosa* que habria soportado: ni se alzó contra mí el que me aborrecia; porque me hubiera ocultado de él.

13 Mas tú, hombre, al parecer íntimo mio, mi guia, y mi familiar [c].

[c] Sal. 41. 9.

14 Porque juntos comunicabamos *suavemente* los secretos [d]: á la casa de Dios andabamos en compañía.

[d] 2 Sa. 15. 12. Job 19. 19.

15 Condenados sean á muerte, desciendan vivos [e] al infierno: porque maldades *hay* en su compañía, entre ellos.

[e] Nu. 16. 30, 33.

16 Yo á Dios clamaré; y Jehová me salvará.

17 Tarde y mañana, y á medio dia oraré [f] y clamaré; y él oirá mi voz.

[f] Dan. 6. 10. Hech. 3. 1.

18 El ha redimido *y sacado* en paz mi alma de la guerra contra mí; pues fueron contra mí muchos.

19 Dios oirá, y los quebrantará luego el que desde la antigüedad permanece. Selah. Por cuanto no se mudan, ni temen á Dios.

20 Extendió sus manos contra sus pacíficos: violó su pacto.

21 Ablandan mas que manteca *las palabras de* su boca, pero guerra *hay* en su corazon: suavizan sus palabras mas que el aceite, mas ellas *son* cuchillos.

22 Echa sobre Jehová tu carga, y él te sustentará [g]: no dejará para siempre caido al justo [h].

[g] 1 Ped. 5. 7. [h] Sal. 37. 24. y 121. 3.

23 Mas tú, oh Dios, harás descender aquellos al pozo de la sepultura: los hombres sanguinarios y engañadores no demediarán sus dias [i]: empero yo confiaré en tí.

[i] Job 15. 32. Pro. 10. 27.

SALMO LVI.

Invoca David el favor de Dios en un muy grave peligro, del que confía le librará, y promete por tanto alabarle.

Al Músico principal: sobre la paloma silenciosa en parage muy distante. Michtam de David, cuando los Philistéos lo prendieron en Gath.

TEN misericordia de mí, oh Dios, porque me devoraria el hombre: *me* oprime combatiendome cada dia.

2 Apúranme mis enemigos cada dia; porque muchos *son* los que pelean contra mí, oh Altísimo.

3 En el dia *que* temo, yo en tí confio [a].

[a] 1 Sa. 30. 6.

4 En Dios alabaré su palabra: en Dios he confiado, no temeré lo que la carne me hiciere [b].

[b] Sal. 118. 6. Heb. 13. 6.

5 Todos los dias me contristan mis negocios: contra mí *son* todos sus pensamientos para mal.

6 Reúnense, escóndense, miran ellos atentamente mis pasos, esperando *en acecho de* mi vida.

7 ¿Escaparán ellos por la iniquidad? Oh Dios, derriba con *tu* furor los pueblos.

8 Mis huidas has tú contado: pon mis lágrimas en tu redoma: ¿no *están ellas* en tu libro?

9 Serán luego vueltos atrás mis enemigos el dia que yo clamáre: en esto conozco que Dios *es* por mí [c].

[c] Ro. 8. 31.

10 En Dios alabaré *su* palabra; en Jehová alabaré *su* palabra.

11 En Dios he confiado: no temeré lo que me hará el hombre.

12 Sobre mí, oh Dios, *están* tus votos: te tributaré alabanzas.

13 Porque has librado mi vida de la muerte [d], y mis pies de caida, para que ande delante de Dios en la luz de los que viven.

[d] Sal. 116. 8.

SALMO LVII.

Es el mismo argumento del Salmo precedente, con ocasion de lo que se expresa en las palabras que siguen.

Al Músico principal: No destruyas: Michtam de David, cuando huyó de delante de Saul á la cueva [a].

[a] 1 Sa. 22. 1. Sal. 142, tit.

TEN misericordia de mí, oh Dios, ten misericordia de mí; porque en tí ha confiado mi alma, y en la sombra de tus alas [b] me ampararé, hasta que pasen los quebrantos.

[b] Sal. 63. 7.

2 Clamaré al Dios Altísimo, al Dios que me favorece.

3 El enviará desde los cielos, y me salvará de la infamia del que me apura. Selah. Dios enviará su misericordia y su verdad [c].

[c] Sal. 61. 7.

4 Mi vida *está* entre leones; estoy echado entre hijos de hombres encendidos *de odio:* sus dientes *son* lanzas y saetas, y su lengua cuchillo agudo.

5 Ensálzate sobre los cielos, oh Dios; sobre toda la tierra *se ensalce* tu gloria [d].

[d] Sal. 108. 5.

6 Red han armado á mis pasos: hase abatido mi alma: hoyo han cavado delante de mí, *pero* en medio de él han caido [e]. Selah.

[e] Sal. 7. 15.

7 Pronto *está* mi corazon, oh Dios; mi corazon *está* dispuesto [f]: cantaré, y trovaré salmos.

[f] Sal. 108. 1.

8 Despierta, oh gloria mia; despierta, salterio, y harpa: levantaréme de mañana:

9 Alabarte he en los pueblos, oh Señor; cantaré de tí en las naciones.

10 Porque grande *es* hasta los cielos tu misericordia, y hasta las nubes tu verdad.

11 Ensálzate sobre los cielos, oh Dios: sobre toda la tierra *se ensalce* tu gloria.

SALMO LVIII.

Describe la perversidad de los malos jueces y senadores; el castigo de Dios que les vendrá; y alegría de los justos cuando verán su venganza.

Al Músico principal. No destruyas. Michtam de David.

OH congregacion, ¿ pronunciais en verdad justicia? ¿juzgais rectamente, hijos de los hombres?

2 Antes con el corazon obrais iniquidades: haceis pesar la violencia de vuestras manos en la tierra.

3 Enajenáronse los impíos desde la matriz: descarriáronse desde el vientre *de sus madres*, hablando mentira.

4 Veneno tienen semejante al veneno de la serpiente[a]: *son* como áspide sordo *que* cierra su oido[b];

a Sal. 140. 3. Rom. 3. 13.
b Jer. 8. 17.

5 Que no oye la voz de los que encantan, por mas hábil que el encantador *sea*.

6 Oh Dios, quiebra sus dientes en sus bocas: quiebra, oh Jehová, las muelas de esos leoncillos.

7 Córranse como aguas que se van de suyo: en entesando *su arco para disparar* sus saetas, luego sean hechas pedazos.

8 Pasen ellos como el caracol que se deslie: *como* el abortivo de mujer, no vean el sol[c].

c Job 3. 16. Ec. 6. 4.

9 Antes que vuestras ollas sientan *el fuego de* las espinas, así vivos, así airado los arrebatará él con tempestad.

10 Alegraráse el justo cuando viere la venganza: sus piés lavará en la sangre del impío[d].

d Sal. 68. 23.

11 Entónces dirá el hombre: Ciertamente hay fruto para el justo: ciertamente hay Dios que juzga en la tierra[e].

e Sal. 9. 16.

SALMO LIX.

Cercano David al peligro, pide á Dios favor, declarando las artes y violencia de sus enemigos, y la inocencia suya.

Al Músico principal. No destruyas. Michtam de David, cuando envió Saul[a], y guardaron la casa para matarlo.

a 1 Sa. 19. 11, etc.

LIBRAME de mis enemigos, oh Dios mio: ponme en salvo de los que contra mí se levantan[b].

b Sal. 18. 48.

2 Líbrame de los que obran iniquidad, y sálvame de sanguinarios hombres.

3 Porque hé aquí están acechando mi vida: hanse juntado contra mí fuertes, no *por* falta mia, ni pecado mio, oh Jehová[c].

c 1 Sa. 24. 11, 17.

4 Sin delito *mio* corren y se aperciben: despierta para venir á mi encuentro, y mira.

5 Y tú, Jehová, Dios de los ejércitos, Dios de Israel, despierta para visitar todas las gentes: no hayas misericordia de todos los que se rebelan *con* iniquidad[d]. Selah.

d Jer. 18. 23.

6 Volveránse á la tarde, ladrarán como perros, y rodearán la ciudad.

7 Hé aquí proferirán *amenazas* con su boca; *como* cuchillos en sus labios; porque *dicen*: ¿ Quién *lo* oye?

8 Mas tú, Jehová, te reirás de ellos, te burlarás de todas las gentes.

9 *A causa* de su fuerza esperaré yo en tí: porque Dios *es* mi defensa.

10 El Dios de mi misericordia me prevendrá: Dios me hará ver en mis enemigos *mi deseo*[e].

e Sal. 92. 11.

11 No los matarás[f], porque mi pueblo no se olvide: hazlos vagar con tu fortaleza; y abátelos, oh Jehová, escudo nuestro,

f Gen. 4. 12, 15.

12 *Por* el pecado de su boca, *por* la palabra de sus labios: y sean presos por su soberbia, y por la maldicion y mentira que profieren.

13 Acábalos con furor, acábalos, y no sean: y sepan que Dios domina en Jacob hasta los fines de la tierra. Selah[g].

g Sal. 46. 10, 11.

14 Vuelvan pues á la tarde, y ladren como perros, y rodeen la ciudad.

15 Anden ellos errantes para *hallar que* comer: y si no se saciaren, murmuren.

16 Yo empero cantaré tu fortaleza, y loaré de mañana tu misericordia: porque has sido mi amparo y refugio en el dia de mi angustia.

17 Fortaleza mia, á tí cantaré: porque *eres* Dios de mi amparo, Dios de mi misericordia.

SALMO LX.

Pide David favor á Dios contra los enemigos, y que lo prospere despues de haberle castigado, pues le ha hecho promesa de ello.

Al Músico principal: sobre Susan-Heduth: Michtam de David, para enseñar, cuando tuvo guerra contra Aram-Naharaim y contra Aram de Soba, y volvió Joab, é hirió de Edom en el valle de las salinas doce mil[a].

a 2 Sa. 8. 3, 13. 1 Cr. 8. 3, 12.

OH Dios, tú nos has desechado[b], nos disipaste, te has airado; vuélvete á nosotros[c].

b Sal. 44. 9.
c Is. 3. 31, 32. Zac. 10. 6.

2 Hiciste temblar la tierra, abrístela[d]: sana sus quiebras, porque titubea.

d Sal. 75. 3. Hag. 2. 6, 7.

3 Has hecho ver á tu pueblo duras cosas: hicístenos beber el vino de agitacion[e].

e Is. 51. 17, 22.

4 Has dado á los que te temen bandera[f] que alcen por la verdad. Selah.

f Sal. 20. 5.

5 Para que se libren tus amados: salva con tu diestra, y óyeme[g].

g Sal. 108. 6, etc.

6 Dios pronunció por su Santuario: Yo me alegraré; partiré á Sichêm, y mediré el valle de Socoth.

7 Mio *es* Galaad, y mio *es* Manassé; y Ephraim *es* la fortaleza de mi cabeza; Judá, mi legislador;

8 Moab, la vasija de mi lavatorio: sobre Edom echaré mi zapato; haz júbilo sobre mí, oh Palestina.

9 ¿ Quién me llevará á la ciudad fortalecida? ¿ quién me llevará hasta Iduméa?

10 Ciertamente tú, oh Dios, *que* nos habias desechado; y no salias, oh Dios, con nuestros ejércitos[h].

h Sal. 44. 9.

11 Dános socorro contra el enemigo, que vana *es* la salud de los hombres.

12 En Dios harémos proezas; y él hollará[i] nuestros enemigos.

i Is. 63. 3.

SALMO LXI.

Implora David el auxilio de Dios; y con la experiencia de sus misericordias, habla confiadamente de la estabilidad de su reino, pronunciando así la eternidad del reino de Cristo.

Al Músico principal, sobre Neginah: *Salmo* de David.

OYE, oh Dios, mi clamor; á mi oracion atiende.

2 Desde el cabo de la tierra clamaré á tí: cuando mi corazon desmayáre, á la peña mas alta que yo me conduzcas.

3 Porque tú has sido mi refugio, y torre de fortaleza[a] delante del enemigo.

a Pro. 18. 10.

4 Yo habitaré en tu tabernáculo para siempre; estaré seguro bajo la cubierta de tus alas[b].

b Sal. 91. 4.

5 Porque tú, oh Dios, has oido mis votos, has dado heredad á los que temen tu Nombre.

6 Dias sobre dias añadirás al rey; sus años serán como generacion y generacion.

7 Estará para siempre delante de Dios: misericordia y verdad[c] prepara, *que* lo conserven.

c Sal. 40. 11 y 89. 24. Pro. 20. 28.

8 Así cantaré tu Nombre para siempre, pagando mis votos cada dia.

SALMO LXII.

Declara David ser en Dios su esperanza contra las maquinaciones de sus enemigos, y exhorta á todos á lo mismo, dejando por inútiles y falsos todos los humanos favores.

Al Músico principal, á Jeduthun.
Salmo de David.

EN Dios solamente está acallada mi alma: de él *viene* mi salud.

2 Él solamente *es* mi fuerte, y mi salud; *es* mi refugio, no resbalaré mucho[a].

3 ¿Hasta cuando maquinaréis contra un hombre? pereceréis todos vosotros, *caeréis* como pared acostada, *como* cerca ruinosa.

4 Solamente consultan de arrojar*le* de su grandeza: aman la mentira; con su boca bendicen, pero maldicen[b] en sus entrañas. Selah.

5 Alma mia, en Dios solamente reposa; porque de él *es* mi esperanza.

6 El solamente *es* mi fuerte y mi salud: *es* mi refugio, no resbalaré.

7 En Dios está mi salvacion y mi gloria: en Dios *está* la roca de mi fortaleza, y mi refugio.

8 Esperad en él en todo tiempo, oh pueblos; derramad delante de él vuestro corazon[c]: Dios *es* nuestro amparo. Selah.

9 Por cierto vanidad *son* los hijos de los hombres, mentira los hijos de varon: pesándolos á todos igualmente en balanza, *serán* menos que la vanidad.

10 No confiéis en la violencia, ni en la rapiña: no os envanezcais: si se aumentáre la hacienda, no pongais el corazon *en ella*[d].

11 Una vez habló Dios; dos veces[e] he oido esto: Que Dios *es* la fortaleza[f].

12 Y tuya, oh Señor, *es* la misericordia: porque tú pagas á cada uno conforme á su obra.

[a] Sal. 37. 24. Mic. 7. 8.
[b] Sal. 28. 3. y 55. 21.
[c] 1 Sa. 1. 15.
[d] Job 31. 25. Mat. 6. 21. Lu. 12. 15. 1 Ti. 6. 17.
[e] Job 33. 14.
[f] Ap. 19. 1.

SALMO LXIII.

David errante por los desiertos, declara su vivo amor á Dios, y ardiente deseo de volver á adorarle en su Santuario, libre ya de sus enemigos, cuya destruccion, lleno de fé en Dios, da por cierta.

Salmo de David, estando en el desierto de Judá[a].

DIOS, Dios mio *eres* tú: levantaréme á tí de mañana: mi alma tiene sed de tí[b]; mi carne te desea en tierra de sequedad, y transida sin aguas[c],

2 Para ver tu fortaleza y tu gloria[d], así *como* te he mirado en el santuario.

3 Porque mejor es tu misericordia que la vida: mis labios te alabarán.

4 Así te bendeciré en mi vida: en tu Nombre alzaré mis manos.

5 Como de meollo y de grosura será saciada mi alma: y con labios de júbilo te alabará mi boca,

6 Cuando me acordaré de tí en mi lecho, *cuando* meditaré de tí en las velas de la noche.

7 Porque has sido mi socorro; y *así* en la sombra de tus alas me regocijaré.

8 Está mi alma apegada á tí: tu diestra me ha sostenido.

9 Mas los que para destruccion buscaron mi alma, caerán en los sitios bajos de la tierra.

10 Destruiránlos á filo de espada; serán porcion de las zorras.

11 Empero el rey se alegrará en Dios; será alabado cualquiera que por él jura[e]: porque la boca de los que hablan mentira será cerrada.

[a] 1 Sa. 22. 5. y 23. 14, 16.
[b] Sal. 42. 2. Juan 7. 37.
[c] Sal. 143. 6.
[d] Sal. 27. 4.
[e] ... 65. 16.

SALMO LXIV.

David pide á Dios defensa contra sus enemigos, cuyo ingenio, artes, y ruinas describe.

Al Músico principal: Salmo de David.

ESCUCHA, oh Dios, mi voz en mi oracion: guarda mi vida del miedo del enemigo.

2 Escóndeme del secreto *consejo* de los malignos, de la conspiracion de los que obran iniquidad:

3 Que amolaron su lengua como cuchillo, y[a] armaron *por* su saeta palabra amarga[b];

4 Para asaetear á escondidas al *hombre* íntegro[c]: de improviso lo asaetean, y no temen.

5 Obstinados en su inicuo designio, tratan de esconder los lazos, y dicen: ¿Quién los ha de ver?

6 Inquieren iniquidades, hacen una investigacion exacta; y el íntimo *pensamiento* de cada uno *de ellos*, así como el corazon, *es* profundo.

7 Mas Dios los herirá con saeta[d]; de repente serán sus plagas.

8 Y harán caer sobre sí sus mismas lenguas: se espantarán todos los que los vieren.

9 Y temerán todos los hombres[e], y anunciarán la obra de Dios, y entenderán su hecho.

10 Alegraráse el justo en Jehová, y confiaráse en él; y se gloriarán todos los rectos de corazon.

[a] Sal. 55. 21. y 57. 4.
[b] Jer. 9. 3.
[c] Sal. 11. 2.
[d] Sal. 7. 13.
[e] Sal. 22. 6.

SALMO LXV.

Dios es digno de ser alabado. Bendiciones que derrama sobre los suyos.

Al Músico principal: Salmo *y* Cántico de David.

A TÍ es plácida la alabanza en Sion, oh Dios: y á tí se pagarán los votos.

2 Tú oyes la oracion: á tí vendrá toda carne.

3 Palabras de iniquidades me sobrepujaron: *mas* nuestras rebeliones tú las perdonarás[a].

4 Dichoso *el que* tú escogieres, é hicieres llegar para que habite en tus atrios: serémos saciados del bien de tu casa[b], de tu santo templo.

5 Con tremendas cosas, *hechas* en justicia, nos responderás tú, oh Dios de nuestra salud, esperanza de todos los términos de la tierra, y de los mas remotos *confines* de la mar.

6 Tú el que afirma los montes con su potencia, ceñido de valentía:

7 El que amansa el estruendo de los mares[c], el estruendo de sus ondas; y el alboroto de las gentes.

8 Por tanto los habitadores de los fines *de la tierra* temen de tus maravillas. Tú haces alegrar las salidas de la mañana y de la tarde:

9 Visitas la tierra, y la riegas: en gran manera la enriqueces con el rio de Dios, *que está* lleno de aguas: preparas el grano de ellos, cuando así la dispones.

10 Haces se empapen sus surcos, haces descender *el agua en* sus canales: ablándasla con lluvias, bendices sus renuevos.

11 Tú coronas el año de tus bienes; y tus nubes destilan grosura.

12 Destilan sobre las estancias del desierto; y los collados se ciñen de alegría.

13 Vístense los llanos de manadas, y los valles se cubren de grano: dan voces de júbilo, y aun cantan[d].

[a] Sal. 51. 7.
[b] Sal. 36. 8.
[c] Sal. 89. 9. Mat. 8. 26.
[d] Is. 55. 12.

SALMO LXVI.

Exhorta á toda la tierra á alabar á Dios por las maravillosas misericordias y bienes que ha hecho á su pueblo.

Al Músico principal: Cántico de Salmo.

ACLAMAD á Dios con alegría, *vosotros los de* toda la tierra:

2 Cantad la gloria de su Nombre: poned gloria *en* su alabanza.

3 Decid á Dios: ¡Cuan terrible *eres en*

tus obras! Por lo grande de tu fortaleza
te mentirán tus enemigos.
4 Toda la tierra te adorará, y cantarán
á tí; cantarán á tu Nombre. Selah.
5 Venid, y ved las obras de Dios: ter-
rible en hechos sobre los hijos de los
hombres.
[a] Ex. 14. 21. 6 Volvió la mar en seco[a]: por el rio
pasaron á pié; allí en él nos alegramos.
7 El se enseñorea con su fortaleza para
siempre: sus ojos atalayan sobre las gen-
[b] Sal. 11. 4. y 33. 13. tes[b]: los rebeldes no serán ellos ensalza-
dos. Selah.
8 Bendecid, pueblos, á nuestro Dios,
y haced oir la voz de su alabanza.
9 El *es el* que puso nuestra alma en
vida, y no permitió que nuestros piés
resbalasen.
10 Porque tú nos probaste, oh Dios;
[c] Is. 48. 10. 1 Ped. 1. 7. ensayástenos como se afina la plata[c].
11 Nos metiste en la red[d]; pusiste a-
[d] Os. 7. 12. pretura en nuestros lomos.
12 Hombres hiciste subir sobre nuestra
cabeza; entramos en fuego y en aguas,
y sacástenos á hartura.
13 Entraré *pues* en tu casa con holo-
caustos: te pagaré mis votos,
14 Que pronunciaron mis labios, y ha-
bló mi boca, cuando angustiado estaba.
15 Holocaustos de *animales* cebados te
ofreceré, con perfume de carneros: sa-
crificaré bueyes y machos cabríos. Selah.
16 Venid, oid todos los que temeis á
Dios, y contaré lo que ha hecho á mi
[e] Sal. 34. 2, 11. alma[e].
17 A él clamé con mi boca, y ensalzado
fué con mi lengua.
[f] Pro. 28. 9. Is. 1. 15. Juan 9. 31. Sant°. 4. 3. 18 Si[f] en mi corazon hubiese yo mirado
á la iniquidad, el Señor no *me* oyera.
19 *Mas* ciertamente *me* oyó Dios; aten-
dió á la voz de mi súplica.
20 Bendito Dios, que no echó *de sí* mi
oracion, ni de mí su misericordia.

SALMO LXVII.

Oracion de la Iglesia por la propagacion del reino de Dios en todo el mundo.

Al Músico principal, en Neginoth.
Salmo de Cántico.

DIOS tenga misericordia de nosotros,
y nos bendiga; haga resplandecer
[a] Sal. 4. 6. su rostro sobre nosotros[a]. Selah.
2 Para que sea conocido en la tierra tu
camino; en todas las gentes tu salud.
3 Alábente los pueblos, oh Dios; alá-
bente los pueblos todos.
4 Alégrense, y gócense las gentes, cu-
ando juzgáres los pueblos con equidad,
y pastoreáres las naciones en la tierra.
Selah.
5 Alábente los pueblos, oh Dios; todos
los pueblos te alaben.
[b] Sal. 85. 12. Ez. 34. 27. Os. 2. 21,22. 6 La tierra dará su fruto[b]: nos bende-
cirá Dios, el Dios nuestro.
7 Bendíganos Dios, y témanlo todos los
[c] Sal. 22. 27. fines de la tierra[c].

SALMO LXVIII.

Exhorta á alabar á Dios por la victoria que ha dado siempre á su pueblo de todos sus enemigos. Es cancion triunfal de la victoria de Cristo.

Al Músico principal: Salmo de cancion
de David.

LEVÁNTESE Dios, sean esparcidos
[a] Nu. 10. 35. sus enemigos[a], y huyan de su pre-
sencia los que le aborrecen.
2 Como es lanzado el humo *los* lanza-
rás: como se derrite la cera delante del
fuego, *así* perecerán los impíos delante
de Dios.
3 Mas los justos se alegrarán; gozarse
han delante de Dios, y saltarán de ale-
gría.
4 Cantad á Dios, cantad salmos á su
Nombre: ensalzad al que sube sobre los
cielos en JAH su nombre, y alegráos
delante de él.
5 Padre de huérfanos, y defensor de
viudas, *es*[b] Dios en la morada de su [b] Sal. 146. 9.
Santuario:
6 El Dios que hace habitar en familia
los *que estaban* solos; que saca á los a-
prisionados con grillos: mas los rebeldes
habitan en sequedad[c]. [c] Sal. 107. 34
7 Oh Dios, cuando tú saliste delante de
tu pueblo, cuando anduviste por el de-
sierto, Selah,
8 La tierra tembló[d]; tambien destila- [d] Juec. 5. 4 Hab. 3. 6. Heb. 12. 26
ron los cielos á la presencia de Dios:
aquel Sinaí[e] tembló delante de Dios,
del Dios de Israel. [e] Ex. 19. 18
9 Abundante lluvia esparciste, oh Dios,
á tu heredad[f]; y cuando se cansó, tú la [f] Deu. 11. 11, 14.
recreaste.
10 Los que son de tu grey han morado
en ella: por tu bondad, oh Dios, has
provisto al pobre.
11 El Señor daba palabra: de las evan-
gelizantes habia grande ejército.
12 Huyeron, huyeron reyes de ejérci-
tos; y las que se quedaban en casa par-
tian los despojos.
13 Bien que fuisteis echados entre los
tiestos[g], *seréis como* las alas de la palo- [g] Sal. 51.
ma cubierta de plata, y sus plumas con
amarillez de oro.
14 Cuando esparció el Omnipotente
los reyes en ella[h], emblanqueciose *ésta* [h] Jos. 12. etc.
como la nieve en Salmon[i].
15 El monte de Dios[k] *es como* el monte [i] Jue. 9.
de Basan; monte alto *como* el de Basan. [k] Sal.
16 ¿Por qué os levantais, oh montes
altos? Este monte amó Dios para su
asiento[l]: ciertamente Jehová habitará [l] Sal.
en él para siempre.
17 Los carros de Dios *son* veinte mil *y*
mas millares de ángeles. El Señor entre
ellos[m], *como* en Sinaí *así* en el San- [m] Deu.
tuario.
18 Subiste á lo alto[n], cautivaste la
cautividad[o], tomaste dones para los
hombres, y tambien *para* los rebeldes, [n] Ef. 4. 8
para que habite *entre ellos*[p] JAH Dios. [o] Col. 2. 15
19 Bendito el Señor; cada dia nos col- [p] Ef. 2.
ma *de beneficios* el Dios de nuestra salud.
Selah.
20 Dios, nuestro Dios *tiene* de salvar-
nos; y de Dios Jehová es el librar de la
muerte.
21 Ciertamente Dios herirá la cabeza
de sus enemigos, la cabelluda mollera
del que camina en sus pecados.
22 El Señor dijo: De Basan haré vol-
ver, *te* haré volver de los profundos de
la mar[q]: [q] Amos
23 Porque tu pié se enrojecerá de san-
gre de tus enemigos[r], y de ella *misma* [r] Sal.
la lengua de tus perros.
24 Vieron tus caminos, oh Dios; los
caminos de mi Dios, de mi Rey, en el
Santuario.
25 Los cantores[s] iban delante, los tañe- [s] 1 Cr. Sal.
dores detras; en medio las doncellas con
adufres.
26 Bendecid á Dios en congregaciones;
al Señor, *vosotros* de la estirpe de Israel.
27 Allí *estaba* el joven Benjamin, se-
ñoreador *que fué* de ellos, los príncipes
de Judá en su congregacion, los príncipes
de Zabulon, los príncipes de Nephtali.
28 Tu Dios ha ordenado tu fuerza:
confirma, oh Dios, lo que has obrado en
nosotros.
29 Por razon de tu templo en Jerusa-
lem los reyes te ofrecerán dones[t]. [t] Sal. 7
30 Reprime la reunion de gentes ar-
madas, la multitud de toros con los be-
cerros de los pueblos, *hasta que todos* se
sometan con *sus* piezas de plata: disipa

los pueblos que se complacen en la
guerra.
... 19. 18, 31 Vendrán príncipes de Egipto[u]; Eti-
opia[x] apresurará sus manos á Dios.
... 18. 1, 7. ...ph. 3. 10. 32 Reinos de la tierra, cantad á Dios,
cantad al Señor: Selah:
33 Al que cabalga sobre los cielos de
los cielos *que son* de antiguo: hé aquí á
... 29. 3. su voz dará él voz de fortaleza[y].
34 Atribuid fortaleza á Dios: sobre
Israel es su magnificencia, y su poder
se ostenta en los cielos.
35 Terrible *eres*, oh Dios, desde tus
santuarios: el Dios de Israel, él da for-
... 45. 24. taleza y vigor[z] al pueblo. Bendito Dios.

SALMO LXIX.

Descríbense profeticamente algunos de los sufrimientos del Redentor en su pasion, denúnciase el castigo y ruina de sus perseguidores, y el establecimiento y propagacion de su Iglesia.

Al Músico principal, sobre Sosannim: *Salmo* de David.

SÁLVAME, oh Dios, porque las agu-
as han entrado hasta el alma.
2 Estoy hundido en cieno profundo,
... 40. 2. donde no *hay* pié[a]: he venido á abis-
mos de aguas, y la corriente me ha
anegado.
... 22. 2. 3 Cansado estoy de llamar[b]; mi gar-
ganta se ha enronquecido; han desfalle-
cido mis ojos esperando á mi Dios.
4 Hanse aumentado mas que los ca-
bellos de mi cabeza los que me aborre-
...n 15. 25. cen sin causa[c]; hanse fortalecido mis
enemigos, los que me destruyen sin por-
qué: he venido pues á pagar lo que no
... 35. 11. he tomado[d].
5 Dios, tú sabes mi locura; y mis deli-
tos no te son ocultos.
6 No sean avergonzados por mi causa
los que te esperan, oh Señor Jehová de
los ejércitos; no sean confusos por mí
los que te buscan, oh Dios de Israel.
7 Porque por amor de tí he sufrido
afrenta; confusion ha cubierto mi ros-
tro.
8 He sido extrañado de mis hermanos,
... 7. 5. y extraño á los hijos de mi madre[e].
... 2. 17. 9 Porque me consumió[f] el zelo de tu
casa; y los denuestos de los que te vitu-
... 15. 3. peraban, cayeron sobre mí[g].
10 Y lloré *afligiendo* con ayuno mi
alma, y *esto* me ha sido por afrenta.
11 Puse ademas saco por mi vestido; y
viñe á serles por proverbio.
12 Hablaban contra mí los que se sen-
taban á la puerta, y *me zaherían* en las
... 30. 9. canciones de los bebedores de sidra[h].
... 35. 16. 13 Empero yo *enderezaba* mi oracion á
tí, oh Jehová: al tiempo de *tu* buena
... 9. 8. voluntad[i], oh Dios, por la multitud de
... 6. 2. tu misericordia, por la verdad de tu sa-
... 5. 7. lud[k], óyeme.
14 Sácame del lodo, y no sea yo su-
mergido: sea yo libertado de los que
me aborrecen, y del profundo de las
aguas.
15 No me anegue el ímpetu de las
aguas, ni me suerba la hondura, ni el
pozo cierre sobre mí su boca.
16 Oyeme, Jehová, porque apacible *es*
... 36. 16. tu misericordia; mírame[l] conforme á la
multitud de tus miseraciones.
17 Y no escondas tu rostro de tu si-
ervo, porque estoy angustiado: apresú-
rate, óyeme.
18 Acércate á mi alma, redímela; lí-
brame á causa de mis enemigos.
19 Tú sabes mi afrenta, y mi confu-
... 22. sion, y mi oprobio[m]: delante de tí *estan*
todos mis enemigos.
... 3. ... 12. 3. 20 La afrenta ha quebrantado mi cora-

se compadeciese *de* mí, y no *lo hubo*; y
consoladores, y ninguno hallé[n]. [n] Mar. 14. 50.
21 Pusiéronme ademas hiel por co-
mida, y en mi sed me dieron á beber
vinagre[o]. [o] Mat. 27. 34, 48.
22 Sea su mesa delante de ellos por Juan 19. 29,
lazo, y *lo que es* para bien por tropiezo[p]. 30.
23 Sean obscurecidos sus ojos para ver, [p] Ro. 11. 9,
y haz siempre titubear sus lomos. 10.
24 Derrama sobre ellos tu ira, y el fu-
ror de tu enojo les alcance.
25 Sea su palacio asolado[q]; en sus [q] Mat. 23. 38.
tiendas no haya morador.
26 Porque persiguieron al que tú he-
riste[r], y cuentan del dolor de los que tú [r] Is. 53. 5,
llagaste. 10.
27 Pon maldad sobre su maldad, y no
entren en tu justicia.
28 Sean raidos del libro de los vivien-
tes[s], y no sean escritos con los justos. [s] Ap. 3. 5. y 17. 8.
29 Y yo afligido y dolorido, tu salud,
oh Dios, me defenderá.
30 Alabaré yo el nombre de Dios con
cántico, y ensalzarélo con alabanza.
31 Y agradará á Jehová mas que *sa-
crificio de* buey, ó becerro que echa cu-
ernos y uñas.
32 Veránlo los humildes, y se gozarán:
buscad á Dios, y vivirá vuestro corazon.
33 Porque Jehová oye á los menes-
terosos, y no menosprecia á sus prisio-
neros.
34 Alábenlo los cielos y la tierra, las
mares, y todo lo que se mueve en ellas.
35 Porque Dios guardará á Sion, y
reedificará las ciudades de Judá[t]; y [t] Ez. 36. 35,
habitarán allí, y la poseerán. 36.
36 Y la simiente de sus siervos la he-
redarán[u], y los que aman su nombre [u] Sal. 102. 28.
habitarán en ella.

SALMO LXX.

David pide ayuda contra los enemigos, los cuales serán al fin confundidos, y los pios permanecerán en perpetua alegría y alabanzas de Dios.

Al Músico principal: *Salmo* de David, para conmemorar.

OH Dios, *acude* á librarme; apresú-
rate, oh Dios[a], á socorrerme. [a] Sal. 40. 13, 17.
2 Sean avergonzados y confusos los
que buscan mi vida; sean vueltos atrás
y avergonzados los que mi mal desean.
3 Sean vueltos, en pago de su afrenta
hecha, los que dicen, Ha! ha!
4 Gócense y alégrense en tí todos los
que te buscan, y digan siempre los que
aman tu salud: Engrandecido sea Dios.
5 Yo *estoy* afligido y menesteroso;
apresúrate á mí, oh Dios: ayuda mia,
y mi libertador *eres* tú: oh Jehová, no
te detengas.

SALMO LXXI.

Es el mismo argumento del Salmo LXIX.

EN tí, oh Jehová, he esperado; no
sea ya confuso para siempre[a]. [a] Sal. 31. 1, 3.
2 Hazme escapar, y líbrame en tu jus-
ticia: inclina tu oido, y sálvame.
3 Séme por peña de estancia, adonde
recurra yo continuamente[b]: mandado [b] Pro. 18. 10.
has que yo sea salvo, porque tú *eres* mi
roca, y mi fortaleza.
4 Dios mio, líbrame de la mano del
impío, de la mano del perverso y vio-
lento.
5 Porque tú, oh Señor Jehová, *eres* mi
esperanza; seguridad mia desde mi ju-
ventud.
6 Por tí he sido sustentado desde el
vientre *materno*: de las entrañas de mi
madre tú *fuiste* el que me sacaste[c]: de [c] Sal. 22. 9, 10.
tí *ha sido* siempre mi alabanza. Is. 46. 3, 4.
7 Como prodigio he sido á muchos, y

8 Sea llena mi boca de tu alabanza, de tu gloria todo el dia.

9 No me deseches en el tiempo de la vejez; cuando mi fuerza se acabare, no me desampares.

d 2 Sa. 17. 1, etc.
10 Porque mis enemigos han tratado de mí, y los que acechan mi alma consultaron juntamente d,

11 Diciendo: Dios lo ha dejado: perseguid y tomadle, porque no *hay* quien *le* libre.

12 Oh Dios, no te alejes de mí: Dios mio, acude presto á mi socorro.

e Sal. 34. 4, 26.
13 Sean avergonzados, fallezcan los adversarios de mi alma; sean cubiertos de vergüenza y de confusion e los que mi mal buscan.

14 Mas yo siempre esperaré, y añadiré sobre toda tu alabanza.

f Sal. 40. 5. y 139. 17.
15 Mi boca publicará tu justicia *y* tu salud todo el dia, aunque no sé el número *de ellas* f.

g Is. 45. 24, 25.
16 Vendré á las valentías del Señor Jehová: haré memoria de sola tu justicia g.

17 Oh Dios, enseñásteme desde mi mocedad; y hasta ahora he manifestado tus maravillas.

h Is. 46. 4.
18 Y aun *seguiré* hasta la vejez y las canas: oh Dios, no me desampares h, hasta que denuncie tu brazo á la posteridad, tus valentías á todos los que han de venir:

19 Y tu justicia, oh Dios, hasta lo excelso; porque has hecho grandes cosas: oh Dios, ¿quién como tú?

i Os. 6. 1, 2.
20 *Tú*, que me has hecho ver muchas angustias y males, volverás á darme vida i, y de nuevo me levantarás de los abismos de la tierra.

21 Aumentarás mi grandeza, y volverás á consolarme.

k Sal. 150. 3. l Sal. 92. 3.
22 Asimismo yo te alabaré con instrumento de salterio k, oh Dios mio: tu verdad cantaré yo á tí en el harpa l, oh Santo de Israel.

23 Mis labios cantarán, cuando á tí salmeáre, y mi alma, á la cual rediniste.

24 Mi lengua hablará tambien de tu justicia todo el dia; por cuanto fueron avergonzados, porque fueron confusos los que mi mal procuraban.

SALMO LXXII.

Bajo la figura de Salomon profetiza David de Cristo, de su oficio, de la gloria, felicidad y propagacion de su reino.

a Sal. 127, tit.
Para Salomon a.

OH Dios, da tus juicios al rey, y tu justicia al hijo del rey.

b Is. 11. 2, 5. y 32. 1, 17.
2 El juzgará tu pueblo con justicia, y tus afligidos con juicio b.

c Sal. 85. 11.
3 Los montes llevarán paz al pueblo c, y los collados justicia.

d Is. 51. 12, 13.
4 Juzgará los afligidos del pueblo, salvará los hijos del menesteroso, y quebrantará al violento d.

e Sal. 89. 29, 37.
5 Temerte han mientras duren el sol y la luna, por generacion de generaciones e.

f 2 Sa. 23. 4. Os. 6. 3.
6 Descenderá como la lluvia sobre la yerba cortada f; como el rocío que destila *sobre* la tierra.

g 1 Rey. 4. 20, 24. Sal. 89. 25, 36. Zac. 9. 10.
7 Florecerá en sus dias justicia, y muchedumbre de paz, hasta que no *haya* luna.

8 Y dominará de mar á mar, y desde el rio hasta los cabos de la tierra g.

h Mic. 7. 17.
9 Delante de él se postrarán los Etiopes; y sus enemigos lamerán la tierra h.

i 2 Cr. 9. 23, 24. Sal. 45. 12. y 68. 29. Is. 49. 7. Mat. 2. 11.
10 Los reyes de Tharsis y de las islas traerán presentes i: los reyes de Xeba y de Seba ofrecerán dones.

11 Y arrodillarse han á él todos los reyes; le servirán todas las gentes.

12 Porque él librará al menesteroso que clamare, y al afligido que no tuviere quien le socorra.

13 Tendrá misericordia del pobre y del menesteroso, y salvará las almas de los pobres.

14 De engaño y de violencia redimirá sus almas; y la sangre de ellos será preciosa en sus ojos k. k Sal. 116. 15.

15 Y vivirá, y daráse*le* del oro de Xeba, y oraráse por él continuamente; todo el dia *se* le bendecirá l. l Sal. 20. 1, etc. y 21. 1, etc.

16 Será echado un puño de grano en tierra, en las cumbres de los montes; su fruto hará ruido como el Líbano, y *los* de la ciudad florecerán como la yerba de la tierra.

17 Será su nombre para siempre, perpetuaráse su nombre mientras el sol dure: y benditas serán en él todas las gentes: llamarlo han bienaventurado.

18 Bendito Jehová Dios, el Dios de Israel, que solo hace maravillas.

19 Y bendito su Nombre glorioso para siempre: y toda la tierra sea llena de su gloria m. Amen, y Amen. m Hab. 2. 14.

20 Acábanse las oraciones de David, hijo de Isaí.

SALMO LXXIII.

Declara el Salmista la terrible tentacion que padeció su alma al ver la prosperidad de los malos en este mundo; pero asegura que se tranquilizó su espíritu, y se arraigó mas su esperanza en Dios, al considerar cuan engañosa es aquella prosperidad, que cuando dura mucho, se acaba con la vida.

Salmo de Asaph.

CIERTAMENTE bueno *es* Dios á Israel, á los limpios de corazon.

2 Mas yo, casi se deslizaron mis pies, por poco resbaláran mis pasos.

3 Porque tuve envidia de los insensatos, viendo la prosperidad de los impíos a. a Sal. 37. 1.

4 Porque no hay ataduras para su muerte; ántes su fortaleza *está* entera.

5 No están ellos en el trabajo humano, ni son azotados con los *otros* hombres.

6 Por tanto soberbia los corona: cúbrense de vestido de violencia.

7 Sus ojos están salidos de gruesos b: logran con creces los antojos del corazon. b Job 15. 27.

8 Soltáronse, y hablan con maldad de *hacer* violencia; hablan con altanería.

9 Ponen en el cielo su boca, y su lengua pasea la tierra.

10 Por eso su pueblo vuelve *la atencion* aquí, que *nocivas* aguas de lleno les son exprimidas,

11 Y dicen: ¿Cómo *pues* sabe Dios? ¿Y qué, hay conocimiento en lo alto?

12 Hé aquí estos impíos, sin ser turbados del mundo, alcanzaron riquezas.

13 Verdaderamente en vano he limpiado mi corazon c, y lavado mis manos en inocencia d: c Job 34. 9. y 35. 3. Mal. 3. 14. d Sal. 26. 6.

14 Pues he sido azotado todo el dia, y *empezaba* mi castigo por las mañanas.

15 Si dijera yo, discurriré de esa suerte; hé aquí habria negado la nacion de tus hijos.

16 Pensaré pues para saber esto: *es* á mis ojos duro trabajo,

17 Hasta que venido al santuario de Dios, entenderé la postrimería de ellos.

18 Ciertamente los has puesto en deslizaderos; en asolamientos los harás caer.

19 ¡Cómo han sido asolados! ¡Cuán en un punto! Acabáronse, fenecieron con turbaciones.

20 Como sueño del que despierta, *así*,

Señor, cuando despertares, menospreci-
arás sus apariencias *e*. ... 39. 6.
21 Desazonóse á la verdad mi corazon, ...r. 7. 31.
y en mis riñones sentia punzadas.
22 Mas yo *era* ignorante, y no enten-
dia *f*; era *como* una bestia acerca de tí. ... 22. 6, 7.
23 Con todo yo siempre *estuve* contigo:
trabaste de mi mano derecha;
24 Hasme guiado segun tu consejo, y
despues me recibirás en gloria.
25 ¿A quién tengo yo en los cielos?
Y fuera de tí nada deseo en la tierra.
26 Mi carne y mi corazon desfallecen:
mas la roca de mi corazon, y mi porcion
es Dios para siempre.
27 Porque hé aquí, los que se alejan de
tí perecerán: tú cortarás á todo aquel
que fornicando de tí *se aparta*.
28 Y en cuanto á mí, el acercarme á
Dios me *es* el bien: he puesto en el
Señor Jehová mi esperanza, para con-
tar todas tus obras.

SALMO LXXIV.

Quéjase el profeta á Dios del desamparo de su pueblo, y del estrago hecho por sus enemigos en el templo y culto divino; y pídele que, acordándose de su alianza y promesas, acuda á la defensa de su Iglesia.

Masquil de Asaph.

¿POR qué, oh Dios, *nos* has dese-
chado para siempre? ¿*por qué*
ha humeado tu furor contra las ovejas
de tu dehesa *a*? ...l. 95. 7.
2 Acuérdate de tu congregacion, que
adquiriste de *tiempo* antiguo; *cuando* re-
diміste la vara de tu heredad, este monte
de Sion, donde has habitado.
3 Levanta tus piés á los asolamientos
eternos; á todo enemigo que ha hecho
mal en el santuario.
4 Tus enemigos han bramado en me-
dio *b* de tus sinagogas: han puesto sus ...a. 2. 7,
divisas *por* señas.
5 *Cualquiera* se hacia famoso segun que
había levantado el hacha sobre los grue-
sos maderos *para el santuario*.
6 Y ahora con hachas y martillos han
quebrado todas sus entalladuras.
7 Han puesto á fuego tus santuarios,
han profanado el tabernáculo de tu
nombre *echándolo* á tierra.
8 Dijeron en su corazon: Destruyámos-
los de una vez: han quemado todas las
sinagogas de Dios en la tierra.
9 No vemos ya nuestras señales: no
hay mas profeta; ni con nosotros *hay*
quien sepa hasta cuando.
10 ¿Hasta cuando, oh Dios, el angus-
tiador *nos* afrentará? ¿Ha de blasfemar
el enemigo perpetuamente tu Nombre?
11 ¿Por qué retraes tu mano, y tu
diestra? ¿*por qué* la escondes dentro de
tu seno?
12 Empero Dios *es* mi rey *c* ya de an- ...l. 44. 4.
tiguo; el que obra saludes en medio de
la tierra.
13 Tú hendiste la mar con tu forta-
leza *d*: quebrantaste cabezas de ballenas ...x. 14. 21.
en las aguas.
14 Tú magullaste las cabezas del Le-
viathan *e*; distelo por comida *f* al pueblo ...s. 27. 1.
de los desiertos. ...x. 14. 30.
15 Tú abriste fuente y rio *g*; tú secaste ...x. 17. 5, 6.
rios impetuosos *h*. ...x. 20. 11.
16 Tuyo es el dia, tuya tambien es la ...s. 3. 13,
noche: tú aparejaste la luna y el sol.
17 Tú estableciste todos los términos
de la tierra: el verano y el invierno tú
los formaste.
18 Acuérdate de esto, que el enemigo
ha dicho afrentas á Jehová, y que el
pueblo insensato ha blasfemado tu Nom-
bre.
19 No entregues á las bestias el alma
de tu tórtola: y no olvides para siempre
la congregacion de tus afligidos.
20 Mira *i* al pacto: porque las tenebro- *i* Gen. 17. 7, 8.
sidades de la tierra llenas están de habi- Lev. 26. 45.
taciones de violencia. Sal. 106. 45.
21 No vuelva avergonzado el abatido: Jer. 33. 20, 21.
el afligido y el menesteroso alabarán tu
Nombre.
22 Levántate, oh Dios, aboga tu causa:
acuérdate de como el insensato te in-
juria cada dia.
23 No olvides las voces de tus ene-
migos: el alboroto de los que se levan-
tan contra tí sube continuamente.

SALMO LXXV.

Dios es digno de ser alabado; el cual por su justicia abate á unos, y ensalza á otros, levanta á los que le temen, y abate á los impíos.

Al Músico principal. No destruyas:
Salmo de Asaph. Cántico.

ALABARÉMOSTE, oh Dios, *te* ala-
barémos; que cercano está tu Nom-
bre: cuenten *todos* tus maravillas.
2 Cuando yo tuviere tiempo, yo juz-
garé rectamente *a*. *a* 2 Sa. 23. 3, 4.
3 Arruinábase la tierra, y sus morado-
res: yo sostengo sus columnas *b*. Selah. *b* Job 9. 6.
4 Dije á los insensatos: No os infa-
tueis: y á los impíos: No levanteis el
cuerno *c*. *c* Zac. 1. 21.
5 No levanteis en alto vuestro cuerno;
no hableis con cerviz erguida.
6 Porque ni de Oriente, ni de Occi-
dente, ni del desierto *viene* el ensalza-
miento.
7 Mas Dios, *que es* el juez, á este abate,
y á aquel ensalza *d*. *d* 1 Sa. 2. 7, 8.
8 Porque el caliz *está* en la mano de
Jehová, y el vino es tinto, lleno de mis-
tura; y él derrama del mismo: cierta-
mente sus heces chuparán *y* beberán
todos los impíos de la tierra.
9 Mas yo anunciaré siempre, cantaré
alabanzas al Dios de Jacob.
10 Y quebraré todos los cuernos de los
pecadores: los cuernos del justo serán
ensalzados.

SALMO LXXVI.

Dios es digno de ser alabado por las maravillas con que se ha manifestado en su pueblo, venciendo, desarmando, y deshaciendo á todos sus enemigos, aunque mas fuertes.

Al Músico principal, sobre Neginoth.
Salmo ó cancion de Asaph.

DIOS *es* conocido en Judá: en Israel
es grande su nombre *a*. *a* Sal. 48. 1, etc.
2 Y en Salem está su tabernáculo, y su
habitacion en Sion *b*. *b* Sal. 132. 13.
3 Allí quebró las saetas del arco, el
escudo, y la espada, y *tren de* guerra.
Selah.
4 Ilustre *eres* tú, y fuerte, mas que los
montes de caza *c*. *c* Can. 4. 8.
5 Los fuertes de corazon fueron des-
pojados; durmieron su sueño *d*, y nada *d* Jer. 51. 39.
hallaron en sus manos todos los varones
fuertes.
6 A tu reprension, oh Dios de Jacob,
el carro y el caballo *e* fueron entorpe- *e* Zac. 12. 4.
cidos.
7 Tú, terrible *eres* tú: ¿y quién pa-
rará delante de tí en comenzando tu
ira *f*? *f* Na. 1. 6.
8 Desde los cielos hiciste oir juicio; la
tierra tuvo temor, y quedó suspensa,
9 Cuando te levantaste, oh Dios, al
juicio, para salvar á todos los mansos de
la tierra. Selah.
10 Ciertamente la ira del hombre te
acarreará alabanza: tú reprimirás el
resto de las iras.
11 Prometed, y pagad á Jehová vu-

estro Dios: todos los que están al rededor de él traigan presentes al Terrible.

12 Cortará él el espíritu de los príncipes: terrible *es* á los reyes de la tierra.

SALMO LXXVII.

El justo atribulado clama incesantemente á Dios, y se consuela meditando las maravillas del Señor.

Al Músico principal, para Jeduthun: Salmo de Asaph.

CON mi voz clamé á Dios, á Dios clamé; y él me escuchará.

2 Al Señor busqué en el dia de mi angustia: mi mal corria de noche, y no cesaba: mi alma rehusaba consuelo.

3 Acordábame de Dios, y gritaba: quejábame, y desmayaba mi espíritu [a]. Selah.

[a] Sal. 143. 4, 6.

4 Tenias los párpados de mis ojos: estaba yo quebrantado, y no hablaba.

5 Consideraba los dias desde el principio, los años de los siglos.

6 Acordábame de mis canciones de noche: meditaba con mi corazon, y mi espíritu inquiria.

7 ¿ Desechará el Señor para siempre, y no volverá mas á amar [b] ?

[b] Lm. 3. 31, 32.

8 ¿ Hase acabado para siempre su misericordia ? ¿ Hase acabado la palabra *suya* para generacion y generacion ?

9 ¿ Ha olvidado Dios el tener misericordia ? ¿ Ha encerrado con ira sus piedades [c] ? Selah.

[c] Is. 49. 15.

10 Y dije: Enfermedad mia es esta: *traeré pues á la memoria* los años de la diestra del Altísimo.

11 Acordaréme de las obras de JAH: sí, haré yo memoria de tus maravillas antiguas.

12 Y meditaré en todas tus obras, y hablaré de tus hechos.

13 Oh Dios, en santidad *es* tu camino: ¿ Qué Dios grande como el Dios *nuestro* ?

14 Tú *eres* el Dios que hace maravillas: tú hiciste notoria en los pueblos tu fortaleza.

15 Con *tu* brazo redimiste á tu pueblo [d], á los hijos de Jacob y de Joseph. Selah.

[d] Ex. 6. 6.

16 Viéronte las aguas, oh Dios, viéronte las aguas; *y* temieron, y temblaron los abismos [e].

[e] Sal. 114. 3.

17 Las nubes echaron inundaciones de aguas [f]; tronaron los cielos, y discurrieron tus rayos.

[f] Hab. 3. 10, etc.

18 *Anduvo* en derredor el sonido de tus truenos; los relámpagos alumbraron el mundo; estremecióse y tembló la tierra.

19 En la mar *fué* tu camino, y tus sendas en las muchas aguas; y tus pisadas no fueron conocidas.

20 Condujiste á tu pueblo, como ovejas, por mano de Moises y de Aaron [g].

[g] Sal. 78. 52. Is. 63. 11.

SALMO LXXVIII.

Recapitula el autor las maravillosas obras de Dios en favor de su pueblo, para que contandolas el pueblo, y teniendolas en continua memoria, y enseñandolas á sus hijos, aprendan á poner en Dios su confianza, y no apostaten de su pacto, de su obediencia, y culto, como hizo el reino de Israel.

Masquil de Asaph.

ESCUCHA, pueblo mio, mi ley: inclinad vuestro oido á las palabras de mi boca.

2 Abriré mi boca en parábola; hablaré cosas reservadas de antiguo.

3 Las cuales hemos oido y entendido; que nuestros padres nos *las* contaron [a].

[a] Sal. 44. 1.

4 No *las* encubrirémos á sus hijos, contando á la generacion venidera las alabanzas de Jehová, y su fortaleza, y sus maravillas que hizo.

5 El estableció testimonio en Jacob, y puso ley en Israel; la cual mandó á nuestros padres que la notificasen á sus hijos [b],

[b] Deu. 6. 7. y 11. 9.

6 Para que *lo* sepa la generacion venidera, y los hijos que nacerán, *que* se levantarán, *lo* cuenten á sus hijos:

7 A fin que pongan en Dios su confianza, y no se olviden de las obras de Dios, y guarden sus mandamientos:

8 Y no sean como sus padres [c], generacion contumaz y rebelde [d]; generacion *que* no apercibió su corazon, ni fué fiel para con Dios su espíritu.

[c] Ex. 20. 1[...] [d] Ex. 2. 3[...]

9 Los hijos de Ephraim armados, *buenos* flecheros, volvieron *las espaldas* el dia de la batalla [e].

[e] 1 Sa. 4. [...]

10 No guardaron el pacto de Dios, ni quisieron andar en su ley [f]:

[f] 2 Rey. 1[...] 15.

11 Antes se olvidaron de sus obras, y de sus maravillas que les habia mostrado [g].

[g] Sal. 106. [...]

12 Delante de sus padres hizo maravillas en la tierra de Egipto, en el campo de Soan [h].

[h] Ex. VII. y XII. Is. 19. 1[...] 13.

13 Rompió la mar [i], é hízolos pasar; é hizo estar las aguas como en un monton [k].

[i] Ex. 14. [...] [k] Ex. 15. [...]

14 Y llevólos de dia con nube, y toda la noche con resplandor de fuego [l].

[l] Ex. 13. [...]

15 Hendió las peñas en el desierto [m], y dióles á beber como de grandes abismos:

[m] Ex. 17. [...] Nu. 20. [...]

16 Pues sacó de la peña corrientes, é hizo descender aguas como rios.

17 Empero aun tornaron á pecar contra él, enojando en la soledad [n] al Altísimo.

[n] Deu. 9. [...] Heb. 3. [...] 19.

18 Pues tentaron á Dios en su corazon, pidiendo comida á su gusto.

19 Y hablaron contra Dios diciendo: ¿ Podrá Dios poner*nos* mesa en el desierto ?

20 Hé aquí ha herido la peña, y corrieron aguas, y arroyos salieron ondeando: ¿ podrá tambien dar pan ? ¿ aparejará carne á su pueblo ?

21 Por tanto oyó Jehová, é indignóse: y encendióse el fuego contra Jacob, y el furor subió tambien contra Israel;

22 Por cuanto no habian creido á Dios, ni habian confiado de su salud:

23 A pesar de que mandó á las nubes de arriba, y abrió las puertas de los cielos [o],

[o] Mal. 3. [...]

24 E hizo llover sobre ellos Manna para comer, y dióles trigo de los cielos [p].

[p] Ex. 16. Sal. 106. Juan 6. [...] 1 Cor. [...]

25 Pan de nobles comió el hombre; envióles comida á hartura.

26 Movió al Solano en el cielo, y trajo con su fortaleza al Austro:

27 E hizo llover sobre ellos carne como polvo [q], y aves de alas como arena de la mar.

[q] Nu. 11. 31.

28 E hízo*las* caer en medio de su campo, al rededor de sus tiendas.

29 Y comieron, y hartáronse mucho. Cumplióles pues su deseo [r].

[r] Sal. 106 [...]

30 No habian *aun* quitado de sí su deseo, aun *estaba* su vianda en su boca,

31 Cuando vino sobre ellos el furor de Dios, y mató los mas robustos de ellos, y derribó los escogidos de Israel.

32 Con todo esto pecaron aun, y no dieron crédito á sus maravillas.

33 Consumió por tanto en nada sus dias, y sus años en la tribulacion.

34 Si los mataba, entónces buscaban á Dios; entónces se volvian solícitos en busca suya [s].

[s] Is. 26. [...] Os. 5. 1[...]

35 Y acordábanse que Dios *era* su refugio [t], y el Dios Alto su redentor.

[t] Deu. 3[...] 15.

36 Mas le lisonjeaban con su boca, y con su lengua le mentian:

37 Pues sus corazones no *eran* rectos
con él, ni estuvieron firmes en su pacto.
38 Empero él, misericordioso perdo-
Ex. 14. 18, naba la maldad, y no *los* destruía: y[w]
20. abundó *su misericordia* para apartar su
Is. 48. 9. ira, y no despertó todo su enojo[x].
Sal. 103.14. 39 Y acordóse que eran carne[y]; soplo
Sant. 4.14. que va y no vuelve[z].
40 ¡Cuantas veces lo ensañaron en el
Sal. 95. 8, desierto[a], lo enojaron en la soledad!
10. 41 Y volvían, y tentaban á Dios, y po-
nian límite al Santo de Israel.
42 No se acordaron de su mano, del
dia que los redimió de angustia:
43 Cuando puso en Egipto sus señales,
ver. 12. y sus maravillas en el campo de Soan[b]:
Ex. 7. 20. 44 Y volvió sus rios en sangre[c], y sus
corrientes, porque no bebiesen.
45 Envió entre ellos una mistura de
moscas que los comia, y ranas que los
Ex. 8. 6, destruyeron[d].
24. 46 Dió tambien al pulgon sus frutos, y
Ex. 10. 13. sus trabajos á la langosta[e].
Ex. 9. 23, 47 Sus viñas destruyó con granizo[f], y
25. sus higuerales con piedra.
48 Y entregó al pedrisco sus bestias, y
al fuego sus ganados.
49 Envió sobre ellos el furor de su
saña; ira, y enojo, y angustia, con mi-
sion de malos ángeles.
50 Dispuso el camino á su furor; no
eximió la vida de ellos de la muerte,
sinó que entregó su vida á la mortandad.
51 E hirió á todo primogénito en E-
Ex. 12. 29. giptos[g], las primicias de las fuerzas en
las tiendas de Cam.
52 Empero hizo salir á su pueblo como
Sal. 77. 20. *hato de* ovejas, y llevólos por el desierto[h]
como un rebaño.
53 Y guiólos con seguridad, que no
Ex. XIV. tuvieron miedo; y la mar[i] cubrió á
XV. sus enemigos.
54 Metiólos despues en los términos de
su santuario, en este monte que ganó su
Sal. 44. 3. mano derecha[k].
55 Y echó las gentes de delante de
ellos, y repartióles una herencia con cu-
Jos. 19. 51. erdas *distribuida*[l], é hizo habitar en sus
moradas á las tribus de Israel.
56 Mas tentaron y enojaron al Dios
Altísimo, y no guardaron sus testimo-
nios;
57 Sino que se volvieron, y rebelaron
como sus padres: volviéronse como arco
engañoso.
58 Y enojáronlo con sus altos, y provo-
Jue. 2.12, cáronlo á zelo con sus esculturas[m].
59 Oyó*lo* Dios, y enojóse, y en gran
manera aborreció á Israel.
60 Dejó por tanto el tabernáculo de
Silo, la tienda *en que* habitó entre los
hombres:
61 Y dió en cautividad su fortaleza, y
1 Sa. 4. 10, su gloria en mano del enemigo[n].
62 Entregó tambien su pueblo á cu-
chillo, y airóse contra su heredad.
63 El fuego devoró sus mancebos, y
sus vírgines no fueron loadas *en cantos*
nupciales.
64 Sus sacerdotes cayeron á cuchillo, y
sus viudas no lamentaron.
65 Entónces despertó el Señor á la
manera del que ha dormido, como un
valiente que grita *excitado* del vino;
66 E hirió á sus enemigos en las partes
5. 6, posteriores[o]: dióles perpetua afrenta.
67 Y desechó el tabernáculo de Joseph,
9.10. y no escogió la tribu de Ephraim:
7. 2. 68 Sino que escogió la tribu de Judá[p],
el monte de Sion, al cual amó[q].
69 Y edificó su santuario á manera de
suntuosa eminencia; como la tierra *que*
cimentó para siempre.
7. 8. 70 Y eligió á David su siervo[r], y tomó-
lo de las majadas de las ovejas:
71 De tras las paridas lo trajo, para
que apacentase á Jacob su pueblo[s], y á 2 Sa. 5. 2.
Israel su heredad.
72 Y apacentólos con entereza de su
corazon[t]; y pastoreólos con la pericia 1 Rey. 9. 4.
de sus manos.

SALMO LXXIX.

Es el mismo argumento del Salmo LXXIV.

Salmo de Asaph.

OH Dios, vinieron las gentes á tu he-
redad[a]; el templo de tu santidad La. 1. 10.
han contaminado[b]; pusieron á Jerusa- Sal. 74. 2, 7.
lem en montones[c]. 2 Rey. 25.
2 Dieron los cuerpos de tus siervos por 9, 10.
comida á las aves de los cielos; la carne Mic. 3. 12.
de tus santos á las bestias de la tierra.
3 Derramaron su sangre como agua en
los alrededores de Jerusalem; y no hubo
quien los enterrase[d]. Jer. 14. 16.
4 Somos afrentados de nuestros veci- y 16. 4.
nos[e], escarnecidos y burlados de los que Deu. 28. 37.
están en nuestros alrededores. Sal. 44. 14.
5 ¿Hasta cuando, oh Jehová? ¿Has
de estar airado para siempre? ¿Arderá
como fuego tu zelo[f]? Sal. 89. 46.
6 Derrama tu ira sobre las gentes que Soph. 1. 18.
no te conocen, y sobre los reinos que no
invocan tu Nombre[g]. Jer. 10. 25.
7 Porque han consumido á Jacob, y su
morada han asolado.
8 No recuerdes contra nosotros las ini-
quidades antiguas[h]: anticípennos presto Sal. 130. 3.
tus misericordias, porque estamos muy Is. 64. 9.
abatidos[i]. Deu. 28. 43.
9 Ayúdanos, oh Dios, Salud nuestra,
por la gloria de tu Nombre: y líbranos,
y aplácate sobre nuestros pecados por
amor de tu Nombre.
10 Porque dirán las gentes: ¿Dónde
está su Dios[k]? Sea notoria en las gen- Sal. 115. 2.
tes, delante de nuestros ojos, la ven- Joel 2. 17.
ganza de la sangre de tus siervos *que fué*
derramada.
11 Entre ante tu acatamiento el gemido
de los presos[l]: conforme á la grandeza Sal. 102. 20.
de tu brazo preserva á los sentenciados á
muerte.
12 Y torna á nuestros vecinos en su
seno siete tantos de su infamia con que
te han deshonrado, oh Jehová[m]. Sal. 74. 18.
13 Y nosotros, pueblo tuyo, y ovejas
de tu dehesa[n], te alabarémos para si- Sal. 95. 7.
empre: por generacion y generacion can-
tarémos tus alabanzas[o]. Is. 43. 21.

SALMO LXXX.

Es el mismo argumento y ocasion del pre-
cedente.

Al Músico principal, sobre Sosannim-
eduth: Salmo de Asaph.

OH Pastor de Israel, escucha: tú que
pastoreas como á ovejas á Joseph[a], Sal. 77. 20.
que estás *entre* querubines[b], resplan- 2 Sa. 6. 2.
dece[c]. Sal. 94. 1.
2 Despierta tu valentía delante de E-
phraim, y de Benjamin, y de Manassé[d], Nu. 2. 18,
y ven á salvarnos. 24.
3 Oh Dios, haznos tornar[e]; y haz res- ver. 7, 19.
plandecer tu rostro[f], y serémos salvos. Nu. 6. 25.
4 Jehová, Dios de los ejércitos, ¿hasta Sal. 4. 6.
cuando humearás[g] tú contra la oracion y 44. 3.
de tu pueblo? Sal. 74. 1.
5 Dísteles á comer pan de lágrimas[h]; Sal. 42. 3.
y dísteles á beber lágrimas en gran abun-
dancia.
6 Pusístenos por contienda á nuestros
vecinos: y nuestros enemigos se burlan
entre sí *de nosotros*.
7 Oh Dios de los ejércitos, haznos tor-
nar; y haz resplandecer tu rostro, y
serémos salvos.
8 Hiciste venir una vid de Egipto[i]: Is. 5. 1, 7.
echaste las gentes, y plantástela[k]. Jer. 2. 21.
9 Limpiaste *el lugar* delante de ella: Sal. 44. 2.

é hiciste arraigar sus raices, y llenó la
tierra.
10 Los montes fueron cubiertos de su
sombra; y sus sarmientos *como* cedros
de Dios.
11 Extendió sus vástagos hasta la mar,
y hasta el rio sus mugrones.
12 ¿ Por qué aportillaste sus vallados,
y la vendimian todos los que pasan por
[l] Sal. 89. 40, 41. el camino[l]?
13 Estropeóla el puerco montés, y pa-
cióla la bestia del campo.
14 Oh Dios de los ejércitos, vuelve
ahora: mira desde el cielo, y considera,
y visita esta viña;
15 Y la planta que plantó tu diestra, y
el renuevo que para tí corroboraste.
16 Quemada á fuego *está*, asolada: pe-
rezcan *aquellos* por la reprension de tu
rostro.
17 Sea tu mano sobre el varon de tu
diestra, sobre el hijo del hombre que
para tí corroboraste.
18 Así no nos volverémos de tí: vida
nos darás, é invocarémos tu Nombre.
19 Oh Jehová, Dios de los ejércitos,
haznos tornar; haz resplandecer tu ros-
[m] ver. 3, 7. tro, y serémos salvos[m].

SALMO LXXXI.

Exhorta á alabar á Dios por los beneficios recibidos, y á la obediencia de su santa ley; la que si su pueblo hubiera guardado, Dios les habria librado de sus enemigos, y colmádolos de bienes.

[a] Sal. 8, tít. Al Músico principal, sobre Githith[a]:
Salmo de Asaph.

CANTAD á Dios, fortaleza nuestra:
al Dios de Jacob celebrad con júbilo.
2 Tomad la cancion, y tañed el adufre,
el harpa deliciosa con el salterio.
3 Tocad la trompeta en la nueva luna,
en el dia señalado, en el dia de nuestra
[b] Nu. 10. 10. solemnidad[b].
4 Porque estatuto *es* de Israel, orde-
[c] Le. 23. 24, 26. nanza del Dios de Jacob[c].
5 Por testimonio en Joseph lo ha con-
stituido, cuando salió por la tierra de
Egipto; *donde* oí lenguage que no en-
[d] Sal. 114. 1. tendia[d].
6 Apartó entónces su hombro de de-
bajo de la carga; sus manos se quitaron
[e] Ex. 1. 14. de *hacer* vasijas de barro[e].
[f] Ex. 2. 23. y 14. 10. 7 En la calamidad clamaste[f], y yo te
libré: te respondí en el secreto del true-
no; te probé sobre las aguas de Me-
[g] Ex. 17. 2, 7. Nu. 20. 13. riba[g]. Selah.
8 Oye, pueblo mio, y te protestaré:
[h] Deu. 32. 29. Israel, si me oyeres[h],
9 No habrá en tí dios ageno; ni te en-
corvarás á dios estraño.
10 Yo *soy* Jehová tu Dios, que te hice
[i] Ex. 20. 2. subir de la tierra de Egipto[i]: ensancha
tu boca, y henchiria he.
11 Mas mi pueblo no oyó mi voz, é
Israel no me quiso á mí.
12 Dejélos por tanto á la dureza de su
[k] Hech. 7. 42. corazon[k]: caminaron en sus consejos.
13 ¡ Oh, si me hubiera oido mi pueblo,
[l] Deu. 32. 29. Is. 48. 18. si en mis caminos[l] hubiera Israel an-
dado!
14 En una nada habria yo derribado
sus enemigos, y vuelto mi mano sobre
sus adversarios.
15 Los aborrecedores de Jehová se le
hubieran sometido; y el tiempo de ellos
fuera para siempre.
16 Y *Dios* lo hubiera mantenido de
grosura de trigo: y de miel de la pie-
[m] Deu. 32. 13. dra te hubiera saciado[m].

SALMO LXXXII.

Reprende á los inicuos magistrados. Declárales su oficio; y su castigo si no lo hicieren.

Salmo de Asaph.

DIOS está en la reunion de los dioses;
en medio de los dioses juzga.
2 ¿ Hasta cuando juzgaréis injusta-
mente, y aceptaréis las personas de los
impios? Selah.
3 Defended al pobre y al huérfano:
haced justicia al afligido y al menes-
teroso[a]. [a] Jer. 22. 3.
4 Librad al afligido y al necesitado; li-
bradlo de mano de los impíos.
5 No saben, no entienden, andan en
tinieblas; vacilan todos los cimientos de
la tierra[b]. [b] Sal. 75. 3.
6 Yo dije: Vosotros *sois*[c] dioses, é hi- [c] Juan 10. 34.
jos todos vosotros del Altísimo.
7 Empero como hombres moriréis, y
caeréis como cualquiera de los tiranos.
8 Levántate, oh Dios, juzga la tierra:
porque tú heredarás en todas las gentes.

SALMO LXXXIII.

Pide á Dios acuda en socorro de su pueblo, contra el cual han conspirado los reyes de la tierra, los de cerca y los de léjos, cuyos intentos declara; y ruega á Dios que los desconcierte y destruya.

Cancion. Salmo de Asaph.

OH Dios, no tengas silencio: no calles,
oh Dios, ni te estés quieto.
2 Porque hé aquí que braman tus ene-
migos; y tus aborrecedores han alzado
cabeza.
3 Sobre tu pueblo han consultado as-
tuta y secretamente, y han entrado en
consejo contra tus escondidos[a]. [a] Sal. 27. 5. y 31. 20.
4 Han dicho: Venid, y cortémoslos de
ser pueblo; y no haya mas memoria del
nombre de Israel.
5 Por esto han conspirado de corazon á
una: contra tí han hecho liga
6 Los pabellones de los Iduméos, y de
los Ismaelitas, Moab[b], y los Agarenos, [b] 2 Cr. 20. 10.
7 Gebal, y Ammon, y Amalec: los
Philistéos, con los habitadores de Tiro.
8 Tambien el Assur se ha juntado con
ellos: son por brazo á los hijos de Loth.
Selah.
9 Hazles como á Madian[c], como á [c] Nu. 31. 12.
Sisara[d], como á Jabin en el arroyo de Juec. 7.
Cison: [d] Juec. 4. 24.
10 *Que* perecieron en Endor; fueron
hechos muladar de la tierra.
11 Pon á ellos *y á* sus capitanes como
á Oreb, y como á Zeeb[e], y como á [e] Juec. 7.
Zeba[f], y como á Salmunna: á todos [f] Juec. 8. 21.
los príncipes
12 Que han dicho: Heredemos para
nosotros las moradas de Dios.
13 Dios mio, pónlos como á torbellinos;
como á hojarascas[g] delante del viento. [g] Is. 17.
14 Como fuego que quema el monte,
como llama que abrasa las breñas,
15 Persíguelos así con tu tempestad, y
asómbralos con tu torbellino.
16 Llena sus rostros de vergüenza; y
busquen tu Nombre, oh Jehová.
17 Sean afrentados y turbados para si-
empre; y sean deshonrados, y perezcan.
18 Y conozcan que tu nombre *es*[h] Je- [h] Is. 42. 8.
hová: *tú* solo Altísimo sobre toda la
tierra.

SALMO LXXXIV.

David, huyendo por la persecucion de Saul, y deseando verse en Jerusalem, para comunicar con los pios en el divino culto, canta las alabanzas de la Iglesia, y el bien que goza el que comunica en ella con fé.

Al Músico principal, sobre Githith.
Salmo para los hijos de Core.

¡ CUAN amables son tus moradas, oh
Jehová de los ejércitos!
2 Codicia y aun ardientemente desea [a] Sal. 27.
mi alma los atrios de Jehová[a]: mi co- y 42. 2.
razon y mi carne cantan al Dios vivo. y 63. 1.

3 Aun el gorrion halla casa, y la go-
londrina nido para sí, donde ponga sus
pollos en tus altares, oh Jehová de los
ejércitos, Rey mio, y Dios mio.
4 Bienaventurados los que habitan en
[b] Sal. 65. 4. tu casa[b]: perpetuamente te alabarán.
Selah.
5 Bienaventurado el hombre que tiene
su fortaleza en tí; *aquellos* en cuyo co-
razon *estan tus* caminos.
6 Atravesando el valle de Baca pó-
nenle por fuente, cuando la lluvia llena
los estanques.
7 Irán de fortaleza en fortaleza; verán
á Dios en Sion.
8 Jehová, Dios de los ejércitos, oye
mi oracion: escucha, oh Dios de Jacob.
Selah.
[c] Gen. 15. 1. 9 Mira, oh Dios, escudo nuestro[c], y
pon los ojos en el rostro de tu ungido.
10 Porque mejor *es* un dia en tus atrios
que mil *fuera de ellos:* escogeria ántes
estar á la puerta de la casa de mi
Dios, que habitar en las moradas de
maldad.
11 Porque sol y escudo *nos es* Jehová
[d] Is. 60. 19. Dios[d]: gracia y gloria dará Jehová: no
[e] Fl. 4. 19. quitará el bien á los que en integridad[e]
andan.
12 Jehová de los ejércitos, dichoso el
hombre que en tí confia.

SALMO LXXXV.

Hace mencion de las misericordias que en otro tiempo hizo Dios á su pueblo, del cual le ruega se apiade restituyendolo á su prosperidad por la venida del Mesias.

Al Músico principal. Salmo para los hijos de Core.

FUISTE propicio á tu tierra, oh
Jehová: volviste la cautividad de
Jacob.
2 Perdonaste la iniquidad de tu pue-
[a] ...r. 31. 34. blo[a]; todos los pecados de ellos cubriste.
Selah.
3 Dejaste toda tu saña: te volviste de
la ira de tu furor.
4 Vuélvenos, oh Dios, salud nuestra, y
haz cesar tu ira de sobre nosotros.
5 ¿Estarás enojado contra nosotros
para siempre? ¿Extenderás tu ira de
generacion en generacion?
6 ¿No volverás tú á darnos vida, y tu
pueblo se alegrará en tí?
7 Muéstranos, oh Jehová, tu miseri-
cordia, y dános tu salud.
8 Escucharé lo que hablará el Dios
Jehová: porque hablará paz á su pue-
blo, y á sus santos, para que no se con-
...120. 4. viertan á la locura[b].
...5. 14. 9 Ciertamente cercana *está* su salud á
los que lo temen; para que habite la
gloria en nuestra tierra.
10 La misericordia y la verdad se en-
contraron; la justicia y la paz se be-
...2. 17. saron[c].
11 La verdad brotará de la tierra; y la
justicia mirarará desde los cielos.
12 Jehová dará tambien el bien; y nu-
...67. 6. estra tierra dará su fruto[d].
...9. 14. 13 La justicia irá delante de él[e]; y sus
pasos pondrá en camino.

SALMO LXXXVI.

David expone su necesidad delante de Dios, y pide ser enseñado en su voluntad, para vivir conforme á ella, y que le libre de sus enemigos.

Oracion de David.

INCLINA, oh Jehová, tu oido, y
óyeme; porque estoy afligido y me-
nesteroso.
2 Guarda mi alma, porque soy pio:
...3. salva á tu siervo, tú oh Dios mio, que
en tí confia[a].
3 Ten misericordia de mí, oh Jehová:
porque á tí clamo todo el dia.
4 Alegra el alma de tu siervo: porque
á tí, oh Señor, levanto mi alma.
5 Porque tú, Señor, *eres* bueno, y
perdonador[c]; y grande en misericordia [c] Joel 2. 13.
para con todos los que te invocan.
6 Escucha, oh Jehová, mi oracion, y
está atento á la voz de mis ruegos.
7 En el dia de mi angustia te llamaré:
porque tú me respondes[d]. [d] Sal. 50. 15.
8 Oh Señor[e], ninguno hay como tú en- [e] Ex. 15. 11.
tre los dioses; ni *obras* que igualen tus
obras[f]. [f] Deu. 3. 24.
9 Todas las gentes que hiciste, ven-
drán y se humillarán delante de tí, Se-
ñor[g]; y glorificarán tu Nombre. [g] Ap. 15. 4.
10 Porque tú *eres* grande, y hacedor de
maravillas: tú solo *eres* Dios[h]. [h] Deu. 32.39.
11 Enséñame, oh Jehová, tu camino[i]; 1 Cor. 8. 4.
caminaré yo en tu verdad: consolida mi [i] Sal. 25. 4.
corazon para que tema tu Nombre. y 27. 11.
12 Te alabaré, oh Jehová Dios mio, y 143. 8.
con todo mi corazon[k]; y glorificaré tu [k] Sal. 145.
Nombre para siempre. 1, 2.
13 Porque tu misericordia *es* grande
para conmigo[l]; y has librado mi alma [l] Sal. 103. 11.
del hoyo profundo.
14 Oh Dios, soberbios se levantaron
contra mí, y conspiracion de fuertes ha
buscado mi alma, y no te pusieron de-
lante de sí[m]. [m] Sal. 54. 3.
15 Mas tú, Señor, Dios misericordioso,
y clemente[n], lento para la ira, y grande [n] Ex. 34. 6.
en misericordia y verdad, Nu. 14. 18.
16 Mírame, y ten misericordia de mí: Neh. 9. 17.
da tu fortaleza á tu siervo[o], y guarda al Sal. 145. 8.
hijo de tu sierva[p]. [o] Is. 45. 24.
17 Haz conmigo *alguna* señal para [p] Sal. 116.16.
bien, y véan*la* los que me aborrecen, y
sean avergonzados; porque tú, Jehová,
me ayudaste, y me consolaste.

SALMO LXXXVII.

Bajo la figura de Jerusalem se cantan las alabanzas de la Iglesia, los favores que de Dios tiene, y su aumento.

A los hijos de Core. Salmo de Cancion.

SU cimiento *es* en montes de san-
tidad[a]. [a] Sal. 48. 1.
2 Ama Jehová las puertas de Sion mas
que todas las moradas de Jacob[b]. [b] Sal. 78. 67.
3 Cosas ilustres son dichas de tí, Ciu- 68.
dad de Dios. Selah.
4 Yo me acordaré de Rahab y de Ba-
bilonia entre los que me conocen: hé
aquí Palestina, y Tiro, con Etiopia[c]: [c] Sal. 68. 31.
este nació allá. Is. 18. 1,
5 Y de Sion se dirá: Este y aquel han etc.
nacido en ella: y fortificarála el mismo Soph. 3. 10.
Altísimo.
6 Jehová contará, cuando se escribi-
eren los pueblos: Este nació allí. Se-
lah.
7 Y cantores y tañedores *en ella:* todas
mis fuentes[d] *estarán* en tí. [d] Santº. 1.17.

SALMO LXXXVIII.

Pide ser remediado en grandes angustias.

Cancion de Salmo para los hijos de Core, *dada* al Músico principal, para cantar sobre Mahalath: Masquil de Heman Ezrahita.

OH Jehová, Dios de mi salud, dia y
noche[a] clamo delante de tí. [a] Luc. 18. 7.
2 Entre mi oracion en tu presencia:
inclina tu oido á mi clamor.
3 Porque mi alma está harta de males,
y mi vida cercana al sepulcro.
4 Soy contado con los que descienden
al hoyo: soy como hombre sin fuerza,
5 Libre entre los muertos: como los
matados que yacen en el sepulcro, que
no te acuerdas mas de ellos, y que son
cortados de tu mano.

6 Hasme puesto en el hoyo profundo, en tinieblas, en honduras.

7 Sobre mí se ha acostado tu ira, y *me* has afligido [b] con todas tus ondas. Selah.

8 Has alejado de mí mis conocidos; hasme puesto por abominacion [c] á ellos: encerrado estoy [d], y no puedo salir.

9 Mis ojos enfermaron á causa de mi afliccion: hete llamado, oh Jehová, cada dia he extendido á tí mis manos.

10 ¿Harás tú milagro á los muertos [e]? ¿Levantaránse los muertos para alabarte? Selah.

11 ¿Será contada en el sepulcro tu misericordia [f], *y* tu verdad en la perdicion?

12 ¿Será conocida en las tinieblas tu maravilla, ni tu justicia en la tierra del olvido?

13 Mas yo á tí he clamado, oh Jehová; y de mañana mi oracion te previno [g].

14 ¿Por qué, oh Jehová, desechas mi alma? ¿*por qué* escondes de mí tu rostro?

15 Yo *soy* afligido y menesteroso: desde la mocedad he llevado tus terrores [h], he estado medroso.

16 Sobre mí han pasado tus iras; tus espantos me han cortado.

17 Hanme rodeado como aguas de continuo; hanme cercado á una.

18 Has alejado de mí el amigo y el compañero; *y* mis conocidos *se esconden* en la tiniebla.

[b] Sal. 42. 7.
[c] Job 19. 13, etc. Sal. 31. 11. y 142. 4.
[d] Job 12. 14.
[e] Is. 38. 18.
[f] Sal. 6. 5. y 30. 9. y 115. 17.
[g] Sal. 5. 3.
[h] Job 6. 4.

SALMO LXXXIX.

Recapitula el salmista las promesas de la prosperidad y eternidad del trono de David, figura del reino de Cristo; y despues de recordar la grandeza, bondad, y justicia de Dios, pídele remedio y defensa contra el presente menoscabo de su pueblo y reino.

Masquil de Ethan Ezrahita.

LAS misericordias de Jehová cantaré perpetuamente: en generacion y generacion haré notoria tu verdad con mi boca.

2 Porque dije: Para siempre será edificada *tu* misericordia; en los mismos cielos apoyarás tu verdad.

3 Hice alianza con mi escogido; juré á David mi siervo [a], *diciendo:*

4 Para siempre confirmaré tu simiente, y edificaré tu trono por todas las generaciones. Selah.

5 Y celebrarán los cielos tu maravilla, oh Jehová; tu verdad tambien en la congregacion de los santos.

6 Porque ¿quién en los cielos se igualará con Jehová? ¿*Quién* será semejante á Jehová entre los hijos de los potentados [b]?

7 Dios terrible en la grande congregacion de los santos, y formidable sobre todos *cuantos están* alrededor suyo.

8 Oh Jehová, Dios de los ejércitos, ¿quién como tú? Poderoso *eres*, Jehová, y tu verdad *está* en torno de tí.

9 Tú tienes dominio sobre la bravura de la mar [c]: cuando se levantan sus ondas, tú las sosiegas.

10 Tú quebrantaste á Rahab ‖ *derribándole* como muerto: con el brazo de tu fortaleza esparciste tus enemigos.

11 Tuyos los cielos, tuya tambien la tierra: el mundo, y su plenitud, tú lo fundaste.

12 Al Aquilon y al Austro tú los criaste: Tabor [d] y Hermon [e] cantarán en tu Nombre.

13 Tuyo el brazo con valentía; fuerte es tu mano, ensalzada tu diestra.

14 Justicia y juicio *son* el asiento de tu trono [f]: misericordia y verdad van delante de tu rostro [g].

15 Bienaventurado el pueblo que sabe aclamar*te*: andarán, oh Jehová, á la luz de tu rostro.

16 En tu Nombre se alegrarán todo el dia: y en tu justicia serán ensalzados.

17 Porque tú *eres* la gloria de su fortaleza; y por tu *buena* voluntad ensalzarás nuestro cuerno.

18 Porque Jehová *es* nuestro escudo; y nuestro rey *es* del Santo de Israel [h].

19 Entónces hablaste en vision á tu santo, y dijiste: Yo he puesto el socorro sobre valiente [i]; he ensalzado *un* escogido de mi pueblo.

20 Hallé á David mi siervo; ungílo con el aceite de mi santidad [k].

21 Que mi mano será firme con él [l]; mi brazo tambien lo fortificará [m].

22 No lo avasallará enemigo, ni hijo de iniquidad lo quebrantará.

23 Mas yo quebrantaré delante de él sus enemigos, y heriré á sus aborrecedores.

24 Y mi verdad y mi misericordia *serán* con él; y en mi nombre será ensalzado su cuerno.

25 Asimismo pondré su mano en la mar [n], y en los rios su diestra.

26 El me llamará; Mi padre *eres* tú, mi Dios, y la roca de mi salud.

27 Yo tambien le pondré *por* primogénito [o], alto sobre los reyes de la tierra.

28 Para siempre le conservaré mi misericordia [p]; y mi alianza [q] será firme con él.

29 Y pondré su simiente para siempre, y su trono como los dias de los cielos.

30 Si dejaren sus hijos mi ley, y no anduvieren en mis juicios;

31 Si profanaren mis estatutos, y no guardaren mis mandamientos;

32 Entónces visitaré con vara su rebelion, y con azotes [r] sus iniquidades.

33 Mas no quitaré de él mi misericordia, ni falsearé mi verdad.

34 No violaré mi pacto [s], ni mudaré lo que ha salido de mis labios.

35 Una vez he jurado por mi Santidad, que no mentiré á David.

36 Su simiente será para siempre, y su trono como el sol delante de mí [t].

37 Como la luna será firme para siempre, y *como* un testigo fiel en el cielo. Selah.

38 Mas tú desechaste y menospreciaste [u] á tu ungido, y te has airado *con él*.

39 Rompiste el pacto de tu siervo; has profanado su corona *echándola* á tierra.

40 Aportillaste todos sus vallados [x]; has quebrantado sus fortalezas.

41 Menoscabáronle todos los que pasaron por el camino: es oprobio á sus vecinos.

42 Has ensalzado la diestra de sus enemigos; has alegrado á todos sus adversarios.

43 Embotaste asimismo el filo de su espada, y no lo levantaste en la batalla.

44 Hiciste cesar su brillo, y echaste por tierra su silla.

45 Has acortado los dias de su juventud; hasle cubierto de afrenta. Selah.

46 ¿Hasta cuando, oh Jehová? ¿Te esconderás para siempre? ¿Arderá *para siempre* tu ira como el fuego [y]?

47 Acuérdate de cuanto sea mi tiempo: porque ¿habrás criado en vano á todos los hijos del hombre?

48 ¿Qué hombre vivirá, y no verá muerte [z]? ¿librará su vida del poder del sepulcro? Selah.

49 Señor, ¿dónde *están* tus antiguas

[a] 2 Sa. 7. 11, etc.
[b] Sal. 103. 20.
[c] Sal. 65. 7. Mar. 4. 39, 41.
‖ *Egipto.* Ex. 14. 26. Sal. 87. 4. Is. 51. 9.
[d] Juec. 4. 6, 12.
[e] Jos. 12. 1.
[f] Sal. 97. 2.
[g] Sal. 85. 1[illegible]
[h] Is. 33. [illegible]
[i] Is. 9. 6.
[k] 1 Sa. [illegible] 12.
[l] 2 Sa. 7. 16.
[m] Sal. [illegible]
[n] Sal. 72. 8.
[o] Sal. 2. 7. Col. 1. 18.
[p] Is. 55. 3.
[q] 2 Sa. 23. [illegible]
[r] 2 Sa. [illegible]
[s] Jer. 33. [illegible]
[t] Sal. 72. 5, 17.
[u] Sal. 60. [illegible] 10. Os. 9. 17.
[x] Sal. 80. [illegible] Is. 5. 5, 6.
[y] Sal. 79. [illegible] y 85. 5.
[z] Sal. 49. [illegible] Heb. 9. [illegible]

misericordias, *que* juraste á David por tu verdad[a]?

a ver. 35.

50 Señor, acuérdate del oprobio de tus siervos; *oprobio que* llevo yo en mi seno de muchos pueblos.

51 Porque tus enemigos, oh Jehová, han deshonrado, porque tus enemigos han deshonrado los pasos de tu ungido.

52 Bendito Jehová para siempre[b]. Amen, y Amen.

b Neh. 2. 17, 18.

SALMO XC.

Recuerda la providencia y eternidad de Dios; y atendida la pequeñez y fragilidad del hombre, pide á Dios se aplaque para con su pueblo, y enderece sus caminos.

Oracion de Moises varon de Dios.

SEÑOR, tú nos has sido refugio en generacion y generacion.

2 Antes que naciesen los montes, y formases la tierra y el mundo[a], y desde el siglo y hasta el siglo, tú *eres* Dios.

a Pro. 8. 25, 26.

3 Vuelves al hombre hasta ser quebrantado, y dices: Convertíos, hijos de los hombres[b].

b Gen. 3. 19.

4 Porque mil años delante de tus ojos *son* como el dia de ayer, que pasó[c], y *como* una de las vigilias de la noche.

c 2 Ped. 3. 8.

5 Háceslos pasar como avenida de aguas: son *como* sueño; como la yerba que crece en la mañana.

6 En la mañana *misma* florece y crece; á la tarde es cortada, y se seca[d].

d Job 14. 2.

7 Porque con tu furor somos consumidos, y con tu ira somos conturbados.

8 Pusiste nuestras maldades delante de tí, nuestros yerros á la luz de tu rostro[e].

e Jer. 2. 22.

9 Porque todos nuestros dias declinan á causa de tu ira; acabamos nuestros años como un pensamiento.

10 Los dias de nuestra edad son setenta años: que si en los mas robustos *fueren* ochenta años, con todo su fortaleza *es* molestia y trabajo; porque es cortado presto, y volamos[f].

f Sant. 4. 14.

11 ¿Quien conoce la fortaleza de tu ira, y tu indignacion, *para temerte* segun que debes ser temido?

12 Enséñanos de tal modo á contar[g] nuestros dias, que traigamos al corazon sabiduría[h].

g Sal. 39. 4.
h Jos. 4. 7.

13 Vuélvete *á nosotros*, oh Jehová; ¿hasta cuando? y apláoate para con tus siervos.

14 Sácianos presto de tu misericordia; y cantarémos, y nos alegrarémos todos nuestros dias.

15 Alégranos conforme á los dias que nos afligiste, *y* los años que vimos mal.

16 Aparezca en tus siervos tu obra, y tu gloria sobre sus hijos.

17 Y sea la luz de Jehová nuestro Dios sobre nosotros: y ordena en nosotros la obra de nuestras manos, la obra de nuestras manos confirma[i].

i Job 22. 28.
Is. 26. 12.

SALMO XCI.

Seguridad y otros bienes del hombre piadoso que se acoge á la proteccion de Dios, y en él pone su confianza.

EL que habita al abrigo[a] del Altísimo, morará bajo la sombra[b] del Omnipotente.

a Sal. 27. 5.
b Sal. 57. 1.

2 Diré yo á Jehová: Esperanza mia, y castillo mio; mi Dios; en él confiaré[c].

c Sal. 18. 2.

3 Y él te librará del lazo del cazador[d]; de la peste destruidora.

d Sal. 124. 7.

4 Con sus plumas te cubrirá, y debajo de sus alas estarás seguro: escudo y adarga *es* su verdad.

5 No tendrás temor de espanto nocturno, *ni* de saeta que vuele de dia[e];

e Sal. 121. 6.

6 *Ni* de pestilencia *que* ande en obscuridad, *ni* de mortandad que en medio del dia destruya.

7 Caerán á tu lado mil, y diez mil á tu diestra: *mas* á tí no llegará.

8 Ciertamente con tus ojos mirarás y verás la recompensa de los impíos[f].

f Pro. 3. 25, 26.

9 Porque tú has puesto á Jehová, *que es* mi esperanza, al Altísimo por tu habitacion,

10 No te sobrevendrá mal, ni plaga tocará tu morada.

11 Pues que á sus ángeles mandará acerca de tí, que te guarden en todos tus caminos[g].

g Mat. 4. 6.
Luc. 4. 10.

12 En las manos te llevarán, porque tu pié no tropiece en piedra[h].

h Job 5. 23.

13 Sobre el leon y el basilisco pisarás; hollarás al cachorro de leon y al dragon.

14 Por cuanto en mí ha puesto su voluntad, yo tambien lo libraré: pondrélo en alto, por cuanto ha conocido mi Nombre.

15 Me invocará, y yo le responderé: con él estaré yo en la angustia[i]; lo libraré, y le glorificaré.

i Is. 43. 2.

16 Saciarélo de larga vida[k], y mostraréle mi salud.

k Sal. 21. 4.

SALMO XCII.

Alaba á Dios por sus admirables obras, y por su bondad y misericordia para con los suyos; mientras los impíos serán perdidos para siempre.

Salmo de Cancion para el dia del Sábado.

BUENO *es* alabar á Jehová[a], y cantar salmos á tu Nombre, oh Altísimo:

a Sal. 147. 1.

2 Anunciar por la mañana tu misericordia, y tu verdad en las noches,

3 *Tañendo* en el decacordio, y en el salterio, en tono suave con el harpa.

4 Por cuanto me has alegrado, oh Jehová, con tus obras; en las obras de tus manos me gozo.

5 ¡Cuan grandes son tus obras, oh Jehová! Muy profundos *son* tus pensamientos[b].

b Sal. 40. 5.
y 139. 17.
Is. 55. 9.
Ro. 11. 33.

6 El hombre necio no sabe, y el insensato no entiende esto:

7 Que brotan los impíos como la yerba, y florecen todos los que obran iniquidad, para ser destruidos para siempre[c].

c Sal. 37. 35, 36.
y 73. 18, 20.
Mal. 4. 1.

8 Mas tú, Jehová, para siempre *eres* Altísimo.

9 Porque hé aquí tus enemigos, oh Jehová, porque hé aquí perecerán tus enemigos; serán disipados todos los que obran maldad.

10 Empero tú ensalzarás mi cuerno como *el* de unicornio: seré ungido con aceite fresco.

11 Y mirarán mis ojos sobre mis enemigos: oirán mis oidos de los que se levantaron contra mí, de los malignos.

12 El justo florecerá como la palma: crecerá como cedro en el Líbano[d].

d Sal. 52. 8.
Os. 14. 5, 6.

13 Plantados en la casa de Jehová, en los atrios de nuestro Dios florecerán.

14 Aun en la vejez fructificarán: estarán vigorosos y verdes,

15 Para anunciar que Jehová, mi fortaleza, *es* recto[e], y que en él no hay injusticia.

e Deu. 32. 4.

SALMO XCIII.

Con hermosas alegorías celebra la gloria y eternidad del reino de Cristo, no obstante que contra él se levanten en el mundo muchas y furiosas tempestades.

JEHOVA reina[a]: vistióse de magnificencia[b], vistióse Jehová de fortaleza, ciñóse *de ella:* afirmó tambien el mundo, que no se moverá.

a Sal. 96. 10.
y 97. 1.
y 99. 1.
Is. 52. 7.
Ap. 19. 6.
b Sal. 104. 1.

2 Firme *es* tu trono desde entónces[c]: tú *eres* eternalmente.

c Sal. 45. 6.

3 Alzaron los rios, oh Jehová, alzaron

los rios su sonido; alzaron los rios sus ondas.

a Sal. 89. 9.

4 *Pero* Jehová en las alturas *es* mas poderoso que el estruendo de las muchas aguas, *mas que* las recias ondas de la mar[a].

5 Tus testimonios son muy firmes: la santidad conviene á tu casa, oh Jehová, por la serie de los siglos.

SALMO XCIV.

El profeta pide la venganza de Dios contra la insolencia de los impíos magistrados para con el pueblo. Confirma y consuela á los píos en su persecucion, prometiéndoles de parte de Dios su defensa.

a Deu. 32. 35. Na. 1. 2. b Sal. 80. 1.

JEHOVA, Dios de las venganzas[a]; Dios de las venganzas, muéstrate[b].

2 Ensálzate, oh Juez de la tierra: da el pago á los soberbios.

3 ¿Hasta cuando los impíos, hasta cuando, oh Jehová, se gozarán los impíos?

c Sal. 73. 8, etc. Judas 15.

4 ¿*Hasta cuando* pronunciarán, hablarán cosas duras[c], *y* se vanagloriarán todos los que obran iniquidad?

5 A tu pueblo, oh Jehová, quebrantan, y á tu heredad afligen.

6 A la viuda y al extranjero matan, y á los huérfanos quitan la vida.

d Sal. 10. 11, 13. y 59. 7.

7 Y dijeron: No verá JAH, ni *lo* entenderá el Dios de Jacob[d].

e Sal. 92. 6. f Ex. 4. 11. g Hab. 3. 12. h Pro. 2. 6.

8 Entended, necios del pueblo; y *vosotros* fatuos, ¿cuando seréis sabios[e]?

9 El que plantó el oido, ¿no oirá[f]? El que formó el ojo, ¿no verá?

10 El que castiga las gentes[g], ¿no reprenderá? ¿*No sabrá* el que enseña al hombre la ciencia[h]?

i 1 Cor. 3. 19, 20.

11 Jehová conoce los pensamientos de los hombres, que son vanidad[i].

k Job 5. 17. Pro. 3. 11. Heb. 12. 5, etc.

12 Bienaventurado el hombre á quien tú, JAH, castigares, y en tu ley lo instruyeres[k];

13 Para tranquilizarle en los dias de afliccion, en tanto que para el impío se cava el hoyo.

l 1 Sa. 12. 22. Ro. 11. 1, 2.

14 Porque no dejará Jehová á su pueblo, ni desamparará su heredad[l];

15 Sino que el juicio será vuelto á justicia, y en pos de ella irán todos los rectos de corazon.

16 ¿Quién se levantará por mí contra los malignos? ¿Quién estará por mí contra los que obran iniquidad?

m Sal. 124. 1, 2.

17 Si no me ayudára Jehová, presto morarára mi alma en el silencio *de los muertos*[m].

n Sal. 38. 16.

18 *Mas* cuando yo decia: Mi pié resbala[n]; tu misericordia, oh Jehová, me sustentaba.

o Sal. 63. 5, 6. 2 Cor. 1. 3, 4.

19 En la multitud de mis pensamientos dentro de mí, tus consolaciones alegraban mi alma[o].

p Is. 10. 1.

20 ¿Juntaráse contigo el trono de iniquidades, que forma agravio en el mandamiento[p]?

q Pro. 1. 11, 16.

21 Pónense en corros contra la vida del justo, y condenan la sangre inocente[q].

22 Mas Jehová me ha sido por refugio; y mi Dios por roca de mi confianza.

r Sal. 7. 16. Pro. 5. 22.

23 Y él hará tornar sobre ellos su iniquidad, y los destruirá por su propia maldad[r]; los talará Jehová nuestro Dios.

SALMO XCV.

Exhorta á alabar á Dios, y á obedecerle de corazon, escarmentando en el castigo que hizo en su pueblo sobre los que le fueron contumaces en el desierto.

a 2 Sa. 22. 47.

VENID, celebremos alegremente á Jehová: cantemos con júbilo á la Roca de nuestra salud[a].

2 Lleguemos ante su acatamiento con alabanza; aclamémosle con cánticos.

b Sal. 96. 4. y 97. 9.

3 Porque Jehová *es* Dios grande; y Rey grande sobre todos los dioses[b].

4 Porque en su mano *están* las profundidades de la tierra; y las alturas de los montes *son* suyas.

5 Suya tambien la mar, pues él la hizo; y sus manos formaron la seca.

c Heb. 21. ... Fl. 2. 10.

6 Venid, adoremos y postrémonos; arrodillémonos[c] delante de Jehová nuestro hacedor.

d Sal. 79. 13. y 100. 3. e Heb. 3. 7, 15.

7 Porque él *es* nuestro Dios; y nosotros el pueblo de su dehesa[d], y ovejas *bajo* de su mano. Si hoy oyereis su voz[e],

f Ex. 17. 2, 7. Nu. 20. 13. Deu. 6. 16.

8 No endurezcais vuestro corazon como en Meriba[f], como el dia de Masa en el desierto;

g 1 Cor. 10. 9.

9 Donde me tentaron[g] vuestros padres, probáronme, y vieron mi obra.

10 Cuarenta años estuve disgustado con la nacion, y dije: Pueblo *es este* que divaga de corazon, y no han conocido mis caminos.

h Nu. 14. 23. Heb. 4. 3, 5.

11 Por tanto juré en mi furor que no entrarian en mi reposo[h].

SALMO XCVI.

Exhorta el profeta á todos á que alaben á Dios por su grandeza, y singularmente por la venida de su Mesías á reformar el mundo.

a 1 Cr. 16. 23. Sal. 33. 3.

CANTAD á Jehová cancion nueva[a]; cantad á Jehová, *pueblos de* toda la tierra.

2 Cantad á Jehová, bendecid su Nombre: anunciad de dia en dia su salud.

3 Contad entre las gentes su gloria, en todos los pueblos sus maravillas.

b Sal. 95. 3.

4 Porque grande *es* Jehová, y digno de suprema alabanza; terrible sobre todos los dioses[b].

c Jer. 10. 11, 12. d Is. 42. 5.

5 Porque todos los dioses de los pueblos *son* ídolos[c]: mas Jehová hizo los cielos[d].

e Sal. 63. 2.

6 Alabanza y magnificencia delante de él; fortaleza y gloria en su santuario[e].

7 Dad á Jehová, oh familias de los pueblos, dad á Jehová la gloria y la fortaleza.

f Sal. 29. 1. g Heb. 13.

8 Dad á Jehová la honra *debida* á su Nombre[f]: tomad presentes[g], y venid á sus atrios.

9 Encorvaos á Jehová en la hermosura de *su* santuario: temed delante de él, *familias de* toda la tierra.

h Ap. 19. 6. i Sal. 46. ... 10.

10 Decid en las gentes[h]: Jehová reinó: tambien afirmó el mundo, y no será conmovido[i]: juzgará los pueblos en justicia.

11 Alégrense los cielos, y gócese la tierra: brame la mar, y su plenitud.

12 Regocíjese el campo, y todo lo que en él *está*. Entónces todos los árboles del bosque rebosarán de contento.

k Sal. 98. 9. l Ap. 19. 11.

13 Delante de Jehová que vino: porque vino á juzgar la tierra[k]. Juzgará al mundo con justicia[l], y á los pueblos con su verdad.

SALMO XCVII.

Confusion y ruina de los enemigos del Mesías; de cuyo reino y juicios luego que oye Sion, llénase de alegría con los demas pueblos de la tierra. Exhórtase entre tanto al amor á Dios, y aborrecimiento del mal.

a Sal. 93. b Is. 60. 9.

JEHOVA reinó[a]; regocíjese la tierra: alégrense las muchas islas[b].

c Sal. 89.

2 Nube y obscuridad al rededor de él: justicia y juicio *son* el asiento de su trono[c].

3 Fuego irá delante de él, y abrasará en derredor sus enemigos.

4 Sus relámpagos alumbraron el mundo: la tierra vió, y estremecióse.

d Juec. 5. Miq. 1.

5 Los montes se derritieron[d] como cera delante de Jehová, delante del Señor de toda la tierra.

e Sal. 50.

6 Los cielos denunciaron su justicia[e], y todos los pueblos vieron su gloria.

7 Avergüénceense todos los que sirven
á las imágenes de talla, los que se alaban
de los ídolos: los dioses todos á él se en-
:eb. 1. 6. corven[f].
8 Oyó Sion, y alegróse; y las hijas de
Judá, oh Jehová, se gozaron por tus
juicios.
9 Porque tú, Jehová, *eres* alto sobre
toda la tierra: *eres* muy ensalzado sobre
todos los dioses.
10 Los que á Jehová amais, aborreced
el mal: guarda él las almas de sus san-
tos; de mano de los impíos los libra.
.l. 112. 4. 11 Luz *está* sembrada para el justo[g], y
alegría para los rectos de corazon.
. 4. 4. 12 Alegráos[h], justos, en Jehová; y ala-
bad la memoria de su santidad.

SALMO XCVIII.

Es el mismo argumento del Salmo XCVI.

Salmo.

l. 33. 3. CANTAD á Jehová cancion nueva[a];
porque ha hecho maravillas: su di-
59. 16. estra[b] lo ha salvado, y su santo brazo.
52. 10. 2 Jehová ha hecho notoria su salud[c]:
en ojos de las gentes ha descubierto su
justicia.
3 Hase acordado de su misericordia y
de su verdad para con la casa de Is-
e. 1. 54. rael[d]: todos los términos de la tierra
han visto la salud de nuestro Dios.
4 Cantad alegres á Jehová, *los de* toda
la tierra; levantad la voz, y aplaudid, y
salmead.
5 Salmead á Jehová con harpa; con
harpa y voz de cántico.
6 Aclamad con trompetas y sonido de
bocina delante del Rey Jehová.
7 Brame la mar, y su plenitud; el
mundo, y los que en él habitan.
8 *Los* rios batan las manos: los montes
todos hagan regocijo
1. 7. 9 Delante de Jehová; porque vino[e] á
juzgar la tierra: juzgará al mundo con
justicia, y á los pueblos con rectitud.

SALMO XCIX.

Es el mismo argumento del Salmo precedente.

93. 1. JEHOVA reinó[a]; temblarán los pue-
blos: *reinó* el que está sentado sobre
80. 1. los querubines[b]; conmoveráse la tierra.
2 Jehová en Sion *es* grande, y ensal-
zado sobre todos los pueblos.
3 Alaben tu Nombre grande, y tre-
28. 58. mendo[c], y santo.
4 Y la gloria del Rey ama el juicio: tú
16. 5, 7. confirmas la rectitud[d]; tú has hecho en
Jacob juicio y justicia.
5 Ensalzad á Jehová nuestro Dios, y
28. 2. encorváos al estrado[e] de sus piés. El *es*
santo.
6 Moises y Aaron entre sus sacerdotes;
y Samuel entre los que invocaron su
Nombre: invocaban á Jehová, y él les
5. 25. respondia[f].
7. 9. 7 En columna de nube[g] hablaba con
3. 9. ellos: guardaban sus testimonios, y el
estatuto *que* les habia dado.
8 Jehová Dios nuestro, tú les respon-
9. 33. dias: tú les fuiste un Dios perdonador[h],
3. 25. y vengador *á veces* de sus obras.
9 Ensalzad á Jehová nuestro Dios, y
. 6. encorváos al monte de su santidad[i];
porque Jehová nuestro Dios *es* santo.

SALMO C.

Exhorta á todo el mundo á las divinas alabanzas, por ser Dios criador del mundo, y pastor de su pueblo.

Salmo de alabanza.

CANTAD alegres á Dios, *habitantes*
de toda la tierra.
2 Servid á Jehová con alegría: venid
ante su acatamiento con regocijo.
3 Reconoced que Jehová él *es* el Dios:
él nos hizo[a], y no nosotros á nosotros [a] Sal. 149. 2.
mismos; pueblo suyo *somos*, y ovejas de
su prado[b]. [b] Sal. 95. 7.
4 Entrad por sus puertas con recono- Ez. 34. 11,
cimiento, por sus atrios con alabanza: etc.
alabadlo, bendecid su Nombre.
5 Porque Jehová *es* bueno: para si-
empre *es* su misericordia; y su verdad
por todas las generaciones.

SALMO CI.

Declara David en su propia persona cual sea el oficio del pio magistrado, para gobernarse á sí, á su casa, y á su pueblo, segun Dios.

Salmo de David.

MISERICORDIA y juicio cantaré:
á tí cantaré yo, oh Jehová.
2 Entenderé en el camino de la per-
feccion cuando vinieres á mí: en inte-
gridad de mi corazon[a] andaré en medio [a] 1 Rey. 9. 4.
de mi casa.
3 No pondré delante de mis ojos cosa
injusta: aborrezco la obra de los que se
desvian *de lo recto*; ninguno *de ellos* se
allegará á mí.
4 Corazon perverso se apartará de mí:
no conoceré al malvado.
5 Al que solapadamente infama á su
prójimo, yo le cortaré: no sufriré al de
ojos altaneros, y de corazon vanidoso.
6 Mis ojos *pondré* en los fieles de la
tierra, para que estén conmigo: el que
anduviere en el camino de la perfecci-
on[b], éste me servirá. [b] Sal. 119. 1.
7 No habitará dentro de mi casa el que
hace fraude: el que habla mentiras[c] no [c] Ap. 21. 27.
se afirmará delante de mis ojos. y 22. 15.
8 Por las mañanas[d] cortaré á todos los [d] Jer. 21. 12.
impíos de la tierra; para estirpar de la
ciudad de Jehová á todos los que obra-
ren iniquidad.

SALMO CII.

El título del Salmo es su elegantísimo argumento.

Oracion del pobre, cuando estuviere angustiado, y delante de Jehová derramáre su lamento.

JEHOVA, oye mi oracion, y venga mi
clamor á tí.
2 No escondas de mí tu rostro: en el
dia de mi angustia inclina á mí tu oido;
el dia que *te* invocáre, apresúrate á res-
ponderme.
3 Porque mis dias se han consumido
como humo, y mis huesos cual tizon es-
tán quemados.
4 Mi corazon fué herido, y secóse co-
mo la yerba; por lo cual me olvidé de
comer mi pan.
5 Por la voz de mi gemido mis huesos
se han pegado[a] á mi carne. [a] Job 19. 20.
6 Soy semejante al pelícano del desi- La. 4. 8.
erto; soy como el buho de las sole-
dades[b]. [b] Job 30. 29.
7 Velo, y soy como el pájaro solitario
sobre el tejado.
8 Cada dia me afrentan mis enemigos;
los que se enfurecen contra mí, hanse
contra mí conjurado.
9 Por lo que como la ceniza á manera
de pan, y mi bebida mezclo con lloro[c], [c] Sal. 42. 3.
10 A causa de tu enojo y de tu ira; y 80. 5.
pues me alzaste, y me has arrojado.
11 Mis dias son como la sombra que se
vá[d]; y heme secado como la yerba. [d] Sal. 109. 23.
12 Mas tú, Jehová, permanecerás para y 144. 4.
siempre[e], y tu memoria para generacion Ec. 6. 12.
y generacion[f]. [e] La. 5. 19.
13 Tú levantandote tendrás misericor- [f] Sal. 135. 13.
dia de Sion; porque el tiempo de tener
misericordia de ella, porque el plazo es
llegado.
14 Porque tus siervos aman sus piedras,
y del polvo de ella tienen compasion.

15 Entónces temerán las gentes el nombre de Jehová, y todos los reyes de la tierra tu gloria.

16 Por cuanto Jehová habrá edificado á Sion, y en su gloria será visto.

17 Habrá mirado á la oracion de los solitarios, y no habrá desechado el ruego de ellos.

18 Escribirse ha esto para la generacion postrera: y el pueblo que se criará, alabará á JAH.

19 Porque miró de lo alto de su Santuario; Jehová miró de los cielos á la tierra,

20 Para oir el gemido de los presos, para soltar á los sentenciados á muerte [g]:

[g] Sal. 79. 11. y 146. 7.

21 Porque cuenten en Sion el nombre de Jehová, y su alabanza en Jerusalem,

22 Cuando los pueblos se congregaren en uno, y los reinos, para servir á Jehová.

23 Él afligió mi fuerza en el camino, acortó mis dias.

24 Dije: Dios mio, no me cortes en el medio de mis dias: por generacion de generaciones *son* tus años.

25 Tú fundaste la tierra [h] antiguamente, y los cielos son obra de tus manos.

[h] Heb. 1. 10, 12.

26 Ellos perecerán, y tú permanecerás: y todos ellos como un vestido se envejecerán [i]; como una ropa de vestir los mudarás, y serán mudados.

[i] Is. 51. 6.

27 Mas tú *siempre* el mismo, y tus años no se acabarán.

28 Los hijos de tus siervos habitarán [k], y su simiente será afirmada delante de tí.

[k] Sal. 69. 36.

SALMO CIII.

Despertando David su alma á las divinas alabanzas con la consideracion de los beneficios de Dios, y especialmente de su misericordia en perdonar pecados, así los suyos como los de su pueblo, da leccion á todo fiel de lo que hacer debe.

Salmo de David.

BENDICE, alma mia, á Jehová; y *bendigan* todas mis entrañas su santo Nombre.

2 Bendice, alma mia, á Jehová, y no olvides ninguno de sus beneficios.

3 Él *es* quien perdona todas tus iniquidades [a], el que sana todas tus dolencias [b]:

[a] Mat. 9. 2, 6. Ef. 1. 7.
[b] Ex. 15. 26.

4 El que rescata del hoyo tu vida, el que te corona de favores y misericordias:

5 El que sacia de bien tu boca, con que te rejuvenezcas como el águila [c].

[c] Is. 40. 31.

6 Jehová el que hace justicia y derecho á todos los que padecen violencia [d].

[d] Sal. 146. 7.

7 Sus caminos notificó á Moises, y á los hijos de Israel sus obras.

8 Misericordioso y clemente *es* Jehová; lento para la ira, y grande en misericordia [e].

[e] Ex. 34. 7. Sal. 86. 15.

9 No contenderá para siempre, ni para siempre guardará *el enojo* [f].

[f] Is. 57. 16. Mic. 7. 18, 19.

10 No ha hecho con nosotros conforme á nuestras iniquidades, ni nos ha pagado conforme á nuestros pecados [g].

[g] Job 33. 27.

11 Porque como la altura de los cielos sobre la tierra engrandeció su misericordia sobre los que le temen.

12 Cuanto está léjos el oriente del occidente, *así* hizo alejar de nosotros nuestras rebeliones [h].

[h] Jer. 50. 20.

13 Como el padre se compadece de los hijos, se compadece Jehová de los que le temen.

14 Porque él conoce nuestra condicion; acuérdase que somos polvo [i].

[i] Gen. 8. 19.

15 El hombre, como la yerba *son* sus dias [k]: florece [l] así como la flor del campo,

[k] Sal. 90. 5.
[l] Is. 40. 6, 8. Sant°. 1. 10, 11.

16 Que pasó el viento por ella, y pereció, y su lugar no la conoce mas [m].

[m] Job 20.

17 Mas la misericordia de Jehová desde el siglo y hasta el siglo sobre los que le temen, y su justicia sobre los hijos de los hijos;

18 Sobre los que guardan su pacto [n], y los que se acuerdan de sus mandamientos para ponerlos por obra.

[n] Ex. 20. Deu. 7.

19 Jehová afirmó en los cielos su trono; y su reino domina sobre todos.

20 Bendecid á Jehová, *vosotros* sus ángeles [o], poderosos en fortaleza, que ejecutais su palabra obedeciendo á la voz de su precepto.

[o] Sal. 1

21 Bendecid á Jehová, *vosotros* todos sus ejércitos, ministros suyos [p], que haceis su voluntad.

[p] Da. 7.

22 Bendecid á Jehová, *vosotras* todas sus obras, en todos los lugares de su señorío. Bendice, alma mia, á Jehová.

SALMO CIV.

Jehová es digno de ser alabado, atendidas las obras de la creacion, su gobierno, y Providencia.

BENDICE, alma mia, á Jehová: Jehová Dios mio, mucho te has engrandecido; haste vestido [a] de gloria y de magnificencia.

[a] Sal. 9

2 El que se cubre de luz como de vestidura, que extiende los cielos como una cortina [b],

[b] Is. 40.

3 Que establece sus aposentos entre las aguas [c]; el que pone á las nubes por su carroza, el que anda sobre las alas del viento [d];

[c] Gen. 1 Job 2 Sal. 1
[d] Sal. 1

4 El que hace á sus ángeles espíritus, sus ministros al fuego flameante [e],

[e] Heb. 1

5 Él fundó la tierra sobre sus basas [f]; no será jamas removida.

[f] Job 3

6 Con el abismo, como con vestido, la cubriste; sobre los montes estaban las aguas [g].

[g] Gen. 1

7 Á tu reprension huyeron, al sonido de tu trueno se apresuraron [h].

[h] Gen. 1

8 Subieron los montes, descendieron los valles, al lugar que tú les fundaste.

9 Pusísteles término, el cual no traspasarán, ni volverán á cubrir la tierra [i].

[i] Job 38. 11. Jer. 5.

10 *Tú eres* el que envia las fuentes por los arroyos, *que* van entre los montes.

11 Abrevan á todas las bestias del campo; quebrantan su sed los asnos montaraces.

12 Junto á aquellos habitarán las aves de los cielos, *que* entre las ramas dan voces.

13 El que riega los montes desde sus aposentos: del fruto de sus obras se sacia la tierra.

14 El que hace producir el heno para las bestias, y la yerba para servicio del hombre: sacando el pan de la tierra,

15 Y el vino *que* alegra el corazon del hombre, con el aceite hace lucir el rostro, y *con* el pan sustenta el corazon del hombre.

16 Llénanse *de jugo* los árboles de Jehová, los cedros del Líbano que él plantó [k].

[k] Nu. 24.

17 Allí anidan las aves; *y* en las hayas *hace* su casa la cigüeña,

18 Los montes altos para las cabras monteses; las peñas, madrigueras para los conejos.

19 Hizo la luna para los tiempos [l]: el sol conoce su ocaso.

[l] Gen. 1.

20 Pones las tinieblas, y es la noche: en ella corretean todas las bestias de la selva.

21 Los leoncillos braman á la presa [m], y para buscar de Dios su comida.

[m] Job 38.

22 Sale el sol, recógense, y échanse en sus cuevas.

23 Sale el hombre á su hacienda, y á su labranza hasta la tarde.

[a] Pro. 3. 19. — 24 Cuan muchas son tus obras, oh Jehová! Hiciste todas ellas con sabiduría[a]; la tierra está llena de tus beneficios.

25 *Asimismo* esta gran mar y ancha de términos: en ella pescados sin número, animales pequeños y grandes.

26 Allí andan navíos; *allí* este Leviathan que hiciste para que jugase en ella.

[o] Sal. 136. 25. y 145. 15. — 27 Todos ellos esperan en tí, para que les des su comida á su tiempo[o].

28 Les das, recogen; abres tu mano, hártanse de bien.

29 Escondes tu rostro, túrbanse; les quitas el espíritu, dejan de ser, y tórnanse en su polvo.

[p] Job 33. 4. Is. 32. 14, 15. — 30 Envias tu espíritu[p], críanse: y renuevas la haz de la tierra.

[q] Gen. 1. 31. — 31 Sea la gloria de Jehová para siempre; alégrese Jehová en sus obras[q]:

[r] Sal. 144. 5. — 32 El cual mira á la tierra, y ella tiembla: toca los montes, y humean[r].

[s] Sal. 146. 2. — 33 A Jehová cantaré en mi vida: á mi Dios salmearé mientras viviere[s].

34 Serme ha suave hablar de él: yo me alegraré en Jehová.

[t] Pro. 2. 22. — 35 Sean consumidos de la tierra los pecadores, y los impíos dejen de ser[t]. Bendice, alma mia, á Jehová. Aleluya ‖.

‖ alabad á Jehova.

SALMO CV.

Exhorta á alabar á Dios por la eleccion de su pueblo, y los beneficios continuos que le hizo, de que hace una recapitulacion que abrasa toda la historia desde la vocacion de Abraham, hasta el establecimiento del pueblo de Israel en la tierra de promision.

[a] Is. 12. 4. — ALABAD á Jehová, invocad su Nombre: haced notorias sus obras en los pueblos[a].

2 Cantadle, cantadle salmos: hablad de todas sus maravillas.

3 Gloriáos en su Nombre santo: alégrese el corazon de los que buscan á Jehová.

[b] Sal. 27. 8. — 4 Buscad á Jehová, y su fortaleza: buscad siempre su rostro[b].

5 Acordáos de sus maravillas que hizo, de sus prodigios, y de los juicios de su boca,

6 Oh vosotros simiente de Abraham, su siervo, hijos de Jacob sus escogidos.

7 El *es* Jehová nuestro Dios: en toda la tierra *son* sus juicios.

[c] Luc. 1. 73. — 8 Acordóse para siempre de su alianza[c], de la palabra *que* mandó para mil generaciones,

[d] Gen. 17. 2. [e] Gen. 26. 3. — 9 La cual concertó con Abraham[d]; y de su juramento á Isaac[e].

[f] Gen. 28. 13, 15. — 10 Y establecióla á Jacob[f] por decreto, á Israel por pacto sempiterno,

11 Diciendo: A tí daré la tierra de Canaan *por* cordel de vuestra heredad.

[g] Deu. 7. 7. y 26. 5. — 12 *Esto* siendo ellos pocos hombres[g] en número, y extranjeros en ella.

13 Y anduvieron de gente en gente, de un reino á otro pueblo.

[h] Gen. 12. 17. y 20. 3. — 14 No consintió que hombre los agraviase; y por causa de ellos castigó los reyes[h].

[i] Gen. 20. 7. — 15 No toqueis, *dijo*, en mis ungidos, ni hagais mal á mis profetas[i].

[k] Gen. 41. 54. — 16 Y llamó al hambre sobre la tierra, y quebrantó todo mantenimiento de pan[k].

[l] Gen. 45. 5. — 17 Envió un varon delante de ellos; á Joseph[l] *que* fué vendido por siervo.

18 Afligieron sus piés con grillos: en hierro fué puesta su persona.

19 Hasta la hora que llegó su palabra, el dicho de Jehová le probó.

[m] Gen. 41. 14, 40. — 20 Envió el rey, y soltólo; el señor de los pueblos, y desatóle[m].

21 Púsolo por señor de su casa, y por enseñoreador en toda su posesion:

22 Para que reprimiera á sus grandes como el quisiese, y á sus ancianos enseñára sabiduría.

23 Despues entró Israel en Egipto, y Jacob fué extranjero en la tierra de Châm[n]. — [n] Gen. 46. 6, 7.

24 Y multiplicó su pueblo en gran manera[o], é hízolo fuerte mas que sus enemigos. — [o] Ex. 1. 7, etc.

25 *Así* volvió el corazon[p] de ellos para que aborreciesen á su pueblo, para que contra sus siervos pensasen mal. — [p] 2 Sa. 24. 1.

26 Envió á su siervo Moises, *y* á Aaron al cual escogió[q]. — [q] Ex. 4. 12, etc.

27 Pusieron en ellos las palabras de sus señales, y sus prodigios en la tierra de Châm[r]. — [r] Ex. VII. y XII.

28 Echó tinieblas, é hizo obscuridad[s]; y no fueron rebeldes á su palabra. — [s] Ex. 10. 21, 23.

29 Volvió sus aguas en sangre, y mató sus pescados[t]. — [t] Ex. 7. 20, 21.

30 Produjo su tierra ranas[u] *aun* en las camas de sus reyes. — [u] Ex. 8. 5, 6.

31 Dijo, y vino una mezcla de *diversas* moscas, *y* piojos en todo su término[x]. — [x] Ex. 8. 17, 24.

32 Volvió en su tierra sus lluvias en granizo *y* en fuego de llamaradas[y]: — [y] Ex. 9. 23, 25.

33 E hirió sus viñas, y sus higueras, y quebró los árboles de su término.

34 Dijo, y vinieron langostas y pulgon sin número[z]: — [z] Ex. 10. 12, 14.

35 Y comieron toda la yerba de su país, y devoraron el fruto de su tierra.

36 Hirió ademas á todos los primogénitos en su tierra[a], el principio de toda su fuerza. — [a] Ex. 12. 29.

37 Y sacólos con plata y oro[b]; y no hubo en sus tribus enfermo. — [b] Ex. 12. 35.

38 Egipto se alegró de que salieran; porque su terror habia caido sobre ellos[c]. — [c] Ex. 12. 33.

39 Extendió una nube por cubierta, y fuego para alumbrar la noche[d]. — [d] Ex. 13. 21. Neh. 9. 12.

40 Pidieron, é hizo venir codornices, y saciólos de pan del cielo[e]. — [e] Ex. 16. 4.

41 Abrió la peña, y fluyeron aguas; corrieron por los secadales *como* un rio[f]. — [f] Ex. 17. 6. Nu. 20. 11. 1 Cor. 10. 4.

42 Porque se acordó de su santa palabra, *dada* á Abraham su siervo[g]. — [g] Gen. 15.14.

43 Y sacó á su pueblo con gozo; con júbilo á sus escogidos. — [h] Deu. 6. 10, 11. Jos. 21. 43.

44 Y dióles las tierras de las gentes, y las labores de las naciones heredaron[h]:

45 Para que guardasen sus estatutos, y observasen sus leyes[i]. Aleluya ‖. — [i] Deu. 4.1,40.

‖ alabad á Jehova.

SALMO CVI.

Exhorta á alabar á Dios por su grande misericordia, que implora al principio y fin de este Salmo, y la cual trae á la memoria con los ejemplos de las muchas veces que ofendido Dios de su pueblo, desde que lo sacó de Egipto hasta despues de establecido en la tierra de promision, lo perdonó y salvó de sus enemigos.

Aleluya ‖. — ‖ alabad á Jehova.

ALABAD á Jehová, porque *es* bueno; porque para siempre *es* su misericordia[a]. — [a] 1 Cr. 16.34.

2 ¿ Quién expresará las valentías de Jehová[b]? ¿ *quién* contará sus alabanzas? — [b] Sal. 40. 5.

3 Dichosos los que guardan juicio, los que hacen justicia en todo tiempo.

4 Acuérdate de mí, oh Jehová, segun *tu* benevolencia para con tu pueblo: visítame con tu salud;

5 Para que yo vea el bien de tus escogidos, para que me goce en la alegría de tu gente, y me glorie con tu heredad.

6 Pecamos con nuestros padres, hicimos iniquidad, hicimos impiedad[c]. — [c] Dan. 9. 5.

7 Nuestros padres en Egipto no entendieron tus maravillas; no se acordaron de la muchedumbre de tus misericordias, sino que se rebelaron junto á la mar[d], en el mar Bermejo. — [d] Ex. 14. 11, 12.

8 Salvólos empero por amor de su Nombre [e], para hacer notoria su fortaleza.

9 Y reprendió al mar Bermejo, y secóle [f]; é hizolos ir por el abismo como por un desierto.

10 Y salvólos de mano del enemigo, y rescatólos de mano del adversario.

11 Y cubrieron las aguas á sus enemigos: no quedó uno de ellos [g].

12 Entónces creyeron á sus palabras, y cantaron su alabanza [h].

13 Apresuráronse, olvidáronse de sus obras [i]; no esperaron en su consejo.

14 Y desearon con ansia en el desierto [k], y tentaron á Dios en la soledad.

15 Y él les dió lo que pidieron; mas envió flaqueza en sus almas.

16 Tomaron despues zelo contra Moises en el campo [l]; y contra Aaron, el santo de Jehová.

17 Abrióse la tierra, y tragó á Dathan, y cubrió la compaña de Abirom.

18 Y encendióse el fuego en su junta: la llama quemó los impíos.

19 Hicieron *el* becerro en Horeb [m], y encorváronse á un vaciadizo.

20 Así trocaron su gloria por la imágen de un buey que come yerba [n].

21 Olvidaron al Dios de su salud, que habia hecho grandezas en Egipto,

22 Maravillas en la tierra de Châm [o], cosas formidables sobre el mar Bermejo.

23 Y trató de destruirlos, á no haberse puesto Moises su escogido al portillo delante de él, á fin de apartar su ira, para que no destruyese [p].

24 Empero aborrecieron la tierra deseable [q]: no creyeron á su palabra [r];

25 Antes murmuraron en sus tiendas, *y* no oyeron la voz de Jehová.

26 Por lo que alzó su mano á ellos, en órden á postrarlos en el desierto [s],

27 Y humillar su simiente entre las gentes, y esparcirlos por las tierras.

28 Allegáronse asimismo á Baal-peor [t], y comieron los sacrificios de los muertos.

29 Y ensañaron *á Dios* con sus obras, y desarrollóse la mortandad en ellos.

30 Entónces se levantó Phinees, é hizo juicio; y se detuvo la plaga.

31 Y fuéle contado á justicia de generacion á generacion para siempre.

32 Tambien *le* irritaron en las aguas de Meriba [u]: é hizo mal á Moises por causa de ellos.

33 Porque hicieron se rebelase su espíritu, como lo expresó con sus labios.

34 No destruyeron los pueblos que Jehová les dijo [x]:

35 Antes se mezclaron con las gentes, y aprendieron sus obras.

36 Y sirvieron á sus ídolos [y]; los cuales les fueron por ruina.

37 Y sacrificaron sus hijos y sus hijas á los demonios [z],

38 Y derramaron la sangre inocente, la sangre de sus hijos y de sus hijas, que sacrificaron á los ídolos de Canaan: y la tierra fué contaminada con sangre [a].

39 Contamináronse así con sus obras, y [b] fornicaron con sus hechos.

40 Encendióse por tanto el furor de Jehová sobre su pueblo [c], y abominó su heredad [d].

41 Y entrególos en poder de las gentes, y enseñoreáronse de ellos los que los aborrecian.

42 Y sus enemigos los oprimieron, y fueron quebrantados debajo de su mano.

43 Muchas veces los libró; mas ellos se rebelaron á su consejo, y fueron humillados por su maldad.

44 Él con todo miraba cuando estaban en angustia, y oia su clamor [e]:

[e] Ex. 20. 14.
[f] Ex. 14. 21, etc.
[g] Ex. 15. 5.
[h] Ex. 15. 1, etc.
[i] Ex. XV. y XVII.
[k] Nu. 11. 4, 33. Sal. 78. 18.
[l] Nu. 16. 1, etc.
[m] Ex. 32. 4.
[n] Jer. 2. 11.
[o] Sal. 78. 51.
[p] Ex. 32. 10, 11. Deu. 10. 10.
[q] Deu. 8. 7.
[r] Nu. 14. 1, 2.
[s] Nu. 14. 28, 29.
[t] Nu. 25. 2, etc.
[u] Nu. 20. 3, etc.
[x] Deu. 7. 2. Juec. 1. 21, etc.
[y] Juec. 2. 3, etc.
[z] 2 Rey. 16. 3. Is. 57. 5. Ez. 16. 20. y 20. 26.
[a] Nu. 35. 33.
[b] Lev. 17. 7. Jer. 3. 6, 9.
[c] Juec. 2. 14, etc. Neh. 9. 27, etc. Sal. 78. 59.
[d] La. 2. 7.
[e] Lev. 26. 40, 42.

45 Y acordábase de su pacto con ellos, y arrepentíase conforme á la muchedumbre de sus miseraciones.

46 Hizo asimismo tuviesen de ellos misericordia todos los que los tenian cautivos [f].

47 Sálvanos, Jehová Dios nuestro, y júntanos de entre las gentes [g], para que loemos tu santo Nombre, para que nos gloriemos en *cantar* tus alabanzas.

48 Bendito Jehová Dios de Israel desde el siglo y hasta el siglo [h]: y diga todo el pueblo, Amen. Halelu-JAH ‖.

SALMO CVII.

Exhorta á alabar á Dios por las obras de su benigna providencia, con que suele remediar diversas suertes de afligidos.

ALABAD á Jehová, porque *es* bueno: porque para siempre *es* su misericordia [a].

2 Díganlo los redimidos de Jehová, los que ha redimido del poder del enemigo,

3 Y los ha congregado de las tierras [b], del Oriente, y del Occidente, del Aquilon, y de la mar.

4 Anduvieron perdidos por el desierto, por la soledad *sin* camino, no hallando ciudad de poblacion.

5 Hambrientos y sedientos, su alma desfallecia en ellos.

6 Habiendo empero clamado á Jehová en su angustia, librólos de sus aflicciones [c]:

7 Y dirigiólos por camino derecho, para que viniesen á ciudad de poblacion.

8 Alaben *pues* la misericordia de Jehová, y sus maravillas, para con los hijos de los hombres [d].

9 Porque sació el alma menesterosa, y llenó de bien al alma hambrienta.

10 Los que moraban en tinieblas y sombra de muerte, aprisionados en afliccion y en hierros,

11 Por cuanto fueron rebeldes á las palabras de Jehová, y aborrecieron el consejo del Altísimo;

12 Por lo que quebrantó él con trabajo sus corazones, cayeron, y no *hubo* quien *les* ayudase;

13 Luego que clamaron á Jehová en su angustia, librólos de sus aflicciones.

14 Sacólos de las tinieblas, y de la sombra de muerte, y rompió sus prisiones.

15 Alaben *pues* la misericordia de Jehová, y sus maravillas, para con los hijos de los hombres.

16 Porque quebrantó las puertas de bronce, y desmenuzó los cerrojos de hierro [e].

17 Los insensatos, á causa del camino de su rebelion, y á causa de sus maldades, fueron afligidos [f].

18 Su alma abominó toda vianda, y llegaron hasta las puertas de la muerte [g].

19 Mas clamaron á Jehová en su angustia, y salvólos de sus aflicciones.

20 Envió su palabra, y curólos, y librólos de su ruina.

21 Alaben *pues* la misericordia de Jehová, y sus maravillas, para con los hijos de los hombres:

22 Y sacrifiquen sacrificios de alabanza [h], y publiquen sus obras con júbilo.

23 Los que descienden á la mar en navíos, y hacen negocio en las muchas aguas,

24 Ellos han visto las obras de Jehová, y sus maravillas en el *mar* profundo.

25 Él dijo, é hizo saltar el viento de la tempestad, que levanta sus ondas [i].

26 Suben á los cielos, descienden á los

[f] Esd. 9. 9.
[g] 1 Cr. 16. 35.
[h] Sal. 41. 13.
‖ Alabad á Jehová.
[a] Sal. 106. 1.
[b] Is. 43. 5, 6. Ez. 39. 27, etc.
[c] ver. 13, 19, 28. Sal. 50. 15.
[d] ver. 15, 21, 31.
[e] Is. 45. 2.
[f] Job 33. 19, 20.
[g] Sal. 9. 13.
[h] Lev. 7. 12. Heb. 13. 15.
[i] Jona 1. 4.

abismos: sus almas se derriten con el mal.

27 Tiemblan, y titubean como borrachos, y toda su ciencia es perdida.

28 Claman empero á Jehová en su angustia, y líbralos de sus aflicciones.

29 Hace parar la tempestad en sosiego, y se apaciguan sus ondas[k]. ([k] Sal. 89. 9. Mat. 8. 26.)

30 Alégranse luego, porque se reposaron; y él los guía al puerto que deseaban.

31 Alaben *pues* la misericordia de Jehová, y sus maravillas, para con los hijos de los hombres.

32 Y ensálcenlo en la congregacion del pueblo[l]; y en consistorio de ancianos lo alaben. ([l] Sal. 66. 16. y 111. 1.)

33 Él vuelve los rios en desierto, y los manaderos de las aguas en sequedales:

34 La tierra fructífera en salados, por la maldad de los que la habitan[m]. ([m] Gen. 13. 10. y 19. 25.)

35 Vuelve el desierto en estanques de aguas, y la tierra seca en manantiales[n]. ([n] Is. 41. 18.)

36 Y allí aposenta á los hambrientos, y disponen ciudad para habitacion *suya*;

37 Y siembran campos, y plantan viñas, y rinden crecido fruto.

38 Y los bendice, y se multiplican en gran manera; y no disminuye sus bestias.

39 Y *luego* son menoscabados y abatidos á causa de tiranía, de males, y congojas.

40 Él derrama menosprecio sobre los príncipes, y los hace andar errados, vagabundos, sin camino[o]: ([o] Job 12. 21, 24.)

41 Y levanta al pobre de la miseria[p], y hace *multiplicar* las familias como *rebaños de* ovejas. ([p] 1 Sa. 2. 5, 8. Sal. 113. 7, 8.)

42 Vean los rectos, y alégrense[q]; y toda maldad cierre su boca. ([q] Job 5. 15, 16. y 22. 19.)

43 ¿Quién es sabio, y guardará estas cosas[r], y entenderá las misericordias de Jehová? ([r] Jer. 9. 12. Os. 14. 9.)

SALMO CVIII.

Alaba á Dios por la grandeza de su misericordia y de su verdad, y pídele que libre á su pueblo de sus enemigos conforme á sus promesas.

Cancion de Salmo de David.

MI corazon está dispuesto[a], oh Dios: cantaré y salmearé todavía en mi gloria. ([a] Sal. 57. 7, 11.)

2 Despiértate, salterio y harpa: despertaré al alba.

3 Te alabaré, oh Jehová, entre los pueblos; á tí cantaré salmos entre las naciones.

4 Porque grande mas que los cielos *es* tu misericordia, y hasta los cielos tu verdad.

5 Ensálzate, oh Dios, sobre los cielos; y sobre toda la tierra *sea ensalzada* tu gloria.

6 Para[b] que sean librados tus amados, salva con tu diestra, y respóndeme. ([b] Sal. 60. 5, &c.)

7 Dios habló por su Santuario: Alegraréme, repartiré á Sichém, y mediré el valle de Succoth.

8 Mio *será* Galaad, mio *será* Manassé; y Ephraim *será* la fortaleza de mi cabeza: Judá *será* mi legislador[c]; ([c] Gen. 49. 10.)

9 Moab, la vasija de mi lavatorio: sobre Edom echaré mi calzado; regocijaréme sobre Palestina.

10 ¿Quién me guiará á la ciudad fortalecida? ¿quién me guiará hasta Iduméa?

11 Ciertamente tú, oh Dios, *qué* nos habias desechado; y no salias, oh Dios, con nuestros ejércitos.

12 Dános socorro en la angustia: porque mentirosa es la salud del hombre[d]. ([d] Is. 2. 22.)

13 En Dios[e] harémos proezas: y él hollará nuestros enemigos. ([e] 2 Cr. 20. 12.)

SALMO CIX.

David calumniado, infamado, y perseguido de muerte, vuélvese á Dios, y con afecto vehemente le pide lo defienda; y anuncia al mismo tiempo los tremendos castigos que Dios descargaría sobre sus enemigos.

Al Músico principal: Salmo de David.

OH Dios de mi alabanza[a], no calles[b]; ([a] Jer. 17. 14. [b] Sal. 83. 1.)

2 Porque boca de impío y boca de engañador se han abierto sobre mí: han hablado de mí con lengua mentirosa[c], ([c] Mat. 26. 60.)

3 Y con palabras de odio me rodearon; y pelearon contra mí sin causa[d]. ([d] Juan 15. 25.)

4 En pago de mi amor me han sido adversarios: mas yo oraba.

5 Y pusieron contra mí mal por bien, y odio por amor[e]. ([e] Sal. 35. 7, 12.)

6 Pon sobre él al impío; y Satan esté á su diestra.

7 Cuando fuere juzgado, salga *por* impío, y su oracion sea para pecado[f]. ([f] Pro. 28. 9.)

8 Sean sus dias pocos: tome otro su oficio[g]. ([g] Hech. 1. 20.)

9 Sean sus hijos huérfanos, y su mujer viuda[h]. ([h] Ex. 22. 24.)

10 Y anden sus hijos vagabundos, y mendiguen: y procuren *su pan fuera* de sus desolados hogares.

11 Enrede el acreedor todo lo que tiene, y extraños saqueen su trabajo.

12 No tenga quien le haga misericordia; ni haya quien tenga compasion de sus huérfanos.

13 Su posteridad sea talada[i]; en segunda generacion sea raido su nombre. ([i] Job 18. 19. Sal. 37. 28.)

14 Venga en memoria cerca de Jehová la maldad de sus padres[k], y el pecado de su madre no sea borrado. ([k] Ex. 20. 5.)

15 Estén siempre delante de Jehová; y él corte de la tierra su memoria.

16 Por cuanto no se acordó de hacer misericordia, y persiguió al hombre afligido, y menesteroso, y quebrantado de corazon, para matar*lo*.

17 Y amó la maldicion, y vínole[l]: y no quiso la bendicion, y ella se alejó de él. ([l] Ez. 35. 6.)

18 Y vistióse de maldicion como de su vestido, y entró como agua en sus entrañas[m], y como aceite en sus huesos. ([m] Nu. 5. 22.)

19 Séale como vestido *con que* se cubra, y en lugar de cinto con que se ciña siempre.

20 Este *será* el pago de parte de Jehová de los que me calumnian, y de los que hablan mal contra mi alma.

21 Y tú, Jehová Señor, haz conmigo por amor de tu Nombre[n]: líbrame, porque tu misericordia *es* buena. ([n] Sal. 106. 8.)

22 Porque yo *estoy* afligido y necesitado; y mi corazon *está* herido dentro de mí.

23 Vóime[o] como la sombra cuando declina; soy sacudido como langosta. ([o] Sal. 102. 11. y 144. 4. Ec. 6. 12.)

24 Mis rodillas están debilitadas á causa del ayuno, y mi carne desfallecida por falta de gordura.

25 Yo he sido para ellos objeto de oprobio[p]; mirábanme, y meneaban su cabeza[q]. ([p] Sal. 22. 6, 7. [q] Mat. 27. 39.)

26 Ayúdame, Jehová Dios mio: sálvame conforme á tu misericordia.

27 Y entiendan que esta *es* tu mano; *que* tú, Jehová, has hecho esto.

28 Maldigan ellos, y bendigas tú[r]: levántense, mas sean avergonzados; y regocíjese tu siervo. ([r] 2 Sa. 16. 11, 12.)

29 Sean vestidos de ignominia los que me calumnian[s]; y sean cubiertos de su confusion como con manto. ([s] Sal. 35. 26.)

30 Yo alabaré á Jehová en gran manera con mi boca, y le loaré en medio de muchos[t]: ([t] Sal. 111. 1.)

31 Porque él se pondrá á la diestra del

pobre[a], para librar su alma de los que *le* juzgan.

[a] Sal. 16. 8.

SALMO CX.

David, lleno de Espíritu Santo, declara la Divinidad, reino y sacerdocio de Cristo, su victoria y triunfo del mundo.

Salmo de David.

JEHOVA dijo á mi Señor: Siéntate á mi diestra, en tanto que pongo tus enemigos por estrado de tus piés[a].

2 La vara de tu fortaleza enviará Jehová desde Sion[b]: domina en medio de tus enemigos.

3 Tu pueblo *serálo* de buena voluntad en el dia de tu poder, *mostrándose* en la hermosura de la santidad: desde el seno de la aurora[c] tienes tú el rocío de tu juventud.

4 Juró Jehová, y no se arrepentirá, *que* Tú *serás* Sacerdote segun el órden de Melchîsedech[d].

5 El Señor *está* á tu diestra: herirá los reyes en el dia de su furor[e].

6 Juzgará en las gentes; llenarálas de cadáveres: herirá las cabezas[f] en muchas tierras.

7 Del arroyo beberá en el camino[g]: por lo cual levantará cabeza.

[a] Mat. 22. 44. Hech. 2. 34. Heb. 1. 13.
[b] Sal. 2. 6.
[c] Mar. 16. 9. Ef. 2. 5.
[d] Heb. 5. 6. y 6. 20. y 7. 17, 21.
[e] Ap. 6. 17.
[f] Sal. 68. 21.
[g] Juec. 7. 5, 6.

SALMO CXI.

Alaba á Dios por su justicia, misericordia, y verdad, y por la pureza y firmeza de su ley.

Aleluya.

ALABARÉ á Jehová con todo el corazon, en la compañía y congregacion[a] de los rectos.

2 Grandes *son* las obras de Jehová; buscadas de todos los que las quieren.

3 Gloria y hermosura *es* su obra: y su justicia permanece para siempre.

4 Hizo memorables sus maravillas: clemente y misericordioso *es* Jehová.

5 Dió mantenimiento á los que le temen: para siempre se acordará de su pacto.

6 El poder de sus obras anunció á su pueblo, dandoles la heredad de las gentes.

7 Las obras de sus manos *son* verdad y juicio: fieles *son* todos sus mandamientos[b];

8 Afirmados[c] por siglo de siglo, hechos en verdad y en rectitud.

9 Redencion ha enviado á su pueblo: para siempre ha ordenado su pacto: santo y terrible *es* su Nombre[d].

10 El principio de la sabiduría *es* el temor de Jehová[e]: buen entendimiento tienen cuantos ponen aquellos por obra[f]: su loor permanece para siempre.

[a] Sal. 109. 30.
[b] Sal. 19. 8.
[c] Is. 40. 8.
[d] Deu. 28. 58.
[e] Job 28. 28. Pro. 1. 7. y 9. 10. Ec. 12. 13.
[f] Pro. 3. 4.

SALMO CXII.

Describe la felicidad y algunas de las cualidades del que en verdad teme á Dios, y la miserable condicion y fin del impío.

Aleluya.

BIENAVENTURADO el hombre que teme á Jehová, *y* en sus mandamientos se deleita en gran manera[a].

2 Su simiente será poderosa en la tierra: la generacion de los rectos será bendita.

3 Hacienda y riquezas *habrá* en su casa: y su justicia permanece para siempre.

4 Resplandeció en las tinieblas luz á los rectos[b]; *el* clemente, y misericordioso, y justo.

5 El hombre de bien tiene misericordia, y presta[c]; gobierna sus cosas con juicio.

6 Por lo cual no resbalará para siempre[d]: en memoria eterna será el justo.

7 De mala fama no tendrá temor[e]: su corazon *está* apercibido, confiado en Jehová.

8 Asentado *está* su corazon, no temerá[f], hasta que vea en sus enemigos *el castigo*.

9 Esparce, da á los pobres[g]: su justicia permanece para siempre[h]; su cuerno será ensalzado en gloria[i].

10 Verá*lo* el impío, y se despechará; crujirá los dientes, y se repudrirá: perecerá el deseo de los impíos.

[a] Sal. 1. 1, 2. y 119. 6.
[b] Job 11. 17. Sal. 97. 11. Is. 58. 10.
[c] Sal. 37. 26.
[d] Sal. 15. 5.
[e] Pro. 3. 25, 26.
[f] Pro. 1. 33.
[g] 2 Cor. 9. 9.
[h] Deu. 24. 13.
[i] Sal. 75. 10.

SALMO CXIII.

Exhorta á alabar el Nombre del Señor por la grandeza de su gloria, misericordia, y providencia.

Aleluya.

ALABAD, siervos de Jehová, alabad el Nombre de Jehová.

2 Sea el Nombre de Jehová bendito desde ahora y para siempre.

3 Desde el nacimiento del sol hasta donde se pone, *sea* alabado el Nombre de Jehová[a].

4 Alto sobre todas las naciones *es* Jehová; sobre los cielos *es* su gloria[b].

5 ¿Quién como Jehová nuestro Dios, que ha enaltecido su habitacion,

6 Que se humilla á mirar en el cielo, y en la tierra[c]?

7 Él levanta del polvo al pobre, y al menesteroso alza del estiercol[d],

8 Para hacerlo sentar con los príncipes[e], con los príncipes de su pueblo.

9 Él hace habitar en familia[f] á la estéril, gozosa *en ser* madre de hijos. Aleluya.

[a] Is. 59. 19. Mal. 1. 11.
[b] Sal. 8. 1.
[c] Sal. 138. 6. Is. 57. 15.
[d] 1 Sa. 2. 8.
[e] Job 36. 7.
[f] Sal. 68. 6.

SALMO CXIV.

Canta brevemente las maravillas de Dios al libertar á su pueblo Israel de Egipto.

CUANDO salió Israel de Egipto[a], la casa de Jacob del pueblo bárbaro[b],

2 Judá fué su consagrada heredad[c]; Israel su señorío.

3 La mar vió, y huyó[d]: el Jordan se volvió atrás[e].

4 Los montes saltaron como carneros, los collados como corderitos[f].

5 ¿Qué tuviste, oh mar, que huiste? ¿*y tú*, oh Jordan, que te volviste atrás?

6 Oh montes, ¿*por qué* saltasteis como carneros; *y vosotros*, collados, como corderitos?

7 A la presencia del Señor tiembla la tierra, á la presencia del Dios de Jacob;

8 El cual tornó la peña en estanque de aguas, y en fuente de aguas la roca[g].

[a] Ex. 12. 41.
[b] Sal. 81. 5.
[c] Deu. 27. 9.
[d] Ex. 14. 21.
[e] Jos. 3. 13, 16.
[f] Hab. 3. 6.
[g] Ex. 17. 6. Nu. 20. 11.

SALMO CXV.

Pide al Señor que por la gloria de su Nombre mire propicio á su pueblo; al que, despues de declarar la vanidad de los ídolos, exhorta á poner en solo Dios su confianza, el cual bendecirá á cuantos en él confian.

NO á nosotros, oh Jehová, no á nosotros, sino á tu Nombre[a] da gloria; por tu misericordia, por tu verdad.

2 Porque dirán las gentes: ¿Dónde está ahora su Dios[b]?

3 Y nuestro Dios *está* en los cielos: todo lo que quiso ha hecho[c].

4 Sus ídolos *son* plata y oro; obra de manos de hombres[d].

5 Tienen boca, mas no hablarán: tienen ojos, mas no verán.

6 Orejas tienen, mas no oirán: tienen narices, mas no olerán.

7 Manos tienen, mas no palparán: tienen piés, mas no andarán: no hablarán con su garganta.

8 Como ellos son los que los hacen; cualquiera que en ellos confia.

9 Oh Israel, confia en Jehová: él *es* á *Israel* su ayuda y su escudo.

[a] Is. 48. 11. Ez. 36. 22.
[b] Sal. 79. 10. Joel 2. 17.
[c] Dan. 4. 35.
[d] Sal. 135. 15-18. Is. 40. 19. Jer. 10. 3.

10 Casa de Aaron, confiad en Jehová: *á los de ella* él *es* su ayuda y su escudo.

11 Los que temeis á Jehová, confiad en Jehová: él *es para los tales* su ayuda y su escudo.

12 Jehová se acordó de nosotros: bendecirá, bendecirá á la casa de Israel; bendecirá á la casa de Aaron.

13 Bendecirá á los que temen á Jehová; á chicos y á grandes.

14 Acrecentará Jehová *bendicion* sobre vosotros; sobre vosotros y sobre vuestros hijos.

15 Benditos vosotros de Jehová, que hizo los cielos y la tierra.

16 Los cielos, los cielos *son* de Jehová: y ha dado la tierra á los hijos de los hombres.

17 No alabarán los muertos á JAH, ni cuantos descienden al silencio[e].

[e] Sal. 6. 5. y 30. 9. y 88. 10, 12. Is. 38. 18, 19.

18 Mas nosotros bendecirémos á JAH desde ahora para siempre. Aleluya.

SALMO CXVI.

Accion de gracias, en que reconoce el salmista la clemencia y misericordia de Dios para con él, y para con todos los que sinceramente le invocan en sus tribulaciones.

AMO á Jehová[a], pues ha oido mi voz *y* mis súplicas.

[a] Sal. 18. 1, 6.

2 Porque ha inclinado á mí su oido, invocarle *he* por tanto en *todos* mis dias.

3 Rodeáronme los dolores de la muerte, me encontraron las angustias del sepulcro[b]: angustia y dolor había yo hallado.

[b] Jona. 2. 2, etc.

4 Entónces invoqué el Nombre de Jehová *diciendo*[c]: Libra ahora, oh Jehová, mi alma.

[c] Sal. 34. 6.

5 Clemente *es* Jehová y justo; sí, misericordioso *es* nuestro Dios[d].

[d] Sal. 103. 8.

6 Jehová guarda á los sinceros: estaba yo postrado, y salvóme.

7 Vuelve, oh alma mia, á tu reposo[e]; porque Jehová te ha hecho bien.

[e] Jer. 6. 16. Mat. 11. 29.

8 Pues tú has librado mi alma de la muerte, mis ojos de lágrimas, *y* mis piés de desbarrar[f].

[f] Sal. 56. 13.

9 Andaré delante de Jehová en la tierra de los vivientes[g].

[g] Sal. 27. 13.

10 Creí; por tanto hablé[h], estando afligido en gran manera,

[h] 2 Cor. 4. 13.

11 Y dije en mi apresuramiento[i]: Todo hombre *es* mentiroso[k].

[i] 2 Cor. 6. 9. [k] Rom. 3. 4.

12 ¿Qué pagaré á Jehová por todos sus beneficios para conmigo?

13 Tomaré la copa de la salud, é invocaré el Nombre de Jehová.

14 Ahora pagaré mis votos[l] á Jehová delante de todo su pueblo.

[l] Jona. 2. 9.

15 Estimada *es* en los ojos[m] de Jehová la muerte de sus santos.

[m] Sal. 72. 14.

16 Así *es*, oh Jehová; por lo que yo tu siervo, yo tu siervo, hijo de tu sierva[n], *confieso que* rompiste mis prisiones.

[n] Sal. 86. 16.

17 Te ofreceré sacrificio de alabanza[o], é invocaré el nombre de Jehová.

[o] Lev. 7. 12. Heb. 13. 15.

18 A Jehová pagaré ahora mis votos delante de todo su pueblo,

19 En los atrios[p] de la casa de Jehová, en medio de tí, oh Jerusalem. Aleluya.

[p] Sal. 96. 8. y 100. 4.

SALMO CXVII.

Exhorta á todos á alabar á Dios por la extension de su misericordia á todas las naciones.

ALABAD á Jehová, naciones todas: pueblos todos, alabadle[a].

[a] Ro. 15. 11.

2 Porque ha engrandecido sobre nosotros su misericordia; y la verdad de Jehová *es* para siempre[b]. Aleluya.

[b] Is. 25. 1.

SALMO CXVIII.

Exhorta á alabar á Dios por la grandeza de su misericordia y bondad en defender á los suyos, y sacarlos de sus apuros y tribulaciones. En persona del salmista se representa el menosprecio de Cristo, y su triunfo y exaltacion á ser cabeza de la Iglesia.

ALABAD á Jehová, porque *es* bueno: porque para siempre *es* su misericordia[a].

[a] 1 Cr. 16. 8, 34. Sal. 103. 17.

2 Diga ahora Israel, que para siempre *es* su misericordia.

3 Diga ahora la casa de Aaron, que para siempre *es* su misericordia.

4 Digan ahora los que temen á Jehová, que para siempre *es* su misericordia.

5 Desde la angustia invoqué á JAH[b]: y respondiéndome JAH *poniéndome* en anchura[c].

[b] Sal. 120. 1. [c] Sal. 18. 19.

6 Jehová *está* por mí: no temeré lo que me pueda hacer el hombre[d].

[d] Sal. 27. 1. y 56. 4, 11. Heb. 13. 6.

7 Jehová *está* por mí entre los que me ayudan[e]: por tanto yo veré *venganza* en los que me aborrecen.

[e] Sal. 54. 4.

8 Mejor *es* esperar en Jehová que esperar en hombre[f].

[f] Jer. 17. 5, 7.

9 Mejor *es* esperar en Jehová que esperar en príncipes[g].

[g] Sal. 146. 3.

10 Todas las gentes me cercaron: en nombre de Jehová, que yo los romperé.

11 Cercáronme y asediáronme: en nombre de Jehová, que yo los romperé.

12 Cercáronme como abejas[h]; *mas* fueron apagados como fuego de espinos[i]: en nombre de Jehová, que yo los romperé.

[h] Deu. 1. 44. [i] Na. 1. 10.

13 Empujásteme con violencia, *oh enemigo*, para que cayese: empero ayudóme Jehová[k].

[k] Mic. 7. 8.

14 Mi fortaleza y mi cancion *es* JAH[l]; y él me ha sido por salud.

[l] Ex. 15. 2, 6. Is. 12. 2.

15 Voz de júbilo y de salvacion *hay* en las tiendas de los justos: la diestra de Jehová hace proezas.

16 La diestra de Jehová sublime, la diestra de Jehová hace valentías.

17 No moriré, sino que viviré, y contaré las obras de JAH[m].

[m] Sal. 73. 28.

18 Castigóme gravemente JAH; mas no me entregó á la muerte[n].

[n] 2 Cor. 6. 9.

19 Abridme las puertas de la justicia[o]: entraré por ellas, alabaré á JAH.

[o] Is. 26. 2.

20 Esta puerta de Jehová, por ella entrarán los justos.

21 Te alabaré; porque me has oido, y me fuiste por salud.

22 La piedra *que* desecharon los edificadores, ha venido á ser cabeza del ángulo[p].

[p] Mat. 21. 42. Hech. 4. 11. Ef. 2. 20. 1 Ped. 2. 4, 7.

23 De parte de Jehová *es* esto; y es maravilla en nuestros ojos.

24 Este *es* el dia que hizo Jehová: nos gozarémos y alegrarémos en él.

25 Oh Jehová, salva ahora, te ruego: oh Jehová, ruégote hagas prosperar ahora.

26 Bendito el que viene en nombre de Jehová[q]: desde la casa de Jehová os bendecimos.

[q] Mat. 21. 9. y 23. 39.

27 Dios *es* Jehová, que nos ha resplandecido[r]: atad víctimas con cuerdas á los cuernos del altar.

[r] Sal. 97. 11.

28 Mi Dios *eres* tú, y á tí alabaré: Dios mio, á tí ensalzaré[s].

[s] Is. 25. 1.

29 Alabad á Jehová, porque *es* bueno: porque para siempre *es* su misericordia[t].

[t] ver. 1.

SALMO CXIX.

Encomios de la ley de Dios: oracion para pedir á Dios la gracia de entenderla, amarla, y observarla.

ALEPH.

BIENAVENTURADOS los perfectos de camino[a]; los que andan en la ley de Jehová.

[a] Sal. 128. 1.

2 Bienaventurados los que guardan sus testimonios, y con todo el corazon le buscan[b]:

[b] Pro. 23. 26.

3 Pues no hacen iniquidad[c] los que andan en sus caminos.

[c] 1 Juan 3. 9. y 5. 18.

4 Tú encargaste que sean muy guardados[d] tus mandamientos.

[d] Deu. 6. 17. y 11. 13, 22.

5 Ojalá fuesen ordenados mis caminos á observar tus estatutos.

6 Entónces no seria yo avergonzado, cuando atendiese á todos tus mandamientos.

7 Te alabaré con rectitud de corazon, cuando aprendiere los juicios de tu justicia[e].

[e] ver. 171.

8 Tus estatutos guardaré: no me dejes enteramente.

BETH.

9 ¿Con qué limpiará el jóven su camino[f]? con guardar tu palabra.

[f] Pro. 1. 4.

10 Con todo mi corazon te he buscado[g]: no me dejes divagar de tus mandamientos.

[g] 2 Cor. 15. 15.

11 En mi corazon he guardado tus dichos[h], para no pecar contra tí.

[h] Job 23. 12. Sal. 37. 31. y 40. 8.

12 Bendito tú, oh Jehová: enséñame tus estatutos[i].

[i] ver. 26, etc. Sal. 25. 4.

13 Con mis labios he contado todos los juicios de tu boca.

14 Heme gozado en el camino de tus testimonios, como sobre toda riqueza.

15 En tus mandamientos meditaré, consideraré tus caminos.

16 Recrearéme en tus estatutos: no me olvidaré de tus palabras.

GIMEL.

17 Haz *este* bien á tu siervo, *que* viva y guarde tu palabra.

18 Abre mis ojos, y miraré las maravillas de tu ley.

19 Advenedizo *soy* yo en la tierra[k]: no encubras de mí tus mandamientos.

[k] 1 Cr. 29. 15. Sal. 39. 12. Heb. 11. 13. 1 Ped. 2. 11.

20 Quebrantada está mi alma de desear tus juicios en todo tiempo[l].

[l] Sal. 63. 1.

21 Destruiste á los soberbios malditos, que se desvian de tus mandamientos.

22 Aparta de mí oprobio y menosprecio; porque tus testimonios he guardado.

23 Príncipes tambien se sentaron y hablaron contra mí: *mas* tu siervo meditaba en tus estatutos.

24 Pues tus testimonios son mis deleites[m], *y* mis consejeros.

[m] ver. 77, 92.

DALETH.

25 Pegóse con el polvo mi alma: vivifícame segun tu palabra.

26 Mis caminos *te* conté, y me has respondido: enséñame tus estatutos.

27 Hazme entender el camino de tus mandamientos, y hablaré de tus maravillas.

28 Deshácese mi alma de ansiedad: corrobórame segun tu palabra.

29 Aparta de mí[n] camino de mentira; y hazme la gracia de tu ley.

[n] Pro. 30. 8.

30 Escogí el camino de la verdad; he puesto tus juicios *delante de mí*.

31 Allegádome he á tus testimonios: oh Jehová, no me avergüences.

32 Por el camino de tus mandamientos correré, cuando ensanchares mi corazon.

HE.

33 Enséñame, oh Jehová, el camino de tus estatutos, y guardarélo hasta el fin[o].

[o] Ap. 2. 26.

34 Dame entendimiento[p], y guardaré tu ley; y la observaré de todo corazon.

[p] Pro. 2. 6.

35 Guíame por la senda de tus mandamientos; porque *en ella* tengo mi voluntad.

36 Inclina mi corazon á tus testimonios, y no á la avaricia[q].

[q] Luc. 12. 15. 1 Ti. 6. 10. Heb. 13. 5.

37 Aparta mis ojos, que no vean la vanidad[r]: avívame en tu camino.

[r] Is. 33. 15.

38 Confirma tu palabra á tu siervo[s], que te teme.

[s] 2 Sa. 7. 25. 2 Cor. 1. 20.

39 Quita de mí el oprobio que he temido: porque buenos *son* tus juicios.

40 Hé aquí yo he codiciado tus mandamientos: vivifícame en tu justicia.

VAU.

41 Y venga á mí tu misericordia, oh Jehová; tu salud, conforme á tu dicho.

42 Y daré por respuesta á mi avergonzador, que en tu palabra he confiado.

43 Y no quites de mi boca en ningun tiempo la palabra de verdad: porque á tu juicio espero.

44 Y guardaré tu ley siempre, por siglo de siglo.

45 Y andaré en anchura[t], porque busqué tus mandamientos.

[t] Juan 8. 31, 36.

46 Y hablaré de tus testimonios delante de los reyes[u], y no me avergonzaré.

[u] Mat. 10. 18, 19. Hech. 26. 1.

47 Y deleitaréme en tus mandamientos, que he amado.

48 Alzaré asimismo mis manos á tus mandamientos, que amé, y meditaré en tus estatutos.

ZAIN.

49 Acuérdate de la palabra *dada* á tu siervo; en la cual me has hecho esperar.

50 Esta *es* mi consuelo en mi afliccion: porque tu dicho me ha vivificado.

51 Los soberbios se burlaron mucho de mí: *mas* no me he apartado de tu ley[x].

[x] Job 23. 11. Is. 38. 3.

52 Acordéme, oh Jehová, de tus juicios antiguos, y consoléme.

53 Horror se apoderó de mí á causa de los impíos que dejan tu ley[y].

[y] Esd. 9. 3.

54 Cánticos me fueron tus estatutos en la mansion de mis peregrinaciones.

55 Acordéme en la noche de tu Nombre[z], oh Jehová, y guardé tu ley.

[z] Sal. 16. 7. y 63. 6.

56 Esto tuve, porque guardaba tus mandamientos.

HETH.

57 Mi porcion, oh Jehová[a], dije, será guardar tus palabras.

[a] Sal. 16. 5. y 73. 26. La. 3. 24.

58 A presencia tuya supliqué de todo corazon: ten misericordia de mí segun tu palabra.

59 Consideré mis caminos[b], y torné mis piés á tus testimonios.

[b] La. 3. 40, 41.

60 Apresuréme, y no me retardé en guardar tus mandamientos.

61 Compañías de impíos me han robado: *mas* no me he olvidado de tu ley.

62 A media noche me levantaba á alabarte sobre los juicios de tu justicia.

63 Compañero *soy* yo de todos los que te temieren, y guardaren tus mandamientos[c].

[c] Pro. 13. 20.

64 De tu misericordia, oh Jehová, está llena la tierra: enséñame tus estatutos.

TETH.

65 Bien has hecho con tu siervo, oh Jehová, conforme á tu palabra.

66 Enséñame bondad de sentido y sabiduría; porque tus mandamientos he creido.

67 Antes que fuera yo humillado, descarriado andaba[d]: mas ahora guardo tu palabra.

[d] Jer. 31. 18, 19. Heb. 12. 11.

68 Bueno *eres* tú, y bienhechor[e]: enséñame tus estatutos.

[e] Sal. 25. 8.

69 Contra mí forjaron mentira los soberbios: *mas* yo guardaré de todo corazon tus mandamientos.

70 Engrasóse el corazon de ellos como sebo[f]: *mas* yo en tu ley me he deleitado.

[f] Job 15. 27. Sal. 17. 10.

71 Bueno me es haber sido humillado[g], para que aprenda tus estatutos.

[g] ver. 67.

72 Mejor me es la ley de tu boca que millares de oro y de plata[h].

[h] Sal. 19. 10. Pro. 8. 11, 19.

JOD.

73 Tus manos me hicieron, y me formaron[i]: hazme entender[k], y aprenderé tus mandamientos.
[i] Job 10. 8. [k] ver. 34, 144.

74 Los que te temen, me verán, y se alegrarán[l]: porque en tu palabra he esperado.
[l] Sal. 34. 2.

75 Conozco, oh Jehová, que tus juicios *son* justicia, y *que* conforme á tu fidelidad me afligiste[m].
[m] Ap. 3. 19.

76 Sea ahora tu misericordia para consolarme, conforme á lo que has dicho á tu siervo.

77 Vengan á mí tus misericordias, y viva; porque tu ley *es* mi deleite.

78 Sean avergonzados los soberbios, porque sin causa me han calumniado[n]: yo empero meditaré en tus mandamientos.
[n] 1 Ped. 2. 20.

79 Tórnense á mí los que te temen, y conocen tus testimonios.

80 Sea mi corazon íntegro en tus estatutos; porque no sea yo avergonzado[o].
[o] ver. 6.

CAPH.

81 Desfallece[p] mi alma *de deseo* por tu salud, esperando en tu palabra.
[p] Sal. 84. 2.

82 Desfallecieron mis ojos por tu palabra, diciendo: ¿Cuando me consolarás?

83 Porque estoy como el odre al humo: *mas* no he olvidado tus estatutos.

84 ¿Cuantos *son* los dias de tu siervo? ¿cuando harás juicio contra los que me persiguen[q]?
[q] 2 Ts. 1. 6.

85 Los soberbios me han cavado hoyos[r]: mas no *obran* segun tu ley.
[r] Sal. 35. 7.

86 Todos tus mandamientos *son* verdad[s]: sin causa me persiguen, ayúdame.
[s] ver. 138.

87 Casi me han echado por tierra: mas yo no he dejado tus mandamientos.

88 Vivifícame conforme á tu misericordia, y guardaré los testimonios de tu boca.

LAMED.

89 Para siempre, oh Jehová[t], permanece tu palabra en los cielos.
[t] Sal. 24. 35.

90 Por generacion y generacion *es* tu verdad: tú afirmaste la tierra, y persevera.

91 Por tu ordenacion perseveran hasta hoy[u] *las cosas criadas*; porque todas ellas te sirven.
[u] Esa. 33. 25.

92 Si tu ley no *hubiese sido* mis delicias, ya en mi afliccion hubiera perecido.

93 Nunca jamás me olvidaré de tus mandamientos; porque con ellos me has vivificado.

94 Tuyo *soy* yo, guárdame; porque he buscado tus mandamientos.

95 Los impíos me han aguardado para destruirme: *mas* yo entenderé en tus testimonios.

96 A toda perfeccion he visto fin; ancho sobremanera *es* tu mandamiento.

MEM.

97 ¡Cuanto amo yo tu ley! todo el dia *es* ella mi meditacion[x].
[x] Sal. 1. 2.

98 Me has hecho mas sabio que mis enemigos con tus mandamientos: porque me son eternos.

99 Mas que todos mis enseñadores[y] he entendido: porque tus testimonios *han sido* mi meditacion.
[y] ...a. 4. 6, 8. ...fi. 3. 15.

100 Mas que los viejos[z] he entendido: porque he guardado tus mandamientos.
[z] Job 32. 7, 9.

101 De todo mal camino contuve mis piés[a], para guardar tu palabra.
[a] ...ra. 1. 15.

102 No me aparté de tus juicios: porque tú me enseñaste.

103 ¡Cuan dulces son á mi paladar tus palabras[b]! mas que la miel á mi boca.
[b] Job 23. 12. ...l. 19. 10.

104 De tus mandamientos he adquirido inteligencia: por tanto he aborrecido todo camino de mentira[c].
[c] Pro. 8. 13.

NUN.

105 Lámpara *es* á mis piés tu palabra, y lumbrera á mi camino[d].
[d] Pro. 6. 23.

106 Juré[e] y ratifiqué el guardar los juicios de tu justicia.
[e] Neh. 10. 29.

107 Afligido estoy en gran manera: oh Jehová, vivifícame conforme á tu palabra.

108 Ruégote, oh Jehová, te sean agradables los sacrificios voluntarios de mi boca[f]; y enséñame tus juicios.
[f] Heb. 13. 15.

109 De continuo[g] *tengo* mi alma en mi mano: mas no me he olvidado de tu ley.
[g] Job 13. 14.

110 Pusiéronme lazo[h] los impíos: empero yo no me desvié de tus mandamientos.
[h] Pro. 1. 11, 12.

111 Por heredad[i] he tomado tus testimonios para siempre; porque *son* el gozo de mi corazon[k].
[i] Deu. 33. 4. [k] Jer. 15. 16.

112 Mi corazon[l] incliné á poner por obra tus estatutos de continuo, hasta el fin.
[l] 2 Cr. 19. 3.

SAMECH.

113 Los pensamientos *vanos* aborrezco; mas amo tu ley.

114 Mi escondedero[m] y mi escudo *eres* tú: en tu palabra he esperado.
[m] Sal. 32. 7. y 91. 1.

115 Apartáos de mí, malignos[n]; pues yo guardaré los mandamientos de mi Dios.
[n] Sal. 139. 19. 1 Co. 15. 33.

116 Susténtame conforme á tu palabra, y viviré: y no me avergüences de mi esperanza.

117 Sostenme, y seré salvo; y deleitaréme siempre en tus estatutos.

118 Hollaste á todos los que se desvian de tus estatutos: porque mentira *es* su engaño.

119 *Como* escorias hiciste consumir á todos los impíos de la tierra[o]: por tanto yo he amado tus testimonios.
[o] Ez. 22. 18.

120 Mi carne se ha estremecido por temor de tí; y de tus juicios tengo miedo.

AIN.

121 Juicio y justicia he hecho: no me dejes á mis opresores[p].
[p] Sal. 37. 32, 33.

122 Responde por tu siervo para bien[q]: no me hagan violencia los soberbios.
[q] Is. 38. 14.

123 Mis ojos desfallecieron por tu salud[r], y por el dicho de tu justicia.
[r] ver. 82.

124 Haz con tu siervo segun tu misericordia, y enséñame tus estatutos.

125 Tu siervo *soy* yo; dáme entendimiento, para que sepa tus testimonios.

126 Tiempo *es* de hacer, oh Jehová; disipado han tu ley.

127 Por eso he amado tus mandamientos mas que el oro[s], y mas que *el* oro muy puro.
[s] Sal. 19. 10. Pro. 8. 11.

128 Por eso todos los mandamientos de todas las cosas estimé rectos; aborrecí todo camino de mentira.

PE.

129 Maravillosos *son* tus testimonios[t]: por tanto los ha guardado mi alma.
[t] ver. 18.

130 El principio de tus palabras alumbra; hace entender á los simples[u].
[u] Pro. 1. 4. y 9. 4, 6.

131 Mi boca abrí y suspiré; porque deseaba tus mandamientos.

132 Mírame, y ten misericordia de mí, como acostumbras con los que aman tu Nombre.

133 Ordena mis pasos con tu palabra[x]; y ninguna iniquidad se enseñoree de mí[y].
[x] Sal. 17. 5. [y] Sal. 19. 13. Rom. 6. 12, 14.

134 Redímeme de la violencia de los hombres, y guardaré tus mandamientos.

135 Haz que tu rostro resplandezca sobre tu siervo[a]; y enséñame tus estatutos.

[a] Nu. 6. 25, 26. Sal. 4. 6.

136 Rios de aguas descendieron de mis ojos[a], porque no guardaban tu ley.

[a] Jer. 9. 1, 2. y 13. 17. y 14. 17. Ez. 9. 4.

ZADDI.

137 Justo eres tú, oh Jehová, y rectos tus juicios.

138 Tus testimonios, *que* has recomendado, *son* rectos y muy fieles.

139 Mi zelo me ha consumido[b]; porque mis enemigos se olvidaron de tus palabras.

[b] Sal. 69. 9.

140 Sumamente acendrada *es* tu palabra; y la ama tu siervo[c].

[c] Sal. 12. 6. y 18. 30. Pro. 30. 5.

141 Pequeño *soy* yo y desechado; *mas* no me he olvidado de tus mandamientos.

142 Tu justicia *es* justicia eterna, y tu ley la verdad.

143 Afliccion y angustia me hallaron; *mas* tus mandamientos fueron mis deleites.

144 Justicia eterna *son* tus testimonios; dáme entendimiento, y viviré.

COPH.

145 Clamé con todo mi corazon; respóndeme, Jehová, y guardaré tus estatutos.

146 A tí clamé; sálvame, y guardaré tus testimonios.

147 Anticipéme al alba[d], y clamé: esperé en tu palabra.

[d] Sal. 5. 3. y 130. 6.

148 Previniéron mis ojos las velas *de la noche*, para meditar en tus dichos.

149 Oye mi voz conforme á tu misericordia, oh Jehová: vivifícame conforme á tu juicio.

150 Acercáronse los que *me* persiguen á la maldad; alejáronse de tu ley.

151 Cercano *estás* tú, oh Jehová[e]; y todos tus mandamientos *son* verdad.

[e] Sal. 139. 2, etc.

152 Ya ha mucho que he entendido de tus mandamientos, que para siempre los fundaste[f].

[f] Luc. 21. 33.

RESH.

153 Mira mi afliccion, y líbrame; porque de tu ley no me he olvidado.

154 Aboga mi causa, y redímeme[g]: vivifícame con tu dicho.

[g] Sal. 35. 1. y 43. 1. Mic. 7. 9.

155 Léjos *está* de los impíos la salud, porque no buscan tus estatutos.

156 Muchas *son* tus misericordias, oh Jehová: vivifícame conforme á tus juicios.

157 Muchos *son* mis perseguidores y mis enemigos; *mas* de tus testimonios no me he apartado.

158 Veia á los prevaricadores, y carcomíame; porque no guardaban tus palabras.

159 Mira, oh Jehová, que amo tus mandamientos: vivifícame conforme á tu misericordia.

160 El principio de tu palabra *es* verdad: y eterno *es* todo juicio de tu justicia.

SIN.

161 Príncipes me han perseguido sin causa[h]: mas mi corazon tuvo temor de tus palabras.

[h] 1 Sa. 24. 11, 17. y 26. 21, 23.

162 Gózome yo en tu palabra[i], como el que halla muchos despojos.

[i] ver. 111.

163 La mentira aborrezco y abomino; tu ley amo.

164 Siete veces al dia te alabo sobre los juicios de tu justicia.

165 Mucha paz tienen los que aman tu ley[k]; y no *hay* para ellos tropiezo.

[k] Pro. 3. 2. Is. 26. 3.

166 Tu salud he esperado, oh Jehová, y tus mandamientos he puesto por obra.

167 Mi alma ha guardado tus testimonios, y helos amado en gran manera.

168 Guardado he tus mandamientos y tus testimonios, porque todos mis caminos *están* delante de tí[l].

[l] Sal. 139. [illegible] Pro. 5. 21.

TAU.

169 Acérquese mi clamor delante de tí, oh Jehová; dáme entendimiento conforme á tu palabra[m].

[m] Pro. 2. 6, 7. Sant. 1. 5.

170 Venga mi oracion delante de tí: líbrame conforme á tu dicho.

171 Mis labios rebosarán alabanza, cuando me enseñares tus estatutos[n].

[n] ver. 7.

172 Hablará mi lengua tus dichos; porque todos tus mandamientos *son* justicia.

173 Sea tu mano en mi socorro, porque tus mandamientos he escogido[o].

[o] Jos. 24. 22. Pro. 1. 29. Luc. 10. 42.

174 Deseado he tu salud, oh Jehová; y tu ley *es* mi delicia[p].

[p] Sal. 1. 2.

175 Viva mi alma, y alábete; y tus juicios me ayuden.

176 Yo anduve errante como oveja extraviada[q]: busca á tu siervo, porque no me he olvidado de tus mandamientos.

[q] Is. 53. 6. Luc. 15. 4, etc. 1 Ped. 2. 25.

SALMO CXX.

Invoca á Dios contra las calumnias y violencia de sus enemigos.

Cántico gradual.

A JEHOVA llamé estando en angustia, y él me respondió[a].

[a] Jon. 2. 2.

2 Libra mi alma, oh Jehová, de labio mentiroso, de la lengua fraudulenta.

3 ¿Qué te dará, ó qué te aprovechará la lengua engañosa?

4 *Es como* saetas de valiente agudas con brasas de enebros.

5 ¡Ay de mí, que peregrino en Mesech[b], y habito entre las tiendas de Kedar[c]!

[b] Gen. 10. 2.
[c] Gen. 25. 13.

6 Mucho se detiene mi alma con los que aborrecen la paz.

7 Yo *soy* pacífico: mas ellos, así que hablo, *me* hacen guerra.

SALMO CXXI.

El Señor es seguro refugio y defensa de aquellos que ponen en él su confianza.

Cántico gradual.

ALZARÉ mis ojos á los montes[a], de donde vendrá mi socorro.

[a] Jer. 3. 23.

2 Mi socorro *viene* de Jehová, que hizo los cielos y la tierra.

3 No dará tu pié al resbaladero[b]; ni se dormirá el que te guarda.

[b] 1 Sa. 2. 9. Pro. 3. 23.

4 Hé aquí no se adormecerá ni dormirá el que guarda á Israel.

5 Jehová *será* tu guardador: Jehová *será* tu sombra á tu mano derecha[c].

[c] Sal. 16. 8.

6 El sol no te fatigará de dia[d], ni la luna de noche.

[d] Is. 49. 10.

7 Jehová te guardará de todo mal[e]: él guardará tu alma.

[e] 2 Tim. 4. 18.

8 Jehová guardará tu salida y tu entrada desde ahora y para siempre.

SALMO CXXII.

David muestra su gozo con las nuevas y esperanza de volver á Jerusalem, por cuya prosperidad exhorta á orar.

Cántico gradual de David.

YO me alegré con los que me decian: A la casa de Jehová irémos[a].

[a] Is. 2. 2, 3. Jer. 50. 5. Zac. 8. 21.

2 Nuestros piés estuvieron en tus puertas, oh Jerusalem.

3 Jerusalem, que se ha edificado como una ciudad que está bien unida entre sí.

4 Y allá subieron las tribus, las tribus de JAH, *conforme* al testimonio *dado* á Israel, para alabar el nombre de Jehová.

5 Porque allá están las sillas del juicio[b], las sillas de la casa de David.

[b] 2 Cr. 19. 8.

6 Pedid la paz de Jerusalem: sean prosperados los que te aman.

7 Haya paz en tu antemuro, y descanso en tus palacios[c].

[c] Is. 26. 1.

8 Por amor de mis hermanos y mis compañeros hablaré ahora paz de tí.

9 Á causa de la casa de Jehová nuestro Dios buscaré bien para tí.

SALMO CXXIII.

Protesta el pueblo de Dios, que en él solo tiene puesta su esperanza en todas sus aflicciones; y ora por el remedio de ellas.

Cántico gradual.

A TÍ, que habitas en los cielos, alzé mis ojos.

2 Hé aquí, como los ojos de los siervos *miran* á la mano de sus señores, y como los ojos de la sierva á la mano de su señora, así nuestros ojos *miran* á Jehová nuestro Dios, hasta que haya misericordia de nosotros.

3 Ten misericordia de nosotros, oh Jehová; ten misericordia de nosotros, porque estamos muy hartos de menosprecio.

4 Muy harta está nuestra alma del escarnio de los holgados, y del menosprecio de los soberbios.

SALMO CXXIV.

Protesta el pueblo de Dios, que por solo favor suyo es libre del furor de sus enemigos.

Cántico gradual de David.

A NO haber estado Jehová por nosotros, diga ahora Israel;

2 A no haber estado Jehová por nosotros, cuando se levantaron contra nosotros los hombres,

3 Vivos nos habrian entónces tragado, cuando se encendió su furor en nosotros.

4 Entónces nos habrian inundado las aguas: sobre nuestra alma hubiera pasado el torrente;

5 Hubieran entónces pasado sobre nuestra alma las aguas soberbias.

6 Bendito Jehová que no nos dió por presa á sus dientes.

7 Nuestra alma escapó, cual ave, del lazo de los cazadores: quebróse el lazo, y escapamos nosotros.

8 Nuestro socorro *es* en el nombre de Jehová, que hizo el cielo y la tierra.

SALMO CXXV.

Dios confirma y fortalece á los suyos, para que no sean vencidos de la malicia. El que perseveráre, será prosperado: el que se dejare vencer, será contado y pagado entre los malos.

Cántico gradual.

LOS que confian en Jehová *son* como el monte de Sion, *que* no deslizará; estará para siempre.

2 *Como* Jerusalem *tiene* montes al rededor de ella, así Jehová al rededor de su pueblo desde ahora y para siempre.

…14. 5, 6. 3 Porque no reposará la vara de la impiedad sobre la suerte de los justos[a]; porque no extiendan los justos sus ma-
…. 73. 10, nos á la iniquidad[b].

4 Haz bien, oh Jehová, á los buenos, y á los *que son* rectos en sus corazones.

5 Mas á los que se apartan tras sus perversidades, Jehová los llevará con
…128. 6. los que obran iniquidad: y paz *será*
…6. 16. sobre Israel[c].

SALMO CXXVI.

Describe la alegría del pueblo de Dios volviendo de la cautividad de Babilonia. Ora por la libertad, de la cual hace luego clara promesa.

Cántico gradual.

…53. 6. CUANDO Jehová hiciere tornar la
…1. cautividad[a] de Sion, serémos como los que sueñan.

2 Entónces nuestra boca se henchirá de risa, y nuestra lengua de alabanza: entónces dirán entre las gentes: Grandes cosas ha hecho Jehová con estos.

3 Grandes cosas ha hecho Jehová con nosotros: estarémos alegres.

4 Haz volver nuestra cautividad, oh Jehová, como los arroyos en el Austro.

5 Los que sembraron con lágrimas, con regocijos segarán[b]. [b] Jer. 31. 12, 14.

6 Irá andando y llorando el que lleva la preciosa simiente: *mas* volverá á venir con regocijo trayendo sus gavillas[c]. [c] Sal. 30. 5.

SALMO CXXVII.

En toda suerte de negocios, y muy especialmente en la obra de la piedad, sin la bendicion de Dios no hay que esperar buen suceso. Singular don de Dios son los buenos hijos.

Cántico gradual para Salomon.

SI Jehová no edificare la casa, en vano trabajan los que la edifican: si Jehová no guardare la ciudad, en vano vela la guarda.

2 Por demás os *es* el madrugar á levantáros, el veniros tarde á reposar, el comer pan de dolores: pues que á su amado dará *Dios* el sueño.

3 Hé aquí heredad de Jehová *son* los hijos[a]: cosa de estima el fruto del vientre. [a] Gen. 33. 5. 1 Sa. 2. 5.

4 Como saetas en mano del valiente, así *son* los hijos *habidos* en la juventud.

5 Bienaventurado el hombre que hinchió su aljaba de ellos: no será avergonzado cuando hablare con los enemigos en la puerta[b]. [b] Job 5. 4.

SALMO CXXVIII.

Felicidad de aquellos que viven en el temor de Dios.

Cántico gradual.

BIENAVENTURADO todo aquel que teme á Jehová[a], que anda en sus caminos. [a] Sal. 112. 1.

2 Cuando comieres el trabajo de tus manos[b], bienaventurado tú, y tendrás bien. [b] Is. 3. 10.

3 Tu mujer *será* como parra que lleva fruto á los lados de tu casa: tus hijos, como plantas de olivas al rededor de tu mesa[c]. [c] Sal. 144. 12.

4 Hé aquí que así será bendito el hombre que teme á Jehová.

5 Bendígate Jehová desde Sion[d], y veas el bien de Jerusalem todos los dias de tu vida. [d] Sal. 134. 3.

6 Y veas los hijos de tus hijos, y la paz sobre Israel[e]. [e] Sal. 125. 5.

SALMO CXXIX.

Protesta el pueblo de Dios que con solo el favor suyo ha vencido á sus enemigos, á quienes denuncia eterna infelicidad.

Cántico gradual.

MUCHO me han angustiado desde mi juventud[a], puede decir ahora Israel: [a] Ex. 1. 13, 14. La. 1. 3.

2 Mucho me han angustiado desde mi juventud; mas no prevalecieron contra mí.

3 Sobre mis espaldas araron los aradores; hicieron largos surcos.

4 *Empero* Jehová justo cortó las coyundas de los impíos.

5 Serán avergonzados, y vueltos atrás todos los que aborrecen á Sion.

6 Serán como la yerba de los tejados, que se seca ántes que crezca[b]; [b] Mat. 13. 6, 21.

7 De la cual no hinchió segador su mano, ni sus brazos el que hace gavillas;

8 Ni dijeron los que pasaban: Bendicion de Jehová *sea* sobre vosotros[c]; os bendecimos en el nombre de Jehová. [c] Ruth 2. 4.

SALMO CXXX.

Oracion de un ánimo piadoso, tocado de verdadero sentimiento de su pecado, y de la misericordia de Dios.

Cántico gradual.

DE los profundos[a], oh Jehová, á tí clamo.

[a] La. 3. 55. Jona 2. 2.

2 Señor, oye mi voz: estén atentos tus oidos á la voz de mi súplica.

3 JAH, si mirares á los pecados, ¿quién, oh Señor, podrá mantenerse[b]?

[b] Job 34. 14. Sal. 143. 2. Rom. 3. 20, 24.

4 Empero *hay* perdon cerca de tí, para que seas temido[c].

[c] Jer. 33. 8, 9. 2 Ti. 2. 19.

5 Esperé yo á Jehová, esperó mi alma, en su palabra he esperado.

6 Mi alma *esperó* á Jehová mas que los centinelas á la mañana; *mas que* los vigilantes á *que* la mañana *venga*.

7 Espere Israel á Jehová; porque en Jehová *hay* misericordia, y abundante redencion con él[d].

[d] Sal. 103. 8.

8 Y él redimirá á Israel de todos sus pecados[e].

[e] Mat. 1. 21.

SALMO CXXXI.

Cántico gradual de David.

JEHOVA, no se ha envanecido mi corazon, ni mis ojos se enaltecieron; ni anduve en grandezas, ni en cosas para mí demasiado sublimes.

2 En verdad que *así* me he comportado, y he acallado mi alma como un niño destetado de su madre: como un niño destetado *está* mi alma.

3 Espera, oh Israel, en Jehová desde ahora y para siempre.

SALMO CXXXII.

Ora el pueblo de Dios por la restauracion de su Reino, conforme á las promesas hechas á David.

Cántico gradual.

ACUERDATE, oh Jehová, de David, *y* de toda su afliccion.

2 Que juró él á Jehová, prometió al fuerte de Jacob[a] *diciendo:*

[a] 2 Sa. 7. 1, etc.

3 No entraré en la morada de mi casa, ni subiré sobre el lecho de mi estrado;

4 No daré sueño á mis ojos, *ni* á mis párpados adormecimiento,

5 Hasta que halle lugar para Jehová, moradas para el fuerte de Jacob.

6 Hé aquí, en Ephrata[b] oimos de ella: hallámosla en los campos del bosque.

[b] 1 Sa. 4. 4, etc.

7 Entrarémos en sus tiendas; encorvarnos hemos al estrado de sus piés[c].

[c] Sal. 99. 5.

8 Levántate, oh Jehová, á tu reposo[d]; tú y el arca de tu fortaleza.

[d] 2 Cr. 6. 41, 42.

9 Tus sacerdotes se vistan de justicia, y regocíjense tus santos.

10 Por amor de David tu siervo no vuelvas de tu ungido el rostro.

11 *Esta* verdad juró Jehová á David, *y* no se apartará de ella: Del fruto de tu vientre pondré sobre tu trono[e].

[e] 2 Sa. 7. 12. 1 Rey. 8. 25. 2 Cr. 6. 16. Sal. 89. 3, 4.

12 Si tus hijos guardaren mi alianza, y mi testimonio que yo les enseñaré, sus hijos tambien se sentarán sobre tu trono para siempre.

13 Porque Jehová ha elegido á Sion; deseóla por habitacion para sí.

14 Este *será* mi reposo para siempre[f]: aquí habitaré, porque la he deseado.

[f] Sal. 68. 16.

15 A su mantenimiento daré bendicion: sus pobres saciaré de pan[g].

[g] Sal. 147. 14.

16 Asimismo vestiré á sus sacerdotes de salud, y sus santos darán voces de júbilo[h].

[h] ver. 9.

17 Allí haré reverdecer el cuerno de David[i]: he prevenido lámpara á mi ungido[k].

[i] Ez. 29. 21. Luc. 1. 69.

[k] 2 Cr. 21. 7.

18 A sus enemigos vestiré de confusion: mas sobre él florecerá su corona.

SALMO CXXXIII.

La union de la Iglesia en verdadera caridad es alabada.

Cántico gradual de David.

MIRAD cuan bueno y cuan delicioso *es* habitar los hermanos igualmente en uno.

2 *Es* como el buen óleo sobre la cabeza, el cual desciende sobre la barba, *sobre* la barba de Aaron[a], *y* que baja hasta el borde de sus vestiduras:

[a] Ex. 30. 25, 30.

3 Como el rocío de Hermon[b], *como el* que desciende sobre los montes de Sion: porque allí envia Jehová bendicion, y vida eterna.

[b] Deu. 4. 48.

SALMO CXXXIV.

Exhorta á las continuas alabanzas de Dios, especialmente á los ministros del divino culto.

Cántico gradual.

MIRAD, bendecid á Jehová, *vosotros* todos los siervos de Jehová, los que en la casa de Jehová estais por las noches[a].

[a] 1 Cr. 9. 33.

2 Alzad[b] vuestras manos al santuario, y bendecid á Jehová.

[b] 1 Ti. 2. 8.

3 Bendígate Jehová desde Sion[c], el cual ha hecho los cielos y la tierra.

[c] Sal. 128. 5.

SALMO CXXXV.

Exhortacion á alabar á Dios por su bondad, por su poder, y por sus juicios en favor de su escogido pueblo. Vanidad de los ídolos.

Aleluya.

ALABAD el nombre de Jehová; alabad*le*, siervos de Jehová.

2 Los que estais en la casa de Jehová, en los atrios de la casa de nuestro Dios,

3 Alabad á JAH, porque *es* bueno Jehová: cantad salmos á su Nombre, porque *es* suave.

4 Porque JAH ha escogido á Jacob para sí, á Israel por posesion suya[a].

[a] Ex. 19. 5. Deu. 7. 6, 7.

5 Porque yo sé que Jehová *es* grande, y el Señor nuestro, mayor que todos los dioses[b].

[b] Sal. 95. 3. y 97. 9.

6 Todo lo que quiso Jehová ha hecho en los cielos y en la tierra[c], en las mares, y en todos los abismos.

[c] Sal. 115. 3. Dan. 4. 35.

7 Él *es el* que hace subir las nubes del cabo de la tierra[d]; él hizo los relámpagos para la lluvia[e]; él saca los vientos de sus tesoros.

[d] Jer. 10. 13 (?) y 14. 22.

[e] Job 36. 29 (?), 30. y 38. 24, 25.

8 Él *es el* que hirió los primogénitos de Egipto, desde el hombre hasta la bestia[f].

[f] Ex. 12. 29 (?).

9 Envió señales y prodigios en medio de tí, oh Egipto[g], sobre Pharaon, y sobre todos sus siervos.

[g] Ex. VII. etc.

10 El que hirió muchas gentes, y mató reyes poderosos:

11 A Sehon, rey Amorrhéo, y á Og, rey de Basan, y á todos los reinos de Canaan[h].

[h] Nú. 21. 24 (?), 35. Sal. 136. 17, etc.

12 Y dió la tierra de ellos en heredad; en heredad á Israel su pueblo.

13 Oh Jehová, eterno *es* tu Nombre: tu memoria, oh Jehová, para generacion y generacion[i].

[i] Sal. 102. 12 (?).

14 Porque juzgará Jehová su pueblo, y arrepentiráse sobre sus siervos.

15 Los ídolos de las gentes *son* plata y oro, obra de manos de hombres[k].

[k] Sal. 115. 4 (?), etc. Is. 44. 12, etc.

16 Tienen boca, y no hablan; tienen ojos, y no ven;

17 Tienen orejas, y no oyen: tampoco hay espíritu en sus bocas.

18 Como ellos son los que los hacen; todos los que en ellos confian.

19 Casa de Israel, bendecid á Jehová: casa de Aaron, bendecid á Jehová:

20 Casa de Leví, bendecid á Jehová: los que temeis á Jehová, bendecid á Jehová.

21 Bendito de Sion Jehová, que mora en Jerusalem. Aleluya.

SALMO CXXXVI.

Exhorta á las divinas alabanzas por la grandeza de la bondad de Dios, y de su misericordia, manifestadas en las obras de la creacion del mundo, en la redencion de su pueblo, y universal providencia.

ALABAD á Jehová, porque *es* bueno: porque para siempre *es* su misericordia[a]. — Cr. 16. 34. Cr. 20. 21.

2 Alabad al Dios de los dioses[b]: porque para siempre *es* su misericordia. — Id. 3. 11. Deu. 10. 17.

3 Alabad al Señor de señores: porque para siempre *es* su misericordia.

4 Al solo que hace grandes maravillas[c]: porque para siempre *es* su misericordia. — Sal. 72. 18.

5 Al que hizo los cielos con entendimiento[d]: porque para siempre *es* su misericordia. — Pr. 3. 19.

6 Al que tendió la tierra sobre las aguas[e]: porque para siempre *es* su misericordia. — Sal. 24. 2.

7 Al que hizo las grandes luminarias[f]: porque para siempre *es* su misericordia. — Gen. 1. 14.

8 El sol para que dominase en el dia: porque para siempre *es* su misericordia.

9 La luna y las estrellas para que dominasen en la noche: porque para siempre *es* su misericordia.

10 Al que hirió á Egipto en sus primogénitos[g]: porque para siempre *es* su misericordia. — Ex. 12. 29. Sal. 135. 8.

11 Al que sacó á Israel de en medio de ellos: porque para siempre *es* su misericordia.

12 Con mano fuerte, y brazo extendido: porque para siempre *es* su misericordia.

13 Al que dividió el mar Bermejo en partes[h]: porque para siempre *es* su misericordia. — Ex. 14. 21, 22. Sal. 78. 13.

14 E hizo pasar á Israel por medio de él: porque para siempre *es* su misericordia.

15 Y arrojó á Pharaon y á su ejército en el mar Bermejo: porque para siempre *es* su misericordia.

16 Al que pastoreó á su pueblo[i] por el desierto: porque para siempre *es* su misericordia. — Ex. 13. 18. Deu. 8. 15.

17 Al que hirió grandes reyes[k]: porque para siempre *es* su misericordia. — Sal. 135. 10.

18 Y mató reyes poderosos[l]: porque para siempre *es* su misericordia. — Deu. 21. 24, 35.

19 A Sehon, rey Amorrhéo: porque para siempre *es* su misericordia.

20 Y á Og, rey de Basan: porque para siempre *es* su misericordia.

21 Y dió la tierra de ellos en heredad[m]: porque para siempre *es* su misericordia. — Jos. 12. 1.

22 En heredad á Israel su siervo: porque para siempre *es* su misericordia.

23 El que en nuestro abatimiento se acordó de nosotros[n]: porque para siempre *es* su misericordia. — Deu. 32. 36. Luc. 1. 48.

24 Y nos rescató de nuestros enemigos: porque para siempre *es* su misericordia.

25 El que da mantenimiento á toda carne[o]: porque para siempre *es* su misericordia. — Sal. 104. 27. 145. 15. 147. 9.

26 Alabad al Dios de los cielos: porque para siempre *es* su misericordia.

SALMO CXXXVII.

Los Judíos en su cautiverio rehusan cantar alguno de los cánticos sagrados de su tierra, á lo que por via de escarnio les invitaban los Babilonios, cuyo castigo y ruina de su ciudad predice aquí el salmista.

JUNTO á los rios de Babilonia, allí nos sentabamos, y aun llorabamos acordandonos de Sion.

2 Sobre los sauces en medio de ella colgamos nuestras harpas.

3 Y los que allí nos habian llevado cautivos nos pedian que cantasemos; y los que nos habian desolado, *nos pedian* alegría *diciendo*: Cantadnos *alguno* de los himnos de Sion.

4 ¿Cómo cantarémos cancion de Jehová en tierra de estraños?

5 Si me olvidáre de tí, oh Jerusalem, mi diestra sea olvidada.

6 Mi lengua se pegue á mi paladar, si de tí no me acordáre, si no ensalzáre á Jerusalem como preferente asunto de mi alegría[a]. — [a] Sal. 84. 10.

7 Acuérdate, oh Jehová, de los hijos de Edom[b] en el dia de Jerusalem; quienes decian: Arrasad, arrasadla hasta los cimientos. — [b] La. 4. 22. Ex. 25. 12. Ab. 11. etc.

8 Hija de Babilonia destruida[c], bienaventurado el que te diere el pago de lo que tú nos hiciste. — [c] Is. 13. 1, etc. Ap. 18. 6.

9 Bienaventurado el que tomará y estrellará tus niños contra las piedras[d]. — [d] Is. 13. 16.

SALMO CXXXVIII.

David alaba y da á Dios gracias por los favores que de él habia recibido, y espera la continuacion de ellos en lo por venir.

Salmo de David.

ALABARTE he con todo mi corazon: delante de los dioses te cantaré salmos.

2 Encorvaréme al templo de tu santuario, y alabaré tu Nombre por tu misericordia y tu verdad: porque has hecho magnífico tu Nombre, y tu dicho sobre todas las cosas.

3 En el dia que clamé, me respondiste; esforzásteme, y *pusiste* fortaleza en mi alma.

4 Confesarte han, oh Jehová, todos los reyes de la tierra, cuando habrán oido los dichos de tu boca.

5 Y cantarán de los caminos de Jehová, Que la gloria de Jehová *es* grande.

6 Porque el Alto Jehová atiende al humilde; mas al altivo mira *como* de léjos.

7 Si anduviere yo en medio de la angustia, tú me vivificarás; contra la ira de mis enemigos[a] extenderás tu mano, y salvaráme tu diestra. — [a] Mic. 7. 8, 9.

8 Jehová cumplirá por mí[b]: tu misericordia, oh Jehová, *es* para siempre; no dejarás la obra de tus manos. — [b] Sal. 57. 2. Fi. 1. 6.

SALMO CXXXIX.

Celebra David la admirable providencia de Dios, presente en todo lugar, y á quien nada se oculta: protesta el castigo que aguarda á los impíos, y el odio con que mira la impiedad de ellos; y pide ser purificado y conducido por el recto camino.

Al Músico principal: Salmo de David.

OH Jehová, tú me has examinado[a] y conocido. — [a] Jer. 17. 10. Ap. 2. 23.

2 Tú has conocido mi sentarme y mi levantarme[b]; has entendido desde léjos mis pensamientos[c]. — [b] 2 Rey. 6. 12. y 19. 27. [c] Mat. 9. 4. Juan 2. 24, 25.

3 Mi senda y mi acostarme has rodeado, y estás impuesto en todos mis caminos.

4 Pues aun no *está* la palabra en mi lengua, y hé aquí, oh Jehová, tú la supiste toda[d]. — [d] Heb. 4. 13.

5 Detras y delante me guarneciste, y sobre mí pusiste tu mano.

6 Mas maravillosa es la ciencia que mi capacidad; alta es, no puedo comprenderla.

7 ¿Adonde *me* iré de tu Espíritu? y adonde huiré de tu presencia[e]? — [e] Jer. 23. 24. Jona 1. 3.

8 Si subiere á los cielos, allí *estás* tú[f]; y si en el abismo hiciere mi estrado, hé aquí allí tú *estás*. — [f] Amos 9. 2, 4.

9 *Si* tomare las alas del alba, y habitare en el extremo de la mar,

10 Aun allí me guiará tu mano, y me asirá tu diestra.

11 Si dijere: Ciertamente las tinieblas me encubrirán; aun la noche resplandecerá tocante á mí.

[g] Job 34. 22. Dan. 2. 22.

12 Aun las tinieblas no encubren de tí[g], y la noche resplandece como el dia: lo mismo *te son* las tinieblas que la luz.

[h] Job 10. 10, 11.

13 Porque tú poseiste mis riñones, cubrísteme en el vientre de mi madre[h].

14 Te alabaré; porque formidables, maravillosas son tus obras: estoy maravillado, y mi alma *lo* conoce mucho.

[i] Job 10. 8, 9. Eccl. 11. 5.

15 No fué encubierto de tí mi cuerpo, bien que en oculto fuí formado, y compaginado[i] en lo mas bajo de la tierra.

16 Mi embrion vieron tus ojos; y en tu libro estaban escritas todas aquellas cosas que fueron luego formadas, sin *faltar* una de ellas.

[k] Sal. 40. 5.

17 Así que ¡cuan preciosos me son, oh Dios, tus pensamientos! ¡Cuan multiplicadas son sus cuentas[k]!

18 Si les cuento, multiplícanse mas que la arena: despierto, y aun *estoy* contigo.

19 De cierto, oh Dios, matarás al impío: apartáos pues de mí, hombres sanguinarios.

20 Porque blasfemias dicen ellos contra tí: tus enemigos toman en vano *tu nombre*.

[l] 2 Cr. 19. 2.

21 ¿No tuve en odio, oh Jehová, á los que te aborrecen[l], y me conmuevo contra tus enemigos?

22 Aborrecílos con perfecto odio; túvelos por enemigos.

[m] Sal. 26. 2.

23 Examíname, oh Dios, y conoce mi corazon[m]: pruébame, y reconoce mis pensamientos.

24 Y ve si *hay* en mí camino de perversidad, y guíame en el camino del mundo.

SALMO CXL.

Ruega David ser defendido de la violencia y fraude de sus enemigos, asegurado por fé de que Dios mira por la causa de los pobres inocentes.

Al Músico principal: Salmo de David.

LIBRAME, oh Jehová, de hombre malo: guárdame de hombre violento.

2 Los cuales maquinan males en el corazon; cada dia urden contiendas.

[a] Ro. 3. 13.

3 Aguzaron su lengua como la serpiente; veneno de áspid *hay* debajo de sus labios[a]. Selah.

4 Guárdame, oh Jehová, de manos del impío; presérvame del hombre injurioso: que han pensado de trastornar mis pasos.

[b] Sal. 35. 7. y 57. 6. y 141. 9.

5 Hanme escondido lazo y cuerdas[b] los soberbios; han tendido red; junto á la senda me han puesto lazos. Selah.

6 He dicho á Jehová: Dios mio *eres* tú; escucha, oh Jehová, la voz de mis ruegos.

7 Jehová Señor, fortaleza de mi salud, tú pusiste á cubierto mi cabeza el dia de las armas.

8 No des, oh Jehová, al impío sus deseos: no saques adelante su pensamiento, que no se ensoberbezca.

9 *En cuanto* á los que por todas partes me rodean, la maldad de sus propios labios cubrirá su cabeza.

[c] Sal. 11. 6.

10 Caerán sobre ellos brasas[c]: *Dios* los hará caer en el fuego, en profundos hoyos de donde no salgan.

11 El hombre deslenguado no será firme en la tierra: el mal cazará al hombre injusto para derribar*le*.

12 Yo sé que hará Jehová el juicio del afligido, el juicio de los menesterosos.

13 Ciertamente los justos alabarán tu Nombre; los rectos morarán en tu presencia.

SALMO CXLI.

David pide á Dios que lo tenga de su mano, para que no siga el camino de los impíos, y que le libre de los lazos de ellos.

Salmo de David.

JEHOVA, á tí he clamado: apresúrate á mí; escucha mi voz cuando te invocáre.

[a] Ex. 29. 41.

2 Sea enderezada mi oracion delante de tí *como* un perfume; el don de mis manos *como* la ofrenda de la tarde[a].

[b] Sal. 39. 1.

3 Pon, oh Jehová, guarda á mi boca; guarda la puerta de mis labios[b].

[c] Pro. 23. 6.

4 No dejes se incline mi corazon á cosa mala, á hacer obras impías con los que obran iniquidad: y no coma yo de sus deleites[c].

5 Que el justo me castigue, *será para mí* un favor; y que me reprenda, un excelente bálsamo *que* no me herirá la cabeza: así que aun mi oracion *tendrán* en sus calamidades.

6 Serán derribados en lugares peñascosos sus jueces, y oirán mis palabras, que son suaves.

7 Como quien hiende y rompe *leños* en tierra, son esparcidos nuestros huesos á la boca de la sepultura.

8 Por tanto á tí, oh Jehová Señor, *miran* mis ojos: en tí he confiado; no desampares mi alma.

[d] Sal. 140. 5.

9 Guárdame de los lazos *que* me han tendido, y de los armadijos de los que obran iniquidad[d].

10 Caigan los impíos á una en sus redes, mientras yo pasaré adelante.

SALMO CXLII.

David en un muy señalado peligro, pide á Dios fervorosamente que lo libre.

[a] Sal. 32. tit. [b] 1 Sa. 22. 1.

Masquil[a] de David: oracion *que hizo* cuando estaba en la cueva[b].

CON mi voz clamaré á Jehová; con mi voz pediré á Jehová misericordia.

[c] Sal. 102. tit.

2 Delante de él derramaré mi querella[c]; delante de él denunciaré mi angustia.

[d] Sal. 143. 4. [e] Sal. 140. 5.

3 Cuando mi espíritu se angustiaba[d] dentro de mí, tú conociste mi senda: en el camino en que andaba[e] me escondieron lazo.

[f] Sal. 69. 20.

4 Miraba á la mano derecha, y observaba, mas no *habia* quien me conociese[f]: no tuve refugio, no *habia* quien volviese por mi vida.

[g] Sal. 46. 1. [h] Sal. 16. 5. y 73. 26. y 119. 57. La. 3. 24. [i] Sal. 27. 13. [k] Sal. 146. 7. Is. 61. 1.

5 Clamé á tí, oh Jehová, *y* dije: Tú *eres* mi esperanza[g], y mi porcion[h] en la tierra de los vivientes[i].

6 Escucha mi clamor, que estoy muy afligido: líbrame de los que me persiguen, porque son mas fuertes que yo.

7 Saca mi alma de la cárcel[k], para que alabe tu Nombre: me rodearán los justos, porque tú me serás propicio.

SALMO CXLIII.

David en algun gran peligro pide á Dios, que no mirando á sus pecados pasados, mas á su inocencia presente, se digne librarle de sus enemigos.

Salmo de David.

OH Jehová, oye mi oracion, escucha mis ruegos: respóndeme por tu verdad, por tu justicia.

[a] Job 14. 3. [b] Job 4. 17. y 9. 2, 3. y 25. 4. Sal. 130. 3. Ec. 7. 20. Ro. 3. 20. Ga. 2. 16.

2 Y no entres en juicio con tu siervo[a]: porque no se justificará delante de tí ningun viviente[b].

3 Porque ha perseguido el enemigo mi alma; ha postrado en tierra mi vida; hame hecho habitar en tinieblas como los ya muertos.

[c] Sal. 142. 3.

4 Y mi espíritu se angustió dentro de mí[c]; pasmóse mi corazon.

Sal. 77. 5, 11.
5 Acordéme de los dias antiguos [d]; meditaba en todas tus obras, reflexionaba en las obras de tus manos.
Sal. 63. 1.
6 Extendí mis manos á tí: mi alma á tí como la tierra sedienta [e]. Selah.
7 Respóndeme presto, oh Jehová, que desmaya mi espíritu: no escondas de mí tu rostro, y venga yo á ser semejante
Sal. 28. 1. Sal. 30. 5.
á los que descienden á la sepultura [f].
8 Hazme oir por la mañana [g] tu misericordia, porque en tí he confiado: hazme saber el camino por donde ande [h],
Sal. 5. 8.
porque á tí he alzado mi alma.
9 Líbrame de mis enemigos, oh Jehová: á tí me acojo.
10 Enséñame á hacer tu voluntad, porque tú *eres* mi Dios. Tu buen espíritu [i]
Neh. 9. 20. Is. 26. 10.
me guie á tierra de rectitud [k].
11 Por tu nombre, oh Jehová, me vivificarás: por tu justicia sacarás mi alma de angustia.
12 Y por tu misericordia disiparás mis enemigos, y destruirás todos los adversarios de mi alma: porque yo *soy* tu siervo.

SALMO CXLIV.

Alaba á Dios, y engrandece su bondad, que siendo el hombre una cosa tan humilde, haga de él tanta estima. Pide que disipe sus perseguidores; y declara que la verdadera felicidad no consiste en que todo lo temporal suceda prósperamente, sino en tener á Dios de su parte.

Salmo de David.

Sal. 18. 2, 31.
BENDITO *sea* Jehová, mi roca [a], que enseña mis manos á la batalla, y mis dedos á la guerra:
2 Misericordia mia, y mi castillo; altura mia, y mi libertador; escudo mio, en quien he confiado: el que allana mi pueblo delante de mí.
3 Oh Jehová, ¿qué es el hombre, para que de él conozcas? ¿*qué* el hijo del hombre, para que lo estimes [b]?
Job 7. 17. Sal. 8. 4. Heb. 2. 6.
4 El hombre es semejante á la vanidad [c]: sus dias *son* como la sombra que pasa [d].
Sal. 39. 5. y 62. 9. Job 14. 2. Sal. 102. 11.
5 Oh Jehová, inclina tus cielos y desciende [e]: toca los montes y humeen [f].
Sal. 18. 9. Is. 64. 1. Sal. 104. 32.
6 Despide relámpagos, y disípalos: envia tus saetas, y contúrbalos.
Sal. 18. 16.
7 Envia tu mano desde lo alto [g]: redímeme, y sácame de las muchas aguas, de la mano de los hijos estraños;
8 Cuya boca habla vanidad, y su diestra *es* diestra de mentira.
9 Oh Dios, á tí cantaré cancion nueva: con salterio [h], con decacordio cantaré á tí.
Sal. 33. 2.
10 El que da salud á los reyes; el que redime á David su siervo de maligna espada.
11 Redímeme, y sálvame de mano de los hijos estraños; cuya boca habla vanidad, y su diestra *es* diestra de mentira.
12 Que nuestros hijos *sean* como plantas [i] crecidas en su juventud; nuestras hijas como las esquinas labradas á manera de *las de* un palacio:
Sal. 128. 3.
13 Nuestros graneros llenos, provistos de toda suerte *de grano:* nuestros ganados que paran á millares y diez millares en nuestras plazas:
14 *Que* nuestros bueyes *esten* fuertes para el trabajo: *que* no *tengamos* asalto, ni *que hacer* salida, ni grito de alarma en nuestras plazas.
15 Bienaventurado el pueblo que tiene esto [k]: bienaventurado el pueblo cuyo Dios *es* Jehová [l].
Deu. 33. 29. Sal. 33. 12.

SALMO CXLV.

Jehová es digno de que todas sus criaturas le alaben por la grandeza de sus obras, en que ha declarado su poder, su bondad, su clemencia; que levanta á los caidos, da sustento á toda criatura, oye á todos los que con fé le invocan, guarda á todos lo que le aman, y destruirá á todos sus enemigos.

Salmo de alabanza, de David.

ENSALZARTE he, mi Dios y Rey; y bendeciré tu Nombre por siglo y para siempre.
2 Cada dia te bendeciré, y alabaré tu Nombre por siglo y para siempre.
3 Grande *es* Jehová, y digno de suprema alabanza; y su grandeza *es* inescrutable [a].
Job 5. 9. y 9. 10. Ro. 11. 33.
4 Generacion á generacion narrará tus obras; y anunciarán tus valentías.
5 La hermosura de la gloria de tu magnificencia, y tus hechos maravillosos hablaré.
6 Y la terribilidad de tus valentías dirán *los hombres;* y yo recontaré tu grandeza.
7 Reproducirán la memoria de la muchedumbre de tu bondad, y cantarán tu justicia.
8 Clemente y misericordioso *es* Jehová; lento para la ira, y grande en misericordia [b].
Ex. 34. 7. Nu. 14. 18. Sal. 86. 15. y 103. 8.
9 Bueno *es* Jehová para con todos: y sus misericordias sobre todas sus obras.
10 Alábente, oh Jehová, todas tus obras; y tus santos te bendigan.
11 La gloria de tu reino digan, y hablen de tu fortaleza:
12 Para notificar á los hijos de los hombres sus valentías, y la gloria de la magnificencia de su reino.
13 Tu reino *es* reino de todos los siglos, y tu señorío en toda generacion y generacion [c].
Dan. 2. 44.
14 Sostiene Jehová á todos los que caen, y levanta á todos los oprimidos [d].
Sal. 146. 8.
15 Los ojos de todos esperan en tí; y tú les das su comida en su tiempo [e].
Sal. 104. 27. y 136. 25.
16 Abres tu mano, y colmas de bendicion á todo viviente [f].
Sal. 104. 28.
17 Justo *es* Jehová en todos sus caminos, y misericordioso en todas sus obras.
18 Cercano *está* Jehová á todos los que le invocan, á todos los que le invocan de veras.
19 Cumplirá el deseo de los que le temen: oirá asimismo el clamor de ellos, y los salvará.
20 Jehová guarda á todos los que le aman: empero destruirá á todos los impíos.
21 La alabanza de Jehová hablará mi boca: y bendiga toda carne su santo Nombre por siglo y para siempre.

SALMO CXLVI.

Vana es la confianza en los hombres, aunque sean los mas poderosos. Bienaventurado el que la pone en el Dios de Jacob, poderoso, justo, defensor de los oprimidos, misericordioso, segun se prueba por sus obras.

Aleluya.

ALABA, oh alma mia, á Jehová [a].
Sal. 103. 1.
2 Alabaré á Jehová en mi vida: cantaré salmos á mi Dios mientras viviere [b].
Sal. 104. 33.
3 No confieis en los príncipes, *ni* en hijo de hombre: porque no *hay* en él salud [c].
Is. 2. 22. Jer. 17. 5, 7.
4 Saldrá su espíritu, tornaráse *el hombre* en su tierra [d]: en aquel dia perecerán sus pensamientos.
Sal. 104. 29. Ec. 12. 9.
5 Bienaventurado aquel en cuya ayuda *es* el Dios de Jacob, y cuya esperanza *es* en Jehová su Dios:
6 El cual hizo los cielos y la tierra, la mar, y todo lo que en ello *hay* [e]: que guarda verdad para siempre;
Ap. 14. 7.
7 Que hace derecho á los agraviados [f]: que da pan á los hambrientos [g]. Jehová *es* el que suelta á los aprisionados [h]:
Sal. 103. 6. Luc. 1. 53. Sal. 68. 6. y 107. 10, etc.

8 Jehová el que abre *los ojos* á los ciegos[i]; Jehová el que levanta á los caidos[k]; Jehová el que ama á los justos.

9 Jehová *es* el que guarda á los extranjeros[l]: al huérfano y á la viuda levanta[m]; y el camino de los impíos trastorna[n].

10 Reinará Jehová para siempre; tu Dios, oh Sion, por generacion y por generacion. Aleluya.

[i] Mat. 9. 30. Juan 9. 6, etc. 1 Ped. 2. 9.
[k] Sal. 145. 14.
[l] Deu. 10. 18.
[m] Pro. 15. 25.
[n] Job 5. 12, 13.

SALMO CXLVII.

Exhorta á las alabanzas de Dios por la grandeza de su poder, y admirable providencia, y por las especiales bendiciones con que favorece á los que le aman, y esperan en su misericordia.

ALABAD á JAH, porque *es* bueno cantar salmos á nuestro Dios[a]; porque suave y hermosa *es* la alabanza[b].

2 Jehová el que edifica á Jerusalem; á los echados de Israel recogerá[c].

3 *Él es* el que sana á los quebrantados de corazon, y el que liga sus heridas[d]:

4 El que cuenta el número de las estrellas, y á todas ellas llama por *sus* nombres[e].

5 Grande *es* el Señor nuestro, y de mucha potencia: y de su entendimiento no *hay* número[f].

6 Jehová el que ensalza los humildes[g]; el que humilla los impíos hasta la tierra.

7 Cantad á Jehová con alabanza; cantad con harpa á nuestro Dios.

8 *Él es* el que cubre los cielos de nubes, el que prepara la lluvia para la tierra: el que hace á los montes producir yerba[h];

9 El que da á la bestia su mantenimiento, y á los hijos de los cuervos que á *él* claman[i].

10 No toma contentamiento en la fortaleza del caballo[k], ni se complace en las *robustas* piernas del hombre.

11 Complácese Jehová en los que le temen[l], y en los que esperan en su misericordia.

12 Alaba á Jehová, Jerusalem: Sion, alaba á tu Dios.

13 Porque fortificó los cerrojos de tus puertas: bendijo á tus hijos dentro de tí.

14 *Él es* el que pone *en* tu término la paz, y te hará saciar de grosura de trigo[m]:

15 El que envia su palabra á la tierra, y muy presto corre su palabra:

16 El que da la nieve como lana, derrama la escarcha como ceniza:

17 El que echa su yelo como *en* pedazos: delante de su frio ¿quién estará?

18 Enviará su palabra, y los derretirá: soplará su viento, y fluirán las aguas.

19 *Él es* el que denuncia sus palabras á Jacob[n], sus estatutos y sus juicios á Israel.

20 No ha hecho esto con toda gente[o]; y no conocieron *sus* juicios. Aleluya.

[a] Sal. 92. 1.
[b] Sal. 33. 1.
[c] Deu. 30. 3, 4.
[d] Is. 61. 1.
[e] Is. 40. 26.
[f] Is. 40. 28.
[g] Mat. 5. 5.
[h] Sal. 104. 13, 14.
[i] Job 39. 3. Mat. 6. 26.
[k] Sal. 33. 16, 17. Pro. 21. 31.
[l] Mal. 3. 16, 17.
[m] Sal. 81. 16. Deu. 32. 14.
[n] Deu. 33. 3, 4. Ro. 3. 2.
[o] Deu. 4. 32, 34.

SALMO CXLVIII.

Invita á todas las criaturas de los cielos y de la tierra á las alabanzas de Dios por ser el Criador de ellas, y singularmente por haber establecido el reino de su pueblo.

Aleluya.

ALABAD á Jehová desde los cielos: alabadlo en las alturas.

2 Alabadle, *vosotros* todos sus ángeles: alabadle, vosotros todos sus ejércitos[a].

3 Alabadle, sol y luna: alabadle *vosotras* todas, lucientes estrellas.

4 Alabadle, cielos de los cielos[b]; y las aguas que *están* sobre los cielos[c].

5 Alaben *estas cosas* el Nombre de Jehová: porque él mandó, y fueron criadas[d].

6 Y las hizo ser para siempre por los siglos[e]: *púsoles* ley que no será quebrantada.

7 Alabad á Jehová, de la tierra, los dragones y todos los abismos.

8 El fuego, y el granizo, la nieve y el vapor; el viento de tempestad que ejecuta su palabra[f];

9 Los montes, y todos los collados; el árbol de fruto, y todos los cedros;

10 La bestia, y todo animal; réptiles, y volátiles;

11 Los reyes de la tierra, y todos los pueblos; los príncipes, y todos los jueces de la tierra;

12 Los mancebos, y tambien las doncellas; los viejos, y los niños,

13 Alaben el nombre de Jehová: porque solo su Nombre *es* elevado; su gloria *es* sobre tierra y cielos[g].

14 Él ensalzó el cuerno de su pueblo[h]: alábenle todos sus santos, los hijos de Israel, el pueblo á él cercano. Aleluya.

[a] Sal. 103. 20, 21.
[b] 1 Rey. 8. 27.
[c] 2 Cor. 12. 2.
[c] Gen. 1. 7.
[d] Gen. 1. 1, etc. Sal. 33. 6.
[e] Sal. 89. 36, 37. Jer. 33. 25, 26.
[f] Sal. 104. 4.
[g] Sal. 8. 1.
[h] Sal. 132. 17. Luc. 1. 69.

SALMO CXLIX.

Exhorta con grande afecto á las alabanzas de Dios, singularmente á la Iglesia de los pios, por la gloria inestimable que les tiene preparada, y porque les vengará de todos los reyes y poderosos del mundo que las habrán afligido.

Aleluya.

CANTAD á Jehová cancion nueva[a]: su alabanza *sea* en la congregacion de los santos.

2 Alégrese Israel en su hacedor[b]: los hijos de Sion se gocen con su Rey.

3 Alaben su Nombre con corro: con adufre y harpa á él canten.

4 Porque Jehová toma contentamiento con su pueblo; hermoseará á los humildes con salud.

5 Gozarse han los pios con gloria; cantarán sobre sus camas.

6 Ensalzamientos de Dios *modularán* en sus gargantas: y espadas de dos filos[c] *habrá* en sus manos,

7 Para hacer venganza de las gentes, y castigos en los pueblos;

8 Para aprisionar sus reyes en grillos, y sus nobles con cadenas de hierro[d];

9 Para ejecutar en ellos el juicio escrito: gloria *será* esta para todos sus santos. Aleluya.

[a] Sal. 33. 3.
[b] Sal. 100. 3.
[c] Jer. 51. 20. Zac. 9. 13.
[d] Is. 45. 14.

SALMO CL.

Exhorta á todo viviente á alabar á Dios.

Aleluya.

ALABAD á Dios en su santuario: alabadlo en la extension de su fortaleza.

2 Alabadle por sus proezas: alabadle conforme á la muchedumbre de su grandeza.

3 Alabadle á son de bocina: alabadle con salterio y harpa.

4 Alabadle con adufre y flauta: alabadle con *instrumentos de cuerdas*, y órgano.

5 Alabadle con címbalos resonantes: alabadle con címbalos de júbilo.

6 Todo lo que respira alabe á JAH[a]. Aleluya.

[a] Ap. 5. 13.

LIBRO DE LOS PROVERBIOS.

A. C. cir. 1000.

CAPITULO I.

Designio de este libro. Consejos á los jóvenes. Exhórtase á oir la sabiduría. Amenazas á los que la desprecian.

1 Rey. 4. 32. ... 25. 1.

LOS proverbios de Salomon[a], hijo de David, rey de Israel,

2 Para entender sabiduría y doctrina; para conocer las razones prudentes:

3 Para recibir el consejo de prudencia, justicia, y juicio, y equidad:

Cap. 9. 4, 6. Sal. 119. 9.

4 Para dar sagacidad[b] á los simples, y á los jóvenes inteligencia y cordura[c].

5 Oirá el sabio, y aumentará el saber; y el entendido adquirirá consejo:

6 Para entender parábola y declaracion, palabras de sabios, y sus dichos oscuros.

Job 28. 28. Sal. 111. 10. Cap. 9. 10. ... 15. 33.

7 El principio de la sabiduría[d] *es* el temor de Jehová: los insensatos desprecian la sabiduría y la enseñanza.

8 Oye, hijo mio, la doctrina de tu padre, y no desprecies la direccion de tu madre:

9 Porque adorno de gracia serán á tu cabeza, y collares á tu cuello.

... 5. 11.

10 Hijo mio, si los pecadores te quisieren engañar, no consientas[e].

... 5. 26.

11 Si dijeren: Ven con nosotros, pongamos asechanzas á la sangre[f], acechemos sin motivo al inocente:

12 Los tragarémos vivos, como el sepulcro; y enteros, como los que caen en sima:

13 Hallarémos riquezas de todas suertes, henchirémos nuestras casas de despojos:

14 Echa tu suerte entre nosotros; tengamos todos una bolsa:

Cap. 4. 14. ... 1. 1. ... 119. ... 59. 7. ... 3. 15.

15 Hijo mio, no andes en camino con ellos[g]; aparta tu pié de sus veredas[h]:

16 Porque sus piés correrán al mal, é irán presurosos á derramar sangre[i].

17 Porque en vano se tenderá la red ante los ojos de toda ave.

18 Mas ellos á su *propia* sangre ponen asechanzas, y á sus almas tienden lazo.

... 2. 9.

19 Tales son las sendas de todo el que es dado á la codicia, *la cual* prenderá el alma de sus poseedores[k].

... 8. 10. ... 8. 1.

20 La sabiduría clama de fuera[l], da su voz en las plazas;

21 Clama en los principales lugares de concurso, en las entradas de las puertas de la ciudad dice sus razones:

22 ¿ Hasta cuando, oh simples, amaréis la simpleza, y los burladores desearán el burlar, y los insensatos aborrecerán la ciencia?

23 Volvéos á mi reprension: hé aquí yo os derramaré mi espíritu, y os haré saber mis palabras.

... 65. 12. ... 4. ... 7. 11.

24 Por cuanto llamé, y no quisisteis[m] *atender*; extendí mi mano, y no hubo quien escuchase[n],

... 14. 24.

25 Antes desechasteis todo consejo mio, y mi reprension no quisisteis,

26 Tambien yo me reiré en vuestra calamidad, y me burlaré cuando os viniere lo que temeis.

... 6. 3. 27. 9. 12. ... 15. 41. 15. ... 1. 11. 12. ... 58. ... 3. 4. 7. 13.

27 Cuando viniere como una destruccion lo que temeis, y vuestra calamidad llegare como un torbellino; cuando sobre vosotros viniere tribulacion y angustia;

28 Entónces me llamarán, y no responderé[o]; buscarme han de mañana, y no me hallarán:

29 Por cuanto aborrecieron la sabiduría, y no escogieron el temor de Jehová,

A. C. cir. 1000.

30 Ni quisieron mi consejo, y menospreciaron toda reprension mia.

31 Comerán pues del fruto de su camino, y se hartarán de sus consejos[p].

[p] Job 4. 8. Jer. 2. 19. y 6. 19.

32 Porque el reposo de los ignorantes los matará, y la prosperidad de los necios los echará á perder.

33 Mas el que me oyere, habitará confiadamente, y vivirá reposado, *libre* de temor de mal.

CAPITULO II.

Exhorta á la verdadera sabiduría, la cual enseña temor de Dios, justicia, y todo buen camino, y de todo mal camino preserva.

HIJO mio, si tomares mis palabras, y mis mandamientos guardares dentro de tí[a],

[a] Cap. 7. 1. Sal. 119. 11.

2 Haciendo estar atento tu oido á la sabiduría: *si* inclinares tu corazon á la prudencia;

3 Si clamares á la inteligencia, *y* á la prudencia dieres tu voz;

4 Si como á la plata[b] la buscares, y la escudriñares como á tesoros;

[b] Mat. 13. 44.

5 Entónces entenderás el temor de Jehová, y hallarás el conocimiento de Dios.

6 Porque Jehová da la sabiduría[c]; y de su boca *viene* el conocimiento y la inteligencia.

[c] 1 Rey. 3. 9, 12. Sant°. 1. 5.

7 El provee de sólida sabiduría á los rectos: *es* escudo[d] á los que caminan rectamente.

[d] Sal. 5. 2. y 84. 11. Cap. 30. 5.

8 *Es* el que guarda las veredas del juicio, y preserva[e] el camino de sus santos.

[e] 1 Sa. 2. 9. Judas 24.

9 Entónces entenderás justicia, juicio, y equidad, y todo buen camino.

10 Cuando la sabiduría entrare en tu corazon, y la ciencia fuere dulce á tu alma,

11 El consejo te guardará, te preservará la inteligencia:

12 Para librarte del mal camino, de los hombres que hablan perversidades;

13 Que dejan las veredas derechas, por andar en caminos tenebrosos[f];

[f] Job 24. 13. Juan 12. 35.

14 Que se alegran haciendo mal, que se huelgan en las perversidades del vicio;

15 Cuyas veredas *son* torcidas, y *ellos* torcidos en sus caminos[g]:

[g] Sal. 125. 5.

16 Para librarte de la mujer extraña[h], de la agena que halaga con sus palabras;

[h] Cap. 5. 20. y 7. 5.

17 Que desampara el príncipe de su mocedad, y se olvida[i] del pacto de su Dios.

[i] Mal. 2. 14.

18 Por lo cual su casa está inclinada á la muerte, y sus veredas *van* hácia los muertos.

19 Todos los que á ella entraren, no volverán, ni tomarán las veredas de la vida[k].

[k] Ec. 7. 26.

20 Para que andes por el camino de los buenos, y guardes las veredas de los justos.

21 Porque los rectos habitarán la tierra, y los perfectos permanecerán en ella[l];

[l] Sal. 37. 29.

22 Mas los impíos serán cortados de la tierra, y los prevaricadores serán de ella desarraigados[m].

[m] Job 18. 17. Sal. 104. 35.

CAPITULO III.

Encomienda la misericordia y la verdad, fé y confianza en Dios: declara cuan preciosa sea la sabiduría, su poder, y los bienes que trae; y exhorta á la caridad, paz, y contentamiento.

HIJO mio, no te olvides de mi ley; y tu corazon guarde mis mandamientos:

2 Porque largura de dias[a], y años de vida y paz te aumentarán.

3 Misericordia y verdad no te desamparen; átalas á tu cuello, escríbelas en la tabla de tu corazon[b]:

4 Y hallarás gracia y buena opinion en los ojos de Dios y de los hombres[c].

5 Fíate de Jehová de todo tu corazon, y no estribes en tu prudencia[d].

6 Reconócelo en todos tus caminos; y él enderezará tus veredas.

7 No seas sabio en tu opinion[e]: teme á Jehová, y apártate del mal.

8 Porque será *esto* medicina á tu ombligo, y tuétano á tus huesos.

9 Honra á Jehová de tu sustancia, y de las primicias de todos tus frutos[f];

10 Y serán llenos tus trojes con abundancia, y tus lagares rebosarán de mosto.

11 No deseches, hijo mio, el castigo de Jehová[g]; ni te fatigues de su correccion:

12 Porque al que ama y quiere, como el padre al hijo, *á ese* castiga.

13 Bienaventurado el hombre que halló la sabiduría[h], y que saca *á luz* la inteligencia.

14 Porque su mercadería *es* mejor que la mercadería de la plata, y sus frutos mas que el fino oro[i].

15 Mas preciosa es que las piedras preciosas; y todo lo que puedes desear, no se puede comparar á ella.

16 Largura de dias *trae* en su mano derecha; en su izquierda[k] riquezas y honra.

17 Sus caminos *son* caminos deleitosos, y todas sus veredas paz.

18 Ella *es* árbol de vida[l] á los que de ella asen: y bienaventurados *son* los que la mantienen.

19 Jehová con sabiduría fundó la tierra; afirmó los cielos con inteligencia[m].

20 Con su ciencia se partieron los abismos, y destilan el rocío[n] los cielos.

21 Hijo mio, no se aparten *estas cosas* de tus ojos: guarda la ley y el consejo.

22 Y serán vida á tu alma, y gracia á tu cuello[o].

23 Entónces andarás por tu camino confiadamente, y tu pié no tropezará.

24 Cuando te acostares, no tendrás temor[p]; ántes te acostarás, y tu sueño será suave[q].

25 No tendrás temor de pavor repentino[r], ni de la ruina de los impíos, cuando viniere.

26 Porque Jehová será tu confianza; y él preservará tu pié de ser preso[s].

27 No detengas el bien de sus dueños, cuando tuvieres poder para hacerlo[t].

28 No digas á tu prójimo: Ve, y vuelve, y mañana *te* daré; cuando tienes contigo *que darle*[u].

29 No intentes mal contra tu prójimo, estando él confiado de tí.

30 No pleitees con alguno sin razon[x], si él no te ha hecho agravio.

31 No envidies al hombre injusto[y], ni escojas alguno de sus caminos.

32 Porque el perverso es abominado de Jehová: mas su secreto *es* con los rectos[z].

33 La maldicion de Jehová *está* en la casa del impío; mas él bendecirá la morada de los justos[a].

34 Ciertamente él escarnecerá á los escarnecedores, y á los humildes dará gracia[b].

35 Los sabios heredarán honra: mas los necios sostendrán ignominia.

[a] Deu. 30. 16, 20. 1 Tim. 4. 8. [b] Cap. 6. 21. y 7. 3. 2 Cor. 3. 3. [c] Luc. 2. 52. [d] Jer. 10. 23. [e] Ro. 12. 16. [f] Ex. 22. 29. Mal. 3. 10, 12. [g] Job 5. 17. Heb. 12. 5, 6. Ap. 3. 19. [h] Cap. 8. 34, 35. [i] Cap. 8. 11, 19. Job 28. 15. Sal. 19. 10. [k] Cap. 8. 18. [l] Gen. 3. 22, 24. [m] Cap. 8. 27. Sal. 136. 5. Jer. 51. 15. [n] Job 38. 28. [o] Cap. 1. 9. [p] Lev. 26. 6. [q] Sal. 127. 2. [r] Sal. 112. 7. [s] 1 Sa. 2. 9. [t] Gal. 6. 10. [u] Lev. 19. 13. [x] Cap. 26. 8. [y] Sal. 37. 1. y 73. 3. Cap. 24. 1. [z] Sal. 25. 14. [a] Job 8. 6, 7. [b] Sant°. 4. 6. 1 Ped. 5. 5.

CAPITULO IV.

Exhorta á la verdadera sabiduría mostrando algunos de sus frutos inestimables; intima la necesidad de apartarse del camino de los malos, y recomienda la observancía de algunas reglas conformes á la misma sabiduría.

OID, hijos, la doctrina del padre, y estad atentos para que conozcais cordura.

2 Porque os doy buena enseñanza[a]: no desampareis mi ley.

3 Porque yo fuí hijo de mi padre, delicado y único delante de mi madre.

4 Y él me enseñaba[b], y me decia: Mantenga tu corazon mis razones; guarda mis mandamientos, y vivirás[c].

5 Adquiere sabiduría, adquiere inteligencia: no te olvides, ni te apartes de las razones de mi boca.

6 No la dejes, y ella te guardará: ámala, y te conservará.

7 Sabiduría ante todo: adquiere sabiduría, y ante toda tu posesion adquiere inteligencia[d].

8 Engrandécela, y ella te engrandecerá: ella te honrará, cuando tú la hubieres abrazado.

9 Adorno de gracia dará á tu cabeza[e]: corona de hermosura te entregará.

10 Oye, hijo mio, y recibe mis razones; y se te multiplicarán años de vida.

11 Por el camino de la sabiduría te he encaminado, y por veredas derechas te he hecho andar.

12 Cuando *por ellas* fueres, no se estrecharán tus pasos; y si corrieres, no tropezarás.

13 Ten el consejo, no lo dejes; guárdalo, porque eso *es* tu vida:

14 No entres por la vereda de los impíos, ni vayas por el camino de los malos[f].

15 Desampárala, no pases por ella; apártate de ella, y pasa.

16 Porque no duermen ellos, si no hicieren mal; y pierden su sueño, si no han hecho caer.

17 Porque comen pan de maldad, y beben vino de robos.

18 Mas la senda de los justos *es* como la luz de la aurora, que va en aumento hasta que el dia es perfecto[g].

19 El camino de los impíos *es* como la obscuridad: no saben en que tropiezan[h].

20 Hijo mio, está atento á mis palabras; inclina tu oido á mis razones.

21 No se aparten de tus ojos; guárdalas en medio de tu corazon[i].

22 Porque son vida á los que las hallan, y medicina á toda su carne[k].

23 Sobre toda *cosa* guardada guarda tu corazon; porque de él mana la vida[l].

24 Aparta de tí la perversidad de la boca, y aleja de tí la iniquidad de labios.

25 Tus ojos miren lo recto, y tus párpados en derechura delante de tí.

26 Examina la senda de tus piés, y todos tus caminos sean ordenados.

27 No te apartes á diestra, ni á siniestra: aparta tu pié del mal.

[a] Deu. 32. 2. [b] 1 Cr. 28. 9. [c] Cap. 7. 2. [d] Mat. 13. 44. [e] Cap. 1. 9. [f] Sal. 1. 1. [g] Job 11. 17. Sal. 84. 7. [h] Job 5. 14. y 12. 25. Juan 12. 35. [i] Cap. 3. 3, 21. [k] Cap. 3. 8. [l] Mat. 12. 35.

CAPITULO V.

Persuade á la sabiduría, por la cual será el hombre preservado del peligro de la mala mujer; peligro que describe, y exhorta á que se huya.

HIJO mio, está atento á mi sabiduría, y á mi inteligencia inclina tu oido:

2 Para que guardes mis consejos, y tus labios conserven la ciencia.

3 Porque los labios de la mujer extraña destilan *como* panal de miel, y su paladar es mas blando que el aceite[a]:

4 Mas su fin es amargo como el ajenjo[b]; agudo como cuchillo de dos filos.

[a] Cap. 6. 24. [b] He. 7. 26.

5 Sus piés descienden á la muerte; sus pasos sustentan el sepulcro[c].

Cap. 7. 27.

6 Sus caminos son instables; no *los* conocerás, si no considerares el camino de vida.

7 Ahora pues, hijos, oidme, y no os aparteis de las razones de mi boca.

8 Aleja de ella tu camino, y no te acerques á la puerta de su casa:

9 Porque no des á los estraños tu honor, y tus años á cruel:

10 Porque no se harten los estraños de tu fuerza, y tus trabajos *estes* en casa del estraño;

11 Y gimas en tus postrimerías, cuando se consumiere tu carne y tu cuerpo,

12 Y digas: ¿Cómo aborrecí el consejo, y mi corazon menospreció la reprension[d];

Cap. 1. 25. y 5. 23. y 12. 1.

13 Y no oí la voz de los que me adoctrinaban, y á los que me enseñaban no incliné mi oido?

14 Casi en todo mal he estado en medio de la sociedad y de la congregacion.

15 Bebe el agua de tu cisterna, y los raudales de tu pozo[e].

1 Cor. 7. 2.

16 Derrámense por de fuera tus fuentes[f]; en las plazas los rios de *tus* aguas.

Deu. 33. 28. Is. 48. 1.

17 Sean para tí solo, y no para los estraños contigo.

18 Sea bendito tu manadero; y alégrate con la mujer de tu mocedad[g].

Mal. 2. 14.

19 *Séate como* cierva amada y graciosa corza; sus pechos te satisfagan en todo tiempo: y en su amor recréate siempre.

20 ¿Y por qué, hijo mio, andarás ciego con la agena, y abrazarás el seno de la estraña?

21 Pues que los caminos del hombre están ante los ojos de Jehová[h], y él considera todas sus veredas.

2 Cr. 16. 9. Job 31. 4. y 34. 21. Cap. 15. 3. Jer. 16. 17. y 32. 19. Os. 7. 2. Heb. 4. 13.

22 Prenderán al impío sus propias iniquidades, y detenido será con las cuerdas de su pecado.

23 El morirá sin correccion[i]; y errará *entre tanto* por la grandeza de su locura.

Cap. 10. 21. Job 4. 21. y 36. 12.

CAPITULO VI.

Instruye al que fiá á otro. Despierta y reprende al negligente. Notas por las cuales el mal hombre será conocido. Adulterio, y algunos de los males que de él provienen.

Cap. 11. 15. y 17. 18. y 22. 26.

HIJO, si salieres fiador por tu amigo[a], *si* tocaste tu mano al estraño,

2 Enlazado eres con las palabras de tu boca, y preso con las razones de tu boca.

3 Haz esto ahora, hijo mio, y líbrate, ya que has caido en la mano de tu prójimo: Ve, humíllate, y asegúrate de tu amigo.

4 No des sueño á tus ojos, ni á tus párpados adormecimiento.

5 Escápate como el corzo de la mano *del cazador*, y como el ave de la mano del paranero.

6 Ve á la hormiga, oh perezoso; mira sus caminos, y sé sabio:

7 La cual no tiene capitan, ni gobernador, ni señor;

8 Y *con todo eso* prepara en el verano su comida, allega en el tiempo de la siega su mantenimiento.

9 Perezoso, ¿hasta cuando has de dormir? ¿Cuando te levantarás de tu sueño?

10 *Con* un poco de sueño, un poco de dormitar, y cruzar por un poco las manos para *mas* reposo,

11 Vendrá tu necesidad como caminante, y tu pobreza como hombre de escudo.

12 El hombre malo, el hombre depravado anda en perversidad de boca:

13 Guiña de sus ojos[b], habla con sus piés, indica con sus dedos.

Cap. 10. 10.

14 Perversidades *hay* en su corazon; anda pensando mal en todo tiempo; enciende rencillas[c].

Ro. 16. 17.

15 Por tanto su calamidad vendrá de repente; súbitamente será quebrantado, y no *habrá* remedio.

16 Seis cosas aborrece Jehová, y *aun* siete abomina su alma:

17 Los ojos altivos[d], la lengua mentirosa[e], las manos derramadoras de sangre inocente[f],

d Sal. 18. 27. y 103. 5.
e Sal. 120. 3, 4. Ap. 22. 15.
f 2 Rey. 24. 3, 4. Is. 1. 15.

18 El corazon que maquina pensamientos inicuos[g], los pies presurosos para correr al mal[h],

g Mic. 2. 1.
h Is. 59. 7.

19 El testigo falso, que habla mentiras[i], y el que enciende rencillas entre los hermanos[k].

i Cap. 19. 9.
k 3 Juan 9, 10.

20 Guarda, hijo mio, el mandamiento de tu padre[l], y no dejes la enseñanza de tu madre:

l Cap. 1. 8. Ef. 6. 1.

21 Atale siempre en tu corazon; enlázale á tu cuello[m].

m Cap. 3. 3. y 7. 3.

22 Te guiará cuando anduvieres[n]; cuando durmieres te guardará; hablará contigo cuando despertares.

n Deu. 11. 18, 21.

23 Porque el mandamiento *es* antorcha[o], y la enseñanza luz; y camino de vida las reprensiones de la enseñanza:

o Sal. 119. 105.

24 Para que te guarden de la mala mujer, de la blandura de la lengua de la estraña[p].

p Cap. 2. 16. y 5. 3. y 7. 5, etc.

25 No codicies su hermosura en tu corazon, ni ella te prenda con sus ojos.

26 Porque á causa de la mujer ramera *es reducido el hombre* á un bocado de pan; y la mujer caza la preciosa alma del varon[q].

q Gen. 39. 14, etc.

27 ¿Tomará el hombre fuego en su seno, sin que sus vestidos no se quemen?

28 ¿Andará el hombre sobre las brasas, sin que sus pies se abrasen?

29 Así el que entrare á la mujer de su prójimo: no será sin culpa cualquiera que la tocare.

30 No tienen en poco al ladron, cuando hurtare para saciar su alma teniendo hambre:

31 Empero tomado, paga las setenas; da toda la sustancia de su casa.

32 Mas el que comete adulterio con la mujer, *es* falto de entendimiento, corrompe su alma el que tal hace[r].

r Heb. 13. 4.

33 Plaga y vergüenza hallará; y su afrenta nunca será raida.

34 Porque el zelo y el furor del hombre[s] no perdonará en el dia de la venganza:

s Can. 8. 6.

35 No tendrá respeto á ninguna redencion; ni querrá *perdonar* aunque multipliques los dones.

CAPITULO VII.

Encarga la solicitud por la verdadera sabiduría, la cual preserva al hombre del peligro de la mala mujer, cuyos artificios pinta.

HIJO mio, guarda mis razones, y encierra contigo mis mandamientos[a].

a Cap. 2. 1.

2 Guarda mis mandamientos, y vivirás[b]; y mi ley como las niñas de tus ojos[c].

b Cap. 4. 4. Lev. 18. 5.
c Deu. 32. 10.

3 Lígalos á tus dedos; escríbelos en la tabla de tu corazon[d].

d Cap. 3. 3. y 6. 21. Deu. 6. 8.

4 Di á la sabiduría: Tú *eres* mi hermana: y á la inteligencia llama parienta.

5 Para que te guarden de la mujer agena, y de la estraña[e] que ablanda sus palabras.

e Cap. 2. 16.

6 Porque mirando yo por la ventana de mi casa, por mi celosía,

7 Ví entre los simples, consideré entre

los jóvenes un mancebo falto de entendimiento [f],

[f] Cap. 6. 32. y 9. 4, 16.

8 El cual pasaba por la calle, junto á la esquina de aquella, é iba camino de su casa

9 A la tarde del dia, ya que oscurecia, en la obscuridad y tiniebla de la noche.

10 Y hé aquí una mujer que le sale al encuentro con atavío de ramera, astuta de corazon,

11 Alborotadora [g], y rencillosa: sus piés no pueden estar en casa [h];

[g] Cap. 9. 13.
[h] 1 Ti. 5. 13. Tit. 2. 5.

12 Unas veces de fuera, ó bien por las plazas, acechando por todas las esquinas:

13 Y traba de él, y bésalo; desvergonzó su rostro, y díjole:

14 Sacrificios de paz habia prometido [i]; hoy he pagado mis votos:

[i] Lev. 7. 16.

15 Por tanto he salido á encontrarte, buscando diligentemente tu rostro, y te he hallado.

16 Con paramentos he ataviado mi cama, recamados con cordoncillo de Egipto [k].

[k] Is. 19. 9.

17 He sahumado mi cámara con mirra, áloes, y cinamomo.

18 Ven, embriaguémonos de amores hasta la mañana: alegrémonos en amores.

19 Porque el marido no está en su casa, hase ido á un largo viaje.

20 El saco del dinero llevó en su mano; el dia señalado volverá á su casa.

21 Rindiólo con la mucha suavidad de sus palabras; obligóle con la blandura de sus labios [l].

[l] Cap. 5. 3.

22 Váse en pos de ella luego, como vá el buey al degolladero, y como el loco á las prisiones para ser castigado:

23 Como el ave que se apresura al lazo [m], y no sabe que es contra su vida, hasta que la saeta traspasó su hígado.

[m] Ec. 9. 12.

24 Ahora pues, hijos, oídme, y estad atentos á las razones de mi boca.

25 No se aparte á sus caminos tu corazon; no yerres en sus veredas.

26 Porque á muchos ha hecho caer heridos, y aun todos los fuertes han sido muertos por ella [n].

[n] Juec. 16. 19, 30. Neh. 13. 26.

27 Caminos del sepulcro [o] son su casa, que descienden á las cámaras de la muerte.

[o] Cap. 2. 18. y 5. 5.

CAPITULO VIII.

Alabanza admirable de la verdadera sabiduría por su orígen, antigüedad, oficios, frutos y efectos, con que ella misma se ofrece á los hombres, y á sí los llama.

[a] Cap. 1. 20. y 9. 3, etc.

¿NO clama la sabiduría [a], y dá su voz la inteligencia?

2 En los altos cabezos, junto al camino, á las encrucijadas de las veredas se para:

3 En el lugar de las puertas, á la entrada de la ciudad, á la entrada de las puertas dá voces.

4 Oh hombres, á vosotros clamo; y mi voz *es* á los hijos de los hombres.

5 Entended, simples, discrecion [b]; y vosotros locos, entrad en cordura.

[b] Is. 55. 1, 3.

6 Oid, porque hablaré cosas excelentes [c], y abriré mis labios para cosas rectas.

[c] Cap. 22. 20. Sal. 19. 7, 11.

7 Porque mi boca hablará verdad; y la impiedad abominan mis labios.

8 En justicia *son* todas las razones de mi boca; no hay en ellas cosa perversa ni torcida [d].

[d] Sal. 12. 6.

9 Todas ellas *son* rectas al que entiende, y razonables á los que han hallado sabiduría [e].

[e] Miq. 2. 7.

10 Recibid mi enseñanza, y no plata; y ciencia ántes que el oro escogido [f].

[f] Cap. 23. 23.

11 Porque mejor *es* la sabiduría que las piedras preciosas; y todas las cosas que se pueden desear, no son de comparar con ella.

12 Yo la sabiduría habito con la discrecion, y hallo la ciencia de los consejos.

13 El temor de Jehová *es* aborrecer el mal; la soberbia [g], y la arrogancia, y el mal camino, y la boca perversa aborrezco.

[g] Cap. 16. 6. 2 Ti. 2. 19.

14 Conmigo está el consejo, y el ser: yo *soy* la inteligencia, mia es la fortaleza [h].

[h] Ec. 7. 19.

15 Por mí reinan los reyes [i], y los príncipes determinan justicia.

[i] Dan. 2. 21. Ro. 13. 1.

16 Por mí dominan los príncipes, y todos los gobernadores juzgan la tierra.

17 Yo amo á los que me aman [k]; y me hallan [l] los que me buscan.

[k] 1 Sa. 2. 30. Juan 14. 21.
[l] Is. 45. 19. Sant. 1. 5.

18 Las riquezas y la honra *están* conmigo; sólidas riquezas, y justicia.

19 Mejor es mi fruto que el oro, y que el oro refinado [m]; y mi rédito mejor que la plata escogida.

[m] Cap. 3. 14. Sal. 19. 10.

20 Por vereda de justicia guiaré, por en medio de sendas de juicio:

21 Para hacer heredar á mis amigos el ser, y que yo hincha sus tesoros.

22 Jehová me poseia en el principio [n] de su camino, ya de antiguo ántes de sus obras.

[n] Juan 1. 1, etc.

23 Eternalmente tuve el principado, desde el principio, ántes de la tierra.

24 Antes de los abismos fuí engendrada; ántes que fuesen las fuentes de las muchas aguas.

25 Antes que los montes fuesen fundados; ántes de los collados [o] era yo engendrada.

[o] Job 15. 7, 8.

26 No habia aun hecho la tierra, ni las campiñas, ni el principio de los polvos del mundo.

27 Cuando formaba los cielos, allí estaba yo; cuando señalaba por compás la sobrefaz del abismo.

28 Cuando afirmaba los cielos arriba; cuando afirmaba las fuentes del abismo;

29 Cuando ponia á la mar su estatuto, y á las aguas, que no pasasen su mandamiento [p]; cuando establecia los fundamentos de la tierra,

[p] Job 38. 10, 11. Sal. 104. 9. Jer. 5. 22.

30 Con él estaba yo *por* ama: y fuí *su* delicia todos los dias [q], teniendo solaz delante de él en todo tiempo.

[q] Mat. 3. 17. Col. 1. 13.

31 Huélgome en la parte habitable de su tierra; y mis delicias *son* con los hijos de los hombres.

32 Ahora pues, hijos, oídme; y bienaventurados los que guardaren mis caminos.

33 Atended el consejo, y sed sabios, y no lo menospreciéis.

34 Bienaventurado el hombre que me oye [r], velando á mis puertas cada dia, guardando los umbrales de mis entradas.

[r] Mat. 7. Luc. 11.

35 Porque el que me halláre, hallará la vida, y alcanzará el favor de Jehová.

36 Mas el que peca contra mí, defrauda su alma: todos los que me aborrecen, aman la muerte.

CAPITULO IX.

Contraposicion de la verdadera sabiduría á la falsa y sofística en la semejanza de dos matronas, cada una de las cuales convida á los hombres conforme á su ingenio y á lo que puede dar.

LA sabiduría edificó su casa; labró sus siete columnas.

2 Mató sus víctimas [a], templó su vino, y puso su mesa.

[a] Mat. 2... etc.

3 Envió sus criadas [b]; sobre lo mas alto de la ciudad clamó:

[b] Ro. 10...

4 Cualquiera simple venga acá. A los faltos de cordura dijo:

5 Venid, comed mi pan, y bebed del vino *que* yo he templado [c].

[c] Is. 55... Juan 6...

6 Dejad las simplezas, y vivid; y andad por el camino de la inteligencia.

7 El que corrige al escarnecedor, afrenta se acarrea: y el que reprende al impío, se *atrae* mancha.

8 No reprendas al escarnecedor, porque no te aborrezca[d]: corrige al sabio, y te amará[e].

9 Da al sabio, y será mas sabio[f]; enseña al justo, y acrecerá enseñamiento.

10 El temor de Jehová *es* el principio de la sabiduría[g]: y la ciencia de los santos *es* inteligencia.

11 Porque por mí se aumentarán tus dias, y años de vida se te añadirán[h].

12 Si fueres sabio, para tí lo serás; mas si fueres escarnecedor, pagarás tú solo[i].

13 La mujer loca, alborotadora[k], simple, é ignorante,

14 Siéntase en una silla á la puerta de su casa, en lo alto de la ciudad,

15 Para llamar á los que pasan por el camino, que van por sus caminos derechos.

16 Cualquiera simple, *dice ella*, venga acá. A los faltos de cordura dije:

17 Las aguas hurtadas son dulces, y el pan *comido* en oculto es suave.

18 Y no saben que allí *están* los muertos[l]; *y que* sus convidados *están* en los profundos de la sepultura.

d Mat. 7. 6.
e Sal. 141. 5.
f Mat. 13. 12.
g Cap. 1. 7. Job 28. 28. Sal. 111. 10.
h Cap. 10. 27.
i Ez. 18. 20.
k Cap. 7. 11.
l Cap. 2. 18. y 7. 26.

CAPITULO X.

Las sentencias de Salomon.

EL hijo sabio alegra al padre[a]; y el hijo necio *es* tristeza de su madre.

2 Los tesoros de maldad no serán de provecho[b]: mas la justicia libra de muerte[c].

3 Jehová no dejará hambrear al alma del justo[d]: mas la iniquidad lanzará á los impíos.

4 La mano negligente hace pobre[e]; mas la mano de los diligentes enriquece[f].

5 El que recoge en el estío *es* hombre entendido: el que duerme en el tiempo de la siega *es* hombre afrentoso.

6 Bendiciones sobre la cabeza del justo; mas violencia cubrirá la boca de los impíos.

7 La memoria del justo será bendita[g]; mas el nombre de los impíos se pudrirá.

8 El sabio de corazon recibirá los mandamientos: mas el loco de labios caerá.

9 El que camina en integridad, anda confiado[h]: mas el que pervierte sus caminos, será quebrantado.

10 El que guiña del ojo[i] acarrea tristeza: y el loco de labios será castigado.

11 Vena de vida *es* la boca del justo[k]; mas violencia cubrirá la boca de los impíos.

12 El odio despierta rencillas; mas la caridad cubrirá todas las faltas[l].

13 En los labios del prudente se halla sabiduría; y vara[m] á las espaldas del falto de cordura.

14 Los sabios guardan la sabiduría[n]: mas la boca del loco *es* calamidad cercana.

15 Las riquezas del rico *son* su ciudad fuerte[o]: y el desmayo de los pobres *es* su pobreza.

16 La obra del justo *es* para vida; mas el fruto del impío *es* para pecado.

17 Camino á la vida *es* guardar la correccion; mas el que deja la reprension, yerra.

18 El que encubre el odio *tiene* labios mentirosos; y el que echa mala fama *es* necio.

19 En las muchas palabras no falta pecado[p]; mas el que refrena sus labios *es* prudente.

20 Plata escogida *es* la lengua del justo: mas el entendimiento de los impíos *es* como nada.

21 Los labios del justo apacientan á muchos; mas los necios por falta de entendimiento mueren.

22 La bendicion de Jehová es la que enriquece[q], y no añade tristeza con ella.

23 Hacer abominacion *es* como risa[r] al insensato: mas el hombre entendido sabe.

24 Lo que el impío teme, eso le vendrá: mas *Dios* da á los justos lo que desean[s].

25 Como pasa el torbellino, así el malo no *subsistirá*: mas el justo, fundado para siempre[t].

26 Como el vinagre á los dientes, y como el humo á los ojos, así *es* el perezoso á los que lo envian.

27 El temor de Jehová aumentará los dias[u]; mas los años de los impíos serán acortados[x].

28 La esperanza de los justos *es* alegría; mas la esperanza de los impíos perecerá[y].

29 Fortaleza *es* al perfecto el camino de Jehová; mas espanto *es* á los que obran maldad.

30 El justo eternalmente no será removido; mas los impíos no habitarán la tierra.

31 La boca del justo producirá sabiduría[z]; mas la lengua perversa será cortada.

32 Los labios del justo conocerán lo que agrada; mas la boca de los impíos *habla* perversidades.

a Cap. 15. 20. y 29. 15, 16. y 29. 3.
b Luc. 12. 19, 20.
c Cap. 11. 4.
d Sal. 34. 10. y 37. 25.
e Cap. 12. 24. y 19. 15.
f Cap. 13. 4.
g Sal. 112. 6.
h Isa. 33. 15, 16.
i Cap. 6. 13.
k Sal. 37. 30.
l 1 Cor. 13. 7. 1 Ped. 4. 8.
m Cap. 26. 3.
n Mat. 12. 35. y 13. 52.
o Cap. 18. 11. Sal. 52. 7. 1 Tim. 6. 17.
p Ec. 5. 2, 3. Sant. 3. 2.
q Gen. 26. 28.
r Cap. 14. 9. y 15. 21.
s Sal. 145. 19.
t Mat. 7. 24, 25.
u Cap. 9. 11.
x Sal. 55. 23.
y Job 8. 13. Sal. 112. 10.
z Sal. 37. 30.

CAPITULO XI.

EL peso falso abominacion *es* á Jehová[a]; mas la pesa cabal le agrada.

2 Cuando vino la soberbia, vino tambien la deshonra[b]; mas con los humildes *es* la sabiduría.

3 La integridad de los rectos los encaminará[c]; mas destruirá á los pecadores la perversidad de ellos.

4 No aprovecharán las riquezas en el dia de la ira[d]; mas la justicia librará de muerte[e].

5 La justicia del perfecto enderezará su camino; mas el impío por su impiedad caerá.

6 La justicia de los rectos los librará; mas los pecadores en su pecado serán presos.

7 Cuando muere el hombre impío, perece *su* esperanza; y la expectativa de los malos perecerá.

8 El justo es librado de la tribulacion; mas el impío viene en lugar suyo[f].

9 El hipócrita con la boca daña á su prójimo; mas los justos son librados con la sabiduría.

10 En el bien de los justos[g] la ciudad se alegra; mas cuando los impíos perecen, *hay* fiestas.

11 Por la bendicion de los rectos la ciudad será engrandecida; mas por la boca de los impíos ella será trastornada.

12 El que carece de entendimiento, menosprecia á su prójimo; mas el hombre prudente calla.

13 El que anda en chismes[h], descubre el secreto; mas el de espíritu fiel encubre la cosa.

14 Cuando faltaren las industrias, caerá el pueblo; mas en la multitud de consejeros[i] *hay* salud.

15 Con ansiedad *será* afligido el que fiare al extraño; mas el que aborreciere las fianzas *vivirá* confiado.

a Deu. 25. 13, 14. Cap. 20. 10, 23.
b Cap. 16. 18. y 18. 12. Dan. 4. 31.
c Cap. 13. 6.
d Cap. 10. 2. Ez. 7. 19. Soph. 1. 18.
e Gen. 7. 1.
f Cap. 21. 18.
g Est. 8. 15.
h Lev. 19. 16.
i Cap. 15. 22.

16 La mujer graciosa[k] tendrá honra; y los fuertes tendrán riquezas.

17 A su alma[l] hace bien el hombre misericordioso; mas el cruel atormenta su carne.

18 El impío hace obra falsa; mas el que sembrare justicia, tendrá galardon firme[m].

19 Como la justicia *es* para vida, así el que sigue el mal *es* para su muerte.

20 Abominacion *son* á Jehová los perversos de corazon; mas los perfectos de camino le son agradables.

21 *Aunque llegue* la mano á la mano el malo no quedará sin castigo; mas la simiente de los justos escapará.

22 Zarcillo de oro en la nariz del puerco *es* la mujer hermosa, y apartada de razon.

23 El deseo de los justos *es* solamente bien: *mas* la esperanza de los impíos *es* enojo[n].

24 Hay *unos* que reparten, y *les* es añadido mas: *hay otros* que son escasos mas de lo que es justo, mas vienen á pobreza[o].

25 El alma liberal será engordada[p]; y el que saciare, él tambien será saciado.

26 El que retiene el grano, el pueblo lo maldecirá; mas bendicion *será* sobre la cabeza del que vende.

27 El que madruga al bien, buscará favor: mas el que busca el mal, vendrále.

28 El que confia en sus riquezas, caerá[q]; mas los justos reverdecerán como ramos[r].

29 El que turba su casa, heredará viento; y el necio *será* siervo del sabio de corazon.

30 El fruto del justo *es* árbol de vida[s]; y el que prende almas, es sabio[t].

31 Ciertamente el justo será pagado en la tierra: ¿cuanto mas el impío y el pecador[u]?

CAPITULO XII.

EL que ama la correccion ama la sabiduría; mas el que aborrece la reprension, es ignorante.

2 El bueno alcanzará favor de Jehová; mas él condenará al hombre de malos pensamientos.

3 El hombre no se afirmará por medio de la impiedad[a]; mas la raiz de los justos no será movida.

4 La mujer virtuosa[b] corona es de su marido[c]; mas la mala como carcoma en sus huesos.

5 Los pensamientos de los justos *son* rectitud; *mas* los consejos de los impíos engaño.

6 Las palabras de los impíos *son* para asechar á la sangre[d]: mas la boca de los rectos los librará.

7 *Dios* trastornará á los impíos, y no serán mas; mas la casa de los justos permanecerá.

8 Segun su sabiduría es alabado el hombre: mas el perverso de corazon será en menosprecio.

9 Mejor es el que se menosprecia, y tiene servidores, que el que se precia, y carece de pan.

10 El justo atiende la vida de su bestia[e]; mas las entrañas de los impíos *son* crueles.

11 El que labra su tierra, se hartará de pan; mas el que sigue los vagabundos *es* falto de entendimiento[f].

12 Desea el impío la red de los malos; mas la raiz de los justos dará *fruto*.

13 El impío es enredado en la prevaricacion de sus labios; mas el justo saldrá de la tribulacion.

14 El hombre será harto de *bien* del fruto de *su* boca[g], y la paga de las manos del hombre le será dada[h].

15 El camino del necio *es* derecho en su opinion: mas el que obedece al consejo *es* sabio.

16 El necio luego al punto da á conocer su ira: mas el que disimula la injuria *es* cuerdo.

17 El que habla verdad, declara justicia; mas el testigo mentiroso, engaño.

18 Hay *algunos* que hablan como *dando* estocadas de espada[i]: mas la lengua de los sabios *es* medicina.

19 El labio de verdad permanecerá para siempre; mas la lengua de mentira, por un momento.

20 Engaño hay en el corazon de los que piensan mal; mas alegría en el de los que piensan bien.

21 Ninguna adversidad acontecerá al justo[k]; mas los impíos serán llenos de mal.

22 Los labios mentirosos son abominacion á Jehová[l]; mas los obradores de verdad, su contentamiento.

23 El hombre cuerdo encubre la ciencia; mas el corazon de los necios publica la necedad[m].

24 La mano de los diligentes se enseñoreará; mas la negligente será tributaria.

25 El cuidado congojoso en el corazon del hombre, lo abate; mas la buena palabra lo alegra.

26 El justo hace ventaja á su prójimo: mas el camino de los impíos les hace errar.

27 El indolente no chamuscará su caza: mas el haber precioso del hombre *es* la diligencia.

28 En el camino de la justicia está la vida; y la senda de su vereda no *es* muerte.

CAPITULO XIII.

EL hijo sabio *toma* el consejo del padre: mas el burlador no escucha las reprensiones.

2 Del fruto de *su* boca el hombre comerá bien[a]; mas el alma de los prevaricadores *hallará* mal.

3 El que guarda su boca guarda su alma[b]; mas el que *insolentemente* abre sus labios tendrá calamidad.

4 Desea, y nada *alcanza* el alma del perezoso: mas el alma de los diligentes será engordada[c].

5 El justo aborrecerá la palabra de mentira[d]: mas el impío se hace odioso, é infame.

6 La justicia guarda al de perfecto camino[e]; mas la impiedad trastornará al pecador.

7 Hay *algunos* que se hacen ricos, y no *tienen* nada; y *otros* que se hacen pobres, y *tienen* muchas riquezas.

8 La redencion de la vida del hombre *son* sus riquezas: pero el pobre no oye censuras.

9 La luz de los justos se alegrará: mas apagaráse[f] la lámpara de los impíos.

10 Ciertamente la soberbia parirá contienda: mas con los avisados *es* la sabiduría.

11 Disminuiránse las riquezas de vanidad: empero multiplicará el que allega con su mano.

12 La esperanza que se prolonga, es tormento del corazon: mas árbol de vida[g] *es* el deseo cumplido.

13 El que menosprecia la palabra, perecerá por ello[h]; mas el que teme el mandamiento, será recompensado.

14 La ley *es* al sabio manadero de

[k] Cap. 31. 30.
[l] Mat. 5. 7.
[m] Os. 10. 12. Gal. 6. 8, 9. Sant°. 3. 18.
[n] Ro. 2. 8, 9.
[o] 2 Cor. 9. 6.
[p] Lu. 6. 38.
[q] Job 31. 24. Mar. 10. 24. 1 Ti. 6. 9, 17.
[r] Sal. 1. 3. y 92. 12.
[s] Cap. 3. 18.
[t] Mat. 4. 19. Sant°. 5. 20.
[u] 1 Ped. 4. 17, 18.
[a] Ec. 8. 8.
[b] Cap. 31. 10.
[c] 1 Cor. 11. 7.
[d] Cap. 11. 9.
[e] Deu. 25. 4.
[f] Cap. 28. 19.
[g] Cap. 13. 2.
[h] Is. 3. 10, 11.
[i] Sal. 57. 4. y 59. 7. y 64. 3.
[k] 1 Ped. 3. 13.
[l] Cap. 6. 16, 17. Ap. 22. 15.
[m] Cap. 13. 16. y 15. 2. Ec. 10. 3.
[a] Cap. 12. 14.
[b] Cap. 21. 23. Sant°. 3. 2, etc.
[c] Cap. 10. 4. y 21. 5.
[d] Sal. 119. 163.
[e] Cap. 11. 3. y 5. 6.
[f] Job 18. 5, 6.
[g] ver. 19. Cap. 3. 18. y 11. 30.
[h] 2 Cr. 36. 16. Luc. 16. 31.

vida [l], para apartarse de los lazos de la muerte.

15 El buen entendimiento conciliará gracia; mas el camino de los prevaricadores *es* duro.

16 Todo *hombre* cuerdo obra con sabiduría; mas el necio manifestará *su* necedad [k].

17 El mal mensajero caerá en mal; mas el mensajero fiel *es* medicina [l].

18 Pobreza y vergüenza tendrá el que menosprecia el consejo: mas el que guarda la correccion, será honrado [m].

19 El deseo cumplido deleita al alma [n]: pero apartarse del mal *es* abominacion á los necios.

20 El que anda con los sabios, sabio será; mas el que se allega á los necios, será quebrantado.

21 Mal perseguirá á los pecadores [o]; mas á los justos bien será retribuido.

22 El bueno dejará herederos los hijos de los hijos: y el haber del pecador para el justo está guardado [p].

23 En el barbecho de los pobres *hay* mucho pan: mas piérdese por falta de juicio.

24 El que detiene el castigo, á su hijo aborrece [q]; mas el que lo ama, madruga á castigarlo.

25 El justo come hasta saciar su alma; mas el vientre de los impíos tendrá necesidad.

Cap. 10. 11. y 13. 27. — Cap. 12. 23. y 13. 2. — Cap. 25. 13. — Cap. 15. 5. — ver. 12. — Sal. 32. 10. — Cap. 28. 8. Job 27. 17. Ec. 2. 26. — Cap. 19. 18. y 22. 15. y 23. 13. y 29. 15, 17.

CAPITULO XIV.

LA mujer sabia edifica su casa [a]; mas la necia con sus manos la derriba.

2 El que camina en su rectitud, teme á Jehová; mas el pervertido en sus caminos, lo menosprecia.

3 En la boca del necio está la vara de la soberbia: mas los labios de los sabios los guardarán [b].

4 Sin bueyes el granero *está* limpio: mas por la fuerza del buey *hay* abundancia de pan.

5 El testigo verdadero no mentirá; mas el testigo falso hablará mentiras [c].

6 Buscó el escarnecedor la sabiduría, y no *la halló*; mas la sabiduría al hombre entendido *es* fácil [d].

7 Véte de delante del hombre necio, cuando en él no advirtieres labios de ciencia.

8 La ciencia del cuerdo *es* entender su camino: mas la indiscrecion de los necios *es* engaño.

9 Los necios se mofan de *cometer* pecado [e]: mas entre los rectos *hay* amor.

10 El corazon conoce la amargura de su alma; y extraño no se entremeterá en su alegría.

11 La casa de los impíos será asolada [f]; mas florecerá la tienda de los rectos.

12 Hay camino que al hombre parece derecho; empero su fin *son* caminos de muerte [g].

13 Aun en la risa tendrá dolor el corazon; y el término de la alegría *es* congoja [h].

14 De sus caminos será harto el apartado de razon [i]; y el hombre de bien *estará contento de lo suyo*.

15 El simple cree á toda palabra; mas el avisado entiende sus pasos [k].

16 El sabio teme, y se aparta del mal [l]; mas el necio se arrebata, y confia.

17 El que presto se enoja, hará locura [m]; y el hombre malicioso será aborrecido.

18 Los simples heredarán necedad; mas los cuerdos se coronarán de sabiduría.

19 Los malos se inclinarán delante de los buenos [n], y los impíos á las puertas del justo.

20 El pobre es odioso aun á su amigo [o]; pero muchos *son* los que aman al rico.

21 Peca el que menosprecia á su prójimo; mas el que tiene misericordia de los pobres, es bienaventurado [p].

22 ¿No yerran los que piensan mal? Misericordia empero y verdad *alcanzarán* los que piensan bien.

23 En toda labor hay fruto; mas la palabra de los labios solamente empobrece.

24 Las riquezas de los sabios son su corona; *mas es* infatuacion la insensatez de los necios.

25 El testigo verdadero libra las almas; mas el engañoso hablará mentiras [q].

26 En el temor de Jehová *está* la fuerte confianza; y esperanza tendrán sus hijos.

27 El temor de Jehová *es* manadero de vida [r], para apartarse de los lazos de muerte.

28 En la multitud de pueblo *está* la gloria del rey; y en la falta de pueblo la flaqueza del príncipe.

29 El que tarde se aira [s] *es* grande de entendimiento: mas el corto de espíritu engrandece el desatino.

30 El corazon apacible *es* vida de las carnes; mas la envidia pudrimiento de huesos.

31 El que oprime al pobre, afrenta á su hacedor [t]; mas el que tiene misericordia del pobre, lo honra.

32 Por su maldad será lanzado el impío: mas el justo en su muerte tiene esperanza [u].

33 En el corazon del cuerdo reposará la sabiduría; y conocida es en medio de los necios.

34 La justicia engrandece la nacion; mas el pecado es afrenta de las naciones.

35 La benevolencia del rey *es* para con el ministro entendido; mas su enojo *contra* el que *lo* avergüenza.

Cap. 24. 3. — Cap. 12. 6. — ver. 25. — Cap. 8. 9. — Cap. 10. 23. — Job 8. 15. — Cap. 16. 25. Ro. 6. 21. — Ec. 2. 2. — Cap. 1. 31. y 12. 14. Jer. 2. 19. — Cap. 4. 26. — Cap. 16. 17. — 1 Samº. 1. 10.

[n] Sal. 49. 14. Mal. 4. 3. — [o] Cap. 19. 7. — [p] Sal. 41. 1, 2. Mat. 25. 34, etc. — [q] ver. 5. — [r] Cap. 13. 14. — [s] Cap. 16. 32. — [t] Cap. 17. 5. y 22. 2. — [u] Job 19. 26.

CAPITULO XV.

LA blanda respuesta quita la ira [a]; mas la palabra áspera hace subir el furor.

2 La lengua de los sabios adornará á la sabiduría; mas la boca de los necios hablará sandeces [b].

3 Los ojos de Jehová en todo lugar estan mirando los buenos y los malos [c].

4 La sana lengua *es* árbol de vida [d]; mas la perversidad en ella *es* quebrantamiento [e] de espíritu.

5 El necio menosprecia el consejo de su padre: mas el que guarda la correccion vendrá á ser cuerdo [f].

6 En la casa del justo hay gran provision; empero turbacion en las ganancias del impío.

7 Los labios de los sabios esparcen sabiduría; mas no así el corazon de los necios.

8 El sacrificio de los impíos *es* abominacion á Jehová [g]; mas la oracion de los rectos es su gozo.

9 Abominacion *es* á Jehová el camino del impío; mas él ama al que sigue justicia.

10 La reconvencion *es* molesta al que deja el camino: mas el que aborreciere la correccion, morirá [h].

11 El infierno y la perdicion *están* delante de Jehová [i]: ¿cuanto mas los corazones de los hombres [k]?

12 El escarnecedor no ama al que le reprende [l]; ni se allega á los sabios.

13 El corazon alegre hermosea el rostro [m]; mas por el dolor de corazon el espíritu se abate [n].

[a] Juec. 8. 1, 2. — [b] Cap. 12. 23. y 13. 16. — [c] Job 34. 21. Sal. 11. 4. y 33. 13, 14. Jer. 32. 19. Heb. 4. 13. — [d] Cap. 12. 18. — [e] Is. 65. 14. — [f] Cap. 13. 18. — [g] Cap. 21. 27. Is. 1. 11. y 61. 8. y 66. 3. Jer. 6. 20. Am. 5. 22. — [h] Cap. 5. 11, 12. — [i] Job 26. 6. Sal. 139. 8. — [k] 2 Cr. 6. 30. Sal. 7. 9. Juan 21. 17. Hech. 1. 24. — [l] Amos 5. 10. — [m] Cap. 17. 22. — [n] Cap. 12. 25.

14 El corazon entendido busca la sabiduría; mas la boca de los necios pace necedad.

15 Todos los dias del afligido *son* trabajosos: mas el corazon contento *es como* un convite continuo.

16 Mejor *es* lo poco con el temor de Jehová, que el gran tesoro donde hay turbacion [o].

17 Mejor *es* la comida de legumbres donde hay amor, que de buey engordado, donde hay odio [p].

18 El hombre iracundo mueve contiendas [q]; mas el que tarde se enoja, apaciguará la rencilla.

19 El camino del perezoso *es* como seto de espinos [r]; mas la vereda de los rectos *como* una calzada.

20 El hijo sabio alegra al padre: mas el hombre necio menosprecia á su madre [s].

21 La necedad *es* alegría al falto de entendimiento [t]: mas el hombre entendido enderezará su proceder.

22 Los pensamientos son frustrados donde no hay consejo; mas en la multitud de consejeros se afirman [u].

23 Alégrase el hombre con la respuesta de su boca: y la palabra á su tiempo, ¡cuan buena es!

24 El camino de la vida *es hácia* arriba al entendido, para apartarse del infierno *aquí* abajo.

25 *Jehová* asolará la casa de los soberbios; mas él afirmará el término de la viuda.

26 Abominacion son á Jehová los pensamientos del malo [x]: mas las expresiones de los limpios *son* limpias.

27 Alborota su casa [y] el codicioso; mas el que aborrece las dádivas, vivirá.

28 El corazon del justo piensa para responder: mas la boca de los impíos derrama malas cosas.

29 Léjos *está* Jehová de los impíos: mas él oye la oracion de los justos [z].

30 La luz de los ojos alegra el corazon; y la buena fama engorda los huesos [a].

31 La oreja que escucha la correccion de vida, entre los sabios morará.

32 El que tiene en poco la disciplina, menosprecia su alma: mas el que escucha la correccion, tiene entendimiento.

33 El temor de Jehová *es* enseñamiento de sabiduría; y delante de la honra *está* la humildad.

CAPITULO XVI.

DEL hombre *son* las disposiciones del corazon; mas de Jehová la respuesta de la lengua [a].

2 Todos los caminos del hombre son limpios en su opinion; mas Jehová pesa los espíritus [b].

3 Encomienda á Jehová tus obras, y tus pensamientos serán afirmados [c].

4 Todas las cosas ha hecho Jehová por sí mismo, y aun al impío para el dia malo [d].

5 Abominacion *es* á Jehová todo altivo de corazon [e]: *aunque esté* mano sobre mano, no será reputado inocente.

6 Con misericordia y verdad se corrige el pecado: y con el temor de Jehová se aparta del mal *el hombre*.

7 Cuando los caminos del hombre serán agradables á Jehová, aun sus enemigos pacificará con él.

8 Mejor es lo poco con justicia, que la muchedumbre de frutos sin derecho.

9 El corazon del hombre piensa su camino; mas Jehová endereza sus pasos [f].

10 Adivinacion *está* en los labios del rey [g]; en juicio no prevaricará su boca.

11 Peso y balanzas justas *son* de Jehová: obra suya *son* todas las pesas [h] de la bolsa.

[o] Cap. 16. 8. Sal. 37. 16. 1 Ti. 6. 6.
[p] Cap. 17. 1.
[q] Cap. 29. 22.
[r] Cap. 22. 5, 13.
[s] Cap. 10. 1.
[t] Cap. 10. 23.
[u] Cap. 11. 14. y 20. 18.
[x] Cap. 6. 16, 18.
[y] Is. 5. 8. Hab. 2. 9, 10.
[z] Sal. 34. 15. y 145. 18, 19.
[a] Cap. 25. 25.
[a] ver. 9. Jer. 10. 23.
[b] Cap. 21. 2.
[c] Sal. 37. 5.
[d] Ro. 9. 22.
[e] Cap. 6. 17.
[f] Cap. 19. 21.
[g] Gen. 44. 15.

12 Abominacion *debe ser* á los reyes hacer impiedad: porque con justicia será afirmado el trono [i].

13 Los labios justos *son* el contentamiento de los reyes; y aman al que habla lo recto.

14 La ira del rey *es* mensajero de muerte [k]; mas el hombre sabio la evitará.

15 En la alegría del rostro del rey *está* la vida; y su benevolencia *es* como nube de lluvia tardía.

16 Mejor es adquirir sabiduría que oro preciado; y adquirir inteligencia vale mas que la plata [l].

17 El camino de los rectos *es* apartarse del mal: su alma guarda el que guarda su camino [m].

18 Antes del quebrantamiento *es* la soberbia, y ántes de la caida la altivez de espíritu [n].

19 Mejor es humillar el espíritu con los humildes, que partir despojos con los soberbios.

20 El entendido en la palabra, hallará el bien: y el que confia en Jehová, él *es* bienaventurado [o].

21 El sabio de corazon es llamado entendido: y la dulzura de labios aumentará la doctrina.

22 Manadero de vida [p] *es* el entendimiento al que lo posee: mas la erudicion de los necios *es* necedad.

23 El corazon del sabio hace prudente su boca; y con sus labios aumenta la doctrina.

24 Panal de miel *son* los dichos suaves; suavidad al alma, y medicina á los huesos.

25 Hay camino que parece derecho al hombre; mas su salida *son* caminos de muerte [q].

26 El alma del que trabaja, trabaja para sí; porque su boca le constriñe [r].

27 El hombre perverso cava *en busca del* mal; y en sus labios *hay* como llama de fuego.

28 El hombre perverso levanta contienda [s]; y el chismoso aparta los mejores amigos [t].

29 El hombre malo lisonjea á su prójimo, y le hace andar por el camino no bueno:

30 Cierra sus ojos para pensar perversidades; mueve sus labios, efectua el mal.

31 Corona de honra *es* la vejez [u] *que* se hallará en el camino de justicia.

32 Mejor es el que tarde se aira que el fuerte; y *mejor* el que se enseñorea de su espíritu que el que toma una ciudad.

33 La suerte se echa en el seno [x]; mas de Jehová *pende* todo el juicio de ella.

CAPITULO XVII.

MEJOR es un bocado de pan seco, y en paz, que la casa de contienda llena de víctimas [a].

2 El siervo prudente se enseñoreará del hijo que deshonra; y entre los hermanos partirá la herencia.

3 El crisol para la plata, y la hornaza para el oro; mas Jehová prueba los corazones [b].

4 El malo está atento al labio inicuo; y el mentiroso escucha á la lengua detractora.

5 El que escarnece al pobre, afrenta á su Hacedor [c]: y el que se alegra en la calamidad *agena* no quedará sin castigo [d].

6 Corona de los viejos *son* los hijos de los hijos [e]; y la honra de los hijos, sus padres.

[h] Lev. 19. 36.
[i] Cap. 25. 5. y 29. 14.
[k] Cap. 19. 12.
[l] Cap. 8. 11, 19.
[m] Cap. 10. 9.
[n] Cap. 11. 2. Est. 6. 6, etc. Dan. 4. 30.
[o] Sal. 2. 12. Jer. 17. 7.
[p] Cap. 13. 14. y 14. 27.
[q] Cap. 14. 12.
[r] Ec. 6. 7.
[s] Cap. 6. 14.
[t] Cap. 17. 9.
[u] Cap. 20. 29.
[x] Jon. 1. 7.
[a] Cap. 15. 17.
[b] 1 Cr. 29. 9. Jer. 17. 10.
[c] Cap. 14. 31.
[d] Job 31. 29. Ab. 11. 14.
[e] Sal. 127. 3.

7 No conviene al necio la altilocuencia: ¿cuanto menos al príncipe el labio mentiroso?

8 Piedra preciosa *es* el cohecho en ojos de sus dueños; á donde quiera que se vuelve, da prosperidad.

9 El que cubre la prevaricacion, busca amistad; mas el que reitera la palabra, aparta al amigo.

10 Aprovecha la reprension en el entendido, mas que si cien veces hiriese en el necio.

11 El rebelde no busca sino mal; y mensajero cruel será contra él enviado.

12 Mejor *es* se encuentre un hombre con una osa, á quien hayan robado sus cachorros, que con un fatuo *confiado* en su necedad.

13 El que dá mal por bien, no se apartará el mal de su casa[f].

f Sal. 35. 12, 13.

14 El que comienza la pendencia *es como* quien suelta las aguas: deja pues la porfía ántes que se enmarañe.

15 El que justifica al impío, y el que condena al justo, ambos á dos *son* abominacion á Jehová[g].

g Ex. 23. 7. Is. 5. 23, 24.

16 ¿De qué sirve el precio en la mano del necio para comprar sabiduría, no teniendo entendimiento?

17 En todo tiempo ama el amigo; y el hermano para la angustia es nacido.

18 El hombre falto de entendimiento toca la mano fiando á otro delante de su amigo.

19 La prevaricacion ama el que ama pleito: y el que alza su portada, quebrantamiento busca[h].

h Cap. 16. 18.

20 El perverso de corazon nunca hallará bien: y el que revuelve con su lengua, caerá en mal.

21 El que engendra al necio, para su tristeza *lo engendra*: y el padre del fatuo no se alegrará.

22 El corazon alegre produce buena disposicion; mas el espíritu triste seca los huesos[i].

i Cap. 15. 13.

23 El impío toma dádiva del seno, para pervertir las sendas del derecho.

24 En el rostro del entendido *parece* la sabiduría[k]; mas los ojos del necio *vagan* hasta el cabo de la tierra[l].

k Ec. 2. 14. l Cap. 14. 6.

25 El hijo necio es enojo á su padre, y amargura á la que lo engendró[m].

m Cap. 15. 20. y 19. 13.

26 Ciertamente no *es* bueno condenar al justo, ni herir á los príncipes que hacen lo recto.

27 Detiene sus dichos el que tiene sabiduría: de prudente espíritu *es* el hombre entendido.

28 Aun el necio cuando calla[n], es contado por sabio: el que cierra sus labios *es* entendido.

n Job 13. 5.

CAPITULO XVIII.

SEGUN *su* antojo busca el que se desvia, *y* se entremete en todo negocio.

2 No toma placer el necio en la inteligencia, sinó en lo que su corazon se descubre.

3 Cuando viene el impío, viene tambien el menosprecio, y con el deshonrador la afrenta.

4 Aguas profundas *son* las palabras de la boca del hombre[a]; y arroyo revertiente la fuente de la sabiduría[b].

a Cap. 20. 5. b Cap. 10. 11.

5 Tener respeto á la persona del impío, para hacer caer al justo de *su* derecho, no *es* bueno[c].

c Lev. 19. 15. Deu. 16. 19.

6 Los labios del necio vienen con pleito, y su boca á cuestiones llama.

7 La boca del necio *es* quebrantamiento para sí, y sus labios *son* lazos para su alma[d].

d Cap. 12. 13. Ec. 10. 12.

8 Las palabras del chismoso parecen blandas, y descienden hasta lo íntimo del vientre.

9 Tambien el que es negligente en su obra es hermano del hombre disipador.

10 Torre fuerte *es* el nombre de Jehová[e]: á él correrá el justo, y será levantado.

e Sal. 18. 2. y 91. 2.

11 Las riquezas del rico *son* la ciudad de su fortaleza[f], y como un muro alto, en su imaginacion.

f Cap. 10. 15.

12 Antes del quebrantamiento se eleva el corazon del hombre[g]; y ántes de la honra *es* el abatimiento[h].

g Cap. 16. 18. h Cap. 15. 33. Luc. 14. 11.

13 El que responde palabra ántes de oir, le *es* fatuidad y oprobio.

14 El ánimo del hombre sopagará su enfermedad: mas ¿quién soportará[i] al ánimo angustiado?

i Cap. 17. 22.

15 El corazon del entendido adquiere sabiduría; y el oido de los sabios busca la ciencia.

16 El presente del hombre le ensancha *el camino*, y le lleva delante de los grandes[k].

k Cap. 17. 18.

17 El primero en su propia causa *parece* justo; y su adversario viene, y le sondea.

18 La suerte pone fin á los pleitos, y desparte los fuertes.

19 El hermano ofendido *es mas tenaz* que una ciudad fuerte[l]; y las contiendas *de los hermanos son* como cerrojos de alcazar.

l Gen. 27. 41.

20 Del fruto de la boca del hombre se hartará su vientre; hartaráse del producto de sus labios[m].

m Cap. 12. 2.

21 La muerte y la vida *están* en poder de la lengua[n]; y el que la ama, comerá de sus frutos.

n Mat. 12. 37.

22 El que halló *buena* mujer, halló el bien, y alcanzó la benevolencia de Jehová.

23 El pobre habla con ruegos; mas el rico responde durezas.

24 El hombre *que tiene* amigos, ha de mostrarse amigo; y amigo hay mas conjunto que el hermano.

CAPITULO XIX.

MEJOR es el pobre que camina en su sencillez, que el de perversos labios, y fatuo[a].

a Cap. 28. 6.

2 El alma sin ciencia no *es* buena; y el presuroso de pies peca.

3 La insensatez del hombre tuerce su camino; y contra Jehová se aira su corazon[b].

b Lam. 3. 39.

4 Las riquezas allegan muchos amigos; mas el pobre de su amigo es apartado[c].

c Cap. 14. 20.

5 El testigo falso no quedará sin castigo; y el que habla mentiras, no escapará[d].

d Deu. 19. 18, 19. Cap. 21. 28.

6 Muchos rogarán al príncipe: mas cada uno *es* amigo del hombre que dá.

7 Todos los hermanos del pobre le aborrecen[e]; ¿cuanto mas sus amigos se alejarán de él? Buscará la palabra, y no la hallará.

e Cap. 14. 20.

8 El que posee entendimiento, ama su alma: el que guarda la inteligencia, hallará el bien.

9 El testigo falso no quedará sin castigo; y el que habla mentiras, perecerá.

10 No conviene al necio el deleite; ¿cuanto menos al siervo ser señor de los príncipes[f]?

f Cap. 30. 22.

11 La cordura del hombre detiene su furor[g]: y su honra *es* disimular la ofensa.

g Cap. 16. 32.

12 Como el bramido del cachorro del leon *es* la ira del rey[h]; y su favor como el rocío sobre la yerba.

h Cap. 16. 14, 15. y 20. 2.

13 Dolor *es* para su padre el hijo necio; y gotera continua las contiendas de la mujer[i].

i Cap. 27. 15.

14 La casa y las riquezas herencia *son*

de los padres; mas de Jehová la mujer prudente[k].

15 La pereza hace caer sueño[l]; y el alma negligente hambreará[m].

16 El que guarda el mandamiento, guarda su alma; mas el que menospreciare sus caminos, morirá.

17 A Jehová empresta el que dá al pobre; y él le dará su paga[n].

18 Castiga á tu hijo en tanto que hay esperanza[o]; mas no se excite tu alma para destruirlo.

19 El de grande ira, llevará la pena; y si usa de violencias, añadirá *nuevos males*.

20 Escucha el consejo, y recibe la correccion, para que seas sabio en tu vejez[p].

21 Muchos pensamientos *hay* en el corazon del hombre; mas el consejo de Jehová permanecerá[q].

22 Contentamiento *es* á los hombres hacer misericordia: pero mejor es el pobre que el mentiroso.

23 El temor de Jehová *es* para vida[r]: y *con él* vivirá *el hombre* lleno de reposo; no será visitado de mal.

24 El perezoso esconde su mano en el seno; aun á su boca no la llevará[s].

25 Hiere al escarnecedor, y el simple se hará avisado: y corrigiendo al entendido, entenderá ciencia[t].

26 El que roba á su padre, y ahuyenta á su madre, hijo *es* avergonzador, y deshonrador.

27 Cesa, hijo mio, de *oir* el enseñamiento *que induce* á divagar de las razones de sabiduría.

28 El testigo perverso se burlará del juicio: y la boca de los impíos encubrirá la iniquidad[u].

29 Aparejados están juicios para los escarnecedores, y azotes para los cuerpos de los insensatos.

CAPITULO XX.

EL vino *hace* escarnecedor; la cerveza, alborotador[a]: y cualquiera que por ello errare, no será sabio.

2 Como bramido de cachorro de leon[b] *es* el terror del rey: el que lo hace enfurecerse, peca *contra* su alma.

3 Honra *es* del hombre dejarse de contienda[c]: mas todo insensato se envolverá *en ella*.

4 El perezoso no ara á causa del invierno: pedirá *pues* en la siega, y no *hallará*[d].

5 *Como* aguas profundas *es* el consejo en el corazon[e] del hombre; mas el hombre entendido lo alcanzará.

6 Muchos hombres publican cada uno su liberalidad[f]: mas hombre de verdad ¿quién lo hallará?

7 El justo que camina en su integridad, bienaventurados *serán* sus hijos despues de él.

8 El rey que se sienta en el trono de juicio, con su mirar disipa todo mal[g].

9 ¿Quién podrá decir: Yo he limpiado mi corazon, limpio estoy de mi pecado[h]?

10 Doble pesa y doble medida abominacion *son* á Jehová ambas cosas[i].

11 Aun el muchacho es conocido por sus hechos, si su obra *será* limpia y recta.

12 El oido que oye, y el ojo que ve, ambas cosas ha igualmente hecho Jehová[k].

13 No ames el sueño, porque no te empobrezcas[l]: abre tus ojos, *y* te hartarás de pan.

14 El que compra dice: Malo es, malo es: mas en apartandose se alaba.

15 Hay oro, y multitud de piedras preciosas; mas los labios sabios *son* vaso precioso.

[k] Cap. 18. 22. y 31. 10.
[l] Cap. 20. 13.
[m] 2 Ts. 3. 10.
[n] Mat. 10. 42. 2 Cor. 9. 6, 9.
[o] Cap. 13. 24. y 23. 13, 14.
[p] Deu. 32. 29.
[q] Cap. 21. 30. y 24. 13. Sal. 33. 10, 11. Is. 14. 27. y 46. 10. Hech. 5. 39.
[r] 1 Ti. 4. 8.
[s] Cap. 26. 15.
[t] Cap. 21. 11.
[u] Job 15. 16. Os. 4. 8.
[a] Is. 28. 7. Os. 4. 11.
[b] Cap. 19. 12.
[c] Cap. 16. 32.
[d] Cap. 10. 15.
[e] Cap. 18. 4.
[f] Mat. 6. 2.
[g] 2 Sa. 23. 4.
[h] 2 Cr. 6. 36. Ec. 7. 20. 1 Juan 1. 8.
[i] Deu. 25. 14, 16.
[k] Sal. 94. 9.
[l] Cap. 6. 9. y 19. 15.

16 Quítale su ropa, porque salió por fiador del extraño; y tómale prenda por la extraña.

17 Sabroso *es* al hombre el pan de mentira[m]; mas despues su boca será llena de cascajo.

18 Los pensamientos con el consejo se ordenan: y con industria se hace la guerra[n].

19 El que descubre el secreto, en chismes anda[o]: no te entremetas, pues, con el que lisonjea con sus labios.

20 El que maldice á su padre ó á su madre, su lámpara será apagada[p] en obscuridad tenebrosa.

21 La herencia adquirida de priesa al principio, su postrimería no será bendita[q].

22 No digas: Yo me vengaré[r]: espera á Jehová, y él te salvará.

23 Abominacion *son* á Jehová las pesas dobles; y el peso falso no *es* bueno[s].

24 De Jehová *son* los pasos del hombre: ¿como pues entenderá el hombre su camino[t]?

25 Lazo es al hombre el devorar lo santo, y andar pesquisando despues de los votos.

26 El rey sabio esparce los impíos, y sobre ellos hace tornar la rueda[u].

27 Candela de Jehová *es* el alma del hombre, que escudriña lo secreto del vientre.

28 Misericordia y verdad guardan al rey; y con clemencia sustenta su trono.

29 La gloria de los jóvenes es su fortaleza: y la hermosura de los viejos *su* vejez[x].

30 Las señales de las heridas *son* medicina en el malo; y las plagas en lo secreto del vientre.

CAPITULO XXI.

COMO los repartimientos de las aguas *así está* el corazon del rey en la mano de Jehová: á todo lo que quiere lo inclina[a].

2 Todo camino del hombre *es* recto en su opinion: mas Jehová pesa los corazones[b].

3 Hacer justicia y juicio *es* á Jehová mas agradable que sacrificio[c].

4 Altivez de ojos, y orgullo del corazon, reflejo de los impíos, *son* pecado.

5 Los pensamientos del solícito ciertamente *van* á abundancia; mas todo presuroso indefectiblemente á pobreza[d].

6 Allegar tesoros con lengua de mentira[e] *es* vanidad desatentada de aquellos que buscan la muerte.

7 La rapiña de los impíos los destruirá; por cuanto no quisieron hacer juicio.

8 El camino del hombre *es* torcido y extraño: mas la obra del limpio *es* recta.

9 Mejor es vivir en un rincon de zaquizamí, que con la mujer rencillosa en espaciosa casa[f].

10 El alma del impío desea mal: su prójimo no le parece bien.

11 Cuando el escarnecedor es castigado, el simple se hace sabio: y cuando se amonestare al sabio, aprenderá *mas* ciencia.

12 Considera el justo la casa del impío: *que* los impíos son trastornados por el mal.

13 El que cierra su oido al clamor del pobre, tambien él clamará, y no será oido[g].

14 El presente en secreto amansa el furor, y el don en el seno *aplaca* la fuerte ira.

15 Alegría *es* al justo hacer juicio:

[m] Cap. 9. 17.
[n] Cap. 24. 6. Luc. 14. 31.
[o] Cap. 11. 13.
[p] Ex. 21. 17.
[q] Cap. 28. 22.
[r] Cap. 24. 29.
[s] ver. 10.
[t] Jer. 10. 23.
[u] Cap. 20. 8.
[x] Cap. 16. 31.
[a] Esd. 1. 1.
[b] Cap. 16. 2.
[c] 1 Sa. 15. 22. Os. 6. 6.
[d] Cap. 10. 4.
[e] 2 Ped. 2. 3.
[f] Cap. 21. 19. y 25. 24.
[g] Sant°. 2. 13.

mas quebrantamiento á los que hacen iniquidad.

16 El hombre que se extravia del camino de la sabiduría, vendrá á parar en la compañía de los muertos [h].

17 Hombre necesitado será el que ama el deleite: y el que ama el vino y ungüentos no enriquecerá.

18 El rescate del justo *será* el impío; y por los rectos *será castigado* el prevaricador [i].

19 Mejor *es* morar en tierra del desierto, que con la mujer rencillosa é iracunda [k].

20 Tesoro codiciable y pingüe *hay* en la casa del sabio; mas el hombre insensato lo disipará.

21 El que sigue la justicia y la misericordia, hallará la vida, la justicia, y la honra [l].

22 La ciudad de los fuertes tomó el sabio, y derribó la fuerza en que ella confiaba [m].

23 El que guarda su boca y su lengua, su alma guarda de angustias [n].

24 Soberbio, *y* presuntuoso escarnecedor *es* el nombre del que obra con orgullosa saña.

25 El deseo del perezoso le mata; porque sus manos no quieren trabajar [o].

26 Todo el dia anhela: mas el justo dá, y no desperdicia *el tiempo*.

27 El sacrificio de los impíos *es* abominacion [p]: ¿cuanto mas ofreciendolo con maldad?

28 El testigo mentiroso perecerá [q]: mas el hombre que oye, permanecerá en su dicho.

29 El hombre impío afirma su rostro: mas el recto ordena sus caminos.

30 No *hay* sabiduría, ni inteligencia, ni consejo contra Jehová [r].

31 El caballo se apareja para el dia de la batalla: mas de Jehová *es* el salvar.

CAPITULO XXII.

DE mas estima es la buena fama que las muchas riquezas [a]; y la buena gracia mas que la plata y el oro.

2 El rico y el pobre se encontraron: á todos ellos hizo Jehová [b].

3 El avisado ve el mal, y escóndese: mas los simples pasan, y reciben el daño [c].

4 Riquezas, y honra, y vida, *son* la remuneracion de la humildad *y* del temor de Jehová.

5 Espinas y lazos *hay* en el camino del perverso [d]: el que guarda su alma se alejará de ellos.

6 Instruye al niño en su carrera [e]: aun cuando fuere viejo no se apartará de ella.

7 El rico se enseñoreará de los pobres: y el que toma prestado, siervo *es* del que empresta.

8 El que sembrare iniquidad, iniquidad segará [f]; y consumiráse la vara de su ira.

9 El ojo misericordioso será bendito; porque dió de su pan al indigente [g].

10 Echa fuera al escarnecedor, y saldrá la contienda; y cesará el pleito, y la afrenta.

11 El que ama la limpieza de corazon, por la gracia de sus labios su amigo *será* el rey [h].

12 Los ojos de Jehová miran por la ciencia; mas él trastorna las cosas de los prevaricadores.

13 Dice el perezoso: El leon está fuera; en mitad de las calles seré muerto.

14 Sima profunda *es* la boca de las *mujeres* extrañas [i]: aquel contra el cual estuviere Jehová airado, caerá en ella [k].

Cap. 2. 18. | ...ap. 11. 8. | ...s. 42. 3, 4. | ...er. 9. | ...la. 2. 7. | Ec. 9. 14, ... | ...ap. 13. 3. | ...ap. 13. 4. | ...ap. 15. 8. | ...1. 11, 16. | ...ap. 19. 5, 9. | ...ech. 5. 39. | ...a. 7. 1. | ...p. 29. 13. | ...p. 27. 12. | ...b 18. 8. | ... 6. 4. | ...b 4. 8. | ... 10. 13. | ...Cor. 9. 6. | ...p. 16. 13. | ...p. 2. 16. ... 3. ... 5. ...3. 27. ... 7. 26.

15 La necedad *está* ligada en el corazon del muchacho: mas la vara de la correccion la hará alejar de él [l].

16 El que oprime al pobre para aumentarse él, y que dá al rico, ciertamente *será* pobre.

17 Inclina tu oido, y oye las palabras de los sabios, y pon tu corazon á mi sabiduría:

18 Porque *es* cosa deleitable, si las guardares en tus entrañas, *y que* juntamente sean ordenadas en tus labios.

19 Para que tu confianza sea en Jehová, te *las* he hecho saber hoy á tí tambien.

20 ¿No te he escrito tres veces en consejos y ciencia [m],

21 Para hacerte saber la certidumbre de las razones verdaderas, para que puedas responder razones de verdad á los que á tí enviaren?

22 No robes al pobre, porque es pobre; ni quebrantes en la puerta al afligido:

23 Porque Jehová juzgará la causa de ellos, y despojará el alma de aquellos que los despojaren [n].

24 No te entremetas con el iracundo, ni te acompañes con el hombre enojoso:

25 Porque no aprendas sus maneras, y tomes lazo para tu alma.

26 No estés entre los que tocan la mano, entre los que fian por deudas [o].

27 Si no tuvieres para pagar, ¿por qué han de quitar tu cama de debajo de tí?

28 No traspases el término antiguo que pusieron tus padres [p].

29 ¿Has visto hombre solícito en su obra? delante de los reyes estará; no estará delante de los de baja suerte.

CAPITULO XXIII.

CUANDO te sentares á comer con *algun* señor, considera bien lo que *estuviere* delante de tí:

2 Y pon cuchillo á tu garganta, si tienes grande apetito.

3 No codicies sus manjares delicados, porque es pan engañoso.

4 No trabajes por ser rico; pon coto á tu prudencia.

5 ¿Has de poner tus ojos en las riquezas, siendo ningunas? porque hacerse han alas, como alas de águila, y volarán al cielo.

6 No comas pan de *hombre de* mal ojo, ni codicies sus manjares:

7 Porque cual es su pensamiento en su alma, tal es él. Come y bebe, te dirá; mas su corazon no *está* contigo.

8 Vomitarás la parte que tú comiste, y perderás tus suaves palabras.

9 No hables á oidos del necio; porque menospreciará la prudencia de tus razones.

10 No traspases el término antiguo [a], ni entres en la heredad de los huérfanos:

11 Porque el defensor de ellos *es* el Fuerte; el cual juzgará la causa de ellos contra tí [b].

12 Aplica tu corazon á la enseñanza, y tus oidos á las palabras de sabiduría.

13 No rehuses la correccion del muchacho [c]: porque *si* lo hirieres con vara, no morirá.

14 Tú lo herirás con vara, y librarás su alma del infierno.

15 Hijo mio, si tu corazon fuere sabio, tambien á mí se me alegrará el corazon.

16 Mis entrañas tambien se alegrarán, cuando tus labios hablaren cosas rectas.

17 No tenga tu corazon envidia de los pecadores [d]: ántes *persevera* en el temor de Jehová todo tiempo.

18 Porque ciertamente hay fin; y tu esperanza no será cortada [e].

[l] Cap. 13. 24. y 23. 14. y 29. 15, 17. | [m] Cap. 8. 6. | [n] Mal. 3. 5. | [o] Cap. 6. 1. | [p] Cap. 23. 10. Deu. 19. 14. | [a] Cap. 22. 28. | [b] Cap. 22. 23. | [c] Cap. 22. 15. | [d] Sal. 37. 1, 3. y 73. 3, 17. | [e] Cap. 24. 14.

19 Oye tú, hijo mio, y sé sabio, y en-
dereza tu corazon al camino.
20 No estés con los bebedores de vino,
f Luc. 21. 34. Ro. 13. 13.
ni con los comedores de carne *f*;
21 Porque el bebedor y el comilon em-
pobrecerán: y el sueño hará vestir ves-
tidos rotos.
22 Oye á tu padre, á aquel que te en-
g Cap. 30. 17. Ef. 6. 1, 2.
gendró *g*; y cuando tu madre envejeci-
ere, no la menosprecies.
h Cap. 4. 5, 7.
23 Compra la verdad, y no la vendas *h*;
la sabiduría, el enseñamiento, y la in-
teligencia.
24 Mucho se alegrará el padre del
justo: y el que engendró sabio, se go-
i Cap. 10. 1. y 15. 20.
zará con él *i*.
25 Alégrese tu padre y tu madre, y
gócese la que te engendró.
26 Dáme, hijo mio, tu corazon, y mi-
ren tus ojos por mis caminos.
27 Porque sima profunda *es* la ramera,
k Cap. 22. 14.
y pozo angosto la extraña *k*.
28 Tambien ella, como robador, ase-
l Cap. 7. 12.
cha *l*, y multiplica entre los hombres los
prevaricadores.
m Is. 5. 11, 22.
29 ¿Para quién *será* el ay *m*? para
quién el ay? ¿para quién las rencillas?
para quién las quejas? para quién las
heridas en balde? para quién lo amora-
tado de los ojos?
30 Para los que se detienen mucho en
el vino, para los que van buscando la
mistura.
31 No mires al vino cuando rojea, cu-
ando resplandece su color en el vaso:
n Can. 7. 9.
éntrase suavemente *n*;
32 *Mas* al fin como serpiente morderá,
y como basilisco dará dolor.
33 Tus ojos mirarán las extrañas, y tu
corazon hablará perversidades.
34 Y serás como el que yace en medio
de la mar, ó como el que está en la
punta de un mastelero.
35 *Y dirás:* Hiriéronme, mas no me
dolió: azotáronme, *mas* no lo sentí:
cuando despertáre, aun lo tornaré á
o Is. 56. 12.
buscar *o*.

CAPITULO XXIV.

NO tengas envidia de los hombres
a ver. 19. Cap. 23. 17.
malos *a*, ni desees estar con ellos:
2 Porque su corazon piensa en robar, é
b Sal. 10. 7.
iniquidad hablan sus labios *b*.
3 Con sabiduría se edificará la casa, y
con prudencia se afirmará:
4 Y con ciencia se henchirán las cáma-
ras de todo bien preciado y agradable.
5 El hombre sabio *es* fuerte; y de pu-
c Cap. 21. 22. Ec. 9. 16.
jante vigor el hombre docto *c*.
d Cap. 20. 18.
6 Porque con ingenio harás la guerra *d*:
y la salud *está* en la multitud de con-
e Cap. 11. 14. y 15. 22.
sejeros *e*.
7 Alta está para el insensato la sabi-
f Sal. 10. 5.
duría *f*: en la puerta no abrirá él su
boca.
8 Al que piensa mal hacer le llamarán
hombre de malos pensamientos.
g Gen. 6. 5.
9 El pensamiento del necio *es* pecado *g*;
y abominacion á los hombres el escar-
necedor.
h Job 4. 5.
10 Si fueres flojo en el dia de trabajo *h*,
tu fuerza será reducida.
11 Si dejares de librar los que son to-
mados para la muerte, y los que son
i Sal. 82. 4. Is. 58. 6, 7.
llevados al degolladero *i*;
12 Si dijeres: Ciertamente no lo su-
pimos: ¿no lo entenderá el que pesa los
corazones? El que mira por tu alma,
él lo conocerá, y dará al hombre segun
k Jer. 32. 19.
sus obras *k*.
13 Come, hijo mio, de la miel, porque
es buena; y del panal dulce á tu paladar.
l Sal. 19. 10. y 119. 103.
14 Tal *será* el conocimiento de la sabi-
duría á tu alma, si *la* hallares *l*; y al fin
m Cap. 23. 18.
tu esperanza no será cortada *m*.
15 Oh impío, no aceches la tienda del
justo; no saquees su cámara:
16 Porque siete veces cae el justo, y se
torna á levantar *n*: mas los impíos cae- *n* Sal. 37. 24. Mic. 7. 8.
rán en el mal.
17 Cuando cayere tu enemigo, no te
huelgues; y cuando tropezare, no se
alegre tu corazon *o*: *o* Cap. 17. 5. Job 31. 29.
18 Porque Jehová no lo mire, y le
desagrade, y aparte de sobre él su enojo.
19 No te entremetas con los malignos,
ni tengas envidia de los impíos *p*: *p* ver. 1.
20 Porque para el malo no habrá *buen*
fin; y la candela de los impíos será apa-
gada *q*. *q* Cap. 13. 9. y 20. 20.
21 Teme á Jehová, hijo mio, y al
rey *r*: no te entremetas con los *veleido-* *r* 1 Ped. 2. 13, 17.
sos trastornadores.
22 Porque su quebrantamiento se le-
vantará de repente: y el quebrantami-
ento de ambos ¿quién lo comprenderá?
23 Tambien estas cosas *pertenecen* á los
sabios. Tener respeto á personas en el
juicio no *es* bueno *s*. *s* Cap. 18. 5. y 28. 21. Lev. 19. 15.
24 El que dijere al malo, Justo eres *t*,
los pueblos lo maldecirán, y le detesta- *t* Cap. 17. 15. Is. 5. 23.
rán las naciones:
25 Mas los que lo reprenden, serán
agradables, y sobre ellos vendrá bendi-
cion de bien.
26 Besados serán los labios del que res-
ponde palabras rectas.
27 Apresta tu obra de afuera, y dis-
ponla en tu heredad; y despues edifica-
rás tu casa.
28 No seas sin causa testigo contra tu
prójimo; y no lisonjees con tus labios.
29 No digas, Como me hizo, así le
haré; daré el pago al hombre segun su
obra *u*. *u* Cap. 20. 22. Mat. 5. 39, 44. Ro. 12. 17, 19.
30 Pasé junto á la heredad del hombre
perezoso, y junto á la viña del hombre
falto de entendimiento,
31 Y hé aquí que por toda ella habian
ya crecido espinas, hortigas habian ya
cubierto su haz, y su cerca de piedra
estaba ya destruida.
32 Y yo miré, y púselo en mi corazon:
vílo, y tomé consejo.
33 *Tomando* un poco de sueño, ca-
beceando otro poco, poniendo mano
sobre mano otro poco para *volver á*
dormir,
34 Vendrá como caminante tu nece-
sidad; y tu pobreza como hombre de
escudo *x*. *x* Cap. 6. 1[…] 11.

CAPITULO XXV.

TAMBIEN estos son proverbios de
Salomon, los cuales copiaron los va-
rones de Ezechías, rey de Judá.
2 Gloria de Dios *es* encubrir la pala-
bra *a*; y honra del rey *es* escudriñar la *a* Deu. 29.[…]
palabra *b*. *b* Job 29.[…]
3 Para la altura de los cielos, y para la
profundidad de la tierra, y para el cora-
zon de los reyes, no hay investigacion.
4 Quita las escorias de la plata, y
saldrá vaso al fundidor.
5 Aparta al impío de la presencia del
rey, y su trono se afirmará en justicia.
6 No te alabes delante del rey, ni estés
en el lugar de los grandes:
7 Porque mejor es que se te diga, Sube
acá, que no que seas humillado delante
del príncipe que miraron tus ojos *c*. *c* Luc. 14. 10.
8 No salgas á pleito presto *d*, no sea que
no sepas que hacer al fin, despues que *d* Cap. 17.[…]
tu prójimo te haya dejado confuso.
9 Trata tu causa con tu compañero,
y no descubras el secreto á otro:
10 No sea que te deshonre el que lo
oyere, y tu infamia no pueda repararse.
11 Manzana de oro con figuras de plata
es la palabra dicha como conviene.

12 *Como* zarcillo de oro, y joyel de oro fino[a], *es* el que reprende al sabio que tiene oido dócil.

[a] Cap. 1. 8, 9.

13 Como frio de nieve en tiempo de la siega, *así es* el mensajero fiel á los que lo envian: pues al alma de su señor dá refrigerio[f].

[f] Cap. 13. 17.

14 *Como cuando hay* nubes y vientos, y la lluvia no *viene*, *así es* el hombre que se jacta de vana liberalidad[g].

[g] Judas 12.

15 Con larga paciencia se aplaca el príncipe: y la lengua blanda quebranta los huesos[h].

[h] Cap. 15. 1.

16 ¿Hallaste la miel? come lo que te basta; no sea que te hartes de ella, y la reviesses.

17 Detén tu pié de la casa de tu vecino; porque harto de tí, no te aborrezca.

18 Martillo, y cuchillo, y saeta aguda[i] *es* el hombre que habla contra su prójimo falso testimonio.

[i] Sal. 57. 4.

19 Diente quebrado, y pié resbalador *es* la confianza en el prevaricador en tiempo de angustia.

20 El que canta canciones al corazon afligido *es como* el que quita la ropa en tiempo de frio, ó el que sobre jabon *echa* vinagre.

21 Si el que te aborrece tuviere hambre, dále de comer pan; y si tuviere sed, dále á beber agua[k]:

[k] Ex. 23. 4, 5. Mat. 5. 44. Ro. 12. 20.

22 Porque ascuas allegas sobre su cabeza, y Jehová te lo pagará.

23 El viento del Norte ahuyenta la lluvia, y el rostro airado la lengua detractora.

24 Mejor *es* estar en un rincon de casa, que con la mujer rencillosa en espaciosa casa[l].

[l] Cap. 21. 9, 19.

25 *Como* el agua fria al alma sedienta, así *son* las buenas nuevas de lejanas tierras.

26 *Como* fuente turbia, y manantial corrompido, *es* el justo que cae delante del impío.

27 Comer mucha miel no *es* bueno: ni el buscar uno su propia gloria *es* gloria *verdadera*.

28 *Como* ciudad derribada y sin muro *es* el hombre cuyo espíritu no tiene rienda.

CAPITULO XXVI.

COMO la nieve en el verano, y la lluvia en la siega, así conviene al necio la honra.

2 Como el gorrion andar vagante, y como la golondrina volar, así la maldicion sin causa nunca vendrá[a].

[a] ...a. 23. 8.

3 El látigo para el caballo, y el cabestro para el asno[b], y la vara para la espalda del necio[c].

[b] ...al. 32. 9. [c] ...ap. 10. 13.

4 Nunca respondas al necio en conformidad á su necedad, para que no seas tú tambien como él.

5 Responde al necio segun su necedad[d] *requiere*, porque no se estime sabio en su opinion.

[d] ...at. 21. 24.

6 El que *se* corta los piés, beberá el daño: así el que envia algo por mano de un necio.

7 Alzad las piernas del cojo: así *es* el proverbio en la boca del necio.

8 Como quien liga la piedra en la honda, así *hace* el que al necio dá honra.

9 Espinas hincadas en mano del embriagado; tal es el proverbio en la boca de los necios.

10 El Grande cria todas las cosas: así dá la paga al insensato, como la dá á los transgresores.

11 Como[e] perro que vuelve á su vómito, *así* el necio que repite su necedad.

[e] ...d. 2. 22.

12 ¿Has visto hombre sabio en su opinion? mas esperanza hay del necio que de él[f].

[f] Cap. 29. 20.

13 Dice el perezoso: El leon *está* en el camino; el leon *está* en las calles.

14 Las puertas se revuelven en sus quicios; así el perezoso en su cama.

15 Esconde el perezoso su mano en el seno; cánsase de tornarla á su boca[g].

[g] Cap. 19. 24.

16 A su ver *es* el perezoso mas sabio que siete que *le* den consejo.

17 El que pasando se deja llevar de la ira en pleito ageno, *es como* el que toma al perro por las orejas.

18 Como el que enloquece, y echa llamas, y saetas, y muerte,

19 Tal es el hombre que daña á su amigo, y dice: Ciertamente me chanceaba.

20 Sin leña se apagará el fuego: y donde no *hubiere* chismoso cesará la contienda[h].

[h] Cap. 22. 10.

21 El carbon para brasas, y la leña para el fuego: y el hombre rencilloso para encender contienda[i].

[i] Cap. 15. 18. y 29. 22.

22 Las palabras del chismoso parecen blandas: mas ellas entran hasta lo secreto del vientre[k].

[k] Cap. 18. 8.

23 *Como* escoria de plata echada sobre tiesto *son* los labios enardecidos, y el corazon malo.

24 Otro parece en los labios el que aborrece: mas en su interior pone engaño[l].

[l] Sal. 28. 3.

25 Cuando hablare amigablemente, no le creas: porque siete abominaciones *hay* en su corazon.

26 Encúbrese el odio con disimulo; mas su malicia será descubierta en la congregacion.

27 El que caváre sima, caerá en ella[m]: y el que revuelve la piedra, á él volverá.

[m] Sal. 7. 15, 16. Ec. 10. 8.

28 La falsa lengua atormenta al que aborrece; y la boca lisonjera hace resbaladero.

CAPITULO XXVII.

NO te jactes del dia de mañana[a]; porque no sabes qué dará de sí el dia.

[a] Luc. 12. 19. Sant°. 4. 13, 16.

2 Alábete el extraño, y no tu boca; el ageno, y no tus labios.

3 Pesada es la piedra, y la arena pesa: mas la ira del necio es mas pesada que ambas cosas.

4 Cruel *es* la ira, é impetuoso el furor: mas ¿quién parará delante de la envidia[b]?

[b] Ca. 8. 6.

5 Mejor *es* la reprension manifiesta[c] que el amor oculto.

[c] Cap. 28. 23.

6 Fieles *son* las heridas del que ama[d]; pero importunos los besos del que aborrece.

[d] Sal. 141. 5.

7 El alma harta huella el panal de miel; mas al alma hambrienta todo lo amargo *es* dulce.

8 Cual ave que se vá de su nido, tal *es* el hombre que se vá de su lugar.

9 El ungüento y el perfume alegran el corazon: y el amigo al hombre con el cordial consejo.

10 No dejes á tu amigo, ni al amigo de tu padre; ni entres en casa de tu hermano el dia de tu afliccion: mejor *es* el vecino cerca que el hermano lejano[e].

[e] Cap. 18. 24.

11 Sé sabio, hijo mio, y alegra mi corazon; y tendré qué responder al que me deshonráre.

12 El avisado ve el mal, y escóndese; mas los simples pasan, y llevan el daño[f].

[f] Cap. 22. 3.

13 Quítale su ropa, porque fió al extraño; y por la extraña tómale prenda[g].

[g] Cap. 20. 16.

14 El que bendice á su amigo en alta voz, madrugando de mañana, por maldicion se le contará[h].

[h] Cap. 26. 24.

15 Gotera continua en tiempo de llu-

i Cap. 19. 13. via, y la mujer rencillosa, son semejantes i.

16 El que la contiene, muestra *querer* arrestar el viento, ó el aceite *derramado* en su mano derecha.

17 Hierro con hierro se aguza: y el hombre aguza el rostro de su amigo.

k 1 Cor. 9. 7, 13. 18 El que guarda la higuera, come su fruto k: y el que guarda á su señor, será honrado.

19 Como un agua se parece á otra, así el corazon del hombre al otro.

l Cap. 30. 16. Hab. 2. 5. m Ec. 1. 8. 20 El sepulcro y la perdicion nunca se hartan l: así los ojos del hombre nunca estan satisfechos m.

21 El crisol *prueba* la plata, y la hornaza el oro; y al hombre la boca del que lo alaba.

n Jer. 5. 3. 22 Aunque majes al necio en un mortero entre granos de trijo á pison majados, no se quitará de él su necedad n.

23 Considera atentamente el aspecto de tus ovejas; pon tu corazon á tus rebaños.

o Sant. 1. 10, 11. 24 Porque las riquezas no *son* para siempre o: ¿y *será* la corona para perpetuas generaciones?

25 Saldrá la grama, aparecerá la yerba, y segaránse las yerbas de los montes.

26 Los corderos para tus vestidos, y los cabritos para el precio del campo.

27 Y abundancia de leche de las cabras para tu mantenimiento, y para mantenimiento de tu casa, y para sustento de tus criadas.

CAPITULO XXVIII.

a Lev. 26. 17, 36. Sal. 53. 5. HUYE el impío sin que nadie lo persiga a: mas el justo está confiado como un leoncillo.

2 Por la rebelion de la tierra sus príncipes *son* muchos: mas por el hombre entendido y sabio permanecerá sin mutacion.

3 El hombre pobre, y robador de los pobres, *es* lluvia de avenida y sin pan.

b Sal. 10. 3. Ro. 1. 31. c Ef. 5. 11. 4 Los que dejan la ley, alaban á los impíos b: mas los que la guardan, contenderán con ellos c.

d Juan 7. 17. 1 Cor. 2. 15. 1 Juan 2. 20, 27. 5 Los hombres malos no entienden el juicio: mas los que buscan á Jehová, entienden todas las cosas d.

e Cap. 19. 1. 6 Mejor *es* el pobre que camina en su integridad, que el de perversos caminos, y rico e.

7 El que guarda la ley, *es* hijo prudente: mas el compañero de glotones avergüenza á su padre.

8 El que aumenta sus riquezas con usura y crecido interes, para que se dé á los pobres lo allega.

f Cap. 15. 8. Sal. 66. 18. y 109. 7. 9 El que aparta su oido para no oir la ley, su oracion tambien *será* abominable f.

g Cap. 26. 27. 10 El que hace errar á los rectos por el mal camino, él caerá en su misma sima g: mas los perfectos heredarán el bien.

11 El hombre rico *es* sabio en su opinion: mas el pobre entendido lo examinará.

h Cap. 11. 10. y 29. 2. 12 Cuando los justos se alegran, grande *es* la gloria h: mas cuando los impíos son levantados, es buscado el hombre.

i Sal. 32. 3, 5. 1 Juan 1. 8, 10. 13 El que encubre sus pecados no prosperará: mas el que *los* confiesa y se aparta, alcanzará misericordia i.

k Ro. 2. 5. 14 Bienaventurado el hombre que siempre está temeroso: mas el que endurece su corazon, caerá en mal k.

15 Leon rugiente, y oso hambriento *es* el príncipe impío sobre el pueblo pobre.

16 El príncipe falto de entendimiento multiplicará los agravios: mas el que aborrece la avaricia, prolongará *sus* días.

17 El hombre que hace violencia con sangre de persona, huirá hasta el sepulcro, y nadie le sostendrá.

18 El que en integridad camina, será salvo l: mas el de perversos caminos caerá en alguno. l Sal. 84. 11.

19 El que labra su tierra se hartará de pan; mas el que sigue los ociosos, se hartará de pobreza m. m Cap. 12. 11.

20 El hombre de verdad tendrá muchas bendiciones: mas el que se apresura á enriquecer, no será sin culpa n. n Cap. 20. 21.

21 Tener respeto á personas *en el juicio*, no *es* bueno o: aun por un bocado de pan prevaricará el *tal* hombre. o Cap. 24. 23.

22 Apresúrase á ser rico el hombre de mal ojo p, y no conoce que le ha de venir pobreza. p 1 Ti. 6. 9.

23 El que reprende al hombre, hallará despues mayor gracia que el que lisonjea con la lengua q. q Cap. 27. 6.

24 El que roba á su padre ó á su madre, y dice *que* no es maldad, compañero es del hombre destruidor.

25 El altivo de ánimo suscita contiendas r: mas el que en Jehová confía, medrará. r Cap. 13. 10.

26 El que confía en su corazon *es* necio: mas el que camina en sabiduría, será salvo.

27 El que da al pobre, no tendrá pobreza s: mas el que *del pobre* aparta sus ojos, tendrá muchas maldiciones. s Cap. 19. 17. y 22. 9. Deu. 15. 7, 10.

28 Cuando los impíos son levantados, esconderáse el hombre *cuerdo*: mas cuando perecen, los justos se multiplican t. t ver. 12. Job 27. 8.

CAPITULO XXIX.

EL hombre que reprendido endurece la cerviz, de repente será quebrantado; ni habrá *para él* medicina a. a 1 Sa. 2. 25.

2 Cuando los justos dominan, el pueblo se alegra b: mas cuando domina el impío, el pueblo gime c. b Cap. 28. 12, 28. Est. 8. 15. c Est. 3. 15.

3 El hombre que ama la sabiduría, alegra á su padre d: mas el que mantiene rameras, perderá la hacienda e. d Cap. 10. 1. e Luc. 15. 13, 30.

4 El rey con el juicio afirma la tierra: mas el hombre *amigo* de presentes la destruirá.

5 El hombre que lisonjea á su prójimo, red tiende delante de sus pasos.

6 En la prevaricacion del hombre malo *hay* lazo f: mas el justo cantará y se alegrará. f Job 18. 8, 10.

7 Conoce el justo la causa de los pobres g: *mas* el impío no entiende sabiduría. g Job 29. 16.

8 Los hombres escarnecedores enlazan la ciudad: mas los sabios apartan la ira h. h Cap. 11. 11. Ez. 22. 30.

9 Si el hombre sabio contendiere con el necio, que se enoje ó que se ria, no tendrá reposo.

10 Los hombres sanguinarios aborrecen al perfecto; mas los rectos buscan su contentamiento.

11 El necio da suelta á todo su espíritu i: mas el sabio al fin le sosiega. i Cap. 12. 16.

12 Del señor que escucha la palabra mentirosa todos sus ministros *son* impíos.

13 El pobre y el usurero se encontraron: Jehová alumbra los ojos de ambos k. k Cap. 22. 2.

14 El rey que juzga con verdad á los pobres, su trono será firme para siempre l. l Cap. 20. 28.

15 La vara y la correccion dan sabiduría m: mas el muchacho consentido avergonzará á su madre. m Cap. 13. 24. y 19. 18. y 22. 15. y 23. 13.

16 Cuando los impíos son muchos, mucha *es* la prevaricacion: mas los justos verán la ruina de ellos n. n Sal. 37. 36. y 58. 10. y 91. 8.

17 Corrige á tu hijo, y te dará descanso; y dará deleite á tu alma.

18 Sin profecía el pueblo sera disipado[o]: mas el que guarda la ley, bienaventurado él[p].

o 1 Sa. 3. 1. Am. 8. 11, 12. p Sal. 119. 2.

19 El siervo no se corregirá con palabras: porque entiende, mas no corresponde.

20 ¿Has visto hombre ligero en sus palabras? mas esperanza *hay* del necio que de él.

21 El que regala á su siervo desde su niñez, á la postre será su hijo.

22 El hombre iracundo levanta contiendas[q]; y el furioso muchas veces peca.

q Cap. 15. 18. y 26. 21.

23 La soberbia del hombre le abate[r]: pero al humilde de espíritu sustenta la honra[s].

r Cap. 11. 2. Dan. 5. 20, 21. s Mat. 23. 12. Luc. 14. 11.

24 El aparcero del ladron aborrece su vida: oirá maldiciones[t], y no *lo* denunciará.

t Lev. 5. 1.

25 El temor del hombre pondrá lazo[u]: mas el que confía en Jehová será levantado.

u Gen. 12. 12. Gá. 2. 12.

26 Muchos buscan el favor del príncipe: mas de Jehová *viene* el juicio de cada uno[x].

x Sal. 75. 6, 7.

27 Abominacion *es* á los justos el hombre inicuo: y abominacion *es* al impío el de rectos caminos.

CAPITULO XXX.

PALABRAS de Agur, hijo de Jaché: la profecía *que* dijo el varon á Ithiel, á Ithiel, y á Ucal.

2 Ciertamente mas rudo soy yo que ninguno[a], ni tengo entendimiento de hombre.

a Sal. 73. 22.

3 Yo ni aprendí sabiduría, ni conozco la ciencia de los *juicios* santos.

4 ¿Quién subió al cielo, y descendió? ¿Quién encerró los vientos en sus puños? ¿Quién ató las aguas en un paño? ¿Quién afirmó todos los términos de la tierra? ¿Cual es su nombre, y el nombre de su hijo, si sabes?

5 Toda palabra de Dios limpia[b], es escudo á los que en él esperan[c].

b Sal. 12. 6. c Sal. 115. 9, 11.

6 No añadas á sus palabras[d], porque no te reprenda, y seas hallado mentiroso.

d Deu. 4. 2. Ap. 22. 18, 19.

7 Dos cosas te he demandado; no me las niegues ántes que muera.

8 Vanidad y palabra mentirosa aparta de mí. No me des pobreza ni riquezas; mantenme del pan que he menester[e]:

e Mat. 6. 11.

9 No sea que me harte, y *te* niegue[f], y diga, ¿Quién *es* Jehová? ó no sea que siendo pobre, hurte, y blasfeme el nombre de mi Dios.

f Neh. 9. 25, 26. Os. 13. 6.

10 No acuses al siervo ante su señor, porque no te maldiga, y peques.

11 *Hay* generacion que maldice á su padre, y á su madre no bendice.

12 *Hay* generacion limpia en su opinion, si bien no se ha limpiado su inmundicia[g].

g Luc. 18. 11, 12.

13 *Hay* generacion cuyos ojos son altivos, y cuyos párpados son alzados.

14 *Hay* generacion cuyos dientes *son* espadas, y sus muelas cuchillos, para devorar á los pobres de la tierra, y de entre los hombres á los menesterosos[h].

h Amos 8. 4.

15 La sanguijuela tiene dos hijas *que se llaman* Trae, trae. Tres cosas hay que nunca se hartan; *aun* la cuarta nunca dice, Basta:

16 El sepulcro, y la matriz estéril, la tierra no harta de aguas, y el fuego *que* jamas dice, Basta.

17 El ojo que escarnece á su padre, y menosprecia el enseñamiento de la madre[i], los cuervos lo saquen de la arroyada, y tráguenlo los hijos del águila.

i Cap. 20. 20. Lev. 20. 9.

18 Tres cosas me son ocultas; aun tampoco sé la cuarta:

19 El rastro del águila en el aire; el rastro de la culebra sobre la peña; el rastro de la nave en medio de la mar, y el rastro del hombre en la moza.

20 Tal *es* el rastro de la mujer adúltera: come, y limpia su boca, y dice, No he hecho maldad.

21 Por tres cosas se alborota la tierra, y la cuarta no pueda sufrir:

22 Por el siervo cuando reinare[k], y por el necio cuando se hartare de pan;

k Cap. 19. 10. 2 Rey. 8. 12. Ec. 10. 7, 17.

23 Por la *mujer* aborrecida cuando se casare, y por la sierva cuando heredáre á su señora[l].

l Deu. 21. 15.

24 Cuatro cosas *son* de las mas pequeñas de la tierra, y las mismas *son* mas sabias que los sabios:

25 Las hormigas[m], pueblo no fuerte, y en el verano prepara su comida;

m Cap. 6. 6, 8.

26 Los conejos, pueblo nada esforzado, y ponen su casa en la piedra;

27 Las langostas no tienen rey, y salen todas acuadrilladas;

28 La araña *que* ase con las manos, y está en palacios de rey.

29 Tres cosas hay de hermoso andar, y la cuarta pasea muy bien:

30 El leon, fuerte entre todos los animales, que no torna atrás por nadie;

31 El *lebrel* ceñido de lomos; asimismo el macho cabrío; y un rey contra el cual ninguno se levanta.

32 Si caiste, *fué* porque te enalteciste; y si mal pensaste, *pon* el dedo sobre la boca[n].

n Job 39. 37.

33 Ciertamente el que exprime la leche, sacará manteca; y el que recio se suena las narices, sacará sangre; y el que provoca la ira, causará contienda.

CAPITULO XXXI.

PALABRAS del rey Lemuel; la profecía con que le enseñó su madre[a]:

a 2 Ti. 1. 5. y 3. 15.

2 ¿Qué, hijo mio? ¿y qué *te diré*, hijo de mi vientre? ¿y qué, hijo de mis deseos?

3 No des á las mujeres tu fuerza[b], ni tus caminos *á lo que es* para destruir los reyes[c].

b Cap. 5. 9. c Deu. 17. 17. Neh. 13. 26.

4 No *es* de los reyes, oh Lemuel, no *es* de los reyes beber vino, ni de los príncipes la cerveza[d]:

d Ec. 10. 17.

5 No sea que bebiendo olviden la ley, y perviertan el derecho de todos los hijos afligidos.

6 Dad la cerveza al desfallecido, y el vino á los de amargo ánimo.

7 Beban, y olvídense de su necesidad, y de su miseria no mas se acuerden.

8 Abre tu boca por el mudo[e], en el juicio de todos los hijos de muerte.

e Job 29. 15, 16.

9 Abre tu boca, juzga justicia, y el derecho del pobre y del menesteroso[f].

f Is. 1. 17. Jer. 22. 16.

10 Mujer fuerte[g] ¿quién la hallará? porque su estima sobrepuja largamente á *la de* las piedras preciosas.

g Ec. 7. 28.

11 El corazon de su marido está en ella confiado[h], y no tendrá necesidad de despojo.

h Cap. 12. 4.

12 Darále *ella* bien, y no mal, todos los dias de su vida.

13 Buscó lana y lino, y con voluntad labró de sus manos.

14 Fué como navío de mercader, *que* trae su pan de léjos.

15 Levantóse aun de noche, y dió comida á su familia, y racion á sus criadas.

16 Consideró la heredad, y compróla; y plantó viña del fruto de sus manos.

17 Ciñó sus lomos de fortaleza, y esforzó sus brazos.

18 Gustó que era buena su grangería: su candela no se apagó de noche.

19 Aplicó sus manos al huso, y sus manos tomaron la rueca.

[i] Sal. 41. 1.
20 Alargó su mano al pobre, y exten-
dió sus manos [i] al menesteroso.
21 No tendrá temor de la nieve por su
familia, porque toda su familia *está* ves-
tida de ropas dobles.
22 Ella se hizo tapices: de lino fino y
púrpura *es* su vestido.
23 Conocido *es* su marido en las pu-
ertas, cuando se sienta con los ancianos
de la tierra.
24 Hizo telas, y vendió; y dió cintas al
mercader.
25 Fortaleza y honor *son* su vestidura;
y en el dia postrero reirá.
26 Abrió su boca con sabiduría; y la
ley de clemencia *está* en su lengua [k].
27 Considera los caminos de su casa, y
no come el pan de balde.
28 Levantáronse sus hijos, y llamáronla
bienaventurada; y su marido tambien la
alabó.
29 Muchas mujeres hicieron el bien,
mas tú las sobrepujaste á todas.
30 Engañosa *es* la grácia, y vana la
hermosura: la mujer que teme á Je-
hová, esa será alabada.
31 Dadle del fruto de sus manos, y
alábenla en las puertas sus hechos.

[k] 1 Ped. 3. 1, 6.

LIBRO DEL ECCLESIASTÉS;

ó

EL PREDICADOR.

A. C. cir. 977.

CAPITULO I.

Vanidad de todas las cosas mundanas.

PALABRAS del Predicador [a], hijo
de David, rey en Jerusalem.
2 Vanidad de vanidades, dijo el Pre-
dicador, vanidad de vanidades; todo va-
nidad [b].
3 ¶ ¿Qué tiene mas el hombre de todo su
trabajo, con que se afana debajo del sol?
4 Generacion va, y generacion viene:
mas la tierra siempre permanece [c].
5 Y sale el sol [d], y pónese el sol; y *como*
con deseo vuelve á su lugar, donde torna
á nacer.
6 El viento tira hácia el Mediodia, y
rodea al Norte: va girando de continuo,
y á sus giros torna el viento de nuevo [e].
7 Los rios todos van á la mar, y la
mar no se hinche; al lugar de donde
los rios vinieron, allí tornan para correr
de nuevo.
8 Todas las cosas andan en trabajo
mas que el hombre pueda decir: ni los
ojos viendo se hartan de ver [f], ni los
oidos se hinchen de oir.
9 ¿Qué es lo que fué? ¿Lo mismo que
será. ¿Qué *es* lo que ha sido hecho?
Lo mismo que se hará: y nada *hay*
nuevo debajo del sol [g].
10 ¿Hay algo de que se pueda decir,
Hé aquí esto es nuevo? Ya fué en los
siglos que nos han precedido.
11 No hay memoria de lo que precedió,
ni tampoco de lo que sucederá habrá
memoria en los que serán despues.
12 ¶ Yo el Predicador fuí rey sobre
Israel en Jerusalem [h].
13 Y dí mi corazon á inquirir y buscar
con sabiduría sobre todo lo que se hace
debajo del cielo: (esta penosa ocupacion
dió Dios á los hijos de los hombres, en
que se ocupen [i].)
14 Yo miré todas las obras que se ha-
cen debajo del sol; y hé aquí todo ello *es*
vanidad, y afliccion de espíritu.
15 Lo torcido no se puede enderezar [k]:
y lo falto no puede contarse.
16 Hablé yo con mi corazon, diciendo:
Hé aquí hállome yo engrandecido, y he
crecido en sabiduría [l] sobre todos los que
fueron ántes de mí en Jerusalem; y mi
corazon ha percibido muchedumbre de
sabiduría y ciencia.
17 Y dí mi corazon á conocer la sabi-
duría, y tambien á entender las locuras [m]
y los desvaríos: conocí *al cabo* que aun
esto era afliccion de espíritu.
18 Porque en la mucha sabiduría *hay*
mucha molestia: y quien añade ciencia
añade dolor.

[a] Cap. 12. 10, 12.
[b] Sal. 39. 5, 6. y 144. 4. Ro. 8. 20.
[c] Sal. 104. 5.
[d] Sal. 19. 5, 6.
[e] Juan 3. 8.
[f] Pro. 27. 20.
[g] Cap. 3. 15.
[h] 1 Rey. 4. 1, etc.
[i] Cap. 3. 10, 11.
[k] Cap. 7. 13.
[l] Cap. 2. 9. 1 Rey. 4. 29, 31. y 10. 23, 24.
[m] Cap. 2. 12. y 7. 23, 25. 1 Te. 5. 21.

A. C. cir. 977.

CAPITULO II.

Prosiguiendo Salomon en su propósito, despues de comparar la sabiduría con las necedades, da á aquella la ventaja; si bien mal encaminada en los negocios humanos, tambien es vanidad. La sabiduría sin solicitud congojosa en nuestros procederes, es don de Dios.

DIJE yo *luego* en mi corazon: Ven
ahora, probaré en alegría, y goza-
rás de bienes. Mas hé aquí esto tambien
era vanidad.
2 A la risa dije, Enloqueces [a]: y al pla-
cer, ¿De qué sirve esto?
3 ¶ Propuse en mi corazon agasajar
mi carne con vino, y que anduviese mi
corazon en sabiduría, con retencion de
la necedad, hasta ver cual fuese el bien
de los hijos de los hombres, en el cual
se ocupáran debajo del cielo todos los
dias de su vida.
4 Engrandecí mis obras, edifiquéme
casas, plantéme viñas;
5 Híceme huertos y jardines, y planté
en ellos árboles de todos frutos.
6 Híceme estanques de aguas, para re-
gar de ellos el bosque donde los árboles
crecian.
7 Poseí siervos y siervas, y tuve hijos
de familia: tambien tuve posesion grande
de vacas y ovejas sobre todos los que fu-
eron ántes de mí en Jerusalem.
8 Alleguéme tambien plata y oro, y
tesoro preciado de reyes y de provinci-
as [b]. Híceme de cantores y cantoras, y
gocé los deleites de los hijos de los hom-
bres, *con* instrumentos músicos y de to-
das suertes.
9 Y fuí engrandecido, y aumentado,
mas que todos los que fueron ántes de
mí en Jerusalem. A mas de esto perse-
veró conmigo mi sabiduría.
10 No negué á mis ojos ninguna cosa
que deseáran, ni aparté mi corazon de
placer alguno; porque mi corazon gozó
de todo mi trabajo: y esta fué mi parte
de toda mi faena [c].
11 Miré yo luego todas las obras que
habian hecho mis manos, y el trabajo
que tomé para hacer*las*; y hé aquí todo
vanidad y afliccion de espíritu [d]: y no
hay mas debajo del sol [e].
12 ¶ Despues torné yo á mirar para
ver la sabiduría, y los desvaríos, y la
necedad [f]: (porque ¿que hombre *hay*
que *pueda* seguir al rey *en* lo que ya
hicieron?)
13 Y he visto que la sabiduría sobre-
puja á la necedad, como la luz á las
tinieblas.
14 El sabio *tiene* sus ojos en su ca-
beza; mas el necio anda en tinieblas [g].

[a] Pro. 14. 13.
[b] 1 Rey. 9. 28. y 10. 14.
[c] Cap. 3. 22.
[d] Cap. 1. 14.
[e] 1 Ti. 6. 6.
[f] Cap. 7. 25.
[g] Pro. 17. 24.

Empero tambien entendí yo que un mis-
al. 49. 10. mo suceso acaecerá al uno y al otro h.
p. 9. 2, 3. 15 Entónces dije yo en mi corazon:
Como sucederá al necio me sucederá
tambien á mí: ¿para qué pues he tra-
bajado hasta ahora por hacerme mas
sabio? Y dije en mi corazon, que tam-
bien esto *era* vanidad.
16 Porque ni del sabio ni del necio
habrá memoria para siempre; pues en
los dias venideros ya todo será olvida-
do: y tambien morirá el sabio como el
eb. 9. 27. necio i.
17 Aborrecí por tanto la vida; porque
la obra que se hace debajo del sol me
era fastidiosa, por cuanto todo *es* vani-
v. 11. dad y afliccion de espíritu k.
18 Yo asimismo aborrecí todo mi tra-
bajo que habia puesto por obra debajo
del sol; la cual dejaré á otro que vendrá
despues de mí.
19 ¿Y quien sabe si será sabio, ó ne-
Rey. 12. etc. cio l, el que se enseñoreará de todo mi
trabajo en que yo me afané, y en que
ocupé debajo del sol mi sabiduría? Esto
tambien *es* vanidad.
20 Tornéme por tanto á desesperanzar
mi corazon acerca de todo el trabajo en
que me afané, y en que habia ocupado
debajo del sol mi sabiduría.
21 ¡Que el hombre trabaje con sabidu-
ría, y con ciencia, y con rectitud, y que
haya de dar su hacienda á hombre que
nunca trabajó en ello! Tambien *es* esto
vanidad, y mal grande.
22 Porque ¿qué tiene el hombre de
todo su trabajo y fatiga de su corazon,
ap. 1. 3. con que debajo del sol él se afanára m?
23 Porque todos sus dias *no son sinó*
eb 14. 1. dolores, y sus ocupaciones molestias n:
ap. 8. 16. aun de noche su corazon no reposa o.
l. 127. 2. Esto tambien es vanidad.
24 No *hay pues* bien para el hombre
sinó que coma y beba, y que su alma
vea el bien de su trabajo. Tambien
tengo yo visto que esto *es* de la mano
p. 3. 12, de Dios p.
i. 18, 19. 25 (Porque ¿quién comerá, y quién se
cuidará mejor que yo?)
26 Porque al hombre que *es* bueno
delante de Dios, él le da sabiduría, y
ciencia, y gozo: mas al pecador dió
ocupacion, el que allegue, y amontone,
b 27. 16, para que dé al bueno delante de él q.
Tambien esto *es* vanidad y afliccion de
b. 13. 22. espíritu r.

CAPITULO III.

8. 8.
p. 1. 14. *Dios ha puesto tiempo y sazon para todas las cosas; lo que si el hombre considerára y tuviere bien presente, para conducirse en todo con discrecion y prudencia, evitará la inquietud de ánimo, y retendrá el contentamiento con la sabiduría. Corrupcion del mundo en los altos principios de juicio y justicia. Dios empero juzgará al justo y al impío, bien que en la presente vida sea la condicion del hombre semejante en algunos respectos á la de las bestias.*

PARA todas las cosas *hay* sazon, y
todo lo que se quiere debajo del
cielo, *tiene su* tiempo *determinado*.
2 Tiempo de nacer, y tiempo de mo-
rir; tiempo de plantar, y tiempo de
arrancar lo plantado;
3 Tiempo de matar, y tiempo de cu-
rar; tiempo de destruir, y tiempo de
edificar:
4 Tiempo de llorar, y tiempo de reir;
tiempo de endechar, y tiempo de bailar:
5 Tiempo de esparcir las piedras, y
tiempo de allegar las piedras; tiempo
de abrazar, y tiempo de alejarse de
abrazar:
6 Tiempo de agenciar, y tiempo de
perder; tiempo de guardar, y tiempo de
arrojar:
7 Tiempo de romper, y tiempo de
coser; tiempo de callar, y tiempo de
hablar:
8 Tiempo de amar, y tiempo de abor-
recer; tiempo de guerra, y tiempo de
paz.
9 ¿Qué tiene mas el que trabaja en lo
que trabaja?
10 Yo he visto la ocupacion que Dios
ha dado á los hijos de los hombres, para
que en ella se ocupasen.
11 Todo lo hizo hermoso en su tiempo:
y aun el mundo dió en su corazon, *de*
tal manera que no alcance el hombre
esta obra de Dios desde el principio
hasta el cabo a. a Cap. 8. 17. Job 11. 7, 8. Ro. 11. 33.
12 Yo he conocido que no *hay* mejor
para ellos, que alegrarse, y hacer bien
en su vida.
13 Y tambien que *es* don de Dios b que b Cap. 2. 24.
todo hombre coma y beba, y goce el bien
de toda su labor.
14 He entendido que todo lo que Dios
hace, eso será perpetuo c: sobre aquello c Sant°. 1. 17.
no se añadirá, ni de ello se disminuirá:
y hácelo Dios, para que delante de él
teman *los hombres*.
15 Aquello que fué, ya es; y lo que ha
de ser, fué ya d; y Dios restaura lo que d Cap. 1. 9.
pasó.
16 ¶ Vi mas debajo del sol: En lugar
del juicio, allí la impiedad; y en lugar
de la justicia, allí la iniquidad e. e Cap. 5. 8.
17 Y dije yo en mi corazon: Al justo y
al impío juzgará Dios f; porque allí hay f Mat. 25. 32. Ro. 2. 6, 8. Ap. 20. 11, 12.
tiempo *determinado* á todo lo que se qui-
ere, y sobre todo lo que se hace.
18 Dije en mi corazon en órden á la
condicion de los hijos de los hombres,
que Dios les probaria, para que así echa-
ran de ver ellos mismos que son *seme-*
jantes á las bestias.
19 Porque el suceso de los hijos de los
hombres, y el suceso del animal, el mis-
mo suceso es: como mueren los unos,
así mueren los otros; y una misma res-
piracion tienen todos; ni tiene mas el
hombre que la bestia: porque todo *es*
vanidad.
20 Todo va á un lugar; todo es hecho
del polvo, y todo se tornará en el mismo
polvo g. g Gen. 3. 19.
21 ¿Quién sabe que el espíritu de los
hijos de los hombres suba arriba h, y h Cap. 12. 9.
que el espíritu del animal descienda de-
bajo de la tierra?
22 Así que he visto que no *hay* bien,
mas que alegrarse el hombre con lo que
hiciere; porque esta *es* su parte i: por- i Cap. 2. 24. y 3. 12. y 5. 18.
que ¿quién lo llevará para que vea lo
que ha de ser despues de él?

CAPITULO IV.

Prosiguiendo la prueba de este su tema, Todo es vanidad, *describe la tiranía y opresion de los grandes sobre los pequeños, la envidia con que es recibida de unos la obra útil y buena de los otros, la miserable condicion del avaro, y la necesidad de sabiduría y prudencia, sin la cual un rey se hace indigno del reino.*

Y TORNÉME yo, y ví todas las vio-
lencias que se hacen debajo del sol:
y hé aquí las lágrimas de los oprimidos,
y sin tener quien los consuele; y la fu-
erza *estaba* en la mano de sus opresores,
y para ellos no *habia* consolador.
2 Y alabé yo los finados que ya muri-
eron, mas que los vivientes que hasta
ahora estan vivos a. a Job 3. 17, 18.
3 Y *tuve* por mejor que unos y otros al
que no ha sido aun b, que no ha visto b Cap. 6. 3. Job 3. 11, etc.
las malas obras que debajo del sol se
hacen.
4 Visto he asimismo que todo trabajo,
y toda rectitud de obras, *mueve* la en-

vidia del hombre contra su prójimo c. Tambien esto es vanidad y afliccion de espíritu d.

5 El necio dobla sus manos e, y come su carne *diciendo:*

6 Mas vale el un puño lleno con descanso, que ambos puños llenos con trabajo y afliccion de espíritu f.

7 ¶ Yo me torné otra vez, y vi *otra* vanidad debajo del sol.

8 Es el *hombre* solo, y sin sucesor; que ni tiene hijo ni hermano: mas nunca cesa de trabajar, ni sus ojos se hartan de sus riquezas g, *ni se pregunta:* ¿Para quien trabajo yo, y defraudo mi alma del bien h? Tambien esto *es* vanidad, y ocupacion mala.

9 Mejores son dos que uno; porque tienen mejor paga de su trabajo.

10 Porque si cayeren, el uno levantará á su compañero: mas ¡ay del solo! que cuando cayere, no habrá segundo que lo levante.

11 Tambien si dos durmieren juntos, se calentarán: mas ¿cómo se calentará uno *solo?*

12 Y si alguno prevaleciere contra el uno, dos estarán contra él; y cordon de tres dobleces no presto se rompe.

13 ¶ Mejor es el muchacho pobre y sabio, que el rey viejo y fatuo que no sabe ser aconsejado.

14 Porque *aun* de la cárcel salió *alguno* para reinar; mientras el nacido en su reino *aparece* pobre.

15 Vi *tambien* todos los vivientes debajo del sol caminando con el muchacho sucesor, que estará en lugar de aquel.

16 No tiene fin todo el pueblo que fué *lo mismo* ántes de ellos: tampoco los que vendrán despues estarán con él contentos. Y esto tambien *es* vanidad y afliccion de espíritu.

c Gen. 37. 4, 11. d Cap. 1. 14. e Pro. 6. 10. y 24. 33. f Pro. 15. 16, 17. g Pro. 27. 20. h Sal. 39. 6.

CAPITULO V.

Disposicion reverente con que debemos ir á orar en el templo. Desaconseja los votos temerarios. Consuela al de ánimo piadoso en las opresiones del mundo con la consideracion de la Providencia divina. Males del avaro; alegría y consuelo en gozar los bienes que Dios nos hubiere concedido.

CUANDO fueres á la casa de Dios, guarda tu pié: y acércate mas para oir, que para dar el sacrificio de los necios a; porque no saben que hacen mal.

2 Ne te des priesa con tu boca, ni tu corazon se apresure á proferir palabra delante de Dios: porque Dios *está* en el cielo, y tú sobre la tierra: por tanto sean pocas tus palabras b.

3 Porque *como* de la mucha ocupacion viene el sueño, *así* de la multitud de las palabras *viene* la voz del necio c.

4 Cuando á Dios hicieres promesa, no tardes en pagarla; porque no se agrada de los insensatos. Paga lo que prometieres.

5 Mejor *es* que no prometas, que no que prometas y no pagues d.

6 No sueltes tu boca para hacer pecar á tu carne; ni digas delante del ángel, que fué ignorancia. ¿Por qué *harás que* Dios se aire á causa de tu voz, y que destruya la obra de tus manos?

7 Donde los sueños *son* en multitud, tambien *lo son* las vanidades, y muchas las palabras. Mas tú teme á Dios.

8 ¶ Si violencias de pobres, y extorsion de derecho y de justicia vieres en la provincia, no te maravilles de esta licencia: porque alto está mirando sobre alto, y uno mas alto *está* sobre ellos.

9 ¶ Ademas el provecho de la tierra es para todos: el rey *mismo* está sujeto á los campos.

a 1 Sa. 15. 22. Os. 6. 6. b Mat. 6. 7. c Pro. 10. 19. d Pro. 20. 25. Hech. 5. 4.

10 El que ama el dinero, no se hartará de dinero; y el que ama el mucho *tener,* no *sacará* fruto. Tambien esto *es* vanidad.

11 Cuando los bienes se aumentan, tambien se aumentan sus comedores. ¿Qué bien, pues, *tendrá* su dueño, sinó *verlos* con sus ojos?

12 Dulce *es* el sueño del trabajador, ora coma mucho ó poco; mas al rico no le deja dormir la hartura.

13 Hay *otra* trabajosa enfermedad *que* he visto debajo del sol: Las riquezas guardadas de sus dueños para su mal e:

14 Las cuales se pierden en malas ocupaciones, y á los hijos que engendraron nada les quedó en la mano.

15 Como salió del vientre de su madre, desnudo, así se vuelve, tornando como vino; y nada tuvo de su trabajo para llevar en su mano f.

16 Este tambien *es* un gran mal, que como vino, así haya de volver. ¿Y de qué le aprovechó trabajar al viento?

17 Demás de esto, todos los dias de su vida comerá en tinieblas, con mucho enojo, y dolor, y miseria g.

18 Hé aquí pues el bien que yo he visto: Que lo bueno *es* comer y beber, y gozar *uno* del bien de todo su trabajo, con que se fatiga debajo del sol todos los dias de su vida, que Dios le ha dado h: porque esta *es* su parte.

19 Asimismo á todo hombre á quien Dios dió riquezas, y hacienda, y le dió tambien facultad para que coma de ellas, y tome su parte, y goce su trabajo, esto *es* don de Dios i.

20 Porque no se acordará mucho de los dias de su vida; pues Dios le responderá con alegría de su corazon.

CAPITULO VI.

El avaro mas miserable que el abortivo. Infelicidad de la vida inquieta en la prosecucion de vanos deseos.

HAY *otro* mal que he visto debajo del cielo, y muy comun entre los hombres:

2 Hombre á quien Dios dió riquezas, y hacienda, y honra, y nada le falta de todo lo que su alma desea; mas Dios no le dió facultad de comer de ello a, sinó que los extraños se lo comen. Esto vanidad es, y enfermedad trabajosa.

3 Si el hombre engendrare ciento, y viviere muchos años, y los dias de su edad fueren numerosos; si su alma no se hartó del bien, y tambien careció de sepultura b, yo digo que el abortivo es mejor que él c.

4 Porque en vano vino, y á tinieblas vá, y con tinieblas será cubierto su nombre.

5 Aunque no haya visto el sol d, ni conocido *nada,* mas reposo tiene este que aquel.

6 Porque si viviese *aquel* mil años dos veces, si no ha gozado del bien, cierto todos van á un lugar.

7 Todo el trabajo del hombre *es* para su boca e, y con todo eso su alma no se harta.

8 Porque ¿qué mas tiene el sabio que el necio? ¿Qué *mas tiene* el pobre que supo caminar entre los vivos?

9 Mas vale vista de ojos que deseo que pasa. Y tambien esto *es* vanidad, y afliccion de espíritu f.

10 El que es, ya su nombre ha sido nombrado; y se sabe que es hombre, y que no podrá contender con el que es mas fuerte que él.

11 Ciertamente las muchas palabras multiplican la vanidad. ¿Qué mas tiene el hombre?

e Sant. 5. 1, 2. f Job 1. 21. Sal. 49. 17. 1 Ti. 6. 7. g Sal. 12[illegible] h Cap. 3. 1[illegible] 22. 1 Ti. 6. [illegible] i Cap. 2. 2[illegible] y 3. 1[illegible] a Lu. 12. [illegible] b Jer. 22. 1[illegible] c Job 3. 1[illegible] d Sal. 58[illegible] e Pro. 16[illegible] f Cap. 1. 1[illegible]

12 Porque ¿quién sabe cual es el bien del hombre en la vida todos los dias de la vida de su vanidad, los cuales él pasa como sombra[f]? Porque ¿quién enseñará al hombre qué será despues de él debajo del sol?

[f] Sal. 144. 4. Sant°. 4. 14.

CAPITULO VII.

Doctrinas de verdadera sabiduría, que á la razon humana parecerán locura. El hombre que teme á Dios es el verdaderamente sabio, y fuerte.

MEJOR *es* la *buena* fama[a] que el buen ungüento; y el dia de la muerte que el dia del nacimiento.

[a] Pro. 22. 1.

2 Mejor *es* ir á la casa del luto que á la casa del convite: porque aquello es el fin de todos los hombres; y el que vive parará mientes.

3 Mejor *es* el enojo que la risa: porque con la tristeza[b] del rostro se enmendará el corazon.

[b] 2 Cor. 7. 10.

4 El corazon de los sabios, en la casa del luto; mas el corazon de los insensatos, en la casa del placer.

5 Mejor *es* oir la reprension del sabio[c], que la cancion de los necios.

[c] Sal. 141. 5.

6 Porque la risa del necio *es* como el estrépito de las espinas debajo de la olla. Y tambien esto *es* vanidad.

7 Ciertamente la opresion hace enloquecer al sabio: y el presente corrompe el corazon.

8 Mejor *es considerar* el fin del negocio que su principio: mejor *es* el sufrido de espíritu que el altivo de espíritu[d].

[d] Pro. 14. 29.

9 No te apresures en tu espíritu á enojarte: porque la ira en el seno de los necios reposa.

10 Nunca digas; ¿Qué es *la causa* que los tiempos pasados fueron mejores que estos? Porque nunca de esto preguntarás con sabiduría.

11 Buena *es* la ciencia con la herencia; y mas á los que ven el sol.

12 Porque escudo *es* la ciencia, y escudo *es* el dinero: mas la sabiduría excede en que da vida á sus poseedores.

13 Mira la obra de Dios: porque ¿quién podrá enderezar lo que él torció[e]?

[e] Cap. 1. 15. Job 12. 14.

14 En el dia del bien goza del bien; y en el dia del mal considera. Dios tambien hizo esto delante de lo otro, porque el hombre no halle nada tras de él.

15 ¶ Todo lo he visto en los dias de mi vanidad. Justo hay que perece por su justicia; y hay impío que por su maldad alarga *sus dias*[f].

[f] Cap. 8. 14.

16 No seas demasiado justo, ni seas sabio con exceso: ¿por qué te destruirás?

17 No hagas mal mucho, ni seas insensato: ¿por qué morirás ántes de tiempo[g]?

[g] Sal. 55. 23.

18 Bueno *es* que tomes esto, y tambien de estotro no apartes tu mano: porque el que á Dios teme, saldrá con todo.

19 La sabiduría fortifica al sabio mas que diez poderosos *príncipes* la ciudad en que fueren.

20 Ciertamente no hay hombre justo en la tierra, que haga bien, y nunca peque[h].

[h] 2 Cr. 6. 36. 1 Juan 1. 8.

21 Tampoco apliques tu corazon á todas las cosas que se hablaren; porque *alguna vez* no oigas á tu siervo que dice mal de tí.

22 Porque tu corazon sabe, que tú tambien dijiste mal de otros muchas veces.

23 Todas estas cosas probé con sabiduría diciendo: Hacerme he sabio: mas ella se alejó de mí.

24 Léjos está lo que fué; y lo muy profundo ¿quién lo hallará?

25 Yo he rodeado con mi corazon por saber, y examinar, é inquirir la sabiduría, y la razon, y por conocer la maldad de la insensatez, y el desvarío del error[i]:

[i] Cap. 1. 17. y 2. 12.

26 Y yo he hallado mas amarga que la muerte la mujer; la cual es redes, y lazos su corazon[k]; sus manos *como* ligaduras. El bueno delante de Dios escapará de ella; mas el pecador será preso en ella[l].

[k] Pro. 5. 3, 5.

[l] Pro. 22. 14.

27 Hé aquí, esto he hallado, dice el Predicador, *mirando las cosas* una por una para hallar la razon;

28 Lo que aun busca mi alma, y no encuentro: un hombre entre mil he hallado; mas mujer de todas estas nunca hallé.

29 Hé aquí, solamente he hallado esto: Que Dios hizo al hombre recto[m]; mas ellos buscaron muchas cuentas.

[m] Gen. 1. 27.

CAPITULO VIII.

Despues de alabar la sabiduría y sus efectos, y exhortar á la obediencia de los magistrados, y á la observancia de la ley de Dios, de cuya misericordia el impío no abusará impunemente, recomienda el vivir contentos en el goce de los bienes que Dios nos concediere, bien que no podamos comprender en todas sus obras los ocultos caminos y razones de su Providencia y sabiduría.

¿QUIEN como el sabio? ¿Y quién *como* el que sabe la declaracion de las cosas? La sabiduría del hombre hará relucir su rostro, y mudaráse la tosquedad de su semblante.

2 Yo *te aviso* que guardes el mandamiento del rey[a], y la palabra del juramento de Dios.

[a] Ro. 13. 1, 5.

3 No te apresures á irte de delante de él[b]; ni en cosa mala persistas, porque él hará todo lo que quisiere.

[b] Cap. 10. 4.

4 Pues la palabra del rey es *con* potestad: ¿y quien le dirá, Qué haces[c]?

[c] Job 34. 18. Pro. 30. 31.

5 El que guarda el mandamiento, no experimentará mal[d]; y el tiempo y el juicio conoce el corazon del sabio.

[d] 1 Ped. 3. 13.

6 Porque para todo lo que quisieres hay tiempo y juicio: mas el trabajo del hombre es grande sobre él,

7 Porque no sabe lo que ha de ser: y *el* cuando haya de ser, ¿quién se lo enseñará?

8 No *hay* hombre que tenga potestad sobre *su* espíritu para retener el espíritu, ni potestad sobre el dia de la muerte[e]: y no *valen* armas en *tal* guerra; ni la impiedad librará al que la posee[f].

[e] Sal. 49. 7, 9.

[f] Sal. 73. 18, etc.

9 Todo esto he visto; y puesto he mi corazon en todo lo que debajo del sol se hace, *y notado* el tiempo en que el hombre se enseñorea del hombre para mal suyo.

10 Esto vi tambien: que los impíos sepultados vinieron aun *en memoria*; mas los que partieron del lugar santo, fueron luego puestos en olvido en la ciudad donde con rectitud habian obrado. Esto tambien *es* vanidad.

11 Porque no se ejecuta luego sentencia sobre la mala obra, el corazon de los hijos de los hombres está en ellos lleno para hacer mal[g].

[g] Sal. 50. 21.

12 Bien que el pecador haga mal cien veces, y le sea dilatado[h] *el castigo*, con todo yo tambien sé que los que á Dios temen tendrán bien, los que temieren ante su presencia[i]:

[h] Cap. 7. 15.

[i] Is. 3. 10, 11.

13 Y que el impío no tendrá bien, ni le serán prolongados los dias, *que son* como sombra; por cuanto no temió delante de la presencia de Dios.

14 Hay *otra* vanidad que se hace sobre la tierra: Que hay justos á quienes sucede como *si hicieran* obras de impíos; y hay impíos á quienes acaece como *si*

hicieran obras de justos[k]. Digo que esto tambien es vanidad.

15 Por tanto alabé yo la alegría: que no tiene el hombre bien debajo del sol, sinó que coma, y beba, y se alegre; y que esto se le pegue de su trabajo los dias de su vida, que Dios le dió debajo del sol[l].

16 Yo pues dí mi corazon á conocer sabiduría, y á ver la faena que se hace sobre la tierra; *tal*, que *alguno* ni de noche ni de dia ve sueño en sus ojos:

17 Y he visto *acerca de* todas las obras de Dios, que el hombre no puede alcanzar la obra que debajo del sol se hace, por la cual trabaja el hombre buscándo-*la*, y no *la* hallará: aunque diga el sabio que *la* sabe, no por eso podrá alcanzar*la*[m].

[k] Job 21. 7, etc. Sal. 73. 14.
[l] Cap. 5. 18.
[m] Cap. 3. 11. Job 5. 9.

CAPITULO IX.

Aunque en el curso comun de los sucesos humanos paresca que todas las cosas acontecen igualmente á todos, no obstante el hombre piadoso debe vivir quieto y contento, sobre todo con la seguridad de que su proceder es agradable á los ojos de Dios, á cuya poderosa mano y sabia providencia estan subordinados y sujetos todos los eventos de la vida. La verdadera sabiduría es superior á la fortaleza mundana.

CIERTAMENTE dado he mi corazon á todas estas cosas, para declarar todo esto: Que los justos y los sabios, y sus obras, *están* en la mano de Dios; y que no sabe el hombre ni el amor ni el odio por todo lo que *pasa* delante de él.

2 Todo *acontece* de la misma manera á todos: un mismo suceso *ocurre* al justo y al impío, al bueno, y al limpio, y al no limpio; al que sacrifica, y al que no sacrifica: como el bueno así el que peca; el que jura, como el que teme el juramento.

3 Este mal *hay* entre todo lo que se hace debajo del sol, que todos *tengan* un mismo suceso, y tambien que el corazon de los hijos de los hombres esté lleno de mal[a], y de enloquecimiento en su corazon durante su vida; y despues, á los muertos.

4 Aun hay esperanza para todo aquel que está entre los vivos: porque mejor es perro vivo que leon muerto.

5 Porque los que viven saben que han de morir: mas los muertos nada saben[b], ni tienen mas paga; porque su memoria es puesta en olvido[c].

6 Tambien su amor, y su odio, y su envidia feneció ya: ni tienen ya mas parte en el siglo, en todo lo que se hace debajo del sol.

7 Anda, y come tu pan con gozo, y bebe tu vino con alegre corazon[d]; porque tus obras ya son agradables á Dios.

8 En todo tiempo sean blancos tus vestidos, y nunca falte ungüento sobre tu cabeza.

9 Goza de la vida, con la mujer que amas, todos los dias de la vida de tu vanidad que te son dados debajo del sol, todos los dias de tu vanidad; porque esta *es* tu parte en la vida, y en tu trabajo con que te afanas debajo del sol[e].

10 Todo lo que te viniere á la mano para hacer, hazlo segun tus fuerzas; porque en el sepulcro, adonde tú vas, no hay obra, ni industria, ni ciencia, ni sabiduría[f].

11 ¶ Tornéme, y vi debajo del sol, que ni es de los ligeros la carrera, ni la guerra de los fuertes, ni aun de los sabios el pan, ni de los prudentes las riquezas, ni de los elocuentes el favor; sinó que tiempo[g] y ocasion acontece á todos.

[a] Gen. 6. 5. Mat. 15. 19.
[b] Job 14. 21.
[c] Job 7. 8, 10. Is. 26. 14.
[d] Cap. 8. 15.
[e] Cap. 5. 18.
[f] Cap. 9. 2.
[g] Cap. 3. 1, 8.

12 Porque el hombre tampoco conoce su tiempo[h]: como los peces que son presos en la mala red, y como las aves que se prenden en lazo, así son enlazados los hijos de los hombres en el tiempo malo, cuando cae de repente sobre ellos.

13 ¶ Tambien vi esta sabiduría debajo del sol, la cual me *parece* grande:

14 Una pequeña ciudad[i], y pocos hombres en ella; y viene contra ella un gran rey, y cércala, y edifica contra ella grandes baluartes:

15 Y hállase en ella un hombre pobre, sabio, el cual libra la ciudad con su sabiduría: y nadie se acordaba de aquel pobre hombre.

16 Entónces dije yo: Mejor *es* la sabiduría que la fortaleza[k], aunque la ciencia del pobre sea menospreciada, y no sean escuchadas sus palabras.

17 Las palabras del sabio con reposo son oidas, mas que el clamor del señor entre los necios.

18 Mejor es la sabiduría que las armas de guerra: mas un pecador destruye mucho bien[l].

[h] Cap. 8. 7.
[i] 2 Sa. 20. 16
[k] Cap. 7. 19. Pro. 21. 22 y 24. 5, 6.
[l] Jos. 7. 1, etc.

CAPITULO X.

Recomiéndase la sabiduría ó prudencia, y se manifiestan los daños de la necedad ó imprudencia.

LAS moscas muertas hacen heder y dar mal olor el perfume del perfumista: *así* una pequeña locura al estimado por sabiduría y honra.

2 El corazon del sabio *está* á su mano derecha; mas el corazon del necio á su mano izquierda.

3 Y aun mientras va el necio por el camino, fáltale su cordura, y dice á todos: Necio es[a].

4 Si el espíritu del príncipe se exaltare contra tí, no dejes tu lugar[b]; porque la lenidad hará cesar grandes ofensas[c].

5 Hay *otro* mal *que* debajo del sol he visto, á manera de error emanado del príncipe:

6 La necedad está colocada en grandes alturas[d], y los ricos están sentados en lugar bajo.

7 Vi siervos en caballos, y príncipes que andaban como siervos[e] sobre la tierra.

8 El que hiciere el hoyo, caerá en él[f]; y el que aportilláre el vallado, morderále la serpiente.

9 El que mudáre las piedras, trabajo tendrá en ellas: el que cortare la leña, en ella peligrará.

10 Si se embotare el hierro, y su filo no fuere amolado, añadir entónces mas fuerza: empero á *ella* excede la bondad de la sabiduría.

11 Muerde la serpiente cuando no está encantada[g]: y el lenguaraz no es mejor *en eso*.

12 Las palabras de la boca del sabio *son* gracia; mas los labios del necio causan su propia ruina[h].

13 El principio de las palabras de su boca *es* necedad; y el fin de su charla nocivo desvarío.

14 El necio multiplica palabras, *y dice*: No sabe hombre lo que ha de ser; ¿y quien le hará saber lo que despues de él será[i]?

15 El trabajo de los necios los fatiga; porque no saben por donde ir á la ciudad.

16 Ay de tí, tierra, cuando tu rey *es* muchacho[k], y tus príncipes comen de mañana.

17 Bienaventurada tú, tierra, cuando tu rey *es* hijo de nobles, y tus príncipes comen á su hora, por refeccion, y no por el beber[l].

[a] Pro. 13. 1…
[b] Cap. 8. 3
[c] Pro. 25. 1…
[d] Est. 3. 1
[e] Pro. 19. … y 30. 22.
[f] Sal. 7. 1… Pro. 26. …
[g] Sal. 58. … Jer. 8. …
[h] Pro. 1…
[i] Cap. 6. … y 8. 7.
[k] Is. 3. …
[l] Pro. 3…

18 Por la pereza se cae la techumbre; y por la flojedad de manos se llueve la casa.

19 Por el placer se hace el convite, y el vino alegra los vivos[a]: y el dinero responde á todo.

20 Ni aun en tu pensamiento digas mal del rey[a]; ni en los secretos de tu cámara digas mal del rico: porque las aves del cielo llevarán la voz, y las que tienen alas harán saber la palabra.

al. 104. 15.
x. 22. 28.
ech. 28. 5.

CAPITULO XI.

Recomienda la liberalidad para con todos los necesitados, y la solicitud en hacer bien en todo tiempo, ya que tanta es la vanidad de la presente vida.

ECHA tu pan sobre las aguas[a]; que despues de muchos dias lo hallarás[b].

2 Reparte á siete, y aun á ocho; porque no sabes el mal que vendrá sobre la tierra[c].

3 Si las nubes fueren llenas de agua, sobre la tierra la derramarán; y si el árbol cayere al Mediodia, ó al Norte, al lugar que el árbol cayere, allí quedará.

4 El que al viento mira, no sembrará; y el que mira á las nubes, no segará.

5 Como tú no sabes[d] cual es el camino del viento, ó como se crian los huesos en el vientre de la mujer preñada, así ignoras la obra de Dios, el cual hace todas las cosas.

6 Por la mañana siembra tu simiente, y á la tarde no dejes reposar tu mano: porque tú no sabes cual es lo mejor; si esto, ó lo otro[e], ó si ambas á dos cosas son buenas.

7 ¶ Suave ciertamente es la luz, y agradable á los ojos ver el sol:

8 Mas si el hombre viviere muchos años, y en todos ellos hubiere gozado alegría, si despues trajere á la memoria los dias de las tinieblas[f], que serán muchos, todo lo que le habrá pasado dirá haber sido vanidad.

uo. 6. 35.
sa. 15. 10.
l. 41. 1, 2.
o. 11. 25.
19. 17.
Cor. 9. 9.
a. 6. 10.
san 3. 8.
Cor. 3. 7.
Cor. 9. 10.
ob 14. 10.

CAPITULO XII.

Dios nos ha de traer á juicio: por lo cual exhorta el Ecclesiastés á acordarse del Criador desde los dias de la juventud, y á no dejarlo para la vejez, de cuyos achaques hace una descripcion alegórica, añadiendo luego como el epílogo de todos sus razonamientos en este libro.

ALÉGRATE, mancebo, en tu mocedad[a], y tome placer tu corazon en los dias de tu juventud; y anda en los caminos de tu corazon, y en la vista de tus ojos: mas sabe, que sobre todas estas cosas te traerá Dios á juicio[b].

2 Quita pues el enojo de tu corazon, y aparta el mal de tú carne: porque la mocedad y la juventud vanidad es.

3 Y acuérdate de tu Criador en los dias de tu juventud; ántes que vengan los malos dias, y lleguen los años, de los cuales digas, No tengo en ellos contentamiento[c]:

4 Antes que se oscurezca el sol, y la luz, y la luna, y las estrellas; y las nubes se tornen tras la lluvia:

5 Cuando temblarán las guardas de la casa, y se encorvarán los hombres fuertes, y cesarán las muelas, y se disminuirán, y se oscurecerán los que miran por las ventanas:

6 Y las puertas de afuera se cerrarán por la bajeza de la voz de la muela; y levantaráse á la voz del ave, y todas las hijas de cancion serán humilladas.

7 *Cuando* tambien temerán de lo alto, y los tropezones en el camino: y florecerá el almendro, y se agravará la langosta, y perderáse el apetito: porque el hombre va á la casa de su siglo, y los endechadores andarán en derredor por la plaza.

8 Antes que la cadena de plata se quiebre, y se rompa el cuenco de oro, y el cántaro se quiebre junto á la fuente, y la rueda sea rota sobre el pozo;

9 Y el polvo se torne á la tierra, como era ántes[d], y el espíritu se vuelva á Dios que lo dió[e].

10 ¶ Vanidad de vanidades, dijo el Predicador, todo vanidad[f].

11 Y cuanto mas sabio fué el Predicador, tanto mas enseñó sabiduría al pueblo: é hizo escuchar, é hizo escudriñar, y compuso muchos proverbios[g].

12 Procuró el Predicador hallar palabras agradables, y escritura recta, palabras de verdad.

13 Las palabras de los sabios *son* como aguijones, y como clavos hincados de los maestros de las congregaciones, puestas *bajo* de un pastor.

14 Ahora, hijo mio, á mas de esto sé avisado: no hay fin de hacer muchos libros; y el mucho estudio afliccion és de la carne.

15 ¶ El fin de todo el discurso oido *es este:* TEME A DIOS, Y GUARDA SUS MANDAMIENTOS, porque esto es el todo del hombre[h].

16 Porque Dios traerá toda obra á juicio[i]; *el cual se hará* sobre toda cosa oculta, buena ó mala.

ap. 3. 12.
er. 16.
eb. 9. 27.

[c] 2 Sa. 19. 35.
[d] Gen. 3. 19.
[e] Nu. 16. 22. Job 34. 14. Is. 57. 16. Zac. 12. 1.
[f] Cap. 1. 2.
[g] 1 Rey. 4. 32.
[h] Deu. 10. 12.
[i] 1 Cor. 4. 5. 2 Cor. 5. 10. Ro. 2. 16.

EL CANTAR DE LOS CANTARES DE SALOMON.

A. C. cir. 1014.

CAPITULO I.

La Iglesia, arrebatada en admiracion del amor con que su Esposo Cristo la ama, desea estar mas y mas unida con él: y el esposo declara cuan hermosa y graciosa sea su esposa; y así él y ella se alegran con este su espiritual desposorio.

CANCION de canciones, la cual es de Salomon[a].

2 ¡Oh si él me besára con ósculos de su boca! porque mejores *son* tus amores que el vino.

3 Por el olor de tus suaves ungüentos, (ungüento derramado *es* tu nombre,) por eso las doncellas te amaron.

4 Llévame en pos de tí, correrémos. Metióme el rey en sus cámaras: nos gozarémos y alegrarémos en tí; acordarémonos de tus amores mas que del vino: los rectos te aman.

5 Morena soy, oh hijas de Jerusalem, mas codiciable; como las cabañas de Cedar[b], como las tiendas de Salomon.

6 No mireis en que soy morena, porque el sol me miró: los hijos de mi madre se airaron contra mí[c]; hiciéronme guarda de viñas, y mi viña, que *era* mia, no guardé[d].

7 ¶ Hazme saber, oh tú á quien ama mi alma, donde repastas, donde haces tener majada al mediodia[e]: ¿por qué, por qué habia yo de estar como vagueando tras los rebaños de tus compañeros?

Rey. 4.

A. C. cir. 1014.
[b] Is. 60. 7.
[c] Mat. 10. 34, 36.
[d] Cap. 8. 12.
[e] Sal. 23. 2, 3. Ez. 34. 13, 16.

8 Si tú no *lo* sabes, oh hermosa entre
las mujeres, sal yendote por las huellas
f Heb. 6. 12. del rebaño[f], y apacienta tus cabritas
junto á las cabañas de los pastores.
9 A una de las yeguas de los carros de
g 2 Cr. 1. 16, 17. Pharaon[g] te he comparado, amiga mia.
10 Hermosas *son* tus mejillas entre los
h Ez. 16. 11, 13. pendientes, tu cuello entre los collares[h].
11 Zarcillos de oro te harémos, con cla-
vos de plata.
12 Mientras que el rey *estaba* en su
i Fi. 4. 18. 1 Te. 4. 1. Juan 12. 3. reclinatorio, mi nardo dió su olor[i].
13 Mi amado *es* para mí un manojito
de mirra, *que* reposará entre mis pechos.
14 Racimo de cypro en las viñas de
k Jos. 15. 62. Engadi[k] *es* para mí mi amado.
15 Hé aquí que tú *eres* hermosa, com-
pañera mia; hé aquí que *eres* bella: tus
l Cap. 4. 1. y 5. 12. ojos de paloma[l].
16 Hé aquí que tú *eres* hermoso, ama-
do mio, y suave: nuestro lecho tambien
florido.
17 Las vigas de nuestras casas *son* de
cedro, *y* de cipres los artesonados.

CAPITULO II.

El esposo declara cuanta sea su hermosura y la de su esposa, quien tambien muestra cuan hermoso sea su esposo, y cuanto el amor con que ella le ama, considerando las grandes mercedes que á cada momento de él recibe.

YO *soy* la rosa de Saron, y el lirio de
los valles.
2 Como el lirio entre las espinas, así *es*
mi compañera entre las doncellas.
3 Como el manzano entre los árboles
silvestres, así *es* mi amado entre los
mancebos: bajo de su sombra deseé
sentarme, y me senté; y su fruto *ha sido*
dulce á mi paladar.
4 Llevóme á la cámara del vino, y su
bandera sobre mí *fué* amor.
5 Sustentadme con frascos *de vino*,
corroboradme con manzanas, porque es-
a Cap. 5. 8. toy enferma de amor[a].
6 Su izquierda *esté* debajo de mi ca-
b Cap. 8. 3. beza, y su derecha me abrace[b].
7 Yo os conjuro, oh doncellas de Je-
rusalem, por las gamas y por las ciervas
del campo, que no desperteis ni hagais
c Cap. 3. 5. y 8. 4. velar á *mi* amor, hasta que *él* quiera[c].
8 ¶ La voz de mi amado! Hé aquí él
viene saltando sobre los montes, brin-
cando sobre los collados.
9 Mi amado *es* semejante al gamo, ó
al cabrito de los ciervos. Hélo aquí está
tras de nuestra pared, mirando por las
ventanas, mostrandose por las rejas.
10 Mi amado habló, y me dijo: Le-
vántate, oh compañera mia, hermosa
mia, y vente.
11 Porque hé aquí ha pasado el invier-
no, hase mudado la lluvia, se fué.
12 Hanse mostrado las flores en la ti-
erra, el tiempo de la cancion es venido,
y en nuestro pais se ha oido la voz de la
tórtola.
13 La higuera ha echado sus higos, y
las vides en cierne dieron olor: leván-
tate, oh compañera mia, hermosa mia,
y vente.
14 Paloma mia, *que moras* en los agu-
jeros de la peña, en lo escondido de es-
carpados parajes, muéstrame tu rostro,
d Cap. 8. 13. hazme oir tu voz[d]; porque dulce *es* la
e Ap. 5. 8. voz tuya[e], y hermoso tu aspecto.
15 Cazadnos las zorras, las zorras pe-
f Ec. 10. 1. queñas[f], que echan á perder las viñas;
pues que nuestras viñas *están* en cierne.
g Cap. 6. 3. y 7. 10. 16 Mi amado *es* mio, y yo suya[g]: él
apacienta entre lirios.
17 Hasta que apunte el dia, y huyan
las sombras, tórnate, amado mio; sé se-
mejante al gamo, ó al cabrito de los ci-
ervos sobre los montes de Bether.

CAPITULO III.

La Iglesia (que es la esposa) declara su solicitud en buscar á su Esposo, y testifica el gran amor con que siempre le ama. Descríbese la magnificencia del aposento para las bodas.

POR las noches busqué en mi lecho
al que ama mi alma; busquélo, y
no lo hallé.
2 Levantaréme ahora, y rodearé por la
ciudad; por las calles y por las plazas
buscaré al que ama mi alma. Busquélo,
y no lo hallé.
3 Halláronme las guardas que rondan
la ciudad, *y díjeles*: ¿Habeis visto al
que ama mi alma?
4 Pasando de ellos un poco, hallé luego
al que mi alma ama: trabé de él, y no
lo dejé, hasta que lo metí en casa de mi
madre, y en la cámara de la que me
engendró.
5 Yo os conjuro, oh doncellas de Je-
rusalem, por las gamas y por las ciervas
del campo, que no desperteis ni hagais
velar á *mi* amor, hasta que *él* quiera[a]. a Cap. 2. 7. y 8. 4.
6 ¶ ¿Quién *es* esta que sube del desi-
erto como columnita de humo[b], sahu- b Fl. 4. 18.
mada de mirra y de incienso, y de todos
polvos aromáticos?
7 Hé aquí que la cama de Salomon
sesenta valientes la rodean, de los fu-
ertes de Israel[c]. c 2 Rey. 6. 17. Heb. 1. 14.
8 Todos ellos tienen espadas, diestros
en la guerra: cada uno su espada sobre
su muslo por los temores de la noche.
9 El rey Salomon[d] se hizo un tálamo d Cap. 8. 11, 12.
de madera del Líbano.
10 Sus columnas hizo de plata[e], su e Est. 1. 6.
fondo de oro, su cielo de grana, su in-
terior recamado *con labores* de amor[f] f Cap. 2. 4.
por las doncellas de Jerusalem.
11 Salid, oh doncellas de Sion, y ved
al rey Salomon con la corona con que
le[g] coronó su madre el dia de su despo- g Sal. 139. 14, 16.
sorio[h], y el dia del gozo de su corazon. h Juan 3. 29. Ap. 21. 9, 10.

CAPITULO IV.

Declara el esposo la hermosura y excelencia de su esposa, y el entrañable amor que le tiene. Reconoce la esposa que todo cuanto tiene de bueno, le viene de la liberalidad y gratuito favor de su esposo.

HÉ aquí que tú *eres* hermosa, com-
pañera mia; hé aquí que tú *eres*
hermosa[a]: tus ojos entre tus guedejas, a Cap. 1. 15.
como de paloma; tus cabellos, como ma-
nada de cabras que se muestran desde
el monte de Galaad.
2 Tus dientes, como manada de tras-
quiladas *ovejas*, que suben del lavadero,
todas con crias mellizas, y ninguna entre
ellas estéril.
3 Tus labios, como un hilo de grana,
y tu habla hermosa: tus sienes, como
cachos de granada á la parte adentro de
tus guedejas.
4 Tu cuello, como la torre de David,
edificada para muestra: mil escudos es-
tán colgados de ella, todos escudos de
valientes.
5 Tus dos pechos, como dos cabritos
mellizos de gama, que son apacentados
entre azucenas.
6 Hasta que apunte el dia, y huyan las
sombras[b], iréme al monte de la mirra, b Cap. 2. 17.
y al collado del incienso.
7 Toda tú *eres* hermosa, compañera
mia, y en tí no *hay* mancha[c]. c Ef. 5. 26, 27.
8 *Vendrás* conmigo del Líbano, oh es-
posa, conmigo vendrás del Líbano: mi-
rarás desde la cumbre de Amana, desde
la cumbre de Senir[d] y de Hermon; d Deu. 3. 9.
desde las guaridas de los leones, desde
los montes de los tigres.
9 Prendiste mi corazon, hermana, es-

posa mia, has preso mi corazon con uno
de tus ojos, con una gargantilla de tu
cuello.

10 ¡Cuan hermosos *son* tus amores,
hermana, esposa mia! ¡cuanto mejores
que el vino tus amores, y el olor de tus
ungüentos que todas las especias aro-
máticas!

11 Panal de miel destilan tus labios,
oh esposa: miel y leche *hay* debajo de
Cap. 5. 1. tu lengua [e]; y el olor de tus vestidos
Os. 14. 6, 7. como el olor del Líbano [f].

12 Huerto *eres* cerrado, hermana, es-
posa mia; fuente cerrada, fuente se-
llada.

13 Tus renuevos, *como* paraiso de gra-
nados, con frutos suaves, de cámpho-
Cap. 1. 14. ras [g], y nardos;

14 Nardo, y azafran, caña aromática,
y canela, con todos los árboles de in-
cienso; mirra y aloes, con todas las
Ex. 30. 23. principales especias [h].

r 24. 34. 15 Fuente de huertos, pozo de aguas
Juan 4. 10, vivas [i], que corren del Líbano [k].

14. 16 Levántate, Aquilon, y ven, Austro:
r 7. 38. sopla mi huerto, despréndanse sus aro-
Jer. 18. 14. mas. Venga mi amado á su huerto, y
coma de su dulce fruta.

CAPITULO V.

El esposo convida á sus amigos á las bodas: y la esposa confesando la falta que habia cometido en no abrir á su esposo la puerta, declara las miserias que le acontecieron; y despues habla con sus amigas de la hermosura de su esposo.

Cap. 4. 11, YO vine á mi huerto [a], oh hermana,
6. esposa mia: cogido he mi mirra y
mis aromas; he comido mi panal y mi
miel, mi vino y mi leche he bebido.
Cap. 8. 13. Comed, amigos [b]; bebed, amados, y em-
Luc. 15. 7. briagáos.
Luc. 22. 46. 2 Yo duermo [c], pero mi corazon vela.
La voz de mi amado, que toca *á la pu-
erta:* Abreme, hermana mia, compa-
ñera mia, paloma mia, perfecta mia;
porque mi cabeza *está* llena de rocío,
mis cabellos de las gotas de la noche.

3 Heme desnudado mi ropa; ¿cómo
la tengo de vestir? He lavado mis piés,
¿cómo los tengo de ensuciar?

4 Mi amado metió su mano por el
agujero *de la puerta*, y mis entrañas se
conmovieron dentro de mí.

5 Yo me levanté para abrir á mi ama-
do, y mis manos gotearon mirra, y mis
dedos mirra que corria sobre las aldabas
Cap. 1. 3. del candado [d].

6 Abrí yo á mi amado; mas mi amado
se habia ido, pasado habia ya: y tras su
hablar salió mi alma: busquélo, y no lo
hallé; llamélo, y no me respondió.

7 Halláronme las guardas que rondan
la ciudad: hiriéronme, llagáronme, qui-
táronme mi manto de encima las guar-
das de los muros.

8 Yo os conjuro, oh doncellas de Je-
rusalem, que si hallareis á mi amado,
que le hagais saber como de amor estoy
enferma.

9 ¿Qué *es* tu amado mas que *otros*
amados, oh la mas hermosa de todas
Cap. 1. 8. las mujeres [e]? ¿qué *es* tu amado mas
que *otros* amados, que así nos conju-
raste?

10 Mi amado *es* blanco y rubio, seña-
lado entre diez mil.

11 Su cabeza, *como* oro fino, sus cabe-
llos crespos, negros como el cuervo.

12 Sus ojos, como palomas junto á los
arroyos de las aguas, que se lavan con
leche, *y* á la perfeccion colocados.

13 Sus mejillas, como una era de espe-
cias aromáticas, como fragrantes flores:
sus labios, *como* lirios que destilan mirra
que trasciende.

14 Sus manos, *como* anillos de oro en-
gastados de jacintos: su vientre, *como*
claro marfil cubierto de zafiros.

15 Sus piernas, *como* columnas de már-
mol fundadas sobre basas de fino oro:
su aspecto, como el Líbano; escogido
como los cedros.

16 Su paladar, dulcísimo: y todo él
codiciable. Tal *es* mi amado, tal *es* mi
compañero, oh doncellas de Jerusalem.

CAPITULO VI.

La esposa dice á sus amigas que su esposo se habia partido de ella. El esposo, pintando la hermosura de su esposa, testifica el grande amor que la tiene.

¿DONDE se ha ido tu amado, oh
la mas hermosa de todas las mu-
jeres? ¿Adónde se apartó tu amado, y
le buscarémos contigo?

2 Mi amado descendió á su huerto, á
las eras de los aromas, para apacentar
en los huertos, y para coger los lirios.

3 Yo *soy* de mi amado, y mi amado *es*
mio, el cual apacienta entre los lirios.

4 Hermosa *eres* tú, oh compañera mia, [a] 1 Rey. 14.
como Tirsa [a]; de desear, como Jeru- 17.
salem [b]; imponente, como ejércitos en [b] Lu. 2. 15.
órden [c]. [c] ver. 10.

5 Aparta tus ojos de delante de mí,
porque ellos me vencieron. Tu cabello
es como manada de cabras que se mu-
estran en Galaad [d]. [d] Cap. 4. 1, 3.

6 Tus dientes, como manada de ovejas
que suben del lavadero, todas con crias
mellizas, y estéril no *hay* entre ellas.

7 Como cachos de granada *son* tus si-
enes entre tus guedejas.

8 Sesenta *son* las reinas, y ochenta las
concubinas; y las mozas, sin cuento [e]. [e] Sal. 45. 12,
9 *Mas* una *es* la paloma mia, la per- 14.
fecta mia: única *es* á su madre, esco-
gida á la que la engendró. Viéronla las
doncellas, y llamáronla bienaventurada;
las reinas y las concubinas la alabaron.

10 ¿Quién *es* esta que se muestra como
el alba, hermosa como la luna, esclare-
cida como el sol, imponente como ejér-
citos en órden [f]? [f] ver. 4.
11 Al huerto de los nogales descendí [g] [g] ver. 2.
á ver los frutos del valle, *y* para ver si
brotaban las vides, si florecian los gra-
nados [h]. [h] Cap. 7. 12.

12 No sé; hame mi alma hecho *como*
los carros de Aminadab.

13 Tórnate, tórnate, oh Sulamita; tór-
nate, tórnate, y te mirarémos. ¿Qué
veréis en la Sulamita? Como la reunion
de dos campamentos.

CAPITULO VII.

Continuando el esposo en pintar la hermosura de su esposa, declara su regocijo en ella. La esposa reconociendo el favor de su esposo, dedícase enteramente á su servicio.

CUAN hermosos *son* tus piés en los [a] Ef. 6. 15.
calzados, oh hija de príncipe [a]! Los
contornos de tus muslos *son* como joyas,
obra de mano de *excelente* maestro.

2 Tu ombligo, *como* una taza redonda,
que no le falta bebida. Tu vientre, *como*
monton de trigo cercado de lirios.

3 Tus dos pechos, como dos cabritos
mellizos [b] de gama. [b] Cap. 4. 5.

4 Tu cuello, como torre de marfil: tus
ojos, *como* las pesqueras de Hesbon junto
á la puerta de Bath-rabbim: tu nariz,
como la torre del Líbano que mira hácia
Damasco.

5 Tu cabeza encima de tí, como el
Carmelo; y el cabello de tu cabeza, co-
mo la púrpura del rey ligada en los cor-
redores.

6 Qué hermosa eres, y cuan suave, oh
amor deleitoso!

7 Tu estatura es semejante á la palma,
y tus pechos á los racimos.

8 Yo dije: Subiré á la palma, asiré sus ramos: y tus pechos serán ahora como racimos de vid, y el olor de tu nariz como de manzanas;

9 Y tu paladar como el buen vino, que se entra[c] á mi amado suavemente, y hace hablar los labios de los viejos.

[c] Pro. 23. 31.

10 Yo *soy* de mi amado, y conmigo *tiene* su contentamiento[d].

[d] Cap. 2. 16. y 6. 3.

11 Ven, oh amado mio, salgamos al campo, moremos en las aldéas.

12 Levantémonos de mañana á las viñas; veamos si brotan las vides, si se abre el cierne, si han florido las granados[e]: allí te daré mis amores.

[e] Cap. 6. 11.

13 Las mandrágoras han dado olor, y á nuestras puertas *hay* toda suerte de dulces *frutas*, nuevas y añejas, *que* para tí, oh amado mio, he guardado[f].

[f] Co. 1. 10. 1 Te. 4. 1.

CAPITULO VIII.

Deseando la esposa estar mas y mas unida á su esposo, declara estar abrasada de una tal llama de amor, que es imposible se apague; y pide luego que los Gentiles sean convidados á sus bodas.

¡OH quién te me diese como hermano que mamó los pechos de mi madre! que te hallase yo fuera, y te besára, y no me menospreciasen!

2 Yo te llevaría, te metiera en casa de mi madre[a]: tú me enseñarias, y yo te hiciera beber vino adobado del mosto de mis granadas.

[a] Cap. 3. 4.

3 Su izquierda *esté* debajo de mi cabeza, y su derecha me abrace[b].

[b] Cap. 2. 6, 7.

4 Conjúroos, oh doncellas de Jerusalem, que no desperteis, ni hagais velar al amado, hasta que él quiera.

5 ¶ ¿Quién es esta que sube del desierto[c], recostada sobre su amado? Debajo de un manzano te desperté[d]: allí tuvo tu madre dolores, allí tuvo dolores la que te parió.

[c] Cap. 3. 6. [d] Cap. 2. 3, 5.

6 Ponme como un sello[e] sobre tu corazon, como una marca sobre tu brazo; porque fuerte es, como la muerte, el amor; duro, como el sepulcro, el zelo: sus brasas, brasas de fuego, fuerte llama[f].

[e] Jer. 22. 24. Hag. 2. 23. [f] Job 26. 22.

7 Las muchas aguas no podrán apagar el amor, ni le ahogarán los rios. Si diese el hombre toda la hacienda de su casa por este amor, de cierto la menospreciáran.

8 Tenemos una pequeña hermana, que *aun* no tiene pechos[g]: ¿qué harémos á nuestra hermana cuando de ella se habláre?

[g] Ez. 16. 7.

9 Si ella *es* muro, edificarémos sobre él un palacio de plata: y si fuere puerta, la guarnecerémos con tablas de cedro.

10 Yo *soy* muro, y mis pechos como torres, desde que fuí en sus ojos como la que halla paz.

11 Salomon tuvo una viña en Bahalhamon, la cual entregó á guardas[h]; cada uno de los cuales debía traer mil *monedas* de plata por su fruto[i].

[h] Mat. 21. 33. [i] Is. 7. 23.

12 Mi viña[k], que es mia, *está* delante de mí: las mil *monedas serán* tuyas, oh Salomon[l]; y doscientas, de los que guardan su fruto.

[k] Cap. 1. 6. [l] Cap. 3. 9. Is. 3. 5, 6.

13 Oh tú la que moras en los huertos[m], los compañeros escuchan tu voz: hazmela oir.

[m] Cap. 5. 1.

14 Huye, amado mio, y sé semejante al gamo, ó al cervatillo sobre las montañas de los aromas.

LIBRO DE LAS PROFECÍAS

DE

ISAIAS.

A. C. cir. 760.

CAPITULO I.

Acusa Dios á su pueblo de ingrato á sus beneficios, de rebelde á sus mandamientos, y de contumaz á sus testigos. Desconoce y desecha el exterior culto sin fé y sin caridad; y enseña que la limpieza del corazon, y la obediencia á sus mandamientos, es el culto que le agrada.

VISION[a] de Isaias, hijo de Amós, la cual vió sobre Judá y Jerusalem en dias de Uzzias, Jotham, Achàz, y Ezechias, reyes de Judá[b].

[a] Nu. 12. 6. [b] 2 Cron. XXVI. y XXXII.

2 Oid, cielos[c], y escucha tú, tierra; porque habla Jehová. Crié hijos, y engrandecílos; y ellos se rebelaron contra mí.

[c] Deu. 32. 1.

3 El buey conoció á su dueño, y el asno el pesebre de su señor: Israel no conoció, mi pueblo no tuvo entendimiento[d].

[d] Jer. 8. 7.

4 ¡Oh gente pecadora, pueblo cargado de maldad, generacion de malignos, hijos depravados! Dejaron á Jehová, provocaron á ira al Santo de Israel, tornáronse atrás[e].

[e] Sal. 58. 3.

5 ¿Para qué habeis de ser castigados aun? Todavía os rebelaréis. Toda cabeza *está* enferma, y todo corazon doliente.

6 Desde la planta del pié hasta la cabeza no hay en él cosa ilesa; *sino* herida, hinchazon, y podrida llaga. No están curadas, ni vendadas, ni suavizadas con aceite.

7 Vuestra tierra *está* destruida[f], vuestras ciudades puestas á fuego, vuestra tierra delante de vosotros comida de extranjeros, y asolada como *en* asolamiento de extraños.

[f] Deu. 28. 51.

8 Y quedará la hija de Sion como choza en viña, y como cabaña[g] en melonar; como ciudad asolada.

[g] La. 2. 6.

9 Si Jehová de los ejércitos no hubiera hecho que nos quedasen muy cortos residuos[h], como Sodoma fuéramos, y semejantes á Gomorra[i].

[h] La. 3. 22. Ro. 9. 29. [i] Gen. 19. 24.

10 ¶ Príncipes de Sodoma, oid la palabra de Jehová; escuchad la ley de nuestro Dios, pueblo de Gomorra.

11 ¿Para qué á mí, dice Jehová, la multitud de vuestros sacrificios[k]? Harto estoy de holocaustos de carneros, y de sebo de animales gruesos: no quiero sangre de bueyes, ni de ovejas, ni de machos cabríos.

[k] Sal. 50. 8, etc. Pro. 21. 27. Jer. 6. 20. Amos 5. 21, 22.

12 ¿Quién demandó esto de vuestras manos, cuando vinieseis á presentaros delante de mí, para hollar mis atrios?

13 No me traigais mas vano presente[l]. El perfume me es abominacion. De Neomenia, y Sábado, al convocar asambléas no podré sufrir iniquidad y solemnidad[m].

[l] Lev. 11. 42. [m] Cap. 61. 8.

14 Vuestras lunas nuevas y vuestras solemnidades tiene aborrecidas mi alma: me son gravosas; cansado estoy de llevar*las*.

15 Cuando extendiéreis vuestras manos, yo esconderé de vosotros mis ojos[n]. Asimismo cuando multiplicáreis la ora-

[n] Mic. 3. 4.

cion, yo no oiré: llenas están de sangre
Cap. 59. 3. vuestras manos[o].
Jer. 4. 14. 16 Lavad[p], limpiáos, quitad la ini-
quidad de vuestras obras de ante mis
1 Ped. 3. 11. ojos; dejad de hacer lo malo[q]:
17 Aprended á bien hacer; buscad
juicio, restituid al agraviado, oid en
derecho al huérfano, amparad á la
viuda.
18 ¶ Venid luego, dirá Jehová, y es-
temos á cuenta. Si vuestros pecados
fueren como la grana, como la nieve
serán emblanquecidos: si fueren rojos
Sal. 51. 7. como el carmesí, vendrán á ser como
Ap. 7. 14. *blanca* lana[r].
19 Si quisiereis, y oyereis, comeréis el
bien de la tierra:
20 Si no quisiereis, y fuereis rebeldes,
seréis consumidos á espada; porque la
boca de Jehová *lo* ha dicho.
Jer. 2. 20, 21. 21 ¶ ¿Cómo te has tornado ramera[s],
oh ciudad fiel? Llena *estuvo* de juicio,
en ella habitó equidad; mas ahora ho-
micidas.
22 Tu plata se ha tornado escorias; tu
vino mezclado *está* con agua.
23 Tus príncipes, prevaricadores y
compañeros de ladrones: todos aman
las dádivas, y van tras de las recom-
pensas: no oyen en juicio al huérfano,
ni llega á ellos la causa de la viuda.
24 Por tanto, dice el Señor Jehová
de los ejércitos, el Fuerte de Israel: Ea,
tomaré satisfaccion de mis enemigos,
Deu. 28. 63. vengaréme de mis adversarios[t]:
Ez. 5. 13. 25 Y volveré mi mano sobre tí, y lim-
piaré hasta lo mas puro de tus escorias,
Mal. 3. 3. y quitaré todo tu estaño[u].
26 Y restituiré tus jueces como al prin-
cipio, y tus consejeros como de primero:
entónces te llamaré Ciudad de justicia,
Zac. 8. 3. Ciudad fiel[x].
27 Sion con juicio será rescatada; y
los convertidos de ella, con justicia.
28 Mas los rebeldes y pecadores á una
serán quebrantados; y los que dejaron
á Jehová serán consumidos.
29 Entónces os avergonzarán los olmos
Cap. 57. 5. que amasteis[y], y os afrentarán los bos-
Cap. 65. 3. ques[z] que escogisteis.
30 Porque seréis como el olmo que se
le cae la hoja, y como huerto que le
faltaron las aguas.
31 Y el fuerte será como estopa; y el
que lo hizo, como centella: y ambos
serán encendidos juntamente, y no *ha-*
brá quien apague.

CAPITULO II.

Profetiza la venida del reino de Jesu Cristo; y despues de indicar la causa porque sería el pueblo Judáico desechado, amenaza á los soberbios é idólatras con el juicio que ha de venir.

LO que vió Isaias, hijo de Amós, to-
cante á Judá y Jerusalem.
2 Y acontecerá en lo postrero de los
Mic. 4. 1, etc. tiempos[a], que será confirmado el monte
de la casa de Jehová por cabeza de los
montes, y será ensalzado sobre los colla-
Gen. 49. 10. Sal. 2. 8. dos; y correrán á él todas las gentes[b].
3 Y vendrán muchos pueblos, y dirán:
Venid, y subamos al monte de Jehová,
Jer. 31. 6. y 50. 5. á la casa del Dios de Jacob[c]; y nos
Zac. 8. 21, 23. enseñará en sus caminos, y caminaré-
mos por sus sendas. Porque de Sion[d]
Sal. 110. 2. saldrá la ley, y de Jerusalem la palabra
de Jehová.
4 Y juzgará entre las gentes, y repren-
derá á muchos pueblos: y volverán sus
espadas en rejas de arado, y sus lanzas
en hoces. No alzará espada gente con-
tra gente, ni se ensayarán mas para la
guerra.
5 Venid, oh casa de Jacob, y camine-
mos á la luz de Jehová.

6 ¶ Ciertamente tú has dejado tu
pueblo, á la casa de Jacob, porque se
han henchido del Oriente, y de agore-
ros, como los Philistéos[e]; y en hijos Deu. 18. 14.
agenos descansaron[f]. Neh. 13. 23.
7 Su tierra está llena de plata y oro,
sus tesoros no *tienen* fin. Tambien está
su tierra llena de caballos, ni sus carros
tienen número[g]. Deu. 17. 16, 17.
8 Además está su tierra llena de ído-
los[h], y á la obra de sus manos se han Jer. 2. 28.
arrodillado, á lo que fabricaron sus
dedos:
9 Y hase inclinado *todo* hombre, y
todo varon se ha humillado[i]: por tanto Cap. 5. 15.
no los perdonarás.
10 ¶ Métete en la piedra, escóndete
en el polvo de la presencia espantosa de
Jehová, y del resplandor de su majestad.
11 La altivez de los ojos del hombre
será abatida[k], y la soberbia de los hom- Sal. 18. 27.
bres será humillada, y Jehová solo será
ensalzado en aquel dia[l]. ver. 17.
12 Porque dia de Jehová de los ejér-
citos *vendrá* sobre todo soberbio y altivo,
y sobre todo ensalzado; y será abatido:
13 Y sobre todos los cedros del Líba-
no[m] altos y sublimes, y sobre todos los Ez. 31. 3. Zac. 11. 1, 2.
alcornoques de Basan;
14 Y sobre todos los montes altos, y
sobre todos los collados levantados;
15 Y sobre toda torre alta[n], y sobre Cap. 30. 25.
todo muro fuerte;
16 Y sobre todas las naves de Tarsis[o], 1 Rey. 10. 22.
y sobre todas pinturas preciadas.
17 Y la altivez del hombre será aba-
tida, y la soberbia de los hombres será
humillada; y solo Jehová será ensalzado
en aquel dia[p]. ver. 11.
18 Y quitará totalmente los ídolos.
19 Y meteránse en las cavernas de
las peñas, y en las aberturas de la tier-
ra, por la presencia espantosa de Jeho-
vá, y por el resplandor de su majestad,
cuando se levantará él para herir la
tierra[q]. Hag. 2. 6, 21. Heb. 12. 26, 27.
20 Aquel dia arrojará[r] el hombre á los
parajes de topos y murciélagos sus ídolos
de plata, y sus ídolos de oro, que le Cap. 31. 7.
hicieron para que adorase.
21 Y se entrarán en las hendeduras
de las rocas, y en las cavernas de las
peñas[s], por la presencia formidable de Ap. 6. 15.
Jehová, y por el resplandor de su ma-
jestad, cuando se levantáre para herir
la tierra.
22 Dejáos pues del hombre, cuyo há-
lito *está* en su nariz[t]: porque ¿de qué Sal. 146. 3, 4.
es él estimado?

CAPITULO III.

Anuncia á todo el pueblo Judáico grandes calamidades y ruina por sus pecados, pero que al justo le espera el bien. Amenaza con el juicio de Dios á los magnates del pueblo por su opresion y tiranía, é intima el castigo que vendria sobre las hijas de Sion por sus altivez y deshonestidades.

PORQUE hé aquí que el Señor Je-
hová de los ejércitos quita de Jeru-
salem y de Judá el sustentador y el
fuerte; todo sustento de pan[a], y todo Lev. 26. 26.
socorro de agua:
2 El valiente[b], y el hombre de guerra, 2 Rey. 24. 14.
el juez, y el profeta, el adivino, y el an-
ciano;
3 El capitan de cincuenta, y el hombre
de respeto; y el consejero, y el artífice
excelente, y el hábil orador.
4 Y pondréles mozos por príncipes, y
muchachos serán sus señores[c]. Ec. 10. 16.
5 Y el pueblo hará violencia los unos á
los otros, cada cual contra su vecino.
El mozo se levantará contra el viejo, y
el villano contra el noble.
6 Cuando alguno trabare de su her-

mano, de la familia de su padre, *y le dijere:* Que vestir tienes; tú serás nuestro príncipe, y *sea* en tu mano esta ruina:

7 Él jurará aquel dia diciendo: No tomaré ese cuidado; porque en mi casa ni hay pan, ni que vestir: no me hagais príncipe del pueblo.

8 Pues arruinada[d] está Jerusalem, y Judá ha caido: porque la lengua de ellos y sus obras *han sido* contra Jehová, para irritar[e] los ojos de su majestad.

d Mic. 3. 12.
e 1 Cor. 10. 22.

9 La apariencia del rostro de ellos los convence; que como Sodoma predican su pecado, no *lo* disimulan. ¡Ay de su alma de ellos, porque allegaron mal para sí.

10 Decid al justo, que *le irá*[f] bien; porque comerá de los frutos de sus manos.

f Ec. 8. 12, 13.

11 Ay del impío! mal *le irá:* porque segun las obras de sus manos le será pagado.

12 Los exactores de mi pueblo *son* muchachos, y mujeres se enseñoreáron de él. Pueblo mio, los que te guian, *te* engañan, y tuercen la carrera de tus caminos.

13 ¶ Jehová está en pié para litigar, y está para juzgar los pueblos[g].

g Mic. 6. 2.

14 Jehová vendrá á juicio contra los ancianos de su pueblo, y contra sus príncipes: porque vosotros habeis devorado la viña, y el despojo del pobre *está* en vuestras casas.

15 ¿Qué *pensais* vosotros, que majais mi pueblo, y moleis las caras de los pobres? dice el Señor Jehová de los ejércitos.

16 ¶ Asimismo dice Jehová: Por cuanto las hijas de Sion se ensoberbecen, y andan cuellierguidas, y los ojos descompuestos; y cuando andan, van *como* danzando, y haciendo son con los piés:

17 Por tanto pelará el Señor la mollera de las hijas de Sion, y Jehová descubrirá sus vergüenzas.

18 Aquel dia quitará el Señor el atavío de los calzados, y las redecillas, y las lunetas,

19 Los collares, y los joyeles, y los brazaletes,

20 Las escofietas, y los atavíos de las piernas, los partidores del pelo, los pomitos de olor, y los zarcillos,

21 Los anillos, y los joyeles de las narices,

22 Las ropas de remuda, los mantoncillos, los velos, y los alfileres,

23 Los espejos, los pañizuelos, las gasas, y los tocados.

24 Y será que en lugar de los perfumes aromáticos vendrá hediondez, y desgarron en lugar de cinta, y calvez[h] en lugar de la compostura *del cabello:* y en lugar de faja, ceñimiento de saco; y quemadura en vez de hermosura.

h Mic. 1. 16.

25 Tus varones caerán á cuchillo, y tu fuerza en la guerra.

26 Sus puertas se entristecerán y enlutarán[i]: y ella desamparada, sentaráse en tierra.

i La. 1. 4.

CAPITULO IV.

Despues de indicar la grande diminucion del pueblo de Israel en sus calamidades, vaticina su restauracion y gloria de la Iglesia por Jesu Cristo.

Y ECHARÁN mano de un hombre siete mujeres en aquel tiempo, diciendo: Nosotras comerémos de nuestro pan, y nos vestirémos de nuestras ropas: solamente sea llamado tu nombre sobre nosotras; quita nuestro oprobio[a].

a Sal. 78. 63.

2 En aquel tiempo el renuevo[b] de Jehová será para hermosura y gloria, y el fruto de la tierra para grandeza y honra á los librados de Israel.

b Jer. 23. 5, 6. Zac. 6. 12, 13.

3 Y acontecerá que el que quedáre en Sion, y fuere dejado en Jerusalem, será llamado santo[c]; todos los que en Jerusalem están escritos entre los vivientes[d].

c Cap. 60. 21.
d Sal. 69. 28.

4 *Así será* cuando el Señor laváre las inmundicias de las hijas de Sion, y limpiare las sangres de Jerusalem de en medio de ella con espíritu de juicio, y con espíritu de ardimiento.

5 Y criará Jehová sobre toda la morada del monte de Sion, y sobre los lugares de sus convocaciones, nube y obscuridad de dia, y de noche resplandor de fuego que eche llamas: porque sobre toda gloria habrá cobertura[e].

e Sal. 105. 39.

6 Y habrá sombrajo para sombra contra el calor del dia; para acogida y escondedero contra el turbion, y contra el aguacero.

CAPITULO V.

Bajo la figura de una viña muestra el Profeta los beneficios que Dios habia hecho á su pueblo, y la ingratitud del mismo, por cuyos pecados habia sido castigado; y predice que á causa de su general depravacion, Dios haria fuese destruido por otras naciones.

AHORA cantaré por mi amado el cantar de mi amado á su viña. Tenia mi amado una viña[a] en un recuesto lugar fértil.

a Sal. 80. 8. Cap. 27. 2. Jer. 2. 21. Luc. 20. 9.

2 Habíala cercado, y despedregádola, y plantádola de vides escogidas. Habia edificado en medio de ella una torre, y tambien asentado un lagar en ella. Y esperaba que llevase uvas, y llevó uvas silvestres.

3 Ahora pues, vecinos de Jerusalem, y varones de Judá, juzgad ahora entre mí y mi viña.

4 ¿Qué mas se habia de hacer á mi viña, que yo no haya hecho en ella? ¿Cómo, esperando yo que llevase uvas, ha llevado uvas silvestres?

5 Os mostraré pues ahora lo que haré yo á mi viña: Quitaréla su vallado, y será para ser consumida; aportillaré su cerca, y será para ser hollada[b].

b Sal. 80. 12, 13.

6 Haré que quede desierta: no será podada ni cavada, y crecerá el cardo, y las espinas: y aun á las nubes mandaré que no derramen lluvia sobre ella.

7 Ciertamente la viña de Jehová de los ejércitos es la casa de Israel; y *todo* hombre de Judá, planta suya deleitosa. Esperaba *de ahí* juicio, y hé aquí vileza; justicia, y hé aquí clamor.

8 ¶ ¡Ay de los que juntan casa con casa, y allegan heredad á heredad[c] hasta acabar el término! ¿Habitaréis vosotros solos en medio de la tierra?

c Mic. 2. 2.

9 *Ha llegado* á mis oidos de parte de Jehová de los ejércitos, que las muchas casas quedarán asoladas, sin morador las grandes y hermosas.

10 Y diez huebras de viña producirán un zaque, y treinta modios de simiente darán tres modios.

11 ¡Ay de los que se levantan de mañana para seguir la embriaguez; que se están hasta la noche *hasta que* el vino los enciende!

12 Y en sus banquetes hay harpas, vihuelas, tamboriles, flautas, y vino[d]; y no miran la obra de Jehová, ni consideran la obra de sus manos[e].

d Amos 6. 5, 6.
e Sal. 28. 5.

13 Por tanto mi pueblo fué llevado cautivo, porque no tuvo ciencia[f]; y su gloria pereció de hambre, y su multitud se secó de sed.

f Os. 4. 6. Luc. 19. 44.

14 Por eso ensanchó su interior el sepulcro, y sin medida extendió su boca: y *allá* descenderá la gloria de ellos, y su

multitud, y su fausto, y el que en él se
huelga.
15 Y *todo* hombre será humillado, y
todo varon será abatido, y bajados serán
los ojos de los altivos[g]. [g] ...ap. 2. 9, ...17.
16 Mas Jehová de los ejércitos será
ensalzado en juicio, y el Dios Santo será
santificado con justicia.
17 Y los corderos serán apacentados se-
gun su costumbre; y extraños comerán
las gruesas desamparadas.
18 ¡Ay de los que traen *hácia sí* la
iniquidad con cuerdas de vanidad, y el
pecado como con coyundas de carreta!
19 Los cuales dicen: Venga ya, apre-
súrese su obra, y veamos: acérquese, y
venga el consejo del Santo de Israel,
para que *lo* sepamos.
20 ¡Ay de los que á lo malo dicen
bueno, y á lo bueno malo; que hacen
de la luz tinieblas, y de las tinieblas
luz; que ponen lo amargo por dulce, y
lo dulce por amargo!
21 ¡Ay de los sabios en sus ojos, y
de los que son prudentes delante de sí
mismos!
22 ¡Ay de los que son valientes para
beber vino, y hombres fuertes para mez-
clar bebida!
[h] ...ro. 17. 15.
23 Los que dan por justo al impío[h]
por cohechos, y al justo quitan su jus-
ticia!
24 Por tanto, como la lengua del fuego
consume las aristas, y la llama devora
la paja, así será su raiz como pudrimi-
ento, y su flor se desvanecerá como pol-
vo: porque desecharon la ley de Jehová
de los ejércitos, y abominaron la palabra
del Santo de Israel.
25 Por esta causa se encendió el furor
de Jehová contra su pueblo, y extendió
contra él su mano, é hirióle, y se estre-
mecieron los montes; y sus cadáveres
fueron arrojados en medio de las calles.
Con todo esto no ha cesado su furor,
[i] ...ap. 9. 11. ...18. 20. ...10. 4. ...ev. 26. 14, ...c.
ántes *está* su mano todavía extendida[i].
26 Y alzará pendon á gentes de léjos,
y silbará al *que está* en el cabo de la
tierra: y hé aquí que vendrá pronto y
velozmente.
27 No *habrá* entre ellos cansado, ni
que vacile: ninguno se dormirá, ni le
tomará sueño: á ninguno se le desatará
el cinto de los lomos, ni se le romperá
la corréa de sus zapatos.
28 Sus saetas amoladas, y todos sus
arcos entesados. Las uñas de sus ca-
ballos parecerán como de pedernal, y las
ruedas *de sus carros* como torbellino.
29 Su bramido como de leon: rugirá
á manera de leoncillos, rechinará los
dientes, y arrebatará la presa; apañará
los despojos, y nadie *se los* quitará.
30 Y bramará sobre él en aquel dia
como bramido de la mar: entónces mi-
rará hácia la tierra, y hé aquí tinieblas
de tribulacion; y en sus cielos se obscu-
recerá la luz[k]. [k] ...ap. 59. 9, ...

CAPITULO VI.

Refiere el Profeta una vision que tuvo, en la cual oyó la voz del Señor que le enviaba á anunciar al pueblo Judáico su asolamiento por su ciega obstinacion y dureza, sí bien una parte de ellos sería preservada como simiente santa.

EN el año que murió el rey Uzzias[a]
vi yo al Señor[b] sentado sobre un
trono alto y sublime[c], y sus faldas hen-
chian el templo.
[a] ...Rey. 15. 7. [b] ...Juan 12. 41. [c] ...Rey. 22. ...
2 Y encima de él estaban Serafines:
cada uno tenia seis alas; con dos cu-
brian sus rostros, y con *otras* dos cu-
brian sus piés[d], y con las *otras* dos
volaban.
[d] ...Is. 1. 11.

3 Y el uno al otro daba voces dici-
endo: Santo, Santo, Santo Jehová de
los ejércitos[e]: toda la tierra *está* llena [e] Ap. 4. 8.
de su gloria.
4 Y los quiciales de las puertas se es-
tremecieron con la voz del que clamaba,
y la casa se hinchió de humo[f]. [f] Ap. 15. 8.
5 Entónces dije: Ay de mí, que soy
muerto; que siendo hombre inmundo
de labios, y habitando en medio de pue-
blo que tiene labios inmundos, han visto
mis ojos al Rey, Jehová de los ejérci-
tos[g]. [g] Juec. 13. 22.
6 Y voló hácia mí uno de los Serafines,
teniendo en su mano un carbon encen-
dido, tomado del altar con unas tena-
zas[h]; [h] Lev. 6. 12, 13. y 16. 12.
7 Y tocando con él sobre mi boca dijo:
Hé aquí que esto tocó tus labios, y será
quitada tu culpa, y limpio tu pecado.
8 Despues *de esto* oí la voz del Señor,
que decia: ¿A quién enviaré, y quién
nos irá? Entónces respondí yo: Héme
aquí; envíame á mí.
9 Y dijo: Anda, y di á este pueblo:
oid bien, y no entendais; ved por cierto,
mas no comprendais[i]. [i] Mat. 13. 14. Juan 12. 40. Hech. 28. 26.
10 Engruesa el corazon de aqueste pue-
blo, y agrava sus oidos, y ciega sus ojos;
porque no vea con sus ojos, ni oiga con
sus oidos, ni su corazon entienda, ni se
convierta, y *haya* para él sanidad.
11 Y yo dije: ¿Hasta cuando, Señor?
Y respondió él: Hasta que las ciudades
esten asoladas, y sin morador, ni hom-
bre en las casas, y la tierra sea tornada
en desierto:
12 Hasta que Jehová hubiere echado
léjos los hombres, y multiplicáre en me-
dio de la tierra la desamparada.
13 Pues aun *quedará* en ella una dé-
cima parte, y volverá, bien que habrá
sido asolada: como el olmo, y como el
alcornoque, de los cuales en la tala *queda*
el tronco, *así quedará* el tronco de ella,
simiente santa.

CAPITULO VII.

Conspirando el rey de Israel con el rey de Siria contra Jerusalem, envia Dios el profeta Isaias á animar al rey Achâz prometiéndole su defensa. Ofrece Dios señal en confirmacion de tal promesa, y rehúsala Achâz con hipocresía. Mas en señal de la misericordia de Dios para con la casa de David y todo el género humano, es profetizado el nacimiento de Cristo. Anúnciase tambien la ruina del reino de las diez tribus por los Asirios.

ACONTECIÓ en los dias de Achâz,
hijo de Jotham, hijo de Uzzias,
rey de Judá, que Rezin, rey de Siria,
y Peca, hijo de Remalias, rey de Israel,
subieron á Jerusalem para combatirla;
mas no la pudieron tomar[a]. [a] 2 Rey. 16. 5.
2 Y vino la nueva á la casa de David,
diciendo *como* Siria se habia confederado
con Ephraim: y estremecióse el cora-
zon, y el corazon de su pueblo, como se
estremecen los árboles del monte á causa
del viento.
3 Entónces dijo Jehová á Isaias: Sal
ahora al encuentro de Achâz, tú, y Sear-
jasub tu hijo, al cabo del conducto de la
Pesquera de arriba, en el camino de la
heredad del Lavador[b], [b] Cap. 36. 2.
4 Y dile: Guarda, y repósate. No te-
mas, ni se eternezca tu corazon á causa
de estos dos cabos de tizon que humean,
es á saber, por el furor de la ira de Rezin
y del Siro, y del hijo de Remalias.
5 Por haber acordado maligno consejo
contra tí el Siro con Ephraim, y con el
hijo de Remalias, diciendo,
6 Vamos contra Judá, y le desperta-
rémos, y le partirémos entre nosotros, y

pondrémos en medio de ella por rey al
hijo de Tabeal,
7 El Señor Jehová dice así: No subsistirá,
ni será *eso*.
8 Porque la cabeza de Siria *será* Damasco,
y la cabeza de Damasco Rezin:
y dentro de sesenta y cinco años Ephraim
será quebrantado *hasta dejar de ser*
[c] 2 Rey. 17. 23. Esd. 4. 2, 10. pueblo [c].
9 Entre tanto la cabeza de Ephraim
será Samaria, y la cabeza de Samaria el
hijo de Remalias. Si vosotros no creyereis,
[d] 2 Cr. 20. 20. de cierto no permaneceréis [d].
10 Y habló mas Jehová á Achâz diciendo:
11 Pide para tí señal [e] de Jehová tu
[e] Cap. 38. 7, 22. Dios, demandandola en el profundo, ó
arriba en lo alto.
12 Y respondió Achâz: No pediré, y
[f] Ex. 17. 7. no tentaré [f] á Jehová.
13 Dijo entónces *Isaias*: Oid ahora,
casa de David: ¿Os es poco el ser molestos
á los hombres, sinó que tambien
lo seais á mi Dios?
14 Por tanto el mismo Señor os dará
señal. Hé aquí que la vírgen concebirá,
[g] Mic. 5. 3. Mat. 1. 23. y parirá hijo [g], y llamará su nombre
IMMANUEL.
15 Comerá manteca y miel, hasta que
sepa desechar lo malo, y escoger lo
bueno.
16 Porque ántes que el niño sepa desechar
lo malo, y escoger lo bueno, la tierra
[h] 2 Rey. 15. 30. y 16. 9. que tú aborreces será dejada [h] de
sus dos reyes.
17 ¶ Jehová hará venir sobre tí, y
sobre tu pueblo, y sobre la casa de tu
padre, dias cuales nunca vinieron desde
[i] 1 Rey. 12. 16. el dia que Ephraim se apartó de Judá [i];
es á saber, al rey de Asiria.
18 Y acontecerá que aquel dia silbará
Jehová á la mosca que *está* en el fin de
los rios de Egipto, y á la abeja que *está*
en la tierra de Asiria:
19 Y vendrán, y se asentarán todos en
los valles desiertos, y en las cavernas de
las piedras, y en todos los zarzales, y en
todas las matas.
20 En aquel dia raerá el Señor con
[k] 2 Rey. 16. 7, 8. Ez. 29. 19, 20. navaja alquilada [k], con los *que habitan*
de la otra parte del rio, *á saber*, con el
rey de Asiria, cabeza y pelos de los piés;
y aun la barba tambien quitará.
21 Y acontecerá en aquel tiempo, que
crie un hombre una vaca, y dos ovejas;
22 Y será que á causa de la abundancia
de leche que darán, comerá manteca:
cierto manteca y miel comerá el que
quedare en medio de la tierra.
23 Acontecerá tambien en aquel tiempo,
sucederá que el lugar donde habia
mil vides, que valian mil *siclos* de
plata, será para los espinos y cardos.
24 Con saetas y arco irán allá; porque
toda la tierra será espinos y cardos.
25 Y á todos los montes que se cavaban
con azada, no llegará allá el temor de
los espinos y de los cardos: mas serán
para pasto de bueyes, y para ser hollados
de los ganados.

CAPITULO VIII.

Dios da al Profeta la señal de la defensa prometida en el cap. precedente, ver. 14. Amenaza á las diez tribus, de cuya calamidad alcanzaría parte á Judá. El auxilio y favor de Dios será con cuantos le temen y ponen en él su confianza; mas á los incrédulos é idólatras vendrán grandes calamidades y tribulaciones.

[a] Hab. 2. 2. Y DIJOME Jehová: Tómate un gran
‖ *date priesa al despojo, y apresúrate á la presa.* volúmen, y escribe en él en estilo de
hombre [a] tocante á Maher-salal-hash-
baz ‖.
2 Y junté conmigo por testigos fieles á
Urias [b] sacerdote, y á Zacarias, hijo de [b] 2 Rey. 16. 10.
Jeberachias.
3 Y juntéme con la profetisa, la cual
concibió, y parió un hijo. Y díjome Jehová:
Ponle por nombre Maher-salal-
hash-baz.
4 Porque ántes que el niño sepa decir
PADRE MIO, y MADRE MIA, será
quitada la fuerza de Damasco, y los despojos
de Samaria *serán* en la presencia
del rey de Asiria [c]. [c] 2 Rey. 15. 29. y 16. 9.
5 Otra vez tornó Jehová á hablarme
diciendo:
6 Por cuanto desechó este pueblo las
aguas de Siloe [d], que corren mansamente, [d] Neh. 3. 15. Juan 9. 7.
te, y holgóse con Rezin, y con el hijo de
Remalias;
7 Hé aquí, por tanto, que el Señor
hace subir sobre ellos aguas de rios impetuosas
y muchas, *es á saber*, al rey de
Asiria [e] con todo su poder; el cual subirá [e] Cap. 7. 17.
sobre todos sus rios, y pasará sobre
todas sus riberas.
8 Y pasando hasta Judá, inundará, y
sobrepujará, y llegará hasta la garganta;
y extendiendo sus alas llenará la anchura
de tu tierra [f], oh Immanuel [g]. [f] Cap. 10. 5. y 36. 1, etc.
9 ¶ Juntáos, pueblos, y seréis quebrantados: [g] Cap. 7. 14.
oid todos los que sois de lejanas
tierras: ponéos á punto, y seréis
quebrantados; apercibíos, y seréis quebrantados.
10 Tomad consejo, y será deshecho;
proferid palabra, y no será firme: porque
Dios con nosotros [h]. [h] Cap. 7. 14. Sal. 46. 1, 7.
11 ¶ Porque Jehová me dijo de esta
manera con mano fuerte, y enseñóme
que no caminase por el camino de este
pueblo, diciendo:
12 No digais Conjuracion á todas las
cosas á que este pueblo dice Conjuracion;
ni temais lo que temen, ni tengais
miedo.
13 A Jehová de los ejércitos [i], á él santificad: [i] 1 Ped. 3. 14, 15.
sea él vuestro temor, y él sea
vuestro miedo [k]. [k] Luc. 12. 5.
14 Entónces él será por Santuario:
mas á las dos casas de Israel por piedra
para tropezar, y por tropezadero para
caer [l]; por lazo y por red al morador de [l] Luc. 2. 34. Ro. 9. 33. 1 Ped. 2. 7, 8.
Jerusalem.
15 Y muchos tropezarán entre ellos, y
caerán, y serán quebrantados [m]; enredaránse, [m] Mat. 21. 44.
y serán presos.
16 Ata el testimonio [n], sella la ley entre [n] Da. 8. 26. y 12. 4. Mat. 13. 11.
mis discípulos.
17 Esperaré pues á Jehová, el cual escondió
su rostro [o] de la casa de Jacob; [o] Cap. 54. 8.
y á él aguardaré.
18 He aquí Yo, y los hijos que me dió [p] [p] Heb. 2. 13.
Jehová por señales y prodigios en Israel,
de parte de Jehová de los ejércitos, que
mora en el monte de Sion.
19 Y si os dijeren: Preguntad á los
pythones [q], y á los adivinos que susurran [q] Lev. 19. 31. Cap. 19. 3.
hablando, *responded*: ¿No consultará
el pueblo á su Dios? ¿*Apelará* por los
vivos á los muertos?
20 A la ley y al testimonio. Si no dijeren
conforme á esto, *es* porque no les
ha amanecido.
21 Y pasarán por el *país* fatigados y
hambrientos: y acontecerá que teniendo
hambre, se enojarán, y maldecirán á *su*
rey y á su Dios [r]. Y levantando el rostro [r] Sal. 5. 2.
en alto,
22 Y mirando á la tierra, hé aquí tribulacion
y tiniebla, obscuridad y angustia:
y serán sumidos en las tinieblas.
23 Aunque no *será esta* obscuridad tal
como la afliccion que le vino en el tiempo
que livianamente tocaron la primera
vez á la tierra de Zabulon, y á la
tierra de Nephtali [s]; y despues cuando [s] 2 Rey. 15. 29.
agravaron por la via de la mar, de esa

Mat. 4. 15. parte del Jordan, en Galiléa de las gentes [f].

CAPITULO IX.

Consuelo del pueblo de Judá y de la Iglesia de los pios por la venida del Mesias, cuyo nacimiento, persona, naturaleza divina, y oficio, vaticina el Profeta; y repite al reino de Israel la denunciacion de su castigo.

EL pueblo que andaba en tinieblas
Mat. 4. 16. vió gran luz [a]: los que moraban en
tierra de sombra de muerte, luz resplan-
Sal. 23. 4. deció sobre ellos [b].

2 Aumentando la gente no aumentaste la alegría. Alegraránse delante de tí como se alegran en la siega, como se gozan cuando reparten despojos.

3 Porque tú quebraste su pesado yugo,
y la vara de su hombro, y el cetro de su
ue. 7. 21, 2. exactor, como en el dia de Madian [c].
4 Porque toda batalla de quien pelea
ap. 10. 26. *es* con estruendo, y con revolcamiento
de vestidura en sangre: mas *esto* será
al. 46. 9. para quema, y pábulo del fuego [d].
ie. 9. 10. 5 Porque un niño nos es nacido [e], hijo
ap. 7. 14. no es dado: y el principado es *asentado*
ic. 2. 11. sobre su hombro. Y llamaráse su nom-
ue. 13. 18. bre Admirable [f], Consejero, Dios, Fu-
eb. 1. 8. erte [g], Padre eterno, Príncipe de paz.
ap. 10. 21. 6 Lo dilatado de *su* imperio y la paz no
tendrán término, *sentado* sobre el trono
uc. 1. 32. de David [h], y sobre su reino, disponi-
endolo y confirmandolo en juicio y en
justicia desde ahora para siempre. El
zelo de Jehová de los ejércitos hará
Rey. 19. esto [i].

7 ¶ El Señor envió palabra á Jacob, y cayó en Israel.

8 Y *la* sabrá el pueblo, todo él, Ephraim, y los moradores de Samaria, que con soberbia y con altivez de corazon dicen:

9 Los ladrillos cayeron, mas edificarémos de cantería; cortaron los cabrahigos, mas cedros pondrémos en su lugar.

10 Empero Jehová ensalzará los enemigos de Rezin contra él, y juntará sus enemigos.

11 De Oriente los Siros, y los Philistéos de poniente; y con toda la boca se
tragarán á Israel. Ni con todo eso ce-
sará su furor, ántes todavía su mano
ap. 5. 25. 0. 4. extendida [k].

12 Mas el pueblo no se convirtió al que lo heria, ni buscaron á Jehová de los ejércitos.

13 Y Jehová cortará de Israel cabeza y cola, ramo y caña en un mismo dia.

14 El viejo y venerable de rostro *es* la cabeza: el profeta que enseña mentira, este *es* cola.

15 Porque los gobernadores de este pueblo son engañadores; y sus gobernados, perdidos.

16 Por tanto el Señor no tomará contentamiento en sus mancebos, ni de sus huérfanos y viudas tendrá misericordia: porque todos son falsos, y malignos, y toda boca habla despropósitos. Con todo esto no cesará su furor, ántes todavía su mano extendida.

17 Porque la maldad se encendió como fuego: cardos y espinas devorará, y encenderáse en lo espeso de la breña, y serán alzados como humo.

18 Por la ira de Jehová de los ejércitos
p. 8. 22. se obscureció [l] la tierra, y será el pueblo
como pábulo del fuego: el hombre no
tendrá piedad de su hermano.

19 *Cada uno* hurtará á la mano derecha, y tendrá hambre; y comerá á la
izquierda, y no se hartará: cada cual
p. 49. 26. comerá la carne de su brazo [m]:
20 Manassé á Ephraim, y Ephraim á
Manassé, y entrambos contra Judá. Ni
con todo esto cesará su furor, ántes to-
r. 11, 13. davía *estará* extendida su mano [n].

CAPITULO X.

Amenaza Dios por su profeta á los tiranos magistrados de su pueblo con la venida del rey de Babilonia, y profetiza la destruccion y ruina de este por su insolencia, y orgullo. Vaticina tambien que las reliquias de Israel se convertirán un dia, y consuela al pueblo en general con la promesa de que Dios les vengaría del Babilonio, y les libertaria de su cautiverio.

¡AY de los que establecen leyes in-
justas [a], y determinando prescri- [a] Sal. 94. 20. Jer. 8. 8.
ben tiranía,

2 Por apartar del juicio á los pobres, y por quitar el derecho á los afligidos de mi pueblo; por despojar las viudas, y robar los huérfanos!

3 ¿Y qué haréis en el dia de la visita-
cion [b]? ¿Y á quién os acogeréis que os [b] Job 31. 14.
ayude, *cuando* viniere de léjos el asola-
miento? ¿Y en dónde dejaréis vuestra
gloria?

4 Sin mí se inclinarán entre los presos,
y entre los muertos caerán. Ni con todo
eso cesará su furor, ántes todavía *estará*
extendida su mano [c]. [c] Cap. 5. 25. y 9. 11, 20.
5 ¶ Oh Assur, vara y baston de mi
furor [d]! en su mano *he puesto* mi ira. [d] Jer. 51. 20, 21.

6 Mandaréle contra una gente femen-
tida, y sobre el pueblo de mi ira le en-
viaré, para que quite despojos, y arrebate
presa, y que lo ponga á ser hollado como
lodo de las calles [e]. [e] Cap. 37. 26.
7 Aunque él no lo pensará así, ni su
corazon lo imaginará de esta manera [f]; [f] Mic. 4. 12.
sino que su pensamiento será desarraigar
y cortar gentes no pocas.

8 Porque *él* dirá: Mis príncipes ¿no *son* todos reyes?

9 ¿No *es* [g] Calno [h] como Carchêmis [i], [g] 2 Rey. 18. 33. y 19. 12, 13.
Armad como Arphat, y Samaria como
Damasco [k]? [h] Amos 6. 2.
10 Como halló mi mano los reinos de [i] 2 Cr. 35. 20.
los ídolos, *siendo* sus imágenes mas que [k] 2 Rey. 16. 9.
Jerusalem y Samaria;

11 Como hice á Samaria y á sus ídolos, ¿no haré tambien así á Jerusalem, y á sus ídolos?

12 Mas acontecerá, que despues que el Señor hubiere acabado toda su obra en el monte de Sion, y en Jerusalem, visitaré sobre el fruto de la soberbia del corazon del rey de Asiria, y sobre la gloria de la altivez de sus ojos,

13 Porque dijo: Con la fortaleza de mi mano *lo* he hecho; y con mi sabiduría, porque he sido prudente: y quité los términos de los pueblos, y saqueé sus tesoros, y derribé como valiente los que estaban sentados:

14 Y halló mi mano como nido las riquezas de los pueblos: y como se cogen los huevos dejados, *así* me apoderé yo de toda la tierra, y no hubo quien moviese ala, ó abriese boca y graznase.

15 ¿Gloriaráse el hacha contra el que con ella corta? Se ensorbebecerá la sierra contra el que la mueve? Como si el bordon se levantase contra los que lo levantan; como si se levantase la vara. ¿No *es* leño?

16 Por tanto el Señor Jehová de los ejércitos enviará flaqueza sobre sus gordos; y debajo de su gloria encenderá encendimiento, como ardor de fuego.

17 Y la luz de Israel será por fuego, y su Santo por llama que abrase y consuma en un dia sus cardos y sus espinas.

18 La gloria de su bosque y de su campo fértil consumirá, desde el alma hasta la carne: y vendrá á ser como abanderado en derrota.

19 Y los árboles que quedaren en su bosque serán *tan* en *corto* número, que un niño los pueda contar.

20 ¶ Y acontecerá en aquel tiempo, que los que hubieren quedado de Israel, y los que hubieren quedado de la casa de Jacob, nunca mas estriben sobre el que los hirió [l]; sinó que se apoyarán con verdad en Jehová [m] Santo de Israel.

21 Las reliquias se convertirán, las reliquias de Jacob [n], al Dios fuerte.

22 Porque si tu pueblo, oh Israel, fuere como las arenas de la mar, las reliquias de él se convertirán. La destruccion acordada rebosará en justicia.

23 Pues el Señor Jehová de los ejércitos hará consumacion y fenecimiento en medio de toda la tierra [o].

24 Por tanto el Señor Jehová de los ejércitos dice así: Pueblo mio, morador de Sion, no temas de Assur. Con vara te herirá, y contra tí alzará su palo á la manera de Egipto:

25 Mas de aquí á muy poco tiempo se acabará el furor [p] y mi enojo, para fenecimiento de ellos.

26 Y levantará Jehová de los ejércitos azote contra él, cual la matanza de Madian en la peña de Oreb [q]: y alzará su vara sobre la mar, *segun hizo* por la via de Egipto.

27 Y acaecerá en aquel tiempo, que su carga será quitada de tu hombro, y su yugo de tu cerviz; y el yugo se empodrecerá delante de la uncion [r].

28 ¶ Vino hasta Ajad; pasó hasta Migron: en Michmas contará su ejército.

29 Pasaron el vado; alojaron en Geba: Ramá tembló [s], Gabaa *la* de Saul [t] huyó.

30 Grita en alta voz, hija de Galim: haz que se oiga hácia Lais, pobrecilla Anathoth.

31 Madmena se alborotó; los moradores de Gebim se juntarán.

32 Aun *vendrá* dia cuando reposará en Nob [u]: alzará su mano al monte de la hija de Sion, al collado de Jerusalem.

33 Hé aquí el Señor Jehová de los ejércitos desgajará el ramo con fortaleza: y los de grande altura serán cortados, y los altos serán humillados.

34 Y cortará con hierro la espesura del bosque, y el Líbano [x] caerá con fortaleza.

[l] 2 Cr. 28. 20. [m] Os. 14. 3. [n] Cap. 65. 8, 9. [o] Cap. 28. 22. [p] Da. 11. 36. [q] Cap. 9. 3. Juec. 7. 25. [r] Sal. 2. 6. Cap. 14. 25. [s] Jer. 31. 15. [t] 1 Sa. 11. 4. [u] 1 Sa. 21. 1. [x] Ez. 31. 3.

CAPITULO XI.

Profetiza la venida del Mesias, y gloriosos efectos de su reino, el cual será propagado entre las gentes, y la restauracion del pueblo de Israel.

Y SALDRÁ una vara [a] del tronco de Isai [b], y un vástago retoñará de sus raices:

2 Y reposará sobre él el Espíritu de Jehová [c]; espíritu de sabiduría y de inteligencia, espíritu de consejo y de fortaleza, espíritu de conocimiento y de temor de Jehová.

3 Y harále entender diligente en el temor de Jehová. No juzgará segun la vista de sus ojos, ni argüirá por lo que oyeren sus oidos;

4 Sinó que juzgará con justicia á los pobres, y argüirá con equidad por los mansos de la tierra [d]: y herirá la tierra con la vara de su boca [e], y con el espíritu de sus labios matará al impío [f].

5 Y será la justicia cinto de sus lomos, y la fé ceñidor de sus riñones [g].

6 Morará el lobo con el cordero, y el tigre con el cabrito se acostará [h]: el becerro, y el leon, y la bestia doméstica andarán juntos, y un niño los pastoreará.

7 La vaca y la osa pacerán; sus crias se echarán juntas: y el leon, como el buey, comerá paja.

8 Y el niño de teta se entretendrá sobre la cueva del áspid, y el recien destetado extenderá su mano sobre la caverna del basilisco.

9 No harán mal, ni dañarán en todo mi santo monte: porque la tierra será llena del conocimiento de Jehová, como cubren la mar las aguas [i].

10 ¶ Y acontecerá en aquel tiempo, que la raiz de Isai [k], la cual estará *puesta* por pendon á los pueblos, será buscada de las gentes: y su holganza será gloria [l].

11 Asimismo acontecerá en aquel tiempo, que Jehová tornará á poner otra vez su mano, para poseer las reliquias de su pueblo que fueron dejadas de Assur, y de Egipto, y de Parthia, y de Etiopía, y de Persia, y de Caldéa, y de Hamath, y de las Islas de la mar.

12 Y levantará pendon á las gentes [m], y juntará los desterrados de Israel, y reunirá los esparcidos de Judá [n] de los cuatro cantones de la tierra.

13 Y se disipará la envidia de Ephraim, y los enemigos de Judá serán talados. Ephraim no tendrá envidia contra Judá, ni Judá afligirá á Ephraim.

14 Mas volarán sobre los hombros de los Philistéos al Occidente; meterán tambien á saco á los de Oriente: Edom y Moab les servirán, y los hijos de Ammon les darán obediencia.

15 Y secará Jehová la lengua de la mar de Egipto; y levantará su mano con fortaleza de su espíritu sobre el rio [o], y herirálo en *sus* siete brazos, y hará que pasen *por él* con zapatos.

16 Y habrá camino para las reliquias de su pueblo, las que quedaron de Assur, de la manera que lo hubo para Israel el dia que subió de la tierra de Egipto [p].

[a] Cap. 53. 2. [b] Hech. 13. 23. Ap. 22. 16. [c] Juan 1. 32. [d] Sal. 72. 2, 4. Ap. 19. 11. [e] Ap. 2. 16. y 19. 15. [f] 2 Te. 2. 8. [g] Ef. 6. 14. [h] Cap. 65. 25. Os. 2. 18. [i] Sal. 72. 19. Hab. 2. 14. [k] ver. 1. [l] Zac. 2. 5. [m] Cap. 18. 3. [n] Cap. 27. 13. y 56. 8. Sal. 147. 2. [o] Cap. 27. 12. [p] Ex. 14. 29.

CAPITULO XII.

Declara el Profeta que el pueblo de Dios, lleno de regocijo y confianza, alabaria y ensalzaria el nombre del Señor por haberlo redimido y consolado.

Y DIRÁS en aquel dia [a]: Cantaré á tí, oh Jehová: pues *aunque* te enojaste contra mí, tu furor se apartó, y me has consolado [b].

2 Hé aquí Dios *es* salud mia: aseguraréme, y no temeré; porque mi fortaleza y mi cancion *es* JAH Jehová el cual ha sido salud para mí [c].

3 Sacaréis aguas con gozo de las fuentes de la salud [d];

4 Y diréis en aquel dia: Cantad á Jehová, aclamad su nombre, haced célebres en los pueblos [e] sus obras, recordad cómo su nombre es engrandecido.

5 Cantad Salmos á Jehová, porque ha hecho cosas magníficas [f]: *sea* sabido esto por toda la tierra.

6 Regocíjate y canta [g], oh moradora de Sion; porque grande *es* en medio de tí el Santo de Israel [h].

[a] Ex. 15. 1, 2. [b] Cap. 54. 7, 8. [c] Sal. 118. 14. [d] Juan 4. 10, 14. [e] 1 Cr. 16. 8. Sal. 105. 1. [f] Sal. 98. 1. [g] Soph. 3. 14. [h] Sal. 89. 18.

CAPITULO XIII.

Profetízase la destruccion de Babilonia y de su monarquía por los Medos y Persas.

CARGA de Babilonia [a], que vió Isaias, hijo de Amos.

2 Levantad bandera sobre un alto monte; alzad la voz á ellos, alzad la mano para que entren por puertas de príncipes.

3 Yo mandé á mis santificados, asimismo llamé á mis valientes para mi ira, á los que se alegran con mi gloria.

4 Murmullo de multitud *suena* en los montes, como de mucho pueblo; murmullo de ruido de reinos, de gentes reunidas: Jehová de los ejércitos ordena las tropas de la batalla.

[a] Cap. XXI. y XLVII. Jer. L, LI.

5 Vienen de lejana tierra, de lo postrero de los cielos, Jehová y los instrumentos de su furor, para destruir toda la tierra.

1. 15. 16. 14. 6 Aullad, porque cerca está el dia de Jehová[b]: vendrá como asolamiento del todo poderoso.

7 Por tanto se enervarán todas las manos, y desleiráse todo corazon de hombre,

8 Y se llenarán de terror: angustias y dolores los comprenderán; tendrán dolores como mujer de parto: pasmaráse cada cual *al mirar* á su compañero: sus rostros *como* rostros de llamas.

1. 7. 3. 17. 9 Hé aquí el dia de Jehová viene[c], *dia* crudo, y de saña, y ardor de ira, para tornar la tierra en soledad, y raer de ella sus pecadores.

10 Por lo cual las estrellas de los cielos y sus luceros no derramarán su lumbre: el sol se obscurecerá en naciendo, y la luna no echará su resplandor[d].

2. 31. 15. 24. 23. 11 Y visitaré la maldad sobre el mundo, y sobre los impíos su iniquidad: y haré que cese la arrogancia de los soberbios, y abatiré[e] la altivez de los fuertes.

2. 12. 12 Haré mas precioso que el oro fino al varon, y mas que el oro de Ophir al hombre.

2. 6. 12. 26. 13 Porque haré estremecer los cielos[f], y la tierra se moverá de su lugar en la indignacion de Jehová de los ejércitos, y en el dia de la ira de su furor.

14 Y será como corza amontada, y como oveja sin pastor: cada cual mirará hácia su pueblo, y cada uno huirá á su tierra[g].

30. 16. 2. 15 Cualquiera que fuere hallado, será alanceado: y cualquiera que *á ellos* se juntare, caerá á cuchillo.

137. 16 Sus niños serán estrellados delante de ellos[h]; sus casas serán saqueadas, y forzadas sus mujeres.

5. 28. 17 Hé aquí que yo despierto contra ellos á los Medos[i], que no curarán de la plata, ni codiciarán oro.

18 Y con arcos tirarán á los niños; y no tendrán misericordia de fruto de vientre, ni su ojo perdonará á hijos.

19 Y Babilonia, hermosura de reinos, y ornamento de la grandeza de los Caldéos, será como Sodoma y Gomorra, á las que trastornó Dios[k].

19. 25. 50. 40. 20 Nunca mas será habitada, ni se morará *en ella* de generacion en generacion[l]: ni hincará allí tienda el Arabe, ni pastores tendrán allí majada.

50. 3. 39, 62. 18. 2. 21 Sino que dormirán allí bestias fieras, y sus casas se llenarán de hurones: allí habitarán hijas del buho, y allí saltarán peludos.

22 Y en sus palacios gritarán gatos cervales, y dragones en sus casas de deleite: y abocado está á venir su tiempo, y sus dias no se alargarán.

CAPITULO XIV.

Misericordia que Dios tendrá de su pueblo, al que hará volver á su tierra. Cancion del pueblo de Dios sobre la ruina de Babilonia, sobre su soberbia y grandeza abatida. Amenaza contra la Palestina.

1. 17. 2. PORQUE Jehová tendrá piedad de Jacob, y todavía escogerá á Israel[a], y los hará reposar en su tierra: y á ellos se unirán extranjeros, y allegaránse á la familia de Jacob.

60. 20. 2 Y los tomarán los pueblos, y traeránlos á su lugar[b]: y la casa de Israel los poseerá por siervos y criadas en la tierra de Jehová: y cautivarán á los que los cautivaron, y señorearán á los que los oprimieron.

3 Y será en el dia que Jehová te diere reposo de tu trabajo, y de tu temor, y de la dura servidumbre en que te hicieron servir,

4 Que levantarás esta parábola sobre el rey de Babilonia, y dirás: ¿Cómo paró el exactor, *cómo* cesó la ciudad codiciosa del oro?

5 Quebrantó Jehová el baston de los impíos, el cetro de los señores;

6 Al que con ira heria los pueblos de llaga permanente, el cual se enseñoreaba de las gentes con furor: no defendió al perseguido.

7 Descansó, sosegó toda la tierra; cantaron alabanza.

8 Aun las hayas se holgaron de tí, y los cedros del Líbano[c], *diciendo:* Desde que tú pereciste, no ha subido cortador contra nosotros. [c] Ez. 31. 16.

9 El infierno abajo se espantó de tí[d]: te despertó muertos que en tu venida saliesen á recibirte, hizo levantar de sus sillas todos los príncipes de la tierra, á todos los reyes de las naciones. [d] Ez. 32. 21.

10 Todos ellos darán voces, y te dirán: ¿Tú tambien enfermaste como nosotros, *y* como nosotros fuiste?

11 Descendió al sepulcro tu soberbia, y el sonido de tus vihuelas: gusanos serán tu cama, y gusanos te cubrirán.

12 ¿Cómo caiste del cielo, oh lucero hijo de la mañana? Cortado fuiste por tierra, tú que debilitabas las gentes,

13 Tú que decias en tu corazon: Subiré al cielo, en lo alto junto á las estrellas de Dios[e] ensalzaré mi solio; y en el monte del testimonio me sentaré, á los lados del Aquilon[f]: [e] Dan. 8. 10. [f] Sal. 48. 2.

14 Sobre las alturas de las nubes subiré, y seré semejante al Altísimo[g]. [g] 2 Te. 2. 4.

15 Mas tú derribado eres en el sepulcro[h], á los lados de la huesa. [h] Mat. 11. 23.

16 Inclinarse han hácia tí los que te vieren, y te considerarán *diciendo:* ¿Es este aquel varon que hacia temblar la tierra, que trastornaba los reinos;

17 Que puso el mundo como un desierto, que asoló sus ciudades; que á sus presos nunca abrió la cárcel?

18 Todos los reyes de las gentes, todos ellos yacen con honra cada uno en su casa.

19 Mas tú echado eres de tu sepulcro como tronco abominable, *como* vestido de muertos pasados á cuchillo, que descendieron al fondo de la sepultura; como cuerpo muerto hollado.

20 No serás contado con ellos en la sepultura; porque tú destruiste tierra, mataste tu pueblo. No será nombrada para siempre la simiente de los malignos[i]. [i] Job 18. 19. Sal. 37. 28.

21 Aparejad sus hijos para el matadero por la maldad de sus padres[k]: no se levanten, ni posean la tierra, é hinchan la haz del mundo de ciudades. [k] Ex. 20. 5.

22 Porque yo me levantaré sobre ellos, dice Jehová de los ejércitos, y raeré de Babilonia el nombre, y las reliquias, hijo, y nieto, dice Jehová.

23 Y convertiréla en posesion de erizos, y en lagunas de aguas: y la barreré con escoba de destruccion, dice Jehová de los ejércitos.

24 ¶ Jehová de los ejércitos juró diciendo: Si no se hiciere de la manera que lo he pensado; y si no será confirmado como lo he determinado:

25 Que quebrantaré al Asirio en mi tierra, y en mis montes lo hollaré: y su yugo será apartado de ellos, y su carga será quitada de su hombro[l]. [l] Cap. 10. 27.

26 Este *es* aquel consejo que está acordado sobre toda la tierra: y esta *es* aquella mano extendida sobre todas las gentes.

27 Porque Jehová de los ejércitos *lo* ha determinado; ¿y quién *lo* invalidará[m]? Y aquella su mano extendida, ¿quién la hará tornar?

28 ¶ En el año que murió el rey Achâz fué esta carga[n].

29 No te alegres tú, Philistéa toda, por haberse quebrado la vara del que te hería[o]; porque de la raiz de la culebra saldrá basilisco, y su fruto cerastes volador[p].

30 Y los primogénitos de los pobres serán apacentados, y los menesterosos se acostarán seguramente: mas yo haré morir de hambre tu raiz, y *él* matará tus reliquias.

31 Aulla, oh puerta; clama, oh ciudad; disuelta *estás* toda tú, Philistéa[q]: porque humo vendrá de Aquilon; no *quedará* uno solo en sus asambléas.

32 ¿Y qué se responderá á los mensageros de la gentilidad? Que Jehová fundó á Sion[r], y que á ella se acogerán los afligidos de su pueblo.

m 2 Cr. 20. 6. Job 23. 13. Pro. 21. 30. Dan. 4. 35.
n 2 Rey. 16. 20.
o 2 Cr. 26. 6.
p 2 Rey. 18. 8.
q Sal. 60. 8. y 83. 7. y 108. 9.
r Sal. 102. 16.

CAPITULO XV.

Profetiza la destruccion de Moab.

CARGA de Moab[a]. Cierto, de noche fué destruida Ar-Moab, fué puesta en silencio: cierto, de noche fue destruida Kir Moab, reducida á silencio.

2 Subió á Bayth y á Dibon, lugares altos, á llorar: sobre Nebo y sobre Medeba aullará Moab: toda cabeza de ella se mesará, y toda barba será raida.

3 Ceñiránse de sacos en sus plazas: en sus terrados y en sus calles aullarán todos, descendiendo en llanto.

4 Hesbon y Eleale gritarán: hasta Jahas se oirá su voz: por lo que aullarán los armados de Moab; lamentaráse el alma de cada uno de por sí.

5 Mi corazon dará gritos por Moab[b]: sus fugitivos *huirán* hasta Zoar, novilla de tres años. Por la cuesta de Luhith subirán llorando, y levantarán grito de quebrantamiento por el camino de Horonaim[c].

6 Las aguas de Nimrim serán consumidas; y secaráse la yerba, marchitaránse los retoños, todo verdor perecerá.

7 Por tanto las riquezas que habrán adquirido, y las que habrán reservado, llevaránlas al torrente de los sauces.

8 Porque el llanto rodeó los términos de Moab; hasta Eglaim *llegó* su alarido, y hasta Beerelim su clamor.

9 Y las aguas de Dimon se henchirán de sangre: porque yo pondré sobre Dimon añadiduras, leones[d] á los que escaparen de Moab, y á las reliquias de la tierra.

a Jer. 48. 1, etc. Ez. 25. 8, 11. Amos 2. 1, 3.
b Cap. 16. 11.
c Jer. 48. 5, 34.
d 2 Rey. 17. 25.

CAPITULO XVI.

Prosiguiendo en la sentencia contra Moab, declara las causas de ella, que son inhumanidad para con los afligidos del pueblo de Dios, soberbia y arrogancia.

ENVIAD cordero al enseñoreador de la tierra desde la Piedra del desierto al monte de la hija de Sion.

2 Y será *que* cual ave espantada, que se huye de su nido, *así* serán las hijas de Moab en los vados de Arnon.

3 Reune consejo, haz juicio, pon tu sombra en medio del dia como la noche; esconde los desterrados, no entregues á los que andan errantes.

4 Moren contigo mis desterrados, oh Moab: séles escondedero de la presencia del destruidor; porque el atormentador fenecerá, el destruidor tendrá fin, el hollador será consumido de sobre la tierra.

5 Y dispondráse trono en misericordia; y sobre él se sentará firmemente, en el tabernáculo de David, quien juzgue y busque el juicio, y apresure la justicia[a].

6 Oido hemos la soberbia de Moab, por extremo soberbio; *de* su soberbia, y su arrogancia, y su altivez: mas sus mentiras no serán firmes[b].

7 Por tanto aullará Moab, todo él aullará: gemiréis por los fundamentos de Kir-Hareseth[c], empero heridos.

8 Porque los campos de Hesbon fueron talados, y las vides de Sibma: señores de gentes hollaron sus *generosos* sarmientos, *que* habian llegado hasta Jazer, *y* extendídose por el desierto: extendiéronse sus *nobles* plantas, pasaron la mar.

9 Por lo cual lamentaré con lloro de Jazer la viña de Sibma[d]: embriagarte he de mis lágrimas, oh Hesbon y Eleale; porque sobre tus cosechas y sobre tu siega caerá la algazara.

10 Quitado es el gozo y la alegría del campo fértil: en las viñas no cantarán, ni se regocijarán: no pisará vino en los lagares el pisador: la cancion he hecho cesar.

11 Por tanto mis entrañas sonarán como harpa acerca de Moab, y mi interior en órden á Kir-Hareseth.

12 Y acaecerá, que cuando Moab pareciere que está cansado sobre los altos[e], entónces vendrá á su santuario á orar, y no podrá.

13 Esta *es* la palabra que pronunció Jehová sobre Moab desde aquel tiempo.

14 Empero ahora Jehová ha hablado diciendo: Dentro de tres años, como años de mozo de soldada[f], será abatida la gloria de Moab con toda *su* multitud, aunque grande; y los residuos *serán* pocos, pequeños, *y* no fuertes.

a Dan. 7. 1 27. Mic. 4. 7. Luc. 1. 33.
b Jer. 48. 30. Soph. 2.
c 2 Rey. 3.
d Cap. 1 Jer. 48 etc.
e Cap. 1
f Cap. 2

CAPITULO XVII.

Contra Damasco, en cuya liga el reino de las diez tribus tenia toda su confianza. Con este motivo vuelve á las amenazas de la asolacion de las diez tribus. Venida de Senachérib sobre Jerusalem, y su huida.

CARGA de Damasco[a]. Hé aquí que Damasco dejó de *ser* ciudad[b], y será monton de ruina.

2 Las ciudades de Aroer desamparadas, en majadas se tornarán; *ganados* dormirán allí, y no *habrá quien los* espante.

3 Y cesará el socorro de Ephraim, y el reino de Damasco: y lo que quedare de Siria, será como la gloria de los hijos de Israel, dice Jehová de los ejércitos.

4 ¶ Y será, que en aquel tiempo la gloria de Jacob se atenuará, y enflaqueceráse la grosura de su carne.

5 Y será como cuando el segador coge la mies, y con su brazo siega las espigas: será tambien como el que coge espigas en el valle de Rephaim.

6 Y quedarán en él rebuscos; como cuando sacuden el aceituno, *que quedan allí* dos ó tres granos en la punta del ramo, cuatro ó cinco en sus ramas fructíferas[c], dice Jehová Dios de Israel.

7 En aquel dia mirará el hombre á su Hacedor, y sus ojos contemplarán al Santo de Israel.

8 Y no mirará á los altares que hicieron sus manos, ni mirará á lo que hicieron sus dedos, ni á los bosques, ni á las imágenes del sol.

9 En aquel dia las ciudades de su fortaleza serán como los frutos que quedan en los pimpollos y en las ramas, las cuales fueron dejadas á causa de los hijos de Israel: y habrá asolamiento.

10 Porque te olvidaste del Dios de tu salud, y no te acordaste de la roca[d] de

a Jer. 4 etc. Amos 1. 3, 5. Zac. 9. 1.
b 2 Rey.
c Cap.
d Deu.

tu fortaleza, por tanto plantarás plantas hermosas, y sembrarás sarmiento extraño.

11 El dia que las plantáres, las harás crecer, y harás que tu simiente brote de mañana; *mas* la cosecha será arrebatada en el dia del coger, y *del* dolor desesperado.

12 ¶ ¡Ay! Multitud de muchos pueblos que harán ruido como estruendo de la mar; y murmullo de naciones hará alboroto como murmurio de muchas aguas.

13 Los pueblos harán estrépito á manera de ruido de grandes aguas: mas *Dios* le reprenderá[e], y huirá léjos; será ahuyentado como el tamo de los montes delante del viento, y como el cardo delante del torbellino[f].

e Sal. 9. 5.
f Sal. 83. 13.

14 Al tiempo de la tarde hé aquí turbacion; y ántes de la mañana *ya* no *será*[g]. Esta es la parte de los que nos huellan, y la suerte de los que nos saquean.

g Cap. 10. 33, 34. y 29. 7, 8.

CAPITULO XVIII.

Los mensajeros de una nacion, que el Profeta no nombra, son invitados á ir luego á otra hollada y abatida, cuyo nombre tampoco menciona, si bien anuncia que sería preparada y convertida.

HA de la tierra que hace sombra con las alas, que *está* tras los rios de Etiopia[a];

2 Que envia mensajeros por la mar, y en navíos de junco sobre las aguas! Andad, ligeros mensajeros, á la gente tirada y repelada, al pueblo asombroso desde su principio, y despues; gente harta de esperar, y hollada, cuya tierra destruyeron los rios.

a Cap. 20. 3, 5. Ez. 30. 4, 9. Soph. 2. 12. y 3. 10.

3 *Vosotros* todos los moradores del mundo, y habitantes de la tierra, cuando levantará bandera en los montes[b], la veréis; y oiréis cuando tocará trompeta.

b Cap. 5. 26. y 13. 2.

4 Porque Jehová me dijo así: Reposaréme, y miraré desde mi morada, como sol claro despues de la lluvia, y como nube *cargada* de rocío en el calor de la siega.

5 Porque ántes de la siega, cuando el fruto fuere perfecto, y pasada la flor fueren madurando los frutos, entónces podará con podaderas los ramitos, y cortará y quitará las ramas.

6 Y serán dejados todos á las aves de los montes, y á las bestias de la tierra: sobre ellos tendrán el verano las aves, é invernarán todas las bestias de la tierra.

7 En aquel tiempo será traido Presente á Jehová de los ejércitos *por* el pueblo tirado y repelado, pueblo asombroso desde su principio y despues, gente harta de esperar, y hollada, cuya tierra destruyeron los rios, al lugar del nombre de Jehová de los ejércitos, al monte de Sion.

CAPITULO XIX.

Profetiza contra Egipto, si bien con la promesa de que Dios lo sanará trayéndole á verdadero conocimiento, en cuyo estado lo ligará con los mismos Asirios que ántes le habrán afligido.

CARGA de Egipto[a]. Hé aquí que Jehová monta sobre una ligera nube[b], y entrará en Egipto; y los ídolos de Egipto se moverán delante de él[c], y desleiráse el corazon de los Egipcios en medio de ellos.

a Jer. 46. 13. Ez. XXIX. y XXX.
b Sal. 18. 10. y 104. 3.
c Ex. 12. 12. Jer. 43. 12.

2 Y revolveré Egipcios contra Egipcios, y cada uno peleará contra su hermano, cada uno contra su prójimo; ciudad contra ciudad, y reino contra reino.

3 Y el espíritu de Egipto se desvanecerá en medio de él, y destruiré su consejo: y pregunten á sus imágenes, á sus mágicos, á sus pythones, y á sus adivinos[d].

d Cap. 8. 19. y 47. 12.

4 Y entregaré á Egipto en manos de señor duro; y rey violento se enseñoreará de ellos[e], dice el Señor Jehová de los ejércitos.

e Cap. 20. 4. Da. 11. 43.

5 Y las aguas de la mar faltarán, y el rio se agotará y secará.

6 Y alejaránse los rios; se agotarán y secarán las corrientes de los fosos: la caña y el carrizo serán cortados.

7 Las verduras de junto al rio, de junto á la ribera del rio, y toda sementera del rio, se secarán, se perderán, y no serán.

8 Los pescadores tambien se entristecerán; y harán duelo todos los que echan anzuelo en el rio, y desfallecerán los que extienden red sobre las aguas.

9 Los que labran lino fino, y los que tejen redes, serán confundidos.

10 Porque todas sus redes serán rotas: y se entristecerán todos los que hacen viveros para peces.

11 Ciertamente *son* necios los príncipes de Zoan[f]; el consejo de los prudentes consejeros de Pharaon se ha desvanecido. ¿Cómo diréis á Pharaon: Yo *soy* hijo de los sabios, é hijo de los reyes antiguos?

f Nu. 13. 22.

12 ¿Dónde están ahora aquellos tus prudentes? Dígante ahora, ó hágante saber que es lo que Jehová de los ejércitos ha determinado sobre Egipto.

13 Hanse desvanecido los príncipes de Zoan, se han engañado los príncipes de Noph[g]; engañaron á Egipto las esquinas de sus familias.

g Ez. 30. 13.

14 Jehová mezcló espíritu de vahido en medio de él[h]: é hicieron errar á Egipto en toda su obra, como desatina el borracho en su vómito.

h 1 Rey. 22. 22, 23.

15 Y no aprovechará á Egipto cosa que haga la cabeza ó la cola[i], el ramo ó el junco.

i Cap. 9. 13, 14.

16 En aquel dia serán los Egipcios como mujeres[k]: porque se asombrarán y temerán en la presencia de la mano alta de Jehová de los ejércitos, que él ha de levantar sobre ellos.

k Jer. 51. 33. Na. 3. 13.

17 Y la tierra de Judá será de espanto á Egipto: todo hombre que de ella se acordare, se asombrará por causa del consejo que Jehová de los ejércitos acordó sobre aquel.

18 En aquel tiempo habrá cinco ciudades en la tierra de Egipto que hablen la lengua de Canaan, y que juren por Jehová de los ejércitos: una será llamada la ciudad Herez ‖.

‖ *Del Sol.*

19 En aquel tiempo habrá altar para Jehová en medio de la tierra de Egipto; y el trofeo de Jehová junto á su término.

20 Y será por señal[l] y por testimonio á Jehová de los ejércitos en la tierra de Egipto: porque á Jehová clamarán á causa de sus opresores, y él les enviará salvador y príncipe que los libre.

l Jos. 22. 10, 27.

21 Y Jehová será conocido de Egipto, y los de Egipto conocerán á Jehová en aquel dia: y harán sacrificio y oblacion[m]; y harán votos á Jehová, y *los* cumplirán.

m Mal. 1. 11.

22 Y herirá Jehová á Egipto; *le* herirá, y sanará: y se convertirán á Jehová, y les será clemente, y los sanará.

23 En aquel tiempo habrá una calzada de Egipto á Asiria[n]; y Asirios entrarán en Egipto, y Egipcios en Asiria, y los Egipcios servirán con los Asirios á *Jehová*.

n Cap. 11. 16.

24 En aquel tiempo Israel será tercero con Egipto y con Asiria, *será* bendicion en medio de la tierra.

25 Porque Jehová de los ejércitos los bendecirá diciendo: Bendito el pueblo mio Egipto ᵃ, y el Asirio, obra de mis manos, é Israel mi heredad.

ᵃ Sal. 87. 4.

CAPITULO XX.

Confirma Dios la cautividad de Egipto y de Etiopía por los Asirios, mandando al profeta que ande desnudo y descalso tres años en símbolo de ella.

EN el año que vino Thartan á Asdod, cuando le envió Sargon rey de Asiria ᵃ, y peleó contra Asdod, y la tomó,

ᵃ 2 Rey. 18. 17.

2 En aquel tiempo habló Jehová por Isaias, hijo de Amos, diciendo: Ve, y quita el saco de tus lomos, y descalza los zapatos de tus piés. É hízolo así, andando desnudo y descalzo ᵇ.

ᵇ Mic. 1. 8.

3 Y dijo Jehová: De la manera que anduvo mi siervo Isaias desnudo y descalzo tres años, señal y pronóstico sobre Egipto y sobre Etiopía,

4 Así llevará el rey de Asiria la cautividad de Egipto, y la transmigracion de Etiopía, de mozos y de viejos, desnuda y descalza, y descubiertas las nalgas para verguenza de Egipto.

5 Y se turbarán y avergonzarán de Etiopía, su esperanza, y de Egipto *que era* su gloria.

6 Y dirá en aquel dia el morador de esta isla: Mirad que tal *fué* nuestra esperanza, donde nos acogímos por socorro para ser libres de la presencia del rey de Asiria. ¿Y cómo escaparémos?

CAPITULO XXI.

Profetiza la ruina de Babilonia y de su monarquía por Ciro. Contra Iduméa: contra Arabia.

CARGA del desierto de la mar ᵃ. Como los torbellinos que pasan por el desierto en la region del mediodia ᵇ, *así* vienen de la tierra horrenda.

ᵃ Jer. 51. 13, 36. ᵇ Zac. 9. 14.

2 Vision dura me ha sido mostrada. El prevaricador prevarica, y el destruidor destruye. Sube, Persa: cerca, Medo. Todo su gemido hice cesar.

3 Por tanto mis lomos se han llenado de dolor; angustias se apoderaron de mí como angustias de mujer de parto: agobiéme oyendo, y al ver heme espantado.

4 Pasmóse mi corazon, el horror me ha intimidado: la noche de mi deseo me tornó *él* en espanto ᶜ.

ᶜ Jer. 51. 39. Dan. 5. 5, etc.

5 Pon la mesa, mira de la atalaya, come, bebe: levantáos, príncipes, ungid el escudo.

6 Porque el Señor me dijo así: Ve, pon centinela, que haga saber lo que viere.

7 Y vió un carro de un par de caballeros, un carro de asno, y un carro de camello. Luego miró muy mas atentamente,

8 Y gritó como un leon: Señor, yo estoy continuamente de dia y las noches enteras sobre mi guarda:

9 Y hé aquí este carro de hombres viene, un par de caballeros. Despues habló, y dijo: Cayó, cayó Babilonia ᵈ, y todos los ídolos de sus dioses quebrantó en tierra ᵉ.

ᵈ Jer. 51. 8, etc. Ap. 14. 8. y 18. 2. ᵉ Cap. 46. 1. Jer. 50. 2.

10 Trilla mia, y paja de mi era. Os he dicho lo que oí de Jehová de los ejércitos, Dios de Israel.

11 ¶ Carga de Duma ᶠ. Danme voces de Seir. Guarda, ¿qué *hay* esta noche?

ᶠ 1 Cr. 1. 30. Jer. 49. 7, etc. Ez. 35. 2, etc. Ab. 1. etc.

12 El que guarda respondió: La mañana viene, y despues la noche: si preguntareis, preguntad, volved, *y* venid.

13 ¶ Carga sobre Arabia ᵍ. En el monte tendréis la noche en Arabia, oh caminantes de Dedanim.

ᵍ Jer. 49. 28.

14 Salid á encontrar al sediento, llevadle aguas, moradores de tierra de Temah; socorred con su pan al que huye.

15 Porque de la presencia de las espadas huyen, de la presencia de la espada desnuda, de la presencia del arco entesado, de la presencia del peso de la batalla.

16 Porque así me ha dicho Jehová: De aquí á un año, semejante á años de mozo de soldada ʰ, toda la gloria de Cedar será deshecha.

ʰ Cap. 16. 14.

17 Y las reliquias del número de los valientes flecheros, hijos de Cedar ⁱ, serán apocadas: porque Jehová Dios de Israel lo ha dicho.

ⁱ Cap. 60. 7.

CAPITULO XXII.

Intímase á Jerusalem su destruccion por los Caldéos. A Sebna, mayordomo del rey, se le profetiza deposicion de su oficio, y su total ruina, y que le sucedería Eliacim.

CARGA del valle de la vision ᵃ. ¿Qué tienes ahora, que toda tú te has subido sobre los terrados?

ᵃ Sal. 125. 2.

2 *Tú*, llena de alborotos, ciudad turbulenta, ciudad alegre ᵇ; tus muertos no *son* muertos á cuchillo, ni muertos en guerra.

ᵇ Cap. 32. 13.

3 Todos tus príncipes juntos *que* hayeron del arco, fueron atados: todos los que en tí se hallaron, fueron atados juntamente, *aunque* léjos se habian huido.

4 Por esto dije: Dejadme, lloraré amargamente ᶜ; no os afaneis por consolarme de la destruccion de la hija de mi pueblo.

ᶜ Jer. 4. 19. y 9. 1.

5 Porque dia *es* de alboroto, y de huella, y de fatiga por el Señor Jehová de los ejércitos en el valle de la vision, para derribar el muro, y *dar* grita al monte.

6 Y Elam ᵈ tomó aljaba en carro de hombres, y de caballeros; y Chir ᵉ descubrió escudo.

ᵈ Jer. 49. 35. ᵉ 2 Rey. 16. 9.

7 Y aconteció, que tus hermosos valles fueron llenos de carros, y los de á caballo acamparon á la puerta.

8 Y *el enemigo* desnudó la cobertura de Judá, y miraste en aquel dia hácia la casa de armas del bosque ᶠ.

ᶠ 1 Rey. [illegible] y [illegible]

9 Y visteis las roturas de la ciudad de David, que se multiplicaron, y recogisteis las aguas de la pesquera de abajo ᵍ.

ᵍ 2 Cr. 32. [illegible]

10 Y contasteis las casas de Jerusalem, y derribasteis casas para fortificar el muro.

11 E hicisteis foso entre los dos muros con las aguas de la pesquera vieja: y no tuvisteis respeto al que la hizo, ni mirasteis de léjos al que la labró ʰ.

ʰ Cap. [illegible]

12 Por tanto el Señor Jehová de los ejércitos llamó en este dia á llanto y á endechas, á mesar, y á vestir saco.

13 Y hé aquí gozo y alegría, matando vacas, y degollando ovejas, comer carne, y beber vino, *diciendo*: comamos y bebamos, que mañana moriremos ⁱ.

ⁱ Cap. 56. [illegible] 1 Cor. 15. [illegible]

14 Esto fué revelado á mis oidos de parte de Jehová de los ejércitos: Que este pecado no os será perdonado hasta que murais, dice el Señor Jehová de los ejércitos.

15 ¶ Jehová de los ejércitos dice así: Ve, entra á este tesorero, á Sebna ᵏ el mayordomo, *y dile*:

ᵏ Cap. [illegible]

16 ¿Qué *tienes* tú aquí, ó á quién *tienes* aquí tú, que labraste aquí sepulcro para tí, *como* el que en lugar alto labra su sepultura, ó el que esculpe para sí morada en una peña?

17 Hé aquí que Jehová te trasportará en duro cautiverio, y de cierto te cubrirá *el rostro*.

18 Te echará á rodar con ímpetu, como á bola por tierra larga de términos: allá morirás, y allá *fenecerán* los carros de tu gloria, oh verguenza de la casa de tu señor.

19 Y arrojarte he de tu lugar, y de tu puesto te empujaré.

20 Y será, que en aquel dia llamaré á mi siervo Eliacim, hijo de Elcías,

21 Y vestiréle de tus vestiduras, y le fo ta'ceré con tu talabarte, y entregaré en sus manos tu potestad: y será padre al morador de Jerusalem, y á la casa de Judá.

22 Y pondré la llave de la casa de
p. 2. 5. David sobre su hombro[l]: y abrirá, y
p. 3. 7. nadie cerrará; cerrará, y nadie abrirá[m].

23 É hincarélo *como* clavo en lugar
d. 9. 8. firme[n]; y será por asiento de honra á la casa de su padre.

24 Y colgarán de él toda la honra de la casa de su padre; los hijos y los nietos, todos los vasos menores, desde los vasos de beber hasta todos los instrumentos de músico.

25 En aquel dia, dice Jehová de los ejércitos, el clavo hincado en lugar firme
r. 19. será quitado, y será quebrado, y caerá[o]: y la carga que sobre él se puso, se echará á perder, porque Jehová habló.

CAPITULO XXIII.

Ruina de Tiro, y promesa de su restauracion despues de setenta años.

CARGA de Tiro[a]. Aullad, naves de
Tharsis; porque destruida es hasta
no quedar casa, ni entrada: de la tierra
de Chitim les es revelado[b].

(margin: . 23. 22. / . 4. / XXVI. / XVIII. / . 1. 9.)

2 Callad, moradores de la isla, mercader de Sidon; que pasando la mar te henchian.

(margin: . 9. 2, 4. / . 12. / . 2. 10.)

3 Su provision *solía ser* de las sementeras *que crecen* con las muchas aguas del Nilo, de la mies del rio. Fué tambien feria de gentes.

4 Avergüénzate, Sidon; porque la mar, la fortaleza de la mar habló diciendo: Nunca estuve de parto, ni parí, ni crié mancebos, ni levanté vírgenes.

5 En llegando la fama á Egipto, tendrán dolor de las nuevas de Tiro.

6 Pasáos á Tharsis; aullad, moradores de la isla.

7 ¿No *es* esta vuestra *ciudad* alegre? Su antigüedad de muchos dias. Sus pies la llevarán á peregrinar léjos.

8 ¿Quién decretó esto sobre Tiro la coronada, cuyos negociantes *eran* príncipes, cuyos mercaderes *eran* los nobles de la tierra?

9 Jehová de los ejércitos lo decretó, para envilecer la soberbia de toda gloria, y para abatir todos los ilustres de la tierra.

10 Pasa cual rio de tu tierra, oh hija de Tharsis; porque no *tendrás ya* mas
12. 21. fortaleza[c].

11 Extendió su mano sobre la mar, hizo temblar los reinos; Jehová mandó sobre Canaan que sus fuerzas sean debilitadas.

12 Y dijo: No te alegrarás mas, oh tú oprimida vírgen, hija de Sion. Levántate para pasar á Chitim; y aun allí no tendrás reposo.

13 Mira la tierra de los Caldéos: este pueblo no era *ántes*: Assur le fundó para los que habitaban en el desierto: levantaron sus fortalezas, edificaron sus palacios; *y* él le convirtió en ruinas.

14 Aullad, naves de Tharsis; porque destruida es vuestra fortaleza.

15 Y acontecerá en aquel dia, que Tiro será puesta en olvido por setenta años,
. 25. 11. como dias de un rey[d]. Despues de los setenta años cantará Tiro cancion como de ramera.

16 Toma harpa, y rodea la ciudad, oh ramera olvidada: haz buena melodía, reitera la cancion, porque tornes en memoria.

17 ¶ Y acontecerá, que al fin de los setenta años visitará Jehová á Tiro; y tornaráse á su ganancia, y otra vez fornicará[e] con todos los reinos de la tierra [e] Ap. 17. 2.
sobre la haz de la tierra.

18 Mas su negociacion, y su ganancia, será consagrada á Jehová[f]: no se guar- [f] Sal. 87. 4. Zac. 14. 20, 21.
dará ni se atesorará; porque su negociacion será para los que estuvieren delante de Jehová, para que coman hasta hartarse, y vistan honradamente.

CAPITULO XXIV.

Anuncia el Profeta las terribles calamidades que vendrian sobre toda la tierra, de cuyo general asolamiento quedarán unos pocos, los cuales alzarán su voz, para dar á Dios alabanza y gloria.

HÉ aquí que Jehová vacia la tierra, y la desnuda, y trastorna su haz, y hace esparcir sus moradores.

2 Y será como el pueblo, tal el sacerdote; como el siervo, tal su señor; como la criada, tal su señora; tal el que compra, como el que vende; tal el que dá emprestado, como el que toma prestado; tal el que dá á logro, como el que lo recibe.

3 Del todo será vaciada la tierra, y enteramente saqueada: porque Jehová ha pronunciado esta palabra.

4 Destruyóse, cayó la tierra; enfermó, cayó el mundo; enfermaron los altos pueblos de la tierra.

5 Y la tierra se inficionó bajo sus moradores; porque traspasaron las leyes, falsearon el derecho, rompieron el pacto
sempiterno[a]. [a] Gen. 9. 1, 6.

6 Por esta causa la maldicion[b] con- [b] Mal. 4. 6.
sumió la tierra, y sus moradores fueron asolados: por esta causa fueron consu-
midos[c] los habitantes de la tierra, y se [c] Joel 1. 18, 20.
disminuyeron los hombres.

7 Perdióse el vino, enfermó la vid[d], [d] Cap. 16. 8, 9. Joel 1. 10, 12.
gimieron todos los que eran alegres de corazon.

8 Cesó el regocijo de los panderos, acabóse el estruendo de los que se huelgan, [e] Jer. 7. 34. Os. 2. 11. Ap. 18. 22.
paró el alegría del harpa[e].

9 No beberán vino con cantar; la bebida será amarga á los que la bebieren.

10 Quebrantada está la ciudad de la vanidad; toda casa se ha cerrado, porque no entre nadie.

11 Voces sobre el vino en las plazas; todo gozo se oscureció, desterróse la alegría de la tierra.

12 En la ciudad quedó soledad, y con asolamiento fué herida la puerta.

13 Porque así será en medio de la tierra, en medio de los pueblos, como aceituro sacudido, como rebuscos aca-
bada la vendimia[f]. [f] Soph. 2. 11. Cap. 17. 5, 6.

14 Estos alzarán su voz, cantarán gozosos en la grandeza de Jehová, desde la mar darán voces *de júbilo*.

15 Glorificad por esto á Jehová en los valles: en islas de la mar[f] sea nombrado Jehová Dios de Israel.

16 De lo postrero de la tierra oimos salmos, gloria al justo. Y yo dije: Mi flaqueza, mi flaqueza, ay de mí! Prevaricadores han prevaricado; y han prevaricado con prevaricacion de desleales.

17 Terror, y sima, y lazo[g] sobre tí, oh [g] Jer. 48. 43, 44.
morador de la tierra.

18 Y acontecerá, que el que huirá de la voz del terror, caerá en la sima; y el que saliere de en medio de la sima, será preso del lazo: porque de lo alto se abri-
eron ventanas[h], y temblarán los funda- [h] Gen. 7. 11.
mentos de la tierra[i]. [i] Sal. 18. 11.

19 Quebrantaráse del todo la tierra, enteramente desmenuzada será la ti-
erra[k], en gran manera será la tierra [k] Jer. 4. 23.
conmovida.

20 Temblará la tierra vacilando como un borracho, y será removida como una choza: y agravaráse sobre ella su pecado, y caerá, y nunca mas se levantará.

21 Y acontecerá en aquel dia, que Jehová visitará sobre el ejército sublime en lo alto, y sobre los reyes de la tierra *que hay* sobre la tierra.

22 Y serán amontonados como se amontonan encarcelados en mazmorra, y en prision quedarán encerrados: y serán visitados despues de muchos dias[l].

23 La luna se avergonzará, y el sol se confundirá[m], cuando Jehová de los ejércitos reinare en el monte de Sion, y en Jerusalem, y delante de sus ancianos *fuere* glorioso.

[l] Ap. 20. 7, 8.
[m] Cap. 60. 19, 20.

CAPITULO XXV.

El Profeta en persona de todos los fieles dá á Dios gloria y alabanza por haber efectuado sus antiguos juicios, por sus beneficios y maravillas en favor de su pueblo; y predice la ruina de todos sus enemigos.

JEHOVA, tú *eres* mi Dios: te ensalzaré[a], y alabaré tu nombre; porque has hecho maravillas, consejos antiguos, la verdad firme.

2 Que tornaste la ciudad en monton, la ciudad fuerte en ruina[b]: el alcazar de los extraños que no sea ciudad, ni nunca jamas sea reedificada.

3 Por esto te dará gloria el pueblo fuerte[c], te temerá la ciudad de gentes robustas.

4 Porque fuiste fortaleza al pobre, fortaleza al menesteroso en su afliccion, amparo contra el turbion, sombra contra el calor: porque el ímpetu de los violentos *es* como turbion *contra* frontispicio.

5 Como el calor en lugar seco, *así* humillarás el orgullo de los extraños; y *como* calor *que quema* debajo de nube, harás marchitar el pimpollo de los robustos.

6 Y Jehová de los ejércitos hará en este monte á todos los pueblos convite de engordados, convite de purificados, de gruesos tuétanos, de purificados liquidos.

7 Y deshará en este monte la máscara de la cobertura con que están cubiertos todos los pueblos, y la cubierta[d] que está extendida sobre todas las gentes.

8 Destruirá á la muerte para siempre[e]; y enjugará el Señor toda lágrima de todos los rostros[f], y quitará la afrenta de su pueblo de toda la tierra: porque Jehová *lo* ha dicho.

9 Y dirá en aquel dia: Hé aquí, este es nuestro Dios; le hemos esperado, y nos salvará. Este *es* Jehová, á quien hemos esperado: nos gozarémos, y nos alegrarémos en su salud.

10 Porque la mano de Jehová reposará en este monte; y Moab será trillado debajo de él, como es trillada la paja en el muladar.

11 Y extenderá su mano por en medio de él, como la extiende el nadador para nadar; y abatirá su soberbia con los miembros de sus manos.

12 Y allanará la fortaleza de tus altos muros; la humillará, *y* echará á tierra, hasta el polvo.

[a] Sal. 46. 10.
[b] Jer. 51. 37.
[c] Ap. 11. 13.
[d] 2 Sa. 15. 30. 2 Cor. 3. 16, 18.
[e] Os. 13. 14. 1 Co. 15. 54.
[f] Ap. 7. 17. y 21. 4.

CAPITULO XXVI.

Cántico que entonará el pueblo de Dios por su gloriosa libertad, y total destruccion de sus enemigos. En tanto que así se verifica, exhortase á los verdaderos fieles á que esperen y vivan confiados en el auxilio y favor de Dios.

EN aquel dia cantarán este cantar en tierra de Judá. Fuerte ciudad tenemos; salud puso *Dios* por muros y antemuro[a].

2 Abrid las puertas[b], y entrará la gente justa, guardadora de verdades.

3 Tú *le* guardarás en completa paz, *cuyo* pensamiento en tí persevera, porque en tí se ha confiado.

4 Confiad en Jehová[c] perpetuamente: porque en el Señor Jehová *está* la fortaleza de los siglos[d].

5 Porque derribó los que moraban en lugar sublime; humilló la ciudad ensalzada, humillóla hasta la tierra, derribóla hasta el polvo[e].

6 Hollarála pié, los piés del afligido, los pasos de los menesterosos.

7 Camino derecho para el justo: Tú, Recto, pesas el camino del justo[f].

8 Tambien en el camino de tus juicios[g], oh Jehová, te hemos esperado: *respecto* á tu nombre, y á tu memoria, *fué* el deseo del alma.

9 Con mi alma te he deseado en la noche; y en tanto que me duráre el espíritu en medio de mí madrugaré á buscarte: porque luego que hay juicios tuyos en la tierra, los maradores del mundo aprenden justicia[h].

10 Alcanzará piedad el impío, *y* no aprenderá justicia[i]: en tierra de rectitud hará iniquidad, y no mirará á la majestad de Jehová.

11 Jehová, bien que se levante tu mano, no verán[k]: verán *al cabo*, y se avergonzarán los que envidian á tu pueblo; y á tus enemigos fuego los consumirá.

12 Jehová, tú nos depararás paz: porque tambien obraste en nosotros todas nuestras obras.

13 Jehová Dios nuestro, señores se han enseñoreado de nosotros fuera de tí[l]: mas en tí solamente nos acordarémos de tu nombre[m].

14 Muertos *son*, no vivirán; han fallecido, no resucitarán: porque los visitaste, y destruiste, y deshiciste toda su memoria.

15 Añadiste al pueblo, oh Jehová, añadiste al pueblo: hicístete glorioso: extendiste *hasta* todos los términos de la tierra.

16 Jehová en la tribulacion te buscaron[n]; derramaron oracion *cuando* los castigaste.

17 Como la preñada *cuando* se acerca el parto, gime y da gritos con sus dolores, así hemos sido delante de tí, oh Jehová.

18 Concebimos, tuvimos dolores de parto, parimos como viento: saludes no se hicieron en la tierra, ni cayeron los moradores del mundo.

19 Tus muertos vivirán, *junto con* mi cuerpo muerto resucitarán. Despertad y cantad, moradores del polvo[o]: porque tu rocío *cual* rocío de hortalizas; y la tierra echará los muertos.

20 ¶ Anda, pueblo mio, éntrate en tus aposentos, cierra tras tí tus puertas: escóndete un poquito, por un momento, en tanto que pasa la ira.

21 Porque hé aquí que Jehová sale de su lugar, para visitar la maldad del morador de la tierra contra él; y la tierra descubrirá sus sangres, y no mas encubrirá sus muertos.

[a] Cap. 60. 18.
[b] Sal. 118. 19.
[c] Sal. 62. 8. y 125. 1.
[d] Deu. 32. 4.
[e] Cap. 25. 2, 12. y 32. 19.
[f] Sal. 37. 23. y 143. 10.
[g] ver. 9, 10. Cap. 64. 4.
[h] Sal. 58. 11.
[i] Ec. 8. 11, 12.
[k] Job 34. 27. Sal. 28. 5. Jer. 5. 3.
[l] 2 Cr. 12. 8.
[m] Sal. 71. 15, 16.
[n] Os. 5. 15.
[o] Da. 12. 2.

CAPITULO XXVII.

Solícita providencia de Dios acerca de su pueblo, despues de cuya afliccion para corregirle, y de la total ruina de sus grandes opresores, será restaurado y engrandecido; y los Israelitas adorarán al Señor en el Monte santo, en Jerusalem.

EN aquel dia Jehová visitará con su espada dura, grande, y fuerte, sobre Leviathan, serpiente rolliza, y sobre Le-

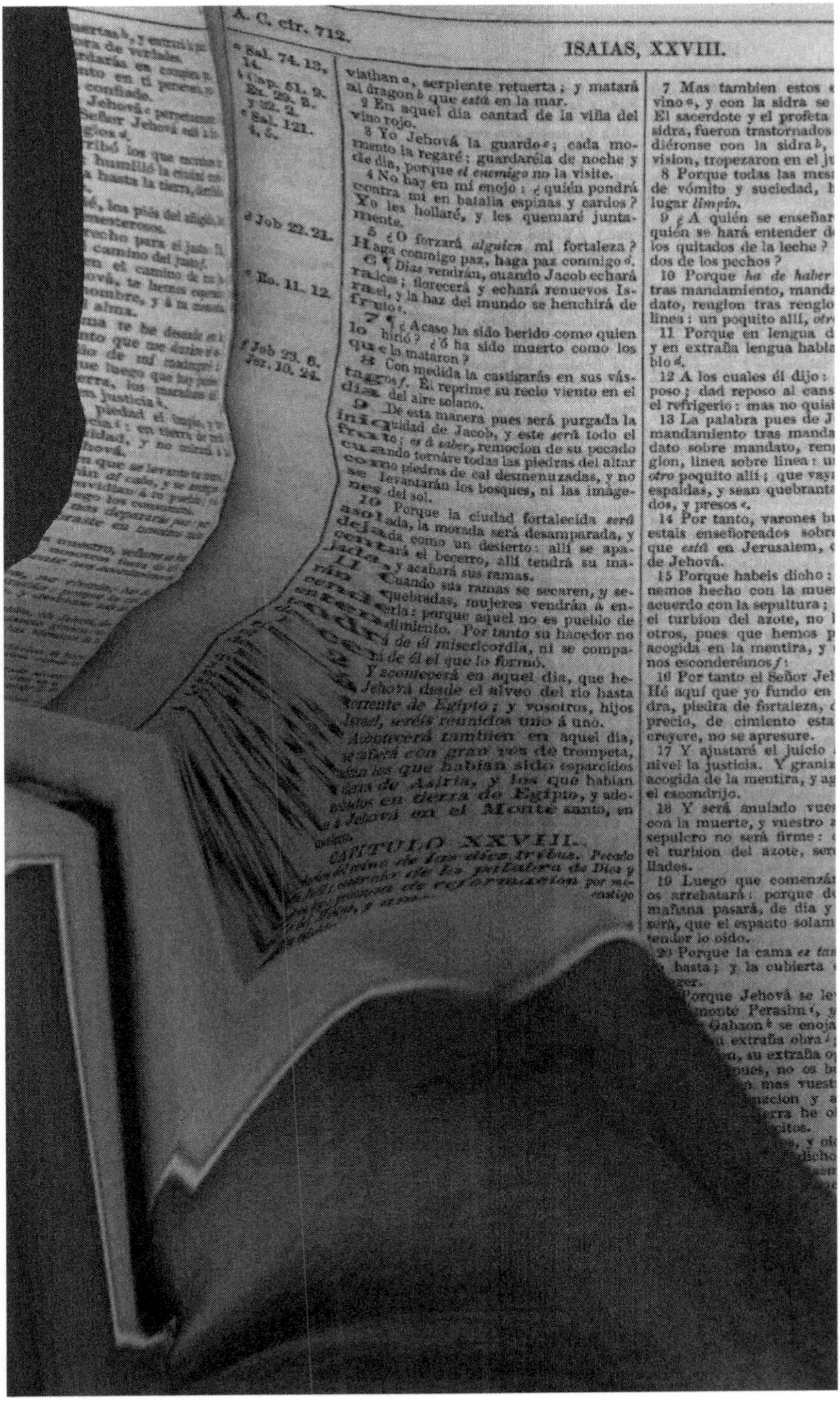
A. C. cir. 712.
ISAIAS, XXVIII.
a Sal. 74. 13, 14.
b Cap. 51. 9. Ez. 29. 3. y 32. 2.
c Sal. 121. 4, 5.
viathan a, serpiente retuerta; y matará
al dragon b que está en la mar.
2 En aquel dia cantad de la viña del
vino rojo.
3 Yo Jehová la guardo c; cada mo-
mento la regaré; guardaréla de noche y
de dia, porque el enemigo no la visite.
4 No hay en mí enojo: ¿quién pondrá
contra mí en batalla espinas y cardos?
Yo les hollaré, y les quemaré junta-
mente.
d Job 22. 21.
5 ¿O forzará alguien mi fortaleza?
Haga conmigo paz, haga paz conmigo d.
6 ¶ Dias vendrán, cuando Jacob echará
raices; florecerá y echará renuevos Is-
rael, y la haz del mundo se henchirá de
fruto e.
7 ¶ ¿Acaso ha sido herido como quien
lo hirió? ¿ó ha sido muerto como los
que lo mataron?
f Job 23. 6. Jer. 10. 24.
8 Con medida la castigarás en sus vás-
tagos f. Él reprime su recio viento en el
dia del aire solano.
9 De esta manera pues será purgada la
iniquidad de Jacob, y este será todo el
fruto; es á saber, remocion de su pecado
cuando tornáre todas las piedras del altar
como piedras de cal desmenuzadas, y no
se levantarán los bosques, ni las imáge-
nes del sol.
10 Porque la ciudad fortalecida será
asolada, la morada será desamparada, y
dejada como un desierto: allí se apa-
centará el becerro, allí tendrá su ma-
jada, y acabará sus ramas.
11 Cuando sus ramas se secaren, y se-
quebradas, mujeres vendrán á en-
porque aquel no es pueblo de
dimiento. Por tanto su hacedor no
de él misericordia, ni se compa-
de él el que lo formó.
Y acontecerá en aquel dia, que he-
Jehová desde el alveo del rio hasta
torrente de Egipto; y vosotros, hijos
Israel, seréis reunidos uno á uno.
Acontecerá tambien en aquel dia,
con gran voz de trompeta,
los que habian sido esparcidos
de Asiria, y los que habian
en tierra de Egipto, y ado-
Jehová en el Monte santo, en
CAPITULO XXVIII.
7 Mas tambien estos e
vino a, y con la sidra se
El sacerdote y el profeta
sidra, fueron trastornados
diéronse con la sidra b,
vision, tropezaron en el ju
8 Porque todas las mes
de vómito y suciedad, h
lugar limpio.
9 ¿A quién se enseñar
quién se hará entender d
los quitados de la leche?
dos de los pechos?
10 Porque ha de haber
tras mandamiento, manda
dato, renglon tras renglo
linea: un poquito allí, otr
11 Porque en lengua d
y en extraña lengua habla
blo d.
12 A los cuales él dijo:
poso; dad reposo al cans
el refrigerio: mas no quisi
13 La palabra pues de J
mandamiento tras manda
dato sobre mandato, ren
glon, linea sobre linea: u
otro poquito allí; que vay
espaldas, y sean quebranta
dos, y presos e.
14 Por tanto, varones bu
estais enseñoreados sobr
que está en Jerusalem, c
de Jehová.
15 Porque habeis dicho:
nemos hecho con la muer
acuerdo con la sepultura;
el turbion del azote, no l
otros, pues que hemos p
acogida en la mentira, y
nos esconderémos f:
16 Por tanto el Señor Jeh
Hé aquí que yo fundo en
dra, piedra de fortaleza, d
precio, de cimiento esta
creyere, no se apresure.
17 Y ajustaré el juicio á
nivel la justicia. Y graniz
acogida de la mentira, y ag
el escondrijo.
18 Y será anulado vues
con la muerte, y vuestro a
sepulcro no será firme:
el turbion del azote, ser
llados.
19 Luego que comenzár
os arrebatará: porque d
mañana pasará, de dia y
será, que el espanto solam
tender lo oido.
20 Porque la cama es tan
hasta; y la cubierta

27 Que la neguilla no se trillará con trillo, ni sobre el comino rodará rueda de carreta; sino que con un palo se sacude la neguilla, y el comino con una vara.

28 El pan se trilla: mas no siempre lo trillará, ni *lo* comprimirá con la rueda de su carreta, ni lo quebrantará con los dientes *de su trillo*.

29 Tambien esto salió de Jehová de los ejércitos, para hacer maravilloso el consejo, y engrandecer la sabiduría [n].

[n] Sal. 92. 5. Jer. 32. 19. Ro. 11. 33.

CAPITULO XXIX.

Profetiza Isaias la condicion abatida y triste á que sería reducida Jerusalem; censura la ceguera y letargo del pueblo, cuyo mal se extenderia por disposicion de Dios aun á los profetas y principales, hasta privarlos á todos ellos de sabiduría verdadera, en castigo de sus invenciones é hipocresía; y vaticina luego el remedio que Dios pondria á tal estado de cosas con la restauracion de los hijos de Jacob, y destruccion de los inícuos.

¡AY de Ariel ‖, ciudad *donde* habitó David [a]! Añadid un año á otro; mátense víctimas.

‖ Leon de Dios. [a] 2 Sa. 5. 9.

2 Mas yo pondré á Ariel en apretura, y será desconsolada y triste: y será á mí como Ariel.

3 Porque asentaré campo contra tí en derredor, y te combatiré con ingenios, y levantaré contra tí baluartes [b].

[b] Zac. 14. 2.

4 Entónces serás humillada; hablarás desde la tierra, y tu habla saldrá del polvo: y será tu voz de la tierra como voz de Pythón [c], y tu habla susurrará desde el polvo.

[c] Cap. 8. 19.

5 Y la muchedumbre de tus extranjeros será como polvo menudo, y la multitud de los fuertes como tamo que pasa [d]: y será repentinamente, en un momento.

[d] Cap. 17. 13. Job 21. 18.

6 De Jehová de los ejércitos serás visitada con truenos, y con terremotos, y con gran ruido; con torbellino y tempestad, y llama de fuego consumidor [e].

[e] Cap. 30. 30. Joel 3. 16.

7 Y será como sueño de vision nocturna la multitud de todas las gentes que pelearán contra Ariel, y todos los que pelearán contra ella, y sus ingenios, y los que la pondrán en apretura [f].

[f] Zac. 12. 9.

8 Y será como el que sueña que tiene hambre, y parece que come, mas cuando despierta, su alma está vacía; ó *como* el que sueña que tiene sed, y parece que bebe, mas cuando se despierta, hállase cansado, y su alma *todavía* sedienta: así será la multitud de todas las gentes que pelearán contra el monte de Sion.

9 ¶ Deteneós, y maravilláos; ofuscáos, y cegad: embriagáos, y no de vino; titubead, y no de sidra.

10 Porque Jehová extendió sobre vosotros espíritu de sueño, y cerró vuestros ojos [g]: cubrió *de letargo* vuestros profetas y vuestros principales veyentes [h].

[g] Ro. 11. 8. [h] 1 Sa. 9. 9.

11 Y os será toda vision como palabras de libro sellado [i], el cual si dieren al que sabe leer, y le dijeren, Lee ahora esto, él dirá: No puedo, porque está sellado.

[i] Da. 12. 4, 9. Ap. 5. 1, 9.

12 Y si se diere el libro al que no sabe leer, diciendole, Lee ahora esto, él dirá: No sé leer.

13 Dice pues el Señor: Porque este pueblo se *me* acerca con su boca, y con sus labios me honra, mas su corazon alejó de mí, y su temor para conmigo fué enseñado [k] por mandamiento de hombres:

[k] Col. 2. 22.

14 Por tanto hé aquí que nuevamente excitaré yo la admiracion de este pueblo con un prodigio grande y espantoso: porque perecerá la sabiduría de sus sabios, y se desvanecerá [l] la prudencia de sus prudentes.

[l] Jer. 49. 7. Ab. 8. 1 Co. 1. 19.

15 ¡Ay de los que se esconden de Jehová, encubriendo el consejo; y sus obras son en tinieblas, y dicen: ¿Quién nos ve, y quién nos conoce?

16 Vuestra suversion ciertamente será reputada como el barro del alfarero. ¿La obra dirá de su hacedor, No me hizo? ¿Y dirá el vaso de aquel que lo ha formado, No entendió?

17 ¿No será tornado de aquí á muy poco tiempo el Líbano en Carmelo, y el Carmelo será estimado por bosque [m]?

[m] Cap. 32. 15.

18 Y en aquel tiempo los sordos oirán las palabras del libro, y los ojos de los ciegos verán *fuera* de la obscuridad y de las tinieblas [n].

[n] Cap. 35. 5.

19 Entónces los humildes crecerán en alegría en Jehová [o], y los pobres de los hombres se gozarán en el Santo de Israel.

[o] Cap. 61. 1.

20 Porque el Violento será acabado [p], y el escarnecedor será consumido; y serán talados todos los que madrugaban á la iniquidad [q];

[p] Cap. 51. 13. [q] Sal. 64. 6.

21 Los que hacian pecar al hombre en palabra, los que armaban lazó al que reprendia en la puerta [r], y torcieron lo justo en vanidad.

[r] Amos 5. 10, 12.

22 Por tanto Jehová, que redimió á Abraham, dice así á la casa de Jacob. No será ahora confundido [s] Jacob, ni su rostro se pondrá pálido:

[s] Cap. 54. 4.

23 Porque verá á sus hijos, obra de mis manos [t], en medio de sí, que santificarán mi nombre; y santificarán al Santo de Jacob, y temerán al Dios de Israel.

[t] Cap. 60. 21.

24 Y los errados de espíritu aprenderán inteligencia, y los murmuradores aprenderán doctrina.

CAPITULO XXX.

Amenazas contra los Judíos, porque menospreciando la palabra del Señor, y las amonestaciones de los profetas, ponian toda su confianza en Egipto. Despues de la aflicion promete Dios tener misericordia de su pueblo, y que lo restaurará, y colmará de bienes y contento, al paso que destruirá á todos sus enemigos.

¡AY de los hijos que se apartan, dice Jehová, para tomar consejo, y no de mí [a]; para cobijarse con cubierta, y no de mi Espíritu, añadiendo pecado á pecado!

[a] Cap. 29. 15.

2 Pártense para descender á Egipto [b], y no han preguntado mi boca; para fortificarse con la fuerza de Pharaon, y poner su esperanza en la sombra de Egipto.

[b] Cap. 31. 1.

3 Mas la fortaleza de Pharaon se os tornará en vergüenza; y el amparo en la sombra de Egipto, en confusion.

4 Cuando estarán sus príncipes en Zoan, y sus embajadores habrán llegado á Hanes,

5 Se avergonzarán [c] todos del pueblo *que* no les aprovechará, ni les socorrerá, ni les traerá provecho; ántes *les será* para vergüenza, y aun para oprobio.

[c] Jer. 2. 36.

6 ¶ Carga de las bestias del Mediodia. Por tierra de tribulacion y de angustia, de donde *salen* el leoncillo y el leon, la víbora y la serpiente que vuela, *sus* llevando sobre lomos de jumentos sus riquezas, y sus tesoros sobre corcovas de camellos, á un pueblo que no *les* será de provecho.

7 Ciertamente Egipto en vano é inutilmente dará ayuda [d]: por tanto yo le di voces, que su fortaleza *sería* estarse quietos.

[d] Jer. 37. 7.

8 Ve pues ahora, y escribe esta vision

en una tabla delante de ellos; y asién-
tala en un libro, para que quede hasta
el postrero dia para siempre, por todos
los siglos.
9 Que este pueblo es rebelde, hijos
u. 32. 20. mentirosos [e], hijos que no quisieron oir
la ley de Jehová.
r. 11. 21. 10 Que dicen á los videntes, No veais [f]:
ios 2. 12. y á los profetas, No nos profeticeis lo
. 13. recto; decidnos cosas halagüeñas, pro-
e. 2. 6, fetizad mentiras [g]:
Rey. 22. 11 Dejad el camino, apartáos de la
senda, haced cesar de nuestra presencia
el Santo de Israel.
12 Por tanto el Santo de Israel dice
así: Porque desechasteis esta palabra, y
confiasteis en violencia, y en iniquidad,
l. 62. 10. y en ello os habeis apoyado [h];
13 Por tanto os será este pecado como
pared abierta que se va á caer, y *como*
l. 60. 3. corcova en alto muro [i], cuya caida viene
súbita y repentinamente.
l. 2. 9. 14 Y quebrarálo como se quiebra un [k]
. 19. 11. vaso de alfarero, *que* sin misericordia
hacen menuzos; tanto que entre los pe-
dazos no se halla tiesto para traer fuego
del hogar, ó para coger agua de *una* poza.
15 Porque así dijo el Señor Jehová,
el Santo de Israel: En descanso y en
reposo seréis salvos; en quietud y en
p. 7. 4. confianza será vuestra fortaleza [l]. Y no
quisisteis;
16 Sino que dijisteis: No, ántes hui-
rémos en caballos. Por tanto vosotros
huiréis. Sobre ligeros cabalgarémos:
por tanto serán *mas* ligeros vuestros
perseguidores.
17 Un millar *huirá* á la amenaza de
n. 32. 30. uno; á la amenaza de cinco huiréis [m]
vosotros *todos*, hasta que quedeis como
mástil en la cumbre de un monte, y
como bandera sobre cabezo.
18 Empero Jehová esperará para tener
piedad de vosotros, y por tanto será en-
salzado teniendo de vosotros misericor-
dia: porque Jehová *es* Dios de juicio.
Bienaventurados todos los que le espe-
. 2. 12. ran [n].
. 8. 19 Ciertamente el pueblo morará en
. 16. 20. Sion, en Jerusalem: nunca mas llora-
. 17. 7. rás [o]: el que tiene misericordia se apia-
p. 65. 9, dará de ti: en oyendo la voz de tu cla-
mor te responderá [p].
. 29. 12, 20 Bien que os dará el Señor pan de
congoja, y agua de angustia, con todo
tus enseñadores nunca mas te serán
quitados, sino que tus ojos verán tus
enseñadores.
21 Entónces tus oidos oirán á tus es-
. 32. 8. paldas palabra que diga [q]: Este *es* el
camino, andad por él; y no echeis á la
mano derecha, ni tampoco torzais á la
mano izquierda.
22 Entónces profanarás la cobertura de
tus esculturas de plata, y la vestidura de
tu vaciadizo de oro, y las apartarás co-
. 2. 20. mo *trapo manchado* de menstruo [r]: Sal
. 7. fuera, les dirás.
14. 8. 23 Entónces dará *el Señor* lluvia á tu
sementera, cuando la tierra sembrares,
y pan del fruto de la tierra, que será
abundante y pingüe: y tus ganados en
aquel tiempo serán apacentados en an-
chas dehesas.
24 Tus bueyes y tus asnos que labran
la tierra, comerán grano limpio, el cual
será aventado con pala y criba.
25 Y sobre todo monte alto, y sobre
todo collado subido, habrá rios *y* corri-
entes de aguas el dia de la gran matan-
. 2. 15. za, cuando caerán las torres [s].
26 Y la luz de la luna será como la
luz del sol; y la luz del sol siete veces
. 60. 19, mayor, como la luz de siete dias [t], el
dia que soldará Jehová la quebradura
de su pueblo, y curará la llaga de su
herida.
27 Hé aquí que el nombre de Jehová
viene de léjos: su rostro encendido, y
grave de sufrir; sus labios llenos de ira,
y su lengua como fuego que consume [u]. [u] Seph. 3. 8.
28 Y su espíritu, cual torrente que
inunda, llegará hasta el cuello, para za-
randear las gentes con criba rota, y *des-
hacer* el freno que *estará* en las quijadas
de los pueblos [x] haciéndo*les* errar. [x] Cap. 37. 29. Ez. 38. 4.
29 Vosotros tendréis cancion, como en
noche *en que* se celebra Pascua [y]; y ale- [y] Sal. 42. 4.
gría de corazon, como el que va con
flauta para venir al monte de Jehová, al
Fuerte [z] de Israel. [z] Deu. 32. 4.
30 Y Jehová hará oir su voz potente, y
hará ver el descender de su brazo con
furor de rostro, y llama de fuego con-
sumidor, con dispersion, con avenida, y
piedra de granizo.
31 Porque Assur [a], *que* hirió con palo, [a] Cap. 10. 5, 24.
con la voz de Jehová será quebrantado.
32 Y en todo *mal* paso habrá madero [b] [b] Cap. 10. 5.
fundado, que Jehová hará hincar sobre
él con tamboriles y vihuelas, cuando con
batallas de altura peleará contra ellos.
33 Porque Tophet [c] ya de tiempo está [c] Jer. 7. 31.
diputada, y aparejada para el rey [d], pro- [d] Ap. 19. 20.
funda y ancha, cuyo foco de fuego y mu-
cha leña: el soplo de Jehová *será* como
torrente de azufre que la encienda [e]. [e] Ap. 14. 9, 10.

CAPITULO XXXI.

Es el mismo argumento del capítulo precedente.

¡AY de los que descienden á Egipto
por ayuda [a], y confian en caballos, [a] Cap. 30. 2.
y su esperanza ponen en carros, porque
son muchos; y en caballeros, porque
son valientes; y no miraron al Santo de
Israel, ni buscaron á Jehová!
2 Mas él tambien *es* sabio, y traerá el
mal, y no retirará sus palabras. Levan-
taráse pues contra la casa de los malig-
nos, y contra el auxilio de los obradores
de iniquidad.
3 Y los Egipcios hombres *son*; no Dios:
y sus caballos, carne, y no espíritu: de
manera que en extendiendo Jehová su
mano, caerá el ayudador, y caerá el ayu-
dado, y todos ellos desfallecerán á una.
4 Porque Jehová me dijo á mí de esta
manera: Como el leon [b], y el cachorro [b] Os. 11. 10.
del leon, brama sobre su presa, y si se
allega contra él cuadrilla de pastores, no
temerá por sus voces, ni se acobardará
por el tropel de ellos, así Jehová de los
ejércitos descenderá á pelear por el monte
de Sion, y por su collado.
5 Como las aves que vuelan, así am-
parará Jehová de los ejércitos á Jeru-
salem [c], amparando, librando, pasando, [c] Deu. 32. 11. Sal. 46. 5.
y salvando.
6 Convertíos á aquel [d] *contra quien* los [d] Jer. 3. 12.
hijos de Israel profundamente se rebe-
laron.
7 Porque en aquel dia arrojará el hom-
bre los ídolos de su plata, y los ídolos de
su oro, que para vosotros han hecho vu-
estras manos pecadoras [e]. [e] Cap. 2. 20. y 30. 22.
8 Entónces caerá el Assur por cu-
chillo, no de varon [f]; y consumirálo [f] Cap. 10. 34. y 30. 31.
espada, no de hombre: y huirá de la
presencia de la espada, y sus mancebos
serán tributarios.
9 Y de miedo se pasará á su fortaleza,
y sus príncipes tendrán pavor de la ban-
dera, dice Jehová, cuyo fuego *está* en
Sion, y su horno en Jerusalem.

CAPITULO XXXII.

Bajo la figura del rey Ezechias se promete y profetiza el reino de Jesu Cristo, y descríbense los efectos de su reinado. Intima el profeta la desolacion que vendria, y anuncia luego el restablecimiento del pueblo.

HÉ aquí que para justicia reinará *un* rey [a], y príncipes presidirán en juicio.

2 Y será aquel varon como escondedero contra el viento, y como acogida contra el turbion; como arroyos de aguas en *tierra de* sequedad, como sombra de gran peñasco en tierra calurosa.

3 No se ofuscarán entónces los ojos de los veyentes, y los oidos de los oyentes oirán atentos.

4 Y el corazon de los necios entenderá para saber, y la lengua de los tartamudos será desenvuelta para hablar claramente.

5 El mezquino nunca mas será llamado liberal, ni será dicho generoso el avariento.

6 Porque el mezquino hablará mezquindades, y su corazon fabricará iniquidad, para hacer la impiedad, y para hablar escarnio contra Jehová, dejando vacía el alma hambrienta, y quitando la bebida al sediento.

7 Cierto los avaros malas medidas *tienen*. Él maquina pensamientos para enredar á los simples con palabras cautelosas, y para hablar en juicio *contra* el pobre.

8 Mas el liberal pensará liberalidades; y por liberalidades subirá.

9 ¶ Mujeres reposadas, levantáos; oid mi voz, confiadas; escuchad mi razon.

10 Dias y años tendréis espanto, oh confiadas; porque la vendimia faltará, y la cosecha no acudirá.

11 Temblad, oh reposadas; turbáos, oh confiadas: despojáos, desnudáos, ceñid los lomos *con saco*.

12 Sobre los pechos lamentarán, por los campos deleitosos, por la vid fértil.

13 Sobre la tierra de mi pueblo [a] subirán espinas y cardos; y aun sobre todas las casas de placer en la ciudad de alegría [b].

[a] Os. 9. 6. y 10. 8.
[b] Cap. 22. 2.

14 Porque los palacios serán desiertos; la multitud de la ciudad cesará; las torres y fortalezas se tornarán cuevas para siempre, donde huelguen asnos monteses, y ganados hagan majada:

15 Hasta que sobre nosotros sea derramado espíritu de lo alto [c], y el desierto se torne campo labrado, y el campo labrado sea estimado por bosque.

[c] Sal. 104. 30.

16 Y habitará el juicio en el desierto, y en el campo labrado asentará la justicia.

17 Y el efecto de la justicia será paz [d]; y la labor de justicia, reposo y seguridad para siempre.

[d] Sal. 85. 10.

18 Y mi pueblo habitará en morada de paz, y en habitaciones seguras, y en recreos de reposo.

19 Y el granizo, cuando descendiere, *será* en los montes [e]; y la ciudad será del todo abatida [f].

[e] Cap. 10. 34. y 30. 30.
[f] Cap. 25. 2.

20 Dichosos vosotros los que sembrais sobre todas aguas, *y* meteis *en ellas* el pié de buey y de asno.

CAPITULO XXXIII.

Vaticina el profeta la ruina de los enemigos del pueblo de Dios, y consuela á los fieles con la promesa del feliz restablecimiento de Jerusalem.

¡AY de tí el que saqueas, y nunca fuiste saqueado; el que haces deslealtad, bien que nadie contra tí la hizo! Cuando acabares de saquear, serás tú *tambien* saqueado [a]; y cuando acabares de hacer deslealtad, haráse *tambien* contra tí.

[a] Cap. 21. 2. Hab. 2. 8.

2 Oh Jehová, ten misericordia de nosotros; á tí hemos esperado: Tú *que* fuiste brazo de ellos en la mañana, sé tambien nuestra salud en tiempo de la tribulacion.

3 Los pueblos huyeron á la voz del estruendo; las gentes fueron esparcidas por tus levantamientos.

4 Mas vuestra presa será cogida *como* cuando cogen las orugas: correrá sobre ellos, como de una á otra parte corren las langostas.

5 Será ensalzado [b] Jehová, el cual mora en las alturas: *porque* llenó á Sion de juicio y de justicia.

[b] Sal. 97. [illegible]

6 Y *reinarán* en tus tiempos la sabiduría y la ciencia, *y* la fuerza de la salvacion: el temor de Jehová *será* su tesoro [c].

[c] Pro. 14. [illegible]

7 Hé aquí que sus embajadores darán voces afuera; los mensageros de paz llorarán amargamente.

8 Las calzadas están deshechas, cesaron los caminantes: anulado ha la alianza [d], aborreció las ciudades, tuvo en nada los hombres.

[d] Da. 11. [illegible]

9 Enlutóse, enfermó la tierra: el Líbano se avergonzó, y fué cortado: hase tornado Saron como desierto; y Basan y Carmel fueron sacudidos.

10 Ahora me levantaré, dice Jehová; ahora seré ensalzado, ahora seré engrandecido [e].

[e] Sal. 46. [illegible]

11 Concebisteis hojarascas, aristas pariréis: el soplo de vuestro fuego os consumirá.

12 Y los pueblos serán *como* cal quemada; *como* espinas cortadas serán quemados con fuego.

13 Oid, los que estais léjos, lo que he hecho; y *vosotros* los cercanos, conoced mi potencia.

14 Los pecadores se asombraron en Sion; espanto sobrecogió á los hipócritas. ¿Quién de nosotros morará con el fuego consumidor? ¿Quién de nosotros habitará con las llamas eternas?

15 El que camina en justicia [f], y habla lo recto; el que aborrece la ganancia de violencias; el que sacude sus manos, por no recibir cohecho; el que tapa su oreja, por no oir sangres; el que cierra sus ojos, por no ver cosa mala [g].

[f] Sal. 15. 2. y [illegible]
[g] Sal. 119. [illegible]

16 Este habitará en las alturas: fortalezas de rocas *serán* su lugar de acogimiento: *á este* se dará su pan, y sus aguas serán ciertas.

17 Tus ojos verán al Rey [h] en su hermosura: verán la tierra que está léjos.

[h] Sal. 71. [illegible]

18 Tu corazon imaginará el espanto, *y dirá*: ¿Qué es del escriba? qué del pesador? ¿qué es del que pone en lista las casas mas insignes?

19 No verás aquel pueblo espantable, pueblo de lengua oscura de entender [i], de lengua tartamuda que no comprendas.

[i] [illegible]

20 Verás á Sion, ciudad de nuestras solemnidades: tus ojos verán á Jerusalem, morada de quietud, tienda que no será desarmada; ni serán arrancadas sus estacas, ni ninguna de sus cuerdas será rota.

21 Porque ciertamente allí *será* Jehová para con nosotros fuerte lugar de rios, de arroyos muy anchos; por el cual no andará galera, ni por él pasará grande navío.

22 Porque Jehová *será* nuestro juez, Jehová nuestro legislador: Jehová *será* nuestro Rey; él mismo nos salvará.

23 Tus cuerdas se aflojaron; no afirmaron su mástil, ni entesaron la vela: repartiráse entónces presa de muchos despojos; *hasta* los cojos arrebatarán presa.

24 No dirá el morador: Estoy enfermo: el pueblo que moráre en ella será absuelto de pecado [k].

[k] Jer. 50. [illegible]

CAPITULO XXXIV.

Terribles juicios con que en defensa de su pueblo visitará Dios á todas las naciones.

GENTES, allegáos á oir; y escuchad, pueblos. Oiga la tierra, y lo que la hinche; el mundo, y todo lo que él produce.

2 Porque Jehová está airado sobre todas las gentes [a], é irritado sobre todo el ejército de ellas: destruirálas, y entregarálas al matadero.

[a] Soph. 3. 8.

3 Y los muertos de ellas serán arrojados, y de sus cadáveres se levantará hedor, y los montes se desleirán por la *mucha* sangre de ellos.

4 Y todo el ejército de los cielos [b] se corromperá, y plegarse han los cielos como un libro: y caerá todo su ejército, como se cae la hoja de la parra, y como se cae la de la higuera.

[b] Ez. 32. 7, 8. Joel 2. 31. y 3. 15, 16. Mat. 24. 29. Ap. 6. 13, 14.

5 Porque en los cielos se embriagará mi espada: hé aquí que descenderá sobre Edom [c] en juicio, y sobre el pueblo de mi anatema.

[c] Jer. 49. 7.

6 Llena está de sangre la espada de Jehová, engrasada está de grosura de sangre de corderos y de cabritos, de grosura de riñones de carneros: porque Jehová tiene sacrificio [d] en Bosra, y grande matanza en tierra de Edom.

[d] Cap. 63. 1, etc.

7 Y con ellos vendrán abajo unicornios, y toros con becerros; y su tierra se embriagará de sangre [e], y su polvo se engrasará de grosura.

[e] Jer. 46. 10.

8 Porque *será* dia de venganza de Jehová [f], año de retribuciones en el pleito de Sion.

[f] Cap. 61. 2.

9 Y sus arroyos se tornarán en pez, y su polvo en azufre, y su tierra en pez ardiente.

10 No se apagará de noche ni de dia: perpetuamente subirá su humo [g]: de generacion en generacion será asolada; por jamas pasará nadie por ella.

[g] Ap. 19. 3.

11 Y la poseerán [h] el pelicano y el mochuelo; la lechuza y el cuervo morarán en ella: y extenderáse sobre ella cordel de destruccion, y niveles de asolamiento.

[h] Cap. 14. 23. Soph. 2. 14. Ap. 18. 2.

12 Llamarán á sus príncipes, príncipes sin reino, y todos sus grandes serán nada.

13 En sus alcázares crecerán espinas y ortigas, y cardos en sus fortalezas; y serán morada de dragones, y patio para los pollos de los avestruces [i].

[i] Cap. 13. 21, 22.

14 Y las bestias monteses se encontrarán con los gatos cervales, y el peludo gritará á su compañero: la lamia tambien tendrá allí asiento, y hallará para sí reposo.

15 Allí anidará el cuclillo, conservará *sus huevos*, y sacará sus pollos, y juntarálos debajo de sus alas: tambien se ayuntarán allí buitres, cada uno con su compañera.

16 Inquirid en el libro de Jehová, y leed si faltó [k] alguno de ellos: ninguno faltó con su compañera: porque su boca mandó, y reuniólos su mismo espíritu.

[k] Mat. 5. 18.

17 Y él les echó las suertes, y su mano les repartió con cordel: para siempre la tendrán por heredad, de generacion en generacion morarán allí.

CAPITULO XXXV.

Profetiza la venida del Mesias, para perpetuo gozo de los suyos, y los gloriosos efectos de su reino.

ALEGRARSE han el desierto y la soledad: el yermo se gozará, y florecerá como la rosa.

2 Florecerá profusamente, y tambien se alegrará y cantará con júbilo: la gloria del Líbano [a] le será dada, la hermosura de Carmel, y de Saron. Ellos verán la gloria de Jehová, la hermosura del Dios nuestro.

[a] Cap. 14. 5, 6.

3 Confortad á las manos cansadas, roborad las vacilantes rodillas [b].

[b] Heb. 12. 12.

4 Decid á los de corazon apocado: Confortáos, no temais: hé aquí que vuestro Dios viene con venganza, con pago; el mismo Dios vendrá, y os salvará [c].

[c] Cap. 25. 9.

5 Entónces los ojos [d] de los ciegos serán abiertos, y los oidos de los sordos se abrirán.

[d] Cap. 29. 18. y 42. 7. Mat. 11. 5.

6 Entónces el cojo saltará como un ciervo [e], y cantará la lengua del mudo: porque aguas serán cavadas en el desierto, y torrentes en la soledad [f].

[e] Hech. 3. 2, 8.

[f] Cap. 41. 18. y 43. 19.

7 El lugar seco será *tornado* en estanque, y el secadal en manaderos de aguas: en la habitacion de dragones, en su cama, *será* lugar de cañas y de juncos.

8 Y habrá allí calzada y camino, y será llamado Camino de Santidad: no pasará por él *hombre* inmundo [g]: y *habrá* para ellos en él quien vaya camino, de tal manera que los insensatos no yerren.

[g] Cap. 52. 1. Joel 3. 17.

9 No habrá allí leon, ni bestia fiera subirá por él [h], ni allí se hallará; para que caminen los redimidos.

[h] Cap. 11. 9. Ez. 34. 25.

10 Y los redimidos de Jehová volverán, y vendrán á Sion con alegría; y gozo perpetuo *será* sobre sus cabezas [i]: retendrán el gozo y alegría, y huirá la tristeza y el gemido [k].

[i] Cap. 51. 11.

[k] Cap. 61. 3.

CAPITULO XXXVI.

Senachérib, rey de Asiria, despues de apoderarse de las ciudades fuertes de Judá, envia á Jerusalem á Rabsaces, el cual, con amenazas y blasfemias contra Dios, procura persuadir al pueblo á que se rinda.

ACONTECIÓ en el año catorce del rey Ezechias, que Senachérib, rey de Asiria, subió contra todas las ciudades fuertes de Judá, y tomólas [a].

[a] 2 Rey. 18. 13, etc. 2 Cr. 32. 1, etc.

2 Y el rey de Asiria envió á Rabsaces con grande ejército desde Lachis á Jerusalem al rey Ezechias: y asentó el campo á los caños de la pesquera de arriba, en el camino de la heredad del Lavador.

3 Y salió á él Eliacim, hijo de Hilcias mayordomo, y Sebna escriba, y Joah, hijo de Asaph, canciller.

4 A los cuales dijo Rabsaces: Ahora pues diréis á Ezechias: El gran rey, el rey de Asiria, dice así: ¿ Qué confianza es esta en que confias ?

5 Digo, *alegas tú*, (empero palabras vanas) *que tengo* consejo y fortaleza para la guerra. Ahora bien ¿ en quién confias, que te rebelas contra mí ?

6 Hé aquí que confias en este bordon de caña frágil, en Egipto; sobre el cual si alguien se apoyare, entraráscle por la mano, y se la atravesará. Tal es Pharaon, rey de Egipto, para con todos los que en él confian.

7 Y si me dijeres: En Jehová nuestro Dios confiamos: ¿ no es este aquel cuyos altos y cuyos altares [b] hizo quitar Ezechias, y dijo á Judá y á Jerusalem, Delante de este altar adoraréis ?

[b] 2 Rey. 18. 4.

8 Ahora pues yo te ruego que des rehenes al rey de Asiria mi señor, y yo te daré dos mil caballos, si pudieres tú dar caballeros que cabalguen sobre ellos.

9 ¿ Cómo pues harás volver el rostro de un capitan de los mas pequeños siervos de mi señor, aunque estes confiado en Egipto [c] por sus carros y hombres de á caballo ?

[c] Jer. 2. 36.

10 ¿Y por ventura vine yo ahora á esta tierra para destruirla sin Jehová? Jehová me dijo: Sube á esta tierra para destruirla.

11 Entónces dijo Eliacim, y Sebna, y Joah, á Rabsaces: Rogámoste que hables á tus siervos en lengua Siriaca, porque nosotros la entendemos; y no hables con nosotros en lengua Judáica oyendolo el pueblo que *está* sobre el muro.

12 Y dijo Rabsaces: ¿Envióme mi señor á tí y á tu señor, á que dijese estas palabras, *y* no á los hombres que están sobre el muro para comer su estiércol, y beber su orina con vosotros?

13 Púsose luego en pié Rabsaces, y grito á grande voz en lengua Judáica diciendo[d]: Oid las palabras del gran rey, el rey de Asiria.

[d] Sal. 17. 10, 13.

14 El rey dice así: No os engañe Ezechias; porque no os podrá librar.

15 Ni os haga Ezechias confiar en Jehová diciendo[e]: Ciertamente Jehová nos librará; no será entregada esta ciudad en mano del rey de Asiria.

[e] Sal. 71. 10, 11.

16 No escucheis á Ezechias; porque el rey de Asiria dice así: Haced conmigo paz, y salid á mí: y coma cada uno de su viña, y cada uno de su higuera, y beba cada cual las aguas de su pozo,

17 Hasta que yo venga, y os lleve á una tierra como la vuestra; tierra de grano y de vino, tierra de pan y de viñas.

18 Mirad no os engañe Ezechias diciendo, Jehová nos librará[f]. ¿Libraron los dioses de las gentes cada uno á su tierra de la mano del rey de Asiria?

[f] Dan. 3. 15.

19 ¿Dónde está el dios de Hamath y de Arphad? ¿Dónde está el dios de Sepharvaim? ¿Libraron á Samaria de mi mano[g]?

[g] 2 Rey. 18. 10.

20 ¿Qué dios *hay*, entre los dioses de estas tierras, que haya librado su tierra de mi mano, para que Jehová libre de mi mano á Jerusalem?

21 Pero callaron, y no le respondieron palabra; porque el rey así lo había mandado diciendo: No le respondais.

22 Entónces Eliacim, hijo de Hilcias mayordomo, y Sebna escriba, y Joah, hijo de Asaph, canciller, vinieron á Ezechias rotos sus vestidos, y contáronle las palabras de Rabsaces.

CAPITULO XXXVII.

Isaías consuela y conforta á Ezechias de parte de Dios contra las amenazas y blasfemias de Rabsaces. Senachêrib envía de nuevo á amenazar á Ezechias por letras llenas de blasfemias, las cuales él abre delante de Dios, y ora. Dios amenaza por el profeta al blasfemo Senachêrib, y consuela á Ezechias y á su pueblo: y en ejecucion de las amenazas de Dios, su ángel mata 185,000 *hombres en el campo de Senachêrib; el cual, vuelto á su tierra, es muerto por sus mismos hijos.*

ACONTECIÓ pues, que el rey Ezechias, oido esto[a], rasgó sus vestidos, y cubierto de saco vino á la casa de Jehová[b].

[a] 2 Rey. 19. 1, etc.
[b] ver. 14.

2 Y envió á Eliacim mayordomo, y á Sebna escriba, y á los ancianos de los sacerdotes cubiertos de sacos, á Isaias profeta, hijo de Amos;

3 Los cuales le dijeron: Ezechias dice así: Dia de angustia, de reprension, y de blasfemia, *es* este dia: porque los hijos han llegado hasta la rotura, y no hay fuerza en la que pare[c].

[c] Cap. 66. 9.

4 Quizá oirá Jehová tu Dios las palabras de Rabsaces, al cual envió el rey de Asiria su señor á blasfemar al Dios vivo, y á reprender con las palabras que oyó Jehová tu Dios: alza pues oracion tú por las reliquias que aun han quedado.

5 Vinieron pues los siervos de Ezechias á Isaias.

6 Y díjoles Isaias: Diréis así á vuestro señor: Así dice Jehová: No temas[d] por las palabras que has oido, con las cuales me han blasfemado los siervos del rey de Asiria.

[d] Cap. 51. 12, 13.

7 Hé aquí que yo doy en él un espíritu, y oirá un rumor, y volveráse á su tierra: y yo haré que en su tierra caiga á cuchillo.

8 Vuelto pues Rabsaces, halló al rey de Asiria que batia á Libna[e]: (porque ya habia oido que se habia apartado de Lachis[f]:)

[e] Jos. 21. 13.
[f] Jos. 10. 31.

9 Mas oyendo decir de Thirhaka, rey de Etiopia: Hé aquí que ha salido para hacerte guerra: en oyendolo, envió mensajeros á Ezechias diciendo:

10 Diréis así á Ezechias, rey de Judá: No te engañe tu Dios, en quien tú confias, diciendo: Jerusalem no será entregada en mano del rey de Asiria.

11 Hé aquí que tú oiste lo que hicieron los reyes de Asiria á todas las tierras, como las destruyeron: ¿y escaparás tú?

12 ¿Libraron los dioses de las gentes á los que destruyeron mis antepasados, á Gozan[g], y Haran[h], Rezeph, y á los hijos de Eden[i] que *moraban* en Thelasar?

13 ¿Dónde *está* el rey Hamath[k], y el rey de Arphad, el rey de la ciudad de Sepharvaim, de Henah, y de Hivah[l]?

[g] 2 Rey. 17. 6. y 18. 11.
[h] Gen. 12. 4. y 28. 10.
[i] Ez. 27. 23.
[k] Cap. 10. 9.
[l] 2 Rey. 17. 24.

14 Y tomó Ezechias las cartas de mano de los mensajeros, y leyólas; y subió á la casa de Jehová[m], y las extendió delante de Jehová.

[m] ver. 1. Joel 2. 17, 20.

15 Entónces Ezechias oró á Jehová diciendo:

16 Jehová de los ejércitos, Dios de Israel, que moras entre los querubines[n], solo tú *eres* Dios sobre todos los reinos de la tierra[o]: tú hiciste los cielos y la tierra.

[n] Ex. 25. 22. Sal. 80. 1. y 99. 1.
[o] Cap. 43. 10, 11. Sal. 86. 10.

17 Inclina, oh Jehová, tu oido, y oye; abre, oh Jehová, tus ojos, y mira: y oye todas las palabras de Senachêrib, el cual ha enviado á blasfemar al Dios viviente.

18 Ciertamente, oh Jehová, los reyes de Asiria destruyeron todas las tierras, y sus comarcas;

19 Y entregaron los dioses de ellos al fuego: porque no eran dioses, sino obra de manos de hombre, madera[p] y piedra: por eso los deshicieron.

[p] Cap. 40. 19, 20. y 41. 7. y 44. 9, etc. Sal. 115. 4, etc.

20 Ahora pues, Jehová Dios nuestro, líbranos de su mano, para que todos los reinos de la tierra conozcan que solo tú *eres* Jehová.

21 ¶ Entónces Isaias, hijo de Amos, envió á decir á Ezechias: Jehová Dios de Israel dice así: Acerca de lo que me rogaste[q] sobre Senachêrib, rey de Asiria,

[q] Pro. 15. 29. Luc. 18. 1.

22 Esto es lo que Jehová habló de él: ¿Hate menospreciado? ¿ha hecho escarnio de tí, oh virgen hija de Sion? ¿meneó su cabeza á tus espaldas, oh hija de Jerusalem?

23 ¿A quién injuriaste, y á quién blasfemaste? ¿Contra quién has alzado tu voz, y levantado tus ojos en alto? Contra el Santo de Israel.

24 Por mano de tus siervos denostaste al Señor, y dijiste: Yo con la multitud de mis carros subiré á las alturas de los montes, á las laderas del Líbano; cortaré sus altos cedros, sus hayas escogidas: vendré despues á lo alto de su límite, al monte de su Carmel.

25 Yo cavé, y bebí las aguas; y con
las pisadas de mis piés secaré todos los
rios de lugares atrincherados.
26 ¿No has oido decir que de mucho
tiempo ha yo lo hice, que de dias an-
tiguos lo he formado? Helo hecho venir
ahora, y será para destruccion de ciu-
dades fuertes en montones de ruinas.
27 Y sus moradores, cortos de manos,
quebrantados y confusos, serán *como*
grama del campo y hortaliza verde,
como yerba de los tejados, que ántes
de sazon se seca.
28 Conocido he tu estada, tu salida,
y tu entrada, y tu furor contra mí.
29 Porque contra mí te airaste, y tu
estruendo ha subido á mis oidos. Pon-
dré pues mi anzuelo en tu nariz, y mi
ap. 30. 28. freno en tus labios [r], y haréte tornar
28. 4. por el camino por donde viniste.
30 Y esto te *será* por señal: Comerás
este año lo que nace de suyo; y el año
segundo *tambien* lo que nace de suyo:
y el año tercero sembraréis, y segaréis,
y plantaréis viñas, y comeréis su fruto.
31 Y el residuo de la casa de Judá
que hubiere escapado, tornará a echar
raiz abajo, y hará fruto arriba.
32 Porque de Jerusalem saldrán re-
liquias, y del monte de Sion salvamento.
El zelo de Jehová de los ejércitos hará
esto.
33 Por tanto así dice Jehová acerca
del rey de Asiria: No entrará en esta
ciudad, ni echará saeta en ella; no
vendrá delante de ella escudo, ni será
echado contra ella baluarte.
34 Por el camino que vino se tornará,
y no entrará en esta ciudad, dice Je-
hová.
35 Pues yo ampararé á esta ciudad
ap. 38. 6. para salvarla [s] por amor de mí, y por
amor de David mi siervo.
36 ¶ Y salió el ángel de Jehová, é
hirió ciento ochenta y cinco mil en
el campo de los Asirios: y cuando se
levantaron por la mañana, hé aquí que
todo *era* cuerpos de muertos.
37 Entónces Senachérib partiendose
se fué, y volvióse, é hizo su morada
en Nínive.
38 Y aceció, que estando orando en
el templo de Nisroch su dios, Adrame-
lech y Sarezer, sus hijos, le hirieron
á cuchillo, y huyeron á la tierra de
Ararat: y reinó en su lugar Asarhadon
su hijo.

CAPITULO XXXVIII.

Ezechias cae enfermo de muerte; mas habiendo orado, prométele Dios por medio del profeta salud y prolongacion de su vida por quince años, en certidumbre de lo cual le es dada una señal maravillosa. Ezechias recibida la sanidad, da á Dios las gracias con un cántico.

EN aquellos dias cayó Ezechias en-
2 Rey. 20. 1, fermo para morir [a]. Y vino á él
&c. Isaias profeta, hijo de Amos, y díjole:
2 Cr. 32. 24. Jehová dice así: Ordena tu casa, por-
que tú morirás, y no vivirás.
2 Entónces volvió Ezechias su rostro
á la pared, é hizo oracion á Jehová,
3 Y dijo: Oh Jehová, ruégote te
Neh. 13. 14. acuerdes [b] ahora que he andado delante
Heb. 6. 10. de tí en verdad, y con íntegro corazon,
y que he hecho lo que ha sido agradable
delante de tus ojos. Y lloró Ezechias
con gran lloro.
4 Entónces fué palabra de Jehová á
Isaias, diciendo:
5 Ve, y di á Ezechias: Jehová, Dios
de David tu padre, dice así: Tu oracion
Sal. 56. 8. he oido, y visto tus lágrimas [c]: hé aquí
que yo añado á tus dias quince años.
6 Y te libraré, y á esta ciudad, de
mano del rey de Asiria: y á esta ciudad
ampararé.
7 Y esto te *será* señal [d] de parte de [d] Cap. 7. 11,
Jehová, que Jehová hará esto que ha 14.
dicho:
8 Hé aquí que yo vuelvo atrás la som-
bra de los grados, que ha descendido
en el reloj de Acház por el sol diez
grados. Y el sol fué tornando diez
grados atrás, por los cuales habia ya
descendido.
9 ¶ Escritura de Ezechias, rey de
Judá, de cuando enfermó, y sanó de
su enfermedad.
10 Yo dije en el cortamiento de mis
dias, Iré á las puertas del sepulcro:
privado soy del resto de mis años.
11 Dije: No veré á JAH, á JAH en
la tierra de los que viven [e]: ya no veré [e] Sal. 27. 13.
mas hombre con los moradores del
mundo.
12 Mi morada ha sido movida, y tras-
pasada de mí, como tienda de pastor:
como el tejedor corté mi vida: corta-
ráme con la enfermedad: me consumi-
rás entre el dia y la noche [f]. [f] Job 4. 20.
13 Contaba yo hasta la mañana. Como
un leon molió todos mis huesos: de la
mañana á la noche me acabarás.
14 Como la grulla y como la golon-
drina me quejaba: gemia como la pa-
loma [g]: alzaba en alto mis ojos: Jehová, [g] Cap. 59. 11.
violencia padezco; confórtame [h]. [h] Sal. 119.
15 ¿Qué diré? El que me lo dijo, 122.
él mismo *lo* ha hecho. Andaré reca-
pacitando en la *pasada* amargura de
mi alma todos los años de mi vida.
16 Oh Señor, sobre ellos vivirán *tus*
piedades, y á todos *diré consistir* en ellas
la vida de mi espíritu; pues tú me res-
tablecerás, y me harás que viva.
17 Hé aquí amargura grande me *sobre-*
vino en la paz: mas á tí plugo librar
mi vida del hoyo de corrupcion [i]: por- [i] Sal. 40. 2.
que echaste tras tus espaldas todos mis
pecados.
18 Porque el sepulcro no te celebrará,
ni te alabará la muerte [k], ni los que [k] Sal. 6. 5.
descienden al hoyo esperarán tu verdad. y 30. 9.
19 El que vive, el que vive, este te y 88. 10, 11.
confesará, como yo hoy. El padre hará y 115. 17.
notoria tu verdad á los hijos [l]. [l] Sal. 78. 3, 4.
20 Jehová para salvarme; por tanto
cantarémos nuestros salmos en la casa
de Jehová todos los dias de nuestra
vida.
21 Y habia dicho Isaias: Tomen masa
de higos, y pónganla en la llaga, y
sanará [m]. [m] 2 Rey. 20. 7.
22 Habia asimismo dicho Ezechias:
¿Qué señal *tendré* de que he de subir [n] Sal. 84. 2.
á la casa de Jehová [n]?

CAPITULO XXXIX.

Ezechias muestra con ostentacion todos sus tesoros y grandezas á los embajadores del rey de Babilonia; lo cual oido por el profeta Isaias, predice la cautividad y calamidades que de los Babilonios sufriría el pueblo.

EN aquel tiempo Merodach-Baladan,
hijo de Baladan, rey de Babilonia,
envió cartas y presentes á Ezechias;
porque habia oido que habia estado
enfermo, y que habia convalecido.
2 Y holgóse con ellos Ezechias, y
enseñóles la casa de su tesoro; plata,
y oro, y especierías, y ungüentos pre-
ciosos, y toda su casa de armas, y todo
lo que se pudo hallar en sus tesoros:
no hubo cosa en su casa, y en todo su
señorío, que Ezechias no les mostrase.
3 Entónces Isaias profeta vino al rey
Ezechias, y díjole: ¿Qué dicen estos
hombres, y de dónde han venido á tí?

Y Ezechias respondió: De tierra muy
léjos han venido á mí, de Babilonia.
4 Dijo entónces? ¿Qué han visto en
tu casa? Y dijo Ezechias: Todo lo que
hay en mi casa han visto, y ninguna
cosa hay en mis tesoros que no les
[a] Pro. 23. 5. haya mostrado[a].
5 Entónces dijo Isaias á Ezechias:
Oye palabra de Jehová de los ejércitos:
6 Hé aquí, vienen dias en que será
[b] 2 Rey. 25. 6, etc. Jer. 20. 5. llevado á Babilonia[b] todo lo que hay
en tu casa, y lo que tus padres han
atesorado hasta hoy: ninguna cosa que-
dará, dice Jehová.
7 De tus hijos, que hubieren salido de
tí, y que engendraste, tomarán y serán
eunucos en el palacio del rey de Babi-
[c] Da. 1. 2, 7. lonia[c].
8 Y dijo Ezechias á Isaias: La palabra
[d] 1 Sa. 3. 18. de Jehová, que has hablado, es buena[d].
Y añadió: A lo menos haya paz y ver-
dad en mis dias.

CAPITULO XL.

Es profetisada la venida del Mesias, y la predicacion de su precursor el Bautista. Gloriosos efectos del Evangelio. Necedad de los idólatras. Felicidad de los que esperan en el Señor, el cual consolará y salvará á Jerusalem.

CONSOLAD, consolad á mi pueblo,
dice vuestro Dios.
2 Hablad al corazon de Jerusalem:
decidle á voces que su tiempo es ya
cumplido, que su pecado es perdonado:
que doble ha recibido de la mano de
Jehová por todos sus pecados.
[a] Mat. 3. 3. 3 Voz que clama[a] en el desierto: Bar-
[b] Mal. 3. 1. red camino á Jehová[b], enderezad cal-
zada en la soledad á nuestro Dios.
4 Todo valle sea alzado, y bájese todo
monte y collado, y lo torcido se ende-
[c] Cap. 45. 2. rece[c], y lo áspero se allane.
5 Y manifestaráse la gloria de Jehová,
y toda carne juntamente verá *lo* que la
boca de Jehová habló.
6 Voz que decia: Da voces. Y *yo* res-
pondí: ¿Qué tengo de decir á voces?
Toda carne *es* yerba, y toda su gloria
como flor del campo.
7 La yerba se seca, y la flor se cae;
porque el viento de Jehová sopló en ella.
Ciertamente yerba *es* el pueblo.
[d] 1 Ped. 1. 24, 25. 8 Sécase la yerba, cáese la flor[d]: mas
la palabra del Dios nuestro permanece
[e] Mar. 13. 31. para siempre[e].
9 Súbete sobre un monte alto, anun-
ciadora de Sion; levanta fuertemente tu
voz, anunciadora de Jerusalem: leván-
tala, no temas. Di á las ciudades de
Judá: Veis aquí el Dios vuestro.
10 Hé aquí que el Señor Jehová ven-
drá con fortaleza, y su brazo se ense-
ñoreará. Hé aquí que su salario *viene*
[f] Cap. 62. 11. con él, y su obra delante de su rostro[f].
[g] Sal. 23. 1. 11 Como pastor apacentará su rebaño[g]:
Juan 10. 11. en su brazo cogerá los corderos, y en su
seno los llevará: pastoreará *suavemente*
las paridas.
12 ¿Quién midió las aguas con su pu-
ño, y aderezó los cielos con su palmo,
y con tres dedos allegó el polvo de la
tierra, y pesó los montes con balanza, y
con peso los collados?
13 ¿Quién enseñó al Espíritu de Je-
hová, ó le aconsejó enseñándole?
14 ¿A quién demandó consejo para
ser avisado? ¿Quién le enseñó el ca-
mino del juicio, ó le enseñó ciencia, ó
le mostró la senda de la prudencia?
15 Hé aquí que las naciones son repu-
tadas como la gota de un acetre, y como
el orin del peso: hé aquí que hace desa-
parecer las islas como un polvo.
16 Ni todo el Líbano bastará para el
fuego, ni todos sus animales para sa-
crificio.
17 Como nada *son* todas las gentes de-
lante él[h]; y en su comparacion serán [h] Da. 4. 35.
estimadas en menos que nada, y que lo
que no es[i]. [i] Sal. 62. 9.
18 ¿A qué pues haréis semejante á
Dios, ó qué imágen le compondréis[k]? [k] Hech. 17. 29.
19 El artífice[l] apareja la imágen de
talla; el platero le extiende el oro, y le [l] Cap. 41. 6, 7. y 44. 12, etc. Jer. 10. 3, etc.
funde cadenas de plata.
20 El pobre escoge para ofrecerle ma-
dera que no se corrompa; búscase un
maestro sabio que le haga una imágen
de talla, *de manera* que no se mueva.
21 ¿No sabeis? ¿No habeis oido?
¿Nunca os lo han dicho desde el prin-
cipio? ¿No habeis sido enseñados des-
de que la tierra se fundó?
22 Él está asentado sobre el globo de
la tierra, cuyos moradores *le* son como
langostas: él extiende los cielos como
una cortina[m], tiéndelos como una ti- [m] Job 9. 8. Sal. 104. 2.
enda para morar.
23 Él torna en nada[n] los poderosos, y [n] Job 12. 21. Sal. 107. 40.
á los que gobiernan la tierra hace como
cosa vana:
24 Como si nunca fueran plantados,
como si nunca fueran sembrados, como
si nunca su tronco hubiera tenido raiz
en la tierra: así que sopla en ellos, se
secan, y el torbellino los lleva como
hojarascas.
25 ¿A qué pues me haréis semejante,
ó seré asimilado? dice el Santo[o]. [o] Deu. 4. 15, etc.
26 Levantad en alto vuestros ojos, y
mirad: ¿quién crió estas cosas? él saca
por cuenta su ejército; á todas llama
por sus nombres[p]; ninguna faltará: *tal* [p] Sal. 147. 4.
es la grandeza de su fuerza, y *su* poder
y virtud.
27 ¿Por qué dices, oh Jacob, y hablas
tú, Israel, Mi camino es escondido de
Jehová, y de mi Dios pasó mi juicio?
28 ¿No has sabido, no has oido que el
Dios del siglo *es* Jehová, el cual crió los
términos de la tierra? No se trabaja,
ni se fatiga con cansancio; y su enten-
dimiento no hay quien lo alcance[q]. [q] Sal. 147. 5. Ro. 11. 33.
29 Él da esfuerzo al cansado, y mul-
tiplica las fuerzas al que no tiene nin-
gunas[r]. [r] 2 Cor. 12. 9.
30 Los mancebos se fatigan, y se can-
san; los mozos flaquean y caen:
31 Mas los que esperan á Jehová ten-
drán nuevas fuerzas[s]; levantarán las [s] Sal. 103. 5.
alas como águilas; correrán, y no se
cansarán; caminarán, y no se fatigarán.

CAPITULO XLI.

Singular providencia de Dios para con su pueblo, al cual alienta con la promesa de su defensa y amparo. Vanidad de los ídolos; confusion y afrenta de los mismos que los hacen y honran.

ESCUCHADME, islas, y esfuércense
los pueblos; alléguense, y entónces
hablen: estemos juntamente á juicio.
2 ¿Quién despertó del oriente al justo,
lo llamó para que le siguiese, entregó
delante de él naciones[a], é hízolo ense- [a] Esd. 1. 2.
ñorear de reyes, entrególos á su espada
como polvo, y á su arco como hojaras-
cas arrebatadas?
3 Siguiólos, pasó en paz por camino
por donde sus piés nunca habian en-
trado.
4 ¿Quién obró é hizo *esto*? ¿Quién
llama las generaciones desde el prin-
cipio? Yo Jehová primero, y[b] yo mis- [b] Cap. 44. 6. y 48. 12. Ap. 1. 17. y 22. 13.
mo con los postreros.
5 Las islas vieron, y tuvieron temor;
los términos de la tierra se espantaron:
congregáronse, y vinieron.
6 Cada cual ayudó á su cercano, y á su
hermano dijo: Esfuérzate.

7 El carpintero animó al platero c, y el que alisa con martillo al que batia en el yunque, diciendo: Buena está la soldadura. Y afirmó *el ídolo* con clavos, porque no se moviese.

8 ¶ Mas tú, Israel, siervo mio *eres; tú,* Jacob, á quien yo escogí d, simiente de Abraham mi amigo e.

9 Porque te tomé de los extremos de la tierra, y de sus principales te llamé, y te dije: Mi siervo *serás* tú: te escogí, y no te deseché.

10 No temas, que yo *soy* contigo f: no desmayes, que yo soy tu Dios que te esfuerzo: siempre te ayudaré, siempre te sustentaré con la diestra de mi justicia.

11 Hé aquí que todos los que se airan contra tí, serán avergonzados y confundidos g: serán como nada, y perecerán los que contienden contigo.

12 Los buscarás, y no los hallarás: los que tienen contienda contigo serán como nada, y como cosa que no es aquellos que te hacen guerra.

13 Porque yo Jehová *soy* tu Dios, que te ase de tu mano derecha, y te dice: No temas, yo te ayudé.

14 No temas, gusano de Jacob, oh vosotros los pocos de Israel: yo te socorrí, dice Jehová, y tu redentor el Santo de Israel.

15 Hé aquí que yo te he puesto por trillo, trillo nuevo lleno de dientes: trillarás montes, y los molerás, y collados tornarás en tamo h.

16 Los aventarás, y los llevará el viento, y esparcirálos el torbellino. Tú empero te regocijarás en Jehová, *y* te gloriarás i en el Santo de Israel.

17 Los afligidos y menesterosos buscan las aguas, que no *hay*; secóse de sed su lengua: yo Jehová los oiré; *yo,* el Dios de Israel, no los desampararé.

18 En los altos *calvos* abriré rios, y fuentes en mitad de los llanos: tornaré el desierto en estanques de aguas, y en manaderos de aguas k la tierra seca.

19 Daré en el desierto cedros, espinos, arrayanes, y olivas: pondré en la soledad hayas, olmos y álamos juntamente l.

20 Porque vean, y conozcan, y adviertan, y entiendan todos, que la mano de Jehová hace esto, y que el Santo de Israel lo crió.

21 ¶ Alegad por vuestra causa, dice Jehová; exhibid vuestros fundamentos, dice el Rey de Jacob.

22 Traigan, y anúnciennos lo que ha de venir m: dígannos lo que ha pasado desde el principio, y pondrémos nuestro corazon *en ello:* sepamos tambien su postrimería, y hacednos entender lo que ha de venir.

23 Dadnos nuevas de lo que ha de ser despues, para que sepamos que vosotros *sois* dioses: ó á lo menos haced bien, ó mal, para que tengamos que contar, y juntamente nos maravillemos.

24 Hé aquí que vosotros *sois* de nada, y vuestras obras de vanidad n: abominacion *el que* os escogió.

25 Del norte *lo* desperté, y vendrá: del nacimiento del sol llamará en mi nombre: y hollará príncipes como lodo, y como pisa el barro el alfarero.

26 ¿ Quién *lo* anunció desde el principio, para que sepamos, ó de tiempo atrás, y dirémos: *es* justo? Cierto, no *hay* quien anuncie, sí, no *hay* quien enseñe; ciertamente, no *hay* quien haya oido vuestras palabras.

27 *Yo soy* el primero que he enseñado estas cosas á Sion, y á Jerusalem daré un portador de alegres nuevas o.

28 Miré, y no *habia* ninguno: y pre*gunté* de estas cosas, y ningun consejero hubo: preguntéles, y *no* respondieron palabra.

29 Hé aquí, todos iniquidad, y las obras de ellos nada: viento y vanidad *son* sus vaciadizos.

...p. 40. 19. ...h. 12. ...r. 10. 3, ...l. 135. 4. ...r. 20. 7. ...tº. 2. 23. ...r. 13, 14. ...p. 43. 5. ...p. 45. 24. ...l. 12. 3. ...e. 4. 13. ...p. 45. 25. ...l. 35. 7. ...3. 107. 35. ...l. 55. 13. ...l. 45. 21. ...14. ...l. 3. 4. ...40. 9.

CAPITULO XLII.

Oficio y caractéres del gran Libertador de Israel; establecimiento y gloria de su reino. Rebeldía del pueblo, y sus consiguientes calamidades.

HÉ aquí mi siervo, yo le sostendré a; mi escogido, *en quien* mi alma toma contentamiento b: he puesto sobre él mi Espíritu c; dará juicio á las Gentes.

2 No clamará, ni alzará, ni hará oir su voz en las plazas.

3 No quebrará la caña cascada, ni apagará el pábilo que humeare: sacará el juicio á verdad.

4 No se cansará ni desmayará, hasta que ponga en la tierra juicio: y las islas esperarán su ley d.

5 Así dice el Dios Jehová, el criador de los cielos, y el que los extiende; el que extiende la tierra y sus verduras; el que da respiracion al pueblo que *mora* sobre ella, y espíritu á los que por ella andan e:

6 Yo Jehová te he llamado en justicia, y te tendré por la mano: te guardaré, y te pondré por alianza del pueblo, por luz de las gentes f,

7 Para que abras ojos de ciegos g, para que saques de la cárcel á los presos, y de casas de prision h á los que están de asiento en tinieblas.

8 Yo Jehová. Este *es* mi nombre i; y á otro no daré mi gloria, ni mi alabanza á esculturas k.

9 Las cosas primeras hé aquí vinieron, y yo anuncio nuevas cosas: ántes que salgan á luz, yo os las haré notorias l.

10 ¶ Cantad á Jehová un nuevo cántico, su alabanza m desde el fin de la tierra: *canten* los que descienden á la mar, y lo que la hinche, las islas, y los moradores de ellas.

11 Alcen *la voz* el desierto y sus ciudades, las aldéas *donde* habita Cedar n: canten los moradores de la Piedra, y desde las cumbres de los montes den voces de júbilo.

12 Den gloria á Jehová, y prediquen sus loores en las islas o.

13 Jehová saldrá como gigante, y como hombre de guerra despertará *su* zelo p: gritará, voceará, esforzaráse sobre sus enemigos.

14 Desde el siglo he callado, tenido he silencio, y heme detenido: daré voces como la que está de parto; asolaré y devoraré juntamente.

15 Tornaré en soledad montes y collados; haré secar toda su yerba: los rios tornaré en islas, y secaré los estanques.

16 Y guiaré los ciegos por camino que no sabian; haréles pisar por las sendas que no habian conocido: delante de ellos tornaré las tinieblas en luz, y los rodéos en llanura. Estas cosas les haré, y no los desampararé.

17 Serán vueltos atrás, y en extremo confundidos q los que confian en las esculturas, y dicen á las estatuas de fundicion: Vosotros *sois* nuestros dioses.

18 Sordos, oid; y vosotros ciegos, mirad para ver.

19 ¿ Quién ciego sino mi siervo r? ¿ Quién *tan* sordo como mi mensajero que envié? ¿ Quién ciego como el *preciado de* perfecto s, y ciego como el siervo de Jehová,

a Mat. 12. 18.
b Mat. 3. 17. y 17. 5.
c Cap. 11. 2. Juan 3. 34.
d Gen. 49. 10.
e Zac. 12. 1.
f Cap. 49. 6. Luc. 2. 32. Hech. 13. 47.
g Cap. 35. 5.
h 1 Ped. 2. 9.
i Sal. 83. 18.
k Cap. 48. 11.
l Hech. 15. 18.
m Ap. 5. 9.
n Cap. 60. 7.
o Sal. 117. 1.
p Ex. 15. 3.
q Sal. 97. 7.
r Cap. 41. 8. y 43. 8, 10.
s Ex. 16. 14, 15.

20 Que ve muchas cosas, y no advierte;
que abre los oidos, y no para oir?
21 Jehová se complació *en él* por amor
t Sal. 71. 16, 19. de su justicia[t]: magnificará la ley, y la
engrandecerá.
22 Mas este pueblo *será* saqueado y
hollado; todos ellos *han de ser* enlaza-
dos en cavernas, y escondidos en cárce-
les. Serán puestos á saco, y no *habrá*
quien *los* libre; hollados, y no *habrá*
quien diga: Restituid.
23 ¿Quién de vosotros oirá esto? *¿quién*
atenderá y escuchará en órden al por
venir?
24 ¿Quién dió á Jacob en presa, y
entregó á Israel á saqueadores? ¿No
fué Jehová, contra quien pecamos? Y
no quisieron andar en sus caminos, ni
oyeron su ley.
25 Por tanto derramó sobre él el furor
de su ira, y fuerza de guerra: púsole
fuego de todas partes, empero no enten-
dió; é incendióle, mas no ha parado
mientes.

CAPITULO XLIII.

Consuela y anima á los pios certificandoles de la buena voluntad y amor de Dios, el cual los amparará en medio de todas sus calamidades, y al fin los congregará de todas las gentes para que gocen de libertad gloriosa. Impugna la idolatría con el testimonio de su pueblo y de las maravillas que Dios en él ha hecho, y las que promete haria libertandolo de la cautividad de Babilonia, adonde les habia echado por sus pecados.

Y AHORA así dice Jehová criador
tuyo, oh Jacob, y formador tuyo,
oh Israel: No temas; porque yo te re-
dimí, *y* te puse nombre: mio *eres* tú.
2 Cuando pasares por las aguas, yo seré
a Sal. 66. 12. contigo[a]; y *cuando* por los rios, no te
anegarán. Cuando pasares por el fuego,
no te quemarás, ni la llama arderá en tí.
3 Porque yo Jehová Dios tuyo, el Santo
de Israel, *soy* tu Salvador: á Egipto he
dado por tu rescate, á Etiopia y á Seba
b Cap. 45. 14. por tí[b].
4 Porque en mis ojos fuiste de grande
estima, fuiste honorable, y yo te amé:
daré pues hombres por tí, y naciones
por tu alma.
5 No temas; porque yo *soy* contigo:
del oriente traeré tu generacion, y del
c Jer. 30. 10. y 46. 27. occidente te recogeré[c].
6 Diré al Aquilon: Daca; y al Me-
diodia: No detengas: trae de léjos mis
hijos, y mis hijas de los términos de la
tierra.
d Hech. 15. 17. 7 Todos llamados de mi nombre[d], y
para gloria mia los crié, los formé, y los
e Cap. 29. 23. hice[e]:
8 Sacando al pueblo ciego que tiene
f Cap. 42. 19. Ez. 12. 2. ojos, y á los sordos que tienen oidos[f].
9 Congréguense á una todas las gentes,
y júntense los pueblos: ¿quién de ellos
hay que nos dé nuevas de esto, y que
nos haga oir las cosas primeras? Pre-
senten sus testigos, y justifíquense; oi-
gan, y digan verdad.
10 Vosotros *sois* mis testigos, dice Je-
g Cap. 44. 8. hová[g], y mi siervo, que yo escogí; para
que me conozcais, y creais, y entendais
que yo mismo *soy*: ántes de mí no fué
h Cap. 44. 8. y 45. 21. Os. 13. 4. formado Dios, ni lo será despues de mí[h].
11 Yo, yo Jehová; y fuera de mí no
hay quien salve.
12 Yo anuncié, y salvé, é hice oir, y
no *hubo* entre vosotros extraño. Vos-
otros pues *sois* mis testigos, dice Je-
hová, que yo *soy* Dios.
13 Aun ántes que *hubiera* dia, yo era;
i Cap. 14. 27. y 46. 10. Da. 4. 35. y no *hay* quien de mi mano libre: *si yo*
hiciere, ¿quién lo estorbará[i]?
14 ¶ Así dice Jehová, Redentor vu-
estro, el Santo de Israel: Por vosotros
envié á Babilonia, é hice descender fu-
gitivos todos ellos: y clamor de Caldéos
en las naves.
15 Yo Jehová, Santo vuestro, Criador
de Israel, vuestro Rey.
16 ¶ Así dice Jehová, el que da ca-
mino en la mar, y senda en las aguas
impetuosas[k]. k Ex. 14. [illegible]
17 *Cuando* él saca carro y caballo, ejér- 28.
cito y fuerza caen juntamente, para no Sal. 77. [illegible]
levantarse; quedan extinguidos, como
pábilo quedan apagados.
18 No os acordeis de las cosas pasa-
das, ni traigais á memoria las cosas an-
tiguas[l]. l Jer. 16. [illegible]
19 Hé aquí que yo hago cosa nueva: y 23. [illegible]
presto saldrá á luz: ¿No la sabréis?
Otra vez pondré camino en el desierto,
y rios en la soledad[m]. m Cap. [illegible] y 41. 18.
20 La bestia del campo me honrará,
los dragones, y los pollos del avestruz:
porque daré aguas en el desierto, rios
en la soledad, para que beba mi pueblo,
mi escogido.
21 Este pueblo crié para mí; mis ala-
banzas publicará.
22 ¶ Y no me invocaste á mí, oh Ja-
cob; ántes de mí te cansaste, oh Israel[n]. n Mal. 1. [illegible]
23 No me trajiste á mí los animales
de tus holocaustos, ni á mí me honraste
con tus sacrificios: no te hice servir
con Presente, ni te hice fatigar con per-
fume.
24 No compraste para mí caña *aromática*
por dinero, ni me saciaste con la
grosura de tus sacrificios: ántes me hi-
ciste servir en tus pecados, y me has
fatigado con tus maldades[o]. o Mal. 2. [illegible]
25 Yo, yo *soy* el que borro tus rebeli-
ones[p] por amor de mí[q], y no me acor- p Jer. [illegible]
daré de tus pecados[r]. Hech. [illegible]
26 Hazme acordar; entremos en juicio q Ez. [illegible]
juntamente: relata tú para abonarte. 32.
27 Tu primer[s] padre pecó, y tus ense- r Jer. [illegible]
ñadores prevaricaron contra mí. s Ez. 16. [illegible]
28 Por tanto yo profané los príncipes
del santuario; y puse por anatema á
Jacob, y por oprobio á Israel.

CAPITULO XLIV.

Es el mismo argumento del cap. precedente, mas representando en este la necedad de los idólatras, que no se avergüenzan de dar culto y adoracion (cualquiera que sea) al ídolo que ellos mismos hicieron de metal, ó de un madero. Para que se guarde de esta abominable locura, es amonestado el pueblo á recordar lo que Dios ha hecho por él, y las promesas que le tiene dadas de libertad, las cuales cumpliria por mano de Ciro, y en lo figurado, por Cristo.

AHORA pues, oye, Jacob, siervo
mio; y *tú*, Israel, á quien yo es-
cogí.
2 Así dice Jehová, hacedor tuyo, y el
que te formó desde el vientre, *el cual* te
ayudará: No temas, siervo mio Jacob;
y tú, Jesurun, á quien yo escogí.
3 Porque yo derramaré aguas sobre el
secadal, y rios sobre la *tierra* árida[a]: a Cap. 35. [illegible]
mi Espíritu derramaré sobre tu gene-
racion[b], y mi bendicion sobre tus re- b Joel 2. [illegible]
nuevos.
4 Y brotarán *como* entre yerba, como
sauces junto á las riberas de las aguas.
5 Este dirá: Yo *soy* de Jehová: el
otro se llamará del nombre de Jacob: y c Sal. 87. [illegible]
otro escribirá con su mano: A Jehová; d Cap. 41. [illegible]
y se apellidará con el nombre de Israel[c]. y 48. 12.
6 ¶ Así dice Jehová, Rey de Israel, y Ap. 1. 8,
su Redentor, Jehová de los ejércitos: 17.
Yo el primero, y yo el postrero[d], y fuera y 22. 13.
de mí no *hay* Dios[e]. e Deu. 4. [illegible]
7 ¿Y quién llamará como yo, y de- 39.
nunciará *ántes* esto, y lo ordenará por y 32. 39.

mí, desde que hice el pueblo antiguo[f]? Anúncienles lo que viene *de cerca*, y lo que está por venir.

8 No temais, ni os amedrenteis: ¿no te hice oir desde entónces, y te dije ántes *lo que estaba por venir*? Luego vosotros *sois* mis testigos[g] que no *hay* Dios sino yo, y que no *hay* fuerte[h] que yo no conozca.

9 Los formadores de imágenes de talla todos ellos *son* vanidad, y lo mas precioso de ellos para nada es útil[i]; y ellos mismos para su confusion *son* testigos, que ellas ni ven ni entienden.

10 ¿Quién formó un dios, ó quién fundió una estatua, que para nada es de provecho[k]?

11 Hé aquí que todos sus compañeros serán avergonzados[l]: porque los mismos artífices son de los hombres. Todos ellos se juntarán, estarán, se asombrarán, y serán avergonzados á una.

12 El herrero[m] *tomará* la tenaza, obrará en las ascuas, darále forma con los martillos, y trabajará en la *estatua* con la fuerza de su brazo: tiene luego hambre, y le faltan las fuerzas; no beberá agua, y se desmaya.

13 El carpintero tiende la regla, señála aquella con almagre, lábrala con los cepillos, dale figura con el compas, hácela en forma de varon, á semejanza de hombre hermoso, para estar en casa.

14 Cortaráse cedros, y tomará encina y alcornoque, y entre los árboles del bosque se esforzará: plantará pino, que se crie con la lluvia.

15 De él se servirá luego el hombre para quemar, y tomará de ellos para calentarse: encenderá tambien *el horno*, y cocerá panes; hará ademas un dios, y lo adorará; fabricará un ídolo, y arrodillaráse delante de él.

16 Parte del *leño* quemará en el fuego[n]; con *otra* parte de él comerá carne, aderezará asado, y se saciará. Despues se calentará, y dirá: Oh! heme calentado, he visto el fuego.

17 Y torna su sobrante en un dios, en su escultura: húmillase delante de ella, adórala, y ruégale diciendo: Líbrame, que mi dios *eres* tú.

18 No supieron, ni entendieron[o]; porque encostrados estan sus ojos para no ver, y su corazon para no entender.

19 No discurre para consigo, no tiene sentido ni entendimiento para decir: Parte de esto quemé en el fuego, y sobre sus brasas cocí pan, asé carne, y comí*la*: ¿he de tornar en una abominacion lo restante de ello? ¿delante de un tronco de árbol tengo de humillarme?

20 De ceniza se apacienta: su corazon engañado le desvia[p], para que no libre su alma, ni diga: ¿No *hay* una mentira á mi mano derecha?

21 Acuérdate de estas cosas, oh Jacob, é Israel, pues que mi siervo eres: Yo te formé; siervo mio *eres* tú: Israel, no me olvides.

22 Yo deshice, como á nube, tus rebeliones, y como á niebla tus pecados[q]: tórnate á mí, porque yo te redimí.

23 Cantad loores, oh cielos, porque Jehová *lo* hizo: gritad con júbilo, lugares bajos de la tierra[r]: prorumpid, montes, en alabanza; bosque, y todo árbol que en él *está*: porque Jehová redimió á Jacob, y en Israel será glorificado.

24 ¶ Así dice Jehová, tu Redentor, y formador tuyo desde el vientre: Yo Jehová, que lo hago todo; que extiendo solo los cielos[s], que extiendo la tierra por mí mismo;

x. 26. 20.
ap. 43. 10.
Isa. 32. 4.
ap. 41. 24, 1.
Hab. 2. 18.
Co. 8. 4.
al. 97. 7.
ap. 42. 17.
45. 16.
ap. 40. 19.
41. 6.
r. 10. 3.
r. 19.
p. 45. 20.
. 4. 12.
. 1. 21.
p. 1. 18.
. 103. 12.
l. 96. 11,
l. 104. 2.

25 Que deshago las señales de los adivinos, y enloquezco á los agoreros[t]; que hago tornar atrás los sabios, y desvanezco su sabiduría;

26 Que despierta la palabra de su siervo[u], y cumple el consejo de sus mensajeros: que dice á Jerusalem, Serás habitada: y á las ciudades de Judá: Reedificadas serán, y sus ruinas levantaré:

27 Que digo al profundo: Sécate, y tus rios haré secar[x]:

28 Que llamo á Ciro, mi pastor, y cumplirá todo lo que yo quiero, en diciendo á Jerusalem: Serás edificada; y al templo, Serás fundado[y].

CAPITULO XLV.

Dios llama á Ciro por su nombre, aun mucho ántes que naciese en la monarquía, para que liberte su pueblo de Babilonia: y en la libertad que por ese medio promete el Señor á los Judíos, y gloriosa restauracion de ellos, hace entrever la de todos los hombres por Jesu Cristo. Quedarán corridos y avergonzados todos los idólatras, y será destruida la idolatría.

ASI dice Jehová á su ungido Ciro, al cual tomé yo por su mano derecha, para sujetar gentes delante de él, y desatar lomos de reyes[a]; para abrir delante de él puertas, y las puertas no se cerrarán:

2 Yo iré delante de tí, y enderezaré las tortuosidades: quebrantaré puertas de bronce, y cerrojos de hierro haré pedazos[b];

3 Y te daré los tesoros escondidos, y los secretos muy guardados, para que sepas que yo *soy* Jehová, el Dios de Israel, que te pongo nombre.

4 Por amor de mi siervo Jacob, *y* de Israel mi escogido, te llamé[c] por tu nombre; púsete sobrenombre, aunque no me conociste.

5 Yo Jehová, y ninguno mas *hay*; no *hay* Dios fuera de mí[d]. Yo te ceñiré[e], aunque tú no me conociste;

6 Para que se sepa desde el nacimiento del sol, y desde donde se pone, que no hay mas de yo. Yo Jehová, y ninguno mas de yo[f].

7 Que formo la luz, y crio las tinieblas; que hago la paz, y crio el mal[g]. Yo Jehová, que hago todo esto.

8 ¶ Rociad, cielos, de arriba, y las nubes destilen la justicia[h]: ábrase la tierra, y prodúzcanse la salud y la justicia; háganse brotar juntamente[i]. Yo Jehová lo crié.

9 ¶ ¡Ay del que pleitea con su Hacedor! *Contienda* el tiesto con los tiestos de la tierra. ¿Dirá el barro al que lo labra: Qué haces? ó tu obra no *tiene* manos[k]?

10 Ay del que dice al padre: Por qué engendraste? y á la mujer: Por qué pariste?

11 ¶ Así dice Jehová, el Santo de Israel, y su Formador: Preguntadme de las cosas por venir; mandadme acerca de mis hijos, y acerca de la obra de mis manos.

12 Yo hice la tierra, y crié sobre ella al hombre. Yo, mis manos extendieron los cielos, y á todo su ejército mandé[l].

13 Yo lo desperté en justicia[m], y enderezaré todos sus caminos: él edificará mi ciudad[n], y soltará mis cautivos, no por precio[o], ni por dones, dice Jehová de los ejércitos.

14 ¶ Así dijo Jehová: El trabajo de Egipto, las mercaderías de Etiopia, y los Sabéos, hombres agigantados, se pasarán á tí, y serán tuyos[p]: irán en pos de tí, pasarán con grillos[q]; á tí harán

[t] 2 Cr. 18. 11, 34. Jer. 50. 36.
[u] Zac. 1. 6. 2 Ped. 1. 19.
[x] Jer. 50. 38. y 51. 36.
[y] Esd. 1. 1, etc.
[a] Job 12. 18.
[b] Sal. 107. 16.
[c] Cap. 48. 15.
[d] ver. 14, 18, 22. Deu. 4. 35, 39.
[e] Sal. 18. 32, 39.
[f] Cap. 44. 8.
[g] Amos 3. 6.
[h] Sal. 85. 11.
[i] Sal. 72. 3.
[k] Cap. 29. 16. Ro. 9. 20.
[l] Sal. 102. 25.
[m] Cap. 41. 2.
[n] 2 Cr. 36. 22. Esd. 1. 1, etc.
[o] Cap. 52. 3.
[p] Cap. 49. 23. y 60. 9, 16. y 72. 10, 11. Zac. 8. 22, 23.
[q] Sal. 149. 8.

reverencia, y á tí suplicarán, *diciendo:*
Cierto, en tí *está* Dios; y no *hay otro*
fuera de Dios.
[r] Cap. 55. 8, 9. 15 Verdaderamente tú *eres* Dios[r] que
te encubres; Dios de Israel que sal-
vas.
16 Confusos y avergonzados serán to-
dos ellos; irán con afrenta todos los fa-
[s] Sal. 97. 7. bricadores de imágenes[s].
17 Israel es salvo en Jehová con salud
[t] Ro. 11. 26. eterna[t]: no os avergonzaréis, ni os afren-
taréis ya por todos los siglos.
18 Porque así dijo Jehová, que crió los
cielos: Él mismo, el Dios que formó la
tierra, el que la hizo, y la compuso, no
la crió para nada, para que fuese habi-
tada la crió: Yo Jehová, y ninguno mas
de yo.
[u] Cap. 48. 16. 19 No hablé en escondido[u], en lugar
de tierra de tinieblas: no dije á la gene-
racion de Jacob: En vano me buscais.
Yo *soy* Jehová que hablo justicia, que
anuncio rectitud.
20 Reuníos y venid; allegáos todos
los escapados de las gentes. No saben
aquellos que erigen el madero de su es-
cultura, y los que ruegan al dios que no
[x] Cap. 44. 18. salva[x].
21 Publicad, y haced llegar, y entren
todos en consulta. ¿Quién hizo oir esto
desde el principio, y lo tiene dicho desde
[y] Cap. 41. 22. y 43. 9. y 44. 7. entónces[y], sino yo Jehová? Y no *hay*
mas Dios que yo: Dios justo y salvador;
ninguno otro fuera de mí.
[z] Sal. 22. 27. 22 Mirad á mí, y sed salvos[z] todos los
términos de la tierra: porque yo *soy*
Dios, y no *hay* mas.
[a] Gen. 22. 16. 23 Por mí hice juramento[a], de mi
boca salió palabra en justicia, y no será
revocada: Que á mí se doblará toda ro-
[b] Ro. 14. 11. Fl. 2. 10. dilla, y jurará toda lengua[b].
24 Y diráse de mí: Ciertamente en
[c] Jer. 23. 6. Jehová *está* la justicia[c] y la fuerza[d]:
[d] Zac. 10. 6, 12. á él vendrán; y todos los que contra él
se enardecen, serán avergonzados[e].
[e] Cap. 41. 11. 25 En Jehová será justificada[f], y se
[f] Ro. 5. 1. gloriará toda la generacion de Israel.

CAPITULO XLVI.

Profetiza la ruina de los ídolos de Babilonia. Reprende á su pueblo de idolatría representando sus locas diligencias en ella. Pruébales su verdadera divinidad por las maravillas que ha hecho por ellos; y recordandoles la fidelidad de sus promesas, anúnciales la salvacion que enviaría á Israel.

[a] Jer. 50. 2. POSTRÓSE Bel[a], abatióse Nebo.
Sus simulacros fueron *puestos* so-
[b] Jer. 10. 5. bre bestias, y sobre animales *de carga*[b]:
os llevarán cargados de vosotros, carga
penosa.
2 Fueron humillados *los ídolos*, fueron
abatidos juntamente: no pudieron es-
caparse de la carga, sino que tuvieron
ellos mismos que ir en cautiverio.
3 Oidme, oh casa de Jacob, y todo el
resto de la casa de Israel, los que sois
traidos desde el vientre, los que sois lle-
[c] Ex. 19. 4. vados desde la matriz[c]:
4 Y hasta *vuestra* vejez yo mismo, y
hasta las canas *os* suportaré yo. Yo *os*
hice, yo *os* llevaré, yo *os* suportaré y
guardaré.
5 ¿A quién me asemejais, y me igua-
lais, y me comparais, para que sea se-
[d] Cap. 40. 18, 25. mejante[d]?
6 Sacan oro del talego, y pesan plata
con balanzas; alquilan un platero para
[e] Cap. 41. 7, etc. hacer un dios de ello: humíllanse[e], y
adoran.
7 Échanselo sobre los hombros, llé-
vanlo, y asiéntanlo en su lugar; allí se
está, y no se mueve de su sitio: danle
voces, y tampoco responde, ni libra de
la tribulacion.
8 Acordáos de esto, y tened vergüenza:
tornad en vosotros, prevaricadores.
9 Acordáos de las cosas pasadas desde
el siglo: porque yo *soy* Dios, y no hay
mas dios; y nada *hay* á mí semejante.
10 Que anuncio lo por venir desde el
principio, y desde antiguo lo que aun
no era hecho[f]: que digo: Mi consejo [f] Cap. 41. 22.
permanecerá, y haré todo lo que qui-
siere[g]: [g] Sal. 33. 11.
11 Que llamo desde el oriente al ave, y
de tierra lejana al varon de mi consejo[h]. [h] Cap. 41. 2.
Yo hablé, y lo haré venir; *helo* pensado,
y tambien lo haré.
12 Oidme, duros de corazon, que es-
tais léjos de la justicia.
13 Haré que se acerque mi justicia;
no se alejará, y mi salud no se detendrá.
Y pondré salud en Sion[i], y mi gloria en [i] Sal. 14. 7.
Israel.

CAPITULO XLVII.

Profetiza á Babilonia y á su monarquía su destruccion.

DESCIENDE, y siéntate en el polvo,
vírgen hija de Babilonia: siéntate
en la tierra sin trono, hija de los Cal-
déos; que nunca mas te llamarán tierna
y delicada.
2 Toma el molino, y muele harina:
descubre tus guedejas, descalza los piés,
descubre las piernas, pasa los rios.
3 Descubierta será tu vergüenza, y tu
deshonor será visto[a]: tomaré venganza, [a] Jer. 13. 22, 26. Na. 3. 5.
y no encontraré *como* hombre.
4 Nuestro Redentor, Jehová de los
ejércitos *es* su nombre, el Santo de Is-
rael[b]. [b] Jer. 50. 34.
5 Siéntate, calla, y entra en tinieblas,
hija de los Caldéos: porque nunca mas
te llamarán Señora de reinos.
6 Enojéme contra mi pueblo, profané
mi heredad, y entreguélos en tu mano:
no les hiciste misericordias[c]; sobre el [c] Ab. 10. Zac. 1. 15.
viejo agravaste mucho tu yugo.
7 Y dijiste: Para siempre seré seño-
ra[d]: y no has pensado en esto, ni te [d] Ap. 18. 7.
acordaste de tu postrimería.
8 Oye pues ahora esto, delicada, la que
está sentada confiadamente, la que dice
en su corazon: Yo *soy*, y fuera de mí no
hay mas[e]; no quedaré viuda, ni cono- [e] Soph. 2. 15.
ceré orfandad.
9 Estas dos cosas te vendrán de re-
pente en un mismo dia: Orfandad y
viudez. En toda su perfeccion vendrán
sobre tí por la multitud de tus adivi-
nanzas, y por la copia de tus muchos
agüeros.
10 Porque te confiaste en tu maldad,
diciendo: Nadie me ve[f]. Tu sabiduría [f] Sal. 94. 7.
y tu misma ciencia te engañaron, y di-
jiste en tu corazon: Yo, y no mas.
11 Vendrá pues sobre tí mal, cuyo
nacimiento no sabrás: caerá sobre tí
quebrantamiento, el cual no podrás re-
mediar; y destruccion, que no sabrás,
vendrá de repente sobre tí.
12 Estáte ahora con tus encantamen-
tos, y con la multitud de tus agüeros,
en los cuales te fatigaste desde tu ni-
ñez; quizá podrás mejorarte, quizá te
fortificarás.
13 Haste fatigado en la multitud de
tus consejos: parezcan ahora, y defién-
dante los contempladores de los cielos[g], [g] Da. 2. 2.
los especuladores de las estrellas, los que
contaban los meses, para pronosticarte
lo que vendrá sobre tí.
14 Hé aquí que serán como tamo[h]; [h] Na. 1. 10.
fuego los quemará; no salvarán sus vi-
das del poder de la llama: no *quedará*
brasa para calentarse, ni lumbre á la
cual se sienten.
15 Así te serán aquellos con quienes

te fatigaste, tus negociantes desde tu
niñez: cada uno echará por su cami-
. 50. 16. no[i]; no *habrá* quien te salve.

CAPITULO XLVIII.

Redarguye y amenaza la hipocresía de los de su pueblo, quienes llamandose pueblo de Dios, servian á ídolos. Que si Dios no cumple las promesas de multiplicacion, paz, y prosperidad á su pueblo, es porque ellos no cumplieron con la observancia de su ley, segun prometieron en el pacto. Profetiza á los píos su libertad de Babilonia.

OID esto, casa de Jacob, que os lla-
mais del nombre de Israel, los que
. 68. 26. salieron de las aguas[a] de Judá, los que
juran en el nombre de Jehová, y hacen
memoria del Dios de Israel, *mas* no en
. 5. 2. verdad ni en justicia[b]:
2 (Porque de la santa ciudad se nom-
e. 3. 11. bran, y en el Dios de Israel[c] confian:
su nombre, Jehová de los ejércitos.)
3 Lo que pasó, ya de ántes lo dije, y
de mi boca salió: publiquélo, hícelo
presto, y vino á ser.
4 Porque conozco que eres duro, y
. 31. 27. nervio de hierro[d] tu cerviz, y tu frente
de metal,
5 Díjetelo ya dias ha; ántes que vi-
niese te lo enseñé, porque no dijeses:
Mi ídolo lo hizo, mis estatuas de es-
cultura y de fundicion mandaron estas
cosas.
6 Oístelo, vístelo todo: ¿y no lo anun-
ciaréis vosotros? Ahora pues te he he-
cho oir nuevas y ocultas cosas que tú no
sabias.
7 Ahora han sido criadas, no en dias
pasados; ni ántes de este dia las habias
oido, porque no digas: Hé aquí que yo
lo sabia.
8 Sí, nunca lo habias oido, ni nunca
lo habias conocido; ciertamente, no se
abrió ántes tu oreja. Porque sabia que
. 5. 11. desleal habias de desobedecer[e], por tanto
. 7. te llamé rebelde desde el vientre.
. 43. 25. 9 Por amor de mi nombre[f] dilataré
79. 9. mi furor, y para alabanza mia te daré
. 8. largas, para no talarte.
20. 9. 10 Hé aquí te he purificado, y no co-
. 66. 10. mo á plata[g]; hete escogido en horno de
afliccion.
11 Por mí, por amor de mí *lo* haré,
para que no sea amancillado *mi nom-*
. 32. 28, *bre*[h]: y mi honra no la daré á otro[i].
12 Oyeme, Jacob, y *tú*, Israel, lla-
. 42. 8. mado de mí: Yo mismo, yo el primero,
. 41. 4. yo tambien el postrero[k].
22. 13. 13 Mi mano fundó la tierra, y mi
mano derecha midió los cielos con el
102. 25. palmo[l]: en llamandolos yo, parecieron
. 40. 26. juntamente[m].
147. 4. 14 Juntáos todos vosotros, y oid. ¿Qui-
én *hay* entre ellos que anuncie estas co-
. 41. 22. sas[n]? Jehová lo amó, el cual ejecutará
su voluntad en Babilonia, y su brazo en
44. 28. los Caldéos[o].
15 Yo, yo hablé, y le llamé, y le traje;
. 1. 2. por tanto será prosperado su camino[p].
16 Allegáos á mí, oid esto: Desde el
45. 19. principio no hablé en escondido[q]; desde
que la cosa se hizo, estuve allí: y ahora
el Señor Jehová me envió, y su Espí-
d. 1. ritu[r].
17 Así ha dicho Jehová, Redentor
tuyo, el Santo de Israel: Yo Jehová
Dios tuyo, que te enseña provechosa-
mente, que te encamina por el camino
que andas.
18 Ojalá miráras tú á mis mandami-
entos! fuera entónces tu paz como un
rio, y tu justicia como las ondas de la
81. 13, mar[s].
19 Fuera como la arena tu simiente,
y los renuevos de tus entrañas como
las pedrezuelas de ella; nunca su nom-
bre fuera cortado, ni raido de mi pre-
sencia.
20 Salid de Babilonia[t], huid de entre [t] Jer. 50. 8.
los Caldéos: dad nuevas de esto con y 51. 6, 45.
voz de alegría, publicadlo, llevadlo hasta Zac. 2. 6, 7.
lo postrero de la tierra. Decid: Redimió Ap. 18. 4.
Jehová á Jacob su siervo.
21 Y no tuvieron sed *cuando* los llevó
por los desiertos: hízoles correr agua de
la piedra; cortó la peña, y corrieron
aguas[u]. [u] Cap. 41. 17, 18.
22 No *hay* paz para los malos, dijo y 43. 19, 20.
Jehová[x]. [x] Cap. 57. 21.

CAPITULO XLIX.

Introduce el profeta á Cristo, que notifica al mundo su vocacion, su autoridad, y su oficio, y que si el mundo lo tuviere en poco á él y á su Evangelio, el daño será del mismo mundo, sin que por eso pierda él nada de su gloria. Dios no se puede olvidar de su pueblo por el infinito amor que le tiene en Cristo; en el cual y por el cual le restaurará, multiplicará, y regalará maravillosamente.

OIDME, islas; y escuchad, pueblos
lejanos. Jehová me llamó desde el
vientre; desde las entrañas de mi ma-
dre tuvo mi nombre en memoria[a]. [a] Luc. 1. 31.
2 Y puso mi boca como espada aguda[b]: [b] Heb. 4. 12.
cubrióme[c] con la sombra de su mano, y Ap. 1. 16.
púsome por saeta limpia; guardóme en [c] Cap. 51. 16.
su aljaba,
3 Y díjome: Mi siervo eres, oh Israel,
que en tí me gloriaré[d]. [d] Juan 13. 31.
4 Yo empero dije: Por demas he tra-
bajado, en vano y sin provecho he con-
sumido mi fortaleza: mas mi juicio *está*
delante de Jehová, y mi recompensa con
mi Dios.
5 Ahora pues, dice Jehová, el que me
formó desde el vientre por su siervo,
para que convierta á él á Jacob: Bien
que Israel no se juntará, con todo es-
timado seré en los ojos de Jehová, y el
Dios mio será mi fortaleza.
6 Y dijo: Poco es que tú me seas si-
ervo para levantar las tribus de Jacob,
y para que restaures los asolamientos de
Israel: tambien te di por luz de las
Gentes[e], para que seas mi salud hasta [e] Cap. 42. 6.
lo postrero de la tierra. Luc. 2. 32.
7 Así ha dicho Jehová, Redentor de Hech. 13.
Israel, el Santo suyo, al menospreciado 47.
de alma, al abominado de las gentes[f], [f] Luc. 23. 18,
al siervo de los tiranos: Verán reyes, y 23.
levantaránse príncipes, y adorarán por
Jehová[g]; porque fiel *es* el Santo de Is- [g] Sal. 72. 10,
rael, el cual te escogió. 11.
8 Así dijo Jehová: En hora de con-
tentamiento te oí, y en el dia de salud
te ayudé: y guardarte he, y te daré por
alianza del pueblo, para que levantes la
tierra, para que heredes asoladas here-
dades;
9 Para que digas á los presos: Salid:
y á los que están en tinieblas: Manifes-
táos[h]. En los caminos serán apacenta- [h] Cap. 42. 7.
dos, y en todas las cumbres *serán* sus
pastos.
10 No tendrán hambre ni sed[i]; ni el [i] Ap. 7. 16.
calor, ni el sol los afligirá[k]; porque el [k] Sal. 121. 6.
que tiene de ellos misericordia los gui-
ará, y los conducirá á manaderos de
aguas.
11 Y tornaré camino todos mis montes,
y mis calzadas serán levantadas.
12 Hé aquí, estos vendrán de léjos:
y hé aquí, estotros del Norte y del Oc-
cidente; y estotros de la tierra de los
Sinéos.
13 Cantad alabanzas, oh cielos; y alé-
grate, tierra; y prorumpid en alabanza,
oh montes[l]: porque Jehová ha conso- [l] Cap. 44. 23.
lado su pueblo, y de sus pobres tendrá
misericordia.

14 ¶ Mas Sion dijo: Dejóme Jehová, y el Señor se olvidó de mí.

15 ¿Olvidaráse la mujer de lo que parió, para dejar de compadecerse del hijo de su vientre? Aunque se olviden ellas, yo no me olvidaré de tí.

16 Hé aquí que en las palmas te tengo esculpida; delante de mí están siempre tus muros.

17 Tus edificadores vendrán aprisa: tus destruidores y tus asoladores saldrán de tí.

18 Alza tus ojos alrededor, y mira: todos estos se han reunido, han venido á tí[m]. Vivo yo, dice Jehová, que de todos, como de vestidura de honra, serás vestida, y de ellos serás ceñida como novia.

[m] Cap. 60. 4, 8.

19 Porque tus asolamientos, y tus ruinas, y tu tierra desierta, ahora será angosta por la multitud de los moradores; y tus destruidores serán apartados léjos.

20 Aun los hijos de tu orfandad dirán á tus oidos: Angosto es para mí este lugar[n]; apártate por amor de mí *á otra parte* para que yo more.

[n] Zac. 10. 10.

21 Y dirás en tu corazon: ¿Quién me engendró estos? porque yo deshijada *estaba*, y sola, peregrina y desterrada: ¿quién pues crió estos? Hé aquí yo estaba dejada sola; estos ¿de donde *vinieron* ellos aquí?

22 Así dijo el Señor Jehová: Hé aquí, yo alzaré mi mano á las gentes, y á los pueblos levantaré mi bandera; y traerán en brazos tus hijos, y tus hijas serán traidas en hombros[o].

[o] Cap. 66. 20.

23 Y reyes serán tus ayos, y sus reinas tus amas *de leche*: el rostro inclinado á tierra te adorarán, y lamerán el polvo de tus piés[p]: y conocerás que yo *soy* Jehová, que no se avergonzarán los que me esperan.

[p] Sal. 72. 9.

24 ¿Será quitada la presa al valiente? ó ¿libertaráse la cautividad legítima?

25 Así empero dice Jehová: Cierto, la cautividad será quitada al valiente, y la presa del robusto será librada: y tu pleito yo lo pleitearé, y yo salvaré á tus hijos.

26 Y á los que te despojaron haré comer sus carnes; y con su sangre serán embriagados, como con mosto[q]: y conocerá toda carne que yo Jehová *soy* Salvador tuyo, y Redentor tuyo, el Fuerte de Jacob.

[q] Ap. 16. 6.

CAPITULO L.

Muestra Dios á su pueblo que si lo pone en afflicciones extremas, no es porque lo deseche, ni porque le falte poder para sacarlo de ellas, sino porque sus iniquidades han menester tal castigo. Introdúcese Cristo autorizado de Dios, y lleno de sabiduría y palabra confortadora para consuelo de su pueblo; menospreciado y afrentado en el mundo, pero lleno de fortaleza de Dios para retener su lugar y defender su inocencia.

ASI dijo Jehová: ¿Qué es de esta carta de repudio[a] de vuestra madre, á la cual yo repudié? ¿O quienes *son* mis acreedores, á quienes os he yo vendido? Hé aquí que por vuestras maldades sois vendidos, y por vuestras rebeliones fué repudiada vuestra madre.

[a] Jer. 3. 8. Os. 2. 2.

2 Porque vine, y nadie pareció: llamé, y nadie respondió. ¿Ha llegado á acortarse mi mano, para no redimir[b]? ¿No *hay* en mi poder para librar? Hé aquí que con mi reprension hago seca la mar; torno los rios en desierto, hasta podrirse sus peces, y morirse de sed por falta de agua.

[b] Cap. 59. 1.

3 Visto de obscuridad los cielos, y torno *como* saco su cobertura.

4 ¶ El Señor Jehová me dió lengua de sabio[c], para saber *hablar* en sazon palabra al cansado[d]: despertará de mañana, despertaráme de mañana oido, para que oiga como los sabios.

[c] Mat. 13. 54.
[d] Mat. 11. 28.

5 El Señor Jehová me abrió el oido[e], y yo no fuí rebelde, ni me torné atrás[f].

[e] Sal. 40. 6, 8.
[f] Juan 14. 31.

6 Di mi cuerpo á los heridores, y mis mejillas á los que *me* mesaban el cabello: no escondí mi rostro de las injurias y esputos[g].

[g] Mat. 26. 67 y 27. 26.

7 Porque el Señor Jehová me ayudará; por tanto no me avergoncé: por eso puse mi rostro como un pedernal, y sé que no seré avergonzado.

8 Cercano *está* de mí el que me justifica; ¿quién contenderá conmigo? Juntémonos: ¿quién *es* el adversario de mi causa? acérquese á mí.

9 Hé aquí que el Señor Jehová me ayudará; ¿quién *hay* que me condene? Hé aquí que todos ellos como ropa de vestir se envejecerán; los comerá polilla[h].

[h] Cap. 51. 8.

10 ¿Quién *hay* entre vosotros que tema á Jehová? Oiga la voz de su siervo. El que anduvo en tinieblas[i], y carece de luz, confie en el nombre de Jehova, y apóyese en su Dios[k].

[i] Sal. 23. 4. Mic. 7. 8.
[k] Na. 1. 7. Heb. 13. 5. 57.

11 Hé aquí que todos vosotros encendeis fuego, y estais cercados de centellas. Andad á la luz de vuestro fuego, y á las centellas que encendisteis. De mi mano os vino esto; en dolor seréis sepultados.

CAPITULO LI.

Exhorta á los fieles á que en medio de la calamidad del pueblo se consuelen con fé firme en las promesas hechas á sus padres, y que esperen su restauracion. Ora el profeta á Dios que cumpla su promesa, y se muestre con su pueblo el que solia ser. Consuela y alienta á Jerusalem, certificándole que Dios la sacará de toda afliccion.

OIDME[a], los que seguís justicia, los que buscais á Jehová: mirad á la piedra *de donde* fuisteis cortados, y á la caverna de la fosa de donde fuisteis arrancados.

[a] ver. 7.

2 Mirad á Abraham vuestro padre[b], y á Sara *la que* os parió: porque solo lo llamé[c], y bendíjelo[d], y multipliquélo.

[b] Heb. 11. 11, 12.
[c] Gen. 12. 1.
[d] Gen. 21. 1 y 24. 1, 35.

3 Ciertamente consolará Jehová á Sion; consolará todas sus soledades, y tornará su desierto como Paraiso, y su soledad como huerto de Jehová: hallarse ha en ella alegría y gozo, alabanza, y voz de cantar.

4 Estad atentos á mí, pueblo mio; y oidme, nacion mia: porque de mí saldrá la ley, y mi juicio descubriré para luz de pueblos.

5 Cercana está mi justicia, salido ha mi salud[e], y mis brazos juzgarán á los pueblos. A mí[f] esperarán las islas, y en mi brazo pondrán su esperanza.

[e] Cap. 56. 1.
[f] Cap. 60. 9 y 61. 2.

6 Alzad á los cielos vuestros ojos, y mirad abajo á la tierra: porque los cielos serán deshechos como humo, y la tierra se envejecerá como ropa de vestir[g]; y de la misma manera perecerán sus moradores: mas mi salud será para siempre, y mi justicia no perecerá.

[g] Sal. 102. 26. Heb. 1. 11, 12. 2 Ped. 3. 10, 12.

7 Oidme, los que conoceis justicia, pueblo en cuyo corazon está mi ley[h]. No temais afrenta de hombre, ni desmayeis por sus denuestos.

[h] Sal. 37. 31.

8 Porque como á vestidura[i] los comerá polilla, como á lana los comerá gusano: mas mi justicia permanecerá perpetuamente, y mi salud por siglo de siglos.

[i] Cap. 50. 9. Job 4. 19. 21.

9 ¶ Despiértate, despiértate; vístete de fortaleza, oh brazo de Jehová: despiértate como en el tiempo antiguo, en los siglos pasados. ¿No eres tú el que cortó á Rahab[k], y el que hirió al dragon[l]?

[k] Sal. 74. 13, 14 y 89. 10.
[l] Cap. 27. 1.

10 ¿ No eres tú el que secó la mar, las
: 14. 21. aguas del grande abismo [m]; el que al
profundo de la mar tornó en camino,
para que pasasen los redimidos ?
11 Cierto, tornarán los redimidos de
Jehová; volverán á Sion cantando, y
gozo perpetuo *será* sobre sus cabezas:
poseerán gozo y alegría; y el dolor y el
. 35. 10. gemido huirán [n].
. 3. 12 Yo *soy* vuestro consolador [o]. ¿ Quién
eres tú para que tengas temor del hombre,
que es mortal, del hijo del hombre
. 40. 6. *que por* heno será contado [p] ?
13 Y haste ya olvidado de Jehová tu
hacedor, que extendió los cielos, y fundó
la tierra; y todo dia temiste continuamente
del furor del que *te* aflige, cuando
se disponia para destruir. Mas ¿ en
dónde está el furor del que *te* aflige ?
14 El preso se da prisa para ser suelto,
. 9. 11. por no morir en la mazmorra [q], ni que
le falte su pan.
15 Empero yo Jehová, que parto la
. 31. 35. mar, y suenan sus ondas [r], *soy* tu Dios,
cuyo nombre *es* Jehová de los ejércitos.
. 18. 18. 16 Y en tu boca [s] he puesto mis pala-
. 3. 34. bras, y con la sombra de mi mano [t] te
49. 2. cubrí, para que plantases los cielos, y
d. 3. 13. fundases la tierra [u], y que dijeses á Sion:
Pueblo mio *eres* tú.
17 ¶ Despierta, despierta, levántate,
oh Jerusalem, que bebiste de la mano
de Jehová el caliz de su furor: las heces
del caliz de aturdimiento bebiste y chu-
60. 3. paste [x].
18 De todos los hijos que parió, no *hay*
quien la gobierne; ni quien la tome por
su mano de todos los hijos que crió.
19 Estas dos cosas te han acaecido;
¿ quién se dolerá de tí ? asolamiento,
y quebrantamiento: hambre y espada.
2. 11, ¿ Quién te consolará [y] ?
20 Tus hijos desmayaron, estuvieron
tendidos en las encrucijadas de todos
los caminos, como buey montaraz en
la red, llenos del furor de Jehová, de
ira del Dios tuyo.
21 Oye pues ahora esto, miserable;
17. ebria, y no de vino [z]:
. 15. 22 Así dijo tu Señor Jehová, y tu
Dios, el cual pleitea por su pueblo: Hé
aquí he quitado de tu mano el caliz de
aturdimiento, la hez del caliz de mi furor:
nunca mas lo beberás.
23 Y ponerlo he en mano de tus an-
15. 17, gustiadores [a], que dijeron á tu alma:
Encórvate, y pasarémos. Y tú pusiste
tu cuerpo como tierra, y como camino,
6. 12. á los que pasan [b].

CAPITULO LII.

Exhortando el profeta á Jerusalem, y en ella á la Iglesia de los fieles, á suma alegría por su libertad y restauracion, representa en espíritu profético la redencion de los hombres por Cristo, y la prosperidad y gloria de su reino.

1. 17. DESPIERTA, despierta [a], vístete tu
fortaleza, oh Sion; vístete tus ro-
pas de hermosura, oh Jerusalem, ciu-
11. 1. dad santa [b]: porque nunca mas acon-
tecerá que venga á tí incircunciso ni
. 15. inmundo [c].
2 Sacúdete del polvo; levántate, *y* si-
éntate, Jerusalem: suéltate de las ata-
duras de tu cuello, cautiva hija de Sion.
3 Porque así dice Jehová: De balde
fuisteis vendidos; por tanto sin dinero
6. 13. seréis rescatados [d].
5. 13. 4 Porque así dijo el Señor Jehová:
Mi pueblo descendió á Egipto en ti-
empo pasado, para peregrinar allá; y
el Assur lo cautivó sin razon.
5 Y ahora, ¿ qué á mí aquí, dice Je-
hová, ya que mi pueblo sea llevado sin
porqué ? Y los que en él se enseñorean,
lo hacen aullar, dice Jehová; y con-
tinuamente es blasfemado mi nombre
todo el dia.
6 Por tanto mi pueblo sabrá mi nom-
bre por esta causa en aquel dia: por-
que yo mismo que hablo, hé aquí estaré
presente.
7 ¡ Cuán hermosos *son* sobre los montes
los piés del que trae *alegres* nuevas, del
que publica la paz [e], del que trae nuevas [e] Na. 1. 15.
del bien, del que publica salud, del que Ro. 10. 15.
dice á Sion: Tu Dios reina !
8 Voz de tus atalayas; alzarán la voz,
juntamente darán voces de júbilo: por-
que ojo á ojo verán como Jehová vuelve
á traer á Sion.
9 Cantad alabanzas, alegráos junta-
mente, soledades de Jerusalem: porque
Jehová ha consolado su pueblo, á Jeru-
salem ha redimido.
10 Jehová desnudó el brazo de su san-
tidad ante los ojos de todas las gentes [f]; [f] Sal. 98. 2, 3.
y todos los términos de la tierra verán
la salud del Dios nuestro [g]. [g] Lu. 3. 6.
11 ¶ Apartáos, apartáos [h], salid de ahí, [h] Cap. 48. 20.
no toqueis cosa inmunda: salid de en Jer. 51. 6,
medio de ella; limpiáos los que llevais 45.
los vasos de Jehová [i]. Zac. 2. 6, 7.
12 Porque no saldréis apresurados, ni 2 Co. 6. 17.
iréis huyendo: porque Jehová irá de- Ap. 18. 14.
lante de vosotros, y os congregará el [i] Lev. 22. 2,
Dios de Israel. etc.
13 ¶ Hé aquí que mi siervo [k] será pros- [k] Cap. 42. 1.
perado, será engrandecido y ensalzado, y 49. 3.
y será muy sublimado. y 50. 10.
14 Como te abominaron muchos, en
tanta manera fué desfigurado de los
hombres su parecer; y su hermosura
mas que la de los hijos de los hombres.
15 Empero él rociará muchas gentes:
los reyes cerrarán sobre él sus bocas;
porque verán lo que nunca les fué con-
tado, y entenderán lo que jamas habian
oido.

CAPITULO LIII.

Nota el profeta cuan raros serían los que darían crédito al Evangelio, escandalizados de la profunda humillacion de Cristo; cuyo glorioso reino no por eso dejaría de ser prosperado, previos los sufrimientos é ignominiosa muerte á que se sometería él en satisfaccion de nuestros pecados, y para nuestra paz.

¿ QUIEN ha creido á nuestro anun-
cio [a] ? ¿ Y sobre quién se ha ma- [a] Juan 12.
nifestado el brazo de Jehová ? 38.
2 Y subirá cual renuevo delante de él, Ro. 10. 16.
y como raiz de tierra seca. No *hay*
parecer en él ni hermosura. Verlo
hemos, mas sin atractivo para que le
deseemos.
3 Despreciado y desechado entre los
hombres [b]; varon de dolores, experi- [b] Cap. 49. 7.
mentado en quebranto: y como que es- Sal. 22. 6, 7.
condimos de él el rostro: *fué* menospre-
ciado, y no lo estimamos.
4 Ciertamente llevó él nuestras enfer-
medades, y sufrió nuestros dolores [c]: y [c] Mat. 8. 17.
nosotros le tuvimos por azotado, por
herido de Dios, y abatido.
5 Mas él herido *fué* por nuestras re-
beliones, molido por nuestros pecados.
El castigo de nuestra paz sobre él; y por
su llaga fuimos nosotros curados [d]. [d] 1 Ped. 2. 24,
6 Todos nosotros nos descarriamos co- 25.
mo ovejas; cada cual se apartó por su
camino: mas Jehová cargó en él el pe-
cado de todos nosotros [e]. [e] Ro. 4. 25.
7 Angustiado él, y afligido, no abrió 1 Ped. 3. 18.
su boca. Como cordero fué llevado al
matadero; y como oveja delante de sus
trasquiladores enmudeció, y no abrió su
boca.
8 De la cárcel y del juicio fué quitado.

Y su generacion ¿quién la contará? Porque cortado fué de la tierra de los vivientes[f]: por la rebelion de mi pueblo fué herido.

[f] Hech. 8. 32, 35. Da. 9. 26.

9 Y dispúsose con los impíos su sepultura, mas con los ricos[g] *fué* en su muerte; porque nunca hizo él maldad, ni *hubo* engaño en su boca[h].

[g] Mat. 27. 57. [h] 1 Ped. 2. 22.

10 Con todo eso Jehová quiso quebrantarlo, sujetandole á padecimiento. Cuando hubiere puesto su vida en expiacion por el pecado[i], verá linaje, vivirá por largos dias, y la voluntad de Jehová será en su mano prosperada.

[i] 2 Co. 5. 21. Heb. 9. 24, 26.

11 Del trabajo de su alma verá, y será saciado: con su conocimiento[k] justificará mi siervo justo á muchos, y él llevará las iniquidades de ellos.

[k] Juan 17. 3. 2 Ped. 1. 2, 3. Ro. 8. 24.

12 Por tanto yo le daré parte con los grandes, y con los fuertes repartirá despojos; por cuanto derramó su vida hasta la muerte[l]: y fué contado con los perversos[m], habiendo él llevado el pecado de muchos, y orado[n] por los transgresores.

[l] Heb. 12. 2. [m] Mar. 15. 28. Lu. 22. 37. [n] Heb. 7. 25. 1 Juan 2. 1.

CAPITULO LIV.

Exhorta á la Iglesia fiel del pueblo Judáico, tan fatigada y tan menoscabada con las calamidades que le habian de venir, á que se regocije mucho, prometiéndole gloriosa restauracion, y grande incremento con los convertidos pueblos por el Evangelio, y victoria y triunfo de todos sus enemigos.

ALÉGRATE, oh estéril, la que no paria; levanta cancion, y da voces de júbilo, la que nunca estuvo de parto: porque mas *serán* los hijos de la dejada que los de la casada[a], ha dicho Jehová.

[a] Gal. 4. 27.

2 Ensancha el sitio de tu cabaña[b], y las cortinas de tus tiendas sean extendidas: no seas escasa, alarga tus cuerdas, y fortifica tus estacas.

[b] Cap. 49. 19, 20.

3 Porque á la mano derecha y á la mano izquierda has de crecer: y tu simiente heredará gentes, y habitarán las ciudades asoladas.

4 No temas, que no serás avergonzada; y no te avergüences, que no serás afrentada: ántes te olvidarás de la vergüenza de tu mocedad, y de la afrenta de tu viudez no tendrás mas memoria.

5 Porque tu marido *será* tu Hacedor[c]; Jehová de los ejércitos *es* su nombre: y tu Redentor, el Santo de Israel, Dios de toda la tierra será llamado.

[c] Jer. 3. 14.

6 Porque como á mujer dejada y triste de espíritu te llamó Jehová; y *como* á mujer moza, que es repudiada, dijo el Dios tuyo:

7 Por un pequeño momento te dejé[d]; mas te recogeré con grandes misericordias.

[d] Sal. 30. 5.

8 Con un poco de ira escondí mi rostro de tí por un momento[e]; mas con misericordia eterna tendré compasion de tí, dijo tu Redentor Jehová.

[e] Pro. 27. 4.

9 Porque esto me será *como* las aguas de Noé; que juré que nunca mas las aguas de Noé pasarian sobre la tierra[f]: así he jurado que no me enojaré *mas* contra tí, ni te reñiré.

[f] Gen. 9. 11.

10 Porque los montes se moverán, y los collados temblarán; mas no se apartará de tí[g] mi misericordia, ni el pacto de mi paz vacilará[h], dijo Jehová el que tiene misericordia de tí.

[g] Ro. 11. 29. [h] 2 Sa. 23. 5.

11 Pobrecita, fatigada con tempestad, sin consuelo; hé aquí que yo cimentaré tus piedras sobre carbunclo, y sobre zafiros te fundaré.

12 Tus ventanas pondré de piedras preciosas, y tus puertas de piedras de carbúnculo, y todo tu término de piedras de buen gusto.

13 Y todos tus hijos *serán* enseñados de Jehová[i], y multiplicará la paz de tus hijos.

[i] Jer. 31. 34. Juan 6. 45.

14 Con justicia serás adornada: estarás léjos de opresion, porque no *la* temerás; y de temor, porque no se acercará á tí.

15 Si alguno conspiráre contra tí, *será* sin mí: el que contra tí conspiráre, delante de tí caerá.

16 Hé aquí que yo crié al herrero que sopla las ascuas en el fuego, y que saca la herramienta para su obra; y yo he criado al destruidor para destruir[k].

[k] Cap. 37. 36.

17 Toda herramienta que fuere fabricada contra tí, no prosperará; y tú condenarás toda lengua que se levantare contra tí en juicio. Esta *es* la heredad de los siervos de Jehová, y su justicia de por mí[l], dijo Jehová.

[l] Sal. 71. 1[illegible], 19.

CAPITULO LV.

Exhorta á todos á que con verdadero arrepentimiento y fé en la misericordia de Dios por Cristo, acudan á él y abracen su Evangelio, por cuyo medio hallarán graciosamente hartura de todo bien.

A TODOS los sedientos, Venid á las aguas[a]: y todos los que no tienen dinero, venid, comprad, y comed. Venid, comprad, sin dinero y sin precio, vino y leche.

[a] Juan 4. 1[illegible], 14. y 7. 37. Ap. 21. 6. y 22. 17.

2 ¿Por qué gastais el dinero no en pan, y vuestro trabajo no en hartura? Oidme atentamente, y comed del bien[b]; y deleitaráse vuestra alma con grosura.

[b] Mat. 22. [illegible]

3 Inclinad vuestros oidos, y venid á mí: oid, y vivirá vuestra alma. Y haré con vosotros pacto eterno[c], las misericordias firmes á David[d].

[c] 2 Sa. 23. [illegible] Sal. [illegible] Jer. 32. [illegible] [d] Hech. 13. 34.

4 Hé aquí que yo lo di[e] por testigo[f] á los pueblos, por jefe y por maestro á las naciones.

[e] Jer. 30. 9. Ez. 34. 23, 24. y 37. 24. Os. 3. 5. [f] Juan 18. 37. Ap. 1. 5.

5 Hé aquí, llamarás á gente que no conociste; y gentes que no te conocieron, correrán á tí[g] por causa de Jehová tu Dios, y del Santo de Israel que te ha honrado.

[g] Cap. 60. [illegible] Zac. 8. 22.

6 Buscad á Jehová, mientras puede ser hallado; llamadle en tanto que está cercano[h].

[h] Heb. 3. [illegible]

7 Deje el impío su camino, y el hombre inicuo sus pensamientos: y vuélvase á Jehová, el cual tendrá de él misericordia; y al Dios nuestro, el cual será amplio en perdonar[i].

[i] Sal. 130. [illegible]

8 Porque mis pensamientos no *son como* vuestros pensamientos, ni vuestros caminos *como* mis caminos, dijo Jehová.

9 Como son mas altos los cielos que la tierra, así son mis caminos mas altos que vuestros caminos, y mis pensamientos mas que vuestros pensamientos[k].

[k] Sal. 103. 1[illegible]

10 Porque como desciende de los cielos la lluvia, y la nieve, y no vuelve allá, sino que harta la tierra, y la hace germinar y producir, y da simiente al que siembra, y pan al que come;

11 Así será mi palabra que sale de mi boca[l]: no volverá á mí vacía, ántes hará lo que yo quiero, y será prosperada en aquello para que la envié.

[l] Deu. 32. [illegible]

12 Porque con alegría saldréis, y con paz seréis vueltos: los montes y los collados levantarán cancion delante de vosotros, y todos los árboles del campo darán palmadas de aplauso[m].

[m] Sal. 96. [illegible] y 98. 8.

13 En lugar de la zarza crecerá haya, y en lugar de la ortiga crecerá arrayan[n]: y será á Jehová por nombre, por señal eterna *que* nunca será raida.

[n] Cap. 41. [illegible]

CAPITULO LVI.

Denuncia Dios á los pios de su pueblo la venida de su Mesias; por tanto que se preparen con piedad para recibirlo: el cual

*extendiendo su reino no desechará á nin-
guno. Represéntase al pueblo como presa de
los tiranos del mundo, por la ignorancia,
avaricia, y vicios de sus enseñadores.*

ASI dijo Jehová: Guardad derecho,
y haced justicia: porque cercana
está mi salud, para venir, y mi justicia
para manifestarse.

2 Bienaventurado el hombre que esto
hiciere, y el hijo del hombre que esto
abrazáre: Que guarda el sábado de *no*
ap. 58. 13. profanarlo [a], y que guarda su mano de
hacer todo mal.

3 Y el hijo del extranjero, allegado á
ap. 14. 1. Jehová [b], no hable diciendo: Aparta-
c. 8. 23. ráme totalmente Jehová de su pueblo.
ech. 8. 27, Ni diga el eunuco [c]: Hé aquí yo *soy*
árbol seco.

4 Porque así dijo Jehová á los eunucos
que guardaren mis sábados, y escogi-
eren lo que yo quiero, y abrazaren mi
pacto:

5 Yo les daré lugar en mi casa, y den-
tro de mis muros, y nombre mejor que
an 1. 12. *el* de hijos é hijas [d]: nombre perpetuo
les daré, que nunca perecerá.

6 Y á los hijos de los extranjeros que
r. 3. se llegaren á Jehová [e], para ministrarle,
y que amaren el nombre de Jehová,
para ser sus siervos; á todos los que
guardaren el sábado de *no* profanarlo, y
abrazaren mi pacto,

7 Yo los llevaré al Monte de mi san-
tidad, y les recrearé en la casa de mi
oracion. Sus holocaustos y sus sacrifi-
cios serán aceptos sobre mi altar: por-
que mi casa, casa de oracion será lla-
ley. 8. 43. mada de todos los pueblos [f].

8 Dice el Señor Jehová, el que junta
k. 21. 13. los echados de Israel [g]: Aun juntaré so-
147. 2. bre él sus congregados [h].

15. 10. 9 ¶ Todas las bestias del campo, todas
12. 9. las bestias del monte [i], venid á devorar.

10 Sus atalayas ciegos *son*: todos ellos
ignorantes, todos ellos perros mudos,
no pueden ladrar: soñolientos, echados,
aman el dormir.

11 Y esos perros ansiosos no conocen
hartura; y los mismos pastores no su-
34. 2, 3. pieron entender [k]: todos ellos miran á
sus caminos, cada uno á su provecho,
cada uno por su cabo.

12 Venid, *dicen*, tomaré vino; embri-
aguémonos de sidra: y será el dia de
mañana como este, ó mucho mas ex-
celente.

CAPITULO LVII.

*Quita Dios á los pios del mundo, llevándolos
á descanso cuando va á herir con alguna
notable calamidad, sin que el mundo ad-
vierta en esto su consejo. Redarguye las
muchas idolatrías del pueblo Judáico, su
hipocresía, y sus ligas con los reyes comar-
canos contra el consejo de Dios; prometi-
endo empero sanidad á su pueblo, por su
natural clemencia para con los afligidos
que le invocan.*

PERECE el justo, y no *hay* quien
pare mientes: y los pios son recogi-
dos, y no *hay* quien entienda que delante
de la afliccion es recogido el justo.

2 Entrará en la paz: descansarán en
14. 13. sus lechos [a] todos los que andan delante
de *Dios*.

3 Mas vosotros llegáos acá, hijos de
la agorera, generacion de adúltero y de
fornicaria.

4 ¿De quién os habeis mofado? ¿Con-
tra quién ensanchasteis la boca, *y* alar-
gasteis la lengua? ¿No sois vosotros
y. 17. hijos rebeldes, simiente mentirosa,

c. 5 Que os enfervorizais con los ídolos
y. 16. debajo de todo árbol umbroso [b], que sa-
crificais los hijos en los valles debajo de
6. 20. los peñascos [c]?

6 En las pulimentadas peñas del valle
está tu parte: ellas, ellas *son* tu suerte;
y á ellas derramaste libacion, *y* ofreciste
presente. ¿No me tengo de vengar de
estas cosas?

7 Sobre el monte alto y empinado pu-
siste tu cama: allí tambien subiste á
hacer sacrificio [d]. [d] Ez. 16. 16, 25.

8 Y tras la puerta y el umbral pusiste
tu recuerdo: porque *á otro que* á mí te
descubriste [e], y subiste, *y* ensanchaste [e] Ez. 23. 2, etc.
tu cama, é hiciste con ellos alianza:
amaste su cama donde quiera que *la*
veias.

9 Y fuiste al rey con ungüento, y mul-
tiplicaste tus perfumes [f]: y enviaste tus [f] Ez. 16. 28. y 23. 16. Os. 12. 2.
embajadores léjos, y te abatiste hasta el
profundo.

10 En la multitud de tus caminos te
cansaste [g]; *mas* no dijiste, No hay re- [g] Jer. 2. 25.
medio: hallaste la vida de tu mano;
por tanto no te arrepentiste.

11 ¿Y de quién te asustaste y temiste,
que *así* has faltado á la fé, y no te has
acordado de mí, ni te vino al pensa-
miento? ¿No he yo disimulado desde
tiempos antiguos, y nunca me has te-
mido?

12 Yo publicaré tu justicia y tus obras,
que no te aprovecharán.

13 Cuando clamares, líbrente tus alle-
gados; empero á todos ellos llevará el
viento, un soplo *los* arrebatará: mas el
que en mí espera, tendrá la tierra por
heredad [h], y poseerá el Monte de mi [h] Sal. 37. 3, 9.
santidad,

14 Y dirá: Allanad, allanad, barred el
camino [i], quitad los tropiezos del ca- [i] Cap. 62. 10.
mino de mi pueblo.

15 Porque así dijo el Alto y sublime,
el que habita en eternidad, y cuyo nom-
bre *es* El Santo: Por morada tengo la
altura y la santidad [k]; y con el quebran- [k] Zac. 2. 13.
tado y humilde de espíritu *habito*, para
hacer vivir [l] el espíritu de los abatidos, [l] Cap. 66. 1, 2. Sal. 34. 18. y 51. 17. y 138. 6.
y para vivificar el corazon de los que-
brantados.

16 Porque no tengo de contender para
siempre [m], ni para siempre me he de [m] Sal. 103. 9. Mic. 7. 18.
enojar: pues decaeria ante mí el espíri-
tu, y las almas *que* yo he criado.

17 Por la iniquidad de su codicia me
enojé [n], y heríle; escondí *mi rostro*, y [n] Jer. 6. 13.
ensañéme: y fué él rebelde por el ca-
mino de su corazon.

18 Visto he sus caminos, y le sanaré [o], [o] Jer. 30. 3. y 33. 6. Os. 14. 4.
y lo pastorearé, y daréle consolaciones *á
él* y á sus enlutados.

19 Crio fruto de labios; paz, paz al
lejano y cercano [p], dijo Jehová, y sa- [p] Ef. 2. 13, 17.
naréle.

20 Mas los impíos *son* como la mar en
tempestad, que no puede estarse quieta;
y sus aguas arrojan cieno y lodo [q]. [q] Job 15. 20, etc.

21 No *hay* paz, dijo mi Dios, para los
impíos [r]. [r] Cap. 48. 22.

CAPITULO LVIII.

*Manda Dios al profeta que reprenda la hipo-
cresía é impiedad de su pueblo, declarándole
cual es el verdadero ayuno y las obras de
justicia que él pide, y bendiciones que en-
viará sobre los que atienden á los oficios y
deberes de piedad verdadera.*

CLAMA á voz en cuello, no te de-
tengas; alza tu voz como trompeta,
y anuncia á mi pueblo su rebelion, y á
la casa de Jacob su pecado.

2 Que me buscan cada dia, y quieren
saber mis caminos, como gente que hu-
biese obrado justicia, y que no hubiese
dejado el derecho de su Dios: pregún-
tanme derechos de justicia, y quieren
acercarse á Dios.

3 ¿Por qué, *dicen*, ayunamos, y no
hiciste caso [a]; humillamos nuestras al- [a] Mal. 3. 14.

b Lev. 16. 29. mas[b], y no te diste por entendido? Hé
aquí que en el dia de vuestro ayuno ha-
yais lo que quereis, y todos demandais
vuestras haciendas.
4 Hé aquí que para contiendas y de-
bates ayunais, y para herir con el puño
inicuamente. No ayuneis como hasta
hoy, para que vuestra voz sea oida en
lo alto.
5 ¿ Es tal el ayuno que yo escogí? que
de dia aflija el hombre su alma, que
encorve su cabeza como junco, y haga
cama de saco y ceniza? ¿ Llamaréis es-
to ayuno, y dia agradable á Jehová?
6 ¿ No es ántes el ayuno que yo escogí,
desatar las ligaduras de impiedad, des-
hacer los haces de opresion, y dejar ir
c Jer. 34. 8, etc. libres á los quebrantados, y que[c] rom-
pais todo yugo?
7 ¿ *No es* que partas tu pan con el ham-
briento, y á los pobres errantes metas en
casa; que cuando vieres al desnudo, lo
cubras, y no te escondas de tu carne?
8 Entónces nacerá tu luz como el al-
d Job 11. 17. ba[d], y tu salud se dejará ver presto: é
irá tu justicia delante de tí, y la gloria
e Ex. 14. 19. de Jehová será tu retaguardia[e].
9 Entónces invocarás, y oirte ha Je-
hová: clamarás, y dirá él: Héme aquí.
Si quitares de en medio de tí el yugo, el
extender el dedo, y hablar vanidad;
10 Y *si* derramares tu alma al ham-
briento, y saciares al alma afligida, en
las tinieblas nacerá tu luz, y tu obscuri-
f Sal. 112. 4. dad *será* como el mediodia[f].
11 Y Jehová te pastoreará siempre, y
en las sequías hartará tu alma, y en-
gordará tus huesos: y serás como huer-
ta de riego, y como manadero de aguas,
cuyas aguas nunca faltan.
12 Y edificarán de tí los desiertos an-
tiguos; los cimientos *caidos* de genera-
g Cap. 61. 4. cion y generacion levantarás[g], y serás
llamado Reparador de portillos, restau-
rador de calzadas para habitar.
13 Si retrajeres del sábado tu pié, de
h Cap. 56. 2. hacer tu voluntad en mi dia santo[h], y
al sábado llamares delicias, santo, glo-
rioso de Jehová; y lo veneráres no ha-
ciendo tus caminos, ni buscando tu vo-
luntad, ni hablando palabra *superflua*:
14 Entónces te deleitarás en Jehová, y
yo te haré subir sobre las alturas de la
i Deu. 32. 13. tierra[i], y te daré á comer la heredad de
Jacob tu padre: porque la boca de Je-
hová *lo* ha hablado.

CAPITULO LIX.

Prosigue el profeta mostrando al pueblo sus impiedades, y como ellas eran y serian la causa de su miserable condicion y ruina: declara que Dios en su misericordia lo salvaría, y destruiría á todos sus enemigos, y anuncia la venida del Redentor á Sion.

HÉ aquí que no se ha acortado la
a Cap. 50. 2. mano de Jehová para salvar[a]; ni
hase agravado su oido para oir:
2 Mas vuestras iniquidades han hecho
division entre vosotros y vuestro Dios;
y vuestros pecados han hecho ocultar su
rostro de vosotros, para no oiros.
3 Porque vuestras manos estan con-
b Cap. 1. 15. taminadas de sangre[b], y vuestros dedos
de iniquidad: vuestros labios pronun-
cian mentira, y habla maldad vuestra
lengua.
4 No *hay* quien clame por la justicia,
ni quien juzgue por la verdad: confian
en vanidad, y hablan vanidades; conci-
c Job 15. 35. Sal. 7. 14. ben trabajo, y paren iniquidad[c].
5 Ponen huevos de áspides, y tejen te-
d Job 8. 14. las de arañas[d]: el que comiere de sus
huevos, morirá; y *si* lo apretaren, sal-
drá un basilisco.
6 Sus telas no servirán para vestir, ni
de sus obras serán cubiertos: sus obras
son obras de iniquidad, y obra de rapiña
está en sus manos.
7 Sus piés corren al mal, y se apresu-
ran para derramar la sangre inocente[e]: e Pro. 1. 16. Ro. 3. 15, etc.
sus pensamientos, pensamientos de ini-
quidad; destruccion y quebrantamiento
en sus caminos.
8 No conocieron camino de paz, ni
hay derecho en sus caminos: sus vere-
das son torcidas[f]: cualquiera que por f Sal. 125. 5. Pro. 28. 18.
ellas fuere, no conocerá paz.
9 Por esto se alejó de nosotros el juicio,
y no nos alcanzó justicia: esperamos luz,
y hé aquí tinieblas; resplandores, y an-
damos en obscuridad.
10 Palpamos la pared como ciegos, y
andamos á tiento como sin ojos: trope-
zamos al mediodia como de noche; *es-
tamos* en oscuros lugares como muertos.
11 Aullamos como osos todos nosotros,
y gemimos lastimeramente como palo-
mas[g]: esperamos juicio, y no *parece*; g Cap. 38. 14. Ez. 7. 16.
salud, y alejóse de nosotros[h].
12 Porque nuestras rebeliones se han h Jer. 8. 15.
multiplicado delante de tí, y nuestros pe-
cados han atestiguado contra nosotros:
porque con nosotros *están* nuestras ini-
quidades, y conocemos nuestros pecados.
13 *Con nosotros* el prevaricar y mentir[i] i Cap. 48. 8.
contra Jehová, y tornar de en pos de
nuestro Dios; el hablar calumnia y re-
belion, concebir y proferir de corazon
palabras de mentira.
14 Y el derecho se retiró, y la justicia
se puso léjos: porque la verdad tropezó
en la plaza, y la equidad no pudo venir.
15 Y la verdad fué detenida; y el *que*
se apartó del mal, *fué* puesto en presa.
Y vió*lo* Jehová, y desagradó en sus ojos;
porque pereció el derecho.
16 Y vió que no habia hombre[k], y ma- k Ez. 22. 30.
ravillóse que no *hubiera quien* se inter-
pusiese: y salvólo su brazo[l], y afirmóle l Cap. 63. 5. Sal. 98. 1.
su misma justicia.
17 Pues de justicia se vistió como de
lóriga, con capacete de salud en su ca-
beza[m]: y vistióse de vestido de ven- m Ef. 6. 14, 17.
ganza *por* vestidura, y cubrióse de zelo
como de manto,
18 Como para retribuir, como para re-
tornar ira á sus enemigos, y dar el pago
á sus adversarios: el pago dará á las
islas.
19 Y temerán desde el Occidente el
nombre de Jehová; y desde el nacimi-
ento del sol, su gloria[n]: porque vendrá n Mal. 1. 11.
el enemigo como rio, *mas* el Espíritu de
Jehová levantará bandera contra él.
20 Y vendrá el Redentor á Sion, y á
los que se volvieren de la iniquidad en
Jacob[o], dijo Jehová. o Ro. 11. 26.
21 Y este será mi pacto[p] con ellos, dijo p Jer. 31. 31, etc.
Jehová: El Espíritu mio que *está* sobre
tí, y mis palabras que puse en tu boca,
no faltarán de tu boca, ni de la boca de
tu simiente, ni de la boca de la simiente
de tu simiente, dijo Jehová, desde ahora
y para siempre.

CAPITULO LX.

Invita el profeta á la Iglesia del pueblo Judáico á regocijarse por la venida del Mesias, restauracion y prodigiosa extension de su reino, cuya gloria perpetua describe.

LEVÁNTATE, resplandece; que ha
venido tu lumbrera, y la gloria de
Jehová ha nacido sobre tí.
2 Porque hé aquí que tinieblas cubri-
rán la tierra, y obscuridad los pueblos:
mas sobre tí nacerá Jehová[a], y sobre tí a Mal. 4. 2.
será vista su gloria.
3 Y andarán las gentes á tu luz, y los
reyes al resplandor de tu nacimiento.
4 Alza tus ojos en derredor, y mira:

todos estos se han juntado, vinieron á
tí: tus hijos vendrán de léjos, y tus hi-
ap. 49. 18, jas sobre el lado serán criadas[b].
. 23. 5 Entónces verás, y resplandecerás: y
66. 11, 12. se maravillará y ensanchará tu corazon,
cuando se haya vuelto á tí la multitud
de la mar, *cuando* la fortaleza de las
r. 11. gentes haya venido á tí[c].
p. 61. 6. 6 Multitud de camellos te cubrirá, dro-
en. 25. 4, medarios de Madian[d] y de Epha; ven-
drán todos los de Seba[e]; traerán oro é
l. 72. 10. incienso, y publicarán alabanzas de Je-
hová.
p. 21. 16. 7 Todo el ganado de Cedar[f] será jun-
tado para tí; carneros de Nebayoth te
serán servidos: serán ofrecidos con a-
grado sobre mi altar, y glorificaré la
casa de mi gloria.
8 ¿Quienes *son* estos que vuelan como
nubes, y como palomas á sus ventanas?
p. 42. 4. 9 Porque á mí esperan las islas[g], y las
naves de Tharsis desde el principio, pa-
ra traer tus hijos de léjos, su plata y su
l. 68. 30, oro con ellos[h], al nombre de Jehová tu
Dios, y al Santo de Israel que te ha
a. 14. 14. glorificado.
10 Y los hijos de los extranjeros edi-
a. 6. 15. ficarán tus muros[i], y sus reyes te ser-
p. 57. 17. virán: porque en mi ira[k] te herí, mas
en mi buena voluntad tendré de tí mi-
sericordia.
11 Tus puertas estarán de continuo
abiertas; no se cerrarán de dia ni de
. 21. 25. noche[l], para que sea traida á tí forta-
leza de gentes, y sus reyes conducidos.
12 Porque la gente ó el reino que no
te sirviere, perecerá; y del todo serán
asoladas.
13 La gloria del Líbano vendrá á tí;
hayas, pinos y bojes juntamente, para
decorar el lugar de mi Santuario; y yo
l. 132. 7. honraré el lugar de mis piés[m].
14 Y vendrán á tí humillados los hijos
de los que te afligieron, y á las pisadas
. 49. 23. de tus piés[n] se encorvarán todos los que
te escarnecian: y llamarte han Ciudad
de Jehová, Sion del Santo de Israel.
15 En lugar de que has sido desechada
y aborrecida, y *que* no habia quien *por*
1. 4. *tí*[o] pasase, ponerte he en gloria per-
petua, *por* gozo de generacion y gene-
racion.
16 Y mamarás la leche de las gentes,
. 49. 23. la teta de los reyes[p] mamarás: y cono-
. 6. cerás que yo Jehová *soy* el Salvador tuyo
. 11, 12. y Redentor tuyo, el Fuerte de Jacob.
17 En vez de cobre traeré oro, y por
hierro plata, y por madera metal, y en
lugar de piedras hierro: y pondré paz
por tu tributo, y justicia *por* tus exacto-
res.
18 Nunca mas se oirá en tu tierra vi-
olencia, destruccion ni quebrantamiento
en tus términos: mas á tus muros lla-
. 26. 1. marás Salud[q], y á tus puertas Alabanza.
19 El sol nunca mas te servirá de luz
para el dia, ni el resplandor de la luna
21. 23. te alumbrará[r]; sino que Jehová te será
5. por luz perpetua, y el Dios tuyo por tu
2. 5. gloria[s].
20 No se pondrá jamas tu sol, ni men-
guará tu luna; porque te será Jehová
por luz perpetua, y los dias de tu luto
serán acabados.
21 Y tu pueblo, todos ellos *serán* jus-
4. 3. tos[t]; para siempre heredarán la tierra,
61. 3. *como* renuevos de mi plantío[u], obra de
mis manos, para glorificarme.
22 El pequeño será por mil; el menor,
por gente fuerte. Yo Jehová á su ti-
empo haré que esto sea presto.

CAPITULO LXI.

Introduce el profeta al Mesias, que despliega
y hace muestra de su persona y oficio, y de
las riquezas que trae del cielo para los que
con fé le recibieren. Restauracion del pue-
blo de Dios; consuelo y gozo de todos los
fieles.

EL Espíritu del Señor Jehová *es* so-
bre mí[a], porque me ungió[b] Je- [a] Luc. 4. 16, 21.
hová: hame enviado á predicar á los
abatidos, á vendar *las llagas de* los que- [b] Hech. 10. 38.
brantados de corazon[c], á publicar li-
bertad á los cautivos, y á los presos [c] Sal. 147. 3.
abertura de la cárcel[d]; [d] Cap. 42. 7. Juan 8. 32, 36.
2 A promulgar año de la buena volun-
tad de Jehová[e], y dia de venganza del
Dios nuestro[f]; á consolar á todos los [e] Lev. 25. 9, etc.
enlutados[g]:
3 A ordenar á Sion á los enlutados, [f] Cap. 63. 4.
para darles gloria en lugar de ceniza, [g] Mat. 5. 4.
óleo de gozo en lugar del luto, manto
de alegría en lugar del espíritu angusti-
ado: y serán llamados Arboles de justi-
cia, plantío de Jehová para gloria suya[h]. [h] Cap. 60. 21.
4 Y edificarán los desiertos antiguos, y
levantarán los asolamientos primeros, y
restaurarán las ciudades asoladas, los
asolamientos de muchas generaciones[i]. [i] Cap. 58. 12.
5 Y estarán extranjeros, y apacentarán
vuestras ovejas; y los extraños *serán* vu-
estros labradores y vuestros viñadores.
6 Y vosotros *seréis* llamados Sacerdotes
de Jehová[k], Ministros del Dios nuestro [k] Ex. 19. 6. 1 Ped. 2. 5, 9.
seréis dichos: comeréis las riquezas de
las Gentes, y con su gloria seréis su- Ap. 1. 6. y 5. 10.
blimes[l].
7 En lugar de vuestra doble confusion, [l] Cap. 60. 16.
y de vuestra deshonra, os alabarán en
sus heredades: por lo cual en sus ti-
erras poseerán doblado, y tendrán per-
petuo gozo.
8 Porque yo Jehová *soy* amador del
derecho, aborrecedor del latrocinio para
holocausto: por tanto afirmaré en ver-
dad su obra, y haré con ellos pacto per-
petuo[m]. [m] Cap. 55. 3.
9 Y la simiente de ellos será conocida
entre las gentes, y sus renuevos en me-
dio de los pueblos: todos los que los
vieren, los conocerán, que son simiente
bendita de Jehová.
10 ¶ En gran manera me gozaré en
Jehová, mi alma se alegrará en mi Di-
os; porque me vistió de vestidos de sa-
lud[n], rodeóme de manto de justicia: [n] Sal. 132. 9.
como á novio me atavió, y como á novia
compuesta de sus joyas[o]. [o] Ap. 21. 2.
11 Porque como la tierra produce su
renuevo, y como el huerto hace brotar
su simiente, así el Señor Jehová hará
brotar justicia[p] y alabanza delante de [p] Sal. 85. 11.
todas las gentes.

CAPITULO LXII.

Prosigue anunciando el profeta la restaura-
cion del pueblo de Dios, y de su Ciudad
amada, ó espiritual Sion, y declara que
será corona de gloria y diadema de reino en
la mano de Jehová.

POR amor de Sion no callaré, y por
amor de Jerusalem no he de pa-
rar[a], hasta que salga como resplandor [a] ver. 6, 7.
su justicia, y su salud se encienda como
una antorcha.
2 Entónces verán las gentes tu justicia,
y todos los reyes tu gloria: y te será pu-
esto un nombre nuevo que la boca de
Jehová nombrará[b]. [b] Cap. 65. 15.
3 Y serás corona de gloria en la mano
de Jehová, y diadema de reino en la
mano del Dios tuyo.
4 Nunca mas te llamarán Desampa-
rada[c], ni tu tierra se dirá mas Asolami- [c] Os. 1. 10.
ento; sino que serás llamada Hephzi-
bah †, y tu tierra, Beulah ‖: porque el † *mis delicias están en ella.*
amor de Jehová *será* en tí, y tu tierra
será casada. ‖ *Casada.*
5 Pues *como* el mancebo se casa con
la vírgen, se casarán contigo tus hijos:

y *como* el gozo del esposo con la esposa, *así* se gozará contigo el Dios tuyo [d].

6 Sobre tus muros, oh Jerusalem, he puesto guardas, *que* todo el dia y toda la noche no callarán jamas. Los que os acordais de Jehová, no ceseis,

7 Ni le deis tregua, hasta que confirme, y hasta que ponga á Jerusalem en alabanza en la tierra.

8 Juró Jehová por su mano derecha, y por el brazo de su fortaleza, Que jamas daré tu trigo por comida á tus enemigos, ni beberán *mas* los extraños el vino que tú trabajaste:

9 Mas los que lo allegaron lo comerán, y alabarán á Jehová; y los que lo cogieron lo beberán en los atrios de mi santuario.

10 Pasad, pasad por las puertas: barred el camino al pueblo [e]; allanad, allanad la calzada; quitad las piedras; alzad pendon á los pueblos [f].

11 Hé aquí que Jehová hizo oir hasta lo último de la tierra, Decid á la hija de Sion: He aquí viene tu Salvador; hé aquí su recompensa con él, y delante de él su obra.

12 Y llamarles han Pueblo santo, Redimidos de Jehová: y á tí te llamarán Ciudad buscada, no desamparada [g].

[d] Cap. 65. 19. Jer. 32. 41.
[e] Cap. 57. 14.
[f] Cap. 18. 3.
[g] Cap. 54. 6, 7.

CAPITULO LXIII.

Introduce el profeta á Cristo en un elegante diálogo, en el que preguntado, da cuenta de su oficio y victorias. Rinde á Dios gracias por sus misericordias para con su pueblo, y pídele fervorosamente la restauracion del mismo, casi asolado por sus pecados.

¿QUIÉN es este que viene de Edom [a], de Bosra con vestidos bermejos? ¿Este hermoso en su vestido, que va con la grandeza de su poder? Yo, el que hablo en justicia, grande para salvar.

2 ¿Por qué es bermejo tu vestido, y tus ropas como del que ha pisado en lagar [b]?

3 Pisado he yo solo el lagar, y de los pueblos nadie fué conmigo: pisélos con mi ira, y holléios con mi furor; y su sangre salpicó mis vestidos, y ensucié todas mis ropas.

4 Porque el dia de la venganza [c] *está* en mi corazon, y el año de mis redimidos es venido.

5 Y miré, y no *habia* quien ayudára; y maravilléme que no *hubiera* quien *me* sustentase: y salvóme [d] mi brazo, y sostúvome mi ira.

6 Y con mi ira hollé los pueblos, y embriaguélos de mi furor [e], y derribé á tierra su fortaleza.

7 ¶ De las misericordias de Jehová haré memoria, de las alabanzas de Jehová, como sobre todo lo que Jehová nos ha dado; y de la grandeza de su beneficencia á la casa de Israel, que les ha hecho segun sus misericordias, y segun la multitud de sus miseraciones.

8 Y dijo: Ciertamente mi pueblo son, hijos *que* no mienten: y fué su Salvador.

9 En toda angustia de ellos él fué angustiado [f], y el ángel de su faz [g] los salvó. Con su amor y con su clemencia les redimió, y los trajo [h], y los levantó todos los dias del siglo.

10 Mas ellos fueron rebeldes, é hicieron enojar su Espíritu santo [i]: por lo cual se les volvió enemigo, y él mismo peleó contra ellos [k].

11 Empero acordóse de los dias antiguos, de Moises, y de su pueblo. ¿Dónde está *hoy* el que los hizo subir de la mar [l] con el pastor de su rebaño [m]? ¿Dónde el que puso en medio de él su Espíritu santo [n]?

12 ¿*Dónde* el que *los* guió por la diestra de Moises con el brazo de su gloria; el que rompió las aguas delante de ellos, haciendose á sí nombre perpetuo;

13 El que los condujo por los abismos, como un caballo por el desierto, sin que tropezáran?

14 El Espíritu de Jehová los pastoreó: como á una bestia que desciende al valle, así pastoreaste tu pueblo, para hacerte nombre glorioso [o].

15 Mira desde el cielo, desde la morada de tu santidad [p] y de tu gloria. ¿Dónde está tu zelo, y tu fortaleza, la conmocion de tus entrañas [q], y de tus miseraciones para conmigo? ¿Hanse estrechado?

16 Tú empero *eres* nuestro padre, si bien Abraham nos ignora, é Israel no nos conoce [r]. Tú, oh Jehová, *eres* nuestro padre; nuestro Redentor perpetuo *es* tu nombre.

17 ¿Por qué, oh Jehová, nos has dejado errar de tus caminos [s], *y* endureciste nuestro corazon [t] á tu temor? Vuélvete por amor de tus siervos, por las tribus de tu heredad.

18 Por poco tiempo poseyó el pueblo de tu santidad *la tierra prometida:* nuestros enemigos han hollado tu santuario [u].

19 Hemos venido á ser como aquellos de quienes nunca te enseñoreaste, sobre los cuales nunca fué llamado tu nombre.

[a] Cap. 34. 5, etc.
[b] Ap. 19. 13, 15.
[c] Cap. 61. 2. Soph. 3. 8.
[d] Cap. 59. 16. Sal. 98. 1.
[e] Jer. 25. 26, 27.
[f] Juec. 10. 16. Zac. 2. 8.
[g] Ex. 14. 19.
[h] Deu. 1. 31. Cap. 46. 3.
[i] Hech. 7. 51. Ef. 4. 30.
[k] La. 2. 5.
[l] Ex. 14. 29. Jer. 2. 6.
[m] Sal. 77. 20.
[n] Neh. 9. 20.
[o] 2 Sa. 7. 23.
[p] 2 Cr. 30. 27.
[q] Jer. 31. 20. Os. 11. 8.
[r] Cap. 64. 8.
[s] Job 12. 24.
[t] Cap. 6. 10. Ro. 9. 17, 18.
[u] Sal. 74. 3.

CAPITULO LXIV.

Prosiguiendo el profeta en su oracion, pide afectuosamente á Dios la venida del Mesías, y la restauracion de su pueblo.

¡OH si rompieses los cielos, *y* descendieras [a], *y* á tu presencia se escurriesen los montes [b],

2 Como fuego abrasador de fundiciones, *ó como* fuego que hace herbir las aguas, para que hicieras notorio tu nombre á tus enemigos, y las gentes temblasen á tu presencia!

3 *Como* descendiste, cuando haciendo terriblezas cuales nunca esperábamos, fluyeron los montes delante de tí [c].

4 Ni nunca oyeron, ni oidos percibieron, ni ha ojo alguno visto dios, fuera de tí, que hiciese *otro tanto* por el que en él espera [d].

5 Saliste al encuentro al que con alegría obraba justicia, *á los que* se acordaban de tí en tus caminos. Hé aquí, tú te enojaste porque pecamos: *mas* en esos *tus caminos* hay perpetuidad, y serémos salvos.

6 Si bien todos nosotros somos como suciedad, y todas nuestras justicias como trapo de inmundicia: y caimos todos nosotros como la hoja *del árbol*, y nuestras maldades nos llevaron como viento.

7 Y nadie *hay* que invoque tu nombre, *ni* que se despierte para tenerte: por lo cual escondiste de nosotros tu rostro, y nos dejaste marchitar en poder de nuestras maldades [e].

8 Ahora pues, Jehová, tú *eres* nuestro padre: nosotros lodo, y tú el que nos formaste [f]; así que obra de tus manos *somos* todos nosotros.

9 No te aires, oh Jehová, sobremanera, ni tengas perpetua memoria de la iniquidad. Hé aquí mira ahora, pueblo tuyo *somos* todos nosotros.

10 Tus santas ciudades están desiertas, Sion es un desierto, Jerusalem una soledad.

11 La casa de nuestro santuario y de nuestra gloria, en la cual te alabaron nuestros padres, fué consumida al fuego,

[a] Sal. 144. 5.
[b] Mic. 1. 4.
[c] Juec. 5. 4. Sal. 68. 8. Hab. 3. 6.
[d] 1 Cor. 2. 9.
[e] Job 8. 4.
[f] Jer. 18. 6.

y todas nuestras cosas preciosas han sido
destruidas.
12 ¿Te estarás quieto, oh Jehová, so-
bre estas cosas? ¿Callarás, y nos afligi-
rás sobremanera?

CAPITULO LXV.

Anuncia el profeta la conversion de los Gentiles, y el pueblo Judáico es amenazado con formidables castigos por sus pecados. Mas no será completamente destruido, sino que serán salvos sus residuos, y Dios les colmará de toda suerte de bendiciones.

FUI buscado de los que no pregun-
taban *por mí*; fuí hallado de los que
[a] Ro. 10. 20, 21. no me buscaban[a]. Dije á gente que no
invocaba mi nombre: Héme aquí, héme
aquí.
2 Extendí mis manos todo el dia á
pueblo rebelde, el cual anda por camino
no bueno, en pos de sus pensamientos:
3 Pueblo que en mi cara me provoca
[b] Cap. 66. 17. de continuo á ira sacrificando[b] en hu-
ertos, y ofreciendo perfume sobre la-
drillos:
4 Que se quedan *á dormir* en los se-
pulcros, y en los desiertos tienen la
noche; que comen carne de puerco, y
en sus ollas *hay* caldo de cosas inmun-
das:
5 Que dicen: Estáte en tu lugar, no te
llegues á mí, que soy mas santo que tú.
Estos *son* humo en mi furor, fuego que
arde todo el dia.
6 Hé aquí que escrito está *esto* delante
de mí: no callaré, ántes retornaré, y
daré el pago en su seno,
7 *Por* vuestras iniquidades, y las ini-
quidades de vuestros padres juntamente,
dice Jehová, los cuales hicieron perfume
sobre los montes, y sobre los collados me
afrentaron: por tanto yo les mediré su
obra antigua en su seno.
8 ¶ Así ha dicho Jehová: Como *si*
alguno hallase mosto en un racimo, y
dijese: No lo desperdicies, que bendi-
cion hay en él; así haré yo por mis si-
ervos, que no lo destruiré todo.
9 Mas sacaré simiente de Jacob, y de
Judá heredero de mis montes; y mis
[c] Ro. 11. 5, 7. escogidos[c] poseerán por heredad la ti-
erra, y mis siervos habitarán allí.
[d] Cap. 35. 2. 10 Y será Saron[d] para habitacion de
[e] Os. 2. 15. ovejas, y el valle de Achôr[e] para ma-
jada de vacas á mi pueblo que me buscó.
11 Empero vosotros los que dejais á
Jehová, que olvidais el monte de mi
‖ El dios de buena fortuna. santidad, que poneis mesa para Gad ‖, y
† La Luna. suministrais libaciones para Meni †,
12 Yo tambien os contaré al cuchillo,
y todos vosotros os arrodillaréis al de-
golladero: por cuanto llamé, y no res-
pondisteis; hablé, y no oisteis, sino que
hicisteis lo malo delante de mis ojos, y
escogisteis lo que á mí desagrada.
13 Por tanto así dijo el Señor Jehová:
Hé aquí que mis siervos comerán, y
vosotros tendréis hambre: he aquí que
mis siervos se alegrarán, y vosotros se-
réis avergonzados:
14 Hé aquí que mis siervos cantarán
por júbilo del corazon, y vosotros cla-
maréis por el dolor del corazon, y por el
quebrantamiento de espíritu aullaréis.
15 Y dejaréis vuestro nombre por mal-
[f] Jer. 29. 22. dicion[f] á mis escogidos: y el Señor Je-
hová te matará, y á sus siervos llamará
[g] Cap. 62. 2. por otro nombre[g].
16 El que se echare bendicion en la
tierra, en el Dios de verdad se bende-
cirá; y el que juráre en la tierra, por el
[h] Deu. 6. 13. Sal. 63. 11. Dios de verdad jurará[h]: porque las an-
gustias primeras serán olvidadas, y serán
cubiertas de mis ojos.
17 Porque hé aquí que yo criaré nue-
vos cielos y nueva tierra[i]; y de lo pri- [i] Cap. 66. 22. 2 Ped. 3. 13. Ap. 21. 1.
mero no habrá memoria, ni mas ven-
drán al pensamiento.
18 Mas os gozaréis y os alegraréis por
siglo de siglo en las cosas que yo criaré:
porque hé aquí que yo crio á Jerusalem
alegría, y á su pueblo gozo,
19 Y alegraréme con Jerusalem, y go-
zaréme con mi pueblo[k]: y nunca mas [k] Cap. 62. 5.
se oirá en ella voz de lloro, ni voz de
clamor[l]. [l] Cap. 35. 10. y 51. 11.
20 No habrá mas allí mozo de dias *re-*
ducidos, ni viejo que sus dias no cum-
pla: porque el mozo morirá de cien
años; y el que de cien años pecare, será
maldito.
21 Y edificarán casas, y morarán; plan-
tarán viñas, y comerán el fruto de ellas[m]. [m] Amos 9. 14.
22 No edificarán, y otro morará; no
plantarán, y otro comerá[n]: porque se- [n] Lev. 26. 16. Deu. 28. 30.
gun los dias de los árboles serán los dias
de mi pueblo, y mis escogidos perpetua-
rán las obras de sus manos.
23 No trabajarán en vano, ni parirán
con miedo; porque *sus hijos* serán si-
miente de los benditos de Jehová[o], y [o] Cap. 61. 9. Ro. 9. 7, 8.
sus descendencias *estarán* con ellos.
24 Y será, que ántes que clamen, oiré
yo; aun estando ellos hablando, yo *les*
habré oido propicio[p]. [p] Da. 9. 20, 21.
25 El lobo y el cordero serán apacen-
tados juntos, y el leon comerá paja co-
mo el buey[q], y á la serpiente el polvo [q] Cap. 11. 6, 9.
será su comida: no afligirán, ni harán
mal en todo mi santo monte, dijo Je-
hová.

CAPITULO LXVI.

Rehusa Dios por su profeta el culto y sacrificios de los hipócritas, y amenaza castigar al pueblo Judáico por sus abominaciones. Se vaticina el nacimiento de la Iglesia del nuevo Testamento, con promesa de singular consuelo, paz sin fin y gloria á todos los verdaderos fieles, y tremendo castigo de los impíos é idólatras. Promete tambien Dios consolar á su antiguo pueblo, y congregarle de todas las partes del mundo.

JEHOVA dijo así: El cielo *es* mi so-
lio; y la tierra, estrado de mis piés:
¿dónde *está* la casa que me habeis edi-
ficado, y dónde este lugar de mi re-
poso[a]? [a] 2 Cr. 6. 18. Mat. 5. 34. Hech. 7. 49. y 17. 24.
2 Mi mano hizo todas estas cosas, y
por ella todas estas cosas fueron, dice
Jehová: á aquel pues miraré *que es* po-
bre y humilde de espíritu[b], y que tiem- [b] Cap. 57. 15. Sal. 51. 17.
bla á mi palabra[c]. [c] Esd. 9. 4. y 10. 3. Pro. 28. 14.
3 El que sacrifica[d] buey, *como si* ma- [d] Cap. 1. 11.
tase un hombre; el que sacrifica oveja,
como si degollase un perro; el que ofrece
presente, *como si* ofreciese sangre de pu-
erco; el que ofrece perfume, *como si*
bendijese á un ídolo. Y pues escogieron
sus caminos, y su alma amó sus abomi-
naciones,
4 Tambien yo escogeré sus escarnios,
y traeré sobre ellos lo que temieron:
porque llamé, y nadie respondió; hablé,
y no oyeron[e]; ántes hicieron lo malo [e] Cap. 65. 12. Pro. 1. 24. Jer. 7. 13, 14.
delante de mis ojos, y escogieron lo que
á mí desagrada.
5 ¶ Oid palabra de Jehová, vosotros
los que temblais á su palabra[f]. Vues- [f] ver. 2.
tros hermanos los que os aborrecen, y
os niegan por causa de mi nombre,
dijeron: Glorifíquese Jehová. Mas él
se mostrará con alegría vuestra, y ellos
serán confundidos.
6 Voz de alboroto *sale* de la ciudad,
voz del templo, voz de Jehová que da
el pago á sus enemigos.
7 Antes que estuviese de parto, parió:
ántes que le viniesen dolores, parió hijo.
8 ¿Quién oyó cosa semejante? ¿quién
vió cosa tal? ¿Parirá la tierra en un

dia? ¿Nacerá *toda* una nacion de una vez? Pues Sion estuvo de parto, y parió juntamente sus hijos.

9 Yo que hago parir, no pariré? dijo Jehová. Yo que hago engendrar, seré detenido? dice el Dios tuyo.

10 Alegráos con Jerusalem, y gozáos con ella, todos los que la amais: llenáos con ella de gozo, todos los que os enlutais por ella.

11 Para que mameis, y os sacieis de las tetas de sus consolaciones; para que ordeñeis, y os deleiteis con el resplandor de su gloria.

12 Porque así dice Jehová: Hé aquí que yo extiendo sobre ella paz como un rio[g], y la gloria de las gentes como un arroyo que sale de madre[h]: y mamaréis[i], y sobre el lado seréis traidos, y sobre las rodillas seréis regalados.

g Cap. 48. 18.
h Cap. 60. 5.
i Cap. 60. 16.

13 Como el varon á quien consuela su madre, así os consolaré yo á vosotros, y en Jerusalem tomaréis consuelo.

14 Y veréis, y alegraráse vuestro corazon, y vuestros huesos reverdecerán como la yerba: y la mano de Jehová para con sus siervos será conocida, y se airará contra sus enemigos.

15 Porque hé aquí que Jehová vendrá con fuego, y sus carros como torbellino, para tornar su ira en furor, y su reprension en llama de fuego.

16 Porque Jehová juzgará con fuego[k] y con su espada á toda carne: y los muertos de Jehová serán multiplicados.

k Sal. 50. 3.

17 Los que se santifican y los que se purifican en los huertos[l] unos tras otros; los que comen carne de puerco, y abominacion, y raton, juntamente serán talados, dice Jehová.

l Cap. 65. 3, 4.

18 Porque yo *entiendo* sus *obras* y sus pensamientos: *tiempo* vendrá para juntar todas las gentes y lenguas; y vendrán, y verán mi gloria.

19 Y pondré entre ellos señal[m], y enviaré de los escapados de ellos á las gentes, á Tharsis, á Pul, y Lud, que disparan arco, á Tubal, y á Javan, á las islas apartadas que no oyeron de mí, ni vieron mi gloria; y publicarán mi gloria entre las gentes.

m Cap. 62. 10.

20 Y traerán á todos vuestros hermanos de entre todas las naciones, *por* presente á Jehová, en caballos, en carros, en literas, y en mulos, y en camellos, á mi santo monte de Jerusalem, dice Jehová; al modo que los hijos de Israel *suelen* traer el presente en vasos limpios á la casa de Jehová.

21 Y tomaré tambien de ellos para sacerdotes y Levitas, dice Jehová.

22 Porque como los cielos nuevos y la nueva tierra[n], que yo hago, permanecen delante de mí, dice Jehová, así permanecerá vuestra simiente y vuestro nombre.

n Cap. 65. 17.

23 Y será, que de mes en mes, y de sábado en sábado, vendrá toda carne á adorar delante de mí[o], dijo Jehová.

o Zac. 14. 16.

24 Y saldrán, y verán los cadáveres de los hombres que se rebelaron contra mí: porque su gusano nunca morirá, ni su fuego se apagará[p]; y serán abominables[q] á toda carne.

p Mar. 9. 44, 46.
q Da. 12. 2.

EL LIBRO DE LAS PROFECÍAS DE JEREMIAS.

A. C. cir. 629.

CAPITULO I.

Tiempo en que profetizó Jeremías. Su vocacion, y dones con que Dios le habilita para el oficio, prometiéndole su asistencia. La suma de toda su mision es anunciar al pueblo su asolamiento por los Babilonios á causa de su idolatría.

LAS palabras de Jeremías, hijo de Hilcias, de los sacerdotes que *estuvieron* en Anathoth[a] en tierra de Benjamin.

a 1 Cr. 6. 60.

2 La palabra de Jehová fué á él en los dias de Josias, hijo de Amon, rey de Judá, en el año décimo tercio de su reinado[b].

b Cap. 25. 3.

3 *Fuéle* asimismo *dirigida* en dias de Joakim, hijo de Josias, rey de Judá, hasta el fin del año undécimo de Sedechias, hijo de Josias, rey de Judá, hasta la cautividad de Jerusalem en el mes quinto[c].

c Cap. 52. 12, etc. 2 Rey. 25. 8.

4 ¶ Fué pues palabra de Jehová á mí diciendo:

5 Antes que te formase en el vientre te conocí[d]; y ántes que salieses de la matriz te santifiqué, te dí por profeta á las gentes.

d Is. 49. 1, 5. Ga. 1. 15, 16.

6 Y yo dije: Ha! ha! Señor Jehová! Hé aquí no sé hablar[e], porque soy jóven.

e Ex. 4. 10, etc.

7 Y díjome Jehová: No digas soy jóven: porque á todo lo que te enviaré irás tú, y dirás[f] todo lo que te mandaré.

f Mat. 28. 20.

8 No temas delante de ellos[g], porque contigo soy para librarte, dice Jehová.

g Ex. 3. 6. y 3. 9.

9 Y extendió Jehová su mano, y tocó sobre mi boca[h]; y díjome Jehová: Hé aquí he puesto mis palabras en tu boca:

A. C. cir. 629.

h Is. 6. 7.

10 Mira que te he puesto en este dia sobre gentes y sobre reinos, para arrancar, y para destruir, y para arruinar, y para derribar, y para edificar, y para plantar[i].

i Cap. 18. 7. Ez. 43. 3.

11 ¶ Y la palabra de Jehová fué á mí diciendo: ¿Qué ves tú, Jeremías? Y dije: Yo veo una vara de almendro.

12 Y díjome Jehová: Bien has visto: porque yo apresuro mi palabra para ponerla por obra.

13 ¶ Y fué á mí palabra de Jehová segunda vez diciendo: ¿Qué ves tú? Y dije: Yo veo una olla que hierve[k]; y su haz *está* de la parte del Aquilon.

k Job 41. 20.

14 Y díjome Jehová: Del Aquilon se soltará el mal sobre todos los moradores de la tierra[l].

l Cap. 4. 6. y 6. 1, 22.

15 Porque hé aquí que yo convoco todas las familias de los reinos del Aquilon, dice Jehová, y vendrán, y pondrá cada uno su asiento á la entrada de las puertas de Jerusalem, y junto á todos sus muros en derredor, y en todas las ciudades de Judá.

16 Y á causa de toda su malicia, proferiré mis juicios contra los que me dejaron, é incensaron á dioses extraños, y á hechuras de sus manos se encorvaron.

17 Tú pues ciñe tus lomos[m], y te levantarás, y les hablarás todo lo que yo te mandaré. No temas delante de ellos[n], porque no te haga quebrantar delante de ellos.

m Job 38. 3.
n ver. 8.

18 Porque hé aquí que yo te he puesto

en este dia como ciudad fortalecida, y
Cap. 6. 27. como columna de hierro, y como muro
y 15. 20. de bronce[o] sobre toda la tierra: *habla* á
los reyes de Judá, á sus principes, á sus
sacerdotes, y al pueblo de la tierra.
19 Y pelearán contra tí, mas no te ven-
cerán; porque yo *soy* contigo, dice Je-
hová, para librarte.

CAPITULO II.

Reconviene el profeta en persona de Dios á su pueblo de haber degenerado de su primera piedad, y caido en la idolatría, causa de sus calamidades; y amenázales con otras, porque léjos de enmendarse, proseguian en sus maldades vanamente confiados en el apoyo de otras naciones.

Y FUÉ á mí palabra de Jehová dici-
endo:
2 Anda y clama á los oidos de Jerusa-
lem diciendo: Así dice Jehová: Heme
acordado de tí, de la misericordia de tu
Os. 2. 15. mocedad[a], del amor de tu desposorio,
cuando andabas en pos de mí en el desi-
Deu. 2. 7. erto, en tierra no sembrada[b].
3 Santidad *era entónces* Israel á Jeho-
Ex. 19. 5, 6. vá[c], primicias de sus nuevos frutos: to-
Cap. 50. 7. dos los que le comen, pecarán[d]; mal
vendrá sobre ellos, dice Jehová.
4 Oid la palabra de Jehová, casa de
Jacob, y todas las familias de la casa
de Israel.
5 Así dijo Jehová: ¿Que maldad ha-
Is. 5. 4. llaron en mí[e] vuestros padres, que se
Mi. 6. 3. alejaron de mí, y se fueron tras la vani-
1 Rey. 17. 15. dad, y tornáronse vanos[f]?
6 Y no dijeron: ¿Dónde *está* Jehová,
Is. 63. 11, 13. que nos hizo subir de tierra de Egipto[g],
que nos hizo andar por el desierto, por
una tierra desierta y despoblada, por ti-
Deu. 32. 10. erra seca y de sombra de muerte[h], por
una tierra por la cual no pasó varon, ni
allí habitó hombre?
7 Y os metí en tierra de Carmel, para
que comieseis su fruto y su bien: mas
entrasteis y contaminasteis mi tierra, é
Sal. 106. 38. hicisteis mi heredad abominable[i].
8 Los sacerdotes no dijeron: ¿Dónde
está Jehová? Y los que tenian la ley
no me conocieron, y los pastores se re-
belaron contra mí: y los profetas pro-
Cap. 5. 31. fetizaron en Baal[k], y anduvieron tras lo
que no aprovechaba.
9 Por tanto entraré aun en juicio con
vosotros, dijo Jehová, y con los hijos de
vuestros hijos pleitearé.
10 Porque pasad á las islas de Chittim,
Sal. 120. 5. y mirad; y enviad á Cedar[l], y consi-
derad cuidadosamente, y ved si se ha
hecho cosa semejante á esta:
11 Si *alguna* gente ha mudado *sus* dio-
Mic. 4. 5. ses[m], bien que ellos no *son* dioses. Pero
mi pueblo ha trocado su Gloria por lo
Sal. 106. 20. que no aprovecha[n].
Ro. 1. 23. 12 Espantáos, cielos, sobre esto, y hor-
rorizáos; asoláos en gran manera, dijo
Jehová.
13 Porque dos males ha hecho mi pue-
blo: dejáronme á mí, fuente de agua
Cap. 17. 13. viva[o], por cavar para sí cisternas, cis-
ternas rotas que no detienen aguas.
14 ¿Es Israel siervo? *es* esclavo?
¿Por qué ha sido *dado* en presa?
Cap. 4. 7. 15 Los cachorros de los leones[p] bra-
maron sobre él, dieron su voz, y pusi-
eron su tierra en soledad: quemadas
están sus ciudades, sin morador.
16 Aun los hijos de Noph y de Taha-
panes te quebrantaron la mollera.
Cap. 4. 18. 17 ¿No te acarreará esto tu[q] dejar á
Jehová tu Dios, cuando te hacia andar
por camino?
18 Ahora pues, ¿qué tienes tú en el
Is. 30. 1, 2. camino de Egipto[r], para que bebas agua
Jos. 13. 3. del Nilo[s]? ¿Y qué tienes tú en el ca-
mino de Asiria, para que bebas agua
del Rio?
19 Tu maldad te castigará, y tu apar-
tamiento te condenará. Sabe pues[t] y ve Is. 3. 9.
cuan malo y amargo *es* tu dejar á Jeho- Os. 5. 5.
vá tu Dios, y el faltar mi temor en tí,
dice el Señor Jehová de los ejércitos.
20 Porque desde muy atrás he que-
brado tu yugo, y roto tus ataduras; y
dijiste: No serviré. Con todo eso sobre
todo collado alto, y debajo de todo árbol
umbroso corrias tú, oh ramera[u]. [u] Cap. 3. 6.
21 Y yo te planté de buen vidueño[x], Is. 57. 5, 7.
simiente verdadera toda ella: ¿cómo [x] Sal. 80. 8.
pues te me has tornado sarmientos de Is. 5. 2.
vid extraña[y]? [y] Deu. 32. 32.
22 Aunque te laves con salitre, y amon-
tones jabon sobre tí[z], tu pecado está se- [z] Job 9. 30.
llado delante de mí[a], dijo el Señor Je- [a] Deu. 32. 34.
hová. Job 14. 17.
23 ¿Cómo dices, No soy inmunda[b], [b] Pro. 30. 12,
nunca anduve tras los Baales? Mira tu 20.
proceder en el valle, conoce lo que has
hecho, dromedaria ligera que frecuenta
sus carreras.
24 ¿Asna montes[c] acostumbrada al [c] Job 39. 8.
desierto, que respira como quiere, de
su ocasion quién la detendrá? todos los
que la buscaren no se cansarán; halla-
ránla en su mes.
25 Defiende tus piés de andar descal-
zos, y tu garganta de la sed. Mas di-
jiste[d]: Hase perdido la esperanza; en [d] Cap. 18. 12.
ninguna manera: porque extraños he Is. 57. 10.
amado, y tras ellos tengo de ir.
26 Como se avergüenza el ladron cu-
ando es tomado, así se avergonzarán *los*
de la casa de Israel, ellos, sus reyes, sus
príncipes, sus sacerdotes, y sus pro-
fetas,
27 Que dicen al leño[e]: Mi padre *eres* [e] Is. 44. 19.
tú: y á la piedra, Tú me has engen-
drado. Pues me volvieron la cerviz, y
no el rostro; y en el tiempo de su tra-
bajo dicen: Levántate, y líbranos[f]. [f] Sal. 78. 34.
28 ¿Y dónde están tus dioses que hi- Os. 5. 15.
ciste para tí[g]? Levántense, á ver si [g] Deu. 32. 37.
te podrán librar en el tiempo de tu Jue. 10. 14.
afliccion: porque al número de tus ciu-
dades, oh Judá, fueron tus dioses[h]. [h] Cap. 11. 13.
29 ¿Por qué porfiais conmigo? Todos
vosotros prevaricasteis contra mí, dice
Jehová.
30 Por demás he azotado vuestros hi-
jos; no han recibido correccion[i]. Cu- [i] Cap. 5. 3.
chillo devoró vuestros profetas como Is. 1. 5.
leon destrozador[k]. y 9. 13.
31 Oh generacion! Ved vosotros la pa- [k] 2 Cr. 36. 16.
labra de Jehová. ¿He sido yo á Israel Mat. 12. 2, 3.
soledad, ó tierra de tinieblas? ¿Por qué
ha dicho mi pueblo, Señores somos, ni
nunca mas vendrémos á tí?
32 ¿Olvídase la vírgen de su atavío, ó
la desposada de sus sartales? Mas mi
pueblo se ha olvidado de mí por dias
que no *tienen* número.
33 ¿Por qué abonas tu camino para
hallar amor, pues aun á las malvadas
enseñaste tus caminos?
34 Aun en tus faldas se halló la sangre
de las almas de los pobres, de los ino-
centes. No la hallé en excavacion *oculta*,
sinó en todas esas cosas.
35 Y dices: Porque soy inocente, de
cierto su ira se apartó de mí. Hé aquí
yo entraré en juicio contigo, porque di-
jiste: No he pecado.
36 ¿Para qué discurres tanto mudando
tus caminos[l]? Tambien serás avergon- [l] Cap. 31. 22.
zada de Egipto[m], como fuiste avergon- [m] Is. 30. 3.
zada de Asiria[n]. Os. 12. 2.
37 Tambien saldrás de él con tus ma- [n] 2 Cr. 28. 20.
nos sobre tu cabeza[o]: porque Jehová [o] 2 Sa. 13. 19.
desechó tus confianzas, y en ellas no
tendrás buen suceso.

CAPITULO III.

El Señor convida con su bondad á su pueblo. Infidelidad de Judá. Vuelta de Israel, y su reunion con la casa de Judá. Gloria de Jerusalem con la agregacion de todas las gentes.

DICEN: Si alguno dejare su mujer,
y yendose de él se juntáre á otro
hombre, ¿volverá á ella mas? ¿No *es*
ella tierra del todo amancillada[a]? Tú
pues has fornicado con muchos amigos[b]:
mas vuélvete á mí, dijo Jehová.
2 Alza tus ojos á los altos, y ve en
que lugar no te hayas publicado: para
ellos te sentabas en los caminos, como
Árabe en el desierto; y con tus forni-
caciones y con tu malicia has contami-
nado la tierra.
3 Por esta causa las aguas han sido
detenidas, y faltó[c] la lluvia de la tarde;
y has tenido frente de mala mujer[d], ni
quisiste tener vergüenza.
4 A lo menos desde ahora ¿no clama-
rás á mí, Padre mio, guiador *eres* de mi
juventud[e]?
5 ¿Guardará *su enojo* para siempre?
¿eternalmente[f] lo guardará? Hé aquí
que has hablado y hecho cuantas mal-
dades pudiste.
6 ¶ Y díjome Jehová en dias del rey
Josias: ¿Has visto lo que ha hecho la
rebelde Israel? Vase ella sobre todo
monte alto, y debajo de todo árbol um-
broso[g], y allí fornica.
7 Y dije despues que hizo todo esto:
Vuélvete á mí[h]: mas no se volvió. Y
vió la rebelde su hermana Judá[i]
8 Que yo lo habia visto, que por todas
estas causas en las cuales fornicó la re-
belde Israel yo la habia despedido, y dá-
dole la carta de su repudio: y no tuvo
temor la rebelde Judá su hermana, sino
que tambien fué ella y fornicó.
9 Y sucedió que por la liviandad de su
fornicacion la tierra fué contaminada, y
adulteró con la piedra y con el leño[k].
10 Y con todo esto la rebelde su her-
mana Judá no se tornó á mí de todo
su corazon, sino mentirosamente, dice
Jehová.
11 Y díjome Jehová: Justificado ha su
alma la rebelde Israel en comparacion
de la desleal Judá[l].
12 Ve y clama estas palabras hácia el
Aquilon, y di: Vuélvete, oh rebelde Is-
rael, dice Jehová, y no haré caer mi
ira sobre vosotros: porque misericordio-
so soy[m], dice Jehová; no guardaré para
siempre *el enojo*.
13 Conoce empero tu maldad[n]; por-
que contra Jehová tu Dios has prevari-
cado, y tus caminos has derramado á los
extraños debajo de todo árbol umbroso,
y no oiste mi voz, dice Jehová.
14 Convertíos, hijos rebeldes, dice Je-
hová, porque yo soy vuestro Esposo: y
os tomaré uno de *cada* una ciudad, y
dos de *cada* una familia, y os introduciré
en Sion.
15 Y os daré pastores segun mi co-
razon, que os apacienten de ciencia y
de inteligencia[o].
16 Y acontecerá que cuando os multi-
plicáreis y creciereis en la tierra, en
aquellos dias, dice Jehová, no se dirá
mas: Arca del pacto de Jehová; ni
vendrá al pensamiento, ni se acordarán
de ella, ni *la* visitarán, ni se hará mas.
17 En aquel tiempo llamarán á Jeru-
salem Silla de Jehová, y todas las gentes
se congregarán á ella en el nombre de
Jehová en Jerusalem: ni andarán mas
tras la dureza de su corazon malvado.
18 En aquellos tiempos irán de la casa
de Judá á la casa de Israel[p]; y vendrán
juntamente de tierra del Aquilon á la
tierra que hice heredar á vuestros pa-
dres.
19 Yo empero dije: ¿Cómo te pondré
por hijos, y te daré la tierra deseable[q],
la rica heredad de los ejércitos de las
gentes? Y dije: Padre mio me llama-
rás, y no te apartarás de en pos de mí.
20 Mas *como* la mujer quiebra la fé de
su compañero, así prevaricasteis contra
mí, oh casa de Israel, dice Jehová.
21 Voz sobre las alturas fué oida, llanto
de los ruegos de los hijos de Israel; por-
que han torcido su camino, de Jehová
su Dios se han olvidado.
22 Convertíos, hijos rebeldes, sanaré
vuestras rebeliones[r]. Hé aquí nosotros
venimos á tí; porque tú eres Jehová
nuestro Dios.
23 Ciertamente vanidad *son* los colla-
dos, la multitud de los montes. Cierta-
mente en Jehová nuestro Dios *está* la
salud de Israel.
24 Confusion consumió el trabajo de
nuestros padres desde nuestra mocedad;
sus ovejas, sus vacas, sus hijos y sus
hijas.
25 Yacemos en nuestra confusion, y
nuestra afrenta nos cubre: porque pe-
camos contra Jehová nuestro Dios, nos-
otros y nuestros padres, desde nuestra
juventud y hasta este dia[s], y no hemos
escuchado la voz de Jehová nuestro
Dios.

CAPITULO IV.

Exhorta al pueblo á verdadero arrepentimiento; donde no, grande asolamiento se le denuncia.

SI te has de convertir, oh Israel,
conviértete á mí: y si quitares de
delante de mí tus abominaciones, no
andarás de acá para allá.
2 Y jurarás *diciendo*, Vive Jehová, con
verdad, con juicio, y con justicia: y
bendecirse han en él las gentes, y en
él se gloriarán.
3 Porque así dice Jehová á *todo* varon
de Judá y de Jerusalem: Haced barbe-
cho para vosotros, y no sembreis sobre
espinas[a].
4 Circuncidáos á Jehová, y quitad los
prepucios de vuestro corazon, varones
de Judá y moradores de Jerusalem[b];
no sea que mi ira salga como fuego, y
se encienda, y no haya quien apague
por la malicia de vuestras obras.
5 Denunciad en Judá, y haced oir en
Jerusalem, y decid: Sonad trompeta en
la tierra, pregonad, juntad, y decid:
Reuníos, y entrémonos en las ciudades
fuertes.
6 Alzad bandera en Sion, juntáos, no
os detengais: porque yo hago venir mal
de la parte del Aquilon, y quebrantami-
ento grande[c].
7 El leon[d] sube de su enramada[e], y
el destruidor de gentes[f] ha partido; sa-
lido ha de su asiento para poner tu tierra
en soledad: tus ciudades serán asoladas,
quedarán sin morador.
8 Por esto vestíos de saco[g], endechad
y aullad: porque la ira de Jehová no se
ha apartado de nosotros.
9 Y será en aquel dia, dice Jehová,
que desfallecerá el corazon del rey, y el
corazon de los príncipes; y los sacerdo-
tes estarán atónitos, y se maravillarán
los profetas.
10 (Y dije: ¡Ay, ay, Jehová Dios!
verdaderamente en gran manera has
engañado á este pueblo y á Jerusalem,
diciendo, Paz tendréis: pues que el cu-
chillo ha venido hasta el alma.)
11 En aquel tiempo se dirá de este
pueblo y de Jerusalem: Viento seco de

[a] Deu. 24. 4.
[b] Ez. 16. 26, 29.
[c] Cap. 9. 12. y 14. 4. Lev. 26. 19. Deu. 28. 23, 24.
[d] Ez. 3. 7.
[e] Pro. 2. 17.
[f] Sal. 77. 7, 9. y 103. 9. Is. 57. 16.
[g] 1 Rey. 14. 23.
[h] 2 Rey. 17. 10, 13.
[i] Ez. 23. 2, etc.
[k] Cap. 2. 27.
[l] Ez. 16. 51. y 23. 11.
[m] 2 Cr. 30. 9. Sal. 86. 15.
[n] Deu. 30. 1, 6.
[o] Cap. 23. 4. Ez. 34. 23.
[p] Is. 11. 13. Ez. 37. 16, 22.
[q] Sal. 106. 24. Da. 8. 9.
[r] Os. 14. 4.
[s] Esd. 9. 6, 7.
[a] Mat. 13. 7, 22.
[b] Deu. 10. 16. Ro. 2. 28, 29.
[c] Cap. 1. 14, 15.
[d] Da. 7. 4.
[e] 2 Rey. 24. 1. y 25. 1.
[f] Cap. 25. 9.
[g] Cap. 6. 26.

las alturas del desierto vino á la hija
de mi pueblo, no para aventar, ni para
limpiar.
12 Viento mas vehemente que estos
vendrá á mí: y ahora yo hablaré juicios
con ellos.
13 Hé aquí que subirá como nube, y su
. 5. 28. carro como torbellino[h]: mas ligeros son
sus caballos que las águilas. ¡Ay de nos-
otros, porque dados somos á saco!
14 Lava de la malicia tu corazon, oh
Jerusalem, para que seas salva. ¿Hasta
cuando dejarás estar en medio de tí los
pensamientos de iniquidad?
15 Porque la voz *se oye* del que trae las
nuevas desde Dan, y del que hace oir la
calamidad desde el monte de Ephraim.
16 Decid de las gentes; hé aquí haced
oir de Jerusalem: Guardas vienen de
tierra lejana, y darán su voz sobre las
ciudades de Judá.
17 Como los guardas de las heredades
estuvieron sobre ella en derredor; por-
. 9. 26, que se rebeló[i] contra mí, dice Jehová.
18 Tu camino y tus obras te hicieron es-
. 9. 7, to[k]; esta tu maldad: por lo cual amar-
gura penetrará hasta tu corazon.
. 2. 17, 19 Mis entrañas, mis entrañas me due-
. 30. 1. len, las telas de mi corazon: mi corazon
ruge dentro de mí; no callaré, porque
voz de trompeta has oido, oh alma mia,
pregon de guerra.
20 Quebrantamiento sobre quebranta-
. 7. 28. miento es llamado[l], porque toda la ti-
erra es destruida: en un punto son des-
truidas mis tiendas, en un momento mis
cortinas.
21 ¿Hasta cuando tengo de ver ban-
dera, tengo de oir voz de trompeta?
22 Porque mi pueblo *es* necio; no me
conocieron los hijos ignorantes, y los no
entendidos: sabios para mal hacer, y
para bien hacer no supieron.
23 Miré la tierra, y hé aquí que es-
. 1. 2. taba asolada y vacía[m]; y los cielos, y
. 24. 19. no *habia* en ellos luz.
24 Miré los montes, y hé aquí que
temblaban, y todos los collados fueron
destruidos.
25 Miré, y no parecia hombre; y todas
las aves del cielo se habian ido.
26 Miré, y hé aquí el Carmelo desierto,
y todas sus ciudades eran asoladas á la
presencia de Jehová, á la presencia del
furor de su ira.
27 Porque así dijo Jehová: Toda la
tierra será asolada; mas no haré con-
. 5. 10, sumacion[n].
28 Por esto se enlutará la tierra, y los
cielos arriba se oscurecerán: porque ha-
blé, pensé, y no me arrepentí, ni me
tornaré de ello.
29 Del estruendo de la gente de á ca-
ballo y de los flecheros huyó toda ciu-
dad: entráronse en las espesuras de los
bosques, y subiéronse en peñascos: toda
ciudad fué desamparada, y no quedó en
ellas morador alguno.
30 Y tú destruida, ¿qué harás? Bien
que te vistas de grana, aunque te ador-
nes con atavíos de oro, aunque pintes
con antimonio tus ojos, en vano te en-
galanas: menospreciárante los amado-
. 22. res, buscarán tu alma[o].
31 Porque voz oí como de mujer que
está de parto, angustia como de prime-
riza; voz de la hija de Sion *que* lamen-
. 17. ta, y extiende sus manos[p] *diciendo*:
¡Ay ahora de mí! que mi alma des-
maya á causa de los matadores.

CAPITULO V.

Por la comun corrupcion de todos los estados, en general y en particular, y singularmente por la idolatría, amenaza el profeta con la venida de los Caldéos.

DISCURRID por las plazas de Je-
rusalem, y mirad ahora, y sabed, y
buscad en sus plazas si hallais hombre[a], [a] Gen. 18. 23. Ez. 22. 30.
si hay *alguno* que haga juicio, que bus-
que verdad; y yo la perdonaré.
2 Y si dijeren, Vive Jehová, por tanto
jurarán mentira[b]. [b] Tit. 1. 16.
3 Oh Jehová, ¿no *miran* tus ojos á la
verdad? Azotásteios, y no les dolió[c]; [c] Cap. 2. 30.
consumísteios, y no quisieron[d] recibir [d] Cap. 7. 28.
correccion: endurecieron sus rostros mas Is. 9. 12.
que la piedra, no quisieron tornarse. Soph. 3. 2.
4 Yo empero dije: Por cierto ellos *son*
pobres; enloquecido han, pues no cono-
cen el camino de Jehová, el juicio de
su Dios.
5 Irme he á los grandes, y hablaréles,
porque ellos conocen el camino de Je-
hová, el juicio de su Dios[e]. Ciertamente [e] Mic. 3. 1.
ellos tambien quebraron el yugo, rom-
pieron las coyundas[f]. [f] Sal. 2. 3.
6 Por tanto leon[g] del monte los herirá, [g] Os. 13. 7.
destruirálos lobo del desierto, tigre ace-
chará sobre sus ciudades: cualquiera
que de ellas saliere, será arrebatado;
porque sus rebeliones se han multipli-
cado, hanse aumentado sus deslealtades.
7 ¿Cómo te he de perdonar por esto?
Tus hijos me dejaron, y juraron por *lo*
que no es Dios[h]: saciélos, y adulteraron, [h] Jos. 23. 7.
y en casa de ramera se juntaron en com- Soph. 1. 5.
pañías[i]. [i] Cap. 13. 27.
8 *Como* caballos bien hartos fueron á
la mañana; cada cual relinchaba á la
mujer de su prójimo.
9 ¿No habia de hacer visitacion sobre
esto? dijo Jehová. De una gente como
esta ¿no se habia de vengar mi alma[k]? [k] ver. 29.
10 Escalad sus muros, y destruid; mas Cap. 9. 9.
no hagais consumacion[l]: quitad las al- [l] Cap. 4. 27.
menas de sus muros, porque no son de y 30. 11.
Jehová.
11 Porque resueltamente se rebelaron
contra mí la casa de Israel y la casa de
Judá, dice Jehová.
12 Negaron á Jehová[m], y dijeron: Él [m] 2 Cr. 36. 16.
no *es*, y no vendrá mal sobre nosotros[n],
ni verémos cuchillo ni hambre; [n] Is. 28. 15.
13 Antes los profetas serán como vi-
ento[o], y no *hay* en ellos palabra: así se [o] Cap. 14. 13, 15.
hará á ellos.
14 Por tanto así ha dicho Jehová Dios
de los ejércitos: Porque hablasteis esta
palabra, hé aquí yo pongo en tu boca
mis palabras por fuego, y á este pueblo
por leños, y les consumirá.
15 Hé aquí yo traigo sobre vosotros
gente de lejos, oh casa de Israel, dice
Jehová; gente robusta, gente antigua,
gente cuya lengua ignorarás, y no en-
tenderás lo que hablare.
16 Su aljaba como sepulcro abierto,
todos valientes.
17 Y comerá tu mies[p] y tu pan, *que* [p] Lev. 26. 16.
habian de comer tus hijos y tus hijas: Deu. 28. 31, 33.
comerá tus ovejas y tus vacas, comerá
tus viñas y tus higueras: y tus ciudades
fuertes en que tú confias, tornará en
nada á cuchillo.
18 Empero en aquellos dias, dice Je-
hová, no os acabaré del todo[q]. [q] ver. 10.
19 Y será que cuando dijereis, ¿Por
qué hizo Jehová el Dios nuestro con
nosotros todas estas cosas? entónces les
dirás: De la manera que me dejasteis á
mí, y servisteis á dioses agenos en vues-
tra tierra, así serviréis á extraños en ti-
erra agena[r]. [r] Deu. 28. 48.
20 Denunciad esto en la casa de Jacob,
y haced que esto se oiga en Judá, dici-
endo:
21 Oid ahora esto, pueblo necio y sin
corazon; que tienen ojos, y no ven, que
tienen oidos, y no oyen[s]: [s] Ez. 12. 2.
22 ¿A mí no temeréis? dice Jehová:

¿no os amedrentaréis á mi presencia, que á la mar por ordenacion eterna, la cual no quebrantará [s], puse arena por término? Se levantarán tempestades, mas no prevalecerán; bramarán sus ondas, mas no lo pasarán.

[s] Job 38. 11. Sal. 104. 9. Pro. 8. 29.

23 Empero este pueblo tiene corazon falso y rebelde: tornáronse y fuéronse.

24 Y no dijeron en su corazon: Temamos ahora á Jehová Dios nuestro, que da lluvia temprana y tardía en su tiempo [u]: los tiempos establecidos de la siega nos guarda [x].

[u] Deu. 11. 13, 14. [x] Gen. 8. 22.

25 Vuestras iniquidades han estorbado estas cosas [y], y vuestros pecados apartaron de vosotros el bien.

[y] Cap. 3. 3.

26 Porque fueron hallados en mi pueblo impíos: asechaban como quien pone lazos; pusieron lazo perdedor para tomar hombres.

27 Como jaula llena de pájaros, así *están* sus casas llenas de engaño: así se hicieron grandes y ricos.

28 Engordaron y pusiéronse lustrosos [z], y sobrepujaron los hechos del malo: no juzgaron la causa, la causa del huérfano; con todo hiciéronse prósperos [a], y la causa de los pobres no juzgaron.

[z] Deu. 32. 15. [a] Job 21. 7. Sal. 73. 12. Cap. 12. 1.

29 ¿No tengo de visitar sobre esto? dice Jehová: ¿y de tal gente no se vengará mi alma [b]?

[b] ver. 9.

30 Cosa espantosa y fea es hecha en la tierra:

31 Los profetas profetizaron mentira [c], y los sacerdotes tomaban por sus manos; y mi pueblo así lo quiso [d]. ¿Qué pues haréis á su fin [e]?

[c] Cap. 23. 25, 26. Ez. 13. 6. [d] Mic. 2. 11. [e] Deu. 32. 29. La. 1. 9.

CAPITULO VI.

Es el mismo argumento del capítulo precedente.

HUID, hijos de Benjamin, de en medio de Jerusalem, y tocad bocina en Tecoa, y alzad por señal humo sobre Beth-hacerem: porque del Aquilon se ha visto mal y quebrantamiento grande [a].

[a] Cap. 1. 14. Ez. 26. 7.

2 Á *una mujer* hermosa y delicada comparé á la hija de Sion.

3 Á ella vendrán pastores y sus rebaños; junto á ella en derredor pondrán sus tiendas [b]; cada uno apacentará á su parte.

[b] Cap. 12. 10. 2 Rey. 25. 1.

4 Denunciad guerra contra ella: levantáos y subamos hácia el medio dia. ¡Ay de nosotros! que va cayendo ya el dia, que las sombras de la tarde se han extendido.

5 Levantáos y subamos de noche, y destruyamos sus palacios.

6 Porque así dijo Jehová de los ejércitos: Cortad árboles, y extended baluarte junto á Jerusalem: esta *es* la ciudad *que* toda ella ha de ser visitada: violencia *hay* en medio de ella.

7 Como la fuente nunca cesa de manar sus aguas, así nunca cesa de manar su malicia: injusticia y robo se oye en ella continuamente en mi presencia, enfermedad y herida.

8 Corrígete, Jerusalem; porque no se aparte mi alma de tí [c], porque no te torne desierta, tierra no habitada.

[c] Ez. 23. 18.

9 Así dijo Jehová de los ejércitos: Del todo rebuscarán como á vid el resto de Israel: torna tu mano como vendimiador á los cestos.

10 ¿Á quién tengo de hablar y amonestar, para que oigan? Hé aquí que sus orejas *son* incircuncisas [d], y no pueden escuchar: hé aquí que la palabra de Jehová les es cosa vergonzosa; no la aman.

[d] Hech. 7. 51.

11 Por tanto estoy lleno de saña de Jehová; trabajado he por contenerme: derramaréla sobre los niños en la calle, y sobre la reunion de los jóvenes juntamente [e]: porque el marido tambien será preso con la mujer, el viejo con el lleno de dias.

[e] Cap. 9. 21.

12 Y sus casas serán traspasadas á otros, sus heredades y tambien sus mujeres [f]: porque extenderé mi mano sobre los moradores de la tierra, dice Jehová.

[f] Cap. 8. 10. Deu. 28. 30.

13 Porque desde el mas chico de ellos hasta el mas grande de ellos, cada uno sigue la avaricia; y desde el profeta hasta el sacerdote todos son engañadores [g].

[g] Mic. 3. 5, 11.

14 Y curan el quebrantamiento de la hija de mi pueblo con liviandad, diciendo: Paz, paz; y no *hay* paz [h].

[h] Cap. 8. 11, 12. La. 2. 14. Ez. 13. 10.

15 ¿Hanse avergonzado de haber hecho abominacion? No por cierto, no se han avergonzado, ni aun saben tener vergüenza. Por tanto caerán entre los que caerán; caerán cuando los visitaré, dice Jehová.

16 Así dijo Jehová: Paráos á los caminos, y mirad, y preguntad por las sendas antiguas, cual sea el buen camino; y andad por él, y hallaréis descanso para vuestra alma [i]. Mas dijeron: No andarémos.

[i] Mat. 11. 29.

17 Desperté tambien sobre vosotros atalayas *que dijesen*: Escuchad á la voz de la trompeta. Y dijeron ellos: No escucharémos.

18 Por tanto oid, gentes, y conoce, oh conjunto de ellas.

19 Oye, tierra: Hé aquí yo traigo mal sobre este pueblo, el fruto de sus pensamientos [k]; porque no escucharon á mis palabras, y aborrecieron mi ley.

[k] Pro. 1. 31.

20 ¿Á qué viene para mí este incienso de Seba, y la buena caña olorosa de tierra lejana? Vuestros holocaustos no *son* á mi voluntad, ni vuestros sacrificios me dan gusto [l].

[l] Sal. 50. 7, 8. Is. 1. 11. Amos 5. 21, 22. Mic. 6. 6.

21 Por tanto Jehová dice esto: Hé aquí yo pongo á este pueblo tropiezos [m], y caerán en ellos los padres y los hijos juntamente; el vecino y su cercano perecerán.

[m] Ez. 3. 20. Ro. 11. 9.

22 Así ha dicho Jehová: Hé aquí que viene pueblo de tierra del Aquilon [n], y gente grande se levantará de los cantones de la tierra.

[n] ver. 1.

23 Arco y escudo arrebatarán; crueles son que no tendrán misericordia: sonará la voz de ellos como la mar [o]; y montarán á caballo como hombres dispuestos para la guerra contra tí, oh hija de Sion.

[o] Is. 5. 30.

24 Su fama oimos, y nuestras manos se descoyuntaron: apoderóse de nosotros angustia, dolor como de mujer que pare [p].

[p] Cap. 13. 21.

25 No salgas al campo, ni andes por camino; porque espada de enemigo *y* temor *hay* por todas partes.

26 Hija de mi pueblo, cíñete de saco [q], y revuélcate en ceniza: hazte luto *como* por hijo único, llanto de amarguras; porque presto vendrá sobre nosotros el destruidor.

[q] Cap. 4. 8.

27 Por fortaleza [r] te he puesto en mi pueblo, por torre: conocerás pues y examinarás el camino de ellos.

[r] Cap. 1. 18.

28 Todos ellos príncipes rebeldes, andan con engaño [s]: *son* cobre y fierro; todos ellos son corruptores [t].

[s] Cap. 9. 4. [t] Is. 1. 23, 25. Ez. 22. 18.

29 Quemóse el fuelle, del fuego se ha consumido el plomo: por demás fundió el fundidor, pues los malos no son arrancados.

30 Plata desechada los llamaron, porque Jehová los desechó.

CAPITULO VII.

Manda Dios al profeta que llame al pueblo á verdadero arrepentimiento y enmienda, y á que se dejen de su vana confianza en el Templo, y en sacrificios sin fé ni obediencia. Predice Dios al profeta la obstinacion del pueblo, y mándale que no ore por él, sino que le denuncie haberlo desechado, y la ruina que le vendria por sus idolatrías.

PALABRA que fué de Jehová á Jeremías diciendo:

2 Ponte á la puerta de la casa de Jehová, y predica allí esta palabra, y di: Oíd palabra de Jehová, todo Judá, los que entrais por estas puertas para adorar á Jehová.

3 Así ha dicho Jehová de los ejércitos, Dios de Israel: Mejorad vuestros caminos y vuestras obras[a], y os haré morar en este lugar.

Cap. 26. 13. ...s. 1. 16, 17.

4 No os fiéis en palabras de mentira diciendo: Templo de Jehová, Templo de Jehová, Templo de Jehová *es* esto[b].

Mic. 3. 11. Mat. 3. 9, 10.

5 Mas si mejoráreis cumplidamente vuestros caminos y vuestras obras; si con exactitud hiciereis derecho entre el hombre y su prójimo,

6 Ni oprimiereis al peregrino, al huérfano, y á la viuda, ni en este lugar derramáreis la sangre inocente, ni anduviereis en pos de dioses agenos para mal vuestro[c];

...eu. 6. 14, 15.

7 Os haré morar en este lugar, en la tierra que di á vuestros padres para siempre[d].

...eu. 4. 40.

8 Hé aquí vosotros os confiais en palabras de mentira, que no aprovechan.

9 Hurtando, matando, y adulterando, y jurando falso, é incensando á Baal, y andando tras dioses extraños que no conocisteis,

10 ¿Vendréis y os pondréis delante de mí en esta casa, sobre la cual es invocado mi nombre[e], y diréis: Librados somos: para hacer *luego* todas estas abominaciones?

...z. 23. 39.

11 ¿Es cueva de ladrones delante de vuestros ojos esta casa, sobre la cual es invocado mi nombre[f]? Hé aquí que tambien yo veo, dice Jehová.

...at. 21. 13.

12 Andad empero ahora á mi lugar que fué en Silo[g], donde hice que morase mi nombre al principio, y ved lo que le hice por la maldad de mi pueblo Israel[h].

...s. 18. 1. ...p. 26. 6. ...a. 4. 11,

13 Ahora pues, por cuanto habeis vosotros hecho todas estas obras, dice Jehová, y bien que os hablé madrugando[i] para hablar, no oisteis, y os llamé, y no respondisteis[k];

...l. 78. 60, ...r. 36. 15. ...h. 9. 29,

14 Haré tambien á esta casa, sobre la cual es invocado mi nombre, en la que vosotros confiais, y á este lugar que di á vosotros y á vuestros padres, como hice á Silo.

... 65. 12. ... 4.

15 Que os echaré de mi presencia[l] como eché á todos vuestros hermanos, á toda la generacion de Ephraim.

...ey. 17.

16 Tú pues no ores por este pueblo, ni levantes por ellos clamor y oracion, ni me ruegues; porque no te oiré[m].

...p. 11. 14. ... 11. ... 1.

17 ¿No ves lo que estos hacen en las ciudades de Judá, y en las calles de Jerusalem?

18 Los hijos cogen la leña, y los padres encienden el fuego, y las mujeres amasan la masa para hacer tortas á la reina del cielo[n], y para hacer ofrendas á dioses agenos, por provocarme á ira.

...p. 44. 17,

19 ¿Provocaránme ellos á ira, dice Jehová, y no mas bien *obran* ellos mismos para confusion de sus rostros?

20 Por tanto así ha dicho el Señor Jehová: Hé aquí que mi furor y mi ira se derrama sobre este lugar; sobre los hombres, sobre los animales, y sobre los árboles del campo, y sobre los frutos de la tierra: y encenderáse, y no se apagará.

21 Así ha dicho Jehová de los ejércitos, Dios de Israel: Añadid vuestros holocaustos sobre vuestros sacrificios[o], y comed carne.

[o] Amos 5. 21, etc.

22 Porque no hablé yo con vuestros padres, ni les mandé el dia que los saqué de la tierra de Egipto, acerca de holocaustos y de víctimas[p].

[p] 1 Sa. 15. 22. Sal. 50. 7, 9. Os. 6. 6.

23 Mas esto les mandé diciendo: Escuchad mi voz[q], y seré á vosotros por Dios, y vosotros me seréis por pueblo[r]: y andad en todo camino que os mandáre, para que os vaya bien.

[q] Ex. 15. 26. Deu. 6. 3.
[r] Ex. 19. 5. Lev. 26. 12.

24 Y no oyeron[s] ni inclinaron su oido; ántes caminaron en *sus* consejos, en la dureza de su corazon malvado, y fueron hácia atrás[t], y no hácia adelante,

[s] Sal. 81. 11.
[t] Cap. 11. 7, 8.

25 Desde el dia que vuestros padres salieron de la tierra de Egipto hasta hoy. Y os envié á todos los profetas mis siervos, cada dia madrugando y enviando*les*[u]:

[u] 2 Cr. 36. 15.

26 Mas no me oyeron, ni inclinaron su oido; ántes endurecieron su cerviz[x], é hicieron peor que sus padres[y].

[x] Neh. 9. 17, 29.
[y] Cap. 16. 12.

27 Tú pues les dirás todas estas palabras; mas no te oirán: los llamarás, y no te responderán.

28 Les dirás por tanto: Esta *es* la gente que no escuchó la voz de Jehová su Dios, ni tomó correccion *alguna*[z]: perdióse la fé, y de la boca de ellos fué cortada.

[z] Cap. 32. 33.

29 Trasquila tu cabello[a], y arrójal*o*, y levanta llanto sobre las alturas; porque Jehová ha aborrecido y dejado la nacion de su ira.

[a] Job 1. 20. Mic. 1. 16.

30 Porque los hijos de Judá han hecho lo malo ante mis ojos, dice Jehová: pusieron sus abominaciones en la casa sobre la cual mi nombre[b] fué invocado, amancillandola;

[b] 2 Rey. 21. 4, 7. Ez. 8. 5, 6.

31 Y han edificado los altos de Tophet[c], que *es* en el valle del hijo de Hinnon, para quemar al fuego sus hijos y sus hijas[d], cosa que yo no les mandé, ni subió en mi corazon.

[c] 2 Rey. 23. 10.
[d] Sal. 106. 38.

32 Por tanto, hé aquí vendrán dias, ha dicho Jehová, que no se diga mas Tophet, ni valle del hijo de Hinnon, sino valle de la matanza[e]: y serán enterrados en Tophet, por no *haber* lugar.

[e] Cap. 19. 6, 11. Ez. 6. 5, etc.

33 Y serán los cuerpos muertos de este pueblo para comida de las aves del cielo, y de las bestias de la tierra; y no habrá quien *las* espante[f].

[f] Deu. 28. 26. Sal. 79. 2.

34 Y haré cesar de las ciudades de Judá, y de las calles de Jerusalem, voz de gozo y voz de alegría[g], voz de esposo y voz de esposa; porque la tierra será en desolacion[h].

[g] Is. 24. 7, 8. Cap. 16. 9. Os. 2. 11.
[h] Lev. 26. 33.

CAPITULO VIII.

Prosigue en la denunciacion de los castigos de Dios, y en la enumeracion de los pecados del pueblo.

EN aquel tiempo, dice Jehová, sacarán los huesos de los reyes de Judá, y los huesos de sus príncipes, y los huesos de los sacerdotes, y los huesos de los profetas, y los huesos de los moradores de Jerusalem, fuera de sus sepulcros;

2 Y los esparcirán al sol, y á la luna, y á todo el ejército del cielo[a], á quien amaron, y á quienes sirvieron, y en pos de quienes anduvieron, y á quienes preguntaron, y á quienes se encorvaron: no serán recogidos, ni enterrados; serán por muladar sobre la haz de la tierra.

[a] 2 Rey. 23. 5.

3 Y escogeráse la muerte ántes que las vidas[b] por todo el resto que quedare de esta mala generacion, en todos los lugares á donde los arrojaré yo á los que quedaren, dice Jehová de los ejércitos.

[b] Ap. 9. 6.

4 ¶ Les dirás asimismo: Así ha dicho

Jehová: ¿El que cae, no se levanta? ¿El que se desvía, no torna á *camino*?

5 ¿Por qué *es* este pueblo de Jerusalem rebelde con rebeldía perpetua? Abrazaron el engaño, no han querido volverse.

6 Escuché y oí, no hablan derecho: no hay hombre que se arrepienta de su mal, diciendo: ¿Qué he hecho? Cada cual se volvió á su carrera, como caballo que arremete con ímpetu á la batalla.

7 Aun la cigüeña en el cielo conoció su tiempo; y la tórtola, y la grulla, y la golondrina, guardan el tiempo de su venida; mas mi pueblo no conoció el juicio de Jehová.

8 ¿Cómo decís, Nosotros *somos* sabios[c], y la ley de Jehová *tenemos* con nosotros? Ciertamente, hé aquí que en vano se cortó la pluma, por demás *fueron* los escribas.
[c] Juan 9. 41. Ro. 2. 17.

9 Los sabios se avergonzaron, espantáronse, y fueron presos: hé aquí que aborrecieron la palabra de Jehová; ¿y qué sabiduría tienen?

10 Por tanto daré á otros sus mujeres, y sus heredades á quien las posea[d]: porque desde el chico hasta el grande cada uno sigue la avaricia; desde el profeta hasta el sacerdote todos hacen engaño[e].
[d] Deu. 28. 30. Soph. 1. 13.
[e] Cap. 6. 13. Is. 56. 11.

11 Y curaron el quebrantamiento de la hija de mi pueblo con liviandad, diciendo, Paz, Paz: y no hay paz[f].
[f] Cap. 6. 14. Ez. 13. 10.

12 ¿Hanse avergonzado de haber hecho abominacion? Por cierto no se han corrido de vergüenza, ni supieron avergonzarse: caerán por tanto entre los que cayeren[g], cuando los visitaré. Caerán, dice Jehová.
[g] Deu. 32. 35.

13 Cortarélos de por junto, dice Jehová: no *hay* uvas en la vid, ni higos en la higuera, y caeráse la hoja; y lo que les he dado pasará de ellos.

14 ¿Sobre qué nos aseguramos? Juntáos, y entrémonos en las ciudades fuertes, y allí reposarémos: porque Jehová nuestro Dios nos ha hecho callar, y dádonos á beber bebida de hiel, porque pecamos contra Jehová.

15 Esperamos paz, y no *hay* bien; dia de cura, y hé aquí turbacion[h].
[h] Cap. 14. 19.

16 Desde Dan se oyó el bufido de sus caballos[i]; del sonido de los relinchos de sus fuertes tembló toda la tierra: y vinieron, y devoraron la tierra y su abundancia, ciudad y moradores de ella.
[i] Cap. 4. 15.

17 Porque hé aquí que yo envio sobre vosotros serpientes basiliscos, contra los cuales no hay encantamento[k], y os morderán, dice Jehová.
[k] Sal. 58. 4,5.

18 A causa de mi fuerte dolor mi corazon desfallece en mí.

19 Hé aquí voz del clamor de la hija de mi pueblo, que viene de tierra lejana. ¿No *está* Jehová en Sion? ¿No *está* en ella su rey? ¿Por qué me hicieron airar con sus imágenes de talla, con vanidades de *dios* ageno[l]?
[l] Deu. 32. 21.

20 Pasóse la siega, acabóse el verano, y nosotros no hemos sido salvos.

21 Quebrantado estoy por el quebrantamiento de la hija de mi pueblo; entenebrecido estoy, espanto me ha arrebatado.

22 ¿No *hay* bálsamo en Galaad[m]? ¿no hay allí médico? ¿Por qué pues no hubo medicina para la hija de mi pueblo?
[m] Cap. 46.11.

CAPITULO IX.

Prosiguiendo el profeta, lamenta la ruina de su pueblo y sus pecados, que fueron la causa de ella; y pintándola de nuevo, exhorta al pueblo á la misma lamentacion. En Dios y en su conocimiento se glorie el que hubiere de gloriarse.

¡OH si mi cabeza se tornase aguas, y mis ojos fuentes de aguas[a], para que llore dia y noche los muertos de la hija de mi pueblo!
[a] Cap. 14. 17. Is. 22. 4. La. 2. 18.

2 ¡Oh quién me diese en el desierto un meson de caminantes, para que dejase mi pueblo, y de ellos me apartára! Porque todos ellos *son* adúlteros[b], congregacion de prevaricadores.
[b] Cap. 5. 7.

3 E hicieron que su lengua, su arco[c], tirase mentira: y no se fortalecieron por verdad en la tierra; porque de mal en mal procedieron[d], y me han desconocido, dice Jehová.
[c] Sal. 64. 3 y 120. 4.
[d] 2 Ti. 3.

4 Guárdese cada uno de su compañero, ni en ningun hermano tenga confianza: porque todo hermano engaña con falacia, y todo compañero anda con falsedades[e].
[e] Cap. 12. Mi. 7. 5.

5 Y cada uno engaña á su compañero, y no hablan verdad: enseñaron su lengua á hablar mentira, se ocupan de hacer perversamente.

6 Tú morada *es* en medio de engaño: de muy engañadores no quisieron conocerme, dice Jehová.

7 Por tanto así ha dicho Jehová de los ejércitos: Hé aquí que yo los fundiré, y los ensayaré; porque ¿cómo he de hacer por la hija de mi pueblo?

8 Saeta amolada *es* la lengua de ellos; engaño[f] habla: con su boca habla paz con su amigo, y dentro de sí pone sus asechanzas[g].
[f] ver. 3.
[g] Sal. 12. y 28. 3.

9 ¿No los tengo de visitar sobre estas cosas, dice Jehová? ¿De tal gente no se vengará mi alma[h]?
[h] Cap. 5. 29.

10 Sobre los montes levantaré lloro y lamentacion, y llanto sobre las moradas del desierto[i]: porque desolados fueron hasta no quedar quien pase, ni oyeron *mas* bramido de ganado[k]: desde las aves del cielo y hasta las bestias de la tierra se trasportaron, y se fueron[l].
[i] Cap. 23.
[k] Cap. 12.
[l] Cap. 12.

11 Y pondré á Jerusalem en montones, por morada de culebras: y pondré las ciudades de Judá en asolamiento, que no quede morador.

12 ¿Quien *es* varon sabio que entienda esto? ¿Y á quién habló la boca de Jehová, para que pueda declararlo? ¿Por que causa la tierra ha perecido, y ha sido asolada, como desierto que no hay quien pase?

13 Y dijo Jehová: Porque dejaron mi ley, la cual di delante de ellos, y no obedecieron á mi voz, ni caminaron conforme á ella;

14 Antes se fueron tras la imaginacion de su corazon, y en pos de los Baales que les enseñaron sus padres.

15 Por tanto, así ha dicho Jehová de los ejércitos, Dios de Israel: Hé aquí que á este pueblo yo les daré á comer ajenjos, y les daré á beber aguas de hiel.

16 Y los esparciré entre gentes que no conocieron ellos ni sus padres: y enviaré espada en pos de ellos, hasta que yo los acabe[m].
[m] Lev. 26. Deu. 28.

17 Así dice Jehová de los ejércitos: Considerad, y llamad plañideras que vengan; y enviad por las sabias que vengan;

18 Y dense prisa, y levanten llanto sobre nosotros; y córranse nuestros ojos en lágrimas, y nuestros párpados en aguas se destilen.

19 Porque voz de endecha fué oida de Sion: ¡Cómo hemos sido destruidos! En gran manera hemos sido confundidos. ¿Por qué dejamos la tierra? ¿Por

qué *nos* han echado *de sí* nuestras mo-
radas?
20 Oid pues, oh mujeres, palabra de
h. 22. 9, Jehová [n], y vuestro oido reciba la pala-
bra de su boca: y enseñad endechas á
vuestras hijas, y cada una á su amiga
lamentacion.
21 Porque la muerte ha subido por nu-
estras ventanas, *y* ha entrado en nues-
tros palacios, para talar los niños de las
calles, los mancebos de las plazas.
22 Habla. Así ha dicho Jehová: Los
cuerpos de los hombres muertos caerán
como estiercol sobre la haz del campo,
y como manojo tras el segador, que no
hay quien lo recoja.
23 Así dijo Jehová: No se alabe el
sabio en su sabiduría, ni en su valentía
se alabe el valiente, ni el rico se alabe
en sus riquezas:
24 Mas alábese en esto el que se hu-
biere de alabar, en entenderme y cono-
Co. 1. 31. cerme [o], que YO SOY JEHOVA, QUE
Co. 10. 17. HAGO MISERICORDIA, JUICIO,
Y JUSTICIA EN LA TIERRA:
porque estas cosas quiero, dice Jehová.
25 ¶ Hé aquí que vienen dias, dice
Jehová, y visitaré sobre todo circunci-
dado, y sobre todo incircunciso;
26 Á Egipto, y á Judá, y á Edom, y á
los hijos de Ammon y de Moab, y á
todos los arrinconados en el postrer rin-
p. 25. 23. con [p], que moran en el desierto: porque
9. 32. todas las gentes tienen prepucio; y toda
la casa de Israel tiene prepucio en el
corazon.

CAPITULO X.

Por ocasion de la idolatría de su pueblo impugna el profeta la idolatría en general, estableciendo en oposicion á ella el conocimiento del verdadero Dios por sus admirables obras. Vuelve á la prediccion de la cautividad del pueblo.

OID la palabra que Jehová ha ha-
blado sobre vosotros, oh casa de
Israel.
2 Así dijo Jehová: No aprendais el
v. 18. 8. camino de las gentes [a], ni de las señales
1. 23. del cielo tengais temor, aunque las gen-
tes las teman.
3 Porque las ordenanzas de los pueblos
son vanidad: porque leño del monte cor-
taron, *para* obra de manos de artífice
40. 19, con azuela [b].
4 Con plata y oro lo engalanan; con
. 9, 12. clavos y martillo lo afirman, para que
no se salga.
5 Como *una* palma lo igualan, y no
115. 5, hablan [c]: son llevados, porque no pue-
den andar. No tengais temor de ellos;
5. 18, porque ni pueden hacer mal, ni para
hacer bien tienen poder [d].
45. 20. 6 No *hay* semejante á tí, oh Jehová;
7. grande tú, y grande tu nombre en for-
23. taleza.
7 ¿Quién no te temerá, oh Rey de
15. 4. las gentes [e]? porque á tí compete ello:
porque entre todos los sabios de las gen-
tes, y en todos sus reinos, no *hay* seme-
jante á tí.
8 Y todos se infatuarán y entontece-
rán: enseñanza de vanidades *es* el mis-
1. 20. mo leño [f].
9 Traerán plata extendida de Tharsis,
y oro de Uphaz: obrará el artífice, y
las manos del fundidor: vestiránlos de
cárdeno y de púrpura: obra de peritos
es todo.
10 Mas Jehová Dios es la Verdad; él
es Dios vivo y Rey eterno: á su ira ti-
embla la tierra, y las gentes no pueden
sufrir su saña.
11 Les diréis así: Los dioses que no
hicieron los cielos ni la tierra, perecerán
de la tierra y de debajo de estos cielos.
12 El que hizo la tierra con su po-
tencia, él que puso en órden el mundo
con su saber, y extendió los cielos con
su prudencia [g], [g] Cap. 51. 15, 19.
13 A su voz se da muchedumbre de
aguas en el cielo, y hace subir las nubes
de lo postrero de la tierra; hace los re-
lámpagos con la lluvia, y saca el viento
de sus depósitos [h]. [h] Sal. 135. 7.
14 Todo hombre se embrutece en a-
questa ciencia: avergüéncese de su va-
ciadizo todo fundidor; porque mentira
es su obra de fundicion, y no *hay* es-
píritu en ellos.
15 Vanidad son, obra *digna* de escar-
nios: en el tiempo de su visitacion pe-
recerán.
16 No *es* como ellos la suerte de Ja-
cob; porque él *es* el hacedor de todo, é
Israel *es* la vara de su herencia [i]: Je- [i] Deu. 32. 9.
hová de los ejércitos *es* su nombre.
17 ¶ Recoge de las tierras tus merca-
derías, la que moras en lugar fuerte;
18 Porque así ha dicho Jehová: Hé
aquí que esta vez arrojaré *como* con
honda [k] los moradores de la tierra, y he [k] 1 Sa. 25. 29.
de afligirles, para que *así lo* hallen [l].
19 ¡Ay de mí por mi quebrantamiento! [l] Ez. 6. 10.
mi llaga *es* muy dolorosa. Yo empero
dije: Ciertamente enfermedad mia *es*
esta, y debo sufrirla [m]. [m] Mi. 7. 9.
20 Mi tienda es destruida, y todas mis
cuerdas están rotas: mis hijos fueron
sacados de mí, y perecieron: no hay ya
mas quien extienda mi tienda, ni quien
levante mis cortinas.
21 Porque los pastores se infatuaron, y
no buscaron á Jehová [n]: por tanto no [n] Cap. 2. 8. Ez. 34. 2, 10.
prosperaron, y todo su ganado se es-
parció. Zac. 10. 3.
22 Hé aquí que voz de fama viene, y
alboroto grande de la tierra del Aqui-
lon [o], para tornar en soledad todas las [o] Cap. 1. 14, 15.
ciudades de Judá, en morada de cule-
bras [p]. [p] Cap. 9. 11.
23 Conozco, oh Jehová, que el hom-
bre no es señor de su camino, ni del
hombre que camina es ordenar sus pa-
sos [q]. [q] Pro. 20. 24.
24 Castígame, oh Jehová; mas con
juicio [r]: no con tu furor, porque no [r] Cap. 30. 11.
me aniquiles [s]. [s] Is. 57. 16.
25 Derrama tu enojo sobre las gentes
que no te conocen, y sobre las naciones
que no invócan tu Nombre [t]: porque [t] Sal. 79. 6, 7.
se comieron á Jacob, y lo devoraron, y
le han consumido, y asolado su mo-
rada.

CAPITULO XI.

Por mandado de Dios recuerda el profeta al pueblo el pacto hecho con el Señor, y la infidelidad de sus padres que lo quebrantaron; y les requiere que lo observen, intimandoles que de lo contrario irrevocablemente vendrían sobre ellos los juicios de Dios por sus idolatrías. Descubre Dios al profeta las conspiraciones de los suyos para matarle, y es anunciado el castigo de ellos.

PALABRA que fué de Jehová á
Jeremías diciendo:
2 Oid las palabras de este pacto, y
hablad á todo varon de Judá, y á todo
morador de Jerusalem.
3 Y les dirás tú: Así dijo Jehová Dios
de Israel: Maldito el varon que no obe-
deciere las palabras de este pacto [a], [a] Deu. 27. 26. Ga. 3. 10.
4 El cual mandé á vuestros padres el
dia que los saqué de la tierra de Egipto,
del horno de hierro [b], diciendoles: Oid [b] Deu. 4. 20. 1 Rey. 8. 51.
mi voz, y ejecutad aquellas conforme á
todo lo que os mando; y me seréis por [c] Cap. 7. 23.
pueblo, y yo seré á vosotros por Dios [c]: [d] Deu. 7. 12, 13.
5 Para que confirme [d] el juramento que
hice á vuestros padres [e], que les daría la [e] Sal. 105. 8, 11.
tierra que corre leche y miel, como *es*

este dia. Y respondí, y dije: Amen, oh
Jehová.
6 Y Jehová me dijo: Pregona todas
estas palabras en las ciudades de Judá,
y en las calles de Jerusalem, diciendo:
Oid las palabras de este pacto, y ponedlas
f Ro. 2. 13. — por obra[f].
7 Porque con eficacia protesté á vuestros
padres el dia que los hice subir de
la tierra de Egipto hasta el dia de hoy,
g Cap. 7. 13, etc. — madrugando[g], y protestando, diciendo:
Oid mi voz.
8 Mas no oyeron, ni inclinaron su oido;
ántes se fueron cada uno tras la imaginacion
de su corazon malvado: por tanto
traeré sobre ellos todas las palabras de
este pacto, el cual mandé que cumpliesen,
y no lo cumplieron.
9 Y díjome Jehová: Conjuracion se ha
hallado en los varones de Judá, y en
los moradores de Jerusalem.
10 Hanse vuelto á las maldades de sus
h Ex. 20. 27, 30. — primeros[h] padres, los cuales no quisieron
escuchar mis palabras; ántes se
fueron tras dioses agenos para servirles:
la casa de Israel y la casa de Judá invalidaron
mi pacto, el cual habia yo
concertado con sus padres.
11 Por tanto así ha dicho Jehová: Hé
aquí yo traigo sobre ellos mal, del que
no podrán salir; y clamarán á mí, y no
i Pro. 1. 28. Mic. 3. 4. Zac. 7. 13. — los oiré[i].
12 E irán las ciudades de Judá y los
moradores de Jerusalem, y clamarán á
los dioses á quienes queman ellos inciensos[k],
k Deu. 32. 37, 38. — los cuales no los podrán salvar
en el tiempo de su mal.
13 Porque al número de tus ciudades
fueron tus dioses, oh Judá; y al número
de tus calles, oh Jerusalem, pusisteis
los altares de ignominia, altares
para ofrecer sahumerios á Baal.
14 Tú pues no ores por este pueblo,
ni levantes por ellos clamor ni oracion[l];
l Cap. 7. 16. y 14. 11. — porque yo no oiré el dia que en su
afliccion á mí clamaren.
15 ¿Qué tiene mi amado en mi casa
habiendo hecho abominaciones muchas?
Y las carnes santas pasarán de sobre tí,
porque en tu maldad te gloriaste.
16 Oliva verde, hermosa en fruto y en
parecer llamó Jehová tu nombre: á la
voz de gran palabra hizo encender fuego
sobre ella, y quebraron sus ramas.
17 Pues Jehová de los ejércitos, que
m Cap. 2. 21. — te plantó[m], ha pronunciado mal contra
tí, á causa de la maldad de la casa de
Israel y de la casa de Judá que hicieron
á sí *mismos*, provocándome á ira con
incensar á Baal.
18 ¶ Y Jehová me *lo* hizo saber, y
conocí*lo*: entónces me hiciste ver sus
obras.
19 Y yo como cordero *ó* buey que llevan
á degollar; pues no entendia que
maquinaban contra mí designios *diciendo*[n]:
n Cap. 18. 18. — Destruyamos el árbol con su fruto,
y cortémoslo de la tierra de los vivientes,
y no haya mas memoria de su
nombre.
20 Mas, oh Jehová de los ejércitos,
que juzgas justicia, que sondas *los* riñones
o Cap. 17. 10. y 20. 12. 1 Cr. 28. 9. Sal. 7. 9. Ap. 2. 23. — y el corazon[o], vea yo tu venganza
de ellos: porque á tí he descubierto mi
causa.
21 Por tanto así ha dicho Jehová de
los varones de Anathoth, que buscan tu
alma diciendo: No profetices en nombre
p Is. 30. 10. Amos 2. 12. y 7. 13, 16. Mic. 2. 6. — de Jehová[p], y no morirás á nuestras
manos:
22 Así pues ha dicho Jehová de los
ejércitos: Hé aquí que yo los visito; los
mancebos morirán á cuchillo; sus hijos
y sus hijas morirán de hambre.
23 Y no quedará resto de ellos; porque
yo traeré mal sobre los varones de
Anathoth, año de su visitacion.

CAPITULO XII.

El profeta, vista su afliccion, es tentado con la prosperidad de los impíos. Dios le avisa del mal designio de los suyos, á los cuales dice haber dejado en mano de sus enemigos. Quéjase Jeremías de que su pueblo es destruido por sus pastores, y anuncia que sería restablecido, y la ruina de otros pueblos: los cuales si anduvieren conforme al verdadero pueblo de Dios, serán prosperados; si no, enteramente destruidos.

JUSTO *eres* tú, oh Jehová, aunque
yo contigo dispute: hablaré empero
juicios contigo[a]. ¿Por qué es prosperado — a Da. 9. 7.
el camino de los impíos[b], y tienen — b Job 21. 7, etc. Sal. 73. 3, etc.
bien todos los que se portan deslealmente?
2 Plantástelos, y echaron raices; progresaron,
é hicieron fruto: cercano *estás*
tú en sus bocas, mas léjos de sus
riñones[c]. — c Is. 29. 13. Tit. 1. 16.
3 Tú empero, oh Jehová, me conoces;
vísteme, y probaste mi corazon para
contigo[d]: arráncalos como á ovejas para — d Sal. 17. 3.
el degolladero, y señálalos para el
dia de la matanza.
4 ¿Hasta cuando estará desierta la tierra,
y marchita la yerba de todo el
campo por la maldad de los que en ella
moran[e]? Faltaron los ganados, y las — e Sal. 107. 34.
aves[f]; porque dijeron: No verá él nuestras — f Cap. 9. 10.
postrimerías.
5 Si corriste con los de á pié, y te
cansaron, ¿cómo contenderás con los
caballos? Y *si* en la tierra de paz no
estabas quieto, ¿cómo harás en la hinchazon
del Jordan?
6 Porque aun tus hermanos y la casa
de tu padre, aun ellos se levantaron
contra tí[g]; aun ellos dieron voces en — g Mic. 7. 6.
pos de tí. No les creas cuando bien te
hablaren[h]. — h Cap. 9. 4.
7 He dejado mi casa, desamparé mi
heredad, entregado he lo que amaba mi
alma en mano de sus enemigos.
8 Fué para mí mi heredad como leon
en breña; contra mí dió su voz: por
tanto la aborrecí.
9 ¿Esme mi heredad ave de muchos
colores? ¿no *están* contra ella aves en
derredor? Venid, reuníos, *vosotras* todas
las bestias del campo, venid á devorarla[i]. — i Is. 56. 9.
10 Muchos pastores han destruido mi
viña, hollaron mi heredad, tornaron en
desierto y soledad mi heredad preciosa.
11 Fué puesta en asolamiento, y lloró
contra mí asolada: fué asolada toda la
tierra, porque no hubo hombre que mirase.
12 Sobre todos los lugares altos del
desierto vinieron disipadores: porque la
espada de Jehová devorará desde el un
extremo de la tierra hasta el *otro* extremo:
no habrá paz para ninguna carne.
13 Sembraron trigo, y segarán espinas:
tuvieron la heredad, mas no aprovecharon
nada: se avergonzarán de vuestros
frutos, á causa de la ardiente ira de
Jehová.
14 ¶ Así dijo Jehová contra todos mis
malos vecinos, que tocan la heredad que
hice poseer á mi pueblo Israel: Hé aquí
que yo los arrancaré de su tierra; y arrancaré
de en medio de ellos la casa de
Judá.
15 Y será que despues que los hubiere
arrancado, tornaré y tendré misericordia
de ellos, y harélos volver cada uno á su
heredad, y cada cual á su tierra.
16 Y será que, si cuidadosamente aprendieren
los caminos de mi pueblo, para
jurar en mi nombre *diciendo* Vive Je-

hová, así como enseñaron á mi pueblo á
jurar por Baal, ellos serán prosperados
. 2 11. en medio de mi pueblo[k].
17 Mas si no oyeren, arrancaré á la
tal gente, sacandola de raiz y destru-
60. 12. yendo, dice Jehová[l].

CAPITULO XIII.

Por el símbolo de un cinto significa Dios á su pueblo como le habia favorecido, y tambien el estado de nulidad á que se veria reducido por su soberbia é idolatrías. Manda Dios al profeta que bajo la parábola de un cuero de vino les anuncie su extrema calamidad: y para evitarla, son invitados que se humillen y den gloria á Dios; mas como á obstinados é incorregibles se les intima luego el castigo y fin vergonzoso que les esperaba.

ASI me dijo Jehová: Ve, y cóm-
prate un cinto de lino, y cíñelo
sobre tus lomos; y no lo meterás en
agua.
2 Y compré el cinto conforme á la
palabra de Jehová, y púselo sobre mis
lomos.
3 Y fué á mí segunda vez palabra de
Jehová, diciendo:
4 Toma el cinto que compraste, que
está sobre tus lomos, y levántate, y ve
al Eufrates, y escóndelo allá en la con-
cavidad de una peña.
5 Fuí pues, y escondílo junto al Eu-
frates, como Jehová me mandó.
6 Y sucedió que al cabo de muchos
dias me dijo Jehová: Levántate, y ve
al Eufrates, y toma de allí el cinto que
te mandé escondieses allá.
7 Entónces fuí al Eufrates, y cavé, y
tomé el cinto del lugar donde lo habia
escondido: y hé aquí que el cinto se
habia podrido; para ninguna cosa era
bueno.
8 Y fué á mí palabra de Jehová, di-
ciendo:
9 Así ha dicho Jehová: Así haré po-
drir la soberbia de Judá, y la mucha
soberbia de Jerusalem,
10 A este pueblo malo, que no quieren
oir mis palabras, que andan en las ima-
ginaciones de su corazon, y se fueron
en pos de dioses agenos para servirles,
y para encorvarse á ellos; y vendrá á
ser como este cinto, que para ninguna
cosa es bueno.
11 Porque como el cinto se junta á los
lomos del hombre, así hice juntar á mí
toda la casa de Israel, y toda la casa de
Judá, dice Jehová, para que me fuesen
por pueblo, y por fama, y por alabanza,
9. 5. y por honra[a]: empero no escucharon.
12 ¶ Les dirás pues esta palabra: Así
ha dicho Jehová, Dios de Israel: Hen-
chiráse de vino todo odre. Y ellos te
dirán: ¿No sabemos que todo odre se
henchirá de vino?
13 Entónces les has decir: Así ha di-
cho Jehová: Hé aquí que yo lleno de
5. 15, embriaguez[b] todos los moradores de es-
ta tierra, y á los reyes *de la estirpe* de
17. David que se sientan sobre su trono, y
á los sacerdotes y profetas, y á todos los
moradores de Jerusalem.
14 Y quebrantarélos el uno con el otro,
los padres con los hijos juntamente, dice
Jehová: no perdonaré, ni tendré piedad
ni misericordia, para no destruirlos.
15 Escuchad y oid; no os elevéis, pues
Jehová ha hablado.
16 Dad gloria á Jehová Dios vuestro,
8. 9. ántes que haga venir tinieblas[c], y ántes
que vuestros piés tropiecen en montes
. 9. de obscuridad; y espereis luz, y os la
. 1. torne sombra de muerte y tinieblas[d].
9. 17 Mas si no oyereis esto, en secreto[e]
llorará mi alma á causa de *vuestra* so-
berbia; y llorando amargamente, se des-
harán mis ojos en lágrimas, porque el
rebaño de Jehová fué cautivo.
18 Di al rey[f] y á la reina: Humilláos, [f] Cap. 22. 26.
sentáos *en tierra*; porque la corona de 2 Rey. 24.
vuestra gloria bajó de vuestras cabezas. 12.
19 Las ciudades del Mediodia fueron
cerradas, y no hubo quien las abriese:
toda Judá fué trasportada; trasportada
fué toda ella[g]. [g] 2 Rey. 25.
20 Alzad vuestros ojos, y ved los que 21.
vienen *de la parte* del Aquilon[h]. ¿Dónde [h] Cap. 6. 22,
está el rebaño que te fué dado, la grey 24.
de tu gloria?
21 ¿Qué dirás cuando te visitará?
Porque tú los enseñaste *á ser* príncipes
y cabeza sobre tí, ¿no te tomarán do-
lores como á mujer que pare?
22 Cuando dijeres en tu corazon, ¿Por
qué me ha sobrevenido esto[i]? Por la [i] Cap. 5. 19.
enormidad de tu maldad fueron descu- y 16. 10, 11.
biertas tus faldas, fueron desnudos tus
calcañares.
23 ¿Mudará el negro su pellejo, y el
leopardo sus manchas? *Así* tambien
podréis vosotros hacer bien, estando ha-
bituados á hacer mal.
24 Por tanto yo los esparciré como
tamo[k] que pasa al viento del desierto. [k] Sal. 1. 4.
25 Esta *será* tu suerte, la porcion de Os. 13. 3.
tus medidas de parte mia, dice Jehová;
porque te olvidaste de mí, y confiaste en
la mentira[l]. [l] Is. 28. 15.
26 Yo pues descubriré tambien tus fal-
das delante de tu cara, y se manifesta-
rá[m] tu ignominia. [m] Ez. 16. 37.
27 Tus adulterios, y tus relinchos[n], la Os. 2. 10.
maldad de tu fornicacion *fué* sobre los [n] Cap. 5. 8.
collados: en el mismo campo[o] vi tus [o] Is. 65. 7.
abominaciones. ¡Ay de tí, Jerusalem! Ez. 6. 13.
¿No serás al cabo limpia? ¿Hasta cu-
ando todavía[p]? [p] Os. 8. 5.

CAPITULO XIV.

A causa de una grande sequía y penuria ruega Jeremías á Dios por su pueblo: pero Dios le responde que no haga tal, y sin admitir la escusa de que el pueblo habia sido engañado por los falsos profetas, declara que con espada, peste y hambre castigaria á unos y otros por sus maldades. Manda al profeta que así lo anuncie, el cual prosigue con tal motivo sus lamentos y súplicas.

PALABRA de Jehová que fué á Je-
remías con motivo de la sequía.
2 Enlutóse Judá, y sus puertas se des-
poblaron[a]: oscureciéronse en tierra, y [a] Is. 3. 26.
subió el clamor de Jerusalem. La. 2. 9,
3 Y los principales de ellos enviaron etc.
sus criados al agua: vinieron á las la-
gunas, y no hallaron agua: volviéronse
con sus vasos vacíos; se avergonzaron,
confundiéronse, y cubrieron sus cabezas.
4 Porque se resquebrajó la tierra, á
causa de no llover en el pais, confusos
los labradores cubrieron sus cabezas.
5 Y aun las ciervas parian en los cam-
pos, y dejaban *la cria*, porque no habia
yerba.
6 Y los asnos monteses se ponian en
los altos, y aspiraban el viento como los
dragones: sus ojos se ofuscaron, porque
no *habia* yerba.
7 Si nuestras iniquidades testifican con-
tra nosotros, oh Jehová, haz por amor
de tu Nombre[b]; porque nuestras re- [b] Ez. 8. 9.
beliones se han multiplicado, contra tí
pecamos.
8 Oh esperanza de Israel[c], Guardador [c] Cap. 17. 13.
suyo en el tiempo de la afliccion[d], ¿por [d] Sal. 46. 1.
qué has de ser como peregrino en la
tierra, y como caminante que se aparta
para tener la noche?
9 ¿Por qué has de ser como hombre
atónito, y como valiente que no puede
librar? Tú empero *estás* entre nosotros,

oh Jehová, y sobre nosotros es invocado
tu nombre [e]; no nos desampares.
10 Así ha dicho Jehová á este pueblo:
Así amaron moverse, ni detuvieron sus
piés; por tanto Jehová no los tiene en
voluntad. Acordaráse ahora de la mal-
dad de ellos, y visitará sus pecados [f].
11 Y díjome Jehová: No ruegues por
este pueblo para bien [g].
12 Cuando ayunaren, yo no oiré su
clamor [h]; y cuando ofrecieren holocaus-
to y ofrenda, no lo aceptaré; ántes los
consumiré con cuchillo, y con hambre,
y con pestilencia.
13 Y yo dije: Ah! ah! Señor Jehová,
hé aquí que los profetas les dicen [i]: No
veréis cuchillo, ni habrá hambre en vos-
otros, sino que en este lugar os daré paz
verdadera.
14 Díjome entónces Jehová: Falso pro-
fetizan los profetas en mi nombre: no
los envié, ni les mandé, ni les hablé [k].
Vision mentirosa, y adivinacion, y va-
nidad, y engaño de su corazon os pro-
fetizan [l].
15 Por tanto así ha dicho Jehová so-
bre los profetas que profetizan en mi
nombre, los cuales yo no envié, y que
dicen, Cuchillo ni hambre no habrá en
esta tierra: Con cuchillo y con hambre
serán consumidos esos profetas.
16 Y el pueblo á quien profetizan,
echado será en las calles de Jerusalem
por hambre y por espada, y no habrá
quien los entierre; ellos y sus mujeres,
y sus hijos, y sus hijas [m]: y sobre ellos
derramaré su maldad.
17 Decirles has pues esta palabra: Cór-
ranse mis ojos en lágrimas noche y dia,
y no cesen [n]; porque de gran quebran-
tamiento es quebrantada la vírgen hija
de mi pueblo, de plaga muy recia.
18 Si salgo al campo, hé aquí muertos
á cuchillo; y si me entro en la ciudad,
hé aquí enfermos de hambre [o]: porque
tambien el profeta como el sacerdote
anduvieron rodeando en la tierra, y no
conocieron.
19 ¿Has desechado enteramente á Ju-
dá [p]? ¿Ha aborrecido tu alma á Sion?
¿Por qué nos hiciste herir sin que nos
quede cura? Esperamos paz, y no hubo
bien; tiempo de cura, y hé aquí tur-
bacion [q].
20 Reconocemos, oh Jehová, nuestra
impiedad, la iniquidad de nuestros pa-
dres: porque contra tí hemos pecado [r].
21 Por amor de tu nombre, no *nos*
deseches, ni trastornes el trono de tu
gloria. Acuérdate, no invalides tu pacto
con nosotros.
22 ¿Hay entre las vanidades de las
gentes quien haga llover? ¿y darán los
cielos lluvias? ¿No eres tú Jehová nu-
estro Dios? En tí pues esperamos; pues
tú hiciste todas estas cosas.

CAPITULO XV.

Rehusa Dios revocar la sentencia de sus juicios contra el pueblo. Angustiado el profeta por las calumnias de sus adversarios se queja á Dios, el cual le responde animandole á la fidelidad en su oficio, y prometiendole su asistencia.

Y DIJOME Jehová: Si Moises [a] y
Samuel [b] se pusieran delante de mí,
mi voluntad no *será* con este pueblo [c]:
échalos delante de mí, y salgan.
2 Y será, que si te preguntaren, ¿A-
dónde saldrémos? les dirás: Así ha
dicho Jehová: El que á muerte, á mu-
erte; y el que á cuchillo, á cuchillo; y
el que á hambre, á hambre; y el que á
cautividad, á cautividad [d].
3 Y enviaré sobre ellos cuatro géneros

[e] Da. 9. 18, 19.
[f] Os. 9. 9.
[g] Cap. 7. 16. y 11. 14.
[h] Is. 1. 15. y 58. 3. Zac. 7. 13.
[i] Cap. 23. 2, etc.
[k] Cap. 23. 21. y 27. 15. y 29. 8, 9.
[l] La. 2. 14.
[m] Sal. 79. 3.
[n] Cap. 9. 1. La. 1. 16. y 2. 18.
[o] La. 1. 20. Ez. 7. 15.
[p] La. 5. 22.
[q] Cap. 8. 15.
[r] Sal. 106. 6. Da. 9. 8.
[a] Ex. 32. 11.
[b] 1 Sa. 7. 9.
[c] Ez. 14. 14.
[d] Cap. 43. 11. Za. 11. 9.

de males, dice Jehová: Cuchillo para
matar, y perros para despedazar; y aves
del cielo y bestias de la tierra para de-
vorar, y para disipar.
4 Y entregarélos á ser agitados por
todos los reinos de la tierra, á causa
de Manassé, hijo de Ezechías, rey de
Judá, por lo que hizo en Jerusalem.
5 Porque ¿quién tendrá compasion de
tí, oh Jerusalem [e]? ¿ó quién se entris-
tecerá por tu causa? ¿ó quien ha de
venir á preguntar por tu paz?
6 Tú me dejaste, dice Jehová, atrás
te volviste: por tanto yo extenderé sobre
tí mi mano, y te destruiré; estoy can-
sado de arrepentirme.
7 Y aventélos con aventador hasta las
puertas de la tierra: desahijé, desbaraté
mi pueblo, *mas* no se tornaron de sus
caminos [f].
8 Sus viudas se me multiplicaron mas
que la arena de la mar: traje contra
ellos destruidor á mediodia sobre la ma-
dre y los hijos; sobre la ciudad hice que
de repente cayesen terrores.
9 Enflaquecióse la que parió siete;
llenóse de dolor su alma; su sol se le
puso siendo aun de dia [g]: fué avergon-
zada y llena de confusion; y lo que de
ella quedáre, entregarélo á cuchillo de-
lante de sus enemigos, dice Jehová.
10 ¶ ¡Ay de mí, madre mia, que me
has engendrado hombre de contienda, y
hombre de discordia á toda la tierra!
Nunca les dí á logro, ni lo tomé de ellos,
y todos me maldicen.
11 Dijo Jehová: Si tus reliquias no
fueren en bien; si no hiciere que el ene-
migo te salga á recibir en el tiempo tra-
bajoso, y en el tiempo de angustia . . .
12 ¿Quebrará el hierro al hierro de la
parte de aquilon [h], y al bronce?
13 Tus riquezas y tus tesoros daré á
saco, sin ningun precio, por todos tus
pecados y en todos tus términos.
14 Y *te* haré pasar á tus enemigos en
tierra que no conoces: porque fuego se
ha encendido en mi furor, y arderá [i]
sobre vosotros.
15 Tú lo sabes, oh Jehová; acuérdate
de mí, y visítame, y véngame de mis
enemigos [k]. No me tomes en la prolon-
gacion de tu enojo: sabes que por amor
de tí [l] sufro afrenta.
16 Halláronse tus palabras, y yo las
comí [m]; y tu palabra me fué por gozo
y por alegría de mi corazon: porque tu
nombre se invocó sobre mí, oh Jehová
Dios de los ejércitos.
17 No me senté en compañía de bur-
ladores [n], ni me engreí á causa de tu
profecía: sentéme solo, porque me lle-
naste de desabrimiento.
18 ¿Por qué fué perpetuo mi dolor, y
mi herida desahuciada no admitió cu-
ra? ¿Serás para mí como cosa ilusoria,
como aguas que no son estables [o]?
19 Por tanto así dijo Jehová: Si te
convirtieres, yo te repondré, y delante
de mí estarás [p]: y si sacares lo precioso
de lo vil, serás como mi boca [q]. Con-
viértanse ellos á tí, y tú no te conviertas
á ellos.
20 Y te daré para este pueblo por fu-
erte muro de bronce [r]: y pelearán con-
tra tí, y no te vencerán; porque yo estoy
contigo para guardarte, y para defen-
derte, dice Jehová.
21 Y librarte he de la mano de los
malos, y te redimiré de la mano de los
fuertes.

CAPITULO XVI.

Con motivo de las grandes calamidades que vendrian sobre el pueblo, manda Dios al profeta que se abstenga de todo trato y co-

[e] Is. 51. 19.
[f] Amos 4. 10, 11.
[g] Amos 8. 9.
[h] Cap. 1. 14.
[i] Deu. 32. 22.
[k] La. 12. 7.
[l] Sal. 69. 7.
[m] Ez. 3. 1. Ap. 10. 9.
[n] Sal. 1. 1.
[o] Job 6. 15.
[p] Zac. 3. 7.
[q] Ez. 4. 14.
[r] Cap. 1. 18. 19.

municacion con él, así de luto como de alegría. Hácoles promesa de libertad, mas despues que los habrá castigado por sus idolatrías.

Y FUÉ á mí palabra de Jehová diciendo:

2 No tomarás para tí mujer, ni tendrás hijos ni hijas en este lugar.

3 Porque así ha dicho Jehová acerca de los hijos y de las hijas que nacieren en este lugar, y de sus madres que los parieren, y de los padres que los engendraren en esta tierra:

4 De dolorosas enfermedades morirán,
Cap. 7. 33. y no serán plañidos ni enterrados[a], *sino*
25. 33. que serán por muladar sobre la haz de
34. 20. la tierra: y con cuchillo y con hambre serán consumidos, y sus cuerpos serán para comida de las aves del cielo, y de las bestias de la tierra.

5 Porque así ha dicho Jehová: No entres en casa de luto, ni vayas á lamentar, ni los consueles; porque yo he quitado mi paz de este pueblo, dice Jehová, *mi* misericordia y piedades.

6 Y morirán en esta tierra grandes y chicos: no se enterrarán, ni los plañirán, ni se arañarán, ni se mesarán por ellos.

Ez. 24. 17. 7 Ni por ellos partirán *pan* por luto[b] para consolarlos de *su* muerto; ni les darán vaso de consolaciones por su padre ó por su madre.

8 Asimismo no entres en casa de convite, para sentarte con ellos á comer ó á beber.

9 Porque así ha dicho Jehová de los ejércitos, Dios de Israel: Hé aquí que yo haré cesar en este lugar delante de vuestros ojos, y en vuestros dias, toda voz de gozo y toda voz de alegría, toda
Cap. 7. 34. voz de esposo, y toda voz de esposa[c].
25. 10. 10 Y acontecerá, que cuando anunci-
Os. 2. 11. ares á este pueblo todas estas cosas, te dirán ellos: ¿Por qué habló Jehová so-
Cap. 5. 19. bre nosotros todo este mal tan grande[d]?
13. 22. ¿y que maldad es la nuestra, ó que pecado *es* el nuestro que cometiéramos contra Jehová nuestro Dios?

11 Entónces les dirás: Porque vuestros padres me dejaron, dice Jehová, y anduvieron en pos de dioses agenos, y los sirvieron, y á ellos se encorvaron, y me dejaron á mí, y no guardaron mi ley:

12 Y vosotros habeis hecho peor que
Cap. 7. 26. vuestros padres[e]; porque hé aquí que vosotros caminais cada uno tras la imaginacion de su malvado corazon, no oyendome á mí.

13 Por tanto yo os haré echar de esta tierra á tierra que ni vosotros ni vues-
Deu. 4. 26, tros padres habeis conocido[f]; y allá ser-
28. 63, 64. viréis á dioses agenos de dia y de noche, porque no os mostraré clemencia.

14 Empero hé aquí vienen dias, dice Jehová, que no se dirá mas: Vive Jehová, que hizo subir á los hijos de Israel
Cap. 23. 7, 8. de tierra de Egipto[g];

15 Sino, Vive Jehová, que hizo subir los hijos de Israel de la tierra del Aquilon, y de todas las tierras adonde los habia arrojado, y volverélos á su tierra, la
Cap. 24. 6. cual dí á sus padres[h].
1. 2. 16 Hé aquí que yo envio muchos pes-
1. 41. cadores[i], dice Jehová, y los pescarán:
Amos 4. 2. y despues enviaré muchos cazadores, y
Hab. 1. 15. los cazarán de todo monte, y de todo collado, y de las cavernas de los peñascos.

17 Porque mis ojos *están puestos* sobre
Cap. 32. 19. todos sus caminos[k], los cuales no se me ocultaron, ni su maldad se esconde de
Job 34. 21, la presencia de mis ojos[l].

18 Mas primero pagaré al doble su iniquidad y su pecado: porque contaminaron mi tierra con los cuerpos muertos de sus abominaciones, y de sus abominaciones llenaron mi heredad[m]. [m] Ez. 43. 7, 9.

19 Oh Jehová, fortaleza mia, y fuerza mia, y refugio mio en el tiempo de la afliccion, á tí vendrán gentes desde los extremos de la tierra[n], y dirán: Cier- [n] Is. 60. 3.
tamente mentira poseyeron nuestros padres, vanidad, y no *hay* en ellos provecho.

20 ¿Ha de hacer el hombre dioses para sí? Mas ellos no *serán* dioses.

21 Por tanto hé aquí les enseñaré de esta vez, enseñarles he mi mano y mi fortaleza; y sabrán que mi nombre *es* [o] Ex. 6. 3.
Jehová[o]. Sal. 83. 18.

CAPITULO XVII.

Incorregibilidad de Jerusalem, y propagacion de su idolatría. Maldito el que de Dios se aparta, y bendito el que de verdad en él confía. Ora el profeta contra las calumnias y blasfemias de sus adversarios. Bajo la observancia del sábado pide la restauracion y observancia del divino culto, con promesa de que así permaneceria la ciudad en prosperidad, y que de lo contrario sería asolada.

EL pecado de Judá escrito está con cincel de hierro, *y* con punta de diamante: esculpido *está* en la tabla de su corazon[a], y en los lados de vuestros altares. [a] Pro. 3. 3.

2 Como de sus hijos se acuerdan de sus altares, y de sus bosques[b], junto á [b] 2 Cr. 24. 18.
los árboles verdes y en los collados altos. Is. 1. 29.

3 ¡Oh mi montaña! tu hacienda en el campo *y* todos tus tesoros daré á saco por el pecado de tus altos en todos tus términos.

4 Y habrá en tí cesacion de tu heredad, la cual yo te dí, y te haré servir á tus enemigos en tierra que no conociste: porque fuegó habeis encendido en mi furor; para siempre arderá[c]. [c] Cap. 15. 14.

5 Así ha dicho Jehová: Maldito el varon que confia en el hombre, y pone carne por su brazo, y su corazon se aparta de Jehová[d]. [d] Is. 30. 1, 2.

6 Pues será como la retama en el desierto, y no verá cuando viniere el bien; sino que morará en las securas en el desierto, en tierra despoblada y deshabitada.

7 Bendito el varon que se fia en Jehová, y *que* Jehová es su confianza[e]. [e] Sal. 2. 12.
8 Porque él será como el árbol plan- y 34. 8.
tado junto á las aguas, que junto á la y 84. 12.
corriente echará sus raices[f]: y no verá Pro. 16. 20.
cuando viniere el calor, sino que su hoja [f] Sal. 1. 3.
estará verde, y en el año de sequía no se fatigará, ni dejará de hacer fruto.

9 Engañoso *es* el corazon mas que todas las cosas, y perverso[g]: ¿quién lo conocerá? [g] Mat. 15. 19.

10 Yo Jehová que escudriño el corazon, que pruebo los riñones[h], para dar [h] 1 Cr. 28. 9.
á cada uno segun su camino, segun el Ap. 2. 23.
fruto de sus obras[i]. [i] Ga. 6. 7, 8.

11 *Como* la perdiz que cubre lo que no puso, *es* el que allega riquezas, y no con justicia: en medio de sus dias las dejará, y en su postrimería será insipiente.

12 El trono de gloria, excelso desde el principio, el lugar de nuestra santificacion,

13 *Eres tú*, oh Jehová, esperanza de Israel: todos los que te dejan, serán avergonzados: y los que de mí se apartan, serán escritos en el polvo[k]; porque [k] Lu. 10. 20.
dejaron la vena de aguas vivas, á Jehová[l]. [l] Cap. 2. 13.

14 Sáname, oh Jehová, y seré sano; sálvame, y seré salvo: porque tú *eres* mi alabanza[m]. [m] Deu. 10. 21.

15 Hé aquí que ellos me dicen: ¿Dón-

de *está* la palabra de Jehová? Venga
n Is. 5. 19. ahora n.
16 Mas yo no me entremetí á ser pas-
tor en pos de tí, ni deseé dia de calami-
dad; tú lo sabes. Lo que de mi boca ha
salido, fué en tu presencia.
17 No me seas tú por espanto: espe-
o Cap. 16. 19. ranza mia *eres* tú en el dia malo o.
18 Avergüéncense los que me persi-
guen, y no me avergüence *yo*: asóm-
brense ellos, y yo no me asombre: trae
sobre ellos dia malo, y quebrántalos con
p Sal. 35. 4. doblado quebrantamiento p.
19 ¶ Así me ha dicho Jehová: Ve y
ponte á la puerta de los hijos del pue-
blo, por la cual entran y salen los reyes
de Judá, y á todas las puertas de Je-
rusalem,
20 Y díles: Oid la palabra de Jehová,
reyes de Judá, y todo Judá, y todos los
moradores de Jerusalem que entrais por
estas puertas.
21 Así ha dicho Jehová: Guardáos por
vuestras vidas, y no traigais carga en el
dia del sábado, para meter por las puer-
tas de Jerusalem.
22 Ni saqueis carga de vuestras casas
en el dia del sábado, ni hagais obra al-
guna: mas santificad el dia del sábado,
q Ex. 20. 8. como mandé á vuestros padres q.
23 Mas ellos no oyeron, ni inclinaron
su oido; ántes endurecieron su cerviz
por no oir, ni recibir correccion.
24 Será empero, si vosotros me obede-
ciereis, dice Jehová, no metiendo carga
por las puertas de esta ciudad en el dia
del sábado, sino que santificáreis el dia
del sábado no haciendo en él ninguna
r Is. 58. 13, obra r,
14. 25 Que entrarán por la puerta de esta
ciudad en carros y en caballos los reyes
y los príncipes que se sientan sobre el
trono de David; ellos y sus príncipes,
los varones de Judá, y los moradores de
Jerusalem: y esta ciudad será habitada
para siempre.
26 Y vendrán de las ciudades de Judá,
y de los alrededores de Jerusalem, y de
tierra de Benjamin, y de los campos, y
del monte, y del Austro, trayendo holo-
causto y sacrificio, y ofrenda, é incienso,
y trayendo sacrificio de alabanza á la
casa de Jehová.
27 Mas si no me oyereis para santi-
s Ex. 22. 8. ficar el dia del sábado s, y para no traer
carga, ni meteria por las puertas de
Jerusalem en dia de sábado, yo haré
encender fuego en sus puertas, y con-
sumirá los palacios de Jerusalem, y no
t 2 Rey. 25. 9. se apagará t.
La. 4. 11.
Amos 2.
4, 5.

CAPITULO XVIII.

Por el símil del barro y el alfarero muestra Dios á su profeta, y éste al pueblo, su autoridad y poder absoluto sobre el mundo para deshacer al pecador, y librar de peligro á los que á él se volvieren: por tanto que se conviertan; y que estén ciertos de su ruina, si así no lo hicieren. El profeta pide á Dios venganza de la ingratitud y calumnias de los de su pueblo contra él.

LA palabra que fué á Jeremías de
Jehová, diciendo:
2 Levántate, y vete á casa del alfarero,
y allí te haré oir mis palabras.
3 Y descendí á casa del alfarero, y hé
aquí que él hacia obra sobre *la* rueda.
4 Y el vaso que él hacia de barro se
quebró en la mano del alfarero: y tornó
é hízolo otro vaso, segun que al alfarero
pareció mejor hacerlo.
5 Entónces fué á mí palabra de Jehová
diciendo:
a Is. 45. 9. 6 ¿No podré yo hacer de vosotros co-
Ro. 9. 20, mo este alfarero, oh casa de Israel a,
21. dice Jehová? Hé aquí que como el
barro en la mano del alfarero, así sois
vosotros en mi mano, oh casa de Is-
rael b. b Is. 64. 8.
7 En un instante hablaré contra gentes
y contra reinos, para arrancar, y disipar,
y destruir c: c Cap. 1. 10.
8 Empero si esas gentes se convirtieren
de su maldad, de que *les* habré hablado,
yo me arrepentiré del mal que habia
pensado hacerles d. d Cap. 26. 3.
9 Y en un instante hablaré de la gente Ez. 18. 21.
y del reino, para edificar y para plantar: y 33. 11, 14.
10 Pero si hiciere lo malo delante de Jon. 3. 10.
mis ojos no oyendo mi voz, arrepenti-
réme del bien que habia determinado
hacerle.
11 Ahora pues, habla luego á todo
hombre de Judá, y á los moradores de
Jerusalem, diciendo: Así ha dicho Je-
hová: Hé aquí que yo dispongo mal
contra vosotros, y trazo contra vosotros
designios: conviértase ahora cada uno
de su mal camino, y mejorad vuestros
caminos y vuestras obras e. e Cap. 7. 3.
12 Y dijeron: Es por demás, porque y 35. 15.
en pos de nuestras imaginaciones hemos
de ir, y hemos de hacer cada uno el
pensamiento de su malvado corazon.
13 Por tanto así dijo Jehová: Pregun-
tad ahora á las gentes, quien tal haya
oido f. Gran fealdad ha hecho la vírgen f Cap. 2. 10.
de Israel.
14 ¿Dejará *alguno* la nieve del Líbano
que corre de la piedra del campo? ¿de-
jarán las aguas frias y corrientes por las
extrañas?
15 Porque mi pueblo me ha olvidado g, g Cap. 2. 32.
incensando á la vanidad h: y hácenles h Is. 41. 29.
tropezar en sus caminos, en las sendas
antiguas i, para que caminen por sen- i Cap. 6. 16.
das, por camino no hollado;
16 Para poner su tierra en desolacion,
y en silbos perpetuos: todo aquel que
pasáre por ella se maravillará, y mene-
ará su cabeza.
17 Como viento solano los esparciré
delante del enemigo: mostraréles las es-
paldas, y no el rostro, en el dia de su
perdicion k. k Pro. 1. 24,
18 Y dijeron: Venid, y tracemos ma- 26.
quinaciones contra Jeremías l; porque l Cap. 11. 19.
la ley no faltará del sacerdote, ni con-
sejo del sabio, ni palabra del profeta.
Venid é hirámoslo de lengua, y no mi-
remos á todas sus palabras.
19 Oh Jehová, mira por mí, y oye la
voz de los que contienden conmigo m. m Sal. 64. 1-6.
20 ¿Dáse mal por bien n, para que n Sal. 109. 4,
hayan cavado hoyo á mi alma? Acuér- etc.
date que me puse delante de tí para ha- Pro. 17. 13.
blar bien por ellos, para apartar de ellos
tu ira.
21 Por tanto, entrega sus hijos á ham-
bre, y házlos derramar por medio de la
espada: y queden sus mujeres sin hijos
y viudas, y sus maridos sean puestos á
muerte, y sus jóvenes heridos á cuchillo
en la guerra.
22 Oigase clamor de sus casas, cuando
trajeres sobre ellos ejército de repente:
porque cavaron hoyo para prenderme, y
á mis piés han escondido lazos.
23 Mas tú, oh Jehová, conoces todo su
consejo contra mí *que es* para muerte:
no perdones su maldad, ni borres su
pecado de delante de tu rostro: y tro-
piecen delante de tí; haz *así* con ellos
en el tiempo de tu furor.

CAPITULO XIX.

Por un símbolo ó figura de una vasija de barro que Dios manda al profeta que quiebre en Topheth delante de algunos de los del senado, les predica el quebrantamiento y asolacion de Jerusalem por sus pecados é incorregibilidad.

ASI dijo Jehová: Ve y compra una vasija de barro del alfarero, y *lleva contigo* de los ancianos del pueblo, y de los ancianos de los sacerdotes:

2 Y saldrás al valle del hijo de Hinnom[a], que está á la entrada de la puerta oriental, y publicarás allí las palabras que yo te hablaré.

3 Dirás pues: Oid palabra de Jehová, oh reyes de Judá, y moradores de Jerusalem: Así dice Jehová de los ejércitos, Dios de Israel: Hé aquí que yo traigo mal sobre este lugar, tal que quien lo oyere, le retiñan los oidos[b].

4 Porque me dejaron[c], y enagenaron este lugar, y ofrecieron en él perfumes á dioses agenos, los cuales no habian ellos conocido[d], ni sus padres, ni los reyes de Judá; y llenaron este lugar de sangre de inocentes[e].

5 Y edificaron altos á Baal, para quemar con fuego sus hijos en holocaustos al mismo Baal, cosa que no les mandé ni hablé, ni me vino al pensamiento[f].

6 Por tanto hé aquí vienen dias, dice Jehová, que este lugar no se llamará mas Topheth, ni valle del hijo de Hinnom, sino Valle de la matanza.

7 Y desvaneceré el consejo de Judá y de Jerusalem en este lugar, y haréles caer á cuchillo delante de sus enemigos[g], y en las manos de los que buscan sus almas: y daré sus cuerpos para comida de las aves del cielo, y de las bestias de la tierra[h].

8 Y pondré á esta ciudad por espanto y silbo: todo aquel que pasare por ella se maravillará, y silbará sobre todas sus plagas[i].

9 Y haréles comer la carne de sus hijos, y la carne de sus hijas[k]; y cada uno comerá la carne de su amigo en el cerco y en el apuro con que los estrecharán sus enemigos, y los que buscan sus almas.

10 Y quebrarás la vasija ante los ojos de los varones que van contigo[l],

11 Y les dirás: Así ha dicho Jehová de los ejércitos: Así quebrantaré á este pueblo, y á esta ciudad, como quien quiebra un vaso de barro, que no puede mas restaurarse[m]: y en Topheth se enterrarán, porque no habrá *otro* lugar para enterrar.

12 Así haré á este lugar, dice Jehová, y á sus moradores, poniendo esta ciudad como Topheth.

13 Y las casas de Jerusalem, y las casas de los reyes de Judá, serán como el lugar de Topheth inmundas, por todas las casas sobre cuyos tejados[n] ofrecieron perfumes á todo el ejército del cielo, y vertieron libaciones á dioses agenos[o].

14 Y volvió Jeremías de Topheth, adonde lo envió Jehová á profetizar, y paróse en el atrio de la casa de Jehová, y dijo á todo el pueblo:

15 Así ha dicho Jehová de los ejércitos, Dios de Israel: Hé aquí yo traigo sobre esta ciudad, y sobre todas sus ciudades, todo el mal que hablé contra ella; porque han endurecido su cerviz, para no oir mis palabras[p].

[a] Cap. 7. 31. Jos. 15. 8.
[b] 2 Rey. 21. 12.
[c] Is. 65. 11.
[d] Deu. 32. 17.
[e] 2 Rey. 21. 16. y 24. 4. Sal. 106. 38.
[f] Cap. 7. 31.
[g] Lev. 26. 17. Deu. 28. 25.
[h] Cap. 7. 33. y 34. 20.
[i] Cap. 18. 16.
[k] Lev. 26. 29. Deu. 28. 53. La. 4. 10.
[l] Cap. 51. 63, 64.
[m] Sal. 2. 9. Is. 30. 14. La. 4. 2.
[n] 2 Rey. 23. 12. Cap. 32. 29. Soph. 1. 5.
[o] Cap. 7. 18.
[p] Cap. 17. 23.

CAPITULO XX.

Pashur, sumo sacerdote, hiere y encarcela á Jeremías por sus profecías; pero él con constancia profética las confirma, y denunciale tambien á él su cautividad, y muerte de los suyos. Quéjase el profeta á Dios de las injurias que sufria, y es singularmente consolado. Vuelve á quejarse mas, y aun maldice su nacimiento.

Y PASHUR, sacerdote, hijo de Immer[a], que presidia por príncipe en la casa de Jehová, oyó á Jeremías que profetizaba estas palabras.

2 E hirió Pashur á Jeremías profeta, y púsolo en el calabozo que *estaba* á la puerta de Benjamin, en lo alto, la cual *conducia* á la casa de Jehová.

3 Y el dia siguiente Pashur sacó á Jeremías del calabozo. Díjole entónces Jeremías: Jehová no ha llamado tu nombre Pashur, sino *Magor-Missabib* †.

4 Porque así ha dicho Jehová: Hé aquí yo te pondré en espanto á tí, y á todos los que bien te quieren, y caerán por el cuchillo de sus enemigos, y tus ojos lo verán: y á todo Judá entregaré en mano del rey de Babilonia, y los transportará á Babilonia, y heriráles á cuchillo.

5 Entregaré asimismo toda la sustancia de esta ciudad, y todo su trabajo, y todas sus cosas preciosas; y daré todos los tesoros de los reyes de Judá en mano de sus enemigos, y los saquearán, y los tomarán, y llevaránlos á Babilonia[b].

6 Y tú, Pashur, y todos los moradores de tu casa iréis cautivos; y entrarás en Babilonia, y allí morirás, y serás allá enterrado, tú y todos los que bien te quieren, á los cuales has profetizado con mentira[c].

7 ¶ Alucináteme, oh Jehová, y hállome frustrado[d]: mas fuerte fuiste que yo, y vencísteme: cada dia he sido escarnecido, cada cual se burla de mí.

8 Porque desde que hablo, doy voces, grito violencia y destruccion; porque la palabra de Jehová me ha sido para afrenta y escarnio cada dia.

9 Y dije: No me acordaré mas de él, ni hablaré mas en su nombre. Empero fué en mi corazon como un fuego ardiente metido en mis huesos[e]: trabajé por sufrirlo, y no pude.

10 Porque oí la murmuracion de muchos; temor de todas partes[f]. Denunciad, y denunciarémos. Todos mis amigos miraban si claudicaria. Quizá se engañará, *decian*, y prevalecerémos contra él, y tomarémos de él nuestra venganza.

11 Mas Jehová *está* conmigo[g] como poderoso gigante: por tanto los que me persiguen tropezarán, y no prevalecerán[h]; serán avergonzados en gran manera, porque no prosperarán: *tendrán* perpetua confusion *que* jamas será olvidada[i].

12 Oh Jehová de los ejércitos, que sondas lo justo, que ves los riñones y el corazon[k], vea yo tu venganza de ellos[l]; porque á tí he descubierto mi causa.

13 Cantad á Jehová, load á Jehová; porque librado ha el alma del pobre de mano de los malignos[m].

14 Maldito *sea* el dia en que nací: el dia que mi madre me parió no sea bendito[n].

15 Maldito *sea* el hombre que dió nuevas á mi padre diciendo: Hijo varon te ha nacido; haciendole alegrarse así mucho.

16 Y sea el tal hombre como las ciudades que asoló Jehová[o], y no se arrepintió: y oiga gritos de mañana, y voces á mediodia.

17 ¿Por qué no me mató en el vientre, y mi madre me hubiera sido mi sepulcro, y su vientre concebimiento perpetuo[p]?

18 ¿Para qué salí del vientre? ¿para ver trabajo[q] y dolor, y que mis dias se gastasen en afrenta?

[a] 1 Cr. 24. 14.
† *Miedo de todas partes.*
[b] 2 Rey. 20. 17. y 24. 12, 16. y 25. 13, etc.
[c] Cap. 14. 13, 15. y 29. 21.
[d] Cap. 1. 7.
[e] Job 32. 18, 19. Sal. 39. 3. 1 Co. 9. 16, 17.
[f] Sal. 31. 13.
[g] Cap. 1. 8, 19.
[h] Cap. 15. 20.
[i] Cap. 23. 40.
[k] Cap. 17. 10.
[l] Sal. 59. 10.
[m] Sal. 34. 6. y 35. 9, 10. y 109. 30, 31.
[n] Job 3. 1, etc.
[o] Gen. 19. 25.
[p] Ec. 6. 3.
[q] Cap. 15. 10.

CAPITULO XXI.

Enviando el rey Sedechías á consultar á Jeremías acerca de la guerra con los Babi-

lonios, él responde por palabra de Dios, que la ciudad sería entrada de los Caldéos, y que el rey y los de su casa caerian en poder de los Babilonios: y que los que del pueblo quisiesen salir y darse á ellos, se salvarían; pero los que no, perecerían á cuchillo, peste, y hambre.

PALABRA que fué á Jeremías de Jehová, cuando el rey Sedechías envió á él á Pashur, hijo de Malchías[a], y á Sephanías sacerdote, hijo de Maasías[b], que le dijesen:

2 Pregunta ahora por nosotros á Jehová[c]; porque Nabucodonosor, rey de Babilonia, hace guerra contra nosotros. Quizá Jehová hará con nosotros segun todas sus maravillas, y aquel se irá de sobre nosotros.

3 Y Jeremías les dijo: Diréis así á Sedechías:

4 Así ha dicho Jehová Dios de Israel: Hé aquí yo vuelvo las armas de guerra que *están* en vuestras manos, y con que vosotros peleais con el rey de Babilonia: y los Caldéos que os tienen cercados fuera de la muralla, yo los juntaré en medio de esta ciudad.

5 Y pelearé contra vosotros[d] con mano alzada y con brazo fuerte[e], y con furor y enojo, é ira grande.

6 Y heriré los moradores de esta ciudad; y los hombres y las bestias morirán de pestilencia grande.

7 Y despues, así dice Jehová, entregaré á Sedechías, rey de Judá, y á sus criados, y al pueblo, y á los que quedaren en la ciudad de la pestilencia, y del cuchillo, y del hambre, en mano de Nabucodonosor rey de Babilonia, y en mano de sus enemigos, y en mano de los que buscan sus almas; y él los herirá á filo de espada: no los perdonará, ni los recibirá á merced, ni tendrá de ellos misericordia.

8 Y á este pueblo dirás: Así ha dicho Jehová: Hé aquí pongo delante de vosotros camino de vida, y camino de muerte.

9 El que se quedáre en esta ciudad, morirá á cuchillo, ó de hambre, ó pestilencia: mas el que saliere, y se pasáre á los Caldéos que os tienen cercados, vivirá[f], y su vida le será por despojo[g].

10 Porque mi rostro he puesto contra esta ciudad para mal, y no para bien, dice Jehová: en mano del rey de Babilonia será entregada, y quemarála á fuego[h].

11 Y á la casa del rey de Judá *dirás:* Oid palabra de Jehová.

12 Casa de David, así dijo Jehová: Juzgad de mañana juicio[i], y librad al oprimido de mano del opresor; porque mi ira no salga como fuego, y se encienda, y no *haya* quien apague, por la maldad de vuestras obras.

13 Hé aquí yo á tí, moradora del valle, de la piedra de la llanura, dice Jehová; á los que decís: ¿Quién subirá contra nosotros? ¿y quién entrará en nuestras moradas[k]?

14 Y os visitaré conforme al fruto de vuestras obras[l], dice Jehová; y haré encender fuego en su breña, y consumirá lo que está al rededor de ellá[m].

[a] Cap. 38. 1.
[b] Cap. 29. 25. 2 Rey. 25. 18.
[c] Cap. 37. 3.
[d] Lam. 2. 5.
[e] Ex. 6. 6.
[f] Cap. 38. 2, 17.
[g] Cap. 39. 18. y 45. 5.
[h] Cap. 52. 13.
[i] Cap. 22. 3.
[k] Cap. 49. 4, 5.
[l] Pro. 1. 31. Is. 3. 10, 11.
[m] 2 Cr. 36. 19.

CAPITULO XXII.

Llama el profeta al rey y á su casa á la observancia de la ley de Dios, para evitar la calamidad que les amenazaba. Predice al rey su cautiverio y muerte afrentosa, por no haber seguido la templanza y piedad de Josías su padre.

ASI dijo Jehová: Desciende á la casa del rey de Judá, y habla allí esta palabra,

2 Y di: Oye palabra de Jehová, oh rey de Judá, que estás sentado sobre el trono de David; tú, y tus criados, y tu pueblo, que entran por estas puertas[a].

3 Así ha dicho Jehová: Haced juicio y justicia[b], y librad al oprimido de mano del opresor; y no engañeis ni robeis al extranjero, ni al huérfano ni á la viuda, ni derrameis sangre inocente en este lugar.

4 Porque si efectivamente hiciereis esta palabra, los reyes que en lugar de David se sientan sobre su trono, entrarán montados en carros y en caballos por las puertas de esta casa; ellos, y sus criados, y su pueblo[c].

5 Mas si no oyereis estas palabras, por mí he jurado[d], dice Jehová, que esta casa será desierta[e].

6 Porque así ha dicho Jehová sobre la casa del rey de Judá: Galaad *eres* tú para mí, oh cabeza del Líbano: *empero* si yo no te pusiere en soledad, y ciudades inhabitables.

7 Y señalaré contra tí disipadores, cada uno con sus armas; y cortarán tus cedros escogidos, y los echarán en el fuego[f].

8 Y muchas gentes pasarán junto á esta ciudad, y dirán cada uno á su compañero: ¿Por qué lo hizo así Jehová con esta grande ciudad[g]?

9 Y dirán: Porque dejaron el pacto de Jehová su Dios, y adoraron dioses agenos, y les sirvieron[h].

10 No lloreis al muerto, ni de él os condolezcais[i]: llorad amargamente por el que va; porque no volverá jamás, ni verá la tierra donde nació.

11 Porque así ha dicho Jehová de Sallum[k], hijo de Josías, rey de Judá que reina por Josías su padre, y que saldrá de este lugar: No volverá acá mas;

12 Antes morirá en el lugar adonde lo transportaren, y no verá mas esta tierra[l].

13 ¡Ay del que edifica su casa, y no en justicia; y sus salas, y no en juicio[m], sirviendose de su prójimo de balde, y no dandole *el salario de* su trabajo[n]!

14 Que dice: Edificaré para mí casa espaciosa, y airosas salas; y le abre ventanas, y la cubre de cedro, y la pinta de bermellon.

15 ¿Reinarás, porque te cercas de cedro? ¿No comió y bebió tu padre, é hizo juicio y justicia[o], y entónces le fué bien?

16 Él juzgó la causa del afligido y del menesteroso, y entónces *estuvo* bien[p]: ¿no es esto conocerme á mí, dice Jehová?

17 Mas tus ojos y tu corazon no *son* sino á tu avaricia, y á derramar la sangre inocente, y á opresion, y á hacer agravio.

18 Por tanto así ha dicho Jehová de Joacim, hijo de Josías, rey de Judá: No lo llorarán *diciendo:* ¡Ay hermano mio[q]! y ¡ay hermana! Ni lo lamentarán *diciendo:* ¡Ay señor! ¡ay de su grandeza!

19 En sepultura de asno será enterrado, arrastrandolo y echandolo fuera de las puertas de Jerusalem[r].

20 Sube al Líbano y clama, y en Basan da tu voz, y grita hácia todas partes: porque todos tus enamorados son quebrantados.

21 Hete hablado en tus prosperidades; *mas* dijiste: No oiré. Este *fué* tu camino desde tu juventud[s], que nunca oiste mi voz.

22 A todos tus pastores pacerá el viento, y tus enamorados irán en cautive-

[a] Cap. 17. 25, etc.
[b] Cap. 21. 12.
[c] Cap. 17. 25.
[d] Heb. 6. 13.
[e] 2 Cr. 7. 22.
[f] Cap. 21. 14.
[g] Deu. 29. 24, 25. 1 Rey. 9. 8, 9.
[h] 2 Rey. 22. 17. 2 Cr. 34. 25.
[i] 2 Rey. 22. 20.
[k] 2 Cr. 35. 24, 25. Is. 57. 1.
[k] 2 Rey. 23. 30. 1 Cr. 3. 15.
[l] ver. 12.
[m] 2 Rey. 23. 34.
[m] Hab. 2. 9.
[n] Lev. 19. 13. Deu. 24. 14, 15. Sant. 5. 4.
[o] 2 Rey. 23. 25.
[p] Is. 3. 10.
[q] 1 Rey. 13. 30.
[r] Cap. 36. 30.
[s] Cap. 3. 25.

rio. Entónces te avergonzarás y te confundirás á causa de toda tu malicia.

23 Habitaste en el Líbano [t], hiciste tu nido en los cedros: ¡cuan afable serás cuando te vinieren dolores, dolor como de mujer que está de parto!

24 Vivo yo, dice Jehová, que si Conías [u], hijo de Joachim, rey de Judá, *fuese* anillo en mi mano diestra [x], aun de allí te arrancaré:

25 Y te entregaré en mano de los que buscan tu alma, y en mano de aquellos cuya vista temes; sí, en mano de Nabucodonosor, rey de Babilonia, y en mano de los Caldéos [y].

26 Y hacerte he trasportar á tí, y á tu madre que te parió, á tierra agena en que no nacisteis [z], y allá moriréis.

27 Y á la tierra á la cual levantan ellos su alma para tornar, allá no volverán.

28 ¿Es este hombre Conías un ídolo vil quebrado? ¿*es* vaso con que nadie se deleita [a]? ¿Por qué fueron arrojados él y su generacion, y echados á tierra que no habian conocido?

29 Tierra, tierra, tierra, oye palabra de Jehová.

30 Así ha dicho Jehová: Escribid *que será* este hombre privado de generacion [b]; hombre á quien nada sucederá prosperamente en todos los dias de su vida: porque ningun hombre de su simiente que se sentáre sobre el trono de David, y que se enseñoreáre sobre Judá, será jamas dichoso.

CAPITULO XXIII.

Profetisa contra los impíos reyes y pastores que fueron causa de la corrupcion del pueblo, y por tanto de su dispersion y ruina, y promete la restauracion del mismo por medio del Mesías. Profetisa tambien contra los falsos profetas y sus profecías, y contra los escarnecedores de los profetas verdaderos.

¡AY de los pastores [a] que desperdician y derraman las ovejas de mi majada! dice Jehová.

2 Por tanto, así ha dicho Jehová Dios de Israel á los pastores que apacientan mi pueblo: Vosotros derramasteis mis ovejas, y las espantasteis, y no las habeis visitado: hé aquí *que* yo visito sobre vosotros la maldad de vuestras obras, dice Jehová.

3 Y yo recogeré el resto de mis ovejas de todas las tierras adonde las eché [b], y harélas volver á sus moradas: y crecerán, y se multiplicarán.

4 Y pondré sobre ellas pastores que las apacienten [c]; y no temerán mas, ni se asombrarán, ni serán menoscabadas, dice Jehová.

5 Hé aquí que vienen los dias, dice Jehová, y despertaré á David renuevo justo [d], y reinará Rey, el cual será dichoso; y hará juicio y justicia en la tierra [e].

6 En sus dias será salvo Judá, é Israel habitará confiado; y [f] este *será* su nombre que le llamarán; JEHOVA, JUSTICIA NUESTRA.

7 Por tanto, hé aquí que vienen dias, dice Jehová, y no dirán mas: Vive Jehová, que hizo subir los hijos de Israel de la tierra de Egipto [g];

8 Sino, Vive Jehová que hizo subir, y trajo la simiente de la casa de Israel de tierra del Aquilon, y de todas las tierras á donde los habia yo echado [h]: y habitarán en su tierra [i].

9 ¶ A causa de los profetas mi corazon está quebrantado en medio de mí; todos mis huesos tiemblan: estuve como hombre borracho, y como hombre á quien dominó el vino, delante de Jehová y delante de las palabras de su santidad.

10 Porque la tierra está llena de adúlteros [k], porque á causa del juramento la tierra está desierta: las cabañas del desierto se secaron: la carrera de ellos fué mala, y su fortaleza no derecha.

11 Porque así el profeta como el sacerdote son fingidos [l]: aun en mi casa hallé su maldad [m], dice Jehová.

12 Por tanto como resbaladeros en obscuridad les será su camino: serán empujados, y caerán en él; porque yo traeré mal sobre ellos, año de su visitacion, dice Jehová.

13 Y en los profetas de Samaria he visto desatinos; profetizaban en Baal [n], é hicieron errar á mi pueblo Israel.

14 Y en los profetas de Jerusalem he visto torpezas; cometian adulterios [o], y andaban en mentirás, y esforzaban las manos de los malos, para que ninguno se convirtiese de su malicia: fuéronme todos ellos como Sodoma, y su moradores como Gomorra [p].

15 Por tanto así ha dicho Jehová de los ejércitos contra aquellos profetas: Hé aquí que yo les hago comer ajenjos [q], y les haré beber aguas de hiel; porque de los profetas de Jerusalem salió la hipocresía sobre toda la tierra.

16 Así ha dicho Jehová de los ejércitos: No escucheis las palabras de los profetas que os profetizan: os hacen desvanecer; hablan vision de su corazon, no de la boca de Jehová [r].

17 Dicen atrevidamente á los que me irritan: Jehová dijo, Paz tendréis [s]. Y á cualquiera que anda tras la imaginacion de su corazon, dijeron: No vendrá mal sobre vosotros [t].

18 Porque ¿quién estuvo en el secreto de Jehová, y vió, y oyó su palabra? ¿quién estuvo atento á su palabra, y oyó?

19 Hé aquí que la tempestad de Jehová saldrá con furor, y la tempestad que está aparejada, caerá sobre la cabeza de los malos [u].

20 No se apartará el furor de Jehová, hasta tanto que haya hecho, y hasta tanto que haya confirmado los pensamientos de su corazon: en lo postrero de los dias entenderéis la *cosa* cumplidamente.

21 No envié yo aquellos profetas, y ellos corrian [x]: yo no les hablé, y ellos profetizaban.

22 Y si ellos hubieran estado en mi secreto, tambien hubieran hecho oir mis palabras á mi pueblo, y les hubieran hecho volver de su mal camino, y de la maldad de sus obras.

23 ¿Soy yo Dios de poco acá, dice Jehová, y no Dios de mucho ha?

24 ¿Ocultaráse alguno, dice Jehová [y], en *tales* escondrijos que yo no lo vea? ¿No hincho yo, dice Jehová, el cielo y la tierra [z]?

25 Yo he oido lo que aquellos profetas dijeron profetizando mentira en mi nombre, y diciendo: Soñé, soñé.

26 ¿Hasta cuando será esto en el corazon de los profetas que profetizan mentira, y que profetizan el engaño de su corazon?

27 ¿No piensan como hacen á mi pueblo olvidarse de mi nombre con sus sueños que cada uno cuenta á su compañero, al modo que sus padres se olvidaron de mi nombre por Baal [a]?

28 El profeta con quien fuere sueño, cuente sueño; y con el que fuere mi palabra, cuente mi palabra verdadera. ¿Qué *tiene* la paja con el trigo, dice Jehová?

29 ¿No es mi palabra [b] como el fuego,

r. 14, 15.
ap. 37. 1.
Rey. 24.
8.
Cr. 3. 16.
at. 8. 6.
g. 2. 23.
p. 34. 20.
Rey. 24.
a. 8. 8.
p. 36. 30.
t. 1. 11,
p. 10. 21.
34. 2.
. 32. 37.
. 30. 1,
34. 13,
p. 3. 15.
4. 2.
. 1, 5.
. 3. 8.
12.
. 72. 2.
. 33. 27,
. 14. 9,
. 16. 14,
33. 5, 6.
. 2. 20.
. 9. 14,

k Cap. 9. 2.
l Soph. 3. 4.
m Cap. 11. 15. Ez. 8. 16, 17. y 23. 39.
n Cap. 2. 8.
o Cap. 29. 23.
p Deu. 32. 32. Is. 1. 9, 10.
q Cap. 9. 15.
r Cap. 14. 14.
s Cap. 6. 14. y 8. 11. Ez. 13. 10. Zac. 10. 2.
t Mi. 3. 11.
u Cap. 30. 23, 24.
x Cap. 27. 15. y 29. 9.
y Am. 9. 2, 3.
z 1 Rey. 8. 27.
a Jue. 2. 7. y 3. 33, 34.
b Heb. 4. 12.

dice Jehová, y como martillo *que* que-
branta la piedra?
30 Por tanto hé aquí yo contra los pro-
fetas, dice Jehová, que hurtan mis pa-
labras cada uno de su mas cercano.
31 Hé aquí yo contra los profetas, dice
Jehová, que endulzan sus lenguas, y
dicen: Él ha dicho.
32 Hé aquí contra los que profetizan
sueños mentirosos, dice Jehová, y con-
[c] Is. 3. 12. Amos 2. 4. táronlos, é hicieron errar[c] á mi pueblo
con sus mentiras, y con sus lisonjas[d]:
[d] Soph. 3. 4. y yo no los envié, ni les mandé: y nin-
gun provecho hicieron á este pueblo,
dice Jehová.
33 Y cuando te preguntáre este pue-
blo, ó el profeta, ó el sacerdote, dici-
endo: ¿Qué es la carga de Jehová? les
dirás: ¿Qué carga? Os dejaré, ha di-
cho Jehová.
34 Y el profeta, y el sacerdote, ó el
pueblo que dijere, Carga de Jehová, yo
enviaré castigo sobre tal hombre y sobre
su casa.
35 Así diréis cada cual á su compa-
ñero, y cada cual á su hermano: ¿Qué
ha respondido Jehová, y qué habló Je-
hová?
36 Y nunca mas os vendrá á la me-
moria *decir* Carga de Jehová: porque
la palabra de cada uno le será por car-
ga; pues pervertisteis las palabras del
Dios viviente, de Jehová de los ejérci-
tos, Dios nuestro.
37 Así dirás al profeta: ¿Qué te res-
pondió Jehová, y qué habló Jehová?
38 Mas si dijereis, Carga de Jehová;
por eso ha Jehová dicho así: Porque
dijisteis esta palabra, Carga de Jehová,
habiendo enviado á deciros: No digais,
Carga de Jehová:
39 Por tanto hé aquí que yo os echaré
en olvido, y os arrancaré de mi presen-
cia, y á la ciudad que os di á vosotros y
á vuestros padres.
40 Y pondré sobre vosotros afrenta per-
petua, y eterna confusion que nunca
[e] Cap. 20. 11. borrará el olvido[e].

CAPITULO XXIV.

Por la figura de dos cestas de higos, una de muy buenos, y otra de muy malos, enseña Dios al profeta la condicion de los pios y de los impíos en el destierro.

MOSTRÓME Jehová, y hé aquí
dos cestas de higos puestas delante
del templo de Jehová, despues de ha-
ber trasportado Nabucodonosor rey de
[a] Cap. 22. 24, etc. Babilonia[a] á Jechônias, hijo de Joa-
cim, rey de Judá, y á los príncipes de
Judá, y á los oficiales y herreros de Je-
rusalem, y haberlos llevado á Babilonia.
2 La una cesta *tenia* higos muy bue-
nos como brevas, y la otra cesta *tenia*
higos muy malos, que no se podian co-
mer de malos.
3 Y díjome Jehová: ¿Qué ves tú, Je-
remías? Y dije: Higos, higos buenos,
muy buenos; y malos, muy malos, que
de malos no se pueden comer.
4 Y fué á mí palabra de Jehová, di-
ciendo:
5 Así ha dicho Jehová Dios de Israel:
Como á estos buenos higos, así conoceré
la transportacion de Judá, al cual eché
de este lugar á tierra de Caldéos para
bien.
[b] Cap. 29. 10. 6 Porque pondré mis ojos sobre ellos
[c] Cap. 32. 39, 40. para bien, y volverélos á esta tierra[b]: y
los edificaré, y no los destruiré; planta-
Deu. 30. 6. rélos, y no los arrancaré.
Ez. 11. 19. 7 Y les daré corazon[c] para que me
y 36. 26, 27. conozcan que yo soy Jehová: y me se-
[d] Cap. 30. 22. rán por pueblo, y yo les seré á ellos por
y 31. 33. Dios[d], porque se volverán á mí de todo
y 32. 38. su corazon.

8 Y como los malos higos, que de ma-
los no se pueden comer[e], así, ha dicho [e] Cap. 29. 17.
Jehová, daré á Sedechîas rey de Judá,
y á sus príncipes, y al resto de Jerusa-
lem que quedaron en esta tierra, y que
moran en la tierra de Egipto[f]. [f] Cap. XLIII. y XLIV.
9 Y darélos por escarnio, por mal á
todos los reinos de la tierra[g]; por infa- [g] Cap. 15. 4.
mia, y por ejemplo, y por refran[h], y por Deu. 28. 25,
maldicion á todos los lugares adonde yo 37.
los arrojaré. 1 Rey. 9. 7.
10 Y enviaré sobre ellos espada, ham- [h] Sal. 44. 13, 14.
bre, y pestilencia[i], hasta que sean aca-
bados de sobre la tierra que les di á ellos [i] Cap. 34. 17.
y á sus padres.

CAPITULO XXV.

Protesta el profeta al pueblo la diligencia que Dios ha puesto para convertirlos á sí de la idolatría, y lo poco que les ha aprovechado; por lo cual tenia determinado entregarles en cautiverio á los Caldéos por setenta años, los cuales cumplidos les promete libertad. Profetiza grandes calamidades á todos los reinos en particular por mano del monarca de Babilonia, al que tambien se le predice á la postre su ruina.

PALABRA que fué á Jeremías acer-
ca de todo el pueblo de Judá en el
año cuarto de Joacim, hijo de Josías,
rey de Judá, el cual es el año primero
de Nabucodonosor rey de Babilonia;
2 La cual habló Jeremías profeta á
todo el pueblo de Judá, y á todos los
moradores de Jerusalem, diciendo:
3 Desde el año trece de Josías, hijo de
Amon, rey de Judá, hasta este dia, que
son veinte y tres años, fué á mí palabra
de Jehová, y os he hablado madrugando
y dando aviso[a]; mas no oisteis. [a] Cap. 7. 13, etc.
4 Y envió Jehová á vosotros todos sus
siervos los profetas, madrugando y envi- y 11. 7, etc.
andoles; mas no oisteis, ni inclinasteis y 23. 14.
vuestro oido para escuchar,
5 Cuando decian: Volvéos ahora de
vuestro mal camino, y de la maldad de
vuestras obras[b], y morad en la tierra [b] Cap. 18. 11
que os dió Jehová, á vosotros y á vues- y 35. 15.
tros padres para siempre: 2 Rey. 17. 13.
6 Y no vayais en pos de dioses agenos
sirviendoles, y encorvandoos á ellos: ni
me provoqueis á ira con la obra de vu-
estras manos[c], y no os haré mal. [c] Deu. 32.
7 Empero no me habeis oido, dice Je- 1 Rey. 14.
hová, para provocarme á ira con la obra 22.
de vuestras manos para mal vuestro[d]. [d] Pro. 1.
8 Por tanto así ha dicho Jehová de los
ejércitos: Por cuanto no habeis oido mis
palabras,
9 Hé aquí enviaré yo, y tomaré todos
los linajes del Aquilon[e], dice Jehová, y [e] Cap. 1.
á Nabucodonosor rey de Babilonia, mi
siervo[f], y traerélos contra esta tierra, y [f] Cap. 43. Is. 44.
contra sus moradores, y contra todas es-
tas naciones en derredor; y les destruiré,
y pondréles por escarnio, y por silbo, y
en soledades perpetuas[g]. [g] Cap. 18.
10 Y haré perecer de entre ellos voz de
gozo, y voz de alegría[h], voz de despo- [h] Cap. 7. y 16. 9.
sado, y voz de desposada, ruido de mu- Is. 24. 7.
elas, y luz de lámpara. Os. 2. 11.
11 Y toda esta tierra será puesta en
soledad, en espanto: y servirán estas
gentes al rey de Babilonia setenta años[i]. [i] 2 Rey.
12 Y será, que cuando fueren cumpli- Esd. 1. 1.
dos[k] los setenta años, visitaré sobre el Da. 9. 2.
rey de Babilonia y sobre aquella gente [k] Cap. 29.
su maldad, ha dicho Jehová, y sobre la
tierra de los Caldéos; y pondréla en
desiertos para siempre[l]. [l] Cap. 1. y 51.
13 Y traeré sobre aquella tierra todas Is. 14.
mis palabras que he hablado contra y 21. 1, etc.
ella[m], con todo lo que está escrito en y 47. 1.
este libro profetizado por Jeremías con- [m] Da. 5.
tra todas gentes. 31.
14 Porque se servirán tambien de ellos

muchas gentes y reyes grandes: y yo les pagaré conforme á sus hechos, y conforme á la obra de sus manos.

15 Porque así me dijo Jehová Dios de Israel: Toma de mi mano el vaso del vino de este furor [n], y da á beber de él á todas las gentes á las cuales yo te envio.

Is. 51. 17. Ap. 14. 10.

16 Y beberán, y temblarán, y enloquecerán delante del cuchillo que yo envio entre ellos.

17 ¶ Y tomé el vaso de la mano de Jehová, y di de beber á todas las gentes á las cuales me envió Jehová:

18 A Jerusalem, y á las ciudades de Judá, y á sus reyes, y á sus príncipes, para ponerles en soledad, en escarnio, y en silbo, y en maldicion [o], como es este dia:

er. 9, 11.

19 A Faraon rey de Egipto [p], y á sus siervos, y á sus príncipes, y á todo su pueblo,

ap. 46. 2, c.

20 Y á toda la mistura *de gente:* y á todos los reyes de tierra de Hus, y á todos los reyes de tierra de Palestina, y á Ascalon, y Gaza, y Eccron, y al residuo de Asdod;

21 A Edom, y Moab, y á los hijos de Ammon;

22 Y á todos los reyes de Tiro, y á todos los reyes de Sidon, y á los reyes de las islas que están de ese lado de la mar:

23 Y á Dedan, y Thema, y Buz, y á todos los que están al cabo del mundo:

24 Y á todos los reyes de Arabia, y á todos los reyes de pueblos mezclados que habitan en el desierto;

25 Y á todos los reyes de Zimri, y á todos los reyes de Elam [q], y á todos los reyes de Media:

p. 49. 34.

26 Y á todos los reyes del Aquilon, los de cerca, y los de léjos los unos de los otros; y á todos los reyes de la tierra que *están* sobre la haz de la tierra: y el rey de Sesach [r] beberá despues de ellos.

p. 51. 41.

27 Les dirás pues: Así ha dicho Jehová de los ejércitos, Dios de Israel: Bebed, y embriagáos [s], y vomitad, y caed, y no os levanteis delante del cuchillo que yo envio entre vosotros.

51. 21. . 6.

28 Y será, que si no quisieren tomar el vaso de tu mano para beber, les dirás tú: Así ha dicho Jehová de los ejércitos: Habeis de beber.

29 Porque hé aquí que á la ciudad sobre la cual es invocado mi nombre yo comienzo á hacer mal; ¿y vosotros seréis absueltos [t]? No seréis absueltos; porque espada traigo sobre todos los moradores de la tierra, dice Jehová de los ejércitos.

. 49. 12. . 25. 21. d. 4. 17.

30 Tú pues profetizarás á ellos todas estas palabras, y les dirás: Jehová bramará [u] *como leon* desde lo alto, y desde la morada de su santidad dará su voz: enfurecido bramará sobre su morada; cancion de lagareros cantará contra todos los moradores de la tierra.

42. 18. 3. 16.

31 Llegó el estruendo hasta el cabo de la tierra; porque juicio de Jehová con las gentes: él es el Juez de toda carne [v]; entregará los impíos á cuchillo, dice Jehová.

6. 16.

32 Así ha dicho Jehová de los ejércitos: Hé aquí que el mal sale de gente en gente, y grande tempestad [y] se levantará de los fines de la tierra.

. 30. 23.

33 Y serán muertos de Jehová en aquel dia desde el un cabo de la tierra hasta el otro cabo: no se endecharán, ni se recogerán, ni serán enterrados; como estiércol serán sobre la haz de la tierra.

34 Aullad, pastores [z], y clamad; y revolcáos *en el polvo,* mayorales del rebaño: porque cumplidos son vuestros dias para ser vosotros degollados y esparcidos; y caeréis como vaso de codicia.

23. 1.

35 Y acabaráse la huida de los pastores, y el escape de los mayorales del rebaño.

36 *Oiráse* voz de la grita de los pastores, y aullido de los mayorales del rebaño; porque Jehová asoló sus majadas.

37 Y las majadas quietas serán taladas por el furor de la ira de Jehová.

38 Dejó, cual leoncillo, su morada: pues asolada *fué* la tierra de ellos por la ira del opresor, y por el furor de su saña.

CAPITULO XXVI.

Intimando el profeta al pueblo la asolacion de la ciudad y del templo por sus pecados, tratan de quitarle la vida; mas defendiendo él su dicho con constancia, y estando á favor suyo Ahicam, hijo de Saphan, los jueces le absuelven.

EN el principio del reinado de Joacim, hijo de Josias rey de Judá, fué esta palabra de Jehová diciendo:

2 Así ha dicho Jehová: Ponte en el atrio de la casa de Jehová, y habla á todas las ciudades de Judá, que vienen para adorar en la casa de Jehová, todas las palabras que yo te mandé les hablases: no retengas palabra.

3 Quizá oirán, y se tornarán cada uno de su mal camino; y arrepentiréme [a] yo del mal que pienso hacerles por la maldad de sus obras.

[a] 1 Rey. 21. 27, 29. Jona 3. 8, 10.

4 Les dirás pues: Así ha dicho Jehová: Si no me oyereis para andar en mi ley, la cual di delante de vosotros [b];

[b] Lev. 26. 14, etc. Deu. 28. 15, etc.

5 Para atender á las palabras de mis siervos los profetas, que yo os envio madrugando en enviar*los*, á los cuales no habeis oido [c],

[c] Cap. 25. 3, 4.

6 Yo pondré esta casa como Silo [d], y daré esta ciudad en maldicion á todas las gentes de la tierra.

[d] Cap. 7. 12, 14. 1 Sa. 4. 10, 12.

7 Y los sacerdotes, y los profetas, y todo el pueblo, oyeron á Jeremías hablar estas palabras en la casa de Jehová.

8 Y fué, que acabando de hablar Jeremías todo lo que Jehová le habia mandado que hablase á todo el pueblo, los sacerdotes y los profetas, y todo el pueblo, le echaron mano diciendo: De cierto morirás.

9 ¿Por qué has profetizado en nombre de Jehová diciendo, Esta casa será como Silo, y esta ciudad será asolada hasta no *quedar* morador? Y juntóse todo el pueblo contra Jeremías en la casa de Jehová.

10 Y los príncipes de Judá oyeron estas cosas, y subieron de casa del rey á la casa de Jehová, y sentáronse en la entrada de la puerta nueva de Jehová.

11 Entónces hablaron los sacerdotes y los profetas á los príncipes y á todo el pueblo diciendo: En pena de muerte ha incurrido este hombre [e], porque profetizó contra esta ciudad, como vosotros habeis oido con vuestros oidos.

[e] Cap. 38. 4.

12 Y habló Jeremías á todos los príncipes, y á todo el pueblo, diciendo: Jehová me envió á que profetizase contra esta casa, y contra esta ciudad, todas las palabras que habeis oido.

13 Y ahora mejorad vuestros caminos y vuestras obras, y oid la voz de Jehová vuestro Dios [f]; y arrepentiráse Jehová del mal que ha hablado contra vosotros.

[f] Cap. 7. 3, 7.

14 En lo que á mí toca, hé aquí estoy en vuestras manos; haced de mí como mejor y mas recto os pareciere.

15 Mas sabed de cierto, que si me matáreis, sangre inocente echaréis sobre vosotros, y sobre esta ciudad, y sobre sus moradores: porque en verdad Jehová

me envió á vosotros para que dijese todas estas palabras en vuestros oidos.

16 Y dijeron los príncipes y todo el pueblo á los sacerdotes y profetas: No ha incurrido esta hombre en pena de muerte, porque en nombre de Jehová nuestro Dios nos ha hablado.

17 Entónces se levantaron *algunos* de los ancianos de la tierra, y hablaron á toda la junta del pueblo, diciendo:

18 Michêas de Morasti[g] profetizó en tiempo de Ezechías, rey de Judá, y habló á todo el pueblo de Judá diciendo, Así ha dicho Jehová de los ejércitos: Sion será arada *como* campo, y Jerusalem vendrá á ser montones, y el monte del templo en cumbres de bosque[h].

19 ¿ Matáronlo luego Ezechías, rey de Judá, y todo Judá? ¿ No temió á Jehová, y oró en presencia de Jehová, y Jehová se arrepintió del mal[i] que habia hablado contra ellos? ¿ Harémos pues nosotros tan grande mal contra nuestras almas?

20 Hubo tambien un hombre que profetizaba en nombre de Jehová; Urías, hijo de Semaía, de Chiriat-jearim, el cual profetizó contra esta ciudad, y contra esta tierra, conforme á todas las palabras de Jeremías.

21 Y oyó sus palabras el rey Joacim, y todos sus grandes, y todos sus príncipes, y el rey procuró de matarle; lo cual entendiendo Urías tuvo temor, y huyó, y metióse en Egipto.

22 Y el rey Joacim envió hombres á Egipto, á Elnathan, hijo de Acbor, y otros hombres con él á Egipto:

23 Los cuales sacaron á Urías de Egipto, y lo trajeron al rey Joacim; é hirióle á cuchillo, y echó su cuerpo en los sepulcros del vulgo.

24 La mano empero de Ahicam[k], hijo de Saphan, era con Jeremías, porque no lo entregasen en las manos del pueblo para matarlo.

[g] Mic. 1. 1.
[h] Mic. 3. 12.
[i] 2 Sa. 24. 16.
[k] Cap. 39. 14. 2 Rey. 22. 12, 14.

CAPITULO XXVII.

Avisa el profeta de parte de Dios á los reyes comarcanos que se den al rey de Babilonia, si quieren quedar en sus tierras. Lo mismo hace de nuevo al rey de Judá, y á los sacerdotes, requiriéndoles que no crean á los profetas que les persuaden otra cosa.

EN el principio del reinado de Joacim, hijo de Josías, rey de Judá, fué de Jehová esta palabra á Jeremías diciendo:

2 Jehová me ha dicho así: Hazte *unas* coyundas y yugos[a], y pónlos sobre tu cuello:

3 Y los enviarás al rey de Edom, y al rey de Moab, y al rey de los hijos de Ammon, y al rey de Tiro, y al rey de Sidon, por mano de los embajadores que vienen á Jerusalem á Sedechías, rey de Judá.

4 Y les mandarás que digan á sus señores: Así ha dicho Jehová de los ejércitos, Dios de Israel; así habeis de decir á vuestros señores:

5 Yo hice la tierra[b], el hombre y las bestias que están sobre la haz de la tierra, con mi grande potencia y con mi brazo extendido, y díla á quien me plugo[c].

6 Y ahora yo he dado todas estas tierras en mano de Nabucodonosor[d] rey de Babilonia, mi siervo[e], y aun las bestias del campo[f] le he dado para que le sirvan.

7 Y todas las gentes le servirán á él, y á su hijo, y al hijo de su hijo, hasta que venga tambien el tiempo de su misma tierra[g]; y le servirán muchas gentes, y reyes grandes.

8 Y será, que la gente y el reino que no le sirviere, *es á saber*, á Nabucodonosor rey de Babilonia, y que no pusiere su cuello debajo del yugo del rey de Babilonia, con espada y con hambre, y con pestilencia visitaré á la tal gente, dice Jehová, hasta que los acabe yo por su mano.

9 Y vosotros no presteis oido á vuestros profetas, ni á vuestros adivinos, ni á vuestros sueños, ni á vuestros agoreros, ni á vuestros encantadores[h], que os hablan diciendo; No serviréis al rey de Babilonia:

10 Porque ellos os profetizan mentira[i], por haceros alejar de vuestra tierra, y para que yo os arroje, y perezcais.

11 Mas la gente que sometiere su cuello al yugo del rey de Babilonia, y le sirviere, haréla dejar en su tierra, dice Jehová, y labrarála, y morará en ella.

12 Y hablé tambien á Sedechías, rey de Judá, conforme á todas estas palabras, diciendo: Someted vuestros cuellos al yugo del rey de Babilonia, y servid á él y á su pueblo, y vivid.

13 ¿ Por qué moriréis tú y tu pueblo á cuchillo, de hambre, y pestilencia, segun ha dicho Jehová á la gente que no sirviere al rey de Babilonia?

14 No oigais las palabras de los profetas que os hablan diciendo, No serviréis al rey de Babilonia; porque os profetizan mentira[k].

15 Porque yo no los envié, dice Jehová, y ellos profetizan falsamente en mi nombre, para que yo os arroje, y perezcais, vosotros y los profetas que os profetizan[l].

16 Tambien á los sacerdotes, y á todo este pueblo, hablé diciendo: Así ha dicho Jehová: No oigais las palabras de vuestros profetas que os profetizan diciendo, Hé aquí que los vasos de la casa de Jehová volverán de Babilonia[m] ahora presto: porque os profetizan mentira.

17 No los oigais: servid al rey de Babilonia, y vivid. ¿ Por qué ha de ser desierta esta ciudad?

18 Y si ellos *son* profetas, y si es con ellos palabra de Jehová, oren ahora á Jehová de los ejércitos, que los vasos que han quedado en la casa de Jehová, y en la casa del rey de Judá, y en Jerusalem, no vayan á Babilonia.

19 Porque así ha dicho Jehová de los ejércitos de aquellas columnas[n], y del mar, y de las basas, y del resto de los vasos que quedan en esta ciudad,

20 Que no quitó Nabucodonosor, rey de Babilonia, cuando trasportó de Jerusalem á Babilonia[o] á Jechônías, hijo de Joacim, rey de Judá, y á todos los nobles de Judá y de Jerusalem:

21 Así pues ha dicho Jehová de los ejércitos, Dios de Israel, acerca de los vasos que quedaron en la casa de Jehová, y en la casa del rey de Judá y de Jerusalem:

22 A Babilonia serán trasportados, y allí estarán hasta el dia en que yo los visitaré[p], dice Jehová, y despues los haré subir, y restituirélos á este lugar[q].

[a] Ez. 4. 1. y 12. 3.
[b] Is. 45. 12.
[c] Da. 4. 17, 25, 32.
[d] Cap. 28. 14.
[e] Cap. 25. 9. y 43. 10.
[f] Da. 2. 38.
[g] Cap. 25. 12. Da. 5. 26, 31.
[h] Is. 47. 12. 14.
[i] ver. 14.
[k] Cap. 14. 14. y 23. 21. y 29. 8, 9.
[l] Mat. 15. 14.
[m] Cap. 28. 3.
[n] Cap. 52. 17, 20. 2 Rey. 25. 13, 17.
[o] Cap. 24. 1. 2 Rey. 24. 14, 15. 2 Cr. 36. 10.
[p] Cap. 29. 10. y 32. 5.
[q] Esd. 1. 7. y 7. 19.

CAPITULO XXVIII.

Hananías contradice á Jeremías en la profecía de la cautividad de Babilonia. Jeremías por aviso de Dios le vuelve á contradecir, y le amenaza que por haber hablado falsa profecía moriría en aquel año, lo cual así sucede.

Y ACONTECIÓ en el mismo año[a], en el principio del reinado de Sedechías, rey de Judá, en el año cuarto,

[a] Cap. 27. 1.

en el quinto mes, que Hananías, hijo
de Azur profeta, que *era* de Gabaon,
me habló en la casa de Jehová delante
de los sacerdotes y de todo el pueblo,
diciendo:
2 Así habló Jehová de los ejércitos,
ɔp. 27. 12. Dios de Israel, diciendo: Quebranté[b] el
yugo del rey de Babilonia.
3 Dentro de dos años de dias tornaré á
este lugar todos los vasos de la casa de
ɔp. 27. 16. Jehová[c], que Nabucodonosor rey de Ba-
bilonia llevó de este lugar para meterlos
en Babilonia.
4 Y yo tornaré á este lugar á Jechô-
nías, hijo de Joacim, rey de Judá, y á
todos los trasportados de Judá que en-
traron en Babilonia, dice Jehová: por-
que yo quebrantaré el yugo del rey de
Babilonia.
5 Entónces respondió Jeremías profeta
á Hananías profeta delante de los sacer-
dotes, y delante de todo el pueblo que
ɔp. 26. 2. estaba en la casa de Jehová[d];
6 Y dijo Jeremías profeta: Amen, así
lo haga Jehová. Confirme Jehová tus
palabras, con las cuales profetizaste que
los vasos de la casa de Jehová, y todos
los trasportados, han de ser tornados de
Babilonia á este lugar.
7 Con todo eso oye ahora esta palabra
que yo hablo en tus oidos, y en los oidos
de todo el pueblo:
8 Los profetas que fueron ántes de mí
y ántes de tí en tiempos pasados, profe-
tizaron sobre muchas tierras, y grandes
reinos, de guerra y de afliccion, y de
pestilencia.
9 El profeta que profetizó de paz, cu-
ando sobreviniere la palabra del profe-
u. 18. 22. ta[e], será conocido el profeta que Jehová
en verdad lo envió.
10 Entónces Hananías profeta quitó el
ɔp. 27. 2. yugo[f] del cuello de Jeremías profeta, y
quebrólo.
11 Y habló Hananías en presencia de
todo el pueblo diciendo: Así ha dicho
Jehová: De esta manera quebraré el
yugo de Nabucodonosor, rey de Babi-
lonia, del cuello de todas las gentes
ɔp. 27. 7. dentro de dos años de dias[g]. Y fuése
Jeremías su camino.
12 Y despues que Hananías profeta
quebró el yugo del cuello de Jeremías
profeta, fué palabra de Jehová á Jere-
mías, diciendo:
13 Ve, y habla á Hananías diciendo:
Así ha dicho Jehová: Yugos de ma-
dera quebraste, mas en vez de ellos
harás yugos de hierro.
14 Porque así ha dicho Jehová de los
ejércitos, Dios de Israel: Yugo de hi-
u. 28. 48. erro[h] puse sobre el cuello de todas estas
gentes, para que sirvan á Nabucodono-
sor rey de Babilonia, y han de servirle:
y aun tambien le he dado las bestias del
. 2. 38. campo[i].
15 Entónces dijo el profeta Jeremías
á Hananías profeta: Ahora oye, Hana-
nías: Jehová no te envió, y tú has
hecho confiar á este pueblo en men-
ı 29. 31, tira[k].
2. 14. 16 Por tanto así ha dicho Jehová: Hé
aquí que yo te envio de sobre la haz de
la tierra; morirás en este año, porque
hablaste rebelion contra Jehová.
17 Y en el mismo año murió Hananías
en el mes séptimo.

CAPITULO XXIX.

Escribe Jeremías desde Jerusalem á los cautivos de Babilonia confortándolos en la fé de su profecía, y consolándolos con la promesa de libertad. Un falso profeta escribe desde Babilonia al sumo sacerdote contra Jeremías, y él instruye á los de la cautividad contra la falsa profecía de aquel.

Y ESTÁS *son* las palabras de la
carta que Jeremías profeta envió
de Jerusalem á los ancianos que habian
quedado de los trasportados, y á los sa-
cerdotes y profetas, y á todo el pueblo
que Nabucodonosor llevó cautivo de Je-
rusalem á Babilonia,
2 Despues que salió el rey Jechônias, y
la reina, y los de palacio, y los príncipes
de Judá y de Jerusalem, y los artífices,
y los ingenieros de Jerusalem[a], [a] 2 Rey. 24.
3 Por mano de Elasa, hijo de Saphan, 12, 16.
y de Gemarías, hijo de Hilcías, (los cu-
ales envió Sedechías rey de Judá á Ba-
bilonia, á Nabucodonosor rey de Babi-
lonia,) diciendo:
4 Así ha dicho Jehová de los ejércitos,
Dios de Israel, á todos los de la cautivi-
dad que hice trasportar de Jerusalem á
Babilonia:
5 Edificad casas, y morad; y plantad
huertos, y comed del fruto de ellos[b]. [b] ver. 28.
6 Casáos, y engendrad hijos é hijas;
dad mujeres á vuestros hijos, y dad ma-
ridos á vuestras hijas, para que paran
hijos é hijas, y multiplicáos ahí, y no os
hagais pocos.
7 Y procurad la paz de la ciudad á la
cual os hice traspasar, y rogad por ella
á Jehová[c], porque en su paz tendréis [c] Esd. 6. 10.
tambien vosotros paz. 1 Ti. 2. 1, 2.
8 Porque así ha dicho Jehová de los
ejércitos, Dios de Israel: No os enga-
ñen vuestros profetas[d] que *están* entre [d] Cap. 14. 14.
vosotros, ni vuestros adivinos; ni mireis y 23. 21.
á vuestros sueños que soñais. y 27. 14, 15.
9 Porque falsamente os profetizan ellos
en mi nombre: no los envié, ha dicho
Jehová.
10 Porque así dijo Jehová: Cuando
en Babilonia se cumplieren[e] los setenta [e] Cap. 25. 11,
años, yo os visitaré, y despertaré sobre 12.
vosotros mi buena palabra, para torna- 2 Cr. 36. 21,
ros á este lugar[f]. 22.
11 Porque yo sé los pensamientos que Da. 9. 2.
tengo acerca de vosotros[g], dice Jehová, [f] Cap. 27. 22.
pensamientos de paz, y no de mal, para Esd. 1. 1.
daros el fin que esperais. [g] Is. 55. 8, 9.
12 Entónces me invocaréis, é iréis y
oraréis á mí, y yo os oiré.
13 Y me buscaréis[h], y hallaréis, por- [h] Lev. 26. 40,
que me buscaréis de todo vuestro co- etc.
razon[i]. Deu. 30. 1,
14 Y seré hallado de vosotros[k], dice etc.
Jehová, y tornaré vuestra cautividad[l]: [i] Cap. 24. 7.
y os juntaré de todas las gentes, y de [k] Sal. 32. 6.
todos los lugares adonde os arrojé[m], y 46. 1.
dice Jehová, y os haré volver al lugar Is. 45. 19.
de donde os hice ser llevados. y 55. 6.
15 Mas habeis dicho: Jehová nos ha [l] Cap. 32. 42,
suscitado profetas en Babilonia. 44.
16 Así empero ha dicho Jehová del Sal. 126.
rey que está sentado sobre el trono de 1, 4.
David, y de todo el pueblo que mora [m] Cap. 23. 3.
en esta ciudad, de vuestros hermanos y 30. 3.
que no salieron con vosotros en cauti- Ez. 36. 24.
verio; Amos 9. 14.
17 Así ha dicho Jehová de los ejér- Soph. 3. 20.
citos: Hé aquí envio yo contra ellos
cuchillo, hambre, y pestilencia, y pon-
drélos como los malos higos, que de
malos no se pueden comer[n]. [n] Cap. 24. 8,
18 Y perseguiréios con espada, con 10.
hambre, y oon pestilenoia; y daréilos
por escarnio á todos los reinos de la ti-
erra, por maldicion, y por espanto, y
por silbo, y por afrenta á todas las gen-
tes á las cuales les habré arrojado:
19 Porque no oyeron mis palabras, dice
Jehová, que les envié por mis siervos
los profetas, madrugando en enviar*les*;
y no habeis escuchado, dice Jehová.
20 Oid pues palabra de Jehová, vos-
otros todos los trasportados que eché de
Jerusalem á Babilonia:

21 Así ha dicho Jehová de los ejércitos, Dios de Israel, acerca de Achâb,
hijo de Colías, y acerca de Sedechías,
hijo de Maasías, quienes os profetizan
en mi nombre falsamente: Hé aquí los
entrego yo en mano de Nabucodonosor,
rey de Babilonia, y él los herirá delante
de vuestros ojos.
22 Y todos los trasportados de Judá
que *están* en Babilonia, tomarán de ellos
[e] Is. 65. 15. maldicion[e] diciendo: Póngate Jehová
como á Sedechías y como á Achâb, los
cuales asó al fuego el rey de Babilonia;
23 Porque hicieron maldad en Israel,
y cometieron adulterio con las mujeres
de sus prójimos, y falsamente hablaron en mi nombre[p] palabra que no les
[p] Cap. 23. 14, 21. mandé: lo cual yo sé, y soy testigo, dice
Jehová.
24 ¶ Y á Semaías de Nehelám hablarás diciendo:
25 Así habló Jehová de los ejércitos,
Dios de Israel, diciendo: Por cuanto
enviaste letras en tu nombre á todo el
pueblo que *está* en Jerusalem, y á Sophonías sacerdote, hijo de Maasías, y á
todos los sacerdotes, diciendo,
26 Jehová te ha puesto por sacerdote
en lugar de Joiada sacerdote, para que
presidais en la casa de Jehová sobre to-
[q] 2 Rey. 9. 11. do hombre[q] y profetante, poniendolo en
[r] Cap. 20. 2. el calabozo y en el cepo[r]:
27 ¿Por qué pues no has ahora reprendido á Jeremías de Anathoth, que
os profetiza *falsamente*?
28 Porque por eso nos envió á decir en
Babilonia: Largo va *el cautiverio:* edificad casas, y morad; plantad huertos, y
[s] ver. 5. comed el fruto de ellos[s].
29 (Y Sophonías sacerdote habia leido
esta carta á oidos de Jeremías profeta.)
30 Y fué palabra de Jehová á Jeremías
diciendo:
[t] ver. 20. 31 Envia á decir[t] á toda la transmigracion: Así ha dicho Jehová de Semaías de Nehelam: Porque os profetizó
Semaías, y yo no lo envié, y os hizo
[u] Cap. 28. 15. 2 Ped. 2. 1. confiar en mentira[u];
32 Por tanto así ha dicho Jehová: Hé
aquí que yo visito sobre Semaías de Nehelam, y sobre su generacion: no tendrá
varon que more entre este pueblo, ni
verá aquel bien que haré yo á mi pueblo,
dice Jehová; porque contra Jehová ha
[x] Cap. 28. 16. hablado rebelion[x].

CAPITULO XXX.

Profetiza la libertad de la cautividad de Babilonia, y que las casas de Israel y Judá serán restablecidas, y reunidas bajo un rey del linage de David.

PALABRA que fué á Jeremías de
Jehová diciendo:
2 Así habló Jehová Dios de Israel diciendo: Escríbete en un libro todas las
palabras que te he hablado.
3 Porque hé aquí que vienen dias, dice
Jehová, en que tornaré la cautividad de
[a] ver. 18. Cap. 29. 14. Ez. 39. 25. Amos 9. 14, 15. mi pueblo Israel y Judá[a], ha dicho Jehová, y harélos volver á la tierra que di
á sus padres, y la poseerán[b].
4 Estas pues *son* las palabras que habló Jehová acerca de Israel y de Judá.
[b] Cap. 16. 15. y 23. 27. Ez. 36. 24. 5 Porque así ha dicho Jehová: Hemos
oido voz de temblor; espanto *hay*, y no
paz.
6 Preguntad ahora, y mirad si pare el
varon: porque he visto que todo hombre tenia las manos sobre sus lomos,
como mujer de parto, y hanse tornado
pálidos todos los rostros.
[c] Joel 2. 11, 31. Soph. 1. 14. Ap. 6. 17. 7 ¡Ah, cuan grande *es* aquel dia[c]!
tanto, que no hay otro semejante á él:
tiempo de angustia para Jacob, mas de
ella será librado.

8 Y será en aquel dia, dice Jehová de
los ejércitos, *que* yo quebraré su yugo
de tu cuello, y romperé tus coyundas, y
extraños no lo volverán mas á poner en
servidumbre:
9 Sino que servirán á Jehová su Dios,
y á David[d] su rey, el cual les levantaré. [d] Ez. 34. 23. y 37. 24. Os. 3. 5.
10 Tú pues, siervo mio Jacob, no temas[e], dice Jehová, ni te atemorices,
Israel; porque hé aquí que yo soy el [e] Cap. 46. 27, 28. Is. 41. 13. y 43. 5. y 44. 2.
que te salvo de léjos, y á tu simiente
de la tierra de su cautividad: y Jacob
tornará, y descansará, y sosegará, y no
habrá quien *le* espante.
11 Porque yo *seré* contigo, dice Jehová, para salvarte: y haré consumacion en todas las gentes entre las cuales
te esparcí; en tí empero no haré consumacion[f], sino que te castigaré con [f] Amos 9. 8.
juicio, y no te talaré del todo.
12 Porque así ha dicho Jehová: Desahuciado *es* tu quebrantamiento, y dificultosa tu llaga.
13 No hay quien juzgue tu causa para
salud: no hay para tí eficaces medicamentos.
14 Todos tus enamorados te olvidaron[g], no te buscan; porque de herida [g] La. 1. 2.
de enemigo[h] te herí, con azote de cruel, Os. 2. 5.
á causa de la muchedumbre de tu maldad, y de la multitud de tus pecados[i]. [h] La. 2. 5. [i] La. 5. 16.
15 ¿Por qué gritas á causa de tu quebrantamiento? Desahuciado *es* tu dolor: porque por la grandeza de tu iniquidad y por tus muchos pecados te he
hecho esto.
16 Empero serán consumidos todos los
que te consumen; y todos tus afligidores, todos irán en cautiverio: y hollados
serán los que te hollaron; y á todos los
que hicieron presa de tí, daré en presa[k]. [k] Is. 14. 2. y 41. 11.
17 Mas yo haré venir sanidad para tí,
y te sanaré de tus heridas, dice Jehová:
porque Arrojada te llamaron *diciendo*,
Esta es Sion, á la que nadie busca.
18 Así ha dicho Jehová: Hé aquí hago
yo tornar la cautividad de las tiendas de
Jacob, y de sus tiendas tendré misericordia[l]: y la ciudad será edificada sobre [l] Sal. 102. 13.
su collado, y el templo será asentado
segun su forma.
19 Y saldrá de ellos alabanza, y voz
de gente que está en regocijo[m]: y los [m] Is. 35. 10. y 51. 11.
multiplicaré, y no serán disminuidos[n]; [n] Zac. 10. 8.
multiplicarélos, y no serán menoscabados.
20 Y serán sus hijos como de primero,
y su congregacion delante de mí será
confirmada; y visitaré á todos sus opresores.
21 Y de él será su Fuerte, y de en
medio de él saldrá su Enseñoreador;
y haréle llegar cerca, y acercaráse á
mí: porque ¿quién es aquel que ablandó su corazon para llegarse á mí, dice
Jehová?
22 Y me seréis por pueblo, y yo seré
vuestro Dios[o]. [o] Cap. 24. 7. Ez. 36. 28.
23 Hé aquí que la tempestad de Jehová sale con furor; la tempestad que
se apareja, sobre la cabeza de los impíos
reposará[p]. [p] Cap. 23. 19, 20.
24 No se volverá la ira del enojo de
Jehová, hasta que haya hecho y cumplido los pensamientos de su corazon. En
el fin de los dias entenderéis esto.

CAPITULO XXXI.

Es el mismo argumento del capítulo precedente.

EN aquel tiempo, dice Jehová, yo
seré por Dios á todos los linajes de
Israel, y ellos me serán á mí por pueblo.
2 Así ha dicho Jehová: Halló gracia

en el desierto el pueblo, los que escaparon del cuchillo, yendo *yo* para hacer hallar reposo á Israel.

3 Jehová se manifestó á mí ya mucho tiempo ha *diciendo:* Con amor eterno te he amado; por tanto te soporté con misericordia.

4 Aun te edificaré, y serás edificada, oh vírgen de Israel: todavía serás adornada con tus panderos, y saldrás en corro de danzantes.

5 Aun plantarás viñas[a] en los montes de Samaria: plantarán los plantadores, y harán comun uso *de ellas.*

6 Porque habrá dia en que clamarán los guardas en el monte de Ephraim: Levantáos, y subamos á Sion á Jehová nuestro Dios[b].

7 Porque así ha dicho Jehová: Regocijáos en Jacob con alegría, y dad voces de júbilo á la cabeza de gentes: haced oir, alabad, y decid, Oh Jehová, salva tu pueblo, el resto de Israel.

8 Hé aquí yo los vuelvo de tierra del Aquilon, y los juntaré de los fines de la tierra[c]: *vendrán* entre ellos ciegos y cojos, la mujer preñada y la parida juntamente; en grande compañía tornarán acá.

9 Irán con lloro[d], mas con misericordias los haré volver: y harélos andar junto á arroyos de aguas, por camino derecho[e] en el cual no tropezarán; porque seré á Israel por padre[f], y Ephraim *será* mi primogénito[g].

10 Oid palabra de Jehová, oh gentes, y hacedlo saber en las islas que estan léjos, y decid: El que esparció á Israel lo juntará y guardará, como pastor á su ganado[h].

11 Porque[i] Jehová redimió á Jacob, redimiólo de mano del mas fuerte que él[k].

12 Y vendrán, y harán alabanzas en lo alto de Sion[l], y correrán al bien de Jehová, al pan, y al vino, y al aceite, y al ganado de las ovejas y de las vacas: y su alma será como huerto de riego[m], ni nunca mas tendrán dolor.

13 Entónces la vírgen se holgará en la danza, los mozos y los viejos juntamente: y su lloro tornaré en gozo, y los consolaré y los alegraré de su dolor.

14 Y el alma del sacerdote embriagaré de grosura, y será mi pueblo saciado de mi bien, dice Jehová.

15 Así ha dicho Jehová: Voz fué oida en Rama[n], llanto y lloro amargo: Rachêl que lamenta por sus hijos, no quiso ser consolada acerca de sus hijos, porque perecieron.

16 Así ha dicho Jehová: Reprime tu voz del llanto, y tus ojos de las lágrimas; porque salario hay para tu obra, dice Jehová, y volverán de la tierra del enemigo[o].

17 Esperanza tambien hay para tu fin, dice Jehová, y los hijos volverán á su término.

18 Escuchando he oido á Ephraim que *así* se lamentaba: Azotásteme, y fuí castigado como novillo indómito: conviérteme, y seré convertido[p]; porque tú eres Jehová mi Dios.

19 Porque despues que me convertí, tuve arrepentimiento; y despues que me conocí, herí el muslo: avergoncéme y confundíme, porque llevé la afrenta de mis mocedades.

20 ¿No es Ephraim hijo precioso para mí? ¿no *es para mí* niño delicioso? pues desde que hablé de él, heme acordado de él constantemente. Por eso mis entrañas se conmovieron por él[q]; apiadado tendré de él misericordia, dice Jehová.

21 Establécete señales, ponte majanos altos, nota atentamente la calzada, el camino por donde viniste: vuélvete, vírgen de Israel, vuélvete á estas tus ciudades[r].

22 ¿Hasta cuando andarás errante[s], oh hija contumaz? Porque Jehová criará una cosa nueva sobre la tierra, Una hembra rodeará al Varon.

23 Así ha dicho Jehová de los ejércitos, Dios de Israel: Aun dirán esta palabra en la tierra de Judá y en sus ciudades, cuando yo convertiré su cautiverio: Jehová te bendiga, oh morada de justicia, oh monte santo[t].

24 Y morarán allí Judá, y tambien en todas sus ciudades labradores, y los que van con rebaño.

25 Porque habré embriagado el alma cansada, y henchido toda alma entristecida.

26 Por esto me desperté, y vi, y mi sueño me fué sabroso.

27 Hé aquí vienen los dias, dice Jehová, en que sembraré[u] la casa de Israel y la casa de Judá de simiente de hombre, y de simiente de animal.

28 Y será, que como tuve cuidado de ellos para arrancar, y derribar, y trastornar, y perder, y afligir, así tendré cuidado de ellos para edificar, y plantar, dice Jehová.

29 En aquellos dias no dirán mas: Los padres comieron las uvas agraces, y los dientes de los hijos tienen la dentera[x]:

30 Sino que cada cual morirá por su maldad: los dientes de todo hombre que comiere las uvas agraces, tendrán la dentera.

31 Hé aquí que vienen dias, dice Jehová, en los cuales haré nuevo pacto[y] con la casa de Jacob y con la casa de Judá:

32 No como el pacto que hice con sus padres el dia que tomé su mano para sacarlos de tierra de Egipto: porque ellos invalidaron mi pacto, bien que fuí yo un marido para ellos, dice Jehová:

33 Mas este es el pacto que haré con la casa de Israel despues de aquellos dias, dice Jehová: Daré mi ley en sus entrañas, y escribiréla en sus corazones[z]: y seré yo á ellos por Dios, y ellos me serán *á mí* por pueblo.

34 Y no enseñará mas ninguno á su prójimo, ni ninguno á su hermano diciendo, Conoce á Jehová: porque todos me conocerán[a], desde el mas pequeño de ellos hasta el mas grande, dice Jehová: porque perdonaré la maldad de ellos[b], y no me acordaré mas de su pecado.

35 Así ha dicho Jehová, que da el sol para luz del dia, las leyes de la luna y de las estrellas para luz de la noche[c]; que parte la mar, y braman sus ondas: Jehová de los ejércitos *es* su nombre[d]:

36 Si estas leyes faltaren delante de mí[e], dice Jehová, tambien la simiente de Israel faltará para no ser nacion delante de mí todos los dias.

37 Así ha dicho Jehová: Si los cielos arriba se pueden medir, y buscarse abajo los fundamentos de la tierra, tambien yo desecharé toda la simiente de Israel por todo lo que hicieron, dice Jehová.

38 Hé aquí que vienen dias, dice Jehová, y la ciudad será edificada á Jehová, desde la torre de Hananeel[f] hasta la puerta del rincon.

39 Y saldrá mas adelante el cordel de

mos 9. ... Is. 4. 2. ... 20. 34, ... p. 30. 4. ... 35. 7, 8. 2. 19. 8. 10, 11. p. 2. 4, ... 63. 16. 4. 8. 11. 1. 4. 22. 34. 12, ... 44. 23. 8. 20. 49. 24, ... 20. 40. 58. 11. ... 2. 17. ... 1. 11. ... 5. 21. ... 63. 15. 11. 8.

[r] Cap. 3. 14.
[s] Cap. 2. 18, 36.
[t] Zac. 8. 3.
[u] Os. 2. 23.
[x] Ez. 18. 2.
[y] Cap. 32. 40. Ez. 37. 26. Heb. 8. 8, 12. y 10. 16, 17.
[z] Ez. 11. 19, 20. y 36. 26, 27. 2 Cor. 3. 3.
[a] Is. 54. 13. Juan 6. 45.
[b] Cap. 33. 8. y 50. 20. Mic. 7. 18.
[c] Gen. 1. 16.
[d] Is. 51. 15.
[e] Cap. 33. 20, 22. Sal. 148. 6.
[f] Neh. 3. 1. Zac. 14. 10.

la medida delante de él sobre el collado
de Gareb, y rodeará á Goa,
40 Y á todo el valle de los cuerpos
muertos y de la ceniza, y todas las lla-
nuras hasta el arroyo de Cedron, hasta
la esquina de la puerta de los caballos
al Oriente, santo *todo ello* á Jehová: no
[g] Joel 3. 17. será arrancada, ni destruida mas para
siempre [g].

CAPITULO XXXII.

Estando Jeremías preso por mandado del rey, porque predicaba la asolacion de la ciudad y la cautividad del rey, compra una heredad con la solemnidad de costumbre, en símbolo y testimonio de que su pueblo volvería á entrar libre en la posesion de su antiguo país, en donde Dios haría con ellos eterno pacto, y los colmaría de bienes, á ellos y á sus hijos despues de ellos.

PALABRA que fué á Jeremías de
[a] Cap. 39. 1, 2. 2 Rey. 25. 1, 2. Jehová el año décimo [a] de Sede-
chías, rey de Judá, que fué el año dé-
cimo octavo de Nabucodonosor.
2 Y entónces el ejército del rey de Ba-
bilonia tenía cercada á Jerusalem: y el
[b] Cap. 33. 1. y 37. 21. y 38. 6. y 39. 13, 14. profeta Jeremías estaba preso [b] en el
[c] Neh. 3. 25. patio de la cárcel [c], que estaba en la
casa del rey de Judá.
3 Pues Sedechías, rey de Judá, lo ha-
bia echado preso diciendo: ¿Por qué
profetizas tú diciendo: Así ha dicho
Jehová: Hé aquí yo entrego esta ciu-
dad en mano del rey de Babilonia, y
[d] Cap. 34. 2, 3. y 38. 18, 23. tomarála [d];
4 Y Sedechías, rey de Judá, no esca-
pará de la mano de los Caldéos, sino
que de cierto será entregado en mano
del rey de Babilonia, y hablará con él
boca á boca, y sus ojos verán sus ojos;
5 Y hará llevar á Sedechías á Babi-
lonia, y allá estará hasta que yo lo vi-
[e] Cap. 27. 22. site [e], dice Jehová: si peleáreis con los
[f] Cap. 21. 4, 5. y 33. 5. Caldéos, no os sucederá bien [f]?
6 Y dijo Jeremías: Palabra de Jehová
fué á mí diciendo:
7 Hé aquí que Hanameel, hijo de Sa-
llum, tu tio, viene á tí diciendo: Cóm-
prame mi heredad que *está* en Ana-
thoth; porque tú tienes derecho á ella
[g] Lev. 25. 24, 32. Ru. 4. 4. para comprarla [g].
8 Y vino á mí Hanameel, hijo de mi
tio, conforme á la palabra de Jehová,
al patio de la cárcel, y díjome: Compra
ahora mi heredad que *está* en Anathoth,
en tierra de Benjamin, porque tuyo es
el derecho de la herencia, y á tí compete
la redencion; cómprala para tí. Entón-
ces conocí que era palabra de Jehová.
9 Y compré la heredad de Hanameel,
hijo de mi tio, la cual estaba en Ana-
[h] Gen. 23. 16. Zac. 11. 12. thoth, y pesóle el dinero [h]; siete siclos y
diez *monedas* de plata.
10 Y escribí la carta, y selléla, é hice
atestiguar á testigos, y pesé el dinero
con balanza.
11 Tomé luego la carta de venta se-
llada, *segun* el derecho y costumbres, y
el traslado abierto:
12 Y di la carta de venta á Baruch,
hijo de Neria, hijo de Maasías, delante
de Hanameel el *hijo* de mi tio, y delante
de los testigos que habian suscrito en
la carta de venta, delante de todos los
Judíos que estaban en el patio de la
cárcel.
13 Y di órden á Baruch delante de
ellos, diciendo:
14 Así ha dicho Jehová de los ejérci-
tos, Dios de Israel: Toma estas cartas,
esta carta de venta, la sellada, y esta
que es la carta abierta, y pónlas en un
vaso de barro, para que se guarden mu-
chos dias.
15 Porque así ha dicho Jehová de los
ejércitos, Dios de Israel: Aun se com-
prarán y *venderán* casas, y heredades, y
viñas, en esta tierra [i]. [i] ver. 37, 43, 44.
16 Y despues que di la carta de venta
á Baruch, hijo de Neria, oré á Jehová
diciendo:
17 Oh Señor Jehová! hé aquí que tú
hiciste el cielo y la tierra [k] con tu gran [k] 2 Rey. 19. 15.
poder, y con tu brazo extendido: ni hay
nada que se te esconda [l]. [l] ver. 27. Gen. 18. 14. Luc. 1. 37.
18 *Tú eres* el que haces misericordia en
millares [m], y vuelves la maldad de los [m] Deu. 5. 10.
padres en el seno de sus hijos despues de
ellos: Dios grande, Poderoso, Jehová de
los ejércitos *es* su nombre [n]. [n] Cap. 10. 16.
19 Grande en consejo, y magnífico en
hechos: porque tus ojos están abiertos
sobre todos los caminos de los hijos de
los hombres [o], para dar á cada uno se- [o] Job 34. 21. Sal. 33. 13. Pro. 5. 21. Heb. 4. 13.
gun sus caminos, y segun el fruto de
sus obras [p]. [p] Cap. 17. 10. Ap. 2. 23.
20 Que pusiste señales y portentos en
tierra de Egipto hasta este dia, y en
Israel, y entre los hombres, y te has
hecho nombre cual es este dia [q]. [q] Ex. 9. 16. 1 Cr. 17. 21. Is. 63. 12. Da. 9. 15.
21 Y sacaste tu pueblo Israel de tierra
de Egipto con señales y portentos, y con
mano fuerte, y brazo extendido, y con
terror grande,
22 Y dísteles esta tierra, de la cual ju-
raste á sus padres que se la darías [r]; [r] Gen. 17. 7, 8. y 28. 13, 15.
tierra que mana leche y miel [s]. [s] Ex. 3. 8, 17.
23 Y entraron, y poseyéronla; mas no
oyeron tu voz, ni anduvieron en tu ley:
nada hicieron de lo que les mandaste
hacer [t]; por tanto has hecho venir so- [t] Neh. 9. 26.
bre ellos todo este mal [u]. [u] Jos. 23. 16.
24 Hé aquí que con trabucos han aco-
metido la ciudad para tomarla; y la
ciudad va á ser entregada en mano de
los Caldéos que pelean contra ella, á
causa de la espada, y del hambre, y de
la pestilencia: ha pues venido á ser lo
que tu dijiste, y hé aquí tú lo estás
viendo.
25 Oh Señor Jehová! ¿y me has tú
dicho, Cómprate la heredad por dinero,
y pon testigos, bien que la ciudad sea
entregada en mano de los Caldéos?
26 ¶ Y fué palabra de Jehová á Jere-
mías, diciendo:
27 Hé aquí que yo *soy* Jehová, Dios
de toda carne [x]: ¿encubriráseme á mí [x] Nu. 16. 22.
alguna cosa?
28 Por tanto así ha dicho Jehová: Hé
aquí voy á entregar esta ciudad en mano
de Caldéos, y en mano de Nabucodono-
sor, rey de Babilonia, y la tomará:
29 Y vendrán los Caldéos que com-
baten esta ciudad, y la pondrán fuego,
y la abrasarán [y]; asimismo las casas so- [y] Cap. 21. 4, 10. y 52. 13.
bre cuyas azoteas [z] ofrecieron perfumes
á Baal, y derramaron libaciones á dioses [z] Cap. 19. 13.
agenos para provocarme á ira.
30 Porque los hijos de Israel y los hi-
jos de Judá no han hecho sino lo malo
delante de mis ojos desde su juventud [a]: [a] Cap. 3. 25.
porque los hijos de Israel no han hecho
mas que provocarme á ira con la obra
de sus manos, dice Jehová.
31 Por manera que para enojo mio y
para ira mia me ha sido esta ciudad
desde el dia que la edificaron hasta
hoy; para que la haga quitar de mi
presencia [b], [b] 2 Rey. 23. 27. y 24. 3, 4.
32 Por toda la maldad de los hijos de
Israel, y de los hijos de Judá, que han
hecho para enojarme, ellos, sus reyes,
sus príncipes [c], sus sacerdotes, y sus [c] Da. 9. 8.
profetas, y los varones de Judá, y los
moradores de Jerusalem.
33 Y volviéronme la cerviz, y no el
rostro [d]: y cuando los enseñaba, ma- [d] Cap. 2. 27.
drugando y enseñándo*les*, no escucha-
ron para recibir correccion;
34 Antes asentaron sus abominaciones

en la casa sobre la cual es invocado mi
p. 7. 30, nombre, contaminandola [e].
35 Y edificaron altares á Baal, los cua-
ey. 21. les están en el valle del hijo de Hinnom,
para hacer pasar *por el fuego* sus hijos
8. 5, 6. y sus hijas á Molech [f]; lo cual no les
7. 18. 21. mandé, ni me vino al pensamiento que
hiciesen esta abominacion para hacer
pecar á Judá.
36 Y con todo ahora así dice Jehová,
Dios de Israel, á esta ciudad de la cual
decís vosotros, Entregada será en mano
del rey de Babilonia á cuchillo, á ham-
bre, y á pestilencia:
p. 29. 14. 37 Hé aquí que yo los juntaré [g] de to-
30. 3, 6. das las tierras á las cuales los eché con
37. 21, mi furor, y con mi enojo, y saña grande,
y les haré tornar á este lugar, y harélos
s. 14. 11. habitar seguramente [h]:
38 Y me serán por pueblo, y yo seré á
p. 24. 7. ellos por Dios [i].
. 38. 39 Y daréles un corazon [k], y un ca-
. 11. 19, mino, para que me teman perpetua-
mente, para que hayan bien ellos, y
sus hijos despues de ellos.
p. 31. 31, 40 Y haré con ellos pacto eterno [l], que
no tornaré atrás de hacerles bien; y
55. 3. pondré mi temor en el corazon de ellos,
para que no se aparten de mí.
41 Y alegraréme con ellos haciendoles
m. 30. 9. bien [m]; y los plantaré [n] en esta tierra
h. 3. 17. en verdad, de todo mi corazon y de
nos 9. 15. toda mi alma.
42 Porque así ha dicho Jehová: Como
traje sobre este pueblo todo este grande
mal, así traeré sobre ellos todo el bien
p. 32. 10, que acerca de ellos hablo [o].
43 Y poseerán heredad en esta tierra [p],
r. 15. de la cual vosotros decís, Está desierta
sin hombres y sin animales; es entre-
gada en mano de Caldéos.
44 Heredades comprarán por dinero, y
harán carta, y la sellarán, y pondrán
. 10, 12. testigos [q], en tierra de Benjamin, y en
los contornos de Jerusalem, y en las
ciudades de Judá, y en las ciudades de
las montañas, y en las ciudades de las
campiñas, y en las ciudades que *están*
p. 17. 26. al Mediodia [r]; porque yo haré tornar su
. 126. cautividad [s], dice Jehová.

CAPITULO XXXIII.

Anúnciase de nuevo el restablecimiento de Jerusalem, y el de las asoladas ciudades de Israel y Judá, como tambien la venida del Mesias, y perpetuidad de su reino.

Y FUÉ palabra de Jehová á Jere-
mías la segunda vez, estando él
p. 32. aun preso en el patio de la cárcel [a], di-
ciendo:
2 Así ha dicho Jehová que la hizo,
Jehová que la formó para afirmarla;
Jehová *es* su nombre:
p. 29. 12. 3 Clama á mí, y te responderé [b], y te
enseñaré cosas grandes y dificultosas que
tú no sabes.
4 Porque así ha dicho Jehová, Dios
de Israel, acerca de las casas de esta
ciudad, y de las casas de los reyes de
Judá, derribadas con trabucos y con
hachas:
5 (Porque vinieron para pelear con los
Caldéos, para henchirlas de cuerpos de
hombres muertos, á los cuales herí yo
p. 21. 4, 5. con mi furor y con mi ira [c], pues que
escondí mi rostro de esta ciudad á causa
de toda su malicia:)
6 Hé aquí que yo le hago subir sanidad
y medicina; y los curaré, y les revelaré
abundancia de paz y de verdad.
7 Y haré volver la cautividad de Judá,
y la cautividad de Israel, y edificarélos
como al principio.
. 36. 25. 8 Y les limpiaré de toda su maldad [d]
. 13. 1. con que pecaron contra mí; y perdonaré
todos sus pecados [e] con que contra mí [e] Cap. 31. 34.
pecaron, y con que contra mí se re-
beláran.
9 Y seráme á mí por nombre de gozo,
de alabanza y de gloria entre todas las
gentes de la tierra, que habrán oido
todo el bien que yo les hago; y temerán
y temblarán de todo el bien y de toda la
paz que yo les haré.
10 Así ha dicho Jehová: En este lu-
gar, del cual decís que está desierto sin
hombres y sin animales, en las ciudades
de Judá y en las calles de Jerusalem,
que están asoladas sin hombre, y sin
morador, y sin animal, tiene de oirse
aun
11 Voz de gozo, y voz de alegría, voz
de desposado, y voz de desposada [f]; voz [f] Cap. 7. 34.
de los que digan, Alabad á Jehová de y 25. 10.
los ejércitos; porque Jehová *es* bueno, Ap. 18. 23.
porque para siempre [g] *es* su misericor- [g] 2 Cr. 5. 13.
dia: *voz* de los que traigan alabanza á Esd. 3. 11.
la casa de Jehová. Porque tornaré á Sal. 136. 1.
traer la cautividad de la tierra como al
principio, ha dicho Jehová.
12 Así dice Jehová de los ejércitos:
En este lugar desierto, sin hombre y sin
animal, y en todas sus ciudades, aun
habrá cabaña de pastores que hagan te-
ner majada á ganados [h]. [h] Is. 65. 10.
13 En las ciudades de las montañas [i], [i] Cap. 17. 26.
en las ciudades de los campos, y en las y 50. 19.
ciudades que están al Mediodia, y en
tierra de Benjamin, y alrededor de Je-
rusalem, y en las ciudades de Judá, aun
pasarán ganados por las manos de los
contadores, ha dicho Jehová.
14 Hé aquí vienen dias, dice Jehová,
en que yo confirmaré la palabra buena
que he hablado á la casa de Israel y á la
casa de Judá.
15 En aquellos dias y en aquel tiempo
haré producir á David Pimpollo de jus-
ticia [k], y hará juicio y justicia en la [k] Cap. 23. 5.
tierra. Is. 4. 2.
16 En aquellos dias Judá será salvo, y 11. 1.
y Jerusalem habitará seguramente: y Zac. 6. 12,
esto *será* lo que la llamará, JEHOVA 13.
JUSTICIA NUESTRA [l]. [l] Cap. 23. 6.
17 Porque así ha dicho Jehová: No Ez. 48. 35.
faltará á David varon que se siente so- 1 Cor. 1. 30.
bre el trono de la casa de Israel [m]. [m] 2 Sa. 7. 14,
18 Y de los sacerdotes y Levitas no 16.
faltará varon de mi presencia que ofrez- 1 Rey. 2. 4.
ca holocausto, y encienda Presente, y Is. 9. 6.
que haga sacrificio todos los dias [n]. Sal. 89. 29,
19 ¶ Y fué palabra de Jehová á Jere- 36.
mías diciendo: Luc. 1. 32,
20 Así ha dicho Jehová: Si pudieres 33.
invalidar mi concierto para con el dia, [n] Ez. 44. 15.
y mi concierto para con la noche, por
manera que no haya dia ni noche á su
tiempo,
21 Podráse tambien invalidar mi pacto
con mi siervo David [o], para que deje de [o] 2 Sa. 23. 5.
tener hijo que reine sobre su trono, y
con los Levitas y sacerdotes, mis mi-
nistros.
22 Como no puede ser contado [p] el [p] Cap. 31. 37.
ejército del cielo, ni la arena de la mar Gen. 15. 5.
se puede medir, así multiplicaré la simi- y 22. 17.
ente de David mi siervo, y los Levitas
que á mí ministran.
23 ¶ Y fué palabra de Jehová á Jere-
mías diciendo:
24 ¿No has echado de ver lo que ha-
bla este pueblo diciendo, Dos familias
que Jehová escogiera ha desechado? Y
han tenido en poco mi pueblo, hasta no
tenerlos mas por nacion.
25 Así ha dicho Jehová: Si no *per-*
maneciere mi concierto para con el dia
y la noche [q], y *si* yo no he puesto las [q] Gen. 8. 22.
leyes del cielo y de la tierra,
26 Tambien desecharé la simiente de

Jacob, y de David mi siervo, para no tomar de su simiente quien sea Señor sobre la simiente de Abraham, de Isaac, y de Jacob. Porque haré volver su cantividad [r], y tendré de ellos misericordia.

[r] Cap. 32. 11.

CAPITULO XXXIV.

Predice el profeta la prision y cautiverio de Sedechias, y la toma y asolamiento de la ciudad. El rey y los príncipes habiendo por persuacion de Jeremías concedido libertad á los siervos Hebréos, vuelven á tomarlos con infraccion de la ley, y de lo que habian solemnemente prometido. Amenázales por tanto el profeta con muerte y cautiverio, y con la devastacion de la ciudad por los Babilonios.

PALABRA que fué á Jeremías de Jehová, (cuando Nabucodonosor rey de Babilonia, y todo su ejército, y todos los reinos de la tierra del señorío de su mano, y todos los pueblos, peleaban contra Jerusalem [a], y contra todas sus ciudades,) diciendo:

[a] Cap. 39. 1, etc. y 52. 4, etc. 2 Rey. 25. 1, etc.

2 Así ha dicho Jehová Dios de Israel: Ve y habla á Sedechias, rey de Judá, y díle: Así ha dicho Jehová: Hé aquí entregaré yo esta ciudad en mano del rey de Babilonia, y la abrasará con fuego [b].

[b] Cap. 21. 10. y 32. 28, 29.

3 Y no escaparás tú de su mano, sino que de cierto serás preso, y en su mano serás entregado; y tus ojos verán los ojos del rey de Babilonia, y te hablará boca á boca [c], y en Babilonia entrarás.

[c] Cap. 32. 4.

4 Con todo eso oye palabra de Jehová, Sedechias rey de Judá: Así ha dicho Jehová de tí: No morirás á cuchillo:

5 En paz morirás, y conforme á las quemas de tus padres, los reyes primeros que fueron ántes de tí [d], así quemarán por tí, y te endecharán *diciendo*: ¡Ay Señor! porque yo he hablado la pabra, dice Jehová.

[d] 2 Cr. 16. 14. y 21. 19.

6 ¶ Y habló Jeremías profeta á Sedechias, rey de Judá, todas estas palabras en Jerusalem.

7 Y el ejército del rey de Babilonia peleaba contra Jerusalem, y contra todas las ciudades de Judá que habian quedado; contra Lachis, y contra Azeca: porque de las ciudades fuertes de Judá estas habian quedado.

8 ¶ Palabra que fué á Jeremías de Jehová, despues que Sedechias hizo concierto con todo el pueblo en Jerusalem, para promulgarles libertad [e]:

[e] Ex. 21. 2.

9 Que cada uno dejase su siervo y cada uno su sierva, Hebréo y Hebréa libres; que ninguno usase de los Judíos sus hermanos como de siervos.

10 Y como oyeron todos los príncipes, y todo el pueblo, que habian venido en el concierto de dejar cada uno su siervo y cada uno su sierva libres, que ninguno usase mas de ellos como de siervos, obedecieron, y dejáronlos.

11 Mas despues se arrepintieron, é hicieron tornar los siervos y las siervas que habian dejado libres, y sujetáronlos por siervos y por siervas.

12 Y fué palabra de Jehová á Jeremías, de parte de Jehová diciendo:

13 Así dice Jehová Dios de Israel: Yo hice pacto con vuestros padres el dia que los saqué de tierra de Egipto, de casa de siervos, diciendo:

14 Al cabo de siete años dejaréis cada uno á su hermano Hebréo que te fuere vendido [f]: te servirá pues seis años, y lo enviarás libre de tí. Mas vuestros padres no me oyeron, ni inclinaron su oido.

[f] Deu. 15. 12.

15 Y vosotros os habiais hoy convertido, y hecho lo recto delante de mis ojos, anunciando cada uno libertad á su prójimo; y habiais hecho concierto en mi presencia [g] en la casa sobre la cual es invocado mi nombre.

[g] 2 Rey. 23. 3. Neh. 10. 29.

16 Pero os habeis vuelto y profanado mi nombre, y habeis tornado á tomar cada uno su siervo y cada uno su sierva que habiais dejado libres, á su voluntad; y los habeis sujetado á seros siervos y siervas.

17 Por tanto así ha dicho Jehová: Vosotros no me habeis oido en promulgar cada uno libertad á su hermano, y cada uno á su compañero: hé aquí que yo os promulgo libertad [h], dice Jehová, á cuchillo, y á pestilencia, y á hambre [i]: y os pondré en remocion á todos los reinos de la tierra.

[h] Mat. 7. 2. Sant. 2. 13. [i] Cap. 32. 36. Cap. 29. 18. Deu. 28. 25, 64.

18 Y entregaré á los hombres que traspasaron mi pacto, que no han llevado á efecto las palabras del pacto que celebraron en mi presencia dividiendo en dos partes el becerro, y pasando por medio de ellas:

19 A los príncipes de Judá, y á los príncipes de Jerusalem, á los eunucos, y á los sacerdotes, y á todo el pueblo de la tierra, que pasaron entre las partes del becerro,

20 Entregarélos en mano de sus enemigos, y en mano de los que buscan su alma: y sus cuerpos muertos serán para comida de las aves del cielo, y de las bestias de la tierra [k].

[k] Cap. 7. 33. y 16. 4. y 19. 7.

21 Y á Sedechias, rey de Judá, y á sus príncipes, entregaré en mano de sus enemigos, y en mano de los que buscan su alma, y en mano del ejército del rey de Babilonia que se fueron de vosotros [l].

[l] Cap. 37. 5, 11.

22 Hé aquí mandaré yo, dice Jehová, y harélos volver á esta ciudad, y pelearán contra ella, y la tomarán, y abrasarán á fuego [m]: y reduciré á soledad las ciudades de Judá, hasta no quedar morador [n].

[m] Cap. 52. 7, 13. [n] Cap. 44. 2, 6.

CAPITULO XXXV.

Por la obediencia de los Rechâbitas redarguye el profeta la desobediencia de los Judíos, y promete á aquellos perpetuidad en la casa de Dios.

PALABRA que fué á Jeremías de Jehová en dias de Joacim, hijo de Josías, rey de Judá, diciendo:

2 Ve á casa de los Rechâbitas [a], y habla con ellos, é introdúcelos en la casa de Jehová en una de las cámaras [b], y dáles á beber vino.

[a] 2 Rey. 10. 15. 1 Cr. 2. 55. [b] 1 Cr. 9. 26. Neh. 10. 37.

3 Tomé entónces á Jaazanía, hijo de Jeremías, hijo de Habassinia, y á todos sus hijos, y á toda la familia de los Rechâbitas,

4 Y metílos en la casa de Jehová, en la cámara de los hijos de Hanan, hijo de Igdalías, varon de Dios, la cual estaba junto á la cámara de Maasías, hijo de Sallum, guarda de los vasos [c].

[c] 2 Rey. 12. 9. y 22. 4. Sal. 84. 10.

5 Y puse delante de los hijos de la familia de los Rechâbitas tazas y copas llenas de vino, y díjeles: Bebed vino.

6 Mas ellos dijeron: No beberémos vino, porque Jonadab, hijo de Rechâb, nuestro padre, nos mandó diciendo: No beberéis jamas vino vosotros ni vuestros hijos:

7 Ni edificaréis casa, ni sembraréis sementera, ni plantaréis viña, ni la tendréis: mas moraréis en tiendas todos vuestros dias, para que vivais muchos dias sobre la haz de la tierra donde vosotros peregrinais.

8 Y nosotros hemos obedecido á la voz de Jonadab nuestro padre, hijo de Rechâb, en todas las cosas que nos mandó de no beber vino en todos nuestros dias, nosotros ni nuestras mujeres, ni nuestros hijos ni nuestras hijas,

9 Y de no edificar casas para nuestra morada, y de no tener viña, ni heredad, ni sementera.

10 Moramos pues en tiendas, y hemos obedecido y hecho conforme á todas las cosas que nos mandó Jonadab nuestro padre.

11 Sucedió, empero, que cuando Nabucodonosor rey de Babilonia subió á la tierra, dijimos: Venid, y entrémonos en Jerusalem de delante del ejército de los Caldéos, y de delante del ejército de los de Siria: y en Jerusalem nos quedamos.

12 ¶ Y fué palabra de Jehová á Jeremías, diciendo:

13 Así ha dicho Jehová de los ejércitos, Dios de Israel: Ve, y di á los varones de Judá, y á los moradores de Jerusalem: ¿No recibiréis instruccion para obedecer á mis palabras, dice Jehová?

14 Fué firme la palabra de Jonadab, hijo de Rechâb, el cual mandó á sus hijos que no bebiesen vino, y no lo han bebido hasta hoy, por obedecer al mandamiento de su padre: y yo os he hablado á vosotros, madrugando[d] y hablando, y no me habeis oido.

Cr. 36. 15,

15 Y envié á vosotros á todos mis siervos los profetas[e], madrugando y enviandoles á decir: Tornáos ahora cada uno de su mal camino, y enmendad vuestras obras[f], y no vayais tras dioses agenos para servirles, y viviréis en la tierra que di á vosotros y á vuestros padres: mas no inclinasteis vuestro oido, ni me oisteis.

Cap. 7. 13, 25. 3, 6. Cap. 18. 11.

16 Ciertamente los hijos de Jonadab, hijo de Rechâb, tuvieron por firme el mandamiento que les dió su padre; mas este pueblo no me ha obedecido.

17 Por tanto así ha dicho Jehová Dios de los ejércitos, Dios de Israel: Hé aquí traeré yo sobre Judá y sobre Jerusalem todo el mal que contra ellos he hablado: porque les hablé, y no oyeron; llaméles, y no han respondido[g].

Pro. 1. 24, 13. 18. 65. 12. 6. 4.

18 Y dijo Jeremías á la familia de los Rechâbitas: Así ha dicho Jehová de los ejércitos, Dios de Israel: Porque obedecisteis al mandamiento de Jonadab vuestro padre[h], y guardasteis todos sus mandamientos, é hicisteis conforme á todas las cosas que os mandó,

Ex. 20. 12.

19 Por tanto así ha dicho Jehová de los ejércitos, Dios de Israel: No faltará varon de Jonadab, hijo de Rechâb, que esté en mi presencia todos los dias[i].

Cap. 33. 17,

CAPITULO XXXVI.

Estando preso Jeremías, envia por medio de Baruch su profecía escrita, para que la leyese públicamente en el Templo; y oyéndola los príncipes, dan cuenta al rey, el cual hace traer el escrito, y despues de leído en su presencia, él mismo lo rompe y quema, y manda prender á Baruch y á Jeremías. Mas Dios los oculta, y por mandato suyo vuelve á escribir Jeremías en otro cuaderno lo que estaba en el que el rey quemó, y mucho mas.

Y ACONTECIÓ en el cuarto año de Joacim, hijo de Josías, rey de Judá, que fué esta palabra á Jeremías de Jehová, diciendo:

8. 1. 2. 9. 4. 1, 2. Cap. 30. 2.

2 Tómate un envoltorio de libro[a], y escribe en él todas las palabras[b] que te he hablado contra Israel y contra Judá, y contra todas las gentes[c], desde el dia que comencé á hablarte, desde los dias de Josías hasta hoy.

Cap. 1. 5. 15, etc. 7. 26. 3.

3 Quizá[d] oirá la casa de Judá todo el mal que yo pienso hacerles, para volverse cada uno de su mal camino[e]; y yo les perdonaré su maldad y su pecado[f].

Cap. 18. 8. 3. 8, 9. Mich. 7. 19.

4 Y llamó Jeremías á Baruch[g], hijo de Nerias, y escribió Baruch de boca de Jeremías en un envoltorio de libro todas las palabras que Jehová le habia hablado.

[g] Cap. 32. 12. y 45. 1, 2.

5 Despues mandó Jeremías á Baruch diciendo: Yo estoy preso; no puedo entrar en la casa de Jehová:

6 Entra tú pues, y lee de este envoltorio, que escribiste de mi boca, las palabras de Jehová en oidos del pueblo, en la casa de Jehová, el dia del ayuno[h]; y las leerás tambien en oidos de todo Judá que vienen de sus ciudades.

[h] ver. 9.

7 Quizá caerá oracion de ellos en la presencia de Jehová, y tornaráse cada uno de su mal camino: porque grande es el furor y la ira que ha expresado Jehová contra este pueblo.

8 Y Baruch, hijo de Nerias, hizo conforme á todas las cosas que le mandó Jeremías profeta, leyendo en el libro las palabras de Jehová en la casa de Jehová.

9 Y aconteció en el año quinto de Joacim, hijo de Josías, rey de Judá, en el mes noveno, que promulgaron ayuno[i] en la presencia de Jehová á todo el pueblo de Jerusalem, y á todo el pueblo que venia de las ciudades de Judá á Jerusalem.

[i] Joel 2. 15, etc.

10 Y Baruch leyó en el libro las palabras de Jeremías en la casa de Jehová, en la cámara de Gemarías, hijo de Saphan escriba, en el atrio de arriba, á la entrada de la puerta nueva[k] de la casa de Jehová, en oidos del pueblo.

[k] Cap. 26. 10.

11 Y Michêas, hijo de Gemarías, hijo de Saphan, habiendo oido del libro todas las palabras de Jehová,

12 Descendió á la casa del rey á la cámara del secretario, y hé aquí que todos los príncipes estaban allí sentados; *á saber*, Elisama, secretario, y Delaías, hijo de Semeías, y Elnathan, hijo de Achbor, y Jemarías, hijo de Saphan, y Sedechías, hijo de Hananías, y todos los príncipes.

13 Y contóles Michêas todas las palabras que habia oido leyendo Baruch en el libro en oidos del pueblo.

14 Entónces enviaron todos los príncipes á Jehudí, hijo de Nethanías, hijo de Selemías, hijo de Chusi, para que dijese á Baruch: Toma el envoltorio en que leiste á oidos del pueblo, y ven *acá*. Y Baruch, hijo de Nerias, tomó el envoltorio en su mano, y vino á ellos.

15 Y dijéronle: Siéntate ahora, y léelo en nuestros oidos. Y leyó Baruch en sus oidos.

16 Y fué que como oyeron todas aquellas palabras, cada uno se volvió espantado á su compañero, y dijeron á Baruch: Sin duda contarémos al rey todas estas palabras.

17 Preguntaron luego á Baruch diciendo: Cuéntanos ahora como escribiste de boca de Jeremías todas estas palabras.

18 Y Baruch les dijo: Él me dictaba de su boca todas estas palabras, y yo escribia con tinta en el libro[l].

[l] ver. 2, 4.

19 Entónces dijeron los príncipes á Baruch: Ve, y escóndete tú y Jeremías, y nadie sepa donde estais.

20 Y entraron al rey al atrio, habiendo depositado el envoltorio en la cámara de Elisama, secretario, y contaron en los oidos del rey todas estas palabras.

21 Y envió el rey á Jehudí á que tomase el envoltorio, el cual lo tomó de la cámara de Elisama secretario; y leyó en él Jehudí en oidos del rey, y en oidos

de todos los príncipes que junto al rey
estaban.
22 Y el rey estaba en la casa de in-
[m] Juec. 3. 20. Amos 3. 15. vierno [m] en el mes noveno, y habia un
brasero ardiendo delante de él.
23 Y fué que como Jehudí hubo leido
tres ó cuatro versos, rasgólo con un
cuchillo de escribanía, y echólo en el
fuego que *habia* en el brasero, hasta que
todo el envoltorio se consumió sobre el
fuego que en el brasero *habia*.
24 Y no tuvieron temor, ni rasgaron
sus vestidos el rey y todos sus siervos
[n] 2 Rey. 22. 11. que oyeron todas estas palabras [n].
25 Y aunque Elnathan y Delaías y Ge-
marías rogaron al rey que no quemase
aquel envoltorio, no los quiso oir:
26 Antes mandó el rey á Jerameel,
hijo de Amelech, y á Seraías, hijo de
Azriel, y á Selemías, hijo de Abdeel,
que prendiesen á Baruch, el escribiente,
y á Jeremías profeta; mas Jehová los
[o] Sal. 27. 5. y 32. 7. y 64. 2. escondió [o].
27 ¶ Y fué palabra de Jehová á Je-
remías, despues que el rey quemó el
envoltorio, las palabras que Baruch ha-
bia escrito de boca de Jeremías, dici-
endo:
28 Vuelve á tomar otro envoltorio, y
escribe en él todas las palabras primeras
que estaban en el primer envoltorio, que
quemó Joacim rey de Judá.
29 Y dirás á Joacim, rey de Judá:
Así ha dicho Jehová: Tú quemaste este
envoltorio diciendo: ¿ Por qué escribiste
en él diciendo, De cierto vendrá el rey
de Babilonia, y destruirá esta tierra, y
hará que no queden en ella hombres ni
animales?
30 Por tanto así ha dicho Jehová en
órden á Joacim, rey de Judá: No ten-
drá quien se siente sobre el trono de
David; y su cuerpo será echado al calor
[p] Cap. 22. 19, 30. del dia, y al yelo de la noche [p].
31 Y visitaré sobre él, y sobre su simi-
ente, y sobre sus siervos, su maldad; y
traeré sobre ellos, y sobre los moradores
de Jerusalem, y sobre los varones de
[q] Pro. 29. 1. Judá, todo el mal que les he dicho [q], y
no escucharon.
32 Y tomó Jeremías otro envoltorio, y
diólo á Baruch, hijo de Nerías, escriba,
y escribió en él de boca de Jeremías to-
das las palabras del libro que quemó en
el fuego Joacim, rey de Judá, y aun fue-
ron añadidas sobre ellas muchas otras
palabras semejantes.

CAPITULO XXXVII.

Yendose los Caldéos del cerco de Jerusalem por la fama de que Pharaon rey de Egipto venia en socorro de la ciudad, Jeremías intenta salir de ella para irse á su villa Anathoth: pero el capitan de la guardia de una puerta le achaca que se va á los Caldéos, y aunque lo niega Jeremías, le prende; y despues que los príncipes le hacen azotar, es echado en una masmorra. De allí lo hace sacar el rey en secreto; pero él le confirma la profecía de su cautiverio, y con todo por mandado del rey se le da pan, y otra prision menos dura.

[a] Cap. 22. 24. 2 Rey. 24. 17. 2 Cr. 36. 10. Y REINÓ el rey Sedechías [a], hijo de
Josías, en lugar de Conías, hijo de
Joacim, al cual Nabucodonosor rey de
Babilonia habia constituido por rey en
la tierra de Judá.
2 Mas no obedeció él, ni sus siervos,
ni el pueblo de la tierra, á las palabras
[b] 2 Cr. 36. 12, 16. de Jehová [b], que dijo por el profeta Je-
remías.
[c] Cap. 29. 25. y 52. 24. 3 Y envió el rey Sedechías á Jucal,
hijo de Selemías, y á Sephanías, hijo de
[d] Cap. 2. 27. y 21. 1, 2. y 42. 2, 20. Maasías sacerdote [c], para que dijesen al
profeta Jeremías: Ruega ahora por nos-
otros á Jehová nuestro Dios [d].
4 (Y Jeremías entraba y salia en me-
dio del pueblo, porque no lo habían pu-
esto en la casa de la cárcel.
5 Y como el ejército de Pharaon [e] hubo [e] 2 Rey. 24. 7. Ez. 17. 15.
salido de Egipto, y vino la fama de ellos
á oidos de los Caldéos que tenian cer-
cada á Jerusalem, partiéronse de Jeru-
salem [f].) [f] ver. 11. Cap. 34. 21.
6 Entónces fué palabra de Jehová á
Jeremías diciendo:
7 Así ha dicho Jehová Dios de Israel:
Diréis así al rey de Judá, que os envió á
mí para que me preguntaseis: Hé aquí
que el ejército de Pharaon que habia
salido en vuestro socorro, se volvió á su
tierra en Egipto.
8 Y tornarán los Caldéos, y combati-
rán esta ciudad, y la tomarán, y la pon- [g] Cap. 34. 22.
drán á fuego [g].
9 Así ha dicho Jehová: No engañeis
vuestras almas diciendo: Sin duda los
Caldéos se han ido de nosotros: porque
no se irán.
10 Porque aun cuando hirieseis todo
el ejército de los Caldéos que pelean
con vosotros, y quedasen de ellos hom-
bres alanceados, cada uno se levantará
de su tienda, y pondrán esta ciudad á
fuego [h]. [h] Cap. 21. 4, 7.
11 ¶ Y aconteció que como el ejército
de los Caldéos se fué de Jerusalem á
causa del ejército de Pharaon,
12 Salíase de Jerusalem Jeremías para
irse á tierra de Benjamin, para apar-
tarse de allí, de en medio del pueblo.
13 Y cuando fué á la puerta de Ben-
jamin, estaba allí un prepósito que se
llamaba Irias, hijo de Selemías, hijo de
Hananías; el cual prendió á Jeremías
profeta diciendo: Tú te retiras á los
Caldéos.
14 Y Jeremías dijo: *Es* falso [i]; no me [i] Mat. 5. 11, 12.
retiro á los Caldéos. Mas él no lo escu-
chó; ántes prendió Irias á Jeremías, y
llevólo delante de los príncipes.
15 Y los príncipes se airaron contra
Jeremías, y azotáronlo, y pusiéronle en
prision en la casa de Jonathan escriba,
porque aquella habian hecho casa de
cárcel.
16 Entró pues Jeremías en la casa de
la mazmorra, y en las camarillas *de la*
prision: y habiendo estado allá Jere-
mías por muchos dias,
17 El rey Sedechías envió, y sacólo;
y preguntóle el rey escondidamente en
su casa, y dijo: ¿ Es palabra de Je-
hová? Y Jeremías dijo: *Sí que* es. Y
dijo mas: En mano del rey de Babilo-
nia serás entregado.
18 Dijo tambien Jeremías al rey Se-
dechías: ¿ En qué pequé contra tí, y
contra tus siervos, y contra este pueblo,
para que me pusieseis en la casa de la
cárcel?
19 ¿ Y dónde están vuestros profetas
que os profetizaban diciendo, No vendrá
el rey de Babilonia contra vosotros, ni
contra esta tierra [k]? [k] Cap. 28. 1, etc. y 23. 21.
20 Ahora pues oye, te ruego, oh rey
mi señor: caiga ahora mi súplica de-
lante de tí, y no me hagas volver á
casa de Jonathan escriba, porque no
me muera allí.
21 Entónces dió órden el rey Sede-
chías, y depositaron á Jeremías en el
patio de la cárcel [l], haciendole dar una [l] Cap. 32. 2. y 38. 13, 28.
torta de pan al dia, de la plaza de los
panaderos, hasta que todo el pan de la
ciudad se gastase. Y quedó Jeremías en
el patio de la cárcel.

CAPITULO XXXVIII.

Con consentimiento del rey es echado Jeremías por los príncipes en una masmorra cenagosa, porque persuadia al pueblo á que se diese á los Caldéos. Ebed-melec, criado del rey, ruega por él, y lo saca de allí. Háblale el rey en secreto, mas él le aconseja que se dé con tiempo á los Caldéos, si quiere evitar su extrema calamidad, la de la ciudad, y la de todo su pueblo.

Y OYÓ Sephatías, hijo de Mathan, y
[a] Cap. 37. 3. Gedalías, hijo de Phasur, y Jucal[a],
[b] Cap. 21. 1. hijo de Selemías, y Phasur[b], hijo de
Melchias, las palabras que Jeremías
hablaba á todo el pueblo diciendo:
2 Así ha dicho Jehová: El que se
quedáre en esta ciudad morirá á cu-
chillo, ó de hambre, ó de pestilencia;
mas el que se saliere á los Caldéos, vi-
virá, pues su vida le será por despojo,
y vivirá.
3 Así ha dicho Jehová: De cierto se-
rá entregada esta ciudad en mano del
ejército del rey de Babilonia, y toma-
rála.
4 Y dijeron los príncipes al rey: Mu-
[c] Cap. 26. 11. era[c] ahora este hombre; porque de esta
manera hace desmayar las manos de los
hombres de guerra que han quedado en
esta ciudad, y las manos de todo el pue-
blo, hablandoles tales palabras: porque
este hombre no busca la paz de este
pueblo, sino el mal.
5 Y dijo el rey Sedechias: Hélo ahí,
en vuestras manos está; que el rey no
podrá contra vosotros nada.
6 Entónces tomaron ellos á Jeremías,
é hiciéronlo echar en la mazmorra de
Malchias, hijo de Amelech, que *estaba*
en el patio de la carcel: y metieron á
Jeremías con sogas. Y en la mazmorra
no *habia* agua, sino cieno: y hundióse
Jeremías en el cieno.
7 ¶ Y oyendo Ebed-melec, hombre
Etiope, eunuco que estaba en casa del
rey, que habian puesto á Jeremías en la
mazmorra, y estando sentado el rey á la
puerta de Benjamin,
8 Ebed-melec salió de casa del rey, y
habló al rey diciendo:
9 Mi señor el rey, mal hicieron estos
varones en todo lo que han hecho con
Jeremías profeta, al cual hicieron echar
en la mazmorra; porque allí se morirá
de hambre, pues no *hay* mas pan en la
ciudad.
10 Entónces mandó el rey al mismo
Ebed-melec Etiope, diciendo: Toma en
tu poder treinta hombres de aquí, y haz
sacar á Jeremías profeta de la mazmorra
ántes que muera.
11 Y tomó Ebed-melec en su poder
hombres, y entró á la casa del rey al
lugar debajo de la tesorería, y tomó de
allí *trapos* viejos, traidos, viejos y an-
drajosos, y echólos á Jeremías con sogas
en la mazmorra.
12 Y dijo Ebed-melec Etiope á Je-
remías: Pon ahora *esos trapos* viejos,
traidos, y rotos, bajo los sobacos de tus
brazos, debajo de las sogas. Y lo hizo
así Jeremías.
13 De este modo sacaron á Jeremías
con sogas, y subiéronlo de la mazmor-
ra; y quedó Jeremías en el patio de la
cárcel.
14 ¶ Despues envió el rey Sedechias, é
hizo traer á sí á Jeremías profeta á la
tercera entrada que estaba en la casa de
Jehová. Y dijo el rey á Jeremías: pre-
gúntote una palabra, no me encubras
ninguna cosa.
15 Y Jeremías dijo á Sedechias: Si te
lo denunciáre, ¿no es verdad que me
matarás? y si te diere consejo, no has
de escucharme.
16 Y juró el rey Sedechias en secreto
[d] ...u. 16. 22. á Jeremías, diciendo: Vive Jehová que
...37. 16. ...c. 12. 1. nos hizo esta alma[d], que no te mataré,
ni te entregaré en mano de estos varones
que buscan tu alma.
17 Entónces dijo Jeremías á Sede-
chias: Así ha dicho Jehová Dios de los
ejércitos, Dios de Israel[e]: Si salieres [e] 1 Cr. 17. 24.
luego á los príncipes del rey de Babi-
lonia, tu alma vivirá, y esta ciudad no
será puesta á fuego; y vivirás tú, y tu
casa:
18 Mas si no salieres á los príncipes
del rey de Babilonia, esta ciudad será
entregada en mano de los Caldéos, y la
pondrán á fuego, y tú no escaparás de
sus manos[f]. [f] Cap. 32. 4. y 34. 2.
19 Y dijo el rey Sedechias á Jeremías:
Témome á causa de los Judíos que se
han adherido á los Caldéos, que no me
entreguen en sus manos, y me escar-
nezcan.
20 Y dijo Jeremías: No *te* entregarán.
Oye ahora la voz de Jehová, que yo
te hablo, y tendrás bien, y vivirá tu
alma.
21 Mas si no quisieres salir, esta es la
palabra que me ha mostrado Jehová:
22 Y hé aquí que todas las mujeres que
han quedado en casa del rey de Judá,
serán sacadas á los príncipes del rey de
Babilonia; y ellas mismas dirán: Te
han engañado, y prevalecido contra tí
tus amigos: atollaron en el cieno tus
piés, y se volvieron atrás.
23 Sacarán pues todas tus mujeres y
tus hijos á los Caldéos, y tú no escapa-
rás de sus manos, sino que por mano
del rey de Babilonia serás preso, y á esta
ciudad quemará á fuego[g]. [g] Cap. 52. 8, 13.
24 Y dijo Sedechias á Jeremías: Nadie
sepa estas palabras, y no morirás.
25 Y si los príncipes oyeren que yo he
hablado contigo, y vinieren á tí, y te
dijeren: Declarános ahora qué hablaste
con el rey; no nos lo encubras, y no te
matarémos; asimismo qué te dijo el
rey:
26 Les dirás: Supliqué al rey que no
me hiciese tornar á casa de Jonathan[h], [h] Cap. 37. 15, 20.
porque no me muriese allí.
27 Vinieron luego todos los príncipes
á Jeremías, y preguntáronle: y él les
respondió conforme á todo lo que el rey
le habia mandado. Con esto se dejaron
de él, porque el negocio no se habia
oido.
28 Y quedó Jeremías en el patio de la
cárcel hasta el dia que fué tomada Je-
rusalem: y *allí* estaba cuando Jerusalem
fué tomada.

CAPITULO XXXIX.

Jerusalem es tomada por los Caldéos, y puesta á fuego; y hecho prisionero Sedechias, es traido ante el rey de Babilonia, el cual despues de haber hecho degollar sus hijos y sus príncipes delante de él, sácale los ojos, y envíalo aprisionado á Babilonia. Jeremías es puesto en libertad, habiendo ántes anunciado de parte de Dios á Ebed-melec que por su piedad seria librado del peligro.

EN el noveno año de Sedechias, rey
de Judá, en el mes décimo, vino
Nabucodonosor rey de Babilonia con
todo su ejército contra Jerusalem, y
cercáronla[a]. [a] Cap. 52. 4, etc. 2 Rey. 25. 1, etc.
2 Y en el undécimo año de Sedechias,
en el mes cuarto, á los nueve del mes,
fué rota la ciudad.
3 Y entraron todos los príncipes del
rey de Babilonia, y asentaron á la pu-
erta del medio; *es á saber*, Nergal-Sa-
rezer, Samgar-Nebo, Sarsechim, Rab-
saris, Nergal-Sarezer, Rabmag, y todos
los demás príncipes del rey de Babi-
lonia.
4 Y fué, que viendolos Sedechias, rey
de Judá, y todos los hombres de guerra,

huyeron, y saliéronse de noche de la
ciudad por el camino de la huerta del
rey, por la puerta entre los dos muros:
y salió *el rey* por el camino del desi-
erto.
5 Mas el ejército de los Caldéos los
[b] Cap. 32. 4. y 38. 18, 23. siguió, y alcanzaron á Sedechias[b] en los
llanos de Jericó: y tomáronlo, é hiciéronle
subir á Nabucodonosor, rey de
Babilonia, á Ribla en tierra de Hamath,
y sentencióle *allí*.
6 Y degolló el rey de Babilonia los
hijos de Sedechias á su presencia en
Ribla, haciendo asimismo degollar el
rey de Babilonia á todos los nobles de
Judá.
[c] Cap. 52. 11. Ez. 12. 13. 7 Y sacó los ojos al rey Sedechias[c], y
aprisionólo con grillos para llevarlo á
Babilonia.
8 Y los Caldéos pusieron á fuego la
casa del rey, y las casas del pueblo, y
derribaron los muros de Jerusalem.
9 Y el resto del pueblo que habia que-
dado en la ciudad, y los que se habian
á él adherido, con todo el resto del pue-
blo que habia quedado, transportólos á
Babilonia Nabuzardan, capitan de la
guardia.
10 Empero Nabuzardan, capitan de la
guardia, hizo quedar en tierra de Judá
del vulgo de los pobres que no tenian
nada, y dióles entónces viñas y here-
dades.
11 ¶ Y Nabucodonosor habia ordenado
á Nabuzardan, capitan de la guardia,
acerca de Jeremías, diciendo:
12 Tómalo, y mira por él, y no le ha-
gas mal ninguno; ántes harás con él
como él te dijere.
13 Envió por tanto Nabuzardan, ca-
pitan de la guardia, y Nabusazban, Rab-
saris, y Nergal-Sereser, y Rab-mag, y
todos los príncipes del rey de Babilonia,
14 Enviaron entónces, y tomaron á
Jeremías del patio de la cárcel, y entre-
[d] Cap. 40. 5. gáronlo á Gedalías[d], hijo de Ahicam,
hijo de Saphan, para que lo sacase á
casa: y vivió entre el pueblo.
15 ¶ Y habia sido palabra de Jehová
á Jeremías, estando preso en el patio
de la cárcel, diciendo:
16 Ve, y habla á Ebed-melec Etiope
diciendo: Así ha dicho Jehová de los
ejércitos, Dios de Israel: Hé aquí traigo
[e] Da. 9. 12. yo mis palabras sobre esta ciudad[e] para
mal, y no para bien; y vendrán á ser
en aquel dia á presencia tuya.
17 Mas en aquel dia yo te libraré, dice
Jehová, y no serás entregado en mano
de aquellos de quienes tú temes:
18 Porque ciertamente te libraré, y no
caerás á cuchillo, sino que tu vida te
[f] Cap. 21. 9. y 45. 5. será por despojo[f], porque tuviste con-
[g] 1 Cr. 5. 20. Sal. 37. 39, 40. fianza en mí[g], dice Jehová.

CAPITULO XL.

Jeremías es puesto en libertad por Nabuzardan, capitan de la guardia, quien le dió dones y licencia de irse adonde quisiese. Váse á Gedalías, á quien el rey de Babilonia dejó el cuidado de la tierra de Judá. Es avisado Gedalías de que Ismael conspira contra su vida, y tiene por falso tal aviso.

PALABRA que fué á Jeremías de
Jehová, despues que Naburzadan,
capitan de la guardia, lo envió desde
[a] Cap. 39. 14. Ramá, cuando lo tomó[a] estando atado
con esposas entre toda la transmigra-
cion de Jerusalem y de Judá, que iban
cautivos á Babilonia.
2 Tomó pues el capitan de la guardia
á Jeremías, y díjole: Jehová tu Dios
[b] Cap. 50. 7. habló este mal contra este lugar[b],
3 Y halo traido, y hecho Jehová segun
que habia dicho: porque pecasteis con-
tra Jehová, y no oisteis su voz, por eso
os ha venido esto.
4 Y ahora yo te he soltado hoy de las
esposas que *tenias* en tus manos. Si te
está bien venir conmigo á Babilonia,
ven, y yo miraré por tí: mas si no te
está bien venir conmigo á Babilonia,
déjalo. Mira, toda la tierra está delante
de tí; ve á donde mejor y mas cómodo
te pareciere ir.
5 Y aun no se habia él vuelto, cuando
le dijo: Vuélvete á Gedalías, hijo de
Ahicam, hijo de Saphan, al cual el rey
de Babilonia ha puesto sobre todas las
ciudades de Judá, y vive con él en me-
dio del pueblo; ó ve á donde te pa-
reciere mas cómodo de ir. Y dióle el
capitan de la guardia presentes y dones,
y despidiólo.
6 Fuése entónces Jeremías á Gedalías,
hijo de Ahicam, á Mispa[c], y moró con [c] Jos. 18.
él en medio del pueblo que habia que-
dado en la tierra.
7 Y como oyeron todos los príncipes
del ejército que *estaba* por el campo,
ellos y sus hombres, que el rey de Ba-
bilonia habia puesto á Gedalías hijo de
Ahicam sobre la tierra, y que le habia
encomendado los hombres, y las mu-
jeres, y los niños, y los pobres de la
tierra[d], que no fueron trasportados á [d] Cap. 39. 10. y 52. 16.
Babilonia,
8 Vinieron[e] luego á Gedalías en Mis- [e] 2 Rey. 25. 23.
pa; es á saber, Ismael[f], hijo de Netha-
nías, y Johanan[g] y Jonathan, hijos de [f] Cap. 41. 1, etc.
Carea, y Seraias, hijo de Tanhumeth,
y los hijos de Ephi Netophatita[h], y Je- [g] Cap. 43. 2, 4, 5.
zanías, hijo de Maschâti[i], ellos y sus [h] Esd. 2. 22.
hombres. [i] Jos. 12. 5.
9 Y juróles Gedalías, hijo de Ahicam,
hijo de Saphan, á ellos y á sus hom-
bres, diciendo: No tengais temor de
servir á los Caldéos: habitad en la ti-
erra, y servid al rey de Babilonia, y
tendréis bien.
10 Y hé aquí que yo habito en Mispa,
para estar delante de los Caldéos que
vendrán á nosotros: mas vosotros coged
el vino, y el pan, y el aceite, y ponedlo
en vuestros almacenes, y quedáos en vu-
estras ciudades que habeis tomado.
11 Asimismo todos los Judíos *que es-*
taban en Moab[k], y entre los hijos de [k] Is. 16. 4.
Ammon[l], y en Edom, y los que *estaban* [l] Ez. 25. 2.
en todas las *otras* tierras, cuando oyeron
decir como el rey de Babilonia habia
dejado algunos en la Judéa, y que habia
puesto sobre ellos á Gedalías, hijo de
Ahicam, hijo de Saphan,
12 Todos esos Judíos tornáron entón-
ces de todas las partes adonde habian
sido echados, y vinieron á tierra de
Judá, á Gedalías en Mispa; y cogieron
vino, y muy muchos frutos.
13 ¶ Y Johanan, hijo de Carea, y to-
dos los príncipes de la gente de guerra
que *estaban* en el campo, vinieron á
Gedalías en Mispa,
14 Y dijéronle: ¿No sabes de cierto
como Baalis, rey de los hijos de Am-
mon, ha enviado á Ismael[m], hijo de [m] Cap. 41.
Nethanías, para matarte? Mas Geda-
lías, hijo de Ahicam, no los creyó.
15 Entónces Johanan, hijo de Carea,
habló á Gedalías en secreto, en Mispa,
diciendo: Yo iré ahora, y heriré á Is-
mael, hijo de Nethanías, y hombre no
lo sabrá: ¿por qué te ha de matar, y
todos los Judíos que se han recogido á
tí se derramarán, y perecerá el resto de
Judá?
16 Pero Gedalías, hijo de Ahicam, dijo
á Johanan, hijo de Carea: No hagas
esto, porque falso es lo que tú dices de
Ismael.

CAPITULO XLI.

Ismael mata á traicion á Gedalías, y hace otras insignes crueldades, y toma consigo á los que habian quedado para llevarlos á la tierra de los Ammonitas. Johanan lo sigue, y quítale la gente, mas él se le escapa.

Y ACONTECIÓ en el mes séptimo, que vino Ismael[a], hijo de Nethanías, hijo de Elisama, de la simiente real, y *algunos* príncipes del rey, y diez hombres con él, á Gedalías hijo de Ahicam en Mispa, y comieron pan juntos allí en Mispa. [sp. 40. 8. ey.26.25.]

2 Y levantóse Ismael, hijo de Nethanías, y los diez hombres que con él *estaban*, é hirieron á cuchillo á Gedalías, hijo de Ahicam, hijo de Saphan, matando así á aquel á quien el rey de Babilonia habia puesto sobre la tierra.

3 Asimismo hirió Ismael á todos los Judíos que estaban con él, con Gedalías, en Mispa, y á los soldados Caldéos que allí se hallaron.

4 Sucedió ademas un dia despues que mató á Gedalías, cuando nadie lo sabia aun,

5 Que venian unos hombres de Sichêm, y de Silo, y de Samaria, ochenta hombres, raida la barba[b], y rotas las ropas, y arañados, y traian en sus manos ofrenda y perfume para llevar á la casa de Jehová. [r. 19. 27, . 14. 1. 15. 2.]

6 Y de Mispa salióles al encuentro llorando Ismael, hijo de Nethanías: y aconteció que como los encontró, díjoles: Venid á Gedalías, hijo de Ahicam.

7 Y fué que cuando llegaron al medio de la ciudad, Ismael hijo de Nethanías los degolló *y echólos* en medio de un aljibe, él y los hombres que con él *estaban*.

8 Mas entre aquellos fueron hallados diez hombres que dijeron á Ismael: No nos mates, porque tenemos en el campo tesoros de trigos, y cebadas, y aceite, y miel[c]. Y dejólos, y no los mató entre sus hermanos. [2. 4. 12. 8.]

9 Y el aljibe en que echó Ismael todos los cuerpos de los hombres que hirió por causa de Gedalías, era el mismo que habia hecho el rey Asa[d] por causa de Baasa, rey de Israel: *y* llenólo de muertos Ismael, hijo de Nethanías. [y. 15.]

10 Despues llevó Ismael cautivo á todo el resto del pueblo que *estaba* en Mispa, á las hijas del rey, y á todo el pueblo que en Mispa habia quedado, el cual habia Nabuzardan, capitan de la guardia, encargado á Gedalías hijo de Ahicam[e]. Llevólos pues cautivos Ismael, hijo de Nethanías, y se fué para pasarse á los hijos de Ammon[f]. [. 43. 6. 40. 14.]

11 ¶ Y oyó Johanan, hijo de Carea, y todos los príncipes de la gente de guerra que *estaban* con él, todo el mal que habia hecho Ismael, hijo de Nethanías.

12 Entónces tomaron todos los hombres, y fueron á pelear con Ismael, hijo de Nethanías; y halláronlo junto á Aguas muchas, que *es* en Gabaon[g]. [2. 13.]

13 Y aconteció que como todo el pueblo que estaba con Ismael vió á Johanan, hijo de Carea, y á todos los príncipes de la gente de guerra que *venian* con él, se alegraron:

14 Y todo el pueblo que Ismael habia traido cautivo de Mispa, tornáronse, y volvieron, y fuéronse á Johanan, hijo de Carea.

15 Mas Ismael, hijo de Nethanías, se escapó delante de Johanan con ocho hombres, y se fué á los hijos de Ammon.

16 Y Johanan, hijo de Carea, y todos los príncipes de la gente de guerra que con él *estaban*, tomaron todo el resto del pueblo que habian recobrado de Ismael hijo de Nethanías, *sacado por* él *mismo* de Mispa, despues que hirió á Gedalías, hijo de Ahicam: *tomaron* hombres de guerra, y mujeres, y niños, y los eunucos, que Johanan habia hecho tornar de Gabaon,

17 Y fueron y habitaron en Geruth-Chimham, que es cerca de Bethlehem, á fin de partir y meterse en Egipto,

18 Por causa de los Caldéos: porque temian de ellos, por haber herido Ismael, hijo de Nethanías, á Gedalías hijo de Ahicam, al cual el rey de Babilonia habia puesto sobre la tierra[h]. [h Cap. 40. 5.]

CAPITULO XLII.

El pueblo y los príncipes requieren á Jeremías que ore por ellos á Dios, y le consulte sobre lo que deberian hacer; á lo cual les responde ser la voluntad de Dios que se queden en el país, y no pasen á Egipto, si no querian morir allá, incurriendo de nuevo en la ira de Dios por no hacer su voluntad.

Y LLEGÁRONSE todos los oficiales de la gente de guerra[a], y Johanan, hijo de Carea, y Jezanías, hijo de Osaías, y todo el pueblo desde el menor hasta el mayor, [a Cap. 40. 7.]

2 Y dijeron á Jeremías profeta: Caiga ahora nuestro ruego delante de tí, y ruega por nosotros á Jehová tu Dios[b] por todo este resto, (pues hemos quedado unos pocos de muchos, como nos ven tus ojos,) [b 1 Sa. 7. 8. y 12. 19, 23.]

3 Para que Jehová tu Dios nos enseñe camino por donde vayamos, y lo que hemos de hacer.

4 Y Jeremías profeta les dijo: Ya he oido. Hé aquí voy á orar á Jehová vuestro Dios, como habeis dicho: y será que todo lo que Jehová os respondiere, os enseñaré; no os reservaré palabra.

5 Y ellos dijeron á Jeremías: Jehová sea entre nosotros testigo de la verdad y de la lealtad[c], si no hiciéremos conforme á todo aquello para lo cual Jehová tu Dios te enviáre á nosotros. [c Gen. 31. 50. Ex. 20. 7.]

6 Ora *sea* bueno, ora malo, á la voz de Jehová nuestro Dios, al cual te enviamos, obedecerémos; para que, obedeciendo á la voz de Jehová nuestro Dios, tengamos bien[d]. [d Cap. 7. 23. Deu. 6. 3.]

7 ¶ Y aconteció que á cabo de diez dias fué palabra de Jehová á Jeremías.

8 Y llamó á Johanan, hijo de Carea, y á todos los oficiales de la gente de guerra que con él *estaban*, y á todo el pueblo desde el menor hasta el mayor,

9 Y díjoles: Así ha dicho Jehová Dios de Israel, al cual me enviasteis para que hiciese caer vuestros ruegos en su presencia:

10 Si os quedáreis quietos en esta tierra, os edificaré, y no os destruiré; os plantaré, y no *os* arrancaré: porque arrepentido[e] estoy del mal que os he hecho. [e Cap. 18. 8. Deu. 32. 36.]

11 No temais de la presencia del rey de Babilonia, del cual teneis temor; no temais de su presencia, ha dicho Jehová, porque con vosotros *estoy*[f] yo para salvaros, y libraros de su mano. [f Ro. 8. 31.]

12 Y os daré misericordias, y tendrá misericordia de vosotros[g], y os hará tornar á vuestra tierra. [g Sal. 106. 45, 46.]

13 Mas si dijereis: No morarémos en esta tierra, no obedeciendo *así* á la voz de Jehová vuestro Dios,

14 Y diciendo: No; ántes nos entrarémos en tierra de Egipto, en la cual no verémos guerra, ni oirémos sonido de

trompeta, ni tendrémos hambre de pan, y allá morarémos;

15 Oid pues ahora por eso palabra de Jehová, reliquias de Judá: Así ha dicho Jehová de los ejércitos, Dios de Israel: Si vosotros volviereis vuestros rostros para entrar en Egipto, y entráreis para peregrinar allá;

h Cap. 44. 13.

16 Será que el cuchillo que temeis, os alcanzará allí en tierra de Egipto [h], y el hambre de que teneis temor, allá en Egipto se os pegará, y allí moriréis.

i ver. 22. Cap. 24. 10.

17 Será pues que todos los hombres que tornaren sus rostros para entrarse en Egipto, para peregrinar allí, morirán á cuchillo, de hambre, y de pestilencia [i]: no habrá de ellos quien quede vivo, ni quien escape delante del mal que traeré yo sobre ellos.

k Cap. 24. 9. y 29. 18, 22. y 44. 12. Zac. 8. 13.

18 Porque así ha dicho Jehová de los ejércitos, Dios de Israel: Como se derramó mi enojo y mi ira sobre los moradores de Jerusalem, así se derramará mi ira sobre vosotros, cuando entráreis en Egipto: y seréis por juramento, y por espanto, y por maldicion, y por afrenta [k], y no veréis mas este lugar.

19 Jehová habló sobre vosotros, oh reliquias de Judá: No entreis en Egipto: sabed por cierto que os aviso hoy.

l ver. 2.

20 ¿Por qué hicisteis errar vuestras almas? Porque vosotros me enviasteis á Jehová vuestro Dios diciendo: Ora por nosotros á Jehová nuestro Dios [l]; y conforme á todas las cosas que Jehová nuestro Dios dijere, háznoslo saber así, y lo pondrémos por obra.

21 Y os lo he denunciado hoy, y no habeis obedecido á la voz de Jehová vuestro Dios, ni á todas las cosas por las cuales me envió á vosotros.

m ver. 17. Ez. 6. 11. n Os. 9. 6.

22 Ahora pues, sabed de cierto que á cuchillo, y de hambre, y pestilencia [m], moriréis en el lugar donde deseasteis entrar para peregrinar allí [n].

CAPITULO XLIII.

Los príncipes, no creyendo el aviso que les daba Jeremías de parte de Dios, toman á todo el pueblo, y se pasan con él á Egipto. Llegados allá, Jeremías les predice que el rey de Babilonia vendría sobre Egipto, y lo tomaría.

Y ACONTECIÓ que como Jeremías acabó de hablar á todo el pueblo todas las palabras de Jehová Dios de ellos, todas estas palabras por las cuales Jehová Dios de ellos le habia enviado á ellos *mismos*,

a Pro. 8. 13. y 16. 5. Sant°. 4. 6.

2 Dijo Azarías, hijo de Osaías, y Johanan, hijo de Carea, y todos los varones soberbios [a] dijeron á Jeremías: Mentira dices. No te ha enviado Jehová nuestro Dios para decir: No entreis en Egipto á peregrinar allí:

3 Sino que Baruch, hijo de Nerías, te incita contra nosotros, para entregarnos en mano de los Caldéos, para matarnos, y para hacernos trasportar á Babilonia.

4 No obedeció pues Johanan, hijo de Carea, y todos los oficiales de la gente de guerra, y todo el pueblo, á la voz de Jehová para quedarse en tierra de Judá:

b Cap. 40. 11, 12.

5 Antes tomó Johanan, hijo de Carea, y todos los oficiales de la gente de guerra, á todo el resto de Judá [b], que de todas las gentes á donde habian sido echados habian vuelto para morar en tierra de Judá;

c Cap. 41. 10. d Cap. 39. 10.

6 A hombres y mujeres, y niños, y á las hijas del rey [c], y á toda alma que habia dejado [d] Nabuzaradan, capitan de la guardia, con Gedalías hijo de Ahicam, hijo de Saphan, y á Jeremías profeta, y á Baruch hijo de Nerías,

e Cap. 2. 1[illegible] y 44. 1. Ez. 30. 18.

7 Y entraron en tierra de Egipto; porque no obedecieron á la voz de Jehová: y llegaron hasta Thaphnes [e].

8 ¶ Y fué palabra de Jehová á Jeremías en Thaphnes, diciendo:

9 Toma con tu mano piedras grandes, y cúbrelas de barro en un horno de ladrillos que *está* á la puerta de la casa de Pharaon en Thaphnes, á vista de hombres Judíos,

f Cap. [illegible] y 27. 6. Ez. 2[illegible] 20.

10 Y díles: Así ha dicho Jehová de los ejércitos, Dios de Israel: Hé aquí que yo envio, y tomaré á Nabucodonosor rey de Babilonia, mi siervo [f], y pondré su trono sobre estas piedras que he escondido, y tenderá su dosel sobre ellas.

g Cap. 4[illegible] h Cap. 1[illegible] Zac. 11.[illegible]

11 Y vendrá, y herirá la tierra de Egipto [g]; los que á muerte, á muerte, y los que á cautiverio, á cautiverio, y los que á cuchillo, á cuchillo [h].

i Cap. 4[illegible]

12 Y pondré fuego á las casas de los dioses de Egipto [i]; y las quemará, y á ellos llevará cautivos: y él se vestirá la tierra de Egipto, como el pastor se viste su capa, y saldrá de allá en paz.

13 Ademas quebrará las estatuas de Beth-semes, que *es* en tierra de Egipto, y las casas de los dioses de Egipto quemará á fuego.

CAPITULO XLIV.

Reprende el profeta las idolatrías del pueblo de Judá, y declárales que á causa de ellas Dios los habia echado de su tierra, y que por su obstinacion en las mismas los castigaría mas y mas; y en señal de ello les predice la ruina de Pharaon por mano del rey de Babilonia.

a Cap. 46. 14. Ex. 14. 2. b Cap. 43. 7. c Is. 19. 13.

PALABRA que fué á Jeremías acerca de todos los Judíos que moraban en la tierra de Egipto, que moraban en Migdol [a], y en Thaphnes [b], y en Noph [c], y en tierra de Patros, diciendo:

d Cap. 34. 22. La. 1. 1, 16.

2 Así ha dicho Jehová de los ejércitos, Dios de Israel: Vosotros habeis visto todo el mal que traje sobre Jerusalem, y sobre todas las ciudades de Judá; y hé aquí que ellas estan el dia de hoy asoladas, ni hay en ellas morador [d],

e Cap. 19. 4. f Deu. 13. 6 y 32. 17.

3 A causa de la maldad de ellos que cometieron, para hacerme enojar, yendo á ofrecer sahumerios, honrando dioses agenos [e] que ellos no habian conocido, vosotros ni vuestros padres [f].

4 Y envié á vosotros á todos mis siervos profetas, madrugando y enviándo*les* diciendo: No hagais ahora esta cosa abominable que yo aborrezco.

5 Mas no oyeron, ni inclinaron su oido para convertirse de su maldad, para no ofrecer sahumerios á dioses agenos.

g Cap. 42. 1[illegible]

6 Derramóse [g] por tanto mi saña y mi furor, y encendióse en las ciudades de Judá, y en las calles de Jerusalem, y tornáronse en soledad y en destruccion, como *parece* hoy.

h Cap. 7. 1[illegible] y 26. 7. Nu. 16. 3[illegible] Pro. 8. 3[illegible]

7 Ahora pues, así ha dicho Jehová de los ejércitos, Dios de Israel: ¿Por qué haceis tan grande mal contra vuestras almas [h], para ser talados varon y mujer, niño y mamante de en medio de Judá, sin que os quede residuo alguno?

i Cap. 25. 6. Is. 3. 6. 1 Cor. 10. 22.

8 ¿*Por qué* hacerme enojar con las obras de vuestras manos [i], ofreciendo sahumerios á dioses agenos en la tierra de Egipto, á donde habeis entrado para morar, de suerte que os acabeis, y seais por maldicion y por oprobio á todas las gentes de la tierra?

k Esd. 9. 7. 14.

9 ¿Os habeis olvidado de las maldades de vuestros padres [k], y de las maldades de los reyes de Judá, y de las maldades

de sus mujeres, y de vuestras maldades,
y de las maldades de vuestras mujeres
que hicieron en tierra de Judá, y en las
calles de Jerusalem?
10 No se han morigerado hasta el dia
de hoy, ni han tenido temor, ni han ca-
minado en mi ley, ni en mis estatutos
que puse delante de vosotros, y delante
de vuestros padres.
11 Por tanto así ha dicho Jehová de
los ejércitos, Dios de Israel: Hé aquí
que yo pongo mi rostro en vosotros para
Cap. 21. 10. mal[l], y para destruir á todo Judá.
Lev. 17. 10. 12 Y tomaré el resto de Judá que pu-
Ez. 14. 8. sieron sus rostros para entrar en tierra
Amos 9. 4. de Egipto para morar allí[m], y en tierra
[m] Cap. 42. 15, de Egipto serán todos consumidos: ca-
etc. erán á cuchillo, serán consumidos de
hambre, á cuchillo y hambre morirán
desde el mas pequeño hasta el mayor;
y serán por juramento, y por espanto, y
por maldicion, y por oprobio:
13 Pues visitaré á los que moran en
tierra de Egipto, como visité á Jeru-
salem, con cuchillo, y con hambre, y
con pestilencia.
14 Y del resto de Judá, que entraron
en tierra de Egipto para morar allí, no
habrá quien escape, ni quien quede vivo,
para volver á la tierra de Judá, por la
cual suspiran ellos por volver para ha-
bitar allí: porque no volverán sino los
ver. 28. que escaparen[n].
15 ¶ Entónces todos los que sabian
que sus mujeres habian ofrecido sahu-
merios á dioses agenos, y todas las mu-
jeres que estaban presentes, una gran
concurrencia, y todo el pueblo que ha-
bitaba en tierra de Egipto, en Patros,
respondieron á Jeremías diciendo:
16 La palabra que nos has hablado en
Cap. 6. 16. nombre de Jehová, no oimos de tí[o]:
17 Antes pondrémos ciertamente por
obra toda palabra que ha salido de nu-
ver. 25. estra boca[p], para ofrecer sahumerios á
la reina del cielo, y derramandole liba-
Cap. 7. 18. ciones[q], como hemos hecho nosotros y
nuestros padres, nuestros reyes, y nues-
tros príncipes, en las ciudades de Judá,
y en las plazas de Jerusalem; y fuimos
Os. 2. 5, 9. hartos de pan[r], y estuvimos alegres, y
no vimos mal alguno.
18 Mas desde que cesamos de ofrecer
sahumerios á la reina del cielo, y de
derramarle libaciones, nos falta todo,
y á cuchillo y á hambre somos consu-
midos.
19 Y cuando ofrecimos sahumerios á la
reina del cielo, y le derramamos liba-
ciones, ¿hicímosle nosotras tortas para
tributarle culto, y le derramamos liba-
ciones, sin *conocimiento de* nuestros ma-
ridos?
20 ¶ Y habló Jeremías á todo el pue-
blo, á los hombres, y á las mujeres, y á
todo el vulgo que le habia respondido
esto, diciendo:
21 ¿No se ha acordado Jehová, y no
ha venido á su memoria el sahumerio
que ofrecisteis en las ciudades de Judá,
y en las plazas de Jerusalem, vosotros
y vuestros padres, vuestros reyes, y vu-
estros príncipes, y el pueblo de la ti-
erra?
22 Y no pudo sufrir mas Jehová á
causa de la maldad de vuestras obras,
á causa de las abominaciones que ha-
biais hecho: por tanto vuestra tierra fué
en asolamiento, y en espanto, y en mal-
dicion, hasta no quedar morador, como
ver. 6. *parece* hoy[s].
23 Porque ofrecisteis sahumerios, y pe-
casteis contra Jehová, y no obedecisteis
á la voz de Jehová, ni anduvisteis en
su ley, ni en sus estatutos, ni en sus
testimonios; por tanto ha venido sobre
vosotros este mal[t], cual *se ve* hoy. [t] 1 Rey. 9. 9.
24 Y dijo Jeremías á todo el pueblo, y Da. 9. 11,
á todas las mujeres: Oid palabra de Je- 12.
hová, todos los de Judá que *estais* en
tierra de Egipto[u]: [u] Cap. 43. 7.
25 Así ha hablado Jehová de los ejér-
citos, Dios de Israel, diciendo: Vos-
otros y vuestras mujeres proferisteis con
vuestras bocas, y con vuestras manos
lo ejecutasteis, diciendo[x], Cumplirémos [x] ver. 17.
efectivamente nuestros votos que hici-
mos de ofrecer sahumerios á la reina
del cielo, y de derramarle libaciones.
Confirmais á la verdad vuestros votos,
y poneis vuestros votos por obra.
26 Por tanto oid palabra de Jehová,
los de todo Judá que habitais en tierra
de Egipto: Hé aquí he jurado por mi
grande Nombre[y], dice Jehová, que mi [y] Gen. 22. 16.
nombre no será mas invocado[z] en toda Heb. 6. 13.
la tierra de Egipto por boca de ningun [z] Ez. 20. 39.
hombre Judío, diciendo: Vive el Señor
Jehová.
27 Hé aquí que yo velo sobre ellos para
mal, y no para bien[a]: y todos los hom- [a] Cap. 31. 28.
bres de Judá que están en tierra de
Egipto, serán consumidos á cuchillo y
de hambre, hasta que perezcan del todo[b]. [b] ver. 12.
28 Y los que escaparen[c] del cuchillo, [c] ver. 14.
volverán de tierra de Egipto á tierra de
Judá, pocos hombres: sabrán pues to-
das las reliquias de Judá, que han en-
trado en Egipto á morar ahí, la palabra
de quien ha de permanecer, *si* la mia, ó
la suya.
29 Y esto tendréis por señal, dice Je-
hová, de que en este lugar os visito,
para que sepais que de cierto perma-
necerán mis palabras pará mal sobre
vosotros.
30 Así ha dicho Jehová: Hé aquí que
yo entrego á Pharaon Hophra, rey de
Egipto, en mano de sus enemigos, y en
mano de los que buscan su alma[d], co- [d] Cap. 46. 25, 26.
mo entregué á Sedechias, rey de Judá, Ez. 29. 3, etc.
en mano de Nabucodonosor, rey de Ba-
bilonia[e], su enemigo, y que buscaba su y 30. 21, etc.
alma.

CAPITULO XLV.

Amonesta el profeta á Baruch que lleve con paciencia sus pérdidas particulares en la calamidad comun, y que se contente con que Dios le conservará la vida donde la perderian tantos. [e] Cap. 39. 5.

PALABRA que habló Jeremías pro-
feta á Baruch[a], hijo de Nerias, [a] Cap. 36. 4.
cuando escribia en el libro estas pala-
bras de boca de Jeremías, el año cu-
arto de Joacim, hijo de Josías, rey de
Judá, diciendo:
2 Así ha dicho Jehová Dios de Israel,
á tí, oh Baruch.
3 Tú dijiste: ¡Ay de mí ahora! por-
que me ha añadido Jehová tristeza so-
bre mi dolor; trabajé en mi gemido, y
no he hallado descanso.
4 Así le has de decir: Así ha dicho
Jehová: Hé aquí que yo destruyo los
que edifiqué, y arranco los que planté,
y toda esta tierra.
5 ¿Y tú buscas para tí grandezas?
No busques; porque hé aquí que yo
traigo mal sobre toda carne, ha dicho
Jehová, y á tí te daré tu vida por des-
pojo en todos los lugares adonde fueres.

CAPITULO XLVI.

Profetiza la derrota del ejército de Egipto y de su rey por los Babilonios, con promesa de que sería restaurado el mismo Egipto: y de aquí toma pié para alentar á los Israelitas anunciandoles libertad de su cautiverio, y que volverian á su tierra de las remotas regiones adonde Dios les habrá echado.

a Cap. 25. 15, etc.
PALABRA de Jehová que fué á Jeremías profeta contra las gentes[a].

b 2 Cr. 35. 20.
2 En órden á Egipto, contra el ejército de Pharaon Nechâo[b], rey de Egipto, que estaba cerca del rio Eufrates en Carchemis, al cual hirió Nabucodonosor rey de Babilonia el año cuarto de Joacim, hijo de Josías, rey de Judá.

3 Aparejad escudo y pavés, y venid á la guerra.

4 Uncid caballos, y subid, *vosotros* los caballeros, y ponéos con capacetes: limpiad las lanzas, vestíos de lórigas.

5 ¿Por qué los ví medrosos, tornando atrás? Y sus valientes fueron deshechos, y huyeron á mas huir sin volver á mirar *atrás*: miedo de todas partes[c], dice Jehová.
c Cap. 6. 25. y 49. 29.

6 No huya el ligero, ni el valiente escape: al Aquilon junto á la ribera del Eufrates tropezaron y cayeron.

7 ¿Quién *es este que* como rio sube, y cuyas aguas se mueven como rios?

8 Egipto como rio se hincha, y las aguas se mueven como rios; y dijo: Subiré, cubriré la tierra, destruiré la ciudad y los que en ella moran.

9 Subid, caballos, y alborotáos carros, y salgan los valientes; los de Cus, y los de Put, que toman escudo, y los de Lud, que toman y entesan arco[d].
d Is. 66. 19.

10 Mas ese dia *será* á Jehová Dios de los ejércitos dia de venganza, para vengarse de sus enemigos: y la espada devorará, y se hartará y se embriagará de la sangre de ellos; porque matanza *será* á Jehová Dios de los ejércitos en tierra del Aquilon junto al rio Eufrates.

e Cap. 8. 22. y 51. 8.
f Is. 47. 1.
g Ez. 30. 21.
11 Sube á Galaad, y toma balsamo[e], vírgen[f] hija de Egipto: por demás multiplicarás medicinas; no hay cura para tí[g].

12 Las gentes oyeron tu afrenta, y tu clamor hinchió la tierra: porque fuerte se encontró con fuerte, y cayeron ambos juntos.

13 ¶ Palabra que habló Jehová á Jeremías profeta acerca de la venida de Nabucodonosor, rey de Babilonia, para herir la tierra de Egipto[h].
h Cap. 43. 10, 11. Ez. XXIX, XXX, XXXII.

14 Denunciad en Egipto, y haced saber en Migdol; haced saber tambien en Noph y en Thaphnes[i], *y* decid: Para, y apercíbete; porque espada ha de devorar tu comarca.
i Cap. 44. 1.

15 ¿Por qué ha sido derribado tu fuerte? No se pudo tener, porque Jehová lo empujó.

16 Multiplicó los caidos, y cada uno cayó sobre su compañero; y dijeron: Levántate, y volvámonos á nuestro pueblo, y á la tierra de nuestro nacimiento, de delante de la espada vencedora.

17 Allí gritaron: Pharaon rey de Egipto, *rey de* revuelta; dejó pasar el tiempo señalado.

18 Vivo yo, dice el Rey, cuyo nombre es Jehová de los ejércitos, que como Thabor entre los montes, y como Carmelo en la mar, así vendrá.

19 Hazte vasos de transmigracion, moradora hija de Egipto; porque Noph será por yermo, y será asolada hasta no *quedar* morador.

20 Becerra hermosa Egipto; *mas* viene destruccion, del Aquilon[k] viene.
k Cap. 47. 2.

21 Sus soldados tambien en medio de ella como engordados becerros; que tambien ellos se volvieron, huyeron todos sin pararse: porque vino sobre ellos el dia de su quebrantamiento, el tiempo de su visitacion[l].
l Cap. 50. 27.

22 Su voz saldrá como de serpiente; porque con ejército vendrán, y con hachas vienen á ella como cortadores de leña.

23 Cortaron su bosque, dice Jehová, porque no podrán ser contados; porque serán mas que langostas, ni tendrán número.

24 Avergonzóse la hija de Egipto: entregada será en mano del pueblo del Aquilon.

25 Jehová de los ejércitos, Dios de Israel, ha dicho: Hé aquí que yo visito el pueblo de Amon de No[m], y á Pharaon, y á Egipto, y á sus dioses, y á sus reyes; así á Pharaon como á los que en él confian:
m Ez. 30. 14. Ez. 30. ...

26 Y entregarélos en mano de los que buscan su alma[n], y en mano de Nabucodonosor, rey de Babilonia, y en mano de sus siervos: mas despues será habitada como en los dias pasados, dice Jehová.
n Cap. 44. ...

27 Y tú no temas, siervo mio Jacob[o], y no desmayes, Israel; porque hé aquí que yo te salvo de léjos, y á tu simiente de la tierra de su cautividad. Y volverá Jacob, y descansará, y será prosperado, y no habrá quien lo espante.
o Cap. 30. ... Is. 43. 1.

28 Tú siervo mio Jacob, no temas, dice Jehová; porque yo *soy* contigo: porque haré consumacion en todas las gentes á las cuales te habré echado; mas en tí no haré consumacion, sino que te castigaré con juicio, y no te talaré del todo[p].
p Cap. 30. 11. Is. 27. 7, 8.

CAPITULO XLVII.

Profetiza la destruccion de los Palestinos por los Caldéos.

PALABRA de Jehová que fué á Jeremías profeta acerca de los Palestinos[a], ántes que Pharaon hiriese á Gaza.
a Cap. 25. 20. Ez. 25. 15. Amos 1. 6, 8. Soph. 2. 4, 5.

2 Así ha dicho Jehová: Hé aquí que suben aguas *de la parte* del Aquilon[b], y tornaránse en torrente, é inundarán la tierra y su plenitud, ciudades y moradores de ellas: y los hombres clamarán, y aullará todo morador de la tierra.
b Cap. 1. 14.

3 Por el sonido de las uñas de sus fuertes *caballos*, por el alboroto de sus carros, por el estruendo de sus ruedas. Los padres no miraron á los hijos por la flaqueza de las manos,

4 A causa del dia que viene para destruccion de todos los Palestinos, para talar á Tiro y á Sidon, á todo el ayudador que quedo vivo: porque Jehová destruirá á los Palestinos, al resto de la isla de Caphtor[c].
c Gen. 10. 14. Deu. 2. 23. Amos 9. 7.

5 Sobre Gaza vino mesadura, Ascalon fué cortada, y el resto de su valle: ¿hasta cuando te arañarás?

6 Oh espada de Jehová[d], ¿hasta cuando no reposarás? Métete en tu vaina, reposa, y sosiega.
d Deu. 32. 41. Ez. 21. 3-5.

7 ¿Cómo reposarás? pues que Jehová lo ha enviado[e] contra Ascalon, y á la ribera de la mar, allí lo puso.
e Ez. 14. 17.

CAPITULO XLVIII.

El profeta predice y describe la destruccion del pueblo y reino de los Moabitas, por haber sido perpetuos émulos del pueblo de Dios. Con todo eso se les da esperanza de restauracion.

ACERCA de Moab[a], así ha dicho Jehová de los ejércitos, Dios de Israel: ¡Ay de Nebo! que fué destruida, fué avergonzada. Chiriathaim fué tomada; fué confusa Misgab, y desmayó.
a Is. XV, XVI. y 25. 10. Ez. 25. 8. Amos 2. 1, 2.

2 No se alabará ya mas Moab: contra Hesbon maquinaron mal *diciendo*: Venid, y quitémosla de entre las gentes. Tambien tú, Madmen, serás cortada; espada irá tras tí.

3 Voz de clamor de Oronaim, destruccion, y gran quebrantamiento.

4 Moab fué quebrantada; hicieron
que se oyese el clamor de sus pequeños.
5 Porque á la subida de Luith con
lloro subirá el que llora: porque á la
bajada de Oronaim los enemigos oyeron
clamor de quebranto.
6 Huid, salvad vuestra vida, y sed
como retama en el desierto.
7 Pues por cuanto confiaste en tus
haciendas, y en tus tesoros, tú tambien
serás tomada: y Chêmos saldrá en cau-
tiverio, los sacerdotes y sus príncipes
49. 3. juntamente[b].
8 Y vendrá destruidor á cada una de
las ciudades, y ninguna ciudad esca-
pará: arruianárase tambien el valle, y
será destruida la campiña, como ha
dicho Jehová.
9 Dad alas á Moab, para que volando
se vaya; pues serán desiertas sus ciu-
dades hasta no *quedar* en ellas morador.
10 Maldito el que hiciere engañosa-
mente la obra de Jehová; y maldito el
que detuviere su cuchillo de la sangre.
11 Quieto estuvo Moab desde su moce-
. 1. 12. dad, y sobre sus heces[c] ha estado él
reposado, y no fué trasegado de vaso
en vaso, ni nunca fué en cautiverio:
por tanto quedó su sabor en él, y su
olor no se ha trocado.
12 Por eso hé aquí que vienen dias,
ha dicho Jehová, *en que* yo le enviaré
trasportadores que lo harán trasportar,
y vaciarán sus vasos, y romperán sus
odres.
13 Y avergonzaráse Moab de Chêmos,
á la manera que la casa de Israel se
y. 12. avergonzó de Bethel[d], su confianza.
14 ¿Cómo diréis, Somos valientes y
robustos hombres para la guerra?
15 Destruido fué Moab, y sus ciudades
asoló: y sus escogidos mancebos des-
cendieron al degolladero, ha dicho el
51. 57. Rey, cuyo nombre[e] *es* Jehová de los
ejércitos.
16 Cercano *está* el quebrantamiento de
Moab, para venir, y su mal se apresura
mucho.
17 Compadecéos de él todos los que
estais alrededor suyo; y todos los que
sabeis su nombre, decid: ¿Cómo se que-
bró la vara de fortaleza, el báculo de
1. 5. hermosura[f]?
46. 19. 18 Desciende de la gloria, siéntate[g]
en seco, moradora hija de Dibon; por-
que el destruidor de Moab subió contra
tí, disipó tus fortalezas.
19 Párate en el camino, y mira, oh
2. 36. moradora de Aroer[h]; pregunta á la que
va huyendo, y á la que escapó, díle:
¿Qué ha acontecido?
20 Avergonzóse Moab, porque fué que-
brantado. Aullad y clamad, denunciad
en Arnon que Moab es destruido,
21 Y que vino juicio sobre la tierra
de la campiña; sobre Holon, y sobre
Jasa, y sobre Mephaath,
22 Y sobre Dibon, y sobre Nebo, y
sobre Beth-diblathaim,
23 Y sobre Chiriathaim, y sobre Beth-
gamul, y sobre Beth-meon,
24 Y sobre Chérioth, y sobre Bosra,
y sobre todas las ciudades de tierra de
Moab, las de léjos, y las de cerca.
75. 10. 25 Cortado[i] es el cuerno de Moab, y
0. 21. su brazo quebrantado[k], dice Jehová.
25. 15, 26 Embriagadle[l], porque contra Jeho-
vá se engrandeció; y revuélquese Moab
sobre su vómito, y sea tambien él por
escarnio.
27 ¿Y no te fué á tí Israel por escar-
. 2. 8, nio[m], como si lo tomáran entre ladro-
nes? porque desde que de él hablaste,
tú te has movido.
28 Desamparad las ciudades, y habitad
en peñascos, oh moradores de Moab;
y sed como la paloma que hace nido
detrás de la boca de la caverna.
29 Oido hemos la soberbia de Moab[n], [n] Pro. 8. 13.
que es muy soberbio; su hinchazon, Is. 16. 6.
y su orgullo, y su altivez, y la altanería
de su corazon.
30 Yo conozco, dice Jehová, su cólera;
mas no *tendrá* efecto: sus mentiras no
han de aprovecharle.
31 Por tanto yo aullaré sobre Moab,
y sobre todo Moab haré clamor, y sobre
los hombres de Kir-heres[o] gemiré. [o] Is. 15. 5.
32 Con lloro de Jazer lloraré por tí, y 16. 11.
oh vid de Sabama: tus sarmientos pa-
saron, hasta la mar de Jazer llegaron:
sobre tu agosto y sobre tu vendimia[p] [p] Is. 16. 8, 9.
vino destruidor.
33 Y será cortada la alegría y el rego-
cijo de los campos labrados, y de la
tierra de Moab; y haré cesar el vino
de los lagares: no pisarán con cancion;
la cancion no *será* cancion.
34 El clamor, desde Hesbon hasta
Eleale; hasta Jahas dieron su voz: *y*
desde Soar hasta Oronaim, becerra de
tres años; porque tambien las aguas de
Nimrim serán destruidas.
35 Y haré cesar de Moab, dice Je-
hová, quien sacrifique en altar, y quien
ofrezca sahumerio á sus dioses[q]. [q] Is. 15. 2.
36 Por tanto mi corazon resonará co- y 16. 12.
mo flautas por causa de Moab: asimis-
mo resonará mi corazon á modo de
flautas por los hombres de Kir-heres;
porque perecieron las riquezas que ha-
bia hecho.
37 Porque en toda cabeza *habrá* calva[r], [r] Cap. 47. 5.
y toda barba *será* menoscabada; sobre
todas manos rasguños, y sacos sobre
todos lomos[s]. [s] Gen. 37. 34.
38 Sobre todas las techumbres de Moab
y en sus calles todo *será* llanto; porque
yo quebranté á Moab como á vaso que
no agrada[t], dice Jehová. [t] Cap. 22. 28.
39 Aullad: ¿Cómo ha sido quebran-
tado? ¿cómo volvió la cerviz Moab,
y fué avergonzado? Y fué Moab en es-
carnio y en espanto á todos los que están
en sus alrededores.
40 Porque así ha dicho Jehová: Hé
aquí que como[u] águila volará, y exten- [u] Cap. 49. 22.
derá sus alas á Moab. Deu. 28. 49.
41 Tomadas son las ciudades, y toma- Dan. 7. 4.
das son las fortalezas; y será aquel dia Hab. 1. 8.
el corazon de los valientes de Moab co-
mo el corazon de mujer en angustias[x]. [x] Is. 21. 3.
42 Y Moab será destruido para dejar Mic. 4. 9.
de *ser* pueblo; porque se engrandeció
contra Jehová[y]. [y] ver. 26.
43 Miedo, y hoyo, y lazo sobre tí[z], oh [z] Is. 24. 17,
morador de Moab, dice Jehová. 18.
44 El que huyere del miedo, caerá en
el hoyo; y el que saliere del hoyo, será
preso del lazo: porque yo traeré sobre
él, sobre Moab, año de su visitacion[a], [a] Cap. 11. 23.
dice Jehová.
45 A la sombra de Hesbon se pararon
los que huian de la fuerza: mas salió
fuego de Hesbon, y llama de en medio
de Sihon, y quemó el rincon de Moab,
y la mollera de los hijos revoltosos.
46 ¡Ay de tí, Moab! pereció el pue-
blo de Chêmos: porque tus hijos fueron
presos para cautividad, y tus hijas para
cautiverio.
47 Empero haré tornar el cautiverio
de Moab en lo postrero de los tiempos[b], [b] Cap. 49. 6,
dice Jehová. Hasta aquí *es* el juicio 39.
de Moab.

CAPITULO XLIX.

Profetiza contra los Ammonitas, contra los Iduméos, contra Damasco y su tierra, contra los de Cedar, y Hasor, y otras naciones del Oriente.

DE los hijos de Ammon[a], así ha dicho Jehová: ¿No tiene hijos Israel? ¿no tiene heredero? ¿Por qué tomó como por heredad el rey de ellos á Gad, y su pueblo habitó en sus ciudades?

[a] Ez. 21. 28. y 25. 2, etc. Amos 1. 13, 15. Soph. 2. 8, 10.

2 Por tanto hé aquí vienen dias, ha dicho Jehová, en que haré oir en Rabba de los hijos de Ammon clamor de guerra, y será *puesta* en monton de asolamiento: y sus ciudades serán puestas á fuego, é Israel tomará por heredad á los que los tomaron á ellos, ha dicho Jehová.

3 Aulla, oh Heshon, porque destruida es Hai: clamad, hijas de Rabba, vestíos de sacos, endechad, y rodead por los vallados; porque el rey de ellos fué en cautiverio, sus sacerdotes y sus príncipes juntamente.

4 ¿Por qué te glorías de los valles? tu valle se deshizo, oh hija contumaz, la que confia en sus tesoros, *la que dice:* ¿Quien vendrá contra mí[b]?

[b] Cap. 21. 13.

5 Hé aquí yo traigo sobre tí espanto, dice el Señor Jehová de los ejércitos, de todos tus alrededores; y seréis lanzados cada uno en derechura de su rostro, y no *habrá* quien recoja al errante.

6 Y despues de esto haré tornar la cautividad de los hijos de Ammon[c], dice Jehová.

[c] ver. 39. Cap. 48. 47.

7 ¶ De Edom[d], así ha dicho Jehová de los ejércitos: ¿No hay mas sabiduría en Theman? ¿Ha parecido el consejo en los sabios? ¿Corrompióse su sabiduría?

[d] Ez. 25. 12, etc. Amos 1. 11, 12.

8 Huid, volvéos, escondéos en simas para estar, oh moradores de Dedan[e]; porque el quebrantamiento de Esaú traeré sobre él, al tiempo que lo tengo de visitar.

[e] Cap. 25. 23.

9 Si vendimiadores vinieran contra tí, ¿no dejáran rebuscos? Si ladrones de noche, tomáran lo que hubieran menester[f].

10 Mas yo desnudaré á Esaú[g], descubriré sus escondrijos, y no podrá esconderse. Será destruida su simiente, y sus hermanos, y sus vecinos, y no será.

[f] Ab. 5. 6.
[g] Mal. 1. 3.

11 Deja tus huérfanos, yo *los* criaré; y en mí se confiarán tus viudas.

12 Porque así ha dicho Jehová: Hé aquí que los que no estaban condenados á beber del caliz, beberán ciertamente; ¿y serás tú absuelto del todo? No serás absuelto, sino que de cierto beberás.

13 Porque por mí he jurado, dice Jehová, que en asolamiento, en oprobio, en soledad, y en maldicion será Bosra; y todas sus ciudades serán en asolamientos perpetuos.

14 La fama oí, *que de parte* de Jehová habia sido enviado mensajero á las gentes, *diciendo:* Juntáos, y venid contra ella, y levantáos á la batalla[h].

[h] Ab. 1.

15 Porque hé aquí que pequeño te he puesto entre las gentes, menospreciado entre los hombres.

16 Tu arrogancia te engañó, y la soberbia de tu corazon: tú, que habitas en cavernas de peñas, que tienes la altura del monte, aunque alces como águila tu nido, de allí te haré descender, dice Jehová[i].

[i] Amos 9. 2.

17 Y será Edom en asolamiento: todo aquel que pasáre por ella se espantará, y silbará sobre todas sus plagas[k].

[k] Cap. 18. 16. y 50. 13.

18 Como en el trastornamiento[l] de Sodoma y de Gomorra, y de sus *ciudades* vecinas, *será*, dice Jehová: no morará allí nadie, ni la habitará hijo de hombre.

[l] Cap. 50. 40. Gen. 19. 24, 25. Deu. 29. 23. Amos 4. 11.

19 Hé aquí que como leon subirá de la hinchazon del Jordan contra la bella y robusta: porque muy pronto harélo correr de sobre ella, y al que fuere escogido la encargaré: porque ¿quién es semejante á mí? ¿y quién me emplazará? ¿y quién será aquel pastor que me podrá resistir[m]?

[m] Job 41. 10.

20 Por tanto oid el consejo de Jehová, que ha acordado sobre Edom; y sus pensamientos que ha resuelto sobre los moradores de Theman. Ciertamente los mas pequeños del hato los arrastrarán, y destruirán sus moradas con ellos.

21 Del estruendo de la caida de ellos la tierra tembló, y el grito de su voz se oyó en el mar Bermejo.

22 Hé aquí que como águila subirá y volará, y extenderá sus alas sobre Bosra: y el corazon de los valientes de Edom será en aquel dia como el corazon de mujer en angustias.

23 ¶ Acerca de Damasco. Confundióse Hamath, y Arphad, porque oyeron malas nuevas: derritiéronse en aguas de desmayo; no pueden sosegarse.

24 Desmayóse Damasco, volvióse para huir, y tomóle temblor: angustia y dolores le tomaron, como de mujer que está de parto.

25 Como no dejaron á la ciudad de alabanza, ciudad de mi gozo;

26 Por tanto sus mancebos caerán en sus plazas, y todos los hombres de guerra morirán en aquel dia, ha dicho Jehová de los ejércitos.

27 Y haré encender fuego en el muro de Damasco, y consumirá las casas de Ben-hadad.

28 ¶ De Cedar, y de los reinos de Hasor, los cuales hirió Nabucodonosor rey de Babilonia, así ha dicho Jehová: Levantáos, subid contra Cedar, y destruid los hijos de Oriente.

29 Sus tiendas[n] y sus ganados tomarán; sus cortinas, y todos sus vasos, y sus camellos, tomarán para sí: y llamarán contra ellos miedo al rededor.

[n] Sal. 120. 5.

30 Huid, trasponéos muy léjos, metéos en simas para estar, oh moradores de Hasor, dice Jehová: porque tomó consejo contra vosotros Nabucodonosor rey de Babilonia, y contra vosotros ha formado designio.

31 Levantáos, subid á gente pacífica, que vive confiadamente, dice Jehová, que ni tienen puertas ni cerrojos, que viven solitarios.

32 Y serán sus camellos por presa, y la multitud de sus ganados por despojo: y esparcirélos por todos vientos, echados hasta el postrer rincon, y de todos sus lados les traeré su ruina, dice Jehová.

33 Y Hasor será morada de dragones[o], soledad para siempre: ninguno morará allí, ni la habitará hijo de hombre.

[o] Is. 13. 22. Mal. 1. 3.

34 ¶ Palabra de Jehová que fué á Jeremías profeta acerca de Elam[p], en el principio del reinado de Sedechías, rey de Judá, diciendo:

[p] Cap. 25. 25. Is. 22. 6.

35 Así ha dicho Jehová de los ejércitos: Hé aquí que yo quiebro el arco de Elam, principio de su fortaleza.

36 Y traeré sobre Elam los cuatro vientos de las cuatro plagas del cielo, y aventarélos á todos estos vientos, ni habrá gente adonde no vengan extranjeros de Elam.

37 Y haré que Elam se intimide delante de sus enemigos, y delante de los que buscan su alma, y traeré sobre ellos mal, y el furor de mi enojo, dice Jehová: y enviaré en pos de ellos espada hasta que los acabe.

38 Y pondré mi silla en Elam, y destruiré de allí rey y príncipe, dice Jehová.

39 Mas acontecerá en lo postrero de los dias, que haré tornar la cautividad de Elam [q], dice Jehová.

r. 6. / p. 48. 47.

CAPITULO L.

Predice la asolacion de Babilonia y de toda su monarquía por los Persas, por haber puesto mano con soberbia y tiranía en el pueblo de Israel, cuya libertad y restauracion anuncia.

PALABRA que habló Jehová contra Babilonia [a], contra la tierra de los Caldéos, por mano de Jeremías profeta.

2 Denunciad en las gentes, y haced saber; levantad tambien bandera: publicad, y no encubrais; decid: Tomada es Babilonia, Bel es confundido, deshecho es Merodach; confundidas son sus esculturas, quebrados son sus ídolos.

3 Porque subió contra ella gente *de la parte* del Aquilon, la cual pondrá su tierra en asolamiento, y no habrá ni hombre ni animal que en ella more: moviéronse, se fueron.

4 En aquellos dias y en aquel tiempo, dice Jehová, vendrán los hijos de Israel, ellos y los hijos de Judá juntamente [b]; é irán andando y llorando [c], y buscarán á Jehová su Dios [d].

5 Preguntarán [e] por el camino de Sion, hácia donde *volverán* sus rostros *diciendo:* Venid, y juntáos á Jehová con pacto eterno [f] *que* jamas se ponga en el olvido.

6 Ovejas perdidas fueron mi pueblo; sus pastores las hicieron errar, por los montes las descarriaron: anduvieron de monte en collado [g], olvidáronse de sus majadas.

7 Todos los que los hallaban, los comian; y decian sus enemigos: No pecarémos, porque ellos pecaron á Jehová, morada de justicia; á Jehová, esperanza de sus padres [h].

8 Huid de en medio de Babilonia [i], y salid de tierra de Caldéos; y sed como los mansos delante del ganado:

9 Porque hé aquí que yo suscito y hago subir contra Babilonia reunion de grandes pueblos de la tierra del Aquilon; y desde allí se aparejarán contra ella, y será tomada: sus flechas como de valiente diestro, *que* no se tornará en vano.

10 Y la Caldéa será para presa: todos los que la saquearen, saldrán hartos, dice Jehová.

11 Porque os alegrasteis, porque os gozasteis destruyendo mi heredad, porque os henchisteis como becerra de renuevos, y relinchasteis como caballos;

12 Vuestra madre se avergonzó mucho, afrentóse la que os engendró. Veis aquí las postrimerías de las gentes, desierto, sequedad, y páramo.

13 Por la ira de Jehová no será habitada, sino que asolada será toda ella: todo hombre que pasáre por Babilonia se asombrará, y silbará sobre todas sus plagas.

14 Apercibíos contra Babilonia al rededor: todos los que entesais arcos, tirad contra ella, no escatiméis las saetas; porque pecó contra Jehová.

15 Gritad contra ella en derredor: dió su mano, caido han sus fundamentos, derribados son sus muros; porque venganza *es* de Jehová. Tomad venganza de ella; haced con ella como ella hizo [k].

16 Talad de Babilonia sembrador, y el que tiene hoz en tiempo de la siega: delante de la espada opresora cada uno volverá el rostro hácia su pueblo, cada uno huirá hácia su tierra.

17 Ganado descarriado *ha sido* Israel, leones lo arrontaron [l]: el rey de Asiria lo devoró el primero; este Nabucodonosor, rey de Babilonia [m], lo deshuesó el postrero.

18 Por tanto así ha dicho Jehová de los ejércitos, Dios de Israel: Hé aquí que yo visito al rey de Babilonia y á su tierra, como visité al rey de Asiria.

19 Y volveré á traer á Israel á su morada [n], y pacerá en el Carmelo, y en Basan, y en el monte de Ephraim y de Galaad se hartará su alma.

20 En aquellos dias y en aquel tiempo, dice Jehová, la maldad de Israel será buscada, y no parecerá; y los pecados de Judá, y no se hallarán [o]: porque perdonaré á los que yo hubiere dejado.

21 Sube contra la tierra de Merathaim ‖, contra ella, y contra los moradores de Pekod †: destruye y mata en pos de ellos, dice Jehová, y haz conforme á todo lo que yo te he mandado.

22 Estruendo de guerra en la tierra, y quebrantamiento grande [p].

23 ¿Cómo fué cortado y quebrado el martillo [q] de toda la tierra? ¿Cómo se tornó Babilonia en desierto entre las gentes?

24 Púsete lazos, y aun fuiste tomada, oh Babilonia, y tú no lo supiste: fuiste hallada, y aun presa, porque provocaste á Jehová.

25 Abrió Jehová su tesoro, y sacó los vasos de su furor [r]: porque esta es obra de Jehová Dios de los ejércitos en la tierra de Caldéos.

26 Venid contra ella desde el cabo *de la tierra*, abrid sus almacenes, hacedla montones, y destruidla; no le queden reliquias.

27 Matad todos sus novillos [s], vayan al matadero: ¡ay de ellos! que venido es su dia, el tiempo de su visitacion.

28 Voz *se oyó* de los que huyen y escapan de la tierra de Babilonia, para dar las nuevas en Sion de la venganza de Jehová nuestro Dios, de la venganza de su templo [t].

29 Haced juntar sobre Babilonia flecheros, á todos los que entesan arco: asentad campo sobre ella al rededor; no escape de ella ninguno: pagadle segun su obra; conforme á todo lo que ella hizo, haced con ella [u]: porque contra Jehová se ensoberbeció, contra el Santo de Israel.

30 Por tanto sus mancebos caerán en sus plazas, y todos sus hombres de guerra serán talados en aquel dia, dice Jehová.

31 Hé aquí yo contra tí, oh soberbio, dice el Señor Jehová de los ejércitos; porque tu dia es venido, el tiempo que te visitaré.

32 Y el soberbio tropezará y caerá [x], y no tendrá quien lo levante: y encenderé fuego en sus ciudades [y], y quemará todos sus al rededores.

33 Así ha dicho Jehová de los ejércitos: Oprimidos *fueron* los hijos de Israel y los hijos de Judá juntamente: y todos los que los tomaron cautivos, se los retuvieron, no los quisieron soltar.

34 El Redentor de ellos es el Fuerte; Jehová de los ejércitos *es* su nombre [z]: de cierto abogará [a] la causa de ellos, para hacer quietar la tierra, y turbar los moradores de Babilonia.

35 Cuchillo sobre los Caldéos, dice Jehová, y sobre los moradores de Babilonia, y sobre sus príncipes, y sobre sus sabios [b].

36 Cuchillo sobre los adivinos, y se atontarán: cuchillo sobre sus valientes, y serán quebrantados.

Margin references: a. XIII, XI, LVII. — b ...a. 1. 11. ...a. 11. 1, ... — c ...p. 31. 9. — d ...a. 2. 5. — e ...l. 84. 7. — f ...p. 31. 33, ... — g ...a. 53. 3. — ...a. 34. 6. — h ...l. 22. 4. — i ...p. 51. 6, ... — ...a. 48. 20. — ...p. 18. 4. — k Ap. 18. 6. Sal. 137. 8. — l 2 Rey. 17. 6. — m 2 Rey. 24. 10, etc. — n Cap. 33. 12. Is. 65. 9, 10. Ez. 34. 13, 14. — o Nu. 23. 21. Cap. 31. 34. — ‖ contumaces. — † visitacion. — p Cap. 51. 54. — q Cap. 51. 20. Is. 14. 6. — r Is. 13. 5. — s Is. 34. 7. — t Cap. 51. 10, 11. La. 1. 10. y 2. 6, 7. — u ver. 15. — x Pro. 16. 18. y 18. 12. — y Ap. 18. 8. — z Is. 47. 4. — a Is. 51. 22. — b Is. 47. 13.

37 Cuchillo sobre sus caballos, y sobre sus carros, y sobre todo el vulgo[c] que está en medio de ella; y serán como mujeres[d]: cuchillo sobre sus tesoros, y serán saqueados.

[c] Cap. 25. 20, 24.
[d] Cap. 51. 30.

38 Sequedad sobre sus aguas, y secaránse: porque tierra es de esculturas, y en ídolos enloquecen.

39 Por tanto *allí* morarán bestias monteses con lobos; morarán tambien en ella pollos de avestruz: y no mas será poblada para siempre, ni se habitará de generacion en generacion.

40 Como en el trastornamiento de Dios á Sodoma y á Gomorra, y á sus *ciudades* vecinas[e], dice Jehová, no morará allí hombre, ni hijo de hombre la habitará.

[e] Cap. 49. 18. Gen. 19. 24, 25. Is. 13. 19.

41 Hé aquí viene un pueblo del Aquilon, y una nacion grande, y muchos reyes se levantarán de los lados de la tierra.

42 Arco y lanza manejarán: serán crueles, y no tendrán compasion[f]: su voz sonará como la mar, y montarán sobre caballos: apercibirse han como hombre á la peléa contra tí, oh hija de Babilonia.

[f] Is. 13. 17, 18.

43 Oyó su fama el rey de Babilonia, y sus manos se descoyuntaron: angustia le tomó, dolor como de mujer de parto.

44 Hé aquí que como leon subirá de la hinchazon del Jordan á la morada fuerte: porque muy pronto le haré correr de sobre ella, y al que fuere escogido la encargaré: porque ¿quién es semejante á mí? ¿y quién me emplazará? ó quién será aquel pastor que me podrá resistir[g]?

[g] Cap. 49. 19. Job 41. 10.

45 Por tanto oid el consejo de Jehová, que ha acordado sobre Babilonia, y sus pensamientos que ha formado sobre la tierra de los Caldéos. Ciertamente los mas pequeños del hato los arrastrarán, y destruirán sus moradas con ellos.

46 Del grito de la toma de Babilonia la tierra tembló, y el clamor se oyó entre las gentes[h].

[h] Ap. 18. 9, 15.

CAPITULO LI.

Continuase la profecía contra Babilonia, cuyo escrito da el profeta á Seraías, camarero mayor del rey Sedechías, para que lo eche en el Eufrates llegado á Babilonia, en presagio de su perpetua ruina.

ASÍ ha dicho Jehová: Hé aquí que yo levanto sobre Babilonia, y sobre sus moradores que se levantan contra mí, un viento destruidor[a].

[a] Cap. 4. 11, 12.

2 Y enviaré á Babilonia aventadores que la avienten[b], y vaciarán su tierra; porque serán contra ella de todas partes en el dia del mal.

[b] Cap. 15. 7.

3 *Diré* al flechero que entesa su arco, y al que se pone orgulloso con su lóriga: No perdoneis á sus mancebos, destruid todo su ejército.

4 Y caerán muertos en la tierra de los Caldéos, y alanceados en sus calles.

5 Porque Israel y Judá no han enviudado[c] de su Dios Jehová de los ejércitos, aunque su tierra fué llena de pecado contra el Santo de Israel.

[c] Is. 49. 14, 15.

6 Huid de en medio de Babilonia[d], y librad cada uno su alma, porque no perezcais á causa de su maldad: porque el tiempo *es* de venganza de Jehová; darále su pago.

[d] Cap. 50. 8, etc. Ap. 18. 4.

7 Vaso de oro[e] *fué* Babilonia en la mano de Jehová, que embriaga toda la tierra: de su vino bebieron las gentes; aturdiéronse por tanto las naciones.

[e] Ap. 17. 4.

8 En un momento cayó Babilonia[f], y despedazóse: aullad sobre ella: tomad bálsamo para su dolor; quizá sanará.

[f] Is. 21. 9.

9 Curamos á Babilonia, y no ha sanado: dejadla, y vámonos cada uno á su tierra; porque llegado ha hasta el cielo su juicio, y alzádose hasta las nubes.

10 Jehová sacó á luz nuestras justicias: venid, y contemos en Sion la obra de Jehová nuestro Dios[g].

[g] Cap. 50. 28.

11 Limpiad las saetas, embrazad los escudos: despertado ha Jehová el espíritu de los reyes de Media: porque contra Babilonia *es* su pensamiento para destruirla; porque venganza *es* de Jehová, venganza de su templo[h].

[h] Cap. 50. 28.

12 Levantad bandera sobre los muros de Babilonia, reforzad la guardia, poned centinelas, disponed celadas: porque deliberó Jehová, y aun pondrá en efecto lo que ha dicho sobre los moradores de Babilonia.

13 La que moras entre muchas aguas[i], rica en tesoros, venido ha tu fin, la medida de tu codicia[k].

[i] ver. 23, 28. Is. 21. 1.
[k] Hab. 2. 9, 10.

14 Jehová de los ejércitos juró por su vida, *diciendo*: Yo te llenaré de hombres como de langostas, y levantarán contra tí gritería.

15 Él *es el* que hizo la tierra con su fortaleza, el que afirmó el mundo con su sabiduría, y extendió los cielos con su inteligencia[l];

[l] Cap. 10. 12. Job 9. 8. Pr. 3. 19. Is. 40. 22.

16 El que da con voz muchedumbre de aguas del cielo[m], y hace subir las nubes de lo postrero de la tierra: él hace relámpagos con la lluvia, y saca el viento de sus tesoros[n].

[m] Cap. 10. 13, etc.
[n] Sal. 135. 7.

17 Todo hombre se infatua con *esta* ciencia[o]; avergüénzase todo artífice de la escultura, porque mentira es su vaciadizo, que no tienen espíritu[p].

[o] Ro. 1. 22.
[p] Sal. 115. 5, etc.

18 Vanidad son, obra de irrisiones: en el tiempo de su visitacion perecerán.

19 No *es* como ellos la parte[q] de Jacob: porque él *es* el formador de todo; é *Israel es* la vara de su heredad[r]: Jehová de los ejércitos es su nombre.

[q] Sal. 73. 26. La. 3. 24.
[r] Deu. 32. 9. Sal. 74. 2.

20 Martillo me sois, oh armas de guerra[s]; y por medio de tí quebrantaré gentes, y por medio de tí desharé reinos,

[s] Cap. 50. 23.

21 Y por tu medio quebrantaré caballos y sus cabalgadores, y por medio de tí quebrantaré carros y los que en ellos suben:

22 Asimismo por tu medio quebrantaré hombres y mujeres, y por medio de tí quebrantaré viejos y mozos, y por tu medio quebrantaré mancebos y vírgenes.

23 Tambien quebrantaré por medio de tí al pastor y á su manada: quebrantaré por tu medio á labradores y sus yuntas, y duques y príncipes quebrantaré por medio de tí.

24 Y pagaré á Babilonia, y á todos los moradores de Caldéa, todo el mal de ellos que hicieron en Sion[t] delante de vuestros ojos, dice Jehová.

[t] Cap. 50. 15, 29. Sal. 137. 8.

25 Hé aquí yo contra tí, oh monte destruidor, dice Jehová, que destruiste toda la tierra: y extenderé mi mano sobre tí, y te haré rodar de las peñas, y te tornaré monte quemado.

26 Y nadie tomará de tí piedra para esquina, ni piedra para cimiento; porque perpetuos asolamientos serás[u], ha dicho Jehová.

[u] Cap. 50. 39, 40.

27 Alzad bandera en la tierra, tocad trompeta en las naciones, apercibid gentes contra ella; juntad contra ella los reinos de Ararat‖, de Minni, y de Aschênaz: señalad contra ella capitan, haced subir caballos como langostas erizadas[x].

‖ *Armenia.*
[x] ver. 14.

28 Apercibid contra ella gentes; á reyes de Media[y], á sus capitanes, y á

[y] ver. 11.

todos sus príncipes, y á toda la tierra de su señorío.

29 Y temblará la tierra y afligiráse: porque confirmado es contra Babilonia todo el pensamiento de Jehová, para poner la tierra de Babilonia en soledad, y que no haya morador.

30 Los valientes de Babilonia dejaron de pelear, estuviéronse en sus fuertes: faltóles su fortaleza, tornáronse como mujeres: encendieron *los enemigos* sus casas, quebraron sus cerrojos.

31 Corréo se encontrará con corréo, y mensajero se encontrará con mensajero, para noticiar al rey de Babilonia que su ciudad es tomada por todas partes:

32 Y los vados fueron tomados, y los carrizos fueron quemados á fuego, y consternáronse los hombres de guerra.

33 Porque así ha dicho Jehová de los ejércitos, Dios de Israel: La hija de Babilonia *es* como parva; tiempo es ya de trillarla: de aquí á poco le vendrá el tiempo de la siega.

p. 50. 17. 34 Comióme, desmenuzóme[z] Nabucodonosor rey de Babilonia: paróme *como* vaso vacío, tragóme como dragon, hinchió su vientre de mis delicadezas, y echóme.

l. 137. 35 En Babilonia *está* mi robo, y mi carne, dirá la moradora de Sion[a]; y mi sangre en los moradores de Caldéa, dirá Jerusalem.

p. 50. 38. 21. 1. 36 Por tanto así ha dicho Jehová: Hé aquí que yo juzgo tu causa, y haré tu venganza: y secaré su mar[b], y haré que quede seca su corriente.

13. 22. 37 Y será Babilonia para montones, morada de dragones[c], espanto y silbo, sin morador.

38 A una rugirán como leones; como cachorros de leones bramarán.

. 57. 39 En su calor les pondré sus banquetes; y haréles que se embriaguen, para que se alegren, y duerman eterno sueño, y no despierten[d], dice Jehová.

40 Hacerlos he traer como corderos al matadero, como carneros con cabritos.

. 25. 26. 41 ¿Cómo fué presa Sesach[e], y fué tomada la que era alabada por toda la tierra? ¿Cómo fué Babilonia por espanto entre las gentes?

. 46. 7, 8. 3. 7, 8. . 12. 42 Subió la mar[f] sobre Babilonia; de la multitud de sus ondas fué cubierta.

43 Sus ciudades fueron asoladas, la tierra seca y desierta, tierra que no morará en ella nadie, ni pasará por ella hijo de hombre.

. 50. 2. 46. 1. . 58. 44 Y visitaré á Bel[g] en Babilonia, y sacaré de su boca lo que ha tragado: y no vendrán mas á él gentes; y el muro[h] de Babilonia caerá.

. 50. 8. 6. 18. 4. 45 Salid de en medio de ella[i], pueblo mio, y salvad cada uno su vida de la ira del furor de Jehová.

46 Y porque no desmaye vuestro corazon, y temais á causa de la fama que se
r. 13. 7. oirá por la tierra[k], en un año vendrá la fama, y despues en otro año el rumor, y *luego vendrá* la violencia en la tierra, y el enseñoreador sobre el que enseñorea.

47 Por tanto hé aquí vienen dias que yo visitaré las esculturas de Babilonia, y toda su tierra será avergonzada, y todos sus muertos caerán en medio de ella.

48 Y los cielos y la tierra, y todo lo que *está* en ellos, darán alabanzas so-
18. 20. bre Babilonia[l]: porque del Aquilon vendrán sobre ella destruidores, dice Jehová.

49 Pues que Babilonia *fué causa* que cayesen muertos de Israel, tambien de Babilonia caerán muertos de toda la tierra.

50 Los que escapasteis del cuchillo, andad, no os detengais: acordáos por muchos dias de Jehová, y acordáos de Jerusalem[m]. m Sal. 122. 6. y 137. 5, 6.

51 Estamos avergonzados, porque oimos la afrenta; confusion cubrió nuestros rostros, porque vinieron extranjeros contra los santuarios de la casa de Jehová[n]. n La. 1. 10.

52 Por tanto hé aquí vienen dias, dice Jehová, *que yo* visitaré sus esculturas[o], y en toda su tierra gemirán los heridos. o ver. 47.

53 Si subiese Babilonia al cielo, y si fortaleciere en lo alto su fuerza[p], de mí vendrán á ella destruidores, dice Jehová. p Cap. 49. 16. Is. 14. 13. Amos 9. 2. Ab. 4.

54 Sonido de grito de Babilonia, y quebrantamiento grande de la tierra de los Caldéos:

55 Porque Jehová destruye á Babilonia, y quitará de ella el mucho estruendo; y bramarán sus ondas[q], como muchas aguas será el sonido de la voz de ellos: q ver. 42.

56 Porque vino destruidor contra ella, contra Babilonia, y sus valientes fueron presos, el arco de ellos fué quebrado[r]: porque Jehová, Dios de retribuciones, *les* dará la paga *merecida*. r 1 Sa. 2. 4.

57 Y embriagaré[s] sus príncipes, y sus sabios, sus capitanes, y sus nobles, y sus fuertes: y dormirán sueño eterno, y no despertarán[t], dice el Rey, cuyo nombre[u] *es* Jehová de los ejércitos. s Cap. 25. 27. Hab. 2. 16. t ver. 39. u Cap. 46. 18. y 48. 15.

58 Así ha dicho Jehová de los ejércitos: El muro ancho[x] de Babilonia será derribado enteramente, y sus altas puertas serán quemadas á fuego; y en vano trabajarán pueblos y gentes en el fuego[y], y se cansarán. x ver. 44. y Hab. 2. 13.

59 ¶ Palabra que envió Jeremías profeta á Seraías, hijo de Nerías, hijo de Maasías, cuando iba con Sedechías rey de Judá á Babilonia el cuarto año de su reinado: *y era* Seraías el principal camarero.

60 Escribió pues Jeremías en un libro todo el mal que habia de venir sobre Babilonia, todas las palabras que están escritas contra Babilonia.

61 Y dijo Jeremías á Seraías: Cuando llegares á Babilonia, y vieres y leyeres todas estas cosas,

62 Dirás: Oh Jehová, tú has dicho contra este lugar que lo habias de talar, hasta no *quedar* en él morador, ni hombre ni animal, sino que para siempre ha de ser asolado.

63 Y será que cuando acabáres de leer este libro, le atarás una piedra[z], y lo echarás en medio del Eufrates; z Ap. 18. 21.

64 Y dirás: Así será anegada Babilonia, y no se levantará del mal que yo traigo sobre ella: y serán rendidos. Hasta aquí *son* las palabras de Jeremías.

CAPITULO LII.

Recapitulacion del intento y cumplimiento de toda la profecía de Jeremías; es á saber, la toma y asolacion de la ciudad, y del templo, prision del rey, y muerte de sus hijos y de sus príncipes, y trasportacion del pueblo y de los vasos sagrados á Babilonia. Joachin, rey de Judá, es sacado de la cárcel por Nabucodonosor, y puesto en honra en su cautiverio.

ERA Sedechías de edad de veinte y un años cuando comenzó á reinar, y reinó once años[a] en Jerusalem. Su madre se llamaba Hamutal, hija de Jeremías de Libna. a 2 Rey. 24. 18.

2 É hizo lo malo en los ojos de Jehová, conforme á todo lo que hizo Joacim.

3 Y á causa de la ira de Jehová contra

Jerusalem y Judá, fué el llegar á echarlos de su presencia. Y rebelóse Sedechias contra el rey de Babilonia.

[b] Cap. 39. 1, etc. 2 Rey. 25. 1, etc.

4 Aconteció por tanto á los nueve años [b] de su reinado, en el mes décimo, á los diez dias del mes, que vino Nabucodonosor rey de Babilonia, él y todo su ejército contra Jerusalem, y contra ella asentaron campo, y de todas partes edificaron contra ella baluartes.

5 Y estuvo cercada la ciudad hasta el undécimo año del rey Sedechias.

6 En el mes cuarto, á los nueve del mes, prevaleció el hambre en la ciudad, hasta no haber pan para el pueblo de la tierra.

7 Y fué entrada la ciudad, y todos los hombres de guerra huyeron, y saliéronse de la ciudad de noche por el camino del postigo de entre los dos muros, que *habia* cerca del jardin del rey, y fuéronse por el camino del desierto, estando aun los Caldéos junto á la ciudad al rededor.

8 Y el ejército de los Caldéos siguió al rey, y alcanzaron á Sedechias en los llanos de Jericó, y esparcióse de él todo su ejército.

[c] Cap. 32. 4, 5.

9 Entónces prendieron al rey [c], é hiciéronle venir al rey de Babilonia, á Ribla en tierra de Hamath, donde pronunció contra él sentencia.

10 Y degolló el rey de Babilonia á los hijos de Sedechias delante de sus ojos, y tambien degolló á todos los príncipes de Judá en Ribla.

[d] Ez. 12. 13.

11 A Sedechias [d] empero sacó los ojos, y le aprisionó con grillos, é hízolo el rey de Babilonia llevar á Babilonia, y púsolo en la casa de la cárcel hasta el dia que murió.

12 Y en el mes quinto, á los diez del mes, que era el año diez y nueve del reinado de Nabucodonosor, rey de Babilonia, vino á Jerusalem Nabuzardan, capitan de la guardia, *que* solia estar delante del rey de Babilonia,

13 Y quemó la casa de Jehová, y la casa del rey, y todas las casas de Jerusalem, y abrasó con fuego todo grande edificio.

14 Y todo el ejército de los Caldéos, que *venia* con el capitan de la guardia, destruyó todos los muros de Jerusalem en derredor.

15 É hizo trasportar Nabuzardan, capitan de la guardia, los pobres del pueblo, y toda la otra gente vulgar que en la ciudad habian quedado, y los fugitivos que se habian huido al rey de Babilonia, y todo el resto de la multitud vulgar.

[e] Cap. 39. 10.

16 Mas de los pobres del pais dejó Nabuzardan, capitan de la guardia, para viñadores y labradores [e].

[f] 1 Rey. 7. 15, etc.

17 Y los Caldéos quebraron las columnas de bronce [f], que estaban en la casa de Jehová, y las basas, y el mar de bronce que estaba en la casa de Jehová, y llevaron todo el metal á Babilonia [g].

[g] Cap. 27. 19, 22.

18 Lleváronse tambien los calderos, y los badiles, y los salterios, y las bacías, y los cazos, y todos los vasos de metal con que se servian.

19 Y las copas, é incensarios, y tazones, y ollas, y candeleros, y escudillas, y tazas: lo que de oro, de oro, y lo que de plata, de plata, se llevó el capitan de la guardia.

20 *Asimismo* las dos columnas, un mar, y doce bueyes de bronce que estaban debajo *en lugar* de basas, que habia hecho el rey Salomon en la casa de Jehová: no se podia pesar el metal de todos estos vasos [h].

[h] 1 Rey. 7. 47.

21 Cuanto á las columnas, la altura de la una columna *era* de diez y ocho codos, y un hilo de doce codos la rodeaba [i]; y su grueso *era* de cuatro dedos, y hueca.

[i] 1 Rey. 7.

22 Y el capitel de bronce que *habia* sobre ella, *era* de altura de cinco codos [k], con una red y granadas en el capitel al rededor, todo de bronce: y lo mismo *era* lo de la segunda columna con sus granadas.

[k] 2 Cr. 3.

23 Habia noventa y seis granadas en cada órden: todas ellas *eran* ciento sobre la red al rededor.

[l] Cap. 21. 1. y 29. 25.

24 Tomó tambien el capitan de la guardia á Seraías, principal sacerdote, y á Sophonías [l], segundo sacerdote, y tres guardas del atrio.

25 Y de la ciudad tomó un eunuco, que era capitan sobre los hombres de guerra, y siete hombres de los continuos del rey, que se hallaron en la ciudad; y al principal secretario de la milicia, que revistaba el pueblo de la tierra para la guerra, y sesenta hombres del vulgo del pais que se hallaron dentro de la ciudad.

26 Tomólos pues Nabuzardan, capitan de la guardia, y llevólos al rey de Babilonia á Ribla.

[m] La. 1. 1, 3.

27 Y el rey de Babilonia los hirió, y los mató en Ribla, en tierra de Hamath. Así fué Judá trasportado de su tierra [m].

[n] 2 Rey. 24. 1, etc.

28 Este es el pueblo que Nabucodonosor hizo trasportar [n]: En el año séptimo, tres mil veinte y tres Judíos:

29 En el año diez y ocho hizo Nabucodonosor trasportar de Jerusalem ochocientas treinta y dos personas:

30 El año veinte y tres de Nabucodonosor trasportó Nabuzardan, capitan de la guardia, setecientas cuarenta y cinco personas de los Judíos: todas las personas *fueron* cuatro mil y seiscientas.

31 Y acaeció que en el año treinta y siete de la cautividad de Joachin, rey de Judá, en el mes duodécimo, á los veinte y cinco del mes, Evilmerodach, rey de Babilonia, en el año *primero* de su reinado alzó la cabeza de Joachin rey de Judá, y sacólo de la casa de la cárcel [o];

[o] 2 Rey. 25. 27, etc.

32 Y habló con él amigablemente, é hizo poner su silla sobre las sillas de los reyes que estaban con él en Babilonia.

33 Hízole tambien mudar los vestidos de su prision, y comia pan delante de él siempre [p] todos los dias de su vida.

[p] 2 Sa. 9. 1 Rey. 2.

34 Y continuamente se le daba racion por el rey de Babilonia, cada cosa en su dia por todos los de su vida, hasta el dia de su muerte.

LAS LAMENTACIONES DE JEREMÍAS.

A. C. cir. 588.

CAPITULO I.

Endecha que el profeta Jeremías parece haber hecho, conforme á lo que dijo en el Cap. ix. 20, *para que su pueblo cantase la asolacion de su Patria, y especialmente la de Jerusalem, y para que reconociendo sus pecados y los justos juicios de Dios, implorasen su misericordia, y el ser restablecidos.*

¿CÓMO está sentada sola [a] la ciudad *ántes* populosa? La grande entre las naciones se ha vuelto como viuda [b]; la señora de provincias es hecha tributaria [c].

2 Amargamente llora en la noche, y sus lagrimas en sus mejillas: no tiene quien quien la consuele de todos sus

A. C. cir. 588.

[a] Jer. 52.
[b] Is. 47. 8.
[c] 2 Cr. 36. Esd. 4. 1

amadores[d]: todos sus amigos le falta-
ron, volviéronsele enemigos.
3 Fuése Judá, á causa de la afliccion,
y de la grandeza de servidumbre: ella
moró entre las gentes[e], y no halló des-
canso: todos sus perseguidores la al-
canzaron entre estrechuras.
4 Las calzadas de Sion tienen luto,
porque no hay quien venga á las solem-
nidades: todas sus puertas *están* asola-
das, sus sacerdotes gimen, sus vírgenes
afligidas, y ella tiene amargura.
5 Sus enemigos se han hecho cabeza[f],
sus aborrecedores fueron prosperados;
porque Jehová la afligió por la multi-
tud de sus rebeliones[g]: sus niños fueron
en cautividad delante del enemigo.
6 Fuése de la hija de Sion toda su
hermosura: sus príncipes fueron como
ciervos que no hallan pasto, y anduvi-
eron sin fortaleza delante del persegui-
dor.
7 Jerusalem, cuando cayó su pueblo
en mano del enemigo, y no hubo quien
le ayudase, *entónces* se acordó de los dias
de su afliccion, y de sus rebeliones, y de
todas sus cosas deseables que tuvo desde
los tiempos antiguos: miráronla los ene-
migos, y escarnecieron de sus sábados.
8 Pecado cometió Jerusalem; por lo
cual ella ha sido removida: todos los
que la honraban, la han menospreciado,
porque vieron su verguenza[h]: y ella
suspira, y se vuelve atrás.
9 Sus inmundicias *trajo* en sus faldas,
no se acordó de su postrimería: por
tanto ella ha descendido maravillosa-
mente; no tiene consolador. Mira, oh
Jehová, mi afliccion, porque el enemigo
se ha engrandecido.
10 Extendió su mano el enemigo á to-
das sus cosas preciosas: y ella ha visto
entrar en su santuario[i] las gentes, de
las cuales mandaste que no entrasen en
tu congregacion[k].
11 Todo su pueblo buscó su pan suspi-
rando; dieron por la comida todas sus
cosas preciosas para entretener la vida.
Mira, oh Jehová, y ve, que estoy aba-
tida.
12 No os *sea molesto* á cuantos pasais
por el camino: mirad, y ved si hay do-
lor como mi dolor que me ha venido[l];
porque Jehová me ha angustiado en el
dia de la ira de su furor.
13 Desde lo alto envió fuego en mis
huesos, el cual se enseñoreó: ha exten-
dido[m] red á mis pies, tornóme atrás,
púsome asolada, *y* que siempre tenga
dolor.
14 El yugo de mis rebeliones está liga-
do por su mano; enlazadas han subido
sobre mi cerviz: ha hecho caer mis
fuerzas; hame entregado el Señor en
manos *de donde* no podré levantarme.
15 El Señor ha hollado todos mis fuer-
tes en medio de mí: llamó contra mí
compañía para quebrantar mis mance-
bos: *como* lagar[n] ha pisado el Señor á
la vírgen hija de Judá.
16 Por esta causa yo lloro, *y* mis ojos,
mis ojos fluyen aguas[o]; porque se alejó
de mí consolador que dé reposo á mi
alma: mis hijos son destruidos, porque
el enemigo prevaleció.
17 Sion extendió sus manos, no tiene
quien la consuele: Jehová dió manda-
miento contra Jacob que sus enemigos
lo cercasen; Jerusalem fué en abomi-
nacion entre ellos.
18 Jehová es justo[p]; que yo contra su
boca me rebelé. Oid ahora, pueblos to-
dos, y ved mi dolor: mis vírgenes y mis
mancebos fueron en cautiverio.
19 Di voces á mis amadores, mas ellos
me han engañado[q]: mis sacerdotes y
mis ancianos en la ciudad perecieron
buscando comida para sí con que entre-
tener su vida.
20 Mira, oh Jehová, que estoy atribu-
lada: mis entrañas rugen, mi corazon
está trastornado en medio de mí; por-
que me rebelé desaforadamente: de fu-
era deshijó el cuchillo, de dentro parece
una muerte[r].
21 Oyeron que gemia, y no hay conso-
lador para mí: todos mis enemigos han
oido mi mal, *y* se han holgado de que
tú lo hiciste. Harás venir el dia que
has enunciado[s], y serán como yo.
22 Entre delante de tí toda su maldad,
y haz con ellos como hiciste conmigo
por todas mis rebeliones[t]: porque mu-
chos *son* mis suspiros, y mi corazon *está*
doloroso.

CAPITULO II.

Continua la endecha.

¿CÓMO obscureció el Señor en su
furor á la hija de Sion, derribó
del cielo á la tierra la hermosura de Is-
rael, y no se acordó del estrado de sus
piés[a] en el dia de su ira?
2 Destruyó el Señor, y no perdonó[b]:
destruyó en su furor todas las tiendas
de Jacob; echó por tierra las fortalezas
de la hija de Judá; deslustró el reino y
sus príncipes.
3 Cortó con el furor de su ira todo el
cuerno de Israel: hizo volver atrás su
diestra delante del enemigo, y encen-
dióse[c] en Jacob como llama de fuego
que ha devorado en contorno.
4 Entesó su arco como enemigo[d]; a-
firmó su mano derecha como adversario,
y mató toda cosa hermosa á la vista en
la tienda de la hija de Sion: derramó
como fuego su enojo.
5 Fué el Señor como enemigo: destru-
yó á Israel, destruyó todos sus palacios,
disipó sus fortalezas, y multiplicó en la
hija de Judá la tristeza y lamento.
6 Y quitó su tienda como *choza de* un
huerto, destruyó el lugar de su congre-
gacion: Jehová ha hecho olvidar en
Sion solemnidades y sábados, y ha des-
echado en el furor de su ira rey y sa-
cerdote.
7 Desechó el Señor su altar, menos-
preció su santuario, ha entregado en
mano del enemigo los muros de sus
palacios: dieron grita en la casa de Je-
hová[e] como en dia de fiesta.
8 Jehová determinó destruir el muro
de la hija de Sion: extendió el cordel[f],
no retrajo su mano de destruir: hizo
pues se lamentára el antemuro, y el
muro; fueron destruidos juntamente.
9 Sus puertas fueron echadas por tierra,
destruyó y quebrantó sus cerrojos: su
rey y sus príncipes *están* entre las gen-
tes[g]: no hay ley: sus profetas tampoco
hallaron vision de Jehová.
10 Sentáronse en tierra, callaron los
ancianos de la hija de Sion[h]: echaron
polvo sobre sus cabezas[i], ciñéronse de
sacos: las vírgenes de Jerusalem baja-
ron sus cabezas á tierra.
11 Mis ojos desfallecieron de lágrimas,
rugieron mis entrañas, mi hígado se
derramó por tierra por el quebranta-
miento de la hija de mi pueblo, cuando
desfallecia el niño, y el que mamaba, en
las plazas de la ciudad.
12 Decian á sus madres: ¿Dónde *está*
el trigo y el vino? Desfallecian como
heridos en las calles de la ciudad, der-
ramando sus almas en el regazo de sus
madres.
13 ¿Qué testigo te traeré, ó á quién

[d] Jer. 4. 30. y 30. 14, 15.
[e] Deu. 28. 64.
[f] Deu. 28. 43, 44.
[g] Da. 9. 7, 8.
[h] Jer. 13. 26. Ez. 16. 37. y 23. 29. Os. 2. 10.
[i] Jer. 51. 51.
[k] Deu. 23. 3.
[l] Da. 9. 12.
[m] Ez. 17. 20. Os. 7. 12.
[n] Is. 63. 3.
[o] Jer. 13. 17. y 14. 17.
[p] Ne. 9. 33. Da. 9. 7, 14.
[q] ver. 2. Jer. 30. 14.
[r] Deu. 32. 25. Ez. 7. 15.
[s] Is. 13. 6, etc. Jer. 46. 10. y 50. 15, 31.
[t] Sal. 137. 7, 9. Jer. 51. 35.
[a] 1 Cr. 28. 2. Sal. 132. 7.
[b] Jer. 13. 14.
[c] Sal. 89. 46.
[d] Is. 63. 10.
[e] Sal. 74. 4.
[f] 2 Rey. 21. 13, 14.
[g] Deu. 28. 36. 2 Rey. 24. 15. y 25. 7.
[h] Is. 3. 26.
[i] Job 2. 12.

te haré semejante, hija de Jerusalem? ¿A quién te compararé para consolarte, oh virgen hija de Sion? Porque grande *es* tu quebrantamiento como la mar: ¿quién te medicinará?

14 Tus profetas vieron para tí vanidad y locura[k]; y no descubrieron tu pecado para estorbar tu cautiverio, sino que te predicaron vanas profecías y extravíos.

[k] Jer. 2. 8. y 5. 31. y 14. 14. y 23. 16. y 27. 14, 15. y 29. 8, 9. Ez. 13. 2.

15 Todos los que pasaban por el camino, batieron las manos sobre tí; silbaron y movieron sus cabezas sobre la hija de Jerusalem, *diciendo*: ¿Es esta la ciudad que decian de perfecta hermosura[l], el gozo de toda la tierra?

[l] Sal. 50. 2.

16 Todos tus enemigos abrieron sobre tí su boca; silbaron, y rechinaron los dientes, *y* dijeron: Devoremos, que cierto este es el dia que esperabamos; *lo* hemos hallado, vímos*lo*.

17 Jehová ha hecho lo que tenia determinado, ha cumplido su palabra que él habia mandado desde tiempo antiguo[m]: destruyó, y no perdonó; y alegró sobre tí al enemigo[n], y enalteció el cuerno de tus adversarios.

[m] Lev. 26. 16, etc. Deu. 28. 15, etc.
[n] Sal. 89. 42.

18 El corazon de ellos clamaba al Señor. Oh muro de la hija de Sion, echa lágrimas como un arroyo dia y noche; no descanses, ni cesen las niñas de tus ojos.

19 Levántate, da voces en la noche, en el principio de las velas: derrama como agua tu corazon ante la presencia del Señor; alza tus manos á él por la vida de tus pequeñitos, que desfallecen de hambre[o] en las entradas de todas las calles.

[o] Ez. 5. 10, 16.

20 ¶ Mira, oh Jehová, y considera á quien has hecho así. ¿Han de comer las mujeres su fruto[p], los pequeñitos de sus crias? ¿Han de ser muertos en el santuario del Señor el sacerdote y el profeta?

[p] Cap. 4. 10. Lev. 26. 29. Deu. 28. 53. Jer. 19. 9.

21 Niños y viejos yacian por tierra en las calles: mis vírgenes y mis mancebos cayeron á cuchillo[q]: mataste en el dia de tu furor, degollaste, no perdonaste[r].

[q] 2 Cr. 36. 17.
[r] Cap. 3. 43.

22 Has llamado, como á dia de solemnidad, mis temores[s] de todas partes; y en el dia del furor de Jehová no hubo quien escapase ni quedase vivo: los que crié y mantuve, mi enemigo los acabó[t].

[s] Jer. 6. 25.
[t] Os. 9. 12, 13.

CAPITULO III.

Prosigue Jeremías lamentandose, primero de sus propios trabajos, y despues de los comunes á toda la ciudad; é implora el favor de Dios contra las maquinaciones de sus enemigos.

YO *soy un* hombre que ve afliccion en la vara de su enojo.

2 Guióme, y llevóme en tinieblas, mas no en luz.

3 Ciertamente contra mí volvió y revolvió su mano todo el dia.

4 Hizo envejecer mi carne y mi piel; quebrantó mis huesos[a].

[a] Sal. 51. 8. Jer. 50. 17.

5 Edificó contra mí, y cercó*me* de tósigo y de trabajo.

6 Asentóme en obscuridades como los ya muertos de mucho tiempo[b].

[b] Sal. 88. 6. y 143. 3.

7 Cercóme por todos lados, y no puedo salir: agravó mis grillos.

8 Aun cuando clamé, y di voces, cerró *los oídos* á mi oracion[c].

[c] Job 30. 20.

9 Cercó mis caminos con piedra tajada; torció mis senderos.

10 *Como* oso que acecha fué para mí, *como* leon en escondrijos.

11 Torció mis caminos, y despedazóme: tornóme asolado.

12 Su arco entesó, y púsome como blanco á la saeta[d].

[d] Job 7. 20. y 16. 12.

13 Hizo entrar en mis riñones las saetas de su aljaba.

14 Fuí escarnio á todo mi pueblo, cancion de ellos[e] todos los dias.

[e] ver. 63. Job 30. 9. Sal 69. 12.

15 Hartóme de amarguras, embriagóme de ajenjos.

16 Quebróme los dientes con cascajo; cubrióme de ceniza.

17 Y mi alma se alejó de la paz; olvidéme del bien.

18 Y dije: Pereció mi fortaleza, y mi esperanza de Jehová.

19 Acuérdate de mi afliccion, y de mi abatimiento; del ajenjo[f], y de la hiel.

[f] Jer. 9. 15.

20 Tendrá*lo* aun en memoria mi alma, porque en mí está humillada.

21 Esto *empero* reduciré á mi corazon, por lo cual esperaré:

22 *Son* misericordias de Jehová que no somos consumidos; porque nunca decayeron sus misericordias.

23 Nuevas *son* cada mañana: grande *es* tu fidelidad.

24 Mi parte *es* Jehová, dijo mi alma; por tanto en él esperaré[g].

[g] Sal. 119. 57.

25 Bueno es Jehová á los que en él esperan[h], al alma que lo buscáre.

[h] Is. 30. 18. Mi. 7. 7.

26 Bueno es esperar callando en la salud de Jehová.

27 Bueno es al hombre, si llevâre el yugo desde su mocedad.

28 Sentaráse solo[i], y callará, porque *lo* llevó sobre sí.

[i] Jer. 15. 17.

29 Pondrá su boca en el polvo, por si quizá hay esperanzá.

30 Dará la mejilla al que le hiriere[k]; hartaráse de afrenta.

[k] Is. 50. 6.

31 Porque el Señor no desechará para siempre[l]:

[l] Sal. 94. 14.

32 Antes si afligiere, tambien se compadecerá segun la multitud de sus misericordias.

33 Porque no aflige ni congoja de su corazon[m] á los hijos de los hombres.

[m] Jer. 31. 20.

34 Desmenuzar bajo de sus pies todos los encarcelados de la tierra,

35 Hacer apartar el derecho del hombre ante la presencia del Altísimo,

36 Trastornar al hombre en su causa, el Señor no lo sabe.

37 ¿Quién *será* aquel que diga, que vino *algo* que el Señor no mandó?

38 ¿De la boca del Altísimo[n] no saldrá malo ni bueno?

[n] Is. 45. 7. Amos 3. 6.

39 ¿Por qué *pues* murmura el hombre viviente, el hombre en su pecado[o]?

[o] Pro. 19. 3. Mi. 7. 9.

40 Escudriñemos nuestros caminos[p], y busquemos, y volvámonos á Jehová.

[p] Hag. 1. 5, 7.

41 Levantemos nuestros corazones con las manos á Dios en los cielos.

42 Nosotros nos hemos rebelado, y fuimos desleales: *por tanto* tú no perdonaste.

43 Desplegaste la ira, y nos perseguiste; mataste, no perdonaste[q].

[q] Cap. 2. 21. 2 Cr. 36. 17.

44 Te cubriste de nube, porque no pasase la oracion *nuestra*.

45 Raedura y abominacion[r] nos tornaste en medio de los pueblos.

[r] 1 Cor. 4. 13.

46 Todos nuestros enemigos abrieron sobre nosotros su boca[s].

[s] Cap. 2. 16.

47 Temor y lazo fué para nosotros[t], asolamiento y quebrantamiento.

[t] Is. 24. 17.

48 Rios de aguas echan mis ojos por el quebrantamiento de la hija de mi pueblo[u].

[u] Jer. 9. 1. y 14. 17.

49 Mis ojos destilan, y no cesan; porque no hay alivio,

50 Hasta que Jehová mire y vea desde los cielos[x].

51 Mis ojos contristaron mi alma por todas las hijas de mi ciudad.

52 Mis enemigos me dieron caza, como á ave, sin porqué.

53 Ataron mi vida en mazmorra, y pusieron piedra sobre mí.

54 Aguas de avenida vinieron sobre

ʳ Sal. 124. 4, 5. mi cabeza[x]: yo dije *entónces*, muerto
soy.
55 Invoqué tu nombre, oh Jehová,
desde la cárcel profunda.
56 Oiste mi voz; no escondas tu oido á
mi clamor, para mi respiro.
57 Acercástete el dia que te invoqué:
dijiste, No temas.
58 Abogaste, Señor, la causa de mi
Jer. 51. 36. alma[y]; redimiste mi vida.
59 Tú has visto, oh Jehová, mi agra-
vio; defiende mi causa.
60 Tú has visto toda su venganza, to-
dos sus pensamientos contra mí.
61 Tú has oido el oprobio de ellos, oh
Jehová, todas sus maquinaciones con-
tra mí;
62 Los dichos de los que contra mí se
levantaron, y su designio contra mí to-
do el dia.
63 Su sentarse, y su levantarse mira:
yo *soy* su cancion.
64 Dáles el pago, oh Jehová, segun la
obra de sus manos.
65 Dáles ansia de corazon, tu maldi-
cion á ellos.
66 Persíguelos en tu furor, y quebrán-
talos de debajo de los cielos, oh Jehová.

CAPITULO IV.

Otra endecha sobre la calamidad de Jerusalem, y lo que pasaron dentro los sitiados durante el cerco. Consuela al pueblo con la esperanza de libertad, y amenaza á Iduméa.

¿CÓMO se ha obscurecido el oro, *cómo*
el buen oro se ha demudado? Las
piedras del santuario están esparcidas
por las encrucijadas de todas las calles.
2 Los hijos de Sion preciados, y esti-
mados mas que el oro puro, ¿cómo son
tenidos por vasos de barro, obra de ma-
nos de alfarero?
3 Aun los monstruos marinos sacan
la teta, y dan de mamar á sus chiquitos:
la hija de mi pueblo *es* cruel, como los
Job 39. 17, avestruces[a] en el desierto.
4 La lengua del niño de teta de sed se
pegó á su paladar: los chiquitos pidi-
eron pan, y no hubo quien se lo par-
...n. 22. 24. tiese[b].
5 Los que comian delicadamente, aso-
lados fueron en las calles: los que se
criaron en carmesí, abrazaron los esti-
érocoles.
6 Y aumentóse la iniquidad de la hija
de mi pueblo mas que el pecado de So-
doma, que fué trastornada en un mo-
...n. 19. 25. mento[c], y no asentaron sobre ella com-
pañías.
...s. 6. 2, 7 Sus Nazarenos[d] fueron blancos mas
que la nieve, mas lustrosos que la leche:
su compostura mas rubicunda que los
rubíes, mas bellos que el zafiro.
8 Oscura mas que la negrura es *ahora*
la forma de ellos; no los conocen por las
calles: su piel está pegada á sus huesos,
seca como un palo.
9 Mas dichosos fueron los muertos á
cuchillo que los muertos del hambre:
porque estos murieron poco á poco por
falta de los frutos de la tierra.
10 Las manos de las mujeres piadosas
...p. 2. 20. cocieron á sus hijos[e]: fuéronles comida
... 26. 29. en el quebrantamiento de la hija de mi
... 28. 53, pueblo.
11 Cumplió Jehová su enojo: derramó
...y. 6. el ardor de su ira, y encendió fuego en
Sion, que consumió sus fundamientos[f].
... 19. 9. 12 Nunca los reyes de la tierra, ni to-
... 4. 10. dos los que habitan el mundo, creyeron
... 21. 14. que el enemigo y el adversario entrára
... 4. 21. 22. 26, por las puertas de Jerusalem.
13 Por los pecados de sus profetas, por
...h. 3. 4. las maldades de sus sacerdotes[g], derra-
maron en medio de ella la sangre de los
justos.
14 Titubearon *como* ciegos en las ca-
lles, fueron contaminados en sangre, de
modo que no pudiesen tocar á sus ves-
tiduras[h]. ʰ Nu. 19. 16.
15 Apartáos, inmundos, les gritaban,
apartáos, apartáos, no toqueis. Cuando
huyeron y fueron dispersos, dijeron en-
tre las gentes: Nunca mas morarán
allí.
16 La ira de Jehová los apartó, no los
mirará mas: no respetaron la faz de los
sacerdotes, ni tuvieron compasion de los
viejos.
17 Aun nos han desfallecido nuestros
ojos tras nuestro vano socorro: en nu-
estra esperanza aguardamos gente *que*
no puede salvar.
18 Cazaron nuestros pasos, que no an-
duviesemos por nuestras calles: acercóse
nuestro fin, cumpliéronse nuestros dias,
porque nuestro fin vino[i]. ⁱ Ez. 7. 2, 3, 6.
19 Ligeros fueron nuestros persegui-
dores mas que las águilas del cielo[k]: ᵏ Deu. 28. 49. Jer. 4. 13.
sobre los montes nos persiguieron, en el
desierto nos pusieron emboscadas.
20 El resuello de nuestras narices, el
ungido de Jehová, de quien habíamos
dicho, A su sombra tendrémos vida en-
tre las gentes, fué preso en sus hoyos[l]. ˡ Jer. 52. 8, 9.
21 Gózate y alégrate, hija de Edom,
la que habitas en tierra de Hus[m]; aun ᵐ Job 1. 1.
hasta tí pasará el caliz: embriagarte has,
y vomitarás.
22 Cumplido es tu castigo, oh hija de
Sion[n]; nunca mas te hará trasportar. ⁿ Is. 40. 2.
Visitará tu iniquidad, oh hija de Edom:
descubrirá tus pecados[o]. ᵒ Sal. 137. 7.

CAPITULO V.

Oracion del profeta, en que recitando por menudo la calamidad de su pueblo, y las circunstancias de su servidumbre, pide á Dios que restituya su pueblo á su primera gloria.

ACUÉRDATE, oh Jehová, de lo que
nos ha sucedido: ve y mira nuestro
oprobio[a]. ᵃ Sal. 89. 50, 51.
2 Nuestra heredad se ha vuelto á ex-
traños, nuestras casas á forasteros[b]. ᵇ Sal. 79. 1.
3 Huérfanos somos sin padre, nuestras
madres como viudas.
4 Nuestra agua bebemos por dinero;
nuestra leña por precio compramos.
5 Persecucion padecemos sobre nuestra
cerviz: nos cansamos, y no hay para
nosotros reposo.
6 Al Egipcio y al Asirio dimos la ma-
no, para saciarnos de pan.
7 Nuestros padres pecaron, y son mu-
ertos; y nosotros llevamos sus castigos.
8 Siervos se enseñorearon de nosotros;
no hubo quien de su mano *nos* li-
brase.
9 Con *peligro de* nuestras vidas trai-
amos nuestro pan delante del cuchillo
del desierto.
10 Nuestra piel se ennegreció como un
horno á causa del ardor del hambre.
11 Violaron á las mujeres en Sion, á
las vírgenes en las ciudades de Judá.
12 A los príncipes colgaron con su
mano; no respetaron el rostro de los
viejos[c]. ᶜ Is. 47. 6.
13 Llevaron los mozos á moler, y los
muchachos desfallecieron en la leña.
14 Los ancianos cesaron de la puerta,
los mancebos de sus canciones.
15 Cesó el gozo de nuestro corazon;
nuestro corro se tornó en luto.
16 Cayó la corona de nuestra cabeza:
¡Ay ahora de nosotros! porque peca-
mos.
17 Por esto fué entristecido nuestro

corazon, por esto se entenebrecieron nu-
estros ojos:
18 Por el monte de Sion, que está aso-
lado; zorras andan en él.
19 Mas tú, Jehová, permanecerás para
d Sal. 102. 12, 27. Hab. 1. 12. siempre d: tu trono, de generacion en
generacion.
20 ¿ Por qué te olvidarás para siempre
de nosotros? *¿por qué* nos dejarás por
largos dias?
21 Vuélvenos, oh Jehová, á tí, y nos
volverémos e: renueva nuestros dias co- e Jer. 31. 18.
mo al principio.
22 Porque repeliendo nos has desecha-
do; te has airado contra nosotros en gran
manera.

LIBRO DEL PROFETA EZEQUIEL.

A. C. cir. 595.

CAPITULO I.

Ezequiel declara el tiempo y lugar en que tuvo visiones proféticas; la de los cuatro animales, de las ruedas, y del trono, como tambien del personage sentado sobre él, y rodeado de fuego.

Y FUÉ *que* á los treinta años, en el
mes cuarto, á cinco del mes, es-
tando yo en medio de los trasportados
a Cap. 3. 15, 23. junto al rio de Chebar a, los cielos se
b Ap. 19. 11. abrieron b, y vi visiones de Dios.
2 A los cinco del mes, que fué en el
c 2 Rey. 24. 12, 15. quinto año de la transmigracion del rey
Joachin c,
3 Fué palabra de Jehová á Ezequiel
sacerdote, hijo de Buzi, en la tierra de
los Caldéos junto al rio de Chebar; y
d 1 Rey. 18. 46. 2 Rey. 3. 15. fué allí sobre él la mano de Jehová d.
4 ¶ Y miré, y hé aquí un viento tem-
pestuoso venia del Aquilon, *y* una gran
nube, con un fuego *que venia* revolvi-
endose; y en derredor suyo un resplan-
dor, y en medio del fuego una cosa que
e Ap. 1. 15. parecia como de ámbar e.
5 Y en medio de ella *venia una* figura
f Ap. 4. 6, etc. de cuatro animales f. Y este *era* su pa-
recer: *habia* en ellos semejanza de hom-
g Cap. 10. 8, etc. bre g.
6 Y cada uno tenia cuatro rostros, y
cuatro alas.
7 Y los piés de ellos eran derechos,
y la planta de sus piés como la planta
de pié de becerro: y centelleaban á ma-
nera de bronce muy bruñido.
8 Y debajo de sus alas, á sus cuatro
lados, *tenian* manos de hombre; y sus
rostros y sus alas por los cuatro lados.
9 Con las alas se juntaban el uno al
otro. No se volvian cuando andaban;
cada uno caminaba en derecho de su
rostro.
10 Y la figura de sus rostros *era* ros-
tros de hombre y rostros de leon á la
parte derecha en *todos* cuatro: y á la
izquierda, rostros de buey en *todos* cu-
atro: asimismo habia en *todos* cuatro
rostros de águila.
11 *Tales eran* sus rostros. Y *tenian* sus
alas extendidas por encima, cada uno
dos, las cuales se juntaban; y las otras
h Is. 6. 2. dos cubrian sus cuerpos h.
12 Y cada uno caminaba en derecho
de su rostro: hácia donde el Espíritu
era que anduviesen, andaban: cuando
andaban, no se volvian.
13 Cuanto á la semejanza de los ani-
males, su parecer *era* como de carbones
de fuego encendidos, como parecer de
hachas *encendidas*: el *fuego* discurria
entre los animales, y el resplandor del
fuego; y del fuego salian relámpagos.
14 Y los animales corrian y tornaban á
semejanza de relámpagos.
15 Y estando yo mirando los animales,
hé aquí una rueda en la tierra junto á
los animales, á sus cuatro caras.
16 Y el parecer de las ruedas y su obra
semejábase al color del topacio. Y *todas*
cuatro tenian una misma semejanza: su
apariencia y su obra como es una rueda A. C. cir. 595.
en medio de *otra* rueda.
17 Cuando andaban, se movian sobre
sus cuatro costados: no se volvian cu-
ando andaban.
18 Y sus costillas eran altas, y espan-
tosas, y llenas de ojos al rededor en *todas*
cuatro.
19 Y cuando los animales andaban, las
ruedas andaban junto á ellos: y cuando
los animales se levantaban de la tierra,
las ruedas se levantaban.
20 Hácia donde el Espíritu era que
anduviesen, andaban: hácia donde era
el Espíritu que anduviesen, las ruedas
tambien se levantaban tras ellos; por-
que el espíritu de los animales estaba
en las ruedas.
21 Cuando ellos andaban, andaban
ellas; y cuando ellos se paraban, se pa-
raban *ellas*: asimismo cuando se levan-
taban de la tierra, las ruedas se levan-
taban tras ellos; porque el espíritu de
los animales estaba en las ruedas.
22 Y sobre las cabezas de cada animal
parecia *una* expansion á manera de cris-
tal maravilloso, extendido encima sobre
sus cabezas.
23 Y debajo de la expansion *estaban* las
alas de ellos derechas la una á la *otra*;
á cada uno dos, y otras dos con que se
cubrian sus cuerpos.
24 Y oí el sonido de sus alas, cuando
andaban, como sonido de muchas agu-
as i, como la voz del Omnipotente k: la i Cap. 43. 2. Ap. 1. 15.
voz de la palabra *era* como la voz de un
ejército l. Cuando se paraban, aflojaban k Job 37. 2, 5. Sal. 29. 3, 4 y 68. 33.
sus alas. l 2 Rey. 7. 6.
25 Y cuando se paraban, y aflojaban
sus alas, oíase voz de arriba de la ex-
pansion que *habia* sobre sus cabezas.
26 Y sobre la expansion que *habia* so-
bre sus cabezas, *veiase* la figura de un
trono que parecia de piedra de zafiro m: m Ex. 24. 10.
y sobre la figura del trono *habia* una
semejanza que parecia de hombre sen-
tado sobre él.
27 Y vi una cosa que parecia como de
ámbar, como apariencia de fuego dentro
de ella en contorno: por el aspecto de
sus lomos para arriba, y desde sus lomos
para abajo, vi que parecia como fuego,
y que tenia resplandor al rededor.
28 Cual parece el arco del cielo que
está en las nubes el dia que llueve, así
era el parecer del resplandor al rededor. n Ex. 24. 16, 17.
Esta *fué* la vision de la semejanza de la
gloria de Jehová n. Y luego que yo *la* o Cap. 3. 23. Da. 8. 17. Hech. 9. 4. Ap. 1. 17, 18.
hube visto, caí sobre mi rostro o, y oí
voz de uno que hablaba.

CAPITULO II.

Ezequiel es llamado de Dios, desde aquella vision de su gloria, para denunciar á los de su pueblo nuevas calamidades, previniendole no temiese por la rebelde disposicion que en ellos hallaria.

Y DÍJOME: Hijo del hombre, está
sobre tus piés, y hablaré contigo.
2 Y entró espíritu en mí luego que me

habló, y afirmóme sobre mis piés, y oí al que me hablaba.

3 Y díjome: Hijo del hombre, yo te envio á los hijos de Israel, á gentes rebeldes que se rebelaron contra mí: ellos y sus padres se han rebelado[a] contra mí hasta este mismo dia.

4 Yo pues te envio[b] á hijos de duro rostro, y de empedernido corazon; y les dirás: Así ha dicho el Señor Jehová.

5 Por si acaso ellos escuchan, y por si se contienen; porque son una rebelde familia: mas conocerán que hubo profeta entre ellos.

6 Y tú, hijo del hombre, no temas de ellos[c], ni tengas miedo de sus palabras, aunque te *hallas* entre zarzas y espinas[d], y tú moras con abrojos: no tengas miedo de sus palabras, ni temas delante de ellos, porque son casa rebelde.

7 Les hablarás pues mis palabras, por si escuchan, y se reprimen; porque son rebeldes.

8 Mas tú, hijo del hombre, oye lo que yo te hablo: No seas tú rebelde como la casa rebelde: abre tu boca, y come lo que yo te doy[e].

9 Y miré, y hé aquí una mano[f] me fué enviada, y en ella *habia* un libro envuelto[g]:

10 Y extendiólo delante de mí, y estaba escrito delante y detrás: y habia escritas en él endechas, y lamentacion, y ayes.

CAPITULO III.

Ezequiel come el libro que le dió el Señor, y queda lleno de valor para reprender á Israel, del cual se ve constituido centinela. Se le aparece nuevamente la gloria del Señor; el cual le manda que se encierre en casa, y no hable hasta segunda órden.

Y DÍJOME: Hijo del hombre, come lo que hallares; come este envoltorio[a], y ve y habla á la casa de Israel.

2 Y abrí mi boca, é hízome comer aquel envoltorio.

3 Y díjome: Hijo del hombre, haz á tu vientre que coma, é hinche tus entrañas de este envoltorio que yo te doy. Y comílo, y fué en mi boca dulce como miel[b].

4 Díjome luego: Hijo del hombre, ve, y entra á la casa de Israel, y habla á ellos con mis palabras.

5 Porque no eres enviado á pueblo de habla profunda, ni de lengua difícil, *sino* á la casa de Israel.

6 No á muchos pueblos de profunda habla, ni de lengua difícil, cuyas palabras no entiendas: y si á ellos te enviára, ellos te oyeran[c].

7 Mas *los de* la casa de Israel no te querrán oir, porque no *me* quieren oir á mí[d]: porque toda la casa de Israel son tiesos de frente, y duros de corazon.

8 Hé aquí he hecho yo tu rostro fuerte contra los rostros de ellos, y tu frente fuerte contra su frente.

9 Como diamante, mas fuerte que pedernal he hecho tu frente[e]: no los temas, ni tengas miedo delante de ellos, porque es casa rebelde.

10 Y díjome: Hijo del hombre, toma en tu corazon todas mis palabras que yo te hablaré, y oye con tus oidos:

11 Y ve, y entra á los trasportados, á los hijos de tu pueblo, y les hablarás, y les dirás, Así ha dicho el Señor Jehová; por si atienden y se reprimen.

12 Y levantóme[f] el Espíritu, y oí detrás de mí una voz de grande estruendo *que decia:* Bendita *sea* la gloria de Jehová desde su lugar.

13 Oí tambien el sonido de las alas de los animales que se juntaban la una con la otra, y el sonido de las ruedas delante de ellos, y sonido de grande estruendo.

14 Levantóme[g] pues el Espíritu, y me tomó; y fuéme amargo con el descontento de mi espíritu: mas la mano de Jehová era fuerte sobre mí[h].

15 Y vine á los trasportados en Thelabib, que moraban junto al rio de Chebar[i], y asenté donde ellos estaban asentados[k]; y allí permanecí siete dias atónito entre ellos.

16 ¶ Y aconteció que al cabo de los siete dias fué á mí palabra de Jehová, diciendo:

17 Hijo del hombre, yo te he puesto por atalaya[l] á la casa de Israel. Oirás pues tú la palabra de mi boca, y amonestarlos has dè mi parte.

18 Cuando yo dijere al impío, De cierto morirás; y tú no lo amonestares, ni le hablares, para que el impío sea apercibido de su mal camino, á fin de que viva, el impío morirá por su maldad, mas su sangre demandaré de tu mano[m].

19 Y si tú amonestares al impío, y él no se convirtiere de su impiedad, y de su mal camino, él morirá por su maldad, y tú habrás librado tu alma[n].

20 Y cuando el justo se apartáre de su justicia[o], é hiciere maldad, y pusiere yo tropiezo delante de él, él morirá, porque tú no lo amonestaste: en su pecado morirá, y sus justicias que habia hecho no vendrán en memoria; mas su sangre demandaré de tu mano.

21 Y si al justo amonestares, para que el justo no peque, y no pecáre, de cierto vivirá, porque fué amonestado; y tú habrás librado tu alma.

22 ¶ Y fué allí la mano de Jehová sobre mí[p], y díjome: Levántate, y sal al campo, y allí hablaré contigo.

23 Y levantéme, y salí al campo; y hé aquí que allí estaba la gloria de Jehová, como la gloria que habia visto junto al rio de Chebar[q]: y caí sobre mi rostro[r].

24 Entónces entró espíritu en mí, y afirmóme sobre mis piés[s], y hablóme, y díjome: Entra, y enciérrate dentro de tu casa.

25 Y tú, oh hijo del hombre, hé aquí que pondrán sobre tí cuerdas[t], y con ellas te ligarán, y no saldrás entre ellos.

26 Y haré se pegue tu lengua á tu paladar, y estarás mudo[u], y no serás á ellos varon que reprende; porque son casa rebelde.

27 Mas cuando yo te hubiere hablado, abriré tu boca, y les dirás: Así ha dicho el Señor Jehová: El que oye, oiga; y el que cesa, cese[x]: porque casa rebelde son.

CAPITULO IV.

Manda el Señor á Ezequiel que represente el sitio de Jerusalem, y sus calamidades venideras, por medio de ciertas señales.

Y TÚ, hijo del hombre, tómate un adobe, y ponlo delante de tí, y diseña sobre él la ciudad de Jerusalem:

2 Y pondrás contra ella cerco, y edificarás contra ella fortaleza, y sacarás contra ella baluarte, y asentarás delante de ella campo, y pondrás contra ella batidores al rededor.

3 Tómate tambien una plancha de hierro, y ponla en lugar de muro de hierro entre tí y la ciudad: afirmarás luego tu rostro contra ella, y será en lugar de cerco, y la sitiarás. Es señal á la casa de Israel[a].

4 Y tú dormirás sobre tu lado izqui-

Cap. 20. 18, ... Núm. 9. 27. ... 2. 26. Hech. 7. 51. Mat. 10. 16. ... Jer. 1. 8, ... 1 Sa. 23. ... 7. ... 7. 4. ... Ap. 10. 9, ... Cap. 8. 3. Cap. 3. 1. Cap. 2. 8, 9. Sal. 19. 10. y 119. 103. Mat. 11. 23. y 12. 41. Juan 15. 20. Is. 50. 7. ... 3. 8. Cap. 8. 3. ... Rey. 18. 12. 2 Rey. 2. 16. Hech. 8. 39.

[g] ver. 12. [h] 2 Rey. 3. 15. [i] Cap. 1. 1. [k] Sal. 137. 1. [l] Cap. 33. 7. Is. 52. 8. y 56. 10. Jer. 6. 17. Os. 9. 8. [m] Cap. 33. 6. [n] Hech. 20. 26. [o] Cap. 18. 24. y 33. 12, 13. [p] Cap. 1. 3. [q] Cap. 1. 4, etc. [r] Cap. 1. 28. [s] Cap. 2. 2. [t] Cap. 4. 8. [u] Cap. 24. 27. [x] Cap. 2. 5. [a] Cap. 12. 6, 11. 2 Rey. 25. 1, etc.

erdo, y pondrás sobre él la maldad de la casa de Israel: el número de los dias que dormirás sobre él, llevarás la maldad de ellos.

5 Yo te he dado los años de su maldad por el número de los dias[b], trescientos y noventa dias‖: y llevarás *sobre tí* la maldad de la casa de Israel.

[b] Nu. 14. 34.
‖ *desde* 975, 1 Rey. 12. 20. *hasta* 585, 2 Rey. 25. 1.

6 Y cumplidos estos, dormirás sobre tu lado derecho segunda vez, y llevarás *sobre tí* la maldad de la casa de Judá cuarenta† dias: dia por año, dia por año te lo he dado.

† *desde* 629, 2 Cr. 34. 5, 7. *hasta* 589, 2 Rey. 25. 1.

7 ¶ Y al cerco de Jerusalem afirmarás tu rostro, y descubierto tu brazo, profetizarás contra ella.

8 Y hé aquí he puesto sobre[c] tí cuerdas, y no te tornarás del un tu lado al otro lado, hasta que hayas cumplido los dias de tu cerco.

[c] Cap. 3. 25.

9 Y tú toma para tí trigo, y cebada, y habas, y lentejas, y mijo, y avena, y ponlo en una vasija; y hazte pan de ello el numero de los dias que durmieres sobre tu lado: trescientos y noventa dias comerás de él.

10 Y la comida que has de comer *será* por peso de veinte siclos al dia: de tiempo á tiempo lo comerás.

11 Y beberás el agua por medida, la sexta parte de un hin: de tiempo á tiempo beberás.

12 Y comerás pan de cebada cocido debajo de la ceniza; y lo cocerás á vista de ellos con los estiércoles que salen del hombre.

13 Y dijo Jehová: Así comerán los hijos de Israel su pan inmundo[d] entre las gentes, á donde los lanzaré yo.

[d] Os. 9. 3.

14 Y dije: ¡Ah, Señor Jehová! Hé aquí que mi alma no es inmunda[e], ni nunca desde mi mocedad hasta este tiempo comí cosa mortecina ni despedazada, ni nunca en mi boca entró carne inmunda[f].

[e] Hech. 10. 14.
[f] Deu. 14. 3. Is. 65. 4.

15 Y respondióme: Hé aquí te doy estiércoles de bueyes en lugar de los estiércoles de hombre, y dispondrás tu pan con ellos.

16 Díjome luego: Hijo del hombre, hé aquí quebrantaré el sosten del pan[g] en Jerusalem, y comerán el pan por peso, y con angustia; y beberán el agua por medida, y con espanto[h].

[g] Cap. 5. 16. y 14. 13. Lev. 26. 26. Sal. 105. 16. Is. 3. 1.
[h] Cap. 12. 19.

17 Porque les faltará el pan y el agua, y se espantarán los unos con los otros, y se consumirán por su maldad[i].

[i] Cap. 24. 23. Lev. 26. 39.

CAPITULO V.

Manda Dios al profeta que se rape á navaja la cabeza y la barba, y que de los pelos haga tres partes, la una de las cuales queme, la otra pique con un cuchillo, y la otra eche al viento, en símbolo de las diversas calamidades que vendrian sobre los de su pueblo.

Y TÚ, hijo del hombre, tómate un cuchillo agudo, una navaja[a] de barbero toma, y hazla pasar sobre tu cabeza y tu barba: tómate despues un peso de balanzas, y reparte *los pelos*.

[a] Is. 7. 20.

2 La tercera parte quemarás con fuego en medio de la ciudad, cuando se cumplieren los dias del cerco[b]: y tomarás la *otra* tercera parte, y herirás con cuchillo al rededor de ella: y la *otra* tercera parte esparcirás al viento, y yo desenvainaré espada en pos de ellos.

[b] Cap. 4. 1, 8, 9.

3 Tomarás tambien de allí unos pocos por cuenta, y los atarás en el canto de tu ropa.

4 Y tomarás otra vez de ellos, y los echarás en mitad del fuego, y en el fuego los quemarás: de allí saldrá el fuego en toda la casa de Israel.

5 Así ha dicho el Señor Jehová: Esta es Jerusalem: púsela en medio de las gentes y de las tierras al rededor de ella.

6 Y ella mudó mis juicios y mis ordenanzas en impiedad mas que las gentes, y mas que las tierras que están al rededor de ella: porque desecharon mis juicios y mis mandamientos, y no anduvieron en ellos[c].

[c] Neh. 9. 16, 17.

7 Por tanto así ha dicho Jehová: ¿Por haberos multiplicado mas que las gentes que están al rededor de vosotros, no habeis andado en mis mandamientos, ni habeis hecho segun mis leyes? Ni aun segun las leyes de las gentes que están al rededor de vosotros habeis hecho.

8 Así pues ha dicho el Señor Jehová: Hé aquí yo contra tí; sí, yo, y haré juicios en medio de tí á los ojos de las naciones.

9 Y haré en tí lo que nunca hice[d], ni jamas haré cosa semejante, á causa de todas tus abominaciones.

[d] La. 4. 6. Da. 9. 12.

10 Por eso los padres comerán á los hijos en medio de tí[e], y los hijos comerán á sus padres; y haré en tí juicios, esparciré á todos vientos[f] todo tu residuo.

[e] Lev. 26. 29. Deu. 28. 53. Jer. 19. 9. La. 2. 20. y 4. 10.
[f] Cap. 12. 14. Deu. 28. 64. Zac. 2. 6.

11 Por tanto, vive yo, dice el Señor Jehová, si por haber *tú* violado mi santuario[g] con todas tus contaminaciones, y con todas tus abominaciones, no *te* quebrantaré yo tambien: ni mi ojo perdonará, ni tampoco tendré yo misericordia.

[g] Cap. 8. 5, etc. 2 Cr. 36. 14.

12 La tercera parte de tí[h] morirá de pestilencia, y de hambre será consumida en medio de tí; y la *otra* tercera parte caerá á cuchillo al rededor de tí; y á la *otra* tercera parte esparciré á todos los vientos, y tras de ellos desenvainaré espada[i].

[h] ver. 2.
[i] Lev. 26. 33. Jer. 9. 16.

13 Y cumpliráse mi furor, y haré que repose[k] en ellos mi enojo, y tomaré satisfaccion: y sabrán que yo Jehová he hablado en mi zelo, cuando habré cumplido en ellos mi enojo.

[k] Cap. 21. 22.

14 Y te tornaré en desierto, y en oprobio entre las gentes que están al rededor de tí, á los ojos de todo transeunte.

15 Y serás oprobio, y escarnio, y escarmiento, y espanto á las gentes que están al rededor de tí, cuando yo hiciere en tí juicios en furor é indignacion, y en reprensiones de ira: Yo Jehová he hablado.

16 Cuando arrojaré yo sobre ellos las perniciosas saetas del hambre, que serán para destruccion, las cuales enviaré para destruiros; entónces aumentaré el hambre sobre vosotros, y quebrantaré entre vosotros el arrimo del pan[l].

[l] Cap. 4. 16.

17 Enviaré pues sobre vosotros hambre, y malas bestias que te destruyan: y pestilencia y sangre pasarán por tí; y meteré sobre tí cuchillo. Yo Jehová he hablado.

CAPITULO VI.

Revela Dios al profeta la asolacion de su pueblo, del cual aun dejará reliquias que se convierten á él en su cautiverio.

Y FUÉ á mí palabra de Jehová diciendo:

2 Hijo del hombre, pon tu rostro hácia los montes de Israel[a], y profetiza contra ellos.

[a] Cap. 36. 1.

3 Y dirás: Montes de Israel, oid palabra del Señor Jehová: Así ha dicho el Señor Jehová á los montes, y á los collados, á los arroyos, y á los valles: Hé aquí que yo, yo haré venir sobre vosotros cuchillo, y destruiré vuestros altos[b].

[b] Lev. 26. 30.

4 Y vuestros altares serán asolados, y vuestras imágenes del sol serán quebradas: y haré que caigan vuestros muertos delante de vuestros ídolos.

5 Y pondré los cuerpos muertos de los hijos de Israel delante de sus ídolos; y vuestros huesos esparciré en derredor de vuestros altares *c*.

6 En todas vuestras habitaciones las ciudades serán desiertas, y los altos serán asolados, para que sean asolados y se hagan desiertos vuestros altares: y quebrados serán vuestros ídolos, y cesarán; y vuestras imágenes del sol serán destruidas, y vuestras obras serán deshechas.

7 Y los muertos caerán en medio de vosotros, y sabréis que *soy* Jehová.

8 Mas dejaré que haya de vosotros quien escape del cuchillo entre las gentes, cuando fuereis esparcidos por las tierras.

9 Y los que de vosotros escaparen, se acordarán de mí entre las gentes entre las cuales serán cautivos: porque *yo* me quebranté *d* á causa de su corazon fornicario que se apartó de mí, y á causa de sus ojos, que fornicaron tras sus ídolos *e*: y se avergonzarán de sí mismos *f*, á causa de los males que hicieron en todas sus abominaciones.

10 Y sabrán que yo *soy* Jehová, *y que* no en vano dije que les habia de hacer este mal.

11 Así ha dicho el Señor Jehová: Hiere con tu mano *g*, y huella con tu pié, y di: ¡Ay de los males de la casa de Israel por todas las abominaciones! porque con cuchillo, y con hambre, y con pestilencia caerán *h*.

12 El que estuviere léjos, morirá de pestilencia; y el que estuviere cerca, caerá á cuchillo; y el que quedáre, y fuere cercado, morirá de hambre: y cumpliré en ellos mi enojo.

13 Y sabréis que yo *soy* Jehová, cuando sus muertos estarán en medio de sus ídolos, en derredor de sus altares, en todo collado alto, y en todas las cumbres de los montes, y debajo de toda encina espesa *i*, *y en todo* lugar donde dieron olor suave á todos sus ídolos.

14 Y extenderé mi mano sobre ellos, y tornaré la tierra asolada y desierta, mas que el desierto de hácia Diblath, en todas sus habitaciones: y conocerán que Yo *soy* Jehová.

Rey. 18. 2. Rey. 23. 4, 16. Sal. 78. 40. . 43. 24. Cap. 20. 7. . 15. 20. Cap. 16. 63. 20. 43. 16. 31. v. 26. 20. Cap. 21. 19. Cap. 5. 12. 37. 5, 7. 2. 20. 1. 13.

CAPITULO VII.

Prosigue revelando Dios al profeta las particularidades de la futura calamidad de su pueblo.

Y FUÉ á mí palabra de Jehová diciendo:

2 Y tú, hijo del hombre, así ha dicho el Señor Jehová á la tierra de Israel: El fin, el fin viene sobre los cuatro cantones de la tierra.

3 Ahora *será* el fin sobre tí, y enviaré sobre tí mi furor; y te juzgaré segun tus caminos, y pondré sobre tí todas tus abominaciones.

4 Y mi ojo no te perdonará, ni tendré misericordia *a*; ántes pondré sobre tí tus caminos, y en medio de tí estarán tus abominaciones: y sabréis que yo *soy* Jehová.

5 Así ha dicho el Señor Jehová: Un mal, hé aquí que viene un mal.

6 Viene el fin, el fin viene: hase despertado contra tí; hé aquí que viene.

7 La mañana viene para tí, oh morador de la tierra: el tiempo viene, cercano está el dia del alboroto, y no *será* eco de los montes.

8 Ahora presto derramaré mi ira sobre tí, y cumpliré en tí mi furor: y te juzgaré segun tus caminos, y pondré sobre tí todas tus abominaciones.

9 Y mi ojo no perdonará, ni tendré misericordia: segun tus caminos pondré sobre tí, y en medio de tí serán tus abominaciones; y sabréis que yo Jehová *soy* el que hiero *b*.

10 Hé aquí el dia, hé aquí que viene: ha salido la mañana *c*; florecido ha la vara, ha reverdecido la soberbia.

11 La violencia se ha levantado en vara de impiedad: ninguno *quedará* de ellos, ni de su multitud, ni uno de los suyos; ni *habrá* quien de ellos se lamente.

12 El tiempo es venido, acercóse el dia. El que compra, no se huelgue; y el que vende, no llore: porque la ira *está* sobre toda su multitud.

13 Porque el que vende no tornará á lo vendido *d*, aunque queden vivos: porque la vision sobre toda su multitud no será cancelada; y ninguno podrá, á causa de su iniquidad, amparar su vida.

14 Tocarán trompeta, y aparejarán todas las cosas, y no *habrá* quien vaya á la batalla: porque mi ira *está* sobre toda su multitud.

15 De fuera cuchillo, de dentro pestilencia y hambre *e*: el que *estuviere* en el campo, morirá á cuchillo; y al que estuviere en la ciudad, consumirálo hambre, y pestilencia.

16 Y los que escaparen de ellos, huirán y estarán sobre los montes como palomas de los valles, gimiendo todos cada uno por su iniquidad.

17 Todas manos serán descoyuntadas, y declinarán *como* aguas todas rodillas.

18 Ceñirse han tambien de sacos *f*, y cubrirálos temblor; y en todo rostro *habrá* confusion, y en todas sus cabezas peladura.

19 Arrojarán su plata por las calles, y su oro será desechado: su plata ni su oro no podrá librarles en el dia del furor de Jehová *g*: no saciarán su alma, ni henchirán sus entrañas; porque será caida por su maldad.

20 Por cuanto la gloria de su ornamento pusieron en soberbia, é hicieron en ella imágenes de sus abominaciones, de sus estatuas; por eso se la torné á ellos en alejamiento:

21 Y en mano de extraños la entregué para ser saqueada, y en despojo á los impíos de la tierra; y la contaminarán.

22 Y apartaré de ellos mi rostro, y violarán mi *lugar* secreto; pues entrarán en él destruidores, y le profanarán.

23 Haz una cadena: porque la tierra está llena de juicio de sangres, y la ciudad está llena de violencia.

24 Traeré por tanto los mas malos de las naciones, los cuales poseerán sus casas; y haré cesar la soberbia de los poderosos, y sus santuarios serán profanados.

25 Destruccion viene; y buscarán la paz, y no la *habrá*.

26 Quebrantamiento vendrá *h* sobre quebrantamiento, y rumor será sobre rumor: y buscarán respuesta del profeta; mas la ley perecerá del sacerdote *i*, y el consejo de los ancianos.

27 El rey se enlutará, y el príncipe se vestirá de asolamiento; y las manos del pueblo de la tierra serán conturbadas. Segun su camino haré con ellos, y con los juicios de ellos los juzgaré: y sabrán que yo *soy* Jehová.

b Mic. 6. 9. *c* ver. 7. *d* Lev. 25. 10, 13. *e* La. 1. 20. *f* Amos 8. 10. *g* Pro. 11. 4. Soph. 1. 18. *h* Jer. 4. 20. *i* La. 2. 9.

CAPITULO VIII.

Muestra Dios en vision al profeta diversas suertes de abominables idolatrías, que su pueblo cometia en el templo de Jerusalem, por las cuales los amenaza con horrible venganza.

Y ACONTECIÓ en el sexto año, en
el *mes* sexto, á los cinco del mes,
que estaba yo sentado en mi casa, y los
ancianos de Judá estaban sentados de-
lante de mí[a], y allí cayó sobre mí la
mano del Señor Jehová[b].
2 Y miré, y hé aquí una semejanza
que parecia de fuego: desde donde pa-
recian sus lomos para abajo, *era* fuego[c];
y desde sus lomos arriba parecia como
un resplandor, como la vista de ám-
bar[d].
3 Y aquella semejanza extendió la ma-
no[e], y tomóme por las guedejas de mi
cabeza; y el Espíritu me alzó entre el
cielo y la tierra, y llevóme en visiones
de Dios[f] á Jerusalem, á la entrada de
la puerta de adentro que mira hácia el
Aquilon, donde *estaba* la habitacion de
la imágen del zelo[g], la que hacia ze-
lar[h].
4 Y hé aquí que allí estaba la gloria
del Dios de Israel, como la vision que
yo habia visto en el campo[i].
5 Y díjome: Hijo del hombre, alza
ahora tus ojos hácia el lado del Aqui-
lon. Y alcé mis ojos hácia el lado del
Aquilon, y hé aquí al Aquilon, junto á
la puerta del altar, la imágen del zelo,
en la entrada.
6 Díjome entónces: Hijo del hombre,
¿no ves lo que estos hacen, las grandes
abominaciones que la casa de Israel hace
aquí, para alejarme de mi santuario?
Mas vuélvete aun, y verás abominaci-
ones mayores.
7 Y llevóme á la entrada del atrio, y
miré, y hé aquí *habia* en la pared un
agujero.
8 Y díjome: Hijo del hombre, cava
ahora en la pared. Y cavé en la pared,
y hé aquí una puerta.
9 Díjome luego: Entra, y ve las mal-
vadas abominaciones que estos hacen
allí.
10 Entré pues, y miré, y hé aquí imá-
genes de todas serpientes, y animales[k];
la abominacion, y todos los ídolos de la
casa de Israel, que estaban pintados en
la pared al rededor.
11 Y delante de ellos estaban setenta
varones de los ancianos de la casa de
Israel, y Jaazanías hijo de Saphan es-
taba en medio de ellos, cada uno con su
incensario en su mano; y del sahumerio
subia espesura de niebla.
12 Y me dijo: Hijo del hombre, ¿has
visto las cosas que los ancianos de la
casa de Israel hacen en tinieblas, cada
uno en sus cámaras pintadas? Porque
dicen ellos: No nos ve Jehová[l]; Je-
hová ha dejado la tierra.
13 ¶ Díjome despues: Vuélvete aun,
verás abominaciones mayores, que ha-
cen estos.
14 Y llevóme á la entrada de la puerta
de la casa de Jehová, que está al Aqui-
lon; y hé aquí mujeres que estaban allí
sentadas endechando á Thammuz‖.
15 ¶ Luego me dijo: ¿No ves, hijo
del hombre? Vuélvete aun, verás abo-
minaciones mayores que estas.
16 Y metióme en el atrio de adentro
de la casa de Jehová: y hé aquí junto
á la entrada del templo de Jehová, en-
tre la entrada y el altar, como veinte y
cinco varones[m], sus espaldas *vueltas* al
templo de Jehová, y sus rostros al Ori-
ente, y encorvábanse[n] al nacimiento
del sol.
17 Y díjome: ¿No has visto, hijo del
hombre? ¿Es cosa liviana para la casa
de Judá hacer las abominaciones que
hacen aquí? Despues que han llenado
la tierra de maldad, y se tornaron á irri-
tarme, hé aquí que ponen hedor á sus
narices.
18 Pues tambien yo haré en mi furor;
no perdonará mi ojo, ni tendré miseri-
cordia[o]: y gritarán á mis oidos con gran
voz, y no los oiré[p].

CAPITULO IX.

Muestra Dios al profeta en la misma vision el castigo que iba á hacer en los dichos idólatras, reservando á los pios con especial providencia.

Y CLAMÓ en mis oidos con gran voz
diciendo: Los visitadores de la ciu-
dad han llegado, y cada uno *trae* en su
mano su instrumento para destruir.
2 Y hé aquí que seis varones venian
del camino de la puerta de arriba que
está vuelta al Aquilon, y cada uno *traia*
en su mano su instrumento para des-
truir: y entre ellos habia un varon ves-
tido de lienzos[a], el cual traia á su
cintura una escribanía de escribano: y
entrados, paráronse junto al altar de
bronce.
3 Y la gloria[b] del Dios de Israel se
alzó de sobre el querubin sobre el cual
habia estado, al umbral de la casa; y
llamó Jehová al varon vestido de lien-
zos, que tenia á su cintura la escribanía
de escribano,
4 Y díjole Jehová: Pasa por medio de
la ciudad, por medio de Jerusalem, y
pon una señal[c] en la frente á los hom-
bres que gimen y que claman[d] á causa
de todas las abominaciones que se hacen
en medio de ella.
5 Y á los otros dijo á mis oidos: Pasad
por la ciudad en pos de él, y herid; no
perdone vuestro ojo, ni tengais miseri-
cordia:
6 Matad viejos, mozos, y vírgenes, ni-
ños, y mujeres, hasta que no quede nin-
guno; mas á todo aquel sobre el cual
hubiere señal, no llegaréis[e]: y habeis
de comenzar desde mi santuario. Co-
menzaron pues desde los varones anci-
anos que estaban delante del templo[f].
7 Y díjoles: Contaminad la casa, y
henchid los atrios de muertos. Salid. Y
salieron, é hirieron en la ciudad.
8 Y aconteció, que habiendoles herido,
yo quedé, y postréme sobre mi rostro,
y clamé, y dije: ¡Ah, Señor Jehová!
¿has de destruir todo el resto de Israel
derramando tu furor sobre Jerusalem?
9 Y díjome: La maldad de la casa de
Israel y de Judá es grande sobremanera,
pues la tierra está llena de sangres, y la
ciudad llena está de perversidad; por-
que han dicho: Dejado ha Jehová la
tierra, y Jehová no ve[g].
10 Así pues yo, mi ojo no perdonará,
ni tendré misericordia[h]; el camino de
ellos tornaré sobre su cabeza.
11 Y hé aquí que el varon vestido de
lienzos, que *tenia* la escribanía á su cin-
tura, respondió una palabra diciendo:
Hecho he conforme á todo lo que me
mandaste.

CAPITULO X.

Por una vision semejante á la que se refiere en el capítulo primero, Dios da á entender al profeta que iba á derramar fuego sobre la ciudad, y á abandonar el templo.

Y MIRÉ, y hé aquí en la expansion
que *habia* sobre la cabeza de los
querubines como una piedra de zafiro,
que parecia como semejanza de un trono
que se mostró sobre ellos.
2 Y habló al varon vestido de lienzos[a],
y díjole: Entra en medio de las ruedas
debajo de los querubines, é hinche tus
manos de carbones encendidos[b] de en-

---

[a] Cap. 20. 1.
[b] Cap. 1. 3. y 3. 14, 22.
[c] Cap. 1. 26, 27.
[d] Cap. 1. 4.
[e] Da. 5. 5.
[f] Cap. 40. 2.
[g] Jer. 32. 34.
[h] Deu. 32. 16, 21.
[i] Cap. 3. 22, 23.
[k] Ro. 1. 23.
[l] Cap. 9. 9. Sal. 73. 11. y 94. 7.
‖ el Adonis de los Griegos.
[m] Cap. 11. 1.
[n] Deu. 4. 19. 2 Rey. 23. 5, 11. Job 31. 26, 27.
[o] Cap. 5. 1[illegible]
[p] Pro. 1. 2[illegible] Mic. 3. 4. Zac. 7. 1[illegible]

[a] Ap. 15.[illegible]
[b] Cap. 3. [illegible]
[c] Ap. 7. [illegible]
[d] Sal. 1[illegible] 136. Jer. 13.[illegible] 2 Ped. 2[illegible]
[e] Ap. 9. 4[illegible]
[f] Cap. 8. 16.
[g] Cap. 8. [illegible] Sal. 1[illegible] Is. 29.[illegible]
[h] Cap. 7. [illegible] y 8. 18.

[a] Cap. 9.[illegible]
[b] Cap. 1[illegible]

c Ap. 8. 5. tre los querubines, y derrama sobre la
ciudad[c]. Y entró á vista mia.
3 Y los querubines estaban á la mano
derecha de la casa cuando este varon
entró; y una nube henchia el atrio de
adentro.
4 Y la gloria de Jehová se levantó del
d Cap. 9. 3. querubin[d] al umbral de la puerta; y la
casa fué llena de la nube, y el atrio se
llenó del resplandor de la gloria de Je-
e Cap. 43. 5. 1 Rey. 8.10, 11. hová[e].
5 Y el estruendo de las alas de los
f Cap. 1. 24. querubines[f] se oia hasta el atrio de afu-
era, como la voz del Dios Omnipotente
cuando habla.
6 Y aconteció, que como mandó al
varon vestido de lienzos, diciendo, To-
ma fuego de entre las ruedas, de entre
los querubines, él entró, y paróse entre
las ruedas.
g Cap. 2. 4. Cap. 9. 3. 7 Y un querubin extendió[g] su mano
de entre los querubines al fuego que
estaba entre los querubines, y tomó, y
puso en las palmas del que estaba ves-
tido de lienzos; el cual lo tomó, y sa-
lióse.
8 Y apareció en los querubines la figu-
ra de una mano humana debajo de sus
h ver. 21. alas[h]:
9 Y miré, y hé aquí cuatro ruedas jun-
to á los querubines, junto á cada que-
i Cap. 1. 15, etc. rubin una rueda[i]; y el aspecto de las
ruedas *era* como el de piedra de Tharsis.
10 Cuanto al parecer de ellas, todas
cuatro eran de una forma, como si es-
tuviera una en medio de otra.
11 Cuando andaban, sobre sus cuatro
costados andaban: no se tornaban cu-
ando andaban, sino que al lugar adonde
se volvia el primero, en pos de él iban;
ni se tornaban cuando andaban.
12 Y toda su carne, y sus costillas, y
sus manos, y sus alas, y las ruedas, lleno
estaba todo de ojos al rededor en sus cua-
tro ruedas.
13 A las ruedas, oyendolo yo, se les
gritaba, Rueda!
k Cap. 1. 6, 10. 14 Y cada uno tenia cuatro rostros[k].
El primer rostro era de querubin[l]: el
l ver. 2, 4, 7. segundo rostro *era* de hombre: el ter-
cer rostro, de leon: el cuarto rostro, de
águila.
15 Y levantáronse los querubines: es-
tos *son* los animales que vi en el rio de
m Cap. 1. 5. Chebar[m].
16 Y cuando andaban los querubines,
andaban las ruedas junto con ellos; y
cuando los querubines alzaban sus alas,
para levantarse de la tierra, las ruedas
tambien no se volvian de junto á ellos.
17 Cuando se paraban ellos, parábanse
ellas; y cuando ellos se alzaban, alzá-
banse con ellos, porque el espíritu de
n Cap. 1. 12, 21. los animales estaba en ellas[n].
18 Y la gloria de Jehová se salió de
sobre el umbral de la casa, y paró sobre
o Cap. 10. 4. 11. 22, 23. los querubines[o].
19 Y alzando los querubines sus alas,
levantáronse de la tierra delante de mis
ojos: cuando ellos salieron, tambien las
ruedas *salieron* al lado de ellos: y pa-
ráronse á la entrada de la puerta ori-
ental de la casa de Jehová; y la gloria
del Dios de Israel *estaba* arriba sobre
ellos.
20 Estos *eran* los animales que vi de-
bajo del Dios de Israel en el rio de Che-
bar; y conocí que eran querubines.
21 Cada uno tenia cuatro rostros, y
cada uno cuatro alas, y figuras de ma-
nos humanas debajo de sus alas.
22 Y la figura de sus rostros *era la de*
los rostros que vi junto al rio de Che-
bar; su parecer y su ser: cada uno ca-
minaba en derecho de su rostro.

CAPITULO XI.

Profetizando Ezequiel en vision á los que en Jerusalem se burlaban de las profecías, y menospreciaban las amenazas de Dios, uno de ellos cae muerto. Con tal motivo clama el profeta á Dios; quien atribuyendo el rigor de su ira á los burladores, promete no obstante favorecer á los de la cautividad, y la libertad, restauracion, y renovacion de su disperso pueblo. Pártese la gloria de Dios de Jerusalem, y el profeta vuelve á los trasportados, y cuéntales todo lo que le habia mostrado el Señor.

Y EL Espíritu me elevó[a], y metióme a Cap. 8. 3.
por la puerta oriental de la casa de
Jehová, la cual mira hácia el Oriente:
y hé aquí en la entrada de la puerta
veinte y cinco varones, entre los cuales
vi[b] á Jaazanías, hijo de Azur, y á Pe- b Cap. 8. 16.
latías, hijo de Benaías, príncipes del
pueblo.
2 Y díjome: Hijo del hombre, estos
son los hombres que maquinan perver-
sidad, y dan en esta ciudad mal consejo.
3 Los cuales dicen: No *será* tan pres-
to; edifiquemos casas: esta *será* la cal-
dera, y nosotros la carne.
4 Por tanto profetiza contra ellos; pro-
fetiza, hijo del hombre.
5 Y cayó sobre mí el Espíritu de Je-
hová[c], y díjome: Di, Así ha dicho Je- c Cap. 2. 2.
hová: Así habeis hablado, oh casa de
Israel, y las cosas que suben á vuestro
espíritu, *yo* las he entendido[d]. d Sal. 139. 2, 3.
6 Habeis multiplicado vuestros muer-
tos en esta ciudad, y habeis henchido de
muertos sus calles[e]. e Cap. 7. 23. y 22. 3, 4. 2 Rey. 24. 4. Is. 1. 15. Jer. 2. 34. Os. 4. 2. Mi. 3. 2, 3.
7 Por tanto así ha dicho el Señor Je-
hová: Vuestros muertos que habeis pu-
esto en medio de ella, ellos son la carne,
y ella es la caldera[f]: mas yo os sacaré á
vosotros de en medio de ella.
8 Cuchillo habeis temido, y cuchillo
traeré sobre vosotros, dice el Señor Je- f Cap. 24. 3, 6.
hová.
9 Y os sacaré de en medio de ella, y
os entregaré en mano de extraños[g]; y g Deu. 28. 36.
yo haré juicios en vosotros.
10 A cuchillo caeréis: en el término
de Israel os juzgaré[h]; y sabréis que yo h Jer. 39. 6.
soy Jehová.
11 Esta no os será por caldera, ni vos-
otros seréis en medio de ella la carne:
en el término de Israel os tengo de
juzgar;
12 Y sabréis que yo *soy* Jehová: por-
que no habeis andado en mis ordenan-
zas, ni habeis hecho *segun* mis juicios[i], i Neh. 9. 34.
sino segun los juicios de las gentes que
están en vuestros alrededores habeis
hecho[k]. k Cap. 8. 3, etc. Lev. 18. 3, etc. Deu. 12. 30, 31. Sal. 106. 35.
13 ¶ Y aconteció, que estando yo pro-
fetizando, Pelatías, hijo de Benaías,
murió. Entónces caí sobre mi rostro,
y clamé con grande voz, y dije: ¡ Ah,
Señor Jehová! ¿ harás tú consumacion
del resto de Israel[l]? l Cap. 9. 8.
14 Y fué á mí palabra de Jehová, di-
ciendo:
15 Hijo del hombre, tus hermanos, tus
hermanos, los hombres de tu parentes-
co, y toda la casa de Israel, toda ella;
á quienes dijeron los moradores de Je-
rusalem: Alejáos de Jehová; á nosotros
es dada la tierra en posesion.
16 Por tanto di: Así ha dicho el Señor
Jehová: Aunque los he echado léjos
entre las gentes, y los he esparcido por
las tierras, con todo eso les seré por un
pequeño santuario en las tierras adonde
llegaren[m]. m Lev. 26. 44.
17 Di por tanto: Así ha dicho el Se-
ñor Jehová: Yo os recogeré de los pue- n Cap. 28. 25. y 34. 13. y 36. 24. Jer. 30. 18. Amos 9. 14.
blos, y os allegaré de las tierras en las
cuales estais esparcidos, y os daré la
tierra de Israel[n].

18 Y vendrán allá, y quitarán de ella todas sus torpezas, y todas sus abominaciones[o]. [o Cap. 37. 23.]

19 Y darles he un corazon[p], y espíritu nuevo[q] daré en sus entrañas: y quitaré el corazon de piedra[r] de su carne, y daréles corazon de carne[s], [p Jer. 32. 39. q Cap. 18. 31. Sal. 51. 10. r Zac. 7. 12. s Cap. 36. 26.]

20 Para que anden en mis ordenanzas, y guarden mis juicios, y los cumplan; y me sean *á mí* por pueblo, y yo *les* sea á ellos por Dios[t]. [t Jer. 24. 7. Os. 2. 23.]

21 Mas á aquellos cuyo corazon anda tras el deseo de sus torpezas, y de sus abominaciones, yo tornaré su camino sobre sus cabezas[u], dice el Señor Jehová. [u Cap. 9. 10. y 22. 31.]

22 ¶ Despues alzaron los querubines sus alas, y las ruedas en pos de ellos: y la gloria del Dios de Israel *estaba* sobre ellos encima[x]. [x Cap. 10. 19.]

23 Y la gloria de Jehová se fué de en medio de la ciudad, y paró sobre el monte que está al Oriente de la ciudad[y]. [y Zac. 14. 4.]

24 Luego me levantó[z] el Espíritu, y volvióme á llevar en vision del Espíritu de Dios á la tierra de los Caldéos, á los trasportados: y partióse de mí la vision que habia visto. [z Cap. 8. 12.]

25 Y hablé á los trasportados todas las palabras de Jehová que él me habia mostrado[a]. [a Cap. 2. 7.]

CAPITULO XII.

En la persona del profeta da Dios símbolo y figura al rey Sedechías y á su pueblo de su huida de Jerusalem y prision, y de la grande calamidad y espanto que les habia de sobrevenir presto, contra la opinion y vana confianza de los que se burlaban de los profetas.

Y FUÉ á mí palabra de Jehová, diciendo:

2 Hijo del hombre, tú habitas en medio de casa rebelde[a], los cuales tienen ojos para ver, y no ven; tienen oidos para oir, y no oyen[b]: porque son casa rebelde. [a Cap. 2. 3, 8. y 3. 26, 27. b Is. 42. 20. Jer. 5. 21.]

3 Por tanto tú, hijo del hombre, hazte aparejos de marcha, y pártete de dia delante de sus ojos; y te pasarás de tu lugar á otro lugar á vista de ellos, por si tal vez atienden, porque son casa rebelde.

4 Y sacarás tus aparejos, como aparejos de partida, de dia delante de sus ojos: mas tú saldrás por la tarde á vista de ellos, como quien sale para partirse.

5 Delante de sus ojos horadarás la pared, y saldrás por ella.

6 Delante de sus ojos *les* llevarás sobre tus hombros; de noche *los* sacarás: cubrirás tu rostro, y no mirarás la tierra, porque en señal[c] te he dado á la casa de Israel. [c Cap. 24. 24.]

7 Y yo hice así como me fué mandado: saqué mis aparatos de dia, como aparatos de partida, y á la tarde horadé la pared á mano; salí de noche, *y* llevé*los* sobre los hombros á vista de ellos.

8 ¶ Y fué á mí palabra de Jehová por la mañana, diciendo:

9 Hijo del hombre, ¿no te han dicho *los de* la casa de Israel, aquella casa rebelde, Qué haces[d]? [d Cap. 24. 19.]

10 Díles *pues:* Así ha dicho el Señor Jehová: Al príncipe *que está* en Jerusalem es esta profecía[e] *grave*, y á toda la casa de Israel que está en medio de ellos. [e Mal. 1. 1.]

11 Díles: Yo *soy* vuestra señal: como yo hice, así les harán á ellos: al pasar á otro pais irán en cautiverio.

12 Y el príncipe que está en medio de ellos llevará *su hato* á cuestas de noche, y saldrá: horadarán la pared para sacarlo por ella: cubrirá su rostro para no ver con sus ojos la tierra.

13 Mas yo extenderé mi red sobre él[f], y será preso en mi malla: y harélo llevar á Babilonia, á tierra de Caldéos; mas no la verá[g], y allá morirá[h]. [f Cap. 17. 20. g 2 Rey. 25. 7. h Cap. 17. 16.]

14 Y á todos los que estuvieren alrededor de él para su ayuda, y á todas sus compañías esparciré á todo viento, y desenvainaré espada en pos de ellos[i]. [i Cap. 5. 10, 12.]

15 Y sabrán que yo *soy* Jehová, cuando los esparciere entre las gentes, y los derramáre por la tierra.

16 Y haré que de ellos queden pocos en número del cuchillo, y del hambre, y de la pestilencia[k], para que cuenten todas sus abominaciones entre las gentes adonde llegaren: y sabrán que yo *soy* Jehová. [k Cap. 6. 8, 10.]

17 ¶ Y fué á mí palabra de Jehová, diciendo:

18 Hijo del hombre, come tu pan con temblor, y bebe tus aguas con estremecimiento y con anhelo.

19 Y dirás al pueblo de la tierra: Así ha dicho el Señor Jehová sobre los moradores de Jerusalem, *y* sobre la tierra de Israel: Su pan comerán con temor, y con espanto beberán sus aguas; porque su tierra será asolada de su multitud por la maldad de todos los que en ella moran[l]. [l Sal. 107. 34.]

20 Y las ciudades habitadas serán asoladas, y la tierra será desierta: y sabréis que yo *soy* Jehová.

21 ¶ Y fué á mí palabra de Jehová, diciendo:

22 Hijo del hombre, ¿qué refran es este que teneis vosotros en la tierra de Israel, diciendo: Prolongarse han los dias[m], y perecerá toda vision. [m Amos 6. 3.]

23 Díles por tanto: Así ha dicho el Señor Jehová: Haré cesar este refran, y no repetirán mas este dicho en Israel. Díles pues *que* se han acercado aquellos dias, y la cosa de toda vision.

24 Porque no habrá mas alguna vision vana, ni habrá adivinacion de lisonjeros[n] en medio de la casa de Israel. [n Cap. 13. 23.]

25 Porque yo Jehová hablaré: cumpliráse[o] la palabra que yo habláre: no se dilatará mas; ántes en vuestros dias, oh casa rebelde, hablaré palabra, y cumpliréla, dice el Señor Jehová. [o Is. 14. 24. y 55. 11. Lc. 21. 33.]

26 ¶ Y fué á mí palabra de Jehová, diciendo:

27 Hijo del hombre, hé aquí que *los de* la casa de Israel dicen: La vision que este ve *es* para muchos dias, y para lejanos tiempos profetiza este[p]. [p ver. 22.]

28 Díles por tanto: Así ha dicho el Señor Jehová: No se dilatarán mas todas mis palabras; cumpliráse la palabra que yo habláre, dice el Señor Jehová.

CAPITULO XIII.

Contra los falsos profetas y profetisas que lisonjeaban al pueblo en sus pecados, y le retraian con mentiras de dar asenso á los anuncios de los profetas verdaderos.

Y FUÉ á mí palabra de Jehová, diciendo:

2 Hijo del hombre, profetiza contra los profetas de Israel que profetizan, y di á los que profetizan de su corazon[a]: Oid palabra de Jehová: [a ver. 17. Jer. 14. 14. y 23. 16, 26.]

3 Así ha dicho el Señor Jehová: ¡Ay de los profetas insensatos, que andan en pos de su propio espíritu, y nada vieron!

4 Como zorras en los desiertos fueron tus profetas, oh Israel.

5 No habeis subido á los portillos[b], ni echasteis vallado en la casa de Israel estando en la batalla en el dia de Jehová. [b Sal. 106. 23.]

6 Vieron vanidad, y adivinacion de mentira [e]. Dicen: Ha dicho Jehová; y Jehová no los envió: y hacen esperar que se confirme la palabra.

.2. 14.

7 ¿ No habeis visto vision vana, y no habeis dicho adivinacion de mentira, cuando decís, Dijo Jehová, no habiendo yo hablado ?

8 Por tanto así ha dicho el Señor Jehová: Por cuanto vosotros habeis hablado vanidad, y habeis visto mentira, por tanto hé aquí yo contra vosotros, dice el Señor Jehová.

9 Y será mi mano contra los profetas que ven vanidad, y adivinan mentira: no serán en la congregacion de mi pueblo, ni serán escritos en el libro de la casa de Israel [d], ni á la tierra de Israel volverán: y sabréis que yo *soy* el Señor Jehová.

. 32. 32. . 69. 28. . 4. 3.

10 Por tanto, y por cuanto engañaron á mi pueblo diciendo, Paz, no habiendo paz; y [e] el *uno* edificaba la pared, y hé aquí que los otros la encostraban con lodo suelto;

. 6. 14. . 11.

11 Di á los encostradores con lodo suelto, que caerá: vendrá lluvia inundante, y daré piedras de granizo que la hagan caer; y viento tempestuoso la romperá.

12 Y hé aquí *cuando* la pared habrá caido, ¿ no os dirán, Donde está la embarradura con que encostrasteis ?

13 Por tanto así ha dicho el Señor Jehová: Y haré que la rompa viento tempestuoso con mi ira, y lluvia inundante vendrá con mi furor, y piedras de granizo con *mi* enojo para consumir.

14 Así desbarataré la pared que vosotros encostrasteis con lodo suelto, y echaréla á tierra, y será descubierto su cimiento: y caerá, y seréis consumidos en medio de ella; y sabréis que yo *soy* Jehová [f].

.9,21,23.

15 Cumpliré así mi furor en la pared, y en los que la encostraron con lodo suelto, y os diré: No *existe* la pared, ni aquellos que la encostraron;

16 *Es á saber*, los profetas de Israel que profetizan á Jerusalem [g], y ven para ella vision de paz, no habiendo paz [h], dice el Señor Jehová.

. 5. 31. . 1, etc. . 21. . 10.

17 ¶ Y tú, hijo del hombre, pon tu rostro á las hijas de tu pueblo, que profetizan de su corazon [i], y profetiza contra ellas,

. 2.

18 Y di: Así ha dicho el Señor Jehová: ¡ Ay de aquellas que cosen almohadillas á todos codos de manos, y hacen veletes sobre la cabeza de toda edad para cazar las almas! ¿ Habeis de cazar las almas de mi pueblo, para mantener así vuestra propia vida ?

19 ¿ Y habeis de profanarme entre mi pueblo por puñados de cebada y por pedazos de pan, matando las almas que no mueren, y dando vida á las almas que no vivirán, mintiendo á mi pueblo que escucha la mentira ?

20 Por tanto así ha dicho el Señor Jehová: Hé aquí yo contra vuestras almohadillas, con que cazais ahí las almas volando*las*: yo les arrancaré de vuestros brazos, y dejaré las almas, las almas que cazais volando*las*.

21 Romperé asimismo vuestros veletes, y libraré mi pueblo de vuestra mano, y no estarán mas en vuestra mano para caza: y sabréis que yo *soy* Jehová.

22 Por cuanto entristecisteis con mentira el corazon del justo, al cual yo no entristecí, y esforzasteis las manos del impío, para que no se apartase de su mal camino, infundiendole ánimo;

23 Por tanto no veréis vanidad, ni mas adivinaréis adivinacion [k]: y libraré mi pueblo de vuestra mano, y sabréis que yo *soy* Jehová.

[k] Cap. 12. 24. Mi. 3. 6.

CAPITULO XIV.

Contra los idólatras hipocritas, y los profetas que les respondiesen á su voluntad. Amenaza á Jerusalem con guerra, hambre, malas bestias, y pestilencia; de cuyas calamidades promete que escaparán algunos pios, los cuales vendrian al cautiverio con los demas, con cuyo ejemplo los cautivos serian consolados, y verian los frutos utilísimos de su afliccion, y el consejo de Dios en ello.

Y VINIERON á mí algunos de los ancianos de Israel, y sentáronse delante de mí [a].

[a] Cap. 8. 1. y 20. 1.

2 Y fué á mí palabra de Jehová, diciendo:

3 Hijo del hombre, estos hombres han puesto sus ídolos en su corazon, y establecido el tropiezo de su maldad [b] delante de su rostro: ¿ acaso he de ser yo verdaderamente consultado por ellos ?

[b] Cap. 7. 19.

4 Háblales por tanto, y díles: Así ha dicho el Señor Jehová: Cualquier hombre de la casa de Israel que hubiere puesto sus ídolos en su corazon, y establecido el tropiezo de su maldad delante de su rostro, y viniere al profeta, yo Jehová responderé al que *así* viniere en la multitud de sus ídolos:

5 Para tomar á la casa de Israel en su corazon; que se han apartado de mí todos ellos en sus ídolos.

6 Por tanto di á la casa de Israel: Así dice el Señor Jehová: Convertíos, y haced que se conviertan de vuestros ídolos; y apartad vuestros rostros de todas vuestras abominaciones.

7 Porque cualquier hombre de la casa de Israel, y de los extranjeros que moran en Israel, que se hubiere apartado de andar en pos de mí, y hubiere puesto sus ídolos en su corazon, y establecido delante de su rostro el tropiezo de su maldad, y viniere al profeta para preguntarle por mí, yo Jehová le responderé por mí mismo:

8 Y pondré mi rostro contra aquel hombre [c], y le pondré por señal [d] y por fábula, y yo lo cortaré de entre mi pueblo, y sabréis que yo *soy* Jehová.

[c] Lev. 20. 3, 6. [d] Nu. 26. 10.

9 Y el profeta cuando fuere engañado, y habláre palabra, yo Jehová engañé el tal profeta [e]; y extenderé mi mano sobre él, y raerélo de en medio de mi pueblo de Israel.

[e] 1 Rey. 22. 23. Job 12. 16. 2 Tes. 2. 11, 12.

10 Y llevarán su maldad: como *se castiga* la maldad del que pregunta, así será *castigada* la maldad del profeta;

11 Para que no yerren mas *los de* la casa de Israel de en pos de mí, ni mas se contaminen en todas sus rebeliones, y me sean *á mí* por pueblo, y yo les sea *á ellos* por Dios [f], dice el Señor Jehová.

[f] Cap. 37. 27.

12 ¶ Y fué á mí palabra de Jehová, diciendo:

13 Hijo del hombre, cuando la tierra pecáre contra mí rebelandose pérfidamente, y extendiere yo mi mano sobre ella, y le quebrantáre el arrimo del pan [g], y enviáre en ella hambre, y taláre de ella hombres y bestias;

[g] Lev. 26. 26.

14 Si estuvieren en medio de ella estos tres varones [h], Noé, Daniél [i], y Job [k], ellos por su justicia librarán su vida, dice el Señor Jehová.

[h] Gen. 7. 1. [i] Da. 10. 11. [k] Job 42. 8.

15 Y si hiciere pasar malas bestias [l] por la tierra, y la asolaren, y fuere desolada que no haya quien pase á causa de las bestias,

[l] Lev. 26. 22.

16 Y estos tres varones *estuviesen* en medio de ella, vivo yo, dice el Señor Jehová, ni á sus hijos ni á sus hijas

librarán; ellos solos serán libres, y la
tierra será asolada.
17 O si yo trajere espada sobre la ti-
[m] Lev. 26. 25. erra[m], y dijere: Espada, pasa por la
tierra; é hiciere talar de ella hombres
[n] Soph. 1. 3. y bestias[n];
18 Y estos tres varones estuvieren en
medio de ella, vivo yo, dice el Señor
Jehova, no librarán sus hijos ni sus hi-
jas: ellos solos serán libres.
[o] 2 Sa. 24. 15. 19 O si pestilencia[o] enviáre sobre esa
tierra, y derramáre mi ira sobre ella
en sangre, para talar de ella hombres y
bestias;
20 Y estuvieren en medio de ella Noé,
y Daniel, y Job, vivo yo, dice el Señor
Jehová, no librarán hijo ni hija: ellos
[p] ver. 14. por su justicia[p] librarán su vida.
21 Por lo cual así ha dicho el Señor
Jehová: ¿Cuanto mas si mis cuatro
[q] Cap. 5. 17. y 33. 27. malos juicios[q], Espada, y hambre, y
mala bestia, y pestilencia, enviáre con-
tra Jerusalem, para talar de ella hom-
bres y bestias?
22 Sin embargo hé aquí quedarán en
ella algunos residuos, hijos é hijas, que
serán llevados fuera: hé aquí que ellos
entrarán á vosotros, y veréis su camino
y sus hechos; y tomaréis consolacion
del mal que hice venir sobre Jerusa-
lem, de todas las cosas que traje sobre
ella.
23 Y consolaros han cuando viereis su
camino y sus hechos: y conoceréis que
[r] Deu. 8. 2. Da. 9. 7. no sin causa[r] hice todo lo que habré
hecho en ella, dice el Señor Jehová.

CAPITULO XV.

Bajo la semejanza del sarmiento cortado de la vid, que solo sirve para el fuego, muestra Dios al profeta la destruccion de Jerusalem por causa de sus prevaricaciones.

Y FUÉ á mí palabra de Jehová, di-
ciendo:
2 Hijo del hombre, ¿qué es el palo de
[a] Sal 80. 8, etc. Is. 5. 2, 7. Jer. 2. 21. Os. 10. 1. la vid[a] mas que todo palo? ¿qué es el
sarmiento entre los maderos del bos-
que?
3 ¿Tomarán de él madera para hacer
alguna obra? ¿Tomarán de él una es-
taca para colgar de ella algun vaso?
4 Hé aquí que es puesto en el fuego
para ser consumido; sus dos cabos con-
sumió el fuego, y la parte del medio
se quemó: ¿aprovechará para *alguna*
obra?
5 Hé aquí que cuando estaba entero,
no era para obra *alguna*: ¿cuanto me-
nos despues que el fuego lo hubiere con-
sumido, y fuere quemado? ¿será mas
para *alguna* obra?
6 Por tanto así ha dicho el Señor Je-
hová: Como el palo de la vid entre los
maderos del bosque, el cual di al fuego
para que lo consuma, así haré á los mo-
radores de Jerusalem.
[b] Cap. 14. 8. 7 Y pondré mi rostro contra ellos[b]:
de *un* fuego salieron, y *otro* fuego los
[c] Is. 24. 18. consumirá[c]: y sabréis que yo *soy* Je-
hová, cuando pusiere mi rostro contra
ellos.
8 Y tornaré la tierra en asolamiento,
por cuanto cometieron prevaricacion,
dice el Señor Jehová.

CAPITULO XVI.

Jerusalem, ensalzada á grande gloria por Dios, se hace mas pérfida y abominable que Samaria y Sodoma; por lo que será asolada y hecha el escarnio de las naciones. Con todo promete el Señor usar nuevamente con ella de misericordia, y establecer con los residuos de su pueblo una alianza eterna.

Y FUÉ á mí palabra de Jehová, di-
ciendo:
2 Hijo del hombre, notifica á Jerusa-
lem sus abominaciones[a], [a] Is. 58. 1.
3 Y di: Así ha dicho el Señor Jehová
sobre Jerusalem: Tu habitacion, y tu
raza, *fué* de la tierra de Canaan; tu pa-
dre, Amorréo, y tu madre Hethéa[b]. [b] Is. 1. 10. Juan 8. 39, 41, 44.
4 Y *cuanto á* tu nacimiento: El dia
que naciste, no fué cortado tu ombligo,
ni fuiste lavada con aguas para atempe-
rarte, ni salada con sal, ni fuiste envu-
elta con fajas.
5 No hubo ojo que se compadeciese de
tí, para hacerte algo de esto, teniendo
de ti misericordia; sino que fuiste echa-
da sobre la haz del campo, con menos-
precio de tu vida, en el dia que naciste.
6 Y yo pasé junto á tí, y te vi sucia en
tus sangres, y díjete: En tus sangres
vivirás; vivirás, díjete, en tus sangres.
7 En millares[c], como la yerba del [c] Ex. 1. 7. De. 1. 10.
campo te puse, y fuiste aumentada y
engrandecida, y viniste á ser adornada
grandemente: los pechos *te* crecieron[d], [d] Ca. 8. 8.
y tu pelo brotó; mas tú *estabas* desnuda
y descubierta.
8 Y pasé yo junto á tí, y miréte: y hé
aquí que tu tiempo *era* tiempo de amo-
res; y extendí mi manto sobre tí, y cu-
brí tu desnudez; y dite juramento, y
entré en concierto contigo[e], dice el Se- [e] Ex. 19. 5.
ñor Jehová, y fuiste mia[f]. [f] Jer. 2. 2.
9 Y te lavé con aguas, y lavé tus
sangres de encima de tí, y ungíte con
aceite[g]. [g] Ruth 3. 3.
10 Y te vestí de bordado, y te calcé de
piel de tejon, y ceñíte de lino, y te vestí
de seda.
11 Y te atavié con ornamentos, y puse
ajorcas en tus brazos, y collar á tu cu-
ello.
12 Y puse joyas sobre tus narices[h], y [h] Gen. 24. 47. Is. 3. 21.
zarcillos en tus orejas, y diadema de
hermosura en tu cabeza.
13 Y fuiste adornada de oro y de plata,
y tu vestido fué lino, y seda, y bordado:
comiste flor de harina de trigo, y miel y
aceite[i], y fuiste hermoseada en extre- [i] Deu. 32. 13, 14. Sal. 81. 16.
mo, y has prosperado hasta reinar.
14 Y salióte nombradía entre las gen-
tes á causa de tu hermosura; porque era
perfecta[k], á causa de mi hermosura que [k] La. 2. 15.
yo puse sobre tí, dice el Señor Jehová.
15 ¶ Mas confiaste en tu hermosura,
y fornicaste[l] á causa de tu nombradía, [l] Is. 1. 21. Jer. 2. 20. y 3. 1, 2, 6.
y derramaste tus fornicaciones á cuantos
pasaron; suya eras.
16 Y tomaste de tus vestidos, é hicís-
tete diversos altos lugares, y fornicaste
en ellos: no vendrá, ni será *cosa seme-
jante*.
17 Tomaste asimismo los vasos de tu
hermosura de mi oro, y de mi plata,
que yo te habia dado, é hicístete imá-
genes de hombre, y fornicaste con ellas:
18 Y tomaste tus vestidos de diversos
colores, y cubrístelas; y mi aceite, y mi
perfume pusiste delante de ellas.
19 Mi pan tambien, que yo te habia
dado, la flor de la harina, y el aceite, y
la miel, con que yo te mantuve, pusiste
delante de ellas para olor suave: y *fué
así*, dice el Señor Jehová.
20 Demas de esto tomaste tus hijos y
tus hijas, que me habias engendrado,
y los sacrificaste á ellas para consuma-
cion[m]. ¿Es poco *esto* de tus fornica- [m] 2 Rey. 16. 3. 2 Cr. 33. 6. Is. 57. 5.
ciones?
21 Y sacrificaste mis hijos, y dísteles
á ellas para que los hiciesen pasar por
el fuego[n]. [n] Cap. 20. 26. Sal. 106. 37.
22 Y con todas tus abominaciones y
tus fornicaciones no te has acordado de
los dias de tu mocedad, cuando estabas
desnuda y descubierta, *cuando* estabas
envuelta en tus sangres.

23 Y fué que despues de toda tu mal-
dad, (ay! ay de tí! dice el Señor Je-
hová,)
ic. 3. 2. 24 Edificástete alto, y te hiciste altar [e]
en todas las plazas.
25 En toda cabeza de camino edificaste
tu altar, y tornaste abominable tu her-
mosura, y abriste tus piernas á cuantos
pasaban, y multiplicaste tus fornicaci-
ones.
26 Y fornicaste con los hijos de Egipto
ap. 20. 8. tus vecinos [f], de grandes carnes; y au-
mentaste tus fornicaciones para eno-
jarme.
27 Por tanto hé aquí *que* yo extendí
sobre tí mi mano, y disminuí tu provi-
sion ordinaria, y te entregué á la volun-
Cr. 28.18. tad de las hijas de los Philistéos [g] que te
aborrecen, las cuales se avergüenzan de
tu camino *tan* deshonesto.
28 Fornicaste tambien con los hijos de
ap. 23. 12. Rey. 16. 7. r. 2. 18, Assur [r] por no haberte hartado; y forni-
caste con ellos, y tampoco te hartaste.
29 Multiplicaste asimismo tu fornica-
cion en la tierra de Canaan y de los
Caldéos: ni tampoco con esto te har-
taste.
30 ¡Cuan inconstante es tu corazon,
dice el Señor Jehová, habiendo hecho
todas estas cosas, obras de una poderosa
n. 7. 11. ramera [s],
31 Edificando tus altares en cabeza de
todo camino, y haciendo tus altares en
todas las plazas! Y no fuiste semejante
á ramera menospreciando el salario;
32 *Sino como* mujer adúltera, *que* en
lugar de su marido recibe á agenos.
33 A todas las rameras dan dones;
mas tú diste tus dones á todos tus ena-
. 8. 9, 10. morados [t], y les diste presentes, porque
entrasen á tí de todas partes, por tus
fornicaciones.
34 Y ha sido en tí al contrario de las
mujeres en tus fornicaciones, ni nunca
despues de tí *será así* fornicado: porque
en dar tú dones, y no ser dados dones á
tí, ha sido al contrario.
35 ¶ Por tanto, ramera, oye palabra
de Jehová:
36 Así ha dicho el Señor Jehová: Por
cuanto han sido descubiertas tus ver-
güenzas, y tu confusion ha sido mani-
festada á tus enamorados en tus forni-
caciones, y á los ídolos de tus abomina-
ciones, y en la sangre de tus hijos, los
r. 20, 21. cuales les diste [u];
37 Por tanto hé aquí que yo junto to-
dos tus enamorados, con los cuales to-
maste placer, y todos los que amaste,
con todos los que aborreciste; y reuni-
rélos contra tí al rededor, y descubriré-
r 13. 22, les tu vergüenza [x], y verán toda tu tor-
peza.
. 1. 8. 38 Y yo te juzgaré por las leyes de las
. 2. 3, 10. adúlteras [y], y de las que derraman san-
r. 20. 10. 1. 22. 22. gre; y [z] te daré en sangre de ira y de
zelo.
. 21. 12. 39 Y te entregaré en mano de ellos, y
r. 24, 31. destruirán tu alto [a], y derribarán tus
altares; y te harán desnudar de tus ro-
. 2. 3. pas [b], y se llevarán los vasos de tu gloria,
y te dejarán desnuda y descubierta.
40 Y harán subir contra tí reunion *de*
gente, y te apedrearán con piedras, y te
atravesarán con sus espadas.
ey. 25. 9. 41 Y quemarán tus casas á fuego [c], y
harán en tí juicios á ojos de muchas
p. 5. 3, mujeres [d]: y haceste he cesar de ser
ramera, ni tampoco darás mas don.
42 Y haré reposar mi ira sobre tí, y
apartaráse de tí mi zelo, y descansaré
de mas enojarme.
43 Por cuanto no te acordaste de los
. 78. 42. dias de tu mocedad [e], y me provocaste
á ira en todo esto, por eso hé aquí yo
tambien he tornado tu camino sobre tu
cabeza [f], dice el Señor Jehová; pues ni [f] Cap. 9. 10.
aun has pensado sobre todas tus abomi- y 11. 21.
naciones.
44 ¶ Hé aquí que todo proverbista
hará de tí proverbio diciendo: Como la
madre, *tal* su hija.
45 Hija de tu madre *eres* tú, que dese-
chó á su marido y á sus hijos; y herma-
na de tus hermanas *eres* tú, que des-
echaron á sus maridos y á sus hijos.
Vuestra madre *fué* Hetéa, y vuestro
padre Amorréo [g]. [g] ver. 3.
46 Y tu hermana mayor *es* Samaria,
con sus hijas, la cual habita á tu mano
izquierda: y tu hermana la menor que
tú *es* Sodoma, con sus hijas [h], la cual [h] Deu. 32.32.
habita á tu mano derecha.
47 Y aun no anduviste en sus caminos,
ni hiciste segun sus abominaciones, co-
mo *si esto fuera* poco y muy poco; ántes
te corrompiste mas que ellas en todos
tus caminos [i]. [i] 2 Rey. 21. 9.
48 Vivo yo, dice el Señor Jehová, So-
doma tu hermana, con sus hijas, no ha
hecho como hiciste tú, y tus hijas [k]. [k] Mat. 10. 15.
49 Hé aquí que esta fué la maldad de y 11. 24.
Sodoma tu hermana: soberbia, hartura
de pan [l], y abundancia de ociosidad tuvo [l] Gen. 13. 10,
ella, y sus hijas; y no corroboró la mano 13.
del afligido y del menesteroso. Deu. 32. 15.
50 Y ensoberbeciéronse [m], é hicieron [m] Pro. 16. 18.
abominacion delante de mí, y quitélas [n] y 18. 12.
como vi *debia ser*. [n] Gen. 19. 24.
51 Y Samaria no cometió *tanto* como Jer. 20. 16.
la mitad de tus pecados: porque tú
multiplicaste tus abominaciones mas
que ellas, y has justificado [o] á tus her- [o] Jer. 3. 11.
manas con todas tus abominaciones que
hiciste.
52 Tú tambien *pues* [p], que juzgaste á [p] Ro. 1. 32.
tus hermanas, llevá tu vergüenza en tus y 2. 1, 10.
pecados que hiciste mas abominables
que ellas: mas justas son que tú: aver-
güénzate pues tú tambien, y lleva tu
confusion, pues que has justificado á
tus hermanas.
53 Yo pues haré tornar sus cautivos [q], [q] Jer. 48. 47.
los cautivos de Sodoma y de sus hijas, y y 49. 39.
los cautivos de Samaria y de sus hijas, y
los cautivos de tus cautiverios entre ellas,
54 Para que tú lleves tu confusion, y
te avergüenzes de todo lo que has hecho,
siendoles tú motivo de consuelo.
55 Y tus hermanas Sodoma, con sus
hijas, y Samaria, con sus hijas, volverán
á su primer estado: tú tambien y tus
hijas volveréis á vuestro primer estado.
56 Sodoma, tu hermana, no fué nom-
brada en tu boca [r] en el tiempo de tus [r] Is. 65. 5.
soberbias, Lu. 18. 11.
57 Antes que tu maldad se descubriese,
como *fué* en el tiempo de la vergüenza
de las hijas de Siria [s], y de todas las [s] 2 Rey. 16. 5.
hijas de los Philistéos [t] al rededor, que Is. 7. 1.
te menosprecian en contorno. [t] 2 Cr. 28. 18.
58 Tú has llevado tu enormidad y tus Is. 9. 11.
abominaciones [u], dice Jehová. [u] Cap. 23. 49.
59 ¶ Empero así ha dicho el Señor ver. 3.
Jehová: ¿Haré yo contigo como tú hi- 2 Rey. 24.
ciste, que menospreciaste el juramento 11, 17.
para invalidar el pacto [x]? [x] Deu. 29.
60 Antes yo tendré memoria de mi 12, 13.
pacto [y], que concerté contigo en los dias [y] Sal. 106. 45.
de tu mocedad, y te confirmaré un pac-
to sempiterno [z]. [z] 2 Sa. 23. 5.
61 Y acordarte has de tus caminos, y Jer. 31. 31,
te avergonzarás [a], cuando recibirás á etc.
tus hermanas las mayores que tú, con y 32. 40.
las menores que tú, las cuales yo te Os. 2. 19.
daré por hijas [b]; mas no por tu pacto. [a] Cap. 20. 43.
62 Y confirmaré mi pacto contigo, y [b] Is. 54. 1.
sabrás que yo *soy* Jehová: Sal. 87. 4, 6.
63 Para que te acuerdes, y te aver- Ga. 4. 26,
güences, y nunca mas abras la boca á etc.

causa de tu vergüenza, cuando me aplacáre para contigo de todo lo que hiciste, dice el Señor Jehová.

CAPITULO XVII.

Por medio de una parábola representa el profeta por mandado de Dios la rebelion del rey Sedechias contra Nabucodonosor, su castigo, y ruina del estado; mas prometiendo despues la restauracion del reino en Cristo.

Y FUÉ á mí palabra de Jehová, diciendo:

2 Hijo del hombre, propon una figura, y compon una parábola á la casa de Israel;

3 Y dirás: Así ha dicho el Señor Jehová: Una grande águila [a], de grandes alas, y de largos miembros, llena de pluma de diversos colores, vino al Líbano, y tomó el cogollo del cedro [b];

[a] Os. 8. 1.
[b] 2 Rey. 24. 12.

4 Arrancó el principal de sus renuevos, y llevólo á la tierra de mercaderes, y púsolo en la ciudad de los negociantes [c].

[c] Ap. 18. 11.

5 Tomó tambien de la simiente de la tierra, y púsola en un campo bueno para sembrar; plantóla junto á grandes aguas, púsola *como* un sauce.

6 Y brotó, é hízose una vid de mucha rama, baja de estatura, que sus ramas la miraban, y sus raices *estaban* debajo de ella: así que se hizo una vid, y arrojó sarmientos, y echó mugrones.

7 Y fué otra grande águila, de grandes alas, y de muchas plumas: y hé aquí que esta vid juntó cerca de ella sus raices [d], y extendió hácia ella sus ramos, para ser regada de ella por los surcos de su plantío.

[d] ver. 15.

8 En un buen campo junto á muchas aguas fué plantada, para que hiciese ramos, y llevase fruto, y para que fuese vid robusta.

9 Di: Así ha dicho el Señor Jehová: ¿Será prosperada? ¿No arrancará sus raices, y destruirá su fruto, y secaráse? Todas las hojas de su lozanía secará, y no con gran brazo ni con mucha gente, arrancandola de sus raices.

10 Y hé aquí que plantada está ella: ¿será prosperada? ¿No se secará del todo cuando el viento solano la tocáre [e]? En los surcos de *donde nutre* su verdor se secará.

[e] Cap. 19. 12. Os. 13. 15.

11 ¶ Y fué á mí palabra de Jehová, diciendo:

12 Di ahora á la casa rebelde: ¿No habeis entendido qué *significan* estas cosas? *Díles:* Hé aquí que el rey de Babilonia vino á Jerusalem, y tomó tu rey, y sus príncipes, y llevólos consigo á Babilonia [f].

[f] 2 Rey. 24. 11, 17.

13 Tomó tambien de la simiente del reino, é hizo con él alianza, y trájole á juramento [g]: y tomó los fuertes de la tierra,

[g] 2 Cr. 36. 13.

14 Para que el reino fuese abatido, y no se levantase, sino que guardase su alianza, y estuviese en ella.

15 Rebelóse empero contra él [h] enviando sus embajadores á Egipto [i], para que le diese caballos y mucha gente. ¿Será prosperado, escapará [k] el que estas cosas hizo? ¿Y el que rompió la alianza, podrá huir?

[h] 2 Rey. 24. 20.
[i] Is. 31. 1, 3.
[k] ver. 9.

16 Vivo yo, dice el Señor Jehová, que morirá [l] en medio de Babilonia, en el lugar del rey que le hizo reinar, cuyo juramento menospreció, y cuya alianza con él hecha rompió.

[l] Cap. 12. 13. Jer. 52. 11.

17 Y no con grande ejército, ni con mucha compañía, hará con él Pharaon en la batalla [m], cuando funden baluarte y edifiquen bastiones [n] para cortar muchas vidas.

[m] Jer. 37. 7.
[n] Cap. 4. 2. Jer. 52. 4.

18 Pues menospreció el juramento para invalidar el concierto, cuando hé aquí que habia dado su mano [o], é hizo todas estas cosas, no escapará.

[o] 1 Cr. 29. 24.

19 Por tanto así ha dicho el Señor Jehová: Vivo yo, que el juramento mio que menospreció, y mi concierto que ha invalidado, tornaré sobre su cabeza.

20 Y extenderé sobre él [p] mi red, y será preso en mi malla; y hacerlo he venir á Babilonia, y allí estaré á juicio con él por su prevaricacion con que contra mí se ha rebelado.

[p] Cap. 12. 13. y 32. 3.

21 Y todos sus fugitivos con todos sus escuadrones caerán á cuchillo; y los que quedaren, serán esparcidos á todo viento: y sabréis que yo Jehová he hablado.

22 ¶ Así ha dicho el Señor Jehová: Y tomaré yo del cogollo de aquel alto cedro, y pondrélo: del principal de sus renuevos [q] cortaré un tallo, y plantarlo he yo sobre el monte alto y sublime [r];

[q] Is. 53. 2.
[r] Cap. 20. 40. Sal. 2. 6. Is. 2. 2, 3. Mi. 4. 1, 2.

23 En el monte alto de Israel lo plantaré, y alzará ramos, y llevará fruto, y haráse magnífico cedro: y habitarán debajo de él todas las aves [s], toda cosa que vuela habitará á la sombra de sus ramos.

[s] Cap. 31. 6. Dn. 4. 12. Mat. 13. 32.

24 Y sabrán todos los árboles del campo que yo Jehová abatí el árbol sublime, levanté el árbol bajo [t], hice secar el árbol verde, é hice reverdecer el árbol seco. Yo Jehová hablé, é hice.

[t] Lc. 1. 52, 53. 1 Co. 1. 27, 28.

CAPITULO XVIII.

Declara el profeta que Dios juzga á todos con justicia: que aflige al que persevera en sus pecados, ó imita los de sus padres, y por el contrario, que perdona á los que de corazon se convierten. Exhorta al pueblo al arrepentimiento.

Y FUÉ á mí palabra de Jehová, diciendo:

2 ¿Qué pensais vosotros, vosotros que usais este refran sobre la tierra de Israel, diciendo: Los padres comieron el agraz, y los dientes de los hijos tienen la dentera [a]?

[a] Jer. 31. 29. Lm. 5. 7.

3 Vivo yo, dice el Señor Jehová, que nunca mas tendréis *porque* usar este refran en Israel.

4 Hé aquí que todas las almas son mias; como el alma del padre, así el alma del hijo es mia: el alma que pecáre, esa morirá.

5 ¶ Y el hombre que fuere justo, é hiciere juicio y justicia,

6 Que no comiere sobre los montes [b], ni alzáre sus ojos á los ídolos de la casa de Israel, ni violáre la mujer de su prójimo [c], ni llegáre á la mujer menstruosa [d],

[b] Cap. 22. 9.
[c] Lev. 18. 20. y 20. 10.
[d] Lev. 18. 19. y 20. 18.

7 Ni oprimiere á ninguno [e]; al deudor tornáre su prenda [f], no cometiere robo [g], diere de su pan al hambriento [h], y cubriere al desnudo con vestido;

[e] Ex. 22. 21. etc.
[f] Deu. 24. 12, 13.
[g] Lev. 19. 13.
[h] Deu. 15. 7, 8. Is. 58. 7.

8 No diere á logro [i], ni recibiere mas *de lo que hubiere dado*; de la maldad retrajere su mano, é hiciere juicio de verdad entre hombre y hombre [k];

[i] Lev. 25. 36, 37. Neh. 5. 7. Sal. 15. 5.
[k] Lev. 19. 15, 35. Zac. 8. 16.

9 *Si* en mis ordenanzas camináre, y guardáre mis derechos para hacer *segun* verdad, este *es* justo: este vivirá, dice el Señor Jehová.

10 ¶ Mas *si* engendráre hijo ladron, derramador de sangre, ó que haga alguna cosa de estas,

11 Y que no haga las demás; ántes comiere sobre los montes, ó violáre la mujer de su prójimo,

12 Al pobre y menesteroso oprimiere, cometiere robos, no tornáre la prenda; ó alzáre sus ojos á los ídolos, é hiciere abominacion,

13 Diere á usura, y recibiere mas *de lo prestado*; ¿vivirá este? No vivirá. To-

das estas abominaciones hizo; de cierto morirá; su sangre será sobre él [l].

Cap. 33. 4. Ezech. 18. 6.

14 ¶ Pero si engendráre hijo, el cual viere todos los pecados que su padre hizo, y viendolos no hiciere segun ellos:

15 No comiere sobre los montes, ni alzáre sus ojos á los ídolos de la casa de Israel; la mujer de su prójimo no violáre,

16 Ni oprimiere á nadie; la prenda no empeñáre, ni cometiere robos; al hambriento diere de su pan, y cubriere de vestido al desnudo;

17 Apartáre su mano *de la opresion* del pobre, usura ni mas *de lo que dió* no recibiere; *si* hiciere *segun* mis derechos, *y* anduviere en mis ordenanzas; este no morirá por la maldad de su padre, de cierto vivirá.

18 Su padre, por cuanto hizo agravio, despojó violentamente al hermano, é hizo en medio de su pueblo lo que no es bueno, hé aquí que él morirá por su maldad.

19 ¶ Y si dijereis: ¿Por qué el hijo no llevará por el pecado de su padre? Porque el hijo hizo juicio y justicia, guardó todas mis ordenanzas, é hizo *segun* ellas, de cierto vivirá.

20 El alma que pecáre, esa morirá: el hijo no llevará por el pecado del padre, ni el padre llevará por el pecado del hijo [m]: la justicia del justo será sobre él, y la impiedad del impío será sobre él.

Deu. 24. 16. 2 Rey. 14. 6.

21 Mas el impío, si se apartáre de todos sus pecados que hizo, y guardáre todas mis ordenanzas, é hiciere juicio y justicia, de cierto vivirá; no morirá [n].

Cap. 33. 11. Os. 28. 13.

22 Todas sus rebeliones que cometió, no le serán recordadas: en su justicia que hizo vivirá [o].

Cap. 33. 16. 1 Ti. 2. 4. 2 Ped. 3. 9.

23 ¿Quiero yo la muerte del impío [p]? dice el Señor Jehová. ¿No vivirá, si se apartáre de sus caminos?

24 Mas si el justo se apartáre de su justicia, y cometiere maldad, é hiciere conforme á todas las abominaciones que el impío hizo, ¿vivirá él? Todas las justicias que hizo no vendrán en memoria: por su rebelion con que prevaricó, y por su pecado que cometió, por ello morirá.

25 Y si dijereis, No es derecho [q] el camino del Señor, Oid ahora, casa de Israel: ¿No es derecho mi camino? ¿No son *ántes* vuestros caminos torcidos?

Cap. 33. 20.

26 Apartandose el justo de su justicia, y haciendo iniquidad, él morirá por ello, por su iniquidad que hizo morirá.

27 Y apartandose el impío de su impiedad que hizo, y haciendo juicio y justicia, hará vivir su alma.

28 Porque miró, y apartóse de todas sus prevaricaciones que hizo, de cierto vivirá, no morirá.

29 Si aun dijeren *los de* la casa de Israel, No es derecho el camino del Señor [r]; ¿No son derechos mis caminos, casa de Israel? Cierto vuestros caminos no son derechos.

Ma. 19. 3.

30 ¶ Por tanto yo os juzgaré á cada uno segun sus caminos, oh casa de Israel, dice el Señor Jehová. Convertíos y haced convertir de todas vuestras iniquidades; y no os será la iniquidad causa de ruina.

31 Echad de vosotros todas vuestras iniquidades con que habeis prevaricado; y hacéos corazon nuevo y espíritu nuevo [s]. ¿Y por qué moriréis, casa de Israel?

Cap. 11. 19. Sal. 51. 10.

32 Que no quiero la muerte del que muere, dice el Señor Jehová: convertíos pues, y viviréis.

CAPITULO XIX.

El profeta en un cántico lúgubre representa, bajo la figura de los leoncillos, los pecados y castigos de los reyes de Judá; y bajo el símbolo de una viña llora las calamidades de Jerusalem.

Y TÚ levanta *esta* endecha sobre los príncipes de Israel,

2 Y dirás: ¿Cómo se echó entre los leones tu madre la leona? Entre los leoncillos crió sus cachorros.

3 E hizo subir uno [a] de sus cachorros: vino á ser leoncillo, y aprendió á prender presa, y á devorar hombres.

[a] 2 Rey. 23. 31, 34. 2 Cr. 36. 4, 6. Jer. 22. 11, 18.

4 Y las gentes oyeron de él: fué tomado con el lazo de ellas, y lleváronlo con grillos á la tierra de Egipto.

5 Y viendo ella que habia esperado mucho tiempo, y que se perdía su esperanza, tomó otro de sus cachorros, y púsolo por leoncillo.

6 Y él andaba entre los leones; hízose leoncillo, aprendió á hacer presa, devoró hombres.

7 Y conoció sus viudas, y asoló sus ciudades; y la tierra fué asolada, y su abundancia, á la voz de su bramido.

8 Y dieron sobre él las gentes de las provincias de al rededor, y extendieron sobre él su red: fué preso en su hoyo [b].

[b] La. 4. 20.

9 Y pusiéronlo en cárcel con cadenas, y lleváronlo al rey de Babilonia: metiéronlo en fortalezas, para que su voz no se oyese mas sobre los montes de Israel.

10 Tu madre fué como una vid [c] en tu sangre, plantada junto á las aguas, haciendo fruto, y echando vástagos á causa de las muchas aguas.

[c] Cap. 17. 6.

11 Y ella tuvo varas fuertes para cetros de señores; y levantóse su estatura por encima entre las ramas, y fué vista en su altura, y con la multitud de sus sarmientos.

12 Empero fué arrancada con ira, derribada en tierra, y viento solano secó su fruto: fueron quebradas [d] y secáronse sus varas fuertes; consumiólas el fuego.

[d] Cap. 17. 10. Os. 13. 15.

13 Y ahora está plantada en el desierto, en tierra de sequedad y de aridez.

14 Y ha salido fuego [e] de la vara de sus ramos, *que* ha consumido su fruto; y no ha quedado en ella vara fuerte, cetro para enseñorear [f]. Endecha es esta, y de endecha servirá.

[e] Juec. 9. 15. 2 Rey. 24. 20.
[f] Os. 3. 4.

CAPITULO XX.

El Señor echa en cara á los Israelitas su infidelidad é ingratitud desde la salida de Egipto, y les intima el castigo. Pero promete volverlos despues á su país, y traerlos á su servicio. Profecía contra el bosque del mediodía.

Y ACONTECIÓ en el año séptimo, en el *mes* quinto, á los diez del mes, *que* vinieron algunos de los ancianos de Israel á consultar á Jehová, y sentáronse delante de mí [a].

[a] Cap. 8. 1.

2 Y fué á mí palabra de Jehová, diciendo:

3 Hijo del hombre, habla á los ancianos de Israel, y díles: Así ha dicho el Señor Jehová: ¿A consultarme venís vosotros? Vivo yo, que yo no os responderé, dice el Señor Jehová [b].

[b] Cap. 14. 1, 3, etc.

4 ¿Quieres tú juzgarlos? ¿les quieres juzgar tú, hijo del hombre [c]? Notifícales las abominaciones de sus padres [d];

[c] Cap. 22. 2.
[d] Cap. 16. 2.

5 Y díles: Así ha dicho el Señor Jehová: El dia que escogí á Israel, y que alcé mi mano [e] por la simiente de la casa de Jacob, y que fuí conocido de ellos en la tierra de Egipto [f], cuando alcé mi mano á ellos, diciendo, Yo *soy* Jehová vuestro Dios;

[e] Ex. 6. 8.
[f] Ex. 3. 8, etc.

6 Aquel dia que les alcé mi mano, que

los sacaria de la tierra de Egipto á la
tierra que les habia proveido, que fluye
leche y miel, la cual es la mas hermosa
de todas las tierras [g];
7 Entónces les dije: Cada uno eche de
sí las abominaciones de sus ojos, y no
os contamineis en los ídolos de Egipto [h]:
Yo *soy* Jehová vuestro Dios.
8 Mas ellos se rebelaron contra mí, y
no quisieron obedecerme: no echó de
sí cada uno las abominaciones de sus
ojos, ni dejaron los ídolos de Egipto: y
dije que derramaria mi ira sobre ellos,
para cumplir mi enojo en ellos en medio
de la tierra de Egipto.
9 Con todo, á causa de mi nombre [i],
porque no se infamase en los ojos de las
gentes [k], en medio de las quales estaban,
en cuyos ojos fué conocido de ellos, hice
para sacarlos de tierra de Egipto.
10 Saquélos pues de la tierra de Egipto,
y trájelos al desierto [l].
11 Y díles mis ordenanzas, y declaréles
mis derechos [m]; los cuales el hombre
que los hiciere, vivirá en ellos [n].
12 Y díles tambien mis sábados, que
fuesen por señal entre mí y ellos [o], para
que supiesen que yo *soy* Jehová que los
santifico.
13 Mas rebeláronse contra mí *los de* la
casa de Israel en el desierto: no anduvi-
eron en mis ordenanzas, y desecharon
mis derechos, los cuales el hombre que
los hiciere, vivirá en ellos; y mis sába-
dos profanaron [p] en gran manera: dije
por tanto que habia de derramar sobre
ellos mi ira en el desierto para consu-
mirlos.
14 Pero en atencion á mi nombre hice
porque no se infamase á vista de las
gentes, delante de cuyos ojos los saqué.
15 Y tambien yo les alcé mi mano en
el desierto, que no los meteria en la ti-
erra que *les* dí [q], que fluye leche y miel,
la cual es la mas hermosa de todas las
tierras;
16 Porque desecharon mis derechos, y
no anduvieron en mis ordenanzas, y mis
sábados profanaron: porque tras sus ído-
los iba su corazon [r].
17 Con todo los perdonó mi ojo no
matándolos, ni los [s] consumí en el desi-
erto;
18 Antes dije en el desierto á sus hi-
jos [t]: No andeis en las ordenanzas de
vuestros padres [u], ni guardeis sus leyes,
ni os contamineis en sus ídolos:
19 Yo *soy* Jehová vuestro Dios [x]: an-
dad en mis ordenanzas, y guardad mis
derechos, y ponedlos por obra:
20 Y santificad mis sábados [y], y sean
por señal entre mí y vosotros, para que
sepais que yo *soy* Jehová vuestro Dios.
21 Y los hijos se rebelaron contra mí [z]:
no anduvieron en mis ordenanzas, ni
guardaron mis derechos para ponerlos
por obra, los cuales el hombre que los
cumpliere, vivirá en ellos: profanaron
mis sábados [a]. Dije entónces que derra-
maria mi ira sobre ellos, para cumplir
mi enojo en ellos en el desierto:
22 Mas retraje mi mano [b], y en aten-
cion á mi nombre [c] hice porque no se
infamase á vista de las gentes, delante
de cuyos ojos los saqué.
23 Y tambien les alcé yo mi mano en
el desierto que los esparciria entre las
gentes, y que los aventaria por las ti-
erras [d];
24 Porque no pusieron por obra mis
derechos, y desecharon mis ordenanzas,
y profanaron mis sábados, y tras los
ídolos de sus padres se les fueron sus
ojos.
25 Por eso yo tambien les dí á orde-
nanzas no buenas, y derechos por los
cuales no vivirán [e],
26 Y contamínélos en sus ofrendas,
cuando hacian pasar *por el fuego* todo
primogénito, para que los desolase, á
fin de que supiesen que yo *soy* Jehová.
27 Por tanto, hijo del hombre, habla
á la casa de Israel, y díles: Así ha di-
cho el Señor Jehová: Aun en esto me
afrentaron vuestros padres cuando co-
metieron contra mí rebelion.
28 Porque yo los metí en la tierra so-
bre la cual habia alzado mi mano que
les habia de dar, y miraron á todo co-
llado alto, y á todo árbol espeso [f], y allí
sacrificaron sus víctimas, y allí presen-
taron la irritacion de sus ofrendas: allí
pusieron tambien el olor de su suavi-
dad [g], y allí derramaron sus libaciones.
29 Y yo les dije: ¿Qué *es* ese alto á
donde vosotros vais? Y fué llamado su
nombre Bamah ‖ hasta el dia de hoy.
30 Di pues á la casa de Israel: Así ha
dicho el Señor Jehová: ¿No os conta-
minais vosotros á la manera de vuestros
padres [h], y fornicais tras sus abomina-
ciones?
31 Porque ofreciendo vuestras ofren-
das, haciendo pasar vuestros hijos por
el fuego, os habeis contaminado con to-
dos vuestros ídolos hasta hoy: ¿y he de
responderos yo, casa de Israel? Vivo
yo, dice el Señor Jehová, que no os
responderé [i].
32 Y no ha de ser lo que habeis pen-
sado. Porque vosotros decís: Seamos
como las gentes, como las familias de
las naciones, sirviendo á la madera y á
la piedra.
33 ¶ Vivo yo, dice el Señor Jehová,
que con mano fuerte y brazo extendido,
y enojo derramado, tengo de reinar so-
bre vosotros.
34 Y os sacaré de entre los pueblos, y
os juntaré de las tierras, en que estais
esparcidos, con mano fuerte, y brazo
extendido, y enojo derramado.
35 Y os he de traer al desierto de pue-
blos [k], y allí litigaré con vosotros cara á
cara.
36 Como litigué con vuestros padres
en el desierto de la tierra de Egipto,
así litigaré con vosotros, dice el Señor
Jehová.
37 Y os haré pasar bajo de vara [l], y os
traeré en vínculo de concierto.
38 Y apartaré de entre vosotros los re-
beldes, y los que se rebelaron contra
mí: de la tierra de sus destierros los
sacaré, y á la tierra de Israel no ven-
drán: y sabréis que yo *soy* Jehová.
39 Y vosotros, oh casa de Israel, así
ha dicho el Señor Jehová: Andad cada
uno tras sus ídolos [m], y servidles, pues
que á mí no *me* obedeceis; y no profa-
neis mas mi santo Nombre [n] con vues-
tras ofrendas, y con vuestros ídolos.
40 Empero en mi santo monte, en el
alto monte de Israel [o], dice el Señor
Jehová, allí me servirá toda la casa de
Israel, toda ella, en la tierra: allí los
querré, y allí demandaré vuestras ofren-
das, y las primicias de vuestros dones,
con todas vuestras cosas consagradas.
41 En olor de suavidad os aceptaré,
cuando os hubiere sacado de entre los
pueblos, y os hubiere juntado de las
tierras en que estais esparcidos: y seré
santificado en vosotros á los ojos de las
gentes.
42 Y sabréis que yo *soy* Jehová, cu-
ando os hubiere metido en la tierra de
Israel, en la tierra por la cual alcé mi
mano que la daria á vuestros padres.
43 Y allí os acordaréis de vuestros ca-

[g] Dn. 8. 9. y 11. 16.
[h] Lev. 18. 3. Deu. 29. 16, 18.
[i] Cap. 36. 21, 22.
[k] Nu. 14. 13, etc.
[l] Ex. 13. 18.
[m] Deu. 4. 8. Neh. 9. 13, 14. Sal. 147. 19.
[n] Lev. 18. 5. Ro. 10. 5.
[o] Ex. 31. 13.
[p] Neh. 13. 16.
[q] Nu. 14. 28.
[r] Amos 5. 25, 26.
[s] Sal. 78. 38.
[t] Deu. V, XII.
[u] Jer. 9. 14. Amos 2. 4.
[x] Ex. 20. 2. Lev. 19. 4, etc.
[y] Jer. 17. 22.
[z] Nu. 25. 1, 2. Deu. 9. 23, 24. y 31. 27.
[a] ver. 13, 16.
[b] ver. 17.
[c] ver. 9, 14.
[d] Lev. 26. 33. Deu. 28. 64. Sal. 106. 27.
[e] ver. 39. Sal. 81. 12. Ro. 1. 24.
[f] Is. 57. 5, etc. Jer. 2. 6.
[g] Cap. 16. 19.
‖ *Excelso*, alto.
[h] ver. 13.
[i] ver. 3.
[k] Os. 2. 14, 15.
[l] Lev. 27. Jer. 33. Mic. 7.
[m] Amos 4.
[n] Is. 1. 13.
[o] Is. 2. 2.

minos[p], y de todos vuestros hechos en que os contaminasteis; y seréis confusos en vuestra *misma* presencia por todos vuestros pecados que cometisteis[q].

44 Y sabréis que yo *soy* Jehová, cuando hiciere con vosotros por amor de mi nombre[r], no segun vuestros caminos malos[s], ni segun vuestras perversas obras, oh casa de Israel, dice el Señor Jehová.

45 ¶ Y fué á mí palabra de Jehová, diciendo:

46 Hijo del hombre, pon tu rostro hácia el mediodia, y derrama[t] *tu palabra* hácia la parte austral, y profetiza contra el bosque del campo del mediodia.

47 Y dirás al bosque del mediodia: Oye palabra de Jehová: Así ha dicho el Señor Jehová: Hé aquí que yo enciendo en tí fuego[u], el cual consumirá en tí todo árbol verde, y todo árbol seco[x]: no se apagará la llama del fuego; y serán quemados en ella todos rostros, desde el mediodia hasta el norte[y].

48 Y verá toda carne que yo Jehová lo encendí: no se apagará.

49 Y dije: ¡Ah, Señor Jehová! Ellos dicen de mí: ¿No profiere este parábolas?

CAPITULO XXI.

Manda Dios al profeta que denuncie la asolacion de Jerusalem. Representa simbólicamente la venida del ejército de los Caldéos sobre ella, y profetiza contra el rey y reino de Judá, y tambien contra los Ammonitas.

Y FUÉ á mí palabra de Jehová, diciendo:

2 Hijo del hombre, pon tu rostro contra Jerusalem, y derrama *palabra* sobre los santuarios, y profetiza sobre la tierra de Israel.

3 Y dirás á la tierra de Israel: Así ha dicho Jehová: Hé aquí que yo contra tí, y sacaré mi espada de su vaina, y talaré de tí al justo y al impío[a].

4 Y por cuanto he de talar de tí al justo y al impío, por tanto mi espada saldrá de su vaina contra toda carne, desde el mediodia hasta el Aquilon[b]:

5 Y sabrá toda carne que yo Jehová saqué mi espada de su vaina; no volverá mas.

6 Y tú, hijo del hombre, gime con quebrantamiento de *tus* lomos, y con amargura; gime delante de los ojos de ellos.

7 Y será, que cuando te dijeren, ¿por qué gimes tú? dirás: Por la fama que viene: y todo corazon se desleirá, y todas manos se debilitarán, y angustiaráse todo espíritu, y todas rodillas se irán en aguas: hé aquí que viene, y hacerse ha, dice el Señor Jehová.

8 ¶ Y fué á mí palabra de Jehová, diciendo:

9 Hijo del hombre, profetiza, y di: Así ha dicho el Señor Jehová: Di, La espada, la espada está amolada, y aun acicalada[c]:

10 Para degollar víctimas está amolada; acicalada está para que relumbre. ¿Hemos de alegrarnos? A la vara de mi hijo *viene* menospreciando todo árbol.

11 Y dióla á acicalar para tenerla á mano: la espada está amolada, y acicalada está ella, para entregarla en mano del matador[d].

12 Clama y aulla, oh hijo del hombre; porque esta *será* sobre mi pueblo, *será* ella sobre todos los príncipes de Israel. Temores de espada serán á mi pueblo: por tanto hiere el muslo[e];

13 Porque *ella será* prueba. ¿Y qué si *la espada* desprecia aun el cetro? él no *será mas*, dice el Señor Jehová.

14 Tú pues, hijo del hombre, profetiza y bate una mano con otra, y dóblese la espada la tercera vez, la espada de muertos: esta es espada de gran matanza que los penetrará,

15 Para que el corazon desmaye, y los estragos se multipliquen: en todas las puertas de ellos he puesto espanto de espada. Ah! dispuesta está para que relumbre, y aderezada para degollar.

16 Ponte á una parte; ponte á la diestra, ó ponte á la siniestra, hácia donde tu rostro se determináre.

17 Y yo tambien batiré mi mano con mi mano, y haré reposar mi ira. Yo Jehová he hablado.

18 ¶ Y fué á mí palabra de Jehová, diciendo:

19 Y tú, hijo del hombre, señálate dos caminos por donde venga la espada del rey de Babilonia: de una misma tierra salgan ambos: y echa mano *á la suerte*: en el principio del camino de la ciudad lo harás.

20 El camino señalarás por donde venga la espada á Rabba[f] de los hijos de Ammon, y á Judá contra Jerusalem la fuerte.

21 Porque el rey de Babilonia se paró en una encrucijada, al principio de dos caminos; para tomar adivinacion acicaló saetas, consultó en ídolos, miró el hígado.

22 La adivinacion fué á su mano derecha, sobre Jerusalem, para poner capitanes, para abrir la boca á la matanza, para levantar la voz en grito, para poner ingenios contra las puertas, para fundar baluarte, y edificar fuerte.

23 Y seráles como adivinacion mentirosa en sus ojos, *por estar* juramentados con juramento á ellos: mas él trae á la memoria la maldad, para prenderles.

24 Por tanto así ha dicho el Señor Jehová: Por cuanto habeis hecho venir en memoria vuestras maldades, manifestando vuestras traiciones, y descubriendo vuestros pecados en vuestras obras; por cuanto habeis venido en memoria, seréis tomados á mano *armada*.

25 Y tú, profano é impío príncipe de Israel[g], cuyo dia vino en el tiempo de la consumacion de la maldad,

26 Así ha dicho el Señor Jehová: Depon la tiara, quíta*te* la corona. Esta no *será siempre* esta. Al bajo alzaré, y al alto abatiré[h].

27 Del reves, del reves, del reves la tornaré: y no será esta mas, hasta que venga aquel cuyo *es* el derecho[i], y *se* la entregaré.

28 ¶ Y tú, hijo del hombre, profetiza, y di: Así ha dicho el Señor Jehová sobre los hijos de Ammon[k], y su oprobio. Dirás pues: La espada, la espada está desenvainada para degollar; acicalada para consumir con resplandor.

29 Te profetizan vanidad, adivínante mentira, para entregarte con los cuellos de los malos sentenciados á muerte, cuyo dia vino en tiempo de la consumacion de la maldad[l].

30 ¿Tornaréla á su vaina? En el lugar donde te criaste, en la tierra donde has vivido te tengo de juzgar.

31 Y derramaré sobre tí mi ira; el fuego de mi enojo haré encender sobre tí, y te entregaré en mano de hombres temerarios, artífices de destruccion.

32 Del fuego serás para ser consumido; tu sangre será en medio de la tierra; no habrá mas memoria de tí: porque yo Jehová he hablado.

[p] Cap. 16. 61. [q] Cap. 6. 9. [r] Sal. 25. 11. [s] Sal. 103. 10. [t] Amos 7. 16. [u] Jer. 21. 14. [x] Luc. 23. 31. [y] ver. 9. [a] Job 9. 22. [b] Cap. 20. 47. [c] ...ut. 32. 41. [d] ...r. 24. [e] ...r. 31. 19. [f] Jer. 49. 2. [g] Jer. 52. 2. [h] Lu. 1. 52. [i] Gen. 49. 10. Lu. 1. 32, 33. [k] Cap. 25. 2, etc. Soph. 2. 9. [l] ver. 30.

CAPITULO XXII.

Pone el profeta, por mandado de Dios, la acusacion á Jerusalem, y hácele los cargos especiales por cuyo motivo seria castigada tan duramente.

Y FUÉ á mí palabra de Jehová, diciendo:

2 Y tú, hijo del hombre, ¿no juzgarás tú[a], no juzgarás tú á la ciudad derramadora de sangre[b], y le mostrarás todas sus abominaciones?

3 Dirás pues: Así ha dicho el Señor Jehová: Ciudad derramadora de sangre en medio de sí, para que venga su hora; y que hizo ídolos contra sí misma para contaminarse.

4 En tu sangre que derramaste has pecado[c]; y te has contaminado en tus ídolos que hiciste; y has hecho acercar tus dias, y has llegado á tus años: por tanto te he dado en oprobio á las gentes, y en escarnio á todas las tierras[d].

5 Las que están cerca, y las que están léjos de tí, se reirán de tí, amancillada de fama, y de grande turbacion.

6 Hé aquí que los príncipes de Israel, cada uno segun su poder, fueron en tí para derramar sangre.

7 Al padre y á la madre despreciaron en tí: al extranjero trataron con calumnia en medio de tí: al huérfano y á la viuda despojaron en tí.

8 Mis santuarios menospreciaste, y mis sábados has profanado.

9 Calumniadores hubo en tí para derramar sangre: y sobre los montes comieron en tí[e]: hicieron en medio de tí suciedades.

10 La desnudez del padre descubrieron en tí[f]: la inmunda de menstruo forzaron en tí[g].

11 Y cada uno hizo abominacion con la mujer de su prójimo[h]; y cada uno contaminó su nuera torpemente; y cada uno forzó en tí á su hermana[i], hija de su padre.

12 Precio recibieron en tí para derramar sangre[k]: usura y logro tomaste[l], y á tus prójimos defraudaste con violencia: olvidástete de mí, dice el Señor Jehová.

13 Y hé aquí que herí mi mano á causa de tu avaricia que cometiste, y á causa de tus sangres que fueron en medio de tí.

14 ¿Estará *firme* tu corazon? ¿tus manos serán fuertes en los dias que obraré yo contra tí? Yo Jehová he hablado, y haré*lo*.

15 Y yo te esparciré por las gentes[m], y te aventaré por las tierras, y haré fenecer de tí tu inmundicia[n].

16 Y tomarás heredad en tí á los ojos de las gentes, y sabrás que yo *soy* Jehová.

17 ¶ Y fué á mí palabra de Jehová, diciendo:

18 Hijo del hombre, la casa de Israel se me ha tornado en escoria[o]: todos ellos *como* metal, y estaño, y fierro[p], y plomo en medio del horno; escorias de plata se tornaron.

19 Por tanto así ha dicho el Señor Jehová: Por cuanto todos vosotros os habeis tornado en escorias, por tanto hé aquí que yo os junto en medio de Jerusalem:

20 *Como quien* junta plata, y metal, y fierro, y plomo, y estaño en medio del horno, para encender fuego en él para fundir; así os juntaré en mi furor y en mi ira, y haré reposar, y os fundiré[q].

21 Yo os juntaré, y soplaré sobre vosotros en el fuego de mi furor, y en medio de él seréis fundidos.

a Cap. 20. 4. y 23. 36.
b Cap. 24. 6, 9. Na. 3. 1.
c 2 Rey. 21. 16.
d Deu. 28. 37.
e Cap. 18. 6.
f Lev. 18. 8.
g Lev. 20. 18.
h Lev. 20. 10.
i Lev. 20. 17.
k Deu. 27. 25.
l Lev. 25. 36.
m Deu. 4. 27.
n Cap. 23. 27.
o Is. 1. 22, 26.
p Jer. 6. 28, 30.
q Zac. 13. 9.

22 Como se funde la plata en medio del horno, así seréis fundidos en medio de él; y sabréis que yo Jehová habré derramado mi enojo sobre vosotros.

23 ¶ Y fué á mí palabra de Jehová, diciendo:

24 Hijo del hombre, di á ella: Tú no eres tierra limpia, ni rociada con lluvia en el dia del furor.

25 La conjuracion de sus profetas en medio de ella, como leon bramando que arrebata presa: devoraron almas, tomaron haciendas y honra[r], aumentaron sus viudas en medio de ella.

26 Sus sacerdotes violentaron mi ley[s], y contaminaron mis santuarios: entre lo santo y lo profano[t] no hicieron diferencia, ni distinguieron entre inmundo y limpio; y de mis sábados escondieron sus ojos, y yo era profanado en medio de ellos.

27 Sus príncipes en medio de ella, como lobos que arrebatan presa, derramando sangre, para destruir las almas, para pábulo de su avaricia.

28 Y sus profetas revocaban con lodo suelto, profetizandoles vanidad[u], y adivinandoles mentira, diciendo: Así ha dicho el Señor Jehová: y Jehová no habia hablado.

29 El pueblo de la tierra usaba de opresion, y cometia robo[x], y al afligido y menesteroso hacian violencia, y al extranjero[y] oprimian sin derecho.

30 Y busqué de ellos hombre[z] que hiciese vallado, y que se pusiese al portillo delante de mí por la tierra, para que yo no la destruyese; y no *lo* hallé.

31 Por tanto derramé sobre ellos mi ira; con el fuego de mi ira los consumí: torné el camino de ellos sobre su cabeza[a], dice el Señor Jehová.

CAPITULO XXIII.

Con la alegoría de dos rameras describe el profeta las idolatrías é inmundicias de Israel y de Judá: declara el castigo con que por ello Israel habia sido asolado; y no habiendo Judá tomado así escarmiento, intímale el mismo castigo.

Y FUÉ á mí palabra de Jehová, diciendo:

2 Hijo del hombre, hubo dos mujeres, hijas de una madre[a],

3 Las cuales fornicaron[b] en Egipto; en sus mocedades fornicaron. Allí fueron apretados sus pechos, y allí fueron estrujadas las tetas de su virginidad.

4 Y llamábanse, la mayor, Aholah ‖, y su hermana, Aholibah †; las cuales fueron mias, y parieron hijos é hijas: y llamáronse, *los de* Samaria, Aholah; y *los de* Jerusalem, Aholibah.

5 Y Aholah cometió fornicacion en mi poder; y prendóse de sus amantes, los Asirios sus vecinos[c],

6 Vestidos de cárdeno, capitanes y príncipes, mancebos todos de codiciar, caballeros que andaban á caballo.

7 Y puso sus fornicaciones con ellos, con todos los mas escogidos de los hijos de los Asirios, y con todos aquellos de quienes se enamoró: contaminóse con todos los ídolos de ellos.

8 Y no dejó sus fornicaciones de Egipto: porque con ella se echaron en su mocedad, y ellos comprimieron los pechos de su virginidad, y derramaron sobre ella su fornicacion.

9 Por lo cual la entregué en mano de sus amantes, en mano de los hijos de los Asirios[d], de quienes se habia enamorado.

10 Ellos descubrieron sus vergüenzas[e], tomaron sus hijos y sus hijas, y á ella

r Cap. 34. 3. Mi. 3. 11. Soph. 3. 3.
s Mal. 2. 7, 8.
t Lev. 10. 10. Cap. 44. 23.
u Lam. 2. 14.
x Jer. 5. 26, 31.
y Ex. 23. 9.
z Jer. 5. 1.
a Pro. 1. 31.
a Jer. 3. 7, 11.
b Cap. 20. 8. Lev. 17. 7. Jos. 24. 14.
‖ *Tabernáculo de ella.*
† *Mi tabernáculo en ella.*
c 2 Rey. 15. 19. y 16. 7, etc. y 17. 3. Os. 8. 9.
d 2 Rey. 18. 9, 11.
e Cap. 16. 37.

mataron á cuchillo: y vino á ser de nombre entre las mujeres, pues en ella hicieron juicios.

11 Y vióło su hermana Aholibah, y estragó su amor mas que ella; y sus fornicaciones, mas que las fornicaciones de su hermana[f].

12 Enamoróse de los hijos de los Asirios[g], *sus* vecinos, capitanes y príncipes, vestidos en perfeccion, caballeros que andaban á caballo, todos ellos mancebos de codiciar.

13 Y ví que se habia contaminado, *y que* un camino *era* el de ambas.

14 Y aumentó sus fornicaciones; pues cuando vió *unos* hombres pintados en la pared, imágenes de Caldéos pintadas de color,

15 Ceñidos de talabartes por sus lomos, y tiaras pintadas en sus cabezas, teniendo todos ellos parecer de capitanes, á la manera de los hombres de Babilonia, nacidos en tierra de Caldéos,

16 Enamoróse de ellos en viendolos, y envióles mensajeros á la tierra de los Caldéos.

17 Y entraron á ella los hombres de Babilonia á la cama de los amores, y contamináronla con su fornicacion; y ella tambien se contaminó con ellos, y su deseo se hartó de ellos.

18 Así hizo patentes sus fornicaciones, y descubrió sus vergüenzas: por lo cual mi alma se hartó de ella[h], como se habia ya hartado mi alma de su hermana.

19 Aun multiplicó sus fornicaciones trayendo en memoria los dias de su mocedad, en los cuales habia fornicado en la tierra de Egipto.

20 Y enamoróse de sus rufianes, cuya carne *es como* carne de asnos[i], y cuyo flujo *como* flujo de caballos.

21 Así tornaste á la memoria la suciedad de tu mocedad, cuando comprimieron tus pechos en Egipto por las tetas de tu mocedad.

22 ¶ Por tanto, Aholibah, así ha dicho el Señor Jehová: Hé aquí que yo despierto tus amantes contra tí[k], de los cuales se hartó tu deseo[l], y yo les haré venir contra tí en derredor;

23 Los de Babilonia, y todos los Caldéos, mayordomos, y príncipes, y capitanes, todos los de Asiria con ellos: mancebos todos ellos de codiciar, capitanes y príncipes, nobles y principales, que montan á caballo todos ellos.

24 Y vendrán sobre tí carros, carretas, y ruedas, y multitud de pueblos. Escudos, y paveses, y capacetes pondrán contra tí en derredor; y yo daré el juicio delante de ellos, y por sus leyes te juzgarán.

25 Y pondré mi zelo contra tí, y obrarán contigo con furor: quitarte han tu nariz, y tus orejas; y lo que te quedáre, caerá á cuchillo. Ellos tomarán tus hijos y tus hijas; y tu residuo será consumido por el fuego.

26 Y te desnudarán de tus vestidos, y tomarán los vasos de tu gloria[m].

27 Y haré cesar de tí tu suciedad[n], y tu fornicacion de la tierra de Egipto[o]: ni mas levantarás á ellos tus ojos, ni nunca mas te acordarás de Egipto.

28 Porque así ha dicho el Señor Jehová: Hé aquí que yo te entrego en mano de aquellos que tú aborreciste, en mano de aquellos de los cuales se hartó tu deseo[p]:

29 Los cuales obrarán contigo con odio, y tomarán todo lo que tú trabajaste, y te dejarán desnuda y descubierta[q]: y descubriráse la torpeza de tus fornicaciones, y tu suciedad, y tus fornicaciones.

30 Estas cosas se harán contigo, porque fornicaste en pos de las gentes[r], con las cuales te contaminaste en sus ídolos.

31 En el camino de tu hermana anduviste: yo pues pondré su caliz en tu mano[s].

32 Así ha dicho el Señor Jehová: Beberás el hondo y ancho caliz de tu hermana: de tí se mofarán las gentes, y te escarnecerán: de grande cabida *será el caliz*.

33 Serás llena de embriaguez y de dolor por el caliz de soledad y de asolamiento, por el caliz de tu hermana Samaria.

34 Lo beberás pues, y lo agotarás[t], y quebrarás sus tiestos; y tus pechos arrancarás: porque yo he hablado, dice el Señor Jehová.

35 Por tanto así ha dicho el Señor Jehová: Por cuanto te has olvidado de mí, y me has echado tras tus espaldas[u], por eso lleva tú tambien tu suciedad y tus fornicaciones.

36 ¶ Y díjome Jehová: Hijo del hombre, ¿no juzgarás[x] tú á Aholah, y á Aholibah, y les denunciarás sus abominaciones[y]?

37 Porque han adulterado, y hay sangre en sus manos[z], y han fornicado con sus ídolos: y aun sus hijos que me habian engendrado, hicieron pasar á ellos quemandoles[a].

38 Aun esto mas me hicieron: contaminaron mi santuario[b] en aquel dia, y profanaron mis sábados.

39 Pues habiendo sacrificado sus hijos á sus ídolos, entrábanse en mi santuario el mismo dia para contaminarlo: y hé aquí que así hicieron en medio de mi casa[c].

40 Y cuanto mas, que enviaron por hombres que vienen de léjos, á los cuales habia sido enviado mensajero[d]: y hé aquí que vinieron; y por amor de ellos te lavaste, y alcoholaste tus ojos[e], y te ataviaste con adornos,

41 Y te sentaste sobre suntuoso estrado, y fué adornada mesa delante de él; y sobre ella pusiste mi perfume y mi óleo[f].

42 Y oyóse en ella voz de compañía en holganza: y con los varones fueron traidos de la gente comun los Sabéos del desierto; y pusieron manillas sobre sus manos, y coronas de gloria sobre sus cabezas.

43 Y dije á la envejecida en adulterios: Sus prostituciones cumplirán ellos ahora, y ella *con ellos*.

44 Porque han venido á ella como quien viene á mujer ramera[g]: así vinieron á Aholah y á Aholibah, mujeres depravadas.

45 Por tanto hombres justos las juzgarán por la ley de las adúlteras, y por la ley de las que derraman sangre; porque son adúlteras, y sangre hay en sus manos.

46 Por lo que así ha dicho el Señor Jehová: Yo haré subir contra ellas compañías[h], y las entregaré á turbacion y á rapiña.

47 Y la compañía *de gentes* las apedreará con piedras, y les acuchillará con sus espadas: matarán á sus hijos y á sus hijas[i], y sus casas consumirán con fuego.

48 Y haré cesar la depravacion de la tierra[k], y escarmentarán todas las mujeres, y no harán segun vuestra torpeza.

49 Y sobre vosotras pondrán vuestra obscenidad, y llevaréis los pecados de

f Cap. 16. 47, 51.
2 Cr. 33. 9.
g Cap. 16. 28.
h Jer. 15. 1.
i Cap. 16. 26.
k ver. 9.
l 2 Sa. 13. 15.
m Is. 39. 4, 7.
n Cap. 16. 41. 22. 15.
o ver. 3, 19.
p ver. 17.
q ...a. 1. 8.

r Cap. 6. 9.
s Jer. 25. 15. etc.
t Sal. 75. 8. Is. 51. 17.
u 1 Rey. 14. 9. Ne. 9. 26.
x Cap. 22. 2.
y Cap. 20. 4.
z Cap. 16. 38.
a Cap. 16. 20. Sal. 106. 37.
b Cap. 5. 11.
c 2 Rey. 21. 4, 7.
d Is. 57. 9.
e 2 Rey. 9. 30. Jer. 4. 30.
f Pro. 7. 17. Os. 2. 8.
g Jer. 3. 1, 6, 8. Os. 2. 5.
h Cap. 16. 40, etc.
i Cap. 24. 21. 2 Cr. 36. 17, 19.
k ver. 27.

vuestros ídolos: y sabréis que yo *soy* el
Señor Jehová.

CAPITULO XXIV.

Con otra parábola enseña á Jerusalem las calamidades que le sobrevendrian en castigo de sus idolatrías, y singularmente de la sangre de los inocentes sacrificados á los ídolos.

Y FUÉ á mí palabra de Jehová en el
noveno año, en el mes décimo, á
los diez del mes, diciendo:
2 Hijo del hombre, escríbete el nombre
de este dia, de este mismo dia: *porque*
el rey de Babilonia se puso sobre Jeru-
[a] 2 Rey. 25. 1. Jer. 39. 1. y 52. 4. salem este mismo dia[a].
3 Y habla á la casa de rebelion por
parábola, y díles: Así ha dicho el Señor
[b] Cap. 11. 3. Jehová: Pon una olla[b], ponla, y echa
tambien en ella agua.
4 Junta sus piezas *de carne* en ella;
todas buenas piezas, pierna y espalda:
hínchela de huesos escogidos.
5 Toma una oveja escogida; y tam-
bien enciende los huesos debajo de ella:
haz que hierva bien; coced tambien sus
huesos dentro de ella.
6 Pues así ha dicho el Senor Jehová:
[c] Cap. 22. 3. ¡Ay de la ciudad de sangres[c], de la olla
no espumada, y cuya espuma no salió
de ella! Por sus piezas, por sus piezas
[d] 2 Sa. 8. 2. sácala; no caiga sobre ella suerte[d].
7 Porque su sangre fué en medio de
ella: sobre una piedra alisada la puso;
no la derramó sobre la tierra para que
[e] Lev. 17. 13. fuese cubierta con polvo[e].
8 Habiendo *pues* hecho subir la ira
para hacer venganza, yo pondré su san-
gre sobre la dura piedra, para que no
sea cubierta.
9 Por tanto así ha dicho el Señor Je-
[f] Na. 3. 1. hová: ¡Ay de la ciudad de sangres[f]!
Pues tambien haré yo gran hoguera,
10 Multiplicando la leña, encendien-
do el fuego, para consumir la carne, y
hacer la salsa: y los huesos serán que-
mados:
11 Asentando despues la *olla* vacía
sobre sus brasas, para que se caldée, y
se queme su hondon, y se funda en ella
su suciedad, y se consuma su espuma.
12 En fraudes se cansó, y no salió de
ella su mucha espuma. En fuego será
su espuma consumida.
13 En tu suciedad perversa *padecerás*;
porque te limpié, y tú no te limpiaste
de tu suciedad: nunca mas te limpia-
rás, hasta que yo haga reposar mi ira
[g] Cap. 5. 13. y 16. 42. sobre tí[g].
14 Yo Jehová he hablado; vendrá, y
haré*lo*. No me tornaré atrás, ni ten-
[h] 1 Sa. 15. 29. dré misericordia, ni me arrepentiré[h]:
segun tus caminos y tus obras te juzga-
rán, dice el Señor Jehová.
15 ¶ Y fué á mí palabra de Jehová,
diciendo:
16 Hijo del hombre, hé aquí que yo te
quito de golpe el deseo de tus ojos: no
endeches, ni llores, ni corran tus lá-
grimas.
[i] Jer. 16. 5, 7. 17 Reprime el suspirar, no hagas luto[i]
[k] Lev. 10. 6. y 21. 10. de mortuorios: ata tu bonete sobre tí[k],
[l] 2 Sa. 15. 30. y pon tus zapatos en tus piés[l], y no te
cubras con rebozo, ni comas pan de
hombres.
18 Y hablé al pueblo por la mañana,
y á la tarde murió mi mujer: y á la
mañana hice como me fué mandado.
19 Y díjome el pueblo: ¿No nos ense-
ñarás qué nos *significan* estas cosas que
tú haces?
20 Y yo les dije: Palabra de Jehová
[m] 1 Rey. 9. 8. Jer. 7. 14. La. 1. 10. fué á mí, diciendo:
21 Dí á la casa de Israel: Así ha dicho
el Señor Dios: Hé aquí que yo profano[m]
mi santuario, la gloria de vuestra for-
taleza, el deseo de vuestros ojos, y el
regalo de vuestra alma: vuestros hijos,
y vuestras hijas que dejasteis, caerán á
cuchillo[n]. [n] 2 Cr. 36. 17.
22 Y haréis de la manera que yo hice[o]: [o] Jer. 16. 6, 7.
no os cubriréis con rebozo, ni comeréis
pan de hombres.
23 Y vuestros bonetes estarán sobre
vuestras cabezas, y vuestros zapatos en
vuestros piés: no endecharéis ni llora-
réis; sino que os consumiréis á causa
de vuestras maldades, y gemiréis unos
con otros.
24 Ezequiel pues os será por señal:
segun todas las cosas que él hizo, ha-
réis: en viniendo esto, entónces sabréis
que yo *soy* el Señor Jehová.
25 Y tú, hijo del hombre, el dia que
yo quitaré de ellos su fortaleza, el gozo
de su gloria, el deseo de sus ojos, y el
cuidado de sus almas, sus hijos y sus
hijas,
26 Ese dia vendrá á tí un escapado
para traer las nuevas.
27 En aquel dia se abrirá tu boca *para*
hablar con el escapado, y hablarás, y no
estarás mas mudo[p]: y les serás por se- [p] Cap. 33. 21, etc.
ñal, y sabrán que yo *soy* Jehová.

CAPITULO XXV.

Contra los Ammonitas, Moabitas, Iduméos y Palestinos, por sus burlas, ultrajes, y crueldades para con los Judíos, cuando fué tomada Jerusalem por los Caldéos.

Y FUÉ á mí palabra de Jehová, di-
ciendo:
2 Hijo del hombre, pon tu rostro há-
cia los hijos de Ammon[a], y profetiza [a] Cap. 21. 28, 32. Jer. 49. 1, etc. Amos 1. 13, 15. Seph. 2. 9, 11.
sobre ellos.
3 Y dirás á los hijos de Ammon: Oid
palabra del Señor Jehová. Así ha di-
cho el Señor Jehová: Por cuanto di-
jiste, Hala[b], acerca de mi santuario
que fué profanado, y sobre la tierra de
Israel que fué asolada, y sobre la casa [b] Cap. 26. 2, etc. Sal. 70. 2, 3. Pro. 17. 5. y 24. 17, 18.
de Judá, porque fueron en cautiverio;
4 Por tanto hé aquí que yo te entrego
á los Orientales por heredad, y pondrán
en tí sus apriscos, y colocarán en tí sus
tiendas. Ellos comerán tus sementeras,
y beberán tu leche.
5 Y pondré á Rabba por habitacion
de camellos, y á los hijos de Ammon
por majada de ovejas; y sabréis que yo
soy Jehová[c]. [c] Cap. 35. 9.
6 Porque así ha dicho el Señor Jeho-
vá: Por cuanto tú batiste tus manos, y
pateaste, y te gozaste de alma en todo
tu menosprecio sobre la tierra de Is-
rael;
7 Por tanto hé aquí que yo extenderé
mi mano sobre tí, y te entregaré á las
gentes para ser saqueada; y yo te cor-
taré de entre los pueblos, y te destruiré
de entre las tierras: te raeré, y sabrás
que yo *soy* Jehová.
8 ¶ Así ha dicho el Señor Jehová:
Por cuanto dijo Moab[d], y Seir, Hé [d] Is. XV, y XVI. Jer. 48. 1, etc. Amos 2. 1, 2.
aquí la casa de Judá *es* como todas las
gentes;
9 Por tanto hé aquí que yo abro el lado
de Moab desde las ciudades, desde sus
ciudades que *están* en su confin, las
tierras deseables de Beth-jesimoth, y
Bahal-meon, y Chiriathaim,
10 A los hijos del Oriente contra los
hijos de Ammon; y entregaréla por
heredad, para que no haya mas memo-
ria de los hijos de Ammon entre las
gentes. [e] Cap. 35. 2, etc. 2 Cr. 28. 17. Jer. 49. 7, etc. Ab. 10, etc.
11 Tambien en Moab haré juicios, y
sabrán que yo *soy* Jehová.
12 ¶ Así ha dicho el Señor Jehová:
Por lo que hizo Edom[e], tomando ven-

ganza de la casa de Judá, pues delin-
quieron en extremo, y se vengaron de
. 137. 7. ellos[f].
13 Por tanto así ha dicho el Señor Je-
hová: Yo tambien extenderé mi mano
sobre Edom, y talaré de ella hombres y
bestias, y la asolaré: desde Teman y
Dedan caerán á cuchillo.
14 Y pondré mi venganza en Edom
. 60. 9, por la mano de mi pueblo Israel[g]: y
harán en Edom segun mi enojo y segun
mi ira; y conocerán mi venganza, dice
el Señor Jehová.
15 ¶ Así ha dicho el Señor Jehová:
. 25. 20. Por lo que hicieron los Palestinos[h] con
. 4. venganza, cuando se vengaron con des-
os 1. 6. pecho de ánimo, destruyendo por anti-
guas enemistades;
16 Por tanto así ha dicho Jehová: Hé
aquí que yo extiendo mi mano sobre los
h. 2. 5. Palestinos, y talaré los Cerethéos[i], y
destruiré el resto de la ribera de la mar.
17 Y haré en ellos grandes venganzas
con reprensiones de ira: y sabrán que
yo *soy* Jehová, cuando diere mi ven-
ganza en ellos.

CAPITULO XXVI.

Tiro será tomada y arruinada por Nabucodonosor de un modo espantoso; porque se regocijaba de las calamidades de Israel.

Y ACONTECIÓ en el undécimo año,
en el primero del mes, *que* fué á mí
palabra de Jehová, diciendo:
. 2 Hijo del hombre, por cuanto[a] dijo
VII, Tiro sobre Jerusalem: Ea[b] bien, que-
VIII. brantada es *la que era* puerta de las na-
3. 1, ciones: á mí se volvió: seré llena, ella
desierta:
25. 22. 3 Por tanto así ha dicho el Señor Je-
4. hová: Hé aquí que yo contra tí, oh
s 1. 9, Tiro, y haré subir contra tí muchas
9. 3, 4. gentes, como la mar hace subir sus
. 25. 3. ondas[c].
. 20. 4 Y demolerán los muros de Tiro, y
derribarán sus torres: y raeré de ella su
polvo, y la dejaré como una peña lisa.
5 Tendedero de redes será en medio
de la mar, porque yo he hablado, dice
el Señor Jehová; y será saqueada de
las gentes.
6 Y sus hijas que *están* en el campo,
serán muertas á cuchillo: y sabrán que
yo *soy* Jehová.
7 Porque así ha dicho el Señor Je-
hová: Hé aquí que del Aquilon traigo
yo contra Tiro á Nabucodonosor, rey de
. 7. 12. Babilonia, rey de reyes[d], con caballos,
7. 6, 7. y carros, y caballeros, y compañías, y
. 37. mucho pueblo.
8 Tus hijas que *están* en el campo,
matará á cuchillo; y pondrá contra tí
ingenios, y fundará contra tí baluarte,
y afirmará contra tí escudo.
9 Y pondrá contra ella trabucos, con-
tra tus muros, y tus torres destruirá con
sus martillos.
10 Por la multitud de sus caballos te
cubrirá el polvo de ellos; con el estru-
endo de los caballeros, y de las ruedas,
y de los carros, temblarán tus muros,
cuando entráre por tus puertas como
por portillos de ciudad destruida.
11 Con las uñas de sus caballos ho-
llará todas tus calles: á tu pueblo ma-
tará á cuchillo, y las estatuas de tu
fortaleza caerán á tierra.
12 Y robarán tus riquezas, y saquearán
tus mercaderías: y arruinarán tus mu-
ros, y tus casas preciosas destruirán; y
pondrán tus piedras, y tu madera y tu
polvo, en medio de las aguas.
13 Y haré cesar el estrépito de tus
. 5. 9. canciones[e], y no se oirá mas el son de
. 5. 2. tus vihuelas.

14 Y te pondré como una peña lisa:
tendedero de redes serás; ni nunca mas
serás edificada, porque yo Jehová he
hablado, dice el Señor Jehová.
15 Así ha dicho el Señor Jehová á
Tiro: ¿ No se estremecerán las islas al
estruendo de tu caida, cuando gritarán
los heridos, cuando se hará la matanza
en medio de tí?
16 Entónces todos los príncipes de la
mar descenderán de sus sillas, y se qui-
tarán sus mantos, y desnudarán sus bor-
dadas ropas: de espantos[f] se vestirán; [f] Cap. 32. 10.
sentaránse sobre la tierra, y temblarán
á cada momento, y estarán sobre tí
atónitos[g]. [g] Cap. 27. 35.
17 Y levantarán sobre tí endechas, y
te dirán[h]: ¿ Cómo pereciste tú, poblada [h] Ap. 18. 9.
en las mares, ciudad que fué alabada,
que fué fuerte en la mar, ella y sus ha-
bitantes que ponian su espanto á todos
sus moradores?
18 Ahora se estremecerán las islas en
el dia de tu caida[i]; sí, las islas que [i] ver. 15.
están en la mar se espantarán de tu
éxito.
19 Porque así ha dicho el Señor Je-
hová: Yo te tornaré ciudad asolada,
como las ciudades que no se habitan;
haré subir sobre tí el abismo, y las mu-
chas aguas te cubrirán.
20 Y te haré descender con los que
descienden al sepulcro[k], con el pueblo [k] Cap. 32. 18,
del siglo; y te pondré en lo mas bajo 24.
de la tierra, como los desiertos antiguos, Nu. 16. 30,
con los que descienden al sepulcro, para 33.
que nunca mas seas poblada: y yo daré Sal. 28. 1.
gloria en la tierra de los vivientes.
21 Yo te tornaré en espanto, y no se-
rás: y serás buscada, y nunca mas serás
hallada, dice el Señor Jehová.

CAPITULO XXVII.

Representa el profeta á Tiro como una hermosa galera; y para mayor encarecimiento de su ruina, refiere cuales eran sus riquezas, sus contrataciones, los pueblos que con ella contrataban, y en qué suerte de mercaderías.

Y FUÉ á mí palabra de Jehová, di-
ciendo:
2 Y tú, hijo del hombre, levanta en-
dechas[a] sobre Tiro. [a] Cap. 26. 17.
3 Y dirás á Tiro, que está asentada á
las entradas de la mar, mercadera de
los pueblos de muchas islas[b]: Así ha [b] Is. 23. 3,
dicho el Señor Jehová: Tiro, tú has etc.
dicho, Yo soy de perfecta hermosura.
4 En el corazon de las mares están tus
términos: los que te edificaron, com-
pletaron tu belleza.
5 De hayas del monte Senir te fabri-
caron todas las tillas: tomaron cedros
del Líbano para hacerte el mástil.
6 De castaños de Basan[c] hicieron tus [c] Is. 2. 13.
remos; compañía de Asirios hizo tus
bancos de marfil de las islas de Kithim.
7 De fino lino bordado de Egipto fué
tu cortina, para que te sirviese de vela;
de cárdeno y grana de las islas de Eli-
sah[d] fué tu pabellon. [d] Gen. 10. 4.
8 Los moradores de Sidon y de Arvad
fueron tus remeros: tus sabios, oh Tiro,
estaban en tí; ellos fueron tus pilotos.
9 Los ancianos de Gebal[e] y sus sabios [e] Sal. 83. 7.
repararon tus hendeduras: todas las ga-
leras de la mar y los remeros de ellas
fueron en tí para negociar tus negocios.
10 Persas y Lidios[f], y los de Put[g], [f] Gen. 10.13.
fueron en tu ejército tus hombres de [g] Gen. 10. 6.
guerra[h]: escudos y capacetes colgaron [h] Jer. 46. 9.
en tí; ellos te dieron tu honra. ‖ *hombres*
11 Los hijos de Arvad con tu ejército *fuertes*
estuvieron sobre tus muros al rededor, *para la*
y los Gammadéos ‖ en tus torres: sus *guerra.*

escudos colgaron sobre tus muros al rededor: ellos completaron tu hermosura.

12 Tharsis[i] tu mercadera, á causa de la multitud de todas riquezas en plata, hierro, estaño, y plomo, dió en tus ferias.

13 Grecia, Tubal, y Mesec[k], tus mercaderes, con hombres, y con vasos de metal dieron en tus ferias.

14 De la casa de Thogorma[l], caballos y caballeros, y mulos, dieron en tu mercado.

15 Los hijos de Dedan[m] *eran* tus negociantes: muchas islas *tomaban* mercadería de tu mano; cuernos de marfil, y pavos te dieron en presente.

16 Siria *fué* tu mercadera por la multitud de tus labores: con perlas, y púrpura, y vestidos bordados, y linos finos, y corales, y rubíes, dió en tus ferias.

17 Judá, y la tierra de Israél, *eran* tus mercaderes: con trigos de Minith y Pannag, y miel, y aceite, y resina, dieron en tu mercado.

18 Damasco, tu mercadera por la multitud de tus labores, por la abundancia de todas riquezas, con vino de Helbon, y lana blanca.

19 Asimismo Dan y el errante Javan dieron en tus ferias, *para negociar* en tu mercado hierro labrado, mirra destilada, y caña aromática.

20 Dedan *fué* tu mercadera con paños preciosos para carros.

21 Arabía y todos los príncipes de Cedar, mercaderes de tu mano en corderos, y carneros, y machos cabríos: en estas cosas fueron tus mercaderes.

22 Los mercaderes de Seba y de Raama fueron tus mercaderes con lo principal de toda especiería; y toda piedra preciosa, y oro, dieron en tus ferias.

23 Haran, y Canneh, y Heden, los mercaderes de Seba, de Asiria, y Chilmad, contigo contrataban.

24 Estos tus mercaderes negociaban contigo en varias cosas; en mantos de jacinto, y bordados, y en cajas de ropas preciosas, enlazadas con cordones, y en madera de cedro.

25 Las naves de Tharsis, tus cuadrillas, *fueron* en tu negociacion: y fuiste llena, y fuiste multiplicada en gran manera en medio de los mares.

26 ¶ En muchas aguas te engolfaron tus remeros: viento solano te quebrantó[n] en medio de los mares.

27 Tus riquezas, y tus mercaderías, y tu negociacion, tus remeros, y tus pilotos, los reparadores de tus hendeduras, y los agentes de tus negocios, y todos tus hombres de guerra que *hay* en tí, con toda tu compañía que en medio de tí *se halla*, caerán en medio de los mares el dia de tu caida.

28 Al estrépito de las voces de tus marineros temblarán los arrabales.

29 Y descenderán de sus naves todos los que toman remo; remeros, y todos los pilotos de la mar se pararán en tierra.

30 Y harán oir su voz sobre tí, y[o] gritarán amargamente: y echarán polvo sobre sus cabezas, y se revolcarán en la ceniza[p].

31 Y haránse por tí calva[q], y se ceñirán de sacos[r], y endecharán por tí endechas amargas con amargura de alma.

32 Y levantarán sobre tí[s] endechas en sus lamentaciones, y endecharán sobre tí *diciendo*: ¿Quién como Tiro, como la destruida en medio de la mar?

33 Cuando tus mercaderías salían de las naves, hartabas muchos pueblos: los reyes de la tierra enriqueciste con la multitud de tus riquezas, y de tus contrataciones[t].

34 En el tiempo que serás quebrantada de las mares en los profundos de las aguas, tu comercio y toda tu compañía caerán en medio de tí.

35 Todos los moradores de las islas se maravillarán sobre tí, y sus reyes temblarán de espanto; inmutaránse en sus rostros.

36 Los mercaderes en los pueblos[t] silbarán sobre tí: vendrás á ser espanto, y dejarás de ser para siempre[u].

i 2Cr. 20. 36.
k Gen. 10. 2.
l Cap. 38. 6.
m Gen. 10. 7.
n Sal. 48. 7.
o Ap. 18. 9, 19.
p Jer. 6. 26. Jona 3. 6.
q Mic. 1. 16.
r Est. 4. 1, 4.
s Cap. 28. 16.
t Jer. 18. 16.
u Cap. 26. 21.

CAPITULO XXVIII.

Ezequiel intima al rey de Tiro su ignominiosa caida y muerte por su soberbia. Anuncia la desolacion de Sidon, y predice el restablecimiento de Israel.

Y FUÉ á mí palabra de Jehová, diciendo:

2 Hijo del hombre, di al príncipe de Tiro: Así ha dicho el Señor Jehová: Por cuanto se enalteció tu corazon, y dijiste: Yo *soy* Dios, en la silla de Dios estoy sentado en medio de las mares: siendo tú hombre, y no Dios; y has puesto tu corazon como corazon de Dios:

3 Hé aquí que tú eres mas sabio[a] que Daniel[b]: no hay secreto que te sea oculto:

4 Con tu sabiduría y con tu prudencia te has juntado riquezas, y has adquirido oro y plata en tus tesoros:

5 Con la grandeza de tu sabiduría en tu contratacion has multiplicado tus riquezas; y á causa de tus riquezas se ha enaltecido tu corazon[c]:

6 Por tanto así ha dicho el Señor Jehová: Por cuanto pusiste tu corazon como corazon de Dios,

7 Por tanto hé aquí que yo traigo sobre tí extraños, los fuertes de las gentes[d], que desenvainarán sus espadas contra la hermosura de tu sabiduría, y ensuciarán tu esplendor.

8 A la huesa te harán descender, y morirás de las muertes de los que mueren en medio de las mares.

9 ¿Hablarás delante de tu matador diciendo: Yo *soy* Dios[e]? Tú hombre *serás*, y no Dios, en la mano de tu matador.

10 De muerte de incircuncisos[f] morirás por mano de extraños: porque yo he hablado, dice el Señor Jehová.

11 ¶ Y fué á mí palabra de Jehová, diciendo:

12 Hijo del hombre, levanta endechas sobre el rey de Tiro, y díle: Así ha dicho el Señor Jehová: Tú *que* echas el sello á la proporcion, lleno de sabiduría, y acabado de hermosura,

13 En Eden, en el huerto de Dios estuviste[g]: toda piedra preciosa fué tu vestidura; el sardio, topacio, diamante, crisólito, onique, y berilo, el zafiro, carbunclo, y esmeralda, y oro: los primores de tus tamboriles y pífanos estuvieron apercibidos para tí en el dia de tu creacion.

14 Tú, querubin grande, cubridor; y yo te puse: en el santo monte de Dios estuviste; en medio de piedras de fuego has andado.

15 Perfecto *eras* en todos tus caminos desde el dia que fuiste criado, hasta que se halló en tí maldad.

16 A causa de la multitud de tu contratacion fuiste lleno de iniquidad, y pecaste: por lo que yo te eché del monte de Dios, y te arrojé de entre las piedras de fuego, oh querubin cubridor.

17 Enaltecióse tu corazon á causa de tu hermosura; corrompiste tu sabiduría

a Zac. 9. 2, 3.
b Da. 5. 11, 12.
c Pro. 11. 28. Sant°. 1. 11.
d Cap. 30. 11. y 31. 12. y 32. 12.
e ver. 2.
f Cap. 32. 19, etc.
g Gen. 2. 8.

á causa de tu resplandor: yo te arrojaré
por tierra; delante de los reyes te pon-
dré para que miren en tí.
18 Con la multitud de tus maldades, y
con la iniquidad de tu contratacion en-
suciaste tu santuario: yo pues saqué
fuego de en medio de tí, el cual te con-
sumió, y púsete en ceniza sobre la tierra
á los ojos de todos los que te miran.
19 Todos los que te conocieron de en-
tre los pueblos, se maravillarán sobre
tí: en espanto serás, y para siempre de-
[h] Cap. 26. 21. y 27. 36. jarás de ser [h].
20 ¶ Y fué á mí palabra de Jehová,
diciendo:
21 Hijo del hombre, pon tu rostro há-
[i] Cap. 32. 30. Is. 23. 4, 12. Jer. 25. 22. y 27. 3. cia Sidon [i], y profetiza contra ella.
22 Y dirás: Así ha dicho el Señor
Jehová: Hé aquí yo contra tí, oh Si-
don, y en medio de tí seré glorificado:
y sabrán que yo *soy* Jehová, cuando
hiciere en ella juicios, y en ella me
santificáre.
[k] Cap. 38. 22. 23 Y enviaré á ella pestilencia [k], y
sangre en sus plazas; y caerán muer-
tos en medio de ella con espada contra
ella al rededor: y sabrán que yo *soy*
Jehová.
24 Y nunca mas será á la casa de Is-
[l] Nu. 33. 55. Jos. 23. 13. rael espino que le punce [l], ni espanto
que le dé dolor, en todos los alrededores
de los que les menosprecian: y sabrán
que yo *soy* Jehová.
25 ¶ Así ha dicho el Señor Jehová:
Cuando juntaré la casa de Israel de los
pueblos entre los cuales están esparci-
[m] Is. 11. 12, 13. dos [m], entónces me santificaré en ellos [n]
[n] Cap. 36. 23. á los ojos de las gentes, y habitarán en
[o] Jer. 23. 6. su tierra [o], la cual di á mi siervo Jacob [p].
[p] Gen. 28. 13, 14. 26 Y habitarán en ella seguros; y edi-
ficarán casas, y plantarán viñas, y habi-
tarán confiadamente, cuando yo haré
juicios en todos los que los despojan en
sus alrededores: y sabrán que yo *soy*
Jehová su Dios.

CAPITULO XXIX.

Profetiza contra Faraon rey de Egipto y su tierra, por la falsedad de su conducta con los Judíos. Con el despojo de Egipto ordena Dios que sea pagado el ejército de los Caldéos, por los trabajos que pasaron en el sitio de Tiro, enviados allá por Dios. Anúnciase la restauracion de Israel.

[a] Cap. 1. 2. EN el año [a] décimo, en el *mes* dé-
cimo, á los doce del mes, fué á mí
palabra de Jehová, diciendo:
2 Hijo del hombre, pon tu rostro con-
[b] Jer. 25. 19. tra Pharaon, rey de Egipto [b], y profe-
[c] Cap. XXXII. Is. XIX. Jer. XLVI. tiza contra él y contra todo Egipto [c].
3 Habla, y di: Así ha dicho el Señor
Jehová: Hé aquí yo contra tí, Pharaon
[d] Sal. 74. 13, 14. Is. 27. 1. y 51. 9. rey de Egipto, el gran dragon [d] que yace
en medio de sus rios, el cual dijo: Mio
[e] Ds. 4. 30, 31. es mi rio, y yo me lo hice [e].
[f] Cap. 38. 4. Is. 37. 29. 4 Yo pues pondré anzuelos en tus
mejillas [f], y pegaré los peces de tus rios
á tus escamas, y te sacaré de en medio
de tus rios, y todos los peces de tus rios
saldrán pegados á tus escamas.
5 Y dejaréte en el desierto, á tí y á
todos los peces de tus rios: sobre la haz
del campo caerás; no serás recogido,
ni serás juntado: á las bestias de la ti-
[g] Jer. 25. 33. erra y á las aves del cielo te he dado [g]
por comida.
6 Y sabrán todos los moradores de
Egipto que yo *soy* Jehová; por cuanto
[h] 2 Rey. 18. 21. fueron bordon de caña [h] á la casa de
Israel.
7 Cuando te tomaron con la mano,
[i] Is. 30. 2, 7. Jer. 37. 5, etc. te quebraste [i], y les rompiste todo el
hombro; y cuando se recostaron sobre
tí, te quebraste, y los deslomaste en-
teramente.
8 Por tanto así ha dicho el Señor Je-
hová: Hé aquí que yo traigo contra tí
espada, y talaré de tí hombres y bestias.
9 Y la tierra de Egipto será asolada y
desierta; y sabrán que yo *soy* Jehová:
porque dijo: Mi rio, y yo lo hice [k]. [k] ver. 3.
10 Por tanto hé aquí yo contra tí, y
contra tus rios; y pondré la tierra de
Egipto en asolamientos de la soledad del
desierto, desde Migdol [l] hasta Seveneh, [l] Ex. 14. 2. Jer. 44. 1.
hasta el término de Etiopia.
11 No pasará por ella pié de hombre,
ni pié de bestia pasará por ella; ni será
habitada por cuarenta años.
12 Y pondré á la tierra de Egipto en
soledad entre las tierras asoladas, y sus
ciudades entre las ciudades destruidas
estarán asoladas por cuarenta años: y
esparciré á Egipto entre las gentes, y
aventarélos por las tierras.
13 Porque así ha dicho el Señor Je-
hová: Al fin de cuarenta años juntaré
á Egipto de los pueblos entre los cuales
fueren esparcidos.
14 Y tornaré á traer los cautivos de
Egipto, y los volveré á la tierra de Pa-
tros, á la tierra de su habitacion; y allí
serán un reino bajo.
15 En comparacion de los otros reinos
será humilde; ni mas se alzará sobre
las gentes: porque yo los disminuiré,
para que no se enseñoreen en las gentes.
16 Y no será mas á la casa de Israel
por confianza [m], que haga acordar el [m] Is. 31. 1, 3. y 36. 4, 6. Jer. 2. 36, 37. La. 4. 17. Os. 7. 11.
pecado mirando en pos de ellos; y sa-
brán que yo *soy* el Señor Jehová.
17 ¶ Y aconteció en el año veinte y
siete, en el *mes* primero, al primero del
mes, que fué á mí palabra de Jehová,
diciendo:
18 Hijo del hombre, Nabucodonosor
rey de Babilonia hizo á su ejército pres-
tar grande servicio contra Tiro [n]. Toda [n] Cap. 26. 7, etc. Jer. 27. 6.
cabeza se encalveció, y pelóse todo hom-
bro: y ni para él ni para su ejército
hubo paga de Tiro por el servicio que
prestó contra ella.
19 Por tanto así ha dicho el Señor
Jehová: Hé aquí que yo doy á Nabu-
codonosor, rey de Babilonia, la tierra de
Egipto; y él tomará su multitud, y co-
gerá sus despojos, y arrebatará su presa,
y habrá paga para su ejército.
20 *Por* su trabajo con que sirvió contra
ella le he dado la tierra de Egipto; por-
que trabajaron por mí, dice el Señor
Jehová.
21 En aquel tiempo haré reverdecer
el cuerno [o] á la casa de Israel, y te daré [o] Sal. 132. 17.
apertura de boca en medio de ellos: y
sabrán que yo *soy* Jehová.

CAPITULO XXX.

Sigue profetizando contra Egipto y su rey.

Y FUÉ á mí palabra de Jehová, di-
ciendo:
2 Hijo del hombre, profetiza, y di:
Así ha dicho el Señor Jehová: Aullad,
¡Ay del dia!
3 Porque cerca está el dia, cerca está
el dia del Señor [a]; dia de nublado, dia [a] Joel 2. 1.
de las gentes será.
4 Y vendrá espada á Egipto; y habrá
miedo en Etiopia cuando caerán heridos
en Egipto, y tomarán su multitud, y
serán destruidos sus fundamentos.
5 Etiopia, y Libia, y Lidia [b], y todo el [b] Gen. 10. 6, 13.
conjunto de pueblo [c], y Chûb, y los hi- [c] Jer. 25. 20, 24.
jos de la tierra de la liga [d], caerán con
ellos á cuchillo. [d] Jer. 42. 16, 17. Hech. 3. 25.
6 Así ha dicho Jehová: Tambien ca-
erán los que sostienen á Egipto; y la
altivez de su fortaleza caerá: desde Mig-
dol hasta Seveneh caerán en él á cu-
chillo [e], dice el Señor Jehová. [e] Cap. 29. 10.

7 Y serán asolados entre las tierras asoladas, y sus ciudades serán entre las ciudades desiertas[f].

8 Y sabrán que yo *soy* Jehová, cuando pusiere fuego á Egipto, y fueren quebrantados todos sus ayudadores.

9 En aquel tiempo saldrán mensajeros[g] de delante de mí en navíos, á espantar á Etiopia la confiada, y tendrán espanto como en el dia de Egipto: porque hé aquí que viene.

10 Así ha dicho el Señor Jehová: Haré cesar la multitud de Egipto por mano de Nabucodonosor, rey de Babilonia[h].

11 Él, y con él su pueblo, los mas fuertes de las gentes[i], serán traidos á destruir la tierra: y desenvainarán sus espadas sobre Egipto, y henchirán la tierra de muertos.

12 Y secaré los rios[k], y entregaré la tierra en mano de malos, y destruiré la tierra y su plenitud por mano de extranjeros: yo Jehová he hablado.

13 Así ha dicho el Señor Jehová: Destruiré tambien las imágenes[l], y haré cesar los ídolos de Mémphis: y no habrá mas príncipe de la tierra de Egipto: y en la tierra de Egipto pondré temor.

14 Y asolaré á Patros[m], y pondré fuego á Zoan, y haré juicios en No.

15 Y derramaré mi ira sobre Sin, fortaleza de Egipto, y talaré la multitud de No.

16 Y pondré fuego á Egipto: Sin tendrá gran dolor, y no será destrozada, y Mémphis tendrá continuas angustias[n].

17 Los mancebos de Heliopolis y de Pi-beseth caerán á cuchillo; y ellas irán en cautiverio.

18 Y en Thaphnes será cerrado el dia, cuando quebrantaré yo allí las barras de Egipto; y cesará en ella la soberbia de su fortaleza: nublado la cubrirá, y los moradores de sus aldéas irán en cautiverio.

19 Haré pues juicios en Egipto, y sabrán que yo *soy* Jehová.

20 ¶ Y aconteció en el año[o] undécimo, en el *mes* primero, á los siete del mes, que fué á mí palabra de Jehová diciendo:

21 Hijo del hombre, quebrantado he el brazo[p] de Pharaon, rey de Egipto; y hé aquí que no ha sido vendado poniéndo*le* medicinas, poniéndo*le* faja para ligarlo, á fin de vigorarle para que pueda tener espada.

22 Por tanto así ha dicho el Señor Jehová: Heme aquí contra Pharaon rey de Egipto, y quebraré sus brazos[q], el fuerte y el fracturado, y haré que la espada se le caiga de la mano.

23 Y esparciré los Egipcios entre las gentes, y aventarélos por las tierras.

24 Y fortificaré los brazos del rey de Babilonia, y pondré mi espada en su mano[r]: mas quebraré los brazos de Pharaon, y delante de aquel gemirá con gemidos *de herido* de muerte.

25 Fortificaré pues los brazos del rey de Babilonia, y los brazos de Pharaon caerán: y sabrán que yo *soy* Jehová, cuando yo pusiere mi espada en la mano del rey de Babilonia, y él la extendiere sobre la tierra de Egipto.

26 Y esparciré los Egipcios entre las gentes, y los aventaré por las tierras; y sabrán que yo *soy* Jehová.

[f] Cap. 29. 10.
[g] Is. 18. 1, 2.
[h] ver. 24, 25.
[i] Cap. 28. 7.
[k] Is. 19. 4, 6.
[l] Is. 19. 1, etc. Jer. 43. 12. y 46. 25.
[m] Cap. 29. 14.
[n] Jer. 6. 14. y 15. 8.
[o] Cap. 1. 2.
[p] Jer. 48. 25.
[q] Sal. 37. 17.
[r] Jer. 27. 6, 8.

CAPITULO XXXI.

Continua Ezequiel profetizando contra Pharaon y su reino, cuya ruina habia de verificarse, así como cayó y fué destruido el imperio de los Asirios, no obstante la grandeza de su poderío y gloria.

Y ACONTECIÓ en el año[a] undécimo, en el *mes* tercero, al primero del mes, que fué á mí palabra de Jehová diciendo:

2 Hijo del hombre, di á Pharaon, rey de Egipto, y á su pueblo: ¿A quien te comparaste en tu grandeza[b]?

3 ¶ Hé aquí *era* el Asirio cedro en el Líbano, hermoso en ramas, y umbroso con sus ramos, y de grande altura, y su copa estaba entre densas ramas.

4 Las aguas lo hicieron crecer, encumbrólo el abismo: sus rios iban al rededor de su pié, y á todos los árboles del campo enviaba sus corrientes.

5 Por tanto se encumbró su altura sobre todos los árboles del campo, y multiplicáronse sus ramos, y á causa de las muchas aguas se alargaron sus ramas que habia echado.

6 En sus ramas hacian nido todas las aves del cielo[c], y debajo de su ramaje parian todas las bestias del campo; y á su sombra habitaban muchas gentes.

7 Hízose pues hermoso en su grandeza con la extension de sus ramas; porque su raiz estaba junto á muchas aguas.

8 Los cedros no lo cubrieron en el huerto de Dios[d]: las hayas no fueron semejantes á sus ramas, ni los castaños fueron semejantes á sus ramos: ningun árbol en el huerto de Dios fué semejante á él en su hermosura.

9 Hícelo hermoso con la multitud de sus ramas; y todos los árboles de Eden, que estaban en el huerto de Dios, tuvieron de él envidia.

10 Por tanto así dijo el Señor Jehová: Por cuanto te encumbraste[e] en altura, y puso su cumbre entre densas ramas, y su corazon se elevó[f] con su altura,

11 Yo lo entregaré en mano del fuerte de las gentes, que de cierto le manejará: por su impiedad lo he arrojado[g].

12 Y le cortarán extraños, los fuertes de las gentes[h], y lo abandonarán: sus ramas caerán sobre los montes, y por todos los valles, y por todas las arroyadas de la tierra serán quebrados sus ramos; é iránse de su sombra todos los pueblos de la tierra, y lo dejarán.

13 Sobre su ruina habitarán todas las aves del cielo, y sobre sus ramas estarán todas las bestias del campo[i]:

14 Para que no se eleven en su altura los árboles todos de *junto* á las aguas, ni levanten su cumbre entre las espesuras, ni en sus ramas se paren por su altura todos los que beben aguas: porque todos serán entregados á muerte[k], á la tierra baja, en medio de los hijos de los hombres, con los que descienden á la huesa[l].

15 Así ha dicho el Señor Jehová: El dia que descendió á la sepultura, hice hacer luto, hice cubrir por él el abismo, y detuve sus rios, y las muchas aguas fueron detenidas: y al Líbano cubrí de tinieblas por él, y todos los árboles del campo se desmayaron.

16 Del estruendo de su caida hice temblar las gentes, cuando lo hice descender á la fosa con todos los que descienden á la sepultura; y todos los árboles de Eden escogidos, y los mejores del Líbano, todos los que beben aguas, tomaron consolacion[m] en la tierra baja.

17 Tambien ellos descendieron con él á la fosa, con los muertos á cuchillo, *los que fueron* su brazo, *los que* estuvieron á su sombra en medio de las gentes.

18 ¶ ¿A quien *pues* te has comparado[n] así en gloria y en grandeza entre los árboles de Eden? Pues derribado

[a] Cap. 1. 2.
[b] ver. 18.
[c] Cap. 17. 23. Da. 4. 12.
[d] Gen. 2. 8. y 13. 10. Is. 51. 3.
[e] Mat. 23. 12.
[f] Da. 5. 20.
[g] Na. 3. 18, 19.
[h] Cap. 28. 7. y 30. 11.
[i] Is. 18. 6.
[k] Sal. 82. 7.
[l] Cap. 32. 18.
[m] Is. 14. 8, 10.
[n] ver. 2.

serás con los árboles de Eden en la
[a]Cap. 28. 10. tierra baja: entre los incircuncisos[a]
yacerás, con los muertos á cuchillo.
Este *es* Pharaon y todo su pueblo, dice
el Señor Jehová.

CAPITULO XXXII.

Endecha el profeta la ruina de Pharaon y de su pueblo por los Babilonios, y hace un largo catálogo de los reyes y reinos que Dios ha destruido por haberse hecho temibles en el mundo, poniendo á Pharaon y á su pueblo en el número de ellos.

[a]Cap. 1. 2. Y ACONTECIÓ en el año[a] duodé-
cimo, en el mes duodécimo, al pri-
mero del mes, que fué á mí palabra de
Jehová diciendo:
[b]Cap. 27. 2. 2 Hijo del hombre, levanta endechas[b]
sobre Pharaon, rey de Egipto, y díle:
[c]Cap. 19. 2, 6. y 38. 13. A leoncillo de gentes eres semejante[c],
y eres como la ballena[d] en las mares:
[d]Cap. 29. 3. que sacabas tus rios, y enturbiabas las
aguas con tus pies, y hollabas sus ri-
[e]Cap. 34. 18. beras[e].
3 Así ha dicho el Señor Jehová: Yo
[f]Cap. 12. 13. y 17. 20. extenderé sobre tí[f] mi red con reunion
de muchos pueblos, y te harán subir
con mi esparavel.
4 Y te dejaré en tierra; te echaré so-
[g]Cap. 29. 5. bre la haz del campo[g], y haré que se
asienten sobre tí todas las aves del cielo,
y hartaré de tí las bestias de toda la
[h]Cap. 31. 13. tierra[h].
5 Y pondré tus carnes sobre los mon-
tes, y henchiré los valles de tu altura.
6 Y regaré de tu sangre la tierra donde
nadas, hasta los montes; y los arroyos
se henchirán de tí.
7 Y cuando te habré muerto, cubriré
los cielos, y haré entenebrecer sus es-
trellas; el sol cubriré con nublado, y la
[i]Is. 13. 10. Joel 3. 15. Mat. 24. 29. luna no hará resplandecer su luz[i].
8 Todas las lumbreras de luz haré en-
tenebrecer en el cielo por tí, y pondré
tinieblas sobre tu tierra, dice el Señor
Jehová.
9 Y entristeceré el corazon de muchos
pueblos, cuando llevaré tu quebranta-
miento entre las gentes, por las tierras
que no conociste.
10 Y haré atónitos sobre tí muchos
pueblos, y sus reyes tendrán á causa de
[k]Cap. 27. 35. tí horror grande[k], cuando haré resplan-
decer mi espada delante de sus rostros;
y todos se sobresaltarán en sus ánimos
[l]Cap. 26. 16. á cada momento[l] en el dia de tu caida.
11 Porque así ha dicho el Señor Je-
hová: La espada del rey de Babilonia
[m]Cap. 46. 24, 26. vendrá sobre tí[m].
12 Con espadas de fuertes haré caer tu
pueblo; todos ellos *serán* los fuertes de
[n]Cap. 28. 7. y 30. 11. y 31. 12. las gentes[n]. Y destruirán la soberbia
de Egipto, y toda su multitud será des-
hecha.
13 Todas sus bestias destruiré de sobre
las muchas aguas: ni mas las enturbi-
ará pié de hombre, ni uñas de bestias
[o]Cap. 29. 11. las enturbiarán[o].
14 Entónces haré asentarse sus aguas,
y haré ir sus rios como aceite, dice el
Señor Jehová.
[p]Joel 3. 19. 15 Cuando asolaré la tierra de Egipto[p],
y la tierra fuere asolada de su plenitud,
cuando heriré á todos los que en ella
moran, sabrán que yo *soy* Jehová.
16 Esta *es* la endecha, y cantarla han:
las hijas de las gentes la cantarán: en-
dechárán sobre Egipto, y sobre toda su
multitud, dice el Señor Jehová.
17 ¶ Y aconteció en el año duodécimo,
á los quince del mes, que fué á mí pa-
labra de Jehová diciendo:
18 Hijo del hombre, endecha sobre la
multitud de Egipto, y despéñalo á él,
y á las villas de las gentes fuertes, en
la tierra de los profundos, con los que
descienden á la sepultura[q]. [q]Cap. 31. 14.
19 Porque eres tan hermoso, descien-
de, y yace con los incircuncisos[r]. [r]Cap. 28. 10.
20 Entre los muertos á cuchillo caerán:
al cuchillo es entregado: traedlo á él y
á todos sus pueblos.
21 De en medio del infierno hablarán
á él los fuertes de los fuertes, con los
que le ayudaron, que descendieron, y
yacen con los incircuncisos muertos á
cuchillo.
22 Allí Assur con toda su gente: en
derredor de él *están* sus sepulcros: to-
dos ellos cayeron muertos á cuchillo.
23 Sus sepulcros fueron puestos á los
lados de la fosa, y su gente está por los
alrededores de su sepulcro: todos ellos
cayeron muertos á cuchillo, los cuales
pusieron miedo en la tierra de los vivi-
entes.
24 Allí Elam[s], y toda su multitud por [s]Jer. 49. 34, etc.
los alrededores de su sepulcro: todos
ellos cayeron muertos á cuchillo, los
cuales descendieron incircuncisos á los
mas profundos lugares de la tierra, por-
que pusieron su terror en la tierra de
los vivientes; mas llevaron su confusion
con los que descienden al sepulcro.
25 En medio de los muertos le pusie-
ron cama con toda su multitud: á sus
alrededores *están* sus sepulcros: todos
ellos incircuncisos muertos á cuchillo,
porque fué puesto su espanto en la ti-
erra de los vivientes; mas llevaron su
confusion con los que descienden al se-
pulcro: él fué puesto en medio de los
muertos.
26 Allí Mesech[t], y Tubal, y toda su [t]Cap. 27. 13. y 38. 2. Gen. 10. 2.
multitud: sus sepulcros en sus alrede-
dores: todos ellos incircuncisos muertos
á cuchillo, porque habian dado su ter-
ror en la tierra de los vivientes.
27 Y no yacerán con los fuertes que
cayeron de los incircuncisos, los cuales
descendieron al sepulcro con sus armas
de guerra, y pusieron sus espadas de-
bajo de sus cabezas: mas sus pecados
estarán sobre sus huesos, porque fueron
terror de fuertes en la tierra de los vi-
vientes.
28 Tú pues serás quebrantado entre
los incircuncisos, y yacerás con los mu-
ertos á cuchillo.
29 Allí Iduméa[u], sus reyes, y todos [u]Jer. 25. 12, etc. Ab. 2, etc.
sus príncipes, los cuales con su forta-
leza fueron puestos con los muertos á
cuchillo: ellos yacerán con los incir-
cuncisos, y con los que descienden al
sepulcro.
30 Allí los príncipes del Aquilon, to-
dos ellos, y todos los de Sidon[x], que [x]Cap. 28. 21.
con su terror descendieron con los
muertos, avergonzados de su fortaleza,
yacen tambien incircuncisos con los
muertos á cuchillo, y llevaron su con-
fusion con los que descienden al se-
pulcro.
31 A estos verá Pharaon, y consola-
ráse[y] sobre toda su multitud; Pharaon [y]Cap. 31. 16.
muerto á cuchillo, y todo su ejército,
dice el Señor Jehová.
32 Porque yo puse mi terror en la
tierra de los vivientes, tambien yacerá
entre los incircuncisos con los muertos
á cuchillo, Pharaon y toda su multitud,
dice el Señor Jehová.

CAPITULO XXXIII.

El oficio del verdadero profeta es amonestar á los pecadores. Justicia del proceder de Dios para con ellos. Profetiza Ezequiel contra la vana presuncion de los Judíos que se quedaron en su propio país, y contra la hipocresía de los que estában en Babilonía.

Y FUÉ á mí palabra de Jehová, diciendo:

2 Hijo del hombre, habla á los hijos de tu pueblo, y díles: Cuando trajere yo espada[a] sobre la tierra, y el pueblo de la tierra tomáre un hombre de sus términos, y se lo pusiere por atalaya;

[a] Cap. 14. 17.

3 Y él viere venir la espada sobre la tierra, y tocáre corneta, y avisáre al pueblo;

4 Cualquiera que oyere el sonido de la corneta, y no se apercibiere, y viniendo la espada, lo tomáre, su sangre será sobre su cabeza.

5 El sonido de la corneta oyó, y no se apercibió; su sangre será sobre él[b]: mas el que se apercibiere, librará su vida.

[b] Cap. 18. 13, etc.

6 Pero si el atalaya viere venir la espada, y no tocáre la corneta, y el pueblo no se apercibiere, y viniendo la espada, tomáre de él alguno, él por causa de su pecado fué tomado; mas demandaré su sangre de mano del atalaya.

7 Tú pues, hijo del hombre, yo te he puesto por atalaya á la casa de Israel[c], y oirás la palabra de mi boca, y les apercibirás de mi parte.

[c] Cap. 3. 17, etc.

8 Diciendo yo al impío: Impío, de cierto morirás; si tú no hablares para que se guarde el impío de su camino, el impío morirá por su pecado, mas su sangre yo la demandaré de tu mano.

9 Y si tú avisares al impío de su camino, para que de él se aparte, y él no se apartáre de su camino, por su pecado morirá él[d], y tú libraste tu vida.

[d] Pro. 15. 10. Juan 8. 24.

10 Tú pues, hijo del hombre, di á la casa de Israel: Vosotros habeis hablado así, diciendo: Nuestras rebeliones y nuestros pecados *están* sobre nosotros, y á causa de ellos somos consumidos[e]: ¿cómo pues vivirémos?

[e] Cap. 24. 23.

11 Díles; Vivo yo, dice el Señor Jehová, que no quiero la muerte del impío, sino que se torne el impío de su camino, y que viva[f]. Volvéos, volvéos de vuestros malos caminos: ¿y por qué moriréis, oh casa de Israel?

[f] Cap. 18. 23. 2 Sa. 14. 14. Os. 11. 8. 2 Ped. 3. 9.

12 Y tú, hijo del hombre, di á los hijos de tu pueblo: La justicia del justo no lo librará el dia que se rebeláre[g]; y la impiedad del impío no le será estorbo el dia que se volviere de su impiedad; y el justo no podrá vivir por su justicia el dia que pecáre.

[g] Cap. 3. 20. y 18. 24, etc.

13 Diciendo yo al justo, De cierto vivirá, y él confiado en su justicia hiciere iniquidad, todas sus justicias no vendrán en memoria, sino que morirá por su iniquidad que hizo.

14 Y diciendo yo al impío, De cierto morirás; si él se volviere de su pecado[h], é hiciere juicio y justicia,

[h] Pro. 28. 13.

15 Si el impío restituyere la prenda[i], devolviere lo que hubiere robado[k], camináre en las ordenanzas de vida[l], no haciendo iniquidad, vivirá ciertamente y no morirá:

[i] Cap. 18. 7, etc. [k] Ex. 22. 1, 4. Le. 6. 2, 5. [l] Le. 18. 5.

16 No se le recordará ninguno de sus pecados que habia cometido: ¿hizo juicio y justicia? vivirá ciertamente?

17 Luego dirán los hijos de tu pueblo, No es recta[m] la via del Señor: la via de ellos *es la que* no es recta.

[m] Cap. 18. 25. Pro. 19. 3.

18 Cuando el justo se apartáre de su justicia, é hiciere iniquidad, morirá por ello.

19 Y cuando el impío se apartáre de su impiedad, é hiciere juicio y justicia, vivirá por ello.

20 Y dijisteis, no es recta la via del Señor. Yo os juzgaré, oh casa de Israel, á cada uno conforme á sus caminos.

21 ¶ Y aconteció en el año duodécimo de nuestro cautiverio, en el *mes* décimo, á los cinco del mes, que vino á mí un escapado de Jerusalem diciendo: La[n] ciudad ha sido herida.

[n] Cap. 24. 26, 27.

22 Y la mano de Jehová habia sido sobre mí la tarde ántes que el escapado viniese, y habia abierto mi boca, hasta que vino á mí por la mañana; y abrió mi boca, y no mas estuve callado.

23 ¶ Y fué á mí palabra de Jehová, diciendo:

24 Hijo del hombre, los que habitan aquellos desiertos en la tierra de Israel, hablando dicen: Abraham era uno[o], y poseyó la tierra: pues nosotros *somos* muchos; á nosotros es dada la tierra en posesion.

[o] Is. 51. 2.

25 Por tanto díles: Así ha dicho el Señor Jehová: ¿Con sangre coméreis[p], y á vuestros ídolos[q] alzaréis vuestros ojos, y sangre derramaréis, y poseeréis vosotros la tierra?

[p] Gen. 9. 4. Lev. 7. 26, 27. [q] Cap. 18. 6.

26 Estuvisteis sobre vuestras espadas, hicisteis abominacion, y contaminasteis cada cual la mujer de su prójimo: ¿y habréis de poseer la tierra?

27 Les dirás así: Así ha dicho el Señor Jehová: Vivo yo, que los que *están* en aquellos asolamientos, caerán á cuchillo; y al que *estuviere* sobre la haz del campo entregaré á las bestias que lo devoren; y los que *estuvieren* en las fortalézas, y en las cuevas, de pestilencia morirán.

28 Y pondré la tierra en desierto y en soledad[r], y cesará la soberbia de su fortaleza; y los montes de Israel[s] serán asolados que no *haya* quien pase.

[r] Jer. 44. 2, etc. [s] Cap. 6. 2, 6.

29 Y sabrán que yo *soy* Jehová, cuando pusiere la tierra en soledad y desierto, por todas las abominaciones que han hecho.

30 ¶ Y tú, hijo del hombre, los hijos de tu pueblo se mofan de tí junto á las paredes, y á las puertas de las casas, y habla el uno con el otro, cada uno con su hermano, diciendo: Venid ahora, y oid que palabra que sale de Jehová.

31 Y vendrán á tí como venida de pueblo, y se sentarán delante de tí *como* mi pueblo, y oirán tus palabras, y no las pondrán por obra: ántes hacen halagos con sus bocas[t], y el corazon de ellos anda en pos de su avaricia.

[t] Sal. 78. 36. Is. 29. 13.

32 Y hé aquí que tú *eres* á ellos como cantor de amores, gracioso de voz y que canta bien: y oirán tus palabras, mas no las pondrán por obra.

33 Empero cuando ello viniere, (he aquí que viene,) sabrán que hubo profeta entre ellos[u].

[u] Cap. 2. 5.

CAPITULO XXXIV.

Contra los malos pastores y gobernadores, por cuya negligencia, avaricia, y crueles tratamientos, habia sido esparcido el pueblo de Dios, y sujeto á duras calamidades; para remedio de lo cual se promete la venida de un Pastor, el cual reunirá y apacentará sus ovejas, y las hará habitar en la tierra gozando los bienes de la paz, sin temor de que nadie las espante.

Y FUÉ á mí palabra de Jehová, diciendo:

2 Hijo del hombre, profetiza contra los pastores de Israel; profetiza, y díles á los pastores: Así ha dicho el Señor Jehová: ¡Ay de los pastores de Israel[a], que se apacientan á sí mismos! ¿No apacientan los pastores los rebaños?

[a] Jer. 23. 1.

3 Comeis la leche, y os vestís de la lana: la gruesa degollais[b], no apacentais las ovejas.

[b] Mi. 3. 1, 2. Zac. 11. 16.

4 No corroborasteis las flacas, ni curasteis la enferma: no ligasteis la per-

niquebrada, ni tornasteis la amontada,
ni buscasteis la perdida; sino que os
Ped. 5. habeis enseñoreado [c] de ellas con dureza
3. y con violencia.
5 Y estan derramadas por falta de
Mat. 9. 36. pastor [d]; y fueron para ser comidas de
Jer. 12. 9. toda bestia del campo [e], y fueron es-
parcidas.
Jn 10. 12. 6 Y anduvieron perdidas mis ovejas [f]
Ped. 2. 25. por todos los montes, y en todo collado
alto: y en toda la haz de la tierra fueron
derramadas mis ovejas, y no hubo quien
buscase, ni quien requiriese.
7 Por tanto, pastores, oid palabra de
Jehová:
8 Vivo yo, ha dicho el Señor Jehová,
que por cuanto mi rebaño fué para ser
robado, y mis ovejas fueron para ser
comidas de toda bestia del campo, sin
pastor; ni mis pastores buscaron mis
ovejas, sino qué los pastores se apacen-
ch. 20. taron á sí mismos [g], y no apacentaron
mis ovejas,
9 Por tanto, oh pastores, oid palabra
de Jehová:
10 Así ha dicho el Señor Jehová: Hé
aquí yo á los pastores; y requeriré mis
ovejas de su mano, y harélos dejar de
s. 2 apacentar las ovejas [h]: ni los pastores
36. se apacentarán mas á sí mismos; pues
yo libraré mis ovejas de sus bocas, y no
les serán mas por comida.
11 Porque así ha dicho el Señor Jeho-
vá: Hé aquí que yo, yo, requeriré mis
. 19. 10. ovejas, y las reconoceré [i].
12 Como reconoce su rebaño el pastor
el dia que está en medio de sus ovejas
esparcidas, así reconoceré mis ovejas,
y las libraré de todos los lugares en que
fueron esparcidas el dia del nublado y
de la obscuridad.
13 Y yo las sacaré de los pueblos, y las
juntaré de las tierras; y las meteré en
. 23. su tierra [k], y las apacentaré en los mon-
tes de Israel por las riberas, y en todas
las habitaciones del pais.
0. 11. 14 En buenos pastos las apacentaré [l],
y en los altos montes de Israel será su
majada: allí dormirán en buena maja-
33. 12. da [m], y en pastos gruesos serán apacen-
tadas sobre los montes de Israel.
15 Yo apacentaré mis ovejas, y yo les
haré tener majada, dice el Señor Je-
hová.
. 18. 16 Yo buscaré la perdida [n], y tornaré
4. la amontada, y ligaré la perniquebrada,
y corroboraré la enferma: mas á la gruesa
s 4. y á la fuerte destruiré [o]. Yo las apa-
centaré en juicio [p].
17 Mas vosotras, ovejas mias, así ha
7. 14. dicho el Señor Jehová: Hé aquí que yo
juzgo entre oveja y oveja, entre carne-
10. 3. ros y machos cabríos [q].
18 ¿Os es poco que comais los buenos
pastos, sino que *tambien* holleis con vu-
estros piés lo que de vuestros pastos
queda; y que bebiendo las aguas sen-
tadas, holleis ademas con vuestros piés
las que quedan?
19 Y mis ovejas comen lo hollado de
vuestros piés, y beben lo que con vues-
tros piés habeis hollado.
20 Por tanto así les dice el Señor Je-
hová: Hé aquí que yo, yo, juzgaré en-
tre la oveja gruesa y la oveja flaca,
21 Por cuanto rempujasteis con el
lado y con el hombro, y acorneasteis
con vuestros cuernos á todas las flacas,
hasta que las esparcisteis fuera.
22 Yo salvaré á mis ovejas, y nunca
mas serán en rapiña; y juzgaré entre
oveja y oveja.
23 Y despertaré sobre ellas un pastor,
y él las apacentará; á mi siervo David:
él las apacentará, y él les será por pastor.
24 Y yo Jehová les seré por Dios, y mi
siervo David príncipe en medio de ellos.
Yo Jehová he hablado.
25 Y estableceré con ellos pacto de
paz, y haré cesar de la tierra las malas
bestias [r]; y habitarán en el desierto se- r Is. 35. 9.
guramente, y dormirán en los bosques.
26 Y daré á ellas, y á los alrededores
de mi collado, bendicion: y haré des-
cender la lluvia en su tiempo; lluvias
de bendicion serán.
27 Y el árbol del campo dará su fruto,
y la tierra dará su fruto [s]: y estarán so- s Sal. 85. 12.
bre su tierra seguramente; y sabrán que
yo *soy* Jehová, cuando quebraré las
coyundas de su yugo, y los libraré de
mano de los que se sirven de ellos.
28 Y no serán mas presa de las gentes,
ni las bestias de la tierra las devorarán;
sino que habitarán seguramente, y no
habrá quien espante [t]. t Jer. 30. 10.
29 Y despertaréles una planta [u] por y 46. 27.
nombre, y no mas serán consumidos de u 2 Sa. 7. 10.
hambre en la tierra, ni serán mas aver- Is. 61. 3.
gonzados de las gentes:
30 Y sabrán que yo su Dios Jehová *soy*
con ellos; y ellos *son* mi pueblo, la casa
de Israel, dice el Señor Jehová.
31 Y vosotras, ovejas mias, ovejas de
mi pasto, hombres *sois*, y yo vuestro
Dios, dice el Señor Jehová.

CAPITULO XXXV.

Profetiza la ruina de Idumêa por su inveterado odio y ultrajes al pueblo de Dios.

Y FUÉ á mí palabra de Jehová, di-
ciendo:
2 Hijo del hombre, pon tu rostro hácia
el monte de Seir [a], y profetiza contra él, a Cap. 25. 12,
3 Y dile: Así ha dicho el Señor Jeho- etc.
vá: Hé aquí que yo contra tí, oh monte Jer. 49. 7,
de Seir, y extenderé mi mano contra tí, etc.
y te pondré en asolamiento y en sole- Amos 1. 11,
dad. 12.
Ab. 10.
4 A tus ciudades asolaré, y tú serás
asolado; y sabrás que yo *soy* Jehová.
5 Por cuanto tuviste enemistades per-
petuas, y esparciste los hijos de Israel
á poder de espada en el tiempo de su
afliccion [b], en el tiempo extremamente b Sal. 137. 7.
malo [c], c Cap. 21.
6 Por tanto, vivo yo, dice el Señor Je- 30, 34.
hová, que á sangre te diputaré, y sangre
te perseguirá: y pues la sangre no abor-
reciste, sangre te perseguirá [d]. d Sal. 109. 17.
7 Y pondré al monte de Seir en aso-
lamiento y en soledad, y cortaré de él
pasante y volviente.
8 Y henchiré sus montes de sus mu-
ertos: en tus collados, y en tus valles,
y en todos tus arroyos, caerán ellos
muertos á cuchillo.
9 Yo te pondré en asolamientos per-
petuos, y tus ciudades nunca mas se
restaurarán [e]; y sabréis que yo *soy* Je- e Jer. 49. 18.
hová. Mal. 1. 3, 4.
10 Por cuanto dijiste: Las dos nacio-
nes, y las dos tierras serán mias, y las
poseerémos [f], estando allí Jehová [g]; f Sal. 83. 4,
11 Por tanto, vivo yo, dice el Señor 12.
Jehová, yo haré conforme á tu ira, y g Sal. 132.
conforme á tu zelo con que procediste, 13.
á causa de tus enemistades con ellos:
y seré conocido en ellos cuando te juz-
gare.
12 Y sabrás que yo Jehová he oido to-
das tus injurias que proferiste contra
los montes de Israel [h], diciendo: Des- h Sal. 94. 9,
truidos son, nos son dados á devorar [i]. 10.
13 Y os engrandecisteis contra mí [k] i Cap. 36. 2.
con vuestra boca, y multiplicasteis con- k 1 Sa. 2. 3.
tra mí vuestras palabras. Yo lo oí. Sal. 73. 8, 9.
14 Así ha dicho el Señor Jehová:
Tambien se alegrará toda la tierra *cu-
ando yo* te haré soledad.

15 Como te alegraste sobre la heredad
de la casa de Israel, porque fué asolada,
así te haré á tí: asolado será el monte
de Seir, y toda Iduméa, toda ella; y
sabrán que *yo soy* Jehová.

CAPITULO XXXVI.

Promesas de la vuelta de los hijos de Israel, y restablecimiento en su tierra por un efecto de la bondad del Señor; el cual les dará un corazon nuevo, y un espíritu nuevo para conocerle y obedecerle.

Y TÚ, hijo del hombre, profetiza
sobre los montes de Israel, y di:
Montes de Israel, oid palabra de Je-
hová:
2 Así ha dicho el Señor Jehová: Por
cuanto el enemigo dijo sobre vosotros,
Ea, tambien las alturas perpetuas nos
[a] Cap. 35.10. han sido por heredad [a];
3 Profetiza por tanto, y di: Así ha
dicho el Señor Jehová: Pues por cu-
anto asolandoos y tragandoos de todas
partes, para que fueseis heredad á las
otras gentes, se os ha hecho andar en
boca de *malas* lenguas, y *ser* el oprobio
de los pueblos,
4 Por tanto, montes de Israel, oid pa-
labra del Señor Jehová: Así ha dicho
el Señor Jehová á los montes y á los
collados, á los arroyos y á los valles, á
las ruinas y asolamientos, y á las ciu-
dades desamparadas que fueron puestas
á saco, y en escarnio á las otras gentes
al rededor;
5 Por eso así ha dicho el Señor Jeho-
vá: He hablado por cierto en el fuego
[b] Soph. 3. 8. de mi zelo [b] contra las demás gentes, y
[c] Is. 34. 5, 6. contra toda Iduméa [c], que se diputa-
La. 4. 21. ron mi tierra por heredad [d] con alegría
[d] Cap. 35. de todo corazon, con enconamiento de
10, 11. ánimo, para que sus expelidos fuesen
presa.
6 Por tanto profetiza sobre la tierra de
Israel, y di á los montes y á los collados,
á los arroyos y á los valles: Así ha dicho
el Señor Jehová: Hé aquí que en mi
zelo y en mi furor he hablado, por cu-
anto habeis llevado el oprobio de las
[e] Sal. 123. gentes [e].
3, 4. 7 Por lo cual así dice el Señor Jehová:
[f] Cap. 20. 5. Yo he alzado mi mano [f], que las gentes
que os están al rededor han de llevar su
afrenta.
8 Mas vosotros, oh montes de Israel,
daréis vuestros ramos, y llevaréis vues-
[g] Amos 9. tro fruto á mi pueblo Israel [g]; porque
13, 14. cercα están para venir.
9 Porque héme aquí á vosotros, y á
vosotros me volveré, y seréis labrados
y sembrados.
10 Y haré multiplicar sobre vosotros
hombres á toda la casa de Israel, toda
ella: y las ciudades han de ser habita-
[h] Is. 61. 4. das, y serán edificadas las ruinas [h].
11 Y multiplicaré sobre vosotros hom-
[i] Jer. 31. 27. bres, y bestias [i]; y serán multiplicados,
y 33. 12. y crecerán: y os haré morar como so-
liais antiguamente; y os haré mas bien
que en vuestros principios: y sabréis
que yo *soy* Jehová.
12 Y haré andar hombres sobre vos-
otros, á mi pueblo Israel; y te poseerán,
y les serás por heredad, y nunca mas
les matarás los hijos.
13 Así ha dicho el Señor Jehová: Por
cuanto dicen de vosotros: Comedora de
[k] Nu. 13. 32. hombres [k], y matadora de los hijos de
tus gentes has sido;
14 Por tanto no devorarás mas hom-
bres, y nunca mas matarás los hijos á
tus gentes, dice el Señor Jehová.
15 Y nunca mas te haré oir injuria de
gentes, ni mas llevarás denuestos de
pueblos, ni harás mas morir los hijos á
tus gentes, dice el Señor Jehová.

16 ¶ Y fué á mí palabra de Jehová,
diciendo:
17 Hijo del hombre, morando en su
tierra la casa de Israel, la contamina-
ron [l] con sus caminos y con sus obras: [l] Lev. 18. 25,
como inmundicia de menstruosa fué su 28.
camino delante de mí [m]. Jer. 2. 7.
18 Y derramé mi ira sobre ellos por [m] Lev. 15. 19.
las sangres que derramaron sobre la
tierra [n]; porque con sus ídolos la con- [n] Cap. 16.
taminaron. 36, 38.
19 Y esparcílos por las gentes, y fue- y 23. 37.
ron aventados por las tierras: conforme
á sus caminos y conforme á sus obras
los juzgué.
20 Y entrados á las gentes adonde fue-
ron, profanaron mi santo nombre [o], di- [o] Is. 52. 5.
ciendose de ellos: Estos *son* pueblo de Ro. 2. 24.
Jehová, y de su tierra de él han salido.
21 Y he tenido lástima en atencion á
mi santo nombre [p], el cual profanó la [p] Sal. 74. 18.
casa de Israel entre las gentes adonde
fueron.
22 Por tanto di á la casa de Israel:
Así ha dicho el Señor Jehová: No lo
hago por vosotros, oh casa de Israel [q], [q] Sal. 115. 1.
sino por causa de mi santo nombre [r], el [r] Sal. 106. 8.
cual profanasteis vosotros entre las gen-
tes adonde habeis llegado.
23 Y santificaré mi grande nombre
profanado entre las gentes, el cual pro-
fanasteis vosotros en medio de ellas; y
sabrán las gentes que yo *soy* Jehová,
dice el Señor Jehová, cuando fuere
santificado en vosotros delante de sus
ojos [s]. [s] Cap. 20. 41.
24 Y yo os tomaré de las gentes, y os
juntaré de todas las tierras, y os traeré
á vuestros pais [t].
25 Y esparciré sobre vosotros agua [t] Cap. 34. 13
limpia [u], y seréis limpiados de todas y 37. 21,
vuestras inmundicias [x]; y de todos vu- etc.
estros ídolos os limpiaré. Sal. 107.
2, 3.
26 Y os daré corazon nuevo [y], y pon- [u] Juan 3. 5.
dré espíritu nuevo dentro de vosotros: Heb. 10. 22.
y quitaré de vuestra carne el corazon de [x] Jer. 33. 8.
piedra, y os daré corazon de carne [z]. Zac. 13. 1.
27 Y pondré dentro de vosotros [a] mi 1 Co. 6. 11.
Espíritu, y haré que andeis en mis [y] Cap. 11. 19.
mandamientos, y guardeis mis dere- Jer. 32. 39.
chos, y los pongais por obra. Sal. 51. 10.
28 Y habitaréis en la tierra que di á [z] 2 Co. 3. 3.
vuestros padres; y vosotros me seréis [a] Ro. 8. 9, 15.
por pueblo, y yo seré á vosotros por 1 Co. 3. 16.
Dios [b]. Ef. 1. 13, 14.
1 Juan. 2.
27.
29 Y os guardaré de todas vuestras in-
mundicias [c]; y llamaré al trigo, y lo [b] Os. 1. 10.
multiplicaré [d], y no os daré hambre. [c] Ro. 11. 26.
30 Multiplicaré asimismo el fruto de [d] Os. 2. 21,
los árboles, y el fruto de los campos, 22.
porque nunca mas recibais oprobio de
hambre entre las gentes.
31 Y os acordaréis de vuestros malos
caminos, y de vuestras obras que no
fueron buenas, y os avergonzaréis de
vosotros mismos [e] por vuestras iniqui- [e] Cap. 16.
dades y por vuestras abominaciones. 61, 63.
32 No lo hago por vosotros, dice el y 20. 43.
Señor Jehová; séaos notorio: avergon-
záos y confundíos de vuestras iniqui-
dades, casa de Israel.
33 Así ha dicho el Señor Jehová: El
dia que os limpiaré de todas vuestras
iniquidades, haré tambien habitar las
ciudades, y las asoladas serán edifica-
das.
34 Y la tierra asolada será labrada, en
lugar de haber sido asolada en ojos de
todos los que pasaron;
35 Los cuales dijeron: Esta tierra aso-
lada fué como huerto de Eden; y estas
ciudades desiertas y asoladas, y arrui-
nadas, fortalecidas estuvieron.
36 Y las gentes que fueren dejadas en
vuestros al rededores sabrán que yo

Jehová edifiqué las derribadas, y planté
las asoladas: Yo Jehová he hablado, y
harélo.
37 Así ha dicho el Señor Jehová: Aun
seré solicitado de la casa de Israel, para
hacerles esto: Multiplicarélos de hom-
c. 10. bres á modo de rebaños *g*.
38 Como las ovejas santas, como las
ovejas de Jerusalem en sus solemni-
dades, así las ciudades desiertas serán
llenas de rebaños de hombres: y sabrán
que yo *soy* Jehová.

CAPITULO XXXVII.

Restablecimiento de Israel figurado en una multitud de huesos secos que recobran vida. Reunion de Israel y Judá figurada en la union de dos palos. El santuario del Señor se fijará en medio de su pueblo, bajo un solo Rey y Pastor, con pacto de paz que durará para siempre.

p. 1. 3. Y LA mano de Jehová fué sobre mí *a*,
y sacóme en espíritu de Jehová, y
púsome en medio de un campo que es-
taba lleno de huesos,
2 É hízome pasar cerca de ellos por
todo al rededor: y hé aquí que eran
muy muchos sobre la haz del campo, y
cierto secos en gran manera.
3 Y díjome: Hijo del hombre, ¿ vivi-
rán estos huesos? Y dije: Señor Jeho-
vá, tú lo sabes.
4 Díjome entónces: Profetiza sobre
estos huesos, y díles: Huesos secos, oid
palabra de Jehová.
5 Así ha dicho el Señor Jehová á es-
tos huesos: Hé aquí que yo hago entrar
espíritu en vosotros, y viviréis.
6 Y pondré nervios sobre vosotros, y
haré subir sobre vosotros carne, y os
cubriré de piel: y pondré en vosotros
espíritu, y viviréis, y sabréis que yo *soy*
Jehová.
7 Profeticé pues como me fué man-
dado; y hubo un ruido mientras yo pro-
ch. 2. 2, fetizaba *b*: y hé aquí un temblor, y los
huesos se llegaron cada hueso á su
hueso.
8 Y miré, y hé aquí nervios sobre ellos,
y la carne subió, y la piel cubrió por
encima de ellos: mas no habia en ellos
espíritu.
9 Y díjome: Profetiza al espíritu, pro-
fetiza, hijo del hombre, y dí al espíritu:
Así ha dicho el Señor Jehová: Espíritu,
ven de los cuatro vientos, y sopla sobre
estos muertos, y vivirán.
10 Y profeticé como me habia man-
dado, y entró espíritu en ellos, y vivi-
104. eron *c*, y estuvieron sobre sus piés, un
ejército grande en extremo.
11. 11. 11 Díjome luego: Hijo del hombre,
todos estos huesos son la casa de Is-
19. 14. rael. Hé aquí que ellos dicen *d*: Nues-
tros huesos se secaron, y pereció nues-
tra esperanza, y en nosotros mismos
somos talados.
12 Por tanto profetiza, y díles: Así ha
dicho el Señor Jehová: Hé aquí que yo
abro vuestros sepulcros, pueblo mio, y
os haré subir de vuestras sepulturas, y
os traeré á la tierra de Israel.
13 Y sabréis que yo *soy* Jehová, cu-
ando abriere vuestros sepulcros, y os
sacáre de vuestras sepulturas, pueblo
mio.
14 Y pondré mi Espíritu en vosotros,
y viviréis, y os haré reposar sobre vues-
tra tierra: y sabréis que yo Jehová ha-
blé, y *lo* hice, dice Jehová.
15 ¶ Y fué á mí palabra de Jehová,
diciendo:
16 Tú, hijo del hombre, tómate ahora
11. 12. un palo, y escribe en él: A Judá, y á
16. los hijos de Israel sus compañeros *e*.
11. 18. Toma despues otro palo, y escribe en
él: A Joseph, palo de Ephraim, y á
toda la casa de Israel sus compañeros.
17 Júntalos luego el uno con el otro,
para que sean en uno, y serán uno en
tu mano.
18 Y cuando te hablaren los hijos de
tu pueblo diciendo, ¿ No nos enseñarás
que te *propones significar* con eso?
19 Díles: Así ha dicho el Señor Je-
hová: Hé aquí que yo tomo el palo de
Joseph, que está en la mano de Ephra-
im, y á las tribus de Israel sus com-
pañeros, y pondréles con él, *es á saber*,
con el palo de Judá; y harélos un palo,
y serán uno en mi mano.
20 Y los palos sobre que escribieres,
estarán en tú mano delante de sus ojos;
21 Y les dirás: Así ha dicho el Señor
Jehová: Hé aquí que yo tomo á los hi-
jos de Israel de entre las gentes, á las
cuales fueron, y los juntaré de todas
partes, y los traeré á su tierra.
22 Y los haré una nacion *f* en la tierra, *f* Is. 11. 12, 13.
en los montes de Israel: y un Rey será Jer. 3. 18.
á todos ellos por rey: y nunca mas se- y 50. 4.
rán dos naciones, ni nunca mas serán Os. 1. 11.
divididos en dos reinos.
23 Ni mas se contaminarán con sus
ídolos, y con sus abominaciones, y con
todas sus rebeliones: y los salvaré de
todas sus habitaciones, en las cuales pe-
caron; y los limpiaré *g*, y me serán por *g* Mi. 7. 19.
pueblo, y yo á ellos por Dios.
24 Y mi siervo David *h* será rey sobre *h* Cap. 34. 23, 24.
ellos, y á todos ellos será un pastor: y Jer. 30. 9.
andarán en mis derechos, y mis orde- Os. 3. 5.
nanzas guardarán, y las pondrán por obra.
25 Y habitarán en la tierra que di á
mi siervo Jacob, en la cual habitaron
vuestros padres; en ella habitarán ellos
y sus hijos, y los hijos de sus hijos para
siempre *i*: y mi siervo David les será *i* Is. 60. 21.
príncipe para siempre *k*. Amos 9. 15.
26 Y concertaré con ellos pacto de *k* Lu. 1. 32, 33.
paz *l*; perpetuo *m* pacto será con ellos: *l* Cap. 34. 25.
y los asentaré, y los multiplicaré; y *m* Is. 55. 3.
pondré mi santuario entre ellos para Jer. 32. 40.
siempre.
27 Y estará en ellos mi tabernáculo *n*, *n* Lev. 26. 11, 12.
y seré á ellos por Dios, y ellos me serán Cap. 43. 7.
á *mí* por pueblo.
28 Y sabrán las gentes que yo Jehová
santifico á Israel, estando mi santuario
entre ellos para siempre.

CAPITULO XXXVIII.

Profecía de los castigos que Dios enviará contra Gog, en defensa de su pueblo.

Y FUÉ á mí palabra de Jehová, di-
ciendo:
2 Hijo del hombre, pon tu rostro con-
tra Gog *a* en tierra de Magog ‖, príncipe *a* Ap. 20. 8, 9.
de la cabecera de Mesech y Tubal *b*, y ‖ *Los Tártaros.*
profetiza sobre él,
3 Y di: Así ha dicho el Señor Jehová: *b* Cap. 27. 13.
Hé aquí que yo á tí *c*, oh Gog, príncipe *c* Cap. 39. 1.
de la cabecera de Mesech y Tubal:
4 Y yo te quebrantaré, y pondré an-
zuelos en tus quijadas *d*, y te sacaré á *d* Cap. 29. 4.
tí, y á todo tu ejército, tus caballos y 2 Rey. 19. 28.
caballeros, vestidos de todo todos ellos *e*,
grande multitud con paveses y escudos, *e* Cap. 23. 12.
teniendo todos ellos espadas:
5 Persia, y Etiopia, y Libia con ellos *f*; *f* Cap. 27. 10.
todos ellos con escudos y almetes: y 30. 5.
6 Gomer *g*, y todas sus compañías; la *g* Gen. 10. 2.
casa de Togorma *h*, á los lados del Norte, *h* Cap. 27. 14.
y todas sus compañías; pueblos muchos
contigo.
7 Apercíbete, y apercíbete, tú, y toda
tu multitud que se ha reunido á tí, y
séles por guarda.
8 De aquí á muchos dias serás tú vi-
sitado: al cabo de años vendrás á la
tierra *de gente* quebrantada por espada,

recogida de muchos pueblos, á los montes de Israel [i], que siempre fueron para asolamiento: mas esa *gente* fué sacada de las naciones, y todos ellos morarán confiadamente [k].

9 Y subirás tú, vendrás como tempestad; como nublado para cubrir la tierra serás tú, y todas tus compañías, y muchos pueblos contigo.

10 Así ha dicho el Señor Jehová: Y será en aquel dia, que subirán palabras en tu corazon, y concebirás mal pensamiento,

11 Y dirás: Subiré contra tierra de aldéas, iré á *gentes* reposadas, y que habitan confiadamente: todos ellos habitan sin muros, no tienen cerrojos ni puertas:

12 Para arrebatar despojos, y para tomar presa; para tornar tu mano sobre las *tierras* desiertas *ya* pobladas, y sobre el pueblo recogido de las gentes, que se hace de ganados y posesiones, *y* que mora en el ombligo de la tierra.

13 Seba [l], y Dedan [m], y los mercaderes de Tharsis [n], y todos sus leoncillos [o], te dirán: ¿Has venido á arrebatar despojos? ¿has reunido tu multitud para tomar presa, para quitar plata y oro, para tomar ganados y posesiones, para tomar grandes despojos?

14 Por tanto profetiza, hijo del hombre, y di á Gog: Así ha dicho el Señor Jehová: En aquel tiempo, cuando mi pueblo Israel habitará seguramente [p], ¿no lo sabrás tú?

15 Y vendrás de tu lugar, de las partes del Norte, tú y muchos pueblos contigo, todos ellos á caballo, grande reunion, y poderoso ejército:

16 Y subirás contra mi pueblo Israel como nublado para cubrir la tierra; será *esto* al cabo de los dias: y te traeré sobre mi tierra, para que las gentes me conozcan, cuando fuere santificado en ti [q], oh Gog, delante de sus ojos.

17 Así ha dicho el Señor Jehová: ¿No eres tú aquel de quien hablé yo en tiempos pasados por mis siervos los profetas de Israel, los cuales profetizaron en aquellos tiempos que yo te habia de traer sobre ellos?

18 Y será en aquel tiempo, cuando vendrá Gog contra la tierra de Israel, dijo el Señor Jehová, que subirá mi ira en mi enojo.

19 Porque he hablado en mi zelo [r], y en el fuego de mi ira, Que en aquel tiempo habrá gran temblor sobre la tierra de Israel:

20 Que los peces de la mar, y las aves del cielo, y las bestias del campo, y toda serpiente que anda arrastrando sobre la tierra, y todos los hombres que están sobre la haz de la tierra, temblarán á mi presencia; y se arruinarán los montes, y los escalones caerán, y todo muro caerá á tierra.

21 Y en todos mis montes llamaré contra él espada, dice el Señor Jehová: la espada de cada cual será contra su hermano.

22 Y yo litigaré con él con pestilencia y con sangre; y haré llover sobre él, y sobre sus compañías, y sobre los muchos pueblos que *estarán* con él, impetuosa lluvia, y piedras de granizo [s], fuego, y azufre.

23 Y seré engrandecido y santificado, y seré conocido en ojos de muchas gentes, y sabrán que yo *soy* Jehová.

i Cap. 36. 1, 4, 8.
k Cap. 28. 26.
l Cap. 27. 22, 23.
m Cap. 27. 15, 20.
n Cap. 27. 12, 25.
o Cap. 19. 3, 5. Sal. 57. 4.
p Jer. 23. 6.
q Ex. 14. 4.
r Joel 2. 18.
s Jos. 10. 11.

CAPITULO XXXIX.

Continua la profecia contra Gog, cuya total ruina se anuncia, y la restauracion de Israel.

TÚ pues, hijo del hombre, profetiza contra Gog [a], y di: Así ha dicho el Señor Jehová: Hé aquí yo á tí, oh Gog, príncipe de la cabecera de Mesech y Tubal;

2 Y te quebrantaré, y te sextaré, y te haré subir de las partes del Norte, y te traeré sobre los montes de Israel.

3 Y sacaré tu arco de tu mano izquierda, y derribaré tus saetas de tu mano derecha.

4 Sobre los montes de Israel caerás tú, y todas tus compañías, y los pueblos que fueren contigo: á toda ave y á toda cosa que vuela, y á las bestias del campo, te he dado por comida [b].

5 Sobre la haz del campo caerás: porque yo he hablado, dice el Señor Jehová.

6 Y enviaré fuego [c] sobre Magog, y sobre los que moran seguramente en las islas [d], y sabrán que yo *soy* Jehová.

7 Y haré notorio mi santo nombre en medio de mi pueblo Israel, y nunca mas *dejaré* amancillar mi santo nombre [e]: y sabrán las gentes que yo *soy* Jehová, el Santo en Israel.

8 Hé aquí que vino y fué [f], dice el Señor Jehová: este *es* el dia del cual he hablado.

9 Y los moradores de las ciudades de Israel saldrán, y encenderán y quemarán armas, y escudos, y paveses, arcos, y saetas, y bastones de mano, y lanzas: y les quemarán en fuego [g] por siete años.

10 Y no traerán leña del campo, ni cortarán de los bosques; sino que quemarán las armas en el fuego: y despojarán á sus despojadores, y robarán á los que los robaron [h], dice el Señor Jehová.

11 Y será en aquel tiempo, *que* yo daré á Gog lugar para sepultura allí en Israel, el valle de los que pasan al oriente de la mar; y obstruirá el *paso* á los transeuntes, pues allí enterrarán á Gog y á toda su multitud: y le llamarán, El valle de Hamon-Gog.

12 Y la casa de Israel los estará enterrando por siete meses, para limpiar la tierra [i]:

13 Enterrarlos ha todo el pueblo de la tierra: y será para ellos célebre el dia que yo fuere glorificado [k], dice el Señor Jehová.

14 Y tomarán hombres de jornal, los cuales vayan por el país con los que viajaren, para enterrar á los que quedaron sobre la haz de la tierra, á fin de limpiarla: al cabo de siete meses harán el reconocimiento.

15 Y pasarán los que irán por el país, y el que viere los huesos de algun hombre, edificará junto á ellos un mojon, hasta que los entierren los sepultureros en el valle de Hamon-Gog.

16 Y tambien el nombre de la ciudad será Hamonah ‖; y limpiarán la tierra.

17 Y tú, hijo del hombre, así ha dicho el Señor Jehová: Di á las aves, á todo volátil, y á toda bestia del campo: Juntáos, y venid; reuníos de todas partes á mi víctima que os sacrifico, un sacrificio grande sobre los montes de Israel; y comeréis carne, y beberéis sangre.

18 Comeréis carne de fuertes, y beberéis sangre de príncipes de la tierra; de carneros, de corderos, de machos de cabrío, de bueyes, de toros, engordados todos en Basan [l].

19 Y comeréis gordura hasta hartaros, y beberéis, hasta embriagaros, sangre de mi sacrificio que yo os sacrifiqué.

20 Y os hartaréis sobre mi mesa de

a Cap. 38. 2.
b Ap. 19. 17, 21.
c Amos 1. 4, etc.
d Jer. 25. 22. Soph. 2. 11.
e Cap. 36. 23.
f Ap. 16. 17. y 21. 6.
g Sal. 46. 9.
h Is. 14. 2.
i ver. 14. 16. Deu. 21. 23.
k Cap. 28. 22.
‖ multitud.
l Deu. 32. 14. Sal. 22. 12.

caballos y de caballeros fuertes, y de todos hombres de guerra, dice el Señor Jehová.

21 Y pondré mi gloria entre las gentes, y todas las gentes verán mi juicio que habré hecho, y mi mano que sobre ellos puse.

22 Y de aquel dia en adelante sabrá la casa de Israel que yo *soy* Jehová su Dios.

23 Y sabrán las gentes que la casa de
Israel fué llevada cautiva por su pe-
Cap. 36.18, etc. cado[m]; por cuanto se rebelaron contra
mí, y yo escondí de ellos mi rostro[n], y
Deu. 31.17. entreguélos en mano de sus enemigos[o],
Is. 1.17. y cayeron todos á cuchillo.
y 59. 2.
Lev. 26. 25. 24 Conforme á su inmundicia y con-
Sal. 106. 41. forme á sus rebeliones hice con ellos; y
de ellos escondí mi rostro.

25 Por tanto así ha dicho el Señor
Cap. 34. 13. Jehová: Ahora volveré la cautividad[p]
Jer. 30. 3, 18. de Jacob, y tendré misericordia de toda
la casa de Israel[q], y zelaré por mi santo
Os. 1. 11. nombre.
Cap. 20. 43. 26 Y ellos sentirán su vergüenza[r], y
41. 12, 13. toda su rebelion con que prevaricaron
contra mí, cuando habitaren en su ti-
erra seguramente, y no habrá quien los
espante;

27 Cuando los volveré de los pueblos, y los juntaré de las tierras de sus enemigos, y fuere santificado en ellos en ojos de muchas gentes.

28 Y sabrán que yo *soy* Jehová su
Dios, cuando despues de haberlos hecho
pasar á las gentes, los juntáre sobre
su tierra, sin dejar mas allá alguno de
20. 3, 4. ellos[s].
1. 8, 29 Ni esconderé mas de ellos mi ros-
tro; porque habré derramado mi Es-
2. 28. píritu sobre la casa de Israel[t], dice el
Señor Jehová.

CAPITULO XL.

El Señor muestra en vision al profeta la forma de los atrios, de las puertas, y del pórtico del templo del Señor, destruido por los Caldéos.

EN el año veinte y cinco de nuestro
cautiverio, al principio del año, á
los diez del mes, á los catorce años des-
33. 21. pues que la ciudad fué herida[a], en aquel
1. 3. mismo dia fué sobre mí[b] la mano de
Jehová, y llevóme allá.
8. 3. 2 En visiones de Dios[c] me llevó á la
tierra de Israel, y púsome sobre un
43. 12. monte[d] muy alto, sobre el cual *habia*
como edificio de una ciudad al Me-
diodia.

3 Y llevóme allí, y hé aquí un varon
cuyo aspecto era como aspecto de me-
10. 6. tal[e], y tenia un cordel de lino en su
mano, y una caña de medir: y él estaba
á la puerta.

4 Y hablóme aquel varon *diciendo*:
Hijo del hombre, mira con tus ojos, y
oye con tus oidos, y pon tu corazon á
todas las cosas que te muestro; porque
para que yo te *las* mostrase eres traido
aquí. Cuenta todo lo que ves á la casa
43. 10. de Israel[f].

5 Y hé aquí un muro fuera de la casa: y la caña de medir que aquel varon tenia en la mano, era de seis codos, de á codo y palmo; y midió la anchura del edificio de una caña, y la altura, de otra caña.

6 ¶ Despues vino á la puerta que daba cara hácia el Oriente, y subió por sus gradas, y midió el un poste de la puerta, *que era* de una caña en anchura, y el otro poste de otra caña en ancho.

7 Y *cada* cámara *tenia* una caña de largo, y otra caña de ancho: y entre las cámaras *habia* cinco codos en ancho: y cada poste de la puerta junto á la entrada de la puerta por de dentro, *tenia* una caña.

8 Midió asimismo la entrada de la puerta por de dentro, *que era* de una caña.

9 Midió luego la entrada del portal, *y era* de ocho codos, y sus postes de dos codos; y la puerta del portal por de dentro.

10 Y la puerta de hácia el Oriente *tenia* tres cámaras de cada parte, todas tres de una medida: tambien de una medida los portales de cada parte.

11 Y midió la anchura de la entrada del portal de la puerta, *que era* de diez codos; la longitud del portal de trece codos.

12 Y el espacio de delante de las cámaras *era* de un codo de la una parte, y de otro codo de la otra: y *cada* cámara *tenia* seis codos de una parte, y seis codos de otra.

13 Y midió la puerta desde el techo de la una cámara hasta el techo de la otra, *y habia* veinte y cinco codos de anchura, puerta contra puerta.

14 E hizo los postes de sesenta codos *cada* poste del atrio y del portal por todo al rededor.

15 Y desde la delantera de la puerta de la entrada hasta la delantera de la entrada de la puerta de dentro, *habia* cincuenta codos.

16 Y *habia* ventanas estrechas en las cámaras, y en sus portales por de dentro de la puerta al rededor, y asimismo en los corredores: y las ventanas *estaban* al rededor por de dentro: y en cada poste *habia* palmas *esculpidas*.

17 ¶ Llevóme luego al atrio exterior, y hé aquí *habia* cámaras, y solado hecho al atrio en derredor: treinta cámaras *habia* al rededor en aquel atrio.

18 Y el solado al lado de las puertas, en proporcion á la longitud de los portales, *era* el solado mas bajo.

19 Y midió la anchura desde la delantera de la puerta de abajo hasta la delantera del atrio interior por de fuera, *y era* de cien codos hácia el Oriente y el Norte.

20 ¶ Y de la puerta que estaba hácia el Norte en el atrio exterior midió su longitud y su anchura.

21 Y sus cámaras *eran* tres de una parte, y tres de otra: y sus postes y sus arcos eran como la medida de la puerta primera; cincuenta codos su longitud, y de veinte y cinco codos su anchura.

22 Y sus ventanas y sus arcos, y sus palmas *eran* conforme á la medida de la puerta que estaba hácia el Oriente: y subian á ella por siete gradas; y delante de ellas *estaban* sus arcos.

23 Y la puerta del atrio interior *estaba* en frente de la *otra* puerta al Norte; y *así* al Oriente: y midió de puerta á puerta cien codos.

24 ¶ Llevóme despues hácia el Mediodia, y hé aquí una puerta hácia el Mediodia: y midió sus portales y sus arcos conforme á estas medidas *dichas*.

25 Y *tenia* sus ventanas y sus arcos al rededor, como las ventanas *ya dichas*: la longitud *era* de cincuenta codos, y la anchura de veinte y cinco codos.

26 Y sus gradas *eran* de siete peldaños, con sus arcos delante de ellas: y tenia palmas, una de una parte y otra en sus postes.

27 Y *tal era la* puerta de hácia el Mediodia del atrio interior: y midió de puerta á puerta hácia el Mediodia cien codos.

28 ¶ Metióme despues en el atrio de *mas* adentro á la puerta del Mediodia, y midió la puerta del Mediodia conforme á estas medidas *dichas*.

29 Y sus cámaras, y sus postes, y sus arcos, *eran* conforme á estas medidas *dichas*: y *tenia* sus ventanas y sus arcos al rededor: la longitud *era* de cincuenta codos, y de veinte y cinco codos la anchura.

30 Y los arcos al rededor *eran* de veinte y cinco codos de largo, y cinco codos de ancho.

31 Y sus arcos *caian* afuera al atrio, con palmas en sus postes: y sus gradas *eran* de ocho escalones.

32 ¶ Y llevóme al atrio interior hácia el Oriente, y midió la puerta conforme á estas medidas *dichas*.

33 Y *eran* sus cámaras, y sus postes, y sus arcos, conforme á estas *dichas* medidas; y *tenia* sus ventanas y sus arcos al rededor: la longitud *era* de cincuenta codos, y la anchura de veinte y cinco codos.

34 Y sus arcos *caian* afuera al atrio, con palmas en sus postes de una parte y otra: y sus gradas *eran* de ocho escalones.

35 ¶ Llevóme luego á la puerta del Norte[g], y midió conforme á estas medidas *dichas*, — [g] Cap. 44. 4. y 47. 2.

36 Sus camaras, y sus postes, y sus arcos, y sus ventanas al rededor. La longitud *era* de cincuenta codos, y de veinte y cinco codos el ancho.

37 Y sus postes *caian* afuera al atrio, con palmas á cada uno de sus postes de una parte y otra: y sus gradas *eran* de ocho peldaños.

38 Y *habia allí* una cámara, y su puerta con postes de portales: allí lavarán el holocausto.

39 Y en la entrada de la puerta *habia* dos mesas de la una parte, y otras dos de la otra, para degollar sobre ellas el holocausto[h], y la *víctima en* expiacion[i], y *por* el pecado[k].

[h] Lev. 1. 3, etc.
[i] Lev. 4. 2, 3.
[k] Lev. 5. 6, etc. y 6. 6. y 7. 1, etc.

40 Y al lado por defuera de las gradas, á la entrada de la puerta del Norte, *habia* dos mesas; y al otro lado *que* estaba á la entrada de la puerta, *otras* dos mesas.

41 Cuatro mesas de la una parte, y *otras* cuatro mesas de la otra parte á *cada* lado de esta puerta; ocho mesas, sobre las cuales degollarán.

42 Y las cuatro mesas para el holocausto *eran* de piedras labradas, de un codo y medio de longitud, y codo y medio de ancho, y de altura de un codo: sobre estas pondrán las herramientas con que degollarán el holocausto y el sacrificio.

43 Y dentro *de la cámara habia* garabatos de un palmo dispuestos por todo al rededor; y sobre las mesas la carne de la ofrenda.

44 Y fuera de la puerta interior, en el atrio de adentro que estaba al lado de la puerta del Norte, *estaban* las cámaras de los cantores, las cuales miraban hácia el Mediodia: una *estaba* al lado de la puerta del Oriente que miraba hácia el Norte.

45 Y díjome: Esta cámara que mira hácia el Mediodia *será* de los sacerdotes que tienen la guarda del templo[l].

46 Y la cámara que mira hácia el Norte *será* de los sacerdotes que tienen la guarda del altar[m]: estos *son* los hijos de Sadoc[n], los cuales son llamados de los hijos de Leví al Señor para ministrarle.

[l] Nu. 3. 27, 38. y 18. 5. 2 Cr. 13. 11.
[m] Lev. 6. 12, 13.
[n] Cap. 43. 19. y 44. 15, 16. 1 Rey. 2. 35.

47 Y midió el atrio, cien codos de longitud, y la anchura de *otros* cien codos, cuadrado: y *habia* un altar delante del templo.

48 ¶ Y llevóme al pórtico del templo, y midió cada poste del pórtico, cinco codos de una parte, y cinco codos de otra; y la anchura de la puerta tres codos de una parte, y tres codos de otra.

49 La longitud del pórtico veinte codos[o], y la anchura once codos, al cual subian por gradas: y *habia* columnas[p] junto á los postes, una de un lado, y otra de otro.

[o] 1 Rey. 6. 3.
[p] 1 Rey. 7. 21.

CAPITULO XLI.

Prosigue describiendo las medidas y ornamentos del edificio del templo, y de sus portadas, y lugares á él pertenecientes.

METIÓME luego en el templo, y midió los postes, *siendo* el ancho seis codos de una parte, y seis codos de otra, *que era* la anchura del tabernáculo.

2 Y la anchura de *cada* puerta *era* de diez codos; y los lados de la puerta, de cinco codos de una parte, y cinco de otra. Y midió su longitud de cuarenta codos, y la anchura de veinte codos.

3 Y pasó al interior, y midió *cada* poste de la puerta de dos codos; y la puerta de seis codos; y la anchura de la entrada de siete codos.

4 Midió tambien su longitud de veinte codos, y la anchura, de veinte codos[a] delante del templo: y díjome, Este *es el lugar* santísimo.

[a] 1 Rey. 6. 20.

5 Despues midió el muro de la casa, de seis codos; y de cuatro codos la anchura de las cámaras en torno de la casa al rededor.

6 Y las cámaras *eran* cámara sobre cámara treinta y tres por órden; y entraban *modillones* en la pared de la casa al rededor sobre que las cámaras estribasen, y no estribasen en la pared de la casa.

7 Y *habia* mayor anchura y vuelta en las cámaras á lo mas alto; y el caracol de la casa *subia* muy alto al rededor *por de dentro* de la casa: por tanto la casa *tenia mas* anchura arriba; y de la cámara baja se subia á la *mas* alta por la del medio.

8 Y miré la altura de la casa al rededor: los cimientos de las cámaras *eran* una caña entera de seis codos de grandor[b].

[b] Cap. 40. 5.

9 Y la anchura de la pared de afuera de las cámaras era de cinco codos, y el espacio que quedaba de las cámaras de la casa por de dentro.

10 Y entre las cámaras *habia* anchura de veinte codos por todos lados al rededor de la casa.

11 Y la puerta de cada cámara *salia* al espacio que quedaba; una puerta hácia el Norte, y otra puerta hácia el Mediodia: y la anchura del espacio que quedaba *era* de cinco codos por todo al rededor.

12 Y el edificio que estaba delante del apartamiento al lado de hácia el Occidente *era* de setenta codos; y la pared del edificio, de cinco codos de anchura al rededor, y noventa codos de largo.

13 Y midió la casa, cien codos de largo; y el apartamiento, y el edificio, y sus paredes, de longitud de cien codos.

14 Y la anchura de la delantera de la casa y del apartamiento, al Oriente, de cien codos.

15 Y midió la longitud del edificio que estaba delante del apartamiento que *habia* detrás de él, y las cámaras de una parte y otra, cien codos; y el templo de dentro, y los portales del atrio.

16 *Los* umbrales, y las ventanas estrechas, y las cámaras tres en derredor á la parte delantera, *todo* cubierto de madera alrededor desde el suelo hasta las ventanas; y las ventanas *tambien* cubiertas.

17 Encima de sobre la puerta, y hasta la casa de dentro, y de fuera, y por toda la pared en derredor de dentro y por de fuera *tomó* medidas.

18 Y *la pared* estaba labrada con querubines y palmas[c]: entre querubin y querubin una palma; y cada querubin tenia dos rostros.
[c] 1 Rey. 6.29.

19 Un rostro de hombre[d] hácia la palma de la una parte, y rostro de leon hácia la *otra* palma de la otra parte, por toda la casa al rededor.
[d] Cap. 1. 10.

20 Desde el suelo hasta encima de la puerta *habia* labrados querubines y palmas, y por la pared del templo.

21 Cada poste del templo era cuadrado, y la delantera del santuario *era* como la *otra* delantera.

22 La altura del altar[e] de madera *era* de tres codos, y su longitud de dos codos; y sus esquinas, y su superficie, y sus paredes, *eran* de madera. Y díjome: Esta *es* la mesa[f] que *está* delante de Jehová.
[e] Ex. 30. 1.
[f] Cap. 44.16. Mal. 1. 7, 12.

23 Y el templo y el santuario tenian dos portadas.

24 Y en cada portada *habia* dos puertas, dos puertas que se volvian; dos puertas en la una portada, y otras dos en la otra.

25 Y en las puertas del templo *habia* labrados de querubines y palmas, asi como estaban hechos en las paredes[g], y grueso madero sobre la delantera de la entrada por de fuera.
[g] Ver. 18, 20.

26 Y *habia* ventanas estrechas[h], y palmas de una parte y de otra por los lados de la entrada, y de la casa, y por las vigas.
[h] Cap. 40.16.

CAPITULO XLII.

Prosigue en las medidas.

SACÓME luego al atrio de afuera hácia el Norte, y llevóme á la cámara que *estaba* delante del espacio que quedaba enfrente del edificio de hácia el Norte.

2 Por delante de la puerta del Norte la longitud *era* de cien codos, y la anchura de cincuenta codos,

3 Frente á los veinte *codos*[a] que *habia* en el atrio de adentro, y enfrente del solado que *habia* en el atrio exterior, *donde estaban* las cámaras las unas en frente de las otras en tres *pisos*.
[a] Cap. 41.10.

4 Y delante de las cámaras *habia* un corredor de diez codos de ancho á la parte de adentro, con viaje de un codo; y sus puertas hácia el Norte.

5 Y las cámaras mas altas *eran* mas estrechas; porque las galerías quitaban de ellas mas que de las bajas y de las de en medio del edificio.

6 Porque *estaban* en tres *pisos*, y no tenian columnas como las columnas de los atrios: por tanto eran mas estrechas que las de abajo y las del medio desde el suelo.

7 Y el muro que *estaba* afuéra enfrente de las cámaras, hácia el atrio exterior delante de las cámaras, *tenia* cincuenta codos de largo.

8 Porque la longitud de las cámaras del atrio de afuera *era* de cincuenta codos: y delante de la fachada del templo *habia* cien codos.

9 Y debajo de las cámaras *estaba* la entrada *del templo* al lado oriental, para entrar en él desde el atrio de afuera.

10 A lo largo del muro del atrio hácia el Oriente, enfrente de la lonja, y delante del edificio *habia* cámaras.

11 Y el corredor[b] que *habia* delante de ellas era semejante al de las cámaras que *estaban* hácia el Norte: conforme á su longitud, asimismo su anchura, y todas sus salidas; conforme á sus puertas, y conforme á sus entradas.
[b] ver. 4.

12 Y conforme á las puertas de las cámaras que *estaban* hácia el Mediodia, *tenian* una puerta *que salia* al principio del camino, del camino delante del muro hermoso *que está* hácia el Oriente á los que entran.

13 Y díjome: Las cámaras del Norte y las del Mediodia, que *están* delante de la lonja, son cámaras santas, en las cuales los sacerdotes que se acercan á Jehová comerán las santas ofrendas[c]: allí pondrán[d] las ofrendas santas, y el Presente[e], y la expiacion[f], y el *sacrificio por el* pecado[g]; porque el lugar es santo.
[c] Lev. 6. 16, 26. y 10. 13, 14.
[d] Nu. 18. 5.
[e] Lev. 2. 3, 10.
[f] Nu. 18. 9, 10.
[g] Lev. 6. 14, etc.

14 Cuando los sacerdotes entraren, no saldrán del *lugar* santo al atrio de afuera, sino que allí dejarán[h] sus vestimentas con que ministrarán, porque son santas; y vestiránse otros vestidos, y así se allegarán á lo que es del pueblo.
[h] Cap. 44.19.

15 ¶ Y luego que acabó las medidas de la casa de adentro, sacóme por el camino de la puerta que miraba hácia el Oriente, y midióle todo en derredor.

16 Midió el lado Oriental con la caña de medir, *y habia* quinientas cañas de la caña de medir alrededor.

17 Midió el lado del Norte, quinientas cañas de la caña de medir alrededor.

18 Midió el lado del Mediodia, quinientas cañas de la caña de medir.

19 Rodeó al lado del Occidente, y midió quinientas cañas de la caña de medir.

20 A los cuatro lados le midió: tuvo el muro[i] todo al rededor quinientas cañas de longitud, y quinientas cañas de anchura, para hacer separacion entre el santuario y el lugar profano.
[i] Cap. 40. 5.

CAPITULO XLIII.

Ve el profeta la gloria de Dios que toma posesion del nuevo templo, y promete permanecer en él para siempre. Exhórtase al pueblo á verdadero arrepentimiento de sus pecados. Descripcion del altar del holocausto, y leyes y ritos que deberán observarse para su purificacion y consagracion.

LLEVÓME luego á la puerta, á la puerta que mira hácia el Oriente[a]:
[a] Cap. 41. 1. y 46. 1.

2 Y hé aquí la gloria del Dios de Israel, que venia de hácia el Oriente[b]; y su sonido *era* como el sonido de muchas aguas, y la tierra resplandecia á causa de su gloria[c].
[b] Cap. 11. 23.
[c] Ap. 18. 1.

3 Y la vision que vi *era* como la vision, como aquella vision que vi cuando vine para destruir la ciudad[d]: y las visiones *eran* como la vision que vi junto al rio de Chebar[e]; y caí sobre mi rostro.
[d] Cap. 8. 4.
[e] Cap. 1. 3.

4 Y la gloria de Jehová entró en la casa por la via de la puerta que daba cara al Oriente.

5 Y alzóme el Espíritu, y metióme en el atrio de adentro; y hé aquí que la gloria de Jehová hinchió la casa[f].
[f] 1 Rey. 8. 10, 11.

6 Y oí *uno* que me hablaba desde la casa: y un varon[g] estaba junto á mí,
[g] Cap. 40. 3.

7 Y díjome: Hijo del hombre, *este es* el lugar de mi asiento, y el lugar de las plantas de mis piés[h], en el cual habitaré[i] entre los hijos de Israel para siempre: y nunca mas contaminará la casa de Israel mi santo nombre[k], *ni* ellos ni sus reyes, con sus fornicaciones,
[h] 1 Cr. 28. 2.
[i] Ex. 29. 45.
[k] Cap. 39. 7.

y con los cuerpos muertos de sus reyes[l] en sus altares.

8 Poniendo ellos su umbral junto á mi umbral, y su poste junto á mi poste, y *no mas que* pared entre mí y ellos, contaminaron mi santo nombre con sus abominaciones que hicieron: consumílos por tanto en mi furor.

9 Ahora echarán léjos de mí su fornicacion, y los cuerpos muertos de sus reyes, y habitaré en medio de ellos para siempre[m].

10 Tú *pues*, hijo del hombre, anuncia á la casa de Israel esta casa[n], y avergüéncense de sus pecados, y midan la traza *de ella*.

11 Y si se avergonzaren de todo lo que han hecho, hazles entender la figura de la casa, y su traza, y sus salidas y sus entradas, y todas sus formas, y todas sus descripciones, y todas sus configuraciones, y todas sus leyes: y descríbelo delante de sus ojos, para que guarden toda su forma, y todas sus reglas, y las pongan por obra.

12 Esta *es* la ley de la casa: Sobre la cumbre del monte[o] *será edificada;* todo su término alrededor será santísimo. Hé aquí que esta *es* la ley de la casa.

13 Y estas son las medidas del altar por codos; el codo de á codo y palmo. El seno *será* de un codo, y de un codo el ancho, y su remate por su borde al rededor, de un palmo. Este pues *será* el fondo alto del altar.

14 Y desde el seno de *sobre* el suelo hasta el lugar de abajo *habia* dos codos, y la anchura de un codo: y desde el lugar menor hasta el lugar mayor *habia* cuatro codos, y la anchura de un codo.

15 Y el altar *era* de cuatro codos, y encima del altar *habia* cuatro cuernos.

16 Y el altar *tenia* doce *codos* de largo, y doce en ancho, cuadrado á sus cuatro lados.

17 Y el área *era* de catorce codos de longitud, y catorce de anchura en sus cuatro lados, y de medio codo el borde *que tenia* al rededor: y el seno *del altar era* de un codo por todos lados; y sus gradas estaban al Oriente.

18 ¶ Y díjome: Hijo del hombre, así ha dicho el Señor Jehová: Estas *son* las ordenanzas del altar el dia en que será hecho, para ofrecer sobre él holocausto, y para esparcir sobre él sangre[p].

19 Darás á los sacerdotes Levitas que son del linage de Sadoc[q], que se allegan á mí, dice el Señor Jehová, para ministrarme, un becerro de la vacada para expiacion[r].

20 Y tomarás de su sangre, y pondrás en los cuatro cuernos del altar, y en las cuatro esquinas del área, y en el borde alrededor. Así lo limpiarás y purificarás.

21 Tomarás luego el becerro de la expiacion; y lo quemará, conforme á la ley de la casa, fuera del santuario[s].

22 Y al segundo dia ofrecerás un macho de cabrío, sin defecto, para expiacion; y purificarán el altar como *lo* purificaron con el becerro.

23 Cuando acabares de expiar, ofrecerás un becerro de la vacada sin defecto, y un carnero sin tacha de la manada.

24 Y los ofrecerás delante de Jehová, y los sacerdotes echarán sal[t] sobre ellos, y les ofrecerán en holocausto á Jehová.

25 Por siete dias[u] sacrificarás un macho cabrío cada dia en expiacion; asimismo sacrificarán el becerro de la vacada, y un carnero sin tacha del rebaño.

26 Por siete dias expiarán el altar, y

[l] Lev. 26. 30. Jer. 16. 18.
[m] 2 Co. 6. 16.
[n] Cap. 40. 4.
[o] Cap. 40. 2.
[p] Lev. 1. 5.
[q] Cap. 40. 46. y 44. 15.
[r] Cap. 45. 18, etc. Ex. 29. 36. Lev. 8. 14, etc.
[s] Heb. 13. 11, 12.
[t] Lev. 2. 13.
[u] Ex. 29. 35, 36.

lo limpiarán, y ellos henchirán sus manos[x].

27 Y acabados estos dias, al octavo dia[y], y en adelante, sacrificarán los sacerdotes sobre el altar vuestros holocaustos, y vuestros pacíficos; y me seréis aceptos[z], dice el Señor Jehová.

CAPITULO XLIV.

Manda Dios al profeta que con grande atencion note lo que le es mostrado, especialmente las trazas, entradas y salidas del templo, el cual habia sido profanado y corrompido en su culto por ilegítimo ministerio del sacerdocio. Los sacerdotes y Levitas que condescendieron á tal corrupcion, son depuestos del ministerio, y destinados á los bajos servicios del templo. Leyes que deben observar los sacerdotes en su ministerio, y derechos de su sustento conforme á la ley.

Y TORNÓME hácia la puerta de afuera del santuario, la cual mira hácia el Oriente[a]; y *estaba* cerrada.

2 Y díjome Jehová: Esta puerta ha de estar cerrada; no se abrirá, ni entrará por ella hombre; porque Jehová, Dios de Israel, entró por ella: estará por tanto cerrada.

3 *Esta será* para el príncipe; el príncipe, él se sentará en ella para comer pan delante de Jehová: por el camino de la entrada de la puerta entrará, y por el camino de ella saldrá.

4 ¶ Y llevóme hácia la puerta del Norte por delante de la casa, y miré, y hé aquí que la gloria de Jehová habia henchido la casa de Jehová[b]: y caí sobre mi rostro.

5 Y díjome Jehová: Hijo del hombre, pon tu corazon, y mira con tus ojos, y oye con tus oidos[c] todo lo que yo hablo contigo sobre todas las ordenanzas de la casa de Jehová, y todas sus leyes: y pon tu corazon á las entradas de la casa, y á todas las salidas del santuario[d].

6 ¶ Y dirás á la rebelde[e], á la casa de Israel. Así ha dicho el Señor Jehová: Básteos de todas vuestras abominaciones[f], oh casa de Israel;

7 De haber vosotros traido extranjeros[g], incircuncisos de corazon[h] é incircuncisos de carne, para estar en mi santuario, para contaminar mi casa; de haber ofrecido mi pan, la grosura y la sangre: é invalidaron mi pacto por todas vuestras abominaciones.

8 Y no guardasteis el ordenamiento de mis santificaciones, sino que os pusisteis guardas de mi ordenanza en mi santuario.

9 Así ha dicho el Señor Jehová: Ningun hijo de extranjero, incircunciso de corazon, é incircunciso de carne, entrará en mi santuario, de todos los hijos de extranjeros que estan entre los hijos de Israel.

10 Y los Levitas que se apartaron léjos[i] de mí cuando Israel erró, el cual se desvió de mí en pos de sus ídolos, llevarán su iniquidad.

11 Y serán ministros en mi santuario, *haciendo de* porteros á las puertas de la casa, y *de* sirvientes en la casa: ellos matarán el holocausto y la víctima al pueblo, y ellos estarán delante de ellos para servirles.

12 Por cuanto les sirvieron delante de sus ídolos, y fueron á la casa de Israel por tropezadero de maldad, por tanto he alzado mi mano acerca de ellos, dice el Señor Jehová, que llevarán su iniquidad.

13 No serán allegados á mí para serme sacerdotes, ni se llegarán á ninguna de mis santificaciones, á las santidades de santidades; sino que llevarán su ver-

[x] Lev. 8. 33.
[y] Lev. 9. 1.
[z] Cap. 20. 40, 41. Sal. 51. 19. Mal. 3. 4.
[a] Cap. 43. 1, 4.
[b] Cap. 43. 5.
[c] Cap. 40. 4.
[d] Cap. 43. 11.
[e] Cap. 2. 5.
[f] Cap. 45. 9.
[g] Lev. 22. 25.
[h] Lev. 26. 41. Ro. 2. 28, 29.
[i] 2 Rey. 23. 8, etc.

güenza, y sus abominaciones que hicieron.

14 Pondréilos pues por guardas de la guarda de la casa en todo su servicio, y en todo lo que en ella hubiere de hacerse.

15 Mas los sacerdotes Levitas, hijos de Sadoc[k], que guardaron el ordenamiento de mi santuario, cuando los hijos de Israel se desviaron de mí, ellos serán allegados á mí para ministrarme, y delante de mí estarán para ofrecerme la grosura[l] y la sangre[m], dice el Señor Jehová.

16 Esos entrarán en mi santuario, y ellos se allegarán á mi mesa para ministrarme, y guardarán mi ordenamiento.

17 Y será, que cuando entraren por las puertas del atrio interior, se vestirán de vestimentas de lino[n]: no asentará sobre ellos lana cuando ministraren en las puertas del atrio de adentro, y en el interior.

18 Tiaras de lino tendrán en sus cabezas, y pañetes de lino en sus lomos: no se ceñirán *tanto como* para sudar.

19 Y cuando salieren al atrio de afuera, al atrio de afuera al pueblo, se desnudarán de sus vestimentas con que ministraron, y las dejarán en las cámaras del santuario, y se vestirán de otros vestidos[o]: así no santificarán el pueblo con sus vestimentas.

20 Y no raparán su cabeza[p], ni dejarán crecer el cabello; sino que *lo* recortarán trasquilando sus cabezas.

21 Y ninguno de los sacerdotes beberá vino, cuando hubieren de entrar en el atrio interior.

22 Ni viuda, ni repudiada se tomarán por mujeres; sino que tomarán vírgenes[q] del linage de la casa de Israel, ó viuda que fuere viuda de sacerdote.

23 Y enseñarán á mi pueblo á hacer diferencia entre lo santo y lo profano, y les enseñarán á discernir entre lo limpio y lo no limpio[r].

24 Y en el pleito ellos estarán para juzgar[s]: conforme á mis derechos lo juzgarán: y mis leyes y mis decretos guardarán en todas mis solemnidades, y santificarán[t] mis sábados.

25 Y á hombre muerto no entrará *el sacerdote* para contaminarse[u]; mas sobre padre, ó madre, ó hijo, ó hija, hermano, ó hermana que no haya tenido marido, se contaminará.

26 Y despues de su purificacion, le contarán *aun* siete dias[x].

27 Y el dia que entráre al santuario, al atrio de adentro, para ministrar en el santuario, ofrecerá su expiacion[y], dice el Señor Jehová.

28 Y *esto* será á ellos por heredad: yo seré su heredad[z]; y no les daréis posesion en Israel: Yo *soy* su posesion.

29 El presente[a], y *el sacrificio por* la expiacion, y *por* el pecado[b], comerán; y toda cosa dedicada *á Dios* en Israel, será de ellos[c].

30 Y las primicias de todos los primeros *frutos* de todo, y toda ofrenda de todo lo que se ofreciere de todas vuestras ofrendas, será de los sacerdotes: daréis asimismo las primicias de todas vuestras masas[d] al sacerdote, para que haga reposar la bendicion en vuestras casas[e].

31 Ninguna cosa mortecina, ni desgarrada *por otra bestia*, así de aves como de animales, comerán los sacerdotes.

[Margin references, partly cut off:] ...p. 40. 46. / ...8. 19. / ...v. 3. 16. / ...ev. 17. / ...6. / ...x. 28. 39, / ...p. 42. 14. / ...v. 21. 5, / ...v. 21. 13, / ...). 22. 26. / .... 10. 10, / ...L. 2. 7. / ...u. 17. 8. / ...r. 19. 8, / ...58. 13, / ...v. 21. 1, / ...L. 19. 11, / ...v. 4. 3. / ... 18. 20. / ... 18. / ... 13. 14, / ...v. 6. 18, / ...v. 7. 6. / ... 18. 14. / ... 15. 20. / ... 10. 37. / ... 3. 9, / ... 3. 10.

CAPITULO XLV.

Señala los repartimientos del suelo y sitio al edificio del templo, al palacio del príncipe, y á la ciudad. Reforma del estado político conforme á la ley de Moises. Asimismo algunas cosas tocantes al culto, en que debia de haber gran corrupcion.

Y CUANDO partiereis por suertes la tierra en heredad[a], apartaréis una suerte para Jehová que le consagreis en la tierra[b], de longitud de veinte y cinco mil *cañas de medir*, y diez mil de ancho: esto *será* santificado en todo su término al rededor.

2 De esto serán para el santuario quinientas *de longitud*, y quinientas *de ancho*, en cuadro al rededor; y cincuenta codos en derredor para sus ejidos.

3 Y de esta medida medirás en longitud veinte y cinco mil *cañas*, y en anchura diez mil; en lo cual estará el santuario, el santuario de santuarios[c].

4 Lo consagrado de esta tierra será para los sacerdotes ministros del santuario, que se llegan para ministrar á Jehová: y seráles lugar para *hacer* casas, y lugar santo para el santuario.

5 Asimismo *otras* veinte y cinco mil de longitud, y diez mil de anchura; lo cual será para los Levitas ministros de la casa, en posesion, *con* veinte cámaras[d].

6 Y para la posesion de la ciudad daréis cinco mil de anchura, y veinte y cinco mil de longitud, delante de lo que se apartó para el santuario: *esto* será para toda la casa de Israel.

7 Y *la parte* del príncipe[e] *será* junto al apartamiento del santuario de la una parte y de la otra, y junto á la posesion de la ciudad, delante del apartamiento del santuario, y delante de la posesion de la ciudad; desde el rincon occidental hácia el Occidente, hasta el rincon oriental hácia el Oriente: y la longitud será de la una parte á la otra, desde el rincon del Occidente hasta el rincon del Oriente.

8 Esta tierra tendrá por posesion en Israel, y nunca mas mis príncipes oprimirán mi pueblo[f]: y darán *el resto de* la tierra á la casa de Israel por sus tribus.

9 ¶ Así ha dicho el Señor Jehová: Básteos *ya*, oh príncipes de Israel: dejad la violencia y la rapiña; haced juicio y justicia; quitad vuestras imposiciones de sobre mi pueblo, dice el Señor Jehová.

10 Peso de justicia, y epha de justicia, y bato de justicia tendréis[g].

11 El epha y el bato serán de una misma medida: que el bato tenga la décima parte del homer, y la décima parte del homer el epha: la medida de ellos será segun el homer.

12 Y el siclo *será* de veinte Geras[h]: veinte siclos, con veinte y cinco siclos, y quince siclos, os serán una mina.

13 Esta *será* la ofrenda que ofreceréis: la sexta parte de un epha de homer del trigo; y la sexta parte de un epha de homer de la cebada.

14 Y la ordenanza del aceite *será* que *ofreceréis* un bato de aceite, *que es* la décima parte de un coro. Diez batos *harán* un homer; porque diez batos *son* un homer.

15 Y una cordera de la manada de doscientas, de las gruesas de Israel para sacrificio, y para holocausto, y para pacíficos, para ser expiados, dice el Señor Jehová.

16 Todo el pueblo de la tierra será *obligado* á esta ofrenda para el príncipe de Israel.

17 Mas del príncipe será *la obligacion de dar* el holocausto[i], y el sacrificio, y

[a] Cap. 47. 22.
[b] Cap. 48. 8.
[c] Cap. 48. 10, etc.
[d] Cap. 40. 17.
[e] Cap. 48. 21.
[f] Cap. 22. 27. y 46. 18. Pro. 28. 16. Jer. 22. 17.
[g] Lev. 19. 35, 36. Pro. 11. 1.
[h] Ex. 30. 13. Nu. 3. 47.
[i] 2 Cr. 5. 6. y 30. 24. y 35. 7.

la libacion, en las solemnidades, y en las lunas nuevas, y en los sábados, y en todas las fiestas de la casa de Israel: él dispondrá la expiacion, y el Presente, y el holocausto, y los pacíficos, para expiar la casa de Israel.

18 Así ha dicho el Señor Jehová: El *mes* primero, al primero del mes, tomarás un becerro sin defecto de la vacada, y expiarás el santuario [k].

[k] Lev. 16. 16.

19 Y el sacerdote tomará de la sangre *del becerro* de la expiacion, y pondrá sobre los postes de la casa, y sobre los cuatro ángulos del área del altar [l], y sobre los postes de las puertas del atrio de adentro.

[l] Cap. 43. 20.

20 Así harás *hasta* el séptimo *dia* del mes por los errados y engañados; y expiarás la casa.

21 El *mes* primero, á los catorce dias del mes, tendréis la Pascua [m], *que será* fiesta de siete dias: comeráse pan sin levadura [n].

[m] Ex. 12. 18. Lev. 23. 5, etc. Nu. 9. 2, 3. Deu. 16. 1, etc.
[n] 1 Co. 5. 7, 8.

22 Y aquel dia el príncipe sacrificará por sí y por todo el pueblo de la tierra un becerro por el pecado.

23 Y en *todos* los siete dias de la solemnidad hará holocausto á Jehová *de* siete becerros y siete carneros sin defecto, cada dia en siete dias; y por el pecado un macho de cabrío cada dia [o].

[o] Nu. 28. 15, etc.

24 Y con cada becerro ofrecerá presente de un epha *de flor de harina*, y con cada carnero *otro* epha; y por cada epha un hin de aceite [p].

[p] Cap. 46. 5, 7.

25 En el *mes* séptimo, á los quince del mes, en la fiesta [q] hará *otro tanto* como en estos siete dias [r], cuanto á la expiacion, y cuanto al holocausto, y cuanto al Presente, y cuanto al aceite.

[q] Nu. 29. 12.
[r] Deu. 16. 13.

CAPITULO XLVI.

Prosigue en la reformacion del culto. Lugares en que se han de cocer las carnes de las víctimas.

ASÍ ha dicho el Señor Jehová: La puerta del atrio de adentro, que mira al Oriente [a], estará cerrada los seis dias de trabajo, y el dia del sábado se abrirá: abriráse tambien el dia de la nueva luna.

[a] Cap. 44. 1.

2 Y el príncipe [b] entrará por el camino del portal de la puerta de afuera, y estará al umbral de la puerta, mientras los sacerdotes harán su holocausto y sus pacíficos, é inclinaráse á la entrada de la puerta: despues saldrá, mas no se cerrará la puerta hasta la tarde.

[b] Cap. 44. 3. ver. 8.

3 Asimismo se inclinará el pueblo de la tierra delante de Jehová, á la entrada de la puerta, en los sábados y en las nuevas lunas.

4 Y el holocausto que el príncipe ofrecerá á Jehová el dia del sábado [c], *será* seis corderos sin defecto, y un carnero sin tacha.

[c] Cap. 46. 17.

5 Y *por* presente [d] un epha *de flor de harina* con cada carnero; y con cada cordero un presente, don de su mano, y un hin de aceite con el epha.

[d] Cap. 45. 24.

6 Mas el dia de la nueva luna *ofrecerá* un becerro sin tacha de la vacada, y seis corderos, y un carnero: deberán ser sin defecto.

7 Y hará presente de un epha *de flor de harina* con el becerro, y un epha con cada carnero: mas con los corderos, conforme á su facultad [e]; y un hin de aceite con cada epha.

[e] Deu. 16. 17.

8 Y cuando el príncipe entráre, entrará por el camino del portal de la puerta, y por el *mismo* camino saldrá.

9 Mas cuando el pueblo de la tierra entráre delante de Jehová en las fiestas [f], el que entráre por la puerta del Norte, saldrá por la puerta del Mediodia; y el que entráre por la puerta del Mediodia, saldrá por la puerta del Norte: no volverá por la puerta por donde entró, sino que saldrá por *la de* enfrente de ella.

[f] Ex. 23. 14, 17. Deu. 16. 16.

10 Y el príncipe, cuando ellos entraren, él entrará en medio de ellos; y cuando ellos salieren, él saldrá.

11 Y en las fiestas y en las solemnidades será el Presente un epha *de flor de harina* con *cada* becerro, y un epha con cada carnero; y con los corderos, lo que le pareciere: y un hin de aceite con *cada* epha.

12 Mas cuando el príncipe libremente hiciere holocausto ó pacíficos á Jehová, abriránle la puerta que mira al Oriente, y hará su holocausto y sus pacíficos, como hace en el dia del sábado: despues saldrá; y cerrarán la puerta despues que saliere.

13 Y sacrificarás á Jehová cada dia en holocausto un cordero de un año [g] sin defecto: cada mañana lo sacrificarás.

[g] Ex. 29. 38. Nu. 28. 3.

14 Y con él harás todas las mañanas presente *de* la sexta parte de un epha *de flor de harina*, y la tercera parte de un hin de aceite para mezclar con la flor de harina. *Esto será* presente para Jehová continuamente por estatuto perpetuo.

15 Ofrecerán pues el cordero, y el presente, y el aceite todas las mañanas, en holocausto continuo.

16 ¶ Así ha dicho el Señor Jehová: Si el príncipe diere algun don de su heredad á alguno de sus hijos, será de ellos; posesion de ellos *será* por herencia.

17 Mas si de su heredad diere don á alguno de sus siervos, será de él hasta el año de libertad [h], y volverá al príncipe: mas su herencia será de sus hijos.

[h] Lev. 25. 10.

18 Y el príncipe no tomará nada de la herencia del pueblo, por no defraudarlos de su posesion. De lo que él posee [i] dará herencia á sus hijos; para que mi pueblo no sea echado cada uno de su posesion.

[i] Cap. 45. 8.

19 ¶ Metióme despues por la entrada que *estaba* hácia la puerta á las cámaras santas de los sacerdotes, las cuales miraban al Norte, y habia allí un lugar á los lados del Occidente.

20 Y díjome: Este es el lugar donde los sacerdotes cocerán [k] el *sacrificio por el* pecado y *por* la expiacion; allí cocerán el presente, por no sacarlo al atrio de afuera para santificar al pueblo [l].

[k] 1 Sa. 2. 13, 14. 2 Cr. 35. 13.
[l] Cap. 44. 19.

21 Luego me sacó al atrio de afuera, y llevóme por los cuatro rincones del atrio; y en cada rincon habia un patio.

22 En los cuatro rincones del atrio *habia* patios juntos de cuarenta codos de longitud, y treinta de anchura: tenian una *misma* medida todos cuatro á los rincones.

23 Y *habia una* pared alrededor de ellos, alrededor de todos cuatro, y chimenéas hechas abajo al rededor de las paredes.

24 Y díjome: Estos *son* los aposentos de los cocineros, donde los servidores de la casa cocerán el sacrificio del pueblo.

CAPITULO XLVII.

Muestra Dios al profeta las aguas salutíferas que salen del nuevo templo, y los árboles fructíferos y medicinales de sus riberas. Nuevo repartimiento de la tierra de promision, con nuevos y mas amplios términos, á cuya heredad sería admitido el extranjero, avecindado ya en el pueblo de Dios, en igual derecho con los naturales.

a Joel 3. 18. Ap. 22. 1. HÍZOME tornar luego á la entrada
de la casa; y hé aquí aguas [a] que
salian de debajo del umbral de la casa
hácia el Oriente: porque la fachada de
la casa *estaba* al Oriente: y las aguas
descendian de debajo, hácia el lado de-
recho de la casa, al Mediodia del altar.
2 Y sacóme por el camino de la pu-
erta del Norte, é hízome rodear por el
camino fuera de la puerta, por defuera
al camino de la que mira al Oriente; y
hé aquí las aguas que salian al lado
derecho.
b Cap. 40. 3. 3 Y saliendo el varon [b] hácia el Ori-
ente, *tenia* un cordel en su mano; y
midió mil codos, é hízome pasar por
las aguas hasta los tobillos.
4 Y midió *otros* mil, é hízome pasar
por las aguas hasta las rodillas. Midió
luego *otros* mil, é hízome pasar por las
aguas hasta los lomos.
5 Y midió *otros* mil; *é iba ya* el arroyo
que yo no podia pasar: porque las aguas
se habian alzado, y el arroyo no se podia
pasar sino á nado.
6 Y díjome: ¿Has visto, hijo del hom-
bre? Despues me llevó, é hízome tor-
nar por la ribera del arroyo.
7 Y tornando yo, hé aquí en la ribera
c ver. 12. del arroyo *habia* árboles [c] muy muchos
de la una parte y de la otra.
8 Y díjome: Estas aguas salen á la
region del Oriente, y descenderán á la
d Gen. 3. 17. 4. 49. llanura, y entrarán en la mar [d]; y en-
tradas en la mar, recibirán sanidad las
aguas.
9 Y será, que toda alma viviente que
nadáre por donde quiera que entraren
estos dos arroyos, vivirá: y habrá muy
muchos peces por haber entrado allá
e Ex. 15. 25, 26. estas aguas, y recibirán sanidad [e]; y
2 Rey. 2. 21. vivirá todo lo que entráre en este ar-
royo.
10 Y será que junto á él estarán pes-
f Jos. 15. 62. cadores; y desde Engadi [f] hasta En-
Is. 24. 1, 2. eglaim será tendedero de redes: en su
clase será su pescado como el pescado
de la gran mar, mucho en gran manera.
11 Sus charcos y sus lagunas no se sa-
g Sof. 2. 9. narán; quedarán para salinas [g].
12 Y junto al arroyo, en su ribera de
una parte y de otra crecerá todo árbol
de fruto de comer: su hoja nunca caerá,
ni faltará su fruto: á sus meses madu-
rará, porque sus aguas salen del santu-
ario: y su fruto será para comer, y su
h Ap. 22. 2. hoja para medicina [h].
13 Así ha dicho el Señor Jehová: Este
es el término en que partiréis la tierra
en heredad entre las doce tribus de Is-
i Cap. 48. 5. rael: Joseph *dos* partes [i].
Gen. 48. 5. 14 Y la heredaréis así los unos como
1 Cr. 5. 26. los otros; *pues* por ella alcé mi mano
k Gen. 26. 3. que la habia de dar á vuestros padres [k]:
por tanto esta tierra os caerá en here-
dad.
15 Y este *es* el término de la tierra
hácia la parte del Norte: Desde la gran
l Cap. 48. 1. mar, camino de Hethlon [l] viniendo á
m Nu. 34. 8. Sedad [m],
16 Hamath, Berotha, Sibraim, que
está entre el término de Damasco y el
término de Hamath; Haserhatticon,
que es el término de Hauran.
17 Y será el término del Norte desde
n Nu. 34. 9. la mar de Haser-enon [n] al término de
Damasco al Norte; y al término de
Hamath al lado del Norte.
18 Al lado del Oriente, por medio de
Hauran y de Damasco, y de Galaad, y
de la tierra de Israel, al Jordan: *esto*
mediréis de término hasta la mar del
Oriente.
19 Y al lado del Mediodia, hácia el
Mediodia, desde Thamar hasta las agu-
as de las rencillas [a]: desde Cades y el a Cap. 48. 28. Nu. 20. 13. Deu. 32. 51. Sal. 81. 7.
arroyo hasta la gran mar: y *esto será* el
lado austral, al Mediodia.
20 Y al lado del Occidente la gran mar
será el término hasta en derecho para
venir á Hamath. Este *será* el lado del
Occidente.
21 Partiréis pues esta tierra entre vos-
otros por las tribus de Israel.
22 Y será, que echaréis sobre ella su-
ertes por herencia para vosotros, y para
los extranjeros que peregrinan entre vos-
otros, que entre vosotros han engendra-
do hijos: y les tendréis como naturales
entre los hijos de Israel; echarán su-
ertes con vosotros para heredarse entre
las tribus de Israel.
23 Y será, que en la tribu en que pe-
regrináre el extranjero, allí le daréis su
heredad, ha dicho el Señor Jehová.

CAPITULO XLVIII.

Division de la tierra señalando su suerte á cada tribu. Suertes del templo, de los sacerdotes, de los Levitas, de la ciudad, y del príncipe. Traza de la ciudad y sus doce puertas, llamadas de las doce tribus, y su nuevo nombre.

Y ESTOS *son* los nombres de las tri-
bus: Desde la extremidad septen-
trional, por la via de Hethlon [a] viniendo a Cap. 47. 15, etc.
á Hamath, Haser-enon, al término de
Damasco, al Norte, al término de Ha-
math, tendrá Dan una *parte*, siendo sus
extremidades al Oriente y al Occidente.
2 Y junto al término de Dan, desde la
parte del Oriente hasta la parte de la
mar, *tendrá* Aser una *parte*.
3 Y junto al término de Aser, desde el
lado oriental hasta la parte de la mar,
tendrá Nephtali otra.
4 Y junto al término de Nephtali,
desde la parte del Oriente hasta la parte
de la mar, Manassé otra.
5 Y junto al término de Manassé,
desde la parte del Oriente hasta la parte
de la mar, Ephraim otra.
6 Y junto al término de Ephraim,
desde la parte del Oriente hasta la parte
de la mar, Ruben otra.
7 Y junto al término de Ruben, desde
la parte del Oriente hasta la parte de la
mar, Judá otra.
8 ¶ Y junto al término de Judá, desde
la parte del Oriente hasta la parte de la
mar, será la suerte que apartaréis [b] de b Cap. 45. 1, 6.
veinte y cinco mil cañas de anchura, y
de longitud como cualquiera de las otras
partes, *es á saber*, desde la parte del
Oriente hasta la parte de la mar; y el
santuario estará en medio de ella.
9 La suerte que apartaréis para Je-
hová, *será* de longitud de veinte y cinco
mil *cañas*, y de diez mil de ancho.
10 Y allí será la suerte santa de los
sacerdotes de veinte y cinco mil cañas
al Norte, y de diez mil de anchura al
Occidente, y de diez mil de ancho al
Oriente, y de veinte y cinco mil de lon-
gitud al Mediodia: y el santuario de
Jehová estará en medio de ella.
11 Los sacerdotes santificados de los
hijos de Sadoc [c], que guardaron mi ob- c Cap. 44. 15.
servancia, que no erraron cuando erra-
ron los hijos de Israel, como erraron
los Levitas [d], d Cap. 44. 10.
12 Ellos tendrán *por suerte*, apartada
en la particion de la tierra, la parte
santísima, junto al término de los Le-
vitas.
13 Y la de los Levitas, al lado del tér-
mino de los sacerdotes, *será* de veinte y
cinco mil *cañas* de longitud, y de diez
mil de anchura: toda la longitud de
veinte y cinco mil, y la anchura de
diez mil.

14 No venderán de ello, ni permutarán, ni traspasarán las primicias de la tierra; porque *es* cosa consagrada á Jehová.
15 ¶ Y las cinco mil *cañas* de anchura que quedan delante de las veinte y cinco mil, serán profanas para la ciudad, para habitacion, y para ejido; y la ciudad estará en medio.
16 Y estas *serán* sus medidas: A la parte del Norte cuatro mil y quinientas cañas; y á la parte del Mediodia cuatro mil y quinientas; y á la parte del Oriente cuatro mil y quinientas; y á la parte del Occidente cuatro mil y quinientas.
17 Y el ejido de la ciudad será al Norte de doscientas y cincuenta *cañas*, y al Mediodia de doscientas y cincuenta, y al Oriente de doscientas y cincuenta, y de doscientas y cincuenta al Occidente.
18 Y lo que quedáre de longitud delante de la suerte santa, diez mil *cañas* al Oriente y diez mil al Occidente, que será *lo que quedará* de la suerte santa, será para *sembrar* para los que sirven á la ciudad.
19 Y los que servirán á la ciudad, serán de todas las tribus de Israel.
20 Todo el apartado de veinte y cinco mil *cañas* por veinte y cinco mil, en cuadro, apartaréis por suerte para el santuario, y para la posesion de la ciudad.
21 Y del príncipe será lo que quedáre de la una parte y de la otra de la suerte santa, y de la posesion de la ciudad, *es á saber*, delante de las veinte y cinco mil *cañas* de la suerte hasta el término oriental, y al Occidente delante de las veinte y cinco mil hasta el término occidental, delante de las partes *dichas* será del príncipe[e]: y suerte santa será; y el santuario de la casa estará en medio de ella.

[e] Cap. 45. 7.

22 Y desde la posesion de los Levitas, y desde la posesion de la ciudad, en medio *estará* lo que pertenecerá al príncipe. Entre el término de Judá y el término de Benjamin estará *la suerte* del príncipe.
23 ¶ Cuanto á las demás tribus, desde la parte del Oriente hasta la parte de la mar *tendrá* Benjamin una parte.
24 Y junto al término de Benjamin, desde la parte del Oriente hasta la parte de la mar, Simeon otra.
25 Y junto al término de Simeon, desde la parte del Oriente hasta la parte de la mar, Isachâr otra.
26 Y junto al término de Isachâr, desde la parte del Oriente hasta la parte de la mar, Zabulon otra.
27 Y junto al término de Zabulon, desde la parte del Oriente hasta la parte de la mar, Gad otra.
28 Y junto al término de Gad, á la parte del Austro, al Mediodia, será el término desde Thamar hasta las aguas de las rencillas[f], y *desde* Cades *y* el arroyo hasta la gran mar.

[f] Cap. 47. 19.

29 Esta *es* la tierra que partiréis por suertes en heredad á las tribus de Israel; y estas *son* sus porciones, ha dicho el Señor Jehová.
30 ¶ Y estas *son* las salidas de la ciudad á la parte del Norte, cuatro mil y quinientas cañas por medida.
31 Y las puertas de la ciudad *serán* segun los nombres de las tribus de Israel[g]: tres puertas al Norte: la puerta de Ruben, una; la puerta de Judá, otra; la puerta de Leví, otra.

[g] Ap. 21. 12, etc.

32 Y á la parte del Oriente cuatro mil y quinientas *cañas*, y tres puertas. La puerta de Joseph, una; la puerta de Benjamin, otra; la puerta de Dan, otra.
33 Y á la parte del Mediodia, cuatro mil y quinientas *cañas* por medida, y tres puertas. La puerta de Simeon, una; la puerta de Isachâr, otra; la puerta de Zabulon, otra.
34 Y á la parte del Occidente, cuatro mil y quinientas *cañas*, y sus tres puertas. La puerta de Gad, una; la puerta de Aser, otra; la puerta de Nephtali otra.
35 En derredor *tendrá* diez y ocho mil *cañas*. Y el nombre de la ciudad desde aquel dia *será*: JEHOVA SAMMA ‖.

‖ *Jehová allí.* Sal. 46. 5. y 68. 8. Jer. 3. 17. y 33. 16. Joel 3. 21. Zac. 2. 10.

LA PROFECÍA DE DANIEL.

A. C. cir. 607.

CAPITULO I.

Daniel y sus compañeros, escogidos de entre los cautivos de Jerusalem, son criados y enseñados liberalmente para el servicio del rey de Babilonia; y guardándose ellos de contaminarse en las viandas contra la ley, Dios les da sabiduría y gracia delante del rey, mas que á ninguno de todos sus sabios, especialmente á Daniel, y se quedan en su servicio.

EN el año tercero del reinado de Joacim, rey de Judá, vino Nabucodonosor rey de Babilonia á Jerusalem, y cercóla[a].

[a] 2 Rey. 24. 1, 13.

2 Y el Señor entregó en sus manos á Joacim, rey de Judá, y parte de los vasos de la casa de Dios, y trájolos á tierra de Sinar[b] á la casa de su dios: y metió los vasos en la casa del tesoro de su dios.

[b] Gen. 11. 2.

3 Y dijo el rey á Aspenaz, príncipe de sus eunucos, que trajese de los hijos de Israel del linaje real[c], y de los príncipes,

[c] 2 Rey. 20. 17, 18.

4 Muchachos en quienes no hubiese tacha alguna, y de buen parecer, y enseñados en toda sabiduría, y sabios en ciencia, y de buen entendimiento, é idóneos para estar en el palacio del rey, y que les enseñase las letras y la lengua de los Caldéos.
5 Y señalóles el rey racion para cada dia de la racion de la comida del rey, y del vino de su beber: que los criase tres años, para que al fin de ellos estuviesen delante del rey.
6 Y fueron entre ellos de los hijos de Judá, Daniel ‖, Ananías †, Misael ‖, y Azarías †;
7 A los cuales el príncipe de los eunucos puso nombres: Y puso á Daniel, Beltsasar ‖; y á Ananías, Sadrach; y á Misael, Mesach; y á Azarías, Abednego.

‖ *Mi juez es Jehová.* † *el cual de Jehová.* ‖ *Quien es Dios?* † *El cual ayuda Jehová.* ‖ *Príncipe de Bel.*

8 ¶ Y Daniel propuso en su corazon de no contaminarse en la racion de la comida del rey[d], ni en el vino de su beber: pidió por tanto al príncipe de los eunucos de no contaminarse.

[d] Deu. 32. 38.

9 (Y puso Dios á Daniel en gracia y en buena voluntad con el príncipe de los eunucos[e].)

[e] Gen. 39. 21.

10 Y dijo el príncipe de los eunucos á Daniel: Tengo temor de mi señor el

rey, que señaló vuestra comida y vuestra bebida; pues luego que él habrá visto vuestros rostros mas tristes que los de los muchachos que son semejantes á vosotros, condenaréis para con el rey mi cabeza.

11 Entónces dijo Daniel á Melsar, que estaba puesto por el príncipe de los eunucos sobre Daniel, Ananías, Misael, y Azarías:

12 Prueba, te ruego, tus siervos diez dias, y dennos de las legumbres á comer, y agua á beber.

13 Parezcan luego delante de ti nuestros rostros, y los rostros de los muchachos que comen de la racion, de la comida del rey; y segun que vieres, harás con tus siervos.

14 Consintió pues con ellos en esto, y probó con ellos diez dias.

15 Y al cabo de los diez dias pareció el rostro de ellos mejor y mas nutrido de carne que los otros muchachos, que comian de la racion de la comida del rey.

16 Así fué que Melsar tomaba la racion de la comida de ellos, y el vino de su beber, y dábales legumbres.

17 ¶ Y á estos cuatro muchachos dióles Dios conocimiento é inteligencia en todas letras y ciencia: mas Daniel tuvo entendimiento en toda vision y sueños.

18 Pasados pues los dias al fin de los cuales habia dicho el rey que los trajesen, el príncipe de los eunucos les trajo delante de Nabucodonosor.

19 Y el rey habló con ellos, y no fué hallado entre todos ellos otro como Daniel, Ananías, Misael, y Azarías: y así estuvieron delante del rey.

20 Y en todo negocio de sabiduría é inteligencia que el rey les demandó, hallólos diez veces mejores que todos los magos y astrólogos que habia en todo su reino.

21 Y fué Daniel hasta el año primero del rey Ciro *f*.

f ...p. 6. 28. ...1. 1.

CAPITULO II.

Los sabios ó magos Caldéos, no pudiendo adivinar un sueño de Nabucodonosor, son condenados á muerte. Revélale Dios á Daniel, quien explica al rey lo que significaba la estatua. Ensalza el rey á Daniel, y confiesa al Dios verdadero.

Y EN el segundo año del reinado de Nabucodonosor, soñó Nabucodonosor sueños *a*, y disturbóse su espíritu, y su sueño se huyó de él.

a ...p. 4. 5. ...41. 8. ...33. 15.

2 Y mandó el rey llamar magos, astrólogos, y encantadores, y Caldéos, para que mostrasen al rey sus sueños. Vinieron pues, y se presentaron delante del rey.

3 Y el rey les dijo: He soñado un sueño, y mi espíritu se ha disturbado por saber el sueño.

4 Entónces hablaron los Caldéos al rey en lengua Araméa ‖: Rey, para siempre vive *b*: di el sueño á tus siervos, y mostrarémos la declaracion.

‖ ...de aquí ...ta el fin ...cap. 7. ...rito ...ldéo ó ...ado.

5 Respondió el rey, y dijo á los Caldéos: El negocio se me fué *de la memoria* *c*: si no me mostrais el sueño y su declaracion, seréis hechos cuartos, y vuestras casas serán puestas por muladares *d*.

b ...y. 1. 31. ...45. 23.

d ...p. 3. 29. ...6. 11.

6 Y si mostráreis el sueño y su declaracion, recibiréis de mí dones y mercedes, y grande honra: por tanto mostradme el sueño y su declaracion.

7 Respondieron la segunda vez, y dijeron: Diga el rey el sueño á sus siervos, y mostrarémos su declaracion.

8 El rey respondió, y dijo: Yo conozco ciertamente que vosotros poneis dilaciones, porque veis que el negocio se me ha ido *de la memoria*.

9 Si no me mostrais el sueño, una sola sentencia será de vosotros. Ciertamente preparais respuesta mentirosa y perversa que decir delante de mí, entre tanto que se muda el tiempo: por tanto decidme el sueño, para que yo entienda que me podeis mostrar su declaracion.

10 Los Caldéos respondieron delante del rey, y dijeron: No hay hombre sobre la tierra que pueda declarar el negocio del rey: demas de esto ningun rey, príncipe, ni señor, preguntó cosa semejante á ningun mago, ni astrólogo, ni Caldéo.

11 Finalmente el negocio que el rey demanda, es singular, ni hay quien lo pueda declarar delante del rey, salvo los dioses cuya morada no es con la carne.

12 Por esto el rey con ira y con grande enojo, mandó que matasen á todos los sabios de Babilonia.

13 Y publicóse el mandamiento, y los sabios eran llevados á la muerte: y buscaron á Daniel y á sus compañeros para matarlos.

14 ¶ Entónces Daniel habló *e* avisada y prudentemente á Arioch, capitan de los de la guarda del rey, que habia salido para matar los sabios de Babilonia:

e ver. 24.

15 Habló, y dijo á Arioch, capitan del rey: ¿Qué es la causa que este mandamiento se publica de parte del rey tan apresuradamente? Entónces Arioch declaró el negocio á Daniel.

16 Y Daniel entró, y pidió al rey que le diese tiempo, y que él mostraria al rey la declaracion.

17 Fuése luego Daniel á su casa, y declaró el negocio á Ananías, Misael, y Azarías, sus compañeros,

18 Para demandar misericordias del Dios del cielo sobre este misterio, y que Daniel y sus compañeros no pereciesen con los otros sabios de Babilonia.

19 Entónces el arcano fué revelado á Daniel en vision de noche *f*; por lo cual bendijo Daniel al Dios del cielo.

f Nu. 12. 6.

20 Y Daniel habló, y dijo: Sea bendito el nombre de Dios de siglo hasta siglo: porque suya es la sabiduría y la fortaleza.

21 Y él es el que muda los tiempos, y las oportunidades: quita reyes *g*, y pone reyes; da la sabiduría *h* á los sabios, y la ciencia á los entendidos:

g Job 12. 18. Sal. 75. 6, 7.
h Pro. 2. 6, 7.

22 El revela lo profundo y lo escondido *i*: conoce lo que está en tinieblas *k*, y la luz mora con él *l*.

i Job 12. 22.
k Sal. 139. 11, 12. Heb. 4. 13.
l 1 Ti. 6. 16.

23 A tí, oh Dios de mis padres, confieso, y te alabo, que me diste sabiduría y fortaleza, y ahora me enseñaste lo que te pedimos; pues nos has enseñado el negocio del rey.

24 ¶ Despues de esto Daniel entró á Arioch, al cual el rey habia puesto para matar á los sabios de Babilonia: fué, y díjole así: No mates los sabios de Babilonia: llévame delante del rey, que yo mostraré al rey la declaracion.

25 Entónces Arioch llevó prestamente á Daniel delante del rey, y díjole así: Un varon de los trasportados de Judá he hallado, el cual declarará al rey la interpretacion.

26 Respondió el rey, y dijo á Daniel, al cual llamaban Beltsasar *m*: ¿Podrás tú hacerme entender el sueño que vi, y su declaracion?

m Cap. 1. 7.

27 Daniel respondió delante del rey, y dijo: El misterio que el rey demanda, ni sabios, ni astrólogos, ni magos, ni adivinos lo pueden enseñar al rey *n*.

n Is. 47. 13, 14.

28 Mas hay un Dios en los cielos, el

[o] Gen. 40. 8. y 41. 16. cual revela los misterios [o], y él ha hecho
saber al rey Nabucodonosor lo que ha
de acontecer á cabo de dias. Tu sueño,
y las visiones de tu cabeza sobre tu cama, es esto:
29 Tú, oh rey, en tu cama subieron
tus pensamientos por saber lo que habia
de ser en lo por venir; y el que revela
[p] Amos 4. 13. los misterios te mostró [p] lo que ha de
ser.
30 Y á mí ha sido revelado este misterio, no por sabiduría que en mí haya
[q] Hech. 3. 12. mas que en todos los vivientes [q], sino
para que yo notifique al rey la declaracion, y que entendieses los pensamientos de tu corazon.
31 ¶ Tú, oh rey, veias, y hé aquí una
grande imágen. Esta imágen, que era
muy grande, y cuya gloria era muy sublime, estaba en pié delante de tí, y su
aspecto *era* terrible.
32 La cabeza de esta imágen era de
fino oro; sus pechos y sus brazos, de
plata; su vientre y sus muslos, de metal;
33 Sus piernas, de hierro; sus piés,
en parte de hierro, y en parte de barro
cocido.
34 Estabas mirando, hasta que una
[r] Mat. 21. 42, 44. piedra [r] fué cortada, no con mano, la
cual hirió á la imágen en sus piés de
hierro y de barro cocido, y los desmenuzó.
35 Entónces fué tambien desmenuzado
el hierro, el barro cocido, el metal, la
plata, y el oro, y se tornaron como ta-
[s] Sal. 1. 4. Is. 17. 13. mo [s] de las eras del verano; y levantólos
el viento, y nunca mas se les halló lugar. Mas la piedra que hirió á la imágen, fué hecha un gran monte, que
[t] 1 Co. 15. 25. hinchió toda la tierra [t].
36 Este *es* el sueño: la declaracion de
él dirémos tambien en presencia del
rey.
[u] Is. 47. 5. Ez. 26. 7. 37 ¶ Tú, oh rey, eres rey de reyes [u];
porque el Dios del cielo te ha dado reino,
potencia, y fortaleza, y majestad.
38 Y todo lo que habitan hijos de hombres, bestias del campo, y aves del cielo,
ha él entregado en tu mano, y te ha
hecho enseñorear sobre todo ello. Tú
eres aquella cabeza de oro.
39 Y despues de tí se levantará otro
[x] Cap. 5. 28. y 8. 20. 2 Cr. 36. 20. reino [x] menor que tú; y otro tercer reino
de metal, el cual se enseñoreará de toda
la tierra.
[y] Lm. 2. 1. 40 Y el reino cuarto [y] será fuerte como
hierro; y como el hierro desmenuza y
doma todas las cosas, y como el hierro
que quebranta todas estas cosas, desmenuzará y quebrantará.
41 Y lo que viste de los piés y los dedos, en parte de barro cocido de alfarero, y en parte de hierro, el reino
será dividido; mas habrá en él *algo* de
fortaleza de hierro, segun que viste el
hierro mezclado con el tiesto de barro.
42 Y *por ser* los dedos de los piés en
parte de hierro, y en parte de barro cocido, en parte será el reino fuerte, y en
parte será frágil.
43 Cuanto á aquello que viste el hierro
mezclado con tiesto de barro, mezclaránse con simiente humana, mas no se
pegarán el uno con el otro, como el
hierro no se mistura con el tiesto.
[z] ver. 42. Cap. 7. 24. Ap. 17. 12, 14. 44 Y en los dias de estos reyes [z] levantará el Dios cielo un reino que nunca
[a] Mic. 4. 7. Luc. 1. 32, 33. Ap. 11. 15. jamas se corromperá [a]: y no será dejado
á otro pueblo este reino, *el cual* desmenuzará y consumirá todos estos reinos [b],
[b] Sal. 2. 9. y 110. 5, 6. y él permanecerá para siempre;
45 De la manera que viste que del
monte fué cortada una piedra, no con
manos, la cual desmenuzó al hierro, al
metal, al tiesto, á la plata, y al oro. El
gran Dios ha mostrado al rey lo que ha
de acontecer en lo por venir: y el sueño
es verdadero, y fiel su declaracion.
46 ¶ Entónces el rey Nabucodonosor
cayó sobre su rostro, y humillóse á
Daniel; y mandó que le sacrificasen
presentes y perfumes.
47 El rey habló á Daniel, y dijo: Ciertamente que el Dios vuestro es Dios
de dioses, y el Señor de los reyes, y el
descubridor de los misterios; pues pudiste revelar este arcano.
48 Entónces el rey engrandeció á Daniel, y le dió muchos y grandes dones;
y púsolo por gobernador de toda la provincia de Babilonia, y por príncipe de
los gobernadores sobre todos los sabios
de Babilonia [c]. [c] Cap. 4. 6. y 5. 11.
49 Y Daniel solicitó del rey, y él puso
sobre los negocios de la provincia de
Babilonia á Sadrach, Mesach, y Abed-nego: y Daniel *estaba* á la puerta del
rey.

CAPITULO III.

Sadrach, Mesach, y Abed-nego, por guardarse limpios de idolatría, son echados por órden de Nabucodonosor en un horno ardiendo, cuyo fuego quemó á sus verdugos quedando ellos ilesos. Visto el milagro, Nabucodonosor los manda salir, y confiesa al Dios de ellos, y los ennoblece en su reino.

EL rey Nabucodonosor hizo una estatua de oro, la altura de la cual era
de sesenta codos, su anchura de seis codos: levantóla en el campo de Dura, en
la provincia de Babilonia.
2 Y envió el rey Nabucodonosor á juntar los grandes, los asistentes y capitanes, oidores, receptores, los del consejo,
presidentes, y á todos los gobernadores
de las provincias, para que viniesen á la
dedicacion de la estatua que el rey Nabucodonosor habia levantado.
3 Fueron pues reunidos los grandes,
los asistentes y capitanes, los oidores,
receptores, los del consejo, los presidentes, y todos los gobernadores de las provincias, á la dedicacion de la estatua
que el rey Nabucodonosor habia levantado: y estaban en pié delante de la
estatua que habia levantado el rey Nabucodonosor.
4 Y el pregonero pregonaba en alta
voz: Mándase á vosotros, oh pueblos,
naciones, y lenguas [a]; [a] Cap. 4. 1. y 6. 25.
5 En oyendo el son de la bocina, del
pífano, del tamboril, del harpa, del salterio, de la sinfonía, y de todo instrumento músico, os postraréis y adoraréis
la estatua de oro que el rey Nabucodonosor ha levantado.
6 Y cualquiera que no se postráre y
la adoráre, en la misma hora será echado dentro de un horno de fuego ardiendo.
7 Por lo cual en oyendo todos los pueblos el son de la bocina, del pífano, del
tamboril, del harpa, del salterio, de la
sinfonía, y de todo instrumento músico,
todos los pueblos, naciones, y lenguas,
se postraron, y adoraron la estatua de
oro que el rey Nabucodonosor habia
levantado.
8 ¶ Por esto en el mismo tiempo *algunos* varones Caldéos se llegaron, y
denunciaron de los Judíos,
9 Hablando y diciendo al rey Nabucodonosor: Rey, para siempre vive [b]. [b] Cap. 2. 4. y 6. 21.
10 Tú, oh rey, pusiste ley, que todo
hombre en oyendo el son de la bocina,
del pífano, del tamboril, del harpa, del
salterio, de la sinfonía, y de todo instrumento músico, se postrase y adorase la
estatua de oro:

11 Y el que no se postrase y *la* adorase, fuese echado dentro de un horno de fuego ardiendo.

12 Hay *unos* varones Judíos, los cuales pusiste tú sobre los negocios de la provincia de Babilonia, Sadrach, Mesach, y Abed-nego; estos varones, oh rey, no han hecho cuenta de tí, no adoran tus dioses, no adoran la estatua de oro que tú levantaste.

13 ¶ Entónces Nabucodonosor dijo con ira y con enojo que trajesen á Sadrach, Mesach, y Abed-nego. Al punto fueron traidos estos varones delante del rey.

14 Habló Nabucodonosor, y díjoles: ¿ Es verdad, Sadrach, Mesach, y Abed-nego, que vosotros no honrais á mi dios, ni adorais la estatua de oro que he levantado?

15 Ahora pues, ¿ estais prestos para que en oyendo el son de la bocina, del pífano, del tamboril, del harpa, del salterio, de la sinfonía, y de todo instrumento músico, os postreis y adoreis la estatua que he hecho? Porque si no la adoráreis, en la misma hora seréis echados en medio de un horno de fuego ardiendo: ¿ y qué dios *será* aquel que os libre de mis manos *c*?

16 Sadrach, Mesach, y Abed-nego, respondieron y dijeron al rey Nabucodonosor: No cuidamos de responderte sobre este negocio.

17 Hé aquí nuestro Dios á quien honramos, puede librarnos del horno de fuego ardiendo; y de tu mano, oh rey, nos librará.

18 Y si no, sepas, oh rey, que tu dios no adoraré́mos *d*, ni tampoco honrarémos la estatua que has levantado.

19 ¶ Entónces Nabucodonosor fué lleno de ira, y demudóse la figura de su rostro sobre Sadrach, Mesach, y Abed-nego: *así* habló, y ordenó que el horno se encendiese siete veces tanto de lo que cada vez solia.

20 Y mandó á hombres muy vigorosos que *tenia* en su ejército, que atasen á Sadrach, Mesach, y Abed-nego, para echarlos en el horno de fuego ardiendo.

21 Entónces estos varones fueron atados, con sus mantos, y sus calzas, y sus turbantes, y sus vestidos, y fueron echados dentro del horno de fuego ardiendo:

22 Porque la palabra del rey daba priesa, y habia procurado que se encendiese mucho. *Pero* la llama del fuego mató á aquellos que habian alzado á Sadrach, Mesach, y Abed-nego.

23 Y estos tres varones, Sadrach, Mesach, y Abed-nego, cayeron atados dentro del horno de fuego ardiendo.

24 ¶ Entónces el rey Nabucodonosor *se* espantó, y levantóse apriesa, y habló, y dijo á los de su consejo: ¿ No echaron tres varones atados dentro del fuego? Ellos respondieron y dijeron al rey: Es verdad, oh rey.

25 Respondió él y dijo: Hé aquí que yo veo cuatro varones sueltos, que se pasean en medio del fuego, y ningun daño hay en ellos; y el parecer del cuarto *es* semejante á hijo de Dios.

26 Entónces Nabucodonosor se acercó á la puerta del horno de fuego ardiendo, y habló y dijo: Sadrach, Mesach, y Abed-nego, siervos del alto Dios, salid y venid. Entónces Sadrach, Mesach, y Abed-nego, salieron de en medio del fuego.

27 Y juntáronse los grandes, los gobernadores, y los capitanes, y los del consejo del rey, para mirar estos varones, como el fuego no se enseñoreó de sus cuerpos: ni cabello de sus cabezas fué quemado, ni sus ropas se mudaron, ni olor de fuego habia pasado por ellos.

28 Nabucodonosor habló *de nuevo*, y dijo: Bendito el Dios de ellos, de Sadrach, Mesach, y Abed-nego, que envió su ángel *e*, y libró sus siervos que esperaron en él *f*, y el mandamiento del rey mudaron, y entregaron sus cuerpos ántes que sirviesen ni adorasen otro dios que su Dios.

29 Por mí pues se pone decreto, que todo pueblo, nacion, ó lengua, que dijere blasfemia contra el Dios de Sadrach, Mesach, y Abed-nego, sea descuartizado, y su casa sea puesta por muladar: por cuanto no hay Dios que pueda librar como este.

30 Entónces el rey engrandeció á Sadrach, Mesach, y Abed-nego, en la provincia de Babilonia.

CAPITULO IV.

Sueño de Nabucodonosor interpretado por Daniel. El rey echado de su reino, vivió siete años con las bestias; hasta que reconociendo la mano de Dios, fué restituido al trono.

NABUCODONOSOR rey, á todos los pueblos, naciones, y lenguas *a*, que moran en toda la tierra, paz os sea multiplicada.

2 Las señales y milagros que el alto Dios *b* ha hecho conmigo, conviene que yo las publique.

3 ¡ Cuán grandes *son* sus señales, y cuan potentes sus maravillas *c*! Su reino, reino sempiterno, y su señorío hasta generacion y generacion.

4 ¶ Yo Nabucodonosor estaba quieto en mi casa, y floreciente en mi palacio.

5 Vi un sueño que me espantó, y las imaginaciones y visiones de mi cabeza me turbaron en mi cama.

6 Por lo cual yo puse mandamiento para hacer venir delante de mí todos los sabios de Babilonia, que me mostrasen la declaracion del sueño.

7 Y vinieron magos, astrólogos, Caldéos, y adivinos *d*: y dije el sueño delante de ellos, mas nunca me mostraron su declaracion;

8 Hasta tanto que entró delante de mí Daniel, cuyo nombre es Beltsasar, como el nombre de mi dios, y en el cual hay espíritu de los dioses santos, y dije el sueño delante de él.

9 Beltsasar, príncipe de los magos *e*, ya que he entendido que hay en tí espíritu de los dioses santos, y que ningun misterio se te esconde, exprésame las visiones de mi sueño que he visto, y su declaracion.

10 *Aquestas* las visiones de mi cabeza en mi cama: Parecíame que veia un árbol *f* en medio de la tierra, cuya altura era grande.

11 Crecia este árbol, y haciase fuerte, y su altura llegaba hasta el cielo, y su vista hasta el cabo de toda la tierra:

12 Su copa *era* hermosa, y su fruto en abundancia; y para todos *habia* en él mantenimiento. Debajo de él se ponian á la sombra las bestias del campo, y en sus ramas *g* hacian morada las aves del cielo, y manteníase de él toda carne.

13 Veia en las visiones de mi cabeza en mi cama, y hé aquí que un velador y Santo descendia del cielo,

14 Y clamaba fuertemente, y decia así: Cortad el árbol, y desmochad sus ramas; derribad su copa, y derramad su fruto: váyanse las bestias que estan debajo de él, y las aves de sus ramas.

15 Mas la cepa *h* de sus raices dejaréis

c ver. 15. Cap. 2. 5. 2 Rey. 18. 35.

d Hech. 4. 19. y 5. 29. Ex. 20. 3. 12. 4. 5.

e ver. 25. Cap. 6. 22. Gen. 19. 16. Sal. 34. 7, 8. y 103. 20. Hech. 5. 19. y 12. 11. y 27. 23. Heb. 1. 14.

f Cap. 6. 23. Jer. 17. 7.

a Cap. 3. 4. y 6. 25, 27.

b Cap. 3. 26.

c Sal. 86. 10.

d Cap. 2. 1, 2.

e Cap. 2. 48. y 5. 11.

f Ez. 31. 3, etc.

g Mat. 13. 32.

h Job 14. 7, 9.

en la tierra, y con atadura de hierro y de metal *quede* entre la yerba del campo; y sea mojado con el rocío del cielo, y su parte con las bestias en la yerba de la tierra.

16 Su corazon sea mudado de corazon de hombre, y séale dado corazon de bestia, y pasen sobre él siete tiempos.

17 Por sentencia de los veladores[i] *se acuerda* el negocio, y por dicho de Santos la demanda: para que conozcan los vivientes que el Altísimo se enseñoréa del reino de los hombres[k], y que á quien él quiere lo da, y constituye sobre él al mas bajo de los hombres.

18 Yo el rey Nabucodonosor he visto este sueño. Tú pues, Beltsasar, dirás la declaracion de él, porque todos los sabios de mi reino nunca pudieron mostrarme su interpretacion: mas tú puedes, porque hay en tí espíritu de los dioses santos[l].

19 ¶ Entónces Daniel, cuyo nombre *era* Beltsasar, estuvo callando casi una hora, y sus pensamientos lo espantaban. El rey *entónces* habló, y dijo: Beltsasar, el sueño ni su declaracion no te espanten. Respondió Beltsasar, y dijo: Señor mio, el sueño sea para tus enemigos, y su declaracion para los que mal te quieren[m].

20 El árbol que viste, que crecia y se hacia fuerte, y que su altura llegaba hasta el cielo, y su vista por toda la tierra;

21 Y cuya copa *era* hermosa, y su fruto en abundancia, y que para todos *habia* mantenimiento en él; debajo del cual moraban las bestias del campo, y en sus ramas habitaban las aves del cielo[n];

22 Tú mismo *eres*, oh rey[o], que creciste, y te hiciste fuerte; pues creció tu grandeza, y ha llegado hasta el cielo, y tu señorío hasta el cabo de la tierra[p].

23 Y cuanto á lo que vió el rey, un velador y santo que descendia del cielo, y decia: Cortad el árbol, y destruidlo; mas la cepa de sus raices dejaréis en la tierra, y con atadura de hierro y de metal *quede atado* en la yerba del campo, y sea mojado con el rocío del cielo, y su parte sea con las bestias del campo, hasta que pasen sobre él siete tiempos:

24 Esta es la declaracion, oh rey, y la sentencia del Altísimo que ha venido sobre el rey mi señor:

25 Que te echarán[q] de entre los hombres, y con las bestias del campo *será* tu morada, y con yerba del campo te apacentarán como á los bueyes, y con rocío del cielo serás bañado; y siete tiempos pasarán sobre tí, hasta que entiendas que el Altísimo se enseñorea en el reino de los hombres[r], y que á quien él quisiere lo dará[s].

26 Y lo que dijeron, que dejasen en la tierra la cepa de las raices del mismo árbol, *significa que* tu reino se te quedará firme, luego que entiendas que el señorío[t] *es* en los cielos.

27 Por tanto, oh rey, aprueba mi consejo, y redime tus pecados con justicia[u], y tus iniquidades con misericordias para con los pobres[x]; que tal vez será eso una prolongacion de tu tranquilidad.

28 ¶ Todo aquesto vino sobre el rey Nabucodonosor.

29 A cabo de doce meses andandose paseando sobre el palacio del reino de Babilonia,

30 Habló el rey, y dijo: ¿No es esta la gran Babilonia, que yo edifiqué para casa del reino con la fuerza de mi poder, y para gloria de mi grandeza?

[i] 1 Rey. 22. 19, etc. Job 1. 6. Sal. 89. 7.
[k] ver. 25, 32, 35.
[l] ver. 8. Gen. 41. 38.
[m] Sal. 115. 3. y 135. 6.
[n] ver. 12.
[o] Cap. 2. 38.
[p] Jer. 27. 6, 8.
[q] ver. 32. Cap. 5. 20.
[r] ver. 17. Sal. 83. 18.
[s] Jer. 27. 5.
[t] Lu. 15. 21.
[u] Is. 55. 7.
[x] Sal. 41. 1, 2.

31 Aun estaba la palabra en la boca del rey, cuando cae una voz del cielo: A tí dicen, rey Nabucodonosor; El reino es traspasado de tí:

32 Y de entre los hombres[y] te echan, y con las bestias del campo *será* tu morada, y como á los bueyes te apacentarán; y siete tiempos pasarán sobre tí, hasta que conozcas que el Altísimo se enseñorea en el reino de los hombres, y á quien él quisiere lo dará.

33 En la misma hora se cumplió la palabra sobre Nabucodonosor, y fué echado de entre los hombres; y comia yerba como los bueyes, y su cuerpo se bañaba con el rocío del cielo, hasta que su pelo creció como de águila, y sus uñas como de aves.

34 Mas al fin del tiempo yo Nabucodonosor alcé mis ojos al cielo, y mi sentido me fué vuelto; y bendije al Altísimo, y alabé y glorifiqué al que vive para siempre[z], porque su señorío *es sempiterno*[a], y su reino por todas las edades:

35 Y todos los moradores de la tierra por nada son contados[b]; y en el ejército del cielo, y en los habitantes de la tierra[c], hace segun su voluntad; ni hay quien lo estorbe con su mano[d], y le diga: Qué haces[e]?

36 En el mismo tiempo mi sentido me fué vuelto, y *torné* á la majestad de mi reino: mi dignidad y mi grandeza volvieron á mí, y mis gobernadores y mis grandes me buscaron; y fuí restituido á mi reino, y mayor grandeza me fué añadida[f].

37 Ahora yo Nabucodonosor alabo, engrandezco y glorifico al Rey del cielo, porque todas sus obras son verdad[g], y sus caminos juicio; y humillar puede á los que andan con soberbia[h].

CAPITULO V.

Por una escritura milagrosa es denunciada su asolacion al rey de Babilonia, por haber profanado los vasos sagrados del Templo, y por su soberbia estando cercado de los Persas. Declárale Daniel la escritura, y se efectua aquella noche.

EL rey Belsasar hizo un grande banquete[a] á mil de sus príncipes, y en presencia de los mil bebia vino.

2 Belsasar, con el gusto del vino, mandó que trajesen los vasos de oro[b] y de plata, que Nabucodonosor su padre habia traido del Templo de Jerusalem, para que bebiesen con ellos el rey y sus príncipes, sus mujeres, y sus concubinas.

3 Entónces fueron traidos los vasos de oro que habian traido del templo, de la casa de Dios que *estaba* en Jerusalem, y bebieron con ellos el rey y sus príncipes, sus mujeres, y sus concubinas.

4 Bebieron vino, y alabaron á los dioses de oro, y de plata, de metal, de hierro, de madera, y de piedra[c].

5 ¶ En aquella misma hora salieron unos dedos de mano de hombre, y escribian delante del candelero sobre lo encalado de la pared del palacio real, y el rey veia la palma de la mano que escribia.

6 Entónces el rey se demudó de su color, y sus pensamientos lo turbaron, y desatáronse[d] las ceñiduras de sus lomos, y sus rodillas se batian la una con la otra[e].

7 El rey clamó en alta voz que hiciesen venir magos, Caldéos, y adivinos[f]. Y habló el rey, y dijo á los sabios de Babilonia: Cualquiera que leyere esta escritura, y me mostráre su declaracion, será

[y] ver. 25, 26.
[z] Cap. 12. 7. Ap. 4. 10.
[a] Cap. 7. 14. Sal. 10. 16. Jer. 10. 10.
[b] Is. 40. 15, 17.
[c] Sal. 115. 3. y 135. 6.
[d] Is. 43. 13.
[e] Job 9. 12. Is. 45. 9. Ro. 9. 20.
[f] Job 42. 12.
[g] Deu. 32. 4. Ap. 15. 3.
[h] Cap. 5. 20. Ex. 18. 11. Job 40. 6, 7.
[a] Est. 1. 3.
[b] Cap. 1. 2. Jer. 52. 19.
[c] Ap. 9. 20.
[d] Is. 5. 27.
[e] Na. 2. 10.
[f] Cap. 2. 2. Is. 47. 13.

vestido de púrpura, y tendrá collar de oro á su cuello, y en el reino se enseñoreará el tercero.

8 Entónces fueron introducidos todos los sabios del rey, y no pudieron leer la escritura, ni mostrar al rey su declaracion.

9 Entónces el rey Belsasar fué muy turbado, y se le mudaron sus colores, y alteráronse sus príncipes.

10 ¶ La reina, por las palabras del rey y de sus príncipes, entró á la sala del banquete. *Y* habló la reina y dijo: Rey, para siempre vive[g]: no te asombren tus pensamientos, ni tus colores se demuden:

p. 3. 9.

11 En tu reino hay un varon, en el cual *mora* el espíritu de los dioses santos[h]; y en los dias de tu padre se halló en él luz, é inteligencia, y sabiduría, como ciencia de los dioses; al cual el rey Nabucodonosor, tu padre, el rey tu padre constituyó príncipe sobre todos los magos, astrólogos, Caldéos, y adivinos[i]:

p. 4. 8, 8.

p. 2. 48.

12 Por cuanto fué hallado en él mayor espíritu, y ciencia, y entendimiento, interpretando sueños, y declarando preguntas, y deshaciendo dudas, es á saber, en Daniel; al cual el rey puso por nombre Beltsasar. Llámese pues ahora Daniel, y él mostrará la declaracion.

13 Entónces Daniel fué traido delante del rey. *Y* habló el rey, y dijo á Daniel: ¿ Eres tú aquel Daniel de los hijos de la cautividad de Judá; que mi padre trajo de Judéa?

14 Yo he oido de tí que el espíritu de los dioses santos está en tí, y que en tí se halló luz y entendimiento, y mayor sabiduría.

15 Y ahora fueron traidos delante de mí sabios, astrólogos, que leyesen esta escritura, y me mostrasen su interpretacion; pero no han podido mostrar la declaracion del negocio.

16 Yo pues he oido de tí que puedes declarar las dudas, y desatar dificultades. Si ahora pudieres leer esta escritura, y mostrarme su interpretacion, serás vestido de púrpura, y collar de oro *será puesto* en tu cuello, y en el reino serás el tercer señor.

17 ¶ Entónces Daniel respondió, y dijo delante del rey: Tus dones séanse para tí, y tus presentes dálos á otro. La escritura yo la leeré al rey, y le mostraré la declaracion.

18 El altísimo Dios, oh rey, dió á Nabucodonosor tu padre el reino, y la grandeza, y la gloria, y la honra:

19 Y por la grandeza que le dió, todos los pueblos, naciones, y lenguas, temblaban y temian delante de él. Los que él queria, mataba; y daba vida á los que queria: engrandecia los que queria; y los que queria humillaba.

20 Mas cuando su corazon se ensoberbeció, y su espíritu se endureció en altivez, fué depuesto del trono de su reino, y traspasaron de él la gloria.

21 Y fué echado de entre los hijos de los hombres; y su corazon fué puesto con las bestias, y con los asnos monteses fué su morada. Yerba le hicieron comer, como á buey, y su cuerpo fué bañado con el rocío del cielo, hasta que conoció que el altísimo Dios se enseñorea del reino de los hombres, y *que* pondrá sobre él al que quisiere.

22 Y tú, su hijo Belsasar, no has humillado tu corazon[k], sabiendo todo esto;

. 33. 23.
. 12.
. 4. 6.

23 Antes contra el Señor del cielo te has ensoberbecido, é hiciste traer delante de tí los vasos de su casa, y tú, y tus príncipes, tus mujeres, y tus concubinas, bebisteis vino en ellos: demas de esto á dioses de plata y de oro, de metal, de hierro, de madera, y de piedra, que ni ven ni oyen, ni saben, diste alabanza[l]: y al Dios en cuya mano está tu vida[m], y son todos tus caminos, nunca honraste.

[l] Juec. 16. 23.
[m] Hech. 17. 28, 29.

24 Entónces de su presencia fué enviada la palma de la mano, que esculpió esta escritura.

25 ¶ Y la escritura que esculpió *es* MENE‖, MENE, TEKEL†, UPHARSIN‡.

‖ *Contó.*
† *Acabado.*
‡ *rompido en pedasos.*

26 La declaracion del negocio *es:* MENE, Contó Dios tu reino, y halo rematado.

27 TEKEL, Pesado has sido en balanza[n], y fuiste hallado falto.

[n] Job 31. 6. Sal. 62. 9.

28 PERES, Tu reino fué rompido, y es dado[o] á Medos y Persas.

[o] Is. 21. 2, etc.

29 ¶ Entónces, mandandolo Belsasar, vistieron á Daniel de púrpura, y en su cuello fué puesto un collar de oro, y pregonaron de él que fuese el tercer señor en el reino[p].

[p] ver. 7. 16.

30 La misma noche fué muerto[q] Belsasar, rey de los Caldéos.

[q] Jer. 51. 31, 39.

31 Y Darío de Media[r] tomó el reino, *siendo* de sesenta y dos años.

[r] Cap. 9. 1.

CAPITULO VI.

Daniel acusado con envidia por los príncipes de Darío, es echado en el foso de los leones porque oraba á Dios contra el insidioso edicto del rey: mas Dios le libra, y sus adversarios son echados á los leones por órden del rey; el cual, visto el milagro, manda por público edicto que el Dios de Daniel sea honrado en toda su tierra.

PARECIÓ bien á Darío constituir sobre el reino ciento y veinte gobernadores[a], que estuviesen en todo el reino;

[a] Est. 1. 1.

2 Y sobre ellos tres presidentes, de los cuales Daniel *era* el uno, á quienes estos gobernadores diesen cuenta, porque el rey no recibiese daño.

3 Pero el mismo Daniel era superior á estos gobernadores y presidentes, porque habia en él mas abundancia de Espíritu[b]; y el rey pensaba de ponerlo sobre todo el reino.

[b] Cap. 5. 12.

4 ¶ Entónces los presidentes y gobernadores buscaban ocasiones contra Daniel[c], por parte del reino; mas no podian hallar alguna ocasion ó falta, porque él era fiel, y ningun vicio ni falta fué en él hallado.

[c] Sal. 37. 12, etc. Ec. 4. 4.

5 Entónces dijeron aquellos hombres: No hallarémos contra este Daniel ocasion alguna, si no la hallamos contra él en la ley de su Dios.

6 Entónces estos gobernadores y presidentes se juntaron delante del rey, y le dijeron así: Rey Darío, para siempre vive[d]:

[d] ver. 21. Cap. 5. 10. Ne. 2. 3.

7 Todos los presidentes del reino, magistrados, gobernadores, grandes, y capitanes, han acordado por consejo promulgar un real edicto, y confirmarlo, que cualquiera que demandáre peticion de cualquier dios ú hombre en el espacio de treinta dias, sino de tí, oh rey, sea echado en el foso de los leones.

8 Ahora, oh rey, confirma el edicto, y firma la escritura, para que no se pueda mudar, conforme á la ley de Media y de Persia, la cual no se revoca[e].

[e] Est. 1. 19. y 8. 8.

9 Firmó pues el rey Darío la escritura y el edicto.

10 ¶ Y Daniel, cuando supo que la escritura estaba firmada, entróse en su casa, y abiertas las ventanas de su cá-

mara que estaban hácia Jerusalem[f], hincábase de rodillas tres veces al dia, y oraba, y confesaba delante de su Dios, como lo solia hacer ántes.

11 Entónces se juntaron aquellos hombres, y hallaron á Daniel orando y rogando delante de su Dios.

12 Llegáronse luego, y hablaron *así* delante del rey acerca del edicto real: ¿No has confirmado edicto que cualquiera que pidiere á cualquier dios ú hombre en el espacio de treinta dias, excepto á tí, oh rey, fuese echado en el foso de los leones? Respondió el rey y dijo: Verdad es, conforme á la ley de Media y de Persia, la cual no se abroga[g].

13 Entónces respondieron y dijeron delante del rey: Daniel, que es de los hijos de la cautividad de los Judíos[h], no ha hecho cuenta de tí, oh rey, ni del edicto que confirmaste[i]; ántes tres veces al dia hace su peticion.

14 El rey entónces, oyendo el negocio, pesóle[k] en grande manera, y sobre Daniel puso cuidado para librarlo; y hasta puestas del sol trabajó por librarle.

15 Empero aquellos hombres se reunieron cerca del rey, y dijeron al rey: Sepas, oh rey, que es ley de Media y de Persia, que ningun decreto ú ordenanza que el rey confirmáre pueda mudarse.

16 Entónces el rey mandó, y trajeron á Daniel, y echáronlo en el foso de los leones. Y hablando el rey dijo á Daniel: El Dios tuyo, á quien tú continuamente sirves, él te libre[l].

17 Y fué traida una piedra, y puesta sobre la puerta del foso, la cual selló[m] el rey con su anillo, y con el anillo de sus príncipes, porque el acuerdo acerca de Daniel no se mudase.

18 Fuése luego el rey á su palacio, y acostóse ayuno; ni instrumentos de música fueron traidos delante de él, y se le fué el sueño.

19 ¶ El rey, por tanto, se levantó muy de mañana, y fué apriesa al foso de los leones:

20 Y llegandose cerca del foso llamó á voces á Daniel con voz triste; y hablando el rey dijo á Daniel: Daniel, siervo del Dios viviente, el Dios tuyo, á quien tú continuamente sirves, ¿te ha podido librar de los leones?

21 Entónces habló Daniel con el rey: Oh rey, para siempre vive[n].

22 El Dios mio envió su ángel[o], el cual cerró la boca de los leones[p], para que no me hiciesen mal: porque delante de él se halló en mí justicia[q]; y aun delante de tí, oh rey, yo no he hecho lo que no debiese[r].

23 Entónces se alegró el rey en gran manera á causa de él, y mandó sacar á Daniel del foso: y fué Daniel sacado del foso, y ninguna lesion se halló en él, porque creyó en su Dios[s].

24 Y mandandolo el rey, fueron traidos aquellos hombres que habian acusado á Daniel, y fueron echados en el foso de los leones[t], ellos, sus hijos[u], y sus mujeres; y aun no habian llegado al suelo del foso, cuando los leones se apoderaron de ellos, y quebrantaron todos sus huesos.

25 ¶ Entónces el rey Darío escribió á todos los pueblos, naciones, y lenguas, que habitan en toda la tierra: Paz os sea multiplicada[x].

26 De parte mia es puesta ordenanza, que en todo el señorío de mi reino todos teman y tiemblen de la presencia del Dios de Daniel: porque él es el Dios viviente[y] y permanente por todos los siglos, y su reino *tal* que no será deshecho, y su señorío hasta el fin:

27 Que salva y libra[z], y hace señales y maravillas en el cielo y en la tierra; el cual libró á Daniel del poder de los leones.

28 Y este Daniel fué prosperado durante el reino de Darío, y durante el reinado de Ciro, Persa[a].

[f] 1 Rey. 8. 44, 48. Sal. 55. 17.
[g] ver. 8.
[h] Cap. 5. 13.
[i] Cap. 3. 12. Hech. 4. 17, 19. y 5. 29.
[k] Mar. 6. 26.
[l] Sal. 37. 39, 40.
[m] Mat. 27. 66.
[n] ver. 6. Cap. 2. 4.
[o] Cap. 3. 28.
[p] Heb. 11. 33.
[q] Sal. 18. 20, 24. y 26. 6.
[r] Hech. 24. 16.
[s] 1 Cr. 5. 20. Sal. 22. 4. Pr. 29. 25. 2 Co. 1. 9, 10.
[t] Deu. 19. 19.
[u] Est. 9. 10.
[x] Cap. 4. 1.
[y] Cap. 4. 34.
[z] Sal. 33. 7.
[a] Cap. 1. 21. Esd. 1. 1, 2.

CAPITULO VII.

En una vision de cuatro bestias son mostrados á Daniel cuatro reinos, del último de los cuales, que seria mayor que los demás, se levantaria otro que altanero pensaria mudar los tiempos y la ley, y haria guerra contra los santos, y los venceria, hasta que por especial intervencion y providencia del Altísimo, á cuyo reino han de servir y obedecer todas las potestades, será dado el reino y el señorío, y la majestad de los reinos debajo de todo el cielo, al pueblo de los verdaderos fieles, llamados santos.

EN el primer año de Belsasar, rey de Babilonia, vió Daniel un sueño y visiones[a] de su cabeza en su cama: luego escribió el sueño, notó la suma de los negocios.

2 Habló *despues* Daniel y dijo: Veia yo en mi vision de noche, y hé aquí que los cuatro vientos[b] del cielo combatian la gran mar[c].

3 Y cuatro bestias grandes, diferentes la una de la otra, subian de la mar[d].

4 La primera[e] *era* como leon, y tenia alas de águila[f]. Yo estaba mirando hasta tanto que sus alas fueron arrancadas, y fué quitada de la tierra: y púsose enhiesta sobre los piés á manera de hombre, y fuéle dado corazon de hombre[g].

5 Y hé aquí otra segunda[h] bestia, semejante á un oso, la cual se puso al un lado, y tenia en su boca tres costillas entre sus dientes, y fuéle dicho así: Levántate, traga carne mucha.

6 Despues de esto yo miraba, y hé aquí otra[i] semejante á un tigre, y tenia cuatro alas de ave en sus espaldas: tenia tambien esta bestia cuatro cabezas; y fuéle dada potestad.

7 Despues de esto miraba yo en las visiones de la noche, y hé aquí la cuarta[k] bestia, espantosa y terrible, y en grande manera fuerte, la cual tenia unos dientes grandes de hierro. Devoraba y desmenuzaba, y las sobras hollaba con sus piés: y era muy diferente de todas las bestias que habian sido ántes de ella, y tenia diez cuernos[l].

8 Estando yo contemplando los cuernos, hé aquí que otro cuerno pequeño[m] subia entre ellos, y delante de él fueron arrancados tres cuernos de los primeros: y hé aquí que en este cuerno habia ojos como ojos de hombre[n], y una boca que hablaba grandezas[o].

9 Estuve mirando hasta que fueron traidas sillas[p]; y un anciano de grande edad se sentó, cuyo vestido *era* blanco como la nieve, y el pelo de su cabeza como lana limpia[q]: su silla *como* de llama de fuego; sus ruedas *como* fuego ardiente.

10 Un rio de fuego procedia[r] y salia de delante de él: millares de millares le servian, y millones de millones asistian delante de él[s]: el Juez se sentó, y los libros se abrieron.

11 Yo entónces miraba á causa de la voz de las grandes palabras que hablaba el cuerno: miraba hasta tanto que mataron la bestia, y su cuerpo fué deshecho, y entregado para ser quemado en el fuego[t].

[a] Nu. 12. 6. Amos 3. 7.
[b] Ap. 7. 1.
[c] Nu. 34. 6.
[d] Ap. 13. 1.
[e] Cap. 2. 37, Jer. 4. 7.
[f] Ez. 17. 3. Hab. 1. 8.
[g] Cap. 4. 16, etc.
[h] Cap. 2. 39.
[i] Cap. 2. 39 y 8. 5, 22.
[k] Cap. 2. 40. Ap. 13. 1, etc.
[l] Cap. 2. 41, 42.
[m] ver. 20, 21.
[n] Cap. 8. 23.
[o] Ap. 13. 5.
[p] Ap. 4. 4. y 20. 4.
[q] Ap. 1. 14.
[r] Sal. 50. 3.
[s] 1 Rey. 22. 19. Sal. 68. 17. Heb. 12. 22. Ap. 5. 11.
[t] Ap. 19. 20.

12 Habian tambien quitado á las otras bestias su señorío, y les habia sido dada prolongacion de vida[u] hasta cierto tiempo.

[u] Cap. 2. 35.

13 Miraba yo en la vision de la noche, y hé aquí en las nubes del cielo como un Hijo de hombre[x] que venia; y llegó hasta el Anciano de grande edad, é hiciéronle llegar delante de él.

[x] Mat. 26. 64. Ap. 1. 7, 13. y 14. 14.

14 Y fuéle dado señorío, y gloria, y reino[y]; y todos los pueblos, naciones, y lenguas, le sirvieron: su señorío, señorío eterno, que no será transitorio[z], y su reino, que no se corromperá.

[y] Sal. 2. 6, 8. y 110. 2. Lu. 19. 12, etc. 1 Co. 15. 25, 27.
[z] Cap. 2. 44. Sal. 145. 13.

15 ¶ Mi espíritu fué turbado, yo Daniel, en medio de mi cuerpo, y las visiones de mi cabeza me asombraron.

16 Lleguéme á uno de los que asistian, y preguntéle la verdad acerca de todo esto. Y hablóme, y declaróme la interpretacion de las *tales* cosas.

17 Estas grandes bestias, las cuales son cuatro, cuatro reyes son‖, que se levantarán en la tierra.

‖ *reinos*, cap. 2. 38, 39.

18 Despues tomarán el reino los santos del Altísimo, y poseerán el reino hasta el siglo, y hasta el siglo de los siglos.

19 ¶ Entónces tuve deseo de saber la verdad acerca de la cuarta bestia, que tan diferente era de todas las otras, espantosa en gran manera, que tenia dientes de hierro, y sus uñas de metal; *que* devoraba y desmenuzaba, y las sobras hollaba con sus piés:

20 Asimismo acerca de los diez cuernos que *tenia* en su cabeza, y del otro que habia subido, de delante del cual habian caido tres: y este mismo cuerno tenia ojos, y boca que hablaba grandezas, y su parecer mayor[a] que el de sus compañeros.

[a] Cap. 8. 9.

21 Y veia yo que este cuerno hacia guerra contra los santos[b], y los vencia,

[b] Cap. 8. 24. Ap. 13. 7, etc.

22 Hasta tanto que vino el Anciano de grande edad, y se dió el juicio á los santos del Altísimo; y vino el tiempo, y los santos poseyeron el reino.

23 Dijo así: La cuarta bestia será un cuarto reino en la tierra, el cual será mas grande que todos los otros reinos; y á toda la tierra devorará, y la hollará, y la despedazará.

24 Y los diez cuernos *significan que* de aquel reino se levantarán diez reyes; y tras ellos se levantará otro, el cual será mayor que los primeros, y á tres reyes derribará.

25 Y hablará palabras contra el Altísimo, y los santos del Altísimo quebrantará, y pensará de mudar los tiempos y la ley[c]: y entregados serán en su mano hasta tiempo, y tiempos, y el medio de un tiempo.

[c] Cap. 8. 11. 11. 31.

26 Empero se sentará el juez, y quitaránle su señorío, para que sea destruido y arruinado hasta el extremo;

27 Y que el reino, y el señorío, y la majestad de los reinos debajo de todo el cielo, sea dado al pueblo de los santos del Altísimo; cuyo reino *es* reino eterno, y todos los señoríos le servirán y obedecerán.

28 ¶ Hasta aquí fué el fin de la plática. Yo Daniel, mucho me turbaron mis pensamientos, y mi rostro se me mudó[d]: mas guardé en mi corazon el negocio‖.

[d] ...r. 15. ...p. 8. 27. ...0. 8.
‖ ...sta aquí ...texto ...ldéo ó ...ambo.

CAPITULO VIII.

Muéstrase á Daniel en vision un carnero, y despues un macho de cabrío, designandose en el primero el rey de los Medos y Persas, y en el segundo el rey de los Griegos. Vaticinio de un príncipe cruel, de cuya astucia, impiedad, y ruina, se da noticia al profeta.

EN el año tercero del reinado del rey Belsasar me apareció una vision á mí Daniel, despues de aquella que me habia aparecido ántes.

2 Vi en vision, (y aconteció cuando vi, que yo estaba en Susan[a], que es cabecera del reino en la provincia de Persia,) vi pues en vision estando junto al rio Ulai.

[a] Est. 1. 2.

3 Y alcé mis ojos, y miré, y hé aquí un carnero que estaba delante del rio, el cual tenia dos cuernos; y aunque eran altos, el uno era mas alto que el otro: y el mas alto subió á la postre.

4 Vi que el carnero heria con los cuernos al poniente, al Norte, y al Mediodia, y que ninguna bestia podia parar delante de él, ni habia quien escapase de su mano: y hacia conforme á su voluntad[b], y engrandecióse.

[b] Cap. 11. 3.

5 Y estando yo considerando, hé aquí un macho de cabrío[c] venia de la parte del poniente sobre la haz de toda la tierra, el cual no tocaba la tierra: y tenia aquel macho de cabrío un cuerno notable entre sus ojos.

[c] ver. 21.

6 Y vino hasta el carnero que tenia los dos cuernos, al cual habia yo visto que estaba delante del rio, y corrió contra él con la ira de su fortaleza.

7 Y vilo que llegó junto al carnero, y levantóse contra él, é hiriólo, y quebró sus dos cuernos, porque en el carnero no habia fuerzas para parar delante de él: derribólo por tanto en tierra, y hollólo; ni hubo quien librase al carnero de su mano.

8 Y engrandecióse en gran manera el macho de cabrío; y estando en su mayor fuerza, aquel gran cuerno fué quebrado, y en su lugar subieron otros cuatro[d] maravillosos hácia los cuatro vientos del cielo.

[d] Cap. 7. 6.

9 Y del uno de ellos salió un cuerno[e] pequeño, el cual creció mucho al Mediodia, y al Oriente, y hácia la *tierra* deseable[f].

[e] Cap. 7. 8. y 11. 21.
[f] Cap. 11. 16, 41.

10 Y engrandecióse hasta el ejército del cielo[g]; y *parte* del ejército y de las estrellas echó por tierra, y las holló.

[g] Cap. 12. 3. Ap. 12. 4.

11 Aun contra el Príncipe de la fortaleza se engrandeció; y por él fué quitado el continuo *sacrificio*[h], y el lugar de su santuario fué echado por tierra.

[h] Ex. 29. 38.

12 Y el ejército fuéle entregado á causa de la prevaricacion sobre el continuo *sacrificio*: y echó por tierra la verdad, é hizó *cuanto quiso*, y sucedióle prósperamente.

13 Y oí un santo[i] que hablaba; y otro de los santos dijo á un otro que hablaba: ¿Hasta cuando durará la vision del continuo *sacrificio*, y la prevaricacion asoladora que pone el santuario y el ejército para ser hollados?

[i] 1 Ped. 1. 12.

14 Y él me dijo: Hasta dos mil y trescientos *dias de* tarde y mañana: y el santuario será purificado.

15 ¶ Y acaeció que estando yo Daniel considerando la vision, y buscando su inteligencia, hé aquí que como una semejanza de hombre se puso delante de mí.

16 Y oí una voz de hombre entre Ulai, que gritó y dijo: Gabriel, enseña la vision á este.

17 Vino luego cerca de donde yo estaba; y con su venida me asombré, y caí sobre mi rostro. Empero él me dijo: Entiende, hijo del hombre, porque al tiempo se cumplirá la vision.

18 Y estando él hablando conmigo, caí dormido en tierra[k] sobre mi rostro: y él me tocó, é hízome estar en pié.

[k] Cap. 10. 9, 10. Lu. 9. 32.

19 Y dijo: Hé aquí *que* yo te enseñaré

lo que ha de venir en el fin de la ira: porque al tiempo se cumplirá *l*.

l Cap. 11. 40.

20 ¶ Aquel carnero que viste, que tenia cuernos, son los reyes de Media y de Persia.

21 Y el macho de cabrío *es* el rey de Javan; y el cuerno grande que *tenia* entre sus ojos *es* el rey primero.

22 Y que fué quebrado, y sucedieron cuatro en su lugar, *significa que* cuatro reinos sucederán de la *misma* nacion, mas no en la fortaleza de él *m*.

m Cap. 11. 4.

23 Y al cabo del imperio de estos, cuando se cumplirán los prevaricadores, levantaráse un rey altivo de rostro, y entendido en dudas,

24 Y su poder se fortalecerá, mas no con fuerza suya *n*: y destruirá maravillosamente, y prosperará; y hará *arbitrariamente*, y destruirá fuertes, y al pueblo de los santos *o*.

n Ap. 13. 2. y 17. 13, 17.
o ver. 10, 12, etc.

25 Y con su sagacidad hará prosperar el engaño en su mano: y en su corazon se engrandecerá, y con paz destruirá á muchos: y contra el Príncipe de los príncipes se levantará *p*; mas sin mano será quebrantado *q*.

p ver. 11. Ap. 19. 19.
q Cap. 2. 45.

26 Y la vision de la tarde y la mañana *r* que está dicha, es verdadera: y tú guarda *s* la vision, porque *es* para muchos dias.

r ver. 14.
s Cap. 12. 4. Is. 8. 16.

27 Y yo Daniel fuí quebrantado, y estuve enfermo *algunos* dias *t*: y cuando convalecí, hice el negocio del rey; mas estaba espantado acerca de la vision, y no habia quien la entendiese.

t Cap. 7. 28. y 10. 8.

CAPITULO IX.

Considerando Daniel llegarse ya el plazo de la cautividad de su pueblo, señalado por Jeremías, ora á Dios por el perdon de los pecados y restauracion del pueblo mismo: y estando orando, le es revelado el tiempo de la venida del Mesias, como tambien aquel en que quitarian la vida al mismo Mesias, y la ruina y asolamiento del pueblo Judáico.

EN el año primero de Darío *a*, hijo de Assuero, de la nacion de los Medos, el cual fué puesto por rey sobre el reino de los Caldéos;

a Cap. 5. 31.

2 En el año primero de su reinado, yo Daniel miré atentamente en los libros el número de los años, del cual habló Jehová al profeta Jeremías *b*, que habia de concluir la asolacion de Jerusalem en setenta años.

b Jer. 25. 11, 12. y 29. 10.

3 Y volví mi rostro al Señor Dios, buscándole en oracion y ruego, en ayuno, y cilicio, y ceniza.

4 Y oré á Jehová mi Dios, y confesé, y dije: Ahora Señor, Dios grande, digno de ser temido *c*, que guardas el pacto y la misericordia con los que te aman y guardan tus mandamientos *d*;

c Neh. 9. 32, etc.
d Ex. 20. 6.

5 Hemos pecado, hemos hecho iniquidad, hemos obrado impíamente *e*, y hemos sido rebeldes, y nos hemos apartado de tus mandamientos y de tus juicios.

e Sal. 106. 6.

6 No hemos obedecido á tus siervos *f* los profetas, que en tu nombre hablaron á nuestros reyes, y á nuestros príncipes, á nuestros padres, y á todo el pueblo de la tierra.

f 2 Cr. 36. 15, 16.

7 Tuya es, Señor, la justicia, y nuestra la confusion de rostro, como *es* en el dia de hoy á todo hombre de Judá, y á los moradores de Jerusalem, y á todo Israel, á los de cerca y á los de lejos, en todas las tierras adonde los has echado *g* á causa de su rebelion con que contra tí se rebelaron.

g Lev. 26. 33, 34.

8 Oh Jehová, nuestra es la confusion de rostro, de nuestros reyes, de nuestros príncipes, y de nuestros padres; porque contra tí pecamos.

9 De Jehová nuestro Dios *es* el tener misericordia, y el perdonar *h*, aunque contra él nos hemos rebelado;

h Sal. 130. 4, 7.

10 Y no obedecimos á la voz de Jehová nuestro Dios, para andar en sus leyes, las cuales puso él delante de nosotros por mano de sus siervos los profetas.

11 Y todo Israel traspasó tu ley *i* apartandose para no oir tu voz: por lo cual ha fluido sobre nosotros la maldicion, y el juramento que está escrito en la ley de Moises, siervo de Dios; porque contra él pecamos.

i Is. 1. 4, 6.

12 Y él ha verificado su palabra *k* que habló sobre nosotros, y sobre nuestros jueces que nos gobernaron, trayendo sobre nosotros tan grande mal; que nunca fué hecho debajo del cielo como el que fué hecho en Jerusalem *l*.

k La. 2. 17.
l La. 1. 12. y 2. 13.

13 Segun está escrito en la ley de Moises, todo aqueste mal vino sobre nosotros: y no hemos rogado á la faz de Jehová nuestro Dios, para convertirnos de nuestras maldades, y entender tu verdad.

14 Veló por tanto Jehová sobre el mal, y trájolo sobre nosotros; porque justo *es* Jehová nuestro Dios en todas sus obras que hizo: porque no obedecimos á su voz.

15 Ahora pues, Señor Dios nuestro, que sacaste tu pueblo de la tierra de Egipto con mano poderosa *m*, y te hiciste nombre cual en este dia; hemos pecado, impíamente hemos hecho.

m Ex. 6. 1, 6.

16 Oh Señor, segun todas tus justicias, apártese ahora tu ira y tu furor de sobre tu ciudad Jerusalem, tu santo monte: porque á causa de nuestros pecados, y por la maldad de nuestros padres, Jerusalem y tu pueblo *dados son* en oprobio á todos en derredor nuestro *n*.

n Sal. 44. 13. y 79. 4.

17 Ahora pues, Dios nuestro, oye la oracion de tu siervo, y sus ruegos, y haz que tu rostro resplandezca sobre tu santuario asolado, por amor del Señor.

18 Inclina, oh Dios mio, tu oido, y oye; abre tus ojos, y mira nuestros asolamientos, y la ciudad sobre la cual es llamado tu nombre: porque no derramamos nuestros ruegos ante tu acatamiento *confiados* en nuestras justicias, sino en tus muchas miseraciones.

19 Oye, Señor; oh Señor, perdona; presta oido, Señor, y haz. No pongas dilacion, por amor de tí mismo, Dios mio: porque tu nombre es llamado sobre tu ciudad y sobre tu pueblo.

20 ¶ Aun estaba hablando, y orando, y confesando mi pecado, y el pecado de mi pueblo Israel, y derramaba mi ruego delante de Jehová mi Dios por el monte santo de mi Dios;

21 Aun estaba hablando en oracion, y aquel varon Gabriel, al cual habia visto en vision al principio *o*, volando con presteza me tocó como á la hora del sacrificio de la tarde *p*.

o Cap. 8. 16.
p Ex. 29. 4.

22 E hízome entender, y habló conmigo, y dijo: Daniel, ahora he salido para hacerte entender la declaracion.

23 Al principio de tus ruegos salió la palabra, y yo he venido para enseñártela, porque tú *eres* varon de deseos. Entiende pues la palabra, y entiende la vision.

24 ¶ Setenta semanas estan determinadas sobre tu pueblo y sobre tu santa ciudad, para acabar la prevaricacion, y concluir el pecado *q*, y expiar la iniquidad; y para sellar la vision y la profecía, y ungir el Santo de los santos.

q Jer. 31. 31, 34.

25 Sepas pues y entiendas, que desde la salida de la palabra para hacer volver *el pueblo*, y edificar á Jerusalem, hasta

el Mesías Príncipe, *habrá* siete semanas,
y sesenta y dos semanas: tornaráse á
edificar la plaza y el muro en tiempos
eh. 4. 8, angustiosos[r].
26 Y despues de las sesenta y dos se-
manas se quitará la vida al Mesías, y no
por sí: y el pueblo de un príncipe que
ha de venir, destruirá la ciudad y el
. 21. 20. santuario[s]; con inundacion[t] *de gente*
10. 22, será el fin de ella, y hasta el fin de la
guerra será talada con asolamientos.
8. 18. 27 Y en otra semana confirmará el
pacto á muchos, y á la mitad de la se-
mana hará cesar el sacrificio y la ofren-
p. 8. 11, da[u]: despues con la muchedumbre de
las abominaciones *será* el desolar, y *esto*
. 31. hasta una entera consumacion; y der-
ramaráse la *ya* determinada sobre el
pueblo asolado.

CAPITULO X.

Muéstrase á Daniel un varon de admirable aspecto; y espantado Daniel de su vista, él lo conforta, y le comienza á declarar la causa de su venida.

EN el tercer año de Ciro, rey de Per-
sia, fué revelada palabra á Daniel,
cuyo nombre *era* Beltasar; y la palabra
es verdadera, mas el tiempo fijado *era*
largo: él empero comprendió la palabra,
y tuvo inteligencia en la vision.
2 En aquellos dias yo Daniel me con-
tristé por espacio de tres semanas.
3 No comí pan delicado, ni entró carne
ni vino en mi boca, ni me unté con un-
güento, hasta que se cumplieron tres
semanas de dias.
4 Y á los veinte y cuatro dias del mes
primero estaba yo á la orilla del gran
rio Hidekel;
5 Y alzando mis ojos miré, y hé aquí
un varon vestido de lienzos, y ceñidos
sus lomos de oro de Uphaz:
6 Y su cuerpo *era* como Tharsis, y su
. 28. 8. rostro parecia un relámpago[a], y sus ojos
1. como antorchas de fuego, y sus brazos
y sus piés como de color de metal res-
1. 15. plandeciente[b], y la voz de sus palabras
como voz de *algun* ejército.
7 Y solo yo Daniel vi aquella vision,
y no la vieron los hombres que *estaban*
conmigo; sino que cayó sobre ellos un
gran temor, y huyeron, y escondiéronse.
8 Quedé pues yo solo, y vi esta gran
vision, y no quedó en mí esfuerzo; án-
tes mi fuerza se me trocó en desmayo,
sin retener vigor alguno.
9 Empero oí la voz de sus palabras: y
oyendo la voz de sus palabras, estaba yo
adormecido sobre mi rostro, y mi rostro
8. 18. en tierra[c].
10 Y hé aquí que una mano me tocó,
é hizo que me moviese sobre mis ro-
dillas, y sobre las palmas de mis manos;
11 Y díjome: Daniel, varon de dese-
9. 23. os[d], está atento á las palabras que te
hablaré, y levántate sobre tus piés; por-
que á tí he sido enviado ahora. Y es-
tando hablando conmigo esto, yo estaba
temblando.
12 Y díjome: Daniel, no temas: por-
que desde el primer dia que diste tu
corazon á entender, y á afligirte en la
presencia de tu Dios[e], fueron oidas tus
2. palabras; y á causa de tus palabras yo
soy venido.
. 12. 13 Mas el príncipe[f] del reino de Per-
sia se puso contra mí veinte y un dia:
y hé aquí que Miguel, uno de los prin-
cipales príncipes, vino para ayudarme,
y yo quedé allí con los reyes de Persia.
14 Soy pues venido para hacerte saber
lo que ha de venir á tu pueblo en los
8. 26. postreros dias: porque la vision *es* aun
2. 8. para *muchos* dias[g].
15 Y estando hablando conmigo seme-
jantes palabras, puse mis ojos en tierra,
y enmudecí.
16 Mas hé aquí como una semejanza
de hijo de hombre tocó mis labios. En-
tónces abrí mi boca, y hablé, y dije á
aquel que estaba delante de mí: Señor
mio, con la vision se revolvieron mis
dolores sobre mí, y no me quedó fuerza.
17 ¿Cómo pues podrá el siervo de mi
señor hablar con este mi señor? porque
al instante me faltó la fuerza, y no me
ha quedado aliento.
18 Y aquella como semejanza de hom-
bre me tocó otra vez, y me confortó,
19 Y díjome: Varon de deseos[h], no [h] ver. 11.
temas: paz á tí; ten buen ánimo, y
aliéntate. Y hablando él conmigo cobré
yo vigor, y dije: Hable mi Señor, por-
que me has fortalecido.
20 Y dijo: ¿Sabes porqué he venido á
tí? Porque luego tengo de volver para
pelear con el príncipe de los Persas[i]: [i] ver. 13.
y en saliendo yo, luego viene el príncipe
de Grecia.
21 Empero yo te declararé lo que está [k] Sal. 139. 16.
escrito en la escritura[k] de verdad: y
ninguno *hay* que se esfuerze conmigo
en estas cosas, sino Miguel vuestro Prín-
cipe.

CAPITULO XI.

El ángel declara al profeta la destruccion del imperio de los Persas por el rey de los Griegos. Guerras entre los reyes del mediodia y del norte. Vendrá un rey impío, de cuyo carácter é inicuos procederes se hace una descripcion, y anúnciase que al cabo se levantarán contra él para destruirle.

Y EN el año primero de Darío el de
Media[a], yo estuve para animarlo y [a] Cap. 5. 31. y 9. 1.
fortalecerlo.
2 Y ahora yo te mostraré la verdad.
Hé aquí que aun habrá tres reyes ‖ en ‖ *Cambyses, Smerdis y Darío, hijo de Hystaspes.*
Persia, y el cuarto se hará de grandes
riquezas mas que todos *ellos*; y fortifi-
candose con sus riquezas, despertará á
todos contra el reino de Javan †. † *Grecia.*
3 ¶ Levantaráse luego un rey valien-
te ‖, el cual se enseñoreará sobre gran ‖ *Alejandro.*
dominio, y hará su voluntad.
4 Pero cuando estará enseñoreado, será
quebrantado su reino, y repartido por
los cuatro vientos del cielo[b]; y no á [b] Cap. 8. 8, 22.
sus descendientes, ni segun el señorío
con que él se enseñoreó: porque su
reino será arrancado, y para otros *será*
fuera de aquellos.
5 ¶ Y haráse fuerte el rey del Medi-
odia: mas *uno* de los príncipes de aquel
le sobrepujará, y se hará poderoso; su
señorío *será* grande señorío.
6 Y al cabo de *algunos* años se concer-
tarán, y la hija del rey del Mediodia
vendrá al rey del Norte † para hacer los † *de Siria.*
conciertos. Empero ella no podrá re-
tener la fuerza del brazo: ni permane-
cerá él ni su brazo; porque será entre-
gada ella, y los que la habian traido,
asimismo su hijo, y los que estaban de
parte de ella en aquel tiempo.
7 Mas del renuevo de sus raices se
levantará *uno* sobre su silla, y vendrá
con ejército, y entrará en la fortaleza
del rey del Norte, y hará en ellos *á su
arbitrio*, y predominará.
8 Y aun los dioses de ellos, con sus
príncipes, con sus vasos preciosos de
plata y de oro, llevará cautivos á Egip-
to: y por *algunos* años se mantendrá él
contra el rey del Norte.
9 Así entrará en el reino el rey del
Mediodia, y volverá á su tierra.
10 Mas los hijos de aquel se airarán, y
reunirán multitud de grandes ejércitos:
y vendrá *uno de ellos* á gran priesa, é

inundará, y pasará, y tornará, y llegará con ira hasta su fortaleza.

11 Por lo cual se enfurecerá el rey del Mediodia, y saldrá, y peleará con el mismo rey del Norte: y *este* pondrá en campo gran multitud, y toda aquella multitud será entregada en su mano.

12 Y *con* la multitud se ensoberbecerá, elevaráse su corazon, y derribará muchos millares; mas no prevalecerá.

13 Y el rey del Norte volverá á poner en campo mayor multitud que primero, y á cabo del tiempo de algunos años vendrá á gran priesa con grande ejército y con muchas riquezas.

14 Y en aquellos tiempos se levantarán muchos contra el rey del Mediodia; é hijos de disipadores de tu pueblo se levantarán para confirmar la profecía[c], y caerán.

[c] Cap. 10. 14.

15 Vendrá pues el rey del Norte, y fundará baluartes, y tomará la ciudad fuerte; y los brazos del Mediodia no podrán permanecer, ni su pueblo escogido, ni habrá fortaleza que pueda resistir.

16 Y el que vendrá contra él, hará á su voluntad, ni habrá quien se le pueda parar delante: y estará en la tierra deseable[d], la cual será consumida en su poder.

[d] ver. 41, 45. Cap. 8. 9.

17 Pondrá luego su rostro para venir con el poder de todo su reino; y hará con aquel cosas rectas, y darále una hija de *sus* mujeres para trastornarla: mas no estará ni será por él.

18 Volverá despues su rostro á las islas, y tomará muchas: mas un príncipe le hará parar su afrenta, y aun tornará sobre él su oprobio.

19 Luego volverá su rostro á las fortalezas de su tierra: mas tropezará y caerá, y no parecerá mas.

20 ¶ Entónces sucederá en su silla uno que hará pasar exactor *á* la gloria del reino: mas en pocos dias será quebrantado, no en enojo, ni en batalla.

21 ¶ Y sucederá en su lugar un vil[e], al cual no darán la honra del reino: vendrá empero con paz, y tomará el reino con halagos.

[e] Cap. 7. 8. y 8. 9.

22 Y los brazos de inundacion serán inundados delante de él, y serán quebrantados; y aun tambien el príncipe del pacto.

23 Y despues de los conciertos con él, él hará engaño[f], y subirá, y saldrá vencedor con poca gente.

[f] Cap. 8. 25.

24 Estando la provincia en paz y en abundancia, entrará y hará lo que no hicieron sus padres, ni los padres de sus padres; presa, y despojos, y riqueza repartirá á sus soldados; y contra las fortalezas formará sus designios: y *esto* por tiempo.

25 Y despertará sus fuerzas y su corazon contra el rey del Mediodia con grande ejército: y el rey del Mediodia se moverá á la guerra con grande y muy fuerte ejército; mas no prevalecerá, porque le harán traicion.

26 Aun los que comerán su pan, le quebrantarán; y su ejército será destruido, y caerán muchos muertos.

27 Y el corazon de estos dos reyes será para hacerse mal, y en una misma mesa tratarán mentira: mas no servirá de nada, porque el plazo aun no es llegado.

28 Y volveráse á su tierra con grande riqueza, y su corazon *será* contra el pacto santo[g]: hará pues, y volveráse á su tierra.

[g] Cap. 7. 25.

29 Al tiempo señalado tornará al Mediodia; mas no será la postrera *venida* como la primera.

30 Porque vendrán contra él naves de Chittim[h], y él se contristará, y se volverá, y enojaráse contra el pacto santo, y hará: volveráse pues, y pensará en los que habrán desamparado el santo pacto.

[h] Nu. 24. 24.

31 Y serán puestos brazos de su parte, y contaminarán el santuario de fortaleza; y quitarán el continuo *sacrificio*[i], y pondrán la abominacion espantosa.

[i] Cap. 8. 11. y 12. 11.

32 Y con lisonjas hará pecar á los violadores del pacto: mas el pueblo que conoce á su Dios, se esforzará, y hará.

33 Y los sabios[k] del pueblo darán sabiduría á muchos: y caerán á cuchillo, y á fuego, en cautividad, y despojo, por *algunos* dias.

[k] Ma. 11. 3.

34 Y en su caer serán ayudados de pequeño socorro: y muchos se juntarán á ellos con lisonjas.

35 Y *algunos* de los sabios caerán para ser purgados, y limpiados, y emblanquecidos[l], hasta el tiempo determinado; porque aun para esto *hay* plazo.

[l] Cap. 12. 10.

36 ¶ Y el rey hará á su voluntad; y se ensoberbecerá, y engrandecerá sobre todo dios[m]: y contra el Dios de los dioses hablará maravillas, y será prosperado, hasta que sea consumada la ira: porque hecha está determinacion[n].

[m] Cap. 7. [illegible] y 8. 25. Is. 14. 13, 14. 2 Ts. 2. 4, etc. Ap. 13. [illegible]

[n] Cap. 9. [illegible]

37 Y del Dios de sus padres no se cuidará, ni del amor de las mujeres[o]; ni se cuidará de dios alguno, porque sobre todo se engrandecerá.

[o] 1 Rey. 11. 4, 8. 2 Sa. 1. [illegible]

38 Mas honrará en su lugar al dios Mauzim‖, dios que sus padres no conocieron: honraráIo con oro, y plata, y piedras preciosas, y con cosas de gran precio.

‖ *de las fuerzas.*

39 Y con el dios ageno que conocerá, hará á los baluartes de Mauzim crecer en gloria; y harálos enseñorear sobre muchos, y por interes repartirá la tierra.

40 ¶ Empero al cabo del tiempo el rey del Mediodia se acorneará con él, y el rey del Norte levantará contra él como tempestad, con carros y gente de á caballo, y muchos navíos, y entrará por las tierras, é inundará, y pasará.

41 Y vendrá á la tierra deseable[p], y muchas *provincias* caerán: mas estas escaparán de su mano, Edom, y Moab, y lo primero de los hijos de Ammon[q].

[p] ver. 16. [illegible]

[q] Is. 11. 14, 15.

42 Asimismo extenderá su mano á las *otras* tierras, y no escapará el pais de Egipto.

43 Y se apoderará de los tesoros de oro y plata, y de todas las cosas preciosas de Egipto, de Libia, y Etiopia por donde pasará.

44 Mas nuevas de Oriente y del Norte lo espantarán; y saldrá con grande ira para destruir y matar muchos.

45 Y plantará las tiendas de su palacio entre los mares, en el monte deseable[r] del santuario: y vendrá hasta su fin[s], y no tendrá quien le ayude.

[r] Sal. [illegible] Joel 2. [illegible] 13. Zac. 13. [illegible] y 14. [illegible] Ap. 16. [illegible]

[s] 2 Ts. [illegible] Ap. 19. [illegible] 21.

CAPITULO XII.

Despues de una grande tribulacion será libertado el pueblo judáico. Resucitarán los muertos, unos para gloria, otros para ignominia eterna. Los verdaderamente sabios resplandecerán como las estrellas en el firmamento. Pregunta Daniel cuando sucederian estas cosas, y fuéle respondido que cerradas y selladas estarian las palabras de este vaticinio hasta el tiempo de cumplirse.

Y EN aquel tiempo se levantará Miguel[a], el gran príncipe que está por los hijos de tu pueblo; y será tiempo de angustia, cual nunca fué despues que hubo gente hasta entónces[b]: mas en aquel tiempo será libertado[c] tu pueblo, todos los que se hallaren escritos en el libro.

[a] Cap. 10. [illegible] 21.

[b] Jer. 30. [illegible] Mat. 24. [illegible]

[c] Zac. 11. [illegible] Ro. 11. [illegible]

2 Y muchos de los que duermen en el
& 19. polvo de la tierra [d] serán despertados,
20. 24. unos para vida eterna [e], y otros para
&. 24. vergüenza [f] y confusion perpetua.
11. 33. 3 Y los entendidos [g] resplandecerán co-
mo el resplandor del firmamento; y los
que enseñan á justicia la multitud, co-
mo las estrellas á perpetua eternidad.
4 Tú empero, Daniel, cierra las pala-
8. 26. bras, y [h] sella el libro hasta el tiempo
del fin: pasarán muchos, y multiplica-
ráse la ciencia.
5 ¶ Y yo Daniel miré, y hé aquí otros
dos que estaban, el uno de esta parte á
la orilla del rio, y el otro de la otra parte,
á la orilla del rio.
6 Y dijo *uno* al Varon vestido de li-
enzos, que *estaba* sobre las aguas del
rio: ¿ Cuando *será* el fin de estas ma-
ravillas?
10. 5. 7 Y oí al Varon vestido de lienzos [i],
que *estaba* sobre las aguas del rio, el
cual alzó su diestra y su siniestra al
0. 5,7. cielo [k], y juró por el Viviente en los
siglos, que por tiempo, tiempos, y la
mitad [l]. Y cuando se acabáre el espar- [l] Cap. 7. 25.
cimiento del escuadron del pueblo santo,
todas estas cosas serán cumplidas [m]. [m] Is. 10. 12.
8 Y yo oí, mas no entendí. Y dije:
Señor mio, ¿ qué *será* el cumplimiento
de estas cosas?
9 Y dijo: Anda, Daniel, que estas pa-
labras *serán* cerradas y selladas hasta el
tiempo del cumplimiento [n]. [n] ver. 4.
10 Muchos serán limpios, y emblan-
quecidos, y purificados [o]: mas los im- [o] Cap. 11. 35.
píos obrarán impíamente, y ninguno de
los impíos entenderá; pero entenderán
los entendidos [p]. [p] Mat. 24. 15.
11 Y desde el tiempo que fuere quitado
el continuo *sacrificio* hasta la abomina-
cion espantosa [q], *habrá* mil doscientos y [q] Cap. 11. 31.
noventa dias.
12 Bienaventurado él que esperáre, y
llegáre hasta mil trescientos treinta y
cinco dias.
13 Y tú irás al fin, y reposarás, y te le-
vantarás [r] en tu suerte al fin de los dias. [r] ver. 2.

LAS PROFECÍAS DE OSÉAS.

A. C. cir. 785.

CAPITULO I.

Manda Dios á Oséas que tome por esposa una mujer fornicaria, y que á los dos hijos y una hija que le nacieron, les ponga nombres que declarasen lo que quiere hacer con su pueblo. Restauracion y reunion de los dos pueblos de Judá y de Israel.

PALABRA de Jehová que fué á
Oséas, hijo de Beeri, en dias de
Ozías, Joathan, Achâz, y Ezechias,
reyes de Judá, y en dias de Jeroboam,
hijo de Joas, rey de Israel.
2 El principio de la palabra de Jehová
con Oséas. Y dijo Jehová á Oséas: Ve,
tómate una mujer fornicaria, é hijos de
fornicaciones: porque la tierra se dará á
1. 16. fornicar [a] *apartándose* de Jehová.
I, 3 Fué pues, y tomó á Gomer, hija de
Diblaim; la cual concibió, y le parió
un hijo.
4 Y díjole Jehová: Ponle por nombre
Jezreel; porque de aquí á poco yo vi-
IX, sitaré las sangres de Jezreel [b] sobre la
casa de Jehú, y haré cesar el reino de
la casa de Israel.
5 Y acaecerá, que en aquel dia que-
braré yo el arco de Israel en el valle de
Jezreel.
6 Y concibió aun, y parió una hija, y
díjole *Dios*: Ponle por nombre Lo-ru-
seri- hama ‖: porque no mas tendré miseri-
cordia de la casa de Israel, sino que los
.7.6. quitaré [c] del todo.
7 Mas de la casa de Judá [d] tendré mi-
I, sericordia, y salvarélos en Jehová su
11. Dios [e]: y no los salvaré con arco ni con
6. espada, ni con batalla, ni con caballos
ni caballeros.
8 Y despues de haber destetado *Gomer*
á Lo-ruhama, concibió, y parió un hijo:
9 Y dijo *Dios*: Ponle por nombre Lo-
pue- ammi ‖: porque vosotros no *sois* mi pue-
blo, ni yo seré vuestro.
10 ¶ Con todo será el número de los
hijos de Israel como la arena de la mar,
que ni se puede medir ni contar. Y se-
25. rá [f], que donde se les ha dicho, Vosotros
.12. no *sois* mi pueblo, les será dicho: Hijos
3. 1. del Dios viviente [g].
12. 11 Y los hijos de Judá y de Israel se-
18. rán congregados en uno [h], y levantarán
16. para sí una cabeza, y subirán de la ti-
erra: porque el dia de Jezreel *será*
grande.

CAPITULO II.

Dios reconviene y amenaza á su pueblo prostituido en la idolatría, á causa de la cual le vendrian grandes calamidades. Mas inducido despues al arrepentimiento, será reconciliado con Dios, y gozará para siempre los bienes de su favor y misericordia.

DECID á vuestros hermanos, Am-
mi ‖, y á vuestras hermanas, Ru- ‖ *pueblo mío.*
hama †. † *miseri- cordia.*
2 ¶ Pleitead con vuestra madre [a], plei-
tead; porque ella no *es* mi mujer, ni yo
su marido: quite pues sus fornicaciones [a] Is. 50. 1.
de su rostro, y sus adulterios de entre
sus pechos;
3 No sea que yo la despoje desnuda [b], [b] Jer. 13. 22.
y la haga tornar como el dia en que
nació, y la ponga como un desierto [c], [c] Ez. 19. 13.
y la deje como tierra seca, y la mate
de sed.
4 Ni tendré misericordia de sus hijos;
porque *son* hijos de fornicaciones.
5 Porque su madre fornicó [d]: la que [d] Is. 1. 21.
los engendró fué avergonzada; porque Jer. 3. 1, 9.
dijo: Iré tras mis amantes, que me
dan [e] mi pan y mi agua, mi lana y mi [e] Jer. 44. 17.
lino, mi aceite y mi bebida.
6 Por tanto hé aquí que yo cerco [f] tu [f] Job 19. 8.
camino con espinas; y cercaré con seto, La. 3. 7, 9.
y no hallará sus caminos.
7 Y seguirá sus amantes, y no los al-
canzará; buscarálos, y no los hallará.
Entónces dirá: Iré y volveréme [g] á mi [g] Luc. 15. 18.
primer marido; porque mejor me iba
entónces que ahora.
8 Y ella no reconoció que yo le daba
el trigo, y el vino, y el aceite, y que les
multipliqué la plata y el oro *con que* hi-
cieron á Baal.
9 Por tanto yo tornaré, y tomaré mi
trigo á su tiempo, y mi vino á su sazon;
y quitaré mi lana y mi lino *que había*
dado para cubrir su desnudez.
10 Y ahora descubriré yo su locura
delante de los ojos de sus amadores [h], y [h] Ez. 16. 37. y 23. 29.
nadie le librará de mi mano.
11 Y haré cesar todo su gozo, sus fies-
tas, sus nuevas lunas, y sus sábados, y
todas sus festividades.
12 Y haré talar sus vides y sus higue-
ras, de que ha dicho: Mi salario me

son, que me han dado mis amadores.
Y reducirélas á un matorral, y las co-
merán las bestias del campo.
13 Y visitaré sobre ella los tiempos de
los Baales, á los cuales incensaba; y
adornábase de sus zarcillos y de sus
joyeles, é íbase tras sus amantes olvi-
dada de mí, dice Jehová.
14 ¶ Empero hé aquí que yo la indu-
[i] Ez. 20. 35. ciré, y la llevaré al desierto [i], y hablaré
á su corazon.
15 Y daréle sus viñas desde allí, y el
[k] Jos. 7. 26. Is. 65. 10. valle de Achôr [k] por puerta de esperan-
za: y allí cantará como en los tiempos
[l] Jer. 2. 2. de su juventud [l], y como en el dia de su
subida de la tierra de Egipto.
16 Y será, *que* en aquel tiempo, dice
Jehová, me llamarás Marido mio, y
‖ *mi Señor.* nunca mas me llamarás Baali ‖.
17 Porque quitaré de su boca los nom-
bres de los Baales, y nunca mas serán
[m] Zac. 13. 2. mentados por sus nombres [m].
18 Y haré por ellos concierto en aquel
tiempo con las bestias del campo, y con
las aves del cielo, y con las serpientes
de la tierra: y quebraré arco, y espada
y batalla de la tierra, y harélos dormir
seguros.
[n] Is. 54. 5. 19 Y te desposaré [n] conmigo para si-
empre; desposarte he conmigo en jus-
ticia, y juicio, y misericordia y misera-
ciones.
20 Y te desposaré conmigo en fé, y
[o] Jer. 31. 34. conocerás á Jehová [o].
21 Y será, que en aquel tiempo res-
ponderé, dice Jehová, yo responderé á
los cielos, y ellos responderán á la ti-
[p] Zac. 8. 12. erra [p]:
22 Y la tierra responderá al trigo, y al
vino, y al aceite, y ellos responderán á
[q] Cap. 1. 11. Jezreel [q].
23 Y sembraréla para mí en la tierra,
y tendré misericordia de Lo-ruhama: y
[r] Cap. 1. 6, 9. diré á Lo-ammi [r]: Pueblo mio [s] tú; y
[s] Ro. 9. 26. 1 Ped. 2. 10. él dirá: Dios mio.

CAPITULO III.

Bajo la alegoría de una adúltera, apartada de su marido, bien que amada del mismo, anúnciase que por mucho tiempo estará el pueblo de Israel desolado, pero que al cabo será restablecido.

Y DÍJOME otra vez Jehová: Ve, y
ama una mujer amada de *su* com-
‖ *amada de su marido.* pañero ‖, aunque adúltera, como el amor
de Jehová para con los hijos de Israel;
los cuales miran á dioses agenos, y aman
[a] Jer. 7. 18. frascos [a] de vino.
[b] Gen. 29. 18. 1 Sa. 18. 25. 2 Compréla [b] entónces para mí por
quince *dineros* de plata, y un homer y
medio de cebada;
3 Y díjele: Tú estarás por mia mu-
chos dias: no fornicarás, ni tomarás *otro*
varon; ni tampoco yo *vendré* á tí.
4 Porque muchos dias estarán los hijos
de Israel sin rey, y sin príncipe, y sin
sacrificio, y sin estatua, y sin ephod, y
sin teraphim.
5 Despues volverán los hijos de Israel,
y buscarán á Jehová su Dios, y á David
su rey; y temerán á Jehová y á su bon-
dad en el fin de los dias.

CAPITULO IV.

El profeta intima los castigos que descargará Dios sobre el pueblo y los sacerdotes por sus pecados é idolatrías.

OID palabra de Jehová, hijos de Is-
rael, porque Jehová pleitea con los
[a] Mi. 6. 1, 2. moradores de la tierra [a]; porque no *hay*
verdad, ni misericordia, ni conocimiento
de Dios en la tierra.
2 Perjurar, y mentir, y matar, y hur-
tar, y adulterar, prevalecieron, y sangres
se tocaron con sangres.
3 Por lo cual se enlutará la tierra, y
extenuaráse todo morador de ella, con
las bestias del campo, y las aves del
cielo; y aun los peces de la mar fa-
llecerán.
4 Ciertamente hombre no contienda,
ni reprenda á hombre; porque tu pue-
blo *es* como los que resisten al sacer-
dote [b]. [b] Deu. 17. 12.
5 Caerás por tanto en el dia, y caerá
tambien contigo el profeta de noche, y
á tu madre talaré.
6 Mi pueblo fué talado, porque le faltó
sabiduría [c]. Porque tú desechaste la sa- [c] Is. 5. 13.
biduría, yo te echaré del sacerdocio; y
pues que olvidaste la ley de tu Dios, tam-
bien yo me olvidaré de tus hijos.
7 Conforme á su grandeza así pecaron
contra mí; trocaré *por tanto* su honra
en afrenta [d]. [d] Mal. 2. 9.
8 Comen del pecado [e] de mi pueblo, y [e] Jer. 11. 15.
en su maldad levantan su alma.
9 Tal pues será el pueblo como el sa-
cerdote [f]: y visitaré sobre él sus cami- [f] Is. 24. 2.
nos, y pagaréle conforme á sus obras.
10 Y comerán, mas no se hartarán;
fornicarán, mas no se aumentarán: por-
que dejaron de atender á Jehová.
11 Fornicacion, y vino [g], y mosto, qui- [g] Is. 28. 7.
tan el corazon.
12 Mi pueblo á su madero pregunta,
y su palo le responde: porque espíritu
de fornicaciones *lo* engañó, y fornicaron
debajo de sus dioses.
13 Sobre los cabezos de los montes sa-
crificaron, é incensaron sobre los co-
llados, debajo de encinas, y álamos, y
olmos [h] que tuviesen buena sombra: por [h] Is. 57. 5.
tanto vuestras hijas fornicarán, y adul-
terarán [i] vuestras nueras. [i] Amos 7. 17.
14 No visitaré sobre vuestras hijas cu-
ando fornicaren, ni sobre vuestras nue-
ras cuando adulteraren; porque ellos
ofrecen con las rameras, y con las malas
mujeres sacrifican: por tanto el pueblo
sin entendimiento caerá.
15 Si fornicares tú, Israel, á *lo menos*
no peque Judá: y no entreis en Gilgal,
ni subais á Beth-aven ‖, ni jureis, Vive ‖ *casa de vanidad.*
Jehová [k]. [k] Soph. 1. 5.
16 Porque como becerra cerrera se
apartó Israel: ¿ apacentarálos ahora Je-
hová como á carneros en anchura?
17 Efraim *es* dado á ídolos; déjalo.
18 Su bebida se corrompió; fornicaron
pertinazmente; sus príncipes amaron las
dádivas, afrenta *de ellos.*
19 Atóla el viento en sus alas, y de sus
sacrificios serán avergonzados.

CAPITULO V.

Habla contra los pastores del pueblo que fueron causa de su apostasía. Prosigue en los cargos al pueblo, y en la denunciacion de su calamidad, tras la cual conocerian su pecado, y se volverian á Dios.

SACERDOTES, oid esto; y estad
atentos, casa de Israel; y casa del
rey, escuchad: porque á vosotros es el
juicio; pues habeis sido lazo en Mispa,
y red extendida sobre Tabor.
2 Y haciendo víctimas han bajado has-
ta el profundo: por tanto yo *seré* la cor-
reccion de todos ellos.
3 Yo conozco á Efraim, é Israel no
me es desconocido: porque ahora, oh
Efraim, has fornicado, y se ha contami-
nado Israel.
4 No pondrán sus pensamientos en
volverse á su Dios, porque espíritu de
fornicacion [a] *está* en medio de ellos, y [a] Cap. 1. 2. y 4. 12.
no conocen á Jehová.
5 Y la soberbia de Israel le desmentirá
en su cara: é Israel y Efraim tropezarán
en su pecado; tropezará tambien Judá
con ellos.

6 Con sus ovejas y con sus vacas andarán buscando á Jehová, y no le hallarán[b]; apartóse de ellos. (Is. 1. 15.)

7 Contra Jehová prevaricaron, porque hijos extraños han engendrado: ahora los devorará un mes[c] con sus heredades. (Zac. 11. 8.)

8 Tocad bocina en Gabaa, trompeta en Ramá: sonad tambor en Beth-aven: tras tí, oh Benjamin.

9 Efraim será asolado el dia del castigo: en las tribus de Israel hice conocer *mi* verdad.

10 Los príncipes de Judá fueron como los que traspasan mojones[d]: derramaré *pues* sobre ellos, como agua, mi ira. (Deu. 19. 14.)

11 *Fuee* Efraim vejado, quebrantado en juicio, porque quiso andar en pos de mandamientos *injustos*[e]. (Rey. 12.)

12 Yo pues *seré* como polilla á Efraim, y como carcoma á la casa de Judá.

13 Y verá Efraim su enfermedad, y Judá su llaga: irá entónces Efraim al Assur, y enviará al rey Jareb; mas él no os podrá sanar, ni os curará la llaga.

14 Porque yo *seré* como leon[f] á Efraim, y como cachorro de leon á la casa de Judá: yo, yo arrebataré, y andaré; tomaré, y no habrá quien liberte. (. 2. 10.)

15 Andaré, y tornaré á mi lugar, hasta que conozcan su pecado, y busquen mi rostro. En su angustia madrugarán á mí[g]. (. 78. 34.)

CAPITULO VI.

El profeta exhorta á verdadero arrepentimiento. Dios reconviene á su pueblo por su deslealtad é iniquidades.

VENID, y volvámonos á Jehová: que él arrebató, y nos curará; hirió, y nos vendará[a]. (. 6. 18.)

2 Darános vida despues de dos dias; al tercero dia[b] nos resucitará, y viviremos delante de él. (. 15. 4.)

3 Y conocerémos, proseguirémos en conocer á Jehová: como el alba está aparejada su salida, y vendrá á nosotros como la lluvia[c], como la lluvia tardía y temprana á la tierra. (. 72. 6.)

4 ¶ ¿Qué haré á tí, Efraim? ¿Qué haré á tí, oh Judá? La piedad vuestra *es* como la nube de la mañana, y como el rocío que de madrugada viene.

5 Por esta causa corté con los profetas, con las palabras de mi boca[d] los maté; para que tus juicios *fuesen como* luz que sale. (. 23. 29. . 4. 12.)

6 Porque misericordia quise, y no sacrificio; y[e] conocimiento de Dios mas que holocaustos[f]. (. 9. 13. 7.)

7 Mas ellos, cual hombre comun, traspasaron el pacto: allí prevaricaron contra mí. (. 15. 30. 8,)

8 Galaad[g], ciudad de obradores de iniquidad, ensuciada de sangre. (20. 8.)

9 Y como ladrones que esperan á *algun* hombre, *así* junta de sacerdotes mancomunadamente mata en el camino[h]: porque ponen en efecto la abominacion. (. 25.)

10 En la casa de Israel he visto suciedad: allí fornicó Efraim, se contaminó Israel.

11 Tambien Judá puso en tí *una* planta, habiendo yo vuelto la cautividad de mi pueblo.

CAPITULO VII.

Prosigue refiriendo las maldades é idolatría de las diez tribus, y su castigo.

ESTANDO yo curando á Israel, descubrióse la iniquidad de Efraim, y las maldades de Samaria; porque obraron engaño: y viene el ladron, y el salteador despoja de fuera,

2 Y no dicen en su corazon *que* tengo en la memoria toda su maldad: ahora *giste* los rodearán sus obras[a]; delante de mí están. ([a] Pro. 5. 22.)

3 Con su maldad alegran al rey, y á los príncipes con sus mentiras.

4 Todos ellos adúlteros[b]; *son* como horno encendido por el hornero, *el cual* cesará de avivar despues que esté hecha la masa, hasta que esté leuda. ([b] Jer. 9. 2.)

5 El dia de nuestro rey[c] los príncipes lo hicieron enfermar con vasos de vino: extendió su mano con los escarnecedores. ([c] Mar. 6. 21.)

6 Porque aplicaron su corazon, semejante á un horno, á sus artificios: toda la noche[d] duerme su hornero; á la mañana *está aquel* encendido como llama de fuego. ([d] Mi. 2. 1.)

7 Todos ellos arden como un horno, y devoraron á sus jueces: cayeron todos sus reyes: no hay entre ellos quien á mí clame.

8 Efraim se envolvió con los pueblos; Efraim fué torta[e] no vuelta. ([e] 1 Rey. 19. 6.)

9 Comieron extraños su sustancia, y él no lo supo; y aun vejez se ha esparcido por él, y él no lo entendió.

10 Y la soberbia de Israel testificará contra él en su cara: y no se tornaron á Jehová su Dios, ni lo buscaron con todo esto[f]. ([f] Is. 9. 13.)

11 Y fué Efraim como paloma incauta, sin entendimiento: llamarán á Egipto, acudirán al Asirio[g]. ([g] 2 Rey. 15. 19. y 17. 4.)

12 Cuando fueren, extenderé sobre ellos mi red[h]; hacerlos he caer como aves del cielo; castigarélos conforme á lo que se ha oido en sus congregaciones[i]. ([h] Ec. 9. 12. [i] 2 Rey. 17. 13.)

13 ¡Ay de ellos, porque se apartaron de mí! destruccion sobre ellos, porque contra mí se rebelaron: yo los redimí, y ellos hablaron contra mí mentiras.

14 Y no clamaron á mí con su corazon cuando aullaron sobre sus camas[k]: para el trigo y el mosto se congregaron; rebeláronse contra mí. ([k] Job 35. 9.)

15 Y yo *los* ceñí, esforcé sus brazos, y contra mí pensaron mal.

16 Tornáronse, *mas* no al Altísimo; fueron como arco engañoso[l]: cayeron sus príncipes á cuchillo por la soberbia de su lengua: este *será* su escarnio en la tierra de Egipto[m]. ([l] Sal. 78. 57. [m] Is. 30. 3.)

CAPITULO VIII.

Profetiza la venida de los Asirios sobre Samaria, y duros castigos que se impondrian á Israel por haberse apartado de la casa de David, y por su impiedad é idolatrías. Anuncia tambien la ruina que vendria sobre las ciudades de Judá.

PON á tu boca trompeta. *Vendrá* como águila[a] contra la casa de Jehová, porque traspasaron mi pacto, y se rebelaron contra mi ley. ([a] Deu. 28. 49. Jer. 48. 40. Ez. 17. 3. Hab. 1. 8.)

2 A mí[b] clamará Israel: Dios mio, te hemos conocido. ([b] Job 27. 9.)

3 Israel desamparó el bien: enemigo lo perseguirá.

4 Ellos hicieron reyes, mas no por mí[c]: constituyeron príncipes, mas yo no lo supe: de su plata y de su oro hicieron ídolos[d] para sí, para ser talados. ([c] 1 Rey. 12. 20. 2 Rey. 15. 13. y 17. 25. [d] Cap. 2. 8.)

5 Tu becerro, oh Samaria, te hizo alejar; encendióse mi enojo contra *ellos*, hasta que no pudieron *alcanzar* inocencia.

6 Porque de Israel *es*, y artífice lo hizo, que no es Dios: por lo que en pedazos será deshecho el becerro de Samaria.

7 Porque sembraron viento, y torbellino segarán[e]: no tendrán mies, ni el fruto hará harina: si la hiciere, extraños la tragarán. ([e] Cap. 6. 11. Ga. 6. 7, 8.)

8 Será tragado Israel: presto serán entre las gentes como vaso en que no hay contentamiento [f].

f Jer. 22. 28.

9 Porque ellos subieron á Assur, asno montés [g] para sí solo: Efraim con salario alquiló amadores.

g Job 39. 5, etc. Jer. 2. 24.

10 Aunque alquilen á las gentes, ahora las juntaré; y serán un poco afligidos por la carga del rey y de los príncipes.

11 Porque multiplicó Efraim altares para pecar, tuvo altares para pecar.

12 Escribíle las grandezas de mi ley, y fueron tenidas por cosas agenas.

13 En los sacrificios de mis dones sacrificaron carne, y comieron: no los quiso Jehová: ahora *cuando* se acordará de su iniquidad, y visitará su pecado, ellos se tornarán á Egipto [h].

h Cap. 9. 3, 6. Deu. 28. 68.

14 Olvidó pues Israel á su Hacedor, y edificó templos, y Judá multiplicó ciudades fuertes: mas yo meteré fuego en sus ciudades, el cual devorará sus palacios.

CAPITULO IX.

Prosigue el mismo argumento.

NO te alegres, oh Israel, hasta saltar *de gozo* como los pueblos, pues has fornicado *apartandote* de tu Dios: amaste salario [a] *de ramera* por todas las eras de trigo.

a Cap. 2. 12.

2 La era y el lagar no los mantendrán; les fallará el mosto.

3 No quedarán en la tierra de Jehová, sino que volverá Efraim á Egipto [b], y á Asiria, donde comerán vianda inmunda [c].

b Cap. 8. 13.
c Ez. 4. 13.

4 No derramarán vino á Jehová, ni él tomará contento en sus sacrificios: como pan de enlutados *les serán* á ellos: todos los que comieren de él, serán inmundos. *Será* pues el pan de ellos para sí mismos, no entrará en la casa de Jehová.

5 ¿Qué haréis el dia de la solemnidad, y el dia de la fiesta de Jehová?

6 Porque hé aquí se fueron ellos á causa de la destruccion: Egipto los recogerá, Memphis los enterrará: espino poseerá por heredad lo deseable de su plata; ortiga *crecerá* en sus moradas.

7 Vinieron los dias de la visitacion, vinieron los dias de la paga: *conocerálo* Israel: necio el profeta *suyo*, insensato el varon de espíritu [d] á causa de la multitud de tu maldad, y grande odio.

d Ez. 13. 3. Mi. 2. 11.

8 El atalaya de Efraim para con mi Dios, *es á saber*, el profeta, *es* lazo de cazador en todos sus caminos, odio en la casa de su Dios.

9 Llegaron al profundo, corrompiéronse, como en los dias de Gabaa [e]: ahora *se* acordará de su iniquidad, visitará su pecado.

e Juec. 19. 22. Cap. 10. 9.

10 Como uvas en el desierto hallé á Israel [f]: como la fruta temprana de la higuera en su principio vi á vuestros padres. Ellos entraron á Baal-peor, y se apartaron para vergüenza, é hiciéronse abominables como aquello que amaron.

f Deu. 32. 10.

11 Efraim, cual ave volará su gloria desde el nacimiento, aun desde el vientre, y desde concepcion.

12 Y si llegaren á grandes sus hijos, quitarélos de entre los hombres: porque ¡Ay de ellos tambien, cuando de ellos me apartáre [g]!

g Deu. 31. 17.

13 Efraim, segun veo, *es semejante* á Tiro [h], asentada en lugar delicioso: mas Efraim sacará sus hijos al matador.

h Ez. 27. 3.

14 Dáles, oh Jehová, lo que les has de dar: dáles matriz expeliente, y enjutos pechos [i].

i Lu. 23. 29.

15 Toda la maldad de ellos *fué* en Gilgal: allí pues les tomé aversion por la malicia de sus obras: echarélos de mi casa; no los amaré mas; todos sus príncipes *son* desleales.

16 Efraim fué herido, secóse su cepa, no hará mas fruto: aunque engendren, yo mataré lo deseable de su vientre.

17 Mi Dios los desechará, porque ellos no le oyeron; y andarán errantes entre las gentes [k].

k Deu. 28. 65.

CAPITULO X.

Prosigue el mismo argumento.

ES Israel una frondosa viña, haciendo fruto para sí: conforme á la multiplicacion de su fruto multiplicó altares [a]; conforme á la bondad de su tierra aumentaron sus estatuas.

a Cap. 8. Jer. 2.

2 Dividióse su corazon. Ahora serán hallados culpables: él quebrantará sus altares, asolará sus estatuas.

3 Porque dirán ahora: No tenemos rey, porque no temimos á Jehová: ¿y qué haria el rey por nosotros?

4 Han hablado palabras jurando en vano al hacer alianza: por tanto el juicio florecerá como ajenjo en los surcos del campo.

5 Por las becerras de Beth-aven serán atemorizados los moradores de Samaria [b]: porque su pueblo lamentará á causa del *becerro*, y sus sacerdotes que en él se regocijaban por su gloria, la cual será disipada.

b Cap. 4.

6 Y aun será él llevado á Asiria en presente al rey Jareb: Efraim será avergonzado, é Israel será confuso de su consejo [c].

c Jer.

7 De Samaria fué cortado su rey como la espuma sobre la superficie de las aguas.

8 Y los altares de Aven serán destruidos, el pecado de Israel: crecerá sobre sus altares espino y cardo [d]. Y dirán á los montes: Cubridnos [e]: y á los collados, Caed sobre nosotros.

d Cap.
e Lu. 23.

9 Desde los dias de Gabaa has pecado, oh Israel [f]: allí estuvieron; no los tomó la batalla [g] en Gabaa contra los inicuos.

f Cap. 9. Juec. 19.
g Juec.

10 Y los castigaré como deseo: y pueblos se juntarán sobre ellos cuando serán atados en sus dos surcos.

11 Efraim *es* becerra domada, amadora del trillar; mas yo pasaré sobre su lozana cerviz: yo haré llevar yugo á Efraim, arará Judá, quebrará sus terrones Jacob.

12 Sembrad para vosotros en justicia, segad para vosotros en misericordia [h]; arad para vosotros barbecho [i]: porque *es* el tiempo de buscar á Jehová, hasta que venga y os enseñe justicia.

h Ga. 6. 7, 8.
i Jer. 4. 3.

13 Habeis arado impiedad, segasteis iniquidad [k]: comeréis fruto de mentira: porque confiaste en tu camino, en la multitud de tus fuertes.

k Job 4. 8. Pr. 22. 8.

14 Por tanto en tus pueblos se levantará alboroto, y todas tus fortalezas serán destruidas, como destruyó Salman á Beth-arbel el dia de la batalla: la madre fué arrojada sobre los hijos [l].

l Gen. 32. 11.

15 Así hará á vosotros Beth-el por la maldad de vuestra maldad: en la mañana será del todo cortado el rey de Israel.

CAPITULO XI.

Amor y tierna solicitud de Dios para con su pueblo Israel, al que si bien castigará por su ingratitud y por sus maldades, promete no obstante restablecerlo por un efecto de su misericordia.

CUANDO Israel *era* muchacho, yo lo amé, y de Egipto llamé á mi hijo [a].

a Mat. 2. 15. Ex. 4. 22, 23.

2 *Como* los llamaban *los profetas*, así
ellos se iban de su presencia: á los
Baales sacrificaban, y á las esculturas
ofrecian sahumerios.
3 Yo con todo eso guiaba en piés al
mismo Efraim, tomándoles de sus bra-
zos; y no conocieron que yo los cui-
daba.
4 Con cuerdas humanas los traje, con
cuerdas de amor: y fuí para ellos como
los que alzan el yugo de sobre sus me-
jillas; y llegué hácia él la comida.
5 No tornará á tierra de Egipto, ántes
el mismo Assur será su rey, porque no
se quisieron convertir.
6 Y caerá espada sobre sus ciudades,
y consumirá sus aldéas; consumirále á
ap. 10. 6. causa de sus consejos [b].
7 Entretanto está mi pueblo adherido
á la rebelion contra mí: aunque lo lla-
man al Altísimo, ninguno absoluta-
mente quiere ensalzar*le*.
8 ¿Cómo tengo de dejarte, oh Efraim?
¿He de entregarte yo, Israel? ¿Cómo
podré yo hacerte como á Adma, ni po-
nerte como á Zeboim? Mi corazon se
revuelve dentro de mí, inflámanse todas
mis conmiseraciones.
9 No ejecutaré el furor de mi ira; no
volveré para destruir á Efraim: porque
lal. 3. 6. Dios *soy*, y no hombre [c], el Santo en
medio de tí: y no entraré en la ciudad.
10 En pos de Jehová caminarán: él
oel 3. 16. bramará [d] como leon; cual leon rugirá
él de cierto, y los hijos se moverán azo-
rados del Occidente.
11 Como ave se moverán velozmente
. 60. 8. de Egipto, y de la tierra de Asiria [e] co-
mo paloma; y pondrélos en sus casas,
dice Jehová.

CAPITULO XII.

Sigue refiriéndose la ingratitud del pueblo á los beneficios recibidos, por la cual sería castigado, y reitérase la promesa de su restablecimiento.

CERCÓME Efraim con mentira, y
la casa de Israel con engaño. Mas
Judá aun domina con Dios, y es fiel
con los santos.
2 Efraim se apacienta del viento, y
sigue al solano: mentira y destruccion
aumenta continuamente; porque hici-
ap. 5. 13. eron alianza con los Asirios [a], y aceite
/. 11. se lleva á Egipto.
3 Pleito tiene Jehová con Judá para
visitar á Jacob conforme á sus caminos:
pagarále conforme á sus obras.
4 En el vientre tomó por el calcañar á
n. 25.26. su hermano [b], y con su fortaleza venció
orfiando al ángel [c].
Dios. 5 Venció al ángel, y prevaleció: lloró,
n. 32. 24, y rogóle: en Beth-el le halló [d], y allí
habló con nosotros.
n. 28.11, 6 Mas Jehová *es* Dios de los ejércitos;
Jehová *es* su memorial.
5. 9, 15. 7 Tú pues conviértete á tu Dios: gu-
arda misericordia y juicio, y en tu Dios
espera siempre.
8 ¶ *Es Efraim* mercader *que tiene* en
su mano peso falso, amador de opresion.
9 Y dijo Efraim: Ciertamente yo he
e. 11. 5. enriquecido [e], hallado he riquezas para
mí: nadie hallará en mí iniquidad ni
pecado en todos mis trabajos.
10 Empero yo *soy* Jehová tu Dios desde
ap. 12. 4. la tierra de Egipto [f]; aun te haré mo-
rar en tiendas, como en los dias de la
c. 14. 16. fiesta [g].
11 Y hablado he á los profetas, y yo
aumenté la profecía, y por mano de los
profetas puse semejanzas.
p. 6. 8. 12 ¿No *es* Galaad iniquidad [h]? Cier-
nos 4. 4. tamente vanidad han sido: en Gilgal [i]
sacrificaron bueyes; y aun *son* sus al-
tares como montones en los surcos del
campo.
13 Mas Jacob huyó á la tierra de A-
ram, y sirvió Israel por *su* mujer, y por
su mujer fué pastor.
14 Y por profeta hizo subir Jehová á
Israel de Egipto, y por profeta fué gu-
ardado.
15 Enojado ha Efraim *á Dios* con
amarguras; por tanto sus sangres se
derramarán sobre él, y su Señor le pa-
gará su oprobio.

CAPITULO XIII.

Prosigue en el mismo propósito, con promesa del remedio á tantas calamidades, aunque anunciando la ruina y asolamiento que por su rebelion vendría sobre Samaria y todo el reino de Israel.

CUANDO Efraim hablaba, *todos te-
nían* temor: fué ensalzado en Is-
rael; mas pecó en Baal, y murió.
2 Y ahora añadieron á su pecado, y de
su plata se han hecho, segun su enten-
dimiento, estatuas de fundicion *é* ídolos,
todo obra de artífices; acerca de los
cuales dicen á los hombres que sacrifi-
can, que [a] besen los becerros. [a] 1 Rey. 19.
18.
3 Por tanto serán como la niebla de la
mañana, y como el rocío de la madru-
gada que se pasa; como el tamo que la
tempestad arroja de la era [b], y como el [b] Da. 2. 35.
humo que de la chimenéa sale.
4 Mas yo *soy* Jehová tu Dios desde la
tierra de Egipto [c]: no conocerás pues [c] Cap. 12. 10.
otro dios fuera de mí, ni otro salvador
sino á mí [d]. [d] Is. 43. 11.
5 Yo te conocí en el desierto, en tierra
seca [e]. [e] Deu. 8. 15.
6 En sus pastos se hartaron; hartá-
ronse, y ensoberbecióse su corazon: por
esta causa se olvidaron de mí.
7 Por tanto yo seré para ellos como
leon; como un leopardo en el camino
los espiaré.
8 Como oso que ha perdido los hijos
los encontraré, y romperé las telas de su
corazon, y allí los devoraré como leon:
bestia del campo los despedazará.
9 Echóte á perder, oh Israel, tu ido-
latría: mas en mí *está* tu ayuda.
10 ¿Dónde está tu rey [f], para que te [f] Cap. 8. 10.
guarde con todas tus ciudades? ¿Y
dónde tus jueces, de los cuales dijiste:
Dáme rey y príncipes?
11 Dite rey en mi furor [g], y quitélo en [g] 1 Sa. 8. 7.
mi ira [h]. [h] Cap. 10. 15.
12 Atada *está* la maldad de Efraim [i]; [i] Job 14. 17.
su pecado está guardado.
13 Dolores de mujer de parto le ven-
drán: es un hijo ignorante, que *de otra
manera* no estuviera tanto tiempo en el
rompimiento de los hijos.
14 De la mano del sepulcro los redi-
miré, libraréIos [k] de la muerte. Oh [k] Is. 26. 8.
muerte, yo seré tu muerte; y seré tu
destruccion, oh sepulcro: arrepentimi-
ento será escondido de mis ojos [l]. [l] Ro. 11. 29.
15 Aunque él fructificará entre los her-
manos, vendrá el solano [m], viento de Je- [m] Ez. 19. 12.
hová, subiendo de la parte del desierto,
y secarse ha su vena, y secaráse su ma-
nadero: él saqueará el tesoro de todas
las preciosas alhajas.
16 Samaria será asolada, porque se
rebeló contra su Dios: caerán á cuchi- [n] 2 Rey. 8.
llo; sus niños serán estrellados, y sus 12.
preñadas serán abiertas [n]. y 15. 16.
Amos 1. 13.

CAPITULO XIV.

El Señor exhorta á su pueblo á que se convierta, y le promete grandes bienes.

CONVIERTETE, oh Israel, á Je-
hová tu Dios; porque por tu pecado
has caido.

2 Tomad con vosotros palabras, y convertíos á Jehová, y decidle: Quita toda iniquidad, y acepta el bien: y darémos becerros de nuestros labios [a].

3 No nos librará Assur [b]; no subirémos sobre caballos, ni nunca mas dirémos á la obra de nuestras manos: Dioses nuestros: porque en tí el huérfano alcanzará misericordia.

[a] Heb. 13. 15.
[b] Cap. 5. 13. y 12. 2.

4 Yo medicinaré su rebelion, amarélos de voluntad: porque mi furor se apartó de ellos.

5 Yo seré á Israel como rocío; él florecerá como lirio, y extenderá sus raices como el Líbano.

6 Extenderse han sus ramos, y será su gloria como la de la oliva [c], y olerá como el Líbano [d].

7 Volverán, y se sentarán bajo de su sombra: serán vivificados *como* trigo, y florecerán como la vid: su olor, como de vino del Líbano.

8 Efraim *dirá entónces:* ¿Qué mas tendré ya con los ídolos? Yo lo oiré, y miraré; yo seré á él como la haya verde: *procedente* de mí será hallado tu fruto [e].

9 ¿Quién es sabio para que entienda esto [f]; y prudente, para que lo sepa? Porque los caminos de Jehová son derechos, y los justos andarán por ellos; mas los rebeldes en ellos caerán [g].

[c] Sal. 52. 8.
[d] Ca. 4. 11.
[e] Is. 27. 4. Sal. 144. 12, 15.
[f] Sal. 107. 43.
[g] Pro. 10. 29. 1 Ped. 2. 7, 8.

LA PROFECÍA DE JOEL.

A. C. cir. 800.

CAPITULO I.

Profetiza una grande calamidad de sequía y hambre, y destruccion de los frutos de la tierra por insectos nocivos; y exhorta al pueblo y sacerdotes á que se reunan en la casa del Señor, á implorar su misericordia con humildes y fervorosas súplicas.

PALABRA de Jehová que fué á Joel, hijo de Petuel.

2 Oid esto, viejos; y escuchad, todos los moradores de la tierra. ¿Ha acontecido esto en vuestros dias, ó en los dias de vuestros padres?

3 De esto contaréis á vuestros hijos, y vuestros hijos á sus hijos, y sus hijos á la otra generacion.

4 Lo que quedó de la oruga comió la langosta, y lo que quedó de la langosta comió el pulgon; y el revolton comió lo que del pulgon había quedado.

5 Despertad, borrachos, y llorad; aullad todos los que bebeis vino, á causa del mosto, porque os es quitado de vuestra boca.

6 Porque gente subió á mi tierra, fuerte [a], y sin número; sus dientes, dientes de leon, y sus muelas, de leon.

7 Asoló mi vid [b], y descortezó mi higuera: del todo la desnudó, y derribó; sus ramas quedaron blancas.

[a] Cap. 2. 2, 11. Juec. 6. 5. y 7. 12. Pro. 30. 25, 27.
[b] Is. 5. 6.

8 Llora tú como *mujer* moza, vestida de saco, por el marido de su juventud.

9 Pereció el Presente y la libacion de la casa de Jehová: los sacerdotes ministros de Jehová hicieron luto.

10 El campo fué destruido, enlutóse la tierra; porque el trigo fué destruido, se secó el mosto, perdióse el aceite.

11 Confundíos, labradores, aullad, viñeros, por el trigo y la cebada; porque se perdió la mies del campo.

12 Secóse la vid, y pereció [c] la higuera, el granado tambien, la palma, y el manzano; secáronse todos los árboles del campo; por lo cual se secó el gozo de los hijos de los hombres [d].

[c] Hab. 3. 17, 18.
[d] Is. 24. 11.

13 Ceñíos [e] y lamentad, sacerdotes; aullad, ministros del altar; venid, dormid en sacos, ministros de mi Dios; porque quitado es de la casa de vuestro Dios el presente y la libacion.

[e] Jer. 4. 8.

14 Pregonad ayuno [f], llamad á congregacion; congregad los ancianos y todos los moradores de la tierra en la casa de Jehová vuestro Dios, y clamad á Jehová.

[f] Cap. 2. 15.

15 ¡Ay del dia! porque cercano *está* el dia de Jehová, y vendrá como destruccion *hecha* por todo poderoso.

16 ¿No es quitado el mantenimiento de delante de nuestros ojos, la alegría y el placer de la casa de nuestro Dios?

17 El grano se pudrió debajo de sus terrones, los bastimentos fueron asolados, los alfolíes destruidos; porque se secó el trigo.

18 ¡Cuanto gimieron las bestias! ¡cuan turbados anduvieron los hatos de los bueyes, porque no tuvieron pastos! tambien fueron asolados los rebaños de las ovejas.

19 A tí, oh Jehová, clamaré: porque fuego consumió los pastos [g] del desierto, y llama abrasó todos los árboles del campo.

[g] Jer. 9. 10.

20 Las bestias del campo bramarán tambien á tí [h], porque se secaron los arroyos de las aguas [i], y fuego consumió las praderías del desierto.

[h] Sal. 104. 21.
[i] 1 Rey. 18. 5.

CAPITULO II.

Describe el profeta la calamidad que amenazaba al pueblo, y exhórtalo nuevamente de parte del Señor á verdadero arrepentimiento, y á que reunidos todos pidan perdon y misericordia. Promete Dios bienes temporales y espirituales en abundancia á su pueblo, cuyos residuos serán salvos, como tambien cuantos de veras el nombre del Señor invocaren.

TOCAD trompeta [a] en Sion, y pregonad en mi santo monte: tiemblen todos los moradores de la tierra, porque viene el dia de Jehová [b], porque está cercano.

[a] Nu. 10. 5, 9.
[b] Cap. 1. 15. Sofo. 1. 14, 15.

2 Dia de tinieblas y de obscuridad [c], dia de nube y de sombra, que sobre los montes se derrama como el alba: un pueblo grande y fuerte; nunca desde el *principio* del siglo fué semejante, ni despues de él será jamás en años de generacion y generacion.

[c] Amos 5. 18, 20.

3 Delante de él consumirá fuego, y tras de él abrasará llama: como el huerto de Eden [d] será la tierra delante de él, y detrás de él *como* desierto asolado; ni tampoco habrá quien de él escape.

[d] Is. 51. 3.

4 Su parecer, como parecer de caballos; y como gente de á caballo correrán.

5 Como *con* estruendo de carros saltarán sobre las cumbres de los montes; como sonido de llama de fuego que consume hojarascas, como fuerte pueblo aparejado para la batalla.

6 Delante de él temerán los pueblos, pondránse mustios todos los semblantes [e].

[e] Na. 2. 10.

7 Como valientes correrán, como hombres de guerra subirán la muralla; y cada cual irá en sus caminos, y no torcerán sus sendas.

8 Ninguno apretará á su compañero, cada uno irá por su carrera; y aun cayendo sobre la espada no se herirán.

9 Irán por la ciudad, correrán por el

muro, subirán por las casas, entrarán por las ventanas á manera de ladrones.

10 Delante de él temblará la tierra, se estremecerán los cielos; el sol y la luna se oscurecerán, y las estrellas retraerán su resplandor *f*.

Is. 13. 10. Is. 22. 7.

11 Y Jehová dará su voz delante de su ejército; porque muchos son sus reales y fuertes, que ponen en efecto su palabra: porque grande *es* el dia de Jehová, y muy terrible; ¿y quién lo podrá sufrir *g*?

Mal. 3. 2. Ap. 6. 17.

12 ¶ Por eso pues ahora, dice Jehová, convertíos á mí con todo vuestro corazon, con ayuno, y lloro, y llanto.

Sal. 34. 18. 51. 17. Is. 66. 2.

13 Y lacerad vuestro corazon *h*, y no vuestros vestidos; y convertíos á Jehová vuestro Dios: porque misericordioso es y clemente *i*, tardo para la ira, y grande en misericordia, y que se arrepiente del castigo.

Ex. 34. 6. Sal. 86. 5, 15. Jona 4. 2.

14 ¿Quién sabe *si* se volverá y apiadará *k*, y dejará bendicion tras de él, Presente y libacion *l* para Jehová Dios vuestro?

Amos 5.15. Jona 3. 9. Soph. 2. 3.

15 Tocad trompeta en Sion *m*, pregonad ayuno, llamad á congregacion;

Cap. 1. 9. Zacar. 1.

16 Reunid el pueblo, santificad la reunion, juntad los viejos, congregad los niños *n*, y los que maman: salga de su cámara el novio, y de su tálamo la novia.

2 Cr. 20.13.

17 Entre la entrada y el altar lloren los sacerdotes, ministros de Jehová, y digan: Perdona, oh Jehová, á tu pueblo, y no pongas en oprobio tu heredad, para que las gentes se enseñoreen de ella. ¿Por qué han de decir entre los pueblos, Dónde está su Dios *o*?

Sal. 42. 10. 79. 10. 115. 2.

18 Y Jehová zelará su tierra *p*, y perdonará á su pueblo.

Zac. 1. 14.

19 Y responderá Jehová, y dirá á su pueblo: Hé aquí que yo os envio pan, y mosto, y aceite, y seréis saciados de ellos; y nunca mas os pondré en oprobio entre las gentes.

20 Y haré alejar de vosotros al Aquilonal, y echarélo en la tierra seca y desierta: su faz será hácia el mar oriental, y su fin al mar occidental; y exhalará su hedor, y subirá su podricion, porque hizo grandes cosas.

21 Tierra, no temas; alégrate y gózate: porque Jehová ha de hacer grandes cosas.

22 Animales del campo, no temais; porque los pastos del desierto reverdecerán, porque los árboles llevarán su fruto, la higuera y la vid darán sus frutos.

23 Vosotros tambien, hijos de Sion, alegráos y gozáos en Jehová vuestro Dios *q*; porque os ha dado la primera lluvia ‖ arregladamente, y hará descender sobre vosotros lluvia temprana y tardía *r* *como* al principio.

Is. 41. 16. Os. 10. 7. ‖ *enseñador de justicia.* Deu. 11.14.

24 Y las eras se henchirán de trigo, y los lagares rebosarán de vino y aceite.

25 Y os restituiré los años que comió la oruga, la langosta, el pulgon, y el revolton; mi grande ejército que *s* envié contra vosotros.

Ver. 11.

26 Y comeréis hasta saciaros, y alabaréis el nombre de Jehová vuestro Dios, el cual hizo maravillas con vosotros: y nunca jamás será mi pueblo avergonzado.

27 Y conoceréis que en medio de Israel *estoy* yo, y que yo *soy* Jehová vuestro Dios, y no *hay* otro: y mi pueblo nunca jamás será avergonzado.

28 ¶ Y será que despues de esto *t*, derramaré mi Espíritu *u* sobre toda carne, y profetizarán vuestros hijos y vuestras hijas; vuestros viejos soñarán sueños, y vuestros mancebos verán visiones.

Zech. 2.16, 21. Hech. 7. 39.

29 Y aun tambien sobre los siervos y sobre las siervas derramaré mi Espíritu en aquellos dias.

30 Y daré prodigios en el cielo *x* y en la tierra, sangre, y fuego, y columnas de humo.

x Cap. 3. 15. Mat. 24. 29. Mar. 13. 24. Lu. 21. 25.

31 El sol se tornará en tinieblas, y la luna en sangre, ántes que venga el dia grande y espantoso de Jehová.

32 Y será, *que* cualquiera que invocáre el nombre de Jehová, será salvo *y*: porque en el monte de Sion y en Jerusalem habrá salvacion, como Jehová ha dicho, y en los que quedaren, á los cuales Jehová habrá llamado.

y Ro. 10. 11, 13.

CAPITULO III.

Anúnciase que por el tiempo en que hará Dios tornar la cautividad de su pueblo, serán destruidos y asolados aquellos que lo despojaron y trataron cruelmente; pero que Judéa será para siempre habitada, y Jerusalem de generacion en generacion.

PORQUE hé aquí que aquellos dias, y en aquel tiempo, en que haré tornar la cautividad de Judá y de Jerusalem,

2 Juntaré todas las gentes *a*, y haréIas descender al valle de Josaphat, y allí entraré en juicio con ellos *b* á causa de mi pueblo, y de Israel, mi heredad, á los cuales esparcieron entre las naciones, y partieron mi tierra:

a Zac. 14. 2, 4. Ap. 14. 18, 20. *b* Is. 66. 16.

3 Y echaron suertes *c* sobre mi pueblo, y á los niños dieron por una ramera, y vendieron las niñas por vino para beber.

c Na. 3. 10.

4 Y tambien, ¿qué tengo yo que ver con vosotras, Tiro y Sidon, y todos los términos de Palestina? ¿Quereis vengaros de mí? Y si de mí os vengais, bien pronto haré yo recaer la paga sobre vuestra cabeza:

5 Porque habeis llevado mi plata y mi oro, y mis cosas preciosas y hermosas metisteis en vuestros templos;

6 Y vendisteis los hijos de Judá y los hijos de Jerusalem á los hijos de los Griegos, por alejarlos de sus términos.

7 Hé aquí los levantaré yo del lugar donde los vendisteis *d*, y volveré vuestra paga sobre vuestra cabeza:

d Is. 43. 5. Jer. 23. 8.

8 Y venderé vuestros hijos y vuestras hijas en la mano de los hijos de Judá, y ellos los venderán á los Sabéos *e*, nacion apartada; porque Jehová ha hablado.

e Job 1. 15.

9 Pregonad esto entre las gentes, proclamad guerra *f*, despertad á los valientes, lléguense, vengan todos los hombres de guerra:

f Is. 8. 9, 10. Ap. 16. 14.

10 Haced espadas de vuestros azadones, y lanzas de vuestras hoces: diga el flaco: Fuerte soy.

11 Juntáos y venid, gentes todas de alrededor, y congregáos: haz venir allí, oh Jehová, tus fuertes *g*.

g ver. 9. Sal. 103. 20. Ap. 19. 11, 14.

12 Las gentes se despierten, y suban al valle de Josaphat: porque allí me sentaré para juzgar todas las gentes de alrededor.

13 Echad la hoz, porque la mies está ya madura. Venid, descended; porque el lagar está lleno, rebosan las lagaretas: porque mucha *es* la maldad de ellos.

14 Muchos pueblos *se juntarán* en el valle de la decision; porque cercano *está* el dia de Jehová en el valle de la decision.

15 El sol y la luna se oscurecerán *h*, y las estrellas retraerán su resplandor.

h Mat. 24. 29. Luc. 21. 25.

16 Y Jehová bramará *i* desde Sion, y dará su voz desde Jerusalem, y temblarán

i Jer. 25. 30, 31. Amos 1. 2.

rán los cielos y la tierra [k]: mas Jehová
será la esperanza de su pueblo, y la
fortaleza de los hijos de Israel [l].
17 Y conoceréis que yo *soy* Jehová
vuestro Dios, que habito en Sion [m],
monte de mi santidad: y será Jeru-
salem santa, y estraños no pasarán mas
por ella [n].
18 Y será en aquel tiempo, que los
montes destilarán mosto [o], y los collados
fluirán leche, y por todos los arroyos de
Judá correrán aguas [p]: y saldrá una
fuente de la casa de Jehová [q], y regará
el valle de Sitim.
19 Egipto será destruido [r], y Edom
será vuelto en asolado desierto [s], por la
injuria *hecha* á los hijos de Judá; por-
que derramaron en su tierra la sangre
inocente.
20 Mas Judá para siempre será habi-
tada, y Jerusalem en generacion y ge-
neracion [t].
21 Y limpiaré la sangre [u] *de lo que* no
limpié; y Jehová morará en Sion [x].

[k] Hag. 2. 6. Heb. 12. 26. [l] Sal. 46. 1, etc. [m] ver. 21. Ez. 48. 35. [n] Na. 1. 15. Zac. 14. 21. [o] Amos 9. 13. [p] Is. 30. 25. [q] Ez. 47. 2, etc. [r] Is. 19. 9, 12. [s] Is. 34. 10, 11. Ez. 35. 12. [t] Is. 33. 20. Amos 9. 15. [u] Is. 4. 4. [x] ver. 17.

LA PROFECÍA DE AMÓS.

A. C. cir. 787.

CAPITULO I.

Amós, pastor de Tecoa, es llamado á profetisar, y comienza su profecía denunciando los juicios de Dios contra Damasco, los Palestinos, Tiro, Edom, y los Ammonitas.

LAS palabras de Amós, que fué entre
los pastores [a] de Tecoa [b], las cuales
vió acerca de Israel en dias de Uzzia [c],
rey de Judá; y en dias de Jeroboam,
hijo de Joas, rey de Israel, dos años
ántes del terremoto.
2 Y dijo: Jehová bramará desde Sion,
y dará su voz desde Jerusalem, y las
estancias de los pastores se enlutarán, y
secaráse la cumbre del Carmelo.
3 Así ha dicho Jehová: Por tres pe-
cados de Damasco [d], y por el cuarto, no
desviaré su castigo; porque trillaron á
Galaad [e] con trillos de hierro.
4 Y meteré fuego en la casa de Hazael,
y consumirá los palacios de Ben-adad.
5 Y quebraré la barra de Damasco, y
talaré los moradores de Bicath-aven, y
los gobernadores de Beth-eden: y el pue-
blo de Aram será trasportado á Chir [f],
dice Jehová.
6 ¶ Así ha dicho Jehová: Por tres
pecados de Gaza [g], y por el cuarto, no
desviaré su castigo; porque llevó cau-
tiva toda la cautividad, para entregar*los*
á Edom.
7 Y meteré fuego en el muro de Gaza [h],
y quemará sus palacios.
8 Y talaré los moradores de Azoto, y
los gobernadores de Ascalon: y tornaré
mi mano sobre Ecron, y las reliquias
de los Palestinos perecerán [i], ha dicho
el Señor Jehová.
9 Así ha dicho Jehová: Por tres pe-
cados de Tiro [k], y por el cuarto, no des-
viaré su castigo: porque entregaron la
cautividad entera á Edom, y no se acor-
daron del concierto de hermanos [l].
10 Y meteré fuego en el muro de Tiro,
y consumirá sus palacios.
11 ¶ Así ha dicho Jehová: Por tres
pecados de Edom [m], y por el cuarto, no
desviaré su castigo: porque persiguió á
cuchillo á su hermano, y rompió sus
commiseraciones; y con su furor lo ha
robado siempre, y ha perpetuamente
guardado el enojo [n].
12 Y meteré fuego en Theman, y con-
sumirá los palacios de Bosra.
13 ¶ Así ha dicho Jehová: Por tres
pecados de los hijos de Amon, y por el
cuarto, no desviaré su castigo; porque
abrieron las preñadas de Galaad, para
ensanchar su término.
14 Y encenderé fuego en el muro de
Rabbá, y consumirá sus palacios *como*
con estruendo en dia de batalla, *como*
con tempestad en dia tempestuoso:
15 Y su rey irá en cautiverio, él y sus
príncipes todos, dice Jehová.

[a] Cap. 7. 14. [b] 2 Sa. 14. 2. [c] Hos. 1. 1. [d] Is. 17. 1, etc. Jer. 49. 23, 27. [e] 2 Rey. 10. 32. y 13. 7. [f] 2 Rey. 16. 9. [g] 2 Cr. 28. 18. [h] Soph. 2. 4. [i] Jer. 47. 4. Ez. 25. 15, 17. [k] Is. 23. 1, etc. Ez. XXVI, XXVIII. Joel 3. 4, 5. [l] 1 Rey. 5. 1. y 9. 11, 14. [m] Is. 34. 5, etc. Jer. 49. 7. Ez. 25. 12. Ab. 1, etc. Mal. 1. 3. [n] Ez. 35. 5.

A. C. cir. 787.

CAPITULO II.

Prosigue intimando los mismos castigos á los Moabitas, por haber sido inhumanos con sus enemigos. Profetiza tambien el castigo que vendria sobre Judá é Israel, por haber violado de muchas maneras el divino pacto.

ASI ha dicho Jehová: Por tres peca-
dos de Moab [a], y por el cuarto, no
desviaré su castigo; porque quemó los
huesos del rey de Iduméa *hasta tornar-
los* en cal.
2 Y meteré fuego en Moab, y consu-
mirá los palacios de Chérioth: y morirá
Moab en alboroto, en estrépito y sonido
de trompeta.
3 Y quitaré el juez de en medio de él,
y mataré con él á todos sus príncipes,
dice Jehová.
4 ¶ Así ha Jehová dicho: Por tres
pecados de Judá, y por el cuarto, no
desviaré su castigo: porque menospre-
ciaron la ley de Jehová, y no guardaron
sus ordenanzas; é hiciéronlos errar sus
mentiras, en pos de las cuales anduvi-
eron sus padres.
5 Meteré por tanto fuego en Judá, el
cual consumirá los palacios de Jeru-
salem.
6 ¶ Así ha dicho Jehová: Por tres
pecados de Israel, y por el cuarto, no
desviaré su castigo; porque vendieron
por dinero al justo, y al pobre por un
par de zapatos:
7 Que anhelan porque haya *un* polvo
de tierra sobre la cabeza de los pobres [b],
y tuercen el camino de los humildes: y
el hombre y su padre entraron á *una*
moza profanando mi santo nombre.
8 Y sobre las ropas empeñadas se acu-
estan [c] junto á cualquier altar; y el vino
de los penados beben en la casa de sus
dioses.
9 Y yo destruí delante de ellos al
Amorréo [d], cuya altura *era* como la al-
tura de los cedros, y fuerte como un
alcornoque: y destruí su fruto arriba, y
sus raices abajo.
10 Y yo os hice á vosotros subir de la
tierra de Egipto, y os traje por el desi-
erto cuarenta años, para que poseyeseis
la tierra del Amorréo.
11 Y levanté de vuestros hijos para
profetas, y de vuestros mancebos para
que fuesen Nazaréos [e]. ¿No es esto así,
dice Jehová, hijos de Israel?
12 Mas vosotros disteis de beber vino
á los Nazaréos, y á los profetas mandas-
teis, diciendo: No profeticeis [f].
13 Pues hé aquí que yo *os* apretaré en
vuestro lugar, como se aprieta el carro
lleno de haces;
14 Y la huida perecerá del ligero, y el
fuerte no esforzará su fuerza, ni el va-
liente librará su vida.
16 Y el que toma el arco no resistirá;

[a] Is. XV, XVI. Jer. 48. 1. Ez. 25. 8, etc. Soph. 2. 8. [b] Ez. 27. 30. [c] Ex. 22. 26. [d] Jos. 24. 8. [e] Nu. 6. 2. [f] Is. 30. 10. Jer. 11. 21. Mi. 2. 6.

ni escapará el ligero de piés, ni el que
cabalga en caballo salvará su vida.
16 El esforzado entre esforzados huirá
desnudo aquel dia, dice Jehová.

CAPITULO III.

Juicios de Dios contra los Israelitas, á los cuales protesta su destruccion á causa de su impiedad.

OID esta palabra que ha hablado Je-
hová contra vosotros, hijos de Is-
rael, contra toda la familia que hice
subir de la tierra de Egipto. Dice así:
2 A vosotros solamente he conocido de
u. 7. 6. todas las familias de la tierra[a]; por
tanto visitaré contra vosotros todas vu-
estras maldades.
3 ¿ Andarán dos juntos, si no estuvi-
. 7. eren de concierto[b] ?
4 ¿ Bramará el leon en el monte sin
hacer presa? ¿ Dará el leoncillo su bra-
mido desde su morada, si no prendiere?
5 ¿ Caerá el ave en el lazo en la tierra,
sin haber armador? ¿ Alzaráse el lazo
de la tierra, si no se ha prendido algo?
6 ¿ Tocaráse la trompeta en la ciudad,
y no se alborotára el pueblo? ¿ Habrá
algun mal en la ciudad, el cual Jehová
45. 7. no haya hecho[c] ?
7 Porque no hará nada el Señor Je-
hová, sin que revele su secreto á sus
a. 6. 13. siervos los profetas[d].
. 17. 8 Bramando el leon, ¿ quién no teme-
rá? Hablando el Señor Jehová, ¿ quién
. 1. 7, 9. no profetizará[e] ?
9 Haced pregonar sobre los palacios de
Azoto, y sobre los palacios de tierra de
Egipto, y decid: Reuníos sobre los mon-
tes de Samaria, y ved muchas opresiones
en medio de ella, y *muchas* violencias en
medio de ella.
. 4. 22. 10 Y no saben hacer lo recto[f], dice
Jehová, atesorando rapiñas y despojos
en sus palacios.
11 Por tanto el Señor Jehová ha dicho
así: Un enemigo *habrá* aun por todos
lados de la tierra, y derribará de tí tu
fortaleza, y tus palacios serán saqueados.
12 Así ha dicho Jehová: De la ma-
nera que el pastor libra de la boca del
leon dos piernas, ó la punta de una
. 4. 11. oreja, así escaparán[g] los hijos de Is-
rael que moran en Samaria en el rincon
de la cama, y al canto del lecho.
13 Oid y protestad en la casa de Jacob,
ha dicho Jehová, Dios de los ejércitos,
14 Que el dia que visitaré las rebeliones
de Israel sobre él, visitaré tambien sobre
10. 14, los altares de Beth-el[h]: y serán cortados
los cuernos del altar, y caerán á tierra.
36. 22. 15 Y heriré la casa del invierno[i], con
. 3. 20. la casa del verano[k], y las casas de mar-
y. 22. fil[l] perecerán; y muchas casas serán
arruinadas, dice Jehová.

CAPITULO IV.

Contra los impíos príncipes y jueces de su pueblo, engordados con cohechos y con perversion de la justicia de los pobres. Refiere los muchos castigos con que Dios los ha querido corregir, los cuales todos fueron frustrados.

. 22. 12. OID esta palabra, vacas de Basan[a],
que *estais* en el monte de Samaria,
que oprimís los pobres, que quebrantais
los menesterosos, que decís á sus seño-
7. 5. res[b]: Traed, y beberémos.
2 El Señor Jehová juró por su santi-
dad, que hé aquí vienen dias sobre vos-
otros en que os llevará en anzuelos, y
16. 16. á vuestros descendientes en barquillos
. 1. 14, de pescador[c].
3 Y saldrán por los portillos la una en
12. 5, pos de la otra[d], y seréis echadas del
palacio[e], dice Jehová.
y. 25. 4. 4 Id á Beth-el, y prevaricad; en Gil-
gal[f] aumentad la rebelion, y traed de f Os. 4. 15.
mañana vuestros sacrificios, y vuestros y 12. 12.
diezmos cada tres años:
5 Y ofreced sacrificio de alabanza con
pan leudo, y pregonad, publicad volun-
tarias ofrendas; pues que así *lo* quereis,
hijos de Israel, dice el Señor Jehová.
6 Yo tambien os dí limpieza de dientes
en todas vuestras ciudades, y falta de
pan en todos vuestros pueblos[g]: mas no g Ex. 16. 27.
os tornasteis á mí, dice Jehová.
7 Y tambien yo os detuve la lluvia tres
meses ántes de la siega: é hice llover
sobre una ciudad, y sobre otra ciudad
no hice llover; sobre una parte llovió,
y la parte sobre la cual no llovió, secóse.
8 Y venian dos ó tres ciudades á una
ciudad para beber agua, y no se har-
taban: con todo no os tornasteis á mí,
dice Jehová.
9 Os herí con viento solano y oruga
vuestros muchos huertos, y vuestras vi-
ñas, y vuestros higuerales; y vuestros
olivares comió la langosta: pero nunca
os tornasteis á mí[h], dice Jehová. h Jer. 5. 3.
10 Envié entre vosotros mortandad al
modo que en Egipto: maté á cuchillo
vuestros mancebos, con cautiverio de
vuestros caballos, é hice subir el hedor
de vuestros reales hasta vuestras narices:
empero no os tornasteis á mí, dice Jehová.
11 Trastornéos, como cuando Dios tras-
tornó á Sodoma y á Gomorra, y fuisteis
como tizon escapado del fuego: mas no
os tornasteis á mí, dice Jehová.
12 Por tanto de esta manera haré á tí,
oh Israel; y porque te he de hacer esto,
aparéjate para venir al encuentro á tu
Dios[i], oh Israel. i Ex. 18. 5.
13 Porque hé aquí, el que forma los
montes, y cria el viento, y denuncia al
hombre su pensamiento; el que hace á
las tinieblas mañana[k], y pasa sobre las k Cap. 5. 8.
alturas de la tierra, Jehová, Dios de los
ejércitos, *es* su nombre.

CAPITULO V.

Prosigue la denunciacion de la destruccion del pueblo, y su cautiverio en Asiria, si no se convirtieren.

OID esta palabra, porque yo levanto
endecha sobre vosotros, casa de
Israel.
2 Cayó la vírgen de Israel; no mas
podrá levantarse: dejada fué sobre su
tierra; no *hay* quien la levante.
3 Porque así ha dicho el Señor Jeho-
vá: La ciudad que sacaba mil, quedará
con ciento; y la que sacaba ciento, que-
dará con diez en la casa de Israel.
4 ¶ Empero así dice Jehová á la casa
de Israel: Buscadme[a], y viviréis. a Is. 55. 6, 7.
5 Y no busqueis á Beth-el[b], ni entreis b Cap. 4. 4.
en Gilgal, ni paseis á Beer-seba: por-
que Gilgal será llevada en cautiverio, y
Beth-el será deshecha.
6 Buscad á Jehová, y vivid; no sea
que hienda, como fuego, á la casa de
Joseph, y la consuma, sin haber en
Beth-el quien lo apague.
7 Los que convierten en ajenjo el jui-
cio[c], y dejan en tierra la justicia, c Cap. 6. 12.
8 *Miren* al que hace el Arturo y el
Orion[d], y las tinieblas vuelve en ma- d Job 9. 9.
ñana, y hace oscurecer el dia en noche[e]: y 38. 31.
el que llama á las aguas de la mar, y las e Cap. 4. 13.
derrama sobre la haz de la tierra[f], Je- f Cap. 9. 6.
hová es su nombre:
9 Que da esfuerzo[g] al despojador sobre g Joel 2. 2.
el fuerte, y que el despojador venga con-
tra la fortaleza.
10 Ellos aborrecieron en la puerta al
reprensor[h], y al que hablaba lo recto h Is. 29. 21.
abominaron.
11 Por tanto, pues que vejais al pobre,

y recibía de él carga de trigo, edificasteis
casas de sillares, mas no las habitaréis;
plantasteis hermosas viñas, mas no be-
ⁱ Soph. 1. 13. beréis el vino de ellas [i].
12 Porque sabido he vuestras muchas
rebeliones, y vuestros grandes pecados:
que afligen al justo, y reciben cohecho,
y á los pobres en la puerta hacen perder
su causa.
13 Por tanto el prudente en tal tiempo
calla, porque el tiempo es malo.
14 Buscad lo bueno, y no lo malo, para
que vivais; porque así Jehová, Dios de
los ejércitos, será con vosotros, como
decís.
[k] Sal. 34. 14. Ro. 12. 9. 15 Aborreced el mal, y amad el bien [k],
y poned juicio en la puerta: quizá Je-
hová, Dios de los ejércitos, tendrá pie-
[l] 2 Rey. 19. 4. Joel 2. 14. dad del remanente de Joseph [l].
16 Por tanto, así ha dicho Jehová,
Dios de los ejércitos, el Señor: En to-
das las plazas *habrá* llanto, y en todas
las calles dirán, Ay! Ay! y al labrador
llamarán á lloro, y á endecha á los que
[m] Jer. 9. 17, 19. endechar supieren [m].
17 Y en todas las viñas *habrá* llanto;
porque pasaré por medio de tí, dice
Jehová.
18 ¡Ay de los que desean el dia de
Jehová! ¿Para qué quereis este dia de
[n] Joel 2. 2. Soph. 1. 14, 15. Jehová? *Será de* tinieblas [n], y no luz.
19 Como el que huye de delante del
leon, y se topa con el oso; ó si entráre
en casa, y arrimáre su mano á la pared,
y le muerda la culebra.
20 ¿No *será* el dia Jehová tinieblas,
y no luz; oscuridad que no tiene res-
plandor?
21 ¶ Aborrecí, abominé vuestras so-
lemnidades, y no me darán buen olor
[o] Is. 1. 11, 14. Jer. 6. 20. vuestras asambléas [o].
22 Y si me ofreciereis holocaustos y
[p] Os. 8. 13. vuestros presentes, no los recibiré [p]; ni
miraré á los *sacrificios* pacíficos de vu-
estros engordados.
23 Quita de mí la multitud de tus can-
tares, que no escucharé las salmodias de
tus instrumentos.
24 Antes corra el juicio como las agu-
as, y la justicia como impetuoso arroyo.
[q] Deu. 32. 17, 19. Is. 43. 23. Ez. 20. 8, 24. 25 ¿Habeisme ofrecido sacrificios [q] y
presente en el desierto en cuarenta años,
[r] Hech. 7. 42. casa de Israel [r]?
26 Mas llevabais el tabernáculo de vu-
estro Moloch y Chiun, ídolos vuestros,
la estrella de vuestros dioses que os hi-
cisteis.
27 Haréos pues trasportar mas allá de
Damasco, ha dicho Jehová, cuyo nom-
bre *es* Dios de los ejércitos.

CAPITULO VI.

Prosigue en el mismo intento.

¡AY de los reposados en Sion, y de
los confiados en el monte de Sa-
[a] Lc. 1. 1. maria, nombrados principales [a] entre las
mismas naciones, las cuales vendrán so-
bre ellos, oh casa de Israel!
2 Pasad á Calne, y mirad; y de allí
id á la gran Hamath: descended luego
á Gath de los Palestinos. *Ved si son*
aquellos reinos mejores que estos reinos;
si su término *es* mayor que vuestro tér-
mino.
[b] Ez. 12. 27. 3 *Vosotros* que dilatais el dia malo [b], y
[c] Sal. 94. 20. acercais la silla de iniquidad [c]:
4 Que duermen en camas de marfil,
y se extienden sobre sus lechos; y co-
men los corderos del rebaño, y los be-
cerros de en medio del engordadero:
[d] Is. 5. 12. 5 Que gorgean al son de la flauta [d],
é inventan instrumentos músicos, como
[e] 1 Cr. 23. 5. David [e]:
6 Que beben vino en tazones, y se
ungen con los ungüentos mas preciosos,
y no se afligen por el quebrantamiento
de Joseph.
7 Por tanto ahora pasarán en el prin-
cipio de los que á cautividad pasaren,
y se acercará el clamor de los exten-
didos.
8 El Señor Jehová juró por su alma,
Jehová Dios de los ejércitos ha dicho:
Tengo en abominacion la grandeza de
Jacob, y aborrezco sus palacios: y la ci-
udad y su plenitud entregaré al enemigo.
9 Y acontecerá, que si diez hombres
quedaren en una casa, morirán.
10 Y su tio tomará á cada uno, y que-
marálo [f] para sacar los huesos de casa; [f] 1 Sa. 31. 12.
y dirá al que estará en los rincones de
la casa: ¿Hay aun *alguno* contigo? Y
dirá: No. Y dirále aquel: Calla [g], que [g] Cap. 8. 3.
no conviene hacer mencion del nombre
de Jehová.
11 Porque hé aquí que Jehová man-
dará, y herirá con hendeduras la casa
mayor; y la casa menor con aberturas.
12 ¿Correrán los caballos por las pe-
ñas? ¿Ararán *en ellas* con vacas?
¿Por qué habeis vosotros tornado el
juicio en veneno, y el fruto de justicia
en ajenjo?
13 *Vosotros* que os alegrais en nada;
que decís: ¿No nos hemos adquirido
potencia con nuestra fortaleza?
14 Pues hé aquí levantaré yo sobre vos-
otros, oh casa de Israel [h], dice Jehová [h] Nu. 34. 8. 1 Rey. 8. 65.
Dios de los ejércitos, gente que os opri-
mirá desde la entrada de Hamath hasta
el arroyo del desierto.

CAPITULO VII.

Muestra Dios al profeta en vision los castigos que amenazaban á Israel, los cuales por oracion del mismo profeta fueron detenidos. Mas á causa de la incorregibilidad del pueblo, le es anunciada su devastacion, y su cautiverio. Amasías, importunado de la profecía de Amós, le acusa al rey de rebelde, y por otra parte le aconseja se pase á tierra de Judá, donde profetizaría sin peligro. Responde el profeta anunciándole los juicios de Dios contra él mismo, y contra Israel.

ASÍ me ha mostrado el Señor Je-
hová: y hé aquí que él criaba
langostas al principio que comenzaba á
crecer el heno *tardío*. Y hé aquí que el
heno *tardío habia crecido* despues de las
siegas del rey.
2 Y acaeció que como acabó de comer
la yerba de la tierra, yo dije: Señor Je-
hová, perdona ahora; ¿quién levantará
á Jacob? Porque es pequeño,
3 Arrepintióse [a] Jehová de esto: No [a] Deu. 32. 36. Jon. 3. 10.
será, dijo Jehová.
4 El Señor Jehová *despues* me mostró
así: y hé aquí que llamaba para juzgar
por fuego el Señor Jehová; y consumió
un gran abismo, y consumió una parte
de la tierra.
5 Y dije: Señor Jehová, cesa ahora;
¿quién levantará á Jacob? Porque es
pequeño.
6 Arrepintióse Jehová de esto: No se-
rá esto tampoco, dijo el Señor Jehová.
7 Enseñóme *tambien* así: Hé aquí que
el Señor estaba sobre un muro *edificado*
á plomo, y *tenia* en su mano un plomo
de albañil.
8 Jehová entónces me dijo: ¿Qué ves,
Amós? Y dije: Un plomo de albañil.
Y el Señor dijo: Hé aquí que yo pongo
plomada de albañil en medio de mi pue- [b] Is. 28. 17. La. 2. 8.
blo Israel [b]: no le pasaré mas [c], [c] Cap. 8. 2. Mi. 7. 18.
9 Y los altares de Isaac serán destrui-
dos, y los santuarios de Israel serán [d] 1 Rey. 12. 32.
asolados; y levantaréme con espada so-
bre la casa de Jeroboam.
10 ¶ Entónces Amasías, sacerdote de [e] 2 Rey. 14. 23.
Beth-el [d], envió á decir á Jeroboam [e],

rey de Israel: Amós se ha conjurado contra tí en medio de la casa de Israel; la tierra no puede ya sufrir todas sus palabras.

11 Porque así ha dicho Amós: Jeroboam morirá á cuchillo, é Israel pasará de su tierra en cautiverio.

12 Y Amasías dijo á Amós: Vidente, vete, y huye á tierra de Judá, y come allá tu pan, y profetiza allí.

13 Y no profetices mas en Beth-el; porque es santuario del rey [f], y cabecera del reino.

14 Entónces respondió Amós, y dijo á Amasías: No soy profeta, ni soy hijo de profeta, sino que soy boyero [g], y cogedor de cabrahigos.

15 Y Jehová me tomó de tras el ganado, y díjome Jehová: Vé, y profetiza á mi pueblo Israel.

16 Ahora pues, oye palabra de Jehová. Tú dices: No profetices contra Israel [h], ni hables [i] contra la casa de Isaac.

17 Por tanto así ha dicho Jehová: Tu mujer fornicará en la ciudad [k], y tus hijos y tus hijas caerán á cuchillo, y tu tierra será partida por suertes: y tú morirás en tierra inmunda, é Israel será traspasado de su tierra.

ey. 13. 1.
p. 1. 1.
. 2. 6.
. 21. 2.
. 5. 11.
4. 13.

CAPITULO VIII.

Por la vision de un canastillo de fruta madura da Dios á entender al profeta que los pecados de su pueblo habían llegado á sazon y punto de ser castigados. Menciona de nuevo el profeta algunos de ellos, é insinuando una grande calamidad, amenaza con la extraordinaria escasez y necesidad de la palabra de Dios en que se vería el pueblo.

ASÍ me ha mostrado Jehová: y hé aquí un canastillo de fruta de verano.

2 Y dijo: ¿Qué ves, Amós? Y dije: Un canastillo de fruta de verano. Y díjome Jehová: Venido [a] ha el fin sobre mi pueblo Israel; no le pasaré mas [b].

3 Y los cantores del templo aullarán en aquel dia, dice el Señor Jehová: muchos serán los cuerpos muertos [c] en todo lugar; echados *serán* en silencio.

4 Oid esto, los que tragais á los menesterosos [d], y arruinais los pobres de la tierra,

5 Diciendo: Cuando pasáre el mes, venderémos el trigo; y *pasada* la semana abrirémos *los alfolíes de* el pan, y achicarémos la medida, y engrandecerémos el precio, y falsearémos el peso engañoso,

6 Para comprar los pobres por dinero, y los necesitados por un par de zapatos [e]; y venderé las aechaduras del trigo.

7 Jehová juró por la gloria de Jacob: No me olvidaré para siempre de todas sus obras [f].

8 ¿No se ha de estremecer la tierra sobre esto? y todo habitador de ella no llorarará [g]? Y subirá toda como un rio, y será arrojada, y hundiráse como el rio de Egipto [h].

9 Y acaecerá en aquel dia, dice el Señor Jehová, que haré se ponga el sol al mediodia, y la tierra cubriré de tinieblas en el dia claro [i]:

10 Y tornaré vuestras fiestas en lloro, y todos vuestros cantares en endechas; y haré poner saco sobre todos lomos [k], y peladura sobre toda cabeza: y tornaréla como en llanto de unigénito [l], y su postrimería como dia amargo.

11 Hé aquí que vienen dias, dice el Señor Jehová, en los cuales enviaré hambre á la tierra, no hambre de pan, ni sed de agua, sino de oir palabra de Jehová [m],

12 E irán errantes de mar á mar;

. 7. 2.
p. 7. 8.
p. 6. 9.
o. 30. 14.
p. 2. 6.
. 17. 1.
8. 13.
. 4. 3.
p. 9. 5.
59. 9.
. 15. 9.
3. 6.
. 7. 18.
. 6. 26.
1. 74. 9.
2. 9.
7. 26.
3. 7.

desde el Norte hasta el Oriente discurrirán buscando palabra de Jehová, y no *la* hallarán.

13 En aquel tiempo las doncellas hermosas y los mancebos desmayarán de sed [n].

14 Los que juran por el pecado [o] de Samaria, y dicen, Vive tu dios de Dan [p]; y, Vive el camino de Beer-sebah, caerán, y nunca mas se levantarán.

[n] Sal. 63. 1.
[o] Deu. 9. 21.
[p] 1 Rey. 12. 29.

CAPITULO IX.

Prosigue denunciando la asolacion del reino, con la muerte del rey y de los grandes, y concluye su profecía con la promesa que Dios hace del restablecimiento de la casa de David, y restauracion de los hijos de Israel.

VI al Señor que estaba sobre el altar, y dijo: Hiere el umbral, y estremézcanse las puertas: y córtales en piezas la cabeza de todos; y el postrero de ellos mataré á cuchillo: no habrá de ellos quien se fugue, ni quien escape [a].

2 Aunque cavasen hasta el infierno [b], de allá los tomará mi mano; y si subieren hasta el cielo, de allá los haré descender [c].

3 Y si se escondieren en la cumbre del Carmelo, allí los buscaré, y los tomaré; y aunque se escondiesen de delante de mis ojos en el profundo de la mar, allí mandaré á la culebra, y morderálos.

4 Y si fueren en cautiverio delante de sus enemigos, allí mandaré al cuchillo, y los matará [d]: y pondré sobre ellos mis ojos para mal, y no para bien.

5 El Señor Jehová de los ejércitos *es el* que toca la tierra, y se derretirá [e], y llorarán todos los que en ella moran: y subirá toda como un rio, y hundiráse *luego* como el rio de Egipto [f].

6 Él edificó en el cielo sus grados, y ha establecido su conjunto *de criaturas* sobre la tierra: él llama las aguas de la mar, y sobre la haz de la tierra [g] las derrama: Jehová *es* su nombre.

7 Hijos de Israel, ¿no me sois vosotros, dice Jehová, como hijos de Etiopes? ¿No hice yo subir á Israel de la tierra de Egipto, y á los Palestinos de Caphtor [h], y de Chir [i] á los Araméos?

8 Hé aquí que los ojos del Señor Jehová *están* contra el reino pecador, y yo lo asolaré de la haz de la tierra; mas no destruiré del todo la casa de Jacob [k], dice Jehová.

9 Porque hé aquí yo mandaré, y haré que la casa de Israel sea zarandeada entre todas las gentes, como se zaranda *el grano* en un harnero, y no cae una chinita en la tierra [l].

10 Á cuchillo morirán todos los pecadores de mi pueblo, que dicen: No se acercará, ni nos alcanzará el mal.

11 ¶ En aquel dia yo levantaré el tabernáculo de David [m] caido, y cerraré sus portillos, y levantaré sus ruinas, y edificarélo como en el tiempo pasado,

12 Para que aquellos sobre los cuales es llamado mi nombre, posean el resto de Iduméa, y á todas las naciones, dice Jehová que hace esto.

13 ¶ Hé aquí vienen dias, dice Jehová, en que el que ara alcanzará al segador, y el pisador de las uvas al que lleva la simiente [n]; y los montes destilarán mosto, y todos los collados se derretirán [o].

14 Y tornaré el cautiverio de mi pueblo Israel, y edificarán ellos las ciudades asoladas, y las habitarán [p]: y plantarán viñas, y beberán el vino de ellas; y harán huertos, y comerán el fruto de ellos [q]:

15 Pues los plantaré sobre su tierra [r], y nunca mas serán arrancados de su tierra que yo les di, ha dicho Jehová Dios tuyo.

[a] Cap. 2. 14.
[b] Sal. 139. 8, 10.
[c] Jer. 51. 53. Ab. 4.
[d] Deu. 28. 65. Ez. 5. 12.
[e] Mi. 1. 4.
[f] Cap. 8. 8.
[g] Cap. 5. 8.
[h] Deu. 2. 23. Jer. 47. 4.
[i] Cap. 1. 5.
[k] Deu. 4. 31.
[l] Is. 6. 13. Ez. 20. 38.
[m] Hech. 15. 15, 17.
[n] Lev. 26. 5.
[o] Joel 3. 18, 20.
[p] Ez. 36. 33.
[q] Is. 65. 22.
[r] Jer. 32. 41.

LA PROFECÍA DE ABDÍAS.

A. C. cir. 587.

Predice la ruina de los Iduméos por su crueldad contra los hijos de Israel. Libertados estos, dominarán sobre sus opresores, y del Señor será el reino.

VISION de Abdías. El Señor Jehová ha dicho así cuanto á Edom[a]. Oido hemos el pregon de Jehová, y mensajero es enviado á las gentes. Levantáos, y levantémonos contra ella en batalla.

2 Hé aquí que pequeño te he hecho entre las gentes; abatido *serás* tú en gran manera.

3 La soberbia de tu corazon te ha engañado, tú que moras en las hendeduras de las peñas, en tu altísima morada; que dices en tu corazon: ¿Quién me derribará á tierra?

4 Si te encaramares como águila[b], y si entre las estrellas pusieres tu nido[c], de ahí te derribaré, dice Jehová.

5 Si ladrones vinieran á tí, ó robadores de noche, (como has sido destruido!) ¿no hurtáran lo que les bastase? Pues si entráran á tí vendimiadores, aun dejáran algun rebusco.

6 Como fueron escudriñadas *las cosas de* Esaú! Sus cosas *muy* escondidas fueron *muy* buscadas.

7 Hasta el término te hicieron llegar todos tus aliados; te han engañado tus pacíficos; prevalecieron contra tí: *los que comian* tu pan, pusieron el lazo debajo de tí. No hay en él entendimiento[d].

8 ¿No haré que perezcan en aquel dia, dice Jehová, los sabios de Edom, y la prudencia del monte de Esaú?

9 Y tus valientes, oh Themán, serán quebrantados[e]; porque todo hombre será talado del monte de Esaú por el estrago.

10 Por la injuria de tu hermano Jacob[f] te cubrirá vergüenza, y serás talado para siempre.

11 El dia que estando tú delante, llevaban extraños cautivo su ejército, y los extraños entraban por sus puertas, y echaban suertes[g] sobre Jerusalem, tú tambien eras como uno de ellos.

12 Pues no debiste tú estar mirando *gozoso* en el dia de tu hermano, el dia en que fué extrañado: no te habias de haber alegrado de los hijos de Judá en el dia que se perdieron; ni habias de ensanchar tu boca el dia de la angustia.

13 No habias de haber entrado por la puerta de mi pueblo en el dia de su quebrantamiento; no, no habias tú de haber mirado *alegre* su mal el dia de su quebranto; ni haber echado *mano* á sus bienes el dia de su calamidad.

14 Tampoco habias de haberte parado en las encrucijadas, para matar los que de ellos escapasen; ni habias tú de haber entregado los que quedaban en el dia de angustia.

15 Porque cercano está el dia de Jehová sobre todas las gentes[h]: como tú hiciste se hará contigo: tu galardon volverá sobre tu cabeza[i].

16 De la manera que vosotros bebisteis en mi santo monte[k], beberán todas las gentes de continuo: beberán, y engullirán, y serán como si no hubieran sido.

17 Mas en el monte de Sion habrá salvamento[l], y será santidad; y la casa de Jacob poseerá sus posesiones.

18 Y la casa de Jacob será fuego, y la casa de Joseph será llama[m], y la casa de Esaú estopa: y los quemarán, y los consumirán; ni aun reliquia quedará en la casa de Esaú, porque Jehová *lo* habló.

19 Y los del Mediodía poseerán el monte de Esaú[n], y los llanos de los Palestinos; poseerán tambien los campos de Efraim, y los campos de Samaria; y Benjamin á Galaad.

20 Y los cautivos de aqueste ejército de los hijos de Israel *poseerán* lo de los Cananéos hasta Sarepta; y los cautivos de Jerusalem, que *estarán* en Sepharad, poseerán las ciudades del Mediodía.

21 Y vendrán salvadores al monte de Sion para juzgar al monte de Esaú; y el reino será de Jehová[o].

[a] Is. 21. 11. y 34. 5, etc. Jer. 49. 7, etc. Ez. 25. 12. Joel 3. 19. Mal. 1. 3, 4.
[b] Job 20. 6.
[c] Amos 9. 2.
[d] Is. 19. 11, 14.
[e] Sal. 76. 5.
[f] Sal. 137. 7. Ez. 25. 12. Amos 1. 11.
A. C. cir. 587.
[g] Joel 3. 3. Na. 3. 10.
[h] Ez. 30. 3.
[i] Hab. 2. 8.
[k] Jer. 25. 27, 29. y 49. 12. La. 4. 21, 22.
[l] Joel 2. 32.
[m] Is. 10. 17.
[n] Amos 9. 12.
[o] Zac. 14. 9. La. 1. 23.

LA PROFECÍA DE JONAS.

A. C. cir. 862.

CAPITULO I.

Huyendose Jonas de Judéa á Tharsis, por no ir á predicar á Nínive, adonde Dios lo enviaba, levanta el Señor una grande tempestad en la mar; y como los marineros llegáran á conocer que Jonas era la causa de ella, él mismo lo confiesa, y por su propia sentencia es echado en la mar, y cesó la borrasca.

Y FUÉ palabra de Jehová á Jonas, hijo de Amittai, diciendo:

2 Levántate, y ve á Nínive, ciudad grande, y pregona contra ella; porque su maldad ha subido delante de mí[a].

3 Y Jonas se levantó para huir de la presencia de Jehová[b] á Tharsis ‖, y descendió á Joppe[c]; y halló un navío que se partia para Tharsis, y pagando su pasaje entró en él, para irse con ellos á Tharsis de delante de Jehová.

4 ¶ Mas Jehová hizo levantar un gran viento en la mar, é hízose una *tan* gran tempestad en la mar[d], que pensóse se romperia la nave.

5 Y los marineros tuvieron miedo, y cada uno llamaba á su dios: y echaron á la mar los enseres que *llevaban* en la nave, para descargarla de ellos[e]. Jonas empero se habia bajado á los lados del buque, y se habia echado á dormir.

6 Y el maestre de la nave se llegó á él, y le dijo: ¿Qué tienes, dormilon? Levántate, y clama á tu dios; quizá él tendrá compasion de nosotros, y no pereceremos.

7 Y dijeron cada uno á su compañero: Venid, y echemos suertes[f], para saber por quien nos *ha venido* este mal. Y echaron suertes, y la suerte cayó sobre Jonas.

8 Entónces le dijeron ellos: Decláranos ahora porqué nos *ha venido* este mal. ¿Qué oficio tienes, y de donde vienes? ¿cual es tu tierra, y de que pueblo eres?

9 Y él les respondió: Hebréo soy, y temo á Jehová, Dios de los cielos, que hizo la mar y la tierra[g].

10 Y aquellos hombres temieron sobremanera, y dijéronle: ¿Por qué has hecho esto? Porque ellos entendieron que

[a] Gen. 18. 20, 21.
[b] Sal. 139. 7.
‖ *Acaso Turteso, en España.*
[c] 2 Cr. 2. 16. Hech. 9. 36.
[d] Sal. 107. 25.
A. C. cir. 862.
[e] Hech. 27. 18, etc.
[f] Jos. 7. 14, 18. 1 Sa. 14. 41, 42. Pro. 16. 33.
[g] Sal. 146. 6.

huis de delante de Jehová, porque se
lo habia declarado.
11 Y dijéronle: ¿Qué te harémos, pa-
ra que la mar se nos quiete? porque la
mar iba á *mas*, y se embrabecia.
12 El les respondió: Tomadme y echad-
me á la mar, y la mar se os quietará;
porque yo sé que por mí [b] ha venido esta
grande tempestad sobre vosotros.
13 Y aquellos hombres trabajaron por
tornar la nave á tierra; mas no pudie-
ron, porque la mar iba á *mas*, y se em-
brabecia sobre ellos.
14 Entónces clamaron á Jehová, y di-
jeron: Rogámoste ahora, Jehová, que
no perezcamos nosotros por la vida de
aqueste hombre, ni pongas sobre nos-
otros la sangre inocente [c]: porque tú,
Jehová, has hecho como has querido.
15 Y tomaron á Jonas, y echáronlo á
la mar; y la mar se quietó de su furia.
16 Y temieron aquellos hombres á Je-
hová con gran temor; y ofrecieron sa-
crificio á Jehová, y prometieron votos.

CAPITULO II.

Un enorme pez se traga á Jonas; pero ora al Señor en su afliccion extrema, y es libertado maravillosamente.

MAS Jehová habia prevenido un gran
pez que tragase á Jonas: y estuvo
onas en el vientre del pez tres dias y
es noches [a].
¶ Y oró Jonas desde el vientre del
z á Jehová su Dios.
Y dijo: Clamé de mi tribulacion [b] á
hová, y él me oyó; del vientre del
ulcro clamé, y mi voz oiste [c].
Echásteme en el profundo, en medio
las mares, y rodeóme la corriente:
as tus ondas y tus olas pasaron so-
mí [d].
Y yo dije: Echado soy de delante
tus ojos [e]; mas aun veré tu santo
plo.
Las aguas me rodearon hasta el al-
, rodeóme el abismo; la ova se en-
á mi cabeza.
escendí á las raices de los montes;
erra *echó* sus cerraduras sobre mí
siempre: mas tú sacaste mi vida de
ultura [g], oh Jehová Dios mio.
uando mi alma desfallecia en mí,
éme de Jehová; y mi oracion en-
asta tí en tu santo templo [h].
s que guardan las vanidades iluso-
u misericordia abandonan [i].
o empero con voz de alabanza [k]
rificaré; pagaré lo que prometí.
vacion *pertenece* á Jehová [l].
Y mandó Jehová al pez, y vomitó
s en tierra.

CAPITULO III.

Dios de nuevo á Jonas que vaya á ...e, y á su predicacion se humillan y ...rien los Ninivitas de su mal camino.

UÉ palabra de Jehová segunda
z á Jonas, diciendo:
ántate, y vé á Nínive, aquella
idad, y publica en ella el pregon
e diré.
vantóse Jonas, y fué á Nínive,
e á la palabra de Jehová. Y era
ciudad sobremanera grande, de
de camino.
menzó Jonas á entrar por la
camino de un dia, y pregonaba
: De aquí á cuarenta dias Ní-
destruida [a].
5 Y los hombres de Nínive creyeron á
Dios, y pregonaron ayuno, y vistiéronse
de sacos desde el mayor de ellos hasta
el menor de ellos.
6 Y llegó el negocio hasta el rey de
Nínive, y levantóse de su silla, y echó
de sí su vestido, y cubrióse de saco, y
se sentó sobre ceniza [b]. [b] Job 2. 8.
7 E hizo pregonar y anunciar en Ní-
nive, por mandado del rey y de sus
grandes, diciendo: Hombres, y anima-
les, bueyes, y ovejas, no gusten cosa
alguna; no se les dé alimento, ni beban
agua.
8 Y que se cubran de sacos los hom-
bres y los animales, y clamen á Dios
fuertemente: y conviértase cada uno de
su mal camino, de la rapiña que *está* en
sus manos.
9 ¿Quién sabe si se volverá [c] y arre- [c] Joel 2. 14.
pentirá Dios, y se apartará del furor de
su ira, y no pereceremos?
10 Y vió Dios lo que hicieron [d], que se [d] 1 Rey. 21. 27, 29. 2 Cr. 33. 12, 13.
convirtieron de su mal camino, y arre-
pintióse del mal que habia dicho que les
habia de hacer, y no lo hizo [e]. [e] Amos 7. 3, 6.

CAPITULO IV.

Llénase Jonas de enojo y despecho, porque habiendo Dios usado de misericordia con los de Nínive, no fué destruida la ciudad, segun habia él anunciado. Repréndelo Dios, y muéstrale lo injusto de su enojo con el ejemplo de una planta.

PERO Jonas se apesadumbró en ex-
tremo, y enojóse.
2 Y oró á Jehová, y dijo: Ahora, oh
Jehová, ¿no es esto lo que yo decia es-
tando aun en mi tierra? Por eso me
precaví huyendo á Tharsis: porque sa-
bia yo que tú eres Dios clemente y pia-
doso, tardo á enojarte, y de grande mi-
sericordia [a], y que te arrepientes del mal. [a] Ex. 34. 6. Sal. 86. 5. Joel 2. 13.
3 Ahora pues, oh Jehová, ruégote que
me mates; porque mejor me es la mu-
erte que la vida [b]. [b] 1 Rey. 19. 4. Jer. 20. 14, 15.
4 Y Jehová le dijo: ¿Haces tú bien en
enojarte tanto?
5 Y salióse Jonas de la ciudad, y asen-
tó hácia el Oriente de la ciudad, é hí-
zose allí una choza, y se sentó debajo de
ella á la sombra, hasta ver qué seria de
la ciudad.
6 Y preparó [c] Jehová Dios una calaba- [c] Cap. 2. 1.
cera, la cual creció sobre Jonas para
que hiciese sombra sobre su cabeza, y
le defendiese de su mal: y Jonas se ale-
gró grandemente por la calabacera.
7 Mas Dios preparó [d] un gusano al ve- [d] ver. 6.
nir la mañana del dia siguiente, el cual
hirió á la calabacera, y secóse.
8 Y acaeció, que al salir el sol pre-
paró [e] Dios un recio viento solano; y el [e] ver. 6, 7.
sol hirió á Jonas en la cabeza, y des-
mayábase, y se deseaba la muerte, dici-
endo: Mejor seria para mí la muerte
que mi vida.
9 Entónces dijo Dios á Jonas: ¿Tanto
te enojas por la calabacera? Y él res-
pondió: Mucho me enojo, hasta *desear*
la muerte.
10 Y dijo Jehová: Tuviste tú lástima
de la calabacera, en la cual no traba-
jaste, ni tú la hiciste crecer; que en
espacio de una noche nació, y en es-
pacio de otra noche pereció:
11 ¿Y no tendré yo piedad de Nínive,
aquella grande ciudad, donde hay mas
de ciento y veinte mil personas que no
conocen su mano derecha ni su mano
izquierda [f], y muchos animales [g]? [f] Deu. 1. 39. [g] Sal. 36. 6. y 145. 9.

LA PROFECÍA DE MICHÊAS.

A. C. cir. 750.

CAPITULO I.

Predice las calamidades que á causa de sus idolatrías vendrian al reino de las diez tribus, hasta ser finalmente trasportados de su tierra, y la parte que de esta calamidad alcanzaria á Judá y á Jerusalem.

PALABRA de Jehová que fué á
Michêas de Morasthi en dias de
Jotham, Acház, y Ezechías, reyes de
Judá: lo que vió sobre Samaria y Je-
rusalem.
[a] Is. 1. 2. 2 Oid, pueblos todos; está atenta[a],
tierra, y todo lo que en ella hay: y el
Señor Jehová, el Señor desde su santo
templo sea testigo contra vosotros.
3 Porque hé aquí que Jehová sale de
[b] Is. 26. 21. su lugar[b]; y descenderá, y hollará sobre
la alturas de la tierra.
4 Y debajo de él se derretirán los mon-
[c] Sal. 97. 5. Is. 64. 1. tes[c], y los valles se henderán, como la
cera delante del fuego, como las aguas
que corren por un precipicio.
5 Todo esto por la rebelion de Jacob,
y por los pecados de la casa de Israel.
¿Cual es la rebelion de Jacob? ¿No es
Samaria? ¿Y cuales son los excelsos de
Judá? ¿No es Jerusalem?
6 Pondré pues á Samaria en majanos
de heredad, en tierras de viñas; y der-
ramaré sus piedras por el valle, y des-
cubriré sus fundamentos.
7 Y todas sus estatuas serán despeda-
zadas, y todos sus dones serán quemados
en fuego, y asolaré todos sus ídolos:
[d] Os. 2. 5, 12. porque de dones de rameras[d] juntó *tales
cosas*, y á dones de rameras volverán.
8 Por tanto lamentaré y aullaré; an-
daré despojado y desnudo; haré gemido
como de dragones, y lamento como de
avestruces.
9 Porque su llaga *es* dolorosa, que llegó
[e] 2 Rey. 18. 13. hasta Judá[e]; llegó hasta la puerta de
mi pueblo, hasta Jerusalem.
10 No *lo* digais en Gath, ni lloreis mu-
cho; revuélcate en el polvo en Beth-
aphra.
11 Pásate desnuda con vergüenza, oh
moradora de Saphir: la moradora de
Zaanan no salió al llanto de Beth-hae-
sel: tomará de vosotros su tardanza.
12 Porque la moradora de Maroth tuvo
dolor por el bien *suyo*, por cuanto el mal
descendió de Jehová hasta la puerta de
Jerusalem.
13 Unce al carro dromedarios, oh mo-
radora de Lachis, que fuiste principio
de pecado á la hija de Sion, porque en
tí se hallaron las rebeliones de Is-
rael.
14 Por tanto tú darás dones á More-
seth-gath: las casas de Achzib *serán* en
mentira á los reyes de Israel.
15 Aun te traeré heredero, oh mora-
dora de Maresah: la gloria de Israel
vendrá hasta Adullam.
[f] Jer. 7. 29. 16 Mésate[f] y trasquílate por los hijos
de tus delicias; ensancha tu calva como
águila; porque fueron trasportados de tí.

CAPITULO II.

Lamenta el profeta el inicuo proceder de su pueblo, con especial mencion de algunos de sus pecados, y denúnciales nuevamente las calamidades con que por tanto serian afligidos, hasta que finalmente serán reunidos por Dios, y restituidos á su tierra.

AY de los que piensan iniquidad, y de
[a] Sal. 36. 4. Os. 7. 6. los que fabrican el mal en sus ca-
mas[a]! Cuando viene la mañana lo po-
nen en obra, porque tienen en su mano
el poder.
2 Y codiciaron las heredades, y robá-
ronlas; y casas, y las tomaron: oprimi-
eron al hombre y á su casa, al hombre
y á su heredad.
3 Por tanto así ha dicho Jehová: Hé
aquí que yo pienso mal sobre esta fa-
milia, del cual no sacaréis vuestros cu-
ellos, ni andaréis erguidos, porque el
tiempo será malo.
4 En aquel tiempo se levantará sobre
vosotros refran, y se endechará endecha
de lamentacion, diciendo: Del todo fui-
mos destruidos; ha cambiado la parte
de mi pueblo[b]. Como nos quitó nues- [b] Cap. 1. 15.
tros campos! dió, repartiólos á otros.
5 Por tanto no tendrá quien eche cor-
del para suerte en la congregacion de
Jehová.
6 No profeticeis, *dicen* á los que pro-
fetizan, no les profeticeis que los ha de
comprender vergüenza.
7 La que te dices Casa de Jacob, ¿hase
acortado el Espíritu de Jehová[c]? ¿son [c] Is. 59. 1. La. 3. 22.
estas sus obras? ¿Mis palabras no ha-
cen bien al que camina derechamente[d]? [d] Sal. 15. 2. Os. 14. 9.
8 El que ayer *era* mi pueblo, se ha
levantado como enemigo: tras la vesti-
dura quitasteis las capas atrevidamente
á los que pasaban, *como* los que vuelven
de la guerra.
9 A las mujeres de mi pueblo echasteis
fuera de las casas de sus delicias: á sus
niños quitasteis mi perpetua alabanza.
10 Levantáos, y andad, que no *es* esta
ahora la holganza; porque *está* contami-
nada[e], corrompióse, y de grande cor- [e] Lev. 18. 25, 28.
rupcion.
11 Si *hubiere* alguno que ande con el
viento, y finja mentiras *diciendo*: Yo te
profetizaré de vino y de sidra; este tal
será profeta á este pueblo.
12 ¶ De cierto te reuniré todo, oh
Jacob; recogeré ciertamente el resto de
Israel; pondrélo junto como ovejas de
Bosra, como rebaño en mitad de su ma-
jada[f]: harán estruendo por *la multitud* [f] Ez. 36. 37.
de los hombres.
18 Subirá rompedor[g] delante de ellos; [g] Sal. 107. 16.
romperán, y pasarán la puerta, y sal-
drán por ella: y su rey pasará delante
de ellos, y á la cabeza de ellos estará
Jehová[h]. [h] Is. 52. 12. Os. 1. 11.

CAPITULO III.

Reprende á los magistrados, y á los falsos profetas y sacerdotes, por su impiedad, tiranía, y avaricia, amenazándoles con el castigo de Dios, y predice la ruina de Jerusalem y del templo.

Y DIJE: Oid ahora, príncipes de
Jacob, y cabezas de la casa de
Israel; ¿No perteneceria á vosotros saber
el derecho?
2 Que aborrecen lo bueno, y aman lo
malo; que les quitan su piel y su carne
de sobre sus huesos;
3 Que comen asimismo la carne[a] de [a] Sal. 14. 4.
mi pueblo, y les desuellan su piel de
sobre ellos; y les quebrantan sus huesos,
y los rompen como para echar en cal-
dero[b], y como carnes en olla. [b] Ez. 11. 3.
4 Entónces clamarán á Jehová, y no
les responderá[c]; ántes esconderá de ellos [c] Pro. 1. 28. Is. 1. 15. Jer. 11. 11.
su rostro en aquel tiempo, por cuanto
hicieron malvadas obras.
5 Así ha dicho Jehová acerca de los
profetas que hacen errar á mi pueblo;

A. C. cir. 750.

18, que[d] muerden con sus dientes, y cla-
man, Paz: y al que no les diere que
coman, aplazan contra él batalla.
6 Por tanto de la profecía se os hará
noche, y obscuridad del adivinar; y so-
bre *estos* profetas se pondrá el sol, y el
dia se entenebrecerá sobre ellos [e].
7 Y serán avergonzados los profetas, y
confundiránse los adivinos; y ellos todos
cubrirán su labio[f], porque no *tendrán*
respuesta de Dios[g].
8 Yo empero estoy lleno de fuerza[h]
del Espíritu de Jehová, y de juicio, y
de fortaleza, para denunciar á Jacob su
rebelion, y á Israel su pecado[i].
9 Oid ahora esto, cabezas de la casa
de Jacob, y capitanes de la casa de Is-
rael, que abomináis el juicio, y pervertís
todo el derecho;
10 Que edificais á Sion con sangre, y á
Jerusalem con injusticia[k].
11 Sus cabezas juzgan por cohecho[l],
y sus sacerdotes enseñan por precio, y
sus profetas adivinan por dinero; y apó-
yanse en Jehová diciendo: ¿No *está*
Jehová entre nosotros[m]? No vendrá
mal sobre nosotros.
12 Por tanto á causa de vosotros será
Sion arada *como* campo, y Jerusalem
será majanos, y el monte de la casa
como cumbres de breñal[n].

CAPITULO IV.

*...nuncia el profeta el restablecimiento de Si-
on, y la conversion de las naciones, y ti-
empos de grande paz y prosperidad á todos
los verdaderos creyentes, la felicidad de
Sion libertada del cautiverio, y el total ex-
terminio de sus enemigos.*

Y ACONTECERÁ en los postreros
tiempos[a], que el monte de la casa
Jehová será constituido por cabecera
montes[b], y mas alto que *todos* los
lados, y correrán á él pueblos.
Y vendrán muchas gentes, y dirán:
...id, y subamos al monte de Jehová,
la casa del Dios de Jacob, y enseña-
...s en sus caminos, y andarémos por
veredas: porque de Sion saldrá la
y de Jerusalem la palabra de Je-
...
... juzgará entre muchos pueblos, y
...girá fuertes gentes hasta muy lé-
y martillarán sus espadas para aza-
..., y sus lanzas para hoces: no al-
espada gente contra gente, ni mas
...ayarán para la guerra[c].
cada uno se sentará debajo de su
... debajo de su higuera[d], y no ha-
...uien amedrente[e]: porque la boca
...hová de los ejércitos *lo* ha hablado.
...en que todos los pueblos anduvi-
...ada uno en el nombre de sus dio-
...nosotros con todo andarémos en el
...e de Jehová nuestro Dios[g] para
...e y eternalmente.
... aquel dia, dice Jehová, juntaré[h]
..., y recogeré la amontada, y á la
...igí:
...ondré á la coja para sucesion,
descarriada para *ser* nacion ro-
y Jehová reinará sobre ellos en
...te de Sion desde ahora para si-
...
... tú, oh Torre[k] del rebaño, la
... de la hija de Sion vendrá hasta
señorío primero, el reino vendrá
de Jerusalem.
...hora ¿por qué gritas tanto?
y rey en tí? ¿Pereció tu con-
...ue te ha tomado dolor como de
... parto?
...ete y gime, hija de Sion, como
... parto[l]; porque ahora saldrás
...dad, y morarás en el campo, y
llegarás hasta Babilonia[m]: allí serás li- [m] Zac. 2. 7.
brada, allí te redimirá Jehová de la
mano de tus enemigos.
11 Ahora empero se han juntado mu-
chas gentes contra tí, y dicen: Sea pro-
fanada, y vean nuestros ojos sobre Sion
la ruina.
12 Mas ellos no conocieron los pensa-
mientos de Jehová, ni entendieron su
consejo: por lo cual los juntó como ga-
villas en la era[n]. [n] Is. 21. 10. Jer. 51. 33.
13 Levántate y trilla, hija de Sion[o], [o] Is. 41. 15, 16.
porque tu cuerno tornaré de hierro, y
tus uñas de metal[p], y desmenuzarás [p] Deu. 25. 4.
muchos pueblos; y consagrarás á Je-
hová sus robos, y sus riquezas al Señor
de toda la tierra.

CAPITULO V.

*Predícese el nacimiento del Mesías, y la pros-
peridad, aumento, y victoria de su reino
sobre todos los enemigos de su pueblo, el
cual será reformado de toda supersticion é
idolatría.*

REÚNETE ahora en bandas, oh hija
de bandas: nos han sitiado: con
vara herirán sobre la quijada al juez de
Israel.
2 ¶ Mas tú, Beth-lehem Ephrata[a], [a] Is. 2. 2, etc.
pequeña para ser en los millares[b] de
Judá, de tí me saldrá el que será Señor [b] Juan. 6. 15.
en Israel[c]; y sus salidas *son* desde el [c] Gen. 49. 10.
principio, desde los dias del siglo[d]. [d] Pro. 8. 22, 23. Juan 1. 1. Col. 1. 17.
3 Empero los dejará hasta el tiempo
que para la que ha de parir; y el resto
de sus hermanos se tornará con los hijos
de Israel.
4 Y estará, y apacentará con fortaleza
de Jehová, con grandeza del nombre de
Jehová su Dios: y asentarán; porque
ahora será engrandecido hasta los fines
de la tierra.
5 Y este *mismo* será paz[e]. Cuando As- [e] Zac. 9. 10.
sur viniere á nuestra tierra, y cuando
pisáre nuestros palacios, entónces levan-
tarémos contra él siete pastores, y ocho[f] [f] Ec. 11. 2.
hombres principales.
6 Y comerán la tierra de Assur á cu-
chillo, y la tierra de Nimrod[g] con sus [g] Gen. 10. 10, 11.
espadas: y *nos* librará del Asirio cuando
viniere contra nuestra tierra, y holláre
nuestros términos.
7 Y será el residuo de Jacob, en medio
de muchos pueblos, como el rocío de
Jehová[h], como las lluvias sobre la yer- [h] Sal. 110. 3.
ba, las cuales no esperan varon, ni agu-
ardan á hijos de hombres.
8 Asimismo será el resto de Jacob en-
tre las gentes, en medio de muchos pue-
blos, como el leon entre las bestias de la
montaña[i], como el cachorro del leon [i] Nu. 23. 24.
entre las manadas de las ovejas, el cual
si pasáre, y holláre, y arrebatáre, no
hay quien escape.
9 Tu mano se alzará sobre tus enemi-
gos, y todos tus adversarios serán ta-
lados.
10 Y acontecerá en aquel dia, dice
Jehová, que haré matar tus caballos de
en medio de tí, y haré destruir tus car-
ros[k]: [k] Zac. 9. 10.
11 Haré tambien destruir las ciudades
de tu tierra[l], y arruinaré todas tus for- [l] Is. 33. 11.
talezas.
12 Asimismo destruiré de tu mano
las hechicerías, y no se hallarán en tí
agoreros[m]. [m] Is. 2. 6, 8.
13 Y haré destruir tus esculturas y
tus imágenes de en medio de tí[n], y [n] Zac. 13. 2.
nunca mas te inclinarás á la obra de
tus manos.
14 Y arrancaré tus bosques de en me-
dio de tí, y destruiré tus ciudades.
15 Y con ira y con furor haré venganza
en las gentes que no escucharon.

CAPITULO VI.

Disceptá con el pueblo mostrandole su ingratitud, y quitales su vana confianza en los sacrificios, declarando que humildad, pia vida, y hacer misericordia es lo que á Dios agrada. Echales luego en cara sus iniquidades é idolatrias, por las cuales les intima las maldiciones de la ley, Deut. 28.

OID ahora lo que dice Jehová. Levántate, pleitea con los montes, y oigan los collados tu voz[a].

2 Oid, montes, y fuertes fundamentos de la tierra, el pleito de Jehová: porque tiene Jehová pleito con su pueblo[b], y altercará con Israel.

3 Pueblo mio, ¿qué te he hecho[c], ó en qué te he molestado? Responde contra mí.

4 Porque yo te hice subir de la tierra de Egipto, y de la casa de siervos[d] te redimí; y envié delante de tí á Moises, y á Aaron, y á Maria.

5 Pueblo mio, acuérdate ahora qué aconsejó Balac, rey de Moab, y qué le respondió Balaam, hijo de Beor[e], desde Sittim[f] hasta Gilgal[g], para que conozcas las justicias de Jehová[h].

6 ¿Con qué prevendré á Jehová, y adoraré al alto Dios? ¿Vendré ante él con holocaustos, con becerros de un año?

7 ¿Agradaráse Jehová de millares de carneros[i], ó de diez mil arroyos de aceite? ¿Daré mi primogénito *por* mi rebelion, el fruto de mi vientre *por* el pecado de mi alma?

8 Oh hombre, él te ha declarado qué sea lo bueno, y qué pida de tí Jehová[k]: Solamente hacer juicio, y amar misericordia, y humillarte para andar con tu Dios.

9 La voz de Jehová clama á la ciudad, y el sabio mirará tu Nombre. Oid la vara, y á quien la establece.

10 ¿Hay aun en casa del impío tesoros de impiedad, y medida escasa *que es* detestable?

11 ¿Seré limpio con peso falso, y con bolsa de engañosas pesas?

12 Con lo que sus ricos se hinchieron de rapiña, y sus moradores hablaron mentira, y su lengua engañosa en su boca.

13 Por eso yo tambien *te* enflaqueceré hiriendote, asolandote por tus pecados.

14 Tú comerás, y no te hartarás[l], y tu abatimiento *será* en medio de tí: tú cogerás, mas no salvarás; y lo que salvares, *lo* entregaré yo á la espada.

15 Tú sembrarás, mas no segarás; pisarás aceitunas, mas no te ungirás con el aceite; y mosto, mas no beberás el vino[m].

16 Porque los mandamientos de Amri se han guardado, y toda obra de la casa de Achâb[n]; y en los consejos de ellos anduvisteis, para que yo te diese en asolamiento, y tus moradores para ser silbados. Llevaréis por tanto el oprobio de mi pueblo.

[a] Is. 1. 2. [b] Os. 4. 1. [c] Jer. 2. 5, 31. [d] Deu. 4. 20. [e] Nu. XXII, XXV. [f] Jos. 3. 1. [g] Jos. 5. 9. [h] Juec. 5. 11. [i] Sal. 50. 9. y 51. 16. Is. 1. 11. [k] Deu. 10.12. [l] Lev. 26. 26. Os. 4. 10. [m] Deu. 28.38, 40. Amos 5. 11. Soph. 1. 13. Ag. 1. 6. [n] 1 Rey. 16. 25, 30.

CAPITULO VII.

El profeta describe y lamenta el corto número del pueblo de Dios, y la grande corrupcion que prevalecia en la tierra. Representa luego al mismo pueblo como confesando haber caido por sus pecados, y esperando, humildes ya y arrepentidos, en las misericordias del Señor, el cual los perdonará, y restablecerá maravillosamente, dejando confusos y avergonzados á todos sus enemigos.

AY de mí! que he venido á ser como cuando han cogido los *frutos* del verano, como cuando han rebuscado despues de la vendimia, *que* no *queda* racimo para comer: mi alma deseó primeros frutos[a].

2 Faltó el misericordioso de la tierra[b], y ninguno hay recto entre los hombres: todos asechan á la sangre; cada cual arma red á su hermano.

3 Para completar la maldad con sus manos, el príncipe demanda, y el juez *juzga* por recompensa[c]; y el grande habla el antojo de su alma, y lo confirman.

4 El mejor de ellos es como el cambron; el mas recto, *como* zarzal: el dia de tus atalayas[d], tu visitacion viene; ahora será su confusion.

5 No creais en amigo, ni confieis en príncipe: de la que duerme á tu lado guarda no abras tu boca.

6 Porque el hijo deshonra al padre, la hija se levanta contra la madre, la nuera contra su suegra; y los enemigos del hombre *son* los de su casa[e].

7 Yo empero á Jehová esperaré; esperaré al Dios de mi salud[f]: el Dios mio me oirá.

8 ¶ Tú, enemiga mia, no te huelgues de mí: porque aunque caí, he de levantarme; aunque more en tinieblas, Jehová *es* mi luz.

9 La ira de Jehová soportaré, porque pequé contra él[g], hasta que juzgue mi causa, y haga mi juicio: él me sacará á luz; veré su justicia.

10 Y mi enemiga verá, y la cubrirá vergüenza *á* la que me decia: ¿Dónde está Jehová tu Dios? Mis ojos[h] la verán; ahora será hollada como lodo de las calles.

11 El dia en que se edificarán tus muros, aquel dia será alejado el mandamiento.

12 En ese dia vendrá el *pueblo* hasta tí desde Asiria y las ciudades fuertes, y desde las ciudades fuertes hasta el rio; y de mar á mar, y de monte á monte.

13 Y la tierra con sus moradores será asolada por el fruto de sus obras.

14 Apacienta tu pueblo con tu cayado, el rebaño[i] de tu heredad, que mora solo[k] en la montaña, en medio del Carmelo: pazcan en Basan y Galaad como en el tiempo pasado[l].

15 Yo le mostraré maravillas como el dia que saliste de Egipto[m].

16 Las gentes verán, y se avergonzarán de todas sus valentías: pondrán la mano sobre *su* boca, ensordecerán sus oidos.

17 Lamerán el polvo[n] como la culebra, como las serpientes de la tierra; temblarán en sus encierros: despavorirse han de Jehová nuestro Dios, y temerán de tí.

18 ¿Que Dios como tú, que perdonas la maldad[o], y olvidas el pecado del resto de su heredad? No retuvo para siempre su enojo[p], porque es amador de misericordia.

19 Él tornará, él tendrá misericordia de nosotros; él sujetará nuestras iniquidades, y echará en los profundos de la mar nuestros pecados[q].

20 Otorgarás á Jacob la verdad, y á Abraham la misericordia, que tú juraste á nuestros padres desde tiempos antiguos.

[a] Os. 9. 10. [b] Sal. 12. 1. Is. 57. 1. [c] Cap. 3. 11. Is. 1. 23. [d] Ez. 3. 17. [e] Mat. 10. 36. [f] Is. 8. 17. [g] La. 3. 39, 42. [h] Sal. 79. Joel 2. [i] Sal. 23. [k] Nu. 23. Deu. 33. [l] Jer. 50. [m] Ex. 34. 38. [n] Sal. 72. [o] Ex. 34. [p] Sal. 103. Is. 57. [q] Jer. 50.

LA PROFECÍA DE NAHUM.

A. C. cir. 713.

CAPITULO I.

Ensalza el profeta el poder, justicia y benignidad del Señor, y para consuelo de los de su pueblo anuncia la ruina de sus enemigos y opresores.

h. 2. 13. CARGA de Nínive[a]. Libro de la vi-
sion de Nahum de El-Kosh.
20. 5. 2 Dios zeloso[b] y vengador[c] es Jehová;
94. 1. vengador *es* Jehová, y Señor de ira; Je-
hová, que se venga de sus adversarios,
y que guarda *su enojo* para sus enemigos.
3 Jehová *es* tardo para la ira, y grande
en poder, y no tendrá *al culpado* por ino-
34. 6, 7. cente[d]. Jehová marcha entre la tem-
18. 10, pestad y turbion[e], y las nubes *son* el
polvo de sus piés.
4 Él amenaza á la mar, y la hace se-
50. 2. car, y agota todos los rios[f]: Basan fué
destruido, y el Carmelo, y la flor del
Líbano fué destruida.
5 Los montes tiemblan de él, y los
collados se deslien; y la tierra se abrasa
á su presencia, y el mundo, y todos los
que en él habitan.
6 ¿Quién permanecerá delante de su
ira? ¿y quién quedará en pié en el fu-
ror de su enojo? Su ira se derrama
como fuego, y por él se hienden las pe-
ñas.
7 Bueno *es* Jehová para fortaleza en
27. 5. el dia de la angustia[g]; y conoce á los
que en él confian.
8 Mas con inundacion impetuosa hará
1. consumacion de su lugar[h], y tinieblas
perseguirán á sus enemigos.
9 ¿Qué pensais contra Jehová? Él
hará consumacion: la tribulacion no se
levantará dos veces.
10 Porque como espinas entretejidas,
mientras se embriagarán los borrachos,
serán consumidos *del fuego*, como las es-
topas llenas de sequedad.
11 De tí salió el que pensó mal contra
Jehová, un consultor impío.
12 Así ha dicho Jehová: Aunque re-
poso tengan, y así muchos *como son*, así
serán talados, y él pasará. Bien que te
he afligido, no mas te afligiré.
13 Porque ahora quebraré su yugo de
0. 27. sobre tí[i], y romperé tus coyundas.
14 Mas acerca de tí mandará Jehová,
que nunca mas sea sembrado alguno de
tu nombre: de la casa de tu dios talaré
escultura y estatua de fundicion; haréla
tu sepulcro, porque fuiste vil.
15 Hé aquí sobre los montes los piés
del que trae buenas nuevas, del que pre-
2. 7. gona la paz[k]. Celebra, oh Judá, tus
fiestas, cumple tus votos: porque nunca
mas pasará por tí el malvado; pereció
del todo.

CAPITULO II.

Al anunciar el profeta la destruccion de Nínive, alienta y consuela de nuevo al pueblo de Dios con promesa de lo que Dios mismo haría por ellos, describe el espanto, confusion, y estrago en la toma de aquella ciudad, y la nulidad y asolamiento en que quedaría.

SUBIÓ destruidor contra tí: guarda
la fortaleza, mira el camino, forti-
fica los lomos, fortalece mucho la fu-
erza.
2 Porque Jehová restituirá *así* la gloria
de Jacob como la gloria de Israel; por-
que vaciadores los vaciaron, y estropea-
ron sus mugrones.
3 El escudo de sus valientes será ber-
mejo, los varones de *su* ejército vestidos
de grana: el carro como fuego de ha-
chas; el dia que se aparejará, temblarán
las hayas.
4 Los carros se precipitarán á las pla-
zas, discurrirán *veloces* por las calles:
su aspecto como hachas encendidas;
correrán como relámpagos.
5 Acordaráse él de sus valientes; an-
dando tropezarán *cuando* se apresuraren
á su muro, y la cubierta se aparejáre.
6 Las puertas de los rios se abrirán, y
el palacio será destruido.
7 Y la reina fué cautiva; mandarle
han que suba, y sus criadas la llevarán
gimiendo como palomas, batiendo sus
pechos.
8 Y fué Nínive de tiempo antiguo co-
mo estanque de aguas; mas ellos *ahora*
huyen. Parad, parad; y ninguno mira.
9 Saquead plata, saquead oro: no hay
fin de las riquezas, *y* suntuosidad de
todo ajuar de codicia.
10 Vacía, y agotada, y despedazada
quedará, y el corazon derretido: batimi-
ento de rodillas, y dolor en todos riño-
nes, y los rostros de todos ellos tomarán
negrura[a]. [a] Joel 2. 6.
11 ¿Qué es de la morada de los leones,
y de la majada de los cachorros de leo-
nes, donde se recogia el leon, y la leona,
y los cachorros del leon, y no habia qui-
en les pusiese miedo?
12 El leon arrebataba en abundancia
para sus cachorros, y ahogaba para sus
leonas, y henchia de presa sus cavernas,
y de robo sus moradas.
13 Héme aquí contra tí, dice Jehová
de los ejércitos. Encenderé *y reduciré* á
humo *tus* carros, y espada devorará tus
leoncillos; y raeré de la tierra tu robo, y
nunca mas se oirá voz de tus embaja-
dores.

CAPITULO III.

Continua el mismo asunto.

¡AY de la ciudad de sangres[a], toda [a] Ez. 24. 9.
llena de mentira y de rapiña, sin
apartarse *de ella* el pillaje!
2 Sonido de látigo, y estruendo de mo-
vimiento de ruedas, y caballo atropella-
dor, y carro saltador *se oirá en tí*.
3 Caballero enhiesto, y resplandor de
espada, y resplandor de lanza *habrá*: y
multitud de muertos, y multitud de ca-
dáveres; y de sus cadáveres no habrá
fin, y en sus cadáveres tropezarán.
4 *Todo esto* á causa de la multitud de
las fornicaciones de la ramera de her-
mosa gala, maestra de brujerías, que
vende las gentes con sus fornicaciones,
y los pueblos con sus hechizos.
5 Héme aquí contra tí, dice Jehová de
los ejércitos, y descubriré tus faldas en
tu cara, y mostraré á las gentes tu des-
nudez[b], y á los reinos tu vergüenza. [b] Is. 47. 2, 3. Jer. 13. 22, 26.
6 Y echaré sobre tí suciedades, y te
afrentaré, y te pondré como estiercol.
7 Y será, que todos los que te vieren,
se apartarán de tí, y dirán: Nínive es
asolada; ¿quién se compadecerá de ella?
¿Dónde te buscaré consoladores?
8 ¿Eres tú mejor que No‖ la popu- ‖ *Diospolis ó Tébas.* Jer. 46. 25. Ez. 30. 14, 16.
losa, que estaba asentada entre rios, cer-
cada de aguas, cuyo baluarte *era* la
mar[c], y del mar su muralla?
9 Etiopia *era* su fortaleza, y Egipto [c] Is. 19. 5.
con tropas sin límite: Put y Libia fueron
en tu ayuda, *oh No*.
10 Tambien ella fué llevada en cauti-

verio: tambien sus chiquitos fueron estrellados en las encrucijadas de todas las calles; y sobre sus varones echaron suertes, y todos sus magnates fueron aprisionados con grillos.

d Jer. 25. 17, 27.
11 Tú tambien serás embriagada *d*, serás encerrada; tú tambien buscarás fortaleza á causa del enemigo.

12 Todas tus fortalezas *cual* higueras con brevas; que si las sacuden, caen en la boca del que las ha de comer.

e Jer. 51. 30.
13 Hé aquí que tu pueblo *será como* mujeres *e* en medio de tí: las puertas de tu tierra se abrirán de par en par á tus enemigos; fuego consumirá tus barras.

14 Provéete de agua para el cerco, fortifica tus fortalezas; entra en el lodo, pisa el barro, fortifica el horno.

15 Allí te consumirá el fuego, te talará la espada, te devorará como pulgon *f*: multiplícate como langosta, multiplícate como langosta.
f Joel 2. 25.

16 Multiplicaste tus mercaderes mas que las estrellas del cielo: el pulgon hizo presa y voló.

17 Tus príncipes *serán* como langostas, y tus grandes como langostas de langostas que se asientan en vallados en dia de frio: salido el sol se mudan, y no se conoce el lugar donde estuvieron.

18 Durmieron tus pastores, oh rey de Asiria *g*, reposaron tus valientes: tu pueblo se derramó por los montes, y no hay quien lo junte.
g Ex. 31. 3, etc.

19 No *hay* cura para tu quebradura; tu herida se encrudeció: todos los que oyeren tu fama, batirán las manos sobre tí; porque ¿sobre quien no pasó continuamente tu malicia?

LA PROFECÍA DE HABACUC.

A. C. cir. 626.

CAPITULO I.

Habiendo de profetizar Habacuc la cautividad del pueblo Judáico por los Caldéos, comienza quejandose á Dios de que le haya dado el ver y anunciar tantas calamidades contra su pueblo, y se maravilla de que, como tambien á otros, hubiera de afligirlo gente impía y rapaz, que se regocijaría en atribuir sus victorias á su propio poder, industria y recursos.

LA carga que vió Habacuc profeta.

2 ¿Hasta cuando, oh Jehová, clamaré, y no oirás; y daré voces á tí á causa de la violencia, y no salvarás?

3 ¿Por qué me haces ver iniquidad, y haces que mire molestia, y saco y violencia delante de mí, habiendo ademas quien levante pleito y contienda?

4 Por lo cual la ley es debilitada, y el juicio no sale verdadero: por cuanto el impío asedia al justo, por eso sale torcido el juicio.

5 Mirad en las gentes, y ved, y maravilláos pasmosamente; porque obra será hecha en vuestros dias, que aun cuando se *os* contáre, no la creeréis *a*.
a Hech. 13. 41.

6 Porque hé aquí que yo levanto los Caldéos, gente amarga y presurosa, que camina por la anchura de la tierra para poseer las habitaciones agenas.

7 Espantosa *es* y terrible: de ella misma saldrá su derecho y su grandeza.

8 Y serán sus caballos mas ligeros que tigres, y mas agudos que lobos de tarde *b*: y sus ginetes se multiplicarán; vendrán de léjos sus caballeros, y volarán como águilas *c* que se apresuran á la comida.
b Jer. 5. 6. Soph. 3. 3. *c* Jer. 4. 13.

9 Toda ella vendrá á la presa: delante de sus caras viento solano; y juntará cautivos como arena.

10 Y escarnecerá de los reyes, y de los príncipes hará burla: reiráse de toda fortaleza, y amontonará polvo, y la tomará.

11 Luego mudará espíritu, y pasará adelante, y ofenderá *atribuyendo* esta su potencia á su dios *d*.
d ver. 16.

12 ¿No eres tú desde el principio, Oh Jehová, Dios mio, Santo mio? No morirémos, oh Jehová: para juicio lo pusiste; y tú, oh Roca *e*, lo fundaste para castigar *f*.
e Deu. 32. 4. *f* Is. 10. 5, 6.

13 Limpio *eres* de ojos para no ver el mal, ni puedes ver el agravio: ¿por qué ves los menospreciadores, y callas cuando destruye el impío al mas justo que él?

14 ¿Y haces *que sean* los hombres como los peces de la mar, como reptiles que no tienen señor?

15 Sacará á todos con *su* anzuelo, cogerálos con su red, y juntarálos en su aljerife: por lo cual se holgará y hará alegrías.

16 Por esto hará sacrificios á su red, y ofrecerá sahumerios á su aljerife *g*; porque con ellas engordó su porcion, y engrasó su comida.
g Is. 10. 13, 15.

17 ¿Vaciará por eso su red, ó tendrá piedad de matar gentes continuamente?

CAPITULO II.

Aguardando el profeta respuesta á la cuestion que había propuesto á Dios sobre el inicuo proceder de los opresores de su pueblo, respóndele el Señor que aunque la prosperidad de ellos florezca por algun tiempo, vendrá muy ciertamente su ruina, de la que ni sus ídolos ni cosa alguna podrá librarles.

SOBRE mi guarda estaré, y sobre la fortaleza afirmaré el pié, y atalayaré para ver qué hablará en mí, y qué tengo de responder á mi pregunta *a*.
a Cap. 1. 12, etc.

2 Y Jehová me respondió, y dijo: Escribe la vision, y declárala en tablas, para que corra el que leyere en ella.

3 Aunque la vision *tardará* aun por tiempo, mas al fin hablará, y no mentirá: aunque se tardáre, espéralo, que sin duda vendrá; no tardará.

4 Hé aquí que se enorgullece aquel cuya alma no es derecha en él: mas el justo en su fé vivirá *b*.
b Ro. 1. 17. Ga. 3. 11. Heb. 10. 38.

5 Y tambien, por cuanto peca por el vino, *es* un hombre soberbio, y no permanecerá: que ensanchó como el infierno *c* su alma, y *es* como la muerte que no se hartará; ántes reunió á sí todas las gentes, y amontonó á sí todos los pueblos *d*.
c Pro. 27. 20. *d* Is. 14. 6, 17.

6 ¿No han de levantar todos estos sobre él parábola, y sarcasmos contra él? Y dirán: ¡Ay del que multiplicó *de* lo que no *era* suyo! ¿Y hasta cuando habia de amontonar sobre sí espeso lodo?

7 ¿No se levantarán de repente los que te han de morder, y se despertarán los que te han de quitar de tu lugar, y serás á ellos por rapiña?

8 Porque tú has despojado muchas gentes, todos los otros pueblos te despojarán *e*, á causa de las sangres humanas, y robos de la tierra, de las ciudades y de todos los que moraban en ellas.
e Is. 33. 1.

9 ¡ Ay del que codicia *con* maligna co-
dicia para su casa, por poner en alto su
nido, por escaparse del poder del mal !
10 Tomaste consejo vergonzoso para
tu casa, asolaste muchos pueblos, y has
pecado contra tu vida.
11 Porque la piedra clamará desde el
muro, y la tabla del enmaderado le res-
ponderá.
12 ¡ Ay del que edifica la ciudad con
Jer. 22. 13. Ia. 3. 1. sangres[f], y del que funda la villa con
iniquidad !
13 ¿ No *es* esto de Jehová de los ejér-
citos ? Los pueblos pues trabajarán para
el fuego, y las gentes se fatigarán en
Jer. 51. 58. vano[g].
14 Porque la tierra será llena de cono-
cimiento de la gloria de Jehová, como
Is. 11. 9. las aguas cubren la mar[h].
15 ¡ Ay del que da de beber á sus com-
pañeros, que *les* acercas tu odre y em-
briagas, para mirar sus desnudeces !
16 Haste llenado de deshonra mas que
de honra : bebe tú tambien, y serás des-
Jer. 25. 27, 9. cubierto : el caliz[i] de la mano derecha
de Jehová volverá sobre tí, y vómito de
afrenta *caerá* sobre tu gloria.
Is. 37. 24. 17 Porque la rapiña del Líbano[k] caerá
sobre tí ; y la destruccion de las fieras
lo quebrantará, á causa de las sangres
humanas, y del robo de la tierra, de
las ciudades, y de todos los que en éllas
moraban.
18 ¿ De qué sirve la escultura que es-
culpió el que la hizo ? ¿ *de qué* la esta-
tua de fundicion, que enseña mentira,
para que haciendo imágenes mudas con-
fíe el hacedor en su obra ?
19 ¡ Ay del que dice al palo : Despiér-
tate : y á la piedra muda, Levántate !
¿ Podrá él enseñar ? Hé aquí que él está
cubierto de oro y plata, y no hay dentro
de él espíritu.
Sal. 11. 4. 20 Mas Jehová en su santo templo[l] :
Soph. 1. 7. Zac. 2. 13. calle[m] delante de él toda la tierra.

CAPITULO III.

Cancion de Habacuc, en la que despues de pedir á Dios se digne acelerar y hacer notoria la ya ántes indicada obra de defender y librar á su pueblo de la opresion de sus enemigos, refiere los prodigios y maravillas del Señor para salvarlo, declara luego como se habia estremecido al considerar lo terrible de sus juicios, y finalmente la firme fé y confianza con que esperaba del mismo Señor el venturoso tiempo de restauracion, consuelo y regocijo.

ORACION de Habacuc profeta, sobre
Sal. 7. tit. Sigionoth[a].
2 Oh Jehová, oido he tu palabra, *y*
temí : oh Jehová, aviva tu obra en me-
dio de los tiempos, en medio de los ti-
empos hazla conocer ; en la ira acuér-
date de la misericordia.
Deu. 33. 2. Jue. 5. 4. Sal. 68. 8. 3 Dios vendrá de Theman[b], y el Santo
del monte de Paran. Selah. Su gloria
cubrió los cielos, y la tierra se llenó de
su alabanza.
4 Y el resplandor fué como la luz ;
rayos brillantes salian de su mano, y allí
estaba escondida su fortaleza.
5 Delante de su rostro iba mortandad,
y á sus pies salian carbones encendidos.
6 Paróse, y midió la tierra : miró, é
hizo temblar las gentes ; y los montes
antiguos fueron desmenuzados, los co-
llados antiguos ; los caminos del mundo
se humillaron á él.
7 He visto las tiendas de Cushan en
afliccion ; las tiendas de la tierra de
Madian temblaron.
8 ¿ Airóse Jehová contra los rios ?
¿ contra los rios fué tu enojo ? ¿ *Fué*
tu ira contra la mar, cuando subiste
sobre tus caballos, y sobre tus carros
de salud ?
9 Descubrióse enteramente tu arco, *se-
gun* los juramentos respecto á las tribus,
segun tu palabra. Selah. Hendiste la
tierra con rios.
10 Viéronte, y tuvieron temor los mon-
tes : pasó la inundacion de las aguas[c] : [c] Sal. 77. 16, 18. y 114. 3, 4.
el abismo dió su voz, la hondura alzó
sus manos.
11 El sol y la luna se pararon en su
estancia : á la luz de tus saetas anduvi-
eron[d], y al resplandor de tu fulgente [d] Jos. 10. 12, 13.
lanza.
12 Con ira hollaste la tierra, con furor
trillaste las gentes.
13 Saliste para salvar tu pueblo, para
salvar con tu ungido[e]. Traspasaste la [e] Sal. 105. 15.
cabeza de la casa del impío desnudando
el cimiento hasta el cuello. Selah.
14 Horadaste con sus báculos las ca-
bezas de sus villas, que como tempestad
acometieron para derramarme : su or-
gullo *era* como para devorar al pobre
encubiertamente.
15 Hiciste camino en la mar á tus ca-
ballos, por monton de grandes aguas.
16 Oí, y tembló mi vientre ; á la voz
se batieron mis labios ; podricion se en-
tró en mis huesos, y en mi asiento me
estremecí ; si bien estaré quieto en el
dia de la angustia, cuando suba al pue-
blo el que lo invadirá con sus tropas.
17 Aunque la higuera no florecerá, ni
en las vides habrá frutos ; *aunque* men-
tirá la obra de la oliva, y los labrados no
darán mantenimiento, *y* las ovejas serán
quitadas de la majada, y no *habrá* vacas
en los corrales ;
18 Con todo yo me alegraré[f] en Jeho- [f] Cap. 2. 4.
vá, y me gozaré en el Dios de mi salud.
19 Jehová el Señor *es* mi fortaleza, el
cual pondrá mis piés como de ciervas,
y me hará andar sobre mis alturas. Al
gefe de los cantores sobre mis instru-
mentos de cuerdas.

LA PROFECÍA DE SOPHONÍAS.

A. C. cir. 630.

CAPITULO I.

Predice la ruina de Jerusalem y de todo el reino.

PALABRA de Jehová que fué á
Sophonías, hijo de Cushi, hijo de
Gedalías, hijo de Amarías, hijo de Eze-
chías, en dias de Josías, hijo de Am-
mon, rey de Judá.
2 Destruiré del todo todas las cosas de
sobre la haz de la tierra, dice Jehová.
Jer. 4. 25. Os. 4. 3. 3 Destruiré los hombres, y las bestias ;
destruiré las aves del cielo[a], y los peces
de la mar, y las piedras de tropiezo con
los impíos ; y talaré los hombres de so-
bre la haz de la tierra, dice Jehová.
4 Y extenderé mi mano sobre Judá, y [b] 2 Rey. 23. 4, 5.
sobre todos los moradores de Jerusalem ;
y exterminaré de este lugar el remanente [c] Os. 10. 5.
de Baal[b], y el nombre de los Chema- [d] 2 Rey. 23. 12.
rims[c] con *sus* sacerdotes,
5 Y á los que se inclinan sobre los ter- Jer. 19. 13.
rados[d] al ejército del cielo ; y á los que [e] 2 Rey. 17. 33, 41.
se inclinan jurando por Jehová[e] y ju- Is. 48. 1.
rando por su rey : Os. 4. 15.
6 Y á los que tornan atrás de en pos

de Jehová; y los que no buscaron á
Jehová, ni preguntaron por él.
7 Calla en la presencia del Señor Je-
hová [f], porque el dia de Jehová está
cercano; porque Jehová ha aparejado
sacrificio, prevenido ha sus convida-
dos [g].
8 Y será, que en el dia del sacrificio
de Jehová haré visitacion sobre los prín-
cipes, y sobre los hijos del rey, y sobre
todos los que visten vestido extranjero.
9 Asimismo haré visitacion en aquel
dia sobre todos los que saltan la puerta,
los que hinchen de robo y de engaño [h]
las casas de sus señores.
10 Y habrá en aquel dia, dice Jehová,
voz de clamor desde la puerta del pes-
cado [i], y aullido desde la segunda, y
grande quebrantamiento desde los co-
llados.
11 Aullad, moradores de Mactes, por-
que todo el pueblo mercader es destrui-
do; talados son todos los que *os* traian
dinero.
12 Y será en aquel tiempo, que yo es-
cudriñaré á Jerusalem con candiles, y
haré visitacion sobre los hombres que
estan sentados sobre sus heces [k], los cu-
ales dicen en su corazon: Jehová ni
hará bien ni mal [l].
13 Será por tanto saqueada su haci-
enda, y sus casas asoladas: y edificarán
casas, mas no las habitarán; y planta-
rán viñas, mas no beberán el vino de
ellas [m].
14 Cercano *está* el dia grande de Je-
hová [n], cercano y muy presuroso; voz
amarga del dia de Jehová: gritará allí
el valiente [o].
15 Dia de ira aquel dia, dia de angus-
tia y de aprieto, dia de alboroto y de
asolamiento [p], dia de tiniebla y de oscu-
ridad [q], dia de nublado y de entenebre-
cimiento;
16 Dia de trompeta y de algazara sobre
las ciudades fuertes, y sobre las altas
torres.
17 Y atribularé los hombres, y anda-
rán como ciegos, porque pecaron contra
Jehová: y la sangre de ellos será der-
ramada como polvo, y su carne como
estiercol [r].
18 Ni su plata ni su oro podrá librar-
les [s] en el dia de la ira de Jehová; pues
toda la tierra será consumida con el
fuego de su zelo [t]: porque ciertamente
consumacion apresurada hará con todos
los moradores de la tierra.

[f] Hab. 2. 20. Zac. 2. 13.
[g] Jer. 25. 9.
[h] Mi. 2. 1, 2.
[i] 2 Cr. 33. 14.
[k] Jer. 48. 11. Amos 6. 1.
[l] Sal. 94. 7.
[m] Amos 5. 11.
[n] Joel 2. 1, 11.
[o] Ap. 6. 15, 17.
[p] Jer. 30. 7.
[q] Joel 2. 2. Amos 5. 18, 20.
[r] Jer. 9. 22.
[s] Pro. 11. 4. Ez. 7. 19.
[t] Cap. 3. 8.

CAPITULO II.

Exhorta al pueblo á que medite y se arrepienta de sus pecados, y á los pios á que pidan á Dios los guarde en el tiempo de la calamidad. Predice grave castigo de Dios sobre los enemigos de su pueblo, y singularmente sobre Nínive y la monarquía de los Asirios.

CONGREGÁOS y meditad, gente no
amable,
2 Antes que para el decreto, *y* el dia
se pase como el tamo; ántes que venga
sobre vosotros el furor de la ira de Je-
hová; ántes que el dia de la ira de Je-
hová venga sobre vosotros.
3 Buscad á Jehová [a], todos los humil-
des de la tierra, que pusisteis en obra su
juicio; buscad justicia, buscad manse-
dumbre: quizá seréis guardados en el
dia del enojo de Jehová [b].
4 Porque Gaza [c] será desamparada, y
Ascalon asolada: saquearán á Asdod en
el mediodia, y Ecron será desarraigada.
5 ¡Ay de los que moran á la parte de
la mar, de la gente de Cheretim [d]! la
palabra de Jehová *es* contra vosotros,
oh Canaan, tierra de Palestinos, que
te haré destruir hasta no *quedar* mo-
rador.
6 Y será la parte de la mar por mora-
das de cabañas de pastores, y corrales
de ovejas.
7 Y será aquella parte para el resto de
la casa de Judá [e]; allí apacentarán: en
las casas de Ascalon dormirán á la no-
che; porque Jehová su Dios los visitará,
y tornará sus cautivos [f].
8 Yo he oido las afrentas de Moab, y
los denuestos de los hijos de Ammon
con que deshonraron á mi pueblo, y se
engrandecieron sobre su término.
9 Por tanto vivo yo, dice Jehová de los
ejércitos, Dios de Israel, que Moab [g]
será como Sodoma, y los hijos de Am-
mon [h] como Gomorra; campo de orti-
gas, y mina de sal, y asolamiento perpe-
tuo: el resto de mi pueblo los saqueará,
y el resto de mi gente los heredará.
10 Esto les vendrá por su soberbia,
porque afrentaron, y se engrandecieron
contra el pueblo de Jehová de los ejér-
citos.
11 Terrible *será* Jehová contra ellos,
porque enervará á todos los dioses de la
tierra: y cada uno desde su lugar se in-
clinará á él, todas la islas de las gentes.
12 Vosotros tambien los de Etiopia [i]
seréis muertos con mi espada.
13 Y extenderá su mano sobre el Aqui-
lon, y destruirá al Assur [k], y pondrá á
Nínive [l] en asolamiento, y en secadal
como un desierto.
14 Y rebaños de ganado harán en ella
majada, todas las bestias de las gentes:
el onocrótalo tambien y el erizo dormi-
rán en sus umbrales: *su* voz cantará en
las ventanas; asolacion será en las puer-
tas, porque su *enmaderamiento de* cedro
será descubierto.
15 Esta *es* la ciudad alegre, que estaba
confiada; la que decia en su corazon:
Yo *soy*, y no *hay* mas [m]. ¡Como fué
tornada en asolamiento, en cama de
bestias! Cualquiera que pasáre junto á
ella silbará, meneará su mano.

[a] Amos 5. 6, 15.
[b] Is. 26. 20.
[c] Jer. 47. 5. Zac. 9. 5, 6.
[d] Ez. 25. 16.
[e] Is. 11. 11, 14.
[f] Sal. 126. 1, 4. Jer. 29. 14.
[g] Is. XV, XVI. Jer. XLVIII. Ez. 25. 8, 11. Amos 2. 1, etc.
[h] Jer. 49. 1, etc. Ez. 25. 2, etc. Amos 1. 13, etc.
[i] Is. 18. 1, etc. y 20. 4. Ez. 30. 4, 5, 9.
[k] Is. 10. 5, etc.
[l] Na. 1. 1, etc.
[m] Is. 47. 8.

CAPITULO III.

Despues de lamentar y reprender el profeta la corrupcion del pueblo de Dios, y obstinacion en sus malos procederes, vaticina el restablecimiento de las reliquias de Israel, con espresion de grandes y gloriosas promesas.

¡AY de la ciudad ensuciada y conta-
minada, y opresora!
2 No escuchó la voz, ni recibió la dis-
ciplina: no se confió en Jehová, no se
acercó á su Dios.
3 Sus príncipes en medio de ella *son*
leones bramadores; sus jueces, lobos [a]
de tarde que no dejan hueso para la
mañana.
4 Sus profetas, livianos, hombres pre-
varicadores [b]: sus sacerdotes contami-
naron el santuario, falsearon la Ley.
5 Jehová justo en medio de ella, no
hará iniquidad: de mañana sacará á
luz su juicio, nunca falta; mas el per-
verso no tiene vergüenza [c].
6 Hice talar gentes; sus castillos estan
asolados; hice desiertas sus calles, hasta
no *quedar* quien pase: sus ciudades es-
tan asoladas hasta no *quedar* hombre,
hasta no quedar morador.
7 Dije: Ciertamente *ahora* me teme-
rás [d], recibirás correccion; y no será su
habitacion derruida por todo aquello so-
bre qué les visité. Mas ellos se levanta-
ron de mañana [e], y corrompieron todas
sus obras.
8 Por tanto esperadme [f], dice Jehová,
al dia que me levantaré al despojo:
porque mi determinacion *es* reunir las

[a] Ez. 22. 27.
[b] Jer. 23. 11, 32.
[c] Jer. 3. 3.
[d] Is. 65. 2.
[e] Mi. 2. 1, 2.
[f] Hab. 2. 3.

gentes, juntar los reinos, para derramar
sobre ellos mi enojo, todo el furor de mi
g Cap. 1. 18. ira; porque del fuego de mi zelo[g] será
consumida toda la tierra.
9 ¶ Porque entónces volveré yo á los
h Is. 6. 5. Os. 2. 17. pueblos el labio limpio[h], para que todos
invoquen el nombre de Jehová, para que
de un consentimiento le sirvan.
i Sal. 68. 31. Is. 18. 1, 7. 10 De esa parte de los rios de Etiopia[i],
mis suplicantes, la hija de mis esparcidos me traerá ofrenda.
11 En aquel dia no serás avergonzada
por ninguna de tus obras con que te
rebelaste contra mí; porque entónces
quitaré de en medio de tí los que se
alegran en tu soberbia, y nunca mas
te ensoberbecerás del monte de mi santidad.
12 Y dejaré en medio de tí un pueblo
humilde y pobre, los cuales esperarán
en el nombre de Jehová.
13 El resto de Israel no hará iniquidad, ni dirá mentira, ni en boca de
ellos se hallará lengua engañosa: porque ellos serán apacentados, y dormirán, y no habrá quien los espante.
k Zac. 2. 10. y 9. 9. 14 Canta, oh hija de Sion[k]; da voces
de júbilo, oh Israel; gózate y regocíjate
de todo corazon, hija de Jerusalem.
15 Jehová ha apartado tus juicios, ha
echado fuera tus enemigos: Jehová *es*
Rey de Israel[l] en medio de tí; nunca l Is. 33. 22.
mas verás mal.
16 En aquel tiempo se dirá á Jerusalem: No temas: Sion, no se debiliten
tus manos.
17 Jehová en medio de tí, *que es* Poderoso, él salvará: gozaráse sobre tí con
alegría[m]; callará de amor; se regocijará sobre tí con cantar. m Is. 62. 5. Jer. 32. 41.
18 Reuniré los fastidiados por causa
del tiempo; tuyos fueron, *para quienes*
el oprobio de ella *era* una carga.
19 Hé aquí que en aquel tiempo yo
apremiaré á todos tus opresores: y salvaré la coja, y recogeré la descarriada[n]; n Ez. 34. 16. Mi. 4. 7.
y pondréles por alabanza y por renombre en todo pais de su confusion.
20 En aquel tiempo yo os traeré, en
aquel tiempo os reuniré yo; pues os
daré por renombre y por alabanza entre todos los pueblos de la tierra, cuando tornaré vuestros cautivos[o] delante o Amos 9. 14.
de vuestros ojos, dice Jehová.

LA PROFECÍA DE HAGGEO.

A. C. cir. 520.

CAPITULO I.

Asentado ya el pueblo Judáico en Jerusalem, despues de su cautividad en Babilonia, el profeta les reprende su negligencia en reedificar el templo; pero alentándoles á ello con promesa del auxilio de Dios, se da principio á la obra.

a Esd. 4. 24. y 5. 1, 2. Zac. 1. 1. EN el año segundo del rey Darío[a], en
el mes sexto, en el primer dia del
mes, fué palabra de Jehová, por mano
del profeta Haggeo, á Zorobabel, hijo de
Sealtiel, gobernador de Judá, y á Josué,
hijo de Josadec, gran sacerdote, diciendo:
2 Jehová de los ejércitos habla así diciendo: Este pueblo dice, No es aun
venido el tiempo, el tiempo de que la
casa de Jehová sea reedificada.
3 Fué pues palabra de Jehová por mano del profeta Haggeo, diciendo:
4 ¿*Es* para vosotros tiempo, para vosotros, de morar en vuestras casas enmaderadas, y esta casa *estará* desierta?
5 Pues así ha dicho Jehová de los
ejércitos: Pensad bien sobre vuestros
caminos.
b Deu. 28. 38. 6 Sembrais mucho, y encerrais poco[b];
c Os. 4. 10. Mi. 6. 14. comeis, y no os hartais[c]; bebeis, y no
os saciais; os vestís, y no os calentais;
y el que anda á jornal recibe su jornal
en trapo horadado.
7 Así ha dicho Jehová de los ejércitos:
Meditad sobre vuestros caminos.
8 Subid al monte, y traed madera, y
reedificad la casa; y pondré en ella mi
voluntad, y seré *en ella* honrado, ha
dicho Jehová.
d Cap. 2. 16, 17. 9 Buscais mucho, y hallais poco; y[d]
encerrais en casa, y soplo en ello. ¿Por
qué? dice Jehová de los ejércitos. Por
cuanto mi casa está desierta, y cada uno
de vosotros corre á su propia casa.
10 Por esto se detuvo de los cielos sobre
e Deu. 28. 23. Os. 2. 9. vosotros[e] la lluvia, y la tierra detuvo
sus frutos.
f 1 Rey. 17. 1. 2 Rey. 8. 1. 11 Y llamé la sequedad[f] sobre esta
tierra, y sobre los montes, y sobre el
trigo, y sobre el vino, y sobre el aceite,
y sobre todo lo que la tierra produce;
y sobre los hombres, y sobre las bestias,
y sobre todo trabajo de manos.
12 ¶ Y oyó Zorobabel, hijo de Sealtiel,
y Josué, hijo de Josadec, gran sacerdote,
y todo el demás pueblo, la voz de Jehová su Dios, y las palabras del profeta
Haggeo, como lo habia enviado Jehová
el Dios de ellos, y temió el pueblo delante de Jehová.
13 Entónces Haggeo, enviado de Jehová, habló por mandado de Jehová al
pueblo, diciendo: Yo *soy* con vosotros,
dice Jehová.
14 Y despertó Jehová el espíritu de
Zorobabel, hijo de Sealtiel, gobernador
de Judá, y el espíritu de Josué, hijo de
Josadec, gran sacerdote, y el espíritu de
todo el resto del pueblo, y vinieron, é
hicieron obra en la casa de Jehová de
los ejércitos, su Dios[g], g Esd. 5. 2, 8.
15 En el dia veinte y cuatro del mes
sexto, en el segundo año del rey Darío.

CAPITULO II.

Alienta el profeta de parte de Dios á los gobernadores y al pueblo á continuar la obra del templo, prometiéndoles que Dios haria aquella casa mucho mas gloriosa que la primera, y que les auxiliaria y llenaria de bendiciones. Seguidamente, y por nuevo mandato de Dios, habla el profeta á Zorobabel sobre las grandes conmociones y trastornos que habian de sobrevenir, al parecer con referencia al final y completo triunfo de aquel que en el versículo séptimo es llamado el deseo ó el Deseado de todas las gentes.

EN el mes séptimo, á los veinte y uno
del mes, fué palabra de Jehová por
mano del profeta Haggeo, diciendo,
2 Habla ahora á Zorobabel, hijo de Sealtiel, gobernador de Judá, y á Josué,
hijo de Josadec, gran sacerdote, y al
resto del pueblo, diciendo:
3 ¿Quién ha quedado entre vosotros
que haya visto esta casa en su primera
gloria[a], y cual ahora la veis? ¿No es a Esd. 3. 12.
ella como nada delante de vuestros
ojos[b]? b Zac. 4. 10.
4 Pues ahora[c], Zorobabel, esfuérzate, c Zac. 8. 9.
dice Jehová; esfuérzate tambien, Josué,
hijo de Josadec, gran sacerdote; y cobra
ánimo, pueblo todo de la tierra, dice
Jehová, y obrad; porque Yo *soy* con

vosotros *d*, dice Jehová de los ejérci-
tos.
5 *Segun* el pacto que concerté con vos-
otros á vuestra salida de Egipto *e*, así
mi Espíritu estará en medio de vos-
otros *f*: No temais.
6 Porque así dice Jehová de los ejér-
citos: De aquí á poco aun haré yo tem-
blar los cielos y la tierra, y la mar, y
la seca *g*:
7 Y haré temblar á todas gentes, y
vendrá el Deseado *h* de todas las gentes;
y henchiré esta casa de gloria, ha dicho
Jehová de los ejércitos.
8 Mia *es* la plata, y mio el oro *i*, dice
Jehová de los ejércitos.
9 La gloria *k* de aquesta casa postrera
será mayor que la de la primera, ha
dicho Jehová de los ejércitos; y daré
paz en este lugar, dice Jehová de los
ejércitos.
10 ¶ A veinte y cuatro del noveno *mes*,
en el segundo año de Darío, fué palabra
de Jehová por mano del profeta Haggeo,
diciendo,
11 Así ha dicho Jehová de los ejér-
citos: Pregunta ahora á los sacerdotes *l*
acerca de la ley, diciendo:
12 Si lleváre alguno las carnes sagra-
das en la falda de su ropa, y con el
vuelo *de su capa* tocáre el pan, ó la
vianda, ó el vino, ó el aceite, ú otra
cualquier comida, ¿será *esta* santifica-
da? Y respondieron los sacerdotes, y
dijeron: No.
13 Y dijo Haggeo: Si *alguno* inmundo
á causa de cuerpo muerto *m* tocáre al-
guna cosa de estas, ¿será inmunda? Y
respondieron los sacerdotes, y dijeron:
Inmunda será.
14 Y respondió Haggeo y dijo: Así *es*
este pueblo, y esta gente, delante de mí,
dice Jehová; y asimismo toda obra de
sus manos, y todo lo que aquí ofrecen
es inmundo.
15 Ahora pues, poned vuestro corazon
desde este dia en adelante. Antes que
pusiesen piedra sobre piedra en el tem-
plo de Jehová;
16 Antes que fuesen *estas cosas*, venian
al monton de veinte *hanegas*, y habia
diez: venian al lagar para sacar cincu-
enta *cántaros* del lagar, y habia veinte *n*.
17 Os herí con viento solano, y con
tizoncillo, y con granizo, en toda obra
de vuestras manos; mas no os conver-
tisteis á mí, dice Jehová.
18 Pues poned ahora vuestro corazon
desde este dia en adelante, á *saber*,
desde el dia veinte y cuatro del noveno
mes, desde el dia que se echó el cimi-
ento *o* al templo de Jehová; poned vu-
estro corazon.
19 ¿Aun no está la simiente en el gra-
nero? ni la vid, ni la higuera, ni el
granado, ni el árbol de la oliva ha to-
davía florecido: mas desde aqueste dia
daré bendicion.
20 ¶ Y fué segunda vez palabra de
Jehová á Haggeo, á los veinte y cuatro
del mismo mes, diciendo,
21 Habla á Zorobabel, gobernador de
Judá, diciendo: Yo haré temblar los
cielos y la tierra *p*;
22 Y trastornaré el trono de los rei-
nos *q*, y destruiré la fuerza del reino de
las gentes: y trastornaré el carro, y los
que en él suben, y vendrán abajo los ca-
ballos y los que en ellos montan, cada
cual por la espada de su hermano.
23 En aquel dia, dice Jehová de los
ejércitos, te tomaré, oh Zorobabel, hijo
de Sealtiel, siervo mio, dice Jehová, y
ponerte he como anillo de sellar *r*: por-
que yo te escogí, dice Jehová de los
ejércitos.

d Cap. 1. 13.
e Ex. 29. 45, 46.
f Neh. 9. 20. Is. 63. 11, 14.
g Is. 13. 13. y 24. 18, 20. Joel 3. 16. Heb. 12. 26. Ap. 6. 12, 14.
h Is. 60. 6. y 61. 6.
i 1 Cr. 29. 14.
k Ez. 43. 5, 7.
l Lev. 10. 10, 11. Deu. 33. 10. Mal. 2. 7.
m Nu. 19. 11.
n Cap. 1. 6, 9. Zac. 8. 10.
o Esd. 3. 10. Zac. 8. 9.
p ver. 6, 7.
q Dan. 2. 44.
r Ca. 8. 6. Jer. 22. 24.

ZACARÍAS PROFETA.

A. C. cir. 520.

CAPITULO I.

Despues de exhortar el profeta á los Judíos á que se arrepientan, y no imiten la conducta de sus padres, que fueron castigados porque despreciaron los avisos de los profetas, en una de las dos visiones que tuvo predice el restablecimiento de Jerusalem y demás pueblos de Judá, y en la otra la destruccion de aquellos reinos que los esparcieron y maltrataron.

EN el mes octavo, en el año segundo
de Darío *a*, fué palabra de Jehová á
Zacarías profeta, hijo de Berechias, hijo
de Iddo, diciendo:
2 Enojóse Jehová con ira contra vu-
estros padres *b*.
3 Les dirás pues: Así ha dicho Jehová
de los ejércitos: Volvéos á mí *c*, dice
Jehová de los ejércitos, y yo me volveré
á vosotros *d*, ha dicho Jehová de los
ejércitos.
4 No seais como vuestros padres, á los
cuales dieron voces los primeros pro-
fetas diciendo: Así ha dicho Jehová de
los ejércitos: Volvéos ahora de vuestros
malos caminos, y de vuestras malas
obras: y no atendieron, ni me escu-
charon, dice Jehová.
5 Vuestros padres ¿dónde están? y
los profetas ¿han de vivir para siem-
pre?
6 Empero mis palabras y mis orde-
nanzas que mandé á mis siervos los
profetas, ¿no alcanzaron á vuestros pa-
dres *e*? Por eso se volvieron ellos y di-
jeron: Como Jehová de los ejércitos
pensó tratarnos conforme á nuestros
caminos, y conforme á nuestras obras *g*,
así lo hizo con nosotros.
7 ¶ A los veinte y cuatro del mes
undécimo, que es el mes de Sebath,
en el año segundo de Darío, fué pa-
labra de Jehová á Zacarías profeta,
hijo de Berechias, hijo de Iddo, dici-
endo:
8 Ví de noche, y hé aquí un varon que
cabalgaba sobre un caballo bermejo, el
cual estaba entre los mirtos que *habia* en
la hondura; y detrás de él *habia* caba-
llos bermejos, overos, y blancos.
9 Entónces dije: ¿Qué son estos, se-
ñor mio? Y díjome el ángel que ha-
blaba conmigo: Yo te enseñaré qué son
estos.
10 Y aquel varon que estaba entre los
mirtos respondió, y dijo: Estos son los
que Jehová ha enviado *h* á recorrer la
tierra.
11 Y ellos hablaron á aquel Angel de
Jehová, que estaba entre los mirtos, y
dijeron: Hemos recorrido la tierra, y hé
aquí que toda la tierra está reposada y
quieta.
12 Y respondió el ángel de Jehová, y
dijo: Oh Jehová de los ejércitos, ¿hasta
cuando no tendrás piedad de Jerusalem,
y de las ciudades de Judá, con las cuales
has estado airado por espacio de setenta
años *i*?
13 Y Jehová respondió buenas pala-

a Esd. 4. 24. Hag. 1. 1.
b 2 Cr. 36. 16. Sal. 60. 1.
c Mal. 3. 7.
d Mi. 7. 19. Sant°. 4. 8.
e Os. 6. 5.
g La. 1. 18.
h Sal. 103. 20, 21. Heb. 1. 14.
i Cap. 7. 5. Jer. 25. 11, 12. Da. 9. 2.

Jer. 29. 10. bras, palabras consolatorias[k] á aquel
ángel que hablaba conmigo.
14 Y díjome el ángel que hablaba con-
migo: Clama diciendo: Así ha dicho
Jehová de los ejércitos: Zelé á Jeru-
Cap. 8. 2, 3. salem y á Sion[l] con gran zelo:
oel 2. 18. 15 Y con grande enojo estoy airado
contra las gentes que están reposadas;
porque yo estaba enojado un poco, y
Is. 47. 6. ellos ayudaron para el mal[m].
b. 12. 14. 16 Por tanto así ha dicho Jehová: Yo
me he tornado á Jerusalem con misera-
Is. 12. 1. ciones[n]: en ella será edificada mi casa,
54. 8. dice Jehová de los ejércitos, y la plo-
mada será tendida sobre Jerusalem.
17 Clama aun diciendo: Así dice Je-
hová de los ejércitos: Aun serán ensan-
chadas mis ciudades por la abundancia
del bien; y aun consolará Jehová á Si-
s. 51. 3. on[o], y escogerá[p] todavía á Jerusalem.
s. 14. 1. 18 ¶ Despues alcé mis ojos, y miré, y
n. 7. 3. hé aquí cuatro[q] cuernos.
19 Y dije al ángel que hablaba con-
migo: ¿Qué *son* estos? Y respondió-
me: Estos son los cuernos que aventa-
ron á Judá, á Israel, y á Jerusalem.
20 Mostróme luego Jehová cuatro car-
pinteros,
21 Y yo dije: ¿Qué vienen estos á
hacer? Y respondióme diciendo: Estos
n. 12. 7. *son* los cuernos que[r] aventaron á Judá,
tanto que ninguno alzó su cabeza: mas
estos han venido para hacerlos temblar,
para derribar los cuernos de las gentes,
que alzaron el cuerno sobre la tierra de
Judá para aventarla.

CAPITULO II.

Restauracion gloriosa de Jerusalem, y muchedumbre de sus moradores. El Señor será su muro y defensa, y habitará en medio de ella; á él se unirán muchas naciones, y él poseerá á Judá su heredad en la tierra santa.

ALCÉ despues mis ojos, y miré, y hé
aquí un varon que *tenia* en su ma-
ap. 1. 16. no un cordel de medir[a].
. 40. 3, 5. 2 Y díjele: ¿Adónde vas? Y él me
respondió: A medir á Jerusalem, para
ver cuanta es su anchura, y cuanta su
longitud.
3 Y hé aquí que salia aquel ángel que
hablaba conmigo, y otro ángel le salió
al encuentro,
4 Y díjole: Corre, habla á este mozo
diciendo: Sin muros será habitada Je-
rusalem á causa de la multitud de los
hombres, y de las bestias *que estarán* en
medio de ella.
5 Yo seré para ella, dice Jehová, muro
ap. 9. 8. de fuego en derredor[b], y seré por gloria
. 60. 19. en medio de ella[c].
6 Oh, oh, huid de la tierra del Aqui-
lon, dice Jehová, pues por los cuatro
u. 28. 64. vientos de los cielos[d] os esparcí, dice
. 17. 21. Jehová.
7 Oh Sion, la que moras con la hija de
. 48. 20. Babilonia, escápate[e].
52. 11. 8 Porque así ha dicho Jehová de los
r. 50. 8. ejércitos: Despues de la gloria[f] me en-
51. 6, 45. viará él á las gentes que os despojaron:
r. 3. porque el que os toca, toca á la niña de
u. 32. 10. su ojo[g].
. 17. 8. 9 Porque hé aquí que yo alzo mi mano
sobre ellos, y serán despojo á sus sier-
vos: y sabréis que Jehová de los ejér-
citos me envió.
10 Canta y alégrate, hija de Sion; por-
que hé aquí que vengo, y moraré en
. 12. 6. medio de tí[h], ha dicho Jehová.
11 Y uniránse muchas gentes á Jehová
. 54. 1, 2. en aquel dia, y me serán por pueblo[i], y
. 48. 35. moraré en medio de tí[k]; y entónces co-
nocerás que Jehová de los ejércitos me
ha enviado á tí.
12 Y Jehová poseerá á Judá su here-
dad[l] en la tierra santa, y escogerá aun l Deu. 32. 9.
á Jerusalem[m]. m Cap. 1. 17.
13 Calle[n] toda carne delante de Je- n Hab. 2. 20.
hová; porque él se ha despertado de su Soph. 1. 7.
santa morada.

CAPITULO III.

Muestra Dios al profeta en la figura de Josué, gran sacerdote, la restauracion de su iglesia, y la de los ministros del culto. Promúlase la venida del Mesías, y se anuncia un tiempo de paz, seguridad y reposo.

Y MOSTRÓME á Josué[a], el gran a Hag. 1. 1.
sacerdote, el cual estaba delante
del Angel de Jehová; y Satan[b] estaba b Job 1. 6.
á su mano derecha[c] para serle adver- c Sal. 109. 6.
sario.
2 Y dijo Jehová á Satan: Jehová te
reprenda[d], oh Satan; Jehová, que ha d Jud. 9.
escogido á Jerusalem, te reprenda. ¿No Ap. 12. 9,
es este tizon arrebatado del incendio[e]? 10.
3 Y Josué estaba vestido de vestimen- e Amos 4. 11.
tas viles[f], y estaba delante del Angel. f Is. 64. 6.
4 Y habló *el Angel*, é intimó á los que
estaban delante de sí diciendo: Quitadle
esas vestimentas viles. Y á él dijo: Mi-
ra que he hecho pasar tu pecado[g] de tí, g 2 Sa. 12. 13.
y te he hecho vestir de ropas de gala[h]. Is. 6. 5, 7.
5 Despues dijo: Pongan[i] mitra limpia h Is. 61. 10.
sobre su cabeza. Y pusieron una mitra i Ex. 28. 4,
limpia sobre su cabeza, y vistiéronlo de 37.
ropas. Y el Angel de Jehová estaba en
pié.
6 Y el Angel de Jehová protestó al
mismo Josué, diciendo:
7 Así dice Jehová de los ejércitos:
Si anduvieres por mis caminos, y si gu-
ardares mi ordenanza, tambien tú go-
bernarás mi casa, tambien tú guardarás
mis atrios, y entre estos[k] que aquí están k Ap. 22. 9.
te daré plaza.
8 Escucha pues ahora, Josué, gran sa-
cerdote, tú, y tus amigos que se sientan
delante de tí; porque son varones sim-
bólicos[l]: Hé aquí que yo traigo á mi l Is. 8. 18.
siervo, el PIMPOLLO[m]. m Cap. 6. 12.
9 Porque hé aquí aquella piedra[n] que Is. 4. 2.
puse delante de Josué, sobre *la cual* una y 11. 1.
piedra *hay* siete ojos; hé aquí que[o] yo Jer. 23. 5.
grabaré su escultura, dice Jehová de los y 33. 15.
ejércitos, y quitaré el pecado de la tierra n Cap. 4. 7.
en un dia[p]. Is. 28. 16.
10 En aquel dia, dice Jehová de los o Cap. 4. 10.
ejércitos, cada uno de vosotros llamará Ap. 5. 6.
á su compañero debajo de su vid, y de- p Cap. 13. 1.
bajo de *su* higuera[q]. q Mi. 4. 4.

CAPITULO IV.

En la vision de un candelero de oro con sus lámparas, y de dos olivos con cuyo aceite la luz de aquellas se mantenia, muestra Dios al profeta la restauracion de la iglesia Judáica, declarándole primero la especial providencia con que removería todo obstáculo de delante de Zorobabel, encargado de la obra del templo, y como indicándole luego el carácter de los que por oficio atenderian al sostenimiento de la santidad y pureza en el culto divino.

Y VOLVIÓ el ángel que hablaba con-
migo, y despertóme, como un hom-
bre que es despertado de su sueño[a], a Jer. 31. 26.
2 Y díjome: ¿Qué ves? Y respondí:
He mirado, y hé aquí un candelero[b] b Ex. 25. 31.
todo de oro, con su vaso sobre su ca-
beza, y sus siete lámparas encima del
candelero, siete; y siete canales para las
lámparas que *están* encima de él:
3 Y sobre él dos olivas, la una á la
derecha del vaso, y la otra á su izqui-
erda.
4 Proseguí, y hablé á aquel ángel que
hablaba conmigo, diciendo: ¿Qué *es*
esto, señor mio?
5 Y el ángel que hablaba conmigo res-

pondió, y díjome: ¿No sabes qué es
esto? Y dije: No, señor mio.
6 Entónces respondió, y hablóme dici-
endo: Esta *es* palabra de Jehová á Zo-
robabel en que se dice: No con ejército,
[c] Os. 1. 7. ni con fuerza[c], sino con mi Espíritu,
ha dicho Jehová de los ejércitos.
7 ¿Quién eres tú, oh gran monte?
Delante de Zorobabel *serás reducido* á
llanura: él sacará la primera piedra con
aclamaciones *de* Gracia, gracia á ella!
8 Y fué palabra de Jehová á mí, di-
ciendo:
9 Las manos de Zorobabel echarán el
[d] Esd. 3. 8, 10. fundamento[d] á esta casa, y sus manos la
acabarán[e]: y conocerás que Jehová de
[e] Esd. 6. 14, 15. los ejércitos me envió á vosotros.
10 Porque los que menospreciaron el
dia de los pequeños *recursos*, se alegra-
rán, y verán la piedra de estaño en la
[f] ver. 2. mano de Zorobabel. Aquellas siete[f] *son*
[g] Cap. 3. 9. los ojos[g] de Jehová que recorren por
toda la tierra.
11 Hablé mas, y díjele: ¿Qué *signifi-
can* estas dos olivas á la derecha del
candelero, y á su izquierda?
12 Hablé aun de nuevo, y díjele: ¿Qué
significan las dos ramas de olivas que
por medio de dos tubos de oro revierten
de sí *aceite como* oro?
13 Y respondióme diciendo: ¿No sa-
bes qué *es* esto? Y dije: Señor mio, no.
14 Y él dijo: Estos dos hijos de acei-
[h] Ap. 11. 4. te[h] *son* los que están delante del Señor
[i] Cap. 6. 5. de toda la tierra[i].

CAPITULO V.

Muéstrase al profeta en una figura el castigo de los robadores del pueblo de Dios, y el de los perjuros; y en otra la expulsion de una mujer, llamada la maldad, (ó idolatría) á tierra de Shinar.

Y TORNÉME, y alcé mis ojos, y
[a] Ez. 2. 9. miré, y hé aquí un volúmen[a] que
volaba.
2 Y díjome: ¿Qué ves? Y respondí:
Veo un volúmen que vuela, de ve-
inte codos de largo, y diez codos en
ancho.
3 Díjome entónces: Esta es la mal-
dicion que sale sobre la haz de toda la
tierra: porque todo aquel que hurta,
(como *está* de la una parte del *volúmen*)
será destruido; y todo aquel que jura,
(como *está* de la otra parte del *volúmen*)
será destruido.
4 Yo le saqué, dice Jehová de los ejér-
citos, y vendrá á la casa del ladron, y á
[b] Mal. 3. 5. la casa del que jura falsamente[b] en mi
nombre; y permanecerá en medio de su
casa, y consumirála, con sus enmadera-
mientos y sus piedras.
5 ¶ Y salió aquel ángel que hablaba
conmigo, y díjome: Alza ahora tus ojos,
y mira qué es esto que sale.
6 Y dije: ¿Qué es? Y él dijo: Este
[c] Ex. 16. 36. *es* un epha[c] que sale. Ademas dijo:
Este el ojo de ellos en toda la tierra.
7 Y hé aquí que traian un talento de
[d] Ap. 17. 1, etc. plomo, y una mujer[d] estaba asentada
en medio de aquel epha.
8 Y él dijo: Esta *es* la maldad: y echó-
la dentro del epha, y echó la masa de
plomo en su boca.
9 Alcé luego mis ojos, y miré, y hé
aquí dos mujeres que salian, y traian
viento en sus alas, y tenian alas como
de cigüeña: y alzaron el epha entre la
tierra y los cielos.
10 Y dije al ángel que hablaba con-
migo: ¿Adónde llevan el epha?
11 Y él me respondió: Para que le
[e] Gen. 10. 10. y 11. 2. sea edificada casa en tierra de Shinar[e];
y será asentado y puesto allá sobre su
asiento.

CAPITULO VI.

La vision de los cuatro carros. Anima Dios con singular favor y promesas gloriosas á Josué, en figura de Cristo, para la restauracion de su templo.

Y TORNÉME, y alcé mis ojos, y
miré, y hé aquí cuatro carros[a] que [a] Da. 7. 3, 17.
salian de entre dos montes; y aquellos
montes eran de metal.
2 En el primer carro *habia* caballos
bermejos, y en el segundo carro caballos
negros,
3 Y en el tercer carro caballos blancos,
y en el cuarto carro caballos overos ru-
cio-rodados.
4 Respondí entónces, y dije al ángel
que conmigo hablaba: Señor mio, ¿qué
es esto?
5 Y el ángel me respondió, y díjome:
Estos *son* los cuatro vientos[b] de los cie- [b] Ap. 7. 1.
los, que salen de donde están delante
del Señor de toda la tierra[c]. [c] Cap. 4. 14.
6 En el que *estaban* los caballos negros,
salieron hácia la tierra del Aquilon[d]; [d] Da. 5. 31.
y los blancos salieron tras ellos[e]: y los [e] Da. 8. 5, 21.
overos salieron hácia la tierra del Me-
diodia[f]. [f] Da. 11. 5.
7 Y los rucios salieron, y se afanaron
por ir á recorrer la tierra. Y dijo: Id,
recorred la tierra. Y recorrieron la ti-
erra[g]. [g] Da. 7. 7.
8 Luego me llamó, y hablóme dicien-
do: Mira, los que salieron hácia la ti-
erra del Aquilon, hicieron reposar mi
espíritu[h] en la tierra del Aquilon[i]. [h] Ez. 16. 42.
9 ¶ Y fué á mí palabra de Jehová di- [i] ver. 6. Cap. 2. 6.
ciendo:
10 Toma *de los* del cautiverio, *de los
del linage* de Heldai, y de Tobias, y de
Jedaia, los cuales volvieron de Babi-
lonia; y vendrás tú en aquel dia, y en-
trarás en casa de Josías, hijo de Se-
fanías:
11 Tomarás pues plata y oro, y harás
coronas, y las pondrás en la cabeza del
gran sacerdote Josué, hijo de Josadac,
12 Y le hablarás diciendo: Así ha ha-
blado Jehová de los ejércitos, diciendo:
Hé aquí el varon cuyo nombre es PIM-
POLLO[k], el cual germinará de su lu- [k] Cap. 3. 8. Is. 4. 2. Jer. 23. 5. y 33. 15.
gar[‖], y edificará el templo de Jehová. [‖] *ó de debajo de sí.*
13 Él edificará el templo de Jehová, y
él llevará gloria[l]; y se sentará y domi- [l] Is. 22. 24.
nará en su trono, y será sacerdote[m] en [m] Sal. 110. 4. Heb. 5. 6, 10. y 7. 14, 17, 21.
su solio: y consejo de paz será entre
ambos á dos.
14 Y Helem, y Tobías, y Jedaía, y
Hen, hijo de Sefanías, tendrán coronas
por memorial en el templo de Jehová.
15 Y los que están léjos[n], vendrán y [n] Cap. 2. 11.
edificarán en el templo de Jehová, y
conoceréis que Jehová de los ejércitos
me ha enviado á vosotros. Y será *esto*,
si oyereis obedientes la voz de Jehová
vuestro Dios.

CAPITULO VII.

Zacarías por mandado de Dios declara á todo el pueblo y á los sacerdotes, que los ayunos que ellos se impusieron durante su cautividad en Babilonia, no habian sido para Dios, ó por motivos de piedad verdadera; y que el menosprecio de esta, y la dura tenacidad con que desatendieron las palabras del Señor, y sus exhortaciones por medio de los profetas, habia sido la causa del grande castigo que les fué impuesto, y del asolamiento de su tierra.

Y ACONTECIÓ en el año cuarto del
rey Darío, *que* fué palabra de Je-
hová á Zacarías á los cuatro del mes
noveno, que es Chisleu;
2 Cuando fué enviado á la casa de Dios
Sareser, con Regemmelech y sus hom-
bres, á implorar el favor de Jehová,
3 Y á hablar á los sacerdotes que esta-

ban en la casa de Jehová de los ejércitos, y á los profetas, diciendo: ¿ Llorarémos en el mes quinto [a]? ¿ harémos abstinencia como hemos hecho ya algunos años ?

4 Fué pues á mí palabra de Jehová de los ejércitos, diciendo :

5 Habla á todo el pueblo del país, y á los sacerdotes, diciendo : Cuando ayunasteis y llorasteis en el quinto y en el séptimo *mes* [b] estos setenta años [c], ¿ habeis ayunado para mí [d] ?

6 Y cuando comeis y bebeis, ¿ no comeis y bebeis para vosotros [e] ?

7 ¿ No son *estas* las palabras que publicó Jehová por mano de los profetas primeros, cuando Jerusalem estaba habitada y quieta, y sus ciudades en sus alrededores, y el Mediodía y la campiña se habitaban ?

8 Y fué palabra de Jehová á Zacarías diciendo :

9 Así habló Jehová de los ejércitos, diciendo : Juzgad juicio verdadero, y haced misericordia y piedad cada cual con su hermano :

10 No agravieis la viuda, ni al huérfano, ni al extranjero, ni al pobre ; ni ninguno piense mal en su corazon contra su hermano.

11 Empero no quisieron escuchar, ántes dieron hombro rebelado [f], y agravaron sus oidos para no oir.

12 Y pusieron su corazon *como* diamante para no oir la ley [g], ni las palabras que Jehová de los ejércitos enviaba por su Espíritu, por mano de los profetas primeros : fué por tanto hecho grande castigo [h] por Jehová de los ejércitos.

13 Y aconteció, que como él clamó, y no escucharon, así ellos clamaron, y yo no escuché [i], dice Jehová de los ejércitos ;

14 Antes los esparcí con torbellino por todas las gentes [k] que ellos no conocian, y la tierra [l] fué desolada tras de ellos, sin *quedar* quien fuese ni viniese ; pues tornaron en asolamiento el país deseable [m].

[a] 2 Rey. 25. 8, 10.
[b] 2 Rey. 25. 25.
[c] Cap. 1. 12.
[d] Is. 58. 3.
[e] Os. 8. 13. 9. 4.
[f] Neh. 9. 29.
[g] Soph. 3. 9. Ez. 11. 19.
[h] Da. 9. 11.
[i] Jer. 14. 12. Mi. 3. 4.
[k] Deu. 4. 27.
[l] Deu. 28. 33, 64.
[m] Da. 8. 9.

CAPITULO VIII.

Prométese la restauracion de Jerusalem, y la vuelta del pueblo de las diversas regiones dónde se hallare ; que, en vez de maldicion entre las gentes, hará Dios vengan á ser bendicion los restos de Judá é Israel, cuyos ayunos y aflicciones se tornarán en gozo y festivas solemnidades.

Y FUÉ *á mí* palabra de Jehová de los ejércitos, diciendo :

2 Así ha dicho Jehová de los ejércitos : Yo he zelado á Sion [a] con grande zelo, y con grande ira la zelé.

3 Así dice Jehová : Yo he restituido á Sion, y moraré en medio de Jerusalem ; y Jerusalem se llamará Ciudad de verdad [b] ; y el monte [c] de Jehová de los ejércitos, Monte de santidad [d].

4 Así ha dicho Jehová de los ejércitos : Aun han de morar viejos y viejas en las plazas de Jerusalem, y cada cual con bordon en su mano por la multitud de los dias [e].

5 Y las calles de la ciudad serán llenas de muchachos y muchachas, que jugarán en sus calles.

6 Así dice Jehová de los ejércitos : Si esto parecerá dificultoso á los ojos del resto de este pueblo en aquellos dias, ¿ tambien será dificultoso delante de mis ojos [f] ? dice Jehová de los ejércitos.

7 Así ha dicho Jehová de los ejércitos : Hé aquí que yo salvo mi pueblo de la tierra del Oriente, y de la tierra donde se pone el sol [g],

8 Y traerélos, y habitarán en medio de Jerusalem [h] ; y me serán por pueblo, y yo seré á ellos por [i] Dios con verdad y con justicia [k].

9 Así ha dicho Jehová de los ejércitos : Esfuércense vuestras manos [l], de vosotres los que oís en estos dias estas palabras de la boca de los profetas, desde el dia que se echó el cimiento á la casa de Jehová de los ejércitos, para edificar el templo.

10 Porque ántes de estos dias no ha habido paga [m] de hombre, ni paga de bestia, ni hubo paz alguna para entrante ni para saliente, á causa del enemigo : y yo dejé todos los hombres, cada cual contra su compañero.

11 Mas ahora no *haré* con el resto de este pueblo como en aquellos dias pasados, dice Jehová de los ejércitos.

12 Porque la simiente de la paz *prosperará ;* la vid dará su fruto [n], y dará su producto [o] la tierra, y los cielos darán su rocío ; y haré que el resto de este pueblo posea todo esto.

13 Y será, que como fuisteis maldicion entre las gentes [p], oh casa de Judá, y casa de Israel, así os salvaré, y seréis bendicion. No temais, mas esfuércense vuestras manos.

14 Porque así ha dicho Jehová de los ejércitos : Como pensé haceros mal, cuando vuestros padres me provocaron á ira, dice Jehová de los ejércitos, y no me arrepentí,

15 Así tornando [q] he pensado de hacer bien á Jerusalem y á la casa de Judá en estos dias : no temais.

16 ¶ Estas *son* las cosas que habeis de hacer : Hablad verdad cada cual con su prójimo [r] ; juzgad en vuestras puertas verdad y juicio de paz :

17 Y ninguno de vosotros piense mal en su corazon contra su prójimo [s] ; ni ameis juramento falso : porque todas estas *son* cosas que aborrezco, dice Jehová.

18 ¶ Y fué á mí palabra de Jehová de los ejércitos, diciendo :

19 Así ha dicho Jehová de los ejércitos : El ayuno del cuarto *mes* [t], y el ayuno del quinto [u], y el ayuno del séptimo [x], y el ayuno del décimo [y], se tornarán á la casa de Judá en gozo y alegría, y en festivas [z] solemnidades. Amad pues verdad y paz.

20 Así ha dicho Jehová de los ejércitos : Aun vendrán pueblos, y moradores de muchas ciudades ;

21 Y vendrán los moradores de la una á la otra, y dirán [a] : Vamos á implorar el favor de Jehová, y á buscad á Jehová de los ejércitos. Yo tambien iré.

22 Y vendrán muchos pueblos y fuertes naciones á buscar [b] á Jehová de los ejércitos en Jerusalem, y á implorar el favor de Jehová.

23 Así ha dicho Jehová de los ejércitos : En aquellos dias *acontecerá* que diez hombres, de todas las lenguas de las gentes, trabarán de la falda de un Judío diciendo : Irémos con vosotros, porque hemos oido que Dios *está* con vosotros [c].

[a] Cap. 1. 14.
[b] Is. 1. 16.
[c] Is. 2. 2, 3.
[d] Jer. 31. 23.
[e] Is. 65. 20, 22.
[f] Lu. 18. 27.
[g] Is. 11. 11, 12. 43. 5, 6.
[h] Cap. 14. 11.
[i] Jer. 31. 1, 33.
[k] Os. 2. 19, 20.
[l] Hag. 2. 4, etc.
[m] Hag. 1. 6, 10.
[n] Joel 2. 22.
[o] Sal. 67. 6, 7.
[p] Jer. 42. 18.
[q] Jer. 31. 28.
[r] Ef. 4. 25.
[s] Pro. 3. 29.
[t] Jer. 52. 6.
[u] Jer. 52. 12, 13.
[x] Cap. 7. 5. Jer. 41. 1, 2.
[y] Jer. 52. 4.
[z] Est. 8. 17.
[a] Sal. 122. 1, etc. Is. 2. 3. Mi. 4. 2.
[b] Is. 60. 3, etc.
[c] Sal. 126. 1, 2.

CAPITULO IX.

Profecía contra Aram y Fenicia. El rey Cristo vendrá á Sion montado en una asna, y colmará á su pueblo de bendiciones y prosperidades.

CARGA de la palabra de Jehová contra tierra de Hadrach, y de Damasco [a] su reposo : porque á Jehová *están vueltos* los ojos de los hombres, y de todas las tribus de Israel.

2 Y tambien Hamath tendrá término

[a] Is. 17. 1, etc. Jer. 49. 23, etc. Amos 1. 3, 5.

en ella; Tiro[b], y Sidon, aunque muy sabia sea.

[b] Is. XXIII. Ez. XXVI, XXVIII.

3 Bien que Tiro se edificó fortaleza, y amontonó plata como polvo, y oro como lodo de las calles;

4 Hé aquí que el Señor la empobrecerá, y herirá en la mar su fortaleza, y ella será consumida de fuego.

5 Ascalon[c] verá, y temerá; Gaza tambien, y se dolerá en gran manera: asimismo Ecron, porque su esperanza será confundida; y de Gaza perecerá el rey, y Ascalon no será habitada.

[c] Soph. 2.4,5.

6 Y habitará en Asdod un extranjero, y yo talaré la soberbia de los Palestinos.

7 Y quitaré sus sangres de su boca, y sus abominaciones de sus dientes[d]; y quedarán ellos tambien para nuestro Dios[e], y serán como capitanes en Judá, y Ecron *será* como el Jebuséo.

[d] Nu. 25. 2. Is. 66. 17.
[e] Is. 14. 1. Ro. 15. 10.

8 Y seré *como* real de ejército á mi casa[f] á causa del que va y del que viene: y no pasará mas sobre ellos angustiador; porque ahora miré con mis ojos.

[f] Cap. 2. 5. Is. 33. 20, 21.

9 Alégrate mucho, hija de Sion[g]; da voces de júbilo, hija de Jerusalem: hé aquí que tu Rey vendrá á tí, Justo y Salvador, humilde[h], y cabalgando sobre un asno, así sobre un pollino hijo de asna[i].

[g] Is. 62. 11.
[h] Is. 45. 21.
[i] Mat. 21. 5. Juan 12. 15.

10 Y de Efraim destruiré los carros[k], y los caballos de Jerusalem; y los arcos de guerra serán quebrados; y hablará paz á las gentes: y su señorío *será* de mar á mar, y desde el rio hasta los fines de la tierra[l].

[k] Mi. 5. 10.
[l] Sal. 72. 8.

11 Y tú tambien por la sangre de tu[m] pacto serás salva; yo he sacado tus[n] presos del aljibe en que no hay agua[o].

[m] Heb. 9. 19, 20. y 13. 20.
[n] Is. 61. 1.
[o] Gen. 37. 24.

12 Tornáos á la fortaleza, oh presos *animados* de esperanza: hoy tambien os anuncio que os daré doblado[p].

[p] Is. 61. 7.

13 Porque entesado he para mí á Judá *como* arco, henchí á Efraim: y despertaré tus hijos, oh Sion, contra tus hijos, oh Grecia; y te pondré como espada de valiente.

14 Y Jehová será visto sobre ellos, y su dardo saldrá como relámpago[q]: y el Señor Jehová tocará trompeta, é irá como torbellinos del Austro[r].

[q] Sal. 144. 6.
[r] Is. 21. 1.

15 Jehová de los ejércitos los amparará, y ellos devorarán, y sujetarán á las piedras de la honda: y beberán, y harán estrépito como *tomados* del vino; y se llenarán como cuenco, ó como los lados del altar[s].

[s] Lev. 4. 18, 25.

16 Y en aquel dia Jehová su Dios salvará los de su pueblo como á rebaño: porque serán engrandecidos en su tierra como piedras *preciosas* de corona.

17 Porque, cuanta es su bondad, y cuanta su hermosura! El trigo alegrará á los mancebos, y el vino á las doncellas.

CAPITULO X.

El profeta exhorta al pueblo á que pida solo á Dios, con promesa de que así recibirán cuanto hubieren menester. Recuérdales la vanidad de los ídolos, y las calamidades con que habian sido afligidos á causa de la idolatría, y les anuncia que Dios se apiadará de ellos, y los restablecerá, y hará florecer como ántes, como si no los hubiera desechado.

PEDID á Jehová lluvia en la sazon tardía: Jehová hará relámpagos, y os dará lluvia abundante[a], y yerba en el campo á cada uno.

[a] Jer. 10. 13.

2 Porque las imágenes han hablado vanidad, y los adivinos han visto mentira, y han hablado sueños vanos; en vano consuelan: por lo cual se fueron ellos como ovejas, fueron humillados porque no *tuvieron* pastor.

3 Contra los pastores[b] se ha encendido mi enojo, y castigaré los machos de cabrío: mas Jehová de los ejércitos visitará su rebaño, la casa de Judá, y tornarálos como su caballo de honor en la guerra.

[b] Ez. 34. 7, etc.

4 De él saldrá el ángulo, de él la clavija, de él el arco de la guerra, de él tambien todo apremiador.

5 Y serán como valientes, que en la batalla pisan *al enemigo como* el lodo de las calles[c]: y pelearán, porque Jehová *será* con ellos; y los que cabalgan en caballos serán avergonzados.

[c] Sal. 18. 42.

6 Porque yo fortificaré la casa de Judá, y guardaré la casa de Joseph; y harélos volver, porque de ellos tendré piedad[d]: y serán como si no los hubiera desechado; porque yo *soy* Jehová su Dios que los oiré.

[d] Is. 54. 7, 10.

7 Y será Efraim como valiente, y alegraráse su corazon como de vino[e]: sus hijos tambien verán y se alegrarán; su corazon se gozará en Jehová.

[e] Cap. 9. 15.

8 Yo les silbaré y los juntaré, porque los he redimido; y serán multiplicados como fueron *ya* multiplicados.

9 Bien que los sembraré entre los pueblos, aun en lejanos paises se acordarán de mí[f]; y vivirán con sus hijos, y tornarán.

[f] Deu. 30. 1, 2.

10 Porque yo los tornaré de la tierra de Egipto, y los recogeré de la Asiria[g], y traerélos á la tierra de Galaad y del Líbano; y no les bastará[h].

[g] Is. 11. 11.
[h] Is. 49. 20.

11 Y la tribulacion pasará por la mar, y en la mar herirá las ondas[i], y se secarán todas las honduras del rio: y la soberbia del Assur será derribada, y se perderá el cetro de Egipto.

[i] Is. 11. 15.

12 Y yo los fortificaré en Jehová, y caminarán en su nombre[k], dice Jehová.

[k] Mi. 4. 5.

CAPITULO XI.

Desolacion de Jerusalem, y ruina de su templo. El pastor de Israel hace pedazos las dos varas. Tres pastores infieles muertos en un mes. Grey maltratada y oprimida de un pastor insensato.

OH Líbano[a], abre tus puertas, y queme fuego tus cedros.

[a] Ez. 17. 3.

2 Aulla, oh haya, porque el cedro cayó, porque los magníficos son talados. Aullad, alcornoques de Basan, porque el fuerte monte es derribado.

3 Voz de aullido de pastores *se oyó*, porque su magnificencia es asolada; estruendo de bramido de cachorros de leones[b], porque la soberbia[c] del Jordan es destruida.

[b] Ez. 19. 2, 3.
[c] Jer. 12. 5.

4 Así ha dicho Jehová mi Dios: Apacienta las ovejas de la matanza,

5 A las cuales mataban sus compradores, y no se tenian por culpables; y el que las vendia, decia: Bendito *sea* Jehová[d], que he enriquecido: ni sus pastores tenian piedad de ellas.

[d] Deu. 29. 19, 21. Os. 12. 8.

6 Por tanto no mas tendré piedad de los moradores de la tierra, dice Jehová: porque hé aquí que yo entregaré los hombres, cada cual en mano de su compañero, y en mano de su rey; y quebrantarán la tierra, y yo no libraré de sus manos.

7 Apacenté pues las ovejas de la matanza, es á saber, los pobres del rebaño. Y me tomé dos cayados; al uno puse por nombre Suavidad, y al otro Ataduras: y apacenté las ovejas.

8 E hice matar tres pastores en un mes[e], y mi alma se angustió por ellos, y tambien el alma de ellos me aborreció á mí.

[e] Os. 5. 7.

9 Y dije: No os apacentaré *mas*: la que muriere, muera; y la que se perdiere, se pierda; y las que quedaren, que

cada una como la carne de su compa-
ñera.
10 Tomé luego mi cayado Suavidad, y
quebréle, para deshacer mi pacto que
Gen. 49. 10. concerté con todos los pueblos[f].
11 Y *fué* deshecho en ese dia, y así
conocieron los pobres del rebaño que
miran á mí, que *era* palabra de Jehová.
12 Y díjeles: Si os parece bien, dadme
mi salario; y si no, dejadlo. Y pesaron
Ex. 21. 32. para mi salario treinta *piezas de* plata[g].
Mat. 26. 15. 13 Y díjome Jehová: Échalo al teso-
rero, hermoso precio con que me han
apreciado. Y tomé las treinta *piezas de*
plata, y echélas en la casa de Jehová al
Mat. 27. 3, 10. tesorero[h].
14 Quebré luego el otro mi cayado
Ataduras, para romper la hermandad
entre Judá é Israel.
15 ¶ Y díjome Jehová: Tómate aun
hato de pastor insensato; porque hé
Os. 8. 9, 2. aquí que yo levanto pastor[i] en la ti-
erra, que no visitará las perdidas, no
Juan 5. 43. buscará la pequeña, no curará la per-
Juan 2. 5. niquebrada, ni llevará la cansada á cu-
estas; sino que se comerá la carne de la
Ez. 34. 2, 4. gruesa[k], y romperá sus uñas.
16 Mal haya el pastor de nada, que
deja el ganado. Espada sobre su brazo,
y sobre su ojo derecho; del todo se se-
cará su brazo, y enteramente será su
ojo derecho oscurecido.

CAPITULO XII.

Anuncia el profeta la restauracion de Jerusalem, y que será otra vez habitada en su propio lugar, con promesa de que la defenderá Dios, y á sus moradores, y destruirá á sus enemigos. Derramará Dios su Espíritu sobre su pueblo, y todas sus tribus ó linages expresarán con lloros y lamentos su pesar de haber desechado y crucificado al Mesías.

CARGA de la palabra de Jehová acer-
ca de Israel. Jehová, que extiende
los cielos, y funda la tierra, y forma el
Is. 42. 5. espíritu del hombre dentro de él[a], ha
dicho:
2 Hé aquí que yo pongo á Jerusalem
por vaso de temblor á todos los pueblos
Ap. 14. 14. de al rededor, cuando esten en el sitio[b]
contra Judá y contra Jerusalem.
3 Y será en aquel dia, *que* yo pondré
á Jerusalem por piedra pesada á todos
los pueblos: todos los que se la carga-
ren, serán despedazados, bien que todas
las gentes de la tierra se juntarán con-
tra ella.
4 En aquel dia, dice Jehová, heriré
Sal. 76. 6. con aturdimiento[c] á todo caballo, y con
locura al que en él sube; mas sobre la
casa de Judá abriré mis ojos, y á todo
caballo de los pueblos heriré con ce-
guera.
5 Y los capitanes de Judá dirán en su
corazon: Mi fuerza *son* los moradores
de Jerusalem en Jehová de los ejércitos
su Dios.
6 En aquel dia pondré los capitanes de
Judá como un brasero de fuego en leña,
y como una hacha de fuego en gavillas;
y consumirán á diestra y á siniestra to-
Ab. 18. dos los pueblos al rededor[d]: y Jerusa-
lem será otra vez habitada en su lugar,
en Jerusalem.
7 Y librará Jehová las tiendas de Judá
primero, porque la gloria de la casa de
David y del morador de Jerusalem no
se engrandezca sobre Judá.
8 En aquel dia Jehová defenderá al
morador de Jerusalem: y el que entre
ellos fuere flaco, en aquel tiempo será
como David; y la casa de David como
Ex. 14. 19. 23. 20. ángeles, como el Angel de Jehová[e] de-
lante de ellos.
9 Y será, que en aquel dia yo procuraré
quebrantar todas las gentes que viniesen
contra Jerusalem.
10 Y derramaré sobre la casa de David,
y sobre los moradores de Jerusalem, es-
píritu de gracia y de oracion; y mira-
rán en mí, á quien traspasaron, y harán
llanto sobre él, como llanto *que se hace*
sobre unigénito, afligiéndose sobre él co-
mo quien se aflige sobre primogénito.
11 En aquel dia habrá gran llanto en
Jerusalem, como el llanto de Adadrim-
mon en el valle de Meggiddon[f]. [f] 2 Cr. 35. 22, 25.
12 Y la tierra lamentará, cada linage
de por sí; el linage de la casa de David
por sí, y sus mujeres por sí; el linage de
la casa de Nathan[g] por sí, y sus mujeres [g] 2 Sa. 5. 14. Lu. 3. 31.
por sí;
13 El linage de la casa de Leví por sí,
y sus mujeres por sí; el linage de Simei[h] [h] Nu. 3. 21.
por sí, y sus mujeres por sí;
14 Todos los otros linages, los linages
por sí, y sus mujeres por sí.

CAPITULO XIII.

Fuente que lava los pecados de la casa de David. Los ídolos serán destruidos, y castigados los falsos profetas. Herido el pastor, se dispersarán las ovejas: dos partes serán destruidas en toda la tierra; y la tercera, probada con el fuego como se prueba el oro, invocará el nombre del Señor, el cual oirá propicio, y dirála, Mi pueblo eres.

EN aquel tiempo habrá manantial
abierto[a] para la casa de David, y [a] Heb. 9. 14. Ap. 1. 5. y 7. 13, 14.
para los moradores de Jerusalem, para
lavar el pecado y la inmundicia.
2 Y será en aquel dia, dice Jehová de
los ejércitos, que talaré de la tierra los
nombres de las imágenes[b], y nunca mas [b] Ex. 23. 13. Sal. 16. 4. Os. 2. 17.
vendrán en memoria: y tambien haré
talar de la tierra[c] los profetas, y espíritu [c] Is. 2. 18, 20.
de inmundicia[d]. [d] Lu. 11. 24.
3 Y será, que cuando alguno mas pro-
fetizáre, diránle su padre y su madre [e] Deu. 13. 5, 10.
que lo engendraron: No vivirás[e], por-
que has hablado mentira en el nombre
de Jehová: y su padre y su madre que
lo engendraron, le alancearán cuando
profetizáre.
4 Y será en aquel tiempo, que todos
los profetas se avergonzarán de su vi-
sion cuando profetizaren; ni nunca mas
se vestirán de manto velloso[f] para men- [f] 2 Rey. 1. 8. Is. 20. 2. Mat. 3. 4.
tir.
5 Y dirá: No soy profeta; labrador
soy de la tierra; porque *esto* aprendí
del hombre desde mi juventud.
6 Y le preguntarán: ¿Qué heridas son
estas *que tienes* en tus manos[g]? Y él [g] ver. 3.
responderá: Con ellas fuí herido en casa
de mis amigos.
7 ¶ Levántate, oh espada, sobre el
pastor, y sobre el hombre compañero
mio[h], dice Jehová de los ejércitos. Hi- [h] Fi. 2. 6.
ere al Pastor, y se derramarán las ove-
jas[i]: mas tornaré mi mano sobre los [i] Mat. 26. 31.
chiquitos[k]. [k] Mat. 26. 32.
8 Y acontecerá en toda la tierra, dice
Jehová, que las dos partes serán taladas
en ella, y se perderán; mas la tercera
quedará en ella[l]. [l] Is. 10. 22, 23.
9 Y meteré en el fuego la tercera parte,
y les fundiré como se funde la plata, y
probarélos como se prueba el oro[m]. Él [m] Sal. 66. 10. Is. 1. 25. Mal. 3. 3.
invocará mi nombre, y yo le oiré, y
diré: Pueblo mio. Y él dirá: Jehová
es mi Dios.

CAPITULO XIV.

Despues de la ruina de Jerusalem, cautiverio, y otras tribulaciones, predícese la venida de Dios con todos los santos, y un dia en que saldrán aguas vivas de Jerusalem, la cual volverá á ser habitada, y nunca mas entregada á la destruccion. Dios castigará á los enemigos de ella, á cuantos pueblos la combatieron; y los que de ellos quedaren, se volverán al Señor, para adorarle en santidad y pureza de culto, como á Rey de toda la tierra.

HÉ aquí que el dia de Jehová viene,
y tus despojos serán repartidos en
medio de tí.
2 Porque yo reuniré todas las gentes
en batalla contra Jerusalem [a], y la ciu-
dad será tomada, y saqueadas serán las
casas, y forzadas las mujeres: y la mitad
de la ciudad irá en cautiverio; mas el
resto del pueblo no será talado de la
ciudad.
3 Despues saldrá Jehová, y peleará con
aquellas gentes, como peleó el dia de la
batalla [b].
4 Y afirmaránse sus piés en aquel dia
sobre el monte de las Olivas [c], que está
en frente de Jerusalem á la parte de
Oriente: y el monte de las Olivas se
partirá por medio de sí hácia el Oriente
y hácia el Occidente, *haciendo* un muy
grande valle: y la mitad del monte se
apartará hácia el Norte, y la otra mitad
hácia el Mediodia.
5 Y huiréis al valle de los montes [d];
porque el valle de los montes llegará
hasta Hasal. Y huiréis de la manera
que huisteis por causa del terremoto en
los dias de Uzzias, rey de Judá [e]: y
vendrá Jehová mi Dios, y con él todos
los santos [f].
6 Y acontecerá que en ese dia no ha-
brá [g] luz clara, ni oscura.
7 Y será un dia, el cual es conocido
de Jehová, que ni será dia ni noche [h];
mas al tiempo de la tarde habrá luz.
8 Acontecerá tambien en aquel dia,
que saldrán de Jerusalem aguas vivas;
la mitad de ellas hácia la mar oriental [i],
y la otra mitad hácia la mar occidental,
en verano y en invierno.
9 Y Jehová será Rey sobre toda la
tierra [k]. En aquel dia Jehová será uno,
y uno su nombre.
10 Y toda la tierra se tornará como
llanura desde Gebaa [l] hasta Rimmon [m]
al mediodia de Jerusalem: y *ésta* será
enaltecida, y habitarse ha en su lugar
desde la puerta de Benjamin [n] hasta el
lugar de la puerta primera, hasta la
puerta de los Rincones; y desde la
torre de Hananeel [o] hasta los lagares
del rey.
11 Y morarán en ella, y nunca mas
será anathema [p]; sino que será Jerusa-
lem habitada confiadamente.
12 Y esta será la plaga con que herirá
Jehová todos los pueblos que pelearon
contra Jerusalem: La carne de ellos se
disolverá estando ellos sobre sus piés, y
se consumirán sus ojos en sus cuencas,
y su lengua se les deshará en su boca.
13 Y acontecerá en aquel dia que ha-
brá en ellos gran quebrantamiento *de
parte* de Jehová [q]; porque trabará cada
uno de la mano de su compañero, y su
mano echará contra la mano de su com-
pañero [r].
14 Y Judá tambien peleará en Jeru-
salem [s]. Y serán reunidas las riquezas
de todas las gentes de al rededor [t]; oro,
y plata, y ropas de vestir en grande
abundancia.
15 Y tal como esta *ya dicha* será la
plaga de los caballos, de los mulos, de
los camellos, y de los asnos, y de todas
las bestias que estuvieren en aquellos
campamentos.
16 Y todos los que quedaren de las
gentes que vinieron contra Jerusalem,
subirán de año en año á adorar al Rey,
Jehová de los ejércitos, y á celebrar la
fiesta de las Cabañas [u].
17 Y acontecerá, que los de las familias
de la tierra que no subieren á Jerusa-
lem, á adorar al Rey Jehová de los
ejércitos, no vendrá sobre ellos lluvia.
18 Y si la familia de Egipto no subi-
ere, y no viniere, sobre los cuales no
hay lluvia, vendrá *sobre ellos* la plaga
con que Jehová herirá las gentes que
no subieren á celebrar la fiesta de las
Cabañas.
19 Esta será *la pena* del pecado de
Egipto, y del pecado de todas las gentes
que no subieren á celebrar la fiesta de
las Cabañas.
20 En aquel tiempo estará *esculpido*
sobre las campanillas de los caballos:
SANTIDAD A JEHOVA [x]: y las
ollas en la casa de Jehová *serán* como
los tazones *que están* delante del altar.
21 Y será toda olla en Jerusalem y en
Judá santidad á Jehová de los ejércitos:
y todos los que sacrificaren, vendrán y
tomarán de ellas, y cocerán en ellas: y
no habrá mas Cananéo alguno [y] en la
casa de Jehová de los ejércitos en aquel
tiempo.

[a] Cap. 12. 2. Is. 29. 1, 8. Joel 2. 1, 20. y 3. 1, 16.
[b] Is. 9. 3. y 28. 21.
[c] Hech. 1. 11, 12.
[d] ver. 4.
[e] Amos 1. 1.
[f] Judas 14. 15. Ap. 19. 14.
[g] Amos 5. 18. Soph. 1. 15.
[h] Sal. 97. 3, 4. Joel 3. 15.
[i] Joel 2. 20.
[k] Sal. 47. 2, 7. y 72. 8, etc.
[l] Jos. 21. 17.
[m] Jos. 15. 32.
[n] Jer. 37. 13.
[o] Jer. 31. 38.
[p] Mal. 4. 6.
[q] Cap. 12. 4.
[r] Juec. 7. 22. 1 Sa. 14. 15, 20. Ez. 38. 21.
[s] Cap. 12. 2.
[t] Is. 60. 5. Hag. 2. 7.
[u] Lev. 23. 34, etc. Neh. 8. 14.
[x] Ex. 28. 36. Is. 23. 18.
[y] Is. 4. 3. y 35. 8. Joel 3. 17.

LA PROFECÍA DE MALACHÎAS.

A. C. cir. 397.

CAPITULO I.

Dios por medio del profeta da en cara al pueblo de Israel su ingratitud; reprende á los avaros ministros del templo, y á los que tambien por avaricia ofrecian en sacrificio lo peor de sus rebaños.

CARGA de la palabra de Jehová con-
tra Israel por mano de Malachías.
2 Yo os he amado [a], dice Jehová. Y
dijisteis: ¿En qué nos amaste? ¿No
era Esaú hermano de Jacob, dice Je-
hová, y amé á Jacob [b],
3 Y á Esaú aborrecí, y torné sus mon-
tes en asolamiento [c], y su posesion para
los dragones del desierto?
4 Cuando Edom dijere: Nos hemos
empobrecido, mas tornemos á edificar
lo arruinado: así ha dicho Jehová de
los ejércitos: Ellos edificarán, y yo des-
truiré; y les llamarán Provincia de im-
piedad, y Pueblo contra quien Jehová
se airó para siempre.
5 Y vuestros ojos lo verán, y diréis:
Sea Jehová engrandecido sobre la Pro-
vincia de Israel.
6 El hijo honra al padre, y el siervo á
su señor: si pues soy yo Padre, ¿qué
es de mi honra? Y si soy Señor, ¿qué
es de mi temor [d]? dice Jehová de los
ejércitos á vosotros, oh sacerdotes, que
menospreciais mi nombre, y decís: ¿En
qué hemos menospreciado tu nombre [e]?
7 Que ofreceis sobre mi altar pan [f] in-
mundo, y dijisteis: ¿En qué te hemos
amancillado? En qué decís, La mesa [g]
de Jehová es despreciable.
8 Y cuando ofreceis el *animal* ciego [h]
para sacrificar, ¿no es malo? asimismo
cuando ofreceis el cojo ó enfermo, ¿no
es malo? Preséntalo pues á tu príncipe:
¿acaso se agradará de tí, ó le serás
acepto? dice Jehová de los ejércitos.
9 Ahora pues, orad á la faz de Dios
que tenga piedad de nosotros: esto de
vuestra mano vino: ¿le seréis agrada-
bles? dice Jehová de los ejércitos.

A. C. cir. 397.

[a] Deu. 7. 7, 8. Jer. 31. 3.
[b] Ro. 9. 13.
[c] Jer. 49. 17, 18. Ez. 35. 3, etc. Ab. 10, etc.
[d] Lu. 6. 46.
[e] Cap. 2. 14, 16.
[f] Lev. 3. 11.
[g] Ez. 41. 22. y 44. 16.
[h] Lev. 22. 22. Deu. 15. 21.

10 ¿Quién tambien hay de vosotros
que cierre las puertas, ó alumbre mi
altar de balde? Yo no recibo contenta-
miento en vosotros, dice Jehová de los
ejércitos, ni de vuestra mano me será
agradable el Presente.
11 Porque desde donde el sol nace
hasta donde se pone, es grande mi nom-
21, bre entre las gentes; y en todo lugar [i]
se ofrece á mi nombre perfume, y pre-
sente limpio: porque grande es mi nom-
bre entre las gentes, dice Jehová de los
ejércitos.
12 Y vosotros lo habeis profanado cu-
ando decis, Inmunda es la mesa de
Jehová; y cuando hablan *que* su ali-
mento es despreciable.
13 Habeis ademas dicho: ¡Oh que tra-
bajo! Y lo desechasteis, dice Jehová de
los ejércitos; y trajisteis lo hurtado, ó
cojo, ó enfermo [k], y presentasteis ofren-
da. ¿Serame acepto eso de vuestra ma-
no? dice Jehová.
14 Maldito el engañoso, que tiene ma-
cho en su rebaño, y promete y sacrifica
lo dañado á Jehová [l]; porque yo *soy*
Gran Rey, dice Jehová de los ejércitos,
y mi nombre *es* formidable entre las
gentes.

CAPITULO II.

*Amenazas del Señor contra los malos sacer-
dotes. No le serán gratos los sacrificios del
pueblo, por haber tomado este mujeres ex-
tranjeras, y porque murmuraba de la divina
providencia.*

AHORA pues, oh sacerdotes, á vos-
otros *es* este mandamiento.
2 Si no oyereis, y si no acordáreis dar
gloria á mi nombre, ha dicho Jehová
de los ejércitos, enviaré maldicion sobre
vosotros, y maldeciré vuestras bendicio-
nes; y aun las he maldicho, porque no
poneis *esto* en vuestro corazon.
3 Hé aquí que yo os daño la sementera,
y esparciré el estiercol [a] sobre vuestros
rostros, el estiercol de vuestras solemni-
dades, y con él seréis removidos.
4 Y sabréis que yo os envié este man-
damiento, para que fuese mi pacto [b] con
Leví, ha dicho Jehová de los ejércitos.
5 Mi pacto fué con él [c] de vida y de
paz, las cuales cosas yo le dí por el te-
mor, porque me temió, y delante de mi
nombre estuvo humillado.
6 La ley de verdad estuvo en su boca,
é iniquidad no fué hallada en sus labios:
en paz y en justicia anduvo conmigo, y
á muchos hizo apartar de la iniquidad.
7 Porque los labios del sacerdote han
de guardar la sabiduría [d], y de su boca
buscarán la ley, porque ángel *es* de Je-
hová de los ejércitos.
8 Mas vosotros os habeis apartado del
camino, habeis hecho tropezar á mu-
chos [e] en la ley; habeis corrompido el
pacto de Leví, dice Jehová de los ejér-
citos.
9 Por tanto yo tambien os torné viles
y bajos á todo el pueblo, segun que vos-
otros no habeis guardado mis caminos [f],
y en la ley teneis acepcion de personas.
10 ¶ ¿No tenemos todos un *mismo*
'adre? ¿No nos ha criado un *mismo*
Dios [g]? ¿Por qué menospreciarémos
ada uno á su hermano, quebrantando
l pacto de nuestros padres?
11 Prevaricó Judá, y en Israel y en
'erusalem ha sido cometida abomina-
ion; porque Judá ha profanado la san-
dad de Jehová que amó, y casádose [h]
on hija de dios estraño.
12 Jehová talará de las tiendas de
acob al hombre que hiciere esto, al
ue veia, y al que responde, y al que
'rece presente á Jehová de los ejércitos.

13 Y esta otra vez haréis cubrir el altar
de Jehová de lágrimas [i], de llanto, y de [i] Ec. 4. 1.
clamor; así que no miraré mas á Pre-
sente, para aceptar *ofrenda* voluntaria
de vuestra mano.
14 Mas diréis, ¿Por qué? Porque Je-
hová ha atestiguado entre tí y la mujer
de tu mocedad, contra la cual tú has
sido desleal, siendo ella tu compañera,
y la mujer de tu pacto.
15 Pues qué ¿no hizo él uno *solo*, aun-
que tenia la abundancia del espíritu?
¿Y por qué uno? Para que procurára
una simiente de Dios. Guardáos pues
en vuestros espíritus, y contra la mujer
de vuestra mocedad no seais desleales.
16 Porque Jehová Dios de Israel ha
dicho que él aborrece que sea repudi-
ada: y cubra la iniquidad con su ves-
tido, dijo Jehová de los ejércitos. Gu-
ardáos pues en vuestros espíritus, y no
seais desleales.
17 Habeis hecho cansar [k] á Jehová con [k] Is. 43. 24.
vuestras palabras. Y diréis, ¿En qué *lo*
hemos cansado? Cuando decís *aquesto:*
Cualquiera que mal hace, agrada á Je-
hová, y en los tales toma contentami-
ento: de otra manera, ¿dónde está el
Dios de juicio [l]? [l] Cap. 3. 15.

CAPITULO III.

*Anuncia el profeta la venida del precursor
del Mesías, y la del Mesías mismo, repre-
sentandole como restaurador y purificador
de su pueblo. Los impíos, los inicuos, y los
que blasfeman contra la divina providen-
cia, son amenazados con los juicios de Dios,
si no se arrepienten. El Señor atenderá,
como un padre atiende á su hijo, y tomará
por suyos á cuantos le temen y sirven.*

HÉ aquí yo envio mi mensajero, el
cual preparará el camino delante
de mí [a]: y luego vendrá á su templo el [a] Lu. 1. 76.
Señor á quien vosotros buscais, y el y 7. 27.
Ángel del pacto á quien deseais vos-
otros. Hé aquí que viene, ha dicho Je-
hová de los ejércitos.
2 ¿Y quién podrá sufrir el tiempo de
su venida? ó ¿quién podrá estar cu-
ando él se mostrará? Porque él *será*
como fuego [b] purificador, y como jabon [b] 1 Co. 3. 13,
de lavadores. 15.
3 Y sentarse ha para afinar y limpiar
la plata: porque limpiará los hijos de
Leví; los afinará como á oro y como á
plata [c], y ofrecerán á Jehová ofrenda [c] Is. 4. 4.
con justicia [d]. [d] Sal. 51. 19.
4 Y será suave á Jehová [e] la ofrenda [e] Is. 60. 7.
de Judá y de Jerusalem como en los
dias pasados, y como en los años an-
tiguos.
5 Y llegarme he á vosotros á juicio,
y seré pronto testigo contra los hechice-
ros [f] y adúlteros [g], y contra los que juran [f] Ap. 9. 21.
mentira, y los que detienen el salario del y 22. 15.
jornalero [h], de la viuda, y del huérfano, [g] Heb. 13. 4.
y los que hacen agravio al extranjero no [h] Sant°. 5. 4.
teniendo temor de mí, dice Jehová de
los ejércitos.
6 Porque yo *soy* Jehová no me he mu-
dado; y *así* vosotros, hijos de Jacob, no
habeis sido consumidos [i]. [i] La. 3. 22.
7 Desde los dias de vuestros padres os Ro. 11. 29.
habeis apartado de mis leyes, y no las Sant°. 1. 17.
guardasteis. Tornáos á mí, y yo me tor-
naré á vosotros [k], ha dicho Jehová de los [k] Zac. 1. 3.
ejércitos. Mas dijisteis: ¿En qué hemos
de tornar [l]? [l] Mat. 23. 27.
8 ¿Robará el hombre á Dios? Pues
vosotros me habeis robado, y dijisteis:
¿En qué te hemos robado? Los diez-
mos y las primicias [m]. [m] Neh. 13. 10,
9 Malditos *sois* con maldicion, porque 12.
vosotros, la nacion toda, me habeis ro-
bado.
10 Traed todos los diezmos al alfolí, y

haya alimento en mi casa; y probadme
ahora en esto, dice Jehová de los ejér-
citos, *y veréis* si no os abriré las venta-
[n] 2 Rey. 7. 2, 19. nas de los cielos [n], y vaciaré sobre vos-
otros bendicion hasta que sobreabunde.
11 Increparé tambien por vosotros al
insecto devorador, y no os corromperá
el fruto de la tierra, ni vuestra vid en
el campo abortará, dice Jehová de los
ejércitos.
12 Y todas las gentes os dirán bien-
aventurados; porque seréis tierra dese-
able, dice Jehová de los ejércitos.
13 Vuestras palabras han prevalecido
contra mí, dice Jehová. Y dijisteis:
¿Qué hemos hablado contra tí?
14 Habeis dicho: Por demás *es* servir
[o] Job 21. 15. Sal. 73. 11, 12. Soph. 1. 12. á Dios [o]; ¿y qué aprovecha que guar-
demos su ley, y que andemos tristes
delante de Jehová de los ejércitos?
15 Decimos pues ahora que bienaven-
turados los soberbios, y tambien que los
que hacen impiedad son los prosperados:
[p] Sal. 95. 9. bien que tentaron [p] á Dios, escaparon.
16 Entónces los que temen á Jehová
hablaron cada uno á su compañero: y
[q] Sal. 56. 8. Jehová escuchó, y oyó, y fué escrito [q]
libro de memoria delante de él para los
que temen á Jehová, y para los que
piensan en su nombre.
17 Y serán para mí especial tesoro,
ha dicho Jehová de los ejércitos, en el
dia que yo tengo de hacer; y perdonaré-
les como el hombre que perdona á su
hijo que le sirve.
18 Entónces os tornaréis, y echaréis de
ver la diferencia entre el justo y el malo,
entre el que sirve á Dios, y el que no le
sirve.

CAPITULO IV.

Dia del Señor: en él saldrá el Sol de justicia para los buenos, y serán castigados los malos. Venida de Elias, y declaracion de cual será su oficio.

PORQUE hé aquí que viene el dia [a] [a] Cap. 3. 2.
ardiente como un horno, y todos los
soberbios, y todos los que hacen maldad,
serán estopa; y aquel dia que vendrá,
los abrasará [b], ha dicho Jehová de los [b] Mat. 3. 12.
ejércitos, el cual no les dejará ni raiz
ni rama [c]. [c] Amos 2. 9.
2 Mas á vosotros los que temeis mi
Nombre nacerá el Sol [d] de justicia, y en [d] Is. 60. 1, 3, 19.
sus alas *traerá* salud: y saldréis, y salta-
réis como becerros de la manada.
3 Y hollaréis á los malos, los cuales
serán ceniza bajo las plantas de vuestros
piés en el dia que yo hago, ha dicho
Jehová de los ejércitos.
4 Acordáos de la ley de Moises mi
siervo, al cual encargué en Horeb [e] or- [e] Deu. 4. 10.
denanzas y leyes para todo Israel.
5 Hé aquí que yo os envio á Elias [f] el [f] Mat. 11. 14. y 17. 10, 13. Lu. 1. 17.
profeta, ántes que venga el dia de Je-
hová grande y terrible.
6 El convertirá el corazon de los padres
á los hijos, y el corazon de los hijos á
los padres; no sea que yo venga, y con
destruccion hiera la tierra.

EL

NUEVO TESTAMENTO

DE

NUESTRO SEÑOR JESU-CRISTO.

ANTIGUA VERSION DE CIPRIANO DE VALERA,

COTEJADA CON DIVERSAS TRADUCCIONES,

Y REVISADA

CON ARREGLO AL TEXTO GRIEGO.

OXFORD:

IMPRENTA DE LA UNIVERSIDAD.

1862.

EL

SANTO EVANGELIO DE NUESTRO SEÑOR JESU-CRISTO

SEGUN

S. MATEO.

.M. 4000.

CAPITULO I.

Genealogía de Jesu-Cristo, su concepcion por obra del Espíritu Santo, y su nacimiento.

LIBRO de la generacion[a] de Jesu-Cristo, hijo de David[b], hijo de Abraham[c].

2 Abraham engendró á Isaac[d], é Isaac engendró á Jacob[e]; y Jacob engendró á Júdas, y á sus hermanos[f]:

3 Y Júdas engendró de Tamar á Fáres y á Zara[g]; y Fáres engendró á Esrom[h], y Esrom engendró á Aram[i]:

4 Y Aram engendró á Aminadab: y Aminadab engendró á Naason[k]: y Naason engendró á Salmon[l]:

5 Y Salmon engendró de Rahab[m] á Bóoz: y Bóoz engendró de Rut[n] á Obed: y Obed engendró á Jessé:

6 Y Jessé engendró al rey David[o]: y el rey David engendró á Salomon[p] de la *que fué mujer* de Urías:

7 Y Salomon engendró á Roboam[q]: y Roboam engendró á Abiá: y Abiá engendró á Asá:

8 Y Asá engendró á Josafat: y Josafat engendró á Joram: y Joram engendró á Ozías:

9 Y Ozías engendró á Joatam: y Joatam engendró á Acaz: y Acaz engendró á Ezequías:

10 Y Ezequías engendró á Manasés[r]: y Manasés engendró á Amon: y Amon engendró á Josías:

11 Y Josías engendró á Jeconías, y á sus hermanos, en la trasmigracion de Babilonia:

12 Y despues de la trasmigracion de Babilonia, Jeconías engendró á Salatiel[s]: y Salatiel engendró á Zorobabel[t]:

13 Y Zorobabel engendró á Abiud: y Abiud engendró á Eliaquim: y Eliaquim engendró á Azor:

14 Y Azor engendró á Sadoc: y Sadoc engendró á Aquim: y Aquim engendró á Eliud:

15 Y Eliud engendró á Eleázar: y Eleázar engendró á Matan: y Matan engendró á Jacob:

16 Y Jacob engendró á Josef, marido de María, de la cual nació Jesus, el cual es llamado el Cristo ‡.

17 De manera que todas las generaciones desde Abraham hasta David, *son* catorce generaciones: y desde David hasta la trasmigracion de Babilonia, catorce generaciones: y desde la trasmigracion de Babilonia hasta Cristo, catorce generaciones.

18 ¶ Y el nacimiento de Jesu-Cristo fué así[u]: que siendo María su madre desposada con Josef, ántes que se juntasen, se halló haber concebido del Espíritu Santo.

19 Y Josef su marido, como era justo, y no quisiese infamarla, quiso dejarla secretamente[x].

20 Y pensando él en esto, hé aquí el ángel del Señor le aparece en sueños, diciendo: Josef, hijo de David, no temas de recibir á María tu mujer; porque lo que en ella es engendrado, del Espíritu Santo es.

. 3. 23,
. 22. 45.
122. 11.
h. 2. 20.
. 22. 18.
3. 16,
. 21.
. 25. 26.
. 29. 35,
. 38. 29,
. 46. 12.
. 4. 19.
r. 2. 10.
1. 7.
. 4. 10.
. 6. 26.
. 4. 21.
. 4. 12.
. 17. 12.
. 12. 24.
r. 3. 10,
s. 20.
. 3. 10.
. 3. 17,
. 12. 1.
Ungido.
. el
siah.
. 1. 27,
. 24. 1.

21 Y parirá hijo, y llamarás su nombre JESUS ‖, porque él salvará su pueblo de sus pecados[y].

22 Todo esto aconteció † para que se cumpliese lo que fué dicho por el Señor por el profeta, que dijo:

23 Hé aquí la vírgen concebirá, y parirá hijo, y llamarás su nombre Emmanuel[z], que declarado, es: Con nosotros Dios[a].

24 Y despertando Josef del sueño, hizo como el ángel del Señor le habia mandado, y recibió á su mujer.

25 Y no la conoció hasta que parió á su Hijo primogénito[b]: y llamó su nombre JESUS.

CAPITULO II.

Adoracion de los Magos: huida de Jesus á Egipto: cruel muerte de los inocentes: Jesus, María, y Josef vuelven de Egipto.

Y COMO fué nacido Jesus en Betlehem de Judéa[a] en dias del rey Heródes, hé aquí unos magos vinieron del oriente á Jerusalem,

2 Diciendo: ¿Dónde está el Rey de los Judíos, que ha nacido? porque su estrella[b] hemos visto en el oriente, y venimos á adorarle.

3 Y oyendo *esto* el rey Heródes se turbó, y toda Jerusalem con él.

4 Y convocados todos los príncipes de los sacerdotes, y los escribas del pueblo, les preguntó donde habia de nacer el Cristo.

5 Y ellos le dijeron: En Betlehem de Judéa; porque así está escrito por el profeta[c]:

6 Y tú, Betlehem, *de* tierra de Judá, no eres muy pequeña entre los príncipes de Judá; porque de tí saldrá un Guiador, que apacentará á mi pueblo Israel.

7 Entónces Heródes, llamando en secreto á los magos, entendió de ellos diligentemente el tiempo del aparecimiento de la estrella.

8 Y enviándolos á Betlehem, dijo: Andad allá, y preguntad con diligencia por el Niño; y despues que le halláreis, hacédmelo saber, para que yo tambien vaya y le adore.

9 Y ellos, habiendo oido al rey, se fueron: y hé aquí la estrella, que habian visto en el oriente[d], iba delante de ellos, hasta que llegando, se puso sobre donde estaba el Niño.

10 Y vista la estrella, se regocijaron con muy grande gozo.

11 Y entrando en la casa, hallaron al Niño con su madre María, y postrándose lo adoraron: y abriendo sus tesoros, le ofrecieron dones[e], oro, é incienso, y mirra.

12 Y siendo avisados por revelacion en sueños[f], que no volviesen á Heródes, se volvieron á su tierra por otro camino.

13 ¶ Y partidos ellos, hé aquí el ángel del Señor aparece en sueños á Josef, diciendo: Levántate, y toma al Niño y

A. D. 1.

‖ *Salvador ó Salud.*
[y] Hech. 5. 31. y 13. 23, 28.
† Gr. *fué hecho.*
[z] Is. 7. 14.
[a] Juan 1. 14.
[b] Ex. 13. 2. Lu. 2. 7, 21.
El año cuarto antes de la cronología ordinaria del Anno Domini.
[a] Lu. 2. 4.
[b] Nu. 24. 17.
[c] Mi. 5. 2. Juan 7. 42.
[d] ver. 2.
[e] Sal. 72. 10. Is. 60. 6.
[f] Cap. 1. 20.

á su madre, y huye á Egipto, y estáte allá hasta que yo te *lo* diga: porque ha de acontecer, que Heródes buscará al Niño para matarlo.

14 Y él despertando, tomó al Niño y á su madre de noche, y se fué á Egipto:

15 Y estuvo allá hasta la muerte de Heródes; para que se cumpliese lo que fué dicho por el Señor por el profeta, que dijo: De Egipto llamé á mi Hijo [g].

[g] Os. 11. 1.

16 ¶ Heródes entónces, como se vió burlado de los magos, se enojó mucho: y envió, y mató todos los niños que habia en Betlehem, y en todos sus términos, de edad de dos años abajo, conforme al tiempo que habia entendido de los magos [h].

[h] ver. 7.

17 Entónces fué cumplido lo que se habia dicho por el profeta Jeremías, que dijo:

18 Voz fué oida en Ramá, grande lamentacion, lloro, y gemido; Raquel que llora sus hijos; y no quiso ser consolada, porque perecieron † [i].

† Gr. *No son.*
[i] Jer. 31. 15.

19 ¶ Mas muerto Heródes, hé aquí el ángel del Señor aparece en sueños á Josef en Egipto,

20 Diciendo: Levántate, y toma al Niño, y á su madre, y véte á tierra de Israel; que muertos son los que procuraban † la muerte del Niño.

† Gr. *Buscaban el alma del Niño.*

21 Entónces él se levantó, y tomó al Niño, y á su madre, y se vino á tierra de Israel.

22 Y oyendo que Arqueláo reinaba en Judéa en lugar de Heródes su padre, temió ir allá; mas amonestado por revelacion en sueños, se fué á las partes de Galiléa.

23 Y vino, y habitó en la ciudad que se llama Nazaret [k]: para que se cumpliese lo que fué dicho por los profetas [l], que habia de ser llamado Nazareno.

[k] Juan 1. 45.
[l] Sal. 22. 6. Is. 53. 2, 3.

CAPITULO III.

El precursor Juan bautiza predicando el arrepentimiento: bautiza á Jesus, quien es dado á conocer por Hijo unigénito de Dios.

Y EN aquellos dias vino Juan el Bautista [a] predicando en el desierto de Judéa,

[a] Lu. 3. 2. Juan 1. 6.

2 Y diciendo: Arrepentíos, que el reino de los cielos se ha acercado.

3 Porque este es aquel del cual fué dicho por el profeta Isaías, que dijo: Voz de uno que clama en el desierto: Aparejad el camino del Señor, enderezad sus veredas [b].

[b] Is. 40. 3.

4 Y tenia Juan su vestido de pelos de camellos, y una cinta de cuero al rededor de sus lomos [c]; y su comida era langostas [d], y miel silvestre.

[c] Cap. 11. 8. 2 Rey. 1. 8.
[d] Lev. 11. 22.

5 Entónces salia á él Jerusalem, y toda Judéa, y toda la provincia de alrededor del Jordan.

6 Y eran bautizados de él en el Jordan, confesando sus pecados.

7 Y viendo él muchos de los Fariséos y de los Saducéos, que venian á su bautismo, decíales: Generacion de víboras [e], ¿quien os ha enseñado á huir de la ira que vendrá [f]?

[e] Cap. 12. 34. y 23. 33. Is. 59. 5. Lu. 3. 7.
[f] Ro. 1. 18.

8 Haced pues frutos dignos de arrepentimiento.

9 Y no penseis decir dentro de vosotros: A Abraham tenemos por padre [g]: porque yo os digo, que puede Dios despertar hijos á Abraham aun de estas piedras.

[g] Juan 8. 39.

10 Ahora, ya tambien la segur está puesta á la raíz de los árboles: y todo árbol que no hace buen fruto, es cortado y echado en el fuego [h].

[h] Cap. 7. 19.

11 Yo á la verdad os bautizo en agua para arrepentimiento [i]: mas el que viene tras mí, mas poderoso † es que yo; los zapatos del cual yo no soy digno de llevar: él os bautizará en Espíritu Santo, y *en* fuego [k].

[i] Lu. 3. 16. Hech. 19. 4.
† Gr. *Fuerte.*
[k] Hech. 1. 5.

12 Su aventador en su mano *está*, y aventará su era; y allegará su trigo en el alfolí [l], y quemará la paja en fuego que nunca se apagará [m].

[l] Cap. 13. 30.
[m] Mal. 4. 1. Mar. 9. 44.

13 ¶ Entónces Jesus vino de Galiléa á Juan al Jordan, para ser bautizado de él [n].

[n] Mar. 1. 9. Lu. 3. 21.

14 Mas Juan lo resistia mucho, diciendo: Yo he menester ser bautizado de tí, ¿y tú vienes á mí?

15 Empero respondiendo Jesus le dijo: Deja ahora: porque así nos conviene cumplir toda justicia. Entónces le dejó.

16 Y Jesus despues que fué bautizado, subió luego del agua: y hé aquí los cielos le fueron abiertos, y vió al Espíritu de Dios que descendia, como paloma, y venia sobre él [o].

[o] Is. 11. 2. y 42. 1. y 61. 1. Juan 1. 32. y 3. 34.

17 Y hé aquí una voz de los cielos que decia: Este es mi Hijo amado, en el cual tengo contentamiento [p].

[p] Cap. 12. 18. y 17. 5.

CAPITULO IV.

Jesu-Cristo ayuna y es tentado: vuelve á Galiléa y establece su residencia en Capharnaum: empieza á predicar y á juntar discípulos, y es seguido de mucha gente.

ENTONCES Jesus fué llevado del Espíritu [a] al desierto, para ser tentado [b] del diablo ‖.

[a] 1 Rey. 18. 12. Ez. 11. 1, 24. Hech. 8. 39.
[b] Mar. 1. 12. Lu. 4. 1. Heb. 2. 18.
‖ *Calumniador ó Acusador Maligno.*

2 Y habiendo ayunado cuarenta dias y cuarenta noches, despues tuvo hambre.

3 Y llegándose á él el tentador, dijo: Si eres Hijo de Dios, dí que estas piedras se hagan pan.

4 Mas él respondiendo, dijo: Escrito está, No con solo el pan vivirá el hombre; mas con toda palabra que sale de la boca de Dios [c].

[c] Deu. 8. 3.

5 Entónces el diablo le pasa á la santa ciudad [d], y le pone sobre las almenas del templo;

[d] Cap. 27. 53. Neh. 11. 1.

6 Y le dice: Si eres Hijo de Dios, échate abajo; que escrito está, A sus ángeles mandará por tí, y te alzarán en las manos, para que nunca tropieces con tu pié en piedra [e].

[e] Sal. 91. 11, 12.

7 Jesus le dijo: Escrito está además, No tentarás al Señor tu Dios [f].

[f] Deu. 6. 16.

8 Otra vez le pasa el diablo á un monte muy alto, y le muestra todos los reinos del mundo, y su gloria,

9 Y dícele: Todo esto te daré, si postrado me adorares.

10 Entónces Jesus le dice: Véte, Satanás ‖; que escrito está, Al Señor tu Dios adorarás, y á él solo servirás [g].

‖ *Adversario.*
[g] Sal. 24. [illegible] Heb. 12. [illegible] 1 Juan [illegible] 2. 2.

11 El diablo entónces le dejó: y hé aquí los ángeles llegaron, y le servian [h].

[h] Lu. 22. [illegible]

12 ¶ Mas oyendo Jesus que Juan era preso †, se volvió á Galiléa:

† Gr. *Entregado.*

13 Y dejando á Nazaret, vino, y habitó en Capernaum, *ciudad* marítima, en los confines de Zabulon y de Neftalim:

14 Para que se cumpliese lo que fué dicho por el profeta Isaías, que dijo:

15 La tierra de Zabulon, y la tierra de Neftalim, camino de la mar, de la otra parte del Jordan, Galiléa de los Gentiles;

16 [i] El pueblo asentado en tinieblas, vió gran luz: y á los sentados en region y sombra de muerte, luz les esclareció.

[i] Is. 42. 7.

17 Desde entónces comenzó Jesus á predicar, y á decir: Arrepentíos, que el reino de los cielos se ha acercado [k].

[k] Cap. 3. 2. y 10. 7.

18 ¶ Y andando Jesus junto á la mar de Galiléa vió á dos hermanos, Simon, que es llamado Pedro [l], y Andres su hermano, que echaban la red en la mar; porque eran pescadores:

[l] Juan 1. 4[illegible]

19 Y díceles: Venid en pos de mí, y os haré pescadores de hombres [m].

20 Ellos entónces, dejando luego las redes, le siguieron [n].

21 Y pasando de allí, vió otros dos hermanos, Jacobo hijo de Zebedéo, y Juan su hermano, en el barco con Zebedéo, su padre [o], que remendaban sus redes; y los llamó.

22 Y ellos dejando luego el barco, y á su padre, le siguieron.

23 ¶ Y rodeó Jesus á toda Galiléa enseñando en las sinagogas de ellos [p], y predicando el Evangelio del reino [q], y sanando toda enfermedad y toda dolencia en el pueblo [r].

24 Y corria su fama por toda la Siria: y le trajeron todos los que tenian mal, los tomados de diversas enfermedades y tormentos, y los endemoniados, y lunáticos, y paralíticos; y los sanó.

25 Y le siguieron muchas gentes de Galiléa, y de Decápolis, y de Jerusalem, y de Judéa, y de la otra parte del Jordan.

(Margin: ... 5. 10. / ... 9. 20, / ...r. 10. 28, / ...r. 1. 19, / ... 9. 35. / ... 4. 15, / ... 24. 14. / ... 1. 14. / ... 8. 16,)

CAPITULO V.

Sermon de Jesu-Cristo en el monte. Las ocho bienaventuranzas. Los Apóstoles son la sal y la luz de la tierra. Dios que no vino á destruir la ley sino á cumplirla. Sobre las palabras injuriosas, la reconciliacion, adulterio del corazon, escándalos, indisolubilidad del matrimonio, juramento, paciencia, amor de los enemigos, perfeccion cristiana.

Y VIENDO las gentes, subió al monte; y sentándose, se llegaron á él sus discípulos.

2 Y abriendo su boca, les enseñaba, diciendo [a]:

3 Bienaventurados los pobres en espíritu [b]: porque de ellos es el reino de los cielos.

4 Bienaventurados los que lloran [c]: porque ellos recibirán consolacion [d].

5 Bienaventurados los mansos: porque ellos recibirán la tierra por heredad [e].

6 Bienaventurados los que tienen hambre y sed de justicia: porque ellos serán hartos [f].

7 Bienaventurados los misericordiosos: porque ellos alcanzarán misericordia [g].

8 Bienaventurados los de limpio corazon: porque ellos verán á Dios [h].

9 Bienaventurados los pacíficos [i]: porque ellos serán llamados hijos de Dios.

10 Bienaventurados los que padecen persecucion por causa de la justicia [k]: porque de ellos es el reino de los cielos.

11 Bienaventurados sois, cuando os vituperaren, y *os* persiguieren, y dijeren de vosotros todo mal por mí causa [l], mintiendo.

12 Gozáos y alegráos [m]: porque vuestra merced *es* grande en los cielos [n]: que así persiguieron á los profetas que *fueron* ántes de vosotros.

13 ¶ Vosotros sois la sal de la tierra: y si la sal se desvaneciere, ¿con qué será salada [o]? no vale mas para nada, sino que sea echada fuera y hollada de los hombres.

14 Vosotros sois la luz del mundo [p]: una ciudad asentada sobre un monte no se puede esconder.

15 Ni se enciende una lámpara, y se pone debajo de un almud [q], mas sobre el candelero; y alumbra á todos los que *están* en casa.

16 Así alumbre vuestra luz delante de los hombres: para que vean vuestras obras buenas, y glorifiquen á vuestro Padre [r] que *está* en los cielos.

17 ¶ No penseis que he venido para abrogar la ley, ó los profetas: no he venido para abrogar, sino á cumplir [s].

(Margin: ... 6. 20, / ...7. 15. 2. / ...1. 3. / ...n 16. / ...37. 11. / ...55. 1. / ...41. 1, 2. / ...24. 3, 4. / ... 12. 14. / ...an 3. / ...34. 14. / ...d. 3. 4. / ...5. 22. / ...1. 4. 14. / ...h. 5. 41. / ... 4. 17. / ... 9. 50. / ...14. 34. / ...2. 15. / ... 4. 21. / ...11. 33. / ...1. 2. 12. / ...40. 6, 8.)

18 Porque de cierto os digo, *que* hasta que perezca † el cielo y la tierra, ni una jota, ni un tilde perecerá de la ley, hasta que todas las cosas sean hechas [t].

19 De manera que cualquiera que infringiere uno de estos mandamientos muy pequeños, y así enseñare á los hombres, muy pequeño será llamado en el reino de los cielos: mas cualquiera que hiciere, y enseñáre, este será llamado grande en el reino de los cielos.

20 Porque os digo, que si vuestra justicia no fuere mayor que *la* de los escribas y de los Fariseos [u], no entraréis en el reino de los cielos.

21 ¶ Oísteis que fué dicho á los antiguos ‖: No matarás [v]; mas cualquiera que matáre, será culpado del juicio.

22 Mas yo os digo, que cualquiera que se enojáre locamente con su hermano [x], será culpado del juicio: y cualquiera que dijere á su hermano, Raca [y], será culpado del concejo: y cualquiera que dijere, Fatuo, será culpado del infierno ‖ del fuego.

23 Por tanto si trajeres tu presente al altar, y allí te acordares que tu hermano tiene algo contra tí,

24 Deja allí tu presente delante del altar, y véte; vuelve primero en amistad con tu hermano, y entónces vén, y ofrece tu presente.

25 Concíliate con tu adversario presto, entretanto que estás con él en el camino; porque no acontezca que el adversario te entregue al juez, y el juez te entregue al alguacil, y seas echado en prision.

26 De cierto te digo, que no saldrás de allí, hasta que pagues el último cuadrante [z].

27 ¶ Oísteis que fué dicho á los antiguos, No adulterarás [a]:

28 Mas yo os digo, que cualquiera que mira la mujer para codiciarla [b], ya adulteró con ella en su corazon.

29 Por tanto si tu ojo derecho te fuere ocasion de caer, sácalo, y échalo de tí [c]: que mejor te es, que se pierda uno de tus miembros, que no que todo tu cuerpo sea echado al infierno ‖.

30 Y si tu mano derecha te fuere ocasion de caer, córtala, y échala de tí: que mejor te es que se pierda uno de tus miembros, que no que todo tu cuerpo sea echado al infierno.

31 ¶ Tambien fué dicho: Cualquiera que repudiare á su mujer, déle carta de divorcio [d]:

32 Mas yo os digo, que el que repudiare á su mujer, fuera de causa de fornicacion, hace que ella adultere: y el que se casáre con la repudiada, comete adulterio [e].

33 ¶ Además habeis oido que fué dicho á los antiguos, No te perjurarás [f]; mas pagarás al Señor tus juramentos.

34 Mas yo os digo, No jureis en ninguna manera [g]; ni por el cielo, porque es el trono de Dios;

35 Ni por la tierra, porque es el estrado de sus piés; ni por Jerusalem, porque es la ciudad del gran Rey [h].

36 Ni por tu cabeza jurarás; porque no puedes hacer un cabello blanco ó negro.

37 Mas sea vuestro hablar, Sí, sí; No, no: Porque lo *que es* mas de esto, de mal procede ‖.

38 ¶ Oísteis que fué dicho á los antiguos, Ojo por ojo, y diente por diente [i]:

39 Mas yo os digo, No resistais al mal [k]: ántes á cualquiera que te hiriere en tu mejilla diestra, vuélvele tambien la otra.

† Gr. *pase.*
[t] Lu. 16. 17.
[u] Cap. 23. 23, 28.
‖ *ó por los antiguos.*
[v] Ex. 20. 13.
[x] 1 Juan 3. 15.
[y] *vano ó nada.*
‖ Heb. *Gai-Hinnom.*
[z] Lu. 12. 58, 59.
[a] Ex. 20. 14.
[b] Job 31. 1. Pro. 6. 25.
[c] Cap. 18. 8, 9.
‖ Heb. *Gai-Hinnom.*
[d] Deu. 24. 1. Mar. 10. 2, 9.
[e] Cap. 19. 9. 1 Co. 7. 10, 11.
[f] Le. 19. 12. Nu. 30. 2. Deu. 23. 23.
[g] Cap. 23. 16, 22. Sant°. 5. 12.
[h] Sal. 48. 2.
‖ *ó del malo.*
[i] Ex. 21. 24.
[k] Pro. 20. 22. y 24. 29. Ro. 12. 17, 19.

40 Y al que quisiere ponerte á pleito, y tomarte tu ropa, déjale tambien la capa.

41 Y á cualquiera que te cargáre por una milla, vé con él dos.

42 Al que te pidiere, dále: y al que quisiere tomar de tí emprestado, no se lo rehuses *l*.

l Deu. 15. 7, 11. Lu. 6. 35.

43 ¶ Oisteis que fué dicho, Amarás á tu prójimo, y aborrecerás á tu enemigo *m*:

m Deu. 23. 6.

44 Mas yo os digo, Amad á vuestros enemigos *n*, bendecid á los que os maldicen, haced bien á los que os aborrecen, y orad por los que os ultrajan y os persiguen *o*;

n Cap. 26. 41. 1 Co. 10. 13. 2 Ped. 2. 9.
o Lu. 23. 34. Hech. 7. 60.

45 Para que seais hijos de vuestro Padre que *está* en los cielos; que hace que su sol salga sobre malos y buenos, y llueve sobre justos é injustos.

46 Porque si amáreis á los que os aman, ¿qué recompensa tendréis? ¿no hacen tambien lo mismo los publicanos?

47 Y si abrazáreis á vuestros hermanos solamente, ¿qué haceis de mas? ¿no hacen tambien así los Gentiles?

48 Sed pues vosotros perfectos, como vuestro Padre que *está* en los cielos es perfecto *p*.

p Ef. 5. 1.

CAPITULO VI.

Prosigue Jesus enseñando; y trata de la limosna, de la oracion, del ayuno: dice que no debemos atesorar para este mundo sino para el cielo; que nuestra intencion debe ser recta: que no se puede servir á Dios y al mundo; y hace ver la confianza que debemos tener en la Providencia Divina.

MIRAD que no hagais vuestra limosna delante de los hombres, para ser vistos de ellos: de otra manera no tendréis merced de vuestro Padre que *está* en los cielos.

2 Cuando pues haces limosna, no hagas tocar trompeta delante de tí, como hacen los hipócritas en las sinagogas y en las plazas, para ser estimados de los hombres: de cierto os digo, *que ya* tienen su recompensa.

3 Mas cuando tú haces limosna, no sepa tu izquierda lo que hace tu derecha:

4 Para que sea tu limosna en secreto; y tu Padre que vé en secreto, él te recompensará *a* en público.

a Lu. 14. 14.

5 ¶ Y cuando oras, no seas como los hipócritas: porque ellos aman el orar en las sinagogas, y en los cantones de las calles en pié, para que sean vistos de los hombres: de cierto os digo, *que ya* tienen su pago *b*.

b Lu. 6. 24.

6 Mas tú, cuando oras, éntrate en tu cámara, y cerrada tu puerta, ora á tu Padre que *está* en secreto: y tu Padre que vé en secreto, te recompensará *c* en público.

c Sal. 34. 15.

7 Y orando, no seais prolijos *d*, como los Gentiles; que piensan que por su parlería serán oidos *e*.

d Ec. 5. 2.
e 1 Rey. 18. 26, etc.

8 No os hagais pues semejantes á ellos: porque vuestro Padre sabe de que cosas teneis necesidad, ántes *f* que vosotros le pidais.

f Lu. 12. 30.

9 Vosotros, pues, oraréis así: Padre nuestro *g*, que *estás* en los cielos *h*, santificado sea tu nombre:

g Lu. 11. 12.
h Sal. 115. 3.

10 Venga tu reino *i*: sea hecha tu voluntad, como en el cielo, *así* tambien en la tierra *k*.

i Cap. 16. 28. Ap. 11. 15.
k Sal. 103. 20.

11 Dános hoy nuestro pan cotidiano.

12 Y perdónanos nuestras deudas, como tambien nosotros perdonamos á nuestros deudores *l*.

l Cap. 18. 21, 35.

13 Y no nos metas en tentacion, mas líbranos de mal ‖: *porque tuyo es el reino, y la potencia, y la gloria, por todos los siglos. Amen.*

‖ *del malo.*

14 Porque si perdonáreis á los hombres sus ofensas, os perdonará tambien á vosotros vuestro Padre celestial *m*.

m Mar. 11. 25.

15 Mas si no perdonáreis á los hombres sus ofensas, tampoco vuestro Padre os perdonará vuestras ofensas *n*.

n Sant. 2. 13.

16 ¶ Y cuando ayunais, no seais como los hipócritas, austeros: porque ellos demudan sus rostros para parecer á los hombres que ayunan *o*: de cierto os digo, que *ya* tienen su pago.

o Is. 58. 3, 5.

17 Mas tú, cuando ayunas, unge tu cabeza, y lava tu rostro;

18 Para no parecer á los hombres que ayunas, sino á tu Padre que *está* en secreto: y tu Padre, que vé en secreto, te recompensará en público.

19 ¶ No os hagais tesoros en la tierra *p*, donde la polilla y el orin corrompe, y donde ladrones minan, y hurtan.

p Pro. 23. 4. Lu. 12. 33.

20 Mas hacéos tesoros en el cielo *q*, donde ni polilla ni orin corrompe, y donde ladrones no minan, ni hurtan.

q 1 Ti. 6. 19.

21 Porque donde estuviere vuestro tesoro, allí estará vuestro corazon.

22 La lámpara del cuerpo es el ojo: así que si tu ojo fuere sincero, todo tu cuerpo será luminoso.

23 Mas si tu ojo fuere malo, todo tu cuerpo será tenebroso *r*: así que si la lumbre que en tí hay son tinieblas, ¿cuantas *serán* las mismas tinieblas?

r Lu. 11. 34, 36.

24 Ninguno puede servir á dos señores: porque ó aborrecerá al uno, y amará al otro; ó se llegará al uno, y menospreciará al otro: no podeis servir á Dios y á Mammon ‖.

‖ *Riqueza.*

25 Por tanto os digo, No os congojeis por vuestra vida *s*, qué habeis de comer, ó qué habeis de beber; ni por vuestro cuerpo, qué habeis de vestir: ¿no es la vida mas que el alimento, y el cuerpo que el vestido?

s Fi. 4. 6. 1 Ped. 5. 7.

26 Mirad las aves del cielo, que no siembran, ni siegan, ni allegan en alfolíes; y vuestro Padre celestial las alimenta *t*: ¿no sois vosotros mucho mejores que ellas?

t Job 38. 2. Lu. 12. 24.

27 ¿Mas quién de vosotros podrá congojándose añadir á su estatura ‖ un codo?

‖ *ó edad.*

28 Y por el vestido ¿por qué os congojais? Reparad los lirios del campo, cómo crecen: no trabajan, ni hilan:

29 Mas os digo, que ni aun Salomon con toda su gloria fué vestido así como uno de ellos.

30 Y si la yerba del campo que hoy es, y mañana es echada en el horno, Dios *la* viste así, ¿no *hará* mucho mas á vosotros, *hombres* de poca fé?

31 No os congojeis, pues, diciendo, ¿Qué comerémos, ó qué beberémos, ó con qué nos cubrirémos?

32 Porque los Gentiles buscan todas estas cosas: que vuestro Padre celestial sabe que de todas estas cosas habeis menester.

33 Mas buscad primeramente el reino de Dios, y su justicia; y todas estas cosas os serán añadidas *u*.

u 1 Rey. 3. 13. Sal. 37. 25. Mar. 10. 30.

34 Así que, no os congojeis por el dia de mañana; que el dia de mañana traerá su fatiga: basta al dia su afan.

CAPITULO VII.

Concluye Jesus su sermon admirable: advierte que no se debe juzgar mal del prójimo; y que no deben darse á los indignos las cosas santas: habla de la oracion y perseverancia en ella; y de la caridad: de cuan estrecho es el camino del cielo: de los falsos prophetas: de que por los frutos se conoce el árbol; y del edificio fundado sobre peña, ó sobre arena.

NO juzgueis, para que no seais juzgados [a].

2 Porque con el juicio con que juzgais, seréis juzgados; y con la medida con que medís, os volverán á medir [b].

3 Y ¿por qué miras la mota que *está* en el ojo de tu hermano, y no echas de ver la viga que *está* en tu ojo?

4 O ¿cómo dirás á tu hermano, Espera, echaré de tu ojo la mota; y hé aquí la viga en tu ojo?

5 Hipócrita! echa primero la viga [c] de tu ojo: y entónces mirarás en echar la mota del ojo de tu hermano.

6 ¶ No deis lo santo á los perros; ni echeis vuestras perlas delante de los puercos: porque no las rehuellen con sus piés, y vuelvan y os despedacen [d].

7 ¶ Pedid, y se os dará [e]; buscad, y hallaréis; llamad, y se os abrirá.

8 Porque cualquiera que pide, recibe [f]; y el que busca, halla; y al que llama, se abrirá.

9 ¿Qué hombre hay de vosotros, á quien si su hijo pidiere pan, le dará una piedra [g]?

10 ¿Y, si *le* pidiere un pez, le dará una serpiente?

11 Pues si vosotros, siendo malos, sabeis dar buenas dádivas á vuestros hijos, ¿cuanto mas vuestro Padre, que *está* en los cielos, dará buenas cosas á los que le piden?

12 Así que, todas las cosas que quisierais que los hombres hiciesen con vosotros, así tambien haced vosotros con ellos: porque esta es la ley, y los profetas [h].

13 ¶ Entrad por la puerta estrecha [i]: porque ancha *es* la puerta, y espacioso el camino, que lleva á perdicion; y muchos son los que entran por ella.

14 Porque estrecha *es* la puerta, y angosto el camino, que lleva á la vida; y pocos son los que la hallan [k].

15 ¶ Y guardáos de los falsos profetas [l], que vienen á vosotros con vestidos de ovejas, mas de dentro son lobos rapaces [m].

16 Por sus frutos los conoceréis [n]. ¿Cógense uvas de los espinos, ó higos de los abrojos?

17 Así todo buen árbol lleva buenos frutos; mas el árbol maleado lleva malos frutos [o].

18 No puede el buen árbol llevar malos frutos; ni el árbol maleado llevar frutos buenos.

19 Todo árbol que no lleva buen fruto, córtase y échase en el fuego [p].

20 Así que por sus frutos los conoceréis.

21 No todo el que me dice, Señor, Señor [q], entrará en el reino de los cielos; mas el que hiciere la voluntad de mi Padre que *está* en los cielos.

22 Muchos me dirán en aquel dia: Señor, Señor, ¿no profetizamos en tu nombre [r], y en tu nombre lanzamos demonios, y en tu nombre hicimos muchos milagros?

23 Y entónces les protestaré: Nunca os conocí; apartáos de mí, obradores de maldad.

24 ¶ Cualquiera pues que me oye estas palabras, y las hace, le compararé á un hombre prudente, que edificó su casa sobre la peña [s]:

25 Y descendió lluvia, y vinieron rios, y soplaron vientos, y combatieron aquella casa; y no cayó; porque estaba fundada sobre la peña.

26 Y cualquiera que me oye estas palabras, y no las hace, le compararé á un hombre insensato, que edificó su casa sobre la arena;

27 Y descendió lluvia, y vinieron rios, y soplaron vientos, é hicieron ímpetu en aquella casa; y cayó, y fué grande su ruina.

28 Y fué *que* como Jesus acabó estas palabras, las gentes se admiraban de su doctrina [t]:

29 Porque les enseñaba como quien tiene autoridad, y no como los escribas.

CAPITULO VIII.

Jesus cura á un leproso, al criado de un Centurion, y á la suegra de San Pedro: sosiega el mar alborotado; y sana endemoniados.

Y COMO descendió del monte, le seguian muchas gentes.

2 Y hé aquí un leproso [a] vino, y le adoraba, diciendo: Señor, si quisieres, puedes limpiarme.

3 Y extendiendo Jesus su mano, le tocó, diciendo: Quiero; sé limpio. Y luego su lepra fué limpiada.

4 Entónces Jesus le dijo: Mira, no *lo* digas á nadie [b]; mas vé, muéstrate al sacerdote, y ofrece el presente que mandó Moises, para testimonio á ellos [c].

5 ¶ Y entrando Jesus en Capernaum, vino á él un centurion, rogándole [d],

6 Y diciendo: Señor, mi mozo yace en casa paralítico, gravemente atormentado:

7 Y Jesus le dijo: Yo iré, y le sanaré.

8 Y respondió el centurion, y dijo: Señor, no soy digno que entres debajo de mi techado: mas solamente dí la palabra [e], y mi mozo sanará.

9 Porque tambien yo soy hombre bajo de potestad, y tengo bajo de mí soldados: y digo á este, Ve; y va; y al otro, Ven; y viene; y á mi siervo, Haz esto; y *lo* hace.

10 Y oyendo Jesus, se maravilló, y dijo á los que *le* seguian: De cierto os digo, que ni aun en Israél he hallado fé tanta [f].

11 Y os digo que vendrán muchos del oriente, y del occidente, y se asentarán con Abraham, é Isaac, y Jacob, en el reino de los cielos [g].

12 Mas los hijos del reino serán echados á las tinieblas de afuera [h]: allí será el lloro, y el crujir de dientes [i].

13 Entónces Jesus dijo al centurion: Vé, y como creiste te sea hecho. Y su mozo fué sano en el mismo momento.

14 ¶ Y vino Jesus á casa de Pedro, y vió á su suegra echada en cama, y con fiebre [k].

15 Y tocó su mano, y la fiebre la dejó: y ella se levantó, y les servia.

16 Y como fué ya tarde, trajeron á él muchos endemoniados [l]; y echó *de ellos* los demonios con ‖ la palabra, y sanó todos los enfermos:

17 Para que se cumpliese lo que fué dicho por el profeta Isaías, que dijo: Él mismo tomó nuestras enfermedades, y llevó *nuestras* dolencias [m].

18 ¶ Y viendo Jesus muchas gentes alrededor de sí, mandó pasar á la otra parte *del lago.*

19 Y llegándose un escriba, le dijo: Maestro, te seguiré donde quiera que fueres [n].

20 Y Jesus le dijo: Las zorras tienen cavernas, y las aves del cielo nidos; mas el Hijo del hombre no tiene donde recueste *su* cabeza.

21 Y otro de sus discípulos le dijo: Señor, dáme licencia que vaya primero, y entierre á mi padre [o].

22 Y Jesus le dijo: Sígueme; deja que los muertos [p] entierren á sus muertos.

23 ¶ Y entrando él en el barco, sus discípulos le siguieron.

24 Y he aquí fué hecho en la mar un

Lu. 6. 37. ...o. 2. 1. ...Co. 4. 5. ...ant°. 4. 11. ...uec. 1. 7. ...a. 6. 1. ...ro. 9. 7, 8. ...33. 9. ...ap. 21. 22. ...L. 18. 1. ...Juan 3. ...l. 81. 10. ...an 14. ...14. ...6. 23, 24. ...uan 5. 14, ...s. 11. 11, ...13. 8, ...5. 14. ...13. 24. ...9. 27, ...13. ...d. 2. 1. ...an 4. 1. ...l. 3. 5. ...h. 20. ...30. ...p. 12. 33. ...6. 43, ...3. 10. ...48. 1, 2. ...6. 46. ...25. ...°. 1. 22. ...24. 4. ...13. 2. ...6. 47,

[t] Mar. 6. 2.
[a] Mar. 1. 40. Lu. 5. 12, etc.
[b] Cap. 9. 30. Mar. 5. 43.
[c] Lev. 14. 3, etc.
[d] Lu. 7. 2, etc.
[e] ver. 3. Sal. 33. 9. y 107. 20.
[f] Cap. 15. 28.
[g] Lu. 13. 29.
[h] Cap. 7. 22, 23.
[i] Cap. 13. 42, 50.
[k] Mar. 1. 30, 31. Lu. 4. 38, 39.
[l] Mar. 1. 32, etc.
‖ ó con una *palabra.*
[m] Is. 53. 4.
[n] Mar. 1. 32, etc.
[o] 1 Rey. 19. 20.
[p] Ef. 2. 1.

gran movimiento, que el barco se cubria
de las ondas [q]: mas él dormia.
25 Y llegándose sus discípulos le des-
pertaron, diciendo: Señor, sálvanos *que*
perecemos.
26 Y él les dice: ¿Por qué temeis,
hombres de poca fé? Entónces, levan-
tándose, reprendió á los vientos y á la
mar [r], y fué† grande bonanza.
27 Y los hombres se maravillaron, di-
ciendo: ¿Qué *hombre* es este, que aun
los vientos y la mar le obedecen?
28 ¶ Y como él hubo llegado en la otra
ribera al pais de los Guerguesenos ‖, le
vinieron al encuentro dos endemoniados
que salian de los sepulcros, fieros en
gran manera, que nadie podia pasar por
aquel camino.
29 Y hé aquí clamaron, diciendo: ¿Qué
tenemos contigo, Jesus, Hijo de Dios?
¿has venido acá á molestarnos ántes de
tiempo?
30 Y estaba léjos de ellos un hato de
muchos puercos paciendo.
31 Y los demonios le rogaron, diciendo:
Si nos echas, permítenos ‖ ir [s] á aquel
hato de puercos.
32 Y les dijo: Id. Y ellos salieron, y
se fueron á aquel hato de puercos: y hé
aquí, todo el hato de los puercos se pre-
cipitó de un despeñadero en la mar, y
murieron en las aguas.
33 Y los porqueros huyeron, y vini-
endo á la ciudad contaron todas las
cosas, y lo que habia pasado con los
endemoniados.
34 Y hé aquí toda la ciudad salió á
encontrar á Jesus: y cuando le vieron,
le rogaban que saliese de sus términos [t].

CAPITULO IX.

*Confirma Jesus su doctrina con nuevos mi-
lagros; curacion de un paralítico: voca-
cion de S. Mateo: libra de un flujo de
sangre á una mujer: resucita á la hija de
Jairo: cura á dos ciegos y á un endemo-
niado mudo. Blasfemias de los Fariséos:
parábola de la mies y de los trabajadores.*

ENTÓNCES entrando en el barco [a],
pasó á la otra parte, y vino á su
ciudad.
2 Y hé aquí le trajeron un paralítico
echado en una cama [b]: y viendo Jesus
la fé de ellos, dijo al paralítico: Confia,
hijo; tus pecados te son perdonados.
3 Y hé aquí algunos de los escribas
decian dentro de sí: Este blasfema.
4 Y viendo Jesus sus pensamientos [c],
dijo: ¿Por qué pensais mal en vuestros
corazones?
5 Porque, ¿Qué es mas fácil, decir,
Los pecados te son perdonados: Ó decir,
Levántate, y anda?
6 Pues para que sepais que el Hijo del
hombre tiene potestad en la tierra de
perdonar pecados, (dice entónces al pa-
ralítico): Levántate, toma tu cama, y
véte á tu casa.
7 Entónces él se levantó, y se fué á
su casa.
8 Y las gentes viendo*lo*, se maravilla-
ron, y glorificaron á Dios [d], que habia
dado tal potestad á los hombres.
9 ¶ Y pasando Jesus de allí, vió á un
hombre, que estaba sentado á la aduana,
el cual se llamaba Mateo [e]; y dícele:
Sígueme. Y se levantó, y le siguió.
10 Y aconteció que estando él sentado
á la mesa en casa, hé aquí que muchos
publicanos y pecadores, que habian ve-
nido, se sentaron juntamente á la mesa
con Jesus y sus discípulos.
11 Y viendo *esto* los Fariséos, dijeron
á sus discípulos: ¿Por qué come vu-
estro Maestro con los publicanos y pe-
cadores [f]?

[q] Mar. 4. 37, etc. Lu. 8. 23, etc.
[r] Job 38. 11. Sal. 89. 9. y 107. 29.
† Gr. *fué hecha.*
‖ *Gadarenos ó Gerasenos.*
‖ *ó Mándanos.*
[s] Job 1. 10, 12. y 2. 3, 6.
[t] Hech. 16. 39.
[a] Mar. 5. 9.
[b] Mar. 2. 3, etc. Lu. 5. 18, etc.
[c] Sal. 139. 2. Juan 2. 24, 25. Heb. 4. 12, 13. Ap. 22. 3.
[d] Hech. 2. 21.
[e] Mar. 2. 14. Lu. 5. 27.
[f] Cap. 11. 19. Lu. 15. 2.

12 Y oyéndo*lo* Jesus les dijo: Los que
están sanos, no tienen necesidad de mé-
dico, sino los enfermos.
13 Andad pues, y aprended qué cosa
es, Misericordia quiero, y no sacrifi-
cio [g]: Porque no he venido á llamar
justos [h], sino pecadores á arrepentimi-
ento.
14 ¶ Entónces los discípulos de Juan
vienen á él, diciendo: ¿Por qué nos-
otros y los Fariséos ayunamos muchas
veces, y tus discípulos no ayunan?
15 Y Jesus les dijo: ¿Pueden los ‖ que
son de bodas tener luto entre tanto que
el Esposo [i] está con ellos? mas vendrán
dias, cuando el Esposo será quitado de
ellos, y entónces ayunarán.
16 Y nadie echa remiendo de paño
recio en vestido viejo; porque el tal
remiendo tira del vestido, y se hace peor
la rotura.
17 Ni echan vino nuevo en cueros vie-
jos: de otra manera los cueros se rom-
pen, y el vino se derrama, y se pierden
los cueros [k]: mas echan el vino nuevo
en cueros nuevos, y lo uno y lo otro se
conserva juntamente.
18 ¶ Hablando él estas cosas [l] á ellos,
hé aquí vino un principal, y le adoraba,
diciendo: Mi hija es muerta poco há:
mas vén, y pon tu mano sobre ella, y
vivirá.
19 Y se levantó Jesus, y le siguió, y
sus discípulos.
20 Y hé aquí una mujer [m] enferma de
flujo de sangre doce años habia, lle-
gándose por detrás, tocó la franja de su
vestido:
21 Porque decia entre sí: Si tocáre
solamente su vestido, seré salva [n].
22 Mas Jesus volviéndose, y mirándo-
la, dijo: Confia, hija, tu fé te ha salva-
do [o]. Y la mujer fué salva desde aquella
hora [p].
23 Y llegado Jesus á casa del princi-
pal [q], viendo los tañedores de flautas [r],
y la gente que hacia bullicio,
24 Díceles: Apartáos, que la mucha-
cha no es muerta, mas duerme [s]. Y se
burlaban de él.
25 Y como la gente fué echada fuera [t],
entró, y tomóla de la mano, y se levantó
la muchacha.
26 Y salió esta fama por toda aquella
tierra.
27 ¶ Y pasando Jesus de allí, le sigui-
eron dos ciegos dando voces, y diciendo:
Ten misericordia de nosotros, Hijo de
David [u].
28 Y llegado á la casa, vinieron á él
los ciegos; y Jesus les dice: ¿Creeis
que puedo hacer esto? Ellos dicen: Sí,
Señor.
29 Entónces tocó los ojos de ellos, di-
ciendo: Conforme á vuestra fé os sea
hecho.
30 Y los ojos de ellos fueron abiertos.
Y Jesus les encargó rigurosamente, di-
ciendo: Mirad *que* nadie *lo* sepa [x].
31 Mas ellos salidos, divulgaron su fa-
ma por toda aquella tierra.
32 ¶ Y saliendo ellos, hé aquí le tra-
jeron un hombre mudo, endemoniado [y].
33 Y echado fuera el demonio, el mudo
habló [z]; y las gentes se maravillaron,
diciendo: Nunca ha sido vista cosa se-
mejante en Israél.
34 Mas los Fariséos decian: Por el
príncipe de los demonios echa fuera los
demonios [a].
35 ¶ Y rodeaba Jesus por todas las
ciudades y aldéas, enseñando en las sina-
gogas de ellos, y predicando el Evangelio
del reino, y sanando toda enfermedad y
todo achaque en el pueblo [b].

[g] Cap. 12. 7. Pro. 21. 3. Os. 6. 6. Mi. 6. 8.
[h] Lu. 24. 47. Hech. 5. 31. 1 Ti. 1. 15. 2 Ped. 3. 9.
‖ *Los hijos del tálamo.*
[i] Juan 3. 29. Ap. 21. 2.
[k] Job 32. 19.
[l] Mar. 5. 22. Lu. 8. 41, etc.
[m] Mar. 5. 25. Lu. 8. 43.
[n] Hech. 19. 12.
[o] Lu. 7. 50. y 17. 19. y 18. 42. Hech. 14. 9.
[p] Juan 4. 53.
[q] Mar. 5. 38. Lu. 8. 51.
[r] 2 Cr. 35. 25.
[s] Juan 11. 11. Hech. 20. 10.
[t] 2 Rey. 4. 33, etc.
[u] Cap. 15. 22. y 20. 30, 31.
[x] Cap. 12. 16. Is. 42. 2.
[y] Cap. 12. 22. Lu. 11. 14.
[z] Is. 35. 6.
[a] Cap. 12. 24. Mar. 3. 22. Lu. 11. 15.
[b] Cap. 4. 23.

36 Y viendo las gentes, tuvo compasion de ellas; porque estaban derramadas y esparcidas, como ovejas que no tienen pastor [c].

37 Entónces dice á sus discípulos: A la verdad la mies *es* mucha, mas los obreros, pocos [d].

38 Rogad pues al Señor de la mies, que envie obreros para su mies.

CAPITULO X.

Mision de los doce Apóstoles; potestad de hacer milagros, é instrucciones que les dió Jesus.

ENTÓNCES llamando sus doce discípulos [a], les dió potestad contra los espíritus inmundos, para que los echasen fuera, y sanasen toda enfermedad y toda dolencia.

2 Y los nombres de los doce apóstoles son estos [b]: el primero, Simon, que es dicho Pedro, y Andres su hermano: Jacobo *hijo* de Zebedéo, y Juan su hermano:

3 Felipe, y Bartolomé; Tomas, y Mateo el publicano: Jacobo *hijo* de Alféo [c], y Lebéo, por sobrenombre Tadéo:

4 Simon el Cananita, y Júdas Iscariote ‖, que tambien le entregó.

5 Estos doce envió Jesus, á los cuales dió mandamiento diciendo: Por el camino de los Gentiles no iréis, y en ciudad de Samaritanos no entreis [d]:

6 Mas id ántes [e] á las ovejas perdidas de la casa de Israel [f].

7 Y yendo, predicad, diciendo: El reino de los cielos se ha acercado [g].

8 Sanad enfermos, limpiad leprosos, resucitad muertos, echad fuera demonios: de gracia recibisteis, dad de gracia.

9 No aprestéis oro, ni plata, ni cobre, en vuestras bolsas [h];

10 Ni alforja para el camino, ni dos ropas de vestir, ni zapatos, ni bordon: porque el obrero digno es de su alimento [i].

11 Mas en cualquier ciudad, ó aldéa donde entráreis, investigad quien sea en ella digno, y reposad allí hasta que salgais.

12 Y entrando en la casa, saludadla.

13 Y si la casa fuere digna, vuestra paz vendrá sobre ella: mas si no fuere digna, vuestra paz se volverá á vosotros.

14 Y cualquiera qui no os recibiere, ni oyere vuestras palabras, salid de aquella casa, ó ciudad, y sacudid el polvo de vuestros piés [k].

15 De cierto os digo, *que* será mas tolerable á la tierra de los de Sodoma, y de los de Gomorra en el dia del juicio, que á aquella ciudad [l].

16 Hé aquí, yo os envio como á ovejas en medio de lobos: sed pues prudentes [m] como serpientes, y sencillos [n] como palomas.

17 Y guardáos de los hombres: porque os entregarán en concilios [o], y en sus sinagogas os azotarán [p].

18 Y aun á príncipes y á reyes [q] seréis llevados por causa de mí, por testimonio á ellos y á los Gentiles.

19 Mas cuando os entregaren, no os apureis por cómo ó qué hablaréis: porque en aquella hora os será dado qué habeis de hablar [r].

20 Porque no sois vosotros los que hablais, sino el Espíritu de vuestro Padre que habla en vosotros.

21 Y el hermano entregará al hermano á la muerte, y el padre al hijo: y los hijos se levantarán contra los padres, y los harán morir.

22 Y seréis aborrecidos de todos por mi nombre: mas el que suportare hasta el fin [s], este será salvo.

23 Mas cuando os persiguieren en esta ciudad, huid á la otra [t]: porque de cierto os digo, *que* no acabaréis de andar todas las ciudades de Israél, que no venga el Hijo del hombre.

24 El discípulo no es mas † que su Maestro, ni el siervo mas que su Señor [u].

25 Bástale al discípulo ser como su Maestro, y al siervo como su Señor: si al *mismo* Padre de la familia llamaron [x] Beelzebub ‖, ¿cuánto mas á los de su casa?

26 Así que no los temais: porque nada hay encubierto, que no haya de ser manifestado; ni oculto, que no haya de saberse [y].

27 Lo que os digo en tinieblas, decidlo en la luz: y lo que ois al oido, predicadlo desde los terrados.

28 Y no temais á los que matan el cuerpo, mas al alma no pueden matar [z]: temed ántes á aquel que puede destruir el alma y el cuerpo en el infierno [a].

29 ¿No se venden dos pajarillos por un cuarto? Con todo ni uno de ellos cae á tierra sin vuestro Padre.

30 Pues aun vuestros cabellos están todos contados [b].

31 Así que no temais: mas valeis vosotros que muchos pajarillos.

32 Cualquiera pues que me confesáre delante de los hombres, le confesaré yo tambien delante de mi Padre, que *está* en los cielos [c].

33 Y cualquiera que me negáre delante de los hombres, le negaré [d] yo tambien delante de mi Padre, que *está* en los cielos.

34 No penseis que he venido para meter paz en la tierra: no he venido para meter paz, sino espada [e].

35 Porque he venido para hacer disension del hombre contra su padre, y de la hija contra su madre, y de la nuera contra su suegra [f].

36 Y los enemigos del hombre, los de su casa.

37 El que ama padre ó madre mas que á mí, no es digno de mí: y el que ama hijo ó hija mas que á mí, no es digno de mí [g].

38 Y el que no toma su cruz, y sigue en pos de mí, no es digno de mí.

39 El que halláre su vida, la perderá: y el que perdiere su vida por causa de mí, la hallará [h].

40 El que os recibe á vosotros, á mí recibe [i]; y el que á mí recibe, recibe al que me envió [k].

41 El que recibe profeta en nombre de profeta, merced de profeta [l] recibirá: y el que recibe justo en nombre de justo, merced de justo recibirá [m].

42 Y cualquiera que diere á uno de estos pequeñitos un vaso de *agua* fria solamente, en nombre de discípulo, de cierto os digo, *que* no perderá su recompensa [n].

CAPITULO XI.

Juan Bautista envia dos de sus discípulos á Jesus: lo que con esta ocasion dijo Jesus sobre Juan á sus oyentes: ciudades incrédulas: el yugo del Señor es suave.

Y FUÉ, que acabando Jesus de dar mandamientos á sus doce discípulos, se fué de allí á enseñar y á predicar en las ciudades de ellos.

2 ¶ Y oyendo Juan en la prision los hechos de Cristo, le envió dos de sus discípulos,

3 Diciendo: ¿Eres tú aquel que habia de venir, ó esperarémos á otro [a]?

[s] Ap. 2. 10.
[t] Hech. 8. 1.
† Gr. *sobre.*
[u] Lu. 6. 40. Juan 13.16. y 15. 20.
[x] Juan 8. 48.
‖ *El Señor de las Moscas.*
[y] Mar. 4. 22. Lu. 12. 2, 3.
[z] Is. 8: 12, 13. y 51. 7, 12. 1 Ped. 3. 14.
[a] Cap. 5. 22.
[b] Lu. 21. 18. Hech. 27. 34.
[c] Ap. 3. 5.
[d] 2 Ti. 2. 12.
[e] Lu. 12. 49, 53.
[f] Mi. 7. 5, 6.
[g] Lu. 14. 26.
[h] Cap. 16. 25.
[i] Cap. 18. 5. Juan 13. 20.
[k] Juan 12. 44.
[l] 1 Rey. 17. 10.
[m] Heb. 6. 10.
[n] Mar. 9. 41.
[a] Lu. 7. 19, etc.

4 Y respondiendo Jesus, les dijo: Id,
y haced saber á Juan las cosas que ois y
veis.
5 Los ciegos ven, y los cojos andan;
los leprosos son limpiados, y los sordos
oyen; los muertos son resucitados, y á
los pobres es anunciado el Evangelio.
6 Y bienaventurado es el que no fuere
[b] Is. 8. 14, 15. 1 Co. 1. 22, 23. 1 Ped. 2. 8. escandalizado en mí[b].
7 ¶ E idos ellos, comenzó Jesus á de-
cir de Juan á las gentes: ¿Qué salisteis
á ver al desierto[c]? ¿una caña que es
[c] Lu. 7. 24. meneada del viento?
8 Mas ¿qué salisteis á ver? ¿un hom-
bre cubierto de delicados vestidos? Hé
aquí, los que traen *vestidos* delicados, en
las casas de los reyes están.
9 Mas ¿qué salisteis á ver? ¿un pro-
feta? tambien os digo, y mas que pro-
feta.
10 Porque este es de quien está es-
crito: Hé aquí yo envio mi ángel de-
lante de tu faz, que aparejará tu camino
[d] Mal. 3. 1. delante de tí[d].
11 De cierto os digo, *que* no se levantó
entre los que nacen de mujeres otro
[e] Juan 5. 35. mayor que Juan el Bautista[e]: mas el
que es muy mas pequeño en el reino de
[f] Cap. 13. 17. los cielos, mayor es que él[f].
12 Desde los dias de Juan el Bautista
hasta ahora, al reino de los cielos se ha-
[g] Lu. 16. 16. ce fuerza, y los valientes le arrebatan[g].
13 Porque todos los profetas y la ley
hasta Juan profetizaron.
14 Y si quereis recibir, él es aquel
[h] Cap. 17. 12. Mal. 4. 5. Elías que habia de venir[h].
[i] Ap. 2. 7, etc. 15 El que tiene oidos para oir, oiga[i].
16 Mas ¿á quien compararé esta gene-
[k] Lu. 7. 31. racion[k]? Es semejante á los mucha-
chos que se sientan en las plazas, y dan
voces á sus compañeros,
17 Y dicen: Os tañimos flauta, y no
bailasteis; os endechamos, y no lamen-
tasteis.
18 Porque vino Juan, que ni comia ni
[l] Juan 7. 20. bebia, y dicen: Demonio tiene[l].
19 Vino el Hijo del hombre, que come
[m] Cap. 9. 10. Juan 2. 2. y bebe[m]; y dicen: Hé aquí un hombre
comilon, y bebedor de vino, amigo de
[n] Lu. 15. 2. y 19. 7. publicanos y de pecadores[n]. Mas la sa-
biduría es justificada por sus hijos[o].
[o] Pro. 8. 9, 32. y 17. 24. 20 ¶ Entónces comenzó á reconvenir
á las ciudades en las cuales habian sido
hechas muy muchas de sus maravillas,
[p] Lu. 10. 13, etc. porque no se habian arrepentido[p], *di-
ciendo:*
21 ¡Ay de tí, Corazin! ¡ay de tí, Bet-
[q] Juan 12. 21. saida[q]! porque si en Tiro y en Sidon
fueran hechas las maravillas que han
sido hechas en vosotras, en otro tiempo
se hubieran arrepentido en saco y en
ceniza.
22 Por tanto os digo, *que* á Tiro y á
Sidon será mas tolerable en el dia del
[r] Cap. 10. 15. juicio, que á vosotras[r].
23 Y tú, Capernaum, que eres levan-
tada hasta el cielo, hasta los infiernos
[s] Is. 14. 13, 15. serás abajada[s]: porque si en los de So-
doma fueran hechas las maravillas que
han sido hechas en tí, hubieran quedado
hasta el dia de hoy.
24 Por tanto os digo, *que* á la tierra de
los de Sodoma será mas tolerable en el
[t] ver. 22. dia del juicio, que á tí[t].
25 ¶ En aquel tiempo, respondiendo
[u] Lu. 10. 21, etc. Jesus, dijo[u]: Te alabo, Padre, Señor
del cielo y de la tierra, que hayas es-
condido estas cosas de los sabios y de
los entendidos, y las hayas revelado á
[x] Sal. 8. 2. 1 Co. 1. 27. los niños[x].
26 Así, Padre, pues que así agradó en
tus ojos.
[y] Lu. 10. 22. Juan 3. 35. y 17. 2. 27 Todas las cosas me son entregadas
de mi Padre[y]: y nadie conoció al Hijo,
sino el Padre; ni al Padre conoció al-
guno, sino el Hijo, y *aquel* á quien el
Hijo *lo* quisiere revelar[z]. [z] Juan 1. 18. 1 Juan 5. 20.
28 Venid á mí[a] todos los que estais
trabajados, y cargados, que yo os haré [a] Is. 55. 1, 4.
descansar.
29 Llevad mi yugo sobre vosotros, y
aprended de mí; que soy manso y hu-
milde de corazon[b]: y hallaréis descanso [b] Zac. 9. 9. Fi. 2. 5, 8.
para vuestras almas[c].
30 Porque mi yugo es fácil, y ligera[d] [c] Jer. 6. 16.
mi carga. [d] 1 Juan 5. 3.

CAPITULO XII.

Defiende Jesu-Cristo á sus discípulos de la murmuracion de los Fariséos con motivo de la observancia del Sábado: cura á uno que tenia seca la mano; y á un endemoniado mudo y ciego. Habla del pecado contra el Espíritu Santo. Milagro de Jonás. Ninivitas. Reina del Mediodía.

EN aquel tiempo iba Jesus por los
sembrados[a] en Sábado; y sus discí- [a] Mar. 2. 23, etc. Lu. 6. 1.
pulos tenian hambre, y comenzaron á
coger espigas[b], y á comer.
2 Y viéndo*lo* los Fariséos le dijeron: [b] Deu. 23. 25
Hé aquí tus discípulos hacen lo que no
es lícito hacer en Sábado.
3 Y él les dijo: ¿No habeis leido qué
hizo David[c], teniendo él hambre y los [c] 1 Sa. 21. 6.
que con él estaban?
4 ¿Como entró en la casa de Dios, y
comió los panes de la proposicion[d], que [d] Ex. 25. 30.
no le era lícito comer, ni á los que es-
taban con él, sino á solos los sacerdo-
tes[e]? [e] Lev. 24. 9.
5 O ¿no habeis leido en la ley[f], que [f] Nu. 28. 9.
los Sábados en el templo[g] los sacerdotes [g] Juan 7. 22, 23.
profanan el Sábado, y son sin culpa?
6 Pues os digo que uno mayor[h] que el [h] Cap. 23. 17, 21. 2 Cr. 6. 18. Mal. 3. 1.
templo está aquí.
7 Mas si supieseis que es: Misericor-
dia quiero y no sacrificio[i]; no conde- [i] Cap. 9. 13. Os. 6. 6.
narías á los inocentes.
8 Porque Señor es aun del Sábado el
Hijo del hombre.
9 ¶ Y partiéndose de allí, vino á la
sinagoga de ellos[k]. [k] Mar. 3. 1. etc. Lu. 6. 6, etc.
10 Y hé aquí habia *allí* uno que tenia
una mano seca: y le preguntaron, di-
ciendo: ¿Es lícito curar en Sábado[l]? [l] Lu. 14. 3.
Por acusarle.
11 Y él les dijo: ¿Qué hombre habrá
de vosotros, que tenga una oveja, y si
cayere esta en una fosa en Sábado, no
le eche mano, y *la* levante?
12 Pues ¿cuánto mas vale un hombre
que una oveja? Así que lícito es en los
Sábados hacer bien.
13 Entónces dijo á aquel hombre: Ex-
tiende tu mano. Y él *la* extendió, y *le*
fué restituída sana como la otra.
14 ¶ Y salidos los Fariséos, consulta-
ron contra él para destruirle.
15 Mas sabiéndo*lo* Jesus, se apartó de
allí: y le siguieron muchas gentes, y
sanaba á todos.
16 Y él les encargaba eficazmente que
no le descubriesen:
17 Para que se cumpliese lo que es-
taba dicho por el profeta Isaías[m], que [m] Is. 42. 1, etc.
dijo:
18 Hé aquí mi Siervo, al cual he esco-
gido; mi Amado, en el cual se agrada
mi alma: pondré mi Espíritu sobre él,
y á los Gentiles anunciará juicio.
19 No contenderá, ni voceará: ni nadie
oirá en las calles su voz.
20 La caña cascada no quebrará, y el
pábilo que humea no apagará, hasta que
saque á victoria el juicio.
21 Y en su nombre esperarán los Gen-
tiles.
22 ¶ Entónces fué traido á él un en-
demoniado, ciego y mudo[n]: y le sanó, [n] Lu. 11. 14.
de tal manera que el ciego y mudo ha-
blaba y veía.

23 Y todas las gentes estaban atóni-
tas, y decian: ¿ Es este aquel Hijo de
David ?
24 Mas los Fariséos, oyéndo*lo*, decian:
Este no echa fuera los demonios, sino
0. 25. por Beelzebub [o], príncipe de los demo-
). 34. nios [p].
25 Y Jesus, como sabia los pensami-
39. 2. entos [q] de ellos, les dijo: Todo reino
. 24, dividido contra sí mismo es desolado;
y toda ciudad, ó casa, dividida contra
sí misma, no permanecerá.
. 10. 26 Y si Satanás [r] echa fuera á Satanás,
contra sí mismo está dividido: ¿ cómo,
pues, permanecerá su reino ?
27 Y si yo por Beelzebub echo fuera
los demonios, ¿ vuestros hijos por quién
los echan ? por tanto ellos serán vues-
tros jueces.
28 Y si por Espíritu de Dios yo echo
fuera los demonios, ciertamente ha lle-
20. gado á vosotros el reino de Dios [s].
29 Porque ¿ cómo puede alguno entrar
en la casa del valiente, y saquear sus
4. alhajas [t], si primero no prendiere al va-
liente ? y entónces saqueará su casa.
30 El que no es conmigo, contra mí
es; y el que conmigo no recoge, der-
rama.
31 Por tanto os digo: Todo pecado y
blasfemia será perdonado á los hom-
28. bres [u]; mas la blasfemia contra el Es-
0. píritu no será perdonada á los hom-
29. bres [v].
16. 32 Y cualquiera que habláre contra el
13. Hijo del hombre, le será perdonado [x];
mas cualquiera que habláre contra el
Espíritu Santo, no le será perdonado,
ni en este siglo, ni en el venidero.
33 O haced el árbol bueno, y su fruto
bueno; ó haced el árbol corrompido,
y su fruto dañado: porque por el fruto
6. es conocido el árbol [y].
34 Generacion de víboras [z], ¿ cómo po-
deis hablar bien, siendo malos ? porque
de la abundancia del corazon habla la
boca [a].
35 El hombre bueno del buen tesoro
del corazon saca buenas cosas: y el
hombre malo del mal tesoro saca malas
cosas.
36 Mas yo os digo, que toda palabra
ociosa [b], que hablaren los hombres, de
ella darán cuenta en el dia del juicio.
37 Porque por tus palabras [c] serás jus-
tificado, y por tus palabras serás con-
denado.
38 ¶ Entónces respondieron algunos
de los escribas y de los Fariséos, dici-
endo: Maestro, deseamos ver de tí se-
ñal [d].
39 Y él respondió, y les dijo: La gene-
racion mala y adulterina [e] demanda se-
ñal; mas señal no le será dada, sino la
señal de Jonas profeta [f].
40 Porque como estuvo Jonas en el
vientre de la ballena tres dias y tres
noches [g], así estará el Hijo del hombre
en el corazon de la tierra tres dias y
tres noches.
41 Los hombres de Nínive se levanta-
rán en el juicio con esta generacion, y
la condenarán: porque ellos se arre-
pintieron á la predicacion de Jonás [h];
y hé aquí mas que Jonás en este lugar.
42 La reina del austro [i] se levantará
en el juicio con esta generacion, y la
condenará: porque vino de los fines de
la tierra para oir la sabiduría de Salo-
mon [k]; y hé aquí mas que Salomon en
este lugar.
43 Cuando el espíritu inmundo ha sa-
lido del hombre [l], anda por lugares se-
cos [m], buscando reposo, y no *lo* halla.
44 Entónces dice: Me volveré á mi
casa, de donde salí: y cuando viene, *la*
halla desocupada, barrida, y adornada.
45 Entónces va, y toma consigo otros
siete espíritus peores que él, y entrados
moran allí; y son peores las cosas últi-
mas del tal hombre que las primeras [n]: [n] 2 Ped. 2.
así tambien acontecerá á esta genera- 20, 22.
cion mala.
46 ¶ Y estando él aun hablando á las
gentes, hé aquí [o] su madre y sus her- [o] Mar. 3. 31,
manos [p] estaban fuera, que le querian etc.
hablar. Lu. 8. 19,
47 Y le dijo uno: Hé aquí tu madre y etc.
tus hermanos están fuera, que te qui- [p] Cap. 13. 55.
eren hablar. Sal. 69. 8.
48 Y respondiendo él al que le decia
esto, dijo: ¿ Quién es mi madre, y qui-
énes son mis hermanos ?
49 Y extendiendo su mano hácia sus
discípulos, dijo: Hé aquí mi madre y
mis hermanos.
50 Porque todo aquel que hiciere la
voluntad de mi Padre [q], que *está* en los [q] Cap. 7. 21.
cielos, ese es mi hermano, y hermana, Juan 15. 14.
y madre. Ga. 5. 6.
Heb. 2. 11.
1 Juan 2.
17.

CAPITULO XIII.

Predica Jesus en parábolas, y descífraselas á los apóstoles: parábola del sembrador, del grano de mostaza, de la levadura, del tesoro escondido, de la perla preciosa, de la red llena de peces. El profeta sin honor en su patria.

Y AQUEL dia, saliendo Jesus de
casa, se sentó junto á la mar.
2 Y se allegaron á él muchas gentes;
y entrándose él en el barco [a], se sentó, [a] Cap. 9. 1.
y toda la gente estaba á la ribera. Mar. 3. 9.
3 Y les habló muchas cosas por pará-
bolas, diciendo: Hé aquí el que sem-
braba, salió á sembrar [b]. [b] Mar. 4. 3.
4 Y sembrando, parte *de la simiente* Lu. 8. 5,
cayó junto al camino; y vinieron las etc.
aves, y la comieron.
5 Y parte cayó en pedregales, donde no
tenia mucha tierra; y nació luego, por-
que no tenia profundidad de tierra.
6 Mas en saliendo el sol, se quemó; y
secóse, porque no tenia raiz.
7 Y parte cayó en espinas; y las espi-
nas crecieron, y la ahogaron.
8 Y parte cayó en buena tierra, y dió
fruto, cual á ciento, y cual á sesenta, y
cual á treinta.
9 Quien tiene oidos para oir, oiga [c]. [c] Cap. 11. 15.
10 ¶ Entónces llegándose los discípu-
los, le dijeron: ¿ Por qué les hablas por
parábolas ?
11 Y él respondiendo, les dijo: Porque
á vosotros es concedido saber los miste-
rios del reino de los cielos, mas á ellos
no es concedido [d]. [d] Cap. 11. 25.
12 Porque á cualquiera que tiene, se Mar. 4. 11.
le dará, y tendrá mas: pero al que no 1 Co. 2. 10,
tiene, aun lo que tiene le será quitado [e]. 14.
13 Por eso les hablo por parábolas, [e] Cap. 25. 29.
porque viendo no ven, y oyendo no oyen, Lu. 19. 26.
ni entienden.
14 De manera que se cumple en ellos
la profecía de Isaías [f], que dice: De [f] Is. 6. 9.
oido oiréis, y no entenderéis; y viendo
veréis, y no miraréis [g]. [g] Ex. 12. 2.
15 Porque el corazon de este pueblo Juan 12. 40.
está engrosado, y de los oidos oyen pe- Hech. 28.
sadamente, y de sus ojos guiñan: para 26, 27.
que no vean de los ojos, y oigan de los Ro. 11. 8.
oidos, y del corazon entiendan, y se con- 2 Co. 3. 14,
viertan, y yo los sane. 15.
16 Mas bienaventurados vuestros ojos,
porque ven; y vuestros oidos, porque [h] Cap. 16. 17.
oyen [h]. Lu. 10. 23,
17 Porque de cierto os digo, que mu- 24.
chos profetas y justos desearon ver lo [i] Heb. 11. 13.
que veis, y no *lo* vieron [i]; y oir lo que 1 Ped. 1. 10,
ois, y no *lo* oyeron. 11.

18 ¶ Oid pues vosotros la parábola del que siembra *k*.

19 Oyendo cualquiera la palabra del reino, y no entendiéndo*la*, viene el malo *l*, y arrebata lo que fué sembrado en su corazon: este es el que fué sembrado junto al camino.

20 Y el que fué sembrado en pedregales, este es el que oye la palabra, y luego la recibe con gozo *m*;

21 Mas no tiene raiz en sí, ántes es temporal: que venida la afliccion ó la persecucion por la palabra, luego se ofende *n*.

22 Y el que fué sembrado en espinas *o*, este es el que oye la palabra; pero el afan de este siglo *p*, y el engaño de las riquezas *q* ahogan la palabra, y hácese infructuosa.

23 Mas el que fué sembrado en buena tierra, este es el que oye y entiende la palabra, y el que lleva el fruto *r*; y lleva uno á ciento, y otro á sesenta, y otro á treinta.

24 ¶ Otra parábola les propuso, diciendo: El reino de los cielos es semejante al hombre que siembra buena simiente en su campo.

25 Mas durmiendo los hombres, vino su enemigo, y sembró zizaña entre el trigo, y se fué.

26 Y como la yerba salió, é hizo fruto, entónces apareció tambien la zizaña.

27 Y llegándose los siervos del padre de la familia, le dijeron: Señor, ¿no sembraste buena simiente en tu campo? ¿de donde pues tiene zizaña?

28 Y él les dijo: Un hombre enemigo ha hecho esto. Y los siervos le dijeron: ¿Quieres pues que vayamos y la cojamos?

29 Y él dijo: No: porque cogiendo la zizaña, no arranqueis tambien con ella el trigo.

30 Dejad crecer juntamente lo uno y lo otro hasta la siega; y al tiempo de la siega yo diré á los segadores: Coged primero la zizaña, y atadla en manojos para quemarla; mas recoged el trigo en mi alfolí *s*.

31 ¶ Otra parábola les propuso, diciendo: El reino de los cielos es semejante al grano de mostaza *t*, que tomándolo alguno lo sembró en su campo:

32 El cual á la verdad es el mas pequeño de todas las simientes; mas cuando ha crecido, es el mayor de *todas* las hortalizas, y se hace árbol, que vienen las aves del cielo y hacen nidos en sus ramas *u*.

33 ¶ Otra parábola les dijo: El reino de los cielos es semejante á la levadura *x* que tomó una mujer, y escondió en tres medidas de harina, hasta que todo quedó leudo.

34 Todo esto habló Jesus por parábolas á las gentes; y sin parábolas no les hablaba:

35 Para que se cumpliese lo que fué dicho por el profeta *y*, que dijo: Abriré en parábolas mi boca; rebosaré cosas escondidas desde la fundacion del mundo.

36 ¶ Entónces, despedidas las gentes, Jesus se vino á casa; y llegándose á él sus discípulos, le dijeron: Decláranos la parábola de la zizaña del campo.

37 Y respondiendo él, les dijo: El que siembra la buena simiente es el Hijo del hombre;

38 Y el campo es el mundo *z*: y la buena simiente son los hijos del reino, y la zizaña son los hijos del malo *a*;

39 Y el enemigo que la sembró, es el diablo; y la siega *b* es el fin del siglo; y los segadores son los ángeles *c*.

k Mar. 4. 14, etc. Lu. 8. 11, etc.
l 1 Juan 2. 13, 14.
m Is. 58. 31, 32. Juan 5. 35.
n Cap. 24. 10. y 26. 31. 2 Ti. 4. 16.
o Jer. 4. 3.
p Lu. 14. 16, 24.
q Mar. 10. 23. 1 Ti. 6. 9.
r Col. 1. 6, 10. Heb. 6. 7.
s Lu. 3. 17.
t Mar. 4. 31.
u Da. 4. 12.
x Lu. 13. 21. 1 Co. 5. 6. Ga. 5. 9.
y Sal. 78. 2.
z Ro. 10. 18. Col. 1. 6.
a Gen. 3. 15. Juan 8. 44. Hech. 13. 10. 1 Juan 3. 8.
b Joel 3. 13. Ap. 14. 15.
c Ap. 14. 15, 19.

40 De manera que como es cogida la zizaña, y quemada al fuego *d*, así será en el fin de este siglo.

41 Enviará el Hijo del hombre sus ángeles, y cogerán de su reino todos los escándalos, y los que hacen iniquidad,

42 Y los echarán en el horno de fuego *e*: allí será el lloro, y el crujir de dientes *f*.

43 Entónces los justos resplandecerán, como el sol *g*, en el reino de su Padre: el que tiene oidos para oir, oiga.

44 ¶ Además, el reino de los cielos es semejante al tesoro *h* escondido en el campo, el cual hallado, el hombre *lo* encubre, y de gozo de ello va, y vende todo lo que tiene *i*, y compra aquel campo *k*.

45 ¶ Tambien el reino de los cielos es semejante al hombre tratante, que busca buenas perlas;

46 Que hallando una preciosa perla *l*, fué, y vendió todo lo que tenia, y la compró.

47 ¶ Asimismo el reino de los cielos es semejante á la red, que echada en la mar coge de todas suertes *de peces* *m*:

48 La cual estando llena, la sacaron á la orilla; y sentados cogieron lo bueno en vasos, y lo malo echaron fuera.

49 Así será al fin del siglo: saldrán los ángeles, y apartarán á los malos de entre los justos *n*,

50 Y los echarán en el horno del fuego: allí será el lloro, y el crujir de dientes *o*.

51 Díceles Jesus: ¿Habeis entendido todas estas cosas? Ellos responden: Sí, Señor.

52 Y él les dijo: Por eso todo escriba docto en el reino de los cielos es semejante á un padre de familia, que saca de su tesoro cosas nuevas y cosas viejas.

53 ¶ Y aconteció *que* acabando Jesus estas parábolas, pasó de allí.

54 Y venido á su tierra *p*, les enseñaba en la sinagoga de ellos, de tal manera que ellos estaban atónitos, y decian: ¿De dónde tiene este esta sabiduría, y *estas* maravillas?

55 ¿No es este el hijo del carpintero? ¿no se llama su madre María *q*; y sus hermanos, Jacobo, y José, y Simon, y Júdas?

56 ¿Y no están todas sus hermanas con nosotros? ¿De dónde pues tiene este todas estas cosas?

57 Y se escandalizaban en él *r*. Mas Jesus les dijo: No hay profeta sin honra, sino en su tierra, y en su casa *s*.

58 Y no hizo allí muchas maravillas, á causa de la incredulidad de ellos.

CAPITULO XIV.

Muerte de Juan Bautista; milagro de los cinco panes; Jesus camina y hace caminar á Pedro sobre las olas del mar; y sana á todos los enfermos que se le presentan ó tocan su vestido.

EN aquel tiempo Heródes el tetrarca oyó la fama de Jesus *a*.

2 Y dijo á sus criados: Este es Juan el Bautista: él ha resucitado de los muertos, y por eso virtudes obran en él.

3 Porque Heródes habia prendido á Juan, y le habia aprisionado, y puesto en la cárcel, por causa de Herodías, mujer de Felipe su hermano.

4 Porque Juan le decia: No te es lícito tenerla *b*.

5 Y queria matarle, mas temia al pueblo; porque le tenian como á profeta *c*.

6 Mas celebrándose el dia del nacimiento de Heródes, la hija de Herodías danzó en medio, y agradó á Heródes.

7 Y prometió él con juramento de darle todo lo que pidiese.

d ver. 30.
e Cap. 3. 12.
f ver. 50. Cap. 8. 12.
g Da. 12. 3.
h 1 Ped. 2. 7.
i Heb. 12. 1.
k Cap. 28. 18. Juan 17. 2.
l Juan 17. 3. Ef. 5. 27.
m Cap. 22. 10.
n ver. 30. Cap. 25. 32.
o ver. 42.
p Mar. 6. 1, etc. Lu. 4. 16, etc.
q Juan 6. 42.
r Is. 49. 7. y 53. 3.
s Juan 4. 44.
a Mar. 6. 14. Lu. 9. 7, etc.
b Lev. 18. 16. y 20. 21.
c Cap. 21. 26. Lu. 20. 6.

8 Y ella, instruida primero de su ma-
dre, dijo: Dáme aquí en un plato la
cabeza de Juan el Bautista.
9 Entónces el rey se entristeció [d]: mas
por el juramento [e], y por los que estaban
juntamente á la mesa, mandó que se *le*
diese.
10 Y enviando degolló á Juan en la
cárcel.
11 Y fué traida su cabeza en un plato,
y dada á la muchacha; y ella *la* presentó
á su madre.
12 Entónces llegaron sus discípulos, y
tomaron el cuerpo, y lo enterraron; y
fueron, y dieron las nuevas á Jesus.
13 ¶ Y oyéndo*lo* Jesus, se apartó de
allí en un barco á un lugar desierto a-
partado [f]: y cuando las gentes *lo* oyeron,
le siguieron á pié de las ciudades.
14 Y saliendo Jesus, vió un gran gen-
tío, y tuvo compasion de ellos [g], y sanó
los que de ellos habia enfermos.
15 Y cuando fué la tarde del dia, se
llegaron á él sus discípulos, diciendo:
El lugar es desierto, y el tiempo es ya
pasado: despide las gentes, para que se
vayan por las aldéas, y compren para sí
de comer.
16 Y Jesus les dijo: No tienen necesi-
dad de irse; dadles vosotros de comer.
17 Y ellos dijeron: No tenemos aquí
sino cinco panes y dos peces.
18 Y él les dijo: Traédmelos acá.
19 Y mandando á las gentes recostarse
sobre la yerba, y tomando los cinco pa-
nes y los dos peces, alzando los ojos al
cielo, bendijo; y partió y dió los panes
á los discípulos, y los discípulos á las
gentes.
20 Y comieron todos, y se hartaron:
y alzaron lo que sobró de los pedazos,
doce cestas llenas [h].
21 Y los que comieron fueron como
cinco mil hombres, sin las mujeres y
los niños.
22 ¶ Y luego Jesus hizo á sus discípu-
los entrar en el barco, é ir delante de él
á la otra parte *del lago*, entretanto que
él despedia las gentes.
23 Y despedidas las gentes, subió al
monte, apartado, á orar [i]: y como fué
la tarde del dia, estaba allí solo.
24 Y ya el barco estaba en medio de la
mar, atormentado de las ondas; porque
el viento era contrario.
25 Mas á la cuarta † vela de la noche Je-
sus fué á ellos andando sobre la mar [k].
26 Y los discípulos, viéndole andar
sobre la mar, se turbaron, diciendo:
Alguna fantasma [l] es. Y dieron voces de
miedo.
27 Mas luego Jesus les habló, dicien-
do: Confiad: yo soy; no tengais mi-
edo.
28 Entónces le respondió Pedro, y dijo:
Señor, si tú eres, manda que yo vaya á
tí sobre las aguas.
29 Y él dijo: Ven. Y descendiendo
Pedro del barco, andaba sobre las aguas
para ir á Jesus.
30 Mas viendo el viento fuerte, tuvo
miedo; y comenzándose á hundir, dió
voces, diciendo: Señor, sálvame.
31 Y luego Jesus extendiendo la mano,
trabó de él, y le dice: Oh *hombre* de poca
fé, ¿por qué dudaste [m]?
32 Y como ellos entraron en el barco,
sosegóse el viento [n].
33 Entónces los que *estaban* en el barco
vinieron, y le adoraron, diciendo: Ver-
daderamente eres Hijo de Dios [o].
34 ¶ Y llegando á la otra parte, vini-
eron á la tierra de Genezaret [p].
35 Y como le conocieron los hombres
de aquel lugar, enviaron por toda a-
quella tierra al rededor, y trajeron á él
todos los enfermos:
36 Y le rogaban que solamente tocasen †
el borde de su manto [q]; y todos los que
tocaron, quedaron sanos.

…c. 11. 35. …c. 21. 1. …a. 14. 28. …5. 22. …5. 2. …r. 6. 32. …p. 9. 36. …, 32. …ey. 4. …r. 6. 46. …rda. …9. 3. …n 6. 19. …24. 37. …l°. 1. 6. …107. …n 1. 49. …69. …27. …r. 6. 33.

† Gr. *La franja.*
[q] Cap. 9. 20. Mar. 3. 10. Lu. 6. 19. Hech. 19. 12.

CAPITULO XV.

Condena Jesus las tradiciones humanas opuestas á los preceptos divinos. Cura á la hija de la Cananéa. Da de comer en el desierto á una gran muchedumbre de gente con siete panes y algunos peces.

ENTÓNCES llegaron á Jesus [a] cier-
tos escribas y Fariséos de Jerusalem,
diciendo:
2 ¿Por qué tus discípulos traspasan la
tradicion de los ancianos? porque no se
lavan las manos cuando comen pan.
3 Y él respondiendo, les dijo: ¿Por
qué tambien vosotros traspasais el man-
damiento de Dios por vuestra tradi-
cion [b]?
4 Porque Dios mandó, diciendo: Hon-
ra al padre y á la madre [c]: y, El que
maldijere al padre ó á la madre, muera
de muerte [d].
5 Mas vosotros decís: Cualquiera que
dirá al padre ó á la madre, *Es ya* ofren-
da mia *á Dios* todo aquello con que pu-
diera valerte,
6 No deberá honrar [e] á su padre ó á
su madre *con socorro*. Así habeis in-
validado el mandamiento de Dios por
vuestra tradicion.
7 Hipócritas, bien profetizó de voso-
tros Isaías [f], diciendo:
8 Este pueblo de su boca se acerca á
mí, y de labios me honra; mas su cora-
zon léjos está de mí.
9 Mas en vano me honran, enseñando
doctrinas y mandamientos de hombres [g].
10 ¶ Y llamando á sí las gentes, les
dijo: Oid, y entended.
11 No lo que entra en la boca conta-
mina al hombre [h]; mas lo que sale de la
boca, esto contamina al hombre.
12 Entónces llegándose sus discípulos
le dijeron: ¿Sabes que los Fariséos
oyendo esta palabra se ofendieron?
13 Mas respondiendo él, dijo: Toda
planta que no plantó mi Padre celestial
será desarraigada.
14 Dejadlos: son ciegos guias de cie-
gos [i]; y si el ciego guiare al ciego, ambos
caerán en el hoyo.
15 Y respondiendo Pedro, le dijo: De-
cláranos esta parábola.
16 Y Jesus dijo: ¿Aun tambien vos-
otros sois sin entendimiento?
17 ¿No entendeis aun, que todo lo que
entra en la boca, va al vientre, y es
echado en la letrina?
18 Mas lo que sale de la boca [k], del co-
razon sale, y esto contamina al hombre.
19 Porque del corazon [l] salen los ma-
los pensamientos, muertes, adulterios,
fornicaciones, hurtos, falsos testimonios,
blasfemias.
20 Estas cosas son las que contaminan
al hombre: que comer con las manos
por lavar no contamina al hombre.
21 ¶ Y saliendo Jesus de allí, se fué á
las partes de Tiro y de Sidon [m].
22 Y hé aquí una mujer Cananéa, que
habia salido de aquellos términos, cla-
maba diciéndole: Señor, Hijo de Da-
vid [n], ten misericordia de mí; mi hija
es malamente atormentada del demo-
nio.
23 Mas él no le respondió palabra.
Entónces llegándose sus discípulos, le
rogaron, diciendo: Despáchala, pues da
voces tras nosotros.
24 Y él respondiendo, dijo: No soy
enviado sino á las ovejas perdidas de la
casa de Israel [o].

[a] Mar. 7. 1, etc.
[b] Col. 2. 20, 22. Ti. 1. 4.
[c] Ex. 20. 12. De. 5. 16.
[d] Ex. 21. 17. Le. 20. 9.
[e] De. 27. 16.
[f] Is. 29. 13.
[g] Col. 2. 22.
[h] Ro. 14. 14, 20. 1 Ti. 4. 4. Tit. 1. 15.
[i] Cap. 23. 16. Lu. 6. 39.
[k] Sant°. 3. 6.
[l] Gen. 6. 5. y 8. 21. Jer. 17. 9. Ro. 3. 10. Gal. 5. 19, 21. Ef. 2. 1, 3. Tit. 3. 3.
[m] Mar. 7. 24.
[n] Lu. 18. 38, 39.
[o] Cap. 10. 5, 6. Hech. 3. 26. y 13. 46.

25 Entónces ella vino, y le adoró, diciendo: Señor, socórreme.

26 Y respondiendo él, dijo: No es bien tomar el pan de los hijos, y echarlo á los perrillos.

27 Y ella dijo: Sí, Señor: mas los perrillos comen de las migajas que caen de la mesa de sus señores.

28 Entónces respondiendo Jesus dijo: O mujer, grande *es* tu fé: sea hecho contigo como quieres. Y fué sana su hija desde aquella hora[p].

29 ¶ Y partido Jesus de allí, vino junto al mar de Galiléa[q]; y subiendo al monte, se sentó allí.

30 Y llegaron á él muchas gentes, que tenian consigo cojos, ciegos, mudos, mancos, y otros muchos *enfermos*; y los echaron á los piés de Jesus, y los sanó[r]:

31 De manera que se maravillaban las gentes, viendo hablar los mudos, los mancos sanos, andar los cojos, y ver los ciegos: y glorificaron al Dios de Israel.

32 Y Jesus llamando sus discípulos, dijo: Tengo lástima de la gente[s], que ya *hace* tres dias *que* perseveran conmigo, y no tienen que comer: y enviarlos ayunos no quiero; porque no desmayen en el camino.

33 Entónces sus discípulos le dicen: ¿Dónde tenemos nosotros tantos panes en el desierto, que hartemos tan gran compañía[t]?

34 Y Jesus les dice: ¿Cuantos panes teneis? Y ellos dijeron: Siete, y unos pocos pececillos.

35 Y mandó á las gentes que se recostasen sobre la tierra[u].

36 Y tomando los siete panes y los peces, haciendo gracias[x], partío, y dió á sus discípulos, y los discípulos á la gente.

37 Y comieron todos, y se hartaron: y alzaron lo que sobró de los pedazos, siete espuertas llenas.

38 Y eran los que habian comido cuatro mil hombres, sin las mujeres y los niños.

39 Entónces despedidas las gentes, subió en el barco, y vino á los términos de Magdalá[y].

[p] Juan 4. 50, 53.
[q] Mar. 7. 31.
[r] Is. 35. 5, 6.
[s] Mar. 8. 1, etc.
[t] 2 Rey. 4. 43, 44.
[u] Cap. 14. 19, etc.
[x] 1 Sa. 9. 13. Lu. 22. 19. y 24. 30.
[y] Mar. 8. 10.

CAPITULO XVI.

Fariséos y Saducéos confundidos: corrupcion de su doctrina. Confesion de San Pedro. Revela el Señor su pasion y muerte; reprende á San Pedro.

Y LLEGANDOSE los Fariséos y los Saducéos, para tentar*le*, le pedian que les mostrase señal[a] del cielo.

2 Mas él respondiendo, les dijo: Cuando es la tarde del dia, decís: Sereno; porque el cielo tiene arreboles:

3 Y á la mañana: Hoy tempestad; porque tiene arreboles el cielo triste. Hipócritas, que sabeis hacer diferencia en la faz del cielo; ¿y en las señales de los tiempos no podeis[b]?

4 La generacion mala y adulterina demanda señal; mas señal no le será dada, sino la señal[c] de Jonas profeta. Y dejándolos, se fué.

5 ¶ Y viniendo sus discípulos de la otra parte *del lago*, se habian olvidado de tomar pan.

6 Y Jesus les dijo[d]: Mirad, y guardáos de la levadura[e] de los Fariséos, y de los Saducéos.

7 Y ellos pensaban dentro de sí, diciendo: *Esto dice porque* no tomamos pan.

8 Y entendiéndo*lo* Jesus, les dijo: ¿Por qué pensais dentro de vosotros, *hombres* de poca fé[f], que no tomasteis pan?

9 ¿No entendeis aun, ni os acordais de los cinco panes *entre* cinco mil *hombres*, y cuantos cestos alzasteis[g]?

10 ¿Ni de los siete panes *entre* cuatro mil, y cuantas espuertas tomasteis[h]?

11 ¿Como *es que* no entendeis que no por el pan os dije, que os guardaseis de la levadura de los Fariséos y de los Saducéos?

12 Entónces entendieron que no les habia dicho que se guardasen de la levadura de pan, sino de la doctrina de los Fariséos y de los Saducéos[i].

13 ¶ Y viniendo Jesus á las partes de Cesaréa de Filipo, preguntó á sus discípulos[k], diciendo: ¿Quién dicen los hombres que es el Hijo del hombre?

14 Y ellos dijeron: Unos, Juan el Bautista; y otros, Elías[l]; y otros, Jeremías, ó alguno de los profetas.

15 Él les dice: Y vosotros, ¿quién decís que soy?

16 Y respondiendo Simon Pedro, dijo: Tú eres el Cristo, el Hijo del Dios viviente[m].

17 Entónces respondiendo Jesus, le dijo: Bienaventurado eres, Simon, hijo † de Jonás: porque no te *lo* reveló carne ni sangre; mas mi Padre que *está* en los cielos[n].

18 Mas yo tambien te digo, que tú eres Pedro[o]; y sobre esta piedra edificaré mi iglesia[p]; y las puertas del infierno[q] no prevalecerán contra ella[r].

19 Y á ti daré las llaves del reino de los cielos[s]: y todo lo que ligares en la tierra, será ligado en los cielos: y todo lo que desatares en la tierra, será desatado en los cielos[t].

20 Entónces mandó á sus discípulos que á nadie dijesen que él era Jesus el Cristo[u].

21 ¶ Desde aquel tiempo comenzó Jesus á declarar á sus discípulos, que le convenia ir á Jerusalem, y padecer mucho de los ancianos, y de los príncipes de los sacerdotes, y de los escribas, y ser muerto, y resucitar al tercero dia[x].

22 Y Pedro, tomándole aparte, comenzó á reprenderle, diciendo: Señor, ten compasion de tí: en ninguna manera esto te acontezca.

23 Entónces él volviéndose, dijo á Pedro: Quítate de delante de mí, Satanás[y]: me eres escándalo[z]; porque no entiendes lo que *es* de Dios, sino lo que *es* de los hombres.

24 Entónces Jesus dijo á sus discípulos: Si alguno quiere venir en pos de mí, niéguese á sí mismo, y tome su cruz, y sígame[a].

25 Porque cualquiera que quisiere salvar su vida, la perderá; y cualquiera que perdiere su vida por causa de mí, la hallará[b].

26 Porque, ¿de qué aprovecha al hombre, si granjeáre todo el mundo, y perdiere su alma? O, ¿qué recompensa dará el hombre por su alma[c]?

27 Porque el Hijo del hombre vendrá en la gloria de su Padre con sus ángeles[d]; y entónces pagará á cada uno conforme á sus obras[e].

28 De cierto os digo, *que* hay algunos de los que están aquí, que no gustarán la muerte, hasta que hayan visto el Hijo del hombre viniendo en su reino[f].

[a] Cap. 12. 38, etc. Mar. 8. 11, etc. Lu. 11. 16. 1 Co. 1. 22.
[b] Lu. 12. 54, 56.
[c] Jona 2. 1.
[d] Lu. 12. 1.
[e] 1 Co. 5. 6, 8. Gal. 5. 9.
[f] Cap. 6. 30. y 8. 26. y 14. 31.
[g] Cap. 14. 19, etc.
[h] Cap. 15. 34, etc.
[i] Cap. 15. 1, 9.
[k] Mar. 8. 27. Lu. 9. 18.
[l] Cap. 14. 2. Lu. 9. 7, 8.
[m] Cap. 14. 33. Sal. 2. 7. Juan 1. 49. Heb. 1. 2, 5.
† Gr. *Bar Jona.*
[n] 1 Co. 2. 10. Gal. 1. 16. 1 Juan 5. 20.
[o] Juan 1. 42.
[p] Ef. 2. 20. 1 Co. 3. 11. Ap. 21. 14.
[q] Sal. 9. 13.
[r] Heb. 2. 14, 15. Juan 11. 25, 26. 1 Co. 15. 55, 57.
[s] Hech. 2. 38. y 8. 12. y 10. 34, etc.
[t] Cap. 18. 18. Juan 20. 23. Hech. 13. 13. 31.
[u] Mar. 8. 30.
[x] Lu. 9. 22. y 18. 31. y 24. 6, 7. 1 Co. 15. 3, 4.
[y] Cap. 4. 10.
[z] Ro. 14. 13.
[a] Cap. 10. 38. Mar. 8. 34. Lu. 9. 23. y 14. 27. Hech. 14. 22. 1 Te. 3. 3.
[b] Juan 12. 25.
[c] Sal. 49. 7, 8.
[d] Zac. 14. 5. Jud. 14. Cap. 26. 64.
[e] Ap. 22. 12.
[f] Mar. 9. 1.

CAPITULO XVII.

Transfiguracion de Jesus: curacion de un lunático endemoniado: Jesus paga el tributo por sí y por Pedro con una moneda milagrosamente hallada.

Y DESPUES de seis dias[a] Jesus toma á Pedro, y á Jacobo, y á Juan su hermano, y los lleva aparte á un monte alto,

[a] Mar. 9. 2. Lu. 9. 28.

2 Y se transfiguró delante de ellos: y
p. 1. 16. resplandeció su rostro como el sol b, y
sus vestidos fueron blancos cómo la luz.
3 Y hé aquí les aparecieron Moisés y
Elías, hablando con él.
4 Y respondiendo Pedro, dijo á Jesus:
Señor, bien es que nos quedemos aquí:
si quieres, hagamos aquí tres pabellones;
para tí uno, y para Moisés otro, y otro
para Elías.
5 Estando aun él hablando, hé aquí
una nube de luz *que* los cubrió; y hé
aquí una voz de la nube, que dijo: Este
es mi Hijo amado, en el cual tomo con-
ip. 3. 17. tentamiento c; á él oid d.
42. 1. 6 Y oyendo *esto* los discípulos, cayeron
ed. 1. 17. sobre sus rostros, y temieron en gran
s. 18. 15, manera.
7 Entónces Jesus llegando, les tocó e,
ch. 3. y dijo: Levantáos, y no temais.
23. 8 Y alzando ellos sus ojos, á nadie vi-
b. 2. 1, 3. eron, sino á solo Jesus.
. 10. 10, 9 Y como descendieron del monte, les
mandó Jesus, diciendo: No digais á
, 1. 17. nadie la vision, hasta que el Hijo del
hombre resucite de los muertos.
10 Entónces sus discípulos le pregun-
taron, diciendo: ¿Por qué dicen pues
los escribas, que es menester que Elías
venga primero f?
d. 4. 5, 6. 11 Y respondiendo Jesus, les dijo: A
la verdad Elías vendrá primero; y resti-
tuirá todas las cosas.
12 Mas os digo, que ya vino Elías, y no
le conocieron; ántes hicieron en él todo
lo que quisieron: así tambien el Hijo del
a. 16. 21. hombre padecerá de ellos g.
13 Los discípulos entónces entendieron,
que les habló de Juan Bautista.
r. 9. 14, 14 ¶ Y como ellos llegaron al gentío h,
vino á él un hombre hincándosele de
9. 37, rodillas;
15 Y diciendo: Señor, ten misericor-
dia de mi hijo; que es lunático, y padece
malamente: porque muchas veces cae
en el fuego, y muchas en el agua.
16 Y le he presentado á tus discípulos,
y no le han podido sanar.
17 Y respondiendo Jesus, dijo: ¡O ge-
neracion infiel y torcida! ¿hasta cuan-
do tengo de estar con vosotros? ¿hasta
cuando os tengo de sufrir? traédmele
acá.
18 Y Jesus le reprendió, y salió el de-
monio de él, y el mozo fué sano desde
aquella hora.
19 Entónces llegándose los discípulos
á Jesus aparte, dijeron: ¿Por qué nos-
otros no le pudimos echar fuera?
20 Y Jesus les dijo: Por vuestra incre-
. 21. 21. dulidad: porque de cierto os digo, que
. 11. 23. si tuviereis fé i, como un grano de mos-
17. 6. taza, diréis á este monte: Pásate de aquí
. 13. 2. allá: y se pasará; y nada os será im-
posible.
21 Mas este linaje *de demonios* no sale
sino por oracion y ayuno.
22 ¶ Y estando ellos en Galiléa, Jesus
les dijo: El Hijo del hombre será entre-
. 20. 17. gado en manos de hombres k:
. 8. 31. 23 Y le matarán, mas al tercer dia re-
33. sucitará. Y ellos se entristecieron en
9. 22, gran manera.
24 ¶ Y como llegaron á Capernaum,
31. vinieron á Pedro los que cobraban las
. 6, 26, dos dracmas l, y dijeron: ¿Vuestro Maes-
tro no paga las dos dracmas?
33. 36. 25 Él dice: Sí. Y entrado él en casa,
Jesus le habló ántes, diciendo: ¿Qué te
parece, Simon? Los reyes de la tierra
¿de quién cobran los tributos, ó el cen-
so? ¿de sus hijos, ó de los extraños?
26 Pedro le dice: De los extraños. Je-
sus le dijo: Luego los hijos son fran-
cos.
27 Mas porque no los escandalicemos,
ve á la mar, y echa el anzuelo, y el
primer pez que viniere, tómalo, y abierta
su boca hallarás un estatero: tómalo, y
dáselo por mí, y por tí.

CAPITULO XVIII.

Doctrina de Jesus sobre la humildad, sobre el pecado de escándalo, y sobre la correccion fraterna. Parábola del buen pastor. Sobre la potestad de perdonar pecados: compasion con los pecadores; y perdon de los enemigos. Parábola de los diez mil talentos.

EN aquel tiempo se llegaron los dis-
cípulos á Jesus, diciendo a. ¿Quién a Mar. 9. 33,
es el mayor en el reino de los cielos? etc.
2 Y llamando Jesus un niño, le puso Lu. 9. 46,
en medio de ellos, etc.
3 Y dijo: De cierto os digo, que si
no os volviereis b, y fuereis como niños c, b Juan. 3. 3.
no entraréis en el reino de los cielos. c Cap. 19. 14.
4 Así que cualquiera que se humillare d 1 Co. 14. 20.
como este niño, este es el mayor en el 1 Ped. 2. 2.
reino de los cielos. d Lu. 14. 11.
5 Y cualquiera que recibiere á un tal Sant°. 4. 10.
niño en mi nombre, á mi recibe e. e Cap. 10. 42.
6 Y cualquiera que escandalizare á al-
guno de estos pequeños, que creen en
mí, mejor le fuera que se le colgase al
cuello una piedra de molino de asno, y
que se le anegase en el profundo de la
mar f. f Mar. 9. 42.
7 ¡Ay del mundo por los escándalos! Lu. 17. 1, 2.
porque necesario es que vengan escán-
dalos: mas ¡ay de aquel hombre, por el
cual viene el escándalo!
8 Por tanto, si tu mano ó tu pié te † † Gr. *Es-*
fuere ocasion de caer, córtalos y échalos *candalizare.*
de tí g: mejor te es entrar cojo ó manco g Cap. 5. 29,
en la vida, que teniendo dos manos ó 30.
dos piés ser echado en el fuego eterno. Mar. 9. 43,
9 Y si tu ojo te fuere ocasion de caer, 45.
sácalo y échalo de tí: mejor te es entrar
con un solo ojo á la vida, que teniendo
dos ojos ser echado en el infierno del
fuego.
10 Mirad no tengais en poco á alguno
de estos pequeños: porque os digo, que
sus ángeles h en los cielos ven siempre h Heb. 1. 14.
la faz de mi Padre, que *está* en los cie-
los.
11 Porque ‖ el Hijo del hombre ha ve- ‖ *Este verso*
nido para salvar lo que se habia per- *no se halla*
dido i. *en varios*
12 ¿Qué os parece? Si tuviese algun *ejemplares*
hombre cien ovejas k, y se descarriase *antiguos.*
una de ellas, ¿no iria por los montes, i Lu. 19. 10.
dejadas las noventa y nueve, á buscar 1 Ti. 1. 15.
la que se hubiera descarriado l? k Lu. 15. 4,
13 Y si aconteciese hallarla, de cierto etc.
os digo, que mas se goza de aquella, l 2 Ped. 3. 9.
que de las noventa y nueve que no se
descarriaron.
14 Así no es la voluntad de vuestro
Padre, que *está* en los cielos, que se
pierda uno de estos pequeños.
15 ¶ Por tanto si tu hermano pecare
contra tí, ve, y redargúyele m entre tí y m Le. 19. 17.
él solo: si te oyere, has ganado á tu her- Lu. 17. 3.
mano n. n Sant°. 5. 20.
16 Mas si no *te* oyere, toma aun con-
tigo uno ó dos, para que en boca de dos
ó de tres testigos conste toda palabra o. o De. 19. 15.
17 Y si no oyere á ellos, *dilo* á la igle- 2 Co. 13. 1.
sia: y si no oyere á la iglesia, tenle
por un étnico, y un publicano p. p 1 Co. 5. 12,
18 De cierto os digo *que* todo lo que 13.
ligáreis en la tierra, será ligado en el
cielo: y todo lo que desatáreis en la
tierra, será desatado en el cielo q. q Cap. 6. 19.
19 Otra vez os digo, que si dos de voso- Juan. 20. 23.
tros se convinieren en la tierra, de toda Hech. 15.
cosa que pidieren, les será hecho por mi 28, 31.
Padre, que *está* en los cielos. 2 Co. 2. 10.
20 Porque donde están dos ó tres con-

gregados en mi nombre[r], allí estoy en medio de ellos.

[r] 1 Co. 5. 4.

21 ¶ Entónces Pedro llegándose á él, dijo; Señor, ¿cuantas veces perdonaré á mi hermano que pecare contra mí? ¿hasta siete[s]?

[s] Lu. 17. 4. Col. 3. 13.

22 Jesus le dice: No te digo hasta siete, mas aun hasta setenta veces siete.

23 Por lo cual el reino de los cielos es semejante á un hombre rey, que quiso hacer cuentas con sus siervos.

24 Y comenzando á hacer cuentas, le fué presentado uno que le debia diez mil talentos.

25 Mas á este, no pudiendo pagar, mandó su señor venderle, y á su mujer é hijos, con todo lo que tenia, y que se *le* pagase[t].

[t] 2 Rey. 4. 1.

26 Entónces aquel siervo postrado le adoraba, diciendo: Señor, ten paciencia conmigo, y yo te lo pagaré todo.

27 El señor movido á misericordia de aquel siervo, le soltó, y le perdonó la deuda.

28 Y saliendo aquel siervo, halló uno de sus consiervos, que le debia cien denarios; y trabando de él, le ahogaba, diciendo: Págame lo que debes.

29 Entónces su consiervo, postrándose á sus piés, le rogaba, diciendo[u]: Ten paciencia conmigo, y yo te lo pagaré todo.

[u] ver. 26.

30 Mas él no quiso; sino fué, y le echó en la cárcel hasta que pagase la deuda.

31 Y viendo sus consiervos lo que pasaba, se entristecieron mucho; y viniendo declararon á su señor todo lo que habia pasado.

32 Entónces llamándole su señor, le dice: Siervo malvado, toda aquella deuda te perdoné, porque me rogaste.

33 ¿No te convenia tambien á tí tener misericordia de tu consiervo, como tambien yo tuve misericordia de tí?

34 Entónces su señor enojado le entregó á los verdugos, hasta que pagase todo lo que le debia.

35 Así tambien hará con vosotros mi Padre celestial, si no perdonáreis de vuestros corazones cada uno á su hermano sus ofensas[x].

[x] Cap. 6. 12. Pr. 21. 13. Sant°. 2. 13.

CAPITULO XIX.

Enseña Jesus que el matrimonio es indisoluble, y que solo hay una causa para el divorcio: habla de la dificultad de salvarse los rices, y del premio de los que renuncian por amor de él á todas las cosas.

Y ACONTECIÓ que acabando Jesus estas palabras, se pasó de Galiléa, y vino á los términos de Judéa, pasado el Jordan[a].

[a] Mar. 10. 1.

2 Y le siguieron muchas gentes, y los sanó allí.

3 ¶ Entónces se llegaron á él los Fariséos, tentán.dole, y diciéndole: ¿Es lícito al hombre repudiar á su mujer por cualquiera causa?

4 Y él respondiendo, les dijo: ¿No habeis leido que él que *los* hizo al principio, macho y hembra los hizo[b],

[b] Gen. 1. 27, y 5. 2. Mal. 2. 15.

5 Y dijo: Por tanto el hombre dejará padre y madre, y se unirá á su mujer, y serán dos en una carne[c]?

[c] Gen. 2. 24. 1 Co. 6. 16. Ef. 5. 31.

6 Así que no son ya mas dos, sino una carne: por tanto lo que Dios juntó, no lo aparte el hombre[d].

[d] 1 Co. 7. 10.

7 Dícenle: ¿Por qué pues Moisés mandó dar carta de divorcio, y repudiarla[e]?

[e] De. 24. 1.

8 Díceles: Por la dureza de vuestro corazon Moisés os permitió repudiar á vuestras mujeres; mas al principio no fué así.

9 Y yo os digo, que cualquiera que repudiare á su mujer, sino fuere por causa de fornicacion, y se casare con otra, adultera: y el que se casare con la repudiada, adultera[f].

[f] Cap. 5. 32. Lu. 16. 18.

10 Dícenle sus discípulos: Si así es la condicion del hombre con *su* mujer, no conviene casarse.

11 Entónces él les dijo: No todos comprenden esta palabra, sino *aquellos* á quienes es dado[g].

[g] 1 Co. 7. 2, 7, 9.

12 Porque hay eunucos, que nacieron así del vientre de su madre; y hay eunucos, que son hechos eunucos por los hombres; y hay eunucos, que se hicieron á sí mismos eunucos por causa del reino de los cielos: él que puede comprender, comprenda[h].

[h] 1 Ca. 7. 7.

13 ¶ Entónces le fueron presentados unos niños, para que pusiese las manos sobre ellos, y orase: y los discípulos les riñeron.

14 Y Jesus dijo: Dejad á los niños, y no les impidais de venir á mí: porque de los tales es el reino de los cielos[i].

[i] Cap. 18. 3. Mar. 10. 14. Lu. 18. 16, etc.

15 Y habiendo puesto sobre ellos las manos, se partió de allí.

16 ¶ Y hé aquí uno llegándose le dijo: Maestro bueno, ¿qué bien haré, para tener la vida eterna[k]?

[k] Mar. 10. 17. Lu. 18. 18.

17 Y él le dijo: ¿Por qué me llamas bueno ‖? Ninguno *es* bueno sino uno, *es á saber*, Dios: y si quieres entrar en la vida, guarda los mandamientos.

‖ *O ¿para qué me preguntas del bien? Uno es bueno.*

18 Dícele: ¿Cuáles? Y Jesus dijo: No matarás: No adulterarás: No hurtarás: No dirás falso testimonio:

19 Honra á tu padre y á *tu* madre[l]: y, Amarás á tu prójimo como á tí mismo[m].

[l] Ex. 20. 12, etc.
[m] Le. 19. 18.

20 Dícele el mancebo: Todo esto guardé desde mi juventud: ¿qué mas me falta?

21 Dícele Jesus: Si quieres ser perfecto, anda, vende lo que tienes, y *dalo* á los pobres[n]; y tendrás tesoro en el cielo: y ven, sígueme[o].

[n] Lu. 12. 33, y 16. 9. Hech. 2. 45, y 4. 34, 35. 1 Ti. 6. 18, 19.
[o] Juan 12. 26.

22 Y oyendo el mancebo esta palabra, se fué triste; porque tenia muchas posesiones.

23 Entónces Jesus dijo á sus discípulos: De cierto os digo, que un rico difícilmente entrará en el reino de los cielos[p].

[p] Pr. 30. 8, 9.

24 Mas os digo, que mas liviano trabajo es pasar un camello por el ojo de una aguja, que entrar un rico en el reino de Dios.

25 Mas sus discípulos, oyendo *estas cosas*, se espantaron en gran manera, diciendo: ¿Quién pues podrá ser salvo?

26 Y mirándo*los* Jesus, les dijo: Para con los hombres imposible es esto; mas para con Dios, todo es posible[q].

[q] Gen. 18. 14. Jer. 32. 17.

27 Entónces respondiendo Pedro, le dijo: Hé aquí, nosotros hemos dejado todo, y te hemos seguido[r]: ¿qué pues tendrémos?

[r] Fi. 3. 8.

28 Y Jesus les dijo: De cierto os digo, que vosotros que me habeis seguido, en la regeneracion, cuando se sentará el Hijo del hombre en el trono de su gloria, vosotros tambien os sentaréis sobre doce tronos, para juzgar á las doce tribus de Israél[s].

[s] Lu. 22. 28, 30.

29 Y cualquiera que dejare casas, ó hermanos, ó hermanas, ó padre, ó madre, ó mujer, ó hijos, ó tierras, por mi nombre, recibirá cien veces tanto, y heredará la vida eterna[t].

[t] Mar. 10. 29, 30. Lu. 18. 29, 30.

30 Mas muchos primeros serán postreros; y postreros, primeros[u].

[u] Cap. 20. 16. Lu. 13. 30.

CAPITULO XX.

Parábola de los obreros llamados á trabajar en la viña. Jesus predice su muerte y resurreccion. Responde á la pretension de la madre de los hijos de Zebedéo. Da vista á dos ciegos.

PORQUE el reino de los cielos es semejante á un hombre, padre de familia, que salió por la mañana á ajustar obreros para su viña.

2 Y habiéndose concertado con los obreros en un denario al dia, los envió á su viña.

3 Y saliendo cerca de la hora de las tres, vió otros que estaban en la plaza ociosos;

4 Y les dijo: Id tambien vosotros á mi viña, y os daré lo que fuere justo. Y ellos fueron.

5 Salió otra vez cerca de las horas sexta y nona, é hizo lo mismo.

6 Y saliendo cerca de la hora undécima, halló otros que estaban ociosos, y díceles, ¿Por qué estais aquí todo el dia ociosos?

7 Dicenle: Porque nadie nos ha ajustado. Diceles: Id tambien vosotros á la viña, y recibiréis lo que fuere justo.

8 Y cuando fué la tarde del dia, el señor de la viña dijo á su mayordomo: Llama los obreros, y págales el jornal, comenzando desde los postreros hasta los primeros.

9 Y viniendo los que *habian ido* cerca de la hora undécima, recibieron cada uno un denario.

10 Y viniendo tambien los primeros, pensaron que habian de recibir mas; pero tambien ellos recibieron cada uno un denario.

11 Y tomándo*lo*, murmuraban contra el padre de la familia[a],

. 15. 2
30.

12 Diciendo: Estos postreros solo han trabajado una hora, y los has hecho iguales á nosotros, que hemos llevado la carga y el calor del dia.

13 Y él respondiendo dijo á uno de ellos: Amigo, no te hago agravio: ¿no te concertaste conmigo por un denario?

14 Toma lo que es tuyo, y vete: mas quiero dar á este postrero como á tí.

15 ¿No me es lícito á mí hacer lo que quiero con lo mio? ó ¿es malo tu ojo, porque yo soy bueno?

16 Así los primeros serán postreros[b], y los postreros primeros: porque muchos son llamados, mas pocos escogidos[c].

. 19. 30.
. 22. 14.

17 ¶ Y subiendo Jesus á Jerusalem[d], tomó sus doce discípulos aparte en el camino, y les dijo:

. 16. 21,
. 10. 32,
18. 31,

18 Hé aquí subimos á Jerusalem, y el Hijo del hombre será entregado á los príncipes de los sacerdotes, y á los escribas; y le condenarán á muerte;

19 Y le entregarán á los Gentiles[e], para que *le* escarnezcan, y azoten, y crucifiquen: mas al tercero dia resucitará.

. 27. 2.
. 15. 1,

20 ¶ Entónces se llegó á él la madre de los hijos de Zebedéo con sus hijos[f], adorándo*le*, y pidiéndole algo.

n 18. 28,
. 10. 35.

21 Y él le dijo: ¿Qué quieres? Ella le dijo: Dí que se sienten estos dos hijos mios, el uno á tu mano derecha, y el otro á tu izquierda, en tu reino[g].

. 16. 28.
. 28.

22 Entónces Jesus respondiendo, dijo: No sabeis lo que pedis: ¿podeis beber el vaso que yo he de beber, y ser bautizados del bautismo de que yo soy bautizado[h]? Ellos le dicen: Podemos.

12. 50.

23 Y él les dice: A la verdad mi vaso beberéis; y del bautismo de que yo soy bautizado[i], seréis bautizados: mas el sentaros á mi mano derecha, y á mi izquierda, no es mio dar*lo* sino á aquellos, para quienes está aparejado de mi Padre.

h. 12. 2.
. 1. 7.
L. 9.

24 Y como los diez oyeron *esto*, se enojaron de los dos hermanos.

25 Entónces Jesus llamándolos, dijo: Sabeis que los príncipes de los Gentiles se enseñorean sobre ellos, y los que son grandes ejercen sobre ellos potestad.

26 Mas entre vosotros no será así: sino el que quisiere entre vosotros hacerse grande, será vuestro servidor;

27 Y el que quisiere entre vosotros ser el primero, será vuestro siervo:

28 Como el Hijo del hombre no vino para ser servido, sino para servir, y para dar su vida en rescate por muchos[k].

k Is. 53. 5, 8, 11.
Da. 9. 24.
1 Ti. 2. 6.
Tit. 2. 14.
Heb. 9. 28.
1 Ped. 1. 18, 19.
Ap. 1. 5.

29 ¶ Entónces saliendo ellos de Jericó, le seguia gran compañía.

30 Y hé aquí dos ciegos[l] sentados junto al camino, como oyeron que Jesus pasaba, clamaron diciendo: Señor, Hijo de David, ten misericordia de nosotros.

l Cap. 9. 27.
Mar. 10. 46.
Lu. 18. 35.

31 Y la gente les reñia, para que callasen; mas ellos clamaban mas, diciendo: Señor, Hijo de David, ten misericordia de nosotros.

32 Y parándose Jesus, los llamó, y dijo: ¿Qué quereis que haga por vosotros?

33 Ellos le dicen: Señor, que sean abiertos nuestros ojos.

34 Entónces Jesus, teniendo misericordia *de ellos*, les tocó los ojos; y luego sus ojos recibieron la vista: y le siguieron.

CAPITULO XXI.

Jesus entra en Jerusalem aclamado por Mesias: echa del templo á los que estaban allí vendiendo: maldice á una higuera; y confunde á sus émulos con parábolas y razones.

Y COMO se acercaron á Jerusalem, y vinieron á Betfagé, al monte de las Olivas, entónces Jesus envió dos discípulos[a],

a Mar. 11. 1.
Lu. 19. 29.

2 Diciéndoles: Id á la aldéa que está delante de vosotros, y luego hallaréis una asna atada, y un pollino con ella; desatad*la*, y traédme*los*.

3 Y si alguno os dijere algo, decid: El Señor los ha menester. Y luego los dejará.

4 Y todo esto fué hecho, para que se cumpliese lo que fué dicho por el profeta[b], que dijo:

b Zac. 9. 9.
Juan 12. 15.

5 Decid á la hija de Sion: Hé aquí, tu Rey viene á tí manso, y sentado sobre una asna, y *sobre* un pollino hijo de animal de yugo.

6 Y los discípulos fueron, é hicieron como Jesus les mandó.

7 Y trajeron la asna, y el pollino, y pusieron sobre ellos sus mantos; y se sentó sobre ellos.

8 Y la compañía, *que era* muy numerosa, tendia sus mantos en el camino; y otros cortaban ramos de los árboles, y *los* tendian por el camino.

9 Y las gentes que iban delante, y las que iban detras, aclamaban diciendo: Hosanna ‖ al Hijo de David; bendito el que viene en el nombre del Señor[c]: Hosanna en las alturas[d].

‖ *Salud ahora, ó salva ahora.*
c Cap. 23. 39.
Sal. 118. 26.
d Lu. 2. 14.

10 Y entrando él en Jerusalem, toda la ciudad se alborotó, diciendo: ¿Quién es este?

11 Y las gentes decian: Este es Jesus, el profeta, de Nazaret de Galiléa.

12 Y entró Jesus en el templo de Dios[e], y echó fuera todos los que vendian y compraban en el templo, y trastornó las mesas de los cambiadores, y las sillas de los que vendian palomas;

e Mar. 11. 11.
Lu. 19. 45, etc.
Juan 2. 15, etc.

13 Y les dice: Escrito está, Mi casa, casa de oracion[f] será llamada; mas vosotros cueva de ladrones la habeis hecho[g].

f Is. 56. 7.
g Jer. 7. 11.

14 ¶ Entónces vinieron á él ciegos y cojos en el templo, y los sanó.

15 Mas los príncipes de los sacerdotes y los escribas, viendo las maravillas que

hacia, y los muchachos aclamando en el
templo, y diciendo, Hosanna al Hijo de
David ! se indignaron,
16 Y le dijeron : ¿ Oyes lo que estos
dicen ? Y Jesus les dice : Sí : ¿ nunca
leisteis, De la boca de los niños, y de
los que maman perfeccionaste la ala-
banza [h] ?
17 Y dejándolos, se salió fuera de la
ciudad á Betania ; y posó allí.
18 ¶ Y por la mañana volviendo á la
ciudad, tuvo hambre.
19 Y viendo una higuera cerca del ca-
mino, vino á ella, y no halló nada en
ella sino hojas solamente [i]; y le dijo:
Nunca mas para siempre nazca de tí
fruto. Y luego se secó la higuera.
20 Y viendo *esto* los discípulos, mara-
villados decian : ¡ Cómo se secó luego la
higuera !
21 Y respondiendo Jesus, les dijo : De
cierto os digo, que si tuviéreis fé, y no
dudáreis [k], no solo haréis esto de la hi-
guera, mas si á este monte dijéreis,
Quítate [l], y échate en la mar ; será
hecho.
22 Y todo lo que pidiéreis en oracion,
creyendo, *lo* recibiréis [m].
23 ¶ Y como vino al templo [n], llegaron
á él, cuando estaba enseñando, los prín-
cipes de los sacerdotes, y los ancianos
del pueblo, diciendo : ¿ Con qué autori-
dad haces esto [o] ? y ¿ quién te dió esta
autoridad ?
24 Y respondiendo Jesus, les dijo : Yo
tambien os preguntaré una palabra, la
cual si me dijéreis, tambien yo os diré
con que autoridad hago esto.
25 El bautismo de Juan ¿ de dónde
era ? ¿ del cielo, ó de los hombres ?
Ellos entónces pensaron entre sí, dici-
endo : Si dijéremos, Del cielo ; nos dirá,
¿ Por qué pues no le creisteis ?
26 Y si dijéremos, De los hombres ; te-
memos al pueblo ; porque todos tienen á
Juan por profeta [p].
27 Y respondiendo á Jesus, dijeron :
No sabemos. Y él tambien les dijo : Ni
yo os digo con qué autoridad hago esto.
28 ¶ Mas ¿ qué os parece ? Un hom-
bre tenia dos hijos, y llegando al pri-
mero, le dijo : Hijo, ve hoy á trabajar
en mi viña.
29 Y respondiendo él, dijo : No quiero.
Mas despues arrepentido, fué.
30 Y llegando al otro, *le* dijo de la mis-
ma manera : y respondiendo él, dijo :
Yo, señor, *voy*. Y no fué.
31 ¿ Cuál de los dos hizo la voluntad
del padre ? Dicen ellos : El primero.
Díceles Jesus : De cierto os digo, que
los publicanos y las rameras os van de-
lante al reino de Dios.
32 Porque vino á vosotros Juan en ca-
mino de justicia, y no le creisteis ; y los
publicanos [q] y las rameras [r] le creyeron :
y vosotros viendo *esto*, no os arrepentis-
teis despues para creerle.
33 ¶ Oid otra parábola : Fué un hom-
bre, padre de familia, el cual plantó una
viña [s] ; y la cercó de vallado, y cavó en
ella un lagar ; y edificó una torre, y la
dió á renta á labradores, y se partió
léjos.
34 Y cuando se acercó el tiempo de los
frutos, envió sus siervos á los labrado-
res [t], para que recibiesen sus frutos.
35 Mas los labradores, tomando los
siervos, al uno hirieron, y al otro ma-
taron, y al otro apedrearon [u].
36 Envió de nuevo otros siervos, mas
que los primeros, é hicieron con ellos de
la misma manera.
37 Y á la postre les envió su hijo, dici-
endo : Tendrán respeto á mi hijo.

[h] Sal. 8. 2.
[i] Mar. 11. 13.
[k] Cap. 17. 20. Lu. 17. 6. Santº. 1. 6.
[l] 1 Co. 13. 2.
[m] Cap. 7. 7. Mar. 11. 24. Lu. 11. 9. Santº. 5. 16. 1 Juan 3. 22. y 5. 14.
[n] Mar. 11. 27. Lu. 20. 1.
[o] Ex. 2. 14.
[p] Cap. 14. 5.
[q] Lu. 3. 12.
[r] Lu. 7. 37, etc.
[s] Sal. 80. 8, 16. Is. 5. 1, 7. Jer. 2. 21. Mar. 12. 1. Lu. 20. 9.
[t] 2 Rey. 17. 13, etc.
[u] Cap. 23. 34, 37. 2 Cr. 36. 16. Neh. 9. 26. Hech. 7. 52. 1 Tes. 2. 15.

38 Mas los labradores, viendo al hijo,
dijeron entre sí : Este es el heredero [x] ;
venid, matémosle, y tomemos su he-
redad.
39 Y tomado, le echaron fuera de la
viña, y le mataron [y].
40 Pues cuando viniere el señor de la
viña, ¿ qué hará á aquellos labradores ?
41 Dícenle : A los malos destruirá mi-
serablemente, y su viña dará á renta á
otros labradores [z], que le paguen el fruto
á sus tiempos.
42 Díceles Jesus : ¿ Nunca leisteis en
las Escrituras, La Piedra que desecha-
ron los que edificaban, esta fué hecha
por cabeza de esquina : por el Señor es
hecho esto, y es cosa maravillosa en nu-
estros ojos [a] ?
43 Por tanto os digo, que el reino de
Dios será quitado de vosotros, y será
dado á gente que haga los frutos de él.
44 Y ‖ el que cayere sobre esta piedra,
será quebrantado [b] ; y sobre quien ella
cayere, le desmenuzará [c].
45 Y oyendo los príncipes de los sacer-
dotes y los Fariseos sus parábolas, en-
tendieron que hablaba de ellos.
46 Y buscando como echarle mano,
temieron al pueblo ; porque le tenian
por profeta [d].

[x] Heb. 1. 1, 2.
[y] Hech. 2. 23.
[z] Ro. 11. 11.
[a] Sal. 118. 22, 23. 1 Ped. 2. 6, 7.
‖ *Este verso no se halla en algunos ejemplares antiguos.*
[b] Is. 8. 14, 15.
[c] Da. 2. 34, 35.
[d] Lu. 7. 16. Juan 7. 40.

CAPITULO XXII.

Parábola del rey que convidó á las bodas de su hijo. Si debe pagarse el tributo al César. Doctrina sobre la resurreccion. Amor de Dios y del prójimo. Cristo hijo y Señor de David.

Y RESPONDIENDO Jesus, les vol-
vió á hablar en parábolas, diciendo :
2 El reino de los cielos es semejante
á un hombre rey, que hizo bodas á su
hijo [a] :
3 Y envió sus siervos [b] para que llama-
sen los llamados á las bodas ; mas no
quisieron venir.
4 Volvió á enviar otros siervos, dici-
endo : Decid á los llamados, Hé aquí,
mi comida he aparejado ; mis toros, y
animales engordados *son* muertos, y to-
do *está* prevenido : venid á las bodas.
5 Mas ellos no se cuidaron [c], y se fue-
ron ; uno á su labranza, y otro á sus
negocios ;
6 Y otros, tomando sus siervos, *los*
afrentaron, y *los* mataron [d].
7 Y el rey, oyendo *esto*, se enojó ; y
enviando sus ejércitos, destruyó á aque-
llos homicidas, y puso fuego á su ciu-
dad [e].
8 Entónces dice á sus siervos : Las
bodas á la verdad están aparejadas ; mas
los que eran llamados no eran dignos [f].
9 Id pues á las salidas de los caminos,
y llamad á las bodas á cuantos halla-
reis [g].
10 Y saliendo los siervos por los ca-
minos, juntaron á todos los que halla-
ron [h], juntamente malos y buenos ; y las
bodas fueron llenas de convidados †.
11 Y entró el rey para ver los convida-
dos, y vió allí un hombre no vestido de
vestido de boda [i].
12 Y le dijo : Amigo, ¿ cómo entraste
acá no teniendo vestido de boda ? Mas
él cerró la boca.
13 Entónces el rey dijo á los que ser-
vian : Atado de piés y de manos to-
madle, y echadle en las tinieblas de
afuera [k] ; allí será el lloro, y el crujir
de dientes.
14 Porque muchos son llamados, y po-
cos escogidos [l].
15 ¶ Entónces idos los Fariséos, con-
sultaron como le tomarian en *alguna*
palabra [m].

[a] Lu. 14. 16.
[b] Pro. 9. 3, 5.
[c] Pro. 1. 24, 25.
[d] 1 Tes. 2. 15.
[e] Da. 9. 26. Lu. 19. 27. y 21. 6.
[f] Hech. 13. 46.
[g] Lu. 24. 47.
[h] Hech. 13. 26.
† Gr. *recostados.*
[i] Is. 61. 10. Ef. 4. 24. Ap. 19. 8.
[k] Cap. 8. 12.
[l] Cap. 20. 16. Lu. 13. 23, 24.
[m] Mar. 12. 13, etc. Lu. 20. 20, etc.

16 Y envian á él los discípulos de ellos,
con los Herodianos, diciendo: Maestro,
sabemos que eres amador de verdad,
y *que* enseñas con verdad el camino de
Dios, y *que* no te curas de nadie, por-
que no tienes acepcion de persona de
hombres.
17 Dinos pues, ¿qué te parece? ¿es
lícito dar tributo á César, ó no?
18 Mas Jesus, entendida la malicia de
ellos, *les* dice: ¿Por qué me tentais,
hipócritas?
19 Mostradme la moneda del tributo.
Y ellos le presentaron un denario.
20 Entónces les dice: ¿Cuya *es* esta
figura, y lo que está encima escrito?
21 Dícenle: De César. Y díceles: Pa-
17.25. gad, pues, á César lo *que es* de César [n],
3. 7. y á Dios lo *que es* de Dios [o].
1. 6. 22 Y oyendo *esto* se maravillaron, y
dejándole se fueron.
12.18, 23 ¶ Aquel dia [p] llegaron á él los Sa-
ducéos, que dicen no haber resurrec-
. 27, cion [q], y le preguntaron,
24 Diciendo: Maestro, Moises dijo, Si
. 23. 8. alguno muriere sin hijos, su hermano se
casará con su mujer, y despertará simi-
25. 5. ente á su hermano [r].
. 11. 25 Fueron pues entre nosotros siete
hermanos: y el primero tomó mujer, y
murió; y no teniendo generacion, dejó
su mujer á su hermano.
26 De la misma manera tambien el
segundo, y el tercero, hasta los siete.
27 Y despues de todos murió tambien
la mujer.
28 En la resurreccion, pues, ¿de cual
de los siete será ella mujer? porque
todos la tuvieron.
29 Entónces respondiendo Jesus, les
dijo: Errais, ignorando las Escrituras,
y la potencia de Dios.
30 Porque en la resurreccion, ni los
hombres tomarán mujeres, ni las mu-
jeres maridos; mas son como los ángeles
15. 42, de Dios en el cielo [s].
31 Y de la resurreccion de los muertos,
¿no habeis leido lo que os es dicho por
Dios, que dice,
32 Yo soy el Dios de Abraham, y el
. 6, Dios de Isaac, y el Dios de Jacob [t]?
Dios no es Dios de muertos, sino de
11. 16. vivos [u].
8. 19. 33 Y oyendo *esto* las gentes, estaban
0. 4. atónitas de su doctrina [x].
7. 28. 34 ¶ Entónces los Fariséos, oyendo que
12. 17. habia cerrado la boca á los Saducéos, se
juntaron á una;
35 Y preguntó uno de ellos, intérprete
10. 25, de la ley, tentándole [y], y diciendo:
36 Maestro, ¿cuál *es* el mandamiento
grande en la ley?
37 Y Jesus le dijo: Amarás al Señor
tu Dios de todo tu corazon, y de toda
6. 5. tu alma, y de toda tu mente [z].
12. 38 Este es el primero y el grande man-
damiento.
39 Y el segundo *es* semejante á este:
Amarás á tu prójimo como á tí mis-
19. 18. mo [a].
40 De estos dos mandamientos depende
7. 12. toda la ley, y los profetas [b].
3. 9. 41 ¶ Y estando juntos los Fariséos,
. 2. 8. Jesus les preguntó,
42 Diciendo: ¿Qué os parece del Cris-
8. 12. to [c]? ¿de quién es Hijo? Dícenle: De
David.
43 El les dice: ¿Pues cómo David en
. 2. 34, Espíritu le llama Señor [d], diciendo,
44 Dijo el Señor á mi Señor, Siéntate
1. 13. á mi diestra, entretanto que pongo tus
12, 13. enemigos por estrado de tus piés [e]?
110. 1. 45 Pues si David le llama Señor, ¿có-
mo es su Hijo?
46 Y nadie le podia responder palabra;
ni osó alguno desde aquel dia pregun-
tarle mas [f]. [f] Mar. 12. 34. Lu. 20. 40.

CAPITULO XXIII.

Condena Jesus la hipocresía y soberbia de los Fariséos; habla de las falsas esplicaciones que dan á la ley: de la muerte violenta de los profetas; y de la ruina de Jerusalem.

ENTÓNCES habló Jesus á las gen-
tes, y á sus discípulos,
2 Diciendo: Sobre la cátedra de Moises
se sentaron los escribas y los Fariséos:
3 Así que todo lo que os dijeren que
guardeis, guardad*lo* y haced*lo*; mas no
hagais conforme á sus obras: porque di-
cen y no hacen [a]. [a] Ro. 2. 21, 23.
4 Porque atan cargas pesadas, y difíci-
les de llevar, y *las* ponen sobre los hom-
bros de los hombres; mas ni aun con
su dedo las quieren mover [b]. [b] Lu. 11. 46.
5 Antes todas sus obras hacen para ser
mirados de los hombres [c]: porque en- [c] Cap. 6. 1, 16.
sanchan sus filacterias, y extienden los
flecos de sus mantos;
6 Y aman los primeros asientos en las
cenas, y las primeras sillas en las sina-
gogas [d]; [d] Mar. 12. 38, etc.
7 Y las salutaciones en las plazas, y ser Lu. 11. 43, etc.
llamados de los hombres, Rabí, Rabí ‖. ‖ *Maestro.*
8 Mas vosotros, no querais ser lla-
mados Rabí; porque uno es vuestro
Maestro, el Cristo, y todos vosotros sois
hermanos.
9 Y vuestro padre no llameis *á nadie*
en la tierra; porque uno es vuestro Pa-
dre, el cual *está* en los cielos [e]. [e] Cap. 6. 9.
10 Ni seais llamados maestros; porque
uno es vuestro Maestro, el Cristo.
11 El que es el mayor de vosotros, sea
vuestro siervo [f]. [f] Cap. 20. 26, 27.
12 Porque el que se ensalzare, será
humillado; y el que se humillare, será
ensalzado [g]. [g] Pro. 15. 33. y 29. 23.
13 ¶ Mas ¡ay de vosotros, escribas y Lu. 14. 11.
Fariséos, hipócritas! porque cerrais el Sant°. 4. 6.
reino de los cielos delante de los hom- 1 Ped. 5. 5.
bres; que ni vosotros entrais, ni á los
que están entrando dejais entrar.
14 ¡Ay ‖ de vosotros, escribas y Fari- ‖ *Este verso no se halla en algunos ejemplares.*
seos, hipócritas! porque comeis las ca-
sas de las viudas y por pretexto haceis
larga oracion: por esto llevaréis mas
grave juicio.
15 ¡Ay de vosotros, escribas y Fariséos,
hipócritas! porque rodeais la mar y la
tierra por hacer un prosélito; y cuando
fuere hecho, le haceis hijo del infierno [h] [h] Cap. 5. 22.
doble mas que vosotros.
16 ¡Ay de vosotros, guias ciegas [i]! que [i] Cap. 15. 14.
decís, Cualquiera que jurare por el tem-
plo, es nada; mas cualquiera que jurare
por el oro del templo, deudor es.
17 Insensatos, y ciegos: porque ¿cuál
es mayor, el oro, ó el templo, que san-
tifica al oro?
18 Y: Cualquiera que jurare por el
altar, es nada; mas cualquiera que ju-
rare por el presente que *está* sobre él,
deudor es.
19 Necios y ciegos: porque, ¿cuál es
mayor, el presente, ó el altar, que san-
tifica al presente [k]? [k] Ex. 29. 37. y 30. 29.
20 Pues el que jurare por el altar, jura
por él, y por todo lo que *está* sobre él.
21 Y el que jurare por el templo, jura
por él, y por Aquel que habita en él [l]. [l] 2 Cr. 6. 2. Sal. 26. 8.
22 Y el que jurare por el cielo, jura
por el trono de Dios [m], y por Aquel que [m] Cap. 5. 34. Sal. 11. 4.
está sentado sobre él. Is. 66. 1.
23 ¡Ay de vosotros, escribas y Fariséos,
hipócritas! porque diezmais la menta,
y el eneldo, y el comino [n], y dejasteis lo [n] Lu. 11. 42.
que es lo mas grave de la ley [o], *es á saber*, [o] 1 Sa. 15. 22.
el juicio, y la misericordia, y la fé: esto
era menester hacer, y no dejar lo otro.

24 Guias ciegas, que colais el mosquito, mas tragais el camello.

25 ¡ Ay de vosotros, escribas y Fariséos, hipócritas! porque limpiais lo *que está* de fuera del vaso, y del plato[p]; mas de dentro están llenos de robo y de injusticia.

26 Fariséo ciego, limpia primero lo *que está* dentro del vaso, y del plato, para que tambien lo *que está* fuera se haga limpio.

27 ¡ Ay de vosotros, escribas y Fariséos, hipócritas! porque sois semejantes á sepulcros blanqueados[q]; que de fuera, á la verdad, se muestran hermosos, mas de dentro están llenos de huesos de muertos, y de toda suciedad.

28 Así tambien vosotros, de fuera, á la verdad, os mostrais justos á los hombres, mas de dentro, llenos estais de hipocresía é iniquidad.

29 ¡ Ay de vosotros, escribas y Fariséos, hipócritas! porque edificais los sepulcros de los profetas, y adornais los monumentos de los justos,

30 Y decís: Si fueramos en los dias de nuestros padres, no hubieramos sido sus compañeros en la sangre de los profetas:

31 Así que testimonio dais á vosotros mismos, que sois hijos de aquellos que mataron á los profetas[r].

32 Vosotros tambien henchid la medida de vuestros padres[s].

33 Serpientes, generacion de víboras[t], ¿ cómo evitaréis el juicio del infierno?

34 Por tanto hé aquí, yo envio á vosotros profetas, y sabios, y escribas; y de ellos *á unos* mataréis[u] y crucificaréis, y *á otros* de ellos azotaréis[x] en vuestras sinagogas, y perseguiréis de ciudad en ciudad:

35 Para que venga sobre vosotros toda la sangre justa que *se* ha derramado sobre la tierra, desde la sangre de Abel el justo[y], hasta la sangre de Zacarías[z], hijo de Barachias, al cual matasteis entre el templo y el altar.

36 De cierto os digo, que todo esto vendrá sobre esta generacion.

37 Jerusalem, Jerusalem[a], que matas á los profetas, y apedreas á los que son enviados á tí; ¡ cuantas veces quise juntar tus hijos, como la gallina junta sus pollos debajo de las alas, y no quisisteis!

38 Hé aquí vuestra casa os es dejada desierta.

39 Porque os digo, que desde ahora no me veréis, hasta que digais, Bendito el que viene en el nombre del Señor[b].

[p] Mar. 7. 4, etc.
[q] Lu. 11. 44. Hech. 23. 3.
[r] Hech. 7. 52. 1 Te. 2. 15.
[s] Gen. 15. 16. 1 Te. 2. 16.
[t] Cap. 3. 7.
[u] Hech. 7. 59.
[x] Hech. 5. 40. y 22. 19. 2 Co. 11. 24, 25.
[y] Gen. 4. 8.
[z] 2 Cr. 24. 20, 21.
[a] Lu. 13. 34.
[b] Cap. 21. 9. Sal. 118. 26.

CAPITULO XXIV.

Predice Jesus la ruina de Jerusalem y del templo, y anuncia á sus discípulos lo que sucedería durante la promulgacion del Evangelio, y en su segunda venida. Les encarga que estén siempre en vela para que la segunda venida no los coja desprevenidos.

Y SALIDO Jesus, íbase del templo[a]; y se llegaron sus discípulos, para mostrarle los edificios del templo.

2 Y respondiendo él, les dijo: ¿ Veis todo esto? de cierto os digo, que no será dejada aquí piedra sobre piedra, que no sea destruida[b].

3 Y sentándose él en el monte de las Olivas, se llegaron á él *sus* discípulos aparte, diciendo: Dínos ¿ cuando serán estas cosas, y qué señal *habrá* de tu venida, y del fin del siglo[c]?

4 Y respondiendo Jesus, les dijo: Mirad que nadie os engañe[d].

5 Porque vendrán muchos en mi nombre, diciendo, Yo soy el Cristo: y á muchos engañarán.

6 Y oiréis guerras, y rumores de guerras: mirad *que* no os turbeis: porque es menester que todo *esto* acontezca; mas aun no es el fin.

7 Porque se levantará nacion contra nacion, y reino contra reino: y habrá pestilencias, y hambres, y terremotos por los lugares.

8 Y todas estas cosas, principio de dolores.

9 Entónces os entregarán para ser afligidos, y os matarán[e]: y seréis aborrecidos de todas las gentes por causa de mi nombre.

10 Y muchos entónces serán escandalizados[f]; y se entregarán unos á otros, y unos á otros se aborrecerán.

11 Y muchos falsos profetas[g] se levantarán, y engañarán á muchos.

12 Y por haberse multiplicado la maldad, la caridad de muchos se resfriará.

13 Mas el que perseverare hasta el fin[h], este será salvo.

14 Y será predicado este Evangelio del reino en todo el mundo[i], por testimonio á todos los Gentiles[k]; y entónces vendrá el fin.

15 ¶ Por tanto cuando viereis la abominacion del asolamiento, que fué dicha por Daniel[l] profeta, que estará en el lugar santo, (el que lee, entienda,)

16 Entónces los que *estén* en Judéa, huyan á los montes;

17 Y el que sobre el terrado, no descienda á tomar algo de su casa;

18 Y el que en el campo, no vuelva atrás á tomar sus vestidos.

19 Mas ¡ ay de las preñadas[m], y de las que crian en aquellos dias!

20 Orad pues que vuestra huida no sea en invierno, ni en Sábado.

21 Porque habrá entónces grande afliccion[n], cual no fué desde el principio del mundo hasta ahora[o], ni será.

22 Y si aquellos dias no fuesen acortados, ninguna carne seria salva: mas por causa de los escogidos[p], aquellos dias serán acortados.

23 Entónces si alguno os dijere: Hé aquí *está* el Cristo, ó allí[q]; no creais.

24 Porque se levantarán falsos Cristos, y falsos profetas[r], y darán señales grandes y prodigios[s]; de tal manera que engañarán, si *es* posible, aun á los escogidos[t].

25 Hé aquí os *lo* he dicho ántes.

26 Así que si os dijeren: Hé aquí en el desierto está; no salgais: Hé aquí en las cámaras; no creais.

27 Porque como el relámpago que sale del oriente, y se muestra hasta el occidente[u], así será tambien la venida del Hijo del hombre.

28 Porque donde quiera que estuviere el cuerpo muerto, allí se juntarán las águilas[v].

29 ¶ Y luego despues de la afliccion de aquellos dias, el sol se oscurecerá, y la luna no dará su lumbre, y las estrellas caerán del cielo[x], y las virtudes de los cielos serán conmovidas[y]:

30 Y entónces se mostrará la señal del Hijo del hombre[z] en el cielo; y entónces lamentarán todas las tribus de la tierra, y verán al Hijo del hombre que vendrá sobre las nubes del cielo, con grande poder y gloria[a].

31 Y enviará sus ángeles[b] con gran voz de trompeta[c], y juntarán sus escogidos de los cuatro vientos, de un cabo del cielo hasta el otro.

32 ¶ De la higuera aprended la parábola[d]: Cuando ya su rama se enternece, y las hojas brotan, sabeis que el verano *está* cerca.

33 Así tambien vosotros, cuando viereis

[a] Mar. 13. 1. Lu. 21. 5.
[b] 1 Rey. 9. 7. Jer. 26. 18. Lu. 19. 44.
[c] Cap. 13. 39, 40. 1 Te. 5. 1, etc.
[d] 2 Te. 2. 3.
[e] Juan 16. 2.
[f] Cap. 11. 6.
[g] 2 Ped. 2. 1.
[h] Ap. 2. 10, 26.
[i] Cap. 28. 19. Ro. 10. 18. Ap. 14. 6.
[k] Hech. 15. 14.
[l] Da. 9. 27. y 12. 11. y 11. 31.
[m] Lu. 23. 29.
[n] Jer. 30. 7.
[o] Da. 12. 1.
[p] Is. 65. 8, 9.
[q] Lu. 17. 23.
[r] ver. 5, 11.
[s] 2 Te. 2. 9, 11. Ap. 13. 13.
[t] Juan 10. 28, 29. 2 Ti. 2. 19.
[u] Lu. 17. 24, etc.
[v] Job 39. 30.
[x] Is. 13. 10. Ez. 32. 7. Hech. 2. 20. Joel 2. 10. Ap. 6. 12.
[y] Is. 34. 4.
[z] Da. 7. 13.
[a] Cap. 16. 27. Mar. 13. 26. Lu. 21. 27. Ap. 1. 7.
[b] Cap. 13. 41.
[c] 1 Co. 15. 52. 1 Te. 4. 16.
[d] Lu. 21. 29.

todas estas cosas, sabed que está cercano, á las puertas.

34 De cierto os digo, *que* no pasará esa generacion, que todas estas cosas no acontezcan.

35 El cielo y la tierra pasarán, mas mis palabras no pasarán[e].

36 ¶ Empero del dia y hora nadie sabe, ni aun los ángeles de los cielos, sino mi Padre solo[f].

37 Mas como los dias de Noé, así será la venida del Hijo del hombre[g].

38 Porque como en los dias ántes del diluvio estaban comiendo y bebiendo, casándose y dando en casamiento, hasta el dia que Noé entró en el arca[h],

39 Y no conocieron hasta que vino el diluvio, y llevó á todos, así será tambien la venida del Hijo del hombre.

40 Entónces estarán dos en el campo; el uno será tomado, y el otro será dejado:

41 Dos mujeres moliendo á un molinillo; la una será tomada, y la otra será dejada.

42 ¶ Velad pues[i]; porque no sabeis á que hora ha de venir vuestro Señor.

43 Esto empero sabed, que si el padre de la familia supiese á cual vela el ladron habia de venir, velaria, y no dejaria minar su casa.

44 Por tanto tambien vosotros estad apercibidos; porque el Hijo del hombre ha de venir á la hora que no pensais.

45 ¿Quién pues es el siervo fiel y prudente, al cual puso su Señor sobre su familia, para que les dé alimento á tiempo[k]?

46 Bienaventurado aquel siervo, al cual, cuando su Señor viniere, le hallare haciendo así.

47 De cierto os digo, que sobre todos sus bienes le pondrá[l].

48 Y si aquel siervo malo dijere en su corazon: Mi Señor se tarda en venir;

49 Y comenzare á herir *sus* consiervos, y aun á comer y beber con los borrachos;

50 Vendrá el Señor de aquel siervo, en el dia que no espera, y á la hora que no sabe[m],

51 Y le cortará por medio, y pondrá su parte con los hipócritas: allí será el lloro, y el crujir de dientes[n].

CAPITULO XXV.

Parábolas de las diez vírgenes, y de los talentos; en las que Jesus manda estar en vela y ejercitar las buenas obras, para que no seamos condenados en su segunda venida y último Juicio.

ENTÓNCES el reino de los cielos será semejante á diez vírgenes[a], que tomando sus lámparas, salieron á recibir al esposo[b].

2 Y las cinco de ellas eran prudentes, y las cinco fatuas.

3 Las que *eran* fatuas, tomando sus lámparas, no tomaron consigo aceite[c]:

4 Mas las prudentes tomaron aceite en sus vasos, *juntamente* con sus lámparas[d].

5 Y tardándose el esposo, cabecearon todas, y se durmieron[e].

6 Y á la media noche fué oido un clamor: Hé aquí, el esposo viene, salid á recibirle.

7 Entónces todas aquellas vírgenes se levantaron, y aderezaron sus lámparas.

8 Y las fatuas dijeron á las prudentes: Dadnos de vuestro aceite; porque nuestras lámparas se apagan[f].

9 Mas las prudentes respondieron, diciendo: Porque no nos falte á nosotras y á vosotras, id ántes á los que venden, y comprad[g] para vosotras.

10 Y mientras que ellas iban á comprar, vino el esposo; y las que estaban apercibidas, entraron con él á las bodas, y se cerró la puerta[h].

11 Y despues vinieron tambien las otras vírgenes, diciendo: Señor, Señor[i], ábrenos.

12 Mas respondiendo él, dijo: De cierto os digo, *que* no os conozco.

13 Velad pues[k], porque no sabeis el dia ni la hora en que el Hijo del hombre ha de venir.

14 ¶ Porque *es* como un hombre que partiéndose léjos[l] llamó á sus siervos, y les entregó sus bienes.

15 Y á este dió cinco talentos, y al otro dos, y al otro uno; á cada uno conforme á su facultad[m], y luego se partió léjos.

16 Y el que habia recibido cinco talentos se fué, y granjeó con ellos, é hizo otros cinco talentos.

17 Asimismo el que *habia recibido* dos, ganó tambien él otros dos.

18 Mas el que habia recibido uno, fué, y cavó en la tierra, y escondió el dinero de su señor.

19 Y despues de mucho tiempo[n] vino el señor de aquellos siervos, é hizo cuentas con ellos[o].

20 Y llegando el que habia recibido cinco talentos, trajo otros cinco talentos, diciendo: Señor, cinco talentos me entregaste; hé aquí otros cinco talentos he ganado sobre ellos.

21 Y su señor le dijo: Bien, buen siervo y fiel; sobre poco has sido fiel, sobre mucho te pondré[p]: entra en el gozo de tu señor.

22 Y llegando tambien el que habia recibido dos talentos, dijo: Señor, dos talentos me entregaste; hé aquí otros dos talentos he ganado sobre ellos.

23 Su señor le dijo: Bien, buen siervo y fiel; sobre poco has sido fiel, sobre mucho te pondré: entra en el gozo de tu señor.

24 Y llegando tambien el que habia recibido un talento, dijo: Señor, yo te conocia que eres hombre duro, que siegas donde no sembraste, y recoges donde no esparciste:

25 Y tuve miedo, y fuí, y escondí tu talento en la tierra: hé aquí tienes lo que *es* tuyo.

26 Y respondiendo su señor, le dijo: Malo y negligente siervo[q], sabias que siego donde no sembré, y *que* recojo donde no esparcí[r]:

27 Por tanto te convenia dar mi dinero á los banqueros; y viniendo yo, hubiera recibido lo que *es* mio con usura.

28 Quitadle pues el talento, y dad*lo* al que tiene diez talentos.

29 Porque á cualquiera que tuviere, le será dado, y tendrá mas[s]: y al que no tuviere, aun lo que tiene le será quitado.

30 Y al siervo inútil echadle en las tinieblas de afuera: allí será el lloro, y el crujir de dientes[t].

31 ¶ Y cuando el Hijo del hombre venga en su gloria[u], y todos los santos ángeles con él, entónces se sentará sobre el trono de su gloria.

32 Y serán reunidas delante de él todas las gentes: y los apartará los unos de los otros[v], como aparta el pastor las ovejas de los cabritos;

33 Y pondrá las ovejas á su derecha, y los cabritos á la izquierda.

34 Entónces el Rey dirá á los que *estarán* á su derecha: Venid, benditos de mi Padre, heredad[x] el reino[y] prepara-

---

al. 102.
. 51. 6.
ac. 14. 7.
ech. 1. 7.
Tes. 5. 2.
n. 17. 26.
Ped. 3. 20.
Gen. 7. 13.
u. 12. 39.
p. 3. 3.
16. 15.
r. 3. 15.
p. 25. 21.
Tes. 5. 3.
p. 25. 30.
l. 45. 14.
. 6. 8.
an. 3. 29.
48. 1.
. 3. 9.
Juan 2.
Tes. 5. 6.
. 12. 35.
55. 1, 6.

h Lu. 13. 25.
i Cap. 7. 21, 22. Heb. 12. 17.
k Cap. 24. 42, 44. Mar. 13. 33, 35. Lu. 21. 36.
l Lu. 19. 12, etc.
m Ro. 12. 6.
n ver. 5. Cap. 24. 48.
o Ro. 14. 10. 2 Co. 5. 10.
p Lu. 12. 44. y 22. 29. Ap. 3. 21. Cap. 24. 47.
q Lu. 19. 22.
r Juda 15.
s Cap. 13. 12. Mar. 4. 25. Lu. 8. 18. y 19. 26.
t Cap. 8. 12.
u Cap. 16. 27. y 19. 28. Da. 7. 14. Zac. 14. 5. Mar. 8. 38. Hech. 1. 11. 1 Tes. 4. 16. 2 Tes. 1. 7. Juda 14. Ap. 1. 7.
v Cap. 13. 49.
x Ro. 8. 17. 1 Ped. 1. 4.
y 1 Tes. 2. 12. Heb. 12. 28.

do[z] para vosotros desde la fundacion
del mundo.
35 Porque tuve hambre, y me disteis
de comer; tuve sed, y me disteis de be-
ber; fuí huésped, y me recogisteis;
36 Desnudo, y me cubristeis; enfermo,
y me visitasteis; estuve en la cárcel, y
vinisteis á mí.
37 Entónces los justos le responderán,
diciendo: Señor, ¿cuándo te vimos
hambriento, y *te* sustentamos? ¿ó sedi-
ento, y *te* dimos de beber?
38 ¿Y cuando te vimos huésped, y *te*
recogimos? ¿ó desnudo, y *te* cubrimos?
39 ¿O cuando te vimos enfermo, ó en
la cárcel, y vinimos á tí?
40 Y respondiendo el Rey, les dirá:
De cierto os digo, *que* en cuanto *lo* hi-
cisteis á uno de estos mis hermanos pe-
queñitos, á mí *lo* hicisteis[a].
41 Entónces dirá tambien á los que
estarán á la izquierda: Apartáos de
mí[b], malditos, al fuego eterno[c] pre-
parado para el diablo[d], y para sus án-
geles.
42 Porque tuve hambre, y no me dis-
teis de comer; tuve sed, y no me disteis
de beber:
43 Fuí huésped, y no me recogisteis;
desnudo, y no me cubristeis; enfermo,
y en la cárcel, y no me visitasteis.
44 Entónces tambien ellos le responde-
rán, diciendo: Señor, ¿cuándo te vimos
hambriento, ó sediento, ó huésped, ó
desnudo, ó enfermo, ó en la cárcel, y
no te servimos?
45 Entónces les responderá, diciendo:
De cierto os digo, *que* en cuanto no *lo*
hicisteis á uno de estos pequeñitos, ni á
mí *lo* hicisteis[e].
46 E irán estos al tormento eterno; y
los justos á la vida eterna[f].

[z] 1 Co. 2. 9. Heb. 11. 16.
[a] Pr. 19. 17. Mar. 9. 41. Heb. 6. 10.
[b] Cap. 7. 23. Lu. 13. 27.
[c] Cap. 13. 40, 42. Ap. 14. 11.
[d] Ap. 20. 10.
[e] Hech. 9. 5.
[f] Da. 12. 2. Juan 5. 29.

CAPITULO XXVI.

Cena de Jesus en Bethania, donde una mujer derrama sobre él bálsamo. Cena del cordero pascual en Jerusalem, en la cual habla de la traicion de Judas. Institucion de la Cena del Señor. Su prision, y sentencia contra él del Sanedrin. Negacion, y arrepentimiento de San Pedro.

Y ACONTECIÓ que como hubo a-
cabado Jesus todas estas palabras,
dijo á sus discípulos:
2 Sabeis que dentro de dos dias se hace
la pascua[a], y el Hijo del hombre es en-
tregado para ser crucificado.
3 ¶ Entónces los príncipes de los sa-
cerdotes, y los escribas, y los ancianos
del pueblo se juntaron al patio del pon-
tífice, el cual se llamaba Caifas[b].
4 Y tuvieron consejo para prender por
engaño á Jesus, y matar*le*.
5 Y decian: No en el dia de la fiesta,
porque no se haga alboroto en el pueblo.
6 ¶ Y estando Jesus en Betania, en
casa de Simon el leproso[c],
7 Vino á él una mujer, teniendo un
vaso de alabastro de ungüento de gran
precio[d], y lo derramó sobre la cabeza
de él estando sentado á la mesa:
8 Lo cual viendo sus discípulos, se eno-
jaron, diciendo: ¿Por qué se pierde
esto †?
9 Porque este ungüento se podia ven-
der por gran precio, y darse á los po-
bres.
10 Y entendiéndo*lo* Jesus, les dijo:
¿Por qué dais pena á esta mujer? pues
ha hecho conmigo buena obra.
11 Porque siempre tendréis pobres con
vosotros[e]; mas á mí no siempre me ten-
dréis[f].
12 Porque echando este ungüento so-
bre mi cuerpo, para sepultarme *lo* ha
hecho.
13 De cierto os digo, *que* donde quiera
que este Evangelio fuere predicado en
todo el mundo, tambien será dicho para
memoria de ella lo que esta ha hecho.
14 ¶ Entónces uno de los doce, que se
llamaba Júdas Iscariote[g], fué á los prín-
cipes de los sacerdotes,
15 Y les dijo: ¿Qué me quereis dar, y
yo os le entregaré? Y ellos le señalaron
treinta *piezas* de plata[h].
16 Y desde entónces buscaba oportuni-
dad para entregarle.
17 ¶ Y el primer *dia de la fiesta* de los
panes sin levadura[i], vinieron los discí-
pulos á Jesus, diciéndole: ¿Dónde qui-
eres que aderecemos para tí para comer
la pascua?
18 Y él dijo: Id á la ciudad á cierto
hombre, y decidle: El Maestro dice, Mi
tiempo está cerca; en tu casa haré la
pascua con mis discípulos.
19 Y los discípulos hicieron como Jesus
les mandó, y aderezaron la pascua.
20 ¶ Y como fué la tarde del dia, se
sentó á la mesa con los doce.
21 Y comiendo ellos, dijo: De cierto
os digo, que uno de vosotros me ha de
entregar[k].
22 Y entristecidos ellos en gran mane-
ra, comenzó cada uno de ellos á decirle:
¿Soy yo, Señor?
23 Entónces él respondiendo, dijo: El
que † mete la mano conmigo en el plato,
ese me ha de entregar[l].
24 A la verdad el Hijo del hombre va,
como está escrito de él[m]; mas ¡ay de
aquel hombre por quien el Hijo del
hombre es entregado! bueno le fuera al
tal hombre no haber nacido.
25 Entónces respondiendo Júdas, que
le entregaba, dijo: ¿Soy yo, Maestro?
Dícele: Tú *lo* has dicho.
26 ¶ Y comiendo ellos, tomó Jesus el
pan, y bendijo, y *lo* partió †, y dió á sus
discípulos, y dijo: Tomad, comed; esto
es mi cuerpo.
27 Y tomando el vaso, y hechas gra-
cias, se les dió, diciendo: Bebed de él
todos;
28 Porque esto es mi sangre del Nuevo
Pacto[n], la cual es derramada por mu-
chos para remision de los pecados.
29 Y os digo, que desde ahora no be-
beré mas de este fruto de la vid, hasta
aquel dia, cuando lo tengo de beber
nuevo con vosotros en el reino de mi
Padre[o].
30 ¶ Y habiendo cantado el himno,
salieron al monte de las Olivas.
31 Entónces Jesus les dice: Todos vos-
otros seréis escandalizados en mí esta
noche[p]; porque escrito está: Heriré al
Pastor, y las ovejas de la manada serán
dispersas[q].
32 Mas despues que haya resucitado,
iré delante de vosotros á Galiléa[r].
33 Y respondiendo Pedro, le dijo:
Aunque todos sean escandalizados en tí,
yo nunca seré escandalizado.
34 Jesus le dice: De cierto te digo, que
esta noche, ántes que el gallo cante, me
negarás tres veces[s].
35 Dícele Pedro: Aunque me sea me-
nester morir contigo, no te negaré. Y
todos los discípulos dijeron lo mismo.
36 ¶ Entónces llegó Jesus con ellos á
la aldéa, que se llama Getsemani ‖, y
dice á sus discípulos: Sentáos aquí,
hasta que vaya allí, y ore.
37 Y tomando á Pedro, y á los dos
hijos de Zebedéo, comenzó á entriste-
cerse, y á angustiarse en gran manera.
38 Entónces Jesus les dice: Mi alma
está muy triste, hasta la muerte[t]: que-
dáos aquí, y velad conmigo.

[a] Mar. 14. 1, etc. Lu. 22. 1, etc. Juan 13. 1, etc.
[b] Juan 11. 49.
[c] Mar. 14. 3.
[d] Juan 11. 1, 2. y 12. 3.
† Gr. *¿Por qué este desperdicio?*
[e] De. 15. 11.
[f] Juan. 14. 19. y 17. 11.
[g] Cap. 10. 4.
[h] Cap. 27. 3. Zac. 11. 12, 13.
[i] Ex. 12. 6, 15.
[k] Juan 13. 21.
† Gr. *mejé.*
[l] Sal. 41. 9. y 55. 12, 15.
[m] Sal. 22. 1, etc. Is. 53. 3, etc.
† Gr. *Quebró.*
[n] Jer. 31. 31. Heb. 8. 8.
[o] Cap. 8. 11. Lu. 14. 15. Ap. 19. 9.
[p] Juan 16. 32.
[q] Zac. 13. 7.
[r] Cap. 28. 7, 10, 16.
[s] Juan 13. 38.
‖ *Tórculo de aceite.* Mar. 14. 32, etc. Lu. 22. 39, etc. Juan 18. 1, etc.
[t] Sal. 116. 3. Is. 53. 3, 4. Juan 12. 27.

39 Y yéndose un poco mas adelante, se postró sobre su rostro, orando[s], y diciendo: Padre mio, si es posible, pase de mí este vaso[v]; empero no como yó quiero, sino como tú[x].

40 Y vino á sus discípulos, y los halló durmiendo; y dijo á Pedro: ¿ Así, no habeis podido velar conmigo una hora ?

41 Velad, y orad, para que no entreis en tentacion[y]: el Espíritu á la verdad *está* presto, mas la carne enferma.

42 Otra vez fué, segunda vez, y oró diciendo: Padre mio, si no puede este vaso pasar de mí sin que yo lo beba, hágase tu voluntad.

43 Y vino, y los halló otra vez durmiendo: porque los ojos de ellos estaban agravados.

44 Y dejándolos, fuése de nuevo, y oró tercera vez[z], diciendo las mismas palabras.

45 Entónces vino á sus discípulos, y díceles: Dormid ya, y descansad; hé aquí ha llegado la hora, y el Hijo del hombre es entregado en manos de pecadores.

46 *Levantáos*, vamos: hé aquí ha llegado el que me ha entregado.

47 ¶ Y hablando aun él, hé aquí Júdas[a], uno de los doce, vino, y con él mucha gente con espadas y con palos, de parte de los príncipes de los sacerdotes, y de los ancianos del pueblo.

48 Y el que le entregaba les habia dado señal, diciendo: Al que yo besare, aquel es; prendedle.

49 Y luego que llegó á Jesus, dijo: Salve, Maestro. Y le besó[b].

50 Y Jesus le dijo: Amigo, ¿ á qué vienes ? Entónces llegaron, y echaron mano á Jesus, y le prendieron.

51 Y hé aquí uno de los que *estaban* con Jesus, extendiendo la mano, sacó su espada, é hiriendo á un siervo del pontífice, le quitó la oreja[c].

52 Entónces Jesus le dice: Vuelve tu espada á su lugar; porque todos los que tomaren espada, á espada perecerán[d].

53 ¿ Acaso piensas que no puedo ahora orar á mi Padre, y él me daria mas de doce legiones de ángeles[e] ?

54 ¿ Cómo pues se cumplirian las Escrituras, *de* que así conviene que sea hecho[f] ?

55 En aquella hora dijo Jesus á las gentes: Como á ladron habeis salido con espadas y con palos á prenderme: cada dia me sentaba con vosotros enseñando en el templo, y no me prendisteis.

56 Mas todo esto se hace, para que se cumplán[g] las Escrituras de los profetas. Entónces todos los discípulos huyeron, dejándole.

57 ¶ Y ellos prendido Jesus, le llevaron á Caifas pontífice[h], donde los escribas y los ancianos estaban juntos.

58 Mas Pedro le seguia de léjos hasta el patio del pontífice; y entrado dentro, estábase sentado con los criados, para ver el fin.

59 Y los príncipes de los sacerdotes, y los ancianos, y todo el Consejo, buscaban *algun* falso testimonio contra Jesus, para entregarle á la muerte;

60 Y no *lo* hallaron: aunque muchos testigos falsos se llegaban, no *lo* hallaron: mas á la postre vinieron dos testigos falsos[i],

61 Que dijeron: Este dijo, Puedo derribar el templo de Dios, y en tres dias reedificarlo[k].

62 Y levantándose el pontífice, le dijo: ¿ No respondes nada ? ¿ qué testifican estos contra tí ?

Heb. 5. 7.
. . . uan 12. 27.
. . . ap. 20. 22.
. . . uan 5. 30.
. . . 6. 30.
. . . o. 15. 3.
. . . T. 2. 8.
. . . Mar. 13. 33.
. . . 14. 38.
. . . u. 22. 40.
. . . Co. 12. 8.
. . . ech. 1. 16.
. . . uan 18. 3.
. . . Sa. 20. 9.
. . . uan 18. 10.
. . . s. 35. 5, 6.
. . . p. 13. 10.
. . . Rey. 6. 17.
. . . . 7. 10.
. . . a. 24. 26.
. . . en. 3. 15.
. . . al. 22. 1, . . . c.
. . . 63. 1, etc.
. . . 53. 3, . . . c.
. . . a. 9. 26.
. . . c. 13. 7;
. . . Mar. 14. 53, . . . c.
. . . u. 22. 54, . . . c.
. . . uan 18. 12, . . . c.
. . . al. 27. 12.
. . . 35. 11.
. . . uan 2. 19, . . . c.

63 Mas Jesus callaba[l]: respondiendo el pontífice, le dijo: Te conjuro[m] por el Dios viviente, que nos digas si eres tú el Cristo, Hijo de Dios[n].

64 Jesus le dice: Tú *lo* has dicho: y aun os digo, que desde ahora habeis de ver al Hijo del hombre sentado á la diestra de la potencia[o], y que viene en las nubes del cielo[p].

65 Entónces el pontífice rasgó sus vestidos, diciendo: Blasfemado há: ¿ qué mas necesidad tenemos de testigos ? Hé aquí ahora habeis oido su blasfemia.

66 ¿ Qué os parece ? Y respondiendo ellos dijeron: Culpado es de muerte[q].

67 Entónces le escupieron en el rostro[r], y le dieron de bofetadas; y otros le herian con mojicones,

68 Diciendo: Profetízanos tú, Cristo, quién es el que te ha herido.

69 ¶ Y Pedro estaba sentado fuera en el patio[s]; y se llegó á él una criada, diciendo: Y tú con Jesus el Galiléo estabas.

70 Mas él negó delante de todos, diciendo: No sé lo que dices.

71 Y saliendo él á la puerta, le vió otra, y dijo á los que *estaban* allí: Tambien este estaba con Jesus Nazareno.

72 Y negó otra vez con juramento: No conozco al hombre.

73 Y un poco despues llegaron los que estaban *por allí*, y dijeron á Pedro: Verdaderamente tambien tú eres de ellos; porque aun tu habla te hace manifiesto[t].

74 Entónces comenzó á hacer imprecaciones, y á jurar *diciendo*: No conozco al hombre. Y el gallo cantó luego.

75 Y se acordó Pedro de las palabras de Jesus, que le dijo: Antes que cante el gallo, me negarás tres veces[u]. Y saliéndose fuera, lloró amargamente.

CAPITULO XXVII.

Judas se ahorca. Jesus es azotado, escarnecido, crucificado, y blasfemado. Prodigios que sucedieron en su muerte: es sepultado, y su sepulcro sellado, y custodiado.

Y VENIDA la mañana, entraron en consejo todos los príncipes de los sacerdotes, y los ancianos del pueblo, contra Jesus, para entregarle á muerte.

2 Y le llevaron atado, y le entregaron á Poncio Pilato presidente[a].

3 ¶ Entónces Judas, el que le habia entregado, viendo que era condenado, volvió arrepentido las treinta *piezas* de plata á los príncipes de los sacerdotes, y á los ancianos,

4 Diciendo: Yo he pecado entregando la sangre inocente. Mas ellos dijeron: ¿ Qué *se nos da* á nosotros ? viéras*lo* tú.

5 Y arrojando las *piezas* de plata en el templo, partióse; y fué, y se ahorcó[b].

6 Y los príncipes de los sacerdotes, tomando *las piezas* de plata, dijeron: No es lícito echarlas en el tesoro de los dones, porque es precio de sangre.

7 Mas habido consejo, compraron con ellas el campo del alfarero, por sepultura para los extranjeros:

8 Por lo cual fué llamado aquel campo, Campo de Sangre, hasta el dia de hoy.

9 Entónces se cumplió lo que fué dicho por el profeta Jeremías[c], que dijo: Y tomaron las treinta *piezas* de plata, precio del apreciado, que fué apreciado por los hijos de Israél;

10 Y las dieron para *comprar* el campo del alfarero, como me ordenó el Señor.

11 ¶ Y Jesus estuvo delante del presidente; y el presidente le preguntó, diciendo: ¿ Eres tú el rey de los Judíos ? Y Jesus le dijo: Tú *lo* dices[d].

12 Y siendo acusado por los príncipes

[l] Cap. 27. 12, 14.
[m] Le. 5. 1.
[n] Sal. 2. 7. Is. 9. 5.
[o] Sal. 110. 1. Hech. 7. 56.
[p] Ap. 1. 7. Cap. 24. 3.
[q] Le. 24. 16. Juan 19. 7.
[r] Is. 50. 6.
[s] Mar. 14. 66, etc. Lu. 22. 55, etc. Juan 18. 16, etc.
[t] Lu. 22. 59.
[u] ver. 34. Lu. 22. 31, 34.
[a] Cap. 20. 19.
[b] 2 Sa. 17. 23. Sal 55. 23. Hech. 1. 18.
[c] Zac. 11. 12, 13.
[d] Juan 18. 37. 1 Ti. 6. 13.

[e] Cap. 26. 63. de los sacerdotes, y por los ancianos,
nada respondió[e].
13 Pilato entónces le dice: ¿ No oyes
cuantas cosas testifican contra tí ?
14 Y no le respondió ni una palabra;
de tal manera que el presidente se ma-
ravillaba mucho.
15 Y en el dia de la fiesta acostumbra-
ba el presidente soltar al pueblo un pre-
[f] Mar. 15. 6, etc. so, cual quisiesen[f].
16 Y tenian entónces un preso famoso,
‖ *Jesus Barrabás.* que se llamaba Barrabás‖.
Lu. 23. 17, etc. 17 Y juntos ellos, les dijo Pilato: ¿ Cu-
ál quereis que os suelte ? ¿ á Barrabás,
Juan 18. 39, etc. ó á Jesus, que se dice el Cristo ?
18 Porque sabia que por envidia le ha-
[g] Gen. 37. 11. bian entregado[g].
Ec. 4. 4. 19 Y estando él sentado en el tribunal,
su mujer envió á él, diciendo: No ten-
[h] 1 Juan 2. 1. gas que ver con aquel justo[h]; porque
hoy he padecido muchas cosas en sueños
por causa de él.
20 Mas los príncipes de los sacerdotes,
y los ancianos, persuadieron al pueblo
[i] Hech. 3. 14. que pidiese á Barrabás[i], y á Jesus ma-
tase.
21 Y respondiendo el presidente les
dijo: ¿ Cuál de los dos quereis que os
suelte ? Y ellos dijeron: Á Barrabás.
22 Pilato les dijo: ¿ Qué pues haré de
Jesus que se dice el Cristo ? Dícenle
todos: Sea crucificado.
23 Y el presidente *les* dijo: Pues ¿ qué
mal ha hecho ? Mas ellos gritaban mas,
[k] Cap. 21. 38, 39. diciendo: Sea crucificado[k].
24 Y viendo Pilato que nada adelan-
taba, ántes se hacia mas alboroto, to-
[l] De. 21. 6. mando agua se lavó las manos[l] delante
del pueblo, diciendo: Inocente soy yo
de la sangre de este justo: veréis*lo* voso-
tros.
25 Y respondiendo todo el pueblo, dijo:
Su sangre *sea* sobre nosotros, y sobre
[m] Jos. 2. 19. nuestros hijos[m].
Heb. 5. 28. 26 Entónces les soltó á Barrabás: y
[n] Is. 53. 5. habiendo azotado[n] á Jesus, le entregó
Lu. 18. 33. para ser crucificado.
27 ¶ Entónces los soldados del presi-
dente llevaron a Jesus al pretorio, y jun-
taron á él toda la cuadrilla;
28 Y desnudándole, le echaron encima
un manto de grana:
29 Y pusieron sobre su cabeza una co-
rona tejida de espinas, y una caña en su
mano derecha; é hincando la rodilla
[o] Sal. 69. 19, 20. delante de él, le burlaban[o], diciendo:
Salve, Rey de los Judíos.
30 Y escupiendo en él, tomaron la
caña, y le herian en la cabeza.
31 Y despues que le hubieron escarne-
cido, le desnudaron el manto, y le visti-
eron de sus vestidos, y le llevaron para
crucificar*le*.
32 Y saliendo hallaron á un Cirenéo,
que se llamaba Simon: á este cargaron
para que llevase su cruz.
33 Y como llegaron al lugar que se
llama Gólgotha, que es dicho, El lugar
de la Calavera,
34 Le dieron á beber vinagre mez-
[p] Sal. 69. 21. clado con hiel[p]; y gustando, no quiso
beber*lo*.
35 Y despues que le hubieron crucifi-
[q] Sal. 22. 16. cado[q], repartieron sus vestidos, echando
Mar. 15. 24, etc. suertes: para que se cumpliese lo que
Lu. 23. 33, etc. fué dicho por el profeta: Se repartieron
Juan 19. 23, etc. mis vestidos, y sobre mi ropa echaron
suertes.
36 Y sentados, le guardaban allí.
37 Y pusieron sobre su cabeza su causa
escrita: ESTE ES JESUS, EL REY
DE LOS JUDIOS.
38 Entónces crucificaron con él dos
[r] Is. 53. 12. ladrones[r]; uno á la derecha, y otro á la
izquierda.

39 ¶ Y los que pasaban, le decian in-
jurias, meneando sus cabezas[s], [s] Sal. 22. 7. y 109. 25.
40 Y diciendo: Tú, el que derribas el
templo *de Dios*, y en tres dias *lo* reedifi-
cas[t], sálvate á tí mismo: si eres Hijo de [t] Cap. 26. 61.
Dios, desciende de la cruz.
41 De esta manera tambien los prínci-
pes de los sacerdotes escarneciendo, con
los escribas, y los Fariséos, y los ancia-
nos[u], decian: [u] Sal. 35. 16. Le. 13. 33.
42 Á otros salvó, á sí mismo no puede
salvar: si es el Rey de Israél, descienda
ahora de la cruz, y creerémos en él.
43 Confió en Dios; líbrele ahora[v], si [v] Sal. 22. 8.
le quiere: porque ha dicho: Soy Hijo
de Dios[x]. [x] Juan 5. 17, 18. y 10. 30, 36.
44 Lo mismo tambien le zaherian los la-
drones, que estaban crucificados con él.
45 Y desde la hora de sexta fueron ti-
nieblas sobre toda la tierra hasta la hora
de nona.
46 Y cerca de la hora de nona, Jesus
exclamó con grande voz, diciendo: Eli,
Eli, ¿ lama sabachthani ? Esto es: Dios
mio, Dios mio, ¿ Por qué me has des-
amparado[y] ? [y] Sal. 22. 1.
47 Y algunos de los que estaban allí,
oyéndo*lo*, decian: A Elías llama este.
48 Y luego corriendo uno de ellos,
tomó una esponja, y *la* hinchió de vi-
nagre[z], y poniéndo*la* en una caña, dá- [z] ver. 34.
bale de beber.
49 Y los otros decian: Deja, veamos si
viene Elías á librarle.
50 Mas Jesus habiendo otra vez excla-
mado con grande voz, dió el espíritu.
51 Y hé aquí el velo del templo[a] se [a] Ex. 26. 31. Le. 16. 2, 15. 2 Cr. 3. 14. Heb. 9. 3. y 10. 19, 20.
rompió en dos, de alto á bajo; y la tierra
tembló, y las piedras se hendieron;
52 Y abriéronse los sepulcros: y mu-
chos cuerpos de santos, que habian dor-
mido[b], se levantaron, [b] Da. 12. 2. 1 Tes. 4. 14.
53 Y salidos de los sepulcros, despues
de su resurreccion[c], vinieron á la santa [c] 1 Co. 15. 20.
ciudad[d], y aparecieron á muchos. [d] Cap. 4. 5.
54 Y el centurion, y los que estaban
con él guardando á Jesus, visto el ter-
remoto, y las cosas que habian sido
hechas, temieron en gran manera, di-
ciendo: Verdaderamente Hijo de Dios
era este[e]. [e] Mar. 15. 39. Lu. 23. 47.
55 Y estaban allí muchas mujeres mi-
rando de léjos, las cuales habian seguido
de Galiléa á Jesus, sirviéndole[f]; [f] Lu. 8. 2, 3.
56 Entre las cuales estaba María Mag-
dalena, y María la madre de Jacobo y
de José, y la madre de los hijos de Ze-
bedéo.
57 ¶ Y como fué la tarde del dia[g], [g] Mar. 15. 42. Lu. 23. 50. Juan 19. 38.
vino un hombre rico de Arimatéa[h], [h] 1 Sa. 1. 1, 19.
llamado José, el cual tambien habia
sido discípulo de Jesus.
58 Este llegó á Pilato, y pidió el cuerpo
de Jesus: entónces Pilato mandó que se
le diese el cuerpo.
59 Y tomando José el cuerpo, le en-
volvió en una sábana limpia,
60 Y lo puso en su sepulcro nuevo[i], [i] Is. 53. 9.
que habia labrado en la peña: y revuelta
una grande piedra á la puerta del sepul-
cro, se fué.
61 Y estaban allí María Magdalena[k], [k] Cap. 15. 20.
y la otra María, sentadas delante del
sepulcro.
62 ¶ Y el siguiente dia, que es despues
de la preparacion, se juntaron los prín-
cipes de los sacerdotes y los Fariséos á
Pilato,
63 Diciendo: Señor, nos acordamos que
aquel engañador dijo, viviendo aun,
Despues de tres dias resucitaré[l]. [l] Cap. 16. 21. y 17. 23. y 20. 19. Lu. 24. 6, 7. Juan 2. 19.
64 Manda, pues, que se asegure el se-
pulcro hasta el dia tercero; porque no
vengan sus discípulos de noche, y le
hurten[m], y digan al pueblo, Resucitó [m] Cap. 28. 13.

de los muertos. Y será el postrer error peor que el primero.

65 Y Pilato les dijo: Teneis una guardia; id, aseguradle como sabeis.

66 Y yendo ellos, aseguraron el sepulcro, sellando la piedra, con la guardia.

CAPITULO XXVIII.

Resurreccion de Jesus: su aparicion á las santas mujeres: aparécese tambien á los apóstoles, y les promete su proteccion.

Y LA víspera de Sábado, que amanece[a] para el primer dia de la semana, vino María Magdalena[b], y la otra María, á ver el sepulcro.

2 Y hé aquí, fué hecho un gran terremoto: porque el ángel del Señor descendiendo del cielo y llegando, habia revuelto la piedra de la puerta *del sepulcro*, y estaba sentado sobre ella.

3 Y su aspecto era como un relámpago[c], y su vestido blanco como la nieve.

4 Y de miedo de él los guardas se asombraron, y fueron vueltos como muertos.

5 Y respondiendo el ángel, dijo á las mujeres: No temais vosotras; porque yo sé que buscais á Jesus, que fué crucificado.

6 No está aquí, porque ha resucitado, como dijo[d]: venid, ved el lugar donde fué puesto el Señor.

7 E id presto, decid á sus discípulos que ha resucitado de los muertos[e]: y hé aquí va delante de vosotros á Galiléa[f]; allí le veréis[g]; hé aquí os *lo* he dicho.

8 Entónces ellas saliendo del sepulcro con temor y gran gozo, fueron corriendo á dar las nuevas á sus discípulos:

- lar. 16. 1.
- . 24. 1,
- e.
- an 20. 1,
- t.
- p. 27. 56.
- . 10. 6.
- p. 27. 63.
- o. 15. 4.
- p. 26. 32.
- r. 16, 17.

y yendo á dar las nuevas á sus discípulos,

9 Hé aquí Jesus les sale al encuentro, diciendo: Salve. Y ellas se llegaron, y abrazaron sus piés, y le adoraron.

10 Entónces Jesus les dice: No temais; id, dad las nuevas á mis hermanos[h], para que vayan á Galiléa, y allá me verán.

11 ¶ Y yendo ellas, hé aquí unos de la guardia vinieron á la ciudad, y dieron aviso á los príncipes de los sacerdotes de todas las cosas que habian acontecido.

12 Y juntados con los ancianos, y habido consejo, dieron mucho dinero á los soldados;

13 Diciendo: Decid, Sus discípulos vinieron de noche, y le hurtaron, durmiendo nosotros[i].

14 Y si esto fuere oido del presidente, nosotros le persuadirémos, y os harémos seguros.

15 Y ellos, tomado el dinero, hicieron como estaban instruidos: y este dicho fué divulgado entre los Judíos hasta el dia de hoy.

16 ¶ Mas los once discípulos se fueron á Galiléa[k], al monte donde Jesus les habia ordenado,

17 Y como le vieron, le adoraron: mas algunos dudaban.

18 Y llegando Jesus, les habló, diciendo: Toda potestad me es dada en el cielo y en la tierra[l].

19 Por tanto id, y doctrinad á todos los Gentiles[m], bautizándoles en nombre del Padre, y del Hijo, y del Espíritu Santo:

20 Enseñándoles que guarden todas las cosas que os he mandado[n]: y hé aquí yo estoy con vosotros todos los dias[o], hasta el fin del siglo[p]. Amen.

- [h] Juan 20. 17. Heb. 2. 11.
- [i] Cap. 27. 64.
- [k] Cap. 26. 32.
- [l] Cap. 11. 27. Sal. 110. 1. Juan 17. 2. Ro. 14. 9. Ef. 1. 20, 21. Heb. 2. 8, 9. 1 Ped. 3. 22.
- [m] Mar. 16. 15. Ro. 10. 18.
- [n] Hech. 2. 40.
- [o] Cap. 18. 20. Juan 14. 19, 23.
- [p] Cap. 13. 40.

EL SANTO EVANGELIO DE NUESTRO SEÑOR JESU CRISTO SEGUN

S. MARCOS.

D. 26. A. D. 26.

CAPITULO I.

Predicacion y bautismo de Juan. Jesus despues de bautizado en el Jordan, y tentado en el desierto, comienza á predicar el Evangelio en Galiléa. Vocacion de Pedro y de otros discípulos. Jesu-Cristo obra varios milagros.

PRINCIPIO del Evangelio de Jesu Cristo, Hijo de Dios[a].

2 Como está escrito en los profetas: Hé aquí yo envio á mi mensajero delante de tu faz, que apareje tu camino delante de tí[b].

3 Voz del que clama en el desierto: Aparejad el camino del Señor; enderezad sus veredas[c].

4 Bautizaba Juan en el desierto[d], y predicaba el bautismo del arrepentimiento para remision de pecados[e].

5 Y salia á él toda la provincia de Judéa, y los de Jerusalem, y eran todos bautizados por él en el rio del Jordan, confesando sus pecados[f].

6 Y Juan andaba vestido de pelos de camello, y con un cinto de cuero alrededor de sus lomos; y comia langostas[g] y miel silvestre.

7 Y predicaba, diciendo: Viene tras mí el que es mas poderoso que yo, al cual no soy digno de desatar encorvado la corréa de sus zapatos[h].

- an 1. 14.
- . 1. 1, 2.
- 1. 3. 1.
- 40. 3.
- t. 3. 1.
- 3. 3.
- n 3. 23.
- h. 22.
- . 32. 5.
- 28. 13.
- a 1. 8,
- . 11. 22.
- t. 3. 11.
- n 1. 27.
- h. 13.

8 Yo á la verdad os he bautizado con agua; mas él os bautizará con Espíritu Santo[i].

9 ¶ Y aconteció en aquellos dias, *que* Jesus vino de Nazaret de Galiléa, y fué bautizado por Juan en el Jordan[k].

10 Y luego, subiendo del agua, vió abrirse los cielos, y al Espíritu, como paloma, que descendia[l] sobre él.

11 Y hubo *una* voz de los cielos, *que decia:* Tú[m] eres mi Hijo amado; en tí tomo contentamiento.

12 Y luego el Espíritu le impele al desierto.

13 Y estuvo allí en el desierto cuarenta dias[n]; y era tentado de Satanás: y estaba con las fieras; y los ángeles le servian.

14 ¶ Mas despues que Juan fué encarcelado, Jesus vino á Galiléa[o] predicando el Evangelio del reino de Dios[p],

15 Y diciendo: El tiempo es cumplido[q], y el reino de Dios está cerca[r]: arrepentíos, y creed al Evangelio.

16 ¶ Y pasando junto á la mar de Galiléa[s], vió á Simon, y á Andres su hermano, que echaban la red en la mar; porque eran pescadores.

17 Y les dijo Jesus: Venid en pos de mí, y haré que seais pescadores de hombres.

- [i] Hech. 1. 5. y 2. 4. y 11. 15, 16. 1 Co. 12. 13.
- [k] Mat. 3. 13. Lu. 3. 21.
- [l] Is. 42. 1. Juan 1. 32.
- [m] Mat. 3. 17.
- [n] Mat. 4. 1, etc. Lu. 4. 1, etc.
- [o] Mat. 4. 23.
- [p] Lu. 3. 1.
- [q] Ga. 4. 4.
- [r] Hech. 2. 38.
- [s] Mat. 4. 18.

18 Y luego, dejadas sus redes, le siguieron.

19 Y pasando de allí un poco mas adelante, vió á Jacobo, *hijo* de Zebedéo, y á Juan su hermano, tambien ellos en el navío, que aderezaban las redes.

20 Y luego los llamó: y dejando á su padre Zebedéo en el barco con los jornaleros, fueron en pos de él.

21 ¶ Y entraron en Capernaum; y luego los Sábados entrando en la sinagoga, enseñaba.

22 Y se admiraban de su doctrina; porque los enseñaba como quien tiene potestad, y no como los escribas [t].

23 Y habia en la sinagoga de ellos un hombre con espíritu inmundo, el cual dió voces [u],

24 Diciendo: ¡Ah! ¿Qué † tienes con nosotros, Jesus Nazareno? ¿Has venido á destruirnos? Sé quien eres, el Santo de Dios.

25 Y Jesus le riñó, diciendo: Enmudece, y sal de él.

26 Y el espíritu inmundo, haciéndole pedazos, y clamando á gran voz, salió de él.

27 Y todos se maravillaron, de tal manera que inquirian entre sí, diciendo: ¿Qué es esto? ¿Qué nueva doctrina es esta, que con potestad aun á los espíritus inmundos manda, y le obedecen?

28 Y vino luego su fama por toda la provincia alrededor de Galiléa.

29 ¶ Y luego saliendo de la sinagoga, vinieron á casa de Simon y de Andres [x], con Jacobo y Juan.

30 Y la suegra de Simon estaba acostada con calentura; y le hablaron luego de ella.

31 Entónces llegando *él*, la tomó de su mano y la levantó; y luego la dejó la calentura, y les servia.

32 ¶ Y cuando fué la tarde, luego que el sol se puso, traian á él todos los que tenian mal, y endemoniados.

33 Y toda la ciudad se juntó á la puerta.

34 Y sanó á muchos que estaban enfermos de diversas enfermedades; y echó fuera muchos demonios; y no dejaba decir á los demonios que le conocian.

35 ¶ Y levantándose muy de mañana, aun muy de noche, salió y se fué á un lugar desierto, y allí oraba.

36 Y le siguió Simon y los que estaban con él;

37 Y hallándole, le dicen: Todos te buscan.

38 Y les dice: Vamos á los lugares vecinos, para que predique tambien allí; porque para esto he venido [y].

39 Y predicaba en las sinagogas de ellos en toda Galiléa, y echaba fuera los demonios.

40 ¶ Y un leproso vino á él [z], rogándole; é hincada la rodilla le dice: Si quieres, puedes limpiarme.

41 Y Jesus teniendo misericordia de él, extendió su mano y le tocó, y le dice: Quiero; sé limpio.

42 Y así que hubo él hablado, la lepra se fué luego de aquel, y fué limpio.

43 Entónces le apercibió, y despidióle luego,

44 Y le dice: Mira no digas á nadie nada; sino vé, muéstrate al sacerdote, y ofrece por tu limpieza lo que Moisés [a] mandó, para † que les conste.

45 Mas él salido, comenzó á publicar*lo* mucho, y á divulgar el hecho, de manera que ya Jesus no podia entrar manifiestamente en la ciudad, sino que estaba fuera en los lugares desiertos; y venian á él de todas partes.

[t] Mat. 7. 28, 29.
[u] Lu. 4. 33, etc.
† Gr. *¿Qué á nosotros y á tí?*
[x] Mat. 8. 14. Lu. 4. 38.
[y] Is. 61. 1, 2.
[z] Mat. 8. 2. Lu. 5. 12.
[a] Lev. 14. 2, 32.
† Gr. *Para testimonio á ellos.*

CAPITULO II.

Cura Jesus á un paralítico en prueba de su potestad de perdonar pecados. Llama al apostolado á Leví ó Mateo, cobrador de tributos; y reprime con su doctrina el orgullo é hipocresía de los Fariséos.

Y ENTRÓ otra vez en Capernaum despues de *algunos* dias; y se oyó que estaba en casa.

2 Y luego se juntaron á él muchos, que ya no cabian ni aun á la puerta; y les predicaba la palabra.

3 Entónces vinieron á él *unos* trayendo un paralítico [a], que era traido por cuatro.

4 Y como no podian llegar á él á causa del gentío, descubrieron el techo *de* donde estaba, y haciendo abertura, bajaron el lecho en que yacia el paralítico.

5 Y viendo Jesus la fé de ellos [b], dice al paralítico: Hijo, tus pecados te son perdonados.

6 Y estaban allí sentados algunos de los escribas, los cuales pensando en sus corazones,

7 Decian: ¿Por qué habla este blasfemias? ¿Quien puede perdonar pecados, sino † solo Dios?

8 Y conociendo luego Jesus en su espíritu que pensaban así dentro de sí mismos, les dijo: ¿Por qué pensais estas cosas en vuestros corazones?

9 ¿Qué es mas fácil: Decir al paralítico, Tus pecados te son perdonados; ó decirle: Levántate, y toma tu lecho y anda?

10 Pues para que sepais que el Hijo del Hombre tiene potestad en la tierra de perdonar los pecados [c], (dice al paralítico),

11 A tí digo: Levántate, y toma tu lecho, y véte á tu casa.

12 Entónces *él* se levantó luego, y tomando su lecho, se salió delante de todos; de manera que todos se asombraron, y glorificaron á Dios diciendo: Nunca tal hemos visto.

13 ¶ Y volvió á salir á la mar, y toda la gente venia á él, y los enseñaba.

14 Y pasando vió á Leví [d], *hijo* de Alféo, sentado á la aduana, y le dice: Sígueme. Y levantándose, le siguió.

15 Y aconteció que estando Jesus á la mesa en casa de él, muchos publicanos y pecadores [e] estaban tambien á la mesa juntamente con Jesus y con sus discípulos: porque habia muchos, y le habian seguido.

16 Y los escribas y los Fariséos, viéndole comer con los publicanos, y con los pecadores, dijeron á sus discípulos: ¿Qué es esto que él come y bebe con los publicanos y con los pecadores?

17 Y oyéndo*lo* Jesus les dice: Los sanos no tienen necesidad de médico, mas los que tienen mal [f]. No he venido á llamar á los justos, sino los pecadores al arrepentimiento [g].

18 ¶ Y los discípulos de Juan, y de los Fariséos ayunaban; y vienen, y le dicen: ¿Por qué los discípulos de Juan, y *los* de los Fariséos ayunan, y tus discípulos no ayunan?

19 Y Jesus les dice: ¿Pueden ayunar los que están de bodas, cuando el Esposo está con ellos? Entretanto que tienen consigo al Esposo no pueden ayunar.

20 Mas vendrán dias, cuando el Esposo les será quitado, y entónces en aquellos dias ayunarán [h].

21 Nadie echa remiendo de paño recio en vestido viejo; de otra manera el mismo remiendo nuevo tira del viejo, y la rotura se hace peor.

[a] Mat. 9. 2, etc. Lu. 5. 18, etc.
[b] Hech. 14. 9.
† Gr. *¿sino uno solo, Dios?*
[c] Hech. 5. 31.
[d] Mat. 9. 9. Lu. 5. 27.
[e] Lu. 15. 1, &c.
[f] Mat. 9. 12, 13. Lu. 5. 31, 32.
[g] Is. 55. 7. Lu. 19. 10. 1 Co. 6. 9, 11. 1 Ti. 1. 13.
[h] Hech. 13. 2.

22 Ni nadie echa vino nuevo en odres viejos; de otra manera el vino nuevo rompe los odres, y se derrama el vino, y los odres se pierden[i]; mas el vino nuevo en odres nuevos se ha de echar.

23 ¶ Y aconteció que pasando él por los sembrados[k] en Sábado, sus discípulos andando, comenzaron á arrancar espigas[l].

24 Entónces los Fariséos le dijeron: Hé aquí, ¿Por qué hacen *tus discípulos* en Sábado lo que no es lícito?

25 Y él les dijo: ¿Nunca leisteis qué hizo David[m] cuando tuvo necesidad, y tuvo hambre, él y los que con él *estaban*?

26 Como entró en la casa de Dios, siendo Abiatar sumo Pontífice, y comió los panes de la proposicion[n], de los cuales no es lícito comer sino á los sacerdotes, y aun dió á los que con él estaban?

27 Tambien les dijo: El Sábado por causa del hombre[o] es hecho; no el hombre por causa del Sábado[p].

28 Así que el Hijo del Hombre es Señor aun del Sábado.

CAPITULO III.

Jesus cura á un hombre que tenia una mano seca: es seguido de mucho pueblo: elige á los doce apóstoles, y responde con admirable mansedumbre á los dicterios y blasfemias de los escribas.

Y OTRA vez entró en la sinagoga[a]; y habia allí un hombre que tenia una mano seca:

2 Y le acechaban si en Sábado lo sanaria, para acusarle[b].

3 Entónces dijo al hombre que tenia la mano seca: Levántate en medio.

4 Y les dice, ¿Es lícito hacer bien en Sábados, ó hacer mal[c]? ¿Salvar la vida, ó quitarla? Mas ellos callaban.

5 Y mirándolos alrededor con enojo, condoleciéndose de la ceguedad de su corazon, dice al hombre: Extiende tu mano. Y la extendió, y su mano fué restituida sana como la otra.

6 ¶ Entónces saliendo los Fariséos tomaron consejo con los Herodianos[d] contra él, para matarle.

7 Mas Jesus se apartó á la mar con sus discípulos: y le siguió gran multitud de Galiléa, y de Judéa[e],

8 Y de Jerusalem, y de Iduméa, y de la otra parte del Jordan: y los que *moraban* alrededor de Tiro y de Sidon, grande multitud, oyendo cuan grandes cosas hacia, vinieron á él.

9 Y dijo á sus discípulos que le estuviese siempre apercibida la barquilla, por causa del gentío, para que no le oprimiesen.

10 Porque habia sanado á muchos[f]; de manera que caian sobre él cuantos tenian plagas, por tocarle.

11 Y los espíritus inmundos[g], al verle, se postraban delante de él, y daban voces, diciendo: Tú eres el Hijo de Dios.

12 Mas él les reñia mucho que no le manifestasen[h].

13 ¶ Y subió al monte[i], y llamó á sí los que él quiso[k]; y vinieron á él.

14 Y estableció doce para que estuviesen con él, y para enviarlos á predicar,

15 Y que tuviesen potestad de sanar enfermedades, y de echar fuera demonios:

16 A Simon, al cual puso por nombre Pedro[l];

17 Y á Jacobo *hijo* de Zebedéo, y á Juan hermano de Jacobo; y les apellidó Boanerges, que es, Hijos del trueno[m]:

ob 32. 19. | Mat. 12. 1, | . 6. 1, | u. 23. 25. | Sa. 21. 6. | x. 29. 32, | v. 24. 9. | eh. 9. 14. 58. 13. . 20. 12, | d. 2. 16. | at. 12. 9, | . 6. 6, | . 14. 1. | . 6. 6. | at. 22. 16. | at. 12. 15. 4. 14. | at. 12. 15. 4. 14. | p. 1. 24. . 4. 41. at°. 2. 19. | p. 1. 25, | at. 10. 1. . 9. 1. an 15. 16. | an 1. 42. | r. 23. 29.

18 Y á Andres, y á Felipe, y á Bartolomé, y á Mateo, y á Tomás, y á Jacobo *hijo* de Alféo, y á Tadéo, y á Simon el Cananéo[n],

19 Y á Judas Iscariote, el que le entregó: y vinieron á casa.

20 Y agolpóse de nuevo la gente; de modo que ellos ni aun podian comer pan[o].

21 Y como *lo* oyeron los suyos, vinieron para prenderle; porque decian: Está fuera de sí.

22 ¶ Y los escribas que habian venido de Jerusalem, decian que tenia á Beelzebub[p]; y que por el príncipe de los demonios echaba fuera los demonios.

23 Y habiéndoles llamado, les decia en parábolas: ¿Cómo puede Satanás echar fuera á Satanás?

24 Y si *algun* reino contra sí mismo fuere dividido, no puede permanecer el tal reino.

25 Y si *alguna* casa fuere dividida contra sí misma, no puede permanecer la tal casa.

26 Y si Satanás se levantáre contra sí mismo, y fuere dividido, no puede permanecer; ántes tiene fin.

27 Nadie puede saquear las † alhajas del valiente entrando en su casa, si ántes no atare al valiente[q], y entónces saqueará su casa.

28 De cierto os digo *que* todos los pecados serán perdonados á los hijos de los hombres, y las blasfemias cualesquiera con que blasfemaren[r];

29 Mas cualquiera que blasfemáre contra el Espíritu Santo, no tiene jamas perdon[s], mas está expuesto á eterno juicio †.

30 Porque decian: Tiene espíritu inmundo.

31 ¶ Vienen[t] despues sus hermanos y su madre, y estando fuera, enviaron á él llamándole.

32 Y la gente estaba sentada alrededor de él, y le dijeron: Hé aquí, tu madre y tus hermanos te buscan fuera.

33 Y él les respondió diciendo: ¿Quién es mi madre y mis hermanos?

34 Y mirando á los que estaban sentados alrededor de él, dijo: Hé aquí mi madre y mis hermanos.

35 Porque cualquiera que hiciere la voluntad de Dios[u], este es mi hermano, y mi hermana, y mi madre.

CAPITULO IV.

Parábola del sembrador, y su esplicacion. La luz sobre el candelero. Semilla que nace y crece durmiendo el que la sembró. Otra parábola del grano de mostaza. Tempestad en el mar apaciguada de repente.

Y OTRA vez comenzó á enseñar junto á la mar[a], y se juntó á él mucha gente; tanto que entrándose él en un barco, se sentó en la mar: y toda la gente estaba en tierra junto á la mar.

2 Y les enseñaba por parábolas[b] muchas cosas, y les decia en su doctrina:

3 Oid: Hé aquí, el sembrador salió á sembrar.

4 Y aconteció sembrando, que una parte cayó junto al camino; y vinieron las aves del cielo, y la tragaron.

5 Y otra parte cayó en pedregrales, donde no tenia mucha tierra; y luego salió, porque no tenia la tierra profunda.

6 Mas, salido el sol, se quemó; y por cuanto no tenia raíz, se secó[c].

7 Y otra parte cayó en espinas[d]; y subieron las espinas, y la ahogaron, y no dió fruto.

8 Y otra parte cayó en buena tierra[e],

[n] Lu. 6. 15. | [o] Cap. 6. 31. | [p] Mat. 9. 34. y 10. 25. y 12. 24. Lu. 11. 15. Juan 7. 20. y 8. 48, 52. | † Gr. *Los vasos.* | [q] Is. 49. 24, 25. y 61. 1. Mat. 12. 29. | [r] Mat. 12. 31. Lu. 12. 10. | [s] Heb. 10. 29. 1 Juan 5. 16. | † Gr. *Pecado.* | [t] Mat. 12. 46, 48. Lu. 8. 19, 21. | [u] Sant°. 1. 25. 1 Juan 2. 17. | [a] Mat. 13. 1, etc. Lu. 8. 4, etc. | [b] ver. 34. | [c] Sant°. 1. 11. | [d] Jer. 4. 3. | [e] Heb. 6. 7.

y dió fruto *f*, que subió y creció: y llevó
uno á treinta, y otro á sesenta, y otro á
ciento.
9 Entónces les dijo: El que tiene oidos
para oir, oiga.
10 ¶ Y cuando estuvo solo *g*, le pre-
guntaron los que estaban cerca de él con
los doce *sobre* la parábola.
11 Y les dijo: A vosotros es dado sa-
ber el misterio del reino de Dios; mas
á los que están fuera *h*, por parábolas
todas las cosas:
12 Para que viendo, vean y no echen
de ver; y oyendo, oigan y no entien-
dan *i*: porque no se conviertan, y les
sean perdonados los pecados.
13 Y les dijo: ¿No sabeis está pará-
bola? ¿Cómo pues entenderéis todas
las parábolas?
14 El que siembra *es el que* siembra la
palabra.
15 Y estos son los de junto al camino;
en los que la palabra es sembrada, mas
despues que la oyeron, luego viene Sa-
tanás *k*, y quita la palabra que fué sem-
brada en sus corazones.
16 Y asimismo estos son los que son
sembrados en pedregales; los que cu-
ando han oido la palabra, luego la to-
man con gozo:
17 Mas no tienen raíz en sí, ántes son
temporales, que en levantándose la tri-
bulacion, ó la persecucion por causa de
la palabra, luego se escandalizan.
18 Y estos son los que son sembrados
entre espinas; los que oyen la palabra,
19 Mas los cuidados de este siglo *l*, y
el engaño de las riquezas *m*, y las codi-
cias *n* que hay en las otras cosas, en-
trando, ahogan la palabra, y se hace
infructuosa.
20 Y estos son los que fueron sembra-
dos en buena tierra; los que oyen la
palabra, y *la* reciben, y hacen fruto *o*,
uno á treinta, otro á sesenta, y otro á
ciento.
21 ¶ Tambien les dijo: ¿Tráese la
antorcha para ser puesta debajo del al-
mud *p*, ó debajo de la cama? ¿No *es*
para ser puesta en el candelero?
22 Porque no hay nada oculto que no
haya de ser manifestado *q*; ni secreto
que no haya de descubrirse.
23 Si alguno tiene oidos para oir, oiga *r*.
24 Les dijo tambien: Mirad lo que
oís *s*: Con la medida que medís, os me-
dirán otros *t*; y será añadido á vosotros
los que oís.
25 Porque al que tiene, la será dado;
y al que no tiene, aun lo que tiene le
será quitado *u*.
26 ¶ Decia mas: Así es el reino de
Dios, como si un hombre echa simiente
en la tierra;
27 Y duerme, y se levanta de noche y
de dia: y la simiente brota y crece como
él no sabe.
28 Porque de suyo fructifica la tierra,
primero yerba, luego espiga; despues
grano lleno en la espiga.
29 Y cuando el fruto fuere producido,
luego se mete la hoz, porque la siega es
llegada.
30 ¶ Y decia: ¿A qué harémos seme-
jante el reino de Dios? ó con qué pará-
bola le compararémos?
31 *Es* como el grano de la mostaza *v*,
que, cuando se siembra en tierra, es el
mas pequeño de todas las simientes que
hay en la tierra;
32 Mas despues de sembrado, sube, y
se hace la mayor de todas las legum-
bres; y echa grandes ramas, de tal ma-
nera que las aves del cielo puedan morar
bajo de su sombra *x*.

f Col. 1. 6.
g Mat. 13. 10, etc.
h Col. 4. 5. 1 Tes. 4. 12. 1 Ti. 3. 7.
i Is. 6. 9, 10. Juan 12. 40. Hech. 28. 26, 27.
k Mat. 4. 10.
l Lu. 14. 18, 20.
m 1 Ti. 6. 9, 17. Pro. 23. 5.
n 1 Juan 2. 16, 17.
o Ro. 7. 4. Col. 1. 10. 2 Ped. 1. 8.
p Mat. 5. 15. Lu. 11. 33.
q Hech. 12. 14. Lu. 12. 2. Mat. 10. 26. 1 Co. 4. 5.
r Mat. 11. 15.
s 1 Ped. 2. 2.
t Mat. 7. 2.
u Lu. 8. 18.
v Mat. 13. 31, 32. Lu. 13. 18, 19.
x Da. 4. 12.

33 ¶ Y con muchas tales parábolas les
hablaba la palabra, conforme á lo que
podian oir *y*.
34 Y sin parábola no les hablaba; mas
á sus discípulos en particular declaraba
todo.
35 ¶ Y les dijo aquel dia cuando fué
tarde: Pasemos de la otra parte.
36 Y despachando la multitud, le to-
maron, como estaba en el barco; y
habia tambien con él otros barquitos.
37 Y se levantó una grande tempestad
de viento *z*, y echaba las olas en el barco,
de tal manera que ya se henchia.
38 Y él estaba en la popa durmiendo
sobre un cabezal: y le despertaron, y le
dicen: ¿Maestro, no tienes cuidado que
perecemos?
39 Y levantándose increpó al viento,
y dijo á la mar: Calla, enmudece. Y
cesó el viento, y fué hecha grande bo-
nanza *a*.
40 Y á ellos dijo: ¿Por qué estais así
amedrentados *b*? ¿Cómo no teneis fé?
41 Y temieron con gran temor *c*, y de-
cian el uno al otro: ¿Quién es este, que
aun el viento y la mar le obedecen *d*?

CAPITULO V.

*Jesus expele los demonios de un hombre, y les
permite entrar en una piara de cerdos. Sa-
na á una mujer de un envejecido flujo de
sangre; y resucita á la hija de Jairo.*

Y VINIERON de la otra parte de
la mar *a* á la provincia de los Ga-
darenos.
2 Y salido él del barco, luego le salió
al encuentro de los sepulcros un hombre
con un espíritu inmundo,
3 Que tenia domicilio en los sepul-
cros *b*, y ni aun con cadenas le podia
alguien atar.
4 Porque muchas veces habia sido ata-
do con grillos y cadenas; mas las ca-
denas habian sido hechas pedazos por
él, y los grillos desmenuzados: y nadie
le podia domar.
5 Y siempre de dia y de noche andaba
dando voces en los montes y en los se-
pulcros, é hiriéndose con las piedras.
6 Y como vió á Jesus de léjos, corrió,
y le adoró.
7 Y clamando á gran voz dijo: ¿Qué †
tienes conmigo, Jesus, hijo del Dios Al-
tísimo *e*? Te conjuro por Dios que no
me atormentes.
8 Porque le decia: Sal de este hom-
bre, espíritu inmundo *d*.
9 Y le preguntó: ¿Cómo te llamas?
Y respondió diciendo: Legion me lla-
mo; porque somos muchos *e*.
10 Y le rogaba mucho que no le en-
viase fuera de aquella provincia.
11 Y estaba allí cerca de los montes
una grande manada de puercos *f* paci-
endo:
12 Y le rogaron *g* todos *aquellos* demo-
nios, diciendo: Envíanos á los puercos
para que entremos en ellos.
13 Y luego Jesus se lo permitió *h*: y
saliendo aquellos espíritus inmundos,
entraron en los puercos, y la manada
cayó por un despeñadero en la mar; los
cuales eran como dos mil, y en la mar
se ahogaron.
14 Y los que apacentaban los puercos
huyeron, y dieron aviso en la ciudad y
en los campos. Y salieron para ver que
era aquello que habia acontecido.
15 Y vienen á Jesus, y ven al que
habia sido atormentado del demonio, y
que habia tenido la legion, sentado y
vestido, y en su juicio cabal, y tuvieron
miedo.
16 Y les contaron los que *lo* habian

y Juan 16. 12.
z Mat. 8. 24. Lu. 8. 23.
a Sal. 89. 9.
b Sal. 46. 1, 2. Is. 43. 2.
c Jonas 1. 16.
d Job 38. 11.
a Mat. 8. 28, etc. Lu. 8. 26, etc.
b Is. 65. 4.
† Gr. ¿Qué á mí y á ti?
c Sant. 2. 19.
d Hech. 16. 18. 1 Juan 3. 8.
e Mat. 12. 45.
f Lev. 11. 7, 8. Deu. 14. 8.
g Job 1. 10, 12. y 2. 5, 6.
h Ap. 20. 7.

visto, como habia acontecido al que habia tenido el demonio, y *lo* de los puercos.

17 Y comenzaron á rogarle que se fuese de los términos de ellos[i].

18 Y entrando él en el barco, le rogaba el que habia sido fatigado del demonio, para estar con él.

19 Mas Jesus no lo permitió, sino le dijo: Véte á tu casa á los tuyos, y cuéntales cuan grandes cosas el Señor ha hecho contigo, y *como* ha tenido misericordia de tí[k].

20 Y se fué, y comenzó á publicar en Decápolis cuan grandes cosas Jesus habia hecho con él: y todos se maravillaban.

21 ¶ Y pasando otra vez Jesus en un barco á la otra parte, se juntó á él gran compañía; y estaba junto á la mar.

22 Y vino uno de los príncipes de la sinagoga[l], llamado Jairo; y luego que le vió, se postró á sus piés,

23 Y le rogaba mucho, diciendo: Mi hija está á la muerte: vén y pondrás las manos sobre ella, para que sea salva, y vivirá.

24 Y fué con él, y le seguia gran compañía, y le apretaban.

25 Y una mujer que estaba con flujo de sangre[m] doce años hacia,

26 Y habia sufrido mucho de muchos médicos, y habia gastado todo lo que tenia, y nada habia aprovechado, ántes le iba peor[n],

27 Como oyó *hablar* de Jesus, llegó por detrás entre la compañía, y tocó su vestido[o].

28 Porque decia: Si tocáre tan solamente su vestido, seré salva.

29 Y luego la fuente de su sangre se secó; y sintió en el cuerpo que estaba sana de aquel azote.

30 Y luego Jesus conociendo en sí mismo la virtud que habia salido de él[p], volviéndose á la compañía dijo: ¿Quién ha tocado á mis vestidos?

31 Y le dijeron sus discípulos: Ves que la multitud te aprieta, y dices, ¿Quién me ha tocado?

32 Y él miraba alrededor para ver á la que habia hecho esto.

33 Entónces la mujer temiendo y temblando, sabiendo lo que en sí habia sido hecho, vino, y se postró delante de él, y le dijo toda la verdad.

34 Y él le dijo: Hija, tu fé te ha hecho salva[q]; vé en paz[r], y queda sana de tu azote.

35 Hablando aun él, vinieron del príncipe de la sinagoga, diciendo: Tu hija es muerta: ¿para qué fatigas mas al Maestro?

36 Mas luego Jesus oyendo esta razon que se decia, dijo al príncipe de la sinagoga: No temas, cree solamente[s].

37 Y no permitió que alguno viniese tras de él sino Pedro, y Jacobo, y Juan hermano de Jacobo[t].

38 Y vino á casa del príncipe de la sinagoga, y vió el alboroto, los que lloraban y gemian mucho.

39 Y entrando les dice: ¿Por qué alborotais, y llorais? La muchacha no es muerta, mas duerme[u].

40 Y hacian burla de él: mas él, echados fuera todos[v], toma al padre y á la madre de la muchacha, y á los que estaban con él, y entra donde la muchacha yacia.

41 Y tomando la mano de la muchacha le dice: *Talitha cumi*, que es, si lo interpretares: Muchacha, á tí digo, levántate[x].

42 Y luego la muchacha se levantó, y andaba, porque tenia doce años; y se espantaron de grande espanto:

43 Mas *él* les mandó mucho que nadie lo supiese[y], y dijo que la diesen de comer.

[Left margin references, partly cut off:] ech. 16. / al. 66. 16. / . 38. 19. / at. 9. 18, / . 8. 41, / e. 15. 19, / ob 13. 4. / . 108. 12. / Rey. 18. / t. 14. 36. / ech. 5. 15. / 9. 12. / a. 6. 19. / p. 10. 52. / ch. 14. 9. / Sa. 1. 17. / Rey. 5. 19. / r. 20. 20. / a 11. 40. / p. 9. 2. / . 33. / an 11. 13. / ch. 9. 40. / ch. 9. 40.

CAPITULO VI.

Jesus obra pocos milagros en su patria, castigando así su incredulidad. Mision de los apóstoles. Prision y muerte de Juan Bautista. Milagro de los cinco panes y dos peces. Jesus anda sobre las aguas: y cura á muchos enfermos.

Y SALIÓ de allí, y vino á su tierra, y le siguieron sus discípulos.

2 Y llegado el Sábado, comenzó á enseñar en la sinagoga[a]; y muchos oyéndole estaban atónitos, diciendo: ¿De dónde tiene este estas cosas[b]? ¿Y qué sabiduría es esta que le es dada; y tales maravillas que por sus manos son hechas?

3 ¿No es este el carpintero, hijo de María, hermano de Jacobo, y de José, y de Júdas y de Simon? ¿No están tambien aquí con nosotros sus hermanas? Y se escandalizaban en él[c].

4 Mas Jesus les decia: No hay profeta deshonrado sino en su tierra, y entre sus parientes, y en su casa[d].

5 Y no pudo allí hacer alguna maravilla[e]; solamente sanó *unos* pocos enfermos, poniendo sobre ellos las manos.

6 Y estaba maravillado de la incredulidad de ellos: y rodeaba las aldéas de alrededor enseñando[f].

7 Y llamó á los doce[g], y comenzó á enviarlos de dos en dos: y les dió potestad *contra* los espíritus inmundos.

8 Y les mandó que no llevasen nada para el camino, sino solamente *un* báculo; no alforja, ni pan, ni dinero en † la bolsa.

9 Mas que calzasen sandalias; y no vistiesen dos túnicas.

10 Y les decia: Donde quiera que entreis en una casa, posad en ella hasta que salgais de allí.

11 Y todos aquellos que no os recibieren, ni os oyeren, saliendo de allí, sacudid el polvo que está debajo de vuestros piés en testimonio á ellos[h]. De ‖ cierto os digo que mas tolerable será de los de Sodoma y Gomorrha el dia del juicio, que el de aquella ciudad.

12 Y saliendo predicaban, que los hombres se arrepintiesen[i].

13 Y echaban fuera muchos demonios[k], y ungian con aceite á muchos enfermos, y sanaban[l].

14 ¶ Y oyó el rey Heródes *la fama de Jesus*[m], porque su nombre se habia hecho notorio, y dijo: Juan el que bautizaba, ha resucitado de los muertos; y por tanto virtudes obran en él.

15 Otros decian: Elías es[n]. Y otros decian: Profeta es, ó alguno de los profetas.

16 Y *oyéndolo* Heródes, dijo: Este es Juan el que yo degollé: él ha resucitado de los muertos.

17 Porque el mismo Heródes habia enviado y prendido á Juan, y le habia aprisionado en la cárcel á causa de Herodías, mujer de Felipe su hermano[o]; pues la habia tomado por mujer.

18 Porque Juan decia á Heródes: No te es lícito tener la mujer de tu hermano[p].

19 Mas Herodías le acechaba, y deseaba matarle, y no podia:

20 Porque Heródes temia á Juan, sabiendo que era varon justo y santo, y le tenia respeto: y oyéndole hacia muchas cosas; y le oia de buena gana.

21 Y viniendo un dia oportuno, en que

[Right margin references:]
y Mat. 8. 4. y 12. 16, etc. Lu. 5. 14.
a Mat. 13. 54, etc. Lu. 4. 16, etc.
b Juan 6. 42.
c Mat. 11. 6.
d Mat. 13. 57, 58. Juan 4. 44.
e Is. 59. 1, 2.
f Hech. 10. 38.
g Mat. 10. 1, etc. Lu. 9. 1, etc.
† Gr. *En el cinto.*
h Hech. 13. 51.
‖ *Este período no se halla en varios ejemplares antiguos.*
i Lu. 24. 47.
k Lu. 10. 17.
l Sant°. 5. 14.
m Mat. 14. 1, etc. Lu. 9. 7, etc.
n Cap. 9. 28. Mat. 16. 14.
o Lu. 3. 19.
p Le. 18. 16.

Heródes, en la fiesta de su nacimiento[q], daba una cena á sus príncipes y tribunos, y á los principales de Galiléa,
22 Y entrando la hija de Herodías, y danzando, y agradando á Heródes, y á los que estaban con él á la mesa, el Rey dijo á la muchacha: Pídeme lo que quisieres, que yo te lo daré.
23 Y le juró: Todo lo que me pidieres te daré, hasta la mitad de mi reino[r].
24 Y saliendo ella dijo á su madre: ¿Qué pediré? Y ella dijo: La cabeza de Juan Bautista.
25 Entónces *ella* entró prestamente al rey, y pidió, diciendo: Quiero que ahora luego me dés en un plato la cabeza de Juan Bautista[s].
26 Y el rey se entristeció mucho; *mas* á causa del juramento, y de los que estaban con él á la mesa, no quiso desecharla.
27 Y luego el rey, enviando uno de la guardia, mandó que fuese traida su cabeza.
28 El cual fué, y le degolló en la cárcel, y trajo su cabeza en un plato, y la dió á la muchacha, y la muchacha la dió á su madre.
29 Y oyéndo*lo* sus discípulos, vinieron, y tomaron su cuerpo y le pusieron en un sepulcro[t].
30 ¶ Y los apóstoles se juntaron con Jesus, y le contaron todo lo que habian hecho, y lo que habian enseñado[u].
31 Y *él* les dijo: Venid vosotros aparte al lugar desierto, y reposad un poco; porque eran muchos los que iban y venian, que ni aun tenian lugar de comer.
32 Y se fueron en un barco al lugar desierto aparte.
33 Y los vieron ir muchos, y lo conocieron; y concurrieron allá muchos á pié de las ciudades, y llegaron ántes que ellos, y se juntaron á él.
34 Y saliendo Jesus, vió *una* grande multitud, y tuvo compasion de ellos, porque eran como ovejas que no tenian pastor[v]; y les comenzó á enseñar muchas cosas.
35 Y como ya fuese el dia muy entrado, sus discípulos llegaron á él, diciendo[x]: El lugar es desierto, y el dia es ya muy entrado;
36 Envíalos para que vayan á los cortijos y aldéas de alrededor, y compren para sí pan; porque no tienen que comer.
37 Y respondiendo él, les dijo: Dadles de comer vosotros. Y le dijeron: ¿*Qué*, vamos y compremos pan por doscientos denarios, y démosles de comer[y]?
38 Y él les dice: ¿Cuántos panes teneis? Id, y vedlo. Y sabiéndolo, dijeron: Cinco y dos peces.
39 Y les mandó que hiciesen recostar á todos por partidas sobre la yerba verde[z].
40 Y se recostaron por partidas, de ciento en ciento, y de cincuenta en cincuenta.
41 Y tomados los cinco panes y los dos peces, mirando al cielo, bendijo[a], y partió los panes, y dió á sus discípulos para que *los* pusiesen delante. Y repartió á todos los dos peces.
42 Y comieron todos, y se hartaron[b].
43 Y alzaron de los pedazos doce cofines llenos, y de los peces.
44 Y los que comieron eran cinco mil hombres.
45 ¶ Y luego dió priesa á sus discípulos á subir en el barco, é ir delante de él á Betsaida de la otra parte[c], entre tanto que él despedia la multitud.
46 Y despues que los hubo despedido, se fué al monte á orar[d].

[q] Gen. 40. 20.
[r] Est. 5. 3, 6. y 7. 2.
[s] Sal. 37. 12, 14.
[t] Hech. 8. 2.
[u] Lu. 9. 10.
[v] Nu. 27. 17. Zac. 10. 2. 1 Rey. 22. 17. Mat. 9. 36.
[x] Mat. 14. 15, etc. Lu. 9. 12, etc. Juan 6. 5, etc.
[y] Nu. 11. 13, 22. 2 Rey. 4. 42.
[z] Cap. 8. 6. Mat. 15. 35.
[a] 1 Sa. 9. 13. Mat. 26. 26. Lu. 24. 30.
[b] Gen. 40. 20.
[c] Mat. 14. 22, etc. Juan 6. 17, etc.
[d] Cap. 1. 35. Mat. 6. 6. Lu. 6. 12.

47 Y como fué la tarde, el barco estaba en medio de la mar, y él solo en tierra.
48 Y los vió fatigados bogando[e], porque el viento les era contrario: y cerca de la cuarta vigilia de la noche vino á ellos andando sobre la mar, y queria precederlos[f].
49 Y viéndole ellos, que andaba sobre la mar, pensaron que era fantasma[g], y dieron voces:
50 Porque todos le veian, y se turbaron. Mas luego habló con ellos, y les dijo: Alentáos; yo soy, no temais[h].
51 Y subió á ellos en el barco, y calmó el viento[i]: y *ellos* en gran manera estaban fuera de sí, y se maravillaban.
52 Porque aun no habian considerado lo de los panes; por cuanto estaban ofuscados sus corazones.
53 ¶ Y cuando estuvieron de la otra parte, vinieron á tierra de Genezaret[k], y tomaron puerto.
54 Y saliendo ellos del barco, luego le conocieron;
55 Y recorriendo toda la tierra de alrededor, comenzaron á traer de todas partes enfermos en lechos, adonde oian que estaba.
56 Y donde quiera que entraba, en aldéas, ó ciudades, ó heredades, ponian en las calles los que estaban enfermos, y le rogaban que tocasen siquiera el borde de su vestido[l]; y todos los que le tocaban eran salvos.

CAPITULO VII.

Jesus reprende la hipocresía y supersticiones de los Fariséos. Fé grande de la Cananéa, por la cual libra del demonio á su hija. Cura á un hombre sordo y mudo.

Y SE juntaron á él Fariséos, y algunos de los escribas que habian venido de Jerusalem[a]:
2 Los cuales, viendo á algunos de sus discípulos comer pan con manos comunes, es á saber, no lavadas, los condenaban.
3 (Porque los Fariséos y todos los Judíos, teniendo la tradicion de los ancianos[b], si muchas veces no se lavan las manos†, no comen.
4 Y *volviendo* de la plaza, si no se lavaren, no comen. Y otras muchas cosas hay que tomaron para guardar, como las lavaduras de los vasos *de beber*, y de los jarros, y de los vasos de metal, y de los lechos.)
5 Y le preguntaron los Fariséos y los escribas: ¿Por qué tus discípulos no andan conforme á la tradicion de los ancianos, sino que comen pan con las manos no lavadas?
6 Y respondiendo él, les dijo: Hipócritas, bien profetizó de vosotros Isaías, como está escrito[c]: Este pueblo con los labios me honra, mas su corazon léjos está de mí.
7 Y en vano me honran, enseñando, *como* doctrinas, mandamientos de hombres.
8 Porque dejando el mandamiento de Dios, teneis la tradicion de los hombres; las lavaduras de los jarros, y de los vasos *de beber*: y haceis otras muchas cosas semejantes *á estas*.
9 Les decia tambien: Bien invalidais el mandamiento de Dios para guardar vuestra tradicion.
10 Porque Moisés dijo: Honra á tu padre y á tu madre[d]: y, El que maldijere al padre ó á la madre, morirá de muerte[e].
11 Y vosotros decís: *Basta* si dijere un hombre al padre ó á la madre: *Es* Corban[f] (quiere decir, don *mio á Dios*) todo aquello con que pudiera valerte.

[e] Juan 1. 13.
[f] Lu. 24. 28.
[g] Lu. 24. 37.
[h] Is. 43. 1, 2.
[i] Sal. 93. 3, 4.
[k] Mat. 14. 34.
[l] Cap. 5. 27, 28. Nu. 15. 38, 39.
[a] Mat. 15. 1, etc.
[b] Gal. 1. 14. 2 Cor. 2. 5, 22, 23.
† Gr. *Hasta el codo, ó con el puño.*
[c] Is. 29. 13.
[d] Ex. 20. 12. De. 5. 16.
[e] Ex. 21. 17. Le. 20. 9. Pr. 20. 20.
[f] Mat. 15. 5.

12 Y no le dejais hacer mas por su padre, ó por su madre:

13 Invalidando la palabra de Dios con vuestra tradicion que disteis: y muchas cosas haceis semejantes á estas.

14 ¶ Y llamando á toda la multitud, les dijo: Oidme todos, y entended [g]:

15 Nada hay fuera del hombre que entre en él, que le pueda contaminar; mas lo que sale de él, aquello es lo que contamina al hombre.

16 Si alguno tiene oidos para oir, oiga [h].

17 Y *apartado* de la multitud habiendo entrado en casa, le preguntaron sus discípulos sobre la parábola [i].

18 Y díjoles: ¿Tambien vosotros estais así sin entendimiento? ¿No entendeis que todo lo de fuera que entra en el hombre, no le puede contaminar?

19 Porque no entra en su corazon, sino en el vientre [k]; y sale *el hombre* á la secreta, purgando todas las viandas.

20 Mas decia: que lo que del hombre sale, aquello contamina al hombre.

21 Porque de dentro, del corazon [l] de los hombres, salen los malos pensamientos, los adulterios, las fornicaciones, los homicidios,

22 Los hurtos, las avaricias, las maldades, el engaño, las desvergüenzas, el ojo maligno, las injurias, la soberbia, la insensatez.

23 Todas estas maldades de dentro salen, y contaminan al hombre.

24 ¶ Y levantándose de allí, se fué á los términos de Tiro y de Sidon [m], y entrando en casa, quiso que nadie *lo* supiese; mas no pudo esconderse [n].

25 Porque una mujer, cuya hija tenia un espíritu inmundo, luego que oyó de él, vino, y se echó á sus piés.

26 Y la mujer era Griega, Sirofenisa de nacion, y le rogaba que echase fuera de su hija al demonio.

27 Mas Jesus le dijo: Deja primero hartarse los hijos; porque no es bien tomar el pan de los hijos y echarlo á los perrillos [o].

28 Y respondió ella, y le dijo: Sí, Señor, pero aun los perrillos debajo de la mesa comen de las migajas de los hijos [p].

29 Entónces le dice: Por esta palabra, vé; el demonio ha salido de tu hija [q].

30 Y como fué á su casa, halló que el demonio habia salido, y la hija echada sobre la cama.

31 ¶ Y volviendo á salir de los términos de Tiro y de Sidon, vino á la mar de Galiléa [r] por mitad de los términos de Decápolis.

32 Y le traen un sordo, y tartamudo, y le ruegan que le ponga la mano encima.

33 Y tomándole aparte de la gente, metió sus dedos en las orejas de él, y escupiendo [s] tocó su lengua;

34 Y mirando al cielo [t] gimió [u], y le dijo: Ephphatha; que es *decir*: Sé abierto.

35 Y luego fueron abiertos sus oidos, y fué desatada la ligadura de su lengua, y hablaba bien.

36 Y les mandó que no lo dijesen á nadie; pero cuanto mas les mandaba, tanto mas y mas *lo* divulgaban.

37 Y en gran manera se maravillaban, diciendo: Bien lo ha hecho todo: hace á los sordos oir, y á los mudos hablar [x].

r. 8. 5. — lat. 11. 15. — at. 15. 15. — Do. 6. 12. — m. 6. 5. r. 17. 9. — lat. 15. etc. p. 2. 1. — at. 10. — . 2. 12. — 66. 2. — at. 15. etc. — p. 8. 23. n 9. 6. p. 6. 41. n 11. 41. . 1. an 11. 38. — . 4. 10.

CAPITULO VIII.

Milagro de los siete panes. Jesus instruye á sus discípulos. Da vista á un ciego. Pedro le confiesa por Mesias. Les revela su pasion y muerte: reprende á Pedro; y les

EN aquellos dias, como hubo gran [a] gentío, y no tenian que comer, Jesus llamó sus discípulos, y les dijo:

2 Tengo compasion de la multitud [b], porque ya hace tres dias que estan conmigo, y no tienen que comer:

3 Y si los enviáre en ayunas á sus casas, desmayarán en el camino; porque algunos de ellos han venido de léjos.

4 Y sus discípulos le respondieron: ¿De dónde podrá alguien hartar á estos de pan aquí en el desierto [c]?

5 Y les preguntó: ¿Cuántos panes teneis? Y ellos dijeron: Siete.

6 Entónces mandó á la multitud que se recostase en tierra; y tomando los siete panes, habiendo dado gracias, partió, y dió á sus discípulos que *los* pusiesen delante: y *los* pusieron delante á la multitud.

7 Tenian tambien unos pocos pececillos; y los bendijo [d], y mandó que tambien los pusiesen delante.

8 Y comieron, y se hartaron [e], y levantaron de los pedazos que habian sobrado, siete espuertas [f].

9 Y eran los que comieron, como cuatro mil: y los despidió.

10 ¶ Y luego entrando en el barco con sus discípulos, vino á las partes de Dalmanuta [g].

11 Y vinieron los Fariséos, y comenzaron á altercar con él, pidiéndole señal del cielo [h], tentándole.

12 Y gimiendo en su espíritu dice: ¿Por qué pide señal esta generacion? De cierto os digo que no se dará señal á esta generacion.

13 Y dejándoles volvió á entrar en el barco, y se fué de la otra parte.

14 ¶ Y se habian olvidado de tomar pan, y no tenian sino un pan consigo en el barco.

15 Y les mandó diciendo: Mirad, guardáos [i] de la levadura [k] de los Fariséos, y de la levadura de Heródes.

16 Y altercaban los unos con los otros diciendo: Pan no tenemos.

17 Y como Jesus lo entendió, les dice: ¿Qué altercais, porque no teneis pan? ¿No considerais ni entendeis? ¿Aun teneis endurecido vuestro corazon [l]?

18 ¿Teniendo ojos no veis, y teniendo oidos no ois? Y no os acordais?

19 Cuando partí los cinco panes entre cinco mil [m], ¿cuántas espuertas llenas de los pedazos alzasteis? Y ellos dijeron: Doce.

20 Y cuando los siete panes entre cuatro mil [n], ¿cuántas espuertas llenas de los pedazos alzasteis? Y ellos dijeron: Siete.

21 Y les dijo: ¿Cómo aun no entendeis?

22 ¶ Y vino á Betsaida; y le traen un ciego, y le ruegan que le tocase.

23 Entónces tomando la mano del ciego le sacó fuera de la aldéa, y escupiendo en sus ojos [o], y poniéndole las manos encima, le preguntó si veia algo.

24 Y él mirando, dijo: Veo los hombres, pues veo que andan, como árboles [p].

25 Luego le puso otra vez las manos sobre sus ojos, y le hizo que mirase; y fué restablecido, y vió de léjos y claramente á todos [q].

26 Y envióle á su casa, diciendo: No entres en la aldéa, ni *lo* digas á nadie en la aldéa.

27 ¶ Y salió Jesus y sus discípulos por las aldéas de Cesaréa de Filipo [r]. Y en el camino preguntó á sus discípulos, diciéndoles: ¿Quién dicen los hombres

[a] Mat. 15. 32, etc. — [b] Sal. 145. 8, 15. — [c] Cap. 6. 36, 37. — [d] Mat. 14. 19. — [e] Sal. 145. 16. — [f] 2 Rey. 4. 2, 7. y 42. 44. — [g] Mat. 15. 39. — [h] Mat. 12. 38. y 16. 1, etc. — [i] Lu. 12. 1. — [k] 1 Co. 5. 6, 8. Gal. 5. 9. — [l] Cap. 6. 52. y 16. 14. — [m] Cap. 6. 38, 44. Mat. 14. 17, 21. Lu. 9. 12, 17. Juan 6. 5, 13. — [n] ver. 1, 9. Mat. 15. 34, 38. — [o] Cap. 7. 33. — [p] Juan 9. 36. — [q] Is. 32. 3. — [r] Mat. 16. 13, etc. Lu. 9. 18.

28 Y ellos respondieron: Juan Bau-
tista[a]; y otros, Elías; y otros, Alguno
de los profetas.
29 Entónces él les dice: Y vosotros,
¿quién decís que soy yo? Y respondi-
endo Pedro le dice: Tú eres el Cristo[t].
30 Y les apercibió que no hablasen de
él á ninguno.
31 Y comenzó á enseñarles, que con-
venia que el Hijo del Hombre padeciese
mucho, y ser reprobado de los ancianos,
y de los príncipes de los sacerdotes, y de
los escribas, y ser muerto, y resucitar
despues de tres dias.
32 Y claramente decia esta palabra.
Entónces Pedro le tomó y le comenzó á
reprender.
33 Y él, volviéndose y mirando á sus
discípulos, riñó á Pedro, diciendo: A-
pártate de mí, Satanás[u]; porque no
sabes las cosas que *son* de Dios, sino las
que *son* de los hombres.
34 ¶ Y llamando á la gente con sus
discípulos, les dijo: Cualquiera que qui-
siere venir en pos de mí, niéguese á sí
mismo, y tome su cruz, y sígame[x].
35 Porque el que quisiere salvar su
vida †, la perderá; y el que perdiere su
vida por causa de mí y del Evangelio,
este la salvará[y].
36 Porque ¿qué aprovechará al hom-
bre si granjeáre todo el mundo, y pierde
su alma?
37 ¿O qué recompensa dará el hombre
por su alma?
38 Porque el que se avergonzáre de mí
y de mis palabras en esta generacion
adulterina y pecadora, el Hijo del Hom-
bre se avergonzará tambien de él[z], cu-
ando vendrá en la gloria de su Padre
con los santos ángeles.

CAPITULO IX.

Transfiguracion de Jesus, quien cura despues á un endemoniado mudo. Poder de la fé, de la oracion, y del ayuno. Instruye á sus discípulos en la humildad, y en los daños que acarrea el pecado de escándalo.

TAMBIEN les dijo[a]: De cierto os
digo que hay algunos de los que es-
tán aquí que no gustarán la muerte,
hasta que hayan visto el reino de Dios
que viene con potencia.
2 ¶ Y seis dias despues[b] tomó Jesus á
Pedro, y á Jacobo ‖, y á Juan, y los sacó
aparte solos á un monte alto, y fué trans-
figurado delante de ellos.
3 Y sus vestidos se volvieron resplan-
decientes, muy blancos, como la nieve[c],
tanto que ningun lavador en la tierra
los puede hacer tan blancos.
4 Y les apareció Elías con Moisés, que
hablaban con Jesus.
5 Entónces respondiendo Pedro, dice
á Jesus: Maestro, bien será que nos que-
demos aquí, y hagamos tres pabellones:
para tí uno, y para Moisés otro, y para
Elías otro:
6 Porque no sabia lo que hablaba; que
estaban espantados.
7 Y vino una nube que les hizo som-
bra, y una voz de la nube que decia:
Este es mi hijo amado[d]; á él oid[e].
8 Y luego, como miraron, no vieron
mas á nadie consigo, sino á Jesus solo.
9 Y descendiendo ellos del monte, les
mandó que á nadie dijesen lo que habian
visto, sino cuando el Hijo del Hombre
hubiese resucitado de los muertos.
10 Y *ellos* retuvieron la palabra en sí
altercando que seria aquello: Resucitar
de los muertos[f].
11 Y le preguntaron diciendo: ¿Qué
es lo que los escribas dicen, que es ne-
cesario que Elías venga ántes[g]?
12 Y respondiendo él, les dijo: Elías

a Mat. 14. 2.
t Juan 1. 41, 49. y 6. 69. y 11. 27. 1 Juan 5. 1.
u Mat. 4. 10. 2 Co. 2. 11.
x Mat. 10. 38. y 16. 24. Lu. 9. 23. y 14. 27.
† Gr. *Su alma.*
y Mat. 10. 39. y 16. 25. Lu. 9. 24. y 17. 33. Juan 12. 25. 2 Ti. 2. 12. y 4. 6, 8. Ap. 2. 10. y 7. 14, 17.
z Lu. 12. 9. 2 Ti. 1. 8.
a Mat. 16. 28. Lu. 9. 27.
b Mat. 17. 1, etc. Lu. 9. 28, etc.
‖ *Santiago.*
c Mat. 28. 3.
d Mat. 3. 17. 2 Ped. 1. 17.
e De. 18. 15.
f Juan 20. 9.
g Mal. 4. 5.

á la verdad, cuando viniere ántes, resti-
tuirá todas las cosas: y como está escrito
del Hijo del Hombre, *conviene* que pa-
dezca mucho, y sea tenido en nada[h].
13 Empero os digo que Elías *ya* vino[i],
y le hicieron todo lo que quisieron, como
está escrito de él.
14 ¶ Y como vino á los discípulos, vió
grande compañía alrededor de ellos, y
escribas que disputaban con ellos.
15 Y luego toda la gente, viéndole, se
espantó, y corriendo á él, le saludaron.
16 Y preguntó á los escribas: ¿Qué
disputais con ellos?
17 Y respondiendo uno de la compañía,
dijo[k]: Maestro, traje á tí mi hijo, que
tiene un espíritu mudo[l],
18 El cual donde quiera que le toma le
despedaza, y echa espumarajos, y cruje
los dientes, y se va secando: y dije á tus
discípulos que le echasen fuera, y no
pudieron.
19 Y respondiendo él, le dijo: ¡O ge-
neracion infiel[m]! ¿hasta cuando estaré
con vosotros? ¿hasta cuando os tengo
de sufrir? Traédmele.
20 Y se le trajeron: y como le vió,
luego el espíritu lo desgarraba; y cayen-
do en tierra se revolcaba, echando espu-
marajos.
21 Y *Jesus* preguntó á su padre: ¿Cu-
anto tiempo há que le aconteció esto?
Y él dijo: Desde niño[n]:
22 Y muchas veces le echa en el fuego,
y en aguas, para matarle; mas, si puedes
algo, ayúdanos, teniendo misericordia
de nosotros.
23 Y Jesus le dijo: Si puedes creer, al
que cree todo es posible[o].
24 Y luego el padre del muchacho dijo
clamando con lágrimas, Creo, Señor;
ayuda mi incredulidad[p].
25 Y como Jesus vió que la multitud
se agolpaba, reprehendió al espíritu in-
mundo, diciéndole: Espíritu mudo y
sordo, yo te mando, sal de él, y no en-
tres mas en él.
26 Entónces *el espíritu* clamando, y
desgarrándole mucho, salió; y *él* quedó
como muerto, de modo que muchos de-
cian: Está muerto.
27 Mas Jesus tomándole de la mano,
enderezólo, y se levantó.
28 Y como él entró en casa, sus discí-
pulos le preguntaron aparte: ¿Por qué
nosotros no pudimos echarle fuera?
29 Y les dijo: Este género con nada
puede salir, sino con oracion y ayuno.
30 ¶ Y habiendo salido de allí, cami-
naron juntos por Galiléa; y no queria
que nadie lo supiese.
31 Porque enseñaba á sus discípulos,
y les decia: El Hijo del Hombre será
entregado en manos de hombres, y le
matarán; mas muerto *él*, resucitará al
tercer dia.
32 Pero ellos no entendian esta pala-
bra; y tenian miedo de preguntarle.
33 ¶ Y llegó á Capernaum; y así que
estuvo en casa, les preguntó: ¿Qué dis-
putabais entre vosotros en el camino?
34 Mas ellos callaron; porque los unos
con los otros habian disputado en el ca-
mino quién *habia de ser* el mayor[q].
35 Entónces sentándose, llamó á los
doce, y les dice: Si alguno quiere ser el
primero, será el postrero de todos, y el
servidor de todos[r].
36 Y tomando un niño, púsolo en me-
dio de ellos; y tomándole en sus brazos,
les dice:
37 El que recibiere en mi nombre uno
de los tales niños, á mí recibe: y el que
á mí recibe, no recibe á mí, mas al que
me envió[s].

h Sal. 22. 1, etc. Is. 53. 2, etc.
i Mat. 11. 14. Lu. 1. 17.
k Mat. 17. 14. Lu. 9. 38.
l Mat. 12. 22. Lu. 11. 14.
m Heb. 3. 10.
n Job 5. 7.
o Cap. 11. 23. 2 Cr. 20. 20. Mat. 17. 20. Lu. 17. 6. Juan 11. 40. Heb. 11. 6.
p Heb. 12. 2.
q Mat. 18. 1, etc. Lu. 9. 46, etc. y 22. 24, etc.
r Cap. 10. 43, 44. Mat. 20. 26, 27.
s Lu. 9. 48.

38 Y respondióle Juan, diciendo: Maestro, hemos visto á uno que en tu nombre echaba fuera los demonios, el cual no nos sigue [t]: y se lo prohibimos, porque no nos sigue.

Nu. 11. 28, 29.

39 Y Jesus dijo: No se lo prohibais; porque ninguno hay que haga milagro en mi nombre que luego pueda decir mal de mí [u].

1 Co. 12. 3.

40 Porque el que no es contra nosotros, por nosotros es [v].

Mat. 12. 30.

41 Y cualquiera que os diere un vaso de agua en mi nombre, porque sois de Cristo, de cierto os digo que no perderá su recompensa [x].

Mat. 10. 42. 25. 40.

42 Y cualquiera que escandalizáre á uno de estos pequeñitos que creen en mí, mejor le fuera si se le atase una piedra de molino al cuello, y fuera echado en la mar [y].

Mat. 18. 6. ...u. 17. 1, 2.

43 Y si tu mano te escandalizáre, córtala [z]: mejor te es entrar á la vida manco, que teniendo dos manos ir á la Gehenna [a], al fuego que no puede ser apagado;

...eu. 13. 6. ...at. 5. 29. Mat. 5. 22.

44 Donde ‖ su gusano no muere, y el fuego nunca se apaga.

...e verso ...l 46 no ...allan ...algunos ...mplares ...tiguos.

45 Y si tu pié te fuere ocasion de caer, córtale: mejor te es entrar á la vida cojo, que teniendo dos piés ser echado en la Gehenna, al fuego que no puede ser apagado;

46 Donde el gusano de ellos no muere, y el fuego nunca se apaga.

47 Y si tu ojo te fuere ocasion de caer, sácale: mejor te es entrar al reino de Dios con un ojo, que teniendo dos ojos ser echado á la Gehenna del fuego;

48 Donde el gusano de ellos no muere, y el fuego nunca se apaga [b].

...a. 16. 24.

49 Porque todos serán salados con fuego [c], y todo sacrificio será salado con sal [d].

...Ped. 1. 4. ...v. 2. 13. ... 43. 24.

50 Buena es la sal; mas si la sal fuere desabrida, ¿con qué la adobaréis [e]? Tened en vosotros mismos sal [f]; y tened paz los unos con los otros [g].

...t. 5. 13. ... 14. 34. ...l. 4. 6. ...o. 13. 11. ...es. 5. 13. ...b. 12. 14.

CAPITULO X.

Enseña Jesus la indisolubilidad del matrimonio; los peligros de las riquezas, y el premio de los que dejan todas las cosas por seguirle. Avisa de nuevo á sus discípulos que debia morir, y resucitar. Responde á la peticion de los hijos de Zebedéo; é inculca otra vez la humildad. Da la vista al ciego Bartiméo.

Y PARTIÉNDOSE de allí, vino á los términos de Judéa por tras el Jordan [a]: y volvió el pueblo á juntarse á él; y de nuevo los enseñaba como solia.

...t. 19. 1,

2 Y llegándose los Fariséos, le preguntaron, para tentarle, Si era lícito al marido repudiar á su mujer.

3 Mas él respondiendo, les dijo: ¿Qué os mandó Moisés?

4 Y ellos dijeron: Moisés permitió escribir carta de divorcio, y repudiar [b].

...a. 24. 1. ... 5. 31.

5 Y respondiendo Jesus, les dijo: Por la dureza de vuestro corazon os escribió este mandamiento:

6 Pero al principio de la creacion, macho y hembra [c] los hizo Dios.

... 1. 27. ...2.

7 Por esto dejará el hombre á su padre y á la madre, y se juntará á su mujer [d],

... 2. 15. ... 2. 24.

8 Y los que *eran* dos, serán hechos una carne [e]: así que no son mas dos, sino una carne.

... 6. 16. ... 31.

9 Pues lo que Dios juntó, no *lo* aparte el hombre.

10 Y en casa volvieron los discípulos á preguntarle de lo mismo.

... 5. 32. ...9. ...16. 18. ... 3. ...7. 10,

11 Y les dice: Cualquiera que repudiare á su mujer, y se casare con otra, comete adulterio contra ella [f].

12 Y si la mujer repudiare á su marido, y se casare con otro, comete adulterio.

13 ¶ Y le presentaban niños para que los tocase [g]; y los discípulos reñian á los que los presentaban.

[g] Mat. 19. 13. Lu. 18. 15.

14 Y viéndolo Jesus se enojó, y les dijo: Dejad los niños venir, y no se lo estorbeis; porque de los tales es el reino de Dios [h].

[h] 1 Co. 14. 20. 1 Ped. 2. 2.

15 De cierto os digo que el que no recibiere el reino de Dios como un niño, no entrará en él.

16 Y tomándolos en los brazos, poniendo las manos sobre ellos, los bendecia.

17 ¶ Y saliendo él para ir su camino, vino uno corriendo, é hincando la rodilla delante de él, le preguntó [i]: Maestro bueno, ¿qué haré para poseer la vida eterna?

[i] Mat. 19. 16, etc. Lu. 18. 18, etc.

18 Y Jesus le dijo: ¿Por qué me dices bueno? Ninguno *hay* bueno, sino *solo* uno, Dios [k].

[k] Sal. 86. 5. y 119. 68.

19 Los mandamientos sabes [l]: No adulteres: No mates: No hurtes: No digas falso testimonio: No defraudes: Honra á tu padre y á tu madre.

[l] Ex. XX. Ro. 13. 9.

20 El entónces respondiendo, le dijo: Maestro, todo esto he guardado desde mi mocedad [m].

[m] Ro. 7. 9. Fi. 3. 6.

21 Entónces Jesus mirándole, amólo, y dijole: Una cosa te falta [n]; vé, vende todo lo que tienes, y dá á los pobres, y tendrás tesoro en el cielo [o]: y vén, sígueme tomando tu cruz.

[n] Sant°. 2. 10.
[o] Mat. 6. 19, 20. Lu. 12. 33. y 16. 9.

22 Mas él, entristecido por esta palabra, se fué triste, porque tenia muchas posesiones.

23 Entónces Jesus mirando alrededor, dice á sus discípulos: ¡Cuan dificilmente entrarán en el reino de Dios los que tienen riquezas!

24 Y los discípulos se espantaron de sus palabras; mas Jesus respondiendo, les volvió á decir: ¡Hijos, cuán difícil es entrar en el reino de Dios los que confian en las riquezas [p]!

[p] Job 31. 24. Sal. 52. 7. y 62. 10. 1 Ti. 6. 17.

25 Mas fácil es pasar un camello por el ojo de una aguja, que el rico entrar en el reino de Dios.

26 Y ellos se espantaban mas, diciendo dentro de sí: ¿Y quién podrá salvarse?

27 Entónces Jesus mirándolos, dice: Para los hombres, *es* imposible; mas para Dios, no: porque todas cosas son posibles para Dios [q].

[q] Gen. 18. 14. Job 42. 2. Jer. 32. 17. Lu. 1. 37.

28 Entónces Pedro comenzó á decirle: Hé aquí, nosotros hemos dejado todas las cosas, y te hemos seguido.

29 Y respondiendo Jesus, dijo: De cierto os digo que no hay ninguno que haya dejado casa, ó hermanos, ó hermanas, ó padre, ó madre, ó mujer, ó hijos, ó heredades, por causa de mí y del Evangelio,

30 Que no reciba cien tantos, ahora en este tiempo, casas, y hermanos, y hermanas, y madres, é hijos, y heredades, con persecuciones; y en el siglo venidero la vida eterna.

31 Empero muchos primeros serán postreros, y postreros primeros [r].

[r] Mat. 19. 30. y 20. 16. Lu. 13. 30.

32 ¶ Y estaban en el camino subiendo á Jerusalem [s]; y Jesus iba delante de ellos, y se espantaban, y le seguian con miedo: entónces volviendo á tomar á los doce *aparte*, les comenzó á decir las cosas que le habian de acontecer:

[s] Mat. 20. 17, etc. Lu. 18. 31, etc.

33 Hé aquí subimos á Jerusalem; y el Hijo del Hombre será entregado á los príncipes de los sacerdotes, y á los escribas, y le condenarán á muerte, y le entregarán á los Gentiles.

34 Y le escarnecerán [t], y le azotarán, y

[t] Sal. 22. 6, 7, 13.

escupirán en él, y le matarán; mas al
tercer dia resucitará.
35 ¶ Entónces Jacobo ‖ y Juan, hijos
‖ Santiago.
de Zebedéo, se llegaron á él, diciendo:
Maestro, queriamos que nos hagas lo
que pidiéremos.
36 Y él les dijo: ¿Qué quereis que os
haga?
37 Y ellos le dijeron: Dános que en tu
gloria nos sentemos el uno á tu diestra
y el otro á tu siniestra.
38 Entónces Jesus les dijo: No sabeis
lo que pedís. ¿Podeis beber del vaso
que yo bebo, y ser bautizados del bau-
tismo de que yo soy bautizado [w]?
w Lu. 12. 50.
39 Y ellos le dijeron: Podemos. Y
Jesus les dijo: A la verdad del vaso
que yo bebo, beberéis; y del bautismo
de que yo soy bautizado, seréis bauti-
zados [x]:
x Mat. 10.25. Juan 17.14.
40 Mas que os senteis á mi diestra, y á
mi siniestra, no es mio darlo, sino á los
que está aparejado.
41 Y como *lo* oyeron los diez, comen-
zaron á enojarse de Jacobo ‖ y de Juan.
‖ Santiago.
42 Mas Jesus llamándoles, les dice:
Sabeis que los que se ven ser prín-
cipes entre las gentes, se enseñorean de
ellas; y los que entre ellas *son* grandes,
tienen sobre ellas potestad [y].
y Lu. 22. 26.
43 Mas no será así entre vosotros;
ántes cualquiera que quisiere hacerse
grande entre vosotros, será vuestro ser-
vidor [z]:
z Cap. 9. 35. Mat. 20. 26, 27. Lu. 9. 48.
44 Y cualquiera de vosotros que quisi-
ere hacerse el primero, será siervo de
todos.
45 Porque el Hijo del Hombre tam-
poco vino para ser servido, mas para
servir [a], y dar su † vida en rescate por
muchos [b].
a Juan 13.14. Fi. 2. 7.
† Gr. *Su alma.*
b Is. 53. 11, 12. 2 Co. 5. 21. Ga. 3. 13. 1 Ti. 2. 6. Tit. 2. 14.
46 ¶ Entónces vienen á Jericó [c]: y
c Mat. 20.29, etc. Lu. 18. 35, etc.
saliendo él de Jericó, y sus discípulos,
y *una* gran compañía, Bartiméo el ci-
ego, hijo de Timéo, estaba sentado
junto al camino mendigando.
47 Y oyendo que era Jesus el Naza-
reno, comenzó á dar voces, y decir:
Jesus, hijo de David, tén misericordia
de mí.
48 Y muchos le reñian, que callase:
mas él daba mayores voces: Hijo de
David, tén misericordia de mí.
49 Entónces Jesus parándose, mandó
llamarle: y llaman al ciego, diciéndole:
Tén confianza; levántate, *que* te llama.
50 El entónces echando su capa, se
levantó, y vino á Jesus.
51 Y respondiendo Jesus le dice: ¿Qué
quieres que te haga? Y el ciego le dice:
Maestro, que cobre la vista.
52 Y Jesus le dijo: Vé; tu fé te ha
salvado [d]. Y luego cobró la vista, y se-
d Cap. 5. 34.
guia á Jesus en el camino.

CAPITULO XI.

Entrada triunfante de Jesus en Jerusalem. Maldicion de la higuera. Los negociantes echados del templo. Poder de la fé. Perdon de los enemigos. Los príncipes de los sacerdotes confundidos.

Y COMO fueron cerca de Jerusalem,
de Betfagé, y de Betania [a], al monte
a Mat. 21. 1, etc. Lu. 19. 29, etc. Juan 12.14.
de las Olivas, envia dos de sus discí-
pulos,
2 Y les dice: Id al lugar que *está* de-
lante de vosotros, y luego entrados en
él, hallaréis un pollino atado, sobre el
cual ningun hombre ha subido; desa-
tadle, y traedle.
3 Y si alguien os dijere: ¿Por qué
haceis eso? Decid que el Señor lo ha
menester; y luego le enviará acá.
4 Y fueron, y hallaron el pollino atado
á la puerta fuera, entre dos caminos, y
le desataron.
5 Y unos de los que estaban allí, les
dijeron: ¿Qué haceis desatando el po-
llino?
6 Ellos entónces les dijeron como Jesus
habia mandado: y los dejaron.
7 Y trajeron el pollino á Jesus, y echa-
ron sobre él sus vestidos, y se sentó
sobre él [b].
b Zac. 9. 9.
8 Y muchos tendian sus vestidos por
el camino, y otros cortaban hojas de los
árboles, y *las* tendian por el camino.
9 Y los que iban delante, y los que
iban detrás, daban voces diciendo: Ho-
sanna! Bendito el que viene en el nom-
bre del Señor [c].
c Sal. 118.26.
10 Bendito el reino de nuestro padre
David [d], que viene en el nombre del
d Is. 9. 5, 6. Jer. 23. 15.
Señor: Hosanna en las alturas!
11 Y entró Jesus en Jerusalem, y en
el templo: y habiendo mirado alrededor
todas las cosas, y siendo ya tarde, sa-
lióse á Betania con los doce.
12 ¶ Y el dia siguiente, como salieron
de Betania, tuvo hambre [e].
e Mat. 21. 18, etc.
13 Y viendo de léjos una higuera, que
tenia hojas, se acercó, si quizás hallaria
en ella algo: y como vino á ella, nada
halló sino hojas [f]; porque no era ti-
f Is. 5. 7.
empo de higos.
14 Entónces Jesus respondiendo, dijo
á la higuera: Nunca mas coma nadie
fruto de tí para siempre. Y *esto* oyeron
sus discípulos.
15 ¶ Vienen pues á Jerusalem; y en-
trando Jesus en el templo [g], comenzó á
g Mat. 21.12, etc. Lu. 19. 45, etc. Juan 2. 14, etc.
echar fuera á los que vendian y com-
praban en el templo, y trastornó las
mesas de los cambistas, y las sillas de
los que vendian palomas:
16 Y no consentia que alguien llevase
vaso por el templo.
17 Y les enseñaba diciendo: ¿No está
escrito que mi casa, casa de oracion será
llamada por todas las gentes [h]? mas vos-
h Is. 56. 7.
otros la habeis hecho cueva de ladrones.
18 Y lo oyeron los escribas y los prín-
cipes de los sacerdotes, y procuraban
como le matarian; porque le tenian
miedo, por cuanto todo el pueblo es-
taba maravillado de su doctrina [i].
i Cap. 1. 22. Mat. 7. 28. Lu. 4. 32.
19 Mas como fué tarde, Jesus salió de
la ciudad.
20 ¶ Y pasando por la mañana, vieron
que la higuera se habia secado desde las
raices.
21 Entónces Pedro acordándose, le di-
ce: Maestro, hé aquí la higuera que
maldijiste, se ha secado.
22 Y respondiendo Jesus les dice: Te-
ned fé de Dios.
23 Porque de cierto os digo que cual-
quiera que dijere á este monte [k]: Quí-
k Mat. 17.20. Lu. 17. 6.
tate, y échate en la mar; y no dudare
en su corazon, mas creyere que será
hecho lo que dice, lo que dijere le será
hecho.
24 Por tanto os digo que todo lo que
l Mat. 7. 7. Lu. 11. 9. y 18. 1. Juan 14. 13. y 15. 7. y 16. 24. Sant. 1. 6. 1 Juan 3. 22.
orando pidiereis, creed que *lo* recibiréis,
y os vendrá [l].
25 Y cuando estuviereis orando, per-
donad, si teneis algo contra alguno [m];
para que vuestro Padre que *está* en los
cielos, os perdone tambien á vosotros
vuestras ofensas.
26 Porque ‖ si vosotros no perdonáreis,
m Mat. 6. 14. Col. 3. 13.
tampoco vuestro Padre que *está* en los
‖ *Este verso no se halla en varios ejemplares antiguos.*
cielos, os perdonará vuestras ofensas [n].
27 ¶ Y volvieron á Jerusalem: y an-
dando él por el templo, vienen á él los
príncipes de los sacerdotes y los escribas,
n Mat. 18.35.
y los ancianos [o],
o Mat. 21. 23, etc. Lu. 20. 1, etc.
28 Y le dicen: ¿Con qué facultad ha-
ces estas cosas? ¿y quién te ha dado
esta facultad para hacer estas cosas?
29 Y Jesus, respondiendo entónces, les

dice: Os preguntaré tambien yo una palabra; y respondedme, y os diré con qué facultad hago estas cosas.

30 El bautismo de Juan ¿era del cielo, ó de los hombres? Respondedme.

31 Entónces ellos pensaron dentro de sí, diciendo: Si dijéremos, Del cielo, dirá: ¿Porqué pues no le creisteis?

32 Y si dijéremos, De los hombres, tememos al pueblo: porque todos juzgaban de Juan, que verdaderamente era profeta[p].

33 Y respondiendo, dicen á Jesus: No sabemos[q]. Entónces respondiendo Jesus, les dice: Tampoco yo os diré con qué facultad hago estas cosas.

Mat. 14. 5.
Is. 29. 14.
Jer. 8. 7.
..a. 4. 6.

CAPITULO XII.

Parábola de la viña plantada y arrendada. Convence Jesus á los Fariséos y Saducéos, redarguyendo á los unos sobre pagar el tributo al César, y á los otros sobre la resurreccion de los muertos. Cristo, Señor de David: Soberbia de los escribas: Ofrenda tenue de la viuda, preferida á todas las grandes oblaciones de los ricos.

Y COMENZÓ á hablarles por parábolas[a]: Plantó un hombre una viña, y la cercó con seto, y cavó un lagar, y edificó una torre, y la arrendó á labradores, y se partió léjos.

2 Y envió un siervo á los labradores, al tiempo, para que tomase de los labradores del fruto de la viña[b]:

3 Mas ellos, tomándole le hirieron, y le enviaron vacío.

4 Y volvió á enviarles otro siervo; mas *ellos* apedreándole, le hirieron en la cabeza, y volvieron á enviarle afrentado.

5 Y volvió á enviar otro, y á aquel mataron; y á otros muchos[c], hiriendo á unos y matando á otros[d].

6 Teniendo pues aun un hijo suyo amado[e], enviólo tambien á ellos el postrero[f], diciendo: Tendrán en reverencia á mi hijo.

7 Mas aquellos labradores dijeron entre sí: Este es el heredero; venid, matémosle, y la heredad será nuestra.

8 Y prendiéndole, le mataron, y echaron fuera de la viña.

9 ¿Qué, pues, hará el señor de la viña? Vendrá, y destruirá á estos labradores[g], y dará su viña á otros.

10 ¿Ni aun esta escritura habeis leido: La piedra que desecharon los que edificaban, esta es puesta † por cabeza de esquina;

11 Por el Señor es hecho esto, y es cosa maravillosa en nuestros ojos[h]?

12 Y procuraban prenderle[i]; porque entendian que decia á ellos aquella parábola: mas temian la multitud, y dejándole se fueron.

13 ¶ Y envian á él algunos de los Fariséos y de los Herodianos, para que le sorprendiesen en *alguna* palabra[k].

14 Y viniendo ellos, le dicen: Maestro, sabemos que eres hombre de verdad, y *que* no te cuidas de nadie; porque no miras á la apariencia de hombres, ántes con verdad enseñas el camino de Dios: ¿Es lícito dar tributo á César, ó no? ¿Darémos, ó no darémos?

15 Entónces él, como entendia la hipocresía de ellos, les dijo: ¿Por qué me tentais? Traedme la moneda para que la vea.

16 Y ellos se la trajeron: y les dice: ¿Cuya es está imágen y esta inscripcion? Y ellos le dijeron: De César.

17 Y respondiendo Jesus, les dijo: Dad lo que *es* de César á César[l]; y lo que *es* de Dios, á Dios[m]. Y se maravillaron de ello.

18 ¶ Entónces vienen á él los Saducéos[n], que dicen que no hay resurreccion[o], y le preguntaron diciendo:

Mat. 21. 33.
..a. 20. 9,
..
..a. 3. 11.
..eh. 9. 30.
..er. 7. 25,
..c.
Mat. 23. 37.
..s. 42. 1.
..am 3. 16,
..7.
Heb. 1. 1, 2.
..s. 5. 5, 7.
..a. 9. 26.
..r. *Hecha.*
..al. 118. 22,
..3.
..uan 7. 30.
Mat. 22. 15.
..a. 20. 20.
..o. 13. 7.
Ped. 2. 17.
Mal. 1. 6.

19 Maestro, Moisés nos escribió, que si el hermano de alguno muriese, y dejase mujer, y no dejase hijos, que su hermano tome su mujer, y levante linaje á su hermano[p].

20 Fueron, *pues*, siete hermanos; y el primero tomó mujer; y muriendo, no dejó simiente.

21 Y la tomó el segundo, y murió; y ni aquel tampoco dejó simiente: y el tercero, de la misma manera.

22 Y la tomaron los siete; y tampoco dejaron simiente: á la postre murió tambien la mujer.

23 En la resurreccion, pues, cuando resucitaren, ¿de cuál de ellos será mujer? porque los siete la tuvieron por mujer.

24 Entónces respondiendo Jesus, les dice: ¿No errais por eso, porque no sabeis las Escrituras, ni la potencia de Dios?

25 Porque cuando resucitarán de los muertos, ni se casarán, ni serán dados en casamiento, mas son como los ángeles que *están* en los cielos[q].

26 Y de que los muertos hayan de resucitar, ¿no habeis leido en el libro de Moisés, como le habló Dios en la zarza, diciendo: Yo *soy* el Dios de Abraham, y el Dios de Isaac, y el Dios de Jacob[r]?

27 No es Dios de muertos, mas Dios de vivos[s]: así que vosotros mucho errais.

28 ¶ Y llegándose uno de los escribas[t], que los habia oido disputar, y sabia que les habia respondido bien, le preguntó: ¿Cuál es el primer mandamiento de todos?

29 Y Jesus le respondió: El primer mandamiento de todos *es*: Oye, Israel, el Señor nuestro Dios, el Señor uno es[u]:

30 Amarás pues al Señor tu Dios de todo tu corazon, y de toda tu alma, y de toda tu mente, y de todas tus fuerzas: este es el principal mandamiento.

31 Y el segundo es semejante á él: Amarás á tu prójimo como á tí mismo[v]: No hay otro mandamiento mayor que estos.

32 Entónces el escriba le dijo: Bien, maestro, verdad has dicho, que uno es Dios, y no hay otro fuera de él[x]:

33 Y que amarle de todo corazon, y de todo entendimiento, y de toda el alma, y de todas las fuerzas; y amar al prójimo como á sí mismo, mas es que todos los holocaustos y sacrificios[y].

34 Jesus entónces viendo que habia respondido sabiamente, le dice: No estás léjos del reino de Dios. Y ya ninguno osaba preguntarle[z].

35 ¶ Y respondiendo Jesus decia, enseñando en el templo: ¿Cómo dicen los escribas que el Cristo es hijo de David[a]?

36 Porque el mismo David dijo por Espíritu Santo[b]: Dijo el Señor á mi Señor: Siéntate á mi diestra, hasta que ponga tus enemigos por estrado de tus piés[c].

37 Luego llamándole el mismo David Señor, ¿de dónde pues es su hijo? Y mucha gente le oia de buena gana.

38 ¶ Y les decia en su doctrina: Guardáos de los escribas[d], que quieren andar con ropas largas, y aman las salutaciones en las plazas,

39 Y las primeras sillas en las sinagogas, y los primeros asientos en las cenas;

40 Que devoran las casas de las viu-

[n] Mat. 22. 23. Lu. 20. 27, etc.
[o] Hech. 23. 8.
[p] Deu. 25. 5. Rut. 1. 11, 13.
[q] 1 Co. 15. 42, 52.
[r] Ex. 3. 6.
[s] Ap. 20. 4.
[t] Mat. 22. 35.
[u] Deu. 6. 4, 5. Lu. 10. 27.
[v] Lev. 19. 18. Mat. 22. 39. Ro. 13. 9. Ga. 5. 14. Sant. 2. 8.
[x] Deu. 4. 39. Is. 45. 5, 6, 14, y 46. 9.
[y] 1 Sa. 15. 22. Os. 6. 6. Mi. 6. 6, 8.
[z] Mat. 22. 46.
[a] Mat. 22. 41. Lu. 20. 41.
[b] 2 Sa. 23. 2. 2 Ti. 3. 16. 2 Ped. 1. 21.
[c] Sal. 110. 1.
[d] Mat. 23. 2. Lu. 11. 43. y 20. 46, etc.

das[e], y por pretexto hacen largas oraciones. Estos recibirán mayor juicio.

41 ¶ Y estando sentado Jesus delante del arca de la ofrenda[f], miraba como el pueblo echaba dinero en el arca; y muchos ricos echaban mucho.

42 Y como vino una viuda pobre, echó dos blancas, que son un maravedí.

43 Entónces llamando á sus discípulos les dice: De cierto os digo que esta viuda pobre echó mas que todos los que han echado en el arca[g]:

44 Porque todos han echado de lo que les sobra; mas esta de su pobreza echó todo lo que tenia, todo su alimento.

CAPITULO XIII.

Profecías de la destruccion de Jerusalem, y de la segunda venida de Jesus, con las señales que precederán.

Y SALIENDO del templo[a], le dice uno de sus discípulos: Maestro, mira qué piedras, y qué edificios.

2 Y Jesus respondiendo le dijo: ¿Ves estos grandes edificios? no quedará piedra sobre piedra que no sea derribada[b].

3 Y sentándose en el monte de los Olivos delante del templo, le preguntaron aparte Pedro, y Jacobo ‖, y Juan, y Andres:

4 Dínos: ¿cuando serán estas cosas? ¿Y qué señal *habrá* cuando todas estas cosas han de cumplirse?

5 Y Jesus respondiéndoles, comenzó á decir: Mirad que nadie os engañe[c];

6 Porque vendrán muchos en mi nombre, diciendo: Yo soy *el Cristo*; y engañarán á muchos.

7 Mas cuando oyereis guerras, y rumores de guerras, no os turbeis[d]; porque conviene hacerse *así*, mas aun no *será* el fin.

8 Porque se levantará nacion contra nacion, y reino contra reino; y habrá terremotos en muchos lugares, y habrá hambres, y alborotos: principios de dolores *serán* estos.

9 Mas vosotros mirad por vosotros: porque os entregarán en los concilios[e], y en sinagogas sereis azotados; y delante de presidentes y de reyes seréis llamados por causa de mí en testimonio á ellos.

10 Y á todas las gentes conviene que el Evangelio sea predicado ántes[f].

11 Y cuando os trajeren para entregaros, no premediteis que habeis de decir, ni *lo* penseis: mas lo que os fuere dado en aquella hora, eso hablad; porque no sois vosotros los que hablais, sino el Espíritu Santo[g].

12 Y entregará á la muerte el hermano al hermano, y el padre al hijo; y se levantarán los hijos contra los padres, y los matarán[h].

13 Y seréis aborrecidos de todos por mi nombre[i]: mas el que perseveráre hasta el fin, este será salvo[k].

14 ¶ Empero cuando viereis la abominacion de asolamiento, que fué dicha por el profeta Daniel[l], que estará donde no debe, (el que lee, entienda), entónces los que estén en Judéa huyan á los montes:

15 Y el que esté sobre el terrado, no descienda á la casa, ni entre para tomar algo de su casa.

16 Y el que estuviere en el campo, no vuelva atrás, *ni aun* á tomar su capa.

17 Mas ¡ay de las preñadas, y de las que criaren en aquellos dias!

18 Orad pues que no acontezca vuestra huida en invierno.

19 Porque aquellos dias serán *de* afliccion, cual nunca fué desde el principio de la creacion que crió Dios, hasta este tiempo, ni será[m].

20 Y si el Señor no hubiese abreviado aquellos dias, ninguna carne se salvaria; mas por causa de los escogidos que él escogió, abrevió aquellos dias.

21 Y entónces si alguno os dijere: Hé aquí, aquí está el Cristo[n]; ó hé aquí, allí *está*, no *le* creais:

22 Porque se levantarán falsos Cristos y falsos profetas, y darán señales y prodigios, para engañar, si se pudiese hacer, aun á los escogidos.

23 Mas vosotros mirad: hé aquí os lo he dicho ántes todo[o].

24 ¶ Empero en aquellos dias, despues de aquella afliccion, el sol se oscurecerá, y la luna no dará su resplandor[p]:

25 Y las estrellas caerán del cielo, y las virtudes que *están* en los cielos serán conmovidas[q].

26 Y entónces verán al Hijo del Hombre que vendrá en las nubes con mucha potestad y gloria[r].

27 Y entónces enviará sus ángeles, y juntará sus escogidos de los cuatro vientos, desde el un cabo de la tierra hasta el cabo del cielo.

28 ¶ De la higuera aprended la † semejanza: Cuando su rama ya se enternece, y brota hojas, conoceis que el verano está cerca.

29 Así tambien vosotros cuando viereis hacerse estas cosas, conoced que está cerca, á las puertas.

30 De cierto os digo que no pasará esta generacion[s], que todas estas cosas no sean hechas.

31 El cielo y la tierra pasarán, mas mis palabras no pasarán[t].

32 Empero de aquel dia y de la hora, nadie sabe, ni aun los ángeles que están en el cielo, ni el Hijo, sino el Padre.

33 ¶ Mirad, velad y orad; porque no sabeis cuando será el tiempo[u].

34 Como el hombre que partiéndose léjos, dejó su casa, y dió facultad á sus siervos, y á cada uno su obra, y al portero mandó que velase.

35 Velad pues, porque no sabeis cuando el señor de la casa vendrá; *si* á la tarde, ó á la media noche, ó al canto del gallo, ó á la mañana;

36 Porque cuando viniere de repente, no os halle durmiendo[x].

37 Y las cosas que á vosotros digo, á todos *las* digo: Velad.

CAPITULO XIV.

Principio de la pasion de Jesus. Última cena, é institucion de la Eucaristía. Oracion en el huerto. El Señor es presentado á Caifás. Negacion de San Pedro.

Y DOS dias despues era la pascua, y *los dias* de los panes sin levadura; y procuraban los príncipes de los sacerdotes y los escribas como le prenderian por engaño, y le matarian.

2 Y decian: No en el dia de la fiesta, porque no se haga alboroto del pueblo.

3 ¶ Y estando él en Betania[a] en casa de Simon el leproso, y sentado á la mesa, vino una mujer teniendo un *vaso de* alabastro de ungüento de nardo espíque de mucho precio, y quebrando el alabastro, derramóselo sobre su cabeza.

4 Y hubo algunos que se enojaron dentro de sí, y dijeron: ¿Para qué se ha hecho este desperdicio de ungüento?

5 Porque podia esto ser vendido por mas de trescientos denarios, y darse á los pobres. Y refunfuñaban contra ella.

6 Mas Jesus dijo: Dejadla: ¿por qué la fatigais? buena obra me ha hecho.

7 Que siempre tendréis los pobres con

---

[e] 2 Ti. 3. 6.
[f] Lu. 21. 1.
[g] 2 Co. 8. 2, 12.
[a] Mat. 24. 1, etc. Lu. 21. 5, etc.
[b] Lu. 19. 44.
‖ *Santiago.*
[c] Jer. 29. 8. 2 Tes. 2. 3.
[d] Sal. 27. 3. y 46. 1, 2. Pro. 3. 25.
[e] Mat. 10. 17, etc.
[f] Mat. 28. 19. Ap. 14. 6.
[g] Mat. 10. 20. Lu. 12. 12. Hech. 4. 8. y 6. 10.
[h] Mi. 7. 6.
[i] Lu. 6. 22. Juan 17. 14.
[k] Ap. 2. 10, 26.
[l] Da. 9. 27. y 11. 31. y 12. 11.
[m] Da. 12. 1. Joel 2. 2.
[n] Lu. 17. 23.
[o] 2 Pe. 3. 17.
[p] Is. 13. 10. Jer. 4. 23. Ez. 32. 7. Joel 2. 31. y 3. 15. Sof. 1. 15, 17.
[q] Is. 34. 4. Ap. 6. 12, 14.
[r] Cap. 14. 62. Da. 7. 14. Mat. 16. 27. y 24. 30. 1 Tes. 4. 16. 2 Tes. 1. 7, 10. Ap. 1. 7.
† Gr. *La parábola.*
[s] Mat. 13. 45.
[t] Is. 40. 8.
[u] Mat. 24. 42. y 25. 13. Lu. 12. 40. y 21. 34. Ro. 13. 11, 12. 1 Tes. 5. 6. Ap. 16. 15.
[x] Mat. 25. 5.
[a] Mat. 26. 6, etc. Juan 12. 1, etc.

vosotros[b], y cuando quisiereis, les podréis hacer bien; mas á mí no siempre *me* tendréis.

8 Esta ha hecho lo que podia; porque se ha anticipado á ungir mi cuerpo para la sepultura.

9 De cierto os digo que donde quiera que fuere predicado este Evangelio en todo el mundo, tambien esto que ha hecho esta, será dicho para memoria de ella.

10 ¶ Entónces Judas Iscariote[c], uno de los doce, vino á los príncipes de los sacerdotes, para entregárselo[d].

11 Y ellos oyéndo*lo* se holgaron, y prometieron que le darian dineros. Y buscaba oportunidad como le entregaria.

12 ¶ Y el primer dia *de la fiesta* de los panes sin levadura[e], cuando sacrificaban la pascua, sus discípulos le dicen: ¿Dónde quieres que vayamos á disponer para que comas la pascua?

13 Y envia dos de sus discípulos, y les dice: Id á la ciudad[f], y os encontrará un hombre que lleva un cántaro de agua; seguidle:

14 Y donde entrare, decid al señor de la casa: El maestro[g] dice, ¿Dónde está el aposento donde he de comer la pascua con mis discípulos?

15 Y él os mostrará un gran cenáculo ya preparado: aderezad para nosotros allí.

16 Y fueron sus discípulos, y vinieron á la ciudad, y hallaron como les habia dicho; y aderezaron la pascua.

17 ¶ Y llegada la tarde, fué con los doce.

18 Y como se sentaron á la mesa, y comiesen, dice Jesus: De cierto os digo que uno de vosotros, que come conmigo, me ha de entregar[h].

19 Entónces ellos comenzaron á entristecerse, y á decirle cada uno por sí: ¿*Seré* yo? Y el otro: ¿*Seré* yo?

20 Y él respondiendo les dijo: Uno de los doce que moja conmigo en el plato.

21 A la verdad el Hijo del Hombre va, como está de él escrito; mas ¡ay de aquel hombre por quien el Hijo del Hombre es entregado! Bueno le fuera á aquel hombre, si nunca hubiera nacido[i].

22 ¶ Y estando ellos comiendo[k], tomó Jesus el pan, y bendiciendo, partió, y les dió, y dijo: Tomad, comed, esto es mi cuerpo[l].

23 Y tomando el vaso, habiendo hecho gracias, les dió: y bebieron de él todos.

24 Y les dice: Esto es mi sangre del Nuevo Pacto, que por muchos es derramada.

25 De cierto os digo que no beberé mas del fruto de la vid hasta aquel dia, cuando lo beberé nuevo en el reino de Dios[m].

26 ¶ Y como hubieron cantado el himno, se salieron al monte de los Olivos.

27 Jesus entónces les dice: Todos seréis escandalizados en mí esta noche[n]; porque escrito está: Heriré al pastor, y serán derramadas las ovejas[o].

28 Mas despues que haya resucitado, iré delante de vosotros á Galiléa[p].

29 Entónces Pedro le dijo: Aunque todos sean escandalizados, mas no yo[q].

30 Y le dice Jesus: De cierto te digo que tú, hoy, en esta noche, ántes que el gallo haya cantado dos veces, me negarás tres veces.

31 Mas él con mayor porfía decia: Si me fuere menester morir contigo, no te negaré. Tambien todos decian lo mismo.

32 ¶ Y vienen al lugar que se llama Getsemaní[r], y dice á sus discípulos: Sentáos aquí, entretanto que yo oro.

33 Y toma consigo á Pedro, y á Jacobo[‖], y á Juan, y comenzó á atemorizarse, y á angustiarse;

34 Y les dice: Está muy triste mi alma, hasta la muerte[s]: esperad aquí, y velad.

35 Y yéndose un poco adelante se postró en tierra, y oró, que si fuese posible, pasase de él aquella hora[t]:

36 Y decia: Abba, Padre[u], todas las cosas son á tí posibles; traspasa de mí este vaso: empero no lo que yo quiero, sino lo que tú[v].

37 Y vino, y los halló durmiendo; y dice á Pedro: ¿Simon, duermes? ¿No has podido velar una hora?

38 Velad y orad, para que no entreis en tentacion: el espíritu á la verdad *es* presto, mas la carne enferma.

39 Y volviéndose á ir, oró, y dijo las mismas palabras.

40 Y vuelto, los halló otra vez durmiendo, porque los ojos de ellos estaban cargados, y no sabian que responderle.

41 Y vino la tercera vez, y les dice: Dormid ya y descansad: basta, la hora es venida[x]; hé aquí, el Hijo del Hombre es entregado en manos de los pecadores.

42 Levantáos, vamos: hé aquí el que me entrega está cerca.

43 ¶ Y luego, aun hablando él[y], vino Júdas, que era uno de los doce, y con él mucha compañía con espadas y palos de parte de los príncipes de los sacerdotes, y de los escribas, y de los ancianos.

44 Y el que le entregaba les habia dado señal comun diciendo: Al que yo besare[z], aquel es; prendedle, y llevadle con seguridad.

45 Y como vino, se acercó luego á él, y le dice: Maestro, Maestro. Y le besó.

46 Entónces ellos echaron en él sus manos, y le prendieron.

47 Y uno de los que estaban allí, sacando la espada, hirió al siervo del sumo sacerdote, y le cortó la oreja.

48 Y respondiendo Jesus, les dijo: ¿Cómo á ladron habeis salido con espadas y con palos á tomarme?

49 Cada dia estaba con vosotros enseñando en el templo, y no me tomasteis. Mas, para que se cumplan las Escrituras[a].

50 Entónces dejándole todos *sus discípulos*, huyeron[b].

51 Empero un mancebillo le seguia cubierto de una sábana sobre *el cuerpo* desnudo: y los mancebos le prendieron.

52 Mas él, dejando la sábana, se huyó de ellos desnudo.

53 ¶ Y trajeron á Jesus al sumo sacerdote[c]; y se juntaron á él todos los príncipes de los sacerdotes, y los ancianos, y los escribas.

54 Empero Pedro le siguió de léjos hasta dentro del pátio del sumo sacerdote: y estaba sentado con los servidores, y calentándose al fuego.

55 Y los príncipes de los sacerdotes, y todo el concilio, buscaban *algun* testimonio contra Jesus, para entregarle á la muerte; mas no *le* hallaban.

56 Porque muchos decian falso testimonio contra él[d]; mas sus testimonios no concertaban.

57 Entónces levantándose unos, dieron falso testimonio contra él, diciendo:

58 Nosotros le hemos oido decir: Yo derribaré este templo, que es hecho de mano, y en tres dias edificaré otro hecho sin mano[e].

59 Mas ni aun así se concertaba el testimonio de ellos.

60 Entónces el sumo sacerdote, levan-

[b] De. 15. 11.
[c] Mat. 26. 14, etc. Lu. 22. 3, etc.
[d] Juan 13. 2.
[e] Ex. 12. 8, etc.
[f] Cap. 11. 2, 3.
[g] Juan 11. 28. y 13. 13.
[h] Sal. 41. 9. y 55. 13, 14.
[i] Mat. 18. 6, 7.
[k] Mat. 26. 26, etc. Lu. 22. 19. 1 Co. 11. 23, etc.
[l] Juan 6. 48, 58.
[m] Ap. 19. 9.
[n] Juan 16. 32.
[o] Zac. 13. 7.
[p] Cap. 16. 7.
[q] Mat. 26. 33, 34. Lu. 22. 33, 34. Juan 13. 37, 38.
[r] Mat. 26. 36, etc. Lu. 22. 39, etc. Juan 18. 1, etc.
[‖] *Santiago.*
[s] Juan 12. 27.
[t] Heb. 5. 7.
[u] Ro. 8. 15. Ga. 4. 6.
[v] Juan 4. 34. y 5. 30. y 6. 38. y 18. 11.
[x] Juan 7. 30. y 8. 20. y 13. 1.
[y] Mat. 26. 47. Lu. 22. 47, etc. Juan 18. 3, etc.
[z] 2 Sa. 20. 9. Sal. 55. 21. Pr. 27. 6.
[a] Sal. 22. 1, etc. Is. 53. 3, etc. Lu. 24. 44.
[b] ver. 27.
[c] Mat. 26. 57, etc. Lu. 22. 54, etc. Juan 18. 13, etc.
[d] Sal. 35. 11.
[e] Cap. 15. 29. Juan 2. 19.

[f] Mat. 26. 62, etc.

tándose en medio, preguntó á Jesus[f], diciendo: ¿ No respondes algo? ¿ Qué atestiguan estos contra tí?

61 Mas él callaba, y nada respondia. El sumo sacerdote le volvió á preguntar, y le dice: ¿ Eres tú el Cristo, el Hijo del Bendito?

62 Y Jesus le dijo: Yo soy: y veréis al Hijo del Hombre sentado á la diestra de la potencia *de Dios*, y viniendo en las nubes del cielo.

63 Entónces el sumo sacerdote, rasgando sus vestidos, dijo: ¿ Qué mas tenemos necesidad de testigos?

64 Oido habeis la blasfemia: ¿ Qué os parece? Y ellos todos le condenaron ser culpado de muerte.

[g] Cap. 15. 19. Is. 50. 6.

65 Y algunos comenzaron á escupir en él[g], y cubrir su rostro, y á darle bofetadas, y decirle: Profetiza. Y los servidores le herian de bofetadas.

[h] Mat. 26. 69, etc. Lu. 22. 55, etc. Juan 18. 16, etc.

66 ¶ Y estando Pedro abajo[h], en el atrio, vino una de las criadas del sumo sacerdote;

67 Y como vió á Pedro que se calentaba, mirándole, dice: Y tú con Jesus el Nazareno estabas.

68 Mas él negó diciendo: No *le* conozco, ni sé lo que dices. Y se salió fuera á la entrada; y cantó el gallo.

69 Y la criada viéndole otra vez, comenzó á decir á los que estaban allí: Este es de ellos.

70 Mas él negó otra vez. Y poco despues, los que estaban allí dijeron otra vez á Pedro: Verdaderamente tú eres de ellos; porque eres Galiléo, y tu habla es semejante.

71 Y él comenzó á maldecirse, y á jurar: No conozco á este hombre de quien hablais.

72 Y el gallo cantó la segunda vez; y Pedro se acordó de las palabras que Jesus le habia dicho: Antes que el gallo cante dos veces, me negarás tres veces: y pensando ‖ *en esto*, lloraba[i].

[i] 2 Co. 7. 10.
‖ *ó comenzó á llorar.*

CAPITULO XV.

Jesus es presentado á Pilato, azotado, coronado de espinas, y crucificado entre dos ladrones. Prodigios que suceden en su muerte; y cómo fué sepultado.

[a] Mat. 27. 1, etc. Lu. 23. 1, etc. Juan 18. 28, etc.

Y LUEGO por la mañana, habiendo tenido consejo los príncipes de los sacerdotes con los ancianos, y con los escribas, y con todo el concilio, llevaron á Jesus atado, y le entregaron á Pilato[a].

2 Y Pilato le preguntó: ¿ Eres tú el rey de los Judíos? Y respondiendo él, le dijo: Tú *lo* dices.

3 Y los príncipes de los sacerdotes le acusaban mucho.

4 Y le preguntó otra vez Pilato, diciendo: ¿ No respondes algo? Mira de cuantas cosas atestiguan contra tí.

[b] Is. 53. 7. Juan 19. 9.

5 Mas Jesus ni aun con eso respondió[b], de modo que Pilato se maravillaba.

[c] Mat. 27. 15. Lu. 23. 17. Juan 18. 39.

6 Empero en el dia de la fiesta les soltaba un preso, cualquiera que pidiesen[c].

7 Y habia uno que se llamaba Barrabás, preso con sus compañeros de motin, que habian hecho muerte en una revuelta.

8 Y la multitud, dando voces, comenzó á pedir *hiciese* como siempre les habia hecho.

9 Y Pilato les respondió, diciendo: ¿ Quereis que os suelte al rey de los Judíos?

[d] Ro. 4. 4. Hech. 12. 45.

10 Porque conocia que por envidia[d] le habian entregado los príncipes de los sacerdotes.

11 Mas los príncipes de los sacerdotes incitaron á la multitud, que les soltase ántes á Barrabás[e]. [e] Hech. 3. 14.

12 Y respondiendo Pilato, les dice otra vez: ¿ Qué pues quereis que haga del que llamais rey de los Judíos?

13 Y ellos volvieron á dar voces: Crucifícale.

14 Mas Pilato les decia: ¿ Pues qué mal ha hecho[f]? Y ellos daban mas voces: Crucifícale. [f] Heb. 7. 26.

15 Y Pilato, queriendo satisfacer al pueblo, les soltó á Barrabás, y entregó á Jesus, despues de azotarle, para que fuese crucificado.

16 ¶ Entónces los soldados le llevaron dentro á la sala, es á saber, al pretorio[g], y convocan toda la cohorte, [g] Mat. 27. 27. Juan 19. 2.

17 Y le visten de púrpura; y poniéndole una corona tejida de espinas, 33. y 19. 9.

18 Comenzaron luego á saludarle: Salve, rey de los Judíos.

19 Y le herian en la cabeza con una caña, y escupian en él[h], y le adoraban hincadas las rodillas. [h] Cap. 14. 65.

20 Y cuando le hubieron escarnecido[i], le desnudaron la *ropa de* púrpura, y le vistieron sus propios vestidos, y le sacaron para crucificarle. [i] Cap. 10. 34. Sal. 35. 15, 16. Lu. 22. 63. y 23. 11, 36.

21 Y cargaron á uno que pasaba, (Simon Cirenéo, padre de Alejandro y de Rufo[k], que venia del campo) para que llevase su cruz. [k] Ro. 16. 13.

22 Y le llevan al lugar de Gólgota, que declarado, quiere decir: Lugar de la Calavera[l]. [l] Mat. 27. 33, etc. Lu. 23. 33, etc. Juan 19. 17, etc.

23 Y le dieron á beber vino mezclado con mirra: mas él no lo tomó.

24 Y cuando le hubieron crucificado, repartieron sus vestidos echando suertes sobre ellos[m], que llevaria cada uno. [m] Sal. 22. 18.

25 Y era la hora de las tres cuando le crucificaron.

26 Y el título escrito de su causa era: EL REY DE LOS JUDIOS.

27 Y crucificaron con él dos ladrones, uno á su derecha, y el otro á su izquierda.

28 Y ‖ se cumplió la Escritura que dice: Y con los inícuos[n] fué contado. ‖ *Este verso no se halla en varios antiguos ejemplares.* [n] Is. 53. 12.

29 ¶ Y los que pasaban, le denostaban meneando sus cabezas[o], y diciendo: Ah, tú que derribas el templo de Dios, y en tres dias lo edificas[p], [o] Sal. 22. 7. [p] Cap. 14. 58. Juan 2. 19.

30 Sálvate á tí mismo, y desciende de la cruz.

31 Y de esta manera tambien los príncipes de los sacerdotes escarneciendo, decian unos á otros, con los escribas: A otros salvó, á sí mismo no se puede salvar.

32 El Cristo, rey de Israel, descienda ahora de la cruz para que veamos y creamos. Tambien los que estaban crucificados con él, le denostaban.

33 Y cuando vino la hora de sexta, fueron hechas tinieblas sobre toda la tierra, hasta la hora de nona[q]. [q] Mat. 27. 45. Lu. 23. 44.

34 Y á la hora de nona exclamó Jesus á gran voz, diciendo: Eloi, Eloi, ¿ lamma sabachthani? que declarado, quiere decir: Dios mio, Dios mio, ¿ por qué me has desamparado?

35 Y oyéndole unos de los que estaban *allí*, decian: Hé aquí, llama á Elías.

36 Y corrió uno, y empapando una esponja en vinagre, y poniéndola en una caña, le dió á beber[r], diciendo: Dejad, veamos si vendrá Elías á quitarle. [r] Sal. 69. 21.

37 Mas Jesus, dando una grande voz, espiró[s]. [s] Mat. 27. 50. Lu. 23. 46. Juan 19. 30.

38 Entónces el velo[t] del templo se rasgó en dos de alto á bajo[u]. [t] Ex. 26. 31. 2 Cr. 3. 14. [u] Heb. 10. 20.

39 Y el centurion, que estaba delante de él, viendo que habia espirado así

clamando, dijo: Verdaderamente este hombre era el Hijo de Dios.

40 Y tambien estaban *algunas* mujeres
8. 11. mirando de léjos[v]; entre las cuales estaba María Magdalena, y María la madre de Jacobo el menor, y de José, y Salomé;

41 Las cuales, estando aun él en Ga-
. 2, 3. liléa, le habian seguido, y le servian[x]; y otras muchas que juntamente con él habian subido á Jerusalem.

42 ¶ Y cuando fué la tarde, porque era la preparacion, *es* decir, la víspera del Sábado,

43 José de Arimatéa, senador noble,
25, que tambien esperaba el reino de Dios[y], vino, y osadamente entró á Pilato, y pidió el cuerpo de Jesus.

44 Y Pilato se maravilló que ya fuese muerto; y haciendo venir al centurion, preguntóle si era ya muerto.

45 Y enterado del centurion, dió el cuerpo á José:

46 El cual compró una sábana, y quitándole, le envolvió en la sábana, y le puso en un sepulcro que estaba cavado en una peña; y revolvió una piedra á
3, la puerta del sepulcro[z].

47 Y María Magdalena, y María *madre* de Joses, miraban donde era puesto.

CAPITULO XVI.

Resurreccion de Jesus; aparécese á la Magdalena, y á los discípulos y apóstoles; y envía á estos á bautizar y á predicar el Evangelio. Su ascension á los cielos.

1, Y COMO pasó el Sábado[a], María Magdalena, y María *madre* de Jacobo ‖, y Salomé, compraron *drogas* aromáticas[b], para venir á ungirle.

2 Y muy de mañana, el primer *día* de
5. la semana, vienen al sepulcro, *ya* salido el sol.

3 Y decian entre sí: ¿Quién nos revolverá la piedra de la puerta del sepulcro?

4 Y como miraron, ven la piedra revuelta; que era muy grande.

5 Y entradas en el sepulcro, vieron un mancebo sentado al lado derecho, cubierto de una ropa larga blanca: y se espantaron.

6 Mas él les dice: No os asusteis: buscais á Jesus Nazareno, el qué fué crucificado: resucitado ha; no está aquí: hé aquí el lugar en donde le pusieron.

7 Mas id, decid á sus discípulos, y á Pedro, que él va ántes que vosotros á Galiléa: allí le veréis, como os dijo[c].

8 Y ellas se fueron huyendo prestamente del sepulcro; porque las habia tomado temblor y espanto; ni decian nada á nadie, porque tenian miedo.

9 ¶ ‖ Mas como Jesus resucitó por la mañana, el primer *dia* de la semana, apareció primeramente á María Magdalena, de la cual habia echado siete demonios[d].

10 Yendo ella, lo hizo saber á los que habian estado con él, *que estaban* tristes y llorando.

11 Y ellos como oyeron que vivia, y que habia sido visto de ella, no *lo* creyeron.

12 ¶ Mas despues apareció en otra forma á dos de ellos que iban caminando, yendo al campo[e].

13 Y ellos fueron, y lo hicieron saber á los otros; y ni aun á ellos creyeron.

14 ¶ Finalmente se apareció á los once[f] mismos, estando sentados á la mesa, y censuróles su incredulidad[g], y dureza de corazon, que no hubiesen creido á los que le habian visto resucitado.

15 Y les dijo: Id por todo el mundo[h]; predicad el Evangelio á toda criatura[i].

16 El que creyere, y fuere bautizado, será salvo[k]; mas el que no creyere, será condenado[l].

17 Y estas señales seguirán á los que creyeren[m]: En mi nombre echarán fuera demonios[n]; hablarán nuevas lenguas[o];

18 Quitarán serpientes[p]; y si bebieren cosa mortífera, no les dañará: sobre los enfermos pondrán sus manos, y sanarán[q].

19 ¶ Y el Señor, despues que les habló, fué recibido arriba en el cielo[r], y sentóse á la diestra de Dios[s].

20 Y ellos, saliendo, predicaron en todas partes, obrando con ellos el Señor[t], y confirmando la palabra con las señales que se seguian[u]. Amen.

[c] Cap. 14. 28.
‖ *Estos versos, 9—20 no se hallan en varios ejemplares antiguos.*
[d] Lu. 8. 2.
[e] Lu. 24. 13, 15.
[f] Lu. 24. 36. 1 Co. 15. 5.
[g] Lu. 24. 25.
[h] Mat. 28. 19. Juan 20. 21.
[i] Ro. 10. 18. Col. 1. 23.
[k] Juan 3. 18, 36. Hech. 16. 31, 33. Ro. 10. 9. 1 Ped. 3. 21.
[l] Juan 12. 48. 2 Tes. 1. 8. y 2. 12.
[m] Heb. 2. 4.
[n] Lu. 10. 17. Hech. 5. 16. y 8. 7. y 16. 18. y 19. 12.
[o] Hech. 2. 4. y 10. 46. 1 Co. 12. 10, 28.
[p] Lu. 10. 19. Hech. 28. 5.
[q] Hech. 5. 15, 16. y 9. 34. y 28. 8.
[r] Lu. 24. 51. Hech. 1. 2, 3, 9.
[s] Sal. 110. 1. 1 Ped. 3. 22. Ap. 3. 21.
[t] 1 Co. 3. 9. 2 Co. 6. 1.
[u] Hech. 5. 12. y 14. 3. Heb. 2. 4.

EL SANTO EVANGELIO DE NUESTRO SEÑOR JESU-CRISTO SEGUN

S. LUCAS.

CAPITULO I.

El Angel Gabriel anuncia el nacimiento de San Juan el Precursor, y de Jesus el Hijo de Dios. Visita María á Santa Elisabeth. Cántico de la Vírgen. Nacimiento de San Juan. Cántico de Zacarías. Los prodigios que ántes y despues sucedieron.

HABIENDO muchos tentado á poner en órden la historia de las cosas que entre nosotros han sido ciertísimas,

2 Como nos *lo* enseñaron los que desde el principio[a] *lo* vieron por sus ojos, y fueron ministros de la palabra[b];

3 Me ha parecido tambien *á mí*, despues de haber entendido todas las cosas desde el principio con diligencia, escribírtel*as* por órden[c], oh muy buen Teófilo[d],

4 Para que conozcas la verdad de las cosas, en las cuales has sido enseñado[e].

5 HUBO en los dias de Heródes, rey de Judéa[f], un sacerdote llamado Zacarías, de la suerte de Abías[g]; y su mujer, de las hijas de Aaron, llamada Elisabet.

6 Y eran ambos justos delante de Dios[h], andando sin reprehension en todos los mandamientos y estatutos del Señor[i].

7 Y no tenian hijo; porque Elisabet era estéril, y ambos eran avanzados en dias.

8 Y aconteció que ejerciendo Zacarías el sacerdocio delante de Dios por el órden de su vez,

9 Conforme á la costumbre del sacerdocio, salió en suerte á poner el incienso[k], entrando en el templo del Señor.

10 Y toda la multitud del pueblo estaba fuera orando á la hora del incienso.

A. D. 2.
[f] Mat. 2. 1.
[g] 1 Cr. 24. 10. Ne. 12. 4, 17.
[h] Gen. 7. 1.
[i] Fi. 3. 6.
[k] Ex. 30. 7, 8.

11 Y se le apareció el ángel del Señor puesto en pié á la derecha del altar del incienso[l].
12 Y se turbó[m] Zacarías viéndo*le*, y cayó temor sobre él.
13 Mas el ángel le dijo: Zacarías, no temas; porque tu oracion ha sido oida; y tu mujer Elisabet te parirá un hijo, y llamarás su nombre Juan[n].
14 Y tendrás gozo y alegría, y muchos se gozarán de su nacimiento[o].
15 Porque será grande delante de Dios[p]; y no beberá vino ni sidra[q]; y será lleno del Espíritu Santo aun desde el seno de su madre[r].
16 Y á muchos de los hijos de Israel convertirá al Señor Dios de ellos.
17 Porque él irá delante de él con el espíritu y virtud de Elías[s], para convertir los corazones de los padres á los hijos, y los rebeldes á la prudencia de los justos, para aparejar al Señor un pueblo apercibido.
18 Y dijo Zacarías al ángel: ¿En qué conoceré esto? porque yo soy viejo, y mi mujer avanzada en dias[t].
19 Y respondiendo el ángel, le dijo: Yo soy Gabriel[u], que estoy delante de Dios; y soy enviado á hablarte, y á darte estas buenas nuevas[v].
20 Y hé aquí estarás mudo, y no podrás hablar[x], hasta el dia que esto sea hecho; por cuanto no creiste á mis palabras, las cuales se cumplirán á su tiempo.
21 Y el pueblo estaba esperando á Zacarías, y se maravillaban de que él se detuviese en el templo.
22 Y saliendo, no les podia hablar: y entendieron que habia visto vision en el templo: y él les hablaba por señas, y quedó mudo.
23 Y fué, que cumplidos los dias de su oficio, se vino á su casa.
24 Y despues de aquellos dias concibió su mujer Elisabet, y se encubrió por cinco meses, diciendo:
25 Porque el Señor me ha hecho así en los dias en que miró para quitar mi afrenta entre los hombres[y].
26 ¶ Y al sexto mes el ángel Gabriel fué enviado de Dios á *una* ciudad de Galiléa, llamada Nazaret,
27 A una vírgen desposada con un varon que se llamaba José[z], de la casa de David; y el nombre de la vírgen *era* María.
28 Y entrando el ángel adonde estaba, dijo: Salve, muy favorecida[a]! el Señor *es* contigo: bendita tú entre las mujeres[b].
29 Mas ella cuando le vió, se turbó de sus palabras, y pensaba qué salutacion fuese esta.
30 Entónces el ángel le dijo: María, no temas, porque has hallado gracia cerca de Dios.
31 Y hé aquí que concibirás en tu seno, y parirás un hijo[c], y llamarás su nombre JESUS.
32 Este será grande[d], y será llamado Hijo del Altísimo[e]; y le dará el Señor Dios el trono de David su padre[f],
33 Y reinará en la casa de Jacob por siempre; y de su reino no habrá fin[g].
34 Entónces María dijo al ángel: ¿Cómo será esto? porque no conozco varon.
35 Y respondiendo el ángel le dijo: El Espíritu Santo vendrá sobre tí, y la virtud del Altísimo te hará sombra; por lo cual tambien lo Santo que de tí nacerá, será llamado Hijo de Dios.
36 Y hé aquí, Elisabet tu parienta, tambien ella ha concebido hijo en su vejez; y este es el sexto mes á ella que es llamada la estéril:

[l] Ex. 30. 1.
[m] ver. 29.
[n] ver. 60, 63.
[o] ver. 58.
[p] Cap. 7. 28.
[q] Nu. 6. 3.
[r] Jer. 1. 5. Ga. 1. 15.
[s] Mal. 4. 5, 6. Mat. 11. 14. Mar. 9. 12, 13.
[t] Gen. 17. 17.
[u] ver. 26. Da. 8. 16. y 9. 21.
[v] Heb. 1. 14.
[x] Ez. 3. 26.
[y] Gen. 30. 23. 1 Sa. 1. 6.
[z] Mat. 1. 18.
[a] Da. 9. 23.
[b] Juez. 5. 24.
[c] Is. 7. 14. Mat. 1. 21.
[d] Mat. 12. 42.
[e] Heb. 1. 2, 8.
[f] 2 Sa. 7. 11, 12. Is. 9. 5, 6. Jer. 23. 5, 6.
[g] Da. 2. 44. y 7. 14, 27.

37 Porque ninguna cosa es imposible para Dios[h].
38 Entónces María dijo: Hé aquí la criada del Señor[i]; hágase á mí conforme á tu palabra. Y el ángel partió de ella.
39 ¶ En aquellos dias levantándose María, fué á la montaña con priesa, á una ciudad de Judá,
40 Y entró en casa de Zacarías, y saludó á Elisabet.
41 Y aconteció, que como oyó Elisabet la salutacion de María, la criatura saltó en su vientre; y Elisabet fué llena de Espíritu Santo,
42 Y exclamó á gran voz, y dijo: Bendita tú entre las mujeres[k], y bendito el fruto de tu vientre.
43 ¿Y de dónde esto á mí, que la madre de mi Señor venga á mí?
44 Porque hé aquí, que como llegó la voz de tu salutacion á mis oidos, la criatura saltó de alegría en mi vientre.
45 Y bienaventurada la que creyó, porque se cumplirán las cosas que le fueron dichas *de parte* del Señor.
46 ¶ Entónces María dijo: Engrandece mi alma al Señor[l].
47 Y mi espíritu se alegró en Dios mi Salvador[m].
48 Porque ha mirado á la bajeza de su criada[n]: porque hé aquí, desde ahora me dirán bienaventurada todas las generaciones[o].
49 Porque me ha hecho grandes[p] cosas el Poderoso; y santo *es* su nombre[q].
50 Y su misericordia de generacion á generacion á los que le temen[r].
51 Hizo valentía con su brazo[s]: esparció los soberbios del pensamiento de su corazon.
52 Quitó los poderosos de los tronos, y levantó á los humildes[t].
53 A los hambrientos hinchió de bienes; y á los ricos envió vacíos[u].
54 Recibió á Israel su siervo, acordándose de la misericordia[v],
55 Como habló á nuestros padres[x], á Abraham y á su simiente para siempre.
56 Y se quedó María con ella como tres meses: despues se volvió á su casa.
57 ¶ Y á Elisabet se le cumplió el tiempo de parir, y parió un hijo.
58 Y oyeron los vecinos y los parientes que Dios habia hecho con ella grande misericordia, y se alegraron con ella[y].
59 Y aconteció, que al octavo dia[z] vinieron para circuncidar al niño, y le llamaban del nombre de su padre, Zacarías.
60 Y respondiendo su madre, dijo: No; sino Juan será llamado.
61 Y le dijeron: ¿Por qué? nadie hay en tu parentela que se llame de este nombre.
62 Y hablaron por señas á su padre, como le queria llamar.
63 Y demandando la tablilla, escribió, diciendo: Juan es su nombre. Y todos se maravillaron.
64 Y luego fué abierta su boca, y su lengua[a], y habló bendiciendo á Dios.
65 Y fué un temor sobre todos los vecinos de ellos: y en todas las montañas de Judéa fueron divulgadas todas estas cosas.
66 Y todos los que *las* oian, *las* conservaban en su corazon[b], diciendo: ¿Quién será este niño? Y la mano del Señor estaba con él[c].
67 ¶ Y Zacarías su padre fué lleno de Espíritu Santo, y profetizó, diciendo:
68 Bendito el Señor Dios de Israel[d], que ha visitado y hecho redencion á su pueblo.

[h] Gen. 18. 14. Jer. 32. 17. Mat. 19. 26. Ro. 4. 21.
[i] Sal. 116. 16.
[k] ver. 28.
[l] 1 Sa. 2. 1. Sal. 34. 2, 3.
[m] Sal. 35. 9. Hab. 3. 18.
[n] Sal. 138. 6.
[o] Cap. 11. 27.
[p] Sal. 126. 2, 3.
[q] Sal. 111. 9.
[r] Ex. 20. 6. Sal. 103. 17.
[s] Sal. 98. 1.
[t] Job 5. 11. y 12. 18, 19, 21.
[u] 1 Sa. 2. 5. Sal. 34. 10.
[v] Sal. 98. 3.
[x] Gen. 17. 19. Sal. 132. 11.
[y] ver. 14.
[z] Gen. 17. 12.
[a] ver. 20.
[b] Cap. 2. 19, 51.
[c] Sal. 80. 17.
[d] Sal. 72. 18.

69 Y nos alzó un cuerno de salvacion
[e] Sal. 132. 17. en la casa de David su siervo [e],
70 Como habló por boca de sus santos
[f] Jer. 23. 5, 6. profetas, que fueron desde el principio [f]:
71 Salvacion de nuestros enemigos, y
de mano de todos los que nos aborreci-
[g] Is. 54. 7, 17. Jer. 30. 10, 11. eron [g];
72 Para hacer misericordia con nues-
tros padres, y acordándose de su santo
pacto [h];
[h] Le. 26. 42. Sal. 105. 8, 10. 73 Del juramento que juró á Abraham
nuestro padre [i], que nos habia de dar,
[i] Gen. 22. 16, 17. 74 Que sin temor, librados de nuestros
enemigos, le serviriamos
75 En santidad y justicia delante de él,
todos los dias de nuestra vida.
76 Y tú, niño, profeta del Altísimo
serás llamado: porque irás ante la faz
[k] Mal. 3. 1. del Señor, para aparejar sus caminos [k],
77 Dando conocimiento de salud á su
pueblo, para remision de sus pecados,
78 Por las entrañas de misericordia de
nuestro Dios, con que nos visitó de lo
alto el oriente,
79 Para dar luz á los que habitan en
[l] Is. 9. 1. y 49. 9. tinieblas y en sombra de muerte [l]; para
encaminar nuestros piés por camino de
paz.
80 Y el niño crecia, y se fortalecia en
[m] Cap. 2. 40. espíritu [m]; y estuvo en los desiertos
hasta el dia que se mostró á Israel.

CAPITULO II.

Jesus nace en Bethlehem: es anunciado por los ángeles á los pastores; y circuncidado al octavo dia: cántico y profecía de Simeon. Jesus á los doce años disputa en el Templo con los doctores de la ley. Vive en Nazaret sujeto á sus padres.

Y ACONTECIÓ en aquellos dias, que
salió edicto de parte de Augusto Cé-
sar, que toda la tierra fuese empadro-
nada.
2 Este empadronamiento primero fué
[‖ fué primero sacado, ó tuvo efecto; ó, segun otros, fué el primero que se hizo.] hecho ‖, siendo Cirenio gobernador de la
Siria.
3 E iban todos para ser empadronados,
cada uno á su ciudad.
4 Y subió José de Galiléa, de la ciudad
de Nazaret, á Judéa, á la ciudad de Da-
vid, que se llama Betlehem, por cuanto
era de la casa y familia de David,
5 Para ser empadronado con María su
mujer, desposada con él, la cual estaba
en cinta.
6 Y aconteció, que estando ellos allí,
se cumplieron los dias en que ella habia
de parir.
[a] Mat. 1. 25. 7 Y parió á su hijo primogénito [a] y le
envolvió en pañales, y acostóle en un
pesebre; porque no habia lugar para
ellos en el meson.
8 ¶ Y habia pastores en la misma ti-
erra, que velaban y guardaban las vigi-
lias de la noche sobre su ganado.
9 Y hé aquí el ángel del Señor vino
sobre ellos, y la claridad de Dios los cercó
de resplandor; y tuvieron gran temor.
10 Mas el ángel les dijo: No temais,
porque hé aquí os doy nuevas de gran
gozo, que será para todo el pueblo:
11 Que os ha nacido hoy, en la ciudad
[b] ... 9. 6. de David, un Salvador [b], que es Cristo
... 4. 4, 5. el Señor.
... 4. 14. 12 Y esto os *será por* señal: hallaréis
al niño envuelto en pañales, echado en
un pesebre.
13 Y repentinamente fué con el ángel
una multitud de los ejércitos celestiales,
[c] ... 103. 20, que alababan á Dios [c], y decian:
14 Gloria en las alturas á Dios, y en la
tierra paz, buena voluntad para con los
[d] ... 85. 10, hombres [d].
15 Y aconteció, que como los ángeles
se fueron de ellos al cielo, los pastores
dijeron los unos á los otros: Pasemos,
pues, hasta Betlehem, y veamos esto
que ha sucedido, y que el Señor nos ha
manifestado.
16 Y vinieron apriesa, y hallaron á
María, y á José, y al niño acostado en
el pesebre.
17 Y viendo*le*, hicieron notorio lo que
les habia sido dicho del niño.
18 Y todos los que oyeron, se maravi-
llaron de lo que los pastores les decian.
19 Mas María guardaba todas estas
cosas confiriéndo*las* en su corazon [e]. [e] ver. 51.
20 Y se volvieron los pastores glorifi- Cap. 1. 66.
cando y alabando á Dios de todas las Gen. 37. 11.
cosas que habian oido y visto, como les
habia sido dicho.
21 ¶ Y pasados los ocho dias para cir-
cuncidar [f] al niño, llamaron su nombre [f] Le. 12. 3.
Jesus, el cual *le* fué puesto por el ángel [g] [g] Cap. 1. 31.
ántes que él fuese concebido en el vien- Mat. 1. 21.
tre.
22 ¶ Y como se cumplieron los dias de
la purificacion de María, conforme á la
ley de Moisés [h], le trajeron á Jerusalem [h] Le. 12. 2,
para presentar*le* al Señor; etc.
23 (Como está escrito en la ley del
Señor: Todo varon que abriere la ma-
triz, será llamado santo al Señor [i]:) [i] Ex. 13. 12.
24 Y para dar la ofrenda, conforme á y 22. 29.
lo que está dicho en la ley del Señor, un Nu. 8. 17.
par de tórtolas, ó dos palominos.
25 Y hé aquí, habia un hombre en Je-
rusalem, llamado Simeon, y este hom-
bre, justo y pio, esperaba [k] la consola- [k] Mar. 15. 43.
cion de Israel [l]; y el Espíritu Santo era [l] Is. 40. 1.
sobre él.
26 Y habia recibido respuesta del Es-
píritu Santo, que no veria la muerte
ántes que viese al Cristo del Señor.
27 Y vino por Espíritu al templo. Y
cuando metieron al niño Jesus sus pa-
dres en el templo, para hacer por él
conforme á la costumbre de la ley,
28 Entónces él le tomó en sus brazos,
y bendijo á Dios, y dijo:
29 Ahora despides, Señor, á tu siervo [m], [m] Gen. 46. 30.
conforme á tu palabra, en paz: Is. 57. 2.
30 Porque han visto mis ojos tu Sal-
vacion [n], [n] Cap. 3. 6.
31 La cual has aparejado en presencia
de todos los pueblos;
32 Luz para ser revelada á los Gen-
tiles [o], y la gloria de tu pueblo Israel. [o] Is. 42. 6.
33 ¶ Y José y su madre estaban mara- y 49. 6.
villados de las cosas que se decian de él. y 60. 1, 3.
34 Y los bendijo Simeon, y dijo á su Hech. 13. 47, 48.
madre María: Hé aquí que este es pues-
to para caida [p] y para levantamiento de [p] Is. 8. 14.
muchos en Israel, y para señal á la que 1 Co. 1. 23, 24.
será contradicho [q]: 2 Co. 2. 16.
35 Y una espada traspasará tu alma de 1 Ped. 2. 7, 8.
tí misma [r], para que sean manifestados [q] Hech. 28. 22.
los pensamientos de muchos corazones.
36 Estaba tambien *allí* Ana, profetisa, [r] Juan 19. 25.
hija de Fanuel, de la tribu de Aser; la
cual habia venido en grande edad, y
habia vivido con su marido siete años
desde su virginidad.
37 Y *era* viuda de hasta ochenta y cua-
tro años, que no se apartaba del templo,
sirviendo de noche y de dia con ayunos
y oraciones.
38 Y esta sobreviniendo en la misma
hora, juntamente confesaba al Señor, y
hablaba de él á todos los que esperaban [s] [s] ver. 25.
la redencion en Jerusalem.
39 ¶ Mas como cumplieron todas las
cosas segun la ley del Señor, se volvi-
eron á Galiléa, á su ciudad de Nazaret.
40 Y el niño crecia, y fortalecíase en
espíritu, y se henchia de sabiduría [t]; y [t] ver. 52.
la gracia de Dios era sobre él.
41 ¶ E iban sus padres todos los años
á Jerusalem en la fiesta de la Pascua [u]. [u] Ex. 23. 15.
42 Y cuando fué de doce años, su- De. 16. 1.

bieron ellos á Jerusalem conforme á la
costumbre del dia de la fiesta.
43 Y acabados los dias, volviendo ellos
se quedó el niño Jesus en Jerusalem sin
saberlo José y su madre.
44 Y pensando que estaba en la com-
pañía, anduvieron camino de un dia; y
le buscaban entre los parientes y entre
los conocidos.
45 Mas como no le hallasen, volvieron
á Jerusalem buscándole.
46 Y aconteció, que tres dias despues
le hallaron en el Templo sentado en
medio de los doctores, oyéndoles y pre-
guntándoles.
47 Y todos los que le oian, se pasma-
ban de su entendimiento [v] y de sus res-
puestas.
48 Y cuando le vieron, se maravilla-
ron; y díjole su madre: Hijo ¿Por qué
nos has hecho así? Hé aquí, tu padre y
yo te hemos buscado con dolor.
49 Entónces *él* les dice: ¿Qué hay?
por qué me buscabais? ¿No sabiais que
en los negocios ‖ de mi Padre me con-
viene estar [x]?
50 Mas ellos no entendieron las pala-
bras que les habló.
51 Y descendió con ellos, y vino á Na-
zaret, y estaba sujeto á ellos. Y su
madre guardaba todas estas cosas en su
corazon [y].
52 Y Jesus crecia en sabiduría [z], y en
edad, y en gracia para con Dios y los
hombres.

[v] Cap. 4. 22. Sal. 119. 99. Juan 7. 15, 46.
‖ ó *en la casa de mi Padre.*
[x] Juan 5. 17. y 9. 4.
[y] ver. 19. Da. 7. 28.
[z] ver. 40.

CAPITULO III.

Predicacion y bautismo de San Juan: Va Jesus á ser bautizado, y prodigios que suceden. Genealogía de Jesus.

Y EN el año quince del imperio de
Tiberio César, siendo gobernador
de Judéa Poncio Pilato, y Heródes te-
trarca de Galiléa, y su hermano Filipo
tetrarca de Ituréa y de la provincia de
Traconite, y Lisanias tetrarca de Abi-
linia,
2 Siendo sumos sacerdotes Anás y Cai-
fás [a], vino palabra del Señor sobre Juan,
hijo de Zacarías, en el desierto.
3 Y él vino por toda la tierra alrededor
del Jordan [b], predicando el bautismo de
arrepentimiento para la remision de pe-
cados [c];
4 Como está escrito en el libro de las
palabras del Profeta Isaías [d], que dice:
Voz del que clama en el desierto: Apa-
rejad el camino del Señor, haced dere-
chas sus sendas.
5 Todo valle se henchirá, y bajaráse
todo monte y collado; y los *caminos* tor-
cidos serán enderezados, y los caminos
ásperos allanados;
6 Y verá toda carne la salvacion de
Dios [e].
7 Y decia á las gentes que salian para
ser bautizadas de él: Oh generacion de
víboras [f], ¿quién os enseñó á huir de la
ira que vendrá?
8 Haced, pues, frutos dignos de arre-
pentimiento, y no comenceis á decir en
vosotros mismos: Tenemos á Abraham
por padre: porque os digo que puede
Dios, aun de estas piedras, levantar hi-
jos á Abraham.
9 Y ya tambien el hacha está puesta á
la raiz de los árboles: todo árbol pues
que no hace buen fruto, es cortado, y
echado en el fuego [g].
10 Y las gentes le preguntaban, dicien-
do: ¿Pues qué harémos?
11 Y respondiendo, les dijo: El que
tiene dos túnicas, dé al que no tiene;
y el que tiene que comer, haga lo
mismo [h].
12 Y vinieron tambien publicanos para
ser bautizados [i], y le dijeron: ¿Maestro,
qué harémos?
13 Y él les dijo: No exijais mas de lo
que os está ordenado [k].
14 Y le preguntaron tambien los sol-
dados, diciendo: Y nosotros, ¿qué haré-
mos? Y les dice: No hagais extorsion
á nadie, ni calumnieis; y contentáos
con vuestras pagas.
15 Y estando el pueblo esperando, y
pensando todos de Juan en sus cora-
zones, si él fuese el Cristo,
16 Respondió Juan, diciendo á todos:
Yo, á la verdad, os bautizo en agua;
mas viene quien es mas poderoso que
yo, de quien no soy digno de desatar la
correa de sus zapatos: él os bautizará
en Espíritu Santo y fuego [l];
17 Cuyo bieldo *está* en su mano, y
limpiará su era, y juntará el trigo en su
alfolí [m], y la paja quemará en fuego que
nunca se apagará [n].
18 Y amonestando, otras muchas cosas
tambien anunciaba al pueblo.
19 Entónces Heródes el tetrarca, siendo
reprendido por él á causa de Hero-
días, mujer de Filipo su hermano [o], y
de todas las maldades que habia hecho
Heródes,
20 Añadió tambien esto sobre todo,
que encerró á Juan en la cárcel.
21 ¶ Y aconteció que, como todo el
pueblo se bautizaba, tambien Jesus fu-
ese bautizado [p]; y orando, el cielo se
abrió,
22 Y descendió el Espíritu Santo sobre
él en forma corporal, como paloma, y
fué hecha una voz del cielo que decia:
Tú eres mi hijo amado, en tí me he
complacido.
23 ¶ Y el mismo Jesus comenzaba
á ser como de treinta años, hijo de
José [q], como se creia, que fué hijo ‖ de
Elí,
24 Que fué de Matat, que fué de Leví,
que fué de Melqui, que fué de Janne,
que fué de José,
25 Que fué de Matatías, que fué de
Amós, que fué de Nahum, que fué de
Eslaí, que fué de Naggai,
26 Que fué de Maat, que fué de Mata-
tías, que fué de Semei, que fué de José,
que fué de Júdas,
27 Que fué de Joana, que fué de Resa,
que fué de Zorobabel, que fué de Sala-
thiel, que fué de Neri,
28 Que fué de Melqui, que fué de Addi,
que fué de Cosam, que fué de Elmo-
dam, que fué de Er,
29 Que fué de José, que fué de Elieser,
que fué de Jorim, que fué de Matat,
que fué de Leví,
30 Que fué de Simeon, que fué de Ju-
dá, que fué de José, que fué de Jonan,
que fué de Eliaquim,
31 Que fué de Meléas, que fué de Me-
nan, que fué de Matata, que fué de
Natan [r], que fué de David,
32 Que fué de Jessé [s], que fué de Obed,
que fué de Booz, que fué de Salmon,
que fué de Naason,
33 Que fué de Aminadab, que fué de
Aram, que fué de Esrom, que fué de
Fáres, que fué de Judá,
34 Que fué de Jacob, que fué de Isaac,
que fué de Abraham, que fué de Tara,
que fué de Nacor [t],
35 Que fué de Saruch, que fué de Ra-
gau, que fué de Falec, que fué de He-
ber, que fué de Sala,
36 Que fué de Cainan, que fué de Ar-
faxad [u], que fué de Sem, que fué de
Noé, que fué de Lamech [x],
37 Que fué de Matusalá, que fué de

[a] Juan 11. 49, 51. y 18. 13. Hech. 4. 6.
[b] Mat. 3. 1. Mar. 1. 4.
[c] Cap. 1. 77.
[d] Is. 40. 3, 5.
[e] Sal. 98. 2. Is. 49. 6. y 52. 10.
[f] Mat. 3. 7.
[g] Cap. 13. 7, 9. Mat. 7. 19.
[h] Cap. 11. 41. 1 Juan 3. 17.
[i] Cap. 7. 29. Mat. 21. 32.
[k] Cap. 19. 8.
[l] Hech. 2. 3, 4. 1 Co. 12. 13.
[m] Mat. 13. 30.
[n] Sal. 21. 9. Mar. 9. 43, 46.
[o] Mat. 14. 3. Mar. 6. 17.
[p] Mat. 3. 13. etc. Mar. 1. 9. Juan 1. 32. etc.
[q] Mat. 13. 55. Juan 6. 42.
‖ ó *yerno.*
[r] Zac. 12. 12. 2 Sa. 5. 14.
[s] Rut. 4. 18, 22.
[t] Gen. 11. 24, 26.
[u] Gen. 11. 12.
[x] Gen. 5. &c.

Enoc, que fué de Jared, que fué de Ma-
laleel, que fué de Cainan,
38 Que fué de Enós, que fué de Set,
n. 1. 26. que fué de Adam, que fué de Dios[y].
7.

). 15. CAPITULO IV.

47. *Ayuno y tentacion de Jesu-Cristo en el desierto. Predica en Nazaret. Va á Capharnaum, donde libra á un energúmeno: cura á la suegra de San Pedro; y hace otros muchos milagros.*

Y JESUS, lleno de Espíritu Santo,
volvió del Jordan, y fué llevado por
t. 4. 1, el Espíritu al desierto[a],
2 Por cuarenta dias, y era tentado del
:. 1. 12, diablo. Y no comió cosa en aquellos
dias[b]: los cuales pasados, despues tuvo
34. 28. hambre.
y. 19. 3 Entónces el diablo le dijo: Si eres
Hijo de Dios, dí á esta piedra que se
haga pan.
4 Y Jesus respondiéndole, dijo: Escri-
to está: Que no con pan solo vivirá el
8. 3: hombre, mas con toda palabra de Dios[c].
5 Y le llevó el diablo á un alto monte,
y le mostró en un momento de tiempo
todos los reinos de la tierra;
6 Y le dijo el diablo: A tí te daré toda
esta potestad, y la gloria de ellos; por-
n 12. que á mí es entregada[d], y á quien quiero
la doy[e].
. 30. 7 Pues si tú adoráres delante de mí,
2. 2. serán todos tuyos.
13. 8 Y respondiendo Jesus, le dijo: Véte
de mí, Satanás: porque escrito está: A
tu Señor Dios adorarás, y á él solo ser-
6. 13. virás[f].
. 20. 9 Y le llevó á Jerusalem, y púsole so-
pinà- bre las almenas ‖ del Templo, y le dijo:
Si eres Hijo de Dios, échate de aquí
abajo.
91. 11, 10 Porque escrito está[g]: Que á sus
ángeles mandará de tí, que te guarden;
11 Y en las manos te llevarán, porque
no dañes tu pié en piedra.
12 Y respondiendo Jesus, le dijo: Di-
6. 16. cho está: No tentarás al Señor tu Dios[h].
. 2. 17, 13 Y acabada toda tentacion[i], el dia-
blo se fué de él por *algun* tiempo.
15. 14 ¶ Y Jesus volvió en virtud del Es-
h. 10. píritu á Galiléa[k], y salió la fama de él
por toda la tierra de alrededor.
15 Y él enseñaba en las sinagogas de
ellos, y era glorificado de todos.
. 2. 23. 16 ¶ Y vino á Nazaret[l], donde habia
sido criado; y entró, conforme á su cos-
tumbre, el dia del Sábado en la sina-
k. 13. goga[m], y se levantó á leer.
17 Y fuéle dado el libro del profeta
18. 20. Isaías: y como abrió el libro, halló el
31. 1, 2. lugar donde estaba escrito[n]:
18 El Espíritu del Señor *es* sobre mí,
por cuanto me ha ungido para dar bue-
nas nuevas á los pobres; me ha enviado
para sanar los quebrantados de cora-
146. 8. zon[o]; para pregonar á los cautivos li-
9. 18. bertad, y á los ciegos vista; para poner
en libertad á los quebrantados;
19 Para predicar el año agradable del
25. 9, Señor[p].
20 Y rollando el libro, lo dió al mi-
nistro, y sentóse: y los ojos de todos
en la sinagoga estaban fijos en él.
21 Y comenzó á decirles: Hoy se ha
cumplido esta escritura en vuestros
oidos.
22 Y todos le daban testimonio, y esta-
. 2. 47. ban maravillados de sus palabras de
45. 2. gracia que salian de su boca[q], y decian:
0. 4. ¿ No es este el hijo de José[r]?
13. 54. 23 Y les dijo: Sin duda me diréis este
. 6. 2. refran: Médico, cúrate á tí mismo: de
6. 42. tantas cosas que hemos oido haber sido
4. 18. hechas en Capernaum[s], haz tambien
23, aquí en tu tierra.
24 Y dijo: De cierto os digo, que nin-
gun profeta es acepto en su tierra[t]. [t] Mat. 13. 57. Juan 4. 44.
25 Mas en verdad os digo, *que* muchas
viudas habia en Israel en los dias de
Elías, cuando el cielo fué cerrado por
tres años y seis meses[u], que hubo una [u] Sant°. 5. 17.
grande hambre en toda la tierra;
26 Pero á ninguna de ellas fué enviado
Elías, sino á Sarepta de Sidon[v], á una [v] 1 Rey. 17. 9.
mujer viuda.
27 Y muchos leprosos habia en Israel
en tiempo del profeta Eliséo; mas nin-
guno de ellos fué limpio, sino Naaman
el Siro[x]. [x] 2 Rey. 5. 1, etc.
28 Entónces todos en la sinagoga fue-
ron llenos de ira, oyendo estas cosas;
29 Y levantándose, le echaron fuera de
la ciudad, y le llevaron hasta la cum-
bre del monte, sobre el cual la ciudad
de ellos estaba edificada, para despe-
ñarle.
30 Mas él, pasando por medio de ellos,
se fué[y]. [y] Juan 8. 59. y 10. 39.
31 ¶ Y descendió á Capernaum, ciu-
dad de Galiléa, y *allí* los enseñaba en
los sábados.
32 Y se maravillaban de su doctrina,
porque su palabra era con potestad[z]. [z] Jer. 23. 29. Mat. 7. 28, 29.
33 Y estaba en la sinagoga un hombre
que tenia un espíritu de un demonio
inmundo[a], el cual exclamó á gran voz, Hech. 4. 12. [a] Mar. 1. 23.
34 Diciendo: Déjanos, ¿ Qué tenemos
contigo, Jesus Nazareno? ¿ Has venido
á destruirnos[b]? Yo te conozco quién [b] Sant°. 2. 19.
eres[c], el Santo de Dios[d]. [c] ver. 41.
35 Y Jesus le increpó, diciendo: En- [d] Cap. 1. 35.
mudece, y sal de él. Entónces el de- Sal. 16. 10.
monio, derribándole en medio, salió de Hech. 3. 14.
él, y no le hizo daño alguno.
36 Y hubo espanto en todos, y habla-
ban unos á otros diciendo: ¿ Qué pala-
bra es esta, que con autoridad y po-
tencia manda á los espíritus inmundos,
y salen?
37 Y la fama de él se divulgaba de
todas partes por todos los lugares de la
comarca.
38 ¶ Y levantándose Jesus de la sina-
goga, entró en casa de Simon; y la
suegra de Simon estaba con una grande
fiebre[e]; y le rogaron por ella. [e] Mat. 8. 14, etc.
39 É inclinándose hácia ella, riñó á la Mar. 1. 29,
fiebre; y la fiebre la dejó: y ella levan- etc.
tándose luego, les servia.
40 ¶ Y poniéndose el sol, todos los que
tenian enfermos de diversas enferme-
dades, los traian á él: y él, poniendo
las manos sobre cada uno de ellos, los
sanaba.
41 Y salian tambien demonios de mu-
chos, dando voces, y diciendo: Tú eres
el Cristo, el Hijo de Dios: mas riñén-
doles no les dejaba hablar; porque sa-
bian que él era el Cristo.
42 ¶ Y siendo ya de dia salió, y se fué
á un lugar desierto: y las gentes le bus-
caban, y vinieron hasta él; y le detenian
para que no se apartase de ellos.
43 Mas él les dijo: Que tambien á
otras ciudades es necesario que anuncie
el Evangelio del reino de Dios; porque
para esto soy enviado[f]. [f] Mar. 1. 38.
44 Y predicaba en las sinagogas de
Galiléa.

CAPITULO V.

Predica Jesus desde la barca de Pedro: pesca milagrosa de este. Curacion de un leproso y de un paralítico, Vocacion de Matéo. Por qué no ayunaban los discípulos de Jesus.

Y ACONTECIÓ, que estando él jun-
to al lago de Genezaret, las gentes
se agolpaban sobre él para oir la palabra [a] Mat. 4. 18, etc.
de Dios[a]. Mar. 1. 16, etc.
2 Y vió dos barcos que estaban cerca

de la orilla del lago: y los pescadores, habiendo descendido de ellos, lavaban sus redes.

3 Y entrado en uno de estos barcos, el cual era de Simon, le rogó que le desviase de tierra un poco; y sentándose, enseñaba desde el barco á las gentes.

4 Y como cesó de hablar, dijo á Simon: Tira á alta mar, y echad vuestras redes para pescar *b*.

b Juan 21. 6.

5 Y respondiendo Simon, le dijo: Maestro, habiendo trabajado toda la noche, nada hemos tomado *c*: mas en tu palabra echaré la red.

c Sal. 127. 1, 2.

6 Y habiéndolo hecho, encerraron gran multitud de pescado *d*, que su red se rompia.

d Ec. 11. 6. Ga. 6. 9.

7 É hicieron señas á los compañeros que *estaban* en el otro barco, que viniesen á ayudarles; y vinieron, y llenaron ambos barcos, de tal manera que se anegaban.

8 Lo cual viendo Simon Pedro, se derribó de rodillas á Jesus *e*, diciendo: Apártate de mí, Señor, porque soy hombre pecador.

e Is. 6. 5.

9 Porque temor le habia rodeado, y á todos los que *estaban* con él, de la presa de los peces que habian tomado.

10 Y asimismo á Jacobo ‖ y á Juan, hijos de Zebedéo, que eran compañeros de Simon. Y Jesus dijo á Simon: No temas; desde ahora pescarás hombres.

‖ *Santiago.*

11 Y como llegaron á tierra los barcos, dejándolo todo, le siguieron *f*.

f Mat. 4. 20. y 19. 27. Fl. 3. 7, 8.

12 ¶ Y aconteció que estando en una ciudad, hé aquí un hombre lleno de lepra *g*, el cual viendo á Jesus, postrándose sobre el rostro, le rogó, diciendo: Señor, si quisieres, puedes limpiarme.

g Mat. 8. 2, etc. Mar. 1. 40, etc.

13 Entónces extendiendo la mano le tocó, diciendo: Quiero; sé limpio *h*. Y luego la lepra se fué de él.

h 2 Rey. 5. 10, 14.

14 Y él le mandó que no lo dijese á nadie: Mas vé, (*dijole*) muéstrate al sacerdote, y ofrece por tu limpieza, como mandó Moisés *i*, para *que sirva de* testimonio á ellos.

i Le. 14. 4, etc.

15 Empero tanto mas se extendia su fama: y se juntaban muchas gentes á oir y ser sanadas por él de sus enfermedades.

16 Mas él se apartaba á los desiertos, y oraba *k*.

k Mat. 14. 23. Mar. 6. 46.

17 ¶ Y aconteció un dia, que él estaba enseñando, y los Fariséos y doctores de la ley estaban sentados, los cuales habian venido de todas las aldéas de Galiléa, y de Judéa, y Jerusalem: y la virtud del Señor estaba *allí* para sanarlos.

18 Y hé aquí unos hombres, que traian sobre un lecho un hombre, que estaba paralítico *l*: y buscaban *por donde* meterle, y ponerle delante de él.

l Mat. 9. 2, etc. Mar. 2. 3, etc.

19 Y no hallando por donde meterle á causa de la multitud, subieron encima de la casa, y por el tejado le bajaron con el lecho en medio, delante de Jesus.

20 El cual, viendo la fé de ellos, le dice: Hombre, tus pecados te son perdonados.

21 Entónces los escribas y los Fariséos comenzaron á pensar, diciendo: ¿Quién es este que habla blasfemias? ¿Quién puede perdonar pecados, sino solo Dios *m*?

m Sal. 32. 5. y 103. 3. y 130. 4. Is. 1. 18. y 43. 25.

22 Jesus entónces, conociendo los pensamientos de ellos, respondiendo les dijo: ¿Qué pensais en vuestros corazones?

23 ¿Qué es mas fácil; decir: Tus pecados te son perdonados; ó decir: Levántate, y anda?

24 Pues para que sepais que el Hijo del Hombre tiene potestad en la tierra de perdonar pecados, (dice al paralítico): A tí digo: Levántate, toma tu lecho *n*, y véte á tu casa.

n Juan 5. 8, 12.

25 Y luego, levantándose en presencia de ellos, y tomando aquel en que estaba echado, se fué á su casa, glorificando á Dios.

26 Y tomó espanto á todos, y glorificaban á Dios *o*; y fueron llenos de temor *p*, diciendo: Que hemos visto maravillas hoy.

o Hech. 4. 21. *p* ver. 8.

27 ¶ Y despues de estas cosas salió, y vió á un publicano llamado Leví *q*, sentado al banco *de los públicos tributos*, y le dijo: Sígueme.

q Mat. 9. 9, etc. Mar. 2. 14.

28 Y dejadas todas cosas, levantándose, le siguió.

29 É hizo Leví gran banquete en su casa, y habia mucha compañía de publicanos, y de otros, los cuales estaban á la mesa con ellos.

30 Y los escribas y los Fariséos murmuraban contra sus discípulos, diciendo: ¿Por qué comeis y bebeis con los publicanos y pecadores *r*?

r Cap. 15. 2, etc.

31 Y respondiendo Jesus, les dijo: Los que están sanos no necesitan médico *s*, sino los que están enfermos.

s Jer. 8. 22.

32 No he venido á llamar justos, sino pecadores á arrepentimiento *t*.

t Cap. 15. 10. 1 Co. 6. 11. 1 Ti. 1. 15. 2 Ped. 3. 9.

33 ¶ Entónces ellos le dijeron: ¿Por qué los discípulos de Juan ayunan muchas veces, y hacen oraciones, y asimismo los de los Fariséos; y tus discípulos comen y beben *u*?

u Cap. 7. 33.

34 Y él les dijo: ¿Podeis hacer que los que están de bodas † ayunen, entretanto que el esposo está con ellos?

† Gr. *Los hijos del tálamo.*

35 Empero vendrán dias cuando el esposo les será quitado; entónces ayunarán en aquellos dias.

36 Y les decia tambien una parábola: Nadie mete remiendo de paño nuevo en vestido viejo; de otra manera el nuevo rompe, y al viejo no conviene remiendo nuevo.

37 Y nadie echa vino nuevo en cueros viejos; de otra manera el vino nuevo romperá los cueros, y el vino se derramará, y los cueros se perderan.

38 Mas el vino nuevo en cueros nuevos se ha de echar; y lo uno y lo otro se conserva.

39 Y ninguno que bebiere del añejo, quiere luego el nuevo; porque dice: El añejo es mejor *a*.

a Juan 16. 12, 13.

CAPITULO VI.

Jesus defiende á sus discípulos y redarguye á los escribas y Fariséos sobre la observancia del Sábado. Nombra los doce apóstoles: cura enfermos; y predica aquel admirable sermon en que declara los fundamentos de la ley nueva.

Y ACONTECIÓ que pasando él por los sembrados *a* en un sábado segundo del primero, sus discípulos arrancaban espigas, y comian, estregándo*las* con las manos.

a Mat. 12. 1, etc. Mar. 2. 23, etc.

2 Y algunos de los Fariséos les dijeron: ¿Por qué haceis lo que no es lícito hacer en los sábados?

3 Y respondiendo Jesus les dijo: ¿Ni aun esto habeis leido, que hizo David *b* cuando tuvo hambre, él, y los que con él estaban?

b 1 Sa. 21. 6.

4 ¿Como entró en la casa de Dios, y tomó los panes de la proposicion, y comió, y dió tambien á los que estaban con él; los cuales no era lícito comer, sino á solos los sacerdotes *c*?

c Le. 24. 9.

5 Y les decia: El Hijo del Hombre es Señor aun del sábado.

6 ¶ Y aconteció tambien en otro sábado, que él entró en la sinagoga y enseñaba: y estaba allí un hombre que tenia la mano derecha seca *d*.

d Mat. 12. 10, etc. Mar. 3. 1, etc.

7 Y le acechaban los escribas y los Fariséos, si sanaria en sábado [e], por hallar de qué le acusasen.

8 Mas él sabia los pensamientos de ellos [f]; y dijo al hombre que tenia la mano seca: Levántate, y pónte en medio. Y él levantándose, se puso en pié.

9 Entónces Jesus les dice: Os preguntaré *una cosa:* ¿ Es lícito en sábados hacer bien [g], ó hacer mal ? ¿ salvar la vida, ó quitarla ?

10 Y mirándolos á todos alrededor, dice al hombre: Extiende tu mano; y él lo hizo así, y su mano fué restituida sana como la otra.

11 Y ellos se llenaron de rabia, y hablaban los unos á los otros qué harian á Jesus.

12 ¶ Y aconteció en aquellos dias, que fué al monte á orar [h], y pasó la noche orando á Dios.

13 Y como fué de dia, llamó á sus discípulos, y escogió doce [i] de ellos, los cuales tambien llamó Apóstoles:

14 A Simon, al cual tambien llamó Pedro [k], y á Andres su hermano; Jacobo ‖ y Juan, Felipe y Bartolomé ‖,

15 Matéo y Tomás, y Jacobo *hijo* de Alféo, y Simon el que se llama Celador †;

16 Júdas hermano de Jacobo, y Júdas Iscariote, que tambien fué el traidor.

17 Y descendió con ellos, y se paró en un lugar llano, y la compañía de sus discípulos, y una grande multitud de pueblo [l] de toda Judéa y de Jerusalem, y de la costa de Tiro y de Sidon, que habian venido á oirle, y para ser sanados de sus enfermedades [m];

18 Y *otros* que habian sido atormentados de espíritus inmundos, y estaban sanos.

19 Y toda la gente procuraba tocarle [n]; porque salia de él virtud [o], y sanaba á todos.

20 ¶ Y alzando él los ojos á sus discípulos, decia: Bienaventurados *vosotros* los pobres [p], porque vuestro es el reino de Dios.

21 Bienaventurados los que ahora teneis hambre; porque seréis saciados [q]. Bienaventurados los que ahora llorais; porque reiréis [r].

22 Bienaventurados seréis cuando los hombres os aborrecieren [s], y cuando os apartaren de sí, y os denostaren [t], y desecharen vuestro nombre como malo por el Hijo del Hombre.

23 Gozáos en aquel dia [u], y alegráos; porque hé aquí vuestro galardon *es* grande en los cielos: porque así hacian sus padres á los profetas [v].

24 Mas ¡ay de vosotros ricos [x]! porque teneis vuestro consuelo [y].

25 ¡ Ay de vosotros, los que estais hartos ! porque tendréis hambre [z]. ¡ Ay de vosotros, los que ahora reís ! porque lamentaréis y lloraréis.

26 ¡ Ay de vosotros, cuando todos los hombres dijeren bien de vosotros [a] ! porque así hacian sus padres á los falsos profetas.

27 Mas á vosotros los que oís, digo: Amad á vuestros enemigos; haced bien á los que os aborrecen [b].

28 Bendecid á los que os maldicen, y orad por los que os calumnian [c].

29 Y al que te hiriere en la mejilla, dále tambien la otra; y al que te quitare la capa, ni aun el sayo le defiendas.

30 Y á cualquiera que te pidiere, da [d]; y al que tomare lo que *es* tuyo, no vuelvas á pedir.

31 Y como quereis que os hagan los hombres, así hacedles tambien vosotros [e].

32 Porque si amais á los que os aman; ¿ qué gracias tendréis ? porque tambien los pecadores aman á los que los aman.

33 Y si hiciereis bien á los que os hacen bien, ¿ qué gracias tendréis ? porque tambien los pecadores hacen lo mismo.

34 Y si prestáreis á aquellos de quienes esperais recibir, ¿ qué gracias tendréis ? porque tambien los pecadores prestan á los pecadores, para recibir otro tanto.

35 Amad pues á vuestros enemigos [f]; y haced bien, y prestad no esperando de ello nada [g]: y será vuestro galardon grande, y seréis hijos del Altísimo [h]: porque él es benigno *aun* para con los ingratos y malos.

36 Sed pues misericordiosos, como tambien vuestro Padre es misericordioso.

37 No juzgueis, y no seréis juzgados [i]: no condeneis, y no seréis condenados: perdonad, y seréis perdonados.

38 Dad, y se os dará [k]; medida buena, apretada, remecida, y rebosando, darán en vuestro seno: porque con la misma medida que midiereis, os será vuelto á medir [l].

39 Y les decia una parábola: ¿ Puede el ciego guiar al ciego [m] ? ¿ no caerán ambos en el hoyo ?

40 El discípulo no es sobre su maestro [n]; mas cualquiera que fuere como el maestro, será perfecto.

41 ¿ Por qué miras la paja que *está* en el ojo de tu hermano, y la viga que *está* en tu propio ojo no consideras ?

42 ¿ O como puedes decir á tu hermano: Hermano, déja, echaré fuera la paja que *está* en tu ojo, no mirando tú la viga que *está* en tu ojo ? Hipócrita, echa primero fuera de tu ojo la viga [o], y entónces verás bien para sacar la paja que *está* en el ojo de tu hermano.

43 Porque no es buen árbol el que da malos frutos; ni árbol malo el que da buen fruto.

44 Porque cada árbol por su fruto es conocido [p]: qué no cogen higos de las espinas, ni vendimian uvas de las zarzas.

45 El buen hombre del buen tesoro de su corazon saca bien; y el mal hombre del mal tesoro de su corazon saca mal; porque de la abundancia del corazon habla su boca [q].

46 ¿ Por qué me llamais, Señor, Señor, y no haceis lo que digo [r] ?

47 Todo aquel que viene á mí, y oye mis palabras, y las hace, *yo* os enseñaré á quien es semejante.

48 Semejante es al hombre que edifica una casa, el cual cavó y ahondó, y puso el fundamento sobre la peña [s]: y cuando vino una avenida, el rio dió con ímpetu en aquella casa, mas no la pudo menear [t]; porque estaba fundada sobre la peña.

49 Mas el que oyó y no hizo [u], semejante es al hombre que edificó su casa sobre tierra, sin fundamento; en la cual el rio dió con ímpetu, y luego cayó: y fué grande la ruina de aquella casa.

CAPITULO VII.

Sana Jesus al criado del centurion. Resucita al hijo de la viuda de Naín. Responde á los mensajeros de Juan Bautista. Increpa á los Judíos, y los compara á niños que juegan. Una mujer le unge los piés. Parábola de los dos deudores.

Y COMO acabó todas sus palabras oyéndole el pueblo, entró en Capernaum [a].

2 Y el siervo de un centurion, al cual tenia él en estima, estaba enfermo y á punto de morir.

3 Y como oyó *hablar* de Jesus, envió á

Margin references (left, partly cut off): ...a 9. 16. / ...p. 5. 22. / ...n 2. 24. / ...13. 14. / ...1. 3. / ...t. 14. 23. / ...t. 10. 1, / ...3. 13, / ...7. / ...a 1. 42. / ...tiago. / ...mismo / ...se lla- / ...m cu- / ...iera / ...parte / ...ianael. / Zelotes. / ...4. 25, / ...3. 7, / ...103. 3. / ...14. 36. / ...8. 46. / ...5. 30. / ...2. 5. / ...107. 9. / ...1. 3. / ...11. 4. / ...17. 14. / ...1. 2. 19, / ...4. / ...4. / ...h. 5. / ...1. 7. / ...5. 1. / ...16. 25. / ...1. 13. / ...15. 19. / ...n 4. 5. / ...35. / ...5. 21. / ...5. 44. / ...2. 20. / ...23. 24. / ...7. 60. / ...9. 17. / ...18. / ...7. 12.

Margin references (right): [f] ver. 27. / [g] Sal. 37. 26. y 112. 5. / [h] Mat. 5. 45. / [i] Mat. 7. 1. / [k] Pro. 19. 17. / [l] Mar. 4. 25. Santº. 2. 13. / [m] Mat. 15. 14. / [n] Mat. 10. 24. Juan 13. 16. y 15. 20. / [o] Ro. 2. 1, 21. / [p] Mat. 12. 33. / [q] Mat. 12. 34, 35. / [r] Cap. 13. 15. Mal. 1. 6. Mat. 7. 21. Ga. 6. 7. / [s] Mat. 7. 24, 27. / [t] 2 Ped. 1. 10. / [u] Santº. 1. 22, 24. / [a] Mat. 8. 5, etc.

él los ancianos de los Judíos, rogándole que viniese, y librase á su siervo.

4 Y viniendo ellos á Jesus, rogáronle con diligencia, diciéndole: Porque es digno de concederle esto;

5 Que ama nuestra nacion, y él nos edificó una sinagoga.

6 Y Jesus fué con ellos; mas como ya no estuviesen léjos de su casa, envió el centurion amigos á él diciéndole: Señor, no te incomodes, que no soy digno que entres debajo de mi tejado:

7 Por lo cual ni aun me tuve por digno de venir á tí; mas dí la palabra, y mi criado será sano[b].

[b] Sal. 107. 20.

8 Porque tambien yo soy hombre puesto en potestad, que tengo debajo de mí soldados; y digo á este: Vé; y va: y al otro, Ven; y viene: y á mi siervo: Haz esto; y *lo* hace.

9 Lo cual oyendo Jesus, se maravilló de él; y vuelto, dijo á las gentes que le seguian: Os digo *que* ni aun en Israel he hallado tanta fé[c].

[c] Mat. 15. 28.

10 Y vueltos á casa los que habian sido enviados, hallaron sano al siervo que habia estado enfermo.

11 ¶ Y aconteció despues, que *él* iba á la ciudad que se llama Naín, é iban con él muchos de sus discípulos, y gran compañía.

12 Y como llegó cerca de la puerta de la ciudad, hé aquí que sacaban fuera á un difunto, unigénito á su madre, la cual tambien era viuda: y habia con ella grande compañía de la ciudad.

13 Y como el Señor la vió, compadecióse de ella, y le dice: No llores.

14 Y acercándose, tocó el féretro; y los que *le* llevaban, pararon. Y dice: Mancebo, á tí digo, levántate[d].

15 Entónces se incorporó[e] el que habia muerto, y comenzó á hablar; y diólo á su madre.

[d] Cap. 8. 54. Hech. 9. 40.
[e] 2 Rey. 4. 32, 37. y 13. 21. Juan 11. 44.

16 Y todos tuvieron miedo, y glorificaban á Dios, diciendo: Que un gran profeta se ha levantado entre nosotros[f]; y que Dios ha visitado á su pueblo[g].

[f] Cap. 24. 19.
[g] Cap. 1. 68.

17 Y salió esta fama de él por toda Judéa, y por toda la tierra de alrededor.

18 ¶ Y sus discípulos dieron á Juan las nuevas de todas estas cosas: y llamó Juan dos de sus discípulos,

19 Y envió á Jesus[h], diciendo: ¿ Eres tú aquel que habia de venir, ó esperarémos á otro?

[h] Mat. 11. 2.

20 Y como los hombres vinieron á él, dijeron: Juan el Bautista nos ha enviado á tí, diciendo: ¿ Eres tú aquel que habia de venir, ó esperarémos á otro?

21 Y en la misma hora sanó á muchos de enfermedades, y plagas, y de espíritus malos; y á muchos ciegos dió la vista.

22 Y respondiendo Jesus, les dijo: Id, dad las nuevas á Juan de lo que habeis visto y oido: Que los ciegos ven, los cojos andan, los leprosos son limpiados, los sordos oyen, los muertos resucitan, á los pobres es anunciado el Evangelio[i]:

[i] Cap. 4. 18. Sant°. 2. 5.

23 Y bienaventurado es el que no fuere escandalizado en mí[k].

[k] Cap. 2. 34. Is. 8. 14, 15. Mat. 11. 6. y 13. 57. Juan 6. 66. 1 Co. 1. 21, 23.

24 ¶ Y como se fueron los mensajeros de Juan, comenzó á hablar de Juan á las gentes: ¿ Qué salistes á ver al desierto? ¿ Una caña que es agitada del viento?

25 Mas ¿ qué salistes á ver? ¿ Un hombre cubierto de vestidos delicados? Hé aquí que los que están en vestido precioso, y viven en delicias, en los palacios de los reyes están.

26 Mas ¿ qué salistes á ver? ¿ Un profeta[l]? Tambien os digo, y aun mas que profeta.

[l] Cap. 1. 76.

27 Este es de quien está escrito[m]: Hé aquí envio mi ángel delante de tu faz[n], el cual aparejará tu camino delante de tí.

[m] Mal. 3. 1.
[n] Cap. 1. 15, 17.

28 Porque os digo *que* entre los nacidos de mujeres, no hay mayor profeta que Juan el Bautista: mas el mas pequeño en el reino de los cielos es mayor que él.

29 Y todo el pueblo oyéndole, y los publicanos, justificaron á Dios[o] bautizándose con el bautismo de Juan[p].

[o] Sal. 51. 4. Ro. 3. 4.
[p] Cap. 3. 12. Mat. 3. 5, 6.

30 Mas los Fariséos, y los sabios de la ley, desecharon el consejo de Dios contra sí mismos, no siendo bautizados de él.

31 Y dice el Señor: ¿ A quién pues compararé los hombres de esta generacion[q], y á qué son semejantes?

[q] Mat. 11. 16, etc.

32 Semejantes son á los muchachos sentados en la plaza, y que dan voces los unos á los otros, y dicen: Os tañimos con flautas, y no bailasteis; os endechamos, y no llorasteis.

33 Porque vino Juan el Bautista, que ni comia pan, ni bebia vino[r]; y decís: Demonio tiene.

[r] Cap. 1. 15. Mat. 3. 4. Mar. 1. 6.

34 Vino el Hijo del Hombre, que come y bebe[s]; y decís: Hé aquí un hombre comilon, y bebedor de vino, amigo de publicanos y de pecadores.

[s] ver. 36. Juan 2. 2.

35 Mas la sabiduría es justificada de todos sus hijos[t].

[t] Pro. 8. 32, 36.

36 ¶ Y le rogó uno de los Fariséos, que comiese con él. Y entrado en casa del Fariséo, sentóse á la mesa.

37 Y hé aquí una mujer que habia sido pecadora[u] en la ciudad, como entendió que estaba á la mesa en casa de aquel Fariséo, trajo un *vaso de* alabastro de ungüento[v];

[u] Cap. 5. 32. 1 Ti. 1. 15.
[v] Mat. 26. 7. Mar. 14. 3. Juan 11. 2. y 12. 3.

38 Y estando detrás á sus piés, comenzó llorando á regar con lágrimas sus piés, y los limpiaba con los cabellos de su cabeza: y besaba sus piés, y *los* ungia con el ungüento.

39 Y como vió *esto* el Fariséo que le habia convidado, habló entre sí, diciendo: Este, si fuera profeta, conoceria quién y cual es la mujer que le toca; que es pecadora[x].

[x] Cap. 15. 2.

40 Entónces respondiendo Jesus, le dijo: Simon, una cosa tengo que decirte. Y él le dice: Dí, maestro.

41 Un acreedor tenia dos deudores: el uno le debia quinientos denarios, y el otro cincuenta.

42 Y no teniendo ellos de que pagar[y], perdonó *la deuda* á ambos. Dí, pues, ¿ cual de estos le amará mas?

[y] Sal. 49. 7, 8. Ro. 5. 6.

43 Y respondiendo Simon, dijo: Pienso que aquel al cual perdonó mas[z]. Y él le dijo: Rectamente has juzgado.

[z] 1 Co. 15. 9. 2 Co. 5. 14. 1 Ti. 1. 12, 16.

44 Y vuelto á la mujer, dijo á Simon: ¿ Ves esta mujer? Entré en tu casa, no diste agua para mis piés: mas esta ha regado mis piés con lágrimas, y los ha limpiado con los cabellos de su cabeza.

45 No me diste beso; mas esta, desde que entré, no ha cesado de besar mis piés.

46 No ungiste mi cabeza con óleo[a]; mas esta ha ungido con ungüento mis piés.

[a] Sal. 23. 5.

47 Por lo cual te digo *que* sus muchos pecados son perdonados, porque amó mucho: mas al que se perdona poco, poco ama.

48 Y á ella dijo: Los pecados te son perdonados.

49 Y los que estaban juntamente sentados á la mesa, comenzaron á decir entre sí: ¿ Quién es este, que tambien perdona pecados[b]?

[b] Mat. 9. 23. Mar. 2. 7.

50 Y dijo á la mujer: Tu fé te ha salvado[c]: vé en paz.

[c] Cap. 8. 48. y 18. 42. Mat. 9. 22.

CAPITULO VIII.

Parábola del sembrador. Luz sobre el candelero. Ejerce Jesus su imperio sobre el mar, sobre los demonios, sobre una enfermedad incurable; y sobre la muerte, resucitando á la hija de Jairo.

Y ACONTECIÓ despues, que él caminaba por todas las ciudades y aldéas predicando, y anunciando el Evangelio del reino de Dios: y los doce con él,

2 Y algunas mujeres [a] que habian sido curadas de malos espíritus, y de enfermedades; María, que se llamaba Magdalena, de la cual habian salido siete demonios [b],

3 Y Juana, mujer de Chuza, procurador de Heródes, y Susana, y otras muchas que le servian de sus haciendas [c].

4 ¶ Y como se juntó una grande compañía, y los que estaban en cada ciudad vinieron á él, dijo por una parábola:

5 Uno que sembraba, salió á sembrar su simiente [d]; y sembrando, una *parte* cayó junto al camino, y fué hollada; y las aves del cielo la comieron.

6 Y otra *parte* cayó sobre la piedra; y nacida, se secó, porque no tenia humedad.

7 Y otra *parte* cayó entre las espinas [e]; y naciendo las espinas juntamente, la ahogaron.

8 Y otra *parte* cayó en buena tierra, y cuando fué nacida, llevó fruto á ciento *por uno*. Diciendo estas cosas clamaba: El que tiene oidos para oir, oiga [f].

9 Y sus discípulos le preguntaron diciendo, qué era esta parabola.

10 Y él dijo: A vosotros es dado conocer los misterios del reino de Dios; mas á los otros por parábolas, para que viendo no vean, y oyendo no entiendan [g].

11 Es pues esta la parábola [h]: La simiente es la palabra de Dios [i].

12 Y los de junto al camino, estos son los que oyen; y luego viene el diablo, y quita la palabra de su corazon [k], porque no crean y se salven.

13 Y los de sobre la piedra, *son* los que habiendo oido, reciben la palabra con gozo [l]; mas estos no tienen raíces: que á tiempo creen, y en el tiempo de la tentacion se apartan.

14 Y la que cayó entre las espinas, estos son los que oyeron; mas yendose, son ahogados *luego* de los cuidados, y de las riquezas, y de los pasatiempos de la vida [m], y no llevan fruto.

15 Mas la que en buena tierra, estos son los que con corazon bueno y recto retienen la palabra oida, y llevan fruto en paciencia [n].

16 ¶ Ninguno que enciende la antorcha, la cubre con *alguna* vasija, ó la pone debajo de la cama; mas la pone en un candelero, para que los que entran, vean la luz [o].

17 Porque no hay cosa oculta, que no haya de ser manifestada; ni cosa escondida que no haya de ser entendida, y de venir á luz [p].

18 Mirad pues como oís [q]; porque á cualquiera que tuviere, le será dado; y á cualquiera que no tuviere, aun lo que parece tener le será quitado.

19 ¶ Y vinieron á él su madre y hermanos [r]; y no podian llegar á él por causa de la multitud.

20 Y le fué dado aviso, diciendo: Tu madre, y tus hermanos están fuera, que quieren verte.

21 El entónces respondiendo, les dijo: Mi madre y mis hermanos son los que oyen la palabra de Dios y la ejecutan.

22 ¶ Y aconteció un dia, *que* él entró en un barco con sus discípulos [s], y les dijo: Pasemos de la otra parte del lago. Y partieron.

23 Pero mientras ellos navegaban, él se durmió. Y sobrevino una tempestad de viento en el lago; y henchian *de agua*, y peligraban.

24 Y llegándose á él, le despertaron, diciendo: Maestro, Maestro, que perecemos. Y despertado él, increpó al viento y á la tempestad del agua; y cesaron, y fué hecha *grande* bonanza.

25 Y les dijo: ¿Qué es de vuestra fé? Y atemorizados, se maravillaban diciendo los unos á los otros: ¿Quién es este, que aun á los vientos y al agua manda, y le obedecen?

26 ¶ Y navegaron á la tierra de los Gadarenos ‖, que está delante de Galiléa.

27 Y saliendo él á tierra, le vino al encuentro de la ciudad un hombre que tenia demonios *ya* de mucho tiempo, y no vestia vestido, ni estaba en casa, sino por los sepulcros.

28 El cual, como vió á Jesus, exclamó y se postró delante de él, y dijo á gran voz: ¿Qué tengo yo contigo, Jesus, Hijo del Dios Altísimo? Ruégote que no me atormentes [t].

29 (Porque mandaba al espíritu inmundo que saliese del hombre: porque *ya* de mucho tiempo le arrebataba; y le guardaban preso con cadenas y grillos, mas rompiendo las prisiones, era agitado del demonio por los desiertos.)

30 Y le preguntó Jesus diciendo: ¿Qué nombre tienes? Y él dijo: Legion. Porque muchos demonios habian entrado en él.

31 Y le rogaban que no les mandase ir al abismo [u].

32 Y habia allí un hato de muchos puercos que pacian en el monte: y le rogaron que los dejase entrar en ellos; y los dejó.

33 Y salidos los demonios del hombre, entraron en los puercos; y el hato de ellos se arrojó de un despeñadero en el lago, y ahogóse.

34 Y los pastores, como vieron lo que habia acontecido, huyeron; y yendo, dieron aviso en la ciudad y por las heredades.

35 Y salieron á ver lo que habia acontecido, y vinieron á Jesus: y hallaron sentado al hombre, de quien habian salido los demonios, vestido, y en su juicio, á los piés de Jesus; y tuvieron miedo.

36 Y les contaron los que *lo* habian visto como habia sido salvado aquel endemoniado.

37 Entónces toda la multitud de la tierra de los Gadarenos alrededor le rogaron que se fuese de ellos; porque tenian gran temor. Y él subiendo en el barco, volvióse.

38 Y aquel hombre, de quien habian salido los demonios, le rogó para estar con él; mas Jesus le despidió, diciendo:

39 Vuélvete á tu casa, y cuenta cuan grandes cosas ha hecho Dios contigo [v]. Y él se fué, publicando por toda la ciudad cuan grandes cosas habia Jesus hecho con él.

40 ¶ Y aconteció que volviendo Jesus, recibióle la gente; porque todos le esperaban.

41 Y hé aquí un varon llamado Jairo [x], y que era príncipe de la sinagoga, vino, y cayendo á los piés de Jesus, le rogaba que entrase en su casa:

42 Porque tenia una hija única, como de doce años, y ella se estaba muriendo. Y yendo, le apretaba la compañía.

[a] Mat. 27. 55.
[b] ver. 30. Mar. 16. 9.
[c] 2 Co. 8. 9.
[d] Mat. 13. 3, etc. Mar. 4. 3, etc.
[e] Jer. 4. 3.
[f] Pro. 20. 12. Ap. 2. 7.
[g] Is. 6. 9.
[h] Mat. 13. 18. Mar. 4. 14, etc.
[i] 1 Ped. 1. 23.
[k] 2 Co. 4. 3, 4.
[l] Sal. 106. 12, 13. Is. 58. 2.
[m] 1 Ti. 6. 9, 10.
[m] Juan 2. 15, 17.
[n] Ro. 2. 7. Heb. 10. 36. Sant°. 1. 4.
[o] Cap. 11. 33. Mat. 5. 15. Mar. 4. 21.
[p] Cap. 12. 2. 1 Co. 12. 16. Mat. 10. 26. 1 Co. 4. 5.
[q] Sant°. 1. 22, 25.
[r] Mat. 12. 46, etc. Mar. 3. 32, etc.
[s] Mat. 8. 23, etc. Mar. 4. 35, etc.
‖ *Gerasenos* Mat. 8. 28, etc. Mar. 5. 1, etc.
[t] Sant°. 2. 19.
[u] Ap. 9. 1. y 20. 1, 3.
[v] Sal. 66. 16.
[x] Mat. 9. 18, etc. Mar. 5. 22, etc.

43 Y una mujer que tenia flujo de sangre hacia ya doce años, la cual habia gastado en médicos[y] toda su hacienda, y por ninguno habia podido ser curada,

y Job 13. 4.

44 Llegándose por las espaldas, tocó el borde de su vestido; y luego se estancó el flujo de su sangre[z].

z Cap. 13. 13. Mat. 8. 3. y 20. 34.

45 Entónces Jesus dijo: ¿ Quién *es* el que me ha tocado? Y negando todos, dijo Pedro, y los que estaban con él: Maestro, la compañia te aprieta y oprime, y dices: ¿ Quién *es* el que me ha tocado?

46 Y Jesus dijo: Me ha tocado alguien; porque yo he conocido que ha salido virtud de mí[a].

a Cap. 6. 19.

47 Entónces, como la mujer vió que no se habia ocultado, vino temblando, y postrándose delante de él, declaróle delante de todo el pueblo la causa porque le habia tocado, y como luego habia sido sana.

48 Y él le dijo: Confia, hija, tu fé te ha salvado: vé en paz.

49 Estando aun él hablando[b], vino uno del príncipe de la sinagoga[c] á decirle: Tu hija es muerta; no des trabajo al maestro.

b Mat. 9. 23, etc. Mar. 5. 35, etc.
c ver. 41, 42.

50 Y oyéndo*lo* Jesus, le respondió: No temas: crée solamente[d], y será salva.

d Juan 11.40. Ro. 4. 17.

51 Y entrado en casa, no dejó entrar á nadie *consigo*, sino á Pedro, y á Jacobo‖, y á Juan, y al padre y á la madre de la moza.

‖ *Santiago.*

52 Y lloraban todos, y la plañian. Y él dijo: No lloreis; no es muerta, sino que duerme[e].

e Juan 11.11, 13.

53 Y hacian burla de él, sabiendo que estaba muerta.

54 Mas él, echados todos fuera, y tomándola de la mano, clamó, diciendo: Muchacha, levántate[f].

f Cap. 7. 14. Juan 11.43.

55 Entónces su espíritu volvió, y se levantó luego: y él mandó que le diesen de comer.

56 Y sus padres estaban atónitos; á los cuales él mandó, que á nadie dijesen lo que habia sido hecho[g].

g Mat. 8. 4. y 9. 30.

CAPITULO IX.

Mision y poder de los apóstoles. Multiplicacion de los panes y peces. Confesion de Pedro. Transfiguracion de Jesus. Lunático curado. Pasion predicha. Disputa de los apóstoles sobre la primacía. Celo indiscreto de los hijos de Zebedéo. Hombre que quiere seguir á Jesu-Cristo.

Y JUNTANDO sus doce discípulos[a], les dió virtud y potestad sobre todos los demonios, y que sanasen enfermedades.

a Mat. 10. 1. etc. Mar. 3. 13, etc. y 6. 7, etc.

2 Y los envió á que predicasen el reino de Dios, y que sanasen los enfermos.

3 Y les dice: No tomeis nada para el camino[b], ni báculos, ni alforja, ni pan, ni dinero; ni tengais dos vestidos cada uno.

b Cap. 10. 4, etc. y 12. 22.

4 Y en cualquiera casa que entráreis, quedad allí, y de allí salid.

5 Y todos los que no os recibieren, saliéndoos de aquella ciudad, aun el polvo sacudid de vuestros piés en testimonio contra ellos[c].

c Hech. 13. 51. y 18. 6.

6 Y saliendo *ellos*, rodeaban por todas las aldéas, anunciando el Evangelio, y sanando por todas partes.

7 ¶ Y oyó Heródes el Tetrarca todas las cosas que hacia[d]; y estaba en duda, porque decian algunos: Juan ha resucitado de los muertos.

d Mat. 14. 1, etc. Mar. 6. 14, etc.

8 Y otros: Elías ha aparecido: y otros: Algun profeta de los antiguos ha resucitado.

9 Y dijo Heródes: A Juan yo *le* degollé: ¿ quién pues será este, de quien yo oigo tales cosas? Y procuraba verle[e].

e Cap. 23. 8.

10 ¶ Y vueltos los Apóstoles, le contaron todas las cosas que habian hecho. Y tomándolos, se retiró aparte á un lugar desierto de la ciudad que se llama Betsaida.

11 Y como *lo* entendieron las gentes, le siguieron; y él las recibió[f], y les hablaba del reino de Dios[g], y sanaba los que tenian necesidad de cura[h].

f Juan 6. 37.
g Hech. 28. 31.
h Cap. 5. 31.

12 Y el dia habia comenzado á declinar[i]; y llegándose los doce, le dijeron: Despide las gentes, para que yendo á las aldéas y heredades de alrededor, procedan á alojarse y hallen viandas; porque aquí estamos en lugar desierto.

i Mat. 14. 15, etc. Mar. 6. 35, etc. Juan 6. 5, etc.

13 Y les dice: Dadles vosotros de comer. Y dijeron ellos: No tenemos mas que cinco panes y dos pescados, si no vamos nosotros á comprar viandas para toda esta compañía.

14 Y eran como cinco mil hombres. Entónces dijo á sus discípulos: Hacedlos sentar en ranchos de cincuenta en cincuenta[k].

k 1 Co. 14. 40.

15 Y así lo hicieron, haciéndolos sentar á todos.

16 Y tomando los cinco panes y los dos pescados, mirando al cielo los bendijo; y partió y dió á sus discípulos para que pusiesen delante de las gentes.

17 Y comieron todos, y se hartaron[l]; y alzaron lo que les sobró, doce cestos de pedazos.

l Sal. 107. 9.

18 ¶ Y aconteció, que estando él solo orando, estaban con él los discípulos; y les preguntó diciendo: ¿ Quién dicen las gentes que soy[m]?

m Mat. 16. 13, etc. Mar. 8. 27, etc.

19 Y ellos respondieron, y dijeron: Juan el Bautista; y otros, Elías; y otros, que algun profeta de los antiguos ha resucitado[n].

n ver. 7, 8.

20 Y les dijo: ¿ Y vosotros, quién decís que soy? Entónces respondiendo Simon Pedro, dijo: El Cristo de Dios[o].

o Juan 6. 69.

21 Mas él conminandoles, mandó que á nadie dijesen esto,

22 Diciendo: Es necesario que el Hijo del Hombre padezca muchas cosas, y sea desechado de los ancianos, y de los príncipes de los sacerdotes, y de los Escribas, y que sea muerto, y resucite al tercer dia[p].

p Mat. 16. 21. y 17. 22.

23 ¶ Y decia á todos: Si alguno quiere venir en pos de mí, niéguese á sí mismo, y tome su cruz cada dia, y sígame[q].

q Cap. 14. 27. Mat. 10. 38. Mar. 8. 34. Ro. 8. 13. Col. 3. 5.

24 Porque cualquiera que quisiere salvar su vida, la perderá; y cualquiera que perdiere su vida por causa de mí, este la salvará.

25 Porque ¿ qué aprovecha al hombre, si granjeáre todo el mundo, y se pierda él á sí mismo, ó corra peligro de sí?

26 Porque él que se avergonzáre de mí y de mis palabras, de este tal el Hijo del Hombre se avergonzará, cuando viniere en su gloria, y del Padre, y de los santos ángeles[r].

r Mat. 10. 33. Mar. 8. 38. Cap. 12. 9. 2 Ti. 2. 12.

27 Y os digo en verdad, que hay algunos de los que están aquí, que no gustarán la muerte, hasta que vean el reino de Dios[s].

s Mat. 16. 28. Mar. 9. 1.

28 ¶ Y aconteció como ocho dias[t] despues de estas palabras, que tomó á Pedro, y á Juan, y á Jacobo ‖, y subió al monte á orar.

t Mat. 17. 1, etc. Mar. 9. 2, etc.
‖ *Santiago.*

29 Y entretanto que oraba, la apariencia de su rostro se hizo otra, y su vestido blanco y resplandeciente.

30 Y hé aquí dos varones que hablaban con él, los cuales erán Moisés y Elías,

31 Que aparecieron en majestad, y hablaban de su salida, la cual habia de cumplir en Jerusalem.

32 Y Pedro, y los que estaban con él, estaban cargados de sueño[u]: y como

u Da. 8. 18. y 10. 9.

despertaron, vieron su majestad, y á
aquellos dos varones que estaban con él.
33 Y aconteció, que apartándose ellos
de él, Pedro dice á Jesus: Maestro,
bien es que nos quedemos aquí: y ha-
gamos tres pabellones; uno para tí, y
uno para Moisés, y uno para Elías: no
sabiendo lo que se decia.
34 Y estando él hablando esto, vino
una nube que los† cubrió; y tuvieron
temor, entrando ellos en la nube.
35 Y vino una voz de la nube, que
decia: Este es mi hijo[v] amado; á él
oid[x].
36 Y pasada aquella voz, Jesus fué
hallado solo: y ellos callaron, y por a-
quellos dias no dijeron nada á nadie de
lo que habian visto[y].
37 ¶ Y aconteció el dia siguiente, que
apartándose ellos del monte, gran com-
pañía le salió al encuentro[z].
38 Y hé aquí que un hombre de la
compañía clamó, diciendo: Maestro,
ruégote que veas á mi hijo, que es el
único que tengo.
39 Y hé aquí un espíritu le toma, y de
repente da voces; y le despedaza y *hace
echar* espuma, y apénas se aparta de él,
quebrantándole.
40 Y rogué á tus discípulos que le echa-
sen fuera, y no pudieron.
41 Y respondiendo Jesus, dice: ¡O ge-
neracion infiel y perversa[a]! ¿hasta cu-
ando tengo de estar con vosotros, y os
sufriré? Trae tu hijo acá.
42 Y como aun se acercaba, el demonio
le derribó, y despedazó: mas Jesus in-
crepó al espíritu immundo[b], y sanó al
muchacho, y se le volvió á su padre.
43 ¶ Y todos estaban atónitos de la
grandeza de Dios. Y maravillándose
todos de todas las cosas que hacia, dijo
á sus discípulos:
44 Poned vosotros en vuestros oidos
estas palabras: porque ha de acontecer
que el Hijo del Hombre será entregado
en manos de hombres[c].
45 Mas ellos no entendian esta pala-
bra[d], y les era encubierta para que no
la entendiesen; y temian preguntarle de
esta palabra.
46 ¶ Entónces entraron en disputa,
cual de ellos seria el mayor[e].
47 Mas Jesus, viendo los pensamientos
del corazon de ellos, tomó un niño, y
púsole junto á sí,
48 Y les dice: Cualquiera que recibiere
este niño en mi nombre, á mí recibe; y
cualquiera que *me* recibiere á mí, recibe
al que me envió[f]; porque el que fuere
el menor entre todos vosotros, este será
el grande[g].
49 ¶ Entónces respondiendo Juan, dijo:
Maestro, hemos visto á uno que echaba
fuera demonios en tu nombre; y se lo
prohibimos, porque no *te* sigue con nos-
otros[h].
50 Jesus le dijo: No se lo prohibais,
porque el que no es contra nosotros, por
nosotros es.
51 ¶ Y aconteció *que* como se cumplió
el tiempo en que habia de ser recibido
arriba[i], él afirmó su rostro para ir á
Jerusalem.
52 Y envió mensajeros delante de sí,
los cuales fueron y entraron en una ciu-
dad de los Samaritanos[k], para preve-
nirle.
53 Mas no le recibieron, porque era
su traza de ir á Jerusalem.
54 Y viendo *esto* sus discípulos, Jacobo‖
y Juan dijeron: Señor, ¿quieres que
mandemos que descienda fuego del cie-
lo, y los consuma, como hizo Elías[l]?
55 Entónces volviendose él, les repren-
dió diciendo: Vosotros no sabeis de qué
espíritu sois;
56 Porque el Hijo del Hombre no ha
venido para perder las almas de los
hombres, sino para salvar*las*[m]. Y se
fueron á otra aldéa.
57 ¶ Y aconteció que yendo ellos, uno
le dijo en el camino: Señor, te seguiré
donde quiera que fueres[n].
58 Y le dijo Jesus: Las zorras tienen
cuevas, y las aves de los cielos nidos;
mas el Hijo del Hombre no tiene donde
recline la cabeza.
59 Y dijo á otro: Sígueme. Y él dijo:
Señor, déjame que primero vaya y en-
tierre á mi padre[o].
60 Y Jesus le dijo: Déja los muertos
que entierren á sus muertos: y tu vé, y
anuncia el reino de Dios.
61 Entónces tambien dijo otro: Te
seguiré, Señor; mas déjame que me
despida primero de los que están en mi
casa.
62 Y Jesus le dijo: Ninguno que po-
niendo su mano al arado mira atrás, es
apto para el reino de Dios.

CAPITULO X.

Instruccion y mision de los setenta discípulos. Ciudades impenitentes. Parábola del samaritano. Marta y María hospedan á Jesus.

Y DESPUES de estas cosas, designó
el Señor aun otros setenta, los cua-
les envió de dos en dos, delante† de sí,
á toda ciudad y lugar á donde él habia
de venir.
2 Y les decia: La mies á la verdad *es*
mucha[a], mas los obreros pocos: por
tanto rogad al Señor de la mies que en-
vie obreros á su mies.
3 Andad, hé aquí yo os envio como á
corderos en medio de lobos.
4 No lleveis bolsa, ni alforja[b], ni cal-
zado; y á nadie saludeis en el camino[c].
5 En cualquier casa donde entráreis,
primeramente decid: Paz *sea* á esta
casa.
6 Y si hubiere allí algun hijo de paz,
vuestra paz reposará sobre él: y si no,
se volverá á vosotros.
7 Y posad en aquella misma casa comi-
endo y bebiendo lo que os dieren; por-
que el obrero digno es de su salario[d].
No os paseis de casa en casa.
8 Y en cualquier ciudad donde entrá-
reis, y os recibieren, comed lo que os
pusieren delante[e];
9 Y sanad los enfermos que en ella
hubiere, y decidles: Se ha llegado á
vosotros el reino de Dios[f].
10 Mas en cualquier ciudad donde en-
tráreis, y no os recibieren, saliendo por
sus calles, decid:
11 Aun el polvo que se nos ha pegado
de vuestra ciudad[g] sacudimos en vos-
otros: esto empero sabed, que el reino
de los cielos se ha llegado á vosotros.
12 Y os digo que los de Sodoma ten-
drán mas remision aquel dia, que a-
quella ciudad.
13 ¡Ay de tí, Corazin! ¡Ay de tí Bet-
saida[h]! que si en Tiro y en Sidon hu-
bieran sido hechas las maravillas que
se han hecho en vosotras, ya dias ha
que, sentados en cilicio y ceniza, se
habrian arrepentido[i].
14 Por tanto Tiro y Sidon tendrán mas
remision que vosotras en el juicio.
15 Y tú, Capernaum, que hasta los
cielos estás levantada, hasta los infier-
nos serás abajada[k].
16 El que á vosotros oye, á mí oye[l]; y
el que á vosotros desecha, á mí desecha;
y el que á mí desecha, desecha al que
me envió[m].

r. *Les* ... *som-* ...
... at. 3. 17.
... Ped. 1. 17,
... e. 18. 15.
... eh. 3. 22.
... 3. 7.
... t. 47. 14,
... r. 9. 17,
... 32. 5.
... r. 1. 27.
... 17. 22.
... 24. 14.
... p. 2. 50.
... 34.
... r. 9. 32.
... t. 18. 1,
... r. 9. 34.
... t. 10. 40.
... n 12. 44.
... 20.
... 14. 11.
... 23. 11,
... 11. 27,
... r. 16. 19.
... h. 1. 2.
... n 4. 4.
... *tiago.*
... ey. 1.
... 12.

[m] Juan 3. 14. y 12. 47.
[n] Mat. 8. 19, etc.
[o] 1 Rey. 19. 20.
† Gr. *Delante de su faz.*
[a] Mat. 9. 37. Juan 4. 35.
[b] Cap. 9. 3, etc.
[c] Gen. 24. 33, 56. 2 Rey. 4. 29.
[d] 1 Co. 9. 4, 14. 1 Ti. 5. 18.
[e] 1 Co. 10. 27.
[f] Mat. 3. 2. y 4. 17.
[g] Cap. 9. 5.
[h] Mat. 11. 21. etc.
[i] Ez. 3. 6.
[k] Is. 14. 13, 15. Jer. 51. 53. Ez. 26. 20. y 31. 18.
[l] Juan 13. 20.
[m] Juan 5. 23. 1 Tes. 4. 8.

17 ¶ Y volvieron los setenta con gozo, diciendo: Señor, aun los demonios se nos sujetan en tu nombre.

18 Y les dijo: Yo veia á Satanás, como un rayo, que caia del cielo [n].

19 Hé aquí os doy potestad de hollar sobre las serpientes [o] y sobre los escorpiones, y sobre toda fuerza del enemigo; y nada os dañará.

20 Mas no os gozeis de esto, *á saber*, que los espíritus se os sujeten; mas ántes gozáos de que vuestros nombres están escritos en los cielos [p].

21 En aquella misma hora Jesus se alegró en espíritu, y dijo: Yo te alabo, ó Padre, Señor del cielo y de la tierra, que escondiste estas cosas á los sabios y entendidos, y las has revelado á los pequeños: así Padre, porque así te agradó [q].

22 Todas las cosas me son entregadas de mi Padre [r]: y nadie sabe quien sea el Hijo, sino el Padre; ni quien sea el Padre, sino el Hijo, y á quien el Hijo lo quisiere revelar [s].

23 Y vuelto particularmente á *sus* discípulos, dijo: Bienaventurados los ojos que ven lo que vosotros veis;

24 Porque os digo que muchos profetas y reyes desearon ver lo que vosotros veis, y no *lo* vieron; y oir lo que oís, y no *lo* oyeron [t].

25 ¶ Y hé aquí, un doctor de la ley se levantó tentándole, y diciendo: Maestro, ¿haciendo qué cosa poseeré la vida eterna?

26 Y él le dijo: ¿Qué está escrito en la ley? ¿Cómo lees?

27 Y él respondiendo, dijo: Amarás al Señor tu Dios de todo tu corazon, y de toda tu alma, y de todas tus fuerzas, y de todo tu entendimiento [u]; y á tu prójimo, como á tí mismo [v].

28 Y díjole: Bien has respondido: haz esto, y vivirás [x].

29 Mas él, queriéndose justificar á sí mismo [y], dijo á Jesus: ¿Y quién es mi prójimo [z]?

30 Y respondiendo Jesus, dijo: Un hombre descendia de Jerusalem á Jericó, y cayó en *manos de* ladrones, los cuales le despojaron; é hiriéndole, se fueron dejándole medio muerto.

31 Y aconteció, que descendió un sacerdote por el mismo camino; y viéndole, se pasó de un lado.

32 Y asimismo un Levita, llegando cerca de aquel lugar, y viéndole, se pasó de un lado [a].

33 Mas un Samaritano [b], que transitaba, viniendo cerca de él, y viéndole, fué movido á misericordia;

34 Y llegándose, vendó sus heridas echándo*les* aceite y vino: y poniéndole sobre su cabalgadura, llevólo al meson, y cuidó de él.

35 Y otro dia al partir, sacó dos denarios, y diólos al huesped, y le dijo: Cuidámele; y todo lo que demás gastáres, yo cuando vuelva te *lo* pagaré.

36 ¿Quién, pues, de estos tres te parece que fué el prójimo de aquel que cayó en *manos de* los ladrones?

37 Y él dijo: El que usó con él [c] de misericordia. Entónces Jesus le dijo: Vé, y haz tú lo mismo.

38 ¶ Y aconteció, que yendo, entró él en una aldéa; y una mujer, llamada Marta, le recibió en su casa [d].

39 Y esta tenia una hermana, que se llamaba María, la cual sentándose á los piés de Jesus [e], oía su palabra.

40 Empero Marta se distraia en muchos servicios; y sobreviniendo, dice: Señor, ¿no tienes cuidado que mi hermana me deja servir sola? Díle, pues, que me ayude.

41 Pero respondiendo Jesus, le dijo: Marta, Marta, cuidadosa estás, y con las muchas cosas estás turbada [f]:

42 Empero una cosa es necesaria [g]; y María escogió la buena parte, la cual no le será quitada.

CAPITULO XI.

De la oracion dominical. Perseverancia en orar. Demonio mudo. Blasfemias de los Judíos. Parábola del valiente armado. Reprende Jesus á los Fariséos y doctores de la ley.

Y ACONTECIÓ que estando él orando en un lugar, como acabó, uno de sus discípulos le dijo: Señor, enséñanos á orar, como tambien Juan enseñó á sus discípulos.

2 Y les dijo: Cuando oráreis, decid [a]: Padre nuestro, que estás en los cielos, sea tu Nombre santificado. Venga tu reino. Sea hecha tu voluntad, como en el cielo, *así* tambien en la tierra.

3 El pan nuestro de cada dia dáno*slo* hoy.

4 Y perdónanos nuestros pecados, porque tambien nosotros perdonamos á todos los que nos deben [b]. Y no nos metas en tentacion; mas líbranos del malo.

5 ¶ Díjoles tambien: ¿Quién de vosotros tendrá un amigo, é irá á él á media noche, y le dirá: Amigo, préstame tres panes;

6 Porque un amigo mio ha venido á mí de camino, y no tengo que ponerle delante?

7 Y *si* él de dentro respondiendo, dijere: No me seas molesto; la puerta está ya cerrada, y mis niños están conmigo en cama; no puedo levantarme, y darte:

8 Os digo, que aunque no se levante á darle por ser su amigo, cierto por su importunidad se levantará, y le dará todo lo que habrá menester [c].

9 Y yo os digo: Pedid, y se os dará [d]: buscad, y hallaréis; tocad, y os será abierto.

10 Porque todo aquel que pide, recibe: y el que busca, halla; y al que toca, se abre.

11 ¿Y cual padre de vosotros, si su hijo le pidiere pan, le dará una piedra? ó, si pescado, ¿en lugar de pescado le dará una serpiente?

12 O, si *le* pidiere un huevo, ¿le dará un escorpion?

13 Pues si vosotros, siendo malos, sabeis dar buenas dádivas á vuestros hijos, ¿cuanto mas vuestro Padre celestial dará el Espíritu Santo á los que lo pidieren de él?

14 ¶ Y estaba él lanzando un demonio, el cual era mudo [e]: y aconteció que salido fuera el demonio, el mudo habló, y las gentes se maravillaron.

15 Y algunos de ellos decian: En Beelzebul, príncipe de los demonios, echa fuera los demonios.

16 Y otros, tentando, pedian de él señal del cielo [f].

17 Mas él, conociendo los pensamientos [g] de ellos, les dijo: Todo reino dividido contra sí mismo es asolado; y una casa *dividida* contra sí misma, cae [h].

18 Y si tambien Satanás está dividido contra sí mismo, ¿cómo estará en pié su reino? porque decís, que en Beelzebul echo yo fuera los demonios.

19 Pues si yo echo fuera los demonios en Beelzebul, ¿vuestros hijos en quién los echan fuera? por tanto ellos serán vuestros jueces.

20 Mas si en el dedo de Dios [i] echó

---

[n] Ap. 12. 8, 9.
[o] Mar. 6. 18. Hech. 28. 5.
[p] Sal. 69. 28. Is. 4. 3. Da. 12. 1. Fil. 4. 3. Heb. 12. 23. Ap. 13. 8. y 20. 12. y 21. 27.
[q] Mat. 11. 25.
[r] Mat. 28. 18. Juan 3. 35. y 17. 2.
[s] Juan 6. 44, 46.
[t] 1 Ped. 1. 10.
[u] Deu. 6. 5.
[v] Lev. 19. 18.
[x] Lev. 18. 5. Neh. 9. 29. Ez. 20. 11. y 13. 21. Ro. 10. 5. Ga. 3. 12.
[y] Job 32. 2. Ro. 4. 2. Ga. 3. 11.
[z] Mat. 5. 43, 44.
[a] Sal. 38. 11.
[b] Juan 4. 9.
[c] Os. 6. 6. Mi. 6. 8. Mat. 23. 23.
[d] Juan 11. 1. y 12. 2, 3.
[e] Cap. 8. 35. Hech. 22. 3.
[f] Cap. 21. 34. 1 Co. 7. 32, 35.
[g] Sal. 27. 4. y 73. 25.

[a] Mat. 6. 9, etc.
[b] Mar. 11. 25, 26.
[c] Cap. 18. 1, 8.
[d] Mat. 7. 7. y 21. 22. Juan 15. 7. Sant. 1. 5. 1 Juan 5. 22.
[e] Mat. 9. [illegible] y 12. 22, etc.
[f] Mat. 12. [illegible] y 16. 1.
[g] Juan 2. [illegible]
[h] Mat. 12. [illegible] Mar. 3. [illegible]
[i] Ex. 8. 19.

fuera los demonios, cierto el reino de Dios ha llegado á vosotros.

21 Cuando el fuerte armado guarda su átrio, en paz está lo que posee.

22 Mas si sobreviniendo *otro* mas fuerte que él, le venciere, le toma todas sus armas en que confiaba, y reparte sus despojos [h].

al. 2. 15.

23 El que no es conmigo, contra mí es; y el que conmigo no recoge, desparrama [i].

at. 12. 30.

24 Cuando el espíritu inmundo saliere del hombre, anda por lugares secos, buscando reposo; y no hallándo*le*, dice: Me volveré á mi casa, de donde salí.

25 Y viniendo, la halla barrida y adornada.

26 Entónces va, y toma otros siete espíritus peores que él; y entrados, habitan allí: y lo postrero del tal hombre es peor que lo primero [m].

uan 5. 14.
'ed. 2. 20,

27 ¶ Y aconteció que diciendo estas cosas, una mujer de la compañía levantando la voz, le dijo: Bienaventurado el vientre que te trajo, y los pechos que mamaste [n].

ap. 1. 28,

28 Y él dijo: Antes bienaventurados los que oyen la palabra de Dios, y la guardan [o].

ap. 8. 21.
l. 119.
2.
at. 7. 21.
at'. 1. 25.
at. 12. 40,

29 ¶ Y juntándose las gentes á él, comenzó á decir: Esta generacion mala es: señal busca, mas señal no le será dada, sino la señal de Jonás profeta [p].

30 Porque como Jonás fué señal á los Ninivitas, así tambien será el Hijo del Hombre á esta generacion.

31 La reina del Austro [q] se levantará en juicio con los hombres de esta generacion, y los condenará: porque vino de los fines de la tierra á oir la sabiduría de Salomon; y hé aquí mas que Salomon en este lugar.

Rey. 10.
etc.

32 Los hombres de Nínive se levantarán en juicio con esta generacion, y la condenarán: porque á la predicacion de Jonás se arrepintieron [r]; y hé aquí mas que Jonás en este lugar.

ona 3. 5,

33 Nadie pone en oculto la antorcha encendida, ni debajo del almud; sino en el candelero, para que los que entran, vean la luz [s].

ap. 8. 16.
at. 5. 15,
c.
ar. 4. 21.
lat. 6. 22,
c.

34 La antorcha del cuerpo es el ojo [t]: pues si tu ojo fuere simple, tambien todo tu cuerpo será resplandeciente: mas si fuere malo, tambien tu cuerpo será tenebroso.

35 Mira pues, si la lumbre que en tí hay, es tinieblas.

36 Así que *siendo* todo tu cuerpo resplandeciente [u], no teniendo alguna parte de tiniebla, será todo luminoso, como cuando una antorcha de resplandor te alumbra.

Co. 4. 6.

37 ¶ Y luego que hubo hablado, rogóle un Fariséo que comiese con él: y entrado Jesus, se sentó á la mesa.

38 Y el Fariséo como *le* vió, maravillóse de que no se lavó ántes de comer [v].

Lar. 7. 3.

39 Y el Señor le dijo: Ahora vosotros los Fariséos lo de fuera del vaso y del plato limpiais [x]; mas lo interior de vosotros está lleno de rapiña y de maldad [y].

Lat. 23. 25.
?t. 1. 15.

40 Necios, ¿el que hizo lo de fuera, no hizo tambien lo de dentro?

41 Empero de lo que os resta dad limosna [z]; y hé aquí, todo os será limpio.

ap. 12. 33.
. 58. 7.
Lat. 23. 23,
.

42 Mas ¡ay de vosotros Fariséos [a]! que diezmais la menta, y la ruda, y toda hortaliza; mas el juicio y la caridad de Dios pasais *de largo*. Pues estas cosas era necesario hacer, y no dejar las otras.

43 ¡Ay de vosotros Fariséos! que amais las primeras sillas en las sinagogas, y las salutaciones en las plazas [b].

Lat. 23. 6.
Lar. 12. 38.
ap. 20. 46.

44 ¡Ay de vosotros escribas y Fariséos, hipócritas! que sois como sepulcros que no se ven, y los hombres que andan encima no *lo* saben.

45 Y respondiendo uno de los doctores de la ley, le dice: Maestro, cuando dices esto, tambien nos afrentas á nosotros.

46 Y él dijo: ¡Ay de vosotros tambien, doctores de la ley! que cargais los hombres con cargas que no pueden llevar; mas vosotros, ni aun con un dedo tocais las cargas.

47 ¡Ay de vosotros! que edificais los sepulcros de los profetas, y los mataron vuestros padres.

48 De cierto dais testimonio que consentís en los hechos de vuestros padres: porque á la verdad ellos los mataron [c], mas vosotros edificais sus sepulcros.

[c] Hech. 7. 52.

49 Por tanto la sabiduría [d] de Dios tambien dijo: Enviaré á ellos profetas, y apóstoles, y de ellos *á unos* matarán, y *á otros* perseguirán;

[d] Pro. 8. 1, 22.

50 Para que de esta generacion sea demandada la sangre de todos los profetas, que ha sido derramada desde la fundacion del mundo;

51 Desde la sangre de Abel [e], hasta la sangre de Zacarías que murió entre el altar y la casa [f]: así os digo, será demandada de esta generacion.

[e] Gen. 4. 8.
[f] 2 Cr. 24. 20, 21.

52 ¡Ay de vosotros, doctores de la ley! que habeis quitado la llave de la ciencia: vosotros mismos no entrasteis, y á los que entraban impedisteis.

53 Y diciéndoles estas cosas, los escribas y los Fariséos comenzaron á apretar*lo* en gran manera, y á provocarle á que hablase de muchas cosas;

54 Asechándole, y procurando cazar algo de su boca para acusarle [g].

[g] Mar. 12. 13.

CAPITULO XII.

Levadura de los Fariséos. No temer sino á Dios. Rico del siglo. No angustiarse sobre comida y vestido. Tesoro y corazon en el cielo. Administrador fiel y prudente. Siervo violento ó infiel. Jesus vino á poner fuego sobre la tierra.

EN esto, juntándose muchas gentes, tanto que unos á otros se hollaban, comenzó á decir á sus discípulos: Primeramente, guardáos de la levadura de los Fariséos, que es hipocresía [a].

[a] Mat. 16. 6, etc. Mar. 8. 15, etc.

2 Porque nada hay encubierto, que no haya de ser descubierto; ni oculto, que no haya de ser sabido [b].

[b] Cap. 8. 17. Mat. 10. 26. Mar. 4. 22.

3 Por tanto las cosas que dijisteis en tinieblas, á la luz serán oidas; y lo que hablasteis al oido en las cámaras, será pregonado en los terrados.

4 ¶ Mas os digo, amigos [c] mios: No temais de los que matan el cuerpo [d], y despues no tienen mas que hacer.

[c] Juan 15. 14.
[d] Is. 51. 7, 12. Mat. 10. 28, etc.

5 Mas os enseñaré á quien temais: Temed á aquel que despues de haber quitado la vida, tiene poder de echar en la gehenna [e]: así os digo: A este temed.

[e] Mat. 5. 22.

6 ¿No se venden cinco pajarillos por dos blancas? pues ni uno de ellos está olvidado delante de Dios.

7 Y aun los cabellos de vuestra cabeza están todos contados. No temais pues: de mas estima sois *vosotros* que muchos pajarillos.

8 Y os digo que todo aquel que me confesáre delante de los hombres [f], tambien el Hijo del Hombre le confesará delante de los ángeles de Dios:

[f] 1 Sa. 2. 30. Sal. 119. 46. 2 Ti. 2. 12. Ap. 2. 10.

9 Mas el que me negáre delante de los hombres, será negado delante de los ángeles de Dios.

10 Y todo aquel que dice palabra contra el Hijo del Hombre, le será perdonado; mas al que blasfemáre contra el Espíritu Santo, no *le* será perdonado [g].

[g] Mat. 12. 31. 1 Juan 5. 16.

11 Y cuando os trajeren á las sinagogas,

y á los magistrados y potestades, no es-
teis solícitos cómo, ó qué hayais de res-
ponder, ó qué hayais de decir[h].
12 Porque el Espíritu Santo os ense-
ñará en la misma hora lo que será ne-
cesario decir[i].
13 ¶ Y díjole uno de la compañía:
Maestro, dí á mi hermano que parta
conmigo la herencia.
14 Mas él le dijo: Hombre, ¿quién
me puso por juez, ó partidor sobre vos-
otros?
15 Y díjoles: Mirad, y guardáos de
avaricia[k]; porque la vida del hombre no
consiste en la abundancia de los bienes
que posee[l].
16 Y refirióles una parábola, diciendo:
La heredad de un hombre rico habia
llevado mucho;
17 Y *él* pensaba dentro de sí, diciendo:
¿Qué haré, que no tengo donde junte
mis frutos?
18 Y dijo: Esto haré[m]: derribaré mis
alfolíes, y edificaré*los* mayores; y allí
juntaré todos mis frutos y mis bienes[n],
19 Y diré á mi alma[n]: Alma, muchos
bienes tienes almacenados para muchos
años: repósate, come, bebe, huélgate[o].
20 Y díjole Dios: ¡Necio! esta noche
vuelven á pedir tu alma[p]: y lo que has
prevenido, ¿de quién será[q]?
21 Así *es* el que hace para sí tesoro[r],
y no es rico en Dios[s].
22 ¶ Y dijo á sus discípulos: Por tanto
os digo, no esteis afanosos de vuestra
vida[t], que comeréis, ni del cuerpo, que
vestiréis.
23 La vida mas es que la comida, y el
cuerpo que el vestido.
24 Considerad los cuervos[u], que ni
siembran, ni siegan; que ni tienen ci-
llero, ni alfolí; y Dios los alimenta.
¿Cuánto de mas estima sois vosotros
que las aves?
25 ¿Y quién de vosotros podrá con *su*
afan añadir á su estatura un codo?
26 Pues si no podeis aun lo que es
ménos, ¿para qué estaréis afanosos de
lo demás?
27 Considerad los lirios, como crecen:
no labran, ni hilan; y os digo, que ni
Salomon con toda su gloria[v] se vistió
como uno de ellos.
28 Y si así viste Dios á la yerba, que
hoy está en el campo, y mañana es
echada en el horno, ¿cuánto mas á
vosotros, *hombres* de poca fé?
29 Vosotros, pues, no procureis *con*
anhelo qué hayais de comer, ó qué hayais
de beber, ni esteis en ansiosa perpleji-
dad.
30 Porque todas estas cosas buscan las
gentes del mundo: que vuestro Padre
sabe que necesitais estas cosas.
31 Mas procurad el reino de Dios[x], y
todas estas cosas os serán añadidas[y].
32 No temais, manada pequeña[z],
porque al Padre ha placido daros el
reino[a].
33 Vended lo que poseeis, y dad limos-
na[b]; hacéos bolsas que no se envejecen,
tesoro en los cielos que nunca falta;
donde ladron no llega, ni polilla cor-
rompe[c].
34 Porque donde está vuestro tesoro,
allí tambien estará vuestro corazon.
35 ¶ Estén ceñidos vuestros lomos[d], y
vuestras antorchas encendidas[e]:
36 Y vosotros, semejantes á hombres
que esperan cuando su señor ha de vol-
ver de las bodas; para que cuando vini-
ere, y tocáre, luego le abran.
37 Bienaventurados aquellos siervos, á
los cuales, cuando el señor viniere,
halláre velando[f]: de cierto os digo, que

- h Cap. 21. 14. Mat. 10. 19. Mar. 13. 11.
- i Hech. 6. 10. y XXVI.
- k 1 Ti. 6. 7, 10.
- l Job 2. 4. Mat. 6. 25.
- m Sant°. 4. 15, 16.
- n Sal. 49. 18.
- o Sant°. 5. 5.
- p Job 20. 20, 23. y 27. 8. Sal. 52. 7. Sant°. 4. 14.
- q Sal. 39. 6. y 49. 16, 17.
- r Hab. 2. 9.
- s ver. 33. 1 Ti. 6. 18, 19. Sant°. 2. 5.
- t Mat. 6. 25, etc.
- u Job 39. 3. Sal. 147. 9.
- v 1 Rey. 10. 4, 7.
- x Mat. 6. 33.
- y Sal. 34. 10. Is. 33. 16. Ro. 8. 31, 32.
- z Is. 40. 11. Juan 10. 27, 28.
- a Mat. 25. 34. Heb. 12. 28. Sant°. 2. 5. 2 Ped. 1. 11. Ap. 22. 5.
- b Mat. 19. 21. Hech. 2. 45. y 4. 34.
- c Mat. 6. 20. 1 Ti. 6. 19.
- d Ef. 6. 14. 1 Ped. 1. 13.
- e Mat. 25. 1, 13.
- f Mat. 24. 46, etc.

se ceñirá, y hará que se sienten á la
mesa, y pasando les servirá.
38 Y aunque venga á la segunda vigi-
lia, y aunque venga á la tercera vigilia,
y *los* halláre así, bienaventurados son los
tales siervos.
39 Esto empero sabed, que si supiese
el padre de familia á qué hora había de
venir el ladron[f], velaria ciertamente y
no dejaria minar su casa.
40 Vosotros, pues, tambien estad aper-
cibidos[g]: porque á la hora que no pen-
sais, el Hijo del Hombre vendrá.
41 ¶ Entónces Pedro le dijo: Señor,
¿dices esta parábola á nosotros, ó tam-
bien á todos?
42 Y dijo el Señor: ¿Quién es el ma-
yordomo fiel y prudente[h], al cual el se-
ñor pondrá sobre su familia, para que
en tiempo les dé *su* racion?
43 Bienaventurado aquel siervo, al
cual, cuando el Señor viniere, halláre
haciendo así.
44 En verdad os digo, que él le pondrá
sobre todos sus bienes.
45 Mas si el tal siervo dijére en su
corazon: Mi Señor tarda en venir, y
comenzáre á herir los siervos y las cri-
adas, y á comer, y á beber, y á embri-
agarse,
46 Vendrá el Señor de aquel siervo el
dia que *él* no espera, y á la hora que *él*
no sabe, y le apartará[i], y pondrá su
parte con los infieles.
47 ¶ Porque el siervo que entendió la
voluntad de su señor, y no se apercibió,
ni hizo conforme á su voluntad, será
azotado mucho[k].
48 Mas el que no entendió, é hizo co-
sas dignas de azotes, será azotado poco[l]:
porque á cualquiera que fué dado mu-
cho, mucho será vuelto á demandar de
él[m]; y al que encomendaron mucho,
mas le será pedido.
49 ¶ Fuego vine á meter en la tierra[n]:
¿y qué quiero, si ya está encendido?
50 Empero de bautismo me es ne-
cesario ser bautizado[o]: y ¡cómo me
angustio hasta que sea cumplido!
51 ¿Pensais que he venido á la tierra
á dar paz? No, os digo; mas disension.
52 Porque estarán de aquí adelante
cinco en una casa divididos; tres contra
dos, y dos contra tres.
53 El padre estará dividido contra el
hijo, y el hijo contra el padre; la madre
contra la hija, y la hija contra la ma-
dre; la suegra contra su nuera, y la
nuera contra su suegra[p].
54 ¶ Y decia tambien á las gentes[q]:
Cuando veis la nube que sale del Po-
niente, luego decís: Agua viene: y es
así.
55 Y cuando sopla el Austro, decís:
Habrá calor: y lo hay.
56 ¡Hipócritas! Sabeis examinar la
faz del cielo y de la tierra; ¿y cómo no
reconoceis este tiempo?
57 ¿Y por qué aun de vosotros mismos
no juzgais lo que es justo?
58 Pues cuando vas al magistrado[r]
con tu adversario, procura en el camino
librarte de él; porque no te arrastre al
juez, y el juez te entregue al alguacil, y
el alguacil te meta en la cárcel.
59 Te digo que no saldrás de allá, has-
ta que hayas pagado hasta el último
maravedí.

CAPITULO XIII.

*Del castigo que amenaza á los que no se ar-
repienten. Higuera estéril. Curacion de la
mujer encorvada. Parábolas del grano de
mostaza, y de la levadura. Corto número
de los que se salvan. Pasion predicha.
Jerusalem homicida de los profetas.*

- f 1 Tes. 5. 2. 2 Ped. 3. 10. Ap. 3. 3. y 16. 15.
- g Cap. 21. 34, 36. Ro. 13. 11.
- h Mat. 24. 45. 1 Co. 4. 2.
- i Sal. 37. 9.
- k Sant°. 4. 17.
- l Ro. 2. 12. Le. 5. 17.
- m Juan 15. 22. 1 Ti. 1. 13.
- n Mat. 10. 34.
- o Mat. 20. 22.
- p Mi. 7. 6.
- q Mat. 16. 2, 3.
- r Mat. 5. 25, etc.

Y EN este mismo tiempo estaban allí unos que le contaban acerca de los Galiléos [a], cuya sangre Pilato habia mezclado con sus sacrificios [b].

2 Y respondiendo Jesus les dijo: ¿ Pensais que estos Galiléos, porque han padecido tales cosas, hayan sido mas pecadores que todos los Galiléos?

3 No, os digo: ántes si no os arrepintiéreis, todos perecerćis igualmente.

4 O aquellos diez y ocho, sobre los cuales cayó la torre en Siloé, y los mató, ¿ pensais que ellos fueron mas deudores que todos los hombres que habitan en Jerusalem?

5 No, os digo: ántes si no os arrepintiereis, todos perecerćis asimismo.

6 ¶ Y dijo esta parábola: Tenia uno una higuera plantada en su viña [c], y vino á buscar fruto en ella, y no *lo* halló.

7 Y dijo al viñero: Hé aquí tres años ha que vengo á buscar fruto en esta higuera, y no *le* hallo; córtala, ¿ porqué ocupará aun la tierra?

8 Él entónces respondiendo, le dijo: Señor, déjala aun este año [d], hasta que *yo* la excave, y estercole.

9 Y si hiciere fruto, *bien*; y si no, la cortarás despues.

10 ¶ Y enseñaba en una sinagoga en Sábado.

11 Y hé aquí una mujer que tenia espíritu de enfermedad diez y ocho años, y andaba agobiada que en ninguna manera podia mirar arriba.

12 Y como Jesus la vió, llamó*la*, y díjole: Mujer, libre eres de tu enfermedad.

13 Y puso las manos sobre ella [e], y luego se enderezó, y glorificaba á Dios.

14 Y respondiendo el príncipe de la sinagoga, enojado que Jesus hubiese curado en el Sábado [f], dijo á la compañía: Seis dias hay en que es necesario obrar [g]: en estos, pues, venid, y sed curados, y no en dia de Sábado.

15 Entónces el Señor le respondió, y dijo: Hipócrita [h], ¿ cada uno de vosotros no desata en Sábado su buey, ó su asno del pesebre, y *lo* lleva á beber [i]?

16 Y á esta hija de Abraham [k], que hé aquí que Satanás la habia ligádo diez y ocho años, ¿ no convino desatar*la* de esta ligadura en dia de Sábado?

17 Y diciendo estas cosas, se avergonzaban todos sus adversarios: mas todo el pueblo se gozaba de todas las cosas gloriosas que eran por él hechas.

18 ¶ Y dijo: ¿ A qué es semejante el reino de Dios, y á que le compararé [l]?

19 Semejante es al grano de la mostaza, que tomándo*lo* un hombre *le* metió en su huerto; y creció, y fué hecho árbol grande, y las aves del cielo hicieron nidos en sus ramas [m].

20 Y otra vez dijo: ¿ A qué compararé el reino de Dios?

21 Semejante es á la levadura, que tomó una mujer, y *la* escondió en tres medidas de harina, hasta que todo hubo fermentado [n].

22 ¶ Y pasaba por todas las ciudades y aldéas enseñando, y caminando á Jerusalem.

23 Y díjole uno: Señor, ¿ son pocos los que se salvan? Y él les dijo:

24 Porfiad á entrar por la puerta angosta [o]; porque os digo que muchos procurarán entrar, y no podrán [p].

25 Despues que el padre de familias se levantáre, y cerráre la puerta [q], y comenzáreis á estar fuera, y tocar á la puerta, diciendo: Señor, Señor [r], ábrenos: y respondiendo *él* os dirá: No os conozco de donde seais:

26 Entónces comenzaréis á decir [s]: Delante de tí hemos comido y bebido, y en nuestras plazas enseñaste.

27 Y *os* dirá: Dígoos que no os conozco de donde seais: apartáos de mí, todos los obreros de iniquidad [t].

28 Allí será el llanto y el crujir de dientes [u], cuando viereis á Abraham, y á Isaac, y á Jacob, y á todos los profetas en el reino de Dios, y vosotros excluidos.

29 Y vendrán del oriente, y del occidente, del norte, y del mediodia [v], y se sentarán á la mesa en el reino de Dios.

30 Y hé aquí, que son postreros los que eran los primeros; y que son primeros los que eran los postreros [x].

31 ¶ Aquel mismo dia llegaron unos de los Fariséos, diciéndole: Sal y véte de aquí; porque Heródes te quiere matar.

32 Y les dijo: Id, y decid á aquella zorra: Hé aquí, echo fuera demonios, y acabo sanidades hoy y mañana, y al tercer dia soy consumado [y].

33 Empero es menester que hoy, y mañana, y pasado mañana camine: porque no es posible que profeta muera fuera de Jerusalem.

34 ¡Jerusalem, Jerusalem [z]! que matas los Profetas, y apedreas los que son enviados á tí: ¡ cuántas veces quise juntar tus hijos, como el ave sus pollos debajo de *sus* alas, y no quisiste!

35 Hé aquí os es dejada vuestra casa desierta [a]: y os digo que no me veréis, hasta que venga *tiempo* cuando digais: Bendito el que viene en nombre del Señor [b].

CAPITULO XIV.

Hidrópico curado en Sábado. Parábola de la gran cena. El que quiere seguir á Jesus, debe llevar su cruz. Sal hecha insipida.

Y ACONTECIÓ que entrando en casa de un príncipe de los Fariséos un Sábado á comer pan, ellos le acechaban [a].

2 Y hé aquí un hombre hidrópico estaba delante de él.

3 Y respondiendo Jesus, habló á los doctores de la ley, y á los Fariséos, diciendo: ¿ Es lícito sanar en Sábado [b]?

4 Y ellos callaron. Entónces él tomándo*le*, lo sanó, y despidió*le*.

5 Y respondiendo á ellos, dijo: ¿ El asno ó el buey de cual de vosotros caerá en *algun* pozo, y *él* no le sacará luego en dia de Sábado [c]?

6 Y no le podian replicar á estas cosas.

7 ¶ Y observando como escogian los primeros asientos á la mesa, propuso una parábola á los convidados, diciéndoles:

8 Cuando fueres convidado de alguno á bodas, no te sientes en el primer lugar; no sea que otro mas honrado que tú esté por él convidado,

9 Y viniendo el que te llamó á tí y á él, te diga: Dá lugar á este: y entónces comiences con verguenza á tener el lugar último [d].

10 Mas cuando fueres convidado, vé, y siéntate en el postrer lugar; porque cuando viniere el que te llamó, te diga: Amigo, sube arriba: entónces tendrás gloria delante de los que juntamente se asientan á la mesa.

11 Porque cualquiera que se ensalza, será humillado; y el que se humilla, será ensalzado [e].

12 ¶ Y dijo tambien al que le habia convidado: Cuando haces comida ó cena, no llames á tus amigos, ni á tus hermanos, ni á tus parientes, ni á *tus*

[s] Mat. 7. 22, 23.
[t] Mat. 25. 12, 41.
[u] Mat. 8. 12 y 13. 42. y 24. 51.
[v] Ap. 7. 9, 10.
[x] Mat. 19, 30. y 20. 16. Mar. 10. 31.
[y] Heb. 2. 10.
[z] Mat. 23. 37.
[a] Le. 26. 31, 32. Sal. 69. 25. Is. 5. 5, 6. Da. 9. 26. Mi. 3. 12.
[b] Cap. 19. 38. Juan 12. 13.
[a] Is. 29. 20, 21. Jer. 20. 10, 11.
[b] Cap. 13. 14.
[c] Cap. 13. 15.
[d] Pr. 25. 6, 7.
[e] Cap. 18. 14. Job 22. 29. Sal. 18. 27. Pr. 15. 33. y 29. 23. Mat. 23. 12. Sant°. 4. 6. 1 Ped. 5. 5.

vecinos ricos; porque tambien ellos no te vuelvan á convidar, y te sea hecha compensacion.

13 Mas cuando haces banquete, llama á los pobres[f], los mancos, los cojos, los ciegos,

14 Y serás bienaventurado; porque no te pueden retribuir: mas te será recompensado en la resurreccion de los justos.

15 ¶ Y oyendo esto uno de los que juntamente estaban sentados á la mesa, le dijo: Bienaventurado el que comerá pan en el reino de los cielos[g].

16 Él entónces le dijo: Un hombre hizo una grande cena[h], y convidó á muchos.

17 Y á la hora de la cena envió á su siervo á decir á los convidados: Venid, que ya todo está aparejado[i].

18 Y comenzaron todos á una á escusarse. El primero le dijo: He comprado una hacienda, y necesito salir, y verle; te ruego que me dés por escusado.

19 Y el otro dijo: He comprado cinco yuntas de bueyes, y voy á probarlos: ruégote que me dés por escusado.

20 Y el otro dijo: Acabo de casarme, y por tanto no puedo ir[k].

21 Y vuelto el siervo, hizo saber estas cosas á su señor. Entónces enojado el padre de la familia, dijo á su siervo: Vé presto por las plazas, y por las calles de la ciudad, y méte acá los pobres[l], los mancos, y cojos, y ciegos.

22 Y dijo el siervo: Señor, hecho es como mandaste, y aun hay lugar.

23 Y dijo el señor al siervo: Vé por los caminos y por los vallados[m], y fuérza*los* á entrar[n], para que se llene mi casa.

24 Porque os digo que ninguno de aquellos hombres que fueron llamados, gustará mi cena[o].

25 ¶ Y muchas gentes iban con él; y volviéndose les dijo:

26 Si alguno viene á mí, y no aborrece[p] á su padre, y madre, y mujer, é hijos, y hermanos, y hermanas, y aun tambien su vida, no puede ser mi discípulo.

27 Y cualquiera que no trae su cruz, y viene en pos de mí, no puede ser mi discípulo[q].

28 Porque ¿cuál de vosotros, queriendo edificar una torre, no cuenta primero sentado los gastos, si tiene *lo que necesita* para acabar*la*?

29 Porque despues que haya puesto el fundamento, y no pueda acabar*la*, todos los que *lo* vieren, no comiencen á hacer burla de él,

30 Diciendo: Este hombre comenzó á edificar, y no pudo acabar.

31 ¿O cuál rey, habiendo de ir á hacer guerra contra otro rey, sentándose primero, no consulta[r] si puede salir al encuentro con diez mil al que viene contra él con veinte mil?

32 De otra manera, cuando aun el otro está léjos, le ruega por la paz, enviándo*le* embajada.

33 Así pues cualquiera de vosotros que no renuncia á todas las cosas que posee, no puede ser mi discípulo[s].

34 Buena es la sal; mas si la sal fuere desvanecida ¿con qué se adobará[t]?

35 Ni para la tierra, ni para el muladar es buena; fuera la arrojan[u]. Quien tiene oidos para oir, oiga.

[f] Ne. 8. 10, 12.
[g] Ap. 19. 9.
[h] Mat. 22. 2, etc.
[i] Pr. 9. 2, 5. Is. 55. 1, 2.
[k] ver. 26.
[l] 1 Sa. 2. 8. Sal. 113. 7, 8.
[m] Ef. 2. 12, 13.
[n] Hech. 14. 1.
[o] Pr. 1. 24. Mat. 21. 43. Heb. 12. 25.
[p] De. 33. 9. Mat. 10. 37.
[q] Cap. 9. 23. Mat. 16. 24. Mar. 8. 34. 2 Ti. 3. 12.
[r] Pr. 20. 18.
[s] Fi. 3. 7, 8.
[t] Mat. 5. 13. Mar. 9. 50.
[u] Juan 15. 6.

CAPITULO XV.

Parábolas de la oveja descarriada, de la dracma perdida, y del hijo pródigo, para confusion de los Fariséos presuntuosos, y aliento de los pecadores arrepentidos.

Y SE llegaban á él todos los publicanos y pecadores á oirle[a].

2 Y murmuraban los Fariséos y los escribas, diciendo: Este á los pecadores recibe, y con ellos come.

3 Y él les propuso esta parábola, diciendo:

4 ¿Qué hombre de vosotros, teniendo cien ovejas[b], si perdiere una de ellas, no deja las noventa y nueve en el desierto, y va á la que se perdió, hasta que la halle?

5 Y hallada, *la* pone sobre sus hombros gozoso;

6 Y viniendo á casa, junta á los amigos y á los vecinos, diciéndoles: Dadme el parabien; porque he hallado mi oveja que se habia perdido[c].

7 Os digo, que así habrá *mas* gozo en el cielo de un pecador que se arrepiente, que de noventa y nueve justos[d], que no necesitan arrepentimiento.

8 ¿O qué mujer que tiene diez dracmas, si perdiere una dracma, no enciende el candil, y barre la casa, y busca con diligencia, hasta hallar*la*?

9 Y cuando *la* hubiere hallado, junta las amigas y las vecinas, diciendo: Dadme el parabien; porque he hallado la dracma que habia perdido.

10 Así os digo que hay gozo delante de los ángeles de Dios por un pecador que se arrepiente[e].

11 ¶ Y dijo: Un hombre tenia dos hijos;

12 Y el menor de ellos dijo á su padre: Padre, dáme la parte de la hacienda que *me* pertenece: y *él* les repartió la hacienda.

13 Y no muchos dias despues, juntándolo todo el hijo menor, partió léjos á una provincia apartada, y allí desperdició su hacienda viviendo perdidamente.

14 Y cuando todo lo hubo malgastado, vino una grande hambre en aquella provincia, y comenzóle á faltar.

15 Y fué, y se llegó á uno de los ciudadanos de aquella tierra, el cual le envió á su hacienda para que apacentase los puercos

16 Y deseaba henchir su vientre de las algarrobas que comian los puercos; mas nadie se *las* daba.

17 Y volviendo en sí, dijo: ¡Cuántos jornaleros en casa de mi padre tienen abundancia de pan, y yo aquí perezco de hambre!

18 Me levantaré, é iré á mi padre, y le diré: Padre, he pecado[f] contra el cielo, y contra tí;

19 Ya no soy digno de ser llamado tu hijo; hazme como á uno de tus jornaleros.

20 Y levantándose, vino á su padre. Y como aun estuviese léjos[g], viólo su padre, y fué movido á misericordia, y corrió, y echóse sobre su cuello, y besóle.

21 Y el hijo le dijo: Padre, he pecado contra el cielo[h], y contra tí, y ya no soy digno de ser llamado tu hijo.

22 Mas el padre dijo á sus siervos: Sacad el principal vestido, y vestidle[i], y poned un anillo en su mano, y zapatos en sus piés;

23 Y traed el becerro grueso, y matad*lo*: y comamos, y hagamos fiesta.

24 Porque este mi hijo muerto era[k], y ha revivido[l]; habíase perdido[m], y es hallado. Y comenzaron á regocijarse.

25 Y su hijo el mayor estaba en el campo; el cual como vino, y llegó cerca de casa, oyó la sinfonía y las danzas;

[a] Mat. 9. 10, etc.
[b] Mat. 18. 12.
[c] Sal. 119. 176. 1 Ped. 2. 25.
[d] Cap. 5. 32.
[e] Ez. 18. 22, 32. y 33. 11.
[f] Sal. 32. 5.
[g] Hech. 2. 39. Ef. 2. 13, 17.
[h] Sal. 51. 4.
[i] Zac. 3. 4, 5.
[k] ver. 32. Ef. 2. 1.
[l] Ro. 6. 13.
[m] Cap. 19. 10. Ez. 34. 16.

26 Y llamando uno de los criados, pre-
guntóle qué era aquello.
27 Y él le dijo: Tu hermano ha veni-
do; y tu padre ha muerto el becerro
grueso, por haberle recibido salvo.
Jona 4. 1, 3. 28 Entónces *él* se enojó[n], y no queria
entrar. Salió por tanto su padre, y le
rogaba *que entrase.*
29 Mas él respondiendo, dijo al padre:
Hé aquí, tantos años *há que* te sirvo,
no habiendo traspasado jamas tu man-
damiento, y nunca me has dado un ca-
brito para gozarme con mis amigos.
30 Mas cuando vino este tu hijo, que
ha consumido tu hacienda con rameras,
has matado para él el becerro grueso.
31 Él entónces le dijo: Hijo, tú si-
empre estás conmigo, y todas mis cosas
son tuyas.
32 Mas era menester hacer fiesta y
ma 4. 10, holgarnos[o], porque este tu hermano mu-
erto era, y ha revivido; habíase perdido,
r. 24. y es hallado[p].

CAPITULO XVI.

Parábola del mayordomo tramposo. Nadie puede servir á Dios y á las riquezas. Indisolubilidad del matrimonio. Del rico fastuoso, y del pobre Lázaro.

Y DIJO tambien á sus discípulos:
Habia un hombre rico, el cual te-
nia un mayordomo; y este fué acusado
delante de él como disipador de sus
bienes,
2 Y lo llamó, y le dijo: ¿Qué *es* esto
que oigo de tí? dá cuenta de tu mayor-
p. 12. 42. domía[a], porque ya no podrás mas ser
o. 4. 2. mayordomo.
3 Entónces el mayordomo dijo dentro
de sí: ¿Qué haré? que mi señor me
quita la mayordomía. Cavar, no puedo;
mendigar, tengo verguenza.
4 *Yo* sé lo que haré, para que cuando
fuere quitado de la mayordomía, me
reciban en sus casas.
5 Y llamando á cada uno de los deudo-
res de su señor, dijo al primero: ¿Cu-
ánto debes á mi señor?
. 45. 10, 6 Y él dijo: Cien barriles[b] de aceite.
Y le dijo: Toma tu obligacion, y sién-
tate presto, y escribe cincuenta.
7 Despues dijo á otro: ¿Y tú, cuánto
debes? Y él dijo: Cien coros de trigo.
Y él le dijo: Toma tu obligacion, y es-
cribe ochenta.
8 Y alabó el señor al mayordomo malo
por haber hecho discretamente; porque
los hijos de este siglo son en su gene-
racion mas sagaces que los hijos de
a 12. 36. luz[c].
b. 8. 9 Y yo os digo: Hacéos amigos † de las
De riquezas de maldad[d], para que cuando
amona faltáreis, os reciban en las moradas
aldad. eternas.
. 19. 17. 10 El que es fiel en lo muy poco[e],
25. 21, tambien en lo mas es fiel: y el que en
lo muy poco es injusto, tambien en lo
19. 17. mas es injusto.
25. 21, 11 Pues si en las malas riquezas no
fuisteis fieles, ¿quién os confiará lo ver-
dadero?
12 Y si en lo ageno no fuisteis fieles,
¿quién os dará lo que es vuestro?
13 Ningun siervo puede servir á dos
24. 15. señores[f]; porque ó aborrecerá al uno y
r. 18. amará al otro, ó se allegará al uno, y
menospreciará al otro. No podeis servir
6. 24. á Dios y † á las riquezas.
á 14 ¶ Y oian tambien todas estas cosas
mona. los Fariséos, los cuales eran avaros[g], y
6. 13. se burlaban de él.
23. 14. 15 Y díjoles: Vosotros sois los que os
10. 29. justificais á vosotros mismos delante de
7. 9. los hombres[h]; mas Dios conoce vues-
17. 10. tros corazones[i]: porque lo que los hom-
bres *tienen* por sublime, delante de Dios
es abominacion[k]. [k] 1 Juan 2.
16 La ley y los Profetas hasta Juan: 16.
desde entónces el reino de Dios es anun-
ciado, y quienquiera se esfuerza á *entrar*
en él[l]. [l] Mat. 11. 12,
17 Empero mas fácil cosa es pasar el 13.
cielo y la tierra, que frustrarse un tilde
de la ley[m]. [m] Is. 40. 8.
18 Cualquiera que repudia á su mujer, y 51. 6.
y se casa con otra, adultera: y el que Mat. 5. 18.
se casa con la repudiada del marido,
adultera[n]. [n] Mat. 5. 32.
19 ¶ Y habia un hombre rico, que se y 19. 9.
vestia de púrpura y de lino fino, y hacia Mar. 10. 11.
cada dia banquete con esplendidez: 1 Co. 7. 10, 11.
20 Habia tambien un mendigo llamado
Lázaro ‖, el cual estaba echado á la pu- ‖ *Es el mismo que Eleázaro; esto es, Aquel que ayuda Dios, ó, El auxilio, Dios.*
erta de él, lleno de llagas,
21 Y deseando hartarse de las migajas
que caian de la mesa del rico; y aun los
perros venian y le lamian las llagas.
22 Y aconteció que murió el mendigo,
y fué llevado por los ángeles al seno de
Abraham[o]: y murió tambien el rico, y [o] Mat. 8. 11.
fué sepultado. Ro. 4. 12,
23 Y en el infierno alzó sus ojos, estan- 16.
do en los tormentos, y vió á Abraham Ga. 3. 7, 9.
de léjos, y á Lázaro en su seno.
24 Entónces él, dando voces, dijo:
Padre Abraham, tén misericordia de
mí, y envia á Lázaro que moje la punta
de su dedo en agua, y refresque mi len-
gua; porque soy atormentado en esta
llama.
25 Y díjole Abraham: Hijo, acuérdate
que recibiste tus bienes en tu vida[p], y [p] Cap. 6. 24.
Lázaro tambien males; mas ahora este Job 21. 13.
es consolado, y tú atormentado.
26 Y demás de todo esto, una grande
sima está constituida entre nosotros y
vosotros, que los que quisieren pasar de
aquí á vosotros, no pueden, ni de allá
pasar acá.
27 Y dijo: Ruégote, pues, padre, que
le envies á la casa de mi padre;
28 Porque tengo cinco hermanos; para
que les testifique, porque no vengan ellos
tambien á este lugar de tormento.
29 Y Abraham le dice: A Moisés y á
los profetas tienen; óiganlos.
30 Él entónces dijo: No, padre Abra-
ham: mas si alguno fuere á ellos de los
muertos, se arrepentirán.
31 Mas *Abraham* le dijo: Si no oyen
á Moisés y á los Profetas[q], tampoco se [q] 2 Co. 4. 3.
persuadirán, si alguno se levantare[r] de [r] Juan 12.
los muertos. 9, 10.

CAPITULO XVII.

Enseña Jesus á sus discípulos cuan malo es el escándalo: que se deben perdonar las injurias: que todos somos siervos inútiles. Cura á diez leprosos; y trata de su segunda venida.

Y Á sus discípulos dice: Imposible es
que no vengan escándalos; mas ¡ay
de aquel por quien vienen[a]! [a] Mat. 18.
2 Mejor le fuera, si le pusiesen al cue- 6. 7.
llo una piedra de molino, y le lanzasen Mar. 9. 42.
en el mar, que escandalizar uno de estos
pequeñitos.
3 Mirad por vosotros. Si pecáre contra
tí tu hermano, repréndelo[b]; y si se ar- [b] Lev. 19. 17.
repintiere, perdónale[c]. [c] Mat. 6. 12,
4 Y si siete veces al dia pecáre contra 14.
tí, y siete veces al dia se volviere á tí, y 18. 22.
diciendo: Pésame; perdónale. Col. 3. 13.
5 ¶ Y dijeron los Apóstoles al Señor:
Auméntanos la fé[d]. [d] Heb. 12. 2.
6 Entónces el Señor dijo: Si tuvieseis
fé como un grano de mostaza[e], diréis á [e] Mat. 17. 20.
este sicómoro: Desarráigate, y plántate y 21. 21.
en el mar; y os obedecerá. Mar. 9. 23.
7 ¿Y quién de vosotros tiene un si- y 11. 23.

siervo que ara, ó apacienta, que vuelto
del campo le diga luego: Pasa, siéntate
á la mesa?
8 ¿No le dice ántes: Adereza qué
cene, y arremángate, y sírveme hasta
que haya comido y bebido; y despues
de esto come tú y bebe?
9 ¿Da gracias al siervo porque hizo
lo que le habia sido mandado? Pienso
que no.
10 Así tambien vosotros, cuando hu-
biereis hecho todo lo que os es mandado,
decid: Siervos inútiles somos; porque lo
que debiamos hacer, hicimos [f].
11 ¶ Y aconteció que yendo él á Jeru-
salem, pasaba por medio de Samaria,
y de Galiléa.
12 Y entrando en una aldéa, viniéronle
al encuentro diez hombres leprosos, los
cuales se pararon de léjos [g],
13 Y alzaron la voz diciendo: Jesus,
Maestro, tén misericordia de nosotros.
14 Y como él *los* vió, les dijo: Id, mos-
tráos á los sacerdotes [h]. Y aconteció, que
yendo ellos, fueron limpios.
15 Entónces uno de ellos, como se vió
que estaba limpio, volvió, glorificando á
Dios á gran voz.
16 Y derribóse sobre el rostro á sus
piés, dándole gracias: y este era Sa-
maritano [i].
17 Y respondiendo Jesus, dijo: ¿No
son diez los que fueron limpios? ¿Y
los nueve dónde *están*?
18 ¿No † hubo quien volviese y diese
gloria á Dios, sino este extranjero?
19 Y díjole: Levántate, véte; tu fé te
ha salvado [k].
20 ¶ Y preguntado por los Fariséos,
cuando habia de venir el reino de Dios,
les respondió, y dijo: El reino de Dios
no vendrá con advertencia.
21 Ni dirán: Hélo aquí, ó hélo allí;
porque hé aquí el reino de Dios entre
vosotros está [l].
22 Y dijo á sus discípulos: Tiempo
vendrá, cuando desearéis ver uno de
los dias del Hijo del Hombre, y no *lo*
veréis [m].
23 Y os dirán: Hélo aquí, ó hélo allí [n].
No vayais, ni sigais.
24 Porque como el relámpago relam-
pagueando desde una parte de debajo
del cielo, resplandece hasta *la otra* de-
bajo del cielo, así tambien será el Hijo
del Hombre en su dia.
25 Mas primero es necesario que pa-
dezca mucho [o], y sea reprobado de esta
generacion.
26 Y como fué en los dias de Noé [p],
así tambien será en los dias del Hijo del
Hombre.
27 Comian, bebian, *los hombres* toma-
ban mujeres, y las mujeres maridos,
hasta el dia que entró Noé en el arca;
y vino el diluvio, y destruyó á todos.
28 Asimismo tambien como fué en los
dias de Lot: comian, bebian, compra-
ban, vendian, plantaban, edificaban:
29 Mas el dia que Lot salió de Sodoma,
llovió del cielo fuego y azufre, y des-
truyó á todos [q]:
30 Como esto será el dia en que el Hijo
del Hombre se manifestará [r].
31 En aquel dia, él que estuviere en el
terrado, y sus alhajas en casa, no desci-
enda á tomarlas: y él que en el campo,
asimismo no vuelva atrás.
32 Acordáos de la mujer de Lot [s].
33 Cualquiera que procuráre salvar su
vida, la perderá; y cualquiera que la
perdiere, la salvará [t].
34 Os digo que en aquella noche esta-
rán dos en una cama; el uno será to-
mado, y el otro será dejado [u].

[f] Job 22. 3. y 35. 7. Ro. 11. 35. 1 Co. 9. 16, 17.
[g] Lev. 13. 46. 2 Cr. 26. 20, 21.
[h] Cap. 5. 14. Lev. 13. 2. y 14. 2. Mat. 8. 4.
[i] Juan 4. 9.
† Gr. *No fueron hallados.*
[k] Cap. 7. 50. y 18. 42. Mat. 9. 22. Mar. 5. 34. y 10. 52.
[l] Ro. 14. 17.
[m] Mat. 9. 15.
[n] Cap. 21. 8. Mat. 24. 23, etc. Mar. 13. 21.
[o] Cap. 9. 22. Mar. 8. 31.
[p] Gen. 6. 3. y 7. 11, 21, 23. 1 Ped. 3. 20.
[q] Gen. 19. 23, 25.
[r] 1 Tes. 1. 7.
[s] Gen. 19. 26.
[t] Cap. 9. 24. Mat. 16. 25. Mar. 8. 35. Juan 12. 25.
[u] Mat. 24. 40, 41.

35 Dos *mujeres* estarán moliendo jun-
tas; la una será tomada, y la otra de-
jada.
36 Dos ‖ estarán en el campo; el uno
será tomado, y el otro dejado.
37 Y respondiéndo, le dicen: ¿Dónde,
Señor? Y él les dijo: Donde *estuviere*
el cuerpo, allá se juntarán tambien las
águilas [v].

‖ *Este verso no se halla en varios antiguos ejemplares.*
[v] Job 39. 33. Mat. 24. 28.

CAPITULO XVIII.

Parábolas de la viuda, y del mal juez, y del Fariséo, y del publicano. Jesus recibe amorosamente á los niños. Da consejos de perfeccion. Muestra el peligro de las riquezas; y cura al ciego de Jericó.

Y PROPÚSOLES tambien una pará-
bola sobre que es necesario orar si-
empre [a], y no desmayar,
2 Diciendo: Habia un juez en una
ciudad, el cual ni temia á Dios, ni res-
petaba hombre.
3 Habia tambien en aquella ciudad
una viuda, la cual venia á él, diciendo:
Hazme justicia de mi adversario.
4 Pero él no quiso por *algun* tiempo:
mas despues de esto dijo dentro de sí:
Aunque ni temo á Dios, ni tengo res-
peto á hombre;
5 Todavía, porque esta viuda me es
molesta, le haré justicia, porque al fin
no venga y me muela.
6 Y dijo el Señor: Oid lo que dice el
juez injusto.
7 ¿Y Dios no hará justicia, á sus es-
cogidos que claman á él dia y noche,
aunque *sea* longánime acerca de ellos [b]?
8 Os digo que los defenderá presto [c].
Empero cuando el Hijo del Hombre
viniere, ¿hallará fé en la tierra?
9 ¶ Y dijo tambien á unos que con-
fiaban de sí como justos [d], y menospre-
ciaban á los otros, esta parábola:
10 Dos hombres subieron al templo á
orar; el uno Fariséo, y el otro publi-
cano.
11 El Fariséo, en pié, oraba consigo de
esta manera: Dios, te doy gracias, que
no soy como los otros hombres [e], ladro-
nes, injustos, adúlteros, ni aun como
este publicano.
12 Ayuno dos veces en la semana; doy
diezmos de todo lo que poseo.
13 Mas el publicano estando léjos, no
queria ni aun alzar los ojos al cielo;
sino que heria su pecho [f], diciendo:
Dios, sé propicio á mí, pecador.
14 Os digo que este descendió á su casa
mas justificado que el otro: porque
cualquiera que se ensalza, será humi-
llado; y el que se humilla, será ensal-
zado [g].
15 ¶ Y traian á él los niños para que
los tocase [h]; lo cual viéndo*lo* los disci-
pulos, les reñian.
16 Mas Jesus llamándolos, dijo: Dejad
los niños venir á mí, y no los impidais;
porque de tales es el reino de Dios.
17 De cierto os digo, que cualquiera
que no recibiere el reino de Dios como
un niño [i], no entrará en él.
18 ¶ Y preguntóle un príncipe dici-
endo [k]: Maestro bueno, ¿que haré para
poseer la vida eterna?
19 Y Jesus le dijo: ¿Por qué me di-
ces bueno? ninguno *hay* bueno sino
solo Dios.
20 Los mandamientos sabes: No ma-
tarás, No adulterarás, No hurtarás, No
dirás falso testimonio, Honra á tu pa-
dre, y á tu madre [l].
21 Y él dijo: Todas estas cosas he
guardado desde mi juventud.
22 Y Jesus, oido esto, le dijo: Aun te
falta una cosa: vende todo lo que tienes,

[a] Cap. 11. 5. y 21. 36. Ro. 12. 12. Ef. 6. 18. Col. 4. 2. Fi. 4. 6. 1 Tes. 5. 17.
[b] Jer. 15. 15.
[c] Heb. 10. 37. 2 Ped. 3. 8, 9.
[d] Cap. 10. 29.
[e] Is. 65. 5. Ap. 3. 17.
[f] Jer. 31. 19.
[g] Job 22. 29. Pro. 29. 23. Mat. 23. 12.
[h] Mat. 19. 13. Mar. 10. 13, etc.
[i] Sal. 131. 2. 1 Ped. 2. 2.
[k] Mat. 19. 16, etc. Mar. 10. 17, etc.
[l] Ex. 20. 12, 16. Deu. 5. 16, 20. Ro. 13. 9.

y dá á los pobres, y tendrás tesoro en el cielo [m]; y vén, sígueme.

23 Entónces él, oidas estas cosas, se puso muy triste, porque era muy rico.

24 Y viendo Jesus que se habia entristecido mucho, dijo: ¡Cuán dificultosamente entrarán en el reino de Dios los que tienen riquezas [n]!

25 Porque mas fácil cosa es entrar un camello por el ojo de una aguja, que un rico entrar en el reino de Dios.

26 Y los que *lo* oian, dijeron: ¿Y quién podrá ser salvo?

27 Y él *les* dijo: Lo que es imposible para con los hombres, posible es para Dios [o].

28 Entónces Pedro dijo: Hé aquí, nosotros hemos dejado todas las cosas, y te hemos seguido.

29 Y él les dijo: De cierto os digo que nadie hay que haya dejado casa, ó padres, ó hermanos, ó mujer, ó hijos [p], por el reino de Dios,

30 Que no haya de recibir mucho mas en este tiempo, y en el siglo venidero la vida eterna [q].

31 ¶ Y Jesus tomando *aparte* los doce, les dijo: Hé aquí, subimos á Jerusalem, y serán cumplidas todas las cosas que fueron escritas por los profetas del Hijo del Hombre [r].

32 Porque será entregado á las gentes, y será escarnecido, é injuriado, y escupido.

33 Y despues que le hubieren azotado, le matarán; mas al tercer dia resucitará.

34 Pero ellos nada de estas cosas entendian [s], y esta palabra les era encubierta; y no entendian lo que se decia.

35 ¶ Y aconteció que acercándose él á Jericó [t], un ciego estaba sentado junto al camino mendigando:

36 El cual como oyó la gente que pasaba, preguntó qué era aquello.

37 Y dijéronle que pasaba Jesus Nazareno.

38 Entónces dió voces, diciendo: Jesus, Hijo de David, tén misericordia de mí.

39 Y los que iban delanee, le reñian que callase; mas él clamaba mucho mas: Hijo de David, tén misericordia de mí.

40 Jesus entónces, parándose, mandó traerle á sí: y como él llegó, le preguntó,

41 Diciendo: ¿Qué quieres que te haga? Y él dijo: Señor que vea.

42 Y Jesus le dijo: Vé: tu fé te ha hecho salvo [u].

43 Y luego vió, y le seguia, glorificando á Dios: y todo el pueblo como vió *esto*, dió á Dios alabanza.

CAPITULO XIX.

Zaquéo, publicano. Parábola del hombre noble. Jesus, entrando en Jerusalem como en triunfo, predice y llora su ruina, en medio de los aplausos del pueblo. Negociantes echados del templo.

Y HABIENDO entrado *Jesus*, iba pasando por Jericó [a]:

2 Y hé aquí un varon, llamado Zaquéo, el cual era el principal de los publicanos, y era rico,

3 Y procuraba ver á Jesus quien fuese; mas no podia á causa de la multitud, porque era pequeño de estatura.

4 Y corriendo delante, subióse á un árbol sicómoro para verle; porque habia de pasar por allí.

5 Y como vino á aquel lugar Jesus, mirando le vió [b], y díjole: Zaquéo, dáte priesa, desciende, porque hoy es necesario que pose en tu casa.

6 Entónces él descendió aprisa, y le recibió gozoso.

7 Y viendo *esto* todos, murmuraban diciendo que habia entrado á posar con un hombre pecador [c].

8 Entónces Zaquéo, puesto en pié, dijo al Señor: Hé aquí, Señor, la mitad de mis bienes doy á los pobres [d]; y si en algo he defraudado á alguno, lo vuelvo con el cuatro tanto [e].

9 Y Jesus le dijo: Hoy ha venido la salvacion á esta casa; por cuanto él tambien es hijo de Abraham [f].

10 Porque el Hijo del Hombre vino á buscar y á salvar lo que se habia perdido [g].

11 ¶ Y oyendo ellos estas cosas, prosiguió y dijo una parábola, por cuanto estaba cerca de Jerusalem; y porque pensaban que luego habia de ser manifestado el reino de Dios [h].

12 Dijo pues: Un hombre noble partió á una provincia léjos [i], para tomar para sí un reino, y volver.

13 Mas llamados diez siervos suyos, les dió diez minas, y díjoles: Negociad entre tanto que vengo.

14 Empero sus ciudadanos le aborrecian [k]; y enviaron tras de él una embajada, diciendo: No queremos que este reine sobre nosotros [l].

15 Y aconteció, que vuelto él, habiendo tomado el reino, mandó llamar á sí á aquellos siervos, á los cuales habia dado el dinero, para saber lo que habia negociado cada uno.

16 Y vino el primero, diciendo: Señor, tu mina ha ganado diez minas.

17 Y él le dice: Está bien, buen siervo; pues que en lo poco has sido fiel [m], tendrás potestad sobre diez ciudades [n].

18 Y vino otro diciendo: Señor, tu mina ha hecho cinco minas.

19 Y tambien á este dijo: Tú tambien sé sobre cinco ciudades.

20 Y vino otro diciendo: Señor, hé aquí tu mina, la cual he tenido guardada en un pañizuelo;

21 Porque tuve miedo de tí, que eres hombre recio: tomas lo que no pusiste, y siegas lo que no sembraste.

22 Entónces *él* le dijo: Mal siervo, de tu boca [o] te juzgo. Sabias que yo era hombre recio, que tomo lo que no puse, y que siego lo que no sembré:

23 ¿Porqué pues no diste mi dinero al banco; y yo viniendo lo demandara con el logro?

24 Y dijo á los que estaban presentes: Quitadle la mina, y dadla al que tiene las diez minas.

25 Y ellos le dijeron: Señor, tiene diez minas.

26 Pues *yo* os digo que á cualquiera que tuviere, le será dado; mas al que no tuviere, aun lo que tiene le será quitado [p].

27 Y tambien á aquellos mis enemigos, que no querian que yo reinase sobre ellos, traedlos acá, y degolladlos delante de mí [q].

28 Y dicho esto, iba delante subiendo á Jerusalem.

29 ¶ Y aconteció, que llegando cerca de Betfage, y de Betania [r], al monte que se llama de las Olivas, envió dos de sus discípulos,

30 Diciendo: Id á la aldéa de enfrente; en la cual como entraréis, hallaréis un pollino atado, en el que ningun hombre se ha sentado jamás: desatadle, y traed*lo*.

31 Y si alguien os preguntáre, ¿porqué *le* desatais? le respondereis así: Porque el Señor lo ha menester [s].

Mat. 6. 19, 20.
1 Ti. 6. 19.
Pro. 11. 28.
Cap. 1. 37.
Jer. 32. 17.
Zac. 8. 6.
Deu. 33. 9.
1 Ti. 4. 8.
Sal. XXII.
Is. LIII.
Da. 9. 26.
Mar. 9. 32.
Juan 12. 16.
Mat. 20. 29, &c.
Mar. 10. 46, &c.
Cap. 17. 19.
Jos. 6. 26.
1 Rey. 16. 34.
Sal. 139. 1, 3.

[c] Cap. 5. 30. Mat. 9. 11.
[d] Sal. 41. 1.
[e] Ex. 22. 1. Lev. 6. 2, 5. 2 Sa. 12. 6.
[f] Cap. 13. 16. Juan 8. 39. Ro. 4. 12. Ga. 3. 7.
[g] Mat. 18. 11. Ez. 34. 16. Ro. 5. 6.
[h] Hech. 1. 6.
[i] Mat. 25. 14, etc. Mar. 13. 34.
[k] Juan 1. 11. y 15. 18.
[l] Juan 19. 14, 15.
[m] Cap. 16. 10. Mat. 25. 21.
[n] Ap. 2. 26.
[o] 2 Sa. 1. 16. Job 15. 6. Mat. 12. 37.
[p] Cap. 8. 18. Mat. 13. 12. y 25. 29. Mar. 4. 25.
[q] Sal. 21. 8, 9. Is. 33. 14. y 66. 6, 14.
[r] Mat. 21. 1, etc. Mar. 11. 1, etc.
[s] Sal. 50. 10.

32 Y fueron los que habian sido enviados, y hallaron como *él* les dijo.

33 Y desatando ellos el pollino, sus dueños les dijeron: ¿Por qué desatais el pollino?

34 Y ellos dijeron: Porque el Señor le ha menester.

35 Y trajéronlo á Jesus; y habiendo echado sus vestidos sobre el pollino[t], pusieron á Jesus encima[u].

[t] 2 Rey. 9. 13. [u] Juan 12. 14.

36 Y yendo él, tendian sus capas por el camino.

37 Y como llegasen ya cerca de la bajada del monte de las Olivas, toda la multitud de los discípulos, gozándose, comenzaron á alabar á Dios á gran voz por todas las maravillas que habian visto,

38 Diciendo: Bendito el rey que viene en nombre del Señor[v]: paz en cielo[x], y gloria en lo altísimo[y].

[v] Cap. 13. 35. Sal. 118. 26. [x] Col. 1. 20. [y] Cap. 2. 14.

39 Entónces algunos de los Fariséos de la compañía le dijeron: Maestro, reprende á tus discípulos.

40 Y él respondiendo, les dijo: Os digo que si estos callaren, las piedras clamarán[z].

[z] Hab. 2. 11.

41 ¶ Y como llegó cerca, viendo la ciudad, lloró sobre ella[a],

[a] Jer. 9. 1. y 13. 17. Juan 11. 35.

42 Diciendo: ¡Oh si tambien tú conocieses, á lo menos en este tu dia[b], lo que *toca* á tu paz! mas ahora está encubierto de tus ojos.

[b] Sal. 95. 7, 8. Heb. 3. 7, 13, 15.

43 Porque vendrán dias sobre tí, que tus enemigos te cercarán con baluarte; y te pondrán cerco, y de todas partes te pondrán en estrecho[c];

[c] Cap. 21. 20.

44 Y te derribarán á tierra, y á tus hijos, *los que están* dentro de tí[d]; y no dejarán sobre tí piedra sobre piedra[e]; por cuanto no conociste el tiempo de tu visitacion[f].

[d] Cap. 13. 34, 35. Mat. 23. 37, 38. [e] Mat. 24. 2. Mar. 13. 2. [f] Is. 55. 6.

45 ¶ Y entrando en el templo, comenzó á echar fuera á todos los que vendian y compraban en él[g],

[g] Mat. 21. 12, 13. Mar. 11. 15, 17. Juan 2. 15, 17.

46 Diciéndoles: Escrito está: Mi casa, casa de oracion es[h]; mas vosotros la habeis hecho cueva de ladrones[i].

[h] Is. 56. 7. [i] Jer. 7. 11.

47 ¶ Y enseñaba cada dia en el templo[k]; mas los príncipes de los sacerdotes, y los escribas, y los principales del pueblo procuraban matarle.

[k] Juan 18. 20.

48 Y no hallaban que hacerle, porque todo el pueblo estaba suspenso oyéndole.

CAPITULO XX.

Jesus confunde á los sacerdotes, y escribas. Parábola de los viñadores. Piedra angular. Tributo al César. Resurreccion de los muertos. Jesu-Cristo hijo y Señor de David. Soberbia y avaricia de los escribas.

Y ACONTECIÓ un dia, que enseñando él al pueblo en el templo, y anunciando el Evangelio[a], llegáronse los príncipes de los sacerdotes, y los escribas, con los ancianos,

[a] Mat. 21. 23, etc. Mar. 11. 27, etc.

2 Y le hablaron, diciendo: Dínos ¿con qué potestad haces estas cosas[b]? ¿ó quién es él que te ha dado esta potestad?

[b] Hech. 4. 7.

3 Respondiendo entónces Jesus, les dijo: Os preguntaré yo tambien una palabra; respondedme:

4 El bautismo de Juan, ¿era del cielo, ó de los hombres?

5 Mas ellos pensaban dentro de sí, diciendo: Si dijéremos: Del cielo; dirá: ¿Por qué pues no le creisteis?

6 Y si dijéremos: De los hombres; todo el pueblo nos apedreará; porque están ciertos que Juan era profeta[c].

[c] Mat. 14. 5.

7 Y respondieron, que no sabian de dónde *habia sido*.

8 Entónces Jesus les dijo: Ni yo os digo con qué potestad hago estas cosas.

9 ¶ Y comenzó á decir al pueblo esta parábola: Un hombre plantó una viña[d], y arrendóla á labradores, y se ausentó por mucho tiempo.

[d] Mat. 21. 33, etc. Mar. 12. 1, etc. Is. 5. 1, 7.

10 Y al tiempo envió un siervo á los labradores, para que le diesen del fruto de la viña; mas los labradores le hirieron, y enviaron vacío.

11 Y volvió á enviar otro siervo: mas ellos á este tambien herido y afrentado le enviaron vacío.

12 Y volvió á enviar al tercer siervo; mas ellos tambien á este echaron herido.

13 Entónces el señor de la viña dijo: ¿Qué haré? enviaré mi Hijo amado: quizás cuando á este vieren, tendrán respeto.

14 Mas los labradores viéndole, pensaron entre sí diciendo: Este es el heredero; venid, matémosle[e], para que la heredad sea nuestra.

[e] Mat. 27. 21, 25. Hech. 2. 23. y 3. 15.

15 Y echáronlo fuera de la viña, y *le* mataron. ¿Qué pues les hará el señor de la viña?

16 Vendrá, y destruirá á estos labradores, y dará su viña á otros[f]. Y como ellos *lo* oyeron, dijeron: Guarda.

[f] Hech. 13. 46, 47. Ro. 10. 19. y 11. 11.

17 Mas él mirándolos, dice: ¿Qué pues es lo que está escrito: La piedra que condenaron los edificadores, esta fué por cabeza de esquina[g]?

[g] Sal. 118. 22.

18 Cualquiera que cayere sobre aquella piedra será quebrantado[h]; mas sobre el que la piedra cayere, le desmenuzará[i].

[h] Cap. 2. 34. [i] Da. 2. 34, 35, 44.

19 Y procuraban los príncipes de los sacerdotes y los escribas echarle mano en aquella hora, porque entendieron que contra ellos habia dicho esta parábola; mas temieron al pueblo.

20 ¶ Y acechándo*le* enviaron espías que se simulasen justos, para sorprenderle en palabras[k], para que le entregasen al principado y á la potestad del presidente:

[k] Mat. 22. 15, etc. Mar. 12. 13, etc.

21 Los cuales le preguntaron, diciendo: Maestro, sabemos que dices y enseñas bien, y que no tienes respeto á persona; ántes enseñas el camino de Dios con verdad.

22 ¿Esnos lícito dar tributo á César, ó no?

23 Mas él, entendiendo la astucia de ellos, les dijo: ¿Por qué me tentais?

24 Mostradme la moneda. ¿De quién tiene la imágen y la inscripcion? Y respondiendo dijeron: de César.

25 Entónces les dijo: Pues dad á César lo que es de César[l]; y lo que es de Dios, á Dios.

[l] Ro. 13. 7.

26 Y no pudieron reprender sus palabras delante del pueblo, ántes maravillados de su respuesta, callaron.

27 ¶ Y llegándose unos de los Saducéos[m], los cuales niegan haber resurreccion[n], le preguntaron,

[m] Mat. 22. 23, etc. Mar. 12. 18, etc. [n] Hech. 23. 6, 8.

28 Diciendo: Maestro, Moisés nos escribió: Si el hermano de alguno muriere teniendo mujer, y muriere sin hijos, que su hermano tome la mujer, y levante simiente á su hermano[o].

[o] De. 25. 5, 8.

29 Fueron pues siete hermanos: y el primero tomó mujer, y murió sin hijos.

30 Y la tomó el segundo, el cual tambien murió sin hijos.

31 Y la tomó el tercero; asimismo tambien todos siete: y murieron sin dejar prole.

32 Y á la postre de todos murió tambien la mujer.

33 En la resurreccion, pues, ¿mujer de cuál de ellos será? porque los siete la tuvieron por mujer.

34 Entónces respondiendo Jesus, les

dijo: Los hijos de este siglo se casan, y son dados en casamiento:

35 Mas los que fueren tenidos por dignos de aquel siglo, y de la resurreccion de los muertos, ni se casan, ni son dados en casamiento:

36 Porque no pueden ya mas morir; porque son iguales á los ángeles, y son hijos de Dios[p], cuando son hijos de la resurreccion.

37 Y que los muertos hayan de resucitar, aun Moisés lo enseñó junto á la zarza[q], cuando dice al Señor: Dios de Abraham, y Dios de Isaac, y Dios de Jacob[r].

38 Porque Dios no es *Dios* de muertos, mas de vivos; porque todos viven *cuanto* á él.

39 Y respondiéndole unos de los escribas, dijeron: Maestro, bien has dicho.

40 Y no osaron mas preguntarle algo.

41 ¶ Y él les dijo: ¿Cómo dicen que el Cristo es hijo de David[s]?

42 Y el mismo David dice en el libro de los Salmos: Dijo el Señor á mi Señor: Siéntate á mi diestra,

43 Entretanto que pongo tus enemigos *por* estrado de tus piés[t].

44 Así que David le llama Señor: ¿cómo pues es su hijo?

45 ¶ Y oyéndolo todo el pueblo, dijo á sus discípulos:

46 Guardáos de los escribas[u], que quieren andar con ropas largas, y aman las salutaciones en las plazas, y las primeras sillas en las sinagogas[v], y los primeros asientos en las cenas:

47 Que devoran las casas de las viudas[x], poniendo por pretexto la larga oracion: estos recibirán mayor condenacion.

CAPITULO XXI.

De la ofrenda que hizo una pobre viuda. Prediccion de la ruina del templo. Señales que precederán á la destruccion de Jerusalem, y á la segunda venida de Jesus.

Y MIRANDO, vió los ricos que echaban sus ofrendas en el gazofilacio[a].

2 Y vió tambien una viuda pobrecilla, que echaba allí dos blancas.

3 Y dijo: De verdad os digo, que esta pobre viuda echó mas que todos[b].

4 Porque todos estos, de lo que les sobra echaron para las ofrendas de Dios; mas esta de su pobreza echó todo el sustento que tenia.

5 ¶ Y á unos que decian del templo, que estaba adornado de hermosas piedras y dones[c], dijo:

6 Estas cosas que veis, dias vendrán, que no quedará piedra sobre piedra que no sea destruida[d].

7 Y le preguntaron, diciendo: Maestro, ¿cuándo será esto? ¿Y qué señal *habrá* cuándo estas cosas hayan de comenzar á ser hechas?

8 Él entónces dijo: Mirad, no seais engañados[e]; porque vendrán muchos en mi nombre, diciendo: Yo soy, y el tiempo está cerca: por tanto no vayais en pos de ellos.

9 Empero cuando oyéreis guerras y sediciones, no os espanteis[f]; porque es necesario que estas cosas acontezcan primero: mas no luego *será* el fin.

10 ¶ Entónces les dijo: Se levantará gente contra gente, y reino contra reino:

11 Y habrá grandes terremotos en *varios* lugares, y hambres, y pestilencias; y habrá espantos, y grandes señales del cielo[g].

12 ¶ Mas ántes de todas estas cosas os echarán mano, y perseguirán entregándo*os* á las sinagogas, y á las cárceles[h], siendo llevados á los reyes[i] y á los gobernadores por causa de mi nombre.

13 Y os será *esto* para testimonio[k].

14 Poned pues en vuestros corazones no pensar ántes como habeis de responder[l].

15 Porque yo os daré boca y sabiduría, á la cual no podrán resistir ni contradecir todos los que se os opondrán[m].

16 Mas seréis entregados aun de vuestros padres, y hermanos, y parientes, y amigos[n]: y matarán á *alguno* de vosotros[o].

17 Y seréis aborrecidos de todos por causa de mi nombre[p].

18 Mas un pelo de vuestra cabeza no perecerá[q].

19 En vuestra paciencia poseeréis vuestras almas[r].

20 Y cuando viereis á Jerusalem cercada de ejércitos, sabed entónces que su destruccion ha llegado.

21 Entónces los que estuvieren en Judéa, huyan á los montes; y los que en medio de ella, váyanse; y los que *esten* en los campos, no entren en ella.

22 Porque estos son dias de venganza; para que se cumplan todas las cosas que están escritas[s].

23 Mas, ¡ay de las preñadas y de las que crian en aquellos dias! porque habrá apuro grande sobre *esta* tierra, é ira en este pueblo.

24 Y caerán á filo de espada, y serán llevados cautivos á todas las naciones: y Jerusalem será hollada de las gentes[t], hasta que los tiempos de las gentes[u] sean cumplidos.

25 ¶ Entónces habrá señales en el sol, y en la luna, y en las estrellas[v]; y en la tierra angustia de gentes[x] por la confusion del sonido de la mar y de las ondas:

26 Secándose los hombres á causa del temor y expectacion de las cosas que sobrevendrán á la redondez de la tierra: porque las virtudes de los cielos serán conmovidas[y].

27 Y entónces verán al Hijo del Hombre, que vendrá en una nube[z] con potestad y majestad grande.

28 Y cuando estas cosas comenzaren á hacerse, mirad, y levantad vuestras cabezas, porque vuestra redencion está cerca[a].

29 ¶ Y díjoles una parábola: Mirad la higuera y todos los árboles[b]:

30 Cuando ya brotan, viéndolo, de vosotros mismos entendeis que el verano está ya cerca.

31 Así tambien vosotros, cuando viereis hacerse estas cosas, entended que está cerca el reino de Dios.

32 De cierto os digo que no pasará esta generacion[c], hasta que todo sea hecho.

33 El cielo y la tierra pasarán, mas mis palabras no pasarán[d].

34 ¶ Y mirad por vosotros[e], que vuestros corazones no sean cargados de glotonería y embriaguez, y de los cuidados de esta vida; y venga de repente sobre vosotros aquel dia.

35 Porque como un lazo vendrá sobre todos los que habitan sobre la faz de toda la tierra[f].

36 Velad[g] pues orando en todo tiempo, que seais tenidos por dignos de evitar todas estas cosas que han de venir, y de estar en pié delante del Hijo del Hombre[h].

37 ¶ Y enseñaba de dia en el templo; y de noche saliendo, estábase en el monte que se llama de las Olivas[i].

38 Y todo el pueblo venia á él por la mañana, para oirle en el templo.

o. 8. 17.
Juan 3. 2.
a. 11. 2.
x. 3. 2, 6.
4. 22. 42.
r. 12. 36,
l. 110. 1.
b. 2. 34,
ar. 12. 38,
p. 11. 43.
10. 2.
t. 23. 14.
r. 12. 41.
o. 8. 12.
t. 24. 1,
r. 13. 1,
. 19. 44.
s. 2. 2, 3.
3. 26,
t. 24. 29.
h. 4. 3.
18.
. 4.
. 24.
2. 10.

i Hech. 25. 23.
k 2 Co. 2. 15, 16.
l Cap. 12. 11. Mat. 10. 19.
m Hech. 6. 10.
n Mi. 7. 5, 6.
o Hech. 7. 59. y 12. 2. y 26. 10. Ap. 2. 13. y 6. 9. y 12. 11.
p Juan 17. 14.
q Mat. 10. 30.
r Ro. 5. 3. Heb. 10. 36. Santº. 1. 4.
s De. 28. 25. Da. 9. 26.
t Da. 12. 7. Ap. 11. 2.
u Da. 2. 37, 44.
v ver. 11.
x Da. 12. 1.
y Is. 34. 4. Gen. 1. 16.
z Ap. 1. 7. y 14. 14.
a Ro. 8. 23.
b Mat. 24. 32. Mar. 13. 28.
c Pr. 30. 11, 14.
d Is. 40. 8. y 51. 6.
e Ro. 13. 12, 13. 1 Tes. 5. 6, 8. 1 Ped. 4. 7.
f 1 Tes. 5. 2. Ap. 16. 15.
g Mat. 24. 42. y 25. 13.
h Judas 24.
i Juan 8. 1, 2.

CAPITULO XXII.

Traicion de Judas. Cena pascual é institucion de la Eucaristía. Disputa de la primacía entre los Apóstoles. Predice Jesus la negacion de San Pedro. Oracion y agonías de Jesus en el huerto. Su prendimiento y ultrajes en casa del Pontífice.

[a] Mat. 26. 2. Mar. 14. 1, etc. Y ESTABA[a] cerca el dia de la fiesta
de los Azimos, que se llama la
Pascua.
2 Y los príncipes de los sacerdotes y
los escribas buscaban como le matarian;
mas tenian miedo del pueblo.
3 Y entró Satanás en Júdas, por sobre-
nombre Iscariote, el cual era uno del
[b] Mat. 26. 14. Mar. 14. 10. Juan 13. 2, 27. número de los doce[b];
4 ¶ Y fué, y habló con los príncipes
de los sacerdotes, y con los magistrados,
de como se lo entregaria.
5 Los cuales se holgaron, y concerta-
[c] Zac. 11. 12. ron de darle dinero[c].
6 Y prometió, y buscaba oportunidad
para entregarle á ellos sin bulla.
7 ¶ Y vino el dia de los ázimos, en el
cual era necesario matar *el cordero de* la
[d] Ex. XII. Pascua[d].
8 Y envió á Pedro, y á Juan, diciendo:
Id, aparejadnos *el cordero de* la Pascua,
para que comamos.
9 Y ellos le dijeron: ¿Dónde quieres
que aparejemos?
10 Y él les dijo: Hé aquí, cuando en-
tráreis en la ciudad, os encontrará un
hombre que lleva un cántaro de agua;
seguidle hasta la casa donde entráre,
11 Y decid al padre de la familia de la
casa: El Maestro te dice: ¿Dónde está
el aposento donde tengo de comer *el cor-
dero de* la Pascua con mis discípulos?
12 Entónces él os mostrará un gran
cenáculo aderezado; aparejad allí.
13 Fueron pues, y hallaron como les
habia dicho; y aparejaron *el cordero de*
la Pascua.
14 ¶ Y como fué hora, sentóse á la
[e] Mat. 26. 20. Mar. 14. 17. mesa[e], y con él los doce apóstoles.
15 Y les dijo: En gran manera he de-
seado comer con vosotros esta pascua
ántes que padezca;
16 Porque os digo que no comeré mas
de ella, hasta que se cumpla en el reino
[f] Cap. 14. 15. 1 Co. 5. 7, 8. Ap. 19. 9. de Dios[f].
17 Y tomando el vaso, habiendo dado
gracias, dijo: Tomad esto, y partid en-
tre vosotros;
18 Porque os digo, que no beberé mas
del fruto de la vid, hasta que el reino de
Dios venga.
[g] 1 Co. 10. 16. y 11. 24, etc. 19 Y tomando el pan[g], habiendo dado
gracias, partió, y les dió, diciendo: Esto
es mi cuerpo, que por vosotros es dado;
haced esto en memoria de mí.
20 Asimismo tambien *tomó y les dió* el
vaso, despues que hubo cenado, dicien-
do: Este vaso *es* el nuevo pacto en mi
sangre, que por vosotros se derrama.
21 Con todo eso hé aquí la mano del
[h] Sal. 41. 9. Juan 13. 26. que me entrega, conmigo en la mesa[h].
22 Y á la verdad el Hijo del Hombre
[i] Cap. 24. 46. Hech. 2. 23. y 4. 28. va, segun lo que está determinado[i];
empero ¡ay de aquel hombre por el cual
es entregado!
23 Ellos entónces comenzaron á pre-
guntar entre sí, cual de ellos seria el
que habia de hacer esto.
24 ¶ Y hubo entre ellos una contienda:
Quién de ellos parecia *que habia de ser*
[k] Cap. 9. 46. Mar. 9. 34. el mayor[k].
25 Entónces él les dijo: Los reyes de
[l] Mat. 20. 25. Mar. 10. 42. las gentes se enseñorean de ellas[l]; y los
que sobre ellas tienen potestad, son lla-
mados bienhechores:
[m] 1 Ped. 5. 3. 3 Juan 9, 10. 26 Mas vosotros, no así[m]; ántes el que
es mayor entre vosotros, sea como el
mas mozo; y el que es príncipe, como
él que sirve.
27 Porque ¿cuál es mayor, el que se
sienta á la mesa, ó el que sirve? ¿No
es el que se sienta á la mesa? y yo soy [n] Juan 13. 13, 14. Fi. 2. 7.
entre vosotros como el que sirve[n].
28 Empero vosotros sois los que habeis
permanecido conmigo en mis tentacio-
nes:
29 Yo pues os ordeno un reino, como
mi Padre me lo ordenó á *mí*,
30 Para que comais y bebais en mi
mesa[o] en mi reino[p]; y os senteis sobre [o] Ap. 19. 9.
tronos juzgando á las doce tribus de [p] Cap. 12. 32. Mat. 25. 34.
Israel[q].
31 ¶ Dijo tambien el Señor: Simon, [q] Mat. 19. 28. 1 Co. 6. 2. Ap. 2. 26.
Simon, hé aquí *que* Satanas os ha pedi-
do para zarandaros como á trigo;
32 Mas yo he rogado por tí que tu fé
no falte[r]; y tú, una vez vuelto, confir- [r] Juan 17. 9, 15. Heb. 7. 25.
ma á tus hermanos[s].
33 Y él le dijo: Señor, pronto estoy á [s] Sal. 51. 13. Juan 21. 15, 17.
ir contigo aun á cárcel, y á muerte.
34 Y él dijo: Pedro, te digo que el
gallo no cantará hoy ántes que *tú* nie-
gues tres veces que me conoces.
35 Y á ellos dijo: Cuando os envié sin
bolsa, y sin alforja, y sin zapatos[t], ¿os [t] Cap. 9. 3.
faltó algo? Y ellos dijeron: Nada.
36 Y les dijo: Pues ahora el que tiene
bolsa, tómela, y tambien la alforja; y
el que no tiene, venda su capa y compre
espada.
37 Porque os digo, que es necesario se
cumpla todavía en mí aquello que está
escrito: Y con los malos fué contado[u]: [u] Is. 53. 12.
porque lo que *está escrito* de mí, *es*
cumplimiento tiene.
38 Entónces ellos dijeron: Señor, hé
aquí dos espadas[v]. Y él les dijo: Basta. [v] Juan 12. 16.
39 ¶ Y saliendo, se fué, como solia, al
monte de las Olivas[x]; y sus discípulos [x] Mat. 26. 36. Mar. 14. 32, etc.
tambien le siguieron.
40 Y como llegó á aquel lugar, les
dijo: Orad que no entreis en tentacion.
41 Y él se apartó de ellos como un tiro
de piedra; y puesto de rodillas, oró,
42 Diciendo: Padre, si quieres, pasa
este vaso de mí; empero no se haga mi
voluntad, sino la tuya.
43 Y le apareció un ángel del cielo
confortándole[y]. [y] Mat. 4. 11.
44 Y estando en agonía, oraba mas in-
tensamente; y fué su sudor como gotas
de sangre que descendian hasta la tierra.
45 Y como se levantó de la oracion, y
vino á sus discípulos, hallólos durmien-
do de tristeza.
46 Y les dijo: ¿Por qué dormís? Le-
vantáos, y orad que no entreis en tenta-
cion[z]. [z] ver. 40.
47 ¶ Estando él aun hablando, hé aquí
una turba[a], y el que se llamaba Júdas, [a] Mat. 26. 47, etc. Mar. 14. 43, etc. Juan 18. 3, etc.
uno de los doce, iba delante de ellos; y
llegóse á Jesus para besarlo.
48 Entónces Jesus le dijo: Júdas,
¿con beso entregas al Hijo del Hombre?
49 Y viendo los que estaban con él lo
que habia de ser, le dijeron: Señor,
¿heriremos á cuchillo?
50 Y uno de ellos hirió á un siervo del
príncipe de los sacerdotes, y le quitó la
oreja derecha.
51 Entónces respondiendo Jesus, dijo:
Dejad hasta aquí. Y tocando su oreja,
le sanó.
52 Y Jesus dijo á los que habian veni-
do á él, *de* los príncipes *de* los sacerdo-
tes, y *de* los magistrados del templo, y *de*
los ancianos: ¿Cómo á ladron habeis
salido con espadas y con palos?
53 Habiendo estado con vosotros cada
dia en el templo, no extendisteis las
manos contra mí: mas esta es vuestra
hora[b], y la potestad de las tinieblas. [b] Job 20. 5. Juan 12. 27.

54 Y prendiéndole, trajéronlo, y metiéronle en casa del príncipe de los sacerdotes. Y Pedro le seguia de léjos.

55 ¶ Y habiendo encendido fuego en medio de la sala, y sentándose todos alrededor, se sentó tambien Pedro entre ellos.

56 Y como una criada le vió que estaba sentado al fuego [c], fijóse en él, y dijo: Y este con él estaba.

57 Entónces él lo negó, diciendo: Mujer, no le conozco.

58 Y un poco despues viéndole otro, dijo: Y tú de ellos eras. Y Pedro dijo: Hombre, no soy.

59 Y como una hora pasada, otro afirmaba diciendo: Verdaderamente tambien este estaba con él; porque es Galiléo.

60 Y Pedro dijo: Hombre, no sé qué dices. Y luego, estando aun él hablando, el gallo cantó.

61 Entónces, vuelto el Señor, miró á Pedro; y Pedro se acordó de la palabra del Señor, como le habia dicho [d]: Antes que el gallo cante me negarás tres veces [e].

62 Y saliendo fuera Pedro, lloró amargamente [f].

63 Y los hombres que tenian á Jesus, se burlaban de él hiriéndole [g].

64 Y cubriéndolo, herian su rostro, y preguntábanle, diciendo: Profetiza quién es el que te hirió.

65 Y decian otras muchas cosas injuriándole.

66 ¶ Y cuando fué de dia [h], se juntaron los ancianos del pueblo, y los príncipes de los sacerdotes, y los escribas [i], y le trajeron á su concilio,

67 Diciendo: ¿ Eres tú el Cristo? dínoslo [k]. Y les dijo: Si os *lo* dijere, no creeréis;

68 Y tambien si *os* preguntare, no me responderéis, ni *me* soltaréis:

69 Mas despues de ahora el Hijo del Hombre se asentará á la diestra de la potencia de Dios [l].

70 Y dijeron todos: ¿ Luego tú eres hijo de Dios? Y él les dijo: Vosotros *lo* decís que yo soy.

71 Entónces ellos dijeron: ¿ Qué mas testimonio deseamos? porque nosotros *lo* hemos oido de su boca.

CAPITULO XXIII.

Jesu-Cristo es acusado delante de Pilato; enviado á Heródes; pospuesto á Barrabas; entregado á los Judíos; crucificado é insultado. Título de la cruz. Del buen ladron. Tinieblas. Muerte del Señor. Confesion del centurion, y sepultura de Jesus.

LEVANTÁNDOSE entónces toda la multitud de ellos, lleváronle á Pilato [a].

2 Y comenzaron á acusarle diciendo: A este hemos hallado que pervierte la nacion [b], y que veda dar tributo á César [c], diciendo que él es el Cristo, el rey [d].

3 Entónces Pilato le preguntó, diciendo: ¿ Eres tú el rey de los Judíos? Y respondiéndole él, dijo: Tú *lo* dices [e].

4 Y Pilato dijo á los príncipes de los sacerdotes, y á las gentes: Ninguna culpa hallo en este hombre [f].

5 Mas ellos porfiaban, diciendo: Alborota al pueblo, enseñando por toda Judéa, comenzando desde Galiléa hasta aquí.

6 Entónces Pilato, oyendo *hablar* de Galiléa, preguntó si el hombre era Galiléo.

7 Y como entendió que era de la jurisdiccion de Heródes [g], le remitió á Heródes, el cual tambien estaba en Jerusalem en aquellos dias.

8 ¶ Y Heródes, viendo á Jesus, holgóse mucho, porque hacia mucho *tiempo* que deseaba verle [h]; porque habia oido de él muchas cosas [i], y tenia esperanza que le veria hacer alguna señal.

9 Y le preguntaba con muchas palabras; mas él nada le respondió [k].

10 Y estaban los príncipes de los sacerdotes y los escribas acusándole con gran porfía.

11 Mas Heródes con ‖ su corte le menospreció [l], y escarneció, vistiéndole de una ropa rica [m]; y volvióle á enviar á Pilato.

12 Y fueron hechos amigos entre sí Pilato y Heródes en el mismo dia [n]; porque ántes eran enemigos entre sí.

13 ¶ Entónces Pilato, convocando los príncipes de los sacerdotes, y los magistrados, y el pueblo,

14 Les dijo: Me habeis presentado á este por hombre que desvia al pueblo; y hé aquí, preguntando yo delante de vosotros, no he hallado alguna culpa en este hombre de aquellas de que le acusais [o].

15 Y ni aun Heródes; porque os remití á él, y hé aquí que ninguna cosa digna de muerte ha hecho.

16 Le soltaré pues castigado.

17 Y ‖ tenia necesidad de soltarles uno en cada fiesta.

18 Mas toda la multitud dió voces á una diciendo: Quita á este *la vida*, y suéltanos á Barabas:

19 El cual habia sido echado en la cárcel por una sedicion hecha en la ciudad, y una muerte [p].

20 Y hablóles otra vez Pilato, queriendo soltar á Jesus.

21 Pero ellos volvieron á dar voces diciendo: Crucifícale, Crucifícale.

22 Y él les dijo la tercera vez: ¿ Pues qué mal ha hecho este? ninguna culpa de muerte he hallado en él: le castigaré, pues, y soltarélo.

23 Mas ellos instaban á grandes voces [q], pidiendo que fuese crucificado; y las voces de ellos y de los príncipes de los sacerdotes crecian.

24 Entónces Pilato juzgó que se hiciese lo que ellos pedian [r].

25 Y les soltó á aquel que habia sido echado en la cárcel por sedicion y una muerte, al cual habian pedido [s]; y entregó á Jesus á la voluntad de ellos.

26 ¶ Y llevándole [t], tomaron á un Simon, Cirenéo, que venia del campo, y le pusieron encima la cruz para que la llevase tras Jesus.

27 Y le seguia una grande multitud de pueblo, y de mujeres, las cuales le lloraban, y lamentaban.

28 Mas Jesus, vuelto á ellas, les dice: Hijas de Jerusalem, no me lloreis á mí, mas llorad por vosotras mismas, y por vuestros hijos.

29 Porque hé aquí que vendrán dias en que dirán [u]: Bienaventuradas las estériles, y los vientres que no engendraron, y los pechos que no criaron.

30 Entónces comenzarán á decir á los montes [v]: Caed sobre nosotros: y á los collados: Cubridnos.

31 Porque si en el árbol verde hacen estas cosas, ¿ en el seco, qué se hará [x]?

32 Y llevaban tambien con él otros dos, malhechores [y], á ser muertos.

33 Y como vinieron al lugar que se llama de la Calavera, le crucificaron allí, y á los malhechores, uno á la derecha, y otro á la izquierda.

34 Y Jesus decia: Padre, perdónalos [z];

[c] Mat. 26.69, etc. Mar. 14.66, etc. Juan 18.17.
[d] Mat. 26.75. Mar. 14.72. Juan 13.38.
[f] Sal. 130. 4. 2 Co. 7. 10.
[g] Mat. 26.67. Mar. 14.65.
[h] Mat. 27. 1.
[i] Hech. 4. 26.
[k] Mat. 26.63. Mar. 14.61.
[l] Heb. 1. 3. Ap. 3. 21.
[a] Mat. 27. 2, etc. Mar. 15. 1, Juan 18.28.
[b] Heb. 16.20, 17. 6, 7.
[c] Mat. 17.27. Mar. 12.17.
[d] Juan 18.
[e] 1 Ti. 6. 13.
[f] Juan 18. 38. 19. 4.
[g] Cap. 3. 1.

[h] Cap. 9. 9.
[i] Mat. 14. 1. Mar. 6. 14.
[k] Sal. 38. 13, 14.
‖ *Con su ejército.*
[l] Is. 49. 7.
[m] Juan 19.5.
[n] Hech. 4.27.
[o] ver. 4.
‖ *Este verso no se halla en varios ejemplares antiguos.*
[p] Hech. 3.14.
[q] ver. 5. Sal. 22. 12.
[r] Ex. 23. 2.
[s] ver. 19.
[t] Mat. 27, 32, etc. Mar. 15. 21, etc. Juan 19.17.
[u] Cap. 21.23. Mat. 24. 19.
[v] Os. 10. 8. Ap. 6. 16.
[x] Ez. 20. 47. y 21. 4. Pro. 11. 31. 1 Ped. 4. 17.
[y] Is. 53. 12.
[z] Mat. 5. 44. Hech. 7. 60. 1 Co. 4. 12.

[a] Hech. 3. 17.
porque no saben lo que hacen [a]. Y partiendo sus vestidos, echaron suertes.

[b] Sal. 22. 7.
35 Y el pueblo estaba mirando: y se burlaban [b] *de él* los príncipes con ellos, diciendo: Á otros hizo salvos; sálvese á sí, si este es el Mesías, el Escogido de Dios.

36 Escarnecian de él tambien los soldados, llegándose y presentándole vinagre,

37 Y diciendo: Si tú eres el rey de los Judíos, sálvate á tí mismo.

38 Y habia tambien sobre él un título escrito con letras griegas, y latinas, y hebráicas: ESTE ES EL REY DE LOS JUDIOS.

39 Y uno de los malhechores que estaban colgados, le injuriaba, diciendo: Si tú eres el Cristo, sálvate á tí mismo y á nosotros.

40 Y respondiendo el otro, reprendióle diciendo: ¿ Ni aun tú temes á Dios, estando en la misma condenacion?

41 Y nosotros á la verdad, justamente *padecemos*; porque recibimos lo que merecieron nuestros hechos; mas este ningun mal hizo.

42 Y dijo á Jesus: Señor, Acuérdate de mí, cuando vinieres á tu reino.

[c] 2 Co. 12. 4. Ap. 2. 7.
43 Entónces Jesus le dijo: De cierto te digo que hoy estarás conmigo en el Paraiso [c].

44 Y cuando era como la hora de sexta fueron hechas tinieblas sobre toda la tierra hasta la hora de nona.

[d] Heb. 10. 20.
45 Y el sol se oscureció, y el velo [d] del templo se rompió por medio.

[e] Sal. 31. 5.
[f] Mat. 27. 50, etc. Mar. 15. 37, etc. Juan 19. 30.
46 Entónces Jesus, clamando á gran voz, dijo: Padre, en tus manos encomiendo mi espíritu [e]. Y habiendo dicho esto, expiró [f].

47 ¶ Y como el centurion vió lo que habia acontecido, dió gloria á Dios diciendo: Verdaderamente este hombre era justo.

48 Y toda la multitud de los que estaban presentes á este espectáculo, viendo lo que habia acontecido, se volvian hiriendo sus pechos.

49 Mas todos sus conocidos, y las mujeres que le habian seguido desde Galiléa, estaban de léjos mirando estas cosas.

50 Y hé aquí un varon llamado José, el cual era senador, varon bueno y justo,

[g] Cap. 2. 25, 38. Mar. 15. 43.
51 El cual no habia consentido en el consejo ni en los hechos de ellos, de Arimatéa, ciudad de la Judéa, el cual tambien esperaba el reino de Dios [g],

52 Este llegó á Pilato, y pidió el cuerpo de Jesus.

[h] Is. 53. 9.
53 Y quitado, le envolvió en una sábana; y le puso en un sepulcro abierto en una peña [h], en el cual ninguno habia aun sido puesto.

† Gr. *De la preparacion.*
54 Y era dia de la víspera † *de la Pascua*; y estaba para rayar el Sábado.

[i] ver. 49. Cap. 8. 2.
55 Y las mujeres [i] que con él habian venido de Galiléa, siguieron tambien, y vieron el sepulcro, y como fué puesto su cuerpo.

[k] Ex. 20. 8, 10.
56 Y vueltas, aparejaron *drogas* aromáticas, y ungüentos; y reposaron el Sábado, conforme al mandamiento [k].

CAPITULO XXIV.

Jesus resucita. Van al sepulcro las piadosas mujeres. Incredulidad de los apóstoles. Discípulos que van á Emmaús. Aparécese á los apóstoles; les promete el Espíritu Santo, y sube á los cielos.

[a] Mat. 28. 1, etc. Mar. 16. 2, etc. Juan 20. 1, etc.
Y EL primer *dia* de la semana [a], muy de mañana, vinieron al sepulcro, trayendo las *drogas* aromáticas que habian aparejado; y algunas *otras mujeres* con ellas.

2 Y hallaron la piedra revuelta *de la puerta* del sepulcro.

3 Y entrando no hallaron el cuerpo del Señor Jesus.

[b] Juan 20. 12. Hech. 1. 10.
4 Y aconteció que estando ellas espantadas de esto, hé aquí se pararon junto á ellas [b] dos varones con vestiduras resplandecientes:

[c] Ap. 1. 18.
5 Y como tuviesen ellas temor, y bajasen el rostro á tierra, les dijeron: ¿ Por qué buscais entre los muertos al que vive [c]?

6 No está aquí, mas ha resucitado: acordáos de lo que os habló, cuando aun estaba en Galiléa,

[d] Cap. 9. 22. Mat. 16. 21. y 17. 22, 23. Mar. 8. 31. y 9. 31. Juan 2. 22.
7 Diciendo [d]: Es menester que el Hijo del Hombre sea entregado en manos de hombres pecadores, y que sea crucificado, y resucite al tercer dia.

8 Entónces ellas se acordaron de sus palabras.

9 Y volviendo del sepulcro, dieron nuevas de todas estas cosas á los Once, y á todos los demás.

[e] Cap. 8. 3.
‖ *Santiago.*
10 Y eran María Magdalena, y Juana [e], y María *madre* de Jacobo ‖, y las demás *que estaban* con ellas, las que dijeron estas cosas á los apóstoles.

[f] 2 Rey. 7. 2. Hech. 12. 9, 15.
11 Mas á ellos les parecian como locura [f] las palabras de ellas, y no las creyeron.

[g] Juan 20. 3, 6.
12 Pero levantándose Pedro, corrió al sepulcro [g]; y como miró dentro, vió solo los lienzos *allí* echados, y se fué maravillándose de lo que habia sucedido.

[h] Mar. 16. 12.
13 ¶ Y hé aquí, dos de ellos iban el mismo dia á una aldéa que estaba de Jerusalem sesenta estadios, llamada Emmaus [h];

14 E iban hablando entre sí de todas aquellas cosas que habian acaecido.

15 Y aconteció, que yendo hablando entre sí, y preguntándose el uno al otro, el mismo Jesus se llegó é iba con ellos juntamente.

[i] Juan 20. 14, 15. y 21. 4.
16 Mas los ojos de ellos estaban embargados, para que no le conociesen [i].

17 Y díjoles: ¿ Qué pláticas son estas que tratais entre vosotros andando, y estais tristes?

[k] Juan 19. 25.
18 Y respondiendo el uno, que se llamaba Cleofas [k], le dijo: ¿ Tú solo peregrino eres en Jerusalem, y no has sabido las cosas que en ella han acontecido estos dias?

[l] Cap. 7. 16.
[m] Hech. 7. 22.
19 Entónces él les dijo: ¿ Qué? Y ellos le dijeron: De Jesus Nazareno, el cual fué varon profeta [l], poderoso en obra y en palabra [m] delante de Dios y de todo el pueblo:

[n] Hech. 13. 27, 28.
20 Y como le entregaron los príncipes de los sacerdotes, y nuestros príncipes á condenacion de muerte, y le crucificaron [n].

[o] Cap. 1. 68. Hech. 1. 6.
21 Mas nosotros esperábamos que él era el que habia de redimir á Israel [o]; y ahora sobre todo esto, hoy es el tercer dia que esto ha acontecido.

[p] ver. 9, 10.
22 Aunque tambien unas mujeres de los nuestros nos han espantado [p], las cuales ántes del dia fueron al sepulcro;

23 Y no hallando su cuerpo, vinieron, diciendo que tambien habian visto vision de ángeles, los cuales dijeron que él vive.

[q] ver. 12.
24 Y fueron algunos de los nuestros al sepulcro, y hallaron *ser* así como las mujeres habian dicho [q]; mas á él no le vieron.

25 Entónces él les dijo: ¡ Oh insensatos, y tardos de corazon para creer todo lo que los profetas han dicho!

[r] ver. 46. Heb. 12. 2.
[s] 1 Ped. 1. 11.
26 ¿ No era necesario que el Cristo padeciera estas cosas [r], y que entrará así en su gloria [s]?

27 Y comenzando desde Moisés [t], y de
todos los Profetas, declarábales *esto* en
todas las escrituras que de él *habla-
ban*.
28 Y llegaron á la aldéa á donde iban;
y él hizo como que iba mas léjos [u].
29 Mas ellos le detuvieron por fuerza,
diciendo: Quédate con nosotros, porque
se hace tarde, y el dia ya ha declinado.
Entró pues á estarse con ellos.
30 Y aconteció, que estando sentado
con ellos á la mesa, tomando el pan,
bendijo [v], y partió, y dióles.
31 Entónces fueron abiertos los ojos de
ellos, y le conocieron; mas él se desapa-
reció de los ojos de ellos.
32 Y decian el uno al otro: ¿No ardia
nuestro corazon en nosotros [x], mientras
nos hablaba en el camino, y cuando nos
abria las Escrituras?
33 Y levantándose en la misma hora,
tornáronse á Jerusalem, y hallaron á los
Once reunidos, y á los que eran con
ellos,
34 Que decian: Ha resucitado el Señor
verdaderamente, y ha aparecido á Si-
mon [y].
35 Entónces ellos contaban las cosas
que *les habian acontecido* en el camino, y
como habia sido conocido de ellos al
partir el pan.
36 ¶ Y entretanto que ellos hablaban
estas cosas, Jesus se puso en medio de
ellos [z], y les dijo: Paz *sea* á vosotros.
37 Entónces ellos espantados, y asom-
brados, pensaban que veian *algun* es-
píritu [a].
38 Mas él les dice: ¿Por qué estais
turbados, y suben pensamientos á vues-
tros corazones?
39 Mirad mis manos y mis piés, que
yo mismo soy. Palpad, y ved: que el
espíritu ni tiene carne ni huesos, como
veis que yo tengo.
40 Y en diciendo esto, les mostró las
manos y los piés.
41 Y no creyéndolo aun ellos de gozo [b],
y maravillados, díjoles: ¿Teneis aquí
algo de comer [c]?
42 Entónces ellos le presentaron parte
de un pez asado, y un panal de miel.
43 Y él tomó, y comió delante de
ellos [d].
44 ¶ Y les dijo: Estas son las palabras
que os hablé, estando aun con vosotros:
Que era necesario que se cumpliesen to-
das las cosas que están escritas [e] de mí
en la ley de Moisés, y en los Profetas, y
en los Salmos [f].
45 Entónces les abrió el sentido, para
que entendiesen las Escrituras.
46 Y díjoles: Así está escrito, y así
fué necesario que el Cristo padeciese [g], y
resucitase de los muertos al tercer dia;
47 Y que se predicase en su nombre
el arrepentimiento y la remision de pe-
cados [h] en todas las naciones, comen-
zando de Jerusalem.
48 Y vosotros sois testigos de estas
cosas [i].
49 Y hé aquí, yo enviaré la promesa
de mi Padre sobre vosotros [k]: mas vos-
otros asentad en la ciudad de Jerusa-
lem, hasta que seais investidos de poten-
cia [l] de lo alto.
50 ¶ Y sacólos fuera hasta Betania, y
alzando sus manos los bendijo.
51 Y aconteció que bendiciéndoles, se
fué de ellos, y era llevado arriba al
cielo [m].
52 Y ellos, despues de haberle adorado,
se volvieron á Jerusalem con gran gozo:
53 Y estaban siempre en el templo, ala-
bando y bendiciendo á Dios [n]. Amen ‖.

44.
3.22.
6.48.
4.19.
3.
5.
4.
).
'.

[b] Gen. 45. 26.
[c] Juan 21. 5.
[d] Hech. 10. 41.
[e] Hech. 3. 18. y 13. 27, 33.
[f] Sal. XXII. y CX, etc.
[g] Is. 53. 5.
[h] Hech. 5. 31. y 13. 38.
[i] Hech. 1. 8.
[k] Juan 14. 16. y 15. 26. Hech. 1. 4.
[l] Hech. 1. 8. y 2. 1, 21.
[m] Hech. 1. 9. Heb. 4. 14.
[n] Hech. 2. 46, 47. y 5. 42.
‖ "Amen" *no se halla en varios ejemplares antiguos.*

EL SANTO EVANGELIO DE NUESTRO SEÑOR JESU-CRISTO SEGUN

S. JUAN.

CAPITULO I.

Generacion eterna del Verbo. Su encarnacion. Testimonio de Juan Bautista. Primera vocacion de los primeros discípulos.

EN el principio *ya* era el Verbo [a], y el
Verbo era con Dios [b], y el Verbo [c]
era Dios.
2 Este era en el principio con Dios.
3 Todas las cosas por él fueron he-
chas [d]; y sin él nada de lo que es he-
cho, fué hecho.
4 En él estaba la vida [e], y la vida era
la luz de los hombres [f].
5 Y la luz en las tinieblas resplan-
dece [g]; mas las tinieblas no la compren-
dieron [h].
6 ¶ Fué un hombre enviado de Dios,
el cual se llamaba Juan [i].
7 Este vino por testimonio, para que
diese testimonio de la Luz, para que
todos creyesen por él.
8 No era él la Luz, sino para que
diese testimonio de la Luz [k].
9 ¶ *Aquel Verbo* era la Luz verdadera,
que alumbra á todo hombre que viene
á este mundo [l].
10 En el mundo estaba, y el mundo
fué hecho por él, y el mundo no le co-
noció [m].
11 A lo *que era* suyo vino, y los suyos
no le recibieron [n].
12 Mas á todos los que le recibieron,
dióles potestad de ser hechos hijos de
Dios, á los que creen en su nombre [o]:
13 Los cuales no son engendrados de
sangre, ni de voluntad de carne, ni de
voluntad de varon, mas de Dios [p].
14 Y aquella Palabra fué hecha carne [q],
y habitó entre nosotros; y vimos su glo-
ria [r], gloria como del Unigénito del Pa-
dre, lleno de gracia y de verdad [s].
15 ¶ Juan dió testimonio de él, y cla-
mó diciendo: Este es del que *yo* decia:
El que viene tras mí, es ántes de mí [t];
porque es primero que yo.
16 Y de su plenitud tomamos todos, y
gracia por gracia [u].
17 Porque la ley por Moisés fué dada;
mas la gracia y la verdad por Jesu Cristo
fué hecha [v].
18 A Dios nadie le vió jamás [x]: el
Unigénito Hijo, que está en el seno del
Padre, él *nos le* declaró [y].
19 ¶ Y este es el testimonio de Juan [z],
cuando los Judíos enviaron de Jerusa-
lem sacerdotes y Levitas, que le pregun-
tasen, ¿Tú, quién eres?
20 Y confesó, y no negó; mas declaró:
No soy yo el Cristo [a].
21 Y le preguntaron, ¿Qué pues?
¿Eres tú Elías? Dijo: No soy. ¿Eres
tú *el* Profeta [b]: Y respondió: No.

A. D. 26.

[o] Ga. 3. 26.
[p] Cap. 3. 5. Sant°. 1. 18. 1 Ped. 1. 23.
[q] Lu. 1. 35. 1 Ti. 3. 16.
[r] 1 Juan 1. 1, 2.
[s] Sal. 45. 2.
[t] Mat. 3. 11, etc.
[u] Col. 2. 10.
[v] Sal. 85. 10. Ro. 5. 21.
[x] Ex. 33. 20. 1 Ti. 6. 16.
[y] 1 Juan 4. 9.
[z] Lu. 3. 15.
[a] Hech. 13. 25.
[b] Cap. 6. 14. y 7. 40. Deu. 18. 15.

22 Dijéronle, pues, ¿Quién eres? para que demos respuesta á los que nos enviaron. ¿Qué dices de tí mismo?

23 Dijo: Yo[c], voz del que clama en el desierto: Enderezad el camino del Señor, como dijo Isaías profeta[d].

24 Y los que habian sido enviados eran de los Fariséos.

25 Y preguntáronle, y dijéronle: ¿Por qué, pues, bautizas, si tú no eres el Cristo, ni Elías, ni profeta?

26 Y Juan les respondió, diciendo: Yo bautizo con agua, mas en medio de vosotros ha estado, á quien vosotros no conoceis.

27 Este es el que ha de venir tras mí, el cual es ántes de mí; del cual yo no soy digno de desatar la corréa del zapato.

28 Estas cosas acontecieron en Bethabara, de la otra parte del Jordan, donde Juan bautizaba.

29 ¶ El siguiente dia ve Juan á Jesus que venia á él, y dice: Hé aquí el Cordero de Dios[e], que quita el pecado del mundo[f].

30 Este es del que dije: Tras mí viene un varon, el cual es ántes de mí; porque era primero que yo.

31 Y yo no le conocia: mas para que fuese manifestado á Israel, por eso vine yo bautizando con agua.

32 Y Juan dió testimonio, diciendo: Ví al Espíritu que descendia del cielo como paloma, y reposó sobre él.

33 Y yo no le conocia; mas el que me envió á bautizar con agua, aquel me dijo: Sobre quien vieres descender el Espíritu, y que reposa sobre él, este es el que bautiza con Espíritu Santo[g].

34 Y yo *le* ví, y he dado testimonio que este es el Hijo de Dios.

35 ¶ El siguiente dia otra vez estaba Juan, y dos de sus discípulos.

36 Y mirando á Jesus que andaba *por allí*, dijo: Hé aquí el Cordero de Dios.

37 Y oyéronle los dos discípulos hablar, y siguieron á Jesus.

38 ¶ Y volviéndose Jesus, y viéndoles seguir*le*, díceles: ¿Qué buscais? Y ellos le dijeron: Rabí, (que declarado, quiere decir, Maestro,) ¿dónde moras?

39 Díceles: Venid, y ved. Vinieron, y vieron donde moraba, y quedáronse con él aquel dia: porque era como la hora de las diez.

40 Era Andres, hermano de Simon Pedro, uno de los dos que habian oido de Juan, y le habian seguido.

41 Este halló primero á su hermano Simon, y díjole: Hemos hallado al Mesías, (que declarado, es el Cristo ‖).

42 Y le trajo á Jesus. Y mirándole Jesus, dijo: Tú eres Simon, hijo de Jonás; tú serás llamado Cefas[h], (que quiere decir, Piedra.)

43 ¶ El dia siguiente quiso Jesus ir á Galiléa; y halla á Felipe, al cual dijo: Sígueme.

44 Y era Felipe de Betsaida, la ciudad de Andres y de Pedro.

45 Felipe halló á Natanael[i], y dícele: Hemos hallado á aquel de quien escribió Moisés en la Ley[k], y *tambien* los profetas[l]; á Jesus, el hijo de José, de Nazaret.

46 Y díjole Natanael: ¿De Nazaret puede haber algo de bueno[m]? Dícele Felipe: Vén, y vé.

47 Jesus vió venir á sí á Natanael, y dijo de él: Hé aquí un verdadero Israelita, en el cual no hay engaño[n].

48 Dícele Natanael, ¿De dónde me conoces? Respóndele Jesus, y díjole: Antes que Felipe te llamára, cuando estabas debajo de la higuera, te ví[o].

49 Respondió Natanael, y díjole: Rabí, tú eres el Hijo de Dios[p]; tú eres el Rey de Israel.

50 Respondió Jesus, y díjole: Porque te dije, Víte debajo de la higuera, crees: cosas mayores que estas verás.

51 Y dícele: De cierto, de cierto os digo: De aquí adelante vereis el cielo abierto[q], y los ángeles de Dios que suben y descienden sobre el Hijo del hombre[r].

[c] Cap. 3. 28. Mat. 3. 3. Mar. 1. 3. Lu. 3. 4.
[d] Is. 40. 3.
[e] Ex. 12. 3. Is. 53. 7, 11. 1 Ped. 1. 19. Ap. 5. 6.
[f] Cap. 11. 52. Hech. 13. 39. 1 Juan 2. 2.
[g] Hech. 1. 5. y 2. 4.
‖ *El Ungido.* Sal. 2. 2. y 45. 7. Is. 61. 1. Da. 9. 25, 26.
[h] Mat. 16. 18.
[i] Lu. 6. 14.
[k] Gen. 3. 15. y 49. 10. Deu. 18. 18.
[l] Is. 7. 14. y 9. 6. y 53. 2. Da. 9. 25. Mi. 5. 2. Zac. 6. 12. y 9. 9. Lu. 24. 27, 44.
[m] Cap. 7. 41.
[n] Sal. 32. 2. Ro. 2. 28, 29.
[o] Sal. 139. 1, 2.
[p] Cap. 20. 28. Mat. 14. 33.
[q] Ez. 1. 1.
[r] Gen. 28. 12.

CAPITULO II.

Bodas de Caná, donde Jesus convierte el agua en vino. Arroja con un azote á los negociantes del Templo. Anuncia su resurreccion. Obra varios milagros.

Y AL tercer dia[a] hiciéronse unas bodas en Caná de Galiléa[b]; y estaba allí la madre de Jesus.

2 Y fué tambien llamado Jesus y sus discípulos á las bodas.

3 Y faltando el vino, la madre de Jesus le dijo: Vino no tienen.

4 Y dícele Jesus: ¿Qué tengo yo contigo, mujer? aun no ha venido mi hora[c].

5 Su madre dice á los que servian: Haced todo lo que os dijere.

6 Y estaban allí seis tinajuelas de piedra para agua, conforme á la purificacion de los Judíos, que cabian en cada una dos ó tres cántaros.

7 Díceles Jesus: Henchid estas tinajuelas de agua. E hinchiéronlas hasta arriba.

8 Y díceles: Sacad ahora, y presentad al maestresala. Y presentáron*le*.

9 Y como el maestresala gustó el agua hecha vino, que no sabia de donde era, (mas lo sabian los sirvientes, que habian sacado el agua), el maestresala llama al esposo,

10 Y dícele: Todo hombre pone primero el buen vino; y cuando están satisfechos, entónces lo que es peor: mas tú has guardado el buen vino hasta ahora.

11 Este principio de señales hizo Jesus en Caná de Galiléa, y manifestó su gloria[d]; y sus discípulos creyeron en él.

12 ¶ Despues de esto descendió á Capernaum, él, y su madre, y hermanos, y discípulos; y estuvieron allí no muchos dias.

13 ¶ Y estaba cerca la Pascua de los Judíos[e]; y subió Jesus á Jerusalem[f].

14 Y halló en el templo los que vendian bueyes y ovejas, y palomas, y los cambiadores sentados[g].

15 Y hecho un azote de cuerdas, echólos á todos del templo, y las ovejas, y los bueyes; y derramó los dineros de los cambiadores, y trastornó las mesas.

16 Y á los que vendian las palomas dijo: Quitad de aquí esto; y no hagais la casa de mi Padre casa de mercado.

17 Entónces se acordaron sus discípulos que está escrito: El celo de tu casa me comió[h].

18 Y los Judíos respondieron, y dijéronle: ¿Qué señal nos muestras[i] de que haces esto?

19 Respondió Jesus, y díjoles: Destruid este templo, y en tres dias le levantaré.

20 Dijeron luego los Judíos: En cuarenta y seis años fué este templo edificado, ¿y tú en tres dias le levantarás[k]?

21 Mas él hablaba del templo de su cuerpo[l].

22 Por tanto cuando resucitó de los muertos, sus discípulos se acordaron que les habia dicho esto[m]; y creyeron á la

[a] Cap. 1. 43.
[b] Cap. 4. 46.
[c] Cap. 7. 6.
[d] Cap. 1. 14.
[e] Ex. 12. 14.
[f] ver. 23. Cap. 5. 1. y 6. 4. y 11. 55.
[g] Mat. 21. 12. Mar. 11. 15. Lu. 19. 45.
[h] Sal. 69. 9.
[i] Cap. 6. 30. Mat. 12. 38. etc.
[k] Mat. 26. 61. y 27. 40.
[l] Col. 2. 9.
[m] Lu. 24. 8.

Escritura, y á la palabra que Jesus ha-
bia dicho.
23 ¶ Y estando en Jerusalem en la
Pascua, en el dia de la fiesta, muchos
creyeron en su nombre, viendo las se-
ñales que hacia.
24 Mas el mismo Jesus no se confiaba
á sí mismo de ellos, porque él conocia
. 23. 9. á todos [u]:
17. 9, 25 Y no tenia necesidad que alguien le
diese testimonio del hombre; porque él
3. 4. sabia lo que habia en el hombre.
. 1. 24.
. 23.

CAPITULO III.

Instruye Jesus á Nicodemo sobre la necesidad de la regeneracion. Juan Bautista desengaña á sus discípulos del concepto errado que formaban sobre su bautismo, y sobre el bautismo y la persona de Jesus. Declara que Jesu-Cristo es el esposo, y él su amigo.

Y HABIA un hombre de los Fari-
50. séos que se llamaba Nicodemo [a],
. príncipe de los Judíos.
13. 2 Este vino á Jesus de noche [b], y dí-
jole: Rabí, sabemos que has venido de
Dios *por* Maestro; porque nadie puede
hacer estas señales que tú haces, si no
16, fuere Dios con él [c].
3 Respondió Jesus, y díjole: De cier-
22. to, de cierto te digo, que el que no na-
ciere otra vez [d], no puede ver el reino
3. de Dios.
4 Dícele Nicodemo: ¿Cómo puede el
hombre nacer, siendo viejo? ¿puede
3. entrar otra vez en el vientre de su ma-
1. dre, y nacer?
5 Respondió Jesus: De cierto, de ci-
erto te digo, que el que no naciere de
agua [e] y de Espíritu [f], no puede entrar
en el reino de Dios.
6 Lo que es nacido de carne, carne
es; y lo que es nacido de Espíritu, es-
píritu es [g].
7 No te maravilles de que te dije: Os
es necesario nacer otra vez.
8 El viento de donde quiere sopla, y
oyes su sonido, mas ni sabes de donde
viene, ni donde vaya [h]: así es todo aquel
que es nacido de Espíritu.
9 Respondió Nicodemo, y díjole, ¿Có-
mo puede esto hacerse?
10 Respondió Jesus, y díjole, ¿Tú eres
el maestro de Israel, y no sabes esto?
11 De cierto, de cierto te digo, que lo
que sabemos hablamos, y lo que hemos
visto, testificamos; y no recibís nuestro
testimonio.
12 Si os he dicho cosas terrenas, y no
creeis; ¿cómo creeréis, si os dijere las
celestiales?
13 Y nadie subió al cielo, sino el que
descendió del cielo, *á saber*, el Hijo del
hombre que está en el cielo [i].
14 Y como Moisés levantó la serpiente
n el desierto [k], así es necesario que el
Hijo del hombre sea levantado:
15 Para que todo aquel que en él cre-
ere, no se pierda, sino que tenga vida
eterna [l].
16 Porque de tal manera amó Dios al
undo, que ha dado á su Hijo Unigé-
to, para que todo aquel que en él cree,
se pierda, mas tenga vida eterna [m].
7 Porque no envió Dios á su Hijo al
undo, para que condene al mundo;
as para que el mundo sea salvo por
.
8 El que en él cree, no es conde-
do [o]; mas el que no cree, ya es con-
nado, porque no creyó en el nombre
Unigénito Hijo de Dios.
Y esta es la *causa de su* condenacion,
aber, porque la luz vino al mundo, y
hombres amaron mas las tinieblas
la luz [p]; porque sus obras eran
as.

20 Porque todo aquel que hace lo malo,
aborrece la luz, y no viene á la luz [q]; [q] Job 24. 13,
porque sus obras no sean redargüidas. 17.
21 Mas el que obra verdad [r], viene á y 38. 13.
la luz, para que sus obras sean mani- [r] 1 Juan 1. 6.
fiestas que son hechas en Dios.
22 ¶ Pasado esto, vino Jesus con sus
discípulos á una tierra de Judéa; y es-
taba allí con ellos, y bautizaba [s]. [s] Cap. 4. 2.
23 Y bautizaba tambien Juan en Enon
junto á Salim, porque habia allí muchas
aguas: y venian, y eran bautizados.
24 Porque Juan no habia sido aun pu-
esto en la cárcel.
25 ¶ Y hubo cuestion entre los discí-
pulos de Juan y un Judío acerca de la
Purificacion.
26 Y vinieron á Juan, y dijéronle:
Rabí, el que estaba contigo de la otra
parte del Jordan, del cual tú diste tes-
timonio [t], hé aquí bautiza, y todos vie- [t] Cap. 1. 7,
nen á él. 15.
27 Respondió Juan, y dijo: No puede
el hombre recibir algo, si no le fuere
dado del cielo [u]. [u] 1 Co. 4. 7.
28 Vosotros mismos me sois testigos Santº. 1. 17.
que dije: Yo no soy el Cristo [v], sino [v] Cap. 1. 20,
que soy enviado delante de él [x]. 27.
29 El que tiene la esposa, es el esposo; [x] Lu. 1. 17.
mas el amigo del esposo, que está en
pié y le oye [y], se goza grandemente de [y] Ca. 5. 1.
la voz del esposo: así pues este mi gozo
es cumplido.
30 A él conviene crecer; mas á mí
menguar.
31 El que de arriba viene, sobre todos
es [z]: el que es de la tierra, terreno es, y [z] Cap. 6. 33.
cosas terrenas habla: el que viene del y 8. 23.
cielo, sobre todos es.
32 Y lo que vió y oyó, esto testifica; y
nadie recibe su testimonio [a]. [a] Cap. 1. 11.
33 El que recibe su testimonio, este
signó que Dios es verdadero [b]. [b] 1 Juan 5.
34 Porque el que Dios envió, las pala- 10.
bras de Dios habla: porque no *le* da
Dios el Espíritu por medida [c]. [c] Cap. 1. 16.
35 El Padre ama al Hijo, y todas las Sal. 45. 7.
cosas dió en su mano [d]. Is. 11. 2.
36 El que cree en el Hijo, tiene vida Col. 1. 19.
eterna [e]: mas el que es incrédulo al [d] Mat. 11. 27.
Hijo, no verá la vida, sino que la ira de y 28. 18.
Dios está sobre él. Cap. 17. 2.
[e] ver. 15, 16.
1 Juan 5.
11.

CAPITULO IV.

Conversion de la Samaritana, y de muchos Samaritanos. Instruccion que con este motivo da el Señor á sus discípulos. Cura milagrosamente al hijo de un Señor principal.

DE manera que como Jesus entendió
que los Fariséos habian oido que
Jesus hacia y bautizaba mas discípulos
que Juan [a], [a] Cap. 3. 22,
2 (Aunque Jesus no bautizaba, sino 26.
sus discípulos,)
3 Dejó á Judéa, y fuése otra vez á
Galiléa.
4 Y era menester que pasase por Sa-
maria.
5 Vino pues á una ciudad de Samaria
que se llama Sichâr, junto á la heredad
que Jacob dió á José su hijo [b]. [b] Gen. 33. 19.
6 Y estaba allí la fuente de Jacob. y 48. 22.
Pues Jesus, cansado del camino, así se Jos. 24. 32.
sentó á la fuente. Era como la hora de
sexta.
7 Vino una mujer de Samaria á sacar
agua: *y* Jesus le dice: Dáme de beber.
8 (Porque sus discípulos habian ido á
la ciudad á comprar de comer.)
9 Y la mujer Samaritana le dice: ¿Có- [c] 2 Rey. 17.
mo tú, siendo Judío, me demandas á mí 24.
de beber, que soy mujer Samaritana? Lu. 9. 52,
porque los Judíos no se tratan con los 53.
Samaritanos [c]. Hech. 10.
10 Respondió Jesus, y díjole: Si cono- 28.

cieses el don de Dios[d], y quien es el que
te dice, Dáme de beber, tú pedirias de
él[e], y él te daria agua viva[f].
11 La mujer le dice: Señor, no tienes
con que sacar*la*, y el pozo es hondo:
¿de dónde, pues, tienes el agua viva?
12 ¿Eres tú mayor que nuestro padre
Jacob, que nos dió este pozo; del cual
él bebió, y sus hijos, y sus ganados?
13 Respondió Jesus, y díjola: Cualqui-
era que bebiere de esta agua, volverá á
tener sed:
14 Mas el que bebiere del agua que yo
le daré[g], para siempre no tendrá sed[h]:
mas el agua que yo le daré, será en él
una fuente de agua que salte[i] para vida
eterna.
15 La mujer le dice: Señor, dáme
esta agua, para que *yo* no tenga sed, ni
venga acá á sacar*la*.
16 Jesus le dice: Vé, llama á tu ma-
rido, y vén acá.
17 Respondió la mujer y dijo: No ten-
go marido. Dícele Jesus: Bien has di-
cho: No tengo marido:
18 Porque cinco maridos has tenido;
y el que ahora tienes, no es tu marido:
esto has dicho con verdad.
19 Dícele la mujer: Señor, pareceme
que tú eres profeta[k].
20 Nuestros padres adoraron en este
monte[l]; y vosotros decís, que en Jeru-
salem es el lugar donde es necesario
adorar[m].
21 Dícele Jesus: Mujer, créeme, que
la hora viene, cuando ni en este monte,
ni en Jerusalem adoraréis al Padre[n].
22 Vosotros adorais lo que no sabeis[o]:
nosotros adoramos lo que sabemos; por-
que la salud viene de los Judíos[p].
23 Mas la hora viene, y ahora es, cu-
ando los verdaderos adoradores adorarán
al Padre en espíritu y en verdad[q]; por-
que tambien el Padre tales adoradores
busca que le adoren.
24 Dios es Espíritu[r], y los que le ado-
ran, en espíritu y en verdad es necesario
que adoren.
25 Dícele la mujer: *Yo* sé que el Me-
sías ha de venir, el cual se dice el
Cristo: cuando él viniere, nos declarará
todas las cosas.
26 Dícele Jesus: Yo soy, que hablo
contigo[s].
27 Y en esto vinieron sus discípulos,
y maravilláronse de que hablaba con
aquella mujer; mas ninguno *le* dijo:
¿Qué preguntas? ó ¿Qué hablas con
ella?
28 Entónces la mujer dejó su cántaro,
y fué á la ciudad, y dijo á aquellos hom-
bres:
29 Venid, ved un hombre que me ha
dicho todo lo que he hecho: ¿si quizás
es este el Cristo?
30 Entónces salieron de la ciudad, y
vinieron á él.
31 Entre tanto los discípulos le roga-
ban, diciendo: Rabí, come.
32 Y él les dijo: Yo tengo una comida
que comer, que vosotros no sabeis.
33 Entónces los discípulos decian el
uno al otro: ¿Si le habrá traido alguien
de comer?
34 Díceles Jesus: Mi comida es, que
yo haga la voluntad del que me envió[t],
y que acabe su obra[u].
35 ¿No decís vosotros, aun hay cuatro
meses hasta que llegue la siega? Hé
aquí *yo* os digo: Alzad vuestros ojos,
y mirad las regiones, porque ya estan
blancas para la siega[v].
36 Y el que siega, recibe salario, y allega
fruto para vida eterna: para que el que
siembra tambien goce, y el que siega[x].

[d] Ef. 2. 8.
[e] Hech. 17. 24, 26.
[f] Is. 12. 3. Jer. 2. 13. Ap. 22. 17.
[g] Cap. 17. 2, 3. Ro. 6. 23.
[h] Cap. 6. 35.
[i] Cap. 7. 38.
[k] Lu. 7. 39.
[l] Juec. 9. 7.
[m] Deu. 12. 5, 11. 1 Rey. 9. 3. 2 Cr. 3. 1.
[n] Mal. 1. 11. Mat. 18. 20.
[o] 2 Rey. 17. 29.
[p] Is. 2. 3. Ro. 9. 4, 5.
[q] Fi. 3. 3.
[r] 2 Co. 3. 17.
[s] Cap. 9. 37.
[t] Cap. 6. 38. Job 23. 12.
[u] Cap. 17. 4.
[v] Mat. 9. 37.
[x] 1 Co. 3. 5, 9.

37 Porque en esto es el dicho verda-
dero: Que uno es el que siembra, y otro
es el que siega.
38 Yo os he enviado á segar lo que vos-
otros no labrasteis: otros labraron[y], y
vosotros habeis entrado en sus labores.
39 Y muchos de los Samaritanos de
aquella ciudad creyeron en él por la pa-
labra de la mujer que daba testimonio
diciendo[z]: Que me dijo todo lo que he
hecho.
40 Viniendo pues los Samaritanos á él,
rogáronle que se quedase allí: y se que-
dó allí dos dias.
41 Y creyeron muchos mas por la pa-
labra de él.
42 Y decian á la mujer: Ya no cre-
emos por tu dicho; porque nosotros
mismos hemos oido, y sabemos que
verdaderamente este es el Salvador del
mundo, el Cristo[a].
43 ¶ Y dos dias despues salió de allí,
y fuese á Galiléa.
44 Porque el mismo Jesus dió testi-
monio, que el profeta en su tierra no
tiene honra[b].
45 Y como vino á Galiléa, los Galiléos
le recibieron, vistas todas las cosas que
habia hecho en Jerusalem en el dia de
la fiesta[c]: porque tambien ellos habian
ido á la fiesta[d].
46 ¶ Vino, pues, Jesus otra vez á
Caná de Galiléa, donde habia hecho el
vino del agua[e]: y habia en Capernaum
uno del rey, cuyo hijo estaba enfermo.
47 Este, como oyó que Jesus venia de
Judéa á Galiléa, fué á él, y rogábale
que descendiese, y sanase su hijo; por-
que se comenzaba á morir.
48 Entónces Jesus le dijo: Si no vi-
ereis señales y milagros, no creereis[f].
49 El del rey le dijo: Señor, desciende
ántes que mi hijo muera.
50 Dícele Jesus: Vé, tu hijo vive[g].
Y el hombre creyó á la palabra que
Jesus le dijo, y se fué.
51 Y cuando ya él descendia, los sier-
vos le salieron á recibir, y le dieron
nuevas diciendo: Tu hijo vive.
52 Entónces él les preguntó á qué hora
comenzó á estar mejor. Y dijéronle:
Ayer á las siete le dejó la fiebre.
53 El padre entónces entendió, que
aquella hora era cuando Jesus le dijo:
Tu hijo vive[h]: y creyó él y toda su
casa[i].
54 Esta segunda señal volvió Jesus á
hacer cuando vino de Judéa á Galiléa.

CAPITULO V.

Jesus cura al paralítico de la piscina. Los Judíos le calumnian por este milagro; y el Señor alega contra ellos á su favor testimonios irrefragables.

DESPUES de estas cosas, era un dia
de fiesta de los Judíos[a], y subió
Jesus á Jerusalem.
2 Y hay en Jerusalem á *la puerta* del
Ganado un estanque, que en Hebráico
es llamado Beth-esda‖, el cual tiene
cinco portales.
3 En estos yacia grande multitud de
enfermos, ciegos, cojos, secos, que esta-
ban esperando ‖ el movimiento del agua.
4 Porque un ángel descendia á cierto
tiempo al estanque, y revolvia † el agua:
y el que primero descendia en el estan-
que despues del movimiento del agua,
era sano[b] de cualquiera enfermedad que
tuviese.
5 Y estaba allí un hombre, que habia
treinta y ocho años que estaba enfermo[c].
6 Como Jesus vió á este echado, y en-
tendió que ya habia mucho tiempo, dí-
cele: ¿Quieres ser sano?

[y] 1 Ped. 1. 12.
[z] ver. 29.
[a] Cap. 17. 3. 1 Juan 4. 14.
[b] Mat. 13. 57. Mar. 6. 4. Lu. 4. 24.
[c] Cap. 2. 23.
[d] Deu. 16. 16.
[e] Cap. 2. 1, 11.
[f] 1 Co. 1. 22.
[g] Mat. 8. 13. Mar. 7. 29, 30. Lu. 17. 14.
[h] Sal. 107. 20.
[i] Hech. 16. 34. y 18. 8.
[a] Cap. 2. 13. Lev. 23. 2.
‖ casa de piedad.
‖ Esta última cláusula con el verso 4 no se halla en varios antiguos ejemplares.
† Gr. Turbaba.
[b] Ez. 47. 8, 9. Zac. 13. 1.
[c] Lu. 8. 43.

7 Señor, le respondió el enfermo, no tengo hombre que me meta en el estanque, cuando el agua fuere revuelta; porque entre tanto que yo vengo, otro ántes de mí ha descendido.

8 Dícele Jesus: Levántate, toma tu lecho, y anda[d].

9 Y luego aquel hombre fué sano, y tomó su lecho, é íbase: y era Sábado aquel dia[e].

10 Entónces los Judíos decian á aquel que habia sido sanado: Sábado es, no te es lícito llevar tu lecho[f].

11 Respondióles: El que me sanó, él mismo me dijo: Toma tu lecho, y anda.

12 Preguntáronle entónces: ¿Quién es el que te dijo: Toma tu lecho, y anda?

13 Y el que habia sido sanado, no sabía quien fuese; porque Jesus se habia apartado de la gente que estaba en aquel lugar.

14 Despues le halló Jesus en el templo, y díjole: Hé aquí, has sido sanado: no peques mas[g], porque no te venga alguna cosa peor.

15 Él se fué *entónces*, y dió aviso á los Judíos, que Jesus era el que le habia sanado.

16 Y por esta causa los Judíos perseguian á Jesus, y procuraban matarle, porque hacia estas cosas en Sábado.

17 ¶ Y Jesus les respondió: Mi Padre hasta ahora obra, y yo obro[h].

18 Entónces, por tanto, mas procuraban los Judíos matarle, porque no solo quebrantaba el Sábado, sino que tambien á su Padre llamaba Dios, haciéndose igual á Dios[i].

19 Respondió entónces Jesus, y díjoles: De cierto, de cierto os digo: No puede el Hijo hacer algo de sí mismo[k], sino lo que viere hacer al Padre; porque todo lo que él hace, esto tambien hace el Hijo juntamente.

20 Porque el Padre ama al Hijo[l], y le muestra todas las cosas que él hace; y mayores obras que estas le mostrará, de suerte que vosotros os maravilleis.

21 Porque como el Padre levanta los muertos, y *les* da vida, así tambien el Hijo á los que quiere da vida[m].

22 Porque el Padre á nadie juzga, mas todo el juicio dió al Hijo[n],

23 Para que todos honren al Hijo como honran al Padre: el que no honra al Hijo, no honra al Padre que le envió.

24 De cierto, de cierto os digo: El que oye mi palabra, y cree al que me ha enviado, tiene vida eterna[o], y no vendrá á condenacion, mas pasó de muerte á vida[p].

25 De cierto, de cierto os digo: Vendrá hora, y ahora es, cuando los muertos[q] oirán la voz del Hijo de Dios; y los que oyeren, vivirán[r].

26 Porque como el Padre tiene vida en sí mismo, así dió tambien al Hijo que tuviese vida en sí mismo[s].

27 Y tambien le dió poder de hacer juicio[t], en cuanto es el Hijo del hombre.

28 No os maravilleis de esto: porque vendrá hora, cuando todos los que están en los sepulcros oirán su voz;

29 Y los que hicieron bien, saldrán á resurreccion de vida: mas los que hicieron mal, á resurreccion de condenacion[u].

30 No puedo yo de mí mismo hacer algo[v]: como oigo, juzgo, y mi juicio es justo; porque no busco mi voluntad, mas la voluntad del que me envió, del Padre[x].

lat. 9. 6.
sp. 9. 14.
r. 17. 21.
at. 12. 2.
ap. 8. 11.
ap. 9. 4.
. 10.
ap. 10. 30.
c. 13. 7.
. 2. 6.
r. 30.
ap. 3. 35.
. 26.
ap. 11. 25.
. 8. 54.
ech. 17.
ap. 3. 18.
Juan 3.
. 2. 1.
. 2. 13.
. 6. 4.
. 2. 5.
. 3. 1.
ap. 6. 57.
o. 15. 45.
r. 22.
. 12. 2.
ch. 24.
. 20. 4, 5.
r. 19.
ap. 4. 34.
. 40.
8.
at. 26. 39.

31 Si yo doy testimonio de mí mismo, mi testimonio no es verdadero[y].

32 Otro es el que da testimonio de mí[z]; y sé que el testimonio que da de mí, es verdadero.

33 Vosotros enviasteis á Juan, y *él* dió testimonio á la verdad[a].

34 Empero yo no tomo el testimonio de hombre; mas digo esto, para que vosotros seais salvos[b].

35 Él era antorcha que ardia, y alumbraba; y vosotros quisisteis recrearos por un poco á su luz[c].

36 Mas yo tengo mayor testimonio que *el* de Juan: porque las obras que el Padre me dió que cumpliese[d], *es á saber*, las mismas obras que yo hago, dan testimonio de mí que el Padre me haya enviado[e].

37 Y el que me envió, el Padre, él ha dado testimonio de mí. Ni nunca habeis oido su voz, ni habeis visto su parecer[f];

38 Ni teneis su palabra permanente en vosotros: porque al que él envió, á este vosotros no creeis.

39 Escudriñad las Escrituras[g]; porque á vosotros os parece que en ellas teneis la vida eterna, y ellas son las que dan testimonio de mí[h].

40 Y no quereis venir á mí, para que tengais vida[i].

41 Gloria de los hombres no recibo[k].

42 Mas yo os conozco, que no teneis amor de Dios en vosotros.

43 Yo he venido en nombre de mi Padre, y no me recibís: si otro viniere en su propio nombre, á aquel recibiréis[l].

44 ¿Cómo podeis vosotros creer, pues tomais la gloria los unos de los otros[m], y no buscais la gloria que de solo Dios viene[n]?

45 No penseis que yo os tengo de acusar delante del Padre: hay quien os acusa; Moisés, en quien vosotros esperais[o].

46 Porque si vosotros creyeseis á Moisés, creeriais á mí; porque de mí escribió él[p].

47 Y si á sus escritos no creeis, ¿como creeréis á mis palabras[q]?

CAPITULO VI.

Multiplica Jesus los panes. Huye de los que le querian hacer rey. Camina sobre las olas del mar. Enseña que él es el pan de vida para los verdaderos creyentes. Predice la traicion de Judas.

PASADAS estas cosas, fuése Jesus de la otra parte de la mar de Galiléa, *que es* de Tiberias.

2 Y seguíale grande multitud, porque veian sus señales que hacia en los enfermos.

3 Y subió Jesus á un monte, y se sentó allí con sus discípulos.

4 Y estaba cerca la Pascua, la fiesta de los Judíos.

5 Y como alzó Jesus los ojos, y vió que habia venido á él grande multitud, dice á Felipe[a]: ¿De dónde compraremos pan para que coman estos?

6 Mas esto decia para probarle; porque él sabia lo que habia de hacer.

7 Respondióle Felipe: Doscientos denarios de pan no les bastarán[b], para que cada uno de ellos tome un poco.

8 Dícele uno de sus discípulos, Andres, hermano de Simon Pedro:

9 Un muchacho está aquí que tiene cinco panes de cebada y dos pececillos; ¿mas qué es esto entre tantos?

10 Entónces Jesus dijo: Haced recostar la gente. Y habia mucha yerba en aquel lugar: y recostáronse como número de cinco mil varones.

y Cap. 8. 14.
z Cap. 8. 18.
a Cap. 1. 7, 32.
b Cap. 20. 31.
c Mat. 21. 26.
d Cap. 17. 4.
e Cap. 10. 25. Hech. 2. 22.
f Cap. 1. 18. Dt. 4. 12. 1 Ti. 6. 16.
g Is. 8. 20. y 34. 16. Lu. 16. 29. 2 Ti. 3. 15, 16.
h Lu. 24. 27. 1 Ped. 1. 10, 11.
i Cap. 3. 19.
k ver. 34. 1 Tes. 2. 6.
l Mat. 24. 24. 2 Tes. 2. 4.
m Cap. 12. 43.
n Ro. 2. 10, 29.
o Ro. 2. 12.
p Gen. 3. 15. Dt. 18. 15, 18. Hech. 26. 22, 23.
q Lu. 16. 31.
a Mat. 14. 14, etc. Mar. 6. 34, etc. Lu. 9. 12, etc.
b Nu. 11. 21, 22. 2 Rey. 4. 43.

11 Y tomó Jesus aquellos panes, y ha-
biendo dado gracias, repartió á los dis-
cípulos, y los discípulos á los que esta-
ban recostados: asimismo de los peces
cuanto querian.
12 Y como fueron saciados, dijo á sus
discípulos: Recoged los pedazos que han
quedado, porque no se pierda nada [c].
13 Cogieron pues, é hinchieron doce
cestas de pedazos de los cinco panes de
cebada, que sobraron á los que habian
comido.
14 Aquellos hombres entónces, como
vieron la señal que Jesus habia hecho,
decian: Este verdaderamente es el Pro-
feta, que habia de venir al mundo [d].
15 ¶ Y entendiendo Jesus que habian
de venir para arrebatarle, y hacerle rey [e],
volvió á retirarse al monte, él solo.
16 Y como se hizo tarde, descendieron
sus discípulos á la mar [f],
17 Y entrando en un barco, venian de
la otra parte de la mar hácia Caper-
naum. Y era ya oscuro, y Jesus no
habia venido á ellos.
18 Y levantábase la mar con un gran
viento que soplaba [g].
19 Y como hubieron navegado como
veinte y cinco ó treinta estadios, ven á
Jesus que andaba sobre la mar, y se a-
cercaba al barco: y tuvieron miedo.
20 Mas él les dijo: Yo soy, no tengais
miedo [h].
21 Ellos entónces gustaron recibirle en
el barco: y luego el bajel llegó á la tierra
donde iban.
22 ¶ El dia siguiente, la gente que
estaba de la otra parte de la mar, como
vió que no habia allí *otra* navecilla sino
una, en la cual habian entrado sus dis-
cípulos, y que Jesus no habia entrado
con sus discípulos en ella, sino que sus
discípulos se habian ido solos,
23 Y que otras navecillas habian arri-
bado de Tiberias junto al lugar donde
habian comido el pan, despues de haber
el Señor dado gracias [i],
24 Como vió pues la gente que Jesus
no estaba allí, ni sus discípulos, entra-
ron ellos tambien en las navecillas, y
vinieron á Capernaum buscando á Je-
sus.
25 Y hallándole de la otra parte de la
mar, dijéronle: Rabí, ¿cuando llegaste
acá?
26 ¶ Respondióles Jesus, y dijo: De
cierto, de cierto os digo que me buscais,
no porque habeis visto las señales, sino
porque comisteis el pan, y os hartasteis.
27 Trabajad, no *por* la comida que pe-
rece, mas *por* la comida que á vida eter-
na permanece [k], la cual el Hijo del hom-
bre os dará: porque á este señaló el
Padre, *es á saber*, Dios [l].
28 Y dijéronle: ¿Qué harémos para
que obremos las obras de Dios?
29 Respondió Jesus, y díjoles: Esta es
la obra de Dios, que creais en el que
él ha enviado [m].
30 Dijéronle entónces: ¿Qué señal,
pues, haces tú [n], para que veamos, y te
creamos? ¿Qué obras?
31 Nuestros padres comieron el maná
en el desierto [o], como está escrito: Pan
del cielo les dió á comer [p].
32 Y Jesus les dijo: De cierto, de cierto
os digo, *que* no os dió Moisés pan del
cielo; mas mi Padre os da el verdadero
pan del cielo [q].
33 Porque el pan de Dios es aquel que
descendió del cielo, y da vida al mundo [r].
34 Y dijéronle: Señor, dános siempre
este pan.
35 Y Jesus les dijo: Yo soy el pan de
vida: el que á mí viene, nunca tendrá
hambre; y el que en mí cree, no ten-
drá sed jamas [s].
36 Mas *ya* os he dicho que, aunque me
habeis visto, no *me* creeis [t].
37 Todo lo que el Padre me da, ven-
drá á mí [u]; y al que á mí viene, no *le*
echo fuera [v].
38 Porque he descendido del cielo, no
para hacer mi voluntad, mas la volun-
tad del que me envió [x].
39 Y esta es la voluntad del que me
envió, *es á saber*, del Padre: Que todo
lo que me diere, no pierda de ello [y], sino
que lo resucite en el dia postrero.
40 Y esta es la voluntad del que me
ha enviado: Que todo aquel que ve al
Hijo, y cree en él, tenga vida eterna [z];
y yo le resucitaré en el dia postrero [a].
41 Murmuraban entónces de él los
Judíos, porque habia dicho: Yo soy el
pan que descendí del cielo.
42 Y decian: ¿No es este Jesus, el
hijo de José [b], cuyo padre y madre nos-
otros conocemos? ¿Cómo, pues, dice
este: Del cielo he descendido?
43 Y Jesus respondió, y díjoles: No
murmureis entre vosotros.
44 Ninguno puede venir á mí, si el
Padre, que me envió, no le trajere [c]: y
yo le resucitaré en el dia postrero.
45 Escrito está en los Profetas [d]: Y
serán todos enseñados de Dios: así que
todo aquel que oyó del Padre, y apren-
dió, viene á mí.
46 No que alguno haya visto al Padre [e],
sino aquel que vino de Dios; este ha
visto al Padre [f].
47 De cierto, de cierto os digo: El que
cree en mí, tiene vida eterna [g].
48 Yo soy el pan de vida [h].
49 Vuestros padres comieron el maná
en el desierto, y son muertos.
50 Este es el pan que desciende del
cielo, para que el que de él comiere, no
muera [i].
51 Yo soy el pan vivo que ha descen-
dido del cielo: si alguno comiere de este
pan, vivirá para siempre: y el pan que
yo daré es mi carne, la cual yo daré por
la vida del mundo [k].
52 Entónces los Judíos contendian en-
tre sí, diciendo: ¿Cómo puede este dar-
nos *su* carne á comer [l]?
53 Y Jesus les dijo: De cierto, de cier-
to os digo *que* si no comiereis la carne
del Hijo del hombre, y bebiereis su san-
gre [m], no tendreis vida en vosotros.
54 El que come mi carne, y bebe mi
sangre, tiene vida eterna; y yo le resu-
citaré en el dia postrero [n].
55 Porque mi carne verdaderamente
es comida; y mi sangre verdaderamente
es bebida.
56 El que come mi carne, y bebe mi
sangre, en mí permanece, y yo en él [o].
57 Como me envió el Padre viviente,
y yo vivo por el Padre, asimismo el que
me come, él tambien vivirá por mí.
58 Este es el pan que descendió del
cielo: no como vuestros padres comie-
ron el maná, y son muertos: el que
come de este pan, vivirá eternamente [p].
59 Estas cosas dijo en la sinagoga en-
señando en Capernaum.
60 ¶ Y muchos de sus discípulos oyén-
do*lo*, dijeron: Dura es esta palabra; ¿y
quién la puede oir [q]?
61 Y sabiendo Jesus en sí mismo que
sus discípulos murmuraban de esto, dí-
joles: ¿Esto os escandaliza?
62 ¿Y si viereis al Hijo del hombre
que sube donde estaba primero [r]?
63 El Espíritu es el que da vida [s]; la
carne nada aprovecha: las palabras que
yo os hablo, son espíritu, y son vida.

[c] Ne. 8. 10.
[d] De. 18. 15, 18. Cap. 1. 21. y 7. 40.
[e] Cap. 18. 36.
[f] Mat. 14. 23. Mar. 6. 47, etc.
[g] Sal. 107. 25.
[h] Is. 43. 1, 2. Ap. 1. 17, 18.
[i] ver. 11.
[k] ver. 54, 58.
[l] Is. 42. 1. 2 Ped. 1. 17.
[m] 1 Juan 3. 23.
[n] Mat. 12. 38. 1 Co. 1. 22.
[o] Ex. 16. 15. Nu. 11. 7. 1 Co. 10. 3.
[p] Ne. 9. 15. Sal. 78. 24.
[q] Ga. 4. 4.
[r] ver. 48, 58.

[s] Cap. 4. 14.
[t] ver. 64.
[u] ver. 45. Cap. 17. 6, 8, etc.
[v] Is. 55. 7. Mat. 11. 28. Lu. 23. 42, 43. 1 Ti. 1. 15, 16. Ap. 22. 17.
[x] Cap. 4. 34. Sal. 40. 7, 8.
[y] Cap. 10. 28. y 17. 12. y 18. 9. Mat. 18. 14. 2 Ti. 2. 19.
[z] ver. 47, 54. Cap. 3. 15, 16.
[a] Cap. 11. 25.
[b] Mat. 13. 55. Mar. 6. 3. Lu. 4. 22.
[c] ver. 65.
[d] Is. 54. 13. Jer. 31. 34. Mi. 4. 2.
[e] Cap. 1. 18. y 5. 37.
[f] Lu. 10. 22.
[g] ver. 40.
[h] ver. 33, 35, 51.
[i] ver. 58.
[k] Cap. 3. 14. 1 Juan 2. 2.
[l] Cap. 3. 9.
[m] Mat. 26. 26, 28.
[n] ver. 39, 40, 44.
[o] 1 Juan 3. 24. y 4. 15, 16.
[p] ver. 49, …
[q] 1 Co. 2. …
[r] Mar. 16. … Ef. 4. …
[s] 2 Co. 3. …

64 Mas hay algunos de vosotros que no creen. Porque Jesus desde el principio sabia quienes eran los que no creian [t], y quién le habia de entregar.

65 Y dijo: Por eso os he dicho [u] que ninguno puede venir á mí, si no le fuere dado de mi Padre.

66 ¶ Desde esto muchos de sus discípulos volvieron atrás [v], y ya no andaban con él.

67 Dijo entónces Jesus á los doce: ¿Quereis vosotros iros tambien?

68 Y respondióle Simon Pedro: ¿Señor, á quién irémos? *Tú* tienes palabras de vida eterna [x].

69 Y nosotros creemos y conocemos que tú eres el Cristo, el Hijo de Dios viviente [y].

70 Jesus les respondió: ¿No he escogido yo á vosotros doce, y el uno de vosotros es diablo [z]?

71 Y hablaba de Judas Iscariote, *hijo* de Simon: porque este era el que le habia de entregar, el cual era uno de los doce.

'ap. 2. 24,
5.
ver. 44, 45.
Heb. 10. 38.
Hech. 5.
0.
7. 38.
'ap. 11. 27.
Mat. 16. 16.
ap. 13. 27.

CAPITULO VII.

Va Jesus á Jerusalem por la fiesta de los tabernáculos; enseña en el templo; prueba eficacisimamente la verdad de su mision y doctrina, y muda el corazon de los que venian á prenderle. Nicodemo le defiende.

Y PASADAS estas cosas, andaba Jesus en Galiléa: que no queria andar en Judéa, porque los Judíos procuraban matarle.

2 ¶ Y estaba cerca la fiesta de los Judíos, *la* de los tabernáculos [a];

3 Y dijéronle sus hermanos [b]: Pásate de aquí, y véte á Judéa, para que tambien tus discípulos vean las obras que haces.

4 Que ninguno que procura ser claro, hace algo en oculto. Si estas cosas haces, manifiéstate al mundo.

5 Porque ni aun sus hermanos creían en él [c].

6 Díceles entónces Jesus: Mi tiempo aun no ha venido [d]; mas vuestro tiempo siempre está presto.

7 No puede el mundo aborreceros á vosotros; mas á mí me aborrece [e], porque yo doy testimonio de él, que sus obras son malas [f].

8 Vosotros subid á esta fiesta: yo no subo aun á esta fiesta; porque mi tiempo aun no es cumplido.

9 Y habiéndoles dicho esto, quedóse en Galiléa.

10 Mas como sus hermanos hubieron subido, entónces él tambien subió á la fiesta, no manifiestamente, sino como en secreto.

11 ¶ Y buscábanle los Judíos en la fiesta [g], y decian: ¿Dónde está aquel?

12 Y habia grande murmullo de él entre la gente; porque unos decian: Bueno es. Y otros decian: No, ántes engaña las gentes [h].

13 Mas ninguno hablaba abiertamente de él, por miedo de los Judíos.

14 Y al medio de la fiesta subió Jesus al templo, y enseñaba.

15 Y maravillábanse los Judíos [i], diciendo: ¿Cómo sabe este letras, no habiendo aprendido?

16 Respondióles Jesus, y dijo: Mi doctrina no es mia, sino de aquel que me envió [k].

17 El que quisiere hacer su voluntad [l], conocerá de la doctrina si viene de Dios, ó si yo hablo de mí mismo.

18 El que habla de sí mismo, propia gloria busca: mas el que busca la gloria del que le envió, este es verdadero, y no hay en él injusticia.

a. 23. 34.
Mat. 12. 46.
13. 55.
ech. 1. 14.
Mar. 3. 21.
er. 8. 30.
ap. 2. 4.
8. 20.
ap. 15. 18.
ap. 3. 19.
ap. 11. 56.
ap. 9. 16.
at. 13. 54.
ap. 8. 28.
12. 49.
at. 13. 23.

19 ¿No os dió Moises la ley [m], y ninguno de vosotros hace la ley [n]? ¿Por qué me procurais matar [o]?

20 Respondió la gente, y dijo: Demonio [p] tienes: ¿quién te procura matar?

21 Jesus respondió y díjoles: Una obra hice, y todos os maravillais.

22 Cierto Moisés os dió la circuncision [q], (no porque sea de Moisés, mas de los padres [r],) y en Sábado circuncidais al hombre.

23 Si recibe el hombre la circuncision en Sábado, para que la ley de Moisés no sea quebrantada, ¿os enojais conmigo porque en Sábado hice sano todo un hombre [s]?

24 No juzgueis segun lo que parece, mas juzgad justo juicio [t].

25 Decian entónces unos de los de Jerusalem: ¿No es este al que buscan para matarle?

26 Y hé aquí, habla públicamente, y no le dicen nada: ¿Si habrán entendido verdaderamente los príncipes, que este es el Cristo?

27 Mas este, sabemos de donde es [u]: y cuando viniere el Cristo, nadie sabrá de donde sea.

28 Entónces clamaba Jesus en el templo enseñando, y diciendo: Y á mí me conoceis, y sabeis de donde soy: y no he venido de mí mismo [v]; mas el que me envió es verdadero [x], al cual vosotros no conoceis [y].

29 Empero yo le conozco [z]: porque de él soy, y él me envió.

30 Entónces procuraban prenderle [a]: mas ninguno metió en él mano, porque aun no habia venido su hora [b].

31 Y muchos del pueblo creyeron en él, y decian: ¿El Cristo, cuando viniere, hará mas señales que las que este hace?

32 ¶ Los Fariséos oyeron la gente que murmujeaba de él estas cosas; y los príncipes de los Sacerdotes y los Fariséos enviaron servidores que le prendiesen.

33 Y Jesus les dijo: Aun un poco de tiempo estaré con vosotros [c], é iré al que me envió.

34 Me buscaréis, y no *me* hallaréis [d]; y donde yo estaré, vosotros no podreis venir.

35 Entónces los Judíos dijeron entre sí: ¿Adónde se ha de ir este que no le hallemos? ¿Se ha de ir á los esparcidos [e] entre los Griegos, y á enseñar á los Griegos?

36 ¿Qué dicho es este que dijo: Me buscaréis, y no *me* hallaréis: y donde yo estaré, vosotros no podreis venir?

37 Mas en el postrer dia grande de la fiesta [f], Jesus se ponia en pié, y clamaba diciendo: Si alguno tiene sed, venga á mí, y beba [g].

38 El que cree en mí, como dice la Escritura [h], rios de agua viva correrán de su vientre.

39 (Y esto dijo del Espíritu que habian de recibir los que creyesen en él [i]; pues aun no habia *venido* el Espíritu Santo, porque Jesus no estaba aun glorificado.)

40 Entónces muchos de la multitud, oyendo este dicho, decian: Verdaderamente este es el profeta [k].

41 Otros decian: Este es el Cristo. Algunos empero decian: ¿De Galiléa ha de venir el Cristo [l]?

42 ¿No dice la Escritura, Que de la simiente de David [m], y de la aldéa de Betlehem [n], de donde [o] era David, vendrá el Cristo?

43 Así que habia disension entre la gente acerca de él [p].

m Cap. 1. 17. Ga. 3. 19.
n Ro. 2. 18. y 3. 10, 19.
o Cap. 5. 16, 18. Mat. 12. 14.
p Cap. 8. 48, 52. y 10. 20.
q Le. 12. 3.
r Gen. 17. 10.
s Cap. 5. 8, 9.
t De. 1. 16, 17. Pr. 24. 23.
u Mat. 13. 55.
v Cap. 5. 43. y 8. 42.
x Cap. 5. 32. y 8. 26.
y Cap. 1. 18. y 8. 55.
z Cap. 10. 15. Mat. 11. 27.
a Cap. 8. 37. Mar. 11. 18. Lu. 20. 19.
b Cap. 8. 20.
c Cap. 13. 33. y 16. 16.
d Cap. 8. 21. Os. 5. 6.
e Is. 11. 12. Sant°. 1. 1. 1 Ped. 1. 1.
f Le. 23. 36.
g Is. 55. 1. Ap. 22. 17.
h Is. 44. 3. y 58. 11.
i Cap. 16. 7. Joel 2. 28. Hech. 2. 17, 33.
k Cap. 6. 14. De. 18. 15, 18.
l ver. 52. Cap. 1. 46.
m Sal. 132. 11. Jer. 23. 5.
n Mi. 5. 2. Lu. 2. 4.
o 1 Sa. 16. 1, 4.
p Cap. 9. 16. y 10. 19.

44 Y algunos de ellos querian prenderle; mas ninguno echó sobre él manos.

45 ¶ Y los ministriles vinieron á los principales sacerdotes y á los Fariséos; y ellos les dijeron: ¿Por qué no lo trajisteis?

46 Los ministriles respondieron: Nunca ha hablado hombre así como este hombre *habla*[q].

[q] Lu. 4. 22.

47 Entónces los Fariséos les respondieron: ¿Estais tambien vosotros engañados?

48 ¿Ha creido en él alguno de los Príncipes, ó de los Fariséos[r]?

[r] Cap. 12. 42. 1 Co. 1. 26.

49 Mas estos comunales, que no saben la Ley, malditos son.

50 Díceles Nicodemo, (el que vino á él de noche[s], el cual era uno de ellos,)

[s] Cap. 3. 2.

51 ¿Juzga nuestra ley á hombre, si primero no oyere de él, y entendiere lo que ha hecho[t]?

[t] De. 17. 8. Pr. 18. 13.

52 Respondieron y dijéronle, ¿No eres tú tambien Galiléo? Escudriña y vé que de Galiléa nunca se levantó profeta.

53 Y ‖ fuése cada uno á su casa.

‖ *Este verso y tambien los del capítulo* viii. 1—11, *no se hallan en varios ejemplares antiguos.*

CAPITULO VIII.

Libra Jesus de la muerte á una mujer adúltera confundiendo á sus acusadores. Declara de varias maneras ser el Hijo de Dios, y el Mesias prometido; y responde con admirable mansedumbre á las blasfemias de los Judíos.

Y JESUS se fué al monte de las Olivas.

2 Y por la mañana volvió al templo, y todo el pueblo vino á él; y sentado él, los enseñaba.

3 Entónces los Escribas y los Fariséos le traen una mujer tomada en adulterio; y poniéndola en medio,

4 Dícenle: Maestro, esta mujer ha sido tomada en el mismo hecho, adulterando;

5 Y en la ley Moisés nos mandó apedrear á las tales[a]: ¿Tú, pues, qué dices?

[a] Le. 20. 10.

6 Mas esto decian tentándole, para poderle acusar. Empero Jesus, inclinado hácia abajo, escribia en tierra con el dedo.

7 Y como perseverasen preguntándole, enderezóse, y díjoles: El que de vosotros esté sin pecado, arroje contra ella la piedra el primero[b].

[b] De. 17. 7. Ro. 2. 1, 22.

8 Y volviéndose á inclinar hácia abajo, escribia en tierra.

9 Oyendo pues ellos *esto*, redargüidos de la conciencia, salíanse uno á uno, comenzando desde los mas viejos hasta los postreros; y quedó solo Jesus, y la mujer que estaba en medio.

10 Y enderezándose Jesus, y no viendo á nadie mas que á la mujer, díjole: ¿Mujer, dónde están los que te acusaban? ¿ninguno te ha condenado?

11 Y ella dijo: Señor, ninguno. Entónces Jesus le dijo: Ni yo te condeno: véte, y no peques mas[c].

[c] Cap. 5. 14.

12 ¶ Y hablóles Jesus otra vez, diciendo: Yo soy la luz del mundo[d]: el que me sigue, no andará en tinieblas, mas tendrá la lumbre de la vida[e].

[d] Cap. 1. 5, 9. y 9. 5.
[e] Cap. 12. 35, 46.

13 Entónces los Fariséos le dijeron: Tú de tí mismo das testimonio; tu testimonio no es verdadero[f].

[f] Cap. 5. 31.

14 Respondió Jesus, y díjoles: Aunque yo doy testimonio de mí mismo, mi testimonio es verdadero; porque sé de donde he venido, y adonde voy: mas vosotros no sabeis de donde vengo, y adonde voy.

15 Vosotros segun la carne juzgais: mas yo no juzgo á nadie[g].

[g] Cap. 3. 17. y 12. 47.

16 Y si yo juzgo, mi juicio es verdadero: porque no soy solo; sino yo, y el que me envió, el Padre[h].

[h] ver. 29. Cap. 16. 32.

17 Y en vuestra Ley está escrito que el testimonio de dos hombres es verdadero[i].

[i] De. 17. 6. y 19. 15.

18 Yo soy el que doy testimonio de mí mismo; y da testimonio de mí el que me envió, el Padre[k].

[k] Cap. 5. 37.

19 Y decíanle: ¿Dónde está tu Padre? Respondió Jesus: Ni á mí me conoceis, ni á mi Padre[l]. Si á mí me conocieseis, á mi Padre tambien conocierais[m].

[l] ver. 55. Cap. 16. 3. y 17. 25.
[m] Cap. 14. 7, 9.

20 Estas palabras habló Jesus en el lugar de las limosnas[n], enseñando en el templo; y nadie le prendió, porque aun no habia venido su hora[o].

[n] Mar. 12. 41.
[o] Cap. 7. 30.

21 ¶ Y díjoles otra vez Jesus: Yo me voy, y me buscaréis[p], mas en vuestro pecado morireis[q]: adonde yo voy, vosotros no podeis venir.

[p] Cap. 7. 34. y 13. 33.
[q] Pr. 14. 32.

22 Decian entónces los Judíos: ¿Hase de matar á sí mismo, que dice: Adonde yo voy, vosotros no podeis venir?

23 Y decíales: Vosotros sois de abajo, yo soy de arriba; vosotros sois de este mundo, yo no soy de este mundo.

24 Por eso os dije que morireis en vuestros pecados; porque si no creyereis que yo soy, en vuestros pecados morireis[r].

[r] Mar. 16. 16.

25 Y decíanle: ¿Tu, quién eres? Entónces Jesus les dijo: El que al principio tambien os he dicho.

26 Muchas cosas tengo que decir, y juzgar de vosotros: mas el que me envió, es verdadero[s]; y yo lo que he oido de él, esto hablo en el mundo.

[s] Cap. 7. 28.

27 Mas no entendieron que él les hablaba del Padre.

28 ¶ Díjoles, pues, Jesus: Cuando levantáreis al Hijo del hombre[t], entónces entendereis que yo soy, y que nada hago de mí mismo[u]; mas como el Padre me enseñó, esto hablo.

[t] Cap. 3. 14. y 12. 32.
[u] Cap. 5. 19, 30.

29 Porque el que me envió, conmigo está: no me ha dejado solo el Padre[x]; porque yo, lo que á él agrada, hago siempre.

[x] ver. 16.

30 Hablando él estas cosas, muchos creyeron en él[y].

[y] Cap. 10. 42.

31 Y decia Jesus á los Judíos que le habian creido: Si vosotros permaneciereis en mi palabra, seréis verdaderamente mis discípulos[z];

[z] Col. 1. 23. Heb. 10. 38, 39.

32 Y conocereis la verdad, y la verdad os libertará[a].

[a] Ro. 6. 14, 18, 22. Sant°. 1. 25. y 2. 12.

33 ¶ Y respondiéronle: Simiente de Abraham somos, y jamás servimos á nadie[b]; ¿cómo dices tú: Sereis libres?

[b] Le. 25. 42.

34 Jesus les respondió: De cierto, de cierto os digo que todo aquel que hace pecado, es siervo de pecado[c].

[c] Ro. 6. 16, 20. 2 Ped. 2. 19.

35 Y el siervo no queda en casa para siempre[d]: *mas* el Hijo queda para siempre.

[d] Ga. 4. 30.

36 Así que, si el Hijo os libertáre, seréis verdaderamente libres[e].

[e] Ro. 8. 2. Ga. 5. 1.

37 *Yo sé* que sois simiente de Abraham; mas procurais matarme, porque mi palabra no cabe en vosotros.

38 Yo, hablo lo que he visto cerca de mi Padre[f]; y vosotros haceis lo que habeis visto cerca de vuestro padre.

[f] Cap. 14. 10, 24.

39 Respondieron, y dijéronle: Nuestro padre es Abraham[g]. Díceles Jesus: Si fuerais hijos de Abraham, las obras de Abraham hariais[h].

[g] Mat. 3. 9.
[h] Ro. 2. 28, 29. y 9. 7. Ga. 3. 7, 29.

40 Empero ahora procurais matarme; hombre que os he hablado la verdad, la cual he oido de Dios: no hizo esto Abraham[i].

[i] Ro. 4. 12.

41 Vosotros haceis las obras de vuestro padre. Dijéronle entónces: Nosotros no

somos nacidos de fornicacion: un padre tenemos, *es á saber*, Dios[k].

42 Jesus entónces les dijo: Si vuestro padre fuera Dios, ciertamente me amariais *á mí*: porque yo de Dios he salido, y he venido: que no he venido de mí mismo, mas él me envió[l].

43 ¿Porqué no reconoceis mi lenguaje? *es* porque no podeis oir mi palabra.

44 Vosotros de *vuestro* padre el diablo sois[m], y los deseos de vuestro padre quereis cumplir. Él homicida ha sido desde el principio[n]; y no permaneció en la verdad[o], porque no hay verdad en él. Cuando habla mentira, de suyo habla; porque es mentiroso, y padre de mentira†.

45 Y porque yo digo verdad, no me creeis.

46 ¿Quién de vosotros me redarguye de pecado[p]? Pues si digo verdad, ¿por qué vosotros no me creeis?

47 El que es de Dios, las palabras de Dios oye: por esto no *las* ois vosotros, porque no sois de Dios[q].

48 Respondieron entónces los Judíos, y dijéronle: ¿No decimos bien nosotros, que tú eres Samaritano, y *que* tienes demonio[r].

49 Respondió Jesus: Yo no tengo demonio; ántes honro á mi Padre, y vosotros me habeis deshonrado.

50 Y no busco mi gloria[s]: hay quien *la* busque, y juzgue.

51 De cierto, de cierto os digo, que el que guardare mi palabra, no verá muerte para siempre[t].

52 Entónces los Judíos le dijeron: Ahora conocemos que tienes demonio. Abraham murió, y los Profetas; y tú dices: El que guardare mi palabra, no gustará muerte para siempre[u].

53 ¿Eres tú mayor que nuestro padre Abraham, el cual murió? Y los Profetas murieron: ¿quién te haces á tí mismo?

54 Respondió Jesus: Si yo me glorifico á mí mismo, mi gloria es nada[x]: mi Padre es el que me glorifica[y]; el que vosotros decís que es vuestro Dios,

55 Y no le conoceis: mas yo le conozco; y si dijere que no le conozco, seré como vosotros, mentiroso: mas conózcole, y guardo su palabra.

56 Abraham vuestro padre se gozó por ver mi dia: y *le* vió[z], y se gozó.

57 Dijéronle entónces los Judíos: Aun no tienes cincuenta años, ¿y has visto á Abraham?

58 Díjoles Jesus: De cierto, de cierto os digo, ántes que Abraham fuese, yo soy[a].

59 Tomaron entónces piedras para tirarle: mas Jesus se encubrió, y salió del templo, atravesando por medio de ellos, y así se fué.

[k] Mal. 1. 6.
[l] Cap. 17. 8, 25.
[m] Mat. 12. 33. 1 Juan 3. 8.
[n] Gen. 3. 4, 5. y 4. 8. 1 Juan 3. 12.
[o] Juda 6.
† Gr. *de ello.*
[p] Heb. 4. 15.
[q] 1 Juan 4. 6.
[r] Cap. 7. 20. y 10. 20.
[s] Cap. 5. 41.
[t] Cap. 11. 26.
[u] Cap. 11. 26.
[x] Cap. 5. 31, 41.
[y] Cap. 17. 1.
[z] Heb. 11. 10, 13. Gen. 22. 13.
[a] Cap. 1. 1, 2. Ex. 3. 14. Col. 1. 17. Ap. 21. 6.

CAPITULO IX.

Da vista Jesus á un ciego de nacimiento. Murmuran los Fariséos de este milagro, y excomulgan al ciego, que instruido por Jesus, cree en él, y le adora.

Y PASANDO *Jesus*, vió un hombre ciego desde *su* nacimiento.

2 Y preguntáronle sus discípulos, diciendo: Rabí, ¿quien pecó, este ó sus padres, para que naciese ciego?

3 Respondió Jesus: Ni este pecó, ni sus padres: mas para que las obras de Dios se manifiesten en él[a].

4 Conviéneme obrar las obras del que me envió, entretanto que el dia dura[b]: la noche viene, cuando nadie puede obrar.

5 Entretanto que estuviere en el mundo, luz soy del mundo[c].

6 Esto dicho, escupió en tierra, é hizo lodo con la saliva, y untó *con* el lodo sobre los ojos del ciego[d];

7 Y díjole: Vé, lava *los ojos* en el estanque de Siloé[e], que significa, si *lo* interpretares, Enviado: y fué entónces, y *los* lavó, y volvió viendo[f].

8 Entónces los vecinos, y los que ántes le habian visto que era ciego, decian: ¿No es este el que se sentaba, y mendigaba?

9 Unos decian: Este es; y otros: A él se parece. *Y* él decia: Yo soy.

10 Y dijéronle: ¿Cómo te fueron abiertos los ojos?

11 Respondió él, y dijo: *Aquel* hombre que se llama Jesus, hizo lodo, y me untó los ojos, y me dijo: Vé al estanque de Siloé, y lavá*te*: y fuí, y lavé *los ojos*, y recibí la vista.

12 Entónces le dijeron: ¿Dónde está aquel? *Él* dijo: No sé.

13 ¶ Llevaron á los Fariséos al que ántes habia sido ciego.

14 Y era Sábado cuando Jesus habia hecho el lodo, y le habia abierto los ojos.

15 Y volviéronle á preguntar tambien los Fariséos de qué manera habia recibido la vista. Y él les dijo: Púsome lodo sobre los ojos, y *los* lavé, y veo.

16 Entónces unos de los Fariséos decian: Este hombre no es de Dios, que no guarda el Sábado. Otros decian: ¿Cómo puede un hombre pecador hacer estas señales[g]? Y habia disension entre ellos[h].

17 Vuelven á decir al ciego: ¿Tú, qué dices de él, que te abrió los ojos? Y él dijo: Que es profeta[i].

18 Mas los Judíos no creían de él, que habia sido ciego, y hubiese recibido la vista, hasta que llamaron á los padres del que habia recibido la vista,

19 Y preguntáronles, diciendo: ¿Es este vuestro hijo, el que vosotros decís que nació ciego? ¿Cómo, pues, ve ahora?

20 Respondiéronles sus padres, y dijeron: Sabemos que este es nuestro hijo, y que nació ciego:

21 Mas cómo vea ahora, no sabemos; ó quién le haya abierto los ojos, nosotros no lo sabemos: él tiene edad; preguntadle á él: él hablará de sí.

22 Esto dijeron sus padres, porque tenian miedo de los Judíos[k]: porque ya los Judíos habian resuelto que si alguno confesase ser él el Mesías, fuese fuera de la sinagoga[l].

23 Por eso dijeron sus padres: Edad tiene; preguntadle á él.

24 Así que, volvieron á llamar al hombre que habia sido ciego, y dijéronle: Da gloria á Dios[m]; nosotros sabemos que este hombre es pecador.

25 Entónces él respondió, y dijo: Si es pecador, no *lo* sé: una cosa sé, que habiendo yo sido ciego, ahora veo.

26 Y volviéronle á decir: ¿Qué te hizo? ¿Cómo te abrió los ojos?

27 Respondióles: Ya os *lo* he dicho, y no habeis atendido: ¿por qué *lo* quereis otra vez oir? ¿Quereis tambien vosotros haceros sus discípulos?

28 Y le ultrajaron, y dijeron: Tú seas su discípulo: que nosotros discípulos de Moisés somos.

29 Nosotros sabemos que á Moisés habló Dios[n]: mas este no sabemos de donde es[o].

30 Respondió aquel hombre, y díjoles: Por cierto, maravillosa cosa es esta, que

[a] Cap. 11. 4.
[b] Cap. 11. 9.
[c] Cap. 1. 5, 9. y 8. 12. y 12. 35, 46.
[d] Mar. 7. 33. y 8. 23.
[e] Ne. 3. 15.
[f] 2 Rey. 5. 14.
[g] ver. 31. Cap. 3. 2.
[h] Cap. 7. 12, 43. y 10. 19.
[i] ver. 31. Cap. 3. 2.
[k] Cap. 7. 13. y 12. 42. y 19. 38. Pr. 29. 25.
[l] ver. 34. Cap. 16. 2.
[m] Jos. 7. 19.
[n] Sal. 103. 7.
[o] Cap. 8. 14.

vosotros no sabeis de donde sea, y *á mí*
me abrió los ojos[p].
31 Y sabemos que Dios no oye á los
pecadores[q]: mas si alguno es temeroso
de Dios, y hace su voluntad, á este oye[r].
32 Desde el siglo no fué oido, que abri-
ese alguno los ojos de uno que nació
ciego.
33 Si este no fuera *venido* de Dios, no
pudiera hacer nada.
34 Respondieron, y dijéronle: En pe-
cados eres nacido todo[s]: ¿ y tú nos
enseñas? Y echáronle fuera[t].
35 Oyó Jesus que le habian echado
fuera; y hallándole, díjole: ¿ Crees tú
en el Hijo de Dios?
36 Respondió él, y dijo: ¿ Quién es,
Señor, para que crea en él?
37 Y díjole Jesus: Y le has visto, y
el que habla contigo, él es[u].
38 Y él dice: Creo, Señor. Y adoróle.
39 Y dijo Jesus: Yo, para juicio he
venido á este mundo, para que los que
no ven, vean[v]; y los que ven, sean
cegados[x].
40 Y *algunos* de los Fariséos que es-
taban con él oyeron esto, y dijéronle:
¿ Somos nosotros tambien ciegos[y]?
41 Díjoles Jesus: Si fuerais ciegos, no
tuvierais pecado[z]; mas ahora porque
decís: Vemos; por tanto vuestro pecado
permanece[a].

[p] Is. 29. 18. y 35. 5.
[q] Job 27. 9. y 35. 12. Sal. 18. 41. y 66. 18. Pro. 28. 9. Is. 1. 15. Jer. 11. 11. Ez. 8. 18. Mi. 3. 4. Zac. 7. 13.
[r] Sal. 34. 15. Pro. 15. 29.
[s] ver. 2.
[t] Is. 66. 5.
[u] Cap. 4. 26.
[v] 1 Ped. 2. 9.
[x] Cap. 3. 19. Mat. 13. 13.
[y] Ro. 2. 19. Ap. 3. 17.
[z] Cap. 15. 22, 24.
[a] Is. 5. 21. Lu. 18. 14. 1 Juan 1. 8, 10.

CAPITULO X.

Parábola del buen pastor, y sus propiedades. Va Jesus al templo el dia de la dedicacion, y declara ser el Mesías. Los Judíos cogen piedras para tirarselas como á blasfemo, y se quedan con ellas en las manos á una razon suya.

DE cierto, de cierto os digo, *que* el
que no entra por la puerta en el
corral de las ovejas, mas sube por otra
parte, el tal ladron es y robador.
2 Mas el que entra por la puerta, el
pastor de las ovejas es.
3 A este abre el portero, y las ovejas
oyen su voz; y á sus ovejas llama por
nombre[a], y las saca.
4 Y como ha sacado fuera sus ovejas,
va delante de ellas: y las ovejas le si-
guen, porque conocen su voz.
5 Mas al extraño no seguirán, ántes
huirán de él[b]; porque no conocen la
voz de los extraños.
6 Esta parábola les dijo Jesus; mas
ellos no entendieron qué *era lo que* les
decia.
7 Volvióles pues Jesus á decir: De
cierto, de cierto os digo, que yo soy
la puerta de las ovejas[c].
8 Todos los que ántes de mí vinieron,
ladrones son y robadores[d]; mas no los
oyeron las ovejas.
9 Yo soy la puerta: el que por mí en-
tráre, será salvo; y entrará, y saldrá, y
hallará pastos.
10 El ladron no viene sino para hurtar,
y matar, y destruir *las ovejas*: yo he
venido para que tengan vida, y para
que *la* tengan en abundancia.
11 Yo soy el buen pastor[e]: el buen
pastor su vida da por *sus* ovejas.
12 Mas el asalariado, y que no es el
pastor, de quien no son propias las ove-
jas, ve al lobo que viene, y deja las
ovejas[f], y huye: y el lobo las arrebata,
y esparce las ovejas.
13 Así que el asalariado huye, porque
es asalariado, y no tiene cuidado de las
ovejas.
14 Yo soy el buen pastor; y conozco
mis *ovejas*[g], y las mias me conocen[h],
15 Como el Padre me conoce *á mí*, y
yo conozco al Padre[i]: y pongo mi vida
por las ovejas[k].

[a] Ez. 34. 11. Is. 40. 11.
[b] 2 Ti. 3. 5. Ap. 2. 2.
[c] Ef. 2. 18.
[d] Zac. 11. 5, 8.
[e] Heb. 13. 20. 1 Ped. 2. 25.
[f] Ez. 34. 2, 6. Zac. 11. 17.
[g] 2 Ti. 2. 19.
[h] 1 Juan 5. 20.
[i] Mat. 11. 27.
[k] Cap. 15. 13. Is. 53. 4, 5.

16 Tambien tengo otras ovejas que no
son de este redil[l]: aquellas tambien me
conviene traer, y oirán mi voz; y habrá
un *solo* rebaño, y un pastor[m].
17 Por eso me ama el Padre, porque
yo pongo mi vida, para volverla á to-
mar[n].
18 Nadie me la quita, mas yo la pongo
de mí mismo[o]: *porque* tengo poder para
ponerla, y tengo poder para volverla á
tomar[p]: Este mandamiento recibí de
mi Padre[q].
19 ¶ Y volvió á haber disension entre
los Judíos por estas palabras[r].
20 Y muchos de ellos decian: Demo-
nio[s] tiene, y está fuera de sí: ¿ para qué
le oís?
21 Decian otros: Estas palabras no son
de endemoniado: ¿ puede el demonio
abrir los ojos de los ciegos[t]?
22 Y se hacia la fiesta de la Dedicacion
en Jerusalem, y era invierno.
23 Y Jesus andaba en el templo por el
portal de Salomon[u].
24 ¶ Y rodeáronle los Judíos, y dijé-
ronle: ¿ Hasta cuándo † nos has de tur-
bar el alma? Si tú eres el Cristo, díno*slo*
abiertamente.
25 Respondióles Jesus: Os *lo* he dicho,
y no creeis: las obras que yo hago en
nombre de mi Padre, ellas dan testi-
monio de mí[v].
26 Mas vosotros no creeis, porque no
sois de mis ovejas, como os he dicho[x].
27 Mis ovejas oyen mi voz[y], y yo las
conozco, y me siguen;
28 Y yo les doy vida eterna, y no pere-
cerán[z] para siempre; ni nadie las arre-
batará de mi mano.
29 Mi Padre que me *las* dió[a], mayor
que todos es: y nadie *las* puede arreba-
tar de la mano de mi Padre.
30 Yo y el Padre una cosa somos[b].
31 Entónces volvieron á tomar piedras
los Judíos para apedrearle[c].
32 Respondióles Jesus: Muchas bue-
nas obras os he mostrado de mi Pa-
dre, ¿ por cuál obra de esas me ape-
dreais?
33 Respondiéronle los Judíos, diciendo-
do: Por buena obra no te apedreamos,
sino por la blasfemia; y porque tú, sien-
do hombre, te haces Dios[d].
34 Respondióles Jesus: ¿ No está es-
crito en vuestra Ley: Yo dije: Dioses
sois[e]?
35 Si dijo dioses á aquellos, á los cu-
ales fué hecha palabra de Dios, y la
Escritura no puede ser quebrantada;
36 ¿ A *mí á* quien el Padre santificó[f],
y envió al mundo, vosotros decís; Tú
blasfemas; porque dije: Hijo de Dios
soy[g]?
37 Si no hago obras de mi Padre, no
me creais.
38 Mas si *las* hago, aunque á mí no
creais, creed á las obras[h], para que co-
nozcais y creais que el Padre está en
mí, y yo en él[i].
39 ¶ Y procuraban otra vez prenderle;
mas él se salió de sus manos.
40 Y volvióse tras el Jordan, á aquel
lugar donde primero habia estado bau-
tizando Juan[k], y estúvose allí.
41 Y muchos venian á él, y decian:
Juan á la verdad ninguna señal hizo;
mas todo lo que Juan dijo de este, era
verdad[l].
42 Y muchos creyeron allí en él.

[l] Is. 56. 8.
[m] Ez. 3. 14, 17, 18.
[n] Is. 53. 7, 12. Heb. 2. 9.
[o] Fi. 2. 6, 8.
[p] Cap. 2. 19.
[q] Cap. 6. 38.
[r] Cap. 7. 43. y 9. 16.
[s] Cap. 7. 20. y 8. 48, 52.
[t] Cap. 9. 6, 7.
[u] Hech. 3. 11. y 5. 12.
† Gr. nos suspendes nuestra alma.
[v] Cap. 5. 36.
[x] Cap. 8. 47. 1 Juan 4. 6.
[y] ver. 4.
[z] Cap. 17. 12. y 18. 9. Heb. 7. 25.
[a] Cap. 17. 2.
[b] Cap. 17. 11, 22.
[c] Cap. 8. 59.
[d] Cap. 5. 18.
[e] Sal. 82. 6.
[f] Cap. 6. 27. Is. 11. 2, 3. y 61. 1, 3.
[g] Fi. 2. 6.
[h] Cap. 14. 10, 11. y 15. 24.
[i] Cap. 17. 21.
[k] Cap. 1. 28.
[l] Cap. 3. 30, 36.

CAPITULO XI.

Resurreccion de Lázaro. Consejo de los pontífices y fariséos, en que se resuelve la muerte de Jesus, y que debe morir un hombre por todos. Retírase Jesu-Cristo á Ephrem, ciudad de Galiléa.

ESTABA entónces enfermo uno *llamado* Lázaro, de Betania, la aldéa de María y de Marta su hermana[a].

2 (Y María, cuyo hermano Lázaro estaba enfermo, era la que ungió al Señor con ungüento, y limpió sus piés con sus cabellos[b].)

3 Enviaron pues sus hermanas á él, diciendo: Señor, hé aquí, el que amas está enfermo[c].

4 Y oyéndo*lo* Jesus, dijo: Esta enfermedad no es para muerte, mas por gloria de Dios[d], para que el Hijo de Dios sea glorificado por ella.

5 Y amaba Jesus á Marta, y á su hermana, y á Lázaro.

6 Mas cuando oyó que estaba enfermo, quedóse, *no obstante*, aun dos dias en aquel lugar donde estaba.

7 Luego, despues de esto, dijo á *sus* discípulos: Vamos á Judéa otra vez.

8 Dícenle los discípulos: Rabí, ahora procuraban los Judíos apedrearte[e]; ¿y otra vez vas allá[f]?

9 Respondió Jesus, ¿No tiene el dia doce horas? El que anduviere de dia, no tropieza; porque ve la luz de este mundo[g].

10 Mas el que anduviere de noche, tropieza; porque no hay luz en él.

11 Dicho esto, díceles despues: Lázaro nuestro amigo duerme[h]; mas voy á despertarle del sueño.

12 Dijéron entónces sus discípulos: Señor, si duerme, salvo estará.

13 Mas *esto* decia Jesus de la muerte de él; y ellos pensaron que hablaba del reposar del sueño.

14 Entónces, pues, Jesus les dijo claramente: Lázaro es muerto:

15 Y huélgome por vosotros, que yo no haya estado allí, para que creais. Mas vamos á él.

16 Dijo entónces Tomás, el que se dice el Dídimo, á sus condiscípulos: Vamos tambien nosotros, para que muramos con él.

17 Vino pues Jesus, y halló que habia ya cuatro dias *que estaba* en el sepulcro.

18 Y Betania estaba cerca de Jerusalem como quince estadios.

19 Y muchos de los Judíos habian venido á Marta y á María, á consolarlas de su hermano[i].

20 Entónces Marta, como oyó que Jesus venia, salió á encontrarle; mas María se estuvo en casa.

21 Y Marta dijo á Jesus: Señor, si hubieses estado aquí, mi hermano no fuera muerto.

22 Mas tambien sé ahora, que todo lo que pidieres de Dios, te dará Dios.

23 Dícele Jesus: Resucitará tu hermano.

24 Marta le dice: *Yo* sé que resucitará en la resurreccion en el dia postrero[k].

25 Dícele Jesus: Yo soy la resurreccion[l] y la vida[m]: el que cree en mí, aunque esté muerto, vivirá[n].

26 Y todo aquel que vive, y cree en mí, no morirá eternamente[o]. ¿Crees esto?

27 Dícele: Sí, Señor, yo he creido que tú eres el Cristo, el Hijo de Dios, que has venido al mundo[p].

28 Y esto dicho, fuése, y llamó en secreto á María su hermana, diciendo: El Maestro está aquí[q], y te llama.

29 Ella, como *lo* oyó, levántase prestamente, y viene á él.

30 (Que aun no habia llegado Jesus á la aldéa, mas estaba en aquel lugar donde Marta le habia encontrado.)

31 Entónces los Judíos que estaban en casa con ella, y la consolaban[r], como vieron que María se habia levantado prestamente, y habia salido, siguiéronla, diciendo: Va al sepulcro á llorar allí.

32 Mas María, como vino donde estaba Jesus, viéndole, derribóse á sus piés, diciéndole: Señor, si hubieras estado aquí, no fuera muerto mi hermano[s].

33 Jesus entónces, como la vió llorando, y á los Judíos que habian venido juntamente con ella llorando, se conmovió en espíritu, y turbóse.

34 Y dijo: ¿Dónde le pusisteis? Dícenle: Señor, vén, y *velo*.

35 Y lloró Jesus[t].

36 Dijeron entónces los Judíos: Mirad como le amaba.

37 Y algunos de ellos dijeron: ¿No podia este, que abrió los ojos del ciego[u], hacer que este no muriera?

38 Y Jesus, conmoviendose otra vez en sí mismo, vino al sepulcro: era una cueva, la cual tenia una piedra encima.

39 Dice Jesus: Quitad la piedra[v]. Marta, la hermana del que se habia muerto, le dice: Señor, hiede ya; que es de cuatro dias.

40 Jesus le dice: ¿No te he dicho que si creyeres, verás la gloria de Dios[w]?

41 Entónces quitaron la piedra de donde el muerto habia sido puesto: y Jesus, alzando los ojos arriba, dijo: Padre, gracias te doy que me has oido[y].

42 Que yo sabia que siempre me oyes; mas por causa de la compañía que está alrededor, *lo* dije, para que crean que tú me has enviado.

43 Y habiendo dicho estas cosas, clamó á gran voz: Lázaro, vén fuera.

44 Y el que habia estado muerto, salió[z], atadas las manos y los piés con vendas; y su rostro estaba envuelto en un sudario[a]. Díceles Jesus: Desatadle, y dejadle ir.

45 Entónces muchos de los Judíos que habian venido á María, y habian visto lo que habia hecho Jesus, creyeron en él[b].

46 Mas algunos de ellos fueron á los Fariséos, y dijéronles lo que Jesus habia hecho.

47 ¶ Entónces los Pontífices, y los Fariséos juntaron concilio; y decian: ¿Qué hacemos? porque este hombre hace muchas señales[c].

48 Si le dejamos así, todos creerán en él; y vendrán los Romanos, y quitarán nuestro lugar y la nacion.

49 Y Caifás[d], uno de ellos, Sumo Pontífice de aquel año, les dijo: Vosotros no sabeis nada;

50 Ni pensais que nos conviene que un hombre muera por el pueblo, y no que toda la nacion se pierda.

51 Mas esto no lo dijo de sí mismo; sino que, como era el Sumo Pontífice de aquel año, profetizó que Jesus habia de morir por la nacion:

52 Y no solamente por aquella nacion, mas tambien para que juntase en uno los hijos de Dios que estaban derramados[e].

53 Así que desde aquel dia consultaban juntos de matarle.

54 Por tanto Jesus ya no andaba manifiestamente entre los Judíos[f]; mas fuese de allí á la tierra que está junto al desierto, á una ciudad que se llama Efraim[g]: y estábase allí con sus discípulos.

55 ¶ Y la Pascua de los Judíos estaba cerca[h]: y muchos subieron de aquella tierra á Jerusalem ántes de la Pascua, para purificarse[i].

56 Y buscaban á Jesus, y hablaban los

Lu. 10. 38, 39.
Cap. 12. 3.
Heb. 12. 6. Ap. 3. 19.
ver. 40. Cap. 9. 3.
Cap. 10. 31. Hech. 20. 24.
Cap. 12. 35.
Hech. 7. 60. Da. 12. 2. 1 Cor. 15. 18, 51.
1 Cr. 7. 22. Job 2. 11. Ro. 12. 15.
Cap. 5. 29.
Cap. 6. 40, 54.
Cap. 14. 6. 1 Juan 1. 2.
Job 19. 26. Is. 26. 19. 1 Co. 4. 17.
6. 5.
8. 11.
Cap. 3. 15. Cap. 6. 69.
Cap. 13. 13.
ver. 19.

[s] ver. 21. Cap. 4. 49.
[t] Is. 63. 9. Lu. 19. 41. Heb. 2. 17, 18. y 4. 15, 16.
[u] Cap. 9. 6.
[v] Mar. 16. 3.
[w] ver. 4, 23.
[y] Cap. 12. 28, 30.
[z] 1 Rey. 17. 22. 2 Rey. 4. 34, 35. y 13. 21. Lu. 7. 14, 15. Hech. 20. 9, 12.
[a] Cap. 20. 7.
[b] Cap. 2. 23. y 10. 41, 42. y 12. 11.
[c] Hech. 4. 16.
[d] Cap. 18. 14. Lu. 3. 2. Hech. 4. 6.
[e] Cap. 10. 16. Is. 49. 6. Ro. 3. 29. Ef. 2. 14, 17.
[f] Cap. 7. 1.
[g] 2 Sa. 13. 23. 2 Cr. 13. 19.
[h] Cap. 2. 13. y 6. 4.
[i] 2 Cr. 30. 15, 17.

unos con los otros estando en el Templo: ¿Qué os parece, que no vendrá á la fiesta?

57 Y los Pontífices y los Fariséos habian dado mandamiento, que, si alguno supiese donde estuviera, *lo* manifestase, para que le prendiesen.

CAPITULO XII.

Dan á Jesus en Bethania una cena, en medio de la cual María, hermana de Lázaro, derrama sobre los piés del Señor un bálsamo precioso. Maquinan los Judíos matar á Lázaro. Entrada triunfante de Jesus en Jerusalem. Algunos Gentiles quieren hablar con él; y con esta ocasion declara Jesus que hasta despues de muerto no hará fruto entre ellos. Creen muchos de los principales Judíos, pero no se atreven á manifestarlo por miedo de la sinagoga.

Y JESUS, seis dias ántes de la Pascua, vino á Betania, donde estaba Lázaro que habia estado muerto, al cual *Jesus* habia resucitado de los muertos[a].

2 E hiciéronle allí una cena; y Marta servia[b], y Lázaro era uno de los que estaban sentados á la mesa juntamente con él.

3 Entónces María[c] tomo una libra de ungüento de nardo líquido[d] de mucho precio, y ungió los piés de Jesus, y limpió sus piés con sus cabellos: y la casa se llenó del olor del ungüento.

4 Y dijo uno de sus discípulos, Júdas Iscariote, *hijo* de Simon, el que le habia de entregar:

5 ¿Por qué no se ha vendido este ungüento por trescientos dineros, y se dió á los pobres?

6 Mas dijo esto, no por el cuidado que él tenia de los pobres, sino porque era ladron[e], y tenia la bolsa[f], y traia ‖ lo que se echaba *en ella*.

7 Entónces Jesus dijo: Déjala: para el dia de mi sepultura ha guardado esto.

8 Porque á los pobres siempre los teneis con vosotros[g], mas á mí no siempre me teneis[h].

9 Entónces mucha gente de los Judíos entendió que él estaba allí: y vinieron no solamente por causa de Jesus, mas tambien por ver á Lázaro, al cual habia resucitado de los muertos.

10 Consultaron asimismo los príncipes de los Sacerdotes, de matar tambien á Lázaro[i]:

11 Porque muchos de los Judíos iban y creian en Jesus por causa de él[k].

12 ¶ El siguiente dia mucha gente que habia venido al dia de la fiesta, como oyeron que Jesus venia á Jerusalem,

13 Tomaron ramos de palmas[l], y saliéron á recibirle, y clamaban: Hosanna, Bendito el que viene en el nombre del Señor[m], el Rey de Israel.

14 Y halló Jesus un asnillo, y se sentó sobre él, como está escrito[n]:

15 No temas, Hija de Sion; hé aquí tu rey viene sentado sobre un pollino de asna.

16 Y no entendieron esto sus discípulos de primero[o]: empero cuando Jesus fué glorificado[p], entónces se acordaron que estas cosas estaban escritas de él, y que le hicieron estas cosas[q].

17 Y la gente que estaba con él, daba testimonio de cuando llamó á Lázaro del sepulcro, y le resucitó de los muertos.

18 Por lo cual tambien habia venido la gente á recibirle; porque habia oido que él habia hecho esta señal[r].

19 Mas los Fariséos dijeron entre sí: ¿Veis que nada aprovechais[s]? hé aquí que el mundo se va tras de él.

20 ¶ Y habia ciertos Griegos[t] de los que habian subido á adorar en el dia de la fiesta.

21 Estos, pues, se llegaron á Felipe[u], que era de Betsaida de Galiléa, y rogáronle, diciendo: Señor, queríamos ver á Jesus.

22 Vino Felipe, y díjolo á Andres: Andres entónces, y Felipe, *lo* dicen á Jesus.

23 Entónces Jesus les respondió, diciendo: La hora viene en que el Hijo del hombre ha de ser glorificado[v].

24 De cierto, de cierto os digo que si el grano de trigo no cae en la tierra, y muere, él solo queda; mas si muriere, mucho fruto lleva[x].

25 El que ama su vida, la perderá; y el que aborrece su vida en este mundo, para vida eterna la guardará[y].

26 Si alguno me sirve, sígame; y donde yo estuviere, allí tambien estará mi servidor[z]. Si alguno me sirviere, mi Padre le honrará.

27 Ahora está turbada mi alma: ¿y qué diré? Padre, sálvame de esta hora[a]: mas por esto he venido en esta hora.

28 Padre, glorifica tu nombre. Entónces vino una voz del cielo[b]: Y *le* he glorificado, y *le* glorificaré otra vez.

29 Y la gente que estaba presente, y *la* habia oido, decia que habia sido trueno; otros decian: Angel le ha hablado.

30 Respondió Jesus, y dijo: No ha venido esta voz por mi causa, mas por causa de vosotros[c].

31 Ahora es el juicio de este mundo: ahora el príncipe de este mundo será echado fuera[d].

32 Y yo, si fuere levantado de la tierra[e], á todos traeré á mí mismo[f].

33 Y esto decia dando á entender de que muerte habia de morir[g].

34 Respondióle la gente: Nosotros hemos oido de la Ley: Que el Cristo permanece para siempre[h]: ¿cómo pues dices tú, Conviene que el Hijo del hombre sea levantado? ¿Quién es este Hijo del hombre?

35 Entónces Jesus les dice: Aun por un poco estará la luz entre vosotros[i]: andad entre tanto que teneis luz, porque no os sorprendan las tinieblas[k]; porque el que anda en tinieblas, no sabe donde va[l].

36 Entre tanto que teneis la luz, creed en la luz, para que seais hijos de luz[m]. Estas cosas habló Jesus, y fuése, y escondióse de ellos.

37 ¶ Empero habiendo hecho delante de ellos tantas señales, no creian en él:

38 Para que se cumpliese el dicho que dijo el profeta Isaías: ¿Señor, quién ha creido á nuestro dicho? ¿y el brazo del Señor á quién es revelado[n]?

39 Por esto no podian creer, porque otra vez dijo Isaías:

40 Cegó los ojos de ellos, y endureció su corazon: porque no vean con los ojos, y entiendan de corazon, y se conviertan, y *yo* los sane[o].

41 Estas cosas dijo Isaías, cuando vió su gloria[p], y habló de él.

42 Con todo eso aun de los príncipes muchos creyeron en él; mas por causa de los Fariséos no *lo* confesaban, por no ser echados de la sinagoga[q].

43 Porque amaban mas la gloria de los hombres que la gloria de Dios[r].

44 Mas Jesus clamó y dijo: El que cree en mí, no cree en mí, sino en el que me envió[s].

45 Y el que me ve, ve al que me envió[t].

46 Yo *la* luz he venido al mundo[u],

[a] Cap. 11. 1, 43.
[b] Lu. 10. 38, 42.
[c] Cap. 11. 2.
[d] Mat. 26. 7, etc. Mar. 14. 3, etc. Lu. 7. 37, etc.
[e] 2 Rey. 5. 20, 27.
[f] Cap. 13. 29.
‖ ó *hurtaba*.
[g] De. 15. 11.
[h] Cap. 16. 5, 7.
[i] Lu. 16. 31.
[k] Cap. 11. 45.
[l] Mat. 21. 8, etc. Mar. 11. 8. Lu. 19. 36.
[m] Sal. 118. 25, 26.
[n] Zac. 9. 9.
[o] Lu. 18. 34.
[p] Cap. 7. 39.
[q] Cap. 14. 26.
[r] ver. 11.
[s] Cap. 11. 47, 48.
[t] 1 Rey. 8. 41. Hech. 8. 27. y 17. 4.
[u] Cap. 1. 44.
[v] Cap. 13. 32. y 17. 1.
[x] 1 Co. 15. 36.
Ef. 2. 5, 6. Col. 3. 1.
[y] Mat. 10. 39. y 16. 25. Mar. 8. 35. Lu. 9. 24. y 17. 33.
[z] Cap. 14. 3. y 17. 24.
[a] Mat. 26. 38, 39.
[b] Mat. 3. 17.
[c] Cap. 11. 42.
[d] Cap. 16. 11. Lu. 10. 18. Ef. 2. 2. y 6. 12.
[e] Cap. 3. 14. y 8. 28.
[f] Cap. 1. 29. Ro. 10. 12. 1 Juan 2. 2.
[g] Cap. 18. 32.
[h] Sal. 72. 17, 19. y 89. 36, 37. Is. 9. 6. Ez. 37. 25.
[i] Cap. 8. 12. y 9. 5.
[k] Jer. 13. 16.
[l] Cap. 11. 10.
[m] Lu. 16. 8. Ef. 5. 8. 1 Tes. 5. 5.
[n] Is. 53. 1.
[o] Is. 6. 9, 10.
[p] Is. 6. 1.
[q] Cap. 9. 22.
[r] Cap. 5. 44.
[s] Mar. 9. 37. 1 Ped. 1. 21.
[t] Cap. 14. 9.
[u] Cap. 1. 5. y 3. 19.

para que todo aquel que cree en mí, no permanezca en tinieblas.

47 Y el que oyere mis palabras, y no creyere, yo no le juzgo; porque no he venido á juzgar al mundo, sino á salvar al mundo ᵛ.

48 El que me desecha, y no recibe mis palabras, tiene quien le juzgue ˣ: la palabra que he hablado, ella le juzgará en el dia postrero.

49 Porque yo no he hablado de mí mismo: mas el Padre que me envió, él me dió mandamiento de lo que he de decir, y de lo que he de hablar ʸ.

50 Y sé que su mandamiento es vida eterna ᶻ: así que lo que yo hablo, como el Padre me lo ha dicho, así hablo.

CAPITULO XIII.

Ultima cena del Señor. Lava los piés á sus discípulos. Descubre al discípulo amado quién es el traidor; y empieza la última plática que hizo á los apóstoles la noche de su prision, recomendándoles particularmente, entre otras cosas, la caridad, y prediciendo la negacion de Pedro.

ANTES de la fiesta de la Pascua ᵃ, sabiendo Jesus que su hora habia venido para que pasase de este mundo al Padre ᵇ, como habia amado á los suyos, que estaban en el mundo, amólos hasta el fin ᶜ.

2 Y la cena acabada, como el diablo ya habia metido en el corazon de Júdas, *hijo* de Simon Iscariote, que le entregase ᵈ,

3 Sabiendo Jesus que el Padre le habia dado todas las cosas en las manos ᵉ, y que habia salido de Dios, y á Dios iba ᶠ,

4 Levántase de la cena, y quítase su ropa, y tomando una toalla, ciñóse.

5 Luego puso agua en un lebrillo, y comenzó á lavar los piés de los discípulos, y á limpiar*los* con la toalla con que estaba ceñido.

6 Entónces vino á Simon Pedro; y Pedro le dice: ¿Señor, tú me lavas los piés?

7 Respondió Jesus, y díjole: Lo que yo hago, tú no entiendes ahora; mas *lo* entenderás despues.

8 Dícele Pedro: No me lavarás los piés jamás. Respondióle Jesus: Si no te lavare, no tendrás parte conmigo ᵍ.

9 Dícele Simon Pedro: Señor, no solo mis piés, mas aun las manos, y la cabeza.

10 Dícele Jesus: El que está lavado ʰ, no necesita sino que lave los piés, mas está todo limpio. Y vosotros limpios estais, aunque no todos.

11 Porque sabia quien le habia de entregar ⁱ; por eso dijo: No estais limpios todos.

12 Así que, despues que les hubo lavado los piés, y tomado su ropa, volviéndose á sentar á la mesa, díjoles: ¿Sabeis lo que os he hecho?

13 Vosotros me llamais Maestro y Señor ᵏ: y decís bien, porque *lo* soy:

14 Pues si yo, el Señor y el Maestro, he lavado vuestros piés, vosotros tambien debeis lavar los piés los unos á los otros ˡ.

15 Porque ejemplo os he dado, para que como yo os he hecho, vosotros tambien hagais ᵐ.

16 De cierto, de cierto os digo: El siervo no es mayor que su Señor; ni el apostol † es mayor que el que le envió ⁿ.

17 Si sabeis estas cosas, bienaventurados sereis, si las hiciereis ᵒ.

18 ¶ No hablo de todos vosotros; yo sé los que he elegido: mas para que se cumpla la Escritura: El que come pan conmigo, levantó contra mí su calcañar ᵖ.

19 Desde ahora os lo digo ántes que se haga ᵠ, para que cuando se hiciere, creais que yo soy.

20 De cierto, de cierto os digo *que* el que recibe al que yo enviáre, á mí recibe; y el que á mí recibe, recibe al que me envió ʳ.

21 Como hubo dicho Jesus esto, fué conmovido en el espíritu ˢ, y protestó, y dijo: De cierto, de cierto os digo que uno de vosotros me ha de entregar ᵗ.

22 Entónces los discípulos mirábanse los unos á los otros, dudando de quién decia.

23 Y uno de sus discípulos, al cual Jesus amaba ᵘ, estaba recostado en el seno de Jesus.

24 A este pues hizo señas Simon Pedro, para que preguntase quién era aquel de quien decia.

25 El entónces recostándose sobre el pecho de Jesus, dícele: Señor, ¿quién es?

26 Respondió Jesus: Aquel es, á quien yo diere el pan mojado: y mojando el pan, dió*lo* á Júdas Iscariote, *hijo* de Simon.

27 Y tras el bocado Satanás entró en él ᵛ. Entónces Jesus le dice: Lo que haces, haz*lo* mas presto.

28 Mas ninguno de los que estaban á la mesa entendió á qué propósito le dijo esto.

29 Porque los unos pensaban, porque Júdas tenia la bolsa ˣ, que Jesus le decia: Compra lo que necesitamos para la fiesta; ó, que diese algo á los pobres.

30 Como él pues hubo tomado el bocado, luego salió; y era *ya* noche.

31 ¶ Entónces como *él* salió, dijo Jesus: Ahora es glorificado el Hijo del hombre ʸ, y Dios es glorificado en él.

32 Si Dios es glorificado en él, Dios tambien le glorificará en sí mismo; y luego le glorificará.

33 Hijitos, aun un poco estoy con vosotros. Me buscaréis; mas, como dije á los Judíos: Donde yo voy, vosotros no podeis venir; así digo á vosotros ahora ᶻ.

34 Un mandamiento nuevo os doy: Que os ameis unos á otros: como os he amado, que tambien *os* ameis los unos á los otros ᵃ.

35 En esto conocerán todos que sois mis discípulos, si tuviereis amor los unos con los otros.

36 ¶ Dícele Simon Pedro: Señor, ¿adónde vas? Respondióle Jesus: Donde yo voy, no me puedes ahora seguir; mas me seguirás despues ᵇ.

37 Dícele Pedro: Señor, ¿por qué no te puedo seguir ahora? mi alma pondré por tí ᶜ.

38 Respondióle Jesus: ¿Tu alma pondrás por mí? De cierto, de cierto te digo, *que* no cantará el gallo, sin que me hayas negado tres veces.

CAPITULO XIV.

Prosigue la plática de Jesus, interrumpida poco ántes por la pregunta de Simon Pedro. Consuela á sus apóstoles: díceles que él es el camino, la verdad, y la vida; y que está en el Padre, y el Padre en él. Promete enviarles el Espíritu Santo, y darles la paz; y les asegura la utilidad de su partida.

NO se turbe vuestro corazon ᵃ: creeis en Dios, creed tambien en mí.

2 En la casa de mi Padre muchas moradas hay; de otra manera, os *lo* hubiera dicho: voy pues á preparar lugar para vosotros.

3 Y si me fuere, y os aparejáre lugar, vendré otra vez, y os tomaré á mí mis-

---

ᵖ Sal. 41. 9.
ᵠ Cap. 14. 29. y 16. 4.
ʳ Mat. 10. 40.
ˢ Cap. 12. 27.
ᵗ Mat. 26. 21. Mar. 14. 18. Lu. 22. 21.
ᵘ Cap. 19. 26. y 20. 2. y 21. 7, 20.
ᵛ Lu. 22. 3.
ˣ Cap. 12. 6.
ʸ Cap. 12. 23. y 17. 1, 5.
ᶻ Cap. 7. 34.
ᵃ Cap. 15. 12, 17. Lev. 19. 18. Ef. 5. 2. 1 Tes. 4. 9. Sant°. 2. 8. 1 Ped. 1. 22. 1 Juan 2. 7, 8, y 3. 11, 23.
ᵇ Cap. 21. 18. 2 Ped. 1. 14.
ᶜ Mat. 26. 33. Mar. 14. 29. Lu. 22. 33.
ᵃ ver. 27.

mo; para que donde yo estoy, vosotros tambien esteis[b].

4 Y sabeis adonde yo voy; y sabeis el camino.

5 Dícele Tomás: Señor, no sabemos adonde vas: ¿cómo pues podemos saber el camino?

6 Jesus le dice: Yo soy el camino[c], y la verdad[d], y la vida[e]: nadie viene al Padre, sino por mí[f].

7 Si me conocieseis, tambien á mi Padre conocierais: y desde ahora le conoceis, y le habeis visto.

8 Dícele Felipe: Señor, muéstranos el Padre, y nos basta.

9 Jesus le dice: ¿Tanto tiempo *ha que* estoy con vosotros, y no me has conocido, Felipe? El que me ha visto, ha visto al Padre[g]. ¿Cómo, pues, dices tú: Muéstranos el Padre?

10 ¿No crees que yo soy en el Padre, y el Padre en mí[h]? Las palabras que yo os hablo, no *las* hablo de mí mismo[i]: mas el Padre que está en mí, él hace las obras.

11 Creedme que yo soy en el Padre, y el Padre en mí; de otra manera creedme por las mismas obras.

12 De cierto, de cierto os digo *que* el que en mí cree, las obras que yo hago tambien él *las* hará[k], y mayores que estas hará; porque yo voy al Padre:

13 Y todo lo que pidiereis al Padre en mi nombre, esto haré[l]; para que el Padre sea glorificado en el Hijo.

14 Si algo pidiereis en mi nombre, yo *lo* haré.

15 Si me amais, guardad mis mandamientos[m]:

16 Y yo rogaré al Padre, y os dará otro Consolador[n], para que esté con vosotros para siempre;

17 Al Espíritu de Verdad, al cual el mundo no puede recibir[o], porque no le ve, ni le conoce: mas vosotros le conoceis, porque está con vosotros, y será en vosotros[p].

18 No os dejaré huérfanos: vendré á vosotros[q].

19 Aun un poquito, y el mundo no me verá mas; empero vosotros me vereis: porque yo vivo, y vosotros tambien vivireis[r].

20 En aquel dia vosotros conocereis que yo *estoy* en mi Padre, y vosotros en mí, y yo en vosotros[s].

21 El que tiene mis mandamientos, y los guarda, aquel es el que me ama[t]: y el que me ama, será amado de mi Padre, y yo le amaré, y me manifestaré á él.

22 Dícele Júdas[u], no el Iscariote: Señor, ¿qué hay porque te hayas de manifestar á nosotros, y no al mundo?

23 Respondió Jesus, y díjole: El que me ama, mi palabra guardará; y mi Padre le amará, y vendrémos á él, y harémos con él morada.

24 El que no me ama, no guarda mis palabras: y la palabra que habeis oido, no es mia, sino del Padre que me envió[v].

25 Estas cosas os he hablado estando con vosotros.

26 Mas el Consolador[x], el Espíritu Santo, al cual el Padre enviará en mi nombre, él os enseñará todas las cosas[y], y os recordará todas las cosas que os he dicho.

27 La paz os dejo, mi paz os doy[z]: no como el mundo *la* da, yo os *la* doy: no se turbe vuestro corazon, ni tenga miedo.

28 Habeis oido como yo os he dicho: Voy, y vengo á vosotros. Si me amaseis, ciertamente os gozariais porque he dicho que voy al Padre[a]: porque el Padre mayor es que yo[b].

29 Y ahora os *lo* he dicho ántes que se haga, para que cuando se hiciere, creais[c].

30 Ya no hablaré mucho con vosotros: porque viene el príncipe de este mundo[d]; mas no tiene nada en mí[e].

31 Empero para que conozca el mundo que amo al Padre, y que como el Padre me dió el mandamiento, así hago[f]. Levantáos, vamos de aquí.

CAPITULO XV.

Prosigue la plática de Jesus. Dice que El es la vid, y los fieles los sarmientos. Recomienda y manda otra vez el amor. Escoge á sus discípulos para que den fruto, y los conforta contra las persecuciones del mundo. Hace ver que los Judíos son inescusables de su pecado.

YO soy la vid verdadera[a]; y mi Padre es el labrador.

2 Todo pámpano que en mí no lleva fruto, lo quitará: y todo aquel que lleva fruto, le limpiará, para que lleve mas fruto.

3 Ya vosotros sois limpios[b] por la palabra que os he hablado[c].

4 Estad en mí, y yo *estaré* en vosotros. Como el pámpano no puede llevar fruto de sí mismo, si no estuviere en la vid, así ni vosotros, si no estuviereis en mí[d].

5 Yo soy la vid, vosotros los pámpanos: el que está en mí, y yo en él, este lleva mucho fruto: (porque sin mí nada podeis hacer.)

6 El† que en mí no estuviere, será echado fuera como *mal* pámpano, y se secará[e]: y los cogen, y *los* echan en el fuego, y arden.

7 Si estuviéreis en mí, y mis palabras estuvieren en vosotros, todo lo que quisiéreis pedireis, y os será hecho[f].

8 En esto es glorificado mi Padre, en que lleveis mucho fruto, y seais *así* mis discípulos.

9 ¶ Como el Padre me amó, tambien yo os he amado: estad en mi amor.

10 Si guardáreis mis mandamientos, estaréis en mi amor[g]; como yo tambien he guardado los mandamientos de mi Padre, y estoy en su amor.

11 Estas cosas os he hablado, para que mi gozo esté en vosotros, y vuestro gozo sea cumplido[h].

12 Este es mi mandamiento: Que os ameis los unos á los otros, como *yo* os he amado[i].

13 Nadie tiene mayor amor que este, que ponga alguno su vida por sus amigos.

14 Vosotros sois mis amigos, si hiciereis las cosas que yo os mando.

15 Ya no os diré siervos, porque el siervo no sabe lo que hace su Señor: mas os he dicho amigos[k], porque todas las cosas que oí de mi Padre, os he hecho notorias.

16 No me elegisteis vosotros á mí, mas yo os elegí á vosotros[l]; y os he puesto para que váyais y lleveis fruto, y vuestro fruto permanezca: para que todo lo que pidiereis del Padre en mi nombre, *él* os lo dé[m].

17 Esto os mando: Que os ameis los unos á los otros.

18 ¶ Si el mundo os aborrece, sabed que á mí me aborreció ántes que á vosotros[n].

19 Si fuerais del mundo, el mundo amaria lo suyo: mas porque no sois del mundo, ántes yo os elegí del mundo, por eso os aborrece el mundo[o].

20 Acordáos de la palabra que yo os

---

[b] Cap. 12. 26. 1 Tes. 4. 17.
[c] Cap. 10. 9. Heb. 10. 19, 20.
[d] Cap. 1. 17.
[e] Cap. 1. 4. y 11. 25.
[f] Hech. 4. 12.
[g] Cap. 12. 45. Heb. 1. 3. Col. 1. 15.
[h] Cap. 10. 38.
[i] Cap. 5. 19.
[k] [illegible] 21. 21.
[l] Cap. 16. 23, 24. 1 Juan 5. 14.
[m] ver. 21, 23. Cap. 15. 10, 14. 1 Juan 5. 3.
[n] Cap. 15. 26. y 16. 7.
[o] 1 Co. 2. 14.
[p] Ro. 8. 9. 1 Juan 2. 27.
[q] ver. 28.
[r] Ef. 2. 5, 6. Col. 3. 1, 4.
[s] Cap. 17. 21. y 23. 26.
[t] ver. 15, 23.
[u] Lu. 6. 16.
[v] Cap. 8. 28, 38.
[x] ver. 16.
[y] Cap. 16. 13. 1 Juan 2. 20, 27.
[z] Fi. 4. 7.

[a] ver. 12.
[b] Heb. 2. 9, 14. 1 Co. 15. 27, 28.
[c] Cap. 13. 19.
[d] Cap. 12. 31. Ef. 2. 2 y 6. 12.
[e] 2 Co. 5. 21. Heb. 4. 15. 1 Juan 3. 5.
[f] Sal. 40. 8. Fi. 2. 8.
[a] Cap. 4. 22. Heb. 8. 2.
[b] Cap. 13. 10.
[c] Ef. 5. 26.
[d] Fi. 1. 11.
† Gr. Si alguno no.
[e] 2 Ped. 1. 9.
[f] Cap. 14. 13. y 16. 23.
[g] Cap. 14. 21, 23.
[h] Cap. 16. 24. y 17. 13.
[i] Cap. 13. 34.
[k] Sant. 2. 23.
[l] 1 Juan 4. 10, 19.
[m] ver. 7.
[n] 1 Juan 3. 1, 13.
[o] Cap. 17. 14.
[p] Cap. 13. 16. Mat. 10. 24. Lu. 6. 40.

he dicho: No es el siervo mayor que su
señor. Si á mí me han perseguido, tam-
bien á vosotros perseguirán; si han gu-
ardado mi palabra, tambien guardarán
3. 7. la vuestra [q].
21 Mas todo esto os harán por causa
10. 22. de mi nombre [r]; porque no conocen al
9. que me ha enviado [s].
16. 3. 22 Si no hubiera venido, ni les hubiera
9. 41. hablado, no tendrian pecado [t]; mas aho-
P. 4. ra no tienen escusa de su pecado [u].
23 El que me aborrece, tambien á mi
Padre aborrece.
24 Si no hubiese hecho entre ellos
obras cuales ningun otro ha hecho, no
tendrian pecado: mas ahora, y *las* han
visto, y me aborrecen á mí, y á mi
Padre.
25 Mas para que se cumpla la palabra
que está escrita en su Ley: Que sin cau-
35. 19. sa me aborrecieron [v].
4. 26 Empero cuando viniere el Conso-
14. 16, lador [x], el cual yo os enviaré del Padre,
el Espíritu de Verdad, el cual procede
n 5. 6. del Padre, él dará testimonio de mí [y].
24. 48. 27 Y vosotros dareis testimonio [z], por-
. 1. 8, que estais conmigo desde el principio [a].

CAPITULO XVI.

*Concluye Jesus la plática á sus apóstoles, pre-
viniéndolos contra las persecuciones que
habian de padecer: les promete enviar al
Espíritu Santo, que convencerá al mundo,
y les enseñará á ellos todas las verdades;
y que el Padre les concederá cuanto le pidan
en su nombre. Predice finalmente que to-
dos ellos huirán, y le abandonarán aquella
noche.*

3.
2.
. 1. 16.
1. 2.
n 1.

ESTAS cosas os he hablado, para que
no os escandaliceis.
2 Os echarán de las sinagogas: y aun
viene la hora, cuando cualquiera que
os matáre, pensará que hace servicio á
. 26. Dios [a].
3 Y estas cosas os harán, porque no
15. 21. conocen al Padre ni á mí [b].
2. 3. 4 Mas os he dicho esto, para que cu-
ando aquella hora viniere, os acordeis
que yo os lo habia dicho: esto empero
no os lo dije al principio, porque *yo* es-
taba con vosotros.
5 Mas ahora voy al que me envió; y
ninguno de vosotros me pregunta: ¿A-
dónde vas?
6 Antes porque os he hablado estas
cosas, tristeza ha henchido vuestro co-
22. razon [c].
7 ¶ Empero yo os digo la verdad: Os
es necesario que yo vaya; porque si yo
14. 16, no fuese, el Consolador [d] no vendria á
vosotros: mas si *yo* fuere, os le envi-
26. aré [e].
. 2. 23. 8 Y cuando él viniere, redargüirá al
. 8. mundo de pecado, y de justicia, y de
juicio:
9 De pecado ciertamente, por cuanto
no creen en mí:
10 Y de justicia, por cuanto voy al
Padre, y no me vereis mas:
11 Y de juicio, por cuanto el príncipe
13. 21. de este mundo *ya* es juzgado [f].
12 Aun tengo muchas cosas que deci-
ros, mas ahora no *las* podeis llevar.
13 Pero cuando viniere aquel Espíritu
14. 26. de verdad, *él* os guiará á toda verdad [g]:
porque no hablará de sí mismo, sino
que hablará todo lo que oyere; y os hará
saber las cosas que han de venir.
14 Él me glorificará, porque tomará de
lo mio, y os *lo* hará saber.
15 Todo lo que tiene el Padre, mio es:
por eso dije que tomará de lo mio, y os
lo hará saber.
16 ¶ Un poquito, y no me vereis; y
otra vez un poquito, y me vereis: por-
que yo voy al Padre.
17 Entónces dijeron *algunos* de sus dis-
cípulos unos á otros: ¿Qué es esto que
nos dice: Un poquito, y no me vereis;
y otra vez un poquito, y me vereis: y,
porque yo voy al Padre [h]? [h] ver. 10.
18 Decian pues: ¿Qué es esto que
dice: Un poquito? No entendemos lo
que habla.
19 Y conoció Jesus que le querian pre-
guntar, y díjoles: ¿Preguntais entre
vosotros de esto que dije, un poquito, y
no me vereis; y otra vez, un poquito, y
me vereis?
20 De cierto, de cierto os digo que vos-
otros lloraréis y lamentaréis, y el mundo
se alegrará: empero aunque vosotros es-
tareis tristes, vuestra tristeza se tornará
en gozo.
21 La mujer cuando pare, tiene dolor [i], [i] Is. 26. 17.
porque es venida su hora; mas despues
que ha parido un niño, ya no se acuerda
de la apretura, por el gozo de que haya
nacido un hombre en el mundo.
22 Tambien, pues, vosotros ahora á la
verdad teneis tristeza: mas otra vez os
veré, y se gozará vuestro corazon [k], y [k] Cap. 20. 20.
nadie quitará de vosotros vuestro gozo. Lu. 24. 41,
23 ¶ Y aquel dia no me preguntaréis 52.
nada. De cierto, de cierto os digo que 1 Ped. 1. 8.
todo cuanto pidiereis á *mi* Padre en mi
nombre, os *lo* dará [l]. [l] Cap. 15. 16.
24 Hasta ahora nada habeis pedido en 1 Juan 3.
mi nombre: pedid, y recibireis [m], para 22.
que vuestro gozo sea cumplido [n]. y 5. 14.
25 Estas cosas os he hablado en pro- [m] Mat. 7. 7, 8.
verbios: mas viene la hora cuando ya [n] Cap. 15. 11.
no os hablaré por proverbios, sino que
claramente os anunciaré de mi Padre.
26 Aquel dia pedireis en mi nombre;
y no os digo, que yo rogaré al Padre por
vosotros:
27 Porque el mismo Padre os ama, por [o] Cap. 14. 21,
cuanto vosotros me amasteis [o], y habeis 23.
creido que yo salí de Dios [p]. [p] ver. 30.
28 Salí del Padre, y he venido al mun- Cap. 17. 8.
do: otra vez dejo el mundo, y voy al
Padre.
29 Dícenle sus discípulos: Hé aquí,
ahora hablas claramente, y ningun pro-
verbio dices.
30 Ahora entendemos que sabes todas
las cosas, y no necesitas que nadie te
pregunte: en esto creemos que has sa-
lido de Dios [q]. [q] Cap. 17. 8.
31 Respondióles Jesus, ¿Ahora creeis?
32 Hé aquí la hora viene, y ya ha ve-
nido, que sereis esparcidos cada uno por
su parte [r], y me dejaréis solo: mas no [r] Mat. 26. 31.
estoy solo, porque el Padre está con- Mar. 14. 27.
migo [s]. [s] Cap. 8. 29.
33 Estas cosas os he hablado para que Is. 50. 7, 9.
en mí tengais paz [t]: en el mundo ten- [t] Cap. 14. 27.
dreis apretura [u]; mas confiad, yo he [u] Cap. 15. 19,
vencido al mundo. 21.
2 Ti. 3. 12.

CAPITULO XVII.

Afectuosa oracion de Jesus á su eterno Padre.

ESTAS cosas habló Jesus, y levan-
tados los ojos al cielo, dijo: Padre,
la hora es llegada; glorifica á tu Hijo [a], [a] Cap. 12. 23.
para que tambien tu Hijo te glorifique y 13. 31, 32.
á tí:
2 Como le has dado la potestad de toda
carne [b], para que dé vida eterna á todos [b] Cap. 3. 35.
los que le diste. Mat. 28. 18.
3 Esta empero es la vida eterna [c]: Que [c] 1 Juan 5.
te conozcan [d] solo Dios verdadero, y á 11.
Jesu-Cristo [e], al cual has enviado. [d] Jer. 9. 24.
4 Yo te he glorificado en la tierra; [e] Cap. 10. 36.
he acabado la obra que me diste que
hiciese [f]. [f] Cap. 19. 30.
5 Ahora pues, Padre, glorifícame tú [g] Cap. 1. 1, 2.
cerca de tí mismo con aquella gloria Fi. 2. 6.
que tuve cerca de tí ántes que el mundo Heb. 1. 3,
fuese [g]. 10.

6 He manifestado tu nombre á los hombres que del mundo me diste h: tuyos eran, y me los diste i, y guardaron tu palabra.

7 Ahora han conocido que todas las cosas que me diste, son de tí.

8 Porque las palabras que me diste, les he dado; y ellos *las* recibieron, y han conocido verdaderamente que salí de tí, y han creido que tú me enviaste k.

9 Yo ruego por ellos: no ruego por el mundo, sino por los que me diste, porque tuyos son.

10 Y todas mis cosas son tus cosas, y tus cosas son mis cosas l: y he sido glorificado en ellas.

11 Y ya no estoy en el mundo; mas estos están en el mundo, y yo á tí vengo. Padre santo, á los que me has dado m, guárdalos por tu nombre, para que sean una cosa, como tambien nosotros.

12 Cuando estaba con ellos en el mundo, yo los guardaba en tu nombre; á los que me diste, yo los guardé, y ninguno de ellos se perdió n, sino el hijo de perdicion, para que la Escritura se cumpliese o.

13 Mas ahora vengo á tí; y hablo esto en el mundo, para que tengan mi gozo cumplido en sí mismos.

14 Yo les he dado tu palabra, y el mundo les aborreció; porque no son del mundo, como tampoco yo soy del mundo p.

15 No ruego que les quites del mundo, sino que les guardes del mal †.

16 No son del mundo, como tampoco yo soy del mundo.

17 Santifícalos en tu verdad q: tu palabra es *la* verdad.

18 Como tú me enviaste al mundo, tambien yo les he enviado al mundo r.

19 Y por ellos yo me santifico á mí mismo; para que tambien ellos sean santificados en verdad s.

20 Mas no ruego solamente por estos, sino tambien por los que han de creer en mí por la palabra de ellos;

21 Para que todos sean una cosa: como tú, oh Padre, en mí, y yo en tí t, que tambien ellos sean en nosotros una cosa: para que el mundo crea que tú me enviaste.

22 Y yo, la gloria que me diste, les he dado u; para que sean una cosa, como tambien nosotros somos una cosa.

23 Yo en ellos, y tú en mí, para que sean consumadamente † una cosa; y que el mundo conozca que tú me enviaste, y que los has amado, como tambien á mí me has amado.

24 Padre, aquellos que me has dado, quiero que donde yo estoy, ellos estén tambien conmigo v; para que vean mi gloria que me has dado: por cuanto me has amado desde ántes de la constitucion del mundo.

25 Padre justo, el mundo no te ha conocido: mas yo te he conocido x, y estos han conocido que tú me enviaste.

26 Y yo les he manifestado tu nombre y, y manifestaré*lo aun*; para que el amor, con que me has amado, esté en ellos, y yo en ellos z.

h ver. 26. Sal. 22. 22.
i Cap. 6. 37, 39. y 10. 29.
k Cap. 16. 27, 30.
l Cap. 16. 15.
m ver. 6.
n Cap. 18. 9.
o Sal. 109. 8. Hech. 1. 20.
p Cap. 15. 18, 19.
† Gr. *Del maligno.*
q Ef. 5. 26.
r Cap. 20. 21.
s 1 Co. 1. 2, 30.
t ver. 11. Ro. 12. 5. 1 Co. 12. 12.
u 2 Co. 3. 18.
† Gr. *Consumados (ó perfectos) en una cosa.*
v Cap. 14. 3. 1 Tes. 4. 17.
x Cap. 7. 29. y 8. 55. y 10. 15.
y ver. 6, 11, 12.
z Cap. 15. 9.

CAPITULO XVIII.

Prision de Jesus. Malchó es herido por Pedro. Huyen los Apóstoles. Niega Pedro al Señor. Interrogatorio que le hacen el sumo Pontífice y el presidente Pilato.

COMO Jesus hubo dicho estas cosas, salióse con sus discípulos tras el arroyo de Cedron a, donde estaba un huerto, en el cual entró Jesus, y sus discípulos.

a 2 Sa. 15. 23.

2 Y tambien Júdas, el que le entregaba, sabia aquel lugar, porque muchas veces Jesus se juntaba allí con sus discípulos.

3 Júdas, pues, tomando una compañía *de soldados*, y ministros de los Pontífices y de los Fariséos b, vino allí con linternas y antorchas, y con armas.

4 Empero Jesus, sabiendo todas las cosas que habian de venir sobre él, salió delante, y díjoles: ¿A quién buscais?

5 Respondiéronle: A Jesus Nazareno c. Díceles Jesus: Yo soy. (Y estaba tambien con ellos Júdas el que le entregaba.)

6 Y como les dijo, Yo soy, volvieron atrás, y cayeron en tierra.

7 Volvióles, pues, á preguntar: ¿A quién buscais? Y ellos dijeron: A Jesus Nazareno.

8 Respondió Jesus: Ya os he dicho que yo soy: pues si á mí buscais, dejad ir á estos:

9 Para que se cumpliese la palabra que habia dicho: De los que me diste, ninguno de ellos perdí d.

10 Entónces Simon Pedro, que tenia espada, sacóla, é hirió al siervo del Pontífice, y le cortó la oreja derecha e. Y el siervo se llamaba Malco.

11 Jesus entónces dijo á Pedro: Méte tu espada en la vaina: el vaso que el Padre me ha dado, ¿no le tengo de beber f.

12 ¶ Entónces la compañía *de los soldados* y el tribuno, y los ministros de los Judíos, prendieron á Jesus, y le ataron,

13 Y lleváronle primeramente á Anás, porque era suegro de Caifás, el cual era Pontífice de aquel año g.

14 Y era Caifás el que habia dado el consejo á los Judíos: Que era necesario que un hombre muriese por el pueblo h.

15 Y seguia á Jesus Simon Pedro, y otro discípulo i: y aquel discípulo era conocido del Pontífice, y entró con Jesus al atrio del Pontífice.

16 Mas Pedro estaba fuera á la puerta: y salió aquel discípulo que era conocido del Pontífice, y habló á la portera, y metió dentro á Pedro.

17 Entónces la criada portera dijo á Pedro: ¿No eres tú tambien de los discípulos de este hombre? Dice él: No soy.

18 Y estaban en pié los siervos y los ministros que habian allegado las ascuas, porque hacia frio, y calentábanse: y estaba tambien con ellos Pedro en pié, calentándose.

19 Y el Pontífice preguntó á Jesus *acerca* de sus discípulos, y de su doctrina.

20 Jesus le respondió: Yo manifiestamente he hablado al mundo: yo siempre he enseñado en la sinagoga y en el templo, donde se juntan todos los Judíos k; y nada he hablado en oculto.

21 ¿Qué me preguntas á mí? Pregunta á los que han oido, qué les haya *yo* hablado: hé aquí, esos saben lo que yo he dicho.

22 Y como él hubo dicho esto, uno de los criados que estaba allí, dió una bofetada l á Jesus, diciendo: ¿Así respondes al Pontífice?

23 Respondióle Jesus: Si he hablado mal, da testimonio del mal: y si bien, ¿por qué me hieres m?

24 Y Anás le habia enviado atado á Caifás Pontífice.

25 Estaba, pues, Pedro en pié calentándose; y dijéronle: ¿No eres tú de sus discípulos? El negó, y dijo: No soy.

b Mat. 26. 47, etc. Mar. 14. 43, etc. Lu. 22. 47, etc.
c Cap. 19. 19. Mat. 2. 23.
d Cap. 17. 12.
e Mat. 26. 51. Mar. 14. 47. Lu. 22. 49, 50.
f Mat. 20. 22. y 26. 39, 42.
g Hech. 4. 6.
h Cap. 11. 49, 50.
i Mat. 26. 58, etc. Mar. 14. 54. Lu. 22. 54.
k Cap. 7. 14. y 26. 28.
l Hech. 23. 2, 3.
m 1 Ped. 2. 19, 23.

26 Uno de los siervos del Pontífice, pariente de aquél á quien Pedro habia cortado la oreja, *le* dice: ¿ No te ví yo en el huerto con él?

27 Y negó Pedro otra vez: y luego el gallo cantó [n].

28 ¶ Y llevaron á Jesus de Caifás al Pretorio [o]; y era por la mañana: y ellos no entaron en el Pretorio por no ser contaminados [p], sino que comiesen la Pascua.

29 Entónces salió Pilató á ellos fuera, y dijo: ¿ Qué acusacion traeis contra este hombre?

30 Respondieron, y dijéronle: Si este no fuera malhechor, no te lo habriamos entregado.

31 Díceles entónces Pilato: Tomadle vosotros, y juzgadle segun vuestra ley. Y los Judíos le dijeron: A nosotros no es lícito matar á nadie.

32 Para que se cumpliese el dicho de Jesus que habia dicho, dando á entender de qué muerte habia de morir [q].

33 Así que Pilato volvió á entrar en la audiencia, y llamó á Jesus, y díjole: ¿ Eres tú el rey de los Judíos?

34 Respondióle Jesus: ¿ Dices tú esto de tí mismo, ó te lo han dicho otros de mí?

35 Pilato respondió: ¿ Soy yo Judío? Tu gente, y los Pontífices, te han entregado á mí [r]: ¿ qué has hecho?

36 Respondió Jesus [s]: Mi reino no es de este mundo [t]: si de este mundo fuera mi reino, mis servidores pelearian para que *yo* no fuera entregado á los Judíos: ahora, pues, mi reino no es de aquí.

37 Díjole entónces Pilato: ¿ Luego rey eres tú? Respondió Jesus: Tú dices que yo soy rey: yo para esto he nacido, y para esto he venido al mundo, para dar testimonio á la verdad [u]. Todo aquel que es *de la parte* de la verdad, oye mi voz [v].

38 Dícele Pilato: ¿ Qué cosa es verdad? Y como hubo dicho esto, salió otra vez á los Judíos, y díceles: Yo no hallo en él algun crímen.

39 Empero vosotros teneis costumbre, que *yo* os suelte uno en la Pascua: ¿ quereis, pues, que os suelte al rey de los Judíos?

40 Entónces todos dieron voces otra vez, diciendo: No á este, sino á Barabas. Y Barabas era ladron [w].

(Left margin: p. 13. 38. — ar. 27. 2, — r. 15. 1, — 23. 1, — ch. 10. — . 12. 32, — . 20. 19. 18. 32, — ch. 3. 13. — . 6. 15. — . 6. 15. — 1. 13. — . 1. 5. 14. — . 8. 47. an 4. 6. — h. 3. 14. — 27. 26, — 15. 15, — 18. 38. — 4. 16. — 5. 18. 33.)

CAPITULO XIX.

Pasion, muerte, y sepultura de Jesus.

ASÍ que entónces tomó Pilato á Jesus, y azotóle [a].

2 Y los soldados entretejieron de espinas una corona, y pusiéron*la* sobre su cabeza, y le vistieron de una ropa de grana,

3 Y decian: Salve, rey de los Judíos! Y dábanle de bofetadas.

4 Entónces Pilato salió otra vez fuera, y díjoles: Hé aquí os le traigo fuera, para que entendais que ningun crímen hallo en él [b].

5 Y salió Jesus fuera llevando la corona de espinas, y la ropa de grana. Y díceles *Pilato:* Hé aquí el hombre.

6 Y como le vieron los príncipes de los Sacerdotes, y los servidores, dieron voces diciendo: Crucifícale, crucifícale. Díceles Pilato: Tomadle vosotros, y crucificadle: porque yo no hallo en él crímen.

7 Respondiéronle los Judíos: Nosotros tenemos ley, y segun nuestra ley debe morir [c], porque se hizo Hijo de Dios [d].

8 Y como Pilato oyó esta palabra, tuvo mas miedo;

9 Y entró otra vez á la audiencia, y dijo á Jesus: ¿ De dónde eres tú? Mas Jesus no le dió respuesta [e].

10 Entónces dícele Pilato: ¿ A mí no me hablas? ¿ no sabes que tengo potestad para crucificarte, y que tengo potestad para soltarte?

11 Respondió Jesus: Ninguna potestad tendrias contra mí, si *esto* no te fuese dado de arriba [f]: por tanto el que á tí me ha entregado, mayor pecado tiene [g].

12 Desde entónces procuraba Pilato soltarle; mas los Judíos daban voces, diciendo: Si á este sueltas, no eres amigo de César. Cualquiera que se hace rey, á César contradice [h].

13 Entónces Pilato oyendo este dicho, llevó fuera á Jesus [i], y se sentó en el tribunal, en el lugar que se dice Lithóstrotos, y en Hebréo, Gabbatha.

14 Y era la víspera de la Pascua [k], y como la hora de sexta: entónces dijo á los Judíos: Hé aquí vuestro rey.

15 Mas ellos dieron voces: Quita, quita, crucifícale. Díceles Pilato: ¿ A vuestro rey he de crucificar? Respondieron los Pontífices: No tenemos rey sino á César.

16 Así que entónces se lo entregó para que fuese crucificado [l]: y tomaron á Jesus, y le llevaron.

17 ¶ Y llevando su cruz, salió al lugar [m] que se dice de la Calavera, y en Hebréo, Gólgotha;

18 Donde le crucificaron, y con él otros dos, uno á cada lado, y Jesus en medio.

19 Y escribió tambien Pilato un título, que puso encima de la cruz [n]: y el escrito era: JESUS NAZARENO, REY DE LOS JUDÍOS.

20 Y muchos de los Judíos leyeron este título; porque el lugar donde estaba crucificado Jesus, era cerca de la ciudad: y estaba escrito en Hebréo, en Griego, y en Latin.

21 Y decian á Pilato los Pontífices de los Judíos: No escribas, Rey de los Judíos; sino que él dijo: Rey soy de los Judíos.

22 Respondió Pilato: Lo que he escrito, he escrito.

23 Y como los soldados hubieron crucificado á Jesus, tomaron sus vestidos, é hicieron cuatro partes, (para cada soldado una parte), y la túnica: mas la túnica era sin costura, toda tejida desde arriba.

24 Y dijeron entre ellos: No la partamos, sino echemos suertes sobre ella de quién será: para que se cumpliese la Escritura que dice: Partieron para sí mis vestidos, y sobre mi vestidura echaron suertes [o]. Y los soldados hicieron esto.

25 Y estaban junto á la cruz de Jesus su madre, y la hermana de su madre, María *mujer* de Cleofas [p], y María Magdalena [q].

26 Y como vió Jesus á la madre, y al discípulo que él amaba [r], que estaba presente, dice á su madre: Mujer [s], hé ahí tu hijo.

27 Despues dice al discípulo: Hé ahí tu madre [t]. Y desde aquella hora el discípulo la recibió consigo.

28 Despues de esto, sabiendo Jesus que todas las cosas eran ya cumplidas, para que la Escritura se cumpliese [u], dijo: Sed tengo.

29 Y estaba *allí* un vaso lleno de vinagre. Entónces ellos hinchieron una esponja de vinagre, y rodeada á un hisopo se la llegaron á la boca.

30 Y como Jesus tomó el vinagre, dijo:

(Right margin: [e] Sal. 38. 13. Mat. 27. 12, 14. — [f] Cap. 7. 30. Lu. 22. 53. — [g] Cap. 18. 3, 35. — [h] Lu. 23. 2. Hech. 17. 7. — [i] Pr. 29. 25. — [k] Mat. 27. 62. — [l] Mat. 27. 26, etc. Mar. 15. 15, etc. Lu. 23. 24, etc. — [m] Nu. 15. 36. Heb. 13. 12. — [n] Mat. 27. 37. Mar. 15. 26. Lu. 23. 38. — [o] Sal. 22. 18. — [p] Lu. 24. 18. — [q] Mat. 27. 56, 61. — [r] Cap. 13. 23. y 21. 20. — [s] Cap. 2. 4. — [t] Ro. 16. 13. — [u] Lu. 24. 44. Sal. 69. 21.)

Consumado es[v]. Y habiendo inclinado
la cabeza, dió el espíritu[x].
31 Entónces los Judíos, por cuanto[y]
era la víspera *de la Pascua*, para que los
cuerpos no quedasen en la cruz en el
Sábado[z], pues era el gran dia del Sába-
do[a], rogaron á Pilato que se les quebra-
sen las piernas, y fuesen quitados.
32 Y vinieron los soldados, y quebra-
ron las piernas al primero, y asimismo
al otro que habia sido crucificado con él.
33 Mas cuando vinieron á Jesus, como
le vieron ya muerto, no le quebraron las
piernas:
34 Empero uno de los soldados le abrió
el costado con una lanza, y luego salió
sangre[b] y agua[c].
35 Y el que *lo* vió, da testimonio[d], y
su testimonio es verdadero: y él sabe
que dice verdad, para que vosotros tam-
bien creais.
36 Porque estas cosas fueron hechas,
para que se cumpliese la Escritura:
Hueso no quebrantaréis de él[e].
37 Y tambien otra Escritura dice: Mi-
rarán *á aquel* al cual traspasaron[f].
38 ¶ Despues de estas cosas, José de
Arimatéa[g], el cual era discípulo de Je-
sus, mas secreto, por miedo de los Ju-
díos[h], rogó á Pilato que pudiera quitar
el cuerpo de Jesus: y permitió*selo* Pi-
lato. Entónces vino, y quitó el cuerpo
de Jesus.
39 Y vino tambien Nicodemo[i], el que
ántes habia venido á Jesus de noche,
trayendo un compuesto de mirra y de
aloes, como cien libras[k].
40 Tomaron pues el cuerpo de Jesus,
y envolviéronle en lienzos con especias,
como es costumbre de los Judíos se-
pultar.
41 Y en aquel lugar, donde habia sido
crucificado, habia un huerto, y en el
huerto un sepulcro nuevo, en el cual
aun no habia sido puesto alguno.
42 Allí, pues, por causa de la víspera
de la Pascua de los Judíos[l], porque
aquel sepulcro estaba cerca, pusieron á
Jesus[m].

CAPITULO XX.

Resurreccion de Jesus, y algunas de sus apariciones.

Y EL primer *dia* de la semana[a], Ma-
ría Magdalena vino de mañana, si-
endo aun oscuro, al sepulcro, y vió la
piedra quitada del sepulcro.
2 Entónces corrió, y vino á Simon Pe-
dro, y al otro discípulo, al cual amaba
Jesus[b], y díceles: Han llevado al Señor
del sepulcro, y no sabemos donde le han
puesto.
3 Y salió Pedro, y el otro discípulo, y
vinieron al sepulcro[c].
4 Y corrian los dos juntos; mas el otro
discípulo corrió mas presto que Pedro,
y llegó primero al sepulcro.
5 Y bajándose *á mirar*, vió los lienzos[d]
echados; mas no entró.
6 Llegó luego Simon Pedro siguién-
dole, y entró en el sepulcro, y vió los
lienzos echados;
7 Y el sudario que habia estado sobre
su cabeza[e], no puesto con los lienzos,
sino envuelto en un lugar aparte.
8 Y entónces entró tambien el otro dis-
cípulo, que habia venido primero al
monumento, y vió, y creyó.
9 Porque aun no sabian la Escritura:
Que era necesario que él resucitase de
los muertos[f].
10 Y volvieron los discípulos á los
suyos.
11 Empero María estaba fuera lloran-
do junto al sepulcro; y estando llorando,
bajóse *á mirar* el sepulcro[g],

[v] Cap. 17. 4.
[x] Is. 53. 10, 12. Heb. 2. 14, 15.
[y] ver. 42.
[z] De. 21. 23.
[a] Le. 23. 7, 8.
[b] Heb. 9. 22, 23. 1 Juan 5. 6, 8.
[c] Cap. 3. 5. Ef. 5. 26. Tit. 3. 5. Heb. 10. 22. 1 Ped. 3. 21.
[d] 1 Juan 1. 1, 3.
[e] Ex. 12. 46. Nu. 9. 12.
[f] Sal. 22. 16. Zac. 12. 10. Ap. 1. 7.
[g] Mat. 27. 57. Mar. 15. 42. Lu. 23. 50.
[h] Cap. 9. 22. y 12. 42.
[i] Cap. 3. 1, 2. y 7. 50.
[k] 2 Cr. 16. 14.
[l] ver. 31.
[m] Is. 53. 9. 1 Co. 15. 4.
[a] Mat. 28. 1, etc. Mar. 16. 1, etc. Lu. 24. 1, etc.
[b] Cap. 13. 23. y 19. 26. y 21. 7, 24.
[c] Lu. 24. 12.
[d] Cap. 19. 40.
[e] Cap. 11. 44.
[f] Sal. 16. 10. Hech. 2. 25, 31. y 13. 34, 35.
[g] Mar. 16. 5.

12 Y vió dos ángeles en ropas blancas
que estaban sentados, el uno á la cabe-
cera, y el otro á los piés, donde el cuerpo
de Jesus habia sido puesto.
13 Y dijéronle: Mujer, ¿por qué llo-
ras? Díceles: Porque se han llevado á
mi Señor, y no sé donde le han puesto.
14 Y como hubo dicho esto, volvióse
atrás, y vió á Jesus que estaba *allí*[h];
mas no sabia que era Jesus[i].
15 Dícele Jesus: Mujer, ¿por qué llo-
ras? ¿á quién buscas? Ella, pensando
que era el hortelano, dícele: Señor, si
tú le has llevado, díme donde le has
puesto, y yo lo llevaré.
16 Dícele Jesus: María. Volviéndose
ella, dícele: Raboni, que quiere decir,
Maestro.
17 Dícele Jesus: No me toques[k]; por-
que aun no he subido á mi Padre: mas
vé á mis hermanos[l], y diles: Subo á
mi Padre[m], y á vuestro Padre[n], y á mi
Dios[o], y á vuestro Dios[p].
18 Fué María Magdalena dando las
nuevas á los discípulos que habia visto
al Señor, y la habia dicho estas cosas.
19 ¶ Y como fué tarde aquel dia, el
primero de la semana, y estando las
puertas cerradas, donde los discípulos
estaban juntos, por miedo de los Judíos,
vino Jesus, y púsose en medio[q], y díjo-
les: Paz á vosotros.
20 Y como hubo dicho esto, mostróles
las manos y el costado. Y los discípulos
se gozaron viendo al Señor[r].
21 Entónces les dijo Jesus otra vez:
Paz á vosotros[s]: como me envió el Pa-
dre, así tambien yo os envio[t].
22 Y como hubo dicho esto, sopló, y
díjoles: Tomad el Espíritu Santo[u]:
23 A los que remitiereis los pecados,
les son remitidos: á quienes los retuvi-
ereis, serán retenidos[v].
24 ¶ Empero Tomás, uno de los doce,
que se dice el Dídimo[x], no estaba con
ellos cuando Jesus vino.
25 Dijéronle, pues, los otros discípulos:
Al Señor hemos visto. Y él les dijo:
Si no viere en sus manos la señal de los
clavos, y metiere mi dedo en el lugar de
los clavos, y metiere mi mano en su
costado, no creeré.
26 Y ocho dias despues estaban otra
vez sus discípulos dentro, y con ellos
Tomás: vino Jesus, las puertas cerra-
das, y púsose en medio, y dijo: Paz á
vosotros[y].
27 Luego dice á Tomás: Mete tu dedo
aquí, y vé mis manos; y alarga acá tu
mano, y méte*la* en mi costado: y no
seas incrédulo, sino fiel.
28 Entónces Tomás respondió, y dícele:
Señor mio, y Dios mio[z].
29 Dícele Jesus: Porque me has visto,
oh Tomás, creiste: bienaventurados los
que no vieron, y creyeron[a].
30 ¶ Y tambien hizo Jesus muchas
otras señales en presencia de sus discí-
pulos, que no están escritas en este
libro[b].
31 Estas empero son escritas para que
creais que Jesus es el Cristo, el Hijo de
Dios; y para que creyendo, tengais vida
en su nombre[c].

CAPITULO XXI.

Aparécese Jesus á sus discípulos, estando ellos pescando. Hace á Pedro un encargo: le predice su martirio; y reprime su curiosidad acerca de Juan.

DESPUES se manifestó Jesus otra
vez á sus discípulos á la mar de Ti-
berias[a]; y manifestóse de esta manera.
2 Estaban juntos Simon Pedro y To-
más, llamado el Dídimo, y Natanael, el

[h] Mar. 16. 9.
[i] Cap. 21. 4. Lu. 24. 16, 31.
[k] Lu. 16. 17.
[l] Sal. 22. 22. Ro. 8. 29. Heb. 2. 11.
[m] Lu. 16. 15, 16.
[n] Ro. 8. 14, 15. 2 Co. 6. 18. Ga. 3. 26. y 4. 6, 7.
[o] Ef. 1. 17.
[p] Heb. 11. 16.
[q] Mar. 16. 14. Lu. 24. 36. 1 Co. 15. 5.
[r] Cap. 16. 22.
[s] Cap. 14. 27.
[t] Cap. 17. 18. Mat. 28. 18.
[u] Ro. 8. 15, 16.
[v] Mat. 16. 19. y 18. 18. Jer. 1. 9, 10.
[x] Cap. 11. 16.
[y] ver. 19, 21.
[z] Cap. 1. 1.
[a] 1 Ped. 1. 8.
[b] Cap. 21. 25.
[c] Cap. 3. 15, 16. y 5. 24. y 10. 10. 1 Ped. 1. 9.
[a] Cap. 6. 1.

que *era* de Caná de Galiléa, y los *hijos* de Zebedéo[b], y otros dos de sus discípulos.

3 Díceles Simon: A pescar voy. Dícenle: Vamos nosotros tambien contigo. Fueron, y subieron luego en una barca; y aquella noche no cogieron nada.

4 Y venida la mañana, Jesus se puso á la ribera: mas los discípulos no entendieron que era Jesus[c].

5 Y díjoles: Mozos, ¿teneis algo de comer[d]? Respondiéronle: No.

6 Y él les dice: Echad la red á la mano derecha del barco, y hallaréis. Entónces echaron, y no la podian en ninguna manera sacar, por la multitud de los peces[e].

7 Entónces aquel discípulo, al cual amaba Jesus, dijo á Pedro: El Señor es. Y Simon Pedro, como oyó que era el Señor, ciñóse la ropa, porque estaba desnudo, y echóse á la mar.

8 Y los otros discípulos vinieron con el barco (porque no estaban léjos de tierra sino como doscientos codos), trayendo la red de peces.

9 Y como descendieron á tierra, vieron ascuas puestas, y un pez encima de ellas, y pan[f].

10 Díceles Jesus: Traed de los peces que cogisteis ahora[g].

11 Subió Simon Pedro, y trajo la red á tierra, llena de grandes peces, ciento y cincuenta y tres: y siendo tantos, la red no se rompió[h].

12 Díceles Jesus: Venid, comed. Y ninguno de los discípulos osaba preguntarle: ¿Tú, quién eres? sabiendo que era el Señor.

13 Viene pues Jesus, y toma el pan, y dáles; y asimismo del pez[i].

14 Esta *era* ya la tercera vez que Jesus se manifestó á sus discípulos, habiendo resucitado de los muertos[k].

15 ¶ Y cuando hubieron comido, Jesus dijo á Simon Pedro: Simon, *hijo* de Jonás, ¿me amas mas que estos[l]? Dícele: Sí, Señor: tú sabes que te amo. Dícele: Apacienta mis corderos[m].

16 Vuélvele á decir la segunda vez: Simon, *hijo* de Jonás, ¿me amas? Respóndele: Sí, Señor: tú sabes que te amo. Dícele: Apacienta mis ovejas[n].

17 Dícele la tercera vez: Simon, *hijo* de Jonás, ¿me amas? Entristecióse Pedro de que le dijese la tercera vez: ¿Me amas? Y dícele: Señor, tú sabes todas las cosas[o]; tú sabes que te amo. Dícele Jesus: Apacienta mis ovejas.

18 De cierto, de cierto te digo *que* cuando eras mas mozo, te ceñías, é ibas donde querias: mas cuando ya fueres viejo, extenderás tus manos, y te ceñirá otro, y te llevará adonde no quieras[p].

19 Y esto dijo, dando á entender con que muerte habia de glorificar á Dios[q]. Y dicho esto, dícele: Sígueme[r].

20 ¶ Volviéndose Pedro, vé á aquel discípulo al cual amaba Jesus[s], que seguía, el que tambien se habia recostado á su pecho en la cena, y *le* habia dicho: Señor, ¿quién es el que te ha de entregar?

21 Así que Pedro vió á este, dice á Jesus: Señor, ¿y éste, qué?

22 Dícele Jesus: Si quiero que el quede hasta que yo venga[t], ¿qué *se te da* á tí? Sígueme tú.

23 Salió entónces este dicho entre los hermanos, que aquel discípulo no habia de morir. Mas Jesus no le dijo: No morirá; sino, Si quiero que él quede hasta que yo venga, ¿qué á tí?

24 ¶ Este es aquel discípulo que da testimonio de estas cosas, y escribió estas cosas: y sabemos que su testimonio es verdadero[u].

25 Y hay tambien otras muchas cosas que hizo Jesus[v], que si se escribiesen cada una por sí, ni aun en el mundo pienso que cabrian los libros que se habrian de escribir[x]. Amen.

Margin references: at. 4. 21. — p. 20. 14. — ı. 24. 41. — . 5. 4, 7. — ry. 19. 6. — ı. 6. 1. — 10. 22. — h. 10. — . 20. 19, — [l] Mat. 26. 33, 35. — [m] Is. 40. 11. Jer. 3. 15. Ez. 34. 2, 10. Hech. 20. 28. 1 Ped. 2. 25. y 5. 2, 4. — [n] Heb. 13. 20. — [o] Cap. 16. 30. — [p] Cap. 13. 36. — [q] 2 Ped. 1. 14. — [r] Cap. 12. 26. Nu. 14. 24. Mat. 19. 28. — [s] Cap. 13. 23, 25. — [t] Mat. 25, 31. Ap. 1. 7. y 22. 20. — [u] Cap. 19. 35. 3 Juan 12. — [v] Cap. 20. 30. — [x] Juec. 7. 12. 2 Cr. 1. 9.

LOS HECHOS DE LOS APÓSTOLES.

CAPITULO I.

Promesa del Espíritu Santo. Ascension del Señor. Eleccion de Matías para el apostolado.

EN el primer tratado[a], oh Teófilo, he hablado de todas las cosas que Jesus comenzó á hacer, y á enseñar,

2 Hasta el dia en que, habiendo dado mandamientos por el Espíritu Santo[b] á los apóstoles que escogió, fué recibido arriba:

3 A los cuales, despues de haber padecido, se presentó vivo con muchas pruebas indubitables[c], apareciéndoles por cuarenta dias, y hablándo*les* del reino de Dios.

4 Y estando juntos, les mandó que no se fuesen de Jerusalem, sino que esperasen la promesa del Padre[d], que oisteis, *dijo*, de mí[e].

5 Porque Juan á la verdad bautizó con agua[f], mas vosotros sereis bautizados con el Espíritu Santo no muchos dias despues de estos[g].

6 Entónces los que se habian juntado le preguntaron, diciendo: Señor, ¿restituirás el reino á Israel en este tiempo[h]?

7 Y les dijo: No toca á vosotros saber los tiempos ó las sazones que el Padre puso en su sola potestad[i]:

8 Mas recibireis la virtud del Espíritu Santo que vendrá sobre vosotros, y me sereis testigos[k] en Jerusalem, y en toda Judéa, y Samaria, y hasta lo último de la tierra.

9 Y habiendo dicho estas cosas, viéndo*lo* ellos, fué alzado; y una nube le recibió, *y le quitó* de sus ojos.

10 Y estando con los ojos puestos en el cielo entretanto que él iba, hé aquí dos varones se pusieron junto á ellos en vestidos blancos[l];

11 Los cuales tambien les dijeron: Varones Galiléos[m], ¿qué estais mirando al cielo? este mismo Jesus que ha sido tomado desde vosotros arriba en el cielo, así vendrá[n] como le habeis visto ir al cielo.

12 ¶ Entónces se volvieron á Jerusalem[o] del monte que se llama del Olivar, el cual está cerca de Jerusalem camino de un sábado ‖.

13 Y entrados, subieron al aposento alto, donde moraban Pedro, y Jacobo †, y Juan, y Andres, Felipe, y Tomas, Bartolomé, y Mateo, Jacobo *hijo* de Alféo, y Simon Zelotes, y Júdas *hermano* de Jacobo ‖[p].

14 Todos estos perseveraban unánimes en oracion y ruego, con las mujeres[q], y con María la madre de Jesus, y con sus hermanos[r].

15 ¶ Y en aquellos dias Pedro, levan-

Margin references:). 33. — 1. 1, 4. — 28. 19. 16. 15, — 14. 15. XX, — 24. 49. XIV, — . 3. 11. — 2. 4. — . 26. — . 27. — . 4, 5. — 9. 11. — . 2. — 24. 36. — . 5. 1, 2. — A. D. 33. — [k] Lu. 24. 47, 49. — [l] Juan 20. 12. — [m] Cap. 2. 7. y 13. 31. — [n] Juan 14. 3. 1 Tes. 4. 16. — [o] Lu. 24. 52. — ‖ *cerca una milla ó 3-4 de una milla.* — † *Santiago.* — ‖ *Santiago.* — [p] Lu. 6. 13, 16. — [q] Lu. 23. 49. y 24. 10. — [r] Mat. 12. 46.

tándose en medio de los discípulos, dijo:
(y era la compañía junta como de ciento
y veinte en número):
16 Varones hermanos, convino que se
cumpliese esta escritura, la cual dijo
ántes el Espíritu Santo por la boca de
s Sal. 41. 9. David[s], de Júdas, que fué guia de los
Juan 13.18. que prendieron á Jesus[t],
t Mat. 26. 47. 17 El cual era contado con nosotros,
Juan 18. 3. y tenia suerte en este ministerio[u].
u Lu. 6. 16. 18 Este pues adquirió un campo del
v 2 Ped. 2. 15. salario de *su* iniquidad[v]; y colgándose,
reventó por medio, y todas sus entrañas
se derramaron.
19 Y fué notorio á todos los moradores
de Jerusalem; de tal manera que aquel
campo es llamado en su propia lengua,
Acéldama, que es, Campo de sangre.
20 Porque está escrito en el libro de
los Salmos: Sea hecha desierta su habi-
x Sal. 69. 25. tacion, y no haya quien more en ella[x]:
y Sal. 109. 8. y tome otro su obispado[y].
21 Conviene, pues, que de estos hom-
bres que han estado juntos con nosotros
todo el tiempo que el Señor Jesus entró
z Lu. 10. 1, 2. y salió entre nosotros[z],
Juan 15. 27. 22 Comenzando desde el bautismo de
Juan, hasta el dia que fué recibido ar-
riba de *entre* nosotros, uno sea hecho
testigo con nosotros de su resurreccion.
23 Y señalaron á dos: á Josef, llamado
Barsabás, que tenia por sobrenombre
Justo, y á Matías.
24 Y orando, dijeron: Tú, Señor, que
a Sal. 44. 21. conoces los corazones de todos[a], mues-
Jer. 17. 10. tra cual escoges de estos dos,
25 Para que tome la suerte de este mi-
nisterio, y del apostolado, del cual cayó
Júdas por transgresion, para irse á su
lugar.
b Pr. 16. 33. 26 Y les echaron suertes[b], y cayó la
suerte sobre Matías; y fué contado con
los once apóstoles.

CAPITULO II.

Venida del Espíritu Santo. Primer Sermon de San Pedro, y su fruto. Vida de los primeros fieles.

Y COMO se cumplieron los dias de
‖ *El quin-* Pentecostes‖, estaban todos uná-
cuagésimo. nimes juntos[a]:
a Cap. 1. 14. 2 Y de repente vino un estruendo del
cielo como de un viento recio que corria,
el cual hinchió toda la casa donde esta-
b Cap. 4. 31. ban sentados[b].
3 Y se les aparecieron lenguas repar-
tidas como de fuego, que se asentó sobre
cada uno de ellos.
4 Y fueron todos llenos de Espíritu
c Cap. 1. 5. Santo[c], y comenzaron á hablar en otras
d Cap. 10. 46. lenguas[d], como el Espíritu Santo les
Mar. 16. 17. daba que hablasen.
5 (Moraban entónces en Jerusalem
Judíos, varones religiosos, de todas las
naciones debajo del cielo.)
† Gr. *Hecha* 6 Y † hecho este estruendo, juntóse la
esta voz. multitud; y estaban confusos, porque
cada uno les oia hablar su propia len-
e Gen. 11. 7. gua[e].
7 Y estaban todos atónitos, y maravi-
llados, diciendo los unos á los otros: Hé
aquí, ¿no son Galiléos, todos estos que
f Cap. 1. 11. hablan[f]?
8 ¿Cómo, pues, los oimos nosotros
hablar cada uno en nuestra lengua en
que somos nacidos?
9 Partos, y Medos, y Elamitas, y los
que habitamos en Mesopotamia, en Ju-
déa, y en Capadocia, en el Ponto, y en
Asia,
10 En Frigia y en Panfilia, en Egipto
y en las partes de Africa que está de la
otra parte de Cirene, y Romanos extran-
jeros, y Judíos, y convertidos;
11 Cretenses, y Arabes, les oimos ha-
blar en nuestras lenguas las maravillas
de Dios.
12 Y estaban todos atónitos y perplejos,
diciendo los unos á los otros: ¿Qué qui-
ere ser esto?
13 Mas otros burlándose decian: Que
están llenos de mosto.
14 ¶ Entónces Pedro poniéndose en
pié con los once, alzó su voz, y hablóles
diciendo: Varones Judíos, y todos los
que habitais en Jerusalem, esto os sea
notorio, y oid mis palabras:
15 Porque estos no están borrachos,
como vosotros pensais, siendo la hora
tercia del dia[g]. g 1 Tes. 5. 7.
16 Mas esto es lo que fué dicho por el
profeta Joel[h]: h Joel 2. 28,
17 Y será en los postreros dias, (dice 32.
Dios) derramaré de mi Espíritu sobre
toda carne, y vuestros hijos y vuestras
hijas profetizarán; y vuestros mance-
bos verán visiones, y vuestros viejos so-
ñarán sueños:
18 Y de cierto sobre mis siervos y so-
bre mis siervas en aquellos dias derra-
maré de mi Espíritu; y profetizarán.
19 Y daré prodígios arriba en el cielo,
y señales abajo en la tierra, sangre y
fuego, y vapor de humo.
20 El sol se volverá en tinieblas, y la
luna en sangre[i], ántes que venga el dia i Mat. 24. 29.
del Señor grande y manifiesto. Ap. 6. 12.
21 Y será que todo aquel que invocáre
el nombre del Señor, será salvo[k]. k Ro. 10. 13.
22 Varones Israelitas, oid estas pala-
bras: Jesus Nazareno, varon aprobado
de Dios entre vosotros en maravillas y
prodígios, y señales[l], que Dios hizo por l Juan 14.
él en medio de vosotros, como tambien 10, 11.
vosotros sabeis[m], Heb. 2. 4.
23 A este, entregado por determinado m Juan 15.
consejo y providencia de Dios[n], *vosotros* 24.
prendisteis y matasteis con manos ini- n Cap. 4. 28.
cuas, crucificándole[o]: Lu. 22. 22.
24 Al cual Dios levantó[p], sueltos los y 24. 44.
dolores de la muerte; por cuanto era o Cap. 5. 30.
imposible ser detenido de ella[q]. p Cap. 13.
25 Porque David dice de él[r]: Veía al 30, 34.
Señor siempre delante de mí: porque Ef. 1. 20.
está á mi diestra, no seré conmovido. Col. 2. 12.
26 Por lo cual mi corazon se alegró, y Heb. 13. 20.
gozóse mi lengua; y aun mi carne des- 1 Ped. 1. 21.
cansará en esperanza: q Juan 10.
27 Que no dejarás mi alma en el in- 18.
fierno, ni darás á tu santo que vea cor- r Sal. 16. 8,
rupcion. 11.
28 Hicísteme notorios los caminos de
la vida; me henchirás de gozo con tu
presencia.
29 Varones hermanos, se os puede li-
bremente decir del patriarca David, que
murió y fué sepultado[s], y su sepulcro s Cap. 13. 36.
está con nosotros hasta el dia de hoy.
30 Empero siendo profeta[t], y sabiendo t 2 Sa. 23. 2.
que con juramento le habia Dios jurado,
que del fruto de su lomo, cuanto á la
carne, levantaria al Cristo que se senta-
ria sobre su trono[u], u 2 Sa. 7. 12,
31 Viéndolo ántes, habló de la resur- 13.
reccion de Cristo[v], que su alma no fué Sal. 132. 11.
dejada en el infierno, ni su carne vió v 1 Ped. 1. 11.
corrupcion.
32 A este Jesus resucitó Dios[x], de lo x ver. 24.
cual todos nosotros somos testigos[y]. y Lu. 24. 48.
33 Así que levantado por la diestra de
Dios[z], y recibiendo del Padre la pro- z Cap. 5. 31.
mesa del Espíritu Santo[a], ha derramado Fil. 2. 9.
esto que vosotros ahora veis y oís[b]. a Cap. 1. 4.
34 Porque David no subió á los cielos; Juan 14. 26.
empero él dice: Dijo el Señor á mi y 16. 7, 13.
Señor, siéntate á mi diestra, b Cap. 10. 45.
35 Hasta que ponga tus enemigos por Ef. 4. 8.
estrado de tus piés[c]. c Sal. 110. 1.
36 Sepa pues ciertísimamente toda la Mat. 22. 44.
casa de Israel, que á este Jesus, que

vosotros crucificasteis, Dios ha hecho Señor y Cristo [d].

37 ¶ Entónces oido *esto*, fueron compungidos de corazon, y dijeron á Pedro, y á los otros apóstoles: Varones hermanos, ¿ qué harémos [e] ?

38 Y Pedro les dice: Arrepentios [f], y bautícese [g] cada uno de vosotros en el nombre de Jesu-Cristo para perdon de los pecados; y recibiréis el don del Espíritu Santo.

39 Porque para vosotros es la promesa, y para vuestros hijos, y para todos los que están léjos [h]; *para* cuantos el Señor nuestro Dios llamáre.

40 Y con otras muchas palabras testificaba, y exhortaba, diciendo: Sed salvos de esta perversa generacion.

41 Así que los que recibieron gustosamente su palabra, fueron bautizados: y fueron añadidas aquel dia como tres mil personas †.

42 Y perseveraban en la doctrina de los apóstoles, y en la comunion, y en el partimiento del pan, y en las oraciones.

43 Y toda persona tenia temor: y muchas maravillas y señales eran hechas por los apóstoles [i].

44 Y todos los que creian estaban juntos; y tenian todas las cosas comunes [k].

45 Y vendian las posesiones y las haciendas, y repartíanlas á todos, como cada uno habia menester [l].

46 Y perseverando unánimes cada dia en el templo, y partiendo el pan [m] en las casas, comian juntos con alegría y con sencillez de corazon,

47 Alabando á Dios y teniendo gracia con todo el pueblo [n]. Y el Señor añadia cada dia á la iglesia [o] los que habian de ser salvos †.

CAPITULO III.

Un cojo de nacimiento, curado con la invocacion del nombre de Jesus. Segundo sermon de San Pedro, en que demuestra ser Jesus el Mesías prometido en la Ley.

PEDRO y Juan subian juntos al templo á la hora de oracion, la de nona [a].

2 Y un hombre, que era cojo desde el vientre de su madre, era traido, al cual ponian cada dia á la puerta del templo que se llama la Hermosa, para que pidiese limosna de los que entraban en el templo.

3 Este como vió á Pedro y á Juan que iban á entrar en el templo, rogaba que le diesen limosna.

4 Y Pedro, con Juan, fijando los ojos en él, dijo: Mira á nosotros.

5 Entónces él estuvo atento á ellos, esperando recibir de ellos algo.

6 Y Pedro dijo: Ni tengo plata ni oro; mas lo que tengo te doy: En el nombre [b] de Jesu-Cristo de Nazaret, levántate y anda.

7 Y tomándole por la mano derecha, le levantó: y luego fueron afirmados sus piés y tobillos;

8 Y saltando, se puso en pié, y anduvo, y entró con ellos en el templo, andando y saltando [c], y alabando á Dios.

9 Y todo el pueblo le vió andar, y alabar á Dios.

10 Y conocian que él era el que se sentaba á la limosna á la puerta del templo la Hermosa: y fueron llenos de asombro y de espanto por lo que le habia acontecido.

11 Y teniendo á Pedro y á Juan el cojo que habia sido sanado, todo el pueblo concurrió á ellos al pórtico que se llama de Salomon [d], atónitos.

12 ¶ Y viendo *esto* Pedro, respondió al pueblo: Varones Israelitas, ¿ por qué os maravillais de esto ? ó ¿ por qué poneis los ojos en nosotros como si con nuestra virtud [e] ó piedad hubiésemos hecho andar á este ?

13 El Dios de Abraham, y de Isaac, y de Jacob, el Dios de nuestros padres [f] ha glorificado á su Hijo Jesus [g]; al cual vosotros entregasteis, y negasteis delante de Pilato [h], juzgando él que habia de ser suelto [i].

14 Mas vosotros al Santo [k] y al Justo [l] negasteis, y pedisteis que se os diese un homicida;

15 Y matasteis al Autor de la vida [m]: al cual Dios ha resucitado de los muertos, de lo que nosotros somos testigos [n].

16 Y en la fé de su nombre, á este que vosotros veis y conoceis ha confirmado su nombre: y la fé que por él es, ha dado á este esta completa sanidad en presencia de todos vosotros.

17 Mas ahora, hermanos, sé que por ignorancia lo habeis hecho, como tambien vuestros príncipes [o].

18 Empero Dios ha cumplido así [p] lo que habia ántes anunciado por boca de todos sus profetas, que su Cristo habia de padecer.

19 Así que arrepentíos [q], y convertíos [r], para que sean borrados vuestros pecados [s]; pues que vendrán [t] los tiempos del refrigerio de la presencia del Señor,

20 Y enviará á Jesu-Cristo [u], que os fué ántes anunciado:

21 Al cual de cierto es menester que el cielo tenga hasta los tiempos de la restauracion de todas las cosas [v], que habló Dios por boca de todos sus santos profetas que han sido desde el siglo [x].

22 Porque Moises dijo á los padres [y]: El Señor vuestro Dios os levantará profeta de vuestros hermanos como yo; á él oiréis en todas las cosas que os habláre.

23 Y será, *que* cualquiera alma que no oyere á aquel profeta, será desarraigada del pueblo.

24 Y todos los profetas desde Samuel [z], y en adelante todos los que han hablado, han anunciado estos dias.

25 Vosotros sois los hijos de los profetas, y del pacto que Dios concertó con nuestros padres [a], diciendo á Abraham: Y en tu simiente serán benditas todas las familias de la tierra [b].

26 A vosotros primeramente, Dios, habiendo levantado á su hijo Jesus, le envió para que os bendijese [c], á fin que cada uno se convierta de su maldad.

CAPITULO IV.

Los apóstoles, presos, y examinados sobre la curacion del tullido, confiesan la fé de Jesu-Cristo. Se les manda que no prediquen. Crecen los fieles en número, y viven con perfecta union.

Y HABLANDO ellos al pueblo, sobrevinieron los sacerdotes, y el magistrado del templo, y los Saducéos [a],

2 Resentidos de que enseñasen al pueblo, y anunciasen en Jesus la resurreccion de los muertos.

3 Y les echaron mano, y los pusieron en la cárcel hasta el dia siguiente; porque era ya tarde.

4 Mas muchos de los que habian oido la palabra creyeron; y fué el número de los varones como cinco mil.

5 ¶ Y aconteció al dia siguiente, que se juntaron en Jerusalem los príncipes de ellos, y los ancianos, y los escribas,

6 Y Anás, príncipe de los sacerdotes, y Caifás [b], y Juan, y Alejandro, y todos los que eran del linaje sacerdotal;

---

ap. 5. 31.
ap. 16. 30.
ap. 2. 19.
. 24. 47.
at. 28. 19.
oel 2. 28.
. 2. 13,
r. *Almas.*
ar. 16. 17.
ap. 4. 32,
o. 9. 1, 9.
uan 3. 17.
ap. 20. 7.
o. 11. 22,
a. 2. 52.
. 14. 18.
ap. 5. 14.
. 24.
r. *Los salvados, ó que estaban en estado de salvacion.*
ap. 10. 3,
. 55. 17.
. 6. 10.
ap. 4. 10.
. 35. 6.
ap. 5. 12.
an 10. 23.

e 2 Co. 3. 5.
f Cap. 5. 30, 31.
g Juan 17. 1. Ef. 1. 20, 22. Fi. 2. 9, 11. Heb. 2. 9.
h Juan 19. 15.
i Mat. 27. 17, 25.
k Sal. 16. 10. Lu. 1. 35.
l Cap. 7. 52, y 22. 14.
m Juan 1. 4. 1 Juan 5. 11.
n Cap. 2. 32.
o Lu. 23. 34. Juan 16. 3. 1 Co. 2. 8.
p Cap. 26. 22, 23. Lu. 24. 44.
q Cap. 2. 38.
r Joel 2. 13.
s Is. 43. 25.
t Jer. 31. 33, 35. Sof. 3. 14, 20.
u Cap. 1. 11.
v Mat. 19. 28. Ro. 8. 19, 22.
x Lu. 1. 70.
y Cap. 7. 37. Deu. 18. 18, 19.
z 1 Sa. 3. 20.
a Ro. 9. 4, 5. y 15. 8.
b Gen. 22. 18.
c Mat. 10. 5. Lu. 24. 47. Cap. 13. 46.
a Cap. 23. 8. Mat. 22. 23.
b Juan 18. 13.

7 Y haciéndolos presentar en medio, les preguntaron: ¿Con qué potestad[e], ó en qué nombre habeis hecho vosotros esto?

8 Entónces Pedro, lleno de Espíritu Santo[d], les dijo: Príncipes del pueblo, y ancianos de Israel,

9 Pues que somos hoy demandados acerca del beneficio *hecho* á un hombre enfermo, de qué manera este haya sido sanado †;

10 Sea notorio á todos vosotros, y á todo el pueblo de Israel, que en el nombre de Jesu-Cristo de Nazaret, el que vosotros crucificasteis, y Dios le resucitó de los muertos, por él *mismo* este hombre está en vuestra presencia sano.

11 Este es la piedra reprobada de vosotros los edificadores, la cual es puesta por cabeza del ángulo[e].

12 Y en ningun otro hay salud; porque no hay otro nombre debajo del cielo dado á los hombres en que podamos ser salvos[f].

13 Entónces viendo la constancia de Pedro y de Juan, sabido que eran hombres sin letras é ignorantes[g], se maravillaban; y les conocian que habian estado con Jesus.

14 Y viendo al hombre que habia sido sanado, que estaba con ellos, no podian decir nada en contra.

15 Mas les mandaron que se saliesen fuera del concilio, y conferian entre sí,

16 Diciendo: ¿Qué hemos de hacer á estos hombres[h]? porque de cierto señal manifiesta ha sido hecha por ellos, notoria á todos los que moran en Jerusalem, y no *lo* podemos negar.

17 Todavía, porque no se divulgue mas por el pueblo, amenacémosles que no hablen de aquí adelante á hombre ninguno en este nombre[i].

18 Y llamándoles, les intimaron que en ninguna manera hablasen ni enseñasen en el nombre de Jesus.

19 Entónces Pedro y Juan respondiendo, les dijeron: Juzgad si es justo delante de Dios obedecer ántes á vosotros que á Dios[k]:

20 Porque no podemos dejar de decir lo que hemos visto y oido[l].

21 Ellos entónces los despacharon amenazándoles, no hallando ningun modo de castigarles, por causa del pueblo[m]; porque todos glorificaban á Dios de lo que habia sido hecho.

22 Porque el hombre en quien habia sido hecho este milagro de sanidad, era de mas de cuarenta años.

23 ¶ Y sueltos *ellos*, vinieron á los suyos[n], y contaron todo lo que los príncipes de los sacerdotes y los ancianos les habian dicho.

24 Y ellos, habiéndolo oido, alzaron unánimes la voz á Dios, y dijeron: Señor, tú *eres* el Dios, que hiciste el cielo y la tierra, la mar, y todo lo que en ellos *hay*[o]:

25 Que (en Espíritu Santo) por la boca de David tu siervo dijiste[p]: ¿Por qué han bramado las gentes, y los pueblos han pensado cosas vanas?

26 Asistieron los reyes de la tierra, y los príncipes se juntaron en uno contra el Señor, y contra su Cristo.

27 Porque verdaderamente se juntaron en esta ciudad contra tu santo hijo Jesus, al cual ungiste, Heródes y Poncio Pilato[q], con los Gentiles y los pueblos de Israel,

28 Para hacer lo que tu mano y tu consejo habian ántes determinado que habia de ser hecho[r].

29 Y ahora, Señor, mira sus amenazas, y dá á tus siervos que con toda confianza hablen tu palabra[s]:

30 Que extiendas tu mano á que sanidades, y milagros y prodigios sean hechos[t] por el nombre de tu santo hijo Jesus.

31 Y como hubieron orado, el lugar en que estaban congregados tembló; y todos fueron llenos de Espíritu Santo[u], y hablaron la palabra de Dios con confianza[v].

32 ¶ Y de la multitud de los que habian creido era un corazon y un alma[x]; y ninguno decia ser suyo algo de lo que poseía, mas todas las cosas les eran comunes[y].

33 Y los apóstoles daban testimonio de la resurreccion del Señor Jesus[z] con gran esfuerzo †: y gran gracia era en todos ellos;

34 Que ningun necesitado habia entre ellos; porque todos los que poseian heredades ó casas, vendiéndolas, traian el precio de lo vendido,

35 Y lo ponian á los piés de los apóstoles[a], y era repartido á cada uno segun que habia menester[b].

36 Entónces Joses, que fué llamado de los apóstoles por sobrenombre Barnabás, (que es, interpretado, Hijo de consolacion,) Levita, y natural de Cipro,

37 Como tuviese una heredad, *la* vendió, y trajo el precio, y púsolo á los piés de los apóstoles.

CAPITULO V.

Castigo de Ananías y Safira. Los apóstoles, y en especial Pedro, son de nuevo perseguidos y presos: mas por consejo de Gamaliel son puestos en libertad, despues de ser azotados.

MAS un varon llamado Ananías, con Safira su mujer, vendió una posesion,

2 Y defraudó del precio, sabiéndo*lo* tambien su mujer; y trayendo una parte[a], púso*la* á los piés de los apóstoles.

3 Y dijo Pedro: Ananías, ¿Por qué ha llenado Satanas tu corazon[b] á que mintieses al Espíritu Santo[c], y defraudases del precio de la heredad?

4 Reteniéndola ¿no se te quedaba á tí? y vendida, ¿no estaba *el precio* en tu potestad? ¿Por qué pusiste esto en tu corazon? No has mentido á los hombres, sino á Dios.

5 Entónces Ananías, oyendo estas palabras, cayó, y espiró. Y vino un gran temor sobre todos los que lo oyeron[d].

6 Y levantándose los mancebos, le tomaron[e]; y sacándo*lo*, sepultáron*le*.

7 Y pasado espacio como de tres horas, sucedió que entró su mujer, no sabiendo lo que habia acontecido.

8 Entónces Pedro le dijo: Díme: ¿vendisteis en tanto la heredad? Y ella dijo: Sí, en tanto.

9 Y Pedro le dijo: ¿Por qué os concertasteis[f] para tentar al Espíritu del Señor? Hé aquí á la puerta los piés de los que han sepultado á tu marido, y te sacarán á *sepultar*.

10 Y luego cayó á los piés de él, y espiró[g]: y entrados los mancebos, la hallaron muerta; y *la* sacaron, y *la* sepultaron junto á su marido.

11 Y vino un gran temor en toda la iglesia, y en todos los que oyeron estas cosas[h].

12 ¶ Y por las manos de los apóstoles eran hechos muchos milagros y prodigios en el pueblo[i]; (y estaban todos unánimes en el pórtico de Salomon[k]:

13 Y de los otros, ninguno osaba juntarse con ellos; mas el pueblo los alababa grandemente[l]:

---

[e] Mat. 21. 23. [d] Cap. 7. 55. † *Gr. Salvo.* [e] Sal. 118. 22. Is. 28. 16. Mat. 21. 42. [f] Cap. 10. 43. [g] Mat. 11. 25. 1 Co. 1. 27. [h] Juan 11. 47. [i] Cap. 5. 40. [k] Cap. 5. 29. [l] Cap. 22. 15. Jer. 20. 9. 1 Juan 1. 1, 3. [m] Cap. 5. 26. Lu. 22. 2. [n] Cap. 2. 44, 46. [o] 2 Rey. 19. 15. [p] Sal. 2. 1, 2. [q] Lu. 23. 1, 8, etc. [r] Cap. 2. 23. y 3. 18. Pro. 21. 30. Is. 46. 10.

[s] ver. 13, 31. Cap. 14. 3. y 28. 31. Ef. 6. 19. [t] Cap. 2. 43. y 5. 12. [u] Cap. 2. 2, 4. y 16. 26. [v] ver. 29. [x] Ro. 15. 5, 6. 2 Co. 13. 11. Fl. 2. 2. 1 Ped. 3. 8. [y] Cap. 2. 44. [z] Cap. 1. 22. † Gr. virtud. [a] ver. 37. Cap. 5. 2. [b] Cap. 2. 45. y 6. 1.

[a] Cap. 4. 34, 37. [b] Lu. 22. 3. [c] ver. 9. [d] Sal. 64. 9. [e] Juan 19. 40. [f] ver. 2. [g] ver. 5. [h] Cap. 2. 43. [i] Cap. 4. 30. Ro. 15. 19. Heb. 2. 4. [k] Cap. 3. 11. [l] Cap. 4. 21.

14 Y los que creian en el Señor se aumentaban mas, gran número así de hombres como de mujeres [m]:)

15 Tanto que echaban los enfermos por las calles, y *los* ponian en camas y en lechos, para que viniendo Pedro, á lo ménos su sombra tocase á alguno de ellos [n].

16 Y aun de las ciudades vecinas concurria multitud á Jerusalem, trayendo enfermos, y atormentados de espíritus inmundos; los cuales todos eran curados [o].

17 ¶ Entónces levantándose el príncipe de los sacerdotes, y todos los que estaban con él, que es la secta de los Saducéos [p], se llenaron de zelo,

18 Y echaron mano á los apóstoles, y pusiéronlos en la cárcel pública [q].

19 Mas el ángel del Señor, abriendo de noche las puertas de la cárcel, y sacándolos, dijo:

20 Id, y estando en el templo, hablad al pueblo todas las palabras de esta vida [r].

21 Y oido que hubieron *esto*, entraron de mañana en el templo, y enseñaban. Entretanto viniendo el príncipe de los sacerdotes, y los que eran con él, convocaron el concilio, y á todos los ancianos de los hijos de Israel [s], y enviaron á la cárcel para que fuesen traidos.

22 Mas como llegaron los ministros, y no les hallaron en la cárcel, volvieron, y dieron aviso,

23 Diciendo: Por cierto la cárcel hemos hallado cerrada con toda seguridad, y las guardas que estaban delante de las puertas; mas cuando abrimos, á nadie hallamos dentro.

24 Y cuando oyeron estas palabras el pontífice y el magistrado del templo [t], y los príncipes de los sacerdotes, dudaban que se habria hecho de ellos.

25 Pero viniendo uno, dióles *esta* noticia: Hé aquí, los varones que echasteis en la cárcel, están en el templo, y enseñan al pueblo.

26 Entónces fué el magistrado con los ministros, y trájolos sin violencia, porque temian del pueblo [u] ser apedreados.

27 Y como los trajeron, *los* presentaron en el concilio; y el príncipe de los sacerdotes les preguntó,

28 Diciendo: ¿No os denunciamos estrechamente, que no enseñaseis en este nombre [v]? y hé aquí habeis llenado á Jerusalem de vuestra doctrina, y quereis echar sobre nosotros la sangre de este hombre [x].

29 Y respondiendo Pedro y los apóstoles, dijeron: Es menester obedecer á Dios ántes que á los hombres [y].

30 El Dios de nuestros padres levantó á Jesus, al cual vosotros matasteis colgándole en un madero [z].

31 A este ha Dios ensalzado con su diestra [a] por Príncipe [b] y Salvador [c], para dar á Israel arrepentimiento y remision de pecados.

32 Y nosotros somos testigos suyos de estas cosas, y tambien el Espíritu Santo [d], el cual ha dado Dios á los que le obedecen.

33 Ellos oyendo *esto* regañaban [e], y consultaban matarles.

34 Entónces levantándose en el concilio un Fariséo, llamado Gamaliel [f], doctor de la ley, venerable á todo el pueblo, mandó que sacasen fuera un poco á los apóstoles;

35 Y les dijo: Varones Israelitas, mirad por vosotros acerca de estos hombres en lo que habeis de hacer.

36 Porque ántes de estos dias se levantó un Teudas, diciendo que era alguien; al que se agregó un número de hombres, como cuatrocientos; el cual fué matado, y todos los que le creyeron fueron dispersos, y reducidos á nada.

37 Despues de este se levantó Júdas el Galiléo en los dias del empadronamiento, y llevó mucho pueblo tras sí. Pereció tambien aquel, y todos los que consintieron con él fueron derramados.

38 Y ahora os digo: Dejáos de estos hombres, y dejadles; porque si este consejo, ó esta obra es de los hombres, se desvanecerá;

39 Mas si es de Dios, no la podreis deshacer [g]: *mirad* no seais tal vez hallados resistiendo á Dios [h].

40 Y convinieron con él: y llamando á los apóstoles, despues de azotados [i], *les* intimaron que no hablasen en el nombre de Jesus [k], y soltáronlos.

41 ¶ Y ellos partieron de delante del concilio, gozosos [l] de que fuesen tenidos por dignos de padecer afrenta por el nombre *de Jesus*.

42 Y todos los dias, en el templo, y por las casas, no cesaban de enseñar y predicar á Jesu Cristo.

CAPITULO VI.

Eleccion de los siete diáconos. Esteban se señala entre todos: hace grandes milagros; y se levantan contra él muchos Judíos.

EN aquellos dias, creciendo el número de los discípulos, hubo murmuracion de los Griegos [a] contra los Hebréos, de que sus viudas eran menospreciadas en el ministerio cuotidiano [b].

2 Así que los doce convocaron la multitud de los discípulos, y dijeron: No es justo que nosotros dejemos la palabra de Dios, y sirvamos á las mesas.

3 Buscad pues, hermanos, siete varones de vosotros de buen testimonio [c], llenos de Espíritu Santo y de sabiduría, los cuales pongamos en esta obra.

4 Y nosotros persistirémos en la oracion y en el ministerio de la palabra [d].

5 Y plugo el parecer á toda la multitud; y eligieron á Esteban, varon lleno de fé y de Espíritu Santo [e], y á Felipe [f], y á Procoro, y á Nicanor, y á Timon, y á Parmenas, y á Nicolas, prosélito de Antioquía.

6 A estos presentaron delante de los apóstoles, los cuales orando [g] les pusieron las manos encima [h].

7 Y crecia [i] la palabra del Señor, y el número de los discípulos se multiplicaba mucho en Jerusalem: tambien una gran multitud de los sacerdotes obedecia á la fé.

8 ¶ Empero Esteban, lleno de fé y de potencia, hacía prodigios y milagros grandes en el pueblo.

9 Levantáronse entónces unos de la sinagoga que se llama de los Libertinos, y Cirenéos, y Alejandrinos, y de los de Cilicia, y de Asia, disputando con Esteban.

10 Mas no podian resistir á la sabiduría y al espíritu con que hablaba [k].

11 Entónces sobornaron á unos [l] que dijesen que le habian oido hablar palabras blasfemas contra Moises y Dios.

12 Y conmovieron al pueblo, y á los ancianos y á los escribas; y arremetiendo, le arrebataron y trajeron al concilio.

13 Y pusieron testigos falsos que dijesen: Este hombre no cesa de hablar palabras blasfemas contra el lugar santo y la ley.

14 Porque le habemos oido decir, que este Jesus de Nazaret destruirá este lu-

ap. 2. 47. — ap. 19. 11, — ar. 16.17, — a 14. 12. — p. 4. 1, 2. — p. 12.5,7. — . 28, 27. — a 17. 8. — p. 4. 5, 6. — p. 4. 1. — p. 4. 21. — p. 4. 18. — p. 2. 23, — 15. — . 27. 25. — p. 4. 19. — . 3. 13. — d. 2. 24. — . 2. 9. — 9. 5, 6. — t. 1. 21. — p. 2. 4. — a 15.26. — . 7. 54. — p. 22. 3.

[g] Pro. 21. 30. Job 34. 29.
[h] Cap. 9. 5.
[i] Mat. 10. 17.
[k] Cap. 4. 18.
[l] Mat. 5. 12. 2 Co. 12. 10. Fi. 1. 29. Heb. 10. 34. Sant°. 1. 2. 1 Ped. 4. 13, 16.
[a] Cap. 9. 29.
[b] Cap. 4. 35.
[c] Cap. 16. 2. 1 Ti. 3. 7.
[d] 1 Ti. 4. 15.
[e] Cap. 11. 24.
[f] Cap. 8. 5, 26. y 21. 8.
[g] Cap. 13. 3.
[h] 1 Ti. 4. 14. y 5. 22. 2 Ti. 1. 6.
[i] Cap. 12. 24. y 19. 20. Is. 55. 11. Col. 1. 6.
[k] Lu. 21. 15.
[l] 1 Rey. 21. 10, 13. Mat. 26. 59, 60.

gar, y mudará las ordenanzas que nos dió Moises.

15 Entónces todos los que estaban sentados en el concilio, puestos los ojos en él, vieron su rostro como el rostro de un ángel [m].

CAPITULO VII.

Razonamiento de San Estéban en el concilio de los Judíos; y su martirio.

EL príncipe de los sacerdotes dijo entónces: ¿ Es esto así?

2 Y él dijo: Varones hermanos, y padres [a], oid: El Dios de la gloria apareció á nuestro padre Abraham, estando en Mesopotamia, ántes que morase en Charan,

3 Y le dijo [b]: Sal de tu tierra, y de tu parentela, y vén á la tierra que te mostraré.

4 Entónces salió de la tierra de los Caldéos, y habitó en Charan [c]: y de allí, muerto su padre, le traspasó á esta tierra, en la cual vosotros habitais ahora [d].

5 Y no le dió herencia en ella, ni aun para asentar un pié: mas le prometió que se la daria en posesion, y á su simiente despues de él [e], no teniendo *aun* hijo.

6 Y hablóle Dios así [f]: Que su simiente seria extranjera en tierra ajena, y que los reducirian á servidumbre, y maltratarian por cuatrocientos años [g].

7 Mas yo juzgaré, dijo Dios, la nacion á la cual serán siervos; y despues de esto saldrán, y me servirán en este lugar.

8 Y dióle el pacto de la circuncision [h]: y así *Abraham* engendró á Isaac, y le circuncidó al octavo dia [i]; é Isaac á Jacob [k], y Jacob á los doce patriarcas [l].

9 Y los patriarcas, movidos de envidia, vendieron á José para Egipto [m]; mas Dios era con él [n],

10 Y le libró de todas sus tribulaciones, y le dió gracia y sabiduría en la presencia de Faraon, rey de Egipto, el cual le puso por gobernador sobre Egipto, y sobre toda su casa [o].

11 Vino entónces hambre en toda la tierra de Egipto y de Canaan [p], y grande tribulacion: y nuestros padres no hallaban alimentos.

12 Y como oyese Jacob que habia trigo en Egipto, envió á nuestros padres la primera vez [q].

13 Y en la segunda José fué conocido de sus hermanos, y fué sabido de Faraon el linaje de José [r].

14 Y enviando José, hizo venir á su padre Jacob, y á toda su parentela, en *número de* setenta y cinco personas [s],

15 Así descendió Jacob á Egipto, donde murió él y nuestros padres;

16 Los cuales fueron trasladados á Sichêm [t], y puestos en el sepulcro que compró Abraham á precio de dinero de los hijos de Hemor, *padre* de Sichêm.

17 Mas como se acercaba el tiempo de la promesa, la cual Dios habia jurado á Abraham, el pueblo creció y multiplicóse en Egipto [u],

18 Hasta que se levantó otro rey que no conocia á José.

19 Este, usando de astucia con nuestro linaje, maltrató á nuestros padres, á fin de que pusiesen á peligro *de muerte* sus niños, para que cesase † la generacion [v].

20 En aquel mismo tiempo nació Moises, y fué agradable á Dios: y fué criado tres meses en casa de su padre [x].

21 Mas siendo puesto al peligro, la hija de Faraon le tomó, y le crió como á hijo suyo [y].

22 Y fué enseñado Moises en toda la sabiduría de los Egipcios; y era poderoso en sus dichos y hechos [z].

23 Y cuando hubo cumplido la edad de cuarenta años, le vino voluntad de visitar á sus hermanos los hijos de Israel [a].

24 Y como vió á uno que era injuriado, defendióle, é hiriendo al Egipcio, vengó al injuriado.

25 Y pensaba que sus hermanos entendian que Dios les habia de dar salud por su mano: mas ellos no *lo* habian entendido.

26 Y al dia siguiente riñendo ellos, se les mostró, y les metia en paz, diciendo: Varones, hermanos sois, ¿por qué os injuriais los unos á los otros?

27 Entónces el que injuriaba á su prójimo, le rempujó, diciendo: ¿ Quién te ha puesto por príncipe y juez sobre nosotros?

28 ¿ Quieres tú matarme, como mataste ayer al Egipcio [b]?

29 A esta palabra Moises huyó: y se hizo extranjero en tierra de Madian, donde engendró dos hijos.

30 Y cumplidos cuarenta años [c], el ángel del Señor le apareció en el desierto del monte Sina en fuego de llama de una zarza.

31 Entónces Moises mirando, se maravilló de la vision; y llegándose para considerar, fué hecha á él voz del Señor:

32 Yo *soy* el Dios de tus padres, el Dios de Abraham, y el Dios de Isaac, y el Dios de Jacob [d]. Mas Moises temeroso, no osaba mirar.

33 Y le dijo el Señor: Quita los zapatos de tus piés, porque el lugar en que estás, es tierra santa [e].

34 He visto, he visto la afliccion de mi pueblo que está en Egipto, y he oido el gemido de ellos, y he descendido para librarlos. Ahora pues vén, te enviaré á Egipto [f].

35 A este Moises, al cual habian rehusado †, diciendo: ¿ Quién te ha puesto por príncipe y juez? á este envió Dios por príncipe y redentor con la mano del ángel [g] que le apareció en la zarza.

36 Este los sacó, habiendo hecho prodigios y milagros en la tierra de Egipto, y en el mar Bermejo, y en el desierto por cuarenta años [h].

37 Este es el Moises, el cual dijo á los hijos de Israel [i]: Profeta os levantará el Señor Dios vuestro, de vuestros hermanos, como yo; á él oireis.

38 Este es aquel que estuvo en la congregacion en el desierto con el ángel [k] que le hablaba en el monte Sina, y con nuestros padres; y recibió las palabras de vida para darnos [l]:

39 Al cual nuestros padres no quisieron obedecer; ántes, *le* desecharon, y se apartaron de corazon á Egipto,

40 Diciendo á Aaron [m]: Haznos dioses que vayan delante de nosotros; porque á este Moises, que nos sacó de tierra de Egipto, no sabemos que le ha acontecido.

41 Y entónces hicieron un becerro [n], y ofrecieron sacrificio al ídolo, y en las obras de sus manos se holgaron.

42 Y Dios se apartó, y los entregó que sirviesen al ejército del cielo [o], como está escrito en el libro de los profetas [p]: ¿ Me ofrecisteis víctimas y sacrificios en el desierto por cuarenta años, casa de Israel?

43 Antes trajisteis el tabernáculo de Moloc, y la estrella de vuestro dios Remfan, figuras que os hicisteis para adorarlas: os trasportaré pues mas allá de Babilonia.

[m] Ex. 34. 30, 35.
[a] Cap. 22. 1.
[b] Gen. 12. 1.
[c] Gen. 11. 31.
[d] Gen. 12. 5.
[e] Gen. 13. 15. y 15. 18.
[f] Gen. 15. 13, 16.
[g] Ex. 12. 40, 41.
[h] Gen. 17. 9, 11.
[i] Gen. 21. 1, 4.
[k] Gen. 25. 26.
[l] Gen. 29. 32, etc.
[m] Gen. 37. 28. Sal. 105. 17.
[n] Gen. 39. 2, 21.
[o] Gen. 41. 40.
[p] Gen. 41. 54.
[q] Gen. 42. 1, 2.
[r] Gen. 45. 4, 16.
[s] Gen. 46. 27. Deu. 10. 22.
[t] Jos. 24. 32.
[u] Ex. 1. 7, 9.
† Gr. *No fuesen vivificados.*
[v] Ex. 1. 22.
[x] Ex. 2. 2, etc. Heb. 11. 23.
[y] Ex. 2. 10.
[z] Lu. 24. 19.
[a] Ex. 2. 11, etc.
[b] Ex. 2. 14.
[c] Ex. 3. 2, etc.
[d] Mat. 22. 32. Heb. 11. 16.
[e] Jos. 5. 15.
[f] Ex. 3. 10.
† Gr. *Negado.*
[g] Ex. 14. 19. Nu. 20. 16.
[h] Ex. VII, XI, XIV. y 16. 35.
[i] Cap. 3. 22. Deu. 18. 15, 18.
[k] Is. 63. 9.
[l] Deu. 5. 27, 31. Juan 1. 17. Ro. 3. 2.
[m] Ex. 32. 1.
[n] Ex. 32. 4. Deu. 9. 16. Sal. 106. 19.
[o] Sal. 81. 12. Deu. 4. 19. 2 Rey. 17. 16. Jer. 19. 13.
[p] Amos 5. 25, 27.

44 Tuvieron nuestros padres el tabernáculo del testimonio en el desierto, como habia *Dios* ordenado, hablando á Moises que le hiciese segun la forma que habia visto[q].

45 El cual recibido, metieron tambien nuestros padres con Josué[r] en la posesion de los Gentiles, que Dios echó de la presencia de nuestros padres[s], hasta los dias de David;

46 El cual halló gracia delante de Dios[t], y pidió hallar tabernáculo para el Dios de Jacob[u].

47 Mas Salomon le edificó casa[v].

48 Si bien el Altísimo no habita en templos hechos de mano[x], como el profeta dice[y]:

49 El cielo *es* mi trono, y la tierra el estrado de mis piés. ¿Qué casa me edificaréis? dice el Señor: ó ¿cual *será* el lugar de mi reposo?

50 ¿No hizo mi mano todas estas cosas?

51 Duros de cerviz[z], é incircuncisos de corazon y de oidos[a]; vosotros resistís siempre al Espíritu Santo[b]: como vuestros padres, *así* tambien vosotros.

52 ¿Á cual de los profetas no persiguieron vuestros padres[c]? y mataron á los que ántes anunciaron la venida del Justo, del cual vosotros ahora habeis sido entregadores y matadores:

53 Que recibisteis la ley por disposicion de ángeles, y no *la* guardasteis.

54 ¶ Y oyendo estas cosas, regañaban de sus corazones[d], y crujian los dientes contra él.

55 Mas él, estando lleno de Espíritu Santo[e], puestos los ojos en el cielo, vió la gloria de Dios, y á Jesus que estaba á la diestra de Dios,

56 Y dijo: Hé aquí, veo los cielos abiertos[f], y al Hijo del hombre que está á la diestra de Dios.

57 Entónces dando grandes voces, se taparon sus oidos, y arremetieron unánimes contra él,

58 Y echándolo fuera de la ciudad[g], *le* apedreaban: y los testigos pusieron sus vestidos á los piés de un mancebo que se llamaba Saulo[h].

59 Y apedrearon á Estéban, invocando él, y diciendo: Señor Jesus, recibe mi espíritu[i].

60 Y puesto de rodillas, clamó á gran voz: Señor, no les imputes este pecado[k]. Y habiendo dicho esto, durmió *en el Señor*[l].

CAPITULO VIII.

Saulo persigue la Iglesia. Felipe el diácono hace mucho fruto en Samaria, adonde son enviados Pedro y Juan. Pecado cometido por Simon Mago que dió el nombre á la Simonía. Felipe bautiza al eunuco de la reina Candace.

Y SAULO[a] consentia en su muerte. Y en aquel dia se hizo una grande persecucion en la Iglesia que *estaba* en Jerusalem; y todos fueron esparcidos[b] por las tierras de Judéa y de Samaria, salvo los apóstoles.

2 Y llevaron *á enterrar* á Estéban varones piadosos, é hicieron gran llanto sobre él.

3 Entónces Saulo asolaba la Iglesia entrando por las casas; y trayendo hombres y mujeres, *los* entregaba en la cárcel[c].

4 Mas los que fueron esparcidos, iban por todas partes anunciando la palabra.

5 ¶ Entónces Felipe[d], descendiendo á la ciudad de Samaria, les predicaba á Cristo.

6 Y las gentes escuchaban atentamente unánimes las cosas que decia Felipe, oyendo y viendo las señales que hacia.

7 Porque de muchos que tenian[e] espíritus inmundos, salian *estos* dando grandes voces: y muchos paralíticos y cojos eran sanados.

8 Así que habia gran gozo en aquella ciudad.

9 Y habia un hombre llamado Simon, el cual habia sido ántes mágico en aquella ciudad[f], y engañado la gente de Samaria diciéndose ser algun grande[g],

10 Al cual oian todos atentamente desde el mas pequeño hasta el mas grande, diciendo: Este es la grande virtud de Dios.

11 Y le estaban atentos, porque con sus artes mágicas los habia embelesado mucho tiempo.

12 Mas cuando creyeron á Felipe, que anunciaba el evangelio del reino de Dios[h], y el nombre de Jesu Cristo, se bautizaban hombres y mujeres.

13 El mismo Simon creyó tambien entónces, y bautizándose, se llegó á Felipe; y viendo los milagros y grandes maravillas que se hacian, estaba atónito.

14 ¶ Y los apóstoles que estaban en Jerusalem, habiendo oido que Samaria habia recibido la palabra de Dios, les enviaron á Pedro y á Juan:

15 Los cuales venidos, oraron por ellos para que recibiesen el Espíritu Santo.

16 (Porque aun no habia descendido sobre alguno de ellos[i], mas solamente eran bautizados en el nombre de Jesus[k].)

17 Entónces les impusieron las manos, y recibieron el Espíritu Santo[l].

18 Y como vió Simon que por la imposicion de las manos de los apóstoles se daba el Espíritu Santo, les ofreció dinero,

19 Diciendo: Dadme tambien á mí esta potestad, que á cualquiera que pusiere las manos encima, reciba el Espíritu Santo.

20 Entónces Pedro le dijo: Tu dinero perezca contigo, que piensas que el don de Dios se gane por dinero.

21 No tienes tú parte ni suerte en este negocio: porque tu corazon no es recto delante de Dios[m].

22 Arrepiéntete pues de esta tu maldad, y ruega á Dios, si quizas[n] te será perdonado el pensamiento de tu corazon.

23 Porque en hiel de amargura y en prision de maldad veo que estás[o].

24 Respondiendo entónces Simon, dijo: Rogad vosotros por mí al Señor[p], que ninguna cosa de estas, que habeis dicho, venga sobre mí.

25 Y ellos habiendo testificado y hablado la palabra de Dios, se volvieron á Jerusalem, y en muchas tierras de los Samaritanos anunciaron el Evangelio.

26 ¶ Empero el ángel del Señor habló á Felipe, diciendo: Levántate y vé hácia el mediodia, al camino que desciende de Jerusalem á Gaza[q], la cual es desierta.

27 Entónces él se levantó, y fué: y hé aquí un Etiope[r], eunuco[s], gobernador de Candace, reina de los Etiopes, el cual era puesto sobre todos sus tesoros, y habia venido á adorar á Jerusalem[t],

28 Se volvia, sentado en su carro, y leyendo el profeta Isaías.

29 Y el Espíritu dijo á Felipe[u]: Llégate y júntate á este carro.

30 Y acudiendo Felipe, le oyó que leía al profeta Isaias; y dijo: Mas ¿entiendes lo que lees?

31 Y él dijo: ¿Y cómo podré, si al-

[q] ...x. 25. 40. ...eb. 8. 5. [r] ...os. 3. 14. [s] ...eh. 9. 24. ...l. 44. 2. [t] ...Sa. 16. 1. [u] ...Cr. 22. 7. ...l. 132. 5. [v] ...Rey. 6. 1, ... [x] ...3. 20. ...sp. 17. 24. [y] ...Rey. 8. 27. ...66. 1, 2. [z] ...x. 32. 9. ...48. 4. [a] ...v. 26. 41. ...u. 10. 16. ...r. 4. 4. ...2. 28. [c] ...m. 6. 3. ...r. 36. 16. ...es. 2. 15. [d] ...p. 5. 33. [e] ...p. 6. 5. [f] ...1. 1. ...4. 3. 16. [g] ...4. 29. [h] ...p. 8. 1, 3. [i] ...l. 31. 5. ...23. 46. [k] ...t. 5. 44. ...23. 34. [l] ...n 11. 11. ...o. 15. 51. ...es. 4. 14. [a] ...p. 7. 58. [b] ...p. 11. 19. [c] ...p. 26. 10. ...o. 15. 9. ...1. 12. ...1. 1. 13. [d] ...p. 6. 5.

[e] Mar. 16. 17. [f] Cap. 13. 6. y 19. 19. Ga. 5. 20. Ap. 22. 15. [g] Cap. 5. 36. [h] Cap. 1. 3. [i] Cap. 19. 2. [k] Cap. 2. 38. y 10. 48. y 19. 5. [l] Cap. 19. 6. [m] Sal. 78. 36, 37. [n] Da. 4. 27. 2 Ti. 2. 25. [o] Pro. 5. 22. [p] Ex. 8. 8. 1 Rey. 13. 6. [q] Jos. 15. 47. [r] Is. 18. 1. [s] Gen. 37. 36. [t] 2 Cr. 6. 32, 33. [u] Cap. 10. 19. y 11. 2.

gueno no me enseñáre? Y rogó á Felipe que subiese, y se sentase con él.

32 Y el lugar de la escritura que leia, era este[v]: Como oveja á la muerte fué llevado; y como cordero mudo delante del que le trasquila, así no abrió su boca.

[v] Is. 53. 7, 8.

33 En su humillacion su juicio fué quitado: mas su generacion, ¿quién la contará? porque es quitada de la tierra su vida.

34 Y respondiendo el eunuco á Felipe, dijo: Ruégote ¿de quién el profeta dice esto? ¿de sí, ó de otro alguno?

35 Entónces Felipe abriendo su boca, y comenzando desde esta escritura, le anunció el evangelio de Jesus[x].

[x] Cap. 10. 43.

36 Y yendo por el camino, llegaron á cierta agua; y dijo el eunuco: Hé aquí agua; ¿qué impide que yo sea bautizado[y]?

[y] Cap. 10. 47.

37 Y Felipe dijo: Si crees de todo corazon, bien puedes. Y respondiendo, dijo: Creo que Jesu Cristo es el Hijo de Dios.

38 Y mandó parar el carro: y descendieron ambos al agua, Felipe y el eunuco; y bautizóle.

39 Y como subieron del agua, el Espíritu del Señor arrebató á Felipe[z], y no le vió mas el eunuco: y se fué por su camino, gozoso.

[z] Cap. 23. 10. 1 Rey. 18. 12. 2 Rey. 2. 16. Juan 6. 15. 2 Co. 12. 2, 4. Ez. 3. 12, 14.

40 Felipe empero se halló en Azoto[a]: y pasando anunciaba el Evangelio en todas las ciudades, hasta que llegó á Cesaréa[b].

[a] Jos. 13. 3. 1 Sa. 6. 17.
[b] Cap. 2. 30.

CAPITULO IX.

Conversion portentosa de Saulo. Predica luego en Damasco. Va á Jerusalem, y Bernabé le presenta á los apóstoles, que le envian á Tarso. San Pedro cura á un paralítico, y resucita en Joppe á Tabita.

Y SAULO, respirando aun amenazas y muerte contra los discípulos del Señor[a], vino al príncipe de los Sacerdotes,

[a] Cap. 8. 3. Ga. 1. 13. 1 Ti. 1. 13.

2 Y demandó de él letras para Damasco á las sinagogas, para que si hallase algunos hombres ó mujeres de esta secta[b], los trajese presos á Jerusalem.

[b] Cap. 19. 9, 23. y 22. 4. y 24. 14, 22.

3 Y yendo por el camino[c], aconteció que llegando cerca de Damasco, súbitamente le cercó un resplandor de luz del cielo.

[c] Cap. 22. 6. y 26. 12. 1 Co. 15. 8.

4 Y cayendo en tierra, oyó una voz que le decia: Saulo, Saulo, ¿por qué me persigues[d]?

[d] Mat. 25. 40, 45. Ef. 5. 30.

5 Y él dijo: ¿Quién eres, Señor? Y el Señor dijo: Yo soy Jesus á quien tú persigues: dura cosa te es dar coces contra el aguijon.

6 El temblando y temeroso dijo: Señor, ¿qué quieres que haga? Y el Señor le *dice:* Levántate y entra en la ciudad, y se te dirá lo que te conviene hacer.

7 Y los hombres que iban con Saulo, se pararon atónitos, oyendo á la verdad la voz, mas no viendo á nadie[e].

[e] Da. 10. 7.

8 Entónces Saulo se levantó de tierra, y abriendo los ojos no veia á nadie: así que llevándole por la mano, metiéronle en Damasco,

9 Donde estuvo tres dias sin ver; y no comió, ni bebió.

10 ¶ Habia entónces un discípulo en Damasco, llamado Ananías[f]; al cual el Señor dijo en vision: Ananías. Y él respondió: Héme aquí, Señor.

[f] Cap. 22. 12.

11 Y el Señor le *dijo:* Levántate, y vé á la calle, que se llama la Derecha, y busca en casa de Júdas á *uno* llamado Saulo, de Tarso: porque hé aquí él ora;

12 Y ha visto en vision un varon llamado Ananías, que entra, y le pone la mano encima para que reciba la vista.

13 Entónces Ananías respondió: Señor, he oido á muchos acerca de este hombre, cuantos males ha hecho á tus santos en Jerusalem.

14 Y aun aquí tiene facultad de los príncipes de los sacerdotes de prender á todos los que invocan tu nombre.

15 Y le dijo el Señor: Vé; porque instrumento † escogido[g] me es este, para que lleve mi nombre en presencia de los Gentiles[h], y de reyes, y de los hijos de Israel[i].

† Gr. *Vaso de eleccion.*
[g] Ro. 1. 1. Ga. 1. 15, 16. Ef. 3. 7, 8.
[h] Ro. 11. 13. Ga. 2. 7, 8.
[i] Cap. 25. 22, &c.

16 Porque yo le mostraré cuanto le sea menester que padezca por mi nombre[k].

[k] Cap. 20. 23. 2 Co. 11. 23, 27. 2 Ti. 1. 11, 12.

17 Ananías entónces fué, y entró en la casa; y poniéndole las manos encima[l], dijo: Saulo, hermano, el Señor Jesus, que te apareció en el camino por donde venias, me ha enviado para que recibas la vista, y seas lleno de Espíritu Santo[m].

[l] Cap. 8. 17.
[m] Cap. 2. 4. y 8. 15.

18 Y luego le cayeron de los ojos como escamas, y recibió al punto la vista: y levantándose fué bautizado.

19 Y como comió, fué confortado. Y estuvo Saulo por algunos dias[n] con los discípulos que estaban en Damasco.

[n] Cap. 26. 20. Ga. 1. 17.

20 Y luego en las sinagogas predicaba á Cristo, *diciendo* que este era el Hijo de Dios.

21 Y todos los que *le* oian estaban atónitos, y decian: ¿No es este el que asolaba en Jerusalem á los que invocaban este nombre, y á eso vino acá, para llevarlos presos á los príncipes de los sacerdotes[o]?

[o] Cap. 8. 3.

22 Empero Saulo mucho mas se esforzaba, y confundia á los Judíos que moraban en Damasco, afirmando que este es el Cristo[p].

[p] Cap. 18. 28.

23 ¶ Y como pasaron muchos dias[q], los Judíos hicieron entre sí consejo de matarle.

[q] Ga. 1. 18.

24 Mas las asechanzas de ellos fueron entendidas de Saulo: y ellos guardaban las puertas de dia y de noche para matarle.

25 Entónces los discípulos, tomándole de noche, *le* bajaron por el muro *metido* en una espuerta[r].

[r] 2 Co. 11. 32, 33. Jos. 2. 15.

26 ¶ Y como Saulo vino á Jerusalem[s], tentaba de juntarse con los discípulos: mas todos tenian miedo de él, no creyendo que era discípulo.

[s] Ga. 1. 18.

27 Entónces Bernabé[t] tomándole, *le* trajo á los apóstoles; y contóles como habia visto al Señor en el camino, y que le habia hablado; y como en Damasco habia hablado confiadamente en el nombre de Jesus[u].

[t] Cap. 4. 36.
[u] ver. 20, 22.

28 Y entraba y salia con ellos en Jerusalem.

29 Y hablaba confiadamente en el nombre del Señor Jesus, y disputaba con los Griegos[v]; mas ellos procuraban matarle.

[v] Cap. 6. 1.

30 Lo cual como los hermanos entendieron, le acompañaron hasta Cesaréa, y le enviaron á Tarso.

31 Las iglesias entónces tenian paz[x] por toda Judéa, y Galiléa, y Samaria, y eran edificadas andando[y] en el temor del Señor: y con consuelo[z] del Espíritu Santo eran multiplicadas.

[x] Cap. 8. 1.
[y] Col. 1. 10.
[z] Juan 14. 16, 17.

32 ¶ Y aconteció que Pedro, andándolos á todos, vino tambien á los santos que habitaban en Lidda[a].

[a] 1 Cr. 8. 12.

33 Y halló allí á uno que se llamaba Enéas, que hacia ocho años que estaba en cama, que era paralítico.

34 Y le dijo Pedro: Enéas, Jesu Cristo te sana[b]; levántate y haste tu cama. Y luego se levantó.

[b] Cap. 3. 6, 16. y 4. 10.

35 Y viéronle todos los que habitaban
r. 5. 16. en Lidda y en Sarona [c], los cuales se
convirtieron al Señor.
36 ¶ Entónces en Joppe habia una
discípula llamada Tabita, que si lo de-
Gama. claras, quiere decir, Dorcas †. Esta era
l. 2. 10. llena de buenas obras [d], y de limosnas
3. 7, 14. que hacia.
37 Y aconteció en aquellos dias que
enfermando, murió; á la cual, despues
de lavada, pusieron en una sala.
38 Y como Lidda estaba cerca de Joppe,
los discípulos, oyendo que Pedro estaba
allí, le enviaron dos hombres rogándole:
No te detengas en venir hasta nos-
otros.
39 Pedro entónces levantándose, fué
con ellos: y llegado que hubo, le lle-
varon á la sala, donde le rodearon todas
las viudas, llorando y mostrándo*le* las
túnicas y los vestidos que Dorcas hacia,
9. 10. cuando estaba con ellas [e].
9. 25. 40 Entónces echados fuera todos [f], Pe-
dro puesto de rodillas, oró; y vuelto al
5. 41, cuerpo, dijo: Tabita, levántate [g]. Y
ella abrió los ojos, y viendo á Pedro,
11. incorporóse.
41 Y él le dió la mano, y levantóla:
entónces llamando los santos y las viu-
y. 17. das, la presentó viva [h].
42 Esto fué notorio por toda Joppe; y
12. 11. creyeron muchos en el Señor [i].
43 Y aconteció que se quedó muchos
dias en Joppe en casa de un cierto Si-
mon, curtidor.

CAPITULO X.

Bautiza Pedro á Cornelio el centurion, y á varios otros Gentiles parientes y amigos de este.

Y HABIA un varon en Cesaréa, lla-
mado Cornelio, centurion de la com-
pañía que se llamaba la Italiana,
8. 2. 2 Pio [a], y temeroso de Dios con toda su
12. casa [b], y que hacia muchas limosnas al
18. 8. pueblo [c], y oraba á Dios siempre [d].
18. 19. 3 Este vió en vision manifiestamente,
41. 1. como á la hora nona del dia, que un
1. 3, 5. ángel [e] de Dios entraba á él, y le decia:
1. 14. Cornelio.
4 Y él, puestos en él los ojos, espan-
tado, dijo: ¿Qué es, Señor? Y díjole:
Tus oraciones y tus limosnas han subido
en memoria á la presencia de Dios.
19. 46. 5 Envia pues ahora hombres á Joppe [f],
2. 16. y haz venir á un Simon, que tiene por
3. 7. sobrenombre Pedro.
1. 3. 6 Este posa en casa de un Simon, cur-
9. 43. tidor [g], que tiene su casa junto á la mar:
él te dirá lo que te conviene hacer.
7 E ido el ángel que hablaba con Cor-
nelio, llamó dos de sus criados, y un
devoto soldado de los que le asistian:
8 A los cuales, despues de habérselo
contado todo, les envió á Joppe.
9 ¶ Y el dia siguiente, yendo ellos su
camino, y llegando cerca de la ciudad,
11. 5, Pedro subió á la azotea á orar [h], cerca
de la hora de sexta.
5. 17. 10 Y aconteció que le vino una grande
hambre, y quiso comer: pero mientras
se lo disponian, sobrevínole un éxtasi,
7. 56. 11 Y vió el cielo abierto [i], y que des-
cendia á él un vaso, como un gran li-
enzo, que atado de los cuatro cabos, era
bajado á la tierra;
12 En el cual habia de todos los ani-
males cuadrúpedos de la tierra, y fieras,
y reptiles, y aves del cielo.
13 Y le vino una voz: Levántate, Pe-
11. 2, dro, mata y come.
14 Entónces Pedro dijo: Señor, no;
25. porque ninguna cosa comun é inmun-
14. 3, da [k] he comido jamás.
14. 15 Y volvió la voz hácia él la segunda
vez: Lo que Dios limpió [l], no *lo* llames [l] ver. 28.
tú comun. Mat. 15. 11.
16 Y esto fué hecho por tres veces; Ro. 14. 4.
y el vaso volvió á ser recogido en el
cielo.
17 Y estando Pedro dudando dentro
de sí, qué seria la vision que habia visto,
hé aquí los hombres que habian sido
enviados por Cornelio, que preguntando
por la casa de Simon, llegaron á la pu-
erta.
18 Y llamando, preguntaron si un Si-
mon, que tenia por sobrenombre Pedro,
posaba allí.
19 Y estando Pedro pensando en la
vision, le dijo el Espíritu [m]: Hé aquí, [m] Cap. 8. 29.
tres hombres te buscan. y 11. 12.
20 Levántate pues, y desciende, y no
dudes ir con ellos [n]; porque yo les he [n] Cap. 15. 7.
enviado.
21 Entónces Pedro descendiendo á los
hombres que le eran enviados por Cor-
nelio, dijo: Hé aquí, yo soy el que bus-
cais: ¿qué *es* la causa por qué habeis
venido?
22 Y ellos dijeron: Cornelio, el centu-
rion, varon justo y temeroso de Dios, y
que tiene testimonio de toda la nacion
de los Judíos [o], ha recibido respuesta [o] Cap. 22. 12.
por un santo ángel, de hacerte venir á
su casa, y oir de tí palabras.
23 Entónces metiéndoles dentro, los
hospedó: y al dia siguiente levantándose
se fué con ellos; y le acompañaron al-
gunos de los hermanos de Joppe [p]. [p] ver. 45.
24 Y al otro dia entraron en Cesaréa.
Y Cornelio les estaba esperando, habi-
endo llamado sus parientes y los amigos
mas familiares.
25 Y como Pedro entró, salió Cornelio
á recibirle; y derribándose á sus piés,
adoró [q]. [q] Ap. 19. 10.
26 Mas Pedro le levantó, diciendo: y 22. 8.
Levántate; yo mismo tambien soy hom-
bre [r]. [r] Cap. 14. 14,
27 Y hablando con él, entró, y halló á 15.
muchos que se habian juntado.
28 Y les dijo: Vosotros sabeis que es
abominable á un varon Judío juntarse,
ó llegarse á extranjero [s]; mas me ha [s] Juan 4. 9.
mostrado Dios, que á ningun hombre y 18. 28.
llame comun ó inmundo [t]. [t] Cap. 15. 8, 9.
29 Por lo cual llamado, he venido sin Ef. 3. 6.
dudar. Así que pregunto ¿por qué cau-
sa me habeis hecho venir?
30 Entónces Cornelio dijo: Cuatro dias [u] Lu. 22. 11.
ha que á esta hora yo estaba ayuno; y á Santº. 2.
la hora de nona estando orando en mi 2, 3.
casa, hé aquí un varon se puso delante Ap. 15. 6.
de mí en vestido resplandeciente [u], y 19. 8.
31 Y dijo: Cornelio, tu oracion es [v] ver. 4, etc.
oida [v], y tus limosnas han venido en Da. 10. 12.
memoria en la presencia de Dios. [x] 1 Sa. 12. 7.
32 Envia pues á Joppe, y haz venir á 2 Co. 4. 2.
un Simon, que tiene por sobrenombre [y] De. 10. 17.
Pedro; este posa en casa de Simon, un Job 34. 19.
curtidor, junto á la mar, el cual venido, Ro. 2. 11.
te hablará. Ga. 2. 6.
33 Así que, luego envié á tí; y tu has Ef. 6. 9.
hecho bien en venir. Ahora, pues, to- Col. 3. 25.
dos nosotros estamos aquí en la presen- 1 Ped. 1. 17.
cia de Dios [x] para oir todo lo que Dios [z] Ro. 2. 13,
te ha mandado. 27.
34 ¶ Entónces Pedro, abriendo *su* bo- y 3. 22, 29.
ca, dijo: Por verdad hallo que Dios no y 10. 12, 13.
hace acepcion de personas [y], Ef. 2. 13,
35 Sino que de cualquiera nacion, que 18.
le teme y obra justicia, se agrada [z]. [a] Is. 57. 19.
36 Envió palabra *Dios* á los hijos de Ef. 2. 14,
Israel, anunciando la paz por Jesu-Cris- 17.
to [a]: este es el Señor de todos [b]. [b] Ro. 10. 12.
37 Vosotros sabeis lo que fué divulgado y 14. 9.
por toda Judéa, comenzando desde Ga- 1 Co. 15. 27.
liléa, despues del bautismo que Juan Ef. 1. 20,
predicó, 22.
1 Ped. 3. 22.
Ap. 17. 14.

38 *Cuanto* á Jesus de Nazaret; como le ungió Dios de Espíritu Santo y de potencia [c]: el cual anduvo haciendo bienes, y sanando todos los oprimidos del diablo; porque Dios era con él [d].

39 Y nosotros somos testigos de todas las cosas que hizo en la tierra de Judéa, y en Jerusalem [e]; al cual mataron colgándole en un madero.

40 A este levantó Dios al tercer dia, é hizo que apareciese manifiesto,

41 No á todo el pueblo, sino á los testigos que Dios ántes habia ordenado, *es á saber*, á nosotros, que comimos y bebimos con él, despues que resucitó de los muertos [f].

42 Y nos mandó que predicásemos al pueblo, y testificásemos, Que él es el que Dios ha puesto por Juez de vivos y muertos [g].

43 A este dan testimonio todos los profetas [h], de que todos los que en él creyeren, recibirán perdon de pecados por su nombre [i].

44 ¶ Estando aun hablando Pedro estas palabras, el Espíritu Santo cayó sobre todos los que oian el sermon [k].

45 Y se espantaron los fieles que eran de la circuncision, que habian venido con Pedro [l], de que tambien sobre los Gentiles se derramase el don del Espíritu Santo.

46 Porque los oian que hablaban en lenguas [m], y que magnificaban á Dios. Entónces respondió Pedro:

47 ¿Puede alguno impedir el agua para que no sean bautizados [n] estos que han recibido el Espíritu Santo tambien como nosotros?

48 Y les mandó bautizar en el nombre del Señor Jesus. Entónces le rogaron que se quedase *con ellos* por algunos dias.

[c] Lu. 4. 18.
[d] Juan 3. 2.
[e] Lu. 24. 48.
[f] Juan XX, XXI. 1 Co. 15. 4, 7.
[g] Cap. 17. 31. Juan 5. 22, 27. 2 Co. 5. 10. 2 Ti. 4. 1. 1 Ped. 4. 5.
[h] Lu. 24. 27, 44.
[i] Juan 3. 14, 17. Ro. 10. 11.
[k] Cap. 4. 31. y 8. 15, 16. y 19. 16.
[l] ver. 23.
[m] Cap. 2. 4.
[n] Cap. 8. 12, 36.

CAPITULO XI.

Disgústanse los hermanos de que Pedro haya tratado con los Gentiles; y él les satisface contándoles el suceso. Propagacion del Evangelio en varias partes, sobre todo en Antioquía, á donde es enviado Bernabé, que conduce allí á Saulo.

Y OYERON los apóstoles y los hermanos que estaban en Judéa, que tambien los Gentiles habian recibido la palabra de Dios.

2 Y como Pedro subió á Jerusalem, contendian contra él los que eran de la circuncision,

3 Diciendo: ¿Por qué has entrado á ver hombres incircuncisos, y has comido con ellos?

4 Entónces comenzando Pedro, les declaró por órden *lo pasado*, diciendo:

5 Estaba yo en la ciudad de Joppe orando [a], y ví en rapto de entendimiento una vision; un vaso, como un gran lienzo, que descendia, que por los cuatro cabos era abajado del cielo, y venia hasta mí:

6 En el cual como puse los ojos, consideré y ví animales terrestres de cuatro piés, y fieras, y reptiles, y aves del cielo.

7 Y oí una voz que me decia: Levántate, Pedro; mata y come.

8 Y dije: Señor, no; porque ninguna cosa comun ni inmunda entró jamas en mi boca.

9 Entónces la voz me respondió del cielo segunda vez: Lo que Dios limpió, no *lo* llames tú comun.

10 Y esto fué hecho por tres veces: y volvió todo á ser tomado arriba en el cielo.

11 Y hé aquí que luego sobrevinieron tres hombres á la casa donde yo estaba, enviados á mí de Cesaréa.

[a] Cap. 10. 9, etc.

12 Y el Espíritu me dijo que fuese con ellos sin dudar. Y vinieron tambien conmigo estos seis hermanos, y entramos en casa de un varon,

13 El cual nos contó como habia visto un ángel en su casa, que se paró, y le dijo: Envia á Joppe, y haz venir á un Simon que tiene por sobrenombre Pedro;

14 El cual te hablará palabras por las cuales serás salvo tú, y toda tu casa.

15 Y como comencé á hablar, cayó el Espíritu Santo sobre ellos, tambien como sobre nosotros al principio [b].

16 Entónces me acordé del dicho del Señor [c], como dijo: Juan ciertamente bautizó en agua [d]; mas vosotros sereis bautizados en Espíritu Santo [e].

17 Así que, si Dios les dió el mismo don tambien como á nosotros que hemos creido en el Señor Jesu-Cristo [f], ¿quién era yo que pudiese estorbar á Dios?

18 Entónces, oidas estas cosas, callaron, y glorificaron á Dios, diciendo: De manera que tambien á los Gentiles ha dado Dios arrepentimiento para vida [g].

19 ¶ Y los que habian sido esparcidos por causa de la tribulacion que sobrevino en tiempo de Esteban [h], anduvieron hasta Fenicia, y Cipro, y Antioquía, no hablando á nadie la palabra, sino á solos los Judíos [i].

20 Y de ellos habia unos varones Ciprios y Cirenenses, los cuales como entraron en Antioquía, hablaron á los Griegos, anunciando el Evangelio del Señor Jesus.

21 Y la mano del Señor era con ellos [k]: y creyendo gran número *de gente*, se convirtió al Señor.

22 Y llegó la fama de estas cosas á oidos de la iglesia que estaba en Jerusalem; y enviaron á Bernabé [l] que fuese hasta Antioquía.

23 El cual, como llegó, y vió la gracia de Dios, regocijóse, y exhortó á todos que permaneciesen en el propósito del corazon en el Señor [m].

24 Porque era varon bueno, y lleno de Espíritu Santo y de fé [n]: y mucha compañía fué agregada al Señor.

25 ¶ Despues partió Bernabé á Tarso á buscar á Saulo [o]; y hallado, le trajó á Antioquía.

26 Y conversaron todo un año allí con la iglesia, y enseñaron mucha gente: y los discípulos fueron llamados Cristianos primeramente en Antioquía [p].

27 Y en aquellos dias descendieron de Jerusalem profetas [q] á Antioquía.

28 Y levantándose uno de ellos, llamado Agabo [r], daba á entender por Espíritu, que habia de haber una grande hambre en toda la redondez de las tierras, la cual tambien hubo en tiempo de Claudio César.

29 Entónces los discípulos, cada uno conforme á lo que tenía, determinaron enviar subsidio á los hermanos que habitaban en Judéa.

30 Lo cual asimismo hicieron, enviándo*lo* á los ancianos por mano de Bernabé y de Saulo [s].

[b] Cap. 2. 4.
[c] Cap. 1. 5.
[d] Mat. 3. 11. Juan 1. 26, 33.
[e] Is. 44. 3. Joel 2. 28, 29.
[f] Cap. 15. 8, 9.
[g] Ro. 10. 12, 13. y 15. 9, 16.
[h] Cap. 8. 1.
[i] Mat. 10. 5, 6.
[k] Lu. 1. 66.
[l] Cap. 9. 27.
[m] Cap. 13. 43. y 14. 22.
[n] Cap. 6. 5.
[o] Cap. 9. 30.
[p] Cap. 26. 28. 1 Ped. 4. 16.
[q] Cap. 2. 17. y 13. 1. Ef. 4. 11.
[r] Cap. 21. 10.
[s] Cap. 12. 25.

CAPITULO XII.

Martirio de Santiago. Prision de San Pedro, y cómo fué puesto milagrosamente en libertad. Muerte desgraciada del rey Heródes.

Y EN el mismo tiempo el rey Heródes echó mano á maltratar algunos de la Iglesia.

2 Y mató á cuchillo á Jacobo [‖], hermano de Juan:

3 Y viendo que habia agradado á los

[‖] Santiago.

Judíos, pasó adelante para prender tambien á Pedro. Eran entónces los dias de los dias de los Azimos[a]. x. 12. 14,

4 Y habiendole preso, púsolo en la cárcel, entregándole á cuatro cuaterniones de soldados que le guardasen; queriendo sacarle al pueblo despues de la Pascua.

5 Así que, Pedro era guardado en la cárcel: y la iglesia hacia oracion á Dios sin cesar por él[b]. Co. 1. 11. . 6. 18,

6 Y cuando Herodes le habia de sacar, aquella misma noche estaba Pedro durmiendo entre dos soldados, preso con dos cadenas: y los guardas delante de la puerta que guardaban la cárcel. Tes. 5. 17. af°. 5. 16.

7 Y hé aquí, el ángel del Señor[c] sobrevino, y una luz resplandeció en la cárcel; é hiriendo á Pedro en el lado, le despertó, diciendo: Levántate prestamente. Y las cadenas se le cayeron de las manos[d]. p. 5. 19. 0. 8. 7. 23. l. 34. 7. b. 1. 14. p. 16. 26.

8 Y le dijo el ángel: Cíñete, y átate tus sandalias. Y lo hizo así. Y le dijo: Rodéate tu ropa, y sígueme.

9 Y saliendo, le seguia, y no sabia que era verdad lo que hacia el ángel[e]; mas pensaba que veia vision[f]. l. 126. 1. p. 10. 3.

10 Y como pasaron la primera y la segunda guarda, vinieron á la puerta de hierro, que va á la ciudad, la cual se les abrió de suyo: y salidos, pasaron una calle; y luego el ángel se apartó de él.

11 Entónces Pedro, volviendo en sí, dijo: Ahora entiendo verdaderamente que el Señor ha enviado su ángel[g], y me ha librado de la mano de Herodes, y de todo el pueblo de los Judíos que me esperaba[h]. . 3. 28. 22. . 33. 18,

12 Y habiendo considerado *esto*, llegó á casa de María la madre de Juan, el que tenia por sobrenombre Marcos, donde muchos estaban juntos orando[i]. . 10. , 1. 10. d. 2. 9. . 5.

13 Y tocando Pedro á la puerta del patio, salió una muchacha, para escuchar, llamada Rhode:

14 La cual, como conoció la voz de Pedro, de gozo no abrió el postigo, sino corriendo dentro, dió nueva que Pedro estaba al postigo.

15 Y ellos le dijeron: Estás loca: mas ella afirmaba que así era. Entónces ellos decian: Su ángel es.

16 Mas Pedro perseveraba en llamar: y cuando abrieron, viéronle, y se espantaron.

17 Mas él haciéndoles señal con la mano que callasen[k], les contó como el Señor le habia sacado de la cárcel, y dijo: Haced saber esto á Jacobo ‖ y á los hermanos. Y salió, y partió á otro lugar. . 13. 16. tiago.

18 Luego que fué de dia, hubo no poco alboroto entre los soldados sobre que se habia hecho de Pedro.

19 Mas Herodes, como le buscó, y no le halló, hecha inquisicion de los guardas, los mandó llevar. Despues descendiendo de Judéa á Cesaréa, se quedó allí.

20 Y Heródes estaba enojado contra los de Tiro, y los de Sidon: mas ellos vinieron concordes á él, y sobornado Blasto, que era el camarero del rey, pedian paz; porque las tierras de ellos eran abastecidas por el rey[l]. y. 5. 9,

21 Y un dia señalado, Heródes vestido de ropa real, se sentó en el tribunal, y arengóles. 27. 17.

22 Y el pueblo aclamaba: Voz de Dios, y no de hombre.

23 Y luego el ángel del Señor le hirió, por cuanto no dió la gloria á Dios; y espiró comido de gusanos.

24 ¶ Mas la palabra del Señor crecia, y era multiplicada[m]. [m] Cap. 6. 7. y 19. 20. Col. 1. 6.

25 Y Bernabé y Saulo volvieron de Jerusalem cumplido su servicio[n], tomando tambien consigo á Juan, el que tenia por sobrenombre Marcos. [n] Cap. 11. 29, 30.

CAPITULO XIII.

Saulo y Bernabé enviados por el Espíritu Santo á predicar á los Gentiles. Conversion del Procónsul Sergio Paulo. San Pablo predica en Antioquía de Pisidia; convierte á muchos Gentiles, y abandona á los Judíos incrédulos.

HABIA entónces en la Iglesia, que estaba en Antioquía, profetas y doctores; Bernabé, y Simon el que se llamaba Niger, y Lucio Cirenéo, y Manahen, que habia sido criado con Heródes el Tetrarca[a], y Saulo. [a] Mat. 14. 1.

2 Ministrando pues estos al Señor, y ayunando, dijo el Espíritu Santo[b]: Apartadme[c] á Bernabé y á Saulo para la obra para la cual los he llamado[d]. [b] Cap. 10. 19. [c] Ro. 1. 1. [d] 1 Ti. 2. 7.

3 Entónces habiendo ayunado, y orado, y puéstoles las manos encima[e], despidiéronles. [e] Cap. 14. 26.

4 Y ellos, enviados así por el Espíritu Santo, descendieron á Seleucia; y de allí navegaron á Cipro.

5 Y llegados á Salamina, anunciaban la palabra de Dios en las sinagogas de los Judíos: y tenian tambien á Juan en el ministerio.

6 Y habiendo atravesado la isla hasta Pafo, hallaron un hombre mago[f], falso profeta Judío, llamado Bar-jesus: [f] Cap. 8. 9.

7 El cual estaba con el proconsul Sergio Paulo, varon prudente[g]. Este, llamando á Bernabé y á Saulo, deseaba oir la palabra de Dios. [g] Mat. 11. 25.

8 Mas les resistia[h] Elimas el encantador, (que así se interpreta su nombre), procurando apartar de la fé al proconsul. [h] 2 Ti. 3. 8.

9 Entónces Saulo, que tambien *es* Pablo, lleno del Espíritu Santo, poniendo en él los ojos,

10 Dijo: Oh, lleno de todo engaño y de toda maldad, hijo del diablo[i], enemigo de toda justicia, ¿no cesarás de trastornar los caminos rectos del Señor? [i] Juan 8. 44.

11 Ahora, pues, hé aquí, la mano del Señor *es* contra tí, y serás ciego, que no veas el sol por tiempo. Y luego cayeron en él oscuridad y tinieblas; y andando alrededor, buscaba quien le diese la mano.

12 Entónces el proconsul, viendo lo que habia sido hecho, creyó, maravillado de la doctrina del Señor[k]. [k] Lu. 4. 32.

13 ¶ Y partidos de Pafo, Pablo y sus compañeros arribaron á Perges de Panfilia: entónces Juan, apartándose de ellos[l], se volvió á Jerusalem. [l] Cap. 15. 38.

14 Y ellos pasando de Perges, llegaron á Antioquía de Pisidia, y entrando en la sinagoga un dia de Sábado[m], sentáronse. [m] Cap. 17. 1, 2. y 18. 4.

15 Y despues de la leccion de la ley y de los profetas[n], los príncipes de la sinagoga enviaron á ellos diciendo: Varones hermanos, si teneis alguna palabra de exhortacion para el pueblo, hablad[o]. [n] ver. 27. Cap. 15. 21. [o] Lu. 4. 15, 16.

16 Entónces Pablo, levantándose, hecha señal de silencio con la mano, dice: Varones Israelitas, y los que temeis á Dios, oid.

17 El Dios del pueblo de Israel escogió á nuestros padres[p], y ensalzó el pueblo, siendo ellos extranjeros en la tierra de Egipto, y con brazo levantado los sacó de ella[q]. [p] De. 7. 6, 7. [q] Ex. 13. 14, 16.

18 Y por tiempo como de cuarenta años soportó sus costumbres en el desierto[r]: [r] Ex. 16. 35.

19 Y destruyendo siete naciones en la tierra de Canaan[s], les repartió por suerte la tierra de ellas[t].

20 Y despues, como por cuatrocientos y cincuenta años, dió los jueces[u] hasta el profeta Samuel.

21 Y entónces demandaron rey[v]; y les dió Dios á Saul, hijo de Cis, varon de la tribu de Benjamin[x], por cuarenta años.

22 Y quitado aquel[y], levantóles por rey á David, al que dió tambien testimonio, diciendo: He hallado á David, hijo de Jesé, varon conforme á mi corazon, el cual hará todo lo que yo quiero.

23 De la simiente de este[z], Dios, conforme á la promesa, levantó á Jesus por Salvador á Israel[a];

24 Predicando Juan delante de la faz de su venida el bautismo de arrepentimiento á todo el pueblo de Israel[b].

25 Mas como Juan cumpliese su carrera, dijo[c]: ¿Quién pensais que soy? No soy yo: mas hé aquí viene tras mí *aquel*, cuyo calzado de los piés no soy digno de desatar.

26 Varones hermanos, hijos del linaje de Abraham, y los que entre vosotros temen á Dios, á vosotros es enviada la palabra de esta salud[d].

27 Porque los que habitaban en Jerusalem, y sus príncipes, no conociendo á este, y las voces de los profetas que se leen todos los sábados[e], condenándo*le las* cumplieron.

28 Y sin hallar *en él* causa de muerte, pidieron á Pilato que le matasen.

29 Y habiendo cumplido todas las cosas que de él estaban escritas, quitándo*le* del madero, *le* pusieron en el sepulcro.

30 Mas Dios le levantó de los muertos:

31 Y él fué visto por muchos dias[f] de los que habian subido juntamente con él de Galiléa á Jerusalem, los cuales son sus testigos al pueblo.

32 Y nosotros tambien os anunciamos el Evangelio de aquella promesa que fué hecha á los Padres[g], la cual Dios ha cumplido á los hijos de ellos, á nosotros, resucitando á Jesus;

33 Como tambien en el Salmo segundo está escrito: Mi hijo eres tú, yo te engendré hoy[h].

34 Y que le levantó de los muertos para nunca mas volver á corrupcion, así *lo* dijo: Os daré las misericordias fieles de David[i].

35 Por eso dice tambien en otro *lugar*[k]: No permitirás que tu Santo vea corrupcion[l].

36 Porque á la verdad David, habiendo servido en su edad á la voluntad de Dios, durmió[m], y fué juntado con sus padres, y vió corrupcion.

37 Mas aquel que Dios levantó[n], no vió corrupcion.

38 Séaos pues notorio, varones hermanos, que por este os es anunciada remision de pecados[o]:

39 Y de todo lo que por la ley de Moises no pudisteis ser justificados, en este es justificado todo aquel que creyere[p].

40 Mirad pues que no venga sobre vosotros lo que está dicho en los profetas[q]:

41 Mirad, oh menospreciadores, y entonteceós, y desvaneceós; porque yo obro una obra en vuestros dias, obra que no creeréis, si alguien os la contáre.

42 ¶ Y salidos de la sinagoga de los Judíos, los Gentiles les rogaron que el sábado siguiente les hablasen estas palabras.

[s] De. 7. 1.
[t] Jos. 14. 1.
[u] Jues. 2. 16.
[v] 1 Sa. 8. 5.
[x] 1 Sa. 10. 1.
[y] 1 Sa. 15. 23, 26. y 31. 6.
[z] Sal. 132. 11. Is. 11. 1.
[a] Mat. 1. 21.
[b] Mat. 3. 1, 11.
[c] Juan 1. 20, 27.
[d] Mat. 10. 6. Ro. 1. 16.
[e] Lu. 24. 20, 44.
[f] Cap. 1. 3.
[g] De. 18. 15. Is. 7. 14. Jer. 23. 5, 6. Ez. 34. 23. Ro. 4. 13.
[h] Sal. 2. 7.
[i] Is. 55. 3.
[k] Sal. 16. 10.
[l] Cap. 2. 31.
[m] Cap. 2. 29. 1 Rey. 2. 10.
[n] Cap. 2. 24.
[o] Lu. 24. 47. 1 Juan 2. 12.
[p] Is. 53. 11. Hab. 2. 4. Ro. 3. 28.
[q] Hab. 1. 5.

43 Y despedida la congregacion, muchos de los Judíos y de los religiosos prosélitos siguieron á Pablo y á Bernabé: los cuales hablándoles, les persuadian que permaneciesen en la gracia de Dios[r].

44 Y el sábado siguiente se juntó casi toda la ciudad á oir la palabra de Dios.

45 Mas los Judíos, visto el gentío, llenáronse de zelo, y se oponian á lo que Pablo decia, contradiciendo y blasfemando[s].

46 Entónces Pablo y Bernabé, usando de libertad, dijeron: A vosotros á la verdad era menester que se os hablase la palabra de Dios[t]; mas pues que la desechais, y os juzgais indignos de la vida eterna, hé aquí nos volvemos á los Gentiles[u].

47 Porque así nos ha mandado el Señor: Te he puesto para luz de los Gentiles, para que seas salud hasta lo postrero de la tierra[v].

48 Y los Gentiles oyendo esto, fueron gozosos, y glorificaban la palabra del Señor; y creyeron todos los que estaban ordenados para vida eterna[x].

49 Y la palabra del Señor era sembrada por toda aquella provincia.

50 Mas los Judíos concitaron mujeres pias y honestas, y á los principales de la ciudad, y levantaron persecucion contra Pablo y Bernabé, y les echaron de sus términos[y].

51 Ellos entónces sacudiendo en ellos el polvo de sus piés[z], se vinieron á Iconio[a].

52 Y los discípulos estaban llenos de gozo, y de Espíritu Santo[b].

CAPITULO XIV.

Lo que hicieron y padecieron Pablo y Bernabé en Iconio y otras ciudades de Licaonía, y visitando las Iglesias, al volverse á Antioquía de Siria.

Y ACONTECIÓ en Iconio que entrados juntamente en la sinagoga de los Judíos, hablaron de tal manera, que creyó una grande multitud de Judíos, y asimismo de Griegos.

2 Mas los Judíos que fueron incrédulos, incitaron y corrompieron los ánimos de los Gentiles contra los hermanos.

3 Con todo eso se detuvieron *allí* mucho tiempo confiados en el Señor, el cual daba testimonio á la palabra de su gracia, dando que señales y milagros[a] fuesen hechos por las manos de ellos.

4 Mas el vulgo de la ciudad estaba dividido; y unos eran con los Judíos, y otros con los apóstoles.

5 Y haciendo ímpetu los Judíos y los Gentiles, juntamente con sus príncipes, para afrentar*los* y apedrearlos,

6 Habiéndo*lo* entendido, huyéronse á Listra y Derbe[b], ciudades de Licaonia, y por toda la tierra alrededor,

7 Y allí predicaban el Evangelio.

8 ¶ Y un hombre de Listra, impotente de los piés, estaba sentado, cojo desde el vientre de su madre[c], que jamás habia andado.

9 Este oyó hablar á Pablo; el cual, como puso los ojos en él, y vió que tenia fé para ser sano[d],

10 Dijo á gran voz: Levántate derecho sobre tus piés. Y *él* saltó, y anduvo[e].

11 Entónces las gentes, visto lo que Pablo habia hecho, alzaron la voz, diciendo en lengua Licaónica: Dioses semejantes á hombres han descendido á nosotros[f].

12 Y á Bernabé llamaban Júpiter; y á Pablo, Mercurio, porque era el que llevaba la palabra.

[r] Cap. 14. 22. Heb. 6. 11, 12. y 12. 15.
[s] Cap. 18. 6.
[t] Ro. 1. 16.
[u] Cap. 28. 28. Mat. 21. 43.
[v] Is. 49. 6.
[x] Ro. 8. 30. Ef. 1. 4, 5.
[y] 2 Ti. 3. 11.
[z] Mat. 10. 14. Mar. 6. 11. Lu. 9. 5.
[a] Cap. 14. 1.
[b] Mat. 5. 12.
[a] Mar. 16. 20. Heb. 2. 4.
[b] Mat. 10. 23.
[c] Cap. 3. 2. Mat. 9. 28. 29.
[d] Mar. 6. 5, 6.
[e] Is. 35. 6.
[f] Cap. 28. 6.

13 Y el sacerdote de Jupiter que estaba delante de la ciudad de ellos, trayendo toros y guirnaldas delante de las puertas, queria con el pueblo sacrificar.

14 *Lo cual* como oyeron los apóstoles Bernabé y Pablo, rotas sus ropas[g], se lanzaron al gentío, dando voces,

15 Y diciendo: Varones, ¿por qué haceis esto? Nosotros tambien somos hombres semejantes á vosotros[h], que os anunciamos que de estas vanidades[i] os convirtais al Dios vivo[k], que hizo el cielo, y la tierra, y la mar, y todo lo que está en ellos[l]:

16 El cual en las edades pasadas ha dejado á todas las gentes andar en sus caminos[m];

17 Si bien no se dejó á sí mismo sin testimonio[n], haciendo bien, dándonos lluvias del cielo[o], y tiempos fructíferos, hinchiendo de mantenimiento y de alegría nuestros corazones.

18 Y diciendo estas cosas, apenas apaciguaron el pueblo para que no les ofreciesen sacrificio.

19 ¶ Entónces sobrevinieron unos Judíos de Antioquía y de Iconio[p], que persuadieron á la multitud; y habiendo apedreado á Pablo[q], *le* sacaron fuera de la ciudad, pensando que *ya* estaba muerto.

20 Mas rodeándole los discípulos, se levantó, y entró en la ciudad; y un dia despues partió con Bernabé á Derbe.

21 ¶ Y como hubieron anunciado el Evangelio á aquella ciudad, y enseñado á muchos, volvieron á Listra y á Iconio, y á Antioquía,

22 Confirmando los ánimos de los discípulos, exhortándoles á que permaneciesen en la fé[r], y *enseñándoles* que es menester que por muchas tribulaciones entremos en el reino de Dios[s].

23 Y habiéndoles constituido ancianos en cada una de las Iglesias[t], y habiendo orado con ayunos, les encomendaron al Señor en el cual habian creido.

24 Y pasando por Pisidia vinieron á Panfilia.

25 Y habiendo predicado la palabra en Perges, descendieron á Atalia.

26 Y de allí navegaron á Antioquía, donde[u] habian sido encomendados á la gracia de Dios[v] para la obra que habian acabado.

27 Y habiendo llegado, y reunido la Iglesia, relataron cuan grandes cosas habia Dios hecho con ellos[x], y como habia abierto á los Gentiles la puerta[y] de la fé.

28 Y se quedaron allí mucho tiempo con los discípulos.

Mat. 26. 65. | ...ap. 10. 26. | ...sal. 5. 17. | ...Sa. 12. ... | ...r. 14. 22. | ...ma 2. 9. | ...Co. 8. 4. | ...Tes. 1. 9. | ...al. 33. 6. | 146. 6. | ...p. 14. 7. | ...ap. 17. 30. | ...Ro. 1. 20. | ...ob 5. 10. | ...l. 147. 8. | ...at. 5. 45. | ...p. 13. 14, | ...Co. 11. | ...Ti. 3. 11. | ...p. 13. 43. | ...8. 17. | ...1. 3. 12. | ...1. 5. | ...p. 13. | ...p. 15. 40. | ...p. 15. 4. | ...3. 8.

CAPITULO XV.

Concilio de Jerusalem, en que los Gentiles convertidos son declarados exentos de la ley mosáica: Pablo se separa de Bernabé por razon del discípulo Marcos.

ENTÓNCES algunos que venian de Judéa enseñaban á los hermanos: Que si no os circuncidais, conforme al rito de Moises[a], no podeis ser salvos[b].

2 Así que suscitada una disension y contienda no pequeña á Pablo y á Bernabé contra ellos, determinaron que subiesen Pablo y Bernabé á Jerusalem[c], y algunos otros de ellos, á los apóstoles y á los ancianos sobre esta cuestion.

3 Ellos pues, habiendo sido acompañados[d] de la iglesia *al salir*, pasaron por la Fenicia y Samaria, contando la conversion de los Gentiles[e], y daban gran gozo á todos los hermanos.

4 Y llegados á Jerusalem, fueron recibidos de la iglesia y de los apóstoles, y de los ancianos; y refirieron todas las cosas que Dios habia hecho con ellos[f].

...12. 3. | ...n 7. 22. | ...5. 1. | ...2. 11. | ...2. 1. | ...15. 24. | ...15. 6, | ...an 6. | ...14. 27.

5 Mas algunos de la secta de los Fariséos, que habian creido, se levantaron diciendo: Que es menester circuncidarlos, y mandar*les* que guarden la ley de Moises.

6 ¶ Y se juntaron los apóstoles y los ancianos para conocer de este negocio.

7 Y habiendo habido grande contienda, levantándose Pedro, les dijo: Varones hermanos, vosotros sabeis como ya hace algun tiempo que Dios escogió que los Gentiles oyesen por mi boca la palabra del Evangelio, y creyesen[g].

8 Y Dios, que conoce los corazones[h], les dió testimonio, dándoles el Espíritu Santo tambien como á nosotros:

9 Y ninguna diferencia hizo entre nosotros y ellos, purificando con la fé sus corazones[i].

10 Ahora pues, ¿por qué tentais á Dios poniendo yugo sobre la cerviz de los discípulos, que ni nuestros padres ni nosotros hemos podido llevar[k]?

11 Antes por la gracia del Señor Jesu-Cristo creemos que serémos salvos, como tambien ellos[l].

12 ¶ Entónces toda la multitud calló, y oyeron á Bernabé y á Pablo que contaban cuan grandes maravillas y señales Dios habia hecho por ellos entre los Gentiles[m].

13 ¶ Y despues que hubieron callado, Jacobo‖ respondió diciendo: Varones hermanos, oidme.

14 Simon[n] ha contado como Dios primero visitó á los Gentiles, para tomar de ellos pueblo para su nombre.

15 Y con esto concuerdan las palabras de los profetas, como está escrito[o]:

16 Despues de esto volveré, y restauraré la habitacion de David que estaba caida, y repararé sus ruinas, y la volveré á levantar;

17 Para que el resto de los hombres busque al Señor[p], y todos los Gentiles sobre los cuales es llamado mi nombre, dice el Señor, que hace todas estas cosas.

18 Conocidas son á Dios desde el siglo todas sus obras[q].

19 Por lo cual yo juzgo, que los que de los Gentiles se convierten á Dios, no han de ser inquietados;

20 Sino escribirles que se aparten de las contaminaciones de los ídolos[r], y de fornicacion[s], y de ahogado, y de sangre[t].

21 Porque Moises desde los tiempos antiguos tiene en cada ciudad quien le predique en las sinagogas, donde es leido cada sábado[u].

22 ¶ Entónces pareció bien á los apóstoles, y á los ancianos con toda la iglesia, elegir varones de ellos, y enviar*les* á Antioquía con Pablo y Bernabé; á Judas, que tenia por sobrenombre Barsabas, y á Silas, varones principales entre los hermanos;

23 Y escribir por mano de ellos *así*: Los apóstoles, y los ancianos, y los hermanos, á los hermanos de los Gentiles, que están en Antioquía, y en Siria, y en Cilicia, salud:

24 Por cuanto hemos oido que algunos, que han salido de nosotros[v], os han inquietado con palabras, trastornando vuestras almas, mandando circuncidaros y guardar la ley[x], á los cuales no mandamos;

25 Nos ha parecido, congregados en uno, elegir varones, y enviarles á vosotros con nuestros amados Bernabé y Pablo,

26 Hombres que han expuesto sus vi-

[f] Cap. 21. 19.
[g] Cap. 10. 20.
[h] Cap. 1. 24.
[i] Eb. 9. 14. 1 Ped. 1. 22.
[k] Ro. 4. 15. Ga. 5. 1.
[l] Ro. 3. 24. Ef. 2. 8.
[m] Cap. 14. 27.
‖ *Santiago.*
[n] 2 Ped. 1. 1.
[o] Amos 9. 11, 12.
[p] Juan 11. 52.
[q] Is. 46. 10.
[r] 1 Co. 8. 1, etc. y 10. 14, etc. Ap. 2. 14, 20.
[s] 1 Co. 6. 9, 18. Col. 3. 5. 1 Tes. 4. 3.
[t] Gen. 9. 4. Le. 17. 14. De. 12. 16, 23.
[u] Cap. 13. 15, 27.
[v] ver. 1.
[x] Ga. 5. 4.

dás por el nombre de nuestro Señor Jesu-Cristo[y].

27 Así que, enviamos á Júdas, y á Silas, los cuales tambien por palabra *os* harán saber lo mismo.

28 Que ha parecido bien al Espíritu Santo, y á nosotros, no imponeros ninguna carga mas que estas cosas necesarias:

29 Que os abstengais de cosas sacrificadas á ídolos, y de sangre, y de ahogado, y de fornicacion[z]; de las cuales cosas si os guardáreis, bien hareis. Pasadlo bien.

30 ¶ Ellos entónces enviados, descendieron á Antioquía, y juntando la multitud, dieron la carta.

31 La cual como leyeron, fueron gozosos de la consolacion.

32 Judas tambien y Silas, como ellos tambien eran profetas, consolaron y confirmaron los hermanos con abundancia de palabra[a].

33 Y pasando *allí* algun tiempo, fueron enviados de los hermanos á los apóstoles en paz[b].

34 Mas ‖ á Silas pareció bien de quedarse allí.

35 Y Pablo y Bernabé se estaban en Antioquía enseñando la palabra del Señor, y anunciando el Evangelio con otros muchos.

36 ¶ Y despues de algunos dias Pablo dijo á Bernabé: Volvamos á visitar los hermanos por todas las ciudades en las cuales hemos anunciado la palabra del Señor[c], como están.

37 Y Bernabé queria que tomasen consigo á Juan, el que tenía por sobrenombre Marcos[d];

38 Mas á Pablo no le parecia bien llevar consigo al que se habia apartado de ellos desde Panfilia[e], y no habia ido con ellos á la obra.

39 Y hubo tal contencion entre ellos, que se apartaron el uno del otro; y Bernabé tomando á Marcos, navegó á Cipro.

40 Y Pablo escogiendo á Silas, partió encomendado de los hermanos á la gracia de Dios[f].

41 Y anduvo la Siria y la Cilicia confirmando las iglesias.

[y] Cap. 14. 19. 2 Co. 11. 23, 27.
[z] Cap. 21. 25.
[a] Cap. 14. 22.
[b] 1 Co. 16. 11.
‖ *Este verso no se halla en muchos ejemplares antiguos.*
[c] Cap. 13. 4, etc.
[d] Cap. 12. 12, 25. y 13. 5. Col. 4. 10. 2 Ti. 4. 11.
[e] Cap. 13. 13.
[f] Cap. 14. 26.

CAPITULO XVI.

Pablo en Listra toma consigo á Timotéo; y Lucas, el autor de este libro, se les junta en Troade, ó se manifiesta por primera vez estar en su compañía. Van á Macedonia; y en Filipos, donde se detuvieron ántes, obran varios prodigios. Son azotados, y puestos en la cárcel. Conviértese el carcelero, y los magistrados les suplican que se vayan de la ciudad.

DESPUES llegó á Derbe, y á Listra[a]: y hé aquí, estaba allí un discípulo, llamado Timotéo[b], hijo de una mujer Judía fiel[c], mas de padre Griego:

2 De este daban buen testimonio[d] los hermanos que estaban en Listra y en Iconio.

3 Este quiso Pablo que fuese con él; y tomándole, le circuncidó por causa de los Judíos que estaban en aquellos lugares[e]; porque todos sabian que su padre era Griego.

4 Y como pasaban por las ciudades, les daban que guardasen los decretos que habian sido determinados por los apóstoles y los ancianos que estaban en Jerusalem[f].

5 Así que, las iglesias eran confirmadas en fé, y eran aumentadas en número cada dia.

6 ¶ Y pasando á Frigia, y la provincia de Galacia[g], les fué prohibido por el Espíritu Santo hablar la palabra en Asia[h].

7 Y como vinieron á Misia, tentaron de ir á Bitinia; mas el Espíritu no les dejó *ir*.

8 Y pasando á Misia, descendieron á Troas[i].

9 ¶ Y fué mostrada á Pablo de noche una vision: Un varon Macedonio se puso delante, rogándole, y diciendo: Pasa á Macedonia, y ayúdanos.

10 Y como vió la vision, luego procuramos partir á Macedonia, dando por cierto que Dios nos llamaba para que les anunciásemos el evangelio.

11 Partidos pues de Troas, vinimos camino derecho á Samotracia, y el dia siguiente á Nápoles:

12 Y de allí á Filipos[k], que es la primera ciudad de la parte de Macedonia, y una colonia; y estuvimos en aquella ciudad algunos dias.

13 ¶ Y un dia de Sábado salimos de la ciudad junto al rio, donde solia ser la oracion; y sentándonos hablamos á las mujeres que se habian juntado.

14 Entónces una mujer, llamada Lidia, que vendia purpura en la ciudad de los Tiatíreos, temerosa de Dios, estaba oyendo; el corazon de la cual abrió el Señor para que estuviese atenta á lo que Pablo decia.

15 Y cuando fué bautizada, y su familia, *nos* rogó, diciendo: Si habeis juzgado que yo sea fiel al Señor, entrad en mi casa, y posad: y constriñónos.

16 ¶ Y aconteció, que yendo nosotros á la oracion, una muchacha que tenia espíritu Pitónico[l], nos salió al encuentro, la cual daba grande ganancia á sus amos adivinando.

17 Esta, siguiendo á Pablo, y á nosotros, daba voces diciendo: Estos hombres son siervos del Dios Alto, los cuales os anuncian el camino de Salud.

18 Y esto hacía por muchos dias; mas desagradando[m] á Pablo, se volvió, y dijo al espíritu: Te mando, en el nombre de Jesu-Cristo, que salgas de ella. Y salió en la misma hora[n].

19 Y viendo sus amos que habia salido la esperanza de su ganancia[o], prendieron á Pablo y á Silas, y los trajeron al Foro, al magistrado[p].

20 Y presentándolos á los magistrados, dijeron: Estos hombres, siendo Judíos, alborotan nuestra ciudad[q],

21 Y predican ritos, los cuales no nos es lícito recibir ni hacer, pues somos Romanos.

22 Y agolpóse el pueblo contra ellos; y los magistrados rompiéndoles sus ropas, *los* mandaron azotar con varas.

23 Y despues que los hubieron herido de muchos azotes[r], los echaron en la cárcel mandando al carcelero que los guardase con diligencia.

24 El cual, recibido este mandamiento, los metió en la cárcel de mas adentro, y les apretó los piés en el cepo.

25 ¶ Mas á media noche orando[s] Pablo y Silas, cantaban himnos[t] á Dios: y los que estaban presos les oian.

26 Entónces fué hecho de repente un gran terremoto, de tal manera que los cimientos de la cárcel se movian; y luego todas las puertas se abrieron, y las prisiones de todos se soltaron[u].

27 Y despertado el carcelero, como vió abiertas las puertas de la cárcel, sacando la espada se queria matar, pensando que los presos se habian huido.

28 Mas Pablo clamó á gran voz, diciendo: No te hagas ningun mal; que todos estamos aquí.

[a] Cap. 14. 6.
[b] Cap. 19. 22. Ro. 16. 21. 1 Co. 4. 17. Fi. 1. 19. 1 Tes. 3. 2.
[c] 2 Ti. 1. 5.
[d] Cap. 6. 3.
[e] 1 Co. 9. 20.
[f] Cap. 15. 28, 29.
[g] Ga. 1. 2. 1 Ped. 1. 1.
[h] Ap. 1. 4, 11.
[i] Cap. 20. 5, 6.
[k] Fi. 1. 1.
[l] Le. 19. 31. 1 Sa. 28. 7.
[m] Mar. 1. 25, 34.
[n] Mar. 16. 17.
[o] Cap. 19. 24, 27.
[p] Mat. 10. 18.
[q] Cap. 17. 6. 1 Rey. 18. 17.
[r] 2 Co. 6. 5. y 11. 23. 1 Tes. 2. 2.
[s] Sant. 5. 13.
[t] Sal. 34. 1.
[u] Cap. 12. 10.

29 El entónces pidiendo luz, entró dentro, y temblando, derribóse á los piés de Pablo y de Silas;

30 Y sacándoles fuera, les dice: Señores, ¿Qué es menester que yo haga para ser salvo?

31 Y ellos *le* dijeron: Crée en el Señor Jesu-Cristo, y serás salvo [v] tú, y tu casa.

[v] Cap. 13. 39. Hab. 2. 4. Juan 3. 16, 36. y 6. 47.

32 Y le hablaron la palabra del Señor, y á todos los que estaban en su casa [z].

[z] Ro. 1. 14, 16.

33 Y tomándolos en aquella misma hora de la noche, les lavó los azotes; y se bautizó luego él, y todos los suyos.

34 Y llevándolos á su casa, les puso la mesa; y se gozó de que con toda su casa habia creido á Dios.

35 ¶ Y como fué de dia, los magistrados enviaron los alguaciles, diciendo: Deja ir á aquellos hombres.

36 Y el carcelero hizo saber estas palabras á Pablo: Los magistrados han enviado *á decir* que seais sueltos: así que ahora salid, é id en paz.

37 Entónces Pablo les dijo: Azotados públicamente, sin ser condenados, siendo hombres Romanos, nos echaron en la cárcel; ¿y ahora nos echan encubiertamente? No de cierto, sino vengan ellos y sáquennos.

38 Y los alguaciles volvieron á decir á los magistrados estas palabras: y tuvieron miedo, oido que eran Romanos.

39 Y viniendo les rogaron; y sacándolos, les pidieron que se saliesen de la ciudad.

40 Entónces salidos de la cárcel, entraron en *casa de* Lidia [y]; y habiendo visto á los hermanos, los consolaron, y se salieron.

[y] ver. 14.

CAPITULO XVII.

Pablo predica con mucho fruto en Tesalónica, y los Judíos le persiguen. Lo mismo sucede despues en Beréa. Disputa con ellos en Atenas, y con los filósofos; y se convierte entre otros Dionisio Areopagita, ó senador del Areopago.

Y PASANDO por Anfípolis y Apolonia, llegaron á Tesalónica, donde estaba la sinagoga de Judíos.

2 Y Pablo, como acostumbraba, entró á ellos [a], y por tres Sábados disputó con ellos de las Escrituras,

[a] Cap. 9. 20. y 13. 5, 14. Lu. 4. 16.

3 Declarando y proponiendo, que convenia que el Cristo padeciese [b], y resucitase de los muertos; y que Jesus, (el cual yo os anuncio, *decia él*) este era el Cristo [c].

[b] Lu. 24. 26, 46. [c] Cap. 18. 28.

4 Y algunos de ellos creyeron, y se juntaron con Pablo y con Silas; y de los Griegos religiosos grande multitud, y mujeres nobles no pocas [d].

[d] 1 Tes. 1. 5, 6.

5 Entónces los Judíos que eran incrédulos, teniendo zelos, tomaron consigo á algunos ociosos, malos hombres, y juntando compañía, alborotaron la ciudad; y acometiendo la casa de Jason [e], procuraban sacarlos al pueblo.

[e] Ro. 16. 21.

6 Mas no hallándolos, trajeron á Jason y á algunos hermanos á los gobernadores de la ciudad, dando voces: Estos que alborotan el mundo [f], tambien han venido acá;

[f] Cap. 16. 20. Lu. 23. 5.

7 A los cuales Jason ha recibido: y todos estos hacen contra los decretos de César, diciendo que hay otro rey [g], Jesus.

[g] Lu. 23. 2. Juan 19.12.

8 Y alborotaron el pueblo y á los gobernadores de la ciudad, oyendo estas cosas.

9 Mas recibida satisfaccion de Jason y de los demás, les soltaron.

10 ¶ Entónces los hermanos luego de noche enviaron á Pablo y á Silas á Beréa [h]; los cuales habiendo llegado, entraron en la sinagoga de los Judíos.

[h] ver. 14. Cap. 9. 25.

11 Y fueron estos mas nobles que los que *estaban* en Tesalónica, pues recibieron la palabra con toda solicitud, escudriñando cada dia las escrituras, si estas cosas eran así [i].

[i] Is. 34. 16. Juan 5. 39.

12 Así que creyeron muchos de ellos; y mujeres Griegas de distincion, y no pocos hombres.

13 Mas como entendieron los Judíos de Tesalónica que tambien en Beréa era anunciada la palabra de Dios por Pablo, fueron, y tambien allí tumultuaron el pueblo [k].

[k] 1 Tes. 2. 15, 16.

14 Empero luego los hermanos enviaron á Pablo que fuese [l] como á la mar; y Silas y Timotéo se quedaron allí.

[l] Mat. 10. 23.

15 Y los que habian tomado á cargo á Pablo, le llevaron hasta Atenas: y tomando encargo *de él* para Silas y Timotéo [m], que viniesen á él lo mas presto que pudiesen, partieron.

[m] Cap. 18. 5.

16 ¶ Y esperándolos Pablo en Atenas, su espíritu se deshacia en él, viendo la ciudad dada á idolatría.

17 Así que disputaba en la sinagoga con los Judíos y religiosos [n]; y en la plaza cada dia con los que le ocurrian.

[n] ver. 4. Cap. 13. 43, 50. y 16. 4. y 18. 7.

18 Y algunos filósofos de los Epicureos y de los Estóicos [o] disputaban con él; y unos decian: ¿Qué quiere decir este palabrero? Y otros: Parece que es predicador de nuevos dioses; porque les predicaba á Jesus, y la resurreccion.

[o] 1 Co. 1. 20, 21. Col. 2. 8.

19 Y tomándole, le trajeron al Areópago, diciendo: ¿Podrémos saber qué sea esta nueva doctrina que dices?

20 Porque pones en nuestros oidos unas nuevas cosas: queremos pues saber que quiere ser esto.

21 Entónces todos los Atenienses, y los huéspedes extranjeros, en ninguna otra cosa entendian sino, ó en decir, ó en oir alguna cosa nueva [p].

[p] Ec. 1. 8, 10.

22 ¶ Estando pues Pablo en medio del Areópago, dijo: Varones Atenienses, en todo os veo como mas supersticiosos ‖:

‖ *ó religiosos.*

23 Porque pasando y mirando vuestros santuarios, hallé tambien un altar en el cual estaba esta inscripcion: Al Dios no conocido. Aquel, pues, que vosotros honrais sin conocerle, á este os anuncio yo.

24 El Dios que hizo el mundo, y todas las cosas que en él *hay* [q], ese, como sea Señor del cielo, y de la tierra [r], no habita en templos hechos de manos [s],

[q] Cap. 14. 15. [r] Mat. 11.25. [s] Cap. 7. 48. 1 Rey. 8. 27.

25 Ni es honrado con manos de hombres, necesitado de algo [t]; pues él da á todos vida y respiracion [u], y todas las cosas.

[t] Sal. 50. 9, 12. [u] Job 12. 10.

26 Y de una sangre ha hecho *venir* todo el linaje de los hombres, para que habitasen sobre toda la faz de la tierra, y *les* ha prefijado el órden de los tiempos, y los términos de la habitacion de ellos [v];

[v] De. 32. 7, 8.

27 Para que buscasen á Dios, si en alguna manera palpando le hallan [x]; aunque cierto no está lejos de cada uno de nosotros [y]:

[x] Ro. 1. 19, 20. [y] Cap. 14. 17.

28 Porque en él vivimos, y nos movemos, y somos; como tambien algunos de vuestros poetas dijeron: Porque linaje de este somos tambien.

29 Siendo pues linaje de Dios, no hemos de estimar la Divinidad ser semejante á oro, ó á plata, ó á piedra, ó á escultura de artificio, ó de imaginacion de hombres [z].

[z] Is. 40. 18, etc.

30 Empero Dios, habiendo disimulado los tiempos de esta ignorancia [a], ahora denuncia á todos los hombres que se arrepientan [b]:

[a] Cap. 14. 16. [b] Lu. 24. 47. Ti. 2. 11, 12.

31 Por cuanto ha establecido un dia,

en el cual ha de juzgar el mundo con justicia por aquel varon al cual determinó [c], dando fé á todos con haberle levantado de los muertos.

32 ¶ Y así que oyeron la resurreccion de los muertos, unos se burlaban, y otros decian: Te oirémos acerca de esto otra vez [d].

33 Y así Pablo se salió de en medio de ellos.

34 Mas algunos creyeron juntándose con él: entre los cuales tambien *fué* Dionisio el del Areópago, y una mujer llamada Dámaris, y otros con ellos.

CAPITULO XVIII.

El fruto que hizo San Pablo en Corinto, animado del Señor. Es acusado al Procónsul. Parte á Efeso, y vuelve á Jerusalem. Apolo en su ausencia predica con gran fervor y fruto á los Judíos.

PASADAS estas cosas, Pablo partió de Atenas, y vino á Corinto.

2 Y hallando á un Judío llamado Aquila, natural del Ponto, que hacia poco que habia venido de Italia, y á Priscila su mujer [a], (porque Claudio habia mandado que todos los Judíos saliesen de Roma) se vino á ellos:

3 Y porque era de su oficio, posó con ellos, y trabajaba [b]; porque el oficio de ellos era hacer tiendas.

4 Y disputaba en la sinagoga todos los sábados [c], y persuadia á Judíos y á Griegos.

5 Y cuando Silas y Timotéo vinieron de Macedonia [d], Pablo estaba constreñido del espíritu, testificando á los Judíos que Jesus *era* el Cristo.

6 Mas contradiciendo y blasfemando [e] ellos, les dijo, sacudiendo sus vestidos [f]: Vuestra sangre *sea* sobre vuestra cabeza [g]: yo, limpio; desde ahora me iré á los Gentiles.

7 Y partiendo de allí, entró en casa de uno llamado Justo, temeroso de Dios [h], la casa del cual estaba junto á la sinagoga.

8 Y Crispo [i], el prepósito de la sinagoga, creyó al Señor con toda su casa [k]; y muchos de los Corintios oyendo, creian, y eran bautizados.

9 Entónces el Señor dijo de noche en vision á Pablo: No temas, sino habla, y no calles.

10 Porque yo estoy contigo [l], y ninguno te podrá hacer mal; porque yo tengo mucho pueblo en esta ciudad.

11 Y se detuvó *allí* un año y seis meses, enseñándoles la palabra de Dios.

12 ¶ Y siendo Galion proconsul de Acaya, los Judíos se levantaron de comun acuerdo contra Pablo, y le llevaron al tribunal,

13 Diciendo: Que este persuade á los hombres honrar á Dios contra la ley.

14 Y comenzando Pablo á abrir la boca, Galion dijo á los Judíos: Si fuera algun agravio, ó algun crímen enorme, oh Judíos, conforme á derecho yo os tolerára;

15 Mas si son cuestiones de palabras, y de nombres, y de vuestra ley [m], ved*lo* vosotros, porque yo no quiero ser juez de estas cosas.

16 Y les echó del tribunal.

17 Entónces todos los Griegos tomando á Sóstenes [n], prepósito de la sinagoga, le herian delante del tribunal: y á Galion nada se le daba de ello [o].

18 ¶ Mas Pablo habiendose detenido aun *allí* muchos dias, despues se despidió de los hermanos, y navegó á Siria, y con él Priscila y Aquila, habiendose trasquilado la cabeza en Cencreas, porque tenía voto [p].

[c] Mat. 25. 31, etc. Ro. 2. 16. 2 Ti. 4. 1.
[d] Cap. 24. 25.
[a] Ro. 16. 3.
[b] Cap. 20. 34. 1 Co. 4. 12. 1 Tes. 2. 9. 2 Tes. 3. 8.
[c] Cap. 17. 2.
[d] Cap. 17. 14, 15.
[e] Cap. 13. 45.
[f] Cap. 13. 51. Neh. 5. 13.
[g] Ez. 33. 4.
[h] Cap. 16. 14.
[i] 1 Co. 1. 14.
[k] Cap. 10. 2. y 16. 15, 34. Juan 4. 53.
1 Co. 1. 16. 2 Ti. 4. 19.
[l] Mat. 28. 20.
[m] Cap. 23. 29. y 25. 19. Juan 18. 31.
[n] 1 Co. 1. 1.
[o] ver. 15.
[p] Cap. 21. 23, 24.

19 Y llegó á Efeso, y los dejó allí: y él entrando en la sinagoga, disputó con los Judíos [q];

20 Los cuales le rogaban que se quedase con ellos por mas tiempo; mas no accedió,

21 Sino que se despidió de ellos, diciendo: Es menester que en todo caso tenga la fiesta que viene en Jerusalem [r]: mas otra vez volveré á vosotros, queriendo Dios [s]. Y partió de Efeso.

22 Y habiendo arribado á Cesaréa [t], subió á *Jerusalem*; y despues de saludar á la iglesia, descendió á Antioquía.

23 ¶ Y habiendo estado *allí* algun tiempo, partió, andando por órden la provincia de Galacia [u], y la Frigia, confirmando á todos los discípulos [x].

24 Llegó entónces á Efeso un Judío, llamado Apólos [y], natural de Alejandría, varon elocuente, poderoso en las Escrituras.

25 Este era instruido en el camino del Señor, y, ferviente de espíritu [z], hablaba y enseñaba diligentemente las cosas que son del Señor, enseñado solamente en el bautismo de Juan [a].

26 Y comenzó á hablar confiadamente en la sinagoga; al cual como oyeron Priscila y Aquila, le tomaron, y le declararon mas particularmente el camino de Dios.

27 Y queriendo él pasar á Acaya, los hermanos exhortados escribieron á los discípulos que le recibiesen; y venido él, aprovechó mucho por la gracia á los que habian creido [b].

28 Porque con gran vehemencia convencia públicamente á los Judíos, mostrando por las Escrituras que Jesus era el Cristo [c].

CAPITULO XIX.

Vuelve Pablo á Efeso, y se bautizan allí varios discípulos, que solamente habian recibido el bautismo de Juan; é imponiéndoles las manos, reciben el Espíritu Santo. Obra Pablo muchos milagros. Muchos de los que habian seguido vanas artes, trajeron y quemaron en público sus libros; y un tal Demetrio mueve una sedicion contra el Apóstol.

Y ACONTECIÓ que entretanto que Apolos estaba en Corinto [a], Pablo, andadas las regiones superiores, vino á Efeso, donde hallando ciertos discípulos,

2 Díjoles: ¿Habeis recibido el Espíritu Santo despues que creisteis? Y ellos le dijeron: Antes ni aun hemos oido si hay Espíritu Santo [b].

3 Entónces les dijo: ¿En qué pues sois bautizados? Y ellos dijeron: En el bautismo de Juan [c].

4 Y dijo Pablo: Juan bautizó con bautismo de arrepentimiento [d], diciendo al pueblo que creyesen en el que habia de venir despues de él; es á saber, en Jesus el Cristo [e].

5 Oido que hubieron *esto*, fueron bautizados en el nombre del Señor Jesus [f].

6 Y como Pablo les puso las manos encima [g], vino sobre ellos el Espíritu Santo [h], y hablaban en lenguas, y profetizaban.

7 Y eran en todos como unos doce hombres.

8 Y entrando él dentro de la sinagoga, hablaba libremente por espacio de tres meses, disputando y persuadiendo del reino de Dios [i].

9 Mas endureciéndose algunos, y no creyendo, maldiciendo el camino *del Señor* delante de la multitud, apartándose de ellos, separó los discípulos, disputando cada dia en la escuela de un cierto Tiranno.

10 Y esto fué por espacio de dos años;

[q] Cap. 17. 2.
[r] Cap. 20. 16.
[s] 1 Co. 4. 19. Sant. 4. 15.
[t] Cap. 18. 1.
[u] Cap. 16. 6.
[x] Cap. 14. 24. y 15. 22, 41.
[y] 1 Co. 1. 12. y 3. 5, 6. Ti. 3. 13.
[z] Ro. 12. 11.
[a] Cap. 19. 3.
[b] 1 Co. 3. 5.
[c] Juan 5. 39.
[a] 1 Co. 3. 5, 6.
[b] Cap. 8. 16. 1 Sa. 3. 7. Juan 7. 39.
[c] Cap. 18. 25.
[d] Mat. 3. 11.
[e] Juan 1. 15. y 27. 30.
[f] Cap. 8. 16. 1 Co. 1. 13.
[g] Cap. 2. 17.
[h] Cap. 2. 4. y 10. 46.
[i] Cap. 28. 23.

de manera que todos los que habitaban
en Asia, Judíos y Griegos, oyeron la
palabra del Señor Jesus.
11 Y hacia Dios singulares maravillas
por manos de Pablo:
12 De tal manera que aun se llevaban
sobre los enfermos los sudarios y los
pañuelos de su cuerpo[k], y las enferme-
dades se iban de ellos, y los malos espí-
ritus salian de ellos.
13 ¶ Y algunos de los Judíos exorcis-
tas vagabundos tentaron á invocar el
nombre del Señor Jesus sobre los que
tenian espíritus malos, diciendo: Os
conjuramos por Jesus, el que Pablo
predica.
14 Y habia unos siete hijos de un Sceva
Judío, príncipe de los sacerdotes, que
hacian esto.
15 Y respondiendo el espíritu malo,
dijo: A Jesus conozco, y sé *quien es*
Pablo; mas vosotros, ¿quién sois?
16 Y el hombre, en quien estaba el
espíritu malo, saltando en ellos, y en-
señoreándose de ambos, pudo mas que
ellos, de tal manera que huyeron de a-
quella casa desnudos y heridos.
17 Y esto fué notorio á todos, así Ju-
díos como Griegos, los que habitaban
en Efeso; y cayó temor sobre todos
ellos[l], y era ensalzado el nombre del
Señor Jesus.
18 Y muchos de los que habian creido,
venian confesando, y dando cuenta de
sus hechos.
19 Asimismo muchos de los que ha-
bian practicado vanas artes, trajeron los
libros, y los quemaron delante de todos;
y echada cuenta del precio de ellos,
hallaron *ser* cincuenta mil denarios.
20 Así crecia poderosamente la palabra
del Señor, y prevalecia[m].
21 ¶ Y acabadas estas cosas, propúsose
Pablo en espíritu partir á Jerusalem,
despues de andada Macedonia y Acaya,
diciendo: Despues que hubiere estado
allá, me será menester ver tambien á
Roma.
22 Y enviando á Macedonia á dos de
los que le ayudaban[n], Timotéo, y E-
rasto[o], él se estuvo por algun tiempo
en Asia.
23 Entónces hubo un alboroto no pe-
queño acerca del camino *del Señor*.
24 Porque un platero, llamado Deme-
trio, el cual hacia de plata templecillos
de Diana, daba á los artífices[p] no poca
ganancia;
25 A los cuales, reunidos con los ofici-
ales de semejante oficio, dijo: Varones,
ya sabeis que de este oficio tenemos ga-
nancia:
26 Y veis y oís que este Pablo, no so-
lamente en Efeso, sino muchas gentes
de casi toda el Asia ha apartado con per-
suasion, diciendo, que no son dioses los
que se hacen con las manos[q].
27 Y no solamente hay peligro de que
este negocio se nos vuelva en reproche,
sino tambien que el templo de la grande
diosa Diana sea estimado en nada, y
comience á ser destruida su majestad,
la cual honra toda el Asia y el mundo.
28 Oidas estas cosas, llenáronse de ira,
y dieron alarido, diciendo: Grande Di-
ana de los Efesios.
29 Y toda la ciudad se llenó de confu-
sion, y unánimes se arrojaron al teatro,
arrebatando á Gayo, y á Aristarco[r], Ma-
cedonios, compañeros de Pablo.
30 Y queriendo Pablo salir al pueblo,
los discípulos no le dejaron.
31 Tambien algunos de los Asiarchâs,
que eran sus amigos, enviaron á él ro-
gando que no se presentase en el teatro.

[k] Cap. 5. 15. [l] Cap. 5. 5, … [m] Cap. 6. 7. … 12. 24. [n] Cap. 13. 5. [o] … 16. 23. … Ti. 4. 20. [p] Cap. 16. 16, … [q] Sal. 115. 4. … 44. 10, … [r] Cap. 20. 4. … 27. 2. … Col. 4. 10. … Fil. 24.

32 Y otros gritaban otra cosa[s]; porque
la concurrencia estaba confusa, y los
mas no sabian porque se habian jun-
tado.
33 Y sacaron de entre la multitud á
Alejandro[t], empujándole los Judíos.
Entónces Alejandro, pedido silencio con
la mano, queria dar razon al pueblo.
34 Mas como conocieron que era Ju-
dío, fué hecha una voz de todos que
gritaron casi por dos horas: Grande
Diana de los Efesios.
35 Entónces el síndico, apaciguado que
hubo la gente, dijo: Varones Efesios,
¿y quién hay de los hombres que no
sepa que la ciudad de los Efesios es cu-
radora *del templo* de la grande diosa Di-
ana, y de la *imágen* venida de Júpiter?
36 Así que, pues esto no puede ser con-
tradicho, conviene que os apacigüeis, y
que nada hagais temerariamente:
37 Pues habeis traido á estos hombres,
sin ser sacrílegos, ni blasfemadores de
vuestra diosa.
38 Que si Demetrio, y los oficiales que
están con él, tienen negocio con alguno,
audiencias se hacen, y procónsules hay;
acúsense los unos á los otros.
39 Y si demandais alguna otra cosa,
en legítima asambléa se puede decidir:
40 Porque peligro hay de que seamos
argüidos de sedicion por hoy; no habi-
endo ninguna causa por la cual poda-
mos dar razon de este concurso. Y ha-
biendo dicho esto, despidió la concur-
rencia.

CAPITULO XX.

Pablo habiendo recorrido varios discípulos de la Macedonia y Grecia, predica en Troas, donde resucita á Eutichô. En Míleto convoca á los presbíteros de Efeso, y les da saludables consejos y advertencias.

Y DESPUES que cesó el alboroto[a],
llamando Pablo los discípulos[b], ha-
biéndoles exhortado, se despidió, y par-
tió para ir á Macedonia.
2 Y andado que hubo aquellas partes,
y exhortádoles con abundancia de pala-
bra, vino á Grecia:
3 *Donde* despues de haber estado tres
meses, y habiendo de navegar á Siria,
le fueron puestas asechanzas por los Ju-
díos[c]; y así tomó consejo de volverse
por Macedonia.
4 Y le acompañaron hasta Asia Sopater
Bereense; y Tesalonicences, Aristarco[d],
y Segundo; y Gayo de Derbe, y Timo-
téo[e]; y Asianos, Tichico[f], y Trófimo[g].
5 Estos yendo delante, nos esperaron
en Troas[h].
6 Y nosotros, pasados los dias de los
panes sin levadura[i], navegamos de Fili-
pos, y vinimos á ellos á Troas en cinco
dias[k], donde estuvimos siete dias.
7 ¶ Y el *dia* primero de la semana[l],
juntos los discípulos á partir el pan[m],
Pablo les enseñaba, habiendo de partir
al dia siguiente; y alargó el discurso
hasta la media noche.
8 Y habia muchas lámparas en el apo-
sento alto[n] donde estaban juntos.
9 Y un mancebo llamado Eutichô, que
estaba sentado en una ventana, tomado
de un sueño profundo, como Pablo dis-
putaba largamente, postrado del sueño,
cayó desde el tercer piso abajo, y fué
alzado muerto.
10 Entónces descendió Pablo, y derri-
bóse sobre él[o], y abrazándole, dijo: No
os alboroteis, que su alma está en él[p].
11 Despues subiendo, y partiendo el
pan, y gustando, habló largamente hasta
el alba, y así partió.
12 Y llevaron al mozo vivo, y fueron
consolados no poco.

[s] Cap. 21. 34.
[t] 2 Ti. 4. 14.
[a] 2 Co. 1. 8, 10.
[b] Ef. 1. 1.
[c] Cap. 23. 12. y 25. 3. 2 Co. 11. 26.
[d] Cap. 19. 29.
[e] Cap. 16. 1. y 19. 22.
[f] Ef. 6. 21. Col. 4. 7. 2 Ti. 4. 12. Tit. 3. 12.
[g] Cap. 21. 29. 2 Ti. 4. 20.
[h] Cap. 16. 8, 11. 2 Co. 2. 12.
[i] Ex. 23. 15.
[k] Cap. 16. 8.
[l] Juan 20 1. y 19. 26. 1 Co. 16. 2. Ap. 1 10.
[m] Cap. 2. 42, 46. Lu. 22. 19. 1 Co. 10. 16. y 11. 20, 34.
[n] Cap. 1. 13.
[o] 1 Rey. 17. 21. 2 Rey. 4. 34.
[p] Mat. 9. 24.

13 ¶ Y nosotros, subiendo en el navío,
navegamos á Ason, para recibir de allí
á Pablo; porque así habia determinado
‖ Ir á pié. venir ‖ por tierra.
14 Y como se juntó con nosotros en
Ason, tomándole vinimos á Mitilene.
15 Y navegando de allí, al dia siguiente
llegamos delante de Chio, y al otro
dia tomamos puerto en Samo: y habiendo
reposado en Trogilio, al dia siguiente
llegamos á Mileto.
16 Porque Pablo se habia propuesto
pasar adelante de Efeso, por no detenerse
en Asia: porque se apresuraba
por hacer el dia de Pentecostes, si le
fuese posible, en Jerusalem.
17 ¶ Y enviando desde Mileto á Efeso,
[q] Cap. 11. 30. hizo llamar á los ancianos[q] de la Iglesia.
y 14. 23. 18 Y cuando vinieron á él, les dijo:
y 15. 2, 4, 6, Vosotros sabeis como desde el primer
22, 23. dia que entré en Asia[r], he estado con
y 21. 18. vosotros por todo el tiempo,
1 Ti. 5. 17. 19 Sirviendo al Señor con toda humil-
Tit. 1. 5. dad, y con muchas lágrimas, y tenta-
1 Ped. 5. 1. ciones[s], que me han venido por las
[r] Cap. 19. 1, 10. asechanzas de los Judíos[t]:
[s] 2 Co. 4. 8, 11. 20 Como nada que *os* fuese útil, he
rehuido de anunciaros, y enseñaros pú-
[t] ver. 3. blicamente, y por las casas[u],
[u] ver. 27. 21 Testificando á los Judíos y á los
[v] Mar. 1. 15. Gentiles arrepentimiento para con Dios[v],
Lu. 24. 47. y la fé en nuestro Señor Jesu Cristo.
22 Y ahora hé aquí, ligado yo en *mi*
[x] Cap. 19. 21. espíritu[x], voy á Jerusalem sin saber lo
que allá me ha de acontecer:
23 Mas que el Espíritu Santo por todas
las ciudades me da testimonio, diciendo,
que prisiones y tribulaciones me espe-
[y] Cap. 21. 11. ran[y].
[z] Cap. 21. 13. 24 Mas de ninguna cosa hago caso[z],
Ro. 8. 35, ni estimo mi vida mas que á mi alma;
37. solamente que acabe mi carrera con
2 Co. 4. 16. gozo[a], y el ministerio que recibí del
[a] 2 Ti. 4. 7. Señor Jesus[b], para dar testimonio del
[b] 2 Co. 4. 1. evangelio de la gracia de Dios.
25 Y ahora hé aquí yo sé, que ninguno
de todos vosotros, por quien he pasado
predicando el reino de Dios, verá mas
mi rostro.
26 Por tanto yo os protesto el dia de
hoy, que yo soy limpio de la sangre de
[c] Cap. 18. 6. todos[c].
27 Porque no he rehuido anunciaros
[d] ver. 20. todo el consejo de Dios[d].
[e] 1 Ti. 4. 16. 28 Por tanto mirad por vosotros[e], y
por todo el rebaño en que el Espíritu
[f] 1 Ti. 3. 2, Santo os ha puesto por obispos[f], para
etc. apacentar[g] la Iglesia de Dios, la cual
Ti. 1. 5, ganó por su sangre[h].
etc. 29 Porque yo sé, que despues de mi par-
[g] Juan 21. tida entrarán en *medio de* vosotros graves
15, 17. lobos[i] que no perdonarán al ganado[k].
1 Ped. 5. 30 Y de vosotros mismos se levanta-
2, 3. rán hombres, que hablen cosas perver-
[h] 1 Ped. 1. sas, para llevar discípulos tras sí.
18, 19. 31 Por tanto velad, acordándoos que
Ap. 5. 9. por tres años, de noche y de dia, no he
[i] Mat. 7. 15. cesado de amonestar con lágrimas á
[k] Jer. 23. 1. cada uno.
Ez. 34. 2, 3. 32 Y ahora, hermanos, os encomiendo
á Dios, y á la palabra de su gracia; el
cual es poderoso para sobreedificar, y
daros heredad con todos los santifica-
[l] Cap. 26. 18. dos[l].
Col. 1. 12. 33 La plata, ó el oro, ó el vestido, de
[m] 1 Sa. 12. 3. nadie he codiciado[m].
2 Co. 7. 2. 34 Antes vosotros sabeis, que para lo
[n] Cap. 18. 3. que me ha sido necesario[n], y á los que
1 Co. 4. 12. están conmigo, estas manos me han
1 Tes. 2. 9. servido.
2 Tes. 3. 8. 35 *En* todo os he enseñado, que traba-
jando así, es necesario sobrellevar á los
enfermos, y tener presente las palabras
[o] Lu. 14. 12, del Señor Jesus, el cual dijo: Bienaven-
14. turada cosa es dar ántes que recibir[o].

36 Y como hubo dicho estas cosas, se
puso de rodillas, y oró con todos ellos[p]. [p] Cap. 21. 5.
37 Entónces hubo un gran lloro de
todos; y derribándose sobre el cuello de
Pablo, le besaban,
38 Doliéndose en gran manera por la
palabra que dijo, que no habian de ver
mas su rostro[q]: y le acompañaron al [q] ver. 25.
navío.

CAPITULO XXI.

Viage de San Pablo á Jerusalem. El profeta Agabo le predice los trabajos que le habian de suceder. Allí se purifica en el templo; y maltratado por los Judíos, le libra de sus manos el tribuno Lisias.

Y HABIENDO partido de ellos, na-
vegamos y vinimos camino derecho
á Coos, y el dia siguiente á Rhodas, y
de allí á Pátara.
2 Y hallando un barco que pasaba á
Fénice, nos embarcamos, y partimos.
3 Y como avistamos á Cipro, dejándola
á mano izquierda, navegamos á Siria, y
vinimos á Tiro; porque el barco habia
de descargar allí su carga.
4 Y nos quedamos allí siete dias, ha-
llados los discípulos, los cuales decian
á Pablo por Espíritu, que no subiese á
Jerusalem[a]. [a] ver. 12.
5 Y cumplidos aquellos dias nos parti-
mos, acompañándonos todos con *sus*
mujeres é hijos hasta fuera de la ciudad:
y puestos de rodillas en la ribera, ora-
mos[b]. [b] Cap. 20. 36.
6 Y abrazándonos los unos á los otros,
subimos al barco, y ellos se volvieron á
sus casas.
7 Y nosotros, cumplida la navegacion,
vinimos de Tiro á Tolemaida; y habi-
endo saludado á los hermanos, nos que-
damos con ellos un dia.
8 ¶ Y otro dia, partidos Pablo y los
que con él estábamos, vinimos á Cesa-
réa; y entrando en casa de Felipe[c] el [c] Cap. 6. 5.
evangelista[d], el cual era *uno* de los y 8. 26. 40.
siete, posamos con él. [d] Ef. 4. 11.
9 Y este tenia cuatro hijas doncellas, 2 Ti. 4. 5.
que profetizaban[e]. [e] Cap. 2. 17.
10 Y parando nosotros *allí* por muchos Joel 2. 28.
dias, descendió de Judéa un Profeta,
llamado Agabo[f]; [f] ver. 28.
11 Y venido á nosotros, tomó el cinto Cap. 20. 23.
de Pablo, y atándose los piés y las ma-
nos, dijo: Esto dice el Espíritu Santo:
Así atarán los Judíos en Jerusalem al
varon, cuyo es este cinto[f], y *le* entrega-
rán en manos de los Gentiles.
12 Lo cual como oimos, le rogamos
nosotros, y los de aquel lugar, que no
subiese á Jerusalem.
13 Entónces Pablo respondió: ¿Qué
haceis llorando y afligiéndome el cora-
zon? porque yo no solo estoy presto á
ser atado, mas aun á morir en Jerusa-
lem por el nombre del Señor Jesus.
14 Y como no le pudimos persuadir,
desistimos, diciendo: Hágase la volun-
tad del Señor[g]. [g] Mat. 26. 42.
15 Y despues de estos dias, apercibi-
dos, subimos á Jerusalem.
16 Y vinieron tambien con nosotros de
Cesaréa algunos de los discípulos, tra-
yendo consigo á un Mnason Ciprio, dis-
cípulo antiguo, con el cual posásemos.
17 Y cuando llegamos á Jerusalem,
los hermanos nos recibieron de buena
voluntad.
18 ¶ Y al dia siguiente Pablo entró
con nosotros a Jacobo ‖, y todos los an- ‖ Santiago.
cianos se juntaron.
19 A los cuales, como los hubo saluda-
do, contó por menudo lo que Dios habia
hecho entre los Gentiles por su minis-
terio[h]. [h] Ro. 15. 18,
20 Y ellos como *lo* oyeron, glorificaron 19.

al Señor; y le dijeron: Ya ves, hermano, cuantos millares de Judíos hay que han creido; y todos son celadores de la ley.

21 Mas fueron informados acerca de tí, que enseñas á apartarse de Moises á todos los Judíos que están entre los Gentiles, diciéndo*les* que no han de circuncidar los hijos, ni andar segun la costumbre.

22 ¿Qué hay pues? La multitud se reunirá de cierto; porque oirán que has venido.

23 Haz, pues, esto que te decimos: Hay entre nosotros cuatro hombres que tienen voto sobre sí [i]:

24 Tomando á estos contigo, purifícate con ellos, y gasta con ellos para que rasuren *sus* cabezas, y todos entiendan que no hay nada de lo que fueron informados acerca de tí; sino que tú tambien andas guardando la ley.

25 Empero cuanto á los que de los Gentiles han creido, nosotros hemos escrito [k] haberse acordado que no guarden nada de esto; solamente que se abstengan de lo que fuere sacrificado á los ídolos, y de sangre, y de ahogado, y de fornicacion.

26 Entónces Pablo, tomó consigo aquellos hombres [l], y al siguiente dia, habiéndose purificado con ellos, entró en el templo [m], para anunciar *se proponían* el cumplimiento [n] de los dias de la purificacion, hasta ser ofrecida ofrenda por cada uno de ellos.

27 Y cuando estaban para acabarse los siete dias, unos Judíos de Asia, como le vieron en el templo, alborotaron todo el pueblo, y le echaron mano [o],

28 Dando voces: Varones Israelitas, ayudad: este es el hombre que por todas partes enseña á todos contra el pueblo, y la ley, y este lugar; y además de esto ha metido Gentiles en el templo, y ha contaminado este lugar santo [p].

29 (Porque ántes habian visto con él en la ciudad á Trófimo [q], Efesio, al cual pensaban que Pablo habia metido en el templo.)

30 Así que, toda la ciudad se alborotó, y agolpóse el pueblo; y tomando á Pablo, hiciéronle salir fuera del templo, y luego las puertas fueron cerradas.

31 Y procurando ellos matarle, fué dado aviso al tribuno de la compañía, que toda la ciudad de Jerusalem estaba alborotada;

32 El cual tomando luego soldados y centuriones, corrió á ellos [r]. Y ellos como vieron al tribuno y á los soldados, cesaron de herir á Pablo.

33 Entónces llegando el tribuno, le prendió, y *le* mandó atar con dos cadenas [s]: y preguntó quién era, y qué habia hecho.

34 Y entre la multitud unos gritaban una cosa, y otros otra: y como no podia entender nada de cierto á causa del alboroto, le mandó llevar á la fortaleza.

35 Y como llegó á las gradas, aconteció que fué llevado *á cuestas* de los soldados á causa de la violencia del pueblo. *

36 Porque multitud de pueblo venia detrás gritando: Mátale †.

37 Y como comenzaron á meter á Pablo en la fortaleza, dice al tribuno: ¿Me será lícito hablarte algo? Y él dijo: ¿Griego sabes?

38 ¿No eres tú aquel Egipcio que levantaste una sedicion ántes de estos dias, y sacaste al desierto cuatro mil hombres salteadores?

39 Entónces dijo Pablo: Yo de cierto soy hombre Judío, ciudadano de Tarso [t], ciudad no oscura de Cilicia: empero

ap. 18. 18. a. 6. 2, 18. — ap. 15. 20. — Co. 9. 20. — ap. 24. 18. Nu. 6. 13. — ap. 26. 21. — ap. 6. 13. 24. 5, 6. — ap. 20. 4. Ti. 4. 20. — ap. 23. 27. 24. 7. — ap. 20. 23. — *r. Quítale.* — ap. 22. 22. u. 23. 18. uan 19. 15. — ap. 9. 11. 22. 3.

ruégote que me permitas que hable al pueblo.

40 Y como él se lo permitió, Pablo estando en pié en las gradas, hizo señal con la mano al pueblo [n]; y hecho grande silencio, habló en lengua Hebréa, diciendo:

CAPITULO XXII.

Apología de Pablo: furor contra él de los Judíos obstinados: se declara ciudadano romano, queriendo el tribuno azotarle.

VARONES hermanos, y padres [a], oid la razon que ahora os doy.

2 (Y como oyeron que les hablaba en lengua Hebréa, guardaron mas silencio.) Y dijo:

3 Yo de cierto soy Judío [b], nacido en Tarso de Cilicia, mas criado en esta ciudad á los piés de Gamaliel [c], enseñado conforme á la verdad de la ley de la patria [d], zeloso de Dios [e], como todos vosotros sois hoy [f].

4 Que he perseguido este camino [g] hasta la muerte, prendiendo, y entregando en cárceles hombres y mujeres [h]:

5 Como tambien el príncipe de los sacerdotes me es testigo, y todos los ancianos; de los cuales tambien tomando letras á los hermanos, iba á Damasco, para traer presos á Jerusalem aun á los que estuviesen allí, para que fuesen castigados [i].

6 Mas aconteció que yendo yo, y llegando cerca de Damasco, como á mediodía, de repente me rodeó mucha luz del cielo;

7 Y caí en el suelo, y oí una voz que me decia: Saulo, Saulo, ¿por qué me persigues?

8 Yo entónces respondí: ¿Quién eres, Señor? Y me dijo: Yo soy Jesus de Nazaret, á quien tú persigues.

9 Y los que estaban conmigo vieron á la verdad la luz, y se espantaron; mas no oyeron la voz del que hablaba conmigo [k].

10 Y dije: ¿Qué haré, Señor? Y el Señor me dijo: Levántate, y vé á Damasco, y allí te será dicho todo lo que te está señalado hacer.

11 Y como yo no viese por causa de la claridad de la luz, llevado de la mano por los que estaban conmigo vine á Damasco.

12 Entónces un Ananías [l], varon pio conforme á la ley, que tenia buen testimonio [m] de todos los Judíos que *allí* moraban,

13 Viniendo á mí, y acercandose, me dijo: Hermano Saulo, recibe la vista. Y yo en aquella hora le miré.

14 Y él dijo: El Dios de nuestros padres [n] te ha predestinado, para que conocieses su voluntad [o], y vieses [p] á aquel Justo, y oyeses la voz de su boca [q].

15 Porque has de ser testigo suyo á todos los hombres de lo que has visto y oido [r].

16 Ahora pues, ¿por qué te detienes? Levántate, y bautízate: y lava tus pecados [s], invocando su nombre ‖.

17 Y me aconteció, vuelto á Jerusalem, que orando en el templo, fuí arrebatado fuera de mí,

18 Y le ví que me decia: Date priesa, y sal prestamente fuera de Jerusalem; porque no recibirán tu testimonio de mí.

19 Y yo dije: Señor, ellos saben que yo encerraba en cárcel, y hería por las sinagogas á los que creían en tí:

20 Y cuando se derramaba la sangre de Esteban tu testigo, yo tambien estaba presente, y consentía á su muerte,

n Cap. 12. 17. — a Cap. 7. 2. — b Cap. 21. 39. 2 Co. 11. 22. Fil. 3. 5. — c Cap. 5. 34. — d Cap. 26. 5. — e Ga. 1. 14. — f Ro. 10. 2. — g Cap. 9. 2. y 19. 9, 23. — h Cap. 8. 3. y 26. 9, 11. Fi. 3. 6. 1 Ti. 1. 13. — i Cap. 9. 2, etc. — k Da. 10. 7. — l Cap. 9. 17. — m Cap. 10. 22. 1 Ti. 3. 7. — n Cap. 3. 13. y 5. 30. — o Cap. 9. 15. y 26. 16. Ga. 1. 15. — p 1 Co. 9. 1. y 15. 8. 2 Co. 12. 2, 4. — q 1 Co. 11. 23. Ga. 1. 12. — r Cap. 23. 11. y 26. 16, etc. — s Heb. 10. 22. 1 Ped. 3. 21. — ‖ *ó el nombre del Señor.*

t Cap. 7. 58. y 8. 1.

y guardaba las ropas de los que le mataban [t].

u Cap. 13. 2, 47. Ro. 1. 5. y 11. 13. y 15. 16. Ga. 2. 7, 8. Ef. 3. 7, 8. 1 Ti. 2. 7.

21 Y me dijo: Vé, porque yo te tengo que enviar léjos á los Gentiles [u].

v 1 Tes. 2. 16. x Cap. 25. 24.

22 ¶ Y le oyeron hasta esta palabra [v]: entónces alzaron la voz, diciendo: Quita de la tierra á un tal hombre, porque no conviene que viva [x].

23 Y dando ellos voces, y arrojando *sus* ropas, y echando polvo al aire,

24 Mandó el tribuno que le llevasen á la fortaleza, y ordenó que fuese examinado con azotes, para saber por qué causa clamaban así contra él.

y Cap. 16. 37.

25 Y como le ataron con corréas, Pablo dijo al centurion que estaba presente: ¿Os es lícito azotar á un hombre Romano [y], sin ser condenado?

26 Y como el centurion oyó *esto*, fué y dió aviso al tribuno, diciendo: ¿Qué has de hacer? porque este hombre es Romano.

27 Y viniendo el tribuno, le dijo: Díme, ¿eres tú Romano? Y él dijo: Sí.

28 Y respondió el tribuno: Yo con grande suma alcancé esta ciudadanía. Entónces Pablo dijo: Y yo aun soy nacido.

29 Así que, luego se apartaron de él los que le habian de atormentar: y aun el tribuno tambien tuvo temor, entendido que era Romano, por haberle atado.

z Cap. 23. 28.

30 Y al dia siguiente, queriendo saber de cierto la causa por qué era acusado de los Judíos [z], le soltó de las prisiones, y mandó venir á los príncipes de los sacerdotes, y á todo su concilio; y sacando á Pablo, le presentó delante de ellos.

CAPITULO XXIII.

Pablo con sus palabras ocasiona una disputa con que se dividen los Fariséos de los Saducéos. El tribuno Lisias le remite con escolta militar á Cesaréa, á Felix, gobernador romano, para librarle de una horrible conjuracion.

a Cap. 24. 16. 2 Co. 1. 12. 2 Ti. 1. 3. Heb. 13. 18.

ENTÓNCES Pablo, poniendo los ojos en el concilio, dice: Varones hermanos, yo con toda buena conciencia [a] he conversado delante de Dios hasta el dia de hoy.

b Juan 18. 22.

2 El príncipe de los sacerdotes, Ananías, mandó entónces á los que estaban delante de él que le hiriesen en la boca [b].

c De. 25. 1, 2. Juan 7. 51.

3 Entónces Pablo le dijo: Herirte ha Dios, pared blanqueada: ¿y estás tú sentado para juzgarme conforme á la ley, y contra la ley [c] me mandas herir?

4 Y los que estaban presentes dijeron: ¿Al Sumo Sacerdote de Dios maldices?

d Ex. 22. 28. 2 Ped. 2. 10. Judas 8.

5 Y Pablo dijo: No sabía, hermanos, que era el Sumo Sacerdote; que escrito está: Al príncipe de tu pueblo no maldecirás [d].

e Cap. 26. 5. Fi. 3. 5. f Cap. 24. 15, 21. y 26. 6, 8. y 28. 20.

6 Entónces Pablo, sabiendo que la una parte era de Saducéos, y la otra de Fariséos, clamó en el concilio: Varones hermanos, yo Fariséo soy [e], hijo de Fariséo: de la esperanza y de la resurreccion de los muertos soy yo juzgado [f].

7 Y como hubo dicho esto, fué hecha disension entre los Fariséos y los Saducéos; y la multitud fué dividida.

g Mat. 22. 23.

8 (Porque los Saducéos dicen que no hay resurreccion, ni ángel, ni espíritu [g]; mas los Fariséos confiesan ambas cosas.)

9 Y levantóse un gran clamor: y levantándose los escribas de la parte de los Fariséos, contendian diciendo: Ningun mal hallamos en este hombre: que si espíritu le ha hablado, ó ángel, no resistamos á Dios.

10 Y habiendo grande disension, el tribuno teniendo temor que Pablo no fuese despedazado de ellos, mandó venir *la compañía de* soldados, y arrebatarle de en medio de ellos, y llevarle á la fortaleza.

h Cap. 18. 9. y 27. 23, 24. i Cap. 28. 30, 31. Ro. 1. 15.

11 Y la noche siguiente, presentándosele el Señor [h], le dijo: Confia Pablo; que como has testificado de mí en Jerusalem, así es menester testifiques tambien en Roma [i].

k Cap. 25. 3.

12 ¶ Y venido el dia, algunos de los Judíos se juntaron, y prometieron bajo de maldicion, diciendo, que ni comerian ni beberian hasta que hubiesen muerto á Pablo [k].

13 Y eran mas de cuarenta los que habian hecho esta conjuracion;

l Os. 4. 9.

14 Los cuales se fueron á los príncipes de los sacerdotes y á los ancianos [l], y dijeron: Nosotros hemos hecho voto debajo de maldicion, que no hemos de gustar nada hasta que hayamos muerto á Pablo.

15 Ahora pues vosotros con el concilio requerid al tribuno que le saque mañana á vosotros, como que quereis entender de él alguna cosa mas cierta; y nosotros, ántes que él llegue, estarémos aparejados para matarle.

16 Entónces un hijo de la hermana de Pablo, oyendo las asechanzas, fué, y entró en la fortaleza, y dió aviso á Pablo.

17 Y Pablo llamando á uno de los centuriones, dice: Lleva á este mancebo al tribuno; porque tiene cierto aviso que darle.

18 Él entónces tomándole, le llevó al tribuno, y dijo: El preso Pablo llamándome, me rogó que trajese á tí este mancebo, que tiene algo que hablarte.

19 Y el tribuno tomándole de la mano, y retirándose aparte, *le* preguntó: ¿Qué es lo que tienes que decirme?

20 Y él dijo: Los Judíos han concertado rogarte que mañana saques á Pablo al concilio, como que han de inquirir de él alguna cosa mas cierta.

21 Mas tú no los creas; porque mas de cuarenta hombres de ellos le asechan, los cuales han hecho voto, debajo de maldicion, de no comer ni beber hasta que le hayan muerto: y ahora están apercibidos esperando tu promesa.

22 Entónces el tribuno despidió al mancebo, mandándo*le* que á nadie dijese que le habia dado aviso de esto.

23 ¶ Y llamados dos centuriones, *les* mandó que apercibiesen para la hora tercia de la noche doscientos soldados, que fuesen hasta Cesaréa, y setenta de á caballo, y doscientos lanceros;

24 Y que aparejasen cabalgaduras en que poniendo á Pablo, le llevasen en salvo á Felix el presidente.

25 Y escribió una carta en estos términos:

26 Claudió Lisias al excelentísimo gobernador Felix, Salud.

m Cap. 21. 32, 33. y 24. 7.

27 A este hombre, aprehendido de los Judíos, y que iban ellos á matar, libré yo [m] acudiendo con la tropa. Habiendo entendido que era Romano,

n Cap. 22. 30.

28 Y queriendo saber la causa por qué le acusaban, le llevé al concilio de ellos [n];

o Cap. 18. 15. y 25. 19. p Cap. 26. 31.

29 Y hallé que le acusaban de *algunas* cuestiones de la Ley de ellos [o], y que ningun crímen tenia digno de muerte, ó de prision [p].

q ver. 20, 21.

30 Mas siéndome dado aviso de asechanzas que le habian aparejado los Judíos [q], luego al punto *le* he enviado á tí, é intimé tambien á los acusadores que traten delante de tí lo que *tienen* contra él. Pásalo bien.

31 ¶ Y los soldados tomando á Pablo, como les *era* mandado, lleváronle de noche á Antipatris.

32 Y al dia siguiente, dejando á los de á caballo que fuesen con él, se volvieron á la fortaleza.

33 Y como llegaron á Cesaréa, y dieron la carta al gobernador, presentaron tambien á Pablo delante de él.

34 Y el gobernador, leida la carta, preguntó de qué provincia era; y entendiendo que de Cilicia[r],

35 Te oiré, dijo, cuando vinieren tambien tus acusadores[s]. Y mandó que le guardasen en el pretorio de Herodes.

CAPITULO XXIV.

Respuesta convincente de Pablo á las acusaciones falsas de los Judíos. El gobernador Felix oye tambien á Pablo sobre la fé de Cristo; y viendo que no le ofrecia dinero, le reserva preso para su sucesor Porcio Festo.

Y CINCO dias despues descendió el Sumo sacerdote[a], Ananías, con los ancianos, y un cierto Tértulo, orador; y parecieron delante del gobernador contra Pablo.

2 Y citado que fué, Tértulo comenzó á acusar diciendo: Como por causa tuya vivamos en grande paz, y muchas cosas sean bien gobernadas en el pueblo por tu prudencia,

3 Siempre y en todo lugar *lo* recibimos con todo hacimiento de gracias, oh excelente Felix[b].

4 Empero por no impedirte mas largamente, ruégote que nos oigas brevemente conforme á tu equidad.

5 Porque hemos hallado que este hombre *es* pestilencial, y levantador de sediciones entre todos los Judíos por todo el mundo, y príncipe de la secta de los Nazarenos:

6 El cual tambien tentó á violar el templo[c]; y prendiéndole le quisimos juzgar conforme á nuestra ley[d].

7 Mas interviniendo el tribuno Lisias, con grande violencia *le* quitó de nuestras manos[e],

8 Mandando á sus acusadores que viniesen á tí[f]: del cual, tú mismo juzgando, podrás entender todas estas cosas de que le acusamos.

9 Y asintieron tambien los Judíos, diciendo ser así estas cosas.

10 ¶ Entónces Pablo, haciéndole el gobernador señal que hablase, respondió: Porque sé que muchos años ha eres gobernador de esta nacion, con buen ánimo satisfaré por mí:

11 Que tú puedes entender que no ha mas de doce dias que subí á adorar á Jerusalem.

12 Y ni me hallaron en el templo disputando con ninguno, ni haciendo concurso de multitud, ni en sinagogas, ni en la ciudad;

13 Ni te pueden probar las cosas de que ahora me acusan.

14 Esto empero te confieso, que conforme á aquel camino que llaman herejía, así sirvo al Dios de mis padres[g], creyendo todas las cosas que en la Ley y en los Profetas[h] están escritas;

15 Teniendo esperanza en Dios que ha de haber resurreccion de los muertos, así de justos como injustos, la cual tambien ellos esperan[i].

16 Y por esto procuro yo tener siempre conciencia sin remordimiento acerca de Dios y acerca de los hombres[k].

17 Mas pasados muchos años, vine á hacer limosnas á mi nacion[l], y ofrendas,

18 Cuando me hallaron purificado en el templo, (no con multitud ni con alboroto,) unos Judíos de Asia;

19 Los cuales debieran comparecer delante de tí, y acusar*me*, si contra mí tenian algo.

[r] Cap. 21. 39. [s] Cap. 24. 1, etc. [a] Cap. 23. 2. y 25. 2. [b] Sal. 12. 2. [c] Cap. 21. 28. [d] Juan 18. 31. [e] Cap. 21. 33. [f] Cap. 23. 30. [g] 2 Ti. 1. 3. [h] Cap. 26. 22. y 28. 23. Lu. 24. 27. [i] Cap. 23. 6, etc. y 26. 6, 7. y 28. 20. Da. 12. 2. Juan 5. 28, 29. [k] Cap. 23. 1. 2 Co. 1. 12. [l] Cap. 11. 29, 30. Ro. 15. 25. Ga. 2. 10.

20 O digan estos mismos si hallaron en mí alguna cosa mal hecha, cuando yo estuve en el concilio,

21 Sino sea que, estando entre ellos, prorumpí en alta voz: Acerca de la resurreccion de los muertos soy hoy juzgado de vosotros[m].

22 ¶ Entónces Felix, estando bien informado de esta secta, les puso dilacion, diciendo: Cuando descendiere el tribuno Lisias[n], acabaré de conocer de vuestro negocio.

23 Y mandó al centurion que Pablo fuese guardado, y aliviado *de las prisiones*, y que no vedase á ninguno de sus familiares servirle, ó venir á él[o].

24 Y algunos dias despues, viniendo Felix con Drusila su mujer, la cual era Judía, llamó á Pablo, y oyó de él la fé que es en Cristo.

25 Y disertando él de la justicia[p], y de la continencia[q], y del juicio venidero[r], espantado[s] Felix, respondió: Ahora véte[t]; mas en teniendo oportunidad te llamaré.

26 Esperando tambien con esto, que de parte de Pablo[u] le serian dados dineros, porque le soltase: por lo cual haciéndole venir muchas veces, hablaba con él.

27 Mas al cabo de dos años recibió Felix por sucesor á Porcio Festo; y queriendo Felix ganar la gracia de los Judíos[x], dejó preso á Pablo.

CAPITULO XXV.

Lo que sucedió al Apóstol con el gobernador Festo, ante quien apela al César. Festo le presenta al rey Agripa y á Bernice.

FESTO pues, entrado en la provincia, tres dias despues subió de Cesaréa á Jerusalem.

2 Y vinieron á él el príncipe de los sacerdotes y los principales de los Judíos contra Pablo; y le rogaron,

3 Pidiendo gracia contra él, que le hiciese traer á Jerusalem, poniendo *ellos* asechanzas para matarle en el camino[a].

4 Mas Festo respondió que Pablo estaba guardado en Cesaréa, y que él mismo partiria presto.

5 Los que de vosotros pueden, dijo, desciendan juntamente; y si hay algun crímen en este varon, acúsenle.

6 ¶ Y deteniéndose entre ellos no mas de diez dias, venido á Cesaréa, el siguiente dia se sentó en el tribunal, y mandó que Pablo fuese traido:

7 El cual venido, le rodearon los Judíos que habian venido de Jerusalem, poniendo contra Pablo muchas y graves acusaciones, las cuales no podian probar[b],

8 Alegando él por su parte: Ni contra la ley de los Judíos, ni contra el templo, ni contra César he pecado en algo.

9 Mas Festo, queriendo congraciarse con los Judíos[c], respondiendo á Pablo, dijo: ¿Quieres subir á Jerusalem, y allá ser juzgado de estas cosas delante de mí?

10 Y Pablo dijo: Ante el tribunal de César estoy, donde conviene que sea juzgado. A los Judíos no he hecho injuria ninguna, como tú sabes muy bien.

11 Porque si alguna injuria, ó cosa alguna digna de muerte he hecho, no rehuso morir; mas si nada hay de las cosas de que estos me acusan, nadie puede darme á ellos: á César apelo[d].

12 Entónces Festo, habiendo hablado con el consejo, respondió: ¿A César has apelado? á César irás.

13 ¶ Y pasados algunos dias, el rey

[m] Cap. 23. 6. [n] ver. 7. [o] Cap. 27. 3. y 28. 16. [p] Pro. 16. 12. Jer. 22. 15, 17. [q] Pro. 31. 4, 5. 1 Ped. 4. 3, 4. [r] Mat. 25. 31, 46. Ap. 20. 12. [s] Heb. 4. 12. [t] Pro. 1. 24, 32. [u] Ex. 23. 8. [x] Cap. 25. 9. Mar. 15. 15. [a] Cap. 23. 14, 15. [b] Cap. 23. 29. y 26. 31. [c] Cap. 24. 27. [d] Cap. 26. 32.

Agripa ‖ y Bernice ‖ vinieron á Cesaréa á saludar á Festo.

14 Y como estuvieron allí muchos dias, Festo declaró la causa de Pablo al rey, diciendo: Un hombre ha sido dejado preso por Felix,

15 Sobre el cual, cuando fuí á Jerusalem, vinieron *á mí* los príncipes de los sacerdotes y los ancianos de los Judíos [e] pidiendo condenacion contra él:

16 A los cuales respondí no ser costumbre de los Romanos dar alguno á la muerte, ántes que el que es acusado tenga presentes *sus* acusadores, y haya lugar de defenderse de la acusacion.

17 Así que habiendo venido juntos acá, sin ninguna dilacion al dia siguiente, sentado en el tribunal [f], mandé traer al hombre;

18 Y estando presentes los acusadores, ningun cargo produjeron de los que yo sospechaba:

19 Solamente tenian contra él ciertas cuestiones acerca de su supersticion ‖ [g], y de un cierto Jesus difunto, el cual Pablo afirmaba que estaba vivo.

20 Y yo, dudando en cuestion semejante, dije si queria ir á Jerusalem, y allá ser juzgado de estas cosas.

21 Mas apelando Pablo á ser guardado al conocimiento de Augusto, mandé que le guardasen, hasta que le envie á Cesar.

22 Entónces Agripa dijo á Festo: Yo tambien quisiera oir á *ese* hombre. Y él dijo: Mañana le oirás.

23 ¶ Y al otro dia, viniendo Agripa y Bernice con mucho aparato, y entrado en la audiencia con los tribunos y principales hombres de la ciudad, por mandado de Festo fué traido Pablo [h].

24 Entónces Festo dijo: Rey Agripa, y todos los varones que estais aquí juntos con nosotros, veis á este, por el cual toda la multitud de los Judíos me ha demandado en Jerusalem, y aquí [i], dando voces que no conviene que viva mas [k].

25 Mas yo, hallando que ninguna cosa digna de muerte ha hecho [l], y él mismo apelando á Augusto, he determinado enviarle:

26 Del cual no tengo cosa cierta que escriba al señor; por lo que le he sacado á vosotros, y mayormente á tí, oh Rey Agripa, para que hecha informacion, tenga *yo* que escribir.

27 Porque fuera de razon me parece enviar un preso, y no informar de las causas [m].

‖ *Hijo de Herodes Agripa.* ‖ *Hermana de este Agripa y de Drusilla.*
[e] ver. 2, 3.
[f] ver. 6.
‖ *ó religion.* [g] Cap. 18. 15.
[h] Cap. 9. 15.
[i] ver. 2, 7.
[k] Cap. 22. 22.
[l] Cap. 23. 29. y 25. 31.
[m] Pro. 18. 13. Juan 7. 51.

CAPITULO XXVI.

Pablo se justifica delante de Agripa, y cuenta por menor su conversion.

ENTONCES Agripa dijo á Pablo: Se te permite hablar por tí mismo. Pablo entónces, extendiendo la mano, comenzó á responder por sí:

2 Acerca de todas las cosas de que soy acusado por los Judíos, oh Rey Agripa, me tengo por dichoso de que haya hoy de defenderme delante de tí,

3 Mayormente sabiendo tú todas las costumbres y cuestiones que hay entre los Judíos: por lo cual te ruego que me oigas con paciencia.

4 Mi vida pues, desde la mocedad, la cual desde el principio fué en mi nacion en Jerusalem, todos los Judíos la saben;

5 Los cuales tienen ya conocido, que yo desde el principio, si quieren testificarlo, conforme á la mas perfecta secta de nuestra religion he vivido Fariséo [a].

6 Y ahora por la esperanza de la promesa que hizo Dios á nuestros padres [b] soy llamado en juicio.

[a] Cap. 22. 3. y 23. 6. Fi. 3. 5.
[b] Cap. 13. 32. Gen. 3. 15. y 22. 18. y 49. 10. De. 18. 15. 2 Sa. 7. 14. Sal. 2. 7. Is. 7. 14. Ga. 4. 4.

7 A la cual *promesa* nuestras doce tribus, sirviendo constantemente de dia y de noche, esperan que han de llegar. Por la cual esperanza, oh Rey Agripa, soy acusado de los Judíos.

8 Qué! ¿Júzgase cosa increible entre vosotros que Dios resucite los muertos?

9 Yo ciertamente habia pensado deber hacer muchas cosas contra el nombre de Jesus de Nazaret [c]:

10 Lo cual tambien hice en Jerusalem [d]; y yo encerré en cárceles á muchos de los santos, recibida potestad de los príncipes de los sacerdotes [e]; y cuando eran matados, yo dí mi voto.

11 Y muchas veces, castigándoles por todas las sinagogas, *les* forcé á blasfemar; y enfurecido sobre manera contra ellos, *les* perseguí hasta en las ciudades extrañas.

12 En lo cual *ocupado*, yendo á Damasco con potestad y comision de los príncipes de los sacerdotes [f],

13 En mitad del dia, oh Rey, ví en el camino una luz del cielo, que sobrepujaba el resplandor del sol, la cual me rodeó, y á los que iban conmigo.

14 Y habiendo caido todos nosotros en tierra, oí una voz que me hablaba, y decia en lengua Hebráica: Saulo, Saulo, ¿por qué me persigues? Dura cosa te es dar coces contra los aguijones.

15 Yo entónces dije: ¿Quién eres, Señor? Y él dijo: Yo soy Jesus, á quien tú persigues.

16 Mas levántate, y pónte sobre tus piés; porque para esto te he aparecido, para ponerte por ministro [g] y testigo de las cosas que has visto, y de aquellas en que apareceré á tí;

17 Librándote del pueblo [h] y de los Gentiles, á los cuales ahora te envió [i],

18 Para que abras sus ojos [k], para que se conviertan de las tinieblas á la luz [l], y de la potestad de Satanás á Dios [m], para que reciban por la fé [n], que es en mí, remision de pecados [o], y suerte [p] entre los santificados [q].

19 Por lo cual, oh rey Agripa, no fuí rebelde á la vision celestial:

20 Antes anuncié primeramente á los que están en Damasco [r], y Jerusalem, y por toda la tierra de Judéa, y á los Gentiles, que se arrepintiesen y se convertiesen á Dios, haciendo obras dignas de arrepentimiento.

21 Por causa de esto los Judíos, tomándome en el templo, tentaron matarme [s].

22 Mas ayudado del auxilio de Dios, persevero hasta el dia de hoy, dando testimonio á chicos y á grandes, no diciendo nada fuera de las cosas que los profetas y Moises dijeron que habian de venir [t];

23 Que Cristo habia de padecer, y *ser* el primero de la resurreccion de los muertos [u], para anunciar luz al pueblo y á los Gentiles.

24 ¶ Y diciendo él estas cosas en su defensa, Festo á gran voz dijo: Estás loco, Pablo; las muchas letras te vuelven loco.

25 Mas él dijo: No estoy loco, excelente Festo, sino que hablo palabras de verdad y de templanza.

26 Porque el rey sabe estas cosas, delante del cual tambien hablo confiadamente. Porque no pienso que ignora nada de esto; que no ha sido esto hecho en *algun* rincon.

27 ¿Crees, rey Agripa, á los Profetas? Yo sé que crees.

28 Entónces Agripa dijo á Pablo: Por poco me persuades á ser Cristiano.

[c] 1 Ti. 1. 13.
[d] Cap. 8. 3. Ga. 1. 13.
[e] Cap. 9. 14.
[f] Cap. 9. 2. y 22. 5.
[g] Ef. 3. 7. Col. 1. 23, 25.
[h] Cap. 9. 15. Ro. 1. 1.
[i] Cap. 22. 21. Ro. 11. 13.
[k] Is. 35. 5. Ef. 1. 18.
[l] Lu. 1. 79. 2 Co. 4. 6.
[m] Col. 1. 13.
[n] Ef. 2. 8.
[o] Ef. 1. 7. Col. 1. 14.
[p] Ef. 1. 11. Col. 1. 12.
[q] Cap. 20. 32.
[r] Cap. 9. 19, etc.
[s] Cap. 21. 27, 31.
[t] Lu. 24. 27, 46.
[u] 1 Co. 15. 23.

29 Y Pablo dijo: Pluguiese á Dios que por poco ó por mucho, no solamente tú, mas tambien todos los que hoy me oyen, fueseis hechos tales cual yo soy, excepto estas prisiones!

30 ¶ Y como hubo dicho estas cosas se levantó el rey, y el presidente, y Bernice, y los que se habián sentado con ellos.

31 Y como se retiraron aparte, hablaban los unos á los otros, diciendo: Ninguna cosa digna ni de muerte, ni de prision, hace este hombre.

32 Y Agripa dijo á Festo: Podia este hombre ser suelto, si no hubiera apelado á César.

CAPITULO XXVII.

Pablo navega para Roma conducido por el centurion Julio: la nave naufraga junto á una isla; pero todos se salvan.

MAS como fué determinado que habiamos de navegar para Italia[a], entregaron á Pablo y á algunos otros presos á un centurion, llamado Julio, de la compañía Augusta.

2 Así que embarcándonos en una nave Adrumetina, partimos, estando con nosotros Aristarco, Macedonio, de Tesalónica[b], para navegar junto á los lugares de Asia.

3 Y otro dia llegamos á Sidon; y Julio tratando á Pablo[c] humanamente, permitióle que fuese á los amigos para ser de ellos asistido.

4 Y haciendonos á la vela de allí, navegamos bajo de Cipro; porque los vientos eran contrarios.

5 Y habiendo pasado la mar de Cilicia y Panfilia, arribamos á Mira, *ciudad* de Licia.

6 ¶ Y hallando allí el centurion una nave Alejandrina, que navegaba á Italia, nos puso en ella.

7 Y navegando muchos dias despacio, y habiendo apénas llegado delante de Gnido, no dejándonos el viento, navegamos bajo de Creta junto á Salmon.

8 Y costeándola dificilmente, llegamos á un lugar que llaman Buenos Puertos, cerca del cual estaba la ciudad de Lasea.

9 ¶ Y pasado mucho tiempo, y siendo ya peligrosa la navegacion, porque ya era pasado el ayuno, Pablo amonestaba,

10 Diciendoles: Varones, veo que con trabajo y mucho daño, no solo de la cargazon, y de la nave, mas aun de nuestras personas, habrá de ser la navegacion.

11 Mas el centurion creía mas al piloto y al Patron de la nave, que á lo que Pablo decia[d].

12 Y no habiendo puerto cómodo para invernar, muchos acordaron pasar aun de allí, por si pudiesen arribar á Fenice á invernar *allí, que es* un puerto de Creta[e] al Africo y al poniente.

13 Y soplando el austro, pareciéndoles que ya tenian lo que deseaban, alzando *velas* iban cerca la costa de Creta.

14 ¶ Mas no mucho despues dió en ella un viento repentino que se llama Euroclidon.

15 Y siendo arrebatada la nave, y no pudiendo resistir contra el viento, *la* dejamos llevar.

16 Y habiendo corrido á sotavento de una pequeña isla que se llama Clauda, apénas pudimos ganar el esquife:

17 El cual tomado, usaban de remedios ciñendo la nave; y teniendo temor que no diesen en la Sirte, abajadas las velas, eran así llevados.

18 Mas siendo atormentados de una vehemente tempestad[f], el siguiente dia alijaron,

19 Y al tercer dia nosotros con nuestras manos arrojamos los aparejos de la nave[g].

20 Y no pareciendo sol ni estrellas por muchos dias, y viniendo una tempestad no pequeña, ya era perdida toda la esperanza de nuestra salud.

21 Entónces Pablo, habiendo ya mucho que no comiamos, puesto en pié en medio de ellos, dijo: Fuera de cierto conveniente, oh varones, haberme oido[h], y no partir de Creta, y evitar este inconveniente y daño.

22 Mas ahora os amonesto que tengais buen ánimo[i]; porque ninguna pérdida habrá de persona de vosotros, sino solamente de la nave.

23 Porque esta noche ha estado conmigo el ángel del Dios[k], del cual yo soy, y al cual sirvo,

24 Diciendo: Pablo, no temas: es menester que seas presentado delante de César; y hé aquí, Dios te ha dado á todos los que navegan contigo[l].

25 Por tanto, oh varones, tened buen ánimo; porque yo confio en Dios que será así como me ha sido dicho[m],

26 Si bien es menester que demos en una isla[n].

27 ¶ Y venida la décima cuarta noche, y siendo llevados por el Adria, los marineros á la media noche sospecharon que estaban cerca de alguna tierra;

28 Y echando la sonda, hallaron veinte pasos; y pasando un poco mas adelante, volviendó á echar la sonda, hallaron quince pasos.

29 Y habiendo temor de dar en lugares escabrosos, echando cuatro anclas de la popa, deseaban que se hiciese de dia[o].

30 Entónces procurando los marineros huir de la nave, echado que hubieron el esquife á la mar, aparentando como que querian largar las anclas de proa,

31 Pablo dijo al centurion y á los soldados: Si estos no quedan en la nave, vosotros no podeis salvaros[p].

32 Entónces los soldados cortaron los cabos del esquife, y dejáronle perder.

33 Y hasta que comenzó á ser de dia, Pablo exhortaba á todos que comiesen, diciendo: Este es el décimo cuarto dia que esperais y permaneceis ayunos no comiendo nada.

34 Por tanto os ruego que comais por vuestra salud: que ni aun un cabello de la cabeza de ninguno de vosotros perecerá[q].

35 Y habiendo dicho esto, tomando el pan, hizo gracias á Dios en presencia de todos[r]; y partiendo, comenzó á comer.

36 Entónces todos teniendo ya mejor ánimo, comieron ellos tambien.

37 Y eramos todas las personas en la nave doscientas setenta y seis.

38 Y satisfechos de comida, aliviaban la nave, echando el grano á la mar.

39 ¶ Y como se hizo de dia, no conocian la tierra: mas veían un golfo, que tenia orilla, al cual acordaron echar, si pudiesen, la nave.

40 Cortando pues las anclas, las dejaron en la mar, largando tambien las ataduras de los gobernalles; y alzada la vela mayor al viento, íbanse á la orilla.

41 Mas dando en un lugar de dos aguas, hicieron encallar la nave; y la proa hincada, estaba sin moverse, y la popa se abria con la fuerza de la mar.

42 Entónces el acuerdo de los soldados era que matasen los presos, porque ninguno se fugase nadando.

43 Mas el centurion, queriendo salvar

Margin references: ...p. 25. 12, — ...p. 19. 29. — ...D. 4. — ...L. 4. 10. — ...p. 24. 23. — ... 27. 12. — ... 7.

f Sal. 107. 25, 27. — g Job 2. 4. Jona 1. 5. — h ver. 10. — i Job 22. 29. — k Cap. 12. 7. Heb. 1. 14. — l Gen. 19. 21, 29. — m Nu. 23. 19. Lu. 1. 45. Ro. 4. 20, 21. 2 Ti. 1. 12. — n Cap. 28. 1. — o Sal. 130. 6. — p Heb. 10. 35, 39. 2 Ped. 1. 4, 11. — q 1 Rey. 1. 52. Mat. 10. 30. Lu. 12. 7. y 21. 18. — r 1 Sa. 9. 13. Juan 6. 11, 23. 1 Ti. 4. 3, 4.

á Pablo, estorbó este acuerdo, y mandó
que los que pudiesen nadar, se echasen
los primeros, y saliesen á tierra:
44 Y los demás, parte en tablas, parte
en cosas de la nave. Y así aconteció que
[s] ver. 22. todos se salvaron *saliendo* á tierra [s].

CAPITULO XXVIII.

Prosigue Pablo su viage desde Melita á Roma; en donde luego de llegado, convocando á los principales Judíos les da razon de su apelacion, y les predica á Jesu-Cristo; lo cual sigue haciendo despues, por espacio de dos años, á cuantos iban á él.

Y CUANDO escapamos, entónces supimos que la isla se llamaba Me-
[a] Cap. 27. 26. lita [a].
[b] Ro. 1. 14. 1 Co. 14. 11. Col. 3. 11. 2 Y los bárbaros [b] nos mostraron no
poca humanidad; porque, encendido un
fuego, nos recibieron á todos, á causa de
la lluvia que venia, y del frio.
3 Entónces habiendo Pablo recogido
algunos sarmientos, y puéstolos en el
fuego, una víbora huyendo del calor, le
acometió á la mano.
4 Y como los bárbaros vieron la víbora
colgando de su mano, decian los unos á
los otros: Ciertamente este hombre es
homicida, á quien, escapado de la mar,
la justicia no deja vivir.
5 Mas él, sacudiendo la víbora en el
[c] Mar. 16. 18. Lu. 10. 19. fuego, ningun mal padeció [c].
6 Empero ellos estaban esperando cu-
ando se habia de hinchar, ó caer mu-
erto de repente; mas habiendo esperado
mucho, y viendo que ningun mal le ve-
[d] Cap. 14. 11. nia, mudados, decian que era Dios [d].
7 ¶ En aquellos lugares habia here-
dades del principal de la isla, llamado
Publio, el cual nos recibió, y hospedó
tres dias humanamente.
8 Y aconteció que el padre de Publio
estaba en cama, enfermo de fiebres y de
cámaras; al cual Pablo entró *á ver*, y
[e] Sant°. 5. 15. despues de haber orado [e], le pusó las
[f] Cap. 19. 11. Mar. 6. 5. y 16. 18. 1 Co. 12. 9, 28. manos encima, y le sanó [f].
9 Y esto hecho, tambien los otros que
en la isla tenian enfermedades, llegaban,
y eran sanados:
10 Los cuales tambien nos honraron
con muchos obsequios; y cuando par-
timos, nos cargaron de las cosas nece-
[g] Mat. 6. 31. sarias [g].
11 ¶ Así que, pasados tres meses, na-
vegamos en una nave Alejandrina, que
habia invernado en la isla, la cual tenia
por enseña á Castor y Polux.
12 Y llegados á Siracusa, estuvimos
allí tres dias.
13 De allí, costeando alrededor, vini-
mos á Regio; y otro dia despues so-
plando el Austro, vinimos al segundo dia
á Puteolos;
14 Donde habiendo hallado hermanos,
nos rogaron que quedásemos con ellos
siete dias; y luego vinimos á Roma:
15 De donde, oyendo de nosotros los
hermanos, nos salieron á recibir hasta
la plaza de Apio, y las Tres Tabernas:
á los cuales como Pablo vió, dió gracias
á Dios [h], y tomó aliento. [h] Ro. 1. 16.
16 Y como llegamos á Roma, el cen-
turion entregú los presos al prefecto de
los ejércitos: mas á Pablo fué permitido
estar por sí, con un soldado que le gu-
ardase [i]. [i] Cap. 25. 23.
17 ¶ Y aconteció que tres dias despues,
Pablo convocó los principales de los Ju-
díos; á los cuales, luego que estuvieron
juntos, les dijo: Yo, varones hermanos,
no habiendo hecho nada contra el pue-
blo, ni los ritos de la patria, he sido
entregado preso desde Jerusalem en ma-
nos de los Romanos [k]; [k] Cap. 21. 33, etc.
18 Los cuales, habiéndome examinado,
me querian soltar, por no haber en mí
ninguna causa de muerte [l]. [l] Cap. 26. 31.
19 Mas contradiciendo los Judíos, fuí
forzado á apelar á César [m]; no que tenga [m] Cap. 25. 11.
de que acusar á mi nacion.
20 Así que, por esta causa os he lla-
mado para veros y hablaros; porque por
la esperanza de Israel [n] estoy rodeado de [n] Cap. 26. 6, 7.
esta cadena [o].
21 Entónces ellos le dijeron: Nosotros [o] Cap. 26. 29. Ef. 3. 1. y 6. 20. 2 Ti. 1. 16. y 2. 9. Fi. 10.
ni hemos recibido cartas tocante á tí de
Judéa, ni ha venido alguno de los her-
manos que haya denunciado ó hablado
algun mal de tí.
22 Mas queriamos oir de tí lo que si-
entes; porque de esta secta notorio nos
es que en todos lugares es contradicha [p]. [p] Cap. 24. 5, 14. Lu. 2. 34. 1 Ped. 2. 12. y 4. 14.
23 Y habiéndole señalado un dia, vi-
nieron á él muchos á la posada, á los
cuales declaraba y testificaba el reino de
Dios, persuadiéndoles lo concerniente á
Jesus por la ley de Moises, y por los
profetas [q], desde la mañana hasta la [q] Cap. 26. 22.
tarde.
24 Y algunos asentian á lo que se decia,
mas algunos no creían.
25 Y como fueron entre sí discordes,
se fueron, diciendo Pablo esta † palabra: † Gr. Una palabra.
Bien ha hablado el Espíritu Santo por
el profeta Isaías [r] á nuestros ‖ padres, [r] Is. 6. 9, 10. Mat. 13. 14, 15. Mar. 4. 12. Lu. 8. 10. Juan 12. 40.
26 Diciendo: Vé á este pueblo, y díles:
De oido oiréis, y no entenderéis; y vi-
endo veréis, y no percibiréis:
27 Porque el corazon de este pueblo
se ha engrosado, y de los oidos oyeron ‖ vuestros.
pesadamente, y sus ojos taparon; por-
que no vean con los ojos, y oigan con
los oidos, y entiendan de corazon, y se
conviertan, y yo los sane [s]. [s] Sal. 81. 11, 12. Jer. 5. 21. Ez. 12. 2.
28 Séaos pues notorio que á los Gen-
tiles es enviada esta salud de Dios; y
ellos oirán [t]. [t] Cap. 13. 46, 47. y 18. 6. y 22. 21. y 26. 17, 18. Ro. 11. 11.
29 Y ‖ habiendo dicho esto, los Judíos
se salieron teniendo entre sí gran con-
tienda.
30 ¶ Y Pablo quedó dos años enteros
en su *casa de* alquiler; y recibia á todos
los que á él venian, ‖ *Este verso no se halla en algunos ejemplares antiguos.*
31 Predicando el reino de Dios, y ense-
ñando lo que es del Señor Jesu-Cristo,
con toda libertad [u], sin impedimento. [u] Ef. 6. 19.

LA EPÍSTOLA DEL APÓSTOL SAN PABLO

Á LOS

ROMANOS.

A. D. 58.

CAPITULO I.

La fé es necesaria para salvarse; porque sin ella nadie se justifica: y de la razon se abusa tanto, que los preciados de sabios vienen á ser los mas viciosos.

PABLO, siervo de Jesu-Cristo, lla-
mado apóstol [a], apartado [b] para el [a] 1 Co. 1. 1.
evangelio de Dios, [b] Hech. 13. 17. Ga. 1. 15.
2 El cual habia ántes prometido por
sus profetas en las santas escrituras,

3 Acerca de su Hijo Jesu-Cristo Señor nuestro, que fué hecho de la simiente de David segun la carne [c],

4 El cual fué declarado Hijo de Dios con potencia, segun el espíritu de santidad [d], por la resurreccion de los muertos [e];

5 Por el cual recibimos la gracia y el apostolado para la obediencia de la fé en todas las naciones [f] en su nombre,

6 Entre las cuales sois tambien vosotros llamados de Jesu-Cristo:

7 A todos los que estais en Roma, amados de Dios, llamados santos [g]; Gracia y paz *tengais* de Dios nuestro Padre, y del Señor Jesu-Cristo.

8 Primeramente, doy gracias á mi Dios por Jesu-Cristo acerca de todos vosotros, de que vuestra fé es predicada en todo el mundo [h].

9 Porque testigo me es Dios, al cual sirvo en mi espíritu en el evangelio de su Hijo, que sin cesar me acuerdo de vosotros siempre en mis oraciones [i],

10 Rogando, si al fin algun tiempo haya de tener por la voluntad de Dios [k] próspero viaje para ir á vosotros.

11 Porque os deseo ver [l] para repartir con vosotros algun don espiritual, para confirmaros;

12 Es á saber, para ser juntamente consolado con vosotros por la comun fé vuestra y juntamente mia [m].

13 Mas no quiero, hermanos, que ignoreis, que muchas veces me he propuesto ir á vosotros, (empero hasta ahora he sido estorbado,) para tener tambien entre vosotros algun fruto, como entre los demas Gentiles.

14 A Griegos y á bárbaros, á sabios y á no sabios [n] soy deudor.

15 Así que, cuanto á mí, presto estoy á anunciar el evangelio tambien á vosotros que estais en Roma.

16 Porque no me avergüenzo del evangelio de Cristo [o]: porque es potencia de Dios [p] para *dar* salud á todo aquel que cree; al Judío primeramente [q], y tambien al Griego.

17 Porque la justicia de Dios se descubre en él [r] de fé en fé, como está escrito: Mas el justo por *la* fé vivirá [s].

18 ¶ Porque manifiesta es la ira de Dios del cielo contra toda impiedad é injusticia de los hombres que detienen la verdad con injusticia:

19 Porque lo que de Dios se conoce, á ellos es manifiesto; porque Dios se *lo* manifestó [t]:

20 Porque las cosas invisibles de él, su eterna potencia y divinidad, se echan de ver desde la creacion del mundo, siendo entendidas por las cosas que son hechas [u]; de modo que son inexcusables:

21 Porque habiendo conocido á Dios, no *le* glorificaron como á Dios, ni dieron gracias; ántes se desvanecieron [v] en sus discursos, y el necio corazon de ellos fué entenebrecido.

22 Diciéndose ser sabios, se hicieron fatuos [x],

23 Y trocaron la gloria del Dios incorruptible en semejanza de imágen de hombre corruptible, y de aves, y de animales de cuatro piés, y de serpientes [y].

24 Por lo cual tambien Dios los entregó [z] á inmundicia, en las concupiscencias de sus corazones, de suerte que contaminaron sus cuerpos entre sí:

25 Los cuales mudaron la verdad de Dios en mentira, honrando y sirviendo á las criaturas ántes que al Criador, el cual es bendito por siglos. Amen.

26 Por esto Dios los entregó á afectos vergonzosos [a]; pues aun sus mujeres mudaron el natural uso en el uso que es contra naturaleza:

27 Y del mismo modo, tambien los hombres, dejando el uso natural de las mujeres, se encendieron en sus concupiscencias los unos con los otros, cometiendo cosas nefandas hombres con hombres, y recibiendo en sí mismos la recompensa que convino á su extravío.

28 Y como á ellos no les pareció tener á Dios en *su* noticia, Dios *tambien* los entregó á una mente depravada, para hacer lo que no conviene,

29 Estando atestados de toda iniquidad, de fornicacion, de malicia, de avaricia, de maldad; llenos de envidia, de homicidios, de contiendas, de engaños, de malignidades;

30 Murmuradores, detractores, aborrecedores de Dios, injuriosos, soberbios, altivos, inventores de males, desobedientes á *sus* padres,

31 Necios, desleales, sin afecto humano, desapacibles, sin misericordia:

32 Que habiendo entendido el juicio de Dios, que los que hacen tales cosas son dignos de muerte, no solo las hacen, mas aun consienten á los que las hacen.

CAPITULO II.

Demuéstrase que los Judíos son tanto y mas culpables por sus malas obras que los Gentiles. La verdadera circuncision es la del espíritu, ó la del entendimiento y de la voluntad.

POR lo cual eres inexcusable, oh hombre, cualquiera que juzgas: porque en lo que juzgas á otro, te condenas á tí mismo; porque lo mismo haces tú que juzgas *á los otros* [a].

2 Mas sabemos que el juicio de Dios es segun verdad contra los que hacen tales cosas.

3 ¿Y piensas esto, oh hombre, que juzgas á los que hacen tales cosas, y haces las mismas, que tú escaparás del juicio de Dios?

4 ¿O menosprecias las riquezas de su benignidad, y paciencia, y longanimidad [b], ignorando que su benignidad te guia á arrepentimiento [c]?

5 Mas por tu dureza, y por tu corazon no arrepentido, atesoras [d] para tí mismo ira para el dia de la ira y de la manifestacion del justo juicio de Dios:

6 El cual pagará á cada uno conforme á sus obras [e];

7 A los que perseverando en bien hacer, buscan gloria y honra, é incorruptibilidad, la vida eterna:

8 Mas á los que son contenciosos, y que no obedecen á la verdad [f], ántes obedecen á la injusticia, enojo, é ira,

9 Tribulacion y angustia *será* sobre toda persona humana que obra lo malo, el Judío primeramente, y tambien el Griego;

10 Mas gloria, y honra, y paz á cualquiera que obra el bien; al Judío primeramente, y tambien al Griego:

11 Porque no hay acepcion de personas para con Dios [g].

12 Porque todos los que sin ley pecaron, sin ley tambien perecerán; y todos los que en la ley pecaron, por la ley serán juzgados;

13 (Porque no los oidores de la ley *son* justos para con Dios, mas los hacedores de la ley serán justificados [h].

14 Porque los Gentiles que no tienen la ley, naturalmente [i] haciendo lo que es de la ley, los tales, aunque no tengan la ley, ellos son ley á sí mismos:

15 Mostrando la obra de la ley escrita en sus corazones, dando testimonio jun-

---

c Mat. 1. 6, 16. Lu. 1. 32. y 3. 23, 31. 2 Ti. 2. 8. Sal. 89. 36.
d Heb. 9. 14.
e Hech. 13. 33, 34.
f Cap. 16. 26.
g 1 Co. 1, 2.
h Cap. 16. 19.
i Col. 1. 9. 1 Tes. 3. 10.
k Sant°. 4. 15.
l Cap. 15. 23.
m 1 Ped. 1. 1.
n 1 Co. 9. 16.
o Mar. 8. 38. 2 Ti. 1 8.
p Jer. 23. 29. 1 Co. 1. 18.
q Hech. 3. 26. y 13. 46.
r Cap. 3. 21.
s Hab. 2. 4. Ga. 3. 11. Heb. 10. 38.
t Hech. 14. 17. y 17. 27.
u Sal. 19. 1, etc.
v Ef. 4. 17, 18.
x Jer. 8. 8, 9.
y Is. 40. 18, 26. Ez. 8. 10.
z Sal. 81. 12.

a Ef. 5. 12.

a 2 Sa. 12. 6, 7.
b Jona 4. 2.
c 2 Ped. 3. 9.
d De. 32. 34.
e Job 34. 11 Sal. 62. 12 Pr. 24. 12. Mat. 16. 27 Ap. 20. 12.
f Job 24. 13 2 Tes. 1. 8.
g De. 10. 17 2 Cr. 19. 7. Job 34. 19. Ga. 6. 7, 8. 1 Ped. 1. 17
h Sant°. 1. 22. 25.
i 1 Co. 11. 14

tamente sus conciencias, y acusándose y
tambien excusándose sus pensamientos
unos con otros;)
16 En el dia que juzgará el Señor lo
encubierto de los hombres [k], conforme á
mi evangelio [l], por Jesu-Cristo.
17 ¶ Hé aquí, tú tienes el sobrenombre
de Judío, y estás reposado en la ley, y
te glorias en Dios [m],
18 Y sabes *su* voluntad [n], y apruebas lo
mejor, instruido por la ley;
19 Y confías que eres guia de los cie-
gos, luz de los que *están* en tinieblas,
20 Enseñador de los que no saben, ma-
estro de niños, que tienes la forma [o] de
la ciencia y de la verdad en la ley.
21 Tú, pues, que enseñas á otro, ¿no
te enseñas á tí mismo [p]? Tú, que pre-
dicas que no se ha de hurtar, ¿hur-
tas?
22 Tú, que dices que no se ha de adul-
terar, ¿adulteras? Tú, que abominas
los ídolos, ¿cometes sacrilegio?
23 Tú, que te jactas de la ley, ¿con
infraccion de la ley deshonras á Dios?
24 Porque el nombre de Dios es blas-
femado por causa de vosotros entre los
Gentiles, como está escrito [q].
25 La circuncision en verdad aprove-
cha, si guardares la ley; mas si eres
rebelde á la ley, tu circuncision es he-
cha incircuncision.
26 De manera que si el incircunciso
guardáre las justicias de la ley, ¿no
será tenida su incircuncision por cir-
cuncision [r]?
27 Y lo que de su natural es incircun-
ciso, guardando perfectamente la ley,
te juzgará [s] á tí, que con la letra y con
la circuncision eres rebelde á la ley.
28 Porque no es Judío el que *lo es* en
manifiesto [t]; ni la circuncision *es la* que
es en manifiesto, en la carne:
29 Mas *es* Judío el que *lo es* en lo in-
terior; y la circuncision *es la* del cora-
zon [u], en espíritu, no en letra: la ala-
banza del cual no *viene* de los hombres,
sino de Dios [x].

k Lc. 8. 17. 1 Co. 4. 5.
l Cap. 16. 25.
m Is. 48. 1, 2. Mi. 3. 11.
n Sal. 147. 19, 20.
o 2 Ti. 1. 13.
p Mat. 23. 3, etc.
q Ez. 36. 20, 23.
r Hech. 10. 34, 35.
s Mat. 12. 41, 42.
t Cap. 9. 6, 7. Juan 8. 39. Ga. 6. 15, 16. Ap. 2. 9.
u De. 10. 16. y 30. 6. Jer. 4. 4. Fi. 3. 3. Col. 2. 11.
x 2 Co. 10. 18.

CAPITULO III.

En qué tienen la preferencia los Judíos sobre los Gentiles. Unos y otros están sujetos al yugo del pecado. No es la ley, sino la fé en Jesu-Cristo la que los libra de él. Pero la fé no destruye la ley, sino que la confirma.

¿QUÉ, pues, tiene mas el Judío? ¿ó
qué aprovecha la circuncision?
2 Mucho en todas maneras. Lo pri-
mero ciertamente, Que la † palabra de
Dios les ha sido confiada [a].
3 ¿Porque qué si algunos de ellos han
sido incrédulos [b]? ¿La incredulidad de
ellos habrá *por eso* hecho vana la verdad
de Dios?
4 En ninguna manera, ántes bien sea
Dios verdadero, mas todo hombre men-
tiroso; como está escrito: Para que seas
justificado en tus dichos, y venzas cu-
ando de tí se juzgáre.
5 Y si nuestra iniquidad encarece la
justicia de Dios, ¿qué dirémos? ¿Será
por eso injusto Dios que da castigo?
(hablo como hombre.)
6 En ninguna manera: de otra suerte
¿cómo juzgaria Dios el mundo [c]?
7 Empero si la verdad de Dios, por mi
mentira, creció á gloria suya, ¿por qué
aun así yo soy juzgado como pecador?
8 ¿Y *por qué* no *decir*, (como somos
blasfemados, y como algunos dicen que
nosotros decimos), Hagamos males para
que vengan bienes [d]? la condenacion de
los cuales es justa.
9 ¶ ¿Qué pues? ¿Somos mejores *que
ellos*? En ninguna manera: porque ya
hemos acusado á Judíos y á Gentiles,
que todos están debajo de pecado.
10 Como está escrito [e]: No hay justo,
ni aun uno;
11 No hay quien entienda, no hay qui-
en busque á Dios.
12 Todos se apartaron, á una fueron
hechos inútiles: no hay quien haga lo
bueno; no hay ni aun uno.
13 Sepulcro abierto *es* su garganta [f];
con sus lenguas tratan engañosamente;
veneno de áspides *está* debajo de sus
labios [g];
14 Cuya boca está llena de maledicen-
cia, y de amargura [h]:
15 Sus piés *son* ligeros á derramar
sangre.
16 Quebrantamiento y desventura *hay*
en sus caminos:
17 Y camino de paz no conocieron [i].
18 No hay temor de Dios delante de
sus ojos [k].
19 Empero sabemos que todo lo que
la ley dice, á los que están en la ley *lo*
dice; para que toda boca se tape, y que
todo el mundo se sujete á Dios:
20 Porque por las obras de la ley nin-
guna carne se justificará delante de él [l];
porque por la ley *es* el conocimiento del
pecado [m].
21 ¶ Mas ahora, sin la ley, la justicia
de Dios se ha manifestado, testificada
por la ley y por los profetas [n].
22 La justicia, *digo*, de Dios, por la fé
de Jesu-Cristo [o], para todos y sobre to-
dos los que creen en él; porque no hay
diferencia:
23 Por cuanto todos pecaron [p], y están
destituidos de la gloria de Dios;
24 Siendo justificados gratuitamente [q]
por su gracia, por la redencion que es en
Cristo Jesus:
25 Al cual Dios ha propuesto en pro-
piciacion por la fé en su sangre, para
manifestacion de su justicia, atento á
haber pasado por alto, en su paciencia,
los pecados pasados [r],
26 Con la mira de manifestar su justi-
cia en este tiempo: para que él *solo* sea
el justo, y el que justifica al que *es* de la
fé de Jesus [s].
27 ¿Dónde, pues, *está* la jactancia?
Es excluida: ¿Por cual ley? ¿De las
obras? No: mas por la ley de la fé.
28 Así que, concluimos ser el hombre
justificado por fé sin las obras de la
ley [t].
29 ¿*Es Dios* solamente Dios de los
Judíos? ¿No *es* tambien *Dios* de los
Gentiles? Cierto, tambien de los Gen-
tiles.
30 Porque un Dios *es de todos*, el cual
justificará por la fé la circuncision, y
por medio de la fé la incircuncision [u].
31 ¿Luego deshacemos la ley por la
fe? En ninguna manera; ántes estable-
cemos la ley [x].

† Gr. *Los oráculos.*
a Cap. 9. 4. De. 4. 8.
b Cap. 10. 16. Heb. 4. 2.
c Gen. 18. 25. Job 8. 3. y 34. 17.
d Cap. 6. 1, 15.
e Sal. XIV, LIII.
f Sal. 5. 9.
g Sal. 140. 3.
h Sal. 10. 7.
i Is. 59. 7, 8.
k Sal. 36. 1.
l Sal. 143. 2. Ga. 2. 16.
m Cap. 7. 7.
n Hech. 26. 22.
o Cap. 5. 1, etc.
p Ec. 7. 20. Ga. 3. 22.
q Is. 55. 1.
r Heb. 9. 15.
s Ex. 34. 7. Hech. 13. 38, 39.
t ver. 20, 21. Cap. 8. 3. Ga. 2. 16.
u Ga. 3. 8, 28.
x Cap. 10. 4.

CAPITULO IV.

Con el ejemplo de Abraham prueba el Apóstol que Dios justifica al pecador, no en fuerza de obras ó virtudes humanas, sino de pura gracia por la fé.

¿QUÉ, pues, dirémos que halló A-
braham nuestro padre segun la
carne [a]?
2 Que si Abraham fué justificado por
las obras, tiene de qué gloriarse; mas no
para con Dios [b].
3 Porque, ¿qué dice la escritura? Y
creyó Abraham á Dios, y le fué atribu-
ido á justicia [c].
4 Empero al que obra, no se le cuenta
el salario por merced, sino por deuda [d].
5 Mas al que no obra, pero crée en

a Fi. 3. 4.
b 1 Co. 1. 29.
c Gen. 15. 6.
d Cap. 11. 6.

aquel que justifica al impío, la fé le es contada por justicia [e].

6 Como tambien David dice ser bienaventurado el hombre, al cual Dios atribuye justicia sin obras [f],

7 *Diciendo:* Bienaventurados aquellos, cuyas iniquidades son perdonadas, y cuyos pecados son cubiertos.

8 Bienaventurado el varon al cual el Señor no imputó pecado.

9 ¶ ¿ *Es* pues esta felicidad en la circuncision, ó tambien en la incircuncision ? porque decimos que á Abraham fué contada la fé por justicia.

10 ¿ Como pues *le* fué contada ? ¿ en la circuncision ó en la incircuncision ? no en la circuncision, sino en la incircuncision.

11 Y recibió la circuncision [g] por señal, por sello de la justicia de la fé que *tuvo* en la incircuncision, para que fuese padre [h] de todos los creyentes no circuncidados, para que tambien á ellos les sea contado por justicia ;

12 Y padre de la circuncision, no solamente á los que son de la circuncision, mas tambien á los que siguen las pisadas de la fé que fué en nuestro padre Abraham ántes de ser circuncidado.

13 ¶ Porque no por la ley *fué dada* la promesa á Abraham, ó á su simiente, que seria heredero del mundo [i] ; sino por la justicia de la fé.

14 Porque si los que *son* de la ley, son los herederos, vana † es la fé, y anulada es la promesa [k].

15 Porque la ley obra ira [l]: porque donde no hay ley, tampoco *hay* transgresion [m].

16 Por tanto por la fé, para que *sea* por gracia; para que la promesa sea firme á toda simiente, *es a saber,* no solamente al *que es* de la ley, mas tambien al *que es* de la fé de Abraham, el cual es padre de todos nosotros,

17 (Como está escrito [n]: Que por padre de muchas gentes te he puesto,) delante de Dios al cual creyó ; el cual da vida á los muertos [o], y llama las cosas que no son, como las que son [p].

18 ¶ Él creyó, en esperanza contra esperanza, para venir á *ser* padre de muchas gentes, conforme á lo que *le* habia sido dicho: Así será tu simiente [q].

19 Y no se enflaqueció en la fé, ni consideró su cuerpo ya muerto, (siendo ya de casi cien años) ni la matriz muerta de Sara [r].

20 Tampoco en la promesa de Dios dudó con desconfianza ; ántes fué esforzado en fé, dando gloria á Dios,

21 Plenamente convencido de que todo lo que habia prometido, era tambien poderoso para hacerlo [s].

22 Por lo cual tambien le fué atribuido á justicia.

23 ¶ Y no solamente por él fué escrito que le haya sido *así* imputado ;

24 Sino tambien por nosotros [t] á quienes será imputado, *esto es,* á los que creemos en el que levantó de los muertos á Jesus, Señor nuestro [u]:

25 El cual fué entregado por nuestros delitos, y resucitado para nuestra justificacion.

Hab. 2. 4. — Sal. 32. 1, 2. — Gen. 17. 10, 11. — Lu. 19. 9. — Ga. 3. 7, 29. — Gen. 17. 4, … — Gr. Es … hecha. — Ga. 3. 18. — Cap. 5. 13, … 7. 5, 8, 10. — 1 Co. 15. 56. — 2 Co. 3. 7, 9. — Ga. 3. 10. — Cap. 5. 13. — 1 Juan 3. 4. — Gen. 17. 5. — Juan 5. 21. — Ef. 2. 1, 5. — 1 Co. 1. 28. — 1 Ped. 2. 10. — Gen. 15. 5. — Heb. 11. 11. — Lu. 1. 37. — Heb. 11. 19. — Cap. 15. 4. — Cap. 10. 9.

CAPITULO V.

Excelencias de la justificacion por la fé de Jesu-Cristo, cuya gracia sobreabundante no como quiera quita los males del pecado, sino que nos colma de bienes inmensos.

JUSTIFICADOS pues por la fé, tenemos paz para con Dios por medio de nuestro Señor Jesu-Cristo [a]:

2 Por el cual tambien tenemos entrada por la fé á esta gracia [b] en la cual estamos *firmes,* y nos gloriamos en la esperanza de la gloria de Dios.

3 Y no solo *esto,* mas aun nos gloriamos en las tribulaciones [c], sabiendo que la tribulacion produce paciencia ;

4 Y la paciencia, prueba [d] ; y la prueba, esperanza.

5 Y la esperanza no avergüenza ; porque el amor de Dios está derramado en nuestros corazones por el Espíritu Santo que nos es dado [e].

6 Porque Cristo, cuando aun éramos flacos, á su tiempo [f] murió por los impíos.

7 Ciertamente apénas muere alguno por un justo : con todo podrá ser que alguno osára morir por el bondadoso.

8 Mas Dios encarece su caridad para con nosotros, porque siendo aun pecadores, Cristo murió por nosotros [g]:

9 Luego mucho mas ahora, justificados en su sangre [h], por él serémos salvos de la ira [i].

10 Porque si siendo enemigos, fuimos reconciliados con Dios por la muerte de su Hijo [k], mucho mas, estando reconciliados, serémos salvos por su vida [l].

11 Y no solo esto, mas aun nos gloriamos en Dios por el Señor nuestro, Jesu-Cristo, por el cual hemos ahora recibido la reconciliacion.

12 ¶ De consiguiente *vino la reconciliacion por uno,* así como el pecado entró en el mundo por un hombre, y por el pecado la muerte [m], y la muerte así pasó á todos los hombres, pues que todos pecaron.

13 Porque hasta la ley el pecado estaba en el mundo ; pero no se imputaba el pecado no habiendo ley [n].

14 No obstante reinó la muerte desde Adam hasta Moises aun en los que no pecaron á la manera de la rebelion de Adam [o]; el cual es figura del que habia de venir [p].

15 Mas no como el delito, tal fué el don: porque si por el delito de aquel uno murieron los muchos, mucho mas abundó la gracia de Dios á los muchos, y el don por la gracia de un hombre, Jesu-Cristo.

16 Ni tampoco de la manera que por un pecado, así tambien el don: porque el juicio á la verdad *vino* de un *pecado* para condenacion, mas la gracia *vino* de muchos delitos para justificacion.

17 Porque si por el delito del uno reinó la muerte, mucho mas reinarán en vida por un Jesu-Cristo los que reciben la abundancia de la gracia, y del don de la justicia.

18 Así que, de la manera que por un delito *vino la culpa* á todos los hombres para condenacion, así por una justicia *vino la gracia* á todos los hombres para justificacion de vida [q].

19 Porque como por la desobediencia de un hombre los muchos fueron constituidos pecadores, así por la obediencia de uno los muchos serán constituidos justos.

20 La ley empero entró para que el pecado creciese [r]; mas cuando el pecado creció, sobrepujó la gracia [s]:

21 Para que de la manera que el pecado reinó para muerte, así tambien la gracia reine por la justicia para vida eterna por Jesu-Cristo Señor nuestro.

CAPITULO VI.

Como deben los fieles perseverar en la gracia una vez recibida en el bautismo, haciendo nueva vida, y entregándose del todo á Dios.

¿ PUES qué dirémos ? ¿ Perseverarémos en pecado para que la gracia crezca ?

Ro. 2. 14. — … 1. 20. — Juan 14. 6. — Ef. 2. 18.

[c] Sant°. 1. 2, 12. — [d] 2 Co. 2. 9. y 9. 13. Fi. 2. 22. — [e] Ef. 1. 13, 14. — [f] Ga. 4. 4. — [g] 1 Ped. 3. 18. 1 Juan 3. 16. — [h] Heb. 9. 14, 22. — [i] 1 Tes. 1. 10. — [k] 2 Co. 5. 19. — [l] Juan 14. 19. Heb. 7. 25. — [m] Gen. 3. 6, 19. — [n] Cap. 4. 15. — [o] De. 1. 39. Jona 4. 11. — [p] 1 Co. 15. 22, 45. — [q] 1 Co. 15. 22. — [r] Cap. 7. 8, 13. Ga. 3. 19. — [s] 1 Ti. 1. 14.

2 En ninguna manera. Porque los que somos muertos al pecado[a], ¿como viviremos aun en él?

[a] ver. 6. 11. Col. 3. 3. 1 Ped. 2. 24.

3 ¿O no sabeis que todos los que somos bautizados en Cristo Jesus, somos bautizados en su muerte?

4 Porque somos sepultados juntamente con él á muerte por el bautismo[b], para que como Cristo resucitó de los muertos por la gloria del Padre[c], así tambien nosotros andemos en novedad de vida[d].

[b] Col. 2. 12. 1 Ped. 3. 21. [c] 2 Co. 13. 4. [d] Ef. 4. 22, 24.

5 Porque si fuimos plantados juntamente *en él* á la semejanza de su muerte, así tambien *lo* serémos *á la* de su resurreccion[e]:

[e] Fi. 3. 10, 11.

6 Sabiendo esto, que nuestro viejo hombre juntamente fué crucificado con *él*, para que el cuerpo del pecado sea deshecho[f], á fin que no sirvamos mas al pecado.

[f] Col. 2. 11.

7 Porque el que es muerto, justificado es del pecado[g].

[g] 1 Ped. 4. 1.

8 Y si morimos con Cristo, creemos que tambien vivirémos con él:

9 Sabiendo que Cristo, habiendo resucitado de entre los muertos, ya no muere[h]; la muerte no se enseñoreará mas de él.

[h] Ap. 1. 18.

10 Porque el haber muerto, al pecado murió una vez; mas el vivir, á Dios vive.

[i] Heb. 9. 28.

11 Así tambien vosotros, pensad que de cierto estais muertos al pecado[k]; mas vivos á Dios[l] en Cristo Jesus Señor nuestro.

[k] ver. 2. [l] Ga. 2. 19.

12 ¶ No reine pues el pecado en vuestro cuerpo mortal, para obedecer á sus concupiscencias.

13 Ni tampoco presenteis vuestros miembros al pecado[m] por instrumentos de iniquidad; ántes presentáos á Dios[n] como vivos de los muertos, y vuestros miembros á Dios por instrumentos de justicia.

[m] Col. 3. 5. [n] Cap. 12. 1.

14 Porque el pecado no se enseñoreará de vosotros; pues no estais bajo la ley, sino bajo la gracia.

15 ¿Pues qué? ¿Pecarémos, porque no estamos bajo de la ley, sino bajo de la gracia[o]? En ninguna manera.

[o] 1 Co. 9. 21. Ga. 2. 19.

16 ¿No sabeis que á quien os prestais vosotros mismos por siervos para obedecer*le*, sois siervos de aquel á quien obedeceis[p], ó del pecado para muerte, ó de la obediencia para justicia?

[p] Juan 8. 34. 2 Ped. 2. 19.

17 Empero gracias á Dios, que aunque fuisteis siervos del pecado, habeis obedecido de corazon aquella forma de doctrina á la cual sois entregados;

18 Y libertados del pecado[q], sois hechos siervos de la justicia.

[q] Juan 8. 32, 36. Ga. 5. 1. 1 Ped. 2. 16.

19 Humana cosa digo por la flaqueza de vuestra carne: Que como para iniquidad presentasteis vuestros miembros á servir á la inmundicia y á la iniquidad, así ahora para santidad presenteis vuestros miembros á servir á la justicia.

20 Porque cuando fuisteis siervos del pecado, erais libres acerca de la justicia.

21 ¿Que fruto pues teniais de aquellas cosas, de las cuales ahora os avergonzais[r]? porque el fin de ellas *es* muerte[s].

[r] Cap. 7. 5. [s] Cap. 1. 32. Sant°. 1. 15.

22 Mas ahora librados del pecado, y hechos siervos á Dios, teneis por vuestro fruto la santificacion, y por fin la vida eterna.

23 Porque la paga del pecado *es* muerte; mas la dádiva de Dios *es* vida eterna en Cristo Jesus, Señor nuestro[t].

[t] Cap. 5. 17, 21.

CAPITULO VII.

Ventaja grandísima del hombre en el estado de la ley de gracia, comparado con el que tenía por razon del pecado. Combate la carne contra el espíritu.

¿IGNORAIS, hermanos, (porque hablo con los que saben la ley), que la ley *solamente* se enseñoréa del hombre entre tanto que vive?

2 Porque la mujer que está sujeta á marido, mientras el marido vive[a] está obligada á la ley; mas muerto el marido, libre es de la ley del marido.

[a] 1 Co. 7. 39.

3 Así que, viviendo el marido, se llamará adúltera, si fuere de otro varon; mas si su marido muriere, es libre de la ley, de tal manera que no será adúltera si fuere de otro marido.

4 Así tambien vosotros, hermanos míos, estais muertos á la ley por el cuerpo de Cristo, para que seais de otro, *á saber*, del que resucitó de los muertos, á fin de que fructifiquemos á Dios[b].

[b] Ga. 5. 18, 22.

5 Porque mientras estábamos en la carne[c], los afectos de los pecados que eran por la ley, obraban en nuestros miembros fructificando para muerte[d].

[c] Cap. 8. 8, 9. [d] Cap. 6. 21.

6 Mas ahora estamos libres de la ley, habiendo muerto *á aquella* en la cual estábamos detenidos, para que sirvamos en novedad de espíritu, y no en vejez de letra[e].

[e] 2 Co. 3. 6, 7.

7 ¶ ¿Qué pues dirémos? ¿La ley *es* pecado? En ninguna manera. Empero yo no conocí el pecado sino por la ley[f]; porque tampoco conociera la concupiscencia, si la ley no dijera: No codiciarás[g].

[f] Cap. 3. 20. [g] Ex. 20. 17.

8 Entónces el pecado, tomando ocasion, obró en mí por el mandamiento toda concupiscencia: porque sin la ley el pecado *estaba* muerto[h].

[h] 1 Co. 15. 56.

9 Así que, yo sin la ley vivia por algun tiempo: mas venido el mandamiento, el pecado revivió, y yo morí.

10 Y hallé que el mandamiento, *intimado* para vida[i], *para mí* era mortal.

[i] Le. 18. 5. Ez. 20. 11, etc.

11 Porque el pecado, tomando ocasion[k], me engañó por el mandamiento, y por él *me* mató.

[k] 2 Co. 11. 3.

12 De manera que la ley á la verdad *es* santa, y el mandamiento santo, y justo, y bueno[l].

[l] Sal. 19. 7, 8. 1 Ti. 1. 8.

13 ¿Luego lo que es bueno, á mí me es hecho muerte? No, sino que el pecado, para mostrarse pecado, por lo bueno me obró la muerte, haciéndose pecado sobremanera pecante por el mandamiento.

14 Porque *ya* sabemos que la ley es espiritual; mas yo soy carnal, vendido[m] á sujecion del pecado.

[m] 1 Rey. 21. 20.

15 Porque lo que hago, no *lo* entiendo; ni el *bien* que quiero hago; ántes lo que aborrezco, aquello hago.

16 Y si lo que no quiero, esto hago, apruebo que la ley *es* buena:

17 De manera que ya no obro aquello, sino el pecado que mora en mí.

18 Y yo sé que en mí (es á saber, en mi carne), no mora el bien[n]: porque tengo el querer; mas efectuar el bien, no lo alcanzo.

[n] Gen. 6. 5.

19 Porque no hago el bien que quiero; mas el mal que no quiero, este hago.

20 Y si hago lo que no quiero, ya no lo obro yo, sino el pecado que mora en mí.

21 Así que, queriendo yo hacer el bien, hallo *esta* ley, Que el mal está en mí.

22 Porque segun el hombre interior[o] me deleito en la ley de Dios:

[o] 2 Co. 4. 16. Ef. 3. 16. 1 Ped. 3. 4.

23 Mas veo otra ley en mis miembros[p] que se rebela contra la ley de mi espíritu, y que me lleva cautivo á la ley del pecado que está en mis miembros.

[p] Cap. 6. 13, 19.

24 ¡Miserable hombre de mí! ¿Quién me librará del cuerpo de esta muerte[q]?

[q] Col. 2. 11.

25 Gracias doy á Dios, por Jesu-Cristo Señor nuestro. Así que, yo mismo con la mente sirvo á la ley de Dios, mas con la carne á la ley del pecado[r].

[r] Ga. 5. 17.

CAPITULO VIII.

Confirma lo dicho el Apóstol mucho mas copiosamente. Felicidad de los justos. Su alegría y esperanza; y como de todo sacan provecho, sin que nada les pueda separar del amor de Jesu-Cristo.

AHORA pues ninguna condenacion[a] *hay* para los que están en Cristo Jesus.

2 Porque la ley del Espíritu de vida en Cristo Jesus[b] me ha librado de la ley del pecado y de la muerte[c].

3 Porque lo que era imposible á la ley, por cuanto era débil por la carne[d], Dios enviando á su Hijo en semejanza de carne de pecado[e], y á causa del pecado, condenó al pecado en la carne[f];

4 Para que la justicia de la ley fuese cumplida en nosotros[g], que no andamos conforme á la carne, mas conforme al Espíritu[h].

5 Porque los que viven conforme á la carne, de las cosas que son de la carne se ocupan[i]; mas los que conforme al Espíritu, de las cosas del Espíritu[k].

6 Porque la intencion de la carne *es* muerte; mas la intencion del Espíritu, vida y paz[l].

7 Por cuanto la intencion de la carne *es* enemistad contra Dios; porque no se sujeta á la ley de Dios, ni tampoco puede.

8 Así que, los que están en la carne, no pueden agradar á Dios.

9 Mas vosotros no estáis en la carne, sino en el Espíritu; si es que el Espíritu de Dios mora en vosotros[m]. Y si alguno no tiene el Espíritu de Cristo, el tal no es de él.

10 Empero si Cristo *está* en vosotros, el cuerpo á la verdad *está* muerto á causa del pecado; mas el Espíritu vive á causa de la justicia.

11 Y si el Espíritu de aquel que levantó de los muertos á Jesus, mora en vosotros, el que levantó á Cristo de los muertos, vivificará tambien vuestros cuerpos mortales por su Espíritu que mora en vosotros[n].

12 ¶ Así que, hermanos, deudores somos, no á la carne, para que vivamos conforme á la carne.

13 Porque si viviereis conforme á la carne, moriréis; mas si por el Espíritu mortificáreis las obras de la carne[o], viviréis.

14 Porque todos los que son guiados por el Espíritu de Dios, los tales son hijos de Dios[p].

15 Porque no habeis recibido el espíritu de servidumbre para *estar* otra vez en temor[q]; mas habeis recibido el Espíritu de adopcion, por el cual clamamos Abba, Padre[r].

16 Porque el mismo Espíritu da testimonio ‖ á nuestro espíritu que somos hijos de Dios[s].

17 Y si hijos, tambien herederos[t]; herederos de Dios, y coherederos de Cristo: si empero padecemos juntamente *con él*, para que juntamente *con él* seamos glorificados[u].

18 ¶ Porque tengo por cierto, que lo que en este tiempo se padece, no es de comparar con la gloria venidera que en nosotros ha de ser manifestada[v].

19 Porque el continuo anhelar de las criaturas[x] espera la manifestacion de los hijos de Dios[y]:

20 Porque las criaturas sujetas fueron á vanidad, no de grado, mas por causa del que *las* sujetó[z] con esperanza.

21 Que tambien las mismas criaturas serán libradas de la servidumbre de corrupcion en la libertad gloriosa de los hijos de Dios[a].

22 Porque *ya* sabemos, que todas las criaturas gimen á una, y á una están de parto hasta ahora.

23 Y no solo *ellas*, mas tambien nosotros mismos que tenemos las primicias del Espíritu[b], nosotros tambien gemimos dentro de nosotros mismos[c], esperando la adopcion, *es á saber*, la redencion de nuestro cuerpo[d].

24 Porque en esperanza somos salvos[e]: mas la esperanza que se vé, no es esperanza; porque lo que alguno vé, ¿á qué esperarlo?

25 Empero si lo que no vemos esperamos, por paciencia esperamos[f].

26 Y asimismo tambien el Espíritu ayuda nuestra flaqueza: porque qué hemos de pedir como conviene, no *lo* sabemos; sino que el mismo Espíritu pide por nosotros con gemidos indecibles.

27 Mas el que escudriña los corazones[g], sabe cual es el intento del Espíritu, *es á saber*, que conforme á Dios[h] demanda por los santos.

28 Y *ya* sabemos, que á los que á Dios aman[i], todas las cosas les ayudan á bien, *es á saber*, á los que conforme al propósito son llamados.

29 Porque á los que ántes conoció, tambien predestinó[k] para que fuesen hechos conformes á la imágen de su Hijo, para que él sea *reconocido* el primogénito entre muchos hermanos[l].

30 Y á los que predestinó, á estos tambien llamó; y á los que llamó, á estos tambien justificó[m]; y á los que justificó, á estos tambien glorificó[n].

31 ¿Pues qué dirémos á esto? Si Dios *es* por nosotros, ¿quién *será* contra nosotros[o]?

32 El que aun á su propio Hijo no perdonó, ántes le entregó por todos nosotros[p], ¿cómo no nos dará tambien con él todas las cosas?

33 ¿Quién acusará á los escogidos de Dios[q]? Dios *es* el que *los* justifica[r].

34 ¿Quién es el que *los* condenará[s]? Cristo *es* el que murió; mas aun, el que tambien resucitó, quien además está á la diestra de Dios, el que tambien intercede por nosotros[t].

35 ¿Quién nos apartará del amor de Cristo? Tribulacion? ó angustia? ó persecucion? ó hambre? ó desnudez? ó peligro? ó cuchillo?

36 (Como está escrito: Por causa de tí somos muertos todo el tiempo: somos estimados como ovejas de matadero[u].)

37 Antes en todas estas cosas hacemos mas que vencer por medio de aquel que nos amó[v].

38 Por lo cual estoy cierto que ni la muerte[x], ni la vida, ni ángeles, ni principados, ni potestades[y], ni lo presente, ni lo porvenir,

39 Ni lo alto, ni lo bajo, ni ninguna criatura nos podrá apartar del amor de Dios, que es en Cristo Jesus, Señor nuestro.

CAPITULO IX.

Que los verdaderos Israelitas, y los hijos verdaderos de Abraham son los que, llamados de Dios gratuita y misericordiosamente, se rinden á la fé de Jesu-Cristo.

VERDAD digo en Cristo, no miento, dándome testimonio mi conciencia en el Espíritu Santo,

2 Que tengo gran tristeza, y continuo dolor en mi corazon.

3 Porque[a] deseára yo mismo ser apartado de Cristo por mis hermanos, los que son mis parientes segun la carne;

4 Que son Israelitas, de los cuales es la adopcion[b] y la gloria[c], y los pactos[d], y

---

[a] 2 Ped. 3. 13. [b] Ef. 1. 14. [c] 2 Co. 5. 2, 4. [d] 1 Co. 15. 51. [e] Heb. 6. 18. [f] Heb. 6. 11, 12. [g] Jer. 17. 10. Ap. 2. 23. [h] 1 Juan 5. 14. [i] 2 Co. 4. 15, 17. [k] Ef. 1. 5, 11. [l] Heb. 2. 11, 12. [m] 1 Co. 6. 11. [n] Juan 17. 22. [o] Sal. 118. 6. [p] Cap. 5. 6, 10. [q] Is. 50. 8, 9. [r] Ap. 12. 10, 11. [s] Job 34. 29. [t] Heb. 7. 25. 1 Juan 2. 1. [u] Sal. 44. 22. 2 Co. 4. 11. [v] 1 Co. 15. 57. [x] Juan 10. 28. [y] Ef. 1. 21. Col. 1. 16.

[a] Ex. 32. 32. [b] Ex. 4. 22. Jer. 31. 9. [c] Ex. 40. 34. 1 Sa. 4. 21. [d] Gen. 17. 2. Ef. 2. 12.

uan 3. 18. Co. 3. 6. . 5. 1. ech. 18. b. 7. 18, . 4. 4. 2. 7. p. 6. 6. p. 10. 4. o. 5. 21. . 5. 16. an 3. 6. Co. 2. 14. . 6. 8. Co. 6. 19. o. 4. 14. l. 3. 5. . 5. 18. l. 1. 7. r. 3. 19. . 4. 5, 6. r. 14. 36. on. o. 1. 22. . 4. 7. ed. 1. 4. l. 2. 11, o. 4. 17. ed. 1. 6. ch. 3. uan 3. 2. a. 3. 17.

la data de la ley[e], y el culto[f], y las pro-
mesas[g];
5 Cuyos *son* los padres[h], y de los cuales
es Cristo segun la carne[i], el cual es
Dios sobre todas las cosas, bendito por
siglos[k]. Amen.
6 ¶ No empero que la palabra de Dios
haya faltado[l]: porque no todos los que
son de Israel son Israelitas[m];
7 Ni por ser simiente de Abraham,
son todos hijos; mas: En Isaac te será
llamada simiente[n].
8 Quiere decir: No los que *son* hijos
de la carne, estos *son* los hijos de Dios;
mas los que *son* hijos de la promesa,
estos son contados en la generacion[o].
9 Porque la palabra de la promesa es
esta: Como en este tiempo vendré, y
tendrá Sara un hijo[p].
10 Y no solo *esto*, mas tambien Rebeca
concibiendo de uno, de Isaac nuestro
padre[q];
11 (Porque no siendo aun nacidos, ni
habiendo hecho aun ni bien ni mal, para
que el propósito de Dios conforme á la
eleccion, no por las obras, sino por el
que llama, permaneciese;)
12 Le fué dicho que el mayor serviria
al menor:
13 Como está escrito: A Jacob amé,
mas á Esaú aborrecí[r].
14 ¿Pues qué dirémos? ¿Que hay in-
justicia en Dios[s]? En ninguna manera.
15 Mas á Moises dice: Tendré miseri-
cordia del que tendré misericordia, y
me compadeceré del que me compade-
ceré[t].
16 Así que no es del que quiere, ni
del que corre, sino de Dios que tiene
misericordia.
17 Porque la escritura dice de Faraon:
Que para esto mismo te he levantado,
es á saber, para mostrar en tí mi poten-
cia, y que mi nombre sea anunciado por
toda la tierra[u].
18 De manera que del que quiere ti-
ene misericordia; y al que quiere, en-
durece[v].
19 Me dirás pues ¿Por qué pues se
enoja? porque ¿quién resistirá á su
voluntad?
20 Mas ántes, oh hombre, ¿quién eres
tú, para que alterques con Dios? Dirá
el vaso de barro al que le labró, ¿Por
qué me has hecho tal[x]?
21 O ¿no tiene potestad el alfarero
para hacer de la misma masa un vaso
para honra, y otro para vergüenza[y]?
22 ¿Y qué, si Dios, queriendo mostrar
la ira y hacer notoria su potencia, so-
portó con mucha mansedumbre los va-
sos de ira, preparados para muerte[z]:
23 Y para hacer notorias las riquezas
de su gloria[a], *mostrólas* para con los
vasos de misericordia que él ha prepa-
rado para gloria[b];
24 Los cuales tambien ha llamado, *es
á saber*, á nosotros, no solo de los Ju-
díos, mas tambien de los Gentiles?
25 ¶ Como tambien en Oséas[c] dice:
Llamaré al que no era mi pueblo, pue-
blo mio; y á la no amada, amada.
26 Y será, que en el lugar donde les
fué dicho: Vosotros no *sois* pueblo mio,
allí serán llamados hijos del Dios vivi-
ente[d].
27 Tambien Isaias clama tocante á
Israel[e]: Si fuere el número de los hijos
de Israel como la arena de la mar, las
reliquias serán salvas:
28 Porque palabra consumadora y a-
breviadora en justicia; porque palabra
abreviada hará el Señor sobre la ti-
erra[f].
29 Y como ántes dijo Isaias: Si el Se-
ñor de los ejércitos no nos hubiera de-
jado simiente, como Sodoma habriamos
venido á ser, y á Gomorra fuéramos
semejantes[g].
30 ¿Pues qué dirémos? Que los Gen-
tiles que no seguian justicia, han alcan-
zado la justicia[h]; es á saber, la justicia
que es por la fé[i].
31 Mas Israel que seguia la ley de jus-
ticia, no ha llegado á la ley de la justi-
cia[k].
32 ¿Por qué? Porque no por fé, mas
como por las obras de la ley: por lo cual
tropezaron en la piedra de tropiezo[l],
33 Como está escrito[m]: He aquí, pongo
en Sion piedra de tropiezo, y piedra de
caida; y todo aquel que creyere en ella,
no será avergonzado.

[e] Sal. 147.19. [f] Heb. 9. 1. [g] Hech. 26. 6. [h] Cap. 11. 28. [i] Lu. 3. 23, etc. [k] Cap. 1. 3, 4. Juan 1. 1. [l] Cap. 3. 3. [m] Cap. 2. 28, 29. Ga. 6. 16. [n] Gen. 21. 12. [o] Ga. 4. 28. [p] Gen. 18. 10, 14. [q] Gen. 25. 21, 23. [r] Mal. 1. 2, 3. [s] De. 32. 4. [t] Ex. 33. 19. [u] Ex. 9. 16. [v] Cap. 1. 24, 28. [x] Is. 29. 16. y 45. 9. [y] Is. 64. 8. Jer. 18. 6. 2 Ti. 2. 20. [z] Pr. 16. 4. 1 Ped. 2. 8. Judas 4. [a] Ef. 1. 18. Col. 1. 27. [b] Ef. 1. 4. 2 Ti. 1. 9. [c] Os. 2. 23. 1 Ped. 2. 10. [d] Os. 1. 10. [e] Is. 10. 22, 23. [f] Is. 28. 22.

[g] Gen. 19. 24, 25. Is. 13. 19. [h] Cap. 10. 20. [i] Cap. 1. 17. Fl. 3. 9. [k] Cap. 10. 2. y 11. 7. [l] Is. 8. 14. 1 Ped. 2. 8. [m] Is. 8. 14. y 28. 16.

CAPITULO X.

Procurando los Judíos su propia justicia por las obras de la ley, desconocen y desechan la que viene de Dios por la fé en Jesu-Cristo, la cual es anunciada por todas partes. Los Gentiles la abrazan; mas la generalidad de los Judíos la resiste y repugna.

HERMANOS, ciertamente la volun-
tad de mi corazon y *mi* oracion á
Dios sobre Israel, es para salud.
2 Porque yo les doy testimonio que tie-
nen zelo de Dios, mas no conforme á
ciencia[a].
3 Porque ignorando la justicia de Dios,
y procurando establecer la suya propia,
no se han sujetado á la justicia de Dios.
4 Porque el fin de la ley *es* Cristo, para
justicia á todo aquel que cree[b].
5 Porque Moises describe la justicia
que es por la ley: Que el hombre que
hiciere estas cosas, vivirá por ellas[c].
6 Mas *de* la justicia que es por la fé
dice así[d]: No digas en tu corazon:
¿Quién subirá al cielo? (esto es, para
traer abajo á Cristo.)
7 O ¿Quién descenderá al abismo?
(esto es, para volver á traer á Cristo de
los muertos.)
8 Mas ¿qué dice? Cercana está la pa-
labra, en tu boca, y en tu corazon.
Esta es la palabra de fé, la cual predi-
camos;
9 Que si confesares con tu boca al Se-
ñor Jesus[e], y creyeres en tu corazon
que Dios le levantó de los muertos, se-
rás salvo.
10 Porque con el corazon se cree para
justicia[f]; mas con la boca se hace con-
fesion para salud.
11 Porque la escritura dice: Todo a-
quel que en él creyere, no será avergon-
zado[g].
12 Porque no hay diferencia de Judío
y de Griego[h]: porque el mismo *que es*
Señor de todos[i], rico es para con todos
los que le invocan.
13 Porque todo aquel que invocáre el
nombre del Señor, será salvo[k].
14 ¿Cómo pues invocarán á aquel en
el cual no han creido? Y ¿cómo cree-
rán *á aquel* de quien no han oido? Y
¿cómo oirán sin *haber* quien *les* predi-
que?
15 Y ¿cómo predicarán si no fueren
enviados? Cómo está escrito[l]: Cúan
hermosos *son* los piés de los que anun-
cian el evangelio de la paz, de los que
anuncian el evangelio de los bienes!
16 Mas no todos obedecen al evange-
lio; pues Isaias dice[m]: Señor, ¿quién
creyó lo que nos ha oido?
17 Luego la fé es por el oir; y el oir,
por la palabra de Dios.
18 Mas digo *yo*: ¿No han oido? An-
tes bien por toda la tierra ha salido la
fama de ellos, y hasta los cabos de la

[a] Cap. 9. 31. [b] Cap. 8. 4. Hech. 13. 38, 39. [c] Le. 18. 5. [d] De. 30. 12, 14. [e] Mat. 10. 32. 1 Juan 4. 15. [f] Cap. 4. 17. [g] Is. 28. 16. [h] Cap. 3. 22. Hech. 15. 9. [i] Cap. 3. 29. Hech. 10. 36. [k] Joel 2. 32. [l] Is. 52. 7. Na. 1. 15. [m] Is. 53. 1. Juan 12. 38.

redondez de la tierra las palabras de ellos[n].

19 Mas digo: ¿No ha conocido *esto* Israel? Primeramente Moises dice: Yo os provocaré á zelos con gente que no es *mia*; con gente insensata os provocaré á ira[o].

20 É Isaias determinadamente dice[p]: Fuí hallado de los que no me buscaban; manifestéme á los que no preguntaban por mí.

21 Mas acerca de Israel dice: Todo el dia extendí mis manos á un pueblo rebelde y contradictor.

CAPITULO XI.

Con el escarmiento de los Judíos incrédulos amonesta el Apóstol á los Gentiles que no presuman de sí; y profetiza la general conversion de aquellos.

DIGO pues: ¿Ha desechado Dios á su pueblo? En ninguna manera. Porque tambien yo soy Israelita, de la simiente de Abraham, de la tribu de Benjamin[a].

2 No ha desechado Dios á su pueblo, al cual ántes conoció[b]. O ¿no sabeis que dice de Elías[c] la escritura? como hablando con Dios dice contra Israel:

3 Señor, á tus profetas han muerto, y tus altares han derruido; y yo he quedado solo, y procuran matarme.

4 Mas ¿Qué le dice la Divina respuesta? He dejado para mí siete mil hombres que no han doblado la rodilla delante de Baal.

5 Así tambien aun en este tiempo han quedado reliquias por la eleccion graciosa *de Dios*[d].

6 Y si por gracia, luego no por las obras; de otra manera la gracia ya no es gracia[e]. Y si por las obras, ya no es gracia; de otra manera la obra ya no es obra.

7 ¿Qué pues? Lo que buscaba Israel, aquello no ha alcanzado[f]; mas la eleccion lo ha alcanzado: y los demás fueron endurecidos.

8 Como está escrito: Dióles Dios espíritu de remordimiento[g], ojos con que no vean, y oidos con que no oigan[h], hasta el dia de hoy.

9 Y David dice[i]: Séales vuelta su mesa en lazo, y en red, y en tropezadero, y en paga:

10 Sus ojos sean oscurecidos para que no vean, y agóbiales siempre el espinazo.

11 ¶ Digo pues: ¿Han tropezado que cayesen *para siempre*? En ninguna manera; mas por el tropiezo de ellos *vino* la salud á los Gentiles, para que *por estos* fuesen provocados á zelos[k].

12 Y si la falta de ellos es la riqueza del mundo, y el menoscabo de ellos la riqueza de los Gentiles, ¿cuánto mas *lo será* el henchimiento de ellos?

13 Porque á vosotros digo, Gentiles: por cuanto pues yo soy apóstol de los Gentiles[l], mi ministerio honro,

14 *Por* si en alguna manera provocase á zelos á mi carne, é hiciese salvos algunos de ellos.

15 Porque si el extrañamiento de ellos *es* la reconciliacion del mundo, ¿qué *será* el recibimiento *de ellos*, sino vida de los muertos?

16 Y si el primer fruto *es* santo[m], tambien *lo será* el todo; y si la raíz *es* santa, tambien *lo serán* las ramas.

17 Que si algunas de las ramas fueron quebradas[n], y tú, siendo acebuche[o], has sido injerido en lugar de ellas, y has sido hecho participante de la raíz y de la grosura de la oliva[p],

18 No te jactes contra las ramas; y si te jactas, *sabe que* no sustentas tú á la raiz, sino la raiz á tí.

19 Pues las ramas, dirás, fueron quebradas para que yo fuese injerido.

20 Bien; por *su* incredulidad fueron quebradas, mas tú por la fé estás en pié. No te ensoberbezcas, ántes téme[q],

21 Que si Dios no perdonó á las ramas naturales, á tí tampoco no perdone.

22 Mira pues la bondad, y la severidad de Dios: la severidad ciertamente en los que cayeron; mas la bondad para contigo, si permanecieres en la bondad[r]: pues *de otra manera* tú tambien serás cortado.

23 Y aun ellos, si no permanecieren en incredulidad, serán ingeridos[s]; que poderoso es Dios para volverlos á ingerir.

24 Porque si tú eres cortado del natural acebuche, y contra natura fuiste ingerido en la buena oliva; ¿cuanto mas estos, que son las *ramas* naturales, serán ingeridos en su oliva?

25 Porque no quiero, hermanos, que ignoreis este misterio, para que no seais acerca de vosotros mismos arrogantes; *y es*, que el endurecimiento en parte[t] ha acontecido en Israel, hasta que haya entrado la plenitud de los Gentiles[u]:

26 Y luego todo Israel será salvo, como está escrito[v]: Vendrá de Sion el Libertador, que quitará de Jacob la impiedad:

27 Y este *será* mi pacto á ellos, cuando quitáre sus pecados[x].

28 Así que, cuanto al Evangelio, *son* enemigos por causa de vosotros: mas cuanto á la eleccion, *son* muy amados por causa de los padres[y].

29 Porque sin arrepentimiento *son* las mercedes y la vocacion de Dios[z].

30 Porque como tambien vosotros en algun tiempo no creisteis á Dios[a], mas ahora habeis alcanzado misericordia por *ocasion de* la incredulidad de ellos;

31 Así tambien estos ahora no han creido, para que, por *ocasion* de la misericordia para con vosotros, ellos tambien alcancen misericordia.

32 Porque Dios encerró á todos en incredulidad, para tener misericordia de todos[b].

33 ¡O profundidad de las riquezas de la sabiduría y de la ciencia de Dios! Cuán incomprehensibles *son* sus juicios, é inescrutables sus caminos[c]!

34 Porque ¿quién entendió la mente del Señor? ó ¿quién fué su consejero[d]?

35 O ¿quién le dió á él primero, para que le sea pagado[e]?

36 Porque de él, y por él, y en él *son* todas las cosas[f]. A él *sea* gloria por siglos. Amen.

CAPITULO XII.

Exhorta el Apóstol á una vida piadosa y santa, con espresion de reglas y cristianos principios que cada cual en su respectivo estado debe atender cuidadosamente.

ASI que, hermanos, os ruego por las misericordias de Dios, que presenteis vuestros cuerpos[a] en sacrificio vivo, santo, agradable á Dios, *que es* vuestro racional culto[b].

2 Y no os conformeis á este siglo[c]; mas reformáos por la renovacion de vuestro entendimiento, para que experimenteis cual *sea* la buena voluntad de Dios, agradable y perfecta[d].

3 Digo pues, por la gracia que me es dada, á cada cual que está entre vosotros, que no tenga mas alto concepto *de sí* que el que debe tener, sino que piense *de sí* con templanza, conforme á la medida de fé que Dios repartió á cada uno[e].

Sal. 19. 4. / Col. 1. 6, 23. / De. 32. 21. / Is 65. 1, 2. / Co. 11. 22. / 1. 3. 5. / Cap. 8. 29. / 9 6. / Rey. 19. / 10, 18. / Cap. 9. 27. / Cap. 4. 4, 5. / Cap. 9. 31. / 29. 10. / 29. 4. / 6. 9. / 69. 22, / Cap. 10. 19. / ch. 13. / 15. 16. / ch. 9. 15. / 1. 16. / 3. 8. / 15. / 21. / 11. 16. / 3. 12. / 3. 8, 9.

q Fi. 2, 12. / r Heb. 3. 6, 14. y 10. 23, 38. / s 2 Co. 3. 16. / t ver. 7. / u Ap. 7. 9. / v Is. 59. 20, 21. / x Is. 27. 9. Heb. 10. 16. / y De. 10. 15. / z Nu. 23. 19. / a Ef. 2. 2. / b Cap. 3. 9. Ga. 3. 22. / c Job 11. 7. Sal. 92. 5. / d Is. 40. 13. 1 Co. 2. 16. / e Job. 41. 11. / f 1 Co. 8. 6. Col. 1. 16. / a 1 Co. 6. 15, 20. / b 1 Ped. 2. 5. / c Ga. 1. 4. 2 Ti. 4. 10. / d Ef. 5. 10, 17. / e Ef. 4. 7.

4 Porque de la manera que en un cuerpo tenemos muchos miembros[f], empero todos los miembros no tienen la misma operacion,

5 Así muchos somos un cuerpo en Cristo[g], mas todos, miembros los unos de los otros.

6 De manera que teniendo diferentes dones, segun la gracia que nos es dada[h], si *el de* profecía *úsese* conforme á la medida de la fé[i];

7 O si ministerio, en servir; ó el que enseña, en doctrina;

8 El que exhorta, en exhortar: el que reparte, *hágalo* en simplicidad; el que preside[k], con solicitud; el que hace misericordia, con alegría[l].

9 ¶ El amor sea sin fingimiento[m]; aborreciendo lo malo, llegándoos á lo bueno[n]:

10 Amándoos los unos á los otros con caridad fraternal; previniéndoos con honra los unos á los otros;

11 En el cuidado no perezosos; ardientes en espíritu[o]; sirviendo al Señor;

12 Gozosos en la esperanza[p]; sufridos en la tribulacion[q]; constantes en la oracion[r];

13 Comunicando á las necesidades de los santos; siguiendo la hospitalidad[s].

14 Bendecid á los que os persiguen: bendecid, y no maldigais[t].

15 Gozáos con los que se gozan; llorad con los que lloran[u].

16 Unánimes entre vosotros[v]: no altivos, mas acomodándoos á los humildes. No seais sabios en vuestra opinion[x].

17 No pagueis á nadie mal por mal[y]: procurad lo bueno delante de todos los hombres[z].

18 Si se puede hacer, cuanto está en vosotros, tened paz con todos los hombres[a].

19 No os vengueis vosotros mismos, amados *mios*[b]; ántes dad lugar á la ira[c]; porque escrito está: Mia es la venganza; yo pagaré, dice el Señor[d].

20 Así que, si tu enemigo tuviere hambre, dále de comer; si tuviere sed, dále de beber: que haciendo esto, ascuas de fuego amontonas sobre su cabeza[e].

21 No seas vencido de lo malo; mas vence con el bien el mal[f].

f 1 Co. 12. 12. Ef. 4. 16. — g Ef. 1. 23. — h 1 Ped. 4. 10. — i ver. 3. — k 1 Ti. 5. 17. — l 2 Co. 9. 7. — m 1 Ped. 1. 22. — n Sal. 34. 14. — o Hech. 18. 25. — p Fi. 4. 4. — q Santº. 1. 4. — r Lu. 18. 1. — s Heb. 13. 2. 1 Ped. 4. 9. — t Mat. 5. 44. — u 1 Co. 12. 26. — v Cap. 15. 5. Fi. 2. 2. y 4. 2. — x Pr. 26. 12. Is. 5. 21. — y Pr. 20. 22. Mat. 5. 39. 1 Ped. 3. 9. — z 2 Co. 8. 21. — a Heb. 12. 14. — b Le. 19. 18. — c Lu. 14. 9. — d De. 32. 35. Heb. 10. 30. — e Pr. 25. 21. — f Pr. 16. 32.

CAPITULO XIII.

Recomienda la sujecion á los superiores, y á las potestades civiles. El amor del prójimo es el compendio de la ley. Imitacion de Jesu-Cristo.

TODA alma se someta á las potestades superiores[a]; porque no hay potestad sino de Dios: y las que son, de Dios son ordenadas[b].

2 Así que, el que se opone á la potestad, á la ordenacion de Dios resiste: y los que resisten, ellos mismos ganan condenacion para sí.

3 Porque los magistrados no son para temor al que bien hace, sino al malo. ¿Quieres pues no temer la potestad? Haz lo bueno, y tendrás alabanza de ella[c]:

4 Porque es ministro de Dios para tu bien. Mas si hicieres lo malo, teme; porque no en vano lleva el cuchillo[d], porque es ministro de Dios, vengador para castigo al que hace lo malo.

5 Por lo cual es necesario que *le* esteis sujetos, no solamente por la ira, mas aun por la conciencia[e].

6 Porque por esto *les* pagais tambien los tributos; porque son ministros de Dios que sirven á esto mismo.

7 Pagad pues á todos lo que debeis: al que tributo, tributo; al que pecho, pecho; al que temor, temor; al que honra, honra[f].

8 No debais á nadie nada, sino amaros unos á otros: porque el que ama al prójimo, cumplió la ley[g].

9 Porque[h], No adulterarás; no matarás; no hurtarás; no dirás falso testimonio; no codiciarás; y si *hay* algun otro mandamiento, en esta sentencia se comprende sumariamente: Amarás á tu prójimo como á tí mismo[i].

10 La caridad no hace mal al prójimo: así que, el cumplimiento de la ley *es* la caridad.

11 Y esto, conociendo el tiempo, que *es* ya hora de levantarnos del sueño[k]; porque ahora nos está mas cerca nuestra salud que cuando creimos.

12 La noche ha pasado, y ha llegado el dia: echemos pues las obras de las tinieblas[l], y vistámonos las armas de luz[m].

13 Andemos, como de dia, honestamente: no en glotonerías, y borracheras; no en lechos, y disoluciones[n]; no en pendencias y envidia;

14 Mas vestíos del Señor Jesu-Cristo[o], y no hagais caso de la carne en *sus* deseos[p].

a Tit. 3. 1. 1 Ped. 2. 13. — b Da. 2. 21. — c 1 Ped. 2. 14. — d Gen. 9. 6. — e Ec. 8. 2. — f Mat. 22. 21. — g Santº. 2. 8. — h Ex. 20. 13, etc. — i Le. 19. 18. Mat. 22. 39, 40. — k 1 Tes. 5. 5, 8. — l Ef. 5. 11. — m Ef. 5. 13, etc. — n Lu. 21. 34. 1 Ped. 4. 3. — o Ga. 3. 27. — p Ga. 5. 16.

CAPITULO XIV.

Los fuertes en la fé deben soportar á los flacos, y unos y otros se deben edificar mútuamente evitando el escandalizarse, y considerando que Dios es el Juez de todos.

RECIBID al flaco en la fé, y no para contiendas de disputas.

2 Porque uno cree que se ha de comer de todas cosas: otro *que es* débil, come legumbres.

3 El que come, no menosprecie al que no come: y el que no come, no juzgue al que come; porque Dios le ha levantado.

4 ¿Tú, quién eres, que juzgas el siervo ajeno[a]? para su señor está en pié, ó cae: mas se afirmará; que poderoso es Dios para afirmarle.

5 Uno hace diferencia entre dia y dia; otro juzga *iguales* todos los dias[b]. Cada uno esté asegurado en su ánimo[c].

6 El que hace caso del dia, hácelo para el Señor; y el que no hace caso del dia, no lo hace *asimismo* para el Señor. El que come, come para el Señor; porque da gracias á Dios: y el que no come, no come para el Señor, y da gracias á Dios.

7 Porque ninguno de nosotros vive para sí; y ninguno muere para sí[d].

8 Que si vivimos, para el Señor vivimos; y si morimos, para el Señor morimos. Así que, ó que vivamos, ó que muramos, del Señor somos.

9 Porque Cristo para esto murió, y resucitó, y volvió á vivir, para ser Señor así de los muertos como de los que viven[e].

10 Mas tú ¿por qué juzgas á tu hermano? O tú tambien ¿por qué menosprecias á tu hermano? porque todos hemos de estar ante el tribunal[f] de Cristo.

11 Porque escrito está: Vivo yo, dice el Señor, que á mí se doblará toda rodilla, y toda lengua confesará á Dios[g].

12 De manera que cada uno de nosotros dará á Dios razon de sí.

13 Así que, no juzguemos mas los unos de los otros: ántes bien juzgad de no poner tropiezo ó escándalo al hermano.

14 Yo sé, y confio en el Señor Jesus, que de suyo nada *hay* inmundo[h]: mas á aquel que piensa alguna cosa ser inmunda, para él *es* inmunda[i].

15 Empero si por causa de la comida tu hermano es contristado, ya no andas conforme á la caridad. No arruines con

a Santº. 4. 12. — b Col. 2. 16. — c ver. 14, 23. — d 1 Ped. 4. 2. — e Fi. 2. 9, 11. — f 2 Co. 5. 10. ó Dios. — g Is. 45. 23. — h Ti. 1. 15. — i 1 Co. 8. 7, 10.

tu comida á aquel por el cual Cristo
Co. 8. 11. murió k.
16 No sea pues blasfemado vuestro
bien:
17 Que el reino de Dios no es comida
eb. 13. 9. ni bebida l; sino justicia, y paz, y gozo
ap.15.18. por el Espíritu Santo m.
18 Porque el que en esto sirve á Cristo,
agrada á Dios, y es acepto á los hombres.
19 Así que, sigamos lo que hace á la
al. 34. 14. paz n, y á la edificacion de los unos á
eb. 12. 14. los otros.
20 No destruyas la obra de Dios por
causa de la comida. Todas las cosas á
r. 14. la verdad son limpias o: mas malo es al
t. 15. 11. hombre que come con escándalo p.
eb. 10. 21 Bueno es no comer carne, ni beber
vino, ni nada en que tu hermano tro-
1 4. 3, 5. piece, ó se ofenda, ó sea debilitado.
Co. 8. 22 ¿ Tienes tú fé ? Ténla para contigo
, 13. delante de Dios. Bienaventurado el que
no se condena á sí mismo con lo que
aprueba.
23 Mas el que hace diferencia, si come,
es condenado, porque no comió por
fé: y todo lo que no procede de fé, es
r. 5, 14. pecado q.

CAPITULO XV.

Prosigue el Apóstol su exhortacion con muestras de grande aprecio y afecto á los Romanos, y del vehemente deseo que tiene de ir á verlos de camino para España.

ASÍ que, los que somos mas firmes
debemos sobrellevar las flaquezas
p. 14. 1. de los flacos a, y no agradarnos á nos-
. 6. 2. otros mismos.
2 Cada uno de nosotros agrade á su
o. 9. 19. prójimo en bien, á edificacion b.
. 2. 4, 5. 3 Porque Cristo no se agradó á sí mis-
an 6. 38. mo c; ántes bien, como está escrito:
Los vituperios de los que te vituperan,
l. 69. 9. cayeron sobre mí d.
4 Porque las cosas que ántes fueron
escritas, para nuestra enseñanza fueron
o. 10. 11. escritas e; para que por la paciencia, y
i. 3. 16. por la consolacion de las escrituras,
tengamos esperanza.
5 Mas el Dios de la paciencia y de la
consolacion os dé que entre vosotros
p. 12. 16. seais unánimes segun Cristo Jesus f:
ch. 4. 24. 6 Para que concordes, á una boca g
glorifiqueis al Dios y Padre de nuestro
Señor Jesu-Cristo.
7 Por tanto sobrellevaos los unos á los
p. 14. 1. otros h, como tambien Cristo nos sobre-
p. 9. 23. llevó para gloria de Dios i.
8 Digo pues: Que Cristo Jesus fué ministro de la circuncision, por la verdad
de Dios, para confirmar las promesas de
ch. 3. los padres k.
26. 9 Empero que los Gentiles glorifiquen
á Dios por la misericordia, como está
escrito: Por tanto yo te confesaré entre
l. 18. 49. los Gentiles, y cantaré á tu nombre l.
10 Y otra vez dice: Alegráos, Gentiles,
. 32. 43. con su pueblo m.
11 Y otra vez: Alabad al Señor, todos
los Gentiles, y magnificadle, todos los
l. 117. 1. pueblos n.
11. 1, 10. 12 Y otra vez dice Isaías o: Estará la
raíz de Jesé p, y el que se levantará á
p. 5. 5. regir los Gentiles; los Gentiles espera-
2. 16. rán en él.
13 Y el Dios de esperanza os llene de
todo gozo y paz creyendo; para que abundeis en esperanza por la virtud del
p. 14. 17. Espíritu Santo q.
14 ¶ Empero cierto estoy yo de vosotros, hermanos mios, que aun vosotros mismos estais llenos de bondad, llenos de todo conocimiento, de tal manera que podais amonestaros los unos á los otros.

15 Mas os he escrito, hermanos, en
parte resueltamente, como amonestán-
doos por la gracia que de Dios me es
dada r, r Ef. 3. 7, 8.
16 Para ser ministro de Jesu-Cristo á
los Gentiles, ministrando el Evangelio
de Dios, para que la ofrenda de los Gen-
tiles sea agradable s, santificada por el s Is. 66. 20.
Espíritu Santo. Fl. 2. 17.
17 Tengo pues mi gloria en Cristo Jesus en lo que mira á Dios.
18 Porque no osaria hablar alguna
cosa que Cristo no haya hecho por mí
para la obediencia de los Gentiles t, con t Cap. 1. 5.
la palabra y con las obras, y 16. 26.
19 Con potencia de milagros y prodi-
gios u en virtud del Espíritu de Dios v: u Hech. 19. 11.
de manera que desde Jerusalem, y por
los alrededores hasta la Esclavonia, he v 1 Co. 2. 4.
llenado todo del Evangelio de Cristo x. Ga. 3. 5.
20 Y de esta manera me esforcé á pre- x Col. 1. 25.
dicar el Evangelio, no donde ántes Cristo
fuese nombrado, por no edificar sobre
ajeno fundamento y; y 2 Co. 10. 13, 16.
21 Sino como está escrito: A los que
no fué anunciado de él, verán: y los
que no oyeron, entenderán z. z Is. 52. 15.
22 Por lo cual aun he sido impedido
muchas veces de venir á vosotros a. a Cap. 1. 13.
23 Mas ahora no teniendo mas lugar
en estas regiones, y deseando ir á vosotros muchos años ha,
24 Cuando partiere para España, iré á
vosotros; porque espero que pasando os
veré, y que seré llevado de vosotros
allá b: si empero ántes hubiere gozado b Hech. 15. 3.
de vosotros. 3 Juan 6.
25 Mas ahora parto para Jerusalem á
ministrar á los santos c. c Hech. 24. 17.
26 Porque Macedonia y Acaya tuvieron por bien hacer una colecta para los
pobres de los santos que están en Jeru-
salem d. d 2 Co. 8. 1, etc.
27 Porque les pareció bueno, y son
deudores á ellos: porque si los Gentiles
han sido hechos participantes de sus
bienes espirituales, deben tambien ellos
servirles en los carnales e. e 1 Co. 9. 11.
28 Así que, cuando hubiere concluido
esto, y les hubiere consignado este fruto,
pasaré por ahí á España.
29 Y sé que cuando llegue á vosotros,
llegaré con abundancia de la bendicion
de Cristo f. f Cap. 1. 11, 12.
30 Ruégoos empero, hermanos, por el
Señor nuestro Jesu-Cristo, y por la caridad del Espíritu g, que me ayudeis con g Fl. 2. 1.
oraciones h por mí á Dios, h 2 Co. 1. 11. Col. 4. 12.
31 Que sea librado de los rebeldes que
están en Judéa i, y que la ofrenda de mi i 2 Tes. 3. 2.
servicio á los santos en Jerusalem sea
acepta;
32 Para que con gozo llegue á vosotros
por la voluntad de Dios k, y que sea re- k Sant°. 4. 15.
creado juntamente con vosotros.
33 Y el Dios de paz l sea con todos vos- l 1 Tes. 5. 23.
otros. Amen. Heb. 13. 20.

CAPITULO XVI.

Encomiendas y memorias, y último aviso de San Pablo á los fieles residentes en Roma.

ENCOMIÉNDOOS empero á Febe
nuestra hermana, la cual es Diaconisa de la Iglesia que está en Cen-
crea:
2 Que la recibais en el Señor a, como a Fl. 2. 29.
es digno á los santos, y le ayudeis en
cualquiera cosa en que os hubiere menester: porque ella ha ayudado á muchos, y á mí mismo.
3 Saludad á Prisca y á Aquila b, mis b Hech. 18. 2, etc.
coadjutores en Cristo Jesus;
4 (Que pusieron sus cuellos por mi
vida: á los cuales no doy gracias yo solo,
mas aun todas las Iglesias de los Gentiles.)

5 Asimismo á la Iglesia de su casa[c]. Saludad á Epeneto, amado mio, que es las primicias[d] de Acaya en Cristo.

6 Saludad á María, la cual ha trabajado mucho con nosotros.

7 Saludad á Andrónico y á Junia, mis parientes y mis compañeros en la cautividad; los que son insignes entre los apóstoles, los cuales tambien fueron ántes de mí en Cristo.

8 Saludad á Amplias, amado mio en el Señor.

9 Saludad á Urbano, nuestro ayudador en Cristo Jesus, y á Stachis, amado mio.

10 Saludad á Apeles, probado en Cristo[e]. Saludad á los que son de Aristóbulo.

11 Saludad á Herodion, mi pariente. Saludad á los que son de *la casa de* Narciso, los que están en el Señor.

12 Saludad á Trifena, y á Trifosa, las cuales trabajan en el Señor. Saludad á Pérsida amada, la cual ha trabajado mucho en el Señor.

13 Saludad á Rufo[f], escogido en el Señor[g], y á su madre y mia.

14 Saludad á Asincrito, á Flegonte, á Hermas, á Patrobas, á Mercurio, y á los hermanos que están con ellos.

15 Saludad á Filólogo, y á Julia, á Neréo, y á su hermana; y á Olimpa, y á todos los santos que *están* con ellos.

16 Saludáos los unos á los otros con ósculo[h] santo. Os saludan las iglesias de Cristo.

17 ¶ Y os ruego, hermanos, que mireis los que causan disensiones y escándalos fuera de la doctrina que vosotros habeis aprendido; y apartáos de ellos[i].

18 Porque los tales no sirven al Señor nuestro Jesu-Cristo, sino á sus vientres[k]; y con suaves palabras y bendiciones engañan los corazones de los simples[l].

19 Porque vuestra obediencia ha venido á ser notoria á todos[m]: así que, me gozo de vosotros; mas quiero que seais sabios en el bien, y simples en el mal[n].

20 Y el Dios de paz[o] quebrantará presto á Santanás debajo de vuestros pies[p]. La gracia del Señor nuestro Jesu-Cristo *sea* con vosotros. Amen.

21 Os saludan Timotéo[q], mi coadjutor, y Lucio, y Jason[r], y Sosipater, mis parientes.

22 Yo Tercio, que escribí la Epístola, os saludo en el Señor.

23 Salúdaos Gayo[s], mi huesped, y de toda la Iglesia. Salúdaos Erasto[t], tesorero de la ciudad, y el hermano Cuarto.

24 La gracia ‖ del Señor nuestro Jesu-Cristo *sea* con todos vosotros. Amen.

25 ¶ Y al que puede confirmaros segun mi Evangelio, y la predicacion de Jesu-Cristo, segun la revelacion del misterio[u] encubierto desde[v] tiempos eternos,

26 Mas manifestado ahora, y por las escrituras de los profetas[x], segun el mandamiento del Dios Eterno, declarado á todas las gentes para que obedezcan á la fé[y];

27 A él, solo Dios sabio, *sea* gloria por Jesu-Cristo para siempre. Amen.

Fué escrita de Corinto á los Romanos, *enviada* por *medio de* Febe, Diaconisa de la Iglesia de Cencreas.

[c] 1 Co. 16. 19. Col. 4. 14.
[d] 1 Co. 16. 15.
[e] 2 Ti. 2. 15.
[f] Mar. 15. 21.
[g] Fi. 4. 3. 2 Juan 1.
[h] 1 Co. 16. 20. 2 Co. 13. 12. 1 Tes. 5. 26. 1 Ped. 5. 14.
[i] 2 Tes. 3. 6, 14.
[k] Fi. 3. 19.
[l] Col. 2. 4.
[m] Cap. 1. 8.
[n] Mat. 10. 16. 1 Co. 14. 20.
[o] Cap. 15. 33.
[p] Gen. 3. 15.
[q] Hech. 16. 1. 1 Tes. 3. 2.
[r] Hech. 17. 5, etc.
[s] 1 Co. 1. 14. 3 Juan 1.
[t] Hech. 19. 22. 2 Ti. 4. 20.
‖ *Este verso no se halla en varios antiguos ejemplares.*
[u] Ef. 3. 3. 5. Col. 1. 26, 27.
[v] Tit. 1. 2.
[x] Cap. 1. 2. y 3. 21.
[y] Cap. 1. 5.

LA PRIMERA EPÍSTOLA DEL APÓSTOL SAN PABLO Á LOS CORINTIOS.

A. D. 57.

CAPITULO I.

Exhórtalos á la union y concordia: les hace ver como confunde Dios la sabiduría y soberbia humana, y que la cruz de Cristo, que es una necedad y escándalo para los mundanos, es para los fieles sabiduría y salud.

PABLO, llamado *á ser* apóstol de Jesu-Cristo[a] por la voluntad de Dios, y Sostenes[b] el hermano,

2 A la iglesia de Dios que está en Corinto[c], santificados en Cristo Jesus, llamados santos[d]; y á todos los que invocan el nombre de nuestro Señor Jesu-Cristo en cualquier lugar, *Señor* de ellos y nuestro[e]:

3 Gracia y paz de Dios nuestro Padre, y del Señor Jesu-Cristo.

4 ¶ Gracias doy á mi Dios[f] siempre por vosotros, por la gracia de Dios que os es dada en Cristo Jesus;

5 Que en todas las cosas sois enriquecidos en él, en toda lengua y en toda ciencia[g];

6 Con lo cual el testimonio de Cristo ha sido confirmado en vosotros:

7 De tal manera que nada os falte en ningun don, esperando la manifestacion de nuestro Señor Jesu-Cristo[h].

8 El cual tambien os confirmará hasta el fin, *para que seais* sin falta en el dia de nuestro Señor Jesu-Cristo[i].

9 Fiel *es* Dios, por el cual sois llamados á la participacion de su Hijo Jesu-Cristo nuestro Señor[k].

10 ¶ Os ruego, pues, hermanos, por el nombre de nuestro Señor Jesu-Cristo, que hableis todos una misma cosa, y que no haya entre vosotros disensiones, ántes seais perfectamente unidos en una misma mente, y en un mismo parecer[l].

11 Porque me ha sido declarado de vosotros, hermanos mios, por los *que son* de Cloé, que hay entre vosotros contiendas;

12 Quiero decir, que cada uno de vosotros dice: Yo cierto soy de Pablo; pues yo de Apolos[m]; y yo de Céfas[n]; y yo de Cristo.

13 ¿ Está dividido Cristo? ¿ *Fué* crucificado Pablo por vosotros? ó ¿ habeis sido bautizados en el nombre de Pablo?

14 Doy gracias á mi Dios, que á ninguno de vosotros he bautizado, sino á Crispo[o] y á Gaio[p],

15 Para que ninguno diga que yo he bautizado en mi nombre.

16 Y tambien bautizé la familia de Estéfanas[q]: mas no sé si he bautizado á algun otro.

17 Porque no me envió Cristo á bautizar, sino á predicar el Evangelio: no en sabiduría de palabras[r], porque no sea hecha vana la cruz de Cristo.

[a] Ro. 1. 1.
[b] Hech. 18. 17.
[c] Hech. 18. 1, etc.
[d] Ro. 1. 7.
[e] 2 Ti. 2. 22.
[f] Ro. 1. 8.
[g] 2 Co. 8. 7.
[h] Fi. 3. 20. Tit. 2. 13.
[i] 1 Tes. 3. 13. y 5. 23. 24.

A. D. 57.

[k] 1 Juan 1. 3.
[l] Ro. 12. 16. 2 Co. 13. 11.
[m] Hech. 18. 24.
[n] Juan 1. 42.
[o] Hech. 18. 8.
[p] Ro. 16. 23. 3 Juan 1.
[q] Cap. 16. 15, 17.
[r] Cap. 2. 1, 4, 13.

18 ¶ Porque la palabra de la cruz es locura á los que se pierden; mas á los que se salvan, *es á saber*, á nosotros, es potencia de Dios[s].

19 Porque está escrito: Destruiré la sabiduría de los sabios, y desecharé la inteligencia de los entendidos[t].

20 ¿Qué es del sabio? ¿Qué del escriba? ¿Qué del escudriñador de este siglo? ¿no ha enloquecido Dios la sabiduría[u] de este mundo?

21 Porque por no haber el mundo conocido en la sabiduría de Dios á Dios por sabiduría[v], agradó á Dios salvar los creyentes por la locura de la predicacion.

22 Porque los Judíos piden señales[x], y los Griegos buscan sabiduría:

23 Mas nosotros predicamos á Cristo crucificado, *que es* á los Judíos ciertamente tropezadero[y], y á los Gentiles locura.

24 Empero á los llamados, así Judíos como Griegos, Cristo potencia de Dios[z], y sabiduría de Dios[a].

25 Porque lo loco de Dios es mas sabio que los hombres; y lo flaco de Dios es mas fuerte que los hombres.

26 Porque mirad, hermanos, vuestra vocacion, que no sois muchos sabios segun la carne[b], no muchos poderosos, no muchos nobles:

27 Antes lo necio del mundo escogió Dios, para avergonzar á los sabios; y lo flaco del mundo escogió Dios, para avergonzar lo fuerte[c];

28 Y lo vil del mundo, y lo menospreciado escogió Dios; y lo que no es, para deshacer lo que es[d]:

29 Para que ninguna carne se jacte en su presencia[e].

30 Mas de él sois vosotros en Cristo Jesus[f], el cual nos ha sido hecho por Dios sabiduría[g], y justificacion[h], y santificacion[i], y redencion[k]:

31 Para que, como está escrito: El que se gloría, gloríese en el Señor[l].

Ro. 1. 16. — Is. 29. 14. Jer. 8. 9. — Job 12. 17. y 20. 24. Is. 44. 25. — Lu. 10. 21. Ro. 1. 21, 28. — Mat. 12. 38. y 16. 1. — Is. 8. 14. 1 Ped. 2. 7. — ver. 18. — Col. 2. 3. — Juan 7. 48. — Sal. 8. 2. Mat. 11. 25. — Ro. 4. 17. — Ro. 3. 27. — 2 Co. 5. 17. — ver. 24. — Jer. 23. 6. — Juan 17. 19. — Ef. 1. 7. — Jer. 9. 23, 24. 2 Co. 10. 17.

CAPITULO II.

Demuestra el apóstol que su predicacion en Corinto no habia sido con pompa de palabras, ni aparato de ciencia humana, sino con la sabiduría aprendida en la escuela de Cristo crucificado, la cual solamente puede entenderse por medio del Espíritu de Dios.

ASI que, hermanos, cuando fuí á vosotros, no fuí con altivez de palabra, ó de sabiduría[a], á anunciaros el testimonio de Cristo.

2 Porque no me propuse saber algo entre vosotros, sino á Jesu-Cristo, y á este crucificado[b].

3 Y estuve yo con vosotros con flaqueza, y mucho temor y temblor:

4 Y ni mi palabra ni mi predicacion *fué* con palabras persuasivas de humana sabiduría, mas con demostracion del Espíritu y de poder[c];

5 Para que vuestra fé no esté fundada en sabiduría de hombres, mas en poder de Dios.

6 ¶ Empero hablamos sabiduría entre perfectos[d]; y sabiduría, no de este siglo, ni de los príncipes de este siglo, que se deshacen[e]:

7 Mas hablamos sabiduría de Dios en misterio[f], la *sabiduría* oculta, la cual Dios predestinó ántes de los siglos para nuestra gloria[g]:

8 La que ninguno de los príncipes de este siglo conoció; porque si *la* hubieran conocido, nunca hubieran crucificado al Señor de gloria[h];

9 Antes, como está escrito[i]: Cosas que ojo no vió, ni oreja oyó, ni han subido en corazon de hombre, *son* las que ha Dios preparado para aquellos que le aman.

10 Empero Dios nos *lo* reveló á nosotros por su Espíritu[k]: porque el Espíritu todo lo escudriña, aun lo profundo de Dios[l].

11 Porque ¿quién de los hombres sabe las cosas del hombre, sino el espíritu del *mismo* hombre que está en él[m]? Así tampoco nadie conoció las cosas que *son* de Dios, sino el Espíritu de Dios.

12 Y nosotros hemos recibido, no el espíritu del mundo, sino el Espíritu que es de Dios, para que conozcamos lo que Dios nos ha dado[n]:

13 Lo cual tambien hablamos, no con doctas palabras de humana sabiduría[o], mas con doctrina del Espíritu Santo, acomodando lo espiritual á lo espiritual.

14 Mas el hombre animal[p] no percibe las cosas que *son* del Espíritu de Dios, porque le son locura: y no las puede entender, porque se han de examinar espiritualmente.

15 Empero el espiritual juzga todas las cosas[q]; mas él no es juzgado de nadie.

16 Porque ¿quién conoció la mente del Señor? ¿Quién le instruyó[r]? Mas nosotros tenemos la mente de Cristo[s].

[a] ver. 4, 13. Cap. 1. 17. — [b] Ga. 6. 14. — [c] 1 Tes. 1. 5. — [d] Fil. 3. 15. Heb. 5. 14. — [e] Job 12. 21, &c. — [f] Ro. 16. 25. — [g] 2 Ti. 1. 9, 10. — [h] Lu. 23. 34. Zech. 3. 17. — [i] Is. 64. 4. — [k] Juan 16. 13. 1 Juan 2. 27. — [l] Ro. 11. 33. — [m] Pr. 20. 27. — [n] Juan 16. 14, 15. — [o] Cap. 1. 17. — [p] Ro. 8. 5, 7. Jud. 19. — [q] Pr. 28. 5. — [r] Is. 40. 13. Jer. 23. 18. — [s] Juan 15. 15.

CAPITULO III.

Reprende á los que se apasionan por los predicadores del Evangelio, sin mirar al Señor cuyos ministros son, y cuya gracia es la que produce el fruto en las almas; y exhorta á que despreciando la vana sabiduría del mundo, se abracen con la sabia ignorancia del Evangelio.

DE manera que yo, hermanos, no pude hablaros como á espirituales[a], sino como á carnales, como á niños en Cristo[b].

2 Os dí á beber leche, y no *os dí* vianda: porque aun no podiais, ni aun podeis ahora;

3 Porque todavía sois carnales: pues habiendo entre vosotros celos, y contiendas, y disensiones, ¿no sois carnales, y andais como hombres[c]?

4 Porque diciendo el uno: Yo cierto soy de Pablo; y el otro, yo de Apolos[d]; ¿no sois carnales?

5 ¶ ¿Qué pues es Pablo? y ¿qué *es* Apolos? Ministros por los cuales habeis creido; y *eso* segun que á cada uno ha concedido el Señor[e].

6 Yo planté, Apolos regó; mas Dios ha dado el crecimiento.

7 Así que ni el que planta es algo, ni el que riega; sino Dios, que da el crecimiento.

8 Y el que planta y el que riega son una misma cosa; aunque cada uno recibirá su recompensa conforme á su labor.

9 Porque *nosotros* coadjutores[f] somos de Dios: *y vosotros* labranza de Dios sois, edificio de Dios sois.

10 Conforme á la gracia de Dios que me ha sido dada, *yo* como perito arquitecto puse el fundamento, y otro edifica encima: empero cada uno vea como sobreedifica.

11 Porque nadie puede poner otro fundamento que el que está puesto, el cual es Jesu-Cristo[g].

12 Y si alguno edificáre sobre este fundamento oro, plata, piedras preciosas, madera, heno, hojarasca,

13 La obra de cada uno será manifestada; porque el dia la declarará: porque por el fuego será manifestada, y la obra de cada uno cual sea, el fuego hará la prueba.

[a] Cap. 2. 14, 15. — [b] Heb. 5. 12, 13. — [c] Ga. 5. 20. — [d] Cap. 1. 12. — [e] Ro. 12. 3, 6. — [f] 2 Co. 6. 1. — [g] Is. 28. 16. Mat. 16. 18. Ef. 2. 20.

14 Si permaneciere la obra de alguno que sobreedificó, recibirá recompensa.

15 Si la obra de alguno fuere quemada, será perdida: él empero será salvo, mas así como *escapado* por fuego[h].

[h] Gen. 19. 17.

16 ¶ ¿No sabeis que sois templo de Dios, y que el Espíritu de Dios mora en vosotros[i]?

[i] 2 Co. 6. 16. Ef. 2. 21, 22.

17 Si alguno violáre el templo de Dios, Dios destruirá al tal; porque el templo de Dios, el cual sois vosotros, santo es.

18 Nadie se engañe á sí mismo: si alguno entre vosotros parece ser sabio en este siglo, hágase simple, para ser *de veras* sabio.

19 Porque la sabiduría de este mundo es necedad para con Dios: pues escrito está: El que prende á los sabios en la astucia de ellos[k].

[k] Sal. 94. 11.

20 Y otra vez: El Señor conoce los pensamientos de los sabios, que son vanos.

21 Así que ninguno se glorie en los hombres; porque todo es vuestro.

22 Sea Pablo, sea Apolos, sea Céfas, sea el mundo, sea la vida, sea la muerte, sea lo presente, sea lo porvenir; todo es vuestro:

23 Y vosotros de Cristo; y Cristo de Dios.

CAPITULO IV.

Oficio del verdadero Apóstol, y estima que se merece. Sigue reprendiendo con singular energía y mansedumbre á los Corintios.

TENGANNOS los hombres por ministros de Cristo[a], y dispensadores de los misterios de Dios.

[a] 2 Co. 6. 4.

2 Resta empero, que se requiere en los dispensadores, que cada uno sea hallado fiel[b].

[b] Lu. 12. 42. Tit. 1. 7. 1 Ped. 4. 10.

3 Yo en muy poco tengo el ser juzgado de vosotros, *ó de cualquier* humano dia; y ni aun yo me juzgo.

4 Porque aunque de nada tengo mala conciencia, no por eso soy justificado[c]; mas el que me juzga el Señor es.

[c] Sal. 143. 2.

5 Así que no juzgueis nada ántes de tiempo[d], hasta que venga el Señor, el cual tambien aclarará lo oculto de las tinieblas, y manifestará los intentos de los corazones[e]; y entónces cada uno tendrá de Dios la alabanza.

[d] Mat. 7. 1. [e] Ro. 2. 16.

6 ¶ Esto empero, hermanos, he pasado por ejemplo en mí y en Apolos por amor de vosotros; para que en nosotros aprendais á no saber mas de lo que está escrito[f], hinchándoos por causa de otro el uno contra el otro.

[f] Ro. 12. 3.

7 Porque ¿quién te distingue? ó ¿qué tienes que no hayais recibido[g]? Y si *lo* recibiste, ¿de qué te glorias como si no hubieras recibido?

[g] Santº. 1. 17.

8 Ya estais hartos, ya estais ricos[h]; sin nosotros reinais *ya*: y ojalá reineis, para que nosotros reinemos tambien juntamente con vosotros.

[h] Ap. 3. 17.

9 Porque á lo que pienso, Dios nos ha mostrado á nosotros los apóstoles por los postreros, como á sentenciados á muerte: porque somos hechos espectáculo al mundo, y á los ángeles, y á los hombres[i].

[i] Heb. 10. 33.

10 Nosotros necios por amor de Cristo, y vosotros prudentes en Cristo; nosotros flacos, y vosotros fuertes; vosotros nobles, y nosotros viles.

11 Hasta esta hora hambreamos, y tenemos sed, y estamos desnudos, y somos heridos de golpes, y andamos vagabundos[k],

[k] 2 Co. 11. 23, etc.

12 Y trabajamos, obrando con nuestras manos[l]: nos maldicen, y bendecimos[m]; padecemos persecucion, y sufrimos;

[l] Hech. 20. 34. 1 Tes. 2. 9. 2 Tes. 3. 8. [m] Mat. 5. 44. Ro. 12. 14.

13 Somos blasfemados, y rogamos: hemos venido á ser como la hez del mundo, el desecho de todos[n] hasta ahora.

[n] Lm. 3. 45.

14 No escribo esto para avergonzaros; mas amonéstoos como á mis hijos amados[o].

[o] 1 Tes. 2. 11.

15 Porque aunque tengais diez mil ayos en Cristo, no *tendreis* muchos padres; que en Cristo Jesus yo os engendré por el Evangelio[p].

[p] Ga. 4. 19. File. 10.

16 Por tanto os ruego que me imiteis[q].

[q] Cap. 11. 1.

17 Por lo cual os he enviado á Timotéo, que es mi hijo amado, y fiel en el Señor, el cual os amonestará de mis caminos cuales sean en Cristo, de la manera que enseño en todas partes, en todas las iglesias.

18 Mas algunos están envanecidos, como si nunca hubiese yo de ir á vosotros.

19 Empero iré presto á vosotros, si el Señor quisiere[r]; y entenderé, no las palabras de los que *así* andan hinchados, sino la virtud.

[r] Santº. 4. 15.

20 Porque el reino de Dios[s] no consiste en palabras, sino en virtud.

[s] Ro. 14. 17.

21 ¿Qué quereis? ¿iré á vosotros con vara[t], ó con caridad, y espíritu de mansedumbre?

[t] 2 Co. 13. 10.

CAPITULO V.

Excomulga el apóstol á un incestuoso, y exhorta á los fieles de Corinto á que eviten el trato con los que llamándose tales, llevasen una vida estragada.

DE cierto se oye *que hay* entre vosotros fornicacion, y tal fornicacion cual ni aun se nombra entre los Gentiles; tanto que alguno tenga la mujer de *su* padre[a].

[a] Le. 18. 8. De. 27. 20. 2 Co. 7. 2.

2 Y vosotros estais hinchados, y no mas bien tuvisteis duelo, para que fuese quitado de en medio de vosotros el que hizo tal obra.

3 Y ciertamente, como ausente con el cuerpo, mas presente en espíritu[b], ya como presente he juzgado, que el que esto así ha cometido,

[b] Col. 2. 5.

4 En el nombre del Señor nuestro Jesu-Cristo, juntados vosotros y mi espíritu, con la facultad[c] de nuestro Señor Jesu-Cristo,

[c] Mat. 18. 18. Juan 20. 23.

5 El tal sea entregado á Satanás[d] para muerte de la carne, porque el espíritu sea salvo en el dia del Señor Jesus[e].

[d] 1 Ti. 1. 20. [e] Cap. 11. 32.

6 No *es* buena vuestra jactancia[f]. ¿No sabeis que un poco de levadura leuda[g] toda la masa?

[f] Santº. 4. 16. [g] Lu. 12. 1. Ga. 5. 9.

7 Limpiad pues la vieja levadura para que seais nueva masa, como sois sin levadura: porque nuestra Pascua[h], *que es* Cristo[i], fué sacrificada por nosotros.

[h] Ex. 12. 3, etc. [i] Is. 53. 7. 1 Ped. 1. 19. Ap. 5. 6, 12.

8 Así que hagamos fiesta, no en la vieja levadura[k], ni en la levadura de malicia, y de maldad[l]; sino en ázimos de sinceridad y de verdad.

[k] Ex. 13. 6, etc. [l] Mat. 16. 6, 12.

9 ¶ Os he escrito por carta, que no os envolvais con los fornicarios:

10 No absolutamente con los fornicarios de este mundo, ó con los avaros, ó con los ladrones, ó con los idólatras; pues en tal caso os sería menester salir del mundo.

11 Mas ahora os he escrito, que no os envolvais; *es á saber*, que si alguno llamándose hermano fuere fornicario, ó avaro, ó idólatra, ó maldiciente, ó borracho, ó ladron; con el tal ni aun comais.

12 Porque ¿qué me va á mí en juzgar á los que están fuera[m]? ¿no juzgais vosotros á los que están dentro?

[m] Mar. 4. 11. Col. 4. 5. 1 Tes. 4. 12.

13 Porque á los que están fuera, Dios juzgará. Quitad pues á ese malo de entre vosotros mismos[n].

[n] De. 17. 7. y 24. 7.

CAPITULO VI.

Contra los desórdenes de los pleitistas y de los deshonestos.

¿OSA alguno de vosotros, teniendo algo con otro, ir á juicio delante de los injustos, y no delante de los santos?

2 O ¿no sabeis que los santos han de juzgar al mundo[a]? Y si el mundo ha de ser juzgado por vosotros, ¿sois indignos de juzgar *en* cosas muy pequeñas?

3 O ¿no sabeis que hemos de juzgar á los ángeles? ¿cuánto mas las cosas de este siglo?

4 Por tanto si hubiereis de tener juicios de cosas de este siglo, poned para juzgar*las* á los que son de menor estima en la iglesia.

5 Para avergonzaros lo digo. ¿Pues qué, no hay entre vosotros sabio, ni aun uno, que pueda juzgar entre sus hermanos;

6 Sino que el hermano con el hermano pleitea en juicio, y esto ante los infieles?

7 Así que, por cierto es ya una falta en vosotros, que tengais pleitos entre vosotros mismos. ¿Por qué no sufrís ántes la injuria[b]? ¿por qué no *sufrís* ántes ser defraudados?

8 Empero vosotros haceis la injuria, y defraudais; y esto á los hermanos.

9 ¿No sabeis que los injustos no poseerán el reino de Dios? No erreis, que ni los fornicarios, ni los idólatras, ni los adúlteros, ni los afeminados, ni los que se echan con varones,

10 Ni los ladrones, ni los avaros, ni los borrachos, ni los maldicientes, ni los robadores heredarán el reino de Dios[c].

11 Y esto erais algunos[d]: mas *ya* sois lavados[e], mas *ya* sois santificados[f], mas *ya* sois justificados[g] en el nombre del Señor Jesus, y por el Espíritu de nuestro Dios.

12 ¶ Todas las cosas me son lícitas[h], mas no todas convienen: todas las cosas me son lícitas, mas yo no me meteré debajo de potestad de nada.

13 Las viandas *son* para el vientre[i], y el vientre para las viandas; empero y á él y á ellas deshará Dios: mas el cuerpo no *es* para la fornicacion[k], sino para el Señor[l], y el Señor para el cuerpo.

14 Y Dios que levantó al Señor, tambien á nosotros nos levantará con su poder[m].

15 ¿No sabeis que vuestros cuerpos son miembros de Cristo[n]? ¿Quitaré pues los miembros de Cristo, y *los* haré miembros de una ramera? Léjos sea.

16 O ¿no sabeis que el que se junta con una ramera, es hecho *con ella* un cuerpo? porque serán, dice, los dos en una carne[o].

17 Empero el que se junta con el Señor, un espíritu es[p].

18 Huid la fornicacion[q]. Cualquier *otro* pecado que el hombre hiciere, fuera del cuerpo es; mas el que fornica, contra su propio cuerpo peca.

19 O ¿ignorais que vuestro cuerpo es templo del Espíritu Santo, *el cual está* en vosotros[r], el cual teneis de Dios, y que no sois vuestros[s]?

20 Porque comprados sois por precio[t]: glorificad pues á Dios en vuestro cuerpo, y en vuestro espíritu, los cuales son de Dios.

Da. 7. 22. Mat. 19. 28. Jud. 14. 15. Ap. 2. 26. y 20. 4.
Pr. 20. 22. Mat. 5. 39, 0. Ro. 12. 17, 9. Tes. 5. 15.
Ga. 5. 19, 1. Ef. 5. 5. Heb. 13. 4. Ap. 22. 15.
Ef. 2. 1, 2. Col. 3. 7.
Heb. 10. 22.
Heb. 2. 11. Ro. 8. 30.
Cap. 10. 23.
Mat. 15. 17. Co. 14. 17. Col. 2. 22.
Tes. 4. 7.
Ro. 12. 1.
Ro. 6. 5, 8.
Ef. 5. 30.
Gen. 2. 24. Mat. 19. 5.
Juan 17. 1.
Ef. 4. 4.
Pr. 6. 25, 2.
Juan 14. 7. Ro. 8. 9, 11. Ga. 4. 6.
Ro. 14. 7, 8. Co. 5. 14, 5.
Cap. 7. 23. Hech. 20, 8. Ped. 1. 8, 19.

CAPITULO VII.

Respondiendo el Apóstol á algunos puntos sobre que parece le habian preguntado, da respecto de unos oportuna instruccion, y declara como especial mandamiento del Señor lo que en órden á otros dice, extendiendose á dar su parecer en otras cosas que aconseja, atendidas las circunstancias de aquellos tiempos en que escribia.

CUANTO á las cosas de que me escribisteis: bien *sería* al hombre no tocar mujer.

2 Mas á causa de las fornicaciones, cada uno tenga su mujer, y cada una tenga su marido.

3 El marido pague á la mujer la debida[a] benevolencia; y asimismo la mujer al marido.

4 La mujer no tiene potestad de su propio cuerpo, sino el marido: é igualmente tampoco el marido tiene potestad de su propio cuerpo, sino la mujer.

5 No os defraudeis el uno al otro, á no ser por algun tiempo, de *mutuo* consentimiento, para ocuparos en la oracion[b]; y volved á juntaros en uno, porque no os tiente Satanás á causa de vuestra incontinencia[c].

6 Mas esto digo por permision, no por mandamiento.

7 Quisiera mas bien que todos los hombres fuesen como yo: empero cada uno tiene su propio don de Dios; uno á la verdad así, y otro así[d].

8 ¶ Digo, pues, á los solteros y á las viudas, que bueno les es si se quedaren como yo.

9 Y si no tienen don de continencia, cásense[e]; que mejor es casarse que quemarse.

10 Mas á los que están juntos en matrimonio denuncio, no yo, sino el Señor[f]: Que la mujer no se aparte del marido.

11 Y si se apartáre, que se quede sin casar, ó reconcilíese con *su* marido: y que el marido no despida á *su* mujer.

12 Y á los demás yo digo[g], no el Señor: Si algun hermano tiene mujer infiel, y ella consiente en habitar con él, no la despida.

13 Y la mujer que tiene marido infiel, y él consiente en habitar con ella, no lo deje.

14 Porque el marido infiel es santificado[h] en la mujer *fiel*, y la mujer infiel en el marido *fiel*: pues de otra manera vuestros hijos serían inmundos; empero ahora son santos.

15 Pero si el infiel se aparta, apártese; que no es el hermano ó la hermana sujeto á servidumbre en semejante *caso*: mas *á vivir* en paz nos llamó Dios[i].

16 Porque ¿de dónde sabes, oh mujer, si quizá harás salvo á *tu* marido[k]? ó ¿de dónde sabes, oh marido, si quizá harás salva á *tu* mujer?

17 Empero cada uno como el Señor *le* repartió, y como el Señor llamó á cada uno[l], así ande: y así enseño en todas las iglesias[m].

18 ¿Es llamado alguno circuncidado? quédese circunciso: ¿es llamado alguno incircuncidado? que no se circuncide.

19 La circuncision nada es, y la incircuncision nada es[n], sino la observancia de los mandamientos de Dios[o].

20 Cada uno en la vocacion en que fué llamado, en ella se quede.

21 ¿Eres llamado *siendo* siervo? no se te dé cuidado: mas tambien si puedes hacerte libre, procúralo mas.

22 Porque el que en el Señor es llamado, *siendo* siervo, liberto es del Señor[p]: asimismo tambien el que es llamado *siendo* libre, siervo es de Cristo[q].

23 Por precio sois comprados[r]; no os hagais siervos de los hombres[s].

24 Cada uno, hermanos, en lo que es llamado, en esto se quede para con Dios[t].

25 ¶ Empero de las vírgenes no tengo

[a] Ex. 21. 10.
[b] Joel 2. 16.
[c] ver. 2.
[d] Mat. 19. 11.
[e] 1 Ti. 5. 14.
[f] Mat. 19. 6, 9.
[g] Mat. 18. 18.
[h] 1 Ti. 4. 5.
[i] Ro. 14. 19. Heb. 12. 14.
[k] 1 Ped. 3. 1, 2.
[l] ver. 20, 24.
[m] Cap. 4. 17. 2 Co. 11. 28.
[n] Ga. 5. 6. y 6. 15.
[o] Juan 15. 14. 1 Juan 2. 3.
[p] Juan 8. 36. Ro. 6. 18, 22.
[q] 1 Ped. 2. 16.
[r] Cap. 6. 20. 1 Ped. 1. 18, 19.
[s] 2 Co. 11. 20. Ga. 2. 4.
[t] ver. 17, 20.

mandamiento del Señor[u]; mas doy *mi* parecer, como quien ha alcanzado misericordia del Señor para ser fiel.

26 Tengo, pues, esto por bueno á causa de la necesidad que apremia, que bueno es al hombre estarse así[v].

27 ¿ Estás ligado á mujer ? no procures soltarte. ¿ Estas suelto de mujer ? no procures mujer.

28 Mas tambien si tomáres mujer, no pecaste ; y si la doncella se casáre, no pecó : pero afliccion de carne tendrán los tales : mas yo os dejo.

29 Esto empero digo, hermanos, que el tiempo es corto[x] : lo que resta es, que los que tienen mujeres sean como los que no las tienen ;

30 Y los que lloran, como los que no lloran ; y los que se huelgan, como los que no se huelgan ; y los que compran, como los que no poseen ;

31 Y los que usan de este mundo, como los que no usan : porque la apariencia de este mundo se pasa[y].

32 Quisiera pues que estuvieseis sin congoja. El soltero tiene cuidado de las cosas que *son* del Señor, como ha de agradar al Señor.

33 Empero el que se casó tiene cuidado de las cosas que son del mundo, como ha de agradar á *su* mujer.

34 Hay *asimismo* diferencia entre la casada y la doncella : la doncella tiene cuidado de las cosas del Señor, para ser santa así en el cuerpo como en el espíritu : mas la casada tiene cuidado de las cosas del mundo, como ha de agradar á *su* marido.

35 Esto empero digo para vuestro provecho ; no para echaros lazo, sino para lo honesto y decente, y para que sin impedimento os lleguéis al Señor.

36 Mas si á alguno parece cosa fea en su vírgen, que pase ya de edad, y que así conviene que se haga, haga lo que quisiere ; no peca, cásense.

37 Pero el que está firme en su corazon, y no tiene necesidad, sino que tiene libertad de su voluntad ; y determinó en su corazon esto, acerca de guardar su vírgen, bien hace.

38 Así que el que *la* da en casamiento, bien hace[z] ; y el que no *la* da en casamiento, hace mejor.

39 ¶ La mujer *casada* está atada á la ley, mientras vive su marido[a] ; mas si su marido muriére, libre es : cásese con quien quisiere, con tal que sea en el Señor[b].

40 Empero mas venturosa será si se quedáre así, segun mi consejo[c] ; y pienso que tambien yo tengo Espíritu de Dios[d].

CAPITULO VIII.

En órden á si es ó no lícito comer de las viandas ofrecidas á los ídolos, declara el Apóstol la libertad del cristiano en esta parte, pero advirtiendo que se evite escandalizar á los flacos en la fé, y el que, inducidos por el ejemplo, lleguen á pecar comiendo de aquellas contra su propia conciencia.

Y POR lo que hace á lo sacrificado á los ídolos[a], sabemos que todos tenemos ciencia[b]. La ciencia hincha, mas la caridad edifica[c].

2 Y si á alguno se imagina que sabe algo, aun no sabe nada como debe saber[d].

3 Mas si alguno ama á Dios, el tal es conocido de él[e].

4 Acerca pues de las viandas que son sacrificadas á los ídolos, sabemos que el ídolo nada es en el mundo[f], y que no hay mas de un Dios[g].

5 Porque aunque haya algunos que se llamen dioses[h], ó en el cielo, ó en la

[u] ver. 6, 10, 40.
[v] ver. 1, 8.
[x] Ro. 13. 11. 1 Ped. 4. 7. 2 Ped. 3. 8, 9.
[y] Sal. 39. 6. 1 Juan 2. 17.
[z] ver. 28.
[a] Ro. 7. 2.
[b] 2 Co. 6. 14.
[c] ver. 25.
[d] Cap. 9. 1. 2 Co. 11. 5.
[a] Cap. 10. 19. Hech. 15. 19, 20.
[b] Ro. 14. 14, 22.
[c] Cap. XIII.
[d] Ga. 6. 3.
[e] Na. 1. 7. Ga. 4. 9. 2 Ti. 2. 19.
[f] Is. 41. 24.
[g] De. 4. 39. Is. 44. 8.
[h] Ga. 4. 8.

tierra, (como hay muchos dioses y muchos señores,)

6 Nosotros empero no tenemos mas de un Dios, el Padre[i], del cual *son* todas las cosas, y nosotros en él ; y un Señor, Jesu-Cristo[k], por el cual *son* todas las cosas[l], y nosotros por él.

7 Mas no en todos *hay* esta ciencia : porque algunos con conciencia del ídolo hasta aquí, comen como sacrificado á ídolos ; y su conciencia, siendo flaca, es contaminada[m].

8 Si bien la vianda no nos hace mas aceptos á Dios[n] : porque ni que comamos, serémos mas ricos ; ni que no comamos, serémos mas pobres.

9 Mas mirad que esta vuestra libertad no sea tropezadero á los que son flacos[o].

10 Porque si te ve alguno, á tí que tienes *está* ciencia, que estás sentado á la mesa en el lugar de los ídolos, ¿ la conciencia de aquel que es flaco, no será adelantada á comer de lo sacrificado á los ídolos ?

11 ¿ Y por tu ciencia se perderá el hermano flaco, por el cual Cristo murió[p] ?

12 De esta manera, pues, pecando contra los hermanos, é hiriendo su flaca conciencia, contra Cristo pecais.

13 Por lo cual, si la comida es á mi hermano ocasion de caer, jamas comeré carne por no escandalizar á mi hermano[q].

CAPITULO IX.

Ampliando el Apóstol lo que ántes ha indicado sobre el uso de la libertad cristiana en cosas de suyo indiferentes, recuerda como él mismo, á fin de evitar posibles inconvenientes en la obra de su ministerio, habia renunciado aun á aquello que podia y le era debido como Apóstol, y hácholo todo para con todos, por ganar para Dios á muchos.

¿ NO soy apóstol ? ¿ no soy libre ? ¿ no he visto á Jesu-Cristo[a] el Señor nuestro ? ¿ no sois vosotros mi obra en el Señor[b] ?

2 Si á los otros no soy apóstol, á vosotros ciertamente lo soy ; porque el sello de mi apostolado sois vosotros en el Señor.

3 Esta es mi respuesta á los que me preguntan.

4 Qué, ¿ no tenemos potestad de comer y de beber[c] ?

5 ¿ O no tenemos potestad de traer *con nosotros* una mujer hermana, tambien como los otros apóstoles, y los hermanos del Señor[d], y Céfas[e] ?

6 ¿ O solo yo y Bernabé no tenemos potestad de no trabajar[f] ?

7 ¿ Quién jamás peleó á sus expensas ? ¿ Quien planta viña, y no come de su fruto ? ó ¿ quién apacienta el ganado, y no come de la leche del ganado ?

8 ¿ Digo esto *solamente* segun los hombres ? ¿ No dice esto tambien la ley ?

9 Porque en la ley de Moisés está escrito[g] : No pondrás bozal al buey que trilla. ¿ Tiene Dios cuidado de los bueyes ?

10 ¿ O dícelo enteramente por nosotros ? Pues por nosotros está escrito : porque con esperanza ha de arar el que ara[h] ; y el que trilla, con esperanza de recibir el fruto.

11 Si nosotros os sembramos lo espiritual, ¿ *será* gran cosa si segáremos *de* lo vuestro carnal[i] ?

12 Si otros tienen en vosotros esta potestad, ¿ no mas bien nosotros ? Mas no hemos usado de esta potestad[k] ; ántes lo sufrimos todo por no poner ningun obstáculo al Evangelio de Cristo.

13 ¿ No sabeis que los que trabajan en el santuario, comen del santuario, y que

[i] Ef. 4. 6.
[k] Ef. 4. 5.
[l] Juan 1. 3. Col. 1. 16. Heb. 1. 2.
[m] Ro. 14. 14, 23.
[n] Ro. 14. 17.
[o] Ro. 14. 13, 20.
[p] Ro. 14. 15, 20.
[q] Cap. 9. 22.
[a] Cap. 15. 8. Hech. 9. 3, 17. y 22. 14.
[b] Cap. 4. 15.
[c] Mat. 10. 9, 10.
[d] Mar. 6. 3.
[e] Mat. 8. 14.
[f] 2 Tes. 3. 8, 9.
[g] De. 25. 4. 1 Ti. 5. 18.
[h] 2 Ti. 2. 6.
[i] Ro. 15. 27.
[k] 2 Co. 11. 7, 9. y 12. 14.

los que sirven al altar, del altar partici-
cipan[l]?
14 Así tambien ordenó el Señor á los
que anuncian el Evangelio, que vivan
del Evangelio[m].
15 Mas yo de nada de esto me apro-
veché[n]: ni tampoco he escrito esto para
que se haga así conmigo; porque tengo
por mejor morir, ántes que nadie haga
vana *esta* mi gloria[o].
16 Pues bien que anuncio el Evangelio,
no tengo porqué gloriarme *de eso*; por-
que me es impuesta necesidad[p]; y ¡ay
de mí si no anunciare el Evangelio!
17 Por lo cual si lo hago de voluntad,
premio tendré; mas si por fuerza, la
dispensacion me ha sido encargada[q].
18 ¿Cuál pues es mi merced? Que
predicando el Evangelio, ponga el Evan-
gelio de Cristo de balde, para no usar
mal de mi potestad en el Evangelio.
19 Por lo cual, siendo libre para con
todos, me he hecho siervo de todos[r] por
ganar á mas.
20 Heme hecho á los Judíos como Ju-
dío, por ganar á los Judíos[s]; á los que
están sujetos á la ley, como sujeto á la
ley, por ganar á los que están sujetos á
la ley;
21 Á los que son sin ley, como si yo
fuera sin ley, (no estando yo sin ley de
Dios, mas en la ley de Cristo[t],) por
ganar á los que estaban sin ley.
22 Me he hecho á los flacos como flaco,
por ganar á los flacos[u]: á todos me he
hecho todo, para que de todo punto
salve á algunos[v].
23 Y esto hago por causa del Evan-
gelio, por hacerme juntamente partici-
pante de él.
24 ¿O no sabeis que los que corren en
el estadio, todos á la verdad corren,
mas uno lleva el premio? Corred de
tal manera que *le* obtengais[x].
25 Y todo aquel que lucha, de todo se
abstiene: y ellos, á la verdad, para re-
cibir una corona corruptible; mas nos-
otros, incorruptible[y].
26 Así que yo de esta manera corro,
no como á cosa incierta; de esta manera
peleo, no como quien hiere el aire:
27 Antes hiero mi cuerpo[z], y lo pongo
en servidumbre[a]; no sea que, habiendo
predicado á otros, yo mismo venga á ser
reprobado[b].

CAPITULO X.

Con el ejemplo de lo que sucediera á muchos de los antiguos Hebréos, lo cual fué escrito para amonestacion nuestra, exhorta el Apóstol á los Corintios á no imitarles en sus vicios, y vana confianza, y á que se guarden de toda idolatría, representándoles como incompatible el participar fructuosamente de la Cena del Señor con tomar parte en el culto de los ídolos. Recomienda la deferencia y miramiento para con todos; que todo se haga á gloria de Dios, y sin dar á nadie motivo de escándalo ú ofensa.

MAS no quiero, hermanos, que ig-
noreis, que nuestros padres todos
estuvieron bajo la nube[a], y todos pasa-
ron la mar[b];
2 Y todos en Moisés fueron bautizados
en la nube y en la mar;
3 Y todos comieron la misma vianda
espiritual[c];
4 Y todos bebieron la misma bebida
espiritual[d]: (porque bebian de la piedra
espiritual que los seguia[e]; y la piedra
era Cristo):
5 Mas de muchos de ellos no se agradó
Dios; por lo cual fueron postrados en el
desierto[f].
6 Empero estas cosas fueron en figura
de nosotros, para que no codiciemos
cosas malas, como ellos codiciaron[g].

Na. 18. 8, &c. De. 18. 1. Lu. 10. 7. Ga. 6. 6. Hech. 20. 34. Tes. 2. 9. Tes. 3. 8. 2 Co. 11. 10. Jer. 1. 17. Ro. 1. 14. Cap. 4. 1. Col. 1. 25. Ga. 5. 13. Hech. 16. 3. 21. 23, 26. Cap. 7. 22. Ro. 7. 6. Col. 3. 1, &c. Ro. 15. 1. Cap. 10. 33. Fil. 2. 16. Ti. 2. 5. Heb. 12. 1. Ti. 4. 8. Sant°. 1. 12. Ped. 5. 4. p. 2. 10. 11. Ro. 8. 13. Col. 3. 5. Co. 6. 18, Heb. 10. 39. Ex. 13. 21, Ne. 9. 18, Ex. 14. 19, Ex. 16. 15, Ne. 9. 15, Sal. 78. 24. Ex. 17. 6. Nu. 20. 11. Sal. 78. 15. 105. 41. Nu. 14. 29. 26. 64, 65. Heb. 3. 17. Judas 5. Nu. 11. 4, Sal. 106. 14.

7 Ni seais honradores de ídolos como
algunos de ellos, segun está escrito;
Sentóse el pueblo á comer y á beber, y
se levantaron á jugar[h].
8 Ni forniquemos, como algunos de
ellos fornicaron, y cayeron *muertos* en
un dia veinte y tres mil[i].
9 Ni tentemos á Cristo ‖, como tam-
bien algunos de ellos *lo* tentaron[k], y
perecieron *mordidos* por las serpientes[l].
10 Ni murmureis, como tambien algu-
nos de ellos murmuraron[m], y perecie-
ron por el destructor[n].
11 Y todas estas cosas les acontecieron
en figura; y son escritas para nuestra
admonicion[o], en quienes los fines de los
siglos han parado[p].
12 Así que, el que piensa estar *firme*,
mire no caiga[q].
13 No os ha tomado tentacion, sino
humana: mas fiel *es* Dios, que no os de-
jará ser tentados mas de lo que podeis
llevar; ántes dará tambien juntamente
con la tentacion la salida[r], para que
podais aguantar.
14 Por tanto, amados mios, huid de la
idolatría[s].
15 Como á sabios hablo; juzgad vos-
otros lo que digo.
16 La copa de bendicion[t] que ben-
decimos, ¿no es la comunion de la san-
gre de Cristo? El pan que partimos,
¿no es la comunion del cuerpo de
Cristo?
17 Porque un pan, *es que* muchos so-
mos un cuerpo; pues todos participa-
mos de aquel un pan.
18 Mirad á Israél segun la carne: los
que comen de los sacrificios ¿no son
partícipes con el altar[u]?
19 ¿Qué pues digo? ¿Que el ídolo es
algo[v]? ¿ó que sea algo lo que es sacri-
ficado á los ídolos?
20 Antes *digo* que lo que los Gentiles
sacrifican, á los demonios *lo* sacrifican[x],
y no á Dios: y no queria que vosotros
fueseis partícipes con los demonios.
21 No podeis beber la copa del Señor,
y la copa de los demonios[y]: no podeis
ser partícipes de la mesa del Señor, y de
la mesa de los demonios.
22 ¿O provocarémos á celo al Señor[z]?
¿Somos mas fuertes que él?
23 Todo me es lícito, mas no todo con-
viene[a]: todo me es lícito, mas no todo
edifica.
24 Ninguno busque su propio *bien so-
lamente*, sino cada cual el del otro[b].
25 De todo lo que se vende en la car-
nicería, comed sin preguntar nada por
causa de la conciencia:
26 Porque del Señor es la tierra y lo
que la hinche[c].
27 Y si algun infiel os llama, y quereis
ir, de todo lo que se os pone delante
comed, sin preguntar nada por causa de
la conciencia.
28 Mas si alguien os dijere: Esto fué
sacrificado á los ídolos, no *lo* comais por
causa de aquel que lo declaró, y por
causa de la conciencia[d]:
29 La conciencia digo, no tuya, sino
del otro. Pues ¿por qué ha de ser juz-
gada mi libertad por otra conciencia?
30 Y si yo con agradecimiento parti-
cipo, ¿por qué he de ser blasfemado por
lo que doy gracias[e]?
31 Si pues comeis, ó bebeis, ó haceis
otra cosa, hacedlo todo á gloria de Dios[f].
32 Sed sin ofensa á Judíos y á Gentiles,
y á la iglesia de Dios[g]:
33 Como tambien yo en todas las cosas
complazco á todos, no procurando *solo*
mi propio beneficio, sino el de muchos,
para que sean salvos[h].

[h] Ex. 32. 6. [i] Nu. 25. 1, 9. ‖ *al Señor*. [k] Ex. 17. 2, 7. Sal. 95. 9. [l] Nu. 21. 16. [m] Nu. 14. 2. y 29. 37. y 16. 41, 49. [n] Ex. 12. 23. [o] Ro 15. 4. [p] Heb. 9. 26. [q] Ro. 11. 20. Pr. 28. 14. [r] Sant°. 5. 11. 2 Ped. 2. 9. [s] 1 Juan 5. 21. [t] Mat. 26. 26. [u] Cap. 9. 13. [v] Cap. 8. 4. [x] Le. 17. 7. Sal. 106. 37. [y] De. 32. 38. [z] De. 32. 21. [a] Cap. 6. 12. [b] Fl. 2. 4, 21. [c] Sal. 24. 1. [d] Cap. 8. 10, 12. [e] Ro. 14. 6. [f] Ex. 32. 6. [g] Ro. 14. 13. 2 Co. 6. 3. [h] Cap. 9. 19, 22.

CAPITULO XI.

Censura á los Corintios que en sus religiosas asambléas orasen los hombres con la cabeza cubierta, y las mujeres descubierta, y tambien los desórdenes que en sus banquetes de caridad se cometian, como asimismo las irreverencias y profanaciones al celebrar la Cena del Señor, cuya institucion les recuerda, é indica las consecuencias de participar de ella indignamente.

SED imitadores de mí, así como yo de
Cristo [a].
2 ¶ Y os alabo, hermanos, que en todo
os acordais de mí, y reteneis las instruc-
ciones [b] *mias* de la manera que os en-
señé.
3 Mas quiero que sepais, que Cristo [c]
es la cabeza de todo varon; y el varon *es*
la cabeza de la mujer [d]; y Dios la ca-
beza de Cristo [e].
4 Todo varon que ora, ó profetiza,
cubierta la cabeza, afrenta á su cabeza.
5 Mas toda mujer que ora, ó profe-
tiza [f], no cubierta su cabeza, afrenta á
su cabeza: porque lo mismo es que si
se rayese.
6 Porque si la mujer no se cubre, tras-
quílese tambien: y si es deshonesto á la
mujer trasquilarse ó raerse, cúbrase.
7 Porque el varon no ha de cubrir la
cabeza, porque es imágen y gloria de
Dios [g]; mas la mujer es gloria del varon.
8 Porque el varon no es de la mujer,
sino la mujer del varon [h].
9 Porque tampoco el varon fué criado
por causa de la mujer, sino la mujer por
causa del varon.
10 Por lo cual la mujer debe tener
señal de potestad sobre *su* cabeza por
causa de los ángeles [i].
11 Mas ni el varon sin la mujer, ni la
mujer sin el varon, en el Señor.
12 Porque como la mujer *es* del varon,
así tambien el varon *es* por la mujer;
empero todo de Dios.
13 Juzgad vosotros mismos: ¿es ho-
nesto orar la mujer á Dios no cubierta?
14 Aun la misma naturaleza os en-
seña que al hombre sea deshonesto criar
cabello.
15 Por el contrario, á la mujer criar el
cabello le es honroso; porque en lugar
de velo le es dado el cabello.
16 Con todo eso si alguno parece ser
contencioso, nosotros no tenemos tal
costumbre, ni las iglesias de Dios.
17 ¶ Esto empero *os* denuncio, que no
alabo, que no por mejor, sino por peor
os juntais.
18 Porque lo primero, cuando os jun-
tais en la iglesia, oigo que hay entre vos-
otros disensiones [k]; y en parte lo creo.
19 Porque preciso es haya entre vos-
otros aun herejías [l], para que los que son
probados se manifiesten entre vosotros [m].
20 Cuando pues os juntais en uno,
esto no es comer la cena del Señor,
21 Porque cada uno toma ántes para
comer su propia cena; y el uno tiene
hambre, y el otro está embriagado.
22 Pues qué ¿no teneis casas en que
comais y bebais? O ¿menospreciais la
iglesia de Dios, y avergonzais á los que
no tienen? ¿Qué os diré? ¿Os ala-
baré? En esto no os alabo.
23 Porque yo recibí del Señor lo que
tambien os he enseñado [n]: Que el Se-
ñor Jesus, la noche que fué entregado,
tomó pan [o];
24 Y habiendo dado gracias, *lo* partió,
y dijo: Tomad, comed: esto es mi cu-
erpo que por vosotros es partido: haced
esto en memoria de mí.
25 Asimismo *tomó* tambien la copa,
despues de haber

[a] Cap. 4. 16. Fi. 3. 17. 1 Tes. 1. 6. 2 Tes. 3. 9.
[b] Cap. 4. 17.
[c] Ef. 5. 23.
[d] Gen. 3. 16. 1 Ped. 3. 1, 5, 6.
[e] Cap. 15. 27, 28. Juan 14. 28.
[f] Hech. 21. 9.
[g] Gen. 1. 26.
[h] Gen. 2. 18. y 22. 23.
[i] 1 Ti. 5. 21.
[k] Cap. 1. 10, 12.
[l] Mat. 18. 7.
[m] 1 Juan 2. 19.
[n] Cap. 15. 3.
[o] Mat. 26. 26, etc.

ta copa es el nuevo pacto en mi sangre:
haced esto todas las veces que bebiereis
en memoria de mí.
26 Porque todas las veces que comie-
reis este pan, y bebiereis esta copa, la
muerte del Señor anunciais hasta que
venga [p].
27 De manera que cualquiera que co-
miere este pan, ó bebiere esta copa del
Señor indignamente, será culpado del
cuerpo y de la sangre del Señor.
28 Por tanto pruébese cada uno á sí
mismo, y coma así de aquel pan, y beba
de aquella copa.
29 Porque el que come y bebe indig-
namente, juicio come y bebe para sí, no
discerniendo el cuerpo del Señor.
30 Por lo cual *hay* muchos enfermos
y debilitados entre vosotros; y muchos
duermen.
31 Que si nos examinásemos á nosotros
mismos, cierto no seríamos juzgados.
32 Mas siendo juzgados, somos casti-
gados del Señor, para que no seamos
condenados con el mundo [q].
33 Así que, hermanos mios, cuando os
juntais á comer, esperáos unos á otros.
34 Y si alguno tuviere hambre, coma
en su casa; porque no os junteis para
juicio. Las demas cosas ordenaré cu-
ando llegáre.

[p] Ap. 22. 20.
[q] Sal. 94. 12, 13. Heb. 12. 5, 11.

CAPITULO XII.

Trata de los diversos dones con que Dios por Cristo adorna su Iglesia, y del legítimo uso y fin de ellos.

Y ACERCA de los *dones* espirituales,
no quiero, hermanos, que ignoreis.
2 Sabeis que cuando erais Gentiles,
ibais, como erais llevados, á los ídolos
mudos [a].
3 Por tanto os hago saber, que nadie
que hable por Espíritu de Dios, llama
anatema á Jesus [b]; y *que* nadie puede
llamar á Jesus Señor, sino por Espíritu
Santo [c].
4 Empero hay repartimientos de do-
nes [d]; mas el mismo Espíritu *es*.
5 Y hay repartimientos de ministerios;
mas el mismo Señor *es*.
6 Y hay repartimientos de operacio-
nes [e]; mas el mismo Dios es el que obra
todas las cosas en todos.
7 Empero á cada uno le es dada mani-
festacion del Espíritu para provecho [f].
8 Porque á la verdad á este es dada por
el Espíritu palabra de sabiduría; á otro,
palabra de ciencia segun el mismo Es-
píritu [g]:
9 A otro, fé [h] por el mismo Espíritu;
y á otro, dones de sanidades [i] por el
mismo Espíritu:
10 A otro, operaciones de milagros; y
á otro, profecía; y á otro, discrecion de
espíritus [k]; y á otro, géneros de lenguas [l];
y á otro, interpretacion de lenguas.
11 Mas todas estas cosas obra uno y el
mismo Espíritu, repartiendo particu-
larmente á cada uno como quiere.
12 ¶ Porque de la manera que el cu-
erpo es uno, y tiene muchos miem-
bros [m], empero todos los miembros de
este un cuerpo, siendo muchos, son un
cuerpo, así tambien Cristo [n].
13 Porque por un Espíritu somos todos
bautizados en un cuerpo, ora Judíos ó
Griegos, ora siervos ó libres [o]; y todos
hemos bebido de un mismo Espíritu.
14 Pues ni tampoco el cuerpo es un
miembro, sino muchos.
15 Si dijere el pié: Porque no soy
mano, no soy del cuerpo: ¿por eso no
será del cuerpo?
16 Y si dijere la oreja: Porque no soy
ojo, no soy del cuerpo: ¿por eso no será
el cuerpo?

[a] Ga. 4. 8. 1 Tes. 1. 9.
[b] Ro. 9. 3. 1 Juan 4. 2, 3.
[c] Mat. 16. 17.
[d] Ro. 12. 6. Heb. 2. 4. 1 Ped. 4. 10.
[e] Ro. 12. 6, 8.
[f] Ef. 4. 7.
[g] Cap. 1. 5.
[h] Cap. 13. 2.
[i] Mar. 16. 18.
[k] 1 Juan 4. 1.
[l] Cap. 14. 2, 5, etc.
[m] Ro. 12. 4, 5. Ef. 4. 4, 16.
[n] ver. 27.
[o] Gal. 3. 28.

17 Si todo el cuerpo *fuese* ojo, ¿dónde *estaria* el oido? si todo *fuese* oido, ¿dónde *estaria* el olfato?

18 Mas ahora Dios ha colocado los miembros cada uno de ellos por sí en el cuerpo, como quiso[p]. (ver. 28.)

19 Que si todos fueran un miembro, ¿dónde *estuviera* el cuerpo?

20 Mas ahora muchos miembros *son* á la verdad, empero un cuerpo.

21 Ni el ojo puede decir á la mano: No te he menester: ni asimismo la cabeza á los piés: No tengo necesidad de vosotros.

22 Antes, mucho mas los miembros del cuerpo que parecen mas flacos, son necesarios;

23 Y á aquellos del cuerpo que estimamos ser mas viles, á estos vestimos mas honrosamente; y los que en nosotros *son* menos honestos, tienen mas compostura.

24 Porque los que en nosotros *son* mas honestos, no tienen necesidad *de eso:* mas Dios ordenó el cuerpo dando mas abundante honor al que le faltaba;

25 Para que no haya desavenencia en el cuerpo, sino que los miembros todos se interesen los unos por los otros.

26 Por manera que si un miembro padece, todos los miembros á una se duelen; y si un miembro en honrado, todos los miembros á una se gozan.

Ef. 5. 30. 27 Pues vosotros sois el cuerpo de Cristo, y miembros en parte[q].

28 Y á unos puso Dios en la Iglesia, primeramente apóstoles, luego profetas, lo tercero, doctores; luego facultades; luego dones de sanidades, ayudas, gobernaciones[r], géneros de lenguas. (Ro. 12. 8. Heb. 13. 7. 17. 24.)

29 ¿*Son* todos apóstoles? ¿*son* todos profetas? ¿todos doctores? ¿todos facultades?

30 ¿Tienen todos dones de sanidad? ¿hablan todos lenguas? ¿interpretan todos?

Cap. 14. 1, 39. 31 Empero procurad[s] los mejores dones: mas aun, yo os muestro un camino mas excelente.

CAPITULO XIII.

Excelencia y necesidad de la caridad cristiana, sin la cual inútiles serian los demas dones al que los tuviese.

SI yo hablase lenguas humanas y angélicas[a], y no tengo caridad[b], vengo á ser *como* metal que resuena, ó címbalo que retiñe. (2 Co. 12. 4. Ap. 5. 11. 7. 11, 12. 1 Ped. 4. 8.)

2 Y si tuviese profecía, y entendiese todos los misterios, y toda ciencia; y si tuviese toda la fé, de tal manera que traspasase los montes[c], y no tengo caridad, nada soy[d]. (Mat. 17. 20. Mat. 7. 22, 23.)

3 Y si repartiese toda mi hacienda para dar de comer *á pobres;* y si entregase mi cuerpo para ser quemado, y no tengo caridad, de nada *me* sirve.

4 La caridad es sufrida[e], es benigna[f]; la caridad no tiene envidia, la caridad no hace sin razon, no se ensancha, (Pr. 10. 12. Col. 3. 12.)

5 No es injuriosa, no busca *solo* lo suyo[g], no se irrita, no piensa el mal; (Cap. 10. 24. Fil. 2. 4.)

6 No se huelga de la injusticia, mas se huelga de la verdad:

7 Todo lo sufre, todo lo cree, todo lo espera, todo lo soporta.

8 La caridad nunca deja de ser: mas las profecías se han de acabar, y cesarán las lenguas, y la ciencia ha de ser quitada.

Cap. 8. 2. 9 Porque en parte conocemos[h], y en parte profetizamos.

Juan 3. 2. 10 Mas cuando venga lo que es perfecto[i], entónces lo que es en parte será quitado.

11 Cuando yo era niño, hablaba como niño, pensaba como niño, juzgaba como niño; mas cuando ya fuí hombre hecho, dejé lo que era de niño.

12 Ahora vemos por espejo[k], en oscuridad; mas entónces *verémos* cara á cara: ahora conozco en parte; mas entónces conoceré como soy conocido. (2 Co. 3. 18.)

13 Y ahora permanecen la fé, la esperanza, y la caridad; estas tres cosas: empero la mayor de ellas *es* la caridad.

CAPITULO XIV.

Superioridad del don de profecía ó enseñanza en la iglesia de Dios, en la cual es inútil el uso de lenguas no entendidas, aun para alabar á Dios, si no hubiere interpretacion de lo que se dice. Todo debe hacerse para edificacion en la iglesia; y en ella no deben hablar las mugeres.

SEGUID la caridad; y procurad los *otros dones* espirituales[a]: mas sobre todo que profeticeis. (Cap. 12. 31.)

2 Porque el que habla en lenguas[b], no habla á los hombres, sino á Dios; porque nadie le entiende, aunque en espíritu hable misterios. (Hech. 10. 46. y 19. 6.)

3 Mas el que profetiza, habla á los hombres *para* edificacion, y exhortacion, y consolacion.

4 El que habla lengua extraña, á sí mismo se edifica; mas el que profetiza, edifica á la iglesia.

5 Así que quisiera que todos vosotros hablaseis lenguas; empero mas *quisiera* que profetizaseis: porque mayor es el que profetiza que el que habla lenguas, si tambien no interpretáre, para que la iglesia tome edificacion[c]. (ver. 26.)

6 Ahora pues, hermanos, si yo fuere á vosotros hablando lenguas, ¿qué os aprovecharé, si no os habláre ó con revelacion, ó con ciencia, ó con profecía, ó con doctrina?

7 Ciertamente si las cosas inanimadas que hacen sonidos, como la flauta ó la vihuela, si no dieren distincion de voces ¿cómo se sabrá lo que se tañe con la flauta, ó con la vihuela?

8 Y si la trompeta diere sonido incierto, ¿quién se apercibirá á la batalla?

9 Así tambien vosotros, si por la lengua no diereis palabra bien significante ¿cómo se entenderá lo que se dice? porque hablaréis al aire.

10 Tantos géneros de voces, (por ejemplo,) hay en el mundo; y nada hay mudo:

11 Mas si *yo* ignoráre el valor de la voz, seré bárbaro al que habla, y el que habla *será* bárbaro para mí.

12 Así tambien vosotros; pues que anhelais espirituales *dones*, procurad ser excelentes para la edificacion de la iglesia[d]. (ver. 5.)

13 Por lo cual el que habla lengua *extraña*, pida que *la* interprete[e]. (Cap. 12. 10.)

14 Porque si yo orare en lengua *desconocida*, mi espíritu ora; mas mi entendimiento es sin fruto.

15 ¿Qué pues? Oraré con el espíritu, mas oraré tambien con entendimiento: cantaré con el espíritu, mas cantaré tambien con entendimiento.

16 Porque si bendijeres *solo* con el espíritu, el que ocupa lugar de un mero particular, ¿cómo dirá Amen á tu accion de gracias? pues no sabe lo que has dicho.

17 Porque tú, á la verdad, bien haces gracias; mas el otro no es edificado.

18 Doy gracias á mi Dios que hablo lenguas mas que todos vosotros:

19 Pero en la iglesia *mas* quiero hablar cinco palabras con mi sentido, para que enseñe tambien á los otros, que diez mil palabras en lengua *desconocida*.

f Sal. 131. 2. Mat. 18. 3. Ro. 16. 19. 1 Ped. 2. 2.
20 Hermanos, no seais niños f en el sentido, sino sed niños en la malicia; empero perfectos en el sentido.

g Is. 28. 11, 12.
21 En la ley está escrito g: En otras lenguas, y en otros labios hablaré á este pueblo; y ni aun así oirán, dice el Señor.

22 Así que las lenguas por señal son, no á los fieles, sino á los infieles: mas la profecía, no *se dá* á los infieles, sino á los fieles.

h Hech. 2. 13.
23 De manera que si toda la iglesia se juntáre en uno, y todos hablan lenguas, y entran indoctos, ó infieles, ¿no dirán que estais locos h?

24 Mas si todos profetizan, y entra algun infiel ó indocto, de todos es convencido, de todos es juzgado;

i Is. 45. 14.
25 Y lo oculto de su corazon se hace manifiesto: y así postrándose sobre el rostro, adorará á Dios, declarando que verdaderamente Dios está en vosotros i.

k Cap. 12. 8, 10. l ver. 5, 40.
26 ¶ ¿Qué hay, pues, hermanos? Cuando os juntais, cada uno de vosotros tiene salmo, tiene doctrina, tiene lengua, tiene revelacion, tiene interpretacion k: hágase todo para edificacion l.

27 Si habláre alguno en lengua *extraña, sea esto* por dos, ó á lo mas tres, y por turno; mas uno interprete.

28 Y si no hubiere interprete, calle en la iglesia; y hable á sí mismo, y á Dios.

m 1 Tes. 5. 19, 20.
29 Asimismo los profetas m hablen dos ó tres, y los demas juzguen.

30 Y si á otro que estuviere sentado, fuere revelado, calle el primero.

31 Porque podeis todos profetizar uno por uno, para que todos aprendan, y todos sean exhortados.

32 Y los espíritus de los que profetizaren, sujétense á los profetas:

n Cap. 11. 16.
33 Porque Dios no es Dios de disension, sino de paz; como en todas las iglesias de los santos n.

o 1 Ti. 2. 11, 12. p Ef. 5. 22. 1 Ped. 3. 1. q Gen. 3. 16.
34 Vuestras mujeres callen en las congregaciones: porque no les es permitido hablar o, sino que estén sujetas p, como tambien la ley dice q.

35 Y si quieren aprender alguna cosa, pregunten en casa á sus maridos; porque deshonesta cosa es hablar las mujeres en la congregacion.

36 Qué ¿ha salido de vosotros la palabra de Dios? ó ¿á vosotros solos ha llegado?

r 1 Juan 4. 6.
37 Si alguno, á su parecer, es profeta, ó espiritual, reconozca lo que os escribo, porque son mandamientos del Señor r.

38 Mas el que *obstinado* ignora, ignore.

39 Así que, hermanos, procurad profetizar; y no impidais el hablar lenguas.

s ver. 26, 33.
40 Empero hágase todo decentemente y con órden s.

CAPITULO XV.

Como algunos de entre los fieles de Corinto negasen la resurreccion de los muertos, pruébala el Apóstol por el hecho fundamental de haber Jesu-Cristo resucitado, y describe el órden y modo en que ella ha de verificarse, y la naturaleza de los cuerpos resucitados. Habla del precioso cambio ó transformacion de los que estarán vivos en el último dia, y exhorta á vivir firmes en la fé, procurando abundar en frutos de piedad verdadera.

a Ro. 11. 20. b Heb. 3. 6. c ver. 14, 17. d Sal. 22. 1, etc. Is. 53. 1, etc. Da. 9. 26. Zac. 13. 7. Lu. 24. 26, 46.
ADEMAS os declaro, hermanos, el Evangelio que os he predicado, el cual tambien recibisteis, en el cual tambien perseverais a;

2 Por el cual asimismo b, si reteneis la palabra que os he predicado, sois salvos, si no creisteis en vano c.

3 Porque primeramente os he enseñado lo que asimismo recibí: Que Cristo fué muerto por nuestros pecados, conforme á las Escrituras d;

e Sal. 16. 10. f Lu. 24. 34.
4 Y que fué sepultado, y que resucitó al tercer dia, conforme á las Escrituras e:

5 Y que apareció á Céfas f, y despues á los doce.

6 Despues apareció á mas de quinientos hermanos juntos; de los cuales muchos viven aun, y otros son muertos.

7 Despues apareció á Jacobo; despues á todos los apóstoles.

g Cap. 9. 1.
8 Y el postrero de todos, como á un abortivo, me apareció á mí g.

h Ef. 3. 8.
9 Porque yo soy el mas pequeño de los apóstoles h, que no soy digno de ser llamado apóstol, porque perseguí la iglesia de Dios.

i Ef. 3. 7.
10 Empero por la gracia de Dios soy lo que soy i: y su gracia no ha sido en vano para conmigo; ántes he trabajado mas que todos ellos: pero no yo, sino la gracia de Dios que *fué* conmigo.

11 Porque, ó *sea* yo, ó *sean* ellos, así predicamos, y así habeis creido.

12 Y si Cristo es predicado que resucitó de los muertos, ¿cómo dicen algunos entre vosotros que no hay resurreccion de muertos?

13 Porque si no hay resurreccion de muertos, Cristo tampoco resucitó.

14 Y si Cristo no resucitó, vana *es* entónces nuestra predicacion, vana es tambien vuestra fé.

15 Y aun somos hallados falsos testigos de Dios; porque hemos testificado de Dios, que él haya levantado á Cristo, al cual no levantó, si en verdad los muertos no resucitan.

16 Porque si los muertos no resucitan, tampoco Cristo resucitó.

k Ro. 4. 25.
17 Y si Cristo no resucitó, vuestra fé es vana, aun estais en vuestros pecados k.

18 Entónces tambien los que durmieron en Cristo son perdidos.

l Cap. 4. 13. Juan 16. 2. 2 Ti. 3. 12.
19 Si en esta vida solamente esperamos en Cristo, los mas miserables somos de todos los hombres l.

m Ro. 1. 4. 1 Ped. 1. 3. n Le. 23. 10, 11. Hech. 26. 23. Col. 1. 18. Ap. 1. 5.
20 Empero Cristo ha resucitado de los muertos m; primicias n de los que durmieron es hecho.

o Ro. 5. 12, 17. p Juan 11. 25.
21 Porque por cuanto la muerte o *entró* por un hombre, tambien por un hombre la resurreccion de los muertos p.

22 Porque así como en Adam todos mueren, así tambien en Cristo todos serán vivificados.

q 1 Tes. 4. 15, 17.
23 Mas cada uno en su órden: Cristo, las primicias; luego los que son de Cristo, en su venida q.

24 Luego, el fin; cuando entregará el reino á Dios y al Padre, cuando habrá quitado todo imperio, y toda potencia, y potestad.

r Sal. 2. 6, 8, y 45. 3, 5.
25 Porque es menester que él reine, hasta poner todos sus enemigos debajo de sus piés r.

s Ap. 20. 14.
26 Y el postrer enemigo *que* será deshecho, *será* la muerte s.

t Sal. 8. 6. Heb. 2. 8.
27 Porque todas las cosas sujetó debajo de sus piés t. Y cuando dice: Todas las cosas son sujetadas á él, claro está exceptuado aquel que sujetó á él todas las cosas.

u Fil. 3. 21. v Cap. 11. 3.
28 Mas luego que todas las cosas le fueren sujetas u, entónces tambien el mismo Hijo se sujetará al que le sujetó á él todas las cosas v, para que Dios sea todas las cosas en todos.

x Ro. 6. 3, 4. y 2 Co. 11. 26.
29 De otro modo, ¿qué harán los que se bautizan x por los muertos, si en ninguna manera los muertos resucitan? ¿Por qué, pues, se bautizan por muertos?

z 2 Co. 7. 4.
30 Y ¿por qué nosotros peligramos á toda hora y?

a Cap. 4. 9. Ro. 8. 36. 2 Co. 4. 10, 11.
31 Sí, por la gloria z que en órden á vosotros tengo en Cristo Jesus, Señor nuestro, cada dia muero a.

32 Si como hombre batallé en Efeso contra las bestias, ¿qué me aprovecha? Si los muertos no resucitan, comamos y bebamos, que mañana moriremos[b].

33 No erreis[c]: Las malas conversaciones corrompen las buenas costumbres‖.

34 Velad debidamente[d], y no pequeis; porque algunos no conocen á Dios: para vergüenza vuestra hablo[e].

35 ¶ Mas dirá alguno: ¿Cómo resucitarán los muertos? ¿Con qué cuerpo vendrán?

36 Necio, lo que tu siembras, no se vivifica, si no muriere *ántes*[f].

37 Y lo que siembras, no siembras el cuerpo que ha de salir, sino el grano desnudo, acaso de trigo, ó de otro *grano:*

38 Mas Dios le da el cuerpo como quiso, y á cada simiente su propio cuerpo[g].

39 Toda carne no *es* la misma carne: mas una carne ciertamente *es* la de los hombres, y otra carne la de los animales, y otra la de los peces, y otra la de las aves.

40 Y cuerpos *hay* celestiales, y cuerpos terrestres: mas ciertamente una *es* la gloria de los celestiales, y otra la de los terrestres.

41 Otra *es* la gloria del sol, y otra la gloria de la luna, y otra la gloria de las estrellas: porque una estrella es diferente de otra en gloria.

42 Así tambien *es* la resurreccion de los muertos. Se siembra en corrupcion; se levantará en incorrupcion:

43 Se siembra en vergüenza; se levantará con gloria[h]: se siembra en flaqueza; se levantará con potencia:

44 Se siembra cuerpo animal; resucitará espiritual cuerpo. Hay cuerpo animal, y hay cuerpo espiritual.

45 Así tambien está escrito[i]: Fué hecho el primer hombre Adam en ánima viviente; el postrer Adam, en espíritu vivificante[k].

46 Mas lo espiritual no es primero, sino lo animal; luego lo espiritual.

47 El primer hombre *es* de la tierra, terreno: el segundo hombre, *que es* el Señor, *es* del cielo[l].

48 Cual el terreno, tales tambien los terrenos; y cual el celestial, tales tambien los celestiales.

49 Y como trajimos la imágen del terreno, traerémos tambien la imágen del celestial[m].

50 ¶ Esto empero digo, hermanos: que la carne y la sangre no pueden heredar el reino de Dios[n]; ni la corrupcion hereda la incorrupcion.

51 Hé aquí, os digo un misterio: Todos ciertamente no dormirémos; mas todos serémos trasformados[o],

52 En un momento, en un abrir de ojo, á la final trompeta: porque será tocada la trompeta[p], y los muertos serán levantados sin corrupcion; y nosotros serémos transformados.

53 Porque es menester que esto corruptible sea vestido de incorrupcion, y esto mortal sea vestido de inmortalidad[q].

54 Y cuando esto corruptible fuere vestido de incorrupcion, y esto mortal fuere vestido de inmortalidad, entónces se efectuará la palabra que está escrita: Sorbida es la muerte con victoria[r].

55 ¿Dónde *está*, oh muerte, tu victoria[s]? ¿Dónde, oh muerte, tu aguijon?

56 Ya que el aguijon de la muerte *es* el pecado[t], y la potencia del pecado, la ley[u].

57 Mas á Dios gracias, que nos da la victoria por el Señor nuestro Jesu-Cristo[v].

58 Así que, hermanos mios amados, estad firmes y constantes, creciendo en la obra del Señor siempre, sabiendo que vuestro trabajo en el Señor no es vano[x].

CAPITULO XVI.

Exhorta á los Corintios á que hagan la colecta de limosnas para los pobres de la Iglesia de Jerusalem, y les recomienda á Timotéo y á otros discípulos.

CUANTO á la colecta *que se hace* para los santos[a], haced vosotros tambien de la manera que ordené en las iglesias de Galacia.

2 Cada primer *día* de la semana[b] cada uno de vosotros aparte en su casa, guardando lo que por la bondad de Dios pudiere; para que cuando *yo* llegare, no se hagan entónces colectas.

3 Y cuando habré llegado, los que aprobareis por cartas, á estos enviaré que lleven vuestro beneficio á Jerusalem[c].

4 Y si fuere digno el negocio que yo tambien vaya, irán conmigo.

5 Y á vosotros iré, cuando hubiere pasado á Macedonia; porque á Macedonia tengo de pasar[d]:

6 Y podrá ser que me quede con vosotros, ó invernaré tambien, para que vosotros me lleveis adonde hubiere de ir[e].

7 Porque no os quiero ahora ver de paso; sino que espero estar con vosotros algun tiempo, si el Señor *lo* permitiere[f].

8 Empero estaré en Efeso hasta Pentecostes.

9 Porque se me ha abierto[g] puerta grande y eficaz; y muchos *son* los adversarios.

10 ¶ Y si llegáre Timotéo[h], mirad que esté con vosotros seguramente; porque la obra del Señor hace, tambien como yo[i].

11 Por tanto nadie le tenga en poco[k]; ántes llevadlo en paz[l], para que venga á mí: porque lo espero con los hermanos.

12 Acerca del hermano Apolos[m], mucho le he rogado que fuese á vosotros con *algunos* hermanos; mas en ninguna manera tuvo voluntad de ir por ahora: pero irá cuando tuviere oportunidad.

13 Velad[n], estad firmes en la fé[o]; portáos varonilmente, y esforzáos[p].

14 Todas vuestras cosas sean hechas con caridad[q].

15 ¶ Y os ruego, hermanos, ya sabeis que la casa de Estéfanas es las primicias de Achaya[r], y que se han dedicado al ministerio de los santos,

16 Que vosotros os sujeteis á los tales[s], y á todos los que ayudan, y trabajan.

17 Huélgome de la venida de Estéfanas, y de Fortunato, y de Achâico; porque estos suplieron vuestra ausencia:

18 Porque recrearon mi espíritu y el vuestro. Reconoced pues á los tales[t].

19 Las Iglesias de Asia os saludan. Os saludan mucho en el Señor Aquila y Priscilla[u], con la Iglesia que está en su casa[v].

20 Os saludan todos los hermanos. Saludáos los unos á los otros con ósculo santo[x].

21 Salud †. De mi mano, Pablo[y].

22 El que no amáre al Señor Jesu-Cristo, sea Anathema[z]. Maran-atha ‖.

23 La gracia del Señor Jesu-Cristo *sea* con vosotros.

24 Mi amor en Cristo Jesus *sea* con todos vosotros. Amen.

La Primera á los Corintios fué enviada de Filipos con Estéfanas, y Fortunato, y Achâico, y Timotéo.

Is. 22. 13. Cap. 5. 6. Verso de Menandro, poeta cómico. Hech. 17. Mt. 1. 2. Ro. 13. 11. Ef. 5. 14. Tes. 5. Cap. 6. 5. Juan 12. Gen. 1. 11, 12. Fi. 3. 21. Gen. 2. 7. Juan 5. 21. 6. 33, 40. Ro. 5. 14. Juan 3. 13. Ro. 8. 29. Juan 3. 2. Cap. 6. 13. Co. 3. 23. Tes. 4. 17. Mat. 24. 31. Co. 5. 4. Is. 25. 8. Os. 13. 14. Ro. 6. 23. Ro. 4. 15. 7. 5, 13. Ro. 7. 25. 8. 37.

[x] Ap. 14. 13. [a] 2 Co. 8. 4. y 9. 1, etc. Ga. 2. 10. [b] Hech. 20. 7. Ap. 1. 10. [c] 2 Co. 8. 16, 19. [d] Hech. 19. 21. 2 Co. 1. 15, 16. [e] Ro. 15. 24. [f] Cap. 4. 19. Hech. 18. 21. Sant. 4. 15. [g] Hech. 24. 27. 2 Co. 2. 12. Ap 3. 8. [h] Cap. 4. 17. [i] Fi. 2. 19, 22. [k] 1 Ti. 4. 12. [l] 1 Ped. 5. 8. [m] Cap. 1. 12. [n] 1 Ped. 5. 8. [o] 2 Tes. 2. 15. [p] Ef. 6. 10. [q] 1 Ped. 4. 8. [r] Ro. 16. 5. [s] Heb. 13. 17. [t] Fi. 2. 29. 1 Tes. 5. 12. [u] Hech. 18. 2, 26. [v] Ro. 16. 5. File. 2. [x] Ro. 16. 16. 1 Tes. 2. 16. † Gr. *Salutacion.* [y] Col. 4. 18. 2 Tes. 3. 17. [z] Ro. 9. 3. Ga. 1. 8, 9. ‖ *El Señor vendrá. Syriac.*

LA SEGUNDA EPÍSTOLA DEL APÓSTOL SAN PABLO

Á LOS

CORINTIOS.

A. D. 57.

CAPITULO I.

Excúsase el apóstol de no haber ido ántes á visitarlos; despues de hacerles ver la sinceridad de su corazon y de su doctrina.

PABLO, apóstol de Jesu-Cristo por la voluntad de Dios[a], y Timotéo el hermano, á la Iglesia de Dios que está en Corinto, juntamente con todos los Santos que están por toda la Achâya.

a 1 Ti. 1. 1.

2 Gracia y paz á vosotros de Dios nuestro Padre, y del Señor Jesu-Cristo.

3 ¶ Bendito *sea* el Dios y Padre del Señor Jesu-Cristo[b], el Padre de misericordias, y el Dios de toda consolacion,

b Ef. 1. 3. 1 Ped. 1. 3.

4 El cual nos consuela en todas nuestras tribulaciones, para que podamos tambien nosotros consolar á los que están en cualquiera angustia, con la consolacion con que nosotros somos consolados de Dios.

5 Porque de la manera que abundan en nosotros las aflicciones de Cristo[c], así abunda tambien por el *mismo* Cristo nuestra consolacion.

c Fl. 3. 10. Col. 1. 24.

6 Mas si somos atribulados, *es* por vuestra consolacion y salud[d]; la cual es obrada en el sufrir las mismas aflicciones que nosotros tambien padecemos: ó si somos consolados *es* por vuestra consolacion y salud.

d Cap. 4. 15.

7 Y nuestra esperanza de vosotros *es* firme, estando ciertos que como sois compañeros de las aflicciones, así tambien *lo seréis* de la consolacion.

8 Porque hermanos, no queremos que ignoreis de nuestra tribulacion que nos fué hecha en Asia[e]; que sobre manera fuimos cargados sobre *nuestras* fuerzas, de tal manera que estuviesemos en duda de la vida.

e Hech. 19. 23, etc. 1 Co. 15. 32.

9 Mas nosotros tuvimos en nosotros mismos respuesta de muerte, para que no confiemos en nosotros mismos, sino en Dios[f], que levanta los muertos:

f Jer. 17. 5, 7.

10 El cual nos libró, y libra de tanta muerte[g]; en el cual esperamos que aun nos librará;

g 2 Ped. 2. 9.

11 Ayudándonos tambien vosotros con oracion por nosotros[h], para que por la merced *hecha* á nos por respeto de muchos, por muchos *tambien* sean hechas gracias por nosotros[i].

h Ro. 15. 30. Fl. 1. 19. File. 22.
i Cap. 4. 15.

12 Porque nuestra gloria es esta: el testimonio de nuestra conciencia, que con simplicidad y sinceridad de Dios, no con sabiduría carnal[k], mas con la gracia de Dios[l], hemos conversado en el mundo, y muy mas con vosotros.

k 1 Co. 2. 4, 13.
l 1 Co. 15. 10.

13 Porque no os escribimos otras cosas de las que leeis, ó tambien conoceis; y espero que aun hasta el fin *las* conocereis:

14 Como tambien en parte habeis conocido que somos vuestra gloria[m], así como tambien vosotros la nuestra, para el dia del Señor Jesus[n].

m Cap. 5. 12.
n Fl. 4. 1. 1 Tes. 2. 19, 20.

15 Y con esta confianza quise primero ir á vosotros, para que tuvieseis una segunda gracia[o];

o Ro. 1. 11.

16 Y por vosotros pasar á Macedonia, y de Macedonia venir otra vez á vosotros[p], y ser vuelto de vosotros á Judéa.

A. D. 57.

p 1 Co. 16. 5, 6.

17 Así que pretendiendo esto, ¿usé quizá de liviandad? ó lo que pienso hacer ¿piénsolo segun la carne[q], para que haya en mí Sí y No?

q Cap. 10. 2.

18 Antes Dios fiel *sabe* que nuestra palabra para con vosotros no ha sido Sí y No.

19 Porque el Hijo de Dios, Jesu-Cristo, que por nosotros ha sido entre vosotros predicado, por mí, y Silvano, y Timotéo, no ha sido Sí y No; mas ha sido Sí en él.

20 Porque todas las promesas de Dios *son* en el Sí, y en él Amen[r] por nosotros á gloria de Dios.

r Ro. 15. 8, 9.

21 Y el que nos confirma con vosotros en Cristo, y el que nos ungió[s], *es* Dios;

s 1 Juan 2. 20, 27.

22 El cual tambien nos ha sellado[t], y dado la prenda del Espíritu en nuestros corazones[u].

t Ef 1. 13, 14. y 4. 30.
u Cap. 5. 5. Ro. 8. 9, 14, y 16. 23.

23 ¶ Mas yo llamo á Dios por testigo sobre mi alma[v], que por ser indulgente con vosotros no he pasado todavía á Corinto[x].

v Ga. 1. 20. Fl. 1. 8.
x Cap. 13. 2, 10.

24 No que nos enseñoreemos de vuestra fé[y], mas somos ayudadores de vuestro gozo: porque por la fé estais firmes[z].

y 1 Co. 3. 5. 1 Ped. 5. 3.
z Ro. 11. 20. 1 Co. 15. 1.

CAPITULO II.

Manda restituir al incestuoso arrepentido á la comunion de la Iglesia; y con indulgencia paternal y autoridad apostólica en nombre de Cristo le alza la pena impuesta.

ESTO pues determiné para conmigo, no venir otra vez á vosotros con tristeza[a].

a Cap. 12. 20, 21.

2 Porque si yo os contristo, ¿quién será luego el que me alegrará, sino aquel á quien yo contristáre?

3 Y esto mismo os escribí, porque cuando llegare no tenga tristeza sobre tristeza de los que me debiera gozar; confiando en vosotros todos que mi gozo es *el* de todos vosotros.

4 Porque por la mucha tribulacion y angustia del corazon os escribí con muchas lágrimas; no para que fueseis contristados, mas para que supieseis cuanto mas amor tengo para con vosotros[b].

b Cap. 11. 2.

5 ¶ Que si alguno *me* contristó[c], no me contristó á mí, sino en parte: por no cargaros á todos vosotros.

c 1 Co. 5. 1.

6 Bástale al tal esta reprension *hecha* de muchos[d].

d 1 Co. 5. 4, 5. 1 Ti. 5. 20.

7 Así que, al contrario, vosotros mas bien lo perdoneis y consoleis, porque no sea el tal consumido † de demasiada tristeza.

† Gr. sorbido.

8 Por lo cual os ruego que confirmeis el amor para con él.

9 Porque tambien por este fin os escribí, para tener experiencia de vosotros si sois obedientes en todo[e].

e Cap. 7. 15.

10 Y al que vosotros perdonareis, yo tambien: porque tambien yo lo que he perdonado, si algo he perdonado, por vosotros *lo he hecho* en persona de Cristo;

11 Porque no seamos engañados de Satanas[f]: pues no ignoramos sus maquinaciones.

f Lu. 22. 31.

12 ¶ Cuando vine á Troas[g] para el Evangelio de Cristo, aunque me fué abierta puerta[h] en el Señor,

13 No tuve reposo en mi espíritu, por no haber hallado á Tito mi hermano[i]: así despidiéndome de ellos, partí para Macedonia.

14 Mas á Dios gracias, el cual hace que siempre triunfemos en Cristo Jesus[k], y manifiesta el olor[l] de su conocimiento por nosotros en todo lugar.

15 Porque para Dios somos buen olor de Cristo en los que se salvan, y en los que se pierden[m].

16 A estos ciertamente olor de muerte para muerte; y á aquellos olor de vida para vida[n]. Y para estas cosas ¿quién es suficiente[o]?

17 Porque no somos, como muchos, mercaderes falsos de la palabra de Dios[p], ántes con sinceridad, como de Dios, delante de Dios, hablamos en Cristo.

[g] Hech. 20. 1, 2. [h] 1 Co. 16. 9. [i] Cap. 7. 5, 6. [k] Ro. 8. 37. [l] Ca. 1. 3. [m] 1 Co. 1. 18. [n] 1 Ped. 2. 7, 8. [o] Cap. 2. 5, 6. [p] Cap. 4. 2.

CAPITULO III.

Excelencia de la ley de gracia comparada con la ley escrita. El velo que cubre á los Judíos la inteligencia de las Escrituras, solamente se quita con la fé en Jesu-Cristo.

¿COMENZAMOS otra vez á alabarnos á nosotros mismos[a]? ¿ó tenemos necesidad, como algunos, de letras de recomendacion para vosotros[b], ó de recomendacion de vosotros?

2 Nuestras letras sois vosotros, escritas en nuestros corazones, sabidas y leidas de todos los hombres[c];

3 Siendo manifiesto que sois letra de Cristo administrada de nosotros, *y* escrita no con tinta, mas con el Espíritu de Dios vivo; no en tablas de piedra[d], sino en tablas de carne del corazon[e].

4 Y tal confianza tenemos por Cristo para con Dios:

5 No que seamos suficientes de nosotros mismos para pensar algo como de nosotros mismos, sino que nuestra suficiencia *es* de Dios[f];

6 El cual asimismo nos hizo *que fuesemos* ministros suficientes[g] del Nuevo Pacto[h]: no de la letra, mas del espíritu[i]; porque la letra mata[k], mas el espíritu vivifica[l].

7 Y si el ministerio de muerte en la letra grabado en piedras, fué con gloria, tanto que los hijos de Israél no pudiesen poner los ojos en la faz de Moisés, á causa de la gloria de su rostro[m], la cual habia de de perecer,

8 ¿Cómo no será mas bien con gloria el ministerio del Espíritu?

9 Porque si el ministerio de condenacion fué *con* gloria, mucho mas abundará en gloria el ministerio de justicia[n].

10 Porque aun lo que fué *tan* glorioso, no es glorioso en esta parte, en comparacion de la excelente gloria.

11 Porque si lo que perece *tuvo* gloria, mucho mas *será* en gloria lo que permanece.

12 Así que teniendo tal esperanza, hablamos con mucha confianza.

13 Y no como Moisés, *que* ponia un velo sobre su faz, para que los hijos de Israél no pusiesen los ojos en el fin de lo[o] que habia de ser abolido.

14 Empero los sentidos de ellos se embotaron[p]; porque hasta el dia de hoy *les* queda el mismo velo no descubierto en la leccion del antiguo testamento, el cual por Cristo es quitado.

15 Y aun hasta el dia de hoy, cuando Moisés es leido, el velo está puesto sobre el corazon de ellos.

16 Mas cuando se convirtiere al Señor, el velo se quitará[q].

[a] Cap. 5. 12. [b] Hech. 18. 27. [c] 1 Co. 9. 2. [d] Ex. 24. 12. [e] Jer. 31. 33. [f] Cap. 2. 16. 1 Co. 15. 10. Fi. 2. 13. [g] Ef. 3. 7. 1 Ti. 1. 12. [h] Mat. 26. 28. Heb. 8. 6, 10. [i] Ro. 2. 29. [k] Ro. 3. 20. y 4. 15. [l] Juan 6. 63. [m] Ex. 34. 1, 29. [n] Ro. 1. 17. y 3. 21. [o] Ro. 10. 4. Heb. 10. 1. [p] Ro. 11. 7, 8. [q] Ro. 11. 23.

17 Porque el Señor es el Espíritu[r]: y donde *hay* aquel Espíritu del Señor, allí *hay* libertad[s].

18 Por tanto nosotros todos, mirando á cara descubierta como en un espejo[t] la gloria del Señor, somos transformados de gloria en gloria en la misma semejanza[u], como por el Espíritu del Señor.

[r] ver. 6. 1 Co. 15. 45. [s] Ro. 8. 2. [t] 1 Co. 13. 12. [u] Ro. 8. 29. Col. 3. 10.

CAPITULO IV.

Conducta del Apostol llena de sinceridad y fidelidad en el desempeño de su ministerio, sin desmayar en medio de trabajos y persecuciones, cierto de que los males de esta vida son momentáneos, mas los bienes de la otra eternos.

POR lo cual teniendo *nosotros* esta administracion, segun la misericordia[a] que hemos alcanzado, no desmayamos;

2 Ántes quitamos los escondrijos de vergüenza, no andando con astucia, ni adulterando la palabra de Dios[b], sino por manifestacion de verdad encomendándonos á nosotros mismos á toda conciencia humana delante de Dios[c].

3 Que si nuestro Evangelio está aun encubierto, entre los que se pierden está encubierto[d]:

4 En los cuales el dios de este siglo[e] cegó los entendimientos de los incrédulos, para que no les resplandezca la lumbre del Evangelio de la gloria de Cristo[f], el cual es la imágen[g] de Dios.

5 Porque no nos predicamos á nosotros mismos, sino á Jesu-Cristo, el Señor; y nosotros vuestros siervos por Jesus.

6 Porque Dios, que mandó que de las tinieblas resplandeciese la luz[h], *es el* que resplandeció en nuestros corazones, para iluminacion del conocimiento de la gloria de Dios en la faz de Jesu-Cristo.

7 ¶ Tenemos empero este tesoro en vasos de barro, para que la alteza del poder sea de Dios, y no de nosotros:

8 *Estando* atribulados en todo, mas no angustiados *sin efugio*; en apuros, mas no desesperamos[i];

9 Perseguidos, mas no desamparados; abatidos, mas no perecemos;

10 Llevando siempre por todas partes la muerte del Señor Jesus en el cuerpo[k], para que tambien la vida de Jesus sea manifestada en nuestros cuerpos[l].

11 Porque nosotros que vivimos, siempre estamos entregados á muerte por Jesus[m], para que tambien la vida de Jesus sea manifestada en nuestra carne mortal.

12 De manera que la muerte obra en nosotros, y en vosotros la vida[n].

13 Empero teniendo el mismo espíritu de fé, conforme á lo que está escrito[o]: Creí, por lo cual tambien hablé: nosotros tambien creemos, por lo cual tambien hablamos;

14 Estando ciertos que el que levantó al Señor Jesus, á nosotros tambien nos levantará por Jesus[p], y nos pondrá con vosotros.

15 Porque todas *estas* cosas *padecemos* por vosotros[q], para que abundando la gracia por muchos, en el hacimiento de gracias sobreabunde[r] á gloria de Dios.

16 Por tanto no desmayamos; ántes aunque este nuestro hombre exterior se va degastando, el interior[s] empero se renueva de dia en dia.

17 Porque lo que al presente es momentáneo[t] y leve de nuestra tribulacion, nos obra un sobremanera alto *y* eterno peso de gloria;

18 No mirando nosotros á las cosas que

[a] 1 Co. 7. 25. [b] Cap. 2. 17. 1 Tes. 2. 3, 5. [c] 1 Co. 15. 51. 1 Tes. 4. 15. [d] Cap. 2. 15. 2 Tes. 2. 10. [e] Juan 12. 31. y 14. 30. Ef. 2. 2. [f] Cap. 3. 18. [g] Juan 1. 14, 18. Col. 1. 15. Heb. 1. 3. [h] Gen. 1. 3. [i] Sal. 37. 24. [k] 1 Co. 15. 31. Ga. 6. 17. [l] 2 Ti. 2. 11, 12. [m] Ro. 8. 36. [n] Col. 1. 24. [o] Sal. 116. 10. [p] Ro. 8. 11. 1 Co. 6. 14. 2 Ti. 2. 8. [q] Cap. 1. 6. 2 Ti. 2. 10. [r] Cap. 1. 11. [s] Ro. 7. 22. Ef. 3. 16. [t] Ro. 8. 18.

se ven, sino á las que no se ven[x]: porque las cosas que se ven, *son* temporales; mas las que no se ven, *son* eternas.

CAPITULO V.

Nuestra presente vida es un estado de peregrinacion, y el cielo es nuestra patria. En tanto que á ella arribamos, debemos vivir para Aquel que murió y resucitó por nosotros, y ante cuyo tribunal todos hemos de comparecer. Somos reconciliados con Dios por Jesu-Cristo; y á los apóstoles, como á embajadores suyos, fué dado el ministerio de proclamar esa reconciliacion.

PORQUE sabemos, que si la casa terrestre de *esta* nuestra habitacion[a] se deshiciere, tenemos de Dios un edificio, una casa no hecha de manos, eterna en los cielos.

2 Y por esto tambien gemimos, deseando ser sobrevestidos de aquella nuestra habitacion celestial[b];

3 Puesto que en verdad habrémos sido hallados vestidos, y no desnudos[c].

4 Porque asimismo los que estamos en *este* tabernáculo, gemimos agravados; porque no quisiéramos ser desnudados, sino sobrevestidos, para que lo mortal sea absorbido por la vida[d].

5 Mas el que nos hizo para esto mismo, *es* Dios; el cual asimismo nos ha dado la prenda del Espíritu[e].

6 Así que *vivimos* confiados siempre; y sabiendo, que entretanto que estamos en el cuerpo, peregrinamos *ausentes* del Señor.

7 (Porque por fé andamos[f], no por vista.)

8 Mas confiamos, y mas quisiéramos partir del cuerpo, y estar presentes al Señor[g].

9 Por tanto procuramos tambien, ó ausentes, ó presentes, serle agradables:

10 Porque es menester que todos nosotros parezcamos ante el tribunal de Cristo[h], para que cada uno reciba segun lo que hubiere hecho por medio del cuerpo, ora *sea* bueno ó malo.

11 Estando pues poseidos del temor del Señor[i], persuadimos á los hombres, mas á Dios somos manifiestos: y espero que tambien en vuestras conciencias somos manifiestos[k].

12 No nos encomendamos, pues, otra vez á vosotros[l], sino os damos ocasion de gloriaros por nosotros[m], para que tengais *que responder* contra los que se glorian en las apariencias, y no en el corazon.

13 Porque si loqueamos[n], *es* para Dios; y si estamos en seso, *es* para vosotros.

14 Porque el amor de Cristo nos constriñe, pensando esto: Que si uno murió por todos, luego todos son muertos[o]:

15 Y por todos murió Cristo, para que los que viven, ya no vivan para sí, mas para aquel que murió y resucitó por ellos[p].

16 De manera que nosotros de aquí adelante á nadie conocemos segun la carne: y aun si á Cristo conocimos segun la carne, empero ahora ya no le conocemos[q].

17 De modo que si alguno está en Cristo, nueva criatura *es*[r]: las cosas viejas pasaron; hé aquí todo es hecho nuevo.

18 Y todo esto *viene* de Dios, el cual nos reconcilió á sí por Jesu-Cristo[s]; y nos dió el ministerio de la reconciliacion.

19 Porque ciertamente Dios estaba en Cristo reconciliando el mundo á sí[t], no imputándoles sus pecados, y puso en nosotros la palabra[u] de la reconciliacion.

20 Así que somos embajadores en nombre de Cristo[v], como si Dios os rogase por medio nuestro: *os* rogamos en nombre de Cristo, Reconciliaos con Dios.

21 Al que no conoció pecado, hizo pecado por nosotros[x], para que nosotros fuesemos hechos justicia de Dios en él[y].

CAPITULO VI.

El modo de proceder de los ministros evangélicos; y exhortacion á los fieles de no estrechar trato y alianza con los infieles é idólatras.

COOPERANDO pues *como ministros suyos*, os exhortamos tambien[a] á que no recibais en vano la gracia de Dios[b],

2 (Porque dice: En tiempo aceptable te he oido, y en dia de salud te he socorrido: hé aquí ahora el tiempo aceptable; hé aquí ahora el dia de salud.)

3 No dando á nadie ningun escándalo[c], porque el ministerio *nuestro* no sea vituperado:

4 Antes habiéndonos en todas cosas como ministros de Dios[d], en mucha paciencia, en tribulaciones, en necesidades, en angustias,

5 En azotes[e], en cárceles, en alborotos, en trabajos, en vigilias, en ayunos,

6 En castidad, en ciencia, en longanimidad, en bondad, en Espíritu Santo, en amor no fingido,

7 En palabra de verdad[f], en potencia de Dios[g], en armas de justicia á diestro y á siniestro[h],

8 Por honra y por deshonra, por infamia y por buena fama: como engañadores, mas hombres de verdad[i];

9 Como ignorados, mas conocidos[k]; como muriendo, mas hé aquí vivimos[l]; como castigados, mas no muertos[m];

10 Como doloridos, mas siempre gozosos; como pobres, mas enriqueciendo á muchos; como no teniendo nada, mas poseyéndolo todo[n].

11 ¶ Nuestra boca está abierta á vosotros, oh Corintios; nuestro corazon es ensanchado[o].

12 No estais estrechos en nosotros; mas estais estrechos en vuestras *propias* entrañas.

13 Pues para corresponder al propio modo, (como á hijos hablo,) ensancháos tambien vosotros.

14 No os junteis en yugo con los infieles[p]; porque ¿qué compañía tiene la justicia con la injusticia? y ¿qué comunion la luz con las tinieblas?

15 Y ¿qué concordia Cristo con Belial ‖? ó ¿qué parte el fiel con el infiel?

16 Y ¿qué concierto el templo de Dios con los ídolos? Porque vosotros sois el templo del Dios viviente[q], como Dios dijo: Habitaré y andaré en ellos; y seré el Dios de ellos, y ellos serán mi pueblo[r].

17 Por lo cual salid de en medio de ellos, y apartáos, dice el Señor; y no toqueis lo inmundo[s]; y yo os recibiré,

18 Y seré á vosotros Padre, y vosotros me sereis á mí hijos é hijas, dice el Señor Todopoderoso[t].

CAPITULO VII.

Muestras del amor entrañable entre San Pablo y los Corintios. La tristeza que les ocasionó, les fué muy saludable.

ASI que, amados, pues tenemos tales promesas, limpiémonos de toda inmundicia de carne y de espíritu, perfeccionando la santificacion en temor de Dios[a].

2 ¶ Admitidnos: á nadie hemos inju-

Cap. IV: [x] Heb. 11. 1.

Cap. V: [a] Job 4. 19. 2 Ped. 1. 13, 14. [b] Ro. 8. 23. [c] 1 Co. 15. 53. [d] 1 Co. 15. 53. [e] Cap. 1. 22. Ef. 1. 14. [f] Ro. 8. 24, 25. 1 Co. 13. 12. Heb. 11. 1. [g] Fi. 1. 23. [h] Ro. 14. 10. [i] Juda 23. [k] Cap. 4. 2. [l] Cap. 3. 1. [m] Cap. 1. 14. [n] Cap. 11. 1, 16. Mar. 3. 21. [o] Ro. 6. 1, 10. [p] Ro. 14. 7, 9. 1 Ped. 4. 1, 2. [q] Fi. 3. 10. [r] Juan 3. 3. [s] Ro. 5. 10. Col. 1. 20. [t] Juan 1. 29. [u] Ex. 4. 15, 16. [v] Ef. 6. 20. [x] Is. 53. 6, 12. [y] Ro. 5. 19. 1 Co. 1. 30.

Cap. VI: [a] 1 Co. 3. 9. [b] Heb. 12. 15. [c] 1 Co. 10. 32. [d] 1 Co. 4. 1. [e] Cap. 11. 23. [f] Cap. 4. 2. [g] 1 Co. 2. 4. [h] Cap. 10. 4. [i] Juan 7. 12, 17. [k] Cap. 11. 6. [l] Cap. 4. 10, 11. [m] Sal. 118. 18. [n] Sal. 34. 11. [o] Cap. 7. 3. [p] Le. 19. 19. ‖ *Palabra Siriaca, que importa hombre maldito, y se atribuye al Diablo como jefe de todos los malvados.* [q] 1 Co. 3. 16, 17. Ef. 2. 21, 22. [r] Le. 26. 12. Ez. 37. 26, 27. [s] Is. 52. 11. [t] Jer. 31. 1.

Cap. VII: [a] 1 Juan 3. 3.

riado, á nadie hemos corrompido, á
sp.12.17. nadie hemos engañado [b].
Sa. 12, 8 No para condenaros *lo* digo; que ya
4. he dicho ántes que estais en nuestros
ech. 20. corazones, para morir y para vivir jun-
tamente *con nosotros* [c].
ap. 6, 11, 4 Mucha confianza tengo de vosotros,
tengo de vosotros mucha gloria [d]; lleno
ap. 1. 14. estoy de consolacion, sobreabundo de
gozo en todas nuestras tribulaciones.
5 Porque aun cuando vinimos á Ma-
ech. 20.1. cedonia [e], ningun reposo tuvo nuestra
carne; ántes en todo fuimos atribula-
dos: de fuera cuestiones, de dentro te-
mores.
6 Mas Dios, que consuela los humil-
ap. 2.12. des, nos consoló con la venida de Tito [f]:
7 Y no solo con su venida, sino tam-
bien con la consolacion con que él fué
consolado acerca de vosotros, haciéndo-
nos saber vuestro deseo grande, vuestro
lloro, vuestro celo por mí, para que así
me gozase mas.
8 Porque aunque os contristé por carta,
ap. 2. 4. no me arrepiento, bien que me pesó [g];
porque veo que aquella carta, aunque
por *algun* tiempo os contristó,
9 Ahora me gozo, no porque hayais
sido contristados, sino porque fuisteis
contristados para arrepentimiento; por-
que habeis sido constristados segun Dios,
para que ninguna pérdida padecieseis
por nuestra parte.
10 Porque el dolor que es segun Dios,
obra arrepentimiento saludable, de que
no hay que arrepentirse; mas el dolor
Sa.17.23. del siglo, obra muerte [h].
ob 35.9,10. 11 Porque hé aquí, esto mismo que
c. 5. 16,17. segun Dios fuisteis contristados, cuanta
solicitud ha obrado en vosotros, y aun
defensa, y aun enojo, y aun temor, mas
gran deseo, y aun celo, y ademas vindi-
cacion. En todo os habeis mostrado
limpios en el negocio.
12 Así que, aunque os escribí, no fué
solamente por causa del que hizo la in-
juria, ni por causa del que la padeció,
mas *tambien* para que os fuese manifi-
esta nuestra solicitud que tenemos por
ap. 2. 4. vosotros delante de Dios [i].
13 Por tanto tomamos consolacion de
vuestra consolacion: empero mucho mas
nos gozamos por el gozo de Tito, que
haya sido recreado su espíritu de todos
vosotros.
14 Pues si algo me he gloriado para
con él de vosotros, no he sido avergon-
zado; ántes como todo lo que habiamos
dicho de vosotros *era* con verdad, así
tambien nuestra gloria delante de Tito
fué hallada verdadera.
15 Y sus entrañas son mas abundantes
en afecto para con vosotros, cuando se
acuerda de la obediencia de todos vos-
otros, *y* de como lo recibisteis con te-
mor y temblor.
16 Así que me gozo de que en todo
estoy confiado de vosotros.

CAPITULO VIII.

Con el ejemplo de los Macedonios exhorta el apóstol á los Corintios á contribuir con largas limosnas al socorro de los pobres cristianos de Jerusalem.

ASIMISMO, hermanos, os hacemos
saber la gracia de Dios, que ha sido
dada á las Iglesias de Macedonia:
2 Que en grande prueba de tribulacion
la abundancia de su gozo *permaneció*, y
su profunda pobreza abundó en rique-
Mar.12.44. zas de su bondad [a].
3 Pues de su grado *han dado* conforme
á *sus* fuerzas, yo testifico, y aun sobre
sus fuerzas;
4 Pidiendonos con muchos ruegos, que
aceptasemos la gracia y la comunicacion
del servicio para los santos [b]. [b] Ro. 15. 26.
5 Y no como *lo* esperábamos, mas aun 1 Co. 16. 1.
á sí mismos se dieron primeramente al
Señor, y á nosotros por la voluntad de
Dios.
6 De manera que exhortamos á Tito,
que como comenzó ántes, así tambien
acabe esta gracia entre vosotros tam-
bien.
7 Por tanto, como en todo [c] abundais, [c] 1 Co. 1. 5.
en fé, y en palabra, y *en* ciencia, y en
toda solicitud, y *en* vuestro amor para
con nosotros, que tambien abundeis en
esta gracia.
8 No hablo como quien manda [d], sino [d] 1 Co. 7. 6.
para poner á prueba, por la eficacia de
otros, la sinceridad tambien de la cari-
dad vuestra.
9 Porque ya sabeis la gracia de nuestro
Señor Jesu-Cristo, que por amor de vos-
otros se hizo pobre [e], siendo rico [f]; para [e] Lu. 9. 58.
que vosotros con su pobreza fueseis en- Fi. 2. 6, 7.
riquecidos [g]. [f] Juan. 1. 1.
10 Y en esto doy *mi* consejo [h]: porque y 17. 5.
esto os conviene á vosotros, que comen- [g] Ap. 3. 18.
zasteis ántes *de ellos*, no solo á hacerlo, [h] 1 Co. 7. 25.
mas aun á quererlo desde el año pasado.
11 Ahora pues llevad tambien á cabo
el hecho; para que como *estuvisteis*
prontos á querer, así tambien *lo esteis*
en cumplir conforme á lo que teneis.
12 Porque si primero hay la voluntad
pronta [i], será acepta por lo que tiene, no [i] Ex. 25. 2.
por lo que no tiene [k]. 1 Cr. 29.
13 Porque no *se hace esto* para que haya 6, 9.
para otros desahogo, y para vosotros [k] Lu. 21. 3.
apretura;
14 Sino para que en este tiempo, con
igualdad, vuestra abundancia supla la
falta de ellos, para que tambien la abun-
dancia de ellos supla vuestra falta; por-
que haya igualdad,
15 Como está escrito: El que *recogió*
mucho, no tuvo mas; y el que poco, no
tuvo menos [l]. [l] Ex. 16. 18.
16 ¶ Empero gracias á Dios que dió
la misma solicitud por vosotros en el
corazon de Tito.
17 Pues á la verdad recibió la exhor-
tacion [m]; mas estando tambien muy [m] ver. 6.
solícito, de su voluntad partió para vos-
otros.
18 Y enviamos juntamente con él al
hermano [n], cuya alabanza en el Evan- [n] Cap. 12. 18.
gelio [o] *es* por todas las iglesias. [o] Fi. 4. 3, 15.
19 Y no solo *esto*, mas tambien fué or-
denado por las iglesias el compañero de
nuestra peregrinacion [p] para *llevar* esta [p] 1 Co. 16.
gracia, que es administrada de nosotros 3, 4.
para gloria del Señor, y *para servir*
vuestro pronto ánimo,
20 Evitando que nadie nos vitupére en
esta abundancia que ministramos [q]: [q] Esd. 8. 24,
21 Procurando las cosas honestas, no 30.
solo delante del Señor, mas aun delante
de los hombres [r]. [r] Ro. 12. 17.
22 Enviamos tambien con ellos á nu- Fi. 4. 8.
estro hermano, al cual muchas veces
hemos experimentado diligente; mas
ahora mucho mas con la mucha con-
fianza que *tiene* en vosotros.
23 Ora en órden á Tito, mi compañero
y coadjutor para con vosotros, ó *acerca
de* nuestros hermanos, los apóstoles *son*
de las iglesias, y la gloria de Cristo.
24 Mostrad pues para con ellos á la faz
de las iglesias la prueba de vuestro a-
mor, y de nuestra gloria acerca de vos- [s] Cap. 9. 2.
otros [s].

CAPITULO IX.

Prosigue la misma exhortacion con nuevas razones; en las que da el Apóstol algunos avisos sobre la limosna, y dice que se debe dar con gusto.

PORQUE cuanto á la suministracion para los santos[a], por demás me es escribiros;

2 Pues conozco vuestro pronto ánimo, del cual me glorío yo entre los de Macedonia, que Achaya está apercibida desde el año pasado; y vuestro ejemplo ha estimulado á muchos.

3 Mas he enviado los hermanos, porque nuestra gloria de vosotros no sea vana en esta parte; para que, como lo he dicho, esteis apercebidos:

4 No sea que, si vinieren conmigo Macedonios, y os hallaren desapercebidos, nos avergoncemos nosotros, por no decir vosotros, de este firme gloriarnos.

5 Por tanto tuve por cosa necesaria exhortar á los hermanos que fuesen primero á vosotros, y apresten primero vuestra bendicion ántes prometida, para que esté aparejada como *de* bendicion, y no como *de* mezquindad.

6 Esto empero *digo*: El que siembra escasamente, tambien segará escasamente; y el que siembra en bendiciones, en bendiciones tambien segará[b].

7 Cada uno *dé* como propuso en su corazon: no con tristeza, ó por necesidad[c]; porque Dios ama el dador alegre[d].

8 Y poderoso es Dios para hacer que abunde en vosotros toda gracia[e]; á fin que, teniendo siempre en todas *cosas* todo lo que basta, abundeis para toda buena obra:

9 (Como está escrito: Derramó; dió á los pobres: su justicia permanece para siempre[f].

10 Y el que dá simiente al que siembra, tambien dará pan para comer[g], y multiplicará vuestra sementera, y aumentará los crecimientos de los frutos de vuestra justicia[h];)

11 Para que esteis enriquecidos en todo para toda bondad, la cual obra por nosotros hacimiento de gracias á Dios[i].

12 Porque la suministracion de este servicio no solamente suple lo que á los santos falta, sino tambien abunda en muchos hacimientos de gracias á Dios:

13 Que por la experiencia de esta suministracion glorifican á Dios por la obediencia que profesais al Evangelio de Cristo, y por la bondad de contribuir para ellos y para todos:

14 Asimismo por la oracion de ellos á favor vuestro, los cuales os quieren á causa de la eminente gracia de Dios en vosotros.

15 Gracias *sean dadas* á Dios[k] por su don inefable.

[a] Cap. 8. 4, etc.
[b] Sal. 41. 1, 2. Pr. 11. 24, 25. y 19. 17. y 22. 9. Ec. 11. 1, 6. Ga. 6. 7, 9.
[c] De. 15. 7, 8.
[d] Ex. 25. 2. Ro. 12. 8.
[e] Fi. 4. 19.
[f] Sal. 112. 9.
[g] Is. 55. 10.
[h] Os. 10. 12.
[i] Cap. 1. 11. y 4. 15.
[k] Sant°. 1. 17.

CAPITULO X.

Conducta de San Pablo contrapuesta á la de los falsos apóstoles, los cuales calumniándole, impedian el fruto de su predicacion.

EMPERO, yo Pablo os ruego por la mansedumbre y modestia de Cristo[a], (*yo* que presente ciertamente *soy* bajo entre vosotros[b]; mas ausente soy confiado con vosotros:)

2 Ruego, pues, que cuando estuviere presente, no tenga que ser atrevido con la confianza con que estoy en ánimo de ser resuelto para con algunos[c], que nos tienen como si anduviesemos segun la carne.

3 Pues aunque andamos en la carne, no militamos segun la carne:

4 Porque las armas de nuestra milicia no *son* carnales[d], sino poderosas en Dios para la destruccion de fortalezas[e];

5 Destruyendo consejos, y toda altura que se levanta contra la ciencia de Dios, y cautivando todo intento á la obediencia de Cristo;

6 Y estando prestos para castigar toda desobediencia, cuando vuestra obediencia fuere cumplida.

7 ¶ ¿Mirais las cosas segun la apariencia[g]? Si alguno está confiado en sí mismo que es de Cristo, esto tambien piense por sí mismo, que como él es de Cristo, así tambien nosotros somos de Cristo[h].

8 Porque aunque me glorie aun un poco de nuestra potestad, (la cual el Señor nos dió para edificacion y no para vuestra destruccion[i],) no me avergonzaré.

9 *Dígolo* porque no parezca como que os *quiero* espantar por cartas.

10 Porque á la verdad, dicen, las cartas *son* graves y fuertes; mas la presencia corporal, flaca, y la palabra menospreciable.

11 Esto piense el tal, que cuales somos en la palabra por cartas, estando ausentes, tales *serémos* tambien en hechos, estando presentes.

12 Porque no osamos entremeternos ó compararnos con algunos que se alaban á sí mismos: mas *ellos*, midiéndose á sí mismos por sí mismos, y comparándose consigo mismos, no son juiciosos[k].

13 Nosotros empero no nos gloriarémos fuera de *nuestra* medida, sino conforme á la medida de la regla, de la medida que Dios nos repartió, para llegar aun hasta vosotros.

14 Porque no nos estendemos sobre *nuestra medida*, como si no llegasemos hasta vosotros; porque tambien hasta vosotros hemos llegado en el Evangelio de Cristo:

15 No gloriándonos fuera de *nuestra* medida en trabajos ajenos[l]; mas teniendo esperanza del crecimiento de vuestra fé, que serémos muy engrandecidos entre vosotros conforme á nuestra regla,

16 Y que anunciarémos el Evangelio en los *lugares* mas allá de vosotros, sin *entrar en* la medida de otro para gloriarnos en lo que ya estaba aparejado.

17 Mas el que se gloría, gloriese en el Señor[m].

18 Porque no el que se alaba á sí mismo, el tal es aprobado; mas aquel á quien Dios alaba[n].

[a] Ro. 12. 1.
[b] ver. 10.
[c] Cap. 13. 2, 10. 1 Co. 4. 21.
[d] Ef. 6. 13, etc. 1 Ti. 1. 18.
[e] Jer. 1. 10.
[g] Juan 7. 24.
[h] 1 Co. 14. 37. 1 Juan 4. 6.
[i] Cap. 13. 10.
[k] Pr. 26. 12. Ga. 6. 3, 4.
[l] Ro. 15. 20.
[m] Jer. 9. 24. 1 Co. 1. 31.
[n] Ro. 2. 29. 1 Co. 4. 5.

CAPITULO XI.

Prosigue su discurso contra los falsos apóstoles, gloriándose de que ha ejercido su ministerio sin recibir ningun socorro, y de los trabajos que ha sufrido.

OJALÁ toleraseis un poco mi locura[a]; empero toleradme.

2 Pues que os celo con celo de Dios; porque os he desposado á un marido[b], para presentaros *como* una vírgen pura[c] á Cristo.

3 Mas temo que como la serpiente engañó á Eva con su astucia[d], no sean corrompidos así vuestros sentidos en alguna manera, y caigan de la simplicidad que es en Cristo.

4 Porque si el que viene, predicáre otro Cristo que el que hemos predicado, ó recibiereis otro espíritu del que habeis recibido[e], ú otro Evangelio del que habeis aceptado, *lo* sufririais bien.

5 *Cuanto á mí*, cierto pienso que en nada he sido inferior á aquellos grandes apóstoles[f].

6 Porque aunque *soy* basto en palabra[g], empero no en la ciencia[h]: mas en todo somos ya del todo manifiestos á vosotros.

[a] ver. 16. Cap. 12. 6.
[b] Os. 2. 19, 20.
[c] Le. 21. 13.
[d] Gen. 3. 4.
[e] Ga. 1. 7, 8.
[f] Cap. 12. 11. 1 Co. 15. 10.
[g] 1 Co. 1. 17.
[h] Ef. 3. 4.

7 ¿ Pequé yo humillándome á mí mismo, para que vosotros fueseis ensalzados [i], porque os he predicado el Evangelio de Dios de balde?

[i] 1 Co. 9. 6, 12.

8 He despojado las otras iglesias, recibiendo salario para ministraros á vosotros.

9 Y estando con vosotros, y teniendo necesidad, á ninguno *de vosotros* fuí carga [k]; porque lo que me faltaba, suplieron los hermanos que vinieron de Macedonia [l]: y en todo me guardé de seros gravoso, y me guardaré.

[k] Cap. 12. 13. Hech. 18. 3. [l] Fi. 4. 10, 15.

10 Es la verdad de Cristo en mí [m], que esta gloria no me será cerrada en las partes de Achâya [n].

[m] Ro. 9. 1. [n] 1 Co. 9. 15.

11 ¿ Por qué? ¿*es* porque no os amo? Dios lo sabe.

12 Mas lo que hago, haré aun para cortar la ocasion de aquellos que la desean, á fin que en aquello que se glorían, sean hallados semejantes á nosotros.

13 Porque estos *son* falsos apóstoles [o], obreros fraudulentos [p], transfigurándose en apóstoles de Cristo.

[o] 2 Ped. 2. 1. Ap. 2. 2. [p] Fi. 3. 2. Tit. 1. 10, 11.

14 Y no *es* maravilla; porque el mismo Satanás se transfigura en ángel de luz [q].

[q] Gen. 3. 1, 5.

15 Así que no *es* mucho, si tambien sus ministros se transfiguran como ministros de justicia; cuyo fin será conforme á sus obras [r].

[r] Fi. 3. 19.

16 ¶ Otra vez digo: Que nadie me estime ser loco [s]; de otra manera, recibidme como á loco, para que aun me glorie yo un poquito.

[s] Cap. 12. 6, 11.

17 Lo que hablo, no lo hablo segun el Señor, sino como en locura, con esta confianza de gloria.

18 Pues que muchos se glorían segun la carne, tambien yo me gloriaré [t].

[t] Fi. 3. 3, 4.

19 Porque de buena gana tolerais los necios, siendo vosotros sabios:

20 Porque tolerais si alguno os pone en servidumbre, si alguno *os* devora, si alguno toma, si alguno se ensalza, si alguno os hiere en la cara.

21 Dígolo cuanto á la afrenta, como si nosotros hubiesemos sido flacos [u]. Empero en lo que otro tuviere osadía (hablo con locura) tambien yo tengo osadía.

[u] Cap. 10. 10.

22 ¿ Son Hebréos? yo tambien [v]. ¿ Son Israelitas? yo tambien. ¿ Son simiente de Abraham? tambien yo.

[v] Fi. 3. 5.

23 ¿ Son ministros de Cristo? (como poco sabio hablo) yo mas: en trabajos mas *que ellos* [x]; en cárceles, mas; en azotes, mas; en muertes, muchas veces [y].

[x] 1 Co. 15. 10. [y] 1 Co. 15. 30, 32.

24 De los Judíos cinco veces he recibido cuarenta *azotes* ménos uno [z].

[z] De. 25. 3.

25 Tres veces he sido azotado con varas [a]; una vez apedreado [b]; tres veces he padecido naufragio; una noche y un dia he estado en lo profundo *de la mar*.

[a] Hech. 16. 22. [b] Hech. 14. 19.

26 En caminos muchas veces; peligros de rios, peligros de ladrones, peligros de los de la nacion, peligros de los Gentiles, peligros en la ciudad, peligros en el desierto, peligros en la mar, peligros entre falsos hermanos;

27 En trabajo y fatiga, en muchas vigilias, en hambre y sed [c], en muchos ayunos, en frio y en desnudez;

[c] 1 Co. 4. 11.

28 Sin *otras* cosas ademas, lo que sobre mí se agolpa cada dia; la solicitud de todas las iglesias.

29 ¿ Quién enferma, y yo no enfermo [d]? ¿ Quién se escandaliza, y yo no me quemo?

[d] 1 Co. 9. 22.

30 Si es menester gloriarse, me gloriaré yo de lo que es de mi flaqueza [e].

[e] Cap. 12. 5, 9, 10.

31 El Dios y Padre del Señor nuestro Jesu-Cristo, que es bendito por siglos [f], sabe que no miento [g]:

[f] Ro. 9. 5. [g] Ga. 1. 20.

32 En Damasco, el capitan de la gente del rey Aretas guardaba la ciudad de los Damascenos para prenderme [h]:

[h] Hech. 9. 24, 25.

33 Y fuí descolgado del muro en un seron por una ventana, y escapé de sus manos.

CAPITULO XII.

En prueba de la verdad y excelencia de su apostolado, refiere San Pablo sus visiones y revelaciones; y concluye manifestando su amor á los Corintios.

CIERTO no me es conveniente gloriarme; mas vendré á las visiones y á las revelaciones del Señor.

2 Conozco á un hombre en Cristo [a], que hace catorce años [b] (si en el cuerpo, no lo sé; si fuera del cuerpo, no lo sé; Dios *lo* sabe) fué arrebatado hasta el tercer cielo.

[a] Ro. 16. 7. [b] Hech. 22. 17.

3 Y conozco tal hombre, (si en el cuerpo, ó fuera del cuerpo, no lo sé; Dios *lo* sabe,)

4 Que fué arrebatado al paraiso [c], donde oyó palabras secretas que el hombre no puede decir.

[c] Lu. 23. 43. Ap. 2. 7.

5 De este tal me gloriaré: mas de mí mismo nada me gloriaré, sino en mis flaquezas [d].

[d] ver. 9, 10. Cap. 11. 30.

6 Por lo cual si quisiere gloriarme, no seré insensato; porque diré verdad: empero *lo* dejo, porque nadie piense de mí mas de lo que en mí ve, ú oye de mí.

7 Y porque la grandeza de las revelaciones no me levante descomedidamente, me es dado un aguijon en mi carne [e], un ángel de Satanás [f], que me abofetée, para que no me enaltezca sobremanera.

[e] Ga. 2. 14. [f] Job 2. 7. Lu. 13. 16.

8 Por lo cual tres veces he rogado al Señor [g] que se quite de mí.

[g] De. 3. 23, 27. Mat. 26. 44.

9 Y me ha dicho: Bástate mi gracia; porque mi potencia en la flaqueza se perfecciona. Por tanto de buena gana me gloriaré mas bien en mis flaquezas [h], porque habite en mí la potencia de Cristo [i].

[h] ver. 5. [i] Cap. 4. 7.

10 Por lo cual me gozo en las flaquezas, en afrentas, en necesidades, en persecuciones, en angustias por Cristo: porque cuando soy flaco, entónces soy poderoso.

11 ¶ Heme hecho un necio *en gloriarme*: vosotros me constreñisteis; pues yo habia de ser alabado de vosotros: porque en nada he sido ménos que los sumos apóstoles [k], aunque soy nada [l].

[k] Cap. 11. 5. [l] 1 Co. 15. 9, 10.

12 Con todo esto las señales de apóstol han sido hechas entre vosotros [m] en toda paciencia, en señales, y en prodigios, y en maravillas.

[m] 1 Co. 9. 2.

13 Porque ¿ qué hay en que habeis sido ménos que las otras iglesias, sino en que yo mismo no os he sido carga [n]? Perdonadme esta injuria.

[n] Cap. 11. 9.

14 Hé aquí estoy aparejado para ir á vosotros la tercera vez [o], y no os seré gravoso; porque no busco vuestras cosas, sino á vosotros: porque no han de atesorar los hijos para los padres, sino los padres para los hijos.

[o] Cap. 13. 1.

15 Empero yo de muy buena gana despenderé y seré despendido por vuestras almas; aunque amándoos mas, sea amado ménos.

16 Mas sea así, yo no os he agravado; sino que, como soy astuto, os he tomado por engaño.

17 ¿ Acaso os he engañado por alguno de los que he enviado á vosotros?

18 Rogué á Tito, y envié con *él* al hermano [p]. ¿ Os engañó quizá Tito? ¿ no hemos procedido con el mismo espíritu, *y* por las mismas pisadas?

[p] Cap. 8. 6, 18.

19 ¶ ¿ Pensais aun que nos excusamos con vosotros? Delante de Dios, en Cristo

habiamos: mas todo, muy amados, por
vuestra edificacion.
20 Porque temo que cuando llegáre,
no os halle tales como quiero, y yo sea
hallado de vosotros cual no quereis[g];
que *haya* entre vosotros contiendas, en-
vidias, iras, disensiones, detracciones,
murmuraciones, elaciones, bandos;
21 Que cuando volviere, me humille
Dios entre vosotros, y haya de llorar por
muchos de los que ántes habrán pecado,
y no se han arrepentido de la inmundi-
cia, y fornicacion, y deshonestidad que
han cometido.

[g] Cap. 12. 20, 1 Co. 4. 21.

CAPITULO XIII.

Amenaza el Apóstol con graves castigos á los que no se hubieren enmendado; y concluye con una exhortacion general.

ESTA tercera vez voy á vosotros[a].
En la boca de dos ó de tres testigos
consistirá todo negocio[b].
2 He dicho ántes, y ahora digo otra
vez como presente; y ahora ausente lo
escribo á los que ántes pecaron[c], y á
todos los demas; que si voy otra vez,
no perdonaré[d]:
3 Pues buscais una prueba de Cristo
que habla en mí, el cual no es flaco
para con vosotros, ántes es poderoso en
vosotros[e].
4 Porque aunque fué crucificado por
flaqueza[f], empero vive por potencia de
Dios. Pues tambien nosotros somos fla-
cos con él, mas vivirémos con él por la
potencia de Dios para con vosotros.
5 Examináos á vosotros mismos si es-
tais en fé; probáos á vosotros mismos[g].
¿No os conoceis á vosotros mismos, que
Jesu-Cristo está en vosotros[h]? si ya no
sois reprobados[i].
6 Mas espero que conoceréis que nos-
otros no somos reprobados.
7 Y oramos á Dios que ninguna cosa
mala hagais; no para que nosotros sea-
mos hallados aprobados, mas para que
vosotros hagais lo que es bueno, aunque
nosotros seamos como reprobados.
8 Porque ninguna cosa podemos con-
tra la verdad, sino por la verdad[k].
9 Por lo cual nos gozamos que seamos
nosotros flacos, y que vosotros esteis
fuertes: y aun deseamos vuestra per-
feccion.
10 Por tanto *os* escribo esto ausente,
por no tratar presente con *mas* dureza[l],
conforme á la potestad que el Señor me
ha dado para edificacion, y no para
destruccion[m].
11 ¶ Resta, hermanos, que tengais
gozo, seais perfectos, tengais consola-
cion, sintais una misma cosa[n], tengais
paz; y el Dios de paz y de caridad será
con vosotros.
12 Saludaos los unos á los otros con ósculo
lo santo[o]. Todos los Santos os saludan.
13 La gracia del Señor Jesu-Cristo, y
el amor de Dios, y la participacion del
Espíritu Santo[p] sea con vosotros todos.
Amen.

La Segunda á los Corintios fué enviada de Filipos de Macedonia con Tito y Lucas.

[a] Cap. 12. 14. [b] De. 19. 15. Mat. 18. 16. [c] Cap. 12. 21. [d] Cap. 1. 23. [e] Cap. 12. 12. 1 Co. 9. 2. [f] Fl. 2. 7, 8. 1 Ped. 3. 18. [g] Cap. 3. 1, 2. [h] Ro. 8. 10. Ga. 4. 19. [i] 1 Co. 9. 27. 2 Ti. 3. 8. [k] Cap. 10. 3. [l] 1 Co. 4. 21. [m] ver. 10, 8. [n] Ro. 12. 16. y 15. 5. Fl. 2. 2. 1 Ped. 3. 8. [o] Ro. 16. 16. 1 Co. 16. 20. 1 Tes. 5. 26. 1 Ped. 5. 14. [p] Fl. 2. 1.

LA EPÍSTOLA DEL APÓSTOL SAN PABLO

Á LOS

GÁLATAS.

A. D. 57.

CAPITULO I.

Reprende á los Gálatas por haber dado oidos á unos falsos apóstoles, abandonando la doctrina que les habia enseñado, y que recibió él de Jesu-Cristo. Refiere lo que era él ántes, y qué hizo inmediatamente despues de su conversion.

PABLO apóstol, no de los hombres,
ni por hombre, mas por Jesu-
Cristo[a], y por Dios el Padre, que lo
resucitó de los muertos,
2 Y todos los hermanos que están con-
migo, á las iglesias de Galacia[b]:
3 Gracia *sea* á vosotros, y paz de Dios
el Padre, y de nuestro Señor Jesu-
Cristo[c],
4 El cual se dió á sí mismo por nues-
tros pecados[d] para librarnos de este pre-
sente siglo malo[e], conforme á la volun-
tad de Dios y Padre nuestro;
5 Al cual *es* la gloria por siglos de
siglos. Amen.
6 ¶ Estoy maravillado de que tan
pronto os hayais traspasado del que os
llamó á la gracia de Cristo[f], á otro
evangelio:
7 No que hay otro[g], sino que hay al-
gunos que os inquietan, y quieren per-
vertir el evangelio de Cristo[h].
8 Mas aun si nosotros, ó un ángel del
cielo os anunciáre otro evangelio del
que os hemos anunciado, sea anate-
ma[i].
9 Como ántes hemos dicho, tambien
ahora decimos otra vez: si alguno os
anunciáre otro evangelio del que habeis
recibido[k], sea anatema.
10 Porque ¿persuado yo ahora á hom-
bres ó á Dios? ¿ó busco de agradar á
hombres[l]? Cierto que si todavía agra-
dára á los hombres, no seria siervo de
Cristo[m].
11 ¶ Mas os hago saber, hermanos,
que el evangelio que *os* ha sido anunci-
ado por mí, no es segun hombre.
12 Pues ni yo lo recibí, ni *lo* aprendí
de hombre[n], sino por revelacion de
Jesu-Cristo[o].
13 Porque ya habeis oido acerca de mi
conducta otro tiempo en el Judaismo:
que perseguia sobremanera la iglesia de
Dios, y la destruia[p];
14 Y aprovechaba en el Judaismo so-
bre muchos de mis iguales en mi na-
cion, siendo muy mas celador *que todos*
de las tradiciones de mis padres[q].
15 Mas cuando plugo á Dios, que me
apartó desde el vientre de mi madre[r],
y *me* llamó por su gracia,
16 Revelar á su Hijo en mí[s], para que
le predicase entre los Gentiles[t], luego
no conferí con carne y sangre[u];
17 Ni fuí á Jerusalem á los que eran
apóstoles ántes que yo; sino que me fuí
á la Arabia, y volví de nuevo á Da-
masco.
18 Despues, pasados tres años[v], fuí
á Jerusalem[x] á ver á Pedro‡, y estuve
con él quince dias.
19 Mas á ningun otro de los apóstoles
ví, sino á Jacobo† el hermano del Se-
ñor[y].
20 Y *en* esto que os escribo, hé aquí de-
lante de Dios, no miento[z].

[a] Hech. 9. 15. [b] Hech. 16. 6. [c] Ro. 1. 7. [d] Juan 10. 17, 18. [e] Ef. 2. 2. [f] Cap. 5. 4, 7, 8. [g] 2 Co. 11. 4. [h] Cap. 5. 10, 12. [i] 1 Co. 16. 22. [k] De. 4. 2. Pr. 30. 6. Ap. 22. 18.

A. D. 57.

[l] 1 Tes. 2. 4. [m] Sant. 4. 4. [n] 1 Co. 15. 1, 3. [o] Ef. 3. 3. [p] Hech. 8. 1, 3. [q] Mar. 7. 3, 13. [r] Is. 49. 1. [s] 2 Co. 4. 6. [t] Hech. 9. 15. Ef. 3. 8. [u] Mat. 16. 17. [v] Hech. 9. 26. 1 Rey. 2. 38, 39. [x] Hech. 9. 27. ‡ Cefas. † Santiago. [y] Mar. 6. 3. [z] 2 Co. 11. 31.

21 Despues fui á las partes de Siria y
Hech. 9. 30. de Cilicia [a].
22 Y no era conocido de vista á las
Tes. 2. 14. iglesias de Judéa, que eran en Cristo [b].
23 Solamente habian oido *acerca de mí*: Aquel que en otro tiempo nos per-
seguia, ahora anuncia la fé que en otro
tiempo destruia.
24 Y glorificaban á Dios en mí.

CAPITULO II.

San Pablo predica contra los falsos apóstoles y los Judaizantes. Resistencia que en Antioquía hizo á Pedro por su represivo disimulo para con los tales, recordándo con tal motivo que nadie es justificado sino por la fé en Jesu-Cristo, y no por las obras de la ley.

DESPUES, pasados catorce años, fuí
Hech. 15. 2. otra vez á Jerusalem [a] juntamente
con Bernabé, tomando tambien conmigo
á Tito.
2 Empero fuí por revelacion, y comu-
niquéles el evangelio que predico entre
los Gentiles; mas particularmente á los
que parecian ser algo, por no correr en
. 2. 16. vano, ó haber corrido [b].
3 Mas ni aun Tito, que estaba con-
migo, siendo Griego, fué compelido á
circuncidarse.
4 Y *eso* por causa de los falsos her-
ch. 15. manos [c], que se entraban secretamente
24. para espiar nuestra libertad que tene-
p. 5. 1, mos en Cristo Jesus [d], para ponernos
en servidumbre [e];
p. 4. 3, 9. 5 A los cuales ni aun por una hora
cedimos sujetándonos, para que la ver-
dad del evangelio permaneciese con vos-
otros.
6 Empero de aquellos que parecian ser
algo, (cuales hayan sido algun tiempo,
no tengo que ver; Dios no acepta apa-
ch. 10. riencia de hombre [f];) á mí ciertamente
los que parecian ser algo, nada me di-
eron.
7 Antes por el contrario, como vieron
que el evangelio de la incircuncision me
.11. 13. era encargado [g], como á Pedro el de la
i. 2. 7. circuncision,
8 (Porque el que hizo por Pedro para
el apostolado de la circuncision, hizo
. 15. 13, tambien por mí para con los Gentiles [h],)
9 Y Como vieron la gracia que me era
tiago. dada, Jacobo ‖, y Cephas, y Juan, que
o. 11. 5. parecian ser las columnas [i], nos dieron
las diestras de compañía á mí y á Ber-
. 1. 5. nabé [k], para que nosotros *predicásemos* á
los Gentiles, y ellos á la circuncision.
10 Solamente *nos pidieron* que nos a-
cordasemos de los pobres; lo mismo que
h. 24. fuí tambien solícito en hacer [l].
11 ¶ Empero viniendo Pedro ‖ á An-
15. 25. tioquía, le resistí en la cara, porque era
ephas. de condenar.
12 Porque ántes que viniesen unos *de*
tiago. *parte* de Jacobo †, comia con los Gen-
ch. 11. 3. tiles [m]; mas despues que vinieron, se
retraia y apartaba teniendo miedo de los
que eran de la circuncision.
13 Y á su disimulacion consentian tam-
bien los otros Judíos; de tal manera que
aun Bernabé fué tambien llevado *de*
ellos en su simulacion.
14 Mas cuando ví que no andaban de-
rechamente conforme á la verdad del
. 5. evangelio [n], dije á Pedro delante de to-
. 5. 20. dos [o]: Si tú, siendo Judío, vives como
los Gentiles y no como Judío, ¿por qué
constriñes á los Gentiles á judaizar?
2. 3, 12. 15 Nosotros Judíos naturales, y no pe-
h. 13. cadores de los Gentiles [p],
16 Sabiendo que el hombre no es justi-
3. 20. ficado por las obras de la ley [q], sino por
. 3. 11, la fé de Jesu-Cristo [r], nosotros tambien
5. 1. hemos creido en Jesu-Cristo, para que
fuesemos justificados por la fé de Cristo,
y no por las obras de la ley: por cuanto
por las obras de la ley ninguna carne
será justificada [s]. [s] Sal. 143. 2.
17 Y si buscando nosotros ser justifica- Heb. 7. 18,
dos en Cristo, tambien nosotros somos 19.
hallados pecadores, ¿*es* por eso Cristo
ministro de *nuestro* pecado? En ningu-
na manera.
18 Porque si las cosas que destruí [t], [t] Cap. 4. 9.
las mismas vuelvo á edificar, transgre-
sor me hago.
19 Porque yo por la ley soy muerto á
la ley [u], para vivir á Dios [v]. [u] Ro. 7. 4, 6.
20 Con Cristo estoy juntamente cru- [v] Ro. 6. 11,
cificado [x], y vivo; no ya yo, mas vive 14.
Cristo en mí: y lo que ahora vivo en 2 Co. 5. 15.
la carne, *lo* vivo en la fé del Hijo de [x] Cap. 5. 24.
Dios, el cual me amó, y se entregó á Ro. 6. 6.
sí mismo por mí [y]. [y] Juan 10. 11.
21 No desecho la gracia de Dios. Por-
que si por la ley fuese la justicia, en-
tónces por demás [z] murió Cristo. [z] Heb. 7. 11.

CAPITULO III.

Reconviene á los Gálatas por su desobediencia á la verdad, y pruébales con el ejemplo de Abraham que la verdadera justicia es por la fé, y no por la Ley, cuyo oficio y fin les esplica.

¡OH Gálatas insensatos [a]! ¿quién os [a] Cap. 5. 7.
fascinó, para no obedecer á la ver-
dad, ante cuyos ojos Jesu-Cristo fué
ya descrito *como* crucificado entre vos-
otros [b]? [b] 1 Co. 2.
2 Esto solo quiero saber de vosotros: 2, 4.
¿Recibisteis el Espíritu [c] por las obras [c] Ef. 1. 13.
de la ley, ó por el oir de la fé?
3 ¿Tan necios sois? ¿Habiendo co-
menzado por el Espíritu, ahora os per-
feccionais por la carne [d]? [d] Cap. 4. 9.
4 ¿Tantas cosas habeis padecido en
vano [e]? si empero en vano. [e] 2 Juan 8.
5 Aquel, pues, que os daba el Espíri-
tu, y obraba maravillas entre vosotros,
¿*hacíalo* por las obras de la ley, ó por el
oir de la fé?
6 Como Abraham creyó á Dios, y le
fué imputado á justicia [f], [f] Gen. 15. 6.
7 Sabeis por tanto que los que son de Ro. 4. 3.
fé, los tales son hijos de Abraham [g]. [g] Ro. 4. 11,
8 Y viendo ántes la escritura [h], que 16.
Dios por la fé habia de justificar los [h] ver. 22.
Gentiles, evangelizó ántes á Abraham, Ro. 9. 17.
diciendo: En tí serán benditas todas las
naciones [i]. [i] Gen. 12. 3.
9 Luego los de la fé son *los* benditos Hech. 3. 25.
con el creyente Abraham [k]. [k] Cap. 4. 28.
10 Porque todos los que son de las
obras de la ley, están bajo de maldicion.
Porque escrito está: Maldito todo aquel
que no permaneciere en todas las cosas
que están escritas en el libro de la ley
para hacerlas [l]. [l] De. 27. 26.
11 Mas por cuanto por la ley ninguno
se justifica para con Dios, queda mani-
fiesto: Que el justo por la fé vivirá [m]. [m] Hab. 2. 4.
12 La ley tambien no es de la fé [n]; Heb. 10. 38.
sino, El hombre que los hiciere, vivirá [n] Ro. 10. 5, 6.
en ellos [o]. [o] Le. 18. 5.
13 Cristo nos redimió de la maldicion Ez. 20. 11.
de la ley, hecho por nosotros maldi-
cion [p]; (porque está escrito: Maldito [p] Cap. 4. 5.
cualquiera que es colgado en madero [q]:) 2 Co. 5. 21.
14 Para que la bendicion de Abraham [q] De. 21. 23.
fuese sobre los Gentiles en Cristo Je-
sus [r]; para que por la fé recibamos la [r] Ro. 4. 9,
promesa del Espíritu [s]. 16.
15 ¶ Hermanos, hablo como hombre: [s] Is. 44. 3.
Aunque un pacto *sea* de hombre, con Joel 2. 28,
todo *siendo* confirmado, nadie *lo* can- 29.
cela, ó le añade.
16 A Abraham fueron hechas las pro-
mesas, y á su simiente [t]. No dice: Y [t] Gen. 12.
á las simientes, como de muchos, sino 3, 7.

como de uno. Y á tu simiente, la cual es Cristo.

17 Esto pues digo: Que el contrato confirmado de Dios para con Cristo, la ley que fué hecha cuatrocientos y treinta años despues[u], no lo abroga, para invalidar la promesa.

18 Porque si la herencia es por la ley, ya no *será* por la promesa[v]: empero Dios por la promesa hizo la donacion á Abraham.

19 ¿Pues de qué *sirve* la ley? Fué puesta por causa de las rebeliones[w], hasta que viniese la simiente á quien fué hecha la promesa[y], ordenada *aquella* por los ángeles[z] en la mano de un mediador[a].

20 Y el mediador no es de uno, pero Dios es uno[b].

21 Luego ¿la ley *es* contra las promesas de Dios? En ninguna manera: porque si la ley dada pudiera vivificar, la justicia fuera verdaderamente por la ley.

22 Mas encerró la Escritura todo debajo de pecado[c], para que la promesa fuese dada á los creyentes por la fé de Jesu-Cristo[d].

23 Empero ántes que viniese la fé estabamos guardados debajo de la ley, encerrados para aquella fé que habia de ser descubierta.

24 De manera que la ley nuestro ayo fué para *llevarnos* á Cristo[e], para que fuesemos justificados por la fé.

25 Mas venida la fé, ya no estamos debajo del ayo.

26 Porque todos sois hijos de Dios por la fé en Cristo Jesus[f].

27 Porque todos los que habeis sido bautizados en Cristo, de Cristo estais vestidos[g].

28 No hay Judío, ni Griego; no hay siervo, ni libre; no hay varon, ni hembra[h]: porque todos vosotros sois uno en Cristo Jesus.

29 Y si vosotros *sois* de Cristo, ciertamente la simiente de Abraham sois[i], y conforme á la promesa los herederos[k].

CAPITULO IV.

Compara la ley antigua con un tutor, y á los Judios con un pupilo: dice que Cristo puso ya á los hombres en libertad. Despues de varias espresiones de sentimiento amoroso, prueba por la Escritura misma, cuando habla de Isaac é Ismaël, que la ley escrita no puede hacer liga con la ley de gracia.

TAMBIEN digo: Entretanto que el heredero es niño, en nada difiere del siervo, aunque es señor de todo;

2 Mas está debajo de tutores y curadores hasta el tiempo señalado por el padre.

3 Así tambien nosotros, cuando eramos niños, eramos siervos bajo los rudimentos del mundo[a].

4 Mas venido el cumplimiento del tiempo, Dios envió su Hijo, hecho de mujer, hecho súbdito† á la ley,

5 Para que redimiese los que estaban debajo de la ley, á fin que recibiesemos la adopcion de hijos.

6 Y por cuanto sois hijos, Dios envió el Espíritu de su Hijo en vuestros corazones, el cual clama: Abba, Padre[b].

7 Así que ya no eres mas siervo, sino hijo; y si hijo, tambien heredero de Dios por Cristo[c].

8 ¶ Antes, en otro tiempo, no conociendo á Dios, serviais á los que por naturaleza no son dioses[d]:

9 Mas ahora habiendo conocido á Dios, ó mas bien, siendo conocidos de Dios, ¿cómo os volveis de nuevo á los flacos

u Ex. 12. 40, 41.
v Ro. 4. 14.
w Ro. 5. 20.
y ver. 16.
z Hech. 7. 53.
a Ex. 20. 19, 22.
b Ex. 3. 15.
c Ro. 3. 9, 19.
d Ro. 4. 11, 12.
e Ro. 10. 4.
f Juan 1. 12. 1 Juan 3. 1, 2.
g Ro. 6. 3.
h 1 Co. 12. 13. Col. 3. 11.
i ver. 7.
k Ro. 8. 17.
a Col. 2. 8, 20.
† Gr. *Debajo de la Ley.*
b Ro. 8. 15.
c Ro. 8. 16, 17.
d 1 Co. 12. 2.

y pobres rudimentos[e], en los cuales quereis volver á servir?

10 Guardais los dias, y los meses, y los tiempos, y los años[f].

11 Temo de vosotros, que no haya trabajado en vano en vosotros.

12 Hermanos, os ruego, sed como yo, porque yo *soy* como vosotros[g]: ningun agravio me habeis hecho.

13 Que vosotros sabeis que por flaqueza de carne os anuncié el evangelio al principio.

14 Y no desechasteis ni menospreciasteis mi tentacion que *estaba* en mi carne[h]; ántes me recibisteis como á un ángel de Dios[i], como á Cristo Jesus[k].

15 ¿Dónde está, pues, vuestra bienaventuranza? porque yo os doy testimonio, que si se pudiera *hacer*, os hubierais sacado vuestros ojos para dármelos.

16 ¿Heme pues hecho vuestro enemigo, diciendoos la verdad?

17 Tienen celos de vosotros, *pero* no bien[l]: ántes, os quieren echar fuera para que vosotros los celeis á ellos.

18 Bueno *es* ser celosos, mas en bien siempre; y no solamente cuando estoy presente con vosotros.

19 Hijitos mios, que vuelvo otra vez á estar de parto de vosotros, hasta que Cristo sea formado en vosotros[m],

20 Querria cierto estar ahora con vosotros, y mudar mi voz; porque estoy perplejo en cuanto á vosotros.

21 ¶ Decidme, los que quereis estar debajo de la ley, ¿no habeis oido la ley?

22 Porque escrito está que Abraham tuvo dos hijos; uno de la sierva[n], el otro de la libre[o].

23 Mas el de la sierva nació segun la carne[p]; pero el de la libre *nació* por la promesa.

24 Las cuales cosas son dichas por alegoría: porque estas *mujeres* son los dos pactos; el uno ciertamente del monte Sina, el cual engendró para servidumbre, que es Agar.

25 Porque Agar ó Sina es un monte de Arabia, el cual es conjunto á la que ahora es Jerusalem, la cual sirve con sus hijos.

26 Mas la Jerusalem de arriba libre es[q]; la cual es la madre de todos nosotros.

27 Porque está escrito: Alégrate, estéril que no pares; prorumpe *en alabanzas* y clama, la que no estás de parto; porque mas son los hijos de la dejada, que de la que tiene marido[r].

28 Así que, hermanos, nosotros, como Isaac, somos hijos de la promesa[s].

29 Empero como entónces el que era engendrado segun la carne, perseguia al que *habia nacido* segun el Espíritu[t], así tambien ahora[u].

30 Mas ¿qué dice la Escritura? Echa fuera á la sierva y á su hijo; porque no será heredero el hijo de la sierva con el hijo de la libre[v].

31 De manera, hermanos, que no somos hijos de la sierva, mas de la libre.

CAPITULO V.

Exhórtales á permanecer firmes en la libertad evangélica, y representa como vacios de Cristo, y caidos de la gracia, á los que buscan ser justificados por la Ley; y despues de recomendarles la de la caridad, enumera las obras de la carne, y declara cuales son los frutos del Espíritu.

ESTAD, pues, firmes en la libertad con que Cristo nos hizo libres[a], y no volvais otra vez á ser presos en el yugo de servidumbre.

e ver. 3. Heb. 7. 18.
f Col. 2. 16.
g 2 Co. 12. 2.
h 2 Co. 12. 10.
i 2 Sa. 19. 27.
k Mat. 10. 40.
l 2 Co. 11. 2.
m 1 Co. 4. 15.
n Gen. 16. 15.
o Gen. 21. 1, 2.
p Ro. 9. 7, 8.
q Heb. 12. 22. Ap. 21. 2, 10.
r Is. 54. 1.
s Cap. 3. 29. Ro. 9. 8, 9.
t Gen. 21. 9.
u 1 Tes. 2. 14, 15.
v Gen. 21. 10, 12.
a Juan 8. 32, 36. Heb. 13. 10. Ro. 7. 4, 6.

2 Hé aquí, yo Pablo os digo: Que si os circuncidáreis, Cristo no os aprovechará nada.

3 Y otra vez vuelvo á protestar á todo hombre que se circuncidáre, que está obligado á hacer toda la ley.

4 Vacíos sois de Cristo los que por la ley os justificais[b]; de la gracia habeis caido.

5 Porque nosotros por el Espíritu esperamos la esperanza de la justicia por la fé[c].

6 Porque en Cristo Jesus ni la circuncision vale algo, ni la incircuncision[d]; sino la fé que obra por la caridad[e].

7 Vosotros corriais bien[f]: ¿quién os embarazó[g] para no obedecer á la verdad?

8 Esta persuasion no es de aquel que os llama[h].

9 Un poco de levadura leuda toda la masa[i].

10 Yo confio de vosotros en el Señor, que ninguna otra cosa sentiréis; mas el que os inquieta, llevará el juicio, quien quiera que él sea.

11 Y yo, hermanos, si aun predico la circuncision, ¿por qué padezco persecucion todavía[k]? pues que quitado es el escándalo de la cruz[l].

12 Ojalá fuesen tambien cortados los que os inquietan.

13 ¶ Porque vosotros, hermanos, á libertad habeis sido llamados: solamente que no *useis* la libertad como ocasion á la carne[m]; sinó servíos por amor los unos á los otros[n].

14 Porque toda la ley en aquesta sola palabra se cumple: Amarás á tu prójimo como á tí mismo[o].

15 Y si os mordeis y os comeis los unos á los otros, mirad que tambien no os consumais los unos á los otros.

16 ¶ Digo, pues: Andad en el Espíritu, y no satisfagais la concupiscencia de la carne[p].

17 Porque la carne codicia contra el Espíritu, y el Espíritu contra la carne[q]: y estas cosas se oponen la una á la otra[r], para que no hagais todo lo que quisiereis.

18 Mas si sois guiados del Espíritu, no estais debajo de la Ley[s].

19 Y manifiestas son las obras de la carne[t], que son: adulterio, fornicacion, inmundicia, lujuria,

20 Idolatría, hechicerías, enemistades, pleitos, zelos, iras, contiendas, disensiones, herejías,

21 Envidias, homicidios, borracheras, banquetéos, y cosas semejantes á estas: *de* las cuales os denuncio, como ya *os* he anunciado, que los que hacen tales cosas, no heredarán el reino de Dios[u].

22 Mas el fruto del Espíritu es[v]: Caridad, gozo, paz, tolerancia, benignidad, bondad, fé,

23 Mansedumbre, templanza. Contra tales cosas no hay ley[x].

24 Porque los que son de Cristo, han crucificado la carne[y] con sus afectos y concupiscencias.

25 Si vivimos en el Espíritu, andemos tambien en el Espíritu[z].

26 No seamos codiciosos de vana gloria[a], irritando los unos á los otros, envidiándose los unos á los otros.

Ro. 9. 31, 2.
Ro. 8. 25.
Cap. 5. 15. Co. 7. 19.
Sant°. 2. 8, 22.
Ped. 1. , 7.
1 Co. 9. 24.
Cap. 3. 1.
Cap. 1. 6.
Co. 5. 6.
Cap. 6. 12.
Co. 1. 23.
1 Ped. 2. 6.
1 Co. 9. 19.
Le. 19. 18.
Mat. 7. 12.
22. 39. 40.
Ro. 13. 8.
Sant°. 2. 8.
Ro. 6. 12.
8. 4. 12.
Ped. 2. 11.
Ro. 7. 23.
Ro. 8. 6, 7.
Ro. 6. 14.
8. 2. 14.
Mat. 15. 19.
Col. 3. 5, 6.
1 Co. 6. 9, 10.
Ef. 5. 3, 6.
Ro. 6. 21, 2.
Ef. 5. 9.
1 Ti. 1. 9.

CAPITULO VI.

Como se deben ayudar unos á otros en el ejercicio de las virtudes cristianas. Para coger es necesario sembrar. El cristiano solamente ha de gloriarse en la cruz de Jesu-Cristo.

HERMANOS, si alguno fuere tomado en alguna falta, vosotros *que sois* espirituales, restaurad al tal con el espíritu de mansedumbre[a]; considerándote á tí mismo, porque tú no seas tambien tentado.

2 Sobrellevad los unos las cargas de los otros[b]; y cumplid así la ley de Cristo[c].

3 Porque el que estima de sí que es algo, no siendo nada, á sí mismo se engaña.

4 Así que cada uno examine su obra, y entónces tendrá gloria solo respecto de sí mismo y no en otro[d].

5 Porque cada cual llevará su carga[e].

6 ¶ Y el que es enseñado en la palabra, comunique en todos los bienes al que *lo* instruye[f].

7 No os engañeis: Dios no *puede ser* burlado: que todo lo que el hombre sembráre, eso tambien segará.

8 Porque el que siembra para su carne, de la carne segará corrupcion[g]; mas el que siembra para el Espíritu, del Espíritu segará vida eterna[h].

9 No nos cansemos, pues, de hacer bien[i]; que á su tiempo segarémos, si no hubieremos desmayado[k].

10 Así que entretanto que tenemos tiempo, hagamos bien á todos[l], y mayormente á los domésticos de la fé[m].

11 ¶ Mirad en cuan grandes letras[n] os he escrito de mi mano.

12 Todos los que quieren agradar en la carne, estos os constriñen á que os circuncideis, solamente por no padecer persecucion por la cruz de Cristo.

13 Porque ni aun los mismos que se circuncidan guardan la ley; sino que quieren que vosotros seais circuncidados, para gloriarse en vuestra carne.

14 Mas léjos esté de mí gloriarme, sino en la cruz de nuestro Señor Jesu-Cristo[o], por el cual el mundo me es crucificado á mí, y yo al mundo[p].

15 Porque en Cristo Jesus, ni la circuncision vale nada[q], ni la incircuncision, sino la nueva criatura[r].

16 Y todos los que anduvieren conforme á esta regla, paz sobre ellos, y misericordia, y sobre el Israél de Dios[s].

17 De aquí adelante nadie me sea molesto: porque yo traigo en mi cuerpo las marcas del Señor Jesus[t].

18 Hermanos, la gracia de nuestro Señor Jesu-Cristo *sea* con vuestro espíritu[u]. Amen.

Enviada de Roma á los Gálatas.

[y] Cap. 2. 20. Ro. 6. 6.
[z] Cap. 6. 16. Ro. 8. 4, 5.
[a] Fi. 2. 3.
[a] Sant°. 5. 19, 20.
[b] Ro. 15. 1.
[c] Juan 13. 34. y 15. 12. 1 Juan 4. 21.
[d] Pr. 14. 14. Lu. 18. 11.
[e] Ro. 14. 12. 2 Co. 5. 10.
[f] 1 Co. 9. 11, 14.
[g] Job 4. 8. Pr. 22. 8. Os. 8. 7. y 10. 12.
[h] Pr. 11. 18. Sant°. 3. 8.
[i] 1 Co. 15. 58. 2 Tes. 3. 13.
[k] Ec. 11. 1, 6.
[l] Ec. 9. 10.
[m] Ef. 2. 19.
[n] Cap. 4. 14.
[o] Fi. 3. 3, 7, 8.
[p] Cap. 2. 20. y 5. 24.
[q] Cap. 5. 6.
[r] 2 Co. 5. 17.
[s] Cap. 3. 29. Ro. 2. 29.
[t] Col. 1. 24.
[u] 2 Ti. 4. 22. File. 25.

LA EPÍSTOLA DEL APÓSTOL SAN PABLO

Á LOS

EFESIOS.

A. D. 62.

CAPITULO I.

Todos los bienes de gracia y gloria se nos dan por Jesu-Cristo, exaltado sobre todas las cosas, hecho cabeza de toda la Iglesia.

PABLO, apóstol de Jesu-Cristo por la voluntad de Dios, á los santos y fieles en Cristo Jesus[a], que están en Efeso[b]:

2 Gracia *sea* á vosotros, y paz de Dios Padre nuestro, y del Señor Jesu-Cristo[c].

3 ¶ Bendito el Dios y Padre del Señor nuestro Jesu-Cristo[d], el cual nos bendijo con toda bendicion espiritual en *lugares* celestiales en Cristo;

4 Segun nos escogió en él ántes de la fundacion del mundo[e], para que fuesemos santos y sin mancha[f] delante de él en amor;

5 Habiendonos predestinado[g] para ser adoptados hijos por Jesu-Cristo en sí mismo, segun el puro afecto de su voluntad,

6 Para alabanza de la gloria de su gracia[h], con la cual nos hizo aceptos en el amado[i]:

7 En el cual tenemos redencion por su sangre[k], la remision de pecados por las riquezas de su gracia,

8 Que sobreabundó en nosotros en toda sabiduría ó inteligencia;

9 Descubriéndonos el misterio de su voluntad, segun su beneplácito, que se habia propuesto en sí mismo[l],

10 De reunir todas las cosas en Cristo, en la dispensacion del cumplimiento de los tiempos[m], así las que *están* en los cielos, como las que *están* en la tierra[n]:

11 En él, *digo*, en quien asimismo tuvimos suerte[o], habiendo sido predestinados conforme al propósito del que hace todas las cosas segun el consejo de su voluntad,

12 Para que seamos para alabanza de su gloria nosotros, que ántes esperamos en Cristo.

13 En el cual *esperasteis* tambien vosotros en oyendo la palabra de verdad, el evangelio de vuestra salud: en el cual tambien desde que creisteis, fuisteis sellados con el Espíritu Santo de la promesa[p],

14 Que es las arras de nuestra herencia[q], para *el dia de* la redencion de la posesion adquirida[r] para alabanza de su gloria[s].

15 ¶ Por lo cual tambien yo, habiendo oido de vuestra fé en el Señor Jesus, y amor para con todos los santos[t],

16 No ceso de dar gracias por vosotros, haciendo memoria de vosotros en mis oraciones[u];

17 Que el Dios del Señor nuestro Jesu-Cristo[v], el Padre de gloria, os dé espíritu de sabiduría y de revelacion para su conocimiento[x]:

18 Alumbrando los ojos de vuestro entendimiento, para que sepais cual sea la esperanza de su vocacion[y], y cuales las riquezas de la gloria[z] de su herencia en los santos,

19 Y cual aquella supereminente grandeza de su poder para con nosotros los que creemos, por la operacion de la potencia de su fortaleza,

20 La cual obró en Cristo, resucitándole de los muertos, y colocándole á su diestra en los cielos,

21 Sobre todo principado y potestad, y potencia, y señorío, y todo nombre que se nombra, no solo en este siglo, mas aun en el venidero[a]:

22 Y sometió todas las cosas debajo de sus piés[b], y diólo por cabeza sobre todas las cosas á la Iglesia,

23 La cual es su cuerpo[c], la plenitud *emanada* de Aquel que hinche todo en todas las cosas[d].

CAPITULO II.

Bienes grandes ya recibidos por pura gracia, y otros mayores que gozamos en esperanza por la sangre de Jesu-Cristo: por esta han entrado los Gentiles en la herencia de los hijos; y de todos, así Gentiles como Judios, forma Jesu-Cristo su Iglesia.

Y *DE ella recibisteis* vosotros, que estabais muertos en vuestros delitos y pecados[a],

2 En que en otro tiempo anduvisteis conforme á la condicion de este mundo, conforme á *la voluntad* del príncipe de la potestad del aire[b], el espíritu que ahora obra en los hijos de desobediencia[c]:

3 Entre los cuales todos nosotros tambien vivimos en otro tiempo en los deseos de nuestra carne, haciendo la voluntad de la carne y de los pensamientos[d]; y éramos por naturaleza hijos de ira, tambien como los demás[e].

4 Empero Dios, que es rico en misericordia[f], por su mucho amor con que nos amó,

5 Aun estando nosotros muertos en pecados[g], nos dió vida juntamente con Cristo[h], por *cuya* gracia sois salvos[i],

6 Y juntamente nos resucitó[k], y asimismo nos hizo sentar en los cielos con Cristo Jesus,

7 Para mostrar en los siglos venideros las abundantes riquezas de su gracia en *su* bondad para con nosotros en Cristo Jesus.

8 Porque por gracia[l] sois salvos por la fé[m]; y esto no de vosotros, *pues es* don de Dios:

9 No por obras, para que nadie se glorie[n].

10 Porque somos hechura suya, criados en Cristo Jesus[o] para buenas obras, las cuales Dios preparó para que anduviesemos en ellas[p].

11 ¶ Por tanto acordáos que en otro tiempo vosotros los Gentiles en la carne, que erais llamados circuncision por la que se llama circuncision, hecha con mano en la carne;

12 Que en aquel tiempo estabais sin Cristo, alejados de la república de Israél,

a Col. 1. 2.
b Hech. XIX. XX.
c Ga. 1. 3.
d 2 Co. 1. 3.
e 2 Ti. 1. 9.
f Col. 1. 22.
g Ro. 8. 29, 30.
h 1 Ped. 2. 9.
i Mat. 3. 17.
k Heb. 9. 12.
l 2 Ti. 1. 9.
m Ga. 4. 4.
n Col. 1. 20.
o De. 32. 9. Hech. 26. 18.
p Cap. 4. 30.
q 2 Co. 1. 22.
r Hech. 20. 28, Ro. 8. 23.
s ver. 6. 12.
t Col. 1. 4.
u Ro. 1. 9.
v Juan 20. 17.
x Col. 1. 9.
y Cap. 4. 4.

A. D. 62.

z Cap. 3. 16.
a Fi. 2. 9.
b Sal. 8. 6.
c 1 Co. 12. 12.
d Cap. 4. 10.
a Col. 2. 13.
b Cap. 6. 12.
c Cap. 5. 6.
d 1 Ped. 4. 3.
e Sal. 51. 5.
f Ro. 10. 12.
g Ro. 5. 6. 8.
h Ro. 6. 4. 5.
i Ro. 3. 24.
k Col. 2. 12.
l 2 Ti. 1. 9.
m Ro. 4. 16.
n Ro. 3. 27.
o 2 Co. 5. 17.
p Cap. 1. 4.

y extranjeros á los pactos de la promesa [q], sin esperanza y sin Dios en el mundo:

13 Mas ahora en Cristo Jesus, vosotros que en otro tiempo estabais léjos, habeis sido hechos cercanos por la sangre de Cristo [r].

14 Porque él es nuestra paz, que de ambos hizo uno [s], derribando la pared intermedia de separacion;

15 Dirimiendo en su carne las enemistades, la ley de los mandamientos en órden á ritos [t], para edificar en sí mismo los dos en un nuevo hombre, haciendo la paz,

16 Y reconciliar por *su* cruz con Dios á ambos en un mismo cuerpo [u], matando en ella las enemistades.

17 Y vino, y anunció la paz á vosotros que estabais léjos, y á los que *estaban* cerca [v]:

18 Que por él los unos y los otros tenemos entrada por un mismo Espíritu al Padre [x].

19 Así que ya no sois extranjeros ni advenedizos, sino juntamente ciudadanos con los santos [y], y domésticos de Dios [z];

20 Edificados [a] sobre el fundamento [b] de los apóstoles y profetas, siendo la principal piedra del ángulo Jesu-Cristo mismo [c];

21 En el cual, compaginado todo el edificio, va creciendo para *ser* un templo santo en el Señor [d]:

22 En el cual vosotros tambien sois juntamente edificados, para morada de Dios en Espíritu.

CAPITULO III.

Misterio admirable de la vocacion de los Gentiles revelado claramente á los apóstoles, y en especial á San Pablo, destinado de Dios particularmente para predicarles el Evangelio.

POR esta causa yo Pablo, prisionero de Cristo Jesus, por vosotros los Gentiles;

2 (Si es que habeis oido la dispensacion de la gracia de Dios que me ha sido dada para con vosotros [a]:

3 *A saber*, que por revelacion [b] me fué declarado el misterio [c], como ántes he escrito en breve [d];

4 Leyendo lo cual podeis entender cual sea mi inteligencia en el misterio de Cristo:

5 El cual *misterio* en los otros siglos no se dió á conocer á los hijos de los hombres [e] como ahora es revelado á sus santos apóstoles y profetas en Espíritu;

6 Que los Gentiles sean juntamente herederos [f], é incorporados [g], y consortes de su promesa en Cristo por el Evangelio [h]:

7 Del cual yo soy hecho ministro por el don de la gracia de Dios que me ha sido dado segun la operacion de su potencia.

8 A mí, que soy ménos que el mas pequeño de todos los santos [i], es dada esta gracia de anunciar entre los Gentiles el evangelio de las inescrutables riquezas de Cristo [k],

9 Y de aclarar á todos cual sea la dispensacion del misterio [l] escondido desde los siglos en Dios, que crió todas las cosas *por Jesu-Cristo*.

10 Para que la multiforme sabiduría de Dios [m] sea ahora notificada por la iglesia á los principados y potestades en los cielos [n],

11 Conforme á la determinacion eterna, que hizo en Cristo Jesus nuestro Señor:

12 En el cual tenemos seguridad y entrada con confianza por la fé de él [o].

13 Por tanto pido que no desmayeis á causa de mis tribulaciones por vosotros, las cuales son vuestra gloria [p].)

14 Por esta causa doblo mis rodillas al Padre de nuestro Señor Jesu-Cristo,

15 Del cual es nombrada toda la parentela en los cielos y en la tierra,

16 Que os dé, conforme á las riquezas de su gloria [q], el ser corroborados con potencia en el hombre interior [r] por su Espíritu [s];

17 Que habite Cristo por la fé en vuestros corazones; para que, arraigados y fundados en amor,

18 Podais bien comprender con todos los santos cual sea la anchura, y la longura, y la profundidad, y la altura;

19 Y conocer el amor de Cristo, que excede á todo conocimiento, para que seais llenos de toda la plenitud de Dios.

20 Y á aquel [t] que es poderoso para hacer todas las cosas mucho mas abundantemente de lo que pedimos ó entendemos, por la potencia que obra en nosotros,

21 A él *sea* gloria en la iglesia por Cristo Jesus, por todas edades, del siglo de los siglos. Amen.

CAPITULO IV.

Exhortacion á una vida digna de la vocacion de Cristianos; los cuales, aspirando á mantener aquella unidad que viene del Espíritu, deben procurar vivir en mutua paz y concordia, y no dejarse llevar, cual niños inconstantes, de todo viento de doctrina ó erroneas enseñanzas de astutos hombres, sino seguir siempre la verdad evangélica en amor, en justicia, y en santidad verdadera.

YO, pues, preso en el Señor, os ruego que andeis como es digno de la vocacion con que sois llamados [a];

2 Con toda humildad y mansedumbre, con paciencia soportando los unos á los otros en amor [b];

3 Solícitos á guardar la unidad del Espíritu en el vínculo de la paz.

4 Un cuerpo [c], y un Espíritu [d]; como sois tambien llamados á una misma esperanza de vuestra vocacion:

5 Un Señor, una fé, un bautismo,

6 Un Dios y Padre de todos [e], el cual *es* sobre todas las cosas, y por todas las cosas, y en todos vosotros.

7 Empero á cada uno de vosotros es dada la gracia conforme á la medida del don de Cristo [f].

8 Por lo cual dice: Subiendo á lo alto, llevó cautiva la cautividad, y dió dones á los hombres [g].

9 Y que subió, ¿qué es, sino que tambien habia descendido primero á las partes mas bajas de la tierra [h]?

10 El que descendió, él mismo es el que tambien subió sobre todos los cielos, para cumplir todas las cosas [i].

11 Y él mismo dió unos [k], ciertamente apóstoles; y otros, profetas; y otros, evangelistas; y otros, pastores y doctores,

12 Para perfeccion de los santos, para *la* obra del ministerio, para edificacion del cuerpo de Cristo;

13 Hasta que todos lleguemos á la unidad de la fé, y del conocimiento del Hijo de Dios, á un varon perfecto [l], á la medida de la edad de la plenitud de Cristo.

14 Que ya no seamos niños fluctuantes [m], y llevados por do quiera de todo viento de doctrina [n], por estratagema de hombres que, para engañar, emplean con astucia los artificios del error:

[o] Cap. 2. 18. Heb. 4. 16.
[p] 2 Co. 1. 6.
[q] Fl. 4. 19.
[r] Ro. 7. 22.
[s] Col. 1. 11.
[t] Ro. 16. 25. Juda 24.
[a] Col. 1. 10. 1 Tes. 2. 12.
[b] Col. 3. 13.
[c] Ro. 12. 15. 1 Co. 12. 12, 13.
[d] 1 Co. 12. 4.
[e] 1 Co. 8. 6.
[f] Ro. 12. 6. 1 Co. 12. 11.
[g] Sal. 68. 18.
[h] Juan 3. 13.
[i] Col. 1. 19.
[k] 1 Co. 12. 28.
[l] 1 Co. 13. 10.
[m] 1 Co. 14. 20.
[n] Heb. 13. 9.

15 Antes siguiendo la verdad en amor, crezcamos en todas cosas en aquel que es la cabeza, *á saber*, Cristo[o];

[o] Cap. 1. 23.

16 Del cual, todo el cuerpo compuesto y bien ligado entre sí por todas las junturas de su alimento, *que recibe* segun la operacion, cada miembro conforme á su medida toma aumento de cuerpo edificándose en amor.

17 ¶ Esto pues digo y requiero en el Señor, que no andeis mas como los otros Gentiles, que andan en la vanidad de su sentido[p],

[p] Ro. 1. 21.

18 Teniendo el entendimiento entenebrecido, ajenos de vida de Dios por la ignorancia que en ellos hay, por la dureza de su corazon:

19 Los cuales despues que perdieron el sentido *de la conciencia*, se entregaron á la desvergüenza para cometer con avidez toda suerte de impureza[q].

[q] Ro. 1. 24, 26.

20 Mas vosotros no habeis aprendido así á Cristo:

21 Si empero lo habeis oido, y habeis sido por él enseñados, como la verdad está en Jesus,

22 A que dejeis, cuanto á la pasada manera de vivir, el viejo hombre[r] que está viciado conforme á los deseos de error;

[r] Ro. 6. 6.

23 Y á renovaros en el espíritu de vuestra mente,

24 Y vestir el nuevo hombre que es criado conforme á Dios en justicia y en santidad de verdad[s].

[s] Cap. 2. 10.

25 ¶ Por lo cual, dejada la mentira, hablad verdad cada uno con su prójimo[t]; porque somos miembros los unos de los otros[u].

[t] Zac. 8. 16. [u] Ro. 12. 5.

26 Airaos, y no pequeis[v]: no se ponga el sol sobre vuestro enojo;

[v] Sal. 4. 4.

27 Ni deis lugar al diablo.

28 El que hurtaba, no hurte mas; ántes trabaje, obrando con sus manos lo que es bueno[x], para que tenga de que dar al que padeciere necesidad.

[x] Hech. 20. 35.

29 Ninguna palabra torpe salga de vuestra boca; sino la que sea buena para edificacion[y], para que dé gracia á los oyentes.

[y] Col. 4. 6.

30 Y no contristeis al Espíritu Santo de Dios[z], con el cual estais sellados[a] para el dia de la redencion[b].

[z] Is. 63. 10. [a] Cap. 1. 13. [b] Lu. 21. 28. Ro. 8. 23.

31 Toda amargura, y enojo, é ira, y voces, y maledicencia sea quitada de vosotros, y toda malicia[c]:

[c] Ti. 3. 2.

32 Antes sed los unos con los otros benignos, misericordiosos, perdonándoos los unos á los otros, como tambien Dios os perdonó en Cristo[d].

[d] Mar. 11. 25.

CAPITULO V.

Prosiguiendo la exhortacion á una vida piadosa, habla el Apóstol de los recíprocos deberes de los casados, y de como deben amarse mutuamente, así como Cristo ama su iglesia.

SED, pues, imitadores de Dios, como hijos amados[a]:

[a] Mat. 5. 45.

2 Y andad en amor[b], como tambien Cristo nos amó, y se entregó á sí mismo por nosotros *como* ofrenda y sacrificio á Dios en olor suave[c].

[b] Juan 13. 34. [c] Le. 1. 9.

3 Pero fornicacion y toda inmundicia, ó avaricia, ni aun se nombre entre vosotros[d], como conviene á santos:

[d] ver. 12.

4 Ni palabras torpes, ni necedades, ni truhanerías, que no convienen; sino ántes bien acciones de gracias.

5 Porque sabeis esto, que ningun fornicario[e], ó inmundo ó avaro, que *tambien* es servidor de ídolos[f], tiene herencia en el reino de Cristo, y de Dios.

[e] 1 Co. 6. 19. [f] Col. 3. 5.

6 Nadie os engañe con palabras vanas; porque por estas cosas viene la ira de Dios sobre los hijos de desobediencia[g].

[g] Cap. 2. 2.

7 No seais pues aparceros con ellos.

8 Porque en otro tiempo erais tinieblas; mas ahora *sois* luz en el Señor: andad como hijos de luz[h],

[h] Juan 12. 36.

9 (Porque el fruto[i] del Espíritu *es* en toda bondad, y justicia, y verdad;)

[i] Ga. 5. 22.

10 Aprobando lo que es agradable al Señor[k].

[k] Ro. 12. 2.

11 Y no comuniqueis con las obras infructuosas de las tinieblas[l]; sino ántes bien redargüidlas.

[l] Ro. 6. 21.

12 Porque torpe cosa es aun hablar de lo que ellos hacen en oculto.

13 Mas todas las cosas cuando de la luz son redargüidas, son manifestadas[m]; porque lo que manifiesta todo, la luz es.

[m] Juan 3. 20.

14 Por lo cual dice[n]: Despiértate tú que duermes, y levántate de los muertos, y te alumbrará Cristo.

[n] Is. 60. 1.

15 Mirad, pues, como andeis avisadamente[o]; no como necios, mas como sabios,

[o] Col. 4. 5.

16 Redimiendo el tiempo, porque los dias son malos[p].

[p] Ec. 11. 2.

17 Por tanto no seais imprudentes, sino entendidos de cual sea la voluntad del Señor.

18 Y no os embriagueis de vino, en lo cual hay disolucion[q]; mas sed llenos del Espíritu:

[q] Pr. 20. 1.

19 Hablando entre vosotros con salmos, y con himnos, y canciones espirituales[r], cantando y alabando al Señor en vuestros corazones[s]:

[r] Col. 3. 16. [s] Sal. 57. 7.

20 Dando gracias siempre de todo al Dios y Padre[t] en el nombre de nuestro Señor Jesu-Cristo[u];

[t] 1 Tes. 5. 18. [u] Heb. 13. 15.

21 Sujetados los unos á los otros en el temor de Dios[v].

[v] 1 Ped. 5. 5.

22 ¶ Las casadas esten sujetas á sus propios maridos, como al Señor[x].

[x] Col. 3. 18.

23 Porque el marido es cabeza de la mujer[y], así como Cristo es cabeza de la Iglesia; y él es el que dá *la* salud al cuerpo.

[y] 1 Co. 11. 3.

24 Así que como la iglesia está sujeta á Cristo, así tambien las casadas *lo esten* á sus maridos en todo.

25 ¶ Maridos, amad vuestras mujeres[z], así como Cristo amó la iglesia, y se entrego á sí mismo por ella,

[z] 1 Ped. 3. 7.

26 Para santificarla limpiándola en el lavacro del agua[a] por la palabra[b],

[a] Juan 3. 5. Tit. 3. 5. Heb. 10. 22. [b] Juan 15. 3. y 17. 17.

27 Para presentársela gloriosa para sí, una iglesia que no tuviese mancha ni arruga, ni cosa semejante[c]; sino que fuese santa y sin mancha.

[c] Can. 4. 7. Juda 24.

28 Así tambien los maridos deben amar á sus mujeres, como á sus *mismos* cuerpos. El que ama á su mujer, á sí mismo ama.

29 Porque ninguno aborreció jamas su propia carne; ántes la sustenta y regala, como tambien Cristo á la iglesia.

30 Porque somos miembros[d] de su cuerpo, de su carne, y de sus huesos.

[d] 1 Co. 6. 15. y 12. 27.

31 Por esto dejará el hombre á su padre y á su madre, y se allegará á su mujer, y serán dos en una carne[e].

[e] Gen. 2. 24. 1 Co. 6. 16.

32 Este misterio grande es: mas yo digo *esto* con respecto á Cristo y á la iglesia.

33 Cada uno empero de vosotros, de por sí, ame tambien á su mujer como á sí mismo; y la mujer reverencie á *su* marido.

CAPITULO VI.

Obligaciones respectivas de los hijos y de los padres, de los criados y de los amos. Armas espirituales del Cristiano. Vigilancia y perseverancia en la oracion.

HIJOS, obedeced en el Señor á vuestros padres; porque esto es justo[a].

[a] Pr. 23. 22. Col. 3. 20. etc.

2 Honra á tu padre, y á tu madre[b], que es el primer mandamiento con promesa;

[b] Ex. 20. 12. De. 5. 16.

3 Para que te vaya bien, y seas de larga vida sobre la tierra.

4 Y vosotros padres no provoqueis á ira á vuestros hijos; sino criadlos en disciplina y amonestacion del Señor.

5 ¶ Siervos, obedeced á *vuestros* amos segun la carne con temor y temblor, con sencillez de vuestro corazon, como á Cristo[c];

6 No sirviendo al ojo, como los que agradan á los hombres; sino como siervos de Cristo, haciendo de ánimo la voluntad de Dios;

7 Sirviendo con buena voluntad, como al Señor, y no á los hombres:

8 Sabiendo que el bien que cada uno hiciere, esto recibirá del Señor, sea siervo, ó sea libre.

9 Y vosotros, amos, haced á ellos lo mismo, dejando las amenazas; sabiendo que el Señor de ellos y vuestro está en los cielos[d], y *que* no hay acepcion de personas con él.

10 ¶ Por lo demas, hermanos mios, confortaos en el Señor, y en la potencia de su fortaleza.

11 Vestíos de toda la armadura de Dios[e], para que podais estar firmes contra las asechanzas del diablo[f].

12 Porque no tenemos lucha contra sangre y carne; sino contra principados[g], contra potestades, contra señores del mundo, gobernadores de estas tinieblas[h], contra malicias espirituales en los cielos *inferiores*.

13 Por tanto tomad toda la armadura de Dios, para que podais resistir en el dia malo, y estar firmes, habiendo acabado todo.

14 Estad pues firmes, ceñidos vuestros lomos[i] de verdad, y vestidos de la cota de justicia;

15 Y calzados los piés con el apresto del evangelio de paz[k];

16 En todo *caso* tomando el escudo de la fé[l], con que podais apagar todos los dardos de fuego del maligno.

17 Y tomad el yelmo de salud[m], y la espada del Espíritu, que es la palabra de Dios[n];

18 Orando en todo tiempo con toda deprecacion y súplica en el Espíritu[o], y velando en ello[p] con toda instancia y suplicacion por todos los santos:

19 Y por mí[q], para que me sea dada palabra en el abrir de mi boca con confianza, para hacer notorio el misterio del Evangelio,

20 Por el cual soy embajador en *esta* cadena[r]; que resueltamente hable de él, como debo hablar.

21 ¶ Mas para que tambien vosotros sepais mis negocios, y como lo paso, todo os lo hará saber Tychico, hermano amado, y fiel ministro en el Señor[s]:

22 Al cual os he enviado para esto mismo, para que entendais lo tocante á nosotros, y que consuele vuestros corazones.

23 Paz *sea* á los hermanos[t], y amor con fé, de Dios Padre, y del Señor Jesu-Cristo.

24 Gracia *sea* con todos los que aman á nuestro Señor Jesu-Cristo en sinceridad. Amen.

Fué enviada de Roma á los Efesios con Tychico.

Tit. 2. 9, 10. 1 Ped. 2. 18. — Col. 3. 25. — Ro. 13. 12. 2 Co. 6. 7. 1 Tes. 5. 8. — 2 Co. 2. 11. 1 11. 3, 14. Col. 2. 15. — Lu. 22. 53. Juan 12. 31. Col. 1. 13.

[i] Is. 11. 5. [k] Is. 52. 7. [l] 1 Juan 5. 4. [m] Is. 59. 17. [n] Heb. 4. 12. [o] Lu. 18. 1. 1 Tes. 5. 17. [p] Mar. 13. 33. [q] Col. 4. 3. 2 Tes. 3. 1. [r] Hech. 28. 20. [s] Hech. 20. 4. Col. 4. 6, 7. 2 Ti. 4. 12. Tit. 3. 12. [t] 1 Ped. 5. 14.

LA EPÍSTOLA DEL APÓSTOL SAN PABLO

Á LOS

FILIPENSES.

A. D. 62.

CAPITULO I.

Despues de agradecerles su afecto, les da cuenta del estado y disposicion en que se halla entre las cadenas, y los exhorta á perseverar unánimes, y de una manera digna, en la profesion de la fé, sin intimidarse por ningun género de oposicion y padecimientos.

PABLO y Timotéo, siervos de Jesu-Cristo, á todos los santos en Cristo Jesus, que están en Filipos[a], con los obispos y diáconos:

2 Gracia *sea* á vosotros, y paz de Dios nuestro Padre, y del Señor Jesu-Cristo.

3 ¶ Doy gracias á mi Dios en toda memoria de vosotros,

4 Siempre en todas mis oraciones haciendo oracion por todos vosotros con gozo[b],

5 Por vuestra comunion en el evangelio, desde el primer dia hasta ahora;

6 Estando confiado de esto, que el que comenzó en vosotros la buena obra, la perfeccionará[c] hasta el dia de Jesu-Cristo[d];

7 Como me es justo sentir de todos vosotros, por cuanto os tengo en el corazon; y en mis prisiones, y en la defensa, y confirmacion del evangelio, sois todos vosotros compañeros de mi gracia.

8 Porque Dios me es testigo de cómo os amo á todos vosotros en las entrañas de Jesu-Cristo.

9 Y esto ruego, que vuestro amor abunde aun mas y mas en ciencia[e], y en todo conocimiento,

10 Para que discernais lo mejor[f]; que seais sinceros y sin ofensa para el dia de Cristo;

11 Llenos de frutos de justicia, que es por Jesu-Cristo, á gloria y loor de Dios[g].

12 ¶ Y quiero, hermanos, que sepais, que las cosas que me *han sucedido*, han redundado mas en provecho del evangelio;

13 De manera que mis prisiones han sido célebres en Cristo en todo el pretorio, y á todos los demas.

14 Y muchos de los hermanos en el Señor, tomando ánimo con mis prisiones, se atreven mucho mas á hablar la palabra sin temor.

15 Y algunos, á la verdad, predican á Cristo por envidia y porfía; mas algunos tambien por buena voluntad.

16 Los unos anuncian á Cristo por contencion, no sinceramente, pensando añadir afliccion á mis prisiones;

17 Pero los otros por amor, sabiendo que soy puesto *en ellas* por la defensa del evangelio.

18 ¿Qué pues? *Que* no obstante, en todas maneras, ó por pretexto ó por verdad, es anunciado Cristo; y en esto me huelgo, y aun me holgaré.

19 Porque sé que esto se me tornará á

[a] Hech. 16. 12, etc. [b] Ef. 1. 16. 1 Tes. 1. 2. [c] Sal. 138. 8. [d] Col. 1. 3.

A. D. 62. [e] 1 Tes. 3. 12. [f] Ro. 2. 18. [g] Juan 15. 8.

salud[h] por vuestra oracion[i], y por la
suministracion del Espíritu de Jesu-
Cristo;
20 Conforme á mi mira y esperanza,
que en nada seré confundido[k]; ántes
bien con toda confianza, como siempre,
ahora tambien será engrandecido Cristo
en mi cuerpo, ó por vida, ó por muerte[l].
21 Porque para mí el vivir *es* Cristo,
y el morir *es* ganancia.
22 Mas si el vivir en la carne, esto me
será para fruto de la obra, no sé entón-
ces qué escoger;
23 Porque de ambas cosas estoy puesto
en estrecho, teniendo deseo de ser desa-
tado, y estar con Cristo[m]; lo cual *es*
mucho mejor[n]:
24 Empero quedar en la carne *es* mas
necesario por causa de vosotros.
25 Y confiado en esto, só que quedaré,
que aun permaneceré con todos vos-
otros, para provecho vuestro, y gozo
de la fé;
26 Para que crezca vuestra gloria de
mí en Cristo Jesus por mi venida otra
vez á vosotros.
27 Solamente que converseis como es
digno del evangelio de Cristo[o]; para
que, ó sea que vaya á veros, ó que esté
ausente, oiga de vosotros que estais fir-
mes en un mismo espíritu, unánimes
combatiendo juntamente por la fé del
evangelio[p],
28 Y en nada intimidados de los que se
oponen[q]: que á ellos ciertamente es in-
dicio de perdicion, mas á vosotros de
salud[r]; y esto de Dios.
29 Porque á vosotros es concedido por
Cristo, no solo que creais en él, sino
tambien que padezcais por él[s];
30 Teniendo el mismo conflicto que
habeis visto en mí[t], y ahora ois *estar*
en mí.

[h] Job 13. 16. Ro. 8. 28.
[i] 2 Co. 1. 11.
[k] Ro. 5. 5.
[l] Hech. 21. 13.
[m] 2 Co. 5. 8.
[n] Sal. 16. 11.
[o] Ef. 4. 1. Col. 1. 10. 1 Tes. 2. 12.
[p] Juda 3.
[q] Is. 51. 7, 12. Mat. 10. 28.
[r] Ro. 8. 17. 2 Tes. 1. 5, etc. 2 Ti. 2. 12.
[s] Hech. 5. 11.
[t] Hech. 16. 23. 1 Tes. 2. 2.

CAPITULO II.

Exhórtales á la union y caridad fraternal, á la humildad y á la obediencia, con el ejemplo de Jesu-Cristo. Recomienda y alaba á Timotéo y á Epaphrodito.

POR tanto, si *hay* en vosotros alguna
consolacion en Cristo; si algun re-
frigerio de amor; si alguna comunion
del Espíritu; si algunas entrañas y mi-
sericordias[a],
2 Cumplid mi gozo; que sintais lo
mismo[b], teniendo el mismo amor, uná-
nimes, sintiendo una misma cosa.
3 Nada *hagais* por contienda, ó por vana
gloria[c]; ántes bien en humildad esti-
mandoos inferiores los unos á los otros[d]:
4 No mirando cada uno *solamente* á lo
suyo propio[e], sino cada cual tambien á
lo de los otros.
5 Haya pues en vosotros este sentir que
hubo tambien en Cristo Jesus[f];
6 El cual, siendo en forma de Dios[g],
no tuvo por usurpacion ser igual á
Dios[h]:
7 Sin embargo se anonadó á sí mismo[i],
tomando forma de siervo[k], hecho seme-
jante á los hombres[l];
8 Y hallado en la condicion como hom-
bre, se humilló á sí mismo, hecho obe-
diente hasta la muerte[m], y muerte de
cruz.
9 Por lo cual Dios tambien le ensalzó
á lo sumo[n], y dióle un nombre que es
sobre todo nombre[o];
10 Para que al nombre de Jesus se
doble toda rodilla[p] de los *que están* en
los cielos, y de los *que* en la tierra, y de
los *que* debajo de la tierra[q];
11 Y toda lengua confiese que Jesu-
Cristo es el Señor, á la gloria de Dios
Padre.
12 Por tanto, amados mios, como si-
empre habeis obedecido, no como en mi
presencia solamente, sino mucho mas
ahora en mi ausencia, ocupáos en vues-
tra salvacion[r] con temor y temblor[s].
13 Porque Dios es el que en vosotros
obra así el querer como el hacer por *su*
buena voluntad[t].
14 Haced todo sin murmuraciones y
contiendas,
15 Para que seais irreprensibles y sen-
cillos, hijos de Dios[u], sin culpa, en
medio de la nacion maligna y perversa[v],
entre los cuales resplandeceis como lu-
minares en el mundo[x]:
16 Reteniendo la palabra de vida, para
que yo pueda gloriarme en el dia de
Cristo, que no he corrido ni trabajado
en vano[y].
17 Y aun si soy derramado *en libacion*
sobre el sacrificio y servicio de vuestra
fé[z], me gozo y congratulo por todos
vosotros.
18 Y asimismo gozáos tambien vos-
otros, y regocijáos conmigo.
19 ¶ Mas espero en el Señor Jesus en-
viaros presto á Timotéo[a], para que yo
tambien esté de buen ánimo, entendido
vuestro estado.
20 Porque á ninguno tengo tan uná-
nime, y que con sincera aficion esté
solícito por vosotros.
21 Porque todos buscan lo suyo pro-
pio[b], no lo que es de Cristo Jesus.
22 Pero la experiencia de él habeis
conocido, que como hijo á padre ha
servido conmigo en el evangelio.
23 Así que á este espero enviaros, lue-
go que yo viere como van mis negocios.
24 Y confio en el Señor que yo tam-
bien iré presto á *vosotros*[c].
25 Mas tuve por cosa necesaria envi-
aros á Epafrodito[d], mi hermano, y co-
laborador, y compañero de milicia[e], y
vuestro apóstol, y ministrador de mis
necesidades.
26 Porque tenia gran deseo de *ver* á
todos vosotros; y gravemente se angus-
tió porque habiais oido que habia enfer-
mado.
27 Pues en verdad estuvo enfermo, á
la muerte: mas Dios tuvo misericordia
de él; y no solamente de él, sino aun de
mí, para que yo no tuviese tristeza sobre
tristeza.
28 Así que le envio mas presto, para
que viéndole os volvais á gozar, y yo
esté con menos tristeza.
29 Recibidle pues en el Señor con todo
gozo; y tened en estima á los tales[f]:
30 Porque por la obra de Cristo estuvo
cercano á la muerte, poniendo su vida
para suplir vuestra falta en mi servicio[g].

[a] Col. 3. 12.
[b] 2 Co. 13. 11. 1 Ped. 3. 8.
[c] Ga. 5. 26.
[d] 1 Ped. 5. 5.
[e] 1 Co. 10. 24.
[f] Juan 13. 14.
[g] Juan 1. 1, 2.
[h] Juan 5. 18.
[i] Sal. 22. 6.
[k] Is. 42. 1.
[l] Ro. 8. 3.
[m] Juan 10. 18.
[n] Heb. 2. 9.
[o] Ef. 1. 21.
[p] Is. 45. 23.
[q] Ap. 5. 13.
[r] 2 Co. 7. 1.
[s] Ef. 6. 5.
[t] Heb. 13. 21.
[u] Mat. 5. 45.
[v] De. 32. 5.
[x] Mat. 5. 14.
[y] 1 Tes. 3. 5.
[z] Ro. 15. 16.
[a] 1 Tes. 3. 2.
[b] 1 Co. 10. 24.
[c] Cap. 1. 25.
[d] Cap. 4. 18.
[e] File. 2.
[f] 1 Co. 16. 18.
[g] 1 Co. 16. 17.

CAPITULO III.

Que todas las cosas no valen nada en comparacion de las que tenemos en Jesu-Cristo por la fé, en cuya profesion debemos guardarnos de la doctrina de malos obreros, y de imitar á los que se portan como enemigos de la cruz de Cristo.

RESTA, hermanos, que os goceis en
el Señor[a]. A mí, á la verdad, no
es molesto el escribiros las mismas cosas,
y para vosotros *es* seguro[b].
2 Guardáos de los perros[c], guardáos
de los malos obreros[d], guardáos del cor-
tamiento[e].
3 Porque nosotros somos la Circunci-
sion[f] los que servimos en espíritu á
Dios[g], y nos gloriamos en Cristo Jesus,
no teniendo confianza en la carne.
4 Aunque yo tengo tambien de que
confiar en la carne[h]. Si alguno parece
que tiene de que confiar en la carne, yo
mas:

[a] Cap. 4. 4.
[b] 2 Ped. 1. 12.
[c] Is. 56. 10.
[d] 2 Co. 11. 13.
[e] Ga. 5. 1, 2.
[f] Ro. 2. 28, 29.
[g] Juan 4. 23.
[h] 2 Co. 11. 18.

[i] Gen. 17. 12. 5 Circuncidado al octavo dia[i], del
linaje de Israél, de la tribu de Benja-
min, Hebréo de Hebréos; cuanto á la
[k] Hech. 23. 6. ley, Fariséo[k];
6 Cuanto al celo, perseguidor de la
[l] Hech. 22. 3, 4. iglesia[l]; cuanto á la justicia que es en
la ley, *de vida* irreprensible[m].
[m] Lu. 1. 6. 7 Pero las cosas que para mí eran ga-
nancias, hélas reputado *como* pérdidas
por amor de Cristo.
8 Y ciertamente, aun reputo todas las
cosas *como* pérdida por el eminente co-
[n] Is. 53. 11. nocimiento de Cristo Jesus, mi Señor[n],
por amor del cual lo he perdido todo,
y téngolo por estiércol, para ganar á
Cristo,
9 Y ser hallado en él, no teniendo mi
[o] Ro. 10. 3, 5. justicia, que es por la ley[o], sino la que
es por la fé de Cristo, la justicia que es
[p] Ro. 1. 17. de Dios por la fé[p];
10 A fin de conocerle, y la virtud de
[q] Ef. 1. 19, 20. su resurreccion[q], y la participacion de
[r] 2 Co. 4. 10. sus padecimientos[r], en conformidad á
su muerte,
11 Si en alguna manera llegase á la
[s] Lu. 20. 35. resurreccion de los muertos[s].
12 Porque aun no he alcanzado, ni ya
[t] Heb. 12. 23. soy perfecto[t]; mas sigo, para ver de al-
canzar *aquello* para lo cual fuí tambien
tomado de Cristo Jesus.
13 Hermanos, yo mismo no hago cu-
enta de haber*lo* ya alcanzado; pero *esta*
una cosa *hago*: olvidando ciertamente
[u] Lu. 9. 62. lo que queda atrás[u], y extendiéndome[v]
[v] 1 Co. 9. 26. á lo que está delante,
14 Prosigo al blanco, al premio de la
[x] Heb. 3. 1. soberana vocacion[x] de Dios en Cristo
Jesus.
15 Así que todos los que somos perfec-
[y] 1 Co. 2. 6. tos[y], esto *mismo* sintamos: y si otra cosa
sentís, esto tambien os revelará Dios.
16 Empero en aquello á que hemos
llegado, vamos por la misma regla, y
sintamos una misma cosa.
[z] 1 Co. 4. 16. 17 ¶ Hermanos, sed imitadores[z] de
y 11. 1. mí; y mirad los que así anduvieren,
1 Tes. 1. 6. como nos teneis por ejemplo.
18 Porque muchos andan, de los cuales
os dije muchas veces, y aun ahora *lo*
digo llorando, *que son* enemigos de la
cruz de Cristo:
[a] 2 Co. 11. 15. 19 Cuyo fin *será* perdicion[a], cuyo Dios
[b] Ro. 16. 18. *es* el vientre[b], y su gloria *será* en confu-
[c] Col. 3. 2. sion; que sienten lo terreno[c].
20 Mas nuestra vivienda es en los cie-
[d] Ef. 2. 6, 19. los[d]; de donde tambien esperamos al
Salvador, al Señor Jesu-Cristo[e].
[e] Col. 3. 1, 3. 21 El cual transformará el cuerpo de
Heb. 9. 28. nuestra bajeza, para ser semejante al
[f] 1 Co. 15. 42, etc. cuerpo de su gloria[f], por la operacion
con la cual puede tambien sujetar á sí
[g] Juan 3. 2. todas las cosas[g].
1 Co. 15. 26, 27.

CAPITULO IV.

Final exhortacion del apóstol á la práctica de todas las virtudes; y su agradecimiento por el socorro que le habian enviado.

ASI que, hermanos mios amados y
[a] 1 Tes. 2. 19, 20. deseados, gozo y corona mia[a], es-
tad así firmes en el Señor, *mis* amados.
2 ¶ A Euodias ruego, y á Syntyché
exhorto, que sientan lo mismo en el
Señor.
3 Asimismo te ruego tambien á tí,
hermano compañero, ayuda á las que
trabajaron juntamente conmigo en el
evangelio[b], con Clemente tambien, y los [b] Cap. 1. 27.
demas mis colaboradores, cuyos nom-
bres están en el libro de la vida[c]. [c] Lu. 10. 20. Ap. 3. 5. y 20. 12.
4 ¶ Gozáos en el Señor siempre[d]:
otra vez digo, Que os gozeis. [d] Cap. 3. 1.
5 Vuestra modestia sea conocida de to-
dos los hombres. El Señor está cerca[e]. [e] Ap. 22. 7, 20.
6 Por nada esteis afanosos[f]; sino sean
notorias vuestras peticiones delante de [f] Mat. 6. 25. 1 Ped. 5. 7.
Dios en toda oracion y ruego, con ha-
cimiento de gracias.
7 Y la paz de Dios, que sobrepuja todo
entendimiento, guardará vuestros co-
razones y vuestros entendimientos en
Cristo Jesus[g]. [g] Is. 26. 3. Juan 14. 27.
8 Por lo demas, hermanos, todo lo que
es verdadero, todo lo honesto[h], todo lo [h] 2 Co. 8. 21.
justo, todo lo puro, todo lo amable,
todo lo que *es* de buen nombre; si *hay*
virtud alguna, si alguna alabanza, en
esto pensad.
9 Lo que aprendisteis, y recibisteis, y
oisteis, y visteis en mí, esto haced; y el
Dios de paz será con vosotros[i]. [i] Ro. 15. 33. y 16. 20.
10 ¶ Mas en gran manera me gocé en 2 Co. 13. 11.
el Señor de que ya al fin ha reflorecido Heb. 13. 20.
vuestro cuidado de mí; de lo cual aun
estabais solícitos, pero os faltaba la opor-
tunidad.
11 No lo digo en razon de indigencia,
pues he aprendido á contentarme con
lo que tengo[k]. [k] Heb. 13. 5.
12 Sé estar humillado, y sé tener abun-
dancia: en todo y por todo estoy ense-
ñado así para hartura como para ham-
bre, así para tener abundancia como
para padecer necesidad.
13 Todo lo puedo en Cristo que me
fortalece[l]. [l] 2 Co. 12. 9.
14 Sin embargo, bien hicisteis que co-
municasteis juntamente á mi tribula-
cion.
15 Y sabeis tambien vosotros, oh Fili-
penses, que al principio del evangelio,
cuando me partí de Macedonia, nin-
guna iglesia me comunicó en razon de
dar y de recibir, sino vosotros solos[m]. [m] 2 Co. 11. 8, 9.
16 Porque aun á Tesalónica me envi-
asteis lo necesario una y dos veces.
17 No porque busque dádivas, mas
busco fruto que abunde en vuestra cu-
enta.
18 Empero todo lo he recibido, y tengo
abundancia: estoy lleno, habiendo reci-
bido de Epafrodito lo que enviasteis,
olor de suavidad[n], sacrificio acepto y [n] Le. 1. 9, etc.
agradable á Dios[o]. Ef. 5. 2.
19 Mi Dios pues suplirá todo lo que os [o] Heb. 13. 16.
falta conforme á sus riquezas, en glo-
ria[p], en Cristo Jesus. [p] Ef. 3. 16.
20 Y al Dios y Padre nuestro *sea* gloria
por siglos de siglos. Amen.
21 ¶ Saludad á todos los santos en
Cristo Jesus. Los hermanos que están
conmigo os saludan.
22 Todos los santos os saludan, y
mayormente los que son de casa de Cé-
sar.
23 La gracia de nuestro Señor Jesu-
Cristo *sea* con todos vosotros. Amen.

Escrita de Roma con Epafrodito.

LA EPÍSTOLA DEL APÓSTOL SAN PABLO
Á LOS
COLOSENSES.

A. D. 62.

CAPITULO I.

Alaba San Pablo la fé de los Colosenses, y ruega por ellos. Jesu-Cristo es la imágen perfecta de Dios, el Señor de todas las cosas, la Cabeza de la Iglesia, y el Redentor de los hombres. Pablo es el ministro de Jesu-Cristo, para anunciar el misterio de la vocacion de los Gentiles.

PABLO, apóstol de Jesu-Cristo por
la voluntad de Dios, y el hermano
Timotéo,
2 A los santos y hermanos fieles en
Cristo que están en Colosas: Gracia y
paz á vosotros de Dios Padre nuestro, y
del Señor Jesu-Cristo.
3 ¶ Damos gracias al Dios y Padre del
Señor nuestro Jesu-Cristo, siempre o-
rando por vosotros:
4 Habiendo oido vuestra fé en Cristo
Jesus, y el amor *que teneis* á todos los
santos [a],
5 A causa de la esperanza que os está
guardada en los cielos [b]; de la cual ha-
beis oido ya por la palabra verdadera
del evangelio:
6 El cual ha llegado hasta vosotros,
como por todo el mundo [c]; y fructifica,
y crece, como tambien en vosotros, des-
de el dia que oisteis y conocisteis la
gracia de Dios en verdad,
7 Como *la* habeis aprendido de Epa-
fras [d], nuestro consiervo amado, el cual es
un fiel ministro de Cristo á favor vuestro;
8 El cual tambien nos ha declarado
vuestro amor en el Espíritu [e].
9 ¶ Por lo cual tambien nosotros, des-
de el dia que *lo* oimos, no cesamos de
orar por vosotros, y de pedir que seais
llenos del conocimiento de su voluntad [f],
en toda sabiduría y espiritual inteligen-
cia;
10 Para que andeis como es digno del
Señor [g], agradándo*le* en todo [h], fructifi-
cando en toda buena obra [i], y creciendo
en el conocimiento de Dios:
11 Corroborados de toda fortaleza, con-
forme á la potencia de su gloria, para
toda tolerancia y largura de ánimo con
gozo;
12 Dando gracias al Padre que nos
hizo aptos para participar de la suerte
de los santos en luz [k]:
13 Que nos ha librado de la potestad
de las tinieblas [l], y trasladado al reino
de su amado Hijo;
14 En el cual tenemos redencion por
su sangre, la remision de pecados [m]:
15 El cual es la imágen del Dios invi-
sible [n], el primogénito de toda cria-
tura [o]:
16 Porque por él fueron criadas todas
las cosas [p] que *están* en los cielos, y que
están en la tierra, visibles é invisibles;
sean tronos, sean dominios, sean prin-
cipados, sean potestades [q]; todo fué cri-
ado por él y para él [r].
17 Y él es ántes de todas las cosas [s], y
por él todas las cosas subsisten:
18 Y él es la cabeza del cuerpo *que es*
la iglesia [t]; *él*, que es el principio, el
primogénito de los muertos [u], para que
en todo tenga el primado.

[a] Ef. 1. 15, 16.
[b] 1 Ped. 1. 4.
[c] ver. 23.
[d] Cap. 4. 12.
[e] Ro. 15. 30.
[f] Ef. 5. 17.
[g] Fi. 1. 27.
[h] 1 Tes. 4. 1.
[i] Juan 15. 13, 16.
[k] Hech. 20. 32.
[l] Ef. 6. 12.
[m] Ef. 1. 7.
[n] 2 Co. 4. 4.
[o] Pr. 8. 22.
[p] Juan 1. 3.
[q] Cap. 2. 10. Ef. 1. 21.
[r] Ro. 11. 36.
[s] Juan 1. 1.
[t] Ef. 1. 22.
[u] 1 Co. 15. 20. Ap. 1. 5.

19 Por cuanto agradó *al Padre* que en
él habitase toda plenitud [v],
20 Y por él reconciliar todas las cosas
á sí, pacificando por la sangre de su
cruz [x], así lo que *está* en la tierra como
lo que *está* en los cielos [y].
21 A vosotros tambien, que erais en
otro tiempo estraños y enemigos de áni-
mo en malas obras [z]; empero ahora *os*
ha reconciliado
22 En el cuerpo de su carne por medio
de *su* muerte, para haceros santos, y sin
mancha, é irreprensibles delante de él [a]:
23 Si empero permaneceis fundados y
firmes en la fé [b], y sin moveros de la
esperanza del evangelio que habeis oido,
el cual es predicado á toda criatura que
está debajo del cielo; del cual yo Pablo
soy hecho ministro.
24 ¶ Que ahora me gozo en lo que
padezco por vosotros, y cumplo en mi
carne lo que falta de las aflicciones de
Cristo [c] por su cuerpo, que es la igle-
sia [d]:
25 De la cual soy hecho ministro, se-
gun la dispensacion de Dios que me fué
dada en órden á vosotros [e], para que
cumpla la palabra de Dios;
26 *A saber*, el misterio que habia estado
oculto desde los siglos y edades [f], mas
ahora ha sido manifestado á sus santos:
27 A los cuales quiso Dios hacer no-
torias las riquezas de la gloria de este
misterio entre los Gentiles; que es Cristo
en vosotros la esperanza de gloria:
28 El cual nosotros anunciamos, amo-
nestando á todo hombre [g], y enseñando
en toda sabiduría, para que presente-
mos á todo hombre perfecto en Cristo
Jesus [h]:
29 En lo cual aun trabajo [i], combati-
endo segun la operacion de él, la cual
obra en mí poderosamente.

CAPITULO II.

Exhorta á los Colosenses á que se guarden de los sofismas de una vana filosofía, y á no dejarse llevar con engaño á la observancia de las ceremonias legales, y prácticas supersticiosas.

PORQUE quiero que sepais cuan
gran solicitud tengo por vosotros, y
por los *que están* en Laodicéa [a], y *por*
todos los que nunca vieron mi rostro en
carne,
2 Para que sean confortados sus cora-
zones, unidos en amor, y en todas ri-
quezas de cumplido entendimiento [b],
para conocer el misterio [c] de Dios, y del
Padre, y de Cristo;
3 En el cual están escondidos todos los
tesoros de sabiduría y conocimiento.
4 Y esto digo, para que nadie os en-
gañe con palabras persuasivas.
5 Porque aunque estoy ausente con el
cuerpo, no obstante con el espíritu estoy
con vosotros, gozándome y mirando vu-
estro concierto, y la firmeza de vuestra
fé en Cristo.
6 Por tanto de la manera que habeis
recibido al Señor Jesu-Cristo, andad
en él [d]:

A. D. 62.

[v] Cap. 2. 9.
[x] Ef. 2. 14, 16.
[y] Ef. 1. 10.
[z] Ef. 2. 1, 2, 12.
[a] Ef. 1. 4. Juda 24.
[b] Heb. 10. 38.
[c] 2 Co. 1. 5, 6.
[d] 2 Ti. 2. 10.
[e] Ef. 3. 2.
[f] Ef. 3. 5, 9.
[g] Hech. 20. 31.
[h] 2 Co. 11. 2.
[i] 1 Co. 15. 10.
[a] Ap. 3. 14.
[b] Heb. 6. 11.
[c] Cap. 1. 26.
[d] 1 Tes. 4. 1.

7 Arraigados y sobreedificados en él, y confirmados en la fé, así como *lo* habeis aprendido, creciendo en ella con hacimiento de gracias.
8 ¶ Mirad que ninguno os engañe por filosofías[e], y vanas sutilezas, segun las tradiciones de los hombres, conforme á los elementos del mundo[f], y no segun Cristo.
9 Porque en él habita toda la plenitud de la divinidad corporalmente[g]:
10 Y en él estais cumplidos[h], el cual es la cabeza de todo principado y potestad[i]:
11 En el cual tambien sois circuncidados de circuncision no hecha con manos[k], con el despojamiento del cuerpo de los pecados de la carne[l] en la circuncision de Cristo;
12 Sepultados juntamente con él en el bautismo[m], en el cual tambien resucitasteis con *él* por la fé de la operacion de Dios que le levantó de los muertos.
13 Y á vosotros, estando muertos en pecados y *en* la incircuncision de vuestra carne[n], os vivificó juntamente con él, perdonándoos todos los pecados,
14 Rayendo la cédula de los ritos que nos era contraria[o], que era contra nosotros, quitándola de en medio y enclavándola en la cruz;
15 Y despojando los principados y las potestades[p], sacóles á la vergüenza en público, triunfando de ellos en sí mismo.
16 ¶ Por tanto nadie os juzgue en comida, ó en bebida[q], ó en parte de dia de fiesta, ó de nueva luna, ó de sábados[r],
17 Lo cual es la sombra de lo *que estaba* por venir[s]; mas el cuerpo *es* de Cristo.
18 Nadie os engañe á su voluntad con *pretexto de* humildad y culto á los ángeles, metiéndose en lo que no ha visto, vanamente hinchado en el sentido de su propia carne,
19 Y no teniendo la Cabeza, de la cual todo el cuerpo, alimentado y conjunto por *sus* ligaduras y conjunturas, crece en aumento de Dios[t].
20 Pues si sois muertos con Cristo cuanto á los rudimentos del mundo[u], ¿por qué, como si vivieseis al mundo, os someteis á ordenanzas,
21 *Tales como* no manejes, ni gustes, ni aun toques,
22 (Las cuales cosas son todas para destruccion en el uso *mismo*[v],) en conformidad á mandamientos y doctrinas de hombres?
23 Tales cosas tienen á la verdad cierta reputacion de sabiduría en culto voluntario, y humildad, y en duro trato del cuerpo; no en alguna honra para el saciar de la carne[x].

Ti. 6. 20. / ar. 20. / ap. 1. 19. / Ef. 3. 19. / Ped. 3. 22. / Fe. 2. 28. / ap. 3. 9. / Ro. 6. 3, 5. / Ef. 2. 1, 5. / Ef. 2. 15. / al. 68. 18. / Ro. 14. 1, / Cr. 23. 31. / Heb. 10. 1. / Ef. 4. 15. / er. 8. / Mat. 15. 11. / Ja. 5. 19.

CAPITULO III.

De la renovacion de las costumbres conforme á la nueva vida recibida de Cristo. Varios avisos á los casados, á los padres de familia, y á los criados.

SI habeis pues resucitado con Cristo[a], buscad las cosas de arriba, donde está Cristo sentado á la diestra de Dios[b].
2 Poned la mira en las cosas de arriba, no en las de la tierra[c].
3 Porque muertos sois, y vuestra vida está escondida con Cristo en Dios[d].
4 Cuando Cristo, vuestra vida[e], se manifestáre, entónces vosotros tambien sereis manifestados con él en gloria[f].
5 ¶ Amortiguad, pues, vuestros miembros que están sobre la tierra[g]: fornicacion, inmundicia, lujuria, mala concupiscencia, y avaricia, que es idolatría[h];

ap. 2. 12. / Ef. 2. 5, 6. / Ro. 8. 34. / Juan 2. / Ro. 6. 2. / Juan 11. 25. / Juan 3. 2. / Ro. 8. 13. / Ef. 5. 5.

6 Por las cuales cosas la ira de Dios viene sobre los hijos de rebelion[i];
7 En las cuales vosotros tambien anduvisteis en otro tiempo viviendo en ellas[k].
8 Mas ahora dejad tambien vosotros todas estas cosas; ira, enojo, malicia, maledicencia, torpes palabras de vuestra boca.
9 No mintais los unos á los otros, habiéndoos despojado del viejo hombre con sus hechos[l],
10 Y revestídoos del nuevo, el cual por el conocimiento es renovado conforme á la imágen del que lo crió;
11 Donde no hay Griego, ni Judío, circuncision ni incircuncision, bárbaro *ni* Scytha, siervo *ni* libre; mas Cristo *es el* todo, y en todos[m].
12 ¶ Vestíos, pues, como escogidos de Dios, santos, y amados, de entrañas de misericordia, de benignidad, de humildad, de mansedumbre, de tolerancia;
13 Sufriéndoos los unos á los otros[n], y perdonándoos los unos á los otros, si alguno tuviere queja del otro[o]: de la manera que Cristo os perdonó, así tambien *hacedlo* vosotros.
14 Y sobre todas estas cosas *tened* caridad, la cual es el vínculo de la perfeccion[p].
15 Y la paz de Dios gobierne en vuestros corazones[q], á la cual asimismo sois llamados en un cuerpo; y sed agradecidos.
16 La palabra de Cristo habite en vosotros en abundancia en toda sabiduría, enseñándoos y exhortándoos los unos á los otros con salmos é himnos, y canciones espirituales, con gracia cantando en vuestros corazones al Señor[r].
17 Y todo lo que haceis, sea de palabra, ó de hecho, *hacedlo* todo en el nombre del Señor Jesus[s], dando gracias á *nuestro* Dios y Padre por él[t].
18 ¶ Casadas, estad sujetas á *vuestros* maridos, como conviene en el Señor[u].
19 Maridos, amad á *vuestras* mujeres, y no seais desapacibles con ellas.
20 ¶ Hijos, obedeced á *vuestros* padres en todo; porque esto agrada al Señor[v].
21 Padres, no irriteis á vuestros hijos, porque no se hagan de poco ánimo.
22 ¶ Siervos, obedeced en todo á *vuestros* amos carnales[x], no sirviendo al ojo, como los que agradan *solamente* á los hombres, sino con sencillez de corazon, temiendo á Dios:
23 Y todo lo que hagais, hacedlo de ánimo, como al Señor, y no á los hombres;
24 Sabiendo que del Señor recibiréis la compensacion de la herencia; porque al Señor Cristo servis.
25 Mas el que hace injuria, recibirá la injuria que hiciere; que no hay acepcion de personas[y].
26 Amos, haced lo que es justo y derecho con *vuestros* siervos, sabiendo que tambien vosotros teneis Amo en los cielos[z].

CAPITULO IV.

Ultimos avisos del apóstol. Recomienda á Tychico y á Onésimo; y saluda á varios.

PERSEVERAD en oracion[a], velando en ella con hacimiento de gracias:
2 Orando tambien juntamente por nosotros, que el Señor nos abra la puerta de la palabra, para hablar el misterio de Cristo[b], por el cual aun estoy preso,
3 Para que lo manifieste como me conviene hablar.
4 Andad en sabiduría para con los estraños, redimiendo el tiempo[c].
5 *Sea* vuestra palabra siempre con gra-

i Ef. 5. 6.
k 1 Cor. 6. 11.
l Ef. 4. 22.
m 1 Co. 12. 13.
n Ef. 4. 2, 32.
o Mat. 18. 35. Mar. 11. 25.
p 1 Co. 13. 13.
q Fi. 4. 7.
r Ef. 5. 19.
s 1 Co. 10. 31.
t Heb. 13. 15.
u Ef. 5. 22, etc. Tit. 2. 4, 5.
v Ef. 6. 1, etc.
x 1 Ped. 2. 18.
y Ro. 2. 11. 1 Ped. 1. 17.
z Ef. 6. 9.
a Lu. 18. 1. Ro. 12. 12.
b Cap. 1. 27.
c Ef. 5. 15, 16.

cia, sazonada con sal[e]; para que sepais cómo os conviene responder á cada uno.

6 ¶ Todos mis negocios os hará saber Tychico[f], hermano amado y fiel ministro, y consiervo en el Señor:

7 El cual os he enviado á esto mismo, para que entienda vuestros negocios, y consuele vuestros corazones,

8 Con Onésimo[g], amado y fiel hermano, el cual es de vosotros. Todo lo que acá pasa os harán saber.

9 Aristarcho[h], mi compañero en la prision, os saluda, y Marcos el sobrino de Bernabé[i], (acerca del cual habeis recibido mandamientos: si fuere á vosotros, recibidle;)

10 Y Jesus, el que se llama Justo; los cuales son de la circuncision. Estos solos *son* los que me ayudan en el reino de Dios, *y* me han sido consuelo.

11 Os saluda Epáfras[k], el cual es de vosotros, siervo de Cristo, siempre solícito por vosotros en oraciones[l], que estéis *firmes*, perfectos y cumplidos en todo lo que Dios quiere.

12 Porque le doy testimonio, que tiene gran celo por vosotros, y por los *que están* en Laodicéa, y los *que* en Hierapolis.

13 Os saluda Lucas[m], el médico amado, y Démas[n].

14 Saludad á los hermanos *que están* en Laodicéa, y á Nimfas, y á la iglesia *que está* en su casa[o].

15 Y cuando *esta* carta fuere leida entre vosotros[p], haced que tambien sea leida en la iglesia de los Laodicenses; y la *que es escrita* de Laodicéa que la leais tambien vosotros.

16 Y decid á Archipo[q]: Mira que cumplas el ministerio que has recibido del Señor.

17 Salud; de mi mano, de Pablo[r]. Acordáos de mis prisiones[s]. La gracia *sea* con vosotros. Amen.

Escrita de Roma á los Colosenses; *enviada* con Tychico y Onésimo.

[e] Mar. 9. 50.
[f] Ef. 6. 21, 22.
[g] File. 10.
[h] Hech. 19. 29. y 27. 2. File. 24.
[i] Heb. 13. 37. 2 Ti. 4. 11.
[k] Cap. 1. 7.
[l] Ro. 15. 30.
[m] 2 Ti. 4. 11. File. 24.
[n] 2 Ti. 4. 10.
[o] Ro. 16. 5. 1 Co. 16. 19.
[p] 1 Tes. 5. 27.
[q] File. 2.
[r] 1 Co. 16. 21. 2 Tes. 3. 17.
[s] Fi. 1. 7, 14.

LA PRIMERA EPÍSTOLA DEL APÓSTOL SAN PABLO Á LOS

TESALONICENSES.

A. D. 52.

CAPITULO I.

Alaba el apóstol á los Tesalonicenses por haber sido un dechado de los demas fieles en el fervor de su fé, esperanza y caridad, en medio de las tribulaciones.

PABLO, y Silvano[a], y Timotéo, á la iglesia de los Tesalonicenses[b], *congregada* en Dios padre, y en el Señor Jesu-Cristo. Gracia y paz á vosotros de Dios nuestro Padre y del Señor Jesu-Cristo.

2 ¶ Damos siempre gracias á Dios por todos vosotros, haciendo memoria de vosotros en nuestras oraciones[c];

3 Sin cesar acordándonos delante de Dios y Padre nuestro de la obra de vuestra fé[d], y del trabajo de amor, y de la tolerancia de la esperanza del Señor nuestro Jesu-Cristo;

4 Sabiendo, hermanos amados de Dios, vuestra eleccion[e]:

5 Por cuanto nuestro evangelio no fué á vosotros en palabra solamente, mas tambien en potencia, y en Espíritu Santo[f], y en gran plenitud; como sabeis cuales fuimos entre vosotros por amor de vosotros.

6 Y vosotros fuisteis hechos imitadores de nosotros, y del Señor, recibiendo la palabra con mucha tribulacion, con gozo del Espíritu Santo[g]:

7 En tal manera que habeis sido ejemplo á todos los que han creido en Macedonia y en Achâya.

8 Porque de vosotros ha sido divulgada la palabra del Señor, no solo en Macedonia y en Achâya, mas aun en todo lugar vuestra fé en Dios se ha extendido; de modo que no tenemos necesidad de hablar nada.

9 Porque ellos cuentan de nosotros cual entrada tuvimos á vosotros; y cómo os convertisteis de los ídolos á Dios, para servir al Dios vivo y verdadero,

10 Y esperar á su Hijo de los cielos[h], al cual resucitó de los muertos; á Jesus, el cual nos libró de la ira que ha de venir[i].

[a] Hech. 15. 22, etc. y 18. 5. 2 Co. 1. 19. 1 Ped. 5. 12.
[b] Hech. 17. 1, etc.
[c] Ef. 1. 16.
[d] Ga. 5. 6.
[e] 2 Tes. 2. 13.
[f] 1 Co. 2. 4. 2 Co. 6. 6.
[g] Ro. 14. 17.
[h] 1 Co. 1. 7. Fi. 3. 20.
[i] Mat. 3. 7. Ro. 5. 9.

A. D. 52.

CAPITULO II.

San Pablo hace presente á los Tesalonicenses la libertad, desinteres y celo con que les predicó el Evangelio; y tambien el entrañable amor que los profesa por su constancia en la fé.

PORQUE, hermanos, vosotros mismos sabeis que nuestra entrada á vosotros no fué vana:

2 Pues aun habiendo padecido ántes, y sido afrentados en Filipos[a], como sabeis, tuvimos denuedo en Dios nuestro para anunciaros el evangelio de Dios con gran combate[b].

3 Porque nuestra exhortacion no *fué* de error, ni de inmundicia, ni por engaño;

4 Sino segun fuimos aprobados de Dios para que se nos encargase el evangelio[c], así hablamos; no como los que agradan á los hombres[d], sino á Dios, el cual prueba nuestros corazones.

5 Porque nunca fuimos lisonjeros en la palabra, como sabeis, ni tocados de avaricia[e]: Dios *es* testigo.

6 Ni buscamos de los hombres gloria[f], ni de vosotros, ni de otros; aunque podiamos seros carga, como apóstoles de Cristo[g].

7 Antes fuimos blandos entre vosotros como la que cria, que regala sus hijos:

8 Tan amadores de vosotros, que quisieramos entregaros no solo el evangelio de Dios, mas aun nuestras propias almas; porque nos erais carísimos.

9 Porque ya, hermanos, os acordais de nuestro trabajo y fatiga: que trabajando de noche y de dia por no ser gravosos á ninguno de vosotros, os predicamos el evangelio de Dios[h].

10 Vosotros sois testigos, y Dios, de cuan santa, y justa é irreprensiblemente nos condujimos con vosotros que creisteis:

11 Así como sabeis de que modo exhortabamos y consolabamos á cada uno de vosotros, como el padre á sus hijos,

12 Y os protestabamos que anduvieseis

[a] Hech. 16. 12, etc.
[b] Hech. 17. 2, 3.
[c] 1 Ti. 1. 11, 12.
[d] Ga. 1. 10.
[e] Hech. 20. 33.
[f] Juan 5. 41, 44.
[g] 2 Co. 12. 13, 15.
[h] Hech. 20. 34, 35. 2 Tes. 3. 7, 8.

como es digno de Dios[i], que os llamó á su reino y gloria.

13 ¶ Por lo cual tambien nosotros damos gracias á Dios sin cesar, de que habiendo recibido la palabra de Dios, que oisteis de nosotros, recibisteis no palabra de hombres, sino segun es en verdad, la palabra de Dios[k], el cual obra en vosotros los que creisteis.

14 Porque vosotros, hermanos, habeis sido imitadores de las Iglesias de Dios en Cristo Jesus, que están en Judéa; pues habeis padecido tambien vosotros las mismas cosas de los de vuestra propia nacion, como tambien ellos de los Judíos:

15 Los cuales aun mataron al Señor Jesus y á sus propios profetas[l], y á nosotros nos han perseguido; y no agradan á Dios, y se oponen á todos los hombres,

16 Prohibiéndonos hablar á los Gentiles, á fin de que se salven[m], para henchir *la medida de* sus pecados siempre[n]: pues vino sobre ellos la ira hasta el extremo.

17 ¶ Mas nosotros, hermanos, privados de vosotros por un poco de tiempo, de vista, no de corazon, tanto mas procuramos con mucho deseo ver vuestro rostro.

18 Por lo cual quisimos ir á vosotros, yo Pablo á la verdad, una vez y otra; mas Satanás nos embarazó.

19 Porque ¿cuál es nuestra esperanza, ó gozo, ó corona de que me glorie? ¿No sois vosotros[o] delante de nuestro Señor Jesu-Cristo en su venida[p]?

20 Que vosotros sois nuestra gloria y gozo.

CAPITULO III.

Consuelo del Apóstol al saber por Timotéo la constancia de los Tesalonicenses en la fé de Jesu-Cristo.

POR lo cual no pudiendo esperar mas, acordamos quedarnos solos en Atenas,

2 Y enviamos á Timotéo[a], nuestro hermano, y ministro de Dios, y colaborador nuestro en el evangelio de Cristo, á confirmaros y exhortaros en vuestra fé,

3 Para que nadie se conmueva por estas tribulaciones: porque vosotros sabeis que nosotros somos puestos para esto[b].

4 Que aun estando con vosotros, os predeciamos que habiamos de pasar tribulaciones, como ha acontecido y *lo* sabeis.

5 Por lo cual tambien yo, no esperando mas, he enviado á reconocer vuestra fé, *temiendo* que no os haya tentado el tentador[c], y que nuestro trabajo haya sido en vano[d].

6 Empero volviendo de vosotros á nosotros Timotéo, y haciéndonos saber vuestra fé y caridad, y que siempre teneis buena memoria de nosotros, deseando vernos, como tambien nosotros á vosotros,

7 En ello, hermanos, recibimos consolacion de vosotros en toda nuestra necesidad y afliccion por causa de vuestra fé[e]:

8 Porque ahora vivimos, si vosotros estais firmes en el Señor[f].

9 Por lo cual ¿qué hacimiento de gracias podrémos dar á Dios por vosotros, por todo el gozo con que nos gozamos á causa de vosotros delante de nuestro Dios,

10 Orando de noche y de dia con grande instancia, que veamos vuestro rostro, y que cumplamos lo que falta á vuestra fé[g]?

11 Mas el mismo Dios y Padre nuestro, y el Señor nuestro Jesu-Cristo, encamine nuestro viaje á vosotros.

12 Y á vosotros multiplique el Señor, y haga abundar el amor entre vosotros, y para con todos[h], como *es* tambien de nosotros para con vosotros:

13 Para que sean confirmados vuestros corazones en santidad[i], irreprensibles delante de Dios y nuestro Padre, para la venida de nuestro Señor Jesu-Cristo con todos sus santos[k].

CAPITULO IV.

Que debemos huir de la injuria y ociosidad: y que no hemos de contristarnos como los Gentiles por la muerte de los difuntos, teniendo la esperanza de la resurreccion.

RESTA pues, hermanos, que os roguemos y exhortemos en el Señor Jesus, que de la manera que fuisteis enseñados de nosotros de cómo os conviene andar[a], y agradar á Dios, *así* vayais creciendo[b].

2 Porque ya sabeis qué mandamientos os dimos por el Señor Jesus.

3 Porque la voluntad de Dios es, vuestra santificacion: que os aparteis de fornicacion[c];

4 Que cada uno de vosotros sepa tener su vaso[d] en santificacion y honor;

5 No con afecto de concupiscencia, como los Gentiles que no conocen á Dios[e]:

6 Que ninguno oprima, ni engañe en nada á su hermano; porque el Señor es vengador de todo esto, como ya os hemos dicho y protestado.

7 Porque no nos ha llamado Dios á inmundicia, sino á santificacion[f].

8 Así que el que menosprecia, no menosprecia á hombre, sino á Dios[g], el cual tambien nos dió su Espíritu Santo.

9 ¶ Mas acerca de la caridad fraterna no habeis menester que os escriba; porque vosotros mismos habeis aprendido de Dios que os ameis los unos á los otros[h].

10 Y tambien lo haceis *así* con todos los hermanos que están por toda Macedonia. Empero os rogamos, hermanos, que abundeis mas;

11 Y que procureis tener quietud, y hacer vuestros negocios[i], y obreis de vuestras manos[k] de la manera que os hemos mandado:

12 A fin que andeis honestamente[l] para con los extraños, y no necesiteis de nada.

13 ¶ Tampoco, hermanos, queremos que ignoreis acerca de los que duermen, que no os entristezcais como los otros que no tienen esperanza.

14 Porque si creemos que Jesus murió y resucitó, así tambien traerá Dios con él á los que durmieron en Jesus[m].

15 Por lo cual os decimos esto en palabra del Señor: que nosotros que vivimos, que habrémos quedado hasta la venida del Señor[n], no serémos delanteros á los que durmieron.

16 Porque el mismo Señor con aclamacion, con voz de arcángel, y con trompeta de Dios, descenderá del cielo[o]; y los muertos en Cristo resucitarán primero:

17 Luego nosotros los que vivimos, los que quedamos, juntamente con ellos serémos arrebatados en las nubes á recibir al Señor en el aire; y así estarémos siempre con el Señor[p].

18 Por tanto consoláos los unos á los otros en estas palabras.

Left margin references: ...f. 4. 1. ...l. 1. 10. ...at. 10. 40. ...s. 4. 14. ...ech. 7. 52. ...ech. 17. 5, ... 18. 12. ...2. 21, 22. ...m. 15. 16. ...st. 23. 32. ...Co. 1. 14. ... 4. 1. ...Tes. 2. 1. ...Ped. 1. 16. ...ech. 17. 15. ...8. 36. ...Ti. 3. 12. ...Ped. 2. 21. ... 12, 19. ...Co. 11. 3, ...s. 4. 11. ... 2. 16. ...Co. 7. 6, 7. ... 6. 13, 14. ... 4. 1.

Right margin references: g 2 Co. 13. 9, 11. h cap. 5. 15. 1 Juan 4. 7. y 12. 21. i cap. 5. 23. 1 Co. 1. 8. Fi. 1. 10. k Zac. 14. 5. Mat. 25. 31. Juda 14. a Col. 1. 10. b 1 Co. 15. 58. c 1 Co. 6. 15, 18. d 1 Sa. 21. 5. e Ef. 4. 17, 18. f Le. 11. 44. Heb. 12. 14. 1 Ped. 1. 14, 15. g Lu. 10. 16. h Juan 15. 12, 17. i 2 Te. 3. 11. 1 Ped. 4. 15. k 2 Te. 3. 7, 8. l Ro. 13. 13. m 1 Co. 15. 20. n 1 Co. 15. 51, 52. o Mat. 24. 30, 31. p Juan 12. 26.

CAPITULO V.

Les advierte que la segunda venida del Señor será cuando menos piensen; y exhórtales por tanto á estar vigilantes y apercibidos en el ejercicio de la verdadera piedad, y benevolencia para con todos, cuidando de examinar y retener todo lo bueno, y apartarse de todo lo malo.

EMPERO acerca de los tiempos y de
los momentos, no teneis, hermanos,
[a] Hech. 1. 7. necesidad de que yo os escriba[a]:
2 Porque vosotros sabeis bien, que el
[b] Lu. 12. 39, 40. dia del Señor vendrá así como ladron
de noche[b].
3 Que cuando dirán, Paz y seguridad:
entónces vendrá sobre ellos destruccion
de repente, como los dolores á la mujer
[c] Jer. 13. 21. Lu. 21. 34, 35. preñada[c]; y no escaparán.
4 Mas vosotros, hermanos, no estais
[d] Ef. 5. 8. 1 Juan 2. 8. en tinieblas[d], para que aquel dia os so-
brecoja como ladron.
5 *Porque* todos vosotros sois hijos de
luz, é hijos del dia: no somos de la
noche, ni de las tinieblas.
6 Por tanto, no durmamos como los de-
[e] Ro. 13. 11, 12. mas[e]; ántes velemos y seamos sobrios[f].
7 Porque los que duermen, de noche
[f] Mat. 24. 42. y 25. 13. 1 Ped. 5. 8. duermen; y los que están borrachos, de
noche están borrachos.
8 Mas nosotros, que somos *hijos* del
dia, estemos sobrios, vestidos de cota
de fé, y de caridad, y la esperanza de
[g] Ef. 6. 14, 17. salud por yelmo[g].
9 Porque no nos ha puesto Dios para
[h] 1 Ped. 2. 8. ira[h], sino para alcanzar salud por nu-
estro Señor Jesu-Cristo;
10 El cual murió por nosotros, para
que ó que velemos, ó que durmamos,
[i] Ro. 14. 8, 9. vivamos juntamente con él[i].
11 Por lo cual consoláos los unos á los
otros; y edificáos los unos á los otros,
así como lo haceis.
12 ¶ Y os rogamos, hermanos, que
reconozcais á los que trabajan entre
vosotros, y os presiden en el Señor, y
os amonestan[k]: [k] Heb. 13. 7, 17.
13 Y que los tengais en mucha estima
por amor de su obra. Tened paz los
unos con los otros[l]. [l] Mar. 9. 51.
14 Tambien os rogamos, hermanos,
que amonesteis á los que andan desor-
denadamente[m], que consoleis á los de [m] 2 Tes. 3. 6, 11.
poco ánimo, que soporteis á los flacos[n],
que seais sufridos para con todos[o]. [n] Ro. 15. 1.
15 Mirad que ninguno dé á otro mal [o] Ef. 4. 2.
por mal[p]; ántes seguid lo bueno siem- [p] Pr. 20. 22. y 24. 29. Mat. 5. 39. Ro. 12. 17. 1 Ped. 3. 9.
pre los unos para con los otros, y para
con todos[q].
16 Estad siempre gozosos[r].
17 Orad sin cesar[s].
18 Dad gracias en todo[t]; porque esta [q] Cap. 3. 12. Ga. 6. 10.
es la voluntad de Dios para con vosotros
en Cristo Jesus. [r] 2 Co. 6. 10. Fi. 4. 4.
19 No apagueis el Espíritu[u]: [s] Lu. 18. 1. Ef. 6. 18. Col. 4. 2. Ro. 12. 12.
20 No menospreciéis las profecías[x].
21 Examinadlo todo[x]; retened lo
bueno[y].
22 Apartáos de toda apariencia de mal. [t] Ef. 5. 20.
23 Y el Dios de paz os santifique en [u] Ef. 4. 30. 2 Ti. 1. 6.
todo; para que vuestro espíritu, y alma,
y cuerpo, sea guardado entero sin re- [v] 1 Co. 14. 1, 39.
prension para la venida de nuestro Se-
ñor Jesu-Cristo[z]. [x] 1 Juan 4. 1.
24 Fiel es el que os ha llamado; el [y] Fi. 4. 8.
cual tambien *lo* hará[a]. [z] Cap. 3. 13.
25 ¶ Hermanos, orad por nosotros. [a] 1 Co. 10. 13.
26 Saludad á todos los hermanos en
ósculo santo[b]. [b] Ro. 16. 16. 1 Co. 16. 20. 2 Co. 13. 12. 1 Ped. 5. 14.
27 Conjúroos por el Señor, que esta
carta sea leida á todos los santos her-
manos[c]. [c] Col. 4. 16.
28 La gracia de nuestro Señor Jesu-
Cristo *sea* con vosotros. Amen.

La primera á los Tesalonicenses fué escrita de Atenas.

LA SEGUNDA EPÍSTOLA DEL APÓSTOL SAN PABLO

Á LOS

TESALONICENSES.

A. D. 53.

CAPITULO I.

Da gracias á Dios por la fé de los Tesalonicenses, cuya paciencia en las tribulaciones aplaude, y les anima con la promesa de un glorioso reposo en la venida del Señor, el cual retribuirá con eterno castigo á los que persiguen y no obedecen al Evangelio.

PABLO, y Silvano, y Timotéo, á la
Iglesia de los Tesalonicenses *con-*
gregada en Dios nuestro Padre, y en
[a] 1 Te. 1. 1. el Señor Jesu-Cristo[a]:
2 Gracia y paz á vosotros de Dios nues-
tro Padre, y del Señor Jesu-Cristo.
3 ¶ Debemos siempre dar gracias á
Dios de vosotros, hermanos, como es
digno, por cuanto vuestra fé va creci-
endo, y la caridad de cada uno de todos
vosotros abunda entre vosotros;
4 Tanto, que nosotros mismos nos glo-
riamos de vosotros en las iglesias de
[b] 2 Co. 9. 2. Dios[b], de vuestra paciencia y fé en todas
vuestras persecuciones y tribulaciones
[c] Sant. 5. 11. que sufris[c]:
[d] Fi. 1. 28. 5 Una prueba del justo juicio de Dios[d],
[e] 1 Te. 2. 14. Heb. 10. 32, 33. para que seais tenidos por dignos del
reino de Dios, por el cual asimismo
padeceis[e]:
6 Porque *es* justo para con Dios pagar
con tribulacion á los que os atribulan[f]; [f] Ap. 6. 10.
7 Y á vosotros, que sois atribulados,
dar reposo con nosotros, cuando se ma-
nifestará el Señor Jesus del cielo[g] con [g] 1 Tes. 4. 16. Juda 14.
los ángeles de su potencia[h], [h] Sal. 103. 20.
8 Con llama de fuego[i], para dar el [i] Sal. 50. 3. y 97. 3, 4.
pago á los que no conocieron á Dios,
ni obedecen al evangelio de nuestro
Señor Jesu-Cristo;
9 Los cuales serán castigados de eterna
perdicion[k] por la presencia del Señor, [k] Fi. 3. 19. 2 Ped. 3. 7.
y por la gloria de su potencia[l], [l] Is. 2. 19.
10 Cuando viniere para ser glorificado
en sus santos[m], y á hacerse admirable [m] Ro. 8. 17, 18.
en aquel dia en todos los que creyeron:
(por cuanto nuestro testimonio ha sido
creido entre vosotros.)
11 Por lo cual asimismo oramos siem-
pre por vosotros, que nuestro Dios os
tenga por dignos de *su* vocacion, é hin-
cha de bondad todo buen intento, y á
toda obra de fé con potencia,
12 Para que el nombre de nuestro
Señor Jesu-Cristo sea glorificado en
vosotros, y vosotros en él, por la gracia
de nuestro Dios, y del Señor Jesu-
Cristo.

CAPITULO II.

Exhorta á los Tesalonicenses á permanecer en la verdad que han recibido, y les declara que á la venida de Cristo ha de preceder la apostasía y manifestacion del hombre de pecado, ó anticristo, cuyo soberbio carácter y artificios describe, declarando cómo será destruido, y con él cuantos le sigan ó á su iniquidad consintieren.

EMPERO os rogamos, hermanos, cu-
anto á la venida de nuestro Señor
Jesu-Cristo, y nuestro recogimiento
á él,
2 Que no os movais facilmente de vu-
estro sentimiento, ni os conturbeis ni
por espíritu, ni por palabra, ni por carta
como nuestra, como que el dia del Se-
a. 7. 13. ñor [a] esté cerca.
3 No os engañe nadie en ninguna ma-
lat. 24. nera [b]; porque *no vendrá*, sin que venga
6. ántes la apostasía, y se manifieste el
a. 7. 25. hombre de pecado [c], el hijo de perdi-
Juan 2. cion [d],
4 Oponiéndose, y levantándose con-
uan 17. tra todo lo que se llama Dios, ó que se
adora [e]; tanto que se asiente en el tem-
. 14. 13. plo de Dios como Dios, haciéndose pa-
. 11. 36, recer Dios.
5 ¿ No os acordais que, cuando estaba
p. 13. 6. todavía con vosotros, os decia esto ?
6 Y ahora vosotros sabeis lo que *le*
impide, para que á su tiempo se mani-
fieste.
lat. 13. 13. 7 Porque ya está obrando [f] el misterio
Juan 4. 3. de iniquidad: solamente *espera* hasta
que sea quitado de en medio el que a-
hora impide;
8 Y entónces será manifestado aquel
inicuo, al cual el Señor matará con el
. 11. 4. Espíritu de su boca [g], y destruirá con el
p. 19. 15. resplandor de su venida:
20. 21. 9 *Á aquel inicuo* cuyo advenimiento es
segun operacion de Satanás, con grande
potencia, y señales, y milagros menti-
lat. 24. 24. rosos [h],
p. 13. 2. 10 Y con todo engaño de iniquidad
13. 15. *obrando* en los que perecen; por cuanto
no recibieron el amor de la verdad para
ser salvos.
11 Por tanto, pues, les envia Dios ope-
racion de error, para que crean á la
Rey. 22. mentira [i];
12 Para que sean condenados todos los
. 14. 9. que no creyeron á la verdad, ántes con-
sintieron á la iniquidad.
13 ¶ Mas nosotros debemos dar siem-
pre gracias á Dios por vosotros, herma-
p. 1. 3. nos [k] amados del Señor, de que Dios os
haya escogido desde el principio para
. 1. 4. salud [l], por la santificacion del Espíritu
Tes. 1. 4. y fé de la verdad:
Ped. 1. 2. 14 A lo cual os llamó por nuestro evan-
. 13. 8. gelio, para alcanzar la gloria de nuestro
uan 17. Señor Jesu-Cristo [m].
15 Así que, hermanos, estad firmes [n],
ed. 5. 10. y retened la doctrina que habeis apren-
Co. 16. 13. dido, sea por palabra, ó por carta nu-
estra.
16 Y el mismo Señor nuestro Jesu-
Cristo, y Dios y Padre nuestro, el cual
nos amó, y *nos* dió consolacion eterna,
y buena esperanza por gracia [o], [o] 1 Ped. 1. 3.
17 Consuele vuestros corazones, y os
confirme en toda buena palabra y obra.

CAPITULO III.

Les pide rueguen á Dios por él; habla contra los díscolos, ociosos y pertinaces; y recomienda el amor al trabajo, y la correccion de los malos.

RESTA, hermanos, que oreis por
nosotros [a], que la palabra del Señor [a] Ef. 6. 19.
corra y sea glorificada así como entre Col. 4. 3.
vosotros:
2 Y que seamos librados de hombres
importunos y malos [b]; porque no es de [b] Ro. 15. 31.
todos la fé.
3 Mas fiel es el Señor [c], que os confir- [c] 1 Co. 1. 9.
mará y guardará de mal. y 10. 13.
4 Y tenemos confianza de vosotros [d] en 1 Tes. 5. 24.
el Señor, que haceis y haréis lo que os [d] 2 Co. 7. 16.
hemos mandado.
5 Y el Señor enderece vuestros cora-
zones [e] en el amor de Dios, y en la pa- [e] 1 Cr. 29. 18.
ciencia de Cristo [f]. [f] Ap. 1. 9.
6 ¶ Empero os denunciamos, herma-
nos, en el nombre de nuestro Señor
Jesu-Cristo, que os aparteis de todo
hermano que anduviere fuera de órden,
y no conforme á la doctrina que recibi-
eron de nosotros [g]: [g] Ro. 16. 17.
7 Porque vosotros mismos sabeis de
que manera debeis imitarnos [h]: porque [h] 1 Co. 4. 16.
no anduvimos desordenadamente entre y 11. 1.
vosotros,
8 Ni comimos el pan de ninguno de
balde; ántes obrando con trabajo y fa-
tiga de noche y de dia [i], por no ser [i] Hech. 18. 3.
gravosos á ninguno de vosotros; y 20. 34.
9 No porque no tuviésemos potestad [k], 1 Co. 4. 12.
sino por daros en nosotros un dechado, 1 Tes. 2. 9.
para que nos imitaseis. [k] 1 Co. 9. 6.
10 Porque aun estando con vosotros os
denunciábamos esto: Que si alguno no
quisiere trabajar, tampoco coma [l]. [l] Gen. 3. 19.
11 Porque oimos que andan algunos
entre vosotros fuera de órden, no tra-
bajando en nada, sino ocupados en cu-
riosear.
12 Y á los tales requerimos y rogamos
por nuestro Señor Jesu-Cristo, que tra-
bajando con reposo, coman su pan.
13 Y vosotros, hermanos, no os can-
seis de hacer bien [m]. [m] Ga. 6. 9.
14 Y si alguno no obedeciere á nuestra
palabra por carta, notad al tal, y no os
junteis con él, para que se avergüence [n]. [n] ver. 6.
15 Mas no lo tengais como á enemigo;
sino amonestadle como á hermano.
16 Y el mismo Señor de paz [o] os dé [o] Ro. 16. 20.
siempre paz en toda manera. El Señor 1 Tes. 5. 23.
sea con todos vosotros. Heb. 13. 20.
17 ¶ Salud. De mi mano, Pablo [p]; [p] 1 Co. 16. 21.
que es *mi* signo en toda carta *mia*. Así Col. 4. 18.
escribo.
18 La gracia de nuestro Señor Jesu-
Cristo *sea* con todos vosotros. Amen.

La Segunda á los Tesalonicenses fué enviada de Atenas.

LA PRIMERA EPÍSTOLA DEL APÓSTOL SAN PABLO

Á

TIMOTÉO.

A. D. 67.

CAPITULO I.

Encarga el apóstol á Timotéo que procure impedir la enseñanza de doctrinas extrañas y fabulosas, como tambien cuestiones inútiles que no fomentan la caridad, la cual es el fin de la ley, y que se conduzca con toda fidelidad en el desempeño de su ministerio.

PABLO, apóstol de Jesu-Cristo[a] por la ordenacion de Dios nuestro Salvador, y del Señor Jesu-Cristo, nuestra esperanza[b];

2 A Timotéo[c], verdadero hijo en la fé[d]: Gracia, misericordia, y paz de Dios nuestro Padre, y de Cristo Jesus nuestro Señor.

3 ¶ Como te rogué que te quedases en Efeso, cuando partí para Macedonia, para que requirieses á algunos que no enseñen diversa doctrina,

4 Ni presten atencion á fábulas y genealogías sin término, que ántes engendran cuestiones[e] que la edificacion de Dios, que es por fé, *así te encargo ahora.*

5 Pues el fin del mandamiento[f] es la caridad *nacida* de corazon limpio[g], y de buena conciencia, y de fé no fingida:

6 De lo cual distrayéndose algunos, se apartaron á vanas pláticas;

7 Queriendo ser doctores de la ley, sin entender ni lo que hablan, ni lo que afirman.

8 Sabemos empero que la ley *es* buena[h], si alguno usa de ella legítimamente;

9 Conociendo esto, que la ley no es puesta para el justo[i], sino para los injustos, y para los desobedientes, para los impíos y pecadores, para los malos y profanos, para los parricidas y matricidas, para los homicidas,

10 Para los fornicarios, para los sodomitas, para los ladrones de hombres, para los mentirosos y perjuros; y si hay alguna otra cosa contraria á la sana doctrina[k],

11 Segun el evangelio de la gloria del Dios bendito[l], el cual á mí me ha sido encargado[m].

12 Y doy gracias al que me fortificó[n], á Cristo Jesus nuestro Señor, de que me tuvo por fiel[o], poniéndome en el ministerio[p];

13 Habiendo sido ántes blasfemo, y perseguidor, é injuriador: mas fuí recibido á misericordia, porque lo hice con ignorancia[q] en incredulidad.

14 Mas la gracia de nuestro Señor fué mas abundante con la fé y amor que es en Cristo Jesus.

15 Palabra fiel[r], y digna de ser recibida de todos: Que Cristo Jesus vino al mundo para salvar á los pecadores[s], de los cuales yo soy el primero[t].

16 Mas por esto fuí recibido á misericordia, para que Jesu-Cristo mostrase en mí el primero toda *su* clemencia, para ejemplo de los que habian de creer en él para vida eterna.

17 Por tanto al Rey de siglos[u], inmortal, invisible[v], al solo sabio Dios[x], *sea* honor y gloria por siglos de los siglos[y]. Amen.

18 Este mandamiento, hijo Timotéo, te encargo, para que, conforme á las profecías pasadas de ti[z], milites por ellas buena milicia;

19 Manteniendo la fé y buena conciencia[a], la cual echando de sí algunos, hicieron naufragio en la fé:

20 De los cuales *fueron* Hymenéo y Alejandro[b], que entregué á Satanas[c], para que aprendan á no blasfemar.

CAPITULO II.

Encarga que se haga oracion por los reyes y magistrados. Jesu-Cristo es el único medianero y redentor de todos. Debemos orar en todo lugar. Modestia de las mujeres, su sumision y silencio.

AMONESTO, pues, ante todas cosas, que se hagan rogativas, oraciones, peticiones, hacimientos de gracias, por todos los hombres;

2 Por los reyes, y por todos los que están en eminencia[a], para que vivamos quieta y reposadamente en toda piedad y honestidad.

3 Porque esto *es* bueno y agradable delante de Dios nuestro Salvador[b];

4 El cual quiere que todos los hombres sean salvos[c], y que vengan al conocimiento de la verdad.

5 Porque *hay* un Dios[d]; asimismo un Mediador entre Dios y los hombres, Jesu-Cristo hombre;

6 El cual se dió á sí mismo *en* precio del rescate por todos[e], *para* testimonio en sus tiempos:

7 De lo que yo soy puesto por predicador y apóstol, (digo verdad en Cristo, no miento;) doctor de los Gentiles en fidelidad y verdad[f].

8 Quiero, pues, que los hombres oren en todo lugar[g], levantando manos limpias[h], sin ira ni contienda.

9 Asimismo tambien las mujeres, ataviándose en hábito honesto, con vergüenza y modestia; no con cabellos encrespados, ú oro, ó perlas, ó vestidos costosos[i],

10 Sino de buenas obras, como conviene á mujeres que profesan piedad.

11 La mujer aprenda en silencio, con toda sujecion[k].

12 Porque no permito á la mujer enseñar, ni tomar autoridad sobre el hombre, sino estar en silencio.

13 Porque Adam fué formado el primero; despues Eva[l].

14 Y Adam no fué engañado; sino la mujer, siendo seducida, vino á ser *envuelta* en transgresion.

15 Empero se salvará engendrando hijos, si permaneciere en la fé y caridad, y en santidad, y modestia.

A. D. 67.

[a] Hech. 9. 15. [b] Col. 1. 27. [c] Hech. 16. 1. [d] Tit. 1. 4. [e] Cap. 6. 3, 4, 20. Tit. 1. 14. y 3. 9. [f] ver. 18. Ro. 13. 8, 10. Ga. 5. 14. [g] 2 Ti. 2. 22. [h] Ro. 7. 12. [i] Ga. 5. 23. [k] 2 Ti. 4. 3. Tit. 1. 9. [l] Cap. 6. 15. [m] 1 Tes. 2. 4. [n] 1 Co. 15. 10. [o] 1 Co. 7. 25. [p] Col. 1. 25. [q] Lu. 23. 34. Lo. 5. 17, 18. [r] Cap. 3. 1. y 4. 9. 2 Ti. 2. 11. Tit. 3. 8. [s] Mat. 9. 13. Lu. 19. 10. [t] 1 Co. 15. 9. Ef. 3. 8.

[u] Sal. 10. 16. [v] Juan 1. 18. [x] Juda 25. [y] 1 Cr. 29. 11. [z] Cap. 4. 14. [a] Cap. 3. 9. [b] 2 Ti. 2. 17. [c] 1 Co. 5. 5.

[a] Ro. 13. 1. [b] Tit. 2. 4. [c] Juan 3. 15. [d] Ro. 3. 29. [e] Mat. 20. 28. [f] 2 Ti. 1. 11. [g] Juan 4. 21. [h] Is. 1. 15. [i] 1 Ped. 3. 3. [k] 1 Co. 14. 34. [l] 1 Co. 11. 8, 9.

CAPITULO III.

Describe cuales deben ser los obispos ó sobrestantes, y diáconos, y las mujeres que sirven á la Iglesia.

ech. 20. PALABRA fiel: Si alguno apetece obispado[a], buena obra desea.

t. 1. 6. 2 Conviene, pues, que el obispo sea irreprensible[b], marido de una mujer, solícito, templado, compuesto, hospedador, apto para enseñar;

3 No amador del vino, no heridor, no codicioso de sórdida ganancia, sino moderado; no litigioso, ajeno de avaricia:

l. 101. 2. 4 Que gobierne bien su casa[c], que tenga sus hijos en sujecion con toda honestidad;

5 (Porque el que no sabe gobernar su casa, ¿cómo cuidará de la Iglesia de Dios?)

t. 16. 18. 6 No un neófito, porque inflándose[d] no caiga en juicio del diablo.

ch. 22. 7 Tambien conviene que tenga buen testimonio de los extraños[e]; porque no caiga en afrenta y en lazo del diablo[f].

Ti. 2. 16. ech. 6. 3. 8 Los diáconos asimismo *deben ser* honestos[g], no bilingües, no dados á mucho vino, no amadores de torpes ganancias;

r. 16. 9 Que tengan el misterio de la fé[h] con limpia conciencia.

10 Y estos tambien sean ántes probados; y así ministren, si fueren sin crímen.

t. 2. 3. 11 Las mujeres asimismo honestas, no detractoras[i], templadas, fieles en todo.

r. 4. 12 Los diáconos sean maridos de una mujer, que gobiernen bien sus hijos y sus casas[k].

13 Porque los que bien ministráren, ganan para sí buen grado, y mucha confianza en la fé que *es* en Cristo Jesus.

14 Esto te escribo con esperanza que iré presto á tí:

Ti. 2. 20. 15 Y si no fuere tan presto, para que sepas cómo te conviene conversar en la casa de Dios[l], que es la iglesia del Dios vivo, columna y apoyo de la verdad.

Co. 2. 7. Juan 1. 14. Mat. 3. 16. Mat. 4. 11. l. 1. 6. n. 24. 51. 16 Y sin contradiccion, grande es el misterio[m] de la piedad: Dios ha sido manifestado en carne[n]; ha sido justificado con el Espíritu[o]; ha sido visto de los ángeles[p]; ha sido predicado á los Gentiles; ha sido creido en el mundo[q]; ha sido recibido en gloria[r].

CAPITULO IV.

Predice la apostasía que en los venideros tiempos aconteceria en la iglesia, con indicacion de algunas de las erroneas y diabólicas doctrinas que enseñarian algunos, y exhorta á Timoteo á que con diligencia cuide de la sana doctrina, y de cumplir otros deberes propios de su ministerial cargo.

Juan 4. 1. EMPERO el Espíritu dice manifiestamente, que en los venideros tiempos algunos apostatarán de la fé, escuchando á espíritus de error[a], y á doctrinas de demonios;

2 Que con hipocresía hablarán mentira, teniendo cauterizada la conciencia:

o. 5. 13. 3 Que prohibirán casarse, y *mandarán* abstenerse de las viandas que Dios crió para que con hacimiento de gracias participasen de ellas los fieles, y los que han conocido la verdad[b].

4 Porque todo lo que Dios crió *es* bueno, y nada hay que desechar, tomándose con hacimiento de gracias:

5 Porque por la palabra de Dios, y por la oracion es santificado.

6 Si esto propusieres á los hermanos, serás buen ministro de Jesu-Cristo, criado en las palabras de la fé y de la buena doctrina[c], la cual has alcanzado.

[c] Jer. 15. 16.

7 Mas las fábulas profanas[d] y de viejas desecha, y ejercítate para la piedad.

[d] Tit. 1. 14.

8 Porque el ejercicio corporal para poco es provechoso[e]; mas la piedad para todo aprovecha[f], pues tiene promesa de esta vida presente y de la venidera[g].

[e] 1 Co. 9. 25. [f] Cap. 6. 6. [g] Sal. 84. 11. Mar. 10. 30.

9 Palabra fiel *es* esta, y digna de ser recibida de todos.

10 Que por esto aun trabajamos y sufrimos oprobios, porque esperamos en el Dios viviente, el cual es Salvador de todos los hombres, mayormente de los que creen[h].

[h] Sal. 36. 7. Mat. 10. 30.

11 Esto manda y enseña.

12 Ninguno tenga en poco tu juventud; pero sé ejemplo de los fieles en palabra, en conversacion, en caridad, en espíritu, en fé, en limpieza[i].

[i] 2 Ti. 2. 22. Tit. 2. 7.

13 Entretanto que voy, ocúpate en leer, en exhortar, en enseñar.

14 No descuides el don que está en tí[k], que te es dado por profecía[l] con la imposicion de las manos del presbiterio[m].

[k] 2 Ti. 1. 6. [l] Cap. 1. 18. [m] Hech. 13. 3.

15 Medita estas cosas; ocúpate en ellas; para que tu aprovechamiento sea manifiesto á todos.

16 Ten cuidado de tí mismo y de la doctrina; persiste en ello; pues haciendo esto, á tí mismo salvarás y á los que te oyeren.

CAPITULO V.

El apóstol advierte á Timoteo como ha de portarse con los fieles de todas edades. Cuales hayan de ser las viudas que sirvan en la Iglesia. Le dice que deben ser premiados los presbíteros que cumplen bien su ministerio; que ha de corregir los pecados públicos; y mirar mucho á quien impone las manos para ordenarle.

NO reprendas al anciano, sino exhórtale como á padre: á los mas jóvenes, como á hermanos;

2 A las ancianas, como á madres; á las jovencitas, como á hermanas, con toda pureza.

3 Honra á las viudas que en verdad son viudas[a].

[a] ver. 5, 16.

4 Pero si alguna viuda tuviere hijos, ó nietos, aprendan primero á gobernar su casa piadosamente, y á recompensar á sus padres: porque esto es lo honesto y agradable delante de Dios.

5 Ahora la que en verdad es viuda y solitaria, espera en Dios, y es diligente en suplicaciones y oraciones noche y dia[b].

[b] Lu. 2. 37.

6 Pero la que vive en delicias, viviendo está muerta[c].

[c] Ap. 3. 1.

7 Denuncia pues estas cosas, para que sean sin reprension.

8 Y si alguno no tiene cuidado de los suyos, y mayormente de los de su casa, la fé negó, y es peor que un infiel.

9 La viuda sea puesta en *especial* clase no ménos que de sesenta años; que haya sido esposa de un *solo* marido;

10 Que tenga testimonio en buenas obras; si crió *bien sus* hijos; si ha ejercitado la hospitalidad; si ha lavado los piés de los santos[d]; si ha socorrido á los afligidos; si ha seguido toda buena obra.

[d] Gen. 18. 4, 5.

11 Pero viudas mas jóvenes no admitas; porque despues de hacerse licenciosas contra Cristo, quieren casarse:

12 Condenadas ya, por haber falseado la primera fé.

hechas ociosas, á andar de casa en casa;
y no solamente ociosas, sino tambien
[e] 2 Tes. 3. 11. parleras y curiosas [e], hablando lo que
no conviene.
14 Quiero, pues, que las que son jóvenes se casen, crien hijos, gobiernen la
casa; que ninguna ocasion den al adversario para maldecir.
15 Porque ya algunas han vuelto atrás
en pos de Satanás.
16 Si algun fiel ó alguna fiel tiene viudas, manténgalas, y no sea gravada la
iglesia; á fin de que haya lo suficiente
para las que de verdad son viudas.
[f] 1 Tes. 5. 12, 13. 17 ¶ Los ancianos que gobiernan bien [f],
sean tenidos por dignos de doblada honra; mayormente los que trabajan en
predicar y enseñar.
18 Porque la Escritura dice: no em-
[g] De. 25. 4. 1 Co. 9. 9. bozarás al buey que trilla [g]. Y: Digno
[h] Lu. 10. 7. *es* el obrero de su jornal [h].
19 Contra el anciano no recibas acusacion sino con dos ó tres testigos.
20 A los que pecaren, repréndelos delante de todos, para que los otros tambien teman.
[i] 2 Ti. 4. 1. 21 *Te* requiero delante de Dios [i] y del
Señor Jesu-Cristo, y de sus ángeles escogidos, que guardes estas cosas sin
perjuicio de nadie, que nada hagas in-
[k] De. 1. 17. clinándote á la una parte [k].
[l] Hech. 13. 3. 22 No impongas de ligero las manos [l]
á alguno, ni comuniques en pecados
[m] 2 Juan 11. agenos [m]: consérvate en limpieza.
23 No bebas de aquí adelante agua,
[n] Sal. 104. 15. sino usa de un poco de vino [n] por causa
del estómago, y de tus contínuas enfermedades.
24 Los pecados de algunos hombres,
ántes que vengan *ellos* á juicio, son
manifiestos; mas á otros les vienen
despues.
25 Asimismo las buenas obras ántes
son manifiestas; y las que son de otra
manera, no pueden esconderse.

CAPITULO VI.

Los siervos obedezcan á sus amos, sean estos ó no cristianos. Sobre los falsos doctores. Daños que acarrea la avaricia. Deben los ricos evitar la soberbia, y emplearse en obras de caridad.

TODOS los que están debajo del yugo
[a] Ef. 6. 5. Tit. 2. 9, etc. 1 Ped. 2. 18, etc. de servidumbre, tengan á sus señores por dignos de toda honra [a], porque no sea blasfemado el nombre del
Señor y *su* doctrina.
2 Y los que tienen amos fieles, no *los*
tengan en ménos, por ser *sus* hermanos;
ántes sírvan*les* mejor, por cuanto son
fieles y amados, *y* partícipes del beneficio. Esto enseña y exhorta.
3 Si alguno enseña otra cosa, y no
[b] 2 Ti. 1. 13. asiente á las sanas palabras [b] de nuestro
Señor Jesu-Cristo, y á la doctrina que
[c] Tit. 1. 1. es conforme á la piedad [c],
4 Es hinchado, nada sabe, y enloquece
acerca de cuestiones y contiendas de
palabras, de las cuales nacen envidias,
pleitos [d], maledicencias, malas sospechas, [d] 2 Ti. 2. 23.
5 Porfías de hombres corruptos de entendimiento, y privados de la verdad,
que tienen la piedad por granjería: apártate de los tales.
6 Empero grande granjería es la piedad con contentamiento [e]. [e] Cap. 4. 8. Pr. 15. 16.
7 Porque nada hemos traido á este
mundo, y sin duda nada podrémos sacar [f]. [f] Sal. 49. 17. Ec. 5. 15.
8 Así que teniendo sustento, y con que
cubrirnos, seamos contentos con esto [g]. [g] Gen. 28. 20.
9 Porque los que quieren enriquecerse [h], caen en tentacion y lazo, y en [h] Pr. 28. 22.
muchas codicias locas y dañosas, que
hunden á los hombres en perdicion y
muerte.
10 Porque el amor del dinero es la raiz
de todos los males; el cual codiciando
algunos, se descaminaron de la fé, y
fueron traspasados de muchos dolores.
11 Mas tú, oh hombre de Dios [i], huye [i] De. 33. 1. 2 Ti. 3. 17.
de estas cosas; y sigue la justicia, la
piedad, la fé, la caridad, la paciencia,
la mansedumbre.
12 Pelea la buena batalla de la fé [k], [k] 2 Ti. 4. 7.
echa mano de la vida eterna, á la cual
asimismo eres llamado, habiendo hecho
buena profesion delante de muchos testigos.
13 Te mando delante de Dios, que da
vida á todas las cosas, y de Jesu-Cristo,
que testificó la buena profesion delante
de Poncio Pilato [l], [l] Juan 18. 36, 37.
14 Que guardes el mandamiento sin
mácula, ni reprension, hasta la aparicion de nuestro Señor Jesu-Cristo [m]; [m] 2 Tes. 2. 8. 2 Ti. 4. 1, 8. Tit. 2. 13.
15 La cual á su tiempo mostrará el
Bienaventurado [n] y solo Poderoso, Rey
de reyes, y Señor de señores [o]; [n] Cap. 1. 11, 17.
16 Quien solo tiene inmortalidad [p], que
habita en luz inaccesible; á quien nin- [o] Ap. 17. 14.
guno de los hombres ha visto, ni puede [p] Juan 5. 26.
ver [q]: al cual *sea* la honra y el imperio [q] Ex. 33. 20.
sempiterno. Amen.
17 ¶ A los ricos de este siglo manda
que no sean altivos, ni pongan la esperanza en la incertidumbre de las riquezas [r]; sino en el Dios vivo, que nos da [r] Job 31. 24. Sal. 62. 10. Mar. 10. 24.
todas las cosas en abundancia de que
gocemos [s]:
18 Que hagan bien, que sean ricos en [s] Ec. 5. 18, 19.
buenas obras [t], dadivosos, que con facilidad comuniquen: [t] Lu. 12. 21.
19 Atesorando para sí buen fundamento para lo porvenir [u], que echen mano [u] Mat. 6. 20. Lu. 12. 33. y 16. 9.
á la vida eterna [v].
20 Oh Timotéo, guarda lo que se te ha
encomendado [x], evitando las profanas [v] ver. 12.
pláticas de vanas cosas, y los argumen- [x] 2 Ti. 2. 16.
tos de la falsamente llamada ciencia [y]: [y] Col. 2. 8.
21 La cual profesando algunos, fueron descaminados acerca de la fé [z]. La [z] 2 Ti. 2. 18.
Gracia *sea* contigo. Amen.

La Primera á Timotéo fué enviada de Laodicéa, que es metrópoli de la Frygia Pacaciana.

LA SEGUNDA EPÍSTOLA DEL APÓSTOL SAN PABLO

Á

TIMOTÉO.

A. D. 68.

CAPITULO I.

Exhorta á Timotéo á predicar intrépidamente el Evangelio, para manifestar mejor su fé, y á que permanezca en la sana doctrina. Dice que algunos de Asia le abandonaron en Roma; y elogia á Onesíforo.

PABLO, apóstol de Jesu-Cristo por la voluntad de Dios, segun la promesa de la vida, que es en Cristo Jesus,

2 A Timotéo, amado hijo[a], gracia, misericordia, *y* paz de Dios el Padre, y de Jesu-Cristo nuestro Señor.

3 ¶ Doy gracias á Dios, al cual sirvo desde mis mayores con limpia conciencia[b], de que sin cesar tengo memoria de tí en mis oraciones noche y dia[c];

4 Deseando verte, acordándome de tus lágrimas, para ser lleno de gozo;

5 Trayendo á la memoria la fé no fingida[d] que *habia* en tí, la cual residió primero en tu abuela Loida, y en tu madre Eunice[e]; y estoy cierto que en tí tambien.

6 Por lo cual te aconsejo, que despiertes el don de Dios que está en tí por la imposicion de mis manos[f].

7 Porque no nos ha dado Dios el espíritu de temor, sino *el* de fortaleza, y de amor, y de templanza.

8 Por tanto no te avergüences del testimonio de nuestro Señor[g], ni de mí preso *por amor* suyo; ántes sé participante de los trabajos del evangelio[h] segun la virtud de Dios,

9 Que nos salvó y llamó con vocacion santa[i], no conforme á nuestras obras[k], mas segun el intento suyo[l], y *por la* gracia, la cual nos es dada en Cristo Jesus ántes de los tiempos de los siglos[m];

10 Mas ahora es manifestada por la aparicion de nuestro Salvador Jesu-Cristo[n], el cual quitó la muerte[o], y sacó á la luz la vida y la inmortalidad por el Evangelio[p]:

11 Del cual yo soy puesto predicador, y apóstol, y maestro de los Gentiles[q].

12 Por lo cual asimismo padezco esto: mas no me avergüenzo[r]; porque yo sé á quien he creido, y estoy cierto que es poderoso para guardar mi depósito para aquel dia[s].

13 Reten la forma[t] de las sanas palabras[u] que de mí oiste, en la fé y amor que *es* en Cristo Jesus.

14 Guarda el buen depósito[v] por el Espíritu Santo que habita en nosotros.

15 *Ya* sabes esto, que me han sido contrarios todos los que son en Asia[x]; de los cuales son Figello, y Hermógenes.

16 Dé el Señor misericordia á la casa de Onesíforo[y]; que muchas veces me refrigeró, y no se avergonzó de mi cadena[z]:

17 Antes estando él en Roma, me buscó solícitamente, y *me* halló.

18 Déle el Señor que halle misericordia cerca del Señor en aquel dia[a]. Y cuanto *nos* ayudó[b] en Éfeso, tú lo sabes mejor.

Ti. 1. 2.
ech. 23.1.
eb. 13.18.
Tes. 3. 10.
Ti. 1. 5.
ech. 16.1.
Ti. 4. 14.
o. 1. 16.
ap. 2. 3.
o. 8. 28.
o. 9. 11.
f. 1. 9, 11.
lit. 1. 2.
Ped. 1.20.
Co. 15. 27.
usa 5.
, 29.
Ti. 2. 7.
er. 8.
er. 14.
Ti. 6. 20.
Ped. 4. 19.
Ti. 1. 16.
Ti. 6. 3.
Ti. 6. 20.
ap. 4. 10,
ap. 4. 19.
ech. 28.
f. 6. 20.
Mat. 25.
, 40.
Heb. 6. 10.

CAPITULO II.

A. D. 68.

Habla á Timotéo de la fortaleza y prudencia con que debe enseñar las cosas de la fé, y como debe evitar las cuestiones inútiles, origen de discordias y de contiendas, las cuales son agenas del cristiano.

PUES tú, hijo mio, esfuérzate en la gracia que es en Cristo Jesus[a].

2 Y lo que has oido de mí entre muchos testigos, esto encarga á los hombres fieles que serán idóneos para enseñar tambien á otros[b].

3 Tú pues sufre trabajos como fiel soldado de Jesu-Cristo.

4 Ninguno que milita se embaraza en los negocios de la vida; á fin de agradar á aquel que lo tomó por soldado.

5 Y aun tambien el que lidia, no es coronado si no lidiare legítimamente[c].

6 El labrador para recibir los frutos, es menester que trabaje primero.

7 Considera lo que digo; y el Señor te dé entendimiento en todo[d].

8 Acuérdate que Jesu-Cristo, *el cual fué* de la simiente de David, resucitó de los muertos conforme á mi evangelio[e];

9 En el que sufro trabajo, hasta las prisiones á modo de malhechor[f]: mas la palabra de Dios no está presa.

10 Por tanto todo lo sufro por amor de los escogidos[g], para que ellos tambien consigan la salud que es en Cristo Jesus con gloria eterna.

11 *Es* palabra fiel: Que si somos muertos con él, tambien vivirémos con él[h]:

12 Si sufrimos, tambien reinarémos con él[i]. Si negáremos, él tambien nos negará[k]:

13 Si fuéremos infieles, él permanece fiel[l]: no se puede negar á sí mismo[m].

14 ¶ Recuérda*les* esto, protestando delante del Señor que no contiendan en palabras, *lo cual* para nada aprovecha[n], *ántes* trastorna á los oyentes.

15 Procura con diligencia presentarte á Dios aprobado, *como* obrero que no tiene de que avergonzarse, que traza bien la palabra de verdad[o].

16 Mas evita profanas *y* vanas parlerías[p]; porque muy adelante irán en la impiedad.

17 Y la palabra de ellos carcome como cáncer; de los cuales es Himenéo[q] y Fileto;

18 Que se han descaminado de la verdad[r] diciendo, que la resurreccion es ya hecha[s], y trastornan la fé de algunos.

19 Pero el fundamento de Dios está firme, teniendo este sello: Conoce el Señor los que son suyos[t]. Y: Apártese de iniquidad todo aquel que invoca el nombre de Cristo[u].

20 Mas en una casa grande, no solamente hay vasos de oro y de plata, sino tambien de madera y de barro; y asimismo unos para honor, y otros para deshonra[v].

21 Así que si alguno se limpiáre de estas cosas, será vaso para honra, san-

[a] Ef. 6. 10.
[b] Tit. 1. 9.
[c] 1 Co. 9. 25.
[d] Pr. 2. 6.
[e] Ro. 1. 3, 4. 2 Co. 4. 13.
[f] Ef. 6. 20.
[g] 2 Co. 1. 6. Col. 1. 24.
[h] Ro. 6. 5, 8.
[i] Ro. 8. 17. 1 Ped. 4. 13.
[k] Mat. 10. 33.
[l] Ro. 3. 3.
[m] Nu. 23. 19.
[n] 1 Ti. 6. 4.
[o] Mat 13. 52.
[p] 1 Ti. 6. 20.
[q] 1 Ti. 1. 20.
[r] 1 Ti. 6. 21.
[s] 1 Co. 15. 12.
[t] Nu. 16. 5.
[u] Sal. 97. 10. Is. 52. 11.
[v] Ro. 9. 21.

tificado, y útil para los usos del Señor, y aparejado para toda buena obra[x].

22 Huye tambien los deseos juveniles; y sigue la justicia, la fé, la caridad, la paz[y], con los que invocan al Señor de puro corazon.

23 Empero las cuestiones necias y sin sabiduría desecha[z], sabiendo que engendran contiendas.

24 Que el siervo del Señor no debe ser litigioso, sino manso para con todos[a], apto para enseñar, sufrido;

25 Que con mansedumbre corrija á los que se oponen; si quizá Dios les dé que se arrepientan[b] para conocer la verdad,

26 Y se zafen del lazo del diablo[c], en que están cautivos á voluntad de él.

x Cap. 3. 17.
y 1 Ti. 6. 11.
z ver. 16. 1 Ti. 1. 4. y 4. 7.
a 1 Tes. 2. 7.
b Hech. 8. 22.
c 1 Ti. 3. 7.

CAPITULO III.

Carácter de los falsos apóstoles, enemigos de la verdad. Encarga á Timotéo que se mantenga firme en lo que tiene aprendido, y le recomienda el estudio de las santas Escrituras.

ESTO tambien sepas, que en los postreros dias vendrán tiempos peligrosos[a]:

2 Que habrá hombres[b] amadores de sí mismos, avaros, vanagloriosos, soberbios, detractores, desobedientes á los padres, ingratos, sin santidad,

3 Sin afecto, desleales, calumniadores, destemplados, crueles, aborrecedores de lo bueno,

4 Traidores, arrebatados, hinchados, amadores de los deleites mas que de Dios;

5 Teniendo apariencia de piedad, mas habiendo negado la eficacia de ella[c]: y á estos evita[d].

6 Porque de estos son los que se entran por las casas[e], y llevan cautivas las mujercillas cargadas de pecados, llevadas de diversas concupiscencias;

7 Que siempre aprenden[f], y nunca pueden acabar de llegar al conocimiento de la verdad.

8 Y de la manera que Jannes y Jambres resistieron á Moisés[g], así tambien estos resisten á la verdad; hombres corruptos de entendimiento, réprobos acerca de la fé[h].

9 Mas no prevalecerán; porque su insensatez será manifiesta á todos, como tambien lo fué la de aquellos.

10 Pero tú has comprendido mi doctrina, institucion, intento[i], fé, largura de ánimo, caridad, paciencia,

11 Persecuciones, aflicciones, cuales me sobrevinieron en Antioquía[k], en Iconio, en Listra[l]; cuales persecuciones he sufrido, y de todas me ha librado el Señor[m].

12 Y tambien todos los que quieren vivir piamente en Cristo Jesus, padecerán persecucion[n].

13 Mas los malos hombres, y los engañadores, irán de mal en peor engañados, y engañando *á otros*.

14 Empero persiste tú en lo que has aprendido, y te persuadiste, sabiendo de quien has aprendido[o];

15 Y que desde la niñez has sabido las sagradas escrituras, las cuales te pueden hacer sabio para la salud por la fé que es en Cristo Jesus[p].

16 Toda Escritura dada por Espíritu de Dios[q] es útil para enseñar[r], para redargüir, para corregir, para instituir en justicia,

17 Para que el hombre de Dios sea perfecto[s], enteramente instruido para toda buena obra.

a 1 Ti. 4. 1. 2 Ped. 3. 3. 1 Juan 2. 18. Juda 17.
b Ro. 1. 29, 31.
c Tit. 1. 16.
d Cap. 2. 16.
e Ti. 1. 11.
f Mar. 6. 17.
g Ex. 7. 11.
h 1 Ti. 6. 5. Tit. 1. 16.
i Hech. 11. 23.
k Hech. 13. 14, 50.
l Hech. 14. 1, 19.
m Sal. 34. 19.
n Hech. 14. 22.
o Cap. 1. 5, 13. y 2. 2.
p Juan 5. 39. y 20. 31.
q 2 Ped. 1. 20, 21.
r Ro. 15. 4.
s Sal. 119. 98, 100.

CAPITULO IV.

Ultimas encomiendas del Apóstol á Timotéo. Le exhorta á que predique sin intermision, para fortificar los espíritus de los fieles contra los errores que habian de nacer: le dice que está cercano el fin de su vida; y concluye con las salutaciones acostumbradas.

REQUIERO yo, pues, delante de Dios, y del Señor Jesu-Cristo[a], que ha de juzgar[b] los vivos y los muertos en su manifestacion y en su reino,

2 Que prediques la palabra; que instes á tiempo y fuera de tiempo: redarguye, reprende, exhorta con toda paciencia y doctrina[c].

3 Porque vendrá tiempo cuando no sufrirán la sana doctrina; ántes, teniendo comezon de oir, se amontonarán maestros conforme á sus concupiscencias,

4 Y apartarán de la verdad el oido, y se volverán á las fábulas[d].

5 Pero tú vela en todo, soporta las aflicciones, haz la obra de Evangelista, cumple tu ministerio:

6 Porque yo ya estoy para ser ofrecido, y el tiempo de mi partida está cercano[e].

7 He peleado buena batalla[f], he acabado la carrera[g], he guardado la fé.

8 Por lo demas, me está guardada la corona de justicia[h], la cual me dará el Señor, juez justo, en aquel dia; y no solo á mí, sino tambien á todos los que aman su venida[i].

9 ¶ Procura venir presto á mí:

10 Porque Demas[k] me ha desamparado, amando este siglo[l], y se ha ido á Tesalónica; Crescente á Galacia; Tito á Dalmacia.

11 Lucas solo está conmigo. Toma á Marcos[m], y tráele contigo; porque me es útil para el ministerio.

12 A Tychico[n] envié á Éfeso.

13 Trae, cuando vinieres, el capote que dejé en Troas en casa de Carpo; y los libros, mayormente los pergaminos.

14 Alejandro[o] el calderero me ha causado muchos males: el Señor le pagará conforme á sus hechos[p].

15 Guárdate tú tambien de él; que en grande manera ha resistido á nuestras palabras.

16 En mi primera defensa ninguno me ayudó; ántes me desampararon todos: no les sea imputado.

17 Mas el Señor me ayudó, y me esforzó para que por mí fuese cumplida la predicacion, y todos los Gentiles *la* oyesen; y fuí librado de la boca del leon[q].

18 Y el Señor me librará de toda obra mala[r], y me preservará para su reino celestial: al cual *sea* gloria por siglos de siglos. Amen.

19 ¶ Saluda á Prisca‖ y á Aquilas[s], y á la casa de Onesíforo[t].

20 Erasto[u] se quedó en Corinto; y á Trófimo[v] dejé en Mileto enfermo.

21 Procura venir ántes del invierno. Eubulo te saluda, y Pudente, y Lino, y Claudia, y todos los hermanos.

22 El Señor Jesu-Cristo *sea* con tu espíritu. La gracia *sea* con vosotros. Amen.

La Segunda á Timotéo, el cual fué el primer obispo ordenado en Éfeso, fué escrita de Roma, cuando Pablo fué presentado la segunda vez á César Neron.

a Cap. 2. 14. 1 Ti. 5. 21.
b Hech. 10. 42.
c Tit. 2. 15.
d 1 Ti. 1. 4. y 4. 7.
e Fi. 1. 23.
f 1 Ti. 6. 12.
g Hech. 20. 24.
h 1 Co. 9. 25. Sant. 1. 12. 1 Ped. 5. 4. Ap. 2. 10.
i Tit. 2. 13.
k Col. 4. 14. File. 24.
l Ro. 12. 2.
m Hech. 15. 37. Col. 4. 10.
n Hech. 20. 4. Tit. 3. 12.
o 1 Ti. 1. 20.
p Sal. 28. 4.
q Sal. 22. 21.
r Sal. 121. 7.
‖ Priscilla.
s Hech. 18. 2.
t Cap. 1. 16.
u Hech. 19. 22.
v Hech. 20. 4.

LA EPÍSTOLA DEL APÓSTOL SAN PABLO

Á

TITO.

A. D. 67.

CAPITULO I.

Despues de saludar á Tito, le advierte las cualidades que se requieren en los que fueren puestos por ministros.

PABLO, siervo de Dios, y apóstol de Jesu-Cristo segun la fé de los escogidos de Dios, y el conocimiento de la verdad que es segun la piedad[a],

2 Para la esperanza de la vida eterna, la cual Dios, que no puede mentir[b], prometió ántes de los tiempos de los siglos[c],

3 Y manifestó á sus tiempos su palabra[d] por *la* predicacion[e], que me es á mí encomendada[f] por mandamiento de nuestro Salvador Dios;

4 A Tito, verdadero hijo en la comun fé[g]: Gracia, misericordia, y paz de Dios Padre, y del Señor Jesu-Cristo Salvador nuestro.

5 ¶ Por está causa te dejé en Creta, para que corrigieses lo que falta, y pusieses ancianos[h] por las villas, así como yo te mandé:

6 El que fuere sin crímen, marido de una mujer, que tenga hijos fieles, que no esten acusados de disolucion, ó contumaces.

7 Porque es menester que el obispo sea sin crímen[i], como dispensador de Dios[k]; no soberbio, no iracundo, no amador del vino, no heridor, no codicioso de torpes ganancias;

8 Sino amigo de hospitalidad, amador de lo bueno, templado, justo, santo, continente;

9 Retenedor de la fiel palabra *que es* conforme á la doctrina; para que tambien pueda exhortar con sana doctrina[l], y convencer á los que contradijeren.

10 Porque hay aun muchos contumaces[m], habladores de vanidades, y engañadores de las almas, mayormente *los* que *son* de la circuncision,

11 A los cuales es preciso tapar la boca; que trastornan casas enteras, enseñando lo que no conviene, por torpe ganancia[n].

12 Dijo uno de ellos ‖, propio profeta de ellos: Los Cretenses, siempre mentirosos, malas bestias, vientres perezosos.

13 Este testimonio es verdadero: por tanto repréndelos duramente, para que sean sanos en la fé;

14 No atendiendo á fábulas Judáicas[o], y á mandamientos de hombres que se apartan de la verdad.

15 Todas las cosas son limpias á los limpios[p]; mas á los contaminados é infieles nada es limpio: ántes su alma y conciencia están contaminadas.

16 Proféssanse conocer á Dios, mas con los hechos *lo* niegan[q]; siendo abominables y rebeldes, y reprobados para toda buena obra.

1 Ti. 6. 3.
1 Sa. 15. 29. Heb. 6. 18.
Ti. 1. 9.
2 Ti. 1. 10.
Ro. 10. 14, 15.
1 Tes. 2. 4.
1 Ti. 1. 2.
Hech. 14. 23.
Ti. 3. 2.
1 Co. 4. 1, 2.
Ti. 1. 10. 6. 3.
Ti. 1. 13. 4. 3.
1 Ti. 1. 6.
1 Ti. 6. 5.
‖ El poeta Epiménides.
1 Ti. 1. 4. 4. 7.
Lu. 11. 39, 41.
Ro. 14. 14, 20.
1 Ti. 4. 3, 4.
2 Ti. 3. 5.

CAPITULO II.

Manifiesta á Tito como se ha de portar con los fieles de todos estados, sexos, edades, y condiciones, y la obligacion que tiene de darles buen ejemplo. Esplica los documentos que nos da la gracia de Dios, y los beneficios que nos ha hecho Jesu-Cristo.

EMPERO tú habla lo que conviene á la sana doctrina[a]:

2 Que los viejos sean templados, graves, prudentes, sanos en la fé, en la caridad, en la paciencia.

3 Las ancianas, asimismo, *se distingan* en un porte santo; no calumniadoras, no dadas á mucho vino, maestras de honestidad:

4 Que enseñen á las mujeres jóvenes á ser prudentes, á que amen á sus maridos, á que amen á sus hijos,

5 *A ser* templadas, castas, que tengan cuidado de la casa, buenas, sujetas á sus maridos[b]; porque la palabra de Dios no sea blasfemada[c].

6 Exhorta asimismo á los mancebos á que sean comedidos:

7 Mostrándote en todo por ejemplo de buenas obras[d]; en doctrina, integridad, gravedad,

8 Palabra sana[e], é irreprensible; que el adversario se avergüence, no teniendo mal ninguno que decir de vosotros[f].

9 *Exhorta* á los siervos, á que sean sujetos á sus señores[g], que agraden en todo, no respondones;

10 No defraudando, ántes mostrando toda buena lealtad, para que adornen en todo la doctrina[h] de nuestro Salvador Dios[i].

11 Porque la gracia de Dios que trae salvacion á todos los hombres, se manifestó[k],

12 Enseñándonos que, renunciando á la impiedad y á los deseos mundanos[l], vivamos en este siglo templada, y justa, y piamente,

13 Esperando aquella esperanza bienaventurada[m], y la manifestacion gloriosa del gran Dios, y nuestro Salvador Jesu-Cristo[n],

14 Que se dió á sí mismo por nosotros[o], para redimirnos de toda iniquidad[p], y limpiar para sí un pueblo propio[q], celoso de buenas obras[r].

15 Esto habla y exhorta, y reprende con toda autoridad. Nadie te desprecie[s].

A. D. 67.

[a] Cap. 1. 9.
[b] Ef. 5. 22. 1 Ped. 3. 1.
[c] 1 Ti. 6. 1.
[d] 1 Ti. 4. 12.
[e] ver. 1. 1 Ti. 6. 3.
[f] 1 Ti. 5. 14.
[g] Ef. 6. 5. 1 Ped. 2. 18.
[h] Mat. 5. 16. Ef. 4. 1. Fi. 1. 27.
[i] 1 Ti. 4. 10. Cap. 3. 4.
[k] Cap. 3. 4.
[l] 1 Ped. 2. 11.
[m] Fi. 3. 20.
[n] 2 Tes. 2. 8. 1 Ti. 6. 14. 2 Ti. 4. 1, 8.
[o] Ef. 5. 2.
[p] Sal. 130. 8.
[q] De. 7. 6. y 14. 2.
[r] Ef. 2. 10.
[s] 1 Ti. 4. 12.

CAPITULO III.

Virtudes que debe Tito recomendar á todos los cristianos. La gracia de Jesu-Cristo derramada sobre nosotros, nos hace esperar la vida eterna. Le exhorta á que evite las malas doctrinas, y recuse á los obstinados herejes.

AMONÉSTALES que se sujeten á los príncipes y potestades[a], que obedezcan, que estén prontos á toda buena obra;

2 Que á nadie infamen, que no sean

[a] Ro. 13. 1. 1 Ped. 2. 13.

pendencieros, *sino* modestos, mostrando
toda mansedumbre para con todos los
hombres[b].
3 Porque tambien éramos nosotros ne-
cios en otro tiempo, rebeldes, extravia-
dos, sirviendo á concupiscencias y de-
leites diversos[c], viviendo en malicia y
en envidia, aborrecibles, aborreciendo
los unos á los otros:
4 Mas cuando se manifestó la bondad
de Dios nuestro Salvador[d], y *su* amor
para con los hombres[e],
5 No por obras de justicia que nos-
otros habiamos hecho[f], mas por su
misericordia nos salvó por el lavacro[g]
de la regeneracion[h], y de la renovacion
del Espíritu Santo[i];
6 El cual derramó[k] en nosotros abun-
dantemente por Jesu-Cristo nuestro Sal-
vador,
7 Para que, justificados por su gracia[l],
seamos hechos herederos segun la es-
peranza de la vida eterna.
8 Palabra fiel[m], y estas cosas quiero que
afirmes, para que los que creen á Dios
procuren gobernarse en buenas obras[n].
Estas cosas son buenas y útiles á los
hombres.
9 Mas las cuestiones necias[o], y gene-
alogías, y contenciones y debates acerca
de la ley evita; porque son sin provecho
y vanas.
10 Rehusa hombre hereje, despues de
una y otra amonestacion;
11 Estando cierto que el tal es trastor-
nado, y peca, siendo condenado de su
propio juicio.
12 ¶ Cuando enviare á tí á Artemas,
ó á Tychico[p], procura venir á mí á
Nicópolis; porque allí he determinado
invernar.
13 A Zenas, doctor de la ley, y á Apolo
envia delante[q], procurando que nada
les falte.
14 Y aprendan asimismo los nuestros
á gobernarse en buenas obras para los
usos necesarios, para que no sean sin
fruto[r].
15 Todos los que están conmigo te
saludan. Saluda á los que nos aman
en la fé. La gracia *sea* con todos vos-
otros. Amen.

A Tito, el cual fué el primer obispo ordenado á la iglesia de los Cretenses, escrita de Nicópolis de Macedonia.

[b] Ef. 4. 2.
[c] 1 Co. 6. 11. 1 Ped. 4. 3.
[d] Cap. 2. 10. Lu. 1. 47. 1 Ti. 1. 1, 2, 3. Juda 25.
[e] Cap. 2. 11.
[f] Ef. 2. 4. y 8. 9.
[g] Ef. 5. 26.
[h] Mat. 19. 28.
[i] Juan 3. 3, 5.
[k] Hech. 2. 33.
[l] Ro. 3. 24.
[m] 1 Ti. 1. 15.
[n] ver. 1, 14.
[o] 1 Ti. 1. 4. y 4. 7. 2 Ti. 2. 23.
[p] Col. 4. 6. 2 Ti. 4. 12.
[q] Ro. 15. 24. 3 Juan 6.
[r] Fi. 4. 17.

LA EPÍSTOLA DEL APÓSTOL SAN PABLO Á

FILÉMON.

A. D. 62.

Pídele con la elocuencia divina de la caridad que se reconcilie con Onésimo, su esclavo fugitivo, ya cristiano y arrepentido.

PABLO, prisionero de Jesu-Cristo[a],
y el hermano Timotéo, á Filémon
amado, y coadjutor nuestro[b];
2 Y á la amada Apphia, y á Archippo[c],
compañero de nuestra milicia[d], y á la
iglesia *que está* en tu casa[e]:
3 Gracia á vosotros, y paz de Dios nu-
estro Padre, y del Señor Jesu-Cristo.
4 ¶ Doy gracias á mi Dios, haciendo
siempre memoria de tí en mis oracio-
nes[f],
5 Oyendo tu caridad, y la fé que tienes
en el Señor Jesus, y para con todos los
santos[g];
6 Para que la comunicacion de tu fé sea
eficaz en el conocimiento de todo el
bien que *está* en nosotros por Cristo
Jesus.
7 Porque tenemos gran gozo y conso-
lacion de tu caridad, de que por tí, oh
hermano, han sido recreadas las entra-
ñas de los santos[h].
8 Por lo cual, aunque tengo mucha
resolucion en Cristo para mandarte lo
que conviene[i],
9 Ruégo*te* mas bien por amor, siendo
tal cual *soy*, Pablo anciano, y aun ahora
prisionero de Jesu-Cristo,
10 Ruégote por mi hijo Onésimo[k], que
he engendrado[l] en mis prisiones;
11 El cual en otro tiempo te fué inútil,
mas ahora á tí y á mí *es* útil:
12 El cual *te* vuelvo á enviar: tú, pues,
recíbele como á mis entrañas.
13 Yo quisiera detenerle conmigo, para
que en lugar de tí me sirviese en las
prisiones del Evangelio[m].
14 Mas nada quise hacer sin tu consejo,
porque tu beneficio no fuese como de
necesidad, sino voluntario[n].
15 Porque acaso por esto se ha apar-
tado de tí por *algun* tiempo, para que
lo recibieses[o] para siempre;
16 No ya como siervo, ántes mas que
siervo, *como* hermano amado[p], mayor-
mente de mí; pero ¿cuanto mas de ti,
en la carne[q], y en el Señor?
17 Así que, si me tienes por compa-
ñero[r], recíbele como á mí.
18 Y si en algo te dañó, ó te debe,
pónlo á mi cuenta.
19 Yo Pablo *lo* escribí de mi mano; yo
lo pagaré, por no decirte que aun á tí
mismo te me debes demás.
20 Sí, hermano, gózeme yo de tí en el
Señor; recrea mis entrañas[s] en el Se-
ñor.
21 Te he escrito confiando en tu obe-
diencia[t], sabiendo que aun harás mas
de lo que digo.
22 Y asimismo prepárame tambien a-
lojamiento; porque espero que por vues-
tras oraciones[u] os tengo de ser conce-
dido.
23 Te saludan Epafras[v], mi compañero
en la prision por Cristo Jesus,
24 Marcos[x], Aristarco[y], Démas[z], y
Lucas[a], mis cooperadores.
25 La gracia de nuestro Señor Jesu-
Cristo *sea* con vuestro espíritu[b]. Amen.

A Filémon fué enviada de Roma por Onésimo siervo.

[a] Ef. 3. 1.
[b] Fi. 2. 25.
[c] Col. 4. 16.
[d] Fi. 2. 25.
[e] Ro. 16. 5.
[f] Ef. 1. 16.
[g] Col. 1. 4.
[h] 2 Co. 7. 13.
[i] 1 Tes. 2. 6.
[k] Col. 4. 8.
[l] 1 Co. 4. 15.
[m] 1 Co. 16. 17.
[n] 2 Co. 9. 7.
[o] Gen. 45. 5, 8.
[p] 1 Ti. 6. 2.
[q] Col. 3. 22.
[r] 2 Co. 8. 23.
[s] ver. 7.
[t] 2 Tes. 3. 4.
[u] Ro. 15. 30, 32. 2 Co. 1. 11.
[v] Col. 1. 7.
[x] Hech. 12. 12, 25.
[y] Hech. 19. 29. Col. 4. 10.
[z] 2 Ti. 4. 10.
[a] Col. 4. 14.
[b] 2 Ti. 4. 22.

LA EPÍSTOLA DEL APÓSTOL SAN PABLO

Á LOS

HEBRÉOS.

A. D. 64.

CAPITULO I.

Jesu-Cristo, verdadero Dios y hombre, es infinitamente superior á los ángeles.

DIOS, habiendo hablado muchas veces, y en muchas maneras en otro tiempo á los padres por los profetas[a],

2 En estos postreros dias nos ha hablado por el Hijo[b], al cual constituyó heredero de todo[c], por el cual asimismo hizo el universo[d]:

3 El cual, siendo el resplandor de gloria, y la misma imágen de su sustancia[e], y sustentando todas las cosas con la palabra de su potencia, habiendo hecho la purgacion de nuestros pecados por sí mismo, se sentó á la diestra de la Majestad en las alturas[f],

4 Hecho tanto mas excelente que los ángeles, cuanto alcanzó por herencia mas excelente nombre que ellos[g].

5 ¿Porque á cuál de los ángeles dijo *Dios* jamas: Mi Hijo eres tú, hoy yo te he engendrado[h]? Y otra vez: ¿Yo seré á él Padre, y él me será á mí Hijo[i]?

6 Y otra vez, cuando introduce al Primogénito[k] en la tierra, dice: Y adórenle todos los ángeles de Dios[l].

7 Y ciertamente de los ángeles dice: El que hace sus ángeles espíritus, y á sus ministros llama de fuego[m]:

8 Mas al Hijo: Tu trono, oh Dios, por siglo del siglo; vara de equidad la vara de tu reino:

9 Has amado la justicia, y aborrecido la maldad; por lo cual te ungió Dios, el Dios tuyo, con óleo de alegría mas que á tus compañeros[n].

10 Y: Tú, oh Señor, en el principio fundaste la tierra; y los cielos son obras de tus manos:

11 Ellos perecerán, mas tú eres permanente; y todos ellos se envejecerán como una vestidura,

12 Y como un vestido los envolverás, y serán mudados; empero tú eres el mismo, y tus años no acabarán[o].

13 Pues, ¿á cuál de los ángeles dijo jamás: Siéntate á mi diestra, hasta que ponga á tus enemigos por estrado de tus piés[p]?

14 ¿No son todos espíritus administradores[q], enviados para servicio á favor de los que serán herederos de salud[r]?

Nu. 12. 8. · Mat. 17. 5. · Juan 1. 14. · Sal. 2. 8. · Cap. 11. 3. · Col. 1. 15. · Cap. 8. 1. · Sal. 110. 1. · Fi. 2. 9, 10. · Sal. 2. 7. · 1 Sa. 7. 14. · Col. 1. 18. · Sal. 97. 7. · Cap. 1. 6. · Sal. 45. 7. · Sal. 102. 25. · Sal. 110. 1. · Sal. 103. 21. · Da. 7. 10. · Gen. 19. 15. · Sal. 34. 7.

CAPITULO II.

Los menospreciadores de la Ley nueva no escaparán sin castigo. Gloria del Hijo de Dios hecho hombre, Señor de todas las criaturas, Redentor, Santificador, Salvador, y Pontífice de los hombres.

POR tanto es menester que con mas diligencia atendamos á las cosas que hemos oido, porque no nos deslicemos.

2 Porque si la palabra dicha por *el ministerio de* los ángeles[a] fué firme, y toda rebelion y disobediencia recibió justa paga de retribucion[b],

3 ¿Cómo escaparémos nosotros, si tuviéremos en poco una salud tan grande[c]? La cual, habiendo comenzado á ser publicada por el Señor, ha sido confirmada hasta nosotros por los que *le* oyeron;

4 Testificando juntamente *con ellos* Dios con señales y milagros, y diversas maravillas[d], y repartimientos del Espíritu Santo segun su voluntad[e].

5 ¶ Porque no sujetó á los ángeles el mundo venidero, del cual hablamos[f].

6 Testificó empero uno, en cierto lugar, diciendo: ¿Qué es el hombre, que te acuerdas de él? ó el hijo del hombre, que le visitas?

7 Tú le hiciste un poco menor ‖ que los ángeles, coronástele de gloria y de honra, y pusístele sobre las obras de tus manos[g]:

8 Todas las cosas sujetaste debajo de sus piés. Porque en cuanto le sujetó todas las cosas, nada dejó que no sea sujeto á él. Mas aun no vemos que todas las cosas le sean sujetas[h].

9 Empero vemos coronado de gloria y[i] de honra, por el padecimiento de muerte, á aquel Jesus que es hecho un poco menor que los ángeles, para que por gracia de Dios gustase la muerte por todos.

10 Porque convenia, que aquel por cuya causa *son* todas las cosas, y por el cual todas las cosas *subsisten*[k], habiendo de llevar á *su* gloria á muchos hijos, hiciese consumado por aflicciones[l] al autor[m] de la salud de ellos.

11 Porque el que santifica y los que son santificados[n], de uno *son* todos[o]: por lo cual no se avergüenza de llamarlos hermanos,

12 Diciendo: Anunciaré á mis hermanos tu nombre, en medio de la congregacion te alabaré[p].

13 Y otra vez: Yo confiaré en él[q]. Y otra vez: Hé aquí yo y los hijos que me dió Dios[r].

14 Así que por cuanto los hijos participaron de carne y sangre, él tambien participó de lo mismo[s], para destruir[t] por la muerte al que tenia el imperio de la muerte, es á saber, al diablo,

15 Y librar á los que por el temor de la muerte estaban por toda la vida sujetos á servidumbre[u].

16 Porque ciertamente no tomó á los ángeles, sino á la simiente de Abraham tomó[v].

17 Por lo cual debia ser en todo semejante á los hermanos, para venir á ser misericordioso y fiel pontífice[x] en lo

A. D. 64.

[a] Hech. 7. 53. Ga. 3. 19.
[b] Nu. 15. 30.
[c] Cap. 4. 1, 11.
[d] Mar. 16. 20. Hech. 14. 3.
[e] 1 Co. 12. 4.
[f] Cap. 1. 6.
‖ ó menor por un poco tiempo.
[g] Sal. 8. 4, 6.
[h] Ro. 8. 19.
[i] Hech. 2. 33.
[k] Ro. 11. 36.
[l] Cap. 5. 8, 9. Lu. 13. 32.
[m] Cap. 12. 2. Hech. 3. 15.
[n] Cap. 10. 10.
[o] Juan 20. 17.
[p] Sal. 22. 22.
[q] Is. 8. 17.
[r] Is. 8. 17, 18.
[s] Juan 1. 14.
[t] 2 Ti. 1. 10.
[u] Job 10. 21.
[v] Ga. 3. 29.
[x] Cap. 4. 15, 16.

que es para con Dios, para expiar los pecados del pueblo.

18 Porque en cuanto él mismo padeció, siendo tentado, es poderoso para *tambien* socorrer á los que son tentados.

CAPITULO III.

Jesu-Cristo, Hijo de Dios, mucho mas eminente sin comparacion que Moisés, que era solamente un siervo del Señor. Debemos obedecerle en todo, para que no seamos castigados como los Hebréos incrédulos.

POR tanto, hermanos santos, participantes de la vocacion celestial[a], considerad el Apóstol[b] y Pontífice de nuestra profesion[c], Cristo Jesus,

2 Fiel al que le constituyó sobre toda su casa, como tambien Moisés[d].

[a] Cap. 2. 9, 10. Fi. 3. 14. [b] Juan 3. 34. [c] Cap. 4. 14. [d] Nu. 12. 7.

3 Porque de *tanto* mayor gloria que Moisés este es estimado digno, cuanto tiene mayor dignidad que la casa el que la fabricó.

4 Porque toda casa es edificada de alguno: mas el que crió todas las cosas, *es* Dios.

5 Y Moisés á la verdad *fué* fiel sobre toda su casa, como criado[e], para testificar lo que se habia de decir[f]:

6 Mas Cristo como hijo[g] sobre su casa; la cual casa somos nosotros[h], si hasta el cabo retuviéremos firme la confianza y la gloria de la esperanza[i].

7 Por lo cual, (como dice el Espíritu Santo[k]: Si oyereis hoy su voz,

[e] Nu. 12. 7. [f] Hech. 7. 38. [g] Cap. 1. 5. [h] 1 Co. 3. 16. 1 Ti. 3. 15. 1 Ped. 2. 5. [i] Cap. 10. 38. [k] Sal. 95. 7.

8 No endurezcais vuestros corazones como en la provocacion, en el dia de la tentacion en el desierto,

9 Donde me tentaron vuestros padres; me probaron, y vieron mis obras cuarenta años.

10 A causa de lo cual me enemisté con esta generacion, y dije: Siempre divagan ellos de corazon, y no han conocido mis caminos.

11 Juré pues en mi ira: No entrarán en mi reposo.)

12 Mirad, hermanos, que en ninguno de vosotros haya corazon malo de incredulidad para apartarse del Dios vivo[l]:

13 Antes exhortáos los unos á los otros[m] cada dia, entretanto que se dice Hoy, porque ninguno de vosotros se endurezca con engaño de pecado.

[l] Jer. 2. 13. [m] Cap. 10. 24.

14 Porque participantes de Cristo somos hechos, con tal que conservemos firme hasta el fin el principio de nuestra confianza[n];

15 Entretanto que se dice: Si oyereis su voz hoy, no endurezcais vuestros corazones, como en la provocacion[o].

16 Porque algunos de los que habian salido de Egipto con Moisés, habiendo oido, irritaron; aunque no todos[p].

17 Mas ¿con cuales estuvo enojado cuarenta años? ¿no *fué* con los que pecaron, cuyos cuerpos cayeron en el desierto[q]?

18 ¿Y á quienes juró que no entrarian en su reposo, sino á aquellos que no obedecieron[r]?

19 Y vemos que no pudieron entrar á causa de incredulidad[s].

[n] ver. 6. [o] ver. 7. [p] Nu. 14. 2. [q] Nu. 26. 63. [r] De. 1. 32. [s] Cap. 4. 6.

CAPITULO IV.

De la verdadera tierra de promision hácia la cual caminan los cristianos; y como debemos acudir á Jesu-Cristo, nuestro compasivo Pontífice, para poder entrar en ella. Cuan grande es la virtud y eficacia de la palabra de Dios.

TEMAMOS, pues, que quedando aun la promesa de entrar en su reposo, parezca alguno de vosotros haberse apartado.

2 Porque tambien á nosotros se nos ha evangelizado como á ellos; mas no les aprovechó el oir la palabra á los que *la* oyeron sin mezclar fé.

3 Empero entramos en el reposo los que hemos creido, de la manera que dijo: Como juré en mi ira, no entrarán en mi reposo[a]; aun acabadas las obras desde el principio del mundo.

4 Porque en un cierto lugar dijo así del séptimo dia: Y reposó Dios de todas sus obras en el séptimo dia[b].

5 Y otra vez aquí: No entrarán en mi reposo.

6 Así que, pues que resta que algunos han de entrar en él, y aquellos á quienes primero fué anunciado no entraron por causa de desobediencia[c],

7 Determina otra vez un cierto dia, diciendo por David: Hoy, despues de tanto tiempo; como está dicho, Si oyereis su voz hoy, no endurezcais vuestros corazones[d].

[a] Sal. 95. 11. [b] Gen. 2. 2. [c] Cap. 3. 19. [d] Sal. 95. 7.

8 Porque si Josué les hubiera dado el reposo, no hablaria despues de otro dia.

9 Por tanto queda un reposo para el pueblo de Dios.

10 Porque el que ha entrado en su reposo, tambien él ha reposado de sus obras[e], como Dios de las suyas.

11 Procuremos, pues, de entrar en aquel reposo[f]; que ninguno caiga en semejante ejemplo de desobediencia.

12 Porque la palabra de Dios *es* viva y eficaz, y mas penetrante que toda espada de dos filos[g]: y que alcanza hasta partir el alma, y aun el espíritu[h], y las coyunturas y tuétanos; y discierne los pensamientos y las intenciones del corazon[i].

13 Y no hay cosa criada que no sea manifiesta en su presencia; ántes todas las cosas *están* desnudas y abiertas á los ojos de aquel á quien tenemos que dar cuenta[k].

[e] Ap. 14. 13. [f] 2 Ped. 1. 10. [g] Is. 49. 2. [h] 1 Tes. 5. 23. [i] 1 Co. 14. 24. [k] Sal. 139. 11.

14 ¶ Por tanto teniendo un gran Pontífice[l], que penetró los cielos[m], Jesus el Hijo de Dios, retengamos *nuestra* profesion.

15 Porque no tenemos un Pontífice que no se pueda compadecer de nuestras flaquezas[n]; mas tentado[o] en todo segun *nuestra* semejanza, *pero* sin pecado[p].

16 Lleguémonos pues confiadamente al trono de la gracia[q], para alcanzar misericordia, y hallar gracia para el oportuno socorro.

[l] Cap. 2. 17. [m] Cap. 7. 25. [n] Os. 11. 8. [o] Lu. 22. 28. [p] 1 Ped. 2. 22. [q] Cap. 10. 19.

CAPITULO V.

Esplica el apóstol cual fuese el oficio del sumo pontífice en la antigua ley; y hace ver que Jesu-Cristo es Pontífice verdadero, y que intercede por nosotros. Se queja de la poca disposicion que tenian para entender estos divinos misterios.

PORQUE todo pontífice tomado de entre los hombres, es constituido á favor de los hombres en lo que á Dios toca, para que ofrezca presentes y sacrificios por los pecados[a]:

2 Que se pueda compadecer de los ignorantes y extraviados, pues que él tambien está rodeado de flaqueza[b].

3 Y por causa de ella debe, como por sí mismo[c], así tambien por el pueblo, ofrecer por los pecados.

4 Ni nadie toma para sí la honra[d], sino el que es llamado de Dios, como Aarón[e].

5 Así tambien Cristo no se glorificó á sí mismo[f] haciéndose Pontífice, mas el que le dijo: Tú eres mi Hijo, yo te he engendrado hoy[g].

6 Como tambien dice en otro *lugar*:

[a] Cap. 8. 3. [b] Cap. 7. 28. [c] Le. 4. 3. [d] 2 Cr. 26. 18. [e] Ex. 28. 1. [f] Juan 8. 54. [g] Sal. 2. 7.

Tú *eres* Sacerdote eternamente, segun
Sal. 110. 4. el órden de Melchisedéc[h].
7 El cual en los dias de su carne, ofre-
Mat. 26. 39. ciendo ruegos y súplicas[i] con gran cla-
mor y lágrimas al que le podia librar
de muerte, fué oido por *su* reverencial
miedo.
8 Aunque era Hijo, por lo que padeció
Fi. 2. 8. aprendió la obediencia[k];
9 Y *en ella* consumado, vino á ser cau-
sa de eterna salud á todos los que le
obedecen;
10 Nombrado de Dios Pontífice segun
el órden de Melchisedéc.
11 ¶ Del cual tenemos mucho que de-
cir, y dificultoso de declarar, por cuanto
sois flacos para oir.
12 Porque debiendo ser ya maestros *de
otros*, á causa del tiempo, teneis necesi-
dad de volver á ser enseñados cuales
sean los primeros rudimentos de las
palabras de Dios; y habeis llegado á ser
tales que tengais necesidad de leche, y
Co. 3. 1, 2. no de manjar sólido[l].
13 Que cualquiera que participa de la
leche, es inhábil para la palabra de la
justicia, porque es niño;
14 Mas la vianda firme es para los per-
fectos, para los que por la costumbre
tienen *ya* los sentidos ejercitados en el
discernimiento del bien y del mal.

CAPITULO VI.

Observa el apóstol que suelen ser incorregibles los que siendo muy favorecidos de Dios pierden la fé, ó se abandonan á los vicios. Habla contra la pereza; y de la firme áncora que tenemos en la esperanza cristiana.

POR tanto, dejando la palabra del
comienzo *en la doctrina* de Cristo,
Fi. 3. 12, 14. vamos adelante á la perfeccion[a]; no
echando otra vez el fundamento del ar-
Cap. 9. 14. repentimiento de obras muertas[b], y de
Cap. 11. 6. la fé en Dios[c],
Cap. 9. 10. 2 De la doctrina de bautismos[d], y de
Hech. 8. 17. la imposicion de manos[e], y de la re-
surreccion de los muertos, y del juicio
eterno:
3 Y esto harémos, á la verdad, si Dios
lo permitiere.
4 Porque es imposible que los que una
vez fueron iluminados, y gustaron don
celestial, y fueron hechos partícipes del
Espíritu Santo,
5 Y asimismo gustaron la buena pa-
labra de Dios, y las virtudes del siglo
venidero,
6 Y recayeron, sean otra vez renova-
Cap. 10. 26. dos para arrepentimiento[f], crucificando
de nuevo para sí mismos al Hijo de
Dios, y exponiéndo*le* á vituperio.
7 Porque la tierra que embebe el agua
que muchas veces vino sobre ella, y
produce yerba provechosa á aquellos de
los cuales es labrada, recibe bendicion
Sal. 65. 10. de Dios[g].
8 Mas la que produce espinas y abro-
jos, *es* reprobada, y cercana de maldi-
Is. 5. 6. cion[h], cuyo fin *será* el ser abrasada.
9 Pero de vosotros, oh amados, espe-
ramos mejores cosas, y mas cercanas á
salud, aunque hablamos así.
10 Porque Dios no *es* injusto, para ol-
vidar vuestra obra y el trabajo de amor
que habeis mostrado á su nombre, ha-
biendo asistido y asistiendo *aun* á los
Mat. 25. 40. santos[i].
11 Mas deseamos que cada uno de vos-
otros muestre la misma solicitud hasta
el cabo, para cumplimiento de *su* espe-
Cap. 3. 6. ranza[k]:
Pr. 15. 19. 12 Que no os hagais perezosos[l], mas
imitadores de aquellos que por la fé y
la paciencia heredarán las promesas.
13 Porque prometiendo Dios á Abra-
ham, no pudiendo jurar por otro mayor,
juró por sí mismo,
14 Diciendo: De cierto te bendeciré
bendiciendo; y multiplicando, te mul-
tiplicaré[m]. [m] Gen. 22. 16.
15 Y así, esperando con largura de
ánimo, alcanzó la promesa[n]. [n] Juan 8. 56.
16 Porque los hombres ciertamente
por el mayor *que ellos* juran: y el fin de
todas sus controversias[o] es el juramento [o] Ex. 22. 11.
para confirmacion.
17 Por lo cual, queriendo Dios mos-
trar mas abundantemente á los here-
deros de la promesa[p] la immutabili- [p] Cap. 11. 9.
dad de su consejo[q], interpuso jura- [q] Ro. 11. 29.
mento;
18 Para que por dos cosas inmutables,
en las cuales *es* imposible[r] que Dios [r] Tit. 1. 2.
mienta, tengamos un fortísimo consue-
lo los que nos acojemos á trabarnos de
de la esperanza propuesta:
19 La cual tenemos como segura y
firme ancla del alma, y que entra hasta
dentro del velo[s]; [s] Cap. 10. 20.
20 Donde entró por nosotros[t] *nuestro* [t] Cap. 4. 14.
precursor Jesus, hecho Pontífice eter-
nalmente segun el órden de Melchi- [u] Cap. 5. 6.
sedéc[u].

CAPITULO VII.

Jesu-Cristo, nuestro Sumo Pontífice, y cuyo sacerdocio, figurado en el de Melchisedéc, es infinitamente mas excelente que el de Aaron y sus sucesores, puede salvar eternamente á los que por medio suyo se allegan á Dios, vive siempre para interceder por ellos, y no necesita el diario ofrecimiento de sacrificio por los pecados del pueblo.

PORQUE este Melchisedéc, rey de
Salém[a], sacerdote del Dios Altí- [a] Gen. 14. 18, etc.
simo, el cual salió á recibir á Abraham
que volvia de la derrota de los reyes, y
le bendijo,
2 Al cual asimismo dió Abraham los
diezmos de todo, primeramente él se
interpreta Rey de justicia; y luego tam-
bien Rey de Salém, que es, Rey de paz:
3 Sin padre, sin madre, sin linaje;
que ni tiene principio de dias, ni fin de
vida, mas hecho semejante al Hijo de
Dios, permanece sacerdote para siem-
pre.
4 Mirad pues cuan grande *fuera* este,
al cual aun Abraham el patriarca dió
diezmos de los despojos.
5 Y ciertamente los que de los hijos de
Leví toman el sacerdocio, tienen man-
damiento de tomar del pueblo los diez-
mos segun la ley, es á saber, de sus
hermanos[b], aunque tambien hayan sa- [b] Nu. 18. 21, 26.
lido de los lomos de Abraham.
6 Mas aquel, cuya genealogía no es
contada de ellos, tomó de Abraham los
diezmos[c], y bendijo al que tenia las [c] Gen. 14. 20.
promesas[d]. [d] Ro. 4. 13.
7 Y sin contradiccion alguna lo que es
ménos es bendecido de lo que es mas.
8 Y aquí ciertamente los hombres
mortales toman los diezmos; mas allí
aquel del cual está dado testimonio que
vive[e]. [e] ver. 3. Sal. 110. 4.
9 Y, por decir así, en Abraham fué
diezmado tambien Leví, que recibe los
diezmos;
10 Porque aun estaba *Leví* en los lomos
de *su* padre cuando Melchisedéc le salió
al encuentro.
11 Pues si la perfeccion era por el sa-
cerdocio Levítico[f] (porque debajo de él [f] ver. 18, 19. Cap. 8. 7.
recibió el pueblo la ley) ¿qué necesidad
habia aun de que se levantase otro sa-
cerdote segun el órden de Melchisedéc,
y que no fuese llamado segun el órden
de Aaron?

12 Pues mudado el sacerdocio, necesario es que se haga tambien mudanza de la ley.

13 Porque *aquel* del cual esto se dice, de otra tribu es, de la cual nadie asistió al altar.

14 Porque notorio *es* que el Señor nuestro nació de la tribu de Judá[g], sobre cuya tribu nada habló Moisés tocante al sacerdocio.

[g] Gen. 49. 9, 10. Is. 11. 1. Mat. 1. 3. Ap. 5. 5.

15 Y aun mas manifiesto es, si á semejanza de Melchisedéc se levanta otro sacerdote,

16 El cual no es hecho conforme á la ley del mandamiento carnal, sino segun la vertud de vida indisoluble;

17 Pues *así* da *Dios* testimonio de ello: Tú *eres* sacerdote para siempre segun el órden de Melchisedéc[h].

[h] Sal. 110. 4.

18 El mandamiento precedente cierto se abroga por su flaqueza é inutilidad:

19 Porque nada perfeccionó la ley[i]; mas *hízolo* la introduccion de mejor esperanza, por la cual nos acercamos á Dios[k].

[i] Hech. 13. 39. Ro. 3. 3. Ga. 4. 9, 21, etc.
[k] Juan 14. 6. Ro. 5. 2. Ef. 2. 13, 18.

20 Y por cuanto no *fué* sin juramento;

21 (Porque los otros cierto sin juramento fueron hechos sacerdotes; mas este, con juramento por el que le dijo: Juró el Señor, y no se arrepentirá: Tú eres sacerdote eternamente segun el órden de Melchisedéc[l]:)

[l] Sal. 110. 4.

22 Tanto de mejor testamento es hecho fiador Jesus[m].

[m] Cap. 8. 6.

23 Y los otros cierto fueron muchos sacerdotes, en cuanto por la muerte no podian permanecer:

24 Mas este, por cuanto permanece para siempre, tiene un sacerdocio intransferible:

25 Por lo cual puede tambien salvar eternalmente á los que por él se allegan á Dios, viviendo siempre para interceder por ellos[n].

[n] Ro. 8. 34. 1 Juan 2. 1.

26 Porque tal pontífice nos convenia *tener*: Santo, inocente, limpio[o], apartado de los pecadores, y hecho mas sublime que los cielos[p];

[o] Cap. 4. 15. 1 Ped. 2. 22.
[p] Cap. 4. 14.

27 Que no tiene necesidad cada dia, como los *otros* sacerdotes, de ofrecer primero sacrificios por sus pecados[q], y luego por los del pueblo: porque esto *último* hizo una vez ofreciéndose á sí mismo[r].

[q] Cap. 5. 3. Le. 9. 7.
[r] Cap. 9. 12, 28.

28 Porque la ley constituye sacerdotes hombres flacos[s]; mas la palabra del juramento, despues de la ley, *constituye* al Hijo hecho perfecto para siempre.

[s] Cap. 5. 1, 2.

CAPITULO VIII.

Es Jesu-Cristo mediador de la nueva alianza; la cual es mucho mas excelente ó perfecta que la antigua. Anulacion de esta por el nuevo pacto.

ASÍ que la suma acerca de lo dicho *es*: Tenemos tal pontífice que se asentó á la diestra del trono de la Majestad en los cielos[a];

[a] Cap. 1. 3. Ef. 1. 20.

2 Ministro del santuario, y de aquel verdadero tabernáculo que el Señor asentó, y no el hombre[b].

[b] Cap. 9. 11.

3 Porque todo pontífice es puesto para ofrecer presentes y sacrificios; por lo cual *es* necesario que tambien este tuviese algo que ofrecer[c].

[c] Cap. 9. 14. Ef. 5. 2.

4 Así que si estuviese sobre la tierra, ni aun seria sacerdote, habiendo aun los *otros* sacerdotes que ofrecen los presentes segun la ley;

5 Los cuales sirven de bosquejo y sombra de las cosas celestiales[d], como fué respondido á Moisés cuando habia de acabar el tabernáculo: Mira, dice, haz todas las cosas conforme al dechado que te ha sido mostrado en el monte[e].

[d] Cap. 10. 1. Col. 2. 17.
[e] Ex. 25. 40.

6 Mas ahora *tanto* mejor ministerio es el suyo, cuanto es mediador[f] de un mejor pacto, el cual ha sido formado sobre mejores promesas.

[f] Cap. 7. 22. 2 Co. 3. 6, 9.

7 Porque si aquel primero fuera sin falta[g], cierto no se hubiera procurado lugar de segundo.

[g] Cap. 7. 11.

8 Porque reprehendiéndolos dice[h]: Hé aquí, vienen dias, dice el Señor, y consumaré para con la casa de Israél y para con la casa de Judá un nuevo pacto;

[h] Jer. 31. 31, 34.

9 No como el pacto que hice con sus padres el dia que los tomé por la mano para sacarlos de la tierra de Egipto: porque ellos no permanecieron en mi pacto, y yo los menosprecié, dice el Señor.

10 Por lo cual este es el pacto que ordenaré á la casa de Israél despues de aquellos dias, dice el Señor: Daré mis leyes en el alma de ellos, y sobre el corazon de ellos las escribiré; y seré á ellos por Dios, y ellos me serán á mí por pueblo:

11 Y ninguno enseñará á su prójimo, ni ninguno á su hermano, diciendo: Conoce al Señor; porque todos me conocerán desde el menor de ellos hasta el mayor[i].

[i] Is. 54. 13.

12 Porque seré propicio á sus iniquidades, y á sus pecados, y de sus iniquidades no me acordaré mas.

13 Diciendo Nuevo *pacto*, dió por viejo al primero. Y lo que es dado por viejo y se envejece, cerca está de desvanecerse.

CAPITULO IX.

Cotejo de las ceremonias de la Ley antigua con las de la nueva. Preeminencias del sacerdocio de Jesu-Cristo; el cual entró en el cielo, no para ofrecerse muchas veces, sino para presentarse por nosotros en la presencia de Dios.

TENIA empero tambien el primer *pacto* justificaciones del culto, y *su* santuario mundano[a].

[a] Ex. 25. 8.

2 Porque el tabernáculo fué hecho: el primero, en que *estaban* las lámparas, y la mesa, y los panes de la proposicion[b]; lo que llaman el santuario.

[b] Ex. 26. 33. y 30. 31.

3 Tras el segundo velo *estaba* el tabernáculo, que llaman el lugar santísimo[c],

[c] Ex. 26. 31, 33.

4 El cual tenia un incensario de oro[d], y el arca del pacto cubierta de todas partes al rededor de oro[e]; en la que *estaba* una urna de oro que contenia el maná[f], y la vara de Aaron que reverdeció[g], y las tablas del pacto[h];

[d] Le. 16. 12.
[e] Ex. 25. 10.
[f] Ex. 16. 33.
[g] Nu. 17. 8.
[h] Ex. 34. 29. De. 10. 2, 5. 1 Rey. 8. 9.

5 Y sobre ella los querubines de gloria que cubrian el propiciatorio[i], de las cuales cosas no se puede ahora hablar en particular.

[i] Ex. 25. 18, 22.

6 Y estas cosas así ordenadas, en el primer tabernáculo[k] siempre entraban los sacerdotes para hacer los oficios del culto;

[k] Nu. 28. 3.

7 Mas en el segundo, solo el pontífice una vez en el año[l]; no sin sangre, la cual ofrece por su ignorancia y la del pueblo[m]:

[l] Ex. 30. 10. Le. 16. 2, 34.
[m] Cap. 5. 3.

8 Dando en esto á entender el Espíritu Santo, que aun no estaba descubierto el camino para el *verdadero* santuario[n], entre tanto que el primer tabernáculo estuviese en pié.

[n] Cap. 10. 19.

9 Lo cual *era* figura de aquel tiempo presente, en el cual se ofrecian presentes y sacrificios que no podian hacer perfecto, cuanto á la conciencia, al que servia *con ellos*[o];

[o] Cap. 10. 1. Sal. 40. 6, 7.

10 *Consistiendo* solo en viandas y en bebidas, y en diversos lavamientos, y ordenanzas acerca de la carne, impuestas hasta el tiempo de la correccion.

11 Mas estando ya presente Cristo,

Cap. 3. 1. Pontífice[p] de los bienes que habian de
Cap. 10. 1. venir[q], por *otro* mas amplio y mas per-
Cap. 8. 2. fecto tabernáculo, no hecho de manos[r],
es á saber, no de esta creacion;
12 Y no por sangre de machos cabríos
Cap. 10. 4. ni de becerros[s], mas por su propia
Hech. 20. 28. sangre[t] entró una vez en el santuario,
habiendo obtenido *para nosotros* eterna
redencion.
13 Porque si la sangre de los toros y
de los machos cabríos, y la ceniza de
Nu. 19. 2, 17. la becerra[u], rociada á los inmundos,
santifica para la purificacion de la
carne,
14 ¿Cuánto mas la sangre de Cristo,
1 Ti. 3. 16. el cual por el Espíritu eterno[v] se ofre-
ció á sí mismo sin mancha á Dios,
limpiará vuestras conciencias de las
Cap. 6. 1. obras de muerte[x] para que sirvais al
Dios vivo?
15 Así que por eso es mediador del
nuevo testamento, para que intervini-
endo muerte para la remision de las
rebeliones *que habia* bajo del primer
Ro. 3. 25. testamento[y], los que son llamados reci-
ban la promesa de la herencia eterna.
16 Porque donde *hay* testamento, ne-
cesario es que intervenga muerte del
testador.
17 Porque el testamento con la muerte
es confirmado: de otra manera no es
válido entretanto que el testador vive.
18 De donde *vino* que ni aun el pri-
mero fué consagrado sin sangre.
19 Porque habiendo leido Moisés todos
los mandamientos de la ley á todo el
pueblo, tomando la sangre de los be-
cerros y de los machos cabríos, con
Le. 14. 6, 4. agua, y lana de grana, é hisopo[z], roció
á todo el pueblo, y juntamente al mis-
mo libro,
20 Diciendo: Esta es la sangre del tes-
Ex. 24. 6, 8. tamento que Dios os ha mandado[a].
21 Y ademas de esto roció tambien
Le. 8. 15. con la sangre[b] el tabernáculo, y todos
los vasos del ministerio.
22 Y casí todo es purificado segun la
ley con sangre; y sin derramamiento de
Le. 17. 11. sangre no se hace remision[c].
23 Fué pues necesario que las figuras
de las cosas celestiales fuesen purifica-
das con estas cosas; empero las mismas
cosas celestiales con mejores sacrificios
que estos.
24 Porque no entró Cristo en el santu-
ario hecho de mano, figura del verda-
dero, sino en el mismo cielo para pre-
sentarse ahora por nosotros en la pre-
Juan 20. 17. sencia de Dios[d].
25 Y no para ofrecerse muchas veces
Co. 8. 34. á sí mismo, como entra el pontífice en
el santuario cada año con sangre ajena;
26 De otra manera fuera necesario que
hubiera padecido muchas veces desde el
principio del mundo: mas ahora una
Co. 10. 11. vez en la consumacion de los siglos[e],
para deshacimiento del pecado se pre-
sentó por el sacrificio de sí mismo.
27 Y de la manera que está establecido
Gen. 3. 19. á los hombres que mueran una vez[f],
Jo. 12. 16. y despues el juicio[g],
28 Así tambien Cristo fué ofrecido una
Ro. 6. 10. vez[h] para agotar los pecados de mu-
Is. 53. 12. chos[i]; y la segunda vez sin pecado será
Tit. 2. 13. visto de los que lo esperan para salud[k].

CAPITULO X.

Se nos perdonan los pecados por el sacrificio de Jesu-Cristo, una sola vez ofrecido por él mismo, al cual se nos exhorta nos alleguemos con fé, y que nos mantengamos firmes en la profesion de la misma.

PORQUE la ley, teniendo la sombra
Cap. 8. 5. Col. 2. 17. de los bienes venideros[a], no la re-
presentacion misma de las cosas, nunca
puede hacer perfectos á los que se alle-
gan por los mismos sacrificios que ofre-
cen continuamente cada año.
2 De otra manera cesarian de ofre-
cerse; porque los que sacrificasen, lim-
pios de una vez, no tendrian mas con-
ciencia de pecado.
3 Empero en estos cada año se hace *la*
misma conmemoracion de los pecados[b]. [b] Le. 16. 34.
4 Porque la sangre de los toros y de
los machos de cabrío no puede quitar
los pecados[c]. [c] Mi. 6. 6, 8.
5 Por lo cual, entrando en el mundo,
dice[d]: Sacrificio y presente no qui- [d] Sal. 40. 6, 8.
siste[e]; mas me apropriaste cuerpo:
6 Holocaustos y *expiaciones* por el pe- [e] Le. 3. 1, etc.
cado no te agradaron.
7 Entónces dije: Héme aquí (en la
cabecera del libro está escrito de mí)
para que haga, oh Dios, tu voluntad.
8 Diciendo arriba: Sacrificio y pre-
sente, y holocaustos, y *expiaciones* por
el pecado, no quisiste, ni te agradaron,
las cuales cosas se ofrecen segun la ley,
9 Entónces dijo: Héme aquí para que
haga, oh Dios, tu voluntad. Quita lo
primero, para establecer lo postrero.
10 En la cual voluntad somos santifi-
cados por la ofrenda del cuerpo de Jesu-
Cristo *hecha* una vez[f]. [f] Cap. 9. 12, 28.
11 Así que todo sacerdote se presenta
cada dia[g] ministrando y ofreciendo [g] Nu. 28. 3.
muchas veces los mismos sacrificios,
que nunca pueden quitar los peca-
dos[h]: [h] Sal. 50. 8, 13. Is. 1. 11.
12 Pero este, habiendo ofrecido por los
pecados un *solo* sacrificio, está sentado
para siempre á la diestra de Dios[i], [i] Cap. 1. 3. y 8. 1.
13 Esperando lo que resta, hasta que
sus enemigos sean puestos por estrado
de sus piés[k]: [k] Sal. 110. 1.
14 Porque con una sola ofrenda hizo
perfectos para siempre á los santifica-
dos.
15 Y atestíguanos lo mismo el Espí-
ritu Santo; que despues que dijo:
16 Y este es el pacto que haré con
ellos despues de aquellos dias, dice el
Señor, daré mis leyes en sus corazones
y en sus almas las escribiré;
17 Y nunca mas me acordaré de sus
pecados é iniquidades[l]. [l] Jer. 31. 33.
18 Pues donde hay remision de estos,
no hay mas ofrenda por pecado.
19 ¶ Así que, hermanos, teniendo
libertad para entrar en el santuario por
la sangre de Jesu-Cristo[m], [m] Cap. 9. 8, 12.
20 Por el camino que él nos consagró
nuevo, y vivo; por el velo[n], esto es, [n] Mat. 27. 51.
por su carne:
21 Y *teniendo* aquel Gran Sacerdote
sobre la casa de Dios,
22 Lleguémonos con corazon verdade-
ro[o] y con plena fé[p], purificados los co- [o] Cap. 4. 14, 16.
razones de mala conciencia[q], y lavados
los cuerpos con agua limpia[r]. [p] Ef. 3. 12.
23 Mantengamos firme la profesion de [q] 1 Ped. 1. 2.
nuestra fé, sin fluctuar, (que fiel es el [r] Juan 3. 5. Tit. 3. 5.
que prometió[s];)
24 Y considerémonos los unos á los [s] 1 Tes. 5. 24.
otros para provocarnos al amor, y á
las buenas obras:
25 No dejando nuestra congregacion,
como algunos tienen por costumbre,
mas exhortándonos; y tanto mas, cu-
anto veis que aquel dia se acerca[t]. [t] Ro. 13. 11.
26 Porque si pecáremos voluntaria-
mente despues de haber recibido el co-
nocimiento de la verdad, ya no queda
sacrificio por el pecado[u], [u] Cap. 6. 4, 6.
27 Sino una horrenda esperanza de
juicio, y hervor de fuego que ha de
devorar á los adversarios[v]. [v] Is. 26. 11. Sof. 1. 18. y 3. 8.
28 El que menospreciare la ley de
Moisés, por el testimonio de dos ó de

tres testigos muere sin ninguna miseri-
cordia[x]:
29 ¿Cuánto pensais que será mas dig-
no de mayor castigo[y] el que hollare al
Hijo de Dios, y tuviere por inmunda la
sangre del testamento, en la cual fué
santificado, é hiciere afrenta al Espí-
ritu de gracia?
30 Sabemos *quien es* el que dijo: Mia
es la venganza, yo daré el pago, dice el
Señor[z]. Y otra vez: El Señor juzgará
su pueblo[a].
31 Horrenda cosa es caer en las manos
del Dios vivo.
32 Empero traed á la memoria los dias
pasados, en los cuales, despues de haber
sido iluminados, sufristeis gran com-
bate de aflicciones:
33 Por una parte, ciertamente, con
vituperios y tribulaciones fuisteis hechos
espectáculo; y por otra parte hechos
compañeros de los que estaban en tal
estado.
34 Porque de mis prisiones tambien os
resentisteis conmigo, y el robo de vues-
tros bienes padecisteis con gozo, cono-
ciendo que teneis en vosotros una me-
jor sustancia en los cielos, y que per-
manece[b].
35 No perdais pues vuestra confianza,
que tiene grande remuneracion de ga-
lardon[c]:
36 Porque la paciencia os es nece-
saria[d]; para que, habiendo hecho la
voluntad de Dios, obtengais la promesa.
37 Porque aun un poquito, y el que ha
de venir vendrá, y no tardará.
38 Ahora el justo vivirá por fé[e]; mas
si se retiráre, no agradará á mi alma.
39 Pero nosotros no somos tales que
nos retiremos para perdicion[f], sino fie-
les para ganancia del alma.

CAPITULO XI.

Describe el apóstol la virtud maravillosa de la fé por una induccion de las grandes acciones de los antiguos justos ó santos, desde el principio del mundo hasta la venida del Mesías.

ES pues la fé la sustancia[a] de las cosas
que se esperan, la demostracion de
las cosas que no se ven[b].
2 Porque por ella alcanzaron testimo-
nio los antiguos.
3 Por la fé entendemos haber sido
compuestos los siglos por la palabra de
Dios[c], siendo hecho lo que se ve de lo
que no se veía.
4 Por la fé Abel ofreció á Dios mayor
sacrificio que Cain[d], por la cual alcanzó
testimonio de que era justo, dando Dios
testimonio á sus presentes; y difunto,
aun habla por ella.
5 Por la fé Enoc fué traspuesto para
no ver muerte, y no fué hallado, por-
que lo traspuso Dios[e]. Y ántes que
fuese traspuesto, tuvo testimonio de
haber agradado á Dios.
6 Empero sin fé es imposible agradar
á Dios; porque es menester que el que
á Dios se allega, crea que le hay, y
que es galardonador de los que le bus-
can.
7 Por la fé Noé[f], habiendo recibido
respuesta de cosas que aun no se veian,
aparejó el arca en que su casa se sal-
vase: por la cual *conducta* condenó al
mundo, y fué hecho heredero de la jus-
ticia que es por la fé[g].
8 Por la fé Abraham[h], siendo llamado,
obedeció para salir al lugar que habia
de recibir por heredad; y salió sin saber
donde iba.
9 Por fé habitó en la tierra prometida
como en *tierra* agena, morando en ca-

[x] De. 17. 2, 13.
[y] Cap. 2. 3.
[z] De. 32. 35. Ro. 12. 19.
[a] De. 32. 36.
[b] Lu. 12. 33.
[c] Mat. 5. 12.
[d] Lu. 21. 19.
[e] Hab. 2. 3, 4. Ro. 1. 17. Ga. 3. 11.
[f] ver. 26.

[a] Cap. 3. 14.
[b] Ro. 8. 24, 25.
[c] Cap. 1. 2. Gen. 1. 1. Sal. 33. 6.
[d] Gen. 4. 4, 5.
[e] Gen. 5. 24.
[f] Gen. 6. 14, 22.
[g] Ro. 3. 22.
[h] Gen. 12. 1, 4.

bañas[i] con Isaac y Jacob, herederos
juntamente de la misma promesa:
10 Porque esperaba ciudad con fun-
damentos, el artífice y hacedor de la
cual es Dios[k].
11 Por la fé tambien la misma Sara,
siendo estéril, recibió fuerza para con
cebir simiente; y parió aun fuera del
tiempo de la edad[l], porque creyó ser
fiel el que *lo* habia prometido[m].
12 Por lo cual tambien, de uno, y ese
ya amortecido[n], salieron como las es-
trellas del cielo en multitud, y como la
arena innúmerable que está á la orilla
de la mar[o].
13 Conforme á la fé murieron todos
estos sin haber recibido las promesas,
sino mirándolas de léjos, y creyéndolas,
y saludándolas; y confesando que eran
peregrinos y advenedizos sobre la ti-
erra[p].
14 Porque los que esto dicen, clara-
mente dan á entender que buscan una
patria.
15 Que si se acordáran de aquella de
donde salieron, cierto tenian tiempo
para volverse:
16 Empero deseaban la mejor, es á
saber, la celestial; por lo cual Dios no se
avergüenza de llamarse Dios de ellos[q];
porque les habia aparejado ciudad[r].
17 Por fé ofreció Abraham á Isaac[s],
cuando fué probado; y ofrecia al uni-
génito el que habia recibido las pro-
mesas,
18 Habiéndole sido dicho: En Isaac
te será llamada simiente[t]:
19 Pensando que aun de los muertos
es Dios poderoso para levantar; de
donde tambien lo volvió á recibir por
figura.
20 Por fé bendijo Isaac á Jacob y á
Esaú respecto á cosas que habian de
ser[u].
21 Por fé, Jacob muriéndose, bendijo
á cada uno de los hijos de José[v]; y
adoró *estribando* sobre la punta de su
bordon[x].
22 Por fé, José muriéndose, se acordó
de la partida de los hijos de Israél; y
dió mandamiento acerca de sus hue-
sos[y].
23 Por fé, Moises nacido, fué escon-
dido de sus padres por tres meses, por-
que lo vieron hermoso niño[z]; y no
temieron el mandamiento del rey[a].
24 Por fé, Moises hecho ya grande,
rehusó ser llamado hijo de la hija de
Faraon[b];
25 Escogiendo ántes ser afligido con
el pueblo de Dios, que gozar de como-
didades temporales de pecado[c]:
26 Teniendo por mayores riquezas el
vituperio de Cristo[d] que los tesoros de
los Egipcios; porque miraba á la remu-
neracion[e].
27 Por fé dejó á Egipto no temiendo la
ira del rey[f]; porque se sostuvo como
viendo al invisible[g].
28 Por fé celebró la pascua y el der-
ramamiento de la sangre[h], para que
el que mataba los primogénitos, no les
tocase.
29 Por fé pasaron el mar Bermejo
como por tierra seca; lo cual probando
los Egipcios, fueron sumergidos[i].
30 Por fé cayeron los muros de Jericó
con rodearlos siete dias[k].
31 Por fé Raab la ramera no pereció[l]
juntamente con los incrédulos, habiendo
recibido las espias con paz[m].
32 ¿Y qué mas digo? porque el tiempo
me faltará contando de Gedeon[n], de
Barac[o], de Samson[p], de Jepte[q], de
David[r], de Samuel[s], y de los profetas;

[i] Gen. 12. 8, 13. y 18. 1, 9.
[k] Cap. 13. 14.
[l] Gen. 21. 1, 2.
[m] Cap. 10. 23.
[n] Ro. 4. 19.
[o] Gen. 22. 17. Ro. 4. 17.
[p] Gen. 47. 9. 1 Cr. 29. 15. Sal. 39. 12. 1 Ped. 2. 11.
[q] Ex. 3. 6, 15.
[r] ver. 10.
[s] Gen. 22. 1. Sant. 2. 21.
[t] Gen. 21. 12.
[u] Gen. 27. 27, 40.
[v] Gen. 48. 5, 20.
[x] Gen. 47. 31.
[y] Gen. 50. 24, 25.
[z] Ex. 2. 2. Hech. 7. 20.
[a] Ex. 1. 16, 22.
[b] Ex. 2. 10, 11.
[c] Sal. 84. 10.
[d] Cap. 13. 13.
[e] Cap. 10. 35.
[f] Ex. 10. 28, 29.
[g] 1 Ti. 1. 17.
[h] Ex. 12. 22.
[i] Ex. 14. 22, 29.
[k] Jos. 6. 12, 20.
[l] Jos. 6. 23.
[m] Jos. 2. 1.
[n] Jue. 6. 11.
[o] Jue. 4. 6, etc.
[p] Jue. 13. 24.
[q] Jue. 11. 1.
[r] 1 Sa. 16. 13.
[s] 1 Sa. 1. 20.

33 Que por fé ganaron reinos, obraron justicia, alcanzaron promesas, taparon las bocas de leones[t],
34 Apagaron fuegos impetuosos[u], evitaron filo de cuchillo[v], convalecieron de enfermedades[x], fueron hechos fuertes en batallas, trastornaron campos de *enemigos* estraños.
35 Las mujeres recibieron sus muertos por resurreccion[y]: unos fueron estirados, no aceptando el rescate para ganar mejor resurreccion:
36 Otros experimentaron vituperios, y azotes; y á mas de esto prisiones y cárceles[z].
37 Fueron apedreados, aserrados, tentados, muertos á cuchillo; anduvieron de acá para allá *cubiertos* de pieles de ovejas y de cabras, pobres, angustiados, maltratados;
38 De los cuales el mundo no era digno: perdidos por los desiertos, por los montes, por las cuevas y por las cavernas de la tierra.
39 Y todos estos, aprobados por testimonio de la fé[a], no recibieron la promesa:
40 Proveyendo Dios alguna cosa mejor para nosotros[b], para que no fuesen perfeccionados[c] sin nosotros.

CAPITULO XII.

Exhórtalos con el ejemplo de Jesu-Cristo á sufrir con fortaleza las aflicciones, y á ser obedientes á la ley del Señor.

POR tanto nosotros tambien, teniendo en derredor nuestro una tan grande nube de testigos, dejando todo el peso del pecado que nos rodea, corramos con paciencia la carrera que nos es propuesta[a],
2 Puestos los ojos en el autor y consumador de la fé, *en* Jesus; el cual, habiéndole sido propuesto gozo, sufrió la cruz, menospreciando la vergüenza, y sentóse á la diestra del trono de Dios[b].
3 Reducid pues *muchas veces* á vuestro pensamiento á aquel que sufrió tal contradiccion de pecadores contra sí mismo, porque no os fatigueis en vuestros ánimos desmayando.
4 ¶ Que aun no habeis resistido hasta la sangre[c], combatiendo contra el pecado;
5 Y estais ya olvidados de la exhortacion que como con hijos habla con vosotros[d], *diciendo:* Hijo mio, no menosprecies el castigo del Señor, ni desmayes cuando eres de él reprendido:
6 Porque el Señor al que ama castiga[e], y azota á cualquiera que recibe por hijo.
7 Si sufrís el castigo, Dios se os presenta como á hijos; porque ¿qué hijo es *aquel* á quien el padre no castiga[f]?
8 Mas si estais fuera del castigo, del cual todos *los hijos* han sido hechos participantes, luego sois bastardos, y no hijos.
9 Por otra parte, tuvimos por castigadores á los padres de nuestra carne, y los reverenciábamos; ¿por qué no obedecerémos mucho mejor al Padre de los espíritus[g], y vivirémos?
10 Y aquellos, á la verdad, por pocos dias nos castigaban como á ellos les parecia; mas este para lo que *nos* es provechoso, para que recibamos su santificacion.
11 Es verdad que ningun castigo al presente parece ser *causa* de gozo, sino de tristeza; mas despues da fruto[h] apacible de justicia á los que en él son ejercitados.

Da. 6. 22.
Da. 3. 25.
Rey. 6.16.
Rey. 20. 7.
Rey. 17,
Rey. 4.
36.
er. 20. 2.
er. 2.
Ga. 4. 3, 4.
Ti. 1. 10.
Cap. 12.23.
1 Co. 9. 24.
Lu. 24. 26.
Cap. 10. 32.
Pr. 3. 11, 12.
Ap. 3. 19.
Pr. 13. 24.
Nu. 16. 22.
Ec. 12. 9.
Sal. 119. 71.
Is. 32. 17.
Sant°. 3.18.

12 Por lo cual alzad las manos caidas, y las rodillas paralizadas[i];
13 Y haced derechos pasos á vuestros piés[k], porque lo *que es* cojo no salga fuera de camino; ántes sea sanado.
14 Seguid la paz con todos[l], y la santidad, sin la cual nadie verá al Señor[m]:
15 Mirando bien que ninguno se aparte de la gracia de Dios, que ninguna raiz de amargura brotando *os* impida[n], y por ella muchos sean contaminados;
16 Que ninguno sea fornicario[o], ó profano, como Esaú, que por una vianda vendió su primogenitura[p].
17 Porque ya sabeis que aun despues, deseando heredar la bendicion, fué reprobado; que no halló lugar de arrepentimiento, aunque la procuró con lágrimas[q].
18 ¶ Porque no os habeis llegado al monte que se podia tocar[r], y al fuego encendido, y al turbion, y á la oscuridad, y á la tempestad[s],
19 Y al sonido de la trompeta, y á la voz de las palabras[t], la cual los que la oyeron rogaron que no se les hablase mas[u];
20 (Porque no podian tolerar lo que se mandaba: Si bestia tocáre al monte, será apedreada, ó pasada con dardo[v]:
21 Y tan terrible cosa era lo que se veia, que Moisés dijo: Estoy asombrado y temblando.)
22 Mas os habeis llegado al monte de Sion, y á la ciudad del Dios vivo[x], Jerusalem la celestial, y á la compañía de muchos millares de ángeles[y],
23 Y á la congregacion de los primogénitos[z] que están alistados en los cielos, y á Dios, el Juez de todos[a], y á los espíritus de los justos, *ya* perfectos[b];
24 Y á Jesus, el Mediador del nuevo testamento[c]; y á la sangre del esparcimiento[d] que habla mejor que la de Abel[e].
25 Mirad que no desecheis al que habla. Porque si aquellos no escaparon que desecharon al que hablaba en la tierra[f], mucho ménos *escaparémos* nosotros, si desecháremos al que *nos* habla de los cielos:
26 La voz del cual entónces conmovió la tierra; mas ahora ha denunciado diciendo: Aun una vez, y yo conmoveré no solamente la tierra, mas aun el cielo[g].
27 Y este *decir:* Aun una vez, declara la mudanza de las cosas movibles, como de cosas hechas, para que queden las que son firmes.
28 Así que tomando el reino inmóvil, retengamos la gracia por la cual sirvamos á Dios agradándole con temor y reverencia.
29 Porque nuestro Dios *es* fuego consumidor[h].

CAPITULO XIII.

Exhórtales al ejercicio de las virtudes cristianas, y á que no se dejen llevar de diversas y estrañas doctrinas, y concluye encomendándolos al Señor.

PERMANEZCA el amor fraternal[a].
2 No olvideis la hospitalidad[b]; porque por esta algunos, sin saberlo, hospedaron ángeles.
3 Acordáos de los presos[c], como presos juntamente con ellos; y de los afligidos, como que tambien vosotros mismos sois del cuerpo.
4 Honroso *es* en todos el matrimonio[d],

i Is. 35. 3.
k Pr. 4. 26.
l Sal. 34. 14.
m Mat. 5. 8. Ef. 5. 5.
n De. 29. 18.
o 1 Co. 6. 13.
p Gen. 25. 29, 34.
q Gen. 27. 34.
r Ex. 19. 12, 19.
s De. 4. 11.
t De. 4. 12.
u De. 5. 25.
v Ex. 19. 13, 16.
x Ga. 4. 26.
y 1 Rey. 22. 19.
z Ap. 14. 4.
a Gen. 18. 25.
b 1 Co.15.49.
c Cap. 8. 6.
d 1 Ped. 1. 2.
e Gen. 4. 10.
f Cap. 2. 2.
g Hag. 2. 6.
h De. 4. 24.
a Ro. 12. 10. 1 Ped. 1. 22. 1 Juan 4.7.
b Ro. 12. 13. 1 Ped. 4. 9.
c Cap. 10.34. Mat. 25. 36. Col. 4. 17.
d Pr. 5. 15, 23.

y el lecho *conyugal* sin mancilla; mas
á los fornicarios y á los adúlteros juz-
gará Dios[e].
5 Sean las costumbres sin avaricia;
contentos de lo presente[f]; porque él
dijo: No te desampararé, ni te de-
jaré[g]:
6 De tal manera que digamos confia-
damente: El Señor *es* mi ayudador; no
temeré lo que me hará el hombre[h].
7 Acordáos de vuestros pastores, que
os hablaron la palabra de Dios; la fé
de los cuales imitad, considerando cual
haya sido el éxito de su conducta[i].
8 ¶ Jesu-Cristo *es* el mismo ayer, y
hoy, y por los siglos[k].
9 No seais llevados de acá para allá
por doctrinas diversas y estrañas[l]; por-
que buena cosa es afirmar el corazon
en la gracia, no en viandas[m], que nun-
ca aprovecharon á los que anduvieron
en ellas.
10 Tenemos un altar, del cual no ti-
enen facultad de comer los que sirven
al tabernáculo.
11 Porque los cuerpos de aquellos ani-
males, la sangre de los cuales es me-
tida por el pecado en el santuario por
el pontífice, son quemados fuera del
real[n].
12 Por lo cual tambien Jesus, para san-
tificar el pueblo por su propia sangre,
padeció fuera de la puerta[o].
13 Salgamos pues á él fuera del real,
llevando su vituperio[p].
14 Porque no tenemos aquí ciudad
permaneciente, mas buscamos la por-
venir[q].
15 Así que ofrezcamos por medio de
él á Dios siempre sacrificio de alaban-

[e] 1 Co. 6. 9. Ap. 22. 15.
[f] Fi. 4. 11, 12. 1 Ti. 6. 6, 8.
[g] De. 31. 6, 8. Jos. 1. 5. 1 Cr. 28. 20.
[h] Sal. 118. 6.
[i] Cap. 6. 12.
[k] Cap. 1. 12.
[l] Ef. 4. 14.
[m] Cap. 9. 10.
[n] Le. 16. 27.
[o] Juan 19. 17.
[p] Cap. 11. 26.
[q] Cap. 11. 10.

za[r], es á saber, fruto de labios[s] que
confiesen á su nombre.
16 Y de hacer bien y de la comunica-
cion no os olvideis[t]: porque de tales
sacrificios se agrada Dios[u].
17 ¶ Obedeced á vuestros pastores, y
sujetáos á ellos[v]; porque ellos velan
por vuestras almas[x], como aquellos
que han de dar cuenta, para que lo
hagan con alegría, y no gimiendo; por-
que esto no os es útil.
18 Orad por nosotros[y]: porque confia-
mos que tenemos buena conciencia[z],
deseando de conversar bien en todo.
19 Y mas os ruego que lo hagais así,
para que *yo* os sea mas presto restitu-
ido.
20 ¶ Y el Dios de paz[a] que sacó de los
muertos á nuestro Señor Jesu-Cristo,
el Gran Pastor[b] de las ovejas, por la
sangre del testamento eterno[c],
21 Os haga aptos en toda obra buena
para que hagais su voluntad[d], haciendo
él en vosotros lo que es agradable de-
lante de él[e] por Jesu-Cristo; al cual es
gloria por siglos de siglos. Amen.
22 ¶ Empero os ruego, hermanos, que
soporteis *esta* palabra de exhortacion,
que os he escrito en breve.
23 Sabed que nuestro hermano Timo-
téo está suelto, con el cual, si viniere
mas presto, os *iré* á ver.
24 Saludad á todos vuestros pastores[f],
y á todos los santos. Los de Italia os
saludan.
25 La gracia sea con todos vosotros.
Amen.

Fué escrita á los Hebréos desde Italia
con Timotéó.

[r] Ef. 5. 20. 1 Ped. 2. 5.
[s] Os. 14. 2.
[t] Ro. 12. 13.
[u] Fi. 4. 18.
[v] 1 Tes. 5. 12, 13.
[x] Ez. 3. 17.
[y] Ro. 15. 30, 32.
[z] Hech. 24. 16.
[a] 1 Tes. 5. 23.
[b] Juan 10. 11. 1 Ped. 2. 25. y 5. 4.
[c] Zac. 9. 11.
[d] 1 Ped. 5. 10.
[e] Fi. 2. 13.
[f] ver. 7, 17.

LA EPÍSTOLA UNIVERSAL

DE

SANTIAGO.

CAPITULO I.

De la utilidad de las tribulaciones; y como la paciencia conduce á la perfeccion. Debemos orar con fé, recibir con mansedumbre la divina palabra, reprimir la lengua, asistir á los afligidos, y huir del espíritu del mundo.

JACOBO[a], siervo de Dios y del Señor Jesu-Cristo, á las doce tribus[b] que están esparcidas[c], salud.

2 ¶ Hermanos mios, tened por sumo gozo cuando cayereis en diversas tentaciones[d];

3 Sabiendo que la prueba de vuestra fé obra paciencia[e].

4 Mas tenga la paciencia perfecta *su* obra[f], para que seais perfectos y cabales, sin faltar en alguna cosa.

5 Y si alguno de vosotros tiene falta de sabiduría, demándela á Dios[g], el cual la dá á todos abundantemente, y no zahiere; y le será dada[h].

6 Pero pida en fé, no dudando nada[i]: porque el que duda, es semejante á la onda del mar, que es movida del viento, y echada de una parte á otra.

7 No piense pues el tal hombre que recibirá ninguna cosa del Señor.

8 El hombre de doblado ánimo, es inconstante en todos sus caminos.

9 El hermano que es de baja suerte, gloríese en su alteza[k]:

10 Mas el que es rico, en su bajeza: porque él se pasará como la flor de la yerba[l].

11 Porque salido el sol con ardor, la yerba se secó, y su flor se cayó, y pereció su hermosa apariencia: así tambien se marchitará el rico en todos sus caminos.

12 Bienaventurado el varon que sufre la tentacion[m]; porque cuando fuere probado, recibirá la corona de vida[n], que Dios ha prometido á los que le aman.

13 ¶ Cuando alguno es tentado, no diga que es tentado de Dios; porque Dios no puede ser tentado de los malos, ni él tienta á alguno:

14 Sino que cada uno es tentado, cuando de su propia concupiscencia es atraido, y cebado.

15 Y la concupiscencia, despues que ha concebido, pare al pecado[o]; y el pecado, siendo cumplido, engendrá muerte[p].

16 Amados hermanos mios, no erreis.

17 Toda buena dádiva, y todo don perfecto es de lo alto[q], que desciende del Padre de las luces, en el cual no hay mudanza, ni sombra de variacion[r].

18 Él de su voluntad nos ha engendrado por la palabra de verdad[s], para que seamos primicias de sus criaturas[t].

19 ¶ Por esto, mis amados hermanos, todo hombre sea pronto para oir, tardío para hablar[u], tardío para airarse[v]:

20 Porque la ira del hombre no obra la justicia de Dios.

21 Por lo cual, dejando toda inmundicia, y superfluidad de malicia[x], recibid con mansedumbre la palabra ingerida *en vosotros*, la cual puede hacer salvas vuestras almas.

22 Mas sed hacedores de la palabra, y no tan solamente oidores[y], engañándoos á vosotros mismos.

23 Porque si alguno oye la palabra, y no la pone por obra, este tal es semejante al hombre que considera en un espejo su rostro natural:

24 Porque él se consideró á sí mismo, y se fué, y luego se olvidó que tal era.

25 Mas el que hubiese mirado en la ley de perfecta libertad[z], y perseverado *en ella*, no siendo oidor olvidadizo, sino hacedor de la obra, este tal será bienaventurado en su hecho[a].

26 Si alguno piensa ser religioso entre vosotros, y no refrena su lengua[b], sino engañando su corazon, la religion del tal es vana.

27 La religion pura y sin mácula delante de Dios y Padre es está: Visitar los huérfanos y las viudas en sus tribulaciones[c], y guardarse sin mancha de este mundo[d].

CAPITULO II.

Advierte el apóstol que la acepcion de personas no se compone bien con la fé de Jesu-Cristo; y que la fé sin mostrarse por las obras buenas, es una fé muerta, semejante á un cuerpo sin espíritu.

HERMANOS mios, no tengais la fé de nuestro Señor Jesu-Cristo glorioso en acepcion de personas[a].

2 Porque si en vuestra congregacion entra un hombre con anillo de oro, y de preciosa ropa, y tambien entra un pobre con vestidura vil,

3 Y tuviereis respeto al que trae la vestidura preciosa, y le dijéreis: Siéntate tú aquí en buen lugar: y dijéreis al pobre: Estáte tú allí en pié; ó siéntate aquí debajo de mi estrado:

4 ¿No juzgais en vosotros mismos, y venís á ser jueces de pensamientos malos?

5 Hermanos mios amados, oid: ¿No ha elegido Dios los pobres de este mundo[b], ricos en fé[c], y herederos del reino que ha prometido á los que le aman[d]?

6 Mas vosotros habeis afrentado al pobre. ¿No os oprimen los ricos, y os arrastran á los juzgados?

7 ¿No blasfeman ellos el buen nombre de que os llamais?

8 Si en verdad cumplís vosotros la ley real conforme á la Escritura: Amarás á tu prójimo como á tí mismo[e]; bien haceis:

9 Mas si haceis acepcion de personas,

A. D. cir. 60.

[x] Col. 3. 5, 8. 1 Ped. 2. 1, 2.
[y] Mat. 7. 21.
[z] Cap. 2. 12.
[a] Lu. 6. 47, etc. Juan 13.17.
[b] Sal. 34. 13. y 39. 1.
[c] Is. 1. 16, 17. y 58. 6, 7.
[d] Ro. 12. 2. 1 Juan 2. 15, 16.
[a] Pr. 28. 21.
[b] 1 Co. 1. 26, 28.
[c] Ap. 2. 9.
[d] Lu. 12. 32.
[e] Le. 19. 18.

cometeis pecado, y sois reconvenidos de
la ley como infractores.
10 Porque cualquiera que hubiere
guardado toda la ley, y ofendiere en
uno *de los mandamientos*, es hecho cul-
f Dt. 27. 26. pado de todos [f].
11 Porque el que dijo: No cometerás
adulterio, tambien ha dicho: No ma-
g Ex. 20. 13, 14. tarás [g]. Ahora bien, si no hubieres
cometido adulterio, pero hubieres ma-
tado, ya eres hecho transgresor de la
ley.
12 Así hablad, y así obrad como los
que habeis de ser juzgados por la ley
h Cap. 1. 25. de libertad [h].
13 Porque juicio sin misericordia *será
hecho* con aquel que no hiciere miseri-
i Pr. 21. 13. Mat. 6. 15. y 18. 35. cordia [i]: y la misericordia se gloría con-
tra el juicio.
14 ¶ Hermanos mios, ¿qué aprove-
chará si alguno dice que tiene fé, y no
k Mat. 7. 26. tiene obras [k]? ¿Podrá la fé salvarle?
15 Y si el hermano ó la hermana están
desnudos, y tienen necesidad del man-
tenimiento de cada dia,
16 Y alguno de vosotros les dice: Id
en paz, calentáos, y hartáos; pero no
les diereis las cosas que son necesa-
rias para el cuerpo, ¿qué *les* aprove-
l 1 Juan 3. 18. chará [l]?
17 Así tambien la fé, si no tuviere
obras, es muerta en sí misma.
18 Pero alguno dirá: Tú tienes fé, y
yo tengo obras: muéstrame tu fé sin
tus obras, y yo te mostraré mi fé por
m Cap. 3. 13. mis obras [m].
19 Tú crees que Dios es uno; bien
haces: tambien los demonios creen, y
n 2 Cr. 20. 7. Is. 41. 8. tiemblan [n].
20 ¿Mas quieres saber, hombre vano,
que la fé sin las obras es muerta?
21 ¿No fué justificado por las obras
Abraham, nuestro padre, cuando ofre-
o Gen. 22. 9, 12. ció á su hijo Isaac sobre el altar [o]?
22 ¿No ves que la fé obró con sus
obras, y que la fé fué perfecta por las
p Heb. 11. 17. obras [p]?
23 Y fué cumplida la Escritura que
dice: Abraham creyó á Dios, y le fué
q Gen. 15. 6. imputado á justicia [q], y fué llamado
r 2 Cr. 20. 7. Is. 41. 8. amigo de Dios [r].
24 Vosotros veis, pues, que el hombre
es justificado por las obras, y no sola-
mente por la fé.
25 Asimismo tambien Raab, la rame-
ra, ¿no fué justificada por obras, cu-
ando recibió los mensajeros, y los echó
s Jos. 2. 1, etc. Heb. 11. 31. fuera por otro camino [s]?
26 Porque como el cuerpo sin espíritu
está muerto, así tambien la fé sin obras
es muerta.

CAPITULO III.

Vicios de la lengua desenfrenada, y diferencia entre la ciencia terrena y la celestial.

HERMANOS mios, no os hagais
a Ro. 2. 20, 21. muchos maestros [a], sabiendo que
recibirémos mayor condenacion:
2 Porque todos ofendemos en muchas
b 1 Rey. 8. 46. Pr. 20. 9. Ec. 7. 20. 1 Juan 1. 8. cosas [b]. Si alguno no ofende en pala-
c Pr. 13. 3. bra, este es varon perfecto [c], que tam-
bien puede con freno gobernar todo el
cuerpo.
3 Hé aquí, nosotros ponemos frenos en
las bocas de los caballos para que nos
d Sal. 32. 9. obedezcan [d], y gobernamos todo su cu-
erpo.
4 Mirad tambien las naves; aunque
tan grandes, y llevadas de impetuosos
vientos, son gobernadas con un muy
pequeño timon por donde quisiere el
que las gobierna.
5 Así tambien la lengua es un miem-
bro pequeño, y se gloría de grandes
cosas [e]. Hé aquí, un pequeño fuego e Sal. 12. 3. y 73. 8, 9.
¡cuán grande bosque enciende!
6 Y la lengua es un fuego [f], un mundo f Pr. 16. 27.
de maldad. Así la lengua está puesta
entre nuestros miembros, la cual con-
tamina todo el cuerpo [g], é inflama la g Mat. 15. 11. y 18. 19.
rueda de nuestro nacimiento, y es in-
flamada del infierno [h]. h Mat. 5. 22.
7 Porque toda naturaleza de bestias, y
de aves, y de serpientes, y de seres de la
mar, se doma, y es domada de la natu-
raleza humana:
8 Pero ningun hombre puede domar
la lengua, *que es* un mal que no puede
ser refrenado, llena de veneno mortal [i]. i Sal. 140. 3. Ro. 3. 13.
9 Con ella bendecimos á Dios, y al
Padre, y con ella maldecimos á los
hombres, los cuales son hechos á la
semejanza de Dios [k]. k Gen. 1. 26.
10 De una misma boca proceden ben-
dicion y maldicion. Hermanos mios,
no conviene que estas cosas sean así
hechas.
11 ¿Echa alguna fuente por una mis-
ma abertura agua dulce y amarga?
12 Hermanos mios, ¿puede la higuera
producir aceitunas, ó la vid higos [l]? l Mat. 7. 16.
Así ninguna fuente puede hacer agua
salada y dulce.
13 ¶ ¿Quién es sabio y avisado entre
vosotros? muestre por buena conver-
sacion sus obras en mansedumbre de
sabiduría.
14 Pero si teneis envidia amarga, y
contencion en vuestros corazones, no
os glorieis, ni seais mentirosos contra
la verdad.
15 Que esta sabiduría no es la que des-
ciende de lo alto, sino terrena, animal [m], m 1 Co. 2. 14.
diabólica.
16 Porque donde hay envidia y con-
tencion [n], allí hay perturbacion, y toda n 1 Co. 3. 3.
obra perversa.
17 Mas la sabiduría que es de lo alto,
primeramente es pura, despues pacífica,
modesta, benigna, llena de misericor-
dia y de buenos frutos, no juzgadora,
no fingida.
18 Y el fruto de justicia [o] se siembra o Heb. 12. 11.
en paz para aquellos que hacen paz [p]. p Pr. 11. 18. Mat. 5. 9.

CAPITULO IV.

Discordias y otros males que causan las pasiones, no refrenadas. Debemos evitar la murmuracion, y someternos á la Providencia divina.

¿DE dónde vienen las guerras, y los
pleitos entre vosotros? ¿No son
de vuestras concupiscencias, las cuales
combaten en vuestros miembros [a]? a 1 Ped. 2. 11.
2 Codiciais, y no teneis [b]; teneis envi- b 1 Juan 3. 15.
dia y odio, y no podeis alcanzar; com-
batís y guerreais, y no teneis lo que c Mat. 7. 7, 8.
deseais, porque no pedís [c].
3 Pedís, y no recibís; porque pedís d 1 Juan 5. 14.
mal [d], para gastar en vuestros deleites.
4 Adúlteros y adúlteras, ¿no sabeis e 2 Co. 6. 14, 17. 1 Juan 2. 15.
que la amistad del mundo es enemistad
con Dios [e]? Cualquiera, pues, que qui-
siere ser amigo del mundo, se consti-
tuye enemigo de Dios [f]. f Juan 15. 19. y 17. 14.
5 ¿Pensais que la Escritura dice sin
causa: El espíritu que mora en nos-
otros codicia para envidia [g]? g Ez. 4. 4.
6 Mas él da mayor gracia. Por esto h Pr. 3. 34.
él dice: Dios resiste á los soberbios, y i Mat. 4. 3. 11.
da gracia á los humildes [h].
7 Sometéos pues á Dios: resistid al Ef. 4. 11. 12, 14.
diablo [i], y de vosotros huirá. 1 Ped. 5. 8, 9.
8 Allegáos á Dios, y él se allegará á
vosotros [k]. Pecadores, limpiad las ma- k 2 Cr. 15. 2.
nos [l]; y *vosotros* de doblado ánimo, l Is. 1. 16.
purificad los corazones [m]. m Cap. 1. 8.
9 Afligíos, y lamentad, y llorad. Vues-

tra risa se convierta en lloro, y vuestro gozo en tristeza.

10 Humilláos delante del Señor, y él os ensalzará[n].

11 ¶ Hermanos, no murmureis los unos de los otros[o]. El que murmura del hermano, y juzga á su hermano[p], este tal murmura de la ley, y juzga á la ley: pero si tú juzgas á la ley, no eres guardador de la ley, sino juez.

12 Uno es el dador de la ley, que puede salvar, y perder: ¿quién eres tú[q] que juzgas á otro?

13 ¶ Ea ahora, los que decis: Hoy y mañana irémos á tal ciudad, y estarémos allá un año, y comprarémos mercadería, y ganarémos:

14 Y no sabeis lo que será mañana[r]. Porque ¿qué es vuestra vida? Ciertamente es un vapor que se aparece por un poco de tiempo, y despues se desvanece[s].

15 En lugar de lo cual deberíais decir: Si el Señor quisiere[t], y si viviéremos, harémos esto ó aquello.

16 Mas ahora os jactais en vuestras soberbias. Toda jactancia semejante es mala.

17 El pecado pues está en aquel que sabe hacer lo bueno, y no lo hace[u].

r. 29. 23.
at. 23. 12.
Ped. 5. 6.
Ped. 2. 1.
Mat. 7. 1.
Co. 4. 5.
o. 14. 4.
r. 27. 1.
ob 7. 7, 9.
Co. 4. 19.
a. 12. 47.

CAPITULO V.

Del severo castigo que recibirán los ricos avarientos y opresores de los pobres. De la paciencia en las aflicciones. No debemos jurar en vano. De la eficacia de la oracion.

EA ya ahora, oh ricos, llorad ahullando por vuestras miserias que os vendrán[a].

2 Vuestras riquezas están podridas; vuestras ropas están comidas de polilla[b].

3 Vuestro oro y plata están corrompidos de orin, y su orin os será en testimonio, y comerá del todo vuestras carnes como fuego. Os habeis allegado tesoro para en los postreros dias[c].

4 Hé aquí, el jornal de los obreros que han segado vuestras tierras, el cual por engaño no les ha sido pagado de vosotros, clama[d]; y los clamores de los que habian segado, han entrado en los oidos del Señor de los ejércitos[e].

5 Habeis vivido en deleites sobre la tierra, y sido disolutos[f]; habeis cebado vuestros corazones como en el dia de sacrificios.

a. 6. 24.
Mat. 6. 20.
o. 2. 5.
ob 24. 10,
r. 22. 13.
al. 3. 5.
x. 22. 27.
a. 16. 19,

6 Habeis condenado y muerto al justo; y él no os resiste[g].

7 ¶ Pues, hermanos, tened paciencia hasta la venida del Señor. Mirad *como* el labrador espera el precioso fruto de la tierra, aguardando con paciencia, hasta que reciba la lluvia temprana y tardía[h].

8 Tened tambien vosotros paciencia: confirmad vuestros corazones; porque la venida del Señor se acerca[i].

9 Hermanos, no os quejeis unos contra otros, porque no seais condenados: Hé aquí, el juez está delante de la puerta[k].

10 Hermanos mios, tomad por ejemplo de afliccion, y de paciencia, á los profetas que hablaron en nombre del Señor.

11 Hé aquí, tenemos por bienaventurados á los que sufren. Habeis oido la paciencia de Job[l], y habeis visto el fin del Señor[m], que el Señor es muy misericordioso y piadoso.

12 Mas sobre todo, hermanos mios, no jureis, ni por el cielo, ni por la tierra, ni por otro cualquier juramento[n]; sino vuestro Sí, sea Sí, y *vuestro* No, *sea* No; porque no caigais en condenacion.

13 ¿Está alguno entre vosotros afligido? haga oracion. ¿Está alguno alegre? cante[o].

14 ¿Está alguno enfermo entre vosotros[p]? llame á los ancianos de la iglesia, y oren por él, ungiéndole con aceite en el nombre del Señor[q].

15 Y la oracion de fé salvará al enfermo, y el Señor lo levantará; y si estuviere en pecados[r], le serán perdonados.

16 Confesáos vuestras faltas unos á otros[s], y rogad los unos por los otros, para que seais sanos: *que* la oracion eficaz del justo[t] puede mucho.

17 Elías era hombre sujeto á semejantes pasiones[u] que nosotros, y rogó con oracion que no lloviese; y no llovió sobre la tierra tres años y seis meses[v].

18 Y otra vez oró, y el cielo dió lluvia, y la tierra produjo su fruto[x].

19 Hermanos, si alguno de entre vosotros ha errado de la verdad, y alguno le convirtiere,

20 Sepa, que el que hubiere hecho convertir al pecador del error de su camino, salvará un alma de muerte[y], y cubrirá multitud de pecados[z].

[g] Mat. 5. 39.
[h] De. 11. 14.
[i] Ap. 22. 20.
[k] Mat. 24. 33. Ap. 3. 20.
[l] Job 1. 21.
[m] Job 42. 10.
[n] Mat. 5. 34.
[o] Ef. 5. 19.
[p] Mar. 16. 18.
[q] Mar. 6. 13.
[r] Juan 5. 14. 1 Co. 11. 30.
[s] Lu. 17. 4.
[t] Job 42. 8.
[u] Hech. 14. 15.
[v] 1 Rey. 17. 1.
[x] 1 Rey. 18. 42.
[y] Juda 23.
[z] Pr. 10. 12.

LA PRIMERA EPÍSTOLA UNIVERSAL

DE

SAN PEDRO APÓSTOL.

A. D. cir. 60.

CAPITULO I.

Da gracias á Dios por habernos llamado á la fé, y á la vida eterna; y recordándo á los fieles haber sido redimidos con la sangre de Jesu-Cristo, les exhorta á que su fé y esperanza sea en Dios, y á llevar una vida piadosá y santa.

PEDRO, apóstol de Jesu-Cristo, á los extranjeros que están esparcidos[a] en Ponto, en Galacia, en Capadocia, en Asia, y en Bithinia,

2 Elegidos[b] segun la presciencia de Dios Padre[c] en santificacion del Espíritu[d], para obedecer[e], y ser rociados con la sangre de Jesu-Cristo[f]: Gracia y paz os sea multiplicada.

3 ¶ Bendito el Dios y Padre de nuestro Señor Jesu-Cristo[g], que segun su grande misericordia[h] nos ha regenerado[i] en esperanza viva, por la resurreccion de Jesu-Cristo de los muertos[k],

4 Para una herencia incorruptible, y que no puede contaminarse[l], ni marchitarse, reservada en los cielos[m]

5 Para nosotros que somos guardados[n] en la virtud de Dios por fé, para alcanzar la salud que está aparejada para ser manifestada en el postrimero tiempo.

6 En lo cual vosotros os alegrais, estando al presente un poco de tiempo[o] afligidos en diversas tentaciones, sí es necesario[p],

7 Para que la prueba de vuestra fé[q], mucho mas preciosa que el oro, el cual perece, bien que sea probado con fuego[r], sea hallada en alabanza, gloria y honra, cuando Jesu-Cristo fuere manifestado[s]:

8 Al cual no habiendo visto, le amais[t]; en el cual creyendo[u], aunque al presente no lo veais, os alegrais[v] con gozo inefable y glorificado;

9 Obteniendo el fin de vuestra fé, *que es* la salud de *vuestras* almas.

10 De la cual salud los profetas[x] que profetizaron de la gracia que habia de venir á vosotros, han inquirido, y diligentemente buscado,

11 Escudriñando cuando y en qué punto de tiempo significaba el espíritu de Cristo, que estaba en ellos[y], el cual prenunciaba las aflicciones que habian de venir á Cristo, y las glorias despues de ellas[z].

12 A los cuales fué revelado, que no para sí mismos[a], sino para nosotros administraban las cosas que ahora os son anunciadas de los que os han predicado el Evangelio por el Espíritu Santo enviado del cielo[b]; en las cuales desean mirar los ángeles[c].

13 Por lo cual teniendo los lomos de vuestro entendimiento ceñidos[d], con templanza[e], esperad perfectamente[f] en la gracia que os es presentada cuando Jesu-Cristo os es manifestado:

14 Como hijos obedientes, no conformándoos con los deseos que ántes teniais estando en vuestra ignorancia[g];

[a] Juan 7. 35.
[b] Ef. 1. 4.
[c] Ro. 8. 29.
[d] 2 Tes. 2. 13.
[e] Ro. 16. 26.
[f] Heb. 12. 24.
[g] 2 Co. 1. 3.
[h] Ef. 2. 4.
[i] Juan 3. 3, 5.
[k] 1 Co. 15. 20.
[l] Cap. 5. 4.
[m] Col. 1. 5.
[n] Juan 17.11.
[o] 2 Co. 4. 17.
[p] Sant°. 1. 2.
[q] Sant°. 1. 3, 12.
[r] Pr. 17. 3.
[s] 2 Tes. 1. 7.
[t] Juan 20. 29.
[u] Heb. 11. 1, 27.
[v] Juan 16. 22.
[x] Da. 9. 3. Mat. 13. 17.
[y] 2 Ped. 1. 21.
[z] Lu. 24. 26.
[a] Da. 9. 24.
[b] Hech. 2. 4.
[c] Ef. 3. 10.
[d] Lu. 12. 35.
[e] Lu. 21. 34.
[f] Heb. 10. 35.
[g] Cap. 4. 2, 3.

A. D. cir. 60.

15 Sino como aquel que os ha llamado es santo, sed tambien vosotros santos en toda conversacion.

16 Porque escrito está: Sed santos, porque yo soy santo[h].

17 Y si invocais por Padre á aquel que sin acepcion de personas[i] juzga segun la obra de cada uno, conversad en temor[k] todo el tiempo de vuestra peregrinacion[l];

18 Sabiendo que habeis sido rescatados de vuestra vana conversacion, la cual recibisteis de vuestros padres, no con cosas corruptibles, *como* oro ó plata,

19 Sino con la sangre preciosa de Cristo, como de un cordero[m] sin mancha y sin contaminacion:

20 Ya ordenado de ántes de la fundacion del mundo[n], pero manifestado en los postrimeros tiempos por amor de vosotros,

21 Que por él creeis á Dios, el cual le resucitó de los muertos, y le ha dado gloria[o], para que vuestra fé y esperanza sea en Dios.

22 Habiendo purificado[p] vuestras almas en la obediencia de la verdad, por el Espíritu, en caridad hermanable, sin fingimiento[q], amáos unos á otros entrañablemente de corazon puro:

23 Siendo renacidos[r], no de simiente corruptible, sino de incorruptible, por la palabra de Dios[s], que vive y permanece para siempre.

24 Porque toda carne es como la yerba, y toda la gloria del hombre como la flor de la yerba: secóse la yerba, y la flor se cayó;

25 Mas la palabra del Señor permanece perpetuamente[t]. Y esta es la palabra que por el evangelio os ha sido anunciada.

CAPITULO II.

Amonesta á los cristianos á que sean sinceros y sin malicia, como los niños; y á que se porten segun exige la dignidad de reyes y de sacerdotes de que gozan, ejercitándose en las virtudes propias de los discípulos de Cristo, Pastor y Obispo de nuestras almas.

DEJANDO pues toda malicia, y todo engaño, y fingimientos, y envidias, y todas las detracciones[a],

2 Desead, como niños recien nacidos[b], la leche racional, sin engaño, para que por ella crezcais en salud:

3 Si empero habeis gustado que el Señor es benigno[c];

4 Al cual allegándoos, que es la piedra viva, reprobada cierto de los hombres, empero elegida y preciosa para con Dios[d],

5 Vosotros tambien, como piedras vivas, sed edificados una casa espiritual[e], y un sacerdocio santo[f], para ofrecer sacrificios espirituales[g], agradables á Dios por Jesu-Cristo.

6 Por lo cual tambien contiene la Escritura: Hé aquí, pongo en Sion la principal piedra del ángulo, escogida,

[h] Le. 11. 44.
[i] Ro. 2. 11.
[k] Fl. 2. 12.
[l] 2 Co. 5. 6.
[m] Juan 1. 29, 36.
[n] Ap. 13. 8.
[o] Fl. 2. 9.
[p] Juan 17.17. Hech. 15. 9.
[q] 1 Ti. 1. 5. 1 Juan 3.14.
[r] ver. 3.
[s] Juan 1. 13.
[t] Is. 40. 6, 8.
[a] Ef. 4. 31.
[b] Mat. 18. 3.
[c] Sal. 34. 8.
[d] Sal. 118.22.
[e] Ef. 2. 21, 22.
[f] Ap. 1. 6.
[g] Fl. 4. 18. Heb. 13. 15, 16.

preciosa; y el que creyere en ella, no
Is. 28. 16. será confundido[h].
7 *Ella* es pues honor á vosotros que
creeis: mas para los que no creen, la
piedra que los edificadores reprobaron,
Sal. 118. 22. esta fué hecha la cabeza del ángulo[i];
8 Y piedra de tropiezo, y piedra de
Is. 8. 14. escándalo[k] á aquellos que tropiezan en
Ro. 9. 33. la palabra, y no creen en aquello para
Judas 4. lo cual fueron ordenados[l].
9 Mas vosotros sois linaje escogido,
real sacerdocio, gente santa, pueblo
adquirido, para que anuncieis las vir-
tudes de aquel que os ha llamado de las
Hech. 26. tinieblas á su luz admirable[m]:
8. 10 Vosotros, que en el tiempo pasado
Ef. 5. 8. no *erais* pueblo, mas ahora *sois* pueblo
Col. 1. 13. de Dios; que en el tiempo pasado no
habiais alcanzado misericordia, mas
Os. 2. 23. ahora habeis alcanzado misericordia[n].
Ro. 9. 25. 11 ¶ Amados, yo os ruego, como á
Cap. 1. 17. extranjeros y peregrinos[o], os abstengais
Cr. 29. 15. de los deseos carnales que batallan con-
Sal. 119. 19. tra el alma[p],
Heb. 11. 13. 12 Teniendo vuestra conversacion ho-
Sant°. 4. 1. nesta entre los Gentiles; para que, en
lo que ellos murmuran de vosotros como
de malhechores, glorifiquen á Dios en
Lc. 19. 44. el dia de la visitacion[q], estimándoos por
Cap. 3. 16. las buenas obras[r].
Mat. 5. 16. 13 Sed pues sujetos á toda ordenacion
Mat. 22. 21. humana[s] por Dios: ya sea al rey, como
Ro. 13. 1, 7. á superior;
14 Ya á los gobernadores, como de él
enviados para venganza de los mal-
hechores, y para loor de los que hacen
bien.
15 Porque esta es la voluntad de Dios,
que haciendo bien, hagais callar la ig-
norancia de los hombres vanos:
16 Como libres; y no como teniendo
Ga. 5. 13. la libertad por cobertura de malicia[t],
1 Co. 7. 22. sino como siervos de Dios[u].
17 Honrad á todos. Amad la fraterni-
Cap. 1. 22. dad[v]. Temed á Dios. Honrad al Rey[x].
Juan 13. 35. 18 ¶ Siervos, sed sujetos con todo
Pr. 24. 21. temor á vuestros amos[y]; no solamente
Ef. 6. 5, á los buenos y humanos, sino tambien
&c. á los rigurosos.
Col. 3. 22. 19 Porque esto es agradable, si alguno
á causa de la conciencia delante de
Dios, sufre molestias padeciendo injus-
tamente.
20 Porque ¿qué gloria es, si pecando
vosotros sois abofeteados, y lo sufrís?
mas si haciendo bien sois afligidos, y
lo sufrís, esto ciertamente *es* agradable
delante de Dios.
Mat. 16. 24. 21 Porque para esto sois llamados[z];
Tes. 3. 3, 4. pues que tambien Cristo padeció por
Cap. 3. 18. nosotros[a], dejándonos ejemplo, para que
Juan 13. 15. vosotros sigais sus pisadas[b]:
22 El cual no hizo pecado, ni fué
Is. 53. 9. hallado engaño en su boca[c]:
23 Quien cuando le maldecian, no re-
tornaba maldicion; cuando padecia, no
amenazaba, sino remitia *la causa* al que
Sal. XXII. juzga justamente[d].
XXXI. 24 El cual mismo llevó nuestros pe-
Is. 53. 4, cados en su cuerpo[e] sobre el madero,
&c. para que nosotros siendo muertos á los
pecados, vivamos á la justicia: por la
Is. 53. 5, 6. herida del cual habeis sido sanados[f].
25 Porque vosotros erais como ovejas
Sal. 119. descarriadas[g]; mas ahora habeis vuelto
176. al Pastor y Obispo de vuestras almas[h].
Ez. 34. 23.
Juan 10. 11,

CAPITULO III.

0.
*Da saludables avisos á los casados en par-
ticular; y exhorta á todos los fieles á la
caridad, é inocencia de vida, y á la pacien-
cia en las adversidades, á imitacion de
Jesu-Cristo.*

Ef. 5. 22. ASIMISMO *vosotras* mujeres, sed su-
Tit. 2. 4, 5. jetas á vuestros maridos[a]; para que
tambien los que no creen á la palabra,
sean ganados sin palabra por la con-
versacion de sus mujures[b], b 1 Co. 7. 16.
2 Considerando vuestra casta conver-
sacion, que es en temor.
3 El adorno de las cuales no sea ex-
terior con encrespamiento del cabello,
y atavío de oro, ni en compostura de
ropa[c]; c 1 Ti. 2. 9.
4 Sino el hombre del corazon[d] que d Ro. 7. 22.
está encubierto, en incorruptible *or-
nato* de espíritu agradable, y pacífico,
lo cual es de grande estima delante de
Dios.
5 Porque así tambien se ataviaban en
el tiempo antiguo aquellas santas mu-
jeres que esperaban en Dios, siendo
sujetas á sus maridos:
6 Como Sara obedecia á Abraham,
llamándole señor[e]; de la cual vosotros e Gen. 18. 12.
sois hechas hijas, haciendo bien, y no
sois espantadas de ningun pavor[f]. f ver. 14.
7 Vosotros tambien, maridos, habitad
con ellas segun ciencia, dando honor
á la mujer como á vaso mas frágil, y
como á herederas juntamente de la
gracia de la vida; para que vuestras
oraciones no sean impedidas.
8 ¶ Y finalmente, sed todos de un
mismo corazon[g], compasivos, amándoos g Ro. 12. 16.
fraternalmente, misericordiosos, aten-
tos:
9 No volviendo mal por mal, ni mal-
dicion por maldicion; sino ántes por el
contrario[h], bendiciendo; sabiendo que h Mat. 5. 44.
vosotros sois llamados para que poseais
bendicion en herencia.
10 Porque el que quiere amar la vida,
y ver dias buenos, refrene su lengua de
mal, y sus labios no hablen engaño:
11 Apártese del mal, y haga bien; bus-
que la paz, y sígala.
12 Porque los ojos del Señor *están*
sobre los justos, y sus oidos *atentos* á
sus oraciones: pero el rostro del Señor
está sobre aquellos que hacen mal[i]. i Sal. 34. 12.
13 ¿Y quién es aquel que os podrá
dañar, si vosotros seguís el bien[k]? k Pr. 16. 7.
14 Mas tambien si alguna cosa pade-
ceis por hacer bien, sois bienaventura-
dos[l]. Por tanto no temais por el temor l Cap. 4. 14.
de ellos, ni seais turbados; Mat. 5. 10,
15 Sino santificad al Señor Dios en 12.
vuestros corazones[m]: y *estad* siempre m Is. 8. 12,
aparejados para responder con manse- 13.
dumbre y reverencia á cada uno que y 51. 12.
os demanda razon de la esperanza que
hay en vosotros:
16 Teniendo buena conciencia, para
que en lo que murmuran de vosotros
como de malhechores, sean confundidos
los que blasfeman vuestra buena con-
versacion en Cristo[n]. n Cap. 2. 12.
17 Porque mejor es que padezcais ha-
ciendo bien, si la voluntad de Dios así
lo quiere, que haciendo mal.
18 Porque tambien Cristo padeció una
vez por los pecados[o], el justo por los o Cap. 2. 21.
injustos[p], para llevarnos á Dios, siendo p 2 Co. 5. 21.
á la verdad muerto en la carne, pero
vivificado en espíritu[q]: q 2 Co. 13. 4.
19 En el cual tambien fué[r] y predicó r Ef. 2. 17.
á los espíritus[s] que estaban en cárcel; s Cap. 4. 6.
20 Los cuales en otro tiempo fueron
desobedientes, cuando una vez esperaba
la paciencia de Dios en los dias de
Noé[t], cuando se aparejaba el arca; en t Gen. VI.
la cual pocas, es á saber, ocho personas
fueron salvas por agua.
21 A la figura de la cual el bautismo
que ahora corresponde nos salva, (no
quitando las inmundicias de la carne, u Heb. 10. 22.
sino *como* demanda de una buena con-
ciencia[u] delante de Dios,) por la re- v Col. 2. 12.
surreccion de Jesu-Cristo[v]: Ti. 3. 5.

22 El cual está á la diestra de Dios,
habiendo subido al cielo; estando á él
sujetos los ángeles, y las potestades, y
[a] Ef. 1. 20, 21. virtudes[a].

CAPITULO IV.

Exhorta á huir de los pasados vicios, y á la práctica de las virtudes, para atraer á la fé á los Gentiles; y dice que debemos alegrarnos de padecer por amor de Cristo.

PUES que Cristo ha padecido por
nosotros en la carne, vosotros tam-
bien estad armados del mismo pensa-
miento: que el que ha padecido en la
[a] Ro. 6. 2, 7. carne, cesó de pecado[a];
2 Para que ya el tiempo que queda en
carne, viva, no á las concupiscencias
de los hombres, sino á la voluntad de
[b] 2 Co. 5. 15. Dios[b].
3 Porque nos debe bastar que el tiempo
pasado de nuestra vida hayamos hecho
la voluntad de los Gentiles. cuando con-
versábamos en lascivias, en concupis-
cencias, en embriagueces, en glotone-
rías, en banquetes, y en abominables
[c] 1 Co. 6. 11. idolatrías[c].
4 Y esto parece cosa estraña á los que
os vituperan, que vosotros no corrais
con ellos en el mismo desenfrenamien-
to de disolucion:
5 Los cuales darán cuenta al que está
aparejado para juzgar los vivos y los
[d] Hech. 10. 42. muertos[d].
6 Porque por esto tambien ha sido
predicado el Evangelio á los muertos;
para que sean juzgados en carne segun
los hombres, y vivan en espíritu segun
[e] Ro. 8. 8, 10. Dios[e].
7 ¶ Mas el fin de todas las cosas se
[f] Ro. 13. 12. acerca[f]. Sed pues templados, y velad
[g] Lu. 21. 36. en oracion[g].
8 Y sobre todo tened entre vosotros
ferviente caridad; porque la caridad
[h] Pr. 10. 12. Sant°. 5.20. cubrirá multitud de pecados[h].
9 Hospedáos amorosamente los unos
[i] Heb. 13. 2. á los otros[i] sin murmuraciones[k].
[k] Fi. 2. 14. 10 Cada uno segun el don que ha re-
cibido, administrelo á los otros, como
buenos dispensadores de las diferentes
[l] Ro. 12. 6, 8. 1 Co. 12. 4. gracias de Dios[l].
11 Si alguno habla, *hable* conforme á
las palabras de Dios; si alguno ministra,
ministre conforme á la virtud que Dios
administra: para que en todas cosas sea
Dios glorificado por Jesu-Cristo, al cual
es gloria é imperio para siempre jamás.
Amen.
12 ¶ Carísimos, no os maravilleis cuan-
do sois examinados por fuego, lo cual
[m] Is. 48. 10. se hace para vuestra prueba[m], como si
alguna cosa peregrina os aconteciese;
[n] Sant°. 1. 2. 13 Antes bien gozáos[n] en que sois par-
[o] Fi. 3. 10. ticipantes de las afliciones de Cristo[o],
para que tambien en la revelacion de su
[p] Ro. 8. 17. gloria os gozeis en triunfo[p].
14 Si sois vituperados en el nombre de
[q] Cap. 3. 14. Mat. 5. 11. Cristo, sois bien aventurados[q]; porque
la gloria y el Espíritu de Dios reposan
sobre vosotros. Cierto segun ellos él es
blasfemado, mas segun vosotros es glo-
rificado.
15 Así que ninguno de vosotros padezca
como homicida, ó ladron, ó malhechor,
ó codicioso de los bienes ajenos.
16 Pero si alguno es afligido como
Cristiano[r], no se avergüence; ántes [r] Hech. 11. 26. y 26. 28.
glorifique á Dios en esta parte.
17 Porque es tiempo que el juicio
comience de la casa de Dios[s]: y si pri- [s] Ez. 9. 6. 1 Co. 11. 32. Ap. 2. 1, etc.
mero *comienza* por nosotros, ¿qué será
el fin de aquellos que no obedecen al
evangelio de Dios[t]? [t] Jer. 25. 29. Lu. 23. 31.
18 Y si el justo con dificultad se salva,
¿adónde parecerá el infiel y el peca-
dor[u]? [u] Pr. 11. 31.
19 Y por eso los que son afligidos segun
la voluntad de Dios, encomiéndenle sus
almas[v], como á fiel Criador, haciendo [v] Sal. 31. 5.
bien.

CAPITULO V.

Dá avisos saludables á los ministros de la Iglesia; y encarga á los jóvenes la obediencia y la humildad, exhortando á todos á velar contra las tentaciones del demonio.

RUEGO á los ancianos que están entre
vosotros, yo anciano *tambien* con
ellos, y testigo de las afliciones de
Cristo, que soy tambien participante
de la gloria que ha de ser revelada[a]; [a] Cap. 1. 11.
2 Apacentad la grey de Dios que está
entre vosotros[b], teniendo cuidado *de ella*, [b] Juan 21. 15, 17.
no por fuerza, sino voluntariamente[c];
no por ganancia deshonesta[d], sino de [c] 1 Co. 9. 17.
un ánimo pronto; [d] Tit. 1. 7.
3 Y no como teniendo señorío[e] sobre [e] Mat. 20. 25.
las heredades *del Señor*, sino siendo de-
chados del rebaño[f]. [f] 1 Ti. 4. 12.
4 Y cuando apareciere el Príncipe de
los pastores[g], vosotros recibiréis la co- [g] Heb. 13. 20.
rona incorruptible de gloria[h]. [h] 1 Co. 9. 25.
5 Igualmente, mancebos, sed sujetos
á los ancianos: y todos sumisos unos á
otros[i], revestíos de humildad; porque [i] Ef. 5. 21.
Dios resiste á los soberbios, y da gracia
á los humildes[k]. [k] Pr. 3. 34.
6 Humilláos pues bajo la poderosa
mano de Dios, para que él os ensalce
cuando fuere tiempo[l]: [l] Sant°. 4. 10.
7 Echando toda vuestra solicitud en él;
porque él tiene cuidado de vosotros[m]. [m] Sal. 55. 22.
8 Sed templados[n], y velad; porque [n] 1 Tes. 5. 6.
vuestro adversario el diablo anda como
un leon bramando alrededor de vos-
otros[o], buscando á quien devore: [o] Job 1. 7.
9 Al cual resistid[p] firmes en la fé, [p] Sant°. 4. 7.
sabiendo que las mismas afliciones han
de ser cumplidas en la compañía de
vuestros hermanos que están en el
mundo.
10 ¶ Mas el Dios de toda gracia, que
nos ha llamado á su gloria eterna por
Jesu-Cristo, despues que hubiereis un
poco de tiempo[q] padecido, él mismo os [q] Cap. 1. 6.
perfeccione[r], confirme, corrobóre, y [r] Heb. 13. 21.
establezca.
11 A él sea gloria, é imperio para
siempre[s]. Amen. [s] Cap. 4. 11.
12 ¶ Por Silvano[t] *que os es*, segun [t] 2 Co. 1. 19.
yo pienso, hermano fiel, os he escrito
brevemente, amonestándoos, y testifi-
cando que esta es la verdadera gracia
de Dios, en la cual estais[u]. [u] 1 Co. 15. 1.
13 La *iglesia que está* en Babilonia[v], [v] Mat. 1 11.
juntamente elegida con vosotros, os sa-
luda, y Marcos[x] mi hijo. [x] Hech. 12. 12, 25.
14 Saludáos unos á otros con ósculo
de caridad[y]. Paz *sea* con todos vos- [y] Ro. 16. 16.
otros los que estais en Jesu-Cristo.
Amen.

LA SEGUNDA EPÍSTOLA UNIVERSAL

DE

SAN PEDRO APÓSTOL

A. D. 66.

CAPITULO I.

La memoria de los grandes dones recibidos de Dios, ha de animarnos á asegurarnos de nuestra vocacion en pureza y santidad de vida. Habla de su cercana muerte, y de la verdad de la doctrina del Evangelio.

SIMON Pedro, siervo y Apóstol de
Jesu-Cristo, á los que habeis alcan-
zado fé igualmente preciosa con nos-
Ef. 4. 5. otros[a] en la justicia de nuestro Dios y
Salvador Jesu-Cristo:
Da. 4. 1. 2 Gracia y paz os sean multiplicadas[b]
en el conocimiento de Dios, y de nues-
tro Señor Jesus.
3 ¶ Como todas las cosas que *pertene-*
Sal. 84. 11. *cen* á la vida y á la piedad[c] nos sean
dadas de su divina potencia, por el co-
nocimiento de aquel que nos ha llama-
do por su gloria y virtud;
4 Por las cuales nos son dadas preciosas
2 Co. 7. 1. y grandísimas promesas[d], para que por
ellas fueseis hechos participantes de la
Juan 17. 21. naturaleza divina[e], habiendo huido de
la corrupcion que está en el mundo por
concupiscencia;
5 Vosotros tambien, poniendo toda dili-
gencia por esto mismo, mostrad en vu-
Fil. 4. 8. estra fé virtud[f], y en la virtud ciencia;
1 Co. 9. 25. 6 Y en la ciencia templanza[g], y en la
Sant°. 1. 4. templanza paciencia[h]; y en la pacien-
1 Ti. 4. 7. cia temor de Dios[i];
7 Y en el temor de Dios, amor frater-
1 Tes. 4. 9. nal[k]; y en el amor fraternal, caridad[l].
1 Co. 13. 1. 8 Porque si en vosotros hay estas cosas,
y abundan, no os dejarán estar ociosos
ni estériles en el conocimiento de nues-
Juan 15. 2, 6. tro Señor Jesu-Cristo[m].
9 Mas el que no tiene estas cosas, es
Ap. 3. 17. ciego[n], y anda tentando el camino con
la mano, habiendo olvidado la purifi-
cacion de sus antiguos pecados.
10 Por lo cual, hermanos, procurad
tanto mas de hacer firme vuestra voca-
cion y eleccion; porque haciendo estas
cosas, no caereis jamás.
11 Porque de esta manera os será
abundantemente administrada la entra-
da en el reino eterno de nuestro Señor
1 Co. 3. 14. y Salvador Jesu-Cristo[o].
12 ¶ Por esto yo no dejaré de amo-
nestaros siempre de estas cosas, aunque
vosotros las sepais, y esteis confirmados
Ro. 15. 14. en la verdad presente[p].
13 Porque tengo por justo, en tanto
que estoy en este tabernáculo, de inci-
Cap. 3. 1. taros con amonestacion[q];
14 Sabiendo que brevemente tengo de
dejar *este* mi tabernáculo, como nuestro
Juan 21. 18. Señor Jesu-Cristo me ha declarado[r].
15 Tambien yo procuraré con diligen-
cia, que despues de mi fallecimiento,
vosotros podais siempre tener memoria
de estas cosas.
16 Porque no os hemos dado á conocer
la potencia, y la venida de nuestro Señor
Jesu-Cristo, siguiendo fábulas por arte
compuestas; sino como habiendo con
nuestros propios ojos visto su majes-
Mat. 17. 1, 5. tad[s].
17 Porque él habia recibido de Dios
Padre honra y gloria, cuando una tal
voz fué á él enviada de la magnífica
gloria: Este es el amado Hijo mio, en
el cual yo me he agradado.
18 Y nosotros oimos esta voz enviada
del cielo, cuando estábamos juntamente
con él en el monte santo.
19 Tenemos tambien la palabra pro-
fética mas permanente, á la cual haceis
bien de estar atentos como á una antor-
cha que alumbra en lugar oscuro, hasta
que el dia esclarezca, y el lucero de la
mañana[t] salga en vuestros corazones. [t] Ap. 2. 28.
20 Entendiendo primero esto, que nin-
guna profecía de la Escritura es de par-
ticular interpretacion:
21 Porque la profecía no fué en los
tiempos pasados traida por voluntad
humana[u], sino los santos hombres de [u] Lu. 1. 70.
Dios hablaron siendo inspirados del Es-
píritu Santo[v]. [v] Mar. 12. 36.

CAPITULO II.

Describe las malas artes de los falsos doctores y de sus discípulos, y el espantoso y repentino castigo que les amenaza. Avisa á los fieles que se guarden de ellos.

PERO hubo tambien falsos profetas en
el pueblo[a], como habrá entre vos- [a] De. 13. 1, etc.
otros falsos doctores[b], que introducirán
encubiertamente sectas de perdicion, y [b] Hech. 20. 29, 30.
negáran al Señor[c] que los rescató, a-
trayendo sobre sí mismos perdicion ace- [c] Juda 4.
lerada.
2 Y muchos seguirán sus desarreglos,
por los cuales el camino de la verdad
será blasfemado:
3 Y por avaricia harán mercadería de
vosotros con palabras fingidas; sobre los
cuales la condenacion ya de largo ti-
empo no se tarda, y su perdicion no
se duerme[d]. [d] De. 32. 35.
4 Porque si Dios no perdonó á los
ángeles que habian pecado[e]; sino que [e] Juda 6.
habiéndoles despeñado en el infierno[f] [f] Lu. 8. 31.
con cadenas de oscuridad, los entregó
para ser reservados al juicio;
5 Y *si* no perdonó al mundo viejo, mas
guardó á Noé[g], octavo pregonero de jus- [g] Gen. 7. 1, etc. 1 Ped. 3. 20.
ticia, trayendo el diluvio sobre el mundo
de malvados;
6 Y *si* condenó por destruccion las
ciudades de Sodoma, y de Gomorra,
tornándolas en ceniza[h], y poniéndolas [h] Gen. 19. 24, 25. Juda 7.
por ejemplo á los que habian de vivir
sin temor y reverencia de Dios[i]; [i] De. 29. 23.
7 Y libró al justo Lot[k], acosado por [k] Gen. 19. 16.
la nefanda conducta de los malvados;
8 (Porque este justo, con ver y oir,
morando entre ellos, afligia cada dia su
alma justa con los hechos de aquellos
injustos[l];) [l] Ez. 9. 4.
9 Sabe el Señor librar de tentacion á
los pios[m], y reservar á los injustos para [m] Sal. 34. 15, 18.
ser atormentados en el dia del juicio[n]: [n] Juda 14, 15.
10 Y principalmente aquellos, que si-
guiendo la carne, andan en concupis-
cencia é inmundicia, y desprecian la
potestad, atrevidos, contumaces, que no
temen decir mal de las potestades supe-
riores[o]. [o] Juda 8, 10.

11 Como quiera que los mismos ángeles, que son mayores en fuerza y en potencia, no pronuncian juicio de maldicion contra ellas delante del Señor.

12 Mas estos, diciendo mal de las cosas que no entienden, como bestias brutas, que naturalmente son hechas para presa y destruccion, perecerán en su perdicion,

13 Recibiendo el galardon de su injusticia, *ya* que reputan por deleite poder gozar de deleites cada dia[p]. Estos *son* suciedades y manchas, los cuales comiendo con vosotros[q], juntamente se recrean en sus errores;

[p] 1 Tes. 5. 7.
[q] Juda 12.

14 Teniendo los ojos llenos de adulterio, y no saben cesar de pecar; cebando las almas inconstantes; teniendo el corazon ejercitado en codicias, siendo hijos de maldicion;

15 Que han dejado el camino derecho, y se han extraviado, siguiendo el camino de Balaam, *hijo* de Bosor, el cual amó el premio de la maldad[r],

[r] Nu. 22. 5.

16 Y fué reprendido por su iniquidad: una muda bestia de carga, hablando en voz de hombre, refrenó la locura del profeta.

17 Estos son fuentes sin agua, y nubes traidas de torbellino de viento[s]; para los cuales está guardada la oscuridad de las tinieblas para siempre.

[s] Juda 12.

18 Porque hablando arrogantes palabras de vanidad[t], ceban con las concupiscencias de la carne en disoluciones á los que verdaderamente habian huido de los que conversan en error:

[t] Sal. 73. 8.

19 Prometiéndoles libertad[u], siendo ellos mismos siervos de corrupcion. Porque el que es de alguno vencido, es sujeto á la servidumbre del que lo venció[v].

[u] Ga. 5. 13.
[v] Juan 8. 34. Ro. 6. 16.

20 Ciertamente, si habiéndose ellos apartado de las contaminaciones del mundo, por el conocimiento del Señor y Salvador Jesu-Cristo, y otra vez envolviéndose en ellas, son vencidos; sus postrimerías les son hechas peores que los principios[x].

[x] Mat. 12.45.

21 Porque mejor les hubiera sido no haber conocido el camino de la justicia[y], que despues de haberlo conocido, tornarse atrás del santo mandamiento que les fué dado.

[y] Mat. 11. 23, 24. Lu. 12. 47, 48.

22 Pero les ha acontecido lo del verdadero proverbio[z]: El perro se volvió á su vómito, y la puerca lavada á revolcarse en el cieno.

[z] Pr. 26. 11.

CAPITULO III.

Amonesta y apercibe á los fieles contra los burladores de la promesa relativa á la segunda venida del Señor. Alaba las epístolas de San Pablo, y dice que los ignorantes pervierten algunas de las materias que en ellas trata.

CARÍSIMOS, yo os escribo ahora esta segunda carta, por la cual despierto con exhortacion vuestro limpio entendimiento[a],

[a] Cap. 1. 13.

2 Para que tengais memoria de las palabras que ántes han sido dichas por los santos profetas[b], y de nuestro mandamiento, *que somos* apóstoles del Señor y Salvador:

[b] 1 Ti. 4. 1.

3 Sabiendo primero esto, que en los postrimeros dias[c] vendrán burladores, andando segun sus propias concupiscencias,

[c] 1 Ti. 4. 1.

4 Y diciendo[d]: ¿Dónde está la promesa de su advenimiento? Porque desde el dia en que los padres durmieron, todas las cosas permanecen así como desde el principio de la creacion.

[d] Is. 5. 19. Jer. 17. 15. Ez. 12. 22. Mat. 24. 48.

5 Cierto ellos ignoran voluntariamente, que los cielos fueron en el tiempo antiguo, y la tierra que por agua y en agua está asentada, por la palabra de Dios[e]:

[e] Gen. 1. 6, 9. Sal. 24. 2.

6 Por lo cual el mundo de entónces pereció anegado en agua[f].

[f] Gen. 7. 11, etc.

7 Mas los cielos que son ahora, y la tierra, son conservados por la misma palabra, guardados para el fuego en el dia del juicio, y de la perdicion de los hombres impíos[g].

[g] 2 Tes. 1. 8.

8 Mas, oh amados, no ignoreis esta una cosa; que un dia delante del Señor *es* como mil años, y mil años como un dia[h].

[h] Sal. 90. 4.

9 El Señor no tarda su promesa, como algunos la tienen por tardanza[i]; sino que es paciente para con nosotros, no queriendo que ninguno perezca[k], sino que todos procedan al arrepentimiento[l].

[i] Hab. 2. 3.
[k] Ez. 18. 23, 32. y 33. 11.
[l] 1 Ti. 2. 4.

10 Mas el dia del Señor vendrá como ladron en la noche; en el cual los cielos pasarán con grande estruendo, y los elementos ardiendo, serán deshechos[m], y la tierra y las obras que en ella están, serán quemadas.

[m] Sal. 102. 26.

11 Pues como todas estas cosas han de ser deshechas, ¿qué tales conviene que vosotros seais en santas y pias conversaciones,

12 Esperando[n] y apresurándoos para la venida del dia de Dios, en el cual los cielos siendo encendidos, serán deshechos, y los elementos siendo abrasados, se fundirán?

[n] Tit. 2. 13.

13 Bien que esperamos cielos nuevos y tierra nueva, segun sus promesas, en los cuales mora la justicia[o].

[o] Is. 65. 17. y 66. 22. Ro. 8. 21. Ap. 21. 1.

14 Por lo cual, oh amados, estando en esperanza de estas cosas, procurad con diligencia que seais hallados de él, sin mácula, y sin reprension, en paz[p].

[p] 1 Tes. 3.13.

15 Y tened por salud la paciencia de nuestro Señor[q], como tambien nuestro amado hermano Pablo, segun la sabiduría que le ha sido dada, os ha escrito tambien

[q] ver. 9. Ro. 2. 4.

16 Casi en todas *sus* epístolas, hablando en ellas de estas cosas; entre las cuales hay algunas difíciles de entender, las cuales los indoctos é inconstantes tuercen, como tambien las otras Escrituras, para perdicion de sí mismos.

17 Así que vosotros, oh amados, pues estais amonestados[r], guardáos que por el error de los abominables no seais juntamente extraviados, y caigais de vuestra firmeza.

[r] Mar. 13.23.

18 Mas creced en la gracia y conocimiento de nuestro Señor y Salvador Jesu-Cristo[s]. A él *sea* gloria ahora, y hasta el dia de la eternidad. Amen.

[s] Col. 1. 10.

LA PRIMERA EPÍSTOLA UNIVERSAL

DE

SAN JUAN APÓSTOL.

A. D. 90.

CAPITULO I.

Anuncia San Juan la doctrina que oyó del mismo Jesu-Cristo, nuestro Señor; el cual es vida y luz que nos alumbra y da vida, purificándonos de los pecados que tenemos.

Juan 1. 1.

LO que era desde el principio[a], lo que hemos oido, lo que hemos visto con nuestros ojos, lo que hemos mirado[b], y nuestras manos han tocado[c], de la Palabra de vida;

Juan 1. 14. 2 Ped. 1. 16. Lu. 24. 39. 1 Ti. 3. 16.

2 (Porque la vida fué manifestada[d], y *la* vimos y testificamos, y os anunciamos aquella vida eterna, la cual estaba con el Padre, y nos ha aparecido;)

3 Lo que hemos visto, y oido, eso os anunciamos, para que tambien vosotros tengais comunion con nosotros, y que nuestra comunion *sea* con el Padre, y con su Hijo Jesu-Cristo[e].

Juan 17. 21.

4 Y estas cosas os escribimos, para que vuestro gozo sea cumplido[f].

Juan 15. 11. 2 Juan 12.

5 Y esta es la nueva que oimos de él, y os anunciamos: Que Dios es luz[g], y en él no hay ningunas tinieblas.

1 Ti. 6. 16. Santº. 1. 17.

6 Si nosotros dijéremos que tenemos comunion con él, y andamos en tinieblas, mentimos, y no hacemos la verdad[h];

Juan 3. 21.

7 Mas si andamos en luz, como él está en luz, tenemos comunion entre nosotros, y la sangre de Jesu-Cristo su Hijo nos limpia de todo pecado[i].

Heb. 9. 14.

8 Si dijéremos que no tenemos pecado, nos engañamos á nosotros mismos, y no hay verdad en nosotros[k].

1 Rey. 8. 46. Job 25. 4. Pr. 20. 9. Ec. 7. 20. Santº. 3. 2.

9 Si confesamos nuestros pecados, él es fiel y justo para que nos perdone nuestros pecados[l], y nos limpie de toda maldad[m].

Sal. 32. 5. Pr. 28. 13. Sal. 51. 2, 7. 1 Co. 6. 11.

10 Si dijéremos que no hemos pecado, lo hacemos á él mentiroso, y su palabra no está en nosotros.

CAPITULO II.

Exhorta á no pecar, y á que, cuando hubiéremos pecado, nos acojamos á Jesu-Cristo como á nuestro abogado para con el Padre. Declara ser mentirosos los que dicen que conocen á Jesu-Cristo, y no guardan sus mandamientos, y tambien los que niegan que Jesus es el Cristo; en cuya fé debemos perseverar y guardarnos de los errores y engaños de aquellos á quienes llama San Juan anticristos.

HIJITOS mios, estas cosas os escribo, para que no pequeis: y si alguno hubiere pecado, abogado tenemos para con el Padre[a], á Jesu-Cristo el justo;

Ro. 8. 34.

2 Y él es la propiciacion por nuestros pecados[b]: y no solamente por los nuestros, sino tambien por los de todo el mundo[c].

Cap. 4. 10. Ro. 3. 25. Cap. 4. 14. Juan 4. 42. 2 Co. 5. 19.

3 Y en esto sabemos que nosotros le hemos conocido, si guardamos sus mandamientos[d].

Juan 14. 15, 23.

4 El que dice: Yo le he conocido, y no guarda sus mandamientos[e], el tal es mentiroso, y no hay verdad en él.

Cap. 1. 6. Lu. 6. 46.

5 Mas el que guarda su palabra, la caridad de Dios está verdaderamente perfecta en él: por esto sabemos que estamos en él.

A. D. 90.

6 El que dice que está en él, debe andar como él anduvo.

7 Hermanos, no os escribo mandamiento nuevo[f], sino el mandamiento antiguo que habeis tenido desde el principio: el mandamiento antiguo es la Palabra que habeis oido desde el principio[g].

[f] 2 Juan 5. [g] Cap. 3. 11.

8 Otra vez os escribo un mandamiento nuevo[h], que es verdadero en él, y en vosotros; porque las tinieblas son pasadas[i], y la verdadera luz ya alumbra.

[h] Juan 13. 34. [i] Ro. 13. 12.

9 El que dice que está en luz, y aborrece á su hermano, el tal aun está en tinieblas todavía.

10 El que ama á su hermano, está en luz, y no hay tropiezo en él.

11 Mas el que aborrece á su hermano, está en tinieblas, y anda en tinieblas, y no sabe adonde vá[k]; porque las tinieblas le han cegado los ojos.

[k] Juan 12. 35.

12 Os escribo á vosotros, hijitos, porque vuestros pecados os son perdonados por su nombre[l].

[l] Lu. 24. 47. Hech. 10. 43.

13 Os escribo á vosotros, padres, porque habeis conocido á aquel que *es* desde el principio[m]. Os escribo á vosotros, mancebos, porque habeis vencido al maligno. Os escribo á vosotros, hijitos, porque habeis conocido al Padre[n].

[m] Cap. 1. 1. [n] Juan 14. 7, 9.

14 Os he escrito á vosotros, padres, porque habeis conocido al que *es* desde el principio. Os he escrito á vosotros, mancebos, porque sois fuertes[o], y la palabra de Dios mora en vosotros[p], y habeis vencido al maligno.

[o] Ef. 6. 10. [p] Juan 15. 7.

15 No ameis al mundo, ni las cosas *que están* en el mundo. Si alguno ama al mundo, el amor del Padre no está en él[q].

[q] Mat. 6. 24. Santº. 4. 4.

16 Porque todo lo que hay en el mundo, la concupiscencia de carne, y concupiscencia de ojos, y soberbia de vida, no es del Padre, mas es del mundo[r].

[r] Gen. 3. 6.

17 Y el mundo se pasa, y su concupiscencia[s]; mas el que hace la voluntad de Dios, permanece para siempre.

[s] Sal. 39. 6.

18 ¶ Hijitos, *ya* es la postrera hora[t]: y como vosotros habeis oido que el anticristo ha de venir[u], así tambien al presente han comenzado á ser muchos anticristos[v]; por lo cual sabemos que es el último tiempo.

[t] 2 Ti. 3. 1. Heb. 1. 2. Juda 18. [u] 2 Tes. 2. 3, 8. [v] Cap. 4. 3.

19 Salieron de nosotros, mas no eran de nosotros; porque si fueran de nosotros, hubieran cierto permanecido con nosotros[x]: pero *esto es* para que se manifestase que todos no son de nosotros[y].

[x] 2 Ti. 2. 19. [y] 2 Ti. 3. 9.

20 Mas vosotros teneis la uncion del Santo[z], y conoceis todas las cosas[a].

[z] 2 Co. 1. 21. [a] Juan 14.

21 No os he escrito como si ignoraseis la verdad, sino como á los que la cono-

ceis, y que ninguna mentira es de la verdad.

22 ¿ Quién es mentiroso, sino el que niega que Jesus es el Cristo[b]? Este tal es anticristo, que niega al Padre y al Hijo.

23 Cualquiera que niega al Hijo, este tal tampoco tiene al Padre[c]. Cualquiera que confiesa al Hijo, tiene tambien al Padre[d].

24 Pues lo que habeis oido desde el principio, sea permaneciente en vosotros: si lo que habeis oido desde el principio fuere permaneciente en vosotros, tambien vosotros permanecereis en el Hijo y en el Padre.

25 Y esta es la promesa, la cual él nos prometió, la vida eterna[e].

26 Os he escrito esto sobre los que os engañan.

27 Pero la uncion que vosotros habeis recibido de él, mora en vosotros, y no teneis necesidad que ninguno os enseñe[f]; mas como la uncion misma os enseña de todas cosas[g], y es verdadera, y no es mentira, así como os ha enseñado, perseverad en él.

28 Y ahora, hijitos, perseverad en él; para que cuando apareciere, tengamos confianza, y no seamos confundidos de él en su venida.

29 Si sabeis que él es justo, sabed tambien que cualquiera que hace justicia, es nacido de él[h].

[b] Cap. 4. 3.
[c] Juan 15. 23.
[d] Cap. 4. 15.
[e] Juan 17. 3.
[f] Heb. 8. 10, 11.
[g] ver. 20.
[h] Cap. 3. 7, 10.

CAPITULO III.

Despues de recordar el amor de Dios hácia nosotros, habla de lo que distingue á los hijos de Dios de los hijos del diablo, y exhorta á la caridad fraternal, y á la observancia de los mandamientos de Dios.

MIRAD cual amor nos ha dado el Padre, que seamos llamados hijos de Dios[a]: por esto el mundo no nos conoce, porque no lo conoce á él[b].

2 Muy amados, ahora somos hijos de Dios, y aun no se ha manifestado lo que hemos de ser; pero sabemos que cuando él apareciere, serémos semejantes á él[c], porque lo verémos como él es.

3 Y cualquiera que tiene esta esperanza en él, se purifica, como él tambien es limpio.

4 Cualquiera que hace pecado, traspasa tambien la ley; pues el pecado es transgresion de la ley.

5 Y sabeis que él apareció para quitar nuestros pecados[d], y no hay pecado en él.

6 Cualquiera que permanece en él, no peca: cualquiera que peca, no le ha visto, ni le ha conocido[e].

7 Hijitos, no os engañe ninguno: el que hace justicia, es justo, como él tambien es justo.

8 El que hace pecado, es del diablo[f]; porque el diablo peca desde el principio. Para esto apareció el Hijo de Dios, para deshacer las obras del diablo[g].

9 Cualquiera que es nacido de Dios, no hace pecado[h]; porque su simiente está en él[i]; y no puede pecar, porque es nacido de Dios.

10 En esto son manifiestos los hijos de Dios, y los hijos del diablo: cualquiera que no hace justicia, y que no ama á su hermano, no es de Dios.

11 Porque esta es la nueva que habeis oido desde el principio: Que nos amemos unos á otros[k].

12 No como Cain, que era del maligno, y mató á su hermano[l]. ¿ Y por qué causa le mató? Porque sus obras eran malas, y las de su hermano justas.

[a] Juan 1. 12.
[b] Juan 17. 25.
[c] 1 Co. 15. 49. Fi. 3, 21.
[d] Heb. 9. 26.
[e] 3 Juan 11.
[f] Juan 8. 44.
[g] Heb. 2. 14.
[h] Cap. 5. 18.
[i] 1 Ped. 1. 23.
[k] Juan 13. 34.
[l] Gen. 4. 4, 8.

13 Hermanos mios, no os maravilleis si el mundo os aborrece[m].

14 Nosotros sabemos que hemos pasado de muerte á vida[n], en que amamos á los hermanos. El que no ama á su hermano, está en muerte[o].

15 Cualquiera que aborrece á su hermano, es homicida[p]; y sabeis que ningun homicida tiene vida eterna permaneciente en sí.

16 En esto hemos conocido el amor *de Cristo*, porque él puso su vida por nosotros[q]: tambien nosotros debemos poner nuestras vidas por los hermanos.

17 Mas el que tuviere bienes de este mundo, y viere á su hermano tener necesidad, y le cerráre sus entrañas[r], ¿ cómo está el amor de Dios en él[s]?

18 Hijitos mios, no amemos de palabra, ni de lengua; sino de obra y en verdad[t]:

19 Y en esto conocemos que somos de la verdad, y tenemos nuestros corazones certificados delante de él.

20 Porque si nuestro corazon nos reprendiere, mayor es Dios que nuestro corazon, y conoce todas las cosas.

21 Carísimos, si nuestro corazon no nos reprende, confianza tenemos en Dios;

22 Y cualquier cosa que pidiéremos, la recibirémos de él[u], porque guardamos sus mandamientos, y hacemos las cosas que son agradables delante de él[v].

23 Y este es su mandamiento: Que creamos en el nombre de su hijo Jesu-Cristo[x], y nos amemos unos á otros, como nos lo ha mandado.

24 Y el que guarda sus mandamientos, está en él, y él en él[y]. Y en esto sabemos que él permanece en nosotros, por el Espíritu que nos ha dado[z].

[m] Juan 15. 18.
[n] Cap. 4. 7.
[o] Cap. 2. 9, 11.
[p] Mat. 5. 21.
[q] Juan 15. 13.
[r] Sant[o]. 2. 15, 16.
[s] Cap. 4. 20.
[t] Ro. 12. 9.
[u] Sal. 145. 18.
[v] Juan 15. 7.
[x] Juan 6. 29.
[y] Juan 14. 23. y 15. 10.
[z] Cap. 4. 13. Ro. 8. 9, 14, 16.

CAPITULO IV.

Exhorta á no creer á todo espíritu de los que se dicen maestros, y á examinar la doctrina que enseñaren, para distinguir los espíritus que son de Dios de los que no lo son. Exhorta de nuevo al amor fraternal, aduciendo nuevas y diferentes consideraciones sobre ello.

AMADOS, no creais á todo espíritu[a]; sino probad los espíritus[b] si son de Dios. Porque muchos falsos profetas son salidos en el mundo.

2 En esto conoced el Espíritu de Dios: Todo espíritu que confiesa que Jesu-Cristo es venido en carne, es de Dios[c]:

3 Y todo espíritu que no confiesa que Jesu-Cristo es venido en carne, no es de Dios: y este es el espíritu de anticristo, del cual vosotros habeis oido que ha de venir, y que ahora ya está en el mundo[d].

4 Hijitos, vosotros sois de Dios, y los habeis vencido; porque el que en vosotros está, es mayor que el que está en el mundo[e].

5 Ellos son del mundo[f]; por eso hablan del mundo, y el mundo los oye.

6 Nosotros somos de Dios: el que conoce á Dios, nos oye: el que no es de Dios, no nos oye[g]. Por esto conocemos el espíritu de verdad, y el espíritu de error.

7 ¶ Carísimos, amémonos unos á otros[h]; porque el amor es de Dios. Cualquiera que ama, es nacido de Dios, y conoce á Dios.

8 El que no ama, no conoce á Dios; porque Dios es amor.

9 En esto se mostró el amor de Dios para con nosotros, en que Dios envió á su Hijo unigénito al mundo, para que vivamos por él[i].

[a] Jer. 29. 8.
[b] 1 Co. 12. 10. 1 Tes. 5. 21. Ap. 2. 2.
[c] 1 Co. 12. 3.
[d] Cap. 2. 18, 22. 2 Juan 7.
[e] Ef. 2. 2.
[f] Juan 15. 19.
[g] Juan 8. 47. y 10. 26, 27. 1 Co. 14. 37.
[h] Cap. 3. 11, 23.
[i] Juan 3. 16 y 6. 51.

10 En esto consiste el amor; no que nosotros hayamos amado á Dios, sino que él nos amó á nosotros [k], y ha enviado á su Hijo *en* propiciacion por nuestros pecados [l].

11 Amados, si Dios así nos ha amado, debemos tambien nosotros amarnos unos á otros [m].

12 Ninguno vió jamás á Dios [n]. Si nos amamos unos á otros, Dios está en nosotros, y su amor es perfecto en nosotros [o].

13 En esto conocemos que estamos en él, y él en nosotros, en que nos ha dado de su Espíritu [p].

14 Y nosotros hemos visto [q], y testificamos que el Padre ha enviado al Hijo *para ser* Salvador del mundo.

15 Cualquiera que confesáre que Jesus es el Hijo de Dios, Dios está en él, y él en Dios [r].

16 Y nosotros hemos conocido, y creido el amor que Dios tiene para con nosotros. Dios es amor [s]; y el que vive en amor, vive en Dios, y Dios en él.

17 En esto es perfecto el amor con nosotros [t], para que tengamos confianza en el dia del juicio; pues como él es, así somos nosotros en este mundo.

18 En amor no hay temor; mas el perfecto amor echa fuera el temor: porque el temor tiene pena. De donde el que teme, no está perfecto en el amor.

19 Nosotros lo amamos á él, porque él nos amó primero.

20 Si alguno dice: Yo amo á Dios, y aborrece á su hermano, es mentiroso. Porque el que no ama á su hermano, al cual ha visto, ¿cómo puede amar á Dios, á quien no ha visto [u]?

21 Y nosotros tenemos este mandamiento de él: Que el que ama á Dios, ame tambien á su hermano [v].

k Ro. 5. 8, 10.
l Cap. 2. 2.
m Juan 15. 12, 13.
n Juan 1. 18. 1 Ti. 6. 16.
o Cap. 2. 5.
p Cap. 3. 24.
q Cap. 1. 1.
r Ro. 10. 9.
s ver. 8.
t ver. 12.
u Cap. 3. 17.
v Juan 13. 34.

CAPITULO V.

Virtud admirable de una viva fé en Jesu-Cristo, por el cual y en el cual tenemos vida eterna. Debemos continuar firmes en esta fé, y guardarnos de idolatría.

TODO aquel que cree que Jesus es el Cristo, es nacido de Dios [a]: y cualquiera que ama al que ha engendrado, ama tambien al que es nacido de él.

2 En esto conocemos que amamos á los hijos de Dios, cuando amamos á Dios, y guardamos sus mandamientos.

3 Porque este es el amor de Dios, que guardemos sus mandamientos [b]; y sus mandamientos no son penosos [c].

4 Porque todo aquello que es nacido de Dios vence al mundo: y esta es la victoria que vence al mundo, nuestra fé [d].

5 ¿Quién es el que vence al mundo, sino el que cree que Jesus es el Hijo de Dios?

6 ¶ Este es Jesu-Cristo, que vino por agua y sangre [e]: no por agua solamente, sino por agua y sangre. Y el Espíritu es el que da testimonio [f]: porque el Espíritu es la verdad [g].

7 *Porque tres son los que dan testimonio en el cielo, el Padre, la Palabra, y el Espíritu Santo: y estos tres son uno.*

8 Y tres son los que dan testimonio *en la tierra*, el Espíritu, el agua [h], y la sangre [i]: y estos tres concuerdan en uno [k].

9 Si recibimos el testimonio de los hombres, el testimonio de Dios es mayor [l]; porque este es el testimonio de Dios, que ha testificado de su Hijo.

10 El que cree en el Hijo de Dios, tiene el testimonio en sí mismo [m]: el que no cree á Dios, le ha hecho mentiroso [n]; porque no ha creido en el testimonio que Dios ha testificado de su Hijo.

11 Y este es el testimonio: Que Dios nos ha dado vida eterna; y esta vida está en su Hijo [o].

12 El que tiene al Hijo, tiene la vida: el que no tiene al Hijo de Dios, no tiene la vida [p].

13 ¶ Estas cosas he escrito á vosotros que creeis en el nombre del Hijo de Dios, para que sepais que teneis vida eterna, y para que creais en el nombre del Hijo de Dios [q].

14 Y esta es la confianza que tenemos en Él, que si demandáremos alguna cosa conforme á su voluntad, él nos oye [r].

15 Y si sabemos que él nos oye [s] en cualquiera cosa que demandáremos, sabemos que tenemos las peticiones que le hubieremos demandado.

16 Si alguno viere cometer á su hermano pecado *que* no *es* de muerte, demandará [t], y él le dará vida á los que pecan no de muerte. Hay pecado de muerte [u]; por el cual yo no digo que ruegue [v].

17 Toda maldad es pecado; mas hay pecado que no *es* de muerte.

18 Sabemos que cualquiera que es nacido de Dios, no peca [w]; mas el que es engendrado de Dios, se guarda á sí mismo, y el maligno no le toca.

19 Sabemos que somos de Dios, y todo el mundo está puesto en maldad [y].

20 Empero sabemos que el Hijo de Dios es venido, y nos ha dado entendimiento para conocer al que es verdadero: y estamos en el verdadero, en su Hijo Jesu-Cristo. Este es el verdadero Dios, y la vida eterna [x].

21 Hijitos, guardáos [a] de los ídolos. Amen.

a Juan 1. 12, 13.
b Juan 14. 15, 21.
c Juan 6. Mat. 11. 30.
d Ro. 8. 37.
e Juan 19. 34. Heb. 10. 22.
f Mar. 1. 10. Hech. 2. 3, 33.
g Juan 15. 26.
h 1 Ped. 3. 21.
i Heb. 13. 12.
k ver. 6.
l Juan 8. 17, 18.
m Ap. 19. 10.
n Juan 3. 33.
o Juan 1. 4.
p Juan 3. 36. y 5. 24.
q Juan 20. 31.
r Santº. 4. 2, 3.
s Cap. 3. 22.
t Santº. 5. 16.
u Mat. 12. 31, 32.
v Jer. 7. 16.
w Cap. 3. 9.
y Juan 12. 31. Ef. 6. 12.
x Juan 17. 3. Is. 9. 5.
a 1 Co. 10. 14.

LA SEGUNDA EPÍSTOLA

DE

SAN JUAN APOSTOL.

A. D. 90.

Exhorta á una señora y á sus hijos, cuya fé alaba, á perseverar constantes en la caridad, y á cautelarse de los engañadores, permaneciendo en la doctrina de Cristo.

EL anciano á la señora elegida, y á sus hijos, á los cuales yo amo en verdad; y no yo solo, sino tambien todos los que han conocido la verdad,

2 Por la verdad que está en nosotros, y será perpetuamente con nosotros:

3 Sea con vosotros gracia, misericordia, y paz de Dios Padre, y del Señor Jesu-Cristo, Hijo del Padre, en verdad, y en amor.

4 ¶ Mucho me he gozado, porque he hallado de tus hijos, que andan en verdad, como nosotros hemos recibido el mandamiento del Padre.

5 Y ahora te ruego, señora, no como escribiéndote un nuevo mandamiento, sino aquel que nosotros hemos tenido desde el principio, que nos amemos unos á otros [a].

[a] 1 Juan 3. 11, 23.

6 Y este es amor, que andemos segun sus mandamientos [b]. Este es el mandamiento: Que andeis en él, como vosotros habeis oido desde el principio.

[b] Juan 14. 15, 21.

7 Porque muchos engañadores son entrados en el mundo, los cuales no confiesan que Jesu-Cristo ha venido en carne. Este tal es engañador y anticristo [c].

[c] 1 Juan 2. 18, 22. y 4. 1, 3.

8 Mirad por vosotros mismos, porque no perdamos las cosas que hemos obrado [d]; sino que recibamos galardon cumplido.

[d] Ga. 3. 4. Ap. 3. 11.

9 Cualquiera que se rebela, y no persevera en la doctrina de Cristo, no tiene á Dios: el que persevera en la doctrina de Cristo, el tal tiene al Padre y al Hijo [e].

[e] 1 Juan 2. 23.

10 Si alguno viene á vosotros, y no trae esta doctrina, no lo recibais en casa, ni lo saludeis [f]:

[f] Ga. 1. 8, 9.

11 Porque el que lo saluda, comunica con sus malas obras [g].

[g] 1 Ti. 5. 22.

12 ¶ Aunque tengo muchas cosas que escribiros, no he querido *comunicarlas* por medio de papel y tinta; mas espero ir á vosotros, y hablar boca á boca, para que nuestro gozo sea cumplido [h].

[h] 1 Juan 1. 4.

13 Los hijos de tu hermana elegida te saludan. Amen.

A. D. 90.

LA TERCERA EPÍSTOLA

DE

SAN JUAN APÓSTOL.

A. D. 90.

Alaba á Gaio por su constancia en la fé, y por su beneficencia en hospedar á los peregrinos: habla de los vicios de Diótrephes, y de la virtud de Demetrio.

EL anciano al muy amado Gaio [a], al cual yo amo en verdad.

[a] Ro. 16. 23. 1 Co. 1. 14.

2 Amado, yo deseo que tú seas prosperado en todas cosas, y que tengas salud, así como tu alma está en prosperidad.

3 Ciertamente me gocé mucho, cuando vinieron los hermanos y dieron testimonio de tu verdad, así como tú andas en la verdad [b].

[b] 2 Juan 4.

4 No tengo yo mayor gozo que este, el de oir que mis hijos andan en la verdad.

5 Amado, fielmente haces todo lo que haces pára con los hermanos, y con los extranjeros [c],

[c] 1 Ped. 5. 9.

6 Los cuales han dado testimonio de tu amor en presencia de la iglesia: á los cuales si ayudáres [d] como conviene segun Dios, harás bien.

[d] Hech. 15. 3.

7 Porque ellos partieron por amor de su nombre, no tomando nada de los Gentiles.

8 Nosotros, pues, debemos recibir á los tales [e], para que seamos cooperadores á la verdad.

[e] Mat. 10. 40.

9 Yo he escrito á la iglesia; mas Diótrefes, que ama tener el primado entre ellos [f], no nos recibe.

[f] Mat. 20. 25, 26. y 23. 5, 12. 1 Ped. 5. 3.

10 Por esta causa, si yo viniere, recordaré las obras que hace, parlando con palabras maliciosas contra nosotros; y no contento con estas cosas, no recibe á los hermanos, y prohibe á los que los quieren *recibir*, y los echa [g] de la iglesia.

[g] Is. 66. 5.

11 Amado, no sigas lo que es malo, sino lo que es bueno. El que hace bien, es de Dios; mas el que hace mal, no ha visto á Dios [h].

[h] 1 Juan 3. 6, 9.

12 Todos dan testimonio de Demetrio, y *aun* la misma verdad: y tambien nosotros damos testimonio; y vosotros habeis conocido que nuestro testimonio es verdadero.

13 ¶ Yo tenia muchas cosas que escribirte; empero no quiero escribirte por tinta y pluma:

14 Porque espero verte en breve, y hablarémos boca á boca [i].

[i] 2 Juan 12.

15 Paz *sea* contigo. Los amigos te saludan. Saluda tú á los amigos por nombre.

LA EPÍSTOLA UNIVERSAL

DE

SAN JUDAS APÓSTOL.

Exhorta á la constancia en la fé, y á resistir los esfuerzos y ardides de los impíos, cuyo carácter describe, y el castigo que les espera.

JUDAS[a], siervo de Jesu-Cristo, y hermano de Jacobo, á los llamados, santificados en Dios Padre, y conservados en Jesu-Cristo[b]:

2 Misericordia, y paz, y amor os sean multiplicados.

3 ¶ Amados, por la gran solicitud que tenia de escribiros de la comun salud[c], me ha sido necesario escribiros amonestándoos que contendais eficazmente por la fé[d] que ha sido una vez dada á los santos.

4 Porque algunos hombres impíos[e] han entrado encubiertamente, los cuales desde ántes habian estado ordenados para esta condenacion[f], convirtiendo la gracia de nuestro Dios en lujuria[g], y negando á Dios que solo es el que tiene dominio, y á nuestro Señor Jesu-Cristo.

5 Os quiero pues amonestar, *ya* que alguna vez habeis sabido esto, que el Señor habiendo salvado al pueblo de Egipto, despues destruyó á los que no creian[h]:

6 Y á los ángeles que no guárdaron su dignidad, mas dejaron su habitacion[i], los ha reservado debajo de oscuridad en prisiones eternas hasta el juicio del gran dia:

7 Como Sodoma y Gomorra[k], y las ciudades comarcanas, las cuales de la misma manera que ellos habian fornicado, y habian seguido desenfrenadamente la carne estraña, fueron puestas por ejemplo, sufriendo el juicio del fuego eterno.

8 De la misma manera tambien estos adormecidos, amancillan la carne, y menosprecian la potestad, y vituperan las potestades superiores[l].

9 Pues cuando el arcángel Miguel[m] contendia con el diablo, disputando sobre el cuerpo de Moisés[n], no se atrevió á usar de juicio de maldicion contra él, sino que dijo: El Señor te reprenda[o].

10 Pero estos maldicen las cosas que no conocen; y las cosas que naturalmente conocen, se corrompen en ellas como bestias brutas.

11 ¡Ay de ellos! porque han seguido el camino de Cain[p], y se lanzaron en el error de Balaam[q] por recompensa, y perecieron en la contradiccion de Coré[r].

. D. cir. 66.
Lu. 6. 16.
Juan 17. 1.
12. 15.
Ped. 1. 5.
Tit. 1. 4.
Fi. 1. 27.
Ped. 2. 1.
Ro. 9. 22.
Ped. 2. 8.
Ro. 6. 1.
Tit. 1. 16.
Nu. 14. 29, /.
Co. 10. 5, 1.
eb. 3. 16, 1.
Ped. 2. 4.
en. 19. 24.
Ped. 2. , 11.
Da. 12. 1.
De. 34. 6.
at. 17. 3.
eb. 2. 14.
ac. 3. 2.
Gen. 4. 5.
Nu. 22. 5, c.
Nu. 16. 1, c.

12 Estos son manchas en vuestros convites, que banquetean juntamente[s], apacentándose á sí mismos sin temor alguno[t]: nubes sin agua, las cuales son llevadas de acá para allá de los vientos[u]; árboles marchitos como en otoño, sin fruto, dos veces muertos y desarraigados;

13 Fieras ondas de la mar, que espuman sus mismas abominaciones[v]; estrellas erráticas, á los cuales es reservada eternalmente la oscuridad de las tinieblas.

14 De los cuales tambien profetizó Enoc[x], séptimo desde Adam, diciendo: Hé aquí el Señor es venido con sus santos millares[y],

15 A hacer juicio en todos, y á convencer á todos los impíos de entre ellos de todas sus malas obras que han hecho infielmente, y de todas las *palabras* duras que los pecadores infieles han hablado contra él[z].

16 Estos son murmuradores querellosos, andando segun sus deseos; y su boca habla cosas soberbias, teniendo en admiracion las personas por causa del provecho.

17 Mas vosotros, amados, tened memoria de las palabras que ántes han sido dichas por los apóstoles de nuestro Señor Jesu-Cristo;

18 Como os decian: Que en el postrer tiempo habria burladores, que andarian segun sus malvados deseos[a].

19 Estos son los que hacen divisiones, sensuales, no teniendo el Espíritu.

20 ¶ Mas vosotros, oh amados, edificándoos sobre vuestra santísima fé[b], orando por el Espíritu Santo[c],

21 Conserváos en el amor de Dios, esperando la misericordia de nuestro Señor Jesu-Cristo, para vida eterna[d].

22 Y recibid á los unos en piedad, discerniendo:

23 Y haced salvos á los otros por temor, arrebatándolos del fuego[e]; aborreciendo aun la ropa que es contaminada de la carne[f].

24 ¶ A aquel, pues, que es poderoso para guardáros sin caida[g], y presentáros delante de su gloria sin mancha, con grande alegría[h],

25 Al Dios solo sabio[i], nuestro Salvador[k], *sea* gloria y magnificencia, imperio y potencia, ahora, y en todos los siglos. Amen.

A. D. cir. 66.
[s] 2 Ped. 2. 13.
[t] Fi. 3. 19.
[u] Pr. 25. 14.
[v] Is. 57. 20.
[x] Gen. 5. 22, etc.
[y] Zac. 14. 5.
[z] Sal. 78. 8, 9.
[a] 2 Ti. 3. 1. 2 Ped. 3. 3.
[b] Col. 2. 7.
[c] Ef. 6. 18.
[d] Tit. 2. 13.
[e] Zac. 3. 2.
[f] Le. 14. 47, etc.
[g] Ro. 16. 25.
[h] Col. 1. 22.
[i] 1 Ti. 1. 17.
[k] 1 Ti. 2. 3. Tit. 1. 3. y 3. 4.

EL APOCALIPSIS Ó REVELACION

DE

SAN JUAN, EL TEÓLOGO.

A. D. 96.

CAPITULO I.

San Juan, desterrado en la isla de Patmos, escribe por órden de Dios la revelacion que habia tenido, á las siete Iglesias de Asia, representadas en siete candeleros.

LA revelacion de Jesu-Cristo, que
Dios le dió, para manifestar á sus
siervos las cosas que deben suceder
presto; y *las* declaró, enviándo*la* por
su ángel á Juan su siervo,
2 El cual ha dado testimonio de la
palabra de Dios, y del testimonio de
Jesu-Cristo, y de todas las cosas que ha
visto.
3 Bienaventurado el que lee, y los
que oyen las palabras de esta profecía,
y guardan las cosas en ella escritas[a]:
porque el tiempo *está* cerca[b].
4 ¶ JUAN á las siete iglesias que
están en Asia[c]: Gracia *sea* con
vosotros, y paz del que es, y que era,
y que ha de venir, y de los siete espí-
ritus[d] que están delante de su trono;
5 Y de Jesu-Cristo, *que es* el testigo
fiel[e], primogénito de los muertos[f], y el
Príncipe de los reyes de la tierra[g]. Al
que nos amó[h], y nos ha lavado de nu-
estros pecados con su sangre[i],
6 Y nos ha hecho reyes y sacerdotes[k]
para Dios, y su Padre; á él sea gloria
é imperio para siempre jamás. Amen.
7 ¶ Hé aquí que viene con las nubes[l],
y todo ojo lo verá, y los que lo traspa-
saron[m]; y todos los linajes de la tierra
se lamentarán sobre él[n]. Así sea.
Amen.
8 Yo soy el Alpha y la Omega[o], el
principio y el fin, dice el Señor, que es,
y que era, y que ha de venir, el Todo-
poderoso.
9 ¶ Yo Juan, vuestro hermano, y par-
ticipante en la tribulacion, y en el reino,
y en la paciencia de Jesu-Cristo[p], estaba
en la isla que es llamada Patmos, por la
palabra de Dios y el testimonio de Jesu-
Cristo.
10 Yo fuí en Espíritu[q] en el dia de
Domingo[r], y oí detras de mí una gran
voz como de trompeta,
11 Que decia: Yo soy el Alpha y
Omega, el primero y el último: Escribe
en un libro lo que ves, y envia*lo* á las
siete Iglesias[s], que están en Asia; á
Éfeso, y á Smirna, y á Pérgamo, y á
Tiatira, y á Sardis, y á Filadelfia, y á
Laodicéa.
12 Y me volví á ver la voz que hablaba
conmigo: y vuelto, ví siete candeleros de
oro[t];
13 Y en medio de los siete candeleros,
uno semejante al Hijo del hombre ves-
tido de una ropa que llegaba hasta los
piés, y ceñido por los pechos con una
cinta de oro.

[a] Lu. 11. 28.
[b] Cap. 22. 10. Santº. 5. 8. 1 Ped. 4. 7.
[c] ver. 11.
[d] Cap. 3. 1. y 4. 5. y 5. 6. Zac. 4. 10.
[e] Juan 8. 14. y 18. 37.
[f] Col. 1. 18.
[g] Cap. 17. 14.
[h] Juan 13. 1.
[i] Heb. 9. 14.
[k] Ex. 19. 6. 1 Ped. 2.5,9.
[l] Mat. 26. 64.
[m] Zac. 12. 10.
[n] Mat. 24.30.
[o] Cap. 21. 6. Is. 41. 4.
[p] Ro. 8. 17. 2 Ti. 2. 12.
[q] Hech. 22. 17.
[r] Juan 20.26. Hech. 20.7. 1 Co. 16. 2.
[s] Cap. 11. 11.
[t] Ex. 25. 31. Zac. 4. 2.

14 Y su cabeza y sus cabellos *eran*
blancos como la lana blanca, como la
nieve, y sus ojos como llama de fuego[u]:
15 Y sus piés semejantes al laton fino,
ardientes como en un horno[v]; y su voz
como ruido de muchas aguas[x].
16 Y tenia en su diestra siete estrellas:
y de su boca salia una espada aguda de
dos filos[y]. Y su rostro *era* como el sol[z]
cuando resplandece en su fuerza.
17 Y cuando yo le ví, caí como muerto
á sus piés. Y él puso su diestra sobre
mí, diciendome: No temas; Yo soy el
primero y el último;
18 Y el que vivo, y he sido muerto[a];
y hé aquí que vivo por siglos de siglos.
Amen. Y tengo las llaves del infierno,
y de la muerte[b].
19 Escribe las cosas que has visto, y
las que son, y las que han de ser des-
pues de estas:
20 El misterio de las siete estrellas que
has visto en mi diestra, y los siete can-
deleros de oro. Las siete estrellas son
los ángeles de las siete iglesias; y los
siete candeleros que has visto, son las
siete iglesias.

A. D. 96.

[u] Cap. 2. 18. y 19. 12.
[v] Ez. 1. 7.
[x] Ez. 43. 2.
[y] Cap. 19.15. Is. 49. 2. Heb. 4. 12.
[z] Cap. 10. 1. Hech. 26. 13.
[a] Ro. 6. 9.
[b] Cap. 20. 1. Sal. 68. 20.

CAPITULO II.

Se le manda á San Juan que escriba varios avisos á las cuatro Iglesias primeras. Son alabados los que no habian abrazado la doctrina de los Nicolaítas, é invitados otros al arrepentimiento, con promesa de grande galardon á los que fueren fieles hasta la muerte.

ESCRIBE al ángel de la iglesia de
Éfeso: El que tiene las siete es-
trellas en su diestra[a], el cual anda en
medio de los siete candeleros de oro,
dice estas cosas:
2 Yo sé tus obras[b], y tu trabajo, y
paciencia; y que tú no puedes sufrir
los malos, y has probado á los que se
dicen ser apóstoles[c], y no lo son[d], y
los has hallado mentirosos:
3 Y has sufrido, y sufres, y has traba-
jado por mi nombre, y no has desfalle-
cido[e].
4 Pero tengo contra tí que has dejado
tu primer amor.
5 Recuerda por tanto de donde has
caido, y arrepiéntete, y haz las primeras
obras; pues si no, vendré presto á tí,
y quitaré tu candelero de su lugar, si
no te hubieres arrepentido.
6 Mas tienes esto, que aborreces los
hechos de los Nicolaítas[f], los cuales
yo tambien aborrezco.
7 El que tiene oido, oiga lo que el
Espíritu dice á las iglesias[g]: Al que
venciere, daré á comer del árbol de la
vida[h], el cual está en medio del paraiso
de Dios[i].
8 ¶ Y escribe al ángel de la Iglesia de

[a] Cap. 1. 16. 20.
[b] ver. 9, 13, 19.
[c] 1 Juan. 4.1.
[d] 2 Co. 11.13.
[e] Gal. 6. 9.
[f] ver. 15.
[g] Mat. 11.15.
[h] Cap. 22. 2. 14.
[i] Lu. 23. 43. 2 Co. 12. 4.

Smirna: El primero y postrero, que fué muerto, y vivió [h], dice estas cosas:

9 Yo sé tus obras, y tu tribulacion, y tu pobreza, (pero tú eres rico [i]) y la blasfemia de los que se dicen ser Judíos, y no lo son [m], mas *son* sinagoga de Satanás [n].

10 No tengas ningun temor de las cosas que has de padecer. Hé aquí, el diablo ha de enviar *algunos* de vosotros á la cárcel, para que seais probados, y tendréis tribulacion de diez dias. Sé fiel hasta la muerte [o], y yo te daré la corona de la vida [p].

11 El que tiene oido, oiga lo que el Espíritu dice á las iglesias: El que venciere, no recibirá daño de la muerte segunda [q].

12 ¶ Y escribe al ángel de la iglesia *que está* en Pérgamo: El que tiene la espada aguda de dos filos [r], dice estas cosas:

13 Yo sé tus obras, y donde moras, donde *está* la silla de Satanás; y retienes mi nombre, y no has negado mi fé, aun en los dias en que fué Antipas mi testigo fiel, el cual ha sido muerto entre vosotros, donde Satanás mora.

14 Pero tengo unas pocas cosas contra tí: porque tú tienes ahi los que tienen la doctrina de Balaam, el cual enseñaba á Balac á poner escándalo delante de los hijos de Israel, á comer de cosas sacrificadas á los ídolos, y á cometer fornicacion [s].

15 Así tambien tú tienes á los que tienen la doctrina de los Nicolaitas [t], lo cual yo aborrezco.

16 Arrepiéntete; porque de otra manera vendré á tí presto, y pelearé contra ellos con la espada de mi boca [u].

17 El que tiene oido [u], oiga lo que el Espíritu dice á las iglesias: Al que venciere, daré á comer del maná escondido [v], y le daré una piedrecita blanca, y en la piedrecita un nombre nuevo escrito [x], el cual ninguno conoce sino aquel que *lo* recibe.

18 ¶ Y escribe al ángel de la iglesia que está en Tiatira: El Hijo de Dios, que tiene sus ojos como llama de fuego, y sus piés semejantes al laton fino [y], dice estas cosas:

19 Yo he conocido tus obras, y caridad, y servicio, y fé, y tu paciencia, y tus obras, y las postreras, *que son* mas que las primeras.

20 Mas tengo unas pocas cosas contra tí: porque permites aquella mujer Jezabel [z] (que se dice profetiza) enseñar, y engañar á mis siervos, á fornicar, y á comer cosas ofrecidas á los ídolos [a].

21 Y le he dado tiempo para que se arrepienta de la fornicacion [b], y no se ha arrepentido.

22 Hé aquí yo la echo en cama, y á los que adulteran con ella, en muy grande tribulacion, si no se arrepintieren de sus obras:

23 Y mataré sus hijos con muerte; y todas las iglesias sabrán que yo soy el que escudriño los riñones, y los corazones [c]: y daré á cada uno de vosotros segun sus obras [d].

24 Pero yo digo á vosotros, y á los demás que estais en Tiatira: Cualesquiera que no tienen esta doctrina, y que no han conocido las profundidades [e] de Satanás, (como dicen) yo no enviaré sobre vosotros otra carga [f].

25 Empero la que teneis, tenedla hasta que yo venga [g].

26 Y al que hubiere vencido [h], y hubiere guardado mis obras hasta el fin, yo le daré potestad sobre las gentes [i];

- ap. 1. 8.
- ant°. 2. 5.
- Le. 2. 28.
- ap. 3. 9.
- at. 10. 22.
- ant°. 1.
- ap. 20. 6.
- ap. 1. 16.
- a. 31. 16.
- r. 6.
- . 11. 4.
- x. 16. 32.
- ap. 3. 12.
- ap. 1. 14.
- Rey. 16.
- Co. 10. 20.
- . 2. 4.
- Co. 28. 9.
- al. 62. 12.
- Co. 2. 10.
- ech. 15.
- ap. 3. 11.
- ap. 21. 7.
- at. 19. 28.

27 Y las regirá con vara de hierro, y serán quebrantados como vaso de alfarero, como tambien yo *la* he recibido de mi Padre [k]:

28 Y le daré la estrella de la mañana [l].

29 El que tiene oido, oiga lo que el Espíritu dice á las iglesias.

CAPITULO III.

Amonesta San Juan á las otras tres Iglesias de Sardis, de Filadelfia, y de Laodicea, y les da avisos muy importantes.

Y ESCRIBE al ángel de la iglesia *que está* en Sardis: El que tiene los siete Espíritus [a] de Dios, y las siete estrellas, dice estas cosas: Yo conozco tus obras; que tienes nombre que vives, y estás muerto [b].

2 Sé vigilante y confirma las otras cosas que están para morir: porque no he hallado tus obras perfectas delante de Dios [c].

3 Acuérdate pues de lo que has recibido, y has oido [d], y guárda*lo*, y arrepiéntete [e]. Y si no veláres, vendré á tí como ladron [f], y no sabrás en qué hora vendré á tí.

4 Mas tienes unas pocas personas en Sardis, que no han ensuciado sus vestiduras [g], y andarán conmigo en vestiduras blancas [h]; porque son dignos.

5 El que venciere, será vestido de vestiduras blancas; y no borraré su nombre del libro de la vida [i], y confesaré su nombre delante de mi Padre, y delante de sus ángeles [k].

6 El que tiene oido, oiga lo que el Espíritu dice á las iglesias.

7 ¶ Y escribe al ángel de la iglesia *que está* en Filadelfia: Estas cosas dice el Santo [l], el Verdadero, el que tiene la llave de David [m]; el que abre, y ninguno cierra; y cierra, y ninguno abre [n]:

8 Yo conozco tus obras: hé aquí he dado una puerta abierta delante de tí [o], la cual ninguno puede cerrar; porque tú tienes un poco de potencia, y has guardado mi palabra, y no has negado mi nombre.

9 Hé aquí, yo doy de la sinagoga de Satanás, los que se dicen ser Judíos, y no lo son, mas mienten [p]; hé aquí, yo los constreñiré á que vengan, y adoren delante de tus piés [q], y sepan que yo te he amado.

10 Porque has guardado la palabra de mi paciencia [r], yo tambien te guardaré de la hora de la tentacion [s], que ha de venir en todo el mundo, para probar los que moran en la tierra [t].

11 Hé aquí, yo vengo presto [u]: reten lo que tienes [v], para que ninguno tome tu corona.

12 Al que venciere, yo lo haré columna en el templo de mi Dios, y nunca mas saldrá fuera; y escribiré sobre él el nombre de mi Dios, y el nombre de la ciudad de mi Dios, *que es* la nueva Jerusalem [x], la cual desciende del cielo, de mi Dios, y mi nombre nuevo.

13 El que tiene oido, oiga lo que el Espíritu dice á las iglesias.

14 ¶ Y escribe al ángel de la iglesia de los Laodicenses: Hé aquí dice el Amen [y], el testigo fiel [z] y verdadero, el principio de la creacion de Dios [a]:

15 Yo conozco tus obras, que ni eres frio, ni caliente. Ojalá fueses frio, ó caliente [b]!

16 Mas porque eres tibio, y no frio ni caliente, te vomitaré de mi boca.

17 Porque tú dices: Yo soy rico, y estoy enriquecido [c], y no tengo necesidad de ninguna cosa; y no conoces que

- [k] Sal. 2. 8, 9.
- [l] Cap. 22. 16.
- [a] Cap. 5. 6.
- [b] 1 Tit. 5. 6.
- [c] De. 5. 27.
- [d] Heb. 2. 1.
- [e] ver. 19.
- [f] Cap. 16. 15.
- [g] Judas 23.
- [h] Cap. 7. 9.
- [i] Cap. 13. 8.
- [k] Lu. 12. 8.
- [l] Hech. 3. 14.
- [m] Is. 22. 22.
- [n] Job 12. 14.
- [o] 1 Co. 16. 9.
- [p] Cap. 2. 9.
- [q] Is. 60. 14.
- [r] Cap. 1. 9.
- [s] 2 Ped. 2, 9.
- [t] Lu. 21. 35.
- [u] Cap. 1. 3.
- [v] Cap. 2. 25.
- [x] Cap. 21. 2. Ga. 4. 26.
- [y] 2 Co. 1. 20.
- [z] Cap. 1. 5.
- [a] Col. 1. 15, 18.
- [b] 1 Rey. 18. 21.
- [c] Os. 12. 8.

tú eres un cuitado y miserable, y pobre, y ciego, y desnudo;

18 Yo te amonesto que de mí compres[d] oro afinado en fuego, para que seas hecho rico, y seas vestido de vestiduras blancas, para que no se descubra la vergüenza de tu desnudez[e]; y unge tus ojos con colirio, para que veas[f].

19 Yo reprendo y castigo á todos los que amo[g]: sé pues celoso, y arrepiéntete

20 Mira que estoy á la puerta, y llamo[h]: si alguno oyere mi voz, y abriere la puerta, entraré á él, y cenaré con él, y él conmigo[i].

21 Al que venciere yo le daré que se siente conmigo en mi trono[k]; así como yo he vencido[l], y me he sentado con mi Padre en su trono.

22 El que tiene oido, oiga lo que el Espíritu dice á las iglesias.

[d] Is. 55. 1.
[e] Cap. 16. 15.
[f] 2 Ped. 1. 9.
[g] Heb. 12. 5, 6.
[h] Ca. 5. 2.
[i] Juan 14.23.
[k] Lu. 22. 30.
[l] Juan 16.33.

CAPITULO IV.

San Juan en una vision estática ve á Dios en su solio, rodeado de veinte y cuatro ancianos, y de cuatro animales misteriosos que le glorifican.

DESPUES de estas cosas miré, y hé aquí una puerta abierta en el cielo: y la primera voz que oí, *era* como de trompeta[a] que hablaba conmigo, diciendo: Sube acá, y yo te mostraré las cosas que han de ser despues de estas.

2 Y luego yo fuí en espíritu[b]: y hé aquí un trono que estaba puesto en el cielo[c], y sobre el trono estaba uno sentado[d].

3 Y el que estaba sentado, era al parecer semejante á una piedra de jaspe y de sárdio[e]; y un Iris[f] *habia* al rededor del trono, semejante en al aspecto á la esmeralda.

4 Y alrededor del trono habia veinticuatro sillas: y ví sobre las sillas los veinticuatro[g] ancianos[h] sentados, vestidos de ropas blancas[i]; y tenian sobre sus cabezas coronas de oro.

5 Y del trono salian relámpagos, y truenos, y voces[k]: y siete lámparas de fuego estaban ardiendo delante del trono, las cuales son los siete Espíritus de Dios[l].

6 Y delante del trono *habia* como un mar de vidrio[m] semejante al cristal[n]: y en medio del trono, y alrededor del trono, cuatro animales llenos de ojos delante y detrás[o].

7 Y el primer animal *era* semejante á un leon; y el segundo animal, semejante á un becerro; y el tercer animal tenia la cara como de hombre; y el cuarto animal, semejante á un águila volando.

8 Y los cuatro animales tenian cada uno por sí seis alas alrededor[p]; y de dentro estaban llenos de ojos; y no tenian reposo dia ni noche, deciendo: Santo, Santo, Santo el Señor Dios todopoderoso, que era, y que es, y que ha de venir.

9 Y cuando aquellos animales daban gloria, y honra, y alabanza al que estaba sentado en el trono, al que vive para siempre jamas,

10 Los veinticuatro ancianos se postraban delante del que estaba sentado en el trono, y adoraban al que vive para siempre jamas; y echaban sus coronas delante del trono[q], diciendo:

11 Señor, digno eres de recibir gloria, y honra, y virtud[r]: porque tú criaste todas las cosas, y por tu voluntad tienen ser, y fueron criadas.

[a] Cap. 1. 10.
[b] Cap. 1. 10. y 17. 3. y 21. 10.
[c] Ez. 1. 26. y 10. 1.
[d] Da. 7. 9.
[e] Ez. 28. 17, 20.
[f] Cap. 10. 1. Gen. 9. 13.
[g] 1 Cr. 24. 1, 19. y 25. 1, 31.
[h] Cap. 11. 16.
[i] Cap. 3. 4, 5.
[k] Cap. 8. 5. y 16. 18.
[l] Cap. 1. 4.
[m] 1 Rey. 7. 23.
[n] Cap. 15. 2.
[o] Cap. 5. 8, 9. Ez. 1. 5, etc.
[p] Is. 6. 2, etc.
[q] ver. 4.
[r] Cap. 5. 12.

CAPITULO V.

Mientras que San Juan lloraba de ver que nadie podia abrir el libro cerrado con siete sellos, abriólo el Cordero de Dios, que poco ántes habia sido muerto. Por lo que todas las criaturas le tributaron cánticos de alabanzas.

Y VI en la mano derecha del que estaba sentado sobre el trono un libro escrito de dentro y de fuera, sellado con siete sellos[a].

2 Y ví un fuerte ángel, predicando en alta voz: ¿ Quién es digno de abrir el libro, y de desatar sus sellos?

3 Y ninguno podia, ni en el cielo, ni en la tierra, ni debajo de la tierra[b], abrir el libro, ni mirarlo.

4 Y yo lloraba mucho, porque no habia sido hallado ninguno digno de abrir el libro, ni de leerlo, ni de mirarlo.

5 Y uno de los ancianos me dice: No llores: hé aquí el leon de la tribu de Judá[c], la raiz de David[d], que ha vencido para abrir el libro, y desatar sus siete sellos.

6 Y miré; y hé aquí en medio del trono y de los cuatro animales, y en medio de los ancianos, estaba un Cordero como inmolado[e], que tenia siete cuernos, y siete ojos, que son los siete espíritus de Dios enviados en toda la tierra[f].

7 Y él vino, y tomó el libro de la mano derecha de aquel que estaba sentado en el trono.

8 Y cuando hubo tomado el libro, los cuatro animales, y los veinticuatro ancianos[g], se postraron delante del Cordero, teniendo cada uno arpas[h], y copas[i] de oro llenas de perfumes, que son las oraciones de los santos[k]:

9 Y cantaban un nuevo cántico[l], diciendo: Digno eres de tomar el libro y de abrir sus sellos; porque tú fuiste inmolado, y nos has redimido para Dios[m] con tu sangre, de todo linaje, y lengua, y pueblo, y nacion[n]:

10 Y ‖ nos has hecho para nuestro Dios[o] † reyes y sacerdotes, y ‖ reinarémos sobre la tierra[p].

11 Y miré, y oí voz de muchos ángeles alrededor del trono, y de los animales, y de los ancianos; y la multitud de ellos era millones de millones[q],

12 Que decian en alta voz: El Cordero que fué inmolado es digno de tomar el poder, y riquezas, y sabiduría, y fortaleza, y honra, y gloria, y alabanza.

13 Y oí á toda criatura que está en el cielo, y sobre la tierra[r], y debajo de la tierra, y que está en el mar, y todas las cosas que en ellos están[s], diciendo: Al que está sentado en el trono, y al Cordero, *sea* la bendicion, y la honra, y la gloria, y el poder, para siempre jamás.

14 Y los cuatro animales decian: Amen. Y los veinte y cuatro ancianos cayeron sobre sus rostros, y adoraron[t] al que vive para siempre jamás.

[a] Is. 29. 11.
[b] Fl. 2. 10.
[c] Gen. 49. 9, 10. Heb. 7. 14.
[d] Cap. 22. 16. Is. 11. 1, 10.
[e] Is. 53. 7. Juan 20. 27.
[f] Cap. 1. 4. y 4. 5. Zac. 3. 9. y 4. 10.
[g] Cap. 4. 4, 5.
[h] Cap. 15. 2.
[i] 2 Cr. 4. 22.
[k] Sal. 141. 2.
[l] Cap. 14. 3.
[m] *Hech.* 20. 28. Ef. 1. 7. 1 Ped. 1. 18, 19.
[n] Cap. 7. 9.
‖ *Los.*
[o] Cap. 1. 6.
† *Un reino.*
‖ *reinen.*
[p] Is. 60. 12.
[q] Da. 7. 10. Heb. 12. 22.
[r] ver. 3.
[s] Sal. 96. 11.
[t] Cap. 19. 4.

CAPITULO VI.

Lo que fué viendo el Apóstol segun iba el Cordero abriendo los seis primeros sellos.

Y MIRÉ cuando el Cordero abrió uno de los sellos[a], y oí á uno de los cuatro animales diciendo como con una voz de trueno: Ven, y vé.

2 Y miré, y hé aquí un caballo blanco[b]: y el que estaba sentado encima de él, tenia un arco; y le fué dada una corona, y salió victorioso, para que tambien venciese[c].

3 ¶ Y cuando él abrió el segundo sello,

[a] Cap. 5. 5.
[b] Cap. 19. 11. Zac. 6. 3, etc.
[c] Sal. 45. 3, 5.

oí el segundo animal que decia: Ven, y vé.

4 Y salió otro caballo bermejo: y al que estaba sentado sobre él, fué dado poder de quitar la paz de la tierra, y que se maten unos á otros; y fuéle dada una grande espada.

5 ¶ Y cuando él abrió el tercer sello, oí al tercer animal que decia: Ven, y vé. Y miré, y hé aquí un caballo negro; y el que estaba sentado encima de él, tenia un peso en su mano [d].

[d] Le. 26. 26.

6 Y oí una voz en medio de los cuatro animales, que decia: Dos libras de trigo por un denario; y seis libras de cebada por un denario: y no hagas daño al vino, ni al aceite.

7 ¶ Y cuando él obrió el cuarto sello, oí la voz del cuarto animal, que decia: Ven, y vé.

8 Y miré, y hé aquí un caballo amarillo: y el que estaba sentado sobre él, tenia por nombre, Muerte; y el infierno le seguia [e]: y le fué dada potestad sobre la cuarta parte de la tierra, para matar con cuchillo, con hambre, con mortandad, y con bestias de la tierra [f].

[e] Cap. 20. 13. [f] Ez. 14. 21.

9 ¶ Y cuando él abrio el quinto sello, ví debajo del altar [g] las almas [h] de los que habian sido muertos por la palabra de Dios, y por el testimonio que ellos tenian [i].

[g] Cap. 8. 3. y 16. 7. [h] Cap. 20. 4. [i] Cap. 1. 9.

10 Y clamaban en alta voz, diciendo: ¿Hasta cuando, Señor, santo y verdadero, no juzgas y vengas nuestra sangre de los que moran en la tierra [k]?

[k] Cap. 16. 6.

11 Y les fueron dadas *sendas* ropas blancas [l], y fuéles dicho que reposasen [m] todavía un poco de tiempo, hasta que se completáran sus consiervos y sus hermanos, que tambien habian de ser muertos como ellos.

[l] Cap. 3. 5. [m] Cap. 14.13.

12 ¶ Y miré cuando él abrió el sexto sello: y hé aquí fué hecho un gran terremoto [n]; y el sol se puso negro como un saco de cilicio, y la luna se puso toda como sangre [o]:

[n] Cap. 16. 18. [o] Joel 2. 10, 31. y 3. 15. Mat. 24. 29.

13 Y las estrellas del cielo cayeron sobre la tierra, como la higuera echa sus higos, cuando es movida de gran viento.

14 Y el cielo se apartó como un libro que es envuelto [p]; y todo monte y las islas fueron movidas de sus lugares [q].

[p] Is. 34. 4. [q] Cap. 16. 20. Jer. 4. 23, 24.

15 Y los reyes de la tierra, y los príncipes, y los ricos, y los capitanes, y los fuertes, y todo siervo, y todo libre, se escondieron en las cuevas y entre las peñas de los montes [r];

[r] Is. 2. 19.

16 Y decian á los montes, y á las peñas: Caed sobre nosotros [s], y escondednos de la cara de aquel que está sentado sobre el trono, y de la ira del Cordero:

[s] Os. 10. 8. Lu. 23. 30.

17 Porque el gran dia de su ira es venido [t]; y ¿quién podrá parar [u]?

[t] Is. 13. 6, 9. Sof. 1. 14. [u] Sal. 76. 7.

CAPITULO VII.

Se da órden á los ángeles que vienen á destruir la tierra que no hagan daño á los Justos, tanto del pueblo de Israel, como de las demás naciones. Quienes son los que vió San Juan vestidos de un ropage blanco.

Y DESPUES de estas cosas ví cuatro ángeles que estaban sobre los cuatro ángulos de la tierra, deteniendo los cuatro vientos de la tierra [a], para que no soplase viento sobre la tierra, ni sobre la mar, ni sobre ningun árbol.

[a] Da. 7. 2.

2 Y ví otro ángel que subia del nacimiento del sol, teniendo el sello de Dios vivo: y clamó con gran voz á los cuatro ángeles, á los cuales era dado hacer daño á la tierra y á la mar,

3 Diciendo: No hagais daño á la tierra, ni al mar, ni á los árboles, hasta que señalemos á los siervos de nuestro Dios en sus frentes [b].

[b] Cap. 9. 4. Ez. 9. 4.

4 Y oí el número de los señalados; ciento cuarenta y cuatro mil [c] señalados de todas las tribus de los hijos de Israél [d].

[c] Cap. 14. 1. [d] Is. 19. 20, 23.

5 De la tribu de Judá, doce mil señalados. De la tribu de Ruben, doce mil señalados. De la tribu de Gad, doce mil señalados.

6 De la tribu de Asér, doce mil señalados. De la tribu de Neftali, doce mil señalados. De la tribu de Manassé, doce mil señalados.

7 De la tribu de Simeon, doce mil señalados. De la tribu de Leví, doce mil señalados. De la tribu de Isachâr, doce mil señalados.

8 De la tribu de Zabulon, doce mil señalados. De la tribu de José, doce mil señalados. De la tribu de Benjamin, doce mil señalados.

9 ¶ Despues de estas cosas miré, y hé aquí una gran compañía, la cual ninguno podia contar, de todas gentes [e], y linajes, y pueblos, y lenguas, que estaban delante del trono, y en la presencia del Cordero, vestidos de ropas blancas [f], y palmas en sus manos [g],

[e] Cap. 5. 9. [f] Cap. 3. 4, 5. y 19. 8. [g] Le. 23. 40.

10 Y clamaban á alta voz, diciendo: Salvacion á nuestro Dios [h] que está sentado sobre el trono, y al Cordero.

[h] Cap. 19. 1.

11 Y todos los ángeles estaban alrededor del trono, y *de* los ancianos, y los cuatro animales [i]; y postráronse sobre sus rostros delante del trono, y adoraron á Dios,

[i] Cap. 5. 11.

12 Diciendo: Amen: La bendicion y la gloria, y la sabiduría, y la accion de gracias, y la honra, y la potencia, y la fortaleza *sean* á nuestro Dios para siempre jamás. Amen.

13 Y respondió uno de los ancianos, diciéndome: Estos que están vestidos de vestiduras blancas, ¿quiénes son, y de dónde han venido?

14 Y yo le dije: Señor, tú lo sabes. Y él me dijo: Estos son los que han venido de grande tribulacion, y han lavado sus vestiduras [k], y las han blanqueado en la sangre del Cordero [l].

[k] 1 Co. 6. 11. Heb. 9. 14. [l] Cap. 1. 5. 1 Juan 1. 7.

15 Por esto están delante del trono de Dios, y le sirven dia y noche en su templo: y el que está sentado en el trono tenderá su pabellon sobre ellos.

16 No tendrán mas hambre, ni sed, y el sol no caerá mas sobre ellos, ni otro ningun calor.

17 Porque el Cordero que está en medio del trono los pastoreará, y los guiará á las fuentes vivas de las aguas: y Dios limpiará toda lágrima de los ojos de ellos.

CAPITULO VIII.

Abierto ya el sello séptimo, aparecen siete ángeles con siete trompetas; tocan los cuatro primeros cada uno la suya: cae fuego, la mar se altera, las aguas se vuelven amargas, y las estrellas pierden su resplandor.

Y CUANDO él abrió el séptimo sello, fué hecho silencio en el cielo casi por media hora.

2 Y ví los siete ángeles que estaban delante de Dios [a]; y les fueron dadas siete trompetas.

[a] Lu. 1. 19.

3 Y otro ángel vino, y se paró delante del altar, teniendo un incensario de oro; y le fueron dados muchos inciensos para que diese á las oraciones de todos los santos [b] sobre el altar de oro, que *estaba* delante del trono [c].

[b] Cap. 5. 8. Lu. 18. 7. [c] Cap. 6. 9. Ex. 30. 1, etc.

4 Y el humo de los inciensos subió de la mano del ángel, delante de Dios, á las oraciones de los santos[d].

[d] Juan 16. 23, 24.

5 Y el ángel tomó el incensario, y lo llenó del fuego del altar, y echó*lo* en la tierra; y fueron hechos truenos, y voces, y relámpagos, y terremoto[e].

[e] Cap. 16. 18.

6 ¶ Y los siete ángeles que tenian las siete trompetas, se aparejaron para tocar.

7 Y el primer ángel tocó la trompeta, y fué hecho granizo, y fuego[f], mezclado con sangre, y fueron arrojados á la tierra; y la tercera parte de los árboles fué quemada, y quemóse toda la yerba verde.

[f] Ex. 9. 23, 24. Ez. 38. 22.

8 Y el segundo ángel tocó la trompeta, y como un grande monte ardiente con fuego fué lanzado en el mar, y la tercera parte del mar se tornó en sangre[g].

[g] Cap. 16. 3, etc.

9 Y murió la tercera parte de las criaturas *que estaban* en la mar, las cuales tenian vida; y la tercera parte de los navíos pereció.

10 Y el tercer ángel tocó la trompeta; y cayó del cielo una grande estrella[h], ardiendo como una antorcha, y cayó en la tercera parte de los rios, y en las fuentes de las aguas.

[h] Cap. 9. 1. Is. 14. 21. Ef. 6. 12.

11 Y el nombre de la estrella se dice Ajenjo. Y la tercera parte de las aguas fué vuelta en ajenjo; y muchos hombres murieron por las aguas, porque fueron hechas amargas.

12 Y el cuarto ángel tocó la trompeta, y fué herida la tercera parte del sol, y la tercera parte de la luna, y la tercera parte de las estrellas[i]; de tal manera que se oscureció la tercera parte de ellos, y no alumbraba la tercera parte del dia, y lo mismo de la noche.

[i] Is. 13. 10. Jer. 4. 23. Ez. 32. 7, 8. Joel 2. 10. y 3. 15.

13 Y miré, y oí un águila[k] volar por medio del cielo[l], diciendo á alta voz: ¡ Ay, ay, de los que moran en la tierra, por razon de las otras voces de trompeta de los tres ángeles que han de tocar!

[k] Os. 8. 1.
[l] Cap. 14. 6.

CAPITULO IX.

Lo que aconteció al tocar la quinta y sexta trompetas.

Y EL quinto ángel tocó la trompeta, y vi una estrella que cayó del cielo en la tierra[a]: y le fué dada la llave del pozo del abismo[b].

[a] Cap. 8. 10.
[b] Cap. 11. 7. y 17. 8. y 20. 1. Lu. 8. 31.

2 Y abrió el pozo del abismo, y subió humo del pozo como el humo de un *gran* horno; y oscurecióse el sol, y el aire, por el humo del pozo.

3 Y del humo salieron langostas sobre la tierra; y fuéles dada potestad, como tienen potestad los escorpiones de la tierra[c].

[c] ver. 10.

4 Y les fué mandado que no hiciesen daño á la yerba de la tierra, ni á ninguna cosa verde, ni á ningun árbol, sino solamente á los hombres que no tienen la señal de Dios en sus frentes[d].

[d] Cap. 7. 3.

5 Y les fué dado que no los matasen, sino que *los* atormentasen cinco meses; y su tormento *era* como tormento de escorpion cuando hiere al hombre.

6 Y en aquellos dias buscarán los hombres la muerte, y no la hallarán; y desearán morir, y la muerte huirá de ellos[e].

[e] Job 3. 21. Jer. 8. 3.

7 Y el parecer de las langostas *era* semejante á caballos aparejados para guerra: y sobre sus cabezas *tenian* como coronas semejantes al oro; y sus caras como caras de hombres.

8 Y tenian cabellos como cabellos de mujeres; y sus dientes eran como dientes de leones[f].

[f] Joel 1. 6.

9 Y tenian corazas como corazas de hierro; y el estruendo de sus alas, como el ruido de carros *que con* muchos caballos corren á la batalla.

10 Y tenian colas semejantes á *las de* los escorpiones, y tenian en sus colas aguijones; y su poder *era* de hacer daño á los hombres cinco meses[g].

[g] ver. 5.

11 Y tienen sobre sí un rey, *que es* el ángel del abismo, cuyo nombre en Hebraico, *es* Abaddon; y en Griego, Apollyon.

12 El un ay es pasado: hé aquí vienen aun dos ayes despues de estas cosas[h].

[h] Cap. 8. 13.

13 ¶ Y el sexto ángel tocó la trompeta; y oí una voz de los cuatro cuernos del altar de oro, que estaba delante de Dios[i],

[i] Cap. 8. 3.

14 Diciendo al sexto ángel que tenia la trompeta: Desata los cuatro ángeles que están atados en el gran rio Eufrátes[k].

[k] Cap. 16. 12. Gen. 2. 14. Jer. 51. 63.

15 Y fueron desatados los cuatro ángeles que estaban aparejados para la hora, y dia, y mes, y año, para matar la tercera parte de los hombres[l].

[l] Cap. 8. 7, 9.

16 Y el número del ejército de los de á caballo era doscientos millones. Y oí el número de ellos.

17 Y así vi los caballos en vision, y los que sobre ellos estaban sentados, los cuales tenian corazas de fuego, de jacinto, y de azufre. Y las cabezas de los caballos eran como cabezas de leones; y de la boca de ellos salia fuego, y humo, y azufre.

18 De estas tres *plagas* fué muerta la tercera parte de los hombres, del fuego, y del humo, y del azufre, que salian de la boca de ellos.

19 Porque su poder está en su boca y en sus colas: porque sus colas eran semejantes á serpientes, que tenian cabezas, y con ellas dañan.

20 Y los otros hombres que no fueron muertos con estas plagas, aun no se arrepintieron de las obras de sus manos[m], para que no adorasen á los demonios[n], y á las imágenes de oro, y de plata, y de metal, y de piedra, y de madera; las cuales no pueden ver, ni oir, ni andar[o]:

[m] Jer. 5. 3. y 8. 6.
[n] Le. 17. 7. 1 Co. 10. 20.
[o] Sal. 135. 15. Is. 46. 6, 7.

21 Y no se arrepintieron de sus homicidios, ni de sus hechicerías[p], ni de su fornicacion, ni de sus hurtos.

[p] Cap. 22. 15. Ga. 5. 20.

CAPITULO X.

Aparece otro ángel cercado de una nube, con un libro en la mano. Este ángel jura que no se prolongaria mas el tiempo, sino que cuando el séptimo ángel comenzará á tocar la trompeta, el misterio de Dios seria cumplido. Una voz del cielo manda á San Juan que devore aquel libro ó pergamino.

Y VI otro ángel fuerte descender del cielo, cercado de una nube, y el arco celeste sobre su cabeza[a]; y su rostro era como el sol, y sus piés como columnas de fuego[b].

[a] Cap. 4. 3. Ez. 1. 28.
[b] Cap. 1. 15. Mat. 17. 2.

2 Y tenia en su mano un librito abierto: y puso su pié derecho sobre la mar, y el izquierdo sobre la tierra[c],

[c] Sal. 72. 8.

3 Y clamó con grande voz, como *cuando* un leon ruge[d]: cuando hubo clamado, siete truenos hablaron sus voces.

[d] Cap. 5. 5.

4 Y cuando los siete truenos hubieron hablado sus voces, yo iba á escribir, y oí una voz del cielo, que me decia: Sella[e] las cosas que los siete truenos han hablado, y no las escribas.

[e] Da. 8. 26. y 12. 4, 9.

5 Y el ángel que vi estar sobre el mar, y sobre la tierra, levantó su mano al cielo[f],

[f] Ex. 6. 8. De. 32. 40. Da. 12. 7.

6 Y juró por el que vive para siempre jamás, que ha criado el cielo, y las cosas *que están* en él, y la tierra, y las cosas *que están* en ella, y el mar, y las cosas

ap. 14. 7. *que están* en él [f], que el tiempo no será
s. 9. 6. mas.
7 Pero en los dias de la voz del séptimo
ángel, cuando él comenzare á tocar la
ap. 11. 15. trompeta [h], el misterio de Dios será
consumado, como él *lo* anunció á sus
a. 9. 24, siervos los profetas [i].
8 Y oí la voz del cielo que hablaba
12. 6, 7. otra vez conmigo, y decia: Vé, y toma
o. 11. 25. el librito abierto de la mano del ángel
que está sobre el mar y sobre la tierra.
9 Y fuí al ángel diciéndole que me
diese el librito, y él me dijo: Toma, y
trágalo; y él te hará amargar tu vientre,
pero en tu boca será dulce como la
er. 15. 16. miel [k].
20. 8, 9. 10 Y tomé el librito de la mano del
s. 3. 1, 3. ángel, y le devoré; y era dulce en mi
boca como la miel: y cuando lo hube
devorado, fué amargo mi vientre.
11 Y él me dice: Necesario es que
otra vez profetices á muchos pueblos,
y gentes, y lenguas, y reyes.

CAPITULO XI.

Señales que habrá ántes de tocar la última trompeta. Dos testigos del Señor serán despedazados por la bestia, y resucitados por Dios. Toca el séptimo ángel la trompeta, y el reino del mundo viene á ser de nuestro Señor, y de su Cristo.

Y ME fué dada una caña semejante á
ap. 21. 15. una vara [a], y se me dijo: Levántate,
y mide el templo de Dios, y el altar, y á
eb. 10. 19. los que adoran en él [b].
2 Y echa fuera el patio que está fuera
del templo, y no lo midas, porque es
dado á los gentiles: y hollarán la ciudad
u. 21. 24. santa [c] cuarenta y dos meses [d].
ap. 13. 5. 3 Y daré á mis dos testigos, y ellos pro-
a. 7. 25. fetizarán por mil doscientos y sesenta
12. 7. dias, vestidos de sacos [e].
a. 20. 2. 4 Estas son las dos olivas [f], y los dos
22. 12. candeleros que están delante del Dios de
ac. 4. 3. la tierra.
5 Y si alguno les quisiere dañar, sale
fuego de la boca de ellos, y devora á
sus enemigos: y si alguno les quisiere
hacer daño, es necesario que él sea así
muerto.
6 Estos tienen potestad de cerrar el
cielo, que no llueva en los dias de su
Rey. 17. 1. profecía [g], y tienen poder sobre las aguas
x. 7. 9. para convertirlas en sangre [h], y para
herir la tierra con toda plaga cuantas
veces quisieren.
7 Y cuando ellos hubieren acabado su
testimonio, la bestia que sube del abis-
ap. 17. 8. mo [i] hará guerra contra ellos, y los
a. 7. 21. vencerá, y los matará [k].
8 Y sus cuerpos *serán echados* en las
plazas de la grande ciudad, que espiri-
a. 1. 10. tualmente es llamada Sodoma [l], y Egip-
to, donde tambien nuestro Señor fué
crucificado.
9 Y los de los linajes, y de los pueblos,
y de las lenguas, y de los Gentiles verán
los cuerpos de ellos por tres dias y me-
dio, y no permitirán que sus cuerpos
sean puestos en sepulcros.
10 Y los moradores de la tierra se go-
zarán sobre ellos, y se alegrarán, y se
enviarán dones los unos á los otros;
porque estos dos profetas han atormen-
tado á los que moran sobre la tierra.
11 Y despues de tres dias y medio el
Espíritu de vida, *enviado* de Dios, entró
Ez. 37. 5. en ellos [m], y se alzaron sobre sus piés,
y vino gran temor sobre los que los
vieron.
12 Y oyeron una grande voz del cielo,
que les decia: Subid acá. Y subieron
al cielo en una nube, y sus enemigos
los vieron.
13 Y en aquella hora fué hecho gran
temblor de tierra, y la décima parte de
la ciudad cayó, y fueron muertos en el
temblor de tierra en número de siete
mil hombres: y los demás fueron es-
pantados, y dieron gloria á Dios del
cielo [n]. [n] Cap. 14. 7.
14 El segundo ay es pasado: hé aquí, Jos. 7. 19.
el tercero ay vendrá presto [o]. [o] Cap. 8. 13.
15 ¶ Y el séptimo ángel tocó la trom- y 9. 12.
peta [p], y fueron hechas grandes voces en [p] Cap. 10. 7.
el cielo, que decian: El reino del mun-
do ha venido á ser de nuestro Señor, y
de su Cristo, y reinará para siempre
jamás [q]. [q] Da. 2. 44.
16 Y los veinte y cuatro ancianos que y 7. 14.
estaban sentados delante de Dios en sus
sillas [r], se postraron sobre sus rostros, y [r] Cap. 4. 4.
adoraron á Dios,
17 Diciendo: Te damos gracias, Señor
Dios Todo Poderoso, que eres, y que
eras [s], y que has de venir, porque has [s] Cap. 1. 4.
tomado tu grande potencia, y has rei- y 16. 5.
nado [t]. [t] Cap. 19. 6.
18 Y se han airado las naciones [u], y tu [u] Sal. 2. 1,
ira es venida, y el tiempo de los muertos, etc.
para que sean juzgados [v], y para que des [v] 2 Ti. 4. 1.
el galardon á tus siervos los profetas y á
los santos, y á los que temen tu nombre [x], [x] Cap. 19. 5.
á los pequeñitos y á los grandes, y para
que destruyas los que destruyen la ti-
erra.
19 ¶ Y el templo de Dios fué abierto
en el cielo [y], y el arca de su testamento [y] Cap. 15.
fué vista en su templo; y fueron hechos 5, 8.
relámpagos, y voces, y truenos, y terre-
motos, y grande granizo [z]. [z] Cap. 8. 5. y 16. 18, 21.

CAPITULO XII.

De la guerra de un grande dragon contra la Iglesia, simbolizada ésta en una mujer vestida del Sol, la cual da á luz un hijo, y es perseguida de aquel dragon.

Y UNA grande señal apareció en el [a] Ga. 4. 26.
cielo: una mujer [a] vestida del sol [b], [b] Cap. 1. 16.
y la luna debajo de sus pies, y sobre su
cabeza una corona de doce estrellas.
2 Y estando preñada, clamaba con do-
lores de parto, y sufria tormento por
parir.
3 Y fué vista otra señal en el cielo; y
hé aquí un grande dragon bermejo [c], [c] ver. 9.
que tenia siete cabezas, y diez cuernos,
y en sus cabezas siete diademas.
4 Y su cola arrastraba la tercera parte
de las estrellas del cielo, y las echó en
tierra [d]. Y el dragon se paró delante [d] Da. 8. 10.
de la mujer que estaba para parir, á fin
de devorarle su hijo cuando hubiese
parido.
5 Y ella parió un hijo varon [e], el cual [e] Is. 66. 7.
habia de regir todas las gentes con vara
de hierro [f]: y su hijo fué arrebatado [f] Cap. 2. 27.
para Dios, y á su trono.
6 Y la mujer huyó al desierto, donde
tiene lugar aparejado de Dios, para que
allí la mantengan mil doscientos y se-
senta dias [g]. [g] Cap. 11. 3.
7 ¶ Y fué hecha una grande batalla en
el cielo: Miguel [h] y sus ángeles lidiaban [h] Da. 10. 13,
contra el dragon; y lidiaba el dragon y 21.
sus ángeles, Judas 9.
8 Y no prevalecieron, ni su lugar fué
mas hallado en el cielo.
9 Y fué lanzado fuera aquel gran dra-
gon, la serpiente antigua [i], que se llama [i] Cap. 20. 2.
diablo y Satanás, el cual engaña á todo Gen. 3. 1.
el mundo; fué arrojado en tierra, y sus
ángeles fueron arrojados con él.
10 Y oí una grande voz en el cielo que
decia: Ahora ha venido la salvacion, y
la virtud, y el reino de nuestro Dios, y el
poder de su Cristo: porque el acusador
de nuestros hermanos ha sido arrojado,
el cual los acusaba delante de nuestro [k] Job 1. 9.
Dios dia y noche [k]. y 2. 5.

11 Y ellos le han vencido por la sangre del Cordero [l], y por la palabra de su testimonio; y no han amado sus vidas hasta la muerte [m].

12 Por lo cual alegráos, cielos, y los que morais en ellos. ¡Ay de los moradores de la tierra y del mar! porque el diablo ha descendido á vosotros, teniendo grande ira, sabiendo que tiene poco tiempo.

13 Y cuando vió el dragon que él habia sido arrojado á la tierra, persiguió á la mujer que habia parido el hijo varon.

14 Y fueron dadas á la mujer dos alas de grande águila [n]; para que de la presencia de la serpiente volase al desierto, á su lugar, donde es mantenida *por un* tiempo, y tiempos, y la mitad de un tiempo [o].

15 Y la serpiente echó de su boca tras la mujer agua como un rio [p], á fin de hacer que fuese arrebatada del rio.

16 Y la tierra ayudó á la mujer; y la tierra abrió su boca, y sorbió el rio que habia echado el dragon de su boca.

17 Entónces el dragon fué airado contra la mujer, y se fué á hacer guerra contra los otros de la simiente de ella, los cuales guardan los mandamientos de Dios, y tienen el testimonio de Jesu-Cristo.

[l] Ro. 8. 37.
[m] Lu. 14. 26.
[n] Is. 40. 31.
[o] ver. 6. Da. 7. 25.
[p] Is. 59. 19.

CAPITULO XIII.

De una bestia monstruosa de siete cabezas y diez cuernos con diez diademas, que sube del mar y blasfema contra Dios y los santos, y es adorada por los hombres. Se levanta en tierra otra bestia con dos cuernos, la cual da vigor á la primera, engañando los moradores de la tierra, y hace sean muertos los que no la adoraren.

Y YO me paré sobre la arena del mar, y ví una bestia [a] subir del mar, que tenia siete cabezas, y diez cuernos [b]; y sobre sus cuernos diez diademas; y sobre las cabezas de ella nombres de blasfemia.

2 Y la bestia que ví, era semejante á un leopardo [c], y sus piés como de oso, y su boca como boca de leon. Y el dragon [d] le dió su poder, y su trono [e], y grande potestad.

3 Y ví una de sus cabezas como herida de muerte, y la llaga de su muerte fué curada: y se maravilló toda la tierra en pos de la bestia [f].

4 Y adoraron al dragon que habia dado la potestad á la bestia; y adoraron á la bestia, diciendo: ¿Quién es semejante á la bestia, y quién podrá lidiar con ella?

5 Y le fué dada boca que hablaba grandes cosas y blasfemias [g]: y le fué dada potencia de obrar cuarenta y dos meses [h].

6 Y abrió su boca en blasfemias contra Dios, para blasfemar su nombre, y su tabernáculo [i], y á los que moran en el cielo.

7 Y le fué dado hacer guerra contra los santos, y vencerlos [k]. Tambien le fué dada potencia sobre toda tribu, y pueblo, y lengua, y gente.

8 Y todos los que moran en la tierra le adoraron, cuyos nombres no están escritos en el libro de la vida del Cordero [l], el cual fué muerto desde el principio del mundo.

9 Si alguno tiene oido, oiga.

10 El que lleva en cautividad, vá en cautividad [m]: el que á cuchillo matáre, es necesario que á cuchillo sea muerto [n]. Aquí está la paciencia, y la fé de los santos [o].

11 ¶ Despues ví otra bestia [p] que subia de la tierra, y tenia dos cuernos semejantes á *los de* un cordero [q], mas hablaba como el dragon.

12 Y ejerce todo el poder de la primera bestia en presencia de ella; y hace á la tierra, y á los moradores de ella adorar la primera bestia, cuya llaga de muerte fué curada [r].

13 Y hace grandes señales [s], de tal manera que aun hace descender fuego del cielo á la tierra delante de los hombres.

14 Y engaña á los moradores de la tierra por las señales que le ha sido dado hacer en presencia de la bestia, mandando á los moradores de la tierra que hagan la imágen de la bestia que tiene la herida de cuchillo, y vivió.

15 Y le fué dado que diese espíritu á la imágen de la bestia, para que la imágen de la bestia hable; y hará que cualesquiera que no adoraren la imágen de la bestia, sean muertos [t].

16 Y hacia que á todos, á los pequeños y grandes, ricos y pobres, libres y siervos, se pusiese una marca en su mano derecha, ó en sus frentes:

17 Y que ninguno pudiese comprar ó vender, sino el que tuviera la señal, ó el nombre de la bestia, ó el número de su nombre.

18 Aquí hay sabiduría [u]. El que tiene entendimiento, cuente el número de la bestia [v]: porque es el número de hombre; y el número de ella, seiscientos sesenta y seis.

[a] Da. 7. 2, 3, 7.
[b] Cap. 12. 3. y 17. 3, 9, 12.
[c] Da. 7. 4, 7.
[d] Cap. 12. 9.
[e] Lu. 4. 6. Juan 14. 30.
[f] Cap. 17. 8.
[g] Da. 7. 8, 11, 25. y 11. 36.
[h] Cap. 11. 2, 3. y 12. 6.
[i] Heb. 9. 11, 24.
[k] Cap. 11. 7. y 12. 17. Da. 7. 21.
[l] Cap. 17. 8. y 21. 27. Da. 12. 1.
[m] Is. 33. 1.
[n] Gen. 9. 6. Mat. 26. 52.
[o] Cap. 14. 12.
[p] Cap. 16. 13. y 19. 20.
[q] Mat. 7. 15.
[r] ver. 3.
[s] Mat. 24. 24. 2 Tes. 2. 9.
[t] Cap. 15. 2. y 16. 2. y 20. 4.
[u] Cap. 17. 9.
[v] Cap. 15. 2.

CAPITULO XIV.

Aparécese el Cordero de Dios sobre el monte Sion, seguido de los Justos. El Evangelio es predicado en toda la tierra. Caida de Babilonia. Se hace la misteriosa siega y vendimia de la heredad de Dios.

Y MIRÉ, y hé aquí el Cordero [a] estaba sobre el monte de Sion, y con él ciento cuarenta y cuatro mil [b], que tenian el nombre de su Padre escrito en sus frentes [c].

2 Y oí una voz del cielo como ruido de muchas aguas, y como sonido de un gran trueno [d]: y oí una voz de tañedores de arpas que tañian con sus arpas:

3 Y cantaban como un cántico nuevo [e] delante del trono, y delante de los cuatro animales, y de los ancianos: y ninguno podia aprender el cántico sino aquellos ciento cuarenta y cuatro mil, los cuales fueron comprados de entre los de la tierra.

4 Estos son los que con mujeres no fueron contaminados; porque son vírgenes [f]. Estos los que siguen al Cordero por donde quiera que fuere [g]. Estos fueron comprados de entre los hombres por primicias [h] para Dios, y para el Cordero.

5 Y en sus bocas no ha sido hallado [i] engaño; porque ellos son sin mácula [k].

6 ¶ Y ví otro ángel volar por en medio del cielo, que tenia el Evangelio eterno, para predicarlo á los que moran en la tierra, y á toda nacion, y tribu, y lengua, y pueblo,

7 Diciendo en alta voz: Temed á Dios, y dadle honra; porque la hora de su juicio es venida; y adorad á aquel que ha hecho el cielo, y la tierra, y el mar, y las fuentes de las aguas [l].

8 Y otro ángel le siguió, diciendo: Ha caido, ha caido Babilonia [m], aquella grande ciudad, porque ella ha dado á beber á todas las naciones del vino del furor de su fornicacion.

9 Y el tercer ángel los siguió, diciendo á alta voz: Si alguno adora á la bestia, y á su imágen, y toma la señal en su frente, ó en su mano [n],

[a] Cap. 5. 6.
[b] Cap. 7. 4.
[c] Cap. 3. 12.
[d] Cap. 19. 6.
[e] Cap. 5. 9.
[f] 2 Co. 11. 2.
[g] Cap. 3. 4.
[h] Sant. 1. 18.
[i] Sal. 32. 2.
[k] Ef. 5. 27. Judas 24.
[l] Neh. 9. 6.
[m] Cap. 18. 2, 3. Is. 21. 9. Jer. 51. 8.
[n] Cap. 13. 16.

10 Este tambien beberá del vino de la ira de Dios, el cual está echado puro en el caliz de su ira[o]; y será atormentado con fuego y azufre[p] delante de los santos ángeles, y delante del Cordero:

11 Y el humo del tormento de ellos sube para siempre jamás[q]. Y los que adoran á la bestia, y á su imágen, no tienen reposo dia ni noche, ni cualquiera que tomáre la señal de su nombre.

12 Aquí está la paciencia de los santos[r]; aquí *la de* los que guardan los mandamientos de Dios, y la fé de Jesus[s].

13 Y oí una voz del cielo, que me decia: Escribe, Bienaventurados los muertos que de aquí adelante mueren en el Señor[t]. Tambien dice el Espíritu que descansan de sus trabajos; y sus obras los siguen.

14 ¶ Y miré, y hé aquí una nube blanca; y sobre la nube uno sentado semejante al Hijo del hombre, que tenia en su cabeza una corona de oro, y en su mano una hoz aguda.

15 Y otro ángel salió del templo, clamando en alta voz al que estaba sentado sobre la nube: Echa tu hoz, y siega[u]; porque la hora de segar te es venida, porque la mies de la tierra está madura.

16 Y el que estaba sentado sobre la nube echó su hoz sobre la tierra, y la tierra fué segada.

17 ¶ Y salió otro ángel del templo que está en el cielo, teniendo tambien una hoz aguda.

18 Y otro ángel salió del altar, el cual tenia poder sobre el fuego[v], y clamó con gran voz al que tenia la hoz aguda[x], diciendo: Echa tu hoz aguda, y vendimia los racimos[y] de la tierra; porque están maduras sus uvas.

19 Y el ángel metió su hoz aguda en la tierra, y vendimió la viña de la tierra, y echó *la uva* en el grande lagar de la ira de Dios[z].

20 Y el lagar fué hollado fuera de la ciudad[a], y del lagar salió sangre[b] hasta los frenos de los caballos por mil y seiscientos estadios.

Sal. 75. 8. — Cap. 19. 20. — Is. 34. 10. — Cap. 13. 10. — Cap. 12. 17. — 1 Tes. 4. 16. — Joel 3. 13. Mat. 13. 39. — Cap. 8. 5. — ver. 17. — De. 32. 32. — Cap. 19. 5. — Joel 3. 12, 14. — Cap. 19. 21.

CAPITULO XV.

Cántico de Moises, y del Cordero, que cantan los que vencieron á la bestia. De las siete plagas postreras, representadas en siete copas llenas de la cólera de Dios, entregadas á siete ángeles.

Y VI otra señal en el cielo, grande y admirable, que era siete ángeles que tenian las siete plagas postreras; porque en ellas es consumada la ira de Dios.

2 Y vi así como un mar de vidrio[a] mezclado con fuego; y los que habian alcanzado la victoria de la bestia, y de su imágen, y de su señal, y del número de su nombre[b], estar sobre el mar de vidrio, teniendo las arpas de Dios[c].

3 Y cantan el cántico de Moisés[d] siervo de Dios, y el cántico del Cordero, diciendo: Grandes y maravillosas, *son* tus obras, Señor Dios Todopoderoso; justos y verdaderos *son* tus caminos, Rey de los santos.

4 ¿Quién no te temerá[e], oh Señor, y engrandecerá tu nombre? porque tú solo *eres* santo[f]; por lo cual todas las naciones vendrán, y adorarán delante de tí[g], porque tus juicios son manifestados.

5 ¶ Y despues de estas cosas miré, y hé aquí el templo del tabernáculo del testimonio fué abierto en el cielo[h],

6 Y salieron del templo siete ángeles, que tenian siete plagas, vestidos de un lino limpio y blanco, y ceñidos alrededor de los pechos con bandas de oro.

7 Y uno de los cuatro animales[i] dió á los siete ángeles siete copas de oro, llenas de la ira de Dios, que vive para siempre jamás.

8 Y fué el templo lleno de humo[k] por la majestad de Dios, y por su potencia: y ninguno podia entrar en el templo, hasta que fuesen consumadas las siete plagas de los siete ángeles.

Cap. 4. 6. Ex. 1. 22. — Cap. 13. 15, 17. — Cap. 5. 8. 14. 2. — Ex. 15. 1, 9. — Jer. 10. 7. — Sal. 145. 17. — Is. 45. 23. 66. 23. — Cap. 11. 19. — [i] Cap. 4. 6. — [k] Is. 6. 4.

CAPITULO XVI.

Terribles efectos de las siete copas de oro, que vierten los siete ángeles sobre la tierra.

Y OÍ una grande voz *salida* del templo, que decia á los siete ángeles[a]: Id, y derramad las copas de la ira de Dios sobre la tierra.

2 Y fué el primero, y derramó su copa sobre la tierra; y vino una plaga mala y dañosa[b] sobre los hombres que tenian la señal de la bestia, y sobre los que adoraban su imágen[c].

3 Y el segundo ángel derramó su copa sobre el mar, y se convirtió en sangre, como de un muerto[d], y toda alma viviente fué muerta en el mar.

4 Y el tercer ángel derramó su copa sobre los rios, y sobre las fuentes de las aguas, y se convirtieron en sangre.

5 Y oí al ángel de las aguas que decia: Justo eres tú, oh Señor, que eres, y que eras, santo, porque has juzgado estas cosas:

6 Porque ellos derramaron la sangre de los santos y de los profetas, tambien tú les has dado á beber sangre[e]; pues *lo* merecen.

7 Y oí á otro del santuario[f], que decia: Ciertamente, Señor Dios Todopoderoso, tus juicios *son* verdaderos y justos[g].

8 Y el cuarto ángel derramó su copa en el sol[h]; y le fué dado quemar á los hombres con fuego.

9 Y los hombres se quemaron con el grande calor, y blasfemaron el nombre de Dios[i], que tiene potestad sobre estas plagas, y no se arrepintieron para darle gloria[k].

10 Y el quinto ángel derramó su copa sobre la silla de la bestia[l]; y su reino se hizo tenebroso; y se mordian sus lenguas de dolor.

11 Y blasfemaron al Dios del cielo por sus dolores, y por sus plagas[m]; y no se arrepintieron de sus obras.

12 Y el sexto ángel derramó su copa sobre el gran rio Eufrátes[n]; y el agua se secó, para que fuese preparado el camino de los reyes del oriente[o].

13 Y vi *salir* de la boca del dragon[p], y de la boca de la bestia[q], y de la boca del falso profeta[r], tres espíritus inmundos á manera de ranas[s].

14 Porque estos son espíritus de demonios, que hacen señales, para ir á los reyes de la tierra, y de todo el mundo, para congregarlos para la batalla de aquel grande dia del Dios Todopoderoso[t].

15 Hé aquí, yo vengo como ladron[u]. Bienaventurado el que vela, y guarda sus vestiduras, para que no ande desnudo, y vean su fealdad[v].

16 Y los congregó en el lugar que en Hebréo se llama Armagedon[‖].

17 Y el séptimo ángel derramó su copa por el aire; y salió una grande voz del templo del cielo, *de cerca* del trono, diciendo: Hecho es[x].

18 Entónces fueron hechos relámpagos, y voces, y truenos[y]; y hubo un

[a] Cap. 15. 1, 7. — [b] Ex. 9. 8, 11. — [c] Cap. 13. 15, 17. — [d] Ex. 7. 17, 20. — [e] Is. 49. 26. — [f] Cap. 6. 9. — [g] Cap. 19. 2. — [h] Cap. 8. 12. — [i] ver. 11, 21. — [k] Cap. 9. 20. — [l] Cap. 13. 2. — [m] ver. 2. — [n] Cap. 9. 14. Jer. 50. 38, y 51. 36. — [o] Jer. 51. 27, 28. — [p] Cap. 12. 3. — [q] Cap. 13. 1. — [r] Cap. 13. 11. y 19. 20. — [s] Cap. 9. 3, 17. — [t] Cap. 19. 19. — [u] Cap. 3. 3. 2 Ped. 3. 10. — [v] Cap. 3. 18. — ‖ *Monte de Meghiddo.* — [x] Cap. 21. 6. — [y] Cap. 11. 19.

gran temblor de tierra, un terremoto
tan grande, cual no fué jamás desde
que los hombres han estado sobre la
tierra.
19 Y la ciudad grande [z] fué partida en
tres partes, y las ciudades de las na-
ciones cayeron: y la grande Babilonia
vino en memoria delante de Dios, para
darle la copa del vino del furor de su
ira [a].
20 Y toda isla huyó, y los montes no
fueron hallados [b].
21 Y cayó del cielo sobre los hombres
un grande granizo como de un talento:
y los hombres blasfemaron de Dios por
la plaga del granizo; porque su plaga
fué muy grande.

[z] Cap. 14. 8.
[a] Is. 51. 22. Jer. 25. 15.
[b] Cap. 6. 14.

CAPITULO XVII.

Descripcion de la gran ramera, esto es, de la mística Babilonia, madre de las abominaciones de la tierra, que se embriagó con la sangre de los mártires, y vísta sentada sobre la bestia de las siete cabezas y los diez cuernos. Victoria del Cordero.

Y VINO uno de los siete ángeles que
tenian las siete copas, y habló con-
migo, diciéndome: Ven acá, y te mos-
traré la condenacion de la grande ra-
mera [a], la cual está sentada sobre mu-
chas aguas [b];
2 Con la cual han fornicado los reyes
de la tierra, y los que moran en la tierra
se han embriagado con el vino de su
fornicacion [c].
3 Y me llevó en espíritu al desierto:
y ví una mujer sentada sobre una bestia
bermeja, llena de nombres de blasfe-
mia, y que tenia siete cabezas y diez
cuernos [d].
4 Y la mujer estaba vestida de púr-
pura, y de escarlata, y adornada con
oro, y de piedras preciosas, y de perlas,
teniendo una copa de oro en su mano
llena de abominaciones, y de la sucie-
dad de su fornicacion [e];
5 Y en su frente escrito *este* un nom-
bre: MISTERIO, BABILONIA LA GRANDE,
LA MADRE DE LAS FORNICACIONES, Y DE
LAS ABOMINACIONES DE LA TIERRA.
6 Y ví la mujer embriagada de la san-
gre de los santos, y de la sangre de los
mártires de Jesus: y cuando la ví, quedé
maravillado de grande admiracion.
7 ¶ Y el ángel me dijo: ¿Por qué te
maravillas? Yo te diré el misterio de la
mujer, y de la bestia que la trae, la cual
tiene siete cabezas, y diez cuernos.
8 La bestia que has visto, fué, y no es;
y ha de subir del abismo [f], y ha de ir á
perdicion [g]; y los moradores de la tierra,
cuyos nombres no están escritos en el
libro de la vida desde la fundacion del
mundo, se maravillarán [h] viendo la bes-
tia que era, y no es, aunque *ella* es.
9 Y aquí *hay* mente que tiene sabidu-
ría [i]. Las siete cabezas son siete mon-
tes, sobre los cuales se asienta la mujer.
10 Y son siete reyes. Los cinco son
caidos; el uno es; *y* el otro aun no es
venido: y cuando viniere, es necesario
que dure breve tiempo.
11 Y la bestia que era, y no es, es tam-
bien el octavo *rey*; y es de los siete, y va
á perdicion.
12 Y los diez cuernos que has visto,
son diez reyes [k], que aun no han reci-
bido reino, mas tomarán potencia por
una hora como reyes con la bestia.
13 Estos tienen un consejo, y darán su
potencia y autoridad á la bestia.
14 Ellos pelearán contra el Cordero [l],
y el Cordero los vencerá; porque es el
Señor de los señores, y el Rey de los
reyes [m]; y los que están con él, son lla-
mados, y elegidos, y fieles [n].

[a] Cap. 19. 2. Na. 3. 4. Zac. 5. 5, 11.
[b] Jer. 51. 13.
[c] Cap. 14. 8. y 18. 3.
[d] Cap. 13. 1.
[e] Jer. 51. 7.
[f] Cap. 11. 7.
[g] ver. 11. 2 Tes. 2. 3.
[h] Cap. 13. 3, 8.
[i] Cap. 13. 18.
[k] Da. 2. 44. y 7. 24.
[l] Cap. 19. 9.
[m] Cap. 19. 16. 1 Ti. 6. 15.
[n] Ef. 1. 1, 4.

15 ¶ Y él me dice: Las aguas que has
visto donde la ramera se sienta [o], son
pueblos, y gentes, y naciones, y lenguas.
16 Y los diez cuernos que viste, y la
bestia, estos aborrecerán á la ramera, y
la harán desolada y desnuda [p], y comerán
sus carnes, y la quemarán con fuego:
17 Porque Dios ha puesto en sus cora-
zones ejecutar lo que le plugo [q], y el
ponerse de acuerdo, y dar su reino á la
bestia, hasta que sean cumplidas las pa-
labras de Dios.
18 Y la mujer que has visto, es la
grande ciudad [r] que tiene *su* reino sobre
los reyes de la tierra.

[o] ver. 1.
[p] Ez. 16. 37.
[q] Hech. 4. 27, 28.
[r] Cap. 16. 19.

CAPITULO XVIII.

Ruina, Juicio, y castigo de la gran Babilonia, sobre la cual lloran amargamente los que siguieron su partido; mas los santos son invitados á regocijarse por la ruina de ella.

Y DESPUES de estas cosas ví otro
ángel descender del cielo, teniendo
grande potencia; y la tierra fué alum-
brada de su gloria [a].
2 Y clamó con fortaleza en alta voz,
diciendo: Caida es, caida es la grande
Babilonia [b], y es hecha habitacion de
demonios, y guarida de todo espíritu in-
mundo, y albergue de todas aves sucias,
y aborrecibles [c]:
3 Porque todas las gentes han bebido
del vino del furor de su fornicacion;
y los reyes de la tierra han fornicado
con ella [d], y los mercaderes de la tierra
se han enriquecido de la potencia de
sus deleites.
4 ¶ Y oí otra voz del cielo, que decia:
Salid de ella, pueblo mio, porque no
seais participantes de sus pecados, y que
no recibais de sus plagas [e].
5 Porque sus pecados han llegado hasta
el cielo [f], y Dios se ha acordado de sus
maldades [g].
6 Tornadle á dar como ella os ha
dado [h], y pagadle al doble segun sus
obras; en la copa que ella os dió á
beber, dadle á beber doblado.
7 Cuanto ella se ha glorificado y ha
estado en deleites, tanto dadle de tor-
mento y llanto; porque dice en su cora-
zon: Yo estoy sentada reina [i], y no soy
viuda, y no veré llanto.
8 Por lo cual en un dia vendrán sus
plagas, muerte, llanto, y hambre, y
será quemada con fuego; porque el Se-
ñor Dios es fuerte que la juzgará [k].
9 Y llorarán y se lamentarán sobre ella
los reyes de la tierra, los cuales han for-
nicado con ella y han vivido en deleites,
cuando ellos vieren el humo de su in-
cendio [l],
10 Estando léjos, por el temor de su
tormento, diciendo: ¡Ay, ay, de aquella
gran ciudad de Babilonia, aquella fuerte
ciudad; porque en una hora vino tu
juicio [m]!
11 Y los mercaderes de la tierra llora-
rán y se lamentarán sobre ella [n]; por-
que ninguno comprará mas sus mer-
caderías,
12 Mercadería de oro, y de plata, y de
piedras preciosas, y de margaritas, y de
lino fino, y de escarlata, y de seda, y
de grana, y de toda madera olorosa, y
de todo vaso de marfil, y de todo vaso
de madera preciosa, y de metal, y de
hierro, y de mármol;
13 Y canela, y olores, y ungüentos, y
de incienso, y de vino, y de aceite, y flor
de harina, y trigo, y de bestias, y de
ovejas; y de caballos, y de carros, y de
siervos, y de almas de hombres.
14 Y los frutos del deseo de tu alma

[a] Ez. 43. 2.
[b] Cap. 14. 8. Is. 21. 9. Jer. 51. 8.
[c] Is. 13. 21, 22. y 34. 11, 14. Jer. 50. 39. y 51. 37.
[d] Cap. 14. 8. y 17. 2.
[e] Jer. 51. 6, 45. 2 Co. 6. 17.
[f] Jer. 51. 9.
[g] Cap. 16. 19.
[h] Sal. 137. 8. Jer. 50. 15, 29.
[i] Is. 47. 7, etc.
[k] Jer. 50. 34.
[l] Ez. 26. 16, 17.
[m] ver. 16, 19.
[n] Ez. 27. 27, 36.

se apartaron de tí; y todas las cosas[n] gruesas y excelentes te han faltado, y nunca mas las hallarás.

15 Los mercaderes de estas cosas, que se han enriquecido, se pondrán léjos de ella, por el temor de su tormento, llorando y lamentando,

16 Y diciendo: ¡ Ay, ay, aquella gran ciudad, que estaba vestida de lino fino, y de escarlata[o], y de grana, y estaba adornada con oro, y de piedras preciosas, y de perlas!

17 Porque en una hora han sido desoladas tantas riquezas. Y todo patron, y todos los que viajan en naves, y marineros, y todos los que trabajan en el mar, se estuvieron de léjos;

18 Y viendo el humo de su incendio, dieron voces, diciendo: ¿ Qué *ciudad* era semejante á esta gran ciudad?

19 Y echaron polvo sobre sus cabezas[p], y dieron voces, llorando y lamentando, diciendo: ¡ Ay, ay, de aquella gran ciudad, en la cual todos los que tenian navíos en la mar, se habian enriquecido de sus riquezas; que en una hora ha sido desolada!

20 Alégrate sobre ella, cielo, y vosotros santos apóstoles profetas[q]; porque Dios ha vengado vuestra causa en ella[r].

21 ¶ Y un ángel fuerte tomó una piedra como una grande piedra de molino, y *la* echó en la mar, diciendo: Con tanto ímpetu será derribada Babilonia, aquella grande ciudad, y nunca jamás será hallada[s].

22 Y voz de tañedores de arpas, y de músicos, y tañedores de flautas y de trompetas, no será mas oida en tí; y todo artífice de cualquier oficio, no será mas hallado en tí; y el sonido de muela no será mas en tí oido[t]:

23 Y luz de antorcha no alumbrará mas en tí: y voz de esposo ni de esposa no será mas en tí oida[u]: porque tus mercaderes eran los magnates de la tierra[v]; porque en tus hechicerías todas las gentes han errado[x].

24 Y en ella fué hallada la sangre de los profetas y de los santos, y de todos los que han sido muertos en la tierra[y].

[o] Lu. 16. 19.
[p] Jos. 7. 6. Ez. 27. 30.
[q] Jer. 51. 48.
[r] Cap. 19. 2. Lu. 18. 7, 8.
[s] Jer. 51. 64.
[t] Jer. 25. 10.
[u] Jer. 7. 34. y 16. 9. y 33. 11.
[v] Is. 23. 8.
[x] Na. 3. 4.
[y] Jer. 51. 49.

CAPITULO XIX.

Triunfo y cántico de los santos por la ruina de Babilonia, por el reino de Dios, y por las bodas del Cordero. El ángel que mandaba escribir las palabras de Dios, no consiente ser adorado. Jesu-Cristo, Verbo de Dios, triunfa de sus enemigos.

DESPUES de estas cosas oí una gran voz[a] de gran compañía en el cielo, que decia: Aleluya: Salvacion, y honra, y gloria, y potencia al Señor Dios nuestro:

2 Porque sus juicios son verdaderos y justos[b]; porque él ha juzgado á la grande ramera que ha corrompido la tierra con su fornicacion, y ha vengado la sangre de sus siervos de la mano de ella[c].

3 Y otra vez dijeron: Aleluya. Y su humo subió para siempre jamás[d].

4 Y los veinticuatro ancianos, y los cuatro animales se postraron en tierra, y adoraron á Dios que estaba sentado sobre el trono, diciendo: Amen: Aleluya.

5 Y salió una voz del trono que decia: Load á nuestro Dios todos sus siervos, y los que le temeis, así pequeños, como grandes.

6 Y oí como la voz de una grande compañía, y como ruido de muchas aguas, y como la voz de grandes truenos, que decian: Aleluya. Porque reinó el Señor nuestro Dios Todopoderoso[e].

[a] Cap. 11. 15.
[b] Cap. 16. 7.
[c] Cap. 18. 20.
[d] Cap. 18. 9, 18. Is. 34. 10.
[e] Sal. 97. 1.

7 Gocémonos, y alegrémonos, y démosle gloria; porque son venidas las bodas del Cordero[f], y su esposa se ha aparejado:

8 Y le ha sido dado que se vista de lino fino, limpio, y brillante[g]; porque el lino fino son las justificaciones de los santos.

9 Y él me dice: Escribe: Bienaventurados los que son llamados á la cena del Cordero[h]. Y me dijo: Estas palabras de Dios son verdaderas.

10 Y yo me eché á sus piés para adorarle. Y él me dijo: Mira que no *lo hagas*[i]: yo soy siervo contigo, y con tús hermanos que tienen el testimonio de Jesus[k]. Adora á Dios: porque el testimonio de Jesus es el espíritu de la profecía[l].

11 ¶ Y ví el cielo abierto, y hé aquí un caballo blanco[m]; y el que estaba sentado sobre él, era llamado Fiel y Verdadero[n], el cual con justicia juzga y pelea[o].

12 Y sus ojos *eran* como llama de fuego[p], y *habia* en su cabeza muchas diademas, y tenia un nombre escrito que ninguno entendia sino él mismo[q]:

13 Y estaba vestido de una ropa teñida en sangre[r]: y su nombre es llamado LA PALABRA DE DIOS[s].

14 Y los ejércitos *que están* en el cielo[t] lo seguian en caballos blancos, vestidos de lino finísimo, blanco y limpio.

15 Y de su boca sale una espada aguda[u], para herir con ella las gentes: y él los regirá con vara de hierro[v]; y él pisa el lagar[w] del vino del furor, y de la ira de Dios Todopoderoso.

16 Y en su vestidura y en su muslo tiene escrito este nombre: REY DE REYES, Y SEÑOR DE SEÑORES[y].

17 Y ví un ángel que estaba en el sol, y clamó con gran voz, diciendo á todas las aves que volaban por medio del cielo: Venid, y congregáos á la cena del gran Dios[z],

18 Para que comais carnes de reyes, y de capitanes, y carnes de fuertes, y carnes de caballos, y de los que están sentados sobre ellos; y carnes de todos, libres y siervos, de pequeños y de grandes.

19 Y ví la bestia, y los reyes de la tierra, y sus ejércitos congregados para hacer guerra[a] contra el que estaba sentado sobre el caballo, y contra su ejército.

20 Y la bestia fué presa, y con ella el falso profeta que habia hecho las señales delante de ella, con las cuales habia engañado á los que tomaron la señal de la bestia, y habian adorado su imágen[b]. Estos dos fueron lanzados vivos dentro de un lago de fuego ardiendo en azufre[c].

21 Y los otros fueron muertos con la espada que salia de la boca[d] del que estaba sentado sobre el caballo, y todas las aves fueron hartas de las carnes de ellos.

[f] 2 Co. 11. 2. Ef. 5. 32.
[g] Cap. 3. 4. Is. 61. 10.
[h] Mat. 22. 2, etc. Lu. 14. 15.
[i] Cap. 22. 8, 9.
[k] Cap. 12. 17. 1 Juan 5. 10.
[l] Cap. 22. 6. 1 Ped. 1. 11. 2 Ped. 1. 21.
[m] Cap. 6. 2.
[n] Cap. 3. 14.
[o] Sal. 45. 3, 4. Is. 11. 4.
[p] Cap. 1. 14. y 2. 18.
[q] Juec. 13. 18.
[r] Is. 63. 2.
[s] Juan 1. 1.
[t] Judas 14.
[u] Cap. 1. 16.
[v] Sal. 2. 9.
[w] Cap. 14. 19, 20.
[y] Cap. 17. 14.
[z] Ez. 39. 17.
[a] Cap. 16. 14.
[b] Cap. 13. 14. y 16. 13.
[c] Cap. 20. 10.
[d] ver. 15.

CAPITULO XX.

El ángel encadena á Satanas en el abismo por el tiempo de mil años; durante los cuales los Justos reinarán con Cristo en la primera resurreccion. Suelto despues Satanas, mueve á Gog y á Magog contra la Ciudad santa; pero el cielo enviará fuego que los devorará. Despues Jesu-Cristo juzgará á todos los muertos.

Y VI un ángel descender del cielo, que tenia la llave del abismo[a], y una grande cadena en su mano.

2 Y prendió al dragon, aquella serpiente antigua, que es el diablo y Satanas[b], y le ató por mil años[c];

[a] Cap. 9. 1.
[b] Cap. 12. 9.
[c] Is. 24. 21, 22.

3 Y arrojólo al abismo, y le encerró, y selló[d] sobre él, porque no engañe mas á las naciones, hasta que mil años sean cumplidos: y despues de esto, es necesario que sea desatado un poco de tiempo.

4 Y ví sillas, y se sentaron sobre ellas[e], y les fué dado juicio[f]: y *ví* las almas de los degollados por el testimonio de Jesus, y por la palabra de Dios[g], y que no habian adorado la bestia, ni á su imágen, y que no recibieron *su* señal en sus frentes, ni en sus manos; y vivieron y reinaron con Cristo mil años[h].

5 Mas los otros muertos no tornaron á vivir hasta que sean cumplidos mil años. Esta *es* la primera resurreccion[i].

6 Bienaventurado y santo el que tiene parte en la primera resurreccion: la segunda muerte no tiene potestad en estos[k]; ántes serán sacerdotes de Dios y de Cristo[l], y reinarán con él mil años.

7 ¶ Y cuando los mil años fueren cumplidos, Satanas será suelto de su prision,

8 Y saldrá para engañar las naciones que están sobre los cuatro ángulos de la tierra, á Gog y Magog[m], á fin de congregarles para la batalla; el número de los cuales *es* como la arena de la mar.

9 Y subieron sobre la anchura de la tierra, y circundaron el campo de los santos, y la ciudad amada: y de Dios descendió fuego del cielo, y los devoró.

10 Y el diablo que los engañaba, fué lanzado en el lago de fuego y azufre, donde está la bestia y el falso profeta[n], y serán atormentados dia y noche para siempre jamás.

11 ¶ Y ví un gran trono blanco, y al que estaba sentado sobre él[o], de delante del cual huyó la tierra y el cielo, y no fué hallado el lugar de ellos[p].

12 Y ví los muertos, grandes y pequeños, que estaban delante de Dios; y los libros fueron abiertos: y otro libro fué abierto[q], el cual es de la vida: y fueron juzgados los muertos por las cosas que estaban escritas en los libros, segun sus obras[r].

13 Y el mar dió los muertos que estaban en él; y la muerte y el infierno[s] dieron los muertos que estaban en ellos: y fué hecho juicio de cada uno segun sus obras.

14 Y el infierno y la muerte fueron lanzados en el lago de fuego[t]. Esta es la muerte segunda.

15 Y el que no fué hallado escrito en el libro de la vida, fué lanzado en el lago de fuego[u].

[d] Da. 6. 17. [e] Da. 7. 9, 22. Lu. 22. 30. [f] 1 Co. 6. 2, 3. [g] Cap. 6. 9. [h] Ro. 8. 17. 2 Ti. 2. 12. [i] 1 Co. 15. 23, etc. 1 Tes. 4. 16. [k] Cap. 2. 11. y 21. 8. [l] Cap. 1. 6. 1 Ped. 2. 9. [m] Ez. 38. 2. y 39. 1. [n] Cap. 19. 20. [o] Juan 5. 22. [p] 2 Ped. 3. 10. [q] Da. 7. 10. [r] Mat. 16. 27. [s] Cap. 6. 8. [t] 1 Co. 15. 26. [u] Mat. 25. 41.

CAPITULO XXI.

Nuevo cielo y nueva tierra. Bienaventurado estado de los Justos, y desastrosa suerte de los pecadores. Descripcion de la ciudad celestial de Jerusalem, mística esposa del Divino Cordero.

Y VI un cielo nuevo, y una tierra nueva[a]: porque el primer cielo y la primera tierra se fueron, y el mar ya no es.

2 Y yo Juan ví la santa ciudad, Jerusalem nueva[b], que descendia del cielo, de Dios, dispuesta como una esposa ataviada para su marido[c].

3 Y oí una gran voz del cielo que decia: Hé aquí el tabernáculo de Dios con los hombres, y morará con ellos; y ellos serán su pueblo, y el mismo Dios será su Dios con ellos[d].

4 Y limpiará Dios toda lágrima de los ojos de ellos[e]; y la muerte no será mas[f]: y no habrá mas llanto, ni clamor, ni dolor; porque las primeras cosas son pasadas.

5 Y el que estaba sentado en el trono dijo: Hé aquí, yo hago nuevas todas las cosas. Y me dijo: Escribe: porque estas palabras son fieles y verdaderas[g].

6 Y díjome: Hecho es[h]. Yo soy Alpha y Omega, el principio y el fin[i]. Al que tuviere sed, yo le daré de la fuente del agua de vida gratuitamente[k].

7 El que venciere, poseerá todas las cosas; y yo seré su Dios, y él será mi hijo.

8 Mas á los temerosos[l], é incrédulos, á los abominables[m], y homicidas, á los fornicarios, y hechiceros, y á los idólatras, y á todos los mentirosos[n], su parte *será* en el lago ardiendo con fuego y azufre, que es la muerte segunda.

9 ¶ Y vino á mí uno de los siete ángeles, que tenian las siete copas llenas de las siete postreras plagas[o], y habló conmigo, diciendo: Ven acá, yo te mostraré la esposa, mujer del Cordero[p].

10 Y llevóme en espíritu á un grande y alto monte, y me mostró la grande Ciudad santa de Jerusalem que descendia del cielo de Dios,

11 Teniendo la claridad de Dios: y su luz *era* semejante á una piedra preciosísima, como piedra de jaspe, resplandeciente como cristal[q].

12 Y tenia un muro grande y alto con doce puertas[r]; y en las puertas, doce ángeles, y nombres escritos, que son *los* de las doce tribus de los hijos de Israél.

13 Al oriente tres puertas; al norte tres puertas; al mediodia tres puertas; al poniente tres puertas.

14 Y el muro de la ciudad tenia doce fundamentos, y en ellos los doce nombres de los doce apóstoles del Cordero[s].

15 Y el que hablaba conmigo, tenia una medida de una caña de oro para medir la ciudad, y sus puertas, y su muro[t].

16 Y la ciudad está situada y puesta en cuadro, y su largura es tanta como su anchura: y él midió la ciudad con la caña, *y tenia* doce mil estadios: la largura, y la altura, y la anchura de ella son iguales.

17 Y midió su muro, *y tenia* ciento cuarenta y cuatro codos, de medida de hombre, la cual es del ángel.

18 Y el material de su muro era *de* jaspe; mas la ciudad *era* oro puro, semejante al vidrio limpio.

19 Y los fundamentos del muro de la ciudad *estaban* adornados de toda piedra preciosa[u]. El primer fundamento *era* jaspe; el segundo, záfiro; el tercero, calcedonia; el cuarto, esmeralda;

20 El quinto, sardónica; el sexto, sárdio; el séptimo, crisólito; el octavo, berilo; el nono, topacio; el décimo, crisopraso; el undécimo, jacinto; el duodécimo, ametisto.

21 Y las doce puertas *eran* doce perlas, en cada una, una; cada puerta *era* de una perla. Y la plaza de la ciudad *era* oro puro, como vidrio resplandeciente.

22 Y no ví en ella templo; porque el Señor Dios Todopoderoso es el templo de ella, y el Cordero.

23 Y la ciudad no tenia necesidad de sol ni de luna para que resplandezcan en ella: porque la claridad de Dios la iluminó, y el Cordero *era* su lumbrera[v].

24 Y las gentes que hubieren sido salvas andarán en la lumbre de ella: y los reyes de la tierra traerán su gloria y honor á ella[x].

25 Y sus puertas nunca serán cerradas de dia, porque allí no habrá noche.

[a] Is. 65. 17, 19. y 66. 22. Ro. 8. 21. 2 Ped. 3. 13. [b] Cap. 3. 12. Ga. 4. 26. Heb. 11. 10. y 12. 22. [c] 2 Co. 11. 2. [d] 1 Co. 15. 24, 28. [e] Cap. 7. 17. Is. 25. 8. [f] 1 Co. 15. 26. [g] Cap. 19. 9. [h] Cap. 16. 17. [i] Cap. 1. 8. y 22. 13. [k] Cap. 22. 17. Is. 55. 1. Juan 4. 10, 14. y 7. 37. [l] Lu. 12. 4, 9. [m] 1 Co. 6. 9, 10. [n] Cap. 22. 15. Ga. 5. 20. [o] Cap. 15. 1, 6, 7. [p] Cap. 19. 7. [q] Cap. 4. 3. [r] Ez. 48. 31, etc. [s] Ef. 2. 20. [t] Cap. 11. 1. Ez. 40. 3. Zac. 2. 1. [u] Is. 54. 11. [v] Cap. 22. 5. Is. 24. 19, 20. [x] Is. 60. 3, 11.

26 Y llevarán la gloria y la honra de las naciones á ella.

27 No entrará en ella ninguna cosa sucia, ó que hace abominacion y mentira[y]; sino solamente los que están escritos en el libro de la vida del Cordero[z].

a. 52. 1.
oel 3. 17.
Co. 6. 9, 10.
a. 5. 19,
ap. 13. 8.

CAPITULO XXII.

Concluyese la admirable pintura de la celestial Jerusalem, y con ella el Apocalipsi ó Revelacion de Jesu-Cristo á su discípulo amado; el cual se postró para adorar al ángel, y éste se lo prohibió intimándole de nuevo que á Dios adorase.

DESPUES me mostró un rio limpio de agua de vida, resplandeciente como cristal, que salia del trono de Dios y del Cordero.

2 En el medio de la plaza de ella[a], y de la una y de la otra parte del rio, *estaba* el árbol de vida[b], que lleva doce frutos, dando cada mes su fruto: y las hojas del árbol *eran* para la sanidad de las naciones[c].

3 Y no habrá mas maldicion; sino que el trono de Dios y del Cordero estará en ella, y sus siervos le servirán[d].

4 Y verán su cara[e]; y su nombre *estará* en sus frentes[f].

5 Y allí no habrá mas noche[g]; y no tienen necesidad de lumbre de antorcha, ni de lumbre de sol; porque el Señor Dios los alumbrará[h]: y reinarán para siempre jamás.

6 ¶ Y me dijo: Estas palabras *son* fieles y verdaderas[i]. Y el Señor Dios de los santos Profetas ha enviado su ángel, para mostrar á sus siervos las cosas que es necesario que sean hechas presto[k].

7 Y hé aquí vengo presto[l]: Bienaventurado el que guarda las palabras de la profecía de este libro.

8 Yo Juan *soy* el que ha oido, y visto estas cosas. Y despues que hube oido y visto, me postré para adorar delante de los piés del ángel que me mostraba estas cosas[m].

ap. 21. 21.
ap. 2. 7.
z. 47. 12.
ap. 7. 15.
uan 17.
.
Co. 13. 12.
Juan. 3. 2.
ap. 8. 12.
ap. 21. 23,
5.
al. 86. 9.
ap. 21. 5.
ap. 1. 1.
er. 10, 12,
.
ap. 3. 11.
ap. 19. 10.

9 Y él me dijo: Mira que no *lo hagas*; porque yo soy siervo contigo, y con tus hermanos los profetas, y con los que guardan las palabras de este libro. Adora á Dios.

10 ¶ Y me dijo: No selles las palabras de la profecía de este libro; porque el tiempo está cerca[n].

11 El que es injusto, sea injusto aun[o]: y el que es sucio, ensúciese todavía: y el que es justo, sea aun justo: y el santo sea santo todavía.

12 Y hé aquí, yo vengo presto[p], y mi galardon conmigo[q], para recompensar á cada uno segun fuere su obra[r].

13 Yo soy Alpha y Omega[s], el principio y el fin, el primero y el postrero.

14 Bienaventurados ‖ los que guardan sus mandamientos; para que su potencia sea en el árbol de la vida, y que entren por las puertas en la ciudad.

15 Mas los perros *estarán* fuera[t], y los hechiceros, y los disolutos, y los homicidas, y los idólatras, y cualquiera que ama y hace mentira[u].

16 ¶ Yo Jesus he enviado mi ángel para daros testimonio de estas cosas en las iglesias[v]. Yo soy la raiz y el linaje de David[x], la estrella resplandeciente, y de la mañana.

17 Y el Espíritu y la Esposa[y] dicen: Ven[z]. Y el que oye, diga: Ven. Y el que tiene sed, venga. Y el que quiere, tome del agua de la vida de balde[a].

18 ¶ Porque protesto á cualquiera que oye las palabras de la profecía de este libro: Si alguno añadiere á estas cosas[b], Dios pondrá sobre él las plagas que están escritas en este libro.

19 Y si alguno quitare de las palabras del libro de esta profecía, Dios quitará su parte del libro de la vida, y de la santa ciudad, y de las cosas que están escritas en este libro.

20 El que da testimonio de estas cosas dice: Ciertamente vengo en breve[c]. Amen, sea así. Ven, Señor Jesus[d].

21 ¶ La gracia de nuestro Señor Jesu-Cristo *sea* con todos vosotros. Amen.

[n] Da. 8. 26. y 12. 4.
[o] Mat. 25. 10. 2 Ti. 3. 13.
[p] Sof. 1. 14.
[q] Is. 40. 10.
[r] Cap. 20. 12.
[s] Cap. 1. 8, 17. Is. 44. 6.
‖ *Se lee en algunos Manuscritos antiguos "los que lavan sus vestiduras."*
[t] Fl. 3. 2.
[u] Cap. 21. 8, 27.
[v] Cap. 1. 1.
[x] Cap. 5. 5. Is. 11. 1, 10.
[y] Cap. 21. 2, 9.
[z] Is. 55. 1.
[a] Cap. 21. 6.
[b] Pr. 30. 6.
[c] ver. 7, 12.
[d] Heb. 9. 28.

FIN DEL NUEVO TESTAMENTO.

CPSIA information can be obtained
at www.ICGtesting.com
Printed in the USA
BVHW040157240322
632352BV00008B/128

9 780270 494006